精神分析事典

編集代表

小此木啓吾

編集幹事

北山修

編集委員

牛島定信・狩野力八郎・衣笠隆幸
藤山直樹・松木邦裕・妙木浩之

編集顧問

土居健郎・西園昌久・小倉清・岩崎徹也

編集協力

相田信男・大野裕・岡野憲一郎
小川豊昭・笠井仁・川谷大治
斎藤久美子・鑪幹八郎・舘哲朗
馬場謙一・馬場禮子・福井敏
丸田俊彦・満岡義敬

岩崎学術出版社

編集代表
小此木 啓吾

編集幹事
北山 修

編集委員
牛島 定信
狩野 力八郎
衣笠 隆幸
藤山 直樹
松木 邦裕
妙木 浩之

編集顧問
土居 健郎
西園 昌久
小倉 清
岩崎 徹也

編集協力
相田 信男
大野 裕
岡野 憲一郎
小川 豊昭
笠井 仁
川谷 大治
斎藤 久美子
鑪 幹八郎
舘 哲朗
馬場 謙一
馬場 禮子
福井 敏
丸田 俊彦
満岡 義敬

序

　『精神分析事典』が刊行の運びになって，心からホッとしている。100名以上の分担執筆，1,000を超える項目。「はたして刊行まで行けるのだろうか？」……この5年間は，かなりのストレスがあった。ホッとした一つの理由は，このストレスからの解放である。めでたく刊行できたことに，編集顧問，編集協力の皆様，そして執筆者・編集委員各位に，編集委員代表として心からの感謝を捧げたい。そして，この編集・刊行作業は，各スタッフの優れたチームプレイなくしては達成され得ないものだった。その要となった北山編集幹事に改めて感謝したい。

　しかし，私のこのホッとした心境には，実は，もっと深い，本事典刊行の歴史的な意義と私たちの役割に由来するものがある。

　そもそも精神分析事典の各項目は，単なる知識情報だけで書くことはできない。すべて，わが国におけるその理論，概念，方法の臨床的再生産を通してはじめて執筆可能になったものばかりである。それだけに，特にこの観点から各執筆者に執筆をお願いした。しかも，それは常にフロイトのそれの修正，変革，より新しいものの導入によって発展したものが多い。

　精神分析全体の歴史，その中では，「精神分析」の項目に掲載の歴史図をごらんいただければおわかりのように，わが国の精神分析は，本来，英米仏いずれの経由にもその起源はない。むしろその成り立ちは，欧米諸国の精神分析と並んで，1932〜1933年にウィーンで学んだ古澤平作によって，1950年代まで20年の間，孤高の中，わが国で蓄積・再生産されたウィーンの精神分析が，直接，土居，前田，西園，小此木らに伝達されたことにある。この世代間の継承を通して，1950年代，日本の精神分析は，欧米諸国のそれぞれの流れと発展を共にする基盤を持つことができた。

　その意味で古澤平作は，チリにおけるマテ-ブランコ，I. や，アルゼンチンにおけるラッカー，H. にも比すべき存在である（ちなみに，米国の精神分析家として高名なカンバーグ，O. は，実は，このマテ-ブランコの分析を受けたガンザレイン，R. から教育分析を受けた人で，米国に行く以前に既にチリ精神分析の歴史的な所産である）。このような全体の歴史の視点の中に日本の精神分析を位置づけることで，本事典の歴史的な基盤をこの機会に明らかにしたい。

　それからの50年，日本の精神分析は，小此木らのフロイト研究を中核として，土居，西園，前田らからはじまったこの主流に，各段階でより若い世代による海外の新たな発展を取り入れ再統合しながら，今日に至った。この歩みの集大成が本事典である。その歩みの中で，フロイト選集およびフロイト著作集の日本訳が行われ，また，フロイト全集の英訳ストレイチー版の編集者ノートに関する北山グループの着実な研究が進められ，さらに多くのフロイト研究がわが国で展開された。この各段階で，欧米の精神分析のそれぞれの流れの主要な著作は，翻訳されていないものを見出すことが困難なほど翻訳書刊行が進んだ。さらに現段階

では，それらについての日本での臨床的な再生産の上に立った日本の分析家としての独自の研究や著作も多数見られる段階を迎えている。特に，これらの各世代の精神分析家たちが，本事典の執筆者で主役を演じている。

このように，本事典は，以上の歩みを共にした三世代にわたる精神分析家たちによるだけに，すでに邦訳された欧米各学派による翻訳精神分析事典に比べて，歴史の各段階，英米仏各国のそれぞれの流れを幅広く展望すると共に，よくこなれた，明快で読みやすい日本語の精神分析事典になることができた。

しかし，そうはいっても，本事典が大成した基盤には，これまでの邦訳精神分析事典，そして，弘文堂刊の『精神医学事典』の精神分析関係項目の執筆がすでに行われていたことが大きな力になったのは確かである。特に，この『精神医学事典』に加えて，ラプランシュ，J.／ポンタリス，J. B. の『精神分析用語辞典』（村上仁監訳・みすず書房刊），米国精神分析学会刊行の『精神分析事典』（福島章監訳・新曜社刊），ラカン派の『精神分析事典』（小出浩之他訳・弘文堂刊），ライクロフト，C. の『精神分析学辞典』（山口泰司訳・河出書房新社刊）などがあり，また，邦訳されていないとはいえ，ヒンシェルウッド，R. D. の『Kleinian Thought Dictionary』などの存在も，さまざまな形で本事典の執筆・編集に寄与している。この機会を借りてこれらの先行研究に対して改めて敬意を表したい。

また，本事典には，日本の精神分析から欧米に向かって発信されている，日本独自の概念，用語もかなり収録されているが，実は2002年には欧米で初めてというべき，かなり超学派的な『International Psychoanalytic Dictionary』が刊行される。この編集・刊行は，ようやく各学派を超えたコモングラウンドを基盤にすることを求める，現在のIPA（国際精神分析協会）の動向を反映しての大事業だったが，この事典には，「甘え」，「阿闍世コンプレックス」，「見るなの禁止」などの日本独自の概念が項目になっている。

たしかに欧米の精神分析は，ある種の総合性とか共通性を強調することの必要な段階に入っているが，この意味で本事典の国際的な価値も，言葉の壁さえ乗り越えられれば，もっと積極的な国際的な評価を得るに値するものと自負している。

しかし，やや逆説的な言い方ではあるが，本事典が可能になったのは，和をもって尊しとなす日本的風土による面がある。それだけに，さらにこれからの段階における日本の精神分析は，もしかしたら，この事典を基盤にしながらも，さらにこの「和」を「輪」とみなして自らを解き放ち，それぞれの学派と個性がもっと自由に積極的に発揮される時代を迎えるのでは？　刊行に当たって，そんな感慨をひそかに抱いている。

2002年1月

編集代表　小此木　啓吾

刊行にあたって

　項目によっては，たった一言，たった一行を記すのに，数冊の辞典や書物，数十本の論文を踏まえていることがあろう。また，多数の人たちの確認作業によって得たメモや下書きによって書き始められ，何度も書き直されてようやく完成した項目もある。その一方で，何十年の臨床経験と閃きを踏まえて一気呵成に書き上げられたエッセイのような項目もあろう。

　精神分析の事典というのは，一般の論文を書く場合とは性格の異なる神経と努力が要求され，多くの人たちに，この特別な要請に応えていただいた。また，すでに公刊されている関係領域の諸事典は，項目の選定段階から情報源や書き方の参考資料，お手本として活用させていただいており，本書はそれら出版物の歴史の上にある。こうして本書は無数の頭脳と手足のおかげで，事典の命である情報の質と量は非常に高いものとなったと思う。刊行にあたり，編集委員として，執筆者はもとより，この多くの人々に感謝せねばならない。

　企画としては 10 年くらい前からあり，執筆者に最初の依頼状を出したのが 5 年前で，最初は何とか世紀末までにという掛け声をかけたものだが，出版はとうとう 21 世紀に入ってしまった。一部の執筆者からはお原稿を早く頂戴しながら，項目が全部そろうのが遅れ，また新たな追加項目や編集方針のためにまた遅れという具合で何年もお待たせした。ときには書き直しまでお願いすることがあって，その不器用さの多くは編集を担当した者の責任である。

　しかし結果的に，この膨大なやりとりと流れた時間のおかげで良いものができたと思う。この分野では，このような事典は，後にも先にもないだろう，という自負もある。本当に良い仕事のお手伝いをさせていただいたし，学生たちや大先輩と共にこれに参加しただけで良い勉強になり，さらに編集委員一同にとっても，それぞれの人生の大きな区切りとなったと思う。

　われわれは器であり，盛り込まれた項目の一つ一つは味わい深い果実のようである。もちろん，この果実の取り入れは，岩崎学術出版社の社をあげての協力なしではありえなかった。とくに，長谷川純さんには，辛抱強く雑用をこなしていただき，いつも足りないところを指摘して下さり，整理と原稿のコピーを途切れることなく続けていただいた。深く感謝する。

　精神分析は，カウチの上で展開するひとつの個性的な文化であると同時に普遍を目指す学問である。内容的に文系でありながら，歴史的に理系にも底から応じる。芸術を愛し，科学を志向する。無意識と意識，生と死，見えるものと見えないもの，異常と正常の二股をかけ，人間臭くて多面的だからこそ，精神分析って間違いなく面白い。多くの人々にその面白さが伝わり，これを享受する者が増えて，この果実を貪ろうとする一人一人の欲求を満たすものとなることを願ってやまない。

2002 年 1 月

編集幹事　北山　修

執筆者（五十音順）

相田　信　男	加藤　　　敏	新宮　一　成	馬場　禮　子
青木　滋　昌	金坂　弥　起	鈴木　國　文	濱田　庸　子
浅井　昌　弘	狩野　力八郎	鈴木　純　一	平島　奈津子
阿比野　　宏	上別府　圭　子	鈴木　典　子	深津　千賀子
生田　憲　正	川谷　大　治	鈴木　　　龍	福井　　　敏
井口　由　子	神庭　靖　子	高野　　　晶	福本　　　修
伊崎　純　子	菊地　孝　則	高橋　哲　郎	藤山　直　樹
磯田　雄二郎	北山　　　修	滝口　俊　子	前田　重　治
一丸　藤太郎	衣笠　隆　幸	竹内　健　児	松木　邦　裕
乾　　　吉　佑	木部　則　雄	竹友　安　彦	丸田　俊　彦
井上　果　子	栗原　和　彦	鑪　幹八郎	三木　　　都
岩崎　徹　也	黒崎　充　勇	舘　　　哲　朗	水田　一　郎
上地　安　昭	河野　正　明	館　　　直　彦	溝口　純　二
牛島　定　信	古賀　靖　彦	土居　健　郎	満岡　義　敬
氏原　　　寛	小坂　和　子	中久喜　雅　文	南　　　淳　三
及川　　　卓	後藤　素　規	中沢　たえ子	妙木　浩　之
生地　　　新	権　　　成鉉	中野　良　平	森　　　さち子
大野　　　裕	近藤　直　司	中村　俊　哉	森　　　茂　起
岡野　憲一郎	近藤　三　男	中村　留貴子	矢崎　直　人
岡　　　秀　樹	斎藤　久美子	成田　善　弘	安岡　　　誉
小川　豊　昭	桜井　昭　彦	西園　昌　久	山上　千鶴子
奥村　満佐子	柴田　滋　文	西村　良　二	山崎　　　篤
小倉　　　清	渋沢　田鶴子	丹羽　淑　子	横井　公　一
小此木　加　江	島村　三重子	橋本　元　秀	吉田　弘　道
小此木　啓　吾	下坂　幸　三	花村　誠　一	渡辺　智英夫
笠井　　　仁	白波瀬　丈一郎	馬場　謙　一	渡辺　久　子

収録項目一覧

本事典に収録された全項目を事項・人名に分けそれぞれ五十音順に配列した。
「⇒」は参照項目を示した。

【事項】

あ行

愛
アイザカウワー現象
愛他主義
愛着　⇒アタッチメント
アイデンティティ
アクティング・アウト　⇒行動化
アクティング・イン
アクロポリス体験
アサーティブネス
阿闍世コンプレックス
アズイフ人格
アセスメント　⇒診断
遊ぶこと
アタッチメント
圧縮
アドラー心理学　⇒個人心理学
アナクリシス
アナクリティック抑うつ　⇒依託抑うつ
アニマ／アニムス
アファニシス
甘え
ARISE　⇒適応的退行〔ARISE〕
アルコール依存症
アルファ要素
アレキシサイミア
暗示
暗示療法
安全基地
アンナ・O［症例］
アンビバレンス
言いようのない恐怖　⇒ビオン理論
医学心理学
育児室の幽霊
移行期の技法
移行対象
意識
意識化
医師としての分別
異性愛
依存
依存性人格障害
依存的薬物精神療法
依託型対象選択
依託抑うつ
一次愛　⇒基底欠損
一次過程／二次過程
一次的同一化
一次的母性的没頭　⇒原初の母性的没頭
一次的マゾヒズム　⇒性愛的マゾヒズム
一次ナルシシズム／二次ナルシシズム
一次利得／二次利得　⇒疾病利得
胃腸神経症
一孔仮説
一体感
偽りの自己
イド　⇒エス
イド関係性　⇒自我関係性
いないいないばあ
イマーゴ
意味論
医療心理学
陰性エディプス・コンプレックス
陰性治療反応
隠蔽記憶
インポテンツ　⇒性機能障害
隠喩／換喩
ウィニコット理論
ウィリアム・アランソン・ホワイト・インスティテュート
受身的女性的性格
受身的対象愛
打ち消し
内なる世界　⇒内的世界／外的世界
うっ積不安（説）
うつ病
ウルフマン　⇒狼男［症例］
運命神経症
エゴ　⇒自我
エス
エス抵抗
A-Tスプリット
エディプス期　⇒エディプス・コンプレックス
エディプス・コンプレックス
エディプス的
エナクトメント〔行動に表れること〕
エネルギー
エネルギー恒存の法則
エミー・フォン・N夫人［症例］
エメ［症例］
エリザベート・フォン・R嬢［症例］
エレクトラ・コンプレックス
エロス
演技性人格　⇒ヒステリー人格
覆いをとる法／覆いをつける法
狼男［症例］
大文字の他者　⇒他者
オーガズム

収録項目一覧

オーガナイザー
オーガナイジング・プリンシプル
置き換え
オクノフィリア／フィロバティズム
押しつけられた罪悪感
オースティン・リッグス・センター
オナニー　⇒自慰
思いやり　⇒ウィニコット理論
親‐乳幼児心理療法

か行

快感原則
快感自我／現実自我
外向　⇒内向／外向
外在化
解釈
解釈学
外傷
外傷後ストレス障害〔PTSD〕
外傷神経症
解除反応　⇒除反応
外的世界　⇒内的世界／外的世界
外的対象　⇒内的対象／外的対象
介入
快楽不能症〔アンヘドニア〕
解離
解離〔欲動の〕　⇒融合／解離〔欲動の〕
解離性障害　⇒ヒステリー
解離ヒステリー
カイン・コンプレックス　⇒同胞葛藤
抱える環境
抱えること〔ホールディング〕
鏡転移

隔離
過食症　⇒摂食障害
カセクシス　⇒備給〔充当，給付〕
家族神経症
家族精神力動
家族療法
家族ロマンス〔家族空想，家族小説〕
カタリーナ〔症例〕
カタルシス法
葛藤
可動性エネルギー　⇒エネルギー
過渡対象　⇒移行対象
カニバリズム
可能性空間
「かのような」性格　⇒アズイフ人格
過備給　⇒備給〔充当，給付〕
過補償
環境としての母親　⇒抱えること〔ホールディング〕
環境変容的適応／自己変容的適応
関係基盤
関係性障害
関係療法
ガンザー症候群
観察自我　⇒治療同盟
間主観（体）性
間主観的アプローチ
感情　⇒情動
感情転移　⇒転移
関心〔自我の〕
慣性原則〔ニューロンの〕
観念の模倣
観念複合　⇒コンプレックス
官能性　⇒やさしさ
願望
願望充足

かん黙症
換喩　⇒隠喩／換喩
関与しながらの観察
記憶
記憶痕跡
奇怪な対象
器官快感
器官言語
器官神経症
器官選択
器官劣等性
危機介入
既視感
儀式
擬人化　⇒遊戯療法
偽成熟
基礎仮定　⇒基底的想定〔ベーシック・アサンプション〕
機知　⇒ユーモア
基底欠損
基底的想定〔ベーシック・アサンプション〕
基底的内的精神状況
機能的現象
機能の変化
気分
気分障害　⇒うつ病
技法の修正　⇒パラメーター
基本規則
基本的信頼
逆転〔反対物への〕
逆転移
逆備給
教育分析
境界
境界性人格障害
境界パーソナリティ構造
驚愕反応　⇒外傷後ストレス障害〔PTSD〕
共感
共時的観点／通時的観点
共生期
共生不安

共生幼児精神病
鏡像段階
強迫神経症
強迫性格
恐怖症
共謀
享楽
局所論〔局所論的観点〕
虚言症
去勢
去勢コンプレックス
去勢不安　⇒去勢
拒絶する対象　⇒フェアバーン理論
拒否　⇒否認
近親姦
近親死　⇒死別
禁欲規則
禁欲主義
クヴァード症候群
空虚感
空想　⇒幻想
具象的思考
具体象徴
クライン学派
グラディーヴァ
グリッド
訓練分析　⇒教育分析
K　⇒ビオン理論
経済論的観点
芸術　⇒創造性
形象性
傾聴
系統発生　⇒個体発生／系統発生
劇化
結合　⇒拘束
結合両親像
検閲
限界設定　⇒リミットセッティング
幻覚
幻覚的願望充足
元型
原幻想

原光景
健康への逃走
言語化
言語表象 ⇒事物表象／言語表象
顕在内容
顕在夢
原始腔
原始群
現実
現実化 ⇒ビオン理論
現実界／想像界／象徴界
現実感
現実原則
現実検討
現実自我 ⇒快感自我／現実自我
現実神経症
現実不安 ⇒不安
原始的防衛機制
現象学
原初自我
原初の母性的没頭
幻想
幻想上の相互作用
幻想の赤ん坊 ⇒想像の赤ん坊
現存在分析
原父
健忘
幻滅 ⇒脱錯覚
原抑圧
後アンビバレンス期 ⇒前アンビバレンス期／後アンビバレンス期
行為障害
好奇心 ⇒知識本能
攻撃エネルギー ⇒中性化［心的エネルギーの］
攻撃者との同一化
攻撃性
攻撃欲動
交叉的様式等価 ⇒無様式知覚

恒常原則
口唇期
口唇サディズム期
口唇性格
構成〔構築〕 ⇒再構成
構成主義
構成主義的精神分析
構造変化
構造論的観点
拘束
拘束エネルギー ⇒自由エネルギー／拘束エネルギー
行動化
肛門期
肛門サディズム
肛門性格
後抑圧
合理化
国際精神分析協会〔IPA〕
後催眠暗示
個人心理学
個体化 ⇒分離-個体化
誇大自己
個体発生／系統発生
固着
古典的分析技法
コミュニカティヴ精神療法
孤立 ⇒ウィニコット理論
コンストラクティヴィズム ⇒構成主義, ⇒構成主義的精神分析
コンテイナー／コンテインド
コンテイニング
コンプレックス
困惑状態

さ行

罪悪感
罪悪感の人 ⇒悲劇の人

再演 ⇒アクティング・イン
再建 ⇒修復
再構成
サイコセラピー ⇒精神療法
サイコドラマ ⇒心理劇〔サイコドラマ〕
再身体化
罪責感 ⇒罪悪感
再接近期危機
催眠浄化法 ⇒カタルシス法
催眠分析
催眠法
作業同盟 ⇒治療同盟
錯誤行為 ⇒失錯行為
錯覚 ⇒脱錯覚
サディズム
サド-マゾヒズム
サプレッション ⇒抑圧
三者関係 ⇒二者関係／三者関係
死
自慰
ジェノグラム ⇒世代間伝達
シェル・ショック
ジェンダー・アイデンティティ
自我
自我異和的 ⇒自我親和的
自我化
自我カテクシス
自我関係性
自我感情 ⇒フェダーン
自我機能
自我境界
自我境界喪失症候群
自我欠損
自我自律性
自我心理学
自我親和的
自我装置 ⇒自我

自我同一性〔エゴ・アイデンティティ〕
自我による自我のための一時的・部分的退行 ⇒適応的退行〔ARISE〕
自我の葛藤外領域
自我の分裂
自我の変容
自我備給 ⇒自我カテクシス
自我本能
自我理想
自我リビドー／対象リビドー
時間 ⇒無時間
時間制限精神療法 ⇒短期精神療法
自虐性 ⇒マゾヒズム
自虐的世話役
刺激障壁
自己
自己愛〔ナルシシズム〕
自己愛型対象選択
自己愛構造体
自己愛神経症
自己愛的怒り
自己愛転移
自己愛パーソナリティ
自己暗示
思考
思考同一性 ⇒知覚同一性／思考同一性
思考の全能
自己開示
自己感
自己自身への向け換え
自己視線恐怖 ⇒視線恐怖
自己実現
自己心理学
事後性
自己対象
自己対象転移 ⇒自己愛転移

収録項目一覧

自己同一性　⇒自我同一性〔エゴ・アイデンティティ〕	事物表象／言語表象	象徴	深層心理学
	自分　⇒本当の自己	象徴化〔象徴作用〕	身体化
自己表象	自閉期	象徴界　⇒現実界／想像界／象徴界	身体からの迎え入れ
事故頻発人格	自閉症		身体自我
自己‐不変要素	自閉対象	象徴形成	身体図式
自己分析	自閉の利用	象徴的実現	身体像
自己変容的　⇒環境変容的適応／自己変容的適応	自閉‐隣接ポジション	象徴等価物	診断
	死別	情緒応答性	診断面接
	社会参照	焦点化精神療法	心的エネルギー　⇒エネルギー
自己保存本能（欲動）	社会的性格	衝動	
自己モニタリング	社会的ひきこもり	情動	心的外傷　⇒外傷
自殺	自由エネルギー／拘束エネルギー	衝動行為	心的加工　⇒二次加工
思春期〔青年期〕		情動調律	心的葛藤　⇒葛藤
自傷行為	宗教	情動の中核自己	心的空間
支持療法	終結　⇒治療終結	情動等価（物）	心的決定論
システム自我　⇒パーソン自我	集合的（普遍的）無意識	衝迫〔欲動の〕	心的現実
	修正感情体験	植物神経症	心的構造論　⇒構造論的観点
システム論	充足体験	女性性	
施設症　⇒ホスピタリズム	従属的自我	女性段階	心的装置
	集団心性	女性的マゾヒズム	心的退避　⇒病理構造体〔病理的組織化〕
視線恐怖	集団精神療法	処罰欲求	
自然人（の理念）	集団ヒステリー　⇒集団心性	除反応	心的表象，心的代表　⇒表象
自体愛		自律性	
実演　⇒アクティング・イン	集団力学	心因〔精神発生〕	心的平衡
	修復	心因性加重	新フロイト派
失感情症　⇒アレキシサイミア	重複決定　⇒重複決定	心因性健忘	心理劇〔サイコドラマ〕
	終末快感　⇒先駆快感	人格〔パーソナリティ〕	心理検査
実験神経症	自由連想法	人格化	心理療法　⇒精神療法
失錯行為	主観性	人格障害	神話
実証研究（治療）	主観的対象	心気症	垂直分裂／水平分裂
実証研究（理論）	主体	審級	スキゾイド・パーソナリティ
嫉妬	主体〔精神分析の〕	神経質	
疾病因性神経症	出産外傷	神経症	スクィグル・ゲーム
疾病への逃避	受動‐攻撃型人格　⇒DSM-IV人格障害	神経症的性格	スクリーン・メモリー　⇒隠蔽記憶
疾病利得		神経衰弱	
至適フラストレーション	受動的　⇒能動的／受動的	神経性過食症　⇒摂食障害	スコポフィリア　⇒倒錯
児童虐待			ストーミー・パーソナリティ
児童精神医学	守秘義務	神経性無食欲症　⇒摂食障害	
自動性不安	シュルレアリスム		スーパービジョン
児童分析	シュレーバー〔症例〕	信号探査情動	スプリッティング
シニフィアン	昇華	信号不安	スペシャル・ペイシェント
死の本能（欲動）	浄化法　⇒カタルシス法	審査分析	
支配欲動	状況分析	侵襲　⇒偽りの自己	性愛〔セクシュアリティ〕
自発性	症状形成	心身医学	
	症状行為	心身症	性愛化

性愛的自己愛 ⇒破壊的自己愛／性愛的自己愛
性愛的マゾヒズム
性格
性格神経症
性格抵抗
性格の鎧
性格分析
性格類型
性感帯
性器愛 ⇒性器性優位
性器期〔性器体制〕
生気情動
性器性優位
性器的性格
性機能障害
成功した時に破滅する人物
制止
精神自我 ⇒身体自我
精神神経症
精神-性的発達
精神内的
精神病
精神病性転移
精神病性不安
精神病的パーソナリティ／非精神病的パーソナリティ
精神分析
精神分析家
精神分析過程
精神分析可能性
精神分析家の資格
精神分析技法
精神分析的精神療法
精神分析療法
精神分裂病
精神力動
精神療法
生成分析論的観点
性転換症 ⇒性別同一性障害
性同一性 ⇒ジェンダー・アイデンティティ

性同一性障害 ⇒性別同一性障害
性倒錯 ⇒倒錯
生得的解発機構〔IRM〕
青年期心性
生の欲動（本能）
性別同一性障害
性欲
性欲動 ⇒欲動
赤面恐怖 ⇒視線恐怖
世代間伝達
積極技法
窃視症 ⇒倒錯
摂食障害
設定〔セッティング〕 ⇒治療構造, ⇒分析状況
Z氏〔症例〕
絶滅不安
前アンビバレンス期／後アンビバレンス期
前意識 ⇒無意識
前意識的自動性
前エディプス期（の）
前エディプス的父親
前額法
先駆快感
潜在空間 ⇒可能性空間
潜在内容
前思春期
前性器期
漸成説
戦争神経症
全体対象
選択的無視
全知 ⇒万能
潜伏期
潜伏性精神病
羨望
素因
躁うつ病
早期エディプス・コンプレックス
双極自己
相互性

早熟な肛門帯覚醒
想像
想像界 ⇒現実界／想像界／象徴界
創造性
想像の赤ん坊
躁的防衛
層分析
相補系列
遡行作用 ⇒事後性

た行

退行
対抗恐怖症
対抗転移 ⇒逆転移
対象
対象a
対象関係
対象関係論
対象恒常性
対象選択
対象喪失
対象の使用 ⇒ウィニコット理論
対象表象 ⇒表象
対象リビドー ⇒自我リビドー／対象リビドー
対人関係論
対人恐怖
体内化
対面法
大洋感情
代理形成
対立物への（欲動の）逆転 ⇒逆転〔反対物への〕
妥協形成
多形倒錯
多元解釈〔重層的解釈〕
多元機能の原理
多元決定 ⇒重複決定
他者
多重人格
だっこ ⇒抱えること〔ホールディング〕

脱攻撃化
脱錯覚
脱人格化 ⇒人格化
脱性愛化 ⇒中性化〔心的エネルギーの〕
脱備給 ⇒備給〔充当, 給付〕
タナトス ⇒死の本能（欲動）
タビストック・クリニック
タブー
ダブルバインド
ターミナルケア
短期精神療法
男根 ⇒ファルス
男根期
男根中心的
男根の自己愛的性格
男根的女性（母親）
男性性
男性的抗議
断片化
チェスナット・ロッジ病院
知覚同一性／思考同一性
知識本能
知性化
父親〔父性〕
父親殺し
父親コンプレックス
父親なき社会
父の名
乳房
中核葛藤テーマ〔CCRT〕
中間学派 ⇒独立学派
中間領域 ⇒可能性空間
中心的自我
中性化〔心的エネルギーの〕
中断
中断療法
中立性
超自我

ix

収録項目一覧

重複決定
直接分析
直面化
直観
貯溜ヒステリー
治療契約
治療構造
治療構造論
治療終結
治療的退行
治療同盟
治療目標
通時的視点 ⇒共時的観点／通時的観点
償い
DSM-IV人格障害
抵抗
抵抗分析
ディック〔症例〕
適応的退行〔ARISE〕
適応論的観点
デジャ・ヴュ ⇒既視感
哲学
徹底操作
テレパシー〔遠隔伝心〕
転移
転移神経症
転移性精神病
転移抵抗
転移分析
転換
転換ヒステリー
転機
同一化
同一性 ⇒アイデンティティ
同一性拡散症候群
同一性危機 ⇒アイデンティティ
同一性障害
投影
投影同一化（視）
投映（影）法
動機
統合

倒錯
洞察
投射 ⇒投影
同性愛
統制分析
道徳的マゾヒズム
同胞葛藤
特定行為
独立学派
トーテム ⇒タブー
ドラ〔症例〕
取り入れ
取り入れ同一化
ドロップアウト ⇒中断
貪欲

な行

内向／外向
内在化
内的世界／外的世界
内的対象／外的対象
内的対象関係 ⇒対象関係
内的ワーキングモデル
ナルシシズム ⇒自己愛〔ナルシシズム〕
二次加工
二次過程 ⇒一次過程／二次過程
二者関係／三者関係
二重拘束 ⇒ダブルバインド
二重人格 ⇒多重人格
二次利得 ⇒疾病利得
二相説
二大本能論
日中残滓物〔昼の残滓〕
日本語臨床
日本精神分析学会
日本精神分析協会
乳幼児観察
乳幼児精神医学（保健）
ニュー・オブジェクト
尿道性愛
認知

ネオセクシュアリティ
ねずみ男〔症例〕
涅槃原則
能動的／受動的
のみ込まれる不安

は行

背景対象〔一次同一化の〕
排除
賠償神経症 ⇒疾病利得
背面椅子式自由連想法
破壊的自己愛／性愛的自己愛
破壊欲動 ⇒死の本能（欲動）
迫害的罪悪感／抑うつ的罪悪感
迫害不安
剥奪
白昼夢
恥
パーソン自我
八カ月不安 ⇒人見知り
発生論的観点
発達葛藤
発達阻害
発達促進環境 ⇒抱える環境
発達停止
発達ライン
パニック障害 ⇒不安神経症
母親〔母性〕
母親参照
母親‐乳児ユニット
パラタクシックなゆがみ ⇒サリヴァン
パラノイア
パラフィリア ⇒倒錯
パラフレニー
パラメーター
歯をもった膣
反社会性
ハンス少年〔症例〕

反動形成
ハンドリング ⇒抱えること〔ホールディング〕
万能
万能的コントロール
反復強迫
悲哀 ⇒喪の仕事〔悲哀の仕事〕
Ps↔D ⇒ビオン理論，⇒抑うつポジション
ビオン理論
被観察乳児 ⇒臨床乳児
ひきこもり
備給〔充当，給付〕
ピグル〔症例〕
悲劇の人
ヒステリー
ヒステリー人格
非精神病的パーソナリティ ⇒精神病的パーソナリティ／非精神病的パーソナリティ
悲嘆反応
否定
非定型児童
人見知り
ひとりでいる能力
否認
皮膚自我
ヒポコンドリー ⇒心気症
秘密
表出療法
表象
病態水準
平等に漂う注意
病理構造体〔病理的組織化〕
ファルス
不安
不安神経症
不安信号説
ファンタジー ⇒幻想
不安ヒステリー

収録項目一覧

フィロバティズム ⇒オクノフィリア／フィロバティズム
フェアバーン理論
フェティシズム
フェレンツィ的治療態度
フォルト-ダァ〔糸巻き遊び〕
不快原則
不感症 ⇒性機能障害
無気味なもの
双子分身転移
附着同一化
物象化
浮動性不安 ⇒不安神経症
不能 ⇒性機能障害
部分対象
部分欲動
父母治療
ブリーフ・サイコセラピー ⇒短期精神療法
プレイセラピー ⇒遊戯療法
フロイト左派
フロイト的治療態度
文化
分化期
文化人類学
分析家の受身性
分析可能性 ⇒精神分析可能性
分析状況
分析心理学
分析の隠れ身
分析の道具
分離 ⇒隔離
分離-個体化
分離不安
分裂〔分割〕 ⇒スプリッティング
分裂機制
分裂的パーソナリティ ⇒スキゾイド・パーソナリティ

分裂病因性母親
分裂病型人格障害 ⇒DSM-IV人格障害
平均的に期待される環境
ベーシック・アサンプション ⇒基底的想定〔ベーシック・アサンプション〕
ベータ要素
ペニス羨望
ペニスをもった女性〔ペニスをもった母親〕 ⇒男根的女性（母親）
変化をもたらす解釈
変形 ⇒ビオン理論
変容自我状態
変容性解釈 ⇒変化をもたらす解釈
変容性内在化
変容対象
防衛
防衛機制
防衛神経精神病
防衛的構造
防衛ヒステリー
防衛分析
補償
補助自我
ホスピタリズム
補正的構造
母性的態度 ⇒母親〔母性〕
母性剥奪 ⇒剥奪
母性抑うつ
ほど良い母親
ポリサージェリ
ホールディング ⇒抱えること〔ホールディング〕
本当の自己
本能

ま行

麻酔分析

マスターベーション ⇒自慰
マゾヒズム
マゾヒズム的性格
マターナル・デプリベーション ⇒剥奪
マルチモデル・フロイディアン
未生怨
見捨てられ抑うつ
ミュンヒハウゼン症候群
ミラーリング
見るなの禁止
無意識
無意識的幻想
無意識の集合と対称
向け換え ⇒自己自身への向け換え
無差別微笑
無時間
夢想
無様式知覚
無力感
明確化 ⇒介入
メタサイコロジー
メニンガー・クリニック
メランコリー
メルツァー理論
妄想
妄想型人格 ⇒DSM-IV人格障害
妄想分裂ポジション
盲点化
目標 ⇒欲動
モデル ⇒コンテイナー／コンテインド，⇒神話
もともとの自我 ⇒原初自我
物語モデル
喪の仕事〔悲哀の仕事〕
モーメント
モラトリアム
モルティドー

や行

役割対応性
やさしさ
山あらしジレンマ
やり直し
遊戯療法
融合／解離〔欲動の〕
誘惑理論
融和した自己（期）
夢
夢の仕事 ⇒夢
ユーモア
ユング派 ⇒分析心理学
よい対象／わるい対象
幼児健忘
幼児神経症
幼児性欲
予期不安〔期待不安〕
抑圧
抑圧されたものの回帰
抑圧の柔軟性
抑うつの罪悪感 ⇒迫害的罪悪感／抑うつ的罪悪感
抑うつ不安
抑うつポジション
欲動
欲動解放情動
欲求充足的対象
欲求不満
予備面接 ⇒診断面接
よるべなさ ⇒無力感

ら行

ライウス・コンプレックス ⇒エディプス・コンプレックス
ライフサイクル
ラカン理論
ラットマン ⇒ねずみ男〔症例〕
ラポール〔情緒的疎通性〕
乱暴な分析

リエゾン精神医学
力動　⇒精神力動
力動精神医学
力動的精神療法
力動的観点
力動的構造　⇒フェアバーン理論
力動的定式化
理想化
理想化転移　⇒自己愛転移

理想自我
リチャード［症例］
RIGs
リビドー
リビドーの組織化〔リビドーの体制〕
リフュエリング〔情緒的燃料補給〕
リミットセッティング
両価性　⇒アンビバレンス

両性具有　⇒両性素質
両性素質
臨床乳児
類催眠状態
類催眠ヒステリー
累積外傷
ルーシー・R嬢［症例］
ルネ［症例］
例外人
レズビアン　⇒同性愛
劣等コンプレックス

練習期
ロールシャッハ・テスト

わ行

歪曲
ワークスルー　⇒徹底操作
わるい対象　⇒よい対象／わるい対象
われわれ体験

収録項目一覧

【人名】

アイヒホルン, アウグスト
アッカーマン, ネイサン・W
アドラー, アルフレッド
アブラハム, カール
アリエティ, シルヴァーノ
アレキサンダー, フランツ
アンドレアス - ザロメ, ルー
ウィニコット, ドナルド・ウッズ
エムディ, ロバート・N
エリクソン, エリク・ホンブルガー
エリス, ヘンリー・ハヴロック
エレンベルガー, アンリ・フレデリク
オグデン, トーマス・H
小此木啓吾
ガンザレイン, ラモン・C
ガントリップ, ハリー
カンバーグ, オットー・F
キューブラー - ロス, エリザベート
ギル, マートン・M
クライン, メラニー
クリス, エルンスト
クリステヴァ, ジュリア
グリーネーカー, フィリス
グリーンソン, ラルフ・R
グロデック, ゲオルク
古澤平作
コフート, ハインツ
サリヴァン, ハリー・スタック
サールズ, ハロルド・F
サンドラー, ジョゼフ
ジェイコブソン, イディス
シェーファー, ロイ
ジャクソン, ジョン・ヒューリングス
ジャネ, ピエール
シャルコー, ジャン・マルタン
シュヴィング, ゲルトルート
シュテーケル, ヴィルヘルム
ジョゼフ, ベティ
ジョーンズ, アーネスト
シルダー, パウル・フェルディナント
ジルボーグ, グレゴリー
スィーガル, ハンナ
スターン, ダニエル・N
ストラー, ロバート・J
ストレイチー, ジェームズ
ストロロウ, ロバート・D
スピッツ, ルネ・A
ソンディ, レオポルド
タウスク, ヴィクトール
タスティン, フランセス
土居健郎
ドイチュ, ヘレーネ
ドゥヴルー, ジョルジュ
ドルト, フランソワーズ
ナイト, ロバート・P
西園昌久
ハイマン, ポーラ
パデル, ジョン・ハンター
バリント, マイケル
ハルトマン, ハインツ
ビオン, ウィルフレッド・R
ビック, エスター
ビンスワンガー, ルートヴィヒ
ファノン, フランツ
フェアバーン, W・R・D
フェダーン, パウル
フェニヘル, オットー
フェレンツィ, シャーンドル
フライバーグ, セルマ
フリース, ヴィルヘルム
ブリュッケ, エルンスト・ヴィルヘルム・フォン
ブレナー, チャールズ
ブロイエル, ヨーゼフ
フロイト, ジークムント
フロイト, アンナ
ブロイラー, オイゲン
ブロス, ピーター
フロム, エーリッヒ
フロム - ライヒマン, フリーダ
ベイトソン, グレゴリー
ベッテルハイム, ブルーノ
ベラック, レオポルド
ボウルビィ, ジョン
ボス, メダルド
ホーナイ, カーレン
ボナパルト, マリー
マイヤー, アドルフ
前田重治
マクドゥーガル, ジョイス
マスターソン, ジェームズ・F
マテ - ブランコ, イグナシオ
マーラー, マーガレット・S
丸井清泰
マルクーゼ, ヘルベルト
ミッチェル, スティーブン・A
ミッチャーリッヒ, アレキサンダー
ミード, マーガレット
メニンガー, カール・A
メルツァー, ドナルド
モデル, アーノルド・H
モレノ, ジェイコブ・L
矢部八重吉
山村道雄
ユング, カール・グスタフ
ライク, テオドール
ライクロフト, チャールズ
ライヒ, ヴィルヘルム
ラカン, ジャック - マリー
ラド, シャンドア
ラパポート, デヴィッド
ランク, オットー
ラングス, ロバート
リヴィエール, ジョアン
リクール, ポール
リッツ, セオドア
リトル, マーガレット・I
リンズレー, ドナルド・B
レイン, ロナルド・デヴィッド
レボヴィシ, セルジュ
レーワルド, ハンス・W
ロジャーズ, カール・R
ローゼンフェルド, ハーバート
ローハイム, ゲザ
ロールシャッハ, ヘルマン

凡　例

I　項目見出しおよび配列
(1) 本事典は中項目を中心に 1,147 項目を収録した．また，巻末には「人名索引」「和文索引」「欧文索引」を収載した．
(2) 項目は事項（症例を含む）と人名とに大別し，それぞれ現代かなづかいにより五十音順に配列した．
(3) 濁音・半濁音は清音とみなし，長音の「ー」は無視した．
(4) 項目名は日本語で表記し，原則として英・独・仏語，必要に応じてラテン語なども付した．
(5) (4)の外国語は，原則として当該用語の出自にかかわらず，英・独・仏語の順で付した．
(6) 見よ項目は，⇒で参照すべき項目を示した．
(7) 事項のうち，RIGs, DSM などの外国語は慣用読みに従って五十音配列中に組み入れた．
　　〔例〕 **RIGs**（アールアイジーエス）
　　〔例〕 **DSM-IV**（ディーエスエムフォー）
(8) 外国人名は，ファミリーネーム，（クリスチャンネーム，）パーソナルネームの順で片かな読みを示し，原綴，生没年を付した．
　　〔例〕 **フロイト，ジークムント**［Sigmund Freud　1856-1939］
　　ただし，同姓の場合は，生年の早い順に配列した．
(9) 項目見出し中の〔　〕（　）［　］は以下の基準に従って用いた．
　　① 〔　〕：同義語・異称・略語を示す場合．
　　〔例〕 **快楽不能症**〔アンヘドニア〕
　　　　　外傷後ストレス障害〔PTSD〕
　　② （　）：二通りの言い方のある場合の挿入・追加．
　　〔例〕 **うっ積不安**（説）
　　③ ［　］：項目に関する補足．
　　〔例〕 **アンナ・O**［症例］
　　　　　慣性原則［ニューロンの］

II　本　文
(1) 用字・用語は常用漢字，新仮名遣いを原則としたが，専門用語，人名などで必要の場合は例外を認めた．
(2) 年号は西暦を用いた．
(3) 『　』は書名・論文名・雑誌名を，「　」，"　"は引用または強調を示す．
(4) 外国人名には，同一項目中の初出に限って下記の要領で原名を付した．
　　〔例〕フロイト Freud, S.
(5) 関連して参照すべき項目を本文末尾に［**関連項目**］として示した．配列は事項・人名の五十音順とした．

III　文　献
(1) 参考文献・人名項目の主著は，巻末の参考文献一覧に一括し，著作者のアルファベット順に配列した．したがって，各項目の末尾には著作者名と刊行年のみを示してある．刊行年を示す数字の後の a, b…は，同一著作者の同一年の著作が 2 点以上あがっている場合の区別であるが，同一年内の順序を示すものではない．
(2) 本文中に引用したフロイト Freud, S. の文献の年号は原則的に刊行年とし，文脈上の必要に応じて執筆年を［　］内に記した．

あ

愛

[英] love
[独] Liebe
[仏] amour

[愛と性] 愛というのは古来哲学者をはじめ多くの人が思索して来た主題だが，精神分析が問題とするのは，愛の発現が性的発達に準拠しているという洞察である。このことは欧米語で愛を意味する語（love, lieben, aimerなど）が単に精神的愛情の場合だけではなく，性的交わりの際にも使われるという事実が暗示している。性的発達は性感帯が口唇帯・肛門帯・性器帯の順で発動してくることに条件づけられるが，性的発達の最終目的は生殖であるから，生殖を可能にする愛を性器愛 genital loveと呼ぶ。そしてそれこそが最も成熟した愛でなければならないという暗黙の前提が精神分析的思考に含まれている。

[愛することと愛されること] 上記の考えに含まれている価値判断は，愛することは愛されることにまさるというもう一つの価値判断と重なっているように見える。後者についてはキリスト教の影響の結果のように思われることが多いが，すでにアリストテレスにそのことが明記されており，フロイト Freud, S. もその系譜につながると考えられる。彼によればナルシシズムと呼ばれる発達の最初期は完全な自己愛の段階で，「ついで客体としての自己あるいは主体としての自己が外界の対象に取って代わられることにより，積極的に愛する目標ないしは受身の愛される目標が招来されるが，後者はナルシシズムに近接している」（1915）というのだから，愛されることを求めることは精神的に未熟ということになる。フロイトはまた異性選択において親に似た人物を選ぶ場合を依託型対象選択，自分自身に似た人物を選ぶ場合を自己愛型対象選択と呼んだが，どちらも愛することより愛されることに比重がかかっていると見ることができるだろう。

[愛と「甘え」] 愛することを愛されることより持ち上げてみても，実際には愛される側がそれを受け入れるのでなければ，愛は成立しない。また双方とも愛することの方が重要で，愛されるのは二の次だと果たして言えるだろうか。そう言ってみても，事実その通りなのかどうかは多分にあやしい。というのは愛すると言いながら，無意識に愛されることを求めていることが多いからである。これは欧米語でもっぱら「愛する」と言っている場合にもあてはまる。この場合愛されることを求めるのが無意識なことこそが問題である。この点は愛されることを「甘える」で置き換えてみるとはっきりする。「甘え」は本来非言語的な心理でしばしば無意識であるからである。甘えるのは幼児ばかりと限らない。大人も知らず知らず甘えている。したがって甘えを排するものは愛を育てず，愛に拒否的となる。なお「甘える」は自発性が含意される点，「愛される」よりもより正確であるということができる。

（土居健郎）

[関連項目] 甘え，自己愛〔ナルシシズム〕，性愛，リビドー
[文献] Freud, S.（1914c, 1915c）

アイザカウワー現象

[英] Isakower phenomenon

オーストリアの精神分析家アイザカウワー Isakower, Otto（1889-1972）が記載した精神現象。Isakowerは原語読みすればイザコウワー。口，皮膚，手，その他身体のあちこちの広い範囲に強まったり，後退したり異様な感覚が生じることを言う。このような現象は本来，入眠時に起きることが多いが高熱や強いストレス状況でも生じる。アイザカウワーはこれらの感覚現象をデジャ・ヴュ（既視感）やてんかん性アウラ（前兆）と区別し人生ごく早期の口腔性剝奪などの外傷体験の再現であるとした（1936）。今日風に言えば心的外傷後ストレス障害にみるフラッシュバック現象と共通する理解である。

このような現象は精神分析家たちの多くの関心をあつめ記載がより詳しくなった。例えば，アメリカ精神分析学会の『精神分析事典』（福島章監訳，1995）では，「これを体験する者は，あたかも浮いたり沈んだりするようなめまいを感じる。口と皮膚，体と外界，内部と外部など身体の諸部分が混じりあう。風船かランプのような何かぼんやりとして不明瞭なものが見える。何か丸いものがしだいに近くにきて，巨大な大きさに膨張し，よけないと押しつぶされそうになったり，しだいに小さくなってなくなってしまったりする」と記載されている。

この「何か丸いものがしだいに近くにきて，巨大な大きさに膨張し，よけないと押しつぶされそうになったり」という記載をした精神分析家によって，それは人生ごく早期の母親の強制的授乳行為のときの知覚の再現と解釈されていた文献を読んだことを記憶している。すなわち，アイザカウワー現象を人生早期の外傷体験の再現と理解する意見である。先に紹介したアメリカ精神分析学会の記述によるとエディプス的ファンタジーが再現されることに関する防衛に役立つとも指摘している。

この現象は筆者の観察によると決して稀なものではな

い．寝椅子の上での自由連想法，薬物精神療法の中でしばしば経験されるものである．寝椅子の上で体が浮いたり沈んだり，大きくなったり小さくなったり，天井が下りてきて圧しつぶされそうになったり，ペニスが切断されそうな感覚になったりが，みられる．つまり，感覚遮断現象と共通性が存在すると思われる．精神分析状況が自我態勢を変容させるのであろう．　　　　（西園昌久）

[関連項目] 原始腔，心的空間
[文献] American Psychoanalytic Association (1990a), Isakower, O. (1938)

愛他主義
[英] altruism
[独] Altruismus
[仏] altruisme

利他主義と訳出されることもある．愛他主義はアンナ・フロイト Freud, A. が自我の諸防衛機制を検討する中で，防衛の特異なタイプとして「攻撃者との同一化 identification with the aggressor」と並んで提示した．両者とも，抑圧機制に基づくのではなく投影機制を基底において外界対象との関係に実演 enactment されることに特徴がある．彼女は，愛他主義の例として「オールドミスの結婚仲介人」や，ロスタンの戯曲『シラノ・ド・ベルジュラック』の中でシラノが彼自身が愛する女性ロクサーヌと彼の友人クリスチャンの恋愛が成就するよう熱心に援助し，のちには結婚したその恋敵クリスチャンの生命を自己犠牲を払っても懸命に守ろうとする姿をあげている．このように他者の本能欲動の充足のために，自らの本能充足は放棄しつつ喜んで献身する態度が愛他主義の特徴である．アンナ・フロイトはここに働いている機制は本能欲動の投影による他者への「愛他的な譲り渡し」(Bibring, E.) であるという．ここには超自我が，おのれの自我と本能欲動とが関係する場合には非難を浴びせ許容しないが，他人の本能欲動には寛容であることがある．ゆえに本能欲動を満たしているその他人に同一化することで自分の本能を満足させ，行動として解放することになる．このために他人の本能の満足に尽くす行為がなされる．愛他主義においては，本能欲動が他人に譲り渡されたときには，その人物の人生が自分の人生よりも大事なものとなる．ゆえに自らの死は恐れられないし，本能欲動を譲渡された人物の死は，抑圧されていた敵意に基づいた死の願望が充足される体験となるよりもおのれの願望を充たそうとする望みの崩壊となる．つまりこの行動の本質は自己愛的な利己主義であり，外面に現れる行動としては愛他主義の形を取っていることである．

この社会的に許容されやすい形態を取るために活用されている自我の防衛機制としては，投影と並んで同一化が使われているという．対象関係論からの別の表現をするなら，欲動的自己部分がスプリットされ外界対象に投影同一化 projective identification されている，と言い換えることができよう．もちろん愛他的な態度はこのように投影と同一化によってなされるだけではなく，マゾヒズムに基づくものや置き換えや昇華の機制によってももたらされるが，前者のみをアンナ・フロイトは特異な形態として強調している．また彼女は愛他的な譲り渡しの状況と男性の同性愛を決定づける状況には類似性があることも指摘している．　　　　（松木邦裕）

[関連項目] 攻撃者との同一化，投影，投影同一化（視），防衛機制
[文献] Freud, A. (1936)

愛着　⇒アタッチメント
[英] attachment

アイデンティティ
[英] identity
[独] Identität
[仏] identité

精神分析の用語として初めてエリクソン Erikson, E. H. によって用いられた．同一性とも訳されている．はじめはライフサイクルの青年期の心理社会的危機を説明する用語として使われたが，しだいにもっと広く臨床的概念として，また心理社会的状況の説明概念として用いられるようになった．「アイデンティティは自分自身に対して持続的に同じであるという感覚と，他者とある種の本質的な特質を持続的に共有しているという感覚の両方を含んでいる」とされているが，生育史を含めて時間的に一貫した自分感覚，つまり一貫性 consistency と，周囲の他者や同年輩の経験の本質的な部分を共有しているという感覚，つまり斉一性 sameness の感覚を有していることを要件としている．

アイデンティティの否定的な側面はアイデンティティ拡散 identity diffusion や混乱 identity confusion として示される．これは臨床上重要な指標になる．また，アイデンティティ概念によって，青年期の精神病理が発達的な一時的混乱としてとらえられるものがあることが明らかにされた．また，アイデンティティの形成にはそれ以前に社会的に退却したり，内閉的になったりする時期や心的過程が存在することを明らかにした．これがモラトリアム moratorium と呼ばれるものである．これはアイデンティティ模索の時期と考えられた．小此木啓吾はこのモラトリアム概念を独立した概念として扱い，わが国

の青年や日本人の心性の分析に用いて，必ずしもアイデンティティの形成につながらないモラトリアムを現代の青年期の行動特徴としてとらえ，新しい観点を示した。

アイデンティティの感覚は両親をはじめ重要な人物との同一化および身体感覚，社会的な取り扱われ方によってしだいに分化する自己意識，自己概念を基礎としている。このような自己感覚の核心の形成はエディプス期に求められることをジェイコブソン Jacobson, E. は示した。これをコア・アイデンティティ core identity と呼んでいる。また，性別の意識や慣習は幼児にジェンダーの意識を植え付け，ジェンダー・アイデンティティ gender identity の基盤となる。アイデンティティ形成のプロセスとして「同一化から同一性へ」from identification to identity という道のりのあることが明らかにされている。

アイデンティティの意識はこのように幼児期からの重要な心理的働きであるが，また成人期や高齢期においてもアイデンティティの形成や混乱，拡散が注目され，臨床的にもこの点からの処遇が考えられるようになっている。

アイデンティティの成分として，エリクソンは「時間的展望」「自己確信」「役割実験」「達成期待」「性的アイデンティティ」「指導性と服従性」「イデオロギーへの帰依」をあげている。これには心理社会的な危機と同様に，否定的な側面がそれぞれ拮抗的に存在している。また，臨床的な研究のみならず，発達心理学や青年心理学において，アイデンティティを操作的にとらえようとする試みがなされている。マーシャ Marcia, J. E. のアイデンティティ・ステイタス identity status の研究やディグナン Dignan, M. H. の尺度化した研究はその代表的なものである。
　　　　　　　　　　　　　　　　　　　（鑪幹八郎）

[関連項目] 漸成説，同一性拡散症候群，ライフサイクル
[文献] Dignan, M. H. (1965), Erikson, E. H. (1950, 1959a, 1968), Marcia, J. E. (1966), 小此木啓吾 (1986)

アクティング・アウト　⇒行動化
[英] acting out

アクティング・イン
[英] acting in
[仏] acting in (mise en acte)

精神分析の治療場面内での行動化のこと。アクティング・アウトを，「アウト」の空間的意味合いから，治療場面外での行動化に限る場合に対比させていう。フロイト Freud, S. は行動化については，記憶の想起・言語化に対する抵抗という側面とともに，転移と同様の反復強迫やコミュニケーションとしての側面も論じた。しかしその後，転移や逆転移の場合と同様，治療を妨げるものとしての抵抗の側面が強調された。行動化を分析家へのコミュニケーションの一方法として理解しようとする場合，それをじかに体験し関与できるアクティング・インは重要である。フェニヘル Fenichel, O.，ゼリックス Zeligs, M.，バリント Balint, M. らの後，ジョゼフ Joseph, B. はことに全体状況 total situation としての転移の考えに基づき，アクティング・インを重視した。すなわち，転移の中では，被分析者の早期の，特に投影同一化に基づく原初的な対象関係，防衛，葛藤のほとんどすべてが言語化されるのではなく演じられる。そこでは被分析者は，不安を避けるために，話しぶりや声色の変化も含めた実演 enactment・行動化を通して分析家に微妙な圧力をかけ，分析家も一緒に行動化させ自己の防衛システムに引き込み，心的平衡を保とうとする。分析家は自分がどのように使われるかに注目することで被分析者の内界をよりよく知る機会を得るが，これらの多くは逆転移によってしかとらえられない言葉を越えた体験である。
　　　　　　　　　　　　　　　　　　　（古賀靖彦）

[関連項目] 行動化，心的平衡，転移
[文献] Balint, M. (1968), Fenichel, O. (1941), Freud, S. (1914f), Joseph, B. (1978, 1985), Zeligs, M. (1957)

アクロポリス体験
[英] Acropolis experience

1904年9月，フロイト Freud, S. がアクロポリスで2時間を過ごしたときに体験した非現実感のことで，自我の防衛機制の一つである非現実化に関する体験を意味する。彼は，目の前にあるものが実在しているのか信じられず，自分たちがアクロポリスにいるというのは本当であろうか，と同伴していた弟にたずねて困惑させたという。20年以上たってからも彼は，アクロポリスの琥珀色の柱は生涯で見たもっとも美しいものであったと言い，ロマン・ロラン Rolland, R. にあてた手紙 (1937) の中で，この特異な体験を分析している。

フロイトは，目の前にあるものが奇妙に信じられなくなるというこの体験を，その素晴らしい場所をいつか訪れることができることは貧しい医学生の頃には信じられなかったのに，それが実現したために生じた経験であると解釈し，ひいては父のなしとげた以上のことをして父をしのぎたいという禁じられた願望にも結びついているとした。さらに彼は，このような心理体験が，成功するとそれに耐えられなくなって破滅するタイプの人物の心理と共通するものがあると指摘した。　（小此木加江）

[関連項目] 既視感，成功した時に破滅する人物
[文献] Jones, E. (1957)

アサーティブネス
[英] assertiveness

　コフート Kohut, H. の用語。攻撃性 aggression を一次的な欲動としてではなく，二次的な崩壊産物（自己対象の共感不全から来る反応性のもの）としてとらえ，新生児の自己に生まれつき備わっているのは，生きることへの自信と確固とした態度（＝健全な自己主張＝アサーティブネス）であると考えるコフートの理解は，新生児をヘルプレス helpless な存在としてとらえる自我心理学とは好対照をなす。彼は言う。「記述的な用語で言えば，攻撃性に関する行動上の基本は，荒れ狂って破壊的な赤ん坊ではない。それは，初めから，アサーティブな赤ん坊であり，その赤ん坊の攻撃性は，きっぱりした態度（アサーティブネス）と安心感の構成要素である」，「新生児の呼吸器が，大気中の酸素を何のためらいもなく当てにするように，新生児の自己は，彼の心理的ニードと願望をこまやかに感じ取ってくれる共感的環境（自己対象としてある母親）を，これまた何のためらいもなく当てにしている」，「攻撃性はアサーティブネスの一部である」，「共感的対応を初めから受けている限り，新生児にはもともと攻撃性はない」。　　　　　　（丸田俊彦）

　[関連項目] 自己心理学，自己対象，コフート
　[文献] Kohut, H. (1977), 丸田俊彦 (1992)

阿闍世コンプレックス
[英] Ajase complex
[独] Ajase-Komplex
[仏] complexe d'Ajase

　古澤平作が提起し小此木啓吾が発展させた仏教的な精神分析理論。阿闍世とは，印度の釈迦時代の仏典に登場する王子の名前。古澤は1932年，フロイト Freud, S. のもとに『罪悪意識の二種（阿闍世コンプレックス）』という論文を提出した。古澤は，涅槃経，教行信証，観無量寿経などのそれぞれの仏典に語られている阿闍世の物語から，やがて，古澤版阿闍世物語（1953）を構成し，さらに小此木が追加した。

　昔，お釈迦様の時代，王舎城に頻婆娑羅という王がいた。その妃の韋提希は年をとって容姿が衰え，夫の愛が自分から去っていく不安から王子が欲しいと強く願った。すると，ある予言者から，山にいる仙人が天寿を全うして入滅（死去）した後に韋提希の子として生まれ変わるという話を聞かされた。しかし，妃は，夫の愛が薄れるのを恐れるあまり，その年を待てないでその仙人を殺してしまった。そして仙人は，妃を怨みながら「自分が生まれ変わる王子は父を殺す大罪人になる」という呪いの言葉を残した。やがて韋提希は身ごもったが，仙人の呪いが恐ろしく，その子を堕ろしてしまいたいと願った。しかしそれもかなわず，いざ生む時にもわざと高い塔の上から生み落としたが，その子は指に傷しただけで助かった。やがて成人した阿闍世は，釈迦のライバルである提婆達多から彼の出生の秘密を暴かれた。この囁きによって，その父母に忽然と怨みを抱いた阿闍世は，父を幽閉し，食を与えないで殺そうとしたが，母の韋提希は父の命を助けようとした。この事実を知った阿闍世は母までもとらえて殺そうとした。見かねた忠臣ギバ大臣は，「昔から父を殺して王位を奪ったという話は聞いたことがあるが，母を殺したことはいまだかつて聞いたことがない」と戒めた。食を断たれていた父は死亡し，後悔の念に責められた阿闍世は，全身の流注という腫瘍にかかり悶え苦しんだが，母親が献身的な看護を行い，さらに釈迦との出会いによって救われる。

　古澤は，フロイトのエディプス・コンプレックスと対比し「エディプスの欲望の中心をなすものは，母に対する愛のために父を殺害するところにある。阿闍世の父の殺害は，決して母に対する愛欲にその源を発しているのではない。……むしろ自己の生命の本源たる母が自己を裏切ったとの阿闍世の怒りに発している。実際分析上，母を愛するゆえに父を殺害せんとする欲望傾向のほかに，生命の本源たる母自身の側の愛欲のゆえに裏切られ，母を殺害せんとする傾向を示す精神病者がある。前者を『エディプス錯綜』と名付け，余は後者を『阿闍世錯綜』と名付けたい」と。また，エディプス・コンプレックスにおける処罰おそれ型罪悪感と，阿闍世コンプレックスにおける許されつぐない型罪悪感を区別し，後者を自発的な罪悪感，つまり「懺悔心」と名付けた。フロイトの言う罪悪感とは，父に対する敵意に対する父からの復讐・処罰への恐怖の内在化したものであり，古澤の言う懺悔心とは，母に向けた敵意に対する復讐・処罰が予期に反して与えられず，母の愛によってその罪が受け入れられ許された瞬間に起こる自発的な「悪かった」という気持ちを意味する。すなわちこの場合は，母の愛を媒介にした対象関係の中の罪悪意識である。「処罰への恐怖としての子どもの罪悪の意識と親の許しによってその罪悪の意識が変化させられて，子どもの心に別な罪悪の意識が起こる場合……余は先の罪悪の意識を『罪悪感』と名付け，後の罪悪の意識を『懺悔心』と名付けようと思う」。

　小此木啓吾はこの古澤の阿闍世コンプレックス論をさらに明確化して，国際交流に努め，小此木をはじめ各研究者による以下のような阿闍世コンプレックス研究が進められている。

　第1に，母親，つまり阿闍世の母韋提希とエディプスの母イヨカスタにおける子どもを持つことをめぐる葛藤 preconceptive ambivalence（Feder, L., Raphael-Leff,

J.）とその世代間伝達。imaginary baby および fantasmatic infant とその actual baby への投影をめぐる臨床上のかかわり（Lebovici, S.）。母性社会日本における夫に支えられない妻（母）の悲劇（Lidz, Th.）。患者を引き受ける，引き受けないをめぐる治療者の葛藤など。

第2に，阿闍世における未生怨をめぐって。母親との自己愛的な一体感からの分離や原光景体験に伴う母親に対する恨みと怒りから，アンビバレンス，修復的罪悪感に至る一連の心理過程。理想化された母親幻想の脱錯覚を通して初めてエディプス状況の体験が可能になる小此木の言う「川の字文化」。自己の成り立ちと出生の由来，ひいてはアイデンティティのルーツに対する恨みとその受容。自分の意思を越えて与えられた関係性＝縁に対する恨み，この意味での未生怨転移および逆転移など。

第3に，古澤が提起した「二種の罪悪感」論における許され型と修復型（Grinberg, L.）ないしフロイトの事後の従順に伴う罪悪感（悔やみ）の異同。阿闍世物語における「罪とゆるし」論の転移-逆転移，ひいては治療関係における相互関係論的見地からの研究（小此木）。北山修の，傷ついた母親と強いられた罪悪感の研究。仏教的阿闍世物語を罪そのものの否認・防衛の物語とみなすキリスト教的見地からの批判（Ganzarain, R.）など。

第4に，母の救いを主題とする観無量寿経と，義母の虐待の恨みを癒すために中将姫が織り出した奈良・鎌倉・江戸三代にわたる当麻寺・曼陀羅における阿闍世物語の歴史的意義。古澤版阿闍世物語形成過程そのものが含む古澤自身，あるいは古澤に代表される，エディプス心理を母子心理に置き換える日本的心性に関する批判など。
（小此木啓吾）

[関連項目] エディプス・コンプレックス，罪悪感，世代間伝達，想像の赤ん坊，母親〔母性〕，未生怨，小此木啓吾，ガンザレイン，古澤平作，フロイト，S.，リッツ，レボヴィシ

[文献] Balmary, M. (1979), Feder, L. (1980), 深津千賀子・小此木啓吾 (1993), Ganzarain, R. (1988), Grinberg, L. (1978, 1992), Klein, M. (1948), 古澤平作 (1932, 1953b), Lebovici, S. (1988a), Lidz, Th. & Lidz, R. (1989), 小此木啓吾 (1979b, 1982d, 1988, 1991b), Okonogi, K. (1991), 小此木啓吾・北山修（編）(2001), Raphael-Leff, J. (1991)

アズイフ人格

[英] "as-if" personality
[独] "Als-ob" Persönlichkeit

アズイフ人格（かのような人格）という語は1934年に初めてドイチュ Deutsch, H. によって発表され，1942年の『情緒障害のいくつかの形態およびそれらの分裂病との関係』で詳しく記述された。それは，嘘や偽りの同一化という人間存在の深層にかかわる現象を浮き彫りにし，神経症と分裂病とのはざまに位置する病態の解明を意図したものであり，必ずしも疾患単位としての人格障害が提案されているわけではない。しかし，この概念がスキゾイド，偽りの自己，自己愛人格，境界例などの重篤な人格障害をめぐる議論に大きな影響を与えたことはよく知られている。

この人格の特徴は，(1) 自分では症状として気付かないような離人症状がある。(2) 一見したところ完全な正常性を示すが，しばらく付き合うと「どこか変だ」という印象を他者に与える。その異常性は精神分析療法のなかで初めて明らかにされる。(3) 環境へのみせかけの良い適応と現実との関係を絶えず維持しようとする傾向。(4) 環境に対する完全な受動性：外界からの信号をすばやくキャッチし自分をそれに合わせる。(5) 他者の考えや感情への自己愛的同一化：他者に忠誠を尽くし最初のうちは相手に満足を与えるが，そのうち裏切る。つまり，真の対象備給に基づいた恒常性のある同一化ではなく，変化しやすい。(6) 対象喪失に対して偽の激しい情緒か無感情で反応する。(7) 本質的には内的空虚さがあり，それを埋めるために他者やいろいろな集団に同一化する。(8) 被暗示性が高いがヒステリーと異なり対象備給に欠ける。(9) 攻撃性が受動性によって防衛されているために，ソフトで善良な印象を与えるが，それは容易に悪意に変化しうる。(10) 顕著な昇華過程の障害のため，いろいろな幼児期の同一化がまとまりのある単一の人格に統合されず，さらに不完全で偏った知的すぎる本能衝動の昇華が起きる。(11) これらの結果，自我理想の障害，道徳構造の欠如，エディプス葛藤の欠如が引き起こされる。(12) しかし，原則的に現実検討力は保たれている。

病因として，早期幼児期からの現実的な環境不全の結果，神経症的防衛機制が成立せず自我の脆弱性を引き起こし，小児期から「アズイフ」傾向が認められるという。このようにドイチュは，「見せかけの適応」という対人関係における特徴的状態を抽出し，その背後にある内的対象関係と人格構造の発達的病理を明らかにした。しかし，広く対人関係における「アズイフ」的振舞をみると，それは人格障害だけでなく，健康な思春期青年期の心性（たとえばリフトン Lifton, R. J. のプロテウス的人間）や分裂病の妄想構築の前の状態に見いだしうるし，現代的には虐待の被害者にも認められる。とりわけ精神分析的コミュニケーションでは「あたかも治療者の解釈に同意したかのように」して真の洞察や変化に抵抗するという現象があり，それをマルコーム Malcolm, R. R. は「アズイフ」防衛組織とよんでいる。
（狩野力八郎）

[関連項目] 偽りの自己，嘘，境界性人格障害，自己愛パーソナリティ，スキゾイド・パーソナリティ，同一化

[文献] Deutsch, H. (1942), Grinker, R., Werble, B. & Dryle,

C. (1968), Kernberg, O. F. (1975, 1984), Reich, A. (1953), Rosen, P. (1982)

アセスメント　⇒診断
　［英］assessment

遊ぶこと
　［英］playing

　ウィニコット Winnicott, D. W. の理論における鍵概念のひとつであり，彼の後期の理論は遊ぶことをめぐって展開されたと言ってよい。
　ウィニコットは遊ぶこと playing と遊び play とを区別し，前者を創造的な営みとして位置づけた。幼児が遊びに夢中になっていること preoccupation の発達的意義に着目した彼は，そこで営まれている営みに遊ぶことという言葉を与えた。それは，母親と幼児のあいだ，こころの内側と外側のあいだ，空想と現実のあいだに，一種の中間領域として現れる可能性空間 potential space という場を舞台としている。すなわち，遊ぶことが姿を現すのは，個人の内部と外部の中間の領域である。そのため，遊ぶことにおいては現実が否認されることもなく，空想もまたその生気を奪われない。また，遊ぶことにおいては，さまざまな意味がその現実性を失わずに共存できる。つまり矛盾や逆説が解消されないまま抱かれる。逆説的であるが，子どもは遊ぶことによってこそ世界と真剣にリアルに生き生きと関わることができるのである。ウィニコットにとって，遊ぶことは最初移行現象としてあらわれ，成人のすべての文化的体験にまでつながる発達をとげてゆく連続体であり，人間が生きることそのものをかたちづくっている。
　この概念化は，伝統的に精神分析において遊びという言葉の含蓄していた自体愛的自慰的活動のニュアンスや，クライン Klein, M. の遊戯療法 play therapy における遊びという言葉のもつ，内的世界が外界に姿を現すという意味合いを越えている。ウィニコットが意図したのは，遊ぶことのもつ前進性，創造性の強調であり，外界と内界の中間における相互交流への着目であった。また，彼によれば精神療法そのものが治療者と患者の遊ぶことの重なり合いとして営まれており，したがってその成否は治療者と患者の遊ぶ能力に依存していると考えられる。
　また重要なことは，遊ぶことがリビドーや破壊性の外側にあり，本能的満足を追求する活動とは別の，自我の活動として営まれることである。本能はしばしば自我の自律性を脅かし，遊ぶことの成立を危うくする。遊ぶことが自我の活動であるから，そこでの対象との関係は自我関係性，そこで得られる深い満足は自我オーガズムと記述される。
　この概念は自我心理学，とくにクリス Kris, E. の創造的な退行の議論と重なるところがあることがすでに多くの論者から指摘されている。一方，クライン派は移行対象，可能性空間，遊ぶことについてのウィニコットの議論に，基本的に疑問を呈している。だが，彼らの象徴形成 symbol-formation についての考え方の実質は，遊ぶことという概念と内的な連関をもっていることが指摘されている。
　　　　　　　　　　　　　　　　　　　（藤山直樹）
　［関連項目］移行対象，ウィニコット理論，可能性空間，自我関係性，想像，創造性
　［文献］北山修（1985），Ogden, T. H. (1985), Segal, H. (1991), 牛島定信・北山修（編）(1979), Winnicott, D. W. (1971a)

アタッチメント
　［英］attachment
　［独］Anlehnung
　［仏］étayage

　特定対象との緊密な情緒的結びつき affectional tie を，動機，行動，システム，個体間相互作用，さらには内的表象モデル（内的作業モデル）にわたって多重にとらえようとする概念である。アタッチメント理論の創始者ボウルビィ Bowlby, J. (1969, 1973, 1980) は，有名なローレンツ Lorenz, K. (1950) の「刻印づけ」研究，またハーロー Harlow, H. F. (1958) が実験的な養育条件の下で見た仔ザルの特徴的な行動など比較行動学的知見に触発されている。ヒトの乳幼児における「母性的養育の喪失 maternal deprivation」が子どもの心身の発達を阻害することを示す生々しい具体的データも同様にアタッチメントの重要性を伝えるものとなり，精神内界の力動に注意を傾けるよりも，現実の養育環境にも目を向けることの重要性が主張されて行く。
　ことにボウルビィ自身が分析を受けたクライン派の立場は，彼とは逆であった。つまり当時は，精神病の親とか，親子の急な離別体験など外側の環境要因は問題にせずに，子ども自身の無意識の破壊的ファンタジーこそが子どもの混乱を惹き起こすととらえる考え方に立っていた。このようにアタッチメント研究は精神分析の伝統との間で論争を生みつつ，実証性のある科学的観察研究を指向して，先駆的に進められたわけである。スピッツ Spitz, R. A. と相前後する直接観察的な早期発達のこうした視座は，共に「関係」の早期形成と「個」としての人格発達との緊密な連関を実証的にとらえようとするものであり，現在，エムディ Emde, R. N. (1989), スターン Stern, D. N. (1985), クラメール Cramer, B. (1989) 他による精神分析研究の一潮流へと大きく引き継がれている。後述のマーラー（Mahler, M. S. et al.

1975)の「分離-個体化」研究もその流れに照らして見ると興味新たなものがある。

「愛着」という訳語は、ひなが親に無条件に「懐く」行動さながらにいかにもポジティブな語感をもつが、実証研究が次第に明らかにして行くとおり、必ずしも発達促進的な基盤をなすとは限らないネガティブな質の、あるいは複雑に矛盾をはらんだ質の、意味深長な「結びつき tie」なのである。この辺は臨床の現実と極めてかかわりが深いが、bond（愛情ある絆）の他 bondage（不自由な束縛やとらわれ）をも含む包括的な概念として、アタッチメントはとらえられている。

エインズワース（Ainsworth, M. et al. 1978, 1982）は「ストレンジ場面法 Strange Situation Procedure」を用いた実験を、愛着の個人差への関心から行ったが、愛着に問題があるものを含む複数の愛着スタイルを見出し、今日までそれが愛着理解の一つの基本的枠組みとなっている。1歳児と母親それに実験者が加わる状況で、母子同室から母親退室、不在、そして母子再会に至るまでの計8場面から成る実験デザインを組み、子どもが示す愛着行動について、「分離抵抗」、「近接希求」、「探索活動（安全基地効果）」の観点を合わせた分類が試みられている。その結果（1）A（回避）型、（2）B（安定）型、（3）C（両価）型がまず抽出されている。（1）と（3）は不安定な愛着 insecure attachment スタイルであり、（2）の安定型のようには、分離時の抵抗と再会時の安心（身体接触希求とそれによるなだめられやすさ）、親を安全基地とした積極的探索活動を示さない。つまり、分離時の混乱は（3）が極めて強く、（1）は反応が鈍く、再会時の反応は（3）が激しい怒りと強い身体接触要求という矛盾に満ちたもの、（1）は無関心なまでの回避性を特徴とし、探索活動は（1）は親とは無関係に、（3）は親への執拗なこだわりの中で、いずれも（2）の自由な積極性は示さない点が特徴的であった。エインズワース以来のいくつかの研究報告は、B型が約60-70%、A型が約20%、C型が約10%にほぼ分かれるとしているが、日本ではCが多くAが少ない傾向（三宅、1990）など文化差も一つの論点である。また子どもの中でこれら三型に入らないものについて、他の研究者（Main, M. & Solomon, J. 1990）がビデオ分析し、「バラバラ dis-organised」型ととらえた。再会時にも唐突に不可解な行動を脈絡なく示し、心的外傷や被虐待の背景が指摘されたり、また解離性障害や反社会性人格障害との関連が検討されたりしている型である。これらの愛着型は、親の養育行動 parenting との交互関係の中で形成される点が重要で、生後1年ほどの間母親が子どもに対しどれくらい情緒的応答性を示すか、それがほぼあてにでき、また助けが必要な時適切に応じてくれるか、それらが子どもの健康な自己感と愛着の形成を左右する。エインズワース自身も、親のかかわり方と子どもに認められた愛着型との対応性を家庭訪問観察で認めており、他にも同じ報告がいくつかある。加えて親子の「関係」パターンと子どもの愛着型の持続性につき、1歳時と6歳時で87%の一致率などが報告されている（Grossmans 1991）。この持続性と可変性の問題は、「治療的変化」の観点からも注目されるが、臨床対象に特徴的なのは不安定な愛着型の方である。近年指摘される「世代間伝達」の規模で、その愛着型の持続が、行動面でも、また行動体験の記憶が形成する内的表象モデルにおいても認められるのである。その場合、ボウルビィ（1988）自身も述べる通り、「安全基地」としての治療環境の下でこそ、内的表象世界の再探索と再構成（新しい安定した表象モデルの構築）が期待されることとなる。

生育史を通して形成される愛着表象モデルは個人差に富むが、内的モデルの機能としては、例えば拒否体験のエピソードをさえ強い「結びつき」の方へと方向づけてしまうことで、よりいっそう因われ状態を強めることになったりするのである。

アタッチメントは摂食、性、育児、探索と並ぶ一次動機 primary motivation とされるが、その負の様相への注目が臨床にとり示唆深い。またそれは「関係」と「個」の相互連関的発達に関心を寄せる。「分離」や「独立」を発達の絶対基準とするのではなく、相互依存的関係性の展開に基準を置く点で、コフート Kohut, H. の「自己対象」論などとも親和性のある見解と言えよう。

（斎藤久美子）

［関連項目］安全基地，内的ワーキングモデル，ボウルビィ，マーラー

［文献］Ainsworth, M. D. S., Blehar, M. C., Waters, E. & Wall, S. (1978), Bowlby, J. (1969, 1973, 1980), Cramer, B. G. (1989), Emde, R. N. (1989a), Grossman, K. & Grossman, K. (1991), Harlow, H. F. (1958), Holmes, J. (1993), Lorenz, K. (1950), Mahler, M., Pine, F. & Bergman, A. (1975a), Main, M. & Solomon, J. (1990), 三宅和夫（1990），Stern, D. N. (1985)

圧縮

［英］［仏］condensation
［独］Verdichtung

圧縮は，無意識の過程で起こる機能の表現のひとつである。それは，神経症の症状形成にもあずかるし，失錯行為や機智のなかにも見出される。しかしそれは典型的には，フロイト Freud, S. (1900)によれば潜在的夢思考から夢の顕在内容へと仕上げられる夢の作業のひとつとしてみられる。潜在的夢思考は膨大だが、圧縮によって、数人の人物がひとりの人物に圧縮されたり、複雑な

思考が簡単な表現または新造語として圧縮される。夢の中において圧縮が行われるのは，変化した脳機能を舞台として検閲が行われることに基づく。次に圧縮のみられた言い間違いをフロイト（1916-17）から引用する。若い女性に「よろしかったらお伴しましょう」というつもりで，begleitdigen といってしまった男がいた。これは begleiten（伴をする）と beleidigen（凌辱する）という2つの意向の圧縮である。この言い誤りの隠された意図は明白で，digen という発語が検閲・抑制を免れている。ブロイラー Bleuler, E.（1911）は，分裂病者の意味不明瞭な言語や文章あるいは妄想を，一部は，この圧縮の機制によるものとしている。なお世界の至る所でみられる空想上の動物（日本で典型的なのは，ぬえ）においては，いわば，この圧縮が外的空間に具象化して現れている。そこでは，検閲よりは，おおむね願望の解放が認められる。　　　　　　　　　　　　　　　　（下坂幸三）

[関連項目] 検閲，顕在内容，顕在夢
[文献] Bleuler, E.（1911）, Freud, S.（1900, 1916-17）

アドラー心理学　⇒個人心理学
[英] Adlerian psychology

アナクリシス
[英] anaclisis
[独] Anlehnung, Anaklise
[仏] étayage, anaclisie

人間の性の起源における自己保存欲動と性欲動との発生論的関係をあらわしたフロイト Freud, S. の言葉。彼は『性欲論三篇』（1905）の中で，性欲動と生命保存の重要な機能である自己保存欲動を明確に区別し，前者が後者に依託して誕生すること，そして後に主体が対象を放棄した際に自体愛的になることを明らかにした。性欲動は有機体の支えなくしてその欲動を満たすことができない。つまり性欲動は二次的にしか自立しないので，肉体的基盤となるさまざまな生命維持機能にその主体と対象を依託する。この性欲動といくつかの身体機能との密接な関連性についての彼の説明の中から，乳房をしゃぶる快感を例に挙げると，最初は飢えを満たす充足と結びついた身体機能が，性欲動にその対象，性感帯である乳房を提供し，やがてそこに単に飢えを満たすことには還元しえない快感が付与され，ついには性的充足を反復しようとする欲求が，栄養摂取の欲求から分離する。

フロイトは『ナルシシズム入門』（1914）の中で，この依託関係に基づいた後の対象選択を依託型対象選択の起源として次のように言及する。小児の養育，保護に関係のある人物（母親やその代理者）が最初の性的対象となり，その性的対象との間で味わった満足の体験に基づいて，やがて自己自身を世話してくれる対象をモデルとして愛の対象を選ぶ。この依託型対象選択と対をなすのが，リビドーの発達に障害を蒙り，一次的なナルシシズムが優勢に現れ，対象を放棄し自分自身を愛の対象として選ぶ自己愛型対象選択である。

さらにフロイトのリビドー発達の各段階の時間的継起論を，自我心理学の見地から再構成したアンナ・フロイト Freud, A. は，その発達ラインの研究の中でこのアナクリシスの観点を発展させた。彼女はその基本的な8つの発達ラインの第一段階である母と子の自己愛的な一体感の状態が，乳児の発達によって分離-個体化段階へと分化してゆく過程の第二段階として，部分対象との欲求充足的な依託的関係をとりあげている。そして乳児の身体的欲求と欲動の高まりの間歇性と起伏性がこうした部分対象との関係を規定していること，つまり，部分対象へのカテクシス（備給）は至上命令的な欲望の影響のもとに対象に向かい，ひとたびその満足が得られると対象から再び撤去されてしまうことについて言及し，アナクリシスが人格発達過程の自己愛と対象愛の中間の段階に位置することを明確にした。この部分対象との依託的関係は，スピッツ Spitz, R. A. による依託抑うつ anaclitic depression の研究などに発展した。依託抑うつの研究は，乳児に安定した欲求充足と心地よさを与える母親の機能に障害がある場合に生じる乳幼児の病理に関する実証的な研究の出発点になった。　　　　　　　　（森さち子）

[関連項目] 依託型対象選択，依託抑うつ，発達ライン，部分対象，幼児性欲，スピッツ，フロイト，A.，フロイト，S.
[文献] Freud, A.（1963）, Freud, S.（1905d, 1914c）, Laplanche, J & Pontalis, J. B.（1967）, Spitz, R. A. & Wolf, K. M.（1946a）

アナクリティック抑うつ　⇒依託抑うつ
[英] anaclitic depression

アニマ／アニムス
[英][仏] anima / animus
[独] Anima / Animus

男性の無意識にある生得的な女性像をアニマといい，女性のなかの男性像をアニムスという。ユング Jung, C. G. はフロイト Freud, S. との決別以降の「無意識との対決」のなかで，無意識から生じた女性との対話を通じて無意識との関係を深めていった体験を『自伝』のなかで述べているが，その後の臨床経験にも基づいて，社会的期待や役割に同一化したペルソナが外的人格であるのに対して，無意識の表れに向かった態度としての内的人格

をアニマ／アニムスと定義した。両者は相補的関係にあって，内的人格は異性像で表象され，男性では外的な男性性に対して女性像（アニマ像），女性の場合，それは男性像（アニムス像）として表される。ユングはこうした女性像／男性像もアニマ／アニムスと呼び，アニマが気分や反応，衝動など自発性と生命を表し，アニムスは信念や意味を表すという。それらは生物的な意味での女性性と男性性ではなくて，意識的な男性性や女性性とは反対の無意識的傾向や態度を表象しているのである。

無意識的なアニマ／アニムスの否定的な表れとしては，男性がアニマと同一化してしまうと，劣等機能としての感情性を表出してセンチメンタルで気分屋になりやすく，女性がアニムスに同一化すると，議論好きで頑固，支配的といった態度を示しやすい。またそれらの投影も否定的に働きうる。アニマが現実の女性に投影されると，彼女は未知で神秘的で魅力的な存在と感じられるから，理性的な男性が突如盲目的な恋愛に熱をあげてしまって，破壊的な結末に至ることもよくある。

しかしながらアニマ／アニムスの投影によって異性との深い情動的結びつきが可能になるし，それによって自らの無意識的内容に相手を通して触れるわけであるから，内的にも人格の広がりがもたらされる。ユングはある程度の投影を健康なものとみなし，投影できない状態をナルシシズムと考えたのである。やがて女性の現実とのギャップの自覚は幻滅と怒りを引き起こすにせよ，投影をある程度引き戻せるならば未知の人格領域の内的統合が促される肯定的契機になる。

無意識的なアニマやアニムスは未発達で未分化であるが，夢や空想に現れるアニマ／アニムスをユングが重視したのは，意識的なものとは異なった態度や行動様式や価値観が無意識のなかに可能性としてあり，こうした無意識的な本能性，情動性，知恵を表象しているから，それらを肯定的創造的なものととらえたからである。彼は心理療法においては，アニマ／アニムスとの関係を媒介（魂の導き手のアニマ）にして自我と無意識との橋渡しがなされて無意識との関わりが深まり，自己実現が進行していくと定式化した。そのプロセスにおいてアニマは非常に母性的なものから本能的なもの，そしてロマンチックな段階を経て知恵を体現する女性像へと発展していくとされる。　　　　　　　　　　　　　　　（鈴木 龍）

[関連項目] 元型，ジェンダー・アイデンティティ，分析心理学，ユング

[文献] Jung, C. G. (1921, 1935/1954), Samuels, A. (1985)

アファニシス

[英][仏] aphanisis
[独] Aphanisis
[ギ] *ἀφάνισις*

アーネスト・ジョーンズ Jones, E. が 1927 年に『女性の性の早期発達』で，去勢の脅威よりも根源的なものとして提示した概念で，性欲が失われる状態を指す。論文でジョーンズは同性愛の女性の分析を行っている。男の子の場合，おちんちんを切られるという去勢の脅威に対応するものが，女の子にはない。そのため女性の場合にはペニス羨望による説明が一般的だが，これはあくまで男性から見た理論的な説明にすぎない。ジョーンズは分析例を通じて，女性において男性の去勢恐怖に対応するものは何か，そして女性の同性愛と異性愛とが異なるのはどこか，という点を論じている。そして去勢の背景にはより根源的なものとして，性欲が失われることに関する脅威があると考えた。これをギリシャ語で aphanisis と呼んだ。彼によれば，神経症的な恐怖や不安には，この状態に対する防衛がある。臨床的に去勢と死の観念をもたらすのは，実はアファニシスに対する防衛なのである。ジョーンズ自身は，この考えを主に性心理発達の図式の中でとらえて，主に男根期の防衛的な性質を説明するために用いた。ただこのアファニシスを性欲を失う状態とその怖れと解釈して，その後の文献のなかではさまざまな解釈がなされている。まず広く性欲を失う状態を指したり，性欲を失うことに関連した不安や恐怖と広く解釈されたり，時には無性欲症という症状を表す意味に使われたりしている。　　（妙木浩之）

[関連項目] 去勢コンプレックス，ジョーンズ
[文献] Jones, E. (1927)

甘え

[英] amae

[「甘え」研究の出発点] 土居健郎は 1950 年代アメリカ留学に際し体験したカルチャーショックを契機に，初めは日本的特性を示すための恰好の言葉として「甘え」を考えた。しかしかなり早い時期からその臨床的意義に気付いていた。日本人の患者を精神分析的に治療していて非常にしばしばその転移感情に「甘え」が見られたからである。しかし日本人の患者だけが甘えて，欧米人の患者は甘えないのだろうか。日本語では「誰それは甘えている」と言えるが，欧米語ではそれはできぬ。欧米語には「甘え」のような便利な言葉がないから，「甘え」の現象が目立たないのだろうか。後述するように，従来の精神分析理論の中にも意味の上で「甘え」をカバーするものが見当たる。とすれば，日本人相手に議論する以外

は，別に「甘え」を持ちだすまでもないのか。言い換えれば，「甘え」の視点は精神分析の理論と実践に特に新しい展開をもたらさないのか。以上のような種々の問題を念頭において「甘え」の研究は進められた。

[「甘え」の視点] 母親を求める乳児について「この子はもう甘える」というように，「甘え」は本来非言語的な心理を示す。またそれが物心ついた後も継続すると知ることで，意識・無意識を通じ愛情生活の中核に位置づけられる。これは日本語の意味世界にだけ通用することと思われるかもしれぬが，フロイト自身精神分析に特有な「性」概念について次のように述べている。「われわれはドイツ語の lieben がそうであるように包括的な意味で Sexualität の語を用いる」(Freud, S. 1910)。日本語に lieben や love に相当する語はなくとも，愛と性が綯い交ぜになったエディプス複合がわれわれにわかるように，「甘え」の語がもともとない世界でも，「甘え」がエディプス複合以前から人間の一生を通し感情生活の主流を形造ることが理解できるだろう。「甘え」は love と同じく日常的な動詞概念だが，love と異なりそれだけでは「性」を含まないことに特徴がある。さらにアンビバレンスを示すさまざまな精神状態の中にその要素が含まれていることを暗示できる便がある。であればこそ「甘え」概念は上述してきた種々の精神分析的概念を統合するのに役立つ。

[「甘え」とフロイトの説] フロイトは，愛には愛情的なものと官能的なものと 2 つの流れがあり，前者は「幼児期の初め自己保存本能に導かれて形成され，家族とまた子どもを世話する人たちに向けられる」(1912)と述べた。これは明らかに「甘え」に相当するが，その後，愛情的流れはナルシシズムの理論に吸収された。フロイト (1914) は，幼児の一次ナルシシズムを直接の観察で確かめることはできないが，「両親の子どもに対する愛情」を見れば，「それが彼ら自身のもはや断念されたナルシシズムであることがわかる」と述べているからである。これとは別にフロイト (1921) は後に，「同一化は他者との情動的結びつきの最も初期の表現として知られている」と述べ，さらに，「同一化は実のところ最初からアンビバレントである」と述べている。ここでの同一化が「甘え」に相当することは見安いだろう。フロイト (1930) はその後自己保存本能の構想を廃し，愛情はエロス（生の欲動）の本来の目標が制止されたものであると見なすに至った。一方，土居はフロイトの初期の本能論によれば，「甘え」は自己保存本能に相当するとのべ，これを依存欲求と名づけた。

[「甘え」とフロイト以後の説] フェレンツィ Ferenczi, S. の考え方を受け継いだバリント Balint, M. (1935) が提唱した受身的対象愛 passive object love ないしは最初の愛 primary love は概念的に「甘え」に最も近い。彼は先に引用したフロイトの愛情論に言及して，「ヨーロッパの言語はどれも能動と受動の二種類の対象愛を区別できない点で貧弱だ」と述べたが，彼が後に土居の「甘え」論文に共鳴したのはそのことが関係している。フェアバーン Fairbairn, W. R. D. (1952) は発達初期の依存の事実を重視したが，依存欲求という考え方は取らなかった。同じく発達初期を重視したクライン Klein, M. にも「甘え」に相当する着想はない。しかし彼女の注目した羨望が「甘え」とは対極的な心理を示唆しているのが面白い (1957)。妬みと甘えはその対象を共有するからである。なお彼女によって初めて記載され，近年その重要性が広く認められるに至った投影的同一化 projective identification が歪曲した甘え，すなわちひがみと解し得るのも面白い。次にクラインの影響を受けたビオン Bion, W. R. には「甘え」を予想しているところがある。グループ・ダイナミックスにおいて互換的にあらわれる 3 つの基本的構え (dependence, fight-flight, pairing) について，彼は「そのどれにも一種の安心感が具わっている」(1961) と述べているからである。同じことが彼の独特な構想，「包みこむもの container」「包みこまれるもの contained」，またこれと似たところのあるウィニコット Winnicott, D. W. (1971) の「抱えること holding」という考え方についてもいえるだろう。最後にコフート Kohut, H. (1971) の自己対象 self-object 欲求が「甘え」に相当することは多言を要しまい。

[「甘え」と乳幼児研究] 近年，精神分析の影響下に行われた乳幼児研究はいずれも「甘え」と関係があるが，それ自体は「甘え」のように臨床的思考に馴染まず，直接に観察される限局した現象に焦点があてられている。例えば，スピッツ Spitz, R. A. (1965) のいう見知らぬ人不安 stranger anxiety（日本で古くから人見知りとして民間に知られている事実は注目に値する）。マーラー Mahler, M. S. (1968) らのいう母子共生関係。ボウルビィ Bowlby, J. (1969) が研究した愛着行動。ちなみに彼はことさらに依存の概念を避けた。エムディ Emde, R. N. (1989) のいう情緒的応答性 emotional availability。スターン Stern, D. N. (1985) のいう間情動性 inter-affectivity。　　　　　　　　　　（土居健郎）

[関連項目] 愛，依存，抱えること，日本語臨床，土居健郎，バリント

[文献] Balint, M. (1935b), Bion, W. R. (1961), Bowlby, J. (1969), 土居健郎 (1970, 2001), Doi, T. (1989, 1992, 1993), Fairbairn, W. R. D. (1952), Freud, S. (1910j, 1912c, 1921c, 1930a), Klein, M. (1957), Kohut, H. (1971), Mahler, M. S. & Furer, M. (1968), Spitz, R. (1965b), Stern, D. N. (1985), Winnicott, D. W. (1965b)

ARISE　⇒適応的退行〔ARISE〕

アルコール依存症
　　〔英〕alcohol dependence
　　〔独〕Alkohol Abhängigkeit
　　〔仏〕alcoolisme

　成人として普通もつべきあらゆる社会的関心を凌駕してアルコールを渇望するようになった状態をいう。それだけに社会生活が崩壊していることがほとんどである。飲酒の様式によってベータ型，デルタ型，ガンマ型，アルファ型と分類され，依存症に付随してあらわれる問題行動によって問題飲酒型，身体障害型，離脱症候型，怠業型，精神障害型などに分けられる。精神分析的には，古くからフェニヘル Fenichel, O.（1945）やメニンガー Menninger, K.（1951）を中心にした研究が盛んである。それによると，将来アルコール依存者になるような人間は，幼児期に口愛的固着を生じるような家庭環境をもっていて，さらに満たされなかった口愛的満足を父親に求めることから，彼らの無意識的衝動は口愛的な性質をもつだけではなしに同性愛的性質をもっていることが多いというのが精神分析的見方である。一方，アルコール飲用は名状し難い恐怖を回避するひとつの衝動行為であるとともに，それがもつ陶酔感が欲求不満で生じた怒りや恐怖を和らげ，厳しい超自我がもたらす抑制感，窮屈感を解放してくれるという機能をもっている。そのため，抑うつになりやすかったり超自我による抑制を受けやすかったり，あるいは欲求不満をもちやすかったりなどの口愛的性格者はアルコールの作用に頼る情緒的解決をはかりやすいという。したがって，不安定ながらも性器統裁の体制で機能していた人格もこうした解決法に頼るようになると，次第により早期の体制へ移行し，最終的には口愛的体制の人格に陥ることになる。かくて，衝動内容も攻撃と無力感が中心となり，対象関係も破壊とそれを失うことの恐怖の混じり合った激しいアンビバレントな性質をもち，問題の解決法も口愛的になる。つまり彼らは，受身的・自己愛的な目的をもって，パートナーの満足を無視して己の満足のみを求めるような人格となる。対象は自分の満足を与えてくれるためのものにしか過ぎなくなるのである。口愛帯と皮膚のみが重要性を増し，自己評価あるいは存在感は食べるものと温かさのあり様によって決まってくるようになる。メニンガーがアルコール依存を慢性自殺行為と呼んだのは，アルコールによる身体的破壊のみならず，こうした社会的な信用失墜を起こす人格傾向への変容を指してのことである。彼はまたアルコール依存に対する家族の楽観主義に言及している。この現象は後の共依存と呼ばれる現象の先駆けになっていることは注目に値する。破壊的行為を行う依存者を非難し改めさせようと必死になればなるほど，家族のその態度自体が依存行為を発展させ固定させることになるというのである。さらにまた注目すべきはアルコール依存者の子どもにみられる特異な人格像である。父親の飲酒問題やそれに伴う家庭内緊張や不和のもとで自然な感情表出が障害され，さまざまなルールの混乱に遭遇するうちにいやがうえにも家庭内の役割（幼児化した両親の世話）を割り与えられ，それが人格の中に組み込まれるものである。アダルト・チルドレンといわれている。

（牛島定信）

[関連項目] 口唇期
[文献] Fenichel, O.（1945），Menninger, K. A.（1938），斎藤学・高木敏（1982）

アルファ要素
　　〔英〕alpha-elements

　ビオン Bion, W. R. が，発生論的観点からの思考 thoughts の形成と発達の中で，主体に意味合いをもたらしうる思考であるが何らかの形で意識的に認知されるその前段階の水準にあると位置づけた思考のこと。ビオンによれば，思考の成熟は思索（考えること）thinking を活性化させる。アルファ要素は思考と思索が健康に成熟していくための原始的思考である。アルファ要素は考えられうる思考である。すなわちアルファ要素は，知覚されたなまの感覚データがある精神機能によって自己に理解されうる思考に変容された原始的思考と言える。このアルファ要素が連なると，より高次の意識的に認識されうる思考である，夢思考・夢・神話水準の思考が発現する。ちなみに後者の水準の思考とは，物語性と視覚像によって意味を持つ思考である。他方アルファ要素以前の，主体に理解されない，すなわちなまの感覚データが消化されないままにあるもの（思考）を，ベータ要素 beta-elements と名づけている。ベータ要素は精神分裂病者の思索において体験されるものであり，妄想や幻覚の基盤となる。このようにベータ要素は考えられないので，快－不快原則に従い身体活動のように精神から排泄されるだけの思考である。感覚データをアルファ要素に変容させる精神機能をビオンはアルファ機能 alpha-function と名づけた。この機能は赤子への母親の夢想 reverie，分析家のコンテイニングとして具現化される。アルファ，ベータといった符号が名称に使われているのは，これらの思考や機能にネーミングによる不要な先入観的意味合いを加えないためとビオンは説明している。なお思考の発達段階はグリッドに表示されている。

（松木邦裕）

[関連項目] グリッド，コンテイニング，ビオン理論，ベータ要素，夢想，ビオン

[文献] Bion, W. R. (1962a, 1962b)

アレキシサイミア
[英] alexithymia

　アメリカの精神分析医で，短期力動精神療法の提唱者シフニオス Sifneos, P. E. によって提唱され，同じくアメリカの精神分析医で，長いこと米国精神医学雑誌の編集長を務めたネマイア Nemiah, J. C. との協力により完成された，心身症の患者をめぐる概念で，ギリシャ語のa＝lack, lexis＝word, thymos＝emotion からなる造語。フランスの心身医学者 Marty と M'Uzan が提唱したpensée opératoire の概念を推敲した概念で，文字通り，感情を表現する言葉の欠如を意味し，自らの感情の認知と，その表現に欠けた患者の状態をさす。そうした患者が精神療法を受けた場合，精神療法の典型的な対象である神経症の患者とは異なり，空想性，想像力に乏しく，自分のおかれている状況や症状についてはくどくどと述べるのとは対照的に，それに伴う感情の表出が困難で，面接者との疎通性も良くない。そうした，精神療法場面における臨床的印象が，この概念の基礎となっている。そうした臨床的概念の発展として，ネマイアらは，アレキシサイミアを単なる防衛機制としてではなく心身症の本質的な現象と考え，その説明として，神経生理学的観点を導入し，知性の営みをする新皮質と情動の営みをする大脳辺縁系・視床下部との解離を提唱したが，一般に，患者の知能，教育程度，言語表現力，対人関係のパターンなどが，アレキシサイミアに関与した要因と考えられる。なお最近の仮説としては，感情を司る右脳と言語を司る左脳の機能的な半球離断症状であるとする説や，乳幼児期の養育者（母親）との間の情緒応答性の発達障害に起因するという見解もある。また，アレキシサイミアが必ずしも心身症に限局されたものではないとする立場から，慢性疼痛，薬物依存，うつ病，身体表現性障害，心的外傷後ストレス障害との関連も論じられている。アレキシサイミアの評価尺度としては，シフニオス自身の手による SSPS（Schalling-Sifneos Personality Scale）とその改訂版 SSPS-R, BIQ（Beth Israel Questionnaire）や，MMPI-A（MMPI Alexithymia Scale），TAS（Toronto Alexithymia Scale）などがあるが，患者自身が記入する調査表としては，SSPS（SSPS-R）が代表的である。

　訳語としてはこれまで失感情症が一般的であったが，欠けているのは感情ではなくそれを表出する言語であるという定義を考えると，正確ではない。失感情表出言語症（感情表出言語欠如症）か，それと同義の用語をあてるべきである。
　　　　　　　　　　　　　　　　　（丸田俊彦）
[関連項目] 心身症

[文献] Sifneos, P. E. (1973), Taylor, G. J. (1984)

暗示
[英][仏] suggestion
[独] Suggestion

　他から与えられた言葉や刺激を論理的に考えることなく，無批判に受け入れることによってさまざまな知覚，観念，感情，意図，信念，行為，身体反応などが出現してくる現象。相手の状態により，(1) ふつうの意識状態のもとで与えられる覚醒暗示，(2) 催眠中に与えられる催眠暗示，(3) 催眠中に与えられた暗示を覚醒後に遂行させる後催眠暗示に分けられる。暗示の与え方には，①言語暗示と非言語暗示（刺激の系列効果，操作者の表情，態度，動作，その場の雰囲気で影響を与える），②直接暗示と間接暗示（仮面暗示ともいうが，相手は操作者の意図に気づかないまま，一定の反応を起こすように仕組まれる），③権威暗示と非権威暗示，④人格暗示と非人格暗示（テープレコーダー，写真など），⑤他者暗示と自己暗示，⑥個人暗示と集団暗示などがある。
　暗示への感受性を被暗示性，催眠暗示への感受性を催眠感受性というが，両者の関係は必ずしも平行しているものではない。一般には女性が男性より被暗示性が高いと言われているが，実験的にみて大きな差はない。年齢的には小児が成人に比べて圧倒的に高く，とくに 7-14 歳あたりが高い。想像力の豊かな人，依存的な人，相手と同一化しやすい人は高い。アルコール，バルビツール系催眠剤，向精神薬などは被暗示性を高める作用がある。また暗示によっては，信頼や期待感など対人的状況によって大きく影響されることもある。
　　　　　　　　　　　　　　　　　（前田重治）
[関連項目] 暗示療法，後催眠暗示，自己暗示
[文献] Hull, C. L. (1933), 蔵内宏和・前田重治 (1960)

暗示療法
[英] suggestion therapy
[独] Suggestionstherapie
[仏] thérapeutique suggestive

　広くは催眠療法と同義に用いられているが，厳密にいえば催眠誘導法を用いない覚醒状態で暗示を利用した治療一般をさしている。暗示の本質についてはまだ十分に解明されていない部分もあるが，一般にはその個体の素質としての被暗示性と，催眠誘導法によって導かれる特殊な意識状態としてのトランス trance と，濃厚なラポールないしは転移という人間関係が主な構成要素として考えられている。人には大なり小なり被暗示性があるので，とくに催眠状態に導かなくても，言語暗示や非言語暗示，また直接暗示や間接暗示，さらに自己暗示を用いて，そ

れなりの治療効果を上げることができる。

　暗示をトランスの側面からみるなら，一定の手順で暗示作用をうまく組み合わせることによって相手の非暗示性を高め，覚醒状態に近い類催眠状態から夢遊状態の深いトランスのいずれかの段階へ導入することができる。その状態では，被暗示性の亢進，治療者への信頼やラポールの強化，抑圧のゆるみ，また生理的にはトロホトロービック trophotropic な状態（副交感神経優位の同化作用）など特有な心身の体制が出現してくるため，これを治療的に利用できる。

　一方，暗示を人間関係の側面からみるなら，人が暗示を受ける場合にはそこに現実的で合理的な思考という二次過程が，部分的にある程度放棄されている。そこには大なり小なり退行（形式的，局所的，さらに時間的退行）がみられ，これは相手との間のラポールや転移関係によって大きく影響を受ける。暗示は治療者への信頼や期待があれば容易に成立しやすい現象であるため，とくに暗示療法を意図しなくても，医療や面接の場においてはしばしば暗示的要因は大きく作用している。ただしその効果は転移性治癒にもみられるように，一時的で不安定なこともあるが，相手の自我状態を考慮して適切に行えば臨床的には有効なことも多い。とくに児童や青年期，また人格的に未熟な人の場合においては，その作用は著しい。

　暗示療法はふつうは神経症，心身症，習癖，神経症的行動異常など，心理的（情緒的）障害に対して用いられる。ただし抑うつ状態には直接的な症状除去をねらった暗示的指導は避けるほうがよい。また境界例，人格障害，精神病など自我の脆弱な患者にトランスを用いると悪化させるという弊害も生じる恐れがあるので用いないほうが無難である。

　催眠療法の代表的な技法としては，直接暗示か弛緩暗示による症状の除去，催眠性カタルシス，症状の置換法，健康なイメージの誘導，催眠下での支持的・再教育的治療，持続催眠法，催眠分析などがある。これらは類催眠状態から深いトランスまでの各段階によって，それぞれ使い分けられている。今日では自己暗示としての自律訓練法がもっともさかんであるが，その他にも各種の自己統制法が開発されている。催眠中に自己暗示の練習を行うと早く習得できるという利点がある。　　　（前田重治）

　[関連項目] 暗示，催眠分析，催眠法，自己暗示，類催眠状態
　[文献] 池見酉次郎（編）(1965), Wolberg, L. R. (1948-9)

安全基地
[英] secure base

　メアリー・エインズワース Ainsworth, M. が 1982 年に子どもの愛着環境について提示した概念である。母親や養育者などの人（愛着対象）が，愛着を求める幼い子どもに提供している心地よい安定や保護を保証した環境を意味する。母親が安全な基地のような存在であると，子どもの好奇心は外の世界にも向けられ，探索的活動が楽しめる。危険信号をキャッチすると愛着対象にしがみつき，危険が遠ざかるとまた自由に遊べるようになる。このような行動は，必要にせまられると即座にしがみつけるところに愛着対象がいるという確信を子どもがもっていないとできない。子どもは病のときや疲れたとき，あるいは母親と離れていたときなどにも，安全基地を求めて近寄る。公園で母親と乳児の観察を行ったアンダーソン Anderson, J. によれば，ベンチなどに座っている母親を囲む見えない円線があり，子どもは決してその線を越えたところまでは遊びに行かない。子どもはその線の境界まで行くと必ず，母親のところへ戻り，ゴムひものように遠くに行くほど，より強く引き戻されていた。

　また，子どもが愛着を求めて親のところに戻った際に，親が不在であったり一貫性のない反応を示した場合には，子どもの心も不安定となり，発達的に悪い影響を受けやすい。子どもだけではなく大人も，安全基地を求める。例えば「家」は多くの大人にとって安全基地となっている。ボウルビィ Bowlby, J. も 1988 年に『安全基地』と題した著作を出版している。彼は，愛着対象の存在を重要視しており，子どもの不安や怒りによる破壊的効果を中和させる安全基地としての母親の存在を重視している。精神療法においては，治療者が安全基地の役割を果たし，患者が扱えきれない自身の感情や，防衛的に示す安定していない愛着関係を改善させる。治療者との安定した関係によって，内的な安全基地を築き上げるようになる。

（井上果子）

　[関連項目] アタッチメント，ボウルビィ
　[文献] Ainsworth, M. (1982), Anderson, J. (1972), Bowlby, J. (1988)

アンナ・O [症例]
[Anna O.]

　本名ベルタ・パッペンハイム Bertha Pappenheim。『ヒステリー研究』(1895) の中でブロイエル Breuer, J. によって報告されている症例。この症例は 1880 年 12 月から 1882 年 6 月の期間，フロイト Freud, S. の友人であるブロイエルが往診による催眠治療を施したものである。アンナは 1859 年 2 月 27 日にオーストリアの名門ユダヤ人一家に生まれた。優れた知性・教養を備えており，他人への同情心に厚く，エネルギッシュな女性だったが，清教徒のような家族に囲まれた単調な生活の中で，ひそかに白昼夢をみる傾向をもっていた。アンナが 21 歳になった 1880 年 7 月に非常に愛していた父親が胸膜周囲膿

瘍に罹患し，翌年の4月に亡くなった。アンナは父の看病の途上で，食餌への嫌悪・神経性の咳・視覚障害・四肢の拘縮性麻痺・言語の解体（ジャルゴン失語様）・母国語の喪失（英語で補われた）などの多彩な症状を呈するようになった。2つの異なる意識状態が突然交代するという現象もみられた。すなわち，「悲しげで不安ではあるが正常な大人」に近い意識状態と，「ききわけのない子ども」のような意識状態が交代で現れた。次第にアンナは催眠状態で話した後に，自分の感情とエネルギーを吐き出すことによって安らぎが得られると感じるようになり，自らこれを「談話療法 talking cure」もしくは「煙突掃除 chimney sweeping」と名づけた。1881年夏，アンナは突然水が飲めなくなった。催眠状態で症状が起こる契機となった出来事（心的外傷体験）が回想されると症状は消失し，アンナは何の抑制もなく水を飲み，コップに口唇をつけたまま催眠から醒めた。ブロイエルはこの経験から催眠浄化法 hypno-catharsis という新しい精神療法を見出すに至った。1882年11月18日にブロイエルからアンナの治療の話を聴いたフロイトは，その7年後の1889年5月1日にエミー・フォン・N夫人にこの治療法を試行し，やがて精神分析療法の創始へと向かったのである。

アンナの治療は1882年6月に完治しないまま中断した。フロイトの言によればアンナはブロイエルに対して妊娠空想を抱くようになったが，アンナが出産空想に基づくヒステリー発作を起こした翌日，ブロイエルは妻とヴェニスに旅立ってしまったのである。その後，アンナはいくつかの精神病院を転々としたが，30歳の頃には病状は治癒した。やがてアンナはフランクフルトに移り，ドイツ最初のソーシャルワーカーとなって，婦人解放運動や，人身売買の対象となった婦女子の救済，ナチス・ドイツの強制収容所からのユダヤ人の救出などの事業に力を尽くした。生涯独身を通し，77歳で亡くなった。アンナはフロイトの妻のマルタと友人関係にあったため，フロイトはブロイエルとアンナの両者から，治療後の経過について情報を得ていたという。　　　　　（平島奈津子）

[関連項目] ヒステリー，ブロイエル，フロイト，S.
[文献] Freud, S. (1896c), Jones, E. (1953-1957)

アンビバレンス

[英][仏] ambivalence
[独] Ambivalenz

同一の対象に対して相反する心的傾向，心的態度が同時に存在することを表現する言葉で，とりわけ愛と憎しみの共存を表現することが多い。両価性，両立力価と訳される。

この用語を精神分析理論に導入したのはフロイト Freud, S. であるが，それはチューリヒのブロイラー Bleuler, E. が導入した概念を借りてきたものである。ブロイラーはアンビバレンスを意志のアンビバレンス，感情のアンビバレンス，知的なアンビバレンスの3つの範疇に分け，それを精神分裂病の基本症状として位置づけたが，彼はそれが正常者にも存在することを認めていた。

フロイトが最初にこの用語を用いたのは『性欲論三篇』(1905)であり，肛門サディズム体制において複数の欲動が対になってほぼ同程度に発展するありかたを記述するときに，ブロイラーの名前とともに引用している。またフロイトは陽性転移と陰性転移が同時に起きるという臨床事実を説明するために『転移の力動性について』(1912)においてこの概念を使用した。さらに『本能とその運命』(1915)においては，フロイトのこの語の使用は幾分混乱しており，本能興奮とその受身的対立物との関係を表現する用語として使用した部分と愛と憎しみの対立について使用している部分がある。さらに彼は性器体制に到達することによってはじめて愛と憎しみが明瞭に分化するとし，例えば肛門サディズムにおいて愛が対象への加害や抹殺の形をとるように愛と憎しみが区別できないあり方をもアンビバレンスと呼んだ。この発想を推敲することによって，アブラハム Abraham, K. はアンビバレンスを特定の対象関係の規定する基準的概念に発展させた。すなわち第一口愛段階（吸乳段階）は愛が対象の消滅をもたらすことのない前アンビバレンス段階であり，第二口愛段階（食人段階）において，愛は対象の破壊を意味してアンビバレンスが現れ（アンビバレンス段階），肛門期をへて性器体制に到達してアンビバレンスは克服される（後アンビバレンス段階）。

クライン Klein, M. はアブラハムのアイデアから出発したが，生の本能と死の本能の対立を人間のこころの中核に存在する葛藤ととらえた。そこでは愛情に満ちた心的体験と破壊性を帯びた心的体験は，ふたつの本能の帰結として概念化されている。彼女が明らかにしたのは，そうした本能に由来する情緒を同一の対象に向けて，アンビバレンスの体験を持ちこたえうることが，大きな発達的達成であることであった。すなわち抑うつポジションの発展にともなって，対象はよい側面とわるい側面を兼ね備えた全体対象として体験され，アンビバレンスが体験される。一方より原始的な態勢である妄想 - 分裂ポジションにおいては，対象はよい対象とわるい対象にスプリッティングされ，アンビバレンスは体験されない。クライン派はもとより，対象関係論に立つ分析家たちは，アンビバレンスを体験してもちこたえるという発達的進展を正常発達の本質的な要素として重視している。

（藤山直樹）

[関連項目] クライン学派，口唇サディズム期，肛門サディズム，死の本能（欲動），生の欲動（本能），対象関係論，抑うつ

ポジション

[文献] Abraham, K. (1924b), Bleuler, E. (1910), Freud, S. (1905d, 1912a, 1915c), Klein, M. (1940)

い

言いようのない恐怖　⇒ビオン理論
[英] nameless dread, unthinkable fear

医学心理学
[英] medical psychology
[独] medizinische Psychologie
[仏] psychologie médicale

　1910年代から20年代にかけて，フロイト Freud, S. の精神分析は当時のドイツ語圏の精神医学者に多大の影響を与えた。それは，チューリヒ大学医学部精神科では，1911年にブロイラー Bleuler, E. による「精神分裂病」の概念をつくり出し，ウィーン大学医学部精神科では，1920年代，シルダー Schilder, P.，ハルトマン Hartmann, H.，フェダーン Federn, P. らの共同研究によって，一方では，フェダーン，ハルトマンの自我心理学を，他方ではシルダーの医学心理学を生み出した。フロイトの精神分析とフッサール Husserl, E. およびシェーラー Scheler, M. の現象学の2つの見地に立ったシルダーは，現象学的研究が明らかにした「意識」は，内省的な純粋直観や現象学的観察では解明しつくしえないこと，精神分析は，それらを解明する道具として有意義な方法と仮説を提出していることを主張し，当時の実験心理学（ヴント Wundt, W. M.，エビングハウス Ebbinghaus, H.），脳病理学および神経学の成果を総合した，統合的な医学心理学 medizinische Psychologie をあらわした。フェダーン，ハルトマンの自我心理学は，このシルダーの医学心理学の発展といっても過言ではない。
　このシルダーの医学心理学と相前後してドイツ，チュービンゲン大学医学部精神科のクレッチマー Kretschmer, E. は，1922年に『医学心理学』を刊行した。医学心理学は，自然科学的領域と精神科学的領域との有機的な結合を目的とする心理学であり，クレッチマー特有の"多次元診断"の思想を基本とする。つまり，精神障害の原因を，身体因，精神因，社会因，性格因，体験因，環境因，倫理因の多次元的要因の力動的なからみ合いの中で理解しようとする。そして，精神，身体全体論の見地に立ち，精神の形層的把握として，意識的構造と基本機制を論じ，さらに発達史的に発見される原始民族の心理構造，また種族発生的に見られる原初の行動様式が基礎概念として取り出され，原始段階の形層として下層知性機制と下層意志機制が，さらに，心的中枢機能（意識，欲動，情動性）と自律神経・内分泌調整作用とが深く結合した脳下垂体間脳系に，重要な中枢系列のある深層人格の概念が提唱された。この深層人格とは精神身体的なもので，常に生理学的基体を有するものである。精神の力動的把握のためにさらにクレッチマーは欲動論と体験論を展開し，体験における動機力学を追求し，倫理的最高値を持つ衝動は意識上優位であり，原本的欲動的衝動は力動上優位になるという。そして，この動機の力動的因果的命題に基づいて，神経症患者の症状分析を行いさらに人間一般の行動解釈を試み，本能を三主要欲動群（性欲動，生の防衛欲動，物質的享楽生活への欲動）に分け，これらの原本的衝動と強烈な体験との関連を追求した。
　以上の内容からも示されるようにクレッチマーは，終始フロイトの深層心理学をとりれながら，しかもそれに対抗する形で，その理論を展開した点に，その歴史的意義がある。
　　　　　　　　　　　　　　　　　　　　（小此木啓吾）

[関連項目] 記憶痕跡，自我カテクシス，自我機能，自我境界，自我心理学，自我の葛藤外領域，身体自我，身体図式，身体像，前意識的自動性，ジャクソン，シルダー，ハルトマン，フェダーン

[文献] Federn, P. (1952), Hartmann, H. (1939), Kretschmer, E. (1922), 小此木啓吾 (1961), Schilder, P. (1924a)

育児室の幽霊
[英] ghosts in the nursery

　周産期・乳児期に，乳児と二人きりの母親を，不意に襲う不気味な感情を，「育児室の幽霊」または「赤ちゃん部屋のおばけ」と呼ぶ。フライバーグ（Fraiberg, S. 1972）が被虐待乳児の家庭訪問で，観察し名づけた。乳児にかっとなり虐待する母親は，その瞬間，乳児が自分を迫害すると錯覚し脅えている。これは，乳児の存在が母親の深い葛藤を誘発し，幻想の乳児 fantasmatic baby が，投影されるためである。幻想の乳児とは，母親が，かつて乳児期に体験した原始的な感覚体験に基づく情動である。目の前の乳児は，無意識の深層で苦しむ自分と，自分を苦しめた親のように感じられる。この投影性同一視から，母親は自責的になり，正当防衛的に乳児を虐待し，悪循環的に抑うつ状態や育児ノイローゼに陥る。一方乳児は，母親の未解決の葛藤を向けられ，葛藤が世代間伝達される。周産期，乳児期に虐待，無視や見捨てられる体験を生き延びた人に，迫害的な乳児像が湧きやす

い．治療者が共感的に，母親の苦しみを理解し，母親がしみじみと乳幼児期の葛藤を振りかえることができると，「育児室の幽霊」は消え，母親と乳児の自然なふれあいが可能になる．「育児室の幽霊」の概念は，乳児虐待，産後抑うつ，その他の乳幼児期の関係性障害を理解し解決する上で有効である．
　　　　　　　　　　　　　　　　　　（渡辺久子）

　[関連項目] 関係性障害，幻想上の相互作用，世代間伝達，乳幼児精神医学（保健）
　[文献] Fraiberg, S. (ed.) (1980), Lebovici, S. (1988a)

移行期の技法
　［英］transitional techniques

　フェアバーン Fairbairn, W. R. D. によると，対象関係の発達とは，本質的に，対象への乳児的依存が徐々に対象への成熟した依存に席を譲っていく過程である．この過程には（1）乳児的依存段階，（2）移行段階，（3）成熟した依存段階が想定される．このうち疑似独立段階ないし移行段階の始まりは，後期口愛期のアンビバレンスに代わって対象の二分割，つまりそれまで愛と憎しみの双方を向けていた1つのもともとの対象を，愛を向ける受け容れられた対象 accepted object と憎しみを向ける拒絶された対象 rejected objects とに分化していく過程である．したがって愛すべき対象を憎しみによって傷つけてしまう危険は大いに軽減されるが，ここで分化した2つの対象はいずれも内在化された対象として扱われる傾向にある．つまり一見したところ独立してみえながらも，未だ内的世界と外的世界の未分化と混乱からくる主観的な幻想世界にいるこの段階の乳児はそれまでの乳児的依存の態度を放棄しきれないでいるので，移行段階においては乳児的依存対象（関係）を"拒絶する技法"の働きが特徴的である．この移行期における拒絶する技法による諸対象の扱い方によって，異なった神経症的諸状態（強迫的状態，パラノイド的状態，ヒステリー的状態および恐怖症的状態）を呈する．それゆえこうした神経症的状態の本質は乳児的依存段階における口愛期的葛藤をめぐっての防衛技法であり，フロイト Freud, S. によって肛門期あるいは男根期への固着と記述された現象は，より根源的な口愛期葛藤への防衛だと理解されるべきである．
　　　　　　　　　　　　　　　　　　（相田信男）

　[関連項目] 原初自我，中心的自我，フェアバーン理論
　[文献] 相田信男 (1995), Fairbairn, W. R. D. (1941)

移行対象
　［英］transitional object
　［独］Übergangsobjekt
　［仏］objet transitionnel

　幼い子どもが肌身はなさず持ち歩く毛布や人形，あるいは動物のぬいぐるみなどを指す．
　1951年，ウィニコット Winnicott, D. W. が最初の「自分でない」所有物という発達的位置づけをして移行対象と名づけて以来，注目を浴びるようになった．また，幼児の喃語やもう少し年長の子どもが口ずさむ子守歌やメロディーも同じ機能を果たすことから，同じ線上のものとして移行現象と呼ばれている．なお一部に過渡対象，過渡現象と訳する向きがある．

　[臨床的特徴]（1）指しゃぶりなどの口愛的な本能満足的活動の延長線上にありながら，それとは質の違った体験領域となっている．快感追求的というより，安らぎを与えるものとなっている．（2）子どもの〈モノ〉に対する執着ぶりをみていると，一種特有の世界であることがわかる．母親に与えられたモノでありながら，まったくもって「自分のモノ」となっている．あたかも自分が発見し，自分が創造したモノという位置づけである．しかも，周囲にその逆説を問いただされることはなく，逆にそうした姿勢を歓迎さえされている．それだけに烈しく愛されたりもぎとられたり，あるいはやさしく抱かれたりするが，そうした愛情や攻撃性に生き残らねばならない．安全で中立的な体験領域 neutral area である．
（3）内的な体験世界の諸々が付託されている．だがしかし，ただ単に内的な諸々が投影された幻覚でもない．外界にあるモノという認知はできている．それだけに，そのモノのもつ性状（かたち，色合い，肌触りなどの現実的特性）が重要性をもっている．いわば，自分になったり対象（母親）になったりする（対象関係のスイッチングが起こる）．内的体験と外的対象との体験が重なり合う体験の中間領域 intermediate area を形成している．
（4）母親からの分離が主題になるときに際だってくる．就眠時（母親から離れるだけではなしに，覚醒状態から睡眠にはいる過程でもある），母親の留守のとき，慣れない場所へ旅行するときなどに重要となる．分離不安，抑うつ不安に対する防衛として機能する．それだけに，添い寝の習慣のある文化圏では発現率は低いとされている．
（5）母親とのほどよい関係を基盤に生じ，その機能を発揮する．母子間の対象関係が悪化すると消失する．それだけに，ほどよくない関係のなかで生じたモノへの執着には病理性があるといわねばならない．（6）この対象に付与されたエネルギーは徐々に脱備給されて，ついにはリンボ界に放擲される．抑圧されることなく，子どもの遊びや成人の文化的活動の領域に吸収されていく．

[発現に関する理論] 母親は，生まれたばかりの赤ん坊のニーズにほぼ100％適応することを通じて，赤ん坊に母親の乳房が自分の一部であるという錯覚 illusion をもつ機会を与える。オッパイが欲しいと思っていると，母親がそれを感知して口元に乳房をおくことによって，オッパイを自分が創造したものという錯覚をもつようになるのである。そうした一体化した関係のなかでの万能体験は重要である。ここで本当の自己の基礎が形成される。問題は，そうした錯覚に基づいた母子関係では満足がいかなくなる次の段階である。現実を認知する能力が発達し，離乳が現実のものとなってきたときがそうで，母子間で分離の体験をもつことが増えてくる。このときの体験，いわば抑うつ的不安を錯覚に代って癒してくれるモノとして幼児の作りだしたのが移行対象なのである。いわば錯覚の代行者である。一方忘れてならないのは，外のモノである移行対象との間では脱錯覚の体験をも重ねながら現実感覚を発達させていることである。つまり錯覚の代行者であると同時に，脱錯覚の推進者でもあるという逆説的機能を併せもっているのである。オグデン Ogden, T. H. は，母子一体化（一者性）の後に移行対象が出現してくる背後には象徴，象徴されるもの，主体の三者よりなる心の世界が展開しているとして，象徴化能力の意義を論じている。また，母親と一緒にいて一人であったという幼児期体験を基盤にして生じる「一人でいる能力」，罪悪感と表裏をなす「思いやりの能力」という概念とも密接に関連する。

[理論的展開] 忘れてはならないのは，移行対象が現実を受け入れる能力のない段階から能力のある段階への過渡的段階で生じるとはいえ，この対象のもつ体験の中間ないしは中立的領域がその後も生涯にわたって精神生活の重要な部分を占めることである。子どもが夢中になる遊び，成人後の芸術や宗教，創造に富んだ生活や研究活動などがそうである。本能活動を軸にして描いたフロイト Freud, S. とは違った新しい精神世界を開いたといわねばならない。このことは，例えば，それまで本能活動の行き交う場と考えられた精神分析的な治療場面に人間的な自己体験の場（遊びの場であり，可能性を秘めた潜在的空間など）としての意味を与えることになった。このようにしてあきらかにされた移行対象の意味とその背後で働くメカニズムは精神の健康と病理，さらには精神分析的治療までも新しい光で照らしだすことになったといえる。さらにウィニコットは錯覚のなかで持つはずの万能体験を持ち損なった偽りの自己に移行対象が出現しないこと，本能満足の具として使用されるフェティッシュ，母子分離を否認する機能をもったモノといった移行対象の病理のあることを挙げている。またオグデンは，移行対象の創造，維持に不全が生じた場合，4つの型の特異精神病理が出現すると述べている。(1) 現実と空想のバランスが崩壊して空想にかたよる場合（現実が空想に包含され，空想と現実の区別ができない）。(2) 現実と空想のバランスが崩壊して現実方向にかたよる場合（現実が空想から生気を奪ってしまう。情緒的象徴的意味合いが否定される）。(3) 現実と空想との間が解離を起こした場合（フェティッシュや強迫的心性でみられる自我の早熟がそうである）。(4) 母子一体化の時期に自我には耐え難い侵害体験をもって特殊な防衛体制を形成した場合（モノないしは対象に対する意味賦与が拒否される）。いずれもウィニコットが偽りの自己として論じた精神病理と密接に結びついた現象である。　　　　（牛島定信）

[関連項目] 遊ぶこと，可能性空間，主観的対象，脱錯覚，変容対象，ウィニコット

[文献] Grolnick, S. A. & Barkin, L. (ed.) (1978), Horton, P. C. (1981), 北山修 (1985), Ogden, T. H. (1986), 牛島定信 (1982), Winnicott, D. W. (1951)

意識

[英] consciousness
[独] Bewußtsein
[仏] conscience

外界や身体への関心を向けている状態，それを向けるための装置について指し，感覚的に「気づいている aware」ことを特徴としている。フロイト Freud, S. において，意識は感覚的な性質をもち，量的というよりも質的な特徴をもっている。そして比較的自律したシステムである。ただ無意識を中心にして理論化された精神分析理論において，知覚と前意識，あるいは自我との関連で，意識の性質とその位置づけはそれほど明確ではない (Abramson, H. A. 1952)。1915年フロイトが企図した「メタ心理学論集」の12論文のうち現存する5論文以外はフロイト自身によって破棄されたが，その破棄された一つに「意識」に関するものがあったという。

[知覚との関係] フロイトがメタ心理学の考察 (1915) の中で行った局所論的な理解によれば，意識 (Cs)，前意識 (Pcs)，無意識 (Ucs) はそれぞれ異なる機能，過程，内容を持っているが，意識は最も抹消の外界や身体から刺激を得る部位で，質的に感覚に近い。そのため知覚-意識系というものが存在していると考えられる。この系の発想はすでに，精神分析以前の論考とみなされる『科学的心理学草稿』(1950 [1895]) のなかでフロイトが述べていて，知覚-意識系は，記憶痕跡を保存する系と対比されている。意識を知覚と近い心の辺縁で起きる現象と見なす立場がある。クライン Klein, G. S. (1959) は精神分析理論における「意識」という概念が知覚の研究にとって重要であると述べている。その場合意識はさまざまな程度で，外的な刺激，および内的な状

態を「登記 registration」するような役割を担っていることになる。

［意識化との関係］だが同時にフロイトは意識‐前意識の系が存在するとしている。注意の供給をもたらす自由エネルギーが，前意識にある表象に過剰に備給されると，それが意識化される。それは例えば，ある表象が思考や二次過程に使われるようになる場合と考えられる。だがこの区別は意識と無意識の二つが力動的にも，経済論的にも対比的であるために区別されるのに比して，それほど明確なものではない。さらに意識化のメカニズムはフロイトにおいてもフロイト以降の精神分析においても，意識化が精神分析の治療的有効性をもたらす唯一の方法ではないと理解されている。

［自我との関係］フロイトは『自我とエス』(1923) において，自我は知覚‐意識系の介在による外的な影響で変形されたエスの一部である，と述べている。この場合自我は，知覚‐意識という外部と内部を介在する系の影響があって成り立つ辺縁部分になるために，「意識」はメタ心理学全体の中ではそれほど重要な位置にはなかった。だがフロイト以降の自我心理学は自我の自律性を認める立場を取るようになり，この立場は適応と現実吟味とを自我の「葛藤から自由な」自律的機能とみなしたハルトマン Hartmann, H. やラパポート Rapaport, D. では，より積極的な形で展開されている。このため，意識は自我心理学において重要な主題である（Klein, G. S. 1959）。　　　　　　　　　　　　　　（妙木浩之）

［関連項目］意識化，自我心理学，無意識，メタサイコロジー
［文献］Abramson, H. A. (ed.) (1952), Klein, G. S. (1959)

意識化
［英］making conscious

フロイト Freud, S. の分析治療は自由連想法によって行われ，その治癒機序は症状の意味を含んでいる無意識過程を患者に意識化させることにある。それを「無意識の意識化」という。フロイトはブロイエル Breuer, J. との共著『ヒステリー研究』(1895) の中で，心理療法の有効性について「(患者に) 誘因となったできごとを想起させ，随伴する情動を呼び覚ますことに成功したら，患者ができるだけ詳しくそのときの状況を描写し，その情動に言葉を与えると，個々のヒステリー症状はことごとく消失する」と述べた。つまり分析治療では無意識を意識に上らせ（意識化），さらにそれを言語化する作業が重要だということである。ところがフロイトは，分析家が無意識の葛藤を推測し，それを特定し，解釈しても症状の解消には繋がらないことに気づいた。抑圧された表象が分析家によって解釈されても，それは実際に被分析者が体験したものとは心理学的にまったく違ったものだからである。当時は，あまりにも「無意識の意識化」という局所論的公式に頼りすぎていたのである。それから四半世紀を経て，被分析者が体験したことと分析家から話されたことを統合するためには，抵抗の操作や転移における反復と徹底操作が必要であることが分かったのである。　　　　　　　　　　　　　　（川谷大治）

［関連項目］言語化，無意識
［文献］Freud, S. (1915e, 1920e), Freud, S. & Breuer, J. (1893–1895)

医師としての分別
［英］physician's discretion
［独］ärztliche Diskretion

精神分析家が守るべき基本的な心のあり方について，フロイト Freud, S. が説くところを，フロイト自身の言葉に基づいて小此木啓吾（1964）は，「医師としての分別」として明確化した。それは小此木の言うフロイト的治療態度の一つの構成要素である。「救いを求めてわれわれの手に委ねられる患者を，われわれの私有物にしてしまい，彼の運命を彼にかわってつくり出し，われわれの理想を押しつけ，造物主の高慢さをもって自分の気に入るようにわれわれ自身の似姿に彼らを仕立て上げるというようなことを，われわれは断固として拒否したのでありました。私は今日でもこの拒否を固持するものでありますし，ここにこそ"医師としての分別 ärztliche Diskretion"を用いるべき場所があるのであり，これを超えては，われわれが医師としての関係以外の関係に入ってゆくことにならざるをえない，と思うのであります。（中略）患者はわれわれ分析医との類似模倣を目標とするのではなく，彼自身の本質の解放と完成 Befreiung und Vollendung seines eigenen Wesens へ向かって教育されなければなりません」。　　　　　（小此木啓吾）

［関連項目］中立性，治療構造，フロイト的治療態度
［文献］Freud, S. (1912d), 小此木啓吾 (1961)

異性愛
［英］heterosexuality
［独］Heterosexualität
［仏］hétérosexualité

異性の対象に向かう性愛的な関心や欲動，そして情緒を言う。異性愛は性愛の対象が異性である点で同性愛と対比されるが，異性愛の中には，近親姦的な性愛の対象との固着から解放され，幼児愛や種々の倒錯的な欲動を伴わない性愛と，近親姦，幼児愛などの対象倒錯 inversion と，欲動倒錯 perversion を伴うものがある。フロイト Freud, S. は，成人の幼児性欲における口愛期，

肛門期，男根期における欲動が，エディプス・コンプレックスの抑圧とともに潜伏期に入り，思春期におけるこれらの前性器的な欲動の性器統裁の達成と，幼児的近親姦的対象表象からの性欲動の脱備給 decathexis と非近親姦的対象への欲動の向け換えが成人の異性愛の条件と考えた。このフロイトの性器統裁 genital primacy の概念に基づいて，精神分析では，成人の健全な異性性愛を性器愛と定義する動向が生まれたが，ライヒ Reich, W. を経てエリクソン Erikson, E. H. は，この健全な異性愛，つまり性器愛の条件として，相手を愛していること，その相手と信頼をともにしうること，また，そうする意志を持つこと，性愛関係におけるオーガズムの相互性をあげた。この性器愛は，二人の人間の間の愛と憎しみの葛藤を越えてさまざまな社会・経済的な条件などによる影響に伴う一定量のフラストレーションに耐えてこの愛情関係を継続する能力に支えられる。フロイト以後，さらに性別同一性の発達の研究が進み，健全な性別同一性を確立することがフロイトの言う成人の異性愛の確立のさらに基本的な前提条件とみなされている。そして，健全な異性愛の形成条件として，性別同一性の確立とともに，同性の親に対する同一化と異性の親に対する対象愛の発達があげられるが，男性性，女性性の形成について，フロイトは，エディプス期における，現代の精神分析は，母親からの分離-個体化の過程における男性の場合の母親からの脱同一化と父親との同一化，女性の場合の母親への同一化の継続性に注目している。　　　（小此木啓吾）

［関連項目］エディプス・コンプレックス，近親姦，性器性優位，倒錯，同性愛，欲動，エリクソン，ライヒ

［文献］Erikson, E. H (1959a), Freud, S. (1905d, 1925i), Galenson, E. & Rophie, H. (1976), 小此木啓吾・及川卓 (1981), Reich, W. (1933a)

依存

［英］dependence
［独］Abhängigkeit
［仏］dépendance

［依存の意味］主体が主体以外の何かに頼って左右される状態を指す。個人の主観的世界を分析するというそれまでの方向づけに，1930年代に始まるバリント Balint, M. の仕事などを通して主体の他者性が重んじられ二者関係の視点が導入されてから，精神分析では本格的に注目された。すなわち，幼児の心性の発達基盤を母子関係におく議論が登場し，内的な対象関係が乳児の母親への依存を基盤にして取り入れられるという対象関係論的な思考や，児童治療などの視点からの乳幼児に関する理解が深まってからのことである。例えばフェアバーン Fairbairn, W. R. D. は，対象関係の発展を乳児の依存から成人への依存への移行として捉え，それに対処するために悪い対象が内在化されるとしている。また，依存について日本人と欧米人では異なった捉え方をすると言われ，そのことを踏まえて土居健郎は甘え理論を展開した。日本語において依存は肯定的に扱われ，「相互依存の精神」と言うとき成熟の達成という響きもある。これに対して欧米では自立や自律，自主独立が尊重され，依存は発達とともに克服されるはずのものであり，これを持ち越したまま成長するのは弱さや病理として理解されやすい。依存の心理が発達理論で中心になるのは主に早期母子関係においてであり，肛門期以降は依存と自立の葛藤として取り上げられることが多いが，対象関係や人間関係の本質に関わる一生のテーマでもある。

［理論］フロイト Freud, S. の欲動理論や精神-性的発達理論においては依存そのものの記述が多くないように見えるが，例えば超自我が生まれる背景に自我の依存があることを根拠にしており，対象関係論的な思考が展開されている (Freud, S. 1923)。また，乳児の生物学的な無力と危機の状態（よるべなさ）から生まれる「愛されたいという欲求」の考察も，依存と依存欲求の発生論である (Freud, S. 1926)。しかし，興奮し泣き叫ぶ無力な乳児を想定しエロス的な母子関係を理解する傾向に対して，その極端な在り方を育児の失敗や二次的なものと見て，静かな依存状態を積極的に評価するのが対象関係論における対象愛の典型的な考え方である。バリントによれば，乳児の自我は母体との区別がまだついていないが，これを基盤にして受身的対象愛あるいは一次愛 primary love が成立するのであり，乳児は一方的に母親に依存し，二人だけの関係で受身的に母親から愛情と世話を受けることで自我は最初の対象関係をもつ。そして小児科医ウィニコット Winnicott, D. W. もまた発達早期に乳児が母親を代表とする「抱える環境」に依存することを自明の事実として認め，依存の変遷を段階的に分けた。彼によれば，最初は絶対的依存 absolute dependence で，この段階の乳児は自分と自分でないものの区別はなく，人格は無統合で存在は母親の育児と代理自我的支持に全面的に依存している。幼児は依存の事実を知らないままに依存しており，これを二重の依存 double dependence と呼び，環境の側の適応を強調し，成熟や成長を可能にする基盤はこの発達促進的環境にあるとした。次の相対的依存 relative dependence の段階では幼児は自分の依存している事実，つまり対象の必要性を知って受け身的なニードを積極的に希望や期待として抱くようになるが，これに対応する母親の課題は段階的に適応に失敗することである。ウィニコットは，人間は完全に自立することはないとし，それは成人の努力目標のようなものとなる。

［臨床］依存の重要性を認めて乳幼児の心性を取り扱

う者の多くは，退行状態における依存を理解する必要性を説く。それまで中立性や禁欲を強調してきた精神分析治療で，「環境欠損病 environmental deficiency disease」に由来する自我障害の依存（自我ニード）に対し言語的解釈ではなく非言語的な受容と支持を積極的に行うことは重大な意味をもち，治療内容やその結末を左右することになるだろう。それまで分析家にとって，依存はエディプス・コンプレックスを防衛するために退行した結果であり，解釈で取り扱うべき抵抗であったが，これに対しバリントやウィニコットは依存への退行を確実に支えることに成功するなら停滞していた自己の成長が可能となるとしている。その際，もっとも大きな課題はエロス的な欲求と自我の対象希求的なニードの区別であり，過去に得られなかったものを治療で与えられるとするのは極めて楽観的であるが，寝椅子などに象徴されるように，どのような治療的設定にも依存を支える側面があり，治療における依存を理解することの価値は大きい。

（北山　修）

［関連項目］甘え，受身的対象愛，抱える環境，退行，フェアバーン理論，無力感

［文献］Balint, M. (1952), Fairbairn, W. R. D. (1952), Freud, S. (1923b, 1926a), 北山修（1985），小此木啓吾（1985a），Winnicott, D. W. (1958a, 1965b)

依存性人格障害

［英］dependent personality disorder

依存人格とは，年齢不相応な仕方で過度に人に頼ろうとする傾向が顕著な性格であるが，依存人格という言葉は，精神分析用語としては用いられていない。むしろそれは，DSM-III-R に依存性人格障害という用語が登場したために用いられるようになったのだが，実は，歴史的にはアブラハム Abraham, K., フェニヘル Fenichel, O. の「口愛性格」やホーナイ Horney, K. の「従属 compliant 性格」などの精神分析的な性格論にその起源を持つという。口愛性格では，口愛性にかかわる乳児期の体験（過剰な甘やかしと深刻な剥奪）に由来し，過度の楽観主義や悲観主義強欲，要求的，過度の寛大さ，けち，依存的，落ち着きなさ，こらえ性のなさ，好奇心旺盛などの性格傾向が目立つという。DSM-IV における依存性人格障害は，依存対象からの分離を契機として顕在化することが多く，特に女性に多く見られるとされている。DSM-IV で診断するためには，次の診断基準をみたすことが必要である。

世話をされたいという広範で過剰な欲求があり，そのために従属的でしがみつく行動をとり，分離に対する不安が著しい。成人期早期に始まり，種々の状況で明らかになる。以下のうち5つ（またはそれ以上）で示される。

(1) 日常のことを決めるにも，他の人たちからのありあまるほどの助言と保証がなければできない。(2) 自分の生活のほとんどの主要な領域で，他人に責任をとってもらうことを必要とする。(3) 支持または是認を失うことを恐れるために，他人の意見に反対を表明することが困難である。(4) 自分自身の考えで計画を始めたり，または物事を行うことが困難である（動機または気力が欠如しているより，むしろ判断または能力に自信がないためである）。(5) 他人からの愛育および支持を得るためにやりすぎて，不快なことまで自分から進んでするほどである。(6) 自分で自身を世話することができないという誇張された恐怖のために，一人になると不安，または無力感を感じる。(7) 親密な関係が終ったときに，自分を世話し支えてくれる基になる別の関係を必死で求める。(8) 自分が世話をされず放っておかれるという恐怖で，非現実的なまでにとらわれている。

（小此木啓吾）

［関連項目］口唇期，口唇性格，性格，DSM-IV 人格障害，アブラハム，フェニヘル，ホーナイ

［文献］Abraham, K. (1927), American Psychiatric Association (1994a), Fenichel, O. (1945)

依存的薬物精神療法

［英］anaclitic pharmacopsychotherapy
［独］anaklitische Pharmakopsychotherapie
［仏］pharmaco-psychothérapie anaclitique

向精神薬，ことにアルファ型フェノサイアジン系に属するレボメプロマジンによって不安の防衛の身体的条件の緩和をはかり，同時に精神分析的面接によって人格構造の変化をもたらし，看護によって新しい体験を提供することを目標とした生物-心理-社会的統合治療。治療的退行がフロイト Freud, S. のいう anaclisis 状況なのでそれをとって依存的薬物精神療法と名づけられた。

重症強迫性障害，慢性心気症，心身症，慢性うつ病など普通の薬物療法や精神分析あるいは精神療法で治療困難な症例は少なくない。このような症例はたいてい性格構造が強迫性であったり分裂性あるいは分裂病型であったりする。情緒応答性が乏しく，不安の防衛が心理的操作の及ぶ範囲を超えて生理的領域にまで至っているものと考えられる。ところで，アルファ型フェノサイアジン系に属する薬物は行動生理学的には条件づけを解除するという作用が認められるという（中尾ら，1969）。臨床的にもこの系に属す薬物，レボメプロマジン，クロルプロマジンを使用すると心身の鎮静・弛緩がおこる。ことに前者を比較的大量使用すると軽い意識の変容が起こる。すなわち生理的態勢の変化が生じ心理的システムの流動性を促進する準備ができる。そこに，週4日以上の精神分析的面接と保護的看護がなされると容易に心理的退行

が起こり，「いま，ここで」の治療操作と関連して原初的対象関係が復活しまた活発に変動する。精神分析理論でいう口愛期，肛門期，男根期対象関係が複雑にしかも明確にあらわになる。すなわち，精神療法家や担当看護婦を相手にした冗舌あるいは沈黙，異常とも言える食欲亢進，かけ引き，支配欲の亢進，誇大性の誇示，ペニスを切られる恐怖などが心理的内容と振る舞いと不可分の形で出没する。また，治療の初期にはアイザカウワー現象 Isakower phenomenon，すなわち，口，皮膚，手，その他身体のあちこち広い範囲に，強まったり，後退したりする異様な感覚，部屋の天井が迫ってきたり高く遠ざかったり，丸い大きい膨らんだものが迫ってくる感覚といった身体像の変容がみられることがある。治療経過のなかでも身体各部に軽度の種々の疼痛がみられたりする。そうした過程で患者の心の深層にあったまつわり，すがり，よりかかり，しがみつき欲求，つまりフロイトのいう anaclisis 依存欲求による支配傾向とその防衛があらわになり解消されていく。この治療的要因は薬，精神分析的精神療法，保護的看護である。その後，向精神薬を減量し，普通の精神分析的治療に切りかえ，ほぼ4カ月で主な治療を終了する。西園昌久はこのような独自の方法を確立して依存的薬物精神療法と呼んだ。治療過程でみられる種々の現象やその理解は今日の対象関係論が主張するところと共通するところが多い。ただ，この治療でもってしても治療困難な場合も存在する。治療効果が比較的よかった症例は治療状況で患者が示し語る自己像は行動優位であるのに対し，治療困難例は治療状況で敏感な身体感覚を示す特徴がある。生理的基盤の違いを示唆する。

（西園昌久）

[関連項目] アイザカウアー現象
[文献] 中尾弘之・池田暉親 (1969)，西園昌久 (1967/1971, 1996)

依託型対象選択

[英] anaclitic type of object-choice
[独] Anlehnungstypus der Objektwahl
[仏] choix d'objet par étayage

フロイト Freud, S. が『ナルシシズム入門』(1914)の中で，幼児が生存のために対象選択する様式として2つのタイプがあるとしたもののひとつである。他のひとつは，自己愛型対象選択と呼ばれている。生まれて間もなくの幼児は自分を守り養ってくれる他者（母親）なしでは生きていけない。現実世界に産みおとされたことからくる根源的な不安を和らげ抱えてくれる対象とのかかわりが必須なのである。

そのひとつの対象選択である依託型についてフロイトは，幼児のもつ生命保存の機能（自己保存本能）が最初の対象として母親の乳房を選択し，そこに口唇期的性愛満足が二次的に依託される現象から，この命名を考え出したとされる。生命を保存するための栄養摂取に乳房をしゃぶる快感が付加されたというわけである。

フロイトは『性欲論三篇』(1905) において，「性感帯の充足は，最初は栄養希求の充足と密接に結びついていた」とし，「まもなく性的充足を反復しようとする欲求が栄養摂取の欲求から分離する」と考えた。そして，この原始的な依託性は，成長してもひとつのモデルとして働き「困難な状態において，自分を助けてくれ，その要求を満足させてくれる他の人たちを愛するようになる」としている。さらに『ナルシシズム入門』において，フロイトは，依託型対象選択のあり方を自己愛型対象選択と比較・対照しながら明確にしていった。それによると「依託型対象選択の類型には，a) 育ててくれた母親，b) 保護してくれた男性およびそれに関連する代理的な人間を愛するものがある」としている。かつて両親にそうしてもらったように養われ守られたいという受身の願望が特徴をなす対象選択様式が成長してからも存続するということになる。

一方の「自己愛型対象選択 narcissistic type of object-choice」とは，自分自身（現在の自己，過去の自己，そして，こうなりたいと願う将来の自己）や，自分の一部であったと感じている人物（自己愛的同一化）を愛するという対象選択を指し，依託型対象選択が他者に依存する点で対照をなしている。ただ，両者とも，選択された対象は理想化されリビドーによって備給されているという点では共通している。

（福井　敏）

[関連項目] 自己愛型対象選択，自己保存本能（欲求），欲動
[文献] Freud, S. (1905d, 1914c)，西園昌久 (1976)

依託抑うつ

[英] anaclitic depression
[独] anaklitische Depression
[仏] dépression anaclitique

スピッツ Spitz, R. A. は養護施設に収容されている乳幼児の精神病的症候群を力動的・構造論的に分析し，対象喪失による乳幼児の問題を依託抑うつ（アナクリティック抑うつとも訳される）と名づけた (1946)。

[症状の特徴] スピッツはナーサリー（女囚の刑務所付設乳児院）で白人・黒人の男女児合わせて123名の乳幼児の行動を12カ月から18カ月の間，継続的に直接観察を行い，16ミリ映写機で映像化し，病歴をとり，ヘッツァー・ウルフ発達テストを施行し，母親との離別前後の発達指数の変化を検討し，その中の11名に程度の差こそあれ，共通の症状の推移を見出している。すなわち生後6カ月以後，急に泣きやすくなり，引きこもり，うつ

ぶせになって周囲の状況に興味を示さなくなる。以前のにこやかな表情とは打って変わった変貌を示した。この状態は2-3カ月続き，その間，体重の減少，食欲不振，感染の併発，発達指数の低下が観察された。さらに3カ月には子どもはうつろな目つきで，無表情になり，周囲の状況に無反応になる。ある子どもには自体愛的行動が見られた（autoerotic activity）。

　[病因] 病因は愛対象の喪失である。しかし喪失以前に母子間に愛情交流を経験している乳幼児で，もともと抑うつ的でない子どもが急速にこのような症状をあらわすのが本症の特徴である。剥奪 deprivation の視点からは部分的剥奪 partial deprivation と呼び，養護施設でも捨て子院 foundling home のような母性的養護の経験が皆無な場合の全的剥奪 total deprivation と区別している。

　[治療的対応] スピッツは（1）予防的対応として生後1年の後半は母親との長期にわたる分離を避けること。3カ月以上離すべきでない。（2）3カ月以内に母親の復帰が実現できれば回復は可能である。（3）（1），（2）が不可能ならば代理者の補給が必要である。スピッツは乳幼児の依託抑うつと成人のうつ病とを厳密に区別すべきだと述べている。

　1945年，46年と相次いで発表されたホスピタリズムと依託抑うつの論文と当時まだ普及していなかった映像によって苦しむ乳幼児自身に対象喪失の悲哀の事実を語らせているドキュメンタリーフィルムは1940年代後半から1950年代の世界に衝撃的反響を呼びおこした。わが国でも社会福祉の関係で1950年前後に紹介されている。ボウルビィ Bowlby, J. の母性的養育の剥奪 maternal deprivation の研究の一つの端緒となったことは知られている。今日，世界の乳幼児精神医学や臨床家たちの研究，運動の原点となっている。　　　　　（丹羽淑子）

　[関連項目] 自体愛，対象喪失，剥奪，ひきこもり，ホスピタリズム

　[文献] 丹羽淑子（編著）(1993), Spitz, R. A. (1945, 1946, 1949)

一次愛　⇒基底欠損
　[英] primary love

一次過程／二次過程
　[英] primary process, secondary process
　[独] Primärvorgang, Sekundärvorgang
　[仏] processus primaire, processus secondaire

　フロイト Freud, S. が提起した心的装置が機能する2つの基本的な過程である。フロイトは『夢判断』(1900)において，夢が願望充足（またはその願望を否定する超自我的検閲作用の充足）の心理過程であり，この願望充足が視覚映像的な欲動の幻覚的満足という最も原始的な心理過程によって行われる事実を明らかにした。そしてこの原始的な心理過程を，フロイトは，論理的にも発生的にも最初に成立する心理過程という意味で一次過程 primary process と呼んだ。一次過程は，夢の心理過程に見られるように，置き換えと圧縮の機制に従い，そこで働く欲動エネルギーは自由に流動し，ある表象から別の表象へと移動する。この一次過程の機能は，快感原則 pleasure principle に従い，欲動が高まると純粋に内的な心理過程の中で，かつてその欲動が実際にみたされた充足体験，つまり快 pleasure の記憶痕跡に基づいて，そのような充足体験＝快と結びついた表象を幻覚の形で再生することにある。このような充足体験の記憶の再生は，幻覚的な形での対象像の知覚の再生という意味で「知覚同一性 perceptual identity」と呼ばれる。そして，この一次過程こそ，夢や神経症の症状を形成する根源的な心理過程であるが，心的組織の発達とともにこの一次過程に加えて二次過程が成立する。この二次過程は，意識‐前意識系の中で働き，一次過程は無意識系の中で働く。

　ここでいう「置き換え」とは，ある表象に備給されていた心的エネルギーが別の表象に移動することであり，この第1と第2の表象は連想的に結びついている。強迫神経症では，強迫観念の形成過程でこの移動が明白に見られるし，ヒステリーの転換では，表象の領域から身体への領域への移動が見られる。さらに特定の性愛区域感覚が他の区域感覚に置き換えられる場合もある。そして，恐怖症では本来の不安，恐怖の対象（表象）から別の対象（表象）への置き換えが見られる。一方，「圧縮」は，一つの表象によって数多くの表象の連鎖を代表する機制で，これらの連鎖に結びついた心的エネルギーは特定の一つの表象に備給される。このような圧縮は，神経症の症状と夢の顕在内容の中に典型的に見られる。例えば，一人の人物像が複合的な人物たちのさまざまな要素の統一体を意味する場合がある。

　フロイトは『精神現象の二原則に関する定式』(1911)で，心的組織の発達が進むにつれて一次過程による幻覚的満足の方法によっては心的な均衡を保つことができなくなり，外界との現実関係を考慮して現実の変化を引き起こすことによる欲動の満足の方法が獲得されるが，それとともに現実原則 reality principle に基づく二次過程 secondary process が成立するという。二次過程は覚醒思考，注意，判断，推論，予測をもった行動などの心的機能を営み，思考相互間の同一性を追求する。つまり「思考同一性 thought identity」は，快感原則に従う「知覚同一性」を修正し，表象間の論理的関連を明確にする。つまり，この現実原則に従う二次過程は，言

語，思考，運動機能の発達と並行するが，その意味で二次過程は外的な世界に対する適応 adaptation を目的として発達するということができる。そして意識 - 前意識においてその機能を営むことになる。

局所論的見地から見ると，この一次過程は無意識系，二次過程は前意識 - 意識系の特徴であり，力動経済論的見地から見ると，一次過程では，心的エネルギーが自由で，置き換えと圧縮の機制に従い，ある表象から別の表象へと高い移動性を持つことに特徴があり，二次過程では，エネルギーが拘束され，さまざまな可能な充足の道を試す心的実験が行われ，充足が延期され，表象がより安定したやり方で備給される点に特徴がある。発生論的には，快感原則に従う一次過程は，やがて現実原則に従うとともに二次過程が成立する。

フロイト以後の自我心理学は，思考の一次過程と二次過程の力動的な連関性を明らかにした。つまり，すべての夢，症状，空想，白日夢などは，その中間的な領域であり，クリス（Kris, E. 1952）が提起した，「自我による自我のための退行 regression in the service of ego」の概念は，この 2 つの過程の力動的な相関の創造的な機制を明らかにしている。　　　　　　　　　　（小此木啓吾）

[関連項目] 圧縮，意識，置き換え，快感原則，局所論〔局所論的観点〕，幻覚的願望充足，現実原則，退行，知覚同一性／思考同一性，無意識，夢

[文献] Arlow, J. A. & Brenner, C. (1964), Freud, S. (1900, 1905a, 1950b), Gill, M. M. (1967), Kris, E. (1952)

一次的同一化
　　[英] primary identification
　　[独] primäre Identifizierung
　　[仏] identification primaire

フロイト Freud, S. は一次的同一化という用語をほとんど使用しておらず，また直接に定義してもいない。しかし例えば自己愛的な同一化 narcissistic identification (1917) という表現を用いたりしながら一次的同一化という概念に言及していることも確かである。これらの言及箇所からまとめると一次的同一化は次のように定義できる。対象との間での自我の「感情結合の最も初期の最も根源的な形式」(1921) であり，対象喪失に基づく喪の仕事に関連することのない直接の内在化 internalization である。それは自他の分化がなくなっている自己愛状態での個人の最初のもっとも重要な同一化であり，「直接の，介在なしの同一化で，どの対象カセクシスよりも早期のものである」(1923)。病的には精神病性うつ病（メランコリー）が一次的同一化が退行的に活動することで引き起こされる。捨てた対象と自我の一次的同一化が生じる，すなわち「対象の影が自我の上に落ちる」(1917) のである。この一次的同一化に対して二次的同一化 secondary identification は，自己と対象とが分化していて，対象独自の同一性が認められている関係において対象の特性が内在化される心的手技であり，対象を自己に重ねる方法である。喪の仕事の健康なプロセスにおいて自我が活用する。

このようにフロイト時代は同一化は，体内化 incorporation やとり入れ introjection と同様な内在化様式のひとつとして理解されていた。しかしながらクライン Klein, M. の原始的防衛機制（分裂機制）の検討を通しての投影による同一化 projective identification の発見 (1946) は，同一化が対象の内在化という形だけではなく投影という機制からも生じることを明らかにした。その結果，発生段階的な視点を強調した一次的同一化や二次的同一化という用語はあまり使われなくなり，同一化の力動形態を示す投影同一化，とり入れ同一化 introjective identification が今日では使われるようになっている。

フロイトののちに一次的同一化の用語を使用し続けた分析家には，リヴィエール Riviere, J. やその分析を受けたウィニコット Winnicott, D. W. がいる。リヴィエール (1936) は乳児の生後数週までの精神生活を，快 - 不快原則に支配されていて外界を認識していない自己愛の時期と見て，自我は身体自我であり，心的体験はフロイトの言う一次的同一化におもに基づいてなされていると述べた。リヴィエールは対象愛に先立つ最早期段階を一次的同一化の段階と表現した。この考えはウィニコット (1960) に引き継がれ，彼は一次的同一化，一次過程，自体愛，一次ナルシシズムをひとつのコンステレーションとした絶対的依存のホールディングの時期を乳児の最早期発達に位置づけている。　　　　　　　（松木邦裕）

[関連項目] 自己愛〔ナルシシズム〕，体内化，同一化，投影同一化（視），取り入れ，内在化

[文献] Freud, S. (1917d, 1921c, 1923b), Riviere, J. (1936b), Winnicott, D. W. (1960b)

一次的母性的没頭　⇒原初の母性的没頭
　　[英] primary maternal preoccupation

一次的マゾヒズム　⇒性愛的マゾヒズム
　　[独] primärer Masochismus

一次ナルシシズム／二次ナルシシズム
　[英] primary narcissism, secondary narcissism
　[独] primärer Narzißmus, sekundärer Narzißmus
　[仏] narcissisme primaire, narcissisme secondaire

　[フロイトの定義] フロイト Freud, S. は 1909 年のシュレーバー Schreber 症例の考察を行う中で，精神病の状態を説明するには，性欲論だけでは困難であると感じるようになっていた。そして彼は，1914 年に革新的な論文『ナルシシズム入門』を発表して，それまでの本能論を修正していった。彼はパラフレニー（早発性痴呆および精神分裂病）の患者の心理を説明するためには，「自我リビドー ego libido」，「対象リビドー object libido」および「自己保存本能」，「ナルシシズム」の概念が新しく必要であると考えるようになった。彼は，出産直後の赤ん坊は，対象をもたず自己充足していて，ちょうど鶏の卵の状態に似ていると述べている。赤ん坊は自分に必要なすべての栄養を自己充足することができると体験していて，対象の存在を認識することができない。このように自己充足して自己完結している状態を，フロイトは「一次過程 primary process」の状態と考えたが，ナルシシズムの観点からは「一次ナルシシズム primary narcissism」と呼んだ。それは完全にひきこもりの状態であり，自我（自己の意味に使っている）にリビドーを向け対象を必要としない状態である。結局赤ん坊は欲求不満にさらされることになり，対象を必要とする状況が生じてくる。そのときに初めて，赤ん坊にとっての対象が登場してくるのである。その対象との間で満足の体験が得られないときに，赤ん坊は対象に対するカセクシス cathexis を自我の中に引き上げ，すべてのカセクシスを自我に向けてしまう状態が生じてくる。これは「一次ナルシシズム」に類似の状態であるので，フロイトは「二次ナルシシズム secondary narcissism」と呼んだ。そして彼はこの状態が，パラフレニーなどの精神病の固着点であると考えたのである。そしてさまざまな陽性症状は，そのような引き上げられたカセクシスの回復過程であると考えている。フロイトは，精神病の状態はこのような完全な対象のないひきこもりの状態であるので，精神病の患者群は転移を起こすことができず，精神分析の対象とはならないと考えた（自己愛神経症 narcissistic neurosis）。このフロイトの基本的な考えは，後の精神病の治療技法に大きな影響を与えていったのである（フェダーン Federn, P. などの技法の修正）。ナルシシズムの研究においては，フロイトは精神病の研究だけでなく，男女の対象選択の問題を論じている。つまり成人が，性愛の対象を選択する場合には，異性の親の肯定的および否定的なイメージを対象に投影して選択する場合（依存型），肯定的および否定的な自己イメージを対象に投影して選択する場合（ナルシシズム型）をあげている。これはきわめて対象関係論的な考察であり，内的対象関係の形成と自己を前提にした考察を行っている。フロイトは，この問題については「レオナルド・ダ・ヴィンチ Leonardo da Vinci」の少年愛におけるナルシシズム型の対象選択の考察を行っている。つまりレオナルドは，母親に愛された少年の自己イメージを少年に投影して，母親が自分を愛したように少年たちを愛したのである。これは対象関係論的な思考法であり，事実ナルシシズム論が，フロイトの対象関係論への大きな転回点となり，自我理想論や超自我論へと発展していくのである。

　[バリント Balint, M. やクライン Klein, M. による一次ナルシシズムの批判] イギリス学派の分析家の中には一次ナルシシズムに対して批判的なものが多い。バリントは対象は出生直後から赤ん坊の主観の中で存在するために，すべてのナルシシズムは二次的なものであると考えている。もっと積極的に批判を行ったのが，クラインとその高弟のローゼンフェルド Rosenfeld, H. たちである。彼らは 1940 年代からの精神分裂病の研究を行う中で，精神病の患者が内的対象世界をもち，精神病的転移 psychotic transference を起こすことを発見していった。そして，対象の存在しない一次ナルシシズムの状態は存在しないと主張した。つまり発達論的には，赤ん坊は生まれたときから外的対象を認識することができ，分裂 splitting，投影 projection と取り入れ introjection，投影同一視（化）projective identificaion などの原始的防衛機制を用いて，内的対象と外的対象との関係を活発に展開していく。これはクラインが「妄想分裂ポジション paranoid-schizoid position」として記述した世界である。つまりそれは部分対象関係であり，絶滅不安 annihilation anxiety や迫害不安 persecutory anxiety が支配的な世界である。精神病の個人の心の中では，そのような内的な世界が活動している状態であり，二次ナルシシズムの世界は，引き上げられたカセクシスを自己に向けているだけではなく，取り入れられた内的対象に対して向けている状態である。つまりそれは対象が内的に存在している状況であり，治療においてはそのような原始的な精神病的な内的世界が治療者に対して転移されるのである。このような批判によって，彼らは精神病の世界の精神分析療法の可能性を追求していったのである。

　[乳幼児発達研究] 代表的な研究者であるマーラー Mahler, M. S. は自閉期を認め一次ナルシシズムの時期の存在を認めている。しかしスターン Stern, D. N. などは，最初から対象の存在を赤ん坊が認知できることを認めていて，一次ナルシシズムの存在を否定する見解をとっている。ウィニコット Winnicott, D. W. は，ホールディング holding の時期における赤ん坊の万能の世界は一次ナルシシズムの応対として記述しているが，その背後

の母親の没頭による乳児の欲求についての読みとりが働いていることを前提にしている。つまり彼の言う自己愛的万能の世界は，良い母親の存在なしにはありえないものであり，フロイトの言う一次ナルシシズムとはやや意味合いが異なっている。　　　　　　　　　（衣笠隆幸）

　［関連項目］自己愛〔ナルシシズム〕，シュレーバー〔症例〕，精神病性転移，精神分裂病，対象選択，超自我，内的対象／外的対象，ウィニコット，クライン，スターン，バリント，マーラー，ローゼンフェルド

　［文献］Balint, M. (1968), Freud, S. (1910c, 1914c), Klein, M. (1946), Rosenfeld, H. A. (1964a, 1971), Sohn, L. (1985)

一次利得／二次利得　⇒疾病利得

　［英］primary gain / secondary gain

胃腸神経症

　［英］gastrointestinal neurosis
　［独］Magendarmneurose
　［仏］névrose gastro-intestinale

　胃および腸に機能性の障害を呈する植物神経症（あるいは器官神経症）の総称。アレキサンダー Alexander, F. によれば，胃神経症 gastric neurosis とは，神経性（心因性）に胃や十二指腸の分泌や運動機能の障害を来たすことにより，さまざまな症状を呈する病態である。ただししばしば胃炎など器質性の障害を伴い，これらを厳密に分けることは事実上不可能であるとも述べている。心因の中には，不完全な咀嚼や早食い，呑気など摂食の誤った習慣も含まれる。症状は食後の苦痛，胸やけ，食思不振，あるいはガスの逆流から，激しい胃痛や頑固な嘔吐まで多岐にわたる。これらの背景には，幼児期早期の依存的状態への強い固着が，成人の自我による独立や自己主張の欲求と対立し抑圧されねばならない力動があると指摘されている。

　いっぽう腸神経症 intestinal neurosis は神経性に下痢や便秘といった便通異常や，ガス貯留あるいは腹痛を来たす病態であり，今日一般的に使われる過敏性腸症候群の概念に近い。これらの病態には，糞便を蓄えあるいは排泄することに伴うさまざまな情動が関与すると考えられる。すなわち子どもは糞便を保持することによる快感，あるいはその排泄によるサディスティックな満足を体験しながら，大人からのしつけによって排便の支配権を失うことになる。したがって本症の背景には，攻撃性，所有と贈与，あるいは支配と服従をめぐる葛藤が存在すると言われる。

　胃および腸の神経症は解剖学的なつながりにより一括して扱われる傾向にあるが，以上述べたように，「胃」に関しては口唇期的葛藤が，また「腸」に関しては肛門期的葛藤がそれぞれ中心的役割を担っており，精神力動としては異質な要素を含んでいる。　　　　（菊地孝則）

　［関連項目］器官神経症，口唇期，肛門期，植物神経症，アレキサンダー

　［文献］Alexander, F. (1934)

一孔仮説

　［英］cloaca theory
　［独］Kloakentheorie
　［仏］théorie cloacale

　フロイト Freud, S. によれば，小児の抱いている性理論は，3つの仮説からなり，いずれも「奇妙な間違いを犯しているが，まことの心理の一片をもち」「勝手な思いつきではなく，性心理的な素質の必然性から成立」しているという。その第1は，性の差異の無視であり，ペニスは女性にも備わっているものだ，とする仮説である。第2が女性には膣と肛門の区別がなく，子どもは腸管の出口から生まれるのだという一孔仮説である。第3が性交はサディズム的行為であって，強い者が弱い者に暴力をふるっているのだとする仮説である。

　一孔仮説は，小児がまだ膣の存在を知らぬがゆえに，赤ん坊が母親の胎内で生長し，そこから出てくるものだとしたら，「それができる唯一の道は腸管の出口からである他あるまい」と考えるところから生じている。小児は「赤ん坊は排泄物のように，つまり糞便のように排出されるに違いない」と確信し，その結果，女性だけが子どもを生む優先権をもつのではなく，「肛門から子どもが生まれるものとすれば男性だとて女性と同じように子どもを生むことができる」と空想する。精神病者が，何かを食べると妊娠すると考えたり，糞便を自分の生んだ子どもだといって大切にしていたりするのは，この一孔仮説が無意識の領域に残っているためといえる。その病的な現れとして，フロイトは症例狼男が，血便の出る病気で死ぬのではないか，という強い恐怖感を抱いていたことを挙げている。狼男は，女性が去勢されており，ペニスの代りに性交に役立つ傷口を持っていることを知る。その結果，自分も去勢されてペニスを失うことを恐れて，男性に対する女性的態度を抑圧し，同性愛的願望への耽溺から目ざめる。しかし，女性的態度の抑圧は，退行を生じさせ，古い一孔仮説が復活し，下腹部の病気で苦しんでいた母親との同一化を介して，幼児期の種々の腸障害とそれによる死の不安を発展させるに至る。

　一孔仮説は，女性の精神 - 性的発達との関係でも論じられている。女の子にあっては，「肛門の作用と膣の作用の区別は，この両者に解剖学上，および機能上の密接な類似性があるので困難である。性器は汚管 Kloake に隣

り合っていて，『女性にあってはまるで間借りでもしているといってよいくらいである』」。このような両者未分化な状態から出発して，女の子は男性的な支配器官（クリトリス）に支配されて，男の子のように振るまう時期を経て，やがて思春期に入ると「男性的な性を除去し，膣と腸管口との分離を達成する」。そして膣が支配的な性感帯となって女性の性発達は完了するとフロイトはいう。

（馬場謙一）

[関連項目] 肛門期，幼児性欲，アンドレアス‐ザロメ
[文献] Freud, S. (1905d, 1908c, 1913i, 1918b)

一体感
[英] sense of unity

他者とあたかも一体であるかのような感覚の体験をいい，自己と非自己の境界（自己境界または自我境界）の変容感覚の一つであり，さまざまなあり方で体験される。
　フロイト Freud, S. は，一次的自己愛の段階は，原初的一体の状態にあるといい，一体感を，この段階への退行としてとらえた。フロイトは，一体感の代表的体験として，最高期の時期の恋人との一体感と，集団における集団およびそのメンバー相互の間における一体感をあげたが，いずれもこの一体感の起こる心的機制として，自己愛的同一化をあげた。さらにロマン・ロラン Rolland, R. への書簡で，「永遠の感情とでも呼びたいような感情，何かしら無辺際・無制限なもの，いわば大洋のようなものの感覚」，つまり「外部世界と一体になって離れがたく結びついている」という。宇宙との一体感を大洋感情 oceanic feeling と呼び，自己愛段階における幼児的心性の残滓とみなした。しかし，ロス Ross, K. は，宇宙との一体感を死の受容における有意義な体験であるという。マーラー（Mahler, M. S. 1981）は，分離‐個体化以前の段階として，正常自閉期とは，生後数週間における一次的自己愛状態の優勢な正常自閉段階で，乳児は母親との一体感の中にいるが，やがて，母子が共通の境界を構成し，二者単一体として暮らす共生期に至るといい，一体感をこの段階への退行とみなしたが，スターン（Stern, D. N. 1989）は，乳幼児研究に基づき発達段階早期にすでに発動性，自分自身の行動のコントロール，自分自身の情動，自己の連続性などを持つとともに，自分とは別に他者が存在するという感覚を持つ中核自己感が形成されるという。この分離した自己の体験する融合や共生などの一体感の体験は，母子未分化状態への退行あるいは分化不全ではなく，このような発達段階早期の中核自己感に基づく「他者（自己を制御する他者）とともにある体験」に体験的原型があるという。つまり，「一体感」とは母子未分化な一次的自己愛段階への退行ではなく，むしろ分化した自己と他者の社交的出会いに基づく能動的体験に基礎があるという。
　さらにコフート Kohut, H. は，何でも自分の思うとおりになってくれるという一体感を抱くことのできる自己の延長としての自己対象 self-object を明らかにしたが，その転移である自己対象転移の研究によって，治療関係と日常的な対人関係における一体感の原型を明らかにした。また，土居健郎は，甘えを幻想的な一体感への希求として定義したが，リトル（Little, M. I. 1981）は，転移‐逆転移関係，そして発達早期における基本的一体性 basic unity の錯覚 illusion の意義を強調した。

（小此木啓吾）

[関連項目] 甘え，一次ナルシシズム／二次ナルシシズム，共生期，自己愛〔ナルシシズム〕，自己対象，大洋感情，キューブラー‐ロス，コフート，スターン，マーラー
[文献] Freud, S. (1914c, 1921c), Kübler-Ross, E. (1969), Little, M. I. (1981), Mahler, M. S., Pine, D. & Bergman, A. (1975b), Stern, D. N. (1985)

偽りの自己
[英] false self
[独] falsche Selbst

ドイチュ Deutsch, H. の「アズイフ人格」を本当の自己という視点から論じ直したウィニコット Winnicott, D. W. の人格に関する概念である。厳密には2つの意味に使用されている。ひとつは，健康な人格の外的現実と接する領域を指す場合と，もうひとつは本当の自己を形成し損なった病的な人格を総称して呼ぶ場合である。ウィニコットにとって，人格は，生まれたばかりの幼児が未統合の状態の中で生じた自発的な身振りの中に現れる万能感（自我欲求）を母親の直感的な感知によって満たされたときに起源をもつ本当の自己の領域と，外界の要請に応えようとして形成される領域の他に，人間が人間らしい生活を営む体験の中間領域があるという。この中間領域は，移行（過渡）対象ないしは現象，遊び，文化的活動，さらには創造的仕事等の中で本当の自己が現実に受け入れられるかたちで出現する場で，もっとも自己体験が出来る領域である。ところが，母親がほどよくない場合，幼児の自我欲求にうまく応えることが出来ないために，幼児は母親のひとりよがりな態度に服従させられる結果を招く。それが繰り返される中でその服従を基盤にした人格が形成されるという。そこでは本当の自己は陽の目をみることがなく，したがって，中間領域もまたひどく制限をうけた人格形成となる。ウィニコットは，母親のひとりよがりな態度を侵襲と呼び，その態度に服従する自我状態を反応と呼ぶ。つまり，本当の自己を発展させることが出来ないままに，ほどよくない母親のひとりよがりな態度に対する反応を基盤にして形成された

人格と表現できる。ただ，この人格はある特定の病態に付される名称ではなく，本当の自己が実現し難い人格状態全体を表すもので，それこそ，健康な人格の外界に接する領域を指すことから，親に同一化し過ぎたために本当の自己に陽の目をみせてやることができない神経症水準のもの，さらには境界水準のもの，そして精神病性のものまで含まれる。本当の自己を実現できないために，中間領域を空白ないしは狭いないしは歪んだものにしているという理解は境界性水準の人格障害の理解に資するところが大きいとして援用されることが多い。なお転移状況は人格の中間領域が主になって出現するために，偽りの人格を形成している症例の転移状況は空洞化したり偏狭になったりしていることが多く，治療関係の中で本当の自己が顔を出しはじめるとき患者はつよい退行状態に陥りやすいという。そのため，それを知らないと対応を誤って，新たな外傷性障害を残す危険がある。また，偽りの自己の存在を知らないことによって，本当の自己との接触を果すことができずに永遠の治療になってしまう危険もまた指摘されている。さらに，偽りの自己が知性化と結びついて世間が目を見張るほどの輝かしい功績を挙げながら，本人は空虚感をますます募らせていく状況（三島由紀夫の例など）のあることもまた知っておきたい。さらに，精神分析家やその他の精神保健専門家の選抜に際しても，本病態の存在の認識は重要であるとウィニコットは指摘する。　　　　　　　　　　（牛島定信）

[関連項目] アズイフ人格，ウィニコット理論，境界性人格障害，退行，本当の自己
[文献] Deutsch, H (1942), Winnicott, D. W. (1965b)

イド　⇒エス
[英] id

イド関係性　⇒自我関係性
[英] id-relatedness

いないいないばあ
[英] peek-a-boo

「いないいないばあ」遊びや，その延長上にある「隠れん坊 hide-and-seek」などの遊びにおいて注目されるのは，関心のある対象（あるいは自己）が子どもから見えなくなった後に再び見えるようになるという，在と不在，喪失と獲得のリズミカルな反復である。この種の遊びを精神分析的観点から初めて理解しようとしたのは，フロイト Freud, S. が『快感原則の彼岸』(1920) で行ったフォルト - ダア fort-da の遊びの観察と分析であり，対象が消えることと姿を見せることを一組にして遊ぶ子どもは対象との再会だけではなくこれを失うことに楽しみを見出していた。そして，対象を支配する子どもは愛情や愛の対象である母親の不在を受け入れながら，同時に受け身的で不快な対象喪失を能動的に劇化して快感を獲得していたことになる。この報告を受けて，精神分析においては，多くの遊びに見られる投げ出すことや放り出すことにおける攻撃性や死の本能に注目するとともに，「いないいないばあ」などの喪失と再会を一対にする遊びの成立とは子どもが対象の不在に対処すること，つまり内的な対象恒常性，そして自他の分化や自己の確立に関わるものとして語られることが多い。この遊びを詳細に検討し発達の証のように見るクリーマン Kleeman, J. A. やマーラー Mahler, M. S. ら児童研究者たちによると，例えば関わる子どもが受身的な場合と能動的な場合との 2 つに分けるなら，まず受動的な遊びが現れ，自我機能や運動機能の発達と共に能動的なものに段階的に移行するという。また乳児の中核自己感について語るスターン Stern, D. N. は，この種の遊びにおいて他者に制御される自己体験の意義に言及している。そして，裏と表や自分の内面性に注目する土居健郎は，「いないいないばあ」と隠れん坊を連続するものと考えるが，比喩的に言うなら精神療法の本質は隠れん坊であって，自分の秘密を治療者を介して発見することにあり，それが最初は隠れた者たちを探す鬼として参加するのだと言う。また，期間を定めないで規則正しく繰り返される精神療法は「いないいないばあ」に似ており，その観点から円環的な面接の反復の意義を治療構造論として語ることができる。対象関係の両極を区切りながら対になった形で一組の言語を獲得するという点からも興味深い遊びだが，「いないいないばあ」は同時に「ばあ - いないいない」であることがフロイトの注目するところであり，論者によって在と不在の強調点が微妙に異なる。　　（北山 修）

[関連項目] 死の本能（欲動），対象恒常性，フォルト - ダア
[文献] 土居健郎 (1972), Freud, S. (1920e), Kleeman, J. A. (1967), Mahler, M. S., Pine, F. & Bergman, A. (1975a), Stern, D. N. (1985)

イマーゴ
[英][仏] imago
[独] Imago

初期の分析家がしばしば用いていて，ユング Jung, C. G. が 1911 から 12 年に書いた『リビドーの変容とその象徴』(後に『変容の象徴』) という論文で明確に用いた概念で，母のイマーゴ，父のイマーゴ，そして兄弟のイマーゴといった使い方をし，家族がどのように見えるかという主観的な表象を表す。1906 年に出版されたシュピ

ッテラー Spitteler, C. の小説の題に由来する。フロイト Freud, S. がこの概念を用いる場合には，愛情の対象選択を無意識に方向づけする親イメージ，特定の心的表象という意味であった。それに対してユングの関心は現実の母と母イマーゴが必ずしも一致しないという点にあって，そこから男性にも女性イメージが先行して存在するという元型の着想が得られたと考えられる。そのためこの概念は，コンプレックスという概念と元型という概念の間にあって，先の論文のようにユングが自分の着想を表現するために過渡的な段階で頻繁に使われていた。その後も時々文献に登場してくる「イマーゴ」は家族の残像のようなもので，それを通して周囲の人びとや治療者の見え方に影響する表象という意味で，「無意識的表象」という概念，特に心的表象という概念に近い。ただ心的表象は内的に人生に反復をもたらすような形で無意識に属するのに対して，イマーゴはその人のものの見方，感じ方，行動に影響するような概念図式として使われる。1912 年に創刊された精神分析の雑誌で，比較的文化的な問題を扱っていた雑誌の名前にもなっている。

(妙木浩之)

[関連項目] 元型，コンプレックス，表象，ユング
[文献] Jung, C. G. (1911–12)

意味論

[英] semantics
[独] Semantik
[仏] sémantique

広義には言葉とその意味との関係を論じるものはすべて意味論と言われ，特に哲学や言語学にはこの問題に特化した部門がある。精神分析は基本的に言葉のやりとりを前提とする実践であるから，言語の位置づけ方に応じて精神分析理論ごとに固有の意味論があり，また各々の実践と不可分である。一般的な意味論はソシュール Saussure, F. de の構造主義的言語学の登場によって大きな転回を迎えた。言葉とその意味との関係をソシュールは，シニフィエ signifié（意味されるもの）とシニフィアン signifiant（意味するもの）の対応でできた言語記号つまりシーニュ signe として捉えた。シーニュ以前に意味があるのではなく，シーニュの分節である言語の成立と共起的に意味の世界が発生する。ソシュールは，シーニュ相互の分節も，シニフィアンとシニフィエの意味作用の対応も，自然な自明性はなく恣意的なものであることを指摘した。逆に言えば，そのような恣意性を自然なものと感じさせるのが意味の作用である。一般に，統語論的隣接関係など明示的な語の連関であるメトニミー métonymie が決定する意味と，類似関係など非明示的な参照項への依拠であるメタフォール métaphore が決定する意味が区別される。前者はサンス sens やジン Sinn，後者はシニフィカシオン signification やベドイトゥング Bedeutung とも呼ばれる。フロイトの夢理論においては，前者は夢表象の置き換え，後者は圧縮に当たる。

(南 淳三)

[関連項目] 隠喩／換喩，シニフィアン

医療心理学

[英] medical care psychology

医療心理学というコトバは，わが国の小此木啓吾によって 1979 年に命名された用語である。小此木によれば，医療心理学とは，医療スタッフが臨床的に実践するために必要な心理学的知識と方法の体系であり，精神科医に限らず，各科の医師，看護スタッフ，保健婦，そしてまた，医療や臨床にたずさわる臨床心理士，ソーシャルワーカーなど，すべての医療スタッフに役立つ臨床的で基本的な心理学を意味するという。さらに小此木は医療心理学と医学心理学 medical psychology や臨床心理学 clinical psychology との相違を述べている。前者は精神と身体，生理学と心理学，精神神経医学と正常心理学との間隙をやや哲学的な概念，仮説，方法論によって埋めて行く学問であり，もっと基礎的な心理学を意味する。後者は心理臨床家が，医療，産業，教育，福祉，司法などの臨床場面で用いる心理学であり，必ずしも医療に限定されたものではなく，実践的な医療心理学というコトバが必要であるという。

医療心理学で対象となる状況や問題点は，当然臨床に即した多くの課題があるが，一般的には各診療科での心理的トラブルとして示されることが多い。それらを患者側と医療スタッフ側の 2 つの観点からまとめてみると，A. 患者側の問題としては，(1) 各科の診療場面でみられる以下の精神症状を呈する場合（不安，抑うつ，心気，恐怖，焦燥から，アルコールへの耽溺，自殺念慮，せん妄，意識障害など）。(2) 各科医療スタッフ泣かせの，「いわゆる問題患者」あるいは，「不適応行動を示す患者」の場合（拒食，拒薬，病棟内での規則違反。要求過剰で，治療意欲も乏しく反抗的など治療関係形成が困難な患者）。(3) 心身症と呼ばれる各科の疾病や症状を呈する場合（本態性高血圧症，気管支喘息，虚血性心疾患，胃・十二指腸潰瘍，アトピー皮膚炎，脊椎過敏症，周期性嘔吐症など）。(4) 疾病それ自体や治療環境が，患者にストレスを生じさせる場合（癌，膠原病の重度疾患や ICU，CCU，無菌病棟などでの治療上の困難）などが挙げられる。

他方，B. 医療スタッフ側の問題から心理的トラブルが発生する場合としては，(1) 患者および疾病への共感の乏しさから（障害部位の改善ばかりに治療が集中して

しまい，障害の背景にある患者の心理社会的な個別的問題への無関心など）。（2）治療関係の理解の不足から（診療関係は，患者の要請で形成される性質上，ともすると医療スタッフ側だけで，治療の診断，見通しが設定され，結果的に患者不在で進行してしまうなど）。（3）医療スタッフ個人や職場状況の問題から（治療関係はスタッフ個人の対人関係パターンや職場の集団力動によっても規定されるが，その点の自覚のなさから問題が発生する）。

以上の医療心理学の理解と実践を支える基本的観点は，精神症状学や疾病学などの神経精神医学に加えて，コンサルテーション・リエゾン精神医学，心身医学，コミュニティー精神医学，社会福祉学，臨床心理学などに負っている。中でも，（1）病者を全体的な人間 total person として理解する視点，（2）精神力動論の観点，（3）「生老病死」をめぐる心理学的意味と理解，そして（4）治療関係論などの精神分析的・力動精神医学的な認識と方法は，病者を医療心理学から理解し，具体的に実践してゆく上で，たいへん重要な基礎理解を提供している。

(乾　吉佑)

[関連項目] リエゾン精神医学
[文献] 乾吉佑（1998），小此木啓吾（編）（1979a）

陰性エディプス・コンプレックス

[英] negative Oedipus complex
[独] negativer Ödipuskomplex
[仏] négativ complexe d'Œdipe

精神分析の根幹をなす概念ともいえる，異性の親に愛着を示し同性の親をなきものにしたいという願望を抱き，それであるがゆえに同性の親からの報復不安（去勢不安）をもつエディプス・コンプレックスという心性の逆現象，つまり同性の親に愛着を示し，異性の親に嫉妬ないしは憎悪を抱く心的状況をいう。フロイト Freud, S. によると，エディプス・コンプレックスそのものは男根期（2歳半から5歳）を頂点にして出現し，潜伏期に不鮮明になり，思春期に再び活性化してくるが，全生涯を通じて無意識の世界にとどまって人間の心のあり様を方向づけるが，この陰性コンプレックスもまた陽性コンプレックスに影のごとく付きまとって心のあり様を方向づけているという。男児を例に取れば，父親をなきものにしたいと願望をもちながらも，根源的にもつ父親に対する愛着（つまりはアンビバレンス）と去勢不安から身を護ろうとして父親に寄り添おうとする願望は根底にあるものだというのである。そして，体質的に，あるいは環境要因（親子関係のあり様）によって，それが無意識の奥深く抑圧されたり，逆に表面に出たりするという。興味深いのはフロイト自身がこの陰性コンプレックスの格好の例であったということである。つまり彼は，父親に対して愛情と畏敬の念しかもってはいなかったが，父親の死後，自己分析を通じて母親に対する愛着を意識するとともに父親を排除しようとする心のあったことを発見して概念化したのが他ならぬエディプス・コンプレックスだったのである。父親へのつよい愛着がフロイトの陽性エディプス・コンプレックスを隠蔽していたといえる。そして，陽性エディプス・コンプレックスを解消する方法として，フロイトは異性の親への対象備給を放棄して，同性の親に同一化し，男性らしさを，あるいは女性らしさを身につけていく過程を先述の去勢不安と根源的な同性の親に対する愛着を基盤にして進めると説明するが，ここでもまた陰性エディプス・コンプレックスの構造が強く関与していることを忘れてはならないであろう。さらに留意しておくべきは，同性愛的心性をめぐる精神分析的説明とこのコンプレックスの関係である。ことに男性の同性愛的心性の出現は，最初の対象関係である母子関係において，母親の愛情供給が欲求不満を起こす場合，代りの愛情希求の対象として一般に父親を求めるところに素地があるとする。これは顕在性の同性愛にしろ潜在性ないしは無意識の同性愛にしろ，その背後にあるのはこうした対象関係の絡みを基盤にしていると考える傾向がある。さらにまた，母親の態度そのものよりも，母親に向ける愛情そのものが葛藤的であるような思春期に見られる同性愛的傾向（集団にしろ，個人的友情にしろ）においてもまた本コンプレックスの影をみることを忘れてはならない。

(牛島定信)

[関連項目] エディプス・コンプレックス，思春期〔青年期〕，同性愛
[文献] Freud, S.（1923b）

陰性治療反応

[英] negative therapeutic reaction
[独] negative therapeutische Reaktion
[仏] réaction thérapeutique négative

精神分析治療の経過中にアナライザンドの自己洞察や自己理解が深まっているという好ましい分析治療過程が進展している，つまり内的体験のワーク・スルーが進んでいるにもかかわらず，アナライザンドの病状が増悪したり，危険な行動化や治療中断の危機などが起こり，事態は悪化していると言わざるを得ないプロセスにあること。分析治療中の理にかなわない悪化であり，治ること，分析が進展することへの拒絶である。

陰性治療反応は，フロイト Freud, S.（1918）が狼男症例において，その意味合いが不鮮明だったことが結論的に明瞭になるたびに改善していた症状が増悪することで狼男が反応したことを，一時的な「陰性反応」と名付けたことに始まる。フロイトはのちに『自我とエス』

(1923)において本格的に陰性治療反応に言及し、それを構造論での厳しい超自我と関連した、死の本能が優勢な無意識の罪悪感（懲罰要求）の表現形のひとつとした。神経症症状は超自我からの懲罰であり、症状が軽快すると別の懲罰を無意識に必要とするために陰性治療反応が生じてくると考えたのである。フロイトに続いて陰性治療反応の要因を明確に提示したのはクライン Klein, M. (1957)である。クラインは、死の本能が最も純粋に表出されている、よいものをよいゆえに破壊しようとする感情である羨望 envy こそが、分析家と分析が実り豊かなよいものであるゆえにそれを台なしにしようとアナライザンドを誘い込むと見た。羨望の強いアナライザンドは対象のよいものをとり入れるよりもよいものを憎悪してその破壊を選び、自分も破滅させる。クラインの考えはローゼンフェルド Rosenfeld, H. (1971)によってさらに推敲された。彼は陰性治療反応では妄想-分裂水準の羨望と罪悪感（抑うつ不安）の両方が関与しているが、自己と対象間に自己愛的なコンステレーションを作り上げることで極度な破壊性に巻き込まれない一方で健全に抑うつ不安を体験することもできない、すなわちより病的な不安からは守ってくれるが進展も妨げる自己愛構造体 narcissistic organization のパーソナリティ内での存在が陰性反応を引き起こすと、陰性治療反応と自己愛的なパーソナリティ構造を関連づけた。この考えはシュタイナー Steiner, J. (1993)に引き継がれ、心的退却論として展開されている。

これらのクライン派の見解に対して、同じイギリスのケースメント Casement, P. (1985)は陰性治療反応は、幼児期の外傷体験に基づいている、先立つ安心感とそれに引き続く惨事という無意識の連結がもたらす改善への反応と理解している。米国ではアッシュ Asch, S. (1976)が陰性治療反応の要因に、自我理想の特殊な病理へのマゾヒスティックな自我の反応や抑うつ的なエディプス対象との共生への退行への防衛、無意識の罪悪感における早期前エディプス的不安を追加している。

（松木邦裕）

[関連項目] 罪悪感、自己愛構造体、羨望、超自我、迫害的罪悪感／抑うつ的罪悪感、病理構造体［病理的組織化］

[文献] Asch, S. (1976) Casement, P. (1985) Freud, S. (1923b), Klein, M. (1957), Rosenfeld, H. A. (1971)

隠蔽記憶

[英] screen memory
[独] Deckerinnerung
[仏] souvenir-écran

重要な記憶を覆い隠す別の記憶があるという精神分析的概念のひとつ。フロイト Freud, S. は、そう大した意味があるとも思えないが、細部にわたって特別な鮮明さをもってしばしば想起される幼児期の記憶に注目した。そして、そうした記憶の自己分析を通じてそこにある種の精神分析的意味があることに到達した。彼によると、この種の記憶は2つの心理的力が働いて形成されたものだという。ひとつは、体験の重要性からそれを思い出そうとする動因に逆らって働く防衛の力であり、もうひとつは動因を時間的ないしは情緒的に近似した記憶に置き換えて最初の体験を保持しようとする力である。換言すれば、葛藤、抑圧（防衛）、妥協形成の下で作動した置き換えの産物である。いわば、失策行為や神経症症状と同じ心理的機制がみられるわけで、見るからに無害にみえる記憶の背後に思いもよらない重要な別の意味ある記憶が隠されているとするのである。彼はいくつかの隠蔽記憶を区別している。例えば、記憶の内容が抑圧された内容と対立関係にあるかどうかによって陽性隠蔽記憶と陰性隠蔽記憶とに分けた。また、2つの記憶の結びつきに着目して、前向きの先行性隠蔽記憶と後ろ向きの逆行性隠蔽記憶を区別している。前者は、隠蔽記憶の方が重要な隠れた幼児期体験よりも早期のもので、ある外傷的な体験がずっと以前の体験を代りの記憶として使用する場合である。後者は、後で起こった体験の記憶が隠蔽記憶を形成している場合である。後年になされた体験が先の外傷体験を誘発し、それを後年の記憶で防衛するかたちをとっているのである。さらに、フロイトは同時的ないしは隣接した隠蔽記憶の例をも記載している。ほぼ同じころにもった体験のうち、あまり重要でない体験の記憶が重要な体験の記憶を覆い隠して残っている場合である。フロイトは、1899年に『隠蔽記憶について』という論文をものにした後、『日常生活の精神病理学』(1901)の第4章で再度取り上げ、さらにレオナルド・ダ・ヴィンチ(1910)とゲーテ(1917)の病跡学的研究において、さらに狼男の例において隠蔽記憶の精神分析的解明を展開している。そして、1914年の「われわれにとって理論的に非常に意義深い幼児期健忘は、この隠蔽記憶によって完全に置き換えられ代表されているという印象を受けた。この隠蔽記憶の中には、幼児生活の本質的なものにとどまらず、要するに一切の本質的なものが保たれているわけである。ただ、われわれはそれを分析操作によって隠蔽記憶の中からほぐし出すべきことを理解しなければならない。隠蔽記憶が忘れられた幼年時代を十分に表現するものであることは、夢の顕在内容がその夢の思想を表現しているのと同じことである」というフロイトの記載は、精神分析における隠蔽記憶の位置づけを語ったものといえる。当然のことながら、それを精神分析的技法でもって接近することによって治療的に活用することもまた重要である。

（牛島定信）

[関連項目] 狼男［症例］、記憶、再構成、事後性、幼児健忘

[文献] Freud, S. (1899, 1901, 1910c, 1914f, 1917b, 1918b)

インポテンツ　⇒性機能障害
- [英] impotence
- [独] Impotenz
- [仏] impuissance

隠喩／換喩
- [英] metaphor／metonymy
- [独] Metapher／Metonymie
- [仏] métaphore／métonymie

フロイト Freud, S. は『夢判断』(1900) において，無意識の基本的な機制として置き換え Verschiebung と圧縮 Verdichtung を取り上げ，夢の潜在内容が顕在内容に現れる様を述べた。ラカン Lacan, J. はヤコブソン Jakobson, R. に依拠して，置き換えを換喩 metonymy に，そして圧縮を隠喩 metaphor に対応させた。ラカンを待つまでもなく，すでにフロイトはその理論だけでなく，治療においても，比喩のもつ機能を重視した。夢や症状形成に見られる無意識的思考を支配する象徴化（象徴形成）に含まれる過程として，置き換えと圧縮に手がかりを見たことだけではなく，フロイトの著作は，古典的な力学や演劇の言葉によって，あるいは法律，考古学，戦争といったイメージによって彩られている。治療においても，『ヒステリー研究』(1893-1895) のカタリーナ症例における解釈として，嘔吐という症状の根底にある嫌悪を取り上げ，「言葉の橋 Wortbrücke」としての比喩の治療的な有用性に言及している。

ベッテルハイム Bettelheim, B.，オルンストン Ornston, D. が指摘するように，ストレイチー Strachey, J. の翻訳によって，フロイトの隠喩的な言語使用の妙味は失われてしまっている。再度フロイトのメタファーを恢復させようとする試みはスペンス Spence, D. P. やマホーニィ Mahony, P. J. の著作に詳しい。この流れとは別に，シャープ Sharpe, E. の業績に触れておく必要がある。彼女は，生き生きした情動の表現であるメタファーの中に，抑圧されている精神・身体的な経験が見出されるとし，精神分析的治療においてメタファーが担う重要性に言及した。

比喩は，レイコフ Lakoff, G. らに従えば，「ある事柄を他の事柄を通して理解し，経験すること」である。修辞学的には大別して直喩 simile と隠喩（広義の隠喩）に分けられ，隠喩には隠喩（狭義の），提喩 synecdoche と換喩が含まれる。レイコフの言うある事柄が文字通りの意味であり，他の事柄が比喩的な意味となる。換喩においては，文字通りの意味と比喩的な意味が空間的な〈部分‐全体〉関係，隣接関係，あるいは時間的な因果関係，隣接関係にある。僧侶を袈裟で表すように，全体を部分で，内容を容器で言い表すのが換喩である。一方隠喩（狭義の）にあっては，嫌悪感を吐き気で表すように，すでに存在する表現の中に別個の意味が滑り込んで，新たな表現を獲得することである。隠喩にしても換喩にしても，「比喩からなる概念は通常の概念には使われない部分を必然的に含んでいるからこそ，文字通りの概念の範囲を超えている」。ここに隠喩の治療的な意義があると見るのが，昨今の臨床言語論の主張である。隠喩は物事を明確にしたり，枠組を変えたりといった明確化機能と，物事を曖昧・婉曲に表現するという両面を持っている。治療場面で使用される隠喩は，隠しながらも表現しているどっちつかずの状態を指し示すことになるので，本来結び合わせることが困難な意識と無意識，心と身体を橋渡しすることになる。もちろんここでの隠喩は意味構造を組替える柔軟性を孕んだ生きたものであって，死喩 dead metaphor であってはならない。　　　（渡辺智英夫）

[関連項目] 言語化，シニフィアン，象徴

[文献] Bettelheim, B. (1983), Freud, S. & Breuer, J. (1893-1895), Larkoff, G. & Johnson, M. (1980), Mahony, P. J. (1982), Ornston, D. G. (1985), Sharpe, E. F. (1940), Spence, D. P. (1987)

う

ウィニコット理論
- [英] Winnicott's theory

[成立背景] イギリスの小児科医，精神分析家ウィニコット Winnicott, D. W. はクライン派のリヴィエール Riviere, J. の分析と，クライン Klein, M. 自身による長期間のスーパーヴィジョンを受けており，当初クライン派の考えの枠内で仕事をしていた。しかし彼は，1950年代のはじめまでにはっきりと彼独自の立場を明らかにし，独自の理論を構築し始めた。とはいえ彼はクラインの理論やアイデアのすべてを放棄したわけではない。たとえば彼は，クラインの抑うつポジション depressive position という概念に対し，フロイトのエディプス・コンプレックスの発見に匹敵するほどの発見である，と賛辞を送っており，思いやりの能力 capacity for concern という概念をそれを土台として生みだした。ウィニコットのクラインに対する最大の対立点は，クラインが内界を重視する姿勢を固持するのに対して，彼が発達早期におけ

る抱える環境としての母親の機能を強調し，クライン後期理論において発達早期に位置づけられた妄想分裂ポジションという体験様式や羨望のような心的内容を，環境の機能不全による病の産物とみなしたことである。彼がこうした理解を生みだした背景には，彼が小児科医として，多くの子ども，乳児およびその母親のコンサルテーションをする機会をもち，母親と乳児のあいだにある事態，子どもの遊びと創造性の関係などについての理解に，クラインとはかけ離れたものを感じたことが影を投げている。

[発達論] ウィニコット理論のもっとも重要な側面は，発達論である。彼の基本的発想は，「ひとりの乳児などというものはいない」という有名なフレーズが端的に表現している。クラインのように乳児をひとつの個体として最早期から自分自身の幻想，対象関係，心的防衛を営むものとして概念化することは，ウィニコットにはない。彼の考えでは，早期の乳児のこころは「母親‐乳児というユニット mother-infant unit」の形で成立しており，母親によって供給された心的環境のなかにしか存在し得ない。彼はこの母親の機能を「ホールディング holding」と呼び，母親のそうした機能の側面を「環境としての母親 environmental mother」と呼んで，母親機能のもう一つの側面である，イド的満足の対象として母親の側面，すなわち「対象としての母親 object mother」と対比した。

最早期において，母親は「原初の母性的没頭 primary maternal preoccupation」と呼ばれる状態にあり，ほぼ完璧に乳児のニーズに適応する。それによって乳児は自分の必要とするものを必要とするときに必要なように供給される。この状況での万能的な乳児には欲望が体験される余地はなく，他者の存在は感知されない。乳児が静かに存在し続けている going on being というこの状態は，逆説的であるが母親と一体であるがゆえに「孤立 isolation」の状態であり，ウィニコットはそれをより病的な「引きこもり withdrawal」と区別した。こうして生まれる内的現実と外的現実とが同一のものであるという「錯覚 illusion」によって，乳児は分離に気づくことから保護されている。このような状態をウィニコットは，「絶対的依存 absolute dependence」と呼んでいる。

こうした分離の先延ばしと心的環境の供給という機能の一方で，逆説的であるが母親は乳児を「脱錯覚 disillusionment」へと導くという課題をも負んでいる。たとえ最早期でも，母親の世話があまりにもよいものでありすぎることにウィニコットは警告を発している。そのような状況は，乳児が自分自身の欲望と存在のリアルさを体験する機会を奪うであろう。本能体験は乳児にとって，「落雷のように」危険であり，その存在を粉砕しかねないが，その一方で存在の自発性の感覚を形づくる媒体となる。母親による環境供給が，乳児が本能的欲望とそれにまつわる葛藤に気づくのを最適な時点まで延期することが母親の課題である。つまり，母親は早すぎる分離からも遅すぎる分離からも子どもを保護する。こうした母親のありかた，よすぎもせずわるすぎもしないありかたを，健康な母親は自然に果たしている。そうしたありかたをウィニコットは，「ほど良い母親 good enough mother」と呼んだ。

さて，乳児の脱錯覚過程の進展に伴い，母親が乳児に供給する心的環境はしだいに乳児自身のほうにひきとられてゆく。乳児のニーズが環境によって万能的に満たされないとき，乳児は自分が発見すると同時に創造した対象によって慰められる。そこで発見／創造された対象が「移行対象 transitional object」であり，この現象が「移行現象 transitional phenomena」である。こうして乳児は「相対的依存 relative dependence」に進展する。乳児は，その対象を発見したのか創造したのか，それが外的なものか内的なものかを問われることはなく，逆説は解消されないまま保存される。この移行現象の舞台は，乳児の外部でもあり内部でもあり，母親と乳児のあいだの中間的な領域である。そこは原理的にどこにもないはずの潜在的 potential な場所であり，人間にとってリアルなものが生まれる可能性 potential を帯びた場所，「可能性空間 potential space」なのである。ウィニコットにとって，母親からの心理的離乳はこの可能性空間における移行現象，多義的な意味の創造，遊ぶことを媒介として万能感を完全には放棄しない形で達成される。象徴機能もこの過程のなかで成熟するし，移行現象，遊ぶことの系列で成人のさまざまな文化的体験が成立する。移行現象の形をとる心理的離乳が達成されるにつれ，子どもはひとりでいられる能力 capacity to be alone を獲得する。それは逆説的であるが，ひとりでいてふたりでいる（内的な環境としての母親を利用できる）ことと同時に，ふたりでいて（そばに外的な対象がいるときに）ひとりになれる（くつろぎの空間を内界にもてる）ことを含んでいる。

移行現象，遊ぶこと，可能性空間などの概念は，子どもが外的対象，外在性に非外傷的に出会うということがどのようにして可能なのかを説明する。しかしそれがいくら非外傷的とはいえ，脱錯覚の過程では乳児は最小限の傷つきを体験し，それに伴って破壊性が動員される。乳児から向けられるそうした破壊性を生きのびたとき，外的対象（母親）ははじめて使用可能な，現実のものとして認識される。破壊からの「対象の生き残り」を通してようやく「対象の使用」の可能性が開けるのである。クライン派の抑うつポジションに相当する心的世界がようやくここに開花し，子どもは対象が自分と同じようにこの世に生きている存在であることを認識する。「思いや

りの能力 capacity for concern」は，こうして対象が自分と同じ主体であることを認識したときに達成されるのである。

　［病理論］ウィニコットの理論で病因的なものとしてもっともクローズアップされるのは，母親の機能不全である。特に環境としての母親の機能不全こそが，あらゆる精神病理の形成に意味があるものと考えられた。環境としての母親の環境供給が不十分で，あまりにはやく内側と外側が同一であるという錯覚 illusion が破綻することを，彼は「侵害 impingement」と呼んだ。侵害の程度が圧倒的であれば子どもは精神病不安を体験するが，それほどでなければ反応性の防衛組織としての偽りの自己 false self を発達させ，母親のニーズをモニターし，外界に適応し，不安な状況をマネージする。偽りの自己と本当の自己 true self との解離が深刻であると，人は人生を空虚で自発性を欠いたものとして体験することになる。

　［治療論］ウィニコットは，精神療法を患者と治療者の遊ぶこと playing の重なり合いであると考え可能性空間のなかの移行現象であると概念化した。したがって患者が遊べない場合には患者が遊べるようにすることが必要になる。退行的な患者ではマネジメントや環境供給によるホールディングに目が注がれる。また，一見エディプス的な文脈の解釈が有意義であるかに見えて進展しない，偽りの自己組織をもつ患者に対しては，患者が「生きてこなかった」ことにまず触れて，患者が解釈を遊べる条件を整えようとする。そこでは「依存への組織的退行」を導き，患者がほんとうの自己の体験が可能になるように援助がなされる。

　彼の考えでは，解釈を与えることも，それが正しいことによって治療者が主観的対象になり，それが間違いであることによって脱錯覚が起きる，という意味合いでなされることになる。つまり治療者の失敗は，ほど良い治療者（母親）であるための必要条件であり，「育児の失敗」の再演として治療的に扱われることになる。こうした治療論はクライン派の徹底的な解釈投与に対するアンチテーゼという含みがあり，ウィニコットの著書では精神分析治療の非解釈的側面が強調されることになった。だが，実際の治療では，可能なときは定型的なエディプスの解釈を精力的に行っていることが見てとれる。

　［影響と位置づけ］ウィニコットの書いたものは一見平易な言葉遣いで書かれていながら，暗喩的で多義的であり，逆説に満ちているため，理論的整合性を求めようとすると難解である。文献参照も少なく，きわめて独自な思索家であることをうかがわせる。その孤立性によって，彼はクラインがそうであったようには，直接的後継者を多く生まなかった。

　彼はクラインの早期の対象世界への関心を受け継いだが，母親，特に環境としての母親と乳児のあいだの一体性と相互交流に着目することで，クライン派の見解と大幅に対立した。この面ではバリント Balint, M. と共通する理解があるが，彼はバリントに言及していない。しかし，クライン以後のクライン派の考え，特にビオン Bion, W. R. のコンテイニング containing の発想はビオンの思考がクライン派の枠内にとどまるとしても，本質的には通底しているとも読める。

　彼は多くの根源的に革新的な視点と見解を明示的，暗示的に精神分析に導入した。それには，移行的で中間的で逆説を保持した創造的な領域とそれにまつわる現象の明確化，精神分析，文化的体験，夢を見ることをそうした領域の現象とみるアイデア，万能感が部分的に保持されたままの発達，対象とつながらない孤立のもつ価値の認識，外的対象が心的世界に姿を現す過程への着目などが含まれる。そうした面での影響は，英国独立学派の分析家，カーン Khan, M.，ミルナー Milner, M.，ケースメント Casement, P.，ボラス Bollas, C. に及んでいる。アメリカでも彼の視点を土台にモデル Modell, A.，オグデン Ogden, T. H. ら，日本でも牛島定信，北山修らがウィニコットの発想の影響の下に独自の論考を展開している。
　　　　　　　　　　　　　　　　　　（藤山直樹）

　［関連項目］遊ぶこと，移行対象，依存，偽りの自己，抱えること〔ホールディング〕，可能性空間，クライン学派，原初の母性的没頭，自我関係性，自虐的世話役，主観的対象，スクィグル・ゲーム，想像，脱錯覚，独立学派，母親〔母性〕，ひとりでいる能力，ほど良い母親，ウィニコット

　［文献］Bollas, C. (1987), Casement, P. (1985), Khan, M. M. R. (1974), 北山修 (1985), Milner, M. (1969), Modell, A. H. (1976), Ogden, T. H. (1986), Winnicott, D. W. (1958a, 1965b, 1971a, 1977)

ウィリアム・アランソン・ホワイト・インスティテュート

[William Alanson White Institute of Psychiatry, Psychoanalysis and Psychology]

　一群の新フロイト派の人びとによって 1946 年に設立された精神分析の訓練・研究所である。新フロイト派とはフロイト Freud, S. の精神分析理論の中で，リビドー論や女性論，人格発達における文化の影響などを重視，強調して精神分析理論と精神分析臨床を展開していった一群の人びとを指している。文化学派 cultural school とか，対人関係学派 interpersonal school とか呼ばれている。はじめホーナイ Horney, K. を中心としてアメリカ精神分析研究所（ホーナイ研究所）American Psychoanalytic Institute が創られるが，これから分かれて創られたのがホワイト研究所であった。

　主な創設者はサリヴァン Sullivan, H. S.，フロム

Fromm, E., フロム - ライヒマン Fromm-Reichmann, F., トンプソン Thompson, C. らであった。サリヴァンは独自の対人関係理論をつくりあげ，またフロムは精神分析的社会心理学理論を築いていった。さらに，精神病に対する精神分析的精神療法に取り組んだフロム - ライヒマンや理論と臨床を統合することに大きく貢献したトンプソンというように多彩な人びとがいた。今日もミッチェル Mitchell, S. やグリーンバーグ Greenberg, J. らは理論的に「関係概念 relational concept」をキーワードとして精神分析理論の統合をはかろうとしており，注目されている。 （鑪幹八郎）

[関連項目] 新フロイト派，対人関係論，サリヴァン，フロム，フロム - ライヒマン，ミッチェル

[文献] Lionells, M., et al. (ed.) (1995), Mitchell, S. A. (1988), Mitchell, S. A. & Greenberg, J. (1983), Thompson, C. (1950)

受身的女性的性格

[英] passive-feminine character
[独] passiv-femininer Charakter
[仏] caractère passif-féminin

ライヒ Reich, W. が『性格分析』(1933) の中で提起した性格のタイプで，分析状況における受身的女性的態度を特徴とする。それは分析者に対して過度に従順で，過度に友好的な態度をとり，永久に陽性転移のうちにとどまり，決して失意反応を示さない。そしてこの受身的女性的態度が，性格抵抗 character resistance になるので，まずこの性格態度を自我異和的なものにして扱うことが性格分析の課題になる。このタイプの人物は，初めに母を愛し父を憎んでいたが（正常なエディプス状況），やがて父に対する去勢不安の結果，母への愛を放棄し，父への憎しみを抑圧し，むしろ父に愛されること，受身的女性的愛情 passive-feminine love を向け（陰性のエディプス状況），この受身的女性的態度によって，父親および無意識的に父を意味する男性に対する去勢不安を防衛し，この態度が適応の方法になる。このような，父親に対する受身的女性的態度について，すでにフロイト Freud, S. はウルフマンの分析の中で注目し，さらに『ドストエフスキーと父親殺し』(1928) の中で，父親によって去勢される不安から，男性としての自己を守りたいという利害の打算から，正常なエディプス・コンプレックスを放棄し，進んで女性としての存在の方向に逃避し，むしろ自分を母親の地位に置き，母親になり代って父親の愛を受けたいという傾向が強くなる，と述べている。この際，男性的傾向が完全に抑圧されて，受身的女性的態度が確立するのが，ライヒの言う受身的女性的性格であり，女性化する傾向と男性的傾向が葛藤している性格が，ドストエフスキーのようなマゾヒズム的性格 masochistic character である。 （小此木啓吾）

[関連項目] 陰性エディプス・コンプレックス，狼男［症例］，去勢コンプレックス，性格，性格分析，マゾヒズム的性格，ライヒ

[文献] Freud, S. (1928b), Reich, W. (1933d)

受身的対象愛

[英] passive object love
[独] passive Objektliebe

ブダペスト学派の創始者フェレンツィ Ferenczi, S. が最初に提出した概念で，彼の後継者である英国独立学派の分析家，バリント Balint, M. によって発展させられた。1920 年代に独自の対象関係的思考を発展させたフェレンツィは，もっとも原初的なこころにおいても対象関係と対象愛が存在すると主張し，乳房を母親側が与えるという事実からその愛が受身的であるとして，その愛を受身的対象愛と名づけた。バリントは，一次的な愛が「愛されたい」という情緒欲求として体験されていることを意味するとし，それは官能的なエロス的な愛でなく，「やさしく目的制止的」なものであり，満足のなかでは静穏であり，不満によって激しい反応を引き起こすと考えた。また，受身的対象愛が直接満たされないときに，自己 - 愛，能動的対象愛という形をとることを提起した。このことによって彼は，最早期の愛を受身的なものに限らず，一次（対象）愛 primary object love 概念として総括しただけでなく，フロイト Freud, S. の自体愛から自己愛へという概念化を批判した。バリントの発達論において，一次愛の水準はその不全としての基底欠損の水準と共存して最早期のものであり，三者的なエディプス領域，一者的な創造領域はそこから発生する。さて，日本の土居健郎の「甘え」概念は，その受身的特質，満たされたとき静かに沈黙している（「素直な「甘え」」）が満たされないときさまざまに厄介な形で表に出てくる（「屈折した「甘え」」）こと，一次的で生得的なものと位置づけられていること，などこの概念と近く，実際バリントは土居の理論に最初に注目した西欧の分析家であった。

（藤山直樹）

[関連項目] 甘え，オクノフィリア／フィロバティズム，基底欠損，バリント，フェレンツィ

[文献] Balint, M. (1952, 1959, 1968), Doi, T. (1989), Ferenczi, S. (1932b, 1934)

打ち消し
[英] undoing
[独] Ungeschehenmachen
[仏] annulation rétroactive

　フロイト Freud, S. によって解明された防衛機制の一つで，やり直しとも訳される。人が自らの意識の内には受け容れ難い内的な空想，欲求，衝動など心の内容物に対する防衛が一時的に失敗し，意識ないし意識に近い領域に混入してきてしまった場合，その混入を改めて否定し，「なかったことにしようとする」機制をいう。たとえば，ふとしてしまった行為について，それとは正反対の態度をとって前の行為の意図を否定しようとする場合や（たとえば，批判めいたことを言ってしまった後に，その同じ相手を賞賛する），してしまった行為の意図を別のところに見出して，その理由づけのもとにその行為の「現実性」や「正当性」を強調する場合（たとえば，覗き見ではなく，心配なのだからと改めて堂々と見ようとする）などの中に認められる。打ち消しにおいては，その「先の行為は不本意なものである」，「そんなつもりじゃなかった」といった態度が堅持されることが特徴的で，他者に対しても「そう受け取られるのは心外である」という形で，否定が向けられることもある。なお，打ち消しは，このような実際の失錯行為が生じる以前に，心の内に生じそうになったものに対しても向けられることがあるので，この場合は，端から見ている限り，その場にふさわしくない奇妙な，あるいは行き過ぎのニュアンスを伴う行動が生じることになる。その典型が洗手強迫に代表される強迫行為である。つまり，打ち消しは，そのかたくなさゆえにかえって，いわばその人の懐の浅さを露呈してしまうことが多く，本人の側からすれば「墓穴を掘る」危険を抱えた，あまり洗練されていない防衛であると言える。
（栗原和彦）

[関連項目] 置き換え，隔離，強迫神経症，強迫性格，合理化，失錯行為，反動形成，否定，防衛，防衛機制，やり直し，抑圧
[文献] Fenichel, O. (1945), Freud, S. (1905d, 1923b, 1926a), 小此木啓吾・馬場禮子 (1972)

内なる世界　⇒内的世界／外的世界
[英] inner world

うっ積不安（説）
[英] stasis anxiety
[独] Staungsangst
[仏] angoisse devant une stase libidinale

　うっ積不安とは，フロイト Freud, S. の初期の不安理論で提起した概念で，解放・充足を妨げられてうっ積したリビドー興奮とその緊張によって生ずる不安のことである。『不安神経症を神経衰弱症状群から分離する試み』（1895）で，フロイトは，フェヒナー Fechner, G. T. のエネルギー恒存の原理の立場から，不安神経症では，リビドー，興奮緊張がうっ積不安に変形されると述べ，この過程は，純粋に身体的な過程であるという。そして，不安神経症のような現実神経症の場合には，リビドー解放の現実的な挫折に伴うリビドーうっ積が，不安ヒステリーや強迫神経症のような精神神経症の場合には，心理的な抑圧の結果発生したリビドーうっ積が，不安に変形されると考えた。フロイト自身は，このうっ積不安説を修正し，『制止，症状，不安』（1926）で不安信号説を発展させたが，この場合にも，うっ積不安は外傷的状況で生じた自動性不安，つまり不安の原型（例えば出産外傷説）の形に位置づけられ，内外の危険状況で自動性不安が信号不安へと転化する際にも一定の少量のうっ積したリビドーがその基礎になっている，という。しかし，フロイト自身が不安信号説を唱えるようになった後も，ライヒ Reich, W. はうっ積不安説に立脚してその性格分析理論やオーガズム学説（例えばオーガズムの不能）を発展させ，このうっ積不安学説への固執が，ライヒのオーゴン生命物理学 orgone biophysics を生み出した。
（小此木啓吾）

[関連項目] エネルギー恒存の法則，現実神経症，自動性不安，性格分析，不安神経症，不安信号説，ライヒ
[文献] Freud, S. (1895a, 1926a), Reich, W. (1933a)

うつ病
[英] depression
[独] Depression
[仏] dépression

　近代精神医学では内因性精神病のひとつとして位置づけられてきた病態で，神経症性うつ病とも反応性うつ病とも違った，生物学的基盤のはっきりした疾患と考えられている。最近では感情障害，気分障害と呼ばれることが多い。ただ精神分析の世界ではこの病態に対する関心は古くからあった。まず，アブラハム Abraham, K. (1911, 1916) は，躁うつ病患者を体質的に規定された口愛期への固着をもっていること，この固着が過剰な依存性と過剰であるがゆえの欲求不満体験をもちやすいことを指摘し，治療において依存性を満たすことの意義を力説した。そして強迫神経症と比較して，両者ともアンビバレンスを認めるが，強迫神経症は対象喪失不安にとどまっているのに対してうつ病では対象喪失に病んでいるという対象関係論的視点を示した。つまり，前者が対象に対する思いやりの能力があるのに，後者のうつ病で

はその能力が欠落しているというのである。この考えがクライン Klein, M. の抑うつポジション（全体対象）の概念へと発展したことは周知の通りである。その後，『悲哀とメランコリー』(1917) において，フロイト Freud, S. がメランコリーのうつ感情は健康な悲哀反応と同質であるが，メランコリーでは自我がひどく貧困化していること，自我の一部に対象が取り入れられていること（自己愛性同一化），悲哀反応には見られない罪業感はその対象に向けられた攻撃であることを明らかにしたことはよく知られている。その後，フェニヘル Fenichel, O. は，神経症性，精神病性うつ病ともに口愛期への退行が認められるが，両者を決めるのは精神病性うつ病では自我も等しく口愛期へ退行していることだとした。さらに，ラド Rado, S. はうつ病者を自己愛的満足へのつよい希求と傷つきやすさをもった人であるとした。つまり，健康な人間は自らの仕事や達成によって自己評価を高めたり維持したりするのに，うつ病者は己の自己評価を対象の愛情や承認に求めるために，それを得ることができないときの傷つきは大きいとした。そして，愛情を得ることができないときの怒りの推移からうつ病発生過程を説明した。次いで，ビブリング Bibring, E. は，不安とうつ感情を比較して，前者が危機に対して立ち向かう反応を引き出すのに後者が自我の麻痺状態を来すとし，この起源は口愛期の欲求不満に対する対象の態度によって決まると考えた。つまり，欲求不満が幼児の中に作り出した怒りを対象が無視し続けると，その怒りはやがて疲弊し頼りなさやうつへと変質するが，その頼りなさへの固着こそがうつ病者の素質を決めるものだとした。さらにジェイコブソン Jacobson, E. は，精神病性うつ病が神経生理学的過程を基盤にしたものであり，制止症状を中心として症状は精神身体的なものと考えた上で，うつ病者にみられる自己イメージの発達障害がさまざまな要因から成っており，欲求不満によって生じた内的衝動が自己・対象イメージを破壊され，特有の内的世界を形成していくさまを自我心理学的用語で描いている。問題はこうした精神分析的理解が治療的にどのような意義をもつかである。古典的なアブラハムの楽観的見方は別として，時の経過とともに精神分析的接近は貧困化した自我には重荷すぎるとして敬遠される傾向にある。ただ，慢性化したうつ病等でつよい依存欲求への注目や特有の対象関係の上に出来あがる家族病理への理解が大きな治療的転回となることも忘れてはならない。　　　　　　（牛島定信）

[関連項目] 対象喪失，メランコリー，喪の仕事〔悲哀の仕事〕，抑うつポジション，アブラハム，ジェイコブソン

[文献] Abraham, K. (1911), Bibring, E. (1968), Fenichel, O. (1945), Freud, S. (1917d), Jacobson, E. (1971a), 西園昌久 (1978), 小此木啓吾 (1977b), Rado, S. (1928), 牛島定信 (1985, 1997)

ウルフマン　⇒狼男 [症例]
[英] Wolf-Man

運命神経症
[英] fate neurosis
[独] Schicksalsneurose
[仏] névrose de destinée

　不幸で悲惨な一連の出来事を同じように繰り返し，この経験が不快なものであるにもかかわらず，主体はこの体験を，自分がつくり出したものではなく，自分ではどうにもならない運命的なものとして体験し，むしろ自分はその犠牲者であると思う。フロイト Freud, S. は必ずしも運命神経症という言葉を用いなかった。むしろ彼は反復強迫の一つのあらわれとしてこれをとらえ，次のような人びとがいることを述べている。「ある運命がつきまとい，その生き方が何か悪魔的なものに導かれているという印象を与える。例えば，いろいろ人を世話をしているのにそれに報われないパトロンとか，後援者とか，親切にしても必ず友人に裏切られる人など」。そしてフロイトはむしろ運命強迫 Schicksalzwang という言葉を用いたが，この認識は，アレキサンダーの事故頻発人格の研究にも発展した。やがて性格神経症という概念が広がるとともに，その一つのような形でこの言葉も普及したが，厳密に言うと，運命神経症の場合には，繰り返される出来事の体験は主体の外から悪魔的に経験されるものであるが，性格神経症の場合には，自分自身の一貫した性格防衛と行動の様式の反復であって，それは一つの性格傾向としてそれを維持する形をとる点で区別される。
　　　　　　　　　　　　　　　　（小此木啓吾）

[関連項目] 事故頻発人格，死の本能（欲動），性格神経症，成功した時に破滅する人物，道徳的マゾヒズム，反復強迫
[文献] Freud, S. (1916d, 1920e)

え

エゴ　⇒自我
[英] ego

エス

[英] id
[独] Es
[仏] ça

フロイト Freud, S. のその心的装置のモデルの中における 3 つの審級の一つであり，それは人格の欲動的な側面を代表する。欲動の心的表現は無意識的であり，その一部は遺伝的・生得的であり，他は抑圧された後天的なものである。エネルギー経済論的観点からは，エスは心的エネルギーの一次的な貯蔵所であり，力動的観点からは，それは自我および超自我との葛藤を引き起こす。また，発生論的に見ると，自我と超自我はエスから分化したものである。はじめ精神分析学者グロデック（Groddeck, G. 1923）は，ニーチェ Nietzsche, F. が，人間の中の非人間的なもの，自然必然的なものについて，文法上の非人称の表現"エス（Es）"を用いたのに従って，無意識的な本能的欲動をエスと名づけた。「……我々が自我と呼ぶものは生活においては全く受動的であり……，我々は未知の，かつ統制不可能な力によって〈生かされて〉いる」。

『自我とエス』(1923) の中でフロイトは，このグロデックの命名法を自らの用語として採用した。エスは系統発生的に与えられた本能エネルギー（攻撃的・リビドー的）の貯蔵庫であり，快感原則に従い，無意識的で，現実原則を無視し，直接的または間接的な方法（症状形成）や夢に満足を求める。それは論理性を欠き，時間を持たず，社会的価値を無視する。したがってわれわれは，エスを自我機構を介してしか経験することができない。しかし，エスは自我から分化するだけに，自我とエスははっきりと分離していない面があり，その下層ではエスと混在しているという。

『精神分析学概説』(1940) の中では，エスとは，「遺伝するもの，生来的なもの，体質にそなわるあらゆるものを含んでいる。——それゆえ特に本能は，身体組織から生じ，ここで〔エスで〕われわれの知らない形態において，最初の心的表現を見出すのである」。フロイト (1933) は『続精神分析入門』で，エスは「パーソナリティの中でも接近できない暗い部分にあり……我々は類推でしかエスに接近することができない。我々はそれを混沌と呼ぶ。興奮に満ち，煮え立った大釜である」という。しかし，この問題に関するこれらの重要な論文の中でフロイトは，抑圧によってエスは沈み，分析治療の効果による以外は不死身で存在し続ける印象について言及している。このことから，分析治療の目的は，抑圧されたものを意識化することであり，そのため「エスのあるところに自我をあらしめよ」(1933) という格言が生まれたのである。フロイトが『精神分析学概説』の中で「生涯にわたって……最も重要な心的装置」であると語っているにもかかわらず，いまやエスは相対的にすたれた概念であり，一般的に自我に従属したものとみなされている。しかし，シュール Schur, M. (1966) も指摘するように，エスとその他の精神構造の相互関係はいまも心的葛藤の概念の礎石である。 （小此木啓吾）

[関連項目] エネルギー，快感原則，葛藤，自我，審級，心的装置，超自我，欲動，グロデック，フロイト, S.
[文献] Freud, S. (1923b, 1933a, 1940c), Groddeck, G. (1923), Schur, M. (1966)

エス抵抗

[英] id resistance
[独] Es Widerstand
[仏] ça résistance

本能衝動に由来する抵抗で，本能衝動自体にいかなる変化が起こることを避けようとするものである。フロイト Freud, S. は，当初，抵抗を転移抵抗と抑圧抵抗に分けていたが，構造論的観点を導入したことに伴って，抵抗はより細分化されていった。1926 年の『制止，症状，不安』において，エス抵抗は自我と結びついた 3 つのタイプの抵抗（抑圧抵抗，転移抵抗，疾病利得抵抗），超自我の抵抗から区別された。フロイトは，エス抵抗は，「反復強迫の力，抑圧された欲動的過程にたいする無意識の原型の牽引力」に由来するものであり，それを処理していくためには徹底操作が必要となると述べている。エス抵抗をリビドーの粘着性や固執性と結びつけることもある。

しかしながら，何年も，あるいは何十年も続けてきた本能的なパターンを突然変更することが困難なのは当然のことであり，今日ではエス抵抗と呼ばれるものは獲得された習慣やパターンを止めたり変化することに対するより普遍的な反応の一部分と考えることが一般的である。徹底操作も，新しいパターンを獲得（学習）するための過程と考えられている。 （館 直彦）

[関連項目] エス，抵抗，徹底操作，反復強迫
[文献] Freud, S. (1926a), Laplanche, J & Pontalis, J. B. (1967), Sandler, J., Dare, C. & Holder, A. (1992)

A-T スプリット

[英] A-T split

1 人の患者に対し管理医 Administrator と精神療法者 Therapist とが，別個に機能を分担してあたる診療形態の通称。管理医は患者の日常生活における現実的，管理的側面を担当するのに対して，精神療法者は患者の精神内界を扱う精神療法に専念する。精神科入院治療場面で

行われることが多いが，外来治療でも行われる。歴史的にはすでに初期のメニンガー・サナトリウムで仕事をしたナイト Knight, R. が 1938 年，入院場面における精神分析療法について，「このことは，実際的には精神分析医以外に，精神科医を 1 人つけるということによって遂行される」と明言している。さらにフロム-ライヒマン Fromm-Reichmann, F. も「各々の患者に精神分析的精神療法医と管理医とをつけるのが望ましいということは，すべての精神分析的な病院のスタッフの一致した意見である」「……このような職務の分担は，もともとは，外来通院の神経症患者に対して行っていた精神分析的な治療の習慣を，病院内に適用しようという試みであった。しかし，その後の経験を経て，他の多くの理由からも，その方法が正しいことが立証されている」と述べている。

このような診療形態をとることは，人的，経済的に困難を伴うものの，それによって，(1) 精神療法者はあくまで受け身的，中立的な態度を守って精神療法に専念することが可能になる。(2) また患者も精神療法場面で話すことが，現実的な生活上の利害に影響を及ぼさないために，精神内界をありのままに内省し，言語化しやすくなる。そして，このような治療機序を実現するためには，(1) 精神療法者は精神療法内での患者の言動について秘密を厳守する。(2) それに伴って管理医はその役割を遂行するにあたって，精神療法者から情報を得るのでなく，自分と患者との関係あるいは 2 人をとりまく現実状況などから直接的に情報を得た上で機能を果たす，などが必要であるといわれている。　　　　　　　　　（岩崎徹也）

[関連項目] 精神分析療法，精神療法
[文献] Fromm-Reichmann, F. (1947), 岩崎徹也 (1975, 1976), Kernberg, O. F. (1975, 1976, 1984), Knight, R. P.(1938)

エディプス期　⇒エディプス・コンプレックス

[英] oedipal phase

エディプス・コンプレックス

[英] Oedipus complex
[独] Ödipuskomplex
[仏] complexe d'Œdipe

フロイト Freud, S. がギリシャ神話のエディプス王の物語に基づいて命名した精神分析の最も基本的な理論概念の一つで，同性の親にとってかわり，亡き者にしたいという願望と，異性の親と結合したいという願望，これらの願望をめぐる同性の親からの処罰に対する恐怖ないしは罪悪感を 3 つの構成要素とする心的な布置を陽性のエディプス・コンプレックス，その逆の，同性の親に愛情を向け異性の親を憎む心的布置を陰性のエディプス・コンプレックスと呼び，この両者は共存し葛藤し合うという（例えば，息子の父親を凌ぎたい願望と，同性愛的に愛されたい願望の葛藤）。

フロイトにとってエディプス・コンプレックスは，第 1 に，それ以前の各欲動の流れを対象に向かうものとして組織化し，第 2 に，自我，超自我，イドという心的構造の形成と内在化を進め，第 3 に，男性性・女性性の分化と確立を促し，第 4 に，思春期において近親姦の禁止と異性愛対象選択の基盤をつくり，第 5 に，神経症の基本的な病因の中核となる心的機能を担い，第 6 に，家族ロマンスや文学，芸術，宗教を論ずる鍵概念となった。

ソフォクレス Sophocles が『エディプス王』の悲劇に翻案したギリシャ神話によると，テーバイの王ライウスは，生まれてくる息子はお前を殺すという神託を受け，妻のイヨカスタが男子を生んだとき，王は乳児を山麓に捨てて死ぬにまかせるように命じたが，羊飼いが乳児を発見してポリパス王のところに連れてゆき，王はその子どもを養子にした。青年に達したエディプスは，コリントを後にし，たまたま十字路でライウスと出会った。道の譲り合いから喧嘩になり，エディプスは父であるライウス王を父と知らずに殺害した。

エディプスは，次にテーバイへの道をふさいで，旅人に謎を解かせ，解けないと殺していたスフィンクスと出会い，エディプスがその謎を解いたところ，スフィンクスは屈辱から自殺した。テーバイの人びとは感謝して，エディプスを王とし，彼をイヨカスタと結婚させたが，テーバイに悪疫が流行し，神託によれば，ライウス殺しが悪疫の原因であるという。エディプスは犯罪者を明らかにして町を救おうと誓ったが，その結果，彼自身が父の殺人者であり，母親と近親姦の罪を犯していたことを知る。母親にしてその妻イヨカスタは首を吊って死に，エディプスは，彼女が着物を止めるのに使っていたブローチで自らの目をえぐって盲目になる。

フロイトはフリース体験における自己分析の過程で，1897 年 5 月，「神経症の中核的要因は両親に対する敵対的な衝動で……それは息子ならば父親に，娘ならば母親に向けられる……」と書き，雇い主と結婚したいためにその妻の死を願うメイドの夢を語り，自分にも同じ願望があることを認め，1897 年 10 月 15 日，「私にも母に対する愛と父に対する嫉妬の存在を発見した。それは，幼児期には普遍的に見られる現象であると信じる……誰もが一度はエディプスの芽を持っている」と述べ，「ギリシャ悲劇の『エディプス王』の観衆は，萌芽的にせよ，幻想の中にせよ，まさにこのようなエディプスであった」といい，『夢判断』(1900) の中で，この自己分析および他人の夢を素材としてこれらの願望とエディプス神話を結びつけ，『男性にみられる愛人選択の特殊な一タイプに

ついて』(1910)で「エディプス・コンプレックス」という用語を初めて用い，「母親を欲しライバルの父親を憎み始める男の子はエディプス・コンプレックスの支配下にある」といい，『精神分析入門』(1916)では，「観客は，まるで自己分析によってエディプス・コンプレックスを自分の内面に認め，劇中の神意と神託を，無意識がつけている仮面をはがされ，その内心を暴き出されるかのように感じる」「人間はたとえ自分の悪しき衝動を無意識の中に抑圧して，それらの衝動に対して自分には何の責任もないと言いたくても，やはりその責任を，自分には理由のわからない罪悪感の形で，心の中に感じないわけにはゆかなくなってくる」。さらに「幼い男の子は母親を独占しようとして，父親の存在を邪魔に思い，『僕はお母さんをお嫁さんにする』と母親に約束する。そのようなことはエディプスの犯した罪とその萌芽においては同一のものである」といい，しかし，「この観察は，同じ子どもが同時に，他の機会には父親に大きな愛情を示すことがあるために，多くの場合，はっきりしない。この相反する，アンビバレントな感情的態度は，子どもの場合には長期にわたってうまく併存し，互いに葛藤し合う」と述べて，エディプス状況における親に対するアンビバレンスを指摘した。ここでフロイトが述べるエディプス神話で描き出された陽性のエディプス・コンプレックス positive Oedipus complex と共に，常に陰性のエディプス・コンプレックスが共存する。それは，子どもが同性の親に愛情を抱き，異性の親に憎しみを抱く心的布置で，実際にはこの 2 つの態度は種々の度合いで併存する。陽性のエディプス・コンプレックスが陰性のそれを凌ぐ場合には，その人は異性愛的な性的な志向を持ち，適応性のある大人になるが，陰性のエディプス・コンプレックスがより強い場合には，父親に受身的で父親の愛情を受けたいという態度が続き，その後の対象選択に影響を与え，ひいては神経症の要因になる。潜伏期に入って抑圧，放棄された異性の親に対する性愛は，大人の異性愛対象の中に再発見される。エディプス水準に固着している人は，母親に固着しているか，父親に固着しているかのどちらかで，自分の親と似た人物を愛の対象に選ぶ。また，父親に対するエディプス的な競争関係は，年長の男性に転移される。

　フロイトは，エディプス・コンプレックスをそれが個人的な体験の中に現実化されるにもかかわらず，心的にはそれを越えるものであり，系統発生的に伝えられる原幻想 Urphantasie に発するものであり，主体の想像生活を構成し，さまざまな三角関係的な状況に顕現するという。この原幻想論はクライン Klein, M. とユング Jung, C. G. の理論の中核となった。

　発達的に見ると，男根自己愛期から男根エディプス期に至るエディプス期 oedipal phase には，男児の場合，3歳になるころから子どもは快感の源として性器に注意を向け，この興味に伴って，異性の親を特別な愛情対象とするようになる。男児の場合，最初の愛情対象は母親であるが，この母親への愛着を妨げるライバルの父親を殺害したいという願望を発展させる。これらの願望は，父親からの復讐ひいては処罰，つまり去勢の恐怖と不安などの結果を招く。やがて，この罰を避けるために，男児は母親への性愛的な執着を断念して，攻撃者への同一化によって父親に同一化，父親のようになろうとすると共に，母親のような女性を外に求めるようになる。このエディプス・コンプレックスの解消の結果として，5 歳か 6 歳の終わりごろには，処罰する父親は内在化され，超自我を形成する。この過程を通して自我理想と超自我が内在化され，それ以後の心的構造，ひいてはパーソナリティの基本的な構造と機能の基盤となる。それだけに，その過程でこの課題の達成に失敗したり歪みが生じた場合，エディプス・コンプレックスは神経症の病理で中心的な役割を果たすことになる。

　女児の場合も，男児と同じように，母親を最初の愛の対象とするが，女児は母親から離れた後に，父親に欲望を向けるようになる。したがって，女児におけるエディプス・コンプレックスへと進む過程はより長く，より複雑であるとフロイトは言う（『解剖学的な性の差別の心的帰結の二，三について』1925）。この過程は女児が男児に対して，自分は去勢されてしまっているという性器的劣等性を認めるときに始まる。そのとき，女児は性差から目をそむけるか，男性的抗議 masculine protest を主張するか，第 3 の「最終的には父親を対象に選ぶ正常な女性の態勢に至る」道を選ぶ（『女性の性愛について』1931）。つまり，男児では，去勢コンプレックスはエディプス・コンプレックスを終わらせるが，女児では逆に，去勢コンプレックスがエディプス・コンプレックスを開始させる。そして，女児におけるペニス羨望は象徴的方程式に従って子どもを持つ欲望に代理物を見出し，女児はこの目的で父親を愛の対象にする。そのとき女児は母親に同一化し，母親の位置に自らを置き，父親に対して母親の代りになりたいと望み，母親を憎み始め，ペニス羨望と結びついた母親に対する怨みはエディプス的な嫉妬に変わる。女児のエディプス・コンプレックスの消滅の過程は，男児に比べてもっと曖昧であるとフロイトは言う。

　この女性性の発達に関するフロイトの公式には，現代の多くの研究者が疑問を提出している。シャスゲ‐スミルゲル Chasseguet-Smirgel, J. は，男児，女児とも，最初，両性具有的な母と一体化しているが，やがて分離‐個体化の過程で，男児は母との性差を，女児は母との性別の同一性を認知し，男児は脱女性化して父との同一化に向かい，女児はそのまま女性性を発達させるという，

フロイトの性別に関する発達論とは対照的な見解を述べる。ストラー Stoller, R. J.（1968）も、トロック Torock, M.（1970）らとともに、女児の発達の第一段階は、ペニスとクリトリスを同一視した男性的なものではなく、明らかに女性的なものであることを指摘し、男根エディプス期以前にすでに女性性が確立している事実を提示し、ペニス羨望は女性性の発達の源泉ではなく、その一部にすぎないという。

フロイト以後のエディプス・コンプレックス研究では、メラニー・クラインによる早期または前性器的なエディプス・コンプレックスの研究が展開された。フロイトは「男の子は性交を自分ではなく父親に許した母親を許さないし、また、それを不誠実の行いと見なす」（1910）と述べているが、クラインは、この記述にある両親の性的関係ひいては原光景にエディプス・コンプレックスの中核を見出し、さらに、フロイトがそれを原幻想と見なした思索を発展させ、無意識的幻想の概念の発展の中にエディプス・コンプレックスを位置づけた。それは、彼女の言う抑うつポジションとともに始まり4歳にその頂点に達する。そのときに、フロイトの言う個人的なエディプス・コンプレックスが起こるという。そして、より早期の原始的な前性器的なエディプス・コンプレックスでは、父親と母親は互いに結合し、子どもは排除され、羨望に発する破壊性を父母の結合に向ける。この結合両親像は、エディプス・コンプレックスの早期の段階の特徴と見なされ、フロイトが記述した、より後期のより成熟した形のエディプス・コンプレックスと対照的である。それは、他を排除する排他的な性交なので、エディプス空想はすさまじいものとなり、暴力的な想像物につぎ込まれる。両親は、たとえば口（例：互いに食べ合う）のような、さまざまな腔を用いた相互的な活動の中に想像上、互いに固定され、一つに結合し、恐ろしい攻撃性で満たされ、乳児の統制能力をはるかに越えた恐怖が増強されるが、これらの「原始的な」空想は、両親や彼らの関係の現実からは隔たっており、気遣いや世話によって緩和されていない剥き出しの攻撃性を示す。このクラインの早期エディプス・コンプレックス論は、発達の最初から父母子の三者が同時的に存在する布置をもって始まるというが、前エディプス期における母子の二者関係から始まり、やがて、継時的に父母子のエディプス状況へ移行していくというフロイトのそれとは大きな違いがある。

また一方で、ラカン Lacan, J. らによって、エディプス・コンプレックスを『トーテムとタブー』（1913）における、エディプス・コンプレックス論に基づいた原父殺害と事後の従順による強迫自責に発するという父親殺しと近親姦のタブーの起源論に基づいてエディプス・コンプレックスをあらゆる文化に普遍的な心的構造としてとらえ、さらに、世代間に継承される幻想として位置づける流れが発展している。さらに、親による子どもの虐待が再び注目される現代の動向の中で多くの研究者が、フロイトの性的誘惑説から内因欲動論への転回の経緯を解明し、エディプス神話のフロイトの扱い方に関する批判的な研究を展開している。

実は、エディプスの父ライウスはその青春時代に故郷を捨てて、ペロポネス半島の王宮に旅人として迎えられたのだが、ペロポネスの美しい息子クリュシュポスをだましてネメア祭に連れていき、恩人から受けた恩を仇で返してしまった。別なギリシャ語の原典では、そこでライウスは、この美少年クリュシュポスを性的に誘惑し、クリュシュポスを自殺に追いやった。そのためギリシャでは、ライウスは少年との同性愛の元凶と見なされた。ライウスは残忍で暴力的で、すぐカッとなる性格であったとも記載されている。これらの伝説によれば、エディプスの父ライウスは倒錯者、サディスティックな能動的な同性愛者であった。このペロプ王は、自分の好意と親の誇りを踏みにじられたことを怒り、復讐を決意し、ゼウスに訴え、ライウスは、「生まれてくる息子は汝を殺す」との神託を受ける。

フロイトは、この物語を引用したとき、以上のような物語を全く切り捨ててしまったので、このドラマの中にある息子の陽性のエディプス的な衝動を過大に強調し、父親側の子殺しの動機を否認してしまった。

もしフロイトが性的誘惑説をそのまま発展させれば、当然、このエディプス神話の中の、エディプスの父ライウスの過ちや息子殺しの衝動を取り上げたはずである。その当時のフロイトの性的誘惑理論によれば、ライウスは、自分の子どもの神経症をつくり出す張本人と見なされるのにふさわしい父親であった。エディプスは、むしろこの父の罪を償わなくてはならない宿命を担わされた罪のないいけにえであった。

ところが、フロイトは1897年の時点でこの物語を知っていたはずなのに、この部分を切り捨てて、もっぱらこの物語を息子エディプスの側の衝動と罪の物語として扱って、エディプス・コンプレックスの概念をつくり、それを内因的にどんな人間にも普遍的に発生する原幻想に発するものとみなしてしまった。そして、個別的な誘惑体験や、親の過ちは、大して大きな影響はないと断定した。1970年代以後のエディプス・コンプレックス研究では、息子にとってかわられる恐怖によって息子に対する子捨て、子殺しの衝動を抱く父親のコンプレックスをロス（Ross, J. M. 1981）はライウス・コンプレックスと呼び、夫の愛を得るために、神託の呪いを知らずに夫を酔わせて子どもを身ごもり、その子どもの呪いを知って夫と共謀して子捨て、子殺しを企てたエディプスの母イヨカスタの母としての葛藤を阿闍世コンプレックスにお

ける母・韋提希の葛藤と結びつけて研究するなどの動向がある（Joan Raphael-Leff, Luis Feder）。

どのようにしてフロイトの理論上の転回が起こったかについて，マッソン Masson, J. は，親による近親姦や虐待に対する当時の医学界や社会一般の反発を恐れたフロイトの妥協であったと言い，クリュール Krüll, M. やバルマリ Balmary, M. は，フロイトの父親自身のスキャンダルを否認しようとするフロイトの無意識の意図によるという。

1930年まではエディプス・コンプレックスは精神分析理論の中核であったが，女性研究者による女性性とプレ・エディプスの研究に端を発して，精神分析は次第に母親に対するエディプス期以前の関係に関心を移し，現代ではエディプス・コンプレックスをむしろより早期の水準と発達段階によって形成された一つの心的所産とみなす流れ，エディプス期以前のより早期の段階にすでに男性性と女性性の分化や超自我の先駆を見出し，前エディプス期からエディプス期への移行を臨床上の研究課題とする流れ，依然としてエディプス・コンプレックスを心的発達とその機能の中核的な構成原理とみなす流れなどが展開されている。さらに斬新なエディプス研究としてはシュタイナー Steiner, J. による，フロイトがとりあげたエディプスの物語におけるエディプスがすべての経緯を知っていながら「見て見ぬふり」をしていたという形でのこころの退避の一形態をそこに見出すと共に，さらにソフォクレスが最初の『エディプス王』から20年を経て世に問うたコロヌスのエディプスの物語に素材を求めた研究がある。それは自ら盲目になることによって現実をすべて否認し，全能感の中にひきこもって老いを迎えたコロヌスのエディプスの研究である。

（小此木啓吾）

[関連項目] 阿闍世コンプレックス，去勢コンプレックス，近親姦，結合両親像，原幻想，原光景，原始群，構造論的観点，罪悪感，自己分析，女性性，審級，性器期〔性器体制〕，前エディプス期（の），対象選択，父親殺し，中立性，超自我，病理構造体〔病理的組織化〕，ペニス羨望，無意識的幻想，夢，クライン，ストラー，フリース，フロイト，S.，ラカン

[文献] Balmary, M. (1979), Feder, L. (1980), Freud, S. (1900, 1910k, 1913a, 1916–1917, 1925j, 1931d, 1950b), Klein, M. (1921, 1928, 1933, 1945), Lacan, J. (1955, 1966), 小此木啓吾 (1989, 1991b), Raphael-Leff, J. (1991), Ross, J. M. (1982), Ross, J. M. (1984), Steiner, J. (1993), Stoller, R. J. (1968)

エディプス的

[英] oedipal

エディプス的 oedipal とは，フロイト Freud, S. のエディプス・コンプレックスに特徴的な性質をあらわす形容詞である。子どもがエディプス・コンプレックスを経験する時期や状況をあらわしたり，エディプス・コンプレックスの特徴をあらわしたりするときに用いられる。例えば，時期・段階をあらわす使い方としては，エディプス期 oedipal phase，エディプス的段階 oedipal stage，エディプス的水準 oedipal level，などの使い方がある。エディプス期はリビドーの発達段階から見ると男根期（3－5歳）に相当するが，男根期は性器を刺激して満足を得る自体愛的かつ自己愛的な段階から両親と自分との関係へと関心が広がっていく対象愛的段階へと移行する2つの段階がある。この両親とのあいだで繰り広げられる時期をエディプス期と呼ぶこともある。このエディプス期に先行するリビドー発達の諸段階を前エディプス期 preoedipal phase と呼ぶ。自我の発達の見地から見ると，男根期は個体化の時期に相当し，自我が「父・母・私」という三角関係を中心に機能することをエディプス的水準といった使い方をする。

この「父・母・私」という三角関係のなかで展開する状況をエディプス状況 oedipal situation という。それは葛藤やコンプレックスをあらわしたりもするが，実際の生活状況を説明する際にも用いられる。男児であれば父親を押しのけて母親を自分のものにしたいという願望を抱き，女児の場合はその逆である。このような願望や空想をエディプス的願望 oedipal wish やエディプス的空想 oedipal phantasy という。また，異性の親を獲得するために同性の親へ挑む闘いをエディプス的な闘い oedipal striving と呼び，その勝利をエディプス的な勝利 oedipal triumph という用い方をする。この愛する同性の親に殺意を抱いたことに対する処罰不安をエディプス的不安 oedipal anxiety という。また，エディプス・コンプレックスに特徴的なさまざまな葛藤をあらわすのにエディプス的な葛藤 oedipal conflict という使い方をしたり，エディプス期の「父・母・私」関係をエディプス的対象関係 oedipal object relations といった使い方もする。

（川谷大治）

[関連項目] エディプス・コンプレックス，前エディプス期（の）

[文献] 土居健郎 (1965), Moore, B. E. & Fine, B. D. (ed.) (1990)

エナクトメント〔行動に表れること〕

[英] enactment

エナクトメント enactment は現代のアメリカの精神分析における新しい概念の一つである。論者によりその定義は多少異なるが，一般に「当人が必ずしも意識できないような個人的な動機が，行動により表現されること」

(Renik, O. et al. 1999) として理解される（ただしここでいう行動には，言葉や仕草，沈黙，あるいは空想や思考その他さえも含まれる可能性がある）。エナクトメントは，多くの場合は治療者の行動に関して論じられ，その意味では「逆転移の行動化」という概念に近い。実際この概念を用い始めたジェイコブス Jacobs, T. J. も「逆転移のエナクトメント countertransference enactment」という表現を用いている。そこでエナクトメントも行動化と同様に過去の反復に過ぎず（この意味では re-enactment という用語も用いられる），できるだけ避けるべきもの，抑制されるべきものとする立場もある（Gabbard, G. O.）。しかし一般にエナクトメントはむしろ治療場面においてほぼ必然に起きてくるものであり（Renik, O. らの意見），それをいかに回避するべきかではなく，それがどのように生じているのか，いかに治療的に用いるべきかという点が主として論じられる傾向にある。

なおイギリスでもアクティング・インとしてジョゼフ Joseph, B. を中心に検討されてきた転移-逆転移関係をエナクトメントと今日呼び換えている。　（岡野憲一郎）

[関連項目] アクティング・イン，自己開示

[文献] Frank, K. A. (1997), Gabbard, G. O. (1995), Hoffman, I. Z. (1998), Jacobs, T. J. (1986), Renik, O. et al. (1999)

エネルギー

[英] energy
[独] Energie
[仏] énergie

心的過程の説明に科学的法則を導入しようとしたフロイト Freud, S. は，物理学でいうエネルギーの概念を用いすべての精神活動に使われている量的な源を想定した。フロイトは，（心的）エネルギーについて「皮膚の表面に広がっている電気的負荷と同様，記憶の痕跡の上に広がっているもの」とし（1894），観念や心的表象に注ぎ込まれる（備給 cathexis）と考えた。つまりフロイトは，衝動 drive や感情 affect とは異なったエネルギーという概念を持ち出すことによって人間の注意や関心や愛着が移り変わっていく現象を説明しようとしたのである（1895）。そして，エネルギーのあり方を，備給の対象が自由に変化し可動性のあるもの（自由エネルギー）と，一定の対象に拘束された不可動性のもの（拘束エネルギー）の2つに分け，前者はエネルギーがイドに存在し，いわゆる一次過程を特徴づけており，後者はエネルギーが自我に注がれており，いわゆる二次過程を特徴づけるとした。さらに，注意や関心や愛着の強度についても，エネルギーの対象への過剰備給と反対備給の考えで説明しようとした。また，心的エネルギーが精神活動の動機づけになることについては，物理学のエネルギー恒存の法則（フェヒナー Fechner, G. T.）と同様，すべての心理過程は緊張や興奮すなわちエネルギーの増大した状態をできるだけ不活性な無の状態にもどし維持しようとする基本原則に従って働いていると仮定することで説明可能だとした。これは後に快感原則 pleasure principle（1920）として定義しなおされ，人間にとってエネルギーが蓄積された状態は不快であり，一方，それを開放し減少させることが快となり心の均衡につながるとされ，それがすべての精神活動の動機になるとされた。これは先述した一次過程に通じるものであり，やがて心的構造が作り上げられ，自我が発達するとともに，エネルギーを拘束できるようになる（二次過程）としている。つまり，現実原則にのっとった精神活動ができるようになるというわけである。さらにフロイトは考察を進め（1923），エネルギーには性的エネルギー（リビドー）と攻撃的エネルギーがあり，両者が融合し，脱性化，脱攻撃化されて中立的エネルギーになり自我の働きに寄与するとした。また，本能二元論（エロスとタナトス）の見地からエネルギー恒存の法則は死の本能に由来するが，生の本能と結合することによって快感法則に変容されるとも考えた（1924）。

このようにフロイトのエネルギー概念は経済論的観点の中心をなすものであり，心的過程の力動的観点を支えるものであるが，その理論は変遷を重ね，また矛盾する面も多かったため複雑でわかりにくいものとなっている。
　　　　　　　　　　　　　　　　　　　（福井　敏）

[関連項目] 一次過程／二次過程，快感原則，現実原則，死の本能（欲動），生の欲動（本能），リビドー

[文献] Freud, S. (1894, 1911a, 1920e, 1923b, 1924d, 1950b)

エネルギー恒存の法則

[英] principle of constancy
[独] Konstanz-Prinzip
[仏] principe de constance

フロイト Freud, S. が精神機制を支配していると考えた原則の一つで，恒常原則と訳されることもある。エネルギー経済論的な観点によるもので，人間の心的装置は内在する興奮（＝心的エネルギーの高まり）をできる限り低く，あるいは少なくとも恒常に保つように努めているという仮説である。フロイトははじめこの法則を，心理学を純粋自然科学ならしめようとつとめて数学を適用して精神物理学を創始したフェヒナー Fechner, G. T. による $S=k\log I+C$（感覚 S は刺激 I の強さの対数に比例する）という法則を応用して設定した。ついでフロイトは，このエネルギー恒存の法則は，別にバーバラ・ロー Barbara Low によって提出されていた涅槃原則 nirvana principle と同義であると述べた。涅槃とは人間的な欲望を絶つことによって平安が得られるという仏教用語に発するもので、涅槃原則とは心的装置の一次的な機能は刺激もエネルギーもない不活性の状態に戻ることであるとする原則である。さらにフロイトは快感原則、すなわち不快とは心的エネルギーの高まりによる緊張であり、快とはこの緊張が解放される心的過程であるという原則もこのエネルギー恒存の法則に由来すると考えた。しかし、その後エネルギー恒存の法則ないし涅槃原則は、死の本能に由来するが、快感原則は、それが生の本能つまりエロス（性本能）の影響によって変容したものであると述べている。

（岩崎徹也）

[関連項目] 快感原則, 経済論的観点, 恒常原則, 涅槃原則, リビドー

[文献] Freud, S. (1920e, 1924d, 1950b)

エミー・フォン・N夫人 [症例]
[Frau Emmy von N.]

フロイト Freud, S. が『ヒステリー研究』（1895）の中で報告した5症例の一つであり、精神分析発見以前のフロイトに、催眠法の有効性と限界を経験させ、精神分析の発見へと導く重要な契機となった。患者は、バルト海沿岸に住む40歳の裕福な未亡人で、主症状は吃り、顔面のチック、ひき蛙などの小動物恐怖、雷恐怖、両下肢の痛みと麻痺、抑うつ感と無為、時折譫妄状態になって、不安と恐怖にかられる、など。この患者にフロイトは前後2回にわたる治療を行ったが、初回は1889年5月から7週間。フロイトは毎日2回往診して、マッサージ、電気刺激、温浴、催眠浄化法（Breuer, J. による）を施行した。著しく催眠状態に陥りやすい患者に対し、フロイトは催眠下で症状と関係ある過去の外傷体験を想起して情動を発散するよう患者に働きかけ、「覚醒後には不安は消えていますよ」と暗示を与えた。例えば催眠下で患者は、不安や驚きやすいことに関連して、5歳ごろに兄たちに死んだ動物を投げつけられて、ひきつけを起こしたこと、ひょいと石を持ち上げたら下にひき蛙がいて驚いて口がきけなくなったこと、などを想起する。「動かないで！」という呪文を口走ることについては、兄がモルヒネのため発作を起こして突然抱きついてきたことなどを想起し、フロイトが暗示によって恐怖感を取り除くと、それらの症状は消えてしまう。吃りと舌打ちについては、馬車の近くに落雷があって、馬が脅えた時に「落ち着かなくちゃ、さもないと私の叫び声で馬はいっそう驚いてしまうわ」と考えた時に始まったという。フロイトが、この生々しい回想を打ち消すと、吃りは軽快する。この吃りに関してフロイトは、「静かにしなければ」という意図と、それがひき起こす「自分は音を立ててしまうだろう」という対照観念（反対意志）の間で闘いが生じて、その結果吃りやチックが生まれる、という力動的ともいえる転換機制を述べている。患者は、さらに赤ん坊と産褥に横たわっていた時、近くにいた夫が急に立ち上がってばったり倒れて死んでしまい、その後半年間は高熱を出して寝こみがちだったこと、子どもさえいなければ夫の看病ができたのに、と子どもを3年間憎み続けたこと、などを語る。フロイトは、暗示のもつ影響力に期待を抱きつつ、催眠治療を続け、患者は実際目に見える回復を示して郷里に帰った。しかし7カ月後、娘が重病を患った際に、患者はそれがフロイトのせいだと一方的に考えてフロイトを憎み、病状がまた以前の状態に戻ってしまった。そのため、1890年5月、再びフロイトの許で8カ月間の治療を受けることになった。この回も患者は、驚きやすさについて、旅館でボーイが部屋の暗がりに潜んでいるのに出会って驚いたこと、付添婦の部屋に男が忍んできているのに気づいてびっくりしたことなどを思い出す。また無食欲について、子どものころに厳格な母に脂肪の固まった冷たい肉を無理に食べさせられて吐きそうになったことなどを思い出す。このような催眠による除反応と暗示療法の結果、彼女は再び回復して帰郷するが、1893年夏、フロイトは患者から、また悪くなったので他の医師に治療を受けるのを許可して欲しいという手紙を受け取る。この症例の考察の中で、フロイトは、心的興奮が身体症状に変わる「転換」現象が、この例ではわずかの量にとどまり、心的興奮の大部分が心理的領域に停滞しているために、ヒステリーでない不安神経症や恐怖症の外見を呈したと述べている。そして、個々の恐怖症、例えば生きながら埋葬される恐怖は、夫が死んでいなかったのだという彼女の信念が心的契機となっているが、それは恐怖症の種類の選択に関係しており、神経症の持続のためには、神経症的契機、すなわち数年来性的禁欲を守っていて、そのため不安傾向が高まっていることを挙げた。また、外傷体験と並んで、遺伝的素質、感性の強烈さなどの身体基盤、夫の死後の完全な孤立と親類の迫害、過大な義務などの生活状況と精神的重圧、性的欲求の抑圧による疲労などを重視して、全体論的な視点の萌芽を示している。1924年の追記で、郷里に戻った夫人が数年後に再発して、他の何人かの医師に催眠療法を受け、目ざましい成果をあげては医師と反目してまた悪化するのを反復していたこと、さらに25年後には夫人の娘から、母が残酷な暴君となって2人の子どもと絶縁状態にある旨の知らせを受けたことを記している。

（馬場謙一）

[関連項目] 前額法, 転換, ヒステリー

[文献] Freud, S. & Breuer, J. (1893–1895)

エメ ［症例］
［Aimee］

　本名マルグリット・アンジュー Marguerite Anzieu（1892-1981）。ラカン Lacan, J. の大部の学位論文『人格との関係からみたパラノイア性精神病』は，この症例エメをめぐって論が展開されている。症例エメは，ラカンの思想の形成において，いわばフロイト Freud, S. におけるアンナ・O（Bertha Pappenheim）の位置を占めている。妄想に基づいて傷害事件を起こしたエメと出会ったラカンは，エメに魅惑され，エメの研究を行い，それが後に鏡像段階論へと発展した。エメが誰であるかを明らかにしたのは，フランスの精神分析史家ルディネスコ Roudinesco, E. であった。1986年のことである。さらに1993年には『フロイトの自己分析』や『皮膚自我』などの著作で知られる精神分析家ディディエ・アンジュー Didier Anzieu が，エメが実母であることを告白し，その生活史の詳細を明らかにした。

　マルグリット・パンテーヌ（エメ）は，フランス中央部の田舎の出身で，その母親も何らかの迫害妄想に罹っていた。エメは，彼女の生まれる前に死んだ姉の名前と同じマルグリットと名付けられ，両親は同じように死なせてしまうのではと過剰な心配のもとで，生きながらえさせることだけを考えて育てた。エメは少女のころから空想癖があり，ボヴァリー婦人の様に，現実の状況から逃げ出してインテリになることを夢見ていた。しかし，実際は1910年に郵便局に勤め，7年後には同僚のルネ・アンジューと結婚することとなる。1921年には上述の長男ディディエを出産するが，そのころから奇妙な行動が目立ち始め，迫害妄想と抑うつを示す。それより先に，夫を失い寡婦となった姉がこの新婚家庭に同居し家事など一切を取り仕切るということが始まった。エメは二重生活を始め，一方では郵便局の日常の仕事の世界，もう一方は妄想からなる空想の世界に生きていた。1930年には立て続けに2つの小説を書き上げ，それを出版したいと思ったが奇妙にうまくいかない。まもなくエメは，自分が女優のユゲット・デュフロの迫害の対象になっていると確信するようになる。1931年には，エメは女優をナイフで刺し殺そうと襲ったが，軽い傷を負わせるに留まった。こうしてエメは，サンタンヌ病院に入院させられ，ラカンが主治医となった。多くのパラノイアと異なり，エメの妄想は，この事件の後急速に消失している。ラカンはエメを恋愛妄想でかつ自罰パラノイアの症例と論じている。

　エメのその後は，まさに小説より奇なりである。1949年，一人息子のディディエは哲学科を卒業し，精神分析家になろうと決意し，有名な症例エメが自分の母親であることを知らずにラカンに教育分析を受け始めた。また

ラカン自身もこの男が自分の昔の患者の息子であるとは気がつかなかったのみならず，彼の能力に惚れ込み寵愛していた。こうして数年の後，ディディエ・アンジューはことの次第を母親の口から聞き，ラカンに問いただしたのである。また奇妙な偶然から，その当時エメは，やもめとなっていたラカンの父親の家で家政婦として働いていた。その後ディディエは，IPAの分析家に分析を受け直し，反ラカンの中心人物の一人となった。

〈小川豊昭〉

［関連項目］鏡像段階，ラカン

エリザベート・フォン・R嬢 ［症例］
［独］Fräulein Elizabeth von R.

　フロイト Freud, S. が『ヒステリー研究』（1895）の中で報告した5症例の一つ。耐え難い観念の防衛，つまり心的興奮の身体的なものへの転換によってヒステリー症状が発生する，という防衛ヒステリーの理論，抵抗の概念，催眠暗示よりも連想によって過去の情動体験を発見しようとする技法の発見，等により精神分析を創始する契機となった症例。エリザベートは24歳の未婚の女性で，三人姉妹の末娘。主訴は2年以上前からの両足の疼痛と歩行困難。フロイトは，この女性に4期にわたる治療を行った。第1期はマッサージと感応電気療法の後，催眠下で病歴を聴取して，病原となる心的素材をしだいに深く掘り起こして，それに伴う情動を発散（除反応）させる方法をとった。彼女はまず意識の表層に近い体験として，父親への特別な愛着，父親の心臓病と，1年半に及ぶつききりの看病，この看病の終りごろに右足の疼痛が始まったことを想起する。第2期になると，彼女は「何も思い浮かばない」といって，話すことに躊躇を示すようになる。フロイトは回想の際に示す患者のこのような抵抗は，その回想内容が患者を不快にするから生ずるのであり，抵抗の強い思考内容こそ大きな意義をもつと考えた。そして前額法を用いて，想起したものをそのまま話すよう要請した。患者は，歩行困難になったのは，父の死後2年経ち，2番目の姉夫婦と避暑地に滞在中，長い散歩に出た後だったことを想起する。その後その姉は妊娠中に重い病気になり，旅行中の母とエリザベートが急遽呼び戻された時には，すでに死亡していたことも思い出す。フロイトがさらに前額を圧して問い続けると，やがて彼女は好きな青年との交際が父の看病のために困難になっていたが，ある晩父のすすめで夜会に出かけ，青年と心のときめく時間を過ごして帰ってみると，父の病状が悪化していて，強い自責感に襲われたことを想起する。これについてフロイトは，性的衝動と父に孝養をつくさねばという良心の間の葛藤の結果，性的衝動が抑圧されて身体的苦痛が亢進した，という防衛を目的とす

る転換機制を論じている。やがて彼女は，疼痛が右大腿の一部に限局しており，そこは毎朝包帯を取り替えるために，父の脚をのせた場所だったことを想起する。こうして徐々に右足の痛みは薄らいでいくが，第3期になって，回想が死んだ姉や義兄の思い出に及ぶと，左足の疼痛が生じてきた。特に失歩の由来を質問されると，姉の幸福な結婚生活への羨望と孤独感を想起する。そして，失立失歩は，「一人で立っていること」の悲痛さ，「頼るものがない」という感情の象徴化による身体症状の強化であることが理解される。第4期，症状は軽快したが，まだ時折痛みがあり，フロイトが断固として質問を続けると，彼女は女性としての弱さや愛への憧れを語り，やがて避暑地で義兄と散歩中，「この人のような夫を持ちたい」という願望にとらえられたこと，さらに姉の危篤の報を受けた時の不安と胸騒ぎを思い出す。そしてついに決定的なものとして，姉の死の床の傍に立った瞬間に，「これで私は義兄の奥さんになれるのだ」という考えが稲妻のように脳裡にひらめいたことを想起する。つまり，彼女は義兄に深い愛情を抱いていたが，それは道徳意識と葛藤を生じて深く抑圧されていた。しかし，フロイトの治療操作によって葛藤が意識化され，抑圧されていた義兄への恋心が想起されるに及んで，症状は完全に消え去ったのである。こうして治療は終結したが，フロイトは1894年春，ある家の舞踏会で彼女が軽快に踊っているのを目撃したこと，さらに後年，彼女がある外国人と恋愛結婚したのを耳にしたことを最後に付け加えている。

(馬場謙一)

[関連項目] 前額法，転換，ヒステリー，抑圧，フロイト，S.
[文献] Freud, S. & Breuer, J. (1893–1895)

エレクトラ・コンプレックス

[英] Electra complex
[独] Elektrakomplex
[仏] complexe d'Élektre

ユング Jung, C. G. は1913年に，男児のエディプス・コンプレックスに対応するものとして，女児の両親に対する願望や態度の特徴をエレクトラ・コンプレックスという用語で示した。異性の親（父親）に愛着を示し，同性の親（母親）に敵意や嫉妬を向け，同性の親（母親）の報復を恐れるという意味において，男児と対照的だと考えたのである。エレクトラとは，ギリシャ神話のミケーナの王アガメムノン王の娘の名に由来する。しかし，フロイト Freud, S. は，この用語は役に立たないとした。エディプス・コンプレックス形成の前史が男女では異なっていると考えたからである。すなわち，女児はペニスがない（去勢コンプレックス）ことに気づき，自分が男児よりも劣っていると感じ，次にはそういう身体に生んだ母親への憎悪やペニスをもたない母親への軽蔑を示す。そして父親からペニスをもらいたいと願い，父親の子どもが欲しいと願うようになる（ペニス羨望）。こうして女児が，それまでの愛情対象の母親から離反し，父親への愛着を示し，母親の地位にとってかわろうとする願望をもつようになり，女児のエディプス・コンプレックスが成立するとした。すなわち，女児では，去勢コンプレックスからエディプス・コンプレックスが始まると考えたのである。こうして女児では，エディプス・コンプレックスへと進む過程が必然的に複雑なものとなり，このコンプレックスの消滅の時期もはっきり決めることは難しいとフロイトは考えた。

(西村良二)

[関連項目] エディプス・コンプレックス，去勢コンプレックス，ペニス羨望
[文献] Freud, S. (1920a, 1931d), Jung, C. G. (1913)

エロス

[英] eros
[独] Eros
[仏] éros

フロイト Freud, S. は後期の欲動論で，死の欲動に対する生の欲動を意味する観念として，この言葉を用いた。本来エロスはギリシャ語で愛と愛の神を意味しているが，フロイトは，自分の理論をより普遍的な哲学思想に関連づけようという希望を抱き，しばしばプラトンのエロスに言及している。エロスという言葉を用いたことにはこのような背景がある。特にフロイトは『快感原則の彼岸』(1920) 以後，エロスを生の欲動の同義語として用いるようになり，自分の新しい欲動論を普遍性を備えた神話と哲学の伝統に組み入れるという意図を抱いていた。それだけにエロスという用語は，特に思弁的な考察をする際に用いられることが多い。そしてリビドー（性欲動）と破壊欲動との対立は生の欲動（エロス）と死の欲動（タナトス）との対立とみなされるようになった。しかしリビドーという概念は，エロスという言葉が導入された以後も，エネルギー経済論的に使われ，その後も用いられている。このような背景があるだけに，エロスは，フロイトの『文化への不安』(1930) で現代文明論を展開する際の重要な鍵概念となった。そしてフロイトは，エロスとタナトスの闘いの見地から，現代文明の未来に批判的な予言を残した。

フロイトによれば，人類の社会・文化・文明は，人類が死んでいく途上で（生きていく途上で）死の欲動に逆らって生み出しつくり上げ，組織づけていくエロス（生の欲動）の産物である。つまり人類の社会文化の形成過程は，エロスに奉仕する一つの過程であって，ばらばらになっている個人，やがては家族，ついでさまざまの種

族・民族・国民を一つの大きな統一体としての人類に統合しようとする生命過程である。そこでエロス（生の欲動）とともにタナトス（死の欲動）に着目すると，文化の発達とは，エロスとタナトスとの間の闘争，言い換えれば永遠のエロスが解体と自己破壊の衝動と闘いつつ，これにうち克っていく過程である。それだけに，生み出し，つくり上げ，組織づけるものが大きく，高いものになればなるほど，それが内に秘める潜在的な自己破壊力も大きいものになる。

そして，『文化への不安』でフロイトは言う。「人間の運命問題は，一にかかって次のことにあるように思われる。すなわち，文化発達にとって，人間の破壊衝動および自己否定衝動に基づく共同生活の生涯を克服してしまうことが，果たしてうまくいくだろうか。また，どの程度成功するだろうか」と。

このフロイトの着想を受けつぎ現代文明論を展開したマルクーゼ Marcuse, H. によれば，技術社会，産業社会と呼ばれる現代は，われわれの物質文明が進歩成長すればするほど，それに伴ってこのような内在的潜在的な自己破壊力を増大させる。社会が高度に組織化され，管理化されればされるほど，人びとの心には，この組織を破壊し解体しようとする死の衝動が高まっていく。つまりそのような破壊力は，エロスすなわち人間の共同生活をよりよくまとめ上げ，組織化する生の欲動の発展そのものに内在する自己矛盾的な産物である。現代は，一方で文明・文化（エロス）が発達すればするほど，その一方で解体と自己破壊の衝動も高まり，生の衝動と死の衝動の葛藤の激化——破局が，われわれを脅かす時代であるという。　　　　　　　　　　　　　　（小此木啓吾）

［関連項目］死の本能（欲動），欲動，リビドー，フロイト，S.，マルクーゼ

［文献］Freud, S. (1920e, 1930a, 1933a), Marcuse, H. (1956, 1960, 1964), 小此木啓吾 (1970)

演技性人格　⇒ヒステリー人格
　［英］histrionic personality

お

覆いをとる法／覆いをつける法
　［英］uncovering method / covering method
　［独］aufdeckende Methode / zudeckende Methode

除覆法・被覆法とも呼ばれる。これはレオナルド・ダ・ヴィンチ Leonardo da Vinci が芸術の方法を，取り除くやり方（彫刻）と付け加えるやり方（絵画）という対立した形式でとらえたことを，フロイト Freud, S.（1904）が精神分析治療の立場を明確にするために援用したことからきている。つまり暗示療法は，症状を暗示によって包み込み，覆ってしまうように導くが，精神分析は「何ものをも付け加えようとはしません。何か新しいものを導入しようとはしません。むしろ取り去り，除去しようとします。そして，この目的のために，病的症状の発生と病的観念のあいだにある精神的な関連性を問題にするのです」。

言い換えるならば，覆いをとる法とは抑圧された欲求や感情を言葉で発散させたり，症状の背後にひそんでいる心因を探求して意識化させることにより，神経症患者の内的問題を処理することをねらっている方法である。そのために患者に自由に自己表現をさせ，心の防衛をゆるめさせ，不安や葛藤に直面させるようにする。ふつう面接技法としては，(1) 表現的方法（告白，カタルシス），(2) 洞察的方法（精神分析療法，催眠分析，内観療法，人間中心カウンセリングなど）がある。

一方，覆いをつける法は，暗示療法で代表されるように，面接者の積極的な働きかけによって抑圧を支持し，強化させ，覆いをつけさせることで弱められている適応力を強めるように援助してやる方法である。その技法としては，(1) 支持的方法（暗示，再保証，説得，指導，再教育，環境調整など），(2) 訓練的方法（自律訓練法，系統的脱感作法その他の各種の行動療法など）がある。ここで体験を重視した森田療法は，一応は訓練的方法とみられるが，自己洞察的な側面もある。また催眠療法は，トランス状態を利用して，支持することも，表現的・洞察的に導くこともできる。

以上の 2 つの方法には，それぞれ長所と短所がある。覆いをつける法は，面接者の手間もかからず，その修練もさほど難しくはないが，その効果にはかなり限界がある。一方，覆いをとる法は，ある程度手間がかかるし，技法についてかなりの修練が必要である。それだけに臨

床的意義は大きい。とはいっても分裂病者や境界例，人格障害の場合などでは，支持的な要因を加えなくては危険なこともある。その点，いずれの方向を選ぶかについては，患者の自我の強さ（脆弱性），症状の構造をよく見立てる必要がある。しかしながら実際に患者の内面に生じる治癒作用について厳密に考えれば，すべての面接過程には，支持・訓練・表現・洞察という4つの要因は大なり小なりふくまれているため，このような大まかな二分法は，あくまで治療上の一つの目安として考えておくほうがいい。

（前田重治）

[関連項目] 暗示療法，催眠分析，精神分析的精神療法，精神分析療法

[文献] Freud, S. (1905b)

狼男 [症例]

[英] Wolf-Man
[独] Wolf-Mann
[仏] L'Homme aux loups

精神分析療法をフロイト Freud, S. から受けたロシア人の患者で，4歳の誕生日に先立つある日に見た不安夢の中の，狼に対する恐怖症を訴えていたために「狼男」ないしウルフマンと呼ばれる。その病歴と分析経過は，特にその幼児期神経症を中心にして，1918年にフロイトによって『ある幼児期神経症の病歴より』と題する論文として発表された。ロシア暦で1886年のクリスマスイブ（西暦1887年1月6日）に生まれた。ロシア人の金持ちの息子で，長年にわたる重症な神経症の治療のためわざわざドイツまで来て，ベルリンのツィーエン Ziehen, G. T. 教授，ミュンヘンのクレペリン Kraepelin, E. 教授の診療を受けた後，1910年24歳のときからフロイトの治療を受け始めた。1910年から1914年（第一次世界大戦の勃発数週間前）にかけて行われ，一度終了，帰国後，再び1919年に4カ月にわたって第2回の治療を受けた。フロイト初診当時は，自発性が減退し，治療意欲も乏しく，クレペリンに躁うつ病と診断されたほどの気分の変動に悩み，しかも，狼恐怖 Wulf-Phobie や不安症状，種々の強迫症状，食欲不振と便秘などの多彩な症状を示していた。フロイトによれば，3歳半ぐらいで幼児恐怖症を発病し，次第に，10歳まで続く宗教的内容を持った強迫神経症に変わり，その後10年間ほぼ正常に勉学し，青年期に再発した症例で，「欠陥状態を残したまま治癒した強迫神経症の後続状態」と診断されたが，フロイトの治療以後の経過をも考慮し，特にブルンシュビック夫人 Brunswick, R. M. の治療所見をも参照して現代精神医学から見ると，境界分裂病とみなすべきである。上記論文におけるフロイトの精神分析治療による再構成によれば，4歳の誕生日に先立ったある日，「6匹か7匹の真白い狼が窓の向こうの大きな胡桃の木に座っている」不安夢を見，「この狼に食べられるのではないか」という恐怖症にかかってしまった。この不安夢は，1歳半ごろにその父母の原光景を目撃した際の父に対する恐怖の再現であり，この体験は狼男に無意識のうちに，父に愛されたいという同性愛的受身的な愛情要求と，父に愛されるなら母親ひいては女性になって男性としての自己を失うのではないかという不安との葛藤を引き起こした。この不安は，父，つまり狼に食べられてのみ込まれてしまう不安である。またフロイトは，この論文で，幼児期記憶の再構成 Rekonstruktion の技法を明らかにし，この再構成を介して，乳幼児における原光景，性的誘惑，去勢コンプレックス，逆エディプス・コンプレックス umgekehrter Ödipuskomplex，口唇食人期の食う-食われる空想，肛門愛的な性愛と出産空想，大便と胎児の同一視，母胎空想と再出産空想 Wiedergeburtsphantasie などの無意識的幻想と幼児期恐怖症および強迫神経症の精神病理との関連を考察し，さらに狼男の分析を通して，女性における去勢の現実を否認する幻想的自我と，去勢の現実を承認する現実的自我の並存と分裂，つまり自我分裂 Ich-Spaltung を一つの防衛過程として明らかにした。なお，狼男は，第1回のフロイトの治療終結時には一応治癒と診断されたが，第一次世界大戦とロシア革命のために，故郷，財産，家族のすべてを失ってウィーンに戻ってきた。このときフロイトの希望によって，異例の4カ月にわたる無料治療が行われた。しかし，その後かなり経って，自分の鼻に穴があいたという心気妄想を抱くようになり，1928年ブルンシュビック夫人の分析治療を受けた。この症状は，1923年頃から上顎癌にかかり鼻口腔の手術を受けたフロイトへの転移のために生じたものであったという。その後，狼男はずっとウィーンに在住したが，1938年に愛する妻を自殺で失った後，90余歳まで存命し，ガーディナー Gardiner, M. 博士が密接な接触を保って彼を支持し，一時噂されたように分裂病の欠陥状態に陥ることもなく，多年にわたってしばしばうつ状態や心気状態に陥ることを繰り返しながらも，ほぼ社会性のある人格状態を維持した。なお1972年，ガーディナーは，狼男自身による『回想録』（幼児期から1938年までのもの）と，『わがフロイトの思い出』およびガーディナー自身による1938年以後1972年までの狼男のその後に関する詳細なレポートを編集し，単行本として刊行している。

（小此木啓吾）

[関連項目] 境界性人格障害，強迫神経症，再構成，自我の分裂，幼児神経症，フロイト, S.

[文献] Brunswick, R. M. (1928), Freud, S. (1918b), Gardiner, M. (1972), Wolf-Man (1972)

大文字の他者　⇒他者
　　［仏］Autre

オーガズム
　　［英］orgasm
　　［独］Orgasmus
　　［仏］orgasme

　一般に，性的興奮が頂点に達し，緊張の解放と不随意的な生理的反応が起こり，究極的な性的快感が起こる現象を言う。男女ともこの過程で自我境界を失い，相手との融合感を体験する。精神分析的には，性交過程における前駆快感から終末快感に達した経験であり，情緒的には，性行為の絶頂で緊張情緒が放出情緒になる瞬間である。

　初期のフロイト Freud, S. は，オーガズムをエネルギー経済論的にリビドーの放出過程とそれに伴う終末快感として理解し，中絶性交や内的な抑制によるオーガズム体験の阻止は，リビドーうっ積不安による不安神経症や不安ヒステリーを引き起こすと考えた。ライヒ Reich, W. はこのフロイトのうっ積不安学説に基づいて，性器的なオーガズム体験を，人間の心身の健康の基礎となる性エネルギー経済 sex economy を維持する上で必須のものと位置づけるとともに，次第に，オーガズムを全人間的な情緒の解放体験とみなすようになり，オーガズム不能 orgastic impotence （勃起し，一定の性行為は可能だが，オーガズムによる終末快感に達しない場合や，女性における不感症の場合）の概念を提起し，すべての神経症や性格障害（情緒麻痺を伴う）などの病因とみなすとともに，情緒の解放体験を伴う健康なオーガズムの機能を身につけた性器的性格 genital character を理想的な人間像とみなしたが，エリクソン Erikson, E. H. もまた，理想的な性器愛の条件の一つとして，オーガズムの相互性をあげた。

　このように人間の心身の健康の標識の一つとして，オーガズム体験能力をあげる精神分析家は多い。

（小此木啓吾）

　［関連項目］性機能障害，エリクソン，フロイト, S.，ライヒ

オーガナイザー
　　［英］organizer
　　［独］Organisator
　　［仏］organiser

　オーガナイザーはもともと発生学 embryology の用語である。発生学ではオーガナイザーを「形成体：胚の中にあって他の部分の発育と分化に働きかける部分」と定義している（『ランダムハウス英和大辞典』）。また発生学者ニードマン Needman, J. によると発生学的オーガナイザーを「ある特殊な方向に向けて発達の速度を決めるペースメーカー」また「発達の影響を生命全体に及ぼす中核」と定義している。スピッツ Spitz, R. A. は長年にわたる乳児観察の結果得た推論を理論化するための鍵概念としてこの用語を発生学から借用し，心的オーガナイザーとして自我形成の発生場理論を構築した（"A Genetic Field Theory of Ego Formation" 1958）。これをフロイト生誕102年の記念講演会で発表し，翌年100頁あまりのコンパクトなモノグラフにまとめて出版している。この仮説は発生学の実験から発展した理論の類推で構築したもので乳幼児期に明白な以下の3つの発達段階を想定している。第1のオーガナイザー，生後3カ月頃にあらわれる「微笑反応」，第2のオーガナイザー，「八カ月不安」，第3のオーガナイザー，ノーという否定をあらわす首振りのゼスチャーの発現である。これらはそれぞれ急激な変化の時期における指標 indicator となるもので，表面にあらわれる情緒的行動はオーガナイザーそのものではなく，それを表示する指標である。オーガナイザーとは新しい機能水準の形態にあらわれた諸特性を説明する構成概念である。スピッツがその指標とした微笑反応はそれ以前の微笑の表出が内部的刺激に感応するだけであったのに対し，生後3カ月には外部世界からの刺激を知覚して反応するようになっている。反応を生起させる刺激は人の正面の顔の形態で取り替えが可能であるという意味で真の対象ではなく，リビドー対象の前ぶれ，対象関係成立の前段階と位置づけている。精神の第2オーガナイザーとしての八カ月不安はいわゆる人見知りの現象を指標としている。生後6カ月から10カ月に入る前に知覚，対象関係，情動表現の各方面に著しい進歩が見えてくる。その発達は見馴れぬ人物の接近に不快をさまざまな程度であらわすようになる，スピッツが八カ月不安と呼ぶ現象によって始まる。これは不特定の他者とリビドー対象を識別することが可能となって対象関係の成立を告げる指標であるとしている。それ以後，乳児は社会的ゼスチャーを理解し，禁止と命令，ノーという大人の否定の仕草の意味を了解してその行為を止めることができるようになる。第3のオーガナイザーは実際のことばではなく，身振りによる頭を横に振る仕草があらわれる。これは最初の象徴的表現のしるしである。以上乳児期における一連の心的オーガナイザーとその情動との関係を提示し，情動の変化こそこの変容期の指標であることを強調している。スピッツのオーガナイザーの理論は今日の発達変容に対する関心を喚起する背景となっている。

（丹羽淑子）

　［関連項目］対象関係，発生論的観点，人見知り，無差別微笑，

スピッツ

[文献] Needman, J. (1931), Spitz, R. A. (1946, 1950, 1957, 1959)

オーガナイジング・プリンシプル
[英] organising principle

　自己心理学者で間主観的アプローチの提唱者ストロロウ Stolorow, R. D. の用語。オーガナイジングは「まとめる」「統合する」「オーガナイズする」ことを指し、プリンシプルは原理、原則を意味するから、オーガナイジング・プリンシプルは、(対人関係における体験や治療場面での) データをまとめる際に用いられる意識的、無意識的な原理、原則と定義できる。治療者、患者を含め、人は、多種多様な情報源や人生の経験に由来した、その人自身の主観的準拠枠 frame of reference (人が現象をとらえる際の系統的な原理、事実関係、思想) を持っている。その主観的準拠枠をもって人は、自分の体験 (たとえば母子関係、分析的データ) を、筋の通ったテーマと相互関係というまとまりへとオーガナイズする。つまり、物語を作り上げ、意味を付与する訳である。そのプロセスで使われる意識的、無意識的な原理が、オーガナイジング・プリンシプルである。このオーガナイジング・プリンシプルにより統合された「現実」が「主観的現実」であり、治療者を含め人が「客観的現実」と呼ぶものは、実は、「主観的な体験の構成態が、客観的に知覚されかつ知られていると信じられている事象や実体へと、象徴的な変形を遂げたもの」である。言葉を換えていえば、客観的現実の属性とは、オーガナイジング・プリンシプルにより統合された主観的真実が具象化されたものである。その意味で、「患者は現実を歪曲しており、治療者は『客観的現実』を知っている」とする理解は誤りである。あるのは、患者の主観的現実 (患者のオーガナイジング・プリンシプルによりオーガナイズされた主観的現実) と、治療者のそれであり、精神分析的治療において結晶化する現実は、両者のオーガナイジング・プリンシプルによって共決定される間主観的現実である。

　なお、オーガナイジング・プリンシプルは、分析用語であるというより英語の日常語 (患者自身が分析的知識なしに使うこともある) の分析的適用であり、ストロロウは、その出典である『間主観的アプローチ』の索引にオーガナイジング・プリンシプルをあげていない。

（丸田俊彦）

[関連項目] 間主観 (体) 性、ストロロウ

[文献] Stolorow, R. D., Brandchaft, B. & Atwood, G. E. (1987)

置き換え
[英] displacement
[独] Verschiebung
[仏] déplacement

　フロイト Freud, S. が抑圧とともに見出した自我の防衛の最も基本的な機制。抑圧 Verdrängung は、願望そして葛藤を無意識化するだけでなく、意識可能な表象にその願望、そして葛藤を置き換えて、代理の願望充足を可能にする。この意味で、置き換えは抑圧に不可分の本質的な機制である。はじめフロイトは、ヒステリーの症状形成について、自ら抑圧した愛着をたばこのにおい (症例ルーシー) に、義兄との不倫願望と禁止の葛藤を抑圧し、下肢の痛みと失歩の身体化症状 (症例エリザベート) に、それぞれ置き換えた転換 conversion の機制を明らかにした。それは、意識化・言語化による欲動の解放のかわりに身体化に欲求充足の方法を置き換えた機制である。次いでフロイトは、神経症の各病型の症状機制をこの置き換えの特徴に則して明らかにした。強迫神経症では、ある一定の観念・表象に向けられた情動エネルギー cathexis を「隔離」の機制を介してその表象から引き離し、別の観念・表象に置き換える。また恐怖症では、父親に恐怖感情を向けていた子ども (症例ハンス) が、この恐怖感を馬に置き換え、噛まれることを恐れる投影の機制が働く。さらに、願望充足の方法を、転換の場合のように、一定の方法から別の方法に置き換える機制として、正常な社会化された精神機能としては、運動機能による欲動の解放の代りに、言語機能による欲動の解放が一般に行われている。この置き換えの社会適応性のある欲求充足の方法として、さらにフロイトは、昇華 sublimation をあげる。また、一定の人物に対して生じた感情や態度、そして対象関係を別の類似した人物に置き換える現象を転移 transference と呼んだ。また、夢の心的機制では、夢の一定の部分、一定の状態に対する快、不快、恐怖などの情動は、他の無関係な部分・状態・観念に移動される。したがって、夢の潜在思考から見て無意味に見える表象が、実は潜在思考の変形・変装した形に置き換えられている。

　以上述べたように、自我の防衛の無意識的機制としての置き換えは、一方で欲動の解放を阻止する機能を果たすとともに、他方では、その阻止された欲動の代理満足を可能にするという意味で、常に代理形成 substitution の役割を果たす。

（小此木啓吾）

[関連項目] 隔離、昇華、代理形成、転移、転換、投影、防衛、夢、抑圧

[文献] Freud, S. (1894, 1900, 1926a)

オクノフィリア／フィロバティズム

[英] ocnophilia / philobatism
[独] Oknophilie / Philobatismus
[仏] ocnophilie / philobatisme

　バリント Balint, M. による，原初的対象関係を表す概念。ギリシャ語を用いて，「しがみつく人」の意のオクノフィル，「スリルを楽しむ人」の意のフィロバットが造語され，そこから派生した抽象名詞としてオクノフィリアおよびフィロバティズムが生まれた。いずれも基底欠損 basic fault 領域に位置づけられ，調和渾然体 harmonious mix-up で特徴づけられる一次愛 primary love の環境‐個体関係が，対象の出現によって失われたときの反応と理解される。いずれにおいても現実検討が未熟であり，対象関係は，幻想に支配されたものとなる。

　オクノフィリアは，対象に触れている限り安全であるという幻想にもとづき対象にしがみつくこと，言い換えれば，対象関係にリビドーを過剰に備給することで対象出現の外傷体験に対処する心性である。フェレンツィ Ferenczi, S. から引用した受身的対象愛 passive object love の語にはじまり，一次対象愛 primary object love，一次対象関係 primary object relationship などの用語を経て概念形成された。当初バリントは，これをもっとも原始的な対象関係と考えていたが，後に一次愛の概念の成立とともに，二次的対象関係に位置付けた。

　フィロバティズムは，オクノフィリアの概念の成立と同時に提出された対概念であり，対象の出現にさいして，対象を危険なものと認知し，対象のない空間を志向する心性である。スリルという言葉を鍵概念として発想され，典型的に見られるのは，飛行，滑走などのスポーツにおけるスリルの現象においてである。バリントは，(1) 意識的恐怖ないし危険の自覚，(2) 自発的にそれらに身をさらすこと，(3) 安全に帰還することへの信頼，の3つをスリルの基本要素と考えた。対象のない空間で独力で自己を維持するためのスキルを身につけていくところにフィロバティズムの特徴があり，言い換えれば，みずからの自我機能にリビドーを過剰備給する道である。スキルを用いて自己と対象をコントロールすることによって，環境との調和的世界を現出させること，つまり一次愛への退行を最終的目標としている。この退行的側面から，フィロバティズムも現実検討に欠陥をともなっており，危険を低く見積もり，一次愛に由来する根拠のない楽観が支配している。フィロバティズムの概念は，現在の精神分析学に類似概念を見いだしにくいが，ハンガリーの精神分析家，イムレ・ヘルマン Imre Hermann の概念に祖形を見ることができる。

　患者にある程度以上の退行を認める分析治療には，一次愛も含めた3型の対象関係のいずれもが生じるとされ，それらをいかにして維持し，良性の退行による治療的進展をもたらすかがバリントの治療技法を形成している。

（森　茂起）

　[関連項目] 受身的対象愛，基底欠損，前エディプス期（の），治療的退行，二者関係／三者関係，フェレンツィ的治療態度，バリント

　[文献] Balint, M. (1952, 1959, 1968)

押しつけられた罪悪感

[英] forced guilt

　文字通り，押しつけられたと体験される罪悪感であり，過剰な罪悪感が自らのものとして深まるとき，その過程は無意識化されていても，外から押しつけられた罪が含まれることがあり，逆に意識されて訴えられる「無実の罪」にも本人が負うべき内なる罪がある。内外のバランスをとって体験されるべき「本当の罪」の納得に際しては，ときに第三者の裁定が必要となり，臨床では治療者がその第三者となって被分析者とともに「本当の罪」に到達せねばならないことがある。発達的には，普通の赤ん坊は献身的な母親の育児と世話を糧にしてすくすくと育つことになってはいるが，環境側が脆弱で傷つきやすく，乳幼児の攻撃や貪欲な要求に耐えられない場合，乳幼児に抱えることのできる罪以上の罪，つまり「押しつけられた罪悪感」を生じさせやすい。また，「恩着せがましい育児」や「罪つくりな環境」，第三者（父親）の不在などの環境因子に加えて，傷ついた母親との同一化，強い攻撃性と過剰な投影なども，同様の現象を生み出す方向に作用する。このような罪悪感は防衛的で適応的な性格を生み出すことがあり，たとえば「自虐的世話役」は深まる恩の恩返しのために無限に償い続けねばならないのである。ウィニコット Winnicott, D. W. (1954) は「植えつけられた罪 implanted guilt」について述べているが，これは抑うつ的な母親の傷つきやすさに対し乳幼児が偽りの償い false reparation を行うよう追い込むものである。この罪悪感に悩む患者に対しては，その内的因子だけで説明するのではなく，外的な対象や環境自体も傷つきやすいという点を指摘し，その過剰な罪意識とその由来を分析して，マゾヒズムに転化しやすい攻撃性という内向きの問題と，適応のための愛他性というような外向きの性格傾向という二分法を取り扱わねばならないことが多い。また，妄想的な被害意識とともに生じることがあり，クライン学派のいう迫害的不安や迫害的罪悪感 persecutory guilt を生み出す自らの攻撃性を自覚することが困難となる。なお，恩と罪の差は，前者が返すことを償いとするのに対し，後者が罰を直截的に求めやすいところにあるが，恩もまた罪と同様の形で累積することがあり，臨床では治療環境の強度や，治療関係にお

ける依存や恨みの取り扱いが重要となる。　　（北山　修）

[関連項目] 罪悪感, 自虐的世話役

[文献] Kitayama, O. (1991), 北山修 (1993a), Klein, M. (1948), Winnicott, D. W. (1954)

オースティン・リッグス・センター
[Austen Riggs Center]

エリクソン Erikson, E. H. がアイデンティティに関する多くの研究をしたことで知られるアメリカ東部マサチューセッツ州ストックブリッジにある小さな開放病棟のみの精神病院。オースティン・リッグスは創設者の名前である。1919 年の創設。80 年以上の歴史をもっており, アメリカの精神病院の中でも古い方ではないだろうか。この病院が本格的に精神分析的な治療方法を主体にして運営されるようになったのは, 第二次世界大戦のあと 1947 年であった。病院全体の機構改革を行うためにメニンガー・クリニック Menninger Clinic からナイト Knight, R. を所長として迎えた。ナイトは同僚のラパポート Rapaport, D. やブレンマン - ギブソン Brenman-Gibson, M. を連れてリッグス・センターにやってきた。1950 年にはマッカーシーの再宣誓に抗議してカリフォルニア大学を辞めたエリクソンが参加した。これらの人びとによって, アメリカの中でメニンガー・クリニックに次いで精神分析的精神病院の経営をすることで広く知られるようになった。多くの治療実績と研究業績をあげた。ことにエリクソンの青年期の問題を中心としたアイデンティティの研究, 境界例の研究と精神分析の理論的研究は世界的に注目を受けるものであった。ジョージ・クライン Klein, G., ウォルフ Wolf, P., ギル Gill, M., シェーファー Schafer, R., シャピロ Shapiro, D. など, 精神分析界をリードする人びとが小さな病院で臨床と研究に従事していたことは今日からみると, 大変贅沢な感じである。

ナイトが 1963 年に逝去して, 次に着任したのはサリヴァン Sullivan, H. S. の弟子であったウィル Will, O. であった。フロム - ライヒマン Fromm-Reichmann, F. らとともにチェスナット・ロッジ精神病院 Chestnut Lodge Sanatorium で精神分析的な接近を精力的に行って, アメリカではよく知られた精神分析家であった。センターはウィルの影響でそれまでより重症の人びとを治療の対象とした。ウィルも同僚のチャセル Chasell, E. らを伴ってきたので, 精神分析の正統派的接近から, やや対人関係派や治療共同体的な発想への変化がみられた。ウィルの人気で若い才能豊かな臨床家や研究者が数多く集まった。

ウィルの引退の後, 1978 年にエール大学からシュワルツ Schwartz, D. が所長として赴任した。行政的な手腕の高い精神科医で, オリエンテーションは精神分析の正統派の人であった。この時期に再びオリエンテーションに揺り戻しが起こった。また同時に, ウィニコット Winnicott, D. W. らの対象関係論やラカン派の考えが導入された。ウィニコットに関してはフロム Fromm, G., サックステダー Sackstedar, R. などがアメリカで積極的な導入の役割を演じた。また, ラカン派精神分析については, ムラー Muller, J. やリチャードソン Richardson, W. らが活躍し, アメリカでの研究の中心となった。

このように精神分析的オリエンテーションとしては一貫しているが, 精神分析の理論的な立場は微妙に変化しながら, 多角的な接近によって施設による精神分析の先導的な治療的試みと研究を行っている。

1990 年からエリクソンを記念してエリクソン財団が設立され, エリクソン研究・教育センターが併設されている。センターのシニア・スタッフの何人かは, この研究センターのメンバーである。また, 世界的に指導的な精神分析家が招聘され, 2 年ないし 3 年間経済的に保証され, 自由な研究の機会が与えられるレジデント・プログラムが設けられている。　　（鑪幹八郎）

[関連項目] チェスナット・ロッジ病院, エリクソン, サリヴァン, シェーファー, ナイト, フロム - ライヒマン, ラパポート

オナニー　⇒自慰
[英] onanism

思いやり　⇒ウィニコット理論
[英] concern

親 - 乳幼児心理療法
[英] parent-infant psychotherapy

乳幼児・父母・治療者, 三者同席の心理療法を言う。それは, フライバーグ Fraiberg, S. の言う親 - 乳幼児治療の一つの形式であり, フライバーグによって創始され, レボヴィシ Lebovici, S., クラメール Cramer, B. らによって発展した。乳幼児精神保健の基本的な臨床的方法であり, ハイリスク家庭のケースから, 未熟児, 発達障害児に対してまで幅広く適用されている。親 - 乳幼児の問題を両者の関係性障害 relationship disturbance とみなし, 両者の安定した関係を妨げる要因として, 親の無意識の幼児期の記憶, 乳幼児の障害の親への影響, 客観的な事実や体験の主観的な意味づけなどを扱う。フライバーグによれば, 親 - 乳幼児治療は家庭訪問ないし通院による親と乳幼児同席の場で, 親 - 乳幼児治療関係を観察

しながら行うが，その際，治療者は親‐乳幼児間の葛藤を理解し，支え，乳幼児と父母双方の成長力に働きかける。精神分析的理解とともに，実際的な育児援助と指導をも行う。

具体的なアプローチとして，フライバーグは，虐待，遺棄などの緊急状況に対応する危機介入 crisis intervention，内面的葛藤はあえて取り上げず，実際的な助言と指導を行う支持的発達ガイダンス supportive developmental guidance，親の無意識の葛藤を精神分析的に扱う親‐乳幼児心理療法の3つをあげているが，前二者は障害児や未熟児を持つ親への援助など，親子の絆の形成を目指し，広く，病院，保健所などで適応される。これに対して親‐乳幼児心理療法は，レボヴィシの言う親子の幻想的相互作用 fantasmatic interaction を扱い，乳幼児を親の投影同一化による転移対象 transference object であることから解放することを目指す。不幸な乳幼児期を持つ親は，乳幼児の泣き声などによって自分の過去の幼児期の心的な外傷や葛藤を呼び覚まされ，現実の乳幼児にそれを投影するが，この現象をフライバーグは「赤ちゃん部屋のお化け ghost in the nursery」と呼んだ。この親の投影同一化がつくり出す歪んだ対象関係が繰り返しつくり出される危険から乳幼児を守ることが，親‐乳幼児心理療法の課題である。

実際には，母子同席の母‐乳幼児心理療法が主となるが，母子治療における乳幼児の側の役割に2つの利点があるとフライバーグは言う。その1つは，まず赤ん坊が治療に参加することによって，治療の雰囲気に大きな刺激となり，治療場面で母子間の葛藤も顕在化しやすくなる。もう1つは，治療の中で発達阻害因子が除去されれば，赤ん坊の成長力が回復し，ひいては母子関係の改善にも大きな成果をあげる。母‐乳幼児心理療法では，母子治療のこれらの心理的な特徴を生かした治療機序が営まれていく。その技法は，精神分析的な精神療法の原則に基づいていて，母親の過去のどんな部分が子どもとの間で反復されているかを理解し，解釈するかが重要な治療機序になる（例えば，虐待されたみじめな自分が無意識のうちに赤ん坊に投影されて同一視されている場合もあれば，赤ん坊が自分から母を奪ったきょうだいと同一視されている場合もある）。

このような母‐乳幼児精神療法は，表象志向型心理療法としてクラメールらによってさらに発展した。クラメールは，治療場面における母子の相互作用をビデオで記録し，行動科学的な手法でスターン Stern, D. N. とともに解析（マイクロアナリシス）するとともに，この解析によって，この心理療法の中で引き起こされる母親の内的な心的表象の変化と，直接観察することのできる行動面での母子相互作用の変化の相関関係を解明する方法論を開発した。世代間伝達と投影同一化という心的表象の世界と，行動レベルの母子相互作用の世界を統合的にとらえるこの方法論は，精神分析そのものに新しい認識の方法を提供することになった。　　　　　（小此木啓吾）

[関連項目] 世代間伝達，乳幼児精神医学（保健）

[文献] Cramer, B. G. (1986, 1987, 1989), Cramer, B. G., et al. (1990), Cramer, B. G. & Stern, D. (1988), Fraiberg, S. (ed.) (1980), Lebovici, S. (1983), Stern, D. N. (1995)

か

快感原則
[英] pleasure principle
[独] Lustprinzip
[仏] principe de plaisir

　フロイト Freud, S. が現実原則とともに仮定した心的機能を支配する2つの基本原則の一つ，「快‐不快原則 pleasure-unpleasure principle」，「快‐苦痛原則 pleasure-pain principle」などとも呼ばれる。フロイトは，エネルギー経済論的見地（エネルギー恒存の法則）から，不快とは，欲動すなわちリビドーの緊張亢奮量が高まっているのに，その緊張が解放されていない心的状態であり，快とは，その緊張解放の心的過程であるという。フロイトは，この快感原則を，『精神現象の二原則に関する定式』(1911)で，現実原則と対立するものとして定式化したが，実はこの考えは，フロイトに多大の影響を与えたフェヒナー（Fechner, G. T. 1848）によってすでに述べられていた。発達的に言えば，自我（ないし心的装置）の発達とともに，次第に，快感原則の支配から，現実原則の支配へと移行が進むが，無意識過程，つまり一次過程は依然として快感原則の支配下におかれ，再三再四，現実原則を圧倒して，有機体全体に影響を及ぼすという。また成人後も，夢，空想，白昼夢，遊戯，機知などの中に，快感原則に支配される心理過程が現れる。なお，快感原則はエネルギー恒存の原理に由来するものと考えられ，『快感原則の彼岸』(1920)でフロイトは，フェヒナーの有機体の発生と進化の歴史についての二，三の意見（1873）を引用し，「快感原則が精神生活を支配していることを，われわれに信じさせるにいたる諸事実は，心的装置がそれに内在する興奮の量を，できるだけ低く，あるいは少なくとも恒常に保っておくように働くという仮説（恒存原則）のうちにも現れている」と言い，「快感原則は，フェヒナーが快・不快の感覚を関連づけた安定への傾向 Tendenz zur Stabilität の原則の特殊例として，それに従属するものであることがわかる」と述べている。そしてさらに，「快感原則においてうかがわれる涅槃原則 Nirvanaprinzip が，死の欲動の存在を信じる最も有力な動機の一つである」と述べて，それまでは，性本能について働く原理とみなされていたこの原則が，死の欲動について働く事実を論じ，『マゾヒズムの経済的問題』(1924)で，はじめて，恒常原則と快感原則は明確に区別され，恒常原則は死の本能に由来するが，それは生の本能つまりエロス（性本能）の影響によって，快感原則へと変容される，と語っている。またシュール Schur, M. は，「快感原則 pleasure principle」と「不快原則 unpleasure principle」を区別し，後者から前者への発達には，多くの自我機能の発達が前提になるという。
〔小此木啓吾〕

　[関連項目] 一次過程／二次過程，エネルギー恒存の法則，現実原則，死の本能（欲動），涅槃原則，フロイト，S.
　[文献] Freud, S. (1911a, 1920e, 1924d), Schur, M. (1966)

快感自我／現実自我
[英] pleasure-ego / reality-ego
[独] Lust-Ich / Real-Ich
[仏] moi-plaisir / moi-réalité

　快感自我‐現実自我の対立を，フロイト Freud, S. は，『精神現象の二原則に関する定式』(1911)，『本能とその運命』(1915)，『否定』(1925) などの著作で取り上げているが，それは，自我の内的・外的な境界に関する機能について論じた自我の概念で，心的装置の審級としての自我の構造的な概念とは異なった文脈で論議され，むしろより根源的な自我の成り立ちと機能に関するフロイトの思索を含蓄している。快感自我は快感原則に従う自我の働き方であり，よいものすべてを取り入れ，悪いものすべてを投げ棄てて投影する。現実自我は，現実原則に従う自我の働き方であり，明確な客観的指標によって内的なものと外的なものを識別し，かつて原初的な満足を与えたが，いまは失われた対象の表象に対応する外的な現実的対象を外部に求めようとする。

　『精神現象の二原則に関する定式』では，自我欲動がまず快感原則に従い，次第に現実原則に従うようになる発達の過程を論じ，「快感原則は快感を求め不快を避けることを望んで働くことしかないが，同時に，現実原則は有用性に向かって傷害から身を守ることしかない」という。

　『本能とその運命』では，主体（自我）と対象（外界）という対立の発生について考察し，第一段階では，主体は「快なるものであり，外界はどうでもよいものである」。第二段階では，主体と外界とが快なるものと不快なるものといった形で対立する。主体は，第一段階では現実自我と名づけられ，第二段階では快感自我となる。つまり，現実自我が先行し，それに引き続いて快感自我が登場するというこの言葉の使い方は，『精神現象の二原則に関する定式』の場合とは異なった意味に使われている。

　「原初的な現実自我」は，明快な客観的指標で内的なものと外的なものを区別するものであるが，あとから発

生する快感自我では，むしろ主体も外界も快適な部分と不快な部分に分かれる。そして，主体は快適なものすべてと一致し，外界は不快なものすべてと一致するという分割が生じる。この分割は，外界の対象で快の源泉となる部分を取り込むことと，内部で不快を引き起こしたものを外界に投影することによって行われる。この新しい位置づけから，主体は「純化した快感自我」として定義され，不快なものはすべて外界にあることになる。この取り入れと投射という基本的な心的作用によって，内的なものと外的なものを区別する自我境界が形成される過程をフロイトは明らかにする根源的な認識を提起している。

『否定』でフロイトは，主体と外界の対立がいかに形成されるかという点で，「原初的な現実自我」は，生後すぐ現実への客観的対象的接近を行うことができるといい，第二段階，つまり「快感自我」の時期は，『本能とその運命』の場合と同じように，「根源的快感自我は，……よいものすべてを取り込み，悪いものすべてを自分の外に投げ捨てようとする」という。

さらに第三段階に対応する「究極的な現実自我」では，主体は，かつて原初的に満足を与えたが，いまは失われた対象の表象に呼応する現実的対象を外部に求めようとする。そして，これが現実検討の始まりであるという。

ここでは，快感自我から現実自我への移行は『精神現象の二原則に関する定式』に見られるように，快感原則から現実原則への移行という過程と対応する。この観点から，快感自我と現実自我の対立は，ある程度の整合的な観点を獲得したと言うことができる。　　（小此木啓吾）

［関連項目］一次過程／二次過程，快感原則，現実原則，現実検討，自我，自己愛〔ナルシシズム〕，否認，メタサイコロジー

［文献］Freud, S. (1911a, 1915c, 1925h)

外向　⇒内向／外向
［英］extraversion

外在化
［英］externalization
［独］Externalisation
［仏］extériorisation

心的世界のできごと，内的対象や自己を外的世界に映し出す心的過程を指す。そのため主体には精神内界のことが現実世界のこととして体験される。一方，内在化 internalization はこの過程と逆方向の心的プロセスを指している。外在化の結果は病理現象から健康な心的活動まで幅広い。妄想や幻覚は心的体験の精神病性の外在化であるし，芸術作品は健康な社会に容認されうる外在化と言える。外在化の心的機制としては，投影 projection, 投影同一化 projective identification をあげることができる。原始的な心では，外在化は快感原則に従い内界の苦痛な悪いものを外界に具体的に排出することに始まるが，心的活動が洗練されると象徴が関与し複雑化してくる。投影同一化の概念を提示したクライン Klein, M. は，よい内的対象を悪い内的対象の破壊から守るための外在化も言及している。精神分析臨床においては外在化は重要な意義を持つ。すなわち，転移と呼ばれる現象は，内的世界の対象関係の治療場面における外在化と言うことができるからである。転移的外在化についての特別な用語に，劇化 dramatization, 実演 enactment がある。これらは治療の二者関係での非言語的なアクティング・インを含む，無意識のファンタジー論に基づく全体状況としての転移を指している。しかし一方，アンナ・フロイト Freud, A. (1965) は外在化と転移を識別しようとしている。外在化は転移の亜種であり，そこにリビドーや攻撃性がカセクトされていない場合を強調している。

（松木邦裕）

［関連項目］転移，投影，投影同一化（視），内在化

［文献］Freud, A. (1965), Klein, M. (1946)

解釈
［英］interpretation
［独］Deutung
［仏］interprétation

［定義］分析家が行う解釈とは，分析的手続きにより，被分析者がそれ以前には意識していなかった心の内容や在り方について了解し，それを意識させるために行う言語的理解の提示あるいは説明である。つまり，以前はそれ以上の意味がないと被分析者に思われていた言動に，無意識の重要な意味を発見し，意識してもらおうとする，もっぱら分析家の側からなされる発言である。サンドラー Sandler, J. らによれば，精神分析において解釈の概念は次のように多様に用いられてきた。(1) 患者の交流と行動についての無意識的な意味や意義に関する分析者の推論と結論。(2) 分析者による推論と結論について患者へ伝達すること。(3) 分析者によってなされるすべての発言。(4) 洞察という媒体を通して，特に「力動的変化」を起こさせることをねらった言語的介入であり，狭義にはこれが解釈とされ，精神分析技法の中核にあるものである。その直接的な効果は，連想が豊かになることや，忘れていた過去を想起させて，情緒的な体験や「ああそうだったのか」というような感慨を伴った洞察（情緒的洞察）などを生み出すことで知られる。これはまた臨床場面で言語と深く関わる技法であり，精神分析に固

有の特徴とされてきたものである。用語的には，「解釈」を有名にしたフロイト Freud, S. の夢分析の書物に「夢解釈」と「夢判断」という 2 つの邦訳があるが，その独語の"Deutung"にある「意味の判断」という部分が，"interpretation"つまり「解釈」という訳語では恣意的で浅いものになるとベッテルハイム Bettelheim, B. らは警告している。

[解釈の種類] 普通は解釈よりも「話を聞くこと」と治療同盟が成立することの方が先であり，ときに非言語的な共感や支持などと共に行われるわけであるが，そこでなされる解釈には幾つかの種類がある。(1) 内容解釈：被分析者の言動における表面的な素材や意識的な意味（顕在内容）に関して，歪曲の跡をたどって背後にある深い意味（潜在内容）へと「翻訳」することである。小児期の性的・攻撃的な欲動に満ちた幻想，表現しにくいネガティブな情動が強調され，症状や言動を象徴として捉え，抑圧された意味を言語化することが多い。もともとヒステリー患者の病因的記憶の想起という現象が目的化され精神分析技法となったもので，本格的な内容解釈の歴史は，夢や症状に隠された意味や「もう一つの言語」を発見することから始まっている。夢の解釈では，夢の顕在内容を無意識的な欲動の歪曲された代理物であるとし，夢に関する自由連想で別の代理物を連想させ，多くの場合，治療関係の文脈にそって分析家が無意識的な意味を判断する。象徴解釈とも呼ばれ，初期の精神分析は性的象徴を解釈することで知られるようになり，文化論や応用精神分析としても行われる。(2) 防衛解釈：これは，葛藤などに伴う不安や苦痛を処理するために患者が用いる方法，つまり防衛機制について解釈することである。抑圧されていた衝動や葛藤を内容解釈で被分析者に示したとしても，それを処理する防衛の問題を考えたり，さらに上手な処理方法を示したりしなければ実際的ではない。特に性格として身についてしまった性格防衛（Reich, W.）を取り扱うことは，性格の病理の分析では欠くことのできないものであり，葛藤や不安を処理するために患者が繰り返し用いる防衛機制を示すことが治療の眼目となる。(3) 転移解釈：解釈は転移の観点から，過去の体験が治療関係においても反復していることを取り扱う転移解釈と，それ以外の転移外解釈に分けられる。転移解釈は，過去の重要な他者に対する感情や関係を分析家に向けているという置き換え現象を主に扱うが，解釈の強調点を過去の起源に置くものと，分析家と患者に共有された分析セッション中の「いま，ここ here and now」で起こっているという点に焦点づける解釈とがある。回数の少ない精神療法や防衛が問題になる治療では，過去の体験内容を問題にするよりも「いま，ここ」の防衛解釈が増えることになる。

[三角モデル] 内容解釈，防衛解釈，転移解釈は，分析家が患者の心的世界の理解のために用いる患者由来の素材，つまり解釈する内容による分類である。さらに，得られた素材をつないで，筋の通ったものにし，被分析者に受け入れられやすい（消化しやすい）ものとなることが必要であり，これについてはメニンガー Menninger, K. やマラン Malan, D. H. による三角形の発想が解釈の基本として有用である。その三角の一つに「葛藤の三角」があり，それは精神分析の三大概念である欲望，不安，防衛から形成されている。解釈された素材をこの三角形に当てはめて文章化すると，「あなたは……したいのだけど（衝動），それをすると……になるのが心配なので（不安），……することになるのですね（防衛）」となり，患者の葛藤を包括的に理解するための基本モデルである。また「洞察の三角」では，学校や職場などの最近の関係と，分析セッションにおける「今，ここ」での転移状況と，遠い過去における幼児期の両親との関係から成っており，この三点観測によって素材を結びつけて，反復を取り出してモデル化しようとする。こうして，乳幼児期より反復してきた「心の台本」が，その後も相手役を変えながら繰り返されていることが理解されるよう，人格の主要な要素が織り込まれてモデルは完成していくのである。この三角モデルは一つの考え方だが，対象関係論からこれを生かすなら，分析者‐被分析者の間を場にして，悪い関係（不安）と良い関係（衝動）を，中心的な自我の体験（防衛）に織り込んで対象関係を総合し，自己の物語を紡ぎ出していこうとするものである。

[解釈の生成と投与] フロイト以来，順番，深さ，タイミング，語法，投与量，正確さなどが技法論として展開されてきたが，夢の解釈でも分析者の理解としての解釈と，言葉として投与される解釈とは同じではない。分析家が無意識的意味を理解すると性急に患者に伝えるというような乱暴な行動は非難されており，たとえば診断面接における分析者側の理解としての解釈は，相手に話されなくとも治療を計画するという点で重要なのである。また，秘められた内容の「蓋をとる」解釈は，患者の自我の強さや弱さや喚起する不安の適切さなども考慮せねばならないし，正しい解釈でも，問題の核心を受容できる器が無ければ，その解釈は必要以上に不安をかき立てることになる。通例は，痛みや悩みへの共感や「参加しながらの観察」，そして二人が取り組むための治療同盟の確立が先であり，解釈は表面から深層へ，周辺から核心へという方針が基本である。正確さについての意識は分析者によって異なり，同じものについて幾通りもの表現方法があり，正しくない解釈を被分析者が修正し完成するということの意義が物語るように，正確でなければならないというわけでもない。解釈の伝達時期については，共同作業を行う両者の探求心が熟した瞬間になされると効果的だが，これらの瞬間とは，客観的に理解できるも

のというよりも，分析家自身の逆転移や体験的な直観でわかるものだという議論もある。また，クライン学派は，治療の早い時期からの深い解釈を行い，攻撃性を積極的に取り扱うという点で他の学派から際立った立場をとると言われる。しかし，発話としての解釈の部分だけが重要なのではなく，被分析者の思いを直接感じとり，体験し，抱えて，意味を汲み取り，思いをめぐらせて納得し，といった分析者の内的なコンテイン（Bion, W. R.）の過程を含むのであり，従来の外的な発言だけを問題にしていた解釈論に加えられるべき側面である。　　（北山　修）

[関連項目] 介入，コンテイニング，言語化，直観，転移，洞察，防衛分析

[文献] Bettelheim, B. (1983), Bion, W. R. (1970), Freud, S. (1900), Greenson, R. R. (1967), 北山修 (1993b), Malan. D. H. (1979), Menninger, K. A. (1958), Reich, W. (1933a), Sandler, J., Dare, C. & Holder, A. (1973)

解釈学

[英] hermeneutics
[独] Hermeneutik
[仏] herméneutique

解釈学の発想は哲学の文脈ではギリシャの時代にまで遡れるが，これが心理学理論と接点を持つようになるのは主に 19 世紀で，ディルタイ Dilthey, W.（1833-1911）の登場によってである。ヴント Wundt, W. やブレンターノ Brentano, F., あるいはジェームス James, W. といった人たちと同時代人であるディルタイは，いわゆる自然科学的心理学に疑問をもち，歴史的な研究などで精神生活は個性的な具体的体験に基づいて「了解 Verstehen」という方法によって理解されるべきと考えた。以後，個別的で歴史的な事実を読解するための精神科学の方法論を解釈学と見なすようになった。そもそもフロイト Freud, S. は精神分析を自然科学と見なす努力をしたが，同時にそれが無理であって，「再構成の仕事」の論文の中で示したように精神分析を歴史的，考古学的読解に近いものと考えたという経緯がある。そのため精神分析が解釈学的方法論について言及する場合，精神分析の対象が歴史的なものであって，歴史的真実を扱っており，自然科学とは別の方法論をもっているという点が強調される（Steeler, R. 1979）。そのため精神分析が対話的真実を扱うと考える「物語モデル」に近い立場のスペンス Spence, D. たちもしばしばこの方法論に言及する（1987）。フランスの哲学者リクール Ricœur, P. は，解釈学の立場からかなり詳細にフロイトの精神分析を読解したが，その場合にも精神分析の方法を解釈学のそれに近いと考えている。　　（妙木浩之）

[関連項目] 物語モデル，リクール

[文献] Spence, D. P. (1987), Steeler, R. (1979)

外傷

[英] trauma
[独] Trauma
[仏] trauma, traumatisme

激しい衝撃によって被膜組織が傷害され傷を残すという身体医学的現象に関する概念を精神の領域に移し変えたものである。単なる医学的概念と区別するために心的外傷と呼ばれることが多い。つまり，日常生活の中で事件（外的衝撃）が起こり，それが強烈であるために個体がそれを適切に処理できず，心的機構に病因となるような混乱その他の作用が残りつづける場合をいう。フロイト Freud, S. が最初にヒステリーには性的な外傷体験があるとしたとき，この心的外傷が精神医学に導入されたといってよい。しかし，この外傷に関するフロイトの概念も時の経過とともにかなりの変貌を遂げ，さらにはフロイト以降もさまざまな変化がみられている。ことに 1970 年代にベトナム帰還兵の奇妙な行動の観察から生まれた外傷後ストレス障害の概念が出るに及んで，精神分析の世界で発展したそれとはずいぶんと異なった外傷概念になっていることに留意する必要がある。例えば，最初フロイトが患者の報告する性的外傷をヒステリーの病因として考えたとき，この外傷は確かに外的対象（環境）から仕掛けられた衝撃であり，今日の性的虐待とほぼ同義に使用されていたかにみえる。しかしこのときの外傷は二重構造をもっていたことを忘れてはならない。つまり彼が扱った症例のほとんどが思春期ないしはそれ以後の患者であるが，彼らが性的印象に対して異常な反応を示す根底には常に幼児期の性的外傷体験があると考えていた。しかし，幼児期体験が性的意味をもって本人に迫ってくるのは思春期の性的体験を経てはじめて生じるということである。事後性と言われるものであるが，そのためには思春期の体験は外傷といわれるほどの強度を必要としなかった。またこの外傷論で忘れてならないのは，この外傷が性的興奮を惹き起こしてリビドー水準を高め，それを解放ないしは除反応させることなく（無意識の中に）貯留させ，ヒステリーの症状形成の基になると考えたことである。そのため，彼は外傷のことを衝撃よりも「誘惑」という言葉を好んで用いた。さらに，患者が報告する外傷なるものが空想の産物にしか過ぎないことを知るに至った後にエディプス・コンプレックスに基づいた神経症論（欲動論に基づく空想説）を展開するようになると，この外傷に相当する部分はいよいよ相対的意味しかもたなくなった。彼が提示した「神経症の原因＝リビドーの固着による素因（性的体質＋幼児体験）＋偶発的体験（外傷）」という公式においては神経症

も素因によって決まる部分が大きくなるのである。相補的系列と呼ばれるものである。外傷も去勢不安，原光景，エディプス・コンプレックスといった概念と結びついて，欲求不満や過剰満足といった意味合いに使用されるようになった。固着という概念と結びつくのは外傷のこの意味においてである。ところが，第一次世界大戦を経験したころからいわゆる外傷神経症を数多くみるようになると，外傷の意味合いに変化がみられるようになった。彼は外傷を「短時間のうちに刺激の増加が通常の仕方で処理したり解消したりできないほどに強力な場合，エネルギーの作動に永久的な障害を来すもの」（1916-17）と定義し，刺激障壁という概念（1920）を提示している。外的刺激による衝撃を減衰させ内面を保護する機能を司る刺激障壁が作動できないほどの強烈な衝撃が加えられると障壁破壊が起こり，個体の快感原則を支える機構を一挙に機能不全に陥れ，快感原則よりも原始的で根源的で，より本能的な反復強迫が露呈するようになると述べている。それは，絶えずそこに身をおくような夢を繰り返しみたり想起したりするフラッシュバックのかたちをとるが，彼はこれを受身的に強いられた外傷体験を能動的にやり直そうとして，受けた過剰な刺激を統制しようとする試みであると考えたのである。これがもっと人格全体に及ぶと，「例外人」（1916）でみられる性格傾向に影を落とすことになるという。注目すべきは，ここでは外傷が先の欲動興奮とは違って侵襲破壊的意味合いをもつに至り（岡野），単なるエネルギー経済の混乱ではなく，もっと根本的に個体の統一性に脅威を加えるものとして捉えられるに至っていることである。フロイトのこの考え方は，『制止，症状，不安』（1926）の不安信号説においてさらに修正を加えられることになった。つまり，かつて不安とは蓄積したリビドーがかたちを変えたものに過ぎなかったが，この論文において，かつての「外傷的状況」が接近している「危機的状況」において生じるひとつの信号という考えへの転換を示すが，この外傷的状況とはさまざまな防衛活動を盛んにするものなのである。ここでの外傷的状況とは，かつて本能満足を得ようとして体験した辛い出来事とそれに伴う心的体験ぐらいの意味をもつものといえるであろう。かくて，再び，フロイトの外傷論はトーン・ダウンして来るかに見える。この背後にあるのは，彼がいつも本能活動のあり様と外界のあり様との掛け合わせ的な捉え方をしているからであろう。その後，精神分析の関心はプレディプス期の母子関係に移り，そこで展開される諸々の出来事に関する論議が盛んになった。その最たるものがボウルビィ Bowlby, J. の母性愛剥奪症候群やスピッツ Spitz, R. A. の依託抑うつであろう。これに連なる出産外傷もまた忘れてはならない．さらにはウィニコット Winnicott, D. W. のほどよくない母親が幼児の偽りの人格の形成に果たす「侵襲」やビオン Bion, W. R. の「連結への攻撃」といった概念に含まれる外傷をも看過できない。しかし，外傷とは本来育児ないしは日常の精神生活の中でのことさらに強烈なエキストラの体験を指すことが前提となっている中で，これらの育児におけるあり様を指す出来事まで外傷に含めてしまってもよいものかどうか。外傷概念をぼかしてしまう危険があることもまた留意しておくべきである。だがしかし，本来の育児なのか，エキストラの体験なのかの境界がまた不鮮明であることも忘れてはならない。最近の外傷後ストレス障害の議論の中でしばしば問題になる児童虐待もまた単なる育児における歪みにしか過ぎないことも少なくないが，それらが後に残す傷ないしは心的機構の混乱はエキストラの出来事に劣らない作用を残すことも少なくないのである。これらは外傷問題の難しさを物語っている。
（牛島定信）

[関連項目] 依託抑うつ，外傷後ストレス障害〔PTSD〕，神経症，剥奪，反復強迫，ヒステリー，不安信号説，欲動

[文献] Bion, W. R. (1959), Freud, S. (1916–1917, 1916d, 1920e, 1926a), Freud, S. & Breuer, J. (1893–1895), 岡野憲一郎 (1995), 小此木啓吾 (1999b), Winnicott, D. W. (1960a)

外傷後ストレス障害〔PTSD〕

[英] posttraumatic stress disorder
[独] posttraumatische Stresserkrankungen
[仏] troubles post-traumatiques

PTSD は深刻でかつ限局された心的外傷体験により生じ，その体験が生々しく蘇るフラッシュバックや，動悸，発汗などの顕著な自律神経症状，ないしは知覚一般に対する過敏反応や驚愕反応が見られると同時に，引きこもりや知覚鈍磨等の症状をも特徴としている。1980年のアメリカの精神疾患分類 DSM-III に登場する前後から，PTSD への関心や理解は北米圏で飛躍的に高まるとともに，わが国でも阪神大震災その他をきっかけにして同障害に対する大きな関心がよせられるに至っている。ただしこの疾患概念はすでに外傷性神経症，戦争神経症ないしはシェル・ショック等の呼び名で，主として戦闘体験者に生じる病理として従来より認識されてきた。現代の PTSD 概念は戦闘体験以外の外傷の生む病理も包括したものであるが，慢性的に繰り返された外傷的なストレスの生む精神病理を十分反映しているとはいえない。たとえば幼児期の性的身体的虐待はしばしば病的な解離傾向や人格障害，自傷傾向そのほかを生むことが知られるが，これらの病理を包括する概念はまだ存在しない。そこで慢性的な外傷の生む広範な障害を含むような，広義の外傷性障害としての PTSD（いわゆる「複合型 PTSD」）という概念も提唱されている（Herman, J. L. 1992）。

精神分析的にも，PTSD および心的外傷による精神障

害はさまざまな問題を提起している。誘惑理論を棄却してからのフロイト Freud, S. は基本的に内的な欲動を重視したため，現実の外傷を考慮する余地はあまりなかった。しかし後期の業績には，第一次世界大戦により多く生まれた戦争神経症ないしは外傷神経症の患者に対する関心が随所に見られ，それを欲動論にもとづく神経症モデルとどう統合するかについての迷いや苦心が見られる。フロイトの基本的な理解は，通常の神経症では危機は内的な欲動そのものであるのに対して，戦争神経症では危機は外界から訪れるというものであり（1919），また戦争神経症を出産外傷のような外的な外傷体験にもとづく現実神経症に類似するものとして記載してもいる（1926）。しかし他方では外傷神経症に依然として性的欲動が重要な意味をもつことをも示唆している（1920, 1926）。

このようなフロイトの理論の推移を見る上で，フロイトが後年になり神経症の生ずる要因として外界からの危機についても徐々に重視する傾向にあった点は注目すべきである。『快感原則の彼岸』（1920）においては刺激障壁の概念や反復強迫の問題が取り上げられ，外傷的な過剰刺激により刺激障壁が破られると，反復強迫が快楽原則に取って代わる，という見解が示されている。特に反復強迫の概念は PTSD に見られるフラッシュバックや外傷的な記憶との関連で現代的な外傷理論への端緒となっている。また『制止，症状，不安』（1926）では，過去の外傷体験を想起させるようなことがらにより不安が生じるという「不安信号説」を提唱する一方で，欲動論の基本となるエネルギーモデルの全面的な見直しを示唆する記述が見られ，フロイトが晩年に向って改めて外傷の意義を検討し直した過程を示している。　　　（岡野憲一郎）

[関連項目] 外傷，外傷神経症，戦争神経症，反復強迫，不安信号説，誘惑理論

[文献] American Psychiatric Association. (1994a), Freud, S. (1919e, 1920e, 1926a), Herman, J. L. (1992), 岡野憲一郎 (1995), van der Kolk, B. A. (1987)

外傷神経症

[英] traumatic neurosis

[独] traumatische Neurose

[仏] névrose traumatique

本項目では狭義の外傷神経症について解説する。外傷神経症という呼称を初めて用いたのは，神経学者オッペンハイム Oppenheim, H. (1889) である。それは災害神経症 Unfallneurose とも呼ばれた。その原因として彼は，ショックに基づく神経組織の微細な器質的変化を想定した。しかしこの見解は，シュトリュムペル Strümpell, A., シャルコー Charcot, J. M., クレペリン Kraepelin, E. らの心因説に論破されてしまったという歴史的背景をもつ。もっとも最近，ショックによって起こる脳の生理学的，生化学的機能異常が解明されるようになったので，オッペンハイムの旧説は，全く誤った見解とみなすわけにはいかなくなったといえる。

さて，本症は，典型的には，戦争，列車衝突といった状況で蒙った感情的ショックの後に一定の間隔をおいて症状が現れる。すなわち不安，不眠，易苛性，怒りの爆発，外傷時の状況が反復想起されたり，悪夢となって繰り返し再現される。フロイト Freud, S. は特にこの反復する悪夢に注目した。それはいかなる意味においても願望を充足するものではなかったからである。この事実について個体にあらかじめ具わっている――彼はあらゆる有機体に具わっていると考えた――外部からの刺激を緩和する刺激防壁 Reizschutz が，外部からもたらされた強烈な興奮によって破綻させられたのだとフロイト（1920）は考えた。当然，願望充足に奉仕するはずの夢の作業・機能も停止する。外傷体験を反復して夢見ることは，不安を発展させながら，刺激の克服を招来しようとしていると解釈できる。フロイトは，上に述べた狭義の外傷神経症の枠を超えて，小児期の心的外傷の記憶をよみがえらす精神分析の際に起こる夢も同様であり，これらの夢は反復強迫に従うとみている。以上の刺激保護破綻という仮定は，心因論でも器質論でもなく，生物学的な視点といえる。それは感情的ショックの生物学的基盤を探るこんにちの研究方法に相即する見方である。

外傷神経症者の一部は，外傷体験を反復，想起したり，夢見たりするばかりではなく，再体験しようとする行動を示すこともある。それは危険なことでもあるが，やはり刺激克服という自己治癒的な意味をももつ。あるいは，サド-マゾヒスティックな素因をもつために，外傷が誘惑としての意味をもつことがあるとも説明される。近頃は，外傷神経症者の素質・準備因子はあまり論ぜられないようだが，初期の精神分析理論は，これを重視していた。例えば，外傷体験は，幼時期の外傷体験の反復にすぎないとか，外傷が体験としての意味をもつにはそれ以前の個人葛藤の存在に大きく左右されるといった見方である。フェニヘル Fenichel, O. は，これらの見解をまとめて紹介している。なお，外傷神経症は DSM-IV では PTSD として位置づけられている。　　　（下坂幸三）

[関連項目] 外傷，外傷後ストレス障害 [PTSD]，解離，シェル・ショック，刺激障壁，事故頻発人格

[文献] Fenichel, O. (1945), Freud, S. (1920e), 岡野憲一郎 (1995)

解除反応　⇒除反応

[英] abreaction

外的世界　⇒内的世界／外的世界
　　［英］external world

外的対象　⇒内的対象／外的対象
　　［英］external object

介入
　　［英］［仏］intervention
　　［独］Intervention

　「働きかけ」と訳されることもあり，治療目標へと向かう分析過程で，分析者が意図的に用いる技法の総称である。精神分析家のいわゆる「分析すること」に相当し，特に直面化，明確化，解釈，徹底操作などが含まれる（Greenson, R. 1967）。精神分析の技法はすべて受身的傾聴という原則の上になりたっているが，積極的に行われる技法論の中で従来から取り上げられている治療的関与の大部分が，言語的な介入あるいは働きかけである。たとえば解釈とは，気がついていない対象関係や症状の意味，あるいはそれらが存在することを言葉で指摘することであり，精神分析の主たる特徴であるとされることが多い。明確化も言語の機能を生かそうとするものであり，直面化では話のくいちがいや誤った認識や，明白ではあるのに本人には気づかれていない事柄と対決させて解釈への準備を行う。あらゆる段階で重要な意味をもつものとして，連想材料について分析医が発する質問という明確化に類する介入もある。そして，たとえば「なるほど」などで患者のコミュニケーションに従う分析医の相づちや，相手の話した内容をまとめて返すことなどは，その交流に関与し理解しようと努力しているという態度を患者に伝え，また，共感し理解を深めようとする際に価値がある。また，効果的な介入を可能にするものとして，準備的な言葉のやりとり，キーワードの発見，回数を重ねることによる治療同盟の強化などが挙げられる。介入というと積極的で侵入的にきこえるが，メニンガー Menninger, K. は「彼らの関わりは，著しく受動的なものである。彼らがときたま行う能動的な関与は，むしろ働きかけ intervention と呼んだほうが良い」と言い，介入の原則については，欲求不満の緊張が高まる時期に与えられるのが一番効果的であるとして，倹約の原理 principle of parsimony すなわち必要な最少量の助力を患者に与えることを主張している。フロイト Freud, S. の精神分析以来，取り扱いたい転移が熟すことと，抵抗を考慮に入れることが重要とされ，「待つこと」が大事なのである。分析では，こちらからの介入が増えると相手の意図が問えなくなるし，また多くを与えられないことで患者の欲求不満が自らの願望を明らかにする可能性が高くなる。ただし，このように言語的介入が際立つのは，顔を合わせない自由連想技法だからであり，対面法では，治療者の態度や表情，金銭の授受など非言語的なやりとりが多くの意味を運ぶことになり，患者には意味ある介入となる。さらに治療室の設営，心理的なものとしての体験を「抱えること」といった部分が重視されるのは，大抵は重症患者の治療においてであるが，投薬や入院もまた介入であり，非言語的介入は治療者が意識しなくとも，患者にとっては意識的，無意識的に意義や意味を十分にもっている。
　　　　　　　　　　　　　　　　　　　　（北山　修）

　[関連項目] 解釈，直面化，徹底操作
　[文献] Greenson, R. R. (1967), Menninger, K. A. (1958), Sandler, J., Dare, C. & Holder, A. (1973)

快楽不能症〔アンヘドニア〕
　　［英］anhedonia
　　［独］Anhedonie
　　［仏］anhédonie

　アンヘドニアという言葉を最初に用いたのは，フランスの心理学者リボー Ribot, T. である。ドイツ語圏では，性的快楽の欠乏としばしば同義に用いられる。英米圏では，一般には快的に感じられる諸経験から楽しみを見出すことが慢性的に不可能な状態をさす。スキゾイド・パーソナリティに多く見出されていると考えられている。DSM-IV では，親密な人間関係を熱望することも楽しむこともない，性的な関心が乏しい，いろいろな活動をすることがあるとしても，そこから喜びを感じることはまずないといったアンヘドニア的な特徴が，スキゾイド・パーソナリティの標識の中に入れられている。グラウバー Glauber, P. によれば，口唇・自己愛的な固着が強く，これを防衛し続けるために，周囲に距離を置き，関心を示さぬ機制が発達するのだという。アンヘドニアは，外傷後ストレス障害の際にもみられるという。喜び・快楽というものは，一般に身体的活動に伴って大小の努力の後に得られる。ところが，昨今のテクノロジーの進歩と経済的な豊かさとは，努力を伴わないで，欲求がただちに充足されることを可能にした。このような社会的条件の変化も，アンヘドニアの成立を容易にすると推測される。
　　　　　　　　　　　　　　　　　　　　（下坂幸三）

　[関連項目] 外傷後ストレス障害〔PTSD〕，スキゾイド・パーソナリティ
　[文献] Glauber, P. (1946), 岡野憲一郎 (1995), Ribot, T. (1897)

解離

[英][仏] dissociation
[独] Dissoziation

　解離現象とは一般に，精神が記憶や意識やアイデンティティ等を統合する能力が一時的に失われた状態と定義される。臨床的には，解離状態は記憶，知覚，情動等のどれかが一時的に失われる現象として表れやすい。例えば過去の記憶の一部が抜け落ちたり知覚の一部が失なわれたり，あるいは感情が麻痺する様子が見られる。しかし解離状態においては通常は体験されない知覚や行動が新たに出現するという現象も生じる。すなわちフラッシュバック等に見られるような異常知覚（幻覚，疼痛など）の出現，異常行動（遁走そのほか）あるいは新たな人格の形成（多重人格障害，シャーマニズムなど）といった現象である。これらの現象は解離の創造的，生成的な側面を表している。解離の概念は今世紀初頭にすでにジャネ Janet, P. により提出されていたものの，精神医学一般において問題にされることは少なかった。しかし同概念はここ 20 年ほどの間に北米圏を中心にその関心が再び高まっている。特に病的解離が慢性的な外傷的ストレス（幼児期の繰り返された性的身体的虐待など）と関連している事実は，多くの調査結果から明らかにされている。ただし解離現象は各人が生来もっている解離傾向ないしは被催眠傾向とも深く関連する。

　従来の精神分析学においても解離が議論されることは非常に少なかった。それは解離が現実に生じた外傷体験と深く関わる点が，患者の性本能や攻撃本能などの内的欲動やファンタジーないし心的現実を重視する立場とは基本的にそぐわなかったからだといえよう。すでにフロイト Freud, S. はジャネの記載する解離現象を視野には入れていたが，それは抑圧の機制に従属するものであるとして重視しなかった。フロイトは，解離され意識から排除されたとされる内容についても原則的に想起可能であるとし，そこには受け身的に生じる解離ではなく，本人が積極的に用いる抑圧の機制が関与していると主張したが（1910），その立場は以後の分析理論により踏襲されてきた。

　解離に関するこれらの議論は，精神分析の新たな可能性を示しているともいえる。人間の心にとって無意識的な欲動や幻想が重要であるのと同様，深刻な外傷的ストレスを生む外的な現実が占める意味も重要であるという点も指摘されている（Gabbard, G. O. 1994）。また思考内容が意識から排除されるプロセスとして，それが「抑圧されて無意識に追いやられる」というモデル以外にも「解離されて，並行意識へと移る」可能性（Kluft, R. P. 1991）を考えることは，患者の病理の理解や治療的なアプローチに新たな選択肢を与える。また解離には偶然のきっかけが大きく作用し，そこにしばしば健忘が伴うことは，従来の精神分析的な心的決定論や，それに基づく解釈中心の治療技法に対する再考を促すことにもなる。

(岡野憲一郎)

[関連項目] 外傷，多重人格，ジャネ
[文献] Freud, S. (1910a), Gabbard, G. O. (1994), Kluft, R. P. (1991b), 岡野憲一郎 (1995), Spiegel, D. (ed.) (1994)

解離［欲動の］　⇒融合／解離［欲動の］

[独] Triebentmischung

解離性障害　⇒ヒステリー

[英] dissociative disorders

解離ヒステリー

[英] dissociative hysteria
[独] Dissoziationshysterie
[仏] dissodalian hystérique

　解決困難な心的外傷や葛藤にさらされた際，それにまつわる観念や情動ないしは記憶を，それに関与しない精神の部分から切り離して防衛する無意識の機序のために生じる現象を解離反応と呼び，このような起こり方をした神経症を解離ヒステリーという。ヒステリーは解離ヒステリーと転換ヒステリーとに二大別される。転換ヒステリーは，心的葛藤から逃避し，その結果として身体症状が生じるが，そこには象徴的な欲求の満足があるのに比べて，解離ヒステリーは意識の視野の狭窄が主な病態であるという。ジャネ Janet, P. は，意識の視野の狭窄という用語をヒステリー現象の心理的特徴を示す概念として記述した。彼によると，意識の視野が狭まって，それまでは人格に結びつけられていた観念や諸現象が解離されてゆき，これらの体験の側面が統合を失い，その一部が意識化されなかったり，記憶から失われたりするために，ヒステリー性健忘やヒステリー性神経発作（遁走や多重人格など）のさまざまなヒステリー現象が生じるのだという。解離ヒステリーは，臨床的には，(1)自分の同一性に関する重要な情報の追想が突然広範囲に失われる心因性健忘，全生活史健忘（解離性健忘）；(2)家庭や職場から突然出て，放浪し，その間のことを追想できないフーグ（解離性遁走）。フーグにおいては過去を追想できず，新しい人格を身につけて，別の場所で新しい生活を始めることもある；(3)ふだんの人格から非連続的にまったく別の人格に交替する二重人格，さらに何人もの人格と交替する多重人格（解離性同一性障害）；(4)睡眠中突然起き上がり，歩き回ったり，かなりまとまった

行動をして，自ら寝床に入り睡眠を継続するが，その間のことを追想できない夢中遊行；(5)実際にはそうではないのに外見では痴呆のように見えたりするガンゼル痴呆などが含まれる。

　解離ヒステリーとは，意識の解離機制に基づく精神症状を前景にしたヒステリーである。心理的緊張や葛藤などの苦痛な状態からの逃避の一種と理解されている。ところが，DSM-IV や ICD-10 では，解離ヒステリーという用語は消え，代わりに解離性障害と呼ばれるようになっている。これらの疾病分類には，フロイト Freud, S. の「心的現実説」を否定し，解離性障害と幼児期の心的外傷体験を直接結びつけようとする現代の精神医学の動向が反映されている。　　　　　　　　　　（西村良二）

　[関連項目] 解離, 転換ヒステリー, ヒステリー
　[文献] Freud, S. & Breuer, J. (1893-1895), Janet, P. (1910)

カイン・コンプレックス　⇒同胞葛藤
　[英] Cain complex

抱える環境
　[英] holding environment

　ウィニコット Winnicott, D. W. による概念で，促進的環境 facilitating environment とほぼ同義に用いられ，環境としての母親 environmental mother，ほど良い母親 good enough mother などとともに使用される。彼の発達理論において，依存する赤ん坊が自分の居所を得て存在するための平均的基盤を提供する環境として想定され，文字通りのレベルでは赤ん坊を抱っこする母親の腕の役割を指す。普通の献身的なお母さん ordinary devoted mother が与える支持的環境は幼児の生来の成熟過程 maturational process を促進するが，対象としての母親 object mother と対比して環境としての母親の役割が強調される場合，眼目は居場所を提供することにあり，これにより存在の連続性が幼児に保証され，好ましい条件下では自己の生成と心身の統合を確実にする。母親，あるいは母親的環境がほど良い形で「抱える環境」を提供できないなら，自己の反応と迎合を生み出し，取り返しのつかないときは乳児に解体や自滅などが発生する。精神療法においても，また病院臨床やソーシャルワークにおいても，治療条件をほど良く整備し，頼りになる環境を依存する患者のために供給しようとすることは重要な課題であり，その支持的要素を基盤にして患者の「本当の自己」が「いること being」を達成することがあるとすれば，治療環境は発達促進的，退行受容的でなければならない。しかし，多くの治療環境の場合，その成功だけではなく，抱える環境の失敗もまた転移として引き受けその内容を劇化する場となり，おさまりの悪い患者に対して治療者は治療環境を柔軟に再構造化し，特に逆転移を体験しながらも確実にそこにいて生き残らねばならない。余裕のある空間の提供と，時間の点からみた連続性の維持こそが，抱えることに含まれる重要な役割で，その支持的対応と分析的解釈という両面的な実践が彼の治療的記録に生き生きと示されている。また，このような比喩的，心理的な「居場所の提供」「抱えること」とは欲求の対象を提供することに比べて感謝されにくい部分であり，その存在は好条件下では背景に留まるのである。そして，これは主に自我ニードのためのものであり，性愛化されないことも重要である。　　　　　（北山　修）

　[関連項目] ウィニコット理論, 抱えること〔ホールディング〕, 分析状況, ほど良い母親
　[文献] 北山修 (1985), Winnicott, D. W. (1958a, 1965b, 1986)

抱えること〔ホールディング〕
　[英] holding
　[仏] maintien

　[定義と使用] 英国の小児科医で独立学派の精神分析家であるウィニコット Winnicott, D. W. が，育児の重要な側面をとらえたもので，母親や母親代理者が，依存する子どもをその腕にだき抱えて，これを一貫して支えることを指す。多くの治療的側面が育児の比喩で描かれる臨床的な記述では，患者の依存を引き受ける治療環境の存在とその支持的対応を意味するために使用され，特に分析場面で退行する患者の存在を抱えて「いること」を保証することにつながる。もともと "holding" は日常語の多義性を生かした概念化であるために，維持，持続，収容，包容，耐久，固定などの複数の意味を同時に合わせもち，そのすべてを一語で正確に表わす日本語はない。多義性を生かした「抱えること」と育児語である「抱っこ」が代表的な訳語であるが，その両者を「ホールディング」「だき抱えること」などとともに文脈に応じて使い分けているのが現状である。動名詞を多用するのがウィニコット理論の特徴だが，時間的に継続して実体化することをその意味にこめていると思われる。

　[実践] (1) 分析場面の設定 analytic setting：その実践では，第一に何か特別なことを行うわけではなく，治療環境が感受性豊かであること，確実で当てになることを指す。失敗しない限りは当然視されやすく，あえて記述するのが難しいのは，育児における環境の役割を簡単に思い出すのが困難であるのと同様である。具体的には，治療の場を設定し，環境を柔軟に構造化して患者に居場所を保証し，逆転移を体験しながらも分析者が確実にそこにいて，この設定の管理者として治療場面を安定して

供給維持することに現れる。(2) 病理の理解：絶対的な依存の状態で，母親の病気や同胞の誕生のために，ホールディングが突然失敗すると，未統合状態の自己は突然解体することになる。このとき体験されるものが「想像を絶する不安 unthinkable anxiety」で，ウィニコットはこれを精神病的なものと考えている。また，抱えることによって保証された「いること」は，「本当の自己 true self」の可能性をはらむが，この存在への脅威が自己防衛により「偽りの自己 false self」を発達させる。自己防衛は，健康な社交性にもある程度は見られるものだが，その深刻なスプリットがスキゾイド性格や境界例などの病理に見られ，その発生論的理解と治療的対応に際し「環境の失敗 environmental failure」と「環境の提供」という発想が生かされる。(3) 解釈：分析者は，乳児期のニードに対して適切に応じてくれなかった育児や環境の失敗，さらにそのための外傷体験を取り扱う。不安，怒り，絶望を取り上げ，世話されるべきときに世話されなかったので，自分で世話するための世話役的自己を発達させるという自己防衛の構造を解釈する。内容は，連続すべき育児の中断，献身的育児の突然の撤去，母親の乳児への同一化の失敗などがあるが，それらが転移の中で治療者の失敗として劇化され解釈されるところが長編の治療記録『抱えることと解釈』(1986) に示されている。外傷体験の取り扱いに際しては，アクティング・インを重視し，環境の影響を読み取って，内的現実において進展する病的体験や不安と有機的に結びつけ，内外にわたる両面的解釈を行う。また，絵（スクィグル・ゲーム）を活用する児童治療で，育児に関心を失う母親の抱っこの失敗を非言語的に取り上げるときもあるが，内的過程の解釈については，フロイト Freud, S. やクライン Klein, M. の理解が大幅にウィニコット流の日常言語で受け継がれている。(4) 患者を文字通りにだき抱えること：患者の体に触れないのが分析の原則だが，ウィニコットの臨床論文では，治療者が患者の体に触れその腕などを握りしめることが報告され，その効果が語られることがある。治療が長く続く中でのひとこま，欲動から離れた間接性と自我支持が重要な要素であるが，ウィニコットの治療を受けた分析家リトル Little, M. I. の記録では，その取り扱いが印象的に語られている。(5) 家族への指導：自宅を精神病院にして家族が病者を抱える際の「症状の容認」や退行への適応に本概念が活用される。この面が，精神分析を超えてソーシャルワークなどに受け継がれているが，このような管理面を問題にするときは「マネージメント management」という言葉が使用される。

[関連する概念] 彼は母親の役割を考えるとき，乳房という「対象としての母親 object mother」とその腕である「環境としての母親 environmental mother」とに分けたが，治療論では後者の側面をとらえるために「抱える環境 holding environment」や「促進的環境 facilitating environment」という術語を使うことがある。同様の二分法では，前者の母親対象はイドのニード id needs にかかわり，後者の母親環境は自我のニード ego needs に応じて環境の提供を行うものである。本概念は「自我支持」やハルトマン Hartmann, H. の概念「平均的に期待できる環境」の役割と似ているが，小児科医や児童分析家の視点から，母親の役割を協調して，居場所の確保という環境決定論的な意味合いを強調するところが独創的である。歴史的に言うなら，興奮と欲求不満に左右される存在とする欲動論中心の乳児理解に，母親との「静かな体験」の重要性を付け加えたことが画期的であった。ただし，依存と行動化が前景に出る重症患者の治療では，これが優先されることがあるにしても，ウィニコットは「甘やかし」と理解できる記述を行っており，フェレンツィ Ferenczi, S. と同様に患者の万能感を放置するものだという批判もある。また，抱えることと並んで使用されるハンドリング handling もまた環境から提供されるもので，幼児の心身の調和を確立するための働きかけである。これにより精神と身体の協調関係を達成して "person" となる過程を "personalization" と呼び，この失敗を "depersonalization" として記している。このように，人間の存在基盤の大部分を，母子が相互的にかかわりあう育児の中で達成されるものとして記述したことが，その後の乳幼児の理解や児童臨床，さらには人格障害の治療論に大きな影響を与えたのである。

(北山 修)

[関連項目] 依存，ウィニコット理論，分析状況，ウィニコット

[文献] 北山修 (1985), Little, M. I. (1990), Winnicott, D. W. (1958a, 1965b, 1986)

鏡転移

[英] mirror transference

コフート Kohut, H. が提唱した概念で，自己愛パーソナリティ障害で特異的にみられる 2 つの転移のうちの 1 つ。もう 1 つは理想化転移で，両者を合わせ，自己対象転移（自己愛転移）と呼ぶ。分析場面でどちらかが現れた場合，自己愛パーソナリティ障害の診断が確定される。広義の鏡転移は，融合 merger 転移，双子 twinship（分身 alter-ego）転移，狭義の鏡転移に分けられる。広義の鏡転移のうち最も太古的なタイプである融合転移において，「分析医は，誇大自己の延長として体験される。また分析医は，被分析者の誇大自己の誇大性と顕示欲の担い手，そして，活性化された自己愛構造の出現によって引き出される葛藤，緊張，防衛の担い手となった場合にの

み言及される。誇大自己はまず，退行的にその境界をあいまいにして分析医を包含し，境界の拡張が確立したところで，この新しく包括的な構造が持つ相対的な安定性を，治療上の課題達成のため利用する」。「誇大自己の活性化が融合転移ほど太古的でない場合，自己愛的に備給された対象は，誇大自己のようなものとして体験される。この転移に特異的な治療的退行は，患者が，分析医が自分に似ているか同類，または，分析医の心理的構成が，患者のそれに似ているか同類であると思い込んでいる事実によって特徴付けられる」。これが双子転移である。次が狭義の鏡転移。「誇大自己の治療的動員が最も成熟した形を取った場合，分析医は，別個な人物として最もはっきり体験される。ただ，分析医が，患者によって受け入れられ，患者にとって重要となるのは，治療的に活性化された誇大自己が生み出すニードという枠組みの中においてだけである。この狭い意味での鏡転移が，誇大自己の発達で正常にみられる段階の治療的復元である。そこでは，小児の顕示的な誇示を鏡のように映し出す母親の目の輝きが，そして，小児の自己愛的・顕示的歓喜に対する母親の参入や反応が，小児の自己評価を確認するばかりか，そうした反応を徐々に選択的にすることによって，より現実的な方向へと自己評価の道を開く」。その意味で，鏡転移のワークスルーによる自己愛パーソナリティ障害の治療は，自己対象からの共感的対応不全のため発達を停止していた自己の，発達再開作業と言える。

なおコフートは，鏡転移を 3 つに分ける臨床的意義について，「患者が分析医を自分の太古的な偉大さや自己顕示の延長として使う（融合転移）か，自分の（抑圧された）完全性の，別個な担い手として体験する（分身転移）か，あるいは分析医から，自分の偉大さへの反響や追認と，自己顕示を是認するような反応を要求する（狭義の鏡転移）かは，あまり重要でない」と述べている。また，『自己の治癒』(1984) においては，双子転移を独立させ，自己対象転移として鏡転移，双子転移，理想化転移を並列している。

コフート以後の展開として，間主観的アプローチを提唱するストロロウ Stolorow, R. D. らは，自己対象転移をあらゆる転移の一側面としてとらえ，自己愛パーソナリティ障害に特異的なものではないと考える。

(丸田俊彦)

[関連項目] 誇大自己，自己愛転移
[文献] Kohut, H. (1971, 1977, 1984), 丸田俊彦 (1992), Stolorow, R. D., Brandchaft, B. & Atwood, G. E. (1987)

隔離

[英][仏] isolation
[独] Isolierung

フロイト Freud, S. によって解明された防衛機制の一つ。人がその場の意識にはふさわしくない，あるいは受け容れ難い内的な空想，欲求，衝動など心の内容物について，それと関連性をもつ心の事象や情緒的側面を，その場の意識から遠ざけたり，切り離したりする機制をいう。隔離は，こうして，元来その場にふさわしい意識・注意の状態や，感情に揺さぶられない冷静で論理的な視座を維持するための適応機制として発展するものであるが，防衛としての隔離は，たとえば，次のような態度や行動の中に観察することができる——ある空想や思考内容に伴う情緒的要素を切り離し，その思考内容を観念のレベルでのみ扱おうとする態度／ある観念内容から当然連想される別の観念を切り離し，そのつながりを認めない態度／さらにはそうした切り離しをより確たるものとするための「浄化」の試みなど。こうした隔離が優勢な人は，たとえば，一人よがりの頑固さが目立ったり，観念優勢のコミュニケーションによって，周囲からも情緒的には打ち解けづらい印象を与えることになりやすい。さらに，本人自身，生き生きとした情感を体験しづらい傾向が生まれ，時として，スプリッティングや解離が優勢な場合と類似した様相を呈してくる。だが，隔離においては，心的表象そのものが分裂されることはなく，この点でスプリッティングの場合とは概念上，区別される。実際，隔離はしばしば他の神経症的防衛機制，特に，抑圧，否認，反動形成，観念化，知性化といった強迫性を裏打ちする防衛機制との連動がよく認められる。つまり，隔離は，こうして，本来，論理的思考や客観性を可能にし，置き換えとともに昇華の基礎をなす，より高次の機能であると考えられる。

(栗原和彦)

[関連項目] 置き換え，解離，強迫神経症，強迫性格，昇華，スプリッティング，知性化，反動形成，否定，防衛，防衛機制，抑圧
[文献] Fenichel, O. (1945), Freud, S. (1894, 1926a, 1940d), 小此木啓吾・馬場禮子 (1972)

過食症　⇒摂食障害

[英] bulimia nervosa

カセクシス　⇒備給〔充当，給付〕

[英] cathexis

家族神経症
[英] family neurosis
[独] Familienneurose
[仏] névrose familiale

　神経症や精神障害がその症状を呈している当該の個人だけの問題ではなく，家族あるいは夫婦が互いの特徴を補い合い，規定し合い，一人ないしは数名の家族成員が神経症の症状を呈している状態を言う。1936年にラフォルゲ Laforgue, R. が提唱した名称で，独立した疾患単位ではない。彼はサディズムとマゾヒズムのように互いに補い合う神経症的傾向によって結び付いた両親の関係が子供に及ぼす病因的影響を特に重要視した。このような両親の関係の中にあって，子供はしばしば無意識的な関係の網，つまり家族的「布置」に引き込まれ，その関係の中で神経症的症状を呈したり，あるいはその治癒を阻まれたりする。この用語は，無意識の領域で家族成員の演ずる補完機能とその果たす役割に注意を向けさせた点に意義がある。1970年にはリヒター Richter, H. E. は，精神分析的家族療法の観点から，家族内での補完機能は次のような関係において生じるとしている。つまり，本来個人が取り組み，解決するべき葛藤を相手との関係の中に持ち込み，その時々の相手を補償的代理対象あるいは自己の自己愛の延長として巧みに利用し合う。この関係が個人の自我の防衛機制と一致し，耐え難い内的葛藤から逃れることが可能になる者同士が，このような補完的関係を結ぶことになる。彼は家族神経症を「症状家族神経症 familiäre Symptomeneurose」と「性格家族神経症 familiäre Charakterneurose」の2つのタイプに分類した。それによると「症状家族神経症」にあっては，家族は家族の軋轢の「犠牲者」である患者を生み出し，患者から一線を画し，排斥することによって，患者以外の家族成員は自らの葛藤の圧力を軽減し，荷下ろしを図る。「犠牲者」は家族の中で孤立し，それ以外の家族成員との間に分裂が生じる。一方，「性格家族神経症」では，未解決の葛藤の圧力のもと，家族の「集合自我」が変化し，家族は神経症的な世界を構築する。ここでは家族内での分裂は生じない。また，家族神経症の用語は用いていないが，ウォリス Wallace, F. C. など家族内の相互作用に注目した研究者も多い。ヴィリィ Willi, J. は，精神分析的夫婦治療の観点から，夫婦間では，夫婦に共通の未解決の葛藤を二人の関係の中で克服し合おうとして無意識的に演じてしまう神経症的補完関係が，結婚相手の選択の時に始まり，夫婦の共同生活の中で互いに神経症的傾向を強化し合い，代償不能に陥って夫婦が解決不能の葛藤状況に巻き込まれていくことを観察した。このような夫婦の無意識的共演を「共謀 Kollusion」と名付け，その基本となる夫婦に共通した未解決の葛藤に従って，「自己愛共謀」「口愛期共謀」「肛門期共謀」「男根・エディプス共謀」と5つに分類している。

　このような状況の中から生み出されてきた患者を治療する際には，家族あるいは夫婦の関係を念頭に置く必要がある。　　　　　　　　　　　　　　　（奥村満佐子）

　[文献] 加藤正明・保崎秀夫・他（編）(1993), Laforgue, R. (1936), Laplanche, J & Pontalis, J. B. (1967), Richter, H. E. (1974), Willi, J. (1972, 1975, 1978)

家族精神力動
[英] family psychodynamics

　「全体としての家族 family as a whole」の視点から，アッカーマン Ackerman, N. W. (1958) が提起した家族メンバーの心的な相互作用。家族は一個の有機体にも比すべき統合性を持った集団であり，一定のホメオスターシスを維持し，家族過程の進行とともに，その同一性と安定性に，動揺，ときには破綻の危機を経験しながら，さらにそれを修復し，再統合に向かうという段階的な発展を遂げていく。家族の同一性 identity とは，家族メンバーが共有する価値観や目標追求を意味し，また，自分たちが同じ家族であるという独自の心的な表象を意味する。家族の安定性 stability とは，ホメオスターシス論の立場から，家族過程の進行とともに安定，不安定，均衡の破綻，その代償，修復，回復，成長をあらわす概念である。このような全体としての家族は，一つの生活過程を営む，有機的な統一単位として固有の家族ライフサイクル family life cycle を持つ。この全体としての家族の中で，各家族メンバーは，それぞれ2人1組 dyad，3人1組 triad といった社会的・情緒的役割関係によって互いに結合している。この結合を家族役割 family role の相互補完性 complementarity と呼ぶ。この相互補完性と相互性 mutuality は，各家族メンバーの個体内の葛藤，不安，それらに対する防衛機制をお互いに結合し合う形で形成され，ひとたびこの結合が形成されるとそれは，個体の内的な不安を防衛する絆となり，家族役割関係の相互補完性が，同時に，各家族メンバーの心的な不安や葛藤の防衛の手段となる。このような家族役割関係の相互補完性と相互依存性が，それぞれの家族メンバーの成長や変化，そしてまた，家族全体の家族過程の進行とともに破綻すると各家族メンバー個々の適応障害や心的な不安，ひいては精神医学的な症状形成を引き起こす。こうした各個体の心的な葛藤，不安，それに対する防衛と，親子，夫婦，あるいは全体としての家族の相互結合関係が家族精神力動である。家族精神力動の診断は，その家族の基本をなす夫婦－父母関係に関する価値追求の水準，役割の相互補完性と相互性の水準，パーソナリティないし個体内の心的な葛藤と防衛の相互の結合関係の水準の，3

つの水準について行われる。 （小此木啓吾）
[関連項目] アッカーマン
[文献] Ackerman, N. W. (1958)

家族療法
[英] family therapy
[独] Familientherapie
[仏] thérapie familiale

[特質] 個人ではなく，家族を対象とする治療方法。家族療法には家族関係のあり方や家族内のコミュニケーションに介入する方法の他に問題に対する家族の悪循環的な解決努力に介入する方法などさまざまな理論に基づいた治療モデルがある。精神分析理論に基づいた家族療法はアメリカでは対象関係家族療法 object-relations family therapy として知られている。

[歴史的背景] 家族療法の発展に貢献した治療者にはアッカーマン Ackerman, N. W., リッツ Lidz, Th., ウィン Wynne, L., ミニューチン Minuchin, S., ウイテカー Whitaker, C., ボーエン Bowen, M., セルヴィーニ‐パラゾーリ Selvini-Palazzoli, M. など，精神分析の訓練を受けた者が多い。しかし，その多くは50年代から60年代にかけ，精神分析理論（伝統分析理論）と決裂する形でそれぞれの家族療法の理論を展開した。その中で精神分析理論に基づいた家族療法の発展に貢献したのはリッツやウィンである。またボーエンのように「家族投影過程」に見られるように精神分析的な概念を家族システム論に取り入れた家族療法家もいる。イギリスでは1940年代にディックス Dicks, H. がタビストック・クリニックで家庭裁判所から紹介された離婚調停の夫婦の治療を精神科ソーシャルワーカーとともに実施し始めた。ディックスはその後，フェアバーン Fairbairn, W. R. D. の理論を基本とした夫婦療法の理論を発展させた。アメリカでも1970年代から80年代にかけて対象関係理論や自己心理学など対人関係を重視する分析理論の発展に伴い，家族療法との接点が再確認され，精神分析的な家族療法が注目されるようになった。対象関係理論を基盤とする家族療法はワシントン精神医学校 Washington School of Psychiatry のライコフ Rycoff, I., シャピロ Shapiro, R., ジンナー Zinner, J., シャーフ Scharff, D. とシャーフ Scharff, J. を中心に発展した。その他に精神分析的な家族療法家としてドイツのスティアリン Stierlin, H., イギリスのスキナー Skynner, R., そしてアメリカのニコルス Nichols, M. とスリップ Slipp, S. がいる。

[主要概念] 精神分析的な家族療法理論の基本は対象関係理論に基づいた家族発達の理解にある。ボウルビィ Bowlby, J. のアタッチメント理論やフェアバーンの乳幼児期の母親に対する依存に関する理論が家族関係を理解するてがかりとなる。例えば，乳幼児の母親との関係において見られる取り入れ，欲求不満の抑圧，分裂した自我は親子関係や夫婦関係には反復されると考えられている。ディックス（1968）は夫婦関係は長期にわたる養育的なアタッチメントの対象を提供する点で早期の母子関係に似ており，このため幼児期の体験が夫婦関係において誘発されると述べている。さらにディックス（1963）は夫婦関係において相互的な投影と取り入れ同一化のプロセスが見られ，それぞれの配偶者は互いに相手の内在化された自己と対象をコンテイン contain し，修正していると論じている。内在化された対象はそれぞれの配偶者の原家族における親子関係や両親の夫婦関係を反映しており，夫婦療法の目標は夫婦の無意識的な相互作用を解釈し，意識化させることにある。

シャーフとシャーフ（1987）は家族関係を理解する上でクライン Klein, M. の投影同一化の概念を導入し，子どもに対する両親の投影を明確化することを重要な作業としている。また，子どもを巻き込む家族内の三角関係は両親の子どもに対する投影として理解されている。ジンナー（1976）とシャピロ（1979）はビオン Bion, W. R. （1961）の集団療法と集団力動の理解を家族に応用し，家族の集団パターンを集団心性として捉え，家族の機能を無意識的な不安に対する防衛として理解している。そして，家族が不安を理解し，意識化し，それを徹底操作することを家族療法における重要な作業として見なしている。精神分析的な家族療法の特質は他の家族療法のモデルに比べ（1）治療期間を限定しないことと，（2）原家族における早期の関係を理解するために歴史的なアプローチを用いること，（3）家族力動だけでなく個人の変化も重視することにある。

[治療目標] 精神分析的な家族療法の治療目標は無意識的な葛藤によって硬直した，あるいは限定された家族関係から家族員を解放することにある。そして家族員同士が無意識のレベルではなく，現実のレベルで相手を部分対象ではなく全体的な対象として体験し，相互作用できるよう援助することにある。また夫婦療法では配偶者がそれぞれの不安を理解し，体験し，徹底操作できるような治療的環境を設定することにある。夫婦療法の場合，さらに，それぞれの投影をコンテインする能力を促すことにある。また，自己の側面と相手からの投影を分けられるようにし，自己の抑圧した側面を相手に投影するのを止めること，すなわち自己の投影を取り戻すことも夫婦療法の目標としてある。他に精神分析的家族療法における共通の目標として個人の成長と原家族から自立すること，それぞれの分離‐個体化，あるいは分化（Skynner, A. C. R. 1981）が挙げられる。

精神分析的家族療法では危機介入的，あるいは症状の消失に目標を設定する場合もある。この場合は防衛の分

析や，要求と衝動の抑圧を除去するのではなく，他の家族療法の接近方法と同じように防衛を支え，コミュニケーションを明確化することが目標となる。治療技法は精神分析と同じように連想を促し，抵抗と防衛を解釈することによって無意識を意識化し，徹底操作し，分析的中立 analytic neutrality を維持することが特徴として挙げられる。　　　　　　　　　　　　　　（渋沢田鶴子）

[関連項目] システム論，世代間伝達，対象関係論，タビストック・クリニック，投影同一化（視），ビオン理論，分離‐個体化，フェアバーン

[文献] Ackerman, N. W. (1958), Dicks, H. V. (1967), Friedman, L. (1980), Nichols, M. P. (1987), Scharff, D. E. & Scharff, J. S. (1987), Scharff, J. S. & Scharff, D. E. (1997), Skynner, A. C. R. (1981), Slipp, S. (1988), Stierlin, H. (1977)

家族ロマンス〔家族空想，家族小説〕

[英] family romance
[独] Familienroman
[仏] roman familial

「自分は捨て子だった」「自分の両親は本当の両親ではなく，自分には別の素晴らしい両親がいるはずだ」など，子どもや神経症者が自分とその両親の関係について抱く種々の空想の物語に対して，フロイト Freud, S. が名づけた呼び名。フロイトは家族ロマンスが生まれる契機を，子どもの成長にともなう両親像の変化に見いだした。そしてその発達段階に応じて形成される物語に関して，いくつかの類型を提示した。まず第一段階，幼い子どもは，それまで唯一無二の権威的存在であった両親に対して生じる不満な気持ちをひきがねに，しだいにその絶対性への疑いを抱き，他の大人と比較し，批判的な目を向け始める。(1) もらい子・継子空想：エディプス・コンプレックスによる父母への敵意や同胞葛藤による父母へのうらみのために，自分が「父母から愛されていない，ないがしろにされている」と思う子どもは，自分は父母の本当の子どもではないという考えを生み出しやすい。(2) 血統空想：(1) の空想に加えて，本当の父母は現実の父母よりも，もっと偉くて高貴な人物であるという空想が生まれる。さらに子どもが，母親は自分の母親であることはきわめて確実であるが，父親については常に不確実であることを知るにいたる発達の第二段階で，家族空想はより発展する。(3) 母親と，父親以外の別の男性との結合空想：つまり母は自分を産んだ母だが，父は違うと考え，母親に対して別の男性との秘められた恋愛関係を想定し，自分はその 2 人から生まれたのだという空想物語をつくる。そしてこの空想は，子どもの母に対する性的願望を満たすと同時に，実の父親を追い出すことによって，父に対するエディプス・コンプレックス的衝動を満たすという両面的な機能をもっている。

このように空想物語は，その子どものエディプス的状況と深い関係があり，エディプス・コンプレックスの影響下に力動的に形成される。さらに空想の中の父母像を検討すると，一方では実の父母のもっている特徴をすべてそなえていることから，父母への不信や忘恩はほんの見かけであることも読みとれる。

以上のような空想をすることそれ自体が，その子どもの願望の代理充足と防衛という心的機能の営みになっている。つまり子どもは，父母像や親子関係についてさまざまな空想を抱くことによって，父母に対するかつてもっと幼い時代に理想化（過大評価）していた父母像を再生させようとする願望充足をはかったり，エディプス・コンプレックスによる憎むべき父母を脱価値化し，否定したい衝動を満たそうとする。またその中には，自分を誇大視したい願望や，近親姦に対する防壁をはりめぐらす試み，同胞葛藤の表現も含まれ，この空想の物語はあらゆる内的な企てに折り合いをつける働きをもっている。そしてこのような空想は，幼児や神経症者の空想の営みとしてだけでなく，さらに血統妄想，家族妄想として妄想的に発展した形でもあらわれてくる。　　　（森さち子）

[関連項目] エディプス・コンプレックス，家族精神力動，フロイト, S.

[文献] Freud, S. (1909c), 小此木啓吾 (1982b), Rank, O. (1909)

カタリーナ [症例]

[Katharina]

フロイト Freud, S. の『ヒステリー研究』(1895) の中に記載されている 5 症例の一つ。1890 年の休暇に，フロイトはホーエン・タウェルンの山に登り，山小屋で休息した際に，18 歳ぐらいの山小屋の娘カタリーナの相談を受ける。彼女は息切れや呼吸困難，頭重，めまい，誰かに襲われる恐怖などの不安発作様の症状と，ものすごい目でにらむ怖い顔が見える幻覚症状に悩んでいた。フロイトは，これがヒステリー性転換によるものであり，「性の世界が初めて目の前に開かれる時，処女の心にのしかかる驚愕の結果だ」と考えて，簡単な問答を通して発病に至るまでの心的経過を明らかにする。2 年前，彼女は父を探していて，窓から父と従姉の性交渉の場面を垣間見てしまい，それ以来息切れと頭痛に悩むようになる。また，彼女が見たままを話したのがもとで，両親は不和となり，やがて離婚してしまう。さらに彼女は，この外傷体験に 2，3 年先立つ 2 つの系列の話を始める。第 1 は，14 歳になった時に父と 2 人で旅行中，酔った父が夜中に身体を押しつけ，「性的な攻撃」をしかけてきたこと，その後も父に対して身を守らねばならないことが

あったこと，しかし，特に不安や息切れは感じなかったこと，などであった。第2は，家族で乾草倉でごろ寝して夜明かしした時に，父が従姉に身体をぴったりつけて寝ているのに気付いたこと，また別の夜半，父が従姉の部屋に行こうとしているのを見たこと，など。彼女はこの2系列の体験を記憶していたのだが，性的な無知のためにその意味が理解できないままでいた。ところが後になって偶然父と従姉の原光景を目撃するに及んで，過去の記憶と新たな印象を結びつけ，その意味を理解し始めると同時に防衛を開始し，やがて転換症状，つまり道徳的，肉体的嫌悪のあらわれとしての嘔吐が生じた。彼女は原光景を見たために胸が悪くなったのではなく，「それを見ることによって喚起された回想に対して嫌悪の念を抱いたのである」。また，怖い顔の幻視は，離婚訴訟が持ち上がると，「お前さえしゃべらなければ」と手を振り上げ，とびかかってきた父の顔であったことも明らかになる。本症例の総括の中で，フロイトは，外傷的契機としての2系列の性愛的体験と，補助的契機（直接的心因）としての性交場面の目撃を区別し，性的に無知な子ども時代の印象は子どもに対して何の作用も及ぼさないが，思春期になって性生活を理解するに至ったときに，記憶として外傷的な威力を持つようになること，性的無知による意識の分裂と，道徳心などによる意識的拒否に違いがあること，転換症状が外傷体験の直後に生じないで，ある潜伏期間をおいてあらわれること，などを論じている。なお，フロイトは，『ヒステリー研究』中では，叔父による性的誘惑として記載しているが，末尾の補遺（1924）で実の父親による誘惑であったことを明らかにしている。したがって本稿でも，父と娘の間の出来事として述べた。　　　　　　　　　　　　（馬場謙一）

［関連項目］原光景，事後性，ヒステリー
［文献］Freud, S. & Breuer, J. (1893–1895)

カタルシス法
　　［英］cathartic method
　　［独］kathartische Methode
　　［仏］méthode cathartique

「カタルシス」の概念は，精神分析に固有のものではない。アリストテレスは「詩学」において，ギリシャ悲劇で聴衆に劇的感動をもたらす効果をカタルシスと表現したが，これは舞台の上の俳優が行う象徴的な表現に聴衆が反応して，現実には出来ないような情動放出を象徴的なレベルで行うことを意味している。

今日，カタルシス法（浄化法）とは，その治療的効果が「浄化（カタルシス）」，すなわち病因となる情動が解放されることによって得られる治療法を指す。患者が病因となった外傷的出来事を想起し，再体験し，除反応

が起こる一連のプロセスである。

歴史的に見るならば，カタルシス法は，精神分析以前より，一部の催眠療法家によって用いられていた。フロイト Freud, S. はブロイエル Breuer, J. によるアンナ・O の談話療法に導かれたのであるが，フロイト自身が催眠暗示を止めてカタルシス法を盛んに用いるようになったのは，1890年前後の時期である。当初，フロイトは催眠を，抑圧された体験を意識野に再導入し，想起させるために用いていた。想起され，再体験された記憶と，外傷体験との結びつきが明らかになると，抑えられていた情動が現れ，解放される。

フロイトはやがて催眠を用いなくなり，自由連想法に移行する。精神分析的な治療においては，カタルシスによる情動放出はひとつの側面であり，言語による意識化が同等以上の役割を果たすことが分かってくるようになるが，その後も精神分析において，カタルシスの意義がなくなったわけではない。経過中に激しい情動を伴った体験の想起が，治療の転換点となる症例は少なくない。特に，近年増加していることが指摘されている心的外傷後ストレス障害や解離性障害では，カタルシスが治療の要となることもあることを忘れてはならない。
　　　　　　　　　　　　　　　　　　　（館　直彦）

［関連項目］アンナ・O［症例］，催眠法，除反応，ブロイエル
［文献］Chertok, L. & de Saussure, R. (1973), Freud, S. & Breuer, J. (1893–1895), Laplanche, J. & Pontalis, J. B. (1967)

葛藤
　　［英］conflict
　　［独］Konflikt
　　［仏］conflit

対立する2つ以上の傾向が，ほぼ等しい強さで同時に存在し，行動の決定が困難な状態をいう。この対立は，欲望と欲望，外界と内界などさまざまなものの間で生じうる。社会心理学など精神分析学以外の行動科学でも，広く使用される概念となっている。そのなかでも精神分析では，精神内界で矛盾する力や構造が対立することを意味する精神内的葛藤を，人間存在の本質的要素として神経症理論の中核に据えるとともに，正常異常を問わずさまざまな形の性格傾向を決定すると考えてきた。

初期の段階からフロイト Freud, S. は，精神内的葛藤を問題にしてきた。葛藤と神経症症状や夢，失錯行為などとの関係を，メタ心理学的な観点からとらえようとしたのである。最初の心的装置の理論である局所論では，精神内的葛藤は無意識の願望と，意識の道徳的命令との間で起こると考えられていた。しかしその後，葛藤が全

くの無意識のうちにも起こりうることを発見し，1920年代以降は，エス，超自我，自我からなる心的構造論がうちたてられ，これら3つの審級の間での対立として生じる葛藤が，神経症理論の中心的概念として位置づけられることになった。

メタ心理学的な洗練を通じて，精神内的葛藤は神経症理論の中に次のように位置づけられた。すなわち，エスの本能的な願望が超自我の内的・外的禁止と出会うところで葛藤が生じる。そこで自我が脅かされ，信号不安を生み出し，防衛がはたらいて妥協形成が行われ，この葛藤が解決されるのである。妥協形成には適応や性格変化といった形式でなされる場合もあるが，不適切な形でなされた場合には，神経症症状として現れる。エディプス期に親との性的結合への衝動と自我や超自我との間で葛藤が起こり，去勢不安が生じるエディプス的な葛藤は，自我によって処理されるさまざまな葛藤のなかでも，人間の中核的葛藤とみなされ，精神神経症において中心的な役割を果たしていると考えられている。

フロイト以降，葛藤を処理する自我の機能に着目していった自我心理学の立場からはさらに，平均的に期待される環境への正常な適応の問題も検討された。また，児童分析の経験を通じて，正常な発達において外的な環境との葛藤が果たす役割についても検討された（Freud, A. 1965など）。これらの検討を通じて，「葛藤は人間的な状態の一部である」（Hartmann, H. 1958）として，精神内界の葛藤は避けられない，普遍的にみられるものであり，人間の行動の基底にある最も重要な力動的要因であるという見方が確立されたのである。

しかしながら精神分析の対象や適用される領域が拡大されるに伴い，ここまで述べてきた意味での精神内的葛藤を精神病理の中核に置くのではなく，むしろ早期の良好な対象関係の欠損によるものと考える立場も現れている（Pine, F. 1985）。この立場は上述の葛藤理論に対して「欠損理論」とも呼ばれる。　　　　　　　　　（山崎 篤）

[関連項目] エディプス・コンプレックス，経済論的観点，自我機能，神経症，妥協形成，中核葛藤テーマ〔CCRT〕，適応，発達葛藤，不安信号説，メタサイコロジー，力動的観点

[文献] Freud, A. (1965), Hartmann, H. (1939), Pine, F. (1985)

可動性エネルギー　⇒エネルギー
[英] mobile energy

過渡対象　⇒移行対象
[英] transitional object

カニバリズム
[英] cannibalism
[独] Kannibalismus
[仏] cannibalisme

限界状況においては食人が行われることは知られているが，精神分析的には性倒錯として行われるカニバリズムと，精神発達ならびに疾病過程においてみられる象徴的・無意識的カニバリズムが問題となる。前者は司法精神医学の対象とはなるが，分析治療の対象となることはまずない。その意味では，パリでオランダ人女子学生を射殺し，その肉を食べ続けた佐川一政（1983）の小説体の記録『霧の中』は貴重な資料である。同書によれば，彼は4，5歳時，両親に食べられる空想をもち，8歳以降は反対に人間を食べる空想に憑かれ，やがてその対象は「女の子のお尻」に限定されることになる。被害者に対しても，まず臀部にかみつき，その後，屍姦を行っている。

つぎに精神分析的意味におけるカニバリズムについて述べる。人間は精神 - 性的発達において，フロイト Freud, S. ならびにアブラハム Abraham, K. によれば，口唇期は，乳房を吸う，しゃぶるという吸啜期とそれに続き歯の発生に対応する，かむ，かんで食べつくすという口唇サディズム期とからなる。アブラハムは，この期における食人欲動を強調し，フロイトは，この見解をただちに採用している。アブラハムは，この食人欲動を喪失した対象の取り入れ，体内化，排出という無意識過程からも説明した。アブラハムの考えを継承発展させたクライン Klein, M.（1946）は，乳幼児の破壊行動を以下のように一層克明に描出した。「ひとつは母親の身体のなかにある良い内容を吸いつくし，かみ砕き，えぐり，奪い取るといった口愛衝動が顕著な場合である」。うつ病は，一般に口唇サディズム期から吸啜期に至る退行があるとされる。神経性無食欲症の場合，シルヴェスター Sylvester, E. は，口唇サディズム的衝動の抑圧があるとみている。このメカニズムのみで，本症の病理を説明することはもちろんできないが，治療過程の中で，食人空想が描かれたり，肉の塊をむさぼるといった夢が現れることがある。このような食人が主題となるテーマが出現すると，軽快への転回点となることがある。シルヴェスターの説は，真理の一面を語っているといえよう。

（下坂幸三）

[関連項目] うつ病，口唇サディズム期，口唇性格，摂食障害，アブラハム

[文献] Abraham, K. (1924b), Freud, S. (1905), Klein, M. (1946), Sylvester, E. (1945)

可能性空間

[英] potential space
[独] potentieller Raum
[仏] espace potentiel

ウィニコット Winnicott, D. W. の理論における鍵概念の一つ。乳児と母親のあいだ、個人の内界と外界のあいだ、空想と現実のあいだに広がる、潜在的 potential であるが可能性 potential をはらんだ仮説的な体験領域（従来、潜在空間、可能性包蔵空間といった訳も使用されており、定訳はまだないが、可能性空間という訳語の使用が増えている）。

ウィニコットの著作に共通することであるが、この概念について記述するウィニコットの言葉遣いは逆説に満ち、凝縮されており、暗喩的である。また彼は可能性空間とほぼ同じ意味の広がりを表す言葉として、体験の中間領域 intermediate area of experience という言葉も使用している。

彼の晩年の著作で彼が死の直前まで推敲を重ねていた『遊ぶことと現実 Playing and Reality』(1971) は、ほぼこの領域での体験の探究に捧げられているといってよい。その領域で起きていることには、移行現象、遊ぶこと playing、象徴の使用、文化的体験、夢見ること dreaming、想像すること imagination、精神療法といった現象が含まれる。「私たちがベートーベンの交響曲を聴いたり、画廊を巡り歩いたり、ベッドのなかでトロイラスとクレシダを読んだり、（中略）子どもたちが母親の庇護の下で床に座り、玩具で遊んでいるとき、（中略）私たちはどこにいるのか」という問いがウィニコットの問うた問いである。ウィニコットはそのとき人間が、外的な現実の世界でも内的な空想の世界でもない第3の場所にいると考えた。

ウィニコットはその場所の起源を、乳児が外在性（対象としての母親）と出会う過程、彼の言う絶対的依存から相対的依存へと進展する過程で形成される体験領域に求めた。乳児は最早期、環境としての母親に抱えられており、その原初の母性的没頭 primary maternal preoccupation のおかげでニーズは欲望として体験されるまえにかなえられ、他者を感知する必要は生じない。しかし、母親の供給する環境には実は当初から必然的な不全があり、必ず乳児は分離にさらされる。そのとき、乳児に発見される外的な対象が乳児が創造したものとして差しだされることで、乳児は外在性と非外傷的に遭遇することができる。その対象が発見されたものか、創造されたものかを問われることなく、外部と内部はオーバーラップし、逆説は解消されないまま保存される。こうして生成された間主観的で創造的な場は内面化され、遊ぶこと、芸術などの文化的体験の場へと成熟する。

オグデン Ogden, T. H. はこの逆説包容的な様相を、現実と空想、外部と内部のあいだの弁証法的対話と捉えなおした。彼はこの弁証法的対話を、自己の体験が「私-性 I-ness」を帯びること、心的事象を解釈する主体が成立することに結びつける。この文脈では、可能性空間は、象徴と象徴されるものとのあいだの分化に伴って、その両者のあいだに広がる空間でもある。

強調されるべきことは、ウィニコットにとって、可能性空間が単に発達の一局面の記述のための概念ではないことである。彼によればこの空間の成立によって、人間は空想すること fantasying（ウィニコットの用語法では不毛の「行き止まり」を意味する）を脱出し、想像と象徴を使用できるようになり、夢見ること dreaming、生きること living に到達する。つまり、逆説的であるが、ウィニコットの後期理論においては、この第3の「存在できない」仮説的領域こそがまさに、私たちの生きる場所 the place where we live なのであり、その存在なしでは私たちが「生きている」ことは不可能である、と位置づけられているのである。
（藤山直樹）

[関連項目] 遊ぶこと、移行対象、ウィニコット理論、主観的対象

[文献] Davis, M. & Wallbiredge, D. (1981), Ogden, T. H. (1985, 1986), Winnicott, D. W. (1965b, 1971a)

「かのような」性格　⇒アズイフ人格

[英] "as-if" personality

過備給　⇒備給〔充当、給付〕

[英] hypercathexis
[独] Überbesetzung
[仏] surinvestissement

過補償

[英] overcompensation
[独] Überkompensation
[仏] surcompensation

アドラー Adler, A. が、神経症の原因と考えたもの。この概念の基礎となるのは、彼の器官劣等性に関する考察で提出された補償という概念である。補償とは、劣った器官の劣等性を克服するためのさまざまな試みを意味する。その後、彼はこの概念を精神生活にも応用し、補償を人間の行動の根元的動因と考えた。人は幼少期において小さく無力な存在であるために普遍的に劣等感をもつ。そのため、劣等感を克服する目的で権力を得る（優越する）ことを望み、そのために行動するのである。こ

の補償によって，劣等感が適応的に補われることがある。しかし同時に，補償が過剰となる場合もあり，そのためにかえって不適応を引き起こしたり，神経症を生じさせることもある。この補償過剰の状態が過補償である。

(白波瀬丈一郎)

[関連項目] 補償
[文献] Adler, A. (1907)

環境としての母親　⇒抱えること〔ホールディング〕
　[英] environmental mother

環境変容的適応／自己変容的適応
　[英] alloplastic adaptation / autoplastic adaptation
　[独] alloplastische Anpassung / autoplastische Anpassung
　[仏] adaptation alloplastique / adaptation autoplastique

　フェレンツィ Ferenczi, S. がヒステリー性の転換症状について説明するにあたって用いた用語であるが，後述するように今日では，ハルトマン Hartmann, H. のいう個体が環境に適応する際の2つの適応のあり方として使われている。

　フェレンツィは，1919年にヒステリー性の転換症状と象徴性の概念を検討した論文の中で，生体が，自己の身体の変化によって外界へ適応するもっとも原初的な適応の試みを自己変容的適応と呼んだ。そして生体がその均衡を維持するために，外界に働きかけ変化をするような適応について，環境変容的適応と呼んだ。また，フロイト Freud, S. は1924年に『神経症および精神病における現実の喪失』の論文で，神経症と精神病を区別する発生の違いについて検討する中で以下のように述べている。健康な自我は，現実を否定することなく，しかも現実を外界での外的な作業によって変更に努めようとするが，これは対象可塑的 alloplastisch (環境変容的)である。これに対して，神経症は現実を否定しないけれども，自己を現実に合わせるように変容させる，精神病は現実を否定して，自己の内的変化によって現実を積極的に改築しようとするが，これらの病的な自我の態度は，いずれも自己可塑的 autoplastisch (自己変容的)であると述べている。

　ハルトマンは，自我心理学と適応の問題について検討し，適応の概念を通して，人格の中心をなす自我の問題を発展させた。1937年の論文『自我の適応』の中で，環境変容的適応／自己変容的適応について以下のように論じている。これまでの精神分析学——深層心理学的な理解——では，超自我・エス・自我間の葛藤，つまり神経症の葛藤の解明に専念していたため，自我については葛藤・防衛的な面が強調されていた。「自我はたしかに葛藤によって成長するとはいえ，葛藤だけが自我発達の唯一の根元でないことを私たちは認めねばならない」とし，葛藤外の自我領域 conflict-free ego sphere があることを解明した。すなわち，エスや超自我の葛藤から独立した主体性をもち，外界に対する適応をおこなう自律的自我 autonomous ego の機能に注目したのである。このようにハルトマンは，個体が環境に適応する際に自我には，2つの側面があることを示した。つまり，自我は消極的・受動的な自己変容的側面だけでなく，積極的（創造的）・能動的な環境変容的側面もあることを，改めて強調したのである。そして人格は，フロイトが言うように，葛藤を通して，エス（本能）から分化・発達していくだけでなく，それと同じ基盤から，むしろ，自律的に発達して行く部分があること"autonomous ego development"を示し，環境を能動的に変化させてゆく環境変容的適応こそが人間にのみ可能な適応過程であることを指摘した。

(乾　吉佑)

[関連項目] 自我の葛藤外領域，ハルトマン
[文献] Ferenczi, S. (1919), Freud, S (1924f), Hartmann, H. (1939)

関係基盤
　[英] matrix of relationship

　ミッチェル Mitchell, S. A. によって提出されたメタ心理学的概念。ミッチェルは，本来一者的な心理学であるフロイト Freud, S. の欲動理論に二者的な関係性の問題を取り込むにあたって，対人関係学派や英国対象関係学派や自己心理学派などの関係的な精神分析理論が採用している共通のメタ心理学的見解を関係基本図式と名づけて，それをフロイトの欲動基本図式と対比して位置づけた。そして一見したところ多様なこれらの関係基本図式の諸理論を包括的に統合するための枠組みを提供するものとして，関係基盤という概念を提出した。関係基盤は自己組織化，対象とのきずな，相互作用のパターンといった諸次元から成っている。対人関係論や対象関係論や自己心理学は関係基盤のそれぞれ異なった局面に焦点を当てているために，その結果として用語上の差異や異なった分析的解釈や介入へと導くことになるが，しかしそれらの諸理論は同一のメタ心理学的見解の内部で作動しているといえるのである。関係基盤は欲動と対比されるような組織化の原則であり，関係基本図式の諸理論においては精神生活のすべてはこの関係基盤の上に展開されるとみなされる。フロイトが欲動を生得的で一次的な動機付けとみなしたのに対して，ミッチェルは関係基盤の確立そのものを人にとって生得的なものであるとみなしている。

(横井公一)

[関連項目] 対人関係論，ミッチェル

[文献] Greenberg, J. R. & Mitchell, S. A. (1983), Mitchell, S. A. (1988)

関係性障害
[英] relationship disorder

関係性障害とは，二者関係，特に母親，あるいは母親代わりとなる養育者と乳幼児との関係において，関係を作る個人ではなく，その二者間の関係のあり方の障害を指す．関係性の障害は，その持続期間や強さから，関係性の動揺 perturbation，阻害 disturbance，障害 disorder に分けられる．

母親が乳児の空想生活に影響を与えることは，すでにフロイト Freud, S. も指摘していた．1940 年代から 50 年代にかけて，戦争孤児の研究などから，ボウルビィ Bowlby, J. は子どもの健全な成長のためには母親の存在が必要と主張し，スピッツ Spitz, R. A. も母親から離された乳児が抑うつ的になるが，母親と再会すると急速に回復することを観察した（アナクリティック・デプレッション anaclitic depression）．これらの観察から，養育者との社会的関係性が，乳幼児の正常な発達には重要であることが理解されるようになった．ウィニコット Winnicott, D. W. の赤ちゃんを母親とのペアで考える視点を基本的な立脚点として，精神分析学と発達心理学，そのほかの近接領域が，刺激しあって，1980 年代以降，乳幼児研究が発展した．そして養育者と乳幼児のあいだにみられる情動調律 affect attunement（スターン Stern, D. N.）や，情緒応答性 emotional availability（エムディ Emde, R. N.）などの早期の情緒交流体験が，どのように乳幼児に内在化され，関係性の表象が形成されるのか，乳幼児期には，関係性の表象が形成される過程が，直接観察可能であり，形成された関係性表象は，生涯を通じて，その子のあらゆる人間関係の原型として機能する．そこで DSM を補完するために作られた，3 歳までの乳幼児の精神障害の分類である Zero to Three の診断基準では，DSM の人格障害に相当する第 2 軸で，関係性障害を診断している．関係性の障害は，相互交流行動の質，情緒のトーン，心理的な巻き込まれの程度，の 3 つの側面から評価され，過度に巻き込まれている，巻き込まれが過小，不安／緊張，怒り／敵意，虐待的，の 5 つに分類されている．

（濱田庸子）

[関連項目] 依託抑うつ，情緒応答性，情動調律，ウィニコット，エムディ，スピッツ，ボウルビィ

[文献] National Center for Clinical Infant Programs (1994), Sameroff, A. J. & Emde, R. N. (ed.) (1989)

関係療法
[英] relationship therapy

ランク Rank, O. による治療技法である．ランクは出産外傷 trauma of birth こそが神経症の決定的要求であるとしてフロイト Freud, S. のエディプス・コンプレックス説に異を唱え，自我の理解においてもこれを独自の意志 will を表現するものと考えた．治療技法においては，分析状況の元型を言語獲得以前の母子対に求め，知的理解よりも共感的な治療関係を重視した．ランクによれば，子どもの発達にとっての最重要課題は分離 separation であり，子どもはその過程で親に反意 counter-will を伝えようとするが，これが同時に子どもの内に罪悪感を目覚めさせることとなる．したがってランクにとって治療とは，共感的な治療関係の中で得られた新しい感情体験を通し，罪悪感を感じることなく，患者が分離を受け入れることができるように援助することである．

ランクの思想や技法は Pennsylvania School of Social Work を通じてソーシャルワーカーの世界に広まる一方，ロジャーズ Rogers, C. R. のクライエント中心療法 client centered therapy にも影響したと考えられる．

現在関係療法と呼ばれている治療技法は，積極的精神療法と支持的精神療法の中間に位置するもので，治療者との関係で体験される，受け入れられ，支持され，支援されているという新しい感情体験を通して，患者自らが自己を養育し得るような場を与えるものである．

（後藤素規）

[関連項目] 支持療法

[文献] Freedman, A., et al. (1967), Kramer, R. (1995), Rank, O. (1924)

ガンザー症候群
[英] Ganser syndrome
[独] Ganserches Syndrom
[仏] syndrome de Ganser

1898 年ドイツの精神科医ガンザー Ganser, S. J. M. により記述された特異な偽痴呆．1＋1 はと聞かれ 3，馬の脚は何本と聞かれ 5 本など，検者の問いに対し，その意味はちゃんとわかっていると思われるのに，あたかも故意に間違った答えをするかのような出まかせ応答（当意即答）が特徴的である．これに加えて，自分が誰なのか，どこから来たのか，どこにいるのかわからないといった見当識障害や，不安げな当惑した表情，興奮，遁走，あるいは幼稚な振舞い，さらに頭痛の訴えや痛覚脱失，また幻視を中心とした幻覚などが生じる．これらの事柄に対する（完全，ないし部分）健忘も認められる．これらの症状は，状況の変化で急速かつ完全に消失し，状況

依存性も特徴的である。

　ガンザーは，とりわけ判決が下される前の拘禁状況で，この症候群がおこることを強調したが，これにとどまらず，戦争といった困難な状況でも出現する。また，情緒的に未熟で，知的には境界知能よりの人にむしろ多い。

　病態をめぐりこれまでさまざまな議論がなされたが，今日では，この症候群はヒステリー性もうろう状態，ないしヒステリー性心因反応とみなされ，自分がおかしいと判断され，困難な状況から放免されようとする意識下の願望が根底にあると考えられる。司法精神医学において詐病，あるいは時に分裂病との鑑別が問題になる。なおこの症候群は，脳腫瘍などの脳器質疾患や，頭部外傷，精神病初期にも生じることがあるという。DSM-IV では虚偽性障害の範疇に入れられている。　　　（加藤　敏）

　［関連項目］ヒステリー
　［文献］Ganser, S. J. M. (1898)

観察自我　⇒治療同盟
　［英］observing-ego

間主観（体）性
　［英］intersubjectivity
　［独］Intersubjektivität
　［仏］intersubjectivité

　本来哲学，わけても現象学の用語であり，20世紀になってフッサール Husserl, E. によって導入された。共同主観性，相互主観性と訳される場合もある。主観（体）性が根源的にデカルト的コギト（「我思う」）として単独に構築され機能するものではなく，たがいの交錯のうちに共同的に構築，機能されるものであり，このような主観（体）性の相互共同性が対象の側に投影されたときに客観的世界という表象が生まれるというアイデアである。さてフロイト Freud, S. は個人のこころの「内部」を分析しようとしたのだが，結局転移というある意味で間主体的な現象を通してそれをおこなうしかないことに気づいた。そして転移を捕まえるために逆転移という転移とともに生起する分析家側の心的体験をどう扱うかがきわめて重要であることも自覚し，教育分析を中心とした訓練を構想した。このように精神分析は絶えず間主観（体）性というアイデアと潜在的にはつながりをもっており，それは独我論的もしくは実証主義的 positivistic な精神分析理解に対するアンチテーゼとして暗にはたらいていた。しかしこの言葉が精神分析文献中に明瞭に登場し始めるのは 1980 年代以降である。それ以後，米国にはこの言葉を用いて論を立てる著者（たとえば自己心理学のストロロウ Stolorow, R. D.，対象関係論のオグデン Ogden, T. H.，乳幼児研究のスターン Stern, D. N.）もあるが，たとえばポストモダン精神分析，関係論的精神分析，構成主義的精神分析などの呼び名で呼ばれることもある一群の分析家たち（ミッチェル Mitchell, S. A., レニック Renik, O., ホフマン Hoffman, I. Z., ベンジャミン Benjamin, J., アーロン Aron, L., ジェイコブス Jacobs, T. J. など）もこの概念と暗に対話しながら理論構築していると言えるであろう。英国においても，リックマン Rickman, J. が二者心理学としての精神分析を提唱して以来ある意味でビオン Bion, W. R., ウィニコット Winnicott, D. W. らが間主観的な言説を繰り広げてきたことも，その頃から再発見されてきたし，ボラス Bollas, C. のようにさらにその論を精緻に練り上げるものもいる。この哲学的含みをもつ概念が精神分析のなかにどう根付くのかはまだ予想がつかない。　　　（藤山直樹）

　［関連項目］間主観的アプローチ，構成主義的精神分析，主観性，主体，対象関係論，対人関係論
　［文献］Dunn, J. (1995), Gerhardt, J., Sweetnam, A. & Borton, L. (2000)

間主観的アプローチ
　［英］intersubjective approach

　ストロロウ Stolorow, R. D. の用語。間主観性および間主観的アプローチという概念の展開は，ある意味で，精神病理があたかも患者の中だけに所在するプロセス・機序であるかのように扱う古典的分析に対するアンチテーゼである。ストロロウとその共同研究者の出発点である『雲の中の顔ぶれ』(1979) は，「人格理論における（理論家の）主観性」という副題通り，「主観性そのものに関する理論的検索の必要性」をメインテーマとし，フロイト Freud, S., ユング Jung, C. G., ライヒ Reich, W. をはじめとする各理論家の主観が，いかに彼らの理論構築に影響を与えたかを詳細に論じた。その論点が，『主観性の構造』(1984) において間主観性の概念として結実し，『間主観的アプローチ——コフートの自己心理学を超えて』(1987) では臨床への適応が語られている。

　間主観性理論は，分析医が，患者の人生や人間の発達・心理的機能に関し，「客観的」知識を所有しているとは考えない。分析医が所有しているのは，フロイト，そしてユングもそうであったように，多種多様な情報源や人生の経験に由来した彼自身の主観的準拠枠（個人がものをとらえる際の系統的な原理や思想）であり，その準拠枠をもって分析医は，分析データを，筋の通ったテーマや関係性へとオーガナイズする。その意味で，これまで患者の中だけのプロセスないしは機序と考えられてきた転移，抵抗，陰性治療反応などは，間主観的な現象としてとらえ直されなくてはならないし，また，境界例，

精神病の症状も，それが出現してくる（治療者との）間主観的なコンテクストを抜きにしては語れないというのが，間主観性理論である。

　そうした観点からストロロウは精神分析を，2つの主観性——患者の主観性と治療者のそれ——の交差が構成する特定の心理的な場において起こる現象を解明する作業であると考える。つまり，「精神分析は，観察者の主観的世界と被観察者のそれという，それぞれ別個にオーガナイズされた2つの主観的世界の相互作用に焦点を当てる，間主観性の intersubjective 科学であり，その観察の姿勢は常に，観察の対象となる間主観的な場の内側にあり，外側にはない」。したがって臨床における現象は，「それが起こってくる間主観的な脈絡 context を無視しては理解できない。患者と分析医は共に，それ以上は分解不能な心理的システムを形成する」。間主観性理論は，発達システムにもあてはまる。「心理的な発達と病原発生は，共に，特定の間主観的な脈絡——発達過程を成形し，小児が発達上重要な課題を切り抜けたり発達段階を上首尾に通過するのを促進ないしは妨害する，特定の間主観的な脈絡——において理解されるべきである。観察の焦点は，それぞれ別個にオーガナイズされた小児の主観性と養育者のそれとの間の相互交流からなる，展開を続けて止まない心理的な場である」。

　体験に則した理論であり，精神分析的現象学とも呼べる，この，間主観性理論は，治療場面で起こってくる現象の理解に，これまでとは違った視点を与える。「精神分析的研究において浮上して来る，意味のさまざまなパターンは，2つの主観性の交差点に位置する特定の心理的な場において明らかにされる。この場は，事実上，間主観的なものであるから，各症例検討における解釈上の推断は，非常に深奥な意味において，『推断を生むもとになった間主観的な脈絡との関連で言えば』，という形で理解されなくてはならない。症例研究の間主観的な場は，転移と逆転移の相互交流により生成される。それは，環境，あるいは『分析的空間』であり，その中で，分析研究の各種仮説が結晶化する。さらに，間主観的な場は，意味の範囲を規定し，その，意味の範囲の中で，最終的な解釈の真価が決定される。この，精神分析的洞察の依存性——精神分析的洞察は，特定の間主観的な相互交流によって左右される——の真価を認知していれば，症例研究の結果が，なぜ，治療を行う人によって違ったものになるのかを理解しやすくなる。自然科学にかけられた呪縛ともいえる，そうしたばらつきが起こるのは，意味の本来的多義性を取り揃えた素材に対する見通しが，検索者によって異なり，また，多彩だからである」。

　なお，スターン Stern, D. N. の間主観性が，自分には自分の主観があり相手には自分と違う主観があるという，（主観的）自己・他者感が確立されて初めて現れる現象を指すのに対し，ストロロウはその用語を，あらゆる発達レベルにおける2つの主観の間の相互作用を指して使う。
〔丸田俊彦〕

　[関連項目] オーガナイジング・プリンシプル，自己感，スターン，フロイト，S.，ユング，ライヒ

　[文献] Atwood, G. E. & Stolorow, R. D. (1984), Stern, D. N. (1985), Stolorow, R. D. & Atwood, G. E. (1979), Stolorow, R. D., Brandchaft, B. & Atwood, G. E. (1987)

感情　⇒情動

　[英] affect

感情転移　⇒転移

　[英] Übertragung

関心 [自我の]

　[英] interest, ego-interest
　[独] Interesse, Ichinteresse
　[仏] intérêt, intérêt du moi

　フロイト Freud, S. は"Besetzung"の翻訳として備給 cathexis よりも関心 interest を好んだと言われる。フロイトはヒステリー現象を説明するのにドイツ語の日常語である"Besetzung"という語をいろいろな意味で使った。最初それは神経生理学的観点から論じられたが，『夢判断』（1900）以後は心理学的な意味で用いられるようになった。そしてフロイトは自我の欲動と性の欲動とを区別するようになった。「われわれは自我がその性的欲求の対象に向けたエネルギー備給をリビドーと名づけ，自己保存の欲動から送り出される他のすべてのエネルギー備給を関心」と名づけた（1916-17）。それを説明するのに感情転移神経症を例に挙げた。分裂病では対象へのリビドー備給が行われない，つまり転移能力のないのが特徴であると考えた。そして自我備給という用語を使用する場合，フロイトはエネルギーのことを考えており，この考えはナルシシズム論さらにはパラノイア論へと発展した。「対象備給からの遮断によって自由になったリビドーは，ヒステリーにおいては身体的神経支配（転換）あるいは不安に転化される。しかしながらパラノイアの場合には，自我に向けられ，自我（自我感情）の拡大のために使用される」，「パラノイアの場合，外界に対するリビドー的関心は消失されているが，外界に対する関心一般はまだ維持されている」と述べた（1911）。このようにフロイトは，性欲動に起源をもつ関心と関心一般を区別したのである。
〔川谷大治〕

　[関連項目] 自我，備給〔充当，給付〕

[文献] Freud, S. (1900, 1911b, 1916–1917)

慣性原則 [ニューロンの]
[英] principle of neuronic inertia
[独] Prinzip der Neuronenträgheit, Trägheitsprinzip
[仏] principe d'inertie (neuronique)

フロイト Freud, S. は『科学的心理学草稿』（1950 [1895]）で，「ニューロンは受け取ったエネルギー量を完全に放出してしまおうとする傾向を持っている」というニューロン系の機能原則を提出した。それが慣性原則である。フロイトはこの草稿で，ニューロンと量という概念を使ってニューロン系を記述しているが，この量は系の中を循環すると仮定されている。その後の心的装置に関するメタサイコロジーではこの概念を用いることはなくなったが，しかし，それは2つの心的エネルギーと，連鎖ないし系をなしている表象という概念に受け継がれ，慣性原則は心的装置の働きを規制する基本的経済原則の形をとることになった。　　　　　　　（小此木啓吾）

[関連項目] エネルギー，快感原則，経済論的観点，心的装置，涅槃原則

[文献] Freud, S. (1900, 1950b)

観念の模倣
[英] ideational mimetics
[独] Vorstellungsmimik

フロイト Freud, S. が『機知』論文（1905）で取り上げた現象であり，観念を身ぶりや行動で模倣することを指す。心的エネルギーの消費を問題にし，その消費量の差を笑うとする，滑稽さが発生する際の節約理論とともに記述された。人間が何かを伝達し描写するとき，言葉でそのことを聞き手に明らかにするだけでなく，さらにその内容を自分の表現形式で模倣することはよく観察される。たとえば，「高い山」と言うときには頭の上に手を上げ，「小さな小人」と言うときには地面の方に手を下ろすという具合に，表出内容の大小を表現するときに身ぶりの表示と言葉の表示が結びつけられ，量と強度が示される。手で描かれなかった場合は，声で同じようにやるだろうし，それを制御したならば目を見開いたり，目を細めたりして，大きさを言葉以外のもので表そうとするだろう。そこで表出されるのは感情ではなく，実際に表象されているものの内容であると考えられる。観念の模倣とは，心的内容と表現形式の一致であり，強迫的内容について書くと書き方まで強迫的になり，遊びについて書くと言葉が遊び始めるという現象においても見られる。マホーニィ Mahony, P. は，フロイト自身の書き方にその傾向が顕著であり，たとえば『無気味なもの』論文（1919）における無気味なものを取り扱う著者の考えがその書き方に出ていると言う。フロイト自身も予言しているが，スペクター Spector, J. らは観念の模倣を追究することは美学の諸地域において有効であろうと述べており，遊ぶことを生かす治療においても解釈内容と解釈形式の一致，あるいは相互乗り入れという形で観察できる。　　　　　　　　　　　　　　　（北山　修）

[関連項目] ユーモア

[文献] Freud, S. (1905a), Mahony, P. J. (1982/1987), Spector, J. (1972)

観念複合　⇒コンプレックス
[独] Komplex

官能性　⇒やさしさ
[独] Sinnlichkeit

願望
[英] wish
[独] Wunsch
[仏] désir

内的な緊張状態から生まれた欲求は，特定行為によって適当な対象を手に入れることで充足される。この充足の記憶像が，欲求から生じる興奮の記憶痕跡と結びついて残っている。欲求が再び生ずると，かつて打ち立てられた結合関係のために，心的な欲求充足の記憶像を再生させ，その充足の知覚を呼び起こそうとする。つまり，初期の充足の状況を再現させようとする。このような心的な動きをフロイト Freud, S. は「願望」と名付けた。そして，この場合の願望充足，知覚の再出現が願望の幻覚的満足である。フロイトは，「夢は願望充足である」という基本的命題を『夢判断』（1900）で提示したが，夢はこの意味での願望の幻覚的満足に由来する。

　　　　　　　　　　　　　　　（小此木啓吾）

[関連項目] 幻覚的願望充足，メタサイコロジー，夢，フロイト，S.

[文献] Freud, S. (1900)

願望充足
[英] wish-fulfillment
[独] Wunscherfüllung
[仏] accomplissement de désir

フロイト Freud, S. は1896年7月24日に「夢は願望充足である」という命題を証明したと確信したが，まさ

にそれは精神分析の誕生であった。それだけに、この願望充足の概念はフロイトの精神分析の最も基本的な理論概念である。それは、夢、幻想、症状などの無意識的産物の中にあらわれる心理学的な形成作用であるが、意識面にはさまざまな偽装、歪曲を受けた形であらわれる。

　フロイトは『夢判断』（1900）でこの命題の普遍性を証明することに熱心で、不安夢、処罰の夢などにもこの命題を立証することに苦心したが、やがて、『快感原則の彼岸』（1920）で、戦争神経症をはじめとする外傷神経症における恐怖体験の夢の反復の研究を通して、夢の願望充足の機能について疑問を投げかけ、より根源的な機能を見出そうとするようになり、反復強迫、やがては死の本能論へとその理論の展開を遂げる。　　（小此木啓吾）

　[関連項目] 一次過程／二次過程、快感原則、願望、幻覚的願望充足、現実原則、不快原則、メタサイコロジー、夢
　[文献] Freud, S. (1900, 1920e)

かん黙症
　[英] mutism, selective mutism
　[独] Mutismus
　[仏] mutisme

　「言葉を発しない」という状態像を総称する概念にもなりかねないが、重度の知的障害や精神病水準の精神障害、聾唖などによるものよりも、いわゆる心因性かん黙に類するものが精神分析や心理臨床において主に問題になる。また全面的なかん黙よりも、「場面かん黙」あるいは「選択的かん黙」が対象になることが多い。発症の原因やメカニズムに関しても、(1) 性格傾向——内気、非社交性、退嬰性・未熟、対人的過敏、回避性など——、(2) 社会的・状況的圧力・ストレスへの慢性化した反応、(3) 生育史、親子関係、(4) 圧倒的恐怖・緊張など心的外傷体験に由来する解離性反応、(5) 深刻な心的葛藤に基づく防衛メカニズムなどが一般に挙げられる。また自己表現の制止が、言葉に限られている場合と、筋肉運動の緊張など身体活動にわたる場合など一様でない。治療は非言語的チャンネルが主になりつつ長期に及びがちである。上記の (3) や (4) にかかわる 6 歳女児の例をチェシック Chethick, M. が報告しているが、加虐的口愛欲動への過剰な防衛から摂食を含めて口の活動全体にも制止が及びがちなことに注目し、また肛門期的葛藤に由来する排泄物の「出し惜しみ（制止）」があることから、言葉をも一つの排出産物ととらえた「出し惜しみ」を想定しながら治療を展開している。親子関係の問題を背景にして、欲動実現と対象関係をめぐる無意識の深刻な葛藤を見た例として参考になる。　　（斎藤久美子）

　[文献] Chethick, M. (1989)

換喩　⇒隠喩／換喩
　[英] metonymy

関与しながらの観察
　[英] participant observation

　サリヴァン Sullivan, H. S. の用いた概念。精神医学では人間が人間を観察するのであり、完全に客観的な観察というものはあり得ず（そう思っているときにかえって被観察者に大きな影響を与えているかも知れない）、かならず観察者が相手に影響を与えている、という。したがって、われわれに科学的に観察できるのは観察者と被観察者との間に起こる現象である。

　つぎにサリヴァンは次のようにいう。「……観察者が観察される者とかかわりあってつくる場において観察者と観察される者との間に起こる現象ならば、研究が可能である。私はこれこそ精神医学の対象である、といいたい」（『現代精神医学の概念』1940）。

　観察者が被観察者に影響を与えずにおかない、という考えは、文化人類学やエコロジーでは基本であるし、物理学でも量子力学になれば現れるので、現代では人文科学・自然科学を通じてむしろ自然な考え方であるだろう。

　関与しながらの観察という考えは、古典的な精神分析による「ブランク・スクリーン」（受け身的・受動的に治療者が振る舞うことにより患者の問題がスクリーンに映るように明らかになる）の考えとは対照的である。治療者は必然的に被治療者と対人関係の場を作り、そこでの治療者の言語的・非言語的コミュニケーションは被治療者に影響を与える。同時に治療者自身も、被治療者のコミュニケーションと対人関係の場によって影響を受ける。影響を受けながらも、2 人の対人関係の性質・その生起についての客観的観察は可能であり、そこから治療的な関与も可能となる。この考えは現在の精神分析における観察自我 observing-ego の概念、また自己心理学における間主観性の概念とも通じるものであろう。（桜井昭彦）

　[関連項目] 間主観（体）性、サリヴァン
　[文献] Sullivan, H. S. (1940)

きおく

記憶
[英] memory
[独] Erinnerung
[仏] Souvenir

　記憶は，フロイト Freud, S.，そしてフロイト以後の精神分析の臨床上も理論上も最も重要なテーマの一つであるとともに，精神分析と神経学，特に神経心理学をつなぐ架け橋となる領域である。失語症研究（1891），失認 agnosia の概念化，『科学的心理学草稿』（1950 [1895]）におけるニューロン理論の定義など，もともと神経学者であったフロイトの精神分析理論の起源をなす領域であり，しかも，現代でも精神分析理論の基礎研究の課題になっている。

　[フロイトにおける臨床的な記憶研究]（1）記憶の想起と情動の除反応 abreaction：ブロイエル Breuer, J. のカタルシス療法に学んだフロイトは，心的外傷の記憶が類催眠状態で回想可能になり，この記憶と結びついた情動の除反応が症状の消失をもたらす臨床経験を通して，記憶表象と情動の結びつきについて明らかにした。

　（2）無意識の意識化：無意識化されていた記憶表象は，抑圧され，さらに別な表象や身体現象への置き換えを受けていることを認識したフロイトは，この抑圧された記憶を意識化する作業を夢判断とヒステリー治療において発見し，この作業を精神分析と呼んだ。

　（3）幼児期健忘と隠蔽記憶：フロイトは，幼児期の記憶は抑圧を受けて健忘されていることを明らかにし，これを幼児期健忘 infantile amnesia と呼び，その本来の幼児期の体験はしばしば断片的な一見無意味な記憶に置き換えられている事実を発見し，これを隠蔽記憶 screen memory と名付けた。この研究を介してフロイトは，それが本来の体験より以前の体験の記憶である場合を先行性の隠蔽記憶，さらに同時的‐隣接的隠蔽記憶，隠蔽記憶がより重要な体験より後になっての記憶である逆行性隠蔽記憶を区別し，回想する主体の側の心的な状況と回想される記憶の時間的相互関係，そしてまた，その防衛としての機能を明らかにした。

　（4）想起 erinnern にかわる行動化 agieren と反復強迫：フロイトは，過去の幼児期の体験と葛藤が，転移の中で回想されることを発見したが，『想起，反復，徹底操作』（1914）でフロイトは，言語表象による回想に加えて過去を現在にもたらすもう一つのやり方として，行動化する agieren をあげた。特に，それには転移の中で起こる場合と治療場面外で起こる場合，ひいては治療関係以前に起こる場合があるが，いずれにせよフロイトはこの無意識的な行為による反復という前言語的な回想の様式を明らかにするとともに，特にそれが心的外傷における想起に見られることを明らかにした。

　（5）回想と再構成：1930 年代になるとフロイトは，治療関係における個々の記憶の想起を結びつけた全体的な過去の再構成を考古学にたとえ，それが現在の主体のあり方によって規定される点に歴史的な真理と共通する事実を明らかにするとともに，考古学との違いは，想起する主体と再構成する分析者の対話的な相互主体的な関係性が過去の記憶の再構成をつくり出す点にあるという認識を明らかにした。この認識は，現代のシェーファー Schafer, R. などの言う，「回想は治療者との間でつくられる自己物語である」という物語モデル論を促す再構成研究に道を開いた。そしてフロイトは，これらの治療場面での記憶との臨床的なかかわりを介して，記憶に関する以下のようなメタサイコロジー（理論的仮説）を段階的に発展させた。

　[記憶に関するフロイト理論]（1）記憶痕跡と願望：最早期には，心的過程に知覚された表象が，記憶痕跡の成立とともに記憶（記憶表象）となるという仮説を提出したが，この記憶痕跡の仮説は，記憶は皮質ニューロンの DNA の構造の永久的な変容として貯蔵されるという現代の神経心理学の仮説と一致する。フロイトによれば，これらの原始的な記憶の痕跡は記憶系の中で関連を持って配置され，想起の過程でその図式なりネットワークなりの連想的な活性化によって復活し，前意識的なレベルで再現されるという。さらにこの記憶痕跡の成立とともに，ひとたび快の満足体験を経験すると，その記憶と同様の満足を求める生理現象が起こったとき，かつての満足の記憶が再生され幻覚的な満足が起こる。これが願望の成立である。この願望がみたされない場合，現実（現実原則）が体験され，やがて抑圧の機制が成立するが，このような理解が『科学的心理学草稿』（1950 [1895]）から『夢判断』（1900）で展開され，やがて知覚と記憶のシステムが区別され，さらに局所論モデルで，注意の備給を受けることで回想可能な前意識にある記憶と，この回想が困難な抑圧された無意識の記憶が区別され，この理論がすでに述べた臨床経験と並行して発展した。そして，この抑圧された記憶の回復が精神分析の理論上・臨床上の課題になった。

　（2）事後性 nachträglich の研究：フロイト（1914）は，記憶の言語的回想と行動による回想＝反復強迫を明らかにしたが，その一方で，一定時点での体験，印象，記憶痕跡が，心的な発達や成熟とともに新しい意味に新

しい心的な作用を獲得する心的過程を事後性として明らかにしたが，実はフロイトは最初から，主体は事後的に過去の出来事を修正し書き換えるという見解を抱いていた。この観点から，むしろいままで述べた記憶に関するフロイトの見解を理解し直すのが現在の精神分析の記憶論の動向である。実際には，体験した瞬間に，意味文脈中に完全に統合され得なかったものが事後的に書き換えられる。この事後の書き換えは，新たなタイプの意味作用によってその先行経験を再加工する心的過程であるが，現代の精神分析学者モデル Modell, A. H. は，神経生物学におけるエーデルマン Edelman, G. の「記憶は脳の動的な再構成によるものであり，カテゴリーによって区分され，つくり上げられる」という理論に精神分析における事後性の理解の道を見出した。そして反復強迫される外傷体験は，その後の体験によって修正し書き換えられないままになっている記憶であるといい，精神分析治療の目的は，この記憶の書き換え，意味の広がりを結果する事後性の営みであり，転移解釈もこの意味での記憶の再カテゴリー化であるという。そして，この事後性の研究は現代の神経生物学と精神分析の重要な接点になっている。

（3）乳幼児研究における記憶と精神療法：現代の乳幼児研究は記憶の研究に新たな理解をもたらした。特にスターン Stern, D. N. は，その自己感の発達研究において生後2-3カ月における中核自己感の基本は，自己が存在し続けるという連続性の感覚に必要な乳児の記憶の能力にあるといい，自己の発動性の体験の運動記憶，自己の一貫性を体験する知覚記憶，情動体験の連続性に関する情動記憶（エムディ Emde, R. N. の言う前表象自己における情動中核はこれに当たる），そしてエピソード記憶（現実の生活体験の記憶）が中核自己感の連続性を可能にするという。そしてスターンは，母と自己の相互関係の記憶に関して，活性化された記憶は RIGs（一般化された相互交流の表象）から想起の手がかりをもとに誘発されるといい，こうした RIGs を登録する能力は，生後2-3カ月に始まる中核自己感の形成期で見られるといい，RIGs は，中核自己表象の基本的単位として，中核自己感の形成に貢献するという。

また，トロニック Tronick, E. Z. らのボストン・グループ（スターンもその一員）は，精神分析的治療における変化をもたらすには，洞察以上の何か（"something more"）が必要であるとの立場から治療過程を研究している。彼らは，「他者とともにある在り方」に関して，言わず語らずのうちに伝達され体得される「言わず語らずの関係知識 implicit relational knowledge」の重要性に注目している。乳幼児の現時点での機能を決めるのは，過去における交流の内容（"ママはいつも X をやった"）だけではない。加えて，相互調整の手順（"いつもこうやって交流した"）が，現時点での情緒的，関係的な機能に影響する。同様に，患者の現在における他者とのかかわりを理解しようとすれば，知的洞察が伝えるような「内容」を越えて，それが「いかに行われるか」に関する言わず語らず implicit の「手順知識」を理解する必要がある。

そうした「手順知識の変化」が，「他者とともにある在り方」に関しても起こるというのが，ボストン・グループの主張である。そしてその変化を起こす引き金として，スターンは「出会いのモーメント」を考える。彼の主張によれば「出会いのモーメント」は，治療関係の中で治療者と患者が，解釈などのエピソードをきっかけに，それまでの関係を微妙に，しかし確実に書き改めるような「出会い」をする「モーメント（瞬間）」であり，そこで起こる関係性の変化が，言わず語らずの「（他者とともにある在り方に関する）手順知識」の変化として体得されることになる。

これらの研究は，神経心理学における意味記憶 semantic memory・エピソード記憶 episodic memory からなる宣言的記憶 declarative memory と手順記憶 procedural memory の研究との交流を通して，精神療法の治療機序における記憶の機能の解明に新たな光を投げかけている。

（小此木啓吾）

［関連項目］ 隠蔽記憶，外傷，カタルシス法，願望，記憶痕跡，再構成，自己感，事後性，情動的中核自己，除反応，反復強迫，無意識，物語モデル，幼児健忘，抑圧，RIGs，エムディ，シェーファー，スターン，ブロイエル，フロイト，S.，モデル

［文献］ Freud, S. (1891, 1900, 1914f, 1937c, 1950b), Freud, S. & Breuer, J. (1893–95), Stern, D. N. (1985), Stern, D. N., et al. (1998), Tronic, E. Z. (1998), Tronic, E. Z., Stern, D. & Sander. L., et al. (1998)

記憶痕跡

［英］mnemic trace, memory-trace
［独］Erinnerungsspur, Erinnerungsrest
［仏］trace mnésique

出来事の経験が心的なシステムの中に記憶されて永続的な構造的な変化を残す心的な変化を言う。記憶痕跡は一定の備給を受けることによってのみ活性化され，再び意識化される。本来，記憶痕跡は神経心理学的な概念で，フロイト Freud, S. は『科学的心理学草稿』（1950 [1895]）で記憶痕跡について神経心理学的な説明を試み，ニューロンへの記憶の記載を論じ，記憶痕跡は，一方の通路がもう一方の通路よりも好んでよく利用されるようになるという，疎通という特殊な作用に他ならないと考えた。やがてフロイトは記憶を局所論に位置づけて，その作用をエネルギー経済論的用語によって説明しよう

とした。その代表的な論議は、『夢判断』(1900) 第7章「夢事象の心理学」でなされ、フロイトは、発達のごく早期には、記憶痕跡が成立すると、同じ欲動が再び起こったときに満足の再現を期待し、満足が延期されると、乳幼児は記憶痕跡にカテクシスを備給して、幻覚的満足を得るという。この幻覚的満足が欲求を満たしてくれないことを体験することを契機として、現実感覚が発達する。早期のこの心的過程とその変遷が、自我が現実原則に適応して発達する可能性をもたらす。すでにブロイエル Breuer, J. は、意識と記憶の経験様式の違いについて、『ヒステリー研究』(1895) で、「同一の器官がこれら二つの矛盾する条件を満たすことは不可能である。反射望遠鏡の鏡は同時に写真の乾板ではありえない」と述べたが、フロイトも「刺激の持続的痕跡が常に意識的であり続けるとすれば、持続的痕跡は、この体系が新しい刺激を受け取る能力を制限してしまうことになる」といい、逆にその痕跡が無意識的なものになるとすれば、その心的体系のうちに無意識的過程が存在することを仮定しなければならないと論じて、局所論的概念を発展させた。この局所論では、さらに、前意識と無意識が区別され、すべての記憶系は「記述的」意味では無意識的であるが、Ubw (無意識) 系の痕跡がそのままでは意識に到達しえないのに対し、前意識的記憶はある特定の行動にあらわれ得るという。そして、幼児健忘について、幼年期の出来事をわれわれが思い出せないのは、抑圧によるものであり、すべての記憶は必ず記載はされているが、それらが想起されるかどうかは備給、リビドー撤収、逆備給のされ方にかかっているという。 (小此木啓吾)

［関連項目］記憶、局所論〔局所論的観点〕、幻覚的願望充足、備給〔充当、給付〕、無意識、夢、幼児健忘、抑圧、ブロイエル、フロイト, S.

［文献］Freud, S. (1900, 1950b), Freud, S. & Breuer, J. (1893-1895)

奇怪な対象
［英］bizarre objects

ビオン Bion, W. R. が精神分裂病者の精神病的世界を理解しようとして導入した概念。それまでの精神分析がリビドー的関係（L 結合）・攻撃的関係（H 結合）を論じていたのに対して、彼は思考過程の対象関係（K 結合）とその障害に注目した。一般に精神病状態では、患者の自我境界は失われて自己と対象の精神病的混乱が生じ、患者は幻覚・被害関係妄想・思考障害・自我障害などを被る。これらの精神分析的解明は、クライン Klein, M. (1946) が口火を切るまで思弁的または記述的に留まっていた。彼女は妄想分裂ポジションにおける自己と対象の破壊と迫害の世界を描写し、自我の原始的機制として分裂・万能感・否認・投影同一化・理想化を挙げた。しかし、それらは精神分裂病に固有と言うより、パーソナリティの原始的な部分に共通していることがしだいに理解された。

ビオンは、精神病に特異的な自我の断片化を想定した。彼は、患者が自己の知覚装置・思考機能に攻撃を向けて破壊し、現実との接触を放棄している事態を作り出していると考えた。その成因は、体質因（現実への憎悪と良い対象への羨望の強さ）ばかりでなく、乳児の耐え切れない情動を受け止めて緩和して消化できる形で返す、母親のコンテイニング（包容）機能との不調和が考えられている。生のままでは心の世界の中に収め難い恐怖・不安などの情動（ベータ要素）は、このように母親が返す（アルファ機能）ことで、心の世界の素材（アルファ要素）として使用可能になる。それは無意識的思考のための心的装置を形成する。しかし攻撃によって、その装置および本来意識と無意識を隔てる接触障壁（コンタクト・バリアー）は破壊され、断片として排泄される。接触装置を失った患者は内的・外的現実と関わらず、排泄された諸断片に取り囲まれ、閉じ込められたと感じる。その断片は対象に侵入し、投影―摂取―投影の繰り返しによって膨れ上がる。断片には超自我・自我成分が伴っており、パーソナリティを持っているかのように患者に憎悪を向けて迫害する。患者はそれを幻覚様式によって経験する。これが、ビオンの言う「奇怪な対象」である。メタ心理学的には、これは「アルファ機能の逆転」として理解される。奇怪な対象が現れるのは、コンテイニング機能を提供する対象が見出されない世界において究極的な孤立無援を回避するために、自らいわば"造物主"として対象を作り出さざるをえない事態である。

(福本 修)

［関連項目］アルファ要素、精神分裂病、ビオン理論、ベータ要素、ビオン

［文献］Bion, W. R. (1956, 1957, 1962b), Klein, M. (1946), Meltzer, D. (1978a)

器官快感
［英］organ-pleasure
［独］Organlust
［仏］plaisir d'organe

幼児の性活動において、ある性感帯の興奮によって生じた欲望（部分衝動）が、その性感帯（身体器官）において自体愛的に満たされることをいう。その場合、他の性感帯は興奮せず、また上記の自体愛的満足にも関与せず、特定の部分衝動だけが満たされる。しかも、こうして獲得される快感は、はじめは個体の生存活動に依存して、その副産物として得られていたものであったが、や

がて生存活動から独立して，快感自体が追求されるに至ったものである。例えば幼児の指しゃぶりについて，フロイト Freud, S. は次のようにいう。母の乳房を吸うことは，幼児にとって最初の，しかも生存に最も必要な活動だが，その活動を通して，皮膚または粘膜を吸うと満足が得られることを知る。幼児の唇は一種の性感帯として働き，はじめはその満足は栄養欲求の満足と結びついていたのだが，後になるとそれから独立し，口唇性欲の満足だけを求めるようになる。このような指しゃぶりその他の器官快感を求める行為の中に，幼児性欲の3つの根本的特性が認められるとフロイトはいう。「この幼児の性的表出は生きてゆく上に必要な，ある身体機能に依存して生ずる。しかし，それは未だ性的対象を知らず，自体愛的であり，その性目標は性感帯の支配下にある」。

(馬場謙一)

[関連項目] 自体愛, 幼児性欲
[文献] Freud, S. (1905d)

器官言語

[英] organ speech
[独] Organsprache

アドラー Adler, A. は『器官劣等性の研究』(1907)の中で器官隠語 organjargon という用語を使用して，身体症状の象徴的な意味について記載した。またシュテーケル Stekel, W. は種々の症状が無意識の感情を象徴的に表現する器官言語 Organsprache の症例を報告した。フロイト Freud, S. は『無意識について』(1915)の中で，精神分裂病にみられる一群の言語変化について，「文は独特な構造の崩壊を示し，そのために，われわれに解しがたい文となり，そうして，われわれは患者の表現を無意味のものと思うのである。この表現の内容には，しばしば身体器官や身体の神経支配にたいする関係が前景にあらわれている」と述べる。そしてタウスク Tausk, V. の「眼がまともでない，ゆがんでいる」と訴える少女患者をこの例として取り上げ，「器官（眼）との関係が，内容全体の代表になっている」ことを強調し，これに器官言語という用語をあてた。フロイトは，精神分裂病の言語が一次過程に委ねられていて，「言葉は濃縮され，おきかえられ，そして不断にその充当を移しあ」い，「ただ一つの言葉が，全思考の連鎖をになう代表となる」様を指摘し，ヒステリーや強迫神経症との違いを明確にしようとした。フロイトは精神分裂病の言語を理解するために器官言語という用語を使用し，事物表象／言語表象という区別を導入するに至った。フロイトのこの観点はラカン Lacan, J. のシニフィアンに受け継がれている。しかし一方その後の心身医学の進歩につれて，器官言語あるいは身体言語という用語によって，身体症状とその根底にある情動や無意識的葛藤との関連を読みとろうとする動きが一般的になってきている。とくに米国の心身医学はその初期にはウェイス Weiss, E. とイングリッシュ English, O. S., さらにアレキサンダー Alexander, F. らの心身医学に代表されるように，むしろ心身症の症状を一連の器官言語的表現としてとらえる動向が大きな役割を果たす時代であった。そしてまた現在までもこの領域での器官原語の心身医学的領域における研究はさまざまな発展をとげている。精神か身体かの二者択一は，言葉で取り扱うか身体的に取り扱うかの問に置きかえられやすく，身体と言葉との関係が盛んに論じられている。これは20世紀に入ってのソシュール Saussure, F. de の登場，あるいは心身二元論を乗り越えようとする哲学の企てに大きく影響されてのものでもある。「上-下」「前-後」「内-外」「遠-近」などの空間概念は身体的経験の領域に属するものであり，これらの概念が「他の諸概念の基礎となる元型的概念の母胎である」と考えられている。「本能そのもの，生物学的なもの自体が，本来意味的なもののコミュニケーションを含蓄している」という身体から言葉への動きをとらえることによって，言語治療論が心身医学の領域に貢献してきている。とくに身体的な言葉で心理的なものを表現するメタファー（比喩）の発見と使用は，心身症の治療には欠くことのできないものとなっている。この一連の研究としては北山修の仕事が代表である。彼は「比喩は両義的・多義的なものの受け皿となり，本来結びつけられることのなかった理解と情緒，意識と無意識，心と身体とを橋渡しする」と述べ，器官言語あるいは身体言語を比喩と関連させて，言語治療に生かそうとしている。

(渡辺智英夫)

[関連項目] 隠喩／換喩, 器官劣等性, 事物表象／言語表象
[文献] Adler, A. (1907), 尼ヶ崎彬 (1990), Freud, S. (1915e), 市川浩 (1984), 北山修 (1984), 小此木啓吾 (1979c), Stekel, W. (1908), 渡部智英夫・北山修 (1991), Weiss, E. & English, O. S. (1943)

器官神経症

[英] organ neurosis
[独] Organneurose
[仏] névrose d'organe

フェニヘル Fenichel, O. は，神経症の症状を，器官神経症症状と精神神経症症状に区別した。転換が無意識的な願望や葛藤などの象徴的な意味をもつのと対比的に，器官神経症症状は，心因性ではあるが，特別な心理的な意味を表現しない身体機能障害であると考えられた。その発生は，(1) 情動等価 affect equivalence として，(2) 欲求不満状況での自律神経-内分泌-生化学的変化の結果として，(3) 無意識的な生活や行動パターンの結

果として，(4) それらの組合せによって，であるとされ，身体各器官についての器官神経症が系統的に論じられている。

　これに先立って，フロイト Freud, S. は精神分析の創生期に，精神神経症と現実神経症を区別し，現実神経症はさまざまな自律神経症状や易疲労感，不安感を呈するが，症状は象徴的な意味を持たないと述べていた。また，アレキサンダー Alexander, F.（1939）はやはり，転換と対比しながら情動の興奮に伴う植物神経の機能的な現象を植物神経反応とよんで，生理学的な知見との連携をすすめた。器官神経症の概念は，心身症を考えるうえでは植物神経症よりも包括的であり，現代的な診断名として用いられることは少なくなっているとしても，理解の枠組みとして有用性を保っている。　　　　（高野　晶）

　[関連項目] 現実神経症，情動等価（物），植物神経症，心身症，転換

　[文献] Fenichel, O. (1945), Freud, S. (1898a, 1910h), 小此木啓吾（1985c, 1993a）

器官選択

[英] organ choice
[独] Organwahl
[仏] choix d'organe

　ある器官に心因性に機能的あるいは器質的な障害が生じた場合，なぜその器官が選ばれたのかということは，心身医学的にみて興味深い問題である。これまで以下に挙げるいくつかの要因が論じられてきた。

　(1) 身体的脆弱性：心理社会的負荷が加わった場合，その内容のいかんに関らず，生体の持つより脆弱な器官に障害が現れるという考え方がある。たとえばアドラー Adler, A. は人はそれぞれ形態的あるいは機能的に劣等な器官を持っており，その補償をめぐる葛藤や問題が神経症の原因であるとし，器官劣等性 organ inferiority の概念を提唱したが，これは器官選択の問題を考察するうえでも示唆に富んだものである。またフロイト Freud, S. の提唱した身体からの迎え入れ somatic compliance の理論や，アレキサンダー Alexander, F. の体質的脆弱性 constitutional vulnerability の概念も同様の機制に言及したものである。なおこの場合の器官の脆弱性は，遺伝的，体質的なものに限らず，過去の疾病の既往やその時点での抵抗性の減弱も含まれる。

　(2) 固着・性格：フロイトは精神-性的発達途上のある段階特有の欲動の在り方やその充足様式に対して，その後にわたって過大な精神的エネルギーが備給され続けるという固着の概念，および個体が一定の発達を遂げた後に，ある欲求挫折を契機にそれぞれ特有の固着点まで逆戻りするという退行の概念を提唱した。個体が心理社会的負荷に直面した場合，その固着点で精神的エネルギーの備給されやすい器官が症状形成の場として選択される傾向にある。また固着点とも関係して，特徴的な性格傾向が，特定の器官疾患と密接なつながりを有することも指摘されている。ダンバー Dunbar, F. の提唱した潰瘍性格や冠動脈性格などはその代表例である。

　(3) 象徴化：ヒステリー転換の場合，抑圧された願望あるいはその妥協形成の産物が，随意神経筋肉系や知覚受容系など，本来情動緊張を表出し緩和する機能を持つ器官を借りて，象徴的な形で表現される。すなわちその場合無意識的にせよ，内的葛藤を表出しやすい器官や部位が積極的に選択されている。またある疾患を患った重要な対象との同一化に基づいて器官選択される場合があるが，これも対象を自らの器官に投影し同一化して，その対象との関係性を症状の形で象徴的に表現していると理解される。なおグロデック Groddeck, G. やドイチュ Deutsch, F. が，転換機制を他の器官疾患にまで拡大して適用しようとし，批判的評価を受けた経緯があるが，このような象徴化と選択が，本来自律神経・内分泌・免疫系によって調節されている器官において，どれだけ関与しうるかは未だ議論の余地を残している。

　(4) 情動特異性：アレキサンダーは，情動刺激に対する生理学的反応とそこから発展した病理的症候群は，それを引き起こす情動状態と特異的な関連を有しているとし，攻撃性の表出が阻止された場合の交感神経系の亢進とそれに伴う器官疾患群の系，および依存欲求が阻止された場合の副交感神経系の亢進とそれに伴う器官疾患群の系の2つの反応系を区別した。

　なお実際の器官選択は，以上挙げたいくつかの要因が複合的に関与すると考えるのが妥当であろう。
　　　　　　　　　　　　　　　　　　　（菊地孝則）

　[関連項目] 依存，過補償，攻撃性，固着，象徴化〔象徴作用〕，妥協形成，転換，同一化，ヒステリー，アドラー，アレキサンダー，グロデック

　[文献] Adler, A. (1927), Alexander, F. (1956c), Deutsch, F. (1959), Dunbar, F. (1954), Freud, S. (1905e, 1916–1917)

器官劣等性

[英] organ inferiority
[独] Organminderwertigkeit
[仏] infériorité organique

　アドラー Adler, A. は初めフロイト Freud, S. と協調して精神分析の発展に寄与したが，性欲動説に対して反論し，1911年に離別して自分の心理学を個人心理学と呼ぶようになった。その初期の研究である幼児の身体的障害が人格発達に及ぼす影響について考察した『器官劣等性の研究』（1907）でこの概念を提唱している。つまり

心臓に欠陥があるとその機能を遂行するために肥大がみられるように，器官は弱点があると自らその機能を補償するという作用がある。人は大なり小なり形態的・機能的に劣等な器官をもつものであり，その劣等性を克服するために，他の器官の機能を発達させて代用し，その弱点をさまざまな形で補償するようになるという。さらにニーチェ Nietzsche, F. の影響の下に，権力への意思の概念が導入され，劣等コンプレックスの心理学が完成した。つまり人は優越への衝動をもっているが，幼少期には小さくて無力であるためにさまざまな劣等感をもつ。したがってそれを克服し補償しようとする試みから，さまざまな生活様式が生じてくる。そこに補償失敗や過剰補償があると不適応を生じ，神経症となるものと考えた。彼によれば，あらゆる神経症は，自分自身を劣等感から解放して優越感を味わおうとする一つの試みと考えられる。これが病的に働いた「男性的抗議」という概念もよく知られている。後に彼はこの劣等感についての考えを超えて，さらに目的論的な人間学的な立場に立って人間共同体の理論を展開させた。　　　　　　　（前田重治）

［関連項目］アドラー
［文献］Allen, C. (1952)

危機介入

［英］crisis intervention

危機とは，危険な事件（災害，外傷体験，その他のストレッサーなど）に対する，個人や集団の急性の反応状態を意味する。各個人は，非常に苦しい感情状態を体験していることが多い。危機は患者の精神障害（急性不安状態，パニック，急性抑うつ，急性精神病，混乱状態など）を引き起こすことがあるが，患者がそれによってつぶされることなく，それをのりこえてゆけば，人間的に成長してゆく。つまり，危機は患者にとって危険な状況（危）であるとともに，それは新しい適応の仕方を学ぶ絶好の機会（機）でもある。危機は患者の人生において，大切な転機となる。このような状況の内に，危機介入的な治療が行われれば，患者の重篤な精神障害の発展や入院を予防することができるばかりでなく，患者の精神衛生が改善される。つまりそれは治療的であるとともに予防的である。

慢性の精神障害をもっている患者たとえば分裂病や躁うつ病などで，彼らの症状が再発したときに，危機介入することにより，彼らが直面している危機的な問題の解決を助けることができる。それにより患者の自信はたかめられ，彼らの心をより健康的にすることができる。すなわち理想的には，再発があるごとに患者の健康度はましてゆく。

危機介入は，なるべく地域の中で行われる。入院が必要な場合は，短期の入院治療が行われる。原則的には外来，入院治療とも，理論，技法は同じである。

危機介入の治療には，患者の積極的な関与が必要である。また患者の周囲にある，いろいろなリソースを活用する。すなわち家族，友人，職場の人たちなどである。

危機介入にあたっては，治療者の迅速にして，積極的な介入が必要である。治療者は患者に対して常に共感的，支持的態度をとり，治療同盟を素早く確立するとともに，陽性転移を促進するようにする。そのためには危機の真只中にある患者に安心感を与えるようにし，患者が受け入れられるような現実的な指示を積極的に与え，治療構造を明確に設定する。また環境操作が必要になる時もある。治療者は患者と共に，危機がどのように発展してきたか，順をおってレビューし，患者がどのように危機に反応しているか，どのようにしたら適応的に反応できるかなどを話し合う。そのためには，治療者が患者の危機状況を素早く力動的に理解することが大切である。危機に伴って体験されているはずの感情を特定し，それを治療者との支持的関係の枠組みの中で表現させるのが治療的である。その際，無意識の感情を扱わず，意識されている感情，または意識に近い感情のみを扱う。

危機介入にあたっては，治療を始める時点で，それが危機に対する治療に限定されることを患者に告げることが大切である。それは数回の面接であることが多く，期間としては1－3週間である。もちろん薬物療法と併用されることが多い。患者が危機以前の機能状態にもどった時点で治療は終結される。または継続治療のために普通の精神医療機関に患者を紹介する。　　　（中久喜雅文）

［関連項目］短期精神療法
［文献］Bellak, L. & Spiegel, H. (1983), Caplan, G (1964), 中久喜雅文 (1996), Walker, J. I., et al. (1983)

既視感

［仏］déjà vu

記憶錯誤の一種であり，はじめて見た物やはじめての体験を，過去に見たり体験したことがあると感じる現象をいう。過去に見ているものをはじめて見たと感じる未視感 jamais vu とともに，追想障害である偽記憶 pseudomnesia の一つとされる。クレペリン Kraepelin, E. はこれを識別記憶の錯誤とし，シュナイダー Schneider, K. は現実批判力の関与を重視した。1888年ジャクソン Jackson, J. H. がてんかん患者のアウラ Aura (dreamy state) を報告し，その中で既視体験を記載したが，その後ペンフィールド Penfield, W., ヤンツ Janz, D. らによって，特に非優位半球の側頭葉の刺戟で生じることが示された。既視感は健常者でも稀ならず体験され，過労やストレスのある時，特に青少年にはよく

見られる。臨床的には，てんかん，ヒステリー，不安神経症，脳器質疾患，分裂病などで出現する。ヤスパース Jaspers, K. は，分裂病者では批判力が失われて，既視体験が独特の現実意識にまで高まり，それが長期にわたって持続することを述べている。精神力動的には，無意識的な幻想や願望との関連で説明される。フロイト Freud, S. は，『日常生活の精神病理学』(1901)の中で，12歳の少女が級友の家をはじめて訪ねた際に，前に一度来たことがある，とはっきり感じた例を挙げている。そして級友の兄が重病であったこと，彼女自身の兄も数カ月前重病で危うく死にそうであったことから，フロイトは次のように推測する。すなわち，兄が死ぬ不安，ないし兄に死んで欲しいという願望は，強く抑圧されたが，その代りに自分の記憶の中の感情が友人の部屋や家に転移されて，それらをすべて見たことがあるという「間違った追想」を作り出したのだ，と。　　　　（馬場謙一）

[関連項目] 願望充足, 記憶, 現実感

[文献] Freud, S. (1901b), Janz, D. (1969), Schneider, K. (1928)

儀式

[英] ritual
[独] Ritual
[仏] rite

理性的には不合理だと考えている場合でも，不安や焦躁を伴って一定の行為へと駆り立てられ，儀式や呪文のように特別な言動を繰り返すという，義務的反復を比喩的に指すものである。儀式が中断されると不安や罪悪感に襲われ，はじめから繰り返さずにはいられなくなることが多い。犯したい，汚したい等の観念が浮かんで，その不安は呪いや祟りの恐怖として理解され，儀式を利用することによって防衛され，ときに妥協形成を伴い，形骸化して元の不安が忘れられていることもある。歪められて表現された元の衝動は，一般に肛門期的葛藤や性の葛藤と関係することが多く，その願望や結果としての罪悪感を儀式で象徴的に取り消し，やり直そうとするものもある。子どもの遊びの中にも形式的，反復行為は多く見受けられ，癖や就眠儀礼のように一過性に繰り返されるものがあるが，強迫神経症などの症状にまで発展すると，生活を破壊し本人や周囲の計り知れない苦痛の元となる。日常的儀式と症状としての儀式の間には大きな隔たりがあり，症状の儀礼や儀式ではそれで気持ちがすむことはないとしても，臨床的儀式の象徴的意味の理解は，一般の祈りや宗教儀礼のハライ，キヨメ，ミソギ，そしてケガレなどの発生論のヒントとなる。　　　　（北山 修）

[関連項目] 強迫神経症, タブー, やり直し

[文献] Freud, S. (1909d), 北山修 (1988), Reik, T. (1919)

擬人化　⇒遊戯療法

[英] personification

偽成熟

[英] pseudo-maturity

一見問題のない「モデル」的な子どもや知的で成功しているように見える人びとが抱えているパーソナリティの問題を論じる際に，メルツァー Meltzer, D. が用いた語。ウィニコット Winnicott, D. W. の「偽りの自己」，ドイチュ Deutsch, H. の「アズイフ人格」の概念は，類縁の事象を指す。その大人の見かけの下では，原始的な機制特に全知・万能感が働いている。メルツァーの理解では，それはパーソナリティの自己愛的で倒錯的な乳児的部分が，パーソナリティの大人の部分に紛れて成熟を装い，自慰活動によって自己理想化と偽の独立を作り出している事態であり，実際には内的対象に同一化することによって分離を否認している。偽成熟は理想化され，転移においても一方では理想化された陽性転移を治療者に向けるが，そこには自分のパフォーマンスに対する承認と賛嘆の欲求あるいは要求が潜んでいる。パーソナリティの乳児的部分の問題として，メルツァーは初め偽成熟を肛門自慰と投影同一化との関連から論じて，その背景の力動に，糞便の自己愛的な評価，領域の混乱（乳房と臀部，膣と肛門，男根と糞便）による対象の価値の貶め，侵入的な投影同一化による対象の我有化を認めた。投影同一化は「自己と他者の地理の混乱」をもたらすが，その解消の困難さから，この主題は2つの方向に展開される。1つには「自己愛性病理組織」論の先駆けとしてパーソナリティの構造論で，もう1つには，生活空間 life-space としての「内的対象の内部」という着想であり，彼は後者を『閉所――閉所恐怖現象の研究』(1992)で展開した。対象への侵入的同一化は逆に母親の内部に閉じ込められることであり，侵入部位（頭脳／乳房，肛門，性器）によってその経験様式が異なる。どこに閉じ込められるにしても，乳児的部分が捕虜として置き去りにされたパーソナリティは，偽成熟を免れない。

なお，類似語の「偽正常性 pseudonormality」は，精神病が隠蔽されて一見正常な「転々とする精神分裂病者 ambulatory schizophrenics」のような病態を，「偽性器性 pseudogenitality」は，性器統裁 genital primacy に一見到達している性倒錯者の病態，または一見性的な行動化がより原始的な口愛性の反映である境界例患者の病態を指す。　　　　（福本 修）

[関連項目] アズイフ人格, 偽りの自己, メルツァー理論, メルツァー

[文献] Meltzer, D. (1976, 1992)

基礎仮定　⇒基底的想定〔ベーシック・アサンプション〕
　［英］basic assumption

機知　⇒ユーモア
　［英］joke
　［独］Witz
　［仏］mot d'esprit

基底欠損
　［英］basic fault
　［独］Grundstörung
　［仏］défaut fondamental

　バリント Balint, M. が，エディプス水準より原始的な心的水準を表現するために対象関係論的観点から立てた概念。基底欠損水準ないし領域の語で用いられる。この領域に位置づけられる代表的対象関係は，フロイト Freud, S. の一次ナルシシズム理論への批判から生まれた一次愛 primary love と，オクノフィリア ocnophilia およびフィロバティズム philobatism であり，エディプス領域が三者関係で特徴づけられるのにたいし，これらは二者関係で特徴づけられる。バリントの理論は，エディプス，基底欠損の 2 領域に，一者のみからなることを特徴とする創造領域を加えた 3 領域で成立している。

　基底欠損領域の特徴としては，(1) 二者関係，(2) エディプス水準と異なった人間関係，(3) 葛藤に由来しない力動，(4) 成人言語の無力，があげられる。この水準においては，対象の存在が当然のこととされ，対象を協力的パートナーにするために「わがものにする作業 work of conquest」が必要であるという認識がない。満足と欲求不満の落差が大きく，主体対象間に調和状態が維持されているときには目立たない穏やかな反応が生じるが，調和状態に障害が生じたときには，激烈な反応が生じ，攻撃破壊的，ないし主体解体的な過程が出現する。

　ここで欠損 fault という言葉が用いられるのは，一つには患者自身が自分の内部に欠損があると感じるからであり，第二には，衝動でも葛藤でもなく，心の中に存在する欠失がこの水準の力動を形成しているからである。したがって，基底欠損が完全に消失することはなく，たとえ治療に成功した場合にも，傷跡を残すという。基底欠損のおよぶ範囲は，心身をあわせもつ，全心理学的・生物学的構造であり，心身症から，一般の身体疾患までを視野に入れている。基底欠損の起源については，個体形成初期における欲求と供給の落差にあるとし，対象関係論的視点から，環境を代表する人びとと子どもとの適合関係の存否に注目している。

　基底欠損という概念に到達したバリントの学問的軌跡は，フロイトの精神分析を基盤におきながら，ハンガリーにおいて精神分析学を学んだフェレンツィ Ferenczi, S. の影響と，これもハンガリー時代より手を染めていた心身医学的実践を経て，イギリスに亡命したあと最終的結実を見た。前者については，分析の隠れ身による転移分析という精神分析技法から踏み出した，フェレンツィ的治療態度の影響を受け，患者の治療場面における退行を許容する姿勢に帰着し，基底欠損領域の諸現象を治療のなかで観察することを可能にした。他方，心身医学的関心は，一般医とのバリント・グループの活動に発展したが，そのなかで観察された身体的症状の心身相関的背景に，基底欠損領域の問題が想定された。その意味で，基底欠損という概念は，バリントの生涯の臨床実践を統合する鍵概念である。　　　　　　　（森　茂起）

　［関連項目］一次ナルシシズム／二次ナルシシズム，受身的対象愛，エディプス・コンプレックス，オクノフィリア／フィロバティズム，前エディプス期（の），対象関係論，治療的退行，二者関係／三者関係，フェレンツィ的治療態度，バリント，フェレンツィ

　［文献］Balint, M. (1952, 1959, 1968)

基底的想定〔ベーシック・アサンプション〕
　［英］basic assumption

　ビオン Bion, W. R. が，グループ心性という概念を説明するために導入した発達的概念である。訳語に関しては，他に「基礎過程」「基本的思いこみ」などがある。

　グループの中では，成員一人ひとりの心内に相反する 2 つの傾向が賦活される。1 つはグループの課題達成のために意識的に協力しようとする傾向であり，もう 1 つは発達早期に起源を持つ 2 つのポジション，すなわち，妄想-分裂ポジションと抑うつポジションが賦活される。そして無意識のうちに，成員それぞれの資質や成熟度に関係なく，グループ全体としてまとまった非理性的で強烈な，精神病様の情緒的状態を生み出す。この状態は心の発達の最初期に，環境や親を認知し反応するネガティブな側面と類似しており，危険感や無力感や絶望感に満ちていて，退行的な反応につながりやすい。つまり環境や親は万能的な力を持つものとして基本的に想定されているが，それは同時に，自分自身の万能感を投影しているという側面も持っている。上のようなネガティブな感情に直面したり空想を自覚するのを避けているがそれに気づかず，グループ全体が防衛としての文化を発展させる。これには 3 つの表現があり，それぞれ「依存」，「闘争-逃避」，「つがい」基底的想定文化と呼ばれる。

　それぞれの文化の典型的な表れ方は次のようである。

依存文化では成員一人ひとりが積極的に何かをしようとする努力をせず，グループ全体がグループまたはリーダーが何かしてくれることを期待しいつまでも待っているようである。時に公式のリーダーでなく，成員の一人が実質的なリーダーと想定されることもある。闘争‐逃避文化ではグループ内部に対立が生まれ，言い争いが延々と続くのをグループ全体が見守っていたり，争いに参加したりする。時に外部の人や他のグループが対立の対象になることもある。つがい文化ではグループ内にペアが生まれ，グループ全体がそのペアの間に延々と続く対話から何か新しくよいことが生まれるという希望を抱いているようである。ペアの対象は時に人でなく観念であることもあり，その観念に打ち込むことでグループには幻想的希望が生まれている。

依存文化の基盤には，成員個々の相違を越えて，自分自身は頼りにならないが，グループあるいはリーダーは全面的に頼りになるというグループ共有の無意識の基底的想定があり，闘争‐逃避文化では極めて破壊的なグループあるいはリーダーを排除するか回避しなければならないという迫害妄想的想定，つがい文化ではグループ内のペアから希望が生まれ，魔術的に救われるという想定がある。これらの想定の底辺には強力な投影同一化のメカニズムが働いており，想定の的になったグループやリーダーの中に個々の成員内部の部分対象が集合的に投影されている。そしてグループやリーダーは投影された対象に同一化し，実際にその対象のように振舞わざるを得なくなるのである。

このように基底的想定は精神病様の不安を反映する空想であり，攻撃的・破壊的側面が強調されている。これは「死の本能」の存在を前提にするクライン学派の特徴であるが，実際には基底的想定文化にはポジティブな適応的側面もある。ガンザレイン Ganzarain, R. が言うように人間関係を通じて何事かを学ぶためには，相手に依存できるという基本的な信頼感が不可欠であろう。またグループ内あるいは外部との結びつきから何か新しいものが生まれるという希望は，グループが生き続けるためには基本的に必要であると考えられる。ビオンはつがい文化を，グループと個人が相互に包容し合う機能の表現と見なしている。一見破壊的にしか見えない闘争‐逃避文化でも，グループ成員間あるいはグループ外に敵を想定しそれを滅ぼすことでグループ内の分裂を解決しようという強い動機が認められる。闘争‐逃避文化の中では，未解決な攻撃性のために不安定だった個人がかえって安定したり，内部分裂を起しそうなグループがまとまりを回復したりすることがしばしば観察される。いずれにせよ基底的想定という空想に含まれる強いエネルギーは，見方によってはポジティブにもネガティブにも働くが，根本的な解決は洞察を抜きにしては達せられない。

人間の本性に根ざす不安を集団的に防衛するこのようなメカニズムは，小グループだけでなく，社会の文化的，政治的構造の中にも反映されている。例えば教会は依存文化が，軍隊は闘争‐逃避文化が，そして貴族階級はつがい文化が，それぞれ防衛的装置として社会構造の中に組み入れられたものだと見ることができる。

基底的想定文化の概念はまずグループ力学 group dynamics の領域で重要な概念になった。これと並行して，個々人の心理の改善や変化成長を目的とする集団精神療法の領域で，グループ力学を治療プロセスの中に統合しようとする努力が一貫して続いている。現在ではグループ全体指向の集団精神療法がそれであり，ガンザレインの対象関係集団精神療法はその代表的なものの一つである。一般に精神療法グループは，洞察や人間関係の学習を基盤に自己変化を目的とする作業集団だということができる。この作業は防衛されている不安とその源にある葛藤に患者が直面することが必要だから必ずしも易しくない。そこでグループはしばしば，全体として基底的想定文化を発展させて，その作業を避け易いような雰囲気を作り上げる。しかし，この防衛としてのグループ文化に外在化された精神病様不安を直接体験，観察し，その基底にどういう不安や葛藤があるかを共同して探索することができれば，患者たちの自己洞察がより効果的になるかもしれない。

また，基底的想定文化は，しばしばその文化の申し子とでもいえる特定の問題患者を生むことがある。例えば「スケープゴート」は，患者一人ひとりの心の中に共通して存在するが，自らは容認できない部分を特定の一患者に投影して，その人を攻撃，排除することで残りの人びと全員が自分自身の不安に直面することを避けている。これは闘争‐逃避グループ文化の一産物であると考えることができる。「スポークスパースン」は，その問題患者がいつもグループ全体を代表してしゃべっているかのような錯覚をグループが持っており，その限りにおいて患者一人ひとりが自らの洞察を目指す内的努力は放棄されているので，依存文化の産物といえるであろう。

ビオンの提唱したこれら 3 つの基底的想定に加えて，Turquet, P. (1974) は大集団に観察される第 4 の基底的想定を提唱し，「一体想定 basic assumption of oneness」と呼んだ。この想定によりグループ成員は個性を棄てて，全能と想定されるグループの力と受身的に一体となり，全体的幸福感をもつ。大集団の中での，個人個人の愛情剥奪体験に対する防衛と考えられる。

(高橋哲郎)

[関連項目] 集団心性，集団精神療法，集団力学，ビオン理論
[文献] Bion, W. R. (1961), Ganzarain, R. (1989), Grinberg, L., Sor, D. & Bianchedi, E. T. (1977), Rioch, M. (1970), Scheidlinger, S. (1997), Segal, H. (1964/1973),

基底的内的精神状況
[英] basic endopsychic situation

　フェアバーン Fairbairn, W. R. D. の理論の中心的な用語の一つである。彼の理論は，クライン派がわるい対象を排出するというアイデアを基礎にしているのと対照的に，わるい対象は内在化されるというアイデアを基礎にもっている。すなわち乳児的依存期に乳児がある程度満足させ，ある程度満足させない現実対象に出会うと，原初自我はその対象を内在化する。わるい対象のわるい側面には興奮させつつ満足させない側面とニーズを拒絶する側面があり，対象はその 2 つの側面に分割されて（興奮させる対象，拒絶する対象）抑圧され，残りが理想的な対象として残る。自我はそれらのわるい対象に愛着し結びついている側面がそれぞれ分割されてリビドー的自我，反リビドー的自我として抑圧され，残りが中心自我となる。この状況が基底的内的精神状況であり，こうした乳児的依存期に形成された自我‐対象系の分割が，その後の発達のなかでどのように変化していくかが病理形成を説明するのである。この基底的状況をフェアバーンは夢のなかから抽出した。彼にとって夢は願望充足というより，内的状況の劇化なのである。　　　（藤山直樹）

　[関連項目] 移行期の技法，原初自我，スキゾイド・パーソナリティ，中心的自我，独立学派，フェアバーン理論，分裂機制
　[文献] 相田信男（1995），Fairbairn, W. R. D.（1943, 1946）

機能的現象
[英] functional phenomenon
[独] funktionales Phänomen
[仏] phénomène fonctionnel

　夢にあらわれる現象が夢を見る本人の主観的機能状態そのものを表現する現象。ジルベラー（Silberer, H. 1910）は，抽象的な思慮が夢の中でどんなふうに形象へと置き換えられるかを，入眠幻覚 hypnagogic hallucination について自家実験するために，あえて疲労と眠気の状態で精神的な仕事をやろうと試みた。この際見た夢の形象には，実験者の疲労そのもの，この実験に対する不快感や，実験をわずらわしく思う気持ちを表現するものが見られた。ジルベラーは，この事実に注目し，この現象を，夢の思考内容や心的な素材を表現する「素材的現象」から区別して，「機能的現象」と名づけた。たとえばジルベラーは，ひどく眠い状態で，ショーペンハウアー Schopenhauer, A. やカント Kant, I. のことを考え続けようとしていたが，眠気のためにやがてカントは念頭から消え失せた。そこでもう一度カントのことを考えようとしたが，だめで，そのまま眠り込んだ。そこで見た夢は，「書き物机に向かっている無愛想な事務員に，私はしつこくものを尋ねているが，事務員は不機嫌に向こうへ行けと言わぬばかりに私をにらむ」であった。さらに，ジルベラーは，朝目を覚ますとき，見たばかりの夢について考えながら浅い眠りに入ったが，再び眠りから覚めかかる。しかし，私はもう少しうとうとしていたいというときに，「片足で小川をまたごうとしたが，その足を引っ込め，小川を渡らずにこっちにいようとする」夢を見た。このように，覚醒が直接くびすを接しているような多くの夢の顕在内容の最終部分は，覚醒の意図，あるいは覚醒という行為そのものを表現している。「敷居をまたぐ」「ほかの部屋へ行くためにある部屋から出てゆく」「旅立ち」「同行者と別れる」などが，この覚醒の意図を表現しているという。フロイト Freud, S.（1900）は，このジルベラーの機能的現象を覚醒的思考による夢形成への寄与である「第二次加工」に比べれば，その意義も小さく，稀にしか出会わぬものであると評価している。
　　　　　　　　　　　　　　　　　（小此木啓吾）

　[関連項目] 二次加工，夢，フロイト，S.
　[文献] Erikson, E. H.（1956），Freud, S.（1900），Silberer, H.（1909, 1910, 1911, 1912, 1914）

機能の変化
[英] change of function

　ハルトマン Hartmann, H.（1939）は，葛藤に由来する自我の構造と機能が，欲動からの相対的な自律性を獲得することができるようになる事実を説明するために，機能の変化 change of function という概念を導入した。この相対的な自律性は二次的自律性と呼ばれる。例えば，憎しみを愛に置き換える防衛としての反動形成が自動化され，それ自体の目標を持った二次的自律性を獲得して，愛他的な態度になるような場合である。つまり，この機能の変化は，より原始的な欲動との葛藤から生まれる自我の機能が，葛藤からより自由で，社会的により受け入れられやすい年代相応の機能に構造化されることを言う。

　エリクソン Erikson, E. H. は，このハルトマンの機能の変化という概念を応用し，彼のいわゆる自我と世界の出会いにおける自我の発達の過程では，その器官様式 organ mode（例えば口愛的＝発動的，肛門的＝貯留的，男根的＝侵入的などの各発達段階特有な器官様式）が，その本来の起源となった器官や区域から別な器官や区域へと置き換えられ，このようにしてこれらの様式は，本来の源泉から「かけ離れたものになり」その結果，二次的自律性を獲得する。

　エリクソンは，社会の養育制度が影響するのは，これらの様式の機能の変化によることを明らかにした。そしてその結果，特定の社会の中に生きている（受け取る，獲得する，与える，出かける，つくるなどの）各行動の

仕方 behavior modalities に対応するこれらの器官様式は，機能の変化をこうむり，二次的自律性を持った自我装置，つまり，その個体の行動様式となるという。

（小此木啓吾）

[関連項目] 自我自律性，自我同一性［エゴ・アイデンティティ］，漸成説，反動形成，エリクソン，ハルトマン

[文献] Erikson, E. H. (1956), Hartmann, H. (1939), Rapaport, D. (1959)

気分

[英] mood
[独] Stimmung
[仏] humeur

一過性ではあるが一定期間持続する内的な感情状態。恒常的ではない点で気質 temperament と区別される。また，内的な感情状態が外界へ表出されたものは，情動 affect と呼んで区別されている。気分は心理的過程あるいは生理的過程への反応としても生ずる。それらは意識されていることも，無意識のこともある。気分は精神症状と同じように，精神内界の平衡を保つ心の動きの結果生じた妥協形成としての側面を有しているといわれる。気分はその人の行動や認知に影響を与える。例えば抑うつ的な気分の影響として，精神運動性の制止が生じたり，自分を価値のないものと思ったりする。また気分が高揚しているときには，興奮したり，万能的なものの見方になったりする。DSM-IV では，診断カテゴリーのひとつとして気分障害 mood disorders があげられ，その中にうつ病性障害，双極性障害，その他の気分障害が分類されている。

（岩崎徹也）

[関連項目] うつ病，情動

[文献] Jacobson, E. (1971b)

気分障害　⇒うつ病

[英] mood disorders

技法の修正　⇒パラメーター

[英] technical modification

基本規則

[英] fundamental rule
[独] Grundregel
[仏] règle fondamentale

精神分析の基本規則とは自由連想法を行うに当たって，分析家が被分析者に提示する自由連想法のやり方を言う。それは，「何でも頭に浮かぶこと Einfälle をそのまま話してください」という規則である。フロイト Freud, S. は，この規則についてきわめて具体的に次のように述べている。

分析医は，まず一番最初にこの基本規則を患者に知らせておかねばならない――すなわち「あなたが話を始める前に一つだけ言っておきます。あなたの話は一つの点で普通の会話と違うものでなければなりません。普通の会話の場合には，話の筋道をしっかりととらえていて，それを妨害するような思いつきやつまらない考えは斥けて，俗に言う，百番目のことから千番目のことへと飛んだりしないようにする必要があるのですが，いまの場合にはそれと違ったやり方でやっていただくのです。あなたがここで話をしていると何らかの批判的な抗議が起こって，斥けたくなるような種々の考えが浮かんでくるのを観察するでしょう。そしてあなたは，このこと，あるいはあのことは，ここには関係がない，全く重要ではない，無意味だ，だからそれを言う必要はないのだと言いたくなることでしょう。しかしながら，決してこのような批判に屈してはなりません。そのような批判と闘ってください。そしてむしろそれを言うことにあなたが嫌悪を感じているからこそ，それを言っていただきたいのです。そもそもこういう規則こそ，ここであなたが守らなければならない唯一の規則なのです。……ですから，あなたは頭に浮かんだことは何でもそのまま話してください。たとえば，汽車の窓際に席をとった旅行者が内側の席に座った人に向かって，自分の眼前の窓外の眺望がどんなふうに変化していくか，その有り様を次々に話して聞かせるようにやってください」。

この基本規則を守って自由連想法を忠実に行おうとする被分析者の正常な部分，ひいては観察自我 observing ego と分析家の正常な自我が作業同盟して行うのが自由連想法であり，精神分析療法ではこの方法を基本とする。そこでフロイトはこう語っている。「最後に忘れてならないことは，あなたが完全な正直さを私に約束したことです。たとえどんな理由があろうと，それを話すことがどんなに不愉快であるからといって，それを飛ばしたりしてはなりません」と。

（小此木啓吾）

[関連項目] エリザベート・フォン・R 嬢［症例］，古典的分析技法，自由連想法，精神分析療法，分析家の受身性，フロイト, S.

[文献] Freud, S. (1912d, 1913l, 1940c)

基本的信頼

[英] basic trust

エリクソン Erikson, E. H. は，精神分析家としての臨床経験，児童についての研究，アメリカン・インディア

ンの調査といったことから，それまでの精神分析理論のパーソナリティ発達論を根本的にとらえなおし，ライフサイクル論，心理・社会的発達論 psychosocial development，あるいは漸成説 epigenetic theory を確立した。基本的信頼は，エリクソンのパーソナリティ発達論で人生の最初期に，乳児が養育者と授乳を中心とした安心できる養育関係を通じて獲得することが期待される心理・社会的な要素であり，健康なパーソナリティ発達の基盤となるものである。これは，自己，他者，世界を信頼することができるという感覚の核となるものであり，この感覚なしには健康に生き続けることは困難である。

基本的信頼に拮抗するのは，基本的不信感 basic mistrust である。乳幼児は，養育者との関係で基本的信頼と基本的不信という拮抗する要素を内在化していくが，基本的信頼が基本的不信より優位であることが精神的健康さの基盤となる。このことは，小児分裂病や精神分裂病などのような重い精神病理で基本的不信が顕著であることにも示されている。また抑うつ状態や境界性人格障害を初めとした人格障害などでは，基本的信頼の弱さが，パーソナリティの根底にあることが知られている。基本的信頼対基本的不信の力動的関係は，その後のパーソナリティ発達の核となるが，その力動的関係は生涯を通じて種々の状況で問い直されることになる。

精神的健康さの基盤となる資質として，サリヴァン Sullivan, H. S. は，安全感 security，ホーナイ Horney, K. は基本的安全感 basic security をあげているが，これらも基本的信頼と同じものを指していると考えられる。

（一丸藤太郎）

[関連項目] 自我同一性［エゴ・アイデンティティ］，漸成説，ライフサイクル，エリクソン，サリヴァン

[文献] Erikson, E. H. (1950), Sullivan, H. S. (1953)

逆転［反対物への］

[英] reversal into the opposite, inversion
[独] Verkehrung ins Gegenteil
[仏] reversement (d'une pulsion) dans le contraire

意識することが不快，不安な特定の感情や欲動の方向または内容を無意識のうちに正反対なものに逆転する自我の防衛機制のこと。はじめフロイト（Freud, S. 1915）は，可塑性に富んだ欲動の変遷する4つの運命 Triebsschicksal として，自己自身への向け換え，抑圧，昇華とともに，この反対物への逆転をあげ，それは「欲動に対する防衛 Abwehr のあり方である」と述べた。そこでまず，フロイト（1915）があげたのは，欲動の主体（なぐる者，見る者）と対象（なぐられる者，見られる者）の逆転であった。感情ないし欲動の方向の逆転は，サディズムとマゾヒズム，窃視症と露出症，能動的対象愛と受身的対象愛のような主体における能動性と受動性の間の逆転である。しかし，時には，対象愛から自己愛へのような「自己自身への向け換え」をも含む場合があるという。つまり，自己自身への向け換えと能動性から受動性への逆転が同時に起こったり，合流したりすることがある，という。ローリン（Laughlin, H. 1956）は，反対物への逆転と自己自身への向け換えを統一して，「向け換え inversion」と呼んでいる。感情ないしは欲動の内容の逆転として，フロイト（1915）は，愛から憎しみへの変形をあげているが，アイデルバーグ（Eidelberg, L. 1968）は，立腹して苛立ったときに，衝動的に手淫をする婦人の例をあげている。また，ローリン（1956）は不快感を快感に，好きな感情を嫌悪感に逆転する場合，愛着する対象を恐怖症の対象にする場合などをあげている。またアンナ・フロイト Freud, A. は，発達的に見て最も早期に現れる防衛機制（自我と超自我が未分化な時期）として，退行，自己自身への向け換えとともに，この反対物への逆転をあげているが，フロイト自身も発達するにつれて，完全な反対物への逆転は起こらず，逆転以前の感情や衝動が存続し，アンビバレンスが生ずるようになると述べている。つまり逆転が発達・分化すると，反動形成 reaction-formation になるが，反対物への逆転と反動形成との違いは，(1) 前者がその時その時の個別的な感情や欲動について起こるのに対して，後者は，比較的恒常的な性格態度として働き，どんな感情，欲動についても起こる。(2) 前者では，逆転される感情の欲動そのものが未分化だが，後者では，すでに，互いに対立する好き嫌い，愛，憎しみなどの感情や欲動が分化し，自我の関与下で起こり，一方の感情や欲動を防衛する手段として，他方の反対物が用いられるという形をとる。したがって，前者は完全に逆転に成功するが，後者では，完全には逆転が成功せず，むしろアンビバレンスを意識する。もし成功する場合には，抑圧が成立しているために，反対物だけが意識される。逆転以前の感情や衝動は無意識下に存続するようになる。さらに，発生的にみると，反動形成に加えて，自己自身への向け換え，投影，打ち消しなども，逆転を基本とする防衛機制とみなされる（小此木啓吾，1972）。例えば，フロイトはシュレーバー症例について，投影には投影される感情や欲動の内容（「私は彼を愛する」から「彼は私を憎んでいる」），その方向（「私は愛されたい」から「彼は私を愛している」），主語（「私は彼を憎む」から「彼は私を憎む」），などの逆転が見られるという。また，反対物への逆転の機制は，しばしば現実否認・抑圧と結合して働く。 （小此木啓吾）

[関連項目] 自己自身への向け換え，シュレーバー［症例］，反動形成，防衛機制，フロイト, S.

[文献] Eidelberg, L. (1968), Freud, A. (1936), Freud, S. (1915c), Laughlin, H. (1956), 小此木啓吾・馬場禮子 (1972)

逆転移

[英] counter-transference
[独] Gegenübertragung
[仏] contre-transfert

[定義と歴史] フロイト Freud, S. によって提唱された逆転移の本来の意味は，患者に対する治療者の側からの神経症的な無意識的葛藤の転移のことである。しかし最近では，患者に対する治療者の感情や態度全般をも意味するようになってきている。

フロイトは 1910 年の『精神分析療法の今後の可能性』の中で最初に「逆転移」に言及し，それは，患者による治療者の無意識に対する影響であると述べている。そしてフロイトは，それは治療にとって妨害になるものであり，治療者はそれを認識して乗り越えるべきであると考えていた。1912 年の転移の力動についての論文中でも，治療者は不透明であるべきで，逆転移はそれにじゃまになるものであると考えている。また他方においては，フロイトは逆転移は患者の無意識を感知する道具であるとも考えているが，それを治療的に有用な道具と考えることはなかった（この視点は 1950 年代になって，注目されるようになる）。フロイトは，治療者が患者に対してさまざまな情緒や観念を抱くことを自然なこととは考えなかった。彼にとっては，逆転移は治療者の患者に対する「抵抗 resistance」と見なされ，治療者はそれを乗り越えて，鏡のように振る舞うべきであると考えていた。そして逆転移は，分析家の盲点であるために，初期には自己分析 self-analysis が重要な解決法であると考えたが，1912 年には治療者自身が治療を受ける教育分析 training analysis の必要性を提唱している。それ以来教育分析を受けることは精神分析家の必須条件になった。

[フロイト以後——逆転移の研究の発展] フロイト以後さまざまな分析家たちが逆転移に言及しているが，まずフロイトの本来の定義を堅持する分析家たちがいる（フリース Fliess, W., アニー・ライヒ Anie Reich など）。しかしフェレンツィ Ferenczi, S. は，治療者の鏡のような態度を維持することが，治療者の逆転移に対する防衛であることを指摘している。さらに他方ではもっと広義にとらえて患者に対する治療者の反応のすべてを逆転移として考える分析家が存在する。バリント Balint, M. は治療者の全般的な反応全体を逆転移と呼ぶようになった。ホファー Hoffer, W. (1956) は治療者の患者に対する転移と逆転移を区別すべきで，後者は無意識的反応であると考えた。後にアニー・ライヒは，逆転移は必要不可欠なものであり，治療的に有用であると考えるようになった。ウィニコット Winnicott, D. W. は逆転移の怒りの中には正当なものがあることを述べている。スピッツ Spitz, R. やリトル Little, M. I. などは，逆転移がなければ共感も存在しないと考えるようになった。またハイマン Heimann, P. と，マネー - カイル Money-Kyrle, R. などは，もっとも独創的な視点から，正常の逆転移の概念を提唱して，共感と理解の基礎であると述べている。そして患者の無意識のコミュニケーションを理解するための重要な手段と考えている。これは現在の逆転移研究の出発点となったのであった。そしてそれに影響されて，グリンベルグ Grinberg, L. やラッカー Racker, H. も同じ問題について研究している。

[クライン学派における逆転移の研究] 逆転移の研究をもっとも積極的に行ったのは，イギリスの分析家たちである。そして 1950 年代から逆転移は重要な治療的概念になってきた。

(1) ハイマンは，患者の無意識を探索するための指標としての逆転移の概念を提唱した。それによって，患者が言語などで表現している無意識的幻想の妥当性を検証できるのである。それは患者に対する治療者の神経症的な転移とは区別するべきものであり，2 種類の逆転移が存在することを明らかにした。これはフロイトが患者の無意識を知るための道具であると言及し，そのまま研究発展させることのなかったものに治療的な視点から注目したものである。これは患者の無意識的なコミュニケーションに治療者の無意識が反応したものであり，患者の心の状態に対する治療者の感情状態である。この考え方は，彼女の同僚であったクライン Klein, M. には受け入れられなかったが，ローゼンフェルド Rosenfeld, H. やビオン Bion, W. R. によって受け入れられ，クライン学派の重要な視点になっていった。

(2) 正常の逆転移：マネー - カイルは，逆転移の中には治療者の無意識的葛藤に由来するものではなくて，患者の無意識のコミュニケーションに非言語的に反応しているものがあり，それは患者が投影同一視 projective identification によって治療者の中に投げ入れたものであると考えるようになった。そして治療者はそれを取り入れ同一化 introjective identification によって，自分の情緒的な体験としているのである。治療者はそれを利用して患者の理解を深めていくべきである。

(3) 正常な投影同一視とコンテイナー container：ビオンは投影同一視の中には病理的なものと正常なものがあり，後者はコミュニケーションや共感の基礎になるものであると考えた。治療者は患者の投影同一視によって投げ入れたものを取り入れ同一化し，それを自分の心の中で感じて（逆転移）その意味を同定し理解して解釈していく。ここにおいて患者の経験の修正と理解された経験や新しい意味が生じる。それを蓄積することで患者の経験を理解する内的対象が形成されていくのである。ビオンはこれを治療者のコンテイナーの機能として理論化し，逆転移のさらなる理論的発展を行った。

（4）グリンベルグの研究とラッカーの研究：グリンベルグは分析家の積極的な態度と受け身的な態度における逆転移の研究を行った。積極的な場合には，分析家は患者の投影したものを積極的に取り入れ，咀嚼し，解釈して返していく。この中に，治療者の神経症的な未解決の逆転移が存在すると，解釈は混乱してしまう。グリンベルグが注目しているのは，受け身的な面の治療者の機能である。そこでは，治療者は患者が投影同一視したものを無意識的に受け身的に取り入れる。治療者は，患者が自分の中に投げ入れた内的葛藤によって，治療者の葛藤が刺激されて情緒的な共鳴が起きる場合と，治療者の葛藤とはあまり関係がなく，もっぱら患者の投影したものによって引き起こされた情緒的反応を抱く場合がある。この患者の投影同一視によって引き起こされた治療者の逆転移の機制を，グリンベルグは「対抗投影同一視 projective counter-identification」と呼び，患者の無意識的コミュニケーションを理解するうえで治療技法上重要な問題と考えている。

ラッカーもほぼ同様な視点から，患者に対する治療者の神経症的な転移に関する逆転移を「補足的逆転移 complementary identification」と呼んだ。また治療者の葛藤とは無関係に引き起こされた逆転移を「融和的逆転移 concordant counter-transference」と呼び，治療者の共感に関係するものと考えている。　　　（衣笠隆幸）

[関連項目] 教育分析，共感，コンテイナー／コンテインド，自己分析，抵抗，投影同一化（視）

[文献] Bion, W. R. (1962b), Freud, S. (1910d, 1912a), Grinberg, L. (1962), Heimann, P. (1950), Little, M. I. (1951), Money-Kyrle, R. (1956), Racker, H. (1953), Reich, A. (1952), Segal, H. (1977), Winnicott, D. W. (1947)

逆備給

[英] anticathexis, countercathexis

[独] Gegenbesetzung

[仏] contre-investissement

反対充当とも訳される。自我の防衛活動を経済論的見地から論じるための概念および用語であって，無意識の願望や表象が意識および前意識に近づくのを妨げる自我の働き，すなわち防衛のためにエネルギーが充当されること。この防衛のために費やされる自我のエネルギーを逆備給エネルギーという。

『夢事象の心理学』においてフロイト Freud, S. は，抑圧の過程における逆備給の働きを次のように解明している。抑圧の対象となる願望衝動が意識に近づくと不快情動が生じる（抑圧感情）。そこで前意識体系はこの不快な表象に結びついた備給エネルギーを撤去することによって不快感の発達を停止しようとする。「しかし抑圧された無意識的願望が器質的強化を受け，そしてそれを自己の転移思想に貸し与え，その結果，それら転移思想が前意識のエネルギー充当（備給）から見捨てられてしまっていても，無意識的願望が転移思想を，その興奮を以って進出の試みをなしうる状態に置きうるような場合は，事情が異なる。そういう場合，前意識が抑圧された諸思想に対する対立性を強める（エネルギーを逆備給する）ことによって防御闘争が始まり，その結果，無意識的願望の担い手であるところの転移思想の進出が，症状形成による妥協の一形式において行われるようになる」。このように逆備給は撤去された前意識的エネルギーによってなされることを明らかにしている。逆備給がなされず，無意識的願望興奮によるエネルギーが十分に備給されると，運動的放出あるいは願望された知覚が幻覚的に活発化するという形で第一次心的過程が顕在化することになる。

『制止，症状，不安』（1926）では分析治療への抵抗を強化する防衛，という観点から逆備給が論じられ，逆備給への固執は自我から発していることが明言され，さらに抑圧ばかりでなく反動形成や外的知覚への逆備給，それらの比較がなされている。すなわち，反動形成では抑圧された衝動と反対方向の態度に逆備給がなされること，反動形成への逆備給は強迫神経症では病前からの性格防衛に持続的になされているが，ヒステリーでは特殊な関係のみに限られていること，ヒステリーには内的衝動の源泉に対する逆備給（抑圧）と，内的衝動を誘発するような外的刺激から知覚を逸らせる逆備給（否認）があること，恐怖症ではもっぱら恐ろしい外界の知覚から離れることに逆備給が集中していることなどである。

逆備給は前意識，意識系への備給であって，それによって防衛されるべき諸要素の意識化を防いでいる。逆備給される要素は多様であって，無意識的表象とその派生物，外的知覚，性格防衛とそこから派生する行動などに及び，内的恒常性を維持する原理であるとともに症状の安定性を説明している。　　　（馬場禮子）

[文献] Freud, S. (1900, 1926a)

教育分析

[英] training analysis, didactic analysis

[独] Lehranalyse, didaktische Analyse

[仏] analyse didactique

わが国では精神分析家を志す人が属する組織（わが国では日本精神分析協会）の規定に基づいて本人が精神分析を経験することを教育分析とよんでいる。語義からすれば training analysis は本来は訓練分析であろうが慣習的に教育分析とよんでいる。教育分析はむしろ didactic analysis に対応する。これら以外に個人分析 personal analysis という用語もある。これはある専門団体の職業的規則に基づく訓練ではなく，精神分析的治療もしくは精神力動的精神療法を行うにあたって素養として一般精神科医・臨床心理士などが専門家資格認定とは関係なく自らが治療を受けることを指している。

精神分析家になるためにその本人が自ら精神分析を受けねばならないのは 1922 年の国際精神分析学会ベルリン大会での取りきめ以来であるといわれる。古くは，フロイト Freud, S. がフリース Fliess, W. との間で親密な書簡の交換を行って自己分析を行い，彼の母親に対する思慕，父親に対するアンビバレントな感情を洞察し彼自身の神経症症状が快癒したという事実が，精神分析家を志す人が教育分析の必要性を認識する契機になった。精神分析は無意識心理を想定し，それは幼少期の体験に由来するとする。また，無意識世界の意識化にさいして抵抗と転移が生じる。治療者はこのような治療状況でさまざまな情緒的体験をしてそれが逆転移となってあらわれる。フロイトは「精神分析は人のコンプレックスと内的抵抗の許容を越えては進まない」（『精神分析療法の今後の可能性』1910）と述べているが，このような理由から患者の分析過程を妨げる可能性のある個人的感受性や情緒的反応への自己理解を深めて盲点から解放されるために，精神分析家になるためには教育分析が必要とされるに至った。

精神分析家は患者の話にとらわれることのない注意と平明な態度で聞き入り，共感的に理解し患者の話の意味を考えるという作業をせねばならない。しかし，ジョゼフ Joseph, E. D.（1986）が指摘するように，本来，他者の心の中に生じていることについて理解しようとする過程で純粋に中立的な立場を保ちうるとは限らない。精神分析家が聞き入り，観察し，尋ね，イメージすることを通じてある患者理解に達することは精神分析家にとってある種の愉悦をもたらすものであるにちがいない。しかし，治療状況で精神分析家がもつことを許される好奇心は分析家個人の葛藤から自由なものであらねばならない。ところが先述したように人は分析家といえどもコンプレックスの範囲内でしか精神活動はできない。ここに精神分析家のジレンマがある。もちろん，その際も個人差がある。分析家の患者の秘密（無意識的内容を含めて）に対する好奇心がのぞき見やサディスティックな動機をもつとき，それは分析家の神経症的防衛と関連するかもしれない。こうした個人的ジレンマや盲点に精神分析家を志す人が自己理解し，将来，自己分析を続ける能力と態度を体験するのが教育分析の目標である。実際のやり方は一般の精神分析療法と同じで，1 回 45－50 分自由連想法を用いて進められる。この過程で被分析者は抑圧をはじめとする諸種の防衛，抵抗や転移の諸現象を身をもって体験し自己洞察を深め自らの神経症傾向を克服していく。もちろん，その教育分析の過程で精神分析理論，あるいは明確化，直面化，解釈ならびに徹底操作などの精神分析技法，あるいは洞察に至る過程についても体験を通じて学習する機会になる。しかし，教育分析の本来の目標は訓練中の人格的準備である。精神分析についての知識や技法は教育分析の目標としては付加的なものである。

精神分析家になるための実際の訓練は精神分析団体が活動として最も重視しているものである。フロイトの学問的正統性を継承している国際精神分析学会は精神分析家の訓練と資格認定に関して基準を作成している。実際の訓練はこの基準に基づいて各国の精神分析協会が実施することにしている。その基準の内容は，(1) 教育分析：各国の協会が教育分析家として認定した人による週 4, 5 回，1 回 45 分以上。(2) スーパーヴィジョン：これも各国の協会がスーパーヴァイザーと認定した 2 人の精神分析家によって週 4, 5 回，1 回 45 分以上からなる治療を行った症例について週 1 回のスーパーヴィジョンを 2 例経験すること，その際，少なくとも 2 年は受けること。(3) 一定のカリキュラムに基づくセミナー，などを規定している。

この国際精神分析協会に属している日本精神分析協会も 1996 年からこの国際基準に合致した訓練を行っている。ただ，わが国の現状では週 4 回の教育分析を行うことを一般化するのには困難が伴うのと，一般精神医療や心理臨床の中に精神分析的オリエンテーションを発展させるために，国際精神分析学会会員に認定されるのを志す人の精神分析家コースとは別に精神分析的精神療法家訓練コースを設けた。このコースでは教育分析は週 1－2 回である。スーパーヴィジョン，セミナーは精神分析家コースに準じた内容になっている。　　　　（西園昌久）

[文献] Freud, S.(1910d), Joseph, E. D.(1986)

境界

[英] boundary

境界とは，自然状態では連続している，あるいは分散している諸現象を，人為的に同質のカテゴリーに分類するための線や領域のことを指す。心理的には，中央に対して境界や周辺は分かち難い不分明な領域を示すため，多義的な意味を担いさまざまな投影を引き受けて，特別視され，理想化や不安の対象となることがある。既存のカテゴリーのどこにも分類しにくいものは，曖昧や混乱を避けるために，境界に追いやられ，意識からも排除されやすく，加えて非日常的な性質を付与されていく。社会的に特別視され境界に位置付けられる宗教人，妖術師や道化師などの周縁者 marginal man が，独特の能力または危険を有するものとされるのも，境界の特性に由来

している。このような現象は，大人と子ども，男と女，攻撃性と愛，自と他といったものの間を取り扱う精神分析の場において，頻繁に観察できる現象である。文献的には，境界という言葉は主に自我境界や自他の境界の意味で使われ，特にフェダーン Federn, P.（1952）が精神病状態を理解するために，内的自我境界と外的自我境界という 2 つの自我境界概念を発展させたが，現在この概念をさらに拡大し，境界の構造が職業選択などさまざまな面に関係していると指摘する研究者もいる（Hartmann, E. 1991）。このような領域の知的不確かさに伴う「不気味さ」を論じるフロイト Freud, S. は，表面的な意味と同時に隠された意味をもつという両面性に注目したが，ウィニコット Winnicott, D. W. は中間領域における移行対象とその積極的意義を説き，両面的な中間地帯は新しい秩序や体系を創出する場所であることを示した。さらに，分割 splitting という防衛によって境界をつくることが，発達する人間に本質的なものであることを示したのがクライン Klein, M. だと言えよう。また，精神医学における境界例の概念は当初，分裂病と神経症の境界という漠然とした領域を示していたが，今日では診断として独立させ診断基準の明確化が試みられている。しかし，境界概念自体が担う中間性と両面性のために多義性と曖昧さは避けられず，疾病論的な枠組みを当てはめることに無理が生じ，境界例そのものが人工的分類への反作用なのだと述べる研究者もいる。 （北山 修）

［関連項目］境界性人格障害，自我境界，無気味なもの
［文献］Federn, P.（1952），Hartmann, E.（1991），北山修（1993c）

境界性人格障害

［英］borderline personality disorder
［仏］personnalités limité

米国精神医学会の診断基準である DSM-III とそれに続く DSM-IV の普及と認知に伴って II 軸の境界性人格障害という診断が一般的に広く受け入れられるようになった。現在では境界性人格障害といえばこれに合致するものと考えられるまでになった。DSM-IV の診断基準は，対人関係，自己像，感情の不安定および著しい衝動性を特徴とし，以下の項目のうち 5 つ以上を診断に際して必要とする。それらを要約すると，(1) 見捨てられることへの懸命な回避，(2) 理想化と脱価値化の間で激しく揺れ動く不安定な対人関係，(3) 同一性障害，(4) 衝動的な自己破壊行為（浪費，性行為，物質乱用，むちゃ食いなど），(5) 自殺，または自傷行為の繰り返し，(6) 1 日を越えることは稀な気分反応性からの情緒不安定性，(7) 慢性的な空虚感，である。歴史的にいうと 1953 年にナイト Knight, R. が神経症症状と精神分裂病症状を合わせ持つ状態を境界状態 borderline state として記載し，その後精神分析的な発達固着と人格障害の関連づけをしたカンバーグ Kernberg, O. F. やマスターソン Masterson, J. F. の研究から発展し，今日に至っている。

自我心理学に英国の対象関係論，特にクライン学派の概念を取り入れたカンバーグはナイトの境界状態を発展させ，安定した人格構造をもつ境界性パーソナリティ構造 borderline personality organization として概念化した。彼は精神障害を人格構造から，神経症性，境界性，精神病性に分類した。そして境界性人格構造を持つ患者は原始的防衛機制（スプリッティング，投影同一化，原始的理想化，脱価値化，否認）を用い，自我同一性が不安定であるが，現実検討能力は保たれているとした。カンバーグは境界性人格障害の病因を素因としたが，マスターソンは境界例の母親もまた境界例とし，その役割を重要視した。このような母親は，自分自身の情緒的均衡を維持するために子どもが母親に依存し続けるようにする。このためにマーラー Mahler, M. S. の発達段階の分離‐個体化の再接近期で子どもが分離‐個体化しようとすると母親は子どもからひきこもり，逆に退行した態度を子どもが取ると対応するという態度を取る。これらは子どもによって取り込まれ，2 つの分離した分裂対象関

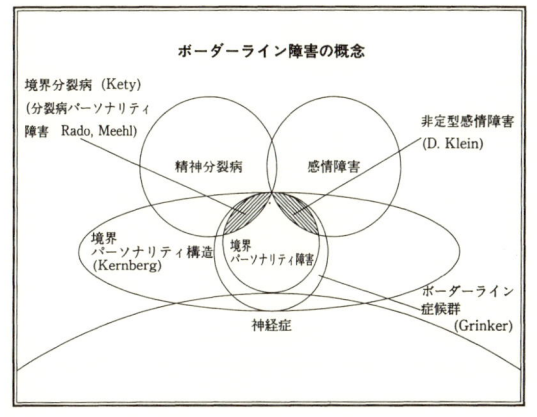

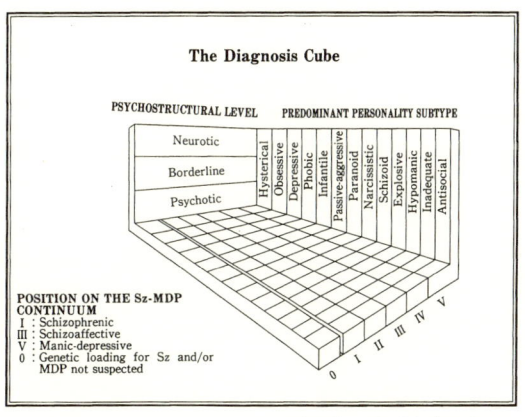

ボーダーライン障害の概念

境界分裂病 (Kety)
(分裂病パーソナリティ障害 Rado, Meehl)
精神分裂病
感情障害
非定型感情障害 (D. Klein)
境界パーソナリティ構造 (Kernberg)
境界パーソナリティ障害
ボーダーライン症候群 (Grinker)
神経症

The Diagnosis Cube

PSYCHOSTRUCTURAL LEVEL / PREDOMINANT PERSONALITY SUBTYPE
Neurotic / Borderline / Psychotic
Hysterical, Obsessive, Depressive, Phobic, Infantile, Passive-aggressive, Paranoid, Narcissistic, Schizoid, Explosive, Hypomanic, Inadequate, Antisocial

POSITION ON THE Sz-MDP CONTINUUM
I : Schizophrenic
II : Schizoaffective
V : Manic-depressive
0 : Genetic loading for Sz and/or MDP not suspected

小此木啓吾・他（編）（1998）より

係単位を形成する。ひきこもり対象関係単位 withdrawing part-unit と報酬対象関係単位 rewarding part-unit である。前者には主として攻撃的エネルギーが備給されており，後者にはリビドー的エネルギーが備給され，それぞれが防衛機制によってともに分離した状態におかれている。またそれぞれの分裂対象関係単位は，部分自己表象 part-self representation と部分対象表象 part-object representation からなる。このような母親の態度は子どもに見捨てられ抑うつ abandonment depression を経験させる。これは，抑うつ，怒りと憤怒，恐怖，罪悪感，受動性と無力感，空虚とむなしさの 6 つの感情成分の複合である。これらの複合する感情に子どもが耐えられないと分裂を主体とし，投影，投影同一化などの防衛機制を用いることになる。この見捨てられ抑うつは転移状況で出現するが，マスターソンはこの見捨てられ抑うつの徹底操作が治療的には重要であると強調した。

(権　成鉉)

[関連項目] 境界パーソナリティ構造，原始的防衛機制，再接近期危機，分離‐個体化，見捨てられ抑うつ

[文献] Kernberg, O. F. (1975, 1976), Knight, R. P. (1953), Masterson, J. F. & Costello, J. L. (1980), 小此木啓吾・深津千賀子・大野裕 (編) (1998)

境界パーソナリティ構造

[英] borderline personality organization

[概念] カンバーグ Kernberg, O. F. によって提出されたパーソナリティに関する精神分析的な概念。彼はパーソナリティの構造を，(1) 同一性の統合度，(2) 防衛機制の種類，(3) 現実検討能力の有無によって，神経症性 neurotic，境界（性）borderline，精神病性 psychotic の三水準に分けた。神経症性パーソナリティ構造は，(1) 統合された同一性を持ち，(2) 抑圧を基礎にした高次の防衛機制が働き，(3) 現実検討能力は保たれている。それに対し境界（性）パーソナリティ構造では，(1) 同一性が拡散し，(2) 分裂を基礎とした未熟な防衛機制が働いているが，(3) 現実検討能力は保たれている。さらに精神病性パーソナリティ構造になると (1) (2) は境界（性）パーソナリティ構造と共通しているのに加えて，(3) 現実検討能力も障害されている。いわゆる境界例研究の近年の趨勢は，境界例の本質を，記述的な症候学上の特徴の基礎に存するパーソナリティ構造の特異性に求める視点であるが，本概念はこれらの流れの中心的なものである。

[診断] カンバーグは，境界パーソナリティ構造を特徴づけるものとして，(1) 典型的な症候のあり方，(2) 典型的な自我防衛機制のあり方，(3) 内在化された対象関係の典型的な病態，(4) 特有の発生的・力動的な特徴の 4 つの項目をあげた。彼が (1) の症候学上の特徴としてあげた症状は，不安，恐怖，強迫，転換，解離，心気，倒錯，嗜癖，性格障害など，一般に神経症者や性格障害者に見られるものである。その意味で彼は境界パーソナリティ構造を，精神病との鑑別よりも，神経症との鑑別が困難な場合が多いと考えている。しかし，同時に上記の諸症状にはそれぞれ一般の神経症とは異なる奇妙な特異性があることを強調している。その上でそれらの症状が 2 つ以上，特に 3 つ以上，同一の患者に認められる場合には，その背後に境界パーソナリティ構造の存在をかなり強く示唆するという。しかし，これら症候学上および人格類型の特徴把握は記述分析と呼ばれ，あくまで推定診断のための要因として評価すべきであり，究極的な診断基準は (2) の典型的な防衛機制のあり方，すなわち分裂を基礎とした未熟な防衛機制が優勢であることや，(3) の内的対象関係の病態，すなわち，部分的対象関係の水準に止まって，全体的な対象関係に発達していないことなどの把握によらなければならないとしている。これらの防衛機制や対象関係の特徴の把握は，構造分析と呼ばれ，一般的な症候記載の水準ではとらえられないものであり，主として精神療法過程における治療者‐患者関係やあるいは患者の人格の過去の生活史の中でのあらわれ，特にその行動パターンや対人関係の力動的な理解を介して初めて，把握しうるものである。構造分析という言葉は，次の 3 つの意味を含めて用いられている。(1) フロイト Freud, S. に始まる精神分析的な人格の構造論的見地に立って精神過程を分析すること。(2) ハルトマン Hartmann, H.，ラパポート Rapaport, D.，ギル Gill, M. 等によって解明された自我構造の理解に基づいて，特に一次過程と二次過程など思考，認識構造を把握すること。(3) 内的対象関係の構造である。

[治療] カンバーグは境界パーソナリティ構造に見られる未熟な防衛機制である分裂こそが自我脆弱性を生む要因であると同時に，自我が脆弱なために生まれる結果でもあり，両者が悪循環に陥ることを指摘した。そして，この分裂の解決を，境界パーソナリティ構造の治療上の基本的課題として重視し，そのための治療方針として，従来いわれていたような支持的な精神療法よりも，治療者が中立的，受身的な態度を守りながら，防衛機制を解釈するという，正統的な精神分析療法に近い技法を基本としながら，潜伏性陰性転移，逆転移，転移性精神病，行動化など境界パーソナリティ構造で特に問題になりやすい治療上の諸問題が論じられている。一方，このような接近は，しばしば外来の個人精神療法関係の中だけでは遂行し得ないことも多く，境界パーソナリティ構造に対する入院治療の設定を必要とする場合が多いことも指摘されている。病因論としては，体質的に規定された攻撃衝動の強さ，および発達早期のひどい欲求不満の体験

から生じる攻撃性の両側面が重視されている。

このように境界パーソナリティ構造という概念は，精神分析的な発達論や人格構造論に基づいたものであり，多くの一般人格概念，例えば DSM-IV で類型化されている人格障害に比べてより広い概念である。両者の関係について，カンバーグは次のようにまとめている。すなわち，加虐・自虐性，循環性，依存性，演技性，自己愛性人格障害は高水準の境界パーソナリティ構造の範囲に入るものであり，妄想性，心気性，分裂病質，分裂病型，境界性，軽躁性，悪性自己愛性，反社会性の各人格障害は，低水準の境界パーソナリティ構造に属するものとして分類されている。　　　　　　　　　　　（岩崎徹也）

[関連項目] アズイフ人格，依存性人格障害，境界性人格障害，現実検討，原始的防衛機制，行動化，自我の分裂，自己愛パーソナリティ，人格〔パーソナリティ〕，スキゾイド・パーソナリティ，スプリッティング，対象関係，DSM-IV 人格障害，同一性拡散症候群，同一性障害，病態水準，カンバーグ

[文献] 岩崎徹也（1981），Kernberg, O. F.（1975, 1977b, 1984, 1996），Kernberg, O. F., et al.（1989）

驚愕反応　⇒外傷後ストレス障害〔PTSD〕
[独] Schreckreaktion

共感
[英] empathy
[独] Einfühlung, Mitfühlung
[仏] empathie

自分自身のユニークな観点から，他者の主観的体験を理解することを可能にする認知の様式であり，その理解は，他者の行動を動機づけている感情のみにとどまらず，他者の自己体験（自分をめぐる主観的体験）全体を構成する葛藤とその産物も含む。共感は，同情，哀れみ，同感とはもちろん，スターン Stern, D. N. の情動調律とも違うが，共感的理解プロセスにとって不可欠となる他者の観点の主観的妥当性の受け入れの第一歩は，共鳴（あるいは広い意味での情動調律）である。また，精神療法において共感は，患者が報告する体験の治療者による理解を可能にする検索方法としてとらえられる。オグデン Ogden, T. H. の指摘通り，患者理解を導くのは，治療者自身の情緒により着色された認識である。そうした認識の大部分は無意識的なものであるから，患者の主観的な体験を理解しようとするなら，治療者は，自分の中で推移する無意識状態を活用できなくてはならない。つまり，古典的精神分析理論においては，当然，防衛的行動あるいは抵抗として解釈されるべきものに対してすぐには直面化を行わず，むしろ，患者の主観的体験を，道理にかなったもの，妥当なもの，適応的なものとして受け入れ，共鳴（調律）し，患者理解を進めてゆくのが，検索方法としての共感である。そうした共感は，スターンによれば，(1) 感情状態への共鳴（調律）に始まり，知的過程を媒介として，(2) 感情共鳴の体験からの共感的認知の抽出，(3) 抽出された共感的認識の共感的対応への統合，そして，(4) 一過性の役割同一化という，一連の過程からなっているという。

共感（共感的対応，共感不全）を乳幼児発達論と治療理論の中核に据えたのはコフート Kohut, H. である。「新生児の呼吸器が，大気中の酸素を何の迷いもなく当てにするように，新生児の自己は，彼の心理的ニードと願望をこまやかに感じ取ってくれる共感的環境を，これまた何のためらいもなく当てにしている」と述べたコフートは，新生児は生まれつきアサーティブな存在であり，新生児の「実質上の自己」は共感的な母親（自己対象）との関係性の中で生誕直後から存在するとして，自己の発達を，心理的酸素である共感的対応（そしてその共感不全）というコンテクスト（自己・自己対象関係）の中でとらえている。このコンテクストにおいて，攻撃性は，アサーティブネスの崩壊産物，すなわち，アサーティブネスが共感的対応を受けられなかった場合に起こってくる二次的な現象としてとらえられる。

コフートによれば，「実質上の自己」に始まる「断片化した自己」は，その後，「中核自己」，「融和した自己」へと成長を遂げるが，それを可能にするのが，自己対象（自分の一部として体験される対象）からの共感的対応である。その間，自己対象が果たす役割には2つあり，1つは，乳児の太古的な自己の誇大感の映し出し，もう1つは，乳児による自己対象の理想化の許容である。そうした自己・自己対象関係が，共感的対応の下で，健全な発達を遂げると，誇大感は現実的な向上心 ambition となり，自己対象の理想化は超自我の理想化を促すので，その結果自己は，断片化の危険がなくなり，「融和した自己」となる。しかし，もしこの段階で，自己対象からの共感的対応に恵まれないと，乳幼児は，生涯，太古的な誇大自己を映し出してくれる自己対象，そして，太古的な理想化を許容してくれる自己対象を希求することになる。これが，自己対象からの共感不全をもとに起こってくる自己愛パーソナリティ障害である。言葉を換えて言えば，自己愛パーソナリティは共感不全によって起こってくる発達停止である，というのがコフートの考えである。

以上の発達論をもとにコフートは，自己愛パーソナリティ障害の治療は，共感的対応のもとにおける（それまで停止していた健全な）発達の再開であると考えた。すなわち，自己愛パーソナリティ障害が治療関係に入ると，患者は，治療者の共感的な対応のもとで，「融和した自己

期」へと退行し，太古的な誇大感の希求を鏡転移，太古的な理想化対象の希求を理想化転移として展開する。その2つを合わせて自己愛（自己対象）転移と呼ぶが，そうした転移の展開，ワークスルーを可能にするのが，治療者の共感的・内省的姿勢である。そうした姿勢をもって患者に向かう（自己心理学的）治療者は，「古典的な分析医に比べ，もっとリラックスして治療に臨み，患者の前で気楽で，必要があれば情緒的に呼応することに懸念が少なく，その態度も友好的である」と，コフートは述べている。

コフートは共感を，「身代わり（代理性の）内省」，「他者の内的生活の中に自分を入れて考え感じる能力」，「価値判断に中立的な観察手段」，「他者の内的生活を客観的な観察者としての立場を保ちながら同時的に体験する試み」と定義している。

フロイト Freud, S. がその著作の中で共感に触れているのは2カ所あり，その1つは脚注である。彼によれば，共感を導くのは，模倣を通しての同一化で，「他者の精神生活に対して，いかなる態度でも取れるようにする機序であり」，「他者の中にあって，我々の自我にとっては本質的に異質なものを理解するのが，その最大の役割である」。

なお衣笠隆幸は，精神分析用語のエンパシー empathy を日本語で共感と訳してしまうことの危険について詳しく論じている。　　　　　　　　　　　（丸田俊彦）

[関連項目] アサーティブネス，自己，自己愛転移，自己愛パーソナリティ，自己対象，情動調律，コフート

[文献] Campbell. R. J. (1996), Freud, S. (1921c), 衣笠隆幸 (1992), Kohut, H. (1971, 1977, 1984), 丸田俊彦 (1992), Stern, D. N. (1985)

共時的観点／通時的観点

[英] synchronic point of view / diachronic point of view

もともとはスイスの言語学者ソシュール Saussure, F. de が生み出した言語学の概念である共時態／通時態 synchrony / diachrony に由来する。言語学では，言語が一定の社会集団のなかのある時点で使用されている状態を共時態といい，これに対して言語が時間の流れのなかでこうむる変化の様相を通時態と呼ぶ。ソシュールは通時態から共時態に言語学の焦点を移動させることを狙っていた。この二分法は構造言語学，記号学，文化人類学のみならず，さまざまな学問に影響を与え，20世紀にはそれを乗り越えたり統合したりする営みが人文諸学で盛んであった。精神分析においても似たような動向が見られる。

精神分析においてはもともと通時的観点が優勢を占めていたと考えられる。治療論において最重要の鍵概念である転移も，患者の「過去」が治療状況にあらわれ，それを素材に分析家が患者の過去を再構成する，という枠組みでとらえることができ，そこでは通時的な概念化が中心を占めていた。しかしクーパー Cooper, A. M. が指摘しているように，転移はしだいに「いまここに」を重視して扱われるようになり，現実のふたりの関与者の相互作用という枠組みで語られることも増え，全体状況としての空間的広がりを視野に入れて扱われることが重視されるようになった。つまり，より共時的な概念化への流れが進展していると言えよう。発達論においても，フロイト Freud, S. が提起した古典的な精神性的発達の図式は，一定の時間の直線的な流れのなかで漸次新しい発達的進展が開花するという前提に立っており，強固な通時的な概念化であると言える。アンナ・フロイト Freud, A. の「発達ライン」，エリクソン Erikson, E. H. の心理社会的段階の漸成理論などもこの通時的な観点での発達の概念化を前提としている。一方，クライン Klein, M. は子どもとの精神分析実践を通してすべての精神性的発達段階が共存する局面を見出し，発達の共時的な概念化といえるものに暗黙に到達した。クライン派のビオン Bion, W. R. が人間性の中心に横たわるあり方として Ps↔D と書き表した妄想 - 分裂ポジションと抑うつポジションの共存と揺れ動きの図式にもそうした発想は影を投げている。ウィニコット Winnicott, D. W. の発達論における豊富な逆説的表現は，ほとんど通時的観点と共時的観点の両極のあいだの逆説であると見ることができる (Ogden, T. H. 1986)。乳幼児研究の領域からも，「ある特定の時期にある特定の発達課題に感受性が高まることは信じられない」とスターン Stern, D. N. はフロイトの通時的発達図式を批判し，自己感の様態がしだいに進展しつつも早期の様態も残存して現在の状態に影響するというモデルで発達を描き出している。

このように共時的な観点と通時的な観点をたがいに交流させるという方向で，精神分析の理論と実践を再概念化する動きが起きていると言えよう。　　（藤山直樹）

[関連項目] ウィニコット理論，クライン学派，乳幼児精神医学（保健），発達ライン

[文献] Bion, W. R. (1962b), Cooper, A. M. (1986), Erikson, E. H. (1950), Freud, A. (1965), Klein, M. (1932), Ogden, T. H. (1986), Stern, D. N. (1985)

共生期

[英] normal symbiotic phase

生後3-4カ月ごろになると乳児は，個体内平衡を至上の課題とした「自閉期」を後にする。マーラー Mahler, M. S. の発達説において，まだ「分離-個体化」開始以前の未分化な段階のもう一つである「正常な共生期」，つ

まり人懐っこくなりながら特定対象を慕う感情が顕著な時期を迎える。欲求充足的対象 need-satisfying object である母親を，自分自身と区別して「非自己」としてとらえるよりは，二者単一体 dual unity として，同じ共生圏 symbiotic orbit 内で一体的に融合している感覚におおわれている時期である。近年の「乳児の認知的有能性」知見が最早期からの対象弁別能力の高さを伝えるが，その一方，フロイト Freud, S. とロマン・ロラン Rolland, R. が論じ合った境なき無限性の感覚としての乳児の「大洋感情」の見解がある。マーラーは，母親が子どもを抱擁する圧覚や近くにある母親の顔が存在の全一性の感覚を統合的にもたらしつつ，乳児の内部に自己の感覚の「核」になるものを生成させると考え，「抱擁」行動の個人差，そこでの暖かさや細やかさ，子どもへの関心のあり方の違いを具体的に吟味する。対人世界に親しみをもって入って行くか，もしくはそこから顔をそむける方向に向かうか，発達的土台が，共生的全能性の快感と関連しながらこの時期に築かれるのを示している。母親表象との幻覚的妄想的融合の極まることが個体化の障害へと結びつく病理についてはすでに「幼児共生精神病」で示したマーラーであるが，「正常な共生」とは，以後の分離‐個体化の基盤をなす，存在の根底感覚の充実を言おうとするものであろう。　　　　　　　　　（斎藤久美子）

[関連項目] 再接近期危機，自閉期，分化期，分離‐個体化，練習期，マーラー

共生不安

[英] symbiosis anxiety

[独] Symbioseangst

[仏] angoisse de symbiose

「共生不安」とは，ストラー Stoller, R. J. によって提示された構成的概念である（1974）。「母親と融合してしまうのではないか」という不安，その結果として「男性性を見失ってしまうのではないか」といった恐怖を，共生不安は表現する。「母親と再一体化したいという強い願望に屈服してしまい，そのことで男性性が危険に陥らないために，人格構造の内部に防衛的障壁を埋め込んでおかなくてはいけない。このような障壁を，またそこから発する遍在的な不安を，共生不安と呼びたい」(Stoller)。もしもこうした障壁が存在しないならば，異性愛の起源となる母親を，別個の存在として見なすことも，また性的に欲望される対象として扱うことも，できなくなる。それはエディプス的状況を，葛藤へと結びつける決定的契機の喪失を意味している。したがって共生不安は，「性別共生状態 gender symbiosis」から「脱・同一視 dis-identification」を推し進め，分離‐個体化を可能にする，本質的に正常な機能をはたしている。

ストラーが定義するとおり，「性別同一性 gender identity」の研究において，この概念は提出された。そこで，共生不安の意味と範囲は，まず第一に，性別同一性の分化と発達の中に位置付けられるべきであろう。しかしながら，共生不安とは，それだけにとどまらず，フロイト Freud, S.，ベーム Böhm, F.，クライン Klein, M.，グリーネーカー Greenacre, P.，古澤平作・小此木啓吾らの概念系の内部においても，近似的に見出すことが可能なものなのである。その意味で，共生不安は，単なる「性別同一性」に関する一概念としてとらえるのではなくて，精神分析学の普遍的概念として，理解されなくてはならない。　　　　　　　　　　　　　　　　　　（及川 卓）

[関連項目] 結合両親像，刺激障壁，女性段階，のみ込まれる不安，分離‐個体化，ストラー

[文献] 及川卓 (1983, 1988, 1992), Stoller, R. J. (1975a, 1985)

共生幼児精神病

[英] symbiotic infantile psychosis

精神分析学者マーラー Mahler, M. S. は 1952 年，自閉的幼児精神病と共生幼児精神病の 2 つのタイプについて記した。前者はカナー Kanner. L. の早期幼年性自閉症と同類であり，後者は母親との共生関係から個体化に進むことが出来ず，激しい分離不安や，母親と一緒の時はある程度機能出来るようなことでも，母親のいないところではほとんどなにも出来なくなり，奇妙な行動や自閉的になる精神障害の幼児についてである。問題の背景には，人間の発達のステップに伴い必然的に起こる分離不安に耐えられないような脆い自我が，素質的にあるのだろうとした。その当時，自我精神分析学者，アンナ・フロイト Freud, A.，スピッツ Spitz, R. A.，リブル Ribble, M.，その他はやっと乳児期の共生的自我に言及したのであったが，それらの研究を土台としてマーラーらはその後の 18 カ月ごろから 3 歳ごろまでの間に，それまでの自我が母親のそれと分離‐個体化することによって，個の人格が形成するということに注目した。その後，共生幼児精神病の概念は，自閉症研究の発展に伴いその特殊性は薄れ，疾患単位というよりは自閉症児の発達途上の病態であると理解されているのだが，この幼児精神病の経験を基にし，その後彼女らは，分離‐個体化がたとえ分離不安を伴うものであっても，正常な人格の発達には必須のステップであるとして，正常幼児の分離‐個体化の経過の詳細な観察研究をして，今日もなお自我心理学的に貴重視される業績を残した。

　　　　　　　　　　　　　　　　　　（中沢たえ子）

[関連項目] 自閉症，分離‐個体化，カンバーグ，マーラー

[文献] Mahler, M. S. (1952)

鏡像段階

[英] mirror stage
[独] Spiegelstadium
[仏] stade du miroir

　フランスの精神分析家ラカン Lacan, J. によって提示された，自我の形成の一時期を示す概念。1936年マリエンバード，および1949年チューリヒにおける精神分析学会において発表され，主著『エクリ』に「〈私〉の機能を形成するものとしての鏡像段階」という題目で収録された。生後6-18カ月の乳幼児は鏡に映じた自分の像に対して特別の関心を示し，それに近づこうとしたり，その像を固定しようとしたりする。この時期の乳幼児は，出生時の未熟性を主な要因とする神経系の未発達のために，身体感覚とくに自己受容知覚の統合を経験しておらず，「寸断された身体」の状態を生きている。これに比較して視覚は早くから発達するため，鏡像は，幼児に「整形外科的ともいうべき全体性」を視覚的に先取りすることを可能にし，その結果，自我は，先取りされた自己疎外的な全体像への自己愛的同一化として出発する。その際，鏡の中に共に映る他者たちの像から自己像へと向けられた欲望のまなざしもまた自我に取り込まれ，世界の中での主体の特権的な地位を支える構造として生成する。
　このことの意義は2つある。まず，鏡像は乳幼児に現実の身体の未統合状態と，鏡の自己像の統一性との間に不均衡な関係を導入する。乳幼児は，寸断された自己身体の悲惨さを統合された自己像の栄光へと変換しようとする絶えざる緊張を組み込まれることになる。言い換えれば，やむことのない同一化の努力がここから始まる。この努力が成功しない時には，「内界と環界の円環」が破綻し，寸断された身体の経験が再現することになる。自己にとっての理想を求める人間の努力とその挫折の源をここに再発見することによって，神経症の内実をわれわれはよりよく知ることができる。
　しかし一方では，この緊張状態は他者に対する攻撃性へとつながる。自我は自分自身を取り囲む培地への同一化として出発する以上，はじめから社会関係の中に組み込まれており，自分自身を社会関係から取り戻そうとするならば，そこには攻撃的で自己破壊的な成分が露出することになる。ラカンは自我を夢幻的に象徴するものとして，「塹壕で固めた野営地」や陣営などの，戦いに関わる映像を挙げている。このような自我の攻撃性は，本来的自己の復権を社会に対して要求するパラノイア的な病苦を基礎づける。ラカンによれば，この復権要求といわゆる人格とは切り離し得ないものであり，後年彼は，人格とはパラノイアであると言い切っている。鏡像段階に由来し人間関係から取り去ることのできないこのパラノイア的成分は，想像界を特徴づけている。　　　　　（新宮一成）

［関連項目］現実界／想像界／象徴界，自我，他者，パラノイア，ラカン
［文献］Lacan, J. (1949), 新宮一成 (1984, 1995)

強迫神経症

[英] obsessive-compulsive neurosis
[独] Zwangsneurose
[仏] névrose obsessionnelle

　患者がその観念（強迫観念）や行為（強迫行為）が自分にとって無意味で無縁であるとわかっていて，それに悩まされることを異常と認め，気にすまい，考えまい，行うまいと努力するにもかかわらず，かえって心に強く迫り，それをやめると著しい不安が生じるため，繰り返しそうせざるをえない状態にあり，なおかつ精神病や脳器質疾患を否定できるときに強迫神経症と診断しうる。強迫観念は本人の意志に反した嫌なものであるにもかかわらず自分自身の観念として意識される。強迫行為も愉快なものではなく，有用な課題達成に終わるものではない。患者は通常この行為を無意味で効果がないとして抵抗しようとするが，重症例や長期化した例では抵抗がごくわずかのこともある。
　フロイト Freud, S. はラットマンやウルフマンと呼ばれる症例の詳細な記述とともに，強迫神経症の精神医学的概念とその精神分析的理解を確立した。アンナ・フロイト Freud, A. は1966年の国際精神分析学会において，精神分析的に見た強迫神経症の発展を次のようにまとめている。エディプス状況の不安，葛藤から肛門サディズム期への退行が生じ，性的・攻撃的衝動が出現すると，それに対して自我は否認，抑圧，反動形成，隔離，知性化，取り消し，魔術的思考，疑惑，不決断，合理化などのさまざまな防衛機制を組み合わせて用い，これが強迫神経症の病像を形成する。その臨床像は固定化し安定している。こういう強迫的防衛は肛門サディズム傾向が最高潮に達するときに，自我と超自我がそれに耐えられないほど発達しているときに発動しやすい。
　サリヴァン Sullivan, H. S. は対人関係論の立場から，強迫を安全保障感の欠如を克服しようとする試みととらえ，その流れを汲むサルズマン Salzman, L. は強迫を，恥や，誇りや地位の喪失あるいは弱さや欠陥をみずからに感じさせる感情や思考を防ぐための方策つまりコントロール喪失を防ぐための方策であるとしている。
　強迫神経症は強迫性格の上に発症することが多いとされているが，必ずしもそうでもないという意見もある。またその範囲は，性格の一部に組み込まれた正常に近い群から，きわめて重症の，精神病の境界領域にある状態に至る広がりをもち，前者の端では強迫が人格形成に向けての安定化作用をもち，後者の端では強迫がその人の

性格を極度に妨害し，内的平衡と外的適応を困難にしている。うつ病との関連はアブラハム Abraham, K. をはじめとして古くから注目されているが，臨床的に強迫神経症の患者はしばしば抑うつを呈し，うつ病患者は病相中にあるいはその間に強迫症状を呈することがある。両者の近縁性は生物学的精神医学や薬物療法の面からも注目されている。また，近年強迫症状の一部を他者に代行させる形で他者を巻き込む一群（「巻き込み型強迫」）が注目されているが，これはグリンベルグ Grinberg, L. のいう万能的コントロールにあたると考えられ，こういう患者の人格構造は境界パーソナリティ構造の水準にあると考えられる。　　　　　　　　　　　　　　（成田善弘）

[関連項目] 狼男[症例], 境界パーソナリティ構造, 強迫性格, 肛門サディズム, 肛門性格, ねずみ男[症例], 万能的コントロール, アブラハム, サリヴァン, フロイト, A., フロイト, S.

[文献] Abraham, K. (1924b), Freud, A. (1966), Freud, S. (1909d), Freud, S. (1918b), 成田善弘 (1987), Salzman, L. (1968), Sullivan, H. S. (1956)

強迫性格

[英] obsessional character

[独] anankastische Fehlhaltung

[仏] caractère obsessionnel, caractère compulsif

強迫性格をめぐる論議には古くからの歴史がある。ジャネ Janet, P. は強迫反応者の体質的基盤として精神衰弱的特徴をあげ，クレペリン Kraepelin, E. は強迫神経症者に存在する持続性の人格的特異さを詳細に記述している。

フロイト Freud, S. は肛門性格（強迫性格にあたる）について「几帳面で，倹約家で，わがままである」とし，几帳面は肉体的清潔ばかりでなく，些細な義務の遂行上誠実で信頼がおけるという意味を含み，倹約はこうじればけちとなり，わがままは反抗となりやすく，激怒，復讐欲への傾向と結びつきやすいとしている。そして彼らが大便をためておくことから満足を得ており，肛門領域が明らかに性感帯的な意味で強調されていると述べ，この性格を肛門サディズム期への固着としてとらえ，強迫神経症の基礎性格と考えている。

サリヴァン Sullivan, H. S. は対人関係論の立場から，強迫性格者は対人関係において顕著な成功という満足を味わったことがなく，他者との関係における安全補償感が欠如しているので，言語魔術に訴えて安全補償感の欠如を克服しようとしていると述べている。またサルズマン Salzman, L. は，強迫性格を強迫神経症の基礎性格としてのみとらえるのではなく，平均人の強迫的性格から強迫神経症，抑うつ，恐怖症そして嗜癖状態に至る一連の病像を強迫スペクトルと呼び，それらの病態に共通する基礎性格として強迫性格があるという。そして強迫性格者はすべてをコントロールしようとし，それが可能であるという尊大な自己像をもつと述べ，フロイトが強調した敵意や攻撃性を一次的なものとはせず，コントロール喪失の恐れに対する防衛とみなしている。

DSM-IV および ICD-10 の強迫性人格障害 obsessive-compulsive personality disorder はもっぱら記述的な概念で精神分析的概念ではないが，そこにあげられているいくつかの特徴，たとえば，細目・規則・目録・順序へのとらわれ，過度な完全主義，仕事と生産性への過剰なのめり込み，過度に誠実で良心的で融通がきかないこと，けちでものを捨てられないこと，他人に自分のやり方に従うよう強要すること，硬さと頑固さなどは，精神分析の中で考えられてきた強迫性格の特徴と一致している。

強迫性格と呼ばれるものには広い範囲が含まれていて，一方の極には勤勉で生産的で良心的で，論理的にものを考える人たちがあり，他方の極には過度に几帳面でけちで頑固で，両価性や疑惑や不決断のために建設的に行動できない人たちがあってスペクトルを形成していると考えられる。笠原嘉はわが国の青少年の神経症的登校拒否，摂食障害，アパシー的退却症，中年期の軽症うつ病などの基礎に強迫的性格傾向がみられるといい，古典的強迫性格と比較して精力性や攻撃性に乏しいことを指摘してこれらを類強迫性格と呼び，さらに強迫性格スペクトルという考え方を提唱してそこに古典的な強迫性格，森田神経質，執着性格，メランコリー親和型性格などを含めている。　　　　　　　　　　　　　　　　（成田善弘）

[関連項目] 強迫神経症, 肛門期, 肛門サディズム, 肛門性格, 早熟な肛門帯覚醒, DSM-IV 人格障害, サリヴァン, フロイト, S.

[文献] Freud, S. (1908b, 1913i), 笠原嘉 (1976), Salzman, L. (1968), Sullivan, H. S. (1956)

恐怖症

[英] phobia

[独] Phobie

[仏] phobie

恐怖症とは，通常ではたいして恐れる必要のないある特定の対象や状況，場面に対して不釣合いな激しい恐れをおこし，それに情緒的に圧倒されている状態を主症状とするものをいう。一般に恐怖症症状はさまざまな神経症や精神病にみられるが，恐怖症症状のみが終始その病像を構成している病態が昔からよく知られており神経症範囲のものとして扱われてきている。臨床的には恐怖の対象によって分類されているが，主なものとして広場恐怖，閉所恐怖，対人恐怖，動物恐怖，疾病恐怖，不潔恐

怖などがある。また恐怖感を抱く対象や状況にあえて接触し積極的に向かいあう心性を対抗恐怖 counter-phobia と呼ぶ。

恐怖症の症状構造について，不安ヒステリーとして最初に詳細に論じたのはフロイト Freud, S. である。彼は，5 歳男児の症例（ハンス少年）の分析をスーパーヴァイズし，少年の母親に対する性愛的独占と，父親に対する憎しみ，そのことによる父親からの懲罰の恐れ（いわゆるエディプス・コンプレックス）を示した。そしてその懲罰の恐れ，つまり去勢不安を認めることができず，それを馬の恐れに置き換え，馬に咬まれる恐怖を起こしたと解釈した。要するに馬は父親の象徴的代理であった。このように恐怖症の古典的な理解の中心は，エディプス葛藤の問題であり，恐怖症の主機制は，抑圧，置き換え，外在化である。しかしその後，恐怖症については前性器期葛藤からの理解ももたらされている。フェアバーン Fairbairn, W. R. D.（1941）は幼児期の母子関係での欲求不満への防衛の一型としての恐怖症を示したし，スィーガル Segal, H.（1954）はやはり原始的な機制である投影同一化やスプリッティングが恐怖症に作動していることを示した。この流れを汲んだレイ Rey, J. H.（1979）は，重篤なパーソナリティ障害に閉所‐広場恐怖症候群 claustro-agoraphobic syndrome を見出している。

わが国には伝統的に対人恐怖，赤面恐怖が多くみられ，それらについての精神分析的研究が蓄積されている。なお DSM-IV では恐怖症は不安障害の中に分散して含められ，独自の疾患としては位置づけられていない。

(安岡　誉)

[関連項目] エディプス・コンプレックス，置き換え，神経症，対人恐怖，ハンス少年［症例］，不安ヒステリー，フェアバーン理論，分裂機制

[文献] Fairbairn, W. R. D.(1941), Freud, S. (1894, 1895a, 1909b), Rey, J. H. (1979), Segal, H. (1954)

共謀

[英] collusion, conspiracy
[独] Kollusion
[仏] collusion

治療のプロセスのなかで分析者と被分析者とがともに治療に反する共通の方向で無意識的な反応をすること，無意識的に成長や発達，あるいは治癒に反する方向で結びつくことを言う。それらは一時的には治癒や症状の軽減をもたらすが，長期的，最終的には本当に治癒や問題の解決がもたらされない。

[偽同盟] フロイト Freud, S. はヒステリーの治療において，治療者と患者が必要以上に親密な関係を結ぶことを，治療関係の阻害要因になる転移という視点から論じて「偽りの同盟 misalliance」と呼んだ。治療にとって陽性転移は不可欠だが，患者が治癒のために必要な洞察の痛みから来る抵抗を超えて，治療できるかどうかは治療者との間で形成される契約，および治療同盟（作業同盟）に関わっている。もし患者（あるいは治療者）が偽同盟によって，症状の軽減や除去だけを治療に魔術的に求めている（求められている）場合，本当の治癒ではなく，一時的な症状の除去によって早期の中断がもたらされる可能性が高い。それらは抵抗として「健康への逃避」（フロイト）と呼ばれるものを早期にもたらす。つまり一時的に軽快したように見えるが，それは洞察を含む本当の治癒ではないために，長期的には問題を残している。

[治療的共謀] ラングス Langs, R. (1978) は偽りの同盟によってもたらされる症状の軽減などは基本的に適応的なものではなく，治療の終了によって症状や問題が再燃する，あるいは治療を続けていない限り，治療は永続的ではないという問題が生じると述べている。それらは治療的な偽同盟であり，それによってもたらされた治癒は「偽同盟治癒」だと述べている。これらの延長上に，しばしば治療者側の原則違反が患者の願望と無意識的に充足するということがあり得るために結果として治癒がもたらされる。ただしこれは治療関係なしでは成り立たない。そのため治療者は患者と無意識的に共謀 conspiracy をしているのだと述べた。

[夫婦関係] 治療に関わる親子や夫婦でも，同様の共謀関係によって，無意識的に結びついている可能性がある。ヴィリィ Willi, J. は夫婦がともに無意識的な願望を満足するために結びつく関係を「共謀」と述べている。夫婦がそれぞれにもっている葛藤がもたらす基本的障害を相手によって解決するために結びつく。その場合，自己愛的な関係，口唇愛的関係，肛門サディズム的な関係，男根‐エディプス期的な関係といったそれぞれ異なる 4 つのテーマをもつ。夫婦は自分たちの葛藤を自分たちでは解決しない形で相手と結びついているためにお互いの関係は不自由で，偽同盟と同様に長期的には失敗する。

(妙木浩之)

[関連項目] 治療同盟，抵抗
[文献] Willi, J. (1975)

享楽

[英] enjoyment, jouissance
[独] Genießen, Befriedigung
[仏] jouissance

フロイト Freud, S. がメタ心理学的にさし示した「快感原則の彼岸」という場所を，主体の欲望との関連で定式化したラカン Lacan, J. の概念。人間は話す存在であ

る限り，自分が生きているということを知っていなくてはならず，またそのことを証し立てていなければならない。この要請から免れてただ生きることである享楽は，人間が一度話す存在となった限りは不可能の領域に，すなわち現実界に属する。しかし，それをあくまでも求めようとする欲望が人間の中には存在する。その意味では享楽は欲望の対象である。しかし，欲望は，欲望の主体を前提とする。それに対して，享楽においては，自分が享楽しているということを知っている主体はすでにない。したがって，享楽は，欲望の主体が尽き果てるまさにその地点に現れる。そうした場所においては，主体はもはや自己が生きていることを知ることなく，ただ生きていることを悦び，享楽していることになる。そしてこうした場所は逆説的に人間にとっての「死」の場所に一致する。ラカンは，動物の生態が快感原則に則っているとするならば，植物の生はその彼岸にあり，「植物であるということは，無限の痛みであるようなものであろう」と，享楽の具体像を叙述している。享楽は痛みの感覚に深く関係しており，フロイトの症例「狼男」にもその例がある。彼は羽をむしられる「エスペ」という虫を夢に見た。これは「ヴェスペ」（スズメバチ）の言い間違いであると同時に，自分自身の頭文字「S. P.」でもあった。夢の中で「エスペ」になっていたとき，狼男は自分が享楽していることを知りえなかったが，この夢を分析の中にもたらしてそれを言語化することで，自己の欲望を再構成する道を見出した。 (新宮一成)

[関連項目] 現実界／想像界／象徴界，ラカン理論，ラカン
[文献] Lacan, J. (1970), 新宮一成 (1993)

局所論〔局所論的観点〕

[英] topography
[独] Topik
[仏] topique

[定義・意義] 1915年『無意識について』でフロイト Freud, S. が提出しているメタサイコロジーの3つの観点の一つ。他には力動論，経済論があり，後に（1923）構造論が加えられる。局所論とは，心的装置はいくつかの系に分かれていると仮定する理論的観点で，心的装置の位相性，性質や機能の異なる系を含み相互に関連しあう様相を理解するために提出された。意識，前意識，無意識を区分する局所論は第一局所論と呼ばれ，自我，エス，超自我を区分する局所論は第二局所論あるいは構造論とよばれ，両者の統合によって心的装置が解明されるが，ここでは第一局所論を中心に述べる。

夢の現象や催眠現象への関心を通してフロイトは，主体が自覚（意識化）しないにもかかわらず表象や行動に現れる心的内容，すなわち無意識を発見した。この無意識を措定するところから，機能の異なる意識体系の局在という理論が要請されることになった。『夢事象の心理学』においてフロイトは，フェヒナー Fechner, G. T. の「夢の舞台は，覚醒時の表象生活の舞台とは別のものである」という言葉を引用し，心的局在性 psychische Lokalität を主張し，それは観念的な場所・区域のようなもので，3つの系それぞれが異なる固有の性質および機能と備給エネルギーをもつこと，各系が時間的前後関係をもって興奮の波を順次に伝えていくことを論じている。このような局所論的区分が生じる起源については，まず意識系を形成するものはすべて無意識的，生物学的なものから発生するという発生論があり，さらに意識系にあるものが抑圧されて無意識化するという逆行の理論がある。

各系の質および機能の相違については，無意識系と一次的心的過程，前意識－意識系と二次的心的過程の関連が，これをよく例示している。また精神分析療法の知見は，無意識の表象群が単に年代順に配列されているのではなく，特定の意味連合をもつことを明らかにしており，したがって局所論的認識は「心的諸作業を分解し，その個々の作用を心の構成部分に帰属させることによって心的作業の複雑性をはっきりさせる」という意義を有している。また心的過程の継時的展開には一定の秩序があることを明らかにしている。この理解のもとに精神分析療法では，無意識の内容を意識化することを目標におき，心理的素材を局所論的に系統立てて把握し，意識（表層）から無意識（深層）へといった解釈や介入の技法を推敲する視点が成立している。

『無意識について』でフロイトは心的組織の局在性が大脳の局在性と関連するか否かについてさまざまに考察し，「心理的な局在性は，さしあたり（大脳の）解剖学とは何の関連もない」としている。しかしその後にも両者に何らかの対応を見出そうとするフロイトの関心は持続し，これに触れる発言は繰り返されている。

[意識体系の相互関係] 3つの体系の相互関係を理解することは，換言すれば局所論を力動論や経済論と関連づけることである。無意識系と前意識－意識系との関係は，まず対立，葛藤する関係として理解される。つまり無意識の性質（無時間性，一次過程，可動エネルギー備給，心的現実による外的現実の支配）は前意識－意識から区分され，両者間の移行を制御されねばならず，そのために前意識との間で検閲が行われ，さらに前意識（意識に比べてより強く無意識の影響を受けている）と意識（より高次の検閲と現実検討）の間でも検閲がなされている。この検閲（自我による）の作用と無意識系の主たる内容である願望衝動との葛藤を論じるのが力動論であり，その理解には第二局所論も導入されねばならない。

さらに，前意識－意識系の心的過程が低下して，無意

識系の支配する場に引き戻されることを局所論的退行 topographical regression という。つまり観念表象が感性的形象へ逆戻りし，興奮が運動末端へ移行するのでなく知覚末端へと移行する。この退行の最も分かりやすい例が夢の現象であるが，病者の幻覚，健常な思考の部分的飛躍などもこの退行の現れである。この退行の理解にはさらにエネルギー論との関連づけが必要になる。つまり意識 - 前意識系では拘束エネルギーが活動しているが，退行に伴って自由エネルギーが活性化するのである。

［二つの局所論の統合］『自我とエス』（1923）において第一，第二局所論の相互関係が論じられた後，『続精神分析入門』（1933）の第36講において再び詳細に論じられ，両者を組み合わせた図式が提示されている。特に重要なのは自我および超自我の大部分が無意識であると明確にされ，無意識の自我活動（防衛）が重視されたことで，これによって，抑圧されたものが無意識にあり自我は前意識 - 意識系にあるという見方は解消された。

（馬場禮子）

［関連項目］意識，構造論的観点，前意識，無意識，メタサイコロジー

［文献］Freud, S. (1900, 1915e, 1933a)

虚言症

［英］mythomania
［独］Mythensucht
［仏］mythomanie

虚言症という用語は，1905年にデュプレ Dupre, E. によって用いられた。精神分析において，嘘は精神病理学的側面，発達論的側面などをもち，単に倫理的な問題として捉えられるものではない。フロイト Freud, S. が述べたように，精神分析は「患者自身が知らないこと——無意識的秘密をも物語らせようとする」作業である。つまり，患者の真実の体験が無意識的に歪曲されたり希釈されたりするという事実が見出されたことにより，防衛機制についての理解がもたらされた。まず第1に，こうした防衛機制としての嘘という側面がある。ビオン Bion, W. R. は，患者の嘘ばかりでなく，治療者の嘘が真実の探求に対して障壁となることを述べ，治療者 - 患者関係において治療者自身が自らの嘘を探り当てることの重要性を強調している。

第2の側面として，病理現象としての嘘がある。ドイチュ Deutsch, H. は空想虚言をはじめ，人間の欺瞞性 pseudology 全般にわたって詳細な検討を加え，「病的な嘘」「偽りのアイデンティティ」「アズイフ人格」といったテーマに目を向けた。近年のクライン学派においては，病理構造体 pathological organization の概念化を進めるにあたり，嗜癖的虚言者 habitual lier が研究対象の一つ

として位置づけられており，オショーネッシー O'Shaughnessy, E. (1990) は「嘘をつく一次対象への同一化と攻撃性」に，その起源を求めている。

第3の側面は児童分析によって明らかにされた子どもの嘘についての知見であり，これは病的とも正常とも分かち難いものとして位置づけられる。フロイトは『子供のうその二例』（1913）において，エディプス的願望に対する抑圧を強化するために用いられた嘘について述べている。またアンナ・フロイト Frued, A. (1965) は一般的に見られる子どもの嘘を類型化し，「苦痛を意識にのぼらせようとしない幼稚な防衛機制」すなわち否認に基づく嘘と，成人に見られる客観的事実の歪曲との間に類似性があることを指摘している。

第4の側面は嘘 - 秘密のもつ発達論的視点である。タウスク Tausk, V. は，「子どもの最初の嘘」が自我境界の形成過程における最初の現象であり，同時に中心的な分裂病症状の一つに位置づけられる自我境界喪失症状群 ego boundaries-lost syndrome が「最初に成功した嘘」以前への退行であることを述べている。またグロス Gross, A., エクスタイン Ekstein, R. らは秘密を保持したり告白することの発達論的な意義についてさらに系統的に検討し，親からの分離 - 個体化の試みとしての嘘や秘密の意義を強調している。

この他，成人の虚言症に対する分析可能性の問題がある。成人の虚言症に対する精神分析の適応については，そのコミュニケーション能力や超自我形成の障害などから，否定的な見解が一般的であり，さらに詳細な精神病理の理解と治療論の発展が待たれる。

（近藤直司）

［関連項目］アズイフ人格，自我境界，ビオン理論，ミュンヒハウゼン症候群

［文献］Deutsch, H. (1922), Ekstein, R. & Caruth, E. (1972), Freud, A. (1965), Freud, S. (1913g), Grinberg, L., Sor, D. & Bianchedi, E. T. (1977), Gross, A (1951), O'Shaughnessy, E. (1990), Tausk, V (1919)

去勢

［英］［仏］castration
［独］Kastration

精神分析における去勢という概念は，人間の性における男根の優位性を前提としている。ペニスは男児にとっても大人と同じように強い性感帯であり，強いナルシシズム的意味を持っている。そのため男児はペニスを持っていない人間がいることを認めることができず，すべての人間にペニスがあるものと信じている。そして，何らかの機会に同胞の女児や母親にペニスがないことを発見すると，男児は，自分のペニスも切り取られることがありうると考えるようになり，これが潜勢的なものとして

の去勢の可能性を形成する。そして，この去勢の可能性が，器官としてのペニスに象徴的な意義を持つファルス（男根）としての機能を付与することになる。男根はしばしば乳房，糞便，子ども，贈物など他のさまざまな代理物を持つとされるが，こうした交換可能性が問題となるときは，男根の象徴としての機能が強調されている。男女の解剖学的な差異に気づくこの契機は，男児と女児とでは当然ながらその帰結は異なることになる。男児にとっては，それは，自身の性的活動に対する父親ないしその代理者の脅威の実現と感じられ，そのことが去勢不安を引き起こす。一方，女児は，自身にペニスがないことを不公平だと感じ，ペニスを持つことに羨望を抱き，その欠落を代償しようとするようになる。これはペニス羨望と呼ばれる。ペニス羨望の成立とともに，ペニスを与えてくれなかった母親への恨みが生じることもある。そしてこの契機は，女児にとっては，母親への愛着を離れ，男根を持つものとしての父親への愛着を導くという意味で，エディプス的布置への出発点となる。一方，男児にとっては，母親への愛着を続けることは父親の脅威を増強することになるために，母親への愛着を離れることになり，エディプス的布置はその解消へと向かうことになる。

　去勢の不安は，フロイト Freud, S. の理論において，神経症の症状形成の成因として働くものとされている。フロイトはハンス症例の分析において，去勢不安のこうした意義に触れている。この症例においては，恐怖の対象である馬は，去勢の脅威を与える父親の代理物として現れたものと理解されている。フロイトは，その後期に至って，去勢の理論をより一般化し，男児にとっても女児にとっても幼児期には性的な器官としては男根しか問題となり得ないことを強調し，去勢は両性にとって同じように重要な問題となるとし，超自我の成立や理想形成といった問題と去勢の問題とを重ねて考えるようになる。ラカン Lacan, J. は，こうしたフロイトの後期の考え方を敷衍して，男根の有無という差異に遭遇することによって，主体が「在と不在」の対立の体系の中に導入されることを強調し，去勢の成立と，主体がシニフィアンの効果として成立することとを並行する事態としてとらえるに至っている。その際，男根は特権的なシニフィアンとしてその「在と不在」の体系の原初に位置づけられることになる。　　　　　　　　　　　　　　（鈴木國文）

[関連項目] エディプス・コンプレックス，原抑圧，ファルス
[文献] Freud S. (1909b), Lacan J. (1958a)

去勢コンプレックス
[英] castration complex
[独] Kastrationskomplex
[仏] complexe de castration

[**去勢コンプレックスとエディプス・コンプレックス**] 性 sexe という言葉は，secare, sexion（切断，去勢）という言葉を語源とする。このことは，性差の成立の過程の起源に切断の機能が介在していることを暗示している。フロイト Freud, S. の発見した去勢コンプレックスは，乳幼児の心的領域において性差を生じさせ，エディプス・コンプレックスの形成をもたらす原動力となるものである。去勢コンプレックスは，母親やその代理者が，幼児の自体愛的行動（自慰など）に対して，それをやめさせる目的で威嚇したことに由来するという。その際，去勢の罰を実行するのは，医者や警察といった父親の系譜に属するものであり，そのことは母親によって言葉で伝えられる。ここにすでに，父親—母親—子というエディプスの構造の原型が見て取れる。

　このような威嚇が実際にあったかどうかは別として，子どもは他の人物にペニスのあるなしを目撃したことから，性差について意識するようになるという。そしてこの性差についての関心は，出産の秘密に対する関心と結びついて，子どもの性的好奇心の主要なテーマとなる。この去勢コンプレックスは，男子と女子とでは大きく異なり，フロイトは，「男子のエディプス・コンプレックスは去勢コンプレックスによって終わるのに対して，女子では，去勢コンプレックスによってエディプス・コンプレックスが始まる」と述べている。

[**男子：去勢不安**] 男子は，女性器を目撃したときに，女性たちは父親に去勢されたのだと考える。ただし母親だけは長い間，他のあまり重要ではない女性たちとは違って例外的にペニスを持っていると考えられている。また妹たちの女性器を目撃した場合にも，大して動揺することはない。いずれペニスが生えて来るに違いないと考えるからである。しかし，エディプス・コンプレックスの時期になると，否認されていた去勢の恐れが現実味を帯びてきて，自分も同じように去勢されるかもしれないという去勢不安が生じる。この去勢不安がエディプス構造における超自我として形をなすことになる。この去勢不安に対してはさまざまな防衛が形成される。抑圧，否認，分裂などである。またこの不安から生じる症状としては，同性愛，フェティシズムなどがある。

[**女子：ペニス羨望**]「女児はそれを見て，それを自分は持っていないことを知り，それを持ちたいと思う」とフロイトは『解剖学的な性の差別の心的帰結の二，三について』(1925) において述べている。こうして女子は劣等感を持ち続けたり，ナルシシズムが傷ついたりする。

しばしば，去勢は母親のせいにされ，母親に対する恨みの感情が生じる。また思春期にメンストレーションが始まることも，「事後的に」女性性器と去勢の傷が同一視される理由となっている。このように女性は，去勢不安を持つのではなく，去勢の事実を受け入れるとされる。このことが女性が男性よりも現実的である理由の一つと考えられる。また反対に，女性の不安は去勢不安という形でのまとまりを持たないために，曖昧で散漫なものとなりやすい。フロイトが，『処女性のタブー』(1918) で述べているように，女性のペニス羨望は，男性に対する去勢願望という形を取ったり，男性に対するライバル心として現れる。例えば，性交困難症はペニスを捉えておきたいという無意識の願望に由来すると考えられるし，冷感症も，男性を興奮させておいて満たさないという仕方で，男性に対する怒りを示していると考えられる。またある種の女性が手足を失った男性や割礼を受けているユダヤ人男性やさらには劣った男性一般に性的魅力を感じるのは，そのような男性を去勢された存在と見なして自身と同一視しているからだといわれている。それに対してペニス羨望が，女児が母親に同一化して父親から子どもを得たいという願望として現れる場合あまり問題は生じない。子どもを得ることによって去勢の傷が癒えるからである。

[クラインにおける去勢コンプレックス] クライン Klein, M. の特徴は，口愛的な貪欲さと母親が所有している（取り入れられた）父親のペニスを求める性器的欲動が結びつくという点である。これは，クラインにおいてはペニスと乳房がイコールで結ばれているからである。むしろ，口愛的満足を与える乳房と比べてペニスは二次的な価値しか持たず，女性のエディプスは去勢コンプレックスと関係するのではなく，母親の体内にある父親のペニスとの関係で構造化される。このようにクラインにとって去勢不安は，さまざまな不安の中の一つにすぎず，不安の真の対象は身体の内部であり，この内部とは無意識の世界と女性性を示す。またペニス羨望の概念はそれより一般的でかつ重要な「羨望」の概念へと発展している。

[ラカンにおける去勢コンプレックス] 精神分析全体の流れが，早期母子関係の研究へと向かい，父親の機能やエディプス・コンプレックスや去勢コンプレックスの重要性が薄れていったのに対して，ラカン Lacan, J. はそれらの概念により広い隠喩的解釈を与えた。去勢に関しては，欠如という広い領域に位置づけなおした。また，象徴的去勢という概念をもたらすことで，一つの基本的次元を開いた。とはいえ，この次元は死の欲動や一次マゾヒズムについてのフロイトの思索を取り上げなおしたものである。象徴的去勢とは，主体がシニフィアンに従属するということであるが，そのことの意味は，生まれ落ちた乳児が言葉を話すようになりその文化の世界に組み込まれるということを表している。そのもとにある考えは，エディプスにおける父親の機能が母子関係という自然なものを切断することで乳児を人間化するということと，差異の体系である言語において差異化（すなわち切断）するシニフィアンの機能とを重ねてみると，言葉の世界に入ることとエディプス・コンプレックスに入ることは等値と見なすことが出来るということである。

(小川豊昭)

[関連項目] エディプス・コンプレックス，去勢，シニフィアン，女性性，羨望，男性性，ペニス羨望，クライン，ラカン

[文献] Abraham, K. (1920b), Freud, S. (1908c, 1909b, 1918a, 1925i), Green, A. (1990), Laplanche, J. (1980)

去勢不安　⇒去勢
[英] castration anxiety

拒絶する対象　⇒フェアバーン理論
[英] rejecting object

拒否　⇒否認
[英] disavowal

近親姦
[英] incest
[独] Inzest
[仏] inceste

家族内の親または親代理者（義親，親族，同胞など）といった近い血縁同士での性的関係 sexual relationship を示す。しかし，実際はどこまでを「近親姦」とするか定義するのは難しい。性的行為は多様であり，性交 sexual intercourse からオーラルセックスに至る身体的接触のみでなく，窃視や露出といった視覚的行為もそこに含まれる場合もあろう。さらに，それは文化によっても異なってくる。また，犠牲者と加害者との血縁関係の定義（近親姦関係）も明確でない場合がある。近親姦は人類のタブー（禁忌）とされ，ほとんどあらゆる社会で禁止されているが，例外（古代エジプトやインカ）もある。近親姦がタブーとなった起源については，さまざまな考えがなされているが，フロイト Freud, S. は自然に獲得されたものではなく文化的・歴史的に獲得されたものであるとしている。エディプス・コンプレックスは異性の親に対する性欲と近親姦の誘惑が主題であることはよく知られているが，エディプス期を経過することによ

って近親姦は抑制され，性的欲動は異なった対象に向けられるようになるとフロイトは考えた。近親姦タブーの起源については文化人類学的にも研究されており，遺伝上の弊害を防ぐためであるとするもの（モーガン Morgan, L.）や，集団の拡大と維持のために婚姻関係を広げようと図ったことに起因すると考えるもの（テイラー Taylor, E.），さらには，女性は部族間における与えたりもらったりするという構造に用いられるものであり，部族間のコミュニケーションに必要であったとするもの（レヴィ・ストロース Lévi-Strauss, C.）まである。

以前は近親相姦という日本語が使われていたが，実際は，より力を持った大人が弱者である子どもに対して行動をおこすという関係性から使用されなくなった。つまり，近親姦は性的虐待の意味合いを含んでいるわけである。ガンザレイン Ganzarain, R. ら（1993）は，虐待を行う人間は圧倒的な力を持っていて，犠牲となる子どもの身体的な境界を破壊し，そのパートナーそれぞれの社会的，世代的な役割の秩序を粉砕してしまうと記している。しかし，フロイトの発見でも周知のように，子ども側にも性的活動は存在しており，それは自然，近親者に向けられることは事実であろう。ただ，それが空想の域から突出し，大人によって行動化されることが大きな問題となるわけである。

フロイトが精神分析理論を展開する中で，誘惑・外傷説を退け，内因・幻想説を全面に出して以来，近親姦はまれであるとみられてきた。しかし，この20－30年来，近親姦が原因と考えられる重篤な精神障害が急激に臨床の場に現れるに至って，実際はかなりの件数に登るとする報告が相次いでなされている。抑うつ感，離人感，自己評価の低さ，非行，性的機能障害，自虐行為，などを訴える人たちの多くに近親姦の生活史がみられ，境界例，摂食障害，多重人格，PTSDといった診断がなされるケースが急増しているのである。近親姦で最も多いのは外国では父（実父，継父，義父）と娘との間でおこる例であるが，日本では，母と息子との間でおこる場合も多いとされる。また同胞間での近親姦もある。いずれにしろ，その実数は報告者によってもさまざまでまさに闇の中にあると言ってよいだろう。近親姦をおこす成人男性の特徴として，(1) 親からの愛情拒否にあってきた生活史を持ち，それゆえに強い愛情希求を抱いている，(2) 未熟性格で，成人の女性相手に対等な関係を結べない，(3) 行動で解決する傾向を持ち，アルコールや薬物依存の病歴を持つ，(4) 本人も幼児期に性的虐待を受けたことがある，などがある。また，その子どもの母親は，何もしない母親，つまり黙認者であることが多く，夫をつなぎ止める道具として子どもを利用する傾向を持っている。

近親姦の生活史を持った患者の治療では，社会的処置をも含めた現実環境の調整が重要であることは言うまでもないが，さらに，患者の近親姦をめぐる人たちとの関係が治療者を相手に繰り返されることがあり，特有の転移・逆転移を生ずるとされる（Ganzarain, R. 1989）。治療者の倫理観と中立性が特に必要とされる所以である。

〈福井　敏〉

[関連項目] エディプス・コンプレックス，児童虐待，誘惑理論

[文献] Freud, S. (1913a), Ganzarain, R. (1989), Ganzarain, R. & Buchele, B. (1988, 1993)

近親死　⇒死別
[英] bereavement

禁欲規則
[英] abstinence rule
[独] Grundsatz der Abstinenz
[仏] règle d'abstinence

フロイト Freud, S. によって設定された精神分析の基本原則の一つで，精神分析の第二基本規則とも呼ばれ，フロイトの精神分析の治療観の最も重要な核心を意味し，フロイト的治療態度を構成するもののひとつである。精神分析療法はできる限り節制 Entbehrung－禁欲 Abstinenz のうちに行わなければならない。神経症は，現実には充たすことのできない欲求（あるいは過去の幼児的な欲求）の満足の挫折によって起こり，患者の症状形成には，このような欲求に対する代理満足の意味がある。もし治療者が，患者を助けたいという一心で，人間が他人から期待することのできるすべての満足を患者に与えてしまうとすれば，与えられた課題に対する患者の行動力を豊かにしていくという治療的な努力を放棄することになる。このように，患者が転移性の要求を満たしてほしいと執拗にせがんでも，それを許容してはならない，というのが禁欲原則の基本である。

フロイトによれば，この原則は神経症の発生の機序や治療機序に本質的な意味をもち，次のような3つの技法原則に分けられる。まず第1に，転移を形成する患者の欲動が，配偶者や友人など治療者以外の対象に向けられることを阻止するという意図をもち，このような患者の行動化を抑制しようとする技法原則がある。第2に，治療者に向けられた患者の種々の願望を，治療者との間で安易に満たすことに対する禁欲原則である。第3に，患者から向けられた転移や願望を満たしてあげたいという治療者の気持ち，つまり逆転移によって治療者が患者に向ける欲動を満たすことに対する治療者自身のみずからに対する戒めである。精神分析療法の第一原則である自由連想法は，患者の抑制・抑圧を緩和し，抑圧された幼

児的な願望を意識化させることを目的としている。しかし，これらの意識化された欲動が，治療者との間で，あるいは行動化によって治療者以外の対象と満足を得ることは，倫理的にも，また治療の機序からいっても許容しがたいことである。

精神分析療法の目的は，このようにして解放され意識化された欲動が，患者の心的な葛藤として体験され，洞察されることにある。むしろこのような体験や洞察を通して，それらの欲動を内面的に自己制御したり，建設的に昇華するすべを会得することを目指している。

このような意味において，自由連想の解放の原理が精神分析療法の第一基本原則であるのに対して，メニンガー Menninger, K. は禁欲原則を精神分析療法の第二の原則と呼んだ。　　　　　　　　　　　　　　（小此木加江）

[関連項目] 基本規則，逆転移，自由連想法，転移，フロイト的治療態度

[文献] Freud, S. (1919b), Menninger, K. A. (1958)

禁欲主義

[英] asceticism

[独] Askese

[仏] ascèse

思春期において認められる欲動の急激な亢進に対して，自我が取る態度の一つが禁欲である。アンナ・フロイト Freud, A. は「衝動の力が強まると，間接的に衝動を抑えようとする主体の力も強化される。衝動の比較的穏やかな時期には，ほとんど認められなかった自我の一般的傾向が，衝動が増強するにつれて鮮明となる」として，禁欲と知性化が思春期という時期の特異性を顕著に現していると述べた。

禁欲を思春期発達の普遍的な特徴にしている大きな理由は，第1に生物学的なプロセスとしての欲動の亢進であり，第2にこの時期におけるエディプス・コンプレックスの再燃である。前思春期の子どもたちは，かつて幼児期に通過した際に超自我に組み込まれた近親姦願望の禁止に従って，欲動の亢進に対して拒否的な態度を示す。したがって禁欲は健全に育っている子どもに一般的に見られる。この現象は，成人して自立するまでは欲動の充足をある程度延期することが望ましいという点で，個体の発達にとって合目的的であると言える。しかしこの傾向が度を超えて厳しいものになると，食欲を満たすこと・排泄することをも拒否するなどの病的な状態に至る場合もある。自我とイドとの戦いという意味での思春期の発達を決定するものとしてアンナ・フロイトは，「(1) 生理的な過程によって決定されるイドの衝動の強さ，(2) 潜在期に形成された性格に基づく自我の衝動に対する認容閾値，(3) 個々の素質，自我の防衛機制や反応様式」，を挙げた。

思春期における禁欲が通常の抑圧と決定的に異なる点は，多くの場合，神経症症状に見られるような妥協形成という形式を取らないことである。したがっていつ禁欲から欲動の充足に反転するか分からないという性質を持っている。この反転は往々にして，思春期に見られる逸脱行動や反社会性として認識される。しかしそれは「分析的立場からすれば禁欲の状態からの一時的で自発的な回復だと言える」のである。
　　　　　　　　　　　　　　　　　　（橋本元秀）

[文献] Freud, A. (1936)

く

クヴァード症候群

[英] syndrome of couvade

[独] Couvade-Syndrom

[仏] syndrome de couvade

クヴァードとは，本来南太平洋の未開民族にみられた風習で，出産時の妻に濃厚に同一化する夫の精神的および身体的状態を指す。実際には，(1) 夫も妻の陣痛や分娩時の苦痛を経験し，疑似分娩をおこなう出産前ないし疑似母性クヴァードと，(2) 出産後衰弱して臥褥し，一定の食物しか食べられない妻と同じ状態に夫が陥る，出産後ないし食養生クヴァードの二段階がある。フリューゲル Flugel, J. (1921) は，家族の成り立ちをめぐる精神分析的見地から，クヴァードの心的な意義を，(1) 出産前クヴァードは，自分の快楽のために苦痛を経験している妻への罪悪感に対する償いの表現であり，(2) 出産後クヴァードは生まれてきた子どもに対する，敵意感情に発するものであるが，具象的には出産に際して自分もまた衰弱したことを誇示する表現である。(3) 以上の心的状態に一貫してあるのは，母と子の絶対的な絆に対する夫の羨望心と妻に対するアンビバレンスであるとした。そしてクヴァードは，直接身ごもることができない夫側の，子どもの出生に対する親としての権利の主張の意味があると捉えた。

現代社会にみられるクヴァード症候群の一例として，自分も生まれてくる子の父親ということを確認する意味で，夫が妻の分娩に立ち会う立ち会い分娩などがそれに該当する。さらに一般的には，妻の妊娠中に夫にみられる妻と同様の苦痛，たとえば，つわりや腹痛などの症状を総称してクヴァード症候群と呼び，それは心身症に属する症状とみなされている。
　　　　　　　　　　　　　　　　　　（森さち子）

[関連項目] 家族力動, 心身症

[文献] Flugel, J. C. (1921), 小此木啓吾 (1982c)

空虚感

[英] emptiness
[独] Leere
[仏] sentiment de vide

[フロイトの空しさ] フロイト Freud, S. は『悲哀とメランコリー』(1917) で悲哀と抑うつ（メランコリー）とを区別した。悲哀の場合は外界（愛する者, 依存対象）の喪失に対する喪の反応で, 外界が空しくなる。それに対し, 抑うつ（メランコリー）の場合は, 外界の喪失が内界の喪失に結びつき, 去っていった対象への怒りや恨みの感情が自己に向け換えられ, 病的な空しさが起こるとした。怒りを自分自身に向けることで, 自己評価の低下, 自責の念などが起こり, 自我それ自体が貧しく空しくなるとした。ここでフロイトはエネルギー論的な視点をとり「メランコリーのコンプレックスはエネルギーを吸収し, 自我をまったく貧困になるまで空っぽにする」という。

[対象関係と空虚感] 空虚感は自分の中身がない感覚, 無意味の感覚と結びついて, 対象関係論・自己心理学でも重視される。ウィニコット Winnicott, D. W. の「偽りの自己」では, 底流にスキゾイド的な空虚感と無益さの感覚があるとされる。フェアバーン Fairbairn, W. R. D. はスキゾイド・パーソナリティでは養育者からの愛の拒否の感覚があり, 愛の剥奪が空虚と感じられるとする。空虚は飢餓感と喪失感に関係し, 心理状態のメタファーとなる。バリント Balint, M. は早期の愛の関係の失敗が基底的欠損を招き, 欠如, 空虚などの状態を経験させるとする。

カンバーグ Kernberg, O. F. の境界人格障害の研究では, 空虚感は満足を与えてくれない対象に対する隠れた不満, 安定した良い内的対象のないことなどから起こっているとされた。DSM-III においては, 空虚感と退屈の慢性的感情がその要件にあげられた。カンバーグは自己愛人格障害と反社会的患者が空虚感と退屈に悩まされるのは, 羨望 envy の強さが他者との意味のある関係を排除してしまうからだとした。

クライン Klein, M. (1946) は, 投影同一化 projective identification が過剰の時, 対象から付随する取り入れ introjection が起こらず, 結果として同一性や自己の感覚が弱まり, 消耗し離人症にいたるほどの喪失の感覚が起こるとした。ラカン派では, 空虚を特別の概念とし, 壺の空の象徴的な意味あいを指摘するほか, 去勢という言葉を独特に用いて空虚を論じる。つまり子どもが母親のペニスとなり続けて母親に去勢される場合, 空虚になるとする。北山修は, 喪失が急であり, 失われた対象の「身代わり」が発見されない場合「今まで美化され理想化されていた事実が幻にすぎなかったことを悟る」という意味で「幻滅」という空しさの先鋭化が起こるとした。

(中村俊哉)

[関連項目] 偽りの自己, 基底欠損, 境界性人格障害, スキゾイド・パーソナリティ, 羨望, 投影同一化（視）, 取り入れ, 内的対象／外的対象, メランコリー

[文献] Freud, S. (1917d), Kernberg, O. F. (1984), 北山修（編）(1992), Winnicott, D. W. (1965b)

空想　⇒幻想

[英] fantasy

具象的思考

[英] concrete thinking

この用語はゴールドスタイン Goldstein, K. が, 脳損傷者に共通する過度に状況依存的な思考, 会話, 行為を記述した具象的態度 concrete attitude という概念に由来する (1944)。彼はその後この特徴が分裂病患者においても認められることを指摘したが, この見解はそれ以前 (1939) にキャメロン Cameron, N. が述べた, 分裂病者の不適切で過度な抽象化という見解と一見対立するものであり, その後双方の考え方の間で多くの議論が交わされた。近年 (1982) ホルム - ハドゥラ Holm-Hadulla, R. -M. は具象化傾向 concretism という概念を導入することで, それらの統合的理解を試みるとともに, それが分裂病性の思考障害を脳器質性疾患のそれから区別する上で有用であることを提言した。彼はその中でラング Lang, H. の記述した次のような分裂病症例を挙げて具象化傾向を解説している。その患者は医師との面接の後, さかんに嚥下運動を繰り返していた。尋ねに対して「私は情報を飲み込んでいるのだ」と答えたその患者は, 面接の話題を理解できなかった（飲み込めなかった）ために, 嚥下運動という具象的行為によってそれを克服しようとしていたのだった。この状況を例にとるなら, 分裂病患者は特有の奇妙な置き換えや隠喩によって（ここでは「理解できない」を「飲み込めない」に）抽象化（象徴化）したうえで, それと極めて具象的に関わっているのである。

いっぽう分裂病における象徴形成の障害を精神分析的観点から研究したスィーガル Segal, H. は, 象徴形成に2つの水準のあることを明らかにした。1つは主体が対象の不在を乗り越えるために, ある代理物をその対象を表すもの, すなわち象徴（あるいは象徴表象）として創造し利用する水準である。この場合その象徴が対象を表し

てはいても対象そのものでないことを主体は認識しており，したがって代理物本来の特質や用途は尊重される。いっぽうもう1つの水準では，主体はよい対象の不在を否認するか，あるいは迫害的な対象を支配するために，ある代理物とそれによって象徴しようとした対象そのものを等価の物として関わろうとする。彼女はこれを真の象徴と区別し，具体象徴（あるいは象徴等価物）と呼んだ。このような現象が生じるのは，妄想分裂ポジションの優勢な状態に留まるか退行した状況においては，主体が苦痛な現実やそれを知覚する自我部分を激しい憎しみにより粉々にし，それらを過剰な投影同一化によって暴力的に対象へと放逐する結果，象徴作用を成立させるはずの主体，対象，その対象を象徴的に表すはずの代理物という三者間の境界が消失してしまい，正常な象徴作用が成立しなくなるからである。そしてスィーガルはこのような機制こそが，分裂病の具象的思考の基底をなすものであることを論じている。　　　　　　　（菊地孝則）

［関連項目］具体象徴，思考，象徴，象徴化［象徴作用］，象徴形成，象徴等価物，投影同一化（視），ビオン理論，ベータ要素，妄想分裂ポジション，スィーガル

［文献］Bion, W. R. (1962b), Cameron, N. (1946), Goldstein, K. (1946), Holm-Hadulla, R. M. (1982), Segal, H. (1957, 1978, 1991)

具体象徴
［英］concrete symbols

スィーガル Segal, H. によれば，象徴形成とは自己が対象との関係でかき立てられる不安，より具体的に言えば，よい対象を手に入れられないかあるいは失うことへの恐れ，さらには悪い対象によって惹き起こされる不安に対処する過程で生じるという。そしてその際象徴として利用される代理物は，原対象を象徴的に表すとともに，その本来持つ特質をも認められ，したがって本来的用途としても活用されうるという。ところがそのような真の象徴作用とは異なる水準で象徴が形成される場合のあることを彼女は明らかにした。その際象徴として利用される代理物は，原対象そのものと混同され，その本来持つ特質が否認されてしまうために，そこには原対象そのものが具体的に存在するかのように体験されてしまう。彼女はこのような象徴を真の象徴から区別して，具体象徴あるいは象徴等価物と呼び，クライン Klein, M. の提唱した妄想分裂ポジションと関連づけた。すなわち具体的象徴形成が生じるのは，主体が妄想分裂ポジションの中心的防衛機制である投影同一化を過剰に用いることによって，象徴を創造する自己と象徴化される対象との分離の現実や，象徴と象徴化されるものとが別個であるという現実をともに否認し，ひいては対象の不在（喪失）を否認しようと目論むからである。言い方を変えるなら，真の象徴は喪の徹底操作の過程で，あるいはその結果として形成されると言える。後に彼女は，これらの理論をビオン Bion, W. R. のコンテイニングないしはアルファ機能と関連づけ，具体的な象徴等価物がベータ要素とアルファ要素の間の過渡的段階に位置すると述べている。
　　　　　　　　　　　　　　　　　（菊地孝則）

［関連項目］アルファ要素，コンテイニング，象徴，象徴化［象徴作用］，象徴形成，象徴等価物，投影同一化（視），ベータ要素，妄想分裂ポジション，クライン，スィーガル，ビオン

［文献］Bion, W. R. (1962b), Segal, H. (1957, 1978, 1991)

クライン学派
［英］Kleinian school

メラニー・クライン Klein, M. に指導を受けたり共同研究を行った分析家のグループを言う。厳密には，戦後1950年代から，自我心理学派，クライン学派，独立学派の教育システムが独立して設立されたときから以降を言う。実際には，彼女とかかわった人たちには，さまざまな世代が存在する。クラインは1926年にベルリンからロンドンに移住した。最初の支持者は，ストレイチー Strachey, A., ジョーンズ Jones, E., グローヴァー Glover, E., クラインの実の娘のシュミデバーグ Schmideberg, M. たちであった。最初，クラインは子どもの精神分析に集中していて，多くの支持者があった。しかし1930年代になって，クラインが成人の躁うつ病の患者を治療し始めたころから，グローヴァーとシュミデバーグが去り，最初のクライン学派が形成された。それはリヴィエール Riviere, J., アイザックス Isaacs, S., ハイマン Heimann, P. たちであった。彼らは，当時子どもの精神分析の中で研究された無意識的幻想 unconscious phantasy，内的対象関係 internal object relationship，抑うつポジション depressive position などの概念形成に対して貢献している。このグループのメンバーは，徐々に去っていったが，特に1956年にハイマンが去ったことは大きな衝撃であった。彼女は，クラインの研究に大きな貢献をしていたが，クラインの羨望 envy の概念に対して批判的であり，クラインはハイマンの逆転移の概念に批判的であった。

第2期のグループは，1930年代後半にクラインに教育を受けたウィニコット Winnicott, D. W., ボウルビィ Bowlby, J., スコット Scott, C. たちであった，彼らは全員が医師であり，クラインをアカデミックな世界で支える大きな働きをした。しかし彼ら自身はすでに独立した業績を上げていたために，クラインとは一定の距離を保つようになった。ウィニコットはクラインのもっとも信頼の厚い医師であったが，1953年に移行対象 transitional object の論文に関して意見が対立した。そしてその後，ウィニコットは独立学派 independent group の旗手となっていった。さらに 1930 年代後半から，アンナ・フロイト Freud, A. をはじめウィーン学派の分析家が多数ロンドンに亡命している。そのときから自我心理学派とクライン学派の間で激しい議論が続くようになった。その中で形成されていった第 3 期のグループとしてのクライン学派は，当時クラインに師事した人たちであり，新しい世代であった。それにはスィーガル Segal, H.，ローゼンフェルド Rosenfeld, H.，ビオン Bion, W. R.，メルツァー Meltzer, D. などがいる。そして同時に，自我心理学派，独立学派の 3 つのグループが誕生している。第 3 期のクライン学派は，1940 年代後半に，妄想分裂ポジション paranoid-schizoid position の概念が提出されたころから活躍し始め，特に投影同一視 projective identification の概念に注目して，精神分裂病の研究や重症のパーソナリティの問題をもつ患者群の臨床研究を行っている。彼らはクライン学派として結束し，高い研究成果を上げ，現在ではロンドンにおける最大多数派に成長している。 （衣笠隆幸）

[関連項目] 児童分析，スプリッティング，投影同一化（視），内的対象／外的対象，無意識的幻想，ビオン理論，ウィニコット，スィーガル，ハイマン，フロイト，A.，ボウルビィ，メルツァー，ローゼンフェルド

[文献] Grosskurth, P. (1986), King, P. & Steiner, R. (ed.) (1991)

グラディーヴァ
[Gradiva]

ドイツの作家ウィルヘルム・イェンゼン Jensen, W. (1837-1911) が 1903 年に著した小説の名前。フロイト Freud, S. は，1907 年にこの作品を分析して『W・イェンゼンの小説"グラディーヴァ"にみられる妄想と夢』を著し，主人公を足フェティシズムと診断した。この論文は，フロイトが，精神分析を文学作品の分析に応用できることを示した初期の試みとして有名である。

物語の中で考古学者ハーノルトは，ローマのある古美術展で一つの浮き彫りを見て心を魅かれる。それは，20 歳くらいのローマ娘の全身像で，彼はこの像の娘にひそかに「グラディーヴァ」という名前をつけたが，これは「輝かしい歩き方」という意味で，彼はこの像の独特な歩き方に不思議な魅力を感じていた。

ハーノルトは，美術家が，グラディーヴァの歩く姿を生きている人間から写し取ったのかどうかという疑惑に悩まされ，ある日不安な夢を見た。夢の中で彼は，ヴェスヴィオス火山が爆発した紀元 79 年のポンペイの最後の光景を目撃し，グラディーヴァの姿を認めたが，彼女はやがて降り注ぐ火山灰の中に埋もれていった。彼は，目が覚めてからも，彼女があの爆発の中に死んでしまったという観念に取りつかれ，グラディーヴァを亡き者のように悼み始める。その後彼はイタリア旅行へ出かけ，ポンペイでグラディーヴァにそっくりの娘ウルトガングに出会い，彼らはお互いに幼な友達で，この実在の女性の本名の「ベルトガング Bertgang」はドイツ語で「輝かしい歩き方の人」であり，子ども時代の愛情がよみがえってくる。ところが，考古学に魅せられたハーノルトは，冷たい大理石や青銅でできた女性にしか興味がなくなってしまい，子ども時代の懐かしい記憶は深く忘却（抑圧）されてしまっていた。このような幼児期記憶が，自由連想的に回想されていく過程が小説『グラディーヴァ』の主題をなしている。

フロイトがこの小説に魅かれたのは，彼がローマの文化や古美術に関心が強かったことや，主人公ハーノルトが考古学者で，作品自体がハーノルトの自由連想を記述しているような無意識の流れをたどり，彼の抑圧された性愛を意識化することができたという点にある。フロイトによれば，ハーノルトは，性愛の対象に特定の身体部位，歩き方や脚つき，身につける物などに異常な魅力を感じており，このような特徴の心理をフェティシズムという。

のちにフロイトは，イェンゼンが足の悪い娘に愛着を抱いていた（アンティ・フェティシズム antifetishism）と推定した。 （小此木加江）

[関連項目] フェティシズム，フロイト，S.

[文献] Freud, S. (1907a)

グリッド
[英] Grid

イギリスの精神分析家ビオン Bion, W. R. が考案した，思考の発達水準とそのコミュニケーションの性質を識別し整理するための表である。ビオンはグリッドが精神分析セッション中に生じているアナライザンドや分析家の思考の形態やコミュニケーション様式を理解するのに有用な道具であることを主張した。

グリッドの垂直欄は思考 thoughts の発達水準を表しており，A 列から H 列まで 8 つの欄がビオンによって埋められている。それは，その個人が外界の事象を感覚インプレッションとして体験したものを思考として内的な観念にし，それを洗練させて抽象概念にしていく発達過程である。すなわちこの垂直欄は思考の原始的水準もしくは精神病水準から数学的抽象概念までを含んでいる。それらを列挙する。A 列＝ベータ要素，B 列＝アルファ要素，C 列＝夢思考・夢・神話，D 列＝前概念，E 列＝概念，F 列＝コンセプト，G 列＝科学的演繹システム，H

列＝代数学的微積分である。ちなみに H 列の下にもうひとつの欄をビオンは設けているがそれは空白のままである。A，B は意識的に把握できない原始的思考であり，C，D，E，F は夢を含めた日常活用している思考である。G 列と H 列は精神分析においてはいまだ見出されていない思考であり，どちらも精神分析の発展を待つ必要があるとビオンは言う。グリッド表の横コラムは縦列に表された思考の次元，あるいはコミュニケーションでの活用の性質を表している。これはフロイトの精神の知覚活動の分類に基づいているもののビオンの独創的な考えが加えられている。コラムは，1＝限定仮説（定義的仮説），2＝φ，3＝表記，4＝注意，5＝問い，6＝行動と並んでいる。6＝行動の次にコラムがあり，...n と表示されている。これはコラムがさらに展開される可能性を示唆している。解説してみると，コラム 1＝限定仮説とは，途中においての訂正が不可能なコミュニケーションを指している。たとえばエディプス物語での防ぎようがなかったエディプスの父親殺しの神託のごとくである。コラム 2＝φ（プシー）は真実を隠すために使われるコミュニケーションを指す。コラム 3＝表記は，ある観念を表すこと，思い浮かべることを指し，コラム 4＝注意は，その表記された対象へ注意を自由に漂わせるコミュニケーションを指している。5＝問いは，問いかけ形式の特定の対象に注意を向けたコミュニケーションである。最後の 6＝行動は，行動に変容される，あるいは行動水準の思考活動を表している。

　分析セッションでの精神分析家とアナライザンドの発言やふるまいは，グリッドの縦の欄の思考の水準と横コラムのコミュニケーションの性質に規定されている表の中のどこかに収まることになる。たとえばアナライザンドが夢を物語っていくこと＝C3，分析家の総括的な解釈＝E5 といったようにである。のちにビオンは陰性グリッドでグリッドの陰性なミラー・イメージを示唆した。グリッドの使用については分析セッション中に用いるのではなく，セッションが終わったあとの振り返りにおいて使うことを勧めている。　　　　　　　　　　（松木邦裕）

　[関連項目] アルファ要素，ビオン理論，ビオン
　[文献] Bion, W. R. (1963, 1977b, 1997), Grinberg, L., Sor, D. & Bianchedi, E. T. (1977), 松木邦裕 (1996), Symington, J. & Symington, N. (1996)

訓練分析　⇒教育分析
　[英] training analysis

け

K　⇒ビオン理論

経済論的観点
　[英] economic viewpoint
　[独] ökonomischer Gesichtspunkt
　[仏] point de vue économique

　心的過程は，量的なエネルギーの増減と均衡，そしてその循環と配分によって起こると仮定する見地である。特に，すべての心身の現象を心的エネルギーに還元して理解しようとする当時の科学思想に大きな影響を受けていたフロイト Freud, S. は，そのすべての思考の中でこの見地による理解が展開されている。ラパポート Rapaport, D. とギル Gill, M. M. は，エネルギー経済論的見地は，心的現象について次のような心的エネルギーの命題を包括するものであり，その命題は，第 1 に，心的エネルギーの存在，第 2 に，エネルギー不滅の法則。この命題は，エネルギーの特定の表象に対する備給の置き換えに関する命題の基礎になり，その心的現象の因果

	Definitory Hypothesis 1	φ 2	Notation 3	Attention 4	Inquiry 5	Action 6	...n.
A β-elements	A1	A2				A6	
B α-elements	B1	B2	B3	B4	B5	B6	...Bn
C Dream Thoughts Dreams, Myths	C1	C2	C3	C4	C5	C6	...Cn
D Pre-conception	D1	D2	D3	D4	D5	D6	...Dn
E Conception	E1	E2	E3	E4	E5	E6	...En
F Concept	F1	F2	F3	F4	F5	F6	...Fn
G Scientific Deductive System		G2					
H Algebraic Calculus							

関係を追究する根拠になる。臨床経験の中では，まず催眠浄化法によるカタルシスや除反応，そしてまた，性的リビドーの放出の障害から生ずる現実神経症，うっ積不安説や現実神経症に関する論議はこの観点から行われている。またさらに，それらのエネルギーとそれらが結びついた表象との分離，置き換えなどによって転換 conversion や抑圧，そしてまた，自己愛神経症やナルシシズムに対する論議も，この観点から展開されている。

第2の命題は，心的エネルギーはエントロピーの法則に従うという見地。これは一次過程と快感原則に関する論議の基礎となるものであり，エネルギーは常にゼロ（無）の方向に向かっているという観点である。

第3は，心的エネルギーはそれぞれのエントロピー傾向を増加させたり，減少させたりするような変形を行う。この具体的な仮説としては，リビドーと攻撃性の中性化，あるいは，脱性欲化，脱攻撃化やエネルギーの結合，あるいは攻撃化，性欲化などに関する命題である。また，この命題の中には，一次過程から二次過程への心的エネルギーの変形も含まれる。

フロイトは，強すぎるショックによって許容量を越えた興奮量の激増による外傷について，性的誘惑による欲動興奮型の外傷と，外傷神経症や戦争神経症における侵襲型の外傷についてこの観点から論じている。このエネルギー経済論的見地は，欲動論の基本的な見地をなすとともに，やがて，自我カテクシスなど，自我機能の理解もこの見地から進められるようになった。　（小此木啓吾）

［関連項目］一次過程／二次過程，エネルギー，エネルギー恒存の法則，自我カテクシス，性愛化，脱攻撃化，中性化［心的エネルギーの］，転換，備給［充当，給付］，メタサイコロジー，フロイト，S.

［文献］Erikson, E. H. (1950, 1959b), Freud, A. (1936), Freud, S. (1895a, 1900, 1911a, 1914c, 1915e, 1920e, 1921c, 1923b, 1924d, 1926a, 1940c, 1950b), Freud, S. & Breuer, J. (1893–1895), Hartmann, H. (1939), Rapaport, D. & Gill, M. M. (1959)

芸術　⇒創造性
［英］art

形象性
［英］representability
［独］Darstellbarkeit
［仏］figurabilité

夢の思考は常に視覚性（イメージ）によってなされるため，夢では，いかに抽象的なものも視覚性を獲得するための変形を被らなくてはならない。フロイト Freud, S. はこのことを『夢判断』（1900）の中でとりあげ，夢では「観念内容が『考えられ』ないで，逆に感性的形象になる」と述べている。形象性とは，夢で行われるそうした感性的形象への置き換えのことである。フロイトは「夢の中で表象（観念）が，それがかつてそこから出てきたところの感性的形象へと逆戻りしていくことを我々は退行と名づける」と言い，夢におけるこの置き換えは一種の退行によってなされると説いている。フロイトが論ずる，夢における退行と形象性の問題は，フロイトが同論文の「夢事象の心理学」であげている心的装置の図との関連で理解されなければならない。この図は，左端に知覚末端を，右端に運動末端を持ち，その間，知覚末端の側にいくつかの記憶装置を，運動末端近くに無意識と前意識の層を持つ一種の光学器械のようなものとして描かれ，この心的装置への入力は知覚末端において行われ，運動末端へと動くよう方向づけられているとされている。「日中は知覚末端から運動末端に向かって持続的に流れる潮流がある。この潮流は夜間は停止してしまい，興奮の逆流に対して何の妨害も加えることがないらしい」（1900）とフロイトは述べ，この逆流を退行と名づけている。夢においては，無意識は，退行という知覚末端への溯行を介して，知覚末端（つまり感性的形象）を経て意識へと到達するのである。　（鈴木國文）

［関連項目］心的装置，退行，夢
［文献］Freud, S. (1900)

傾聴
［英］listening
［独］Anhörung

患者の連想を，耳を傾けて聴くこと。単に「聞く」のではなく，その連想のもつ無意識的な意味を含めて十分にとらえることを強調するために「聴く」あるいは「傾聴する」という言葉が用いられる。フロイト Freud, S. は1912年，精神分析療法の実施に際して，分析医が心すべき技法上の注意を述べた論文で，つぎのように記して傾聴が精神分析療法の具体的，実践的な技法の基本であることを述べた。「この技法はいたって簡単なものである。その技法はただ聴いているというだけで，すべての補助手段を患者の連想を書き留めておくことさえも斥けるのである。肝腎なことはただ，何事にも特別な注意を向けることをせず，聞き取られる一切の事柄に対して，私がすでに一度述べたことがあるような『差別なく平等に漂わされる注意 free floating attention』を向けるだけのことである」。さらにフロイトは「純粋に技法論的に言い現せば，われわれはただ耳を傾けてさえいればよい，何に注意したらよいかということには気を使う必要はない」と述べて，分析医が患者の連想材料のうち，どれに

特に注意を向けるべきかという意図を捨てて、ただひたすら傾聴に徹することが大切であることを強調している。フロイトによるこのような治療技法はまた、後のビオンBion, W. R. の有名な言葉「記憶なく、欲望なく、理解なく」分析に従事するという態度とも共通するものであるといわれる。　　　　　　　　　　　（岩崎徹也）

［関連項目］直感，ビオン理論，平等に漂う注意，フロイト的治療態度

［文献］Bion, W. R. (1970), Freud, S. (1912d), Greenson, R. R. (1967), Grinberg, L., Sor, D. & Bianchedi, E. T. (1977), Wallace, E. R. (1983a)

系統発生　⇒個体発生／系統発生
［英］phylogeny

劇化
［英］dramatization

ウィニコット Winnicott, D. W. がみずからの臨床を描写するために使用した用語であり、ウィニコット理論とその治療技法とを繋ぐ架け橋となる重要な用語である。治療場面で行われる劇化の実際は、1964年に始められた治療のノート抜粋である『ピグル』に最も生き生きと描かれている。「子どもの内的世界の劇化は、彼女をもっとも苦しめていたこれらの空想を、彼女が体験してこれと遊ぶことができるようにするのです」と、クレア・ウィニコットが序文で述べるように、治療者は割りあてられた役割を演じることによって、転移に生気を与える。転移の言語的な解釈ではなく、子どもが遊びの中でみずからの内的体験を治療者を相手にして劇化し、治療者はその劇化された転移を引き受ける役割を担うことになる。この転移の分析は、言語化に直接的につながるものではなく、治療者との間で転移を再び生きるといったものとなる。中間領域に遊びや劇の要素が生じてくるので、アクティング・インとか行動化といった側面をも治療的なこととして見なそうとするウィニコットの見解がここにはみられる。精神分析における変化の過程は、解釈によってだけではなく、「ニードをかなえること」にもよるが、分析家がニーズを満たすのではなく、患者によって見つけだされるのである。この視点と修正感情体験との違いには注意しておく必要がある。　　　　　（渡辺智英夫）

［関連項目］アクティング・イン，遊ぶこと，ウィニコット理論，解釈，行動化，修正感情体験，ピグル［症例］

［文献］Casement, P. (1990), 北山修 (1985), Winnicott, D. W. (1945, 1947, 1977)

結合　⇒拘束
［独］Bindung

結合両親像
［英］combined parents
［独］vereinigte Eltern
［仏］parents combinés

クライン Klein, M. は、子どもの精神分析の研究の中で、遊戯技法 play therapy によって非常に幼い子どもの治療を行い、早期の対象関係の世界を明らかにしていった。彼女はその中で、抑うつポジション depressive position が始まるころから（生後6カ月ごろ）早期エディプス・コンプレックス early Oedipus complex が始まると提唱するようになった（1923）。フロイト Freud, S. はエディプス・コンプレックス論を神経症の病理の中心に置き、その起源を3-5歳の男根期 phallic phase に求めているので、クラインの新しい考えは大きな論議をもたらすことになった。その早期エディプス・コンプレックスの中心的な概念が、結合両親像である。生後6カ月ごろになると、乳児にとって母親の存在に加えて、父親の存在が特別の意味をもってくるようになる。それは母親の胎内に存在する男根として、つまり部分対象 part-object として登場する。そして乳児は、その母親の胎内には赤ん坊も存在していると幻想するようになる。さらに乳児は、母親と父親は永遠に性交を持続して快楽を共有し続け、赤ん坊を作り続けるという幻想を抱く。そして乳児は、そのような母親の身体内に存在する男根や赤ん坊に対して、激しい嫉妬や羨望 envy を抱くのである。そのような場合には、乳児は母親の胎内から男根をえぐり取りたいとか、体内に排泄物や尿を投げ入れて汚したいという攻撃的な幻想を、母親の身体内部に対して抱く。そしてその結合両親像から、逆に自分の身体が攻撃され内部を破壊されたり奪われたりする迫害的恐怖を抱くのである。さらに父親像が全体像に近くなると、乳児は父親が母親を身体内に含んでいると幻想したり、父親と母親の境界が曖昧になって融合してしまう。さらに融合した両親が口唇期的な滋養を永遠に与えあったり、肛門期的な排泄物をお互いが投げ入れあって汚しあったりする幻想も抱く。さらにそのような結合両親が、男根期的な永遠の快楽を得たり、逆に破壊的な男根によって母親の胎内を破壊し続けるという幻想を抱いたりする。この永遠に快楽を共有する結合両親像は、赤ん坊の嫉妬と羨望をかきたて、破壊的な関係を続ける両親像は迫害的攻撃的両親像の代表的なものになる。またお互いが良いものを与えあう創造的な結合両親像も存在し、結局は、母親や父親と赤ん坊の間での二者関係における良い関係が確

立している場合には，この破壊的な恐怖の結合両親像との関係は解消されていくのである。それは抑うつポジションの達成とともになされ，最終的にはフロイトの述べたような，両親が個別に全体対象として独立した状況の中におけるエディプス葛藤の問題へと移行していくのである。　　　　　　　　　　　　　　　　　　　（衣笠隆幸）

[関連項目] 児童分析，嫉妬，羨望，早期エディプス・コンプレックス，抑うつポジション

[文献] Klein, M. (1929a, 1932), Meltzer, D. (1973)

検閲

[英] censorship
[独] Zensur
[仏] censure

潜在内容としての無意識的欲動や観念が，前意識‐意識系に入ることを抑えようとする機能で，フロイト Freud, S. の局所論における重要な概念の一つ。これは国家の統制下にあって，文書や雑誌などが検閲され，不都合な語句や文章，写真などが削られて全体の意味がぼやかされて分からなくなっているという現象を示す言葉である。

フロイトの『夢判断』(1900)において，潜在内容が夢作業によってさまざまな歪曲が生じる理由として，この検閲の働きがあげられている。検閲は永続的な機能で，無意識系と前意識‐意識系とを選択的に隔離するものであるが，睡眠中にその抑圧機能は弱まりながらも作用している。つまり無意識的な願望や観念が意識レベルへ突進しようとすると検閲（検閲者・審問所・門番）が働いているために，夢作業という形で夢の歪曲が起こる。そこでは意識への入場が許されても支障が起きないように，「ある潜在内容は完全に抹消され，ある潜在内容は多かれ少なかれ変化を受け，またある潜在内容は不変なままに，いやおそらくは強化されて，夢の顕在内容の中に受け継がれている」(Freud, S. 1917)。

この検閲は，一つの系からより高次の系へのすべての通路に，つまり心的組織のより高い段階へのすべての進路に存在するもので，無意識系と前意識系との間だけでなく，前意識系と意識系の間においても働いている。第一次の検閲である前者は抑圧として，第二次の検閲である後者はサプレッション（抑制）の機能としてみることができる。さらにそれらの機能は，後の構造論においては自我の防衛機制の領域に含めて考えられるようになっている。その立場からみれば，検閲は超自我の概念の先駆者としてみられるもので，この自己観察の検閲は自我だけでなく，超自我不安としての道徳的良心の働きに由来するものとして考えられる。　　　　　　（前田重治）

[関連項目] 顕在内容，顕在夢，超自我，夢

[文献] Freud, S. (1900, 1916–1917)

限界設定　⇒リミットセッティング

[英] limit setting

幻覚

[英][仏] hallucination
[独] Halluzination

外界にその対象が実際には存在していないにもかかわらず，主体に知覚が生じることを言う。そもそもフロイト Freud, S. は夢の機能を検索していく中でその特徴として，幻覚への退行を挙げている。そこでは心的装置は幻覚（おもに視覚）という手段によって願望の迅速な充足をもたらすのである（幻覚性の願望充足 hallucinatory wish-fulfillment）。しかしながら幻覚は一般には精神病の症状としてよく知られている。もちろん幻覚は中毒性や器質性の脳障害においてもみられる。精神分裂病などの機能性精神病での幻覚は幻視や幻嗅，幻触，幻味などもみられるが，声や音が聞こえる幻聴として体験されることが多い。フロイトによれば，精神病では現実世界の一部の積極的な作り替えが進められるのだが，それはそれまでの現実との関係での精神的な沈殿物，すなわち現実から獲得した追想像，表象，判断をもとにして成し遂げられる。だがこの世界との新しい関係は閉鎖システムではなく新しい知覚によって豊富になり変化させられる。この新しい現実にふさわしい知覚を作り出すという課題が幻覚によって達成させられる，という。精神病の多くの例で幻覚は妄想と同様にきわめて苦痛な性質を帯びていて，不安の発生と結び付いているが，それは現実改変の全過程が激しい反対勢力に出会っているためであるともいう。すなわちフロイトは幻覚を，精神病での精神の再建を目指した絶望的な試みにおいての抑圧されたものの回帰と考えた。

ビオン Bion, W. R. (1958) は幻覚についての新しい知見を提示している。精神病状態を引き起こすパーソナリティの中の精神病部分はフロイトの言う一次過程活動を行う。すなわち耐え難い欲求不満や苦痛に対して，精神病性人格部分は各自我機能間の連結を壊し，知覚機能や運動機能，思考機能や感覚インプレッションを断片化させ，大量かつ具体的に投影同一化，すなわち外に排出してしまうことで対処する。その結果内的迫害対象はそれらの自我機能の断片や超自我の残遺がモザイクのように凝塊化し，具体化され思索で取り扱えないもの自体 thing in itself と化した奇怪な対象 bizarre objects を外界に形作る。こうした凝塊化した小片部分が感覚器官を通して外界から戻ってくるとき，幻覚が生じることにな

る。つまりこの小片はもともとの感覚に迫害不安や超自我的非難などがまとわりついて変成した苦痛なものに変わってしまっており、それが幻覚の形で具体的にその主体に体験されることになる。またその特異な例として、視覚インプレッション、つまり眼がとらえた視覚対象がこなごなに断片化され、ひとつのものを構成できない目に見えない要素になるまで微細な破片にされて排出されたものがふたたび戻ってくるとき、それらは見えない対象の幻視 invisible-visible hallucinations として体験される。精神病者がある時期夢を見ない（報告しない）のはこのように目に見えないほどに対象が破砕されているためとビオンは言う。 （松木邦裕）

[関連項目] 奇怪な対象，幻覚的願望充足，精神病的パーソナリティ／非精神病的パーソナリティ，精神分裂病，ビオン理論，夢

[文献] Bion, W. R. (1957, 1958b, 1959), Freud, S. (1900, 1924f)

幻覚的願望充足

[英] hallucinatory wish-fulfillment
[独] halluzinative wunscherfüllung
[仏] accomplissement hallucinant de désir

フロイト Freud, S. は，幻覚的願望充足を心的過程の最も原初的な過程とみなした。ひとたび充足体験が起こると、その充足体験は、その充足を与えてくれた対象像と結びつき、再び内的な緊張が出現すると、その対象像への再備給が起こり、対象像の再生を求める過程が発生する。「……この再生願望が知覚に類似した何か、つまり幻覚を生む。特に早期の段階で、まだ現実検討の能力が発達しない段階の主体には、その対象像が現実にはそこに存在していないことを検証する能力が欠けているために、対象像への備給が過度になると、実際の知覚と同じ『現実の指標』が生ずる。この体験全体——現実の充足と幻覚的充足——が願望の基盤を形成する」とフロイトは言う。つまり、願望はこの原初的な幻覚的満足をモデルに構成される。しかし、実際にはかつて内的緊張の放出を可能にした反射運動の記憶に基づく反射的行為が始動すると、そこに失望が生ずることがある。この失望の体験が、現実検討の能力の起源となる。「……現実検討が始まるのは、かつて現実に満足を与えた対象が消え去ったからである……」。すでにフロイトは、『科学的心理学草稿』（1950［1895］）で、実際に充足体験と結びついた対象像を、愛せる対象 geliebtes Objekt ないし願望再生対象 Wunschbelebungsobjekt と呼び、幻覚的願望充足が破綻し、充足が与えられない際の対象像を、いやな敵対的対象 feindliches Objekt と呼んで、現代の対象関係論の起源となるべき比較を展開している。そしてこの幻覚的願望充足こそが、夢の過程の起源となる。

「この体験の本質的一構成要素は、ある種の知覚の出現（小児の例で言えば、乳を授けられること）であり、この知覚の記憶像は、そのとき以来、欲求興奮の記憶痕跡と連想的に結合してあとに残る。この欲求がその次に現れるや否や、さきに成立している結合関係のおかげで、一つの心的興奮が生ずるのであろう。この心的興奮は、かの知覚の記憶像を再生させ、知覚そのものを再び喚起しようとし、だから結局、第一次満足の状況を再現させようとする。われわれが願望と名づけているものは、こういう興奮にほかならない。知覚の再出現が願望充足である。そして欲求興奮が知覚を完全に再生させるというのが、願望充足への最短の道である。その中において、この道が実際に以上述べたような順序で歩まれるところの、また、したがってその中において願い望むことが一種の幻覚作成に終るような、そういう人間の心の原始的状態を仮定しても一向に差し支えはないわけである。したがって、この最初の心的活動は、知覚同一性を、つまり欲求の充足に結びついているところの、かの知覚の繰り返しを目指しているのである。……内的知覚再生を外的知覚再生と同価値のものにするためには……」。

「『夢を見る』ということは、いまや克服されてしまった幻覚的願望充足という子どもの心の営みの一部なのである」。つまり、夢の過程は局所論的な退行の結果であり、夢見ることは心的な発達の最初期と同じ意味を持つことになる。 （小此木啓吾）

[関連項目] 快感原則，願望，記憶痕跡，現実原則，現実検討，知覚同一性／思考同一性，不快原則，メタサイコロジー，夢

[文献] Freud, S. (1900, 1917c, 1950b)

元型

[英] archetype
[独] Archetypus
[仏] archétype

エレンベルガー（Ellenberger, H. F. 1970）は、フロイト Freud, S. とユング Jung, C. G. の無意識の内容と働きを定義した際の主要な違いの一つが、元型であるとしている。ユングによると、元型とは、こころの中に遺伝的に受け継がれ、それ自体は表象不可能で、表現形態を通してのみ明らかになる仮説的存在である。元型は、歴史を通じて繰り返されるモチーフに類似し、中心的特徴はヌミノース性である。元型には、影、アニマ／アニムス、自己、太母などがあり、精神病者の妄想や幻覚を元型的イメージとし、ユングは治療に役立てた。元型的行動が明らかになるのは、自我の力が弱くなる危機的状況においてである。神々は元型的行動のメタファーであり、神話は元型的な実演化である。分析の進行に伴って、

個人の生に備わる元型的な次元を意識するようになる。ノイマン（Neumann, E. 1954）によると，元型は，あらゆる世代に繰り返し出現し，人間意識の拡大に基礎を置く表現形式の歴史を備えているという。元型心理学者の創始者ヒルマン（Hillman, J. 1975）は，元型概念をユングの仕事の根本的なものとし，こころの機能の最も深いこの働きを，人間がこの世をどのように知覚し，かかわろうとするかを規定するものとして捉えた。生得的なこころの構造という考えは，精神分析学クライン派の中にも認められる。元型という訳語は河合隼雄により定まり，それ以前は「原型」「太古型」などと訳されていた。

(滝口俊子)

［関連項目］アニマ／アニムス，ユング
［文献］Ellenberger, H. (1970), Hillman, J. (1975, 1983), Neumann, E. (1954)

原幻想

［英］primal phantasies
［独］Urphantasien
［仏］fantasmes originaires

フロイト Freud, S. が導入した概念で，それぞれの個人のパーソナルな体験とは関係なく，幻想生活の中心を構成する，典型的で普遍的な諸幻想をさす。

1915年に論文『その疾患の精神分析理論に抵触するパラノイアの一例』のなかで，「私はそのような幻想，両親の性交の目撃，誘惑，去勢などの幻想を原幻想と呼ぶ」と記載したことに始まる。実際の体験に関わらず，エディプス・コンプレックスを構成するさまざまな幻想がどの個体にもその幼児期に共通して出現する，という臨床的事実を説明するために，彼はやがてこれらの幻想が「系統発生的な資質」であると考えるに至った。彼はその起源を先史時代の記憶痕跡の遺伝に求めうることを示唆した（「分析の最中に空想としてわれわれに語られることども（中略）すべてが人類の原始時代には現実であったのであり，空想にふける子供は自分自身の真実の空隙を先史時代には真実であったものによってあっさりと埋めてしまう（精神分析入門）」）が，このラマルク的な遺伝の考え方は現代の視点からはかなり受け入れがたいものに感じられる。とはいえ重要なことは，現実の生活体験と無関係に共通の幻想が懐かれる根拠として，遺伝という生物学的なものが思い描かれたことである。すなわち，そこに示唆されているのは，こころがそのパーソナルなありようを超越したところで，意味生成のありかたの重要な側面をあらかじめ規定されていること，そしてその規定の基礎が生物学的なものであることである。この発想は，症例ウルフマンの論文において，「遺伝的図式に合致しない体験は，想像のなかで再度形を変えられる」と述べられているとおりである。

フロイト以後の諸学派のうち，この原幻想概念をもっとも忠実に受け継いだのはクライン派であった。クライン Klein, M. が「子どもの性理論に関する無意識的知識とそれにまつわる幻想はきわめて早期からすでにあらわれている」と書くとき，この生得的知識 innate knowledge という発想は，フロイトの原幻想概念を拡大したものといえよう。生得的に保持している認識の枠組みのなかでのみ，外的体験はその個体の心的現実にとっての意義をもつ。ビオン Bion, W. R. はそうした知識は，概念作用の前駆態としての前概念作用 pre-conception という形式で乳児にあらかじめそなわり，現実との接触（現実化 realization）と結びつくことで概念作用 conception に結実する，と考えた。さらに，クライン派は原幻想の概念を前エディプス的体験領域まで拡大した。「本能の心的あらわれ」としてアイザックス Isaacs, S. によって明瞭に概念化された，クライン派理論の中心概念である無意識的幻想 unconscious phantasy 概念は，乳児の心的生活における，本能に由来する，対象関係性を帯びた諸幻想の意義を明らかにしたが，これは原幻想の前エディプス版ともいえるであろう。

(藤山直樹)

［関連項目］エディプス・コンプレックス，狼男［症例］，クライン学派，幻想，本能，無意識的幻想
［文献］Bion, W. R. (1962a), Freud, S. (1915f, 1916–1917, 1918b), Isaacs, S. (1948), Klein, M. (1932)

原光景

［英］primal scene
［独］Urszene
［仏］scène primitive

［定義と意義］子どもが目撃したとする両親の性交場面を言う。しかしそれは実際には，性交を連想させる声色や物音を耳にするあるいは動物の性交場面を見るといったことを手懸かりにするなどして子どもが空想するものとしてもありうるものである。すなわち原光景は子どもの心的事実として意義を持っている。

その体験の性質ゆえに，この感覚体験は強い性的興奮を伴いがちである。その性的感覚とともに，両親がけんかをしている，母親が父親から暴力を受けている，いじめられて泣いているといった危険な恐ろしいものとか無気味なものとして強烈な印象を残すことは少なくない。このためいわゆる心的外傷として神経症発症の起因のひとつと同定されたことで，原光景は精神分析治療でひとつの位置を占めることになった。

［フロイトの研究］フロイト Freud, S. は『ある幼児期神経症の病歴より』(1918) において，症例狼男の幼児期に外傷的な意義を持った体験としての原光景体験を

詳しく取り上げた。そこではフロイトは「クルミの木の上の制止した狼たちの夢」の夢分析からその情景を事細かに再構成し，幼児狼男に原光景が引き起こした主観的な外傷的体験内容を細やかに描き出している。それは，父親の性的にサディスティックな乱暴と性交が受け取られたこと，両親の背向位での性交が肛門性交と理解されたこと，観察された母親の女性性器のペニスを欠いた形態から去勢不安が引き起こされたことなどである。また原光景を実際に体験した子どものときには意味づけられないままであったものが，成長後に原光景としての意味を獲得し心的状況に改めて大きく作用することもある。そうした遡行作用（事後作用）deferred action についても述べている。

ちなみにフロイトは，原光景という用語を 1897 年 5 月 2 日付けのフリース Fliess, W. への手紙において初めて使っている。それまでは同じ体験を性的光景 sexual scene という表現で，やはり 1896 年 5 月 30 日付けのフリースへの手紙に記述しているが，その事実についてはすでにその前年 1895 年に『ヒステリー研究』の「カタリーナ症例」において具体的な描写を残している。

［クラインの寄与］原光景はメラニー・クライン Klein, M. によって新たな角度から検討された。それはフロイトが『精神分析入門』(1917) において，子どもへの誘惑，性的高ぶり，去勢威嚇とともに，原光景を個体を越えた系統発生の財産としての原幻想 primal phantasies として位置づけた思索を踏襲している。クラインはプレイ・アナリシスに表し出されてくる幼児の性的なファンタジーや活動に注目した。そこにはお乳や大便による相互哺乳や相互かみつきという，クラインによればカップルによる原光景についてのファンタジーとして理解できるものが見出された。なかでもクラインは，子どものファンタジーの中の合体してくっついたままにいる「結合両親像 combined parental figure」を早期のエディプス状況の中心に見出すに至った。これはまさに幼児の主観的な視点からとらえた原光景であり，彼女は初めて明確に原光景をエディプス・コンプレックスと結びつけた。

幼児はファンタジーの中で，母親の体内のよいものを貪欲に求める自己の願望から，それが満たされないとき憎しみや怒りでもって母親の身体を激しくサディスティックに攻撃する。また，このときその幼児自身に代わって母親の身体内でよいものを独占している対象としての父親のペニスが想像され，憎しみの対象となる。しかしやがて幼児は自らの攻撃への報復をひどく恐れるようになる。こうした幼児のファンタジーでの永遠に合体して性交している膣とペニスという結合両性器像，すなわち部分対象としての結合両親像が，最も早期のエディプス状況として幼児に体験されることになる。幼児自らが排除されているその状況で幼児はこの結合両親像を自らに向かってくる攻撃者としてひどく恐れ，残忍なものと感じる。またそれを両親同士で激しく攻撃しあっている姿と見なすこともある。このようにして結合両親像は幼児にとって最も恐ろしい迫害者として体験されるようになる。

このクラインが示した迫害的な原光景とは対照的に，のちにビオン Bion, W. R. (1963) やメルツァー Meltzer, D. (1973) は，幼児が自らの欲求不満にもちこたえることによって幼児は両親とのよいつながりを実感し，この内的両親の性交像がポジティブで創造的な意味を獲得することができ，その結果その両親の性交が償いやよいものを産み出すと体験されていくことになると述べている。

［前田の研究］わが国では前田重治が古澤平作との個人分析を学術的に振り返る過程で自らの原光景を重点的に検索している。前田には，とくに絵画的な視覚的感性から原光景を精神分析体験での重要なキー・コンセプトとして掘り下げて検討している 2 著作『自由連想法覚え書』，『原光景へ』(1984, 1995) がある。そこで前田は，精神分析において自由連想中に浮かんでくる原光景の記憶や空想は，治療者との転移関係に大きく影響されることを強調している。

近年では，大人による子どもへの実際のセクシュアル・アビューズが心的外傷として精神保健領域で注目されているが，ここに述べている心的現実としての原光景とはおのずと区別されるべきものであろう。　（松木邦裕）

［関連項目］狼男［症例］，外傷，カタリーナ［症例］，去勢，去勢コンプレックス，結合両親像，原幻想，事後性，早期エディプス・コンプレックス

［文献］Anderson, R. (ed.) (1992), Bion, W. R. (1963), Freud, S. (1916–1917, 1918b, 1950a), Freud, S. & Breuer, J. (1893–1895), Klein, M. (1923, 1929a), 前田重治 (1984, 1995), Meltzer, D. (1973), O'Shaughnessy, E. (1988)

健康への逃走

［英］flight into health

精神分析治療の過程でみられる抵抗の一形態。サンドラー Sandler, J. らが，症状が除去された途端に無意識の探求への動機をなくしてしまったり，治療を中止してしまう症例の観察をもとに提唱した概念である。

『終りある分析と終りなき分析』(1937) の中でフロイト Freud, S. は，防衛機制が反復固定化するにしたがって，自我は変化を被ると述べている。すなわち，自我には神経症の状態がある意味安定状態とみなされるようになり，「治癒ということが，（中略）一つの新しい危険としてさえ取り扱われる」ようになるのである。このように変化した自我にとって，無意識の解明を目指す分析

作業もまた安定を脅かす極めて大きな脅威となり，ここに治療への抵抗が生じる。サンドラーらによれば，この脅威に対する恐怖が，症状からの一次的および二次的疾病利得を上回ったとき，症状が消失し，健康への逃避が可能となるのである。

転移性治癒もまた，健康への逃避と同様に，十分な無意識的意味の解明なしに症状の消失が認められる。しかし，転移性治癒は分析者への愛情や分析者を喜ばせたいという気持ちから生ずるものであるから，分析治療への抵抗である健康への逃避とは異なる。　　（白波瀬丈一郎）

[関連項目] 疾病への逃避，抵抗
[文献] Freud, S. (1937b), Sandler, J., Dare, C. & Holder, A. (1973)

言語化
[英] verbalization

精神分析における言語の機能と役割は，無意識的なものを言葉にすることを通して症状が消失するというフロイト Freud, S. の発見以来，度々議論されてきた。また，他の治療法，特にイメージや非言語的なやりとりを重要視する治療技法との違いとして挙げられるのが，精神分析の「言葉にすること」すなわち言語化である。ここでいう言語化 verbalization は精神分析の歴史の初期には用いられなかった言葉だが，フリース Fliess, R. が英語圏で初めて使用して以来，急速に広まり，頻繁に使われる用語の一つとして定着した。言語化の技法には，思い浮かんだことを言葉にするという自由連想の原則，無意識内容を言葉で意識化し洞察するという技法，外傷を想起する媒体，カタルシスのための表現，思考に整合性を与えて二次過程のものにするという解釈の機能など，フロイト以来の分析理論，技法，そして治療目標が関連している。加えて，名前をつけること naming，整理すること ordering，さらに明確化などが，言語化の役割として挙げられる。意識化よりも言葉にすることの方に強調点がおかれる場合もあるが，すべてが言葉にならない言語の構造において，無意識内容を言葉にしさえすれば目的が達成されるわけではない。臨床的な実践と体験においては，病的な言語化，言語化能力の発達，詩的表現やユーモアの意義，非言語的な交流や治療関係等の検討を行って，はじめて精神分析の言語化の意図は実現するのであり，その意味において言語化は精神分析療法における最終目標となる。特に退行した患者や重症患者においては，言葉と意味の関係が過度に濃厚になったり，希薄になったり（言語新作や言葉のサラダ），混同されたりして（真に受ける），言語化だけでは「話にならない」わけで，まずはその状態を抱えて，居場所を提供し，「とりつくシマ」を確保することが基本となるだろう。そこでは，抑圧されているものが言葉を得てカタルシスとなり，症状が解消するというモデルだけではなく，治療を設定して関係をつくるための言葉や治療者の側での理解としての言葉などが生成する過程についての理論が必要となる。
　　　　　　　　　　　　　　　　　　（北山　修）

[関連項目] 意識化，解釈，介入
[文献] Balkanyi, C. (1964), Fliess, R. (1949)

言語表象　⇒事物表象／言語表象
[独] Wortvorstellung

顕在内容
[英] manifest content
[独] manifester Inhalt
[仏] contenu manifeste

夢を見た人が報告する夢内容のことで，フロイト Freud, S. の『夢判断』(1900) において，潜在内容と対立するものとして記述された用語。これは睡眠中に，無意識的な願望や記憶などの潜在内容（夢の思考）が昼間の残物によって触発され，それが無意識において夢作業により歪曲され，さらにそれが前意識水準で二次的に加工されて一つの物語（ストーリー）として語られるものである。これをさらに広い意味にとれば，幻想（空想）から芸術作品にいたるまでの言語化されたり描画化されたすべての産物が，精神分析によって解釈されるさいには「顕在内容」と呼ぶこともできる。

フロイトの立場では，潜在内容は顕在内容に先立つものであるという見方が特徴的であり，そこに分析という意義がある。「われわれが覚醒後に夢として記憶していることを，実際の夢の過程そのものとしてではなく，むしろその背後に夢を隠した建物の前景のようなものであると仮定することが必要である」(Freud, S. 1940)。つまり顕在内容はあくまで無意識内容が不完全に翻訳されたものにすぎないと考えた。したがってそこに顕在しているものについては実体としての重みを置いてはいない。これに対して，その後のユング派や独立学派，自己心理学，また現存在分析派などでは，顕在内容そのものに積極的な意味を認め，直接に自らを現しているものとして重視している。今日では潜在内容とともに，顕在内容の形態や在り方についても注目し，両者の結びつきを多角的に考えてその意味を再構成してゆくのが一般的である。
　　　　　　　　　　　　　　　　　　（前田重治）

[関連項目] 検閲，顕在夢，潜在内容，夢
[文献] Freud, S. (1940c)

顕在夢

[英] manifest dream
[独] manifeste Traum
[仏] manifeste du rêve

　まだ分析（解釈）されていない，現れてきたままの夢。ふつう夢といえば，この顕在夢をさす。フロイト Freud, S. は『夢判断』（1900）において，夢には睡眠の保護作用があり，睡眠中の心的過程においては，運動への通路が閉ざされているために知覚現象へのリビドーの逆流が起こり（退行），そこに夢が生じてくるものと考えた。そのさいフロイトにおいては夢の原動力となる潜在内容としての抑圧された幼児期の（性的）願望が中心に考えられていて，これは昼間の刺激（残物）によって触発されて顕在夢が生じてくると考える。しかし睡眠中にも検閲が働いているために，潜在内容はそのまま顕在化されないで，無意識水準において圧縮，移動，視覚化（形象化）という夢作業や，象徴化の働きによってさまざまに置き換えられ，省略され，変装させられる。これがさらに前意識水準において，夢としての形をととのえるために二次加工されて顕在夢となる。

　こうしてフロイトの初期には，夢は変装された形での願望充足であると考えられていた。しかし実際には，外傷的で不快な過去の体験が反復されるような不安夢もみられるところから，後になって（1932）「夢は願望充足の試みである」と修正されている。いずれにしても顕在夢に対する潜在内容は，解釈という作業を加えることによってその真の意味に到達できるものであると考えられた。一方，生理的要求の高まりなどによって願望がそのまま直接的に現れていて，分析しなくてもその意味が理解できる「あらわな夢」（「幼児型の夢」）もある。

　フロイト派では，初期には幼児期の性欲動が中心に考えられていたために，性的象徴が重視され，夢の分析といえば，とかく性的な象徴解釈が目立っていた。夢は幼児期体験（両親との関係，外傷体験など）と結びつけて解釈され，夢象徴も潜在内容を偽装するために用いられる夢作業の一環としてみられてきた。しかし後に自我機能が重視された自我心理学の立場では，エスにおける無意識的内容の突出に対する自我の防衛や，象徴形成における前意識的思考の機能などが注目されるようになっている。これに対して，ユング派をはじめとする他の学派では，夢（また「夢みること」自体）をフロイト理論を超えて，それぞれの人格理論や発達理論の立場から考えられるようになり，顕在夢の意義も多彩なものとなっている。例えば，ユング派では集合的無意識における元型的なものの表現として，顕在夢そのものも重視し，また目的論的な予見の立場からも考える。自己心理学派ではフロイトのように無意識が読み取れる夢も認めるが，一方では自己状態をそのまま示しているものと考える。ストロロウ Stolorow, R. D. などでは，夢は体験の組織を視覚的に具体化したもので，主観的体験そのものを維持するものとしての意義を考える。独立学派でも夢は潜在的素材のたんなる変形ではなく，空想することは夢見ることであり，そこに創造的な遊びとしての意義を考える。また対象関係論では人生最早期の無意識的幻想という内的世界の表出とみるが，ビオン Bion, W. R. などではアルファ機能との関係で，夢を見ることの意味をみている。現存在分析派では本人の自己が開示されたものとして覚醒時における最高の表現とみている。ともかく顕在夢は，その顕在内容の形態や印象（感じ）に注目するとともに，潜在内容との象徴的関係についても，さらに過去と現在の生活状況，分析中であれば転移関係もふくめて，広い視点から多角的に考察してゆく必要があろう。

（前田重治）

[関連項目] 圧縮，置き換え，検閲，顕在内容，潜在内容，二次加工，夢
[文献] Freud, S. (1900)，妙木浩之（編）（1997）

原始腔

[英] primal cavity

　スピッツ Spitz, R. A. が，精神分析的な理論と乳児の直接観察から導き出した概念であり，唇，頬，咽頭などを含む口腔を指す。

　原始腔は，胎生期から乳児期早期に，羊水の暖かさ，出産時の空気に触れた口渇，乳房から噴出する乳汁などの，最初の身体的な知覚が発生する場所である。原始腔の中では，嗅覚・味覚・触覚・痛覚・温覚・筋肉運動感覚などさまざまの感覚が同時に得られる。原始腔はその知覚的な能力のおかげで，新生児が周囲の探索のために用いる最初の総合的な感覚器官となる。視覚発達よりも早い。成人ではこれらの最早期の知覚の記憶は，言語的には想起できない。しかし，精神分析での退行的状況では，アイザカウワーの現象として知られる，口唇，皮膚，手掌に感じる曖昧な感覚のような身体感覚として，知覚されることがある。

　新生児において，身体の内と外とが出会い，融合する場所が原始腔である。そこでは，内側と外側の，能動性と受動性のギャップが橋渡しされている。原始腔で起こる最早期の知覚的な体験は一次過程で扱われるが，口腔を満たす乳房の知覚と同時に，母親の声を聞き，母親の顔を見るなどの形で，徐々に視覚や聴覚的記憶と結びつき，二次過程へと発達していく。原始腔はまた取り入れと投影の母体ともなる。内包している能動性が発達し，受動性から意志が出現するための転換場所でもあり，健康な睡眠時の夢の源泉でもある。

（濱田庸子）

[関連項目] アイザカウアー現象，取り入れ，分析の道具
[文献] Spitz, R. A. (1955)

原始群

[英] primal horde, horde of brothers
[独] Urhorde, Brüderhorde
[仏] horde primitive

ダーウィン（Darwin, C. 1874）は原始群の仮説を立てた。フロイト Freud, S. によればダーウィンは，そこで，原始群では女をみんな独占し，息子たちを追放してしまう，暴力的で嫉妬深い原父 primal father のことを語っている。この観点をフロイトは，『トーテムとタブー』(1913) において自らの強迫神経症の臨床経験に立脚してさらに発展させ，トーテミズムの心理学的な背景を論じた。

原始群は最も原始的な組織で，ある日のこと，この追放された兄弟たちが力を合わせ，父親を殺してその肉を食べてしまった。こうして原始群にピリオドを打つに至った……暴力的な父親は，兄弟の誰にとっても羨望の恐怖を伴う模範であった。そこで彼らは，父親を食べてしまうという行為によって父との一体化をなし遂げた。おそらく人類最初の祭事であるトーテム饗宴は，この記憶すべき犯罪行為の反復であり，記念祭なのであろう。そしてこの犯罪行為から社会組織，道徳的制約，宗教など多くのものが始まった，とフロイトは言う。

ところが，徒党を組んだ兄弟は，父親に対する矛盾した感情のアンビバレンスに支配されていた。彼らは自分たちの権力欲と性的欲求の大きな妨げとなっている父親を憎んだが，彼らはまた，その父親を愛し，讃美していた。彼らは父親を片づけて憎悪をみたし，父親と一体化しようとする願望を実現してしまうと，いままでおさえていた愛情が頭をもたげてきた。それは悔恨という形をとって現れ，また，共通に感じられている悔恨に対応する罪意識が生じた。こうして，死んだ父親は生きていたときよりもさらに強い心的な力を振るうことになった。これは，フロイトが「事後の従順」と呼ぶ心理状態である。彼らは，父の代表であるトーテムの屠殺を許しがたいこととして禁じ，女性との近親姦を断念した。このようにして，彼らは父親殺害と近親姦に対するトーテミズムの2つの基本的なタブーをつくり出した。この2つのタブーがエディプス・コンプレックスの抑圧された2つの願望に一致したことは確かだとフロイトは言う。

（小此木啓吾）

[関連項目] エディプス・コンプレックス，近親姦，罪悪感
[文献] Atkinson, J. W. & Birch, D. (1970), Darwin, C. (1874), Freud, S. (1913a, 1939), Robertson-Smith, W. (1894), Wallace, E. R. (1983b)

現実

[英] reality
[独] Realität
[仏] réalité

実際の臨床場面では本当のこと，事実，内部に対する外部，客観性などさまざまな意味で使われる。もちろん外的な世界が本当に存在するかどうかという問いは，古く哲学史に属する。そこでは現実など存在せずただ私の主観だけが存在するという唯心論から，主観はあくまで錯覚でありただ物質的な事実だけが存在するとする唯物論まで，さまざまな議論がある。精神分析でも，現実に関する議論は複数存在するが，特徴的なのはそれらが内的な衝動との関連で語られる点である。

[心的現実] フロイト Freud, S. が当初から悩んでいた問題は，患者が語る「現実」がいかなる現実かという問題に関わっている。初期の理論では，フロイトは主にヒステリー患者の心的外傷は外的な現実であり，実際のあった事実の想起が治療的であると考えていた。だがその後，臨床的な体験と自己分析によって，主に外傷的な記憶となっている性的空想が，実は非常に普遍的で，心の中で精製，組織化されたものだということを発見する。ここで現実の役割はやや減じられ，むしろ心の中の現実感，つまり心的現実の議論に移行する。

[現実検討と現実原則] フロイトは『科学的心理学草稿』と呼ばれる原稿で「現実検討」について触れている。そこで彼は，それを観念と知覚とを区別する能力だと述べて，自我の制御によってもたらされるという。この発想はその後もフロイトの「現実検討」に関する基本的なものの一つであり，現実は外界の知覚を認識できる自我の能力があって認知される。『精神現象の二原則に関する定式』論文（1911）で「現実検討」「現実原則」という用語が導入されたが，注意という機能で外的現実の走査が行われるという点で基本的な発想は同じだ。ただ1917年の『夢理論のメタ心理学的補遺』でフロイトはこの点を体系化しているが，そこでは「身体を使って探索した結果」として経験的に得られた現実という，やはり自我の能力としてもう一つの経験論的な現実検討能力が語られる。「現実検討」という用語にはラプランシュとポンタリス Laplanche, J. & Pontalis, J. B. (1973) が指摘しているように，内的表象と知覚とを弁別する，内界と外界を区別する能力という意味と，内的な幻想によって生じる歪曲を修正するという，2つの意味が含まれている。ハルトマン Hartmann, H. (1956) はフロイトの自我の機能という発想を推し進めて，現実検討および現実原則を現実的な要素を適応的な形で取り入れる傾向と快感原則から生じた内的欲求から自分たちの行動を区別する傾向の2つを分けている。つまり現実というときに，自我

が客観的な要素をより分ける傾向と内的な幻想からそれらを区別する傾向の2つが語られている。

[**内的な組織化**] 対象関係についての議論のなかでは，どのような内的な心の組織化が行われるかによって，現実感が変化するという発想はあるが，内的対象の組織化の問題からは現実は二次的な重要性しかない。あるいはラカン Lacan, J. がそうであるように，象徴的な父の審級によって象徴的な秩序が導入されると，現実界は追放され，不可能な領域になるとされる。

[**現実恒常性**] 臨床的に見て，現実感が重要なのは，それが幻覚や夢幻状態と区別されるためである。フロッシュ Frosch, J. (1966) はハルトマンの概念を明確にして，客観的な「物質的客観的現実」と「非物質的な現実」とを分けている。後者は慣習的に受け入れられた知識がそうである。それらに対応して内的な現実があり，それらは物質的なものと非物質的なもの，心的なものとを分けられる。彼の発想は，外的な現実に対応して心的現実が存在するという対応説である。内的な物質的現実には痛みや心拍などの感覚が，そして内的な心的現実には記憶や空想，衝動，願望，情動，思想，身体像などが含まれる。フロッシュは内的な対象恒常性に対応して，現実検討能力が確立されることが，内的な衝動に対応した現実感をもつために重要だと述べて，それを現実恒常性と呼んでいる。

(妙木浩之)

[関連項目] 現実界／想像界／象徴界，現実検討，自我，心的現実，ハルトマン，ラカン

[文献] Frosch, J. (1966)

現実化　⇒ビオン理論
[英] realization

現実界／想像界／象徴界
[英] the real / the imaginary / the symbolic
[独] das Reale / das Imaginäre / das Symbolische
[仏] le réel / l'imaginaire / le symbolique

フランスの精神分析家ラカン Lacan, J. によって，話す主体の構造を記述するためにフロイト Freud, S. の概念との関連を考慮しつつ導入された，分析経験に含まれる相互に関連する3つの基本的範域のこと。ラカンは分析経験において話す主体と言語構造一般との関係を，この3つの領野に区別することによって理論化している。そうすることによって，一方では，精神分析固有の経験を一般心理学や神経学，さらには実存主義の哲学へと還元することを避け，また，他方においては，構造言語学・人類学の成果を積極的に踏まえた上で，フロイトの分析理論へと回帰することを可能にした。

フロイトは『快感原則の彼岸』(1920)で，糸巻きを投げ出したりたぐり寄せたりしながら「オー／ダー」(フォルト／ダー fort / da，およそ「あっち／こっち」に相当)という音節を発語していた幼児の遊びが，母親の不在と再現前を表象していたことを報告している。ラカンはこの考察を踏まえ，「象徴はまず，物の殺害として現れる。この死は主体において，欲望の永続化を構成する」という仕方で象徴の意義を定式化した(『精神分析における話の機能と言語の領野』1953)。「物の殺害」とは，対象の欠如を通じて，その対象を言語的象徴の水準からとらえ直していることを意味する。この「物」とは幼児自身であり，この幼児は自分自身を見つめる一人の他者として，糸巻きとなった自分自身の在と不在を「フォルト／ダー」に代表させている。ここで発せられた「フォルト／ダー」は，対象の消去と音の差異とによって支えられている一対の言語的象徴，つまりシニフィアンである。シニフィアンの構造によって成立する範域が象徴界である。幼児は，自己の存在を象徴の次元から証言し続ける欲望の主体として，「2度目の誕生」を果たしたわけである。この立場からは，自己はあの糸巻きのように，消え去るものあるいは死すべきものとして捉えられる。したがって，象徴界とは，単に生きている存在としての自己を表象するのではなく，自ら他者の立場に立って，不在としての自己を他者に向けて表象する場である。そのため主体が象徴界へと関わる際には「在と不在の構造的交代」が見られることになるが，これは，フロイトによって反復強迫として捉えられていたものである。

時として，象徴界において「不可能なもの」が顕わになることがある。それは，主体が自己を，自己自身に向けて表象しなければならなくなった時である。そこで主体は自己言及という構造的限界にぶつかっているのである。この不可能によって構成されるのが現実界である。人は自己探究の途上でそれと知らずにこの「不可能」に遭遇する。フロイトの「イルマの注射の夢」で，フロイトがイルマの喉の奥に見出した「白い斑点と結痂」をラカンは現実界の暴露として捉える。この場面についてフロイトは「どうしても理解できない部分」としての「夢の臍」を語っているが，ラカンはさらにこのおそろしいイメージをフロイトのいう「存在の核」として捉え，これを「いかなる仲介も不可能な現実界，もはやあれこれの対象ではない本質的な対象，すぐれた意味で不安の対象」(『セミネール第2巻』1955)であるとする。フロイトが自分自身に対して存在の核を表象するとき，それはいかなるシニフィアンへもつながらないものとして現れる。この意味で，この対象は「根源的に失われた対象」であり，フロイトのいう「原抑圧」を受けたものに等しい。

このような「不可能」を回避し，人間主体が他者を介

して自己を表象できるように，イメージによる同一化という短絡路を用意するのが想像界である。ここでは，他者のイメージの中に自己が疎外されながらも成立すると同時に，「現実的なもの」の隠蔽がなされる。言い換えれば，主体は，他者の像を介して，「原抑圧されたもの」を主体自身の身体に重ね合わせ，自己と身体との間でナルシシズム的な一致を実現する。この一致によって想像界が構成される。想像界における自己の疎外と身体像へのナルシシズム的な一致は，「鏡像段階論」で論じられている。「寸断された身体」を生きている幼児は，鏡の中に映じる自己の統一的な像に視覚的に囚われる。鏡像という疎外するものによって自我の原基が形成される一方で，自己と他者との言語を介さない関係のあり方も規定される。鏡像としての他者は，自己のあるべき統一的な姿を映し出してくれる愛の関係を提供するが，同じ他者が，自己の統一性をとらえ，占有しているというように感じられることもある。愛が憎しみに変わるこの反転が容易に生じる不安定さは想像界の特徴であり，ラカンはパラノイアの基本的な機制をここに求めている。

以上の3つの範域は，「根源的に失われた対象」を中心にして固有の結びつきをもつことになる。つまり，象徴界において「不可能」ゆえに表象され得なかった自己は，失われた対象と化して残留し，この対象は，象徴界という他者の場に，鏡像段階の過程を通じて，欲望の主体を発生させる。欲望の主体は失われた対象との間で「出会いそこね recontre manquée」を繰り返す。ラカンは以上の結びつきをボロメオの結び目として定式化している。すなわち，1個が外れれば他の2個も離れてしまうような3個の輪の交わりである。その交わりの中心に置かれるのが，精神分析の真の対象，つまり，対象 a である。

(新宮一成)

[関連項目] 鏡像段階，シニフィアン，死の本能（欲動），対象 a，ラカン理論，ラカン

[文献] Lacan, J. (1953, 1955), 新宮一成 (1995)

現実感

[英] sense of reality
[独] Realitätsgefühl
[仏] sentiment de la réalité

外界，自己および身体に適切な現実感を抱く自我の機能を言う。よい精神状態では，外界を生き生きした親しみのあるものとして実感しながら，しかも，自然界および社会，対人関係の他者から区切られた自他の境界 boundary を持ち，自分らしい心身の融合した自己感を主観的に体験している。

ところが，この現実感が病態化すると，外界に対する疎隔感を抱き，自己，身体の所属感を失ったり，連続的な自己感があやふやになり，自己と他者の間の境界に障害が見られ，自己の身体の一部が自己の支配を失って働く異物のような違和感をもって体験される。

このような現実感や自己感の病理は，離人症の状態で最も顕著に見られるが，思春期にもしばしば見られ，ときに分裂病の初期の兆候を意味する場合もある。発達的なものか，疾病的なものかについての見分けが課題になる。フロイト Freud, S. は，『科学的心理学草稿』(1950 [1895]) で，欲求充足を与えた充足の対象の表象（記憶の再生）と，充足対象の現実知覚を区別し，知覚にはニューロン装置の特殊系に属する「現実の標識」を想定したが，この事実は，フロイトが，現実感は現実検討なしに直接的に与えられる主観的なものであると考えていたことを物語っている。主観的な意識体験に関する現象学的な分析を出発点にするフェダーン Federn, P. によれば，現実感は自我と非自我の識別に関する感覚であり，自我感情の付与されていない（自我化されていない）意識内容が現実的なものすなわち外界に属するものと体験されるという。知覚された外界事象に現実感が備わるためには，外的自我境界に自我カテクシスが充当されることが必要であり，それが欠けると疎隔感 estrangement や離人症が出現する。既視感，夢幻状態，遁走，解離状態などにも現実感の障害が見られる。ベラック Bellak, L. はここで述べた「外界と自己に関する現実感」を，彼の提示する12の自我機能の一つとして位置づけている。またフェレンツィ Ferenczi, S. (1913) は乳幼児の全能感の制限と現実感の発達の相互関係を論じた。

(小此木啓吾)

[関連項目] 現実検討，自我機能，自我境界，自己感，フェダーン，フェレンツィ，ベラック

[文献] Federn, P. (1926, 1928a, 1928b, 1929, 1934, 1944, 1949, 1952), Ferenczi, S. (1913), Freud, S. (1950b), 小此木啓吾 (1956)

現実原則

[英] reality principle
[独] Realitätsprinzip
[仏] principe de réalité

フロイト Freud, S. (1911) によって「快感原則 pleasure principle」とともに仮定された精神機能を支配する基本原則の一つ。外的な現実に適応して働く心理過程の原理で，生後間もない乳児は，快感原則に支配され全能感を抱いている。欲動の即時的・直接的充足が得られない場合には，それに伴う不快を表現（泣く，手足をばたばたする）し，母親によるその直接的即時的満足を求めるが，欲動を直接的・即時的に充足させることのできない現実に適応して生存を続けるためには，この不快

に耐え，欲動の充足を延期し，時にはその充足を断念し，時にはそれを迂回的な方法によって充たす術を学ばねばならない。この自我の発達とともに，徐々に全能感を失い，現実的になってゆく。しかし，現実原則は快感原則と対立する面を持つとはいえ，快感原則からの断絶を意味するものではない。むしろそれは，快感原則の発展としての面を含むのであって，現実を考慮して，一時的な不快に耐えることが結局は快につながることを学習すること，直接的衝動的な快の放棄がより確実な未来の快の獲得を意味することを理解することだからである。発達的には，過去の記憶，現実検討や未来への予測，計画などを可能ならしめる現実自我 real ego の諸機能（知覚，記憶，判断，思考，行動）の発達が前提になる。この現実原則の支配は，自我本能（自己保存本能）の支配によって達成されるが，本来快感原則に支配される性本能の領域には容易に及びがたく，しばしば意識から分離された無意識過程として存続して，夢，空想，遊び，白昼夢などの中に現れる。また，快感原則に従う一次過程を支配する二次過程は，現実原則に従う。すでにフロイトは，『科学的心理学草稿』（1950［1895］）や『夢判断』（1900）の中で以上の仮説を述べているが，『精神現象の二原則に関する定式』（1911）の中で，「快感原則」「現実原則」の二原則を改めて定式化し，快感原則に従う快感自我 lustiges Ich から現実原則に従う現実自我 reales Ich への変化について論じている。さらにフロイトは，後年の社会・文化論（1930）で，現実原則に従う本能的欲動の断念こそ，社会・文化成立の基盤であるという考えを展開した。このフロイトの考えに対して，マルクーゼ Marcuse, H. （1956）は，自然が人類に課する生物学的次元での現実原則と，各時代の国家の社会体制が，個々の社会成員に課する執行原則 performance principle を区別した。　　　　　　　　（小此木啓吾）

［関連項目］一次過程／二次過程，快感原則，自我本能，フロイト，S.，マルクーゼ

［文献］Freud, S. (1911a, 1920e), Marcuse, H. (1956)

現実検討
［英］reality-testing
［独］Realitätsprüfung
［仏］épreuve de réalité

外界からの刺激と内界からの刺激，そして観念表象と外的知覚，空想と外的現実とを識別し，照合・検討する自我の機能。フロイト Freud, S. は，『科学的心理学草稿』（1950［1895］）の中で，充足体験の表象（記憶の再生）と充足対象の知覚を区別する基準について論じ，『夢判断』（1900）では，幻覚的願望充足と外界現実による充足との差異について触れているが，現実検討という用語を初めて用いたのは『精神現象の二原則に関する定式』（1911）においてである。さらに，この機能についてフロイトは，『夢理論のメタ心理学的補遺』（1917）でより体系的に論じ，現実検討は，運動により制御できる外からの刺激と，運動では除去できない内からの刺激の識別を可能にする機能であると定義し，この機能は意識系に属するという。なぜならば，意識系が運動をつかさどるからである。そして，フロイトはこの機能を「自我の重要な機能」の一つに位置づけた。さらに現実検討は，外的現実についてのみならず，自己の情緒状態をはじめ洞察過程などに見られるように，内的現実についても働く。

現実検討には，精神内界および外界現実に関する正確な知覚と得られた諸知覚を経験全体の脈絡の中に位置づける判断が関与し，不安や感情状態にも影響を受けるとともに記憶，思考，防衛機能といった自我機能と相互関連性を持っている。激しい感情状態にある場合，意識障害，幻覚妄想状態にある場合にはその機能低下が見られる。フェレンツィ Ferenczi, S. は，この機能の発達は，一方では快感原則から現実原則に従った行動が可能となる過程であり，他方では，幼児の全能感が次第に制限されてゆく過程であるといい，アンナ・フロイト Freud, A. は，児童ではなお現実検討と現実否認が併存する自我を持つ事実を明らかにした。従来は発達的には生後間もない絶対的全能感の世界にいる幼児では現実検討は未発達であり，その後，知覚，運動機能の発達につれて環境との間で体験される満足と適量の欲求挫折を介して発達し，言語発達がさらにこの機能の発達を促すと考えられていたが，現代では無様式知覚をはじめこの現実検討機能のより早期の発達が，スターン Stern, D. N. らの乳幼児研究 infant research によって解明されている。

　　　　　　　　（小此木啓吾）

［関連項目］万能，否認，スターン，フェレンツィ，フロイト，A.，フロイト，S.

［文献］Ferenczi, S. (1913), Freud, A. (1936), Freud, S. (1900, 1917c, 1950b), Stern, D. N. (1985)

現実自我　⇒快感自我／現実自我
［英］reality-ego

現実神経症
［英］actual neurosis
［独］Aktualneurose
［仏］névrose actuelle

フロイト Freud, S. によって分類された神経症の一つの型。幼児期性欲動をめぐる葛藤が抑圧されリビドー活動が無意識過程で象徴化されて現れてくるのが精神神経

症である。そこには転換ヒステリー，不安ヒステリー，強迫神経症が考えられた。これに対して心的葛藤とは関係なく，日常生活という「現実」での不適切な性生活によって生じてくるものは現実神経症と呼ばれた。最初は（1898），そこに神経衰弱と不安神経症とが考えられ，前者は自慰過多，頻回の夢精のような性的疲労に基づいて，疲労感，頭痛，便秘，性欲低下がみられる。後者は禁欲，早漏，中絶性交のような性的満足が妨げられ，性欲がうっ積しているために，いらいら，予期不安，不安発作，心悸亢進，呼吸困難，発汗，ふるえ，めまい，不眠，下痢，異常感覚などの症状が現れるものである。後に（1914）パラフレニー（分裂病とパラノイア）と同列のものとして心気症も加えられたが，これは前者とは異なり，自我リビドーが封じ込められてうっ積した自己愛的な状態で生じるものと考えられた。いずれにしても幼児期の葛藤とは無関係に，現在の社会生活の中に原因があり，さらに身体的要因が直接に作用している神経症として位置づけられた。これは現実神経症は，精神分析によって症状の意味が解明されるものではないことを意味している。さらに激しい現実的葛藤の存在は，しばしば精神分析を困難にさせることをも示唆している。

しかし実際にはフロイトも認めていたように，しばしば現実神経症の上に精神神経症が発展してくるものであり，精神神経症と重なった混合型としてみられることも多く，その意味では精神神経症の前段階にあるものとして考えられた。その後，不安を純粋に生理的なものとみなしていた彼の不安理論の変遷にともなって，現実神経症という言葉もすたれてきている。しかし幼児期に起源をもち，いま現在活性化している葛藤を解明しようとする精神神経症と，素質的なものも含めて身体的 - 現実的要因を中心とした現実神経症とを区別して考えられたことの意義は大きい。

これは心身医学の領域において，アレキサンダー Alexander, F.（1939）は，随意運動系と知覚系に生じるヒステリー性の「転換」に対して，現実生活での情動興奮による自律神経系の機能失調を区別し，植物神経反応の概念を提唱した問題につながっている。これは心身症を，無意識的思考や願望の心理的な象徴としての転換（器官言語）モデルとは異なり，現実的なストレスや葛藤に対して生じる正常な生理的な随伴症状として神経症から区別して考える必要があることを示唆したものであり，今日の心身症の症状論の基礎ともなっている。そこではまた情動興奮は性的欲動だけでなく，攻撃性の抑制も注目されるようになっている。　　　　（前田重治）

[関連項目] 器官言語，神経症，精神神経症，アレキサンダー
[文献] Alexander, F. (1939), Freud, S. (1895a, 1898a, 1914c)

現実不安　⇒不安

[英] realistic anxiety
[独] Realangst
[仏] angoisse devant un danger réel

原始的防衛機制

[英] primitive defence mechanisms
[独] primitiver Abwehrmechanismus
[仏] défense primitif mécanismes

神経症の防衛構造を形作っているとされる抑圧を基礎に置いた置き換え，転換，反動形成，打ち消しなどの防衛機制に対して，もっと重篤な病理状態に見られる防衛機制を指している。つまり精神発達のより早期段階での心的機制である。表現を変えるなら，フロイトが述べた性器期のエディプス葛藤での去勢不安を防衛しようとする精神の活動手技ではなく，前エディプス期における不安を取り扱おうとする心的手法である。

歴史的には，フロイト Freud, S.（1895）による投影 projection，フェレンツィ Ferenczi, S.（1909）によるとり入れ introjection がその代表的な機制として認識されていた。これらの機制はアブラハム Abraham, K. によって，口唇性，もしくは肛門性の排出 expulsion あるいは体内化／呑み込み incorporation として身体的な具体的水準での精神の活動としても検索された。アブラハムの死後，クライン Klein, M. が子どもの分析を通して彼の前性器期的防衛機制についての理解を深めた。それは防衛機制という視点を越え，精神そのものを構築していく機制としてとらえられることになると同時に，原始的な性質の不安との関連も解明されていき，分裂機制 schizoid mechanisms として提示された。分裂機制は，スプリッティング splitting，とり入れ，投影（投影同一化 projective identification），理想化 idealization，否認 denial，万能 omnipotence によってなっており，精神病性の不安，すなわち絶滅恐怖や迫害不安をおもに防衛する機制として自我によって使用されている。クラインは幼い子ども，そして精神分裂病といった精神病にこうした原始的防衛機制が働いていることを描いたが，のちには健康な成人の心的機制としても作動していることを述べた。クライン自身やスィーガル Segal, H. も原始的防衛機制とフロイトの提示した抑圧を中心とするエディプス期の防衛機制の発達的区別を述べてはいたが，これらの区分けをカンバーグ Kernberg, O. F.（1976）は精力的に試みた。カンバーグはクライン派と自我心理学の両者からの理論背景と境界パーソナリティ障害の分析的治療経験に基づいて，高次の水準の性格病理構造を持つ人物の自我では神経症的防衛機制が活用されるが，低次の水

準の性格病理構造をもつ人物の自我では投影同一化の過度な使用があるのと同時に，抑圧に変わってスプリッティングもしくは原始的な解離を使い，否認，原初的理想化，脱価値化，万能が活用されると区別した。後者は境界パーソナリティ構造とも呼ばれ，本能や超自我の発達，内的対象関係の変遷と連動するひとつの臨床エンティティとして位置づけられた。フェアバーン Fairbairn, W. R. D.（1952）も自我内部とそれに連動する対象のとり入れや排泄，スプリッティングによって生じる心的状況を基本的精神内界構造 basic endopsychic structure として病理の発生源と見なし，なかでもスプリッティングを自我の主要な防衛操作として位置づけたが，のちにリンズレー Rinsley, D. B. やマスターソン Masterson, J. F. が原始的防衛機制を多用する思春期境界例の分析的治療でこの理論を活用した。　　　　　　　　　　（松木邦裕）

[関連項目] 境界性人格障害，境界パーソナリティ構造，クライン学派，スプリッティング，精神病，投影同一化（視），フェアバーン理論，分裂機制

[文献] Fairbairn, W. R. D. (1952), Kernberg, O. F. (1976), Klein, M. (1946)

現象学

[英] phenomenology
[独] Phänomenologie
[仏] phénoménologie

[起源] 現象学という言葉はランベルト Lambert, J. H., あるいはカント Kant, I. が物自体ではなく，現象を扱うという意味で使っている。近代哲学で有名なのはヘーゲル Hegel, G. W. F. の『精神現象学』（1807）で，ヘーゲルは意識の発展段階を記述するためにこの言葉を使った。ただ今日の精神医学や精神病理学に直接影響を持っているのは，フッサール Husserl, E.（1859-1938）の現象学である。彼は心理主義に抗して厳密学として普遍的哲学をめざし現象学を提唱した。その後フッサールは認識論の道具として，あるいは自然的態度や生活世界の基礎付けとして，この方法を提唱するようになる。そうした彼の方法はシェーラー Scheler, M. の人間学，そしてハイデッガー Heidegger, M., サルトル Sartre, J. P., メルロー-ポンティ Merleau-Ponty, M. らの実存主義と結びつくことになった。ヤスパース Jaspers, K. がこの方法を記述精神医学に導入したことにより現象学的精神医学の領域が登場し，1920年代になるとビンスワンガー Binswanger, L., ミンコフスキー Minkowski, E.（1885-1973）といった本格的な現象学的研究が精神病理の世界に導入される。

[現存在分析] 精神分析が現象学と歴史的に接点を持つーつはビンスワンガーを通じてである。スイスのビンスワンガーは，ブロイラー Bleuler, E. とユング Jung, C. G. を通してフロイト Freud, S. と知己をもち，生涯にわたって親交をもち，精神分析を支持し続けた。その後，祖父の病院を継いだビンスワンガーは，現象学に関心を持つようになって，フッサールと交流して，しだいに精神分析とは別の道として，患者の理解のために現象学方法を導入し始める。1930年代にはハイデッガーの存在論の影響で「現存在分析 Daseinsanalyse」（ハイデッガーが『存在と時間』のなかで述べているのは「Daseinsanalytik」）を提唱するようになった。彼は，フロイトの生物学的決定論，そして人間は幼年期に決定されているという生育史による規定を批判して，人は「現存在」として未来と外の世界に開かれていると語っている。

[精神分析との距離] その後，現象学的人間学の方法を用いる精神医学者たちは，精神分裂病を中心に考察している。ミンコフスキーは精神分裂病を「生ける現実との接触の喪失」と語り，シュトラウス Straus, E. は強迫症を「世界との共感的関係の喪失」と述べた。あるいは最近ではブランケンブルク Blankenburg, W. が分裂病を「自明性の喪失」ととらえている。ビンスワンガーは分裂病者の思い上がり，ひねくれ，わざとらしさといった特徴を現存在の失敗の様式ととらえたことで有名であるが，摂食障害や躁うつ病についても考察している。ボス Boss, M. は性倒錯を現存在の一つの形式としてとらえた。また夢に関してもビンスワンガー，ボスとそれぞれ精神分析とは異なる自分の見解を展開している。これらの立場に共通しているのは，病をその患者の全体的なあり方との関連で理解しようとする態度であり，その点で精神分析理論と一線を画していると考えている点である。

[自己心理学] もともと現象学者であったストロロウ Stolorow, R. D. がコフート Kohut, H. の自己心理学と出会って間主観学派が形成された。そのため現象学は新たに自己心理学の中で生きている。　　　　　　　（妙木浩之）

[関連項目] 間主観（体）性，ビンスワンガー

[文献] Binswanger, L. (1956b, 1957a)

原初自我

[英] original ego

フェアバーン Fairbairn, W. R. D. が定式化した精神の発達段階において，そもそもの乳児的依存段階で愛と憎しみの双方を向けていた「もともとの（原初）対象」から，「興奮させる対象 exciting object」と「拒絶する対象 rejecting object」また「理想対象 ideal object」が派生するのに付随して，「リビドー的自我 libidinal ego」「反リビドー的自我 antilibidinal ego」と「中心的自我 central ego」とが二次的に生じるが，それら諸自我が由来している，先駆的な「分割していない」自己表象の構造が，「も

ともとの（原初）自我」である。なおフェアバーン以外で自我の原初的状態を"primitive ego"，"prisitine ego"と呼ぶことがある。　　　　　　　　（相田信男）

[関連項目] 移行期の技法，フェアバーン理論
[文献] 相田信男 (1995), Fairbairn, W. R. D. (1944)

原初の母性的没頭
[英] primary maternal preoccupation

ウィニコット Winnicott, D. W. が1956年に発表した概念。発達の最早期の母子関係は，いわゆる共生関係 symbiotic relationship にあると言われ，ウィニコットは，この時期の母親は赤ん坊と強く意識的にも無意識的にも同一化しているが，乳児は母親に依存しているのであり，したがって，この二者の間には大きな心理学的相違点があると考えた。そして，特に最早期における母親は，精神医学上，非常に特別な機能を有することに注目したのである。すなわち，母親は，妊娠の後期に向けてだんだんと感受性を発達させており，妊娠の終わりになるころには，その感受性は非常に高まった状態に到達する。この状態は赤ん坊の誕生の数週間後まで続き，妊娠という事実がなければほとんど病的な状態と考えられるほどである。しかも，この時期を過ぎると母親はこの状態から回復し，一度回復してしまうと母親本人にもその体験の記憶は想起されにくく，抑圧される傾向にある，というものである。母親が，このような特殊な状態に到達できるがゆえに，彼女は赤ん坊のニーズに繊細にまた感受性豊かに応答することができ，赤ん坊は「存在し始めること」が可能になる。ウィニコットの言う「普通の母親の献身」とは，このような「正常なる病気」の状態での養育への没頭を意味する。やがて，発達最早期の一定の時期を過ぎ，母親がこの状態から回復していく過程では，赤ん坊は，母親が1人の人物（パーソン）であると肯定的な形で認識することになる。ウィニコットは，赤ん坊が，他者としての母親を，欲求不満を引き起こす母親として認識するのは，発達的にもっと後のことであると述べている。　　　　　　　　　　　　　（小坂和子）

[関連項目] 依存，ウィニコット理論，共生期，ほど良い母親
[文献] Winnicott, D. W. (1956, 1967, 1969a)

幻想
[英] phantasy, fantasy
[独] Phantasie
[仏] fantasme

意識的，前意識的，もしくは無意識的な，物語性を帯びた想像上の光景や表象。多くは主体とその他のひとりもしくは複数の人物が登場し，少なくとも潜在的にはその主体の願望もしくは欲望と関係している。

この概念にはその概念的な広がりの曖昧さに加えて，用語上さまざまな混乱がつきまとっている。まず英語で，phantasy と fantasy の2種の綴りがある。フロイト Freud, S. の著作を英訳した標準版フロイト全集において，すべて phantasy という綴りが採用されたにもかかわらず，米国の分析家は一般に fantasy という綴りを採用してきた。それに対し英国の分析家，とくにクライン派は phantasy という綴りを頻用する傾向がある。さらにクライン派のアイザックス Isaacs, S. は，phantasy にこの語のより無意識的次元を担わせ，fantasy により意識に近い白昼夢類似の体験を意味させて使い分けることを主張し，ある程度受け入れられている。この語の日本語訳として使われているのは空想と幻想である。上述の事情から phantasy を幻想，fantasy を空想と訳し分けられている場合もあるが，必ずしもそうとは限らない。また，日本の論文，著書においても，空想をより白昼夢水準の意識に近い体験，幻想を無意識的，本能的なものとして使い分けられる傾向もあるが，まだそれは確定していない。

だがこのような単なる用語上の問題だけでなく，精神分析における幻想概念には本来きわめて広範囲の水準の心的体験が包含されている。それはフロイトの幻想概念の曖昧さによっている面があるし，精神分析の諸学派がフロイトのもとの概念の特定の側面を強調したことも関係がある。したがってこの用語の使用や理解においては，それがどのような文脈で用いられるのかに注意せねばならない。

フロイトはこの概念をさまざまなところで使用した。しかし夢の場合と異なり，この用語を中心主題にした書物も論文も書いていない。もともと彼がこの言葉を使用したとき，彼が考えたのは覚醒時に個人が生みだし，自分自身に語る白昼夢，空想的光景，想像上のロマンスのようなものであった。やがてフリース Fliess, W. への手紙によれば1897年のことであるとされる，「性的誘惑説」から「内因欲動説」へといわれる彼の認識論的転換において，幻想概念は大きな役割を果たす。彼は「ヒステリー症状は実際の記憶にではなく，記憶にもとづいてうちたてられた幻想に固着している」(1900)とし，幻想が主体にとって「心的現実」として扱われることを明らかにした。白昼夢類似の体験が外界が不満を与えるときに働く願望充足的な思考活動として生成され，本能欲動にさまざまに偽装された表現と満足をもたらす。そしてそれが意識されがたい場合，無意識へと抑圧され，例えば夢の内容に侵入するのである。そうした幻想へのリビドーの備給はまだフロイトの傘下にあったユング Jung, C. G. によって「内向」と概念化された。フロイトにとって現実原則と快感原則の二原則が確立されると，幻想

は現実原則から分離されて，快感原則に従属しながら活動する活動（幻想すること fantasying）となる。また幻想が昇華されることによって，文化的な活動へと変形されることにも言及されている。このように白昼夢的な願望充足的体験として幻想が思い描かれ，無意識的な幻想はそれが抑圧されたものであるというのがフロイトの古典理論における基本的見解である。しかしフロイトはそれとは別の起源と考えられる幻想も着想した。それは1910年代になって明瞭に形を表す発想である。彼は1908年の『幼児期の性理論』において，誕生，妊娠，原光景，近親姦，去勢，家族ロマンスなど，多くの個人に同じ幻想が懐かれることを示した。その共通性の根拠として，彼は系統発生的な遺伝という生物学的な概念を持ち出して，そのような幻想内容（去勢や近親姦など）が太古の現実体験に由来すると考えた。彼はそうした幻想を原幻想と呼んだ。そうしたラマルク的な遺伝というアイデアが現在の観点からは受け入れにくいにせよ，幻想，とくに無意識的な幻想は個人を超越した生物学的実体（本能）との直接の関連で考えられ始めたといえる。しかし依然として，大筋から見るとフロイトの幻想概念は「子どもの遊びに端を発する」とされるように，かなり発達後期の現象を念頭に構築されていた。

　この幻想概念と本能概念の近接はクライン派によってさらに推し進められた。フロイトもすでに「本能をあらわしている表象」という概念を『無意識について』（1915）において呈示したが，クライン派とくにアイザックスは本能の心的あらわれとして「無意識的幻想」を考えた。フロイトは幻想を相当後期に位置づけたが，クライン派は最早期から願望充足的幻想が前視覚的，前言語的でむしろ身体的なものとしてあらわれると考えた。例えば空腹のような早期体験は対象関係を含み込んだ幻想によって子どもに体験される。その対象は全体的な人物でなく，具象的な部分対象である。またクライン派が死の本能という想定を受け入れていることから，破壊的幻想も最早期から本能に直接関連して作動することになる。さらにアイザックスは原始的防衛機制の背後に，その防衛をどうしておこなうか，についての幻想が存在することも示唆した。

　幻想は単なる願望充足的思考にとどまらない。無意識的な幻想を発達後期のより実体験の記憶を素材に生まれるものと考える（フロイト，自我心理学）にせよ，本能の心的あらわれと見なす（クライン派）にせよ，それはある種の基板 template として，現実からの刺激や身体からの刺激などの実体験と交流して心的体験の生成に寄与する。　　　　　　　　　　　　　（藤山直樹）

　[関連項目] 快感原則，願望，願望充足，記憶，幻覚的願望充足，原幻想，現実，現実原則，幻想上の相互作用，昇華，心的現実，内向／外向，白昼夢，表象，防衛，本能，無意識的幻想，夢，欲動，欲求不満

　[文献] Arlow, J. A. (1969), Freud, S. (1900, 1908c, 1911a, 1915e, 1916–1917, 1950a), Freud, S. & Breuer, J. (1893–1895), Isaacs, S. (1948), Jung, C. G. (1911)

幻想上の相互作用
　[英] fantasmatic interactions
　[独] phantasmatische Interaktionen
　[仏] interactions fantasmatiques

　母親と赤ん坊双方のもつ特性によって規定されながら，両者間の表象レベルで生じる相互的な展開をレボヴィシ Lebovici, S. やクラメール Cramer, B. は幻想上の相互作用と呼ぶ。赤ん坊の仕草や表情により，母親はさまざまな表象を刺激される。つまり現実の赤ん坊によって，母親の幻想の赤ん坊と想像の赤ん坊の表象が誘発され，妊娠，出産，育児を通じて，母親の中で深層の原初体験やエディプス体験が賦活され，赤ん坊との間で反復される。例えば，赤ん坊が無邪気な愛情表現から母の顔に手を差し伸ばそうとする行動の意味を母親が適切に読み取れば抱き上げてその情緒を共有し，赤ん坊の安定した対象関係の発達を促すことができる。ところが母親自身が自分の母親との間に未解決な葛藤を抱いていると，近づく赤ん坊の手を自分への攻撃と受け取るかもしれない。その場合，母親は，自分の母親に対する情緒を赤ん坊の行動に投影し，その投影同一化によって自分が赤ん坊の怒りや攻撃に脅かされることになる。こうして母親の抱く表象は無意識に赤ん坊に伝達され，赤ん坊の内的対象世界の形成に影響を与える。このような幻想上の相互作用を介して，いかに親世代の葛藤が子どもに伝達され，その対象関係の発達に関与するかを解明し，親の転移対象の役割を担わされ，健全な発達が阻害された子どもをその転移対象であることから解放することが，母（親）‐乳幼児精神療法の治療機序となる。　　（森さち子）

　[関連項目] 親‐乳幼児心理療法，世代間伝達，想像の赤ん坊，投影同一化（視），乳幼児精神医学（保健），レボヴィシ

　[文献] Cramer, B. G. (1989), Kreisler, L. & Cramer, B. (1981), Lebovici, S. (1984, 1988a), 渡辺久子 (1993b)

幻想の赤ん坊　⇒想像の赤ん坊
　[仏] bébé fantasmatique

現存在分析

[英] ontoanalysis, existential analysis
[独] Daseinsanalyse
[仏] analyse existentielle

ビンスワンガー Binswanger, L. は，哲学者ハイデッガー Heidegger, M. の現存在分析論 Daseinsanalytik に関連して現存在分析と呼ばれている現象学的人間学を現象学的経験科学として，自然科学的な，函数論的に構成する経験科学に対比させた。つまり，現存在分析とは，自然科学的方法に代わって現象学的方法を用いる経験科学としての精神医学である。

ビンスワンガーは，すでに 1910 年代からフッサール Husserl, E. の現象学に基づいてフロイト Freud, S. とは独自の道を歩み始め，1920 年－30 年代にはハイデッガーの現存在分析論に立脚した人間存在への接近を試み，現存在分析と呼ばれる了解方法を確立した。同じハイデッガーの哲学に立脚しながら，ビンスワンガーが，躁病者，分裂病者などの存在様式を主題にしたのに対して，自他ともに現存在分析学派と認める精神分析医ボス Boss, M. にとって，現存在分析の固有の対象は，治療者が臨床的にかかわる病者であり，具体的には病者へのかかわりの状況であり，ハイデッガーの基礎的存在論の立場から精神療法の治療状況そのものをあきらかにすることが，現存在分析の課題である。

そしてそのような治療状況そのものを創始し実践したのが，ほかならぬフロイトであり，その人間理解は，フロイトの一連の技法論の中に表現されているが，フロイト自身はこの自らの臨床体験を自然科学的思考の制約から適切に理論化し得なかった。ボスは，この観点から，フロイトの技法論に語られたフロイトの治療的実践に内在し，しかもフロイト自身が理論化し得なかった治療理解と人間理解を現象学的人間学的に，つまり現存在分析的にあきらかにした。その手法は，精神分析における治療状況を現象学的状況分析的にとらえる流れの一つの大きな源泉をなし，わが国の小此木啓吾の治療構造論とフロイト研究にも多大の影響を与えている。（小此木啓吾）

[関連項目] 治療構造論，ビンスワンガー，フロイト，S., ボス

[文献] Binswanger, L. (1947), Boss, M. (1957b), 小此木啓吾 (1985b, 1990b)

原父

[英] primal father
[独] Urvater
[仏] père originaire

未開社会において，自らの属する部族の女たちを占有し，成長した息子たちを追放して部族民たちの上に君臨した強大な父親（指導者）。フロイト Freud, S. は，アトキンソンのニューカレドニア土着民についての人類学的研究を援用しつつ，トーテムとタブーについて論じた。すなわち，追放された息子たちは，女たちを奪おうとして，協力してこの原父を殺害して食べてしまう。暴君的な父は，兄弟たちにとって「羨ましいと同時に恐ろしい模範」であり，彼らは「それを食べることによって父との一体化を実行した」。「人類の最初の祭事であるトーテム饗宴はこの記念すべき犯罪行為の反復であり，記念祭なのであろう」。兄弟たちは，一方で原父を愛してもいたので，自らの行為に悔恨と罪意識を覚える。これが罪悪感の起源であり，兄弟たちは自らの行為を撤回してその成果を断念するために，また一方では女たちを奪い合って殺し合う危険を避けるために，女たちを諦める。こうして作り上げられたのが 2 つのタブー，つまり代理としてのトーテム動物の保護というタブーであり，近親姦の禁止というタブーであった。このような恐るべき前史的な行為の無意識的記憶が基礎となって，社会的組織や道徳的制約が生じ，罪悪感をしずめ，殺された原父をなだめようとして，宗教の起源が生じてきたという。

（馬場謙一）

[関連項目] エディプス・コンプレックス，原始群，タブー，父親殺し

[文献] Freud, S. (1913a)

健忘

[英] amnesia
[独] Amnesie
[仏] amnésie

健忘とは過去の出来事の一部ないし全体を想起できないという現象である。そこには器質的な原因と心理的な原因がありうるが，精神分析学的に重要な意味をもつのは後者である。健忘に関するフロイト Freud, S. の基本的な理解は，苦痛を伴った心的内容や欲動が，抑圧という防衛機制により無意識に追いやられ，想起不可能になった状態である，というものであった。すなわち健忘の対象となっているものが無意識内容であり，それは症状や失策行為ないしは夢により象徴的に表現されるという考えである。そこで治療の目的は自由連想や解釈により健忘の対象となったものを意識化することにより，症状の消失を促すことになる。ちなみにフロイトは健忘の種類として幼児性健忘 infantile amnesia とヒステリー性健忘 hysterical amnesia の 2 つを論じてはいるが（1899），両者は質的に同等であり，性的欲動が抑圧された結果生じるものであるという見解を示している。このように健忘の概念は抑圧と対になってフロイトの神経

症理論の基本的な部分を占めたことになる。

　現在の力動的精神医学の立場は，このフロイトの図式を部分的に踏襲しつつも，記憶の仕組みや病理に関する新しい視点を含んだものとなっている。現在では記憶は一般には明白な記憶（陳述的記憶）と潜在的な記憶（手続き的記憶）に分けて理解されている。前者は具体的な事柄についての時間空間的な情報を伴った記憶であり，後者には情緒的内容や習慣，ないしは外傷的な記憶内容が含まれる。抑圧により想起不可能となるのは前者の記憶であり，後者については意識には上らないものの，身体的な反応その他のレベルで保たれていることが多い。本人が意識していないにもかかわらず外傷的な事柄の起きた日がめぐってくると生じる情緒的反応や症状（"記念日反応 anniversary reaction"）などはその例である。このような見地からは，抑圧された記憶が症状により表現される，というフロイトの図式にも多少なりとも変更が必要とされるであろう。外傷的な出来事においては，明白な記憶は抑圧されているのではなくてはじめから成立せず，また身体症状や情動反応は潜在的な記憶の表現と理解することもできる（Eldelyi, M. H. 1994）。また健忘の対象となる事柄も，フロイトが主として考えた内的欲動以外にも，具体的な外傷体験が重要な位置を占めることになる。さらに忘却の機序についても，それは必ずしも抑圧の機制を必要とせず，単にその事柄に注意を向けないことによっても生じる（いわゆる「エビングハウス Ebbinghaus 効果」，Erdelyi, M. H. 1990）という見解もある。

　フロイトの健忘についての理解を再考する動きには，最近の解離現象への関心の高まりも関係している。ある事柄が想起不可能となる場合，その事柄は無意識に抑圧されているのではなく，現在の意識野の別の部分に解離されている可能性があるとも考えられる。フロイトの図式においては無意識は症状や失策行為その他により意識内容に表されるが，互いに解離された心的内容は相互に力動的な影響を及ぼし合わないことも考えられ，言語的な解釈による無意識への働きかけが治療効果をもたない可能性もある。　　　　　　　　　　　（岡野憲一郎）

　［関連項目］外傷，解離，記憶，ヒステリー，抑圧
　［文献］Erdelyi, M. H.（1990, 1994），Freud, S.（1899），岡野憲一郎（1995）

幻滅　⇒脱錯覚
　［英］disillusion

原抑圧
　［英］primal repression
　［独］Urverdrängung
　［仏］refoulement originaire

　フロイト Freud, S. は，抑圧という精神過程を，3つの段階に分けて考えた。第1が原抑圧，第2が本来の抑圧である後抑圧 Nachdrängen，第3は抑圧されたものが回帰する段階である。原抑圧の結果，原初的に抑圧された無意識の表象が形成され，それらが核となって抑圧されるべきもの（例えば性衝動）に引力を及ぼす。この引力が自我の力と協同して働くことによって本来の抑圧が成しとげられる。この抑圧に失敗すると，一度抑圧されたものが再び突出してきてリビドーの退行が生じる。以上の精神過程について，フロイトは，1911年の『自伝的に記述されたパラノイアの一症例に関する精神分析的考察』の中で，次のように述べている。「第一の段階は，各抑圧過程の先駆現象であり，その成立条件を示している固着の形成段階である。……各リビドーの流れは，無意識の体系に属する流れとなって，それ以後の精神の形成過程に働き続ける。……そうした諸本能の固着の内に，その後の発病の素因が存在する。さらにこのような固着は，抑圧過程の第三段階の帰結に対しても，因果的な決定を与える。抑圧過程の第二段階は，いわば本来の抑圧である。これは高度に発達した自我の，意識可能な諸体系から発し，（自我本能に基づく）後圧迫として記述できる。……これは本質的に（自我の働きによる）能動的精神過程という印象を与える。……抑圧過程の動機となる嫌悪は，もし抑圧されるべき好ましからぬ精神的意向とすでに抑圧された衝動との間に一定の結びつき（原抑圧との結びつき）ができあがっていないとそれは起らないわけであるが……原抑圧としての結びつきができあがっている場合には，意識的諸体系の反発力と無意識的諸体系の引力とが，結局は抑圧過程の成立にとって同じような意義をもつこととなる。……病理学的現象にとって最も重要な意義を有する抑圧過程の第三段階は，抑圧が失敗する段階，一度抑圧されたものの再突出，つまり回帰の段階である……」。以上の記述においては，原抑圧と固着は必ずしも明確に区別されていないが，1915年『抑圧』では，原抑圧と同時に固着が生じると述べて，両者の密接な関係を指摘している。「原抑圧，つまり衝動の心的（表象的）代表が意識に入りこむことを拒絶されること……それと同時に固着が生じる。というのは，その代表はそれ以後は変らないままにとどまり，それに衝動が結びつくのである」。ここではまた，前もって抑圧されたものが存在し，自我によって反発されたものを受け入れる用意を整え，それらに引力を及ぼしていることが，本来の抑圧を成立させる条件であることにも言及されてい

る。では，原抑圧を長期間にわたって維持する力は何か。それについては，1915年『無意識について』の中で，「反対充当こそ唯一の機制である」と述べている。また，原抑圧の起源については，1926年『制止，症状，不安』の中で「原抑圧の最初の契機として，優に信じられることは，興奮が強すぎて刺戟保護が破綻するというような量的契機である」と述べている。 （馬場謙一）

[関連項目] 抑圧，抑圧されたものの回帰
[文献] Freud, S. (1911b, 1915d, 1915e, 1926a)

こ

後アンビバレンス期　⇒前アンビバレンス期／後アンビバレンス期
[独] postambivalente Stufe

行為障害
[英] conduct disorder

これは精神分析の用語ではない。そもそも心理的精神的な問題というものは，客観的にみればなんらかの問題をもった行動として観察されるのであって，その意味では行為障害は精神科におけるすべての問題の入口となるといってよい。したがって行為障害を一つの疾患単位とすることには疑問が残る。障害という言葉も疾病・病気に比べて，むしろ症候群の意味が強い。国際分類ではこれは発症が通常は小児期か児童期の障害となっている。

行為障害は反社会的・攻撃的あるいは反抗的な行為が反復的・持続的なパターンとして認められる場合をいい，単なるいたずらとか青年期の反抗よりももっと重いとされる。しばしば満たされない家族関係とか学校での失敗を含む社会的・心理的環境が本人にとって不利な場合にみられる。具体的には過度のけんか，いじめ，他人や動物への残虐な行為，破壊的な行為，放火，ぬすみ，嘘言，怠学，家出，頻発するかんしゃく発作，反抗的で挑発的な行為など，いずれも6カ月以上，持続的でくり返されるものをさす。しかしこれらはもっと重篤な精神障害の前駆症状ないし初期症状であることもあるので，経時的な観察を行うことが大切である。

行為障害はその他の状態，情緒障害，多動性障害などと重複してみられることが多い。特に多動性障害，注意集中欠陥障害（いずれもあいまいな概念として問題がある）と重複したり，強く関連しておこるものである。

臨床的にいって，どれほどの意味があるのかと疑われるが，以下のような下位分類がなされている。すなわち，(1) 家庭状況のみでみられるもの（家の外では問題が何もない）。(2) 非社会的なもの（場所をとわずみられる）。(3) 社会的なもの（集団非行，ギャングメンバーとして）。(4) 反抗・挑戦的なもの（10歳以下でみられる）。(5) 抑うつ的なもの（抑うつ気分を伴うもの）。(6) その他との混合性のもの。

このように分類してみたところで，現実にはほとんど意味がないであろう。状況次第でその現れ方はまちまちになるだろうからである。これらの障害は治療をうけない場合には，成人してからなんらかの人格障害に発展してゆく可能性があるとされる。しかしどこまでそうはっきりいえるのか明らかではない。

治療としては家族歴・生活歴などと照合しながらの精神療法・家族療法，そして生活環境全体の調整（学校教育も含めて）などを行うということになっている。行為障害はその概念のあいまいさもさることながら，子どもの発達環境に問題があることが多いというべきであろう。
（小倉 清）

[関連項目] 児童精神医学

好奇心　⇒知識本能
[英] curiosity

攻撃エネルギー　⇒中性化 [心的エネルギーの]
[独] Aggressionstrieb

攻撃者との同一化
[英] identification with the aggressor
[独] Identifizierung mit dem Angreifer
[仏] identification à l'agresseur

アンナ・フロイト Freud, A. によって提唱された防衛機制の一つ。文字通り，攻撃者に同一化することで不安に対処する防衛で，特に子どもの超自我発達途上では一般的に観察される事象である。ここで言う攻撃者とは，子どもの欲動満足に禁止を与える両親や教師などの現実の対象や，子ども自身の攻撃性が投影されて生まれる空想上の対象なども含まれる。このような空想上のことか，現実の外界からの威嚇があってのことかは問わず，子どもの自我が脅威を感じて不安に直面したとき，その子どもはその攻撃者の属性を取り入れ，模倣することによって不安を克服しようとする。例えば「お化け」を恐がる子どもは，自身がお化けになることでその不安に対処する。学校の教師に叱られると必ずしかめっ面をする生徒

は，無意識のうちにその教師の怒っている顔を模倣して，不安を軽減しようとしている。母親に対して旺盛な関心を寄せるエディプス期の男児は，母親自身が示す好奇心に対してのみ激しい攻撃を向ける。

治療においては，プレイセラピーの中でよく観察される。普段は優しい母親が，飲酒するとひどく情緒不安定で怒りっぽくなるという場合，その子どもは，「優しく振舞っていたかと思うと突然怒りだし，訳もなく叱りつける母親」を遊びの中で演じる。

自我の発達や人格の構造化という継続的な過程の中で，取り入れ・模倣・同一化といった現象が果たす役割は極めて大きい。幼児期において子どもは，両親を代表とする対象の属性をさまざまに（部分的に）取り入れていくが，この過程の終りの段階には，エディプス願望の放棄やそれに続く超自我の強化といった重要な問題が控えている。アンナ・フロイトは，「攻撃者との同一化」という現象の中に，この超自我形成の大事な一歩が見出せると述べている。しかしながら彼女自身が指摘しているように，一方でこの特殊な防衛形式は，パラノイアに通ずるものである。結局のところこの防衛は，同一化と投影という2つの防衛の特殊な結合なのであって，原始的で退行的な側面と，発達の萌芽という側面との双方を併せ持っており，超自我発達の特殊な一時期，すなわち「批判が内在化されるとともに罪は外在化される」段階に見られる現象であると言える。「投影の機制に助けられ，この線に沿って発達してゆく自我は，自分を批判する権威を取り入れ，それを超自我の中に組み込んでゆく。こうして初めて，禁止された衝動を外界へ投影することができる。……自我は，何が非難に値するかを知っているが，こういう防衛機制によって，不快な自己批判から自己を護っている」。

こうした現象は子どもの発達の一時期のみならず成人にも認められ，うつ病患者の過酷な超自我との関連も論じられている。 （橋本元秀）

［関連項目］思春期〔青年期〕，超自我，防衛機制，フロイト，A.

［文献］Freud, A. (1936)

攻撃性

［英］aggressivity, aggressiveness, aggression
［独］Aggression, Aggressivität
［仏］agression, agressivité

精神分析の学問的関心は性から出発して攻撃性へと移っていった。しかも精神分析が精神科治療のなかで主要な位置を占めるに従って，その対象も神経症から人格障害，うつ病，精神分裂病へと大きく広がっていった。そこで問題になったのが攻撃性の理論であり技法論であった。それに格好の話題を提供したのが多くの境界例論であるが，境界例の激しい攻撃性をどのように位置づけるかは未だ決着を見ていない。

初期のフロイト Freud, S. は，心的活動の主要なエネルギーをリビドーと呼んで，攻撃欲動は考えなかった。エディプス・コンプレックスに見られる同性の親への敵意や憎悪も異性の親をめぐる競争心から生じる精神活動だと考えた。ただ，性本能のなかに攻撃的になる力（サディズム的要素）を備えていると考えた。一方アドラー Adler, A. は，「リビドーの欲求不満から生じたものとしては説明のつかない攻撃欲動が存在し，それは正常な人生でも神経症でもリビドーに劣らない重要な役割を演じる」と主張した。晩年になってようやくフロイトもアドラーによって提唱された「攻撃本能」を「破壊本能」あるいは「死の本能」と改変することで受け入れた。攻撃性を死の本能の派生物として位置づけたのである。1920年の『快感原則の彼岸』のなかで，「対象を傷つけるサディズム的衝動を，いったいどうして生命を維持するエロスからみちびきだすことができるのであろうか？ このサディズムは，本来，自我の自己愛的リビドーの影響によって，自我からはみ出して，対象に向かってはじめて現れる死の本能である……」と述べて，性的サディズムを死の本能に帰した。つまり，攻撃性は性本能ではなく自我本能に属すると考えたのである。そのさい，生と死の本能はさまざまな程度に混ざりあい，「純粋な形」では現れることはないと断言し，死の本能は常に対象や自己に向かう破壊過程として顕在化すると述べた。

このフロイトの死の本能論は，クライン Klein, M. に受け継がれたが，他の分析家のあいだでは受け入れられなかった。クラインは「羨望」を死の本能の最も純粋な現れと考えた。攻撃性が本能であるのか反応であるかという議論は，学習理論の立場から「フラストレーション・攻撃仮説」として提出された。この仮説はフロイトの思想に強く影響を受けており，また仮説であるがゆえに批判も多かった。また動物行動学者のローレンツ Lorenz, K. (1963) の「種の保存」のための攻撃性の理論は，精神分析学界にも影響を与えた。しかし人間には動物に見られない残虐な攻撃性が認められる。ウェルダー Waelder, R. は，攻撃性に関する精神分析理論の比較を行うなかで，攻撃性の現れ方を3つに分類した。欲求不満あるいは危険に対する反応，自己保存の産物，性本能に伴う現象，の3つである。彼は攻撃性の反応性を強調し，生来の破壊欲動は想定しないでもよいと考えた。しかし残された問題として，上記の3つの現象のいずれにも当てはまらない「本質的な破壊性」，その例の一つとしてヒトラーのユダヤ人に対する飽くなき憎悪を取り上げた。この「破壊性」は，限りなく無尽蔵で，性的興奮や飢えによる行為とは本質的に異なっており，意識的お

よび無意識的空想と関係したものである。こうした攻撃理論の発展のおかげで，人間の攻撃性と動物のそれとは違うことが明らかになった。ここで攻撃性と破壊性の違いを整理すると，純粋な攻撃性は満足の道に立ちはだかる人あるいは対象に向けられ，目標の達成後は速やかに消失する。正統的には，攻撃性とは現実原則に出会ったときの反応である。一方破壊性は，貪欲で，冷酷な破壊の貪欲な力として作動する（Thoma, H. & Kachele, H.）。

今日では，攻撃性に関する精神分析的理論は体質／環境のどちらを一義的に考えるかで大きく意見が分かれている。環境論派のウィニコット Winnicott, D. W. は，破壊と現実原則との衝突で生ずる怒りに満ちた攻撃とを使い分けて用いた。すなわち，「攻撃は破壊より後に起こってくる，よりソフィスティケートされた概念で，対象の破壊には怒りは含まれない」と述べた。彼の理論の優れたところは，攻撃性は外在性の質を創り出す破壊欲動であるとするところである。つまり，攻撃性を環境の失敗に対抗する健康な闘いの一部と考え治療的である。コフート Kohut, H. も人間の攻撃性を二次的なものと考えた。環境の共感不全によって引き起こされる自己愛的憤怒を人間の攻撃性の原型と考えたのである。それは慢性的な怒りで発散されても尽きることを知らない。一方，カンバーグ Kernberg, O. F. は体質的素因を重視する。彼は境界例の発達の失敗の原因として，過剰な口愛的攻撃性，攻撃性を中和する能力の欠如，不安耐性の欠如といった体質的要素を一義的なものとして挙げている。彼は攻撃性をさまざまな生来の感情から統合される一つの欲動として捉え，発達論的に欲求不満にさせる母親への強い愛着が怒りから憎悪への変化の究極の起源であると述べている。クライン学派のローゼンフェルド Rosenfeld, H. (1971) は，精神分析治療での陰性治療反応の研究から，破壊過程は重篤な自己愛状態においてもっともたちの悪い形で作動すると強調し，自己愛の破壊的側面を明らかにした。　　　　　　　　　　　　　　　（川谷大治）

[関連項目] 陰性治療反応，サディズム，死の本能（欲動），マゾヒズム，欲求不満

[文献] Freud, S. (1920e), Thoma, H. & Kachele, H. (1985), Waelder, R. (1960)

攻撃欲動

[英] aggressive drive
[独] Aggressionstrieb
[仏] pulsion d'agression

フロイト Freud, S. は，攻撃欲動という概念を用いなかった。むしろそれは，死の欲動が外界に向けられた場合に限られている。つまり，その場合の攻撃欲動の目標は対象の破壊である。攻撃欲動という観念が用いられたのは，むしろ「欲動交錯 Triebverschränkung」という概念と同時に，1908年，アドラー Adler, A. によって導入されたものである。ハンス少年の分析によって，攻撃傾向や攻撃行動の重要性とか影響範囲が明らかにされたにもかかわらず，フロイトはこれらが特別な「攻撃欲動」によることを認めなかった。「私は我々に親しい自己保存欲動と性欲動と並んで，これらと同一平面の何かある特別な攻撃欲動を認める決心はつかない」。フロイトが『快感原則の彼岸』（1920）以後再び「攻撃欲動」の語を取り上げたのは，生の欲動と死の欲動という二元論の枠内においてであり，それ以後，『精神分析学概説』（1940）でも，心的現象の中で働く力動として用いられているが，より根源的な源泉はむしろ死の欲動に由来するとみなされている。　　　　　　　　　（小此木啓吾）

[関連項目] 自己保存本能（欲動），死の本能（欲動），ハンス少年［症例］，アドラー，フロイト，S.

[文献] Freud, S. (1909b, 1915b, 1920e, 1923b, 1940c)

交叉的様式等価　⇒無様式知覚

[英] cross-modal equivalence

恒常原則

[英] principle of constancy
[独] Konstanzprinzip
[仏] principe de constance

『本能とその運命』（1915），『快感原則の彼岸』（1920）でのフロイト Freud, S. の定義によれば，「心的装置 psychical apparatus は，それに内在する興奮の量を，できるだけ低く，あるいは少なくとも恒常に保っておくように働く」という原則。この原則は経済論的見地の基本をなしており，初期の論文から論じられている。フロイトは19世紀末に盛んであった精神物理学，特にフェヒナー Fechner, G. T. の，快‐不快と精神物理的安定‐不安定を関連づける理論に示唆を受けたと述べている。

恒常原則は心的装置の機能を規制し，装置の内部での衝動興奮（エネルギー）の量を一定に保つように働く。そのために，一方では外界からの刺激を回避する方向へ働き，他方内的な興奮の高まりから生じる緊張については，これを放出したり制御したりするように働く。それは興奮量を高める傾向のあるものは，心的装置の機能に反しあるいは機能を不安定にするもの，つまり不快なものとして感じられるからであって，この意味で恒常原則は快感原則と密接に関わりこれを支持している。しかしフロイトも論じているように，快‐不快は必ずしも量的に変動するものではなく，快い緊張もありうる（たとえば性的興奮の高まり自体が快感でありうる）ので，快感

と恒常原則との関係は複雑である。そこで恒常原則の動因は主観的に経験される快‐不快ではなく，エネルギーのうっ積に基づく緊張とその緩和にあるという理解がもたらされる（快感原則の彼岸）。また恒常を保つために，高まっている興奮を放出するのか制御するのかによって，著しく異なる結果が生じる。放出は単純な快の体験で終わるのに対して制御とは，エネルギーの拘束とさまざまな形態での防衛を促進させ，神経症の要因ともなり，反復強迫を招くことにもなる。つまりこれは量的放出による恒常の維持とは矛盾する結果を招く。

　フロイトの定義に戻ると，恒常原則が興奮量を「できるだけ低く」保つ原則か「恒常に」保つ原則かが問題になる。「できるだけ低く」保とうとする原理があるとする考えは涅槃原則や慣性原則に連続し，さらに死の本能説に連続していく。一定水準の興奮量を「恒常に」保とうとする原理は，エネルギーの中和や拘束の問題に連続する。フロイト自身は前者の理論展開を重視し，自我心理学は後者の理論を展開させているが，恒常原則そのものの論議は発展していない。なお，エネルギー恒存に焦点づけてエネルギー恒存の法則と訳されることもある。

（馬場禮子）

[関連項目] エネルギー恒存の法則，快感原則，慣性原則［ニューロンの］，自由エネルギー／拘束エネルギー，中性化［心的エネルギーの］，涅槃原則

[文献] Freud, S.(1915c, 1920e)

口唇期
　　　[英] oral phase (stage)
　　　[独] orale Stufe (Phase)
　　　[仏] stade oral

[定義] 精神‐性的発達の最初の段階であり，通常は誕生から1歳半くらいまでの時期とされ，口愛期とも訳される。この時期において体験の中心となる快感を得るための場所は主として口唇および口腔粘膜で，吸い付きたい，しゃぶりたい，食べたい，なめたい等が性的な衝動として発動する場であり，母親の乳房およびこれを象徴するものを対象にしてさまざまな関係や体験が展開する。近年は，対象関係や自己の発達基盤の確立の時期として，精神病理の発生時期として，ますます分析家の関心の対象となってきている。

[フロイト理論] フロイト Freud, S. は『性欲論三篇』（1905）で，口を利用する性倒錯や成人のキスや性行為における前戯などの分析から，口唇を通して現れる性欲を記述した。乳児の唇はこれに対応して母親の乳房に対し強く執着することが観察されるが，ハンガリーの小児科医リントナー Lindner の報告に基づいて，このようなしゃぶったり吸引したりというリズミカルな運動自体が，栄養摂取とは別の満足をもたらすことを理解し，早期母子関係の授乳に代表される口唇体験を性活動の起源としたのである。口唇は乳児の性感帯となり，甘い乳の流れによって興奮が快感や恍惚をもたらして，ときに一種のオルガスムに達し，満腹した乳児は幸せそうに眠りに落ちる。注目すべき特徴は，性欲を満足させるこの活動は栄養摂取という生命活動に「依託」されてはいるが，歯が生えて自分で咀嚼する乳児は離乳を迎え，乳房を吸うことを止めた唇はおしゃぶり等へと向かうようになって，快感を追求する性欲動が自立することである。おしゃぶりの対象として自分自身の身体の一部が選ばれ，口は望むときに吸い付いて快感を得るようになり，皮膚が第2の性感帯と化して興奮と快感を獲得するようになる。このとき，欲動は自分の身体で充足されるので，自体愛的 autoerotic であるとされ，マスターベーションにつながるものと理解される。当初は口唇期という概念を用いなかったが，肛門期 anal stage の存在を確認して，口唇的ないしは食人的体制を前性器的体制の第一段階として考えるようになった（『性欲論三篇』への1915年の追加）。同時に口唇期理解には，外界や対象を自分の体内に取り入れ同化する同一化や取り入れの機制と，自分の内側の割り切れないものや呑み込めないものを外界に吐き出す投影の機制という，後の対象関係論的理解につながる発想が芽生えるのである。これは，人間の発達論的理解であると同時に，抑圧されると食物嫌悪やヒステリー性の嘔吐に転化するという神経症理解のための基礎理論となったが，現代ではさらに深刻な病理の起源としても取り上げられる。

[その発展] フロイトが口唇期にはその後の肛門期の特徴である能動‐受動の対立はないとしたのに対し，アブラハム Abraham, K. は，吸いつきと噛みつきの2つの活動によって口唇期をさらに2期に分けて，早期の口唇期とその後の口唇サディズム期を設定した。前両価的な早期口唇期は口による栄養摂取の段階で，リビドーは吸うことに結びつき，乳房やそれを与える母親と乳を吸う幼児との間に分化や対立はなく，憎悪の衝動も未発達である。しかしながら口唇サディズム期になると，乳歯の発育に応じて口唇活動が噛み切る，食いちぎるという食人的なものに転化し，幼児は対象に対し攻撃性を向けながら，他方でリビドー的な愛を向けるという両価的葛藤を体験し始める。この悪い母親体験を発見したアブラハムの理論をさらに発展させたクライン Klein, M. は，激しい自己愛の中で対象がないと思われていた早期口唇期の体験について対象を発見し，口唇的な攻撃性もまた素質的に活発であると考える。母体と乳房を相手にした無意識的幻想の世界を解読するなら，乳房に対し貪欲で万能の乳児は吸いつき，のみこみ，貪り，食いつくすという状態である。彼女の理論では，口唇期は妄想分裂ポ

ジションと抑うつポジションに分けられ（このポジションには態勢という訳語もある），前者の妄想分裂的な状態ではリビドーと攻撃性は分割 split されて体験され，主として幻想によって生まれる「悪い乳房」と「良い乳房」という部分的な対象との乳児の関係はきわめて両価的である。自他未分化と言えるこの段階では取り込みと投影が主たる心的活動であり，乳児は乳を貪り飲んだり乳房を噛んだりすることを通して口唇サディズムを表出し，投影された攻撃性に由来する迫害と自滅の恐怖を体験することになる。次いで抑うつポジションに向かう乳児は自他の両価性がやや解消され全体対象としての母親像を体験するようになり，「良い対象」に危害を加えたことによる罪悪感や不安を抱きながらも，破壊を償うようになることでこの困難をこなすようになるのだが，2つのポジション，あるいは対象関係は一生交替するものと現代クライニアンは考えている。

　［依存］このようなクライン学派の理解の発展とともに，対象関係論が生まれそして成長し，人間理解や病理の分析は早期乳児期にまでさかのぼって，多くの問題が口唇期に起源をもつものと考えられるようになった。同時に，これはマーラー Mahler, M. S. が共生期と呼んだ時期と重なり，エリクソン Erikson, E. H. が基本的信頼を獲得する時期と考え，ウィニコット Winnicott, D. W. らが依存を重視する時期である。育児を担当する外部環境が汲みとらねばならないのは，乳へと向かう内なる衝動や欲動だけではなく，受身的なニードであり，外からの適応としての存在の保証や自我支持などの必要性である。依存が注目されるまでの口唇期体験の理解は，主に興奮する状態像ばかりが際立っていたが，今やその静かな体験にも理解が及んでいる。その意味で，甘いものを求める生物学的願望と心理学的依存を両義的にとらえる「甘え」概念は，その二重性を総合するという興味深い役割を果たす。このように口唇期体験を左右する母親や母親代理者という他者の役割を重視する二者関係の心理学なくして，口唇期体験の全体像の理解は不可能であるとされ，ウィニコットらはクラインらの描き出す幻想の攻撃的な内容に「育児の失敗」の影響を考える。

（北山　修）

　［関連項目］甘え，依存，共生期，口唇サディズム期，口唇性格，自体愛，性感帯，妄想分裂ポジション，抑うつポジション，アブラハム

　［文献］Abraham, K. (1927), Erikson, E. H. (1950), Freud, S. (1905d), Klein, M. (1952b), Winnicott, D. W. (1958a)

口唇サディズム期
　［英］oral sadistic stage
　［独］oral-sadistische Stufe (Phase)
　［仏］stade sadique-oral

　アブラハム Abraham, K. によって導入された精神-性的発達の一段階で，フロイト Freud, S. はこれを全面的に承認した。アブラハムはフロイトの称えた口唇期を二分割した。第一段階は吸綴（乳）期 Saugeperiode であり，第二段階は，歯が生えはじめ，乳房に噛みつくことが可能となる口唇サディズム期である。吸綴（乳）期においては赤ん坊は，まだ両価性をしらない，すなわち前両価的 preambivalent であるが，口唇サディズムに至って愛する対象を破壊するという両価性がはじめて作動するに至る。アブラハムによれば，取り入れ，体内化，同一化の原型は口唇的活動である。うつ病には，主として口唇サディズム期への退行がみられるが，それのみにはとどまらず，第一段階である吸綴段階へと退行していく。強迫神経症においては，主として対象の保持と支配とが優勢となる肛門期後期への退行がみられ，うつ病におけるような全面的な体内化はみられず，対象は部分的にではあるけれども外界に置かれる。

　アブラハムはフロイトの口唇期，肛門期を以上のように細分化し，図式的には成長に伴って乗り越えられていくべきものとしたが，人生の現実においては，「……この原初的な形式は人間によって完全に克服されることは決してなく，むしろあらゆる種類の仮面の下で一生の間存続する」（1924a）と述べている。

　ところで，アブラハムの高弟であったメラニー・クライン Klein, M. にとっては，口唇期は，終始サディズム期そのものである。口唇期のリビドー衝動と破壊行動は，生まれた時から母親の乳房に向けられている。乳児は破壊的な幻想の中で乳房を噛みくだき，引き裂き，くいつくし，絶滅させる。そして今度は，同じようなやり方で乳房が自分を攻撃するだろうと感じる。幻想の中で生ずる対象への攻撃は，乳児の本来的に飽くことのない貪欲の影響を受ける。すなわちクラインにおける口唇サディズムは，乳歯の発生という生物学的発達とは，無関係である。もっともアブラハム（1924a）もクラインの観方の萌芽となる考えはもっていた。彼は，口唇性格者の中に，一種，しゃぶって吸いこむような願望を示し他者にぴったり吸いついて離れない人間がおり，彼らは吸血鬼的な印象を与えると述べている。これは一種のサディズムである。このような性格は，たとえ主として吸綴期に固着しているとしても，クラインのいう「しゃぶりつくす貪欲さ」に照応している。

（下坂幸三）

　［関連項目］うつ病，口唇期，口唇性格，精神-性的発達，妄想分裂ポジション

[文献] Abraham, K. (1924a, 1924b), Klein, M. (1952b)

口唇性格
[英] oral character
[独] oraler Charakter
[仏] caractère oral

　口唇期の発達が性格形成にどのような寄与を及ぼすかについて初めて論及したのはアブラハム（Abraham, K. 1924）である。口唇期には授乳を媒介として母子関係が成立するが，この関係は離乳を契機としてさらに高次なものとなる。最初は満足の源である母親に接近することを求めるだけの原始的な「甘え」が，やがて母親から離れていることに堪える原始的な信頼へと発展する。このような甘える能力並びに信頼する能力は正常な発達の結果であって成人期にまで持ち越されるが，一般に口唇性格といわれる場合は，正常に発達し円満でバランスのとれた性格のことではなく，バランスを欠いていびつな発達を遂げている場合をさす。例えば「甘えん坊」といえば，いつも相手に期待し，何事についても誰かが自分のためにお膳立てしてくれるものと決めこむタイプのことだが，この種の人間は相手を信頼して甘えるのではなく，むしろ信頼できなくて甘えるのである。アブラハムは顕著なアンビバレンスの影響下に敵意が顕在化することに注意したが，癇癪持ちとか気難しやと称される人たちがこの部類に入るだろう。彼はまたこの際羨望が異常に発達することに注意したが，この観察は後にクライン Klein, M. によって発展させられた。なお肛門性格が口唇期の失敗が尾を引いた結果形成されるという彼の指摘も注目に値する。
　　　　　　　　　　　　　　　　　（土居健郎）

[関連項目] 甘え，口唇期，性格，性格分析
[文献] Abraham, K. (1924a)

構成〔構築〕　⇒再構成
[英][仏] construction
[独] Konstruktion

構成主義
[英] constructivism
[独] Konstruktivismus
[仏] constructivisme

　現代の構成主義は，知覚，行動，コミュニケーションのプロセスに関心を向ける。人間はこれらによって，個人的，社会的，科学的，観念的な現実を創造すると考えるからである。素朴に信じられているように，現実（実在）が外界の中に発見されるとは考えない。ピアジェ Piaget, J. によれば，幼児は行動しながら現実を構成していくとされる。フォン・グラザースフェルト Glasersfeld, E. v. は「徹底された構成主義 radical constructivism」を掲げた。「実在はわれわれの構成がブレイクダウンしたときにだけそれ自体を表現する」。現実を構成するプロセスは，古典的な精神療法の基本的前提をくつがえす。行動を変化させるには現実への「洞察」が必要である，というあの前提である。ワツラウィック Watzlawick, P. は構成主義的思考を次のように翻案している。例えば，金には科学的に証明可能な物質的特性（一次的現実）がそなわる。金にはしかしまた，人間によって付与される価値（二次的現実）もそなわる。精神療法や家族療法で問題になるのは，後者の二次的現実のほうである。これが端的に「フィットする」こと，苦しみをもたらす摩擦を生じないことが肝要である。その限りにおいて，人間は人生，存在，運命，神，自然との調和を感じる。患者ないし家族がこれまで問題を解決するために試みてきたことは何であったのか。それらはおおむね問題を維持し強化するように働き，いわば悪循環を形成している。これを打破して新たな解決を導入するには，リフレーミングの技法が要請される。つまり，これまでのものに代えて，よりフィットした新たな現実を構成するわけである。これと並んで，何らかの行動処方も，しばしば逆説的な症状処方の形で用いられる。そのもっとも簡略な定式化は，フォン・フェルスター Foerster, H. v. によるものである。すなわち，「見ることを望むのならば，行動することを学びなさい」である。徹底された構成主義は，近年，オートポイエーシス論との収斂を遂げつつある。マトゥラーナ Maturana, H. R. による生物システム論との邂逅はことのほか興味深い。
　　　　　　　　　　　　　　　　　（花村誠一）

[関連項目] 家族療法，システム論，精神療法
[文献] Watzlawick, P. (1990), Watzlawick, P. (ed.) (1984)

構成主義的精神分析
[英] constructivism in psychoanalysis
[独] Konstruktivismus in der Psychoanalyse
[仏] constructivisme de la psychanalyse

　精神分析における構成主義は，近年米国のアーウィン・ホフマン Irwin Hoffman により積極的に提唱されている理論である。その骨子は，臨床において患者および治療者の持つ体験においては，意味は常に治療者と患者との相互的なかかわりの中で構成 construct（選択，創造）されているという立場である。ホフマンのこの理論は哲学や人文科学で提唱されて久しい構成主義の考えを継承したものといえるが，そこに独自の主張も込められている。たとえばホフマンはグレーサーフィールド

Glaserfield, E. v. により提唱された構成主義の分類に言及し，自らの主張は「極端な構成主義 radical constructivism」，すなわち私たちの体験は客観的な現実を一切反映せず，もっぱら私たちの想像の産物でしかないという立場とは異なり，むしろ「批判的な構成主義 critical constructivism」の立場に近いとする。この後者においては個人は自分の体験の自足的で唯一の製作者ではなく，個々の現実の「共同構成者」であり，またこの「共同」という表現にはその人の置かれた社会的，身体的環境との交流による相互依存が強調されているとする。そして意味は純粋な無から構成されるという独我論的な相対主義とは異なり，それが現実の中から発見されるというニュアンスをも併せ持ち，いわば意味は構成と発見の弁証法の中から析出してくると考えるのがこの批判的な構成主義の立場である。ホフマンはこの自らの立場を，社会構成主義 social constructivism と呼んできたが，この「社会的」という言葉が受ける誤解を避ける目的で「批判的，ないしは弁証法的な構成主義 critical or dialectic constructivism」と呼びかえることにした経緯をも明らかにしている。

　ホフマンは構成主義の立場がいわゆる実証主義 positivism との対立によりもっとも明確に特徴付けられることを強調している。実証主義においては，体験には常に客観的な観察により示すことのできる本質的な意味が内在しているという前提がある。ホフマンはこの考え方が，古典的な精神分析理論に顕著であるとする。例えばそれは分析家が自らの立場を客観的なそれに置きつつ，患者の語る夢や自由連想に表れる無意識内容を解釈により伝えるという姿勢に表れる。ところが同様の姿勢は現代的な分析理論にも広く存在するとし，同じく実証主義を批判しているシェーファー Schafer, R. (1983) においても，そしてしばしば構成主義と同種の理論として扱われることの多い関係論や間主観性の理論においても例外ではないとする。すなわちそれらにおいても，治療者が自らの逆転移を反省検討することで，中立性を保つことができるという前提があり，それが実証主義に通じると考えられるからである。　　　　　　　（岡野憲一郎）

　[関連項目] 間主観（体）性，シェーファー
　[文献] Hoffman, I. Z. (1998), Mahoney, M. J. (1991), Shafer, R. (1983)

構造変化
[英] structural change

　自我心理学の見地から提起された精神分析療法の治療目標をあらわす概念であり，自我，エス，超自我という心的装置における各審級の修正と，これらの審級間の葛藤の緩和を言う。エスに関しては，固着を軽減し，退行しやすさを修正し，反復強迫の力を弱めるなどが主要な目的になり，超自我については，過度に厳しい懲罰的，迫害的な傾向は緩和され，自我理想はより現実的なものに置き換わる。この心的な変化の主体は自我であり，自我は，これらの各審級間の変化を調整し，また，外界に対する適応をつかさどるが，この自我機能の治療的変化がこれらの各審級の変化の中心的な機序となる。それまで葛藤に巻き込まれることによって妨げられていた自我の自律的な機能，つまり，知覚，記憶，行動などの自我機能が，葛藤外のものになって自律性を獲得することや，種々の防衛機制を秩序づけ，統合し，さらに，それに伴ったさまざまな衝動，心的な傾向，機能の合成と統合が促進される。これらの各審級の変化によって，心的構造がより安定し，調和を持つものとなることが精神分析の目標であるという考えが，構造的変化という概念によって示されている。この構造的変化を目指す精神分析療法の原則は，精神分析的な精神療法にも該当するが，さらに，この点でここまでの変化を期待しない支持的な精神療法と区別される。その意味で症状の軽快，転移性治癒，外的な環境の変化によって得られる心的な安定などによる治療的な変化と区別される。むしろ本来の精神分析療法では，これらの各変化は，構造的な変化の結果として二次的に生じるもののみが評価される。時には，それ以前には，これらの表面的な治癒的変化が構造的変化の作業に対する抵抗として生ずる場合がある。　　　　　（小此木啓吾）

　[関連項目] エス，自我，自我自律性，自我心理学，審級，精神分析的精神療法，精神分析療法，超自我
　[文献] Bibring, E. (1937), Brenner, C. (1976), Freud, S. (1923b), Hartmann, H. (1964), Wallerstein, R. S. (1965)

構造論的観点
[英] structural point of view

　構造論的観点はすべての心的現象が，永続的な心的な構成 psychological configuration と構造 structure に規定されていると見なす観点を言う。フロイト Freud, S. におけるこの意味での構造論的な観点は，まず最初，局所論的観点 topographic point of view で始まった。それは，心的現象は意識，前意識，無意識のいずれかにあり，そこでは抑圧するものとされるものの力動的な葛藤が展開しているという見地である。米国学派の場合はこの構造論的観点の中に意識，無意識，前意識の局所論と，狭義の構造論というべき自我，イド，超自我の心的構造論を包含する。しかし，フランス学派ではむしろ逆に後者を局所論の中に包含するという用語の違いが見られる。

　フロイトは，『科学的心理学草稿』（1950 [1895]）および『夢判断』（1900）の第7章で，3つの系，つまり，意識，前意識，無意識という区別を明らかにしたが，こ

の局所論では3つの領域が想定され、記憶、思考、欲求、空想、感情などの心的内容の中で意識されているもの、注意すれば意識への移行が可能になるもの、意識的な注意の作用によっては意識に移行することができないより深い無意識の領域にあるもの、つまり抑圧されているものという力動的な性質の違いによって意識、前意識、無意識の区別が行われた。やがて『自我とエス』(1923)において3つの審級からなる心的構造論へと発展した。そこでは、イドは局所論における無意識とほぼ同義の意味を持つが、同時に、超自我に由来する罪悪感にも無意識的罪悪感があり、自我の働き、特に防衛機制にも無意識の働きがあるという観点から、自我、超自我にも無意識が認められるという認識を包括するために、最初の局所論から心的構造論への理論の発展が行われた。

この心的構造論では、心的装置である審級は比較的恒常的で永続的な力を持つシステムで、イドはリビドーと攻撃性という2つの欲動の心的表象から成り立ち、人間の心的生活の基礎にある快楽追求的な動機を代表し、自我はこのイドから生まれるが、イドよりも一貫性を持ち組織化されている。自我は欲動をコントロールしたり、欲動と外界双方の要求との間を仲介し、さらに、症状、空想、夢、行動、性格形成における妥協形成をもたらす。自我の機能はイドの欲求の満足を促進するようにも働くし、また、超自我に認められないイドに対しては、自我に脅威を与えるものとして防衛的に働く。この防衛機能は外界と超自我から発せられる不安信号の知覚によって発動される。この超自我は親の態度や価値観が内面化されるものであり、良心として罪悪感を引き起こすが、それは、エディプス期の欲動と攻撃性を制御するために形成される。つまり、発生論的観点から見ると、フロイトはこの心的構造をエディプス・コンプレックスの克服後はじめて確立するものと見なした。

なお、ラパポート Rapaport, D., ギル Gill, M. M. は、このような構造論的な見地について、次のような命題を明らかにしている。第1は、心的構造が存在するという仮説。第2に、この心的構造は変化の緩慢な形成物である（例えば性格傾向とか、永続的な防衛など）。第3に、これらの構造はそれらの中で、あるいはその間で各構造間の葛藤とか、構造内の葛藤が見られる。第4に、この構造は階層的な秩序を形成する（例えば自我とイドと超自我の間の相互関係や自我機能の序列や統合）。

フロイトの心的構造論は、さらにハルトマン Hartmann, H. によって自律的自我と防衛的自我の区別に基づく自我装置論へと発展したが、やがて、エディプス期以前の心的機能の理解に対して、前エディプス的な段階や母子関係のレベルでの精神分析的な臨床観察、特に境界例の治療経験を理解するために、超自我先駆の研究が進められ、さらに早期超自我形成論（クライン Klein, M.）をはじめ、フェアバーン Fairbairn, W. R. D. の自我構造論、コフート Kohut, H. の自己愛構造論、カンバーグ Kernberg, O. F. の境界人格構造論、マスターソン Masterson, J. F. の自我対象分裂系、ビオン Bion, W. R. の正常な人格と精神病的人格、シュタイナー Steiner, J. の病的組織化論などが提起されている。そして、多くの現代の精神分析家にとって、この心的構造論は依然として精神分析的な理解を公式化するときに最も頻繁に用いられるモデルである。　　　　　　　　（小此木啓吾）

[関連項目] エス、境界パーソナリティ構造、自我、自我自律性、審級、超自我、無意識、夢、カンバーグ、クライン、コフート、ハルトマン、ビオン、フェアバーン、マスターソン

[文献] Bion, W. R. (1967b, 1977a), Fairbairn, W. R. D. (1952), Freud, S. (1900, 1923b, 1950b), Hartmann, H. (1939), Klein, M. (1927a, 1933, 1935, 1971, 1977, 1984), Rapaport, D. & Gill, M. M. (1959), Steiner, J. (1993)

拘束

[英] binding
[独] Bindung
[仏] liaison

結合とも訳される。自我がその機能を果たすために、備給エネルギーの量を一定に保っておく作用。この場合の機能とは、主として表象を相互に結合し、比較的安定した形態を維持することである。フロイト Freud, S. は『科学的心理学草稿』(1950 [1895])の第3部で自我の発生と機能を考察する中で、拘束状態 gebundenes Zustand という語を多く用いている。すなわち「自我そのものは、その備給を手放さない、すなわち拘束状態にあるこのようなニューロン群の集合体であって」、高いエネルギー備給を受けていてもニューロンの中では少量の流れしか許さない状態（拘束状態）を作り出し、短期間の間は一定水準を保っている。『快感原則の彼岸』(1920) では、拘束によって快感原則を支配し現実原則に変更することが可能になる。拘束に失敗すると一次過程にいたる衝動の興奮を放置して外傷性神経症に相当する障害を発生させることになるとして、拘束の意義を論じている。この考え方はエネルギーの質としての拘束エネルギーと自由エネルギーに対応している。

さらに『精神分析学概説』(1940) では、生の本能（エロス）と死の本能の対立の中に位置づけられて、拘束は生の本能の主要な特性とされ、「エロスの目的はしだいに大きくなってゆく統一体を作り出し、これを維持・継続すること、すなわち結合（拘束）であり、破壊本能の目的は、反対に結合を解消し、事物を破壊することにある」と論じられている。このようにフロイトの理論の中で拘束の意義はしだいに変化し、より大きくなってい

る。　　　　　　　　　　　　　　（馬場禮子）

[関連項目] エネルギー，経済論的観点，メタサイコロジー
[文献] Freud, S. (1920e, 1940, 1950b)

拘束エネルギー　⇒自由エネルギー／拘束エネルギー
[英] bound energy

行動化
[英] acting out
[独] Agieren
[仏] mise en acte

　精神分析療法は，主に言語を介して治療者・患者間の交流がなされ，患者の葛藤が処理・解消されていくものであるが，その治療過程で，葛藤をめぐる記憶や感情が言葉ではなく行動を介して表現されてしまうことを行動化と呼んでいる。行動化は転移との関連で生じるものであり，患者は想起し言語化する代りに行動に開放してしまうため，その意味で治療に抵抗しているわけであるが，患者自身はそのことに気がついていない場合が多い。行動化は治療場面外 acting out だけでなく，治療場面内 acting in でも起こる現象であり，反復されやすい。行動化は，例えば，治療者に対する陰性感情を家族に向けたり，治療時間に遅れるという形で表現されたり，あるいは治療者に対する恋愛感情を他の人物に向け性的関係を結んだりすることなどが挙げられよう。また，沈黙といった行動を起こさない行動化もある。
　フロイト Freud, S. が行動化についての明確な概念を記述したのは『想起，反復，徹底操作』(1914) の中である。彼は，(1) 精神分析の基本規則である自由連想法によって言葉で想起するのではなく，行為を通じて再現しようとする衝動を患者は本来持っている，(2) そのような行動化は，単に治療者・患者関係だけでなく，治療外の現実生活の対象にも起こる，(3) それを操作するのが精神分析であり，治療終結までは現実生活での重要な決定は避ける約束をする必要がある（禁欲規則），と述べている。このフロイトによる行動化の定義は現在でも受け継がれてはいるが，治療によって引き起こされるものに限っていない点で行動化の概念を拡大しすぎたきらいがある。それを整理しなおしたのがフェニヘル Fenichel, O. である (1945)。彼は行動化を，(1) 分析状況と関連して起こるもので，転移性表現の一つであるもの，(2) 治療とは関係なく起こるもので性格神経症や衝動性障害の症状とみられるもの，の2種類に分けて考えた。一般的に，(1) は自我親和的で合目的に組織された行動であるのに対して，(2) は自我異和的で単純な組織されない行動であることが多いとされる。治療上この区別を明確にしておくことは重要であるが，転移に関連した行動化は患者のパーソナリティと無関係ではなく，また衝動性患者の行動化も治療状況によるところが大であるため，区別を明確にできないことが多く，行動化の定義に混乱を招いていると言える。
　行動化は，患者の葛藤があまりに強く，言葉だけでは解消しきれない場合や，患者に葛藤を抱える能力が欠如している場合に起こりやすいが，グリーネーカー Greenacre, P. (1950) は，行動化を起こしやすい患者の共通点として，言葉をコミュニケーションとして使用することをめぐる幼児期早期の障害があるとし，また，シルバーバーグ Silverberg, W. V. (1955) は，治療者の解釈が傷つきを引き起こしやすい自己愛的病理がみられるとした。このように言語発達以前の段階における両親との外傷的相互関係のあり方に行動化の原因を求める考え方は，乳幼児における情緒発達の研究の進歩とともに定説化していった。さらには，対象関係論の立場から，ローゼンフェルド Rosenfeld, H. A. (1966) が，行動化を妄想分裂ポジションのメカニズムで説明しており，攻撃性をめぐって，分割 splitting された一方の対象を治療者に投影し，他方を外的人物に投影するやり方で，抑うつポジションに到達することに強く抵抗するものであるとした。また，グリンベルグ Grinberg, L. (1968) は，行動化は対象喪失体験と分離不安に起因するとし，患者の貪欲な対象希求と拒絶の不安から外界に対象を求めた結果であり，そこでは，患者側からの投影同一化 projective identification のみでなく，治療者側からの投影逆同一化 projective counter identification が起こっているとした。このように行動化は治療者側の働きかけによっても誘発されると考えられる。中立性を越えて積極的にかかわろうとする治療者や，道徳的接近を多用する治療者の場合，あるいは逆に過度に中立性にこだわり拒否的態度になりやすい治療者に対して患者の行動化が起こりやすいとされる。この点で，行動化は患者の転移のみでなく治療者の逆転移にもからんだ現象と言え，治療上，時に避けることのできないものであり，患者の幼児期における両親との関係が患者と治療者との相互コミュニケーションという形で再現されるものであるとも言える。そのため，行動化は患者の早期幼児期における対象関係を知る手がかりとなるだけでなく，コミュニケーションという適応的側面を持っている。それは攻撃性をめぐる問題や対象喪失不安を強く持つ人格障害患者に関して特に重要な見地となる。しかし，精神分析療法があくまで無意識的葛藤とそれにまつわる感情の想起と言語化を目指すものである以上，行動化は抵抗としてとらえられるべきであろうし，その修正には中立性の下での解釈と徹底操作が必要であると言える。
　　　　　　　　　　　　　　　　　　　（福井　敏）

[関連項目] 禁欲規則，抵抗

[文献] Freud, S. (1914f), Greenacre, P. (1950), Grinberg, L. (1968), 西園昌久 (1979), Rosenfeld, H. A. (1966), Silverberg, W. V. (1955)

肛門期

[英] anal phase (stage)
[独] anale Stufe (Phase)
[仏] stade anal

[定義] 精神‐性的発達理論の中で口唇期の後に続く第二段階で，時期は離乳の後の1歳半から4歳頃の間に位置づけられるが，外的なトイレット・トレーニング等の影響力や時期の点で個人や文化によって異同がある。それまで身体内容物を主にたれ流すだけであった幼児が，肛門括約筋のコントロールが可能になり，その保持と放出をめぐる清潔訓練と自己管理の課題を与えられ，これに由来する葛藤を肛門部の微妙な快感とともに体験し始める。肛門期の主たる部分は肛門サディズム期と呼ばれることがあり，排出の際のぶちまけたい，汚したい，すっきりしたい，尻拭いをさせたい等の衝動や欲求とその実行に伴う快感には破壊や支配の感覚が伴う。このような肛門期体験の中で，何でも自分でできそうな万能の幼児は同時に思い通りにならない現実や限界に直面し，(自体愛ではなく) 対象愛のための未消化物の放出と保持，能動と受動，加虐と自虐，支配とあきらめなどの両価的葛藤を体験するようになって，その後も男性性と女性性などに置き換えられて，これをめぐるさまざまな象徴的体験と対象関係を展開する。排泄訓練を通し上手な保持・排泄が賞賛されることで，未消化物は母親を喜ばせるための贈り物として象徴化され，金銭との等価関係など多くの置き換えの連鎖があり，排泄は相手に受け入れられる形で自分を出すという自己表現や象徴使用の基礎をつくることでも知られる (例えば罵詈雑言のことや消化の比喩，さまざまな造型活動を想起せよ)。また，その体験内容を尿道と肛門に分けて考えることもあり，同性愛や肛門性交の愛好などにも肛門期的な起源が見出される場合がある。

[発達と病理] 『性欲論三篇』(1905) で幼児の性欲を分析したフロイト Freud, S. は，肛門部を排泄物が通過する際の快感を記載し，これにまつわる体験が成人の性生活や性格に影響することを論じたが，後に加筆し，肛門期を前性器期の一つとして口唇期と男根期の間に位置付けた。そこで中心となる排泄と保持の機能は，能動‐受動という関係性に結びつき，さらに能動はサディズムに，受動は肛門愛に関係し，その衝動と快感の源泉としては，サディズムは筋肉組織に，肛門愛は肛門粘膜にあるとされた。また『性格と肛門愛』(1908) において神経質な大人の几帳面や強情というような性格的特徴を肛門期への固着によるものとしている。さらに『強迫神経症の素因』(1913) における強迫神経症の病理学では，肛門快感の追求だけではなく肛門サディズムが強いことを取り上げ，支配や受身の問題，さらには反動形成について述べる。次いで，アブラハム Abraham, K. は1924年にこの肛門期を二期に分けて考え，第一段階では，肛門愛は対象を放出すること，サディズム的衝動は対象を破壊することに関わり，第二段階では，肛門愛は対象を保持すること，サディズム的衝動は所有することに関わると考えた。この移行が達成された幼児は，衝動を押さえ内容物を保持することで愛情対象との関係を保つことができるようになって，性器愛へと歩み出すと考えられる。彼はこの移行期が神経症と精神病の境界線を示すものとして，精神病的な退行では対象に向かうサディズム的衝動が敵対的で能動的なものだが，神経症的な退行ではこれを抱えるという保存的なものとした。この前期肛門期に由来する迫害不安は，放出した未消化物がそのまま自分に突き返されるときの (汚物が追いかける) 恐怖であると理解され，身体内容物の自分への反転や逆襲であるという観察が報告されている。これに関連して，クライン Klein, M. (1946) はサディズムを乳児が自分の身体内容物を母親の体の中に投げ入れる幻想を抱くことに結びつけ，それを投影同一化という概念で理解したのである。さらにビオン Bion, W. R. (1962) のコンテイン contain という概念においては，ぶつけられた未消化物は (包容力のある) 母親に受け止められ処理されるというが，その母親機能が欠如している場合，流出する排泄物が幼児に反転しそれに追いかけられるという被害的状況を生み出すわけで，母子関係を踏まえた肛門期理解の発展として把握できる。

後にフェニヘル Fenichel, O. らによって整理された強迫についての理解では，対象に対する性衝動や攻撃衝動を抱えて超自我不安が募り，肛門期への退行を起こして，葛藤を防衛処理するために取り消しや反動形成を続けることになる。そして，肛門期体験に由来する反動形成は，強すぎる衝動や不安のために，露出することや爆発することに対して，恥などの逆の心理的態度をとる防衛機制として起こるとされる。最近では，強迫神経症や迫害不安の病理を肛門期に求めるよりも，もっと早期にさかのぼる傾向が強く，この背景には早期の母子関係についての研究が進んだことと，クライン学派により肛門期と口唇期とを明確に分けずに摂取と放出を総合する早期発達理論が支持されたことなどがある。放出という点では肛門期が口唇期と区別されないなら，この保持 retention やそれをめぐる葛藤の問題が何よりも肛門期的な特徴となろう。また，自己の身体と身体内容物の自己コントロールを通し愛情や称賛を支配できるという支配の感覚は，達成感や自律意識の基礎をつくり，一方的服従，急激な

失敗などは恥やマゾヒズムを生むことになる。エリクソン Erikson, E. H. (1950) は肛門期を肛門という局所だけではなく、幼児が全人格として保持と放出を経験しながらそこで起こる葛藤を解決して自律性を獲得する段階であると考えた。

　[日本語臨床] フロイトの肛門理論の検証できる場所として日本を挙げたゴーラー Gorer, G. は、日本人の清潔愛好と排泄訓練との関係に興味をもった。古典的な精神分析の理解では排泄物保持の失敗は恥の起源であるとされていたし、「恥の文化」における引っ込み思案の裏側には残酷さがあり、礼儀正しさや几帳面は無礼さやわがままの反動であり、その矛盾は発達早期の厳しすぎる清潔訓練によるものと考えられるのである。また、土居健郎はその国語発想論から、「すまない」という感覚が大小便がすんでいないときの不満に由来するものであると論じ、さらに、焼け糞、しまりが悪い、うしろめたい等の日本語が肛門括約筋の働きに裏づけられた心理を表していると指摘した。確かに、受容や依存の願望と共に、ハライ、キヨメ、ミソギなどの儀礼やケガレ意識など、日本の日常生活や文化では肛門期的な現象が数多く観察される。肛門期が育児によって左右されるとすれば、文化や状況によって肛門期体験は異なるはずであり、トイレット・トレーニングについても、サルズマン Salzman, L. は肛門期の問題がすべて肛門部を中心に据えて体験されていないことを指摘した。排泄訓練において禁止されることや汚いとされるものも、文化や家族そして母親によって微妙に異なり、肛門期的な体験を代表とする清潔訓練過程とは、文化への同化、社会化のための「しつけ」のプロセスなのである。　　　　　　　　　（北山　修）

　[関連項目] 儀式、肛門サディズム、肛門性格、コンテイニング、精神‐性的発達、恥

　[文献] Abraham, K. (1927), Bion, W. R. (1962b), Erikson, E. H. (1950), Fenichel, O. (1945), Freud, S. (1905d, 1908b, 1913i, 1917e), Gorer, G. (1966), 北山修 (1988), Klein, M. (1946), Salzman, L. (1968)

肛門サディズム

　[英] anal-sadism
　[独] Sadismus-anal
　[仏] sadisme-anal

　リビドーと攻撃衝動、能動性と受動性などの相拮抗する本能衝動が密に結びついた、肛門期を特徴づけるサディズムの形態。

　成熟とともに、肛門括約筋のコントロールが可能になるおかげで、子どもは、大便を自由に出したり、溜めておくことができるようになる。それに伴い、(1) 大便の排泄や貯留による肛門部の刺激、(2) 思い通りに排泄をコントロールする自由さや支配の感覚、にリビドーが集中し、これが大きな快体験となる。フロイトの欲動論では、前者が、肛門粘膜に源泉をもち、受動的な目標を追求する肛門愛につながり、後者は、肛門括約筋に源泉をもち、能動的な目標を追求する支配欲動＝サディズムにつながると考える。この両者がわかち難く結びついた肛門期特有の欲動が肛門サディズムである。当初、子どもはこれらの快を最大限に得ようと、排泄を自己愛的に利用するが、やがて親から課せられる禁止（排泄訓練）と真正面から衝突することになる。こうして大便の「保持」と「排出」をめぐって親との葛藤的な遣り取り（従順‐反抗）が展開し、それが肛門サディズムの主要な発散経路となる。肛門サディズムの影響下で、大便は、自分の欲動に敵対し制限しようとする敵（親）への攻撃の武器という象徴的意味を帯びるし、あるいは他者自体が「大便」と同等視され、所有と支配の対象になったりする、等の解釈がなされる。サディズム欲動をどのように克服するかが、自己形成（芽生えつつある自律性をのばす）と対象関係（親の愛情を失わず、良い関係を保つ）を折り合わせる上で重要な試金石となり、その痕跡は性格形成の中に刻まれる（肛門性格）。アブラハム Abraham, K. は、肛門固着が分析場面で基本規則への慢性的な抵抗として現れる様子を生き生きと記載している。

　肛門期にサディズムが強烈になるには、排泄訓練以外にも理由がある。すなわち自律性の獲得は、自他の分化が定着し、乳児期の依存から身を引き離すことに他ならないが、それは一体化していた母親を失うことでもある。このような分離状況でしばしばおこる無力感、フラストレーションからも攻撃衝動は亢進する。もともと分離過程自体に、健康な攻撃衝動の後押しが必要と考えられている。親がこれらの発達的欲求と脆弱性を理解し、無力感や憤怒をうまく受けとめることができると、サディズムは緩和されてゆく。生来的な素質以外に、このような親子の交流が肛門サディズムへの固着に大きく関与すると考えられる。

　なおアブラハムは、肛門サディズムを、対象に対する態度から二型に分けた。第一段階では対象を排泄し破壊しようとする傾向が優勢だが、第二段階になると、対象を保持しながら支配することが可能になるとした。前者の原始的な破壊的攻撃衝動をうまく抑圧することができて初めて保持傾向が発展し、対象喪失を回避できるようになると考えた。彼はここに、神経症的な退行と精神病的な退行の分岐点を求めた。　　　（満岡義敬）

　[関連項目] 強迫神経症、肛門期、肛門性格、サド‐マゾヒズム、支配欲動、ねずみ男 [症例]、分離‐個体化、幼児性欲

　[文献] Abraham, K. (1921, 1924b), Freud, S. (1905d, 1913i, 1917e)

肛門性格

[英] anal character
[独] analer Charakter
[仏] caractère anal

一般に「几帳面，倹約家，わがまま」などの性格傾向のことで，肛門愛の衝動への反動形成，あるいは昇華した姿とされる。フロイト Freud, S. は『性格と肛門愛』(1908) において「几帳面，倹約家，わがまま (ordentlich, sparsam und eigensinnig)」の3点を性格として持つ人びとは，小児期に排便の問題があり，排便を拒んだり克服まで時間を要したとし，肛門領域に快感を持っていたとする。これらの欲動が後退したのちに，上記の性格傾向が残るとした。潜在期では羞恥，道徳などの反動形成物が創り出されるとした。さらに「成人しても肛門領域の性感的適性を保持してきた，たとえばある種の同性愛者のような人物」の例が肛門性格とされ，欲動の継続が強調された。『欲動転換，とくに肛門愛の欲動転換について』(1917) では「吝嗇，杓子定規，強情 (Geiz, Pedanterie und Eigensinn)」という3つの特徴が「肛門愛の欲動の根元から生ずる，あるいは強い作用を受けている」とし，これら「三つの性格欠陥の共存」の例に肛門性格の名を付している。フロイトは「肛門愛的欲動活動は，抑圧されたままでいるか，存続して昇華や性格特徴の転換に消費されるか」は不明瞭とした。『強迫神経症の素因』(1913) では，神経症における前段階への退行（ヒステリーから強迫へ）の例とともに，同じく性格においても退行の働きによる性格変化があることが示された。またリビドー発達と自我発達の早さの違いについて検討され，自我の果たす役割が示された。

性格を精神分析の対象とする考え方は，ライヒ Reich, W.，フェニヘル Fenichel, O. などに引き継がれ，さらに人格全体の障害についての研究につながった。ライヒは性格分析の手法をはじめ，すべての分析治療で性格神経症的抵抗を操作せねばならないとした。几帳面といい加減さ，倹約と貪欲などが一対として存在することも多くの論者が指摘している。　　　　　　　（中村俊哉）

[関連項目] 強迫神経症，強迫性格，肛門期，肛門サディズム，固着，昇華，性格抵抗，性格の鎧，性格分析，退行，反動形成
[文献] Freud, S. (1908b, 1913i)

後抑圧

[英] repression proper, after repulsion
[独] eigentliche Verdrängung, Nachdrängen

フロイト Freud, S. は，抑圧の過程を理論的に考察し，次の三段階に区別した。原抑圧と，後抑圧と，抑圧されたものの回帰（妥協形成）がそれである（『抑圧』1915）。原抑圧は，衝動の心理的ないし表象的代理が意識に入り込むのを拒絶することであり，衝動そのものでなく，衝動が結びついた，衝動の記号を対象とする。この原抑圧によって，最初の無意識の核が作り出され，これが後の抑圧に際して，耐え難い表象を引き寄せる力を発揮する極となる（「自我が矛盾する観念を拒絶すると，それらの観念は無意識の中に押しやられる。ここに自我から隔絶された心的群を構成するための核，つまり結晶化の中心点が与えられたことになり，その周囲に，争いあう観念の受容を前提とする一切のものが，いくつもの層をなして集合する」『ヒステリー研究』1895)。後抑圧は，本来の抑圧を意味しており，抑圧の語を狭義に使用する際には，これを指している。後抑圧では，原抑圧で作り出された無意識の核の心的派生物，ないしそれらと連想的に結びつくすべての思考，イメージ，記憶が対象となる。それらの不快で耐え難い心的表象は，意識過程または上級審から反発されるだけでなく，原抑圧の過程で作り出された核によって引き寄せられて無意識化される。あらかじめ原抑圧されたものが存在し，それが自分と結びつきうるすべてのものに牽引力を及ぼすがゆえに，本来の抑圧は成立しうることになる。原抑圧も後抑圧も，快感を求める欲求充足が，逆に不快感を誘発する場合に生じるものであるから，共に一次過程によって統制されているといえる。快を求める無意識的衝動が高まると，主体はそれらを再び抑えこんで意識に侵入させまいとしてエネルギー（逆備給）を費やすが，意識はこの衝動の力に圧倒される可能性をたえず抱えこんでいる。抑圧の第三段階は，「抑圧されたものの回帰」であるが，抑圧された諸要素は，抑圧によってけっして消滅することはない。むしろ自由に豊かに発展し，いわば暗闇の中に生長して，たえず再び現れ出る機会をうかがっている。時には極端な表現形式をとって神経症者を脅かすこともある。これが抑圧されたものが，症状形成によって意識への通路を切り拓く場合だが，そこまで行かずとも，妥協形成によって歪曲されて再現される場合が多い。　　（馬場謙一）

[関連項目] 原抑圧，抑圧，抑圧されたものの回帰
[文献] Freud, S. (1915d), Freud, S. & Breuer, J. (1893–1895)

合理化

[英] rationalization
[独] Rationalisierung
[仏] rationalisation

ジョーンズ Jones, E. が導入した分析用語で神経症的防衛機制の一つである。自分の態度，行動，思考，感情がもっともらしく思えるように意識的かつ無意識的におこなわれる防衛の一つ。もっともらしい説明を与えるこ

とで認めがたい現実を見ないですむので，耐えがたい現実から眼をそむけ抑圧を強化する。イソップ物語に因んだ「すっぱいブドウの理論」と「甘いレモンの理論」は，合理化をよく説明する。前者の場合，願いが叶わないと知ったときにそれは現実に望ましいものでなかったと言って自分をごまかす。後者の場合，何か悪いことが起きたときにそれはそれほど悪いことではなかったと言って自分をごまかすのである。しかし，ブドウが食べたいと思ったこともブドウを手に入れることができなかったことも主体には意識されているが，無意識の領域で起きたことに対しても合理化は起きる。例えば後催眠性暗示の例がそうである。催眠から醒めた後にとった自分の行動（催眠術者に暗示された行動）について説明するよう問われると，被験者はもっともらしい答えを用意する。また，分析中に見られる行動化の説明を分析家に求められる場合も，しばしば合理化が働く。被分析者は自分を行動化へと突き動かした衝動，情動に気づかずに，身近な人との心理的摩擦のせいにしたりする。　　　（川谷大治）

［関連項目］防衛，抑圧
［文献］土居健郎（1965），小此木啓吾・馬場禮子（1972）

国際精神分析協会〔IPA〕

［英］International Psychoanalytical Association

1910年3月30日，31日，ニュールンベルク（ドイツ）で開催された精神分析の第2回国際集会の際に結成されたといわれる。その会でフロイト Freud, S. は「精神分析療法の今後の可能性」について講演している。フロイトのほか，アドラー Adler, A., ユング Jung, C. G., フェレンツィ Ferenczi, S. などが中心になって発足したがやがてアドラー，ユングは脱退した。その後はフロイトの学問的系譜を発展させる職業的組織として受けつがれている。現在の IPA 規約の「精神分析の定義」には，精神分析という用語は人格構造と機能の理論，他の知識分野へのこの理論そして，究極的には特殊な精神療法技法への適用についてのものである。この知識体系はフロイトによってなされた基礎的な心理学的発見に基づきあるいは派生したものであると記述されている。

国際精神分析協会の活動目標とするところは，(1) 適切な出版物，学術集会や他の集会を通じて精神分析家やその団体の間のコミュニケーションを深め，精神分析的知識の発達をはかること。そのために，現在では2年ごとに欧，北米，南米の都市で国際学会が開催されている。最近では1999年サンチャゴ（チリ），1997年バルセロナ（スペイン），1995年サンフランシスコ（アメリカ）で行われ，2001年はニース（フランス）で行われた。わが国では日本精神分析協会が加盟団体として活動している。すなわち，国際精神分析協会と同一の基準で精神分析家になるための訓練と認定とを行っている。また，国際学会では甘え理論，阿闍世コンプレックスなどわが国で明らかにされた問題が報告されている。(2) IPA を構成する団体でなされる訓練ならびに教育の基準を促進すること。古くは，国際精神分析協会ベルリン大会（1922）で教育分析が教育分析家になるための訓練の不可欠の要素にされたといわれる。教育分析のほかにはスーパーヴィジョンならびにセミナーが基本的なものとして取り入れられている。スーパーヴィジョンについては，教育分析とは別の目標，つまり技術的訓練の側面を重視するために訓練分析家とは別の分析家にスーパーヴィジョンを受けることを適切とするウィーン派と，あくまで教育分析の一環としてスーパーヴィジョンも同一の教育分析家に訓練を受けることを適切とするブダペスト派との理論的対立があったが今日ではウィーン派方式で各国・都市の協会は実施している。1991年に IPA は「IPA の主な役割は質のよい精神分析家の訓練にある」として精神分析家の資格認定に関する基準を作成した。その準会員についての内容は，①個人分析：各協会が教育分析家と認定した人による週4，5回，1回45-50分，②スーパーヴィジョン：各協会がスーパーバイザーと認定した2人の教育分析家によって，週45-50分よりなる治療を行った症例について週1回のスーパーヴィジョンを2例経験すること，その際少なくとも2年は受けること，③セミナー：フロイトその他精神分析家の理論，技法についての知識，臨床例についてのカンファレンスなどをあげている。なお，正会員については準会員として少なくとも2年の経験をもち，常時，5-6例の精神分析治療を行っていることをあげている。(3) 精神分析団体の支援：このほか，精神分析の倫理，研究法の訓練などについても委員会活動を行っている。

なお，IPA 永久事務局はロンドンに置くことも規定されている。　　　（西園昌久）

［関連項目］教育分析，日本精神分析協会
［文献］International Psychoanalytic Association (1994)

後催眠暗示

［英］posthypnotic suggestion
［独］posthypnotische Suggestion
［仏］suggestion posthypnotique

フランスの医師ペテタン Pététin が今日知られている主な催眠現象を解明していた1825年ごろ記述したもので，催眠中に与えておいて覚醒後の生活中にそれを遂行させる型式の暗示。それによる反応を後催眠反応とか後催眠行動という。ふつうの簡単な暗示は中等度ないし深い催眠状態（トランス）のもとでみられるが，実験的に心的葛藤を誘導したり，陽性幻覚や陰性幻覚などを生じ

させるためには，夢遊状態の深いトランスへ誘導しておく必要がある（それらの幻覚は仮性幻覚である）。

臨床的には，ふつうはその当日あるいは 2-3 日程度の期間における治療的な直接暗示がよく利用される。あまり長期間にわたると反応できにくくなるが，時には数カ月から数年にわたっても暗示効果がみられたという報告もある。もちろん暗示の内容が相手の生活態度や思想と相反したり，反社会的行動のような場合には反応しにくいが，治療的によく配慮された後催眠暗示であればかなり長期間有効である。エリクソン Erickson, M. H. らによれば，後催眠暗示の遂行中にはある種の後催眠性トランスが起こされていると考えられている。

フロイト Freud, S. は 1889 年にナンシーでベルネーム Bernheim, H. の催眠治療を見て，「人間の意識には秘められている力づよい心的な機転の可能性がある」ことに気づき，さらに催眠中の健忘は，催眠を用いなくてもすべて想起させることができるというベルネームの実験から催眠をすてて前額法へすすみ，ひいては自由連想法を創始している。　　　　　　　　　　　（前田重治）

［関連項目］暗示，催眠法，自由連想法，前額法
［文献］Freud, S. (1925b)，蔵内宏和・前田重治 (1960)

個人心理学
［英］individual psychology
［独］Individualpsychologie
［仏］psychologie individuelle

アルフレッド・アドラー Adler, A. により創始された心理学理論で，individual とは単に個人を意味するだけではなく，個人とは分割不可能な存在であるというアドラーの主張である。

1911 年，精神分析学会から離脱していたアドラーは，彼の思想の原点である社会医学と器官劣等性の概念に立ち帰った。1912 年，彼は個人心理学会 Gesellschaft für Individualpsychologie を設立し，以後精神分析とはまったく異なった心理学理論体系を造りあげた。1927 年に出版された『人間知の心理学 Menschenkenntnis』はその集大成である。

アドラーの心理学理論は主として基本概念，パーソナリティ論および治療理論から成る。基本概念はおおむね全体論，現象学，目的論および対人関係論が核となる。個人とは全体として一個の分離不可能なまとまりであり，自らひとつの人生目標を設定し，自らが学習により得た手段でもってその目標を追求する存在であると考える。時にこれは優越性の追求であると表現されることがある。しかしアドラー心理学にあって優越性とは，決して他者に勝つことを意味するものではなく，あくまで現在の不十分な状態から自らをより良き状態に至らしめようとする努力である。個人はおおよそ 10 歳までに特定のライフスタイル Life Style (L. S.) を獲得し，以後よほどのことがない限り，一生涯にわたりいかなる人生の課題に対してもこの L. S. に従って決断（＝行動）を下すことになる。しかし個人はこの L. S. に従属しているのではなく，一定の条件のもとでより豊かな L. S. を選択する自由をもっている。つまり創造的であり得るのである。L. S. は対人関係，特に両親との関係や兄弟間の競合関係の中で感じた諸々の劣等感を代償 compensation せんとする結果形成されるもので，現在の自己と外界および未来に関する個人の主観的な意見である。したがってこの L. S. には必ず何らかの基本的な過ちが含まれていることになる。より病理的な L. S. は，劣等感を過代償 overcompensation することや，劣等性に見合わない過剰な劣等感を抱いた結果生じる劣等コンプレックス inferiority complex により形成され，より重篤な基本的過ちが核となる。誤った L. S. の持ち主には他者への共感，他者との協同，自らが所属する社会への貢献といった能力が欠如している。この類の能力は共同体感覚 social interest（英），Gemeinschaftsgefühl（独）と呼ばれ，人間にとって生得的ではあるが潜在的な能力であり，意識的に発達せしめねばならないものである。

アドラー心理学に基づく治療とは，この共同体感覚の育成である。これはいわゆる精神療法という形で行われる場合もあるが，教育の場に求められることも多い。個人は自らの L. S. に見合った共同体感覚しかもち合わせていないものである。これをさらに豊かなものに育成せしめるには，自己と他者に関する正しい知識（人間知）を身につけ，得られた知識を実生活の場で実践する勇気をもたなければならないと個人心理学は主張する。

（後藤素規）

［関連項目］過補償，器官劣等性，劣等コンプレックス，アドラー
［文献］Ansbacher, H. & Ansbacher, R. (1956)，野田俊作 (1986)，Schulman, B. H. & Mosak, H. H. (1988)

個体化　⇒分離-個体化
［英］individuation

誇大自己
［英］grandiose self

自己愛パーソナリティ障害でみられる自己で，臨床症状としては，自己・重要性という誇大感，限りなき成功，パワー，才気，美貌などへの没頭，自分の特別さ，ユニークさの確信，特権意識，対人関係における搾取性，共感の欠如，尊大さ，傲慢さとして現れる。その起源とし

てコフート Kohut, H. は,「正常な」太古的自己への固着 fixation at "normal" archaic self を考える。すなわち乳幼児は,正常な発達段階の一部として,正常な誇大自己を体験し,歓喜をもってその誇大性を映し出してくれる自己対象との発達的なかかわり合い(共感的対応)を通して,誇大感を徐々に向上心へと変形するが,もし,自己対象からの共感的対応に恵まれず,誇大感の発達的変遷を外傷的な形で中断されると,乳幼児は,生涯を通じ,太古的な誇大自己の映し出しを希求するようになる。その希求が,自己愛パーソナリティ障害の誇大自己として,上記のような症状となって現れる。心的内界の構造という点から見ると,誇大自己は,タテ分裂により現実自我から隔絶されているため,治療的介入がない限り,現実自我とは接触を持てないとされる。これに対しカンバーグ Kernberg, O. F. は,誇大自己を,正常な発達過程では見られない病的構造であると考える。この病的構造は,(1) 現実自己の一部(小さい時から育まれた自己の「特別」なところ,たとえば,特別な才能,技能,容姿,知性など),(2) 理想自己(口唇期フラストレーション,怒り,羨望などの体験から自己を守るために幼児が作り上げる幻想的自己イメージとしての権力,全知全能,豊かさ,美など),(3) 理想対象(現実における体験とは対照的に,常に与え,いつも愛し,限りなく受入れてくれる幻想的親イメージ)の3者融合であり,それは,精神内界構造 intrapsychic structure として存在する。そうした病的構造を形成する素因としてカンバーグは,未解決なまま持ち越された口唇期対象関係に由来する葛藤(原始的口唇期サディズムの外界への投影によって起こる恐怖,憎しみ,憤り,怒り,羨望)を考える。

誇大自己に関するこの両者の見解の違いは,そのまま,自己愛パーソナリティ障害の治療技法の違いともなっている。　　　　　　　　　　　　　　　　　(丸田俊彦)

[関連項目] 共感,自己愛パーソナリティ,自己対象,カンバーグ,コフート

[文献] Kohut, H. (1971, 1977, 1984),丸田俊彦 (1992)

個体発生／系統発生

[英] ontogeny / phylogeny

[独] Ontogenese / Phylogenese

生物個体の誕生から死までの発生を個体発生,および種の何世代にもわたる系統的な発生を系統発生と呼ぶ。ヘッケル Haeckel, E. H. は「個体発生は系統発生を繰り返す」という原則を述べているが,この発想はフロイト Freud, S. に大きな影響を与えた。

[ダーウィニズムの影響] フロイトが脳生理学の分野で影響を受けたジャクソニズムは基本的に脳を中心として見たダーウィニズムであるが,系統発生から見たダーウィニズムの進化論の影響は,フロイトがダーウィン Darwin, C. 自身を愛読していたことから多岐にわたっている。まずフロイトの本能論は,ダーウィン経由である。ただダーウィンが『種の起源』での生存競争説から『人類の系譜』で性的欲動説へと展開させたのに対して,むしろフロイトはリビドーから出発して攻撃本能の方へと向かっている。もちろん本能が進化の基本的なモメントであると考えたのは同じである。第二に,ダーウィンは生命の形態に関して局所的に発達が抑止される場合や先祖返りの例に注目している。フロイトは性心理発達でこれらの現象を取り入れて,これらを固着と退行と呼んだ。

[反復の原則] 個体発生は系統発生を繰り返すという反復の原則は,ドイツのダーウィニズム論者で古生物学者のヘッケルによって提唱された。この原則によれば,生物はその祖先である種の生物が進化の過程で辿った変化を,もう一度胎生期に通過すると考えられる。ヘッケルはダーウィンの生物種変化の仮説を壮大な普遍的過程と見なしていた。そのためすべての生物は無核単細胞生物を基盤にして原生生物,植物,動物と「同じ原則」で変化すると考えた。当時ウィーンのダーウィニズムはヘッケル経由のものが多く,フロイトもこの発想に強い影響を受け,これが個体発生から系統発生が構成できるという強い確信を若きフロイトにもたらした。フロイトがメタ心理学のモデルとして,アメーバのような生物をメタファーとして使うのもそのためである。

ヘッケルが生物学で考えたことを後年フロイトは人類学に移して考えた。そもそもトーテムとタブーの神話的な分析は,ダーウィンやロバートソン,スミスらの仕事から着想を得たものであったが,人類が原始的な群を形成していたという社会ダーウィニズム的な着想が見られる。またその分析の根拠は個人的な分析の仕事から構成されたものであり,個人の中で起こったことがほぼ並行して,歴史の中で起きたと考えられている。同じことは『人間モーセと一神教』(1939) についても言える。それらは歴史において起きたことであり,同じことが個人の心の中で起きていると考えているのである。逆に言えば,個人の中でのエディプス・コンプレックスは,原始的な部族における息子たちが,老いた父親を殺害することの再演であると言える。　　　　　　(妙木浩之)

固着

[英][仏] fixation

[独] Fixierung

フロイト Freud, S. によって解明された精神分析の基礎的な概念の一つ。精神 - 性的発達の途上で,ある特定の段階のリビドー体制およびその充足の様式にたいして特に過大な精神エネルギーが付与されて,それがその後

の発達に影響を及ぼすこと。その結果，その段階に本能衝動および自我発達が部分的に停止し，その段階に特有な本能衝動のあり方，その満足の仕方，防衛機制などが，その後も存続することになる。この特定の段階を固着点 fixation point という。精神分析には，各精神障害がそれぞれに相当する固着点をもち，その固着点の位置によってどの精神水準まで退行するのかが決定されるという観点がある。固着を生む要因には，体質的・素質的要因に加えて，環境的・心理的要因として，特にある段階における欲求の過度な満足あるいは不満があげられている。固着点の水準によって口愛期への固着，肛門期への固着，エディプス期への固着などがあり，精神分裂病は口愛期前半に，躁うつ病は口愛期後半に，強迫神経症は肛門期に，ヒステリーはエディプス期にそれぞれ固着点をもつとされている。また，固着の領域によってリビドーの固着，自我の固着などといわれる。さらに，固着が特定の対象との間で生ずることを対象の固着と呼び，その対象の種類によって母固着，父固着などと呼ばれる。またフロイトは，過去の特定の外傷体験に固着する場合を外傷への固着と呼んだ。　　　　　　　　　（岩崎徹也）

［関連項目］退行，病態水準，リビドー，アブラハム

［文献］Abraham, K. (1927), Freud, S. (1916-1917), 小此木啓吾 (1985b)

古典的分析技法
［英］classical analytical technique

フロイト Freud, S. によって神経症の治療方法として確立された精神分析技法をいう。1890年代の初期には，フロイトはブロイエル Breuer, J. に学び，心的外傷体験およびそれに伴う貯留された感情を解放する催眠浄化法を用いたが，やがて，覚醒状態のまま心的な外傷体験を回想させる方法を用いるようになり，この回想の途上でどうしても思い浮かばない抵抗が起こった場合，その抵抗を解除するのに額に指を当てて，回想を強制する前額法を用いた。さらにその途上で，患者から，頭に浮かぶことを何でも自由に話させてほしい，質問されると連想の流れが妨げられるので黙って聞いていてほしい，という示唆を受けたフロイトは，やがて特定の事柄や言葉について連想をとる方法を止め，何でも頭に浮かぶことをそのまま話してもらうという自由連想法を確立し，この自由連想法を用いる精神分析技法を1910年代に体系化することになった。

古典的な精神分析技法は，寝椅子に仰臥して行う自由連想法を用いる技法を言う。患者は，何でも頭に浮かぶことを話す基本原則に従って連想し，分析家は注意を平等に漂わせてその連想に耳を傾けるが，実際には種々の抵抗が起こる。これらの抵抗を抵抗分析によって解決し

て何でも頭に浮かぶことをそのまま話せるように努力する。このような自己観察を行う自我を観察自我 observing ego と呼び，この観察自我が精神分析療法の主体になる。

自由連想法による治療時間は，1セッション50分が原則であり，本格的な精神分析療法は1回50分，毎週4回を行い，それを何年間かにわたって継続的に続けることが原則である。はじめウィーン時代には週6回のセッションが普通だったが，精神分析が英米に移住するとともに（土）（日）の休みをとる週5回になり，やがて週4回が原則となったが，現在，独・仏・カナダでは週3回が基準になっている。

自由連想法を実行していくためには，サイコロジカル・マインドと呼ばれるような一定の自己観察能力と知能，内的な感受性や自己表現力などの資質が要求される。このような能力を持った観察自我が治療者とまず治療契約を結び，それに基づく作業同盟の中で精神分析療法が進められていく。

1903年から1910年にかけて発表した13の技法論文の中でフロイトはとても具体的に語っているが，治療契約の内容としては，料金，セッションの時間と回数，治療のやり方，治療者側からの秘密の遵守，患者の側の，自由連想を実行することに努力することなどが含まれる。

［治療契約と作業同盟］フロイトは精神分析を受ける上で，望ましい患者の条件として，自らの意志で自分自身のお金で治療を受け，分析者との間の治療の内容を誰にも話さない自権者であることをあげた。1930年代になるとフロイトは，分析者の正常な自我と患者の正常な自我が作業同盟を結んでイドと超自我の圧力に対して共に闘うという作業同盟の概念を明らかにした。

［治療技法と治療機序］自由連想法を繰り返す分析者は受身性 analytic passivity を守って傾聴するうちに，患者の自由連想には，日常思い浮かばないようなさまざまな無意識の内容が心に浮かぶようになっていく。このような内容について，分析者はその理解を伝達し，患者の洞察を助ける。治療者が患者に対して行う言語的働きかけには，介入 intervention と解釈 interpretation がある。

介入とは，患者の話す言葉に応答を与えること。第2に，患者の語っている連想内容を明確化すること clarification。第3に，患者の思ったり感じたりしていることと，現実との照合を助ける直面化 confrontation を行うことなどが含まれる。解釈は，患者の心の中の無意識の葛藤の洞察を助け，また，意識と無意識をつなげるさまざまな象徴や置き換え，比喩などを用いて両者の橋渡しを行う，などの機能が含まれる。また，解釈と洞察の過程は相互作用的であり，また相互発展的であるが，1937年にフロイトは，解釈に対して構成ないし再構成 reconstruction とその伝達という言葉を用いることを提唱し，患者の過去の幼児期の回想は，分析者と患者両者の共同作業としての再構成の過程であり，この再構成の分析者による伝達と，それに対する患者の肯定，否定の応答の対話的構造を明らかにした。

［転移・逆転移と抵抗］実際には患者は無意識的な防衛機制をいろいろ働かせているので，自然のままの連想が可能とは限らない。まず，このような防衛による抵抗を緩和する防衛解釈ないしは抵抗分析の技法が必要になる。また，その一方で，患者は無意識を意識化していく過程で次第に分析者に対して転移を向け，また，これに対して治療者は逆転移を向ける。

古典的技法では，分析者は転移に対して性愛化されたものを除く陽性転移は受容し，適切な心的距離を保ち，小此木啓吾の言うフロイト的治療態度（中立性，受身性，隠れ身，医師としての分別）を守り，逆転移を自己洞察し，安定し一貫した治療態度を続ける。

患者が働かす神経症的防衛機制としては，神経症を治療対象とするだけに，抑圧，反動形成，否認，知性化，隔離などを扱う。

『想起，反復，徹底操作』（1914）以後になると，古典的技法による治療機序は，治療的退行と共に展開される転移神経症の中に再現される起源神経症，つまり幼児期における無意識的な体験，対象関係と葛藤を転移と抵抗の分析を介しての洞察に導き，この洞察を介して自己の無意識に対して意識が，そしてまた，自分のさまざまな感情や欲望に対して自我が自己統御力を確立ないしは向上させることにある。この古典的分析技法は，病態に対する技法の修正 modification の面では，フロイト以後，精神分析的精神療法，精神病，境界例領域へ，年代の違いに対する技法の適応 adaptation の面では，児童，思春期へと治療対象を拡大するとともに，その応用としての精神分析的精神療法の発展をもたらした。　（小此木啓吾）

［関連項目］医師としての分別，解釈，介入，再構成，自由連想法，精神分析的精神療法，精神分析療法，前額法，直面化，治療契約，治療的退行，治療同盟，抵抗分析，転移，転移神経症，洞察，フロイト的治療態度，分析家の受身性，分析の隠れ身，防衛機制，無意識，フロイト，S.

［文献］Freud, S. (1905c, 1910a, 1910d, 1912a, 1912d, 1913l, 1914f, 1916–1917, 1919b, 1937c, 1940c)

コミュニカティヴ精神療法
　　［英］communicative psychotherapy

ロバート・ラングス Langs, R. が提唱する精神療法のアプローチ。ラングスは精神分析的精神療法を体系化する過程でこれまでの精神分析概念を再検討するが，そのなかで独自の立場として，治療者と患者の相互作用を取り扱うコミュニカティヴ・アプローチをしだいに明確にしていった。その後，国際的にもコミュニカティヴ・アプローチは，独自のグループを構成するようになっている。

［派生的コミュニケーション］従来の精神分析は患者の連想に含まれる意味を解読することに大半の時間を割いてきた。それに対してコミュニカティヴ精神療法は，患者の語るメッセージは治療体験についての暗号化されたコミュニケーションの派生物として機能すると考える。つまり患者メッセージは，治療者が行った介入に含まれている意味を患者が選択的に知覚したものを無意識に置き換えて変換し，派生的コミュニケーションとして物語やイメージを通じて表現したものという。ラングスによれば，暗号化されたメッセージを伝えやすい変換者と伝えにくい非変換者がいるという。

［治療者の介入］治療者の介入は治療的相互作用についての適切な解釈を行うこと，そして治療の確固とした枠組みを守るマネージメントを行うことの2つである。そのため治療者の仕事は妥当な解釈が発見できるまで沈黙し，治療者の対応について変形され置き換えられたメッセージについての妥当なものが発見されれば，それを解釈する深層解釈を行う，あるいは部分的にそれに類似したものを再生する，あるいは確固とした枠組みを守るためのマネージメントを行うのいずれかが治療的介入である。コミュニカティヴ・アプローチは，こうした介入とその妥当性の再検討の方法を定式化した。

［確固とした枠と治療者の狂気］確固とした枠は，治療者が基本原則を守って行うもので，枠は基本的信頼感をもたらし，治療者と患者の間に境界を作り，患者の現実検討能力を高め，健全な治療的共生を確立する。さらに患者の狂気が表現されるために洞察の基盤になるとともに，しっかりとホールディングされ，コンテイニングされている感覚，適切な欲求不満と健康な満足をもたらす。同時に枠は閉所恐怖症的な不安や迫害的不安，そして分離不安などももたらす。確固とした枠のなかでの患者の派生的コミュニケーションでは，彼の狂気が表現される。反対に治療者の逆転移は，主に治療的枠組みを守りきれず失敗すること，逸脱した枠の精神療法の場合であり，そこで表現されているのは治療者の狂気である。そして逸脱は治療者と患者が狂気において共謀することで起きる。

［その他の展開］スーパーヴィジョンにおける基本原則，さらには自己を過程化することで自己分析を行うことなどが，コミュニカティヴな立場から提案されている。
　　　　　　　　　　　　　　　　　　　（妙木浩之）

［関連項目］精神療法，ラングス
［文献］Langs, R. J. (1982a, 1982b, 1985, 1994)

孤立　⇒ウィニコット理論
［英］isolation

コンストラクティヴィズム　⇒構成主義，⇒構成主義的精神分析
［英］constructivism

コンテイナー／コンテインド
［英］container / contained

これは，ビオン Bion, W. R. によって提唱され，母子関係の重要な機能を述べた概念である。それは，1946年にクライン Klein, M. が，精神分裂病の病理を明らかにした『分裂機制の覚え書き』の中で提唱した「投影同一視 projective identification」の概念に，その研究の端を発している。それは悪い対象に対する欲求不満に満ちた攻撃的な自己の部分を分裂排除して，対象に投げ入れ「奇怪な対象 bizarre objects」を形成するという機制の問題であった。ビオンは，このときの分裂され投影同一視される赤ん坊の自己の一部をコンテインド，それを受け入れていく母親の機能をコンテイナーと呼んだ。ビオンは，母親の役割をクライン派の中ではもっとも明確に位置づけた一人である。ビオンは次のように考えている。赤ん坊が欲求不満にさらされたときに，それに対する耐性が素質的に十分ではないときには，欲求不満に満ちた自己の部分を母親に投げ入れるが，母親は受け入れてその意味を理解し（夢想 reverie の機能），赤ん坊が理解できる状態にして返していく。そして今度は，赤ん坊はそれを取り入れて意味のある体験として自己の心に保持していくことができる。これをビオンはアルファ機能 alpha-function と呼び，それによって赤ん坊はこの過程を経て，記憶や思考，夢などの材料に自己の体験を使用することができるようになる。このモデルによって，ビオンは思考 thoughts や精神病人格 psychotic personality の形成過程，正常な投影同一視，逆転移の研究などに貢献していった。たとえば思考の形成過程については次のように説明している。母親のコンテインの機能が十分な場合や，赤ん坊の素質的な耐性が十分である場合には，赤ん坊は母親の不在や欲求不満の体験を「不在の概念」や「否定的な概念」として概念化することができる。ビオンはこれを思考と呼び，それらの因果関係を明らかにする作用を「思考すること thinking」と考えた。ビオンは，そのときにも，母親のコンテインの機能や乳児の欲求不満に対する素質的な耐性との相互作用が，大きな影響を与えると考えている。精神病人格部分の形成過程についても，ビオンは同様のモデルで説明している。また赤ん坊が非言語的に母親とコミュニケーションを取る場合には，正常な投影同一視 normal projective identification が働いていて，母親がそれを理解していくことが乳児の心の発達に重要な役割を演じることを明らかにした。そのときに，母親は情緒的な体験などによって，赤ん坊によって自分の中に投影同一視されたものを，直感的に理解しているのである。この理論は，臨床場面における転移‐逆転移の問題を明らかにしていった。つまり患者が自己の一部を治療者に投げ入れることによって非言語的に伝達してくるものは，治療者には情緒やイメージ，記憶の出現などとして体験されるが，それは患者によって引き起こされた逆転移である。つまりこれは患者のコミュニケーションに関する逆転移であり，治療にはそれを治療的に使うことが重要な課題になる。これは正常な逆転移とも言うべきものであり，フロイト Freud, S. が述べた治療者個人の未解決の葛藤から生じる逆転移とは，区別されるべきものである。
（衣笠隆幸）

［関連項目］逆転移，思考，精神病的パーソナリティ／非精神病的パーソナリティ，投影同一化（視），ビオン理論
［文献］Bion, W. R. (1967b, 1970), Klein, M. (1946)

コンテイニング
［英］containing

コンテイン／コンテイニングはもともとは，自己と対象間において投影同一化を通して投影される部分が受け取られるさまを表現する言葉として使用されていた。その使い方は日常語的なものであったが，ビオン Bion, W. R. がその意味あいを精神分析的に洗練させたので，今日ではクライン派を越えて英国精神分析全体で使用される専門用語となっている。その内容としては，相手からの投影物である感情や思考を受容的に受け入れる心的態度の特性を表している。ビオンはコンテイナー container （包み込むもの）とコンテインド contained （包み込まれるもの）という，投影同一化がダイナミックに作動する二者関係における主体と客体の変容を検索した。この関係でのコンテイナーの機能を表した動名詞がコンテイニングである。コンテイニングは含み込み，包み込むこと，包容機能などと邦訳されている。

ビオンによればコンテイニングは3つの関連する機能を表す。第1には精神内でのコンテイニングである。思考 thoughts が思索 thinking によって成熟していく過程を，思索による思考のコンテイニングとした。この精神内のコンテイニング機能の原型を，ビオンはアルファ機能 alpha-function と名づけている。第2には，赤ん坊と母親の交流での母親のコンテイニングである。赤ん坊が快‐不快原則に基づいて，苦痛ゆえにみずからの精神から排泄した思考や感情を母親が夢想 reverie という心の

状態を受け皿にして母親自身の精神内界に滞在させ，赤ん坊がもちこたえられる形に変容させて赤ん坊に戻すという二者の精神交流での母親の夢想がコンテイニングの具現化として示された。第3として，それはそのまま精神分析治療において精神分析家がアナライザンドに示す母親的な機能にもあてはめて使われた。アナライザンドが投影同一化によって排出してくるアナライザンドの精神の一部を分析家は拒絶することなく，みずからの精神の中に留め置く。分析家のコンテイニングである。それから適切な時期に解釈としてアナライザンドに返すという分析作業を行う。のちにコンテイニングは他の精神分析家も好んで使うところとなりその用法が拡大された。たとえばメンズィス・リス Lyth, I. M. が「施設での不安のコンテイニング」と述べるように，治療者の精神や治療者個人という機能的な存在だけでなく，社会施設や病棟などの物理的治療セッティングを含めて広く使用されるように今日ではなっている。母子関係での母親の関わりの性質を表す類似した用語にウィニコット Winnicott, D. W. のホールディング holding がある。その違いは次のように見ることができる。ホールディングにおいては赤ん坊は精神と身体が渾然一体となっている存在でありその世話に没頭している母親も精神と身体が渾然とした存在となっており，そこでは母親が赤ん坊を身体的に抱くことがそのまま精神的にも抱くことであり，両者は識別されない。しかしコンテイニングは，たとえそれが精神的な苦痛の排出という具体的な身体感覚的体験という水準であっても，赤ん坊の精神と夢想している母親の精神での精神水準での交流であり，そこには母子の分離がある。

(松木邦裕)

［関連項目］アルファ要素，抱えること［ホールディング］，コンテイナー／コンテインド，ビオン理論，夢想

［文献］Bion, W. R. (1959, 1962a, 1962b), Lyth, I. M. (1988)

コンペレックス

［英］complex
［独］Komplex
［仏］complexe

情動的負荷を伴うために感情，態度あるいは行動など精神生活に強い力動的影響を及ぼす，大部分は無意識的な一群の表象や記憶の集合体。観念複合体とも訳される。

コンプレックスといわれる観念群は幼児期の対人関係を通じて形成され，それらは情動的苦痛や不安を伴うので抑圧され，無意識的圧力となっている。コンプレックスについてのこのような理解から一般に日常用語として広く使用されている。また，一般啓蒙書などでも次々に新しいコンプレックス名が紹介されている。精神分析家の専用語ではなくなっているのである。むしろ，精神分析家の間では一部のコンプレックス名を除いてあまり使われない用語になっているといわれる。

精神分析のコンプレックスという用語はブロイエル Breuer, J. が『ヒステリー研究』(1895) で使用しているが，広く使用されはじめたのはユング Jung, C. G. の『連想実験』(1906) に負うところが大きいといわれる。すなわち，ユングはある刺激語を与えて連想を報告させるとその反応は偶然ではなく一定の傾向があることを見出し，それは反応者に存在する表象の内容によって決定されるとしてこの表象内容をコンプレックスとよんだ。フロイトは自身では『夢判断』(1900)，『日常生活の精神病理学』(1901) を通じて思考，感情行動が恣意的に働くものでなく一定の無意識的力動によって規定されるものであることを明らかにし，また，エディプス・コンプレックス，去勢コンプレックスの概念を提唱した。アドラー Adler, A. は力へのコンプレックス，すなわち劣等感コンプレックス，ユングは娘の両親に対する態度をあらわすものとしてエレクトラ・コンプレックス Electra complex を提唱した。エレクトラ・コンプレックスはフロイトによってエディプス・コンプレックスに含まれるとして受け入れられなかった。フロイトからの離別後，ユングはコンプレックスの深層に存在する元型を想定し重要視するようになった。フロイトは次第にこの用語を利用しなくなった。それは個人の特殊性を無視し類型化の危険があること，さらには病因的中核と混同しやすいことがあるなどのためであるといわれる。

精神分析領域では上記したもの以外にカイン・コンプレックス（両親の愛をめぐる同胞葛藤），阿闍世コンプレックスなどがある。ことに阿闍世コンプレックスはエディプス・コンプレックスとその派生概念が父‐息子をめぐる問題であるのに対し，古澤平作によって提唱されたこの概念は母‐息子をめぐる問題であるところに今日性をもっている。

(西園昌久)

［関連項目］阿闍世コンプレックス，エディプス・コンプレックス，エレクトラ・コンプレックス，劣等コンプレックス，ユング

［文献］Laplanche, J. & Pontalis, J. B. (1967)

困惑状態

［英］confusional states

精神分裂病においてよく見られる状態であるが，主としてイギリスのクライン学派の分析家であるローゼンフェルド Rosenfeld, H. によって研究されている (1965)。彼は多くの精神分裂病の患者に精神分析療法を行ったが，その中で観察された迫害的で安全が脅かされる状態について，「困惑状態」と呼んだ。彼は，それは性愛的な対象リビドーと，死の本能に基づく破壊的衝動とが明確に区

別されず，混合状態になったものであると考えた。そのようなときには，患者はよい対象もわるい対象も混同して混乱した状態になり，治療上の体験をよいものとわるいものに仕分けできなくなる。そのようなときには治療者との経験を成長に生かすことはできなくなる。彼は，この状態は羨望 envy に対する防衛であると考えている。彼はフロイト Freud, S. の一次ナルシシズム primary narcissism を批判していて，出生直後から自己と対象の区別は存在し，自己愛は二次的なもの secondary narcissism であると考えている。そして，他者との欲求不満の体験が本能的な破壊性の影響もあって過剰になると，羨望も過剰になり，自己はそれを困惑状態によって防衛しようとする。ローゼンフェルドは，その困惑状態にはさまざまな様式が考えられると述べている。自我は，対象に対する依存 dependence や分離 separation を否認するために，万能的な投影 projection と取り入れ introjection を行うが，それが激しいものになると困惑状態になる。特に自己を大きく分裂 split し投影同一視 projective identification して対象に投げ入れる。自己と対象の境界がはっきりしなくなり，羨望に対する防衛的な機能をもつようになる。このように自他の区別がなくなる状態は，二次的なものであり防衛的なものである。　　　（衣笠隆幸）

[関連項目] 一次ナルシシズム／二次ナルシシズム，精神分裂病，羨望，妄想分裂ポジション，ローゼンフェルド

[文献] Rosenfeld, H. A. (1965, 1987)

さ

罪悪感
［英］guilt feeling, sense of guilt
［独］Schuldgefühl
［仏］sentiment de culpabilité

　罪悪感は，自分が犯した行為や心に浮かぶ考えについて，罰を恐れたり，自分を責めたり，悔やんだり，償おうとする気持ちになったりする一連の情動に関する概念である。罪悪感の精神分析的な研究は，フロイト Freud, S. のフリース体験における自己分析（1896-1900）から始まる。そこでフロイトは，父ヤコブの死をめぐる，助けられなかった悔やみの深層に潜む父親に対する死の願望を洞察し，この罪悪感の背後に父親に対するエディプス的な葛藤が潜むことに気づいた。この自己分析における罪悪感の体験に先立ってすでに症例エリザベート（1893）における，姉の死を望んだ死の願望に対する自己処罰要求が下肢の痛みと歩行障害という身体症状に転換された事実を観察していた。さらに症例ねずみ男（1909）で，父の死を否認し，喪の仕事を達成しないで思考の全能に逃避している強迫症的防衛の中に，実はエディプス的な罪悪感が潜む事実を明らかにした。同じ年にフロイトは『強迫行為と宗教的礼拝』（1907）で，強迫と宗教的な禁令，いずれの場合にも，人は何も知らない罪悪感の支配下に置かれているように振る舞うと述べて，はじめて無意識的罪悪感について語った。さらにフロイトは『トーテムとタブー』（1913）で，人類における罪悪感の起源は，原父を殺害した兄弟たちの「事後の従順」によって起こる悔やみ，フロイトの言う強迫自責に発し，その背後には，対象に対する愛と憎しみのアンビバレンスがあるという罪悪感論を提示した。そして，『悲哀とメランコリー』（1917）で自己非難，自己卑下，処罰的傾向の背後に潜む失った対象に対する攻撃の自己への向けかえの心的な機序を明らかにし，「この自己非難は，愛する対象に向けられた非難が自分自身の自我へ向けて反転したものである」と語り，この非難するもの（超自我）と非難されるものへの自我の分裂こそ罪悪感の心的な機序であるという認識を『自我とエス』（1923）の中でさらに明確化し，超自我の概念を提示し，自我，超自我，イドの心的構造論の中での超自我の批判に由来する罪悪感論を確立した。この超自我は，幼児期における養育者との間で衝動の制御をめぐって起こる外的な葛藤が，やがて超自我と自我との葛藤に内在化される過程を通して形成されるものであり，超自我の内在化が確立することによってはじめて人は本当の意味での罪悪感を経験することができるようになる。そしてこの超自我の確立はエディプス・コンプレックスの抑圧によってはじめて可能になるという形で，フロイト本来の自己分析におけるエディプス・コンプレックスの洞察と罪悪感の体験が精神分析理論の体系の中に位置づけられた。この超自我論の臨床的な認識の一つの契機として，陰性治療反応の観察があるが，この陰性治療反応の認識とともに，本人に自覚されていない無意識的罪悪感の圧力によって自己処罰要求が高まり，道徳的マゾヒズムあるいは自己破壊的な行為や成功したときに破滅する人などが明らかにされた。さらにフロイトは，『文化への不安』（1930）と『続精神分析入門』（1933）で，罪悪感の起源について，父に対する愛と憎しみのアンビバレンスと事後の従順に由来する悔やみ型罪悪感がさらに世代的に継承されて，近親姦と父親殺しのタブーとして世代間に伝達され，この継承されたタブーに由来する罪悪感が，家庭における親子関係の中で父親による子どもに対する去勢の脅かしとして伝達され，子どもはこのタブーを超自我として内在化し処罰型罪悪感が形成されるという。さらにフロイトは，現実に厳しくない親の子どもに厳しい罪悪感の持ち主が生まれるという認識によって，超自我形成には，子どもの側の攻撃性が投影されその投影された厳しい親の取り入れと内在化による超自我形成機序にも目を向けたが，この流れが，クライン Klein, M. の早期超自我の形成と罪悪感の理論に発展した。クラインによれば本来生得的に生の本能と死の本能があり，その葛藤の中で罪悪感が形成されるという。抑うつポジションに入ると，乳児は，これまでスプリットして体験していた悪い対象とよい対象が同一の全体的対象であることに気づき，その対象に自分が攻撃性を向けていたことに強い罪悪感を抱くようになる。そして，乳児がこのアンビバレンスに耐えて対象喪失することへの抑うつ不安を克服する過程で内的対象が修復され，超自我の基盤が形成される。この分裂妄想ポジションから抑うつポジションへの移行の途上で体験される罪悪感をビオン Bion, W. R. に依拠したグリンベルグ Grinberg, L. は迫害的罪悪感 persecutory guilt と呼び，抑うつポジションで体験されるより成熟した罪悪感を抑うつ的罪悪感 depressive guilt と呼んだ。前者は，自分の中の罪悪感が心から排泄されて意識されない情動になり，むしろ傷ついた対象から自分に押しつけられる強いられた，あるいは植えつけられた罪悪感であり，自己自身の中に罪悪感を消化し，自らの中にそれをコンテインし，内的に体験しうる段階で体験される悲しみ，悔やみ，心の痛み，自責などの感情が抑うつ的罪悪感である。ウィニコット Winnicott, D.

W. もまた，対象への償いや修復，思いやりといったより成熟した感情の中での健康な罪悪感について論じている。これらの動向よりはるかに早く，1932年，わが国の古澤平作はフロイトに対して『罪悪感の二種』という論文を提出し，処罰恐れ型の罪悪感と心から悪かったと思うゆるされ型罪悪感，つまり懺悔心を区別することを提案したが，クライン，グリンベルグ，ビオンの罪悪感に関する研究と古澤のこの研究は互いに相呼応する含蓄を含んでいる。また，土居健郎は「いけない」型罪悪感と「すまない」型の罪悪感を区別し，北山修は，傷ついた母親について抱かれる強いられた罪悪感について論じ，松木邦裕は早まった罪悪感あるいは装われた罪悪感，妄想分裂ポジションと抑うつポジションにまたがる迫害的罪悪感（あるいは押しつけられた罪悪感），抑うつ的罪悪感，思いやり，償い，感謝の感情という罪悪感の発達ラインを論じ，そしてこれらの罪悪感を自己がもちこたえられない内的状況では，無意識のファンタジーの中で自己から排泄されて「無意識の罪悪感」になる，という。

(小此木啓吾)

[関連項目] エディプス・コンプレックス，エリザベート・フォン・R嬢［症例］，死の本能（欲動），超自我，道徳的マゾヒズム，妄想分裂ポジション，抑うつポジション，ウィニコット，クライン，古澤平作，土居健郎，ビオン，フリース，フロイト, S.

[文献] Bion, W. R. (1970), 土居健郎 (1961a), Freud, S. (1909d, 1913a, 1917d, 1923b, 1924d, 1926a, 1928b, 1930a, 1933a), Grinberg, L. (1964, 1978, 1992), Klein, M. (1935, 1940, 1948), 古澤平作 (1932), 松木邦裕 (1997), 小此木啓吾 (1979d, 1990e, 1991c, 1997), Winnicott, D. W. (1954, 1958c)

罪悪感の人　⇒悲劇の人
[英] guilty man

再演　⇒アクティング・イン
[英] enactment

再建　⇒修復
[英] restitution

再構成
[英] reconstruction

精神分析の素材を，単なる解釈よりもより広く，かつ深く理解して，洞察に向かう治療者と患者の共同作業について，晩年のフロイト Freud, S. (1937) が提示した精神分析療法の基本的な方法。最初それは，被分析者の幼児期の記憶を再構成するという課題から出発したが，現代では，主として米国の精神分析において，治療者と患者の洞察に至る共同作業を言う。

フロイトは『分析技法における構成の仕事』(1937) で，精神分析的な治療の中で行われる構成および再構成の作業と，考古学者によってなされる作業との類似性を指摘し，考古学は，古来の建築物の小さな断片や部分を発掘し，再発見して，それらを組み合わせて，その歴史的な過去についての知識と理解を深めるが，同様に分析家も，被分析者の人生の最早期の幼児期の記憶の再構成を行う，とフロイトは言う。しかし，「分析家が被分析者の記憶のかたまりや連想や表現した言葉から推論を導き出すときには，考古学者と同じことをやっているのに対して，われわれ分析家のほうが恵まれた条件のもとで仕事をしている。なぜならば，われわれは幼年期に根ざした被分析者の反応の反復や転移を，過去の材料を理解することに利用することができるが，考古学者はこのような機会に恵まれないからである。また，考古学者にとって再構成は，そのこと自体が作業の目標であり終点であるが，分析にとって構成は，さらにそれ以後に進むための準備である。なぜならば，分析家は構成が得られると，それを被分析者に話して，そこで対話的な応答関係と共同作業に入るからである」。

グリーネーカー Greenacre, P. はこの意味で，構成は，分析家，患者それぞれの中にでき上がるものを言うが，その構成を伝達し，対話的な共同作業関係の中で展開する作業が再構成であるという。つまり構成は個々人の産物であるのに対して，再構成は一つの分析過程全体を通して進行する過程の一部であり，それは分析者と被分析者との共同作業であり，精神分析治療における洞察の過程である。

さらにフロイトはここで，精神分析の対話的構造について治療関係の本質を明らかにしている。それは，分析家が構成したものを患者に伝達するときの患者側の肯定，否定，間接的あるいは置き換えの形での肯定などの応答との対話的関係についてである。

さらに，このような再構成の伝達と，解釈と従来呼ばれていたものをフロイトは明確に区別し，解釈 Deutung という言葉よりも，構成 Konstruktion という言葉のほうがはるかに適切だといって，フロイトは具体例として次のようなことをあげている。「彼の忘れられていた過去の歴史の一部を，次のやり方で引き出して見せるならば，それも一つの構成である。例えば，『あなたは1歳まではたった一人の何の制約も設けないお母さんの独占者だった。そこへ2番目の子どもが生まれたが，それと同時に大きな失望が生じた。お母さんはしばらくの間あなたから離れていた。それにその後も，もうもっぱらあなただ

けに献身することはなくなった。あなたのお母さんに対する感情はアンビバレントなものになり，お父さんがあなたにとって新しい意味を持つようになった……』というような言い方である」。

そして，「分析家は，いつ患者に，自分の行った構成を解釈として伝えるべきかについて慎重に考慮し，適切であると思われる解釈投与のときを待つ。……概してわれわれは，構成を話して聞かせること，つまり説明を与えることを，患者自身がそこまで接近してきて，ただの一歩，決定的な総合だけが残されているという時期になるまで控え，待つ場合が多い……しばしば患者は，われわれの構成を直接立証して，忘れられていた内的あるいは外的な事件を自分から思い出すところにまで達することができる。構成がいままで忘れられていたことの細部のひとつひとつと合致すればするほど，患者の納得は容易になるだろう。このような納得を得たわれわれの知識は，この交渉を通して患者の知識になる」とフロイトは言う。

なお，米国の『精神分析事典』第2版で，モーア Moore, B. E. とファイン Fine, B. D. (1968) は，再構成は，解釈というより大きい項目の下位のものだと見なし，それを発生的解釈の特別な形と位置づけ，しかも，再構成されるものは出来事であり，解釈は意味の理解である，という定義を行ったが，グリーネーカーはこれに対して，再構成は，このような狭い意味とは違って，もっとはるかに重要な精神分析の共同作業の基本であるとし，このグリーネーカーの再構成の定義が一般的なものになった。　　　　　　　　　　　　　　　（小此木啓吾）

［関連項目］解釈，古典的分析技法，精神分析技法，洞察，グリーネーカー，フロイト, S.

［文献］Freud, S. (1937c), Greenacre, P. (1975), Moore, B. E. & Fine, B. D. (ed.) (1968)

サイコセラピー　⇒精神療法
［英］psychotherapy

サイコドラマ　⇒心理劇〔サイコドラマ〕
［英］psychodrama

再身体化
［英］resomatization

心身症の発症の機制に関する発生的・力動的な概念で，マックス・シュール Schur, M. によって提起された。生体の発達ではまず，未分化な身体・精神的過程が存在し，徐々にこの本来の身心的ユニット original somato-psychic unit の脱身体化 desomatization の過程と心理過程 psychological process の分化・発達が進む。つまり，苦痛な刺激に対する乳幼児の起こす身体反応は，次第に行動や思考過程に置き換えられていくのが正常な成熟過程である（脱身体化）。ところが，心身症の人では，心の葛藤はしばしば自我の退行を引き起こし，初期発達段階の身体表現をあらわす。シュールは，これを再身体化と呼んだ。つまり心身症的反応は，このような発達過程における自我退行 ego-regression に伴う心理過程 psychological process の再身体化 re-somatization を意味すると言うのである。自我心理学的にみるとこの脱身体化が起こるためには，二次過程を用いたり，エネルギーを中性化させる自我機能の発達が前提となる。これとは対照的に，再身体化では一次過程の優勢と融合エネルギーの解放があるという。　　　　　　　　　（小此木啓吾）

［関連項目］一次過程／二次過程，心身症，身体化

［文献］Schur, M. (1955)

罪責感　⇒罪悪感
［英］guilt

再接近期危機
［英］rapprochement crisis

マーラー Mahler, M. S. らが，0歳から3歳頃までの標準的な一般母子ペアの縦断的な長期観察を通してとらえた「分離-個体化」過程の中で，最も重要な発達的岐路にあたる時期を発見的にとり出し，それを再接近期と名づけた。「再接近」の意味は次の通りである。それまでの1歳2-3カ月頃までにかけて，子どもが母親との一体化した全能性の愛着世界から次第に離脱するきざしを見せるようになり，抱かれた状態でも母親を子細に観察し他人と見比べる「分化期」から，歩行能力と共に母親を背にして外界への溢れる好奇心と活発な探索活動に意気高揚する「練習期」へと向かう。そうした母親からの遠ざかりの中で，再び母親に急接近する動きを見せることが「再接近」である。

この急接近は，母親からの分離が起こりつつある自分を感じることからくる不安，母親と離れていることや，母親が見えなくなることへの過敏さと混乱から生じる，「分離不安」がそこにあるとされている。しかしでは母親の下に戻ることで決着するかというと，今度は再びそこを離れて外界に飛び出そうとする。この「飛び出し」と「しがみつき」との唐突な往復がこの期に特徴的な子どもの行動像であり，それは，子どもの心的体験世界の象徴的現れでもある。大急ぎで戻りながらとどまれないのは，それまで歩みを進めてきた分離・独り立ちの方向が無に帰してしまうことへの恐れ，全能的一体世界に包

み込んでくれる母親に心理的誕生を果たした自分が再び「呑み込まれる不安」，乳児的退行の中に埋没することへの不安によるとされる．愛着基地を離れ，共感的に共に在る世界から遠ざかった位置で全能的自己愛の傷つきに耐えながら外界の事物探索にとり組み，新たな有能性を開拓する方向に向かうか，愛着対象と密着した位置にとどまり続けるかのジレンマの中で激しく揺れ，その混乱がかんしゃくや執拗・強情となって現れ母親をも攪乱する．肛門期的攻撃欲動の昂りに未熟な自我が対応できないことや，言葉・象徴機能と身体的体験の間とのギャップといった発達的特徴が手伝って，子どもは訴えようのない強烈な揺れ，両価傾向 ambitendency とマーラーが呼ぶ体験の中で苦闘する．母親の側が対応困難や情緒的捲き込まれの中で，マスターソン Masterson, J. F. が指摘する密着状態の時のみ選択的に愛情を向けるなど極端な反応をすれば事態はなお深刻化する．二者間の関係調節や「最適な距離」の実現は容易でなく，子どもの自己価値や自己調節全体が危機に瀕する．この期の子どもには孤独や悲痛の表情が見られたりするが，すべては分離・個体化に向けて，二者融合の世界からもがき出ようとする動きの中での，人格的危機であり試練であるととらえられる．この期に初めてピークを迎える両価性は，生涯にわたり潜在し続ける人の基底的心性で，病態差や状況差，個人差のある現れ方をしていく．　　（斎藤久美子）

［関連項目］境界性人格障害，境界パーソナリティ構造，分離・個体化，分離不安，マーラー

［文献］Mahler, M., Pine, D. & Bergman, A. (1975b), Masterson, J. F. (1972)

催眠浄化法　⇒カタルシス法
［英］cathartic method

催眠分析
［英］hypnoanalysis
［独］Hypnoanalyse
［仏］hypnoanalyse

催眠療法で用いられる治療技法の一つ．ブロイエル Breuer, J. のヒステリーに対する催眠浄化法（カタルシス）はその先駆的な技法であるが，フロイト Freud, S. は彼との共同研究を通して，そこから自由連想法を創始することとなった．

今日，催眠現象と精神分析の理論とを結びつけることによって，標準型の精神分析での時間と労力を節約し，これを簡便に実用化しようとして各種の技法が開発されている．技法としては，(1) リンドナー Lindner, R. M. らのように自由連想法を基調として分析を進め，強い抵抗が生じた場合のみに催眠を用いる方法，(2) エリクソン Erickson, M. H. やウォルバーグ Wolberg, L. R. らのように分析中の状況により，臨機応変に適宜各種の分析操作を用いてゆく方法とがある．今日ではもっぱら後者が主流となっている．その方法としては，夢の誘導（テーマを与えて夢を見させる），映画法（イメージや幻覚としての空白のスクリーンを見させておいて，そこに暗示によって相手の願望や感情，また過去の記憶を視覚的に投影させる），自動書字（鉛筆をもった指先がひとりでに動き出して文字や絵を書く），年齢退行または復活（自由に，あるいは特定の年齢へ退行させ，その時点での心身の現象や行動を再現させる），実験的葛藤の誘導（症状の背後に考えられる心的葛藤を誘導し，その反応をみたり，処理させたりする）などがよく用いられる．ほかに時間歪曲法（暗示で時間感覚を延長・短縮させる），催眠造型法（絵を描かせたり，粘土細工をさせる），遊戯療法や劇的表出（行動化や演劇化を行わせ，感情表出を促進させる）もある．

一般の催眠療法では治療者への転移は取り上げないが，催眠分析では必要に応じて転移の分析を行う．催眠分析のねらいは，発病にまつわる無意識の重要な記憶や体験をよびおこすことである．そして「患者が以前から持っていた古い良心の禁止と圧制から自己を解放し，精神内界の欲動，恐怖，葛藤による破壊の恐れから自由になることによって自我の強さを増す」(Wolberg, L. R. 1964)．催眠を用いると，ある程度まで解釈に対する抵抗を除くことができ，解釈を受け入れることで生じる不安を克服するように自我を援助できるという利点がある．かつてアンナ・フロイト Freud, A. は，催眠は自我の同意なしに無意識的なものを取り出すので，覚醒後に再抑圧するのに莫大なエネルギーを費やすという欠点を批判していたが，今日ではその点をふまえて，時間をかけて慎重に行うやり方が工夫されている．　　（前田重治）

［関連項目］暗示療法，カタルシス法，催眠法，ブロイエル

［文献］Schneck, J. M. (1962), Wolberg, L. R. (1948, 1964)

催眠法
［英］hypnotism
［独］Hypnotismus
［仏］hypnotisme

暗示によって，被暗示性の亢進や注意の集中，意識の変容に伴い，知覚や思考，行動面での変化を誘導することができる．こうして生じる自動性，不随意性，現実指向性の低下などを特徴とした現象や状態を催眠 hypnosis と呼び，その研究や誘導法，利用法を催眠法と呼ぶ．催眠法という言葉は，催眠を神経睡眠と考えたブレイド Braid, J. (1843) によって，眠りを意味するギリシャ語

hypnos から作られた。フロイト Freud, S. は催眠法，なかでも後催眠暗示の経験から無意識過程を認識する一つの契機を得た（1912）が，治療法としてはカタルシス法，前額法を経て，催眠法から離れて自由連想法を創始した。しかし，患者が寝椅子の上に横臥して治療者が背後に座るという分析状況も，催眠による治療の名残りである（1913）。ヴァイツェンホッファー Weitzenhoffer, A. M. (2000) は誘導法の種類として，(1) 直接暗示を用いて，権威的で型通りの誘導を行う伝統的方法，(2) 受容的で，個々の被催眠者の状態に応じて誘導を工夫する半伝統的（科学的）方法，(3) ミルトン・エリクソン Milton H. Erickson の催眠誘導に影響を受けた，間接暗示を中心として，形式ばらない誘導を行う非伝統的方法，を区別している。また催眠法には，催眠者が他者に誘導する他者催眠と，自分自身に誘導する自己催眠とがある。催眠法自体は特定の治療法ではないが，治療を促進するための手段として，さまざまな理論的な立場から利用されている。　　　　　　　　　　　　　　　　　（笠井　仁）

[関連項目] 暗示，暗示療法，カタルシス法，催眠分析，自己暗示，前額法，無意識

[文献] Freud, S. (1912f, 1913l), Fromm, E. & Nash, M. R. (1997), 笠井仁 (1995), Weitzenhoffer, A. M. (2000)

作業同盟　⇒治療同盟
[英] working alliance

錯誤行為　⇒失錯行為
[独] Fehlleistung

錯覚　⇒脱錯覚
[英] illusion

サディズム
[英] sadism
[独] Sadismus
[仏] sadisme

性的対象に苦痛や恥辱を加えることによって性的な快感を得る性目標倒錯の一種。この倒錯は，クラフト・エビング Krafft-Ebing, R. v. (1898) によって，サド公爵 Marquis de Sade の作品にちなんで，サディズムと命名された。フロイト Freud, S. はサディズムの概念を拡大し，性的対象に対する単なる能動的な態度を示すものから，性的な対象を屈服させ苦痛を加えることで快感を得るものまでを含め，その極端な場合だけが倒錯と呼ぶにふさわしいとした。すなわち，サディズムは性欲動の普遍的な要素であるという立場を示した。フロイトは正常な発達段階として肛門サディズム期の概念を提唱し，この時期には筋肉支配の発達に関係するサド-マゾヒズムが出現するとした。フロイトはサディズムとマゾヒズムを同じものの違う側面であり，同一人物に重複して現れると考えたのである。アブラハム Abraham, K. は口唇サディズム期の概念を導入した。この時期は歯牙の発育に伴う噛みつきを特徴とし，対象関係における両価性の活動開始と結びつく。

最初，フロイトはサディズムはマゾヒズムに先立つものであり，マゾヒズムは自己自身に向けられたサディズムであると考えた（『本能とその運命』1915）が，「死の本能」の概念を導入することによって，「一次的マゾヒズム」の存在を認めるようになった。そして，「死の本能」が外界に投影されたサディズムが再び取り入れられて「二次的マゾヒズム」となり，これが「一次的マゾヒズム」と合流すると考えるようになった（『マゾヒズムの経済的問題』1924）。

フロイトは『性欲論三篇』(1905) の中で，「サディズムというのは，性欲動のうちで独立し，誇張され，置き換えによって主役の座につくようになった，攻撃的な成分に対応する……」と述べたように，性欲動と攻撃性の結合したものがサディズムであるとした。そして，子どもの残酷さの起源を性活動とは無関係である支配欲動に関連づけ，思いやりの能力が欠けると残酷さと性欲動が結びついてしまうと考えた。クライン Klein, M. は臨床的現象に「死の本能」の概念を適用することによって，攻撃性 aggression から性的な含蓄を排した。現代のクライン学派の間では，サディズムという言葉は，人間の体験や行動に普遍的にみられる攻撃性の背後に存在する残酷さを強調する意味合いで使用される傾向があるが，この点について，他学派からは「サディズムと攻撃性とを混同している」との批判を受けている。　　（平島奈津子）

[関連項目] 攻撃性，攻撃欲動，口唇サディズム期，肛門サディズム，サド-マゾヒズム，死の本能（欲動），支配欲動，マゾヒズム

[文献] Freud, S. (1905d, 1915c, 1924d), Hinshelwood, R. D. (1991)

サド-マゾヒズム
[英] sado-masochism
[独] Sadomasochismus
[仏] sado-masochisme

サディズムとマゾヒズムの共存した倒錯的状態をサド-マゾヒズムという。精神分析の理論によると，サディズムとマゾヒズムは，患者の心の中に，少なくとも無意

識的には必ず共存するものである。そのような意味でこの言葉が使われてきた。フロイト Freud, S. は狭義のサディズムを性的快感を伴った暴力であるとしたが，実際の臨床では攻撃的な行動，空想をサディズムとよぶことが多い。

フロイト（1905）によると，サディズムは去勢不安に対する防衛であるという。

マゾヒズムは，自分自身に痛みを引き起こすことによって，性的快感を体験することができない理由は，性に関する不安と罪悪感があるからであるとし，したがって自分自身を苦しめ，痛めつけることによってのみ性的快感を達成することができるとした。いわゆる道徳的 moral，または精神的 psychic マゾヒズムは，身体的苦痛よりは精神的苦痛，すなわちはずかしめや失敗の体験を求める。これは，少なくとも意識的には性的快感と関係がない。

サド - マゾヒズムは，力動的には快感と苦痛，性欲と攻撃欲の共存を意味する。サディズムにおいては，衝動が自分の外の対象にむけられ，マゾヒズムにおいては，それが自分自身にむけられる。フロイト（1920）は，一次的 primary なマゾヒズムという概念を提唱し，それが外に向けて投射されたのがサディズムであると考えた。この一次的なマゾヒズムという概念は，その後の分析理論においていろいろと論じられてきたが，賛成者は少ない。サド - マゾヒズムの発展には，人格発達における性欲と攻撃欲のとり込み - 投射，内在化 - 外在化など複雑な心理機構が関連している。

発達過程でみると，口唇期において子どもの歯が生えてくる時期に，彼らは噛むという行動によって攻撃欲を発散する。これはサディズムの原型であり，大人になってからも退行した時とか，性行動の前戯として噛む行動が現れることがある。口唇期のマゾヒズムの原型は，筆者の意見では拒食であると思う。oral に養われることを拒否し，空腹の痛みとともに，無意識の快感を体験する。

肛門期の攻撃欲は，サド - マゾヒズムの原動力である。子どもが肛門括約筋をコントロールできるようになると，肛門期の性欲が感覚されるようになる。脱糞は攻撃性を発散する行動となる。また糞を腸内に保持するということは内的な痛みを伴うものであるが，それと同時に外的な状況（とくに母親）をコントロールしているという快感を体験させてくれる。これはマゾヒズム的快感の原型となる。

男根期の倒錯的サド - マゾヒズムには，去勢願望，去勢不安が関係している。

サド - マゾヒズムの治療には，精神分析，分析的精神療法が適応となる。陰性治療反応が起こるため，治療は困難であるが，治療者 - 患者間に展開される，サド - マゾヒズムの転移と，それに伴う感情をワークスルーする

ことが最も大切であり，それが治療の焦点となる。

（中久喜雅文）

[関連項目] サディズム，倒錯，マゾヒズム
[文献] Abraham, K. (1927), Brenner, C. (1959), Freud, S. (1905d, 1920e), Nakakuki, M. (1994)

サプレッション　⇒抑圧
[英] suppression
[独] Unterdrückung
[仏] répression

三者関係　⇒二者関係／三者関係
[英] three-body relationship

し

死
[英] death
[独] Tod
[仏] mort

フロイト Freud, S. は，第 1 に，対象喪失と喪の仕事から，第 2 に，死の本能論，第 3 に，みずからのガンの闘病生活における死の受容の 3 つの観点から死とかかわっている。フリース体験における自己分析（1896－1900）の中で，フロイトは父の死に対する喪の仕事を進めたが，その中で体験された愛情の対象の死に対する喪の心理を，『W・イェンゼンの小説"グラディーヴァ"にみられる妄想と夢』（1907）では死者との再会と再会の願望について，症例ラットマンの分析（1909）では対象の死を否認し，思考の全能の世界の中で死者とのかかわりを続ける心性について明らかにし，『トーテムとタブー』（1913）では愛情の対象に対する隠れた死の願望を明らかにし，愛と憎しみのアンビバレンスと，悔やみ，罪悪感，そして死者の霊による復讐を恐れる悪霊への恐怖，宗教心理の起源などについて，『悲哀とメランコリー』（1917）では死者に対して向けていた攻撃性の自己自身への向けかえによるうつの心理について明らかにした。『小箱選びのモティーフ』（1913）では，コーデリアの沈黙が死を象徴すること，そして，死の受容を説き，『ドストエフスキーと父親殺し』（1928）でエディプス・コンプレックスにおける父親に対する死の願望の自

己処罰の心理を明らかにした。

　第2に，フロイトは，『快感原則の彼岸』(1920) で死の本能論を提起し，無意識が意識よりもより確実な存在であるのと同じように，生に比べて死は永遠でありより確実な事実であり，すべての生あるものは死に向かう必然性を持つという。この死の本能は，心理的には自己破壊衝動として体験されるが，フロイトは，この死の本能論が，喪の心理過程における死に対する悲しみの防衛として用いられることを危惧していた。

　第3に，フロイトは67歳から83歳までの上顎ガンの闘病生活の中で，フロイトの一貫した思想である，すべてが無になるものとして死をとらえ，その死の現実を受容する心的な態度を身をもって追求した。霊魂の不滅や永生を説く宗教的幻想を厳しく拒否した。このフロイトの心的態度の背景には，フロイトが夢の自己分析の中で語った6歳のときの「人間は土からつくられていて土に戻らねばならない」という死についての母親の教えがある。母親はだんごをこねていたが，突然，人間の形にだんごをこね上げる動作をして，幼いフロイトに掌のこねカスを見せ，「人間もこういうカスでつくられているだけなのよ」と語った。この母親の教訓が，フロイトの死に対する態度に決定的な影響を及ぼしていたという。

（小此木啓吾）

[関連項目] グラディーヴァ，思考の全能，自己自身への向け換え，死の本能（欲動），対象喪失，ねずみ男［症例］，喪の仕事［悲哀の仕事］，フリース，フロイト，S.
[文献] Freud, S. (1900, 1907a, 1909d, 1919i, 1928b)

自慰

[英] onanie, masturbation
[独] Ipsismus, Selbstfriedigung
[仏] masturbation

　フロイト Freud, S. は神経症の病因に性の役割を重視し小児の性活動についても明らかにした。その一つが自慰である。フロイト (1894) は現実神経症を不安神経症と神経衰弱に分けた際に，前者は中絶性交に，後者は定期的な自慰行為や集中的な夢精にその病因を求めた。すなわち神経衰弱ではリビドーの緊張を適切なかたちで解消しえない性行動（自慰）が原因であると考えたのである。そして『性欲論三篇』(1905) で小児の性活動を説明するのに自慰は格好の材料を提供した。フロイトは小児の自慰を3つの段階に区分し，その一般性についても貢献した。乳幼児期，4歳前後の小児期，そして思春期の三段階である。乳幼児の自慰には一切の自体愛的な，性的満足に奉仕する行為が含まれる。小児自慰はこの乳幼児自慰から直接出てくるものであって，この段階になるとすでに特定の性感帯が成立する。潜伏期には，自慰行為に対する防衛が主な課題となり，中断されるか，あるいは小児自慰が引き続くかの，どちらかである。そして思春期の自慰へと続くとした。フロイトは続く『自慰論』(1912) の中で「自慰は本質的には幼児的性活動の一発現であり，さらには幼児期以降の年齢段階における同一行為の固執なのである」と考えた。

　一方でフロイトの自慰論は問題を残した。女性の自慰についてである。フロイトは女児の自慰はクリトリスだけに限られ，クリトリスは小さなペニスと断定した。つまり，女児のクリトリスへの刺激をフロイトは男性的性欲と考え，「性の自体愛的・自慰的現れに関する限り，幼い少女の性は完全に男性的性格であると断固主張」したのである。そして，「……解剖学的な性の差異の認識は，幼い少女を男らしさや男性的な自慰から引き離して，女らしさの展開へと通じる新たな進路へと追いやるのである」と考えた。フロイトの女性の自慰に関する仮説は，一部子どもの観察から得たものもあったが，もっぱら成人の分析から得られた記憶と再構成に基づくものであった。彼は女性の自慰については別個に研究する価値のあるテーマだと考え，「女性の自慰を男性の自慰と同じ程度に取り上げられなかったことは残念なことである」と述べている。後になってこのフロイトの女児の自慰に関する論述は否定されるのだが，その過程は子どもの直接観察による人生早期の女性性への研究へと進んでいった。

　このような自慰に関する精神分析理論の中で本質的なことは自慰行為に伴う空想にある。自慰は空想の現実化に役立つことがある。自慰空想 masturbation phantasy を伴う自慰がその一つであり，この内容を知ることが理解を深めることにつながる。フロイトはまた，「自慰は神経症に罹る下地になる」と述べ，小児期の自慰をエディプス・コンプレックスと結びつけた。象徴的には，「歯が抜けたり，歯を抜いたりすることが，自慰の表現に，あるいはもっと正確にいって自慰に対する罰としての去勢の表現」であったり，「強迫神経症の症状の多くは，自慰というかつて禁じられた性欲活動の形式を代理し繰り返そうとするものである」と理解できる。

（川谷大治）

[関連項目] 去勢コンプレックス，自体愛，幼児性欲
[文献] Freud, S. (1895a, 1905d, 1912e, 1916–1917, 1925i), Kleeman, J. A. (1977)

ジェノグラム　⇒世代間伝達

[英] genogram

シェル・ショック

［英］shell shock, combat reaction
［独］akute Kampfreaktion

　英単語を直訳すると砲弾ショックおよび戦闘反応となる。第一次世界大戦時に，砲弾行き交う戦闘の中で認められた急性の反応性精神障害に対して使用された診断名。まず不眠や苛立ちが生じ，それらが強くなるにつれて次のような状態を呈するようになる。(1) 感情コントロールの不能，(2) 判断力の低下，(3) 予期しない音や光に対して，驚愕，転倒，失神など過敏な反応を呈する。この結果，ついには戦闘行動を続けることができなくなる。戦場を離れて休養をとれば，多くの場合回復する。ただし，年金受給者の資格がもらえるとか，兵隊ならば現役からはずしてもらえるなどの利益がある場合に慢性化し，戦争神経症に移行することがある。第二次世界大戦における戦争神経症に関する研究において，メニンガー Menninger, W. は「破綻点」という概念を提唱したが，シェル・ショックもこの破綻点による理解が可能である。すなわち，優秀な兵士であっても長時間戦闘状況におかれると，限界に達してさまざまな身体的および精神的活動に破綻をきたすのである。　　　　（白波瀬丈一郎）

　［関連項目］外傷，戦争神経症

ジェンダー・アイデンティティ

［英］gender identity
［独］Geschlechtsidentität
［仏］identité sexuelle

　ジェンダー・アイデンティティとは自らのジェンダー，すなわち女性性，男性性の認知を意味する。タイソン Tyson, P. (1982) はジェンダー・アイデンティティを (1) ジェンダー・アイデンティティの核 core gender identity，(2) ジェンダー役割 gender role，そして (3) パートナーを選択する際の性的志向（異性愛あるいは同性愛）に分類している。ジェンダー・アイデンティティの核は性別自己 gendered self の認知，すなわち自分が男性であるか女性であるかの認識にあるが，伝統的な精神分析理論では自己の性器に対する認知と関連づけられ，エディプス期の開始とともに安定したジェンダー・アイデンティティの形成が発達課題となる。チョドロー Chodorow, N. (1989) によるとジェンダー・アイデンティティに関する伝統的なフロイト理論では (1) 性の差異は子どもにとって男根期まで顕在化せず，(2) 女子は男性性のセクシュアリティーをもつ「小さな男性」として考えられ，(3) 男子，女子とも思春期までは性器に関する知識は男根の有無に限定され，膣の存在は意識的にも無意識的にも認知されていないとされている。さらに，女子の異性性 heterosexuality と母性性は男性性を獲得できないために発達すると考えられている。

　現代の精神分析概念ではフロイト理論に比べ，より多面的なジェンダー・アイデンティティの諸概念が展開されている。まず，男根期まで性差が意識されないというフロイトの見解に比し，ゲーレンソン Galenson, E. とロイフ Roiphe, H. は女子が 1 歳ですでに男根不在あるいは去勢されていることに気づき，これが性心理的発達だけでなく，自我と対象関係の発達にも影響を及ぼすと論じている。また，1930 年代にホーナイ Horney, K. とクライン Klein, M. は女児のヴァジナ備給の早期性について論じているがシャスゲ‐スミルゲル Chasseguet-Smirgel, J. も膣に対する認識の欠如は男子，女子とも抑圧か自我の分裂によるものだとしている。ストラー Stoller, R. J. は子どもは男性性よりも女性性を容易に獲得でき，男子は母親との親密な関係によって一次的な女性性の同一化を体験するため，男性のジェンダー・アイデンティティの発達の方がリスクが多いと考えた。フロイト Freud, S. はジェンダー・アイデンティティは性的志向 sexual orientation と身体的性的体質によって形成されると考えたが，ストラーはまたジェンダー・アイデンティティを性的志向ではなく認知的な自己概念としてとらえ，ジェンダー・アイデンティティにおける両親の態度や家族の心理力動など，対象関係の重要性を強調している。　　　　（渋沢田鶴子）

　［関連項目］女性性，性別同一性障害，男性性，ストラー
　［文献］Anzieu, A. (1980), Chasseguet-Smirgel, J.(ed.) (1970), Chodorow, N. (1989), Galenson, E. & Roiphe, H. (1981), Stoller, R. J. (1964), Tyson, P. (1982)

自我

［英］ego, I, I-ness
［独］Ich
［仏］moi

　ここで言う自我は，フロイト Freud, S. が用いた用語としての Ich の訳語であるが，直訳すると，自分，私，自我などの意味合いを含んでいる。それだけにベッテルハイム Bettelheim, B.，エリクソン Erikson, E. H. らは，Ich がストレイチー Strachey, J. によって ego と訳されたことについて異論を唱え，I-ness と訳すべきだという議論が起こり，フロイトの Ich という言葉を，自我，超自我，エスという心的構造論の枠組みの中での自我だけに限定する訳語の使い方に批判が向けられている。その意味で Ich は私，自己は self，心的な構造としての自我は ego というふうに，それぞれの文脈で Ich を訳し変えることもまた用語上必要な場合がある。以上の但書を付した上で，ここでは，Ich を自我と訳し，精神分析が用

いるIchおよびegoの各側面について述べる。

　自我は，第1に，自己に関する意識体験であり，意識する作用の主体としての自我（I, Ich）と，意識される客体（現象的自己 phenomenological self）ないし自己意識 Selbstbewußtsein としての自己（me, Selbst, moi）が区別されるが，現象学的観点とフロイトの力動構造論的立場を統合したフェダーン Federn, P. は，この両者が同一の自我であるという体験の固有のパラドクス unique paradox こそ，自我体験の本質であるという。

　フェダーンは，この現象学的な自我体験について，自我感情 ego-feeling を伴うかどうかが，自我 ego と非自我 non-ego の境界（自我境界 ego boundary）を設定する作用を担うといい，さらに自我を内省的に精神自我 mental ego と身体自我 bodily ego に分けた。ハルトマン Hartmann, H. は，精神分析用語上，このような意識体験としての自己を自己表象 representation of self と呼んで，フロイト固有の心的構造論における「自我 ego」概念と区別した。

　自我は第2に，個々の心理現象や意識体験を統一的に説明するために仮定される構成概念として用いられるが，この場合，意識的に体験される自我は，自我の一部であってもそのすべてではない。そこでどうしても，内省的な方法によって体験される自我を基礎概念とする自我心理学は，自我を超意識的な構成概念として用いることになる。

　フロイトが『自我とエス』（1923）の心的構造論において提起した自我は，知覚，思考，感情，行為などの各精神機能をつかさどる人格の中枢機関を意味するものとして用いられるが，この場合の自我は，内省的 introspection によって体験されるだけでなく，むしろ治療者が患者の意識体験を超えたものとして，より客観的に行う患者の体験と表現の臨床観察（治療者のこの観察方法を extrospection という）によってとらえられる自我である。フロイトは，はじめ自我を欲動（無意識）と対立し，これを統制する「意識」と同義的に用いていたが，やがて，無意識的欲動に対する患者の自我の防衛 defense の働きそのものが意識されていない事実に注目し，自我の働きの一部は無意識的であると見なし，この結果，意識-無意識という心的局所論から，自我，超自我，エスという心的構造論へと進んだ（1923）。つまりフロイトにおける自我は，自我，超自我 superego，エス id という人格内の3つの力域ないし組織間の精神内界における力動的な葛藤の調整，つまり防衛をつかさどる心的機関 agency として定義された。さらに『精神分析学概説』（1940）では，治療者と作業同盟を結ぶ正常な自我 Ich の概念が提起され，このフロイトの自我概念は，ハルトマンによって人格の各精神機能の統合 integration，精神内界の葛藤から自由な自律的機能（知覚，言語，思考，運動，その他）などをつかさどる人格の中枢機関として定義された。ハルトマンは，フロイトにおける自我の概念の曖昧さを整理し，防衛機制の主体としての自我，つまり，超自我，エスによって制約されている受身的な防衛的自我 defensive ego と区別される自律的自我 autonomous ego ないし自我自律性 ego autonomy，その発生的な基礎としての自我装置 ego apparatus などを概念づけることによって，自我の人格中枢機関としての概念づけをより明確なものにしたのである。エリクソンの自我同一性は，このような自我の統合機能を基礎として成立するものである。なお，精神分析的自我心理学があげる自我機能 ego function としては，ベアレス（Beres, D. 1956）による7つの自我機能：（1）現実との関係，（2）欲動の調整・コントロール，（3）対象関係，（4）思考過程，（5）防衛機能，（6）自律機能，（7）総合機能，また，ベラック（Bellak, L. 1973）の12の自我機能：（1）現実検討，（2）判断，（3）外界と自己に関する現実感，（4）欲動，情動，衝動の調整とコントロール，（5）対象関係，（6）防衛機能，（7）刺激防壁，（8）自律的機能，（9）総合-統合機能，（10）支配-能力，（11）各自我機能の関連づけ，（12）自我を助ける適応的退行の分類がある。

　自我はこのようなさまざまの心的機能を持つと同時に，一つの力動的な組織ないしシステムや構造のモデルに即して，仮説的に構成されたのである。精神分析的自我心理学とともに，この見地から自我を概念づけたのはユング Jung, C. G. である。彼の分析的心理学では，自我 ego は，個人の意識の統合の中心であり，無意識と相補的関係を持ち，意識（自我）と無意識を包括した全体としての心の中心を自己 self と呼んだ。つまり「自己」は無意識にあって直接知ることはできないが，常に自我を補償し，より高次の心の統合性に向かう主体であり，自我がこのような自己の働きを意識化していく過程を，ユングは個性化の過程 process of individuation と呼び，人生の究極目標と考えた。

　第3に，自我はユングの「自己」にも見出されるような，その人格全体を代表する自己，他者に対する自己という意味を持っている。そしてガントリップ Guntrip, H. は，フロイト，ハルトマンらにおける自我をシステム自我 system ego と呼び，これに対してこの意味の自我をパーソン自我 person ego と呼んだ。そしてこのようなパーソン自我としては，ホーナイ Horney, K.，サリヴァン Sullivan, H. S. の対人関係理論における自己，そしてフェアバーン Fairbairn, W. R. D.，ウィニコット Winnicott, D. W.，ガントリップらの精神分析的な対象関係理論 object relations theory における自我をあげることができる。

　第4に，自我は人格ないし精神内界における自我であ

るのみならず，個々の人格と社会文化とのかかわりを人格内で代表する社会的自我 social ego という意味で用いられる。この社会文化的な価値体系および役割の内面化の過程は，フロイトの心的構造論では，特定の対象（人物像）や集団，価値規範へ同一化を介して形成される。フロイトの超自我，自我理想 ego-ideal，ラカン Lacan, J. の言う理想自我 ideal ego，エリクソンの同一性 identity なども，このような自我の社会化ないし社会的態度の内面化の文脈の中で定義づけられる自我の概念である。また，対社会，対他者に対して社会的役割を演じる自己（人格）を，ユングはペルソナ persona と呼び，ライヒ Reich, W. はこれを性格防衛 character defense，つまり，真の自己を守るための適応的な自己と見なし，さらにホーナイの偽りの自己 pseudo-self，ウィニコットの偽りの自己 false self などの研究が発展した。

第5に，自我の自己に対する態度が，自我に関して種々概念づけられている。つまり客体的な自己を自我がどのように認知するかについて，自己に関する洞察は自己洞察 self-insight ないし awareness，自己に対する価値的な態度は自我態度 ego attitude などと呼ばれる。そして治療契約を結び，治療に協力して自己を観察し洞察する精神療法の主体となる自我を，精神分析療法では観察自我 observing ego と呼ぶ。またフロイトは『ナルシシズム入門』(1914)で，自我に向かうリビドーについて自己愛論を提起したが，自己愛は自己に対する自我の愛情であり，自我による自己の価値評価は自己評価 self-esteem と呼ばれるが，この評価をめぐって，自我が自己に対して抱く基本的信頼と安定感，つまり自信 confidence や誇大な全能感や優越感，その反対の自己に対する過小評価である劣等感などが問題になる。ホーナイはこの意味での真の自己価値の実現 self-realization を説き，エリクソンは同一性を社会とのかかわりの中での特定の役割，価値観の達成を通して獲得される自己価値と結びついた自己意識と見なしている。さらに，自己愛論は，コフートによって自己愛の形成とその病理をめぐる新たな精神分析的な自己心理学の展開をもたらしている。

第6に，自我そのものを何らかの本能的欲動に支持され，推進されているものと見なす見地がある。アドラー Adler, A. は，より高い自己評価を求める優越への欲求，ひいては権力への意志を人間行動の最も基本的な動因と見なし，フロイトは，その初期には自我本能 Ich-Trieb ないし自己保存本能が自我を支え，性的欲動の抑圧の動因となると考えたが，次に，性的欲動すなわちリビドーを対象リビドー object libido と自我リビドー ego libido に区別し，自我リビドーこそ自己愛の源泉であると見なし，さらにフェダーンは，このような自我へのリビドーの備給，つまり自我備給 ego cathexis が自我機能や自我境界を維持すると考え，その障害が離人症や分裂病の異常体験（自我障害）を引き起こすと考えた。

第7に，自我に関する以上のとらえ方のそれぞれに即して「自我の病理」が解明される。つまり自我は，精神医学とりわけ精神病理学では，そのような精神病理現象を理解する方法論的概念として用いられる。たとえば自我（意識の）障害 Ichstörung，人格の解離 dissociation，自我分裂 ego splitting，自我歪曲 ego distortion，自我境界の障害 ego disturbance (Federn, P.)，自我縮縮 Ich-Anachorese および自我神話化 Ich-Mythisierung，自我の弱さ ego weakness，シゾイド論における自己喪失とのみ込まれる不安，そして偽りの自己 false self，同一性の拡散 identity diffusion や危機 identity crisis，その他が明らかにされている。　　　　　　　　（小此木啓吾）

[関連項目] アイデンティティ，偽りの自己，自我化，自我カテクシス，自我機能，自我境界，自我自律性，自我同一性〔エゴ・アイデンティティ〕，自我の分裂，自我理想，パーソン自我，防衛，アドラー，ウィニコット，エリクソン，ガントリップ，サリヴァン，ハルトマン，フェダーン，フロイト, S.，ホーナイ，ユング

[文献] Bettelheim, B. (1984), Erikson, E. H. (1956), Freud, S. (1914c, 1923b, 1940c), Guntrip, H. (1971), 小此木啓吾 (1956)

自我異和的　⇒自我親和的

[英] ego-dystonic

自我化

[英] egotization

[独] Ver-ichung

フェダーン Federn, P. の自我心理学の基本概念の一つ。自我体験は「意識 consciousness」と同一ではない。意識内容は自我感情によって，自我 ego と非自我 non-ego に区別される。意識内容が「自我」に所属するものとして体験されるか，自我に所属しないもの（「非自我」に所属するもの）として体験されるかは，「自我感情 ego feeling」と「現実感覚 sense of reality」によって決定される。つまりフェダーンは，個体の意識内に生起する所与の一切は「自我感情」の統一・同化作用を受けない場合には，すべて外的な現実存在（実在）reality，すなわち外界に所属するものとして感覚 sense されるという。フェダーンは，この現象学的な事実をより機能的な概念によって明らかにするために，「自我感情」による意識内容の統一化を自我化 "Ver-ichung" とよび，「自我感情」からの意識内容の解離を非自我化 "Ent-ichung" と称し，ワイス Weiss, E. はこれを "egotization" および "de-egotization" と英訳した。そしてフェダーンは，この

「自我」と「非自我」の境界を自我境界 ego boundary と名づけた。

この自我化・非自我化の機能はとても柔軟で，力動的で，このようなその力動性 dynamism は，入眠時の過程で誰にも体験される。眠りに陥るにつれて，自我とその境界は備給 cathexis を失い，非自我化された精神現象（例えば，覚醒時には抑圧されていた無意識，エスの内容）はその弱化した内的自我境界を超えて，眠気を催している自我意識の内に侵入してくる。このようにして夢幻様心像 hypnagogic image が発生する。さらにわれわれは，幻覚や夢を生じるようになる。しかしながら，われわれが完全に覚醒しようと努力すると，自我境界は十分な強さを回復して再確立され，夢幻様心像は消失する。また，ある種の内容は睡眠中は非自我化され，覚醒中は自我化される。　　　　　　　　　　　　（小此木啓吾）

［関連項目］現実感，自我境界，自我心理学，フェダーン
［文献］Federn, P. (1926, 1928a, 1928b, 1929, 1934, 1944, 1949, 1952)

自我カテクシス
　［英］ego cathexis
　［独］Ich Besetzung
　［仏］investissement du moi

　自我備給とも訳され，フェダーン Federn, P. の自我心理学の基本概念の一つ。自我カテクシスとは，自我に備給，分配される心的エネルギーで，この自我カテクシスは，身体，精神の両面から二重に規定され，順調な自我カテクシスの備給によって自我機能は順調に営まれるが，精神分裂病は心理学的・生物学的な原因によるこの欠乏に起因するという。自我カテクシスの欠乏は自我境界の維持をはじめとするさまざまな自我機能を遂行するためのエネルギーの欠乏を引き起こし，その結果，自我障害が生ずる。日本語では自我備給，あるいは自我充当と訳される。　　　　　　　　　　　　（小此木啓吾）

［関連項目］自我化，自我境界，精神分裂病，備給〔充当，給付〕，フェダーン
［文献］Federn, P. (1926, 1928a, 1928b, 1929, 1934, 1944, 1949, 1952)

自我関係性
　［英］ego-relatedness

　ウィニコット Winnicott, D. W. が提起した用語であり，自我どうしのつながりによる関係性を表現し，イド関係性 id-relatedness と対比される。この対比は，ウィニコットが明確化した母親機能の2側面である，環境としての母親 environmental mother と対象としての母親 object mother との対比に対応している。

　子どもが母親といっしょにいながら，ひとりであるという体験は，ウィニコットにとってきわめて重要な発達的達成であった。そのとき，子どもはイド衝動による関係性とはまったく無関係に静かにくつろいでいる。それは成人であれば，満足な性交の後に，相手といっしょでいながらひとりでくつろいでいる状態に喩えられる。環境としての母親は体験の舞台としての子どもの自我とつながり，そのつながりのなかでのみ，イド衝動体験はリアルでパーソナルなものとして子どもにとって意味をもちうるのである。自我関係性のないところでの対象としての母親とのイド関係性は，例えば対象としての母親への嗜癖につながりかねない。この環境としての母親との関係性は，ウィニコットが後に遊ぶこと，文化的体験，夢を見ること，「生きること」などとして記述した体験領域の基礎となるものである。　　　　（藤山直樹）

［関連項目］遊ぶこと，ウィニコット理論，環境としての母親，ひとりでいる能力，ホールディング
［文献］Winnicott, D. W. (1953, 1958b)

自我感情　⇒フェダーン
　［英］ego-feeling

自我機能
　［英］ego function

　精神分析的自我心理学が明らかにした自我機能 ego function としては，ベアレス（Beres, D. 1956）による7つの自我機能，つまり①現実との関係，②本能的欲動の調整・コントロール，③対象関係，④思考過程，⑤防衛機能，⑥自律機能，⑦総合機能，また，ベラック（Bellak, L. 1973）による12の自我機能，つまり①自律的機能，②自我を助ける適応的退行，③統合‐統合機能，④支配‐達成の能力，⑤現実検討，⑥判断，⑦外界と自己に関する現実感，⑧各自我機能の関連づけ，⑨欲動，情動，衝動の調整とコントロール，⑩防衛機能，⑪対象関係，⑫刺激防壁，の分類がある。ここでは，この12自我機能をあげる。

（1）自律的自我機能 autonomic function：不安や罪悪感，欲動の高まり，内的な葛藤，外的な環境からの圧力などに対して自立的に働く自我機能で，パーソナリティの正常な働きを支える。

（2）適応的な退行 Adaptive Regression in the Service of Ego（ARISE）：自我の随意的な働きによって一時的，部分的に適応性のある退行を起こし，活力を得て再び現実に戻る自我の機能で，パーソナリティの豊かさや感受性，ときには創造性の発揮を可能にする。

(3) 統合機能：パーソナリティの統合と一貫性・連続性を支える自我の機能である。第1に，その人物が一個の人格として，過去，現在，未来にわたって，社会的心理的な，人格的責任を持つような一貫性やまとまり（これを自我アイデンティティと言う）を保つ機能がある。この意味の統合機能の病理として，パーソナリティと自己意識の連続性・統合性が失われる遁走，全般性健忘，交代性多重人格（解離性同一性障害）などの解離障害がある。

第2に，一貫して同じ対象を愛する自分と憎む自分の情緒的なアンビバレンスを体験し，この矛盾に耐えながら，情緒的な自己の連続性を保つことができる情緒的な統合機能である。この情緒的統合機能の病理として，激しい情緒の変動があって，同じ相手を過度に理想化する自分，相手を極端に非難攻撃する自分のスプリットが起こり，それぞれの自分の情緒的な連続性が途切れるような統合性の障害が起こる（境界パーソナリティ障害）。

(4) 支配‐達成 mastery-competence：社会適応上必要な職業，あるいは学業の役割をきちんと継続的に達成する自我の機能である。同じ精神障害をあらわしている場合でも，この支配‐達成の自我機能がかなり高水準のものであるか，あるいは，発病前から未熟であるか，寛解後，著しく低下しているかは，その人物の適応性を大きく左右する。パーソナリティ障害の場合でも，職業上の機能を発揮することのできる特別な才能を持った芸術家，学者，タレントなど，その職業の領域で有能さを発揮できれば，対人関係や情緒生活が不安定でもそれなりの社会適応的な生活を一応営み続けることが可能な場合がある。

(5) 現実検討 reality-testing：本人の主観の中で描き出している表象，知覚，空想，あるいは妄想などと現実を照合する機能。現実検討には，外的リアリティに関するものと，過去の記憶，現在の自分の欲動や情緒，心的葛藤などの内的リアリティに関するものがある。

(6) 判断・予測能力 judgment：自分の行う行動の結果について適切な状況判断と見通しを行う自我の機能である。気分の高揚や，自己愛の過剰，不安ないし不安に対する恐怖症対抗的な態度などによって，この自我機能の乱れが起こる。例えば躁状態で，葬式の席で高笑いをしたり，自己愛人格で，会議に遅刻していながら，そんなことは全く無視して，いきなり大きな発言をする，当然見つかるのがわかっているのにカンニングをしてしまうとか，社会的な損害を被ることが常識的に予測されるにもかかわらず，甘い判断や予測でそれをやってしまう，などである。また逆に，回避性パーソナリティ障害では，全くそのような現実の危険がないにもかかわらず，過度に不安になってその場面に行けなくなってしまう。

(7) 外界と自己に関する現実感 sense of reality：外界，自己および身体に適切な現実感を抱く自我の機能である。例えば，最もよい精神状態では，外界を生き生きした親しみのあるものとして実感しながら，しかも，自然界および社会，他者関係から区切られた自他の境界 boundary を持ち，自分らしい心身の融合した自己感を主観的に体験している。ところが，この現実感が病態化すると，外界に疎隔感を抱き，自己，身体の所属感を失い，連続的な自己感があやふやになり，自己と他者の間の境界に障害が見られるようになる。

(8) 思考過程 thought process：外的な知覚や内的な感覚，記憶，観念，表象などを，一定の形態を持ったイメージや思考内容に構成する自我機能である。この思考過程が順調に働けば，概念化の能力，抽象的・具象的思考はどこまでも状況に即したものとして働くが，思考の障害では，一貫した論理的な道筋がたどれるような思考の内容を語ることができなくなり，思考の混乱や非論理的な主張があらわれる。ある種のパーソナリティ障害の場合，あまりにも激しい感情と衝動が高まると，話が不合理なものになったり，断定的，独断的になる。強迫神経症では，現実原則を超えた魔術的な思考の全能による思考を展開し，それに自分自身がとらわれてしまう。シゾイドの場合，夢や白日夢などさまざまな空想の中にふけり，周囲との交流からひきこもっている。自己愛パーソナリティの場合，自分に都合のよい自己誇大感の空想を夢見る。分裂病では，特有な思考の障害があり，連合の弛緩，無意識の内容（一次過程）の意識的思考への介入が起こり，新語造作，音連合などの言語表現の形で無意識の過程があらわれる。精神分裂病の症状がまだあらわれていなくても，自由連想法の過程やロールシャッハ・テストでこの思考過程の障害が露呈する。

(9) 欲動を制御・調整する機能 control and regulation of drive：欲動の満足を延期し，欲求不満に耐え，欲動を制御・調整する自我の機能である。酩酊状態とか，躁状態の場合には，欲動のコントロールが低下し，直接な形で衝動が解放される。神経症の場合には，欲動や情緒が抑圧されて，空想や症状に置き換えられる。本来の欲動をそのまま空想するのではなく，空想しても差し支えないような対象に関する空想に置き換えて，その空想を抱く。さらにその空想を別な表象に置き換えて象徴として用いる。自我には欲動をそのようなさまざまな形に変形する機能がある。境界パーソナリティ障害の場合には，欲動のコントロールの病理がかなり顕著に見られる。例えば，怒りや自己破壊的な衝動。その感情の高まりを処理することができないので，相手を巻き込んで，相手とのトラブルの中で自分の感情を処理するという投影同一化による欲動のコントロールを行う。

この欲動のコントロールは，欲動の満足を心の中で思うときに思い浮かぶ罪悪感，恥ずかしさ，周囲からの非

難に対する不安によって発動する。つまり，この自我の機能は，超自我の厳しさから超自我の欠損まで超自我のあり方によって規定される。

（10）防衛機制 defense mechanisms：内的な不安に対して働き，内的安定を保つ自我の機能である。フロイト Freud, S. は，抑圧を基本とする反動形成，やり直し，知性化，退行，同一化，否認，投影などを明らかにしたが，クライン Klein, M. は，スプリッティング（分裂），投影同一化，躁的防衛，原始的否認などの原始的防衛機制を明らかにした。

（11）対象関係 object-relation：ここで言う対象関係とは，心の中の内的対象との，そして，自分の外の実際の人びと，つまり外的対象のかかわりの両者に関する自我の機能である。この点で外的な対人関係だけを取り上げる対人関係機能と区別される。

まず第1に，他者との間である程度の敵意や憎しみを伴っても，愛情のある友好的な絆をつくり上げ保つ自我の機能を言う。

第2に，この情緒的な対象関係を維持する関係の質とその水準は，依存と自立の葛藤，サド・マゾ的な結びつき，対象が自分から離れると起こる強い分離不安，見捨てられ抑うつの起こる程度，情緒的な対象恒常性，内在化，自己と対象との関係における愛と憎しみのアンビバレンスを体験し，かかえる能力が問われる。

境界例水準ではよい対象を過度に理想化し，悪い対象を極端に迫害的とみなして，この2つの対象像を同一の相手に対して情緒的に統一できないまま，スプリットした対象関係を繰り返す。罪悪感や償いの気持ちを抱くような成熟した対象関係を持った，正常・神経症水準の対象関係が未熟である。他者を自己と分離した個として情緒的に体験することができず，相手が自分の思うとおりにならないと，怒りや傷つきが起こる。強迫神経症の場合，他者を所有し，支配する強迫的コントロールが顕著で，自己愛パーソナリティの場合には，他者を自己‐対象とみなし自分の自己愛満足の手段としてしか認識しないで搾取する。

（12）刺激防壁 protective barrier (shield) against stimuli, stimulus barrier：フロイトによって説かれた概念で，意識的体系（Bw 体系）の露出された局面つまり外界との直接的な接触部分に心的な防壁があり，この防壁が絶え間ない外的刺激による衝撃を減弱させ内面を保護し，恒常性（快）を保つ。この防壁を「刺激防壁」（刺激保護）というが，この刺激防壁を突破するほどの強力な外部からの刺激をフロイトは外傷性 traumatisch のものと呼び，外傷性神経症を刺激防壁のはなはだしい破綻の結果と考えた。さらにフェダーン Federn, P. は，自と他，ウチとソトの自我境界 ego boundary を自我の最も重要な機能とみなし，これらの自我機能が自我カテクシス（心的エネルギー）の備給，配分によって営まれている，と考えたが，自我機能の病理について葛藤モデルと欠損モデルがある。
（小此木啓吾）

［関連項目］アイデンティティ，一次過程／二次過程，快感原則，外傷，外傷神経症，境界性人格障害，現実感，現実原則，現実検討，自我，自我境界，自我自律性，自我心理学，自我同一性［エゴ・アイデンティティ］，刺激障壁，自己愛パーソナリティ，自由連想法，スプリッティング，対象関係，対象恒常性，適応的退行［ARISE］，投影同一化（視），統合，不安，防衛，防衛機制，ロールシャッハ・テスト，ハルトマン，フェダーン，フロイト，A.，フロイト，S.，ベラック

［文献］Bellak, L., Hurvich, M. & Gediman, H. (1973), Beres, D. (1956), Erikson, E. H. (1956), Freud, A. (1936), Freud, S. (1923b, 1926a, 1940c), Hartmann, H. (1964), Nunberg, H. (1948), 小此木啓吾 (1985a)

自我境界
［英］ego boundary
［独］Ichgrenzen
［仏］barrière du moi

フェダーン Federn, P. がその現象学的自我心理学で自我と非自我の境界について定義した基本概念。フェダーンにとって，自我とは，一つの主観的体験である。自我は，このような自我体験に内在する自我感情 ego-feeling によって感覚される自我感覚 ego sensation を持つものとして知覚され，この内的知覚を通して自我意識が意識される。つまりフェダーンの「自我」概念はあくまで主観的内省的な体験概念であって，心的構造論的概念としてのフロイト，ハルトマンの「自我」とはその質を異にする。むしろブレンターノ Brentano, F.，フッサール Husserl, E.，シルダー Schilder, P. の現象学の系列から出発している。

この自我体験は，統一性の感情を持ち，意識内容はこの自我感情によって，自我 ego と非自我 non-ego に区別される。意識内容が「自我」に所属するものとして体験されるか，自我に所属しないもの（「非自我」に所属するもの）として体験されるかは，「自我感情」と「現実感覚 sense of reality」によって決定される。つまり「自我感情」の統一・同化作用を受けない場合には，すべて外的な現実存在（実在）reality，すなわち外界に所属するものとして「感覚 sense」される。

さらにフェダーンは，「自我感情」による意識内容の「統一化（同化）現象 investment」を自我化 "Ver-ichung"，「自我感情」からの意識内容の「解離（異化）現象 devestment」を非自我化 "Ent-ichung" と称し，ワイス Weiss, E. はこれを "egotization" および "de-egotization" と英訳した。

フェダーンは，この「自我」と「非自我」の境界を自我境界 ego boundary と名付け，外界の知覚，認識に関する自我境界を外的自我境界，精神内界の知覚，認識に関する自我境界を内的自我境界と名付けた。例えば，一般に正常状態では，いわゆる外的対象の五官による知覚は「外的自我境界」，フロイトの抑圧，意識，前意識と無意識の境界は「内的自我境界」である。「自我境界」は非常に柔軟性に富み，自我化されたさまざまの所与は，そのときどきにおいて自我化を失ったり獲得したりする。例えば，このような自我境界の力動性 dynamism は，入眠時の過程では誰にでも体験される。眠りに陥るにつれて，自我とその境界は備給 cathexis を失い，非自我化された精神現象（例えば，覚醒時には抑圧されていた無意識，エスの内容）はその弱化した内的自我境界を越えて，眠気を催している自我意識の内に侵入してくる。このようにして夢幻様心像 hypnagogic image が発生する。しかしながら，われわれが完全に覚醒しようと努力すると，自我境界は十分な強さを回復して再確立され，夢幻様の心像は消失する。また，ある種の内容は睡眠中は非自我化され，覚醒中は自我化される。

フェダーンは，このように，麻酔時，入眠時，覚醒過程などを内省的に観察，研究し，睡眠よりの覚醒過程を，系統発生 phylogenesis, 個体発生 ontogenesis に対して夜明け発生 orthriogenesis と呼び，意識の範囲と覚醒度の微妙な変動と自我境界の変化を研究した。つまりフェダーンの自我境界は，解剖学的，地誌的，静的な境界概念ではなく，自我と非自我との間にある柔軟な力動的分界面 dynamic dividing plane であり，そのときどきの自我感情の末梢器官である。そして自我境界は，知覚刺激を自我に属するものと外界に属するものとに識別する一種の感覚器官としての機能を備えている。

発生‐発達論的に見ると，生後間もない幼児の自我は，原初的な自我‐即‐宇宙的な自己体験 original ego-cosmic self experience として存在するだけで，自我境界を備えていない。したがって，外的刺激は自我状態 ego state の一部として体験される。やがて知覚・運動機能の発達によって身体運動による原初的な現実検討が可能になると，自我は内界からの知覚刺激と外界からのそれとの識別を学習するが，それに伴って自我境界が確立されてゆく。ひとたび自我境界が十分な機能を発揮するようになると，外的現実と内界との識別は現実検討なしに可能になる。このようにしてでき上がった自我境界は，内的精神 inner mentality と外的現実とを分離する外的自我境界 external ego boundary と精神内界の外（主としてエス）と内（自我）とを分ける内的自我境界 inner ego boundary からなる。

フェダーンによれば，自我機能の遂行には一定の自我カテクシス（自我エネルギーの備給）が必要である。例えば外的自我境界に十分な自我カテクシスが供給されていれば，この外的知覚刺激は生き生きとした現実感を持って体験される。自我カテクシスが乏しいと，見なれないもの，疎遠なものと感じられる（疎隔感）。内的自我境界は逆備給 counter cathexis によって形成された力動的な壁であり，エスの内容は正常な覚醒状態ではそれ自体としては知覚されることはないが，睡眠，中毒精神病，内因性精神病などで見られるように，何らかの要因で内的自我境界が弱化すると，自我化されないエス内容が内的自我境界を突破して意識内に侵入してくる。このとき自我はこのエス内容をむしろ外的現実に属するものとして知覚する。妄想，幻覚が実在感をもって体験されるのはこのためである。

この自我カテクシスは，身体的要因，心理的要因の両面から重複決定されているが，精神分裂病の自我障害は，この自我カテクシスの欠乏の結果発生する。「自我カテクシスの欠乏」が生じると，自我機能の弱化や停止のような自我障害が発生し，自我境界の弱化ないし崩壊を引き起こし，精神内界（無意識，エス，超自我）の感覚と，外界の知覚，あるいは過去の自我状態（幼児期体験として抑圧，記憶されていた感情や観念）と現在の状況の混同，混在が生じるという。自我境界の概念はマーラー Mahler, M. S. の分離‐個体化論における分離 separation による成立の研究やシルダー，そしてフィッシャー Fisher, S. とクリーブランド Cleveland, S. E. の身体自我境界の研究，さらに，ビック Bick, E. の第二の皮膚 second skin と結びついて，タスティン Tustin, F. の自閉的な防衛 autistic barrier, アンジュー Anzieu, D. の皮膚自我 skin ego 論へと発展している。なおフィッシャーとクリーブランド（1958）はロールシャッハ・テストを用いて防壁得点 barrier score と侵入得点 penetration score によって身体心像境界の測量の方法を確立した。

（小此木啓吾）

［関連項目］自我，自我化，自我カテクシス，自我心理学，身体化，身体自我，皮膚自我，分離‐個体化，シルダー，タスティン，フェダーン，マーラー

［文献］Anzieu, D. (1985), Federn, P. (1926, 1928a, 1928b, 1929, 1934, 1944, 1949, 1952), Fisher, S. & Cleveland, S. E. (1958), Tustin, F. (1981, 1986)

自我境界喪失症候群
［英］ego boundaries lost syndrome

タウスク Tausk, V. は『精神分裂病における影響機械の起源について』(1919) で，自我境界 ego boundary の概念を定義した。それは，自と他に関する自我意識の境界を意味するものであり，乳幼児の発達過程で子どもの自我意識が分化・発達するにつれて，親の自我意識との

境界が確立されるという。この論文でタウスクは，自他の境界設定作用の最初の徴候は子どもの最初の嘘 first lie であるという。それは，親に対して子どもが最初に秘密 secret を抱くことである。さらに，この論文の「自我境界の退行的喪失」の項で，タウスクは，分裂病には自我境界喪失症候群が見られるという。この症状は「すべての人，とくに親が自分の考えを知っている。自分の考えは自分の頭の中だけにおさまっていないで，まわり中に広がり，同時に，すべての人の頭に浮かんでいる」という訴えである。そしてタウスクは，この自我境界喪失症候群は，一定の幼児期の段階への自我の退行であるという。この幼児期の段階では「すべての人が自分の考えを知っている」という強い確信が存在している。子どもは最初の嘘をつくことに成功するまで，親がすべてのこと，自分にとって最も秘密な考えについてさえも知っていると想像している。つまり，両親に知られない秘密を持つ権利こそ自我の形成の最も強力な要因であり，このような自我形成こそ，自我境界の発達ひいては明確な心的統一体としての個体と自己の実現である。さらにタウスクは，この意味での最初に成功した嘘は，生後第1年目の間における肉体的排泄内容の規則的な排出を強いる親のしつけに抵抗する際，乳幼児が表情，身振り，赤ちゃん言葉で，自分がちゃんと排泄をしてしまったように，親に信じ込ませようとする形で観察されるという。自我境界喪失症候群は，この段階以前の発達段階への退行を意味する。なお，以上のタウスクの見解に対して，ウィーン精神分析学会の席上，フロイト Freud, S. も賛意を表明した。　　　　　　　　　　　　　　　　（小此木啓吾）

[関連項目] 自我境界，タウスク，フェダーン
[文献] Tausk, V. (1919)

自我欠損
[英] ego defect
[独] Ich Defekt
[仏] déficit du moi

自我機能がひとつ，あるいはそれ以上にわたって，もともと欠けていることを指し，一過性の機能障害とは区別される概念である。自我心理学でいう自我機能とはベラック Bellak, L. によると，(1) 現実検討，(2) 判断，(3) 外界ならびに自己に関する現実感，(4) 欲動・情動・衝動の調整とコントロール，(5) 対象関係，(6) 防衛機能，(7) 刺激防御，(8) 自律機能，(9) 総合－統合機能，(10) 支配－能力，(11) 各自我機能の連携，(12) 適応的退行，であるとされるが，それらのひとつ，あるいはそれ以上の機能が欠如すると，さまざまな精神活動に影響が及び，障害という形で表面化してくる。また，どの自我機能がどの程度欠如しているかによって障害の重症度が異なってくるとされる。自我欠損が広範囲にわたると，自己と対象の分化に障害がおこり，現実検討能力や自己同一性，さらには本能衝動の防衛機制などに深刻な病理性（精神病や人格障害）を示す。

自我欠損の要因としては個人の体質的・素因的なものとともに，自我発達がなされる幼少期における周囲とのかかわりからくる体験的なものが考えられる。ただ，ここで注意せねばならないことは，冒頭にも記したように，自我欠損は力動的（退行と固着）な一時的自我障害（心的葛藤）とは基本的に異なり，心的構造や機能の非力動的な損傷であり，その障害は不可逆的・永久的であると考えられている概念である（欠損）ということである。それゆえ，治療技法も，より支持的，補足的接近法がとられることになる。グリーンソン Greenson, R. は，自我欠損のある患者は治療同盟が結びにくく，転移も充分に展開しにくいとしている。この自我障害における心的葛藤論と欠損論をめぐっては，自己愛障害患者の病理性と治療的接近法についてのコフート Kohut, H. とカンバーグ Kernberg, O. の論争が良い例であろう。さらに，自我欠損が二次的に心的葛藤をおこすこともあり，様相はさらに複雑となる。

バリント Balint, M. の記した基底欠損 basic fault もこれに近い概念である。バリントはエディプス葛藤領域と対照して，基底欠損領域にある人たちを仮定し，「原始的対象関係，成人言語の伝達有効性の不充分さ，排他的二者関係，"マインド"の歪み・欠損に発する力動関係」があり，エディプス葛藤領域にある人たちとは異なって，より基本的な心身両面における障害を呈するとしている。そして基底欠損の起源を「個体形成の初期段階において個体のもつ生理・心理的要求と，周囲から供給される物質的・心理的保護・配慮・好意との間におこる落差」にあると考えた。すなわち先天的・素因的に幼児の生理・心理的不可欠条件が厳しすぎて現実に補いきれない場合から，環境側が充分な配慮を供給できない場合（不充分な育児や一貫性を欠いた育児など）までの種々の落差が基底欠損を生むのである。そして，そのような人たちとの治療では，治療者と患者との信頼関係は容易に損なわれ，満足と欲求不満との差が非常に大きくなって，嗜癖的依存と行動化をおこしてしまうとしている。これらはまさに，人格障害や心身症の人たちの中でおこることであり，基底欠損という概念は，その理解に貢献した理論のひとつであるとされている。　　　　　　　　（福井　敏）

[関連項目] 葛藤，基底欠損，自我機能
[文献] Balint, M. (1968), Bellak, L. (1973)

自我自律性
[英] ego autonomy

ハルトマン Hartmann, H. によって提起された精神分析的自我心理学の基礎概念の一つ。ハルトマンは，超自我，エス，外界との葛藤に巻き込まれない自我の働きを，葛藤外の自我領域 conflict-free ego sphere にある自我機能と呼び，これらの自我機能がエスからも超自我からも独立した主体性を持ち，また，外的現実に対しても自立的な適応力を持つという意味で，自我の自律性 ego autonomy を持つという。そもそも自我の機能は，精神内界の超自我とエスと現実の葛藤 conflict を解決し，内的安定をはかる防衛機能と，現実に適応する現実機能に大別されるが，フロイト Freud, S. は晩年（1937），知覚・思考・認識・運動・言語・創作・学習など，また知能や才能と呼ばれるような自我機能は，本来この種の自立的な現実機能の働きであり，防衛機能と区別されると述べ，ハルトマンはフロイトのこの考えをさらに明確化した。そして，自我自律性は「自我装置」を基礎とするという意味で，生物学的な根拠を持つが，同時に，後天的経験の中で自動化され，前意識的自動性 preconscious automatism を獲得しているという意味で心理学的根拠を持つ。発達的に見ると，自我自律性は，さらに一次的自我自律性 primary ego autonomy と，二次的自我自律性 secondary ego autonomy に区別される。前者は，本来葛藤外の自我領域の中で発達した自我自律性で，自我装置に基礎を置くが，後者は，例えば性格防衛のように，最初は防衛機能として発達したものが，機能の変化によって二次的に葛藤外の自我領域の自我機能としての自我自律性を獲得したものである。　　　　（小此木啓吾）

[関連項目] 機能の変化，自我心理学，自我の葛藤外領域，前意識的自動性，ハルトマン

[文献] Hartmann, H. (1937, 1964), 小此木啓吾（1961, 1985b）

自我心理学
[英] ego psychology
[独] Ich Psychologie
[仏] psychologie du moi

自我心理学という言葉は，必ずしも精神分析的自我心理学のみを意味するわけではない。一般心理学でも，すべての心的現象や心的機能を，自我との関係において記述し理解しようとする心理学を自我心理学と呼ぶ。これらの流れに対して，フロイト Freud, S. が定義した自我（ego, Ich）の概念に基礎をおくのが精神分析的自我心理学である。この意味での自我心理学は，一般にハルトマン Hartmann, H. を中心にニューヨークで発展した流れを言うが，小此木啓吾は，精神分析的自我心理学をあえて次の4つに分ける。

第1は，まだフロイト時代（1910年-20年代）のウィーンで，タウスク Tausk, V., フェダーン Federn, P., シルダー Schilder, P. らの主観的意識体験としての自我を理論構成の出発点とする現象 - 力動論的自我心理学である。この流れがウィーンに誕生した背景には，当時のウィーン大学におけるブレンターノ Brentano, F. の作用心理学の影響と理論構成の臨床的源泉を精神分裂病の精神病理解明においた動向がある。この動向は，病者の主観的意識における特異な異常体験の研究を出発点とし，この異常体験を精神分析的に理解する理論は，現象学的方法とフロイトの力動 - 構造論的な自我概念との統合を課題とした。

第2は，フロイトの晩年（1930年代）のウィーンで生まれ，米国に渡ってさらに発展したフロイトからアンナ・フロイト Freud, A., ハルトマンに至る生物心理学的な構造 - 適応論的自我心理学である。フロイトにおける Ich には，主観的な自己を意味する場合と，自我，エス，超自我という心的構造論の中でのシステム自我を意味する場合があるが，ハルトマンらの自我心理学は後者に準拠し，意識体験としての自己表象と自我機能の主体としてのシステム自我を区別し，このシステム自我の成り立ちと構造および機能を明らかにする。

第3は，フロイト以後の英米両国において，ハルトマンらの自我心理学を理論的母体としながら，アンナ・フロイト，スピッツ Spitz, R. A., ボウルビィ Bowlby, J., マーラー Mahler, M. S., ジェイコブソン Jacobson, E., ブロス Blos, P. らを中心とし，主として臨床的な精神分析研究と発達心理学的な実証的研究を統合する形で発展し，乳幼児，児童期，そして思春期の発達を発達ラインと相特異性を明らかにする発生 - 発達論的自我心理学の流れである。

第4は，米国における以上の3つの流れを統合し，その基礎の上に社会・歴史・文化論と，ライフサイクル論とを統合したエリクソン Erikson, E. H. の社会文化的自我心理学の流れである。

なお，これらの精神分析的自我心理学は，米国の力動精神医学の中で，精神分裂病，境界人格障害論，うつ病論などの精神医学領域，そして心身医学，コンサルテーション・リエゾン精神医学などの各領域における基礎理論としての重要な役割を果たした。

フロイト，ハルトマンに発する自我心理学の特質は，統合的・全体的人間理解を目指す点にある。フロイトの精神分析は，外界，エス，超自我の葛藤の調整に終始する受身的な防衛自我 defensive ego に代表される人間の無意識的側面を認識することに重点を置いたが，晩年のフロイト（1930年代）は，特に『終りある分析と終りな

き分析』(1937),『精神分析学概説』(1940)において,精神療法の主体としての正常な自我,ひいては作業同盟と治療契約を結ぶ自律的自我を明確に概念づけた。「自我は,その現実,エス,超自我に対する3つの領域からの要求に満足を与えるべきであると同時に,自己の組織を維持し,自己の自立性 Selbständigkeit を主張すべき任務を担っている。分析医の自我と患者の弱化した自我は,現実の外界によりどころを置いて同盟(契約)を結び,当面の敵であるエスの本能要求と超自我の良心の要求に対してともに闘う」。このフロイトの自律的な自我の認識を出発点として,統合的全体的なパーソナリティ理解を目指す自我心理学の動向が生まれたが,その基本的な特質は次の点にある。

(1) 心的構造論(フロイト)の継承:フロイト以後の精神分析理論の流れの中で,自我心理学の流れを最も鮮明に特徴づけているのは,フロイトの自我-超自我-エスという心的構造論をそのまま継承し,発展させている点にある。英国対象関係論学派やラカン学派に比べた場合,ガントリップ Guntrip, H. の言うパーソン自我 person ego に対するシステム自我 system ego をその基本概念とする。それだけでなく自我心理学は,フロイト理論の基本的観点,つまり力動論-経済論,発生-発達論,心的構造論,適応論をそのまま継承している。自我心理学が現代におけるフロイト学派と同義のものと見なされるのは,こうした理論構成のためである。

(2) フロイトの生物主義を基盤とする:フロイトの生物主義,つまり,あらゆる心的現象と機能は,すべて身体,特に脳の動きであり,精神発達は生物学的な脳の成熟に規定され,心的な欲動はすべて身体的(神経・内分泌系)な源泉に発するという心理-生物学的なヒトの理念にその根拠をおく点にある。しかもこれらの生物学的な基礎は,ヒトとしての人間に固有の系統発生的-遺伝的要因によって決定されているという。特にハルトマンは,心理的なものと生物的なもの(特に脳)との相関を,フロイトのように欲動についてだけでなく,自律的な自我機能(思考,知覚,記憶,性格)についても精神分析が解明する可能性を理論づけた。

(3) 適応論と発生-発達論:ハルトマンの主著が『自我心理学と適応問題』(1937)と題されていることに象徴されるように,すでにフロイトの理論に内在していた適応論的見地と発生-発達論的見地をより明確なものにした。つまり,自我心理学にとっての個体とは,一個の生体 organism であり,環境とは生物としての母親に代表されるような生物学的環境である。つまり適応論的見地は,生体としての人間とこのような意味での外的環境の相互関係という準拠枠から人間の行動をとらえる観点である。そしてこの観点から,生物的なものと心理的なものの統合を発生-発達論的に追求していく。こうした理論の枠組みを確立したのがハルトマンの業績であるが,彼は自我発達を,先天的・生物学的な脳の成熟に規定される自我発達のプログラム(遺伝的・生物学的なもの)と,その発達に及ぼす母子関係(後天的・経験的なもの)の相互作用の統合過程としてとらえ,人間の自我そのものの成り立ちを,特に経験科学的に研究する方法論を確立することになった。米国の精神医学,心身医学の中で自我心理学が大きな役割を果たすに至ったのも,フロイトの心理生物学的側面を発展させ,精神分析を医学モデルに即して発展させる役割を担ったためである。

(4) 児童分析と乳幼児の母子関係の研究:フロイトの精神分析が成人の精神分析療法を基本的観察方法としていたのに対して,自我心理学は児童の精神分析治療(遊戯療法を用いた)や,乳幼児の母子関係の直接観察による実証的方法をも用いるようになった。さらにこの動向は,動物の心的発達や母子関係に関する比較心理学的な方法とも結びつき,ひいては生態学的な観点と精神分析との統合に向かい,独自の精神分析的な発達心理学を形成した。

特にスピッツ,ジェイコブソン,マーラーは,発達-適応論の観点から,乳幼児が母との一点の共生状態から次第に分化していく,分離-個体化の過程について詳細な観察を行い,自我発達が母親側からの適切な情緒応答,ひいては母子間のよき情緒的コミュニケーションによって規定される事実を明らかにするとともに,さらに,ハルトマンによる自己表象と対象表象の概念づけから出発して,乳幼児の主観における自・他の分化,自己像と対象(他者)像の形成過程を解明し,さらにコール Call, J., タイソン Tyson, R. およびタイソン Tyson, P., エムディ Emde, R. N. らの乳幼児精神医学の発展をもたらした。

(5) 社会・文化・歴史的な観点:以上の自我心理学の流れは,社会・歴史との相互性の中での自己形成すなわち自我同一性の発達論としてエリクソンによって大成された。さらにこの流れは,ジェイコブソン,カンバーグによる自己表象と対象表象などの分化と相互関係から同一性と対象恒常性の確立に至る自我心理学的な対象関係論を生み,現代の精神分析的な乳幼児・母子相互作用研究に道を拓いた。しかし,米国ではシカゴを中心に,自我 ego ではなく自己 self と自己愛の心的な形成と構造を対象関係論的に明らかにするコフート Kohut, H. らの自己心理学が発展し,さらにこの自我心理学の流れと自己心理学の流れのパイン Pine, F. などによるマルチモデル的な共存,そして統合の可能性が提出されている。

(小此木啓吾)

[関連項目] 構造論的観点,自我自律性,自我同一性〔エゴ・アイデンティティ〕,自己,自己愛〔ナルシシズム〕,自己心理学,児童分析,適応論的観点,乳幼児精神医学(保健),パーソン自我,発生論的観点,発達ライン,エムディ,エリクソン,

ガントリップ，カンバーグ，コフート，ジェイコブソン，シルダー，スピッツ，タウスク，ハルトマン，フェダーン，フロイト，A．，フロイト，S．，ブロス，ボウルビィ，マーラー

[文献] Freud, A. (1936), Freud, S. (1894, 1900, 1911a, 1912f, 1917d, 1924a, 1924f, 1926a, 1933a, 1937b, 1940c, 1940d), Freud, S. & Breuer, J. (1893–1895), 小此木啓吾 (1956, 1961, 1985a, 1985b)

自我親和的

[英] ego-syntonic
[独] Ich-gerecht
[仏] conforme au moi

　衝動や感情，観念，行動などが，その人の自我（自己の意識）にとって親和性をもって受け入れられている状態を表す。反対に，それらの精神現象が違和的な感覚と共に体験される場合を自我異和的と呼ぶ（ego-alien，自我疎外的と訳されることもある）。一般的には，神経症的な性格傾向においては自我親和的，症状化されている場合には自我異和的と表現することが多い。

　フロイト Freud, S. は，自我と，その自我には調和しないような形で体験される性的衝動との間に葛藤が生じる時に，神経症が発生することについて論じ，「これらの性的な衝動は自我親和的ではないので，自我はそれを抑圧する」と述べた。彼は，特に初期の本能論を展開する中で，葛藤にかかわるすべての衝動が自我と対立するわけではなく，衝動の中には自我と共存できるもの（自我本能）と対立するもの（性的本能）があると考えた。後者は抑圧され，抑圧された衝動は症状となって自我異和的なものとして経験されることになり，自我には受け入れにくく調和しにくいものとなる。

　フロイト以降，自我親和的，自我異和的という用語は，全体性や統合性を伴う理想型としての自我に調和するかどうかという意味を含む概念として使われるようになった。たとえばジョーンズ Jones, E. は，「自己の基準に受け入れられ調和している」かどうかによって，自我親和的 ego-syntonic な傾向と自我異和的 ego-dystonic な傾向を対立させて論じた。神経症症状の他，失策行為や夢，異文化体験などには自我違和的なものが含まれることが多く，性格傾向や同質文化における生活習慣，感情，価値観，ある種の空想，さらには嗜癖や倒錯傾向などの精神現象は自我親和的なものとして体験されることが多い。このように，自我親和的，自我異和的という用語は，個人の内的で主観的な意識における体験のあり方を表す言わば記述的な概念であり，現代の精神分析からみると，むしろ自己親和的 self-syntonic，自己異和的 self-alien という表現の方がふさわしいとする意見もあるが，実際には慣用的に自我親和的，自我異和的という用語が使われている。
　　　　　　　　　　　　　　　　　　　　（中村留貴子）
[関連項目] 自我，自己
[文献] Freud, S. (1923b), Jones, E. (1950)

自我装置　⇒自我

[英] ego apparatus

自我同一性〔エゴ・アイデンティティ〕

[英] ego identity
[独] Ich Identität
[仏] identité du moi

　エリクソン Erikson, E. H. によって定義された精神分析的自我心理学の基本概念。自我同一性は，しばしば同一性 identity という言葉とも同義的に用いられるが，厳密には両者は区別されるべきである。エリクソンにおける「同一性」は，身分証明書に代表されるような，自己定義と他者によるその承認ないし証明の概念を含む。ただ単なる主観的自己定義を超えた歴史的社会的心理的存在としての自分であることを意味する。理論上は，第1に，自己の単一性，連続性，不変性，独自性の感覚を意味し，第2に，一定の対象（人格）との間，あるいは一定の集団（およびそのメンバー）との間で，是認された役割の達成，共通の価値観の共有を介して得られる連帯感，安定感に基礎づけられた自己価値 self esteem および肯定的な自己像を意味する。各個人は，出生以来，父母，家族をはじめとする対人関係の中で社会化されながら自我発達を遂げてゆくが，この過程で，それぞれの家族同一性 family identity，各集団同一性 group identity を共有する「○○としての自分」たとえば「息子（娘）としての自分」，「男性（女性）としての自分」（sexual identity），「日本人としての自分」（national identity），「○○大の学生としての自分」，「医師としての自分」（professional identity）という具合にさまざまな社会的自己とその同一性（複数）が形成されてゆく。自我同一性とはこれらの各同一性を統合する人格的な同一性を言うが，内省的に体験されるこのような統合的な自己に即しては，「自己同一性 self identity」が，各同一性を統合する自我の統合機能に即しては「自我同一性」の概念が用いられる。エリクソン自身必ずしもこの両者を明確に区別しないで用いることがある。しかし，人格発達の面から見ると，「自我同一性」が問題になるのは，青年期である。つまり，それまでは幼児期から青年期にかけて，各集団の同一性および役割に自己を可逆的で遊戯的，実験的に同一化させる試み identification が繰り返されるが，青年期，つまり思春期後期 late adolescence および後思春期 post-adolescence では，それまでの同一化群を

最終的に取捨選択し，秩序づけ，統合する自我同一性の確立が課題になる。この自我同一性の確立は社会的な大人としての自己の確立を意味するが，このような自我同一性の確立に至る青年期の過程をエリクソンは，心理社会的モラトリアムの段階と呼び，その確立の障害として「同一性拡散症候群 identity diffusion syndrome」を記載し，これらの同一性統合の病理の研究は，精神病理学に多大の貢献をもたらしている。なおエリクソンはその「同一性」の概念を，フロイト Freud, S. の自我理想，超自我，ナルシシズムの相互関係の研究から得ているが，社会規範から見て肯定的な評価を受ける同一性を肯定的同一性 positive identity，否定的評価を受ける同一性を否定的同一性 negative identity と定義して否定的同一性の形成の実例として，やくざやギャング集団での役割の達成や，その価値観の共有による自己価値の高まりをあげ，さらに各社会集団の価値観を肯定的，否定的に評価する価値判断の基準の相対性への注目から，小此木啓吾は，特定の時代，社会，国家内において，否定的評価を受けても，超時代的超国家的見地からみて，より普遍的な人間的価値を持つ同一性を「超越的同一性 transcendental identity」と呼び（例えば，キリスト，ガンジーなどの場合），福島章は，その社会体制に支配的な価値観に対抗する少数集団が持つ対抗文化 counter culture が持つ同一性を counter identity（対抗同一性）と呼ぶ。また特定の社会集団に一時的に同一化することによって，あたかも同一性が確立したかのように見えるが，状況の変化によって容易に失われる同一化を「偽同一性 pseudo-identity」と呼ぶ。　　　　　　　　（小此木啓吾）

[関連項目] アイデンティティ，自我心理学，青年期心性，モラトリアム，エリクソン，フロイト，S.

[文献] Erikson, E. H. (1956, 1959a)，福島章 (1976)，小此木啓吾 (1961)

自我による自我のための一時的・部分的退行　⇒ 適応的退行〔ARISE〕
[英] temporary and partial regression in the service of ego

自我の葛藤外領域
[英] conflict-free ego sphere

ハルトマン Hartmann, H. (1937) は『自我心理学と適応の問題』において，エス，現実，超自我の三者に対する自我の独立性を「自我自律性 ego autonomy」とし，「ある一定の精神発達の時点で精神葛藤の領域の外にあっていとなまれる自我の諸機能全体を，葛藤外の自我領域と名づける」と定義した。これはフロイト Freud, S. が注目していた精神内界や現実との力学的な葛藤の調整，すなわち防衛をつかさどるために制約される受け身的な防衛的自我と区別される。自我の自律性には，発生的ないし発達的にみて一次的自律的自我機能 primary autonomy と二次的な自律的自我機能 secondary autonomy がある。前者は先天的，体質的，遺伝的基礎をもった自我機能であり，その個体の生体としての基本的な潜在力を意味し，本来，葛藤外の自我領域にある自我機能として発達する知覚，思考，言語，記憶，運動機能，知能など，さまざまの適応機能がこれに属する。後者は個体がはじめはエス，現実，超自我との間での葛藤の解決を目的として発達し，やがて二次的に葛藤から自由な領域で働くようになった自我機能を呼ぶ。葛藤外の自我領域に働く自我機能の概念によって，パーソナリティの正常さ，健康への理解が深まり，正常心理学と精神分析理論が統合され精神分析的人格理論が発展した。たとえば自我心理学的にロールシャッハ・テストをとらえると，テスト状況や図版刺激そのものが葛藤を喚起する。そのような場面でどのような不安，葛藤，退行が生じて，どれだけ葛藤から自由な自律的自我機能を発揮できるか，被検者の自我機能の健康な面と病理的な面を統合的に見ることができる。なお，アンナ・フロイト Freud, A. も『自我と防衛機制』(1936) で，「自我は（中略），エスや超自我や外界の圧力の間で積極的に調和を作り出すような，もっと独立して独創的な機能を所有しているのではないか」と提起しており，晩年のフロイトも『精神分析学概説』(1940) では単なる防衛機能以外の，より統合的，全体的な自我機能の概念を受け入れている。
　　　　　　　　　　　　　　　　（深津千賀子）

[関連項目] 構造論的観点，自我機能，自律性，ハルトマン

自我の分裂
[英] splitting of the ego
[独] Ichspaltung
[仏] clivage du moi

フロイト Freud, S. は「意識の分裂」「心的分裂」などの用語によって，ヒステリーにおける解離を論じていた。彼はそれを外傷経験と関連づけるとともに，防衛と見なした。これは後の心的構造論が定義する意味での自我ばかりでなく，パーソナリティ全体または一部の分裂である。これはコフート Kohut, H. の「垂直分割」に近い。それに対して本項目でいう「自我の分裂」とは，彼が晩年 (1937) になって特にフェティシズムと精神病において認めたもので，自我が去勢という受け入れ難い外的現実を前にして，一方はそれを認識し，一方ではそれを否認する矛盾した態度を併存させている自我の状態を意味した。さらにフロイトは『精神分析学概説』(1940) に

おいて正常な人間の心に自我の正常な部分と精神病的部分の併存することを述べ，精神病者のパーソナリティにも精神病的な部分と非精神病的部分を認めた。このフロイトの自我の分裂の考えはカタンやビオン Bion, W. R. らの考え方に通じる。さらにフロイトは対象の分裂およびそれに付随する自我の分裂については，レオナルド・ダ・ヴィンチの母親との関係や「砂男」における父親像の分裂の指摘を通して示唆した。しかし今日的な意味での展開は，第二局所論すなわち超自我 - 自我 - エスという心の 3 審級のモデルを提出し『悲哀とメランコリー』(1917)で部分対象関係の可能性を開いたに留まった。

クライン Klein, M. は，妄想分裂ポジションでは原始的諸防衛機制の活動によって対象の分裂と自我の分裂が必然的に同時に起こることを指摘した。原始的水準の自我は破壊的な部分（悪い自己）を対象に投影同一化し，分裂機制によって良い自己と良い対象の関係を，悪い自己と悪い対象の関係から守ろうとする。しかし破壊性を投影された対象はさらに迫害的なものとなるので，自我は分裂を強めるか，混乱を来すかするようになる。カンバーグ Kernberg, O. F. は，クラインの指摘した原始的力動を人格障害の患者の中に認め，境界パーソナリティ構造論にまとめた。またフェアバーン Fairbairn, W. R. D. は独自のパーソナリティ形成論から部分自我と部分対象の「対象関係単位」を論じ，リンズレー Rinsley, D. の境界例論に影響を与えた。　　　　　　　　（福本　修）

[関連項目] 境界パーソナリティ構造，人格障害，スキゾイド・パーソナリティ，スプリッティング，精神病，分裂機制，妄想分裂ポジション

[文献] Bion, W. R. (1956), Freud, S. & Breuer, J. (1893–1895), Fairbairn, W. R. D. (1952), Freud, S. (1910c, 1917d, 1919i, 1927e, 1940c, 1940d), Kernberg, O. F. (1976), Klein, M. (1946), Kohut, H. (1971), Rinsley, D. B. (1979)

自我の変容

[英] alteration of the ego
[独] Ichveränderung
[仏] altération du moi

外傷体験の繰り返しや，喪失体験の積み重ねによって早期に自我の変容が生じることと，後に神経症を発症したり神経症的性格が生じることとの間に相関関係があることは一般に受け入れられている。このことをフロイト(Freud, S. 1939)は次のように図式化している。[早期外傷]―[防衛]―[潜伏期]―[神経症の発症]―[抑圧されたものの部分的回帰]すなわち，「防衛機制は，自我の中に固着し，その性格の規則的な反応様式となって，その人の生涯を通じて，幼児期の最初の困難な状況に類似した状況が再現されるたびに反復される」のみならず，「その防衛機制を用いて防いだ危険と，ほぼ等しい内容を有する現実の状況を探し出さねばならないように強制されている」とまで述べている。さらにフロイト(1937)は，治療を妨げるものとしての自我の病的変容という考えから，自我の精神病的部分という考え方に発展している。そして，正常といわれる自我でもどこかしら精神病的部分を持っていると述べている。この精神病的部分をどの程度持つかと言うことが，曖昧に「自我の変容」と呼ばれている事態の意味である。

フロイト(1926)は，自我がどの様に症状の異質性や孤立性を消し去ろうとするのかということを繰り返し考察している。自我は，自我そのものにとって異質な内的世界の部分に対して，ちょうど外的現実世界に対して行うような仕方で，適合すると述べている。神経症的防衛が自我親和的になるのは，自我が症状形成の過程と同一化することによってである。このようにして，精神病的部分の取り入れ，すなわち自我の変容が生じる。

変容した自我の治療の可能性については，性格分析はしばしば終わりなき分析になってしまうことが知られているし，性格を根本的に変えることは不可能だと考える分析家も多い。治療に抵抗するもっとも重要な要素は，変容した自我が自我親和的である点であり，反対に性格構造の変化を引き起こす要因は，自我異質性を取り戻すことである。自我親和性とは，構成的方向に働くものであって，これはそれ自体を疑問に付すことが出来ないし，自己理解や自己に対する確信の基盤となるものである。疑問に付すことが出来ないのは，自我親和性が実際無意識的な過程であり，また「疑問に付す」ということ自体が，この過程を使用するほど根元的なものだからである。それゆえ自我の変容は，転移という形でしか捉えることが出来ない。ジョゼフ Joseph, B. は，治療状況の全体を転移と見なし，それが解釈に反応し刻々と変化する様を記述し，治療的な人格の変化は，そのようなミクロな変化の集積として生じると述べている。また逆に，たとえ重い人格の病理を持つ症例でも，一つのセッションの中で，ミクロな転移の変化を詳細に追っていく作業を続けることで，治療可能であることを示している。

（小川豊昭）

[関連項目] 自我，性格分析，精神病的パーソナリティ／非精神病的パーソナリティ

[文献] Freud, S. (1926a, 1937b, 1939), Joseph, B. (1989)

自我備給　⇒自我カテクシス

[英] ego cathexis

自我本能

　　［英］ego-instincts
　　［独］Ichtriebe
　　［仏］pulsions du moi

　フロイト Freud, S. は初期の本能理論において，人間の基本的本能として，性本能（リビドー）と自我本能の2つを提唱した。そして後者は個体の自己保存を求める自己保存本能と同一であり，性本能と葛藤し，これを抑圧する際の自我に活動のエネルギーを提供する本能を指すとした。1905年の『性欲論三篇』で，身体的基礎をもつリビドー概念が提示され，1910年，『精神分析的観点から見た心因性視覚障害』で，自己保存本能および抑圧機能と関連づけて自我本能が取り上げられた。そして生後速やかに現実原則に従うようになる自我本能と，長く快感原則に支配されたままでいる性本能との間に葛藤が生じ，これが神経症の心的原因となるという。1917年の『精神分析入門』では，「リビドー衝動に対して抗議を発する諸力，すなわち病因となる葛藤においてリビドー衝動に反対する党派を作るものは何でしょうか。ごく一般的にいって，それは性的でない衝動力です。われわれはそれらを『自我本能』という名で総括しています。病因となる葛藤は，すなわち自我本能と性本能の間の葛藤なのです」と述べている。しかし，1920年『快感原則の彼岸』では，生の本能と死の本能の対立からなる後期本能論が提唱され，自我本能も性本能も，共に生の本能に属するものとされるに至った。　　　　　　（馬場謙一）

　　［関連項目］自己保存本能（欲動），生の欲動（本能），リビドー
　　［文献］Freud, S. (1905d, 1910h, 1911a, 1916–1917)

自我理想

　　［英］ego-ideal
　　［独］Ichideal
　　［仏］idéal du moi

　フロイト Freud, S. がその心的構造論で用いた概念の一つで，フロイト自身の論文では，自我理想は，超自我，理想自我としばしば区別されずに用いられていて，その一貫した定義はとらえにくい。しかし，フロイト以後の精神分析学者一般の定義は，(1) 自己愛による理想化された自己，つまり「なりたい自分」，(2) 理想化された愛の対象（理想化された全能の父母像の内在化したもの），(3) 理想化された両親像や集団的な理想との同一化などによって形成され，自己に対して（あるべき自己の姿やあり方）を示し，自己がそれに一致すべき手本や模範を提供する。この自我理想の期待するように自我が応えるかどうか，つまり，両者の関係がうまくいくか，いかなるかによって，自己愛の充足ないし傷つきが生じる。特に超自我と自我の関係では罪悪感が，自我理想と自我の関係では恥が情緒的な主題になる。フロイト自身の自我理想の概念の変遷を探ると，フロイトは，『ナルシシズム入門』（1914）では，もっぱら「理想自我 Ideal-Ich」という言葉を用い，それによって後年，自我理想に付与するに至った心的な機能，つまり自我の現実的な達成を評価する内的な基準を意味し，しかもそれは，幼児の自己愛が失われた際にその代理として形成される理想化された自己をも意味しているといい，『集団心理学と自我の分析』（1921）では，「自我理想 Ich-Ideal」が最も重要な概念として最も具体的に論じられている。つまり，ほれこみの対象が理想化されるのは，その対象が自我理想の代役を果たし，自己愛的なリビドーが大量にそそがれるからであって，集団心理におけるその指導者（対象）への献身があるのは，このほれこみのためである。つまり，自我理想は未発達な自己愛的なうぬぼれの所産で，催眠の治療者や集団の指導者に容易に置き換えられる。また躁状態は，一度分化した自我と自我理想が再び一体化する状態で起こる自我感情の昂揚であって，これに対してメランコリーでは，自我理想が自我に対して特異な厳しさを発揮するという。

　しかし，この論文に続く『自我とエス』（1923）では，「超自我」と「自我理想」は区別されないまま用いられ，むしろ自我理想が超自我とともにエディプス・コンプレックスの遺産として述べられている点に特質がある。「自我理想あるいは超自我と呼ばれるべき自我の内部の分化……」といった書き方が行われ，エディプス・コンプレックスの消滅する途上で形成される自我理想は，「おまえは父のようであらねばならない」という自我への勧告（理想の面）と，「おまえは父のようであることは許されない」という禁制（禁止の面）の両面を含み，それは自我理想が，エディプス・コンプレックスの抑圧の役割を負わされているからである，という。したがって，「自我理想はエディプス・コンプレックスの遺産であって……，人間の高貴な本質に課せられる一切の要請に応えるものであり，……父への憧憬に対する代償形成であり……，あらゆる宗教がそこから生成する萌芽を含み……，良心として道徳的監視を行い……，社会的感情は共通の自我理想に基づく他人との同一視の上に立っている」という。しかし，『続精神分析入門』（1933）では，再び自我理想と超自我の区別が行われ，超自我は，自己観察，良心，理想の3つの機能を担うが，良心は罪悪感を，理想は劣等感を生じ，特に後者は自我理想と自我の関係から生ずるとともに，脅かしよりも愛を得ることにより密接な関係がある，と述べられている。つまりフロイトの自我理想に関する論議で一貫しているのは，超自我に比べて自我理想が (1) 幼児の失われた自己愛の置き換えから生じ，

(2) 脅かしや処罰よりも愛されることから生まれ，(3) 理想化された愛情的な父母の内在化であり，禁止や罰よりも理想・模範を示し，(4) 罪悪感よりも劣等感や恥の感覚を生み，(5) 超自我が権威そのものを意味するのに対して，自我理想は権威の期待に対してどのように応えるべきか，そのあり方を示す，ということである。エリクソン Erikson, E. H. はフロイトの自我理想の考察を，彼の自我同一性理論の出発点にし，コフート Kohut, H. の自己愛論も，フロイトにおける自我理想論の発展であり，コフートは，自我理想の基本的な 2 つの側面である「理想化された自己」を「誇大自己」として，理想化された対象を「理想化された（自己）対象」という術語で明らかにしている。つまりエリクソンによって自我理想の対社会的 - 集団的側面が，コフートによってその自己愛論的側面がより明確になった。　　　　(小此木啓吾)

[関連項目] 自我，自己愛〔ナルシシズム〕，超自我，恥，理想自我

[文献] Erikson, E. H. (1956), Freud, S. (1914c, 1921c, 1923b, 1933a), Kohut, H. (1971), Sandler, J., Holder, A. & Meers, D. (1963)

自我リビドー／対象リビドー

[英] ego-libido / object-libido
[独] Ichlibido / Objektlibido
[仏] libido du moi / libido d'objet

フロイト Freud, S. が区別したリビドー備給の 2 つの型で，自我リビドーは主体自身を対象とし，対象リビドーは外部の対象を対象にする。この 2 つのリビドーの間にはエネルギーの均衡があり，対象リビドーと自我リビドーは，それぞれ一方が増加すれば一方が減少する――フロイトは『ナルシシズム入門』(1914) で，リビドーは最初は自我に備給され（一次的ナルシシズムの状態にあり），次に，自我から外部対象に送り出される。「我々はこのようにして自我の原初的リビドー備給の存在を理解する。その一部は後に対象に譲られるが，根本的には自我備給はいつまでも残り，対象備給に対して，原生動物の体がそれの送り出す偽足に対するのと同じような働きをする」。

対象リビドーの自我への撤収は，特に心気症や誇大妄想のような精神病状態において観察され，フロイトはこの状態を二次的ナルシシズムと呼んだ。最初フロイトは，自我欲動（自己保存欲動）と性欲動を区別し，二元論の立場に立っていたが，ナルシシズム的状態（睡眠，身体疾患）の場合には，この両者の区別が曖昧になることを述べ，自我リビドーは，自我のうちに対象として向けられると同時に，自我はまた，リビドーそのものの大きな「貯蔵庫」であると述べている。この点についてのさらに綿密な論議が望まれている。　　　　(小此木啓吾)

[関連項目] エネルギー，自己愛〔ナルシシズム〕，備給〔充当，給付〕，欲動，フロイト，S.

[文献] Freud, S. (1914c)

時間　⇒無時間

[英] time

時間制限精神療法　⇒短期精神療法

[英] time-limited psychotherapy

自虐性　⇒マゾヒズム

[英] masochism

自虐的世話役

[英] masochistic caretaker

北山修が日本神話や昔話の分析と臨床体験から取り出した生き方の特徴であり，ウィニコット Winnicott, D. W. の世話役的自己 caretaker self の発生論を下敷きにしている。第 1 に，世話を求める者に対して非常に面倒見がよく，頼まれると嫌とは言えず，多くの仕事を限界をこえて抱え込み，心身の消耗を繰り返す。第 2 に，自分の世話を十分に行うことや他人の世話になることを悪いと感じやすく，気楽に遊べず，適切な休みをとれない。そのため身体的・精神的に傷ついても，適切な世話を受けることが困難となる。第 3 は自らを痛めつける自虐性であり，軽い場合は苦労性だが，この傾向は進むと快感や満足を伴うために執拗に求められて，無理をすることがやり甲斐や生き甲斐を伴って目的化する。背景には，傷つきやすい愛の対象との自己愛的な同一化やその生き方の取り入れがあり，罪悪感（恩）の深まりや厳しい超自我構造により，怒りは自己へ向けかえられて自己卑下などの二次的自虐傾向を増強する。さらに，愛されたい，世話されたいという願望は周囲の者に投影され，これと同一視された「世話を受けたい人びと」の世話をすることで自己満足を得るという内的サイクルが完成する。これに呼応して「傷つきやすい母親」や脆弱な環境などの外的因子があると，攻撃性をぶつけることや放っておくことに罪悪感が伴いやすくなり，ますます「わがまま」を殺して相手を世話するようになる。この表現型が示されるのは，人格障害，抑うつ状態，分裂病の寛解状態から，軽い性格神経症，普通のお母さんや一般労働者まで様々な領域の生き方においてである。社会的に広くみられる理由は，これが居場所を得て適応する方法となり，

『夕鶴』の女性主人公のように求められ理想化されながら，周りに罪悪感を引き起こすという相互作用が生まれるからである。治療では「世話役転移」を発展させることがあり，治療者の世話とその失敗が問題になることが多いが，治療者が深い理解や配慮なく「禁止」を破って侵入的になったり，この役を降りることをただ説得するだけでは治療的でない。なぜなら，治療を求める者の背後に想定されやすい「本当の自分」は役割や居場所を奪われると恥不安とともに退去するという「見るなの禁止」の物語通りの結末があるからで，そこには精神病的な不安が孕まれるときがある。　　　　　　（北山　修）

[関連項目] 押しつけられた罪悪感，見るなの禁止
[文献] 北山修（1982b, 1993a），Kitayama, O.（1991），Winnicott, D. W.（1958a）

刺激障壁

[英] stimulus barrier, protective shield against stimuli
[独] Reizschutz
[仏] pare-excitations

伝統的な精神分析理論によれば，生誕直後の乳児は，刺激障壁（スピッツ）ないしは刺激保護 Reizschutz（フロイト）により外界の刺激から守られている。新生児を原始的な細胞に擬したフロイト Freud, S. の記載によれば，この障壁は，生物学的に備わった生得的なもので，内的刺激以外の知覚に対する閾値の高まりという形を取り，乳児はこの刺激保護（英語訳は protective shield against stimuli：刺激に対する保護的遮蔽）を突破する刺激を処理できないという。この概念を発展させたスピッツ Spitz, R. A. は，「新生児の刺激障壁は極度に高いので，保護層を文字通り打ち破りでもしなければ，外からの刺激は侵入できない」とした。マーラー Mahler, M. S. の「正常自閉期」の概念は，この，刺激障壁の存在を前提としている。これに対し，「覚醒不活動状態」にある乳児を対象とした最近の乳幼児研究は，乳児が生誕直後においてさえ，周囲からの刺激を貪欲に取り入れていることを示している。これは，「正常自閉期」の概念に疑問を投げ掛けるものである。そうしたデータをもとにスターン Stern, D. N. は，「大人同様，ごく幼い乳児にも最適刺激レベルがあり，それ以下だと刺激を求め，それ以上になると刺激を回避する」が，「外的刺激と乳児の関係は，質的には，生涯を通じて変わらない」とし，「もし刺激障壁が存在するなら，時としてその閾値がゼロまで落ちるか，あるいは，乳児が周期的にその障壁をすり抜ける」と論じている。　　　　　　　　　　　（丸田俊彦）

[関連項目] 自閉期，スターン，マーラー
[文献] Freud, S.（1920e），Spitz, R. A.（1965a），Stern, D. N.（1985）

自己

[英] self
[独] Selbst
[仏] soi

自己を精神分析的検索の中心に据えた自己心理学の創始者コフート Kohut, H. が，「自己は，いかなる現実でもそうであるように，本質的に不可知 not knowable である。……自己の本質の厳密な定義の要求は，自己が，経験的データから抽出された普遍化であり，抽象科学の概念ではないことを無視することになる」と指摘していることからも分かるように，自己の定義は学者によりまちまちであり，明確な定義のないまま使われることも少なくない。強いて一般的に定義すれば，「人の主観的世界を重視し，個人の行動を規定する重要な要素として，人が自分自身をどのように見るかを理解・説明するため，行為の主体者としての人と対象としての人を区別する時，前者を自我，後者を自己と呼ぶ」となろう。自己心理学は基本的にこの立場を取る。カンバーグ Kernberg, O. F. によれば，「自己とは心的内界構造であって，複数の自己表象とそれに関連した情動配合 affective disposition によって構成される。また自己は，対象表象と共に自我内に存在し，自我機能の一つである対象関係に関与する」。

フロイト Freud, S. は，その心的構造論（1923）以前は，Ich という言葉を一個の主体 - 人格としての自己を意味する，私 I と同じ意味で用い，フェダーン Federn, P. は，主体としての私と客体としての私が同一であるというこの矛盾的自己同一こそ，Ich の本質であると語ったが，1923 年以後のフロイトの心的構造論における Ich（ego と英訳される）の概念を継承したハルトマン Hartmann, H. は，後者を，客体としての私を自己表象 self-representation，主体としての私を自我 ego と定義することで，自我と自己の区別を明確にし，自己愛を自己表象へのリビドーの備給と定義し，精神分析におけるフロイトの自己愛理論の曖昧さを解決した。

ジェイコブソン Jacobson, E. は，人格全体を意味するものとして自己を用い，精神内界の構造化された表象としての自己表象と区別し，エリクソン Erikson, E. H. は，アイデンティティについて自我の統合機能に力点をおく場合，自我アイデンティティ，主観的体験に力点をおく場合，自己アイデンティティという言葉を用いた。フロイト - 自我心理学の流れを批判したネオ・フロイト派のホーナイ Horney, K. は，自己 self をその理論の中核におき，基本的不安に対する防衛としてつくり上げられた理想化された自己 idealized self，つまり仮幻の偽りの自己 false self に固執する機制を神経症的パーソナリティの中核とみなし，精神分析治療における真の自己 real self の回復を論じたが，英国の対象関係論において，ガント

リップ Guntrip, H. は，自我心理学の ego をシステム自我，人格的な自己をパーソン自我と呼んで両者を区別し，後者をそのシゾイド論の中心におき，ウィニコット Winnicott, D. W. も，偽りの自己と真の自己を区別し，母親の心的機能との関連で独自の自己論を展開した。

コフートは，冒頭に述べたような立場から，自己心理学的検索対象としての自己を「個人の心理的宇宙の中心」（広義の自己）と定義するに至った (1977) が，『自己の分析』(1971) においては自己を，精神装置の一部であり，その自己表象を自我，超自我，エスの全部にわたって持ち，欲動エネルギーの備給を受けて時間的連続性を持つ心的内界の構造であるが，自我，超自我，エスといった体験から隔絶した experience distant 精神分析的概念とは異なり，体験に身近な experience near 概念であって，その理論的枠組みは，深層心理学的観察というよりは人の社会的行動の観察や，対人関係において（前）意識的に体験される自己の描写に近い（狭義の自己）としている。

さらに，乳幼児研究の領域では，エムディ Emde, R. N. は，情緒的自己 affective self を，スターン Stern, D. N. は自己感 sense of self を母子の相互作用，特に情緒交流の中での自己の発達理論の中核に置いている。

自我を，個人が意識し得ることの統合の中心と定義するユング Jung, C. G. は，自我が，つねに無意識的な内容によって一面性を補償され，それを意識化することを通じて発展し続けることに注目し，無意識内に存在するそのような自我の原型を自己と名付け，意識の中心としての自我をも包括する，心（意識，無意識を含む）の中心と考えた。　　　　　　　　　　　　　（丸田俊彦）

[関連項目] 自我，表象，コフート
[文献] 河合隼雄 (1992), Kernberg, O. F. (1975), Kohut, H. (1971, 1977, 1984), 丸田俊彦 (1992)

自己愛〔ナルシシズム〕

[英] narcissism
[独] Narzißmus
[仏] narcissisme

フロイト Freud, S. が「自己愛 Narzißmus」という言葉を最初に使ったのは 1909 年のウィーン精神分析協会の席であるが，そこでフロイトは，自己愛を自体愛 auto-erotism と対象愛 object love の中間に存在する段階であると述べている。同様の見解は，シュレーバー症例 (1911) に引き継がれている。この論文でフロイトは，それまで自体愛的に活動していた性本能（リビドー）を個体が統一化して，これを外的な一定の愛情対象に向け，他の人格的対象へと愛情対象の選択を変化，発達させてゆくが，自己愛は，このような対象選択の変化がまだ起こらないで，まず自己自身，すなわち心の中に生み出された自己の全体像を愛情対象にしている段階である，と述べている。

歴史的には，この自己愛の概念は，エリス Ellis, H. (1895) が自体愛の男性例を報告する際に，美少年ナルキッソス Narcissus が泉に映った自己像（鏡像）にほれこんだギリシャ神話を引用したのが最初とされるが，さらにネッケ Näcke, P. (1899) は，ナルチシズムを性倒錯の一種として定義し，フロイトはこの用語をより幅の広い心理状態を意味する言葉として用いたのである。またフロイトは，1910 年に自己愛という言葉を同性愛者の対象選択を説明する際に用い，「自己自身を性の対象とする彼らは，自己愛から出発して，母親が自分を愛してくれたように自分が愛することのできる若者（すなわち自己と同一視された対象）を求める」という（『性欲論三篇』への補注，『レオナルド・ダ・ヴィンチの幼年期のある思い出』1910）。さらに，フロイトはシュレーバー症例で，同じ同性愛的対象選択について，「愛情対象にされた自己自身の中でも，自己の性器が最も中心的な自己愛的対象の役割を演じる。さらに進むと，個体は，自分のそれと類似した性器をもった同性の対象を選択するようになり，この同性愛的対象選択を経て異性愛に至る」と述べたが，この母‐子関係における自己愛的同一視の文脈と，同じ男性性器を持つことによる同性（一次的には父親，兄弟）に対する男性同士としての自己愛的同一視の文脈，この 2 つの文脈の流れが，フロイト以後の精神分析の中で自己愛的な同性関係を理解する 2 つの基本的な見地になった。

フロイトは『悲哀とメランコリー』(1917) で，この自己愛的同一視の機制をメランコリーの理解に適用した。病的なうつ状態では，自分を見捨てた対象と自我との間に自己愛的同一視が成立し，失った対象に対する攻撃性を自分に向けかえている。つまり病的なうつ状態では，対象愛の段階か自己愛的同一視による対象へのかかわりの段階への退行が生じている。そして，このような自責が生ずるのは，失った対象への関係が，本来愛と憎しみのアンビバレンスを必然的に伴っていたためである。そしてフロイトは，対象喪失，対象に対するアンビバレンスとともにあげたメランコリーの三大要因のもう一つは，病前の素質としての自己愛的対象選択の型の優勢であった。つまり，これらの人物では，愛情対象とのかかわりそのものがすでに自己愛的であり，相手との間に現実自我による認識の上では自他の境界が確立しているにもかかわらず，快感自我による情緒面ではこの事実を否認した自己愛的同一視（幻想的一体感）による愛し方をする病前性格が顕著である。換言すれば，この種の自己愛的な対象選択の優勢な人物にとっては，対象喪失は自我の喪失を意味する。「メランコリーでは，リビドーは見捨て

た対象と自我との自己愛的同一視のために使われ，対象の亡霊は自我にのり移り……，対象の喪失は自我の喪失に変わり，自我と愛情対象との葛藤は，同一視によって見捨てた対象になりかわってしまった自我に対する自己非難に変わる」．

さらにフロイトは，エネルギー経済論の見地から，自我リビドー ego libido と対象リビドー object libido を区別し，自己愛とは自我リビドーが増大した状態であるといい，早発性痴呆（クレペリン Kraepelin, E.），そして精神分裂病（ブロイラー Bleuler, E.）の状態を，外界の対象からの対象リビドーの撤収と自我への備給（自我リビドーの増大）として理解した．そこでフロイトは，自分が正常な一次的自己愛の概念を研究するきっかけになったのは，早発性痴呆ないし精神分裂病を，リビドー理論の立場から解明するためであったと述べている．その臨床観察の出発点は，精神分裂病の陰性症状というべき外界の人物や事物からの関心の離反，つまり脱備給 decathexis と外界から撤収されたリビドーが自我に向けられて生じる誇大妄想であった．そしてフロイトは『ナルシシズム入門』（1914）で，この病的な自己愛の状態を，正常な一次的自己愛と区別して二次的自己愛と呼んだ．

さらにフロイトは，『自我とエス』（1923）で，子宮内生活をその原型とし，新生児の初期状態でも見られるような，外界との関係がまだ成立していない自我とエスの未分化な原初的状態は，対象関係が生ずる以前の（objectless な）状態であり，これを対象のない「一次的自己愛 primary narcissism の状態」と定義した．つまり，一次的自己愛の状態では，まだ外界の対象表象 object representation に対するリビドーの備給は行われてはいない．乳児の主観にとって，外界の対象は，自己から分化したものとして存在していない．睡眠は，この一次的自己愛の状態を何らかの形で再現するものと見なされるが，精神分裂病における外界の対象表象からのリビドーの撤収は二次的自己愛 secondary narcissism の状態への退行現象であるという．

精神分裂病では，二次的自己愛への退行に対する二次的現象として，リビドーを外界の対象に向け戻そうとする修復企図 restitution attempt が起こる．そして，幻覚や妄想などの症状（陽性症状）はこのような二次的現象である．フロイトは，分裂病者がこのような自己愛の段階に退行する素因としての固着を持ち，この自己愛段階への退行が生ずるのは生物学的な病因によると考えた．

さらにこのリビドー経済論的見地から見ると，自己愛は自我リビドーの増大による自己誇大観念とか自己の過大評価，自己自身へのほれこみ，全能感といった自我感情 ego feeling の高まりを説明する概念としての意義を持っている．『ナルシシズム入門』でフロイトは，理想自我 ideal ego とは，乳幼児的な自己愛 self love の存続であって，幼児的な自己愛に発する自我感情の高まりと全能感をそれに託す理想化された自己像であるといい，躁状態は，このような自我理想と自我の融合によって生じた，幼児的-一次的自己愛と結びついた自己満足感の再現であり，躁病もメランコリーと共に自己愛的疾患の一つと見なされる．フロイト以後，この意味における躁うつ論と自己愛理論の本質的なかかわりを深く，厳密に追求することによってジェイコブソン Jacobson, E. は彼女独自の早期母子関係からの躁とうつの発生-発達論を展開した．

フロイトは，『本能とその運命』（1915）で，自己愛の段階からどのようにして対象愛の段階に至るかを解明する途上で，自我心理学，対象関係論，それぞれの理論展開の源泉になった生成論的分析を提示している．つまり，次の段階では，快感原則の支配のもとに自我の発達が起こる．その主役である快感自我 pleasure-ego は，現実自我 reality-ego の知覚を通して差し出された半ば分化し始めた対象表象を，それらが快感の源泉となる限りで自己の中に取り入れる．他方では，自己自身の内部で不快となるものを外界へと追い出してしまう（投影の機制）．つまり快感自我は，自己自身の一部を分離して外界の中に投げ込み，敵として感じる．そして自己＝快感を持つもの，外界＝不快を持つもの，という対極性の図式が獲得される．

このような観点から自我の発達をたどってみると，一次的自己愛の段階では対象はまだ存在しない．愛の対極は無関心である．次の段階になって外界の対象表象が登場するが，その対象表象は，いま述べたような快感原則の働きによって，不快なもの，敵，憎しみの対象になる．なぜならば，快を与える対象表象は自己に合体されてしまい，不快なものは外界に追い出されてしまうからである．つまりそこでは，外的なもの，対象，憎まれたものは同一のものになる．その次の段階，つまり自己愛的段階が終わって対象愛の段階になると，快と不快は，対象表象に対する関係を意味するようになる．快を与える対象に近づき，これを愛そうとする傾向と，不快を与える対象から逃走し，これに反発して憎む傾向が成立する．この自己愛の段階から対象愛の段階への発達過程で働く快感自我の機制，取り入れと投影は最も原初的な心的機制であると同時に，幻想の世界における最も原始的な自我と対象の関係として描かれている．このフロイトの認識こそ，クライン Klein, M. および英国対象関係論学派の内的対象の形成をめぐる論議の出発点である．

さらに『文化への不安』（1930）で，フロイトは，フェレンツィ Ferenczi, S. の『現実感の発達段階』（1913），フェダーン Federn, P.（1926, 1927）の論文を参照しながら「自我境界 ego boundary」が，いかにして成立する

かを考察し，発達の最も初期の段階は，外界と一体になっている無制限の自己愛にみちた状態である。成人した自我は，常にこうした自我と外界の境界が曖昧になってしまうような自己愛的状態に陥りやすい（たとえば「ほれこみ」の極致）。このような意味で成人した人間の自我感情は，自己愛段階の一次的自我感情がしぼんだ残りものであるという。

神経症と自己愛のかかわりについてフロイト（1916）は，分裂病を自己愛神経症 narcissistic neurosis と名づけ，一般の神経症と区別した。分裂病は，リビドーが自己に向かっているために，治療者への転移を生ずる能力をもたない。そのために転移を起こす能力のある一般の神経症患者に対してフロイトの開発した治療技法では，分裂病の治療の可能性は得られない。この観点からフロイトは自己愛神経症と転移神経症 transference neurosis という概念づけを行ったが，そもそもフロイト（1914）がその自己愛論の考察の端緒とした分裂病と並ぶもう一つの疾患は心気症 Hypochondrie であった。器質的疾患の状態にある人物は，その身体的苦痛と不快のゆえに，外界の対象に対する関心を失い，リビドーを自己自身に向けかえるが，心気症の場合には，器質的疾患の苦痛にかわって，特定の器官ないし自己の身体に対象から撤去されたリビドーを向けることによって自我リビドーの過剰な備給による自己愛状態が起こっている。フロイトは，不安神経症が対象リビドーのうっ積によって生ずるように，心気症は自我リビドーのうっ積によって生じるという。

自己愛論とのかかわりの深いもう一つの神経症は強迫神経症である。『ナルシシズム入門』でフロイトは，自己愛理論を発展させる契機となった一つの流れとして，「思考の全能 Allmacht der Gedanken」の観察をあげている。それは自己の願望や思考の心的作用が外界の現実に全能の力をふるうという確信を意味し，児童と原始人にもこのような自己誇大観念が見られる事実を指摘し，アニミズムとの関連でこれを論じ，この心性は，幼児的な自己愛に発する幼児的誇大妄想のあらわれであり，内と外，自己と外界の未分化な自己愛状態の名残りであるという。そして，強迫神経症の基本的な病理として，フロイト（1907）は，強迫神経症的防衛機制のいずれもがこの思考の全能という舞台の上で演じられると述べた。さらにフロイト（1913）は，実は強迫神経症だけでなく，どの神経症も強迫神経症と同じような原始的思考方法，つまり思考の全能に支配された幼児的自己愛への固着に由来する面があり，その意味での現実喪失を伴うと述べている。

フロイト以後の自己愛の研究として，健康な自己愛を認めるフェダーンの愛の中間態 middle voice および自我の活力源としての自己愛，フロム Fromm, E. の自己愛 self love 論，エリクソン Erikson, E. H., リヒテンシュタイン Lichtenstein, H. のアイデンティティ論，対象表象と自己表象を区別して自己愛を自己表象に対するリビドーの備給と定義した，ハルトマン Hartmann, H., そしてジェイコブソン Jacobson, E. による正常な自己愛の発生・発達論の展開，1970 年代におけるコフート Kohut, H. による自己愛から対象愛へというフロイトの図式を改訂し，自己愛には自己愛なりの独自の正常な一貫した発達過程があるという自己心理学の発展がある。

その一方で，自己愛の幻想性を論じるラカン Lacan, J. の自己鏡像論，自己愛から対象愛への移行を論じるウィニコットの錯覚‐脱錯覚＝移行対象論，自己愛を受身的対象愛がみたされないことによる二次的産物とみなすバリント Balint, M., 土居健郎の甘え理論，現実性を欠いた全能感に支配される原始的心性とみなすクライン，自己愛をさらに病的な産物とみなすローゼンフェルド Rosenfeld, H. の破壊的自己愛‐自己愛構造体 narcissistic organization，そしてシュタイナー Steiner, J. の病理的機構化 psychological organization などの研究が発展している。

（小此木啓吾）

［関連項目］アイデンティティ，一次ナルシシズム／二次ナルシシズム，快感自我／現実自我，強迫神経症，自我リビドー‐対象リビドー，自己愛構造体，思考の全能，シュレーバー［症例］，心気症，精神分裂病，対象選択，ねずみ男［症例］，備給［充当，給付］，表象，ウィニコット，エリクソン，クライン，コフート，バリント，ハルトマン，フェダーン，フェレンツィ，フロイト，S.，ローゼンフェルド

［文献］Balint, M. (1952), 土居健郎 (1960), Erikson, E. H. (1946, 1956), Federn, P. (1928a, 1928b), Ferenczi, S. (1913), Freud, S. (1909d, 1910c, 1911b, 1913a, 1914c, 1915c, 1921c, 1923b, 1924a, 1924f, 1930a, 1940d), Hartmann, H. (1950, 1952, 1955, 1964), Jacobson, E. (1964), Kernberg, O. F. (1967), Klein, M. (1935), Lichtenstein, H (1964), 小此木啓吾 (1985a)

自己愛型対象選択
　　［英］narcissistic object-choice
　　［独］narzißtische Objektwahl
　　［仏］choix d'objet narcissique

人が対象を選ぶときの選び方としてフロイト Freud, S. が挙げた 2 つの類型のうちの 1 つ。もう 1 つは，依託型対象選択。両者の差異は，どのようなモデルをもとに対象選びをしているかである。依託型対象選択が過去に存在した他者をモデルとしているのに対して，自己愛型対象選択では自分自身を選択のモデルとしている。すなわち，今の自分や昔の自分，あるいは将来成りたいと思っている自分に似ている他者を対象として選ぶのである。

その他，自己愛型対象選択には，かつて自分自身の一部であった人物（母親における赤ん坊）を愛情対象として選ぶことも含まれる。

これらとは別にフロイトは同じ論文の他の部分で，女性が彼女自身を愛しているのと同じように，彼女のことを愛してくれる男性を愛情対象として選ぶ例も，自己愛型対象選択として挙げている。この場合，相手と自分との類似性は問題ではなく，自分に対して相手がとる関係性が自分が自分自身にとる態度に類似していることが重要なのである。この議論は，自己心理学における自己対象の概念に通じるものである。

フロイトはまた，同性愛を自己愛型対象選択という視点から考察している。彼によれば，同性愛者には母親との激しい性愛的な結びつきがあるが，それを直接満たすことはできないので，彼らは次のような方法で無意識的に満足するのである。彼らは自らを母親の位置に置き，かつて母親が愛してくれた頃の自分に似た対象を選ぶ。そして彼らは，母親が自分を愛してくれたようにその対象を愛することで，母親への愛情を抑圧しつつ，満足させているのである。フロイトはこの例として，レオナルド・ダ・ヴィンチ Leonardo da Vinci と彼の弟子との関係を挙げている。

これに対して，サリヴァン Sullivan, H. S. やブロス Blos, P. は，青春期に自己愛型対象選択，すなわち親密な友達をもてるかどうかが，その後の精神発達に大きな影響をもつと考えた。親密な友達は互いに相手の中に自分の理想を見出す。そして，その相手とともにいることで，自分もまた自分が理想とする人間になれるという期待を抱きつつ，青春期のさまざまな不安に立ち向かっていけるのである。
　　　　　　　　　　　　　　　　　　　（白波瀬丈一郎）

[関連項目] 依託型対象選択，自己対象，対象選択
[文献] Freud, S. (1910c, 1914c)

自己愛構造体
　　[英] narcissistic organization
　　[独] narzißtische Organisation
　　[仏] organisation narcissique

この概念は，クライン学派による精神分析治療での陰性治療反応や慢性の抵抗・行き詰まり，および自己愛に関する研究の一つの到達点である。歴史的には，フロイト Freud, S. が陰性治療反応と死の本能の関連を示唆し，アブラハム Abraham, K. は隠れた陰性転移の解明で自己愛と攻撃性や羨望を結びつけた。またリヴィエール Riviere, J. は陰性治療反応を検索し，人格の中の構造化された躁的防衛システムを指摘した。その後，クライン Klein, M. の理論をもとにメルツァー Meltzer, D.，ソーン Sohn, L.，ローゼンフェルド Rosenfeld, H. らがこの領域と自己愛，死の本能，羨望とを関連づけ自己愛構造体の概念を展開した。

彼らによると，個体は羨望の影響下で対象との分離・依存に対する防衛として自己愛対象関係を発達させる。そこでは，自己と対象とは過度の投影同一化によって融合していて自己は良い対象そのものとなり，その万能・全知が維持され，破壊・攻撃性は理想化される。さらにある個体では，自己愛対象関係が組織化され人格の中に独立した機能をもつ構造体（自己愛構造体）を形成するようになり，人格はその構造体と残りの健康な人格部分とに分割される。自己愛構造体は死の本能と羨望に対する防衛であると同時にこれらの表現でもあると考えられ，その悪性度と分割の永続性はこれらの強さに比例する。自己愛構造体の組織化のさまは，犯罪的な破壊行為をより強力に効果的に遂行するようリーダーに率いられたギャング団にたとえられる。またそれは狐のように狡猾で普段はあまり目立たないが，実は残りの人格部分を裏から支配しており，人格全体を乗っ取ってしまうこともある。自己愛構造体は依存的な残りの人格部分に，妄想分裂ポジションや抑うつポジションからの耐えがたい不安からのまやかしの保護を喧伝し倒錯的な満足を与える。一方，残りの自己部分は，従わないとそれらを絶つという脅しを恐れ，嗜癖的に従属してしまう。万能的な自己愛構造体からは，変わることや対象に援助を求めることは弱いこと，憎むべき悪いこととして体験される。そのため治療では，分析家の仕事は脱価値化・破壊され，妨害と抵抗が絶えない。また変化や進展が起こりかけると攻撃や陰性治療反応が引き続き，即座に以前の状況が回復される。このように自己愛構造体が維持される限り，抑うつポジションへの進展の機会は失われ，人格の成熟は妨げられたままとなる。自己愛構造体は精神病からボーダーライン，性倒錯，嗜癖，自尊心の強い正常に見える人までのあらゆる精神病理に存在する。これは羨望の強度とその結果動員されるさまざまな防衛によって規定されると考えられる。

なお，シュタイナー Steiner, J. は自己愛構造体の妄想分裂ポジションや抑うつポジションに対する防衛の側面を強調し，これらと平衡状態にある第3のポジションに近いものという視点を加えて病理構造体（病理的組織化）と呼んだ。
　　　　　　　　　　　　　　　　　　　（古賀靖彦）

[関連項目] 陰性治療反応，自己愛〔ナルシシズム〕，死の本能（欲動），心的平衡，羨望，病理構造体〔病理的組織化〕
[文献] Abraham, K. (1919), Freud, S. (1924d), Meltzer, D. (1968), Riviere, J. (1936a), Rosenfeld, H. A. (1964a, 1971), Segal, H. (1983), Sohn, L. (1985), Steiner, J. (1987)

自己愛神経症

［英］narcissistic neurosis
［独］narzißtische Neurose
［仏］névrose narcissique

1900年代初めに，フロイト Freud, S. がパラフレニーおよび精神分裂病に対する説明概念として用いた用語。現在はあまり用いられない。フロイトは，自己愛神経症を転移神経症の対概念とし，転移神経症が転移が展開するゆえに分析可能であるのに対して，自己愛神経症は転移が展開しないか非常に困難であるために，精神分析療法の対象外であるとした。その説明は次の通りである。転移神経症において，対象リビドーは抑圧されているが，対象リビドーとしての性質は保たれている。したがって，抑圧が緩めば転移が展開する。ところが自己愛神経症では，対象リビドーは対象から撤収され，自我に供給されている（すなわち，自己愛リビドーとなっている）。一旦自我に供給されるようになったリビドーは，対象リビドーに戻ることは困難であり，精神分析治療においてももはや分析者を相手に転移を展開することはできないのである。また，フロイトは心気症を現実神経症に分類したが，心気症とパラフレニーとの近縁性を認め，心気症を自己愛リビドーが身体器官に集中した状態として説明している。

以上のように当初はパラフレニーおよび精神分裂病に対する説明概念として用いられた自己愛神経症だったが，その後のフロイトは自己愛神経症にうつ病を加え，最終的にはメランコリーに自己愛神経症という名前を与えた。
（白波瀬丈一郎）

［関連項目］心気症，パラフレニー，メランコリー
［文献］Freud, S.（1914c, 1924a）

自己愛的怒り

［英］narcissistic rage

自己愛的怒りは，羞恥心の出現とともにコフート Kohut, H. が自己愛の侵害による反応として注目した現象で，自己愛的な傷つきが引き起こしている反応としての怒りと定義される。羞恥心が誇大自己の肥大した顕示性に関係するのに対して，怒りは誇大性に対応している。つまり誇大感や全能的な支配欲が受け入れられないときの怒りで，容赦のない破壊的なものである。怒りの対象にされる相手は自分の思い通りに支配できる体の一部のように感じられている自己対象であり，この点で，相手を自分とは異なる独立した人格として体験している成熟した怒りとは区別される。自己愛的怒りに代表される破壊性に関するコフートのもう一つの重要な認識は，破壊性を攻撃性と区別してとらえていることである。彼が攻撃性について考察する際にその行動的様態として想定するのは，荒れ狂っている赤ん坊ではなくアサーティブ（健全な自己主張）な赤ん坊である。つまり攻撃性は破壊的なものとはみなされてはいない。一方，破壊性は一次的な衝動の表れではなく，もともと自己対象環境の不全があって，子どもが必要とする適切な共感的対応が満たされない結果生じている二次的産物であるとされる。したがって自己愛パーソナリティ障害をもつ患者の治療では，自己愛的怒りを誇大自己の時期相応的な表現として理解し，受け入れる態度が，患者の健康な野心の育成と自己評価の維持に必要であるとされる。　　（舘　哲朗）

［関連項目］アサーティブネス，攻撃性，誇大自己，自己愛〔ナルシシズム〕，自己愛転移，自己心理学，自己対象，恥，コフート
［文献］Kohut, H.（1972, 1977）

自己愛転移

［英］narcissistic transference

コフート Kohut, H. は自己愛パーソナリティ障害の精神分析で特徴的に起きる転移を自己愛転移と呼び，鏡転移と理想化転移の2つに大別した。彼はその後自己愛転移を自己対象転移と改称し，また最後の著作では，それまで鏡転移の下位分類とされていた双子転移を独立した発達ラインをもつ第3の自己対象転移と考えるように変わった。こうした転移概念の変遷は，コフートが欲動論の枠内で自己の構造形成をとらえた立場から離れて自己の心理学を提唱するようになったという経緯と，自己対象欲求やその体験はある特定の発達段階や病態に限られたものではなく，生涯にわたり成熟しながら存続するものであるという認識の変化に依っている。したがってコフート以後の自己心理学においては，自己対象転移は自己愛パーソナリティ障害に限らず，自己対象不全による自己の障害全般の治療で起きる転移に広く適用される概念である。

コフートが自己愛転移と呼んだ鏡転移と理想化転移は，早期の精神発達に関する次のような理解に基づいている。一次的自己愛の平衡が崩れると子どもはそれまでの自己愛的な完全性をその一部でも保持しようとして（1）誇大的で自己顕示的な自己イメージ，つまり誇大自己の確立と，（2）太古的な全能の自己対象，つまり理想化された親イマーゴに完全性を託すことによって置き換える。適切な条件下では，太古的な誇大自己のもつ誇大性と顕示性は変形されて中核的な野心として，また理想化された親イマーゴは変容性内在化を経て中核的な理想として，それぞれ重要な自己の構成要素となるが，この過程が外傷的に妨げられると，誇大自己も理想化された親イマーゴも太古的な段階で保持されるか，より退行した段階に

固着する。この太古的な誇大自己の再活性化が鏡転移であり、患者の傷ついた野心の極が治療者（自己対象）から認知と承認の反応を引き出そうとする試みが治療場面で展開する。理想化転移は太古的な理想化された親イマーゴとの融合の再活性化で、患者の傷ついた理想の極が理想化を受け入れてくれる自己対象を探そうとする試みである。自分を平穏にさせてくれる、穏やかで力強い治療者との一体感を求める現象として展開する。

初期のコフートは鏡転移を双子転移と融合転移を含む3型に分類し、そのなかで融合転移を最も太古的な形態のものと定義した。患者が治療者を誇大自己の延長として体験し、自分の要求や考えに完全に同調することを当然のように期待する現象をさす。しかし、後にコフートは太古的な自己対象と成熟した自己対象の区別を重視するようになり、融合転移の概念は3つの自己対象転移のいずれにおいてもみられる太古的な形態とみなされるように変わった。　　　　　　　　　　　（舘　哲朗）

[関連項目] 鏡転移，誇大自己，自己愛〔ナルシシズム〕，自己愛パーソナリティ，自己心理学，自己対象，垂直分裂／水平分裂，転移，双子分身転移，補正的構造，理想化，コフート

[文献] Kohut, H. (1971, 1977, 1984)

自己愛パーソナリティ
[英] narcissistic personality

人格障害の一型で、記述的には、DSM-IV に「自己愛型人格障害」として定義されている。すなわち、自己愛パーソナリティ障害の患者は、空想や行動における全般的誇大性、賞賛されたいニード、共感の欠如を特徴とし、以下の症状のうち5つないしはそれ以上見られた場合、診断が確定する。(1) 自己・重要性という誇大感、(2) 限りなき成功、パワー、才気、美、理想の愛などへの没頭、(3) 自分の特別さ、ユニークさの確信、(4) 過度な賞賛へのニード、(5) 特権意識、(6) 対人関係における搾取性、(7) 共感の欠如、(8) 羨望ないしは、羨望の的であるとの確信、(9) 尊大さ、傲慢さ。

自己愛パーソナリティの精神分析的理解を代表する理論家は、コフート Kohut, H. とカンバーグ Kernberg, O. F. である。

コフートは、自己愛パーソナリティを、神経症を一方の極とし精神病と境界例を他方の極とした場合その中間に位置する病理で、自己対象（自己の一部として体験される対象で、発達早期では母親が代表的）からの共感不全を誘引として起こってくる、融和した自己期（18-30 カ月）への固着（その発達段階における発達停止）であると考える。つまり、乳児の自己は、共感的自己対象との関係の中で、「断片化した自己」から「中核自己」へと成長を続けるが、その発達を促すのが、自己対象による共感的な、乳児の太古的誇大自己の映し出しであり、また、乳児による理想化の受け入れである。そうした自己対象との絆を通じて、それまで自己対象が果たしていた心理的機能（緊張緩和・自己評価調節機能）を自分のものとし（変容性内在化）、誇大感を年齢相応なもの（現実的な向上心）へと変形させ続ける自己は、情緒的な体験としても、時間の流れの中においても、また、人格の構造としても、断片化する危険を減少させ、融和性を獲得する（融和した自己期）。もしこの時期、自己対象からの共感的対応に恵まれないと自己は、融和性を獲得できないまま、太古的誇大自己を映し出してくれる自己対象、そして、一時的にせよ緊張緩和・自己評価調節機能を果たしてくれる理想化された親のイマーゴを、生涯、飽くことなく希求することになる。その希求が、自己愛パーソナリティの精神病理であり、それが治療的に活性化されると、共感的な自己対象としてある治療者に向けられた鏡転移、そして理想化転移となる。そのいずれか（両者を合わせ自己愛転移ないしは自己対象転移と呼ぶ）の展開が、自己愛パーソナリティの診断を決定する。コフートの自己愛パーソナリティの精神療法は、共感的対応を得られないまま発達を停止していた自己愛の、健全な成長・発達の再開を促進するものであり、その治療の目標は、年齢相応な自己・自己対象関係の確立にある。

これに対しカンバーグは、自己愛パーソナリティ障害を境界例の亜型と考え、境界例と同じパーソナリティ・オーガナイゼーションを持つと考える。したがって、分裂、否認、投影性同一視、万能感、原始的同一化など、境界例で見られる防衛機構は自己愛パーソナリティ障害にも共通して見られるわけであるが、正常の発達段階では観察されない「病的自己愛」の存在が、自己愛パーソナリティ障害を境界例から区別する。

カンバーグによれば、病的自己愛の起源は、自己・対象分化期と、融和した自己および対象が内在化される時期の狭間（およそ15-30 カ月）にある。この時期、もし乳児が健全な発達を遂げれば、良い自己と悪い自己の間に統合が起こり、正常な融和した自己が誕生。心的内界に、「融和した自己表象」として確立される。しかしこの正常な発達が何らかの理由（遺伝的素因、生物学的要素、環境など）によって阻害され、口唇期の葛藤が未解決のままこの時期へと持ち越されると、原始的な口唇期サディズムの外界への投影によって起こる恐怖、憎しみ、怒り、羨望に満ちた、堪え難い対人関係の現実が生まれる。その現実から自己を守ろうとして形成されるのが、安定性は持つものの、病的な、誇大自己であり、(1) 現実自己、(2) 理想自己、(3) 理想対象の三者融合から成る。この病的誇大自己は、その後の心的内界構造の発達に重大な影響を及ぼす。(1) 本来なら自我理想として統合される理想自己が誇大自己に統合されてしまうため、

自我・超自我境界が不鮮明となる，(2) 自我理想の形成障害は，超自我の前駆体（原始的サディズムの投影により形作られた恐ろしい母親の内在化）と相まって，正常な超自我が持つ保護的・鎮静的機能を阻害するばかりか，超自我に，原始的で過酷な要素を与える，(3) 原始的な口唇憤怒が外界へと投影され，被害妄想的な恐怖を生む。こうした病的自己愛の精神分析的治療の中心は，口唇憤怒とその投影に関する洞察を助けることにある。

ギャバード Gabbard, G. O. は，自己愛パーソナリティを「無関心型」と「過敏型」の 2 つに分け，カンバーグが記載した患者群の典型は「無関心型」に，コフートのそれは「過敏型」に入ると考えた。「無関心型」の特徴が，「横柄で攻撃的，他者の反応を意に介さない，自分のことに夢中，注目の的でないといられない，気持ちを傷付けられるのに鈍感」であるのに対し，「過敏型」は「抑制があり，恥ずかしがりやで自分を出さない，他者の反応に対して敏感，自分よりも他者に目を向ける，注目の的になるのを避ける，傷付きやすい」が特徴である。

(丸田俊彦)

［関連項目］境界性人格障害，共感，自己，自己愛転移，自己対象，超自我，変容性内在化，コフート

［文献］Gabbard, G. O. (1989), Kernberg, O. F. (1975), Kohut, H. (1971, 1977), 丸田俊彦 (1992)

自己暗示

［英］［仏］autosuggestion
［独］Autosuggestion

ふつうの他者暗示に対して，自分で自分に暗示をかける場合をいう。一般には覚醒状態での暗示をさすが，自己催眠と同義語として用いられることもあり，実際に両者を区別することが困難な場合も少なくない。これらは古くからシャーマニズムなど原始的な宗教において用いられていたものと考えられるが，今日でも民間信仰において巫女などに見られることもある。精神療法の一つとして利用されるようになったのはクエ Coué, E. (1922) あたり以後である。

自己暗示には，(1) 後催眠暗示を利用する方法，(2) 催眠直後の被暗示性が亢進している状態を利用する方法，(3) 催眠には頼らずに自ら段階的に練習を積んで習得してゆく方法がある。今日ではとくにシュルツ Schultz, J. H. (1932) の自律訓練法がさかんである。自己暗示で得られた状態が，催眠性トランスと同じであるかどうかについては多くの論議があるが，本質的には同じものであろうと考えられている。精神の安定や統一，心身症の治療の目的で用いられる場合には，その状態を一定時間持続させるだけでも効果があるが，ふつうはそこに弛緩暗示や，症状除去のための直接暗示を加えて行う。自分で気がつかないうちに自分に症状の暗示を与えて発生したり悪化させているような患者にはとくに良く効く。さらにカタルシスや瞑想法などと組み合わせて，治療効果を深める方法もある。これを毎日練習するという自分の意思と努力とにより，心身を自己統制できるという自信を得させる意味においても訓練的意義がある。 (前田重治)

［関連項目］暗示，暗示療法
［文献］佐々木雄二 (1996), Schultz, J. H. (1932)

思考

［英］thought
［独］Denkung
［仏］pensée

［フロイトの研究］フロイト Freud, S. は，思考については，発生的に一次過程 primary process，二次過程 secondary process の精神機能に応じて発達するものと考えている。彼は，一次過程については，早期乳児期をモデルにしている。早期の赤ん坊は，快不快原則 pleasure-unpleasure principle に支配されている。赤ん坊は，何らかの刺激があって欲求が高まり緊張が強くなると，対象を通してその緊張を放出しようとする。そしてそれが放出されたときに，赤ん坊は満足感を得るが，それは快不快原則に沿っている。しかし緊張が高まったときに，対象が存在しない場合には，赤ん坊はそれを放出することができない。この対象の不在という外的な条件によって，放出を強制的に遅らされたときには，赤ん坊は 2 つの方法を採る。その 1 つの観察されるものは，情緒の放出であり，さらに筋肉の活動によって緊張を放出しようとする。もし母親がそのサインに気がつけば，母親はそれに空腹の意味づけをして，赤ん坊にお乳を与える。これが繰り返されることによって，意味の世界が形成されていく。しかしそれでも対象が存在しないときには，真の満足を得ることはできず不快が残ってしまう。そのときに赤ん坊は第 2 の方法を採用する。つまり，赤ん坊はそれまでの満足した体験の記憶痕跡を通して，幻覚的に対象を呼び起こして一時的に不快を避けようとする。フロイトは，この幻覚によるイメージ作用は一次的思考であると考えている。それは願望充足の世界であり，夢作用の中に見られるものである。しかしこの幻覚による一時的な満足は，永遠に続くことはできない。そのときに赤ん坊は，再び情緒の表出と筋肉の活動によってそれを放出しようとする。このような体験を繰り返していくうちに，赤ん坊は幻覚的な満足の世界と現実の世界を区別できるようになる。フロイトは，この現実検討能力 reality-testing が出現するときに，真の思考が始まると考えている。このときには，赤ん坊は，緊張の放出を内的にコントロールして，最小限のエネルギーによって状

況を試験的に調査することができるようになる。これが思考の過程の真の始まりである。そのためには，記憶，現実検討能力などの機能がある程度確立していなければならない。フロイトはこれを二次過程思考と呼んだ。

　[ビオンの研究] 1950年代から，ローゼンフェルド Rosenfeld, H., スィーガル Segal, H., ビオン Bion, W. R. などは，精神分裂病の臨床的研究を行い，思考障害をもつ患者群を多く治療している。その中でもビオンは，思考の問題にもっとも積極的に取り組み，独自の発達的見解を示した。そしてそれは現在においては，クライン学派における思考の理論として広く受け入れられている。ビオンは，個人の「精神病人格 psychotic personality」の部分と「非精神病人格 non-psychotic personality」の部分の区別を明らかにした。そして精神病人格部分においては，自我の認知機能そのものが攻撃され破壊されることを明らかにしている。その中でも，思考機能の破壊の問題は大きな主題であった。ビオンは次のような理論的展開を行っている。(1) 前-概念 pre-conception と現実化 realization：クライン学派は素質的な知識本能 epistemophilic instinct (epistemophilia) の概念によって，出生時から赤ん坊がある程度本能的な知識欲や物事の関連性を知っていることを述べている。ビオンは出生時の赤ん坊は，乳房や顔の前-概念をもって生まれてくると考えている。そして実際に乳房などに出会うと（現実化），概念化 conception が起こる。そしてそれが繰り返される中で概念 concept が形成される。これは物事の関連性 linking が，満足のいく体験のもとで破壊されていないこと，そこではアルファ機能 alpha-function が正常に働いていることを示している。(2) 対象の不在と思考：思考に関係のあるものは，赤ん坊が前-概念や期待を抱いていて，対象の不在 absence に出会ったときに関係している。赤ん坊がそのときの欲求不満に素質的に耐えることができる場合には，「存在しないこと no-thing」の感覚印象 sense impression を保持し，破壊することなくやがて不在の概念を形成することができる。これが「思考 thought」である。さらにそれらの関連性を理解していく過程が「思考すること thinking」である。赤ん坊がこの欲求不満に耐えられないときには，その欲求不満に満ちた不在の感覚印象を断片化し (fragmentation)，対象に投影同一視 projective identification して排除してしまう。そして「奇怪な対象 bizarre object」を形成し，精神病人格の形成へと導いていく。そのために不在の概念は形成されず，思考形成に大きな問題が生じる。このときにはアルファ機能が働かず，断片化された感覚印象からベータ要素 beta-elements が形成されてしまう。ビオンは抽象的思考など高度な思考の段階まで，グリッド Grid によって明らかにしようとしている。(3) コンテイナー container と思考：

ビオンは後に母親の機能が，心の発達に重要な役割を果たしていると考えるようになった。赤ん坊は，自分の処理することのできない体験世界に関する感覚印象を，断片化して対象に投げ入れる。それを取り入れた母親は「夢想 reverie」の力によってその意味を理解し，それに答えて赤ん坊に今度は赤ん坊が理解できる形で返していく。その中で，赤ん坊は今度は自己の体験として保持し（アルファ機能），思考や夢に使用できる。さらにビオンは，思考の形成について，対象の不在だけでなく欲求不満を与える悪い対象に関する体験も関係していると考えるようになった。つまり赤ん坊が，悪い対象との体験を母親に投影同一視して排除するときに，それを母親が夢想によってその意味を理解して赤ん坊に返すことができれば，赤ん坊は悪い対象の概念を形成することができる。さらに彼は，赤ん坊が母親のコンテインの機能や思考する機能を取り入れて introjection，思考の機能を発展させるとも述べている。
　　　　　　　　　　　　　　　　　　（衣笠隆幸）

　[関連項目] アルファ要素，一次過程／二次過程，快感原則，記憶痕跡，グリッド，幻覚的願望充足，現実検討，コンテイナー／コンテインド，精神病的パーソナリティ／非精神病的パーソナリティ，断片化，投影同一化（視），夢想，ビオン

　[文献] Arlon, J. (1958), Bion, W. R. (1962a, 1967b), Freud, S. (1900, 1911a), Rapaport, D. (1950a)

思考同一性　⇒知覚同一性／思考同一性
　　[独] Denkidentität

思考の全能
　　[英] omnipotence of thought
　　[独] Allmacht der Gedanken
　　[仏] omnipotence de la pensée

　「心的な行為が外界の変化に及ぼす影響を過大評価する心性」で，フロイト Freud, S. が患者ねずみ男から借りた呼び名。幼児，未開人，宗教心理，強迫神経症者，精神病者に見られる心性の一つ。つまりそれは，現実の行動や外的な依存対象の助けによることなしに，自己の願望を思考のみによってみたすことができるという信仰，思考の魔術的力の過大評価，思考（ひいては心的現実）を，外的現実およびそれを支配する現実原則よりも過大評価する心性のことである。フロイトは，ねずみ男の症例報告である『強迫神経症の一症例に関する考察』(1909) で，強迫神経症者における，思考，感情の全能を観察し，魔術的な強迫行為を止めたり，タブーを犯すと，彼にとって重要な人物（父，愛人）に不幸が起こるとか，自分がある女性の申し出を断ったあとで，彼女が自殺したが，その自殺を自分のせいだと自分を責める事

例を考察している。この種々の全能の観念は，妄想ともみなされ得る場合がある。どんな強迫神経症者も，みなこのような全能感を抱き，自己の力を過大評価しているが，実はこの信仰の中には，かつて幼児期に抱かれた幼児性の誇大妄想 Kinderheitsgrößenwahn の断片が表現されているという。さらに『トーテムとタブー』(1913)でフロイトは，未開人のタブーに対する心理（特に接触恐怖）に，強迫神経症者の思考の全能との類似を見出し，魔術的アニミズム的思考方法（呪い，迷信，きよめ，たたり）を支配している原理は，この思考の全能の原理であるといい，ある人物のことを考えるとその人物がそこにやってくる，とか，ある人物の安否を尋ねてその人が死んだことを知らされる，といったテレパシー（遠隔伝心），自分ののろいをかけた人物が本当に死んでしまうという迷信的期待などをあげている。それは，発達的には自体愛から対象愛に至る中間の自己愛の段階における思考の性愛化を含み，内的な心的現象を外部に投影する傾向を伴っている。つまりそれは，現実に叶わぬ願望を，幻覚によってみたす乳児の心性に発しているが，『無気味なもの』(1919)で，死者，死，死者の生き返りなどに対するわれわれの「無気味さ」は，われわれの内に潜む，死を否定し，不死，永生を求める思考の全能への信仰に由来していると語り，この見地からフロイトは『ある幻想の未来』(1927)で，宗教をもこの種の思考，感情の全能への信仰の所産，つまり幻想 illusion とみなし，『人間モーセと一神教』(1939)では，「われわれの技術の先駆者であるあらゆる魔術が，あらゆる言葉の魔術，ある名前を知ることや，それを口に出して言うことに結びついている確信もこれに属している」と述べて，現代人における思考の全能のあり方を明らかにしている。　　　　　　　　　　　　　　　　（小此木啓吾）

[関連項目] 強迫神経症，テレパシー〔遠隔伝心〕，ねずみ男[症例]，フロイト, S.

[文献] Freud, S. (1909d, 1913a, 1927c, 1939)

自己開示

[英] self-disclosure, self-revelation
[独] Selbstenthüllung
[仏] révélation de soi

自己開示とは，治療状況において治療者自身の感情や個人的な情報などが患者に伝えられるという現象をさす。自己開示はそれが自然に起きてしまう場合と，治療者により意図して行われる場合が考えられる。前者については，治療状況の中でそれが不可避的に起きてしまう場合にはやむをえないと考えるのが一般的な傾向といえる。後者に関しては古典的な分析理論における匿名性の原則や分析の隠れ身に反することから，それを是とするかどうかは意見が分かれる。従来は，治療者により意図的に行われる自己開示は，治療者の側の行動化として理解されることが多く，患者の自由な転移を妨げるという理由から，それを戒める立場が主流を占めた。また治療者が自分の個人的な事情を話すことが，患者の負担になる可能性も論じられてきた。これらは自己開示がもつ問題点としては依然として妥当な指摘といえる。ただし現代的な立場，特にアメリカの関係論モデルによれば，自己開示が是か非かは治療状況によりさまざまに異なるという考えが浸透しつつある (Greenberg, J. 1995)。その背景には，治療者の介入は匿名性を保とうという試みも含めてことごとく自己開示としての意味をもち得るという認識 (Greenberg, J. 1991)や，治療者が匿名性に固執することで患者の側に不必要な理想化転移を招いてしまう可能性についての指摘がある (Renik, O. 1995)。また自己開示の積極的な治療的意義としては，それが患者の側の自己開示を促進するという立場 (Jurard, S. M. 1971)，自己開示が治療者の中立性を守りつつ患者の心の内容の照り返しとなる可能性（岡野，1991)，自己開示が治療者の逆転移の治療的な処理の仕方につながるという見方などがあげられる。いずれにせよ，自己開示が意図して行われる場合は，その治療的意義があらかじめ十分検討されている必要があろう。　　　　（岡野憲一郎）

[関連項目] 逆転移，中立性

[文献] Greenberg, J. (1991, 1995), Jurard, S. M. (1971), 岡野憲一郎 (1991, 1997), Renik, O. (1995)

自己感

[英] sense of self

アメリカの乳幼児精神医学者スターン Stern, D. N. の用語。長いこと別枠でとらえられて来た2種類の乳児，すなわち「精神分析の発達理論として描かれた乳児」（臨床乳児 clinical infant）と「発達心理学者が実際の観察をもとに描く乳児」（被観察乳児 observed infant）とを統合し，乳児の主観的体験を理解するための概念として導入された。スターンによれば，「私たちは成人として，日常の社会体験に浸透している，まさに実感としての自己感を持っています。それはいろいろな形をとって現れます。まず，他から区別された，一個の，均整のとれた肉体であるという自己感。そして行動の発動者，感情の体験者，意図の決定者，計画の設計者，体験の言語への転換者，伝達者，個人的知識の共有者であるという自己感もある。これらの自己感は呼吸と同じで，大抵の場合意識の外にありますが，時にはそれが意識にのぼり，そこにとどまることもあります。私たちは自分たちの体験を，それが何か独特で主観的なオーガナイゼーションに属すると思えるようなやり方で，本能的に加工します。

この主観的オーガナイゼーションを，通常自己感と呼びます」。

スターンは自己感を4つの「領域 domain」に分けて考える。彼があえて領域という用語を使うのは，それぞれの自己感が，発達上の通過段階ではなく，いったん形成されると一生涯を通じて活動を続ける「かかわり合いの領域」であり，しかも，それぞれの領域における病理は，生涯を通じ，どの時点でも生じうるからである。

4つの自己感の第1は，生誕直後から乳児の中に新生し始めていると推察される新生自己感である。この時期，「体験の総括的な特性を無様式 amodal に知覚することにより新生自己感がオーガナイズされてゆく」という仮説は，正常自閉期という概念に疑問を投げかけるものである。第2の自己感は生後2-3カ月目，社交的な行動の高まりと共に始まる中核自己感（中核かかわり合いの領域）であり，「自分は境界を持って独立した身体的単位である」という感覚をもとにした身体的親密性を特色とする。その中核自己感（とそれに対応する中核他者感）を促進するのが，自己発動性，自己一貫性，自己情動性，自己の連続（歴史）性という，4つの「自己-不変要素」である。また，この時期，中核自己感・中核他者感をもとに，乳児は，「（乳児の）自己を制御する他者 self-regulating other と共にある『私』」を体験し始めるとするスターンの発達簿は，「共にあること」を発達上の達成と考え，共生期の存在を否定する。7-9カ月を起点とする主観的自己感の形成期に始まる「間主観的かかわり合いの領域」は，主観的体験の共有による心的親密性を特徴とするが，それを可能にするのが情動調律である。第4の自己感である言語自己感は15カ月目頃に始まる。この時期に乳児が獲得する能力であり，自己感の確立を促進するものとして，遅延模倣，自己に関する客観的理解，言葉の使用がある。以上4つの自己感に加えスターンは，その後，第5の自己感として，生後3年目頃，自分史を語る能力と共に始まる物語 narrative 自己感を提唱している。

（丸田俊彦）

［関連項目］共生期，刺激障壁，自閉期，情動調律，無様式知覚，RIGs，スターン

［文献］Stern, D. N. (1985)

自己自身への向け換え

［英］turning round upon the subject's own self, turning against the self

［独］Wendung gegen die eigene Person

［仏］retournement sur la personne propre

特定の感情や欲動，願望を，外界からの対象から自己自身へ向け換える心的機制のこと。特にこの機制は，自己愛マゾヒズム，うつ病などについてしばしば論じられる。フロイト Freud, S. (1915) は，はじめ，欲動の変遷の一つとしてこれをあげたが，現在は自我の防衛機制の一つとみなされている。またフロイトは，対象と主体，能動性と受動性について，反対物への逆転が起こる場合には，自己自身への向け換えが同時に起こることがあると述べ，ローリン Laughlin, H. (1956) は，両者を統一して，向け換え inversion と呼んでいる。サディズムからマゾヒズムへ，窃視症から露出症へ，対象愛から自己愛へのリビドーの向け換えなどが古典的な実例となっている。また，アンナ・フロイト Freud, A. (1936) は，この防衛機制を，欲動と自我の未分化な時期の防衛機制とみなしている。フロイトによれば，サディズムからマゾヒズムの場合には，(a) 他者へのサディズム，(b) 対象たる他者の放棄とサディズムの自己自身への向け換え，および能動的な衝動の受け身的な衝動への質の逆転，(c) 他者がサディズムの主体となって，自己自身がその対象を引き受けるマゾヒズムが起こる。なお，窃視症から露出症への場合に，自ら他の対象を覗く能動的窃視症から，自分という対象が他者によって覗かれる露出症へと逆転する以前に，自らの性器を覗くという自体愛的段階，つまり自己愛的前段階が認められるように，サディズムからマゾヒズムへの逆転の場合も，実は，自己自身への向け換えには常に自己愛的構造が関与しており，能動性から受動性への逆転にも，対象を主体へと逆転する際に，新たな主体を自己と同一視するという自我の自己愛的機構が関与しているという。そして，この「自己自身への向け換え」の機制の解明は，再帰的中間態としての自己愛理論（フェダーン Federn, P.）や受身的対象愛（バリント Balint, M.），一次的マゾヒズムや死の本能論（フロイト）の展開をもたらすことになった。

（小此木啓吾）

［関連項目］受身的対象愛，自己愛〔ナルシシズム〕，死の本能（欲動），防衛機制，マゾヒズム，フロイト，S.

［文献］Balint, M. (1952), Federn, P. (1928b), Freud, A. (1936), Freud, S. (1915c, 1920e), Laughlin, H. (1956), 小此木啓吾・馬場禮子 (1972)

自己視線恐怖　⇒視線恐怖

［英］fear of eye-to-eye confrontation

自己実現

［英］self-realization

［独］Selbst-realisation, Selbst-realisierung

［仏］réalisation du soi

広く精神療法の治療目標として使用されており，精神分析ではライヒ Reich, W. などにもそういう考えがあっ

たが，新フロイト派のカレン・ホーナイ Horney, K. の
ものが神経症の理解と治療のために力説した概念として
有名である。彼女は，各個人は独自な成長の深い源泉で
ある内部の力をもち，その生来備わる諸可能性を実現で
きるものと考え，適切な条件を与えられるなら自発的な
真の自己 real self に即して成長できるとし，この成長と
発展が自己実現なのである。しかし不適切な環境で育つ
子どもの場合は強い不安などから，真の自己から積極的
に遠ざかってしまうようになる。神経症者は，自己疎外
された人間であり，神経症的解決法として神経症的なプ
ライドの命令で自己を理想化し，欲求のすべてに答える
べくエネルギーを消費してしまう。治療が進むと，自己
実現と自己理想化との葛藤，つまり建設的な自己成長と
自己の完全さを証明しようとする欲動との葛藤が現れ，
治療者は患者が自分自身を見出すとともに，自己実現に
向けてエネルギーを解放するよう援助するのである。一
方，ユング Jung, C. G. にも同様の概念があり，彼は意
識と無意識には相補性があると考え，意識と無意識とを
含めた心の全体性あるいはその中心を自己 self と呼ぶ。
自己は，意識と無意識の統合や統一の中心であり，高次
の全体性へと向かうが，その個人に内在する可能性を実
現し高次の全体性を目指す過程を，個性化の過程
individuation process，あるいは自己実現の過程とし，
それが人生の究極の目的であり，また心理療法の目的と
してもとらえられる。しかし，フロイト Freud, S. の精
神分析においては究極の「本当の自己」とはイド（エ
ス）の位置に存在するものであり，生きている限り死の
本能と生の本能の両者は決して実現することはない。ウ
ィニコット Winnicott, D. W. の言う「本当の自己」も錯
覚や遊ぶこと，さらには退行の中で「実現」するしかな
く，現実における安易な自己実現は絶対にないと考える
のが，抑圧モデルから見た見解であり，フロイト学派の
基本的な立場である。 （北山 修）

[関連項目] 偽りの自己，本当の自己，ホーナイ，ユング

[文献] Horney, K. (1950), Jung, C. G. (1928/1953), 河合隼
雄 (1967)

自己心理学

[英] self psychology

　自己心理学は現代の精神分析において，特に米国で自
我心理学と並んで独自の学派を形成した流れである。コ
フート Kohut, H. は自己愛パーソナリティ障害の精神分
析でみられる転移現象の研究から，それまでの自己愛に
関する精神分析の見解とは異なる考え方を持つに至っ
た。コフートの理論が伝統的な精神分析の欲動論の枠内
で構成されていた当時の『自己愛の形態と変容』(1966) や
『自己愛パーソナリティ障害の精神分析的治療』

(1968) は自我心理学のなかで受け入れられていたが，
『自己の分析』(1971) を経てしだいに古典的な精神分
析の考え方から離れ，自己愛転移が自己対象転移と改称
された『自己の修復』(1977)，さらに『自己の治癒』
(1984) を著す過程で独特な自己構造論と精神病理論か
らなる自己心理学を確立した。コフート自身は自己心理
学は欲動心理学と自我心理学を否定するものではなく，
補完する精神分析理論であると位置づけている。コフー
トが 1960 年代後半にシカゴで始めた新しい自己心理学
の流れは，80 年代後半には米国全体の中心的潮流とな
り，今日コフートからその後継者たち（ストロロウ Stolorow,
R. D.，ゴールドバーグ Goldberg, A. など）へと発展し
ている。

　[精神病理論] 自己愛はプリミティブな愛であり，自
己愛から対象愛への移行が人間の愛の成熟する姿である
とする伝統的な精神分析の考え方に対して，コフートは，
自己愛は対象愛とは異なる別の発達ラインを進み，原始
的な形態から成熟した適応的な形態に変形するものであ
るとし，自己愛を退行と防衛の産物とみなす偏見を批判
した。こうした自己愛に関する認識は自己心理学的立場
の基礎をなす出発点であるが，自己対象概念が欲動論を
超えて整備されたことにより，現在では自己愛という用
語を自己心理学の文献の中で見かけることはほとんどな
くなっている。自己愛として観察されてきた現象は，自
己の構造の安定と自己評価の維持のために必要な自己対
象関係と定義される。

　自己心理学の攻撃性をめぐる理解は誤解されることが
多い。コフートは破壊性を否定してはいないが，一次的
な衝動の表れではなく二次的産物と考える点で伝統的な
精神分析の考え方と異なる。破壊性は，自己対象環境の
不全があり適切な共感的対応が示されない結果生じる自
己愛の傷つき反応であると考えられる。コフートはこの
認識を自己愛的怒りの概念で説明した。また，破壊性と
非破壊的攻撃性を区別して捉え，攻撃性は自己主張の確
かさや強さを構成し，成熟したアサーティブネス（健全
な自己主張）に溶け込み建設的な活動を維持させるもの
であると説明する。

　自己心理学ではエディプス期の病因論的側面ではなく
成長促進的側面に注目する。エディプス・コンプレック
スの再評価として次のような認識が示されている。(1)
子どもにとってエディプス期は不安と恐怖に満ちた自己
破壊的なものではなく，歓喜の体験を伴うものである。
エディプス期に入って異性の親に愛情的・性的な欲望を
向け，同性の親に競争的で自己主張する子どもに対して，
親がその成長を受け入れられるほど健康ならば，子ども
は新たに獲得したエキサイティングな心理的体験を喜び，
通過するものである。(2) フロイト Freud, S. がエディ
プス・コンプレックスとして示した劇的な性的欲望や攻

撃性は，エディプス期における自己対象側の共感不全によるニ次的な現象である。つまり，得意になって男の子であることを誇示する男児に対し，その情緒を母親が受け入れられず性的に誘惑的になったり，父親が競争的・敵対的になるならば，その子のエディプス葛藤は強烈なものになると考える。

　[自己論] 幼児の不安定な原初的自己が発達し安定した自己を形成するうえで，安定性と一貫性を持つ自己対象側の応答が重視される。母親（鏡自己対象）が子どもの誇大性や顕示的な自己の芽生えを適度に鏡映できているなら，太古的な誇大自己は内在化されて健康な野心の極を形成する。また子どもが理想化自己対象に求める機能が適切に提供されているなら，それらの機能は変容性内在化により中核的な理想の極として自己の内に形成される。これが自己の双極構造であり，この自己構造が細片化を起こす危険のないところまで到達した自己を融和した自己と呼ぶ。自己愛パーソナリティはこの段階で共感的応答を得られず発達停止している人たちである。

　[疾病論] コフートは外傷的な自己対象不全に起因する自己の欠損を一次的な障害とみて，自己構造の統合性にみられる障害の重症度により精神疾患を分類した。治療における自己対象転移の観察から，患者の自己の凝集性の達成度を評価し，永続的な自己の欠損がみられ，かつそれが防衛的構造によって覆われていない精神病から，自己の構造的障害を認めない神経症までのスペクトラムを考えた。そこでは，自己愛パーソナリティは自己の欠損が一時的で，自己対象転移の発現に必要な自己の凝集性は保たれ精神分析は可能だが，境界状態は複雑な防衛的構造によって覆い隠されているものの，中核自己の細片化は永続的で精神分析は可能でないと定義された。その後この見解は修正され，コフート以後の自己心理学では，境界状態のなかにも自己対象転移が展開する患者もいるとする見解が一般的で，自己愛パーソナリティを狭義にとらえて境界状態と鑑別することは重要ではない。むしろ自己愛の病理といわれる問題は，自己対象不全による自己の障害を表すものと言い直され，自己心理学は神経症から精神病圏の患者にまで適用される。

　[治療論] 患者の成長志向を認知する態度が自己心理学的立場の特徴の一つである。患者にとって精神分析治療体験とは，かつて親との間で発達を阻害された自己が，新たに共感的な自己対象（治療者）から発達促進的な対応を求める体験である。鏡・理想化・双子転移と呼ばれる自己対象転移は，患者の自己の構造的欠陥が自然に動員される現象であり，幼児期に自己対象からの適切な応答が得られず，抑圧・否認されていた自己対象欲求が治療の場で活性化される現象と定義される。こうした理解は抵抗を健康な心的活動ととらえる視点にもうかがえる。患者が治療者を自己対象として体験することに抵抗がみられるとしたら，それは患者が自己対象不全の反復を予想し，治療者に自己対象欲求を向けることを恐れるからである。その意味で抵抗は自己を守るための防衛である。患者が欠陥のある自己であっても守るのは，自己の発達がかつて妨げられたその時点から，再び成長し発達するためである。

　精神症状や臨床現象を間主観的に理解する視点も自己心理学的治療論の特徴の一つである。分析状況は二人の異なった主観的存在である患者と治療者との間で構成される間主観的な場であり，精神病理の発現はそれが生じている間主観的な文脈から離れて，患者個人の精神内界に起因するものとして理解することはできない。精神分析とは患者の精神内界を探求することではなく，患者と治療者との間主観的な場に生じる現象を明らかにし，理解することである。そして患者の主観的立場から患者の体験を理解しようとする態度（共感，代理的内省）が強調される。この視点は，フロイトの科学的客観性に対する批判的認識に依っている。コフートは，フロイトの科学的態度について，観察者と観察されるものとを明確に区別し，観察されるものの客観性を外から観察する方法論であると批判した。心理学的現象における観察者の客観性は相対的なものであること，また内省と共感を方法とした観察だけが精神分析の拠り所とする方法論であることを強調した。
　　　　　　　　　　　　　　　　　（舘　哲朗）

　[関連項目] 鏡転移，誇大自己，自己愛[ナルシシズム]，自己愛的怒り，自己愛転移，自己愛パーソナリティ，自己対象，至適フラストレーション，垂直分裂／水平分裂，双極自己，双子分身転移，変容性内在化，防衛的構造，補正的構造，融和した自己（期），理想化，コフート，ストロロウ
　[文献] Kohut, H. (1966a, 1966b, 1968, 1971, 1972, 1977, 1984), Stolorow, R. D., Brandchaft, B. & Atwood, G. E. (1987), Tolpin, P. (1980)

事後性
[英] deferred action
[独] Nachträglichkeit
[仏] après-coup

　一定時点でのある体験，印象，記憶痕跡がそれ以後の時点で，新しい体験を得ることや心的な発達や成熟とともに，新しい意味や，新しい心的な作用，影響力を獲得する心的過程を言う。フロイト Freud, S. は，この心的過程を nachträglich という副詞形であらわし，ときには Nachträglichkeit という名詞形であらわしたが，明確な定義を与えなかった。フロイト全集の英訳者ストレイチー Strachey, J. は「遡行作用 deferred action」という術語に訳した。フランスの精神分析学者ラカン Lacan, J. がこの言葉の重要性に注目し，ラプランシュ Laplanche,

J. とポンタリス Pontalis, J. B. がその精神分析辞典で，フロイトの心的時間性と心的因果性 psychical temporality and causality に関する一つの精神分析的概念として取り上げた。

まず第 1 に，この概念は主体の生活史に関する精神分析的思考をもっぱら過去から現在への影響のみに注目する直接的決定論に還元するという誤解を否定している。むしろフロイトは最初から，主体は事後的に過去の出来事を修正し，書き換えるという。むしろこの過去の出来事の記憶に意味や効果，あるいは病因的な力を付与するのが書き換えなのである。1896 年 12 月 6 日付のフリース Fliess, W. 宛の手紙の中で，フロイトは次のように書いている。「記憶痕跡の形をとって存在する素材は，新たなもろもろの条件によって，折にふれて再体制化され，書き換えを受ける」。

このフロイトの考えに沿って，ユング Jung, C. G. は遡及的幻想 Zurückphantasien という用語を用いた。成人はその過去をもろもろの幻想の中で再解釈するのであって，それらの幻想は彼が現在とらわれている問題の数だけ存在し，それぞれがそれぞれの問題を象徴的に表現している。しばしば再解釈は主体にとって，現在の「現実の要求」を避けて想像上の過去へと逃れる手段になる。

実際に事後的に書き換えられるのは，体験されたもの一般ではなく，それが生きられた瞬間に意味文脈中に完全には統合され得なかったもので，同化されず書き換えられなかった体験の典型が外傷的な出来事である。事後の書き換えは，出来事や状況の経験，身体的成熟によって促進される。これらの経験によって主体は新たなタイプの意味作用に接近し，自分の先行経験を再加工する。性の発達，とりわけ思春期の性は，それが人間の場合，時間的なずれを伴うものであるがゆえに，事後性と深くかかわっている。

フロイトが遡行作用について特に詳細に論じたのは，『科学的心理学草稿』(1950 [1895])，思春期における性的成熟の結果，それに先行した性的外傷体験が遡行作用によって，病因的な作用を獲得する実例としては，『ヒステリー研究』(1895) の中に報告された症例「カタリーナ」の分析，狼男の分析 (1918) における 1 歳半の原光景の目撃の 4 歳のときに見た夢における再構成をあげることができる。

現代の精神分析学者モデル Modell, A. は，先端的な神経生物学におけるエデルマン Edelman, G. の「記憶は脳の静的な記録から成るものではなく，むしろ動的な再構成によるものであり，カテゴリーによって区分され，つくりあげられている……長期記憶は，活性化されるのを待つ潜在的なものである」という理論に，精神分析における事後性の理解との一致を見出すとともに，反復強迫される外傷体験，ひいてはコンプレックスは，その後の

体験によって修正されないままになっている記憶であるという。そして，精神分析治療の目的は，この書き換えられていなかった記憶の書き換え，意味の広がりを結果する事後性の営みであるといい，転移解釈もこの意味での記憶の再カテゴリー化であるという。　　　(小此木啓吾)

[関連項目] 狼男 [症例]，カタリーナ [症例]，記憶，記憶痕跡，フロイト，S.，ユング，ラカン

[文献] Freud, S. (1916–1917, 1917e, 1950b), Freud, S. & Breuer, J. (1893–1895), Laplanche, J. & Pontalis, J. B. (1967), Modell, A. H. (1990)

自己対象

[英] selfobject, self-object

自己心理学の創始者コフート Kohut, H. の用語で，「自己のためと，その本能投資の保持のために使われる対象，あるいは，それ自身，自己の一部として体験される対象」を指す。また，「自己および自己対象という概念は，内的な体験に関するものであり，物理的現実の一部ではなく，内省と共感によってのみ観察可能な心的現実であり」，「自己対象とは一般に……他者に関するわれわれの体験の一側面であり……特定な意味で使った場合は，太古的自己対象を意味する」という。ただコフート自身，『自己の分析』(1971)，『自己の修復』(1977)，『自己の治癒』(1984) という 3 部作を通じ，自己対象という用語を，物理的現実（実際の相手）としか理解できない文脈でも使っている。なお，『自己の分析』と『自己の修復』では自己‐対象であった記載が，『自己の治癒』では自己対象になっている。

自己対象のプロトタイプは母親である。母親の共感的対応のもとで，「実質上の自己」を持つ乳児の自己は，自己対象との関係（自己・自己対象関係）を通じて，断片化した自己から中核自己，融和した自己へとその成長を遂げるが，その成長を可能にする「心理的酸素」が，乳児の太古的な誇大感を映し出し，また，（乳児による）理想化を許す自己対象である。そして，自己対象による映し出しを受けた誇大感は成長と共に向上心となり，理想化された自己対象は，変容性内在化により理想となってゆく。ところがもし，自己対象からの共感不全のため，自己の融和性を実現できないと，幼児は生涯を通じて，太古的な誇大感を映し出してくれ，太古的な理想化を引き受けてくれる太古的自己対象を希求することになる。それが，自己対象からの共感不全によって起こってくる，自己愛パーソナリティ障害である。

なお，自己対象の「共感不全」が，必ずしも，客観的評価に基づいた養育行為の不全を意味するのではなく，乳幼児の側の主観的体験としての「不全」である点を強調するストロロウ Stolorow, R. D. は，共感不全という表

現ではなく，自己対象不全という表現を提唱している。
　　　　　　　　　　　　　　　　　　（丸田俊彦）

　[関連項目] 誇大自己，自己，自己愛パーソナリティ，自己心理学，対象

　[文献] Kohut, H. (1971, 1977, 1984), 丸田俊彦 (1992), Stolorow, R. D., Brandchaft, B. & Atwood, G. E. (1987)

自己対象転移　⇒自己愛転移
　[英] self-object transference

自己同一性　⇒自我同一性〔エゴ・アイデンティティ〕
　[英] self identity

自己表象　⇒表象
　[英] self representation

事故頻発人格
　[英] accident prone personality
　[独] Unfallpersönlichkeit
　[仏] personnalité prédisposé aux accidents

　一見偶然あるいは不可抗力に見える事故に出会うことを繰り返す傾向を持った人格のこと。多くの論者が自己処罰的な無意識的意味を指摘している。

　フロイト Freud, S. は『日常生活の精神病理学』(1901) や症例ドラの分析 (1905) で偶発的事故の背後の心理を記した。『精神分析的研究からみた二，三の性格類型』(1916) で「成功したときに破滅する」人を取り上げ，快感を禁じる過酷な良心の力を示した。『マゾヒズムの経済的問題』(1924) では道徳的マゾヒズムを道徳からエディプス・コンプレックスへの退行とし，破壊欲動として本来外に向かうはずの死の欲動の一部が自己自身に向かっているとした。アブラハム Abraham, K., アレキサンダー Alexander, F., ドイチュ Deutsch, H. らも，偶発的事故の意味に注目している。メニンガー Menninger, K. A. (1936/38) はこれを「目的を持った偶発事故 purposive accident」とし，人間の自己破壊傾向を論じた。ルシャン Le Shan, L. L. (1952) は事故頻発行動の実証的な研究を行い，肛門サディズム志向を防衛している人が事故により依存に退行するタイプと，口唇攻撃性志向の人が肛門的防衛に失敗したタイプがあるとした。なお事故傾性 accident proneness の概念は，1910年代にイギリスの産業疲労研究所の研究者たちが用いたものである。
　　　　　　　　　　　　　　　　　　（中村俊哉）

　[関連項目] 口唇サディズム期，肛門サディズム，罪悪感，死の本能（欲動），道徳的マゾヒズム，ポリサージェリ，マゾヒズム

　[文献] 浅井昌弘 (1979), Freud, S (1905e, 1916d, 1924d), Le Shan, L. L. (1952), Menninger, K. A. (1938)

自己－不変要素
　[英] self-invariants

　スターン Stern, D. N. の自己感の発達理論において，生後2－6カ月に出現する，単一で一貫した身体単位としての自己感覚を中核自己感 the sense of a core self と呼ぶ。乳児はこの時期に他者（母親）と自分は別個の存在であることを学ぶと同時に，自分が他者と共にあることも学ぶ。この中核自己感の形成に欠かせない4つの基本的自己－体験を自己－不変要素と言う。それは（1）自己－発動性：自分の行為の主体は自分であり，他者の行為は自分が主体ではないという感覚。つまり意志をもち，自己－生成された行為をコントロールでき，その行為の結果を予測できる。（2）自己－一貫性：動いているときも静止しているときも，統合された行為には境界と場があり，身体的に完全で断片化していないという感覚がもてること。（3）自己－情動性：自己体験に属する感情，情動のパターン化された内的特性を体験すること。（4）自己－歴史（記憶）：自分の過去との間に連続性，永続性の感覚がもて，自分が同じ自分として存在し続けたり，あるいは変わることができること，出来事の流れの規則性に乳児が気づくこと，である。これらの自己－体験の集積が，記憶という連続性をもって，流動的，力動的に統合され，オーガナイズされる過程で中核自己感が実感される。なお，この自己－不変要素を認知し同定することを促すのは，乳児に同一化してかかわる養育者による行動との相互交流の積み重ねである。
　　　　　　　　　　　　　　　　　　（森さち子）

　[関連項目] 自己感，スターン

　[文献] Stern, D. N. (1985)

自己分析
　[英] self-analysis
　[独] Selbstanalyse
　[仏] auto-analyse

　自由連想や夢判断などを用いて観察自我が，分析者なしに自分ひとりで自分自身について行う自己洞察の営みを言う。その原型は，フロイト Freud, S. 自身が実行し，体験したフリース Fliess, W. を分析者に想定して行った自己分析（1895－1900）にあり，この自己分析が精神分析の創始をもたらした。彼は284通のフリース宛書簡に残された夢や幼児期記憶に関する自由連想や回想を通し

て豊かな自己洞察を得たが，この自己分析が精神分析の起源とみなされている。そして，この特有な自己洞察の様式を身につけた分析者が，患者との治療関係を介して患者がこの自己洞察の術を身につけるのを助けることが精神分析療法の本質である，とエリクソン Erikson, E. H. は言う。

フロイトは，自己分析について自身の経験に何度も言及し，フロイト自身もこのような方法を精神分析の基礎をなすものと見なしていた。「私の自己分析の必要性は間もなく非常に明確になったのであるが，それは私の幼年時代のあらゆる出来事の中へと私を連れ戻す一連の私自身の夢に助けられて見出された」「どうしたら分析家になれるかと問われたら，自身の夢を研究することによって，と私は答える」。

さらにフロイトは，自己自身の無意識の力動の継続的な解明を進め，1910年には逆転移についてこう指摘している。「……いかなる分析家も自己自身のコンプレックスと内部抵抗が許容する範囲をこえては進むことはできない。したがって，分析家は自己分析からその分析活動を始め，患者との実際的経験によって学びながら，自己分析を深め続けねばならない。そのような自己分析を果たせない者は，患者を分析的に扱うことをためらうことなく諦めるほうがよい」。現在，精神分析の教育研修の基本は訓練分析にあるが，訓練分析によって始められた自己分析の過程は「際限なく」続く。

しかし，他の多くの個所でフロイトは自己分析の効果について控え目な態度を示している。自分自身の自己分析経験の最中にあっても，フロイトはフリースにこう述べている。「私の自己分析は中断したままです。いまではその理由――抵抗――がわかっています。……真正な自己分析は不可能です」「(自己分析)の方法による進歩には一定の限界がある。熟達した分析家による分析を受けることによって飛躍的な進歩がなされる」。

フロイトがこのように自己分析に限界を設けたのは，それが分析者による精神分析にとって代ろうとすることに対処するためであるという意見もある。また，しばしば精神分析療法の過程では，自己分析は，知性化による防衛や，自己愛を満足させて，治療の基本的な原動力つまり転移を排除するような，治療に対する特殊な形態の抵抗とみなされている。つまり自己分析は，誤った観念化や合理づけに終わる恐れが大きいと考えられる。例えば，神経症的人物は，しばしば自意識過剰で，強迫的，時には妄想的な自己観察や自己解釈を行うが，その努力自体が強迫的な症状や神経症的不安のあらわれになったり，精神病的解体を防ぐ兆候であったりする。

しかし，フロイト以後，ホーナイ Horney, K. は自己分析の活用を勧め，一般の人びとにとっても一貫した強い意志を持った自己分析の努力は，かなりの成果を上げ得ると主張している。その方法として自由連想を自分ひとりで行うこと，それをノートに記録すること，自分の行動を自己洞察のための実験と考えること，他人の批評や悪口，叱責などを，分析者の解釈と考えることなどがあげられる。また夢の日記をつけ，それについて自由連想する方法もある。長期にわたる系統的自己分析と随時問題が起こるたびに行う自己分析が分けられる。最大の困難は，抵抗が起こった場合で，分析者がいないためにその処理が困難になる。やはり自己分析は，正式の精神分析治療による心理的変化とは区別すべきであるが，ホーナイは，一定の自己洞察的態度と方法をもって人生に処することには独自の価値があると主張した。このホーナイの同僚であったフロム (Fromm, E. 1976) もまた，自己分析の意義を高く評価し，セラピー超越的な精神分析を提唱している。　　　　　　　　　　(小此木啓吾)

[文献] Freud, S. (1910d, 1950a), Fromm, E. (1988), Horney, K. (1942)

自己変容的　⇒環境変容的適応／自己変容的適応
[英] autoplastic

自己保存本能（欲動）
[英] instincts of self-preservation
[独] Selbsterhaltungstriebe
[仏] pulsion d'auto-conservation

フロイト Freud, S. が提唱した第1期の本能論の中に性本能と対立するものとして自己保存本能が位置づけられた。自我本能 ego-instincts と同義語。フロイトは神経症の病因となる葛藤とは次のような心的な対立によるものだとして，「神経症の症状は，一方では性本能の要求に根ざし，他方ではこれに対する反動としての自我の抗議に根ざしている」(『性欲論三篇』1905)。この自我の抗議はその後，自我本能あるいは自己保存本能とよばれるようになった (『精神分析的観点から見た心因性視覚障害』1910)。その中で，自己保存本能を性的観念や願望を意識する際に患者が体験する情緒的苦痛を感じさせることで自己を守る働き，つまり後の抑圧機制に関連する機能とともに，他方，個体の自己保存に必要ないろいろな身体機能，例えば，摂食，排泄，視覚，聴覚，筋肉運動などとの2側面の存在を想定した。『精神現象の二原則に関する定式』(1911)の中で自己保存本能，例えば食欲などは生後，はやい時期から快感原則を断念し，現実原則へ交代することが一般に可能であるが，性本能はずっと長く快感原則の支配下にとどまる傾向があるとして，ここに神経症の心的素因を形成するとした。つまり，自己保存本能が性本能を抑圧せざるをえない葛藤が生じる

のである。ところがナルチシズムの概念を導入した『ナルシシズム入門』（1914）になると「自己保存本能のエゴイズム」という言葉がでてくる。すなわち、自我に補給される自我リビドーと、自我が性的対象に補給する対象リビドーと自己保存本能から補給される関心など非リビドー的な本能が想定されるなど当初の区別があいまいになっている。本能をはじめその生物学的源泉の差異によって区別していたのが、その考えを捨てて、本能の向かう方向によって分けるという考えに変わり、本能を性本能と自己保存本能に対立させて考えることが捨てられることになった。『快感原則の彼岸』（1920）でフロイトの本能論は最終的な展開をする。すなわち、生の本能（エロス）と死の本能（タナトス）の二元論に発展した。

（西園昌久）

[関連項目] 自我機能，二大本能論，本能
[文献] Freud, S. (1905d, 1910h, 1911a, 1914c, 1920e)

自己モニタリング
[英] self-monitoring

　分析セッション中に分析家が自分自身を監視する作業であり、セッション外で行われる自己分析とは別である。また他分野で用いられる「自己モニタリング」ともやや意味が異なる。分析中分析家の注意はセッションで起こっていることすべてに注がれるが、それらは患者の言動とともにそれらと対になる分析家自身の発言や行為なども含まれる。それらの対象は解釈の内容と与え方はもちろん、分析家の解釈以外の発言ややり取り、声の調子やふるまい、姿勢などの非言語的伝達、さらにはその他すべての人格の要素にまでおよぶ。このような分析家による分析家自身の探索は逆転移を治療的に活用しようとするなら当然必要なことであるし、分析作業が相互交流的であることを強調するならこれまた必要不可欠となる。ケースメント Casement, P. は自己モニタリングを心の中のスーパーヴィジョン internal supervision として捉え、その技法として治療的自我 - 解離 therapeutic ego-dissociation （ステルバ Sterba, R.）を分析家自身にも用いること、患者への試みの同一化 trial identification （フリース Fliess, R.）の際分析家自身の言動も検討の対象とすることをあげ、遊ぶこと playing （ウィニコット Winnicott, D. W.）、もの想い reverie （ビオン Bion, W. R.）、焦点をあわせない傾聴 unfocused listening がそれらを支えると議論している。

（矢崎直人）

[関連項目] 遊ぶこと，逆転移，自己分析，ビオン
[文献] Atwood, G. E. & Stolorow, R. D. (1984), Casement, P. (1985), 松木邦裕 (1993a)

自殺
[英] [仏] suicide
[独] Suizid, Selbstmord

　フロイト Freud, S. が発表した症例論文では、ハンス少年を除いたすべてに自殺の症候学が論じられている。例えば、『ヒステリー研究』（1893-1895）に登場する患者アンナ・O は父の死後、自殺企図を何度も繰り返した。「ラットマン」と呼ばれる重症強迫神経症の患者は、恋人の不在を契機とする「剃刀で自分の喉を切りはしないか」という自殺衝動に苦しんでいた。フロイトはこれらの症例から、自殺は、(1) 他者（特に親）に対する死の願望の自己処罰、(2) 自殺をよく考える親との同一視、(3) 他者（ライバル）への激しい憤怒の反動、(4) リビドーの満足の欠如、(5) 辱めからの逃避、(6) 救助の叫び、(7) 願望充足などの結果として発生すると考え、実際に自殺が遂行されるためには数々の強烈な動機が一度に働かねばならないことを強調した。かくして、自殺の心理学的解釈はフロイトによって初めて着手された。『女性同性愛の一ケースの発生史について』（1920）の脚注では、性的願望充足による自殺について、「毒をのむ＝孕む、溺れる＝生む、高いところから落ちる＝分娩する」という解釈を紹介している。フロイトは自殺については初めはリビドー論の枠内で、1920年以降は死の本能論に基づいて論述した。フロイトはメランコリーをとりあげて、「自我が対象充当の逆転によって自分自身を対象として扱い、対象に向かっていた敵意を自分に向け、それが外界の対象に対するものと入れかわった時、自我は自らを殺す……」と述べ、自殺では自我が対象に圧倒されると考えた。さらにフロイトは、自我にとって生きることはエスの代表者である超自我によって愛されることだが、メランコリーでは超自我が自我に憤怒し迫害すると感じるため、自分自身を放棄することさえあると考えるようになった。そして、この際の超自我を支配しているものは死の本能であるとしたが、死の本能がどのような形で自殺へと結実するのかについては系統的な論述は果たされなかった。

　メニンガー Menninger, K. A. は、フロイトの死の本能と破壊欲動についての概念を発展させて独自の自殺論を著した。メニンガーは、生と死の本能が脱融合 defusion したり、死の本能が生の本能を圧倒した場合には、自殺の瞬間として自己破壊が結実することがあると考えた。また、徐々に自殺を遂行する形式の自己破壊を慢性自殺 chronic suicide と呼んで、その例として禁欲主義と殉教・アルコール依存・精神障害・反社会的行動などをあげた。メニンガーによれば、慢性自殺と「急性の」自殺との間には根本的な相違があり、慢性自殺では個人は死を無期延期にするために受難や機能障害などの

犠牲を払うのだと考えた。　　　　　（平島奈津子）

　[関連項目] 攻撃性，自傷行為，死の本能（欲動），メニンガー

　[文献] Freud, S. (1895, 1909d, 1920a), Litman, R. E. (1967), Menninger, K. A. (1938), Shneidman, E. S. (1985)

思春期〔青年期〕

　[英][仏] adolescence
　[独] Jugend

　わが国の臨床家には，adolescence を青年期と訳し，思春期＋青年期全体を意味する用語として用いる立場と，adolescence を思春期と訳し，青年期 youth をむしろ後期思春期 late adolescence ＋後思春期 post-adolescence の意味に用いる立場がある。本事典も，日本思春期青年期精神医学会（Japanese Society for Adolescent Psychiatry）も後者の立場をとっている。発達段階の区分については，ブロス Blos, P. に従って，前思春期 pre-adolescence，初期（または前期）思春期 early adolescence，思春期 adolescence proper または中期思春期 middle adolescence，後期思春期 late adolescence 後思春期 post-adolescence という分け方が精神分析関係者では一般的である。サリヴァン Sullivan, H. S. に従って pre-adolescence，early adolescence，late adolescence と区分し，プレ成人期 pre-adulthood という用語を加える立場もあるが，精神分析的には前者がより妥当である。精神分析的な思春期論は，フロイト Freud, S. の幼児性欲論（1905）に始まる。そこでフロイトは，潜伏期に入って抑圧されていた幼児性欲とエディプス・コンプレックスが思春期に入ると再び活動を再開するが，それらが性器統裁 genital primacy の下に置かれ，やがて父母以外の異性を対象とする性器的体制が形成されると考えた。つまり，思春期の発達過程はこの性器的体制の確立にあるという。ブロス（1962）はこの意味で思春期を精神性的発達の第 4 期，つまり性器段階であると定義した。精神分析的思春期論はこのフロイト，S. の理論に立脚し，アンナ・フロイト Freud, A.，ブロス，エリクソン Erikson, E. H.，そしてマーラー Mahler, M. S. の発達論的自我心理学を主流とするが，この発達論には次の基本的な観点がある。

　第 1 は，フロイト，S.，ハルトマン Hartmann, H. の言う成熟，発達，適応という考え方である。思春期の場合には，生物学的な成熟がどんな心的環境とのかかわりの過程でどんな自我の発達をもたらすかという観点が中期思春期までは当てはまり，後期思春期‐後思春期には，むしろ社会心理的な環境への適応と自我の発達と再構成，そして自我同一性の確立が課題となる。

　第 2 は，「相特異的 phase specific」という考え方である。各発達段階にはそれぞれに特有な欲動，自我，対象関係，それらをめぐる葛藤，発達課題があり，順調な発達はこの発達課題を一つ一つ達成しながら進んでいく。それぞれの精神機能の縦の発達の流れについては，アンナ・フロイトの言う「発達ライン developmental line」がある。この各発達段階に応じて，それぞれの相特異的な課題を明らかにし，この見地からそれぞれの症例について発達診断を行うことが，精神分析的な思春期青年期の臨床の最も基本的な課題である。

　第 3 は，いわゆる二相説 diphasic theory である。この二相説は，幼児期に経験した精神性的発達（前性器的体験）を思春期の発達過程の中でもう一度繰り返しながら，性器統裁を達成するという理論である。この思春期の発達過程で幼児期の父母への同一化‐内在化によって形成されていた自我理想と超自我の再構成が進み，それとともに男性性と女性性の分化と年代相応の同世代の社会的なモデルへの男性同一化・女性同一化が起こり，近親姦タブーに従い，性愛の対象を幼児性欲の対象であった父母に代わる家族外の対象に求めるようになるのが正常な思春期発達である。そして，この性器統裁の概念はエリクソンの心理・社会的な自我同一性 ego identity の概念に受け継がれた。つまり自我同一性は，精神性的な「性器統裁」の概念を乳幼児期以来の古い自己と思春期青春期発達過程で新たに獲得された自己の再編成と統合という形に，自我心理学的にとらえ直した概念である。また，精神性的発達の二相説に加えて，幼児期の分離‐個体化の思春期における再現の観点からとらえるのが二相説の現代版である。ここで言う分離は，幼いときから心の中につくり上げられていた父母表象，多くの場合，ある種の理想化を受けていた，あるいは自己愛の対象になっていた父母表象について，幻滅とか，脱錯覚とか，あるいはエネルギー論的に言えば，脱備給と言われるような分離の過程が進行し，それまで愛着・依存の対象であった親との情緒交流が失われたり，内的な対象喪失が起こって，悲哀ないし喪 mourning の心理が体験される。

　この分離の過程で，ハルトマン，スピッツ Spitz, R. A., そしてマーラーが推敲した情緒的対象恒常性 emotional object constancy の内在化のあり方が，乳幼児の分離‐個体化の過程で，再接近期を越えて，その子どもが一人の子どもとしてエディプス水準の父・母・子の三者関係で活動できるようになっているかどうかを規定する。

　そして，幼いときにつくられた内的な父母表象と，いまここにいる外的な対象としての父母が併存しているという，思春期特有の心的条件がある。つまり，内的なものと外的なものが，絶えず併存し，また，古いものと新しいものが併存する。それだけに，過去の分離‐個体化の再現という側面と同時に思春期の少年・少女を，その時点で支える父母をはじめとする心的環境が大きな役割

を果たす側面があり，マーラー，エムディ Emde, R. N. の言う，母親の情緒的な燃料補給 emotional refueling, 情緒応答性の役割，ウィニコット Winnicott, D. W. の言う「holding 抱える環境」，ボウルビィ Bowlby, J. の「安全な基地 secure base」などの親の役割が重要である。

　以上の観点から見た思春期の各発達段階の課題は次のようである。

　前思春期には，第二次性徴発現に先立つ急激な身体・体重の成熟速度の速まりに伴う潜伏期に確立していた自我と前性器的欲動の平衡に変化と退行が起こり，思春期的な分離-個体化の過程が始まる。

　前期思春期には，第二次性徴の発現に伴い，潜伏期までに形成されていた児童としての同一性が失われ，父母表象からのリビドー，脱備給が始まり，空想，マスターベーション，家族外の同性との交友，自己愛の高まりが起こる。

　中期思春期には，エディプス葛藤の再燃が起こり，異性愛体制の形成に伴う去勢不安や罪悪感が高まり，父母からのリビドーの脱備給に伴う自己愛の高まり，異性へのリビドーの向けかえ，男性，女性としての性的同一性の形成が進むが，同時に，特有な自我の防衛機制としてアンナ・フロイトが明らかにした知性化，禁欲主義，反対物への逆転などが見られる。

　後期思春期には，それまでの思春期の発達課題を通して形成されたパーソナリティの各部分をさらに合成し，それまでの各同一化の漸進的な統合を進め，個々の同一化の総和以上の独自の自己を獲得することが課題となる。この後期思春期から後思春期にかけての青年期の自我同一性の確立までの過程で，社会心理的モラトリアムが成人社会から提供される。

　後思春期は，思春期から成人期への中間的な段階であり，父母からの精神的離脱，両性傾向の葛藤の解消，自我理想の安定化，性的同一性の確立などが達成され，パーソナリティの各部分の調和・統合がさらに進み，自己の社会心理的な役割，職業，結婚などの社会関係が確立する。

　なお，ブロスは思春期の発達過程を 7 つのタイプに分けている。定型的な思春期 typical adolescence，文化的に規定された長引いた思春期 protracted adolescence，思春期を短縮された思春期 abbreviated adolescence，潜伏期の発達が破綻していて，思春期に入っても実際にはその発達課題が達成されない見せかけの思春期 simulated adolescence，思春期に固着して思春期を卒業できない遷延した思春期 prolonged adolescence，一定の心的外傷を契機として退行的な逸脱行動を繰り返し，正常な発達段階をたどることができなくなっている外傷的な思春期 traumatic adolescence，あるいは，精神病的な崩壊が起こって，それ以上の思春期の発達が阻害されてしまう流産型の思春期 abortive adolescence である。

〈小此木啓吾〉

　[関連項目] 安全基地，抱える環境，逆転〔反対物への〕，近親姦，再接近期危機，自我同一性〔エゴ・アイデンティティ〕，性器性優位，対象恒常性，知性化，二相説，喪の仕事〔悲哀の仕事〕，モラトリアム，幼児性欲，エリクソン，サリヴァン，ハルトマン，フロイト，A.，フロイト，S.，ブロス

　[文献] Blos, P. (1962, 1985), Bowlby, J. (1960, 1961), Erikson, E. H. (1959a), Feinstein, S. C. (1987), Freud, A. (1936, 1963, 1977), Freud, S. (1905d, 1905e), Hartmann, H. (1939), Mahler, M. S., Pine, F. & Bergman, A. (1975b), 皆川邦直 (1980), 小此木啓吾 (1976, 1980, 1985a, 1995, 1999a), 小此木啓吾（編）(1980), Winnicott, D. W. (1965b)

自傷行為
[英] self-mutilation
[独] Selbstverletzung
[仏] automutilation

　自傷行為は手首をカミソリや割れたガラス片などで傷つける手首自傷 wrist cutting が有名である。これは 1960 年代にアメリカで大流行し，欧州に広がり，わが国でも 1970 年代に若い女性を中心に増加した。自傷行為は思春期の情緒発達障害，パーソナリティ障害，解離障害，感情障害，精神分裂病に随伴して見られる。その他には，虚偽性障害（医療を求めるための自傷行為）や発達障害（常同的かつ衝動的な自傷行為）でも見られる。

　手首自傷の場合，名状しがたい内的緊張とそれに伴う緊迫した雰囲気があり，行為の前後で人格が別人のように異なる。傷つけた直後は，痛みは感じず，安らかさと満足とをみせる。行為者は行為の理由を問われても分からないと答えることが多いが，治療が進展すると，怒りや失望の一つの表現であることが分かる。彼らの中には，やけ食い，万引き，性的逸脱行為，アルコールや薬の乱用，などの衝動性のコントロールの悪さが見られる者がいる。力動的にはトランス状態に入り，無意識の自己破壊衝動を表していると言える。彼らは耐えがたい離人感や空虚感に苦しんでおり，痛みを感じることで自分の存在を感じようとする。しばしばこのような自傷行為には空想が伴う。手首を切る瞬間，分裂された人格の悪い部分，すなわち手首に悪い母親と悪い自己が投影され，手首を切るという行為で悪い母親と悪い自己に罰を与えるのである（手首の人格化）。また生活史を見ると，母親との関係が不安定で決定的な要因として幼少期のトラウマがあることが多い。

〈川谷大治〉

　[関連項目] 攻撃性，自殺
　[文献] 西園昌久・安岡誉 (1979), 牛島定信 (1979)

しじりょうほう

支持療法
[英] supportive psychotherapy
[独] unterstützende Psychotherapie
[仏] psychothérapie de soutien

　支持療法という概念は，表出療法 expressive psychotherapy との対比で従来よりしばしば論じられる。支持療法の定義は論者により多少異なるが，表出療法が患者の持つ葛藤や防衛についてそれを分析し，解釈することで無意識内容を明らかにすることを目的とするのに対して，支持療法はむしろ防衛を強化し，無意識の葛藤を鎮め，退行を抑制する役割をもつと一般に理解されている。ちなみに支持的とは supportive の訳だが，原語は「精神的に支える，元気づける，安心させる」というニュアンスをもつ。支持療法の具体的な治療技法としては，共感的な評価 empathic validation，肯定 affirmation，勇気づけ encouragement，アドバイスや示唆 advice and suggestion，説明 explanation や説得 persuasion などがあげられる。

　支持療法という概念は 1950 年代にはすでに見られ，ギル Gill, M. (1951) その他により精神療法と精神分析とを分け，また精神療法の中でもより分析的な原則に近いもの（表出療法）とそれ以外のもの（支持療法）との分類を明確にするために生まれたとされる。支持療法という概念の背景には，患者の無意識内容の解釈を中心とする精神分析的なアプローチや表出療法が治療として最善であるとの認識があった。すなわち支持療法は解釈がもたらす心的なストレスや不安に持ちこたえるほど自我機能が十分でない患者に対する次善的なアプローチとして，主として意識的で表層的な内容を扱う手法，という否定的な位置づけがなされる傾向があったのである。

　現在でも支持療法は精神病や抑うつ状態などにより自我機能が著しく損なわれていたり，不安症状が強い場合に主として適応と考えられる場合がある。しかし支持療法への認識は従来の精神分析療法や解釈を中心とした表出療法が効果を十分に奏しない境界人格障害の治療に対するアプローチとして，なかば必然的に発展してきたという側面もある。スターン Stern, A., ナイト Knight, R., ゼッツェル Zetzel, E., また最近ではアドラー Adler, G. などはいずれも境界人格障害に支持的なアプローチが有効であることを提唱している。

　現代の精神分析では，支持療法の意味はより積極的に認められる傾向にある。特に表出療法それ自身が純粋な形では存在せず，あらゆる治療において程度の差こそあれ支持的要素を含む点が指摘され（Wallerstein, R. S. 1986)，また表出療法で得られた洞察も，支持療法で得られた洞察と同等の意義を有すると理解する立場もある（Gabbard, G. O. 1994）。支持療法の治療的意義を認める立場は，消極的なものと積極的なものに分けられよう。消極的な立場としては，支持的アプローチは解釈による介入を助け，促進するとする見方がある。この場合の支持療法とは，解釈を受け入れることによる心的なストレスを和らげる，いわば補助的な働きとして理解される（Pine, F. 1986)。また積極的な立場とは，支持的なアプローチそれ自身が治療的な役割を演じる，という見方である。後者に関しては，抱える環境（Winnicott, D. W. 1965）が患者自身のもつ発達欲求を満たすという見方や，コフート Kohut, H. の自己心理学に見られる共感自体の治療的意義を重視する立場などがあげられる。

(岡野憲一郎)

　[関連項目] 抱える環境，共感，自己心理学，表出療法，ウィニコット，コフート，ナイト
　[文献] Gabbard, G. O. (1994), Gill, M. M. (1954), Kernberg, O. F., Burnstein, E., Coyne, L., Appelbaum, A., Horwitz, L. & Voth, H. (1972), Luborsky, L. (1984), Pine, F. (1986), Rockland, H. L. (1992), Wallerstein, R. S. (1986), Winnicott, D. W. (1965b)

システム自我　⇒パーソン自我
[英] system ego

システム論
[英] system theory
[独] Systemtheorie

　[定義] システム論は，機械とは異なる生命という有機体の振る舞いの根底にある原理を探求するために用いられている一連の科学的パラダイムのことである。それらは，一般システム論 general systems theory，自己組織化システム self-organizing systems，カオス的システム chaotic systems，オートポイエーシス autopoiesis などと呼ばれている。どのシステム論にも共通しているのは，要素が複合体をなし，特定の水準を維持するようになると，そこには各構成要素には見いだせなかった新しい現象が生じるという有機構成 organization の概念である。つまり有機構成においては，各構成要素の単純な総和以上の仕事が産み出されると言う意味で，こうしたシステムは非線形 nonlinear であり，システム全体の振る舞いは非常に複雑である。その特徴は第 1 に，有機構成によって生じた現象つまり全体の振る舞いは，各構成要素の性質に還元して理解することはできないということである。要素還元主義の否定である。第 2 は，全体の振る舞いは，各構成要素の統計的平均で理解することはできないということである。これは，還元主義的，線形的，決定論的な機械モデルとは対照的であり，生命現象の特

性を明示している。

［精神分析とシステム論］人格構造，発達過程，精神療法（精神分析療法，精神分析的入院治療，集団精神療法，家族療法など）は，構成要素間の力動的相互関係を維持しながら，一つのまとまりをもちつつ進化する有機体である。この意味で，システム論は精神分析的思考を豊かにしたり，そこで起きる複雑な現象を記述するための新しい言葉を精神分析に提供してきたが，同時に精神分析が心的領域におけるシステムの原理を明確にしてきたという側面もある。精神医学一般との出会いは，1966年米国精神医学会のメインテーマとしてベルタランフィー Bertalanffy, L. von の一般システム論が取り上げられたことを契機としている。それは，当時精神医学において精神分析を第 1 次革命，行動主義を第 2 次革命とするなら，システム論は第 3 次革命であると見なされたほどに大きな影響があった。わが国では，システム論というと家族療法との関連のみが取りざたされるが，現代の精神分析はシステム論を基本的な準拠枠としているといえる。たとえば，ボウルビィ Bowlby, J. や最近ではスターン Stern, D.，エムディ Emde, R.，タイソン Tyson, R. らに代表される発達論，カンバーグ Kernberg, O. の境界人格構造論や入院治療論，ガンザレイン Ganzarain, R. の集団精神療法，ラングス Langs, R.，ストロロウ Stolorow, R.，オグデン Ogden, T.，モデル Modell, A.，シェーファー Schafer, R. らの精神分析理論などである。

［いくつかのシステム論］システム論ではさまざまな原理が提案されているが，河本英夫によれば，その主題によって 2 つの世代（ないしは 3 つの世代）に大別されるという。

第 1 世代システムの主題は，環境と相互作用しながら自己維持を続けるメカニズムはどのようなものかという動的平衡システムであり，第 2 世代は，有機体が，安定した状態から，どのようにしてもっと高次のシステムへと構成されるのか，その際どのようにして新たな機能を作り出すのか，部分を交換し，代謝を行いながら，どのようにして自らの構成部分を作り出し，自己を維持しているのかという生成 - 産出システムである。有機体と機械の違いは自らの部分を産出するプロセスを持っているか否かであるとするならば，この生成システムこそが有機構成にとってもっとも重要なことであるが，それは精神分析においてもその治療機序を探求する上で見過ごしにはできないことである。

［一般システム論］第 1 世代のシステム論でもっとも基本的なのがベルタランフィーの提案した一般システム論である。システムは「相互に作用しあう要素の集合」と定義され，物質，人間，社会などすべてシステムと考えられる。これらのシステムにはどんなに異なった分野でも構造上の同一性があり，要素間の相互作用も同じ法則に従っているという同型性の認識に基づいて，一般システム論は，システムに共通する原理や特性の定式化つまりシステムを構成するサブシステムの構造とその相互作用における役割，そこにおける物質—エネルギーと情報の流入—変換—流出過程を研究することを主題としている。システムには閉鎖システムと開放システムがある。前者は環境を持たず，他のシステムと交流がない。その中でエントロピーは最大に向かって増大し，最後に平衡状態に至ってその過程が止む。それは完全に無秩序な状態である。後者は，環境あるいは他のシステムと相互交流を持ち，相互に影響を与え合うという生きているシステムである。それは前者にはない以下の 2 つの法則に従っている。(1) 定常状態：エネルギーや情報の流入と流出，構成要素の生成と分解という変動状態にもかかわらずシステムの構成は一定に保たれるという法則。(2) 等結果性：異なった初期条件からでも異なった方法からでも同一の目標あるいは最終状態に達する傾向。この特性のため，開放システムはエントロピーを遅滞させ，時間的経過とともに構成要素がより特異的なものへと分化し，高度の秩序と複雑性を持った状態へと発展しうる。つまり，一般システム論が把握するシステムは，それぞれのシステムはサブシステムからなり，2 つ以上のシステムは相互に関係しながら上位システムを構成するという階層性を有するものである。したがって，階層間のあるいは全体と部分との相互循環的関係が課題として抽出される。ちなみにフィードバック装置やホメオスターシスはこのシステムが持つ機能のひとつである。

［自己組織化システム］第 2 世代システム論は，自己組織化システム self-organizing systems とよばれている。ここではシステムがあらかじめ備えていない新しい機能を自発的にどのように作り出すか，より複雑な構造とパターンが多くの部分からどのようにして生まれるか，が主題となる。河本の論文を援用すると，次のような自己組織化システムの特性があげられる。(1) 生成プロセスの開始は偶発的であるため，将来の事態は予測できないと言う意味で予測不能性が特徴である。(2) 生成プロセスが始まるとシステム全体が一挙に変化するという相転移がおきる。これはシステムの小さな攪乱が大きな変化を引き起こしているようにみえる。(3) いったんこのプロセスが始まると，それは反復して進行し，システム全体に広がる。(4) その際，システムの各部分はあたかも支配者の指令に従っているかのように，同時並行的に協調して振る舞うという協働現象を示す。(5) 突然，新しい秩序やもっと複雑性をもった高度な構造とパターンが新生される。(6) このシステムは，環境との相互作用を通じて自己の境界を変化させ，環境をも変化させる。(7) このシステムは開放システムである。

こうした自己組織化のプロセスには時間的要素があり，

ある時点と別の時点との関係を外から観察するならば物語が作られることになる。しかし，自己が自己を産み出すという自己組織化をつきつめていくと，外からの観察者を必要としないシステムをとらえることができる。これがオートポイエーシスである。この場合，部分とか全体をシステムとして見るのではなく，生成プロセスにおける作動という機能そのものをシステムと見なすところに特徴がある。この場合，外からシステムを観察するのではなく，システムを徹底的に内側からみるという視点の転換が必要になる。

[**システム論的精神分析**] 精神分析の特性としてこうした一連のシステム論が明らかにしているのは，第1に精神分析においてもっとも基本的な単位は治療者患者関係だということである。分析家と患者とは分離不能な心理的システムを形成するので，分析的体験の統合性を侵害することなしにはどちらかを単独で研究することはできない。つまり精神分析的現象をどちらかに還元することはできない。第2は，このシステムが有機的に機能する際に，意識的無意識的な意味の交流過程が本質的だということである。第3は，「今ここで」という現在の瞬間において，発達的脈絡すなわち過去と未来が絡み合っているという認識である。したがって，単純な過去への還元論でもなく過去の無視でもない。精神分析は，分析家‐患者システムが，一定のルール，一定の時間と場所，一定の役割で，相互交流を繰り返し，相互に浸透し，協働しながら自らをオーガナイズする有機体であって，こうしたプロセスそのものにおいて結果（すなわち治療目的や効果）が新生するといえる。

システム論的にいえば，精神分析過程と変化のメカニズムについて，あらかじめ定まった技術とそれへの反応という決定論的な思考ではなく，唐突で予測不能な変化，相転移，反復進行，協働現象，新しい秩序の新生といった現象が強調される。この意味では，バリント Balint, M. の新規まき直し new beginning，ビオン Bion, W. R. の破局的変化 catastrophic change，モデルの「事後性‐記憶の書き換え」，オグデンの第三者性の出現による非内省的二者関係からの脱出，ベーム Böhm, T.，村岡，狩野によるターニングポイントはすぐれてシステム論的である。

ラングスとストロロウは，その用語や表現は異なっているが，もっとも明示的にシステム論を用いているという意味で，現代的なシステム論的精神分析家である。ストロロウは，精神分析の基本的な目標として，患者の主観的世界の展開，解明，変形をあげ，分析的かかわりとそのかかわりの必然的な脱線とによって始動される変形プロセスはつねに間主観的システムの中でおきると言うことを強調している。精神分析的変化は，それまで間主観的システムにおいて言葉化されるような形では体験されなかったものが，共感的対話という間主観的システムの中で言葉化されるものだと考える。この視点からすると，転移や抵抗は分析家‐患者システムにおいて共構築されたものだと考えられる。このストロロウの考えは，治療システムを外から観察するのではなく，つねに反復相互交流している治療システムの内にいながら，間主観的現実を言葉化という形で自ら生成しつづけると言う意味で，オートポイエーシスシステムである。

〈狩野力八郎〉

[**関連項目**] 間主観的アプローチ，事後性，ビオン理論，オグデン，カンバーグ，スターン，ストロロウ，ボウルビィ，ラングス，

[**文献**] Bertalanffy, L. von (1968), 狩野力八郎 (2001), 河本英夫 (1995), Langs, R. (1992), Miller, J. G. & Miller, J. L. (1985), Stolorow, R. D., Brandchaft, B. & Atwood, G. (1987)

施設症 ⇒ホスピタリズム
[英] hospitalism

視線恐怖
[英] fear of eye-to-eye confrontation

視線恐怖は，日本では「目は口ほどにものを言う」とされ，自他の視線に配慮することを一種の美徳と考え，謙遜や謙譲，そして恥という消極的な自己意識を慎みとして美化する傾向のため，赤面恐怖と並び対人恐怖症の代表的な症状の一つとなっている。他者の視線を集中的に浴びているように感じ，自分はどこかおかしいと思われているのではないか，皆に嫌われているのではないかと，視線の被害者として恐怖や不安に悩む。他人の視線だけではなく，自分の視線について他人に向かう攻撃的な影響を心配し加害的に視線恐怖に悩む場合もあるが，どちらにも他者を不快にさせて責められるという迫害的な不安が伴いやすい。また逃避や恥の意識が働いて自分の外面を取り繕うと，本当の自己と社会的な自己が解離して，素顔の自分の顔（本当の自分）と仮面や偽りの自己との間に深刻な二重化意識が生まれる。視線恐怖は，親しい内輪と他人との間にある中間領域で強くなると言われるが，他の条件でも症状が意識されて自他の視線の恐怖に苦しむ場合もある。精神分析的な理解では，当初，目や症状の象徴性が解釈され，他の身体の「穴」，つまり性器を覗かれることや去勢不安，さらに原光景を覗くことなどが検討されたが，最近では肛門期や口唇期に由来する攻撃性の投影と無意識的罪悪感，人見知り不安，自己愛の傷つきやすさ，そして甘えなどの観点から理解されることが多い。また，重症になると，パラノイアや，自我境界の問題，さらには精神病的な象徴化障害を考え

ねばならないし，言うまでもなく日本文化以外でも見出せる状態像である。　　　　　　　　　　　（北山　修）

[関連項目] 神経質，対人恐怖，恥
[文献] 小川捷之（編）（1978），岡野憲一郎（1998）

自然人（の理念）
[ラ] homo natura

ビンスワンガー Binswanger, L. が，フロイト Freud, S. の人間理解を明らかにする際に用いた基本概念。ビンスワンガーは1936年5月7日ウィーンの医学的心理学協会でのフロイト誕生80年記念講演『人間学の光に照して見たフロイトの人間理解』で，自然的被造物としての人間を基本理念とする homo natura（自然人）は，homo aeternus（永遠の人），homo coelestis（神の人），homo universalis（普遍的歴史的人間）として人間を考える数千年の伝統とも，そしてまた，homo existencialis（実存的人間）としてとらえる近代の存在論的人間学的理解とも対立するという。自然人は，快感原則に従い，人間存在の多様性を画一化し均一化する一般的な欲動，ひいては身体性 Leiblichkeit ないし生命性 Vitalität に規定された「人間」で，有機体という生物学的・心理学的理念で，19世紀後半から20世紀初頭にかけての自然科学的認識楽観論に立脚し，自然科学以外の一切の影響を受けつけない理念である。個人の生活史上の自然的原人つまり新生児という意味での自然人であると同時に，人類の歴史上の自然的原人であるという意味での自然人であって，それは現実の人間を生物学的・科学的なものに還元するための要請であり，道徳性，文化，宗教，芸術といったものの可能性については白紙 tabula rasa とみなし，この自然の発達から歴史を考え，神話や宗教，道徳を説明しようとする。ビンスワンガーは，フロイトの自然人をニーチェ Nietzsche, F. W. のそれと同一平面のものとみなし，やがて『わがフロイトへの道』（1957）では，実はフロイト自身は模範的真理探究者としての歴史的実存を生きた人間であり，その「自然人」の理念，たとえば本能について考えるとき，すでにそれは自然科学的な意味での解釈を踏み越えていた，と語っている。そしてビンスワンガーは，フロイトが高校卒業時にゲーテ Goethe, J. W. の作とされていた（実はスイスの神学者トブラー Tobler の創作）の「自然についての断章」Das Fragment über die Natur についての講演を聞き，医学を学ぶ決心をしたエピソードを取り上げ，自然の厳粛さ，偉大，神秘にみちた近づきがたさ，規定しがたさなどの自然に対するフロイトの尊敬と畏敬の念は，古代ギリシャ人，ルネッサンスの人びと以来一貫した流れで，これらから出発してフロイトは，人間の本性つまり人間の形姿に現れた自然についてのさまざまの発見をしたのであって，その根底には自然科学的にははかりしれない「母なる自然 Mutter Natur」がある，という。つまりフロイトは「アリストテレスと同様，心を自然と一つのものとし，……自然概念を心的概念によって拡大し……主体的存在を諸他の自然過程と結合した一つの自然過程として考え，それを個々にわたって経験し指示したのであり」，この過程で明らかにされた「自然人」の理念によって，われわれの人間認識や科学理念を変革することになった，という。　　　　　　　　　　（小此木啓吾）

[関連項目] ビンスワンガー
[文献] Binswanger, L.（1936, 1957a）

自体愛
[英] auto-erotism
[独] Autoerotismus
[仏] auto-érotisme

エリス Ellis, H.（1898）によって最初に使用された用語で，外的刺激の存在なしに生じる自然発生的な性的欲望を指す。その満足は自分自身の身体によって得られるとした。これに対して，フロイト Freud, S. は発生の仕方ではなく，対象に対する関係のあり方から自体愛を定義づけた。自体愛における対象は他者ではなく，自分自身の身体である。すなわち自体愛においては欲動の対象は欲動の源泉である器官と一致する。そして，自体愛はこの器官に満足が与えられることで，その目標をとげる。口唇に対する親指しゃぶりや性器に対する乳児自慰がその例として挙げられる。

欲動心理学においては，自体愛をリビドーの発達段階に位置づける。自体愛はある身体器官自体の満足によって目標がとげられる欲動なので，部分欲動であり，その対象は部分対象の段階にある。これに対して，自己愛における対象は全体的な統一性をもった自己あるいは自我である。部分対象から全体対象へという発達ラインがあり，その後リビドーは他者を対象とした対象愛の発達段階へと進んでいくのである。

これに対して，対象関係論においては自体愛的発達段階に異論を述べて，出生時から乳児には母親との関係が存在するという。この考えに従えば，乳幼児が示す自体愛的な行動は，他者との対象関係の代用的な行動ということになる。　　　　　　　　　　　　（白波瀬丈一郎）

[関連項目] 自己愛〔ナルシシズム〕，精神-性的発達，幼児性欲
[文献] Ellis, H. H.（1899），Freud, S.（1914c, 1915c）

実演　⇒アクティング・イン
[英] enactment

しつかんじょうしょう

失感情症　⇒アレキシサイミア
　　［英］alexithymia

実験神経症
　　［英］experimental neurosis
　　［独］experimentelle Neurose
　　［仏］névrose expérimentale

　一般に実験神経症は，1920年代にパブロフ Pavlov, I. P. が，条件反射の研究中にイヌについて発見した現象で，発生条件として，弁別困難な近似刺激について，なおその弁別を強制した場合や，強い電撃で唾液条件反射を形成してその刺激部位を移動した場合などに見出されたが，実験神経症と呼ばれる状態は，その生体に情動的な興奮が生じ，それまで学習された条件反射が崩れ，解体の状態を呈し，激しい運動暴発や攻撃，あるいは重い制止状態に陥るなどの現象をいう。パブロフは，この現象はさらに神経系の興奮型，あるいは制止型によって発生条件に違いがあることを認識したが，その後，この手法はイヌからネコ，サル，ヤギ，ブタ，シロネズミ，ハトなどについても適用され，実験神経症よりは行動障害 behavior disorder と呼ぶほうが適切だという見解もある。

　さらに，リデル Liddell, H. S. (1938) は，特にブタの条件づけによる実験神経症の研究の途上で，条件反射の実験の設定そのものと，単調な条件刺激の繰り返しそのものによるフラストレーションとで過剰な自己拘束状態，緊張が彼らの行動異常の発生条件になっている事実に着目した。この認識はさらに，ガント Gantt, W. H.，マッサーマン Masserman, J. H. などのもっと幅広い精神力動的なモデルに基づく実験神経症の研究に発展した。例えばマッサーマンは，ネコにおける食物摂取状況における葛藤状況を設定し，そこで発生する神経症的な行動を実験状況の中で生ずる慢性の不安，情緒的な葛藤状況を象徴する刺激に対する恐怖症的な反応の発生，それ以前の食物摂取パターンへの退行的かつ防衛的な諸現象などについて観察した。そして，これらの症状はアンビバレントであり，象徴的なものに対する過剰な反応である点に人間の神経症と共通の特徴があると記載し，さらに，この行動の解体が神経筋肉系の不適応反応のみならず，自律神経・内分泌系のアンバランスまで引き起こす事実に注目した。この動向とともに，シェアーズ Sears, R. R. は，ネズミの学習実験の過程で発達と固着と退行というフロイト Freud, S. の神経症の精神分析的概念に関する実験的な研究を行った。

　さらにハーロー Harlow, J. は，有名な赤毛ザルによる愛着の実験の中で，母親と一定期間暮らした子どもザルが，母から分離された後に抑うつ状態に陥る事実を観察したが，この飼育分離モデルは，スピッツ Spitz, R. A. のアナクリティック・デプレッション anaclitic depression との異同も論議されているが，うつ病の動物実験モデルの一つとしても注目されている。しかし，必ずしも母子分離のみならず，ともに暮らした仲間からの分離の場合にも同様の異常が見られることや，そこで生じた異常状態が，抑うつのみならず自閉的なひきこもりとみなしうる場合もあるので，これをうつ病モデルと同一視してよいかの論議がある。なお，うつ病の動物実験モデルとしては，レゼルピンによる人工的なうつと条件づけを結びつけたレゼルピン・モデルも研究されている。

(小此木啓吾)

　［関連項目］アタッチメント，うつ病，葛藤，固着，退行，欲求不満
　［文献］Harlow, H. F. (1960, 1961, 1965, 1967), Hunt, J. McV. (1944), Hunt, J. McV. & Willoughby, R. R. (1939), Liddell, H. S. (1936, 1938), Masserman, J. H. (1942, 1943, 1946), Masserman, J. H. & Yum, K. S. (1946), Maslow, A. H. & Mittelmann, B. (1951), Pavlov, I. P. (1927, 1928), Sears, R. R. (1936, 1943), Sears, R. R. & Sears, P. (1940)

失錯行為
　　［英］parapraxis
　　［独］Fehlleistung
　　［仏］acte manqué

　フロイト Freud, S. によって明らかにされた精神分析概念。当初意図したものとは異なる言動を行うこと。具体的には，物忘れ，言い間違い，読み誤り，書き間違い，やり損ない，置き忘れなどの言葉，記憶，行動のしくじりで，もっぱらそのしくじりを自分の不注意や失敗，偶然の出来事としてみなされるようなごく日常生活でよく認められる諸現象を失錯行為または錯誤行為 Fehlleistung という。フロイトは，それらの諸現象は一見ばらばらで関連がないように見られるが，精神分析の観点から考察を加えてゆくと，実は失錯行為として各々の諸現象が全体的な同一の意味と意図を持った概念（無意識）として浮かび上がってくることを示した。

　1890年代後半から1900年ごろにかけて，フロイトはヒステリーを初めとする神経症に対する治療方法を検討していた。催眠浄化法を放棄し，やがて無意識を意識化する心理学的方法として自由連想法の発見，そして精神分析療法の治療技法の確立に至るが，この精神分析の独自の治療技法である自由連想法の発見によって，はじめて無意識の世界への探求が可能となった。フロイトは，自由連想法を受けている患者が，何でも話してもよいと保証されているにもかかわらず沈黙し続けたり，苦痛な記憶が思い浮かびそうになると治療を休んだりすること

の治療抵抗に気づいた。つまり，この抵抗が生じてくる背景には，何か患者にとって意識から排除している嫌な苦痛な体験の領域（無意識）があること，さらにその無意識な体験の意識化を防いでいる力（抑圧）が働いている事実を発見した。そしてこのような認識を通して，精神過程は，この抑圧機制によって種々の観念表象や情動や衝動が意識から追い出され無意識の力となることと，再びそれらの無意識内容が意識に浮上することを防ぐ力との，この両者の精神的で力動的な葛藤過程としてとらえられるようになる。

このような臨床経験の集積のもとで，無意識の存在について確信を抱くことになったフロイトは，日常生活の諸現象にもこの無意識的の世界があることを夢と失錯行為（『夢判断』1900，『日常生活の精神病理学』1901）を通して研究した。失錯行為について本人は，普段ならうまくやるのにたまたまの不注意や偶然から失敗したと考えるが，フロイトは失錯行為には無意識的な意味を持ち，一つの意識的な意図が，実は無意識的な意向に邪魔されて，その結果しくじり化することを示し，これは2つの相反する意向の無意識的な葛藤の妥協形成として失錯行為が形成することを示した。そして，日常において何げない失錯行為の観察からその人の無意識内容を知ることができることを同上の論文で多数例証している。例えば，与野党の伯仲した国会で，その開会に際して与党議長が，本来開会を宣するところを「閉会します」と言い違いの失錯を犯したのは，開会したくない議長の無意識的な意図と意味があるという。つまり，失錯行為を通して，われわれは抑圧された観念や衝動が形を変えて表出されている事実を知ると共に，無意識の観点からすれば，失錯行為は当人にとって成功した行為であることを理解するのである。　　　　　　　　　　　　　　（乾　吉佑）

［関連項目］無意識
［文献］Freud, S. (1900, 1915e)

実証研究（治療）

［英］empirical study
［独］empirische Studie

精神分析および精神分析的精神療法の実証研究は，これまでに主だった精神分析協会を中心に，幅広く行われてきた。例えば，メニンガー財団精神療法研究プロジェクトでは，42例（精神分析22例と精神分析的精神療法20例）を対象として，最長30年間におよぶプロスペクティブな追跡調査研究が行われた。この研究における定義によれば，「精神分析」は，退行的転移神経症の確立を通して作用し，その根本的な解決が解釈によってもたらされる。精神分析は最も徹底した再構成的治療であり，その効果は最も広範囲で安定している。一方，「精神分析的精神療法」は，表出的 expressive 精神療法と支持的な supportive 精神療法に区別される。表出的精神療法の治療機序は精神分析と基本的に同じであるが，その程度において差がある。支持的精神療法は，さまざまな支持的機序（転移性治癒，修正感情体験，治療者との同一化，治療状況内での欲求充足など）を通して作用するとされる。この研究における結果の一つとして，支持的な治療機序が予想以上の治療効果をもたらし，しかもその効果が表出的治療機序による効果と同程度に長続きするものであることが示された。

一般に，精神療法の実証研究においては，目的とする精神療法が実際に行われたか否かを判定する必要があると言われる。精神分析および精神分析的精神療法の実証研究において，この点は分析可能性 analyzability という言葉で呼ばれている。この分析可能性の判定で最も重要な要素は，転移神経症の確立とその（解釈による）解消という治療過程が，実際に治療の中でどの程度生じていたかという点にある。精神分析に最も適していると思われる症例の治療過程において，分析可能性が十分であると判定されるものは全体の約半数に満たないことが，これまでの実証研究で明らかにされている。また，分析可能性が十分であると判定されたものでは，高い治療効果 therapeutic benefit が得られていることも明らかにされている。しかしながら，この分析可能性と最終的に得られる治療効果は必ずしも一致せず，両者を区別して判定することが重要であると言われている。　　（生田憲正）

［関連項目］支持療法，中核葛藤テーマ［CCRT］，転移，転移神経症，転移分析
［文献］Bachrach, H. M., Galatzer-Levy, R. & Skolnikoff, A. (1989), Luborsky, L. (1984), Wallerstein, R. S. (1986)

実証研究（理論）

［英］empirical study
［独］empirische Studie

精神分析理論の科学的妥当性については，例えばアイゼンク Eysenck, H. J. (1972, 1986) やグリュンバウム Grunbaum, A. (1984) など，これまで様々な観点から批判が行われてきた。マスリングとボーンスタイン Masling, J. & Bornstein, R. (1993) によれば，分析セッションにおいてこれまで第三者の観察を排除してきたことがそうした批判のひとつの遠因であるとされ，そのため精神分析理論は実証的には十分検討されてはおらず，単なる仮説の域を出ないのではないかという猜疑心が払拭されずに残り続けた。

一方，多くの精神分析家も，精神分析理論の実証的な検討については無関心，あるいは消極的で，実証研究そのものの妥当性について反論してきた。その要旨は概ね

以下の 3 点に集約される。すなわち，(1) 精神分析理論には実験室研究に象徴される実証研究はお門違いである。(2) 精神分析によって得られた臨床的な根拠には十分な説得力があるため実証研究は不必要である。(3) 精神分析理論は個々人の心の理解に用いられるべきものであるので，法則定立的な知見を追求する実証研究に用いられる場合はその誤用に他ならない。

しかしながら，マスリングらは，それらの批判や反論が必ずしも妥当しないことを例証する。その上で，理論の発展のためには事例研究と調査研究とが相補的関係にあるべきで，いわばそれらの止揚においてその理論のヒューリスティック heuristic な意義が高まるとする理解に基づき，治療の実践と理論の検討とを別個に考えることをあえて提唱する。そうした視座は，精神分析理論が治療場面以外で実証的に支持される必要があるとするグリュンバウムの論考によっても裏打ちされている。そして，彼らは，精神分析理論の多くが，一般に認められている以上に実験的方法に基づく実証研究の結果と矛盾しないことを見出した。さらには，これまで説明されてこなかった新たな領域へ精神分析理論を拡張することの必要性を強調する。この一連の業績は，実証研究シリーズとして刊行が続いている。また，実証研究によって得られた数々の知見は，昨今隆盛の著しい認知心理学の領域にも多大な影響を与え続けている。　　　　　（金坂弥起）

［関連項目］実証研究（治療）

［文献］Eysenck, H. J. (1972, 1986), Fisher, S. & Greenberg, R. P. (1985), Grunbaum, A. (1984), Masling, J. M. (ed.) (1983, 1986, 1990), Masling, J. M. & Bornstein, R. F. (ed.) (1993)

嫉妬

［英］jealousy
［独］Eifersucht
［仏］jalousie

三者関係で自分が愛する対象が，自分とは別の存在に心を寄せることを怖れ，その存在をねたみ，憎む感情。フロイト Freud, S. は嫉妬をつぎの 3 種類に分類した。(1) 正常の嫉妬。現実的な三角関係から生じるものであるが，一方でエディプス・コンプレックスや同胞コンプレックスに根ざした非合理的な側面をも有する。(2) 投射された嫉妬。つまり，現実の生活で自分自身が犯した不倫の体験や，抑圧されて無意識になっている不倫願望が，対象に投射されて生ずるもの。(3) 妄想的な嫉妬。パラノイアの機制をめぐって「私が彼を愛しているのではなく，彼女が彼を愛しているのだ」という方式で論じられるような，男性が同性愛願望に対する防衛として発展させるもの。

さらにクライン Klein, M. は個体の発達過程で嫉妬が生ずるのはエディプス期つまり 4-5 歳よりも前に，早期エディプス・コンプレックスをめぐって 1 歳以前の口愛期で見られることを指摘した。その上で，クラインは嫉妬が三者関係で生ずるものであるのに対して，二者関係においては主体が対象に対してその所有物や性質をめぐってうらやみ，それらを奪い取ってわがものにしたいという感情，すなわち羨望 envy が大きな役割を果たすことを論じた。　　　　　（岩崎徹也）

［関連項目］エディプス・コンプレックス，シューレーバー［症例］，羨望，同胞葛藤，パラノイア

［文献］Freud, S. (1911b, 1922b), Klein, M. (1957), Segal, H. (1964/1973)

疾病因性神経症

［英］patho-neurosis
［独］Patho-neurose
［仏］patho-névrose

フェレンツィ Ferenczi, S. が定義した身体的な疾病に伴って生ずる神経症の概念。疾病による身体機能の障害や苦痛によって，その人物のリビドーの方向，注意・関心は器官の障害や苦痛に集中するので，他の生活局面や対象関係への関心の貧困化と自己愛的状態が起こる。身体機能の障害や苦痛は，去勢不安，マゾヒスティックな自罰傾向，幼児的な依存，分離不安などの種々の心的葛藤を再現する契機となる。そして身体的疾患に伴うこれらの心的な変化が神経症の発生を促す。しばしば疾病因性神経症における自己愛的状態は精神病的な色彩を持った反応を示すことがある。メンク Meng, H. はこのような精神病的反応を，「疾病因性精神病 patho-psychosis」と呼んだ。とりわけ，自己愛的退行 narcissistic regression の素質を持っている場合や過度の自己愛的なリビドーの備給 cathexis を向けていた器官の罹患ないし損傷が起こる場合に，この種の精神病的反応が起こりやすい（例えば，術後精神病 postoperative psychosis）。フェレンツィ，シルダー Schilder, P. らは進行麻痺や脳の器質的障害，ジェリッフ Jelliffe, S. E. は脳炎の場合の神経症的ないし精神病的反応をも脳の障害の過程の直接的な結果ではなく，むしろ脳の障害に伴う種々の困難に対する心的な適応の試みおよびその失敗に伴う疾病因性神経症ないし精神病であるとみなした。　　　　　（小此木啓吾）

［関連項目］自己愛［ナルシシズム］，疾病利得，心因性加重，神経症，退行，フェレンツィ

［文献］Ferenczi, S. (1926), Jelliffe, S. E. (1926), Meng, H. (1934), Schilder, P. (1924b)

疾病への逃避

[英] flight into illness
[独] Flucht in die Krankheit
[仏] fuite dans la maladie

神経症症状が出現することによって心的葛藤が回避されること。例えば、次のような場合を考えてみよう。ある令嬢は姉の夫に恋愛感情を持っており、義兄と結婚できたらという願望を持っていたが、その姉が心臓病で実際に亡くなってしまう。彼女は「お姉さんが死んだからこれで私は義兄と結婚できる」という空想を持つが、その空想は著しい罪悪感と葛藤をもたらし、その直後から疼痛が起こり足が動かなくなる。この症状の出現により彼女の重大問題は足の症状になってしまい、心的葛藤は回避される（これは、フロイト Freud, S.［1895］の『ヒステリー研究』にある症例エリザベートのストーリーである）。

疾病への逃避という言葉はフロイト（1905）の『あるヒステリー患者の分析の断片』への 1923 年の註に現れている。「……しかし一次的疾病利得は、どんな神経症的疾患にも認めることができる。病気になることは、まず第一に、精神的努力をはらう必要がなくなることである。それは精神的な葛藤状態がある場合に、経済的にもっとも都合のよい解決法となる（疾病逃避）……」。ここでは疾病への逃避は一次疾病利得と同義に用いられている。

現在、一般の医療では、疾病への逃避という言葉はもっと一般的に「病気に逃げ込むこと」として用いられている。病気を理由に現実的問題を避けること、病人であることを仕事にすること、などである。病気を理由にして何かを避けることは一つの対処行動であり、つねに非適応的とは限らないが、濫用される場合には問題になる。

（桜井昭彦）

[関連項目] 疾病利得，ドラ［症例］，ホスピタリズム，ポリサージェリ

[文献] Freud, S. (1905e), Freud, S. & Breuer, J. (1893–1895)

疾病利得

[英] gain from illness
[独] Krankheitsgewinn
[仏] bénéfice de la maladie

神経症において、症状形成によって得られる利得。文字通り病気になることによる利益のことである。精神分析では一次利得 primary gain と二次利得 secondary gain とを区別する。フロイト Freud, S. がヒステリーにおける疾病利得を論じたのが最初であり、1905 年に『あるヒステリー患者の分析の断片』（ドラの症例）の中で二次利得に相当する記述があり、1917 年『精神分析入門』と 1923 年ドラの症例に付け加えた註のなかで一次利得と二次利得について考察している。

一次利得とは、症状形成によって葛藤が回避されることを言う。心理的に耐え難い葛藤があったとしても、例えば、不安発作という症状が形成されて症状に注意が集中すれば、オリジナルな葛藤により悩まされることがなくなる。この疾病利得は、個人の内部の心理的な利得であり、症状形成に関わるものと考えられる。症状形成に関わる、葛藤を解消するための外的な利得もあり得るが、その場合は二次利得と区別が難しい。二次利得とは、症状が出現した後になって二次的に外的に生ずる利得である。例えば、病気になることによって、働かなくてよい・入院していられる・家族のケアを受けられる・金銭的補償を受けられるなどである。二次疾病利得は神経症の症状を維持する力として働く。一般の医療で疾病利得と言われるのは主にこの二次利得を指している。神経症でなく、身体疾患であっても二次利得は生じうる。疾病利得を評価しその対策を考えることは神経症・心身症の治療上非常に大切である。

災害や事故の後で、損害賠償が関わってあたかも賠償金を請求するためのような神経症症状が発現することがある。例えば、交通事故の後であれば本人にとって事故に関連したと思えるような身体症状が出現する。これを賠償神経症 compensation neurosis と呼ぶ。賠償神経症は無意識的な機制によるものであり、本人が意図的に病気を装ったり病気を作ったり（自傷的な行為により）しているのではなく、本人にもコントロール不能な症状であることをよく理解する必要がある。これまで賠償神経症は交通事故・労災・戦争などによる身体的障害について問題になってきたが、今後は外傷後ストレス障害（PTSD）についての議論にも関ってくるであろう。

（桜井昭彦）

[関連項目] 疾病への逃避，症状形成，ドラ［症例］

[文献] Freud, S. (1905e, 1916–1917), 小此木啓吾 (1987)

至適フラストレーション

[英] optimal frustration

コフート Kohut, H. の用語。心的構造の形成は、変容的内在化（対象へのリビドー備給の撤回と、そのリビドーの心的内界への振り向けにより、それまで対象が果たしていた機能を獲得すること）によってなされるが、その際、内在化される対象イメージが適度に分画されている（対象に対する失望が局所的で、フラストレーションが適度である）必要がある。つまり、対象に対するフラストレーションが対象全体に対してではなく、「分画された小部分に対して一つずつ」であるか「耐えうる程度」

である必要がある。それを至適フラストレーションと呼ぶ。もし，自己・対象に対する失望が広範にわたり，フラストレーションが一定の範囲を越えると，変容的内在化は起こりにくくなる。実際の母子関係における至適フラストレーションの例として，基本的には共感的な母親が日常的に見せる，微小共感不全，ちょっとした誤解，ケア行為のしばしの遅れなどがある。

この「経済論的で量的な隠喩」を保持した至適フラストレーションの概念に異議を唱え，「情動調律の中心性」を主張するストロロウStolorow, R. D. は，変容的内在化にとって決定的な要因として，フラストレーションの「量」や「強度」ではなく，養育者からの共感的応答性を考える。　　　　　　　　　　　　（丸田俊彦）

[関連項目] 共感，変容的内在化

[文献] Kohut, H. (1971), 丸田俊彦 (1992), Stolorow, R. D., Brandchaft, B. & Atwood, G. E. (1987)

児童虐待

[英] child abuse

[独] Kindesmißhandlung

児童虐待とは，養育保護の義務を負う大人が，その対象である子どもに対して行う有害な行為をいう。「児童虐待の防止等に関する法律」によれば，その行為には，(1) 身体に外傷が残ったり生命の危険にさらすような暴行を指す身体的虐待，(2) 子どもに猥褻な行為をしたりさせたりする性的虐待，(3) 心理的外傷を与える心理的虐待，そして (4) 子どもの発達に必要な愛情やその他の養育を与えない養育放棄（ネグレクト）が含まれる。こうした児童虐待による子どもへの心理的影響について，精神分析的考察を最初に行ったのはフロイト Freud, S. である。彼は，誘惑説の中で，児童期の性的虐待がヒステリーの原因であると述べた。また，誘惑説を破棄した後も，彼は児童虐待の侵襲破壊的側面についての考察を行っている。彼のこうした記述から，次のような虐待における関係性を見出すことができる。それは，保護関係を利用して虐待者が自らの満足のために，被虐待者にとって有害な行為を加えたり，強要することである。虐待者は子どもにとって，虐待を行う対象であると同時に，自分を保護してくれる対象でもある。そのため，子どもの対象イメージは混乱し，その後の他者との関係でも，親密な関係になるとかつての虐待関係を再演してしまうといった影響が生じる。児童虐待の近縁の概念として心的外傷があるが，行為そのものを児童虐待と呼び，それによってもたらされる心理的影響を心的外傷と呼ぶという整理が可能である。　　　　　　　　　（白波瀬丈一郎）

[関連項目] 外傷，近親姦，誘惑理論

[文献] Freud, S. (1896c, 1926a), 岡野憲一郎 (1995)

児童精神医学

[英] child psychiatry

[独] Kinderpsychiatrie

[仏] psychiatrie infantile

[特質] 子どもを対象とした精神医学を指すわけだが，子どもといっても成人以前までの人をさすので，実際には18年くらいの年齢幅があることになる。近年は胎生期から出産にいたる時期，乳児から乳児期，幼稚園児から児童期，そして思春期・青年期と大きく分けた年齢群について，それぞれに特徴をもった精神医学の実践が考えられるようになっている。

子どもはまだ成長発達の途上にあり，しかもそれが連続した性質のものであるだけに，どこかで起こった障害はその子どもの成長発達全体に影響を及ぼすだけでなく，成人後の生活の質，その人の人柄にまで一定の影響を残すという意味で重大な含みをもったものとして子どもの精神医学が存在すると考える。一般にどんな事象にもある背景があり歴史があるように，精神的な問題も常にある歴史性があるものである。子どもの精神医学ではこのことを重視する。

さらに子どもは心身ともに未熟であり社会的にもまだ独立していない。それなりの保護援助を必要としている。子どもといえども一個の独立した人格であって尊重されねばならないのは当然ではあるが，しかし成人との関係では受け身であり，守られていなければならない。ところが現実にはそうでないことが起こる。戦争，民族紛争，経済的危機，そして家庭内でのさまざまの危機的状況などの下で子どもは必ずしも守られていない。ことに昨今，子どもに対する攻撃，暴力，虐待，搾取がその性質を異にすれ，すべての国でみられている。このことは子どもの精神医学の実践に大きな影を落している。大きくは人類全体のあり方や，国ないし民族のあり方があるし，また社会全体，教育，家庭のあり方の問題がある。小さくみても個々の家庭のあり方，家族関係のあり方，世代間の問題などがある。子どもの臨床では今，眼の前にいる子どもだけに注目するのでは事はすまない。広い視野をもって全体的な状況を把握して事態に対応しなければならないのである。

[歴史] 子どもを精神医学の対象とすることになったのは20世紀初頭といってもよいであろう。それより前はむしろ教育学の分野で，たとえばルソー Rousseau, J. J., ペスタロッチ Pestalozzi, J. H., ジェームス James, W., デューイ Dewey, J. などの仕事があった。義務教育が始まりビネー Binet, A. とシモン Simon, Th. による知能テストが1905年に発表されている。20世紀の前後でフロイト Freud, S. やマイヤー Meyer, A. の業績があり，それ以前にはクレペリン Kraepelin, E. による疾病論の

業績もあった。そこで子どもの見方も人道的で善意にもとづくアプローチから，より体系的より学問的なそれへと変換していった。とはいえ，子どもの精神科の先駆者となったのは，まずはソーシャルワーカーや教育者であったのは必然性があったのであろう。精神発達遅滞児やいわゆる非行少年への対応，さらにはその当時おこった精神衛生運動と共に子どもたちが示すさまざまの問題行動を心理的精神的な観点から見ようということになっていった。アメリカでは少年審判所の設立に続いて，ヒーリー Healy, W. が非行少年のための研究所を作ったのが1907年であり，1914年には児童相談所が設立された。フロイトの『ある五歳男児の恐怖症分析』が出版されたのは1909年，アイヒホルン Aichhorn, A. の"Verwahrloste Jugend"の出版は1925年，そしてタビストック・クリニック Tavistock Clinic で最初の子どものケースを扱ったのが1926年であったという。

これからあとは精神分析の導入も手伝って，子どもの発達についての研究，家族研究，子どもを対象としたさまざまの治療法の開発へと発展してゆくことになる。国際児童青年精神医学会が創立されてその第1回大会は1937年にパリで行われた。これは4年ごとに開かれ1998年には第14回大会がストックホルムで開催された。わが国における児童青年精神医学の発展はかなりおくれている。学会の設立は1958年である。精神分析と児童精神医学の関係に眼を転ずれば，「ハンス少年」（Freud, S.）の発表後，フェレンツィ Ferenczi, S. などが子どもの治療を始めた。しかし成人に対する精神分析の方法論がそのまま子どもに適用されるという初期の試みは必ずしもうまくいかなかったようである。市民権をまだもたない精神分析を子どもの治療に適用するというのもむずかしい時代であったろう。もと教師であったフーグ-ヘルムース Hug-Hellmuth, H. は遊びを通して治療を行い，"A Study of the Mental Life of the Child" を1919年に出版した。同じくもと教師であったクライン Klein, M. も子どもの家を訪問して治療を行うことを始めていた。やはりもと教師であったアンナ・フロイト Freud, A. も1920年代に子どもの治療を始めた。それからあとは数多くの児童分析家が活躍を始めた。二つの世界大戦で両親を失った孤児たち，親から離されて育った子どもたちが臨床の対象となり，そこから母子関係の意義などが問い直されることになった。この流れで Therapeutic Nursery School, Child Study Center, Well-Baby Clinic などといった名称をもった施設が出来ていったが，これらはのちになって乳幼児精神医学に結実することになる。

精神分析が児童精神医学に対して提供する重要な視点は，子どもの発達についての深い理解である。つまり子どもがもつ空想や幻想の意味を問う視点が一方にあり，他方きびしい現実状況が子どもの性格形成上に及ぼす影響についての視点がある。

また子どもの精神医学の実践がもつ大きな意義の一つとして，精神疾患の予防ないし早期発見ということがある。人は幼い時からさまざまの葛藤の中で生活せざるをえないがゆえに，誰しも神経症的にならざるをえない。どうにもならない逆境の中では精神病様状態に陥ることもある。そして治療がないまま年余がすぎれば，状態は固定して治療がむずかしくなってしまう。ここで児童精神医学が果すべき役割は大きいといえよう。　（小倉　清）

［関連項目］児童分析，ハンス少年［症例］，遊戯療法
［文献］Kanner, L. (1972), Steinberg, D. (1987), Schwartz, S. & Johnson, J. J. (1995), 山崎晃資 (1993)

自動性不安
［英］automatic anxiety
［独］automatische Angst
［仏］angoisse automatique

フロイト Freud, S. がその不安理論の中で用いた概念で，『制止，症状，不安』(1926) の中で，信号不安との関連で定義した。つまりそれは，外傷的状況ないしその再生に対して起こる生体の自動的な不安反応である。ここで言う外傷的状況とは，あまりにも激しく強烈な内的興奮や要求緊張が増大して，しかも，それに対してその自我が無力であるような状況である。このような不安の原型をもたらす外傷的状況として，すでにフロイトは，『精神分析入門』(1916-17) 第25講では，不安反応の原型が，出産時の新生児の生理的反応で出産時に生じる不快感，排出運動，身体感覚が，それ以後の生命の危険時の生理的反応の原型となり，不安状態で反復的に再現されるという。その根源は，内呼吸の中断による異常な刺激増大である。語源的にも不安という言葉は「呼吸が苦しくなる」という意味を含んでいた。このフロイトの考えは，ランク Rank, O. の出産外傷説 (1924) へと発展した。フロイトは『制止，症状，不安』で，この論議を系統的に展開した。不安状態は，内的な刺激の亢進と，特定の心理・生理的通路による緊張解消という過程を伴っているが，この条件によって不安に伴う不快の特有な性質が規定される。そして，人間にとってこのような不安反応の原型は出産時の外傷の生理的反応であり，それ以後の危険に対する不安反応はこの原型の再生である。つまりそれは，内的な欲求緊張が高まり，その刺激の増大が極度の不快にまで達し，しかも自分の心的な機能や個体内の生理的作用だけではこの緊張増大＝不快を克服することができないフラストレーションとこの増大した緊張の特有な解消反応である。そしてフロイトは，このような不安反応の原型が反復・再生される現象を自動性不安 automatic anxiety と呼んだ。このフロイトの不安

理論には，第1に，不安は常に生体内の緊張の亢進による内的な危険であり，外界の危険に対する不安は，内的な危険に対するこの自動性不安を介してのみ不安になる。第2に，この不安の表出は助けを求める信号の意味を持ち，不安は，自動的不快反応を解消してもらおうとする目的性を持った反応になる。つまり，一方で生体のホメオスターシスの解体の方向で生じる心理生理的反応＝自動性不安の側面を持つと同時に，他方では，依存対象ひいては自己自身に対して内的な危険を告げ知らせる信号としての機能を持つという。「不安は，自動的現象として，そしてまた助けを求める信号として，という2つの意味で，乳児の精神的無力さの産物である。この精神的無力さは当然，乳児の生物学的無力さに対応している。出産の不安も乳児の不安も，ともに母からの分離を条件とする」。つまり，この不安理論の理論的枠組みとして前提にしているのが，生物学的な乳児の無力さ helplessness と母親に対する依存性 dependency である。

発達的に見ると，このような自動性不安が再生される外傷的状況は，発達とともに，出産，依存対象としての母親の喪失，ペニスの喪失（去勢），対象からの愛情喪失，超自我からの愛情喪失といった一連の系列をたどることになるが，一方で自我の発達は，この自動性不安に危険（外傷的状況）を予知する不安信号の意味を見出すようになるという。　　　　　　　　　　（小此木啓吾）

[関連項目] 出産外傷，不安，不安信号説，フロイト，S.，ランク

[文献] Freud, S. (1914c, 1916-1917, 1926a)

児童分析

[英] child analysis
[独] Kinderanalyse
[仏] analyse infantile

[概略・歴史] 児童分析はフロイト Freud, S. がエディプス・コンプレックスの理論に基づき「少年ハンス」（1909）の父親を指導した症例に始まる。直接的な児童の精神分析的治療は，1910年代にウィーンのフーク‐ヘルムート Hug-Hellmuth, H. によって始められた。その後，フロイトの末娘であるアンナ・フロイト Freud, A. が潜伏期の児童の精神分析を開始した。当初，彼女は子どもには精神分析的解釈に耐えるだけの自我の力がなく，成人の患者のように自由連想法を使用することはできないと考えた。また両親への現実的な依存関係があるために，転移を形成することはできないと考えた。彼女の治療は児童と陽性的な関係を築くことと両親への指導が中心であった。その一方，同時期にベルリンのアブラハム Abraham, K. の擁護下でクライン Klein, M. は教育的基盤と異なり，子どもの無意識的不安への直接的な解釈を使用する児童分析を開始した。双方の理論・技法の相違は著しく，しばしば議論を重ねたが，一致点を見出すのは困難であった。1926年にクラインがロンドンに移住し，また1938年にフロイトとアンナ・フロイトが同地に亡命し，アンナ・フロイトとクラインは他の分析家を巻き込み1940年代前半に「大論争」が展開された。その結果，双方が独自に英国精神分析協会内に存続することになり，どちらにも属さない独立派も含めて，3派が現在も共存している。小児科医でもあるウィニコット Winnicott, D. W. は独立派の代表的な分析家である。アンナ・フロイトの学説は主にアメリカで繁栄し，自我心理学として展開された。これは科学的方法による児童の精神分析的研究，乳幼児精神医学などの理論の基礎になった。一方，クラインの学説・技法は成人に適応・拡大され，特に「妄想分裂ポジション」の概念確立後には，精神分裂病などの重篤な病態への精神分析のアプローチを可能にした。また，クラインの理論の影響はクライン派のみならず独立派にも及び，イギリスを中心に臨床に応用されている。

[アンナ・フロイトとクラインの理論・技法の相違点] 双方の初期の相違点はヒンシェルウッド Hinshelwood, R. D. によれば (1) 準備期，(2) 精神分析の技法・構造，(3) 転移，(4) 遊びと自由連想の4点にまとめられる。アンナ・フロイトは児童分析を次のように考え，クラインを批判した。(1) 児童分析に受診する子どもは自分の意志でなく，保護者や学校の都合で始められるために，子どもと分析家の間に情緒的な愛着を築く期間「準備期」が必要である。こうした陽性転移に基づく関係が児童分析の必須の前提である。(2) エディプス・コンプレックスの観点から，自由連想法をそのまま児童分析に適応することはできず，教育の機能を加えた技法の修正が必要と考えた。(3) 子どもは実際の生活また情緒的にも両親の強い影響下にあるために，分析家に純粋な転移を形成することはできない。例えば，子どもが分析家に攻撃的になるのは，両親の転移によるものでなく，両親への愛情が強いために他者を攻撃すると考えた。(4) 子どもの遊びは無邪気な活動性であり，自由連想の子どもへの適応は遊びの特性，言語連想の限界から困難である。それに対して，クラインは実際の臨床経験から次のように考えた。(1) 子どもは分析の早期から解釈に対して活発に反応し，不安を直接的に解釈することがその軽減に役立つ。それによって子ども自身の分析への動機が生じ，「準備期」は必要ない。(2) 詳細な症例を提示することで，実際に無意識的な不安，陰性転移を解釈することが児童の精神分析でも有用であることを示した。それゆえに分析技法を変える必要はない。(3) 分析での子どもの多くの遊び，分析家への態度は，両親に密接に関連あるいは表象している。これらは現実の外的対象に

深く関係するものの，それとは異なる内的対象であり，この転移の分析が本来の精神分析の目的である。(4) 子どもの遊びは単なる気晴らしなどの活動性でなく，そこには象徴的意味がある。また適切な玩具を使用することで，遊びは成人の夢に等価のものであり，自由連想も可能であると考えた。この当時，アンナ・フロイトは養育や教育などの環境を重視し，クラインは子どもの素因や特質を重視した。

[大論争] 1940年代前半の児童分析史上，重要な論争である。ここではクライン派の4論文——アイザックス Isaacs, S. の『空想の特質と機能』，ハイマン Heimann, P. の『早期乳児期での投影と摂取の諸機能』，アイザックスとハイマンによる『退行』，クラインの『抑うつポジションに特に関連した乳児の情緒生活』——が発表された。アイザックスは無意識的空想の概念を整理し，これは本能的衝動，またはその防衛の心的表象として本能とともに誕生直後より活発に活動しているとし，早期乳児期の精神活動に注目した。これはビック Bick, E. の乳幼児観察の実践を導いた。ハイマンは投影により外的世界と関係を築き，摂取によって形成された様々な内的対象が内的世界を構築し，これが人格の中核部になると論じた。その後，これは現在のクライン派のパーソナリティ理論の基本となった。こうしたクライン派の理論の整理，洗練が，後の発展の基盤となった。

[現代まで] 大論争後にアンナ・フロイト，クラインはともに直接的な議論は避けたが，結果的に双方に影響を与えた。アンナ・フロイトは子どもでの転移を認め，技法の一部修正を記述し，クラインは環境としての母親の重要性について記載している。アンナ・フロイトはロンドンのハムステッド・クリニックを運営し，臨床・児童分析家の教育に携わった。理論的には自我の防衛，防衛機制を体系づけ，これにより精神分析を深層心理学から自我心理学に展開させた。クラインもロンドンでクライン派と称されるグループを形成し，「抑うつポジション・妄想分裂ポジション」理論を完成させた。大論争後，自我心理学は実証的な乳幼児の母子関係を中心に，その発達を研究した。代表的な研究者であるマーラー Mahler, M. S. は，母子の共生，分離－個体化のプロセスを研究し，発達心理学の重要な理論となった。こうした実証的研究は，現代のスターン Stern, D. N. に代表される乳幼児精神医学に受け継がれている。またウィニコットは，当初クラインの影響を受け思いやり等の概念を展開したが，その後彼独自の見解である母子分離の中間段階としての移行空間，移行対象，遊ぶこと等の理論を発表し，現在の精神分析に強い影響を与えている。

両者の死後，対立は少しずつ解消され，最近では交流も見られるようになっている。また児童分析あるいはそれに基づく理論は，児童・家族へのアプローチの主流となり，現在では子どもの治療に関係する多種な専門家に受け入れられ発展している。　　　　（木部則雄）

[関連項目] 遊ぶこと，移行対象，ウィニコット理論，親－乳幼児心理療法，クライン学派，自我心理学，ハンス少年［症例］，ピグル［症例］，遊戯療法，リチャード［症例］，ウィニコット，クライン，スターン，フロイト，A.，マーラー

[文献] Freud, A. (1946, 1971), Geissmann, C. & Geissmann, P. (1998), Hinshelwood, R. D. (1991), Hug-Hellmuth, H. (1921), King, P. & Steiner, R. (ed.) (1991), Klein, M. (1927b, 1975), Szur, R. & Miller, S. (ed.) (1991), Winnicott, D. W. (1965b, 1971a)

シニフィアン

[英] signifier
[独] Signifikant
[仏] signifiant

シニフィアンの概念は言語学者のソシュール Saussure, F. de によって導入され，ラカン Lacan, J. によって精神分析理論の中心的概念の一つとして刷新された。ソシュールは，言葉は物の名前であるという言語命名論を否定し，言語以前には明示的に弁別される認識対象は存在しないことを明らかにした。言語は，切れ目のない連続体である外界を非連続な分節として切り出す恣意的な網の目である。それゆえ，言葉の意味はシーニュ signe 以前に存在するのではなくシーニュそのものに意味作用がある。ソシュールは，シーニュを概念とその聴覚イメージからなるものとし，概念をシニフィエ signifié（意味されるもの），聴覚イメージ（音）をシニフィアン signifiant（意味するもの）としてとらえた。さらにソシュールはシーニュを分数のように表して上にシニフィエ，下にシニフィアンを置き，間の横線が意味作用であるとした。また，言語という差異の体系を構成するシーニュ相互の分節が恣意的であり，シニフィアンとシニフィエの対応も恣意的であることを明らかにした。

精神分析の原動力が単なる意識化より言語化にあることを強調するラカンは，無意識についてのフロイト理論を「すでにランガージュがあった」という視点から基礎付け直すことを目指し，「無意識はランガージュとして構造化されている」と主張した。そしてラカンは，ソシュールの導入したシーニュの図式を逆転してシニフィアンを上に置き，横線は意味を抑圧するものととらえ，シニフィアンの優位を強調して，シニフィアンの概念をシニフィエからも切り離されたものとして刷新し，「シニフィアンの論理」を唱えた。無意識は「シニフィアンの貯蔵庫」であり，「あるシニフィアンは他のシニフィアンに対して主体を代理する」と定義される。ラカンはシニフィアンの例としてポー Poe, E. A. の小説『盗まれた手紙』

の手紙を掲げる。小説では最後まで文面の分からない手紙が，無意識に書き込まれたシニフィアンのように，これを手にした人物の歴史性や他者との関係や運命を決定する。

ヤコブソン Jakobson, R. は言語に二極構造があることを示し，話す人間は言葉について，類似性に基づく選択と，隣接性による結合を絶えず行っているとした。この二つは，修辞学的にはメタフォール métaphore とメトニミー métonymie にあたり，フロイト Freud, S. の夢理論では圧縮と置き換えにあたる。これをふまえてラカンは，メトニミーは，連結したシニフィアンが次々に他のシニフィアンに置き換えられることであり，メタフォールは，あるシニフィアンが他のシニフィアンを抑圧し代理することであるとする。シニフィアンの連鎖が意味を持ったパロールになるためには，シニフィアン連鎖の横滑りを止めて意味を生じさせる「綴じ目 point de capiton」がなければならない。自由連想に対して分析家が切れ目を入れることが，そこに意味を生じさせる介入であり「解釈」であるとされる。
（南 淳三）

[関連項目] 意味論，ラカン理論

[文献] Jakobson, R. (1986), Lacan, J. (1966), 丸山圭三郎 (1981)

死の本能（欲動）

[英] death instinct (drive)
[独] Todestrieb
[仏] pulsions de mort

フロイト Freud, S. は『快感原則の彼岸』(1920) において初めて死の本能について触れたが，それは細胞をモデルとしたきわめて思弁的な定式化であった。すなわち，人間には死の本能と生の本能が系統発生的に備わっており，死の本能とは，有機体が本来の無機的状態へと戻ろうとする基本的傾向だとした。フロイトは死の本能の臨床的根拠として，陰性治療反応，反復強迫，戦争神経症の不安夢，マゾヒズムなどをあげた。通常は人生早期に死の本能と生の本能は融合 fusion するため，死の本能は「本質的には沈黙のうちに働き」，外に向かって作用する時にしか認められないとし，フロイトはこの外界への方向性をもった死の本能に対して「破壊欲動 destructive instinct」という用語を用いた。なお，死の本能は死の神の名前である「タナトス Thanatos」と呼ばれることもある。フロイト自身はタナトスという用語を論文中で用いたことはないが，ジョーンズ Jones, E. によればフロイトは会話の中でこの言葉を使っていたという。また，フェダーン Federn, P. は，生の本能のエネルギー的現れとしてのリビドー libido の対義語として，死の本能のエネルギーの現れをモルティドー mortido と呼んだ。

フロイトの学説の中でも死の本能については賛否両論があり，多くの学者は攻撃性や破壊衝動は認めても，死の本能については懐疑的である。その一方で，死の本能論を忠実に受け継いで自説を発展させた学者として，クライン Klein, M. とメニンガー Menninger, K. A. の名をあげることができる。メニンガーは，「死の本能と生の本能とのさまざまな融合の段階によって人間の心理学的・生物学的現象が構成される」として，自己毀損・ポリサージェリ・故意の偶発事故・精神障害などを例にあげて論じた。彼は，生と死の本能が脱融合 defusion したり，死の本能が生の本能を圧倒した場合には，自殺の瞬間として自己破壊が結実することがあると考えた。クラインは，乳幼児の観察や児童の精神分析などの臨床経験を通して，それまで想定されていたものよりも，より早期に見出される「過酷な超自我」が死の本能の臨床的な現れであると考えた。彼女は，人間には素質的・遺伝的に，愛情や対象希求の欲求（生の本能）と，破壊性や攻撃性（死の本能）を有していて，それらの本能が内的・外的な対象関係に現れると考えた。このようなクラインの生と死の本能論は，フロイトに比して人間学的な側面を重視するものとなった。さらに，現代のクライン学派の精神分析家たちは，死の本能と羨望との密接な関係（スィーガル Segal, H.）や，自己 self の良い部分を攻撃する内的なオーガニゼイションとしての病的な自己愛の研究（ローゼンフェルド Rosenfeld, H.）など，臨床的な現れとしての死の本能論について考察を展開している。
（平島奈津子）

[関連項目] 陰性治療反応，サディズム，自殺，生の欲動（本能），戦争神経症，羨望，反復強迫，ポリサージェリ，本能，マゾヒズム，モルティドー，クライン，フロイト，S.，メニンガー

[文献] Federn, P. (1952), Freud, S. (1920e, 1923b, 1924d), Hinshelwood, R. D. (1991), Jones, E. (1953-1957), Klein, M. (1932), Menninger, K. A. (1938)

支配欲動

[英] instinct to master (instinct for mastery)
[独] Bemächtigungstrieb
[仏] pulsion d'emprise

非性的な欲動，すなわち，本来，性感帯からは独立的に現れ，二次的にしか性と結びつかない欲動を記述するためにフロイト Freud, S. が用いた説明概念。邦訳では，「占有欲動」「支配衝動」とされる場合がある。フロイトは『性欲論三篇』(1905) で，「残忍な興奮は占有欲動からきており，性器がまだのちにみられるような役割をひきうけてはいない，性生活のある時期にあらわれるもの

である」として，幼児期の残酷さの源泉として支配欲動に言及した。そうした残酷さののちに「他人が苦しむのをみて占有欲動を停止させる抑制作用，つまり同情する能力」が発達するとされる。その後，『快感原則の彼岸』（1920）では，サディズムを「自我からはみ出して，対象に向かってはじめて現れる死の本能」と仮定し，次のように立論する。「リビドーの口唇愛体制の段階では，愛の占有はまだ対象の破壊と一致するのであるが，のちにはサディズム的衝動は分離して，ついには性器優先の段階にいたって，生殖の目的のために性的行為の遂行が要求するかぎり，性的対象を征服するという機能を引き受ける」。ただし，上のいずれの論文においても，支配欲動そのものは必ずしも一義的に定義されてはおらず，フロイトの理論展開と相まって，その奥行きも深化していると言える。　　　　　　　　　　　　　（金坂弥起）

[関連項目] サディズム，幼児性欲，欲動
[文献] Freud, S. (1905d, 1920e)

自発性
[英] spontaneity

ウィニコット Winnicott, D. W. の精神分析的発達理論における鍵概念の一つ。自発性とは第一義的には，乳児が無慈悲な ruthless 運動力 motility を発揮することを通じて外界ともつ創造的な関係である。それは活動している真の自己のことである。母親が乳児のこの自発的な仕草 gesture を受け止めて破壊されずに生き残ることによって，乳児は真の自己を発達させて，対象の使用すなわち破壊を含めた空想を持つことができる。それに対して，母親が乳児の自発性の発現を攻撃されていると取り違えて拒否したり罰で報復したりすると，乳児には服従的な偽りの自己が発達する。母親が反応 react して自分の仕草を押しつけることは，乳児にとって侵襲である。自発性はまた，「遊ぶこと playing」の始まりである。治療者は母親が乳児にするように，患者が自分のために何かを発見できる空間を提供し，患者に遊ぶことができるようにする。

一方，やはり独立学派のクラウバー Klauber, J. は，「自発性」が分析者にとって重要な性質であることを強調した。分析者は理論に縛られて硬直になると，創造性を失い直観を活用できないばかりか，生の重要な瞬間を取り逃がす。「自発的 spontaneous」の反対は「防衛的 defensive」で，分析者自身が葛藤を持つ領域では分析者の態度は後者になりがちである。前者は，フロイトの「平等にただよう注意」，ビオンの「夢想」に相当する過程である。　　　　　　　　　　　　　（福本　修）

[関連項目] 遊ぶこと，偽りの自己，独立学派，平等に漂う注意，夢想，ウィニコット

[文献] Abram, J. (1996), Klauber, J. (1981), Klauber, J. et al. (1987), Winnicott, D. W. (1960a, 1971a)

事物表象／言語表象
[英] thing-presentation / word-presentation
[独] Dingvorstellung / Wortvorstellung
[仏] représentation de chose / représentation de mot

フロイト Freud, S. はメタ心理学的に事物から成立する視覚的な表象と語からなる聴覚的な表象の2つを区別した。事物表象が言語表象と結びつくことが前意識‐意識の体系の特徴であり，逆に無意識には事物表象しかない。

[表象論] 従来の哲学的な文脈では，表象というのは観念と近い意味なので，知覚や意識に関連している。それに対してフロイトは，無意識的表象を認めているという点が特徴である。つまり意識的表象と無意識的表象の2種類があることになる。その区別はもともと事物表象と言語表象の区別からはじまる。

事物表象と言語表象の着想は，1891年に書かれた失語症論から「対象表象 Objektvorstellung」という形で素描されている。そこでは語の表象が生じる場合，対象の持っているさまざまな連合（触覚性や聴覚性）の視覚性が，語のもっているさまざまな心像（視覚心像や運動感覚心像など）のうちで音心像と結びつく，という連想心理学的な図式をフロイトは提示している。さらに事物表象 Dingvorstellung という概念は『夢判断』（1900）ではじめて登場するが，表象に関する連想主義的な発想は基本的には変わらず，その表象も対象からのさまざまな側面の連合が記憶系に記載されたものである。これらの表象について，フロイトは「同一内容の異なった記載ではなく，さらに同じ場所における異なった機能的備給でもない」と言っているので，この2つは局所論的に異なっている二重の記載である。

またフロイトは，身体的なものと心理的なものを媒介し，欲望が固着の対象になって無意識に生活史全体を支配するような表象や表象群を特に表象代理と呼んでいる。

[言語化と意識化] 言語表象は，一次過程が二次過程に，そして知覚から思考へと移行するのに不可欠な表象であり，意識化と密接に結びついている。つまり前意識と意識の体系のなかでは，事物表象が言語表象と結びつくことが必要である。そのためフロイトは『無意識について』（1915）のなかで「意識的な表象は，事物表象と，それに対応する言語表象を含むが，無意識的表象は事物表象だけである。無意識の体系は，対象の事物備給，つまり対象の最初で本来の備給を含んでいる。これに対して前意識の体系は，この事物表象が対応する言語表象と結合して過剰に備給させる場合に生じる。この過剰な備

給が高次の心的組織化をもたらし，一次的過程を前意識が支配する二次的過程に置き換える」と述べている。

フロイトは精神分裂病において，言語表象が事物表象として取り扱われることがあり，同様に夢においても言語表象があたかも「もの」であるかのように，事物表象として歪曲を受けるとしているので，これらの区別は単なる感覚様式の相違以上のものである。　　（妙木浩之）

[関連項目] 表象
[文献] Freud, S. (1891, 1915e)

自分　⇒本当の自己

自閉期
[英] normal autistic phase

マーラー（Mahler, M. S. et al. 1975）が「分離 - 個体化」過程を観察により時期区分した中の最初の約 2 カ月の時期を言う。次の「共生期」と共に分離 - 個体化の先駆 forerunner ととらえている。子宮内の自足的に閉じられたシステムの中に居る状況をまだひきずっているようなもの，フロイト Freud, S. が閉じられた心理システムのモデルとした鳥の卵にあたるもの，と説明されている。殻に含まれた栄養が自動補給され，それを母鳥は外からただひたすら暖めるだけという状況である。マーラーは「心理的誕生」を「孵化 hatching」という呼び方を用いながら説明して行くが，この卵のメタファーが基礎にあることを再認識させられる。いずれにしろ，同じくフロイトの「刺激障壁 stimulus barrier」の概念の通り，外からの刺激には相対的に反応度が低く，全体として半ば眠り半ば起きているとでも言うような状態であり，飢えなど生物学的動因が惹起する内側の緊張の方により敏感な反応が起こる。生物学的成長が妨げられないように，過剰な刺激から保護されている姿でもある。母親の世話により欲求充足が果たされるとの自覚がない，無条件の幻覚的な全能感，絶対的な一次的自己愛 absolute primary narcissism の時期と考えられている。

マーラーの研究は顕在的な行動指標を抽出する形で進められた点に特徴があるので，身体運動能力が未熟で未分化な「先駆」の時期は「分化期」以降のように詳細にとらえられていない。ただし，吸う，掴む，しがみつくなどの反射レベルの運動の他に，母親の乳房の方に頭を回転させるという，「快の記憶」に動機づけられた，対象の「知覚的同一性 perceptual identity」を伴う，別種の動きをすることなどには注目している。また自我の一次的自律装置に基づく外的刺激への反応はあり，「覚醒不活動状態 alert inactivity」での外界への反応にそれが典型的に見られることを指摘するなど，この期を後の時期との連続性の下にとらえている。

近年はスターン（Stern, D. N. 1975）が最早期から乳児は外界に活発に反応し，認知的弁別力の高さに基づいて適切な情報処理を対人的にも行いうることを具体的に実証する中で，「自閉」と概念づけるよりも「目ざめ awakening」の時期とマーラー自身も呼ぶようになっている。パイン（Pine, F. 1985）は乳児が一貫して外界に開かれ正確に反応するか，あるいは胎生期の延長として生物学的な「平衡」中心の自己完結に終始しているかではなく，いろいろな質の体験モーメントがあることに注意を向けることを薦める。いずれにしろ認知実験が示す乳児の弁別活動や情報処理の有効な基本モードが，より広く個人的な情緒ストレスをも含めた心的体験世界全体のリアリティを理解する上でどのように位置づけ活用されるのか，果たしてそれで十分かどうか，快感原則や空想の再吟味を含め，検討課題が残る。　　（斎藤久美子）

[関連項目] 一次ナルシシズム／二次ナルシシズム，分離 - 個体化
[文献] Freud, S. (1911a), Pine, F. (1985)

自閉症
[英] autism
[独] Autismus
[仏] autisme

[歴史] 1943 年にカナー Kanner, L. が『情緒接触の自閉性障害を示す 11 例』を報告し，これが現在の自閉症の概念の出発点である。その本態，原因，治療についての多方面からの研究が盛んに行われているが，現在でも決定的な結論は出ていない。当初，自閉症は精神分裂病に近い病態と考えられた。1950 年代に米国を中心に心因・環境に起因する精神障害と考えられ，精神分析的治療が盛んに行われた。しかし 1960 年代後半，ロンドンの児童精神科医ラター Rutter, M. を中心に言語・認知障害に基づく発達障害説が支持され，治療の中心は精神分析的治療から療育，教育的アプローチに比重が移った。

[精神分析と自閉症] 自閉症の精神分析治療は，カナーが自閉症の概念を発表する以前の 1930 年クライン Klein, M. の「ディック」の症例報告から始まっている。その後，クラインは成人の精神病である躁うつ病，精神分裂病の研究に励み，英国での自閉症の研究は彼女の児童分析での後継者であるビック Bick, E.，メルツァー Meltzer, D. 等に引き継がれた。一方，米国では 1950 年代よりベッテルハイム Bettelheim, B. に代表される「冷蔵庫のような」母親の養育を成因とするという極端な環境論に基づく精神分析治療が行われたが，不満足な結果となった。その後，マーラー Mahler, M. S. は乳幼児精神病の研究から，母親に対してさえ備給できない「自閉

性精神病」，母親以外の外的対象に備給できず，母親と融合状態にある「共生幼児精神病」の分類を提唱した。

[メルツァーの自閉症論] メルツァーはビオン Bion, W. R. の「心的装置」とビックの「附着同一化」の概念を発展させ，理論を展開した。彼は自閉症を「中核自閉症 autism proper」と「自閉症後心的傾向 post-autistic mentality」に分類した。中核自閉症の心は無構造 mindless であり，そこでは心的装置の「分解 dismantling」という防衛機制によって，諸感覚は分解，分断され，一切の経験をすることができないと考えた。自閉症児の注意は瞬時に変化，あるいは一時的に停止し，すべての連続した精神活動はできない。こうした結果，自閉症児は焦点のない感覚あるいは白昼夢のなかでしか生きることができなくなる。中核自閉症から進展する自閉症後心的傾向の特徴は，対象の強迫的-万能的支配である強迫的奇癖と対象・主体に内的空間が存在しないために表面的に附着することのみでしか対象との関係性をもてないことにある。自閉症児との治療は，中核自閉症状態による「心的でない」意味のない行動が大半を占めるが，わずか分析可能な「心的な」行動を解釈することで，新生児のように依存できる外的対象の機能を内在化させることにあるとした。また，メルツァーは自閉症の研究から「心的次元」を記している。健常な状態での心は四次元性を有し，主体・対象ともに投影・摂取が可能な内的空間と時間が存在しているが，自閉症の心は直線関係である一次元性，あるいは平面関係の二次元性（附着同一化）の状態に留まっているとした。

[タスティンの自閉症論] フランセス・タスティン Tustin, F. はウィニコット Winnicott, D. W., メルツァーからの影響とマーラーとの交友により自閉症の臨床研究に専念した。彼女は器質的障害のない自閉症児を心因性自閉症と名称した（晩年には「心因性」という名称から「非器質性」と言い換えている）。タスティンは心因性自閉症を生後間もない乳児の「母親とひとつ oneness」であるという感覚からの早すぎる分離，つまり心理的誕生過程の障害とみなした。身体的分離に対する心的外傷を，過度な「自体感覚」の発達によって対処していることを自閉症の病理の本態と考えた。通常であれば感覚は他者に反応するが，自体感覚は他者の身体を主体自身の身体あるいは主体の身体の一部であるかのように経験させる。これは「自分でない」感覚領域の形成を阻害し，同時に「自分」という感覚も生じることなくさまざまな深刻な精神症状を呈する。タスティンは自閉症を下記の2つに分類した。(1) カプセル化自閉症児 encapsulated child：このタイプの自閉症児は自体感覚に包まれることで母親との分離を否認する。こうした自閉症児は体格も健康状態も良好であるが，抱かれることに反応しない。また記憶力や人間関係を必要としないようなパズルなどで，卓越した能力を示すことがある。彼らは早期から引きこもり，時に絶叫発作やかんしゃくの既往がある。しばしば固くて機械的な対象に魅せられて，著しい固執を示す（自閉対象）。まれに母親との身体的分離を認知すると，それをブラック・ホールの如くに感じて強烈なパニック発作が起きたりする。タスティンはこうした自閉症児を「甲殻動物」に比喩した。(2) 混乱・錯綜自閉症児 confusional entangled child：このタイプの自閉症児は，自分自身が母親の身体内に存在するという錯覚を産出することで，身体的分離を否認する。こうした自閉症児の特徴は，乳児期には病気がちで，虚弱であるが，従順であり，育てやすいことが多い。身体的接触や抱かれることに柔軟に対応する。目つきは焦点が定まらず，思考は原始的空想で混乱しているために，行動は著しく変化する。ある程度の言語発達はあるが，会話は不明瞭で理解し難い。身体境界や自己と外的対象との区別には混乱があり，母親との関係は境界が欠落している。母親との身体的分離の認知はブラック・ホールとして感じるか，時に自分を血の通う肉体として感じる時には，それを自己愛への傷として体験する。また彼らもある特定の対象に固執するが，自閉対象のように固く機械的な対象でなく，柔らかいものであることが多い（混乱対象）。こうした自閉症児をタスティンは「アメーバー」に比喩し，マーラーの「共生幼児精神病」と同等な概念であると記している。

（木部則雄）

[関連項目] 共生幼児精神病，自閉対象，ディック［症例］，クライン，タスティン，マーラー，メルツァー

[文献] Klein, M. (1930a), Meltzer, D., Bremner, J., Hoxter, S., Weddell, D. & Wittenberg, I. (1975), Tustin, F. (1992)

自閉対象

[英] autistic objects

自閉症児の固執する固い対象物。タスティン Tustin, F. は，『自閉症と児童精神病』で，自閉症児（カプセル化自閉症児）が固執する固い対象を「自閉対象」と名づけた。それらはミニカーや機関車のおもちゃであったり，金属性の日常用品であったりする。自閉症児は，こうした対象物を本来の機能とまったく関係なく，儀式的，機械的に回したり，並べたりするだけである。これは内的世界と外的世界の橋渡しをする柔らかなぬいぐるみに代表される「移行対象」と明確に区別しなければならないとタスティンは強調している。自閉対象の機能は，身体的，感覚的分離を否認し，外的世界への障壁になることにある。自閉症児にとって，身体的分離の認知はそこに隙間（ブラック・ホール）を感じさせる。自閉対象はそれを埋め，その分離の恐怖を感じさせないように作用する。強制的あるいは突然の自閉対象の抜去は，彼らにブラッ

ク・ホールの存在を感じさせ，強烈なパニックを引き起こす。そこでは意味と存在感は壊滅し，同一性の基盤は完全に喪失する。ここでの不安は精神病不安を超越し，差し迫る自己と対象の分解と崩壊の恐怖，カオスと無意味の到来を意味している。また他のタイプの自閉症児（混乱・錯綜自閉症児）は，固い自閉対象ではないが，ある特定の対象にこだわり，同様の機能を有しているものをタスティンは「混乱対象」と名づけた。（木部則雄）

[関連項目] 移行対象，自閉症，タスティン
[文献] Tustin, F. (1972, 1992)

自閉の利用

神田橋條治の提唱した，独創的な治療的，実践的方法。当初，精神分裂病者への医療サービスとして行われた。そのねらいは，(1) 入院期間の短縮，(2) 薬物投与量の減少，(3) 患者自身の安心感の増大，である。その目標達成のために，患者が，従来「自閉」と呼ばれてきた態度，構え，を身につけるように，助力する方法である。いわゆる「こころのおおいを取り去る形の精神療法」ではなく，「おおいを強化する方法」の一種であり，しかも「患者が自ら自分のおおいを強化する方法」である。その独創性は，それまで否定的なものと見られてきた精神分裂病者の自閉を，患者自身の能力の現れとしてとらえ，肯定的な意味を付与する点にある。その後，この方法は，精神分裂病者への心理的助力のみならず，他のさまざまな精神疾患への心理的援助の方法，としても試みられてきた。その意味で，心理的援助の方法を根本的に見直すものとなった。この方法には，内面の告白の重視や，秘密の存在への否定的観点，を逆転する見方が示されている。またこの方法は，その後，患者の拒絶能力の育成，という方向に進展した。（溝口純二）

[関連項目] ウィニコット理論，精神分裂病，精神療法
[文献] 神田橋條治 (1988)，神田橋條治・荒木富士夫 (1976)

自閉 - 隣接ポジション

[英] autistic-contiguous position

アメリカの分析家オグデン Ogden, T. H. によって概念化された，人間の心的体験をかたちづくるもっとも原初的な体験生成様式。

人間は抑うつポジション depressive position と妄想 - 分裂ポジション paranoid-schizoid position という，対象関係，不安の質，主観（体）性の程度，象徴能力，防衛やコミュニケーションの様式が異なるふたつの心的な構え，体験生成様式のあいだを終生揺れ動いている（Ps↔D），という理解がクライン派理論には暗示されている。オグデンは心的体験の生成にこれらふたつの様式とともに寄与する，より原初的な様式を考えることで，心的体験をより包括的に記述できると考えた。それが自閉 - 隣接ポジションである。この様式においては，体験が皮膚表面の接触と律動的な体験とを中心とする前象徴的感覚体験によって構成されている。妄想 - 分裂ポジションにおける絶滅不安，抑うつポジションにおける対象喪失不安に対して，この様式における主要な不安は形のない空間に溶解してしまうという，いいようのない不安である。オグデンはこの存在の様式をタスティン Tustin, F. やビック Bick, E. などのクライン派の自閉症治療者の仕事から抽出した。オグデンによれば，人間のあらゆる瞬間の心的体験はこの 3 つの体験生成様式の弁証法的対話 dialectic によって生み出されている。本質的に異なる体験様式が同時に共存しつつ，単一の体験というある種の錯覚が生成されるのである。（藤山直樹）

[関連項目] クライン学派，自閉対象，皮膚自我
[文献] Bick, E. (1968)，Ogden, T. H. (1989a)，Tustin, F. (1982)

死別

[英] bereavement

1960 年代以降，欧米圏を中心に，近親者との死別に関する疫学的研究が盛んに行われた。それは，(1) 配偶者との死別について，(2) 思春期以前に親を亡くした子どもについて，(3) 子どもを亡くした親についての研究に大別できる。ボウルビィ Bowlby, J. (1980) は，近親者との死別を体験した個人の反応を四段階に分けて論じた。遺されたものは (1) 茫然とした無感覚の段階（数時間から 1 週間），(2) 失った人物を思慕し捜し求める段階（数カ月から数年），(3) 混乱と絶望の段階，(4) 再建の段階，を経て徐々に取り返しのつかない事実として喪失を受け入れていくという。

パークス Parks, C. (1970) は，死別後数週間の寡婦の研究で，寡婦が亡夫のことを熱心に考え，亡夫が見つかりそうな場所に注意を向けてそこに亡夫を見出そうとし，落ち着きなく動きまわることを見出した。また，多くの研究者によって喪の過程で「怒り」が重要な位置を占めることが実証された。マリス Marris, P. やゴーレル Gorer, G. は，喪の慣習や儀式が回復の段階を援助する役割を果すことを明らかにした。アメリカのジョー・ヤマモト Yamamoto, J. と小此木啓吾，岩崎徹也ら (1968) は，夫の突然死に対する寡婦の日米比較研究を行った。その結果，アメリカでは悲嘆の表現は激しいが再婚率も高く，日本では悲嘆の感情表出は穏やかだが再婚率は低かった。この違いは日米の死生観や個人の分離の感覚に由来すると論じた。思春期以前の親との死別と成人後の精神障害の発病率との関連を調べる研究では，

社会学者のブラウン Brown, G. ら（1978）の研究が有名であるが，彼らは地域調査を実施し，11歳以前に母親と死別した女性が成人後に外的なストレスを受けるとうつ病の発病率が有意に上昇することを見出した。しかし，現在でも思春期以前の親との死別体験と成人後の精神障害との関連については賛否両論があり，一定の見解は得られていない。バーチネル Birtchnell, J. やヒルガード Hilgard, J. らは死後の環境要因や遺された親の影響を重視した。致死的疾患に罹患した子どもをもつ親の悲哀の段階では，無感覚の第一段階の後の第二段階は探索行動の代りに，診断や予後に関する医師の誤診を立証しようとする行動が顕著となる。ウルフ Wolff, C. らは，死産や乳幼児の死が母親と年長の子どもとの関係に影響を与えることを指摘した。年若い両親の場合に死んだ子どもの代りに赤ん坊を産もうとすることが稀ではないことや，新しい赤ん坊を死者の再生と考える危険性について多くの研究者が指摘している。

死別に対する心身の反応のひとつとして命日反応 anniversary reaction がある。命日には，死別を悲しむほとんどの人にとって，以前経験した死者への情緒や考えが再体験されるが，死別直後に意識的には悲哀を感じなかった人が命日に突然激しい情緒や身体反応に襲われることも知られている。　　　　　　　（平島奈津子）

[関連項目] 対象喪失，喪の仕事〔悲哀の仕事〕

[文献] Bowlby, J. (1980), Brown, G. & Harris, T. (1978), Pollock, G. (1972), Yamamoto, J., Okonogi, K., Iwasaki, T. & Yoshimura, S. (1969)

社会参照

[英] social reference

人がその年齢にかかわらず，不慣れなよくわからぬ状況下で，頼りになる他者の情緒的な情報を読み取ることによって，その状況を理解し，自分の思考や行動を調整するプロセスをいう。エムディ Emde, R. N. はその起源を乳児における母親参照機能 maternal reference に見て，乳児の不安や迷いが母親の表情，声などの情緒的な応答によって，安定した情緒に変わることを実証的に研究している。とくに行動範囲が劇的に広がる生後約1年の乳児の探索と遊びの発展性と深く関わる母親の情緒応答性について，見知らぬ人の接近，視覚的断崖 visual cliff などの状況で，乳児がどう行動するか不確かになった時に，母親が共感的に応答し，その情緒表現を情報として適切に与えられる場合には，乳児の活動が順調に進行する事実を明らかにした。このような乳児の心的な行動をマーラー Mahler, M. S. は確かめに戻ること checking back と呼んだ。エムディによれば，この母親参照機能がさらに社会参照機能へと発達していく。この機能は一方的なものではなく，適切な育児をしているかどうかを乳児の表情から判断する母親の側にも起こる。こうして互いに相手の表情を参照し合うポジティブな相互交流の中で，分かち合いの気持ち，共感性が育まれるとともに，母親の応答する情緒の内容によって，乳児の情緒が制御され，どんな行動をとるかが決まっていくことから，モラルないし社会性が発達し，やがては母親以外の信頼できる人に対する社会参照機能へと広がる。　　　（森さち子）

[関連項目] 情緒応答性，母親参照，エムディ

[文献] Emde, R. N. & Sorce, J. F. (1983), Mahler, M. S., Pine, F. & Bergman, A. (1975b)

社会的性格

[英] social character
[独] sozialer Charakter
[仏] caractère social

フロム Fromm, E. の提起した概念で，ある社会集団に共通した経験と生活様式の結果発達し，その集団の持つ文化様式や社会的要求への適応の結果，その社会集団の成員の大多数が共有するに至った性格特性をいう。それはひとたび形成されると，逆にその集団の維持や社会変動，文化変容の原動力になる。社会的性格の概念は，ある時代の社会や文化を批判的に分析するための方法概念である。「思想が強力なものとなり得るのは，それがある一定の社会的性格に顕著に見られるある特定の人間的欲求にこたえる限りにおいてである」（フロム）という。中世社会機構が崩壊した結果，ルネッサンス時代には新しい自由な個人が出現したが，大多数の人間は自由になると同時に，一層孤独になった。近代人は中世の社会機構が与えていた安定感と帰属感を失った。このような社会心理状況で登場したのがプロテスタンティズムであった。その教義は，当時の中産階級の「社会的性格」に合致し，その態度を合理化し体系化することによってますますその性格傾向を拡大し強化した。いわゆる資本主義社会の形成力となった性格特性，たとえば仕事への衝動，節約しようとする情熱，超個人的な目的のための道具となろうとする傾向，禁欲主義などは，このような権威的性格構造に根ざしていた。「権威に合わせ，権威に服従することができるときだけ真に幸福になる人もいれば，権威が厳格で，容赦がなければないほどますます幸福になる人もいる。……たとえば権威という状況は一定のタイプの小農の家族構成の中の父親と息子の関係に見られる。父親は恐れられているし，また，息子は矛盾や疑問を感じず，父親の命令に従っている。……部下は喜々とし，喜んで，自分自身の人格を放棄し，指導者の道具になり，指導者の意志を自分自身の意志にする。彼は無限にすぐれた人物として指導者を賛美し，指導者にたまにほめら

れることを自分の幸福と思う。畏敬，驚嘆，愛さえも，彼の感情では恐れよりはるかに大きな役割を演じている。——指導者に対する関係は，青年運動，特にドイツの青年運動では，指導者に対する愛と愛を失うのではないかという不安である」（フロム）。

　この権威的性格論に基づいて名著『自由からの逃走』（1941）でフロムは，近代社会は，意識的には合理化されて，個人の自由と独立が自明のものとなってきているが，無意識的には，自立することへの不安，権威に対するマゾヒズム的依存が根強く存続し，その深層に存続している権威主義的な心性は，解決されぬまま無意識となってうごめいている。なぜファシズムがその社会の大衆にアピールしたかを理解するには，その社会メンバーによって共有されているこのような無意識的な衝動や欲求を「社会的性格」としてとらえねばならないという。そして，フロムは現代資本主義社会の社会的性格として，(1)受容的性格（物を与えられることを求める），(2)搾取的性格（力によって物を取ろうとする），(3)貯蔵的性格（物を蓄える），(4)市場的性格（自分を物とみなして高く売ろうとする），(5)生産的性格（物を生産し，自分に固有の能力を発揮できる）の5つをあげた。

（小此木啓吾）

　[関連項目] 性格，マゾヒズム的性格，フロム
　[文献] Fromm, E. (1941, 1942)

社会的ひきこもり
　　[英] social withdrawing, social withdrawal

　これは簡略して「ひきこもり」ともいわれ，本来は患者の行動的な状態像を表す言葉であって，疾患名ではない。しかし，最近社会的交流や参加を持とうとしない非精神病的な若年成人の患者群が多く見られるようになり，そのような患者群を表す症候群的な診断名として用いられるようになっている。このような現象はかなり日本に特異的な状態像と言われており，家庭における父親不在や母親‐子どもの共生的関係などを背景に持った現代日本社会の特徴を反映していることなどが指摘されている。先行研究としては，「ひきこもり」に限定はしていないが，思春期青年期の心性を明らかにしたエリクソン Erikson, E. H. や小此木啓吾によるモラトリアムの研究がある。笠原嘉の退却神経症の研究は，児童，生徒の不登校，大学生のアパシー，若年成人の出社拒否などを対象に考察したものである。これは現在の「ひきこもり」に関する最も臨床的で包括的で優れた先行研究である。

　「ひきこもり」の診断分類については，まだ統一を見ず種々の意見があるが，狩野力八郎，近藤直司は，ひきこもり状態を呈する非精神病的な患者群を一括して「ひきこもり」と呼んでいる。衣笠隆幸は，やはり非精神病的な患者群に限定しているが，神経症的症状が顕著ではなく，社会参加を避けること自体が主たる特徴であるものを「一次的ひきこもり」と呼んでいる。また摂食障害や醜形恐怖症，不安発作，広場恐怖症などの神経症的症状のためにひきこもりの状態にある患者群は，「二次的ひきこもり」と呼んでいる。そして，厳密には一次的なものを「ひきこもり」と言うべきであると考えている。さらに衣笠は，それらの患者群の背景にあるパーソナリティ障害を基準にして，下位分類している。「一次的ひきこもり」の場合には，ほとんどが20歳代の男性であり，多くは本人は受診せず家族のみの相談である。患者自身が相談するのは，2割程度である。そのために，家族相談が重要な援助手段となる。特に家族のグループ相談は，重要な援助方法である。本人が相談する場合には，個人精神療法やグループ精神療法の適用となる。（衣笠隆幸）

　[関連項目] モラトリアム，エリクソン，小此木啓吾
　[文献] 浅田護 (1999), Erikison, E. H. (1968), 藤井康能・衣笠隆幸 (1995), 藤山直樹 (1999), 狩野力八郎・近藤直司（編）(2000), 笠原嘉 (1988), 衣笠隆幸 (1998, 1999, 2000), 近藤直司 (1998a, 1998b), 小此木啓吾 (1979a), 斉藤環 (1998), 牛島定信 (1998)

自由エネルギー／拘束エネルギー
　　[英] free energy / bound energy
　　[独] freie Energie / gebundene Energie
　　[仏] énergie libre / énergie liée

　心的エネルギーの性質を表す概念。自由エネルギーあるいは可動のエネルギー mobile energy は自由に動き，かつ直接的に放出解放される性質をもつ。拘束エネルギーは放出を制限され，自我を機能させるエネルギーとして使われる。フロイト Freud, S. 以来，前者は一次過程および無意識過程の，後者は二次過程および前意識過程の心的活動に寄与するエネルギーとされている。

　『科学的心理学草稿』（1950 [1895]）でフロイトはこの2つのエネルギーの性質をニューロン装置の機能として考察した。内容的には以下に述べるような論議がすべて，ニューロンの量的質的変動として論じられている。『精神現象の二原則に関する定式』（1911）でこの論議は2つの原則と結びつく。一次過程すなわち快感原則が支配する過程では，刺激の増大に対して心的装置の負担を減らすために，運動（神経支配）を通して欲動エネルギーを放出する。このように放出されるのが自由エネルギーである。しかし直接的な放出では期待した満足が得られないという失望から，心的装置は外界との現実的関係を考え，現実を目的に適うように変革するべく，何が現実かを考えるようになる。このように現実原則に即して動く二次過程では，運動による放出は必然的に抑えら

れ，延期される。その間に高まったエネルギーの少量を動かして行われる試験的行為が思考であるが，思考を可能にするには自由エネルギー備給を拘束された備給に移すことが必要になる。『夢事象の心理学』ではさらに，拘束エネルギーの形成過程と機能について論じられ，心的過程の第二組織が備給エネルギーの量を制限し，少量の拘束エネルギーを記憶，思考，現実検討のために用いること，それらの活動は前意識過程で行われることが示唆されている。この論議は『自我とエス』（1923）におけるエネルギー中和の論議に連続するが，フロイトは中和される欲動をリビドーのみに限定して論じている。

これらのエネルギー変換論については自我心理学派によってさらに検討が重ねられている。エネルギー放出の延期と迂回が思考活動を生み出す様相についてはラパポート Rapaport, D. (1950) が詳細に論じている。またクリス Kris, E. は，前意識過程の内容が意識に達する情況には多様なものがあることに注目し，そこから，意識化に際して自我が用いる拘束エネルギーには，中和されて拘束されたエネルギーと中和されないままで拘束されたエネルギーとの 2 種類があり，課題解決的で現実原則に即した思考や内省には前者が用いられ，後者が解放されると思考は幻想的になったり，唐突に意識に上ったりすると提唱している。　　　　　　　　　（馬場禮子）

[関連項目] エネルギー，拘束，昇華，中性化 [心的エネルギーの]，備給 [充当，給付]

[文献] Freud, S. (1900, 1911a, 1950b), Kris, E. (1952), Rapaport, D. (1950b)

宗教

[英][仏] religion
[独] Religion

宗教の定義は困難で，例えば religion という欧語の意味領域もキリスト教的な意味での宗教概念に規定された，ある意味ではローカルなものである。ただ精神分析と宗教の関連を考える場合，フロイト Freud, S. 以降の論者がほとんどキリスト教的な意味合いでの宗教を念頭に置いていたことも間違いない。

フロイトをゲイ Gay, P. のように「最後の啓蒙主義者」とする見方にたてば，彼は宗教的因襲に理性の光を当てようとする啓蒙主義者の末裔と位置付けられる。たしかに彼は徹底した無神論者であり，自分の築いた精神分析を「科学的世界観」（Freud, S. 1933）に従わせようとした。『トーテムとタブー』（1913）で彼は宗教をある種の強迫神経症，エディプス的な文脈で生成された罪悪感を取り消すための強迫的な儀式として描き出した。さらに彼は『ある幻想の未来』（1927）において，人間が宗教を必要とする理由を幼児的な無力感 helplessness の体験に求め，自然を擬人化することによってかつて両親としたようにそれと交渉し取引し和解しようとする防衛的営みとして宗教を描き出した。彼にとって宗教は「科学的世界観」と対立するものであり，文化のなかで芸術や哲学よりはるかに強大な科学の対立者であった。作家ロマン・ロラン Rolland, R. がフロイトへの私信であらゆる信仰を否定するとしても否定できない「大洋感情 oceanic feeling」の存在を主張したのに対し，フロイトが，自分自身のなかに「どこをどう探しても」それが見つからない，と述べた（Freud, S. 1930）ように，彼は超越的なもの，理性を超えたものに対する批判的な態度を崩そうとしなかった。また初期の分析家たちのほとんど（ランク Rank, O.，ライク Reik, T.，フェレンツィ Ferenczi, S.，アブラハム Abraham, K.，ジョーンズ Jones, E. ら）も非宗教的人生を送っており，精神分析は宗教と切り離される形で誕生した。

絶えず宗教的超越的なものと精神分析とを切り離そうとしたこのフロイトの考えに対して，精神分析がある意味でカトリックの告解の後継者である，とか，教義と運動体をもち，教育分析やスーパービジョンなどの「秘儀」によって増殖していくある種の代理宗教である，とかいう反論を夥しい精神分析批判者たちが試みた。また，例えばフロイトが終生友情を維持した牧師で分析家のプフィスター Pfister, O. も精神分析を代理宗教と見なす私信をフロイトに書き送っている。日本の土居健郎が精神分析の実践に「価値判断」の問題を棚上げできるのか，という問題提起をしたのもこの議論と通じていよう。後に精神分析に根ざしつつも，精神分析と宗教とが両立するものではないか，という提起をおこなった論者も，フロム Fromm, E.，ブライエリー Briery, M. など多数存在する。すなわち，フロイトの意図に反して，精神分析と宗教とにある種の本質関連が見て取れる可能性が存在するのである。さらに外と内，空想と現実を峻別する「理性」に基づく営みとしての精神分析というフロイトの基本的な発想に対して，精神分析の内部からの最も本質的な異議申立てをしたのは，ウィニコット Winnicott, D. W. であろう。彼の移行現象や可能性空間についての議論は，万能感を維持することと現実検討を維持することとの両立と包摂を志向していると見ることができ，文化的体験としての宗教的体験の精神分析的理解に道を開く可能性がある。この議論を踏まえて例えば，マイスナー Meissner, W.，リズト Rizzuto, A. M. らは精神分析に基盤を置きつつ，宗教についてのフロイトの理解を乗り越えようと試みている。恐らく宗教を精神分析的に探求することが，必ずしも宗教への批判的な態度や脱価値化につながらない方向性が探索されつつあるといえるであろう。　　　　　　　　　（藤山直樹）

[関連項目] 移行対象，思考の全能，大洋感情，タブー，哲学，

万能，文化，無力感

［文献］Briery, M. (1951), 土居健郎 (1961b), Freud, S. (1913a, 1927c, 1930a, 1933a), Fromm, E. (1950), Gay, P. (1987), Meissner, W. W. (1984), Rizzuto, A. M. (1979), Winnicott, D. W. (1971a)

終結　⇒治療終結
［英］termination

集合的（普遍的）無意識
［英］collective unconscious
［独］kollektives Unbewußtes
［仏］inconscient collectif

　個人的意識的体験の抑圧に起源をもつフロイト Freud, S. の定義した無意識に対して，生得的で非個人的普遍的内容の無意識をユング Jung, C. G. は集合的無意識と呼んで，無意識を個人的無意識と集合的無意識に区別した。こうしたユングの無意識的概念は『変容の象徴』（1912）に明らかになっているが，「集合的無意識」という概念が導入されたのは 1917 年のことである。それは個人的無意識と異なって本質的に無意識的であり，集合的無意識の内容であるさまざまな元型はそれ自体が知られることは決してなく，イメージや象徴，空想を通してのみわれわれに知られる。

　ユングによれば，文化や時代を超越したイメージやテーマが見出されるのは，人類の系統発生的な心的遺産と可能性の貯蔵庫としての集合的無意識に基づくのであり，言語や教育を介して経験的に獲得されたものでない。こうした考え方は，太陽のファロスから風が吹いてくるという一分裂病患者の妄想が，患者が決して知り得なかった古代ミトラ教における教えの内容との一致の発見など，臨床的観察と神話的内容との比較に基づいて展開された。

　フロイトも無意識のなかに系統発生的遺産の存在を認めたが，幼児期体験の抑圧による無意識こそ分析治療では扱われるべきと主張した。かくしてレオナルド・ダ・ヴィンチ Leonardo da Vinci の絵画における「ふたりの母親」の主題を，フロイトはダ・ヴィンチが体験した現実のふたりの母親に還元したが，ユングは「ふたりの母親」が英雄神話によく出てくるテーマであり，個人的な経験を通して獲得されたものでないと主張した。このように個人的無意識と区別された集合的無意識を重視する態度はユング派の特徴であるが，個人の発達過程を重視する発達学派では個人的無意識と集合的無意識が実際には区別できないことが問題にされている。

　ユングは自我は集合的無意識から生まれ，その基盤のうえに成り立っていて，集合的無意識が自律性と目的性をもって自我意識の在り方に対して補償的に働き，意識と無意識とは全体として自己統御系として働く点を強調した。もし自我が無意識から切り離されて余りにも一面的に発展すると，無意識の影響は神経症の症状として出現したり，合理的だった自我が元型に同一化して自我肥大を起こし誇大的になるなど，これまでの意識的態度とは反対の傾向が出現する。しかしもし自我が客観的な集合的無意識の表れと自らを区別しつつ関わるならば，意識と無意識の対立を超越する象徴が無意識の方から産み出され，人格が統合されて「自己」の全体性が実現される。

　このように集合的無意識の概念は，自我が集合的無意識の表れと関わることによって，無意識のなかの潜在的可能性が実現されるというユングの心理療法観に結びついている。　　　　　　　　　　　　　　　　（鈴木　龍）

［関連項目］アニマ／アニムス，元型，コンプレックス，分析心理学，無意識，ユング

［文献］Freud, S. (1910c, 1916-1917), Jung, C. G. (1911-12, 1916, 1935/1954), Samuels, A. (1985)

修正感情体験
［英］corrective emotional experience

　アレキサンダー Alexander, F. によって提唱された精神分析的精神療法の治療機序のひとつ。患者が幼少時に親との間で体験したことの影響を，医師-患者関係の中で新たなる形で体験し直させることを介して，修正しようとするものである。アレキサンダー自身は，彼が新しい技法として提出したのではなく，フロイト Freud, S. 以来，精神分析療法の中に存在していた治療的要因であり，それを自分が認識したにすぎないと述べている。しかし，同時にアレキサンダーはそのような体験を生じやすくするために，それに適した雰囲気を作り出すべく治療者が意図的に努力することを勧めている。例えば，患者が厳格で怖い親のイメージを転移してきた場合に，治療者はその転移像とは反対の優しく，許容的な態度を積極的に示すことによって，神経症の起源となった親の脅威を修正することができるという。アレキサンダーは一般には「転移状況と昔からの葛藤状況が似ていることが強調されがちである。そして，起源的な葛藤状況と現在の治療状況との相違というものが見過ごされてしまうことが多い。しかし，この相違の中にこそ分析的な方法が治療上の価値をもつ秘密が存在する」と述べ，さらに，患者が親との間で身につけてきた反応様式が，現在の治療者との間にはそぐわない事実を認識することを重視している。そして「この認識は単に知的な洞察によるものではなく，同時に情緒的な体験でもある。……このように転移状況と実際の患者-治療者関係との間にある相違

を認識し，また同様に体験するということを，私は修正感情体験と呼んだのである」と述べ，このような治療者との間の認識がさらに治療場面外の対人関係にも波及するとしている。つまり，新しい情緒的な体験をし，幼少時からの古い体験との相違を認識することによって，それまでの病的なパターンを修正することを目指すものであり，認識的な再教育の側面を含んでいる。この技法は，短期精神療法ないし能動的な精神療法のひとつとして位置づけられているばかりでなく，治療者の中立性を失わせるものであるとの批判が強く，たとえばグリーンソン Greenson, R. R. はアレキサンダーの技法について「本質的に操作的なものであり，反精神分析的である」と述べている。

（岩崎徹也）

[関連項目] 転移，アレキサンダー

[文献] Alexander, F. (1948, 1956a), Alexander, F. & French, T. (1946), Greenson, R. R. (1967)

充足体験
[英] experience of satisfaction
[独] Befriedigungserlebnis
[仏] expérience de satisfaction

内的に高まった欲動によって生じた乳幼児の内的な緊張が，外部からの助けによって和らげられる体験を言う。この充足体験をフロイト Freud, S. は，『科学的心理学草稿』（1950 [1895]），そして『夢判断』（1900）の第 7 章で明らかにし，すべての心的過程の最も根源的なものとみなしている。

充足体験は，人間の生体がそれ自身では内因性の刺激の高まりから生ずる緊張を解消しうる特定行為を行うことができないために，特定行為を行うためには，外部の人間の助けが必要である（例えば養育者による食物の提供）。そのときはじめて人間の生体は内的緊張を解消できる。そしてこの充足体験は，「内的緊張の放出を可能にした反射運動の運動像，および充足を与えてくれた対象像と結びつく。そして，再び内的緊張状態が出現すると，この対象像が再備給され，その再生を求め，やがて記憶痕跡の成立とともに幻覚的な願望充足が可能になる」とフロイトは語り，一次過程に関する論議へと展開した。

フロイトは『夢判断』でこう述べている。「お腹をすかせた子どもは，泣いたり手足をバタバタさせる……。他の人物（母親）が助けを与えることによって充足体験が得られるとき，はじめて一つの転回点が起こる」。そして，この充足体験の記憶像の再現が幻覚的充足を求める一次過程を成立させるという。

（小此木啓吾）

[関連項目] 一次過程／二次過程，願望，記憶痕跡，幻覚的願望充足，欲動

[文献] Freud, S. (1900, 1950b)

従属的自我
[英] subsidiary egos

フェアバーン Fairbairn, W. R. D. が，人の心の内，すなわち精神内的 endopsychic な状況を記載し，理論化するために用いた構造的概念。「副次的自我」と訳されることもある。フェアバーンは，その「人格の対象関係論」を構想，推敲，発展させる過程で，フロイト Freud, S. の人格構造論に内包される論理的な矛盾点，とりわけエスが構造をもたないとされている矛盾を指摘し，臨床実践と理論との解離を止揚すべく独自の人格構造論を提出した。彼が最初に提示した図は以下の通りである（1944）。

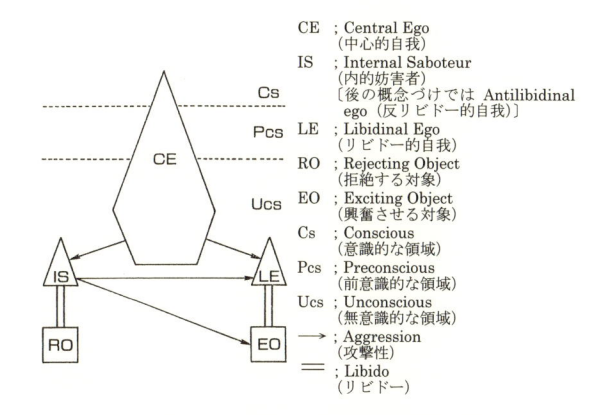

CE ; Central Ego
（中心的自我）
IS ; Internal Saboteur
（内的妨害者）
〔後の概念づけでは Antilibidinal ego（反リビドー的自我）〕
LE ; Libidinal Ego
（リビドー的自我）
RO ; Rejecting Object
（拒絶する対象）
EO ; Exciting Object
（興奮させる対象）
Cs ; Conscious
（意識的な領域）
Pcs ; Preconscious
（前意識的な領域）
Ucs ; Unconscious
（無意識的な領域）
→ ; Aggression
（攻撃性）
= ; Libido
（リビドー）

彼の論考はその後も推敲されてゆくが，最終的な彼の見解によれば，人はもともと対象希求的 object-seeking であり，その早期の人生の中で必ず出会う不満足な体験によってもともとの対象 original object（原初対象）の内在化が生じる。その対象のうち，幼児に不満足を与える部分，とりわけ「与えそうで与えない」「興奮させる対象 exciting object」はもっとも深い抑圧を受けることになるが，その際，その対象と関係をもっている「リビドー的自我 libidinal ego」は，ともにその抑圧の対象となる。だが，この抑圧は，実は二重の力によって生じている。1 つは，この対象を分裂排除しようとする「反リビドー的自我 anti-libidinal ego」によってであり，いま 1 つは，その反リビドー的自我をも（その自我が関係をもっている「拒絶する対象 rejecting object」とともに）抑圧する「中心的自我 central ego」によってである。こうして人の心の内には，基本的に，3 つの自我が作動しているが，このうち，抑圧を受ける側の 2 つの自我，すなわちリビドー的自我と反リビドー的自我とを「従属的自我」という。なお，こうした精神構造は，人生のきわめて早期に形成され，その後の体験様式の基礎となるものであり，直接意識されるものは，中心的自我の一部分にすぎない。

（栗原和彦）

しゅうだんしんせい

[関連項目] 対象関係論，中心的自我，フェアバーン理論，フェアバーン

[文献] 相田信男（1995），相田信男・栗原和彦（1983），Fairbairn, W. R. D.（1952），栗原和彦（1997）

集団心性
[英] group psychology, group mentality

人がある集団の中に身を置くと，1 人でいたそれまでと違った感じを経験する。これは集団に入ることによって個人の内部に起きた感覚なのだが，自分を取り巻く集団についての感じとして経験され，集団の雰囲気が緊張していたとか，グループの空気は良くなかったなどと表現される。感覚は集団を構成する多くの人びとと共有される。集団心性は，集団のあり方，置かれている状況，期待される役割，リーダーの性格，リーダーシップのあり方，個々のメンバーのリーダーとの関係，またメンバー間の関係のあり方などにより変化する。そしてその変化は一つの流れとなり，時々刻々と言っていいほど変化し，それがさらに集団に影響を与え変化を促す。グループのメンバーやリーダーの発言によっても変わる。

このように集団心性として体験される感覚が個人心理と全く異なるものなのか否かという議論は古くからある。集団ヒステリー，そして集団の個人に対する影響について強い関心をもっていたフロイト Freud, S. は，「個人心理と，集団の心性の対立は一見すると際立っているかのように見えるのだが，詳しく吟味すると，その相違は初めに考えたものより明快ではなくなる」と述べ，「個人心理学は個人がどのように本能を満足させるかを研究するが，そのさい個人と他人との関係は無視できない」，したがって個人心理学は「まったく正当な意味での社会心理学である」と考えた。彼はその著『集団心理学と自我の分析』（1921）で当時出版されたルボン Le Bon, G. F.『群衆——集団心性の研究』とマクドゥガル Mcdougall, W.『集団心性』について批判的検討を加えつつ，既に確立していた彼の精神分析の理論をもとに集団心性を考察した。ここで彼が取り上げた集団は，原題の示すごとく Masse であり，それまでに彼が問題にした親子，同胞などの小集団を離れて論じている。

フロイトの考えを要約すると，集団心性の本質はリビドーによって集団のリーダーとそのメンバーが結びつくことであり，その過程で同一視の機制が働く。同一視の過程は愛する対象を自我理想へ取り入れることを意味し，この場合その対象はリーダーであり，各々のメンバーが同じ対象を自我理想に取り入れることによって互いに同一視できるようになる。したがって集団の自我理想となったリーダーは集団に対して権威を持つようになる。

一方ビオン Bion, W. R. は，グループのメンバーが全体として，グループの機能，感情の動き，仕事の進捗に貢献しているプールとしてグループを考え，これをグループメンタリティと呼んだ。そしてグループには常に同時に 2 種の活動が流れていて，それをワークグループと，basic assumptions group（基底的想定集団）に分けた。そして基底的想定を依存，つがい，闘争／逃避の 3 つのタイプに区別した。　　　　　　　　　　（鈴木純一）

[関連項目] 基底的想定［ベーシック・アサンプション］，原始群，集団精神療法，集団力学

[文献] Bion, W. R.（1961），Freud, S.（1921c）

集団精神療法
[英] group psychotherapy
[独] Gruppenpsychotherapie
[仏] psychothérapie de groupe

集団精神療法のはじまりは，20 世紀のはじめに，アメリカの内科医である，プラット Pratt, J. H. が，重症結核患者約 25 人を対象に週 1 回の集まりを開いたことが初めであるとされている。患者の横のつながりと相互に助け合い励まし合うことが，当時不治の病であった結核の患者たちに希望を与え，症状の改善や治癒をもたらすことに貢献した。以来約 100 年の歴史の中で，各種の技法，理論が発展してきている。

[集団精神療法とは何か] 集団精神療法は，多くの患者を一時に治療しようとする方法ではない。一人ひとりの患者が相互の話し合いを通して自らの病気，そのもとになっている性格傾向，考え方，生き方などに洞察を得る過程である。言葉を用いることが大切な特色であり，作業や，散歩，合唱などのレクリエーションなどわが国の精神病院，デイケアなどで広く行われてきている集団で行う治療的な関わり方をグループワークとし，集団精神療法とは分けて考えるのが適当である。

[基本的な方法] グループでは，話題をあらかじめ決めずに，思いつくままに何でもいわば自由連想的に話し合うことから始まる。話し合いをすすめる前提条件として，グループのメンバーは誰もが（治療者も含めて）平等であり，どんなことを話しても良いし，それによって罰せられないという保証が必要である。罰せられないという内容は多岐にわたる。例えば治療者がある患者についてこのグループに適当でないと途中で判断し，これを告げたとすると，これはどんなによく説明しても，患者は自分のグループでの発言や行動が罰の対象になったと理解するだろう。したがってあらかじめ患者が小グループの治療に適しているかどうかのアセスメントが重要になる。

[メンバーの人数] 7-8 人の患者と，1 人ないし 2 人の治療者で行う小グループ，15-20 人で行う大グループ

が一般的であるが，コミュニティ・ミーティングのように，数十人のグループもある。メンバーの数により，グループのあり方も変わり，治療目標も変わってくる。

［対象となる疾患］人格障害，神経症圏の人を対象とした小グループが欧米では最も盛んであるが，わが国では精神分裂病などの精神病者を対象にした集団精神療法が多いことが一つの特徴である。最近はわが国でも，うつ病，人格障害，嗜癖者などの小グループが盛んに行われるようになってきている。

［治療者の役割］治療者は，グループのメンバーを選び定め，時間，場所などのバウンダリーを維持するという重要な役割を果たす。

また治療者は，常に中立の立場を維持し，グループのメンバー一人ひとりのコミュニケーション（非言語的なものも含めて）を奨め，理解しその意味を考える。またグループ全体にみなぎる雰囲気，流れに注目し，その源になっている感情，問題点について短い言葉で解釈を与える。このように治療者は，グループのアドミニストレーターであり，観察者であり，助言者であり，また解釈者でもあるが，同時に治療者もグループの一員であることを免れないことを自覚することが大切である。グループは治療者に自らの感情を投射し，治療者もいろいろな感情をグループの過程と共に体験する。これらは，一対一の関係の中で成立する精神分析とは異なる点であると同時に最も創造的な側面と言える。

［集団精神療法の効果］効果に関する研究はヤーロム Yalom, I. のものが最も良く知られている（表）。この研究は神経症者の小グループについての研究であるが，わが国の研究にはこれに匹敵する組織的なものは未だ出ていない。これまでのわが国での成果と体験から次の要素が特に有効であると考えられる。先ず自分が独りで悩んでいたことが，メンバーに分かってもらえた。独りで苦しい体験をしていて誰に相談もできなかったし，相談したとしても分かってもらえないと思いこんでいたことが自分だけの体験ではなかったこと。あるいは同情をもって聞いてもらえたという経験は何にもまして患者のせばめられていた生活を開かれたものにすると思われる。第2にそれまでの生育歴の中で，圧迫的で，馴染むことができないおそろしいものだった集団が自分を理解し共感できる人がその中にいるという体験はその後の自分の病理を乗り超える過程に重要な影響を与える。また患者どうしの励まし合い，横のつながりから，自分の心理的葛藤についても，他の人の対処のしかたなどを学び，洞察を得る。また対人関係のあり方についても変化を体験することができる。

［集団精神療法を実施する際の問題点］日本人は外国人からみると，より多く集団に依存しているように見えるらしく集団主義などと言われる。幼い頃から周囲に気を配り，周りに合わせようという傾向が，自分を周囲に主張することよりも強い。したがってグループでも同じことが起きるのだが，それはことあるごとに多数決でグループの感情を確かめたがるという特異な形をとる。これはいろいろな変形があるが，グループの凝集性が高まったかのような勘違いをすることがあるので，注意を要する。もう1つの問題は治療者自身がグループを操作的に用いてしまうことである。治療者はあらゆる集団場面に慣れていて，グループ療法の場面でも，メンバーにサービスしてしまうことがあるが，これはなかなか自分では気がつかないことが多い。こうした問題点を乗り越えるためには，精神分析者の訓練には教育分析が必要なように集団精神療法の場合はスーパーヴィジョンを受けながら自らグループを経験する必要がある。　　（鈴木純一）

［関連項目］基底的想定［ベーシック・アサンプション］，集団心性，集団力学，心理劇［サイコドラマ］

集団ヒステリー　⇒集団心性
　　［英］mass hysteria

集団力学
　　［英］group dynamics
　　［独］Gruppendynamik
　　［仏］dynamique de groupe

「集団力学」という名称は，ナチスに追われドイツからアメリカに亡命した心理学者レヴィン Lewin, K. が，自身の「場の理論」に基づく実験的，実践的研究において用いたのが始まりと言われる。彼は人間の行動は個人とその心理学的環境から成り立つ「生活空間 life space」＝「場」によって説明できるとする。今日集団力学とは集団 group および集団内で起きる力動的諸作用に関する社会心理的研究の総称を意味し，集団での個人の変化，態度形成，集団と個人の相互作用，集団間の相互作用，

表　集団精神療法の何が治療的に働くのか　Yalom, I. (1975) による

1.	Instilation of Hope	他の患者が良くなるのをみて，自分もという希望を持つ
2.	Universality	自分一人が悩んでいるのではない
3.	Imparting Information	情報の交換
4.	Altruism	他の患者を助けて，自分が役に立っている
5.	The Corrective Recapitulation of the Primary Family Group	自分の家族のなかで体験したことの繰り返し
6.	Development of Socializing Technique	人付き合いが上手になる
7.	Imitative Behaviour	人のまねをしながら自分の行動を考える
8.	Interpersonal Learning	対人関係から学ぶ
9.	Group Cohesiveness	グループがばらばらにならないこと
10.	Catharsis	語ることによって重荷を下ろす
11.	Existential Factors	究極的には人は自分一人で現実に対決し，責任をとる

社会的圧力，集団における凝集性や魅力，集団の平衡や変化，集団活動，集団操作などのあらゆる現象が扱われる。

　第二次世界大戦中，後に治療共同体 therapeutic community を提唱するメイン Main, T. や後述するビオン Bion, W. R. と共に「ノースフィルド病院での試み」に参画したフークス Foulkes, S. H. は，その著書で集団力学の基本原則について述べ，治療集団での患者の相互的な影響に触れて集団の成長には「十分に『コミュニケート』する」必要を強調した。

　ほぼ同時期にビオンは，集団には課題集団 work group と基底的想定集団 basic assumption group の2つの側面があることを述べつつ集団力学を論じた。ビオンの課題集団の考えは少なくとも部分的にはレヴィンの「場の理論」に由来しているとされる一方，基底的想定の考えがクライン Klein, M. らの精神分析理論の影響を受けているのは明らかである。他方，メンバーへの「治療的利益に貢献する最も本質的な要素として，グループメンバー間の相互作用を強調する」ような現代の集団精神療法研究の一つのアプローチは，フロイディアンの理論的素地とは極めて異なるという主張もある（Kissse, M. ら）。

　前述したレヴィンが米国で実践した人種的宗教的偏見をなくすための研究とリーダー養成を目的とするワークショップは後に T グループ human relations training group へと発展した。T グループをはじめとして人間関係改善や他者への感受性訓練として集団を用いる方法が優れた工夫の一つとして今日認められている。ことにグループワーカー（治療者）が集団力学や集団過程 group process への感受性や認識を高めれば，メンバー（患者）に起きる治療的変化と成長への貢献度も高まると言えるが，他方，集団力学に関する認識と集団による治療効果とを統合する理論的モデルは未確立だとする指摘もある。
　　　　　　　　　　　　　　　　　（相田信男）
　[関連項目] 基底的想定〔ベーシック・アサンプション〕，集団心性，集団精神療法，精神力動，ビオン
　[文献] Bion, W. R. (1961), Conyne, R. K. (ed.) (1985), Foulkes, S. H. (1948), Ganzarain, R. (1989), Kissen, M. (1979), Pines M. (ed.) (1983, 1985)

修復
　[英][仏] restitution
　[独] Wiederherstellung

　これはクライン Klein, M. の早期の研究，つまり子どもの治療の時代（1920-32）によく使用された用語であり，やや後に使用された回復 restoration とも同義に使用されている。幼い子どもの遊びにおいては，しばしば母親の身体に対する攻撃的な傾向を示すものが見られ，そ

れは母親の身体内部に存在していると想像されている父親の男根や赤ん坊などに対する攻撃性，破壊性でもある。子どもはそのようにサディズムが強いときにはあらゆる攻撃性を展開するが，他方ではやがて罪悪感などを抱くようになる。それは子どもの遊びなどにおいて，自由に展開されるが，罪悪感だけでなく，対象をそのために失うのではないか，見捨てられるのではないかという恐怖感を抱いたときに，子どもが破壊した対象を修復したり回復させようとする心性 restitution, restoration が表現されるのである。クラインは，この建設的な能力は，昇華 sublimation や想像力の発達，象徴機能 symbolic function の発達にも重要なものであると考えている。この視点は，彼女の後の研究の基本的なものになっている。またそれは対象との良い関係を改善し，社会的感情の成長とも深くかかわっている心性である。これは1935年に成人の躁うつ病の病理としての「抑うつポジション depressive position」の研究が成されたときに，償い reparation という用語に統一された。そこでは，良い対象関係と悪い対象関係の分裂されている世界が，生後半年ごろになると，乳児の認知機能の発達によって自分が熱情的に理想化した良い対象が，自分がもっとも憎んできた悪い対象と同一の人物であったことが理解されるようになる。そのときに乳児は激しい見捨てられ不安，対象を失う恐怖，罪悪感，自責感などを抱く。そして自分の攻撃性に責任を感じることができるようになり，それに対して償おうとし，破壊された対象を立て直し回復させようとするのである。そして1950年代の羨望 envy の研究の際に重要な概念となった。
　　　　　　　　　　　　　　　　　（衣笠隆幸）
　[関連項目] 児童分析，償い，遊戯療法，抑うつポジション
　[文献] Klein, M. (1932, 1933, 1940, 1945)

重複決定　⇒重複決定
　[英] over-determination

終末快感　⇒先駆快感
　[独] Nachvergnügen

自由連想法
　[英] free association
　[独] freie Assoziation
　[仏] libre association

　頭に浮かぶすべての表象を批判・選択なしにそのまま言葉にしていく方法で，精神分析療法の基本的な方法である。この方法はフロイト Freud, S. によって1892年

から1898年にかけて，さまざまな方法を模索するうちに次第に成立したものである。実際の自由連想法の成立の過程は，最初，病的な要因の課題に注意を集中して連想を行ういわゆる前額法のような方法から，やがて，フロイト自身が自分自身の自己分析と夢の分析においてこの自由連想法を基本的な方法として用い，さらに，それを実際の臨床に適応することになったと考えられる。また一方で，チューリヒ学派のいわゆるユングJung, C. G.らによる連想検査法によって，「感情的色彩を受けたある特定の出来事と関連した観念の複合体（コンプレックス）」を理解するという方法もある種の対応関係を持っている。

なお，フロイトは『分析技法前史について』(1920)という論文の中で，自分が若い頃に読んだ作家のルドヴィッヒ・ベルネの言葉が一つの着想のヒントになっていたことを考慮したいという。ベルネは「3日間で独創的な作家になる」ために，心に浮かんだことのすべてを書き記すことを勧め，自己検閲を排したところから本当の創造性が生まれるという考え方を提起した。

自由連想法が目指すものは，思考の意志的な批判・選択の排除であり，フロイトの局所論的な言い方をすれば，意識と前意識の間の第二次検閲の批判・選択をまずやわらげることにある。この自由連想の繰り返しによって，やがて，前意識と無意識の間の第一次検閲，つまり無意識的な防衛が次第に緩和され，無意識的な内容が意識の中に再生されてくるという考えが基本的である。患者は，実際的にはすべての思考，感情，願望，感覚，イメージ，記憶などを，それが浮かんだままに言葉で表現しなければならないが，この基本規則を守るためには，患者は，当惑，恐れ，羞恥，罪悪感などを克服して，その連想を続けなければならない。このような連想の主体は観察自我と呼ばれるが，観察自我が常に治療者との作業同盟の中で支えられて機能することが精神分析療法にとっては治療関係の基本である。

国際精神分析協会が定めた精神分析療法では，被分析者は寝椅子に横臥して，分析家はその背後に座るという治療構造の中で，1回45~50分，週に4回繰り返す営み，これを毎日分析というが，このような自由連想法の限りない繰り返しこそ精神分析療法の最も基本的な治療機序の基盤を形成している。　　　　　　　　（小此木啓吾）

［関連項目］エリザベート・フォン・R嬢［症例］，基本規則，精神分析療法，前額法，治療同盟，フロイト，S.

［文献］Freud, S. (1900, 1912d, 1913l, 1920b), Freud, S. & Breuer, J. (1893–1895)

主観性

［英］subjectivity
［独］Subjektivität
［仏］subjetivité

思考，感情，感覚などの心的体験や行為が自分自身のものであるという自己帰属性をもった体験のありかたを指す言葉である。この言葉が精神分析のなかで使われるとき，主観性対客観性という問題で使われる場合と主観性を帯びた心的体験対主観性を帯びない体験という問題で使われる場合とがある。前者の問題は，精神分析のすべての科学概念（転移，幻想，防衛など）は分析家の主観的体験をいったん通過したものであることから起因する，精神分析の科学性についての根源的な問いと関連している。「こころ自体は主観的なものの領域であるが，それを研究の対象とするとき，なおも私たちは研究している現象に向かう態度において客観的でなければならない。しかし私たちはその対象の本性が『主観的』であるということを受け入れなければならないし，思い出さねばならない」とハイマンHeimann, P.は，クライン派の幻想理論が，絶えず主観的体験であるはずの幻想を実体的な水準で用いるとして批判されてきた論争の文脈で語っている。後者の問題は，心的体験の性質が私性 I-ness を帯び，体験の著者としての自分という気づきに到達するという進展に言及するものである。たとえばオグデンOgden, T. H.は象徴と象徴されるものとを媒介する解釈主体の出現を主観性の本質ととらえ，クライン派のいう抑うつポジションへの進展とウィニコットWinnicott, D. W.のいう可能性空間の成立と結びつけた。　（藤山直樹）

［関連項目］主体

［文献］Heimann, P. (1943), Ogden, T. H. (1986)

主観的対象

［英］subjective object

ウィニコットWinnicott, D. W.理論における鍵概念のひとつ。母親-乳児ユニットの内部で母親の環境的供給のなかで，乳児によって創造される対象。

ウィニコットの発達論の出発点は母親の供給する環境に抱えられて「孤立」し，「存在し続け going on being」ている乳児である。すべてのニーズが欲望になる前にかなえられるため，乳児は欲望も象徴も差異もない均質な場所に存在している。乳児は他者の存在を感知せず，自らを主体として体験することもない。この出発点のあと，乳児がニーズを主観的に体験するとば口のところで姿を現すのが主観的対象である。乳児が必要とするものを，それが必要とされ欲されるまさにそのとき，乳児が必要とし欲しているように，母親は供給する。それによって，

乳児はそれを万能的に創造したという錯覚をもつことができる。この対象が，ウィニコットにとって乳児が最初に関係する対象であり，ウィニコットの発達論の主要な関心の一つは，乳児が主観的対象との関係から客観的に知覚される対象との関係へとどのように進展していくのか，という問題である。移行対象とはその途上で，乳児が内でもなく外でもない中間領域で出会う対象であり，ウィニコット後期理論の中心主題となった。　（藤山直樹）

[関連項目] 移行対象，ウィニコット理論，抱えること〔ホールディング〕，原初の母性的没頭，脱錯覚，ほど良い母親

[文献] Winnicott, D. W. (1958a, 1965b)

主体

[英] subject
[独] Subjekt
[仏] sujet

Subjekt（独）ないし sujet（仏），subject（英）の訳語で主観とも訳される。これらの語は「下に置かれたもの」を意味するラテン語の subjectum に由来し，元来，さまざまな性質や状態，作用が帰属する当のものをさす。例えば，「この花は美しい」という時の「この花」が Subjekt（sujet, subject）である。この場合，Subjekt（sujet, subject）は文法的な主語，あるいは問題になっている事柄をさす。

西欧近代に入り，人間が世界に対し能動的に働きかけ，構成する存在として世界に対し優位性をもって登場してくるのにともない，Subjekt（sujet, subject）の語は，事物一般に適用されるという面を残しつつも，認識し行為する個々の人間存在をさし示すのに力点がおかれるようになる。この場合にこそ Subjekt（sujet, subject）は主体ないし主観と訳される。主観という時，対象（客観）を見，認識するという認識論的ニュアンスが強いのに対し，主体という時，自ら決断して何らかの行為をおこなったり，また，喜びや不安，愛，憎しみなどの感情を不可欠な存在様態とする生身の人間に力点がおかれる。

こうした通常の理解では，主体という言葉は，意識，実存，自由，とりわけ自我や自己と重なるところが少なくない。ごく広くは，この言葉は，きわめて多様なあり方をする人間存在を最も中立的かつ端的にさし示す。哲学や心理学，精神分析，精神医学をはじめとしたさまざまな学問は，それぞれの立場から主体のありようを提示してきた。

キルケゴール Kierkegaard, S. A. に端を発するとされる実存哲学においては，人間は，与えられた既定事実として事物のように動かずにそこにあり続けるのではなく，絶えず自分の生き方，行動を選択し，そうした時間のなかでの生成を通じ，自己を構成するという能動的な在り方が強調された。一方，フッサール Husserl, E. により創始された現象学的思想においては，人間の日常的かつ自然な自明の在り方として，人が世界と慣れ親しみ，世界のなかに住みこみ，反省以前のレベルで世界と不断の交流をする一方，世界のなかで人は，ちょうど自分の仲間と一緒にボートのオールをこぐように，他者と共に人はあるという他者との共同存在性が記述された。

精神病理学や異常心理学は哲学的人間学と相補うかたちで主体のありようを示す。事実こうした主体の在り方の妥当性は，これらが決定的な形で障害される分裂病の病態によって逆照射される。

構造主義の登場により，主体は言語に代表される構造に従属するものとして，西欧近代以降の能動性，自律性に重きをおいた主体理解に代えて，受動性，被規定性に力点をおいた主体理解が提唱されだした。フロイト Freud, S. の精神分析を継承するラカン Lacan, J. は，この立場からあらたな主体の理論を展開する。

夢がよい例だが，無意識のレベルでは自分が何を言っているのか知らない。この場合の無意識の語りや意味作用は，自己には未知の欲望により駆動されている。ラカンは，この欲望の動きに無意識の主体を想定する。自分が自分であることを自覚している私からすれば，この無意識の主体は三人称の彼 il と位置づけられる。その意味では，フロイトがエス Es と呼んだところに，ラカンは無意識の主体をみてとる。このようにして，近代以降，主体と呼ばれてきた通常の主体は無意識の主体により相対化され，脱中心化される。　（加藤　敏）

[関連項目] エス，間主観（体）性，自我，自己

[文献] 加藤敏（1995）

主体 [精神分析の]

[英] subject
[独] Subjekt
[仏] sujet

「『精神分析の』主体」という言葉について記述することは単純でない。少なくとも「精神分析からみて主体とは何か」という問いと「精神分析という営みのなかにおける主体」という問いのふたつを考えることが要求される。しかもそのふたつはけっして別々ではない。

前者の問いについて，フロイト Freud, S. は明瞭に言葉にすることはなかった。そして彼がこころを空間的に描き出したふたつのシステム，すなわち第一局所論（意識／前意識／無意識）と第二局所論（超自我／自我／エス）は，主体がどこに位置するのか，そしてそれぞれのトポスと主体がどう関連するのかを語らなかった。フロイトのメタ心理学体系において，主体は「語られない主体」なのである。こうした主体の不在と空虚とについて

のアイデアをラジカルな形で追及したのがラカン Lacan, J. とその一派である。一方，後者の問いについて，精神分析は被分析者のこころとその変化に焦点付けられているので，精神分析の主体は患者に位置すると考えられやすい。たしかに，分析の営みは患者によってなされている。しかし分析家は分析の営みの主体としてまったく関与していないのであろうか。間主体性を強調する現代の分析家たち（オグデン Ogden, T. H., ストロロウ Stolorow, R. D., レニック Renik, O., ホフマン Hoffman, I. Z., ベンジャミン Benjamin, J., アーロン Aron, L., ジェイコブス Jacobs, T. J. ら）は，分析の営みによる分析家主体の変化を患者のものと同質のものと考え，分析の営みの座をふたりの関与者のあいだの空間に脱中心化しつつあると言えるであろう。こうした主体の個人から間主体空間への脱中心化というアイデアは，対象関係論の枠組みですでにビオン Bion, W. R. のコンテイナー／コンテインド・モデルやウィニコット Winnicott, D. W. の母親‐乳児ユニットの概念として暗示されており，人間が生成論的には主体を他者とのあいだで生み出しているという逆説を描き出している。いずれにせよ，フロイトが主体という問題を語り落としたことは，精神分析が主体をデカルト的コギトとして素朴には扱っていないことを暗に示している。　　　（藤山直樹）

［関連項目］間主観（体）性，自我，自己，主体
［文献］Freud, S. (1915e, 1923b), Lacan, J. (1954–1955), Ogden, T. H. (1994)

出産外傷

［英］birth trauma
［独］Geburtstrauma
［仏］trauma de naissance

誕生前の子宮内生活が，「血のつながり」で母親と結ばれ，文字通り水中に浮かびすべてが過不足なく満たされた状態だと比喩的にはよく言われることである。出産外傷説はランク Rank, O. によって主張され，出産時の危機的体験を最大の心理的な外傷体験とするもので，彼はその体験の過程が臨床事象に加えて，文化的な事象にも繰り返し象徴的に描かれることを指摘している。この認識においては，窒息などの生理的な危機体験を伴う出生とは新生児にとって，それまでは安全かつ快適であったはずの母親の体内生活の中断と喪失であり，この危機と外傷が分離不安を含む不安反応の原型となり，その後の人生における対象との別離や喪失の内に象徴的な形で反復され，文化的諸活動とはこれを克服する試みであると解釈される。この考えは，フロイト Freud, S. によって『精神分析入門』（1916-17）で「不安 Angst」の語源に狭さの意味があることと共に取り上げられており，そ

の線で理解していたランクはやがて出産外傷説ですべての問題に答えようとする。フロイト（1926）は出生時に生理的危機と急激な不連続を体験し苦痛を味わうことが不安反応の原型（原不安 Urangst）になると考えたが，ランクの主張については自己愛的な胎児の印象の薄い体験を取り上げその外傷的意義を拡大しすぎている点を批判した。そして，このことが分析療法の長期化に不満を抱いて敢えて短期治療を行うことを提案する愛弟子ランクの，フロイトとの決別の原因となる。また，「抱えること」による母子間の順調な移行体験を前提とするウィニコット Winnicott, D. W. も，出産外傷だけの分析治療などないとランクらの発想を批判したが，これが現在の一般的見解の一つだろう。ウィニコットは出生体験を3つの範疇に分け，第1のものは正常な体験で，内から外への存在の連続性が出生においても保証されるもので，出生は外傷的体験とならない。第2のものは，外傷的な出生体験があっても，その後の良好なマネージメントでその影響は帳消しになる。第3に取り返しのつかない外傷的体験で，乳児は巨大な刺激に反応せねばならず，存在の連続性が脅かされてしまうため，これが出産外傷に相当するものとなる。つまり，環境からの適応などによって出生前と出生後の連続性を保つことを認める立場では，出生の外傷は一般化できない。しかし治療論においては，出産外傷説を根拠にして治療期間を人工的に短縮したり中断したりすることで患者に分離不安を体験させ，その葛藤と克服に積極的に焦点づけて，「生まれなおし」を治療目標とする発想が生まれた。近年では，その積極的な技法をさらに洗練させて，治療期間に一定の期限のあることを最初から告げるマン Mann, J. の期限設定療法 time-limited psychotherapy に受け継がれた。訳語として使われる「出産外傷」では母親が外傷を受けるように聞こえるので「出生外傷」のほうが正しいと思われるが，前者を使用するのはわれわれがどこかで母親と同一化していることを物語るのではなかろうか。　　　（北山　修）

［関連項目］中断療法，不安，ランク
［文献］Freud, S. (1926a), Mann, J. (1973), Rank, O. (1924), Winnicott, D. W. (1958a)

受動‐攻撃型人格　⇒DSM-IV 人格障害

［英］passive-agressive personality

受動的　⇒能動的／受動的

［英］passivity

守秘義務

[英] confidentiality
[独] Verschwiegenheitspflicht
[仏] secret professionnel

守秘義務という言葉は，専門家の側が患者やクライエントの秘密を漏洩しない義務を意味する。日本では，刑法において，医師・弁護士・助産婦等が業務上知り得た個人の秘密を正当な理由なく漏洩することへの罰則が規定されている。また，臨床心理士など，守秘義務を規定する法律がない場合も，個人の秘密を漏洩すれば，憲法に規定された個人の尊重という立場からプライバシーの侵害として，民事的に責任が問われる。なお，個人の秘密を第三者に開示されない患者の側の権利を名誉権 privilege という。

精神分析療法においては，患者は，自由連想法の原則に従って，面接中に生じる思考，感情，イメージについて，率直に言語化するように求められる。そこでは，恥ずかしいことや社会規範に反することでも，取捨選択しないで語ることが要求される。自由連想法が成り立つためには，治療者の専門家としての能力の保証のほかに，患者の語ったことが第三者には漏れないという確かな保証が必要である。もし，そのような保証がなければ，患者は重要な情報を報告する気にならないだろうし，無意識的な抵抗を取り扱うことも難しくなる。その意味で，精神分析療法においては，守秘義務は厳密に守られる必要がある。

守秘義務は大切な原則であるが，例外的な事態が存在する。守秘義務の例外規定としては，アメリカ精神医学会の「危険な事態の起こる可能性が高いと治療中の精神科医が臨床的に判断した場合，患者から得た秘密の情報を開示してもよい」という規定や，アメリカ心理学会の「クライエントに関する情報の同意を得ない開示は，そうしなければ当該患者か他の人に明白な危険が生じるだろうというまれな状況でのみ行われるべきである」という規定がある。ここでいう危険には，殺人・自殺が含まれる。他に，幼児虐待や HIV 感染者の自己破壊的な性行動が，守秘義務の例外として考慮される場合もある。比較的まれなこととは言え，このような事態に直面した時，個人の秘密を大切にする分析家や精神療法家は，守秘義務と公共の利益の間でジレンマを強く感じることになる。どの程度の危険まで報告するかは，分析家や精神療法家によって意見が異なる。また，犯罪捜査や裁判の際などに，どこまで守秘義務が守られるかという問題もある。近年，アメリカでは，治療中に語られた情報は本人の同意なしに法廷で強制的に開示されるべきではないという判決が連邦レベルで下されている。さらに，スーパーヴィジョンや学会，論文等における秘密の漏洩も，しばしば問題になる。個人が特定できる可能性の高い形の報告は，避けるべきである。患者が語った内容に関して報告する場合には，個人が特定できないように加工した後でも，患者に同意を得ることが望ましい。

日本では，学会レベルでの倫理綱領がまだ十分に整備されていないし，守秘義務についての専門家間での議論もまだ未成熟といえる。また，患者の名誉権も十分に法的に尊重されているとはいえない段階である。

（生地　新）

[関連項目] 自殺，自由連想法，スーパービジョン，治療契約，治療構造，秘密

[文献] American Psychiatric Association (1989, 1990b), Moore, B. E. & Fine, B. D. (ed.) (1990), Rosenberg, J. E. & Spencer, E. T. H. (1995), Thelen, M. H., Rodriguez, M. D. & Sprengelmeyer, P. (1994)

シュルレアリスム

[英] surrealism
[独] Surrealismus
[仏] surréalisme

シュルレアリスムとは，日常的な現実を超えた世界を探究し，あらゆる既成の拘束や審美的価値にとらわれない，より高次の現実を創造しようとする，主としてフランスで1930年代から1960年代にかけて展開された芸術運動である。20世紀初頭に誕生し広がったこの運動は，より本来的な人間精神の探究のために，それまであまり注目されていなかった夢と幻想，無意識の領域に足を踏み入れ，その活動は，詩，絵画を中心に芸術のほぼ全領域にわたった。シュルレアリスムという言葉は，フランスの詩人ギヨーム・アポリネール Guillaume Apollinaire によって1917年に生み出された。1924年，アンドレ・ブルトン André Breton は『シュルレアリスム第一宣言』の中で，シュルレアリスムを以下のように定義づけた。

「心の純粋な自動現象を通して口頭，記述，その他あらゆる方法を用い，思考の真の働きを表現することを目標とする。理性による一切の統御を取り除き，審美的あるいは道徳的な一切の配慮の埒外で行われる思考の口述筆記。シュルレアリスムは，これまで閑却されてきた，ある種の連想形式……思考の打算抜きの働きに対する信頼に基礎をおき，それ以外のあらゆる精神的機能を決定的に打破し，それらに代わって人生の重要な問題の解決に努める」。

このようにシュルレアリスム運動は，ブルトンのオートマティスム（自動記述法）から始まり，この手法に基礎をおく芸術表現が，広くシュルレアリスムと呼ばれるようになったが，その表現手段としては，自発性絵画，

入眠時の書き取り，メキシコ産サボテン科の一種から精製された薬物・メスカリンを用いて幻覚症状を引き起こす「メスカリン酩酊」などがあげられる。特に「自動記述法」（エクリチュール・オートマティック）は，フロイト Freud, S. の自由連想法から採られた技法であり，無意識によって「口述」されることをありのままに書き取ることであった。「あらかじめ主題を考えずに，記憶したり読み返したりする気が起きないほど早く書くこと。最初の文句はひとりでにやってくるだろうか。気が向く限り続けなさい。つぶやきの尽きせぬ性格にまかせなさい」（ブルトン）。

あらゆる無意識的欲望を表面化することによって人間の個性を広げ，人間本来の実存や精神の解放を望み，「向こう側の世界」との通底を試みる。このようなブルトンらのシュルレアリスム運動は，無意識の解放という点で，一見フロイトの思想とは共通項を持ちながら，実は決定的な異質性を持っていた。とりわけフロイトとシュルレアリスムが袂を分かつのは，夢に対する考え方の違いにあった。シュルレアリストの目的は，夢の明白な内容，詳細を暴露し，無意識を表現することであり，夢を現実の覚醒生活の中に持ち込み，一体化させることによって，ブルトンの言う「絶対的現実」を求めることにあった。しかし，フロイトにとって夢とは無意識を解明するための手段であり，現実を志向する自我が無意識を支配することが彼の目的だった。この考えは，夢があらたな現実になるというシュルレアリストの「狂気」とは大きく異なるものであった。

あるときフロイトは，ブルトンが準備した夢のアンソロジーへの寄稿を断った。フロイトの言い分は，夢を見た本人の子ども時代や記憶の資料抜きには何も語れないというのである。フロイトは夢を解釈の資料として扱ったが，シュルレアリストにとっては，夢はみずからを一体化させる超現実であり，芸術的インスピレーションの源泉であった。

さらにブルトンにとって，夢による自己分析は画期的な自己変革であり，これを契機に現実の変革へと発展すべきものであった。しかしフロイトは，常に目に見える現実と心の中の現実との分離，対立を求めた。現実主義者フロイトにとって，現実はあくまでも現実であって，幻想や夢の世界とは区別されるべきもので，この二つの世界を分割する秩序を重んじた。しかし，ブルトンにとってシュルレアリスムの持つ意味は，こうした分別の限界を超えることにあった。やがて，トロツキー Trotsky, L. への共感とともに社会革命へと向かい始めたブルトンは，「私生活の壁」の中で，自己分析のそれ以上の公開を拒む「小市民的な」フロイトを批判するようになるが，フロイトから見れば，それはしょせんブルトン側のひとり相撲であった。

さらに，ブルトンに続くサルバドール・ダリ Salvador Dali は，トロンプ・ロイユ（実物と見間違うような模写技法）で描くことによって，「幻覚的イメージをあえてリアリスティックに描く」という独自の手法を生み出し，彼のフロイト理解から有名な「偏執狂的批判的方法」が生まれた。若きダリはフロイトに心酔し，3 回も彼に会うためにウィーンへ出かけたが，1938 年，シュテファン・ツヴァイク Stefan Zweig に連れられてようやくフロイトに対面した。そこでダリはフロイトをスケッチし，フロイトの頭がかたつむりを思い出させるといった。後にフロイトはツヴァイクに，「かつて私は古典的絵画の中に無意識を探したが，いま私はシュルレアリスムの絵画の中に意識を探している」と語った。個人的興味をダリに抱きながらも，フロイトにとってシュルレアリスムとは，秩序と価値を倒錯させる奇矯な存在でしかなかったようである。

（小此木啓吾）

[関連項目] 自由連想法，創造性，フロイト左派，フロイト，S.

[文献] Breton, A. (1924, 1932)，小此木加江 (1994)

シュレーバー［症例］
[Daniel Paul Schreber]

シュレーバーは，フロイト Freud, S. によってその自伝を分析的に考察された唯一の精神分裂病例として，また妄想と同性愛の関連性を説くフロイトの妄想論の素材を提供した一人の分裂病者として，知られている。彼は 1842 年，ライプチヒ市において，医師と社会教育家を兼ねる名士を父として生まれた。父は，最大の圧力と強制を加えることこそ最も有効な教育法であると確信して，子どもに厳しい圧迫を加える一風変わった人物だった。シュレーバーは，その父を神のように尊敬して育ち，やがて法学博士となって，ケムニッツの州裁判所長となる。1884 年，42 歳の折，ビスマルクに反抗して帝国議会に立候補して惨敗，それに妻の 2 回にわたる死産が重なり，深い失意を味わったのを契機に，重症心気症に罹る。心臓発作で死ぬと確信し，情緒不安定で 3 度自殺企図をくり返したりしたが，フレヒジッヒ博士の治療を 6 カ月間受けて全快する。彼と妻は，博士に対して心からの感謝の気持ちを抱き，特に妻は博士の写真を机に飾るほどだったが，この時に形成された博士への陽性転移は，妄想と同性愛の関係を解く鍵として，後に重視されることになる。約 9 年後の 1893 年，51 歳の時に彼はドレスデンの控訴院院長に就任するが，その数カ月前から神経症が再発する夢を何度か見，また睡眠から覚めかけた状態で「女になって性交したらどんなにすばらしいだろう」という考えを抱いたりしていた。院長就任 1 カ月後頃から不眠となって入院するが，病状は急速に悪化し，「自分は

脳軟化とペストに罹っている」という心気妄想や，「霊魂の殺害者であるチビのフレヒジッヒが自分を殺そうとしている」という被害妄想，「自分の身体を女性に転換し，性的屈辱を加える」という非男性化妄想，「地球はあと212年の寿命だ」という世界没落感などを抱き，幻視幻聴に悩むようになる。約2年後，被害妄想は宗教的な誇大妄想に変り，「自分は神と結合した世界救済者である」「世界救済のためには，まず自分が女性に転換しなければならない」と信ずるようになり，それと共に病像は平穏化して，1902年退院する。入院中の1901年頃から，彼は自分の病的体験を詳しく書き始めていたが，これは1903年に『ある神経症患者の体験記』と題して刊行された。退院後は幻聴が存続していたが，母と妻に囲まれて散歩やチェスを楽しむ程度の落ち着いた生活を送っていた。しかし1907年母が死亡し，さらに妻が脳卒中の発作に襲われると，その夜から完全な不眠に陥り，幻聴が激しくなって最後の入院をする。その後は幻聴と妄想にとらわれ「胃腸が無くなった」「身体が腐った」と言ったり，「完全に女の乳房になった」と胸を露出したり，カタプレシー状態で長時間窓際に立っていたりしながら，しだいに荒廃状態を示すに至り，1911年扁桃腺炎がもとで全身衰弱をきたして死亡した。

　フロイトは，シュレーバーの刊行した『体験記』を詳細に検討して，1911年に『自伝的に記述されたパラノイアの一症例に関する精神分析的考察』を発表した。この論文は，それまで分析不能とされていた自己愛神経症の一つ，分裂病に対して，初めて力動的な理解を試みた画期的な著作であった。フロイトは，シュレーバーの人格にひそむ同性愛的傾向に注目し，これを鍵として被害妄想の形成機制を解明しようとした。すなわち，幼児期においてシュレーバーは，名声の高い支配的な父に対して，尊敬と憧れに加えて，反抗や敵意という相対立する両価感情を抱いていた。フロイトは，この父親コンプレックスの役割を重視し，シュレーバーは，支配的な父による去勢威嚇に怯え，そのために父に対する反抗心や自己主張を抑圧し，むしろ女性的な姿勢をとることによって父に愛され，父との葛藤を解消しようとする同性愛的傾向を持つようになったという。これが妄想形成の第一段階「私（男性）は彼（男性）を愛する」に当る。最初の心気症の発病時に，主治医に向けられた強い陽性転移は，幼児期に父に抱いた同性愛感情の復活にほかならない。やがて彼は，第2回目の発病に先立って，「神経症が再発する夢」を何度も見たり，「女になって性交したら」という女性化願望を抱いたりする。これは，フレヒジッヒ（実は父親）にもう一度会って愛されたい，という願望の表現と考えられる。他方，このような同性愛的願望に対して，男性としての自己を保持しようとする男性的抗議が起こり，両者の間に葛藤が生ずる結果，同性愛的願望は抑圧され，主治医への愛着は逆の憎悪に逆転される。これが妄想形成の第二段階「私は彼を愛していない」「いや私は彼を憎む」に当る。こうして，同性愛願望の抑圧と逆転によって生じた憎悪は，つぎに主治医の上に投影され，妄想形成の第三段階「彼の方が私を憎んでいるのだ」という被害妄想が成立するに至る。結局，シュレーバーの病の根源的な葛藤は，同性愛的傾向とそれに打ちかって男性的自己を確立しようとする闘いにあり，被害妄想は，同性愛的願望空想に対する防衛の努力から生まれた，同性愛の逆説的表現と解釈される。

　シュレーバーの被害妄想は，1896年頃からしだいに「自分は世界救済の使命を担っている」という誇大妄想に変ってゆくが，その背景には，同性愛感情を現実の男性である主治医から神の上に移し変えることによって，同性愛願望と男性的抗議の葛藤を解決しようとする防衛機制が働いている。男性に対して女性の役割を担うのには葛藤がつきまとうが，相手が神であれば葛藤なしに神との結合による宗教的至福感にひたることができる。非男性化が人類救済のための前提であると考えるなら「人類救済のため甘んじて非男性化の命令を受け入れよう」という男性的姿勢を貫きつつ，同時に同性愛的な女性化願望も満たせることになる。すなわち，「神と結合して世界救済の使命を果たすために，私は女性に変化しなければならない」という合理化を行うことによって，女性化願望は世界救済の目的に沿ったものとなり，男性的抗議もまたこの大目的の中で満たされることになる。こうして彼は，恐ろしい雰囲気に満ちた被害妄想の世界から，性的快感を伴う誇大妄想の世界に移行したのであった。

〈馬場謙一〉

［関連項目］精神分裂病，父親コンプレックス，同性愛，パラノイア，妄想
［文献］Freud, S. (1911b)

昇華

［英］［仏］sublimation
［独］Sublimation, Sublimierung

　フロイト Freud, S. (1908) によって提出され，後の論文（『自我とエス』『制止，症状，不安』『文化への不安』『続精神分析入門』など）でしだいに推敲された概念。フロイトはまず昇華を「性衝動を本来の目標から，社会的文化的により価値のある目標に向け換えること」と述べたが，後には衝動の表現手段も表現経路も性衝動から離れたものに置き換えられるとし，さらに『自我とエス』（1923）以降には衝動エネルギーの質そのものが非性愛化 desexualization されて昇華エネルギー sublimated energy となり，そのエネルギーが自我とともに働くとしている。そして主要な昇華の現れとして，芸術的創作，

知的活動，その他特に社会的に高く評価される活動を挙げている。そうした活動を通して昇華されたエネルギーは再び自己愛を満たす方向へむかう。

これらの見解は自我心理学派に引き継がれてさらに検討されている。フェニヘル Fenichel, O. (1945) は昇華を単一の機制とは考えず，社会適応的に働いている機制つまり成功している防衛 successful defenses はすべて昇華として位置づけることを提案し，この観点は自我心理学派に共有されている。知性化，象徴化，反動形成，置き換え，同一化などは神経症を形成する要因ともなるが，ハルトマン Hartmann, H. (1955) が指摘するように，これらの機制が二次的自律性を獲得して適応的に働くと，衝動の目標や表現形態を置き換えて社会性のある生産的な自己表現を促すための自我活動となる。この観点に伴って，昇華とは特に選ばれた知的創造的活動のみに寄与する機制ではなく，より一般的な社会的活動に寄与するものであることが理解される。さらに自我心理学派およびクライン Klein, M. は性衝動ばかりでなく攻撃衝動エネルギーの質も非攻撃化 desaggressivization されるという観点に到達する。非性愛化，非攻撃化は衝動エネルギーの中和 neutralization と総称される。中和されたエネルギーは自我活動に寄与するので，これが昇華を可能にする前提条件である。

発達的には，衝動の優位や退行に対する自我の耐性が強まり，二次的自律性が高まるにつれて昇華が発達する。この過程で同一化の関与が特に重視される。フロイトが昇華の能力を，特に優れた少数の創造的人物の能力としてとらえたのに対して，ハルトマンは昇華によって達成する成果に高低があっても基本的な心理的過程は同質であるとしている。ただし昇華の能力に個人差はあり，それは個人の自我の強さ ego strength と関連する。そこで昇華とは，一時的な増減はあるにせよ個人における持続的な過程であり，偶発的に発生するものではない。昇華経路が開発されているか否かが自我発達の指標となるという観点（ベラック Bellak, L., カンバーグ Kernberg, O. F.）もここから発している。　　　　　（馬場禮子）

［関連項目］自我心理学，自律性，フロイト, S.
［文献］Fenichel, O. (1945), Freud, S. (1908d, 1923b, 1926a, 1930a, 1933a), Hartmann, H. (1955b), Kernberg, O. F. (1976)

浄化法　⇒カタルシス法
［英］cathartic method

状況分析
［英］situational analysis
［独］Situationsanalyse
［仏］analyse de situation

ライヒ Reich, W. がその『性格分析』(1933) で提示した精神分析療法の基本的技法。状況技法 situational technique ともいう。それは「個々の分析状況そのものから，その状況の詳細を精密に正確に分析することによって導き出される技法」のことで，この技法の確立によって，過去の想起よりも現在の治療状況を重視し，転移のあらわれを，現実の治療関係に則して理解し，患者のあらわす言動を，治療状況および治療者の現実のパーソナリティや逆転移との相互作用の下に追求する現代的な精神療法の基本的方向づけを導き出した。このライヒの状況分析は，単なる治療技法としての意義を持つだけでなく，患者についての精神分析的な認識の方法論としても画期的な意義を持つ。ホーナイ Horney, K., フロム - ライヒマン Fromm-Reichmann, F. らを通して新フロイト派の対人関係論に，ボス Boss, M.（彼はライヒの教育分析を受けた）を通して現存在分析へ，そして小此木啓吾の治療構造論に重大な影響を与えた。この見地から見ると，まず治療者は，治療状況における患者の適応の仕方，つまり，表情，態度，振舞い，話し方などを現在の現象の継起について理解することを通して，患者の性格態度や防衛のあり方を把握し，いま，ここでそのとき here and now，さらに，この現実状況の中にどのような想起や空想が反映してくるか（転移）を知ることで，その過去の心的状況を現在に則して再構成していく。この認識の手続きを基礎にした介入と解釈の仕方が状況分析の実際上の技法である。この状況分析の技法は，ライヒ以前に，すでにフロイト Freud, S. によっていくつかの技法論文や症例報告で論じられていたが，ライヒはその方法を，より体系的な技法として組織づけたというべきである。　　　　　（小此木啓吾）

［関連項目］現存在分析，性格分析，ボス，ホーナイ，ライヒ
［文献］Boss, M. (1957b), Reich, W. (1933a)

症状形成
［英］symptom-formation
［独］Symptombildung
［仏］formation de symptôme

神経症症状が心的に形成される過程。症状形成という考え方は，神経症の心因論および治療論と深く関わっている。1890 年代にブロイエル Breuer, J. とフロイト Freud, S. は，抑圧されたものが転換されて身体症状を形成する無意識の機制を明らかにしたが，フロイトは

しょうじょうこうい

『防衛 - 神経精神病』（1894）で，ヒステリーにおける転換，強迫神経症および恐怖症における一定の表象からの情動の隔離と，他の表象への移動 transposition，精神病における否認の機制を明らかにし，この3つの防衛機制がそれぞれの症状形成の機制であることを，系統的に論じた。このフロイトの試みが，『精神分析入門』（1917），『制止，症状，不安』（1926）へと発展していくが，フロイト（1915）は，症状が形成されるときに抑圧は十分には成功していないとみなしている。「代理形成や症状を作るものは抑圧それ自体ではなくて，まったく別な過程から発生する抑圧されたものの再現の徴候なのだ……」。症状形成の過程は変化に富んでおり，フロイトの症例報告においても，一例ごとに症状形成の過程についての詳しい描写がみられる。

神経症の症状形成にあたっては，はじめに無意識的な葛藤があると考えられる。葛藤は無意識的願望とその障害物（外的な事情や内的な禁止）との間に起こり，その矛盾から起こる苦悩から自らを防衛するために，さまざまな防衛機制が用いられる。防衛機制が用いられて葛藤が回避されても，その結果として他の破綻を来して自我違和的な症状が現れたならば，それは本人に気づかれるものとなる。

ここで，症状形成の過程ははじめから目に見えるものではなく，神経症の心因を治療関係の中で探っていくときに後から明らかになるものである。それは，治療者と被治療者によって合意されるもので，科学的な真実よりむしろ歴史的な真実にたとえられるだろう。多くの症例に共通する症状形成の過程は存在するが，その真偽は治療過程で確認されるべきものである。

フロイト自身およびフロイト以後の各学派によって症状形成に関するさまざまの理論が発展しているが，ここでは，フロイトによる症状形成の古典的な説明の例を以下にあげる。

転換ヒステリーにおいては抑圧された幻想と欲動は，本人には意識されないままに，運動麻痺・知覚麻痺等の身体症状に象徴化される。古典的ヒステリーでは，抑圧はエディプス葛藤に対する防衛として起こるとされる。

不安神経症では，解放を阻止された性的緊張をはじめとする心的興奮が身体レベルの不安に転化され，この不安の情動等価 affect equivalence が自律神経症状となり，恐怖症では，内的な欲動興奮が内的な禁止によって制止されて不安に転化され，この不安を特定の表象に結びつけ，投影する機制がみられる。

強迫神経症では，肛門期への退行と反動形成，不快な情動が葛藤的な表象から隔離され，強迫観念・強迫行為に置き換えられる。　　　　　　　　　　（桜井昭彦）

[関連項目] 疾病利得，情動等価（物），神経症，防衛機制，抑圧

[文献] Freud, S.(1915d), 北山修（1992）

症状行為
[英] symptomatic act
[独] Symptomhandlung

日常生活における，何気ない行為であるがその奥には無意識の過程が隠れていると思われる行為。フロイト Freud, S. の著作では偶発行為とも呼ばれている。フロイトの『精神分析入門』（1917）よりの引用を次にあげる。「……これらの行為は，われわれが情緒の動きの表現とみなしている身振りやその他の動作との差がはっきりしないのです。この偶発行為に属するものとしては，遊び半分にやっているような，一見なんの目的も持たずに，着ているものや，身体のどこかに手を触れたり，手近の物を動かしたりする行為です。また，これらの動作を中止することや，ひとりでに口ずさむメロディーなども，この偶発行為にはいります……」。フロイトの『日常生活の精神病理学』（1901）の中には症状行為の豊富な実例が挙げられている。神経症の分析治療中でなければ，症状行為が症状行為として認識されることは困難であろう。

失錯行為はその結果の失錯がはた目に目立つものであるが，症状行為は何気なく言い訳も必要としないほどのものである。明らかな失錯行為と違って，無意識的な意図も表面からは分からない場合が多い。症状行為は単発的なものと，持続的な癖となっているものがあり，癖になっているものはその人の「性格」と見なされる場合もある。

行動化 acting out は，精神療法過程の転移の中で，被治療者が言語的な表現でなく行動によって自己表現を行うことである。行動化は，転移との関係で起こること，組織だって目的のある行動であること，という点で症状行為から区別される。症状行為はむしろ一見無目的で本人も意味が分からないものであり，転移との関係で生ずるとは限らない。　　　　　　　　（桜井昭彦）

[関連項目] 行動化，失錯行為
[文献] Freud, S.(1901b, 1916–1917)

象徴
[英] symbol
[独] Symbol
[仏] symbole

何かを代理する，代表するような内容の言葉，あるいは記号である。特に精神分析では無意識との関係で理解されるもので，何らかの心的な内容，心的なエネルギーを代表，あるいは代理するもの，あるいは置き換えられたものを象徴と呼ぶ。そのため無意識に対する立場によ

って，その意味は異なっている（1977年の第30回国際学会で「象徴形成」の会合が行われ，諸学派から発言が行われた（Meissner, W. W. & et al. 1978））。

[夢における象徴]『夢判断』（1900）においてフロイト Freud, S. は夢の心的仕事のなかで，圧縮や移動，視覚化と並んで，象徴化と呼ばれるメカニズムを記述した。この場合の象徴は夢の意味に対応している。そしてフロイトはこれを「夢の要素とその意味との間の恒常的な関係」と述べている。つまり夢と象徴の間に対応関係があり，そこにはある種の発生論的な背景があって，比較的固定的な意味が象徴に付与されていると考えている。1911年の『夢とフォークロア』でフロイトは，精神分析が解明した夢の象徴と同じものが民話のなかに発見されると述べている。ただ技法的にこの象徴による解釈は，自由連想による夢の解読に代るものではなく，むしろ補助的な役割しか果たさないと述べる。象徴には発生論的な背景があって，系統発生的な意味があるが，治療においてはそれが個人の経験的な意味に代るものではないという立場である。この立場は象徴が普遍的無意識，元型的なものと関連して，強力な（しばしば治療的な）エネルギーをもつと見なすユング Jung, C. G. の立場とは対比的である。

[象徴と無意識]フロイト理論に忠実なジョーンズ Jones, E.（1916）によれば，象徴は無意識的な衝動による葛藤から生じていて，抑圧と関係があるという。もともと原初の遺伝的，生得的な起源をもち無意識的な領域から派生するため，象徴は言語や神話，文化のさまざまなところに偏在していて普遍的である。例えば文化が違っても，多くの文化で「穴」や「花」が女性性器を表すのはそのためである。その場合，象徴は知覚的連想や類似性によって潜在内容と結びついていることが多い。それらは変形されているが，身体的な自我，幼児的な衝動満足や対象，性感帯やその対象に関連しているので，それがより中性的で本質的でない対象に置き換えられている。こうした無意識的な一次過程が象徴と関係しているという視点に対する異論として，例えば，キュビー Kubie, S. L.（1953）は象徴を（1）意識的抽象や概念思考，（2）メタファーによる前意識的な寓意表現，（3）無意識的象徴の3つのスペクトルに分けている。またライクロフト Rycroft, C.（1956）は象徴は，一次過程や無意識に寄与するだけでなく，現実を支える想像活動にも貢献していると述べている。

[象徴と表現]セシュエー Sechehaye, M.-A. は有名な分裂病の少女との治療を通じて，治療者が象徴的に関わることで引き起こす「接ぎ木的転移 graft-transference」のなかでクライエントが治癒していくプロセスを「象徴的実現」と呼んだ。ここでの象徴は，治療関係のなかで治療者に対して表現されたものという意味が付け加えられている。

児童分析を通じて象徴的な表現を克明に記述したのはメラニー・クライン Klein, M. であった。彼女は子どもの遊びも言葉と同じように象徴的なものとして分析可能であると考えたが，身体像や対象関係などが子どもの遊び表現の中に象徴的に現れる姿から自身の理論を構築した。その協力者だったスィーガル Segal, H. は「象徴等価物」と「象徴的表象」とを分けている。後者の象徴的表象が一般的に使われている記号や言語であるのに対比して，前者は対象と意味との区別がなく象徴的な意味が対象と同等と見なされる。

このように象徴表現の理解は，象徴形成の破綻の理論と密接に結びついている。セシュエーの議論も分裂病者との体験に基づいている。分裂病が象徴形成の失敗と結びつけたのはクラインであり，スィーガルの象徴等価物の概念も精神分裂病の具体的思考を表すものである。

[象徴形成の発達]クライン派の後継者にあたるビオン Bion, W. R. は，認識愛（K）を本能の一つとみなし，具体的な出来事を象徴や記号，言葉の意味として体験することが人間の生得的な傾向であると考え，そしてそれらの表象を可能にする「アルファ機能」を定式化している。結果として生じる表象はもともと母親が乳児の投影同一化を引き受けるコンテイナーであり，それによって乳児は欲求不満を解消して，思考を発達させる。アルファ機能によって消化されていない概念以前の部分はベータ要素と呼ばれる。マネー-カイル Money-Kyrle, R.（1968）が述べているが，抑うつポジションは一つの前進であり，具体的表象からアルファ要素が増えることで概念が発達し，言語化が可能になる。つまりビオン以後，クラインの象徴形成のモデルは概念や言語の発達と見なされた。

異なる文脈でウィニコット Winnicott, D. W. は移行対象が一つの象徴であるとともに，象徴への途上に発見されると述べている。移行対象（「私ではない」もの）の発見は中間領域を作り上げるが，この領域は子どもにとって一つの創造であり，文化へと広がっている。

[言葉と象徴]ラカン Lacan, J. にとって象徴的なものは，言語構造，特にシニフィアンの働きと密接に結びついている。ここで（記号という意味に近い）象徴はいわゆる象徴表現とは異なって，むしろ言語と無意識の構造の基本的構成要素であり，人間の精神活動において優位なもの，そしてエディプスによる構造化によって完成するものである。この意味での象徴は，人間の本質的な欠如と不在を埋めて，人間の言語構造を統合する役目を果たす。ラカン，あるいはクライン-ビオンらの精神分析が定式化した象徴＝言語構造（精神発達）というモデルは，文化全体の基本原理を象徴形成に求めたことになる。

（妙木浩之）

[関連項目] 移行対象，現実界／想像界／象徴界，象徴化〔象徴作用〕，象徴的実現，象徴等価物，ビオン理論，ラカン理論，ウィニコット，クライン，ジョーンズ，ライクロフト

[文献] Meissner, W. W. & van Dam, H. (1978), Money-Kyrle, R. (1968), Rycroft, C. (1956), Sechehaye, M.-A. (1956)

象徴化〔象徴作用〕

[英] symbolization, symbolism
[独] Symbolisation, Symbolik
[仏] symbolisation, symbolisme

一般的な語義では，事物に対する間接的な表象である象徴を用いた心理作用であり，ある事象を象徴で置き換えて表現することである。symbolization が象徴作用と訳されることもあり，また symbolism という英語も象徴作用と訳されることもある。象徴化，象徴作用についての考察は，宗教学，文化人類学，心理学，言語学といった諸学の対象になっており，転移やリビドーのような精神分析固有の用語ではない。つまり，精神分析の成立以前も以後も象徴作用や象徴化について諸学は検討し続けており，そのなかで発展してきた意味合いと精神分析のなかでの意味付けをはっきり区別することはかなり困難である。精神分析でとりわけ問題にされる象徴化，象徴作用は，単に比喩的な象徴化（ある内的な観念を外的事物で表現する）ではなく，無意識システム（Ucs）の存在を前提とし，無意識の観念，葛藤，願望の間接的で比喩的な代理表現という機能に焦点付けられている，と一応考えてよいであろう。

フロイト Freud, S. は『夢判断』(1900) において夢が象徴作用の産物である側面があることを明確にした。彼の夢理論における象徴作用は大きく分けてふたつのものに大別できる。まず，夢の仕事の一部として夢の検閲の影響下に行われるものである。それは抑圧と結びつき，偽装された形での願望充足を可能にする。象徴となる表象が検閲を通過しやすいことによって象徴化が起きるのである。このような象徴化は必ずしも夢に限らず，ヒステリーの転換症状（いわゆる器官言語としての象徴化）をはじめ，さまざまな神経症の症状形成の過程で動くものである。さて彼はより後期になって，彼自身も認めるようにシュテーケル Stekel, W. の影響を受けて，その個人特有の連想的な関係をたどる必要のある個人的象徴よりも，より普遍的類型的な象徴を強調するようになった。それは異なった個人，異なった領域（神話，宗教，民話，ことわざ，芸術作品など），異なった文化にまたがる普遍的なものである。文化的言語的な多様性にもかかわらず，個人は「基本語 basic language」（フロイトがシュレーバーの手記から借りた表現）としての象徴を用いる力がある，と彼は考えた。この方向で彼は『夢判断』に 1914 年の改訂版において大幅な追加を行い，『精神分析入門』(1916-17) の夢についての講義でも夢の普遍的象徴としてのあり方に一章を割いている。この考え方によって自分の夢理論が通俗的夢占い（何かが夢に出てくればそれはこういう意味だ，式の）と混同される危険を恐れつつも，フロイトは夢の象徴の普遍性を強調したのである。こうした人類共通の象徴作用の起源についての問いは，ユング Jung, C. G. が集合無意識という概念をもって答えたものである。フロイトがこの問いに全面的に取り組むことはなかったが，系統発生的遺伝によって受け継がれる原幻想という生物学的概念は，ひとつの解答である。いずれにせよ，夢の象徴性についてフロイトは，夢を見た個人の連想に基づく解釈とそれと独立の普遍的な象徴解釈との二種類を区別したのである。

その後，象徴作用についての精神分析の探求は単に無意識的な象徴化の機序を探求するというよりも，創造的退行としての象徴使用の能力（クリス Kris, E.），象徴を具体的思考から発達させて象徴として用いる能力（クライン派），象徴をパーソナルな創造物として主体的に体験できる能力（ウィニコット Winnicott, D. W.）の探求といった方向に進展している。　　　　　　　　（藤山直樹）

[関連項目] 器官言語，原幻想，集合的（普遍的）無意識，昇華，象徴，象徴形成，転換，無意識，夢，抑圧

[文献] Freud, S. (1900, 1916-1917)

象徴界　⇒現実界／想像界／象徴界

[英] the symbolic
[独] das Symbolische
[仏] le symbolique

象徴形成

[英] symbol-formation
[独] Symbolbildung
[仏] formation de symbole

より広い意味では象徴が心的に形成される過程を表現しているが，精神分析文献においてこの用語を中心において理論構成しているのはクライン派であり，クライン Klein, M., スィーガル Segal, H., ビオン Bion, W. R. らが展開してきた業績の文脈の上でこの用語が用いられることが多い。

フロイト Freud, S. は象徴が多義性や文化的な差異をもちつつも，ほとんど人間にとって所与の普遍的なものであると考えていた。その後象徴について古典的な仕事をしたジョーンズ Jones, E. も象徴が定常的な意味をもつものと考え，昇華から切り離して考えた。それに対しクラインは，子どもの性的で攻撃的な要素を伴った知識

欲本能が母親の身体に侵入し探索する幻想を生むことを明らかにし，その攻撃的要素が生む不安と罪悪感が知的衝動を他の対象へと向け変えて，世界に象徴的な意味を与えると考えた。彼女が有名なディックの症例で示したのは，精神病的な子どもの心性においてはそうした不安が過大に防衛される結果，象徴形成が麻痺的に制止されるということであった。このような精神病における象徴機能の不全は，フロイトによってすでに語表象と事物表象の混乱という形で扱われていたものである。クラインのアイデアは，彼女が妄想‐分裂ポジションと抑うつポジションというふたつの心的な構えを中心に人間の心的生活を概念化したことに基づいて，スィーガル，ビオンらによってさらに洗練された。スィーガルは象徴形成を象徴的等価物 symbolic equation と本来の象徴形成とにわけた。前者においては，象徴は象徴されるものそのものであり，象徴となるべき表象は「もの」と区別されていない。したがって，この段階では象徴は主体の創造物であると体験されていない。一方，後者においては象徴と象徴されるものははっきり区別され，主体の創造としてその思考過程のなかで用いることができる。スィーガルは前者から後者への進展を抑うつポジションの達成に結びつけた。ビオンは「もの自体」，もしくは感覚データに意味を付与して，心的な素材として取り扱えるようにする機能をアルファ機能として概念化し，象徴形成を不在の「もの」(no thing) に遭遇したこころが「不在」という概念（nothing）によってもちこたえることができるようになる過程と結びつけた。彼はそうした動きが母親と乳児のあいだのコンテイナー／コンテインド・モデルによって表現される相互作用に媒介されることも主張した。こうした議論は例えばマネー‐カイル Money-Kyrle, R. によっても推敲された。いずれにせよ，クライン派にとって，象徴形成は抑うつポジションへの進展と強く結びついたものであり，例えば芸術などの高度に昇華された文化的活動も抑うつポジションの達成に基礎をおくものとされる。象徴形成が十分になされなくなることは，アルファ機能の逆転を意味し，断片化した心的内容が大規模で病的な投影同一化によって排出される精神病のあり方が出現することになる。心的体験には名前がつかず，名前をもたない恐怖 nameless dread に主体は圧倒される。

（藤山直樹）

[関連項目] アルファ要素，クライン学派，コンテイナー／コンテインド，コンテイニング，昇華，象徴，象徴化〔象徴作用〕，象徴等価物，投影同一化（視），ビオン理論，抑うつポジション

[文献] Bion, W. R. (1962b), Freud, S. (1900, 1915e), Money-Kyrle, R. (1968), Segal, H. (1957, 1991)

象徴的実現

[英] symbolic realization
[独] symbolische Wunscherfüllung
[仏] réalisation symbolique

スイスの女性精神分析家セシュエー Sechehaye, M.-A. により分裂病に対する精神療法として提唱された技法。症例ルネでなされたことで有名。方法論的には精神分析理論を基礎としつつ，ピアジェ Piaget, J. の発達心理学をとりいれている。

「象徴的実現」の手法においては，幼少時から満たされなかった患者の真の欲求がなんであるかを明らかにし，人形や食べ物など種々の対象を媒介物とした，治療者と患者との多少とも魔術的色彩を帯びた言語的かつ非言語的交流のなかで，この欲求を象徴的かつ間接的に満足させ，こうして他者および世界に対する信頼を獲得させながら自我を形成していくことを目指す。満足させられるべき真の欲求は具体的には口唇欲求とされる。

例えば，症例ルネに対し治療者であるセシュエーは，ただ一片のリンゴをきまった時間に与えることを試みる。それは，リンゴがルネにとり，母親のお乳，ないし母乳をあらわしていると判断されたためで，治療者がリンゴを規則的に与えることで，母のお乳への欲求が満足されていくよう目指される。また，治療者は，モイーズと名づけられた布製の人形をルネの前で抱いたり，寝かせたりして親身の世話をしてみせる。この時，ルネは人形と一体化しており，治療者のよき母親としての振舞いはルネの母親に対する信頼をもたらし，ルネははじめて口唇期へ進むことができたという。続いて，エゼキエルと名づけられた人形（6カ月の赤ちゃん）に対する治療者の愛情表現が，ルネにひとつのまとまりをもった身体を獲得させ，これをとおし自我が形づくられていったという。

（加藤　敏）

[関連項目] 口唇期，象徴，精神病，ルネ［症例］
[文献] Sechehaye, M.-A. (1954)

象徴等価物

[英] symbolic equation

象徴的な意味合いが主体に認識されているにもかかわらず，オリジナルな対象そのものとも感じられる，発達早期（妄想‐分裂ポジション）にみられる具体的な象徴を指している。象徴表象としてオリジナルな対象とは識別されている真の象徴 symbol の前駆物にあたる。symbolic equation とは，文字通りには「象徴に等しいもの」との意味であるが，そもそもはクライン Klein, M. (1930) によって，幾つかのことがらが同じような象徴性を持つようになることといった意味で使われた。しか

し1957年にスィーガル Segal, H. が抑うつポジションでの象徴の形成過程を推敲する中でこの用語を初出の意味で使い，それが一般化している。彼女は象徴等価物を精神分裂病での具体思考の基底にあるものとして述べており，具体象徴 concrete symbol とも言い換えている。これまで象徴等価物の外に類象徴，象徴等価，象徴等値といった訳語が当てられてきた。スィーガルは次の例を挙げて象徴等価物を描き出している。精神分裂病患者 A はバイオリンを人前で弾くことを人前でマスターベーションをすることと感じた。しかし患者 B はバイオリンを弾く夢を見て，のちにバイオリンを弾くことがマスターベーションをすることを表していることを意識化した。前者ではバイオリンが性器であると感じられていたが，後者では性器を表していると感じられている。前者でのバイオリンは象徴等価物であり，後者でのバイオリンは象徴（象徴表象）である。象徴等価物においては，「象徴となるもの」と「象徴されるもの（オリジナルな対象）」とが分化されていない。その分化は抑うつポジションで達成される。

(松木邦裕)

[関連項目] 具象的思考，具体象徴，象徴化〔象徴作用〕，象徴形成，スィーガル

[文献] Klein, M. (1930a), Segal, H. (1957)

情緒応答性

[英] emotional availability

乳児の心の発達における母親（あるいは他の養育者）の機能に関して，従来より身体的応答性の意義が重視されてきたが，近年の乳幼児研究ではさらに，乳児が表出する情緒的なサインを母親が的確に読み取りながら適切に応答することによって，乳児の心的状態に共感的に応じる母親側の情緒応答性が着目されるようになった。とくに母-乳幼児観察に基づく研究は，情緒応答性が母親からのみ発せられるものではなく，乳児の側からも母親に対して向けられるもので，両者の間にきわめて相互的にパターン化された情緒的な交流システムがあることを明らかにしている。乳児の健全な発達のためには，情緒的なサインを適切に応答し合うことによって，お互いの情緒を受けとめ，波長を合わせられるような情緒応答性が両者にあるかどうかが重要である。またその関係性の中で得られる情緒的に満たされるという相補的報酬は，この情緒応答性システムの機動力になっている。この情緒応答性が可能な条件として，初めは生理的な状態と結びついてあらわされる乳児の情緒表現には一貫した認識を可能にするようなパターン化がみられるとともに，母親の側にも乳児の情緒を一貫したものとして認知し，適切に反応し世話できるような調整が働く。そして発達と共に乳児の情緒反応はしだいに特異的となり，それはま

た母親の情緒の読み取りを裏付けたり，変えたりすることを可能にするような連続した相互作用をつくりだす。このシステムは早期には，乳児の生存を保証する目的で存在するが，しだいにその目的は社会的な発達に役立つようになる。

すでにボウルビィ Bowlby, J. は愛着理論において，乳幼児から愛着を向けられた母親の中に，それに応えようとする自然な欲求からさまざまな情緒的な応答が生まれることを示唆している。初めて情緒応答性という言葉を用いたマーラー Mahler, M. S. は，母親のまなざし，表情が，乳児の情緒状態をキャッチするために向けられていること自体が情緒応答性の意味をもつことに注目した。またエムディ Emde, R. N. は情緒的な自己の一貫した発達には喜び，驚き，興味などの肯定的感情が必要で，社交性，探索，学習などが母親のこの肯定的な情緒応答性によって促進される事実を明らかにした。情緒応答性に関する研究としては，ブラゼルトン Brazelton, T. B. による，母親が乳児に対して情緒的な応答をする時と応答をやめて無表情になる時の乳児の情緒状態に関する表情制止 still face の実験や，キャンポス Campos, J. J. らの，乳児が不確かな状況に遭遇した時に母親の情緒応答性を手がかりに，自分の行動を決定する事実を明らかにした視覚的断崖 visual cliff などの実験がある。エムディはこれを母親参照機能と呼び，これがさらに社会的参照機能へと発達していく。また生後1歳の赤ちゃんの表情写真からその情緒を被験者に読み取ってもらうエムディらの米国版 I FEEL Pictures の日本版が開発され，わが国では投影法検査の一つとして母子相互作用に障害のある母親を早期発見することなどを目的としてさらに発展しつつある。

(森さち子)

[関連項目] 社会参照，乳幼児精神医学（保健），母親参照，エムディ，マーラー

[文献] Bowlby, J. (1958, 1969–1980), Brazelton, T. B. & Yogman M. W. (1986), Campos, J. J. (1986), Emde, R. N. & Sorce, J. F. (1983), Mahler, M. S., Pine, F. & Bergman, A. (1975b)

焦点化精神療法

[英] focal psychotherapy

英国タビストック・クリニックのバリント・グループ (Balint, M., Ornstein, P. & Balint, E. 1972) とマラン Malan, D. H. (1963, 1976) が提唱している焦点化心理療法は精神分析的理論とその技法を基礎にした実証的研究の成果として注目されている。バリントはこの焦点づけアプローチについて，(1) 焦点領域 focal area ないし焦点 focus と呼ぶ明確な問題領域を，その最初の面接での観察によって把握し，(2) 患者が，この焦点領域で一

定の再適応をはかるのを助け，(3) この再適応が，患者の生活全般に有意義な改善をもたらすことを企てるものとして定義している。限られた回数，時間の面接でもこの目的を達するための技法は選択的注意 selective attention と選択的無視 selective neglect と呼ばれている。この選択的注意は，患者の連想を焦点領域に導き，他の領域への連想を無視する試みであって，いかにしてこの焦点領域を把握するかが焦点化精神療法における診断面接の課題であるという。その際"flash（閃き）"と呼ばれる相互的な，直観的認識ないし認知を介して焦点領域を確立する。
　　　　　　　　　　　　　　　　　　（黒崎充勇）

[関連項目] 診断面接，短期精神療法，バリント
[文献] Balint, M., Ornstein, P. & Baint, E. (1972), Malan, D. H. (1963, 1976), 小此木啓吾 (1978d)

衝動

[英] impulse / drive
[独] Trieb
[仏] impulsion

　欲望が沸き上がって来る時の心理的な状態。精神分析では 2 つの異なる意味がある。1 つは impulse が英訳語になるが，衝動障害がそうであるように行動に駆り立てる気持ちについて言う場合，もう 1 つは drive が英訳語になるが，本能衝動としてメタ心理学的な形で使われる場合がある。

　[衝動障害] 診断名としてではなく，精神分析で一般に使われる場合の「衝動障害」は，衝動のコントロールの障害のことである。それは原始的な衝動が行動として直接的に表現されるような状態を言う。神経症よりも重篤な障害では一般に衝動障害が見られる。そして衝動のコントロールが欠如している場合，原始的な衝動が歪曲されておらず，自我親和的で，快楽的な要素が優位になる。症状としての衝動障害と性格障害の一部としての衝動障害に分けられる。前者には，暴力や性的逸脱などの衝動行為が，後者には境界例水準の病態や非定型の障害において，抑圧されていない原始的な部分の露呈が見られる。メタ心理学的にはそれらはエスの部分の露呈である。しばしば行動化と衝動障害は似ているが，後者はコントロールする部分の欠如から来ているために，前者ほど発達したファンタジーを示せない。治療的にも前者は明確化や直面化，あるいは解釈による洞察が可能だが，後者は衝動への反応を遅らせられないために問題行動が生じているという配慮がまず第一に必要になる。

　[本能衝動] 日本語で「死の本能」や「自己保存本能」という語で使われる場合の「本能」の原語は Trieb であり，フロイト Freud, S. はこの語をいわゆる Instinkt とは区別して使っている。この Trieb は生物学的であるが，その本能の対象との関係で変化するという意味で心理学的で「衝動」に近い。そのため原義を生かすために，生物学的側面を強調しながら，その目標や対象との関係で変化するエネルギーという意味で，「本能」という語とは別に「本能衝動」という言葉が使われている。フロイトによれば，その特徴として源泉と目標と対象があるが，それらとの関連で，本能衝動の解釈の立場が別れる。それが生得的であると考えるハルトマン Hartmann, H. らの立場，そして本能衝動は生得的であっても，それが表現されるにはいろいろな経験による微調整が必要であると考えるブレナー Brenner, C. などの立場，あるいはジェイコブソン Jacobson, E. のように，発達によって生じるものと考える立場がある。今日，対象関係論や自己心理学の立場が主にそうであるように，リビドーや本能衝動という概念を使わない人びとがいる。つまり衝動が解放に向かうという，初期から一貫している衝動解放モデルはあくまで仮説的であるだけでなく，不要であり，純粋に心理学的モデルや他の情報処理のモデルだけで精神装置を説明できると考えているからである。
　　　　　　　　　　　　　　　　　　（妙木浩之）

[関連項目] 本能，欲動
[文献] Brenner, C. (1982), Hartmann, H. (1948)

情動

[英] [仏] affect
[独] Affekt

　情動は精神分析の中心的テーマの一つであるが，類義語が多い。feeling（「感情」「感じ」）は広く感情全体を指す一般用語であり，affect, emotion（「感情」「情緒」「情動」）は自律神経を介した身体的な変化を伴う，より急速に起こり，持続するものを指す。さらに mood（「気分」）は知覚や行動の基盤にある，よりゆっくりと変動するものを指す。

　フロイト Freud, S. の情動についての理解は，臨床経験の蓄積および他の学問領域からの影響を受け，年代により変化している。初期，『ヒステリー研究』の頃のフロイトは，神経学者として，情動は外的（あるいは内的）な刺激への受動的，機械的反応であると考えていた。ブロイエル Breuer, J. とフロイトは，心的外傷となる記憶の回想とそれに伴う情動の解放（除反応）の治療機序に注目したが，この臨床経験を通して，受容できない情動は，表象と乖離し，抑圧され，置き換え，変容などの機制によって症状に転換されると考えた。

　その後 1900−23 年頃にはこの単純な刺激 - 反応仮説に修正が加わった。心的現実の認識から，刺激は外的なものから内的なもの（欲動）に変わり，この刺激への反応としての情動は，表象や行動などとは比較的独立して

いると考えられた。情動の「喚起」，「活性化」が注目され，経済論的観点から，質よりも情動エネルギーの量的側面が重視された（量的側面を厳密に表すには情動量 Affektbetrag という言葉が使われた）。

1923年以降，フロイトは情動をより複雑で組織化されたものとして認識するようになった。すでに『精神分析入門』（1916-17）では，「情動……非常に多くのものの複合体で，運動神経支配あるいは発散を含み，運動行為の知覚と，情動の基盤となる直接的な快感と不快感という2種の感覚を含む。……いくつかの情動の場合は，深い意味を持った体験の反復と認識され，その起源は種の前史にさかのぼる」と書いているが，この認識が後の組織化モデルに発展したのである。

フロイトが新たな情動の認識に至ったのは，無意識的罪悪感（1923）と無意識的不安（1926）の理解からであった。これらの情動は，受動的，機械的，破壊的ではなく，むしろ自己の行動や思考をモニターし組織化するという能動的な機能を持ち，自我の中に位置して，信号として働くことにより行動等を制御すると考えられた。さらに情動のモニター機能は，無意識ばかりでなく，前意識，意識レベルでも働いているとした。

フロイト以降の精神分析の研究者は，この組織化モデルをさらに洗練させ，以下のことを明らかにした。(1) 情動は臨床精神分析の中心であり，動機や自我状態を理解する良いガイドになり，コミュニケーションの中心的役割を果たす。(2) 情動は適応的であり，葛藤領域だけでなく自律的自我構造の中にもある。スピッツ Spitz, R. A. が観察したように，早期乳幼児期から乳児は，生存するためには，母親と情動的接触を維持しなければならない。これは後述の乳幼児研究につながった。(3) 情動は一時的なものではなく，生活の持続的側面である。(4) 情動は人間の社会的関係に重要な要素であり，対象関係の中心となる。発達早期の重要なコミュニケーションであり，精神分析過程の中心でもある。(5) 不安以外の信号情動もある。不安は，戦い-逃避パターンを示し，ストレスを避ける，あるいはコントロールする機能を果たす。一方抑うつは，保持-引きこもりパターンを示し，ストレスが避けられないときエネルギーを保持する機能を果たすという。

1980年代に入り乳幼児研究が発展し，発達心理学や動物行動学など他領域からの影響を受け，情動の研究も進んだ。ダーウィン Darwin, C. の先駆的研究以来，人間は動物と基本的に変わらない共通した生得的な情動の表出があり，文化の違いを越えて共通に認知されていることが明らかにされてきた。このような基本的情動は研究者により異なるが，7種（あるいは9種）あり，エクマン Ekman, P. は幸福，驚き，おそれ，怒り，悲しみ，失望，および興味を認めている。これらの情動表出は生物学的な基礎があり，われわれは種としてこれらの情動を表出し認識するように前もってプログラムされ，あるいは前もって適応できる準備性を持って生まれている。

エムディ Emde, R. N. は乳幼児期早期から発達する個体のこころの世界の中心となるものを情動的中核自己 affective core self と名付けている。この情動的中核によって，個体は自己の内部の情動状態をモニターすることができると同時に，他者の情動状態にも共感することができる。養育者と乳児の間では，養育者は乳児の情動（情緒）を適切に受け止め，乳児が必要としている援助を与えているという形で，情動が最初のコミュニケーション手段として使われている。これを情緒応答性 emotional availability という。乳児の健全なパーソナリティの発達には，応答的な養育者の存在が不可欠であり，養育者の共感不全は乳児の心的外傷となる。情緒応答性は，乳児が未知のよくわからない状況下で養育者の情動を参考に行動を制御するとき（社会参照 social referencing）などに活発に用いられている。

スターン Stern, D. N. は乳児の主観的情動体験の研究から，乳幼児は，新生自己感，中核自己感，主観的自己感，言語的自己感の順に自己感を発達させるとした。情動には質的側面 categorical affect と量的側面 gradient affect があり，新生自己感の領域では，乳児は情動の量的側面，時間軸に沿った活性化レベルの変化（生気情動 vitality affect）を知覚しているとしている。中核自己感の領域では養育者との共感を可能にする基礎となるのが情動調律 affect attunement と名付けられた相互交流パターンである。これは乳児が示す生気情動に応じて，養育者が別の知覚，行動様式を用いて応答する行動であり，乳児の心の中に他者とともにいる感覚を植え付ける上で重要となる。

（濱田庸子）

[関連項目] カタルシス法，気分，罪悪感，社会参照，情緒応答性，情動調律，情動的中核自己，情動等価（物），信号探査情動，生気情動，転換，ヒステリー，不安，欲動解放情動

[文献] Emde, R. N. (1989b), Emde, R. N. & Buchsbaum, H. K. (1989), Freud, S. (1916-1917, 1923b, 1926a), Freud, S. & Breuer, J. (1893-1895), Stern, D. N. (1985)

衝動行為

[英] impulsive act
[独] impulsive Handlung
[仏] acte impulsif

反省がないか不充分なままに，人格と相談なく，突き上げる欲動によって生じる行為，行動のことである。いわば，内外の刺激による欲動ないしは衝動の突然の高まりとそれが自我の検閲機能（内的バランスを壊しはしないか，外界と衝突しないかどうかの意識的無意識的考慮

など)を通さないままの行動出現とから成る。特異な人格(爆発性人格など),器質性脳疾患,あるいは内因性精神病などでみられる暴力的衝動行為のほかに,一般に癖(-mania)という語尾のつく行動,例えば放火癖,窃盗癖,抜毛癖,渇酒癖,乱買癖,賭博癖を中心にした行動障害を指すことが多かった。ところが,最近,世の注目を浴びている境界性人格構造に伴って出現しやすい手首自傷,過食,家庭内暴力,性的依存,薬物・アルコール依存,過量服薬等もまた衝動行為に挙げられ,新たに「衝動コントロール障害 impulse control disorder」と呼ばれるようになった。子どもの注意欠陥障害・多動性障害,行為障害等も衝動行為の土壌となりやすい。臨床的特徴として,まず強迫症状に似ているが,強迫症状では高まる欲動が特有の防衛活動によって変形を被って欲動充足という行動の態をなさないが,衝動行為では欲動が変形を被らないままに行動によって充足される。第2は自我親和的である種の意識の変容が認められることであり,第3は行為にある種の快感,解放感を伴っていることである。第4は周囲に対する影響である。社会をひどく騒がせるとか,あるいは対象支配といわれる対人状況を作り出しやすい。第5は複数の衝動行為をもつ例が少なくなくなった。そして最後に,多少とも性差が認められることが挙げられる。手首自傷,過食,抜毛癖,窃盗癖などは女性に多く,家庭内暴力,性的異常行動,放火癖,賭博癖は男性に多いとされる。精神分析的には,衝動行為者は前性器的・前言語的段階に固着していることは間違いない。これを対象関係論の立場からみると,自らの行為の結果に対する顧慮のなさという意味では,対象に対する思いやりの能力(クライン Klein, M., ウィニコット Winnicott, D. W.)の形成不全とみることができる。内的な欲動を変形させて対象を破壊から守る強迫神経症よりもかなり低い水準の現象といえる。また,対象破壊による喪失反応を起こさないのは,妄想分裂ポジションの水準での心理過程であるからと思われる。人格が抑うつポジションに到達していないか,到達していても行為出現中に妄想分裂ポジションに退行を起こしているかのいずれかである。また単発の衝動行為をもつ例と多数の衝動行為をもつ例をみるが,それはおそらく背後の人格形成のあり様によって決まってくるとみてよい。神経症水準のものは単発になりやすいし,境界性人格障害は多衝動性になりやすい。また行動化と似通った現象であることも忘れてはならないが,行動化の背後には内的幻想を秘め,それを行動によって満たしているのであって,その幻想の明確化・直面化・解釈などによって治療することができるが,衝動行為は限界設定等を織り交ぜたホールディングが必要となる。　　　　　　(牛島定信)

[関連項目] ウィニコット理論,境界性人格障害,行動化,抱えること〔ホールディング〕,妄想分裂ポジション

[文献] Fenichel, O. (1945), 牛島定信 (1996a), Winnicott, D. W. (1965b)

情動調律
[英] affect attunement

乳幼児精神医学者スターン Stern, D. N. の用語。生後7-9カ月に始まる主観的自己感の形成期に至って初めて観察される,母子間での情動状態共有様式で,それ以前でも観察される模倣と違い,行動の背後にある感情や内的状態の共有を可能にする。例えば「生後9カ月になる女の子が,あるおもちゃにとても興奮し,それをつかもうとする。それを手にすると,その子は『アー!』という喜びの声を上げ,母親の方を見る。母親もその子を見返し,肩をすくめて,ゴーゴーダンサーのように上半身を大きく振って見せる。その体の動きは,娘が『アー!』と言っている間だけ続くが,同じくらい強烈な興奮と喜びに満ちている」(スターンが好んで使う例)。ここで母親は,感情共鳴の体験を自動的に他の表現型へと変換し,見える行動の背後にある情動(興奮と喜び)レベルで交流しているが,共感の場合とは違い,共感的認識の抽出や,それに基づく共感的対応は行っていない(共感との区別)。また,情動調律の対象となるのは,平均的な母子交流において,せいぜい30-90秒に1回程度しか起こらない不連続なカテゴリー性の情動(喜び,悲しみ,怒り,恐れなど)ではなく,そうした情動を伴う行動がいかに行われるかを規定する生気情動 vitality affect である。この生気情動は,時間的流れにそって変化する強度である活性化輪郭 activation contours(どんな風にゴーゴーを踊るか)によって特徴付けられ,あらゆる行動の行われ方として,カテゴリー性の情動の表出を伴わない交流においても体験されるばかりか,知覚様式交叉的な情動交流(「アー!」の活性化輪郭とゴーゴーダンスのそれとの間の等価性)を可能にする。また,母子交流に潜む無限ともいえる可能性のうち,どの部分に,どれだけ選択的に,どれくらい本気で情動調律を行うか(選択的調律)が,世代間伝達の鋳型の役割をはたし,偽りの自己の形成に影響を与える。以上のように attunement(……に調律すること)は,共有された情動状態がどんな性質のものかを表現する行動をとることであり,相手が何をしていようが何を信じていようが,それを変えようとは全くしない。これに対し tuning(……を〈微小〉調律すること)は,スターンによれば,相手の行動や体験を変えようとする微妙な陰なる試みであり,意図的誤調律とも呼ばれる。　　　　　　(丸田俊彦)

[関連項目] 偽りの自己,共感,生気情動,無様式知覚

[文献] Stern, D. N. (1985)

情動的中核自己
[英] affective core self

乳児は自己発達の潜在能力を予め備え，人はその自己をめぐる情緒の発達によって，連続性をもって自分自身を経験することができるという観点にたつエムディ Emde, R. N. は，その発達を支える核となるものを情動的中核自己と呼ぶ。まだ自己と対象像が心の中に確立する以前に，4つの生物学的動因，つまり活動性，自己制御，社会適合性，情動モニター機能を基礎に乳児の中に心が芽生え，生後2年目には自己に気づき，やがてより複雑で高次の構造をもつ情動の世界が発達する。その発達過程において，心の世界の中核になる情動的中核自己は，2つの適応的な機能をもつ。まず第1に，自分自身の一貫した感情を実感することができるので，それによって，どのような状態に変化しても同じ自分でいられる。第2に，人間はこの情動的な核を生物学的に共通にもっているので他の人の感情を実感したり共感することができる。つまり，心の中の情動的な世界を司る核は，人間がその心的連続性を保ち，また人間同士が相手の情動を理解し，共感し合えることの基盤になる。その一方で情動的中核自己は，体験や出来事がその人個人にとってもつ意味や，行動の動機なども組織化していく。そこで個人にとって大事な独自性を司る役目も果たすことになる。このように情動的中核自己は一方では人間としての普遍的な共通性，そして他方ではその人だけの独自性，という両極の性質を内在している。　　　　　（森さち子）

[関連項目] 自己感，情緒応答性，エムディ
[文献] Emde, R. N. (1984, 1988a)，渡辺久子 (1993a)

情動等価（物）
[英] affect equivalents
[独] Equivalente der Affekte
[仏] équivalent d'affection

情動が本人によって心的に感じられないままに身体のある部分に生理的に表現される場合，この身体への表現を情動等価物という。フェニヘル（Fenichel, O. 1945）が器官神経症について述べるにあたって，情動等価物を上のように記述した。そして器官神経症の症状の一部は情動等価物であるという。情動等価物の概念は，古典的な転換 conversion の概念と異なり症状に特別な心的意味を必要としない。フロイト Freud, S. もさかのぼって『精神分析的観点から見た心因性視覚障害』（1910）のなかで，精神分析的な解釈のできない神経症状の存在について述べている。

情動等価物は循環器系（例：動悸）・呼吸器系（過呼吸）・消化器系（食欲異常，消化管運動）・性欲の変化など身体のどこに生じてもよい。その点でアレキサンダー Alexander, F. の植物神経症の概念と似ているが，自律神経系と限定しない。精神分析が心身医学の分野に早くから貢献した概念の一つである。　　　　　（桜井昭彦）

[関連項目] 器官神経症，植物神経症，心身症，フェニヘル
[文献] Fenichel, O. (1945), Freud, S. (1910h)

衝迫 [欲動の]
[英] pressure
[独] Drang
[仏] poussée

欲動が欲動エネルギーの高まりとともに，それを満たそうとする能動性を含む事実を述べるフロイト Freud, S. の概念で，フロイトは，『本能とその運命』（1915）の冒頭に見られる欲動概念の分析で，欲動の源泉，対象，目標と並んで，欲動の衝迫を次のように定義した。「欲動の心迫は，欲動の運動面，欲動が示す力の総量ないし仕事の要求量を意味している。欲動の一つ一つは能動性の塊りである。漠然と受身的……」といい，それに先立つ『科学的心理学草稿』（1950 [1895]）では，外来性の刺激と内因性の刺激を区別することから出発し，内因性の刺激は身体から来るもので，「有機体はそれを逃れることができない……。有機体は貯えられた量に耐えることを学ばねばならない」と述べ，有機体をそれによってのみ緊張を解くことのできる特定行為へと促すのは，この生の切迫 die Not des Lebens であるという。　（小此木啓吾）

[関連項目] 欲動
[文献] Freud, S. (1915c, 1950b)

植物神経症
[英] vegetative neurosis
[独] vegetative Neurose
[仏] névrose végétative

心因性身体障害の研究は，フロイト Freud, S. が知覚受容系や随意神経・筋系など，いわゆる動物機能系臓器に症状形成されるヒステリー転換のメカニズムを解明したことに端を発しているが，その後植物系諸臓器もまた情動の影響を受け，病態化することが知られるようになった。アレキサンダー Alexander, F. は，それらのうち情動性の刺激や抑制が慢性的かつ過剰に作用することによって，機能的な障害をきたす病態を植物神経症と呼び，臓器に形態学的変化を伴う心因性器質障害と概念上区別した。その上で，後者が植物神経症の状態が遷延する結果形成されることを指摘した。また彼は，植物系臓器が自律神経系によって支配されているかぎり，概念形成の過程と直接つながっておらず，したがって転換症状のよ

うに心理的内容を象徴的に表出することはなく，あくまでも持続的あるいは周期的に作用する情動状態に対する，臓器の生理学的反応であることを強調した。そしてその反応には，情動の性質と特異的な関連をもつ次のような2つの系列のあることを提唱した。すなわち，(1)不安を引き起こす状況に，積極的に対処しようと緊張や攻撃性を高め準備する態度と，(2)むしろその状況から退却し，保護者に助けを求めるような依存的態度である。そして前者の状態において攻撃性の表出が阻止された場合は，交感神経系の亢進とそれに伴う植物神経症が，一方後者の状態においては，依存欲求が阻止された場合，副交感神経系の亢進とそれに伴う植物神経症がそれぞれ形成されるとの仮説を提唱した。　　　　　（菊地孝則）

[関連項目] 転換，ヒステリー，アレキサンダー
[文献] Alexander, F. (1950)

女性性
[英] femininity
[独] Weiblichkeit
[仏] féminité

[定義] 女性という性がもつ生物学的・心理学的・社会学的な特質を意味する。時に，女性の，セクシュアル・アイデンティティ sexual-identity，ジェンダー・アイデンティティ gender-identity，もしくはジェンダー・ロール gender-role のうちのひとつの概念と同義に用いられることがある。

[フロイトによる概念] フロイト Freud, S. (1905) はフリース Fliess, W. によって着想された両性具有 bisexuality の概念を精神分析理論に導入した。フロイトによれば，心理学的な発達において子どもが解剖学的な男女の差異に気づくまでは性差はみられず，女児の性愛も男性的であるという。すなわち，初めは女児の主導的な性感帯は陰核であり，これは男児の亀頭に対応する。しかし，生後2-3年目になって，男児のペニスを見ることによって自分にはペニスがないことを発見すると，そのような身体に産んだ母親を憎み背を向けて，父親がペニスを与えてくれるのではないかと期待するが，その希望が破れると，ペニスの代りに父親の子どもが欲しいと熱望するようになる。その熱望は思春期に入ると，小児期の男性的なものを排除するような抑圧の推進力になって，主導的な性感帯の交代が起こり，女性の性愛，女性特有の嫉妬心や羨望，物欲的な女性的フェティシズムなどの女性心理が形成されるという。結局，フロイトの女性性の理解は，ペニス羨望の発想に基づいて女性を「ペニスがない＝男性ではない」という男性の否定形としてのみとらえていたという限界があった。

[フェミニズムにおけるフロイト理論の評価] 女性性に関するフロイトの理論は多くのフェミニストによって論じられてきた。それらの論述は2つの立場に大別される。ひとつはフロイトの言説が男性中心の理論であるとして強い不満を表明する立場であり，もうひとつは，フロイトが発見した「発想の装置」を女性抑圧を分析する理論として活用しようとする立場である。前者の代表的な論客はミレット Millet, K. (1970) である。彼女は著書『性の政治学』の中で，「ペニス羨望」という概念には客観的証拠は何もなく，男性優位主義的偏見に基づく主観であると激しく非難した。これに対して，ミッチェル Mitchell, J. (1973) は著書『精神分析と女の解放』の中で，「(フロイトが提唱した)エディプス・コンプレックスの概念が社会のために必要な(女の)交換関係とタブーにかかわりをもつものであり，それは核家族に関するものではなく，核家族に現れる」ものだとして，フロイトの理論は女性解放の理論的支柱になりうると主張した。すなわち，エディプス・コンプレックスとは，女という「再生産（ヒトを産み育て社会に送り出すこと）資源」を男たちがどう分配するかという理論であり，父・母・子の間で「両性具有的」な子どもが如何にして「男や女という性的に社会的な生物」である大人となっていくか，男子家父長制の構造を次世代にどのように再生産していくかという理論である。この時，近親姦のタブーをひくことで，社会での女の交換が行われる。以上のような抑圧されたメカニズムを解明するためにフロイトの理論は有用であるという。

[フロイト以後] ドイチュ Deutsch, H. (1928) は，サンド Sand, J. のフェミニズムが自分の母親を擁護する目的があったことを論述して，女性性はペニス羨望だけではなく，母親との関係にもその由来をもつことを明らかにした。また，ドイチュは女性が子どもをもちたいと願うのはペニス羨望ではなく，自分の母親との同一化によるとした。ホーナイ Horney, K. (1926) は，フロイトが提唱するペニス羨望は「男性ナルシシズム」の産物であると退け，女性性は生得的な母親との同一化によると反論した。ホーナイの主張の問題点は「良い母親」への同一化をその拠り所としていて，母親との同一化が女性にとってどれほど葛藤的であり危ういものであるかという視点をもち得なかったことにある。クライン Klein, M. (1932) は，身体，特に母親の身体の内部性 interiority に着目し，女性性の基本的特質は内部志向性であり，その源は女児の最も深層の不安である「身体内部を破壊され略奪される」不安から発すると考えた。クラインによれば，女児が母親に背を向けるのは母親がペニスをもたないからではなく，乳房を遠ざける母親から経験する口唇的な欲求不満による。すなわち，女児が欲するのは男性性の属性としてのペニスではなく，口唇的な満足の対象としての父親のペニスである。クラインによれば，こ

れらの幻想にはすでに性器的な衝動が伴っており，フロイトが考えた時期よりも早期にエディプス的傾向が認められるという。女児は万能的な幻想の中で，父親のペニスと合体した母親の内部に由来する豊饒や喜びに対して羨望の感情を抱いてこれを破壊したいと願うため，自分自身の母性性や母性に結びついた器官を破壊されるのではないかという形で母親からの報復に脅える。女児のさらなる困難はそれらの身体器官が内部にあり，目に見えず確かめられないことである。女性の着飾り美しくなりたいという衝動の底には，傷つけられ破壊された女性性を取り戻したいという動機が隠されている。女性的なマゾヒズムの最も深層にあるのは，内在化された父親の「悪い」ペニスに対する恐怖であり，このような内在化された対象との関係性がその女性の女性性に深く関与するという。ジョーンズ Jones, E. (1932) もまた内部器官の完全性についての恐怖の重要性について主張し，これを女性にも去勢不安が存在する理由のひとつとしてあげている。　　　　　　　　　　　　（平島奈津子）

[関連項目] 去勢コンプレックス，ジェンダー・アイデンティティ，女性段階，女性的マゾヒズム，性別同一性障害，男性性，男性的抗議，ペニス羨望，両性素質

[文献] Deutsch, H. (1928), Freud, S. (1905d, 1916–1917), Horney, K. (1926)

女性段階

[英] feminine phase

[歴史と定義] 女性段階とは，クライン Klein, M. が精神-性的発達と性的同一性に関して，乳児と母親との早期対象関係が重要な役割を果たしていることを明確に打ち出した概念である。クラインは，赤ん坊と母親の早期の対象関係の特徴を，妄想分裂ポジションとして概念化している。彼女は，赤ん坊が最初は，乳房に対して2種類の関係を作りあげることに注目した。つまり満足を与える乳房は，理想的で愛の対象となる良い乳房（対象）である。他方では欲求不満をもたらす乳房に対しては，赤ん坊は激しい攻撃と憎しみを向け，悪い乳房（対象）を形成し，それからの報復の恐怖に怯えるようになる。そのときには，乳児は乳房の中を破壊したりえぐり出して略奪し，逆に悪い乳房から同様の攻撃を受けるというような幻想を抱く。さらに生後5-6カ月ごろからの抑うつポジションになると母親の身体像は全体的なものになり，乳児は母親の身体内部に父親の男根や赤ん坊や豊富な滋養が含まれているという幻想を抱く。この時点から早期のエディプス・コンプレックスが始まり，女性性と男性性の形成に関する幻想の活動が始まる。そのときに，それ以前の段階の乳児と母親の乳房との部分対象関係の質が，大きな影響を与えるのである。このように乳児と母親の身体の内容物に対する関係性を重要視した段階を女性段階という。この段階の関係が，男の子も女の子もその性的同一性を確立していくうえで重要な要因になる。

[女の子の発達] 周知のようにフロイト Freud, S. は，女の子の不安の源泉をペニス羨望 penis envy におき，男根を失った子どもとして理論づけていた。この理論に挑戦したのは，女性の分析家であるドイチュ Deutsch, H., ホーナイ Horney, K. であり，もっとも果敢に行ったのがクラインであった。上記のように，クラインは女の子の母親との早期の関係が，その不安と性同一性に大きな影響を与えると考えている。抑うつポジション以前は，女の子は乳房に対して良い満足のいく関係と，悪い攻撃的な破壊的関係の世界をもつ。抑うつポジションの中で全体的母親の身体の内部に男根や赤ん坊，栄養物など必要なものすべてを含んでいると幻想するときから，さらにアンビバレンスと統合の葛藤が生じ，早期エディプス・コンプレックスも始まる。女の子は，欲求不満を与える悪い乳房との関係をそのまま母親の身体内部に向ける。そして母親と快楽を恒久的に維持している男根や，赤ん坊，母親の生殖性などに対して激しい破壊的攻撃を向け，それらをえぐり取ったり盗み出したり破壊しようとする。そしてその報復として，自分の身体内部が同じように攻撃され，破壊されてしまうという不安におののくのである。クラインはこれが女の子のもっとも重要な不安であると考えるようになった。そして自分を欲求不満に陥れる母親から，新しい対象である男根に関心を向けていくのであり，そのときの母親との競合もさらに増加していく。他方で満足を与えてくれる良い乳房との関係性は，全体的母親の創造性や子どもをもつ能力などを理想化して取り入れ，女の子は女性的同一性を獲得していく。そのときには，自分が母親と同じような能力を身につけることによって新しい対象である父親の男根を取り込もうとする欲動も関係していると考えられている。

[男の子の発達] 男の子も女の子と同じく，母親との間で同じような葛藤を経験し，母親の身体を攻撃し，逆に自己の身体が破壊される恐怖におののくが，他方では良い母親に対して豊穣さや創造性を理想化して，母親との同一化も進行していく。つまり男の子にとっても最初は母親との同一化が重要な精神性発達の段階であり，女の子と同様に女性段階を経験する。そして母親の身体内部にある男根との葛藤の中で，良い乳房との関係を良い男根の幻想形成に向け，それと同一化することによって男性性の確立に向けていく。またそのときには母親の身体内部にある破壊的な男根に対する恐怖も一部には関係していて，男の子は男根に同一化することによって，母親との関係を獲得しようともするのである。

以上の性的同一性の発達論は，フロイトの去勢不安と

ペニス羨望の理論をかなり修正したものであるが，フロイト自身も女性性の問題の中で，早期の母との関係を重要視する発言を一部している。しかし彼は，それを十分理論的に発展させることはなかった。　　　（衣笠隆幸）

[関連項目] 性別同一性障害，早期エディプス・コンプレックス，ペニス羨望，無意識的幻想，よい対象／わるい対象

[文献] Deutsch, H. (1930), Freud, S. (1931d), Horney, K. (1932), Klein, M. (1928, 1932, 1945)

女性的マゾヒズム

[英] feminine masochism
[独] femininer Masochismus
[仏] masochisme féminin

マゾヒズムの概念は1905年にフロイトFreud, S. によって「身体的苦痛あるいは屈辱に伴う快感」として紹介された。その後，フロイトは1924年にマゾヒズムを(1)一次的あるいは性感的マゾヒズム，(2)道徳的マゾヒズム，(3)女性的マゾヒズムに分類した。フロイトによると女性的マゾヒズムは痛みを快感として体験する性感的マゾヒズムを基盤としている。そして女性は体質的にも社会的にも攻撃性を抑圧する傾向があり，その結果女性の間に「強いマゾヒズム衝動」が発達すると述べている。また，マゾヒズムは「実に女性的」で，マゾヒズム的な男性は女性的傾向を示していると論じている(1933)。その後において，女性が苦痛の中に快感を見出し，生得的にマゾヒスティックであるという概念が全般的に広まり定着した。

女性的マゾヒズムの概念はドイチュDeutsch, H. によってさらに展開された。ドイチュは「女性は生物学的に苦しむ運命にある」と述べたボナパルトBonaparte, M. (1949)と同様にマゾヒズムを女性の「身体的運命」としてとらえ，女性の正常で頻繁な出血を女性的マゾヒズムの実証として理解した。ドイチュによれば，女性的マゾヒズムは去勢コンプレックスを解消する上で女性にとって本質的なものである。去勢されることに対する抵抗は去勢願望，すなわち，愛情の対象である父親に去勢されたいという願望に変わる。この願望は父親に強姦される幻想につながり，さらに父親の子どもを身ごもるという幻想とつながる。マゾヒズム幻想は女性にとって子どもを身ごもることと密接に関わっているわけだが，この幻想は後に子どもに対する女性の態度，あるいは生殖機能に対する態度に引き継がれるとされている。性交と出産はマゾヒズム的な快感とつながり，子どもとの関係も女性的マゾヒズムを基盤にしている。ドイチュはまた，女性が再生産という現実に適応するためには一定のマゾヒズムが必要で，女性的マゾヒズムは女性が人類に貢献するために生物学的に必要だと考えた（チョドローChodorow, N. 1978)。そして，母親であることからくる喜びは社会的規制によって性的満足と性欲の昇華を選ぶことができない状況を受けいれることを可能にすると考えた。

女性的マゾヒズムの概念に対する批判は多い。ホーナイHorney, K. は女性が性生活と母親業においてマゾヒズム的満足を見出し，父親に去勢されるという早期の幻想に始まり，月経がマゾヒスティックな体験を内含し，女性が性交において強姦と暴力あるいは精神的屈辱を密かに望み，さらに出産の過程と，その後の子どもとの関係において無意識にマゾヒズム的な満足を得るというフロイトとドイチュの視点に反論している(1935)。その反論の理由としてドイチュが神経症の女性を健常女性に応用し，一般化していることをあげている。さらに生物学的・身体的・心理的側面だけをとらえ，社会，文化的側面を考慮していないことを批判している。現代の精神分析的見解ではマゾヒズムは多面的な構造を備え，女性性と特に連結するものではないと見なされている。ブラムBlum, H. (1977)は女性の方がマゾヒズム的傾向がある可能性はあっても，女性が痛みから快感を得る実証はないことを述べている。また，多くの女性がある目標を達成するために目前の苦痛に耐えることがあっても，これが苦痛を快感として体験することとは異なることが他のフェミニストの精神療法家によって指摘されている。

　　　　　　　　　　　　　　　（渋沢田鶴子）

[関連項目] 去勢コンプレックス，女性性，道徳的マゾヒズム，マゾヒズム，マゾヒズム的性格

[文献] Blum, H. P. (1977), Bonaparte, M. (1949), Chodorow, N. (1978), Deutsch, H. (1930, 1944), Freud, S. (1924d, 1933a), Horney, K. (1935)

処罰欲求

[英] need for punishment
[独] Strafbedürfnis
[仏] besoin de punition

自ら苦痛を受けたり，屈辱的な状況を求めたり，あるいは自分自身を傷つけたり不幸におとしいれるような行動をとって，そこに満足を見出している人びとがいる。このような自己破壊的な傾向の背景には厳しい超自我に由来する無意識的罪悪感，およびそれを解消しようとする処罰欲求があることが精神分析治療の結果明らかになる。フロイトFreud, S. はこの無意識的心理機制を道徳的自虐性moral masochismとした。強迫と関係が深い心理機制であり，フロイトの強迫神経症，ねずみ男の治療の中で，患者は女性と性的関係をもち快感を感じた時に「この快楽を手に入れるためには父親さえ亡き者にするかもしれない」という観念が浮かんだことから，この父

親を破壊してしまう衝動，それが起きたら大変であるという不安から自己処罰としてのネズミ刑への連想，女性との性的関係を楽しめないという神経症的構造につながったことを明らかにした。また精神分析療法で治療が進展し病状の改善が期待される時であるにもかかわらず，かえって患者の具合が悪くなる陰性治療反応 negative therapeutic reaction を患者の道徳的自虐性ないし自虐的人格構造に発する無意識的罪悪感と結びつけた。フロイトはこのような人びとは「病気にかかることにその満足を見出し，この苦痛を捨てようとしない」と述べている。また「成功した時に破滅する人物」は，長い間求めていた願望が充足された瞬間に発病する人びとであり，最終的に自殺にいたる抑うつには苛酷な超自我からの処罰欲求がある。自己愛，抑うつ感情，退行現象，依存欲求などとも関連がある。　　　　　　　（深津千賀子）

[関連項目] 陰性治療反応，マゾヒズム

[文献] Freud, S. (1909d, 1924d, 1926a, 1937b), Reich, W. (1933a)

除反応

[英] abreaction

[独] Abreagieren

[仏] abréaction

除反応（解除反応）とは，外傷的な出来事の記憶に結びついた情動から患者が解放される結果，すなわち情動放出が起こる結果，その情動が最早病原的でなくなるプロセスを言う。解放反応，発散，浄化などとも呼ばれる。

この概念は，ブロイエル Breuer, J. とフロイト Freud, S. のヒステリー症状形成の理論と密接に結びついている。ヒステリー症状と誘因となる外傷的な出来事との間には何らかの因果関係があるが，何らかの理由で情動が押し止められせき止められて除反応が出来ないことこそが，ヒステリーを形作るというのが当時のフロイトの主張である。除反応には，外傷的な出来事があまり強い情動を残さないようにするための正常な過程としての側面がある。

除反応は自然に起こることもあるが，治療的現象としてはカタルシス法によって誘発される。患者は，外傷的な出来事を思い出し，言語化することによってそのことを客観化し，そこで情動が蘇り，解放されることになる。「泣いて胸を晴らす」というように，身体的表出を伴うこともあるが，フロイトが重視しているのは言語を用いたものである。もちろん，十分な除反応だけが，外傷的な出来事の記憶から患者を解放する唯一の方法ではなく，記憶がさまざまな心的加工を受けて，統合されていくこともある。

ヒステリー症例に対してカタルシス法を中心的な技法として用いていた時期には，除反応は精神分析の治癒メカニズムの中核を占めていた。その後，精神分析治療理論は転移，逆転移などの概念を含み込んで複雑化していくが，どのようなタイプの患者であれ，その治療には感情表出を伴うことは当然のことなので，除反応は今日もその意義を失わないのである。　　　　　　　（館　直彦）

[関連項目] アンナ・O [症例]，外傷，カタルシス法，ヒステリー

[文献] Freud, S. & Breuer, J. (1893–1895), Gay, P. (1988), Laplanche, J. & Pontalis, J. B. (1967), 牧康夫 (1977)

自律性

[英] autonomy

[独] Autonomie

[仏] autonomie

精神分析的に自律性が問題になるのは，何よりも自我機構に関してである。自我心理学を代表するハルトマン Hartmann, H. は，自我装置として一次的自律自我装置 primary autonomous ego apparatus をまず考えた。これはイドを母体として自我の発生・発達を考える見解に対して，自我固有の生得的基盤を考える新しい見方であった。知覚，記憶，言語，思考，運動能力，特殊才能などの諸能力が挙げられるが，それらが環境のほどよい条件の下で成長して行きながら自律的自我システムの構築に基本的にあずかるとする考え方である。近年発達研究が認知能力を中心に検証している「乳児の有能性」は，精神分析的発達研究でもセンセーショナルなまでにデータ化されているが，自律的自我の基盤をなす生得的（一次的）装置の考えを，それは結果的に実証し支持している。

自律性とは，欲動や外界の現実といった内外の圧力のなすがままになる受動的で影響を大きく受けるあり方とは違い，自ら内外の刺激を弁別し情報処理して，防衛的適応的な判断・調節・対処を自力で打ち出しまた必要な防衛をはたらかせるあり方を実現する心的機能・構造である。自我心理学ではこうした自我の自律性を，上記の一次水準のものに加えて，二次的自律自我装置 secondary autonomous ego apparatus をもう一つ合わせて考える。これは自律性が相対的なものであるとのニュアンスを伝えてもいる。もともとイドからの衝迫に呑み込まれかねない，また外界の現実的要請に屈従しかねない状況の中で，種々の力の作用が及び合う葛藤に身を置くが，何とかそれを切り抜けようと試みる方略が，やがて相対的な自律性を獲得して行き「葛藤外の自我領域 conflict-free ego sphere」を構成して，さらに二次水準の自我機構が形成されて行くとの見方である。消極的な一時しのぎの防衛でも，それが成功をおさめることで，自律的な

自我の適応機能様式に転じて行くわけである。エリクソン Erikson, E. H. も発達の漸成過程で肛門期の発達テーマとして自律性を考えたが、他者にたよらず自分自身が心身をコントロールする主人公となる方向へと転じて行く発達的展開が意味されている。

自律性の理解は、ピアジェ Piaget, J. やコールバーグ Kohlberg, L. が道徳判断の発達の道筋とした「無律 anomy」（原初の前秩序状態）、「他律 heteronomy」（社会的要請、慣習への服従）、そして普遍原理を踏まえつつ個人の基準に即する「自律」という 3 つの大きな段階推移も参考にされよう。自律は他律と双極的にとらえられることが多い。精神の病態化も、例えば作為体験など精神分裂病レベルにも至る他律化した体験や、より軽度のものとして神経症において、葛藤と防衛への心的エネルギーの過剰消費によって起こる自我の自律機能の制限や不全化などがとらえられるが、こうした負の方向も自律性の理解に役立つ。自律性と対人的関係性との連関も近年の論点である。

(斎藤久美子)

[関連項目] 自我自律性，自我心理学，ハルトマン

[文献] Erikson, E. H. (1959a), Hartmann, H. (1964), 小此木啓吾 (1961), 斎藤久美子 (1990)

心因〔精神発生〕

[英] psychogenesis
[独] Psychogenese
[仏] psychogenèse

最初に公的に心因という言葉を使用したのは、おそらくゾンマー Sommer, R. (1894) である。彼が称えた心因症は、因襲的な誤解が滲みついているヒステリー概念のかわりに採用したものであり、さまざまな表象 Vorstellung によって惹起され、表象によって影響されうる疾病状態であると定義された。彼は、psychogen の gen に能動的なるもの、すなわち「作り出す」「惹起こす」という意味があるところから psychogen と称したのである。これは初期のフロイト Freud, S. (1895) が、ヒステリー症状は幼時期の体験そのものから生まれるばかりではなくて、この以前の体験に対する回想が喚起されて症状の原因として共働するといったことに類似している。ゾンマーは、病因的体験を語るのではなくて、むしろイメージ・表象の疾病惹起性を説いたのだから、無意識への注目はなかったとしてもこの点ではフロイトより徹底している。

フロイトは、Psychogenese という言葉は、使ったけれども、ドイツ記述精神医学的な体験反応（心因反応）という意味では使用していない。体験そのものより、それに対する個人の心的加工 seelische Verarbeitung の在り様によって発症するとみる。この心的加工は、抑圧をはじめとするさまざまな防衛機制の謂である。それは外的刺激と三層構造をもつ自我との複雑な力動的相克によって生じる。したがってフロイト流の psychogenesis とは、時間的継起は重視されているが、「病のメンタルメカニズム」と言い換えても大差はない。彼は神経症の成立について、きわめて説得的に相補的系列（その中では素因的、体質的要因も重視されている）という構想を基礎に据え、精神-性的発達はもとより、事後性という現象や症状の重複決定に着目し、社会的要因（例えば、貧乏人の娘と富裕階級の娘とが幼時は仲良く、性的な遊びもしていた。前者にあっては、率直な環境に生きているため、性的な欲情は自然なこととして受け入れられ、性的遊戯や自慰に罪悪感を抱くこともなく、正常な人格発達をなし、結婚する。ところが後者は別の運命を辿る。道徳的知的教育の影響により、幼時期の性的体験にも自慰にも罪悪感をもち、性交については嫌悪の情を向け、性の欲動をやがて抑圧するに至る。そして結婚適齢期に至ったころ神経症がはじまる）にも配視している。われわれはフロイトを俟ってはじめて包括的で精緻な心因論を手に入れることができたといえよう。

(下坂幸三)

[関連項目] 事後性，精神-性的発達，精神力動，重複決定，ヒステリー

[文献] Freud, S. (1896c, 1916-1917), 下坂幸三 (1967)

心因性加重

[英] psychogenic overlay
[独] psychogene Überlagerung

軽度の器質的障害（例えば、むち打ち損傷による頸椎捻挫、術後腸管癒着症など）による些細な身体的な愁訴や症状が心因（例えば、不安、心的な葛藤、疾病への逃避）などによって強められ、あるいはその経過が慢性化されること。神経症性加重 neurotic overlay とも言われるが、必ずしも軽症の器質障害でない場合の各科の身体疾患についてもこの心的機序の関与が見られる。この心的機序と重複する概念としては、森田神経質における精神交互作用、精神分析における疾病利得、身体からの迎え入れ、疾病因性神経症などがある。

(小此木啓吾)

[関連項目] 疾病因性神経症，疾病利得，心気症，心身症

心因性健忘

[英] psychogenic amnesia
[独] psychogene Amnesie
[仏] amnésie psychogène

抑圧・解離という防衛機制が作動して生じた、過去についての記憶を想起する能力の喪失を言う。ヒステリーにしばしば認められる機制である。抑圧された観念が逆

備給され，自我の知覚領域から切り離されて想起できなくされることで解離が成立する。忘れられている体験や場面は，その自我に受け入れ難いなんらかの情緒と結び付いている。この過程は対象関係論からは，耐え難い感情を含んだ自己部分や関連している対象をスプリットし排泄（投影）していると見られる。たとえば心因性健忘のひとつのタイプに生活史健忘という生活史のイベント，たとえば結婚や転居などを忘れているタイプがあるが，この場合自分が自分であるとの感覚は完全に保たれているにもかかわらず，妻や現在の住居などが忘れられ，それらの対象にかかわる自己部分の記憶が失われている。そもそもフロイト Freud, S. がヒステリーの治療において精神分析療法を開発していく道程は，抑圧された外傷体験場面を想起させるという心因性健忘を回復させることによって身体症状が治癒していく過程を進めるための工夫のプロセスであったと見ることもできる。

人生開始後の数年間の出来事についての記憶をほとんど想起できない状態を幼児健忘 infantile amnesia と呼び，フロイトはそれを幼児期の脳機能の未発達によるものではなく，幼児性欲の抑圧に基づいていると考えた。このためエディプス葛藤が和らぐ潜伏期からの記憶は保たれやすい。この考えからは幼児健忘は想起されうるものであり，それは想起によって過去の体験が吟味され直すという精神分析の治療技法と密接に関連している。

〈松木邦裕〉

［関連項目］解離，解離ヒステリー，健忘，ヒステリー，幼児健忘，抑圧

［文献］Freud, A. (1936), Freud, S. (1905d)

人格〔パーソナリティ〕

［英］personality
［独］Persönlichkeit
［仏］personnalité

19世紀以来パーソナリティへの心理学的アプローチは「人全体 whole person」を目指すか，もしくは，特性など要素的特徴に注目しながら特性配分により個人差をとらえようとするか，さらには場（状況）の要因をどう重視するかの各観点を往復しつつ議論を重ねてきた。精神分析におけるパーソナリティの問い方にも，性格の個人差を分類する試みとして，例えば古典的な口愛性格や肛門愛性格，ライヒ Reich, W. の強迫性格，またフロム Fromm, E. の権威主義的性格および物との関係のあり方による生産的性格や市場的性格など4種類の性格類別，さらにはユング Jung, C. G. のタイプ分類，また近年の早期母子相互作用研究でも問われる気質の個人差の問題などがある。

しかし精神分析はやはり「人の精神全体」について，その普遍的な仕組みや活動に根本的な関心を寄せるところから，層構造をなす力動的な精神システムを全体性のままにとらえようと試み，その発生・発達的形成や分析的介入がそこにもたらす影響力を吟味してきた。理論は臨床的介入経験の積み重ねの中で修正発展を遂げ多様化しているが，いずれにしろそうした精神の構造と機能に関する見方こそが，性格の類別論以上に，精神分析的なパーソナリティ論だと共通認識されていると思われる。心理学全般において集約的なパーソナリティ定義とされる，オールポート Allport, G. W. (1937) の「精神・身体的システムとしての個人内力動機構 dynamic organization であり，環境に対する独自の適応を規定するもの」との見解とも重なるとらえ方である。独自の臨床的関与観察を通して，欲動，自我，超自我，外的現実条件の各作用の及び合いや葛藤的な力関係について理解を深め，個人のそうした現実適応や自己調節の力動的営みの解明が，パーソナリティ理解の基本課題とされてきた。したがって精神分析のパーソナリティ論は，いわば自己運営機構を問う理論である。その健全さや不全さ，成熟・発達，障害，修復や病態化など正負の変化を問題にし，全体として，性格内容の個人差にかかわらず個人の潜在的可能性そのものを重視する方向で自己運営機構のあり方が，治療的・発達的に問われてきた理論だと言えよう。

メタ心理学的「自我」はこの自己運営の高次機構，あるいは中枢執行機関であり，精神分析的自我心理学は，この「自我」を包括的かつ詳細に概念化し，「個」の系を統括する大規模な精神システム論を樹立した。ベラック Bellak, L. らによる自我の要素機能の多面的な提示はわが国でもよく知られる代表的なものであり，無意識への退行を含め，覚醒水準が一様でない自我の活動，認知と感情を合わせた短期的・長期的な現実検討・判断，内界と外界の感情情報処理（現実感のある感情体験），コントロール・防衛・自己調節，対人的関係性，総合・まとまりの各機能を網羅的に見ることができる。ここに対人的関係性が含まれているのは注目されるが，精神分析の精神内システムの見解は，いわゆる「システム自我」から「関係自我 ego-relatedness」へと観点を拡大してきており，新フロイト派の「対人関係論 interpersonal theory」と，そのように現実的な対人関係ではなく，内在化された人物表象や「関係」の表象の方を重視する点を特徴とする「対象関係論」の各立場にわたって，人間関係の視座を含み込んだパーソナリティ理解へと展開してきている。

これはパーソナリティを個人内精神過程 intra-psychic process からだけでなく，人と人とのかかわり合いの過程 interpersonal process を合わせてとらえようとするものである。近年の発達早期の母子関係の研究でも例えば

マーラー Mahler, M. S. のように，2つの過程が結び合ったものとしてパーソナリティ形成を見ている。クライン Klein, M.，ジェイコブソン Jacobson, E.，カンバーグ Kernberg, O. F. らをさらに合わせた，欲動と対象関係との結びつきに加えそれを自我の発達形成とも関連づけてとらえる一連の見解は，今日のパーソナリティ理解にとって共通基盤的モデルとして認められていると思われる。パイン Pine, F. はわが国でも知られる通り，パーソナリティ理解の枠組みとして，欲動，自我，自己，対象の4つの心理学を含むマルチ・モデルを提唱したが，これも上記の流れの延長線上にある。個々の理論の歴史的成熟と共に，多元的な見方をむしろ臨床的リアリティの方が自然に歓迎し，有効に総合された理解が多元的見方で可能になるとの考え方である。同じパインは臨床と発達の2つの視点の間の緊張が精神分析の新しい可能性を生み出すとし，精神分析理論にもともと内在していた発達の視点を改めて強調する人の一人であるが，近年はスピッツ Spitz, R. A.，ボウルビィ Bowlby, J.，ウィニコット Winnicott, D. W. に加え，マーラー，スターン Stern, D. N.，エムディ Emde, R. N. ら，パーソナリティの発達的基礎に踏み込む研究動向が注目されている。それら3歳頃までの早い時期に焦点を当てた高密度の研究が，従来からの三者間葛藤の視点に加えて，二者関係の微妙な体験世界に光を当てることにより，臨床的二者関係の再理解を深めさせているが，発達という時間軸が加わることで，パーソナリティ理解の次元はさらに増すこととなる。臨床過程はまさに人格変化の過程であり，個々人の人格構造と機能が，従来からの精神内力動の垂直軸と，社会的（人間関係）文脈という水平軸，そこに過去から未来にわたる時間軸が合わさることにより，一層立体的なとらえ方へと向かってきている。

　主観（自己体験）あるいは心的現実を尊重しそこに接近しようとの experience-near な理論・共感的観点と，他方，主観体験の共有とは逆に，それに距離をとり客観的現実を重視する experience-distant な理論つまり第三者的観察・解釈の観点のどちらに重点を置くか，ほどよく両立させるかも重要な課題である。病理水準や DSM 方式のようなパーソナリティ障害の診断においても，それら2つの観点が微妙に織り合わされているのがわかる。ここで取り上げた観点は複数にわたるが，人格のリアリティそのものの方がそれだけの理解のポイントを求めていると言えよう。　　　　　　　　　　　　（斎藤久美子）

　[関連項目] 自我，自我機能，人格障害，ベラック
　[文献] Allport, G. W. (1937), 小此木啓吾 (1985a, 1985b), Pine, F. (1985), 斎藤久美子 (1990, 1995)

人格化
　[英] personalization
　[独] Personalisation
　[仏] personnalisation

　パーソナルなこころをもつことを意味する言葉である。精神分析が生物学的本能的なものをその個人自身のパーソナルな体験のなかに収納し，その個人らしく練り上げることによって自分自身のこころの世界を生み出すことにまつわる営みであるとすれば，この用語は精神分析理論においてきわめて重要な概念と言えるであろう。しかし，この概念を明確に使用した理論家はウィニコット Winnicott, D. W. までは出現しなかった。彼にとって，個人のこころが人格化（パーソナライズ）されるには，母親環境の機能が不可欠であった。赤ん坊のこころと身体は本来は未統合であるが，赤ん坊のニーズを母親がほどよく読み取りそれに合わせることによって，赤ん坊のこころは身体に棲みつく in-dwelling ことができる。ほどよい抱える環境の機能によって，身体的ニーズが適切にかなえられつつ適切な不満を与えられるうちに，乳児は「生きている」「存在している」ものになり，それは乳児が「自分」をもつことを意味する。そのとき，母親の世話 handling によってこころは境界膜としての皮膚（皮膚機能）とつながり，ひとつのまとまりを獲得する。ウィニコットが人格化と呼ぶのはこのことであり，身体の機能から想像的に練り上げられたものを基礎として，パーソナルなこころが生まれるのである。人格化の過程は正常でもしばしば停滞や揺り戻しをともなうが，環境の不全によって人格化の過程に問題が起こると，脱人格化 depersonalization（離人症）が起こり，個人のパーソナルなこころの疎外が生じ，その結果こころとからだのつながりの不全が起きる。
　　　　　　　　　　　　　　　　　　（藤山直樹）

　[関連項目] ウィニコット理論，抱える環境，抱えること[ホールディング]，ほど良い母親
　[文献] 北山修 (1985), Winnicott, D. W. (1945, 1962, 1970)

人格障害
　[英] personality disorder
　[独] Persönlichkeitsstörungen
　[仏] troubles de la personnalité

　[概念] もともと精神医学的概念である。精神医学がようやくその体系を整えつつあった19世紀半ばにすでに，精神病や脳器質性疾患ではないが明らかに健常者とは違う人びとがいることが気づかれ，その後の精神医学の発展の中で精神病質者，社会病質者などと呼ばれるようになっていた。ことに，クレペリン Kraepelin, E. が精神疾患の中でそれらに大きな位置を与え，病的な素因に起

因する人格発達の著しい偏りとし，シュナイダー Schneider, K. が平均からの逸脱であり，その人格の異常ゆえに自ら悩むか社会を悩ませる異常人格者であると定義したことは周知の通りである。いずれも遺伝的変質といった見方が基盤にあったことは確かであるが，精神分析はこれに生活史上の体験の役割を付加することによって，近代的概念への寄与をなしたということがいえる。

[古典的精神分析理論] フロイト Freud, S. は，『性格と肛門愛』(1908)にすでに神経症症状を形成するエネルギーと考えられていたリビドー欲動が性格形成にも利用されるという認識を示し，続いて口愛性格，尿道愛性格，男根愛性格，性器愛性格などリビドー発達と関連して生じてくる性格傾向を概念化していった。また，エディプス・コンプレックスをめぐって生じる特異な性格傾向を描いたことでも知られている。例外人，成功したときに破滅する人間（マゾヒズム），罪の意識から罪を犯す人間などを描いたことも有名である。そして，フェニヘル Fenichel, O. は，性格を外的世界，内的欲動，超自我の要求が提示する課題を調和する習慣的様式であると定義し，その様式形成に重要な役割を果たすのが超自我であるとした。そして，それまでの古典的性格論をまとめるかたちで性格障害なる概念を提示している。治療経過の中で転移が重要視されるにつれて，症状の意味よりも人格面への注目が急速に高まっているのが分かる。ただこの時点では，これらの性格障害が精神医学でいう人格障害の輪郭を持つまでには至ってはいなかった。どちらかといえば性格傾向，人格傾向程度の概念であったといえる。その後，精神分析が治療対象を単に神経症にかぎらず境界例等の重症例までを含むようになると，人格構造のあり様に注目し研究するようになった。それがある意味では，自我心理学と対象関係論を発展させ新しい装いをもった人格障害をもたらしたといえる。

[自我心理学理論] 自我心理学において注目すべきは，自我機能のあり様を現実的な環境との関係において記載し直すなかで同一性という概念を発展させたことである。この過程で親機能のあり様をさまざまな方向から論じるようになっていることも忘れてはならない。人格形成における環境の役割をより具体的に論じるようになったのである。しかし，この流れのなかで何にもまして重要なのはエリクソン Erikson, E. H. の自我同一性と同一性拡散症候群の概念であろう（1950, 1959）。当時，精神分析家の注目を浴びるようになっていた境界患者の記載を基盤にしたものであるが，人格障害における同一性の意義を存分に描き出したという意味では重要である。

[対象関係論] 一方，イギリスで発展した独自の対象関係論が現代人格障害論の基盤を敷いたことも忘れてはならない。英国精神分析における人格論は，フェアバーン Fairbairn, W. R. D. をもって嚆矢とするが，彼は 1940 年代すでに分裂気質だけではなしに種々の人格や状態に孤立と現実からの離反，万能感，内的世界への没頭を主要因とする分裂現象のみられることを明らかにした特異な人格構造を描いた。さらにクライン Klein, M. は，部分的，全体的対象関係という概念を導入して，人格には低次元で機能するものと，高い次元で機能するもののあることを妄想分裂ポジション，抑うつポジションというかたちで論じた。そしてクライン学派と呼ばれる学問領域を形成するまでになった。その中で，ビオン Bion, W. R. は人格が精神病性部分と非精神病性部分から構成されていると論じ，ローゼンフェルド Rosenfeld, H. はつよい陰性治療反応を示す治療抵抗性の病態を通じて自己愛組織と名づける心的構造を想定し，シュタイナー Steiner, J. はクラインの抑うつポジションを達成した人格が耐えることのできない悪い対象体験によって妄想分裂ポジションでみられる原始的防衛活動を再活性化させた病的組織を提唱している。また同じイギリスにあっても，クライン学派とは趣を異にする独立派のウィニコット Winnicott, D. W. が母親の自己愛的押し付けを基に形成される偽りの自己という概念を本当の自己という視点から提唱し，バリント Balint, M. が基底欠損という概念を提唱したことも特筆に値する。いずれも神経症（健常者）と精神病の中間領域の病態としての境界例をモデルにして立てられた概念である。

[現代精神分析理論] こうした自我心理学と対象関係論の中で培われた諸概念を統合してひとつの臨床像を精神力動的に描写してみせたのがカンバーグ Kernberg, O. F. の境界性人格構造（1968）という概念である。この概念の特徴は，神経症水準より低い次元でまとまった機能をもつ人格状態が存在するということを明らかにしたものである。それは生活史上の心理社会的諸体験のみならず，個体のもつ体質的なものまで含めたもので，これまで精神医学の領域外にあった境界例を精神疾患としての人格障害の中に位置づけるほどの大きな貢献であったといわねばならない。加えて，コフート Kohut, H. が独自の立場から自己愛性人格障害論（1971）を展開し，世の注目を浴びたことも述べておかねばならない。これらの諸概念はやがて統合され，DSM-III で分裂病型人格障害，境界性人格障害，自己愛性人格障害として新たに収録されることになった。精神分析が培ってきた知がこのようなかたちで精神医学の中で華を開いたということができる。その後の人格障害に関する研究はもっぱら精神医学の領域に移った感があるが，自己愛性ならびに境界性人格障害の治療における精神分析の治療的意義が薄くなったわけではない。なお，境界性人格障害における児童虐待の病因論的意義を力説する見解が一時多くなったが，直接的関係を支持するまでには至っていない。

（牛島定信）

［関連項目］偽りの自己，基底欠損，境界性人格障害，口唇性格，肛門性格，自己愛構造体，自己愛パーソナリティ，病理構造体〔病理的組織化〕，妄想分裂ポジション，抑うつポジション
　［文献］Balint, M. (1968), Bion, W. R. (1967b), Erikson, E. H. (1950, 1959a), Fairbairn, W. R. D. (1952), Fenichel, O. (1945), Freud, S. (1908b, 1916d), Kernberg, O. F. (1975), Klein, M. (1935, 1946), Kohut, H. (1971), 小此木啓吾・狩野力八郎 (1995), Rosenfeld, H. A. (1965), Steiner, J. (1993), 牛島定信 (1998a), Winnicott, D. W. (1965b)

心気症
　［英］hypochondria(sis)
　［独］Hypochondrie
　［仏］hypocondrie

　客観的には異常が認められないにもかかわらず，胃部不快感，頭重，頭痛，めまい等々各種の異常感を感じて，病気なのではないかと気に病む状態である。医学的診察・検査の結果，病気ではないと説明されても，このとらわれは解決しないのが特徴である。同時に不眠，注意集中困難，意欲の減退などの精神症状を合わせ訴えることが多い。神経症の一類型を意味する場合と，より広く心気症状を呈している状態一般を意味して用いられる場合がある。DSM-IV では身体表現性障害のひとつに位置づけられている。
　フロイト Freud, S. は，はじめ心気症を現実神経症，すなわち，その原因が心理的な葛藤によらず，現実的な状況による性的な欲求不満あるいは消耗など生理学的な要因による神経症としてとらえた。しかし，この現実神経症の概念は次第にかえりみられなくなっていった。一方，フロイトは心気症を病的な自己愛との関連でとらえる視点も有していた。すなわち 1914 年『ナルシシズム入門』の中で「心気症患者は関心とリビドーとを……外界の対象から引っこめ，両者を自分が気を取られている器官に集中する……」と述べ，心気症を病的な自己愛のひとつのあり方としてとらえた。さらにその後，人格構造論的な視点を獲得した現代の精神分析理論では本能衝動，現実，防衛機制の間にかたちづくられる妥協形成物が身体言語を解してあらわれたものとしての意味を有することが解明されている。また一方で，心気症の発生にあたって攻撃性が果たす役割が認識されるようになってきており，クライン Klein, M. は 1932 年，取り入れられた対象に対する怖れ，すなわち自分自身の中にある敵から攻撃され，傷つけられるという怖れが「……心気症のもっとも奥にあるもののひとつであろう……」と述べている。さらに彼女は，1952 年，「私の考えによると内在化した対象に攻撃されることをめぐる不安が心気症の基礎である」と述べている。
　フェニヘル Fenichel, O. も「……攻撃的な衝動がとりわけ重要な役割を果たすように思われる。まず何らかの対象に対して向けられた攻撃的な態度が，自我に向けられる。そして，心気症は罪悪感を充足させる役割を果たす場合がある」と述べて攻撃衝動に着目している。一方心気症の固着点をめぐる精神分析理論は，初期には去勢不安などエディプス葛藤との関連を重視する傾向が強かった。例えば，フェニヘルも「去勢不安が心気症に置き換えられるという幼少期の既往が，精神分析によって明らかにされることはまれではない」と述べている。しかしその後，主としてクラインなどの業績を介して，口愛期の母子関係をめぐる葛藤の意義が注目されるようになって現在に至っている。また，心気症者の対象関係についてハイマン Heimann, P. (1952) は「成人の心気症者のとる行動は自己愛のひとつのかたちを示している。そこでは，自分が心配している身体の特定の部分に代表される内的な対象が，外的な諸対象に優先する」と述べている。さらにローゼンフェルド Rosenfeld, H. は，やはり心気症を病的な自己愛の状態のひとつとしてとらえる立場からその対象関係について解明し，とくに混乱状態 confusional state について述べている。すなわち心気症と分裂が混乱して消失してしまうことをめぐる不安，および外的な対象と内的な対象との区別が混乱して消失してしまうことをめぐる不安との関係である。そして彼は「正常な分裂に失敗し，良い対象と悪い対象との区別がなくなってしまう結果生ずる混乱の不安を回避しようとして，異常な分裂過程あるいは機制が発展する。心気症および心身症においては，この混乱の不安が身体の中へと排除されてしまうのである……」と述べている。
　　　　　　　　　　　　　　　　　　　（岩崎徹也）

　［関連項目］現実神経症，攻撃性，自己愛〔ナルシシズム〕
　［文献］Fenichel, O. (1945), Freud, S. (1895a, 1912e, 1914c), Heimann, P. (1952a), 保崎秀夫 (1967), 岩崎徹也 (1978a), Klein, M. (1932, 1952b), Rosenfeld, H. A. (1964b), 吉松和哉 (1975)

審級
　［英］agency
　［独］Instanz
　［仏］instance

　フロイト Freud, S. が心的現象を理解するモデルとして提起した心的装置について，局所論的ないし力動的な見方をとる場合のその下部構造について用いた概念である。例えば，意識，前意識，無意識の局所論における検閲という審級，自我，超自我，エスという心的構造論における超自我という審級などである。フロイトが心的装

置という言葉で最初に導入した言葉は系であり，それは，光が光学装置の各「系」を通過するような方式で，興奮が通過する一連の機構として理解された。審級という言葉は，『夢判断』(1900) の中で系の同義語として採用され，晩年の『精神分析学概説』(1940) でもまた使われている。系のほうはもっぱら局所論的な見方に基づいているのに対して，審級はむしろ心的構造論であり，同時に，力動的な意味を持つ。例えば，記憶系，知覚‐意識系というふうに使うのに対して，むしろ自我，エス，超自我という場合の審級は，単なる記述的なものではなく，能動的に働くものであり，ただ単に興奮を通過させるだけのものではない。その意味で，超自我は「両親の審級」の相続人と見なされている。ちなみに，審級という言葉は一般の法律用語として次のとおりである。「訴訟事件を，異なる段階の裁判所で繰り返し審判する制度における裁判所間の審判の順序・上下の関係。日本では三審級をとる」。　　　　　　　　　　　　　　（小此木啓吾）

[関連項目] 局所論〔局所論的観点〕，超自我，フロイト，S.
[文献] Freud, S. (1900, 1923b, 1940c)

神経質

[英] nervousness
[独] Nervosität
[仏] nervosité

森田正馬が森田療法を編み出す中で，その対象となる神経症全体を指して呼んだ病態である。彼によると，神経症は自己内省的，理知的，ヒポコンドリー的なものと感情過敏的，外向的，自己中心的なものに分けられるが，前者を神経質素質，後者をヒステリー素質と呼んだ。精神分析の歴史と照合するとき，フロイト Freud, S. がヒステリーと強迫神経症を両極において思索を深めたことに似ている。森田はもっぱら強迫傾向をもつ神経質の研究と治療に専念した。彼によると，これには普通神経質（いわゆる神経衰弱），強迫観念（恐怖症），発作性神経症（不安神経症）が含められるが，いずれもヒポコンドリー基調をもった体質の者が社会的体験の中で精神身体症状に「とらわれ」るようになって生じるものであると考えた。しかしながら，実際の臨床場面では完全癖，自意識過剰，配慮性，遠慮性，心身の状態に対する過敏性といった性格傾向を指すことが多く，神経症なのか性格描写なのか判然としないところがある。森田の貢献は「とらわれ」に認められる体質を基盤に精神交互作用と思想の矛盾という心理機制を発見し，それに対する攻略法として絶対臥褥や不問的治療態度を中心に据えた技法を発展させ，森田療法という精神療法を確立したことである。ただ，わが国特有の性格傾向とされる一方で，戦後の急速な文化社会的変化の中で，その姿かたち，さらにはその精神力動までも同じく変化を被りつつあることも忘れてはならない。精神分析学との関連は，土居健郎が甘え概念を発展させる際の最初の臨床素材をこの神経質に求めたことにある。彼は，神経質者を精神分析的治療に導入すると必ずや治療者が自分をどのように感じ考えているかに非常に過敏になるときがくるが，その背後にあるのが愛されたい欲求であるという。この受動的愛情欲求は「甘え」という日本語で最もよく表現される心性で，神経質はこの甘えが人生のある時期に挫折したことから生じたものだとした。彼はそれを「甘えたくとも甘えきれない心」と表現している。その他，精神分析家らの発言としては天上天下唯我独尊の心理と幼児ナルシシズムとを関連させながら神経質の精神力動を説いた西園昌久の考察があり，さらに牛島定信は神経質の中にある唯我独尊は日本民話に出てくる小さな英雄たち（桃太郎，金太郎など）にみる万能感やウィニコット Winnicott, D. W. の錯覚理論における万能体験と関連したものであると論じている。最近では，ギャバード Gabbard, G. O. が自己愛性人格障害を対象への無頓着型と過敏型とに分けて考察したのを受けて，後者と神経質との関連を指摘する向きもある。ただ高良武久が神経質の要件としてあげている求道者的姿勢等を考慮に入れるとき，自己愛障害は必ずしも同じ病態水準のものとはいえないだけに，関連付けには慎重であらねばならないであろう。
　　　　　　　　　　　　　　　　　（牛島定信）

[関連項目] 甘え，自己愛〔ナルシシズム〕，神経症，対人恐怖，万能
[文献] 土居健郎 (1979), Gabbard, G. O. (1994), 森田正馬 (1960), 西園昌久 (1976), Ushijima, S. (2000), 牛島定信 (2000b)

神経症

[英] neurosis
[独] Neurose
[仏] névrose

[概念] 精神障害の分類類型のひとつ。1777 年，スコットランドのカレン Cullen, W. によって提出されて以来，概念としてはさまざまな変遷を経て今日に至っている。すなわち，カレンはすべての疾患を熱性疾患 pyrexiae，神経性疾患 neurosis，消耗性疾患 cachexiae，局所性疾患 locales に分けた。当時はまだ医学そのものが十分に体系づけられていない段階でのことであり，この神経性疾患ないし神経症という言葉は，原因や症状のいかんに関わらず神経系統の病気として考えられるものすべてを含んだ概念であった。ついで 19 世紀に入ってから，脳や末梢神経には何ら異常が認められないのにも関わらず，精神的な障害，さらには身体的な障害が生ずることが，多

くの精神医学者の注目を集めるようになった。そしてそれらの原因，発症機制，治療法などについて，いろいろな説が次々に生まれた。それらの現象が何らかの磁気によって生ずると考えたメスメル Mesmer, F. A. の動物磁気説，シャルコー Charcot, J. M. やベルネーム Bernheim, H. M. による催眠治療を経て，ついにフロイト Freud, S. やジャネ Janet, P. らによって，神経症の心因性が解明された。こうして，現代精神医学では，神経症が精神病，器質性，症状性，中毒性の精神障害，人格障害，心身症などの諸概念とは区別される心因性の精神障害として分類されて，今日に至っている。

わが国の国際診断基準研究会の神経症圏小委員会では，神経症の診断基準について，つぎのように定めている。
A．次の症状のうち，少なくも 1 つが認められる：不安，恐怖，強迫，ヒステリー，心気，抑うつ，離人，その他。B．症状のために相当期間（普通は 1 カ月以上）にわたり，(1) 自覚的に著しい苦痛を感じ，(2) 同時に，あるいは社会的ないし職業的な活動に何らかの支障をきたしている。C．原則として病識があり，現実検討能力は保たれ，自我機能の深刻な障害はない。D．症状ないし状態像と性格傾向の間に心理的な関連が認められる。E．精神分裂病性障害，感情障害，器質性精神病，薬物中毒，てんかん，環境反応などに起因しない。

さらに神経症は，その状態像や基礎性格の特徴によって，臨床的にいくつかの類型に分けられる。先の小委員会では神経症の類型として次のようなものをあげている。
1．不安神経症：①不安発作型，②全般性不安型，③混合型。2．恐怖神経症：①空間恐怖型，②社会恐怖型，③疾病恐怖型，④単一恐怖型。3．強迫神経症。4．ヒステリー神経症：①転換型，②解離型，③退行型，④混合型。5．心気神経症：①疾病固執型，②多訴型，③自立神経症状型，④疼痛型。6．抑うつ神経症。7．離人神経症。8．その他の病型。

[精神力動と DSM] 神経症の病因ないし症状形成機制については，精神分析の歴史上も，さまざまな変遷がある。まず 1916 年フロイトは，神経症の病因論について次のように図示した。

神経症の原因　＝　リビドー固着　＋　(成人後の) 偶発的体験 (外傷的)
(Verursachung)　　　　による要因
　　　　　　　　　　(Disposition)

(遺伝性)　　　　　　　　　　　　(獲得性)
性的体質 (sexuelle Konstitution)　幼児体験
(歴史前の体験)

その後の精神分析の発展に伴って，精神分析の神経症論にも発展修正が見られるが，基本的に，神経症の症状は，本能衝動の充足を求めるエス es，それを禁止する超自我 superego および現実との間で生ずる無意識的な葛藤に基づく不安に対して，自我 ego が防衛機制を働かせた結果生じた妥協形成物 compromise-formation と理解されている。

しかし，アメリカ精神医学会では，1980 年に発表した DSM-III (Diagnostic and Statistical Manual of Mental Disorders) 精神障害の診断と統計のための小冊子第III版）以後，記述的な立場に徹する方針が取られたため，上に述べたような精神分析をはじめとする原因的な過程や力動的な理解を含んだ神経症という用語，概念は用いないことになった。この点について DSM-III では次のように説明している。フロイトがはじめ神経症という言葉を用いたときには，記述的な意味（個体にとって苦痛となる症状があり，かつ現実検討能力は傷害されていないなど）と力動的な意味（不安をもたらすような無意識的な葛藤があり，その結果，防衛機制が不適応的に用いられて症状を形成するに至るなど）との，双方を含めていた。しかるに今日，神経症という用語について誰もが一致するような概念上の合意は得られておらず，ある人びとはこの用語を記述的な意味に限定して用い，他の人びとは特定の原因的な過程を含めるものとして用いている。また神経症のメカニズムについては，力動的な理解の他にも，例えば条件反射を基礎に考える学習理論によるものなど，さまざまな学説もある。そこで DSM-III では，曖昧さを避けるために，神経症 neurosis という言葉は用いないこととして，代わりに神経症性障害 neurotic disorder という言葉を記述的な意味に限定して用い，特定の原因的な過程を含める概念を表現したい場合には，神経症性過程 neurotic process という言葉を用いることにした。その結果，DSM では不安障害の中にパニック障害，恐怖症，強迫性障害，外傷後ストレス障害，全般性不安障害を，身体表現性障害の中に転換性障害，疼痛性障害，心気症などを位置づけ，他に虚偽性障害，解離性障害，気分変調性障害などの分類がなされて，神経症という言葉は用いられていない。

[その他の関連用語] 上に述べたような概念，分類の他に，精神分析の歴史上，次のような考え方があった。すなわち，フロイトは 1898 年神経症を次のように二分した。(1) 現実神経症 actual neurosis：すなわち無意識的な葛藤とは無関係に現実の性活動の不適切さにより生ずるもので，神経衰弱（性的消耗によると考えた），不安神経症（中絶性交などの欲求不満によると考えた），心気症（1914 年に追加した）が相当する。(2) 精神神経症 psychoneurosis：すなわち内的な葛藤に基づき，それゆえに精神分析療法の対象となるもので，不安ヒステリー，ヒステリー，強迫神経症が相当する。この分類の仕方は精神分析学のその後の発展，特に 1923 年前後の不安理論の発展とともに現在ではあまり用いられなくなっている。しかし，用語としての精神神経症は残して，現在で

も欧米では神経症と同義として用いられることが多い。

またフロイトは神経症を，(1) 転移神経症 transference neurosis：すなわち，ヒステリー，強迫神経症など精神分析療法で治療者に転移を起こす能力のある神経症と (2) 自己愛神経症 narcissistic neurosis：すなわち転移を形成する能力に欠け，したがって精神分析療法の適応とならないものがあり，精神分裂病，躁うつ病などの精神病がこれに相当すると考えた。しかし，その後の経験から精神分裂病も転移を生ずることが明らかになっている。また，転移神経症という言葉は，精神分析療法を受けている患者が転移を発展させた結果として，その転移の如何によって症状の転移が生ずるに至ることを意味して，もともとの神経症，つまり起源神経症と対比して用いられる場合もある。神経症の発病の状況によって，外傷神経症，災害神経症，賠償神経症，戦争神経症，医原神経症などの概念もある。　　　　　　（岩崎徹也）

[関連項目] 胃腸神経症，外傷神経症，解離ヒステリー，器官神経症，強迫神経症，恐怖症，疾病利得，神経症的性格，神経衰弱，性格神経症，精神神経症，戦争神経症，妥協形成，貯溜ヒステリー，転移神経症，ヒステリー，不安神経症，不安ヒステリー，防衛-神経精神病，防衛ヒステリー，ジャネ，シャルコー，フロイト，S.

[文献] Fenichel, O. (1945), Freud, S. (1894, 1916–1917, 1924a)

神経症的性格
[英] neurotic character

内的葛藤が神経症症状としてではなく，外的現実の中の行動として表現されるような人格をアレキサンダー Alexander, F. は神経症的性格とよんだ（1930）。彼は，葛藤をともなう精神現象の存在の有無，本能衝動が自己変容的に満足されるか外界変容的に満足されるか，によって精神病理現象を，神経症，神経症的性格，精神病，犯罪の 4 つに分類した。神経症的性格の特徴は，(1) 症状という形による本能衝動の代理満足が欠如していること，(2) 外界変容的に本能衝動を満足させること（神経症や精神病はおもに自己変容的に本能衝動を満足させる），(3) 衝動を容易に行動に移すが，その傾向は自我のある部分にとって非社会的で異質だと体験される。それゆえ，人格は弱体化しているが，他者に対する良識や分別は保持しているという点で犯罪者と異なっている。(4) 人格の良識的側面が，自分の衝動的行動を批判するため自己非難や自己破壊傾向を引き起こす。(5) 人格は両立し難い 2 つの傾向の間でたえず揺れ動いており，神経症的分裂 neurotic splitting をおこしている。病因として非常に強い本能衝動が自我を弱体化せしめ，外界変容的行動化パターンをつくりだすという。彼の理論では，自我の弱

体化は相対的なものであり，葛藤は神経症的レベルにとどまっており，現代的な意味での自我の歪曲や脆弱性，早期対象関係の障害とそれによる原始的な葛藤については言及されていない。このような限界はあるものの，この概念は現代の境界例論と関連しており，外界変容性という指標はカンバーグ Kernberg, O. F. の境界人格構造の中にも取り入れられている。　　　　（狩野力八郎）

[関連項目] 環境変容的適応／自己変容的適応，境界性人格障害，境界パーソナリティ構造

[文献] Alexander, F. (1930b), 狩野力八郎 (1988)

神経衰弱
[英] neurasthenia
[独] Neurasthenie
[仏] neurasthénie

フロイト Freud, S. は，1898 年に，神経症を二大分類して，現実生活の不適切な性活動によって起こる現実神経症と，幼児期の心的外傷や内的葛藤によって起こる精神神経症に分けた。そして前者には，性的過労による神経衰弱と，性的な不満足による不安神経症とが含まれ，後者には不安ヒステリー，転換ヒステリー，強迫神経症，メランコリーが含まれるとした。性的な病因はすべての神経症に認められるが，神経衰弱では現実の性生活に問題があり，精神神経症では幼児期に動因があり，しかも本人はそれを忘却している。神経衰弱の特有な症状は，頭重，疲労感，消化不良，鼓腸，便秘を伴う食欲不振であるという。

これより早く，1880 年にアメリカのベアード Beard, G. M. は，神経衰弱という病名を初めて用い，主症状として疲労感，頭痛，不眠，耳鳴り，めまい，手や眼瞼の振戦，知覚亢敏，注意散漫，記憶力減退，刺激性亢進，などをあげた。はじめは心身の過労による神経系の疲労が原因と考えられたが，後には素質や性格と，周囲の状況とのかね合いによって起こる神経症の一つとされるに至った。

わが国でも，この用語は広く一般に流布し，すべての精神疾患の代表名のような扱いを受けていた時代もあったが，現在では，他覚的所見がきわめて乏しいにもかかわらず，上記の症状，特に頭重感，いらいら感，疲労感，集中力や思考力の低下などに悩んでいる場合に，この病名がつけられることがある。　　　　　　　　（馬場謙一）

[関連項目] 現実神経症，精神神経症

[文献] Beard, G. M. (1880), Freud, S. (1898a)

神経性過食症　⇒摂食障害
[英] bulimia nervosa

神経性無食欲症　⇒摂食障害
　［英］anorexia nervosa

信号探査情動
　［英］signal-scanning affects

　エンジェル Engel, G.（1976）が『心身の力動的発達』の中で乳幼児期の母子のコミュニケーションの影響の在り方をみる上で提唱した概念である。すなわち母子の共生関係から次第に分化，発達してゆくと乳幼児の生理的欲求の表出を母親が適切に読み取って応答して行くことで，コミュニケーションも育って行く。エンジェルは幼児の感情の分化に伴い，情動を信号 - 探査情動 signal-scanning affects と欲動 - 解放情動 drive-discharge affects の 2 つに分類した。すなわち信号 - 探査情動は，警告 warning あるいは信号機能 signal function と「私はどのように振る舞っているのか」を知る機能，すなわち良いか悪いか，成功か失敗か，快か不快かといった判断をもたらす探査機能 scanning function を特徴とする。つまり自我に情報をもたらすのである。エンジェルは不快のしるしとしての信号 - 探査情動として，不安 anxiety, 恥ずかしさ shame, 罪悪感 guilty, 嫌悪感 disgust, 悲哀感 sadness, 無力感 helplessness と絶望感 hopelessness を，快のしるしとしての信号 - 探査情動として満足 contentment, 自信 confidence, 喜び joy, 誇り pride, 希望 hope を挙げた。信号 - 探査情動は自我機能の中でも外界現実および内界現実との関係を位置付けるための信号あるいは現実検討の手段となり，危険を警告して適応を保証するのである。これに対して，むしろ欲動の解放を特徴とするのが欲動 - 解放情動である。欲動 - 解放情動としては，怒り anger あるいは憤怒 rage, 愛 love, 愛しさ tenderness, 愛情 affection, 性的興奮 sexual excitement を挙げた。欲動 - 解放情動は欲動のより直接的な表れであり，信号性に乏しい。そのほかに部分的な欲動と融合された欲動に基づく感情として貪欲 greed, 羨望 envy, 苛立ち impatience, 強情 stubbornness あるいは頑固 obstinacy, 同情 sympathy, 哀れみ pity を挙げている。

　フロイト Freud, S. も『科学的心理学草稿』（1950 [1895]）で，乳幼児が泣き叫びや感情の表出の形で欲動の興奮と不満を表現するが，この生理的，生得的な反応は，これを信号として認知し，欲求の満足を与えてくれる対象（母親）の存在とその助けを得て，初めて意味を獲得するという，コミュニケーションの機能をもっていることに触れている。
　　　　　　　　　　　　　　　　　　（深津千賀子）
　　［関連項目］欲動解放情動

信号不安
　［英］signal anxiety（signal of anxiety / signal as anxiety）
　［独］Angstsignal
　［仏］signal d'angoisse

　フロイト Freud, S. は，危険な状況や心的苦痛を避けるために，すべての不安を，危険を予知する信号として自我が利用すると考えた。これが不安信号説である。この信号不安は，過去に体験したなんらかの外傷的状況にまつわる不安反応（たとえば出産外傷時の不安反応＝原不安）を，その程度をより弱くした形で再現し，自我の防衛を発動させる。

　フロイトは，不安理論の展開の中で，初期には『"不安神経症"という特定症状群を神経衰弱から分離する理由について』（1895）において，身体的な興奮がたまると（リビドーのうっ積と緊張），それが不安神経症における不安に換わると考えた（うっ積不安説）。つまり，一つの精神現象の意味をそれ自体としてはとらえず，生物学的な起源をもつ（特に性欲）別なものに求めたが，後期の不安理論ではこれを大幅に修正し，不安をリビドーうっ積の結果としてとらえる観点から，自我による防衛のための信号としてとらえる観点への変換が行われたと主張した。しかし，『抑圧』（1915），『無意識について』（1915），『精神分析入門』（1916-17）などにおいて，フロイトは外界の危険に対する適切な反応（外因性興奮）としての現実不安（正常な不安）と，内界のリビドー興奮（内因性興奮）による神経症的不安とを区別するようになった。さらに，『制止，症状，不安』（1926）では，信号としての不安と，例えば出産外傷などの過剰な外的刺激に端を発する不安（自動性不安）との区別を試みた。自動性不安は，自我が自分の力だけでは放散することも克服することもできないような内的な興奮に直面した時に経験する無力感であり，やがてその自動性不安を救ってくれる母親の不在そのものに対して起こる不安が信号として働くようになる。母親に強く依存している幼児にとっては，母親の不在は出産体験に匹敵する不安を喚起する。不安信号の概念には同時に，受身的・運命的に生じる自動性不安を一種の信号探査感情としてとらえる観点への変化も含まれていた。

　このような信号不安の考え方は，たとえば『科学的心理学草稿』（1950 [1895]）において「不快感は自我が正常な防衛機制を働かす信号として作用する」，『精神分析入門』（1917）において「不安はより深刻な不安の発生を予防する信号として働く」と述べるなど，すでに初期からフロイトの中では展開されていた。そのような防衛としての機能的側面に加えて，まだその事態には至ってはいないが，危険に満ちていて，避けなければならない状況にまつわる記憶や感情の象徴としても，信号不安は

機能する。またフロイトは，他方で確立された自我・エス・超自我からなる構造論を背景として，予測される危険も3つの要素からなると考えた。すなわち，外界からの危険信号が現実不安に，エスからの危険信号が神経症的不安に，超自我からの危険信号がいわゆる良心の不安など（超自我不安）に相当し，不安を信号として受け取る能動的な自我の働きにも注目した。以上のように，外的な客観的危険に対しては信号不安は適応的な反応となりうるが，内的な葛藤に対しては顕在化した衝動や感情の意識化を困難にすることもある。危険な状況の予知と対応を可能にする限りにおいて，信号不安は適応的で有効な手段となる。　　　　　　　　　　　（中村留貴子）

[関連項目] うっ積不安（説），自動性不安，出産外傷，信号探査情動，不安

[文献] Freud, S. (1895a, 1915d, 1915e, 1916–1917, 1926a, 1950b)

審査分析

[英] trial analysis

その患者に，精神分析療法が適応かどうかを判断するために，何週間かの一定期間行われる精神分析療法をいう。すでにフロイト Freud, S. は1913年に発表した『分析治療の開始について』で「適応かどうかよくわからない患者には，はじめただ暫定的に1週間から2週間の間引き受けてみるならわしにしている。その期間内に中止すれば，患者に治療の試みが失敗したというみじめな印象を与えないでも済む。この手続きは，ただ患者を知り，その患者が精神分析療法を行うのに適しているかどうかを決定するために患者を審査する試みである。このような試み以外に，別なやり方で患者を審査する方法はないのである。たとえ，初診時にどんなに長く対談を続けたり，質問を根掘り葉掘りしたりしても，以上のような審査方法の代わりにはならない。しかし，この予備的な審査も，すでに精神分析操作の開始なのであって，その規則に従わなければならない。この場合，われわれが規則の中でとくに守らなければならない規則は，主として患者に話をさせて，分析家は患者に話を続けさせるのにどうしても必要以上に説明をしたりしないという点である」と述べている。そして，この審査分析に際しては，「精神病とくに精神分裂病を識別するという診断上の動機もある」という。さらに審査分析に先立って行う診断面接ないし予備面接について，「分析治療の開始に先立って長いこと予備的な面談を行うことは，ちょうど分析治療を始める前に，あらかじめ分析とは種類の異なった療法を行うことと同じになるから，分析家と被分析者との間に分析療法前から何らかの知人関係があった場合と同様に好ましくない結果を生むおそれがあると前もっ

て覚悟し，わきまえておく必要がある」と語っているが，このフロイトの見解が精神分析家たちが診断面接を行うよりむしろ審査分析を行う伝統をつくり出した。つまり，診断面接のような出会い方をすると，患者は分析家に対して分析治療の最初からしっかりでき上がってしまった一種の転移性の態度をもって向かうことになり，分析家は転移の生成とその変遷を最初から観察する機会を持つのではなく，でき上がってしまったものを後から徐々に明らかにしてゆかなければならない立場におかれる。こうした状況が起こると，分析治療開始後しばらくの間は，患者のほうが先へ進みすぎているという望ましくない事態が生じてしまうという。

なお，グリーンソン（Greenson, R. 1968）は，治療契約の際，患者が精神分析療法を受けることに合意したら，自由連想法の役割を説明し，それを試みることを勧めるが，審査分析の長さは多様で，数カ月，時には何年にも及ぶこともあるという。そして審査分析は精神分析療法の治療成果をたしかにするためにも重要である，という。その際，「しばらく一緒に精神分析療法の仕事 work をしていると，あなたにそれが適しているかどうかがもっとはっきりしてきます」と話すという。

なお，国際精神分析協会，そして日本精神分析協会は，精神分析家になるための候補生 candidate を選択するためにもその志願者 applicant が1年間の審査分析を受け，その上で候補生と認めるかどうかを審査することを規則としている。　　　　　　　　　　　　　（小此木啓吾）

[関連項目] 診断面接，精神分析可能性，治療契約，日本精神分析協会

[文献] Freud, S. (1913l), Greenson, R. R. (1967)

侵襲　⇒偽りの自己

[英] impingement

心身医学

[英] psychosomatic medicine
[独] psychosomatische Medizin
[仏] médecine psychosomatique

[定義と対象] 心身医学という用語は，ウィーンの内科医であり精神分析家でもあったドイチュ Deutsch, F. により，身体諸器官の器質的障害が自律神経を介して心因性に形成され，かつ精神分析により治療しうるとの認識のもとに，そのような臨床と研究の領域を表す言葉として提唱された（1922）。今日この概念は必ずしも一義的に定義しうるものではなく，またその対象とする領域は多岐にわたるが，その根幹には生物学的観点に偏重した近代医学への批判があり，すべての疾患を心理社会的

観点をも含めて理解し，さらに疾患を超えそれを抱え体験する個としての患者をこそ医療の対象とすべきであるとの理念がある．この観点に立てば，すべての疾患と患者は心身医学の対象となりうるが，その中核を成すのは心身症を中心に心理社会的要因が密接に関与して身体的病状が形成された病態群，およびすべての医療領域における身体的疾病の診療過程において，心理社会的観点からの関与がとりわけ重要な意義を持つ患者や状況である．

　[フロイトの貢献] ドイチュの思考と臨床の源はフロイト Freud, S. にある．フロイトの心身医学への寄与は多大であるが，およそ以下の 2 点に集約できよう．その 1 つは身体症状が心因性に形成される機制として，2 つの重要な鍵概念である転換機制 conversion，および不安神経症に伴う情動等価 affect equivalence を提唱したことである．ワイスとイングリッシュ Weiss, E. & English, O. S. をはじめ多くの精神分析家が心身症の形成機制として前者，すなわち象徴化を伴う転換の概念を発展させたが，アレキサンダー Alexander, F. はキャノン Cannon, W. B. らの精神生理学的研究に基づいて後者の機制を重視し，心身症を自律神経症としてヒステリー性転換から明確に区別した．アレキサンダーが現代心身医学の創始者と呼ばれる所以である．フロイトによる心身医学への重要な寄与の 2 つ目は，医療における患者を，疾病の単なる保有者であり受身的に医療を施される客体としての存在ではなく，自由連想法によって主体的に，そして転移と逆転移を介して相互交流的に治療状況に参加する主体であり，一個の人格たる存在として位置づけた点にある．患者を一個の人格として捉え関わろうとする心身医学理念の原点がそこにある．

　[心身医学と精神分析] 心身医学は，第二次大戦に伴うドイチュ，アレキサンダーをはじめとする多くの精神分析家の亡命の結果，主として米国において発展し，精神分析，とりわけ自我心理学はその理論と治療実践において中心的役割を担った．この領域の研究の中心的な発表の場である雑誌『心身医学 Psychosomatic Medicine』は，彼らの手により 1939 年に創刊されたものである．その後精神分析と心身医学との関わりは，1960 年代から 1970 年代にかけてしだいに減っていくことになった．そこには精神分析が治療と研究の対象を狭義の心身症に限定する傾向に留まったことや，その技法的限界といった内部的要因に加えて，行動科学的，社会疫学的研究成果の量産や，神経内分泌免疫学，精神薬理学などによる生物学的な病態の解明と治療の進歩など，心身医学を取り巻く状況の変化も関与している．しかし近年，心身医学は現象学的方法論の限界や，生物学的病態解明が個としての人間の抱える病の一側面，あるいは一次元での解明に過ぎないという事実に直面している．またストレスを，単なる外的事象としてではなく，それを抱え対処しようとする人格についての理解まで拡大し，さらにはその形成過程に人生早期の体験がどのように関与するかといった発達論的視点を導入する必要にも迫られている．そして医療の包括性という心身医学理念を実践する一つの臨床形態として発展したリエゾン精神医学において，患者の医療者との関係性を理解し治療的に介入するための理論と技法の深化が求められている．人格の形成過程やその病理と治療，乳幼児期の精神発達，そして対象関係に関する多くの知見と理論を長年にわたり蓄積してきた精神分析は，このような心身医学からの要請に，研究および臨床上の理論と手法を提供することで，再び交流を深めている．

〔菊地孝則〕

　[関連項目] 植物神経症，心身症，精神分析，転換，転換ヒステリー，不安，不安神経症，リエゾン精神医学，アレキサンダー，フロイト，S.

　[文献] Alexander, F. (1950), Deutsch, F. (1922), Freud, S. (1895a), Freud, S. & Breuer, J. (1893–1895), Weiss, E. & English, O. S. (1943)

心身症

[英] psychosomatic disease
[独] psychosomatische Krankheiten
[仏] maladie psychosomatique

　[概念と定義] psychosomatic という用語はドイツの精神科医ハインロート Heinroth, J. C. A. が，心と身体は同一事象の二側面であり，不可分なものであることを論じて用いたのが最初である（1818）．その後 100 年余を経てウィーンの精神分析家ドイチュ Deutsch, F. が psychosomatic medicine（心身医学）の用語を提唱した際に再び用いられ（1922），以後定着するようになった．

　心身症は今日わが国においては，日本心身医学会によって「身体疾患の中で，その発症や経過に心理社会的因子が密接に関与し，器質的ないし機能的障害が認められる病態をいう．ただし神経症やうつ病など，他の精神障害に伴う身体症状は除外する」と定義されている．すなわちそれは病態を表現する用語であって，一つの独立した疾患を表す名称ではない．「症」の英語表記としては disease が一般的であるが，これ以外に condition, illness, disorder あるいは phenomenon などいくつかの単語がほぼ同義として用いられてきた．しかし上述の観点に立てば，condition を用いるのがより適切と思われる．

　[発症機制] 心身症形成の機制についてその端緒を開いたのはフロイト Freud, S. である．彼はその後の研究の原形となる多くの鍵概念を提唱した．その 1 つが転換機制であるが，その後グロデック Groddeck, G. をはじめ，内臓器官にも無意識的願望が象徴化されるとして器官言語 organ language の概念を提唱したワイスとイン

グリッシュ Weiss, E. & English, O. S., あるいは前性器期転換 pre-genital conversion の概念によってチックや気管支喘息の心身機制を説明したフェニヘル Fenichel, O. などはこの概念を拡大し，心身症理解への適用を試みた。またドイチュは転換機制を健康人にも一貫して存在するものであるとしたうえで，個体が失った対象を取り入れ再結合をはかろうとし，身体あるいは個々の器官に住まわせる結果，失った対象の器官表象 organ representation を生むこと，そしてその象徴化された対象（器官表象）に結びついた欲動が過剰になったときに，転換症状としての心身症が発症することを述べている。このように転換機制は，精神 - 性的発達レベルの広い段階で生じると考えられるようになった。

いっぽうフロイトは不安神経症の発症機制に関する初期の理論の中で，心身機制に関するもう 1 つの重要な見解を述べている。すなわちこの場合の身体症状が，蓄積された身体的興奮が何ら心的加工を経ることなく，不安の一つの相として身体面に現れるに過ぎないと論じた。後に彼はこの考えを放棄することになったが，この症状論を発展させ植物神経症の概念を提唱したのがアレキサンダー Alexander, F. である。彼によれば植物神経症の身体症状は，情動の持続的緊張状態に対する自律神経系を介した生理的反応の病態化であり，象徴的意味を持たないとして転換機制と明確に区別した。その上で彼は発散を阻止されて持続的に亢進した情動の性質と，それによって興奮する自律神経系および形成される身体症状とが特異性をもって対応していることを論じた。しかしその後の研究の多くは，単純な特異的対応の存在については否定的な結論を導きだしている。

その後アメリカではマーゴリン Margolin, S. G.，グリンカー Grinker, R. R.，シュール Schur, M. などによる自我心理学的心身医学が発展した。彼らによれば，自我はエス衝動に対する防衛機能と環境に対する適応機能を司るが，リビドーおよび攻撃性のエネルギーの中和と昇華が進むほど，心的エネルギーはより多く精神構造の中に統合され自我の二次過程に利用されるようになる。その結果それまで未分化で生理学的過程に留まっていた精神生理学的な一元的過程は，精神および身体それぞれの過程に分化し発達する。そして心身症とは，このような発達した段階から生理学的過程への自我の退行（生理学的退行 physiological regression，再身体化 resomatization）の結果であると位置づけられる。

マーティー Marty, P.，フェイン Fain, M.，などパリ学派の分析家らは，フロイトの不安神経症の身体症状論の流れをくむ点でアレキサンダーと共通の認識に立つが，彼らの注目したのは，心身症的な患者の持つ象徴や空想を形成する自我能力の障害に基づく，特徴的な性格パターンや対象関係の質である。彼らは心身症的な患者が，情緒的に平板で，極端に実用的な思考（操作的思考 operational thinking）をし，そして対象とのリビドー的感情に基づく生き生きとした関りを欠くという共通した特徴を有することを指摘した。そしてそれらが早期幼児期の，堪能させあるいは耽溺させる母親 satiating or addictive mother との関係の中で，健全な象徴形成能力を育まれなかったことに由来するものであり，その能力の不全が，本能衝動やそれによる感情的緊張を身体化によって放出せざるを得ない状況を生んでいると論じた。これらの考えはシフニオス Sifneos, P. E. らが心身症患者に特徴的であるとして提唱した，アレキシサイミア alexithymia の概念に先行し，影響を与えている。

近年アメリカを中心に実証的研究に基づく乳幼児精神医学の発展が目覚ましいが，この動向は心身症の発症機制の研究分野にも及んでいる。たとえばテイラー Taylor, G. J. は心身症的な患者は，自己調節機能の未発達という問題を抱えているという。それは彼らが早期の対象関係の中で，生起した情動を適切になぞりながら調節してくれる対象（自己調節的他者 self-regulatory other）を経験し内在化することに失敗した結果であり，そのことがアレキシサイミア的特徴，すなわち生じた未分化な情動を感情として体験できるまでに加工処理し，言葉や空想として象徴的に使用し情動を調節することの不全を生んでいると論じている。

（菊地孝則）

[関連項目] アレキシサイミア，一次過程／二次過程，器官言語，幻想，攻撃性，自我，自我心理学，象徴化〔象徴作用〕，象徴形成，植物神経症，心身医学，精神 - 性的発達，転換，乳幼児精神医学（保健），不安神経症，リビドー，アレキサンダー，フロイト，S.

[文献] Alexander, F. (1950), Deutsch, F. (1922, 1959), Fain, M. (1971), Fain, M. & David, C. (1963), Fenichel, O. (1945), Freud, S. (1895a), Freud, S. & Breuer, J. (1893–1895), Grinker, R. (1953), Heinroth, J. C. A. (1818), Margolin, S. G. (1953), Marty, P., M'Uzan, M. De & David, C. (1963), 日本心身医学会教育研修委員会（編）(1991), Schur, M. (1955), Sifneos, P. E. (1973), Taylor, G. J. (1992), Weiss, E. & English, O. S. (1957)

深層心理学

[英] depth psychology
[独] Tiefenpsychologie
[仏] psychologie en profondeur, psychologie abyssale

これはブロイラー Bleuler, E. が名づけたとされているが，人間の無意識的な領域を研究し，精神現象や行動を無意識によって解明しようとする心理学である。フロイト Freud, S. は『無意識について』(1915) で，意識と無意識という局所論を整理する中で，深層心理学とい

う言葉を使っている．さらに後に『精神分析要約』（1924）の中でも，「精神分析を深層の直接意識できない精神過程の理論，"深層心理学"として公にし，ほとんどすべての精神科学に応用できるようにする」，「意識的な精神生活の最も一般的な事柄（本能衝動間の葛藤，抑圧，代理満足）がどこにでもあり，それを気づかせる深層心理学があるとすれば，人間の精神活動の多様な領域への精神分析の応用が，これまで得られなかった重要な成果をもたらすことを期待してよかろう」と述べている．そしてそこでは同じ仲間としてアドラー Adler, A., ユング Jung, C. G., アブラハム Abraham, K., フェレンツィ Ferenczi, S., ランク Rank, O., ザックス Sachs, H. らの名前をあげている．したがって深層心理学という呼び名は，フロイトが 1890 年代に催眠カタルシスを用いてヒステリーの研究を行い，無意識，抑圧，代理形成の概念を提示して以来，1900 年に夢の研究によって無意識的願望，検閲，夢作業，象徴化が解明されたり，幼児性欲論を中心とした心理学が花咲いた当時，「無意識の心理学」という意味で，新鮮な言葉として華々しくデヴューしたものであったろう．そうした欲動論——エス心理学の時代に，精神分析は芸術，文化，宗教，文化人類学など他の領域にも大きな影響を与えたものである．しかしその後，同じく深層の心理を掘り下げて元型に注目し普遍的無意識を提唱していたユングは「分析的心理学」を打ち立て，アドラーも「個人心理学」へと離反した．またフロイト自身も自我の概念を提出して構造論を展開したため，その直系の弟子たちも「自我心理学」を名乗るようになって，深層心理という言葉はしだいに用いられなくなってきた．

　ちなみにラプランシュ Laplanche, J. とポンタリス Pontalis, J. B. の『精神分析用語辞典』（1967）にはその項目は見られないし，わが国の『心理学事典』（平凡社，1957）においても，新版（1981）においては見出しの項目から削除されている．精神医学の領域において，かつて村上仁（1952）は精神病理学における諸流派の中に「深層心理学的立場」を設けてこれを認め，フロイト，ユングとともにジャネ Janet, P., ビンスワンガー Binswanger, L., ゲープザッテル Gebsattel, V. E. v., ホーナイ Horney, K. などの名を挙げていた．また広義の深層心理学に属するものとして，『医学的心理学』のクレッチマー Kretschmer, E. や，性格学のクラーゲス Klages, L. などの名前を挙げていたこともある．

（前田重治）

[関連項目] エス，精神分析，無意識，欲動
[文献] Freud, S. (1915e, 1924b), 村上仁 (1970)

身体化

[英] somatization
[独] Somatisation
[仏] somatisation

　今日この用語は国際疾病分類（ICD）や米国の診断統計マニュアル（DSM）など記述精神医学的に定義される身体化障害，すなわち症状を説明するに足る器質的病変や病態生理学的機序を伴わずに，多彩な身体症状を訴える疾患を念頭において使用される場合がある．しかし本来は，精神病理学的な衝動が自律神経系を介して，さまざまな内臓器官に機能異常をきたしたと考えられる障害全般を包括する用語として，アメリカ陸軍において採用されたのが最初と言われ，基本的には今日でもヒステリー性転換や心気症とは一線を画し，心因性に，身体諸器官に機能的あるいは器質的な障害をきたす過程を包括する概念として用いられる．psychosomatic という用語と概念的には重複する側面を持つが，メニンガー Menninger, W. C. は psychosomatic reaction という用語は，総合医学の根本原理により密着した概念を表す傾向にあり，ある特定の病態を取り上げる際には somatization reaction を用いるほうが適切であろうと述べている．

　いっぽう精神分析領域においてこの用語をいち早く用い，精神過程と身体過程のつながりを系統的に論じたのはシュール Schur, M. である．彼によれば，乳児においては身体的ホメオスターシスの乱れが不安反応の前駆状態を引き起こすが，それは方向性を持たずに発散され，運動系においても協調性を欠いた反応として発散されるのみである．その結果ホメオスターシスはさらに深刻な不均衡をきたすことになる．しかしその後，生物学的には中枢神経系および運動器官の成熟やホメオスターシス過程の安定化が進む一方，精神装置の面では自我機能の成熟が進む．彼がとりわけ重要視したのは，二次過程思考の出現と成熟，およびそれと手を携えながら形成されるリビドーや攻撃性を中和する自我の能力である．自我が中和された精神的エネルギーをより多く利用できるようになり，内外からのさまざまな刺激と不安に対して二次過程思考を用いて対処できるようになると，個体はもはや興奮の発散という形の身体化を必要としなくなる．これが彼のいう自我活動の，あるいは反応様式の脱身体化 desomatization である．個体は，統合され自動化された筋肉の動きを介した合目的的な解消が可能になり，さらに直接的な行動衝動を思考によって置き換え抱えられるようになるため，不安を惹起する衝動を自律神経系を介して放出する必要性が減少するのである．しかしさまざまな危険に遭遇し自我の退行が起こると，再び一次過程思考が優位となり，中和されないあるいは脱中和化された衝動エネルギーが増え，それらは再び自律神経系を

介して身体過程に放出されるようになる。これを彼は自我活動あるいは反応様式の再身体化 resomatization と呼び，このような「思考と情動の前段階への広範な退行，すなわち衝動生活と防衛過程が，もっぱら身体レベルにおいて表現されていた早期の段階への退行」を，生理学的退行 physiological regression と呼んだ。　（菊地孝則）

[関連項目] 一次過程／二次過程，攻撃性，自我機能，思考，衝動，情動，心気症，心身症，ヒステリー，リビドー
[文献] Menninger, W. C. (1947), Schur, M. (1955)

身体からの迎え入れ

[英] somatic compliance
[独] somatisches Entgegenkommen
[仏] complaisance somatique

フロイト Freud, S. (1905) が，ヒステリーにおける身体症状の発生，つまり転換 conversion の際の症状選択ないし器官選択に対して，身体ないし特定器官の側が，特別な素質的脆弱性や後天的脆弱性，ないし準備状態を持つ場合があるという事実をあらわすために用いた精神分析的概念。はじめフロイトはこの概念を症例ドラの分析（1905）でヒステリーの身体症状形成について用いたが，フロイトは，(1) 症例エリザベート（関節リウマチ）や症例ルーシー（副鼻腔炎）について注目したような，特定の身体的疾病への罹患や外傷によるもの，(2) リビドーの性感帯の作用と無意識的葛藤との親和性（結びつき）によるもの，(3) 身体そのものを無意識的な葛藤の表現手段となる際の身体側の準備条件として身体そのものに対する自己愛的なリビドーの備給，の3つをあげている。やがてこの概念は，神経症，ひいては心身症における症状選択や器官選択の際に働く要因として広く用いられるようになった。類似した概念としては，アレキサンダー Alexander, F. による「器官脆弱性 organ vulnerability」がある。　（小此木啓吾）

[関連項目] エリザベート・フォン・R 嬢 [症例]，ドラ [症例]，ルーシー・R 嬢 [症例]，アレキサンダー，フロイト, S.
[文献] Alexander, F. (1950), Freud, S. (1905e), Freud, S. & Breuer, J. (1893–1895)

身体自我

[英] body ego
[独] Körper-Ich
[仏] moi corporel

フロイト Freud, S. はその初期の理論段階では，『自我とエス』(1923) 以後の心的構造論における自我の概念とは異なったもっと一般的な意味の Ich を使っていた。この Ich はむしろ直接的な自己をも意味していたが，このような自己が身体からつくられることに注目した。しばしばフロイトはこう述べている。「自我は何よりもまず身体自我である。言い換えるならば，自我は究極的には身体感覚から，それも主として身体の表層から由来する感覚から生まれる」(1927)。ハルトマン Hartmann, H. は，自己表象と対象表象を区分する見地からこのような自己を身体自己と呼んだ（1964）。

すでにフロイトは，この自己表象としての身体自己の形成の初期段階における前駆的な身体的要素に注目している。乳児の最大の関心は養育と快適な満足の探究と不快の回避に向けられ，口がその乳を吸う機能によって最初の自己表象の重要な核となり，それに，手で触ったりつかんだり目で物を見たりする機能が加わる（Hoffer, W. 1949）。はっきりとした身体図式または身体像のパターンは，自我が発達するにつれて次第に姿をあらわしてくる。このような身体自己の形成を明確にする過程で，シルダー Schilder, P. F. は身体像と身体図式の概念を精神分析の世界に導入した。このような身体自我は身体とその機能の心的表象を意味し，発達的に言えば，身体は自己表象が宿る場所である。しかし，それは次第に発達して，過去，現在，欲動，自我，超自我などの力までも含んだ心理生理学的な自己の全体表象になっていく（Jacobson, E. 1964）。

身体自我という言葉をその現象学的な理論体系の中で明確に用いたのはフェダーン Federn, P. である。当時の 1900 年代のウィーンは，ペッツェル Pötzl, O.，ホック Hoch, P. H.，シルダーなど，身体失認の研究が活発な学問的状況の中で，フェダーンもまた現象学的な見地から自我の概念を明らかにした。それは，体験されている現象的な体験を，自我感情によって統一化して自我化されたものが自我，自我感情からの精神内容の異化，非自我化を受けるものが非自我である。この自我感情の概念に基づいてフェダーンは，夢を見ている自我 dreaming ego の研究から，精神自我 mental ego と身体自我 body ego が別々に分離して体験される事実を明らかにした。覚醒状態では精神自我は常に身体自我の内側にあるものとして体験されている。フェダーンは，シルダーの身体図式または身体像と身体自我の異同を論じた。身体自我は，身体像が自我感情によって完全な充実を与えられ，自我感情の内に自我化されたときの体験の自己表象であり，この身体自我に対する現実の感情と身体像全体が一致するときである。しかし，それと反対に，身体自我は身体組織が自我化されていない場合には，たとえば夢の中では消失してしまうことがある。フェダーンは全身麻酔中に見られる夢を研究し，夢の間は身体は完全に睡眠中であるから，精神自我と身体自我との区別が特にはっきりと証明されることを発見した。　（小此木啓吾）

[関連項目] 自我化，身体図式，身体像，シルダー，ハルトマ

ン，フェダーン

[文献] Federn, P. (1952), Hartmann, H. (1964b), Hoffer, W. (1949), Jacobson, E. (1964), Schilder, P. (1923, 1935)

身体図式

[英] body schema

[独] Körperschema

[仏] schéma corporel

身体図式は，各個人が自己の身体について持つ表象ないしは空間像を言い，本来，脳病理における身体失認を理解する途上で発展した概念である。この身体図式の概念が精神分析の領域で論じられるようになったのは，シルダー Schilder, P. によって身体像と身体図式をフロイト Freud, S. の精神分析理論によって解釈し，脳病理学の領域を越えて，ヒステリー，心気症，離人症などの精神病理学的な領域にも適用した試みによってである。歴史的には，ヘッド Head, H. とホルムズ（Holmes, G. 1911-12）の姿勢図式 postural schema の概念に示唆を受けたピック（Pick, A. 1908）が自己の身体部位失認について，身体図式 Körperschema（1915-20）の概念を導入した。ヘッドは，個々の視覚的，触覚的，運動感覚的刺激から総合される自己身体の体位に関する比較の基準としてこの姿勢図式の概念を明らかにし，その障害によって四肢の運動，方向，空間的位置などの認知障害 postural loss が出現すると考えた。シルダーはこのヘッドの見解に大きな影響を受け，こう語っている。「私は，各個人が自己について持つ空間像のことを身体図式と呼ぶ。この図式は，身体各部とその空間との相互関係とを共に含んでいる。さらに身体に関するこの図式と外空間の知覚あるいは表象との間にもある種の関係が存在する。ある人間が一定の運動をするときには，過去の感覚の印象によってつくられている図式にかなうような肢体あるいは位置の決定的な感覚が意識にのぼるように組織化されている図式を持っている。この図式にかなうように運動することによって，位置や指標を決めることが可能になる。また，この身体図式の存在は幻影肢の臨床経験によって明らかになる。切断された四肢がまだ存在しているかのように思う幻影肢の感覚がこの事実を物語っている。すべての姿勢の連続的変化は，姿勢の変化が意識にのぼってくる前に以前の姿勢との関連で測定されるが，この結合基準に対してわれわれは図式という用語を使用したい」。

この図式についてシルダーは，当時のゲシュタルト心理学におけるケーラー Köhler, W. のゲシュタルト（形態）という概念を結びつけたが，シルダーは，この身体図式の形成をフロイトの精神性的発達論に基づいて理論づけた。身体図式の形成の最も重要な要因はフロイトの言う性感帯である。口愛期の発達段階では，身体心像は口の辺に集中し，肛門期では肛門の周囲，リビドーのエネルギーの流れは身体像に強く影響する。そして，あらゆる自我活動や把握，探索，吸啜などのあらゆる行為が身体像の構造に大きな影響力を及ぼしている。感覚は運動性に影響し，運動性は感覚に影響する。そして，この運動性は，各欲求や傾向，欲動によっても方向づけられる。身体図式の形成過程において，自我とリビドーの間に絶え間ない相互作用があるという。この観点から身体像の病理として，ヒステリー，心気症，離人症などの精神病理を明らかにする試みを行った。一般に身体図式は，直接意識されない生理的・器質的な過程として定義され，身体像は，体験され，直接意識される身体の空間像を指しているというふうに明確に区別されると言われているが，実際のシルダーの記述を読むと，必ずしもそれほど明確な区別をしないで議論している箇所にしばしば出会う。

(小此木啓吾)

[関連項目] 自我境界，身体自我，身体像，シルダー，フロイト，S.

[文献] Schilder, P. (1923, 1935)

身体像

[英] body image

[独] Vorstellung der Körper

[仏] image corporelle

身体像とは自己の身体について意識され，体験されている空間的心像である。身体図式というのが，諸感覚が空間像を形成する過程を媒介する意識化されない生理学的機制であるのに対して，身体像は身体図式の存在を前提としながらも心理的に力動的で，たえず変化して形成されてゆく心像である。

古くから四肢切断後の幻影肢についての報告はみられていたが（16世紀のパレ Pare, A.），19世紀末以来，もっぱら神経病学者によって大脳の障害によって起こる身体部位失認，幻肢などの身体像の障害についての研究が行われていた。とくに今世紀初頭より脳病理学の領域において，ピック Pick, A. (1908) やヘッド Head, H. (1911) らによって活発に研究が進められてきた。しかしヘッドらのいう身体図式とは，末梢の諸感覚によってもたらされる刺激が統合されて自己の身体の空間像として内的に形作られている図式であり，必ずしも意識されるとは限らない生理学的概念であった。その後，シルダー Schilder, P. (1934) は，ヘッドのこの身体図式の概念を発展させ，身体失認においては大脳皮質野が存在することをふまえながらもさらにその概念を拡げて，心理的な側面もふくめた身体像の概念を提出した。そして精神分析の立場から，転換ヒステリー，心気症，離人症，

身体幻覚などの精神症状について，身体図式の障害によるリビドーの退行，身体部位への固着，自我やリビドー充当の変化として解釈しようと試みた。その結果，身体像の問題は神経学の領域にとどまらず，精神病理学，心理学の対象となってきた。彼によれば，身体像は過去から現在に至る視覚，聴覚，皮膚感覚，深部感覚などの身体感覚の体験に基づいて形成された自己の身体に関わる心像が基礎となり，そこにさまざまな心理・社会的経験が加わって，その時点での身体像が成立するものと考えられている。シルダーの考えはフェダーン Federn, P. によって，身体自我（ハルトマン Hartmann, H. による身体自己）と自我境界の概念に発展し，またフィッシャー Fisher, S. の身体境界の研究に引き継がれている。またアイデルバーク Eidelberg, L. による身体自我の研究もある。

心身医学的領域においては，以前にラセグ Lasegue, E. C. (1873) によって神経性無食欲症に身体像の障害があることが指摘されていたが，これは近年ブルック Bruch, H. (1962) によって注目され，また肥満者に身体像の障害があることもスタンカード Stunkard, A. J. ら (1967) によって報告されている。こうして身体像――身体自我の歪みの問題は，今日の心身医学での大きな課題となっている。　　　　　　　　　　　　　（前田重治）

[関連項目] 身体自我，身体図式，シルダー，フェダーン
[文献] Bruch, H. (1962), Schilder, P. (1935)

診断

[英] diagnosis
[独] Diagnose
[仏] diagnostic

[診断・疾患・症候群] 診断 diagnosis は語源的にいうと dia を gnosis すること，つまり2つのものを知り，区別することである。ここではアセスメントを包含した意味での診断について述べることにする。診断には社会的，行政的なものもあるが，医学的診断では，病気を区別し，医学の目的である治療方針に結びつける。診断のための記述としては（1）疾患 disease についての形態学的，化学的，非個人的データ，（2）疾患が生じている個人についての記述，（3）疾患と個人間の相互作用である症状 symptom と徴候 sign の記述があげられる。精神医学では面接を通した（2）の比重が大きいのが特徴であり，通常は病歴，家族歴，生活歴と現在症，諸検査を総合して状態像，症候群 syndrome，疾患名などの診断をし，将来に向けての対応に結びつける。疾病分類学 nosology は，症状が一定のかたまりをなすこと，症状間に時間的相関があることに着目して18世紀以降盛んになり，種々の変遷を経て今日に至る。クレペリン Kraepelin, E. (1896) は初めて早発性痴呆（精神分裂病）という疾患の輪郭を描出したが，この間，自然科学モデルで同一の原因，症状，経過と転帰を持つ疾患単位を同定しようとする考え方と，症状群としてしか対象を捉えられないという考え方が併存した。ヤスパース Jaspers, K.，シュナイダー Schneider, K. は了解という方法で記述的な精神病理学を確立したが，これらも自然科学モデルに近づける試みであった。しかし精神医学における診断は人間をどう捉えるかという人間観が関係しており単純ではなく，チュービンゲン学派・人間学派の研究者（クレッチマー Kretschmer, E.，ビンスワンガー Binswanger, L. など）は診断の自然科学モデルの限界を自覚し，解釈学的な手法をとり，背後の全体像や存在のあり方を理解しようと試み，心理療法的接近の道を開いた。

[精神分析における診断] ジャネ Janet, P. やフロイト Freud, S. は身体モデルとは異なる心理的な側面から神経症の理解を試みた。フロイトはヒステリーを耐え難い観念に対する防衛としての抑圧と転換として捉え，強迫症を肛門期への退行と衝動の否認，抑圧，反動形成等として，恐怖症を無意識的な不安対象に対する置き換え，回避反応として，抑うつを対象喪失の空虚な自分への転化として捉えた。フロイトは必ずしも開始期における診断を重視せず，長い治療過程における治療的退行にともなう転移 - 逆転移の現象の中で，初めて患者の隠れた無意識的な葛藤と幻想，内的な対象関係が明らかになってくると考えていた (Freud, S. 1913)。彼はむしろ診断面接などの予備的な面接を行うことは，一種の感情転移ができあがってしまい，自由連想に対して悪い影響を与えると考えていた。またパラフレニーと神経症との区別などは，審査分析 trial analysis，つまり1－2週間の自由連想を行ってみて判断するやり方をとっていた。審査分析を体系的にあつかったのはフェダーン Federn, P. (1952) である。彼は「早期の豊富な無意識的連想」「神経症症状の急速な消失」など10項目をあげて潜伏性精神分裂病の早期の指標を示し，「願望充足的空想や性的享楽の連想による抑うつからの解放の努力」など3つの潜伏性メランコリーの特徴を上げた。これらの場合は自由連想を中断し，抑圧抵抗の分析を放棄するという原則を提示した。長い経過による精神分析的理解・診断を，初期に予測するための面接（診断面接 diagnostic interview）の必要性が説かれはじめる背景として，先進各国（イギリスついでアメリカ）の精神医療の保険制度，精神療法の能率化，短期化の流れ（小此木 1978）があろう。バリント Balint, M.，マラン Malan, D. H.，ベラック Bellak, L. らは対面法による短期精神療法を積極的に進めるとともに精神医学に精神分析を定着させたといえる。サリヴァン Sullivan, H. S. はそれまで精神分析が禁欲的だった精神分裂病に対して精神療法を試みたが，彼らは

診断面接での見通しを立てる必要性を説き，対面法による診断面接の方法と理論を提示した。バリントのグループ（1973）は，総合的診断と直観的な flash（ひらめき）を用いた相互関係的診断とをとり上げた。ベラック（1973）は 12 の自我機能の評価をとり上げたほか，局所論・力動論・経済論・発生的・適応論的の 5 つの見地から個人を固有な個別なものとして診断した。自我心理学的なメタサイコロジカルな評価としては，次のようなものがある（皆川 1981）。(1) 欲動評価（リビドー分布，攻撃欲動），(2) 自我評価（現実との関係，対象関係，欲動の調整・支配，防衛機能，一次的自律自我，合成・統合機能，思考過程），(3) 超自我評価，(4) 力動論的-発生論的定式化（精神性的発達期の決定，心的葛藤，不安の質，防衛の成り立ち，発生論的定式化）。その後の精神分析的・力動的な診断では，上記の欲動・自我機能・超自我を細かに推し量る診断から，対象関係論，自己心理学などを総合した診断への変化が見られる。初期面接（診断面接，準備面接）による力動的診断の目的としては，分析可能性 analyzability の判断（Greenson, R.），治療計画の設定，予後の予測，消費者保護（無意味な治療を防ぐ），コンタクトメイキング（理解を伝え共感する）などがあげられる。その後の治療者が異なる場合のインテーク面接，調査面接などではコンタクトメイキングの比重は少なくなる。

[国際診断基準] 一方，精神医学的分類診断においては，国によって診断が大きく異なり，疫学的研究を進めるにしても信頼性が確保できなかった。これらの反省をふまえて世界的な診断基準作成の作業が始まり，世界保健機構（WHO）の ICD（International Classification of Diseases）-6（1948）が初めて「精神病，精神神経症および人格異常」の章を設けた。力動的精神医学が隆盛を誇ったアメリカ精神医学会でも DSM（Diagnostic and Statistical Manual）-I（1952）を作成し，そこでは反応や防衛機制といった概念を含んでいた。その後，生物学的精神医学の台頭の波と診断的妥当性と正確さへの要請から DSM-III（1980）への改訂がおこなわれる。ここでは項目が 2 倍に増え，多軸診断，記述的-操作的診断分類が採用され，人格障害の診断や重さの評価に大幅な変更が加えられた。いわばシュナイダー的な（精神分析的推論を除外した）症状記述による精神障害の分類といえる。

[診断への批判] 1960 年代後半から抗精神病薬・抗うつ薬の導入をきっかけとしてそれまでの分裂病やうつ病の診断への疑いが出され，DSM-II から同性愛を除外する（1973）などの動きがあった。また「診断は社会的な差別を強いるレッテル」とするラベリング理論の影響下に反精神医学 anti-psychiatry の動きが見られた（レイン Laing, R. D.，サス Szasz, T. S. ら）。これらは伝統的精神医学への異議申し立てであり，反疾病分類，反収容施設（反パターナリズム），反治療（反医学），反家族などとして現れた。一方，精神分析の中でもラベリングの危険性，治療関係の重要性などの議論がおこった。操作的診断の DSM-III に対しても，そのマニュアル的分類の弊害に多くの批判がなされ，サスは，DSM-III に摂食障害や病的賭博が含まれていること，疾患の範囲が際限なく広がっていることを批判し，これらは医学の対象でないとした。

なお，サイコロジスト，ソーシャルワーカーなど，医学的診断を行わない立場からは診断はアセスメントという概念で捉え返されている。心理アセスメントは，心理査定までを包括する広い概念であるが，かなりの部分が上に述べてきた診断面接と共通している。

[統合的な診断への流れ] 精神医学における生物学的・記述的な波は，いわば自然科学的モデルへの逆行ともいえるが，精神分析においても新しい力点をもたらした。最近の精神分析的診断面接ではインフォームド・コンセントや人格障害の診断の重要性などが強調されるようになり，対象関係論，自己心理学，さらには DSM-III・IV を取り入れた総合的な力動的診断を行おうとする立場がみられるようになった（ギャバード Gabbard, G. O. 1994）。こうしたマルチモデルの力動的診断としては次のようなものがある。(1) 記述的 DSM-IV 診断，(2) I 軸からV軸までの間の相互関係，(3) 自我の特徴（強さと脆弱性，防衛機制と葛藤，超自我との関係），(4) 対象関係の性質（家族関係，転移-逆転移パターン，内的対象関係についての推測），(5) 自己の特徴（自己評価と自己凝集性，自己継続性，自己境界，心身の相関性），(6) 上記データよりの解釈のための定式化。

[見立てと人間理解] 精神分析においては多くの場合初期面接の判断を元に見立てを伝えて治療契約（インフォームド・コンセント）を行う。見立てでは，患者（クライエント）と治療者の共同作業により，幼児期からの反復と比喩（自分の中に小さな子どもがいるというような日常語による比喩）を発見し，共有して語り合うプロセスが行われる。そして経過にしたがって見立てをさらに深めていくことになる。診断とともに見立てという行為が平行してなされていること，その機能と目的がおのずと異なることを意識することは重要であろう。精神医学的・精神分析的な診断には，人間をどう捉えるかという問題が含まれている。人間を細分化せず全体として捉えるという視点，「分らなさ」を大切にする態度などを忘れてはならないであろう。　　　　　　　　　（中村俊哉）

[関連項目] 自我機能，診断面接，DSM-IV 人格障害，病態水準

[文献] Gabbard, G. O. (1994), 北山修 (1996), 松下正明（編）(1998), 皆川邦直 (1981), 小此木啓吾 (1978e)

診断面接

[英] diagnostic interview
[独] diagnostisches Interview
[仏] entretien préliminaire

　精神分析療法ないし精神分析的精神療法に先立ってそのクライエントの動機づけ，病識・治療理解，病態，心理社会的全体像，治療方法の適応と選択などを診断しアセスメントすることを目的とする面接。多くの場合，それはこれからの治療への治療理解と動機づけを促す準備面接（予備面接）preliminary interview の機能を果たすことになる。しかし，フロイト Freud, S. は『分析治療の開始について』(1913) で，分析治療の開始に先立って予備面接や診断面接を行うことに消極的であった。それは，転移が起こってしまうためで，そのかわり，分析治療が適応かどうかを判断するために，1-2週間の審査分析を行い，その過程でその可否の診断を下すべきである，という。当時は特に神経症と精神分裂病の鑑別ひいては潜伏性精神病の診断が重視された。それは，寝椅子仰臥の自由連想法という治療構造の適応の可否をめぐる鑑別診断で，その後，精神分析家の間では，診断面接より審査分析を重んじる傾向があった。

　この意味で，診断面接の方法と理論は，精神分析療法家によってより，むしろ力動精神医学の臨床や短期精神療法の領域で積極的に提起された。歴史的に代表的なものの特徴をあげると，アンナ・フロイト Freud, A. ――自我心理学の立場に立つ診断面接がある。面接の方法は，被面接者とのできるだけよいラポールを得るためには積極的な働きかけをするが，治療面接の場合に準じた中立性や受身性を守ることを原則とした上で，自由連想的に患者の話の流れに沿って話を聞く。できるだけ被面接者の自己表現，感情，意見などを自由に表現させることを目的とする。さらに，どのような経過と動機づけでここに来たのか，などについて聞くことを通して，クライエントとのラポールを得る。肯定的な動機づけのみならず，否定的な動機づけや退行的な動機づけなどについても理解するとともに，患者の面接者に対する不信感や不安などを理解した上で，さらに面接を推し進めていく。その場合，治療面接と同じような作業同盟が重要な役割を果たす。こうした面接を3回から4回行うことが原則である。そこで得られた情報と資料のまとめ方については，メタサイコロジカルな評価を行う。メタサイコロジカルな評価の基本は，局所論，力動論をはじめとする5つの基本的な観点に立脚し，さらに，欲動，自我，超自我の評価を行った上で，力動的-発生論的な定式化を行う。この背景には，アンナ・フロイトが提起した発達ラインや発達診断プロフィールなどがある。これらの診断面接の結果については，解釈面接によってクライエントに伝えるとともに，今後，治療方法の選択可能性について説明を行う。

　第2に，サリヴァン Sullivan, H. S. (1954) の対人関係論的な精神医学的面接がある。その基本は，2人の面接者と被面接者の随意的な統合を目指し，さらに，治療者の面接態度の基本として，「関与しながらの観察」の理解に立脚して面接を進めていく。その面接法は質問型で，全体的な探索から詳細な探索 detailed inquiry に至るという手法を用いて，次第に焦点化した内容について調査するという方針をとるが，同時に，面接の方法としてユニークなのは，話題の転換に重点を置く手法で，なめらかな転換，突然の転換などの方法が用いられる。

　第3に，ベラック Bellak, L. の救急精神療法 emergency psychotherapy における診断面接がある。ベラックは，Trouble Shooting Clinic における1回45-50分で，1回から6回の範囲で達成されるべき精神療法である救急精神療法に役立つような精神分析的な診断面接を組織づけた。それは当面の症状ないし不適応の解決にその目標を限定する。また，それだけに，その診断面接もまた，能率的でしかも的確な方法を必要とする。第1にそれは，現在の精神状態と，現在及び過去の心的な出来事との有意味な関連を，できるだけ速やかに，かつ正確に把握しようと努力する。第2にそれは，この治療者側の洞察を患者の状況的-力動的-発生的な洞察へと結びつける，有効でしかも能率のよい技法を工夫する。

　このようにして，力動的理解は，次第に過去への発生的な洞察へとさかのぼっていくが，その面接過程で特に注目されるのは，幼児期から繰り返される心的反応の反復的なパターンである。さらにベラックは，以上の状況的-力動的-発生的な理解と並行して，診断面接上の重要課題として自我機能 ego function の評価をあげている。この自我機能の評価によってはじめて，なぜ患者が，一定の精神状態（たとえば正常で社会適応可能な精神状態）から，病的な精神状態（たとえば抑うつ状態，あるいは他の神経症状態）に陥るに至ったかを理解し，状況的-力動的-発生的な診断によって把握された諸要因の相互関連づけの決め手を確認し，その治療上の課題――治療目標――について適切な診断を見出すことができる。

　第4に，さらに1970年代には，境界例人格構造（BPO）を同定するためのカンバーグ Kernberg, O. の診断面接の研究から境界例診断面接（Diagnostic Interview for Borderline, BPO と略称）が発展し，DSM などの研究と連動し，数々の標準化された統計調査的な実証研究 empirical study のための診断調査面接がつくり出される時代を迎えた。

　しかし，その一方で相互関係論的な診断面接も発展した。たとえば，バリント Balint, M. らの焦点づけ精神療法 focal psychotherapy の短期精神療法に有効な治療対

象の選択を行うために発展した診断面接がそれである。バリント学派のギル Gill, S. は，診断面接を 3 型に分けている。第 1 は，「伝統的診断」に応じた「伝統的な医学的面接 traditional medical interview」であって，問診法を基本とし，症状，検査，病気に関する診察を主とする。

第 2 が，「総合的診断」に応じた「探求型のパーソナルな面接 detection type of peasonal interview」である。この面接は，精神力動的見地から，全人間的な全体像を明らかにする面接である。病気の背後に隠されている患者固有の精神力動上の問題点を明らかにする。実際には，旧来の生活史聴取と同様のアプローチを行い，さらに過去と現在の，患者の感情生活，対人関係について聴取を進め，患者の質問に対する答え方，ためらい，その他の反応をも観察する。当然，この面接は 1 回では済まない。数回にわたって行われる。この面接の途上で医師は患者に自分の理解を伝え，さらに患者の反応を知るという相互作用が営まれる。しかし，これらの面接は常に医師の主導下で行われるべきである。最終的に医師は，どのような要因に，医師，患者の注意をまず向けるべきかの判断を下すことができるようになる。

第 3 は，「閃き型の面接 flash type of interview」である。これは「相互関係診断」を目的とする面接であって，患者中心 patient centered であるだけでなく，医師‐患者関係 doctor-patient relationships を含む。そして医師・患者双方がその理解を共有したという "閃き flash" を得る。そして，この flash が起こると，そのこと自体によって医師・患者の相互関係に大きな変化が生じる。そして，そのときに精神療法への導入とコミュニケーション回路の成立が可能になる。医師・患者の間に，患者にとって何が一番重要な問題点であるかについての合意が成立するからである。

しかしながら，そのとき，必ずしもその問題点の全貌が明らかになるわけではない。両者とも直観的にそう経験するが，その具体的な詳細な内容は，それ以後の面接の過程で明らかになっていく。この「相互関係的診断 interrelationship diagnosis」とは，以上の総合的診断における焦点領域の認識のための，「医師，患者双方が一つの重要な理解を共有しあったことの自覚を介しての診断である。

そしてこの "flash" は，伝統的診断の場合に，観察した医師が一方的に狙いをつける "spot diagnosis" とは違うし，精神分析療法における分析医の解釈 interpretation とも違う。"flash" は，医師と患者の間に，そこが問題点だという一致した感情の通い合いが生じ，そこに特有な情緒的雰囲気を醸しだす。そして，患者と患者のこの相互作用が，両者の無言の同意に基づく焦点領域を確立するのである。

このような相互関係的な診断面接は，間主観的なアプローチが精神分析の普遍的な治療関係感覚になるのと並行して，どの診断面接にも共通なものになっている。英国における力動精神医学版ともいうべきタビストック・クリニックのアセスメント面接も，基本的にはこの面接感覚に基づいている。その面接所見に関する評価については，クライン派であれば，原始的な防衛機制と不安，心的ポジション，象徴機能の水準，次元性，投影同一化，contained-contain モデルからの理解などに立脚することになる。

また，米国の最近の力動精神医学の診断面接の場合をあげると，ギャバード Gabbard, G. O. は，精神力動的な診断面接の特質として，第 1 に，被面接者が自分の内面を面接者に語ることについてアンビバレントであること。第 2 に，診断面接と治療面接は必ずしも診断が先行し，その上で治療という枠組みを越えた役割を担っていること。つまり，面接者は病歴や内面を聴取すること自体が治療的であることを理解して面接に臨むべきであること。第 3 は，原則的に面接者が能動的であるよりは受身的であること，被面接者の不安に目を向けながら面接していくこと。診断というレッテル張りをするのではなく，患者そのものを受け入れる態度を守ること。第 4 に，被面接者との相互交流の中で生ずる逆転移による面接者の情緒そのものが重要な理解の手段になること，などをあげているが，これらの特質は，現代のどの診断面接の場合にもそれぞれが強調している基本的な，しかも共通の視点である。
　　　　　　　　　　　　　　　　　（小此木啓吾）

[関連項目] 関与しながらの観察，境界性人格障害，自我機能，焦点化精神療法，審査分析，診断，精神分析可能性，潜伏性精神病，発達ライン，カンバーグ，サリヴァン，フロイト, A.，フロイト, S.，ベラック

[文献] Bellak, L. & Small, L. (1965), Freud, A. (1977), Freud, S. (1913l), Gabbard, G. O. (1994), Gill, C. (1973), Sullivan, H. S. (1954)

心的エネルギー　⇒エネルギー

[英] psychic energy
[独] seelische Energie
[仏] énergie psychique

心的外傷　⇒外傷

[英] psychic trauma
[独] psychisches Trauma
[仏] trauma psychique

心的加工　⇒二次加工
[英] psychical working over
[独] psychische Verarbeitung
[仏] élaboration psychique

心的葛藤　⇒葛藤
[英] psychical conflict
[独] psychischer Konflikt
[仏] conflit psychique

心的空間
[英] psychic space, mental space

心的内容（内的対象，自己表象，さらに心的事象一般）が容れられていると考えられる場所を指す概念。精神分析理論において十分な系統的吟味が行われてきたとは言えず，その議論は曖昧さを伴っているが，近年急速に理論的実践的関心が高まっている。患者が自分の内側の空間についての感覚をもち，しばしばそうした感覚の障害を，例えば閉所恐怖，空間恐怖，夢のなかの風景，自分自身の外にいる感じ，などとして体験していることは臨床的にみて間違いがないであろう。

そもそもこころがこころを思い浮かべるとき，それは絶えず空間的属性を帯びている（Wollheim, R. 1969）。そして精神分析の初期の文献においても，例えばタウスク Tausk, V. が分裂病において自己イメージと対象の平板化や空間的関係の障害に触れたこと，フェダーン Federn, P. が分裂病での自我境界の融合を論じ，内的空間と外的空間の次元形成と方向付けを媒介する前庭器官の機能について触れたこと，アイザカウアー Isakower, O. が夢が映し出されるスクリーンを母親の乳房であると考えたことなどは，こころを包み輪郭づける心的空間という発想の重要性を暗黙に主張していたと見なせるであろう。その後クライン派の分析家たちは，ビオン Bion, W. R. のコンテイナー／コンテインド・モデルを基礎として，心的空間の生成についての理論を発展させた。乳児の投影同一化を包み込みそれに意味を与える母親の乳房を乳児が取り入れることによって，アルファ機能を有する能動的なコンテイナーとしての心的空間が内界に生まれるのである。ブリットン Britton, R. はその延長として，そのようにして生まれる空間が三角形性を帯びてエディプス的状況が営まれる空間となることを論じている。また，メルツァー Meltzer, D. やグロトスタイン Grotstein, J. S. は，いずれも投影同一化をその概念的基礎として，こころの空間的属性が次元性を獲得していくことを生成論的に探求した。メルツァーを例に取れば，一次元的，反射弓的な「こころをもたない」こころが，表面的な同一化（附着同一化）による二次元的体験をへて，内腔をもって意味を蓄える三次元的なこころに進展し，ついに歴史的時間を備えた四次元的体験をもつにいたるのである。このようなクライン派の考える心的空間は，スィーガル Segal, H. が強調するように，独立学派，特にウィニコット Winnicott, D. W. がいう可能性空間 potential space とは違い，あくまでも内界的なものである。ウィニコットは遊ぶこと，象徴性，文化体験が生まれる場所としての可能性空間が「環境としての母親」に由来していると考えた。このアイデアはこころが意味を体験する場所が母親由来であるという点で，ビオンのものと重なるところがあるが，それがあくまでも人間のこころの内側に完全に収納されることがなく，内と外，空想と現実のあいだの中間的な領域であり続けると考え，そここそが「私たちの生きる場所」である，と考えたという点が，クライン派の概念化とは大きく異なっている。こうしたウィニコットの空間的着想を発展させた分析家には，カーン Khan, M. M. R., ケースメント Casement, P., オグデン Ogden. T. H. らを挙げることができる。

（藤山直樹）

[関連項目] アルファ要素，可能性空間，コンテイナー／コンテインド，投影同一化（視），ビオン理論，附着同一化

[文献] Bion, W. R. (1962b), Britton, R. (1989), Casement, P. (1985), Federn, P. (1932), Grotstein, J. S. (1978), Isakower, O. (1938), Khan, M. M. R. (1974), Meltzer, D., Bremner, J., Hoxter, S., Weddell, D. & Wittenberg, I. (1975), Ogden, T. H. (1985), Segal, H. (1991), Tausk, V. (1919), Winnicott, D. W. (1971a), Wollheim, R. (1969)

心的決定論
[英] psychic determinism
[独] psychischer Determinismus
[仏] déterminisme psychique

フロイト Freud, S. の精神分析理論の基本的概念の一つである。

フロイトは，人間の精神現象は，本人自身にも意識されない無意識過程によって支配されている面が多く，しかもその無意識過程は心的な因果律によって決定されていると主張した。これが心的決定論である。心的決定論の理解を示す例は，『夢判断』（1900），『日常生活の精神病理学』（1901）などの論文に多数例示されているが，1917年の『精神分析入門』の失錯行為について論じた中で以下のように述べられている。「（もしこれらのしくじり行為の些細な現象に関して）『なーんだそんなことは説明する価値はない。ちょっとした偶然ですよ』という人がいたら，その人は科学的世界観に背くことになる。そ

の人は，宇宙の事象間に張りめぐらされている連鎖の目からこぼれ落ちた，あってもなくても同然のつまらない出来事がやはり存在するのだと主張しようというのだろうか。このように自然的決定論をただの一ヵ所でも破る者は，科学的世界観全体を突き崩したというべきです」と。

　つまり，この考えでは，人間の精神過程において起こってくる諸現象は，たまたま偶然にそして無秩序に発生したものなどでは決してなく，それはあたかも物理的あるいは身体的現象と同様に，それ以前に先行していた体験や経験によって決定づけられると主張し，神経症や夢そして失錯行為などの一見不可思議な精神現象は，実は過去の出来事と連続性を持ち，一定の法則性に従っているとする無意識心理の力動的解明という偉業を人類にもたらしたのが，この心的決定論の仮説である。心的決定論は，人間の精神現象を無意識を導入することによって，あたかも物理的な現象と同じように因果論でとらえようとする視点である。したがって発表当時多大の批判を浴びたが，心的決定論が主張される前提には，当時すでに自由連想法という精神分析療法による患者の心的過程を客観的に観察する方法論の確立がなされており，その治療理論に支持された認識であったことが重要である。また心的決定論は，無意識の理解と並んで，フロイトの精神分析理論の中軸となる考えであり，今日の力動精神医学の基本的前提となる見地（例えば，メニンガー Menninger, K. の連続性の原理 continuity principle）を含んでいる重要な概念である。

　フロイトのこの心的決定論に大きな影響を与えたのが，ウィーン大学医学部の恩師であるブリュッケ Brücke, E. W. v. 教授の「自然界のあらゆる現象は，先行する諸原因によって厳密に決定されている」との因果決定論であるといわれているが，このブリュッケの物理的・化学的・力学的機械論の生理学理論はその後の精神分析理論であるエネルギー経済論やリビドー論などにも多大な影響を与えている。　　　　　　　　　　　　（乾　吉佑）

　［関連項目］失錯行為，無意識，ブリュッケ，フロイト，S.
　［文献］Freud, S. (1901b, 1916–1917)

心的現実

　［英］psychic reality
　［独］psychische Realität
　［仏］réalité psychique

　客観的な存在のもつ現実と対比的な，主体が心の中でもつ現実についての総称。一般には主観的な体験についてこの言葉を用いることが多いが，精神分析では無意識的な幻想に関連した主観や空想についてこの言葉を用いることが一般的である。

　［フロイトの発見］フロイト Freud, S. が心的現実の概念を使うようになったのは，一つにはヒステリーの分析において，初期の誘惑による外傷理論を放棄したことによる。この放棄は，ヒステリー患者が語る過去が実際にあった体験かどうかという問題，つまり患者がしばしば語る外傷的な過去が事実であったかどうかということに関わっている。その後の理論的な展開は，一見するとフロイトは外傷的な事実についての考えを放棄して，内的な幻想としての精神装置という考えに移行したように見える。けれども，実際に彼は神経症者が語る幼児期体験が現実によるものか，それとも空想の産物かどうかという問題について，それらの結びつきについて最後まで悩んでいたのであり，『悲哀とメランコリー』（1917）のなかで述べているように，とりあえず「言っていることは正しいにちがいない」という仮定から出発している。つまり罪悪感がたとえ外的現実に根拠がなかったにしても，心的現実としては正当化されると考えたのである。

　ただこの心的現実が客観的な現実とどのような結びつきをもつのかについてフロイトの議論は一貫性がない。精神分析によって得られる無意識的な過程の理解に関して，晩年の「再構成」の論文でフロイトはこう言っている。分析の結果として得られる再構成が物語として整合性を持っていれば良く，過去の記憶の再構成にも治療的な意味があると認めている。この心的現実は，外的現実となんら関係のない無意識的幻想であって客観的なものかどうかよりも物語としてのまとまりのようなものが重要であり，患者の語る現実は多かれ少なかれ「空想された物語」だということになる。

　［現実検討能力の意義］フロイト以後の自我心理学では，自我の自律的な領域（ハルトマン Hartmann, H.）を認めていた。ブレナー Brenner, C. （1955）は現実検討について，外的な「刺激，そして願望とイドの衝動に由来する知覚を区別する自我の働き」があると述べている。そのため自我の機能を通じて，内的な対象と外的な表象とが区別可能だと見なされている。それらは外的な知覚刺激に由来するもの，そして内的な衝動に由来するものである。アーロー Arlow, J. A. （1985）が指摘しているように，この場合，心の画面の上には外的な現実と無意識に属する現実との二つが映し出されている。その二つが重なる映像はフロイトが心的現実と述べてきたものである。そして分析家の仕事はそこから二つを区別して，その相互関係を分析することである。ここでの心的現実というのは無意識的な幻想と関連付けられた特殊な現実だということになる。

　ちなみに内的世界を無意識的幻想の所産と見なすクライン派は，ヒンシェルウッド Hinshelwood, R. D. （1989）が指摘しているように，心的現実は内在化された対象の世界であり，自我心理学者たちが前提にした二

つの現実がそもそも区別可能だとは見なさない。クラインの言う「対象」は内的対象の関係であり，対象の外的側面を含んでいない。そのため内面にどれだけ現実が反映されているかという議論は，ビオン Bion, W. R. のように原初的な母子関係の環境的な要素がどれだけ内的世界を抱えているかという点に限られる。

[構成された現実] フロイトの晩年の「再構成」において示した「物語としての現実」という観点は，スペンス Spence, D. P. (1982) が指摘しているように，精神分析の心的現実の問題をまったく新しい視点から見ることになったと考えられる。それによれば現実は構成されたものであって，その構成そのものを精神分析的な行為とみなす「物語モデル」の立場が考えられるからである。スペンスによれば，歴史的な真実と物語による真実とがあり，心的現実は主に構成された物語としての現実である。こうした構成主義的な視点は近年の米国精神分析に存在する理論構成のある特徴を表している。例えばシェーファー Schafer, R. (1985) はさまざまな現実があって，精神分析版が治療の中で構成されていくと考えている。また自己心理学の流れをくむストロロウ Stolorow, R. D. も間主観的な現実が精神分析において得られると考える点で，似たような構成主義的な視点をもっていると考えられる（Moore, R. 1999）。

[その後の展開] 1985 年に米国精神分析学会で心的現実に関するパネルディスカッションがもたれ，アーロー，ワラーシュタイン Wallerstein, R. S.，シェーファーといった論客がそれぞれの意見を述べている。マイケルズ Michels, R. (1985) によれば，上のアーローらの (1) 二つの現実を想定するモデルとは別に (2) 心的現実は現実を歪めるものとみなすモデル，(3) 主観的なものから派生したものを現実とみなすモデル，(4) さまざまな現実があって，精神分析的な現実がその一つであるとみなすモデルがある。そこでアーローは上述の自我心理学的なモデルについて述べている。シェーファー (1985) は自身の立場から，多元的な現実の中での一つの現実が精神分析版の心的な現実の特徴を述べながら，発達的な視点，および無意識的なレベルでのコミュニケーションがその現実に反映されていると言う。ワラーシュタイン (1985) はアーローらの現実を二分できるとする自我心理学的伝統に疑問を呈しながら，科学すら純粋に客観的なものでない限りは，内的なものを外的なものと分けることができず，そのため心的現実が「外から」と「内から」との双方からなるものと述べている。　　　　（妙木浩之）

[関連項目] クライン学派，現実，自我心理学，物語モデル
[文献] Arlow, J. A. (1985), Brenner, C. (1955), Hinshelwood, R. D. (1989), Michels, R. (1985), Moore, R. (1999), Schafer, R. (1985), Wallerstein, R. S. (1985)

心的構造論　⇒構造論的観点

心的装置

[英] psychic apparatus, mental apparatus
[独] psychischer Apparat, seelischer Apparat
[仏] appareil psychique

フロイト Freud, S. が心的現象を理解するために提起したモデルであり，フロイト自身，加工，フィクション化と言っているような価値，つまりモデルとしての価値を持っている。彼は『精神分析学概説』(1940) の第 1 章で，精神分析学の最も根本的な仮説として 2 つを挙げ，1 つは，身体器官とその舞台である脳（神経系統）であり，第 2 は，意識活動として直接に与えられるものを説明する仮説である。そして，第 2 の仮説がこの心的装置論であるが，それは，精神生活に空間的広がりと多数の部分からなる総合性という性格を与え，精神活動をこのような特徴を備えた一種の装置の機能のあらわれであると仮定し，それを望遠鏡，顕微鏡，またはそれに類似したもののように考えるという。最初，『夢判断』(1900) でフロイトは，心的装置を光学機械の系にたとえて定義したが，やがてそれは，『自我とエス』(1923) 以後には，自我，超自我，エスという審級によって成り立つものと仮定されるようになった。

いずれにせよフロイトが心的装置という言葉を使うときには，ある配列ないし内部配置といったものが暗示され，種々の作用と特定の心的な場所が結びつけられ，さらに，特定な時間的継起を含む一定の順序がそこに与えられている。また，心的装置は，一種の反射弓を想定することによって，その反射過程としてのモデルを含んでいる。またそれは，一定の心的エネルギーの変化の過程と見なされている。　　　　　　　　　　　（小此木啓吾）

[関連項目] エス，局所論［局所論的観点］，構造論的観点，自我，審級，超自我
[文献] Freud, S. (1900, 1923b, 1940c)

心的退避　⇒病理構造体［病理的組織化］

[英] psychic retreat

心的表象，心的代表　⇒表象

[英] psychical representative
[独] psychische Repräsentanz, psychischer Repräsentant
[仏] représentance (représentant) psychique

心的平衡

[英] psychic equilibrium
[独] seelisches Gleichgewicht
[仏] équilibre psychique

被分析者は治療の中で理解や変化を求めているつもりでも，無意識には分析家を使って現行のバランス，心的平衡を維持しようとするというジョゼフ Joseph, B. の考え。彼女は，スプリッティング，投影同一化，万能・全知などの原始的防衛機制を多用する人格障害の人びとが，妄想分裂ポジションと抑うつポジション双方からの攪乱を避けようと，それらの間の不安定なバランスにはまり込み，それを維持しようとすることを見出した。彼らは，妄想分裂ポジションに向かう変化に対しては精神病や人格の断片化を恐れ，抑うつポジションに向かう変化に対しては対象からの分離，自己や感情・衝動への責任，罪悪感などを耐えがたい苦痛と感じる。それゆえ，治療中のあらゆる動き，変化，進展が既存の平衡を脅かすものと感じられる。不安を否認し平衡を保つために彼らは，投影同一化に基づくアクティング・インを通して分析家を一緒に行動化させ，構造化された防衛システムに引き込もうとする。例えばあるものは，自己への責任に耐えられず，能動的な自己の部分をすっかり分析家に投影し自分は受け身のままでいようとする。こういう状況では，分析家も逆同一化のもとに行動化し能動的であり続ける限り，語られる内容をどんなに解釈しても何の変化も起こりえない。ジョゼフはこの考えを敷衍し，あらゆる被分析者に多かれ少なかれこのような傾向があるとした。

(古賀靖彦)

[関連項目] アクティング・イン，自己愛構造体，病理構造体〔病理的組織化〕
[文献] Feldman, M. & Spillius, E. (1989), Joseph, B. (1978, 1981, 1983)

新フロイト派

[英] neo-Freudian
[独] Neo-Freudiens
[仏] néo-freudiene

フロイト Freud, S. の古典的なリビドー説や文化的偏見の女性の見方などを批判して文化的な文脈や心理社会的側面や対人関係を強調した精神分析の一学派である。ホーナイ Horney, K., フロム Fromm, E., トンプソン Thompson, C., サリヴァン Sullivan, H. S., フロム-ライヒマン Fromm-Reichmann, F., ラド Rado, S., アレキサンダー Alexander, F. らによって代表される。フロイトの古典的な精神分析のグループは国際精神分析協会を中心に活躍しているのに対して，新フロイト派の人びとは世界精神分析連盟（WFP）で活躍している。

新フロイト派と言っても，ひとつの考えでまとまっているわけではない。フロイトの基本的な仮説に反対しても，それぞれの研究者の強調点は異なっている。ホーナイはフロイトの女性論やリビドー論，そしてパーソナリティへの社会的な影響について論じているのに対して，フロムはもっと社会の病理や社会のもつパーソナリティへの影響の強さを強調し，一方で個人の潜在的な創造性や病理に注目している。また，サリヴァンは重症の病理的な問題に関心を寄せ，その病理の成り立ちや臨床について記述している。また，精神発達論では独自の理論を展開している。

このように，一見バラバラな見解であるが，ひとつの理論や技法に限定して縛らない点に特色があり，違いを認めながらさらに理論を展開して統合する力を示している点に特徴がある。これまでのところ，正統派のフロイト派と新フロイト派とはあまり関係がなかったが，最近ミッチェル Mitchell, S. やグリーンバーグ Greenberg, J. によって，「関係概念」によって統合が図られるようになり，精神分析の全体として統合する動きがみられはじめた。

(鑪幹八郎)

[関連項目] ウィリアム・アランソン・ホワイト・インスティテュート，関係基盤，チェスナット・ロッジ病院，サリヴァン，フロム，フロム-ライヒマン，ホーナイ，ミッチェル
[文献] Lionells, M. et al. (ed.) (1995), Mitchell, S. A. & Greenberg, J. (1983), Thompson, C. (1950)

心理劇〔サイコドラマ〕

[英] psychodrama
[独] Psychodrama
[仏] psychodrame

モレノ Moreno, J. L. によって創始された集団精神療法の一技法であるとともに，集団と個人との関係や社会関係のあり方を考察する，行動科学の一手法でもある。また実存的な決断を重視する哲学的な方法論でもある。サイコドラマはこのように元来学際的なものであり，しかも学問であるばかりではなく，個人の生き方そのものとも深い関係を有している。

[その歴史的背景] モレノがサイコドラマのアイディアを得たのは，第一次世界大戦後の反乱と革命との時代におけるウィーンであった。それまでにも夜の女たちの互助会を組織したり，子どもたちのグループを作ったりして集団に深い関心を有していたモレノは，当時の風潮にあって，実験的な演劇の世界へと足を踏み入れていった。彼は脚本のある「死んだ劇」ではなく日常性に根ざした，即興による劇を創設し，自発性劇場 Stegreif Theater を営んで，そこでは Stanza と呼ばれる，毎日

の新聞の一面トップのニュースを演劇化する試みが行われていた．彼が最初にサイコドラマの構想を得たのは，ジョルジュとバルバラと呼ばれる夫婦に彼ら自身の問題を，観客の面前で彼ら自身に演じさせたことからであった．

［サイコドラマの基本構造］サイコドラマは自分の問題を開示する主役と，主役を助けてグループを運営する監督，主役が自己表現をするための相手役となる補助自我，主役が自己を演じる場所である舞台，それにこの過程を観察して，主役に安心感を与える観客という5要素からなる．

サイコドラマの最大の特色は，主役が自己の世界を開示するのに，自由連想を語るのではなく，演じるという点にある．周知のように患者が自己の欲求不満を言葉にすることではなく，行動にして表現することは，行動化acting out として禁忌とされる．しかしサイコドラマでは，グループの中での，統制された条件下での行動化は，アクティング・イン acting in として必ずしも否定すべきものとされない点が違っている．

［サイコドラマの基礎理論］サイコドラマが依拠する理論は，モレノの没後，妻ザーカ・モレノ，息子ジョナサンによって『サイコドラマ』3巻にまとめられ，その後も多くの研究がなされている．基礎理論は（1）自発性，（2）役割，（3）集団，（4）テレとソシオメトリー，（5）演じることと解放の5つの理論からなっている．

（1）自発性はモレノの考えの根本をなすもので，新しい状況に適応的に振る舞い，また慣れ親しんだ状況に新たに適切に応じる能力（Moreno, J. L. 1963）と定義される．（2）役割は，対人関係においてあらゆる瞬間に個人が示す行動様式の全て，と定義される．この役割は社会学に言う役割よりも，はるかに拡張されたものである．現在では，個人は多様な役割のシステムからなるという形で，システム論的見地からのまとめが行われている．（3）集団について，モレノはビオン（Bion, W. R. 1961）とは異なって，集団それ自体が治療的であることを主張した．（4）テレとソシオメトリーは，グループにおいて対人関係を現象的に記述するための方法論として，モレノが考え出した方法である．（5）演じることと解放について，モレノは演じることは実存的投企であり，その人の自発性を高めて，今までの反復強迫的な行動を変えてくれると言っている．

［サイコドラマの適応］サイコドラマは基本的には，集団に参加不可能なほどの急性幻覚妄想状態や，ひどいうつ状態，ひどい躁状態，精神運動性興奮を除けば，1回のセッション時間（1〜2時間）集団に参加可能である限り，どのような人でも基本的に適応となる．ただ問題は境界性人格障害の患者で，こうした患者は他の疾病患者と混合したグループのほうが望ましいとされる．従来，わが国ではサイコドラマがリハビリテーションの手段として，慢性分裂病の入院患者に適用されることが多かったが，最近では外来での適応も増えてきている．

［サイコドラマと精神分析］モレノは生涯フロイトFreud, S. の不自然さを批判し続けた．彼にとって精神分析は「今，ここで」ではなく，「昔，あそこで」と過去を探求しすぎるし，また自由連想という方法は興味深いが，現実の人間関係に比べてあまりにも人工的であり，そして分析家の隠れ身は，あまりに臆病に思えたのである．しかし彼は他方では，精神分析の価値を十分に認めており，彼の弟子たちには，必ず精神分析の教育分析を受けさせていたのである（Max Clayton 私信）．

（磯田雄二郎）

［関連項目］集団精神療法，モレノ
［文献］Bion, W. R. (1961), Fox, J. (1983), Marineau, R. F. (1989), Moreno, J. L. (1934, 1946, 1959, 1969)

心理検査

［英］psychological testing
［独］psychologisches Testverfahren
［仏］test psychologique

被検者に一定の条件の下で一定の課題を課し，その応答や課題解決の過程における行動特徴から個人の能力やパーソナリティなど心的特性を明らかにする目的で作成された心理学的な測定法を総称して心理検査という．臨床場面で，心理検査は面接や観察のデータと共に精神医学的診断に情報を提供し，心理アセスメント（病態的側面だけでなく対象の健康な側面も積極的に評価する）や治療方針を立てる上で重要な役割を果たす．

心理検査の歴史は19世紀後半からイギリスのゴルトン Galton, F., アメリカのキャッテル Cattell, J. などによる個人差の測定の統計分析に始まり，フランスのビネー Binet, A. とシモン Simon, Th. が精神遅滞を診断分類するために知能検査を標準化して臨床的に使用されるようになった．20世紀初頭にはユング Jung, C. G. が言語連想検査を作成し，ロールシャッハ Rorschach, H. が『精神診断学』（1921）として著したロールシャッハ・テストは投影法として現在の臨床場面でも最も多く用いられている．

心理検査の種類は能力検査（知能検査や記憶力検査，職業適性検査，神経心理学的検査など）と人格検査（質問紙法，投影法，作業検査法など）がある．臨床場面では検査の目的に応じていくつかの検査法をテストバッテリーとして組み合わせて実施する．

精神分析と心理検査の関係をみると，アメリカにおいてハルトマン Hartmann, H., クリス Kris, E., エリクソン Erikson, E. H. らによって自我心理学，力動精神医学

が発展したことと並行して，1940年代から50年代にかけてはベック Beck, S. J. やクロッパー Klopfer, B., ラパポート Rapaport, D. らによるロールシャッハ法の研究が飛躍的に発展した。この頃は現在の文章完成法 SCT（Sentence Completion Test）の元と考えられるテンドラー Tendler, A. D. による「情緒洞察テスト」(1940)，マーレイ Murray, H. A. らによる主題統覚検査 TAT（Thematic Apperception Test）(1943)，ローゼンツヴァイク Rosenzweig, S. による絵画欲求不満テスト P-Fスタディ（Picture Frustration Study）(1945) など，多くの投影法 projective technique が発表された。投影法の特徴は与えられる刺激が曖昧で多義的なこと，反応の自由度が高いことであり，それだけに被検者の自覚しないパーソナリティの側面が反応に投影される。ここで投影というのは防衛機制としての投影よりも，より広義に被検者の過去の経験や個人的事情に基づいた選択的な反応を指す。投影法の反応は自発的かつ自由なものなだけにその答えの幅が広く，解釈には熟練を要する。しかし，これらの投影法は自己像や対象（人）関係，情緒，願望や葛藤，防衛や適応の在り方などパーソナリティの機能や構造を明らかにするのに適した心理検査として臨床的に頻繁に使用される。ロールシャッハ法は日本においても1930年代から注目され，辻悟らの阪大法，村上英治らの名大法，クロッパー法をもとにした片口安史の片口法（「心理診断法」）(1956) など多くの研究がある。その中で小此木啓吾・馬場禮ニは精神分析的自我心理学に基づいて，ロールシャッハ法のテスト状況における検査者－被検者関係やテスト反応が生み出される心理過程と精神分析治療における自由連想の心理過程とを対照させて『精神力動論』(1972) を著した。そしてロールシャッハ法の記号からの形式分析に加えて態度分析，継起分析，主題分析をすることで自我機能診断をし，より綿密な心理アセスメントを可能にした。現在は統計的手法で解釈できるエクスナー法も多く用いられている。

1960年代にはアイゼンク Eysenck, H. J. の投影法の評価の客観性をめぐる批判や反精神医学運動もあって，心理検査を実施することに反対する声が高まった。しかし，1970年代になるとアメリカで境界例論が活発になり，境界人格（構造）の人びとは構造化されている検査（知能検査や，人格検査でも被検者の回答が「はい」「いいえ」のように限定されている質問紙法など）では問題が顕在化しないが，構造化されていない心理検査（特にロールシャッハ・テストやTATのような投影法）に特異的な自我の脆弱性が顕在化することが明らかにされたことを契機に，心理アセスメントをする上で心理検査が重視されるようになった。　　　　　　　　　（深津千賀子）

[関連項目] 診断，診断面接

心理療法　⇒精神療法
[英] psychotherapy

神話
[英] mythology
[独] Mythus
[仏] mythe

フロイト Freud, S. が神話に関心を抱いたことは夢分析の中で示されており，神経症の症状を神話の内容と比較することも多い。しかし精神分析理論において神話や伝説など広く民間に共有された物語を主体的に活用する方法は，とくにギリシャの「エディプス王」の悲劇から，子どもが両親に対して抱くコンプレックスの名をとったことで広まった。彼は神話が「諸国民全体の願望空想の歪曲された残滓，若い人類の現世的な夢」(1913) であると考え，「自分の好きな童話の記憶が自分自身の幼年時代の記憶に代わってしまっている人びとがいる」(1908) と指摘し，言語遺産と現代文明の連続性を認めて，他の学問領域での神話研究も刺激し，例えば人類学者たちの分析や調査を生み出す等さまざまな影響を及ぼしてきた。また，ユング Jung, C. G. は夢や患者の妄想や幻覚の内容に，神話の主題やイメージとの類似を見出し，普遍的神話を生み出す元型の場所として，個人の無意識の下層に集合的な無意識があると仮定した。当初は，個人還元主義的な理解や内容解釈が徹底されて，ランク Rank, O. のようにフロイト学説や自説の証明のための分析素材として扱うことが多かったが，次第に物語中の人物との同一化や理想自我の対象となること等の発達促進的意義も強調されるようになる。他方，日本では古澤平作や小此木啓吾が，仏教の物語に阿闍世（あじゃせ）という名の王子が登場し，その王子が自分の母親を殺そうとするが後悔の念や罪悪感に襲われて苦しみ，母親に救われるという話から，「阿闍世コンプレックス」という理論を提起した。また河合隼雄はユング心理学の立場から日本昔話を考察し，北山修はイザナギ・イザナミ神話から「見るなの禁止」論を展開した。これら日本の神話分析は，父親の存在を重く見るエディプス・コンプレックスの議論と比べて，いずれも母子関係を重視している。『古事記』や『日本書紀』の内容は，欲動論などの観点から見てもまだまだ活用できる部分を含んでおり，前エディプス的な結びつきが濃厚であるほど神話の創造性は高まるとする分析家フリーマン Freeman, D. らもまたその大量の内容を分析し始めている。

これらは長い間人びとに真実だと信じられ，神聖視され，主に言葉で伝えられ，広く共有されてきたものであり，これからも普遍的な思考の抽出ができるという可能

性がある．科学の研究においても使用される「モデル」（Bion, W. R. 1962）の役割を，社会の中では罪や宇宙の起源を語る神話が果たすという発想により，神話・昔話が一定の臨床モデルとしても複数の場において活用されるなら，主人公の名が引用されて「……コンプレックス」と呼ばれてその広がりが示されるのである．神話の顕在内容は多様な歪曲を受け曖昧で多義的で重層的であり，分析結果や解釈との直線的な結びつきがないという批判もあるが，豊かなイメージを育みながら言葉で伝えられる物語は，理論そのものだけではなく，実際の治療においてもメタファーや象徴的表現として説得力をもつ．また，臨床体験については家族神話や個人の神話という言い方でタブー視されやすい私的な物語を比喩的にとらえて語る者も多い． （北山　修）

[関連項目] 阿闍世コンプレックス，エディプス・コンプレックス，見るなの禁止

[文献] Bion, W. R. (1962b), Freeman, D. (1996), Freud, S. (1908e, 1913d), 河合隼雄 (1982), 北山修 (1982b), 古澤平作 (1932), 小此木啓吾 (1982d), Rank, O. (1909)

す

垂直分裂／水平分裂
[英] vertical split / horizontal split

コフート Kohut, H. が伝統的な精神分析の立場から未だ離れず自己愛パーソナリティ障害の病理の究明を行っていた当時，自己愛パーソナリティにおける誇大自己の成り立ちを説明するのに好んで用いた概念である．特に，鏡転移の分析に不可欠なメタ心理学的理解として両概念は重視された．また自己愛エネルギーの表出（誇大性や顕示性）に関連した誇大自己の統合不全を説明する概念として論じられる以外に，理想化された親イマーゴの抑圧（水平分裂）や全能で理想化された親的人物についての無意識的空想への固着（垂直分裂）といった形の太古的自己愛の形態を説明する概念としても使われる．コフート以後の自己心理学派の臨床においてその注目度は低下しているが，自己愛パーソナリティの精神病理と治療論に関するコフートの考え方を理解する上で有意義な概念である．

コフートは『自己の分析』（1971）で自己愛パーソナリティ障害の患者を2群に分け，水平分裂と垂直分裂を鍵概念として使い論じた．第1のグループは，低い自己評価，羞恥傾向，心気症や自発性の欠如など自己愛欠乏症を呈する人たちで，心の深い水準で太古的な誇大自己を抑圧している．この心の慢性的な構造の変化が水平分裂であり，この構造によって自己愛エネルギーは現実自我から奪われ，その結果自己愛欠乏症を引き起こしている．第2のグループは，自惚れが強く，尊大で，度を越した自己主張をする人たちで，誇大性や顕示性は意識されているが，修正されていない誇大自己は垂直分裂により心の現実的な区域から排除・否認されている．他方，心の隠された深いところで水平分裂があり，誇大自己を抑圧しているために，第1のグループと同様の症状を合わせ持つ．

コフートが自己愛パーソナリティの典型として想定した第2のグループの患者の治療で，まず目標となるのは垂直分裂を取り除くことである．治療者は患者の太古的な誇大性を非現実的であると教育するのでなく，転移のなかで復活している早期幼児期の文脈のなかでは適切な要求であり表現であると受け入れる態度をとる．それにより，患者の現実自我は修正されることのなかった幼児的自己愛を制御できるようになる．すると次に，水平分裂によって妨げられていた自己愛エネルギーの表出を，現実自我が恐れて抵抗するようになる．ここに水平分裂の障壁を取り除く目標が生まれるが，ここでは誇大的で顕示的な自己の受容を求める欲求が治療者に受け入れられないのではないかという抵抗が徹底操作されねばならない．このようにして誇大自己は現実自我の構造に統合される． （舘　哲朗）

[関連項目] 鏡転移，誇大自己，自我の分裂，自己愛〔ナルシシズム〕，自己愛転移，自己愛パーソナリティ，自己心理学，スプリッティング，コフート

[文献] Kohut, H. (1971, 1977)

スキゾイド・パーソナリティ
[英] schizoid personality
[独] Schizoid Persönlichkeit
[仏] personnalité schizoïde

精神分析の文脈では，1940年代のイギリスの精神分析医フェアバーン Fairbairn, W. R. D. による，ある一定の性格的特徴と力動的構造をもつパーソナリティの研究に端を発する．それはガントリップ Guntrip, H.，カーン Khan, M. らに引き継がれ，環境因子（母親の養育態度と社会的次元）を重視している点で，ウィニコット Winnicott, D. W.（彼自身は，フェアバーンに批判的な態度を採ったが）の考えと合流して，イギリス精神分析のうち特に独立学派の臨床および研究の焦点となった．一方伝統的な精神医学の文脈では，ドイツの精神科医クレッチマー Kretschmer, E.（1921）が提唱した体格‐性格学的な類型のスペクトラムのうち，痩せ体型に相関性

があり精神分裂病に連なるものの一型を主に意味した（分裂気質 Schizothym－分裂病質 Schizoid－精神分裂病 Schizophrenie）。その特徴は，非社交的・内向・人嫌い・臆病・神経質・生真面目等である。それは敏感と鈍感・突飛さと頑固さ・感情と思考等の軸からさらに幾つかの亜型に分類されているが，基本的に生物学的な基盤を前提とした静的な分類である。両者の流れは欧米精神医学においてある意味で折衷され，DSM のパーソナリティ障害の一型として「分裂性パーソナリティ障害」が採用されている。

フェアバーンに戻ると，彼は当時曖昧で分類不能に思われた訴えとともに治療を求めに来る人たちに，共通して現実感の障害があることを認め，(1) 万能的な態度，(2) 孤立し感情的に距離をとる態度，(3) 内的現実への没頭という特徴を取り出して，スキゾイド・パーソナリティと名づけた。これらは，クレッチマーの類型およびユング Jung, C. G. の「内向型 introverted type」とも重なる。フェアバーンは，精神分裂病から性格傾向・一過性の状態としてのスキゾイドに通底するスキゾイド状態 schizoid conditions の対象関係上の力動的特徴を抽出した。すなわち，(1) リビドー対象との（口唇的）部分対象関係水準の関わり，(2) 対象に与えることの困難，(3) 具象的に経験される体内化，(4) 愛情＝口唇的体内化による対象破壊の不安，である。(1) の結果，対象は人物ではなくスキゾイド者が勝手に扱う身体器官とされる。これに伴って，対象関係は非情動的なものとされる。(2) は，与えることが自己の内容を失うことに等しく感じられるからである。それを防ぐためにスキゾイド者は，役割演技・自己顕示といった与えて与えずという技法を用いる。彼らの内的優越感は，自己の内容を密かに過大評価すること・価値ある対象を密かに所有しているという感覚に由来する。そこには同時に，体内化した対象を失う恐れがあり，その混淆が秘密主義の態度を形成する。(4) のために彼らは自分の愛情を恐れ，対象に関わろうとしても再び引きこもる (in and out；ガントリップ）。

フェアバーンはこのような精神病理の起源を，子どもが母親との安定した情動的関係の形成を妨げる母親の態度に見ている。スキゾイド者は，母親に無視あるいは独占されることによって部分対象としての扱いを受け，被剥奪感と劣等感によって母親に固着し，同時に自己愛的態度と内的世界の過大評価を発達させた，と理解される。彼はパーソナリティの構造論を発展させて，母親のこの二側面を「拒絶対象」と「刺激対象」とした。ガントリップおよびカーンは，このスキゾイド論をウィニコットの「偽りの自己」論に重ね，彼らの自我の欠損を「ほど良い母親の養育の失敗」「侵襲 impingement」のためとした。上の (4) が，「対象の生き残り」というウィニコットにおける母親の課題に関係していることは明らかで

ある。ウィニコットはスキゾイド者の基礎的欲求を見据えて，クレバーな解釈ではなく自我支持あるいは抱えることの重要性を指摘している。分析の設定は，分裂 splitting や理想化の防衛を放棄して未統合の自我に退行し，対象と対象関係を発見する場となるべきである。

クライン Klein, M. は，フェアバーンの考えのうち，早期の乳児的心性を精神病的世界に近づけて捉えるという点に賛意を表して，フェアバーンの用語「分裂ポジション」を採用し，自らの「妄想ポジション」を「妄想分裂ポジション」と改名した。しかしながら，両者は理論的には大きく異なる。投影同一化（内的対象を巡る無意識的空想）を中心機制として理解するクライン派の枠組みでは，スキゾイド者は単に引きこもっているのではなく，自己の一部を対象の中へと投影同一化している。対象に依存しない超然とした外見は，すでに自己の一部が投影同一化を通じて理想化された対象の内部に入り込んでいて，分離不安が否認されているからである。しかしフェアバーンが説くところと同じように，妄想分裂水準では投影同一化は，アイデンティティの危機ももたらす。破壊的な部分の投影によって一方では自己の涸渇と対象に呑み込まれる恐怖がかき立てられ，もう一方では依存対象をもたない恐怖に晒される。レイ Rey, H. はそれを「閉所広場恐怖」と名づけ，スキゾイド状態と境界状態を等置した。このように，性格類型に関心をもたない傾向がクライン派全般に認められる。クライン派の主な関心は，1950 年代の精神分裂病に向けられたものから 1960 年代の重症自己愛パーソナリティ障害，そして 1970 年代の病理的組織へと移行したが，一貫して羨望を中心とするパーソナリティの破壊的な部分の活動が注目された。結果的に，性格特徴の記述としてのスキゾイド・パーソナリティに固有の精神病理は論じられていない。

〔福本　修〕

[関連項目] ウィニコット理論，クライン学派，独立学派，フェアバーン理論，妄想分裂ポジション，ガントリップ，フェアバーン

[文献] Fairbairn, W. R. D. (1952), Guntrip, H. (1968, 1971), Khan, M. M. R. (1960, 1966), Kretschmer, E. (1921), Rey, H. (1977), Winnicott, D. W. (1962)

スクィグル・ゲーム
[英] squiggle game

イギリスの精神分析家ウィニコット Winnicott, D. W. は自身も絵を描くことが好きであったが，その彼が子どもとの面接，あるいはコンサルテーションで用いた描画技法。治療者が紙の上になぐり描きをして，子どもにそれに何か付け加えてもらい，絵にする。それを交互に行っていく。

[方法] 治療者は子どものところへ行き「何かで遊ぼう。やりたいことがあるから，ちょっと見てて」と言い，紙の束と 2 本の鉛筆が置いてあるテーブルに行く。やや大雑把に紙を半分にして「ただこんな風に鉛筆で……」のように言いながら，治療者がなぐり描きをする。「何かに見えるなら，あるいは何かにしたいなら，やってみて。で後で私にも同じ事をしてもらって，私がそれを何かにする」と言って交互にこれを行っていく。ウィニコットはこれを子どもとのコンタクトに積極的に利用した。似たような方法をアメリカの精神分析家ナウムバーグ Naumburg, M. が「スクリブル法 scribble method」として提唱しているが，これは描画療法であり，クライエントにサインペンをわたして「なぐり描きして」と指示し，それが何に見えるかを問い，それを彩色してもらうという形で，相互的，ゲーム的な遊びの要素は低い。

[舌圧子ゲーム] スクィグル・ゲームに先行するものとして舌圧子ゲームが考えられる。小児科医であったウィニコットは，小児クリニックに来所する子どもが母親のひざで，机上の舌圧子に対する関心を示す，その設定状況での子どものあり方を観察した。子どもにはそれに躊躇して手を出せない，それを口に入れて楽しむ，それを落として遊ぶという段階が見出せた。つまり舌圧子を介したやりとりから，子どもを診断的な視点から分類した。そうしたごく最小の設定状況での媒介の扱い方から子どもの内的状態を理解できることを示したのである。ただウィニコットは，スクィグル・ゲームが大人と子どもの遊びの創造的な中間領域で行われることに意味があると考えており，ただ単に投影法のような規則を伴うテストになってしまうと，その意義が失われると述べている。

[遊びの領域] ウィニコットは最初の面接でスクィグル・ゲームを利用する設定状況を「精神療法的コンサルテーション」と呼び，最初の設定状況でも充分治療的でありうると考えている。理由は，治療者が子どものための設定状況を抱えて，子どもと大人が相互に交流する形で，子どもが自由に遊べる枠組みを提供しているためである。ウィニコットによれば「原則として，精神療法は子どもの遊びの領域と大人や治療者の遊びの領域が交わったところで行われる。スクィグル・ゲームはそうしたやりとりが促進される方法の一例である」と述べている。ただし子どもに平均的に期待できる程よい環境がない場合には，この面接の効果は期待できない。異常な家庭や社会状況に戻ってしまうからである。 （妙木浩之）

[関連項目] ウィニコット理論
[文献] Winnicott, D. W. (1968, 1971b)

スクリーン・メモリー　⇒隠蔽記憶
[英] screen memory

スコポフィリア　⇒倒錯
[英] scopophilia

ストーミー・パーソナリティ
[英] stormy personality

アリエティ Arieti, S. がその精神分裂病論において，シゾイド・パーソナリティと並んであげた分裂病の病前パーソナリティであるが，同時に，現代における境界パーソナリティに関する認識を先取りしていた面もある。しばしば精神分裂病発病前の子どもたちは，親との関係の不愉快さを避けようとして，孤立し，よそよそしくなり，孤立，ひきこもりを保身術とする分裂病質パーソナリティに発展する。ところが，ストーミー・パーソナリティに発展する人たちはこの孤立状態に解決を見出さない。彼らは親の是認と愛情を得，否認を避けようとするあらゆる型の態度を，しかも極端な形で試みる。なぜなら，そのどれもが，存在する不安を実際に除去できないように思えるからだ。この不確かさは親の無定見によって強められる。こうして，早期の環境状況が人生に対する彼らの態度を不安定に再三再四変える傾向を助長する。変化はゆっくりのこともあり，急のこともあるが，突然で強烈かつ激甚であるほうがさらに多い。

彼らは安定した自己同一感を持てないし，安定したセルフ・イメージをつくり上げることができない。悪い子どもというセルフ・イメージさえもつくり上げることができない。「悪いかもしれない子ども」というイメージしかつくれない。自分が何者で，家族，知人，社会全体は，自分に何を期待しているのかの問いに答えられないために，非言語的水準のあてもなく漂う感情が続く。このように自己同一感が適切な体制化を受けない理由として，第 1 に，親のどちらとも適切に同一化できないし，性的同一性と男性または女性としての役割の概念がひどく損なわれている。第 2 に，彼は家庭内で親や同胞が彼に期待する役割に関して不確かである。彼は周囲の人びとにとって自分が何を意味するかがわからない。漠然と望まれていないと感じているが，あからさまな拒否にあわなければ，自己の同一性や家庭内での存在の意義は十分には確立しないままである。それだけに他人に対する服従，攻撃または孤立のいずれの態度も確立されていない。彼は親が自分を「悪い」とみなしているのを感ずるが，自分自身を一貫してそういう見地から見ようとしない。それはあまりにも自尊心を台無しにするからである。彼は

自分が受け入れられないのを知るが，完全に拒否されるかどうかについてはあやふやである。分裂質の人は，少なくとも自分が悪い子どもというセルフ・イメージを受け入れているために，ある程度まで自分自身の同一性をもっと確信しているので，孤立に頼って，自分を守る。彼は目立たない追随者であり，壁の花であり，孤独な人間である。ところが，ストーミーな人間はそういうあり方に妥協できない。彼は永久に自分の役割を忙しく捜し求めるのだが，成功することがない。彼は人びとに「近づこう」としては，そのたびに傷つけられる。彼は次第次第に失望していくが，それでも野心を胸に抱く。

青年期になると彼らの困難は増大する。つまり，自分の地位を見出すことができないというその無能さが家庭集団の外にまで及んで，同僚，知人そして彼の住む共同体まで巻き添えにするからである。彼が仕事の世界に入るときにも，同じ不確かさが忍び込んできて，自分自身を一定の職業や商売の一員として見出すことができない。ストーミー・パーソナリティの患者は，しばしば極端な従順さで服従することがあると思えば，攻撃的で敵対的になり，完全な孤立にひきこもることもある。孤立していると，異常に不安になり，分裂質性防衛の保護作用を剝奪された分裂質の人間のようになって，非常に傷つきやすい。何でもないことまでが危機をつくり出すので，彼らの生活は危機の連続である。

これらの患者は，このように破局と破滅の雰囲気の中に住むが，一方で見かけ上の快活さ，薄っぺらな，沸騰するような態度でこの不安を隠そうとし，気分がよくなると，驚嘆すべき人物と結婚しようとするなど，壮大な空想と妄想的傾向をさえ胸に抱く。彼らは極端なことしか好まないし，すべてが黒か白。承認は献身と愛情を意味し，否承認は全くの拒否と憎悪を意味する。分析者は彼らを受け入れるなら，自分のすべてを彼らに与えなければならなくなる。彼らは分析者が自分を拒否していると思えば，絶望ないしは孤立の状態に陥る。彼らはしばしば薬やアルコールの乱用に頼る。……危機はしばしば何でもない出来事によって結実され，不安を生み出す。

ストーミー・パーソナリティの範疇はまた，他の学者たちが精神分裂病の偽神経症的型に属すると考えるある種の患者を含む。これら「偽神経症的」患者のあるものは，ときとして，心気症的合理化によって，彼らの生活をだめにしてしまう強い意識的不安を抱く。彼らの多くのものには実際の精神病発現は起こらない。もし起こしても，精神病の発作は一般に分裂質パーソナリティの患者よりも短い。むしろ彼らは精神病になるか，ならぬかわからないストーミー・パーソナリティである。敵意にみちた挑戦的な特性を持ったストーミー・パーソナリティの人物は，どんな治療にも抵抗し，病院内で管理しにくい。
(小此木啓吾)

[関連項目] 境界性人格障害，性格
[文献] Arieti, S. (1957)

スーパービジョン
[英] supervision

「監督教育」と訳されるが，よい決定訳がない。精神療法の臨床教育の基本となっている教育方法で，スーパーバイザー supervisor とスーパーバイジー supervisee が，一対一で，毎週規則的に，面接の設定を定めて継続的に訓練を受けていくやり方をいう。歴史的には，この教育方法はベルリン精神分析研究所でアイチンゴン (Eitingon, M. 1922) が最初に試みたが，米国ではそれと独立に，むしろソーシャルワーカーの教育について発達した。このスーパービジョン下でスーパーバイジーが行う精神療法は「スーパーバイズされた精神療法 supervised psychotherapy」と呼ばれるが，スーパービジョンの目的は，スーパーバイジーの治療者としての教育であり，スーパーバイジーが行っているその症例の治療そのものではない，という認識が一般的に定着している。つまり，スーパービジョンは，バイジーがセミナーやテキストで学んだことと，実際の経験とを結びつけるものであり，精神療法の研修に必須のものである。そして，このスーパービジョンの中でバイザーとバイジーが共に検討しようとするテーマは，(1) 患者の精神力動ないし病理の特徴について理解を進める。患者が提示する臨床材料つまり連想の内容や形式の分析，さらには夢や幼少時の記憶の理解など，患者理解をめぐる事柄。(2) 患者の転移，抵抗や治療者の逆転移を中心として，治療者としてのバイジーと患者との関係をめぐる事柄。(3) 治療者の介入と解釈の仕方，より適切な技法の可能性などについての検討，示唆などの技法的な事柄。(4) それらの事象に関連する知的・理論的な教育，さらには文献の紹介など，に分けることができる。

この方法によって，熟練したスーパーバイザーが，示唆，助言，指示，明確化，支持などを介して，スーパーバイジーが，自己の治療方針や治療技術，逆転移について的確な認識と洞察を得ることを助ける。つまりスーパービジョンは教育分析に続く精神分析の最も基本的な臨床教育方法であるが，このスーパービジョンの方法が力動精神医学や心理臨床の臨床教育に一般化された。この方法による教育システムと一般診療・管理システムとの関係をどのように設定するか，精神医学および心理臨床教育全般の中にそれらをどのように位置づけるかについて種々の課題があり，岩崎徹也はスーパービジョン構造論を提起している。
(小此木啓吾)

[関連項目] 教育分析，精神分析家の資格，統制分析
[文献] Caligor, L., Bromberg, P. M. & Meltzer, J. D. (ed.)

(1984), Cavenar, J. O., Rhoads, E. D. & Sullivan, J. L. (1980), Dewald, P. A. (1987), Doehrman, M. J. G. (1976), Eitington, M. (1937), Eitington, M., et al. (1926–1939), Ekstein, R. & Wallerstein, R. S. (1958/1972), 岩崎徹也 (1997), 狩野力八郎・佐野直哉（シンポジウム）(2000), 小此木啓吾 (2001a)

スプリッティング
[英] splitting
[独] Spaltung
[仏] clivage

[定義と特質] 融合を断ち，その両者を分け隔てて触れ合わないようにしておく心的操作を言う。

イギリスの児童分析家クライン Klein, M. (1946) が原始的な防衛メカニズムである分裂機制 schizoid mechanisms を提示したことで，投影同一化，原初的理想化とともに，（分裂，分割とも呼ばれる）スプリッティングは注目される心的メカニズムとなった。その後，米国でもカンバーグ Kernberg, O. F. やマスターソン Masterson, J. F.，さらには異なった視点からコフート Kohut, H. もスプリッティングを主要な心的メカニズムとして位置づけたこともあって，心的内容を部分的に排除しておくメカニズムとして今日では抑圧と並び広く知られている。しかしそのオリジナリティはフロイト Freud, S. にある。

[フロイトのスプリッティング] フロイトは遺稿『防衛過程における自我の分裂』(1940 [1938]) の中でフェティッシュという特異な倒錯的性愛対象を作り出す症例を示しながら，本能欲求にもとづく葛藤をスプリッティングによって取り扱う，いわば二分割されている自我状況を示した。そこでは去勢への気づきを排除している自我とその気づきを受け入れている自我とが葛藤なく併存している。

[対象関係論でのスプリッティング] クラインは自我の構造においてよりも，内的世界 internal world での自己や対象のスプリットとそのメカニズムであるスプリッティングに注目した。乳児の内的世界ではその発達のごく初期には自己も対象も未統合の状態にあるのだが，快あるいは不快／苦痛を軸として自己や対象はそれぞれに連結 link したりスプリットされていく。乳児に快が体験されているときには，自己も対象もよいものとして保たれ，よい対象はよい自己にとり入れられる。よい対象部分やよい自己部分はそれぞれ連結していく。しかし苦痛な体験ではそこに生じる激しい怒りや憎しみという破壊 - 攻撃欲動から自己や対象はさらに断片化し解体してしまう。このときには受動的にスプリッティングが作動していると言える。やがて自己は確立されたよい自己を強化し，破壊 - 攻撃欲動を含む自己を苦痛を与えてくる悪い対象に排出していく。ここにおいて，よい自己と破壊的自己を積極的にスプリットすることによって，よい自己やよい対象を破壊性から守るとともに破壊性を持った自己部分と対象部分が報復的に相殺する分裂した内的状況を作り上げていく。これが妄想 - 分裂ポジションにおける内的世界であるが，スプリッティングは能動的に使用される。クラインによれば，このようにスプリッティングは排出性の投影同一化とならんで妄想 - 分裂的世界を構成するのに欠かせない心的機制である。スプリッティングが多用され，より微細化した断片をもたらすとき，断片化 fragmentation と呼ばれる。またリーゼンバーグ - マルコム Riesenberg-Malcolm, R. (1990) は，対象が切片のようにきれいに切り分けられて，それらがさまざまな状況や人物に散らされる形のスプリッティングをスライシング slicing と呼んでいる。ビオン Bion, W. R. (1957) は，スプリッティングに対置する心的操作としてリンキング（連結）を取り上げている。これによっておおまかに分裂と統合と表現されていたダイナミックな状況に，よりキメの細かい理解がもたらされた。

フェアバーン Fairbairn, W. R. D. (1952) も精神内界におけるスプリッティングを早い時期に取り上げている。彼によれば，幼児は母子間の口唇的愛情交流での欲求不満ゆえに外的な母親との関係から離れ，内的世界の内的対象との関係にひきこもる。ここにオリジナル自我のスプリッティングが生じる。外界対象に対応する自我と内的対象に対応する自我の分割である。フェアバーンはそれに続いて起こる内的対象関係の操作からなるパーソナリティ構造の基本モデルを基本的精神内構造 basic endopsychic structure と名付けたが，それは3つに分割されている自我（自己）とおなじく3つに分割されている内的対象からなる。このようにフェアバーンは，スプリッティングをごく早期に幼児が母子関係での欲求不満や安全感覚の揺れを取り扱っていくために使う不可欠な心的手技と考えた。

[スプリッティングと抑圧] スプリッティングと抑圧 repression との関係については，クラインがスプリッティングを原始的なメカニズムとしたように，抑圧はスプリッティングよりもより成熟した防衛メカニズムであるとする考えが一般的である。これはクライン自身がフロイト理論との整合性から述べているし，カンバーグ (1976) はスプリッティングが使われるか抑圧が使われるかを性格病理の重篤さの識別に採用している。しかしながらスィーガル Segal, H. (1962) は抑圧の病理はスプリッティングに基づいているとしてスプリッティングに重点を移している。実際の治療場面においては，その治療者のよって立つ理論によってその現象が抑圧，あるいはスプリッティングと使い分けられているのが現状である。

[自己心理学でのスプリッティング] 自己心理学からのスプリッティング理解もある。コフート（1971）は，水平分裂 horizontal split と垂直分裂 vertical split とにスプリッティングを分けている。前者は抑圧にほぼ等しいメカニズムである。受け入れがたい観念を意識の外に置く。一方後者，垂直分裂は内的・外的な現実の否認をもたらすが，それらは分離されて意識の中にとどまっている。フロイトが述べたスプリットに等しい。

[精神分析一般でのスプリッティング] 実際の精神分析臨床ではスプリッティングはもっと日常的にも活用されているところがある。たとえばステルバ Sterba, R.（1934）の治療的自我-解離に始まる「観察する自我」と「体験する自我」の解離や，ケースメント Casement, P. の内的に独立している「心の中のスーパーバイザー internal supervisor」という考えでは，自我や自己の健康なスプリッティングが前提とされている。　（松木邦裕）

[関連項目] 原始的防衛機制，自我の分裂，垂直分裂／水平分裂，断片化，部分対象，フェアバーン理論，分裂機制，妄想分裂ポジション，抑圧

[文献] Bion, W. R. (1959), Casement, P. (1985), Fairbairn, W. R. D. (1952), Freud, S. (1940d), Kernberg, O. F. (1976), Klein, M. (1946), Kohut, H. (1971), Riesenberg-Malcolm, R. (1992), Segal, H. (1962), Sterba, R. (1934)

スペシャル・ペイシェント

[英] special patient

治療状況において特別な存在となる患者のこと。特別な存在となるにあたっては，たとえば社会的な有力者の家族であるなどその患者の紹介経路から，患者自身の人格特性あるいは治療状況までさまざまな要因が関与するが，結果的に治療場面に特異な集団精神力動を生み出すことが知られており，とりわけ精神分析的病院精神医学の実践上，大きな課題となっている。例えば，スタントン Stanton, A. らは，社会学的な視点から，ある患者が特別患者になるにあたっての前提条件として，その患者に特別に与えられたものが，時間にしろ空間にしろサービスにしろ，供給上限度のあるものであること，治療スタッフの仕事が増える性質のものであること，院内の規則に照らして例外的な扱いになることなどの要因があることを指摘した。一方メイン Main, T. は，ある種の患者の病理が治療スタッフの間に対立，葛藤を生んで特別患者になっていくこと，すなわち，患者の精神内界の防衛としての分裂 splitting が，病院内で彼をとりまくスタッフたちの間の対立，つまり，外界の人間関係における分裂を引き起こしていく過程を解明した。メインはこのようないわゆる特別患者をめぐる問題が，少数の特殊例に限られるものでなく，精神科臨床場面において，かなり一般的，普遍的な問題であることを主張している。さらにバーナム Burnham, D. は患者自身の中における内的な分裂とスタッフ間に生ずる外的な分裂とのいずれが原因というよりも双方の要因が相互に作用し合うことを強調した。　（岩崎徹也）

[関連項目] 集団力学，スプリッティング

[文献] Burnham, D. (1966), 岩崎徹也 (1978b), Main, T. (1957), Stanton, A. & Schwartz, M. (1954)

せ

性愛〔セクシュアリティ〕

[英] sexuality
[独] Sexualität
[仏] sexualité

性，性欲とも訳されるが，ギリシャの愛の神に由来するエロスという名前でも呼ばれ，これを肉体を基盤にして主に心的に展開するエネルギーがリビドーである。フロイト Freud, S. は，幼児にも性欲やその興奮が存在し，そこに大人の性倒錯や性交に伴う諸活動の起源があるとし，神経症の原因もまた性的なものであることに注目した。このような性愛は性器に関係する活動と快感獲得だけを指すのではなく，幼児期の性欲も含むものであり，発達段階に応じた性感帯を通して出現し，表現され，その在り方は快感原則に従うものである。最初は口唇部の快感や興奮として実感され，次いで肛門部を介した排泄などの生理的欲求に伴う形で体験され，その快感は栄養摂取や生理的な排泄とは関係なく対象や方法を変えて求められるようになる。さらに，男根，エディプス期へと向かい，性は幻想内容や対象関係を決定し，精神構造を基礎づけ，生き方や考え方，人間関係を構築する。しかしフロイトは，性の在り方を内的起源だけで説明するのではなく，乳児の欲求に外から応じる母親または母親代理の本能的な基盤をもつ対応がエロス的な結合を可能にすることを見出しており，近親姦的な愛の対象との関係で幼児が抱く幻想や事後の意味づけに注目しながら，与えられる環境要因の影響，さらには外傷体験の複合性も明らかにした。このフロイト精神分析学の性心理学としての大きな特徴は男根中心主義と言われるほど父性的であり，成熟する過程で前性器的な性体験から性器的な性体験へと満足と興奮が集中するとし，ペニスの不在である去勢に不安や恐怖の発生基盤をおき，最終的にはこれを克服して異性愛的段階に至ると考えた。神経症を発

生させる外傷と抑圧の具体的内容とはこの性の領域で展開されることが多く，抑圧されたものの意識化に向けて症状や言動の性心理学的意味を読みとり解釈することが分析家の仕事の一つとなる。このような快感重視の欲動論的視点と連動して，精神分析学における性とは主に2つの大きな側面を指し示す。すなわち男女の性を区別する「ちがい」としての性と人間の「つながり」としての性とは，快感原則に左右されながらも，それぞれ生物学的，社会的，心理的なさまざまな水準で重要な精神分析的な意味をもつ。対象関係や自己確立のための課題が注目されるようになり，個人の「ちがい」としての役割やアイデンティティと，人間関係の「つながり」の確立に向け，性はもちろん重要な役割を果たすが，性心理学や性シンボリズムを踏まえた認識と解釈はむしろ基礎的な知見として扱われることがある。母子関係や前エディプス的段階における自我支持のニードや攻撃衝動の問題などエロス的だと言い切れない体験に関する理解が深まって，汎性説と呼ばれる古典的な精神分析教義に対しても発展的修正が加えられている。どの時代においても性欲は攻撃性とともに取り扱いにくく抵抗の大きいものの一つであり，今後も精神分析学にとっては，貪欲で残酷な人間たちの様々なプライバシーが取り扱われる広大な臨床分野で，性の領域が「ちがい」を認識し「つながり」を求める人間の言動の動機づけや深層を理解する鍵となることには変わりはない。　　　　　　　　　（北山　修）

[関連項目] エディプス・コンプレックス，口唇期，肛門期，性感帯，精神-性的発達，やさしさ，幼児性欲，リビドー
[文献] Freud, S. (1905d, 1912c)

性愛化

[英] erotization
[独] Erotisierung
[仏] érotisation

フロイト Freud, S. は，葛藤外の領域で働いていた自我機能が，葛藤的なものになり，その機能の制止 inhibition が起こる要因として性愛化を挙げた。フロイトは『制止，症状，不安』(1926) で，自我機能の制限としての制止と症状を区別し，「われわれはごく一般的にある器官の性愛化の傾向，つまりその性的な意味が増大すると，その器官の自我機能がおかされることがわかった。やや滑稽なたとえだが，言ってみれば，一家の主人と深い仲になったために，台所で働こうとしなくなった料理女にたとえることができよう。……書くことも歩くことも，性愛化されると，禁止された性行為をするかのように受け取れるので，いずれも制止される。自我は，エスと葛藤を起こすのを避けるため，新たな抑圧を企てる羽目にならないように，自己のものである機能を捨て

るのであるが，同時に，これらの制止は，明らかに自己懲罰に役立つことになる。自我が職業上の活動ができないのは，それが厳格な超自我の拒絶する利得や結果をもたらすからである。自我は超自我との葛藤に陥らないために，この機能を断念するのである」。

なお，メニンガー (Menninger, K. 1958) は，従来の恋愛性の転移による抵抗の概念を拡張し，超自我に対して患者としての役割を退行と転移によって口愛化，肛門愛化，男根愛化，性器愛化という各レベルで性愛化する結果生ずる抵抗を「性愛化抵抗」と呼んだ。例えば，治療の中に含蓄されているしゃべること，あるいは，自分を顕示すること，あるいは自分の体内から出すものを評価されること，あるいは，話すことで自分の口愛を満足すること等々が，治療の中でみたされることそのことが葛藤を生み抵抗となる現象である。　　（小此木啓吾）

[関連項目] 自我自律性，症状形成，抵抗
[文献] Freud, S. (1926a), Menninger, K. A. (1958)

性愛的自己愛　⇒破壊的自己愛／性愛的自己愛

[英] libidinal narcissism

性愛的マゾヒズム

[英] erotogenic masochism
[独] erogene Masochismus
[仏] masochisme érogène

字義通りには，屈辱と苦痛を受けることで性的快感や性的満足を得ようとする性倒錯を意味する。真性の性愛マゾヒストは性活動の中で苦痛を求め，性愛の対象に対して受動的，服従的，被害者的な態度や行動をとり，性的目的を達成するために心身に対してさまざまな自虐的方法を講じる。小児期の処罰や虐待が性的快感や愛情獲得と結びついた場合，大人になっても苦痛を受けることが性行為と同等に，また愛情の条件のように学習されると理解できることがある。しかしながら，フロイト Freud, S. (1924) は苦痛には多かれ少なかれ快感があり，エロスと融合しやすい自虐性を伴うもので，一次的な性愛的マゾヒズムが存在すると考えた。その後に女性的マゾヒズムと道徳的マゾヒズムという2つの形態が発生するのであり，サディズムが自分に反転して二次的マゾヒズムが発生して一次的マゾヒズムに追加されるとした。実践されていなくとも，自慰や性行為に際して自虐的な性愛空想を抱く場合があり，潜在的な形で性愛マゾヒズムを演じ楽しむ者は少なくない。その場合に臨床的苦悩が生じるとすれば，臨床では性行為だけの問題ではなく，道徳的態度としての自虐性と，受身性や女性性とともに考えねばならないだろう。また，フロイト (1919) は，

空想や幻想としての子どもの「ぶたれる」ファンタジーを分析して，女児の自虐的態度はエディプス的な願望と罪悪感に，また男児においては陰性エディプス・コンプレックスにおける女性的受身的態度に関係づけている。マゾヒストは同時にサディストであることも多く，他の性愛的でない自虐傾向と共存する場合も，その生き方全体やその他の空想とともにサド-マゾヒズムを取り扱うことが重要である。また，顕在化した性愛的マゾヒズムは，性愛的サディストであるパートナーから解放されるとき消失することもあり，この語の臨床における価値は，性倒錯をこえて広く神経症一般が抱える敗北的幻想の理解や，さらには外傷体験において知られるものである。

(北山 修)

[関連項目] サド-マゾヒズム，道徳的マゾヒズム，マゾヒズム

[文献] Freud, S. (1919f, 1924d)

性格

[英] character
[独] Charakter
[仏] caractère

フロイト Freud, S. は，神経症の症状が特定の本能傾向とそれに対する抑圧との葛藤の所産である事実を精神分析治療を通して明らかにしたが，このモデルを性格傾向の形成の理論に適用した。つまり，彼は，本能衝動が社会化される過程で，抑圧，ひいては反動形成などの自我の防衛機制によって性格傾向の形成が行われるという認識を明らかにした。特に『性格と肛門愛』(1908)によって，彼の精神性的発達のモデルに照らして，肛門期における肛門愛の活動や目標と，彼の言う肛門性格傾向との関連を明らかにした。特定の本能傾向に固着が生じた場合，これらの本能傾向を社会生活上受け入れられるような形で変形したり，あるいはそれに対して反動形成を行って，むしろ正反対の態度をつくり出したりすることが，それぞれの性格傾向の成り立ちの基本機序になるという認識がフロイトによって提示されたのである。そして，このフロイトの認識が，ジョーンズ Jones, E. やアブラハム Abraham, K.，そしてライヒ Reich, W.，フェニヘル Fenichel, O. へと引き継がれ，精神分析的な性格論の流れを生み出した。たとえば，口愛期への固着との関連で口愛性格とか，あるいは男根期および去勢コンプレックスの関連で，ライヒの言う男根的自己愛性格などが明らかにされた。

ライヒは，精神分析療法における抵抗と転移の研究から，性格防衛 character defense という概念を明らかにした。そして，この性格防衛の背後には，その人物が幼児期において外界に適応する過程で，内的な欲動と自我の防衛の葛藤，外的な現実環境への適応上の葛藤，それぞれの葛藤を同時的に解決する過程で妥協形成として生ずるのが，特有な性格反応様式である。このような性格反応様式が性格傾向を形成するが，性格傾向が肥大すると「性格の鎧 character armor」と呼ばれる。さらに，ライヒは症状神経症と性格神経症を区別し，性格傾向は自我親和的 ego-syntonic であり，症状は自我異和的 ego-alien であり，性格傾向は正当化，合理づけられるが，症状は本人にとって苦痛や悩みの対象になる。しかし，性格傾向もまた本人にとって一つの悩みの種になり，この傾向が強くなれば性格神経症と呼ぶような状態に陥るという。

またフェニヘルは，フロイトが提示した自我，超自我，エスのモデルの心的構造論の見地から性格をとらえ，むしろ一定の本能欲動が，性格の一部を介して絶えず解放されるような昇華型の性格傾向と，逆に，本能衝動が抑圧され，反動形成されることによって生ずる反動型の性格傾向を区別した。ライヒは，精神性的発達が理想的な段階までその発達を遂げ，エディプス・コンプレックスを完全に通りすぎた，より健康な人物が持つ性格として，一つの理念型としてこの性器的性格をあげた。この性格傾向は，フェニヘルの言葉で言えば，昇華型の性格であり，さまざまな本能的な欲動を適度に社会化された形で解放しながら，内的に安定したパーソナリティの機能を営むことができるような性格である。

さらにフロイトは『精神分析的研究からみた二，三の性格典型』(1915)の中で，「例外人」「成功したときに破滅する人間」「罪の意識から罪を行う者」の3つの人物像をあげた。この論文の冒頭で彼はこう述べている。「治療者は最初，症状を問題にするが，やがて治療に対する患者のさまざまな抵抗に出会っているうちに，それが患者の性格に由来している事実を知るようになる。そして，やがて，患者の性格的な特徴や人柄に目を向ける。このような臨床経験から自分は，3つの類型をあげている」。このフロイトの3つの人物像は，一方で自己愛的パーソナリティ障害，他方では，フロイト自身が道徳的マゾヒズムと呼び，周囲からは了解できないような自己処罰や自己破壊行動を繰り返す，マゾヒズム的パーソナリティ障害の理解に道を開くことになった。

アレキサンダー Alexander, F. とライヒは，精神分析はその治療の目的を達成するために患者の性格やパーソナリティ全体を扱う必要があるというフロイトの認識をさらに発展させ，精神分析の治療可能性を古典的神経症からより重い病態のパーソナリティ障害の研究にまで拡大させた。アレキサンダーは『神経症的性格 The Neurotic Character』(1930)で，内的葛藤が神経症症状としてではなく外的現実の中に行動として表現されるようなパーソナリティを神経症的性格と呼び，他の精神病理

現象（神経症，精神病，犯罪）から明確に区別した。

ライヒは「衝動的性格 impulsive character」の概念を，症状神経症と精神分裂病との境界領域にあって，種々の神経症症状を呈しながら，同時に精神病的転移反応を起こすような分裂病メカニズムを内包している患者群に対して用いている。ただ，アレキサンダーと異なりライヒの概念では，精神内界の構造的歪みがよく強調されている。「衝動的性格」における衝動的な快楽自我と超自我の圧力で歪曲された自我，顕在化したアンビバレントな対象関係や対象の欲求を現実化しようとする力動，超自我形成不全，同一視の障害，などの概念は現代の境界パーソナリティ構造論の先駆をなすものである。

現代の精神分析は，性格傾向の研究から離れて，全体としてのパーソナリティの構造・機能・その発達を主題とするようになり，その流れの中で，性格障害を自我の病的防衛機制とみなす狭い見方から，パーソナリティの内的構造の歪み，発達障害としてとらえる考え方が一般的になったが，精神分析の性格傾向や類型に関する古典的研究は，いまもなお現代のパーソナリティ障害の研究，特にその傾向障害の研究は，たとえば DSM-IV における自己愛パーソナリティ障害，強迫パーソナリティ障害，演技型パーソナリティ障害などの研究に寄与している。

〔小此木啓吾〕

［関連項目］境界パーソナリティ構造，強迫性格，口唇性格，肛門性格，自己愛パーソナリティ，人格障害，神経症的性格，性格神経症，性格分析，性器的性格，精神-性的発達，対象選択，男根的自己愛的性格，ヒステリー，ヒステリー人格，例外人，アブラハム，アレキサンダー，ジョーンズ，フェニヘル，フロイト，S.，ライヒ

［文献］Abraham, K. (1927), Alexander, F. (1930b), American Psychiatric Association (1994a), Fenichel, O. (1945), Freud, A. (1936), Freud, S. (1908b, 1914c, 1916d, 1917e, 1924d), Jones, E. (1977), Reich, W. (1925), Reich, W. (1933a)

性格神経症

［英］character neurosis
［独］Charakterneurose
［仏］névrose de caractère

症状神経症 symptomatic neurosis が，例えば強迫症状，転換症状などの症状を有するのに対して，これら特定の症状を呈さず，かわりに性格そのものが精神力動的に症状としての意味，つまり精神内界の無意識的葛藤解決のための妥協形成の役割を果たしている場合をいう。症状神経症における症状が自我異和的 ego-alien であるのに対して，性格神経症において症状に相当する性格は，性格が一般にそうであるように自我親和的 ego-syntonic であり，そのため患者がみずから治療を求めることが少ない。しかしながら性格そのもののもつ防衛的役割が大であるため，常にエネルギーの消耗 counter cathexis が激しく，そのため易疲労性や一時的な衝動の突出などが生じたり社会不適応をきたしたりして，ときにみずから受診するに至る場合もあるといわれる。性格神経症では，一般にその行動が社会に承認され得るものであるのに対して，性格障害 character disorder といわれる場合には性格が本人にとって自我親和的である点では同じだが，その行動が社会に受け入れられ難いものを意味するとされている。フェニヘル Fenichel, O. は性格を分類して，(1) 性格を介して本能衝動を自由に表現することに成功している昇華型 sublimation type と，(2) 性格の中に習慣化された防衛機制のために，自我が柔軟性を失い，十分な本能衝動の満足を得ることも，昇華することもできない反動型 reactive type とに分け，前者は正常な性格発達によるもの，後者は発達障害であると述べた。また，カンバーグ Kernberg, O. F. は人格の病理を，本能および自我，超自我の発達段階に内的対象関係のあり方を加えた見地から，神経症性 neurotic，境界 borderline，精神病性 psychotic 各人格構造 personality organization の三水準に分類している。これら性格障害 character disorder ないしアメリカ精神医学会の診断統計用語（DSM）として用いられている人格障害 personality disorder の概念は，性格神経症の概念よりも広義で，それらの障害の上に症状神経症ないし精神病が発展することをさまたげない概念である。また神経症的性格 neurotic character という言葉が，広く神経症的傾向をもつ性格一般を意味するのに対して，性格神経症は疾病分類学的な意味をもつ用語である。

〔岩崎徹也〕

［関連項目］神経症，神経症的性格，性格，カンバーグ
［文献］Fenichel, O. (1945), Kernberg, O. F. (1984, 1996), Reich, W. (1933a)

性格抵抗

［英］character resistance
［独］Charakterwiederstand
［仏］résistance du caractère

ライヒ Reich, W. の『性格分析』(1933) の中で明らかにされた精神分析療法に対する抵抗の概念。それは，治療状況と転移の中で，性格防衛が転移の形であらわれたものであるが，特にライヒは，性格抵抗が分析材料の連想内容中に表現されるものではなく，むしろ話し方，歩き方，顔の表情，笑い，嘲り，傲慢，過度の几帳面などの慣習的な態度，礼儀正しさ，または攻撃的な態度，それらの様式等々の一般的な形式面に表現されることを強調し，いわゆる態度振舞い分析 Benehmenanalyse を提唱した。性格抵抗に特有なことは，患者が何を話し，

何をなすかではなく，いかに話し，いかに行うかであり，夢の中で何を意味するかではなく，いかに検閲し，歪めるかにある。異なった性格の持ち主は，同一の内的な内容を異なった性格態度で連想する。たとえばヒステリー性格の患者は，父転移を不安な態度で防ごうとするし，強迫性格の患者は，攻撃的な態度で防ごうとする。このように形式面で表現される性格抵抗は，神経症的な症状と同じように，幼児期体験と本能的欲動と自我の葛藤に還元される。したがって，性格抵抗を組織的・系統的に解釈することを通して，この性格抵抗の背後にある幼児期の葛藤が転移の中にあらわになり，それを扱うことが可能になる。この性格抵抗と，一般の転移抵抗がどのように違うかについての論議がさらにステルバ Sterba, R. などによって展開された。
　　　　　　　　　　　　　　　　　（小此木啓吾）
　　［文献］Reich, W. (1933a), Sterba, R. F. (1929, 1951, 1953)

性格の鎧
　　［英］character armor
　　［独］Charakterpanzer

　ライヒ Reich, W. の『性格分析』(1933) で明らかにされた，それぞれの患者の持っている性格防衛に基づいた，他者との情緒的な交流を妨げる鎧になっている性格防衛を言う。治療上は，性格の鎧は性格抵抗が分析状況にあらわれるのと同じように，また，性格抵抗が果たしているのと同じ目的のために，幼児期に形成されたという。このような性格の鎧として，男根的な去勢不安を防衛するために形成された過度に傲慢な男根期自己愛的性格者や，幼児期恐怖症を平然と恐怖なしのような態度で乗り切った貴族的性格，情緒を麻痺し，すべて過度に几帳面で，冷静で，沈着な態度をとろうとする強迫性格などについて，ライヒはその症例を取り上げた。この「性格の鎧」の概念はクライン派の分析家ビック Bick, E. の第二の皮膚，タスティン Tustin, F. による自閉症的な子どもにおける防壁 barrier，甲殻類化，ミットラーニ Mitrani, T. の成人における自己保存的機能などの研究に通じるものをもっている。さらにライヒは，この性格の鎧論を彼の性の革命と社会変革の基本概念とみなした。本来性格は，個体が外界に適応するために形成されるものであるが，この禁止に対する過剰適応の結果，内的な豊かな生命の発露というべき性器愛が抑圧され，結果的には，その人物の生き生きとした自然の感情や欲求をとじこめる鎧ができ上がってしまう。性格の鎧は，お互いにうちとけた親密な交流を疎外し，偽りの見せかけの人格をそこにつくり出す。しかし，現代資本主義社会にはこの種のタイプの人間でなければ適応できない。適者であればあるほど，この性格の鎧は強化され，肥大し，人びとの自然のエロスをその鎧の中にとじこめてしまう。

鎧に裂け目が生ずると，人びとは収拾がつかないような感情の混乱や，衝動の爆発に遭遇してパニックに陥る。そしてライヒは，この性格の鎧の分析によって，現代人の自己疎外性を白日のもとにさらし，情緒や感情豊かな性器的な人間の解放こそ精神分析の使命であると考えるようになり，精神分析家から革命家へと変貌した。特にこの性格の鎧によって現代人特有の感情の疫病 emotional plague が蔓延しているとライヒは言い，この感情の疫病からの解放こそ社会革命の目標であると主張するようになった。
　　　　　　　　　　　　　　　　　（小此木啓吾）
　　［文献］Bick, E. (1968), Mitrani, J. (2001), Reich, W. (1933a), Tustin, F. (1986), Tustin, F. (1990, 1992)

性格分析
　　［英］character analysis
　　［独］Charakteranalyse
　　［仏］analyse de caractère

　ライヒ Reich, W. によって 1920 年代にウィーンで組織づけられた精神分析療法の技法と治療理論およびそれに基づく性格形成理論を総称し，『性格分析』(1933) と題して出版された。ライヒは，精神分析療法における現在の分析状況と治療関係を重視すると共に，連想の内容に加えて，連想の形式（早口，ゆっくり，感情を伴わない，大げさ……），分析状況における態度，振舞い（過度，礼儀正しい，いつもニコニコ，傲慢）に注目し，むしろ無意識の意識化は自由連想の内容の解釈以前に，これらの連想形式と態度，振舞いの首尾一貫した組織的解釈を介して行うべきであると説き，このような性格・態度形式に，その個体のリビドー発達の各固着点における精神内界の葛藤と外界（対人関係）に対する防衛と適応の基本的パターンが示されるという。それだけに人びとはこの幼児期に形成された防衛・適応の方法に固執して繰り返す。それゆえこの性格態度が，精神分析療法によって引き起こされる治療的変化に対する根幹抵抗 main-resistance になるといい，これを性格抵抗 character resistance と名づけた。そしてこのような性格 character は，幼児期の父母に対する適応過程で形成されるとともに，現在の社会的・対人的状況への基本適応様式としても働き，しかも，その人物のリビドー・エネルギー経済 libido economy をつかさどる。ライヒはこの性格形成理論の立場から，臨床的に観察した各性格型（受身的女性的性格，ヒステリー性格，男根期自己愛的性格，強迫性格，マゾヒズム的性格など）を区別したが，これらの各性格の質（性格傾向 character trait）はリビドー発達の各固着点によって決定される。さらにライヒは，そのリビドー・エネルギー経済の観点から，健康な「性器的性格」と「神経症的性格」という対照的な 2 つの理念型

を区別し，後者ではその形成の途上で自己の生き生きした感情や欲動の解放を妨げる「性格の鎧」がつくり上げられるという。分析状況における性格態度，つまり性格抵抗の状況分析を介して，起源的な性格形成当時の幼児期体験の想起・洞察に至る性格分析技法 character analytic technique は，今日の精神分析技法の基本の一つとなり，いわゆる自我（防衛）分析や自我心理学への道を開くとともに，新フロイト学派のホーナイ Horney, K. や，現存在分析学のボス Boss, M. の治療技法及び治療理論にも大きな影響を与えた。なお，性格分析を体系的に論じたライヒの著作『性格分析』は，はじめ国際精神分析協会から刊行の予定であったが，ナチスの弾圧を懸念した同協会からのライヒの除名とともに，ライヒの手で自費出版された。さらに同書は，その後のライヒのオーゴン療法 orgone therapy への傾斜に伴い，オーゴン生命物理学 orgone biophysics やオーゴン療法の部分を増補して米国で刊行され，今日の形をとるに至っているが，精神分析臨床家の間では 1933 年版の『性格分析』のみが高く評価され，それ以後の増補部分の妥当性には疑問が持たれている。　　　　　　　　　　　　（小此木啓吾）

［関連項目］状況分析，性格抵抗，性格の鎧，ライヒ
［文献］Reich, W. (1933a)

性格類型

［英］character type, personality type
［独］Charakter-typus
［仏］type caractérologique

　性格類型学は，精神医学の中でも混沌とした分野である。精神分析においては，以下のようなアプローチによって性格の類型化を試みてきた。第 1 のアプローチは，特殊な人格を記載し，その精神力動や人格構造を解明することを通して，人間理解を深めようとするものである。フロイト Freud, S. は『精神分析的研究からみた二，三の性格類型』（1916）の中で，去勢不安，無意識的罪悪感，マゾヒズムといった問題を扱い，「成功した時に破滅する人間」や犯罪者の心理を解明した。また，ドイチュ Deutsch, H. の記載した「アズイフ人格 "as-if" personality」は次のような特徴をもっている。つまり，患者は一見したところ正常に見え，表面的には良い適応を示しているが，外界に対しては完全に受動的であり，他者との情緒的な関係をもつことができないなどである。
　第 2 には，分析可能性すなわち患者のコミュニケーション能力に基づいた類型化がある。ライクロフト Rycroft, C. は，転移神経症と自己愛神経症との相違について述べ，転移神経症においては外界に対する信頼感が育っており，患者が分析医の思いやりや関心に対して深刻な疑いを抱き続けるようなことはないのに対し，自己愛神経症においては外界対象に対する不信感のため，患者は分析医の関心を決して信じようとしないと述べている。また土居健郎は，面接者が被面接者に接してもつ印象に注目し，「わかってほしい」「わかられたくない」などの分類を用い，こうした類型化の診断的有用性を強調している。
　第 3 は，フロイトに始まる本能欲動とそれに対処する自我機能についての研究に基づき，欲動の発達と特定の発達段階における固着という観点から性格傾向を類型化するアプローチである。フロイトが『性格と肛門愛』（1908）で肛門性格 anal character を記載して以後，アレキサンダー Alexander, F.，ライヒ Reich, W. らにより，口唇性格傾向，肛門性格傾向，尿道性格傾向，男根期的自己愛的性格などの精神力動や性格防衛のあり方が記載された。
　またフェニヘル Fenichel, O. は，自我心理学の発展を基礎に，ライヒの性格障害論をさらに発展させた。この第 4 の立場において，性格は「外的世界・超自我・イドの諸要求に適応するための自我の習慣的態度」すなわち自我のあり方そのものとして定義された。そして，本能衝動が性格の一部を介して解放されているか抑制されているかという点から性格傾向 character trait を 2 つに分類し，前者を昇華型，後者を反動型と呼んだ。
　第 5 の立場は，以上のような精神分析の基本的諸観点を統合するアプローチである。カンバーグ Kernberg, O. F. は，性格を自我同一性や自我機能，自我構造の行動面への現れとして捉えている。また，本能の発達，超自我の発達，自我の防衛機制の発達，内在化された対象関係の発達という 4 つの視点から性格の病理を類型化している。　　　　　　　　　　　　　　　　　（近藤直司）

［関連項目］性格
［文献］Alexander, F. (1930b), 土居健郎 (1977), Fenichel, O. (1945), Freud, S. (1908b, 1916d), 狩野力八郎 (1988), Kernberg, O. F. (1970, 1984, 1996), Reich, W. (1933a), Rycroft, C. (1968b)

性感帯

［英］erotogenic zone
［独］erogene Zone
［仏］zone érogène

　性的興奮をひき起こす皮膚または粘膜で被われた身体部分。フロイト Freud, S. は，身体のあらゆる部分が性的な活動性ないし興奮性 Erogenität を持つと考え，「リビドー興奮が惹き起される身体部分で最も著しい部分を性感帯と呼ぶが，本来身体はすべてこの性感帯なのである」（『精神分析学概説』1940）と述べている。しかし，小児の発達過程では，年齢に応じて，幾つかの身体部分が性感帯として中心的な役割を演じるように先天的に規

定されている．口唇領域，肛門領域，泌尿器‐生殖器領域，乳頭領域がそれであり，これらの性感帯を源泉とする性衝動が，それぞれ性対象と性目標を漸次追い求め，それに伴って対象関係が発達していく．これが精神分析的な精神‐性的発達論の基本にある考えである．ここでは，小児にも性的興奮があるとする考えが前提とされているが，フロイトは「性的 sexual と性器的 genital という2つの概念をはっきり区別することが必要である．前者はより広い概念であって，性器とは何ら関係ない多くの活動をも包含している」（前掲書）と述べ，小児にも生命的本能エネルギーの発達を意味する性活動があるとした．

「母の乳房を吸うことは，小児にとっての最初にしてしかも生存に最も重要な活動であるが，この活動が小児に早くもこの快感を熟知せしめ……小児の唇は性感帯のような働きをなし，温かい乳液の流れによる刺戟は，おそらくこの快感の原因であった……．当初においては，おそらく性感帯の満足感は栄養欲求の満足感と結びついていた」（『性欲論三篇』1905）．このように，小児の性活動は生命保持に役立つ生理機能に依存しているが，後になるとそれから独立する．そして唇や指をしゃぶる行為に見られるように，自体愛的な特徴を持ち，その性的目標は性感帯の支配下にある．

精神‐性的発達の最初の段階である口唇期では，唇や口腔粘膜が性感帯であり，性的目標は口唇領域の快感であり，口唇欲求の充足である．次の肛門期では，肛門近くの粘膜や肛門括約筋が性感帯となり，大便の保持と排出という生理的機能と結びついて快感が得られる．性的目標は，大便の貯溜や通過による直腸粘膜や肛門部の快感獲得である．次いで男根期になると，性器が性感帯となり，性器の刺激によって快感が得られるようになる．はじめは未だ自体愛的だが，しだいに対象は外的な対象，つまり身近な両親へと移っていく．やがて思春期に入ると，これらの前性器的な部分衝動は，性器愛によって統合されるにいたる．

フロイトは，性格形成やヒステリー，心気症状との関連についても触れている．「口唇領域の性感的な意義が体質的に強い小児が……成人して倒錯的な接吻を好んだり……これを抑圧すると食事に嫌悪を覚え，ヒステリー性の嘔吐を催すようになる」（1905）．ヒステリーは，本来の性感帯である性器領域の衝動が抑圧され，他の身体部分が二次的な充当を受けて性感帯としての意義を持つに至った結果であり，心気症は性的活動性 Erogenität の分布が置き換えによって変化し，特定の内臓器官の性的活動性またはリビドーが過度に高まったため，と解釈されている．

(馬場謙一)

　[関連項目] 口唇期，肛門期，精神‐性的発達，男根期，幼児性欲

　[文献] Freud, S. (1905d, 1914c, 1940c)

性器愛　⇒性器性優位
　[英] genital love
　[独] genitale Liebe
　[仏] amour génital

性器期〔性器体制〕
　[英] genital phase (stage), genital organization
　[独] genitale Stufe (Phase), Genitalorganisation
　[仏] stade génital, organisation génitale

精神‐性的発達の一段階で，いろいろな部分欲動が性器愛優位のもとに組織化されているのがその特徴である．性器段階には，潜伏期をはさんで2つの時期，すなわち男根期（幼児性器体制）と，思春期に確立される厳密な意味での性器体制がある．男根期を前性器的体制の中に含め，性器体制という言葉をこの第二期にあてていることもある．性器期は，精神‐性的発達の最後の段階で，それ以前の段階の部分性欲動が性器性優位のもとに性器的な方向づけを受けて統合され，包含される段階である．これを性器統裁ともいう．フロイト Freud, S. ははじめ（1905），男根期 phallic phase と性器期 genital phase を区別していなかったが，1923年になって両者を区別するに至った．また，アブラハム Abraham, K. は，男根期を早期性性器段階 earlier genital stage と呼び，狭義の性器期をアンビバレンスを克服した最終性器段階 final genital stage と呼んだ．

フロイトの精神性的発達論は，大人の分析から再構成された理論であるが，その後，児童期や青年期の精神分析が直接得たデータによれば，このフロイトの精神‐性的発達の時間的順序や時期について，細かな順序や時期の区分などについてさらに検討がなされている．例えば，ロイフェ（Roiphe, H. 1968）は，15−19カ月の間に，少年にも少女にも同じようにあらわれる早期性器期 early genital phase について記述している．この時期の子どもたちは，手や物で直接的に，あるいは身体を揺するとか大腿を押しつけるなどして間接的に，自分の性器を刺激することが観察されている．乳幼児の直接的な観察から彼は，性器に対する備給や，性器の男女の差に気づくことは，以前に考えられていたよりは早く起こると断定した．

(小此木啓吾)

　[関連項目] 精神‐性的発達，男根期，幼児性欲，アブラハム，フロイト, S.

　[文献] Freud, S. (1905d, 1923e), Roiphe, H. (1968)

生気情動

[英] vitality affect

　乳幼児精神医学者スターン Stern, D. N. の用語。悲しみ，恐れ，怒り，驚き，喜びなど，間欠的で不連続な情動をカテゴリー性の情動と呼ぶが，そうした感情がいかに表出されるか，あるいは，必ずしもカテゴリー性の情動を伴わない行為（例えば立ち上がる，おむつを換える）がいかに行われるかを，時間の流れに沿った変化（活性化輪郭 activation contours）として表出する情動を生気情動と呼ぶ。たとえば，母親が赤ちゃんをどのように抱き上げるか，おむつをあてるか，自分の髪や赤ちゃんの髪をとかすかは，生気情動のあらわれであるし，また，操り人形，パントマイム，モダンダンスにおける「ほとばしるような」，「かろやかな」，「しぶしぶ」，「ものうげな」といった感じの表出は，カテゴリー性の情動ではなく，生気情動によってなされる。この生気情動は，声，表情，動きなどの形，強さ，時間的パターン（活性化輪郭）という，知覚様式交叉的な情報（無様式知覚）としての特性を持つため，新生自己感の形成期（誕生から2-3カ月）にある乳児の他者とのかかわり合いにおいて，非常に大きな役割を果たす。というよりスターンによれば，「大人にとって舞踏がそうであるように，乳児が体験する世界は……根本的には生気情動の世界である」。

（丸田俊彦）

　[関連項目] 自己感，無様式知覚
　[文献] Stern, D. N. (1985)

性器性優位

[英] genital primacy
[独] Genitalprimat
[仏] primat génitale

　フロイト Freud, S. は，性器的な体制が，性器期以前の性的部分欲動に対して支配権を確立することを，「性器性欲の優位」または「統裁」（genital primacy, genitaler Primat）と呼んだ。この状態では，性器期以前の各部分欲動は，異性間の性器-相互の統合を目指す性器的な性行為における先駆的快感行為 forepleasure act として位置づけられ，それぞれの満足を得るようになる。つまり，性器愛は，成人の正常な性愛を意味し，性器と性器の結合を目指すだけでなく，対象の全人格性を相互に認め合う全体的対象愛 object love を意味し，この段階ではじめて，やさしさ Zärtlichkeit と官能性 Sinnlichkeit の融合が達成される。

　性器統裁の概念の理論的-臨床的な有用性については，多くの学者が疑問を抱いてきた。ロス（Ross, N. 1970），リヒテンシュタイン（Lichtenstein, H. 1970）らは，性器統裁とオーガズム機能の能力とを単純に等置するようないかなる定義をも非難した。オーガズムの能力は，対象関係や自我能力の成熟とはあまり関係していないこともある。臨床的に見ると，ほとんど完全に口唇性愛や肛門性愛の目標に奉仕しているような性的・性器的な機能が，オーガズムを伴っているのを見ることも稀でない。シャーリン（Sarlin, C. N. 1970）は，発達上の危機，同一化の成熟，リビドーと攻撃衝動のコントロール，中和化過程，昇華などのような，成人期の自我心理学上の発達を，性器統裁の概念につけ加えている。カンバーグ（Kernberg, O. F. 1977）はこの見解に賛成している。愛に関する論文において彼は，やさしさや安定した深い対象関係を持つ能力は，一般に性器統裁に統合されるものだと述べている。

　こうして思春期以後の成人の性活動において，幼児性欲の部分欲動や幼児的・近親愛的な愛情対象（例えば父母）への固着が強く，正常な性器愛の発達が完全でない場合には，さまざまの性的活動の障害が生じ，または性的倒錯が生ずると考えられている。

（小此木啓吾）

　[関連項目] 性器的性格，先駆快感，部分欲動，やさしさ，フロイト, S.
　[文献] Erikson, E. H. (1950), Freud, S. (1905d, 1913l), Kernberg, O. F. (1977a), Kestenberg, J. S. (1967), Lichtenstein, H (1970), Parens, H. (1980), Reich, W. (1933a), Roiphe, H. (1968), Ross, N. (1970), Sarlin, C. N. (1970)

性器的性格

[英] genital character
[独] genitaler Charakter
[仏] caractère génital

　性器性欲の優位が確立した性格という意味で，健康な人格に関する精神分析的な一つの理念型 ideal type である。精神性的発達の各段階への固着との関連で各性格型をとらえる精神分析的な性格理論の基礎をつくったアブラハム Abraham, K. (1924) は，その際，性器的性格形成 genital character formation を明らかにし，性器的性格者は愛情対象に対する愛と憎しみのアンビバレンスを克服し，アンビバレンス後の性器段階 post-ambivalent genital stage に達している，という。さらにライヒ Reich, W. (1929, 1933) は，その性格分析の立場から「性器的性格」と「神経症的性格 neurotic character」という対照的な理念型を区分し，前者では，(1) 性器的なオーガズム genital orgasm による十分なオーガズム体験能力 orgastic potency とその社会的昇華能力が確立し，円滑なリビドー経済 libido economy を営み，近親愛的固着から解放されエディプス・コンプレックスが解決されているので，現実の異性対象をそのものとして愛し，か

つ憎むことができ，性器以前の諸傾向 pregenital tendencies（リビドーと攻撃性）は性器愛によって統裁されているが抑圧されず，その一部は，文化的な昇華 cultural sublimation に，他の一部は，先駆的な快感行為 fore pleasure act として直接的な満足を得ている。後者では，性器的なオーガズム体験能力が未確立で，そのためにうっ積したリビドーが，神経症的症状や神経症的性格傾向の形であらわれ，近親愛的固着への固執があり，性器性欲の優位は未確立で，うっ積するリビドーと抑圧・反動形成との間の絶えざる葛藤と緊張が続く。(2) 前者では，超自我の禁止は解消され，自我理想との緊張もなく，自我は現実原則に従って異性愛を体験し，現実の快・不快に高度の適応性と柔軟性を示すが，後者では，性否定的な超自我と自我理想の重圧を背負い，神経症的罪悪感に悩み，常に無力感と劣等感を抱き，自我は硬化した反動形成による適応方法に頼り，偽善的な性道徳に従っているという。実際にはこの 2 つの理念型の間に位置する両者のさまざまな複合型が存在している。

(小此木啓吾)

[関連項目] 性格分析，性器期〔性器体制〕，男根的自己愛的性格，アブラハム，ライヒ

[文献] Abraham, K. (1924c), Fenichel, O. (1945), Reich, W. (1929, 1933a)

性機能障害

[英] sexual dysfunction

[独] sexuelle Funktionstörungen

性機能障害は男性の場合にはインポテンツであり，女性の場合には，不感症，オルガスム障害である（ただ不感症という用語は最近用いられなくなっている）。十分な性的欲求と興奮が起こるためには，欲動 drive, 欲望 wish, 動機 motive が同時に働かなければならない (Levine, S. B.)。フロイト Freud, S. は自我の構造化と幼児性欲の進展が並行して発達するという精神 - 性的発達 psychosexual development 理論を構築した。すなわち口唇期，肛門期，男根期，潜伏期を経て，思春期になり，これらの幼児性欲が性器的な方向づけのもとに統合され，性器体制 genital primacy を迎えた後に，成熟した性的関係が持てるというものである。しかし自我の構造の成熟とは関係なく，性器結合ほかによるオルガスムだけに焦点をあてるならば，性器体制を必ずしも必要としないために，性機能と自我の発達の関係づけに反論する立場の研究者もいる。とはいえ，フロイトが「愛における完全に正常な態度」として記述したものは，愛する対象と性的関係を自然にもてるというものである。つまり，愛する女性とは性行為がもてないが，そうでない対象とはそれが持てるという例では「完全に正常な態度」

とはいえないのである。これを受けてカンバーグ Kernberg, O. F. は安定した深い対象関係を保ち，性行為に及ぶことができるのは性器体制を達成した後であると述べている。したがって性的な行為をもつ対象との関係を問うことなく，性機能だけを問題にすることは精神分析的観点からいうと注意を要する。またフロイトは性行為の前駆快感は母親からの刺激をもっとも求めている身体部位であるとも述べている。以上のことから性機能は単に欲動の生物学的成熟のみならず，内的な対象関係との関わりからも既定されるのである。

対象関係から性機能を理解し，夫婦療法を実践したシャーフ夫妻 Scharff, D. E. & Scharff, J. S. はウィニコット Winnicott, D. W. が述べた母子の「心身共同 psychosomatic partnership」やフェアバーン Fairbairn, W. R. D. の発達論から性機能障害を概念化し，成熟した性的関係をもてることを「ほど良い性行為 good-enough sex」と呼んだ。そして内的対象関係に起因する性機能障害を「性的分離 sexual disjunction」と名づけ，身体的問題や性的経験の浅さからくる性機能障害でさえもこの問題を含んでいるとした。したがって性機能障害を臨床的に評価する場合には，性行為をもつ現実的な対人関係，個々の内的な対象関係，現在の家族成員とそれが性的欲求に及ぼす影響を考慮しなければならない。またシャーフらは結婚自体の発達段階に性的欲求は強く影響を受けると主張している。以上が精神分析的観点から述べた性機能障害の問題であるが，治療的には人格の歪みの少ないカップルには行動療法の技法が効果的である。

(権　成鉉)

[関連項目] 性別同一性障害，性欲，多形倒錯，倒錯，部分欲動，幼児性欲，欲動，リビドーの組織化〔リビドーの体制〕

[文献] Freud, S. (1905d, 1912c), Kernberg, O. F. (1977a), Levine, S. B. (1988), Scharff, D. E. & Scharff, J. S. (1991)

成功したときに破滅する人物

[英] those wrecked by success

[独] die am Erfolge Scheitern

神経症が成立するための第一の条件は，現実的な願望充足の能力喪失であるといわれるが，願望成就の瞬間に発病して，それを享受しえなくなってしまう患者もいる。フロイト Freud, S. は，このタイプの患者を「成功したときに破滅する人物」と名づけた。神経症の発病は，一般に，自我と性的願望の葛藤によるといわれるが，このタイプの人物は，願望が空想としてしか存在せず，実現不可能にみえるときはそれを黙認するが，現実となろうとすると自我が願望に抵抗し，自我と願望が対立し神経症が起こる。現実が好転した際に，長く待ち望んだ快感を受けることを人間に禁じるのは，エディプス・コンプ

レックスに由来する人間の良心である。フロイトは，成功を追求してその成果を手に入れることに失敗した例として，シェイクスピアのマクベス夫人をあげている。夫を王位につけるという野心が，夫の殺害犯行によって達せられる瞬間に彼女は精神錯乱に陥る。ほかにも，イプセンの『ロスメルスホルム』のレベッカは，雇い主ロスメルの妻を自殺に追いやり，彼の後妻になれそうになるが，このような近親姦的空想が現実化することへの罪悪感とロスメルに対するエディプス・コンプレックスから，結婚を断念する。精神分析の研究は，成功することによって発病させる良心の力が，エディプス・コンプレックスひいては父母との関係に密接に関連があることを教えている，とフロイトはいう。彼は，このようなタイプの人間考察を通して，道徳的マゾヒズムやマゾヒズム的性格への解明へと発展していった。 （小此木加江）

[関連項目] 運命神経症，道徳的マゾヒズム，マゾヒズム，マゾヒズム的性格
[文献] Freud, S. (1916d)

制止

[英][仏] inhibition
[独] Hemmung

自我が葛藤や不安を回避するために自我機能の一部を放棄し，それゆえにその働きが制限されることを制止という。制限を受ける自我機能は多岐にわたり，性機能，摂食，運動，さらには職業にまで及ぶ。制止の程度は，病的なこともあれば，正常範囲内のこともある。

制止には，さまざまな原因がある。神経症的な制止の原因の一つに，過度の性愛化がある。フロイト Freud, S. によれば，「一本の管から白い紙片に液体を流すという点で，書くということが象徴的に交接の意味をもったり，歩くということが母なる大地の肉体に足をふみつけるという象徴的な代償であるとすると，書くことも歩くことも，禁止された性行為をするかのようにうけとられるので，いずれも制止される」とのことである。この場合は自我がエスとの葛藤を避けているが，他の制止では超自我との葛藤を避けている場合もある。自己懲罰的に職業上の活動が制限を受けている場合などが，その例である。より一般的な制止として，自我が自由に利用できるエネルギーが欠乏している状態がある。その一つの例が，悲哀の状態である。このとき，自我は感情を押さえつけるためにエネルギーを消費してしまう。このため，他の自我機能に振り分けることのできるエネルギーが不足してしまい，さまざまな自我機能が制止状態となるのである。

フロイトは制止と症状を対比させて，制止が自我の内部でおきるのに対して，「症状は自我の中の過程や，自我に接した過程としては，記述できないのである」と述べている。そして，ハンス少年の症例を引いて「馬にたいする訳のわからぬ不安がその症状であって，（馬に出合わないように）街を歩けないのは制止の現象，つまり，不安症状を起こさぬように自我がおのれに課した制約である」とした。 （白波瀬丈一郎）

[関連項目] 葛藤，自我機能，不安，メランコリー
[文献] Freud, S. (1926a)

精神自我 ⇒身体自我

[英] mental ego

精神神経症

[英] psychoneurosis
[独] Psychoneurose
[仏] psychonévrose

フロイト Freud, S. は初期（1898）に，現実神経症と対立するものとして精神神経症を考えていた。前者には神経衰弱，不安神経症，心気症が含まれていて，これは心的葛藤とは無関係に，現実の性生活の不適切さ，性的興奮のうっ積という生物学的要因にもとづいて生じるという。これに対して精神神経症は，幼児期に抑圧された性的欲動や葛藤の象徴的表現という精神的要因のために生じているもので，転換ヒステリー，不安ヒステリー（恐怖症），強迫神経症が考えられていた。しかしフロイト自身も，しばしば現実神経症の基礎の上に精神神経症が起こりやすいもので，それらは重なり合って混合していることも多いと考えていた（混合神経症）。フロイトの初期には，心理的な原因として幼児期の性的欲動，それもしばしば男根期のエディプス・コンプレックスが中心にあるものとみなされていたが，後にリビドーの発達段階が明確化され，そこへの固着と退行が考えられ，さらに自我の概念が解明されるとともに，その病理も抑圧を基礎として転換，置き換え，打ち消し，反動形成などの防衛機制によって考えられるようになった。しかしフロイトの神経症の病因論には，持って生まれた「性的素質」や体質と，幼児期の偶然の経験との相互作用とが基礎に考えられており，生物学的な要因の量的問題が含まれていることは無視できない。今日ではこの言葉は広く「神経症」と同義語のように用いられることもあるが，厳密には，そこには現実神経症も含まれているので正しくはない。 （前田重治）

[関連項目] 現実神経症，神経症，防衛‐神経精神病
[文献] Freud, S. (1898a)

精神－性的発達

[英] psychosexual development
[独] psychosexuelle Entwicklung
[仏] développement psychosexuel

精神分析にとって最も重要な概念のひとつ。フロイト Freud, S. は、人間の性衝動（リビドー）は、身体的なあらわれと同時に、精神によって規定されている事実を示し、後年の性格発達に重大な影響を与える各リビドー発達について注目した。

フロイトは、人間の精神生活を支配する無意識的動因となる幼児期からの性的衝動（リビドー）の発達を重視し、『性欲論三篇』（1905）を著した。「我々はリビドーという概念を……量的に変化し得る力として定義した。……このような性的興奮は、いわゆる性器のみならず、あらゆる身体器官から引き起こされている」と述べ、リビドーの高まり、うっ積、解消、移動などの緊張解放のメカニズムから心的過程を理解しようとした。

また、リビドーの源泉となる身体部位として、口、肛門、そして性器をあげ、これらの部位への関心やその満足には、一定の発達の順序があると考えた。そして、それぞれの発達段階に対応する快感部位、充足の目標、充足の対象をもって成熟するとした。

リビドー発達の最初の段階は、口（口腔粘膜、口唇、舌）が性感部位となり、性感獲得の中心となる。乳児は空腹を感じると自己保存欲求から乳房に吸いつくが、空腹が満たされてもなお乳房をしゃぶり続ける動作がしばしば認められる。そして乳房を取り去られると、今度は手近にあるものを何でも口に運んでしゃぶろうとする。このような動作を繰り返した後に、眠りに入って行く。この観察から母乳と並んで、吸ったり、しゃぶったりする口唇動作自体が、乳児に快感や満足感を与えていることが推測できる。このような観察を通してフロイトは、この時期（口唇期）の乳児には、口唇に由来するリビドーの活動があり、充足の目標は「対象の同化（合体、取り込み）」にあり、これは後に重要な心的役割を演ずる同一視 identification の原型となる」（1905）と述べている。

リビドー発達の第 2 の段階は、肛門（直腸粘膜、肛門括約筋）による快感と結びついた部分衝動が優先となる。はじめは大便の排出・保持などの肛門快感と結びついた自体愛的なものであるが、次第に大便を対象とするようになる。つまり、この段階の前期は破壊的傾向が優勢であるが、後期には保持と所有という対象への親愛的傾向が優勢になる。またこの段階で後年の能動性と受動性の対立関係が形成されるなど、幾つもの対立衝動が形成されるが、この動向をアンビバレンスと呼ぶ。そしてこの時期には、肛門括約筋の調整・コントロールを目的とする排便の躾が母親との対象関係の主題になり、その躾に従うか反抗するかの葛藤が強まる。幼児は大便を身体に付属する一部分として扱い、それが最初の幼児から母親への贈り物になる。その贈り物は黄金、貨幣、小児そしてペニスの象徴的等価物なのである。そして、このような対象関係から肛門期の性格特徴として、几帳面、潔癖、締まり屋、完全癖そして頑固などの性格特性が形成されるのである。

リビドー発達の第 3 の段階は男根期である。男女何れの場合も、この段階ではその性愛において主役を演じるのが男性器（男根＝ペニス）だけであるとフロイトはいう。女性器（膣）の存在はまだ知られていない。したがって、このペニスだけを認め、絶対視する心性を男根優位と呼ぶ。性感部位はペニスとクリトリスになり、小児手淫が活発となる。フロイトのいうエディプス・コンプレックスは、この時期に形成される。異性の親への愛着、同性の親への敵意そして罰せられる不安（去勢不安）の 3 点を中心として発展する観念複合体である。男根期の性格形成に及ぼす影響は、このエディプス複合の運命いかんにかかっているということができる。手淫や異性の親へのエディプス願望は、ただちに禁止されたり、脅し（去勢不安）を受けたりする。つまり、エディプス願望を抑圧して、同性の親への同一化をして、その後の男らしさ、女らしさの性格を形成する基盤となる。なお、男根期と密接に結びついた性愛に、排尿に関連した尿道愛期がある。この尿道愛は功名心、野心、全能的空想などとの関連で述べられる。

幼児性欲は、男根期をもって終りを告げ、潜伏期に入る。「この潜伏期においても性的興奮の産出はけっして停止することなく継続されて、エネルギーの貯えをつくりだす。……後年の性行動の枠をつくるために使用される」（1905）。思春期に入ると、成人の性活動が開始され、これまでの各部分衝動（口唇期、肛門期、男根エディプス期）は、異性間の性器の結合をめざす性器愛によって統合される。

このようにしてフロイトは、リビドー発達を「口唇期、肛門期、男根エディプス期そして性器期の発達段階」として理解し、精神性的発達論を確立した。これらの発達段階のある時期での体質的要因や外傷的な出来事によって、リビドーの体制が固定する時期（固着点 fixation point）があり、それが後の性格発達に重大な影響を与えるとした。この考えは、その後ジョーンズ Jones, E. やアブラハム Abraham, K. らに受け継がれた。特にアブラハムは、肛門期のほかに口唇期・性器期の本能衝動と性格との関係を論じてフロイトの考えを発展させ、このリビドー発達段階の研究途上で、「自我と対象関係のあり方」を発達的に考察し、現代の対象関係論の基礎を作り大きな影響を与えている。　　　　　　　　（乾　吉佑）

[関連項目] エディプス・コンプレックス, 口唇期, 肛門期,

せいしんないてき

性器期〔性器体制〕，幼児性欲，リビドー，フロイト，S.
[文献] Abraham, K. (1924c), Freud, S. (1905d)

精神内的

[英] intrapsychic
[独] intrapsychisch
[仏] intrapsychique

　心の内部で生じる過程を指し示す形容詞。エス，自我，超自我という心の構造において生起する葛藤を指して「精神内的葛藤」というように用いる。心の内に，ある種の領域・空間があると仮定しながら，そこで生起する事象を指して用いられる。精神分析では，心のウチとソトをきっちり分けて考える立場から，メタ心理学的に論考が行われる際に用いられることが多い。原語の接頭詞 intra は，"within" の意を表すラテン語から借用したものである（『ランダムハウス英和大事典第2版』，1994）。またオックスフォードの辞書の第2版（1989）は，これが比較的新しく用いられるようになった接頭詞であること，生物学の領域で用いられることが多く，その場合，しばしば extra に対置して用いられることなどが記載されている。
　ストレイチー Strachey, J. が英訳したフロイトのスタンダード版の索引には，この intrapsychic で形容される項目は上げられていない。また1967年に出版されたラプランシュとポンタリス Laplanche, J. & Pontalis, J. B. の『精神分析用語辞典』（みすず書房）の英語索引にも上げられておらず，代表例としてあげた「精神内的葛藤」と同じ事象を指す用語としては，「心的葛藤 psychical conflict」が用いられている。ムーア Moore, B. E. らの『アメリカ精神分析学会　精神分析事典』（1990）には，「精神内葛藤」と「心的葛藤」が同じ意味をもつ用語として位置付けられている。　　　　（山崎　篤）

　[関連項目] 葛藤，構造論的観点，メタサイコロジー
　[文献] Laplanche, J. & Pontalis, J. B. (1967), Moore, B. E. & Fine, B. D. (ed.) (1990), Rycroft, C. (1968a)

精神病

[英] psychosis
[独] Psychose
[仏] psychose

　現実検討能力を失った状態，つまり現実とのかかわりを失った状態で，現実感覚を保持しながら内的な葛藤に悩む神経症と対置されるのが一般的である。古典的精神医学では重症の気分障害をもこれに含めていたが，DSM-III, IV などになると妄想などの認知障害を指すことに力点が移りつつあるかにみえる。一方，精神分析の領域では現実検討能力を厳しくとることが多い結果，精神病を広くとりやすい。その一番の例が，境界性障害に認められる一過性の認知障害や論理的思考の欠如のみられる状態である。はっきりした幻覚妄想とまではいえないけれども精神病と捉えることが少なくない。そもそも精神分析においては，精神病は初期の無意識に関する研究のときから大きな関心事であった。その最たるものが，無意識領域は快感原則を基盤にした第一次過程思考に支配されていると論じたところにある。フロイト Freud, S. にとって，空想によって願望充足を果す夢や生まれたばかりの幼児の世界は，精神病者が幻覚によって願望を満たす心理過程とは同質のものであった。さらに人格構造論（1923）を展開した後には，「神経症と精神病を鑑別する特徴のひとつは，神経症においては自我が現実に従ってイドの一部を抑圧するのに対して，精神病においてはこの同じ自我が現実から退いてイドに奉仕するという事実である」（1924）と述べている。そして，自我が現実から遊離し，それによって生じた傷を回復させようとして，現実を無視してイド欲求に従った現実の作り変えという再建過程がそれに続くと論じている。幻覚や妄想にみるような，外的現実の一部を使用して奇妙な世界を形成する心的世界がそれに通じるが，うつ病において健康な悲嘆との違いを説明するために提唱した「自己愛的同一化」もまた再建過程を論じたものということができる。このフロイトの考え方は今なお有用である。ただ忘れてならないのは，フロイト以降になされた理論的発展である。例えば，自我心理学者のジェイコブソン Jacobson, E. は，何らかの事情で生じた本能活動の脱融合と脱中和化が急速な幼児期葛藤への退行を引き起こして自己対象イメージの崩壊が起こって心的体系全体の虚脱をもたらすとし，これからの回復過程を詳細に論じた。また，英国の対象関係論においては，まずクライン Klein, M. は幼児期最早期の自我が使う分裂や投影同一視などの未熟な防衛機制が形成する心的世界を描写して口愛期の対象関係のあり様を論じ（妄想分裂ポジション），分裂病との関係を論じている。さらにその後継者のひとりであるビオン Bion, W. R. は，自我が現実を知る手段を排除することによって生じる断片化に起源をもつ精神病性パーソナリティという概念を発展させている。彼によると，この精神病性パーソナリティは，生来の素質や成長過程での種々の体験によって規定されるという。しかし忘れてならないのは，対象関係論においては，健康な人間の背後に神経症があるとしたフロイトを越えて，健康な精神の背後には精神病があると考えていることである。
　　　　　　　　　　　　　　　　（牛島定信）

　[関連項目] 一次過程／二次過程，精神分裂病，ベータ要素，妄想分裂ポジション
　[文献] Bion, W. R. (1957), Freud, S. (1911a, 1924f), Klein,

M. (1946)

精神病性転移
[英] psychotic transference
[独] psychotische Übertragung
[仏] transfert psychotique

　精神病者との間に生じてくる特異な転移を指している。妄想性転移 delusional transference，あるいは自己愛転移とも呼ばれることがある。ヒステリーの分析過程で転移を見出したフロイト Freud, S. は，転移神経症（転換ヒステリー，不安ヒステリー〔恐怖症〕，強迫神経症）では転移が生じるので精神分析治療が可能だが，自己愛神経症（心気症や精神分裂病，パラノイア）では転移が生じないため分析治療には不適であるとした。しかしながらフロイトは転移という概念を対象への強い愛着，すなわちリビドーの外界対象へのカセクシスというリビドー論の文脈で見ていたため，純粋にそうした意味での転移が精神病者とでは見られないことから治療不能を主張したのだった。しかし，精神病でも転移は生じることが見出されていった。それはアブラハム Abraham, K. に始まる。アブラハム（1913）は精神分裂病にも転移が生じることを記載した。精神病性転移とその取り扱いを初めて詳しく検討したフェダーン Federn, P.（1943）は，精神病性の転移は安定性を欠いていること，さらに対象の神格化や攻撃・殺人をもたらしうる危険な性質を含むことを述べ，自由連想や陽性転移の分析を放棄する技法を主張した。
　その後アメリカでは，サリヴァン Sullivan, H. S.，フロム-ライヒマン Fromm-Reichmann, F.，サールズ Searles, H. F.（1965）らが，精神分裂病性転移には投影や万能空想，具体的な思考過程が強力に作動していること，かなり原始的な自我構造体であることを述べた。またストーン Stone, L.（1954）は，転移が精神病者のパーソナリティを圧倒してしまうこと，原初的な破壊性が活動していること，治療者と病者の自己が混同されてしまい自己愛関係となることなどを述べた。他方英国ではクライン Klein, M.（1946）が分裂機制を提示したが，スィーガル Segal, H.，ローゼンフェルド Rosenfeld, H.，ビオン Bion, W. R. らによるこの機制の解明を通して精神病性転移の理解が深められた。分裂機制とは投影同一化，スプリッティング，原始的理想化であり，対象や自己の断片化や融合を引き起こす。ビオン（1967）は精神分裂病での転移の特徴を，時期尚早に突然に生じ，きわめて依存的であること，皮相であるにもかかわらず頑強に維持される早熟な対象関係の転移であるとしている。病者の人格の断片が精神分析家の中に過度に投影同一化され，混乱が生じるとも言う。またローゼンフェルド（1987）も投影同一化の強力な働きを強調しており，自己愛的万能的対象関係が転移，形成されることを述べ，自他の混同，妄想性の投影，万能的態度が分析家との間に形成されることを述べている。両者が強調しているのは，精神病では人格の精神病部分が精神病性転移を引き起こすが，同時に非精神病部分（幼児的依存的自己）は健康なコミュニケーションをしており，それを踏まえて陽性転移も陰性転移も解釈すべきことである。

（松木邦裕）

[関連項目] 自己愛構造体，精神病的パーソナリティ／非精神病的パーソナリティ，転移，転移性精神病，分裂機制
[文献] Bion, W. R.（1957, 1967b）, Federn, P.（1952）, Freud, S.（1914c）, Rosenfeld, H. A.（1987）, Searles, H. F.（1965）

精神病性不安
[英] psychotic anxiety
[独] psychotische Angst
[仏] anxiété psychotique

　神経症的な不安と対比して位置づけられる不安の総称である。神経症的不安が自己の存立を一応の前提とした，欲望の葛藤に基づく不安を表現するのに対し，精神病性不安は自己の存立の脅威にまつわる不安であり，迫害，絶滅，解体，断片化，自己同一性の喪失への恐怖とそれが外界に投影されることによる外界の変容と奇異さへの不安として体験される。フロイト Freud, S. はこの用語を明確には用いなかったが，例えば狼男の症例（1918）における父親への去勢不安のなかに，父親に狼男が「食べ」られてその同一性を消滅させられる不安を描き出し，『無気味なもの』（1919）において内と外の境界の崩壊にともなう不気味な不安状況を描き出した。またいわゆる後期理論において，不安を早期の危険状況との関連でとらえたことは，自己の存立にまつわる不安に対する論考への道を開いた。クライン Klein, M. は内界で死の本能が作動することによる自我の絶滅の不安をもっとも根源的な不安であると考えた。それは外界に投影されることによって，迫害不安として体験される。それに対し，独立学派は環境の不全によって不安が生じることの意義を強調する。例えばウィニコット Winnicott, D. W. は，乳児の万能感を保護するはずの環境の失敗による侵襲 impingement が存在の連続性を脅かすことによって絶滅の不安が生じると考えた。また，クライン派のビオン Bion, W. は，人生の本質的な一部としての心的変化にともなって，解体／断片化／絶滅に対する不安が絶えず生じることに着目し，破局的変化という概念を提起したが，それは精神病性不安のもつ建設的な意義を見出したといえる。

（藤山直樹）

[関連項目] 精神病，絶滅不安，のみ込まれる不安，迫害不安，

せいしんびょうてきぱーそなりてぃ

不安，無気味なもの

[文献] Bion, W. R. (1958a), Freud, S. (1918b, 1919i), Klein, M. (1946), Winnicott, D. W. (1960b)

精神病的パーソナリティ／非精神病的パーソナリティ

[英] psychotic personality / non-psychotic personality

これはビオン Bion, W. R. によって研究されたものである。クライン Klein, M. の 1946 年の精神分裂病の固着点としての「妄想分裂ポジション paranoid-schizoid position」の概念によって，精神分裂病の臨床的研究が盛んになった。特にクラインに直接指導を受けたビオン，ローゼンフェルド Rosenfeld, H., スィーガル Segal, H. たちは，1940−50 年代に積極的に精神分裂病の精神分析を行っている。彼らは，精神分裂病の患者は精神病性転移 psychotic transference を起こし，それは「妄想分裂ポジション」の転移であることを確認していった。彼らは大きな成果を上げたが，ビオンの精神病的パーソナリティと非精神病的パーソナリティの発達形成的研究は，もっとも独創的で大きな研究成果の一つである。彼は精神分裂病や境界精神病 borderline psychosis の患者には，精神病的パーソナリティ部分と非精神病的パーソナリティ部分が並存していて，前者が意識の中で活動していれば患者は精神病的な状態であるし，非精神病的な部分が前面で活動している場合は，精神病的部分が潜伏している状態であると考えている。そして彼は特に精神病的部分の形成過程について発達的に考察した。彼は赤ん坊と乳房との関係をモデルにしてそれを考察している。赤ん坊が欲求不満にさらされたときに，その欲求不満に対する耐性が素質的に十分でなかったり，母親の夢想 reverie の機能やコンテイナー container の機能が十分でなかった場合には，その欲求不満の体験そのもの（感覚印象 sense impression）を断片化 fragmentation して対象に投影してしまう（投影同一視 projective identification）。そして自己の破壊的な部分を含んだ奇怪な対象 bizarre object を形成する。空虚になった自己は，その外的対象を取り入れて自己を形成していこうとするが，本来欲求不満に満ちた自己とそれを引き起こした悪い対象を含んでいるために，迫害的で原始的な部分対象関係によって構成された一種の内的な集塊 amalgamation を形成する。ビオンはこれが精神病的パーソナリティの形成過程であると考えている。そこではアルファ機能 alpha-function は働かず，感覚印象を保持できず，思考や夢の素材として使用することはできない。その精神病的部分は，対象が登場すると投影同一視によって内的迫害的部分を投げ入れて，精神病的転移の状況をもたらすのである。逆に欲求不満がさほど強くなく，赤ん坊が耐えられる体験であったり，母親のコンテインの機能が十分で赤ん坊が受け入れることができる体験として修正することができた場合には，赤ん坊はアルファ機能を働かせ感覚印象を保持し，思考や夢の材料として使用して心の発達が始まり，非精神病的パーソナリティつまり神経症的あるいは正常のパーソナリティ部分が発達していく。そしてこの 2 種類のパーソナリティ部分は分裂して同時並存して発達していくのであり，健康者の中にも精神病的パーソナリティ部分が一部は存在しているのである。　（衣笠隆幸）

[関連項目] 奇怪な対象，精神病性転移，投影同一化（視），ビオン理論，妄想分裂ポジション，スィーガル，ローゼンフェルド

[文献] Bion, W. R. (1967b), Klein, M. (1946), Rosenfeld, H. A. (1965), Segal, H. (1981)

精神分析

[英] psychoanalysis
[独] Psychoanalyse
[仏] psychanalyse

[定義] 19 世紀末にフロイト Freud, S. によって創始された。それは，(1) 人間の夢，言葉，失錯行為，空想，記憶，症状など，心的現象の無意識的意味を解読する独自の心理学的な解明方法を言う。基本的には自由連想法による解明を主とするが，その後，自由連想法を用いないさまざまの観察方法（たとえば面接による精神療法，遊戯療法，乳幼児観察など）を通しての解明も用いられるようになった。(2) 上記の心理学的解明方法を基本手段とし，分析者と被分析者が治療契約と作業同盟の下に，被分析者の心的葛藤，抵抗，転移，逆転移，対象関係の認識とそれに対する治療者の介入と解釈（再構成−伝達）による洞察を治療機序とすることに特徴づけられ，毎日分析（週 4 回）を原則とする独自の治療構造を持った精神分析療法。基本原理は精神分析によるが，対面法による週 1 回−2 回の精神療法は，精神分析的精神療法と呼んで，精神分析療法と区別される。(3) これらの精神分析的な解明方法と精神療法によって得られる経験的素材に基づいて構成された一連の心理学的精神病理学的理論，の 3 つの意味を持っている。(4) さらに，芸術，文化，社会心理，思想の理解にこの解読方法と理論を応用する応用領域がある。

フロイトが「精神分析」という言葉を最初に用いたのは「神経症の病因」に関する仏語論文（1896）の中，次いで『防衛神経精神病に関する補遺』（1896）の独文の中である。またフロイト自身，当時刊行の『百科辞典』（1922）の中では，(a) 解明方法，(b) 治療方法，(c) これらの方法によって得られた心理学的情報に関する新しい科学，とそれを定義している。そしてフロイトは

『精神分析療法の道』(1919)で，精神分析とは「抑圧された心的なものを意識化する仕事」と定義した上で，精神分析の「分析 Analyse」とは，化学者が合成物を分析して，いくつもの構成要素を取り出すのと同じように，合成物としての患者の症状や病的な現象を分析して，本能的な要素＝動因 Trieb-motiv に還元し，患者自身にそれらを意識化させる操作を言うと述べ，たとえば，夢の解釈の場合，まず夢の個々の要素について連想を得て，それらを再構成する。人間の性的活動も，それぞれの構成要素（たとえば口愛，肛門愛，男根愛，その他）に分析され，それらの合成物と見なされるという。そして，このような精神生活の「分析」に続くものはその「綜合 Synthese」でなければならぬという意見があるが，この「精神綜合 Psychosynthese」という提唱は化学分析と精神分析の比較を不当に拡張しすぎた誤まりであるといい，化学分析との比較の限界は，「精神生活では物理化学の世界と違って，統一化 Vereinheitlichung と綜合 Zusammenfassung に向かう一種の自動的傾向 Zwang を基礎づけている志向 Streben があるという点だ」という。つまり精神分析では，分析されたものは「自我 Ich と呼ばれるより大きな統一に，これまで自我から分離され，他のものに結合されていた本能の動きのすべてを従わせるようになる」「分析治療を受けている者の中で，精神綜合はわれわれの関与なしに，自動的不可避的に行われる。むしろ症状の分解と抵抗の解消によって，われわれはその綜合過程の条件をつくったのである」という。

フロイトおよびフロイト以後の精神分析の種々の流れに一貫して共通の精神分析アイデンティティとして，(1) フロイトが，「人生の目的は？」と尋ねられて答えた「愛することと働くこと」がある。精神分析は，人を支え助ける治療関係における愛と，毎日分析に象徴されるような心的な作業 work を，何年間にもわたって分析者・被分析者が共にする仕事 Arbeit によって継承，創造される心身の営みである。またそれは，一人の分析者が一人の被分析者の心にこれだけの膨大な関心を向け，二人だけの対話を続けるという個の自立と自由を尊重する臨床的個人尊重主義 clinical individualism（Zilboorg, G.）を共にする。(2) この心的な共同作業は分析者と被分析者の正常な部分，特に観察自我の作業同盟を支えに行われるが，その背後には，フロイトが知性による人類の普遍的連帯を信条としたような，知性と意志の優位に身を置くフロイト思想がある。(3) この分析者・被分析者の相互関係は，小此木の言う分析者のフロイト的治療態度（中立性，隠れ身，禁欲規則，「医師としての分別」，言語的交流）によって構造化された治療構造を技法上，倫理上も共にする。(4) 「愛することと働くこと」に加えて，フロイトにはもう一つ「書くこと」があった。その膨大な論文，著作，書簡集は，フロイトと精神分析そのものを研究対象とする精神分析独自の研究方法をつくり出した。またそれは，フロイト自身の自己分析の研究をはじめドイツ語から英仏日などに翻訳する作業の過程で新たなそして豊かな認識をもたらした。精神分析事典もこの研究にそうところがあるが，この「書くこと」「読み直すこと」の営みを共にすることが，精神分析学の開かれた学問性を支えている。(5) このフロイトの「書くこと」「読み直すこと」によって共有可能になったフロイトの精神分析を一つの普遍的座標軸とし，それぞれの個別的，臨床的な経験と思考を歴史科学的にこの座標軸と照合し，より開かれた相互理解と討議による継承と共有，発見と創造を共にする，の5つをあげる。

[その歴史と現況] 精神分析の歴史は大別して，フロイトがそれを創始して以来没するまでのフロイト期（1895－1939年）と，フロイト以後（1939年〜現在まで）の二期に分かれる。

フロイト期（1895－1939） ウィーンを中心としたフロイト自身の本事典「フロイト」（人名）の項で概説した展開を見たが，やがてフロイトに最後まで忠実だったフェダーン Federn, P., タウスク Tausk, V., アンドレアス‐ザロメ Andreas-Salomé, L., ドイチュ Deutsch, H., ジョーンズ Jones, E., ボナパルト Bonaparte, M., ハルトマン Hartmann, H., アンナ・フロイト Freud, A. などに対して，ウィーンでは，アドラー Adler, A. の個人心理学，チューリヒではユング Jung, C. G. の分析的心理学，やがてランク Rank, O., シュテーケル Stekel, W., ライヒ Reich, W. などの分派が生まれた。チューリヒでは1906年－1911年の蜜月時代を経て，ユングを中心としながら，ブロイラー Bleuler, E. による精神分裂病論，ビンスワンガー Binswanger, L. による現存在分析，ロールシャッハ Rorschach, H. によるロールシャッハ・テストなどのチューリヒ学派が発展し，ブダペストでは，フェレンツィ Ferenczi, S. を中心に，父性と知性優位のフロイトに対して，母性と情緒交流を重視するフェレンツィアンと呼ばれる流れが生まれ，後にロンドンに渡って対象関係論を展開するバリント Balint, M. らの流れや，米国に渡って乳幼児‐母子関係研究を発展させるスピッツ Spitz, R., マーラー Mahler, M. S. などの流れが生まれた。ベルリンでは，アブラハム Abraham, K. を中心にクライン Klein, M., ジンメル Simmel, E. などが対象関係論の起源となる流れをつくり出すと共に，当時の社会主義的志向を持つ精神分析家の拠点となった。1930年代には，わが国の矢部八重吉，丸井清泰，古澤平作らのフロイト訪問が続き，特に古澤平作は，1932－33年，ウィーン精神分析研究所でフェダーン，ステルバ Sterba, R. らの教育研修を受け，わが国の精神分析はフロイト期から欧米諸国とその歩みを共にする地位を獲得した。しかし，この1930年代，ナチスのユダヤ人，そして精神

精神分析の歴史と現況

年	ウィーン	ロンドン	ブダペスト	チューリヒ	ベルリン	チリ	アルゼンチン	米国	パリ	日本
1895	フロイト, S.									
1900	フェダーン, P. ドイチュ, H. アンドレアス＝ザロメ, L タウスク, V. ライヒ, W. アドラー, A.	ジョーンズ, E. ストレイチー, J.	フェレンツィ, S.	ユング, C.G.	ブロイアー, E. アブラハム, K. ローゼンツヴァイク, H. クライン, M. ビンスワンガー, L.				ラフォルグ, R. ボナパルト, M. ピション, E. ソシュール, R. レーヴェンシュタイン, R.	
1938	シュテーケル, W. フロイト, S.									矢部八重吉 丸井清泰 古澤平作
1939	ランク, O.									
1940		クライン, M. フロイト, A. ウィニコット, D.W. バリント, M. フェアバーン, R. ボウルビィ, J.		現存在分析		ラッカー, H. マティ＝ブランコ, I.		メニンガー, K. 自我心理学派 ハルトマン, H. クリス, E. レーベンシュタイン, L. エリクソン, E.H. ベラック, L. ネオ・フロイト派 サリヴァン, H.S. フロムライヒマン, F. ホーナイ, K. フロム, E. アレキサンダー, F.	ラカン, J. ドルト, F. ナシュト, S. ラガーシュ, D.	古澤平作 日本精神分析学会 山村道雄 懸田克躬 土居健郎 西園昌久 前田重治 小此木啓吾 日本精神分析協会
1950										
1960		スイーガル, H. ビオン, W. ローゼンフェルド, H ビック, E. メルツァー, D. メルツァイン, F. タスティン, F.		ボス, M.			スピッツ, R.	ジェイコブソン, E. カンザイン, R. マーラー, M. コフート, H. モデル, A.	自己心理学 （ラカン派） レボヴィッチ, S.	学会紛争 小倉清 馬場禮子 岩崎徹也 鑪幹八郎 高橋哲郎 馬場謙一 海田藤吾 吾妻八美子
1970							（ジュネーブ）	プライベーク, S.	アンジュー, D. サファン, M. ラプランシュ, J. マノーニ夫妻 ポンタリス, J. ヴィドゥルシュ, D.	牛島定信
1980		ジョゼフ, B. サンドラー, J. スタイナー, J. ブリトン, R. ボラス, C. フォナジー, P.		クラメール, B. 親・乳幼児心理療法 スターン, D.	エチゴーエン, H. ビアンチェディ, E.		（マドリッド） グリンベルグ, L.	乳幼児精神保健 コール, J. エムディ, R. シェイファー, R. オグデン, T. キャハード, G. ミッチェル, S. グリンバーグ, J.	ゴールドベルグ, A. グリーン, A. ストロロヴ, R.D. マクドゥーガル, J.	精神分析事典編集 委員・鑪兼各位
1990								関係学派		

分析に対する弾圧と迫害が進み、ほとんどすべての精神分析家は、ウィーンのみならずドイツ語圏からロンドン、パリ、米国のニューヨーク、ボストン、シカゴ、西海岸、南米のアルゼンチン（Racker, H.）、チリ（Matte-Blanco, I.）などに移住するという大移動が起こった。

フロイト自身も、ナチスに占領、合併されたウィーンを離れて、1938年、ロンドンに亡命し、1939年9月23日に死去した。

フロイト以後：Ⅰ期（1939-1980） 第二次世界大戦後のナチスによる弾圧の結果、ほとんどの精神分析学者（多くはユダヤ人）の移住・亡命のため、精神分析の中心はオーストリア、ハンガリー、ドイツを去り、(1) ロンドンにおける、クラインを中心とするクライン派（クラインからローゼンフェルド Rosenfeld, H., スィーガル Segal, H., ビオン Bion, W., メルツァー Meltzer, D.）、その修正・発展としての対象関係論ないし独立学派（フェアバーン Fairbairn, W. R. D., ガントリップ Guntrip, H., ブダペストから移住したバリント、そしてウィニコット Winnicott, D. W., パデル Padel, J. など）、アンナ・フロイトを中心とするアンナ・フロイト学派（アンナ・フロイト）、そしてサンドラー Sandler, J. ら、(2) パリにおける、ナシュト Nacht, S., ラガーシュ Lagache, D. ないしレボヴィシ Lebovici, S., ラプランシュ Laplanche, J. らの IPA の流れ、この流れを批判するラカン Lacan, J., マノーニ Mannoni 夫妻、ドルト Dolto, F. などを中心とするパリ・フロイト（ラカン）学派、(3) チューリヒにおける現存在分析学派（ビンスワンガー、ボス Boss, M.）、(4) 米国における自我心理学の流れ（フェダーン、ハルトマン、クリス Kris, E., エリクソン Erikson, E. H., スピッツ、ベラック Bellak, L., マーラーなど）、ネオフロイト派（フロム Fromm, E., フロム-ライヒマン Fromm-Reichmann, F., ホーナイ Horney, K., サリヴァン Sullivan, H. S., クララ・トンプソン Thompson, C.）、ラド Rado, S., アレキサンダー Alexander, F. らの米国精神分析アカデミーの流れがある。米国での特徴として、精神分析とマイヤー Meyer, A. の米国精神医学と統合を行った精神分析的精神医学ないし力動精神医学、たとえばジェリッフ Jelliffe, S., メニンガー Menninger, K., ナイト Knight, R. などの動向、心身医学におけるアレキサンダー、ドイチュの発展が見られた。同様に、米国の児童精神医学、思春期精神医学はいずれも、精神分析の指導下に豊かな発展を遂げた。さらにまた、ジェイコブソン Jacobson, E.（1964）はメタサイコロジー的心的表象論を提起し、サンドラーの表象世界論とともに、フロイトのメタサイコロジーと対象関係論を再統合する基礎理論を形成したが、1970年代には、境界人格構造の研究を中心にカンバーグ Kernberg, O. の対象関係論自我心理学がその発展を始め、また、コフート Kohut, H. もシカゴで自我心理学批判を通して独自の自己心理学を提起し、やがて現代米国の精神分析の最大の流れへと発展した。(5) 日本の精神分析も、古澤平作を基盤に、1950年代から着実な発展を遂げ、古澤平作の創立した日本精神分析学会と日本精神分析協会（IPA 日本支部）を中心に、懸田克躬、山村道雄、土居健郎、西園昌久、小此木啓吾らの、欧米の精神分析の取り入れと日本独自の精神分析への再統合の力動が、今日の発展をもたらすことになった。

フロイト以後：Ⅱ期（1980-2001）

(1) ロンドンでは、週単位での分析日数の減少という世界的傾向に従わず、これまで通りの週5日の毎日分析が保持されており、分析家資格のための研修も英国協会が世界で最も厳格であるとされる。また1940年代に確立された協会内の三グループの共存は今日も維持されている。正統クライン派ではクラインの基礎にビオン、スィーガル、ローゼンフェルドの貢献を加えて、ジョゼフ Joseph, B. やリーゼンバーグ-マルコム Riesenberg-Malcolm, R. が全体状況としての転移理解と転移解釈を洗練させた技法革新を進め、フェルドマン Feldman, M., ブリトン Britton, R., スタイナー Steiner, J., オーショウネスィ O'Shaughnessy, E. がパーソナリティ構造や早期エディプス理解などに新たな視点を発展させている。一方メルツァーはもっぱら精神療法家を取り込み、ビオン-メルツァーの流れであるポスト-クライン派を生育している。独立学派はパーソンズ Parsons, M., ボラス Bollas, C., シミントン Symington, N., ケースメント Casement, P., コーホン Kohon, G. らがウィニコットを基礎に置きながらもビオンやマテ-ブランコの考えを織り混ぜそれぞれに独自の視点を生み出している。フェアバーンはサザーランド Sutherland, J. やパデルが語り、バリントの後継にはステュウート Stewart, H. がいる。またウィニコットから学ぼうとする精神療法家による啓蒙グループ、スクウィグル財団 Squiggle Foundation がある。現代フロイト派（アンナ・フロイト派）にはヨーク Yorke, C., 新しい愛着理論を展開させているフォナジー Fonagy, P. がいる。また興隆してきた精神分析史ではA・フロイト-クライン論争をリカルド・スタイナー Steiner, R. とキング King, P., クライン派の発展をスピリウス Spillius, E., 独立学派の発展をレイナー Rayner, E. が著した。ビック Bick, E. に発した精神分析的な乳幼児観察は訓練に不可欠として広く普及し、英国協会も採用している。さらにメルツァー、タスティン Tustin, F., アルヴァレツ Alvarez, A. らの自閉的な子どもの精神分析的な治療が発展している。

(2) パリでは、精神分析家はなんらかのまとまりを成していると言うより、ラカン主義を軸にして、ラカン派と反ラカンの両極に別れているが、その中でいわゆる中

立の立場にある分析家たちに見るべきものがある。例えばアンドレ・グリーン Green, A. は，どの派閥に属することもなく独自に精神分析概念を深めており，特にナルシシズムやエディプスについての考察に見るべきものがある。さらにミシェル・ミュザン M'Uzan, M. は倒錯についてのすぐれた理論家として知られている。ジョイス・マクドゥーガル McDougall, J. は境界例や性的同一性について活発に発言している。ニコラス・アブラハム Abraham, N. の狼男の連想についての精緻な言語論的研究は独自なものである。ジュリア・クリステヴァ Kristeva, J. は作家で思想家としても知られているが，その理論はアメリカのフェミニストたちに注目されている。

ラカン派について言うと，1969年のパス（ラカン派の精神分析家養成システム）導入以来，官僚主義的硬直化の傾向を強めて行った。1981年のラカンの死去以後は，ラカン派は十幾つのグループに分裂し，それぞれが機関誌を発行するという状況である。フランスにおける分析家の数は，IPAに所属するものが研修生も含めて約1,000人であるのに対して，ラカン派は4,000人いると言われている。両者を加えると，人口比でアルゼンチンよりも多く，精神分析は市民の知的生活にも治療にも大きな影響を及ぼし続けている。フロイトの著作，書簡の独英仏の翻訳作業の過程でフロイト自身以上の新たな発見や認識が生まれ，ラプランシュとポンタリス Laplanche & Pontalis の精神分析辞典の編集（1967）が進められたが，同時にフロイトの伝記的研究がさらに深く幅広く発表され（エランベルジェ，マッソン，バルマリ，グリュール……），それらは精神分析それ自体の大きな学問的進歩をもたらしたが，さらにモントリオールのマホーニィ Mahony, P. は書き手 writer としてのフロイト（1982）の話し方と書き方の分析によって幾多の衝撃的とさえいえるような研究成果をあげている。

（3）米国では，エリクソンのアイデンティティ論は精神分析の臨床の枠を超えた社会心理‐歴史学的な領域を形成したが，マーラー・グループが自我心理学の流れを受け継ぎ，自己心理学や対象関係論を取り入れたパイン Pine, F. の欲動，対象関係，自我，自己の多元モデル multi-model の提起などが見られ，フロイトの「再構成」を発展させたグリーネーカー Greenacre, P., そしてシェーファー Schafer, R. は，治療関係における自己物語化を論じている。さらに，フェミニズムのフロイト批判を出発点に，精神分析的な女性研究，またストラー Stoller, R. らの精神分析的な性別同一性障害の研究が発展した。コール Call, J., レボヴィシ, エムディ Emde, R., オショフスキー Osofsky, J. などの精神分析家を中心に，世界乳幼児精神医学（やがて世界乳幼児精神保健）が発展し，特にマーラー，スピッツを継承した精神分析的な乳幼児研究は，エムディの情動中核自己の発達論，発達および治療における陽性情動の研究を生み，さらに，自己心理学の情動交流論を受け継いだスターン Stern, D. の独自の自己感の発達論の展開，これらの乳幼児研究に基づく前言語的情動交流と手続知識の精神療法における機能に関する各学派共通の治療機序の研究の動向がある。治療関係については，自己心理学から発したストロロウ Stolorow, R. の間主観的アプローチ，オグデン Ogden, T. らの間主観性モデルが，米国の精神分析の共通課題となっている。それは，一者の心理学 one person psychology から二者心理学 two person psychology への発展であり，サリヴァンらのネオフロイト派の流れを継承したミッチェル Mitchell, S. やグリンバーグ Greenberg, J. ら，ニューヨークのホワイト研究所グループの関係論も軌を一にする動向を含んでいる。これらの動向は，分析者と被分析者の治療関係を相互関係としてとらえ，情動交流を重視するだけに，一者心理学的だったフロイト的治療態度（中立性，禁欲規則，隠れ身，受身性など）の再考を問題提起している。このグリンバーグやレニック Renik, O., ジェイコブス Jacobs, T. などの動き，そしてホフマン Hoffman, I. の社会的構築主義などが現代の米国の精神分析の新しい動向として展開されている。

（4）米国の力動精神医学との関連で，1980年代の心的外傷と PTSD や解離障害，人格障害などの外傷性精神障害の臨床と認識の高まりとともに，フロイトの心的外傷説から内的欲動論への理論転回の批判的な再検討に伴うエディプス物語の読み直しや，近親姦の犠牲者の精神分析的な集団精神療法（Ganzarain, R.）などの動向が生まれた。また，精神療法としての精神分析の治療効果について，コロンビア・プロジェクト（Bacharach, 1993），ボストン・プロジェクト（Kantrowitz, 1993），そしてメニンガーの精神療法リサーチ・プロジェクト Psychotherapy Research Project（PRP）などの大規模な研究が行われているが，特にワラーシュタイン Wallerstein, R. らの PRP は，表出的‐支持的精神療法連続体の概念を提起するなどの動向がある。また，米国における力動精神医学，特に精神分析の位置づけを確保する上で，ギャバード Gabbard, G. は多大の指導力を発揮している。また，生物学精神医学の動向が高まる中で，精神療法・精神力動論と生物学的接近の結合を図る種々の試みが行われている。たとえばそれは，ポスト Post（1982）やゴールド Gold（1988）らのキンドリング現象の研究，母性剥奪（Suomi, 1984），Kandel らの遺伝子研究と精神力動の関連づけ，脳の構造的可塑性と精神力動の相関の研究（Leuin, F. ほか）などである。また，神経心理学の現代の記憶研究と，フロイト以来の精神分析的な記憶論，特にモデル Modell, A. らの事後性の研究の相互関連づけなどの動向が見られる。

(5) 日本の精神分析は，英米仏のそれぞれの流れを，土居健郎，西園昌久，小此木啓吾らの国内的な発展に段階的に再統合しながら，本事典編集・執筆者の世代による着実な歩みを続けているが，甘え理論（土居），阿闍世コンプレックス（古澤，小此木），見るなの禁止（北山）などの国際的評価と広がりを見せている。

［国際的に見た現況］世界各国の精神分析の歴史と現況を知るには，Kutter, P. の編集になる"Psychoanalysis, International Vol. 1, Vol. 2"が役に立つが，学会の状況について言うと，ロンドンに本部を置く国際精神分析協会（The International Psychoanalytical Association, IPA と略称）が最も代表的な学会（3,886 名の会員）で，世界各地に 39 の支部を持ち，この中で，米国精神分析学会（American Psychoanalytical Association）が最大（約 2,600 名の会員）であるが，生物精神医学の台頭や，精神分析療法の治療費が保険会社から支払いもなくなったなどの事情もあって，精神分析療法はかなりの退潮を示している。ヨーロッパ諸国，英国，ドイツ，フランス，北欧諸国は，精神分析療法の国家的な保険制度が確立されているためもあって，いまもなお活発である。また，アルゼンチン，ブラジルをはじめ，南米各国はむしろ精神分析家は増加の一途をたどっている。わが国の精神分析は，古澤平作によってその基礎をつくられ，IPA 日本支部（会員 31 名）があり，さらに精神分析的精神療法・心理療法の学会である日本精神分析学会（会員約 1,900 名）があり，その教育と臨床活動は上昇傾向にある。なお，IPA に属さないグループとしては，米国ではいわゆるネオフロイト派を中心とする米国精神分析アカデミー American Academy of Psychoanalysis，フランスにはパリ・フロイト学派 École freudienne de Paris，OPLF（Organisation psychanalytique de langue francaise）すなわち第四グループ Quatrième Groupe，解散した EFP に代わって結成されたフロイトの大儀派 ECF（École de la Cause freudienne），そして日本精神分析学会などがある。これらの各精神分析グループないし学会は，それぞれ講義セミナー，教育分析，スーパービジョンなどの段階を踏む 5−10 年にわたる研修を受けて，その資格を認められたもの（精神科医および各科医師ないし臨床心理学者）を精神分析家として承認する制度を持ち，この資格を持つ精神分析家が行う精神分析療法のみを精神分析療法と認めることになっている。しかし，その一方で，世界各国共通に，毎日分析は教育研修のためのものに限定され，週 1 回−3 回の面接，精神分析的な精神療法が日常化している傾向がある。わが国の日本精神分析学会も，この精神分析的精神療法の研究と教育をその役割とし，精神科医，心療内科医，臨床心理士の心理療法にその理論と方法の基礎を提供している。

以上述べた，フロイト以後の各精神分析の流れは，(1) 成人の神経症から，精神病，境界例，心身症，性格障害，児童，乳幼児観察へ，ヨーロッパから世界各国へなどの治療対象の拡大とそれに伴う臨床経験の変化，(2) 精神療法を行う，治療構造，治療環境，時代的社会‐文化的条件などの拡大と推移，(3) 治療を行う治療者そのものの精神医学的・心理学的基盤や基本的人間理解，歴史的文化的社会的背景の多様化，(4) 精神分析そのものの教育関係が内包するさまざまの問題，教育分析，スーパービジョンなどの諸要因によって規定されている。

現在の動向から見て，各流れについて，下記のような基本的観点の論議がその展開を動かしている。たとえば，個体欲動論（フロイト）か，関係論か（現代クライン派，対象関係論，ホワイト関係論）。環境失敗論（ウィニコット，コフート）か，内的欲動論（フロイト，クライン）か。個体内無意識（フロイト）か，二者関係無意識（クライン－投影同一化，対象関係論）か，世代間伝達無意識（ラカン，レボヴィシ，クラメール，親‐乳幼児心理療法）か。構造論的自我（フロイト，自我心理学）か，Ich，自己（フェダーン，エリクソン，対象関係論，ガントリップ，コフート）か。メタサイコロジー－心的表象論（ジェイコブソン，サンドラー）か，対象関係論か。健康な自己愛論（フェダーン，エリクソン，コフート）か，自己愛防衛論（バリント），破壊的自己愛論（ローゼンフェルド）か。パーソナリティ傾向（フロイト，ライヒ，フェニケル）か，パーソナリティ構造（病的組織化）（カンバーグ，スタイナー）か。フロイト的治療態度－知的洞察（フロイト，クライン派，自我心理学）か，フェレンツィ的情動交流か（フェレンツィ，コフート，ストロロウ，エムディ，スターンの乳幼児観察）。生物学的発達論（フロイト，マーラー，エムディ，スターン）か，生成分析論（ビオン，コフート）か，などをあげることができる。

なお，以上述べた動向を，フロイトの理論モデルに遡って言えば，最も批判的論議の多いのは，エネルギー経済論的見地（ただし，フロイトが『科学的心理学草稿』で提示したニューロン理論と，そのエネルギー論は現代の神経心理学から再評価を受けている）。自我の概念，死の本能論，19 世紀末の唯物論的自然科学的思考モデルなどがある。

精神分析の方法と臨床経験を再構成するために導入された基本的見地と方法には，(1) 対象関係論（バリント，ウィニコット，フェアバーンなど），(2) 対人関係論（ネオ・フロイト派），(3) 相互関係論，(4) 社会‐文化的見地，(5) 実存的見地，(6) 生体論的見地 organismic theory（ホメオスターシス），(7) パーソナリティおよび自己の概念，(8) 現象学的方法（ビンスワンガー），(9) 言語論的見地（ラカン，マホーニィ，北山など），(10)

発達心理学的方法（スピッツ，エムディ），コミュニケーション理論（ベイトソン，スターン），（11）社会学的役割理論（アッカーマン），（12）一次，二次システム論，（13）社会構築主義，（14）文化人類学（ローハイム，エリクソン）などがある。

　[思想，文化，芸術，哲学での展開] フロイトの精神分析は，近代合理主義の個と知性優位を謳うフロイト思想として，20世紀の思想界に多大の影響を与え，社会・家族の変動に伴う個の自由と解放，そして性の解放を促す上で大きな役割を果たし，文化，芸術の世界にも広がりを見せ，欧米社会では，精神分析は知識人必須の教養としての位置を獲得した。とりわけ米国社会では，小説，映画，TVなどの大衆文化にまでより広く普及する時代を迎えた。さらにエリクソンのアイデンティティ論は米国社会の鍵概念として，そのペーパーブックは駅や空港のキヨスクに置かれるほど読まれたが，このアイデンティティ論は1960年-1970年の革命の時代には，マイノリティーのアイデンティティ回復運動のイデオロギーとなった。さらに，1960年代のニューレフト運動に，ライヒの性の革命，フランクフルト学派のフロイト左派（フロム，マルクーゼ Marcuse, H. など）が，トロツキズムとの結合や実存主義哲学（サルトルら）との連帯によって，革新的なイデオロギーを提供する時代を経て，ポストモダン，構造主義の時代となり，やがて20世紀末から，家族の解体とコンピューターの時代を迎え，この混迷の21世紀に精神分析はどのような思想的役割を果たすかがいま問われている。この動向とともに，南米，日本など，これまでの欧米文化を超えた精神分析の新たな貢献が期待される。たとえば，わが国の甘え理論による甘えの超文化的普遍性の認識の広がり，母性愛神話の崩壊を超える母性のあり方を課題とする阿闍世コンプレックス論，そして，仏教的な罪とゆるし論と精神分析の出会い，エディプス論と阿闍世論の対峙と再統合などを介してのより新たな精神分析文化と思想の形成もこの課題に応える意義を持っている。　　　　　　　　　　（小此木啓吾）

　[文献] 巻末参考文献一覧参照

精神分析家

　[英] psychoanalyst
　[独] Psychoanalytiker
　[仏] psychanalyste

　[定義] 精神分析治療についての十分な経験と技能をそなえた専門家。ふつうは略して「分析家」と呼ばれる。一口に精神分析，また精神分析療法といってもいろいろな流派があり，また個人によってもその考え方は異なっているので，自称および他称のさまざまな分析者がいる。しかし厳密には，原則として毎日分析（自由連想法を1週に4回以上行う標準型の精神分析治療）を行っている分析者として，フロイト Freud, S. が創設した国際精神分析協会（略して IPA）で正式に承認された資格を備えた者が精神分析家である。したがってそれ以外の治療者は，たとえ精神分析の理論に基づいた面接を行っている治療者であっても，「精神分析的精神療法家」ということになる。その意味では，純粋に精神分析療法を専門的な職業としている精神分析家というのは，日本ではあまり多くはない。

　今日では自由連想法が困難な，あるいは禁忌とされている精神病や境界例が増えてきているし，また標準型の自由連想法を用いない週に1～2回の精神分析的な立場からの面接で成果を上げられる症例も少なくないので，精神分析的精神療法家（いわゆる分析的治療者）というものがほとんど大勢を占めている。とくにわが国では，治療者にも患者（被分析者）にも毎日分析という慣行がなかったために，現段階では国際的に認められている精神分析家というのは，ごく少数の分析家に限られている。

　[資格取得のための訓練] わが国の場合，分析家を志す者は「日本精神分析協会」における候補生として登録された後，協会によって認められている精神分析家から毎週4回以上の審査分析と教育分析を受ける。またスーパーヴァイザーより標準型精神分析の症例の治療について継続的なスーパーヴィジョンを受ける。それと合わせて所定のカリキュラムにもとづいて精神分析理論と技法について学習する必要がある。これらの教育訓練を実施し，分析家を養成してゆくための機関として，協会のもとに「日本精神分析インスティテュート」が設けられている。そこでは日本の現実的な事情も考慮され，精神分析的精神療法家の養成も併せて行われている。

　[教育分析の必要性] 教育のための個人分析は分析家養成の主要な部分である。これは精神分析が無意識を探求することを目的としているため，自己分析（己を知ること）が何よりも重要であるとして，フロイトにより提案されたものである。分析治療においては，とくに治療関係の成立，維持，発展，そこでの転移-逆転移の理解においては分析家の人格が大きく問われる。そのため分析家はつねに自分自身の無意識と自由に通じ得る能力が必要であり，自ら精神分析を受けるという体験が求められている。フロイトは，分析家は5年おきに分析を受け直す必要があろうと提言していたこともあったが，フェレンツィ Ferenczi, S. などはさらにその意義を強調している──「原則的に教育分析と治療分析にまったく差異を認めない。さらに付け加えたいのは，治療を目的とする分析的企ては，分析の完結という表現でわれわれが目指している深さにまですべて達している必要はないが，多くの他者の運命を預かっている分析家は，自身の性格のもっともめだたない弱点までも自覚し，統御する必要

がある。そしてこのことは十分に完結した分析なしには不可能なことである」(1928)。実際には，資格を取るための条件という目的をもった個人分析に対しては，それが形骸化するおそれがあるとか，その頻度や時間などについて種々の論議もあるが，それが不必要であるという意見はない。精神分析では患者の抵抗と転移が十分に読み取れることが重要であるので，分析的治療者であっても，教育分析は欠かすことはできない。その意味で，わが国では精神分析的精神療法家にも週1-2回の個人分析は必要条件とされている。

［分析家の資質］フロイトは『素人による精神分析の問題』(1926)の中で，分析家が医師であるかどうかということよりも，患者には「この人なら頼りになるという気持ちを起こさせるような個人的特性をそなえているということ，また分析治療という仕事の成就を唯一可能にしてくれる知識と理解力ならびに経験をすでにしっかりと身につけているということ」が重要であると述べている。分析家は，環境および自己についての事実に直面し，それをあるがままに認め得る強さ（現実検討能力）が必要であることは言うまでもない。さらに自由連想法においては，夢と同様に，無意識的なものがしばしば比喩や象徴，置き換えによって表現されているので，それらを読み取ってゆくセンスが必要である。象徴の本質は比較である。したがって隠喩についてのセンス，類推（アナロジー）への鋭敏さが問われることになる。「無意識的に抑圧されているものを聴き分けるある種のデリケートな耳というものが必要で，これは誰でも同じ程度にそなえているというわけではない」，それらは「一種の勘の問題で，経験によってきわめて鋭敏なものにすることができる」(Freud, S. 1926)。さらに分析家は，相手の無意識の働き，とくに現在の関係の中に出現している抵抗と転移を理解した上で，相手に介入し解釈したいことを最も適切に言い表す言葉を考えつくことが必要である。そのような意味において，分析家は随時，一時的・部分的に自由に退行し，前意識における想像（創造）的機能を十分に働かし得るような自我の柔軟性が必要であると言えよう。これはある一面からみれば，遊びにも通じるような「心のゆとり」と言うこともできる。（前田重治）

［関連項目］医師としての分別，教育分析，スーパービジョン，日本精神分析協会，精神分析家の資格

［文献］Freud, S. (1926f, 1937b)

精神分析過程
［英］psychoanalytic process

「精神分析過程」という言葉は，フロイト Freud, S. の著作の中には現れない。彼は精神分析療法の実際をチェスに喩えて，序盤と終盤については組織的な説明が可能だが，中盤に関しては複雑多岐な展開となるので実践による指導のみが可能であると述べている。また，技法と過程の詳細を公刊することによって，患者が知識を先行させることを好まなかった。

精神分析の過程が主題となるようになったのは，分析作業がうっ積した情動の浄化というモデルを超えて，転移と抵抗を問題にし始めたときである。初期のフロイトが考えていた図式は，〈自由連想への導入と抵抗〉―〈転移抵抗・退行と転移神経症の成立〉―〈幼児神経症の解明と解消〉という流れだが，それは局所論・力動論・経済論というメタ心理学と，心の精神-性発達モデルに基づいていた。ところが精神分析の発展に伴って，依拠する「心の構造モデル」および「発達図式」の異なるさまざまな理論が提出され，基本的な概念でさえ必ずしも共有されなくなった。特に前エディプス期に焦点が当てられるようになると，自然科学的な理論構成から成長を意味する隠喩を含む記述へと移行した。このような多様性あるいは不統合は，一部には学派によって治療対象と目標が異なるためであるが，それよりは実際に，精神分析の作業についての理解に違いが存在するためである。現状を総括しようと試みると，例えばエチゴーエン Etchegoyen, H. の教科書のように，分析可能性，アセスメント面接，治療構造設定，転移-逆転移，治療同盟，退行，解釈の機能，洞察，行動化，陰性治療反応，ワークスルーなどを検討することに加えて，（クライン Klein, M., メルツァー Meltzer, D. を中心にしているにしても）フロイト，自我心理学者たち，ウィニコット Winnicott, D. W., ラカン Lacan, J. 等の考えを併記することになる。

「精神分析過程」の概念は，実際に精神分析が行われる過程を，その設定・経過・展開の力動・変化の部位と性質・目標などの点から理論的に記述しようとするものである。自我心理学は，フロイトの第二局所論（超自我-自我-エス）に依拠している。このモデルは one-person psychology で，過程は患者内の出来事である。自我心理学的技法論の代表的な著者であるグリーンソン Greenson, R. は，「治療同盟」の概念と漸次的な転移の発展と退行を前提として，「内容の前に形式を」「エスの前に自我を」「表層から」分析するように勧めた。また，治療者の介入として，「直面化」「明確化」「解釈」「ワークスルー」の四段階を示した。

それに対してクライン派は治療同盟の概念を疑問視し，転移すなわち原始的対象関係は治療開始時に直ちに活性化すると見ている。その心のモデルは，妄想分裂ポジション-抑うつポジションの概念とそれらに特有の対象関係にある。彼らは初期のフロイトが神経症の背後に認めたエディプス期の葛藤を遥かに遡って，乳幼児期の心性に該当する問題に注目した。クライン派の見方では，精

神分析とは良い対象を内在化するまでの過程である。メルツァーは，投影同一化・摂取同一化を基軸として，ミクロ・マクロのどちらの規模でも見られる精神分析過程を抽出した。それは，(1) 転移の収集，(2) 地理的混乱の整理，(3) 領域の混乱の整理，(4) 抑うつポジションの閾，(5) 離乳過程，というサイクルとして，1回の介入・各面接・各週・各学期……という周期の中に認められる。

ウィニコットは，「対象への気遣い」の発達を抑うつポジションに代る指標とした。彼にとって治療の目標は「自発性」と「遊ぶこと」の回復であり，治療者の課題は「生き残ること」である。彼は自我心理学の枠を活かしつつも，two-person psychology への道を開いた。

コフート Kohut, H. は，1960年代から自己愛パーソナリティ障害の研究を始めた。それは初め，欲動論を基盤とする自我心理学に対する付加だったが，彼は自己の障害・共感不全の研究から自己対象機能という心的構造の解明へと進み，自己心理学への転換をもたらすに至った。このことは当然ながら，治療機序と治療過程の理解にも大きな影響を与えている。「理解すること understanding」と「説明すること explaining」という分析者の関与および治療過程に伴う「適度の欲求不満 optimal frustration」という点では，それは旧来の自我心理学と一致しているが，転移・心のモデル他の説明原理は異なる。だから同じ臨床素材を見ても，独特の把握をすることになった。

このような新たな精神分析の興隆は，幾つもの分派に果たして「共通の地盤」が存在するのか，それとも精神分析は複数存在するのかという問い，最近では実証性・科学性の観点も絡んで，「臨床的事実 clinical facts」とは何か，という問いを提起している。　　　　（福本　修）

[関連項目] ウィニコット理論，クライン学派，自我心理学，自己心理学，精神分析，治療的退行，治療同盟，メルツァー理論

[文献] Etchegoyen, H. (1991), Freud, S. (1913l), Greenson, R. R. (1967), Kohut, H. (1971, 1977, 1984), Meltzer, D. (1967)

精神分析可能性

[英] psychoanalyzability, analyzability

精神分析の主な治療目標は，患者が治療者の協力をえて自己洞察を通じて人格の構造的変化を獲得することである。そのために長期間にわたる頻回の面接を通じて自己を語り，治療者がそれに専門的立場から介入するという作業がなされる。そのような治療的作業に耐えてはじめて精神分析は可能になる。フロイト Freud, S. (1904) は精神分析治療の効果を最大限に高めるために適用の条件として年齢，ならびに抵抗の徹底操作に耐え

うるかどうかをあげている。その後，精神分析治療可能性，それも今日では古典技法といわれるフロイト法による精神分析可能の条件を明確にしたのは治療同盟あるいは作業同盟との関連においてであった。すなわち，精神分析治療は治療者によって何一つ現実的満足はもたらされないにもかかわらず，その分析家との治療によって自己を観察し続ける能力があってはじめて可能というのである。精神分析可能性を実証的に研究したのはカンバーグ Kernberg, O. F. を長とするメニンガー財団の研究 (1972)，さらにもっとも精密な研究をしたのは Lower, R. B. らフィラデルフィア精神分析研究所 (1972) だった。後者の研究結果によると精神分析を求めてきた患者についてはじめスクリーニング分析家が面接し，その段階で精神分析治療が予備的に可能とされたものについて再び，精神分析可能性検討委員会が再吟味するという二段階審査を行っている。その結果，精神分析を求めてきた患者の3分の2が第一段階で精神分析可能とされたが第二段階の再チェックで3分の1に減少した。スクリーニング委員会が適応としたのは，心理的内省力，治療動機，適切な主観的反応，自我の強さ，かたくなな防衛のなさなどがあった。精神分析可能性検討委員会が分析可能とした条件は，エディプス病理，よい社会適応性，よい作業能力，成長した治療動機などであった。このような条件を満たさない患者には精神分析的精神療法が適応となる。そしてこの分析可能性を実際に診断するためには，一定期間行われる審査分析と，診断面接ないしアセスメントを行うのが原則である。　　　　（西園昌久）

[関連項目] 診断面接，病態水準

[文献] Freud, S. (1905b), Lower, R. B., Escoll, P. J. & Huxter, H. K. (1972)

精神分析家の資格

[英] qualification of psychoanalyst

精神分析家は社会および被分析者に対して，責任ある精神分析療法を実施するに足る資質と教育訓練を受けた経験を持つことが求められている。そのために種々の組織が精神分析家の資格認定を行っているが，国際的に最も代表的な組織は，フロイト Freud, S. が創始しロンドンに本部を置く国際精神分析協会 International Psychoanalytical Association（IPA と略称）である。この協会は，精神分析家の資格を取得するために必要な教育訓練の条件として，第一に，精神分析家になることを求める志願者 applicant は，まず協会の決めた訓練分析家 training analyst による1年間の審査分析を受け，候補生になることが妥当な資質を持っていると認められた場合，候補生 candidate となり，さらにその上で，週4日の毎日分析を通算2年以上，その協会が認めた同一の訓

練分析家から受けることが必要とされている。

さらに，候補生は訓練分析を受けているある段階から，2人のスーパーバイザーによる自分自身が行う寝椅子による自由連想法による2例の毎日分析（週4回）の精神分析療法についてそれぞれ2年以上にわたるスーパービジョンを受けねばならない。また，これらの個人臨床訓練と並行して，その協会が定めた精神分析インスティテュートが実施する精神分析のための系統講義を主とするセミナーと，定期的な症例検討会に出席することが定められている。これらの精神分析の教育研修を受けるためには，臨床家になって，精神科医あるいは心理臨床家として5年以上の臨床経験を持つことが基礎条件である。

わが国には，このIPAの日本支部である日本精神分析協会 Japan Psychoanalytic Society があり，その研修を実行する日本精神分析インスティテュートは東京，福岡それぞれに支部を設け，上記のIPAの定めた教育研修の基準に従う研修を行い，それに基づく資格の認定を行っている。この精神分析家の資格を得た者は，まずIPAの準会員 associate member になり，やがて正会員 member になる，そのような規約が定められている。

（小此木啓吾）

[関連項目] 教育分析，国際精神分析協会 [IPA]，スーパービジョン，精神分析療法，統制分析，日本精神分析協会

[文献] International Psychoanalytic Association (1994), 日本精神分析協会：日本精神分析協会規約.

精神分析技法

[英] psychoanalytic technique
[独] psychoanalytische Technik
[仏] technique psychanalytique

精神分析には，アナリスト（分析家）とカウチに横になったアナリザンド（被分析者）が，通常50分間，週4回以上の自由連想のセッションを，少なくとも2-3年間以上持つことが基本的に必要である。これにより，分析のカプル間に緻密な心と心の交流が可能になる。自由連想の技法は，1892年から1898年の間に，フロイト Freud, S. によってしだいに創られた。アナリストがアナリザンドに，心に浮かぶことを何でもそのままアナリストに伝えるという自由連想の原則を告げることから分析の作業が始まる。自由連想によってアナリザンドが，葛藤とそれに伴う不安のために抑圧されていた心の部分を意識化し言葉で表現できるようになるよう助けるためである。

ところが，アナリザンドがこれを実行することは必ずしも容易でない。まず，アナリストとの信頼関係ができることが基本的に不可欠である。精神分析の儀式的側面，すなわちセラピストと患者という非対称な関係，一貫した枠組み，中立性を初めとする古典的な基本技法などは患者に安心感を抱かせるのに役立ち，自由連想を促進する。しかしそれにもかかわらず，さまざまな理由で，心に浮かんだことをそのまま伝えなかったり，意識的あるいは無意識的に防衛的行動化が用いられることが起こってくる。これらが続く限り自由連想の目的は達せられないので抵抗と呼ばれ，その分析がまず必要であり抵抗分析といわれる。それと並行しあるいはその後で自由連想の内容分析が行われ，心のあらゆる部分，特に抑圧された心の歪みの源になっていた心の部分が想起，意識化そして言語化される。

精神分析はこのように抵抗を処理しながら心の深層へ探索を進めていくが，それには大別して，明確化，直面化，解釈の3方法がある。また夢の分析は無意識に至る有効な方法の一つである。

アナリストとアナリザンドが治療を目的とする現実の関係の中で共同して分析作業を進めていくうちに，アナリザンドの心は退行し，アナリストをあたかも自分の親であるかのように感ずるようになるが，はじめは意識されていないことが多い。これが転移である。解釈によってアナリザンドが転移に気づき，現実のアナリストとの関係をどのように歪曲して体験していたかを洞察する時，アナリザンドの客観的認識能力の基礎が改善する。それに伴い，退行による不適当な情動の強さが調節される。他方分析作業はアナリストにも退行を促し，逆転移が起こる。逆転移の行為が起こること自体，そしてアナリストが逆転移を自己分析することが，分析作業を進めるのに必要であるばかりでなく，分析による治療のプロセスに不可欠のものであることが近年特に研究されている。

これを最も治療関係に則して力動的に論じた説の一つとして，弁証法的構築論がある。すなわち，精神分析療法は，分析的探索によって患者が人生のストーリーを書き変えることができるということに加えて，アナリザンドとアナリスト両者間の緻密な意識的・無意識的交流によって，瞬間瞬間に創造されるプロセスであるがゆえに，人格の基本的レベルでの変化が生まれるのだと唱える。このプロセスの中では，分析のもつ2つの側面，すなわち儀式的側面と自発的・人間的側面の両者が適切な相補関係を維持しながら進むのである。

これらの変化によって，アナリザンドは物事をこれまでとは異なった仕方で処理しようとするようになる。しかし，はじめは自他ともになじみがないので不安が起こり，アナリザンドはその不安を建設的に処理しなければならない。このような複雑な一連のプロセスの中で分析作業を続けていくことをワークスルーという。

誰でもがこのような分析作業に耐え目標を達成できるとは限らないので，その人にとって分析が最も適した治療法であるかどうかを，患者個々について分析可能性

analyzability 診断によって慎重に検討する必要がある。またパラメーター parameter（Eissler, K. R. 1953）は，探索作業がネガティブな効果をもたらす時，分析作業が中断しないように一時的に支える方法である。

(高橋哲郎)

［関連項目］解釈，基本規則，自由連想法，徹底操作，パラメーター

［文献］Eissler, K. R. (1953), Etchegoyen, H. (1991), Gabbard, G. O. (1995), Grinberg, L. (1997), Hamilton, V. (1996), Hoffman, I. Z. (1998), Kris, A. (1996)

精神分析的精神療法

［英］psychoanalytic psychotherapy
［独］psychoanalytische Psychotherapie
［仏］psychothérapie analytique

精神分析療法の治療理論と基本原則を修正・応用した精神療法を言う。その第1の意味は，古典的な精神神経症より，より広い人格障害や精神病領域への治療対象の拡大に伴って起こる修正であり，このような病態水準に応じた修正 modification をパラメーター parameter と呼ぶ。また，児童分析のように治療対象の年代に応じた修正を順応 adaptation と呼ぶ。さらに，精神分析的な方向づけを持った家族療法や集団療法のように，治療対象のサイズや治療構造の修正に伴って起こる応用の領域がある。外来通院治療に発した精神分析療法に対して，入院によって行う精神療法のような治療環境の違いに応じた修正もある。

第2の意味は，精神分析療法の治療構造，治癒技法，治療機序などに関する精神分析的な精神療法への発展がある。例えば，精神分析的精神療法の体系化を行ったラングス（Langs, R. 1973）は，アレキサンダー（Alexander, F. 1954），ビブリング（Bibring, G. 1954），フロム-ライヒマン（Fromm-Reichmann, F. 1954），ギル（Gill, M. M. 1954），ランゲル（Rangel, L. 1954），タラチョフとスタイン（Tarachow, S. & Stein, A. 1967），そして，ワラーシュタイン（Wallerstein, R. 1969）などのこの領域での研究を総括し，精神分析療法に対して精神分析的精神療法を次のように規定している。それは，症状の回復やパーソナリティの一部の変化，あるいは適応能力の回復と向上を求めるが，パーソナリティ全体の変革を目的とするものではなく，治療構造としては主として対面法で週1回から3回のセッションによって行われ，時には治療期間が本来の精神分析療法の場合に比べて限定されることもある。また技法としては，やはり非指示的な介入と解釈の重要性は変わらないが，より頻繁に直面化 confrontation を用いる。対面法ではありながら原則的には自由連想的な対面で行っていく。治療対象は精神分析療法に比べると，より幅広いものになる。原則として，精神療法に比べて患者のいまここでの治療状況と現在の生活状況に焦点を置く，などをその特質と見なしている。そして，このような精神分析的精神療法を洞察志向的な精神分析的精神療法 insight oriented psychoanalytic psychotherapy と呼んでいる。この段階では，この種の洞察志向的ないしは表出的 expressive な精神療法に対して支持的 supportive な精神療法は精神分析的精神療法の中で明確に区別されていたが，メニンガーの精神療法研究プロジェクトの研究などを介して，次第に表出的精神療法と支持的精神療法を厳密に区別するよりは，むしろ両者を連続体としてとらえる動向が展開された。ギャバード Gabbard, G. O. は，表出的・支持的精神療法という概念を提起している。その背景には，ワラーシュタイン（1986）が述べているように，すべての適切な精神分析的な治療が常に表出的かつ支持的であり，どの時点でいかにいつ表出的であるか，いかにいつ支持的であるかが問題なのだという認識がある。この表出的・支持的連続体に沿って行う精神分析的な精神療法の意義を強調している。

その治療機序としては，治療的な洞察，そして，内的な対象関係の変化に加えて，適切な自己対象を現実の環境の中に見出し，その自己対象によって自己を保持するという能力に対する援助といったコフート Kohut, H. 的な視点もその中に含められている。面接回数は，表出的な精神療法の最たるものが従来の精神分析療法であって，週に4-5回のセッションで，寝椅子に仰臥して行うものであり，連続体の中間に位する精神分析的精神療法は表出的であって，しかも対面法で週1回から週3回の面接を必要とする。本来の支持的な精神療法の場合には，原則的に週1回，場合によれば月1回という回数でもこれを行う。回数が多く表出的であればあるほど転移の分析に焦点を当てる度合いが高くなるが，支持的になることによって陽性の転移を抱える度合いが高くなる。高度な表出的な精神療法の場合には，寝椅子に横臥する自由連想法が有効であるが，支持的な要素が多くなると共に，観察自我による作業同盟の中で対面法による面接が中心になる。基本的に両者に共通する治療者の介入としては，解釈，直面化，明確化，詳述の奨励，共感的明示，忠告と称賛，是認などがあげられている。治療機序としては，治療的な洞察と関係性の修正という両面が共存しながら行うのが原則であるという。現在，精神分析的精神療法という場合には，この表出的支持的連続体という視点で理解することが有意義である。

しかし，精神分析的精神療法の定義については，国によっても違いがある。英国では週4回の毎日分析を行う精神療法を精神分析療法と呼び，週3回のものを精神分析的精神療法と呼ぶ伝統があり，その面接回数によって

精神療法かどうかが規定されるが，仏，独，カナダなどでは週3回で精神分析療法として認められる。またわが国では，寝椅子仰臥による自由連想法で週4日の毎日分析を行うものを精神分析療法と呼び，その場合には，日本精神分析協会は，治療者もまた週4日の毎日分析による訓練分析を受けた治療者によって行うことが規定され，週1回の訓練分析を受けた治療者を精神分析的精神療法家と呼んでいるが，その一方で日本精神分析学会では，週1回の対面法によるここで述べた表出的・支持的な精神療法を精神分析的精神療法と呼び，必ずしもその治療者が訓練分析を受けていることを必須の条件とはしていない。そして，この観点からの精神分析的精神療法家（精神療法医・心理療法士）の資格認定が行われている。

(小此木啓吾)

[関連項目] 解釈，古典的分析技法，支持療法，精神分析療法，直面化，転移，洞察，日本精神分析学会，日本精神分析協会，パラメーター，アレキサンダー，コフート，フロム-ライヒマン，ラングス

[文献] Alexander, F. (1954), Bibring, E. (1954), Gabbard, G. O. (1994), Gill, M. M. (1954), Langs, R. J. (1973, 1974), Tarachow, S. & Stein, A. (1967), Wallerstein, R. S. (1969, 1986, 1993)

精神分析療法

[英] psychoanalysis
[独] Psychoanalyse
[仏] psychanalyse

フロイト Freud, S. (1914) はアドラー Adler, A. およびユング Jung, C. G. が彼のもとを去った直後に書いた『精神分析運動史』の中で精神分析の定義について記述し，(1) 精神分析は神経症の解明をば第1の課題としてみつけだし，(2) 抵抗と転移の2つの事実をばその発足点としてとりあげ，(3) 健忘という第3の事実を顧慮しながら抑圧に関する理論の中においては神経症の性的発動力と無意識とに責任があるとしている。また，(4) パーソナリティ発達にとって幼児期の歴史の意義を認識することをあげている。さらに (5)『制止，症状，不安』(1926) において不安がパーソナリティの力学的中核をなすことが明らかになった。治療としての精神分析はこれらの要件を基盤として発達してきている。精神分析療法は患者が精神分析家との間の一定の取り決めのもとでの共同作業を通じて心を変化させ自己洞察に至るのを目標としている。したがって今日では古典技法といわれるフロイト法では適応症は主として神経症でありそれも治療同盟の維持できる自我の強さを持った人に限られる。分析可能性とよばれるものである。しかし，今日では治療対象が神経症にとどまらずむしろ，人格障害やうつ病性障害，さらにはある種の精神病性障害へと拡大するにつれ，精神分析技法もその基盤をなす理論も変化している。それはフロイトも先の1914年の論文で「転移と抵抗の2つの事実を認めその事実をその仕事上の出発点としてとりあげるような研究の方向をとるものはいずれも，たといその結果がわたしのそれと異なる結果となろうとも精神分析ということができるであろう」と予見していることでもある。ここでは基本となる古典技法を中心に述べる。

[治療契約] 精神分析療法は患者にとっても分析家にとっても心理的にまた時間的に日常生活とは違った負担を強いるものであるだけに治療導入にあたって十分な同意が必要である。分析可能性，治療構造の取り決め，さらには分析家と患者との個人的あるいは社交的交際を行わないという禁欲規則などである。そのため，一定期間の審査分析がすすめられる。治療構造の中には基本規則とよばれる寝椅子を使用しての自由連想法か対面法か，面接の頻度，料金などの約束がふくまれる。国際精神分析協会は精神分析療法とは週4回以上で1回45-50分の面接がなされる場合に限られ，週2-3回以下は精神分析療法と違って精神分析的精神療法とよぶべきとしている。

[治療過程] 治療契約ができて寝椅子について自由連想法によって考えを語ることを求められた際の患者の反応はさまざまである。フロイトは精神分析療法は人間には真実を知る最高の欲求があり，真実の自己を知るために過去を想起することを課題としていると述べるとともに，他方で想起するかわりに行為する一般的傾向のあることをもあげている。ここに抵抗の概念が提示された。フロイトによると主な抵抗の起源は5つあるといっているがそれを最小限にし，さらに解決するには分析家の解釈とともに分析家の態度が重要である。分析家は患者の自由連想に対して，(1) 共感ある態度で傾聴するとともに患者の非言語的表現にも留意し，(2) 聴き入っている分析家自身に生じる否定的感情や考えを統制しむしろ分析し，(3) 患者の特定の話題にこだわるのでなく自由なただよう注意を保つという態度がすすめられる。患者はやがてある種の安心と解放感で連想が進むことが多い。この段階で症状が一時的に改善することがある。転移性治癒である。しかしそのような蜜月も長くは続かない。治療初期のこのような変化は多くは分析家に治療を求めていることそのものの中に，かつて母親に養育された時期の母親に対する満足といきどおりを再現させたものである。つまり転移のはじまりである。転移はこのようにアンビバレントである。転移は治療を一時的に促進するがやがては抵抗となる。ここで分析家の能動性が求められる。必要に応じてグリーンソン Greenson, R. (1967) が基本的分析技法としてあげる (1) 直面化，(2) 明確化，

(3) 解釈，(4) 徹底操作がなされる。そして，それはかつてグローヴァー Glover, E. (1955) が報告したように質問の形式でなされるのが普通である。

人格障害など重症例はこの母親との原初的対象関係が延々と治療の中で続くが，神経症はやがて父親との問題，エディプス・コンプレックスの問題へと移りそれが転移されてくる。同時にさまざまな形式で抵抗が向けられる。人格障害のひどい人ほど治療そのものを危機にさらす行動化が生じる。このような病態には古典技法では限界がある。対象関係論でこれまで抵抗と理解されていたものを患者自身の人格の反応とせず，分析家と患者の対象関係の産物と理解してホールディングを重視したり，クライン派のビオン Bion, W. R. のコンテイン，さらには自己心理学派の共感が強調されるような技法が発達している。古典技法では抵抗の扱いが現在でも大きな課題になっているが，治療状況での「今，ここで」の体験が強調される方向への変化がみられる。抑圧された過去が転移されてくるにしても過去の記憶は現在によって脚色されているのも事実である。治療過程が進むにつれ，現在の治療関係，過去の両親との関係，現実の日常生活の3側面に共通する，ルボルスキー Luborsky, L. (1984) のいう中核葛藤テーマについての洞察が得られるよう転移と抵抗が徹底操作され患者は洞察に至る。治療の終結には数年の長期間を要する。フロイト (1937) が『終りある分析と終りなき分析』で記しているように現実的理由で中断せねばならないこともある。しかし，患者に自己分析の能力と態度が会得されることは望ましいことである。

(西園昌久)

[関連項目] 古典的分析技法，精神分析可能性，精神分析的精神療法，治療契約，抵抗，転移，分析の道具，フロイト，S.

[文献] Freud, S. (1914d, 1926a, 1937b), Greenson, R. R. (1967), Luborsky, L. (1984)

精神分裂病

[英] schizophrenia
[独] Schizophrenie
[仏] schizophrénie

ブロイラー Bleuler, E. は，クレペリン Kraepelin, E. の早発性痴呆 Dementia praecox (1893) の診断がついた患者群の中で，必ずしも全員が青年期に発症し痴呆状態には陥らない患者が存在することを発見して「精神分裂病」(1911) という概念を提唱した。それは，連合の弛緩，感情障害，両価性，自閉性の4つの点を中心に提唱された概念である。また，この精神分裂病の研究には，フロイト Freud, S. が大きな影響を与えている。ブロイラーとフロイトは数年間にわたって精神分裂病の研究を共同で行い，機関誌『精神分析学ならびに精神病理学年報』(1908-11) を共同出版している。そして，ブロイラーは，精神分裂病の研究において，妄想的体験などの陽性症状の理解においては，フロイトの夢分析の研究を基本にしていて，多くを負うていると述べている。フロイトは，精神分裂病についてはシュレーバー症例 Schreber case の検討において，同性愛に対する抑圧の問題と，分裂と投影の機制による妄想的な世界の形成過程を検討している。また自己愛 narcissism の論文の中で，一次ナルシシズム primary narcissism と二次ナルシシズム secondary narcissism の研究を行い，精神分裂病の説明を試みている。つまり，生まれたばかりの赤ん坊は，ちょうど鶏の卵のようにすべてが自己充足していて，対象を必要としない世界にいる。このような状態においては，対象に対するカセクシスも存在せず，対象との関係は始まってはいない。フロイトはこの状態を一次ナルシシズムと考えた。やがて空腹など生死にかかわる欲求不満が生じてくると，赤ん坊は対象を必要とし始め対象に向かうようになる。そして対象にカセクシスを向けて，対象との関係を発展させていく。そのような状態の中で欲求不満にさらされると，赤ん坊は対象へのカセクシスを引き払い，自己の中に閉じこもってしまう。そのときには，引き上げられた対象へのカセクシスは自我に向けられ，自我が肥大し誇大的自我の状態が形成される。これをフロイトは二次ナルシシズムの状態と呼び，精神分裂病の状態はこれであると考えている。また彼は実際の臨床像においては，完全に自己の中にカセクシスを引き上げている状態は少なく，一部は対象との関係を保っていると考えている。また引き上げられたカセクシスはすべて自我に向けられるが，傷ついた自我の世界を修復させるために幻覚や妄想の世界を作りあげいわゆる修復作用を呈しているのである。フロイトは，このように対象からカセクシスを引き上げている状態では，転移関係を形成することができないので，精神分裂病は精神分析の治療の対象とはならないことを述べている。そして彼は精神分裂病などの精神病を自己愛神経症 narcissistic neurosis とも呼んだ。アブラハム Abraham, K. も，口唇期早期の欲求不満の体験が，精神分裂病の固着点であることを述べている。そこは部分対象 part object の世界で，迫害的不安が顕著であると述べている。フェダーン Federn, P. は，精神分裂病の治療においては，陽性の治療者-患者関係を結んでいくことが重要であると考え，支持的，母性的なアプローチを強調した。その他にフロム-ライヒマン Fromm-Reichmann, F. やサリヴァン Sullivan, H. S. などが精神分裂病の精神分析的精神療法を研究しているが，基本的には精神分析の技法を修正して，支持的で陽性の関係を形成していくことをまず一次的に考える臨床技法を提唱した。精神分裂病の精神分析の適応をもっとも果敢に試みたのは，クライン Klein, M.,

ビオン Bion, W. R., スィーガル Segal, H., ローゼンフェルド Rosenfeld, H. などである。クラインは，1946年の論文で，「妄想分裂ポジション paranoid-schizoid position」の概念を提出した。つまり精神分裂病における未解決の葛藤領域は，生後3-4カ月に起源がある。またそれは，部分的対象関係と分裂と投影同一視，迫害不安や絶滅の不安を特徴にした対象関係群が無意識に存在していることと関係があると主張した。そして治療においては，この早期対象関係が転移され（精神病性転移），それを解釈によって対処することが治療上有効であると考えたのである。そして基本的な分析の技法は，修正する必要はないと主張した。ビオンはさらに，精神病人格 psychotic personality や思考の研究を行い，ローゼンフェルドの転移性精神病 transference psychosis, スィーガルの象徴等価物 symbolic equation の研究などが行われ，さらに精神病の世界が明らかにされている。

なお，「精神分裂病」という呼称は差別や偏見を助長するとして，日本精神神経学会は2002年，「統合失調症」への呼称変更を提唱している。 （衣笠隆幸）

［関連項目］一次ナルシシズム／二次ナルシシズム，自己愛神経症，シュレーバー［症例］，象徴等価物，精神病性転移，精神的パーソナリティ／非精神病的パーソナリティ，妄想分裂ポジション，クライン，サリヴァン，スィーガル，ビオン，フェダーン，フロム-ライヒマン，ローゼンフェルド

［文献］Bion, W. R. (1967b), Bleuler, E. (1911), Bleuler, E. & Freud, S. (1908-11), Freud, S. (1911b, 1914c, 1924f), Fromm-Reichmann, F. (1950), Klein, M. (1930a, 1930b, 1932, 1946), Kraepelin, E. (1909), 小此木啓吾 (1985a), Rosenfeld, H. A. (1965), Segal, H. (1950), Sullivan, H. S. (1953)

精神力動

［英］psychodynamics
［独］Psychodynamik
［仏］psychodynamique

精神現象に働いているさまざまな力を総合した精神的な動きのこと。また，日本語ではこの精神的な動きに関する学問，または理論を精神力学または精神力動論と呼ぶが，原語は同一である。精神分析は精神現象を捉えるにあたっていくつかの捉え方，すなわち観点を有しているが，その一つに力動的見地 dynamic aspect がある。力動的見地とは，精神分析に物理学における力学の概念を導入して，精神現象の了解原理として用いて発展したもので，精神現象の基礎には愛情と攻撃性，欲求の充足と禁止，意識することと無意識への抑圧，その他多くの防衛機制の働き等々，さまざまな力が作用しあっており，症状や行動などの表面に現れて観察することのできる精神現象はそれらの諸力が作用しあった結果として理解することができる，という観点である。このような力動的見地に立って捉えることができる精神的な動きを総称して精神力動という。

精神力動の中でも特に中心的な役割を果たしているのが葛藤 conflict である。葛藤とは，特定の方向に向かう精神的な力と，それに反する力が相克しあうことを意味するが，この葛藤には，たとえばある種の観念，記憶，衝動などを無意識の領域に閉じこめようとする方向の力，すなわち抑圧と，それらを意識された領域に上らせようとする力の間の葛藤や，あるいは満足を求めるエスの力とそれを禁止しようとする超自我の力の間の葛藤等々，さまざまなものがある。精神症状は，これらの葛藤の結果形作られるものが多い。また，精神力動は，個体内のみならず，対人関係，たとえば治療関係や家族関係にも働いていると理解することができる。 （岩崎徹也）

［関連項目］葛藤，精神分析，メタサイコロジー，力動精神医学，フロイト，S.，マイヤー，メニンガー

［文献］Gabbard, G. O. (1994), Kaplan, H. I., Sadock, B. J. & Grebb, J. A. (1994), 西園昌久・他 (1988), 小此木啓吾・馬場禮子 (1972), 小此木啓吾・他（編）(1981-85), Wallace, E. R. (1983a)

精神療法

［英］psychotherapy
［独］Psychotherapie
［仏］psychothérapie

心についての心理的な治療の全体を示す言葉。医療場面で精神医学や臨床心理学の専門的な訓練を受けた治療者が行うものを総称して「精神療法」と呼ぶが，日本ではこれ以外に「心理療法」「サイコセラピー」といった呼び方がある。後者らは主に心理学者たちが行う心の治療という意味で使われることが多い。精神分析では，精神分析的精神療法のことを言う場合が多い。

［フロイトの定義とその後］フロイト Freud, S. は当初，精神療法を非常に広い意味で使っていたが，ただ催眠を初めとする暗示による精神療法を，自分の精神分析的な手法と対比するという形で，暗示によらないすべての精神療法には精神分析が寄与するところ大であると考えていた。この見解をグローヴァー Glover, E. (1931) は明確に述べて，精神分析によらない精神療法はすべてさまざまなタイプの暗示を用いていると言う。この見解は精神分析を通した精神療法とそうではない精神療法とを明確に区別しようとする態度である。

［さまざまな分類］ワラーシュタイン Wallerstein, R. S. (1989) は精神療法についての分類が，初期のフロイト時代，そして1940年代から70年代の，他の支持的精神療法との差を明確にしようとした時代，そして今日さ

まざまな精神療法のなかで共通理解が失われている時代と3期に分けている。主に第2期において精神分析的な精神療法を分類しようとする試みはいくつか行われている。例えばビブリング Bibring, E.（1954）は，精神療法の作業の中に含まれている技術的な働きかけを暗示的，除反応的，操作的，明確化，解釈的と分けて，精神分析は解釈による洞察を与えることに特徴があると述べている。反対に，例えばナイト Knight, R. P.（1949）は非精神分析的な精神療法を含めた広い意味での精神療法のなかで支持的精神療法と表現的，解明的精神療法に分けて，精神分析的な精神療法は表現的，解明的な療法と位置づけている。また精神分析に適応する患者かどうかの問題から，サリヴァン Sullivan, H. S. らのように，精神分析療法そのものを「精神療法」として修正する人びとがいる。

［時間構造］伝統的には，精神分析的な訓練を受けた精神療法家が，毎日分析ではなく，時間的にかぎられた週1回や2回の面接を行うことを精神療法と呼んでいる。精神療法が多様化している今日でこの伝統的な立場，精神療法と精神分析の明確な差を主張しているのは，主に国際精神分析学会の基準にそって訓練を受けた精神分析家たちである。今日ではシフニオス Sifneos, P. E. らのように短期の精神療法を研究する立場も登場している。またやや思想的な文脈でラカン Lacan, J. のように時間の切断構造そのものに分析的な意味を与える立場もある。あるいはフロム-ライヒマン Fromm-Reichmann, F., アレキサンダー Alexander, F., 今日ではワラーシュタインのように，週何回かを基準にした精神分析と精神療法の差はそれほど明確ではなく連続していると考える立場がある。 　　　　　　　　　　　　　　（妙木浩之）

［関連項目］短期精神療法，サリヴァン，フロム-ライヒマン
［文献］Bibring, E.（1954）, Glover, E.（1931）, Knight, R. P.（1949）, Wallerstein, R. S.（1966, 1989）

生成分析論的観点
［英］generative viewpoint

心的現象の成り立ちを，生物学的な時間的発生発達段階に対応する過程として理解する発生的・発達的見地と異なり，むしろ論理的・先験的に心的現象を分析することによってその心的機能の成り立ちの順序を明らかにする見地として小此木啓吾が提起した。この再構成的手法が典型的に用いられているのがフロイト Freud, S. の『夢判断』（1900）の第7章「夢事象の心理学」であり，さらにさかのぼれば，『科学的心理学草稿』（1950［1895］）もその成果の一つである。フロイトが提起している願望の成り立ち，その幻覚的満足，そして夢生成の過程，一次過程と二次過程，快感原則と不快原則などに関する理解は，いずれも，この手法によって再構成されたものである。また，例えば分裂病における心的機能の障害や解体の過程の観察を手がかりにして，逆に，これらの心的機能の成り立ちを生成論的に再構成する試みの代表はビオン Bion, W. R. のコンテイナー／コンテインド・モデルである。それは乳児の母子関係という形で語られているが，実際の直接観察によって得られたものではなく，むしろ乳幼児の母子関係に託して成人の分裂病患者の心的な障害の成り立ちと治療関係を論理的に説明するという手法によって得られた認識である。

この観点から見ると，精神分析的な論議のかなり多くのものが，あたかも幼児期の対象関係によってこうこうかくかくのことがあって，それが転移を通して理解されるというふうな言い方をするが，実はその発生的な理解の背景には，生成分析論的な見地による認識が常に先行している。それを無理に生後何カ月，何歳という生物学的な成長と結びつけて論じなくても，それは臨床的な理解を促す仮説としての有効性を発揮する。しかし，この生成分析論的な認識が，逆に，その後の乳幼児研究によって実際の発生発達過程における裏付けを得る場合がある。その意味で生成分析論的観点は精神分析的な認識の根源的な手法である。　　　　　　　　　　（小此木啓吾）

［関連項目］発生論的観点，メタサイコロジー，夢，ビオン，フロイト, S.
［文献］Freud, S.（1900, 1911a, 1950b）, 小此木啓吾（1985a）

性転換症　⇒性別同一性障害
［英］transsexualism

性同一性　⇒ジェンダー・アイデンティティ
［英］gender identity

性同一性障害　⇒性別同一性障害
［英］gender identity disorder

性倒錯　⇒倒錯
［英］sexual perversion

生得的解発機構〔IRM〕
［英］innate releasing mechanism
［独］angeborenes auslösendes Schema

スピッツ Spitz, R. A. が，『ノー・アンド・イエス』（1957）の中で引用している動物習性学者チンベルゲン

Tinbergen, N. の用語（1951）。スピッツは言う。「3週間，あるいは4週間経つと，子どもは授乳の間その眼を開き，そして自分が満腹するまで，じっと母親の顔を見つめる。……この探索行動は，一般的に認められている用語の意味では，意識も視覚も明らかに証明されない発達の段階に属している。出生直後の探索運動の現象，胎児におけるその発達の歴史および系統発生過程におけるその与件は，習性学者が定義している用語の意味では生得的解発機構であると思われる。それは意志的な信号でも，あるいは子どもの側の方向づけられたコミュニケーションでもない。それはむしろ一つの指標で，環境からは信号と知覚され，また一つの通じ合いとも考えられる」とし，チンベルゲンの生得的解発機構の定義を脚注として次のように入れている。「反応を喚起するには特殊な神経・感覚的な機構がなくてはならない。しかしそれは記号刺激 signal stimuli の大いに特殊な結合に対する選択的な感受性 susceptibility に反応する。その機構をわれわれは生得的解発機構と呼ぶ」。また補足的定義としてベーレンズ Baerends（1950）を引用し，「感覚にはじまり，中心的に触発され，そして対象の性格に対する感受性を内に含むことに終わる機構である」としている。

（丸田俊彦）

[関連項目] スピッツ
[文献] Spitz, R. A. (1957)

青年期心性

[英] psychology of youth

ブロス Blos, P. の発達分類による後期思春期 late adolescence と後思春期 post-adolescence を総括して青年期 youth と呼ぶ。エリクソン Erikson, E. H. によれば，この意味での青年期の心性は心理社会的モラトリアムの段階にあることによって特徴づけられる。生物学的な成熟が一段落し，社会的な自己を身体化するために，歴史的・社会的な価値観，人間像，職業上の役割などに実験的・プレイ的同一化を試み，自己の男性性・女性性を確認する恋愛を体験し，幼児期以来の父母への同一化とこの新しい同一化を照合し，取捨選択して自我同一性の再構成と統合を目指す。この過程で社会的な自己の定義に悩み，社会の中での自己の位置づけを模索するが，この段階での心理的特質はその実験性とプレイ性にある。モラトリアムの段階であるがゆえに，同一化の試みは可逆的であり，一時的であることが社会から許容される。それは，社会に対して義務と責任を問われる，アイデンティティを獲得するまでの準備期間である。この心的な状況がこの年代の青年期心性を特徴づけるが，戦後社会で青年期の延長と遷延が起こり，既成社会に同化せず，どの社会集団にも帰属感が希薄で，現在の自分も人とのかかわりも一時的・部分的なので，自己定義を先延ばしするモラトリアム人間心理（小此木）が一般化している。この社会心理的な状況を背景に，なお，心理社会的モラトリアムを有意義に活用しているものから，その状態に受身的に落ちこんでいるものまで，フリーター志向からスチューデント・アパシー，そして非精神病性のひきこもりに至るまで，さまざまな水準の同一性拡散症候群の状態が見られる。これらの場合，大人社会側を代表する人物と青年の有意義な出会いが，その青年を助け導くことをエリクソンは強調した。 （小此木啓吾）

[関連項目] 自我同一性〔エゴ・アイデンティティ〕，思春期〔青年期〕，同一性拡散症候群，ひきこもり，モラトリアム，エリクソン，ブロス
[文献] Blos, P. (1962), Erikson, E. H. (1956), 小此木啓吾 (1985a, 1986)

生の欲動（本能）

[英] life drives (instincts)
[独] Lebenstriebe
[仏] pulsions de vie

フロイト Freud, S. が晩年に二大本能のうち一つの極と見なした。もう一方の極は死の本能（タナトス）であった。

[二大本能論] フロイトは基本的に二つの本能や衝動が対比，対立する二元論をとる傾向があった。その対比はある時には性衝動と自己保存本能であったが，それが陰性転移現象や戦争などを目の当たりにして，晩年になると自己保存本能は性の衝動と一緒になって，次第に生殖や性交，あるいは自己といったまとまりを作る，つまり結合や融合，統一の方向の衝動が独立していき，反対に破壊的な部分，すべてを無化する攻撃的な衝動と対比されるようになっていった。フロイトがこの生の本能と死の本能の対比を最初に述べたのは『快感原則の彼岸』（1920）であったが，そこでは細胞レベルにまでもどって，生体におけるその一般的な傾向について述べている。

[エロス] 「生の本能」は Lebenstrieb の訳語なので，「本能」と「衝動」の項目において指摘されている訳語の問題，つまり本能と訳すのか，衝動と訳すのか，あるいは「欲動」と訳すのかという疑問がついてまわる。ただし，フロイトはこの本能傾向を「エロス」と同義に使っており，この点では一貫している。エロスは，ギリシャ人たちが愛，あるいは愛の神について使っていた言葉であるが，フロイトにおいては広い意味での性的なものを表すために使われている。もともと彼は「性」を生殖機能とは異なる「エロスの意味で」（『夢判断』）使っていたと考えられ，『快感原則の彼岸』のなかでは，リビドーが「エロスのエネルギー」であると語っている。

[理論的な問題] フロイトの着想が二大衝動の対比であるために，それぞれの本能衝動を理解する場合に理論的な問題が発生する。無に向かう傾向なのか，より積極的な破壊なのか，その点で死の本能は明確ではないが，それに関連して生の本能も明示的でない。まずなぜ生体が統一を求める方向に向かうのか，という問題，第二に涅槃原則はエネルギー論として単純であるが，生の本能の原則，快感原則は明確にエネルギー的な経済論として把握できない。その点でフロイトはこれは「質的」なものだと考えている。また快感原則だけでなく，現実原則をどのように関連付けるのかという問題が残っている。

[その後の単純化] 自我心理学者は，二大本能論をより単純化してエントロピーの増大と減少の原理と理解したり，そもそも死の本能を看過した。クライン派は，生の本能をまとまる衝動，死の本能をばらばらに向かう衝動として対比させることで，葛藤やさまざまな心的現象を説明するという意味での単純化を行っている。

(妙木浩之)

[関連項目] エロス，死の本能（欲動），衝動，二大本能論，本能

[文献] Loewald, H. W. (1971a, 1978), Segal, H. (1993)

性別同一性障害
[英] gender identity disorder

DSM-IV では，A. 反対の性に対する強い持続的同一感，B. 自分の性に対する持続的不快感，またその性役割への不適切感を本障害の基本特徴として定義し，それが解剖学的異常を伴わない著しい心理的苦しみであり，社会的機能，職業など重要な領域での機能の障害につながるととらえる。そして子どもにおける自分の性器の嫌悪や否定，服装や遊びの逆性別指向，青年期以降における性徴の否定と性別逆転への具体的な身体修正への執着などが詳述されている。それは同性愛や性倒錯的フェティシズムなどとはひとまず区別されるものである。

「～でさえなければ……」は臨床的に重要な意味をさまざまに担う自己違和体験であるが，本障害は性別特徴を備えた自分らしさ selfhood の全体感覚——性別自己同一性——を解剖学的身体が裏切っている，逆の生物学的性こそが本当なのだと信じて，その身体を変えることに焦点化された広範囲の性違和症候，変性症である。性転換に向けホルモン療法の他，性転換手術に及ぶ場合までさまざまなものがある。社会的性別規定のステレオタイプに反発しながら個性的な性別自己を実現しようとしたり，逆の性を楽しんで演じる場合や，幼児の未分化で全能的な両性具有性，さらには高次に全体化した人格発達における創造的両性具有性などに照らすとき，決定的に違うのは，逆の性に属すると信じて疑わない点である。その意味では性別自己・役割そのものの個性化にかかわる葛藤などが一般のようには見られず，逆性別ステレオタイプには，むしろ無批判な執着のみが見られるのも特徴的であろう。

もともと同一性形成には模索や苦闘，また発達的危機が不可避であり，それは自己存在の自律的主体性，独自性，歴史性，社会的関係性が，生物・心理・社会の全体次元にわたるまとまりをなして成立していくという課題の重大さを意味している。ここでの「性別(ジェンダー)」はそうした全体的自己存在実現にとっての基軸であり，すでに生物学的性(セックス)を超え出たものである。本障害には狭義の生物学的性への限局したこだわりという一種の「部分自己 part self」の問題，「本当の自己」の阻害と「偽性の自己」の問題，自己愛と全能性の問題なども想定され，本来の意味の「分離‐個体化」の展開のあり方が個々に問われることになる。

性別同一性形成の要因としては，(1) 生物学的力，(2) 出産時性認定と最早期からの社会的性別方向づけ，(3) 同一性形成の強化や同一化モデルの提示を含む人間関係の展開，(4) 伝統的性別ステレオタイプなど社会・文化的規定が一般に挙げられる。マネー Money, J. とタッカー Tucker, P.，ストラー Stoller, R. らが 1960 年代に提起して以来，上記の (2) と (3) を重視する精神力動的な本障害の理解が種々の興味深い事例提示と共に進められ，実際には，出生時誤認に端を発し思春期にまで持ち越された (1) とそれ以外の要因の力関係の決着を示す事例などがあり興味深い。いわゆる Nature / Nurture の問題や人格の全体性実現という根本テーマを問い直すヒントを本障害は種々含み持っている。

(斎藤久美子)

[関連項目] 倒錯，同性愛

[文献] American Psychiatric Association (1994b), Money, J. & Tucker, P. (1975), 斎藤久美子 (1983)

性欲
[英] sexuality
[独] Geschlecht
[仏] sexualité

精神分析，とりわけ，フロイト Freud, S. においては，性欲は単に性器の機能と快感に関する欲動のことではなく，人間の心理作用を広範に決定する要素と考えられている。それは，精神分析が次の 2 点で性欲について一般的視点よりも拡大したとらえ方をしているからである。ひとつは幼児性欲理論である。精神分析的な理論と経験にとっては，幼児は生まれたその直後から性欲を持つものであり，しかもそれは口唇愛，肛門愛などの倒錯した欲動である。そしてこの幼児性欲は，児童期に潜伏期に

入って一旦背景に退き，思春期に新たな発現の時を迎えることになる。これが精神分析における性欲の二峰説である。第2に，精神分析は，人間の性欲を固定した対象（異性）と目標（性交）を持つものと考えず，随所に移動しうるもの，つまり異所性を持つものと考える点である。人間の性的欲望を，性器という器官の合目的性からずれ，あらゆる行動において働きうるものととらえることによって，人間の営みの多くを，性的欲動がその最終目標に至るまでの迂回路として考察する視点が導かれる。こうした性欲に関する特殊な2つの視点によって，精神現象と性欲との関わりについての精神分析特有のとらえ方が生まれた。

ラカン Lacan, J. は，欲求（仏 besoin，英 need，独 Bedürfnis），要求（仏 demande，英 request，独 Verlangen, Anspruch），欲望（仏 désir，英 wish, desire，独 Begehren, Wunsch）という3つの概念を峻別することによって，精神分析における性欲のとらえ方を明確にしようと試みた。欲求とは要素的・生理的必要であり，例えば口渇が水で満たされるように，器官の満足によって満たされる。それに対して要求は言葉によって分節化された必要であり，それは必ず生理的必要，つまり欲求からのズレを持つ。そして欲望は，この要求と欲求のズレによって人間主体に生じる満たされなさであり，その定義からして，決して満たされることはない。欲望の概念は，言語体系との関わりによって人間主体は成立するという考え方を前提とし，同じく人間と言語との関わりから説明される無意識の概念と強く結びついている。欲望の主体という言葉は，無意識の主体という言葉とほぼ同義に用いられる。　　　　　　　　　　（鈴木國文）

[関連項目] 性愛〔セクシュアリティ〕，リビドー
[文献] Freud, S. (1908c), Lacan, J. (1958a)

性欲動　⇒欲動
[英] sexual instinct
[独] Sexualtrieb
[仏] pulsion sexuelle

赤面恐怖　⇒視線恐怖
[英] ereuthophobia, erythrophobia
[独] Ereuthophobie, Erythrophobie
[仏] ereuthophobie

世代間伝達
[英] intergenerational transmission

世代間伝達を最初に明らかにしたのは超自我理論におけるフロイト Freud, S. である。フロイトは，『続精神分析入門』（1933）で，親は自分自身が自分の親から受けた厳しいしつけを，今度は自分が親に同一化して子どもに対して繰り返すと語り，「子どもの超自我は，もともと両親を模範として築き上げられるのではなく，むしろ両親の超自我を模範として築き上げられる。超自我は伝統の担い手になる。つまりこのようにして世代から世代へと受け継がれてきた一切の普遍的な価値の担い手になる」という。

そして，この観点から社会文化の世代間伝達に関してこう語っている。「人類は決して現在にばかり生きてはいない。超自我のイデオロギーの中には過去が，種族および民族の伝統が生き続けている。この伝統は現代の影響は新しい変化にはただ緩慢にしか譲歩しないのであり，伝統が超自我を通じて働き続けていく限り，それは人間生活において経済関係に左右されない強力な役割を演じる」。

この世代間伝達の見地を，レボヴィシ Lebovici, S. は，母子の幻想的相互作用状況に適用し，親から受け継いだ想像の赤ん坊 imaginary baby が世代的に伝達・継承されて，現在の現実の赤ん坊 actual baby にどんなふうに投影されているかを明らかにしたが，クラメール Cramer, B. は，この世代間伝達された想像の赤ん坊の現実の赤ん坊への投影を，現実の赤ん坊と母親の相互作用の認識を介して現実検討することを治療機序とする親-乳幼児心理療法を発展させた。

家族ライフサイクル論の見地から見ると，伝達される内容には，それぞれの家族成員が共有する顕在的な家族神話もあれば，家族成員内で隠されている家族秘密もある。この世代間伝達は多世代的発達作用 multi-generation developmental effect によるものである（Carter, E. & McGoldrick, M. 1980）。それぞれの家族成員はそれぞれの世代特有の歴史を持っているが，そこには各世代の発達経験を次の世代に直接，または間接に伝達する相互作用がある。こうした世代的な伝達・継承は，次々と各世代を介して続くが，各家族成員はこれらの伝達内容を自己の中に内在化していく。例えば父親の自分自身の父親との関係の回想が，自分の息子との間の相互関係の中に伝達される。また，自分のきょうだいとの関係が自分の子どもたちに投影され，同一視される。どんな投影や回想が伝達され，どんな投影や同一化が起こるかは，その息子と父親の相互作用の中での種々の出来事によって決まる。このような世代間伝達によって，例えば親に虐待された子どもは，無意識のうちにまた自分の子どもに対する虐待を繰り返す。このような世代間伝達の客観的事実をマクゴールドリックはジェノグラム（家系図）の手法によって明らかに描き出している。例えば自殺，アルコール依存症，離婚，虐待などが各世代

に伝達されて繰り返される家系が見出されている。

(小此木啓吾)

[関連項目] 親-乳幼児心理療法,想像の赤ん坊,超自我,フロイト,S.,レボヴィシ

[文献] Carter, E. A. & McGoldrick, M. (ed.) (1980), Freud, S. (1930a, 1933a), Lebovici, S. (1988a), Mcgoldrick, M. & Gerson, R. (1985), 小此木啓吾 (1982a)

積極技法

[英] active technique (therapy)
[独] active Technik
[仏] technique active

フェレンツィ Ferenczi, S. が試みた精神分析の改変技法。フロイト Freud, S. の精神分析の有用性の主張にもかかわらず治療成果は必ずしも満足するものではなかった。フロイトに師事しながら,フロイトのウィーンから離れてブダペストに居住したフェレンツィは彼の性格特性も関係して比較的自由に研究した。フロイトの治療者の中立的態度のもとでの解釈という治療技法になじまない患者もいた。フロイトから離れていく精神分析仲間が数多くいたなかでフェレンツィはフロイトに最後までぴったりくっついていながら独自の技法を模索した。それが一般には積極技法という名で知られるようになった。しかし,実際には彼の試みは積極技法と弛緩技法 relaxation and neocatharsis との技法的には全く異なる2つの時期に分けることができる。フェレンツィの教えを受けたトンプソン Thompson, C. が『精神分析の発達』(1950)の中でフェレンツィについて詳しく述べているがその積極技法についての記述を要約すると次のごとくである。積極技法においてはその目標は患者の反応を喚起することであった。フェレンツィは分析は不自由のままで遂行しなければならないというフロイトの言に基づいて動いた。すなわち,患者から身体的な快感を奪えばそれだけ多くの情緒が分析に現れ治療の効果を増大させることになるだろうと考えた。患者は性的満足をまったく放棄し,排尿の回数をも制限し,その他の排泄の営みもできるだけ時間をかけないよう言い渡されたのである。その結果,たしかにはげしい情動を生みだした。しかしその情動は当の抑圧された情動とは関連はなく,制止によって作りだされた不快反応にすぎないことが明らかになった。その後,フェレンツィはこの積極技法を捨てそれとは正反対の方向をとるようになった。すなわち,患者は子どものときに十分な抱擁や愛情にふれてない人たちだからその欲求を求めているという想定をした。快い環境を提供することで過去との差異からこれまでの生活を想起すると考えた。分析者が両親とは違ってありのままの患者を包容することをすすめた。そしてこの技法を弛緩技法と名づけた。これで症状の転減をみる患者が多く現れたのは確かであるが,フロイトによって,禁欲原則に反する恐れがあるのと,患者は現実に愛情を与えられてもそれを受け入れきれるものではない,むしろそのことを分析すべきだとの理由で厳しく批判された。しかしフェレンツィのこの治療原則の主張は今日の精神分析に大きく影響しているのも確かである。小此木啓吾 (1964) は「治療者のフロイト的態度とフェレンツィ的態度」という表現で両者を区別している。 (西園昌久)

[文献] Ferenczi, S. (1926/51, 1932b), 小此木啓吾・三浦岱榮 (監修) (1964), Thompson, C. (1950)

窃視症　⇒倒錯

[英] scopophilia, voyeurism
[独] Skopophilie, Schaulust
[仏] scopophilie, voyeurisme

摂食障害

[英] eating disorders

特定の精神疾患(たとえばうつ病など)に起因せず,心因性に食行動の異常をきたす障害の総称である。不食による痩せを主徴とする神経性無食欲症 anorexia nervosa と,むちゃ食いを主徴とする神経性過食症 bulimia nervosa とに大別される。「anorexia＝食欲が無い」という単語は本症の病態を必ずしも正確に反映していない。というのも本症者は食欲がありながら,体重や体型への強いこだわりや無意識的葛藤のために極端に節食しているからである。しかしガル Gull, W. W. が初めて命名した呼称(1874)にちなんで,今日でもこの名称が継承されている。

本症は10代後半から20代前半の女性に好発し,予後的には3年を超えて遷延することが多く,全体の5%程が低栄養による衰弱や合併症,あるいは自殺などにより死亡している。

病因としては,摂食調節機構の機能異常も指摘されているが,それ自体脳の発達する人生早期の母子関係の質に左右されることが明らかにされており,人格の未熟さも含め,人生早期の養育者(主に母親)との関係性の中で,身体的および心理的準備因子が形成されると考えられる。そして第二次性徴の発現を皮切りに身体的,心理社会的な変化と成長を迫られることが自己の統合性を揺るがせ,発症に至ると考えられる。

本症の精神力動に関しては従来,ウァーラー Waller, J. V. やトーメ Thoma, H. などに見られる古典的な欲動論的見解が主流をなしていた。すなわち,患者は父親とのエディプス的近親姦および妊娠願望(口腔受胎空想)を

抱きながら，それにまつわる超自我不安と罪悪感に耐え兼ねて，前エディプス期段階に退行し，母親あるいは母親を表象する食物との間に病的関係を呈するという理解である。下坂幸三は本症者の中核心理として女性性に対する嫌悪と拒否の存在を論じ，その背景には性に対する歪められた関心が潜んでいることを指摘している。このような捉え方は，本症者に誘惑的父娘関係や性的虐待の既往が少なくないという最近の実証的報告を考えれば，必ずしもその価値を失っていないが，近年は自我心理学や対象関係論，あるいは自己心理学的な観点からの異なる見解が提示されるようになった。たとえば本症者の抱える性的な問題は，根底にある母性的愛情への貪欲な希求が性的欲求と混同されて表現されたものであるとの見解が示されている。またブルック Bruch, H. が本症の本態を，空腹感を知覚し他の身体知覚や感情から識別する認知能力の障害に求めた他，スウィフトとレトベン Swift, W. J. & Letven, R. は自我の緊張調節機能の障害を，リスト Rizzuto, A. は言語的意思疎通能力の障害を，また自己心理学的立場からは，人生早期の共感的対応の中で形成されるはずの身体イメージなど確固とした自己感や，自己調節能力の障害が指摘されるなど，自我や自己の欠損理論の立場から論じられることが増えている。いっぽう対象関係論的な観点からは，セルヴィニ‐パラッツォーリ Selvini-Palazzoli, M. が，悪い母親部分や自己の受容しがたい部分を自らの身体に投影し，同一化することを通して支配を試みることを論じたのを始め，シュガーマン Sugerman, A. はマーラー Mahler, M. S. の分離‐個体化理論を準拠枠としながら，練習期における母親の対応の不適切さのために，本症者が外的な移行対象を使用できず，自らの身体をそれに充てざるを得ないことを指摘している。

ところで本症には感情障害や強迫性障害あるいは物質依存など，他の精神疾患の合併が少なくない。中でも人格障害は，無食欲症，過食症双方に高い合併率が報告されており，前者では回避性人格障害が，後者では境界性人格障害が多いとされる。またこのような記述的視点とは別に，本症を基本的に人格の病理であるとする見解も少なくない。たとえば松木邦裕は本症が，ローゼンフェルド Rosenfeld, H. A. らの提唱する自己愛構造体 narcissistic organization によって人格の健康な部分が支配された，人格の病であると論じている。　　　（菊地孝則）

[関連項目] 移行対象，境界性人格障害，近親姦，罪悪感，自我心理学，自己愛構造体，自己感，自己心理学，前エディプス期（の），対象関係論，超自我，分離‐個体化，練習期，マーラー，ローゼンフェルド

[文献] Bruch, H. (1974), Gull, W. W. (1874), Mahler, M. S., Pine, D. & Bergman, A. (1975a), 松木邦裕 (1993b), Rizzuto, A. (1988), Rosenfeld, H. A. (1971), Selvini-Palazzoli, M. (1974), 下坂幸三 (1977), Sugerman, A. & Kurash, C. (1982), Swift, W. J. & Letven, R. (1984), Thoma, H. (1967), Waller, J. V., Kaufman, M. R. & Deutsch, F. (1940)

設定〔セッティング〕　⇒治療構造，⇒分析状況
[英] setting

Z 氏 [症例]
[Mr. Z]

コフート Kohut, H. が2度にわたって分析を行ったという症例である。1度目は伝統的立場から行われ，2度目は『自己愛の形態と変形』(1964) を執筆中に開始され，『自己の分析』(1971) に取り組んでいる時に終結した。晩年になってコフートは，自己心理学の有用性を示すのに格好の症例として報告した。終結後10年近くも温められ，しかも彼が報告する最終症例であることを示唆して Z 氏と表記されており，周到な準備のもとに報告された。

自己愛パーソナリティ障害の Z 氏は，1度目の分析で，自虐的自慰空想と，分析者‐母親を独占できて当然だという自己愛的母親転移を展開した。一人っ子，父親の長期に及ぶ不在，そしてその父親の突然の帰宅といった幼児期の生活史から，この転移は去勢不安からの防衛的退行として理解され，解釈された。かなり激しい抵抗の後，エディプス・コンプレックス，去勢不安，幼児期自慰，原光景にまつわる連想が出現し，伝統的理論に基づく仮説が確証されたかにみえた。男根的女性に虐げられるという自虐性についても，去勢を否認するために，また去勢者から守られるために強い男根的女性を空想し，同時に，母親の独占にまつわる罪悪感を性愛化しているものとして力動的に再構成され，解釈された。臨床的にもかなりの改善傾向がみられた。終結に近い時期には，これらの問題を確証するかのような「包みものをいっぱい抱えて帰宅した父親を，ドアの外に追い出す」夢が報告され，徹底操作された。コフートは，伝統的理論の治療指針に実にかなったものとして1度目の分析を終えた。

しかし4年余を経て，Z 氏は再びコフートを訪れ，活気のない情緒生活や自虐性を訴える。分析が再開されるが，この再開にいたるやりとりですでに Z 氏に活気が戻ったことから，コフートは，当時，着想していた理想化転移の活性化を読み取る。再開後の分析においても，自己愛的母親転移が出現したが，それを去勢不安からの防衛的退行として理解するだけでは，要求がましさや誇大性と対照的な慢性的抑うつと自虐性の説明がつかず，コフートは，自己愛の発達のやり直しという仮説のもとに，連想素材に耳を傾けていった。徐々に，去勢不安から守ってくれていたかにみえた母親が実は重篤な障害の持ち

主で，その病的な母親に隷属する限りにおいてのみZ氏の誇大性の一部が保証されていたことが判明した。母親の病的側面についての想起は，自己の唯一の支えが覆るかのような崩壊不安をZ氏にもたらした。しかし，理想化転移に支えられ，Z氏は母親との関係を見直し，かつての自虐的自慰は，母親に取り込まれていたための抑うつと絶望感から免れ，固有の自己の境界を何とか守る試みとして理解される。Z氏が怯え排除していたかにみえた父親についても，実は尊敬に値する人物であったことが想起され，母親との間で窒息していた健全な自己を救ってくれるものとしてひそかに体験されていたことが明らかになった。こうした中で，1度目の分析の「帰宅した父親を追い出す」夢が改めて連想され，この時期の転移も含めて，次のように理解された。それは，支配的な母親によって固有の自己の発達が遮断され，母親との隷属的二者関係に納まる以外に得られなかった心理的生存が，突然割り込んできた父親に脅かされる恐れと，固有の男性的自己への発達性の欲求が，それに応えてくれる父親の出現によって，その準備のないままいきなり満たされる状況にさらされた当惑であった。つまり，父親への去勢不安の表現ではなく，父親を必要としていたものの，あまりにも長く父親不在のまま過ごした少年の外傷状態の表現として理解された。

こうしてコフートは，2度目の分析について，人格の現実的，適応的領域から垂直分裂されていた，母親への隷属によってのみ保証されていた誇大性がまず取り扱われ，ついで水平分裂されていた固有の自己の不満や父親への理想化が扱われたと再構成をしている。

なお最初に述べたように，このZ氏へのコフートの思い入れは相当なもので，また，その発表にいたるまでの経緯について謎めいたものもうかがえる。この点について最近になって，コフートの伝記的資料や彼の家族の談話などからZ氏はじつはコフートその人ではないかという仮説も提出されている（Cocks, G. 1994）。つまり，Z氏の2度にわたる分析は，コフート自身が体験した伝統的な教育分析と，その後の「自己」についての自己分析の報告ではないかというわけである。その真偽は今となっては確かめようがないが，コフートの友人や同僚にはこの仮説を支持するものがいる。かりにそうでなくても，2度の分析に対するZ氏の反応をどのように読み込むかはコフート自身であるし，Z氏に対するコフートの格別の思い入れを考えれば，Z氏を語るなかでコフートが「自己を語る」ことがあったとしても不思議ではない。いずれにせよ，症例Zは，コフートの自己心理学を学び，研究する上で重要な「症例」であることは間違いない。

（岡　秀樹）

[関連項目] 自己愛転移，自己愛パーソナリティ，自己心理学，垂直分裂／水平分裂，コフート

[文献] Cocks, G. (ed.) (1994), Kohut, H. (1971, 1979), 和田秀樹（1999）

絶滅不安

[英] annihilation anxiety
[独] Vernichtungsangst
[仏] anxiété de l'annihilation

破滅の恐怖，解体の不安とも呼ばれる，自己そのものの崩壊・消滅にかかわる最も根源的な不安である。クライン Klein, M.（1946）は，個体の中で最も強烈になまに体験される死の本能 death instinct の活動としての，自己破滅の不安を人生の最早期での体験の中核的なものと見た。そしてそれは，成人した精神病者が体験する中核的不安と同質であると理解した。妄想‐分裂ポジションにおいて乳児は強烈な欲求不満／苦痛の体験下に，初めに自己の無統合状態をきたし，破滅を体験する。それは言い換えれば自己（自我）の断片化，解体と拡散である。やがて発達してきた自我はその絶滅感を絶滅の恐怖として知覚し，それを防ごうと必死で試みる。そのひとつがビック Bick, E.（1968）の言う，皮膚の原初機能による無統合状態にある自己の取りまとめである。その統合が失敗に終わったとき，第二の皮膚（筋骨たくましい殻）が形成されるとした。しかしクラインはこの原初不安への防衛のオーソドックスな展開として，自己の中に体験されている死の本能（破壊‐攻撃欲動）が対象に投影され，それによって破壊的になった対象からの攻撃として，絶滅不安が迫害不安に変換される変遷を描き出している。こうして妄想‐分裂ポジションの中心コンステレーションが形成されることになる。この過程は精神分裂病の極期から急性期に再現され，精神分裂病の病状を形づくる。ビオン Bion, W. R. はこの不安は心的平衡が変わるときに必ず付随するものとみた（カタストロフィックな変化）。またウィニコット Winnicott, D. W. は，クラインの個体内部の死の本能理論を拒否し，解体不安は外界の侵襲による自己存在の連続性が壊されるためと，環境要因に力点を置いた。

（松木邦裕）

[関連項目] 死の本能（欲動），迫害不安，皮膚自我，妄想分裂ポジション

[文献] Bick, E. (1968), Bion, W. R. (1970), Klein, M. (1946), Winnicott, D. W. (1974)

前アンビバレンス期／後アンビバレンス期

[英] preambivalent phase / postambivalent phase
[独] präambivalente Stufe / postambivalente Stufe
[仏] stade préambivalente / stade postambivalente

ともにアブラハム Abraham, K. によって導入された

語。精神-性的発達を対象との関わり方からみた観点である。前アンビバレンス期は，早期の口唇（吸引）段階であり，対象のない自体愛の時期とされる。両価性期は後期の口唇（食人・サディズム的）段階，早期の肛門サディズム段階，後期の肛門サディズム段階，早期の性器（男根的）段階の四段階にまたがる。対象との関係は，対象の全面的体内化→体内化を伴う部分愛→部分的対象愛→性器を除外した対象愛といった段階をふむとされる。後アンビバレンス段階は，最終の性器的段階に相当し，この段階ではじめて成熟した対象愛に至る。「性格形成において大変重要なのは両価性の克服——ここでもまた相対的な克服としかいえませんが——ということです。……性格のなかでの強烈な両価的葛藤の存続は個人自身にとってもまた周囲の人間にとっても，一方の極端から他方のそれへと性格が急変する危険をその後も絶えずうちに蔵しているということです。われわれが想定した……比較的完全な性格発達はしたがって，充分な程度の友好的で優しい感情を前提とします。このような性格発達は自己愛と両価性の比較的完全な克服と平行してなされます」(Abraham, K. 1924c)（傍点筆者）。以上のように傍点に注目すれば，成熟した人間がまったくアンビバレンスから解放されるわけではないと考えていたことがわかる。

ちなみに精神分裂病者の思考と振舞いとの矛盾・解離を説明するためにアンビバレンスという用語をはじめて用いたブロイラー Bleuler, E. (1911) は，わずか 2, 3 年ののち (1914) にアンビバレンスが健康人にひろく認められ，それが一種心の調整にも役立ち，創造的な仕事，例えば詩作の源泉にもなり得ると述べていることを付記しておく。　　　　　　　　　　　　（下坂幸三）

　[関連項目] アンビバレンス，対象関係，アブラハム，ブロイラー
　[文献] Abraham, K. (1924b, 1924c), Bleuler, E. (1914)

前意識　⇒無意識
　[英] preconscious
　[独] Vorbewußte
　[仏] préconscient

前意識的自動性
　[英] preconscious automatism

ハルトマン Hartmann, H. によって定義された精神分析的自我心理学の概念。日常的慣習的に意識しないで使っている自律的な自我の働きで，適応上その修正を必要とする状況に置かれると，その自我の働きについて改めて意識化し，その調整を行うことができる自我機能の特性を言う。ハルトマンは，無意識的に反復される自動性と区別してこの言葉を用いた。無意識的な自動性は，自動症あるいは精神自動症 automatisme mental（クレランボー Clérambault, G. G. de）の概念に発しているが，むしろハルトマンはフロイト Freud, S. の無意識的な反復強迫の概念によってそれを推敲し，正常な状態での前意識的自動性は自我自律性の心的な根拠となるが，精神病や解離状態では，むしろ病的な無意識的自動性が意識の統制から逸脱した形で出現するという。（小此木啓吾）

　[関連項目] 自我心理学，自律性，反復強迫，ハルトマン
　[文献] Hartmann, H. (1939, 1964a), 小此木啓吾 (1961, 1985b)

前エディプス期（の）
　[英] preoedipal
　[独] präoedipal
　[仏] préœdipien

エディプス・コンプレックスを形成し，三者関係に入る以前の精神-性発達段階をさす。自他未分化で自己愛的な対象関係が展開される時期であり，子どもは，母親との排他的な二者関係のなかで，原始的同一化や投影の機制，受動性から能動性への転換，等を用いつつ，自己・対象表象の形成，自我の発達をすすめてゆく。簡単に言えば，母親に「してもらった」ことを自分自身で行うことにより，母親を取り入れ，それを内的構造の一部にしてゆく時期であり，これに失敗すると，分化した自我構造と安定した対象関係がもてないままとなる。その結果，エディプス状況になかなか入れなかったり，歪曲されたエディプス・コンプレックスが形成される。「前性器期」がリビドー活動の型を表すのに対して，「前エディプス」は内的，外的な対象関係状況をさし示す用語と考えられる。

「前エディプス」の議論は，男女におけるエディプス・コンプレックスの非対称性への注目から始まった。「異性の親を愛し，同性の親と敵対する」という典型的なエディプス・コンプレックスの布置が女児においては形成されにくいが，フロイト Freud, S. はその理由を，エディプス的対象である父親へのリビドーの転換が難しく，母親との早期の関係が持続しやすいためと考えた。彼はここで初めて，前エディプス期の対象関係の重要性とそこからおこる困難を認めたが，それを女児がエディプス・コンプレックスに入る前段階として通過しなければならない「陰性エディプス」であると述べ，女性に特有の現象と考えようとした。しかしその後の研究は，男女の性愛発達の別をこえた重要性を「前エディプス」概念に与えることになった。一つには，「前エディプス」と「前性器期」が必ずしも一致しないという認識がある。

フロイトのリビドー論では，幼児性欲の頂点で，子どもが自己愛的な関わり方から抜けだし，母親を一人の人間として愛する，という対象関係の発達がおこる訳だが，それは性器領域へのリビドーの集中と同期するはずであった。しかし臨床経験と乳幼児観察は「エディプスが完遂されなくても充分な性器活動に至ることもあり，エディプス葛藤が前性器期の性として充分に活躍することもある」（ラプランシュ Laplanche, J. ら）ことを明らかにした（前エディプス期去勢不安をめぐるガレンソン Galenson, E. らの実証研究。クライン Klein, M. の早期エディプス論）。こうして発達早期の対象関係の詳細な研究が要請されることになった。臨床的にも，重症の人格障害患者で見られる激しい愛着と受け身性，アンビバレンスに特徴づけられた特異な対象関係を，「去勢不安とその防衛としての前性器期退行」という古典的なエディプス・コンプレックス論の枠内で理解することの限界が見えてきたこともある。こうしてジェイコブソン Jacobson, E., マーラー Mahler, M. S. らの自我心理学的発達研究，分離－個体化論への道が開かれた。注意を要するのは，エディプス／前エディプスを分ける「三者」／「二者」関係の区別は，第三者の関与，競争状況が外的に観察されることではなく，子どもが愛情対象を，内的にどこまで自己とは分離した存在として認めているか，すなわち幼児的万能感の緩和と内的イメージのレベルで自他融合がどこまで解消しているかに基づき評価することである。

（満岡義敬）

[関連項目] 前エディプス的父親，前性器期，早期エディプス・コンプレックス，発達停止，分離－個体化

[文献] Brunswick, R. M. (1940), Freud, S. (1931d), Greenspan, S. I. (1977), Lampl-de Groot, J. (1952), Laplanche, J. & Pontalis, J. B. (1967)

前エディプス的父親

[英] pre-oedipal father

エディプス期に現れる息子が対立し娘が恋い慕う父親像とは違って，そうしたエディプス状況が出現する直前に登場する非常に理想化された父親像のこと。この父親像はエディプス期の父親のような性差（男児には敵対的で女児には憧憬的）はなく，非性愛的で，自己愛的性質のつよいものである。

牛島は，最初，境界例の治療過程で，母子分離の過程でみられる母子間の烈しい抗争が治療場面ないしは患者の内的世界にこうした父親像が登場し，母子間ではみられない安堵と希望の世界ができてくることに注目した。その後，それがただ単に重症例だけではなしに，ごく普通の健康な症例でも同じく観察できることから，子どもの精神発達を促進する上での重要な対象像としての概念化した。

この父親像は月経のはじまる前後で母子分離のはじまる症例で典型的に観察される。第二次性徴の何らかの兆候がみられて性的な関心の高まりが推測される状況になるとき，子どもは一次的な退行を示して，弟が母親に甘える姿や兄がひそかにもっている秘密ごと（例えばエロ雑誌等）にただならぬ関心を示すようになるが，母親との間ではマーラー Mahler, M. S. が分離－個体化の過程で描いた再接近期の特有のアンビバレンスの心性を彷彿とさせる態度をみせるようになる。例えば，可愛がっているカナリヤを尖った鉛筆で刺そうとしたり，手伝ってほしそうな様子なので手を貸そうとすると烈しく拒否したりなどである。理想化された父親像が形成されるのはこうした状況においてである。何かと理由をつけては父親と接触したがり，母親とは違った好意的態度で尊敬の雰囲気を醸し出す。面白いのはこれと並行して鏡の前に立つことが多くなる。また同性同年配の友だちとの交流が盛んになることである。ある症例では，それまでベッドの上に山と積まれた縫いぐるみの人形や動物が棚の上に移された。

この経過のなかで浮かび上がってくる特徴は，理想化される父親像が自己愛の高まりと密接に関連していること，つまり自我理想の形成と密接に関連していること，多分に移行対象的な性質を帯びていること，最初の家庭外対象である同性同年配との交流の橋渡しになることである。

前思春期に観察されるこの父親像は，幼児期の分離－個体化の過程でも等しく父親を求める子どもの姿が観察され報告されている（アベリン Abelin, E. L.）が，これらを詳しく検討すると，性愛が一般に信じられている時期よりも早く到来し（ガレンソンとロイフェ Galenson, E. & Roiphe, H.），それをめぐって退行と母子間の葛藤が前面にでるとき父親への接近欲の高まりがみられることから，前思春期の理想化された父親像は一度は幼児期に形成されるものではないかと考えられた。そのため，前思春期というより，前エディプス的という幼児期にアクセントをおいた形容詞が選ばれた。

（牛島定信）

[関連項目] 陰性エディプス・コンプレックス，エディプス・コンプレックス，思春期〔青年期〕，ブロス

[文献] Abelin, E. L. (1971), 牛島定信 (1991, 1994a, 1995b), 牛島定信・福井敏 (1980)

前額法

[英] forehead method
[独] Stirnmethode
[仏] méthode de frontal

圧迫法，集中法とも呼ばれる。1892年以来，フロイト

Freud, S. は，ブロイエル Breuer, J. の催眠浄化（カタルシス）法によるヒステリーの治療を行っていたが，症例エミー・フォン・N に対して，寝椅子に仰臥した類催眠状態での治療の限界に直面したとき，ベルネーム Bernheim, H. の治療法から学んだ，額を圧迫する方法を用いてみた。「圧迫した瞬間に心の目に映ったもの，あるいは回想としてひらめいたものがあったらそのまま私に報告してくれるようにと求めた」(1893)。この方法とその成り立ちの経緯について，フロイトは，その後の症例ミス・ルーシーに関する論文（1895）で語っている。「私は，ただ『精神集中』だけを要求した。そして，この『精神集中』に至る手段として，あおむけに寝て意識して目を閉じることを命じたのである」「病原的意味を持つようなことはすべて私の患者も知っているから，彼らにそれをしゃべらせることが重要だ，という前提から私は出発することに決めた。したがって『いつからこの症状が現れましたか？』あるいは『原因は何ですか？』という質問に対して，『本当に私にはわかりませんの』という答を得るような局面に立ち至ると，いつも私は次のような処置をとった。すなわち，片手を患者の額に置き，あるいは彼女の頭を両手ではさんでこう言うのである。『こうして私が手で押さえていると，いまに思い浮かびますよ。私が押さえるのをやめた瞬間にあなたには何かが見えるでしょう。さもなければ何かが思い浮かんで，頭にひらめくでしょうから，それを捕らえてください。私たちが探しているものがそれなのです。──さあ，何が見えましたか。それとも，何か思い浮かびましたか』と。初めてこの処置を行ったとき（ミス・ルーシー・R に対してではない），それによってまさしく必要なそのものが提供されることに，私はわれながらびっくりした。それ以来，この処置は私をほとんど困らせたためしがなく，私の探究の進むべき道をいつも示してくれた。そして，この種の分析を夢遊状態の助けをかりないで最後までやり通すことができるようにしたのである。私は次第に大胆になって，患者が『何も見えません』とか『何も思い浮かびません』とか答える場合には，そんなはずはありません，あなたはたしかにこれというべきものを経験したのですけれども，これがそうなのだ，と信じなかっただけで，それを無視してしまったのです，ご希望なら，いくらでもその手順を繰り返してあげます，そのたびに同じものが見えるはずです，と説き伏せるまでになった。実際のところ，いつでも私の言うとおりだった。そして彼らが思い浮かんだことを報告したあとでは，必ずそれが探していたものであることがわかるのだった。またときとすると，手で頭を押さえることを3度か4度したあとで，報告するように仕向けると，『ええ，あれなら最初のときにも気づいておりましたけれど，これだけは申し上げたくはありませんでした』とか，『これがそうでないようにと願っておりました』とかいう返事を聞くこともあった。私にとっては夢遊状態への依存関係を断たせるものとなり，また『忘却』して回想できぬということの決定的動機への洞察をしばしば与えてくれた」。この方法は，フロイトによって1892年から95年の間試みられたが，やがて，どんな考えでも浮かんだままに自由に話していく「自由連想法」へと移行し，1896年，この治療方法に「精神分析療法」という名称を用いることになった。

（小此木啓吾）

[関連項目] 自由連想法，精神分析療法，ヒステリー，ルーシー・R嬢［症例］，ブロイエル，フロイト, S.

[文献] Freud, S. & Breuer, J. (1893–1895)

先駆快感

［英］fore pleasure
［独］Vorvergnügen
［仏］avant-plaisir

フロイト Freud, S. は，『性欲論三篇』(1905) で，性交時における性感帯の興奮による先駆快感と，性物質の排出の際の終末快感を区別した。先駆快感は，性交時の性感帯の刺激と興奮による快感であり，多くの性感帯は一緒になって，それぞれに適当した刺激によって快感の一定量を供給する役を果たし，この快感によって緊張の高進が起こる。さらにそれに続く終末快感では，性行為の最後から一つ目のものは，特定の性感帯，つまり性器域そのものが亀頭の部分において，それに最も適した対象，つまり膣の粘膜によって適当に刺激されることであって，このような興奮を与える快感のもとに，今度は反射的な道を通って，性物質の射出を促す運動のエネルギーが獲得されるのである。この最後の快感は強さにおいて最高であるばかりでなく，そのメカニズムも，さきのものとは異なっている。それは全く緊張の解除によって呼び起こされるものであり，完全な充足による快感であって，これによって一時的にリビドーの緊張が解消するのである。

発達的に見ると，前性器的な小児性欲は性器統裁のもとに統合されるが，先駆快感はすでに小児期の性欲動が，幼稚な程度においてではあるが，示すことのできたものと同じものであるが，最終感は新しいものであり，したがっておそらくは思春期になってはじめて現れる諸条件と結びつき，先駆快感をもたらす前戯の形に統合される。そしてフロイトは，先駆快感が病因的な役割を演じる場合があり，それは，正常な性目標の達成にとって明らかにある種の危険が生じてくるという。それが現れるのは，準備的な性過程のどこかある個所で先駆快感があまりにも大きく，その最終快感部分があまりにも僅少になる，というような場合である。そうなると，欲動は性の

過程をさらに進展させるための力を失い，その全行程は短縮されて，当面の準備的な行為が正常な性目標にとってかわる．こういう有害な事例は経験によると，当該の性感帯またはこれに対応する部分欲動がすでに小児の時代に，快感を得る上で異常なほどの貢献をしていたという条件を備えている．これにさらに，固着を促すような契機が加わると，後年の生活に支障を来すようなある強迫が容易に生じてくる．
（小此木啓吾）

[関連項目] 性器性優位，部分欲動，幼児性欲，フロイト，S.
[文献] Freud, S. (1905d)

潜在空間　⇒可能性空間
[英] potential space

潜在内容
[英] latent content
[独] latenter Inhalt
[仏] contenu latent

フロイト Freud, S. が夢の構造に名づけた用語であり，憶えられて報告される夢の内容を顕在内容 manifest content と呼び，その顕在内容を生み出した本来の夢の無意識的な動機的意味内容を潜在思考，潜在内容とよんでいる．フロイトによると，夢はこの潜在内容がかたちを変えてわれわれの意識に受け入れられるようになったものである．その間に夢の歪曲の作業が存在する．潜在内容はわれわれの無意識的な動因であり，主に抑圧された願望を中心としている．フロイトにとっては無意識的な抑圧された願望の探索が夢分析の中心であったが，最近は夢の潜在内容の無意識的な動因のみならず，顕在夢の内容それ自体も重視し，さまざまな衝動や欲動を理解し明らかにするものと考えられている．
（鑪幹八郎）

[関連項目] 顕在内容，顕在夢，夢
[文献] Freud, S. (1900)

前思春期
[英] preadolescence

児童期と思春期青年期の過渡期を表現する比較的新しい概念である．暦年齢ではほぼ 9, 10 歳から 13 歳ぐらいまでに相当し，古典的精神分析では潜伏期後期といわれた．すでに第二次性徴がはじまって本能活動も再び盛んになっているが，それに対する自我や対象関係のあり様は児童期のままという心的状況といってよい．ただし小児科学や産婦人科学，さらには一般的な発達心理学では，第二次性徴が到来している以上，思春期というべきであるとしている．前思春期という概念を最初に提唱したのはブロス Blos, P. であるが，児童期から思春期への過渡的段階における人格の再編過程が精神発達における意義，さらには精神病理の展開の理解に資することが多いことから，精神分析的仕事をするものにとってはこの概念は非常に有意義である．サリヴァン Sullivan, H. S. は分裂病発症を視野に入れて人格発達の要と位置づけている．さらにマスターソン Masterson, J. はその境界パーソナリティ論で，思春期における母親からの分離が，マーラー Mahler, M. S. のいう再接近期危機 rapprochement crisis の再現をひきおこし自我-対象分裂の顕在化がはじまるのは，前思春期の分離体験においてであるという．この時期の特徴は，人格構造がそれに耐えうるほどの発達をしていないために，本能の衝動水準の高まりによってあまり関係のないささいな刺激が性的ないしは攻撃的興奮をもたらしやすくなっていることである．そのために，それ特有の防衛体制を敷かざるをえないが，それは一般に肛門愛的防衛体制を中心としたものになっている．汚れた冗談や性よりもお尻に関心を示し，排出に関した不潔な発言を好むのはこうした事情を反映したものである．蒐集癖，潔癖，凝り性などの性癖が出て来やすく，そのことが強迫神経症の温床となっていることもよく知られている．また，性に対する特異な防衛的態度（否認）もよく指摘される．男の子は女の子に敵対的となったり逆に回避的になったりするし，女の子は演技性とお転婆ぶりという「活発さの突出」がみられる．さらにギャングといわれる同性同年輩の集団形成も特徴である．お互いに秘密を分かち合い忠誠を尽くすことに没頭する．牛島定信はこうした集団形成という家庭外対象を獲得することができない子どもの精神分析的治療から，この時期に特徴的な男根的母親像の支配する幼児的な母子関係の中で子どもが理想的な父親像（前エディプス的父親）を形成できるかどうかが家庭外の対象（同年輩関係）獲得の鍵になると論じている．つまり，同年配同性関係の発達の基盤として子どもの内的世界に父親が登場する必要のあることを説いたものである．そして，この父親像を形成できない場合に生じる精神病理現象に関して，女の子を中心に検討し，初潮周辺症候群と名づけて概念化した．本能活動の高まりに対応できる人格構造が形成されるまでに，理想化された父親像，同性同年配の集団体験，さらには個人的友情体験，先輩後輩関係といった同性関係の中で体験が人格の中に組み込まれる必要を論じたものである．前思春期という概念は，推察するに，戦後の体位の向上に伴って第二次性徴の到来が 2, 3 年ほど早まったことによって幼児的対象関係のままに本能活動の高まりを来すようになったことによって生じた潜伏期後期の心性の変化に対する見方の変化ということができる．
（牛島定信）

[関連項目] 思春期〔青年期〕，前エディプス的父親，分離-

個体化，サリヴァン，ブロス
[文献] Blos, P. (1962), Masterson, J. F. (1972, 1976), 牛島定信 (1994b), 牛島定信・福井敏 (1980), Ushijima, S. & Kobayashi, R. (1988)

前性器期

[英] pregenital phase (stage)
[独] prägenitale Stufe (Phase)
[仏] stade prégénital

フロイト Freud, S. の精神‐性的発達理論において，性器期 genital phase よりも前の段階という意味で使われ，性器優位 genital primacy がまだ確立されていない発達段階という意味である。男根期を初期の性器期とみなし，口唇期と肛門期という2つの時期の総称として前性器期を用いることもあるが，男根期も前性器期に含められることがある。この性器期を中心に据えた「前性器的 pregenital」という形容詞は，性欲動やリビドーの源泉，対象，目標だけでなく，幻想の内容，対象関係，自我状態などについて広く用いられる。フロイトの前性器的性愛の議論はすでに『性欲論三篇』(1905) などで見られるが，この語を初めて用いたのは『強迫神経症の素因』(1913) であった。古典的な精神分析理論においては，前性器期は性器期へと至るまでの移行期であり，とくに早期は強烈な自己愛を特徴とするものであり，神経症は近親姦願望と去勢をめぐる性器的な不安や葛藤のために前性器的体制の固着点に患者が退行するために起こると理解された。フロイト以後の精神分析では，対象関係論や母子関係論がこの時期に固有のものを明らかにし，早期の二者関係の課題が注目され，口唇期的な葛藤や攻撃性に関する理解が深まった。一方では性器的な幻想も早期の起源をもつものとして解釈されるケースも増えて，その十全な体験のための自己が場を得て生成するまでの過程を重視し，幼い自己の存在を保証することや，自他の分化に向けての全体的対象関係の確立への道程を主題とするようになった。こうして関心が二者関係に固有の問題に向かい，前性器期の性器的問題もまた取り上げられるようになって，発達早期は性器期の単なる前段階ではなくなってきている。とくに口唇期を自己体験の基礎をつくる最初の時期とする前向きの理論化のため，振り返る形の表現である前性器期という言葉の出現頻度は少なくなっているが，やはり成熟の問題は性器性 genitality と性 sexuality の区別と共通点，および二者関係と三者関係の間の移行と両立の課題を無視することはできない。　　　　　　　　　　　　　　　　　（北山 修）

[関連項目] 口唇期，肛門期，性器期〔性器体制〕，精神‐性的発達，男根期
[文献] Freud, S. (1905d, 1913i)

漸成説

[英] epigenetic theory
[独] epigenetische Theorie
[仏] épigenèse

生物個体の生後の発達変化の理論を一般に漸成説または個体発達分化説といっている。心理学的な発達論を展開したピアジェ Piaget, J. やシアーズ Sears, E. らの発達論も漸成説とよばれている。精神分析における漸成説はフロイト Freud, S.のリビドーの体制化 libido organization による発達説に代表される。口唇期・肛門期・エディプス期・性器期として個体の人格発達を図式化した。これに心理社会的発達側面を加え，しかもライフサイクル全体として漸成説を展開したのはエリクソン Erikson, E. H. である。エリクソンの漸成説は，ライフサイクルを通して個体が変遷する姿を心理社会的観点から描いたものである。ライフサイクルの八段階説がよく知られている。これは発達の危機論と統合された理論であり，幼児期から「基本的信頼感」「自律性」「自発性」「勤勉性」「アイデンティティ」「親密感」「世代性」「自我の統合性」を想定している。この発達論では発達の否定的な側面も統合的な発達の危機的な変化過程であるとしてとらえられているところに特色がある。また，フロイトのリビドー発達が個体内の心理的発達であるのに対して，エリクソンの漸成説では，それに加えて心理社会的側面・対人関係的側面，時代ないし歴史過程が同時的に組み込まれたものとして理解されている。　　　　（鑪幹八郎）

[関連項目] 精神‐性的発達，ライフサイクル
[文献] Erikson, E. H. (1950)

戦争神経症

[英] war neurosis
[独] Kriegsneurose
[仏] névrose de guerre

戦争神経症は歴史的な意義があるものの，その基本概念は現在の PTSD に盛り込まれている。戦闘体験をもった兵士がさまざまな形で心的外傷を被り，それらが一定の心理的，生理学的な症状を伴うことを，半世紀以上前にカーディナー Kardiner, A. がシュピーゲル Spiegel, H. とともに，記載した (Kardiner, A. & Spiegel, H. 1959) ことが，戦争神経症に関する本格的な研究の始まりとされる。

精神分析の流れの中でも，すでにフロイト Freud, S. が第一次世界大戦において発生した戦争神経症や外傷神経症について記載している。フロイトの戦争神経症についての言及は 1920 年代の終りから多くなるが，戦争神経症の病態を欲動論的な視点からどう位置づけるべきか

について迷いが見られる。それらの言及は、戦争神経症についての分析例がない以上、それがリビドー論により説明できないとはいえないという消極的なもの（1919）から、戦争神経症では危機は外界から訪れるという点で内的な性的欲動による危機に晒される通常の神経症とは異なるという見解（1919）、あるいは逆に戦争神経症における死の恐怖も去勢不安に帰着することができるという指摘（1926）などさまざまである。しかし戦争神経症が外傷的な要因についてのフロイトの関心を促したことは十分うかがえる。フロイトがリビドー論的な不安の概念（うっ積不安）を捨て、外傷的な危険状況への反応として不安をとらえ直した（不安信号説）経緯にも、この戦争神経症への関心があったことがうかがえる（1926）。

精神分析における戦争神経症に関する理論で特記するべきなのはフェアバーン Fairbairn, W. R. D.（1952）である。彼は第二次世界大戦による被害者の観察に基づき、外傷的な事態と内的対象の成立との関連性を論じ、戦闘体験がより根源的な外傷体験、すなわち幼少時の分離不安などへの回帰を促すという点を強調している（山口、1994）。

その他の戦争神経症の精神分析的な理解としては、ウィリアム・メニンガー William Menninger（1948）が戦闘における心理状態を詳細に論じ、正常な精神活動がストレスにより破綻するプロセスを記載した。

（岡野憲一郎）

[関連項目] 外傷、外傷後ストレス障害〔PTSD〕、不安信号説、フェアバーン

[文献] Fairbairn, W. R. D.（1952）, Freud, S.（1919e, 1926a）, Kardiner, A. & Spiegel, H.（1947）, Menninger, W.（1948）, 山口泰司（1994）

全体対象

[英] whole object
[独] ganzes Objekt
[仏] objet total

断片化あるいは部分化していない、解剖学的にも機能的にもひとつにまとまって全体像が保たれている内的対象像を指している。このことはその対象とつながっている主体の感情という面からは、対象に向けられているさまざまな感情が排除されずに味わわれていることでもある。すなわち主体が内的対象を、みずからの感情や思考を投影（投影同一化）せず、それが外界で実際にあるようなままに認知している像である。このように全体対象は全体自己 a whole self と連動している。全体対象はクライン Klein, M.（1935）が、抑うつポジションのワークスルー過程で達成される内的対象の姿として提示した。しかしその先駆はリビドーの発達と対象の変遷についてのアブラハム Abraham, K. の論文（1924）での部分的対象愛についての記載に見ることができる。ここでクラインがとりわけ強調しているのは、解剖学的な身体像としての全体対象ではなく、機能と関連した情緒的な存在としての全体対象が認知されていくことである。

そもそも乳児は目の前の母親をひとつのまとまった対象とは認知できない。乳児はみずからの欲望や感情とのつながりで対象を時間的にも空間的にも断片的に認知する。たとえば飢えを満たしてくれる乳房を愛情で包んでくれるよい乳房と見、同じ乳房が飢えを満たさないときには迫害的な悪い乳房としてまったく別のものとして体験されるようにである。また知覚機能が未発達なときには、視覚、味覚、触覚などの五感でとらえた母親像が統合されず、部分的断片的に体験されている。これらの神経機能の発達と自我の成熟が、対象像を部分対象 part objects から全体対象へと向かわせる。ここにおいて乳児は感情のアンビバレンスを体験していくことになる。それまで分割されていたよい対象／母親への愛情と悪い対象／母親への憎しみが、全体対象としての母親に分けることなく向けられる。よい対象としての母親が飢えに苦しめる悪い母親でもあるとの認知である。その結果、よい対象でもある母親を悪い対象としてかつて攻撃し傷つけたという罪悪感が高まってくる。この罪悪感（抑うつ不安）に乳児が持ちこたえることができるなら、すなわち愛情と憎しみのアンビバレンスに持ちこたえることができるなら、達成された全体対象は維持される。しかしながら、持ちこたえられないときには、全体対象は崩れ、再び部分対象となるか対象は断片化してしまう。このようなわけで、全体対象は一度達成されたなら恒久的に維持されるという性質のものではなく、抑うつポジションにおいても、統合と断片化を行き来するものである。ヒンセルウッド Hinshelwood, R. D.（1991）によれば、全体対象はふたつの特性を持つ。ひとつは全体対象がそれ自身のさまざまで雑多な感情や動機を持つことであり、もうひとつは、全体対象が主体と同じように、苦しむことができる存在として認識されることである。全体対象はもはや主体の感情や欲望に規定されていない。

（松木邦裕）

[関連項目] 躁的防衛、償い、内的対象／外的対象、迫害的罪悪感／抑うつ的罪悪感、ビオン理論、部分対象、よい対象／わるい対象、抑うつ不安、抑うつポジション

[文献] Abraham, K.（1924b）, Hinshelwood, R. D.（1991）, Klein, M.（1937）, 松木邦裕（1996）

選択的無視

[英] selective neglect

バリント Balint, M. がその焦点化精神療法 focal psychotherapy で提唱した基本的な技法。バリントによれば，焦点化精神療法では，最初の何回かの面接の中で患者の心の中の焦点化領域 focal area あるいは焦点 focus と呼ぶ特定の領域を明確に把握し，患者がこの領域に有意義な再適応を行うことを助ける可能性について見立てを立て，この再適応が患者の精神生活全体の状況に顕著な改善をもたらすような治療機序を設定する。このような焦点化に基づいた精神療法は，その治療作業をかなり限定し，特定の目標に有効に機能するような新しい技法を用いる。この技法の最も基本的な特質は，バリントが「選択的注意 selective attention」と「選択的無視 selective neglect」と呼ぶ技法である。治療者は，この焦点化された領域に向かう患者の連想を支持し，この領域から離れていくような方向の連想は無視する態度をとる。もしもこのような技法を用いた焦点化精神療法がよい結果をもたらす場合には，短期的にその治療の効果を上げることができるし，もし，このような作業が有効に働かない場合には，その治療は長期の治療ないしはあまり成功しない治療になってしまう，とバリントは言う。当然このような治療態度は，古典的な精神分析技法の場合のように，患者も治療者も「自由に漂う注意」という心のあり方でいる場合とはかなり異なった治療態度をとる。むしろ選択的無視と選択的注意という原則に基づいて，どんなふうに患者の連想に応答したらよいか，焦点化領域にどんなふうに患者の連想を導いたらよいか，どうしたらそこから離れていかないように注意をそこに向け続けるようにするかを目指す治療態度が要求される。この場合には，治療者と患者の密接な相互作用が，この短期精神療法を有効なものにする最も重要な要因であるという。このバリントの選択的注意と選択的無視の技法は，短期精神療法における普遍的な技法として評価されるとともに，この観点から見て，実は少なくともラットマンまでの前半期，フロイト Freud, S. の精神分析療法は，例えばねずみ男の治療は，エディプス・コンプレックスに焦点化領域を見出した精神療法として位置づけるべきではないかという声もある。　　　　　　　　　（小此木啓吾）

[関連項目] 短期精神療法，ねずみ男［症例］，平等に漂う注意，バリント，フロイト，S.

[文献] Balint, M., Ornstein, P. & Baint, E. (1972), Balint, E. & Norell, J. S. (1973)

全知　⇒万能

[英] omniscience

潜伏期

[英] latency period
[独] Latenzperiode
[仏] période de latence

子どもの性的活動が華やかなりし 2−5 歳（いわゆるエディプス期）の後，その活動性が減退し，思春期に再び活性化するまでの 6−12 歳までの時期を指して潜伏期という。これはフロイト Freud, S. の観察によるもので，用語そのものはフリース Fliess, W. から借りてきたと言われている。

このころの子どもは，認知能力や身体的能力の発達に伴って興味の対象を外界に求め，仲間の中で多くのことを学ぼうとする特徴を持っている。ブロス Blos, P. によると，この時期は，社会的能力と新しい身体的・精神的素質の発達を通じて，満足感と環境の支配への新しい道を確立する時期であり，緊張の耐性を増し，学習を系統だって遂行できるようになる時期であるとされている。これはまたエリクソン Erikson, E. H. の学童期にあたる。

生物学的に性的衝動が減少することが潜伏期の心的特性の背景にあると言われ，社会的満足が性的満足にとってかわるとされるが，むしろ，自我の発達が衝動をコントロールするに足るようになり，心的平衡を保つことができるようになっていることが大きいと考えられる。その意味で，成熟した防衛機制（昇華など）の発達やハルトマン Hartmann, H. の言う自律的自我領域の拡大の重要な時期であるともいえる。しかし，最近，潜伏期における性的活動（マスターベーションとそれをめぐる空想など）の大切さがとなえられるようになり，また外界からの侵入による性的外傷が深刻な問題となるなど，再度潜伏期についての研究が求められている。　　（福井　敏）

[関連項目] エディプス・コンプレックス，昇華，精神 - 性的発達

[文献] Erikson, E. H. (1950), Freud, S. (1905d), Hartmann, H. (1939)

潜伏性精神病

[英] latent psychosis
[独] latente Psychose

潜伏性精神病について精神医学には 2 つの流れがある。1 つは，ブロイラー Bleuler, E. (1911) が提起した潜伏性分裂病 latent schizophrenia の概念で，日常生活では一見正常かあるいは神経質者，性格偏倚者などとみなされている人に，既往症の調査の中で，分裂病の軽度の症状を認めた場合にこれを潜伏性分裂病と呼び，このように症状の顕在化していない症例は多々あるものと考えた。ブロイラーではこの潜伏型と単純型分裂病はほぼ同義的

に扱われていた。

　もう1つは，フェダーン Federn, P. による精神分析的な潜伏性精神病の概念である。フェダーンは，1903年頃から，精神分析療法を行う過程で精神病状態が顕在化する症例に出会い，これらの症例を潜伏性精神病と呼んだ。それは，潜伏性の分裂病，躁うつ病，メランコリーなどであった。当時，「精神分析に批判的な精神医学者たちは，(潜伏性精神病が顕在化すると) 精神分析は患者を助けるどころか悪化させ，こんな悲惨な状態にしてしまうといって，こうした症例を失敗例として指摘することに熱心である」(フェダーン) という状況があった。フロイト Freud, S. (1913) もこれらの症例に注目し，精神分析治療の適応を決定するための審査分析を提案した。

　フェダーンによれば潜伏性精神病には「(1) 仮に精神分析療法を受けなくても，精神病を発現したかもしれないほどに精神病の発病が近づいていたもの，あるいは臨床診断上誤診されたもの。(2) 精神分析的操作が神経症に対する場合と同じように強力に進められ，その抑圧解除作用の結果，精神病が顕在化するが，もしこの操作を受けなければ神経症の状態に留まりえたかもしれない症例——真の意味での潜伏性精神病がある。自我がなお十分な防衛機能を営むだけの自我境界の強さを保っていれば，精神分析的な操作は，数多くの無意識的な同性愛，加虐性などの諸傾向を (危険を伴わずに) 意識化することができる。自我に (そのような操作に耐えるだけの) 耐久力さえあれば，潜在的な，パラノイア的，精神分裂病的，躁うつ病的とかの (自我とエスの発達上の) 固着が存在し，自我構造にそれに対応する障害があっても，なお患者は精神病状態に陥らないで済む。ところが，精神病の発病閾値に近いほどに自我の耐久力が減少しているときには，精神病の顕在化が起こる」。

　フェダーンが挙げた潜伏性精神分裂病の，自由連想法における標示は，(1) 不安の源泉であるような定型的な無意識内容に関連した連想を驚くほど豊富に生み出す。(2) しかも患者の連想が一次過程に誘導される傾向は次第に強力になり，患者は何らの抵抗 (抑圧抵抗) もなしに連想内容 (諸象徴) の無意識的意味を直感的に受け入れ，夢の解釈を急速に理解し，無意識的意味の意識的理解への翻訳や自己の一次過程に対する了解を獲得する。(3) 数回の自由連想法の実施によって，症状分析——患者は分析家に急激に同一化して自分で症状を分析してしまう——が成就され，神経症症状が急速に消失し，精神病が顕在化するまでは，分析医も患者も経過の順調さを喜ぶ (実際は，神経症症状は分裂病患者の自我にとって，不安に対する防衛手段である。自由連想法による症状の消失は自我の防衛手段を，抑圧の解除とともに奪うことになり，この結果不安は急激に増大し，自我障害や自我の退行が引き起こされることになる)。(4) 患者には，対象リビドーに比べて自己愛的反応型の絶対的優勢が見出され，著しい自己愛的な転移が形成される。(5) 分析状況における観察から，患者が，その姿勢，外貌，身振りなどに特有な特徴を示すことが認められる。とくに，隠されたパラノイア，あるいは緊張病の徴候は，言語的表現よりも，その振る舞いや態度の中に，より早期に認識されやすい。(6) さらに，分析家が初診時面接などで潜伏性精神分裂症の特徴として注目すべき条件として，①患者は，心気症，幼児期からの転換ヒステリー，不安ヒステリー，強迫症状などの精神衰弱，重症の離人症など，さまざまの神経症になった時期をその生活史に持っていることがある。②患者は，早期幼児期に真正の妄想と現実検討の喪失を示した精神病的な時期を持ったことがある。③思春期以後，家庭または学校での規則的生活を離れた直後に，仕事上の能力の低下や，社会的な交渉上の孤独が続く場合がある。これに反して，神経症患者は，外的条件が変化してそれまで以上の自由が得られるときには，しばらくよくなる傾向があるし，また，一つの新しい生理学的 (内分泌的) な時期 (たとえば思春期) に達すると，ちょっとの間よくなることがある。④家族の者に精神分裂病が発病していることは，遺伝に関してだけでなく，生活史上の人間環境の作用としても重大な意味を持つ。(7) 潜伏性精神分裂症は，しばしば分裂性格 schizoid あるいは犯罪的な精神病質の背後に隠されている。

　潜伏性メランコリーはヒステリーと強迫神経症の患者において，次のような特徴を持ってあらわになる。(1) 自由連想法を繰り返してある時期が来ると毎朝抑うつ状態が生ずる。特有なことは，患者が自由連想法の中で，願望充足的空想や性的享楽の追想によって，自分をその抑うつ状態から解放しようと努めることである。年齢が進むとともに，このような「苦痛 - 快楽 - (エネルギー) 経済 pain-pleasure-economy」が次第に不成功になる。なぜならば，現実 (とくにその生理的基礎) が主要な空想を基礎づける条件そのものを壊滅させるからである。このようなときにメランコリーが発生する。(2) 患者は，精神的苦悩がたちまちにして，全自我 (自我の全境界 the whole ego-boundary) にまで波及してしまうような反応型を示す。(3) 患者は，幼児期から (感情の) 周期性を持つ。これは一つの生物学的異常性として始まり，精神的原因に対する悲哀の体験によって年々 (とくに5年くらいごとに) 拡大され深刻化する。

　潜伏性躁病の患者は，ちょっとした洒落や自己愛的で攻撃的な振る舞いによって，数日の分析セッションの結果，その姿をあらわす。

　なお，潜伏性精神病の研究は審査分析，ひいては診断面接の役割の重要性の認識をもたらしたが，もし精神分析療法の途上で顕在化した際には，フェダーンは当初，

寝椅子仰臥の自由連想法の中止，抑圧解放型の治療方針の変更，精神病それ自体に対する薬物療法などを提案したが，わが国では，1963年，小此木啓吾，岩崎徹也によるその臨床経験が報告された。なおこれらの臨床経緯の蓄積を通してフェダーンは彼独自の精神病に対する精神分析的精神療法を発展させた。　　　（小此木啓吾）

[関連項目] 自我カテクシス，自我境界，審査分析，フェダーン，ブロイラー

[文献] Bleuler, E. (1911), Federn, P. (1943, 1947, 1952), 小此木啓吾（1956），小此木啓吾・岩崎徹也（1963）

羨望
[英] envy
[独] Neid
[仏] envie

もともとは日常語である羨望／羨ましさを精神分析的に定義づけたのは，クライン Klein, M. である。クライン（1957）は羨望を，自分以外の誰かが望ましいよいものをわが物としていて，それを楽しんでいることへの憤怒の感情と定義した。羨望による衝動は，憎しみからそのよいものを奪い取るか，損なってしまうことにある。クラインは羨望は口唇期の貪欲さに由来しており，よいミルクを与えてくれるよい乳房に最初に向けられると，羨望を人生最早期に出現する感情と見た。乳児期早期の妄想－分裂ポジションにおいては，自らに苦痛や欲求不満を押し込むわるい対象ゆえに，迫害を感じた自己はそのわるい対象に攻撃を向け破壊する。この報復的対象関係がこの時期のオーソドックスな攻撃欲動の在り方である。しかし羨望では，わるい対象ではなくよい対象を憎み破壊することを目指している。このよい対象を破壊することは，とり入れられてよい自己の基礎となるよいものの供給源を失うことであり，それはつまるところ自己破壊以外の何物でもない。ゆえにクラインは，羨望は死の本能の最もなまな表出形であるとした。つまり羨望こそが最も猛々しい悪性の攻撃欲動であるとしたのである。そしてこの羨望に相対しかつ相互作用する情緒が感謝 gratitude である。生後に出会う最初の対象であるよい乳房に感謝や喜びが向けられる。こうしてよい対象とよい自己の結び付きが深まっていく。ちなみに嫉妬 jealousy と羨望の関係は，羨望は二者関係であるが嫉妬は三者関係，好きな人が自分ではなく別の人と結び付いている関係での感情であり，愛する対象への愛情は存在していて，羨望でのように破壊されてしまうことはない。だが嫉妬の中に羨望の感情が入り込むことはありうる。

クラインは羨望の防衛としての自己愛対象関係 narcissistic object relation を描いている。つまり自己と対象の分化を否認し対象を自己の延長とすることで羨望の感情を防衛することになる。この考えは，のちにローゼンフェルド Rosenfeld, H. によってパーソナリティ内の自己愛構造体 narcissistic organization やシュタイナー Steiner, J. の病理構造体 pathological organization としてさらに検索されている。また陰性治療反応と羨望の関係についても，クラインは陰性治療反応の原因としての無意識の罪悪感という従来の考えに加えて，羨望が陰性治療反応を引き起こすと主張したが，これもローゼンフェルドやビオン Bion, W. R. によって精神病者の精神分析から例証された。近年スピリウス Spillius, E. B. は羨望の体験の仕方を，自我異質な無意識に体験されている羨望ともっと意識化されやすい「頑迷な impenitent」羨望の2つに分け，前者が重篤であると指摘している。

ところで羨望が精神分析において最初に注目されたのは，フロイト Freud, S. によるペニス羨望である。フロイトはペニスが男女両性に中核的機能を持つと考えた。そこで女性性へと向かう精神－性発達過程で，去勢された性器としての女性性器という（幼児の）空想的視点からの去勢コンプレックスとペニス羨望が重要視された。この羨望が強烈すぎるときは分析が不可能であるとも述べた。後年フロイトのこの女性性発達史観は女性分析家に批判された。　　　（松木邦裕）

[関連項目] 陰性治療反応，去勢コンプレックス，攻撃欲動，自己愛構造体，死の本能（欲動），病理構造体〔病理的組織化〕，妄想分裂ポジション，クライン

[文献] Bion, W. R. (1959), Freud, S. (1908c, 1937b), Klein, M. (1957), Rosenfeld, H. A. (1971), Spillius, E. B. (1993), Steiner, J. (1987)

そ

素因
[英][仏] disposition
[独] Anlage

疾病に罹患する個体の側の準備性。生物学的，心理学的な基礎を持つ。1917年，フロイト Freud, S. は，神経症は個体の有する素因に，偶発的な外傷体験が加わって発症すると考えた。そして，神経症の素因は，リビドーの固着によって形成されるが，このリビドー固着を生むのが個体の遺伝的体質と幼児期経験であるとしたのである。遺伝によって規定された体質に加えて，幼児期体験として，特定の発達段階における過去の欲求充足ないし

欲求不満を，固着の原因としてあげた。しかもその幼児期体験については，現実の体験であるかどうかは重要でなく，それが空想されたものであっても，その空想が当人の幼児期の願望に基づいて形成されたものであることを重視すべきであるとした。

例えば，素因として肛門期に固着をもつ人は，偶発的な病因的状況に出会って欲求阻止を経験すると，うっ積したリビドーが自分を充足させる道を捜して，肛門期のリビドー体制へと退行して行く。その結果，肛門期に特徴的なアンビバレントな対象関係や，反動形成や打消しを中心とする性格スタイルを示すようになり，強迫神経症を発症することになる。　　　　　　　（馬場謙一）

［関連項目］神経症，相補系列
［文献］Freud, S. (1916–1917)

躁うつ病
［英］manic-depressive psychosis
［独］manisch-depressive Psychose
［仏］psychose maniaco-dépressive

精神障害の一つの類型。1899 年にクレペリン Kraepelin, E. によって，早発性痴呆と対比される疾患として概念づけられた。感情の障害を中心とする精神障害で，感情障害 affective disorder，気分障害 mood disorder あるいは躁とうつの両極を有することから双極性障害 bipolar disorder などとも呼ばれる。躁状態では気分爽快，観念奔逸，行為心迫，誇大妄想等が，うつ状態では抑うつ気分，思考制止，精神運動抑制，微小（罪業，心気，貧困）妄想，自殺念慮，企図などが生ずる。経過は周期的に両極相あるいは単局相を呈するが，うつ病相のみのものが最も多い。人格荒廃に至ることはない。原因は未だ十分解明されておらず，精神分裂病とともに二大内因性精神病にあげられるが，近年セロトニンをはじめとする脳内代謝異常が注目されている。発病率は 0.4% 内外とされる。

フロイト Freud, S. ははじめ躁うつ病を精神分裂病とともに，自己愛神経症，すなわち外界に対するリビドー備給を撤去して，自己愛的に引きこもってしまう疾患であり，治療関係で転移を発展させることができないため，精神分析療法の適応とはならないとした。しかし，今日までに躁うつ病者のみならず精神分裂病者も転移を発展させることが知られるに至って，精神分析的な精神療法も実施されてきている。フロイトは 1917 年『悲哀とメランコリー』の論文で対象喪失の結果として生ずる健康な反応としての悲哀と病的な抑うつとの相違について述べ，抑うつが生ずるのは個体の対象関係が自己愛的な段階にあるために，対象喪失が自己の部分の喪失として体験され，その結果抑うつが生ずるのに対して，健康な個体では自他の区別が確定しているために対象喪失があくまで対象を失うこととして認識されるので，その喪失を悲しむにとどまり抑うつに陥らないようにすることを述べた。また，アブラハム Abraham, K. はうつ病と強迫症状を固着点としての肛門期および口愛期との関係でとらえ，強迫神経症は肛門期のサディスティック anal sadistic な衝動を反動形成して，肛門貯留 anal retaining の水準にとどまっているのに対して，うつ病では肛門貯留水準での対象保持が困難になって肛門サディズム期からさらに口愛サディズム oral sadistic 段階への退行が生じていることを明らかにした。

さらにその後クライン Klein, M. をはじめとするクライン学派も個体の対象関係の発達との関連で，抑うつや躁の精神力動を解明した。すなわち，躁うつ病者の基本的な精神力動は，抑うつ的な不安 depressive anxiety と，それに対する防衛としての躁的防衛 manic defense および病者の対象関係のあり方が部分的対象関係 partial object relation の水準にとどまっていることにあるものとしてとらえ，これに対する精神療法の目標も，病者の対象関係を部分的な水準から全体的対象関係 total object relation へと発展するのを助けることにあるとする理解である。　　　　　　　（岩崎徹也）

［関連項目］全体対象，躁的防衛，対象喪失，部分対象，メランコリー，喪の仕事〔悲哀の仕事〕，抑うつ不安，抑うつポジション，アブラハム，クライン，フロイト，S.
［文献］Abraham, K. (1927), Freud, S. (1914c, 1917d), 岩崎徹也 (1983), Jacobson, E. (1971a), Klein, M. (1935, 1940), Kraepelin, E. (1883–1927)

早期エディプス・コンプレックス
［英］early Oedipus complex

これはクライン Klein, M. によって提唱された精神性発達概念である。彼女は 1920 年代から 2–3 歳の非常に幼い子どもの精神分析による治療を行っていた。それは，おもちゃやごっこあそびなどを通した遊戯技法と言われるもので，彼女はそれを早期分析 early analysis と呼んだ。その当時は，フロイト Freud, S. は，3 歳以前の子どもにおいては，内界は存在せず転移も生じないために，精神分析の対象とはならないという説を提唱していた。しかしクラインは非常に幼い重症の子どもの精神分析を行う中で，(1) 子どもの遊びは成人の自由連想に匹敵する，(2) そのような幼い子どもはすでに活発な内的世界をもっている，(3) その世界は迫害不安 persecutory anxiety に満ちており，サディズムによる攻撃と報復のおそれに満ちている，(4) 無意識はすでに存在し，それは乳児期のものである，(5) その不安を遊びの中から理解し言語的に子どもに伝えていくことが技法上重要であ

る，(6) 2 歳の子どもにはすでにエディプス・コンプレックス Oedipus complex が存在していて，それは生後半年ごろの抑うつポジション depressive position の時期に始まる，と考えた。また超自我 superego も同じころに始まると考えている。このようにクラインは，フロイトが 3-5 歳のころに始まると考えていたものを 2-3 歳の子どもの中に見出し，それらは 0 歳児から見られるものであると主張するようになったのである。クラインは，早期エディプス・コンプレックスについては，次のように描写している。生後 5-6 カ月ごろの抑うつポジションになると，乳児の世界に父親が登場するようになるが，最初は母親の胎内に存在する父親の男根として部分対象 part object として登場する。赤ん坊は自分が排除されたと体験し，両親は恒久的に快楽をお互いが得て，無数の赤ん坊を母親の体内に生産し続けるという幻想を抱くようになる。そのような結合両親 combined parents に対して，赤ん坊は原始的な嫉妬や羨望を向けていくが，それに対して自分の身体が同じように攻撃されるのではないかという迫害的な恐怖におののくようになる。他方で良い母親との関係の中で築かれたものが，良い男根の幻想を作りあげていく。それらとの関係が十分良好であれば，男の子はそのような男根を自分も体内に所有したいと思うようになり，やがては自分の男性同一性を獲得していく。女の子の場合には，良い男根を所有している母親に同一化していくことによって悪い三角関係の葛藤を解消し，女性性を獲得していくことになる。さらに発達して，父親の全体像が徐々に認知できるようになると，父親の身体の中に母親が含まれたり，両親の身体の境界がはっきりせず融合していて，性愛的な快楽だけでなく，口唇期的なお互いが滋養を恒久的に交換している幻想を抱くようになる。そのときにも赤ん坊は再び激しい羨望や原始的嫉妬を向け，対象は自分に報復する恐ろしい結合両親像になる。さらに悪い結合両親の幻想は，お互いが噛み合ったり食いちぎったり，排泄物を投げ入れあったり男根によって体内を破壊するというものである。このような両親像に対しても，幼児は激しい恐怖と迫害感を抱くのである。一般に健康な幼児の場合は，良い両親との関係が十分であり両親の関係も創造的なものであるという幻想を抱くことができ，同性の親との同一化を遂行する中で，このような葛藤を乗り越えていくことができる。逆に破壊的な両親像が過剰に強い場合には，そのような葛藤的な対象関係の世界は解消されないままに，心の中に分裂排除されたまま持続していく。抑うつポジションも後半になり，両親の全体像が明確になると，フロイトが記述したような後期エディプス・コンプレックスの世界が展開するようになる。　　　　（衣笠隆幸）

[関連項目] 結合両親像，児童分析，遊戯療法，抑うつポジション

[文献] Klein, M. (1926, 1928, 1932, 1940, 1945), Segal, H. (1964/1973)

双極自己
[英] bipolar self

コフート Kohut, H. は自己を双極性の構造を持つものとしてとらえた。彼の定式化によれば，自己は 2 つの基本的構成要素である核となる野心と指針を与える理想から成っており，前者は太古的な誇大性や顕示性がそれらを鏡映する共感的な自己対象との関係の中で，健康な自己主張や野心の中核へと変形することにより，後者は全能的な対象と融合したいという欲求を受け入れる共感的な自己対象との関係の中で，理想化された親イマーゴが変形されることにより獲得される。コフートはこの中核的な野心と理想を自己の 2 つの極に見立て，両極の間に生じる緊張が（＋）と（－）に荷電された電極間を流れる電流のように持続的な心理的活動の活力を生み出し，また自発性の根拠を自己の内に感じられる行動を動機づけ，組織化すると想定した。これが双極自己の構造だが，後年コフートは『自己の治癒』（1984）において，双子自己対象体験の重要性に関する認識からこの考えを修正し，野心と理想の双極に才能と技能の中間領域を加えた構造を自己の三大構成要素と考えるように変わった。この双極あるいは三極構造の自己概念は，自己の構成要素の一方の障害を他方の構成要素が代償するという補正的構造の概念を導く点でも重要である。　　　（舘　哲朗）

[関連項目] 鏡転移，誇大自己，自己，自己愛転移，自己心理学，自己対象，双子分身転移，補正的構造，融和した自己（期），理想化，コフート

[文献] Kohut, H. (1971, 1977, 1984)

相互性
[英] mutuality
[独] Mutualität
[仏] mutualité

エリクソン Erikson, E. H. は，親子関係ひいては各人間関係において，創造的・生産的な発展が実現される場合には，当事者双方が自己と相手をともに満たし合うような関係性によって，それぞれが成長する，そのような力動を相互性と呼んだ。実は，このエリクソンの mutuality という観念は，ハルトマン Hartmann, H. の言う平均的な期待可能な環境への先天的な協調 inborn coordination という仮説に立脚している。この協調の基本が発達途上の個体と人間的（社会的）環境の間の協調であり，しかもこの協調が相互的なものである事実を特に強調している。そして「各ライフサイクル相互間の歯

車のかみあい a cogwheeling of the life cycles」を仮定している。社会の代表としての養育者は，各個体（乳幼児）の欲求に対して，養育者特有な先天的な反応性をそなえ，この反応によって，そしてまた彼ら自身の発達段階特有な欲求（つまり子孫づくりの欲求 generativity）によって乳幼児と協調する。

この理論は，対象関係 object relations の自我の側面と社会の側面とを扱っている。また，このエリクソンの理論によれば，養育者たちはその社会の代表者，そしてまた，制度，伝統に由来する養育パターンの担い手であり，各社会は発達途上の各個体がその社会の中で生きてゆくことを確実なものにするような，その社会特有な諸制度（親の養育・学校・教師・職業など）によって規定されたその社会成員それぞれの各発達段階に出会う。さらにまたこの理論によれば，漸成的な発達の各段階の継起（順序）は普遍的なものであるが，各段階それぞれに特有な定型的な解決の仕方は各社会ごとに違う。

さらにウィン Wynne, L. C. は，家族システム論の見地から，相互の欲求を満たし合うような相互補完性 complementarity が破綻するときに，新たな相互補完性を回復するような当事者間の活力を相互性 mutuality と呼び，相互性とその病理を記述した。(1) 相互性 mutuality：自己と欲求と家族の欲求のバランスがとれている状態。(2) 無相互性 non-mutuality：家族関係には表面的な関係しか存在せず，お互いに共通の関心がない。(3) 偽相互性 pseudo-mutuality：家族関係の裏の本音の状態より，見かけの上での表の関係を維持するように家族間の強制があり，そのため個人の欲求やアイデンティティが犠牲になっている状態をいう。これらの観察は，家族を精神障害を生み出す場であるという観点から見ていた家族病理観に対して，家族関係は力動的関係であって，患者のみを取り出して考えることはできないという家族力動論的観点，家族システム的な家族観を背景にしている。この立場に立つと，家族関係全体が病んでいる状態であり，これを治療の対象としなければならないという。

この概念は，精神分裂病の家族力動の特徴として最初研究され，さらに，広く家族関係一般を理解する概念になった。　　　　　　　　　　　　　　　（小此木啓吾）

［関連項目］家族精神力動，平均的に期待される環境，ライフサイクル，エリクソン，ハルトマン

［文献］Erikson, E. H (1959a), Hartmann, H. (1939), Wynne, L. C., Singer, M. T., Bartko, J. J. & Toohey, M. L. (1977)

早熟な肛門帯覚醒
［英］precocious anal zone arousal

ロイフェ Roiphe, H. が乳幼児のセクシャリティに関する研究で，生後 1 年までに見られる乳幼児の機能的便秘の感覚要素に対して用いた用語。それは，マーラー Mahler, M. S. の分離 - 個体化の初期の分化の過程で生じ，生後 6 カ月から 10 カ月の乳幼児はすべて，自分自身の分離性 separateness を認識することによってさまざまな発達課題を担う。この過程で，乳幼児は，愛情を向けている外的対象に攻撃衝動を向けるというアンビバレンスを体験するようになるが，正常な共生が障害されていたような発達状況では，病的な共生精神病のような共生関係に対する執拗なしがみつきとか，心身症的な反応などが起こるが，このような障害された発達状況で起こる一つの現象として，比較的少ないものだが，早熟な肛門帯覚醒があるという。それは正常な発達におけるいわゆる正常な便秘 normal constipation とは区別される。

生後 1 カ月から 12 カ月の間のある時点で，長く続く，重い，そして苦痛を伴う便秘をあらわす乳幼児がいるが，その中で，直腸および肛門部の先天的狭窄であるヒルシュブルング病のような場合を除いて，むしろこの種の構造的問題が全くなくて，消化器専門の小児科医が機能的障害と分類し，大腸の機能的未成熟などという説明を行っている症例の中に，重篤な機能的便秘をあらわすものがあり，その背景に，早熟な肛門帯覚醒が見出される。ロイフェはこのような 2 例の症例を報告し，この概念を提起した。

そもそも肛門体験には，対象としての大便の排便による喪失と，便秘による保持という早期の対象関係の感覚が内在しているが，この種の早熟な肛門帯覚醒をあらわす乳幼児の場合，それは，対象関係における移行的中間領域 transitional intermediate area をつくり上げる。この場合，大便は対象を意味するが，ウィニコット Winnicott, D. W. の言う，より早期の移行段階における毛布対象と同じ水準にあるものも残ってはいるが，より発達が進んだ移行対象のあり方とよく似ているものもあるという (Furer, M. 1969)。それは，明確な分離感覚を曖昧にすると同時に，自己および対象表象の統合強化がさらに進むのを可能にするという適応的な側面ももっている。

一般的な正常な発達では早期性器帯覚醒が並行して起こるのが正常な発達なのだが，このような早熟な肛門帯覚醒に固着した 2 例の場合の共通の特徴として，早期性器帯覚醒が全く認められなかったことが注目されている。
　　　　　　　　　　　　　　　　　　　　（小此木啓吾）

［関連項目］移行対象，肛門期，分離 - 個体化，ウィニコット，マーラー

［文献］Galenson, E., Vogel, S., Blau, S. & Roiphe, H. (1975), Heinicke, C. M. & Westheimer, I. (1965), Hoffer, W. (1949), Mahler, M. S. (1972), Mahler, M. S. & Furer, M. (1968), Mahler, M. S. & Gosliner, B. (1955), Mahler, M., Pine, D. &

Bergman, A. (1975b), Roiphe, H. (1968, 1973, 1979, 1983), Roiphe, H. & Galenson, E. (1973a, 1973b, 1981), Winnicott, D. W. (1951, 1969b)

想像
　［英］imagination

　この種の言葉には用語や訳語の混乱が存在している。英語では imagination であり，その訳のもっとも一般的なものは「想像」だが，これが他に「幻想」と訳されるため，「幻想」と訳されることのある fantasy や illusion と混同されやすい。ドイツ語の綴りを取り入れた phantasy はほとんどの場合無意識的なものを含む幻想を意味し，illusion, imagination となるに従って意識的な要素が強くなる。一般に精神分析では，こういう言葉で意識的なものと無意識的なもの，内的現実と外的現実の対立や重複を取り扱うものである。その中で際立つクライン学派の外的現実を重視しない態度に対して，ライクロフト Rycroft, C. は空想と現実の区別を復権させるために，想像 imagination を二次過程のものとして使用することを提案している。またこれは実際には存在していない対象や出来事などの表象を心に思い浮かべる過程および能力であり，不在の両親を想像し，見えない別室の両親の原光景を幼児が想像することを強調するブリットン Britton, R. はその三角構造を重視しており，中間領域の錯覚論と対照的である。また，それは作り事めいていて非現実的であるという退行的側面と，難解な問題に答えをもたらしたり芸術的イメージを生産したりするという積極的側面をもっていて，創造的活動には欠かせないものだが，ゆきすぎた想像や空想は自己愛性格者や性倒錯などの問題になる。ゆえに，想像が逃避的で防衛的なものなのか，創造的かつ適応的なものなのかは，文脈や局面に応じて考えられるべきである。　　　（北山　修）

　［関連項目］幻想
　［文献］Britton, R. (1998), Rycroft, C. (1968b)

想像界　⇒現実界／想像界／象徴界
　［英］the imaginary
　［独］das Imaginäre
　［仏］l'imaginaire

創造性
　［英］creativity
　［独］Kreativität
　［仏］créativité

　一般に，豊かな想像力で新鮮な感動と意義を伴ったものを生み出す傾向や能力を指し，いわゆる芸術はこの能力の生み出すものである。ドイツ語の遊びが劇を意味するという両義性を生かすフロイト Freud, S. (1908) は，子どもの遊びの中に創造性の発露を見出し，それが大人になると空想や劇に姿を変えると考えている。願望充足を特徴とする空想や白昼夢は通常個性的すぎる内容であり，他者に伝えたとしても不快感をもたらすことが多いのに対し，詩人は個人的な空想を受容される形で伝えることで他者に快楽をもたらす。このことに注目したフロイト（1917）は神経症者と比較して，創造的行為とは，抑圧のゆるさと，空想や白昼夢を公共性の高いものにする強い昇華の能力とを同時に有するものと考えた。これを受ける形でクリス Kris, E. も，創造的行為を革新的で進歩的なものであると同時に退行的であるという形で創造性を論じ，この二重性を総合し，「自我による自我のための退行 regression in the service of the ego」という言葉を用いて自我の弾力性と可能性を強調し，創造的な退行を評価している。クライン学派は，創造的行為を抑うつポジションの観点から説明しており，発達早期に自らが破壊した対象に対する罪悪感や，対象を修復したいという償いの願望を抱く子どもの，対象を再創造したいという願望が創造性の基盤になるとしている。また，フロイトと同様子どもが遊ぶことと大人の創造性を重ねて見るウィニコット Winnicott, D. W. にとって，早期母子関係における自分で世界を創り上げたという「万能の錯覚」は，その子どもが健康に生きるための礎となり，創造性の発揮とは迎合することなく自発的に生きる部分に見出せるのである。こうして，否定的局面や特別な資質が強調されることがあったが，人が自らを生きるために必要な達成となり，これとともに治療目標も，遊ぶことと，その創造性を発揮することとして設定することも可能になった。芸術家の創造性と神経症や精神病との関係については，芸術作品の象徴解釈や芸術家の病理学などの諸領域において精神分析の理解がいまだ有効であるが，治療における患者の創造性の多くは貴重であり，症状のように解釈し尽くして奪い取るべきものではないだろう。適応や非社会性の問題においても，創造性の取り扱いや，これを育てることが重要になる。なお，概念の位置付けとしては昇華に近いところがある。　　　（北山　修）

　［関連項目］遊ぶこと，ウィニコット理論，クライン学派，錯覚，昇華，想像，適応的退行〔ARISE〕，クリス
　［文献］Freud, S. (1908e, 1916–1917), Kris, E. (1952), Segal, H. (1981), Winnicott, D. W. (1971a)

想像の赤ん坊

[英] imaginary baby
[仏] bébé imaginaire

　レボヴィシ Lebovici, S. は母親は自分の赤ん坊に対して 3 人の異なった赤ん坊，つまり幻想の赤ん坊 fantasmatic infant，想像の赤ん坊 imaginary baby，現実の赤ん坊 actual baby をもっているという。幻想の赤ん坊は，赤ん坊がほしいという母親の願望から形成され，それはすでに幼児期から無意識的に生じる母親の精神内界の葛藤によって特徴づけられる。つまり母親が抱く赤ん坊に対するイメージと，彼女の母親との関係にかかわり，エディプス状況を反映するもので，母親に同一化し自分と父親との間に得たいと願う赤ん坊である。さらにその幼い女の子が成人してからもつ赤ん坊を身ごもりたいという願望や，その赤ん坊に対する種々の願望や想像から生じるものが，想像の赤ん坊である。とくに妊娠して胎児が母性にとって重要な存在をもった対象になったときに，母親の想像生活，および白昼夢の中で思い描かれる想像の赤ん坊は，胎児と母親との相互作用の中で生み出される。たとえば母親は胎児の未来のプランを立てたり，またしばしば実名をつけたり，愛称で呼んだり，語りかけたりする。こうして母親の潜在思考から発展する想像の赤ん坊は世代間伝達の担い手となる。出産後，母親は現実の赤ん坊に対して，幻想の赤ん坊と想像の赤ん坊を投影する。この投影される赤ん坊表象と，現実の赤ん坊および生育上の出来事の結びつきの理解と現実検討が母‐乳幼児精神療法の基本的な治療機序となる。

（森さち子）

[関連項目] 親‐乳幼児心理療法，幻想上の相互作用，世代間伝達，レボヴィシ

[文献] Lebovici, S. (1984, 1988a)

躁的防衛

[英] manic defence
[独] manische Abwehr
[仏] défense maniaque

　クライン Klein, M. によって記された特異的な防衛構造である。クラインは抑うつポジションで抑うつ不安 depressive anxiety がワークスルーされていくことが精神のさらなる健康な発達をもたらすと考えたが，このプロセスにおいて抑うつ不安のもたらす抑うつ感情や罪悪感からの心の痛みに個人が耐えられないときに，傷ついた内的対象の修復や対象への償いを避け，その不安と苦痛を排除する防衛メカニズムを活性化させる。その代表的なものが躁的防衛である。躁的防衛は，万能，とくに対象のコントロール，脱価値化（軽蔑感），対象への勝利感，征服感といった心的活動や情緒から成っている。それによって，自分が内的な世界を持っていること，そしてその世界に自分が大切に思う対象が含まれているという心的現実を体験せず，サディスティックで爽快な感情と理想化された空想に浸ることになる。クライン（1935）がこの概念を初めて提示したときには躁的防衛に，躁的メカニズム，躁的ポジションを並列して述べ，また同時に作動するものとして強迫的な防衛，メカニズム，ポジションも列記し，正常な発達過程で相互作用するものと考えていた。また躁的防衛が抑うつ不安のみでなく，妄想性不安（迫害不安）に対しても作動していることも述べた。しかし 1940 年以降には躁的ポジションや強迫ポジションという用語は放棄され，躁的防衛についてもその病理性がはっきりと明示されるようになった。

　スィーガル Segal, H. (1973) は，躁的防衛は基本的には妄想‐分裂ポジションにおいて作動していた分裂機制 schizoid mechanisms，すなわち投影同一化，スプリッティング，理想化，否認などからなっていると述べている。しかしこれらの心的機制がより高度に組織化されていること，自我がより統合された状態にあること，この防衛が迫害不安に向けられているのではなく，抑うつ不安に向けられていることがその違いをもたらしている。また躁的防衛が抑うつを引き起こす対象喪失を否認するだけでなく，対象への依存の自覚を否認することも指摘している。躁的防衛が活発化すると傷ついた対象への償いの活動が滞るだけでなく，その抑うつ対象は躁的にさらに攻撃されるため，ますます悲惨な状況を呈するようになり，次にはこの対象が恨みから報復を企ててくるとの恐怖も高まり，それが抑うつをさらに深刻にすると同時にその否認のために躁的防衛にさらに頼るという悪循環が生じてくる。スィーガルは躁的償い manic reparation にも言及している。躁的償いでは対象の修復のために向けられている償いに躁的傾向が持ち込まれ，償いが罪悪感や責任を否認することを目指していて対象への真の愛情や思いやりは薄い。この背景には羨望 envy が作動していると言う。

（松木邦裕）

[関連項目] 罪悪感，全体対象，躁うつ病，償い，分裂機制，抑うつ不安，抑うつポジション

[文献] Klein, M. (1935, 1940), Segal, H. (1964/1973, 1981)

層分析

[英] layer analysis
[独] Schichtenanalyse

　層分析は，パーソナリティには層構造 layered stratification があり，精神分析療法は，この層の順序 order にそって分析内容があらわれることを期待しそれを扱っていくべきであるというライヒ Reich, W. の性格分析技法

の原理について名づけられた呼び名であるが，むしろこの原理にこだわり，分析技法を過度に組織化しすぎるライヒに対する批判的な意味合いを込めて用いられた。フェニヘル（Fenichel, O. 1935）は，ライヒアン技法 Reichian technique という言葉を用いて，ライヒの性格分析技法の意義とオリジナリティは評価するが，同時に，「患者の心的な材料が順序正しい層構造をもってあらわれる」というライヒの見解を批判し，ライヒの主張は図式的で，複雑な詳細を無視している。この層の規則性は，たとえ分析家が不正確な解釈を与えたりしなくても，それぞれの患者がそれぞれの程度に崩れるのが常であるという。同じころ，アレキサンダー Alexander, F. (1935) は，もっと真っ向からライヒのこの層分析 layer analysis の考えは分析技法を過度に体系化しようとする彼の好ましくない傾向の産物であると批判した。

そしてアレキサンダーは言う。たしかに無意識の材料が層をなしていることはなじみ深い観察である。フロイト Freud, S. も『ある幼児期神経症の病歴より（ウルフマン）』（1918）で，一次的な攻撃的な異性愛段階が，それらの傾向の過剰な over domestication，さらにマゾヒズム的な受身的同性愛段階によって隠される事実を明らかにした。しかし，このような経験があるにせよ，治療の中での時間的な順序をもったあらわれと，歴史的な層の順序との並行関係が必ずあると決めてかかるわけにはいかない。

さらに，ライヒから直接指導を受けたステルバ Sterba, R. F. は，ライヒのこの層分析に関する考え方を，同じスマイル（にやにや笑い）という性格防衛の態度が，最初は迎合しようとする態度として，次の層では不安の代償として，そして第3の層では優越感の表現としての意味を持っていたことが，にやにや笑いという態度振る舞いの分析を通して明らかになったライヒのあげた事例をあげて説明し，ライヒの「性格抵抗」という概念がどんなに有意義なものであるかを強調した上で，彼の層分析に関する考え方は批判した。たしかにフロイト自身も，表層と深層という言葉を使って共通のことを言っているが，治療の時間的な経過と心的な層の順序が常に対応するという考え方については，ライヒがあまりにも過剰に体系化にこだわりすぎていると述べている。古澤平作の訓練分析家がステルバだったために，このライヒとステルバの論争は，わが国の精神分析技法の歴史とも深いかかわりを持っている。 （小此木啓吾）

[関連項目] 狼男［症例］，古典的分析技法，性格分析，精神分析療法，アレキサンダー，フェニヘル，ライヒ

[文献] Alexander, F. (1935), Fenichel, O. (1935), Sterba, R. F. (1953)

相補系列

[英] complemental series
[独] Ergänzungsreihe
[仏] série complémentaire

神経症の病因について，内因（例えばリビドー固着）と外因（例えば欲求阻止）が，互いに補い合いつつ疾病を生み出している事実を説明するために，フロイト Freud, S. が使用した言葉。神経症は，体質によって惹き起こされるのか，それとも有害な外傷体験によって生じるのか，といった二者択一的な議論は誤っていて，内因と外因が個体によってそれぞれの強さに違いがあるにせよ，共に働いているという。すなわち，神経症の原因において，両者は一方が増大すれば他方は減少するという関係にあり，例えばリビドーが異常な発達をしているために，どんなに恵まれた生活をしていてもいずれ発病すると思われる者から，困難な生活体験に遭遇しさえしなければ発病せずにすんだと思われる者まで，内因と外因の果たす役割はさまざまである。両者は互いに反比例して変化しつつ，共に働いて神経症を生みだすのである。

この相補系列の概念を導入することによって，神経症の原因を，遺伝的体質と，幼児期の体験と固着と，後年の発症契機となる外傷体験との相対的な強さに応じて，一つの系列の中で考えることが可能となった。

現在この概念は，幾つかの要因が互いに反比例しつつ働き，互いに補い合ってある結果を生んでいるような事象について，使用されている。 （馬場謙一）

[関連項目] 神経症

[文献] Freud, S. (1916–1917)

遡行作用　⇒事後性

[英] deferred action

た

退行

[英] regression
[独] Regression
[仏] régression

　退行は，それまでに発達した状態や，より分化した機能あるいは体制が，それ以前のより低次の状態や，より未分化な機能ないし体制に逆戻りすることをいう。フロイト Freud, S. は，失語症の研究（1891）を通して，このジャクソン Jackson, J. H. の進行 evolution と解体 dissolution の理論から影響を受け，退行は，精神分析によって観察された現象を説明する基本概念の一つになった。最初に解明されたのは，『夢判断』（1900）における「局所的退行 topographic regression」で，神経組織の分化，発達に伴う精神機能の発達が，覚醒状態では保たれているが，睡眠状態では退行し，覚醒時の思考では，知覚系から生じた心的興奮が心的装置において記憶系を通って随意運動を支配する前意識系に至るが，睡眠中は，この心的興奮の進行順序が逆行して知覚系の興奮による視覚像として現れると考えられる。このような局所的退行は，幻覚についても当てはまる。

　『夢判断』に 1914 年に付加された記述で，フロイトは退行を区別し，a）図式（心的装置）における逆行の意味での局所的退行，b）以前の心的構成が再びあらわれる時間的退行，c）通常の表現，描写の様式が原始的な様式のものに置き換わる場合の形式的退行の 3 つに区分し，「これら 3 種の退行は根本においては同じものであり，多くの場合，合併している。なぜなら時間的に古いものは同様にその形式において原始的であり，心的局所論においては知覚末端のより近くに位置しているからである」という。

　この観点から見ると，夢における局所的退行は，発達した正常な思考や表現形式が，より原始的な形式に退行するという意味での「形式的退行 formal regression」であり，発達としてみると，より古い段階への退行という意味で，「時間的退行 temporal regression とみなすことができる。さらに時間的退行の一つとして，フロイト（1917）は，性的本能（リビドー）の発達と退行の理論を提起した。リビドーの発達は，その途上で固着 fixation を残すが，一定の発達を遂げたリビドーは，一定の欲求挫折 frustration を契機として固着点に退行する。

すなわち，「欲求挫折」と「固着」が退行を引き起こす二大要因である。この退行したリビドーと抑圧の葛藤が，神経症の症状を形成すると考えられ，さらにこのリビドー退行には，過去のリビドー対象への逆戻りである「対象退行 object regression」とリビドー体制全体の例えば強迫神経症における性器期体制から肛門期体制への退行のような欲動体制そのものの「欲動退行 drive regression」が区別された。さらにフロイトはリビドーの退行に加えて，自我の防衛機制の発達と退行における「自我退行 ego regression」を明らかにし，自我が適応，防衛のために退行をその手段として用いる「適応的退行 adaptive regression」や「防衛的退行 defensive regression」が解明された。そして，これらの発達過程における固着とその固着点への退行（その退行状態に対する神経症的ないし精神病的防衛）によって，神経症や精神病（精神分裂病や躁うつ病）の病型の違いを説明する試みがフロイト，そしてアブラハム Abraham, K. によって大成され，精神分析的な精神病理学の基本的枠組みとなった。例えばヒステリーでは近親姦的な対象への退行，強迫神経症では肛門段階への欲動の退行，うつ病では口愛段階への欲動の退行が起こると考えられた。

　フロイトはしばしば，幼児期の過去が（個体のみならず人類の過去が）われわれのうちに残っているという事実を強調し，「原始的な諸状態はいつでも再生されうる。原始的精神は完全に不滅である」という。フロイトのこの過去への回帰という考え方は，フロイト思想の最も本質的なものの一つであり，反復強迫の概念によってもまた強調されている。その根源的な理由として，初期には，心的外傷と固着が，後期には，反復強迫，そして死の本能論が提起された。

　以上の退行理論は，主として自然発生的な精神病理的現象を理解するための説明概念として発展したが，フロイト以後の精神分析は，「病的な退行」に対して「健康な退行」と「操作的退行」を区別する。例えばアレキサンダー Alexander, F.（1956）は，病的な退行つまり未解決な外傷的段階 unresolved traumatic conflict への退行と，健康な退行つまり葛藤を生ずる以前 pre-conflictual phase の退行を区別するとともに，退行した結果，葛藤のない状態になれる「葛藤なしの退行 conflictless regression」と，かえって葛藤的になる「葛藤的退行 conflictual regression」とを区別した。さらにクリス Kris, E. は，フロイトの「抑圧の柔軟性 Lockerung der Verdrängung」（1917）の概念を手がかりに，「自我による自我のための一時的・部分的退行 temporary and partial regression in the service of ego」と進展の概念を提出し，病的な退行は不随意的（無意識的），非可逆的で自我のコントロールを失った outcontrol of ego 退行であるが，健康な人間の洒落，ウィット，遊び，性生活，睡眠

レクリエーション，その他の退行は随意的（前意識的）可逆的な自我のコントロール下 under the control of ego の退行であるという。中でも，芸術的創作過程で働く昇華機能と結びついた「自我による自我のための一時的・部分的退行」はシェーファー Schafer, R. (1954) によって，「創造的退行 creative regression」と呼ばれる。

以上述べた米国の自我心理学の退行理論によるメニンガー Menninger, K. の治療的退行論に対して，英国の独立学派の，バリント Balint, M., ウィニコット Winnicott, D. W. は，対象関係論の見地による治療的退行論を提示している。バリントは，『基底的欠損 The Basic Fault』(1968) の中で，ある患者はほとんど全体的な退行状態を示すことなく治癒していくが，ある患者たちは全体的な退行状態に陥る。その中には，退行状態の後再び成長を始める患者群（良性の退行の形態 benign form of regression）と，快楽に対する要求が際限なく起こり，治療的に扱えなくなる患者群（悪性の退行の形態 malignant form regression）があるという。良性の退行は，外傷体験の時期よりもっと以前の無邪気な状態 arglos に回帰でき，一次的な関係 primary relationship に退行し，新しい出発を始め，新しい発見へと向かうが，悪性の退行は，絶望的なしがみつきに陥り，止まることを知らない要求や欲求を抱き続けて，嗜癖的な状態になり，新しい出発に達することができない。バリントは，一部の患者が深い悪性の退行状態に落ちる理由として「基底的欠損」という前エディプス期，特に口愛期の対象との依存葛藤が，環境との関係で適切に解決されていない基本的な障害があるためであるという。

ウィニコットは，退行を環境とりわけ母親に対する依存への退行と見なし，ある患者は治療の途中で「真の自己 true self」が突然出現して，乳児の状態まで退行し，治療者も母親としての役割をとらざるを得ず，分析者としての立場を維持できなくなることがある（バリントのいう悪性の退行）が，患者の中には一時的に退行を示して成長していく，いわゆる発達をもたらす退行状態を示すものがあり，その退行は治療的に有意義で，治療者がそれを受容し，いたずらに解釈せず，患者が成長するまで，患者とともにいて待つことの重要さを唱え，基本的にバリントと同様の意見を説いている。ウィニコットは，患者が「偽りの自己 false self」を早期幼児期に発達させたために，「真の自己」を発見しようとして，このような治療的な退行が必要になる場合があるという（バリントのいう良性の退行）。

大別すると，精神分析における退行のとらえ方には，ジャクソンの流れを継ぐフロイトにおける病因的退行としての退行のとらえ方と，ユング Jung, C. G. のように退行の中に進展，そして無意識の創造性を認め，退行を介しての生まれ変わりや再生，根源的な生命力の発揮を見る生命論的な退行のとらえ方の 2 つの流れがあるが，クリスの一時的・部分的退行の概念をはじめ，バリント，ウィニコットの治療的退行論にもユングのそれに近いものがある。さらに，オーストラリアのミアーズ Mears, A. (1963) はこの後者の見地から，外的なストレスから解放されたときに起こる退行先祖返り退行 atavistic regression による自然回復機能 natural restorative mechanism を概念づけている。

特定の心理的操作によって生起させることのできる操作的退行としては，既述した治療的退行に加えて，催眠性の退行，ロールシャッハ・テスト中の一時的な退行などがあるが，これらはいずれもクリスの自我による一時的・部分的退行の一つとして理解される。また催眠性の退行には，暗示によって，現在の立場から過去のある年齢の出来事を思い出したり，その年齢にふさわしい行動をとるような退行（「年齢退行 age regression」）と，暗示された年齢に実際に存在していた行動の型がそのままよみがえってくる復活 revivification が区別される。なお，一般心理学領域では，レヴィン Lewin, K. らは，退行をより分化した機能状態からより未分化な機能状態への未分化化 dedifferentiation として理解し，必ずしもこの退行は，発達経路に従ってより初期の段階へ戻ることを意味しない場合があるという。　　　　　（小此木啓吾）

[関連項目] 外傷，基底欠損，固着，死の本能（欲動），昇華，心的装置，反復強迫，夢，抑圧の柔軟性，アブラハム，ウィニコット，クリス，ジャクソン，バリント，メニンガー，ユング

[文献] Abraham, K. (1924b), Alexander, F. (1956b, 1956c), Balint, M. (1959), Freud, S. (1900, 1914f, 1916–1917, 1917e, 1937b), 岩崎徹也 (1967), Kris, E. (1952), 蔵内宏和 (1956, 1957, 1958), Lewin, K. (1951), Menninger, K. A. (1958), 小此木啓吾 (1985a), Winnicott, D. W. (1965b, 1971a)

対抗恐怖症
[英] counter-phobia

自分が恐れている状況・対象に逆に接触することによって恐怖症を克服しようとすること。高所恐怖症者がパイロットになる，女性との関係を恐怖する男性がかえって積極的に女性と接触する，などが例となる。対抗恐怖症は適応的な場合もあるが，それが「向こう見ず」であれば（危険を無視した運転など）危険な場合もありうる。
　　　　　（桜井昭彦）

[関連項目] 恐怖症

対抗転移　⇒逆転移
[英] countertransference

対象

[英] object
[独] Objekt, Gegenstand
[仏] objet

フロイト Freud, S. において，対象は（1）衝動が目標とするもの，（2）人物を表し，対象選択の場合の，心が向かう他者という 2 つの意味がある。また場合によっては，フロイトの「対象」という言葉は表象と同じような意味で使われる時がある。またフロイト以後の対象関係的な発想をする精神分析では，対象とは内的な下位人格を意味する。その場合，部分対象と全体対象，あるいは対象の間の布置が内的な組織を形成していると考えている。パーロウ Perlow, M.（1995）が指摘しているように，今日，対象という概念は（1）表象（あるいは図式）（2）心的幻想（3）発達的な能力や欠損の 3 つの視点から論じることができるが，フロイト以降の理論はそれぞれ歴史的な経緯からそれらの定義は異なっている。

[歴史的展望] フロイトにはその原型がすべて含まれているが，対象に関する議論の流れは大きく次のように分けることができる。フロイトやフェレンツィ Ferenczi, S. などの初期の理論，第 2 に主に無意識的な幻想の理論化を行ったメラニー・クライン Klein, M.（あるいはクラインとはやや独立した形でフェアバーン Fairbairn, W. R. D.）に端を発する対象関係論，そして第 3 に自我心理学の流れ，そのなかにはサンドラー Sandler, J. など表象理論やジェイコブソン Jacobson, E. などの対象関係論に影響を受けた自我の発達論の人びとが含まれる。またウィニコット Winnicott, D. W. とコフート Kohut, H. は互いに独立してだが，ともに，自己の心理学を研究した立場がある。さらにフランスの精神分析はラカン Lacan, J. が登場することで，まったく独自に，対象（あるいは象徴）という概念を使っている。

[フロイト] 性欲三論文でフロイトは性の衝動に対応する対象と目標とを区別し，それぞれ性衝動の充足のための対象，そして衝動を満足させる行為を目標とした。そして対象と衝動との結びつきを偶発的，恣意的なものと考えていた（この区別はフェアバーンによる，衝動か，対象かという議論を呼ぶ）。また発達的な視点が導入されて，幼児期の心的対象が後々の対象選択に影響を与えるという発想をしている。またシュレーバーに代表される自己愛精神病を研究することで，自己愛を内向化による外的な対象からの撤退と見なしている。さらにメタ心理学的な精神装置論にあって，超自我が下位人格として対象化されたのである。フロイトと同じ線上ではあるが，取り入れについて論じたフェレンツィや部分対象と性心理発達について論じたアブラハム Abraham, K. らが対象を論じている。

[クラインと対象関係論] メラニー・クラインの理論は，イマーゴの理論から内的対象の理論へ移行する時期，内的対象と本能衝動の関係についての理論化の時期，自己と対象に関する理論化の時期があり，それらの理論は児童分析における子どもの表現を無意識的幻想との関連で理解する体験が深化するに従って変化してきた。そのためクラインにとって内的対象は，個人の身体の中にある幻想としての他者を，あるいは対象として知覚される身体感覚を意味する場合，対象にまつわる心的な幻想や記憶，知覚といった高次精神機能を含めたものを心的対象と言う場合，そして深層の無意識的な幻想を本能衝動との関連で理解する場合とがある。ベティ・ジョゼフ Joseph, B.，ビオン Bion, W. といった後継者たちによって，投影同一化などの原初的な防衛が解明・定式化され，内在化された良い対象と悪い対象，部分対象関係の支配している妄想分裂ポジション，全体対象関係の確立にまつわる抑うつポジションといった，対象の分化に関する発達論が導入され，対象関係の全体的布置が理解されるようになった。またフェアバーンはほぼ同時代，しかもクラインとは距離を置きながら，心の構造の中で諸対象がどのような位置づけになっているかを論じた。

[自我心理学] 自我心理学の代表的論客ハルトマン Hartmann, H. は対象恒常性について述べ，マーラー Mahler, M. はその発達研究を行った。その後，うつ病などの重症の精神病を治療したエディス・ジェイコブソンはハルトマンとクラインの 2 人の影響を受け，自己表象と対象表象の分化を定式化，自我理想や超自我について新しい知見をもたらした。カンバーグ Kernberg, O. は自身の境界例の患者たちとの臨床からクラインやフェアバーンの対象関係論を取り入れ，ジェイコブソン流の自我発達論を発展させて，自己表象や対象表象の分化とクライン流の良い対象と悪い対象との関連性を論じた。また自我を中心に対象関係論に与せず表象論のみで自己と対象の発達や構造を語るという立場があり，スピッツ Spitz, R. やサンドラーなどがそこに属する。

[その他] 英国独立学派に属するとされるウィニコットは外的環境との間で心的現象が起きると考えているため，彼の着想にはクライン派や自我心理学とは異なった対象の概念が含まれている。そのため彼の「移行対象」は内的対象ではなく，外的な環境と内部，客観と主観の中間に属している。それゆえ中間に属さない内的な対象は，引きこもりや防衛の産物である。コリガン Corrigan, E. G. とゴードン Gordon, P. E.（1995）は，ウィニコットの言う「心」が精神と身体の連続体から見ると余分な過度に組織化された対象であるという見方から「心‐対象 mind-object」という概念を提示している。ウィニコットとは別にコフートは自己愛障害の治療から「自己対象」という新しい概念を提示している。彼の「自己対

象」についての議論はそれほど明確なものではないが，当初『自己の分析』（1971）で自己対象は自己愛障害の転移関係を理解するために使われていたが，次第に広く内的体験全般を語るために使われるようになっている。まったく別の文脈からラカンは対象 a という独自の概念を呈示している。大文字の「他者」が象徴的なものとするなら，小文字の対象 a は想像界に属していて，穴であり，主体でも他者でもない。　　　　　　　　（妙木浩之）

[関連項目] 移行対象，幻想，自己対象，全体対象，対象 a，対象恒常性，対象選択，表象，部分対象，アブラハム，ウィニコット，カンバーグ，クライン，コフート，サンドラー，ジェイコブソン，ジョゼフ，スピッツ，ハルトマン，ビオン，フェアバーン，フェレンツィ，フロイト, S.，マーラー，ラカン

[文献] Corrigan, E. G. & Gordon, P.-E. (ed.) (1995), Perlow, M. (1995)

対象 a

[英] object a
[独] Objekt a
[仏] objet a

欲望の原因としての対象。不安の対象でもある。ラカン Lacan, J. によって導入された概念で，生の欲求と言語の要求との間に必然的に生じる差異によって構成される。それは，言語によって成り立つ象徴界の欠如を代表するとともに，現実の身体の穴という欠如を占めるべく出現する。ゆえにその代表的形態は，乳房，糞便，声，眼差しとなる。精神分析的な意味での欲動 Trieb は，これらの対象の周りをめぐって主体と他者との間で往還運動を営む。これらの対象は人間の発達にとって不可欠な象徴化の営みを支えるものであり，その点ではフロイト Freud, S. が「フォルト／ダーの遊び」の中に発見した「糸巻き」（『快感原則の彼岸』参照）も，重要な対象 a の一つである。象徴化の副産物として多かれ少なかれ残存する神経症的な幻想においては，これらの対象 a が永続的な働きを及ぼしているのが認められる。ラカンはこの幻想を主体と対象との関係から捉えて $S \lozenge a$（エス・バレ・ポワンソン・プティット・アー）と表現している。

対象 a は，人間が持っている根源的な欲望，すなわち自己の存在の根拠を普遍的な他者の欲望の対象のうちに見出そうとする欲望に答えるものでもある。このとき，自己はすでに普遍的な他者としての超越的な立場から自己の姿を見ようとしている。ここで人が見出すのは，生命の抜け殻のような「もの」であり，現れては消え去るようなはかなさを持つが，それゆえにむしろ「美」として認識され，美学的に重要な「黄金数（黄金比）」も，対象 a の一つに数えられる。このことは，「対象の発見とは，対象の再発見である」というフロイトのテーゼに重なる。

ラカンの分析理論の最後期においては，対象 a は現実界／象徴界／想像界の結び目に位置するものとしてとらえられ，精神分析家が分析において扱うべき真の対象とされた。なお，精神分析の諸理論を鑑みれば，対象 a はアブラハム Abraham, K. からクライン Klein, M. へと受け継がれた「部分対象」から発展したものであり，ウィニコット Winnicott, D. W. の移行対象，コフート Kohut, H. の自己対象などとの関連性も指摘できる。

　　　　　　　　　　　　　　　　（新宮一成）

[関連項目] 現実界／想像界／象徴界，部分対象，ラカン
[文献] Lacan, J. (1964), 新宮一成 (1995)

対象関係

[英] object-relation, object-relationship
[独] Objektbeziehung
[仏] relation d'objet

自己と対象（他者）との関係を表現する用語である。

フロイト Freud, S. もその著作中に何度かこの言葉を用いているが，彼の理論のなかでの対象という言葉は本能欲動の対象という側面が強い。そもそもひとりの人物（たとえば母親）を「対象」という言葉を用いるのは，本能欲動の「対象」という意味合いからである。彼は，『悲哀とメランコリー』（1917）において外的対人関係がこころのなかのふたつの部分による内的関係に置き換えられる，というアイデアを示し，そして，『自我とエス』（1923）においては，両親の機能がこころのなかに取り入れられることを示すなど，対象関係という概念の萌芽となるアイデアを示したが，彼の理論体系のもつ一者心理学的な色彩が対象「関係」を中心的主題とすることに彼を向かわせなかった。だが，精神分析理論の実際的根拠となる精神分析場面がふたりの人間の関係によって構成されていることからみても，対象関係を探求の焦点とする理論的観点が生まれたのは自然のなりゆきといえる。こうして対象関係論は生まれるべくして生まれたが，対象関係への着目はいわゆる狭義の対象関係論学派（英国対象関係論）にとどまらず，自我心理学派にも及んでいる。したがって，精神分析のさまざまな学派がこの用語を用いているため，その含意の水準や領域には微妙な食い違いがある。しかし，どの学派でも対象関係は，実際の対人関係とは概念的に異なるものとして認識され，対人関係と交流しているものとして考えられている。

ジェイコブソン Jacobson, E. によってほぼ完成された自我心理学的な対象関係論において，対象関係は自己表象と対象表象という心的表象のあいだの関係として理論化されている。つまり対象関係は自我の機能の一つとして，早期からの記憶痕跡の蓄積によって構築され，いったん構築されるとその後の子どもの心的体験を組織化す

るシステムとして機能する。サンドラー Sandler, J. はクライン派の考え方を参照しながらこの考えをさらに発展させた。それに対しクライン Klein, M. をはじめとするクライン派は本能の心的あらわれとしての無意識的幻想をその理論の中心としており、そうした幻想を乳房に投影取り入れすることによって、内的なよい対象とわるい対象が最早期から姿を現すと考えた。すなわちクライン派の内的対象関係は実際の体験の記憶の集積ではなく、より本能的生得的なものに規定されている。そしてそれは当初からよい対象関係とわるい対象関係とに分割されており、その統合がクライン派の考える成熟の主題の一つである。

一方、フェアバーン Fairbairn, W. R. D. は、外的対象と自我との諸関係が内在化されることによって、心的構造が生まれると考え、クラインのように内的な対象の起源を本能に求めなかった。また、ウィニコット Winnicott, D. W. は乳児によって外的対象がどのように発見、使用されるかを移行対象という中間的な対象との関係を媒介として明らかにした。　　　　（藤山直樹）

[関連項目] 移行対象、ウィニコット理論、クライン学派、対象、対象関係論、内的対象／外的対象、表象、フェアバーン理論、部分対象

[文献] Fairbairn, W. R. D. (1943), Freud, S. (1917d, 1923b), Hinshelwood, R. D. (1991), Jacobson, E. (1964), Winnicott, D. W. (1951)

対象関係論

[英] object-relations theory
[独] Objektbeziehungstheorie
[仏] théorie des relations de l'objet

[定義と特性] 精神分析での欲動論、局所論、構造論などと並ぶ理論モデルのひとつで、精神内界（内的世界）での自己 self (s) と対象 object (s) の関係の有り様に精神あるいはパーソナリティの構造が優位に規定されているとの考え方である。オリジナルにはフロイト Freud, S. によって提示されたが、クライン Klein, M. の主導のもとに特にイギリスにおいてこの理論モデルが発展を遂げ、今日では英国対象関係論派という呼称が与えられ、アメリカの自我心理学派、自己心理学派、あるいはフランスのラカン派と並び称される独自な対象関係論が展開されるに至っている。

おおまかには、対象関係論は次のように定義できるだろう。外界現実とは区別される精神内界（内的世界）が精神内に三次元的空間を持つ体験の場として想定され、そこでの（複数の）自己と内的対象（群）internal objects の性質と相互交流の在り方が、その個人の感じ方、考え方や振る舞いを規定している、との考えである。つまり個人の外界での言動は、内的世界での対象と自己との関係の表出、あるいは外在化といった側面としてとらえることができるとするものである。この対象関係論と混同されやすいものに対人関係論 interpersonal relations theory があるが、このモデルは外界での個人の対人関係の有り様そのものにパーソナリティの特徴がそのままあるとし、内的世界を想定しない点において対象関係論とは一線を画している。

[フロイトの対象論] フロイトは『悲哀とメランコリー』（1917）で、正常な悲哀でもメランコリー（精神病性うつ病）においても、外界での愛する対象の喪失がそれらの状態が現れてくる起因となるのだが、その対象喪失の苦痛ゆえに外界への関心は失われ、その失われた愛する対象が内在化された内的対象にその個人のリビドーが注がれ続けると述べた。このようにフロイトは、内的対象を明瞭に描き出したのだが、それはリビドーという本能欲動の目標物としての内的対象であった。

[英国学派の対象関係論] この内的対象論が、イギリスでフェアバーン Fairbairn, W. R. D. やクラインらによって批判的に展開されていった。クライン（1932）は子どもたちとのプレイ・アナリシスの体験に基づいて、遊びとして表出される意識的無意識的ファンタジーを現実外界でのその子の体験と識別した。その結果、外界や外界対象とは異なる、個々人の持つ内的世界とそこに棲む内的対象の存在を確信した。ちなみにここでの対象は、人らしい形態や視覚的イメージとは限らない。たとえば母親の乳房の舌触りや匂い、母親の腕の暖かみ、自分の便やよだれふきなどなどその個人の五感すべてでの体験を通して内界に構成されている。クラインはこれらを部分対象 part objects と名付けた。そしてこれらの部分対象と、それに対応する部分自己のそれぞれの統合がその個人のパーソナリティの成熟をもたらすと理解した。クラインは対象関係論をこのように重視していたが、同時に本能論にも重きを置いており、とりわけ生の本能と死の本能という本能二元論を積極的に支持していた。生来の破壊欲動が幼児の精神の成長を促す促進因子のひとつであると考えた。クライン以降の英国の精神分析家がクラインの考えに多かれ少なかれ影響を受けているのは間違いないところであるが、そこからフェアバーン、バリント Balint, M.、ウィニコット Winnicott, D. W.、ガントリップ Guntrip, H. やボウルビィ Bowlby, J. らは、本能活動よりも心的発達での母子の交流を重視する対象関係論を批判的に展開していった。一般にはクライン・グループの考えを含めて英国対象関係論と称されるが、後者の分析家たちを狭義の対象関係論者と呼ぶ。いわゆる英国インディペンデント・アナリスト・グループ group of the independent analysts に所属する人たちである。一方今日でもクライン派ではスィーガル Segal, H.、ビオ

ン Bion, W. らにおいても本能論は保持されている。

　フェアバーン（1941）は，リビドー発達での退行が病理をもたらしているのではなく，分裂した 3 つの自我（サザーランド Sutherland, J. D. やガントリップらは自我を自己に置き換えている）が，それぞれに対応している 3 つの対象との間での口唇的依存葛藤を操作的に扱うことで病理を発生させると，対象関係に重点を移した。さらに「リビドーは（古典理論にあるような，快感希求ではなく）もっぱら対象希求である」（1944）と明言した。こうして彼は超自我，自我，エスからパーソナリティがなるとの構造論を放棄し，心的エネルギーも自我の力動的構造に内在されているものとして，自我（自己）の対象との関係からなる対象関係モデルを一義的に取り出した。後継者のひとりガントリップ（1971）はそれを対象関係的思考と呼んでいる。またこうした内的世界の構成を，クラインはフロイトを継承してその主体の本能活動を基盤とする一者心理学としてまとめたのに対して，フェアバーンは幼児期の母子関係の交流に力点をおく二者関係でとらえた。これはウィニコットやボウルビィらに引き継がれていった。（ちなみにクライン派もビオンの貢献で二者心理学へと発展した。）ウィニコット（1953）は一者関係から二者関係への移行を外界対象からの内的対象の識別とも重ねて，移行対象や移行空間という概念を使って語り，ボウルビィ（1969）は幼児の母親への愛着と喪失の体験の直接観察から母子の情緒交流のパーソナリティ発達への影響を同定した。

　これらのイギリスの対象関係論はアメリカでもボーダーライン・パーソナリティの理解と治療に活用された。マスターソン Masterson, J.（1972）やリンズレー Rinsley, D.（1982）はボーダーライン治療の活路を病的対象関係の理解に見出したが，基底には自我心理学を置きながらもフェアバーンの理論を好んで活用している。

　[自己心理学での対象関係論] アメリカでの自我心理学に根差した対象関係論の発展も見逃すことはできない。ハルトマン Hartmann, H.（1950）の自我機能に関する研究を引き継いで，ジェイコブソン Jacobson, E. は，『自己と対象世界』（1964）において自我発達のひとつの大きな分脈としての自己表象と対象表象の発達的変遷を詳述した。すなわち原初的な自己からシステム自我が発達してくるが，この自我の中に自己表象と対象表象とが形成される。これがジェイコブソンの言う自己と対象世界であり，それが「自我の鏡」となる。この自己表象と対象表象に準拠しつつ，自我は外界体験を統合していく。つまり不連続で断片化している自己や対象のイメージが次第にそれぞれに統合されていく過程が進んでいく。続いてマーラー Mahler, M.（1975）は，小児精神病と乳幼児期の母親との分離‐個体化過程の観察から自己表象と対象表象の分化段階を精密に検討した。この考えはカンバーグ Kernberg, O.（1976）に引き継がれた。カンバーグはおもにボーダーラインの治療体験から自我心理学にクライン派対象関係論を摂取させようと試みた。性格病理の構造を規定するものとして本能，超自我の発達，自我の防衛メカニズムの変遷とともに，クラインやマーラーの発達理論を援用した内的対象関係の変遷に重要な位置を与え，これらによって三水準の性格病理が区別されることを示し，精神病，ボーダーライン，神経症の病理構造の発達的識別を試みている。

　[自己心理学での対象関係論] アメリカにおいて自我心理学を批判する形で台頭してきたコフート Kohut, H. の自己心理学の中でも，自己と対象との関係は重要な位置を占めている。だがここでは，対象よりも自己の発達に重きが置かれている。ナルシシズムの健全な発達に裏打ちされた自己と自己対象 selfobject（誇大自己 grandiose self と理想化された親イマーゴ）関係から健康な自己の発達が展開していく。

　[国内の発展] わが国において牛島（1988, 1996）は英国対象関係論，とくにウィニコットの考えを基礎に置きながらも，情緒発達過程で子どもがみずから創造した理想的な父親像を「前エディプス的父親」と新たに位置づけるなど，独自の対象関係論を展開している。

〔松木邦裕〕

　[関連項目] アタッチメント，イマーゴ，ウィニコット理論，境界パーソナリティ構造，クライン学派，自己心理学，自己対象，前エディプス的父親，対象，対象関係，対象選択，独立学派，内的世界／外的世界，内的対象／外的対象，ビオン理論，表象，フェアバーン理論，分離‐個体化，よい対象／わるい対象，カンバーグ，バリント

　[文献] Bowlby, J.（1969–1980），Fairbairn, W. R. D.（1952），Freud, S.（1917d），Guntrip, H.（1971），Jacobson, E.（1964），Kernberg, O. F.（1976），Klein, M.（1932），Kohut, H.（1971），Mahler, M S., Pine, F. & Bergman, A.（1975a），Masterson, J. F.（1972），松木邦裕（1996），小此木啓吾（編）（1979b），Rayner, E.（1991），Rinsley, D. B.（1982），牛島定信（1988, 1996b），Winnicott, D. W.（1971a）

対象恒常性

　[英] object constancy

　ハルトマン Hartmann, H.（1952）が提起し，マーラー Mahler, M. が情緒的対象恒常性 emotional object constancy の概念へと発展させた，外的対象の在・不在を超えて，一貫し，安定した対象への信頼と愛情を抱くことが可能な子どもの対象関係のあり方を記述する概念である。はじめハルトマン，アンナ・フロイト Freud, A. は，欲求の状態に関係なく永続性のある対象，つまり欲求充足的対象 need satisfying object を超え，対象との間

に欲求不満がおこったり攻撃性が向いたりしても，存続し続ける対象として定義した。

ハルトマンは，対象恒常性に認知的側面と欲動的側面があるという。認知的側面では，対象が目の前にいないときでもその心的表象が持続するという，ピアジェ（Piaget, J. 1937）のいう対象永続性の達成を必要とする。欲動的側面では，攻撃衝動とリビドーとの中性化を前提とする（Hartmann, H. 1952）。さらにマーラーは，その分離-個体化の研究で，24-36カ月の子どもが肛門期のアンビバレンスを受容できるようになったときに，情緒的対象恒常性が成立するという。対象恒常性の成立には，まず対象についての安定した心的表象が必要で，「良い」感情と「悪い」感情とが統合され（Jacobson, E. 1964：McDevitt, J. B. 1971），この母親の表象によっておおむね肯定的な感情が生じ，母親が実際にいるのと大体同じような安心感や心地よさを子どもにもたらすようになる。マーラーは「対象恒常性という言葉でわれわれは，実際に母親が養ってくれたり，気持ちよくしてくれたり，かわいがってくれるなど，リビドー的に役立つのと同じように，精神内界の心的イメージが子どもの役に立つということを意味している」という。対象表象に付加的なこのリビドー的側面と，純粋に認知的な表象とを区別するために，精神分析家たちはリビドー的対象恒常性という言葉を使うようになり，さらにマーラーは，情緒的対象恒常性という概念を用いるが，それは，一貫した，積極的に備給された，母親の内的イメージが次第に内在化することによって成立する。

マーラーの分離-個体化論では，再接近期（生後ほぼ3年目）はとりわけ重要な精神内界発達の時期で，その過程を通過することで，より安定した情緒的対象恒常性と内的な実体感 sense of entity（自己境界）が達成されるが，この情緒的対象恒常性は，愛情対象が不在のときに，その表象を保持すること以上のものを意味している（Mahler, M. S. 1975b：Mahler, M. & Furer, M. 1968 参照）。それは「良い」対象と「悪い」対象を一つの全体としての表象に統合することをも意味している。そしてこのことが攻撃衝動とリビドー的衝動との融合を促進し，攻撃性が高まったときには対象に対する憎悪を和らげる。対象恒常性は成熟した対象関係の発達における最終的な段階とみなされねばならないという。　　（小此木啓吾）

[関連項目] 再接近期危機，対象表象，分離-個体化，欲求充足的対象，ハルトマン，フロイト，A.，マーラー

[文献] Freud, A. (1963), Hartmann, H. (1952), Jacobson, E. (1964), Mahler, M. S. & Furer, M. (1968), Mahler, M. S., Pine, F. & Bergman, A. (1975b), McDevitt, J. B. (1971), Piaget, J. (1937)

対象選択

[英] object-choice
[独] Objektwahl
[仏] choix d'objet, choix objectal

愛の対象としての特定の人物，または特定の人格のタイプを選択する心的過程を言う。フロイト Freud, S. は『性欲論三篇』（1905）で，この言葉を導入したが，その後，この用語は精神分析で広く用いられるようになった。そこでフロイトは，対象の選択は2期に分かれ，第一段階は，2歳から5歳までの間に始まり，潜伏期によって休止もしくは退行させられるという。これはその性目標が小児的な性質を持つことを特色としている。第二段階は思春期とともに始まり，性生活の確定した形態を決定する。小児が行う対象選択の結果は後年に至るまではっきりとその跡を残す。これらの結果はそのままで保存されるか，または思春期に至って更新されるかする。それらはしかし，両段階の中間的に発達してくる抑圧のために，その性目標はある緩和を経験し，そして今度は，性生活の情愛のこもった zärtlich な流れとでも言いうるような傾向を見せてくる。こうした情愛の濃やかさ，崇拝，尊敬などの背後に，小児的な部分欲動という，いまでは用いられなくなった古い性的活動がひそんでいる。思春期の対象選択は小児的な対象を放棄して，新たに官能的 sinnlich な流れとして発足しなければならない。この2つの流れが一致しないと，一切の熱望をただ一つの対象に統合しようという性生活の理想の一つがかかげられない，という結果が非常にしばしば起こってくる。ここで言う対象は，愛の対象という意味で，しかも，幼児的な理想化を受けている。「対象選択」という用語は，一定の人物を指す場合（たとえば「彼の選択対象は父親に向けられている」）と，一定の対象のタイプを指す場合（たとえば「同性愛的対象選択」）があるが，さらにフロイトは『ナルシシズム入門』（1914）の中で，依託型と自己愛型の2つを明らかにした。依託型対象選択 analytic object choice は，かつて母親にしてもらったように，受身的・依存的な欲求をみたしてもらったり，象徴的な意味で養われ守られたいという願望に基づき，自己愛型対象選択 narcissism object choice は，こうありたいと思う自分や，かつて自分の一部だと思っていた人物に基づいて行われる幾つかの点で過大評価されている。これらの対象は理想化された対象 idealized object なのである。

（小此木啓吾）

[関連項目] 異性愛，自己愛〔ナルシシズム〕，潜伏期，やさしさ，幼児性欲

[文献] Freud, S. (1905d, 1912c, 1914c)

対象喪失
[英] object loss

　欲動，愛，依存または自己愛の対象を失う体験を言う。それは，現実の人間のみならず，幻想の中の存在，抽象的な存在，重要な象徴的な意味を持った存在，自己自身および自己の身体などについて体験される。近親死のような現実の人間の死や別れなどの外的な対象に関する外的対象喪失と，内的な対象表象（例えば過剰に備給されていたり，理想化された）に関する脱備給 decathexis やウィニコット Winnicott, D. W. のいう脱錯覚 disillusionment による内的対象喪失がある。ボウルビィ Bowlby, J. は，再会を期待している一時的な対象の不在 absence に分離不安を抱いている体験を分離 separation と呼び，再会を期待できなくなる絶望体験を喪失 loss と呼んだ。クライン Klein, M. は，幻想の中で自己の破壊性を向けることによる対象の（破壊）喪失に対する不安を抑うつ不安と呼び，ボウルビィは，乳幼児における母性的養育者ないし養育環境の喪失を母性剥奪 maternal deprivation と呼んだ。思春期には，幼児期に形成された理想化された父母像に対する脱備給や脱錯覚による内的対象喪失が起こるが，自己の死を予知する際には，自己愛の対象としての自己を失う死の予期による内的な対象喪失が起こる。悲哀 mourning は，対象喪失に対する正常な反応であるが，対象との間に深刻な葛藤があったときには，抑うつ，軽躁的高揚，喪失対象との同一視に基づく精神症状や身体疾患の増悪などの病的な反応が起こる。

　自己と分化した対象か，自他未分化，自己愛的同一化の対象かが，対象喪失による反応の質を規定する。フロイト Freud, S. (1917) は，正常な悲哀の心理過程と，病的なメランコリーの過程を比較し，両者の対象喪失とその反応の違いを論じ，メランコリーの場合には，対象喪失がイコール自我喪失 ego loss になるという。つまり，正常な悲哀の過程の場合には，失った対象と自己の分化が成立した精神水準における対象喪失であり，そのレベルではじめて悲哀の仕事が可能である。これに対してメランコリーの場合には，対象と自己が，対象喪失以前に情緒的に未分化であり，対象喪失が自己喪失になる点に，その病理の根源があるという。対象喪失に伴う心的な反応として，とりいれ，同一化，不安，怒り，そして mourning がある。フロイトは，対象の喪失や対象への愛情の喪失は，自我にとって危険な状況であり，不安をもたらすと考えたが，ボウルビィは，mourning の第一段階としての不安反応をあげた。

　ストレス学では，対象喪失，例えば配偶者の死，離婚，子どもにおける親の死などは，ストレス値の高いストレス因 stressor として研究され，ボウルビィに始まりパークス Parkes, C. M. が発展させた対象喪失研究は，精神神経免疫学ないし精神腫瘍学，そしてストレス学と精神分析学を結ぶ接点をなしている。　　　（小此木啓吾）

　[関連項目] 依託抑うつ，自己愛〔ナルシシズム〕，死別，剥奪，悲嘆反応，メランコリー，喪の仕事〔悲哀の仕事〕，抑うつポジション，ウィニコット，キューブラー‐ロス，クライン，フロイト, S.，ボウルビィ

　[文献] Bowlby, J. (1960, 1961, 1969–1980), Freud, S. (1913a, 1917d, 1926a), Freud, S. & Breuer, J. (1893–1895), Klein, M. (1940), Parkes, C. M. (1970b, 1972), Spitz, R. A. (1945, 1946, 1949), Winnicott, D. W. (1971a)

対象の使用　⇒ウィニコット理論
[英] use of object

対象表象　⇒表象
[英] object representation

対象リビドー　⇒自我リビドー／対象リビドー
[英] object-libido

対人関係論
[英] interpersonal theory

　対人関係論は，1930年代からアメリカの対人関係学派によって展開されてきた精神分析理論である。古典的な欲動理論にあき足らずフロイト派を離れたフロム Fromm, E.，フロム‐ライヒマン Fromm-Reichmann, F.，トンプソン Thompson, C. M. らの分析家たちにサリヴァン Sullivan, H. S. が加わり，対人関係学派の礎が形成された。対人関係学派の理論は，ホーナイ Horney, K. の理論と合わせて，新フロイト派，文化派として分類されている。1943年には対人関係学派の研究所であるウィリアム・アランソン・ホワイト・インスティテュートが設立された。

　対人関係論という単一の理論はないが，対人関係論の理論家たちは共通の知的認識をもっている。それは人間の動機づけに関して欲動を一次的なものとはみなさず，人間の体験や心の成り立ちについて社会的文化的な文脈を重要視する考え方である。その基本的認識は，「精神医学は人と人との間で起こっている過程についての研究である。精神医学の領域は対人関係の領域である。パーソナリティとは，その人が生きて生活している複合的な対人関係の場からは決して分離することのできないものである」というサリヴァンの言葉にもっともよく表現され

ている。対人関係論は，生成論的には心の成り立ちを人と人との関係性から導き出すとともに，心的内界についての憶測を可能なかぎり排して，治療論的には患者と他者との間での対人関係の実際のやりとりを重視する技法を生み出して，フロイト派の人間理解とは一線を画する人間理解のモデルを提出した。分析過程を被分析者の欲動と欲動派生物の展開の場としてとらえる古典的フロイト理論とは対照的に，分析者と被分析者の交流に焦点を当てる対人関係論は，転移と逆転移，分析状況の取り扱いについてより積極的な接近法を採用した。逆転移の治療的活用についてもより自由な立場をとり，1950年代から1970年代にかけて，タウバー Tauber, E. S.，シンガー Singer, E.，ウォルシュティン Wolstein, B.，レベンソン Levenson, E. A. らが，分析者と被分析者の相互交流の理解に関して重要な貢献を行った。

　古典的フロイト派とは相容れない認識的枠組みに立脚した理論であるために，対人関係学派は古典的フロイト派からは排斥され，無視されてきた歴史をもつ。しかし対人関係論は，アメリカの力動的精神医学に水面下で大きな影響を与え続けてきた。近年のフロイト派の側からの分析状況の中での関係性のもつ意味への注目の増大を受けて，対人関係論とフロイト派理論との対立は急速に薄まってきた。理論間の相互検討と対話が始まりつつある。対人関係学派のなかからも，関係的な精神分析の諸理論の統合的な再公式化をめざすミッチェル Mitchell, S. A. やグリーンバーグ Greenberg, J. R. らの理論家が現れてきている。

（横井公一）

　[関連項目] ウィリアム・アランソン・ホワイト・インスティテュート，関与しながらの観察，新フロイト派，選択的無視，チェスナット・ロッジ病院，サリヴァン，フロム，フロム-ライヒマン，ホーナイ

　[文献] Lionells, M., et al. (ed.) (1995), Stern, D. B., et al. (ed.) (1995)

対人恐怖

　[英] anthropophobia, fear of interpersonal situation, social phobia

　[独] anthropophobie

　[仏] anthropophobie, phobie du situation interpersonnel

　対人恐怖は，主として恐怖や不安のために対人関係の在り方に関して困難を抱える状態であり，思春期や青年期前期に発症することが多いとされる。初めて本格的な治療に取り組んだのは森田正馬だが，対人不安のような軽度のものから，強迫神経症様のもの，敏感関係妄想を伴った重症のものや，自己臭恐怖，醜形恐怖，自己視線恐怖等を合わせもつものなどがあり，診断的にも多様で，さまざまな病理学的理解が提出されている。「恥の文化」と言われる日本で多く見られると言われ，欧米における社交恐怖 social phobia 等と比較される時は，相互依存に価値を置いて主客未分化となりやすく，恥と自律，あるいは依存と自立の葛藤が生じやすいところでの，「自分」や個の確立の失敗だとされることが多い。一例としては，鑢幹八郎が，恥の問題をアモルファスな自我構造や，皮膚自我の敏感さなどの観点から考察している。リビドー説に基づく理解は，山村道雄（1933）が対人恐怖に取り組んだがこれは赤面恐怖を性器の興奮の転換症状であると捉えるものであり，同様に肛門期的な観点からでも自己の露出願望とその露出不安という形で理解できる。その後，対象-自己関係への関心が高まるとともに，自己心理学の発展によって，対人恐怖症を自己愛の病理として考える視点が生まれ，抑圧されたものの露呈に対する抵抗だと恥を捉えただ取り除こうとするのではなく，傷つきやすい人間に本質的なものと理解して共感するという態度が提示されるようになった。この視点は，すでに多くの日本の研究者によって紹介されているが，その代表的論客である岡野憲一郎の考察では，彼らは自己愛人格障害の特徴である自己顕示性と，その傷つきを過度に恐れる弱い恥ずかしい自己の間で安定できない状態である。そこで分割された自己とは，境界例のような悪い自己と良い自己の二重性ではないし，罪悪感も対象を分離する時の罪悪感（分離罪悪感）である。そして自己愛の病理には，周囲を気にしない誇大的なものが前景に出る場合と，消極的で過剰に気にかける対人恐怖様のものがみられるが，ギャバード Gabbard, G. のいう後者の「過敏型 hypervigilant」の自己愛人格障害が対人恐怖と類似した特徴をもつと指摘されている。治療関係では鍋田恭孝が記述するように，理想化と幻滅が繰り返されて，対象関係の安定化を目指すことが課題となろう。

（北山　修）

　[関連項目] 自己愛パーソナリティ，視線恐怖，神経質，恥

　[文献] Gabbard, G. O. (1994), 北山修 (1988), 鍋田恭孝 (1997), 小川捷之 (1978), 岡野憲一郎 (1998), 鑢幹八郎 (1998), 山村道雄 (1933)

体内化

　[英][仏] incorporation

　[独] Einverleibung

　呑み込みとも訳出される。フロイト Freud, S. が1915年に使い始めた用語である。主体が対象のある性質を内在化していく過程に当てはまる心的活動のひとつであるが，体内化はその原始的具体的水準での心的活動である。意識的無意識的原初空想において，主体はおもに口唇的に対象の具体的特性を具体的に呑み込んで自己に同化させる。たとえば，ミルクをくれるよい乳房を空想的にそ

のまま呑み込んでしまうごとくである。つまり体内化は身体的な水準で機能している精神による食人行為 cannibalism と言い換えることができる。この体内化は個人の成熟とともに、より洗練され、抽象的な心の機能として体験されるようになる。この機能水準を含めてとり入れ introjection と総称されるが、内在化の過程を表している。体内化はこのように原始的な心的機制であり、乳児や精神病水準の人たちにその活動を見ることができる。クライン Klein, M. は幼い子どものプレイ・アナリシスを通して体内化の様子を観察している。体内化は口唇帯の機能に限定されるものではなく、肛門帯や性器（膣）帯による体内化も空想的に体験される。しかしながら体内化ととり入れ、内在化、同一化という用語はそれらの区別をあいまいにしたまま使用されることも少なくない。とり入れ同一化という用語はあるが呑み込み同一化という用語がないことにあるように、体内化は同一化の側面をすでに含んでいると見ることもできる。また、とり入れの主観的体験感覚が体内化であるとの考えもある。 　　　　　　　　　　　　　　　　　　　　（松木邦裕）

［関連項目］口唇期，同一化，取り入れ，内在化

［文献］Abraham, K. (1924b), Freud, S. (1915) 性欲論三篇への追加, Hinshelwood, R. D. (1991), Klein, M. (1932)

対面法

［英］face-to-face method

言うまでもなく、日本における分析的治療や力動的面接でもっとも多用されている面接方法である。対面という表現に示される相手を直視した位置関係ではなく、リラックスできる椅子を用いて斜め横に座るとか、机の角を挟んで90度の関係になる90度法や、共同観察 joint observation のための横並びの姿勢が活用されている。このような対面法の場合、視野は広がり、転移が劇化される治療空間が現実的な部屋全体やその周辺に広がってゆく傾向がある。これに対して、寝椅子において精神内界への焦点づけを行う自由連想法の場合は、視覚的刺激が少なく言葉が主要な交流媒体と化し、二人の主体に共有される「間（あいだ）の空間」が主たる交流の場となり、言葉によるやりとりで展開を紡ぎ出すのに最適であるとされる。姿勢としても自由連想法では仰臥法であり、退行促進的で、内容も非現実的なファンタジーなどを分析して精神内界に深く関わっていく。また、直線的時間を無限に延ばして、円環的時間を何度も反復させる「毎日分析」の方法は、無時間の感覚をもたらしやすいので、無時間を特徴とする無意識への接近には目的にそうものである。しかしながら、日本では週1回のセッションを基本とする状況が多く、依存の葛藤や不安の強さのために治療者のいるところで「横になること」が困難な重症

患者を治療せねばならない。そのため、なかなか退行促進的な治療を設定できないので、現実的な「いま、ここ」の転移分析と取り扱いに関心が集中し、分析者が外的、現実的に出会う対面法を積極的にとる傾向がある。ここには、投影が活発で無意識的内容が外に漏れ出ている人たちや、抵抗や自我境界の脆弱な人たちから、必要以上に抵抗を取り上げるべきではないという発想があり、積極的に横臥の姿勢が避けられ、対面法がすすめられ、ときには潜伏性精神病の発病を防止しようという意味合いがある。対面法では自由連想と比べ、内容的にも言語的な交流よりも非言語的な要素が増し、表情や態度を含めて視覚的な交流が活発となるわけで、輸入された精神分析理論の応用だけではなく固有の治療論が求められるところである。 　　　　　　　　　　　　　　　　（北山　修）

［関連項目］自由連想法

［文献］北山修 (1993c), 小此木啓吾・岩崎徹也・橋本雅雄・皆川邦直編著 (1981)

大洋感情

［英］oceanic feeling
［独］ozeanisches Gefühl
［仏］sentiment océanique

人間はいつかは死ぬ存在であり、強靭な自我は「死に向かう自己」を常に自覚した存在でなければならない。人間が危険に対する安全感を求めるには、脆弱な自我が対処し切れぬ現実の危険を否認し、自らを理想化するためのおびただしい幻想が必要である。

ロマン・ロラン Rolland, R. は、フロイト Freud, S. の『ある幻想の未来』(1927) を寄贈されたことに対する回答として、1927年12月5日付のフロイトへの便りの中で、宗教をこのような幻想の所産とみなすフロイトに対する答えとして、生への愛の源泉となる"永遠なるもの"への感情を「大洋感情」と呼んだ。それは、宗教を信仰する本質的源泉となる絶対的なもの、無限なものに対する独自の感情、つまり永遠なるものの感覚を意味する。この感情は主観的なものであるが、無数の人びとの中に偏在する宗教的エネルギーの源泉となっている。ロランはこの手紙の中で、フロイトがこの種の大洋感情の価値を認めていないと述べ、フロイトはこれに対して『文化への不安』(1930) の中で、この「大洋感情」を自分の中に発見することができないと語っている。さらに彼は、この「大洋感情」は、人間が外界全体に共属するという感情を表し、自我が外界から分化する以前の一次的自我感情への憧憬であり、無制限的な自己愛の回復つまり自我の全能的な拡大への希求である、としている。 　　　　　　　　　　　　　　　　（小此木加江）

［関連項目］万能，ナルシシズム

[文献] Freud, S. (1930a)

代理形成
[英] substitutive formation
[独] Ersatzbildung
[仏] formation substitutive

　フロイト Freud, S. は神経症の症状の意味を検討する過程でこの心理機制を明らかにした。自我にとって危険な欲動から逃避するため，防衛機制である置き換えや圧縮を用いて，危険な無意識的内容を意識可能な別の表象に置き換えることをいう。症状と同様に失錯行為，機知は代理形成物である。リビドー経済論から見ると，代理形成は自我を脅かす欲動の表象を置き換えることで緊張を緩和し，形成された症状を通して代理の満足をえることと，無意識的内容がある一定の連想により置き換えられ，圧縮されて作られる象徴的代理の 2 つの意味がある。
　フロイトは『制止，症状，不安』(1926)において神経症の症状形成を「衝動過程の代りに作りだしたところの代理の形成である」としている。また「防衛‐神経精神病」(1894)では「強迫観念は和解しがたい性的表象の代理または代用品」と記述されている。　（島村三重子）

[関連項目] 圧縮，置き換え，失錯行為，防衛機制
[文献] Freud, S. (1894, 1916–1917, 1926a)

対立物への（欲動の）逆転　⇒逆転 [反対物への]
[英] reversal into the opposite

妥協形成
[英] compromise-formation
[独] Kompromißbildung
[仏] formation de compromis

　催眠療法によって覚醒時には想起することのできない情緒記憶（心的外傷）が再現されると，ヒステリー患者の症状が消えるということを知ったフロイト Freud, S. は「無意識」という概念を発見し，やがて抑圧の機制を論じるようになった。そして神経症症状は，抑圧によってその無意識内容が患者の自我を脅かすのを守ると同時に，ある程度無意識の欲動をも満足させるという，いわば「妥協形成」によって成立しているという仮説を立てた。また，したがってその内容の意識化によって神経症は治ると考えた。これが精神分析の理論および治療技法の出発点である。以下の記述はこの「妥協形成」という用語の本質を最も端的かつ的確に表現し尽くしている。
　「抑圧されたものが，症状，夢，さらに一般的には無意識のあらゆる産物へと回帰するさいに，意識に容認されるために借りる形式。そこでは，抑圧された表象は，防衛により，それとはわからなくなるまで歪曲されている。このようにして，ひとつの形成物で——ひとつの妥協において——，無意識的欲望と防衛上の必要とが同時に満たされているのである。」(Laplanche, J. & Pontalis, J. B. 1967)
　妥協形成は，症状や夢の他，空想，性格傾向，失錯行為など多くの形をとって現れる。人の行動の多くが（葛藤外の領域のものを除いては），ある意味で何らかの妥協によって決定されているとも言える。妥協形成はまた分析過程などで一時的な現象として見られるものから，個人の超自我の構成要素などの重要な役割を果たすものまで，さまざまな形がある (Brenner, C. 1982)。
（橋本元秀）

[関連項目] 葛藤，症状形成，転換，抑圧
[文献] Brenner, C. (1982), Laplanche, J. & Pontalis, J. B. (1967)

多形倒錯
[英] polymorphous perversity
[独] Polymorph-pervers
[仏] perversité polymorphe

　フロイト Freud, S. が『性欲論三篇』(1905)で示した幼児性欲の理論の中核にある概念で，幼児期の正常な発達において子どもはさまざまな性倒錯的な傾向を示すと考えている。フロイトはマックス・デソワール Dessoir, M.，アルバート・モル Moll, A.，ハヴロック・エリス Ellis, H. H.，カール・グースといった同時代の性科学者たちの意見を取り入れながら，幼児性欲の理論を組み立てたが，そのなかで倒錯が規範からの逸脱なのではなくて，正常な発達において発見できると考えるようになった。幼児期は性欲がリビドーというエネルギーが性感帯を介して発達していく中で，段階的に組織化されるが，その段階的な組織化のなかでの性は部分的な構成要素であるために，子どもはさまざまな性倒錯の傾向を示す。思春期に入ると，それらの構成要素は性器部分が優位になって，その周囲に組織化されるようになる。そのため逆に言えば，幼児性欲は基本的に倒錯的であると言える。それゆえ大人の性倒錯は，幼児性欲の一つかそれ以上のものへの固執として説明される。部分衝動は快感の前駆体として残るので，大人の性生活でも倒錯的な傾向は多かれ少なかれ発見できる。当初フロイトは，神経症をはじめとする病的な症状をこうした性心理発達の性的な衝動転換の逸脱の視点から説明しようとしていたが，その後メタ心理学的に倒錯が精緻化されるに従って，大人の倒錯は神経症とは別の道を辿って形成されると考えるようになった。
（妙木浩之）

[関連項目] 精神 - 性的発達，倒錯，幼児性欲
[文献] Sulloway, F. (1979)

多元解釈〔重層的解釈〕

[英] overinterpretation
[独] Überdeutung
[仏] surinterprétation

もともと夢の解釈にあたって，最初に行われた解釈があって，後から別の解釈を思いついてそれが付加される場合，その二次的な解釈についてこの言葉が用いられた。多元解釈が存在するのは，夢が多元決定されているからである。ただフロイト Freud, S. では，この言葉は微妙な使われ方をしている。まず連想が広がっていけば，その分だけ分析家が新しい解釈を発見することがあるが，この解釈をフロイトは多元解釈と言う。あるいは後から発見される解釈が「深い」ということも有り得る。というのも分析主体のさまざまな言説というレベルから無意識的幻想というレベルまで夢の解釈は多層的になっているために，連想が広がって後から発見された解釈の方が，以前に比べてより無意識の全体像を明らかにしていると言えるからである。ただフロイトは最終的には多元解釈を受けることのない，純粋な夢の臍，中核的な主題が発見されるはずであると語っている。この点ウェルダー Waelder, R. らが多元機能の原理で述べたこととは反対に，多元解釈はどこかで終り，一つの最終的解釈に至ると考えていた。そのためその後の精神分析家たちは「多元解釈」という言葉をあまり使わないが，使われる場合にはその解釈が危険なことで，多元解釈が発見されるということは分析が不十分であったという意味で使われることが多い。そのため「多元 ober＝over」という訳語が本当に良いかどうかは疑問の余地がある。　　(妙木浩之)

[関連項目] 解釈，多元機能の原理，多元決定
[文献] Freud, S. (1900)

多元機能の原理

[英] principle of multiple function
[独] das Prinzip der mehrfachen Funktion
[仏] principe de fonction multiple

ウェルダー Waelder, R. (1936) によって提唱された概念。あらゆる心的行為は，ただ一つだけではなく，複数の問題を同時に解決する試みとして捉えられる（あらゆる心的行為には複数の意味がある）という考え方。フロイト Freud, S. の重複決定の概念を補完する概念として提出されたもので，ある意味では，局所論的な枠組の中で記述された重複決定の概念を構造論的枠組で捉え直し，整理した概念とも言える。ウェルダーは，葛藤が生じ得る領域として，イド（欲動満足），超自我（良心），外界（現実適応），反復強迫の4領域を挙げ，これら4領域と自我の間，4領域相互の間，4領域それぞれの内部のいずれにも葛藤が起こり得るとした。また，その葛藤（例えば欲動満足を志向するイドと欲動コントロールを志向する自我の間の葛藤）を解決するために，多元機能には，必然的に妥協の要素が含まれざるを得ないとした。「ある問題に対する解決の試みは，それ以外の問題の存在とその影響によって複合的に決定され，修正され，折り合いをつけられる。そしてついには，不完全ながらも，それらすべての問題解決の試みとして機能するようになる」(Waelder, R. 1936)。ウェルダーは，多元機能の原理がさまざまな領域で働いているとし，例として，夢，神経症，性格，防衛などを挙げた。

パイン Pine, F. (1985, 1990) は，ウェルダーの多元機能の概念を修正・発展させ，多元機能の原理が，モーメント moment の概念と共に，精神分析の異なる概念言語（欲動心理学，自我心理学，対象関係心理学，自己心理学）の統合を可能にする一つの視座を提供するとした。パインは，ウェルダーの定式化に含まれる「反復強迫」を疑問とし，その代わりに「内在化された対象関係の反復」と「自己価値の維持」を置き，多元機能を次のように定式化し直すことを提唱した。「あらゆる心的行為は，欲動充足，超自我，現実適応，内在化された対象関係の反復，自己価値の維持に関係した機能を持つようになる」(Pine, F. 1985)。また，この定式化から，あらゆる心的行為が，欲動心理学，自我心理学，対象関係心理学，自己心理学のいずれにも関連するとした。例えば，患者の知性の用い方は，場合によって，欲動に対する防衛であったり，分析作業にとって必要な同盟者であったり，超自我による自己懲罰の道具であったり，分析家に対して昔の対象関係を繰り返すための土台になっていたり，弱まった自己価値感を支える努力であったりする。したがって，分析過程においては，それぞれの視点からの解釈（多元解釈）が可能であり，また必要となる。

パインは，心的行為が最初から多元機能を持っているわけではないこと，一つの行為は，長い発達過程においてさまざまな文脈の中で何度も繰り返され，その都度異なった成り行きと結果を生じる中で次々に新しい機能を獲得していくこと，すなわち多元機能自体が発達的な達成であるという点を強調した。そして，心的生活における規則性や永続性（症状，職業選択，関心，一定の日常的欲求充足様式など）が，ある程度は，この多元機能の発達の観点から説明可能であるとした。　　(水田一郎)

[関連項目] 重複決定，モーメント
[文献] Pine, F. (1985, 1990), Waelder, R. (1936)

多元決定　⇒重複決定
[英] overdetermination

他者
[英] other
[独] Andere
[仏] autre, Autre

　他者の概念は，主体の概念と並んで哲学上の主要な問題のひとつであるが，この他者の概念が精神分析において特に問題となるのは，とりわけラカン理論においてである。ラカン Lacan, J. は鏡像段階論において，主体が主体としてのまとまりを見いだす統合の場としての鏡像を取りだし，これを小文字の他者 autre で表した。これは主体の似姿であり，同一化の対象であり，主体がそこに先取りされた自分の姿を見る場である。自我と呼ばれる審級は，この小文字の他者との関係の結果として現れるものである。自我と小文字の他者とのこの関係は，想像界・象徴界・現実界の三分類では，想像的な関係に属している。それに対し，ラカンが大文字の他者 Autre として表すものは，主体との間に象徴的関係を持つとされる。この大文字の他者は，想像的な他者，目前の他者を越えた向こう側に想定される他者であり，主体，とりわけ無意識の主体に対し，主体の欲望に関するメッセージを送るものとして位置づけられる。この大文字の他者の概念が含意する次の3つの点に注目することは，ラカン理論の理解にとって有用であろう。ひとつは，大文字の他者はラカンの理論において，差異としての言語の体系，シニフィアンの体系と強い関わりを持っているという点。第2に，大文字の他者は，主体をその効果として成立させるものであり，無意識という概念で語られてきたもののいくつかの性質を説明しているという点。そして第3に，大文字で書かれた他者 Autre という語が，フランス語の一般的語感では，神を想起させる語であるという点，この3点である。
　　　　　　　　　　　　　　　　　　（鈴木國文）

[関連項目] 鏡像段階，対象 a
[文献] Lacan J. (1954)

多重人格
[英] multiple personality
[独] multiple Persönlichkeit
[仏] personalité multiple

　多重人格障害は，現在のアメリカの疾患分類（DSM-IV）では解離性同一性障害とも呼ばれ，解離性障害の一型として分類されている。患者は複数の交代人格を有し，それぞれが異なったアイデンティティや記憶，ないしは対象関係のもち方を示す。交代人格の間には多くの場合いわゆる「健忘障壁」が存在し，他の人格に起きていることを想起できないことが多い。同障害の患者の極めて大多数に，幼少時の長期にわたる性的，身体的虐待の既往が見られることが報告されている。同障害は1970年代頃より北米圏で，そして最近ではわが国でも注目を集めるようになってきているが，今世紀初頭にはジャネ Janet, P. およびその影響を受けたアメリカの心理学における重要なテーマであった。
　精神分析の文献が多重人格障害について触れることは従来は少なかったが，同障害は精神分析理論の起源と深い関わりをもっていた。フロイト Freud, S. の初期の業績である『ヒステリー研究』(1895)に記載された症例の多くが幼児期の性的虐待と解離性の症状を示し，また特にアンナ・O が，そしておそらくはエミー・フォン・N も多重人格の所見を示していたとの見方もある（Ross, C. A. 1997）。その後フロイトは誘惑理論（外傷説）を事実上棄却したが，多重人格障害の存在は認めていた。ただしそれが外傷に由来する解離性の障害であるという見方を取らず，むしろ複数の対象との同一化が極端に進行したものだという理解を示している（Freud, S. 1923）。フロイトが誘惑理論を棄却し，解離の機制に対する理解を十分に示さなかったことが，多重人格障害がそれ以後長く関心をもたれなかった一つの原因であるとする見方もある。
　多重人格障害が1970年代以来再び注目されるようになった背景には，何人かの分析家や精神分析学者の貢献も無視できない。有名な症例「シビル Sybil」の治療者であるウイルバー Wilbur, C. は分析家であり，また現在の同障害の代表的な研究家であり臨床家のクラフト Kluft, R. (1991)のアプローチも極めて力動的で分析的な視点を含む。同障害に対する治療的なアプローチとしては，従来の分析療法における治療者の受け身性や匿名性の遵守，ないしは寝椅子を用いた自由連想は適当とは考えられないことが多い。特に治療者が受け身性を守ることが必ずしも有効でないのは，患者が複数の人格の存在を明らかにすることに大きな抵抗を示すことと関連している。治療者は人格の統合に向けて積極的な介入を行う必要があり，また同障害の治療には教育，指導，ときには催眠等の手法が臨機応変に取られなくてはならない。ただし同障害の治療においても患者の抵抗を十分理解し，治療者への転移を重視する一方，治療者としての中立性を保つことが重要であり，その意味では同障害の治療は分析的な基本原則のいくつかをそのまま応用することができる。
　　　　　　　　　　　　　　　　　（岡野憲一郎）

[関連項目] 外傷，解離，誘惑理論，ジャネ
[文献] Freud, S. (1923b), Freud, S. & Breuer, J. (1893–1895), Kluft, R. P. (1991a), Ross, C. A. (1997)

だっこ　⇒抱えること〔ホールディング〕
　　［英］holding

脱攻撃化
　　［英］deaggressivation

　幼児的な攻撃エネルギーが昇華を受け，原始的な攻撃的性質を失って中性エネルギーとなる心的過程をいう。フロイト Freud, S. は『自我とエス』（1923）で，性欲動ないしエロスと死の欲動の二種の欲動の存在を提起し，両者の融合と解離について論じるとともに，それぞれの欲動のエネルギーの非性愛化 desexualization と脱攻撃化 deaggressivation を想定したが，さらに，移動性のこの非性愛化されたリビドーによる中性エネルギーを仮定し，この移動エネルギーを，昇華されたもので，統一性を求め思考する自我の機能を支えるエネルギーとみなした。そして，この非性愛化されたエネルギーは，自己愛的リビドー貯蔵から発するとも仮定した。さらに，フロイト以後のハルトマン Hartmann, H. らの自我心理学によって，非性愛化や脱攻撃化の結果得られるものではない中性エネルギーが心的装置の未分化な段階ですでに存在すると仮定されるようになった。そして，この昇華された中性エネルギーが自我の自律的機能を支える。

（小此木啓吾）

　　［関連項目］昇華，性愛化，中性化［心的エネルギーの］，欲動
　　［文献］Freud, S. (1923b)

脱錯覚
　　［英］disillusion, disillusionment

　ウィニコット Winnicott, D. W. は，脱錯覚を錯覚 illusion と対にして使用し，母子関係と治療に関する彼の独創的な理解の中で，移行対象 transitional object や移行現象 transitional phenomena に関する理論を展開している。「幻滅」と訳されることもあるが，これを援用して母子や内外の「つながり」を錯覚とする北山（1985, 2001）の指摘に従うなら，急激で取り返しがつかず外傷的な場合は「幻滅」，現実への関心を失わない形の順調な移行の場合は「脱錯覚」と訳されるべきだろう。またライクロフト Rycroft, C. も，正常の幻滅とは現実を支配できるという万能感についての幻滅だとして，外界についての関心を失う幻滅と区別している。ウィニコットによれば，発達早期の乳児は求めてはいても自分の必要としているものを汲みとってもらわねばならない状態であり，感受性豊かな母親が乳児との同一化を通してそのニードに適応するなら，適切な時に適切な場所に実際の乳房を差し出すことが可能となる。このような無数に繰り返される外界の適応を得て，外から提供されるものと乳児の主観的に思い抱くものとが重なり合うなら，母親の乳房を自分で創造したという錯覚を乳児は獲得する。この私的な「万能の錯覚 illusion of omnipotence」なくしては自己の生成と自他の間の橋渡しは成立しないし，いわゆる移行対象はこの錯覚がモノ等に受け継がれた内外の媒介物なのである。この"illusion"という言葉には，語源的に遊びがあることや，許容されるべき知覚の誤謬，そして（delusion ではなく）現実の裏付けがあるという意味合いが重要である。やがて，このような錯覚を抱く乳児は時間とともに脱錯覚を体験し，このとき創造と支配の主であった子が「神」ではなくなるわけで，母親の課題は適応に少しずつ失敗し，幼児に徐々の gradual, 段階的 graduated な脱錯覚に応じることである。落差の小さい移行と中間領域という余裕のある表現には，何が子ども自身の主観により創造されたのか，あるいは何が外から与えられた現実として受け入れられるのか，というような知的な二分法を問われないという逆説が伴う。世界の中心であった乳児のニードは脱錯覚を通して，願い wish, 希望 hope, そして信頼という価値的なものへと転化することが見込まれるが，ここで急激で落差の大きい脱錯覚を経験し，こなしきれない刺激に圧倒され対象への関心を失うなら，それは幻滅であり外傷的な体験となりうる。この脱錯覚の過程とは，内的にはクライン学派のいう抑うつポジションの通過に対応し，外的には対象喪失や離乳に代表される母子分離の体験である。

　このような，自分が創造したという錯覚とそうではないという脱錯覚を繰り返す，外的現実と内的現実の中間領域は，遊ぶことを通して，やがては芸術，宗教，想像力に富んだ文化的活動体験の中に受け継がれる。このような錯覚論は，内と外を厳密に分けて現実検討の働きを追究したフロイト Freud, S. とは対照的で，大洋感情など自分にはないと言った彼にとっては，錯覚や遊びとはむしろ断念せねばならないものだった。また，精神分析理論のエディプス的な三角関係論では，従来から，強い絆，幻想的一体感で結びつく母子関係が最終的に分離に至るのを可能にする存在として，横から割って入り距離を置かせて幻滅させる第三者として父性が求められてきた。このような「父親の幻滅」と比較して興味深いのは，育児から身を引く母が子との間を開いて間接化し，間を取り持っているおびただしい数と種類のモノ（移行対象）を活用する「母親の脱錯覚」であり，また北山はこういう脱錯覚過程に「はかなさ transience」の起源を見ている。

（北山　修）

　　［関連項目］移行対象，ウィニコット理論，抑うつポジション
　　［文献］北山修（1985, 2001）, Rycroft, C. (1968b), Winnicott, D. W. (1958a)

脱人格化　⇒人格化
　[英] depersonalization

脱性愛化　⇒中性化 [心的エネルギーの]
　[英] desexualization

脱備給　⇒備給〔充当，給付〕
　[英] decathexis
　[独] Unbesetztheit
　[仏] désinvestissement

タナトス　⇒死の本能（欲動）
　[英][独][仏] Thanatos

タビストック・クリニック
　[英] Tavistock Clinic

　ロンドン北部のハムステッド Hampstead にある，精神分析と精神分析的精神療法，その応用部門に関する研究所として国際的にも著名な施設である。そして力動的精神療法の実際の臨床的サービスばかりでなく，研修や教育活動も積極的に行っている。そこに受講している医師，ソーシャルワーカー，サイコロジストなどの卒後研修生や研究生は約 800 人と言われ，各大学の大学院コースと連携している。講師陣も豊富で，臨時講師まで含めると約 200 人が在籍し，そのほとんどは精神分析家や児童精神療法家である。さらに人間関係研究所を併設し，カップルセラピーや労働環境のグループダイナミックスなどの研究を行っている。クリニックの方は成人部門，思春期部門，子どもと家族部門の 3 つの部門に分かれており，多数の研修者が在籍している。それぞれ臨床活動を積極的に行っており，さらに幾十もの研修コースがあるが，成人部門と子どもと家族部門においては，精神療法家の資格コースがある。

　歴史的には，タビストックは 1920 年に力動的精神療法を提供するクリニックとして，クリクトン-ミラー Crichton-Miller, H. によって設立された。一時は精神保健に関する機関としても位置づけられたが，1930 年代にはさらに力動的精神療法と子どもの心の発達についての重要性を明示していった施設として，イギリスでも代表的な施設となった。そして第二次大戦中の戦争神経症の問題や，戦争によって傷ついた兵士のリハビリテーションに大きな力を発揮してその地位を確立していった。第二次世界大戦後にもっとも大きな功績を挙げたのはボウルビィ Bowlby, J., ビオン Bion, W. R., バリント Balint, M. たちである。ボウルビィは，マターナル・デプリベーション maternal deprivation の研究を行い，アタッチメント attachment の理論に基づく壮大な研究によって，現代の対象喪失研究の基礎を作り，最近の死の臨床の研究などに大きな影響を与えている。また彼は，早期の子どもの心の発達の重要性について明らかにしていった。つまり母親と乳幼児との対象関係が心の発達に重大な影響を与えるのである。彼の研究には，明らかにクライン Klein, M. の抑うつポジション depressive position の研究やウィニコット Winnicott, D. W. の抱えること holding の研究の影響が見られる。ビオンは，第二次世界大戦後にタビストックに勤務し，戦時中の戦争神経症の大グループによる援助の経験を生かして，小グループの研究を行った。彼のグループ全体の無意識 unconscious of group-as-a-whole の発見は，集団療法の発展に大きな寄与をし，世界中に大きな影響を与えている。彼はクラインに直接教育分析を受け，クライン学派の重要なメンバーとなったが，後には精神病の研究で大きな業績を残している。バリントは，ブダペストでフェレンツィ Ferenczi, S. に教育を受け，その学風を継承するもっとも代表的な精神分析家である。彼はタビストックにおいて，一般地区担当医 general practitioner のためのスーパーヴィジョングループの活動を行ったり（G. P セミナー），短期精神療法の研究などを行った（焦点療法 focus therapy）。またイギリスにおける心身症の研究者としては代表的な人物である。G. P セミナーは世界中で盛んに行われるようになっている。子どもと家族部門においては，メルツァー Meltzer, D. が独自の研究を行い，自閉症や子どもの精神病の研究に大きな業績を上げていて，現在も盛んに子どもの精神分析療法が行われている。なお，1948 年に国民医療制度（National Health Service）が制定されてからは，タビストック・クリニックはその制度のもとにおかれ，すべての医療サービスは無料で行われてきた。しかし 1980 年代以降の経済不況の中で，組織改正が行われている。　　　　　（衣笠隆幸）

　[関連項目] アタッチメント，集団精神療法，対象喪失，バリント，ビオン，ボウルビィ

　[文献] Dicks, H. V. (1970), Pines, M. (1991)

タブー
　[英] taboo
　[独] Tabu

　禁忌と訳される。「はっきりとしるしをつける」という意味のトンガ島の tabu もしくは tapu という語に由来する。キャプテン・クックがヨーロッパに紹介して以来用いられて来た。特定の事物，行為，人間，場所，名称，

状態などに接近することへの禁止と禁止された対象とを呼ぶ言葉であり，神聖で侵すことのできない場所や規則を言い表す言葉である。この概念は文化人類学，哲学，社会心理学などの考察の対象になっている。精神分析的観点からは，フロイト Freud, S. が近親姦と父親殺しという強く欲望されつつも禁止される事柄をめぐってタブーを考察したように，タブーは性的な文脈で生成されると考えられる。彼は『トーテムとタブー』(1913) において原始部族社会における原父殺害という仮想的事態を基礎に，近親姦のタブーや祭りによる一時的なタブーの解放などの現象を考察している。この論は「無気味なもの」「思考の万能」といった概念と結びつき，迫害的精神病的心性の成立についての議論の一部をなす一方で，『集団心理学と自我の分析』(1921) において口愛的な取り入れによる自我と自我理想の融合，病的喪としての躁状態といった議論ともつながるものである。　　(藤山直樹)

[関連項目] エディプス・コンプレックス，近親姦，原父，思考の全能，無気味なもの，文化人類学

[文献] Freud, S. (1913a, 1921)

ダブルバインド

[英] double bind
[独] Doppelbindung
[仏] double lien

一方が相互に矛盾する信号を含むメッセージへの反応を要求し，他方がその不当さについてコメントすることも，その状況から逃げ出すこともできない相互作用。ベイトソン Bateson, G. らによって，1956 年，分裂病の発生因として概念化されたが，その後，すべての精神疾患に対する普遍的な病因論として再解釈されつつある。(1) ダブルバインドが環界および自己の知覚にかかわる場合，「おまえが見るもの，聞くもの，考えるもの，自分がだれなのか信じることは偽である」という形をとる。ここでは，現実把握の明証性，いわば信頼が根底から揺らぐことになり，(システム的ではなく) モナド的観点からみれば，分裂病の臨床像に対応するはずである。(2) ダブルバインドが情動の領域にかかわる場合，「私たちがしてあげたすべてのことによって，おまえは満足していて快活でなければならない」という形をとる。ここでは，子どもの悲しみがなべて両親への非難とみなされるため，「よい子」としての感情がもてなくなるわけで，モナド的観点に立てば，うつ病の臨床像を導くことができる。(3) ダブルバインドが行為 (および行為の価値づけ) にかかわる場合，おおむね「私の命令には従え，私の欲望には従うな」という形をとる。両親が息子に法と秩序を守るように命じ，同時に，目標の実現には手段を選ばないように期待するなら，ここから生じる行動はいきおい反社会的なものとなる。スルズキとヴェロン Sulzki, C. E. & Veron, E. は，古典的な神経症の 3 類型，ヒステリー，恐怖症，強迫神経症に即して，それぞれの基本メッセージを定式化している。ダブルバインド理論は，論理学における自己言及のパラドックスを下敷きにしており，この点で，現代の構造論的精神分析におけるいくつかの知見とも通約可能である。ベイトソン自身はしかし，この概念を「分裂病を論じるための最小要件」の確定に役立てるべく，学習理論，遺伝学，進化論の三幅対へと開きながら，新たな生物学の構想に余念がなかった。

　　(花村誠一)

[関連項目] 家族療法，構成主義，システム論，ベイトソン

[文献] Bateson, G. (1972), Sulzki, C. E. & Veron, E. (1971), Watzlawick, P. (1979)

ターミナルケア

[英] terminal care

終末期ケアという邦語訳があるが，原語のままに呼ばれることが多い。また，最近ではガンの発症，経過に及ぼす心理社会的因子の果す役割まで研究するサイコオンコロジという学問が発展し，ターミナルケアはその一分野と位置づけられている。精神医学との関係ではリエゾン・コンサルテーション精神医学の重要な領域である。ことに，ガン患者を対象に集団療法を行った例とそうでない例とを比較したとき，前者の方の延命率が高かったというファウジー Fawzy, F. I. らの報告以来，ガンの経過に及ぼす心理的因子の重要さがにわかに注目を浴びているが，これは認知行動療法的接近の成果であって，精神分析的接近の影響を論じたものではない。ターミナルケアにおける精神分析からの貢献は，精神分析家キューブラー-ロス Kübler-Ross, E. の死の心理過程に関する記載であろう。彼女は，臨死患者がガンの告知を受けたとき，まずその事実を否認する段階があり，それが否定すべくもなくなると何故に自分だけがという怒りの反応を示す段階が続き，その運命を受け入れると今度は，もう一度チャンスを与えてほしいと願う取引の段階が出現する。そして，それが終わると抑うつの段階を迎えてごく限られた人たちとの接触を求めるようになり，さらにウトウトとした時間が多くなる受容という最終段階を迎えるというのである。また，患者は最後まで希望を失うわけではなく，ケアにおいてはその心理への考慮が必要であるとする。ただわが国においては，この公式が受け入れられているとはいい難い。ガン告知を受けたキリスト教文化の人間には当てはまっても，物事を曖昧なままにしてことを選ぶ習慣をもった日本人には合わないというものである。この点に関して，牛島は死の過程における怒りの出現に注目し，それは拡大的な社会的行動に

まで発展することを指摘し，対象関係論の立場から，空想形成と現実否の意義を力説した躁的防衛という概念を提唱している。拡大的行動はクライン Klein, M. のいう軽蔑，支配，勝利感という三主徴を蔵しているし，幼児期，思春期にみる「対象の破壊と償いの過程」の逆過程がみられるという。つまり，躁的防衛は，離乳期，思春期に加えて人生の終末期にも顕著に表れるのである。また，ターミナルケアには，後に残される者，ケアにあたる医療スタッフの精神保健の問題もまた忘れてはならない。残された者の喪失反応，悲嘆反応には単なる心理過程だけではなしに，身体疾患に対する抵抗力の低下のあることが明らかにされている。さらに，医療スタッフの精神保健に関しては，燃え尽き症候群という概念が死をめぐる看護領域から出てきたことも留意しておく必要がある。後二者の精神保健への精神分析的研究には今一つの感は免れないが，今後の重要な課題であることは間違いない。 (牛島定信)

［関連項目］躁的防衛，対象喪失，キューブラー・ロス
［文献］Fawzy, F. I. & Fawzy, N. W. (1994), Klein, M. (1935), Kübler-Ross, E. (1969), 牛島定信 (1995a, 2000a)

短期精神療法

［英］short-term (brief) psychotherapy
［独］kurzfristige Psychotherapie
［仏］psychothérapie à court terme

年単位にわたる長期精神療法に対し，週単位ないしは月単位（1回から30回くらいまで）で行われる精神療法を指すが，広い意味では，短期力動精神療法だけではなく，クラーマン Klerman, G. L. の対人関係療法や，催眠を援用したミルトン・エリクソン Milton Erickson 学派のブリーフ・セラピー，ベック Beck, A. T. の認知療法なども当然含まれる。ここでは精神分析的な短期精神療法に限って述べる。

「ドラの症例」，「ラットマンの症例」など，フロイト Freud, S. の初期の治療の大部分は，数カ月から1年余という，かなり短いものであった。しかし，精神分析学の発展は，その性格上，治療の短縮とは逆に，治療目標の拡大とそれに伴う治療頻度・期間の増大・長期化を招き，晩年のフロイトをして「症例によっては治療終結不可能」との悲観的な結論に至らしめた。フェレンツィ Ferenczi, S. の積極 active 療法，フェレンツィとランク Rank, O. による「今，ここにおける治療状況」の意義を強調した，精神分析の短期化の主張，そして，ランクによる患者の意志 will の重要性の認識と治療期間の制限は，すべて，上記のフロイトの言葉によって代表される憂いに呼応したものである。第二次世界大戦後から現在に至る短期力動精神療法の発展に先鞭をつけたのは，シカゴのアレキサンダー Alexander, F. とフレンチ French, T. である。2人は，(1) 治療効果は治療頻度と治療期間によって規定される，(2) 短期の治療は必然的に一時的・表面的な効果しか持たず，永続的・本質的な変化は長期的な治療によってのみ可能である，という長期的精神療法（精神分析）の妥当性を支える大前提を，7年にわたる臨床研究により斥けたのである。

現代における短期精神療法の走りは，治療の焦点 focus を絞ることを提唱したバリント Balint, M. の焦点化精神療法 focal therapy である。次いで，イギリスのマラン Malan, D. H. のブリーフ・サイコセラピー，アメリカのシフニオス Sifneos, P. E. の不安挑発的 anxiety-provoking 精神療法，マン Mann, J. の時間制限付き time-limited 精神療法が登場した。理論・技法上，マランと多くの共通点をもつシフニオスの短期力動精神療法は，限局性（主としてエディプス葛藤）の葛藤を治療の焦点とし，厳格な患者選択基準（高い治療動機，平均以上の知能，自我の強さ，限局性の葛藤）や治療者の能動性を強調するが，治療期間に関しては，予め設定することはしない（平均的には20-30時間）。これに対しマンは，「時間の経過は，分離過程の象徴であり，『限りない時間』は，母と子が永劫の合体であるとの幻想である。この意味で暦は分離不安の究極的な体現である」という治療理論を下に，治療を12回と予め定めており，初回面接の時にカレンダーを開いて患者と治療最終日を確認することによって，分離達成への一歩を踏み出す。

短期力動精神療法の理論と技法は，精神分析に特徴的な，無時間性，自由連想法，禁欲原則，治療者の非能動性などに，多大な疑問を投げ掛けて止まない。

(丸田俊彦)

［関連項目］中断療法，診断面接，ランク
［文献］Balint, M., Ornstein, P. & Balint, E. (1972), Mann, J. (1973), 丸田俊彦 (1981), Sifneos, P. E. (1979)

男根　⇒ファルス
［英］phallus

男根期
［英］phallic phase (stage)
［独］phallische Stufe (Phase)
［仏］stade phallique

口唇期，肛門期に続くリビドー発達段階で，先行する各段階の前性器期的なリビドー，部分欲動が男根性愛のもとにまとめられる（男根統裁）。また自体愛的，自己愛的であった幼児性欲がエディプス的な三者関係に入ることで，「大人のものに非常に近い性愛の真の体制」に変容

を遂げる。

　発達的には2歳半より5歳の終わりごろまでをさす。子どもは「男の子」「女の子」としての自己を強く意識し（性別同一性），性器の構造，母親の身体，性にまつわる事柄（父母の性的結合，妊娠，出産の秘密）に心を奪われ，性器領域の刺激，興奮に没頭する。男児の場合，これらの関心や欲求は「乱暴なことをしてみたい，襲いかかり，打ち壊し，穴ならば何でもよいから引きあけてみたい」等の荒々しく暗い衝動と関係しており，最終的には，父親がやっているように母親を「貫通したい」という，この発達段階に特異的な衝動目標に収斂する。自慰活動がかかる空想と密接に結びつくことに平行して，エディプス的な対象関係が展開し，性器衝動の派生物には，異性の親から一人前の男性として認められ，愛されるために必要な力の象徴（男根）として自己愛的な価値が付与される。それを脅かすような性的な欲求挫折や同性の親との敵対，対立は激しい葛藤，不安（去勢不安）につながるのである。フロイト Freud, S. は男根性愛を混乱させる要因として，この時期の子どもが，男女の区別に関心をもちながら，膣の存在を知らず，男性性器を唯一の性器と見なす傾向があると考えた。このような男根優位の心性のもとで，両性の関係は「男根を所有する者」／「男根を持っていない（去勢された）者」の関係となり，それに相応して，性目標も「対象を貫通し子どもを孕ませたい」／「貫通され子どもを孕ませられたい」という2極を揺れ動くことになる。フロイトは，女児の場合も，まず主要な関心が向くのは男性的な器官であるクリトリスで，男児同様，母親に能動的な男根欲動を向ける時期（陰性エディプス）があると仮定した。このように男根優位性と去勢コンプレックスの影響下で，発達的な葛藤として，男児においては去勢不安が，女児ではペニス羨望が発展し，エディプス・コンプレックスが異なった途をたどると考えたのである。なおアブラハム Abraham, K. は，異性の性器に対する両価的な感情を緩和し，愛する人の一部として承認できるようになることを男根期の克服課題と見なしている。

　「男根期」という概念には「リビドーは本来男性的なものである」という仮説が含まれており，女性性は男根欲動の挫折から生まれる二次的形成物と見なされてしまう。ホーナイ Horney, K. らの女性分析家は，フロイト存命中よりこの説に異論を唱え，膣の意識は幼いころより存在し，ペニス羨望を通過しない一次的な女性性愛があると主張した。この見解は現代の性的同一性の研究に引き継がれている。近年，批判の対象になることが多い「男根期」「男根優位」の概念であるが，これをフロイトの時代錯誤的な偏見として捨てるかわりに，前エディプス的な万能的な母親からの脱出過程で生みだされる防衛空想として，その存在意義を見直す分析医もいる（スミルゲル Chasseguet-Smirgel, J.）。さらにアメリカの分析医の間では，男根期を2つにわけ，真にエディプス的な愛情関係にはいる前段階，すなわち母親との二者関係の中で，母親からの自己愛的賞賛を求め，男性的な自己への自信を強化する時期（前エディプス的男根期＝男根自己愛期）が存在する，という考えが一般的である（Edgcumbe, R. ら）。　　　　　　　　　　（満岡義敬）

　［関連項目］エディプス・コンプレックス，去勢コンプレックス，男根的自己愛的性格，ペニス羨望，幼児性欲

　［文献］Breen, D. (ed.) (1993), Edgcumbe, R. & Burgner, M. (1975), Freud, S. (1923e, 1925j), Nagera, H. (ed.) (1969)

男根中心的
　［英］Phallocentric
　［仏］phallocentrique

　フロイト Freud, S. の精神発達モデルが男子の性的発達を基軸としていることを意味する。男女差はフロイトによると男根期（3歳から5歳の間）に顕著になるが，この時期の中心的課題であるエディプス・コンプレックスは男子の性発達，すなわちファルスの発達を正常なモデルとしてとらえている。男子の場合，母親に対する愛情は父親から復讐される不安を呼び起こし，これが，母親や姉妹にペニスがないことに対する気づきと重なり，去勢不安を誘発し，この結果，超自我が発達するとフロイトは論じている。さらにフロイトによると女子は愛情の対象として父親を獲得することができるので，男子ほど強い葛藤を経験せず，結果として道徳観が男子ほど高度に発達しない。また，男根羨望が基となり，成人しても女性は男性よりも羨望感が強いと論じている。さらにフロイトは解剖学的に男根に相当する女性の部位をクリトリスと考え，男根に比して女性のクリトリスは希少で，したがって女性は劣った性であると考えた。また，女子はエロス帯をクリトリスから膣へ移行しなければならないため，女子は心理的に疲労し，一生をとおして女性の方が男性よりも心的エネルギーが少なく，弱いとされている。男根発達を中心としたフロイトの理論に対する批評は，前エディプス期にすでに超自我の前兆が見られることを論じているクライン Klein, M. や女性が幼児期に膣の存在に気づいていると論じているホーナイ Horney, K., また一次的女性性の存在を主張するストラー Stoller, R. らの業績に見られる。　　　　　　（渋沢田鶴子）

　［関連項目］去勢コンプレックス，男根期，男根的女性（母親），ファルス，ペニス羨望

　［文献］Blum, H. P. (ed.) (1977), Chodorow, N. (1989), Freud, S. (1931d)

男根的自己愛的性格

[英] phallic-narcissistic character
[独] phallisch-narzisstischer Charakter
[仏] caractère phallique-narcissique

　男根を過大評価し，その男根との無意識的な同一化を自己愛をみたす源泉とする性格。ライヒ Reich, W. によって『性格分析』(1933) の中で概念づけられた性格のタイプ。それは，ヒステリー性格と器性的性格の中間に存在する性格形態で，自己確信的で傲慢，活発で精力的な印象を与え，体型はしばしば闘士型に属し，高慢でうちとけにくく，他人に対して嘲笑的または攻撃的で，絶えず自分の男性的な力を誇示し，確認していないと気がすまない。勇気や冒険心に富み，男女関係では，時に多婚的，何人もの女性を征服し支配することで男性としての自己愛を確信しようとする強迫傾向に駆られている。発生的に見ると，彼らはその精神発達上男根期に固着が強く，エディプス期の不安に対する退行的な防衛の所産である。したがって，去勢不安を否認し，自己と男根との無意識的な同一化が見られ，去勢不安や自己の弱さ，受身的口愛的傾向を否認するために過度に自己確信的攻撃的になり，ときには露出症的傾向が著しい。実際には，しばしばオーガズム不能などの性的な能力の未熟や障害を伴う。分析状況では，分析医に対して，傲慢で闘争的で自己確信的，不安や依存を否認する能動的な態度をとり続けるようにする。この性格者は，真の器性愛を身につけた器性的性格者とは区別される。神経症症状を訴えて受診するより，むしろ指導性を得ようとする過度の傾向や誇大妄想的な観念のために性格障害や社会不適応の形で問題になることが多く，多婚的傾向，能動的同性愛の傾向，反社会的行動，政治集団，犯罪者集団のボスなどとして異常に才能を発揮する場合がある（ライヒは，ナポレオン，ムッソリーニらをあげている）。また，女性における男根的自己愛的性格者は，その根底に男性的抗議を持つ場合が多く，能動的な同性愛傾向や，自己の肉体，容姿の美しさを誇示したり，過剰な指導力によって自信の強さを確認したりする傾向を持ち，ときには，女性としての魅力によって多数の男性を支配しようとする強烈な願望を抱く。自己愛人格障害の精神分析的研究の一つの起源をなすが，アイデルベルグ Eidelberg, L. は，男根的性格 phallic character という用語を用いているが，ほぼ同義である。
(小此木啓吾)

[関連項目] 去勢コンプレックス，自己愛パーソナリティ，性格，性格分析，器性的性格，男根期，ヒステリー人格，ライヒ

[文献] Eidelberg, L. (1968), Reich, W. (1933a)

男根的女性（母親）

[英] phallic woman (mother)
[独] phallische Frau (Mutter)
[仏] femme (mère) phallique

　幻想上の男根（ペニス）を持つとみなされる女性（または母親）を指し，「ペニスを持った女性（または母親）」と表現されることもある。その幻想は，自己の外側にペニスを持ち，ペニスあるいはそれに準ずる能力や属性などをそなえた女性像を表す場合と，男性または父親のペニスを自己の内部に保持している女性像を表す場合がある。また，男根的女性という表現は，しばしば一般的に男性的と言われるような性格上の諸特徴，たとえば権威的，攻撃的，能動的，支配的などの女性における性格傾向を表現する際に漠然と使用されることもある。
　母親がペニスを持っているという空想は，男根期における普遍的な無意識的過程である。その基盤には，皆がペニスを持っているという子供じみた考えがある。解剖学的な性差の認識が発達すると共に，この空想は母親にはペニスがない事実を認めることに対する防衛としての機能を果たすようになる。フロイト Freud, S. は，『レオナルド・ダ・ヴィンチの幼年期のある思い出』(1910) の中で，能動的な同性愛者だったダ・ヴィンチの固着の対象であった母親の乳房が，やがては母親のペニスをも意味するようになったことを分析している。また，ブルンシュヴィック Brunswick, R. M. (1940) によれば，男の子は母親の乳房に向けていたリビドーを自己の男根（ペニス）に置き換え，失った乳房の代わりにペニスを持つ女性像を作り上げるという。
　このような空想に加えて，男根的女性の場合には，男根期に強く固着し，激しいペニス羨望（あるいは男性的抗議）を抱き，全ての男性を去勢してしまう衝動に駆られ，自らのペニスの不在を否認して，自分にもペニスはあるという幻想を強く抱くようになる。そして，エディプス期になると，これらの空想は少しずつ変化し始める。かつては母親のものだと思っていたペニスが，実は父親のものだったと信じるようになり，ペニスに対する激しい願望（ペニス羨望）は，自分自身のペニスの欠如を否認すると同時に，母親との競争心を表す手段にもなっていく。
　一方，父親のペニスを自己の内部に保持しているという女性像は，両親の原光景（結合した父母）を目撃することに起源を持つと言われている。母親が性交の際に受け入れたペニスを，今もその身体の内部に持ち続けているのではないかという幻想である。フロイトも「狼男の分析」の中で，原光景の目撃と「ペニスを持った母親像」などについて考察しているが，クライン Klein, M. は無意識的空想における「結合的両親像」という概念を

提示して，この種の幻想をさらに拡大してとらえている。クラインによれば母親の体の中に含まれている，あらゆる対象の原型としての父親のペニスを母親から奪い，我が物とするために，子供はその身体を破壊する（早期エディプス段階）。

さらに，男根をそなえた女性像は，夢や幻想にしばしば現れるとされている。フロイトは，呪術崇拝者の例を通して，呪物を母親の男根の代理とみなし，母親の男根不在が否認されていく様相を提示している。

（中村留貴子）

[関連項目] 去勢コンプレックス，原光景，男根期，男性的抗議，ペニス羨望，クライン

[文献] Brunswick, R. M. (1940), Freud, S. (1910c, 1927e), Klein, M. (1932)

男性性

[英] masculinity
[独] Männlichkeit
[仏] masculinité

男性と女性という対立の中で，男性に属すると考えられるすべての特性を男性性という。そこには，生物学的な特性や外見をはじめとして「男性の役割（仕事）」とか「男性的な考え方」など文化や歴史によって規定された社会的行動などさまざまなものが含まれる。一般的に男性性には能動性，攻撃性，競争心などが含まれ，それらは男性という性と遺伝的に結びついていると考える傾向がある。

フロイト（Freud, S. 1905）も，男性性は能動性に端を発し女性性は受動性に端を発するという仮説をもとに男性性 - 女性性の解明を試みた。しかし，彼が到達した結論は，男性にも女性にもさまざまな割合で男性性と呼ばれる特性と女性性と呼ばれる特性が備わっているという両性具有の考えだった。すなわち，能動性 - 受動性をはじめとして，さまざまな対立項を男性性 - 女性性という対立項に置き換えることは可能である。しかし，だからといってそれぞれが男性あるいは女性という性に特異的であるわけではない。

現在は，男性性（あるいは女性性）の多くは発達過程の中で獲得，あるいは取捨選択されていくと考えられている。心理的には，次の 3 つの特性が生じる。(1) 自分が男性であるという感覚，すなわち核心的ジェンダー・アイデンティティ。(2) 自分のパートナーとして女性を選び，自分が男性としての性的役割を担うこと。(3) 服装，仕草，話し方など，文化によって男性的と規定され，一般化しているものを取り入れること。

そして，この発達過程では自分の生物学的な性 sex と社会学的な性 gender との間のさまざまな葛藤が生じてくる。この発達段階においては，自らに備わった男性的な特性と女性的な特性をどのように認め，それらと折り合っていくかが課題となる。

（白波瀬丈一郎）

[関連項目] ジェンダー・アイデンティティ，女性性，能動的 - 受動的

[文献] Freud, S. (1905d)

男性的抗議

[英] masculine protest
[独] männlicher Protest
[仏] protestation masculine

アドラー Adler, A. によって提唱された精神分析概念。アドラーは，女性が劣等な存在であると社会的に見なされている場合には，ほとんどの女性は自分の女性としての役割に不満を感じて葛藤的になると考えた。彼は，自分の女性性を過剰に補償するために，女性の役割に対する抵抗を示すような態度を男性的抗議と呼んだ。彼女たちは精力的で名誉心に富み，男性が就くことが多い職業を好んで選び，恋愛や結婚に対して抵抗を示したり，その関係性の中で相手を支配しようとする。彼女たちが一見男性的にみえるのは，女性的役割から外れようとする時，別の選択肢がないからであって，男性的な本質があるからではない。アドラーは初め，過度に男性性を誇張する男性に対しても男性的抗議という言葉を用いたが，後年になってからは女性的役割に対する女性の抗議に限定して用いるようになった。フロイト Freud, S. は，アドラーの提唱する男性的抗議とは，男性・女性いずれの場合にも去勢コンプレックスに対する態度のことであるとし，女性の場合はペニス羨望に由来すると論じた。これに対して，アドラーは，女性が劣等感を抱くのは肉体的欠陥によるのではなく，社会的に規定された男性の優越性にあるのだと主張し，フロイトのペニス羨望の概念や女性心理学はあまりにも生物学的にすぎると批判して，フロイトと袂を分かつこととなった。

（平島奈津子）

[関連項目] 個人心理学，去勢コンプレックス，女性性，ペニス羨望，補償

[文献] Adler, A. (1924), Ansbacher, H. & Ansbacher, R. (1956), Freud, S. (1937b)

断片化

[英] fragmentation
[独] Fragmentation
[仏] fragmentation

内的世界において自己や内的対象が解剖学的かつ機能的に細かな小片に解体し分散している状態を表す用語。よい，わるいの二分割といった幾分まとまった形でのス

プリットではなく，破砕されてばらばらに細分化した状態である．ときとして状態像だけでなく，過度なスプリッティングという自我の心的活動（防衛機制）も表す．

妄想 - 分裂ポジションにおいて，自己が統合に向かいつつある過程で強烈な不安に圧倒されてしまった状況にこの断片化が生じる．精神病性の昏迷や離人感は，自己の連結が破壊された結果の断片化された自我機能による体験感覚である．さらにはこの断片化された自己部分が超自我痕跡やベータ要素（考えとして扱えない原始的具体思考）とともに迫害対象に投影（排泄）され，その対象と凝塊化すると，奇怪な対象 bizarre objects（ビオン Bion, W. 1962）を外界に具体的に形づくり，それは妄想や幻覚の体験となる．このように自我の断片化は，精神病状態での病態に大きくかかわっている．しかしそれのみならず，断片化は健康な状態においても精神発達の最早期には見られるものである．出生直後の精神は快 - 不快原則に従う一次過程活動として身体のように具体的に機能するため，苦痛や不安にたやすく圧倒されて断片化し解体してしまう．この体験は絶滅の恐怖（解体の不安）fear of annihilation を引き起こすことになる．この断片化し無統合状態にある自己を取りまとめる皮膚の原初機能にビック Bick, E.（1968）は注目し，その統合の失敗を補うための第二の皮膚 second skin（筋骨たくましい殻）形成を自己の病的取りまとめの試みとして記述している．

内的対象にも断片化は起こる．迫害的と知覚された対象はその迫害への自己の報復的な攻撃によって破壊され，断片化される．この状態は妄想 - 分裂ポジションにおいてのみでなく，抑うつポジションにおいても傷つき死にかかっている対象への罪悪感や喪失感に自己がもちこたえられないときに，こうした抑うつ対象を迫害的に体験し対象の破壊・断片化を繰り返す．このことは対象からの恨みに基づくさらなる報復という悪循環を引き起こす．シュタイナー Steiner, J.（1993）は妄想 - 分裂ポジションにおける心的機制としてのスプリッティングについて健康な精神発達での正常なスプリッティングと病理活動としての病的断片化とを対照させている．ビオン（1963）は，Ps↔D という記号を示すことで，精神状態のバランスを揺さぶる体験は自己崩壊的なカタストロフィックな感覚をもたらし，日常の精神活動においても精神は統合されている状態から断片化の無統合状態へという揺れを反復的に体験することを述べている．

（松木邦裕）

[関連項目] スプリッティング，絶滅不安，ビオン理論，皮膚自我，妄想分裂ポジション

[文献] Bick, E.（1968），Bion, W. R.（1962b, 1963, 1970），松木邦裕（1996），Steiner, J.（1993）

ち

チェスナット・ロッジ病院
[英] Chestnut Lodge Hospital

米国メリーランド州 Rockville（ワシントン，D. C. 郊外）にある，力動的な治療を行なう精神病院として，米国ではカンザス州のメニンガー・クリニック，マサチューセッツ州のオースティン・リッグス・センター等とともに知られている．同病院は，町医者ブラード Bullard, E. が 1910 年に創設し，その息子（Bullard, D.）が 1935 年にフロム - ライヒマン Fromm-Reichmann, F. をスタッフとして迎えいれ，精神分析的な入院療法を正式に取り入れた時から本格的な発展をとげた．1942 年から数年間はサリヴァン Sullivan, H. S. が週 2 回のセミナーを同病院で開き，フロム - ライヒマン等との交流を深めた．同病院は 40，50 年代にその規模を拡大し，サールズ Searles, H. F. 等を始めとする多くの著名な精神科医が輩出し，いわば対人関係論学派のひとつの拠点となった．フロム - ライヒマンはそれ以後ウィリアム・アランソン・ホワイト・インスティテュート William Alanson White Institute の創設に貢献し，また米国精神分析アカデミーの創設にも影響を与え，1957 年に没した．フロム - ライマンの死後は，パオ Pao, P.，ウィル Will, O. が同病院の精神療法の所長を務めた．同病院は現在でも患者の長期予後についての研究で知られる．同病院はまた映画『私はバラの花園を約束はしていない』の舞台となったり，スタントン・シュワルツ Stanton-Schwartz の『精神病院』の記述の舞台ともなったりした．同病院はそれ以後も患者の長期予後の研究等で知られていたが，財政の悪化のため 2001 年の春に閉鎖されるに至っている．

（岡野憲一郎）

[関連項目] 対人関係論，メニンガー・クリニック，サリヴァン，サールズ，フロム - ライヒマン

[文献] Silver, A.（ed.）（1989），Stanton, A & Schwartz, M.（1954）

知覚同一性／思考同一性
[英] perceptual identity / thought identity
[独] Wahrnehmungsidentität / Denkidentität
[仏] identité de perception / identité de pensée

フロイト Freud, S. が『夢判断』（1900）の第 7 章

『夢事象の心理学』で初めて用いた概念で，一次過程は欲動が高まると純粋に内的な心理過程の中で，かつてその欲動が実際に満たされた満足経験，つまり快の記憶痕跡に基づいて満足経験と結びついた表象を幻覚の形で再生するが，このような満足経験の記憶の再生は，幻覚的な形での対象像の知覚の再生という意味で知覚同一性と呼ばれる。さらにフロイトは『精神現象の二原則に関する定式』（1911）で，心的組織の発達が進むにつれて，一次過程による幻覚的満足の方法によっては心的均衡を保つことができなくなり，外界との現実関係を考慮する現実原則に基づく二次過程が成立するが，この二次過程は，覚醒，思考，注意，判断，推論，予測をもった行動などの心的機能を営み，その過程の中で思考相互間の同一性を追求する。つまり，思考同一性は快感原則に従う知覚同一性を修正し，表象間の論理的関連を明確にする。「思考は表象の持つ強度に迷わされることなく各表象間の関連づけの道筋に配慮しなければならない」。しかし，この思考同一性は基本的に知覚同一性に従うものである。「記憶像にはじまり，外界による知覚同一性の確認に至る複雑な思考活動はすべて経験によって必要であるとわかった欲望を達成するための道筋での迂回にしかすぎない」。これらのフロイトの論議は，やがて，事物表象と言語表象に関する研究に発展を遂げた。　　（小此木啓吾）

［関連項目］一次過程／二次過程，快感原則，記憶痕跡，幻覚的願望充足，現実原則，事物表象／言語表象，メタサイコロジー，夢

［文献］Freud, S. (1900, 1911a, 1912f, 1915e)

知識本能

［英］epistemophilia（知識願望 desire for knowledge）

クライン Klein, M. は子どもの精神分析の経験の中で，知識本能を発達上重要なものと見なしている。彼女は発達上知識本能は内因的なものであるが，特に母親の身体に対する強い関心とサディズムに関係があると考えている。特にそれは口唇期における早期エディプス期 early Oedipus complex に関係があり，赤ん坊は母親の体内に父親の男根の活動と無数の赤ん坊の存在を幻想している。乳児は，そのような母親の体内を覗きたい，何が起こっているのか侵入して知りたいという強い知識願望や好奇心 curiosity を抱くのである。このときに，エディプス葛藤に関するサディズムが強力すぎると，それに対する罪悪感が働き，知識本能や願望そのものが破壊的なものと見なされて禁止されてしまう。それは知的発達や象徴発達を妨げ，精神病的な象徴形成の障害や学習障害などの問題を呈してくる。クラインが知識本能にこのような重要な意味を与えたのは，フロイト Freud, S. が原光景 primal scene に関する子どもの強い関心と窃視症的な傾向，それらの昇華 sublimation としての知的発達などの考察を行っていることにも関係している。

なおクラインは，知識本能の概念についてはあまり発展させることはなかったが，彼女の弟子であるスィーガル Segal, H. は象徴形成過程の障害における象徴等価物 symbolic equation の研究として発展させた。さらにビオン Bion, W. R. は，思考の発達に関して，前‐概念 preconception が本能的に備わっていて，それが現実の事物と出会うときに概念化 realization され，その不在の対象に関する概念化の集積が思考 thoughts であるという理論を展開するようになった。　　（衣笠隆幸）

［関連項目］原光景，思考，象徴等価物，早期エディプス・コンプレックス，ビオン

［文献］Bion, W. R. (1956, 1962a), Klein, M. (1930a, 1931)

知性化

［英］intellectualization
［独］Intellektualisierung
［仏］intellectualisation

アンナ・フロイト Freud, A. (1937) によって注目された防衛機制のひとつ。情動や欲動，葛藤をめぐって，それらの意識化や解放の代わりに，それらについて論理的に考える，抽象的に観念化する，それらに関する知識を得たり伝達するといった知的態度によってそれらをコントロールしようとする自我の働きを指す。典型的には，性衝動の高まりの著しい思春期に特に活発になるとされる。知性化は以下の点で特徴的である。すなわち，欲動から観念表象を隔離した上で葛藤外の自我領域にある知性を援用すること，したがってある程度の知的発達を前提とすること，また，知的であることに肯定的な現代社会においてはとりあえず適応的で是認されやすいことから昇華の意味合いを持つことなどである。一方，知性化はしばしば合理化と対比される。すなわち，前者は，過程そのものが欲動の意識化や解放を回避するための置き換え（代理満足）で，現実検討が妥当であるのに対して，後者は，欲動の解放後に合理的にもっともらしくそれを正当化すること（時に屁理屈）を意味し，現実否認と結びつくという点で区別される。　　（金坂弥起）

［関連項目］置き換え，隔離，合理化，昇華，防衛機制

［文献］Frued, A. (1936)

父親〔父性〕

［英］father
［独］Vater
［仏］père

フロイト Freud, S. にとって人間的な意味は性愛によ

って組織化されるものであり，意味生成のための最重要で普遍的な準拠枠がエディプス・コンプレックスであるといえる。母親が子どもの基本的な生存のための環境をあつらえる存在と性的存在として両義的に登場するのに対し，父親はほとんどもっぱら子どもの性的欲望の文脈のなかに母親と性的につながる（原光景のなかの）存在，母子の養育的カップルの外部から性的象徴的な秩序を持ち込む存在，性的意味の担い手として登場する。異性の親への性的願望，同性への競争心と殺人空想，去勢不安，罪悪感といった心的内容を含む古典的なエディプス・コンプレックスこそがフロイトの関心の焦点であり，父親はその文脈でとらえられた。フロイトがエディプス・コンプレックスに議論の焦点をおいた鼠男の論文（Freud, S. 1909）において，現存する治療記録（Freud, S. 1909）に残っている母親に関する数多い素材が論文のなかに姿を現さない，といった事実は，フロイトの関心がいかに性的な文脈のなかでの父親に焦点づけられていたかを物語っている。

このエディプス的性的意味の担い手という父親の側面についての認識は，おそらく精神分析の共通認識であろう。しかし，歴史が進むにつれて精神分析が神経症的構造を確立していないより重症の患者を視野に入れるにおよんで，いわゆる前エディプス的なこころへの探求が進められていった。そのことに伴って父親の意義に再検討が加えられることになったが，この全体的趨勢を共有していても各学派によって強調点は微妙に異なっている。ブロス Blos, P. やアベリン Abelin, E. は自我心理学的な発達論の文脈でこの問題に取り組んだ。ブロスの二者期の父親の概念，アベリンの早期三角形化の概念はいずれも前エディプス期に子どものこころに性別概念があり，ある意味でのエディプス的世界が存在していることに触れており，ともに同性の親との愛着に力点が置かれ，男児において早期の父親との愛着が青年期以後の性別同一性の確立に大きな意義を持つとする。一方クライン派にとってはエディプス・コンプレックスは早期から原初的な心的組織化の水準で作動している。これは母親の体内のペニス／糞便／赤ん坊，のちには永遠に性交しつづける結合両親像という幻想的対象との関係で作動し，不安，羨望，嫉妬といった体験の源泉となる。すでに性的な文脈での父親は早期に出現しているのであり，母親と区別のつかない何物かとして乳児の前に現れるのである。一方，独立学派のウィニコット Winnicott, D. W. は性的文脈の外の「母親にかわって環境を取り扱う，乳児に知られない」（Winnicott, D. W. 1960）父親に言及した。日本の牛島も前エディプス的な父親が移行対象的パラ本能的に出現する治療局面を抽出し，性的文脈の内と外の境界にある父親の重要性に着目した。この発想はオグデン Ogden, T. H. の移行的エディプス的対象関係のなかの父親という発想と通じるものがある。広義の性的文脈のなかの父親による意味生成をもっとも強調したのはラカン派であり，父親は象徴的去勢，言語体系という掟の導入を通じて人間を人間として成立させる存在となる。

ミッチャーリッヒ Mitscherlich, A. が先駆的に指摘したように現代は父性原理が衰退している社会である。それだからこそ，たとえば母親の内的世界にいる内的な父親，母子関係に割って入る外的な父親，子どもの攻撃性に耐えそれに胸を貸す父親の機能への注目は臨床的に欠かせないであろう。

（藤山直樹）

[関連項目] 陰性エディプス・コンプレックス，エディプス・コンプレックス，原光景，原父，男性性，父親殺し，ファルス

[文献] Abelin, E. L. (1975), Blos, P. (1984), Freud, S. (1909d, 1954), Hinshelwood, R. D. (1991), Lacan, J. (1958a), Mitsherlich, A. (1963), Ogden, T. H. (1989b), 牛島定信 (1994a), Winnicott, D. W. (1960b)

父親殺し

[英][仏] parricide
[独] Vätermord

文字通りには父親を殺すことであるが，精神分析やユング心理学では心理的に父親と対決して乗り越えることをいう。その際に象徴的に，また心理的には「殺した」という感覚は起こりうる。

エディプス・コンプレックス自体が「父親殺し」の物語である。フロイト Freud, S. 自身のフリース体験も，父ヤコブを失った喪の仕事であり，心理的には父親を殺してしまったという思いがもとになっている。フロイトの『トーテムとタブー』では次のように述べられている。「……ある日のこと，追放された兄弟たちが力をあわせ，（暴力的な）父親を殺してその肉を食べてしまい，こうして父群にピリオドをうつにいたった。……そしてこの犯罪行為から社会組織，道徳的制約，宗教など多くのものが始まったのである……」（1913, 著作集 3, p. 265）。

これに対してクライン Klein, M. は母子関係に焦点を置いており，彼女が晩年に書いた『「オレステイア」に関する省察』（1963）は母親殺しの物語の分析である。日本の古澤平作の阿闍世コンプレックスも，母親殺しの葛藤を描いている。ユング心理学でも，太母 great mother との関係で心理的母親殺しが取り上げられる機会が多い。

（桜井昭彦）

[関連項目] エディプス・コンプレックス，去勢，タブー

[文献] Freud, S. (1913a), Klein, M. (1963), 古澤平作 (1932), Neumann, E. (1954)

父親コンプレックス

[英] father complex
[独] Vaterkomplex
[仏] complexe paternel

フロイト Freud, S. が使用した言葉で，エディプス・コンプレックスのうち父親にまつわる観念や感情の総体を指す。

エディプス・コンプレックスにおいて，子どもには性的満足をえるのに2つの可能性がある。1つは，父親を排除し自分が父親の座におさまることである。この場合，子どもは父親を亡きものにしたいと望み，同時に父親から去勢される恐れを抱くことになる。もう1つの満足の可能性は，自分が母親に代わって父親から愛される対象になることである。この場合，子どもにとって父親は愛情対象となる。しかしこの場合も，子どもは自分が母親と同じように去勢された存在になることを受け入れねばならず，結局去勢の不安にさらされることになる。

この敵対的競争と受動的服従を2つの極として，その間でどのようにエディプス・コンプレックスを解決するかによって，その後の対人関係のあり方（特に，父親的な対象との関係のあり方）が決まってくる。

（白波瀬丈一郎）

[関連項目] エディプス・コンプレックス
[文献] Blos, P. (1985), Freud, S. (1911b), Freud, S. (1924e)

父親なき社会

[英] society without the father
[独] vaterlose Gesellschaft

「父親なき社会」という言葉は，フェダーン Federn, P. が1919年に初めて用い，国父の喪失に伴う国民の集団的混乱を論じた。フロイト Freud, S. は『集団心理学と自我の分析』(1921)で，このフェダーンの概念を引用しながら，集団が形成され，維持されるためには，指導者および集団メンバー相互の感情的結合がその基礎をなすといい，同じ「自我理想」をともにし，自分を同一化させる指導者が必要で，もし，この指導者との結合がなくなると，その集団は崩壊し，恐慌が起こる。「ある兵士が『隊長が狼狽したぞ』と叫ぶ。するとアッシリア人たちはみな浮足立つ。何らかの意味で，指導者を失うことや指導者に疑惑を抱くことは……恐慌を爆発させる。指導者との結合がなくなると――普通は――集団中の個人の間の結合もまた失われる」（ヘッペルの戯曲『ユーディットとホロフェルネ』より）。実際の集団では，抑圧されていた集団メンバー相互の敵対的行動が顕在化するという。フロイトのこの研究を発展させて，ドイツの精神分析学者ミッチャーリッヒ Mitscherlich, A. は，1963年に『父親なき社会』を著し，そこで現代産業社会に対する批判的文明論を展開した。かつての，一家みんなで労働をともにする農村の農業や，手工業が主な労働形態であった時代には，子どもたちも家族もみな，働く父親の姿を目の当たりにし，その生活の方法や人間の心のあり方を，父親とともに働くことで学んだ。また，父親は息子たちへそれを伝達した。このような父親は，その家族，特に子どもたちにとって，父権主義的な権威的な心理構造を形づくっていた。ところが，社会が高度に産業化されるにつれて，まず住居と働く場所が分離し，父親はサラリーマン化した。そして，巨大な管理社会の中のひとコマになった。子どもたちには，かつての父親に対する指導者としての尊敬や，父親と自我理想をともにする生活感覚が失われた。こうした働く父親の姿は，子どもたちの中の父親像から消え去った。その結果，父親による息子世代へのさまざまな人間としての知恵や良心，価値規範，自我理想などを伝達・継承する道も，同時に失われた。「父親なき社会」における父親の喪失は，子どもたちを精神的に指導し，守り，養うすべての力を持った父親像の喪失であると，ミッチャーリッヒは言う。この意味での父親喪失，ないし父親不在の家庭の中で育つ子どもの，精神的・社会的成熟には，さまざまな困難が生じることになった。社会全体に目を向けると，国家にも，企業にも，かつての父親のような意味での責任ある存在，指導力を持った存在はいなくなり，管理化された産業社会の中で，かつて父親的なものに結びついていたさまざまな精神的な権力は，いまや無名の組織体へと拡散してしまった。父親なき社会の大衆は，伝統的な文化そのものを次第に見失い，他人志向的になり，周囲と調子を合わせる毎日を送り，科学技術の進歩によって生み出される新しいさまざまなライフスタイルを次々と身につけることに追われ，そのような受け身的な生活態度が共通の心性になっていく。そして，自分たちの居場所や，心のよりどころをどこに求めてよいか，絶えざる不安と孤立感に悩む。

（小此木啓吾）

[関連項目] 自我理想，自己愛［ナルシシズム］，フェダーン，フロイト, S.，ミッチャーリッヒ
[文献] Federn, P. (1919), Freud, S. (1921c), Mitscherlich, A. (1963)

父の名

[英] name-of-the-father
[独] Name-des-Vaters
[仏] Nom-du-Père

ラカン理論の精神病論における中心的概念。1950年代に概念化され，父の機能を担うシニフィアンを指す。この概念の生成にあたってはラカン Lacan, J. やフロイト

Freud, S. の家族歴や宗教観との関連がしばしば指摘される。ラカンは，フロイトの言うエディプス・コンプレックスと去勢コンプレックスを，人間と言語の関係を問う視点から統合し，ラカン的公式として「父性の隠喩 metaphore paternelle」を提示した。「父の名」は，主体の欲望を禁止によって限界付ける一方，主体が何者として欲望するかを規定する。それぞれフロイト第二局所論の超自我に帰せられた禁止の審級と自我理想の機能に相当する。エディプス状況で主体は母を欲望するものという意味を持つが，母の欲望は無限に言い換え可能であり先送りされてしまう。この先送りの滑走をとめるのが，フランス語では「父の否 Non du père」と同音である「父の名」という禁止である。その一方で，主体が名前を与えられて言語の次元に導き入れられることは「父の名」のもとに保証される。ラカンが上述の父の象徴的機能を定式化したのは，フロイトのシュレーバー症例の読解の過程においてであった。主体を言語的世界につなぎ止める「綴じ目 point de capiton」となるシニフィアンである父の名が「排除 forclusion」されていると，無意識のシニフィアンの連鎖がほつれ，制御を欠いたシニフィエの予兆に満ちた仄めかしが始まり，「象徴界から排除されたものが現実界に回帰」して幻覚を生むとされる。

(南 淳三)

[関連項目] シニフィアン，ラカン理論
[文献] Lacan, J. (1956, 1966)

乳房

[英] breast
[独] Brust
[仏] sein

[最初の対象としての乳房] 赤ん坊が生まれたときに，最初に出会うもっとも重要な母親の身体の一部は，乳房である。これは部分対象 part objects として登場し，赤ん坊はおそらくその脆弱な認知能力によって母親の全体像を理解することはできない。赤ん坊は，出生時から少なくとも乳房や乳首の存在や機能については知っていると考えられる（生得的知識 innate knowledge）。それは最初の外的対象であるが，それが内的欲動の対象として情緒的に体験されるときに，どのように体験されているのかを成人のわれわれが推測するのはきわめて困難である。それでも母親の乳房は，最初の対象との出会いを代表する重要な部分的器官である。それは情緒的な対象であり，物理的な解剖学的存在というよりも機能的なものであり，生命の源であるお乳を与え，迫害し，毒を盛り，愛するものであり，憎むものでもある。この最初の対象を私たちがどのように認識し，対象関係の人生の出発の第一歩を踏み出していくのかを知っていくことは，精神分析における発達論にとって重要な課題になっている。

[分裂と投影同一視 splitting, projective identification] クライン Klein, M. は生後から4–5カ月までの赤ん坊の内的世界の特徴を「妄想分裂ポジション paranoid-schizoid position」の概念でまとめることになったが，そのときの部分対象関係の特徴の代表的なものが乳房との交流である。たとえば空腹時に満足を与えてくれる乳房については，赤ん坊は生の本能 life instinct を投影して理想的な良い乳房（対象）good breast（object）を形成していき，熱情的愛を向ける。そしてそれを取り入れて自己の核にしていく。逆に満足を与えず欲求不満に陥らせる乳房に対しては，赤ん坊は素質的な死の本能 death instinct による破壊性と攻撃性を向け，それらを投影して破壊的な攻撃的悪い乳房（対象）bad breast（objects）を形成する。そしてそのような悪い乳房からの迫害的な報復の恐怖におののくのである。そして赤ん坊は，そのような悪い乳房をできるだけ排除し外界に投影しようとするが，再び自己の中に取り入れて対処しようとする。そしてあまり破壊的でない部分は，一部は超自我の形成に使用されていく。赤ん坊はこの2つの乳房が同一人物に属する同じ乳房であることを認知することはできない（スプリッティング splitting の機制）。そして乳房は最初の対象としてきわめて重要な役割を担っていくのである。おそらく，母親の顔，手，声，など多くの部分対象が存在するであろうが，乳房はそのもっとも代表的なものとして重要な意義と地位が与えられている。ビオン Bion, W. R. なども，精神病人格の形成過程や思考の研究の際に，乳房と赤ん坊との関係をモデルにして考察を進めている。やがて抑うつポジション depressive position の段階に入っていくと，悪い乳房と良い乳房は統合され，全体的な母親像の中に組み込まれていく。そして赤ん坊は，全体的な母親の身体内部に存在すると幻想されている内容物との間で，より発達した対象関係を展開していくが，そのときに良い乳房や悪い乳房との関係性が，その全体的な母親との身体的関係の幻想の形成に大きな影響を与える。

(衣笠隆幸)

[関連項目] スプリッティング，投影同一化（視），部分対象，妄想分裂ポジション，よい対象／わるい対象
[文献] Bion, W. R. (1967b), Klein, M. (1929a, 1929b, 1932)

中核葛藤テーマ〔CCRT〕

[英] core conflictual relationship theme
[独] Kernthema der mit Konflikten belasteten Beziehungen
[仏] thème des relations conflictuelles du cœur

ルボルスキー Luborsky, L. らが提唱し，発展させた概念。精神療法において患者が語る内容のうち，特に患

者と治療者の関係，および，現在・過去における患者と他者の関係に注目した時に，そこに反復して現れてくるテーマ（関係性テーマ relationship theme）の中で，最も頻繁に登場し，中核的と考えられるテーマのこと。願望（他者に対する期待），他者からの反応，その反応に対する自己の反応の三要素からなる。フロイト Freud, S. の転移（転移の鋳型 transference template）概念との関連が深いとされる。ルボルスキーらは，患者の語る内容の中から，系統的にこの中核葛藤テーマ（CCRT）を抽出する方法を開発し，これを CCRT 法と呼んだ。CCRT 法は，熟練した臨床家が患者の転移パターンを定式化するやり方に類似しているが，その中の推論部分をマニュアル化することによって，転移に関連した中核葛藤テーマ（CCRT）や関係性テーマを，十分な信頼性を持って抽出することを可能にした。また，フロイトの転移概念や，他の精神力動的マニュアル（定式化法）との比較照合によって，転移を同定する手段としての一定の妥当性も確かめられている。CCRT 法は，精神力動的精神療法のマニュアルとして，精神療法の科学的研究（治療効果研究，比較文化研究，意識状態比較研究〔覚醒時対夢〕など）や，精神療法の実践・訓練の領域で，幅広く用いられている。　　　　　　　　　　　　（水田一郎）

[関連項目] 転移
[文献] Luborsky, L. (1984), Luborsky, L. & Crits-Christoph, P. (1990), Luborsky, L., Popp, C., Luborsky, E. & Mark, D. (1994)

中間学派　⇒独立学派
[英] middle group

中間領域　⇒可能性空間
[英] intermediate area

中心的自我
[英] central ego

フェアバーン Fairbairn, W. R. D. は主としてスキゾイドの人の夢の分析を通して，夢とは本質的に（フロイト Freud, S. によるように）願望充足ではなく内的現実に起きている状況のドラマ化であり，夢に登場する人物像は自我の部分か内在化された諸対象をあらわしていると結論づけ，力動的な精神内的構造 endopsychic structure を次のように定式化した。すなわち（1）リビドー的自我 libidinal ego，（2）反リビドー的自我 antilibidinal ego，早期の論文では内的妨害者 internal saboteur，（3）中心的自我 central ego という自我の構造と，（1′）拒絶する対象 rejecting object，（2′）興奮させる対象 exciting object，（3′）最初に内在化されるアンビバレンスを抱く以前の対象から，これら2つの――拒絶する，興奮させる――対象がスプリット（分裂）されたあとに残った理想対象 ideal object ないし自我理想 ego-ideal という対象の構造である。

この精神内的構造の成り立ちは，精神発達的観点から次のように考えられる。まず極めて早期の，未だスプリット（亀裂）のない自我は，ある程度満足させ，またある程度は満足させない対象に出会う。この「もともとの（原初）自我」はそうした対象との関係に対して外的には対処できないという，自我にとって困難な事態への防衛として，対象を精神内的状況に内在化したりあるいは取り入れを行う。ところでこの対象にはリビドー的なニードを興奮させるが満足させない側面と，ニードを拒絶する側面との，2つの悪い側面がある。けれども取り入れられた対象は，まだこの悪い側面をもったままなので，そこで自我は次にこの内在化した対象の悪い要素を抑圧する。このようにして内在化された対象は3つの対象にスプリット（分裂）することになる。これが前述した3つの対象の構造である。ところがいかに悪い（拒絶された）対象であっても，自我はその対象関係希求性ゆえにまさにその対象を必要としているため，その自我の中には乳児的依存つまり同一化という形でその悪い対象に関係（もしくは愛着）している面がある。したがって悪い対象が抑圧されるときには，その対象に同一化している自我の各部分も対象と同時にスプリットされ抑圧されるのである。ただし自我の中心的核（中心的自我）は抑圧されないまま抑圧する主体として活動する。これらの構造を1944年当時フェアバーン自身が示したのが別掲図（p. 209）である。

フェアバーンは中心的自我を「私（I）」と呼び意識的な性質を強調しつつ，意識的，前意識的，無意識的諸要素を含むとした。加えてリンズレー Rinsley, D. B. は，中心的自我がフロイトの現実自我に似ていると考え，また中心的自我と理想対象との関係には全体対象関係のような性質があると強調した。　　　　　　　　（相田信男）

[関連項目] 移行期の技法，原初自我，フェアバーン理論
[文献] 相田信男 (1995), Fairbairn, W. R. D. (1944), Grotstein, J. S. & Rinsley, D. B. (1994)

中性化 [心的エネルギーの]
[英] neutralization
[独] Neutralisierung
[仏] neutralisation

フロイト Freud, S. は『自我とエス』(1923) で，生の欲動と死の欲動の欲動二元論を提示し，この二大欲動

に由来する性的エネルギー sexual energy（リビドー）と攻撃エネルギー aggressive energy という2つの異なるエネルギーが心的現象で働く過程を考察し，この両エネルギーが融合 fusion し，あるいは脱性愛化 desexualization されるか，あるいは，脱攻撃化 deaggressivation を受ける結果，もはや性的でも攻撃的でもない中性的なエネルギー neutral energy がつくられると考えた。

そこでフロイトはこう述べている。「われわれはあたかも精神生活の中に——自我の中かエスの中か決定できないが——移動するエネルギーがあるかのようにみなした。このエネルギーはそれ自体は無差別なものであるが，質的に区別された愛情的あるいは破壊的衝動に歩み寄ることができるし，衝動の全備給を高めることができる。このような推移し得るエネルギーを仮定しないと，われわれは一歩も進めない。……自我とエスの中に働くこの移動性の中性エネルギーは，自己愛的リビドー貯蔵から出たもので，非性化したエロスであるとみなしてよいように思う。エロス的衝動はわれわれには，破壊衝動よりも一般に可塑的であって，転導しやすく，また置換されやすいように見える。そこで，この移動性のリビドーが快感原則に従って働き，うっ積を避け，放出を容易にするという論旨をわれわれは無理なく続けることができる。

もしこの移動エネルギー Verschiebungsenergie が非性化したリビドーであるならば，これもまた昇華されたということができよう。なぜならば，この移動エネルギーは，統合し結合させようとするエロスの主目的を常にかたく守り，自我の特徴であるあの統一性を——あるいはそれを目指すのが自我の特徴である——確立するために奉仕するからである。われわれが広義の思考過程をこの移動のうちに含めるなら，おそらく思考作業もまた，エロス的な衝動力を昇華することによって獲得されるのにちがいない」。

さらにフロイトは，『精神分析学概説』（1940）でこう述べている。「われわれは今後，エロスのエネルギー Energie des Eros を「リビドー」と呼ぶが，その最初の状態 Anfangszustand においては，われわれが自由に動かし得る全エロス・エネルギー（リビドー）は，未だ分化していない自我＝エス noch undifferenziertes Ich＝Es の中にあって，そこに同時に存在している破壊傾向 Destruktionsneigung の中和 Neutralisierung に役立っている，というふうに想像される（破壊本能のエネルギーに対してわれわれはリビドーという名称に匹敵する術語を欠いている（訳注：フェダーン Federn, P. は，破壊本能エネルギーに対して，モルティドー mortido なる術語を与えた）。しかし，その後になると，リビドーの運命を研究するのは比較的容易であるが，破壊本能の研究はむしろ困難になっていく。破壊本能が内部で死の本能として作用している間は，この本能は沈黙している。それは破壊本能として外界に向かったときに初めて姿を現すのである）。」

その後の論議では，中性的エネルギーの一定量は，生涯で初めからすでに心的装置に利用できるようになっていて，それは融合や脱性愛化や脱攻撃化の結果得られるものではなく，もともと先天的に存在しているものであるという。特にこの論議は，フロイト以後の自我心理学における昇華の議論の文脈で発展した。すでにフロイトは昇華における中性エネルギーの意味に注目し，昇華はリビドーの脱性愛化によって可能になると考えた。さらにハルトマン Hartmann, H. は，純粋にエネルギー的な観点から昇華を再定義した。ハルトマンによると，昇華は，欲求的なものから離れて非欲動的なものへ移るエネルギーの様式の転換という心理学的な過程に帰せられる（Hartmann, H. 1955）。したがって，昇華はまず，リビドーか，攻撃欲動のエネルギーのどちらかが中性化されたのと同じであるか，または，自我に備わっている非欲動的で，もともと中性化されたエネルギーの活用のこととみなすことができるという。

しかし，これらの中性エネルギーの議論について，さらにハルトマンは，自我自律性の議論から，一次的自律性を備えた自我装置を仮定し，そのときに，すべての行動が性的ないし攻撃的な内容を持っていると仮定すべきではないことを明らかにした。つまり，本来，非性的，または非攻撃的な行動というものが存在することと，一次的自我自律性とはほとんど同義なのであるが，このような場合には，性的エネルギーと攻撃的エネルギーの中性化という概念を特に導入する必要はない。例えば，これまでのように，視覚を用いて正確にものを見るということは，窃視症のような欲動の昇華を経た上で可能になるということではなく，むしろそれ自体として視覚は視覚としての独自の自律的な機能を持っているということである。このような中性的なエネルギーを用いた自律的な自我機能が注目されるとともに，一方で，どのようにこれらの自律的な機能が葛藤化し，性愛化されたり，攻撃化するかが論議された。 　　　　　　　　　（小此木啓吾）

[関連項目] 自我カテクシス，自我自律性，昇華，性愛化，モルティドー，リビドー，ハルトマン，フェダーン，フロイト，S.

[文献] Freud, S. (1923b, 1940c), Hartmann, H. (1955a, 1964a), Hartmann, H., Kris, E. & Loewenstein, R. M. (1946)

中断

[英] drop out / premature termination

外的な困難（治療者あるいは患者の転居，病気，経済的理由），健康への逃走，転移性治癒，精神分析が手詰まりになって患者と治療者とがもはや続けるべきではない

という同意をした場合などに，治療目標に到達されないまま関係が終わること．それに対して，治療目標が達成されたと，患者と治療者が納得したときに双方の同意のもとで治療関係を終わらせることは「終結 termination」と呼ばれる．治療目標とは，パーソナリティ構造の改善の兆し，感情の適切な表現，防衛の成熟，より健康な自我機能と適応感の増大，症状の改善，発達段階に対応した対象関係の形成などがあげられるが，もっとも重視されるのは治療者との間で適切に形成された転移神経症が解消され，治療者との別離を成熟した形で迎えられることである．

確かに，フロイト（Freud, S. 1937）が述べたように精神分析は，治療面接が終了しても被分析者自身のなかで一生営み続けられる作業なので，すべての目標を成し遂げることはできないことを自覚しておくことも重要である．とはいえ，患者が，時期尚早に治療を中断しようとする傾向は，抵抗の臨床形態の一つとして考えられる．そういう事態に対処する方法は特に転移の理解を通して考えられるべきである．治療者が患者の生育史および病歴から患者の不安や防衛の理解を深めておくならば，神経症的な治療の中断を予測，あるいは回避することができよう．またしばらくの中断の後に再開される治療も多く，数回にわたって来院しなかったときに，こちらから連絡をとり，関係をつなぐことも患者を抱えることの一側面となる．現実的問題以外に，治療者の対応の失敗（早すぎる解釈やすべての中断の申し出を抵抗と受け取ることなど）が患者の抵抗を増大させ中断を招来することもある．治療者が過ちを繰り返すと治療者 - 患者間でサド - マゾ的な関係が展開し，治療関係を「泥試合」にしてしまう可能性があるので転移・逆転移の吟味と患者の病理や双方の事情を考慮にいれた柔軟な対応が常に求められる．　　　　　　　　　　　　　（伊崎純子）

[関連項目] 健康への逃走，治療終結，治療同盟，治療目標．

[文献] Freud, S. (1937b), 北山修 (1982a), Langs, R. J. (1973, 1974), 小此木啓吾 (1990a)

中断療法

[英] interrupt treatment
[独] Terminsetzung

[定義] 伝統的な精神分析における治療期間の長期化にかねがね不満を抱いていた，ランク（Rank, O. 1924）によって最初に提唱された革新的技法である．治療期間の短縮化と神経症の主要な原因であると彼が考えた患者の分離不安 separation-anxiety を克服する立場から，治療期間をあらかじめ限定し，分析家の側から故意に治療の終結ないし中断を患者へ伝え，治療関係における治療者からの分離体験を計り，結果的に患者にとって重要な人物（母親）からの分離 - 個体化を果たすねらいで考案された中断療法である．

[理論的背景と治療技法の特徴] ランクは，神経症は出生時の心理的外傷体験，つまり出産外傷 trauma of birth に起因するとの独自の理論を提言し，誕生時の母親からの分離をその本質とし，離乳，愛する人物からの分離，その他すべての分離が個人的不安の根本的，普遍的原因になると考えた．そこで，分析の途中に 1 カ月から 18 カ月程度の治療中断期間を意図的に設定し，治療者からの患者の自立を促し，ひいては現実生活場面における分離不安，つまり神経症的不安の軽減を計った積極的な治療技法である．ランクが初めて導入した中断療法による治療時間制限療法は，マン（Mann, J. 1973）やわが国の上地（1984）の 12 回面接を基本とする時間制限心理療法 time-limited psychotherapy に代表される，近年のブリーフ・サイコセラピーの著しい台頭の原動力として専門家の新たな注目を集めている．　　　（上地安昭）

[関連項目] 出産外傷，短期精神療法，分離不安
[文献] Mann, J. (1973), Rank, O. (1924), 上地安昭 (1984)

中立性

[英] neutrality
[独] Neutralität
[仏] neutralité

精神分析家の基本的態度の一つ．分析家は社会的，道徳的，宗教的価値に関して中立でなくてはならない．つまり，特定の理想に従って治療を進めてはならないし，どんな忠告も控えねばならない．また，いかなる患者の転移に対しても中立でなくてはならない．理論的偏見によって特定の心の部分や特定の意味に執着してはならない．このような原則を中立性と呼ぶ．小此木によれば，この中立性の概念は，彼の言うフロイト Freud, S. のフロイト的治療態度の一つと見なすべきもので，精神分析的な治療者は誰もが身につけるべき治療態度である．それにもかかわらず，外交用語から借用され，分析家の治療態度を規定する概念として普及したこの言葉はフロイトの著作には見られない．しかし，特にこの言葉は米国の精神分析において教条化されたと言ってよいほど厳しく守られるべき原則となった．例えばそれはメニンガー Menninger, K. の『精神分析技法論』(1958) でも多くのページを割いて説かれている．フロイトにおける中立性の概念は必ずしも明確に定義されなかったとはいえ，まず，治療者が患者に意図的に及ぼす影響を避けるという意味で，催眠暗示療法から精神分析療法が区別される際に『ヒステリー研究』(1895) で強調され，さらに，『分析医に対する分析治療上の注意』(1912) においてフロイトは，治療的名誉心を自己批判し，外科医になら

って，神様が治してくださるのだという謙虚さを持つことを説き，『分析治療の開始について』(1913) では，正確な転移の確立は分析家が中立性を守っているかどうかに左右されるという意味のことを述べ，『精神分析療法の道』(1919) では，「我々は，我々の助力を求め我々に身を委ねる患者を自分たちの私有物とすることを断固として拒否する……我々の理想を彼に教え込もうとする造物主のような奢りを持つことを控えねばならない」と強調している。しかし，現代の米国の精神分析では，中立性に対して種々の疑問の声が上がっている。特に乳幼児研究の領域や，コフート Kohut, H., ストロロウ Stolorow, R. などの間主観的リアリティを強調する態度からは，治療者と患者のより前言語的・情緒的な交流の意味と，その相互作用的な機能が問われている。また，実際の治療者が中立性を保たないで，むしろこのような間主観的な相互作用の中で治療を行っているという事実が明らかにされるとともに，これを中立性神話として批判する動向も生まれている。同時に一方では，精神分析的な治療者の基本的な態度としては，中立性を身につけることがまず基礎であるという態度を強調する流れも存続している。

(小此木啓吾)

[関連項目] 医師としての分別，間主観的アプローチ，禁欲規則，構成主義的精神分析，フェレンツィ的治療態度，フロイト的治療態度，分析家の受身性，フェレンツィ，フロイト, S.

[文献] Freud, S. (1912d, 1913l, 1919b), Freud, S. & Breuer, J. (1893–1895), 丸田俊彦 (2000), Orange, D. M., Atwood, G. E., & Stolorow, R. D. (1997), Tronic, E. Z., Stern, D. & Sander. L. et al. (1998)

超自我

[英] superego
[独] Über-Ich
[仏] surmoi

[定義] フロイト Freud, S. の第二局所論もしくは構造論において，心的装置もしくは心的組織のなかで自我から分化してかたちづくられるひとつの組織，もしくは活動機関。フロイトの表現では，自我に対して裁判官や査察官の役目を担い，良心，自己観察，理想形成をその機能とする。

[フロイトによる発展] いわゆる第一局所論（無意識‐意識‐前意識）においてすでにフロイトは，前意識と意識のあいだで機能する「検閲官」のはたらきを『夢判断』(1900) において抽出した。すなわち，願望に対して禁圧的な力が無意識的な機能として働いていること，そしてそれが心的組織のなかである位置を占めていることがすでに着想されていたのである。さらに『ナルシシズム入門』(1914) においてフロイトは，自我の達成規範を与える「自我理想 ego-ideal」という概念とそれに関連する自己観察的な活動機関のはたらきを論じた。こうした萌芽的なアイデアは，1920年ごろから始まるフロイトの後期の理論展開のなかで構築されたこころの構造論モデル（もしくは第二局所論）（イド‐自我‐超自我）のなかに発展的に取り入れられ，彼は『自我とエス』(1923) に至って超自我をイド，自我と併立する活動機関として明確に位置付けた。ただそこでは，超自我と自我理想という用語はまだはっきり区別されていない。現在では，自我理想が超自我という構造のなかのひとつの機能であるという概念化を採用している分析家が多い。だが，そもそも超自我は第二局所論のなかの，自我理想は第一局所論のなかの概念であり，超自我は前提として生の本能と死の本能の共存という新しい本能論を背景に持っている。そして後述するように超自我はエディプス・コンプレックスの後継者として着想されたが，自我理想は一次自己愛の後継者としてフロイトの思考に出現した。したがって，このふたつの概念について精神分析理論のなかでどう納まりをつけるかについては，まだ議論があるところである。

フロイトは超自我形成をエディプス・コンプレックスとの関係で考えた。幼児性愛的近親姦願望の対象としての両親を断念する際の，対象喪失過程の一環としての取り入れと同一化が超自我の起源として考えられた。それは単に対象像が取り入れられるのではなく，こころのなかで自律的に活動し，自我と関係する（「それは自我を観察し，命令を与え，裁き，処罰によって脅かす」）ことが可能な活動「機関」が形成されるのである。その際，フロイトは男女の差にも言及している。すなわち，フロイトは父親による去勢の脅かしが男児の近親姦願望を放棄させてエディプス・コンプレックスを消滅させ，その禁止者としての父親への同一化が超自我を生むが，女児においては逆に去勢という事実の発見によってエディプス・コンプレックスが始まるので，女性の超自我が曖昧になる，と論じたのである。フロイトにとって外的対象としての両親像とその機能が超自我形成の原基であったが，彼は両親との体験の厳しさと子どもの超自我の厳しさが必ずしも一致しないという臨床事実に気づいており，子ども自身の攻撃衝動の強さこそが決定的であるとも考えた。またフロイトは，超自我が両親という外的対象との同一化によるよりも，両親の超自我との同一化によって形成される側面についても言及している。このようにフロイトにとって超自我形成は，エディプス・コンプレックス，自己愛，攻撃欲動といった要因が複雑に組み合わさって起きる現象である。

[フロイト以後の発展] こうしたフロイトの古典的見解では，超自我形成をエディプス・コンプレックスの消滅と同期するものと考えたが，フロイト以後の分析家た

ちはいわゆるエディプス期以前の発達段階で超自我形成が始まることを見出した。フロイトと同時代においてすでに，フェレンツィ Ferenczi, S. が肛門期の括約筋コントロールのしつけがなされる段階で超自我の前段階が形成されると考え，それを括約筋道徳と呼んだ。その後自我心理学派においては，アンナ・フロイト Freud, A. の提唱した攻撃者への同一化，アニー・ライヒ Reich, A. が提起した前エディプス期の自我理想などが，超自我の前駆として位置付けられた。スピッツ Spitz, R. も幼児の観察から 15 カ月の乳児に禁止者との同一化が存在すると説いた。こうした超自我前駆はきわめて統合度が低く，いまだシステムとしてのまとまりをもっていないが，自我機能の発達とエディプス・コンプレックスを通じての対象関係の成熟に伴って，比較的安定した，一貫性をもつシステムとしての超自我が成立するとされる。

一方，クライン Klein, M. は子どもの直接観察，児童分析において観察した症状の開始時期などから，早期のより残忍な超自我の存在を確信した。彼女は超自我の起源を直接死の本能に求めた。最早期から，前性器期的衝動の優勢のもとに，死の本能に由来する攻撃性の投影と取り入れによって生まれる迫害的な乳房が，残忍な超自我を形成し，良い理想的な乳房の取り入れは自我理想の起源となるのである。乳児がやがて抑うつポジションに到達することによって，超自我はより統合されたものになってゆく。また，クラインにとって，超自我はエディプス・コンプレックスの結果ではなく，エディプス・コンプレックスを促進する因子である。前性器期的な色彩を持つ迫害的な内的なイマーゴからなる超自我に対抗するため，子どもは現実の両親との愛情関係に引き寄せられるからである。　　　　　　　　　　（藤山直樹）

［関連項目］エディプス・コンプレックス，局所論〔局所的観点〕，去勢コンプレックス，検閲，攻撃者との同一化，罪悪感，自我，自我理想，死の本能（欲動），審級，心的装置，同一化，内的対象／外的対象，理想自我

［文献］Chasseguet-Smirgel, J. (1985), Ferenczi, S. (1925), Freud, A. (1936), Freud, S. (1900, 1914c, 1923b, 1924e, 1933a, 1940c), Jacobson, E. (1964), Klein, M. (1932, 1933), Reich, A. (1954), Segal, H. (1964/1973), Spitz. R. A. (1958)

重複決定

［英］over-determination
［独］Überdeterminierung
［仏］surdétermination

神経症の症状や夢などが形成される無意識過程にはいくつもの複数の決定要因が関与している事実をあらわす精神分析用語。はじめフロイト Freud, S. によって『ヒステリー研究』(1895) で用いられたが，フロイトの重複決定に関する認識は『夢判断』(1900) でより明確になる。ヒステリー研究では，この言葉は 2 つの意味で用いられた。1 つは，ヒステリー症状が，体質的な素因と多数の外傷的体験の系列双方の結果生ずるという意味においてである。そこでフロイトは，催眠浄化法（カタルシス療法）が対症療法であって原因療法ではないので，取り除いた症状のかわりに新たな症状の発生を防ぎ得ない事実を指摘し，これは浄化法が性的な外傷体験の系列は解決し得ても体質的な素因には効果を及ぼし得ないためであると語り，「神経症の病因の主要な特質は，その発生が，大抵の場合，幾重にも決定されているという点にある。すなわち，この疾患が引き起こされるには，いくつかの要素が重なりあわねばならない」と述べている。後になってこれは「相補系列」という概念 (1917) に明確化された。もう 1 つは，夢や症状を決定する無意識的要素は複数であると同時に，そのそれぞれの無意識的要素は，それぞれ異なった意味の連鎖－文脈を持っていて，その結果，同一の事象の無意識的な決定要因を理解する際には，これらいくつもの無意識の連鎖－文脈に応じた，いくつもの水準での重複解釈 overinterpretation が必要になるという。今日一般には，重複決定という言葉はこの意味で用いられる。そこでフロイトは，「ある症状が，いかにしばしば（回想－連想の連鎖で），幾重にも決定されているものなのか，ということは，大いに注目に値することである」と結語している。さらに『夢判断』でフロイトは，夢の個々の要素は重複決定されているが，このような重複決定は圧縮 condensation の作業の結果で，さらに，個々の要素のみならず，一つの夢全体（顕在夢）そのものも，いくつもの異なった潜在思考の連鎖によって決定されているので，重複的な解釈 Überdeutung が必要になるという。　　　　　　　　（小此木啓吾）

［関連項目］圧縮，相補系列，ヒステリー，夢，フロイト，S.
［文献］Freud, S. (1900, 1916–1917), Freud, S. & Breuer, J. (1893–1895)

直接分析

［英］direct analysis
［独］direkte Analyse
［仏］analyse directe

ローゼン Rosen, J. N. の「直接解釈」の技法を用いた精神病の精神分析的精神療法を言う。その特徴は，患者が表現する無意識の内容を，抵抗を考慮することなしに直接解釈することにある。この方法は 1946 年頃からローゼンによって開発されたが，精神病，特に精神分裂病では，患者の無意識が防衛を乗り越えて言葉と行動にあらわに表現されるというその当時の理論に基づいている。その治療機序は，洞察よりもむしろ陽性転移を確立し強

化することにあり，患者はこの解釈によって治療者によく理解されていると感じ，治療者に理想の母親のような全能の理解者を転移する。また，幼児期の不安の内容に触れて，それが根拠のないものであることを，治療者の言葉によって安心させてもらう。このような方法によって，むしろ治療者と患者の無意識の直接的な情動交流を可能にすることを目指す積極的な技法を含んでおり，治療者は患者に対して絶えず保護する全能な母親像でなければならないという。このような見解は，その当時のフェダーン Federn, P. のそれとも共通の基本的な治療観によって成り立っている。　　　　　　　　　（小此木啓吾）

[関連項目] 解釈，精神分析技法，シュヴィング，フェダーン
[文献] Rosen, J. N. (1953, 1964)

直面化

[英] confrontation
[独] Konfrontation
[仏] confrontation

　精神分析療法あるいは精神分析的精神療法における治療技法のひとつ。治療過程において，より意識に近い現実状況や思考・行動パターンあるいは葛藤を，被分析者に提示し，文字通り直面させ，その矛盾や問題点に注意を向けさせるところにその目的がある。それはまた，治療技法の次のステップである明確化や解釈のための準備段階を用意することでもある。つまり，直面化することによって，無意識の材料を感情を伴って意識化させる作業（解釈）をより円滑に行うことができる。換言すれば，解釈という技法が無意識的幻想や過去にさかのぼる対象関係をテーマにするのに対し，直面化は分析者にとっても被分析者にとっても明らかであろうと思われる出来事や言動（それは，分析室の内外を問わない）に焦点をあてるものであると言える。そのためには分析者は明確に言葉を使用する方がよい。しかし，その一方で被分析者を追い詰めることがないよう疑問形で問うのが好ましいと言われている。また，直面化は，今，ここで here and now の話題が中心になることから，境界例といった原始的防衛機制（splitting など）を頻用する人格障害患者には重要であり，それによって被分析者の現実検討能力を改善・強化し，行動化を防いで，自我の統合を図るには欠かせない技法となっている（カンバーグ Kernberg, O.）。　　　　　　　　　　　　　　　（福井　敏）

[関連項目] 解釈，境界性人格障害，現実検討，精神分析療法
[文献] Greenson, R. R. (1967), Kernberg, O. F. (1984), Langs, R. J. (1973)

直観

[英] intuition
[独] Intuition
[仏] intuition

　夢分析の際にその報告者の自由な連想が重要な手がかりとなるように，患者の知的で論理的な報告や説明よりも，情緒的で非論理的な思考や発想，ときには「思いつき」の発想が重要になる。同時に，分析者の非論理的な直観もまた解釈や理解を発想する際に重要な役割を分析者側で果たすものであり，そういうときに「ピンときた」あるいは「発見した」と言う。これは，芸術家たちが対象を把握したり素材を展開したりするために用いられる方法であり，最初から探すものを決めて出発する「科学的なやり方」ではなく，理由や原因を問わずにただ参加した結果，あるいは直接把握した際の自然な帰結として説明されてきた。これを精神分析家の仕事とするビオン Bion, W. R. によれば，医者が見たり聞いたりして五感を使用するのに対して，分析家は知的理解ではなくこのような第六感の「直観すること」を使うのである。たとえば，不安は形も臭いもないので，勘や直観で心的現実の精神分析的探索を行いその動きを感じとるためには，記憶にも頼らず，望むことも理解することもなく漂って把握するというやり方を提唱している。被分析者が言語的に非言語的に，意識的に無意識的に，態度や振る舞い方を通して，様々な方法で伝えてくるものを，漠然と総合し結びつけることができた結果として「ひらめき」が答えを生み出す。この直観に頼るためには「平等に漂う注意」，日本語で言うなら「虚心坦懐」と形容できる分析者の側の態度が求められ，多種多様のことを受け取るために心を広く開いて，目的のない注意を向けながら，被分析者の無意識の感情や幻想に触れて彼らを見失わないようにしておくことが必要になる。患者の言葉に付随する「音楽」や感情の調子を聞き，非言語的コミュニケーションを構成する仕草や態度に対しても目を向けて，相手の投影同一化を受け取る分析者の投影逆同一化が働いて直観は生まれると説明されている（Grinberg, L.）。具体的には，豊かな感受性と内省を伴う態度で面接に臨むとき，何かしらの理解が説得力を伴って生まれるイメージであり，映像であり，夢であり，ただ感じるだけ，ただそう思うだけという場合もある。　　（北山　修）

[関連項目] 投影同一化（視），平等に漂う注意，夢想
[文献] Bion, W. R. (1970), Grinberg, L. (1998), Grinberg, L., Sor, D. & Bianchedi, E. T. (1977)

貯溜ヒステリー

[英] retention hysteria
[独] Retentionshysterie
[仏] hystérie de rétention

　貯溜ヒステリーの概念はブロイエル Breuer, J. とフロイト Freud, S. によって提唱されたもので，他の2つのヒステリー概念すなわち類催眠ヒステリーと防衛ヒステリーから区別されるものである。健康な場合は，活発な互いに相容れない諸観念のために生じる興奮は，言語表現によって伝達され解放される。興奮がその流出を妨げられると身体現象に転換され解放されることがある。このようなメカニズムで生じるヒステリーを貯溜ヒステリーと呼ぶ。ブロイエルは病的な影響をもちやすいものとして，宗教的疑惑による苦悩や性生活に関連する諸観念で生じる興奮を挙げている。彼は『ヒステリー研究』（1895）の第3章「理論的見解」において，見知らぬ男性にペニスを見せられ，それを口に含むように言われて逃げ帰った少年の例を挙げている。その少年は嚥下障害と頭痛を訴えていたが，上述の出来事を一気に泣きながら語ることですみやかに軽快した。

　フロイトの症例ロザーリアの発声障害も貯溜ヒステリーの例である。声楽家志望の若い女性ロザーリアは，幼くして孤児になったが，引き取られた先の叔父の家族成員に対する乱暴な仕打ちに対して憎悪と軽蔑の念を抱きながら耐えていた。叔父の不当な言いがかりに対し口答えせずに黙っていなくてはならないとき，きまって喉が締めつけられ声が出なくなる感じがし，その感覚が歌うときの障害となっていた。

　この貯溜という概念はカタルシス法あるいは除反応という治療方法につながる。せき止められていた情緒的興奮が通常の流出路を得れば症状が消失するはずである。フロイトが貯溜ヒステリーという用語を使ったのは『防衛-神経精神病』（1894）においてだが，『ヒステリー研究』の第4章「ヒステリーの心理療法」ではすでにこの概念の重要性に疑問を投げかけている。彼は典型的な貯溜ヒステリーであるにもかかわらず催眠による治療効果が上がらない症例を経験して，貯溜ヒステリーの基礎にもそのプロセス全体に防衛の要素が見出せるのではないかと推測するようになった。　　　　　　　（近藤三男）

　[関連項目] 防衛ヒステリー，類催眠ヒステリー

　[文献] Freud, S. (1894, 1925b), Freud, S. & Breuer, J. (1893–1895), Jones, E. (1953–1957)

治療契約

[英] therapeutic contract
[独] therapeutische Vertrag
[仏] contract thérapeutique

　治療の開始に当たって，治療者と患者の間で，治療の目標や方法，治療の期間，面接のルールなどについてなされる取り決めや約束を言う。治療契約は，分析者の正常な自我と被分析者の正常な自我との間で結ばれるが，両者は作業同盟 working alliance を拠り所にしてこの治療契約を共に守る営みを続ける。一度結ばれた治療契約に規定された治療者と患者の継続的な交流の様式が，治療構造になり，その後の治療者・患者関係の過程や，精神療法の力動的展開の条件になる。晩年のフロイト（Freud, S. 1940 [1939]）はこのことを次のように述べている。「分析医の自我と患者の弱化した自我は，現実の外界を拠り所にして同盟（契約）を結び，当面の敵であるエスの本能欲求と超自我の良心の欲求にたいしてともに闘う。……患者の自我は完全な誠実さを，つまり分析医の要求に従って自らの自己観察にあらわれる全ての材料を提供し，それを分析医に操作させる契約を結ぶ。一方われわれは，（患者の）自我に厳格な分別ある態度を守ることを保証し……このような（分析医と患者間に結ばれる）自我の同盟（治療契約）を基盤として分析状況は成立する。」

　一度結ばれた治療契約の変更は，治療技法上慎重を要するが，特に治療者の側の都合による変更には治療倫理上の問題になる場合がある。

　なお，病識のない精神病状態や，子どもの場合などは，治療者との治療契約の相手を一時的に家族が代理することがあるが，このような治療対象との治療関係でも，やがては，治療者と患者本人との治療契約と作業同盟が，治療関係の基本となるのが原則である。

　また，近年，精神療法における治療契約をより広く医療におけるインフォームド・コンセント informed consent の観点からとらえ直す動向がある。　（小此木啓吾）

　[関連項目] 医師としての分別，精神分析療法，精神力動，治療構造，治療同盟，分析状況

　[文献] Freud, S. (1913l, 1940c), Greenson, R. R. (1967), 岩崎徹也 (1993), 狩野力八郎 (1998), Menninger, K. A. (1958), 小此木啓吾 (1964b)

治療構造

[英] structure of psychotherapy
[独] Structur der Psychotherapie
[仏] structure de psychothérapie

　治療構造とは，精神療法において，治療者と患者の交

流を規定するようなさまざまな要因や条件の構造総体をいう。歴史的に治療構造の概念について述べたのは，フロイト Freud, S. の『分析治療の開始について』(1913)である。その論文では，精神療法の過程をチェスゲームの展開にたとえて述べているが，治療の過程がゲームそのものであれば，治療構造はそのゲームの進め方を規定する諸条件である。つまり，どんな精神療法でもまず治療者がその治療対象の特性（年代や病態水準など），あるいは自らの治療理論や治療技法などによって，治療のその後の展開を予測して意図的に設定する空間的，時間的な条件および治療者・患者間の交流を規定する面接ルールなどの基本的な枠組みがある。もちろん，治療者が意図したいと願っても諸々の条件によって必ずしも希望通りに行かない場合も多い。少なくともそのように設定された治療構造は，その後の治療者と患者の交流様式を規定し，治療関係にさまざまな影響を及ぼす。そしてこれらの治療構造の心理的な影響を治療者および患者が，その治療過程でどのように気づき，自分たちの転移，逆転移，そして抵抗などにどのようにかかわるかを洞察して行くことになる。

わが国を代表する精神分析医である小此木啓吾は，エクスタイン Ekstein, R. の『精神療法の構造的観点』の論文から示唆を得て，彼の代表的な治療構造論の研究をおこなっているが，その中で，治療構造を外面的治療構造と内面的治療構造の2つに分けて以下のように論じている。

（1）外面的治療構造としては，①治療者・患者の数と組み合わせ（例えば，個人精神療法，集団精神療法，複合的精神療法など）。②場面の設定（例えば，面接室の大きさ，一対一面接，同席面接，合同面接など）。③治療者・患者の空間的配置（例えば，対面法，背面法，仰臥法，90度法，180度法など）。④時間的構造（面接回数，面接時間，治療期間など）。⑤治療料金（例えば，自費有料，保険，無料）。⑥通院か入院かなどを挙げている。一方，（2）内面的治療構造としては，①治療契約，②面接のルール，③秘密の保持，④約束制度，⑤禁欲規則，などを挙げている。どのような治療構造が選択されるかは，治療対象の特性，各治療者の治療目標，治療機序，治療手段や治療技法によって決定される。そして，この治療構造が設定されると今度はその構造が治療関係や治療過程あるいは患者自身にも影響を与えることになる。つまり，治療構造は治療関係が成立する基本的条件を作り出し，治療関係を支え媒体すると共に，治療構造そのものが，患者の内界を投影する対象とか，心の成長を抱える心的環境の機能を担うことになる。　　　　（乾　吉佑）

[関連項目] 治療構造論
[文献] Ekstein, R. (1952), Freud, S. (1913l), 岩崎徹也・他（編）(1990), 小此木啓吾 (1964)

治療構造論

[英] theory of therapeutic-structure

小此木啓吾が提示した精神分析的な了解と実践における基本的な方法論。まず「構造」とはエクスタイン Ekstein, R. が用いた治療構造の意味であるが，このような治療構造は治療者・患者の個別的な体験-表現を生起させる先験的な普遍的条件である。したがって，その治療関係および治療状況に内在する「治療構造」を分析することによって，治療者はこれらの患者の個別的表現の体験内容を了解する手がかりを得ると同時に，それらが生起する反応の可能性についても，一定範囲の予測が可能になる。このような了解-予測を，小此木啓吾は「治療構造論的了解」と呼ぶ。そしてフロイト Freud, S. の精神分析理論をも，フロイト的治療態度によって構成された治療構造に対する患者の反応のこのような治療構造論的了解の結果とみなすことで，治療構造論的了解は精神分析そのものを理解する方法論（認識論）の意義を持つ。しかもこの治療構造は，治療者が患者の反応生起の条件として調整・変化させることが可能である。このような言語的・非言語的レベルでの構造の動的な調整を「治療構造論的設定」と呼ぶ。さらに治療構造論は，精神分析療法の個々の治療状況に適用されるだけではなく，異なった精神療法相互を比較する比較精神療法学的な方法論として，あるいは，対人関係論的な臨床的現象（例えば，ロールシャッハ・テスト，一般の治療関係，看護関係など）の精神分析的な理解の方法論として用いられる。なお，治療構造論と共通の視点として，シェーファー Schafer, R. のロールシャッハ・テスト状況論，バリント Balint, M. の「設定 setting」論などがある。

　　　　（小此木啓吾）

[関連項目] 治療構造，ロールシャッハ・テスト，小此木啓吾，バリント
[文献] Balint, M. (1961), Ekstein, R. (1952), Freud, S. (1913), 岩崎徹也・他（編）(1990), 小此木啓吾 (1961, 1964b, 1985b, 1990b, 1990c), Schafer, R. (1954)

治療終結

[英] therapeutic termination

一般に，治療目標が達せられた場合に治療が終わることをいう。フロイト Freud, S. は，1937年の論文『終りある分析と終りなき分析』の中で，終結のための条件を次のように述べている。「その第1は，患者がもはや彼の症状に苦しまなくなり，また不安も障害も克服したというとき，第2は，患者にとって問題となっている病的現象が，今後繰り返し起こる可能性をもはや恐れる必要がなくなった程度にまで，抑圧されていたものが意識化さ

れ，理解し得なかったものが解明され，内的抵抗が除かれたと分析医が判断したとき」であると。そして外的な要因によってそこまで深く達しないままで中断された場合は，「不完全な分析」と呼んだ。第1の終結の場合は，治療者，患者双方にとっても十分に納得し了解できるが，第2の場合が大変判断が難しいことになる。つまり，第2の場合は，完全に精神分析治療が行われ，内的抵抗も十分に処理されたので，二度と再発などは生じないと言い切れるかという問題だからである。いいかえれば，精神の絶対的な正常性を基準において，第2の判断を治療者がすることになる。フロイトは同じ論文の中で，正常性について次のように語っている。「正常な自我は，一般に正常性というものがそうであるように，一つの仮定された状態である」と。たとえ恵まれた条件のもとで治療が進行しても，十分そして完全に無意識を意識化することなどできないと言うことで不完全な分析にならざるをえない面をもっている。そして，実際の治療終結は，しばしば治療者・患者双方の現実的な条件で決まってくるといえよう。

　実際的な治療終結で課題となる回復の指標について，小此木啓吾は以下の5点を挙げている。(1) 超自我の変化……より自由になった感覚とか，人生を楽しむ能力，色々な強迫的な行動の停止，そして抑うつ傾向の減少など。(2) 対人関係変化……いたずらに競争や不安，劣等になったりせずに，怒りや憎しみ，いらだちを表出したり，適切に主張することができる。(3) 物事や観念との関係変化……仕事，遊び，思考活動が変化する。仕事に対する興味が増し，仕事を目的のための手段とするのでなく，それ自体として満足を得る対象とみなし，熟達し能率も上がる。遊ぶことからより多くの満足をえる。過度の権力欲，所有欲などへの貪欲さが減少し，金銭や地位などを適切に使用することができる。(4) 不快感への耐久性がつくこと。(5) 治療者への錯覚の減少……理想化されたり，怒りの対象だった人から，終始自分を誠実に暖かく見詰めてくれている友人と変化。つまり，個人的には欠点や問題点をもっているが，誠実に自分に努力を払ってくれる人と変化すると。さらに，小此木は，終結は治療関係の解消であり，治療者・患者の社会的治療契約の解除であるとし，これは治療契約の際と同じように，この現実的な出来事をめぐって特有な精神力動が生まれると治療終結の精神力学について論じている。

〔乾　吉佑〕

[関連項目] 精神分析的精神療法，精神分析療法，治療契約
[文献] Freud, S. (1937b, 1940c)

治療的退行

[英] therapeutic regression
[独] therapeutische Regression
[仏] régression thérapeutiques

　自我心理学的に言うなら，神経症者のための精神分析治療の眼目は，分析者とともに患者が自分自身を見つめることを通して，観察自我 observing ego を強化していくことにあり，そのためには自己観察したものを治療者に話したり，これを共有する分析者から照らし返されたりする過程が必要である。ここで観察される対象とは比喩的に言うなら自らの内にある「子ども」や「赤ん坊」の部分であり，分析場面で自らの主観性の高まりとして起こる発達の退行過程（子ども返り）を介して可能になり，そうして自分についての深い情報を得ることで退行が治療に対し有効に作用するとき治療的退行と呼ばれる。とくに自由連想法では，分析者を見ない位置に被分析者が横たわり，振る舞いに社交性・現実性を保つことも求められず，長期間にわたって面接がリズミカルに繰り返されて時間意識が希薄になるという治療構造等のため，主観性はさらに高まりやすい。また中立，受身，禁欲を保とうとする治療者は，被分析者の話にほとんど応答しないので，見えないところに関して主観的な空想や想像は膨らみ，同時に分析状況の誘惑と拒否という矛盾が際立って葛藤的でストレスの高い関係となり，これにより生じるはずの適度なフラストレーションを介しても退行を促進することが目論まれている。こうして，社会性のある現実的な防衛が除去されてゆき，より内側にあった中核的な葛藤や不安，対象関係や自己の在り方が治療場面で劇化されるのだが，メニンガー Menninger, K. によれば，こういう退行の中で客観的な自己認識が進むなら，再び個人は成長し始めるという反転段階があり発展的な成長や現実復帰を可能にするという。また，このような退行現象が治療者を対象にして体験されるならば，それは転移神経症と呼ばれることもあり，治療的退行をすべて転移として理解する立場もある。

　退行はその最中のカタルシスなどにより一定の治療効果をもたらすことがあり，フェレンツィ Ferenczi, C. は退行状態に積極的に応答する技法を説いた。この主張を受けて，その弟子でブダペスト出身のバリント Balint, M. は，治療における退行の在り方について吟味し，退行を重視する治療を提案している。それは，患者一人の心理学から二人関係の心理学へと視点を転換し，悪性の退行（充足のための退行）よりも良性の退行（認識されるための退行）へ，欲求の局所的満足よりも依存の受容へという方向性を指し示したものである。これは，自我心理学のいう，外傷への葛藤的退行よりも外傷以前の葛藤から自由な退行へ，自我が圧倒される退行よりも自我

のための退行へ，という指針と同様の方向づけであると言えよう。そして，ウィニコット Winnicott, D. W. は「ひきこもり」を退行として体験することで依存状態を本当の自己の発露の機会とすることを可能性として提示している。このような議論では，退行は洞察や自己観察のための方法というよりも，退行そのものが治療的なのであり，さらには退行こそが治療の目的となるような見解も登場するようになる。ここには，育児の途上で得られなかったものを新たに与え直すことができるのか，というフロイトとフェレンツィが対決した基本的問題がはらまれていて，安易に対象との一体や共生状態の再現を目的化することは危険だろう。遊戯療法の遊戯と同様に，患者は原始的な対象関係を媒介物または錯覚を通して転移として発展させ，分析者は自我支持と共感を示しながら観察と理解の機会を得るという，退行や転移の媒介的側面こそが重要である。まれに成功することがあるにしても，安易で人工的な退行促進そのものは分析的ではないという批判があり，ほど良い退行受容的環境を用意することはどのような場合でも求められるもので，それに依存した結果自然に起こる退行の受容とその後の管理も分析的理解なくしては難しい。　　　　（北山　修）

［関連項目］積極技法，退行，適応的退行〔ARISE〕，フェレンツィ的治療態度，ウィニコット，バリント，フェレンツィ，メニンガー

［文献］Balint, M. (1968), Menninger, K. A. (1958), 小此木啓吾・岩崎徹也・橋本雅雄・皆川邦直（編著）(1982), Sandler, J., Dare, C. & Holder, A. (1973), Winnicott, D. W. (1958a)

治療同盟
　　［英］therapeutic alliance

　精神分析的治療関係の中で治療という課題を背負う部分を指す。つまり，「分析家とともにもっていて，しかも患者に分析場面で有意義に機能することを可能にするような非神経症的，合理的，意味のあるラポール」（グリーンソン Greenson, R. R. ら）である。不合理で神経症的な転移と区別される。患者のよくなりたいという意識的な願望以上の大きな意味をもつとされる。この概念は，1950年代後半から60年代前半にかけて精神分析の対象が拡大されるなかで転移神経症を形成できる症例だけではなしに形成できない症例の分析可能性を論じる中で注目を浴び議論されていったもので，治療同盟 therapeutic alliance, treatment alliance の他に作業同盟 working alliance といった用語がある。しかし，この考え方はすでにフロイト Freud, S. の転移概念の中にその起源をみることができる。彼が，転移を陽性転移と陰性転移に分け，前者に友好的ないしは愛情的感情転移と小児期の性的関係の再燃を示唆するような歪められたかたちの転移の部分があることを指摘したとき，友好的愛情的要素の部分を「他の治療法の場合と同じく，精神分析を成功させる媒介物」と定義しているのである。さらに別の論文で，フロイトは「患者に効果的な転移，つまり適切なラポールが確立するまで待つ」必要のあることを主張しているが，ここには医師に対して好意的なラポールを確立する能力と治療の進展を妨げるような小児期の歪んだ感情や態度の再現とを区別していたといえる。その後，ステルバ Sterba, R. は，現実の焦点づけられた要素から焦点づけられていない要素を区別する必要を説き，前者を患者が治療者の目標と同一化することを可能にするものだとしている。この考えはフロイトが自分をあたかも他人であるかのように観察する能力として述べている自我のあり様と関係したものである。フェニヘル Fenichel, O. が論理的観点をもつ転移の部分として合理的転移と呼んで説明しているのもこれに関連するであろう。このように，古典的精神分析のなかで友好的転移，効果的転移，現実に焦点づけられた転移，合理的転移，あるいは自己観察の能力といったかたちで述べられてきた概念と重なるところは多いが，新たに治療同盟という概念で括られるものとは別個のものと考えた方がよいように思う。というのは，それが自我心理学の中で発展した葛藤外自我，自立的自我機能といった本能衝動とは比較的自由な自我領域と密接に結びついた概念だからである。現実的ないしは非転移的な関係とはこれらの自我機能を基盤にしているという考えに基づいているのである。このように再定義すると，この概念が人格の成熟という面と密接に関連してくることが分る。例えば，人生の最初の数カ月における安全感の体験に基づいた「基本的信頼」（エリクソン Erikson, E. H.）といった能力が重要となるであろう。そして，ただ単に患者のよりよくなりたいという願望を超えて，治療に協力しようとする意識的ないしは無意識的な願望に加えて，内的（不安や葛藤）ないしは外的（例えば家族その他の）な困難の克服に際して治療者の援助を受け入れる能力といったことさえ問題になってくる。例えば，症状が消失すると治療から去っていく症例などの場合（現実への逃避と呼ばれるような），治療同盟がしっかりしているとはいえないのである。つまり，自己を観察し批判する能力，欲求不満にかなりの程度耐える能力，ある程度の基本的信頼感の確立，治療目標との同一化などが治療同盟の主要な要因となってくるといえるのである。そして忘れてならないのは，治療同盟は必ずしも固定的なものではないということである。最初から何らかの源に発する陽性感情を基にした治療関係が生じることもあれば，逆に神経症的な動機を基にした治療関係の発展もある（例えば，過度な依存性のため，関心や愛情を得るため，自虐的苦痛のため，あるいはパラノイド的心性から治療者を例外として扱うなど）。あるいは，親

や周囲を納得させるために，あるいは精神分析家の資格を得るために治療を受ける例もあろう。これらでは治療同盟とは必ずしも峻別できない場合もあるであろう。さらに，最初は治療同盟がよわいと感じられる場合でも，治療の進展とともにしっかりした同盟が形成されることは多い。治療同盟への潜在力という考えも出てくるのである。それだけに，治療開始における治療同盟の能力を診断しておくことは重要である。ただ興味深いのは，クライン Klein, M. をはじめとした英国学派では治療同盟という概念はほとんどないに等しいことである。彼らのように内的幻想に対する治療者の共感，換言すれば治療者の患者心理に対する適応を前提にした治療的接近では治療者の姿勢なり理解の仕方なりが重要になってくるのである。このことは，治療同盟がただ患者だけではなしに治療者の問題をも含んでいることを示唆しているが，一方では英国学派の彼らにとってすべての患者が治療同盟の潜在力をもっているといえる。さらに，治療同盟を育むという視点からみるとき，治療構造を設定する治療契約が重要であることは論じるまでもない。また，的確な抵抗の処理が同盟を育む大きな要因となることも論じるまでもない。また，あるテーマ（例えば同性愛的傾向など）について治療者と話題を展開できるようになったとき，グリーンソンは同性愛に関する作業同盟が形成されたと表現するが，こうした同盟の形成様式もある。さらにまた，境界性障害のような重篤な人格障害における治療のように治療者の方の適応が同盟を強化することは先述した通りである。つまり，あらゆる治療的接近が治療同盟を育む基盤となるといってよい。この概念はまた，精神分析の臨床場面以外でも使用されることが多くなった。ことに，長期のリハビリテーションのように，患者の家族その他の環境要因がもっている能力や態度も含めて考える拡大された治療同盟もしばしば登場するようになった。それだけに，治療同盟がときに共同作業と同義語的に使用されるに及んで，精神保健活動の領域全般の概念ともなってきているといってよい。　　（牛島定信）

[関連項目] 治療契約, 治療構造, 転移

[文献] Erikson, E. H. (1950), Fenichel, O. (1941), Freud, S. (1912a, 1913l), Greenson, R. R. (1967), Menninger, K. A. (1958), Sandler, J., Dare, C. & Holder, A. (1973), Sterba, R. (1934), Tarachow, S. (1963), Zetzel, E. R. (1956)

治療目標

[英] therapeutic objectives (aim, goal)
[独] therapeutisches Ziel
[仏] but thérapeutique

精神分析は催眠カタルシスから自由連想へと技法的発達をするなかで確立されていった。つまり，抑圧された感情の発散のみならず，「正直に過去を想起すること」を通じて自己洞察を得ることが治療目標となった。そのために転移‐逆転移関係とその治療的解明が「自らを知る」舞台として不可欠なこととなった。一般に精神療法にはその治療目標として（1）症状の消失，（2）適応性の改善，（3）洞察の獲得などの3種の違いがある。表現‐支持療法は主として症状の水準に働きかけるものであり，行動認知療法は行動の修正や認知の再学習によって症状ならびに適応性の改善をもたらすことを目標とするものであろう。精神分析，ならびにそれから派生した力動的精神療法や集団精神療法では自己洞察を得ることを目標としている。すなわち，対人関係場面では他者に対する愛と憎しみの感情に感受性を高めるとともに客観視し自己統御が可能となり，内的世界では愛と憎しみをめぐる自他の関係の自己観察がより可能になることである。このような自己洞察はもともとの人格の変化があってはじめて可能になることである。フロイト Freud, S. が『続精神分析入門』(1933) の中で「イドあるところにエゴをあらしめよ」と言う治療目標をかかげたのはまさに精神分析治療の結果としての人格構造の変化を言っているのである。また，フロイトは精神の健康の指標として，「働くことと愛すること」をあげているが，彼はそれらの能力はエディプス・コンプレックスが洞察されその結果として解消もしくは昇華されることを目標としていると言えよう。ウィニコット Winnicott, D. W. は「ひとりでおれる能力」を精神の健康の指標としているがこれは「子どもを支える母親」が子どもの自我に取り入れられて「自己を支える自我」になったときにはじめて可能と考え精神分析治療過程で分析家が患者の自我に取り入れられることを重視しているのである。

アイゼンク Eysenck, H. J. (1952) はどの精神療法の効果も同じであることから神経症には自然治癒力があるので，ある治療的介入が外部から加えられれば自然治癒力が作動し同じ結果が得られると主張し精神分析療法の理論と技法に対応した効果のあがることを批判した。グリック Glick, I. D. らも (1980) 精神療法の効果はその種類の別を超えて，3分の2に改善が認められることでは共通しているとしている。アイゼンクの精神分析療法の効果についての否定の意見についてはマラン Malan, D. H. (1952) は症状の側面ではアイゼンクのいうように共通して改善する可能性があるが治癒像の力動的側面には精神分析療法を受けてはじめて変化すなわち改善がみられるとしている。ここに治療的働きかけに対応して治癒像の変化がみられるのである。治療目標は個々の患者の特性や問題の内容によって患者中心に決められるべきであろう。今日の精神分析ではカタルシス自己洞察のみならず，長い治療過程を通じての学習，行動の変化，同一性の確立なども治療目標とされている。　　（西園昌久）

[関連項目] 構造変化，支持療法，精神分析的精神療法，精神分析療法，洞察，表出療法

[文献] Eysenck, H. J. (1952), Freud, S. (1933a), Glick, I. D. & Kessler, D. D. (1980), Malan, D. H., et al. (1952)

つ

通時的視点　⇒共時的観点／通時的観点
[英] diachronic point of view

償い
[英] reparation
[独] Wiedergutmachung
[仏] réparation

意識的無意識的空想の中で，自らの攻撃によって傷つけ破壊してしまった内的対象を修復し再建しようと努め苦闘していく心的な衝迫である。償いは対象への愛情に基づいており，心的現実を直視しながら進められる心的作業であるので，建設的な活動であって防衛メカニズムではない。

乳児期の妄想 - 分裂ポジションから抑うつポジションへの進展において，内的対象と自己それぞれがまとまったひとつに統合されてくるが，このことはこれまでスプリットされていた，愛情で結びついている対象関係と破壊・攻撃で結び付いている対象関係との連結をもたらす。その結果対象は，愛情と憎しみの両方の感情を向けられているアンビバレントな全体対象となる。そこで生じてくることは，愛情を感じるよい対象を自らの攻撃で破壊し傷つけてしまっていたことの気づきである。この苦痛な認知は，自分の破壊行為についての罪悪感や自責感，喪失感，絶望感といった痛々しい抑うつ不安とともに，愛する対象への激しい思い焦がれ pining や愛する傷ついた対象を修復したいとの強烈な願望と衝動をかき立てる。この衝迫が償いの心性である。このように償いは強力な愛情欲動に裏打ちされている。別の表現をするなら，生の本能のより強力な現れと見ることができる。のちにクライン Klein, M. は羨望と対比させて感謝 gratitude を出生直後からの生の本能のよりなまの表現として位置づけたが，償いは死の本能（破壊欲動）をその支配下においた，あるいは支配下におこうとしていく努力のもとに成し遂げられる，死の本能との好ましい融合のある生の本能の活動と言える。償いが建設的で創造性の高い活動であると見られる理由もここにある。ちなみに償いと対照的に死の本能が生の本能を圧倒している内的状況が，無意識の罪悪感（処罰欲求）をもたらしている。また償いが両本能のこうした格闘の上に成ることが昇華の機制とは異なっているところである。

クライン（1932）は子どもたちとのプレイ・アナリシスを通して意識的無意識的空想の中の償いの衝迫を見た。それはプレイでは，そこで使われているオモチャや器具の解体や破損に対しての修復，再建 restitution, restoration という具体的な行為の形で表現されてきたものであった。修復や再建は，用語としてはのちに償いで代表されることになった。また償いの病理型についてもクライン（1940）は述べており，勝利感や支配感に基づいた躁的償い manic reparation や，魔術的な打ち消しを目的とした反復強迫的な行為による強迫的償い obsessional reparation を記述した。ウィニコット Winnicott, D. W. はクラインが破壊と償いととらえた過程を，破壊と創造ととらえ，攻撃性の創造的な面により注目するとともに，クラインの内的体験の重視と対照的に，破壊されながらも生き残る対象としての母親という外界対象の役割や対象への思いやり concern の感情をより重要視した。

（松木邦裕）

[関連項目] ウィニコット理論，罪悪感，修復，全体対象，躁的防衛，喪の仕事〔悲哀の仕事〕，抑うつ不安，抑うつポジション

[文献] Klein, M. (1932, 1935, 1937, 1940), Segal, H. (1964/1973)

て

DSM-IV 人格障害

人格 personality とは，その個体に特徴的で一貫性のある認知，感情，行動のあり方であるが，それが大きく偏り固定化したために非適応的になっている状態を人格障害 personality disorder と呼ぶ。こうした人格の偏りは，通常，青春期後期もしくは成人期前期に次第に明らかになるものであり，その後それが持続的，恒常的に続くことになる。その点が，基本的には挿話的に起こるとされている精神分裂病，感情障害，不安障害などの精神科疾患と異なるところである。臨床場面では，精神分裂病の初期症状やうつ病などの精神疾患による性格の一時的な変化を人格障害と誤って診断することがあるので注意しなくてはならない。

米国精神医学会による『精神疾患の診断・統計マニュアル（DSM-IV）』は人格障害を次の10のカテゴリーによって分類している：妄想性人格障害（他人の動機を悪意のあるものと解釈するといった，不信と疑い深さの様式），分裂病質人格障害（社会的関係からの遊離および感情表現の範囲の限定の様式），分裂病型人格障害（親密な関係で急に不快になること，認知的または知覚的歪曲，および行動の奇妙さの様式），反社会性人格障害（他人の権利を無視しそれを侵害する様式：世界保健機関の『国際疾病分類ICD-10』では非社会性人格障害と呼ぶ），境界性人格障害（対人関係，自己像，感情の不安定および著しい衝動性の様式：ICD-10では情緒不安定性人格障害の一亜型として境界型を設定），演技性人格障害（過度な情動性と人の注意をひこうとする様式），自己愛性人格障害（誇大性，賞賛されたいという欲求，および共感の欠如の様式：ICD-10には含まれず），回避性人格障害（社会的制止，不適切感，および否定的評価に対する過敏性の様式：ICD-10では不安定性人格障害と呼ぶ），依存性人格障害（世話をされたいという全般的で過剰な欲求のために従属的でしがみつく行動を取る様式），強迫性人格障害（秩序，完全主義，および統制にとらわれている様式）。

人格障害の概念や形成メカニズムについては従来からさまざまな仮説が提示されており，いまだに一致した見解を得るには至っていないが，遺伝的な要因がさまざまな環境の影響を受けて顕在化するものとする考え方が一般的である。したがって，その治療も，薬物療法などの生物学的治療，個人や集団の精神療法などの心理的治療，環境調整などの社会的治療を統合的な視点で行うのが望ましい。

なお，精神分析的な研究のつながりとしては，分裂型人格障害に関するクライン Klein, M., フェアバーン Fairbairn, W. R. D., ガントリップ Guntrip, H., ウィニコット Winnicott, D. W. の偽りの自己などの研究，分裂病型人格障害に先行するものとして，ジルボーグ Zilboorg, G. の外来型分裂病 ambulatory schizophrenia, ホッホ Hoch, P. H., ポラチン Polatin, P. の偽神経症型精神分裂病 pseudoneurotic schizophrenia, ナイト Knight, R. の境界状態 borderline state など，1950年代の境界例研究と，ケティ Kety, S. とローゼンタール Rosenthal, D. らの分裂病の家族研究による境界分裂病 borderline schizophrenia の研究などがある。

演技性人格障害についてはライヒ Reich, W. のヒステリー性格（1932）などがあるが，疾病概念としてのヒステリーと性格概念としてのヒステリー性格を区別する動向もあって，後者に対して演技性人格障害が新たに提起された。境界性人格障害は，一方で，カンバーグ Kernberg, O., マスターソン Masterson, J. F. の研究を引き継ぎ，他方では，"borderline"の中の分裂病的な状態を含む境界例を分裂病型人格障害とすることによって成立した。

自己愛人格障害については，すでにジョーンズ Jones, E. の病的自己愛性格傾向の記述などがあるが，直接的には，コフート Kohut, H., そしてカンバーグの自己愛人格障害論に基づいている。回避性人格障害については，シュナイダー Schneider, K. の無力型人格 Astheniker とともに，フェニヘル Fenichel, O. の恐怖症型性格 phobic character が先行している。また，依存性人格障害は，フェニヘルの口愛型性格 oral character や，ホーナイ Horney, K. の従属型性格 compliant character にその起源がある。また，強迫性人格障害は，フロイト Freud, S. が提起し，アブラハム Abraham, K. が推敲した肛門性格 anal character の記載の延長線上にある。しかし，妄想性人格障害，反社会性人格障害などについては精神分析的な先行研究とのつながりはあまり認められない。

〔大野　裕〕

［関連項目］依存性人格障害，偽りの自己，境界性人格障害，肛門性格，ヒステリー，アブラハム，カンバーグ，フェニヘル，ホーナイ，ライヒ

［文献］American Psychiatric Association (1994), Gunderson, J. G. (1988), Hoch, P. H., Cattel, J. P., et al. (1962), Kernberg, O. F. (1986), Kety, S., Rosenthal, D., Wender, P., et al. (1975), Knight, R. P. (1954), Kohut, H. (1987), Masterson, J. F. (1972), 大野裕・小此木啓吾（編）(1997), Spitzer, R., Endicott, J., et al. (1979), Stone, M. (1986, 1992, 1993)

抵抗

［英］resistance
［独］Widerstand
［仏］résistance

精神分析治療は被分析者と分析家との間の契約に基づいて行われる。被分析者は「頭に浮かんだことは何でもそのまま話すように」と自由連想を要求される。この基本規則はその後の治療過程に大きな意味を持つ。というのは，被分析者は自由連想を求められるが，症状を形成している無意識過程は意識することが耐えられないがために忘れられているので，被分析者は自由連想に抵抗するようになるからである。「分析治療（自由連想法）でその症状から被分析者を解き放そうとすると，被分析者は激しくしかも執拗に抵抗し，そして治療の全期間中抵抗し続ける」といった逆説的な現象が起きるのである。つまり抵抗は，意識化に対する自我の防衛的な努力である。フロイト Freud, S. は抑圧に基づく防衛と抵抗をおおむね同じものと考えた。精神分析治療の治癒機序は症状の意味を含んでいる無意識過程を被分析者に意識化させる

ことにある（無意識の意識化＝洞察）のだが，それには絶えず種々の抵抗が伴う。しかも抵抗は無意識的に作用する。そのために治療の中で先ず抵抗を意識化させる必要がある。抵抗が意識化され連想は進むが再び抵抗が生じてくる。しかし抵抗は治療の妨げにもなるが，同時に役立つものでもある。フロイトは「抵抗を一方的に非難してはいけません。これらの抵抗は，患者の過去の生活の非常にたいせつな材料をたくさん含んでおり，それをいかにも納得の行くように再現しますので，技法に熟練していてこれを正しく活用することを心得ていれば，それらは分析の最良の手がかりになるのです」と述べて，抵抗の分析は転移と並んで分析作業の本質的なものであるとした。

次に，フロイトはなぜ抵抗が起こるのかという力動的な説明のために構造論を導入し，自我，超自我，エスからそれぞれ生じる5種類の抵抗を区別した。自我の抵抗には，抑圧抵抗，疾病利得抵抗，転移抵抗の3つがある。(1) 抑圧抵抗は分析家の意識化させようとする試みに対する抵抗で最も基本的な抵抗である。(2) 疾病利得抵抗は神経症を患うことで得た満足や安心を捨てることに対する反発である。神経症症状は現実に満たされない願望の症状形成による代理満足であるので，被分析者は症状の解消に抵抗する。(3) 転移抵抗は治療過程の中でもっとも重要なもので転移状況で生じる抵抗である。転移抵抗には転移反応によるものとそれを避けようとする反応の2つがある。転移反応は過去の対象に向けられた願望を想起するのではなく，むしろそれらを分析状況のなかで生き生きと再現し満足させようとするので，転移それ自体が抵抗になるのである。それゆえに，転移感情を避けようとする反応も抵抗になる。転移抵抗の代表的なものが性愛化と行動化である。以上の3つは自我から生じた抵抗であるが，エスや超自我から生じる抵抗もある。(4) エス抵抗は，抵抗の分析によって抵抗が意識化され，自我が抵抗を捨てる決心をしたのちにも，治療は反復強迫の抵抗に遭うので徹底操作が必要になる。(5) 超自我抵抗は，無意識的な罪悪感や処罰欲求に根ざしたもので，それはあらゆる治療効果に反抗する。厳しい超自我の場合，分析によって症状から解放されることを超自我が許さないのである。治療が成功しそうになると，それを覆す失敗をして自己処罰したり，常に不幸を求め治療の進展を妨げるのである（陰性治療反応）。以上の5つの抵抗以外にも，治療の進展を妨げるものとして遺伝的に規定された抵抗の4つを取り上げた。(1) リビドーの粘着性：自己愛者はリビドーが対象に向けられないので，転移が生じにくいために治療が困難である。これとは反対に，(2) リビドーの可動性：リビドーが可動しやすいと，感情転移が起きやすく，それ以前のリビドー備給を捨ててしまうので治療が困難である。さらに (3) 変化への柔軟性が涸渇したために治療が進展しない一群の患者や，罪悪感，マゾヒズム，陰性治療反応を (4) 死の本能と結びつけて取り上げた。

フロイト以後は，フロイトの基本的な理論を修正もしくは拡充するものであって，質的に変更するものはない。ライヒ Reich, W. は性格防衛と抵抗に焦点を当て，フェニヘル Fenichel, O. は抵抗の操作に関する技法論を打ち立てた。一方，対象関係論派では抵抗の分析に中心を置かない。というのは，対象関係論派では被分析者の連想の素材の背後にある迫害的不安や抑うつ不安を分析することが中心になるので，抵抗現象として取り上げないのである。それは精神分析がその対象を大人から小児へ，神経症から人格障害や精神病へと広げるにつれて抵抗の考え方も変わってきたとも言える。

臨床的には，「何も思い浮かばない」，「口にしたくない」と言って沈黙したり，面接に遅刻したり突然のキャンセルといった行動として現れる顕在性の抵抗から，逆によく喋り，自由連想に過度に協力的で一見すると治療が進展していっているような潜在性の抵抗がある——分析家がどのような話を聞きたいかを先取りしてひたすら喋り続けるといった場合などである。また抵抗は被分析者側の問題だけで生じるのではない。分析状況は，治療構造，分析家の治療方針，技法上の拙さ，逆転移感情によっても大きく影響を受ける。それにともない被分析者が治療に抵抗を示すことがしばしばある。　　　（川谷大治）

［関連項目］転移，防衛，防衛分析
［文献］Freud, S. (1916–1917, 1926a, 1937b)

抵抗分析

［英］resistance analysis
［独］Widerstandanalyse
［仏］analyse de résistance

抵抗とは，精神分析の治療過程でみられる現象で，患者は自己理解を深め自分の神経症的問題を解決するために分析を求めているにもかかわらず，さまざまな手段で治療の進展を阻むことをさす。そうした抵抗に対して，その原因，目的，様式，歴史を明らかにし，解釈することによって，それらを克服する作業を抵抗分析と呼ぶ。フロイト Freud, S. は，抵抗として，抑圧抵抗，転移抵抗，疾病利得抵抗，超自我抵抗，イド抵抗の5種をあげている。実際の臨床では，抵抗分析とは，患者の話す内容や葛藤にふれる前に，まず患者がどのようなことを話すことを避けているか，どのような葛藤にふれることを避けているかを理解し，患者がその抵抗をどのような態度や防衛機制を用いておこなっているか，その抵抗によってどのような葛藤をおおい隠しているのか，などについて，順序だてた解釈によって患者にそのことを理解さ

せようとするものである．こうした抵抗分析は，ライヒ Reich, W. によって「ふるまい分析」として高度に体系化されている．また，アンナ・フロイト Freud, A. は抵抗分析を防衛分析の技法へと発展させている．

（安岡　誉）

[関連項目]　陰性治療反応，抵抗，徹底操作，防衛分析
[文献]　Freud, A. (1936), Freud, S. (1926a), Reich, W. (1933a)

ディック［症例］
[Dick]

クライン Klein, M. が 1930 年『自我の発達における象徴形成の重要性』で発表した児童早発性痴呆の症例．これはカナー Kanner, L. の 1943 年の「自閉症」の概念の発表以前であり，現在では自閉症の最初の精神分析治療例と考えられている．またディックは『児童分析の記録』のリチャードの 6 歳年上の従兄弟である．

クラインとの治療当初，彼は 4 歳で語彙と知能は 15 カ月から 18 カ月，不備な授乳関係の既往，現実への適応や感情のつながりの欠如，反響言語など典型的な自閉症の症状を有していた．ディックは現実への無関心さ，拒絶的態度から分析可能な素材そのものを表現することができず，クラインは治療の初期から積極的に彼と関与し，それを解釈することで，ディックの不安を明らかにした．こうした治療過程で，症状的には約半年で急速な進歩を認めた．

1930 年当時のクラインの見解では，母親の身体内に向かうサディスティックな空想が乳児と母親との基礎的な関係であり，次に乳児は投影された自らのサディズムの報復に耐えなければならない．この報復の不安に対して，乳児は最早期の防衛を働かせるが，同時に象徴を形成することで不安を処理していると考えた．つまり，乳児は母親の身体内に父親のペニス，糞便，子どもたちを見つけようとするが，報復の不安によって，これらの問題の対象を他と同一化することで不安を避けようと試みる．こうした同一化は絶え間なく生じ，これが新たな対象への興味の基礎になり，象徴形成の基礎になるとした．この視点はリビドーの発展としての象徴形成のみでないことを提示した．ディックの場合，こうした不安に耐えることができずに，攻撃される対象と未熟な同一化をすることでこれに対処した．彼は母親の身体内に入った後に，特に父親のペニスからの報復を怖れ，暗い空虚な母親の身体という空想に逃避することで，自らの空想生活，象徴形成を停止させたとクラインは考えた．

このサディズムの機構は，後に投影同一化の概念として展開され，精神分裂病の基本的な防衛として位置づけられた．この論文後，クライン自身の自閉症への言及はなく，早発性痴呆（分裂病）と自閉症の差異を認めていたかどうか明らかではない．

クラインの論文は 1930 年に発表されたが，治療は数年の中断期間があるものの 1946 年まで行われ，その後サンドフォード Sandford, B. が 3 年間継続して行った．クラインの伝記を書いたグロスカス Grosskurth, P. は 50 歳代のディックと面会している．この頃には彼はおしゃべりで，ピアノ教師から学んだ音楽の技法について驚異的な記憶力を有していた．彼はとても人懐こくて，治療時の人間的なクライン像を伝えている．　（木部則雄）

[関連項目]　自閉症，象徴形成，クライン
[文献]　Grosskurth, P. (1986), Klein, M. (1930a)

適応的退行〔ARISE〕
［英］Adaptive Regression in the Service of Ego (ARISE)

クリス Kris, E. によって定義された自我機能の柔軟性と弾力性に関する自我心理学的概念．それは自我が随意的・一時的に二次過程から一次過程への局所的退行を起こし，一次過程にあった無意識的な欲動エネルギーを自我が取り入れて，再び二次過程に回復し，この回復の過程で無意識であった活力を有効に適応性をもって昇華し表現する．クリスの言う temporaly and partial regression in the service of ego は，一時的部分的退行によって自我の機能を助けるという意味と，自我の統制下での随意的な退行という意味の両面から「自我による自我のための一時的・部分的退行」と訳されるが，クリスのこの自我の退行の概念はベラック Bellak, L. によって自我の適応的退行，ARISE と呼ばれ，この用語が一般に用いられるようになった．つまりそれは，観察自我が内的な葛藤を意識的に随時快感原則に従って欲動を解放して楽しみ，願望や空想の中に退行し，現実原則に戻って，欲動のコントロールを回復する自我の弾力性，つまりパーソナリティの情緒豊かな弾力的かつ柔軟な活力を意味する．芸術家などの才能のある人物におけるこの退行と進展の力動過程を，シェーファー Schafer, R. は創造的退行 creative regression と呼んだ．

フロイト Freud, S. は，芸術家は抑圧のきめが粗い Lockerheit ために，さまざまな感情や欲動が普通の人よりも空想や直接的な情緒の形で体験される度合いの高い人物だという．それだけに幻想的な状態に退行しやすい心性の持ち主なのだが，そのような退行をむしろ生産的な活力源として芸術的な創造性を発揮する．つまり，情緒や欲動の幅が大きく，それをむしろ活力にして，芸術的な生産性を発揮する自我の機能が創造的退行である．精神分析療法における自由連想法と治療的退行も，ロールシャッハ・テスト過程におけるテスト反応継起も，この ARISE の観点から理解される．　（小此木啓吾）

[関連項目]自我機能，自我心理学，昇華，退行，抑圧の柔軟性，ロールシャッハ・テスト，シェーファー，フロイト，S.，ベラック

[文献]Freud, S. (1915d), Kris, E. (1950, 1952), 小此木啓吾・馬場禮子 (1972), Schafer, R. (1954)

適応論的観点
[英] adaptive point of view

心的現象を生体は外的な環境と適合した適応状態にあるとともに，さらに，適応過程を進めていくという見地から理解する観点。快感原則の現実原則への適応，あるいは，二次過程による一次過程の支配という視点，『本能とその運命』(1915)における自我と外界現実という概念などを提起した背景として，フロイト Freud, S. はすでにこの適応論的観点を前提にしていたが，彼自身はそれを明確に概念化しなかった。ハルトマン Hartmann, H. はこのフロイトに含蓄されていた適応論的観点を明確化し，『自我と適応問題』(1937)で，先天的な素質を持った個体が，その環境との適合性を持った適応の状態においてまず存在し，環境に順応する形での適応過程を営んでいくという適応の概念を明らかにするとともに，一方で，内的な欲動や超自我との葛藤から自由な葛藤外の自我領域において自立的に働く適応機能の主体となる自律的な自我 autonomous ego の概念を明らかにし，他方で，このような適応可能な基本的な環境として，「平均的に期待される環境」の概念を明らかにした。なお，精神分析的な適応論で，adjustment でなく adaptation を用語として用いるのは，後者が本来生物学的な適応の意味で用いられているためで，精神分析的な適応論は常に生物学的な適応をその基礎に置いているからである。これらのフロイトからハルトマンに至る適応論的観点についてラパポート Rapaport, D. とギル Gill, M. M. は次のような4つの命題を明らかにした。

第1は，すべての生活の状況において，まず適応の状態と適応過程がある。適応性という概念は，フロイトのすでに先天的に予定されている欲動と対象の組み合わせの適合，あるいは，環境に対する生物学的な先天的な準備 readiness を成熟させる素質という命題の中に含蓄されている。また，適応過程 process of adaptation という概念は，フロイトの一次過程から二次過程への発達や現実原則の快感原則への従属という過程の中に含蓄されている。また，その背後には，ハルトマンの言う「平均的に期待される環境」と「平均的に期待される個体」との相互適合性がある。

第2に，このような適応過程には，自らが環境や対象を自己に適合するように変化させていく対象可塑的 alloplastic な適応過程と，環境に自己を適応させるように自己を変化させていく自己可塑的 autoplastic な適応過程があり，この2つの適応過程によって適応性の状態を保持し，修正し，改善し，生存を現実的なものにしていく。この観点は，ハルトマンの自我と適応理論，あるいはエリクソン Erikson, E. H. の心理社会的漸成説理論の中核をなすものである。

第3に，人間は社会の物質的および対人的環境に適応する。つまり，この命題は特に超自我，自我理想の形成や発展を介して行われるが，また同時に，この観点はエリクソンのアイデンティティ論へと発展した。

第4に，適応の際の関係は相互的であり，人と環境はお互いに適応し合う。エリクソンはこの相互的適応を相互性 mutuality の概念によって明らかにしたが，それはエリクソンの歯車理論 formulation of the cogwheeling とも呼ばれる。

また，ここで言う適応論的観点は，英国の対象関係論の中でも特にウィニコット Winnicott, D. W. もまた独自に準拠する基本的観点であり，乳幼児における心的環境としての「ほぼよい母親」や「抱える環境 holding environment」，そして乳幼児と母親の相互依存およびこの母性的環境の剥奪 deprivation と欠如 privation を明らかにする形で対象関係論的な適応論が発展した。また，この観点は，スピッツ Spitz, R.，ボウルビィ Bowlby, J.，マーラー Mahler, M.，エムディ Emde, R. N.，スターン Stern, D. N. らの現代における精神分析的な乳幼児研究における母子相互作用や，自己感の発達過程の研究の基本的観点をなしている。　　　　　　　　（小此木啓吾）

[関連項目]アタッチメント，抱える環境，現実原則，相互性，乳幼児精神医学（保健），剥奪，平均的に期待される環境，ほど良い母親，ウィニコット，エムディ，エリクソン，スターン，ハルトマン，フロイト，S.，ボウルビィ

[文献]Bowlby, J. (1969–1980), Erikson, E. H. (1950), Freud, S. (1900, 1911a, 1916–1917, 1923b, 1924d, 1940c), Hartmann, H. (1939), Mahler, M. S., Pine, F. & Bergman, A. (1975b), Rapaport, D. & Gill, M. M. (1959), Stern, D. N. (1985), Winnicott, D. W. (1965b)

デジャ・ヴュ　⇒既視感
[仏] déjà vu

哲学
[英] philosophy
[独] Philosophie
[仏] philosophie

哲学と精神分析との関係は複雑で微妙である。フロイト以来精神分析は人間知の一分野として絶えず哲学との

関係を意識してきたし、哲学も精神分析から多くの影響を受けてきたと言えるであろう。

　フロイト Freud, S. は哲学について著作のさまざまな部分で断片的に語っているが、そこには微妙なアンビバレンスが見て取れる。彼は例えば、自分の生み出した鍵概念のひとつである抑圧に相当するものが、哲学者ショーペンハウアー Schopenhauer, A. によってすでに語られていたと述べ、分析家が臨床的な苦労の末に発見するものを哲学者が直観によって見出す可能性に言及している（Freud, S. 1914）。最晩年の『精神分析学概説』（1940［1938］）、未完成稿『精神分析の基本講義』（1940［1938］）においてもドイツの哲学者テオドール・リップス Lipps, T. が心的性質としての無意識の概念について明言していたことに触れ、「無意識概念は長く心理学の扉を叩いてなかに入れられることを願っていた。哲学と文学はしばしばそれに親しんだが、科学はそれを利用できなかった」と述べて、精神分析の基本的アイデアと哲学的理解の重なり合いを自覚している。だが一方で彼は、哲学が無意識を神秘主義的に捉えて心理学から捨て去るか、心的なものと切り離すかのどちらかであった（Freud, S. 1913）、哲学者の大多数は意識現象のみを心的と呼ぶ（Freud, S. 1925）、と批判しているし、「私たちの研究の知的劣等性をえらそうに指摘すること以外、哲学には何も期待できない」（Freud, S. 1916−1917）とも述べている。後年、彼は自分の打ち立てた精神分析は心理学のなかに位置付けられるべきだと明言した（Freud, S. 1927）がそれを絶えず科学的世界観のなかに置こうとし、哲学を芸術、宗教と並んで文化における科学の対立項として位置付けている。そうした意味での哲学は「こころの表面をひっかいて、やりのこしたことを思弁で置きかえる」（Freud, S. 1918）ようなもの、論理的推論や直観の重視によって方法的誤謬を犯すことで真理を遠ざけるもの（Freud, S. 1933）だ、と彼は批判する。フロイトのこの一見アンビバレントな態度は、哲学と臨床実践の知である精神分析の本質的差異の認識に根ざしていよう。

　一方、哲学からみると、精神分析が二十世紀を通じて大きな発想の泉であったことは疑いがない。それはフロイトが「この方法（精神分析）の適用はけっして心理的障害に限られるものでなく、芸術、哲学、宗教における諸問題の解決へとひろがるものである」（Freud, S. 1919）と予言した通りである。フロイトは、精神分析が人間中心主義に対する、地動説、進化論に次ぐ第三のしかし最大の衝撃である（Freud, S. 1917）、とした。精神分析の持つデカルト的コギトに対するこの脱中心化のモメントが現代のさまざまの哲学思潮に与えた影響は限りない。シュルレアリスム、ラカン Lacan, J. を通じた構造主義、フロム Fromm, E., ハーバマース Habermas, J. らフランクフルト学派、リクール Ricœur, P. の解釈学、バフチン Bakhtin, M. B. などの文芸批評、文化人類学への影響など、精神分析はおそらく二十世紀の人間知全体に対して通奏低音の役割を果たしてきた思考体系のひとつであろう。

（藤山直樹）

［関連項目］宗教、主体、他者、文化、ラカン、リクール
［文献］Freud, S.（1913j, 1914d, 1916–1917, 1917a, 1918b, 1919j, 1925c, 1927a, 1933a, 1940b, 1940c）

徹底操作

［英］working through
［独］Durcharbeitung
［仏］perlaboration

　精神分析療法のひとつの過程、心的な作業であって、それを通じて治療者は患者に解釈を根づかせ、解釈が引き起こした抵抗を克服できるものをいう。この作業を完遂する主体はフロイト Freud, S. のテクストにおいてはすべて患者であり、それに加えてフロイト以後の多くの著者は治療者によって果たされる役割を強調してきた。この過程によって、患者が知るに至った抵抗を、さらに単なる知的理解にとどまることなく体験的確信に至るまで深化させ、それによって繰り返しおきてくる抵抗を克服し、最終的には反復強迫の支配から脱却をめざすものである。

　フロイトは、単なる指摘や解釈だけでは患者の自我は抵抗を簡単に放棄しない事実に注目した。治療者の解釈を患者が心から受け入れて同化することは苦痛を伴うものであるから、そのためには治療者と患者が十分に時間をかけた共同作業が必要なわけで、フロイトは「自我がその抵抗を捨てる立派な決心をしたあとに続く仕上げ Durcharbeitung といわれる緊張した努力の時期」の必要を説いた。つまり、自我の抵抗が弱まったあとでも、イドから由来する反復強迫の力は続き、抵抗は再現してくる。徹底操作はこのイドに向けられたものであって、慣性となった「無意識の原像の引力」から自我の解放を目指す作業が必要と考えたわけである。

　この徹底操作は、治療が停滞したり、抵抗が持続している局面で行われる作業である。このところをクライン Klein, M. は、「徹底操作をおこなう必要性は、日常の経験でいつも証明されている。たとえば、治療のある段階で洞察を獲得した患者が、それ以後の面接でその洞察を否定することがあり、ときには、その洞察をもったことすら忘却している。私たちは、いろいろな文脈で示される素材から結論を引き出して、それぞれに応じて解釈を与えることによって、患者がもっとしっかりと洞察をもち続けられるように、一歩一歩援助することしかできないのである」と述べている。フェニヘル Fenichel, O. は、

フロイトのいう「イド抵抗」に対しては，私たちがイドに直接的な影響を与える手段をもたず，自我を通しての間接的な形でしか影響を与えられないことを指摘した。そして，徹底操作とは，本質的には自我への操作であって，自我にその抵抗や葛藤に直面化させ，患者がそのことに気づき，いつもそれらを再発見できるようにさせる形式，と説明している。確かに，たとえ極めて適切な解釈を与えても，1度や2度で効果があがらないのは，患者の中に何年も何十年もの間続いてきた精神構造をそれだけでただちに変えることを期待する方が無理だからであろう。フェニヘルは，この徹底操作を，ラド Rado, S. の喪の仕事 work of mourning になぞらえている。

(安岡 誉)

[関連項目] 抵抗, 反復強迫
[文献] Fenichel, O. (1941), Freud, S. (1914f, 1926a), Klein, M. (1961)

テレパシー〔遠隔伝心〕

[英] telepathy
[独] Telepathie
[仏] telepathie

フロイト Freud, S. はテレパシーを，「ある一定の時に，発信者 A にある出来事が起こると，それとほぼ同時に遠隔の地にある別な人 B，つまり受信者の意識にその出来事がのぼるが，この両者の間には，われわれに知られた伝達手段は見出されない現象」と定義した。「しかも，この現象は受信者 B が，ある強い感情的な関心を寄せている発信者 A と深い関係を持っている場合に起こる」という。

一般心理学では，1882年にマイヤーズ Myers, F. が提唱し，実験超心理学の確立者ライン Rhine, J. B. が1934年に透視，予知を含む超感覚的知覚 (ESP：extrasensory perception) の一型として再定義した。遠隔伝心の訳語もある。受信形式には鮮明な知覚型から，夢，虫の知らせまであり，精神病理現象としてのテレパシー体験と異なり，他の精神病理症状を伴わない。多くは，一生に数回くらいの低い頻度で起こる。実はフロイト個人はかなりの迷信家で，神秘的な現象について，直接自分のこととして経験するときには，気味の悪い感情，無気味さを訴え，フロイト自身も「オカルト信仰のテーマはしばしば私の冷静さを失わせる」と告白している。しかもその一方でフロイトは，自分の心の中に思い浮かぶことや思考が，自然法則に支配されている外的な世界の現象に影響し，動かすという確信を思考の全能と呼び，この思考の全能はアニミズムや原始的な心性によるもので，この原始的な心性を合理的な自我によって克服しなければならないというのが，フロイトの科学的世界観であった。つまり，フロイトの中には，科学者フロイトと神秘主義者フロイトが共存し，その間を彼の心は揺れ動いていた。「心霊現象を非科学的であるとか，信じるに足りないものであるとか，ひいては危険なものであるとして，頭から否定することも非科学的である。私はこの領域には全くの素人なので，臨床家として発言する柄ではない。しかし，心霊術とは縁もゆかりもない精神分析と，このまだ未征服の学問分野とを峻別することが私にとっては重要である」(『H・H・L・キャリントン宛書簡』1921年7月24日)。

さらに，論文『夢とテレパシー』(1922) では，「この2つのものは相互にあまり関係がない。また，仮にテレパシー的な夢の存在が保証されたところで，夢に関する私たちの理解を何も変更する必要はない」という見解を主張し，「自分個人はテレパシー的な夢というものを見たことが一度もない」と語っていた。ところが，1933年刊行の『続精神分析入門』では，「夢と神秘主義 occultism」の一章を設け，テレパシーの現象の存在を肯定し，たとえば精神分析治療では患者たちのテレパシー体験を種々に聞くことがあるという。たとえば，「患者に精神分析治療を施している間に受けた印象なのですが，職業的な占者たちの振る舞いは思想転移を十分に観察させてくれる絶好の機会を提供しているように思います」と語り，テレパシー現象を「思考の転移」と呼び，分析状況でフロイト自身が経験したテレパシー体験を報告し，分析している。

1919年のある秋の日のこと，午前10時45分ごろ，ちょうどロンドンから着いたばかりのデヴィッド・フォーサイス Forsighth 博士が，患者と面接中のフロイトに一葉の名刺を渡した。フロイトは患者と面接中だったので，挨拶をするだけのいとましかなく，「後ほどおいでください」と言うだけだった。フォーサイス博士は，第一次大戦時の交流遮断後，フロイトを訪れた最初の，しかも友好的な外国人であった。ところが，間もなく11時にフロイトの患者の一人，P 氏が来た。P 氏は中年の男性で，当時，女性問題で相談に来ていた。彼は明らかにフロイトに対して濃厚な父親転移を起こしていた。この日，P 氏は自分の好きになった少女がまだ処女であるという事実を知って，驚いて，彼女を誘惑することをやめる気持ちになった。そんな彼のことをその少女は，いつも慎重居士 Herr von Vorsicht と呼んでいる，と P 氏は語った。この連想を聞いていてフロイトはびっくりした。フォーサイス博士の名刺を彼は手に持っていたからだ。つまり，Vorsicht と Forsighth は発音ではほとんど同じなのだ。どうして P 氏は，全く会ったこともない，自分より15分ばかり先立って訪問したフォーサイスのことを何も知らないで，自分がフォージヒトと呼ばれているという話をしたのだろう。

この分析状況について，フロイトはかなり詳細な状況分析を展開しているが，そこで患者側の転移と分析家側の逆転移の微妙な相互作用がテレパシー体験を生み出したという理解が，分析者フロイト自身の逆転移に照らして語られている点に，このテレパシー論はとても貴重な今日的な意義を持っている。

なお，フロイト以後，バリント Balint, M., ドイチュ Deutsch, H., エーレンヴァルト Ehrenwald, W., ギレスピー Gillespie, W. H., ホロス Hollos, I., セルヴァディオ Servadio, E. らが，テレパシーの精神分析的な理解を論じているが，いずれも，分析場面 analytical setting におけるテレパシー現象に特に注目している。

(小此木啓吾)

［関連項目］思考の全能，夢，フロイト，S.
［文献］Brunswick, D. (1957), Ehrenwald, J. (1955), Freud, S. (1922a, 1933a), Servadio, E. (1958)

転移

［英］transference
［独］Übertragung
［仏］transfert

［定義］たとえば「転移とは，患者が精神分析療法によって退行した際に，無意識に治療者に負わせるさまざまな非現実的な役割または同一性，および幼児期体験に由来するこの表象への患者の反応」とメニンガー Menninger, K. (1959) は定義したが，転移をどのように定義するかは精神分析の本質にかかわる問題である。それは転移の定義は，おもに転移の中に働いている精神分析家の治療者としての在り方を規定するからである。また転移の体験様式や転移の起源についての強調点はその分析家の拠って立つ理論によって異なり，転移理解に精神分析諸学派の存立基盤があると言えるほどである。サンドラー Sandler, J. (1973) は転移という用語の使われ方について，(1) 治療同盟を含むもの（自我心理学），(2) 新たな形で幼児期の感情や態度が出現し，分析家という人物に向かうこと（古典的），(3) 「防衛の転移」と「外在化」を含む（アンナ・フロイト Freud, A.），(4) 過去の再現であり，しかも患者が分析家との関係の中で表現することになる「不適切な」思考や態度，空想，情動の一切を含む（グリーンソン Greenson, R.），(5) 治療者との関係のすべての側面を含む（クライン派）を挙げているが，これとて今日の転移概念を覆いきってはいない。

ちなみに分析家に向ける感情からは，愛情ある陽性転移と憎しみからなる陰性転移とに，リビドー発達からは口唇性転移，肛門性転移，男根性転移等と，人称的にはエディプス的三者関係の転移，母子の二者関係の転移とに大別される。さらに病理の性質から神経症性，精神病性，自己愛性等の区別もされるが，学派によりその意味することに違いも大きい。

［フロイトの転移観］転移が精神分析でのその存在と意義を確実に認識されるに至ったのは，フロイト Freud, S. のドラ症例（論文『あるヒステリー患者の分析の断片』[1905]）においてである。その論文でフロイトは転移について「それは分析の圧力によって引き起こされた意識にもたらされる興奮や空想の新版と複写である。医師という人間と過去に関係した人間とがその転移特有のやり方で取り替えられている。言い換えれば，過去の精神的な体験すべてはけっして過去に属するものになるのではなく，医師という人間との現実的な関係として再び活動し始める」とリビドー論の文脈で述べた。しかしながら，転移の存在についてはフロイトはヒステリー研究途上ですでに感知しており，ブロイエル Breuer, J. との間で，好ましくない出来事 untoward event と名付けられていた。実際『ヒステリー研究』(1895) の第4部「ヒステリーの心理療法」では転移という用語を初めて精神分析本来の意味で用いた。

『夢判断』(1900) でも，無意識の欲望が無害な前意識的表象に転移されることを述べており，それを神経症の心的機制と関連づけていたし，抵抗に打ち克つのに役立つとの認識もあった。転移神経症，転移分析，転移抵抗，転移性恋愛はフロイトによって検索された概念である。

［フロイト以後の転移理解］自我心理学：アンナ・フロイト (1936, 1966) は自我心理学の立場から転移を「患者が分析家との関係において経験するあらゆる衝動」であり，その起源は「早期の——おそらく乳幼児期の——対象関係にある」と理解し，リビドーの転移，防衛の転移，アクティングという転移を区別した。彼女とサンドラーら (1980) は転移を，習慣的な関係様式の転移，現在の関係の転移，過去の体験の転移，転移神経症の4型に分けている。グリーンソン (1967) は転移とは，目の前のある人物に無意識に置換された早期小児期の重要人物にまつわって発生している反応の反復であり，それにはふさわしくないその人物への感情，欲動，態度，空想，防衛を体験していることであると定義し，その基礎因子として，(1) 転移は多様な対象関係であること，(2) 転移現象はある対象との過去の関係を反復していること，(3) 転移反応では置き換え機制が不可欠であること，(4) 転移は退行現象であることと4つを指摘した。そしてゼッツェル Zetzel, E. (1956) の治療同盟 therapeutic alliance の概念を踏まえ，転移反応と作業同盟 working alliance の識別も強調した。他方ギル Gill, M. (1979, 1982) は転移を過去と現在のアマルガムであるととらえ，分析の始まりから全体を通して至るところに転移が遍在していることを述べ，現在の分析状況での

「いま，ここで here-and-now」の転移分析を主張している。またカンバーグ Kernberg, O.（1976）は神経症水準の転移とボーダーライン患者の原始的転移を区別し，対象関係論的思考を組み入れ原始水準の分裂した内的対象関係の転移を描いた。

対人関係論：サリヴァン Sullivan, H. S.（1940）は対人関係場面でのコミュニケーションの歪みとして表出されるパラタクシックな歪み parataxic distortion を述べたが，それが幼児期からの連続的な対人関係での体験に規定されているものとしてこの用語で転移を述べ変えた。この流れをくむミッチェル Mitchell, S. A.（1988）は関係学派 Relationalist と自らを位置づけ，関係基盤 relational matrix の概念から対人関係領域と精神内界領域を含み込む，逆転移と相互作用する転移を描いた。そこでの分析体験を分析家とアナライザンドによる物語の書き換えととらえ，対象関係論と近接している。

対象関係論：英国対象関係論における転移の概念はクライン Klein, M. によって論文『転移の起源』（1952）で示された。転移とは「最早期段階において対象関係を決定づけていた過程と同じ過程の中で生まれる」。そして情緒，防衛，対象関係と同様に全体状況 total situation，すなわち現在の状況と最早期の体験の間にあるすべて，を考察することが重要であるとした。この見解はのちに，メルツァー Meltzer, D.（1967）の，患者のあらゆる連想素材から分析家との関係についての多数に分割された転移を集めること Gathering of the transference という考えに発展するとともに，ジョゼフ Joseph, B.（1985）の患者の無意識の空想が治療関係での治療者・患者の両者によって非言語性に実演 enactment される転移を取り扱うことを重視する技法へと発展した。

このジョゼフの転移理解では，転移は逆転移と連動しており，転移は患者だけで表されるものではなく，分析家も大きく関与している二者の相互交流の産物である。転移についてのこの考え方は1950年代後半から英国には見られ始めており，転移を幼児期の母親環境の失敗の分析関係での再演とみたウィニコット Winnicott, D. W.，患者の投影同一化による逆転移と転移の連動を描き出したビオン Bion, W.（1965），分析家側の寄与を強調したクラバー Klauber, J.（1987）らによって展開されていた。米国のオグデン Ogden, T.（1986, 1994）は転移と逆転移を分かち難い間主観的なマトリクスであるととらえ，そのマトリクスは自閉‐接触，妄想‐分裂，抑うつの3つの基本モードの相互作用に規定されているが，そこから分析的第三者と呼ばれる新しい主体が生成され，それが分析という営みの主体となると考えている。

自己心理学：コフート Kohut, H.（1971, 1977）らは自己対象 selfobject の概念を新たに導入することで新しい転移理解を持ち込んだ。すなわち小児期の親の共感不全によってもたらされた自己の病理が引き起こす，共感ある自己対象マトリクスへの欲求が分析家に転移される自己愛転移あるいは自己対象転移である。自己対象転移には主要なものとして，鏡転移 mirror transference，理想化転移 idealizing transference，双子転移 twinship transference もしくは分身転移 alter-ego transference があげられ，さらに融合転移 merger transference も示された。

その他の研究：マテ‐ブランコ Matte-Blanco, I.（1975, 1988）は，対称や集合，部分集合の数学概念を活用し，無意識の構造を解明していくことで転移の発現機序研究に寄与している。一方ラングス Langs, R.（1988）は，患者の特定の振る舞いやコミュニケーションを転移であると分析家が決めつけることには分析家自身の主観的評価が入っているとのサス Szasz, T.（1963）の指摘を踏まえて，フロイトの転移の概念を「基本的に早期の発生論的な体験に基づいて，治療者の誤認と治療者への不適切な反応を導く無意識的な空想／記憶体系の現象」ととらえ，治療者の防衛に転移の概念が使われ，治療者自身の患者に及ぼすものについての否認をもたらすと批判している。

わが国では転移はリビドー論の文脈から感情転移と邦訳されていたが，今日では転移に統一されている。また古澤平作（1932）の阿闍世コンプレックス，土居健郎（1953）の甘え研究，西園昌久（1967）の依存的薬物精神療法に見られるように，欧米とは別に比較的早い時期から早期の母子関係に転移の起源を認めていたことに特徴がある。だが欧米の分析家が転移解釈を技法として多用していたことに対して，わが国の分析家はどちらかと言えば母親的受容に重きを置いた技法を発達させた。

（松木邦裕）

[関連項目] ウィニコット理論，解釈，関係基盤，逆転移，自己愛転移，自己心理学，精神病性転移，退行，治療同盟，抵抗，転移神経症，転移性精神病，転移抵抗，転移分析，投影同一化（視），反復強迫，変容性解釈

[文献] Bion, W. R.（1965）, Casement, P.（1985）, 土居健郎（1953）, Freud, A.（1936/1966）, Freud, S.（1900, 1905e, 1912a, 1915a）, Freud, S. & Breuer, J.（1893–1895）, Gill, M. M.（1982）, Greenson, R. R.（1967）, Joseph, B.（1985）, Kernberg, O. F.（1976）, Klauber, J. et al.（1987）, Klein, M.（1952c）, Kohut, H.（1971, 1977）, 古澤平作（1932）, Langs, R. J.（1988）, Matte-Blanco, I.（1975, 1988）, Meltzer, D.（1967）, Menninger, K. A.（1958）, Mitchell, S. A.（1988）, 西園昌久（1967）, Ogden, T. H.（1986, 1994）, Rayner, E.（1995）, Sandler, J., Dare, C. & Holder, A.（1973）, Sandler, J., Kennedy, H. & Tyson, R.（1980）, Sullivan, H. S.（1940）, Szasz, T（1963）, Zetzel, E.（1956）

転移神経症

[英] transference neurosis
[独] Übertragungsneurose
[仏] névrose de transfert

　転移神経症には2つの意味がある。第1は，精神神経症の中で，フロイト Freud, S. が自己愛神経症から区別した神経症（不安ヒステリー，転換ヒステリー，強迫神経症）を言う。転移神経症では，リビドーは現実のあるいは想像上の対象，つまり分析家にも向けられる。したがって転移神経症には精神分析治療の可能性が大きい。この意味での「転移神経症」の概念は「精神病」との対比でユング Jung, C. G. が導入した。精神病ではリビドーが「内向」している（ユング）。つまり自我に備給されている（アブラハム Abraham, K.，フロイト）。したがって患者がリビドーを対象へと転移する能力が弱く，その結果，転移を手段とする治療を適用しにくい。精神分析治療が最初に扱った神経症は，転移能力が存在する病気であり，この意味での転移神経症であった。当時，フロイトは（たとえば『精神分析入門』〔1916–17〕で），転移神経症と自己愛神経症は対立するが，ともに精神神経症に属すると言い，精神神経症は現実神経症と対立するものであった。精神神経症の症状は，心的葛藤の象徴的表現であるが，現実神経症の機制の本質は身体的である。今日では，精神病における転移の表面上の欠如は，多くの場合，精神病者特有の転移様式の一側面にすぎないという臨床的認識が一般化し，転移の有無で病態を区分する考えは過去のものになった。むしろ今日では，転移神経症は第2の意味，つまり分析過程が進むにつれて，転移が組織化され，本来の対象との葛藤が治療者との関係に置き換えられて，それによって症状が消長するようになった状態を呼ぶために使われる。フロイトがこの意味の転移神経症という概念を導入したのは，『想起，反復，徹底操作』（1914）においてである。これは患者が転移において幼児期の葛藤を反復するという考えに依っている。「患者が治療を存続するための条件を尊重してくれるならば，われわれは必ず病気の症状の一つ一つに，転移としての新しい意味づけをすることが可能になり，患者の通常の神経症 gemeine Neuroseを転移神経症にかえることができ，そこから患者を治療活動によって治癒させることができる。」

　フロイトにとって，転移神経症の成立は，精神分析治療を可能にする最も中核的な力動であった。「この新しい状態は，もとの病気の性質をことごとく引き継いでいるが，人工的な病気であって，どの点についても，われわれの操作が可能である。」

　さらにフロイトはこう語っている。「われわれは必ず病気の一切の症状に対して，転移性の現象という新しい（操作的な）意味を与え，通常の（起源）神経症 gemeine Neuroseを転移神経症に置き換える操作に成功し得るわけであり，また，この転移神経症は，分析治療によって操作的に癒すことができるものなのである。このようにして転移は，病気と健康な生活との間の中間領域 Zwischenreich をつくり出すのであり，前者から後者への移行はこの領域を通じて完成される。」そして転移神経症を治療することは，起源神経症の中核にある幼児期神経症を治療することを意味することになった。

（小此木啓吾）

[関連項目] 古典的分析技法，自己愛神経症，精神神経症，精神病性転移，精神分析療法，転移，幼児神経症，フロイト，S.
[文献] Freud, S. (1914f), Freud, S. (1916–1917)

転移性精神病

[英] transference psychosis
[独] Übertragungspsychose
[仏] psychose de transfert

　ここでは精神病の意味として，迫害不安，妄想や幻聴など主として精神分裂病の陽性症状に見られる状態を考えている。フロイト Freud, S. は，精神分裂病などの精神病は，二次ナルシシズム secondary narcissism の状態にあり，対象からカセクシス cathexis を撤退させ，自我にそのカセクシスを向けていて対象の存在しない状態であると考えていた。そのために，精神病の患者群は転移 transference を起こすことはなく，精神分析の対象とはならないと考えられた。そして彼は，精神分裂病などの治療においては，支持的技法への修正が必要であると考えている。クライン Klein, M. は，1946年の有名な論文『分裂機制の覚え書き Notes on some schizoid mechanisms』の中で明らかにしたように，精神分裂病は転移を起こすことができ，精神分析治療の適応となると主張した。彼女は，精神分裂病の固着点は口唇期にあるというアブラハム Abraham, K. の主張を支持し，彼女独自の「妄想分裂ポジション paranoid-schizoid position」の理論を提唱した。彼女は，フロイトの一次ナルシシズム primary narcissism を批判し，出生直後から乳児には対象のない状態は存在せず，すべてのナルシシズムは二次的なものであると主張した。それはフロイトが述べたような対象からのカセクシスの撤退ではなくて，内的対象 inner object に対するカセクシスの充当であり，内的対象関係は持続しているとクラインは考えたのである。そして精神分裂病の場合には，その内的対象関係の状態が「妄想分裂ポジション」の状況にあると提唱した。精神分裂病の治療を行うと，この「妄想分裂ポジション」の転移が治療者に対して起きてくる。妄想分裂ポジションは生後から3–4カ月の赤ん坊の心性であり，母親の乳房

が主要な対象となっている段階である。赤ん坊は自分に満足を与える乳房に対して生の本能 life instinct を投影して「よい対象 good object」を形成し，欲求不満を与える対象に対しては生来的な死の本能 death instinct からの破壊的攻撃性を向けて「わるい対象 bad object」を形成する。そしてそれらは同一の母親に属するものとは認識されないために「部分対象 part object」の状態にある。赤ん坊はよい対象を自己に取り入れて自己の核にしていくし，わるい対象はできるだけ分裂排除して投影し悪い外的対象を形成する。そして赤ん坊は，わるい対象からの迫害不安に怯えるのである。ここで見られる原始的な防衛機制は，スプリッティング splitting，投影 projection，取り入れ introjection，投影同一視 projective identification，否認 denial，万能 omnipotence などである。これが精神病的状態の形成論である。ビオン Bion, W. R. は，さらに精神病的パーソナリティ psychotic personality の研究においてこれを発展させている。臨床的には，転移性精神病の状態とは，治療者が実はスパイで自分のことを誰かに報告しているとか，治療者が自分の世界を支配してすべてを知っているなど患者の迫害的，妄想的な世界の対象に治療者が登場してくる状態である。彼女の弟子であったローゼンフェルド Rosenfeld, H. は，この状態を「転移性精神病」と呼んだ。クラインのこの理論の発表後，彼女の指導を受けたローゼンフェルド，ビオン，スィーガル Segal, H. などは積極的に精神分裂病の精神分析治療を行い，精神病の世界をさらに明らかにしていった。この理論的な視点によって，精神病的な症状をもっている患者の内的世界の理解が進みだし，いわゆる潜伏性精神病 latent psychosis の治療的問題を乗り越えることができるようになった。　　　　　（衣笠隆幸）

[関連項目] 一次ナルシシズム／二次ナルシシズム，原始的防衛機制，スプリッティング，精神病性転移，投影同一化（視），妄想分裂ポジション，スィーガル，ビオン，ローゼンフェルド

[文献] Bion, W. R. (1967b), Freud, S. (1914c), Klein, M. (1946, 1952c), Rosenfeld, H. A. (1965), Segal, H. (1981)

転移抵抗

[英] transference resistance
[独] Übertragung Widerstand
[仏] transfert résistance

フロイト Freud, S. は精神分析療法の過程で，患者が病気を治したいと思って治療を受けているにもかかわらず，治療に抵抗する力が働くことを発見し，これを抵抗と名づけた。さらにその形式から抑圧抵抗，転移抵抗，疾病利得抵抗，反復強迫抵抗，超自我抵抗という5つに分類した。転移抵抗とは患者から治療者への転移によって治療を妨げる抵抗を指す。フロイトはドラの症例（1905）において，18歳の少女ドラのフロイトへの転移が父親転移から14歳の時に性的誘惑をうけたK氏への転移に変化して行った段階で，ドラの行動化が起きて治療が中断したことから転移抵抗の重要さを発見した。転移抵抗は精神分析治療の治療者‐患者関係における解釈の重要な手掛かりである。

メニンガー Menninger, K. は『精神分析技法論 Theory of Psychoanalytic Technique』(1958) において，この抵抗は精神分析療法や治療者に対する期待を裏切られた失意から発する抵抗であり，次第に高まる欲求不満やその失意からくる患者の怒りを表しているので，むしろ「欲求不満抵抗 frustration resistance」とか「恨み抵抗 revenge resistance」と呼ぶ方が適していると主張した。この場合は陰性の転移抵抗であるが，別の転移抵抗として治療者を喜ばせたり治療者に認めてもらいたいがために自由連想を続けるという陽性の転移抵抗としての性愛化抵抗 erotization resistance がある。患者は治療者に愛されることに没頭し，治療を受けることや治療者に会うことに耽溺してしまい，本来の目的である治療が進まなくなる場合である。しかし，この場合も欲求が現実に満たされないことからやがては治療者に不快を与えたり，治療者を傷つけ，怒らせたい願望に取って替わられる。またライヒ Reich, W. は『性格分析 Character Analysis』(1933) において分析状況と治療関係を重視し，精神分析療法によって引き起こされる治療的変化に対する性格抵抗 character resistance に着目し，顕在性抵抗 manifest resistance と潜在性抵抗 latent resistance とを区別した。そして感情転移性抵抗の「形態と層構造 form and stratification」を考えた。ライヒはこの形態と層構造は「個々人の幼児期における愛情体験によって条件づけられる」とし，「この層構造に厳密な注意を払って解釈を与える場合にのみ，いたずらに複雑化しない秩序正しい幼児的葛藤の分析を成就することができる」と考えた。そして感情転移抵抗においても「あまりに早過ぎたり，あまりに深層に達し過ぎたりする非体系的な解釈 too ealy, too deep-reaching and unsystematic interpretations」を戒め，感情転移抵抗の層構造にそった分析を提唱した。またクライン派は治療者の解釈の見事さに羨望を抱いて治療の進展を破壊しようとする患者の陰性治療反応として抵抗をとらえた。

近年境界人格障害や自己愛人格障害など，発達のより早期に問題をもつ人びとが精神分析の治療対象になったことで葛藤モデルから欠損モデルへの考え方の変化がある。対象関係論の発展，原始的防衛機制，特に治療者‐患者関係において治療者を巻き込み転移‐逆転移関係に影響を及ぼす投影性同一化についての理解が進んだこと，一方自己心理学派による間主観的アプローチの進展など，転移や抵抗についての理解もフロイト時代からは変化し

てきている側面もある。　　　　　　（深津千賀子）

[関連項目] 抵抗，徹底操作，転移，ドラ［症例］

[文献] Freud, S. (1905e, 1926a), Klein, M. (1957), Menninger, K. A. (1958), Reich, W. (1933a), Stolorow, R. D., Brandchaft, B. & Atwood, G. E. (1987)

転移分析

[英] transference analysis
[独] Übertragungsanalyse
[仏] transfert-analyse

　精神分析における分析者の機能には，治療構造の設定と維持という面接の外枠に関わるものと，面接中の行為に関わるものがある。傾聴・受容・理解など暗黙に行われるものに対して，解釈は分析者が理解を伝えるために能動的に行う主要な活動であり，その焦点に従って転移外解釈（there & then の対象関係の解釈や象徴解釈）・転移解釈（分析者との here & now の転移関係の解釈）・発生的解釈（生活史上の主要対象との力動の再構成）と分けることもできる。そのなかでも転移分析は，患者の内的世界と分析者の直接の情動的接触を取り上げることで，患者のパーソナリティに変容をもたらすと考えられている。それは，患者がその時その場で分析者をどのように経験しているか，対象関係を定式化した解釈という形を採る。

　フロイト Freud, S. にとって最初，転移は自由連想を妨げる転移抵抗であり克服されるべき障壁だったが，のちに彼はむしろそれを通じて患者の精神内界を理解することに意義を見出し，精神分析の要とした。フロイト（1912）は転移を印刷物にたとえ，その「印刷原版」は「素質と幼児期に受けた諸影響との相互作用」によって形成されるとした。そして転移分析の治療的要因として，「医師に向けられた転移現象を媒介にした，医師の人間的影響力」を挙げた。転移の内容と機構は，メタ心理学の発展に従ってリビドー備給の経済・精神性発達・力動的葛藤・対象関係・局所論的布置等の言葉で表現されたが，最終的にフロイト（1938）はその治療的意義を，分析者が新しい超自我として患者を「再教育」することにあるとした。彼は摂取 introjection を想定していたが，その点を明確にしたのはストレイチー Strachey, J. である。ストレイチー（1934）はクライン Klein, M. の考えに賛同して，摂取と投影が基本的な対象関係の様式であり，超自我の形成に強く影響していることを認めた。子どもが現実の両親よりも厳しい超自我を持っているのは，自分の破壊性を外的対象に投影し，その対象を再び超自我の位置に摂取するからである。攻撃されていると知覚する自我は破壊性を高め，それに応じて超自我は厳しいものとなる。転移解釈の意義は，外的対象に破壊性を投影してさらに攻撃される悪循環に陥っている神経症患者に対して，患者が分析者にイド成分を投影していること，それが現実の対象ではなく原始的な空想対象に対してであることを気づくのを助けることにある。彼は転移解釈の機能に注目して，それを特に変容性解釈 mutative interpretation と呼んだ。超自我の投影は，クライン派では内的対象との関係の一展開として理解され，転移分析は，陰性転移・攻撃性・より原始的な部分対象関係の理解へと拡張されていった。　　　　　　　（福本　修）

[関連項目] 対象関係，転移，内的対象／外的対象，クライン，ストレイチー

[文献] Freud, S. (1912a, 1940c), Klein, M. (1928), Rosenfeld, H. A. (1972), Strachey, J. (1934)

転換

[英][仏] conversion
[独] Konversion

　転換は，抑圧された無意識の内容が，運動系，知覚感覚系の身体症状に変換される過程のことで，転換症状は主に，疼痛，知覚脱失，失声，四肢の麻痺，失立，失歩，痙攣などである。はじめ転換の概念はフロイト Freud, S. のヒステリー研究の初期につくられた。それは『ヒステリー研究』（1895）のエミー・フォン・N 夫人の症例および『防衛‐神経精神病』（1894）の中に見出される。その最初の意味はエネルギー経済論的なもので，リビドー的エネルギーが身体的神経支配に転換される。それは抑圧の過程でリビドーが表象から離脱し，離脱したリビドー的エネルギーが「……身体的なものに移される」という。転換性の症状がつくられる動機として，フロイトは「転換能力」を考え，これを「身体側からの迎え入れ」と呼んだ。それは一般に，転換症状の起こる体質的または後天的な素因を，より特異的には，転換に際して一定の臓器や器官が選択される素因を指す。最初フロイトは，転換をヒステリーで，さまざまな程度に常に働いている機構とみなしたが，やがてヒステリーの構造をより深く研究するにつれて，ヒステリーの中に，転換症状を示さない，恐怖症症候群である不安ヒステリーを区別し，転換症状を主とするヒステリーを転換ヒステリーと呼び，心的なものの身体化を転換症状と不安‐情動に随伴する情動等価としての自律神経症状を区別したが，さらに，ヒステリー以外の神経症にも，病者の無意識的幻想の象徴的表現とみなし得る身体症状のある事実に注目した（例えば「狼男」の胃腸症状などである）。さらにフロイト以後になると，あらゆるレベルの自我発達やリビドー発達の段階で生じるさまざまな精神病理学的なスペクトルの中にも転換が見られると考える流れが生まれたが，それは身体化を「身体言語」とみなす立場で，この

観点から見ると，これら身体言語には，複数に重複決定され，前性器的，男根期的，エディプス的な多くの固着点への退行が見られる。たとえば，フェニヘル Fenichel, O. は前性器的な転換 pregenital conversion としてチック，吃り，喘息などをあげた。しかし一方で彼は，心理的な緊張やうっ積した感情が引き起こす非特異的な身体的反応にも注目した。しかし，その一方で，特にいわゆる器官神経症 organ neurosis では，その器官の機能障害はそれ自体では心理的な意味を持つことがなく，特別な幻想を身体的な症状に転換したものとはみなされていない。これらの流れの中で，アレキサンダー Alexander, F. (1950) は，転換反応をフロイトの概念に従って，随意運動系および表出神経支配に心理的な興奮が現れる場合と規定し，フロイトが情動等価と呼んだ情動の興奮が植物神経を介して現れる植物神経反応を区別した。精神医学的には，転換は解離型と並んで，ヒステリーの一型としての転換型の基本的な機制として位置づけられ，DSM-IV では，身体表現性障害の中の転換性障害，ICD-10 では転換症状は，解離性の運動障害，けいれん，無感覚および感覚脱失の形に置き換えられている。

（小此木啓吾）

[関連項目] エミー・フォン・N 夫人 [症例]，エリザベート・フォン・R 嬢 [症例]，身体からの迎え入れ，ヒステリー，不安ヒステリー，ルーシー・R 嬢 [症例]，アレキサンダー，フェニヘル，フロイト，S.

[文献] Alexander, F. (1950), Fenichel, O. (1945), Freud, S. (1894), Freud, S. & Breuer, J. (1893-1895)

転換ヒステリー

[英] conversion hysteria
[独] Konversionshysterie
[仏] hystérie de conversion

転換症状を主とするタイプのヒステリーをいう。フロイト Freud, S. の初期の研究では，転換ヒステリーという言葉は用いられていなかった。転換機制がヒステリー一般を特徴づけていると考えたからである。しかし，フロイトはハンスの症例の論文で，恐怖症症候群を主とする不安ヒステリーを別な型のヒステリーとして定義したために転換ヒステリーという言葉が，多様なヒステリーの一型を示すために必要になった。「転換症状を伴わず不安感及び恐怖となってあらわれる純粋な不安ヒステリーが存在するのと同様に，いかなる不安も伴わない転換ヒステリーの純粋型も存在する」。精神医学全体から見ると，転換ヒステリーと不安ヒステリーの区別よりも，むしろフロイトが，転換症状に目を向けてヒステリーにおける解離症状をヒステリーの主症状としてヒステリーを定義しなかったことが問題視されている。その後，ICD-9 や DSM-III で，ヒステリーは解離型と転換型に分類された事実にもこの問題が示されている。そして現在，転換は ICD-10 では，F44 解離性障害の中の 44.4 解離性運動障害，44.5 解離性けいれん，44.6 解離性無感覚および感覚脱失の形に，DSM-IV では身体表現性障害の中に転換性障害として位置づけられている。

（小此木啓吾）

[関連項目] DSM-IV 人格障害，転換，ヒステリー，不安ヒステリー，フロイト，S.

転機

[英] turning point

一般的には物事が変わる機会を意味するが，精神分析用語としては，退行に向かっていた精神の動きが進展・回復に転ずる機会ないし転回点を指して用いられる。

メニンガー Menninger, K. によると，この転機が生ずるには精神分析療法の解釈，徹底操作，洞察などが関与しているが，それだけではなく，未だ十分に解明されていない神秘的な出来事でもあるという。また彼は，バリント Balint, M. が人間が健康に向かう力を備えていることを述べた論文にふれて，ヒポクラテス Hippocrates が提出した自然治癒力 vis medicatrix naturae の概念と共通していることを指摘している。さらにメニンガーは，転機に関する概念としてカイロス Kairos というギリシャ語を引用している。カイロスとは，ヒポクラテスが，病気が良くなるか，悪くなるかを決定づける瞬間を言い表す言葉として用いたもので，オックスフォードの英語辞典によると，英語の crisis およびその形容詞としての critical に相当する。

（岩崎徹也）

[関連項目] 治療的退行，メニンガー，バリント
[文献] Balint, M. (1950), Menninger, K. A. (1958)

と

同一化

[英] identification
[独] Identifizierung
[仏] identification

ラプランシュ Laplanche, J. らは同一化を，「ある主体が他の主体の外観，特性，属性をわがものにし，その手本に従って，全体的にあるいは部分的に変容する心理的過程」であると定義した。同一化においては，対象に対してリビドーを向ける（対象備給）代りに，主体がその

人「みたいになりたい」，あるいは対象「そのものになってしまう」という意識的，無意識的願望空想がはたらいている。フロイト Freud, S. は，同一化を対象へのリビドー備給と対置させ，イドが対象を放棄しなければならない時に，それを自我の内部に再建する過程であると述べた。こうして対象関係の変遷の中で，自我を豊かにする機制としての同一化の役割が次第に明らかにされ，フロイディアンにとって中心的概念となった。

　[同一化の発達ライン]「同一化」を，比較的発達のすすんだ段階（エディプス期，およびそれ以後）に限定してもちいる場合と，より広くとり，発達早期の種々の内在化をふくめる場合がある。後者の立場にたてば，一次的同一化から成熟した同一化にいたる発達ラインが考えられる。最早期の段階では，子どもは，母親の乳房に食人衝動を向け，それを口唇的活動を介して体内に取り入れることで，対象と自己が一体化する（「体内化」）。主体のリビドーの状態に左右され，対象が激しく求められ，呑み込まれたり，吐き出されたりする訳だが，この中で，対象備給と同一化の対立は消滅してしまう。口唇期リビドーの破壊的性質が緩和され，空想の中で対象を保持できるようになるにつれ，客観的な対象関係に基づいた「取り入れ」が可能になる。これが第2の内在化の形態である。親の養育機能や禁止（～してはいけません）が取り入れられ，自己表象に一定の変化がおこるが，その内容（イントロジェクト introjects）はいまだ自我に充分統合されてないため，子どもにとって内的な異物のように感じられる。これに対して，取り入れられた産物が心の構造の一部となり，子どもの行動を制御し適応を助けるようになると，狭義の「同一化」と呼んでよい段階に到達する。イントロジェクトが本能衝動に浸透され，再投影されやすい（「攻撃者との同一化」: Freud, A. を参照）のに対して，同一化による変化は安定しており，中和されたエネルギーをもちい葛藤領域外での自我活動を支持する。エディプス期におこる同性の親への同一化は，このような発達の基礎になると考えられる。

　[同一化概念の発展と諸側面] 分析理論の変遷（リビドー論，メランコリー論，自己愛論，構造論）とともに，本概念は繰り返し推敲された。健康な発達，性格形成を理解する鍵概念であるとともに，病的現象あるいは治療過程や治療機転の説明にも用いられるようになった。このような多義性にくわえ，学派間の理論枠の相違，等もあり混乱が助長された。理解の一助として以下にその諸側面を簡単に整理したい。(1) 症状形成：同一化が注目されたのは，当初，症状形成にかかわる機制としてであった。フロイトは，症例ドラのヒステリー症状の発生を，性愛願望を背景とする混乱した同一化に関連づけて説明している（性病に感染させられた母親への同一化としての腹痛，膣カタル。原光景空想における父親との同一化よりおこる息切れ）。さらにメランコリー論においては，「対象喪失に際して，対象備給から自己愛的同一化に退行することによって抑うつが発症する」というメカニズムを定式化した。(2) 防衛機制：先にあげたドラ症例でも，父母の身体症状への多彩な同一化によって，性的興奮，攻撃衝動，エディプス的な罪悪感の葛藤を意識せずにおり，同一化が防衛に仕えているのは明らかである。またアンナ・フロイト Anna Freud が注目した「攻撃者との同一化」という現象も，防衛として機能する格好の例であろう。(3) 対象関係：発達早期における自他未分化の対象関係には同一化が重要な構成要素として含まれるが，それを，「体内化」というリビドー論的な視点だけで捉えるのは無理がある。フロイト自身も，真の対象備給が可能になるまでの間，一次的同一化がその代りをはたし，対象との繋がりを保持すると考えた（同一化は「他人に対する感情結合の最も初期の現れである」）。このような状態から抜け出し，分離の意識が芽生えるにつれ，子どもは種々のストレスに曝されることになるが，その際，原初の状態への退行願望：「母親の一部でいたい」「母親を自己の一部にしたい」欲求が反応性に亢進し，現実的な差異を無視して，対象との一体化をはかろうとする（魔術的な同一化：ジェイコブソン Jacobson, E.）。万能感がまだ十分に緩和されてないこの時期，対象像は主観的な知覚に汚染されるため，対象自身の客観的な質に基づいた選択的，部分的同一化でなく，原始的投影・取り入れ機制（クライン学派の投影同一化）による広汎で全体的なものになりやすい。これは自己・対象イメージの融合をもたらし，同一化が現実的関係を置き換えてしまう危険がある。抑うつの発病機制としてあげた自己愛的退行は，このような発達病理と関係がある。(4) 構造形成：フロイトは，『自我とエス』(1923) において，エディプス・コンプレックスを克服する子どもの闘いの遺産として，同性の親への安定した同一化＝超自我が獲得されると述べた。この際，近親姦願望の放棄とともに，対象に向けられていたリビドーは非性化され，自我の内部に「変化」＝心的構造が生まれる。これは超自我形成の記載であるが，フロイトはさらに一歩進め，自我を「捨てられた対象備給の沈殿」から成りたつと特徴づけることで，自我自体を，外界との交流から発展してゆく力動的構造と見なした。ここから推測できるのは，発達早期より，同一化による自我，心的構造形成が始まっているだろうということである。自分を愛し，育んでくれた対象との発達時期相応の別離を経験しつつ，自我は，対象にしてもらった機能を内部に取り入れ，構造を分化させてゆく。こうして自律性と個体化の過程を進みつつ，能力を身につけた自分に二次的自己愛を備給させるのか，あるいはいつまでも万能感に留まろうとし，後年の自己愛的退行への固着を残すかは，この前エディプス期の構

造形成，つまるところ，その同一化の質にかかっている。
(満岡義敬)

[関連項目] 一次的同一化，攻撃者との同一化，体内化，超自我，投影同一化（視），取り入れ，取り入れ同一化，内在化，メランコリー

[文献] Abend, S. M. & Porder, M. S. (1995), Freud, S. (1914c, 1917d, 1921c, 1923b), Jacobson, E. (1964), Tyson, P. & Tyson, R. (1984)

同一性 ⇒アイデンティティ
[英] identity

同一性拡散症候群
[英] identity diffusion syndrome
[独] Identitätsdiffusion
[仏] diffusion d'identité

エリクソン Erikson, E. H. は，青年期を通じて社会が暗黙のうちに準備している心理‐社会的モラトリアム psycho-social moratorium を利用しながら，青年期の終りにはそれまでの同一性を統合して自我同一性 ego-identity が確立されることの意義を明確にしたが，同一性拡散症候群 identity diffusion syndrome は，その障害として理解される特有な症候群である。臨床像としては，(1) 同一性や自意識の過剰といった過剰な同一性意識，(2) あらゆる重要な選択や自己定義の回避と孤立感，空虚感，麻痺，(3) 時間的展望の拡散，(4) 勤勉さの拡散，(5) 対人関係の関わりの拒否と孤立，(5) 否定的同一性の選択といったことが挙げられる。この概念の意義は，同一性を得ることを切望しているこうした青年たちに伝統的な精神医学的診断を下すことで，彼らに病者としての同一性を与えてしまうことを回避し，彼らが発達途上にあることを明確に示したことにある。さらにまた，同一性拡散は現代の多くの青年にも共通してみられる特性であるとして，一般青年心理の理解にも寄与したことが挙げられる。
(一丸藤太郎)

[関連項目] 自我同一性〔エゴ・アイデンティティ〕，青年期心性，モラトリアム，エリクソン

[文献] Erikson, E. H (1959a)

同一性危機 ⇒アイデンティティ
[英] identity crisis

同一性障害
[英] identity disorder, identity disturbance

早期精神分裂病，境界性人格障害などと診断されるあきらかな徴候は認められないが，子どもや青年がしばしば，自己感覚についての重篤な苦悩あるいは性同一性，学校・職場選択，宗教，集団への忠誠心，道徳，人生目標などについて確固とした行動がとれない状態をいう。DSM-III-R では幼児期，小児期または青年期の他の障害の中に同一性障害 identity disorder を設けて診断基準として，次のことが記述されている。すなわち A. 同一性に関する多様な問題の不確実さについて主観的に深く苦悩すること，以下のうち 3 項目以上を含む：(1) 長期的目標，(2) 職業選択，(3) 交友パターン，(4) 性的対象指向，および性的行動，(5) 宗教的同一性，(6) 道徳的価値体系，(7) 集団への忠誠，B. A の症状の結果としての社会的または職業的（学業を含む）機能の障害，C. 少なくとも 3 カ月間の機能の障害，D. 気分障害，または精神分裂病のような精神病性障害の経過中のみに起こるものではない。E. その障害は，境界性人格障害の基準に適合するほど，全般的で持続的ではない，などである。ところが DSM-IV ではこの同一性障害という診断名は消滅し，かわって同一性の問題 Identity Problem という用語が「臨床的関与の対象となることのある他の状態」の中に入れられている。内容的には DSM-III-R とほとんどかわりはないが診断基準を設けるほど重要視されてはいない。思春期精神医学のコープランド Copeland, A. D. は「発達障害 developmental disturbances」の中に，A.「固着‐退行障害」と「同一性障害 identity disturbance」とを含めている。彼のいう「同一性障害」の中には，「基本的同一性障害 basic identity disturbance」と「性別同一性障害 gender identity diturbance」が含まれている。「基本的同一性障害」では自己疑惑の危機感と関連して急性不安や抑うつが生じる。「私は誰？」「何が私か」という問いかけに答えきれないと，エリクソン Erikson, E. H. が述べるように，同一性拡散を生じ，(1) 親密さ‐対人距離の病理，(2) 時間的展望の拡散，(3) 勤勉さの拡散，注意集中力障害や一面的な活動への自己破壊的没入，(4) 否定的同一性の選択などの特徴ある行動をとるにいたる。性別同一性障害は個人の生物学的性別についての混乱あるいは葛藤を意味する。同一性障害という用語は今日，しだいに使われなくなりつつある。
(西園昌久)

[関連項目] 自我同一性〔エゴ・アイデンティティ〕，同一性拡散症候群，エリクソン

[文献] American Psychiatric Association (1987, 1994b), Copeland, A. D. (1974), Erikson, E. H (1959a)

投影

[英] projection
[独] Projektion
[仏] projection

投射とも訳される。防衛機制の一種。フロイト Freud, S. は早くからこの機制に注目し，パラノイア，恐怖症，嫉妬，日常的な錯誤行為，迷信など，幅広い現象との関連で繰り返し論じている。一般的に認められている投影の機制とは，自分の中にある衝動，願望，感情，態度などを自分のものとして受け入れがたい場合に，これらを外在化し，外界や他者に属するものとして認識するものである。その結果外界や他者は受け入れがたいものと感じられたり，自分に対して不快な感情や態度を向けてくるものとして認識されることになる。例えば自分が他者に敵意を抱いていることを防衛して，他者が自分に敵意を抱いていると認識するところから，外界（乗り物，細菌，不特定多数者からの敵意など）を恐れる恐怖症が生じたり，他者への被害念慮（妄想様観念）が生じたりする。精神分析的治療の中でも，治療者に向かって「おそらくあなたは私がこう思っていると思っているでしょうが，私はそんなことは思っていません」という形で，内的願望を投影することがある。より軽度のものとして，日常に生じる「思い込みによる事実誤認」は投影の結果であることが多い。

このように投影とは，自分の内面に基づいて無意識的に外界を色づける機制なので，何らかの程度の現実検討の障害を招き，不適応を生み出しやすい。しかしこれによって，自分が不快な欲望や感情を持っていることを自覚せず，罪悪感を抱かずにすむところに防衛としての意義がある。

発達的には，投影はきわめて早期に発生する機制とされている。すなわち，取り入れ introjection が自己保存に必要なもの，心地よいもの，好ましいものを自分の中へ取り入れることから発しているのに対して，投影は苦痛を与えるものや不快なものを自分の内部から吐き出し，排泄することから発している。この 2 つの機制はともに，外界と接する生理的な機構である同化 assimilation と異化 dissimilation を基礎とし，生命維持の要請を背景として，出生と同時に生理的に働いていたメカニズムがしだいに心理的機制としての役割を果たすようになったものである。しかしその中でも，より水準の高い投影，つまり正常心理や神経症的心性としての投影と，原始的防衛機制としての原始的投影とは区別されねばならない。水準の高い投影が防衛の対象とする欲動や感情は，いったん抑圧された後に欲動間の融合や自我による中和を経た，穏やかな性質のものであるのに対して，原始的投影は分裂した激しい性質の欲動や感情を防衛するゆえに，投影を受けた外界や他者もまた激しい性質をもったものとして認知され体験されることになる。 （馬場禮子）

[関連項目] スプリッティング，投影同一化（視），取り入れ，抑圧
[文献] Freud, S. (1911b, 1922b)

投影同一化（視）

[英] projective identification
[独] Projektionsidentifizierung
[仏] identification projective

[概念] クライン Klein, M. によって，妄想分裂ポジションにおける排出的幻想とそれにともなう防衛機制，心的操作として導入された概念。その後，自己の一部と他者の一部を重ね合わせるようなある種の間主観（体）性，対象関係性，コミュニケーション，心的変化過程の様式をカヴァーするきわめて重要度の高い概念として，クライン派以外の学派の分析家によっても用いられつつある。したがってこの幻想，心的操作，現象の定義は，この用語を用いる論者によって異なり，いまだ流動的な段階である。投影性同一視とも訳されるが，概念の対人関係的含蓄が強調されるにしたがい，投影同一化という訳語が優勢を占める傾向にある。また，投影概念との異同についても歴史的にみてさまざまな混乱があり，一部の論者には，投影という機制にはすべて投影同一化が混入しているという見解もあるが，まだ決着がついていない。

[クラインによる導入] クラインがこの概念を初めて形にしたのは，彼女が妄想‐分裂ポジションという概念を導入したことで画期的とされる論文『分裂的機制についての覚書』(1946) のなかでのことである。彼女は肛門的な攻撃性を帯びた対象関係を含む無意識的幻想を記述し，乳児が自己のわるい側面を母親のなかに（上に，でなく）投影／排出し，その結果母親を害したり内側から支配したりすること，そのとき母親はそのわるい側面と同一視されて体験されること，自己の一部が排出される結果，乳児は内部の枯渇を体験することを描き出した。また彼女は同じ論文のなかで，乳児のわるい攻撃的な側面だけでなく，よい愛情的側面も同じように投げ込まれることも記述した。ここで注意すべきことは，クラインによるこの概念があくまで妄想‐分裂ポジションで体験される精神内界における幻想，内的対象関係，防衛様式に着目したものであり，現実の母子相互作用に言及していないことである。

[クライン派における発展] クラインにとってこの概念は，その思索の中心に位置していたとは言い難い。しかしクラインの死後，この概念はクライン派の思考のなかで中心的な位置を占めるに至った。その動きのなかで

最も有力な貢献をしたのがビオン Bion, W. である。ビオンは投影同一化が単に投影の主体（乳児／患者）の万能的空想ではなく，その受け手（母親／分析家）にある種の影響を与えることを記述した。すなわち投影された恐れ，絶望，怒り，軽蔑などの情緒はもはや投影の主体である患者／乳児によって体験されず，分析家／母親によって体験される。対人的な相互作用のなかで，分析家／母親にそうした体験が喚起されるのである。そして，そうした体験は乳児／患者が考えられ，思い懐かれ，自分の体験として体験できる形に母親／分析家によって修正され，乳児／患者によって再び取り入れられる。コンテイナー（入れ物）とコンテインド（中身）という形で概念化できるこのような過程，すなわちコンテイニング（包み込み）によって，乳児／患者は思考し主体的に心的体験を生きる能力を獲得する。こうして投影同一化は原始的コミュニケーションであり，繋がりであり，思考する能力の前駆とされた。ビオンはこのような正常な投影同一化の存在を明確にしたが，乳児と母親とのあいだの正常な投影同一化にとって，母親の「夢想（もの思い）reverie」の機能が必要であるとし，それが得られないとき，さらに強烈で病的な投影同一化が出現するとした。さらにビオンは，こうした相互作用としての投影同一化が個人のあいだに起きるだけでなく，人格の諸部分のあいだにも起きていることを明らかにした。その後ジョゼフ Joseph, B. は，単に分析家が患者から投げ込まれた情緒を体験するだけでなく，患者の投影に合致して治療者を行動化させる圧力を時に微妙に，時に強力に受けることを見出した。

この概念はクライン派の技法論においても要の地位を占めるに至った。患者の理解のために分析家が自身の思考と情緒を利用する（いわゆる逆転移の利用）という考え方をハイマン Heimann, P. が提起したとき，クラインは強固に反対したが，投影同一化のコミュニケーションとしての側面が理解されるうちに，例えばマニーカイル Money-Kyrle, R. E., ローゼンフェルド Rosenfeld, H. らによって患者のある側面が治療者に体験されそれが治療者の解釈に結実するさまが描かれた。さらにメルツァー Meltzer, D. は転移の収集と地理的混乱の整理という概念で投影同一化の扱いを図式化した。ジョゼフは分析家の行動化を制御し解釈に結びつけることを強調したが，最小限の行動化（アクティング・イン）は不可避であると考えることもそのアイデアには含まれている。これはクライン派ではないが，サンドラー Sandler, J. の役割応答性 role-responsiveness の概念に重なる。

［クライン派の外での発展］こころの一部が他者のこころのなかで体験されること，それが防衛，コミュニケーション，変化の媒介として機能することを含むこの概念は，英国のクライン派以外にも母子関係，治療関係，家族力動を記述する際に広範に用いられるに至った。例えばアメリカのグロトスタイン Grotstein, J. S. は「双軌道理論」を提起して原初的こころがより成熟したこころと同時に存在している機能しているとし，投影同一化を一見正常な個人にもおきる重要な心的現象であることを強調した。やはりアメリカのオグデン Ogden, T. はこの概念を，主体のこころの一部を受け手に預ける幻想，受け手が投げ込まれた心的側面に一致した体験をもつような対人的相互作用，その体験の受け手による修正と主体による再内在化の 3 つの相をもつ，内界的でもあり対人的でもある心的過程であるとし，その意義を防衛，コミュニケーション，対象関係様式，心的変化の経路として整理した。この概念化は米国で広く影響力を持ち，たとえばギャバード Gabbard, G. O. は力動精神医学の教科書において，この概念化に基づく投影同一化の機制が力動的精神療法の主要な治癒機転であると論じている。このようなこの概念の汎用に対し，例えばマイスナー Meissner, W. W. らは反対の論点を提供している。

［今後の展望］病的もしくは原初的なこころによる，幻想もしくは精神内界的な心的操作として着想されたこの概念が，より対人領域を含み込んだ，そして正常に発達したこころにも存在するメカニズムへと拡張されつつあることは概ね事実である。しかし，この概念が投影の主体の側の体験だけでなく，必然的に随伴する投影の受け手の側の体験を含み込むものと考えるかどうか，まだ共通の見解は得られていない。いずれにせよ，この概念はこころの内側と外側をつなぐ鍵概念として，二者心理学としての精神分析という観点にとって多産性を帯びた概念であり，精神分析からみた間主観性の問題を考える上でひとつの礎石を提供している。ただ，その一方で，論者のあいだで定義が一致せず，議論がかみ合わなくなる危険が増大しつつあることにも注意を払う必要があろう。

（藤山直樹）

［関連項目］アクティング・イン，間主観（体）性，逆転移，共感，クライン学派，劇性，行動化，コンテイナー／コンテインド，コンテイニング，心的平衡，スプリッティング，精神病的パーソナリティ／非精神病的パーソナリティ，同一化，投影，取り入れ同一化，万能的コントロール，ビオン理論，附着同一化，無意識的幻想，メルツァー理論，妄想分裂ポジション，役割対応性

［文献］Bion, W. R. (1957, 1959, 1962b), Gabbard, G. O. (1994), Grotstein, J. S. (1981), Heimann, P. (1950), Hinshelwood, R. D. (1991), Joseph, B. (1989), Klein, M. (1946), Meissner, W. W. (1980), Meltzer, D. (1967), Money-Kyrle, R. (1956), Ogden, T. H. (1979), Rosenfeld, H. A. (1987), Sandler, J. (1976)

投映（影）法

[英] projective methods, projective techniques
[独] projektive Tests, projektive Verfahren
[仏] tests projectifs, technique projective

心理検査の中で，特に人格検査の一領域を総称する用語。フランク Frank, L. K.（1939）が，論文"Projective Methods for the Study of Personality"でこの用語および概念を提唱し，すでに用いられていた一群の人格検査を分類し整理した。投映法は被検者のパーソナリティの固有な傾向を，自覚的行動的表現の様式から潜在的な願望，感情，葛藤，防衛の様相にいたるまで導き出すことを目指している。この目的のために投映法の課題には，反応に際して被検者が慣習的，常識的判断に頼ったり，表面的形式的な応答をしたりできず，独自の判断，意味づけ，連想などを表現しないと課題に応じることができないような工夫がなされている。つまり投映法の刺激（素材および教示）の条件とは，ベル Bell, J. E.（1948）の表現によれば，多少とも未分化，未組織，不完全であって，多義性や曖昧さを備えたものであり，ラパポート Rapaport, D. のいう非構造的 unstructured な設定である。このような刺激を被検者がどのように受け取るか（認知，判断，連想），どのようにして反応を形成するか（表現の形式と内容，課題解決の過程）などに，その人格の傾向や特質や特有の歪み（病理）が多様に反映される。投映とはこのように人格傾向が反映することを意味しており，精神分析用語としての投影 projection とは区別される。

投映法検査として知られているものには，ロールシャッハテスト，TAT（絵画統覚検査），SCT（文章完成検査），描画法，P-Fスタディ（絵画・欲求不満検査），ソンディテスト，言語連想法などがある。心理劇，箱庭法，フィンガーペインティング，スクィグルなど本来心理療法であるものも，刺激条件の特質から，投映的観察評定法という観点から見ることができる。さらに観点を広げれば，被検者のなんらかの個人的判断や表現を含む刺激‐反応過程には常に投映の要素が伴うといえる。この意味でフロム Fromm, E. は知能検査のもつ投映法的側面について指摘し，ラパポートは生活史の供述にも投映が伴うと指摘している。個人が意識せずに自己のある側面を外的状況に反映させることを投映というなら，投映の生じる状況はきわめて広いのであって，投映法検査はその状況の一部を限定して検査法としての基準を整備したものということができる。このような観点をもつことによって，投映法の所見と被検者の日常行動との連続性の把握が可能になる。

投映法に属する諸検査には整理法や評定法の基準が設けられ，統計的妥当性の検証もなされている。しかし統計的妥当性は必ずしも実証されていないし，むしろより個別的な解釈による詳細な人格理解をする方が投映法の特質を生かすことになる。その解釈の基礎理論として最も多く用いられているのは精神分析理論である。特に米国ではラパポートの著作（1946）以来，この解釈法が研究され続けている。
（馬場禮子）

[関連項目] 心理検査，ロールシャッハ・テスト
[文献] Rapaport, D.（1946）

動機

[英] motivation, motive
[独] Motivation
[仏] motivation

精神分析では，動機 motive には無意識的なものと意識的なものとがあり，メタサイコロジーの観点から主に無意識的動機を指し，意識的な言動の背後にあってそれを決定する意図や欲望を意味する。しかし，臨床場面では若干違った意味で使用され，「動機づけられている」と動詞風に使われ，治療への積極的参加をもたらすものである。治療への参加意欲と治療者との協力意識が強い場合には動機づけが高いと言われ，受診の際の動機の意図や内容を受診動機と言い，無意識的な内容も含むことが多い。広く一般の医療や心理臨床において治療結果を左右するものとして重視されるが，とくに分析療法は苦痛な記憶の想起や葛藤の言語化を求め，被分析者はそれに多少なりとも抵抗を示すものなので，治療の結果を左右する因子として治療への動機づけ（モチベーション）の高い，あるいは低いことが挙げられる。動機づけには，分析治療についての知識や深い理解が必要というのではなく，問題の背景にある心因を明らかにしたいという思いと，自分自身を変えたいという気持ちが重要となる。また，最初の動機が不明確な場合でも，陽性転移の維持と治療同盟の確立とともにやがて確実なものとなるなら，それに支えられて分析過程は展開する。病気の自覚がなかったり，症状の魔術的消失だけに関心があり，心理的要因を理解することに興味がない場合は，むしろ指示的な治療や薬物療法など他の治療を行うことも適切となる。こうして動機は，自我の強さや言語化能力などと共に，初診や見立てにおいて推し量って取り扱うことが重要であり，治療への絶望や，治療者への不信感等を最初から解釈せねばならない場合もあり，ときには治療動機そのものを育てることが当面の課題となる。誰が受診を動機づけたか，誰が紹介したか，分析治療を受けてどのようになりたいか，これまでの治療経験は良いものか等の情報は動機の内容を知るために役立つ。治療動機は常に裏と表，あるいは本音と建て前の二重性があると考えることが多いが，積極的な患者でも，分析医からの助言や指

導がなかったりすると，突然逆の態度を示されることがあり，表面的には意欲的でなくとも本音では協力的であることもある。小此木（1978）は，面接そのものが葛藤的な状況であることを指摘し，面接者や面接をどのように体験しているかを知って，否定的動機づけや退行的動機づけ等を読み取ることを考えている。訪れた患者のすべてに治療動機のあることを前提にして分析治療を開始することができないわけで，治療契約やインフォームド・コンセントにも関わる重要な部分である。

（北山　修）

[関連項目] 診断面接，治療契約，治療同盟
[文献] Dewald, P. A. (1964/1969)，小此木啓吾（1978e），小此木啓吾・岩崎徹也・橋本雅雄・皆川邦直（編著）（1981）

統合

[英] integration
[独] Integration
[仏] integration

各部分が一つの全体へと結びつけられ組織化される過程を言う。フロイト Freud, S. によれば，人間の心は，はじめは統合も組織化もされていないイドとして出発し，自我の発達とともに統合されたものになる。しかしフロイト自身，晩年，自我には独自の先天的な核のあることを示唆し，このフロイトの見解を発展させたハルトマン Hartmann, H. は，自我には独自の先天的な自我装置 ego apparatus の存在とそれに基盤をおく一時的自我自律性 ego autonomy をあきらかにしたが，パーソナリティ全体の統合を保つ自我機能として，ベアレス Beres, D.，ベラック Bellak, L. らは，統合機能を自我機能の最も基本的なものとして位置づけた。さらにエリクソン Erikson, E. H. はそれぞれの集団に所属するアイデンティティ identities を統合する自我機能を自我同一性として概念づけた。一方クライン Klein, M. もまた，人間の心は最も初期には互いにスプリットされ，未統合な形で働くと想定し，未統合から統合に向かう心的過程こそ発達課題 developmental task であると考えた。そして，1932年ごろには，内在されたさまざまな両親像をより成熟した超自我へと統合する心的過程に注目し，1935-46年代には，抑うつポジションにおけるよい対象と悪い対象の統合を，最後に1946年ころからは自我そのものの統合を論じた。この未統合の自我の状況で働く分裂 split の防衛機制をあきらかにしたが，自我心理学的にはこの分裂をカンバーグ Kernberg, O. は自我の統合機能との関連で論じた。ところが，フェアバーン（Fairbairn, W. R. D. 1946）は，幼児はむしろ一次的統合状態の中で人生を開始するという。その自我は，まず全体自我で，やがて自我の分裂が進行する。その過程は防衛によって進められる。「子どもの原始的な人格は，単一の力動的な自我からできている」，昇華以外の防衛は，すべて，統合を犠牲にすることによって機能する。この場合には，潜在的な統合的自己の一部を，分裂したり抑圧不安から解放される。それだけに精神分析の目的は，失われた自己の部分を取り戻すことによって自己の統合を推し進める点にある。

また，ウィニコット Winnicott, D. W. は，母親に対する絶対的依存状態では，すべてが未統合，未分化 amorphous で，適切な発達促進環境 facilitating environment を与えられる成熟過程が，自我の統合，精神と身体の統合（精神が身体に住みつく過程 in-dwelling）を可能にするという。

（小此木啓吾）

[関連項目] 抱える環境，自我機能，自我同一性〔エゴ・アイデンティティ〕，分裂〔分割〕，抑うつポジション，ウィニコット，エリクソン，カンバーグ，クライン，ハルトマン，フェアバーン，フロイト, S.

[文献] Bellak, L., Hurvich, M. & Gediman, H. (1973), Erikson, E. H. (1956), Fairbairn, W. R. D. (1946), Freud, S. (1923b), Kernberg, O. F. (1967), Klein, M. (1932, 1935, 1936, 1937, 1940, 1945, 1946, 1948, 1952a, 1952b, 1952c, 1955a, 1955b, 1957, 1960), Winnicott, D. W. (1960a, 1960b, 1962, 1965b)

倒錯

[英][仏] perversion
[独] Perversion

正常ではない性的行為のこと。一般に正常な性行為は，性交による性器的な結合とオルガスムによって得られるが，倒錯は「逸脱」という意味が強い。昔からある言葉であるために，侮蔑的な意味に使われることが多かったために，DSM-III（1983）において，性的な逸脱，あるいは「パラフィリア」という言葉が中立的な専門用語として使われるようになった。それらには露出症，フェティシズム，摩擦症，小児愛，性的マゾヒズム，性的サディズム，服装倒錯的フェティシズム，窃視症などが下位項目に含まれている。

[フロイトの発想] 異性間の性器的結合とオルガスムが正常な性行為の定義であるために，幼児期の多形倒錯を除いて，倒錯は正常からの逸脱として記述される。オルガスムが得られる対象が異性ではない場合，同性愛や小児愛，死体愛などの事例，あるいは性器以外による身体部位によるもの，つまり肛門性交がある。さらにオルガスムを得るためにはある種の状況を絶対的に必要とする場合があって，それらはフェティシズム，覗き見症，露出症，サディズムとマゾヒズムなどがある。これらの性的傾向，あるいは性行動は，フロイト Freud, S. と同

時代のクラフト‐エビング Krafft-Ebing, R. v. やハヴロック・エリス Ellis, H. H. たちがまとめて分類したものである。フロイトは，これらの倒錯行動が実はごく普通に存在していて，正常な素質の一部であるとみなした（『性欲論三篇』）。そしてこれらは正常な発達の見出される，幼児性欲のなかに多形倒錯傾向として記載され，その発達はリビドーの固着と組織化によって定式化されている（定式化にあたってはアブラハム Abraham, K. らの貢献が大きい）。フロイトはシュレーバー症例や狼男の重症の病いを分析するにあたって，その根底に同性愛が存在すると指摘した。この視点に立てば，実際の同性愛は神経症的な葛藤を防衛するための一つのあり方だと言える。倒錯者は去勢不安を回避して，エディプス・コンプレックスの解消とは別の道をたどった結果である。

それゆえジレスピ Gillespie, W. H. が指摘しているように，古典的な精神分析を拡張する場合，去勢不安，エディプス要素に対する前エディプス要素，攻撃性，投影や取り入れ，そしてスプリッティング，あるいは投影同一化といった原初的な防衛の役割といったことが問題になる。つまり神経症構造にいたりはしないが，精神病のような崩壊を起こさない構造が倒錯にあるということになる。グローヴァー Glover, E. が述べているが，去勢不安の侵襲に対して，精神病的な不安を感じ，それを防衛するために性行為が利用されるという説明がその典型であろう。

［分離の回避］フロイトの理論を延長した倒錯の説明は主に前エディプス期の母親との分離の周辺で行われてきた。バリント Balint, M. はフェティシズムの対象が大便や胎児，両性具有対象である，つまり母親と子どもの融合を表すものであると述べている。ウィニコット Winnicott, D. W. も移行対象のフェティシズム化について述べている。また環境との関連で倒錯を論じているカーン Khan, M. は倒錯と境界例状態をスキゾイドに類似のものとみなしている。カーンによれば，彼らは母親から溺愛されて育ったために，すべてに受け身的で分離が自分で体験されない。そのため後に他者との分離が体験されても，限られたものになり，倒錯者がパートナーを求めるのは自己ナルシシズムのためであり，愛情は本当に親密さというよりも演技的なものになる。内的対象関係については「つぎはぎされた内的対象 collated internal object」が心の中に形成されているとカーンは言う。

［新しい倒錯的宇宙］チェセゲット‐スミルゲル Chasseguet-Smirgel, J. は，倒錯者は肛門期サディズムを中心とした独自の宇宙を持っていて，そこでの現実否認は性差と世代差という 2 つのレベルの否認であると述べている。さらに彼女はこれら倒錯者との臨床体験からエディプス・コンプレックスの基底に「原初的マトリックス archaic matrix」があるとしている。

倒錯を新しい心的構成の一つと見なし，「ネオセクシュアリティ」と呼んだのはマクドゥーガル McDougall, J. であった。彼女は倒錯が（1）心的加工としてではなく，行為として現れ，（2）神経症や精神病と異なって，行為が意識的に性愛化されている，（3）性対象への特定の関係をもつという 3 つの特徴をもっていて，それは行為症状として創作された一つのシナリオであると述べている。

［性別同一性障害］乳幼児の研究によると，エディプス期以前，乳幼児期に性差が分化してきて，2 歳から 3 歳までには「男の子」「女の子」という性別が明確になってくる。古典的にはペニスの認識が性別を意識させると共に，去勢不安をもたらし，このことが男根期とエディプス期の課題になるとされる。ストラー Stoller, R. は古典的な精神分析のモデルについて批判的検討を加えながら，「中核性別同一性」という概念を提唱している。彼によれば，中核性別同一性が十分に確立された後で，去勢不安やペニス羨望が体験されるという。性別同一性障害は性やジェンダーにおいて違和感に悩んでいる人たちで，自分自身が「男あるいは女であること」についての不安を，人格の中核部で体験している。おそらくかなり早期にはじまり，長期的に悩んでいる障害である。トランスセクシャリズムはもっとも深刻な状態である。トランスセクシャリズムは，生物学的には男性である人が，心理的には女性であると思っている状態を指す。彼らは自分が男性であることが何かの間違いであると考えているので，日常生活では女性として振る舞い，女装したりする。ストラーは，この状態を一種の「実験」と述べている。

〈妙木浩之〉

［関連項目］去勢不安，ジェンダー・アイデンティティ，ネオセクシュアリティ，フェティシズム，ストラー

［文献］Balint, M. (1935a), Chasseguet-Smirgel, J. (1984), Gillespie, W. H. (1956), Glover, E. (1956), Khan, M. M. R. (1979), McDougall, J. (1978), Stoller, R. J. (1968, 1975b)

洞察

［英］insight
［独］Einsicht
［仏］pénétration

もともと洞察 insight は，内的な視力 internal sight，つまり「本質を見抜く心の目」という意味であり，自分や自分の置かれている心的状況について理解を得るような日常的な洞察から，科学者や芸術家の創造的な洞察，あるいは異文化接触による新たな洞察の誕生など種々のものがあるが，精神医学では，自分が病的な状態にあることの自覚を意味する疾病意識 Krankheitsbewußtsein から，自分の病気の性質や原因までを理解する全体的病識 Krankheitseinsicht までの意味で用いられている

(Jaspers, K.)。

精神分析で「洞察」という言葉が用いられる場合には，それは治療的洞察を意味する。フロイト Freud, S. の文献の中には，日常的な使い方としての洞察という言葉はしばしば登場するが，改めて専門用語としては用いられなかった。むしろその場合には，「無意識の意識化」という言葉のほうが重要な位置づけを得ている。精神分析の中で「洞察」という言葉を導入したのはフレンチ French, T. の『洞察の夢における歪曲』(1939)であり，精神分析関係論文の表題として最初に用いられたと言われている。フレンチは明らかにゲシュタルト心理学のケーラー(Köhler, W. 1925)からその概念を得た。ケーラーは，類人猿などの問題解決の方法の認識が洞察として突然に起こる事実を発見し，洞察を心理的な因果関係ないし機能関係の認識であり，各事象間の全体的関係の形態(ゲシュタルト)の発見であると見なしたが，フレンチは，葛藤状況の洞察という意味で用いた。

治療的洞察の中には，「ああそうか Ah-Erlebniss」体験のような突然ひらめく洞察とともに，繰り返し治療関係の中で無意識に関する理解が深まり，やがて，一定の洞察が得られるような洞察の過程があり，一定の洞察を得た state としての洞察状態がある。この場合，治療的洞察は，徹底操作 working through の過程で進展するが，その際，(1) 患者の治療外の対人関係におけるパターン，(2) 転移のパターン，(3) 家族との以前の関係，これらの無意識的な関連を患者が意識化する「洞察の三角形」(Menninger, K. 1958)が徹底操作を進めるための有用な概念モデルとして提示されているが，この主題は，ルボルスキー(Luborsky, L. 1984)の「中核葛藤テーマ(CCRT)」と呼んだものと軌を一にする。

治療的洞察の機能について，一定の心的な因果関係，機能関係，意味関係，類型的なパターンなどに気づき，全体的な有機的関係の中でそれらを再構成する力動的洞察 dynamic insight，現在の事象を過去の心理的体験系列と関連づけ，理解しようとする発生的洞察 genetic insight，これらの各事象の志向する意図や目的について総合的理解を得ようとする目的発見的洞察 heuristic insight，その価値的な意味を問い，それを発見しようとするロゴス発見的洞察などが区別される。

治療的洞察には，治療上の効果という観点から，「かのような洞察 as if insight」「偽物の洞察 pseudo-insight」と「真の洞察 genuine insight」をどのようにして見極めるかの論議があり，この流れの中で，知的洞察と情緒的洞察が区別される。知的洞察は，しばしば防衛としての知性化の産物であり，ただ単に知的に知ることだけが治療にはならない。効果的な洞察には情緒的洞察 emotional insight という概念が生まれた。歴史的には，そもそも出来事の記憶を回想し，それに伴う感情を的確に再現したときに症状が消失するという事実の発見が精神分析の起源であり，初期のヒステリー研究時代のフロイトは，記憶を感情とともに言葉にすることの治療的な意義を最も重視し，この時代の洞察は常に情緒的洞察であった。ところが，1910年代になると，知的な洞察が知性化の防衛として使われることが認識され，さらに，言葉と情動が隔離された強迫神経症などを治療する段階になって，1920年代にライヒ Reich, W. が性格分析技法で系統的に研究したように，情緒を伴わない回想 remembering without affect をどのようにして感情を伴うものにするかが技法上の課題になり，1930-40年代の防衛分析(Freud, A.)と修正感情体験(Alexander, F.)の論議の時代を経て，1950年代になると，知的洞察と情緒的洞察を改めて区別する論議が展開された。

レイド Reid, R. D. とファインジンガー Finesinger (1952)，そしてリッチフィールド Richfield (1954) は，有効な洞察としての情緒的洞察を論じ，レイドとファインジンガーは，情緒的なものを仲介したり，解読したりする力のない中立的洞察，つまり知的な洞察に対して，情緒的洞察は，情動が患者の洞察の内容の一部となり，洞察を通して情動の意味が理解され，さらに，それまでの情動の流れを解消させたり，新たな情動の反応をつくり出したりする力動的に効果的な洞察であるという。いずれにせよ，治療的洞察は，転移－逆転移関係の中でのその関係性を支えにし，また，その関係性に関する洞察を常に媒介とした情緒的洞察であるという点に精神分析的な治療的洞察の基本的特質がある。精神分析的な治療機序全体における治療的洞察の位置づけについては，分析の過程の結果としての治療的変化が洞察という主観的体験をもたらす過程と，洞察が新たな治療的な変化をもたらす過程の両面を含むという観点を経て，さらに1990年代になると，最も基本的な治療機序は，言語的解釈を通しての洞察なのか，新たな関係性を通しての患者の変化なのか，という二者択一的な相互排除的議論の段階を経て，むしろこの2つは両立し共存するという見解を語る動向が生まれ(Cooper, A. 1992, Jacobs, T. J. 1990：Pulver, S. E. 1992)，洞察と「修正的な」関係性の経験は，治療的変化のために相互作用的に働く矛盾しない過程と見なされるようになった(Jacobs, T. J. 1990)。さらに現代的な動向として，治療関係における前言語的な手続知識 procedural knowledge や記憶，そして情緒的応答性 emotional availability や情動調律 affect attunement の機能が治療機序の重要な一部をなしていることが明らかになるとともに，スターン Stern, D. N. の言うこれらの間主観的かかわり合いの段階における主観的自己感と，言語的かかわりを主体とする言語的自己感が共存して機能するという観点から，治療関係における洞察のあり方についても新たな解明が行われている。

この動向とともに，すでにフロイトは，1930年代には，治療的洞察を治療者，患者の正常な自我と自我の作業同盟によって行う対話的な再構成の所産とみなすようになったが，1960年代のグリーネーカー Greenacre, P. のこの再構成の論議の発展を経て，シェーファー Schafer, R. などによる治療的洞察を治療者・患者の間で形成される自己物語化の文脈に位置づける動向が生まれ，やがて，治療的洞察は，治療者・患者の間主観的リアリティの中で得られるという間主観性モデルによる治療的洞察論が発展している。 (小此木啓吾)

[関連項目] 意識，解釈，間主観（体）性，情緒応答性，情動調律，性格分析，中核葛藤テーマ〔CCRT〕，治療同盟，防衛分析，グリーネーカー，スターン，フロイト，A.，フロイト，S.，ライヒ

[文献] Abrams, S. (1981), Cooper, A. M. (1987, 1988, 1992), Freud, A. (1981), Freud, S. (1905, 1910a, 1910d, 1910j, 1912d, 1912f, 1914f, 1916–1917, 1919b, 1940d), Freud, S. & Breuer, J. (1893–1895), Greenacre, P. (1975), Jacobs, T. J. (1990), Jaspers, K. (1913), 鹿野達男 (1963), Luborsky, L. (1984), 前田重治 (1963), Neubauer, P. B. (1979), Panel (1981), Pulver, S. E. (1992), Reid, J. R. & Feinesinger, J. E. (1952), Richfield, J. (1954), Stern, D. N. (1985), Wallerstein, R. S. (1986), Zilboorg, G. (1959)

投射　⇒投影
[英] projection

同性愛
[英] homosexuality
[独] Homosexualität
[仏] homosexualité

同性に性愛感情を抱くもので，実際に同性との間で性行為を行う同性愛や，性対象が同性に限られ異性にまったく興味がなくむしろ嫌悪感や憎しみすら抱く場合もある。異性も性行為の対象とする両性愛や，異性と接触できない特殊な環境で一過性に同性を異性の代わりとする代償的な同性愛なども存在する。現象的な議論は男性が対象となりやすいが，現代精神分析が主に問題とするのは，両性における同性愛幻想，同性愛的ポジション，同性愛不安，異性恐怖，同性愛的対象関係である。成り立ちについては，フロイト Freud, S. (例えば 1923) が提示する道筋を辿るならば，主に両性素質を基盤にしたエディプス葛藤の帰結という内的な展開である。異性の親に性的感情を抱き，同性の親に嫉妬や敵意を抱くという典型的なエディプス・コンプレックスの発展では，男の子は父親に対し去勢不安のために父親に同一化し母親とは別の女性対象を求めて外に出ていくことになる。そこで父親の威嚇が強すぎると，また母親との関係に不満が強いと，男の子は父親に対し迎合し愛情を抱いて，愛されるために女性に同一化する同性愛状況が生じる。同様に父親に同一化した女性や，母親との関係の悪い女の子が同一化すべき女性像を見出せないで，成人しても母親像を求めて女性に性的関心をもつ場合もある。ただし，少年・少女期における同性愛傾向は，やがて成熟した異性愛へと変化していく移行期において重要で，同性に抱く一体感や憧れは，同一化すべき理想の同性モデルの獲得の機会として，自己像を相手の上に投影しながら自己愛を調整することは発達促進的であるとされる。このようにどちらかの性に追いやられるのではなく，早期から幻想や態度の中で両性素質を基盤にして異性愛と同性愛の両方を体験しながら最終的な性的立場を選択するという考え方がある（例えばブロス Blos, P.）。つまり臨床では，異性愛者の分析において移行的な同性への愛着や並存的な同性愛，さらには同性愛不安を観察することは少なくないが，去勢や同一化の問題とともに正常な同性愛的関係を楽しめないことを考える必要がある。これらが転移として展開するなら逆転移の分析が必要となる局面が多く，とくに同性愛傾向の内にある非性的な依存や自己愛の問題は重要である。

時代的には，一人っ子や離婚の増加，父性の弱体化などにより，陰性エディプス状況が発生しやすくなっていると言われる。また，日本人の甘えが同性愛的であると言われるように，文化的に規定された同性愛あるいは同性依存に対する態度や考え方もある。一方，真性同性愛を性同一化の失敗と短絡的に理解し異性愛への心理学的変更を第一選択とするのではなく，性転換手術の可能性も考慮して個人の生き方の問題として取り上げる態度が望ましいという流れも生まれてきた。それらは病気扱いすることへの同性愛者からの抗議への反応でもあり，分析家の世界でも米国などでは分析家の同性愛の承認をめぐる論争が続いている。同性愛者そのものを障害と見なすのではなく，その心性を理解しながら，自慰空想では異性愛であるような自我異和的な同性愛者や，異性愛者の同性愛不安を心理的治療の対象とする考えが強くなり，確立された性同一性を心理学的に変更・修整することはきわめて困難であることも認められるようになった。ただ，現代的な「セックスレス」や「セックス嫌悪」の場合でもそうだが，どのような性愛傾向であれ，生き方を反映するものであり，分析的治療で触れられない性のあり方などない。 (北山 修)

[関連項目] 陰性エディプス・コンプレックス，ジェンダー・アイデンティティ，倒錯，両性素質

[文献] Blos, P. (1985), Freud, S. (1923b), Storr, A. (1964), West, D. J. (1960)

統制分析

[英] control analysis
[独] Kontroll-Analyse
[仏] psychanalyse contrôlée

現在，スーパービジョンと呼ばれている精神分析，精神療法の教育方法の一部に，精神分析教育のための訓練分析家のスーパービジョンを特に統制分析 control analysis と呼ぶのが一般的な用語の使い方になっている。歴史的には 1922 年，ベルリン精神分析研究所でアイチンゴン Eitingon, M. が精神分析教育におけるスーパービジョンについて発表してから，1930 年代初頭になって，ブダペスト学派は，スーパービジョンの目的は治療者であるスーパーバイジーの逆転移の解決にあり，スーパーバイジー自身の無意識，防衛，抵抗などをスーパーバイザーが解釈することによる変化を目的とすると主張し，この考えに立脚するスーパービジョンは，主として訓練分析家自身がそれを行うという形をとることになった。これに対してウィーン学派は，教育分析とスーパービジョンは別の目的と機能を持つことを主張し，スーパービジョンの目的は，スーパーバイジーの治療者としての機能の教育にあることを主張した。やがて，この両学派の論争はウィーン学派の考え方に集約され，現在ではこの意味での統制分析は次第に行われない状況になっている。しかし，ヨーロッパでは，psychanalyse contrôlée とか，Kontroll-Analyse という言葉は，英米におけるスーパービジョンと同義に広く用いられる傾向がある。また，その点でドイツ語では，スーパーバイジーの逆転移を分析する目的の Kontrollanalyse と精神分析技法の学習を目的とする Analysenkontrolle を区別する用語がある。

[関連項目] 教育分析，スーパービジョン，精神分析家の資格，精神分析技法
[文献] Eitington, M. (1937), Eitington, M., et al. (1926–1939), Ekstein, R. & Wallerstein, R. S. (1958/1972), 古澤平作・小此木啓吾 (1954–1955), Laplanche, J. & Pontalis, J. B. (1967), 小此木啓吾 (2001a)

道徳的マゾヒズム

[英] moral masochism
[独] moralischer Masochismus
[仏] masochisme moral

フロイト Freud, S. は『マゾヒズムの経済的問題』(1924) の中で，マゾヒズムを性愛的・女性的・道徳的マゾヒズムの 3 種類に区別して論じた。道徳的マゾヒズムとは「無意識的罪悪感」もしくは「処罰欲求」のために自らを苦痛な体験や屈辱的な状況に陥らせるような心理機制をいう。フロイトは，『自我とエス』(1923) の中で，ある犯罪者において「無意識的罪悪感」は結果ではなく動機である場合があることを例としてあげ，自我と超自我との間の緊張の結果として現われる「罪の意識」と，この場合の「無意識的罪悪感」という言葉の間にある種の矛盾を感じ，「処罰欲求」という語の方が妥当であろうと述べた。さらに，『マゾヒズムの経済的問題』の中で，道徳的マゾヒズムを「一次的マゾヒズム」や「死の本能」を仮定する臨床的根拠として論述した。道徳的マゾヒズムの特徴は，その「無意識性」と，「苦痛を与える対象」の不在，そして「性的な快楽との関係が曖昧」になっている点である。他のマゾヒズムは，自分の愛する人によって苦痛が与えられ，愛する人の命令によってそれに耐えるという条件がつき，苦痛によって性的な快感を得るが，道徳的マゾヒズムでは，苦痛が与えられれば，それが誰（何物）によって加えられるかということは問題にされず，苦痛そのものが問題となる。道徳的マゾヒズムが極端な場合，臨床的には陰性治療反応や失敗神経症として現われることがある。　　　　　（平島奈津子）

[関連項目] 陰性治療反応，罪悪感，死の本能（欲動），処罰欲求，成功した時に破滅する人物，マゾヒズム，マゾヒズム的性格
[文献] Freud, S. (1923b, 1924d)

同胞葛藤

[英] sibling rivalry
[独] Geschwisterrivalität
[仏] rivalité fraternelle

同胞間で起こる種々の心理的葛藤をさす。兄弟葛藤，同胞抗争とも呼ばれる。

きょうだい児の育児においてはしばしば見られるものである。育児場面では，子どもが出生直後から兄・姉に対して，また後から生まれてくる弟・妹に対して，愛情や信頼とともに嫉妬や怒り，不安などの情緒，空想を体験している様子が観察される。フロイト Freud, S. (1909) のハンスの症例では，妹の誕生をめぐって生じてきた空想が細かに記されている。マーラー Mahler, M. S. ら (1975) の一連の児童観察例の中にも，再接近期にあって，母親の妊娠・出産に際してひどく沈み込み，母親にまとわりつくようになったり，赤ん坊と一緒にいる母親から目をそらそうとした男の子の事例が記されている。

同胞に対するこれらの情緒，空想は，行動・態度，身体症状等を通して表現される。その典型的なものとしては，弟・妹が生まれてちやほやされるのを見て，赤ちゃん返りの行動を示したり，反抗的になったりする例や，兄・姉の体力や身体の大きさ，与えられた特典を妬んで，

お気に入りの玩具を壊してしまったりといった例がある。フロイト（1917）が記載した，文豪ゲーテが手当たり次第に瀬戸物を家の外に投げ出して壊した行為のように，一見していたずらとみられるような子どもの行動の中に，同胞に対する無意識的な憎しみなどが隠されている例もある。

　一般に同胞葛藤が最も顕著に見られるのは，同胞2人で同性，年齢差があまりない場合と言われるが，子どもたちは，出生順位や発達，成長の段階によって，また相手との年齢差や性別の異同によって，同胞，両親，自分についてのさまざまな空想や情緒を体験することが知られている。アドラー Adler, A.（1927）によれば，長子，次子，末子のような出生順位によって「その子が人生において受け取るものすべてが，形作られ色づけされる」という。

　発達の過程で同胞に向けられるこれらの感情は正常なものであり，多くの場合，両親の支持や助けを借りながら，乗り越えられていくものである。同胞をもつ子どもが必ず経験するものでもあり，ひとりっこには体験できないこの葛藤によって，対人的，社会的な発達や自立が促されると言われることも多い。しかし，両親の対応が不適切であったり，自我発達との関係がアンバランスであったりすることで，臨床的な問題へと発展して行く場合もある。霜田（1967）によれば，フランスの精神分析家ボードアン Baudouin, C. は，兄カインが弟アベルへの主の偏愛に怒り，アベルを殺害してしまうという旧約聖書の物語から，親の愛情をめぐって，同胞に対して不合理な敵意，憎しみを抱く状態をさして「カイン・コンプレックス」と名付けたという。エディパルな状況とはまた異なるこの「三角関係」の付置は，幼児，児童の臨床においてしばしば見受けられるものであると言える。

（山崎　篤）

　[関連項目] 嫉妬，発達葛藤，発達ライン，ハンス少年［症例］，幼児神経症

　[文献] Adler, A.（1927），Freud, S.（1909b, 1917b），Mahler, M. S., Pine, F. & Bergman, A.（1975），Rosenbluth, D., et al.（1982-1986），霜田静志（1967）

特定行為

　[英] specific action
　[独] spezifische Aktion
　[仏] action spécifique

　フロイト Freud, S. がその初期に『科学的心理学草稿』（1950［1895］）で用いた用語で，欲求によって生じた内的緊張を解消するのに必要な心的過程全体を意味する。この特定行為は，適切な外部からの関与と，その生体そのものが持つ先天的な反応によって遂行される。本来慣性の原則に従っている神経装置に一定の内因性の興奮が起こると，この興奮をその生体は次の2つの形で放出する。1つは，非特定的な反応による方法（感情的な表現など）だが，この手段によってはその興奮は解消されない。つまり，これらの興奮，緊張の解消を可能にするのは特定の行為によらなければならない。この特定な行為は，特定の対象と一連の特定の外的条件が整うことによってはじめて達成される。例えば空腹の場合には，食物をもってくること，あるいは乳幼児にとっては，母親のような外的な助力によってはじめて欲求の満足が得られる。つまり，フロイトはこの特定行為という用語によって，生体の反射運動の全体と，これらの対人関係を含む外的な条件という2つの契機によって可能になると考えている。この特定行為の概念は，その後，性欲動論の中で推敲されていく。例えば，性の快感を得る有機的な条件は，子どもの場合，それほど特定的ではないが，さらに生活史的な要因がかかわって，成人になると，性の欲求充足を規定する条件は特定個人について特有なものになっていく。この意味において，その主体にとって内的な欲動興奮の緊張を解消する特定の対象や条件が特定化されていくという観点から，特定行為の概念をより広義に，また有意義に理解できる豊かな可能性がある。

（小此木啓吾）

　[関連項目] 慣性原則［ニューロンの］，充足体験，メタサイコロジー，欲動，フロイト, S.

　[文献] Freud, S.（1905, 1950d）

独立学派

　[英] group of independent analysts
　[独] Schule der unabhängigen Analytiker
　[仏] groupe des analystes indépendants

　イギリスには自我心理学派とクライン学派の2つの党派が存在するが，そのどちらにも属さない精神分析家を独立学派と称する。1943-1944年にくりひろげられたアンナ・フロイト Anna Freud 一派とメラニー・クライン Melanie Klein 一派の大論争の結果イギリス精神分析協会内に2つの党派ができたが，しかし実際にはそのどちらにも加わらない第3のグループが存在した。イギリスのインスティチュート内の訓練も特定の党派に偏らないような配慮がなされ，第3のグループの精神分析家からのスーパービジョンが必須との取り決めがなされた。これが中間派の出現であり，後に彼らは独立学派と呼ばれるようになった。

　以上のように独立学派はイギリス精神分析協会内の派閥間抗争の落し子であり，歴史的政治的に生まれた上，状況発生的に起こったグループであるため，教義的な理論体系を持つわけでも，特定の教育機関や治療施設を持

つわけでもない。このグループは独自の立場を保っている，ゆるやかな同志の集まりであって，強い党派心や確固たる人脈があるわけではないのである。これらの理由からこのグループの実績は過小評価されがちであるが，実際にはイギリスでの多数を占め，対象関係論をはじめとする現代の精神分析概念への貢献は計りしれない。加えるに3流派の交流は盛んに行われていて，かつてあったような排他的な壁はずいぶんと低くなっており，学派による分類がさほど意味を持たなくなっているのが現状である。このグループの代表的な分析家としてフェアバーン Fairbairn, W. R. D., ウィニコット Winnicott, D. W., バリント Balint, M. を挙げることができる。

このような事実からいって，独立学派の理論を紡ぎ出すことは無為に等しいばかりか，その基本的姿勢にもとることになるが，しかし漠然としながらも共有される態度，接近法，考え方があるのも事実である。もっとも基本的な点は実践最優先ということであり，そのため精神分析の臨床に役立つならあらゆる理論からの摂取も辞さないという柔軟かつ旺盛な実践姿勢をとる。決して教義に陥ることなく，眼前の臨床事実を出発点として，臨床場面での試行錯誤もためらわない。必然的に理論的には折衷的あるいは統合的になるし，実践上は臨機応変である。技法も一定せず，各個の精神分析家によって大きな変異と幅が生じる。レイナー Rayner, E. の描写によれば，独立派の特徴は上記のほか，自己の発達を環境との関連でとらえること，その発達と展開は幼児期に限定されないとすること，臨床に当たっては患者の感情に触れることを重んじ，分析家の開かれながら鍛えられた真の情動性の中で患者の自己洞察と成長が育まれること，とされる。精神分析は特定の患者と特定の精神分析家の間の無比の関係に基づくものであり，普遍化されるべきではないという哲学に忠実という意味では独立学派は頑固に精神分析的なのである。　　　　　（矢崎直人）

［関連項目］ウィニコット理論，クライン学派，自我心理学，対象関係論，ウィニコット，ガントリップ，ハイマン，パデル，バリント，フェアバーン，ボウルビィ，マテ-ブランコ，ライクロフト

［文献］Kohon, G. (ed.) (1986), Rayner, E. (1991), Wallerstein, R. S. (1995)

トーテム ⇒タブー
［英］totem

ドラ ［症例］
［Dora］

［1．症例の概要］症例ドラ（本名イーダ・バウワー Ida Bauer）は18歳の女性で，父親に連れられてフロイト Freud, S. を訪れた。父親による病歴から，ドラは呼吸困難，神経性咳，失声，偏頭痛，不機嫌，倦怠感，失神発作など，多彩な身体的精神的症状を示すヒステリーと診断された。最初の発作の前後に，家族ぐるみで交流のあった妻子ある男性（K氏）から避暑地で愛を告白されたことを両親にうちあけ，K夫妻との交際中止を強く求めたが，父親は彼女の話を真に受けなかったことも報告された。当初フロイトは，このK氏との出来事がドラの心的外傷になったと考えた。

分析開始後，ドラは14歳の時にK氏から接吻され，以後彼を避けてきたことを語った。この体験は性的興奮をもたらしたはずだが，彼女は不快感だけを意識していた。フロイトはこれをヒステリーの機制としてとらえ，その後に生じた嘔吐などの症状が性的抑圧の機能を果たしたと理解した。やがてドラは，父親とK夫人の関係を疑い，父親はK夫人との情事を我慢している代償として自分をK氏に引き渡し，その性的誘惑についてもうやむやにするのだと考えていた。そして，避暑地の出来事が自分の空想と思われることに激しく怒った。フロイトは彼女の話を事実として受け止めたが，同時にその怒りの背後にK氏への愛が隠されていることを解釈した。さらにフロイトは，「K夫人はパパが資産家（＝能力のある男）だから愛している」というドラの言葉に，「パパは無能力な男（＝インポテンツ）」という意味が隠されていることを発見し，父親とK夫人が口腔によって性的満足を得る光景を想像しているのではないかと解釈した。ドラはこれを黙認し，それ以後咳の症状は消失した。

また，ドラの中にはK夫人に対する愛着と失意も隠されていた。ドラの母親は，フロイトが「主婦神経症」と表現したように，全ての関心を家中の整理整頓に向け，ドラはそのような母親を軽蔑していた。その反動がK夫人に向けられ，かつては父親とK夫人の交際をむしろ積極的に応援し，K家の子供の世話にも熱心だった。ヒステリーの女性が男性への性愛を強く抑圧すると，女性への同性愛的愛着が強化される。憧れのK夫人が，自分との秘話をK氏に漏らしていたことを知り，父親との交際のために自分は利用されただけなのではないかと屈辱的な思いを抱いてもいた。

一方，フロイトはドラが分析中に報告した2つの夢についての分析も細かく行っている。ここでは詳細を省くが，フロイトの夢分析における手法と理解の道程が見事に記述されている。しかし，約3カ月後，ドラは突然の分析中断を宣言し，そもそもK氏との出来事の直前に，彼女の女性家庭教師が同じようにK氏から求婚され，やがて忘れられた話を聞いた事実を語る。フロイトは，彼女が家庭教師と同じ目に遭う不安からK氏を受け入れられず，しかし再度の真剣な求婚を待ち望み，それを抑圧

したのではないかと解釈し，分析は終わっている。後にフロイトは，ドラの父親転移とK夫人への同性愛的感情の分析が不足していたと振り返っている。約15カ月後，ドラは治療の再開を希望したが，それが真剣なものではないとフロイトは判断し，引き受けなかった。

[2. フロイトにおけるドラの位置づけ] フロイトにおける代表的な3つの症例報告である「ドラ」，「ねずみ男」，「少年ハンス」は，フロイト自身の精神分析理論とその実践を理解する上で極めて重要である。彼は，『ヒステリー研究』(1895)，『夢判断』(1900)に続いて，ドラの分析のまとめと考察を『あるヒステリー患者の分析の断片』(1905)と題して発表したが，当初は『夢とヒステリー』というタイトルを考えていたと言われている。この頃は，ヒステリーの心的機制について，それまでの主として考えていた心的外傷説から，小児性欲論への転換期に当たり，ドラを通して小児性欲における倒錯的傾向や，父親との強い愛着というエディプス的テーマの論証に情熱を燃やしている印象がある。また，言葉の多義性を駆使するなど，『夢判断』で展開した夢解釈の手法をヒステリー患者に対して臨床的に応用することにも熱中している。そのため，ドラという一人の思春期女性そのものを全体的に理解し，治療関係を考察することにはあまり重きが置かれず，病歴の概要とその精神分析的理解と治療中に報告された2つの夢の分析に，主としてフロイトは集中している。このようなフロイトのドラに対する姿勢が，その後の精神分析の展開の中では，いろいろな角度からの批判的再検討を受けることになった。

[3. その後の議論と現代的理解] (1) そもそもドラは始めから一人の人格として尊重される環境にいなかったという指摘がある。彼女の分析は父親の依頼で始まったが，その父親にフロイトを紹介したのは外ならぬK氏だった。彼らは自らの不正行為に蓋をして，全てはドラの妄想に基づくという前提でフロイトに治療を依頼している。彼らとフロイトの間には，男同士だけの同盟が結ばれ，フロイトとドラには，言わば「偽りの同盟」が結ばれた可能性があった。(2) フロイトは自分の仮説の論証に熱中するあまり，ドラがまだ18歳の女性だという事実を忘れているという批判がある。ドラの気持ちに共感することなく，知的な興味だけで性的欲動への直面化を急いだために，ドラが恐れをなして逃げ出したという見方もできる。(3) しかし他方では，たとえ思春期と言えども，あくまでも真実を伝えようとするフロイトの科学者としての態度が，ドラの側にも真剣さを呼び覚まし，咳の消失などの治療的変化を可能にしたという意見もある。(4) K夫人に対する同性愛的な傾向の一方で，母親とのテーマがほとんど登場しないことに，むしろドラの本質的な問題が潜んでいる可能性も指摘されている。夢の中で，家が火事になっている中で宝石箱に執着する母親は自己愛的であり，ドラにとっては理想化できない母親像でありながら，しかしどうしようもなく同一化してしまう彼女がいたのではないかという推測である。(5) フロイトの命名による「ドラ」という名前の由来の分析などから，フロイトが性的に彼女に引かれていた可能性が考えられている。フロイトはドラを「知的で魅力的な顔立ちの花咲く少女」とたとえて，非常に美しく讃えている。突然の中断によって裏切られたと感じ，不快感を抱いたフロイトは，治療の再開を引き受けることができなかったのではないかという理解がある。(6) そのようなフロイトに対して，ドラは誘惑されることと自らの性的願望を恐れるが故に，防衛としての不信感を向けた可能性もある。周囲の大人の男たちに裏切られた思いのドラにとっては，受け身的に経験させられた体験を，たとえそれが復讐の形でではあっても，能動的に選択し直す過程が必要だったのかもしれない。その後ドラは，結婚し米国に移住したが，40歳台になって精神分析家ドイチュ Deutsch, F. と出会った。主婦同士のトランプゲームを楽しみに暮らしていて，依然として神経症的で必ずしも幸せな結婚生活を送っていなかったが，その際ドラが，「フロイトだけが真実を私に語ってくれた」と言い，それを心のより所にしていたという話もある。

(中村留貴子)

[関連項目] 外傷，行動化，思春期〔青年期〕，同性愛，ヒステリー，夢，フロイト，S.

[文献] Freud, S. (1900, 1905e), Freud, S. & Breuer, J. (1893–1895), Mahony, P. J. (1996), 妙木浩之(編)(1993), 精神分析研究(雑誌)(1970)

取り入れ

[英][仏] introjection
[独] Introjektion

摂取と訳出されることもある。投影／排出 projection と並ぶベーシックな心的機制であり，身体機能での食べること，吸うことに相当する内在化 internalization のための心的活動である。外の対象の特性を内なる自己，もしくは内的世界に空想的に移し入れる力動的な機制である。体内化 incorporation も内在化を表している用語であるが，体内化がより具体体験水準での内在化のための心的活動を表現しているのに較べて，とり入れはもっと広義に使用される。すなわち，象徴性が加わった抽象思考水準での精神の活動から具体水準まで幅広い形の内在化を内包している。とり入れられたものが自己と融合するときに同一化，あるいはとり入れ同一化 introjective identification と呼ばれる。後者は投影同一化と並んでクライン派で使用されている。とり入れを精神分析用語として最初に使用したのはフェレンツィ Ferenczi, S.

(1905)とされる。フロイト Freud, S.(1917)のメランコリーでのとり入れの検索も名高い。しかしリビドー発達の口唇性や肛門性との関連でとり入れや投影を詳しく検討したのはアブラハム Abraham, K.(1924)であり，その業績はプレイ・アナリシスを確立させたクライン Klein, M. に引き継がれた。これまでの研究では投影が病理性と強く結び付いているのに対して，とり入れはどちらかと言えば，健康な精神発達につながる心的メカニズムと見られる。しかし，とり入れの病理として躁病やアズイフ人格を挙げることができる。　　　（松木邦裕）

[関連項目] 体内化，同一化，投影，投影同一化（視），取り入れ同一化，内在化

[文献] Abraham, K.(1924b), Ferenczi, S.(1905), Freud, S.(1917d), 松木邦裕(1996)

取り入れ同一化
[英] introjective identification
[独] Introjektiveidentifizierung
[仏] identification introjective

主にクライン派の文献のなかに登場する術語であり，投影同一化 projective identification と対になっている概念である。自我心理学派もしくは現代フロイト派においては，体内化 incorporation，取り入れ introjection，同一化 identification はすべて内在化 internalization のスペクトラムにおける成熟度の異なる各様態とされて区別されることが多いので，この用語が用いられることは少ない。またこの言葉は，同一化されない取り入れ（超自我形成過程〔Freud, S. 1923〕のような）との対語でもあり，ハイマン Heimann, P. によって洗練された同化 assimilation の概念にもつながっている。

クライン派の考えでは，投影と取り入れは最早期から活発に働いている最重要の心的操作である。乳児は自己の一部をスプリッティングによって排除し，その部分は外的対象のなかに投影されてそこに場所を得ることになる。これは分離を回避すること，または外部の破壊的な対象を支配するという防衛的目的を持っている。取り入れは投影と絶えず対になって生じるので，迫害的な対象は内部に取り入れられる。こうして自我は「内的対象の社会」を抱え込むことになるが，それが自我と同一化されることによって自我の性質は変容していくことになる。　　　（藤山直樹）

[関連項目] クライン学派，スプリッティング，同一化，投影同一化（視），内的対象／外的対象

[文献] Freud, S.(1923b), Heimann, P.(1952b), Klein, M.(1955a)

ドロップアウト　⇒中断
[英] drop out

貪欲
[英] greed

精神分析的概念としては，クライン Klein, M. によって，妄想分裂ポジションの優勢な状態にある個体の抱く，性急で，過剰で，与える側の限界を考慮することなく追及される渇望であり，本来決して満たされ得ない性質のものとして使用されるようになった。無意識のレベルでは，対象（原初的には母親の乳房）を徹底的にえぐり取り，吸い尽くし，貪ることが幻想されており，極めて破壊性に満ちた口唇的な取り込みの欲求であると言える。個体は妄想分裂ポジションにおける迫害的対象からの脅威を緩和するために，よい対象を貪ろうとするが，この取り入れの過程で対象に加えたサディスティックな攻撃ゆえに，取り込まれた対象は無残にも破壊されて価値を失い，むしろ報復的な迫害者と化すために，個体はその迫害的不安を緩和するために，ますますよい対象を渇望することになる。これこそが，貪欲が決して満たされることのない所以である。

妄想分裂ポジションにおけるもう一つの破壊的幻想として羨望が挙げられるが，クラインによれば羨望と貪欲の関係はおよそ次のように捉えることができる。羨望は対象の中から良いものを奪うのみならず，自己の中にある邪悪な部分を対象の中に投げ入れ，対象をけがし破壊する幻想である。すなわちこの 2 つは互いに密接に関連しあい，明確に区分することはできないものの，羨望が主に投影の機制と，いっぽう貪欲が主に取り入れの機制とそれぞれ密接に関係している点で性格を異にしている。
　　　（菊地孝則）

[関連項目] 羨望，投影，取り入れ，妄想分裂ポジション，クライン

[文献] Klein, M.(1957)

な

内向／外向
［英］［仏］introversion / extraversion
［独］Introversion / Extraversion

ユング Jung, C. G. によると，内向とはリビドーが外的対象から撤収されて主体の方に向けられて，主体と対象は陰性の関係にあるのに対して，外向とはリビドーが外に向かうことで，主体の関心が対象に積極的に向けられることを意味する。

ユングは 1910 年に内向概念を導入し，その後『変容の象徴』では内向によって幼児的な記憶のレベルを超えた非個人的集合的空想が喚起される現象の意義について論じた。彼はリビドーをフロイト Freud, S. のように性的エネルギーとしてでなく非性的エネルギーを含む精神的エネルギーと考えて，精神病においては外的現実から非性的なリビドーが撤収されて現実感が喪失され，内向が退行を伴うので太古的神話的空想に圧倒されて，もはやリビドーを外界に向けることができなくなっている状態と見なした。同時に彼が強調したのは，受動的でなく意図的に内界に関心を向けて，太古的神話的空想に触れるならば，その空想イメージは補償的で創造的なものであるという内向の積極的意味であった。

これに対してフロイトは内向概念を受け入れたが，ユングの定義があまりに広範であることに批判的で，内向においては「リビドーは現実に背を向ける。欲求不満があると，現実は主体にとって価値を失い，リビドーは空想生活に向けられ，そこでは新しい願望充足的構造を創りだし，忘れられた幼児期の構造を蘇らせる」と見なし，それは神経症的退行への中間段階であって，内向を基本的に病的なものと考えた。さらに内向によって精神病をとらえることに反対して，内向と区別して「自我にリビドーが撤収される」自己愛を概念化して，分裂病を自己愛神経症と考えた。

フロイトとの違いはユングにとって内向は必ずしも病的なものではなく，正常で適応的なものであって，それは外的対象にリビドーが向けられる状態と対等であり，それゆえにすぐに対概念として外向を定義することになる。彼は内向と外向の両機序が同一の人間のなかに存在していて，両方向へのリビドーの動きが必要であるという基本的見解を抱いていたが，現実の人間ではどちらかの態度が習慣的に優越し，他方が劣等になっていることが多く，それらを内向型と外向型と区分し，『タイプ論』（1923）においては人間の意識の在り方をこうしたふたつの基本的態度の他に，感情と思考，感覚と直観という対になった 4 つの主要機能に従って区分することで人間の性格タイプを分類した。例えば内向型で，主機能が思考型，劣等機能が感情型というように分類し，それを分析療法において活用したのである。ユングの基本的考え方は，人間の中にはこうした態度や機能について対立した可能性があるが，それが極端に一方のみが優位になると病的であり，精神療法の目的は対立した両者の内的バランスを実現することであり，そのプロセスを彼は個性化と呼んだのである。　　　　　　　　　　（鈴木　龍）

［関連項目］集合的（普遍的）無意識，分析心理学，リビドー，ユング
［文献］Freud, S. (1912b), Jung, C. G. (1911-12, 1921)

内在化
［英］internalization
［独］Verinnerlichung
［仏］intériorisation

外界に存在している事物をみずからの心的内界に取り込み配置することを総称した用語である。言いかえれば，知覚された外界対象や外界対象関係がその人の心的構成要素となることである。内在化は，とり入れ introjection と同義語とされることもあるが，一般には，内在化過程に働く心的機制として，とり入れに加えて，同一化 identification，体内化（呑み込み）incorporation があげられる。体内化が象徴が関与しない具体的な内在化なのに較べて，同一化やとり入れは象徴を活用した喪の作業とも関連しうる。フロイト Freud, S. (1917) は同一化を幅広い内在化機制と見ていた。対象喪失に関連しない，対象と自己の分化以前に起こる同一化をとくに一次同一化 primary identification と呼んだ。対象関係論では，フェアバーン Fairbairn, W. R. D. (1944) は外界を向く自我と内界を向く自我の分裂との関連で，欲求不満を感じさせる悪い母親の内在化を最初の内在化過程として強調したが，クライン Klein, M. は悪い母親もよい母親も内在化されるとした。また自己心理学のコフート Kohut, H. (1971) は，分析過程での自己対象 selfobject が自己の一部となる好ましい内在化として変容性内在化 transmuting internalization を述べている。ビオン Bion, W. は「変形 transformations」(1965) で内在化や外在化での変容過程を検討した。ちなみに内在化とは逆方向の心的過程に，外在化 externalization がある。
　　　　　　　　　　（松木邦裕）

［関連項目］外在化，体内化，同一化，取り入れ
［文献］Bion, W. R. (1965), Fairbairn, W. R. D. (1944),

ないてきせかいがいてきせかい

Freud, S. (1917d), Kohut, H. (1971)

内的世界／外的世界
　　［英］internal world / external world
　　［独］innere Welt / äußere Welt
　　［仏］monde intérieur / monde extérieur

　フロイト Freud, S. は，それまで外的現実においては取るに足らないこと，不要なものと思われることの多かった症状や夢の内部に「患者たちの側の主体的現実」を見出した。彼らの抱える心的現実は，まさしく彼らにとっての「本当の」現実なのであり，無意識に存在する内奥の心的世界の証明である。このように，外的世界と同等の内的世界が存在すると考え，その内側の対象と自己の無意識的な幻想を徹底して読み解くのがクライン学派である。児童の分析を行ったクライン Klein, M. の観察によれば，乳幼児は母親の乳房をはじめとした種々の対象に関し無意識的幻想に支配された世界を保有し，現実の体験との間の投影や取り入れの複雑な相互作用により，外的世界と並行して内的世界が人の内的空間に展開して内的構造物が構築される。内的対象，内的現実，そして内的世界，それらはたんなる比喩ではなく確かな具体的世界で，幼児においてはその存在が確かめられやすいが，臨床でこれについての理解がもっとも求められるのは，児童も含めて，外界とは接点を持たないように見える事例においてであり，たとえ外的な表出が貧困であっても内的世界においては生臭い対象関係が生き生きと展開している。こうしてクラインは，われわれが二つの世界に同時に住んでいることを示した人として高く評価されている。一般に「内的」には，自他の境界の内側という意味に加えて，実際に身体（皮膚）の内側という意味があり，特に境界としての皮膚が問題になることがあって，そこで内外を交流させる出入口が精神分析の発達理論で強調されてきた口，肛門，性器などである。「内的」という言葉と対になって「外的」という言葉が使われ，両者は相反する場合もあるが，通常は互いが交流し影響しあうもので，互いが互いの概念を定義している。両者を対照的に見るとき，内的世界はより主観的で幻想に支配された個性的世界だが，外的世界はより客観的で物的な現実の上に成り立つ共同体が中心となり，他者と共有せねばならない世界である。内側と外側，内的世界と外的世界をはっきりと分割したフロイトやクラインの二分法に対し，ウィニコット Winnicott, D. W. は二つの世界の織り成す「心の劇場」（McDougall, J.）としての可能性空間や橋渡しとしての移行対象に注目している。

　　　　　　　　　　　　　　　　　　（北山　修）

　［関連項目］可能性空間，クライン学派，心的空間，心的現実，内的対象／外的対象，無意識的幻想

［文献］McDougall, J. (1982), Segal, H. (1964/1973)

内的対象／外的対象
　　［英］internal object / external object

　字義としての意味は「内部の」対象と「外部の」対象ということになる。単に一般心理学的に，こころによって思い描かれている対象と物理的現実的に存在する対象という意味に使用されている文献も見られなくもないが，そうした意味以上の理論的な意義をこの概念に負わせ，理論のなかで中心的な役割を担わせたのはクライン派である。
　精神分析文献における内的 internal という言葉はそもそも多義であり，アリックス・ストレイチー Strachey, A. は心的な mental，想像上の imaginary，内側の inside の 3 つの意味を区別した。クライン派のいう「内的」は主に「内側」を意味し，からだもしくは自我の内側，内的な空間の内側というような意味である。クライン派の展開した思考のなかで内的対象は最重要の概念であるとともにもっともミステリアスな概念でもある。本能は対象との関係についての無意識的幻想としてこころに姿を現す（Isaacs, S. 1948）が，そのなかで対象は主体の内部か外部のいずれかに位置していると体験されている。このそれぞれが内的対象と外的対象である。早期には活発な取り入れと投影によってそれらの性質はつねに影響を受け，その区別は絶えず動揺している。このように内的対象は無意識的幻想において，人間が自分の内部に容れられているものとして体験しているもの（Segal, H. 1964）であり，具体的な現実性を帯び，自我や他の対象との関係においてそれ自体の意図をもって動くものであると概念化される。例えば最早期の空腹体験を乳児は何かが欠如していることとしては体験せず，おなかのなかの「無‐乳房」とでも呼ぶべき内的対象に苛まれる具体的な体験として体験し，それが外的対象である乳房に投影されることにより乳房が迫害的に体験される。内的対象は主体にとってこのような具体性とともに無意識的幻想体験特有の万能性をそなえており，主体はそうした対象によって具体的な力をこころに及ぼされ，その幻想（例えば特定の対象の自我との同一化の幻想）に一致したパーソナリティの可視的なあらわれがもたらされる。つまり内的対象が，こころが幻想的に体験する対象でもあるとともに，こころに影響する実体的な力を帯びている，という概念化こそが，この概念をミステリアスにしているのである。
　対象関係論という言葉をはじめて使用した独立学派のフェアバーン Fairbairn, W. R. D. も，内的対象世界を中心として理論構築したが，彼にとって内的対象は本能／無意識的幻想に起源をもつものではなく，外的対象を取

り入れたものであった。彼は外的対象との体験が内在化されて対象関係性を帯びた内的世界が構築されるさまを描き出したが、取り入れたものとして生まれた内的対象がこころのなかで実体的に力動的であることを説明するために、力動的構造 dynamic structure という概念を提起した。対象関係論的思考における内的対象概念と類似の概念が、自我心理学でいう対象表象であるが、クライン派の考えでは内的対象が個人の内部で活動すると幻想されるきわめて具体性を帯びた対象であるのに対し、自我心理学の対象表象は対象の記憶における表象である。表象があくまでも主体が思い描くものであるのに対し、内的対象はより具体的な水準のものであり、主体に直接の力を及ぼしている。それは早期の無意識的幻想が身体感覚や投影同一化を介した対人相互作用の形で体験されているのと同様、「思い懐かれる」ものとして体験される水準に達していない。クライン派のアイデアでは、表象は内的対象がなければ生まれることがなく、表象に関する成熟した心的操作の起源には無意識的幻想があるのである。

(藤山直樹)

[関連項目] 具体的思考、クライン学派、幻想、象徴形成、象徴等価物、対象、対象関係、対象関係論、乳房、投影、取り入れ、内的世界／外的世界、表象、フェアバーン理論、無意識的幻想、よい対象／わるい対象

[文献] Fairbairn, W. R. D. (1952), Hinshelwood, R. D. (1991), Issacs, S. (1948), Jacobson, E. (1957), Segal, H. (1964/1973), Strachey, A. (1941)

内的対象関係　⇒対象関係
[英] internal object relations

内的ワーキングモデル
[英] internal working model

認知心理学の分野でクレイク Craik, K. (1943) が提唱した概念に基づいてボウルビィ Bowlby, J. が精神分析的観点から治療を進める上で理論化した構成概念である。内的作業モデルとも訳される。彼によると、人間は「環境モデル environmental model」と「有機体モデル organismal model」の2つのモデルによって自分の世界を理解し、予測し対応していると考えている。前者は、世の中について自分に伝達されたモデル（イメージ）であり、後者は世の中と関わる自分について伝達されたモデル（イメージ）である。ボウルビィによれば、人は自分と他者とその両者の関わりについてのマップを抱えながら生活をしていると考えている。これらのマップは日常の経験から作り上げられ、不快な感情から自分を守る役割を担っている。内的なワーキングモデルは、主要な養育者との関係が一般化したイメージであり、このモデル構築の基になった二者関係以外の他の関係にも影響を与える。このイメージを通してわれわれは、時には外的な世界を歪曲してとらえたりする。たとえば、不安定な愛着関係をもつ子どもは、他者を危険なモデルとして捉え、警戒して接する。このような子どもは、欲張りであったり、自身を安定した環境を提供されるに値しない存在として捉えている。年齢と共に経験が重ねられても、この認識を変えられずに固定観念となった場合には、精神療法を受けることが望ましい。精神療法では治療者との関係の中で、人との接し方のパターンを再現し、歪んだ内的ワーキングモデルを正し、より現実的なものへと発展させることが治療の目的となる。一方、安定した愛着関係をもつ子どもは、養育者に対しても自身に対しても信頼ができ、愛情を感じられる内的ワーキングモデルを築き、他者との関係も友好的で安定しやすい。

(井上果子)

[関連項目] アタッチメント、ボウルビィ

[文献] Bowlby, J. (1988, 1989), Craik, K. (1943), Holmes, J. (1993)

ナルシシズム　⇒自己愛〔ナルシシズム〕
[英] narcissism

に

二次加工
[英] secondary elaboration (revision)
[独] sekundäre Bearbeitung
[仏] élaboration secondaire

主に夢分析の知見であり、夢の作業の一次的な成果を加工して調和のとれた夢をつくりだすために行われる作業を指す。この二次的な加工では、夢作業の一次的な歪曲、すなわち圧縮、置き換え、形象化により生み出された夢の矛盾を統一し、荒唐無稽な部分を取り除き、間隙を埋め、選別や修飾を行うことで、全体的に脚本らしきものをつくろうとする。具体的には、夢見状態から覚醒時に移行するときや夢を報告する際に、理解可能性を高めるために諸要素を加工するところで観察される。フロイト Freud, S. (1900) がその説明で使用する「検問所」という言葉からわかるように、二次加工は無意識と意識の間で働くいわゆる検閲に相当し、象徴化過程にお

いてあらゆる心的産物の内容に若干の整合性と公共性を与え続ける。それゆえ象徴形成や創造性と関係が深くなり，言語や現実原則の働きも重要になる。また，神経症やパラノイアの思考や表現は，説明可能性を高めようとして偏った二次加工が加えられていることがあり，それらは防衛として合理化や知性化と呼ばれることが多く，この歪曲が過剰に作用すると「こじつけ」や「わざとらしさ」を生んで公共性を失うことになる。　　　　　　（北山 修）

[関連項目] 検閲，歪曲
[文献] Freud, S. (1900)

二次過程　⇒一次過程／二次過程
[英] secondary process

二次ナルシシズム　⇒一次ナルシシズム／二次ナルシシズム
[英] secondary narcissism

二者関係／三者関係
[英] two-body relationship / three-body relationship (diad / triad, two-person / three-person)

英国独立学派のリックマン Rickman, J. が提案した呼称であり，対象関係論の発展と共に現在広く活用されている用語法である。精神分析の心理学においてその観察と理論が扱う人間の数に応じて二者関係／三者関係と呼び分けられ，とくに対象関係や関係性の段階を語るために使用される。一般にここでいう二者関係の段階とは，古典的には口唇期と肛門期のプレエディプス段階であり，三者関係とはエディプス期のものに相当するが，「エディプス」という表現に伴う文化的要素を減らし，生物学的で性的な観点から距離をおくという効果がある。また，精神分析が扱うものの多くが個人の内的世界だが，他者性を考慮しない傾向が顕著な古典的理論は一者心理学 one-body psychology と呼ばれる。これに対し，個人の在り方を他者の存在をぬきにしては語れないと考える二者心理学 two-body psychology の関心は二人の間の相互交流や相互依存にあり，一人の赤ん坊などいないと言うウィニコット Winnicott, D. W. やそれに影響を受けた者の理論では，主に母親の献身的育児や乳児の依存を基盤とした二者関係の達成とそこからの移行を見ている。バリント Balint, M. もまた，いかなる第三者も介入できない二人だけの関係における基底欠損水準 the level of the basic fault をエディプス水準よりも原初的レベルにあるものとして区別している。彼によれば，治療の中で起こる多くの事柄が，どちらか一人の中で起こるのではなく，「二人関係 two-person relationship」において生起するのである。一者心理学の色彩の強かったクライン学派も，投影の受け皿としての現実を無視したわけではないと反論し，ビオン Bion, W. R. がコンテインという概念で母親との二者性を問題にして，同時に幻想の早期エディプス・コンプレックスを考察する。こうして臨床的にも，扱う対象が境界例や分裂病などの病態水準の重い病理になるにつれ，病理の起源として三角関係以前の二者関係，すなわち母子関係が注目されている。この発展とともに，被分析者が分析家に対して抱く転移や幻想の理解に際して，その受け皿や器として分析状況に参加する観察者自身の逆転移や提供するものの意味を深く考察するとき，二者心理学の実践例となる。こうして精神分析の大きな転回点を示す用語となったが，この一者，二者，三者という用語は，特定の学派の心理学ではなく，より広い視点からの発達段階論や治療関係論において使用されることも多い。また古典的には，三角関係構造における父性的権威が重視されて，息子は父親と敵対して陽性エディプス・コンプレックスの中で一人前になるとされ，男児が同性愛着や依存を示すことは一般に消極的評価を受けてきた。これに対しブロス Blos, P. は，両性素質の流動性を踏まえて男児の父親への愛着や同性経験を評価し，同性コンプレックスが青年の対象関係や人格の発達，さらには神経症的性格や病理に影響すると考えている。そこで，陽性，陰性というような価値観の含まれる呼称を批判し，二者期の異性コンプレックス dyadic allogender complex, 二者期の同性コンプレックス dyadic isogender complex, 三者期の異性コンプレックス triadic allogender complex, 三者期の同性コンプレックス triadic isogender complex という用語を提案している。しかしエディプス・コンプレックス論で主題にされるのは，競争や嫉妬に巻き込まれやすい葛藤的な三角関係であり，中立性の高い三者関係という呼び方ではその含蓄が消退するし，数の問題で段階論を決定するのでは，精神－性的発達理論の持つ生物学的意味合いや性別の問題意識が当然退くことになる。　　　　　　（北山 修）

[関連項目] 陰性エディプス・コンプレックス，エディプス・コンプレックス，基底欠損，ブロス
[文献] Balint, M. (1968), Bion, W. R. (1962b), Blos, P. (1985), Rickman, J. (1950)

二重拘束　⇒ダブルバインド
[英] double bind

二重人格　⇒多重人格
[英] double personality

二次利得　⇒疾病利得
[英] secondary gain

二相説
[英] diphasic theory
[独] zweieitige Ansatz des Sexuallebens

　フロイト Freud, S. によれば，ヒトの精神性的発達には乳幼児期と思春期の 2 つの相が存在する。ヒトの精神性的発達は生後まもなく始まり，口唇期，肛門期，男根期を経て進む。これが第一の相であるが，やがて幼児は異性の親を性的なパートナーとし，同性の親を排除したいという願望をもつに至る。この時点で，幼児は同性の親からの脅かし，つまり去勢不安を経験し，その結果この願望とともに性欲動を抑圧せざるをえなくなる。こうして，精神性的発達は一旦休止状態となる（潜伏期）。次に，思春期の到来によって性器性欲が成熟するが，これとともに精神性的発達が再開される。ここで達成される発達課題は，部分欲動であったそれまでの幼児性欲を性器性欲のもとに統合することである。この発達課題が達成されることによって，ヒトは異性を性的対象として生殖活動を目標とした性器的体制を獲得する。

　分離 - 個体化理論は，二相説の第一の相に概ね相当する。第二の相である思春期には，ヒトは自分自身を親から自立した存在とみなして，親以外の外的対象を依存対象として見つけ出さなければならない。ブロス Blos, P. は，この体験が分離 - 個体化期の幼児の体験と類似性があるとし，思春期を第二の個体化期と呼んだ。

（白波瀬丈一郎）

[関連項目] 精神 - 性的発達，潜伏期，分離 - 個体化，幼児性欲

[文献] Blos, P. (1967), Freud, S. (1905d, 1940c)

二大本能論
[英] dual instinct theory

　フロイト Freud, S. は初期から晩年に至るまで，2 つの対立する衝動や本能 Trieb の相克，あるいは葛藤を想定していた。初期において，それは性欲と自我の葛藤であった。フロイトの「本能 Trieb」はやや訳語上の問題があるが，その言葉が登場するのは「性的本能」という形で『性欲論三篇』においてである。この場合，自我と性的本能が対比されるが，さらに 1910 年の『精神分析的観点から見た心因性視覚障害』という論文で，「自我本能」という言葉が使われるようになる。自我本能は自己保存本能と抑圧抵抗とを合わせ持って，主に性本能と葛藤を起こすと考えられている。その後性欲はリビドーとして捉えられるようになって，リビドーと自我本能の葛藤を中心に論じられるようになる。しかし自己愛と精神病の関係について考えていたフロイトは，1914 年の『ナルシシズム入門』において自我リビドー，あるいは自己愛リビドーという言葉を導入して，対象リビドーと対比させることになった。さらに「シュレーバー症例」では，「自我の関心 Ichinteresse」という言葉を導入し，やや不明確ながら自我保存本能と同じような意味で用いている。さらにフロイトは『快感原則の彼岸』（1920）になって，自己愛リビドーも自己保存本能も同じ性的なものであると考え，それと対比させて，死の本能を考えるようになった。

（妙木浩之）

[関連項目] 自己愛［ナルシシズム］，死の本能（欲動），生の欲動（本能），本能

[文献] Strachey, J. (1970)

日中残滓物〔昼の残滓〕
[英] day's residues
[独] Tagesreste
[仏] restes diurnes

　フロイト Freud, S. が夢内容の潜在内容について述べた中で，夢の内容を規定するものに夢を見た人の最近の昼間の経験が現れることが見られる。これを日中残滓物と呼んでいる。これら一見無意味に見える生活経験は無意識的な欲動や願望と関連が深いことがある。最近の出来事や感動，印象，認識，思考，感情が夢の中でとるに足りないように現れる場合，それは深く抑圧された幼児的衝動，願望，葛藤と無意識的な結びつきをもった重要性をもっているとみなされる。つまり，幼児的な刺激を歪曲し，二次加工するのに昼間の残滓は効果的な変容を示すことができると理解される。

（鑪幹八郎）

[関連項目] 夢

[文献] Freud, S. (1900)

日本語臨床
[英] Nihongo Rinsho

　日常臨床に用いられている言葉が日本語であるという事実を踏まえ，臨床における日本語や日本語概念の使用について臨床理解を深める機会として，日本語臨床研究会は企画された。1994 年 4 月に第 1 回大会が開催され，「恥」をシンポジウムのテーマとして，日本語の精神療法や精神病理学における可能性と限界が語り合われた。日本人は普段より「滅多なことは言わない方がいい」と考え，饒舌や雄弁をそれほど好まないなど，言葉にあまり期待しない傾向があるため，精神医学や臨床心理の領域でもむしろ非言語的コミュニケーションの重要性が説

かれ，その視点から多くの業績が積み重ねられてきた。また，外国から多数の心の理論が翻訳を通して輸入され，外国製の概念や理論で臨床の現象が割り切られることが正しいとされる風潮も見られ，心を描写するための言葉が日本語に豊富にあったとしても，研究者たちが日本語を生かすことを徹底するのがまれとなる傾向も強かった。しかし，この研究会は翻訳や紹介の価値を否定するのではなく，外国から学ぶと同時に日本語を生かした研究や日本文化を強く意識する理論化も大事であると考え，特に患者と共有しにくい非日常的言語や外国語が臨床理論に多いという傾向は心を取り扱う仕事にふさわしくないとした。日本語臨床のこのような問題意識は，土居健郎の甘え論を生み出したものと同質であり，それを一つの概念で代表させないことが特徴であるが，文化と精神分析実践の相関性への注目など，方法として多くを土居らから受け継いでいる。

もともと解釈や言語化という精神分析の技法論に見られるごとく，言葉と精神分析臨床は切っても切り離せないものであり，フロイト Freud, S. は夢，機知，言い間違いの精神病理などの分析で，言葉と意識・無意識に関してさまざまな相からの検討を試みている。フロイト以降もその流れは継承され，特にフランス語圏を中心として理論化が進み，無意識の言語に関する研究や発言が増えてきた。言語を主たる治療媒体とする精神分析理論の発展に向けて言語学者，文化人類学者，精神病理学者，言語心理学者などの知見から学ぶことは多く，日本語の中での精神病理の特徴や治療のための言語の機能について明確にしていく作業も必要である。言語論とともに重要なのは意味論的視点であり，例えば多義性を活用する土居の「甘え」論に対して定義の明確化を求める議論は盛んに行われていて，その代表的論客である竹友安彦の議論では「甘え」の核心は「対人行動的甘え」であるとしている。一方，豊永武盛は日本語の音と深く関わる意味を身体的体験をふまえて分析し，臨床的応用を試みている。諸学派，諸分野の参加を得て，さまざまな観点から今後も日本語臨床の論議が深化することが望まれる。

（北山　修）

［関連項目］甘え

［文献］北山修（編）(1996, 1997, 1999), 竹友安彦 (1988), 豊永武盛 (2000)

日本精神分析学会

［英］Japan Psychoanalytical Association

すでに昭和25年から古澤平作を中心に運営されていた「精神分析研究会」を母体にして日本精神分析学会は昭和30年（1955年）10月に古澤平作によって創立された。創立当時の運営委員は，古澤平作，三浦岱栄，山村道雄，懸田克躬，井村恒郎，桜井図南男，岡部弥太郎の諸氏であり，事務局は，北見芳雄，高橋進，小此木啓吾であった。その後現在まで発展を遂げ，現在，会員数は1,900名，平成13年に第46回年次大会を迎えている。本学会は運営委員制度の運営委員から選出された全国的な会長制度をとり，大会はそれぞれの地域における実行委員長によって運営される。

この学会の特色は，第1に，精神分析にはフロイト以来種々の学派の流れが生まれているが，これらの各学派の流れを包含していること。第2に，狭い意味の精神分析家の学会というよりは，むしろ精神分析的な方向づけを持った精神分析的精神療法を実践する精神科医と心理臨床家を主にした学会であること。第3に，その共通項として，精神分析的な精神療法家は小此木の言う治療構造論を身につけていることと，できれば，一定の個人スーパービジョンによる精神療法の教育と研修の積み重ねを持つことを基本条件とみなしていることにある。

国際的に言う精神分析家は，毎日分析による訓練分析を行う国際精神分析協会の基準に合致することが課題になっているが，わが国には，この国際精神分析協会の日本支部というべき日本精神分析協会があり，この役割を果たしている。その存在を前提にした上で，日本精神分析学会は，むしろもっと広義の意味での精神分析的な方向づけを持った精神療法家の集団として本学会を定義している。したがって，本学会は狭義の精神分析家のための学会ではなく，より広く，日本の精神科臨床医，あるいは心理臨床家の人びと，心療内科医などが精神療法を実際に行っていく上で役に立つ教育や研修，臨床経験の共有，研究が可能な，そのような日本的現実に即した学会機能を営むことにある。そして40年余にわたる歴史的蓄積を基盤に，1999年10月から，本学会独自の精神分析的な精神療法医と心理療法士を認定する制度が発足し，2000年11月の第45回大会で，第1回のスーパーバイザー，精神療法医，心理療法士の認定結果が発表された。なお本学会を指導した歴代の会長は，古澤平作，三浦岱栄，山村道雄，西園昌久，小此木啓吾，小倉清，岩崎徹也，牛島定信の諸氏であり，創立者古澤平作，最も長期間会長をつとめた山村道雄を記念して，学会賞＝古澤賞，学会奨励賞＝山村賞が設けられている。なお，創立以来，1998年まで，本学会事務局は慶応精神経科心理研究室に置かれたが，組織の拡大に伴い，1999年から学会事務センターに事務機能を移管した。

（小此木啓吾）

［関連項目］精神分析的精神療法，日本精神分析協会，力動精神医学，小此木啓吾，古澤平作，西園昌久，山村道雄

［文献］精神分析研究会（編）(1952-1953)，日本精神分析学会（編）(1954-2001)

日本精神分析協会
[英] Japan Psychoanalytic Society

　戦前からあった国際精神分析協会仙台支部ならびに東京支部の名は国際精神分析雑誌にも記載されているが，第二次世界大戦の混乱を経て，1955年10月に，古澤平作は国際精神分析協会の承認を得て解散し，あらたに日本精神分析協会を結成した。同協会は国際精神分析協会日本支部とも称した。国際精神分析雑誌にもそのことが記載されている。また，国内のみの組織として日本精神分析学会を発足させた。協会は主に精神分析家の訓練と資格認定を，学会は主に学術研究の促進という役割を果たしてきた。古澤平作以後の会長は山村道雄，土居健郎，西園昌久である。1955年発足後の初期は古澤平作に直接訓練を受けた土居健郎，小此木啓吾，西園昌久，武田専，前田重治などによって活動がなされたが，やがてイギリス，アメリカでも訓練を受けた小倉清，岩崎徹也，神田橋條治，牛島定信が参加した。さらに皆川邦直，狩野力八郎，北山修，衣笠隆幸などの国際経験ゆたかな人たちが会員に認められた。国際精神分析協会が1991年に制定した精神分析家（準会員ならびに正会員）資格認定基準に基づいて規約などの改正を行った。また，IPA基準では教育分析が週4回以上を必須としているが，わが国の現状ではそれに対応できる志願者は限られると思われるのと，わが国に精神分析的精神療法の普及発展が望まれると思われるので，IPA会員を志す精神分析家コースとは別に，教育分析は週1－2回でよいとする精神分析的精神療法家コースをも設けた。これらの教育研修を促進する目的で精神分析インスティテュートを設け，さしあたって東京と福岡とに支部を置いた。　　　　（西園昌久）

　[関連項目] 国際精神分析協会［IPA］

乳幼児観察
[英] infant observation

　乳幼児観察は主として自我心理学のビデオの使用等による科学的観察とクライン派を中心とした精神分析の訓練として筆記による観察がある。ビデオ使用による観察の代表的な研究は，マーラー Mahler, M. の『乳幼児の心理的誕生』に集大成されている。この著作に付随したビデオは分離－個体化過程を明瞭に示している。近年，こうした観察はますます盛んになり，乳幼児精神医学の領域で顕著であり，スターン Stern, D. N. の『乳幼児の対人世界』はその代表作である。ここでは，科学的データに基づく観察から「自己感」の発達を論じている。筆記による乳幼児観察はビック Bick, E. が1948年にタビストック・クリニックで確立した児童精神分析の訓練の一つであり，誕生直後より2歳まで乳幼児の直接観察する。この実践で，訓練生はある特定の乳幼児を毎週定刻の1時間，その家庭に訪問し，観察・記録する。ここでは精神分析的観点から乳幼児発達，対象関係，母子関係を学ぶことを目的としている。訓練生の態度は，友好的であるものの常に観察者としての中立性が義務づけられ，助言や育児の手伝いは禁じられる。こうした治療的態度に準ずる観察態度の維持，そして観察者に引き起こされる逆転移感情などもグループで考察される。現在，乳幼児観察はクライン派，児童分析の訓練というだけでなく，他の学派や成人での精神分析の訓練としても広く行われている。
　　　　　　　　　　　　　　　　　　　　（木部則雄）

　[関連項目] 児童分析，スターン，ビック，マーラー
　[文献] Bick, E. (1964), Klein, M. (1952b), Mahler, M. S., Pine, F. & Bergman, A. (1975b), Miller, L., Rustin, M., Rustin, M. & Shuttleworth, J. (ed.) (1989), Reid, S. (ed.) (1997), Stern, D. N. (1985)

乳幼児精神医学（保健）
[英] infant psychiatry

　ここで言う乳幼児精神医学の対象は，主として，胎生期，周産期，3歳くらいまでの乳幼児を意味するが，しばしばウィニコット Winnicott, D. W. の「（独立した）赤ちゃんというものはいない。いるのは母親と赤ちゃんの一対である」という言葉が語られるように，母と乳幼児と一対をなす母子関係そのものを診断と治療の対象にする。

　その臨床上の基本概念は関係性障害 relationship disturbance で，第1は，生まれつき正常に見える乳幼児に対する種々の障害とハンディキャップを持った父母（例えば，母性抑うつ，虐待する父母など）の複雑な影響，第2は，正常なように見える父母たちに対する，障害されている，あるいはハンディキャップを持った乳幼児たち（例えば，極小未熟児，ダウン症，先天性免疫不全，自閉的な子どもたちなど）の複雑な影響，第3は，父母および乳幼児双方から引き起こされる障害の相互作用である。当然，乳幼児精神医学の臨床としては，これらの母子の相互作用の障害が主題になる。

　このような乳幼児精神医学の領域を素描すると，第1は，乳幼児における精神病理学的な障害のさまざまな特殊な形態を明らかにすることである。

　第2は，母子の相互作用の障害と，それに対する予防，診断，治療。例えばそれは，早産児のような周産期の医学的リスクを持った乳幼児の発達とその母子相互作用の障害（父母に対する支持やカウンセリングなど），あるいは親の精神病や虐待にさらされる子ども，乳幼児自身の生得的気質から来る育児への適応障害，障害児，疾患を持って生まれた子，特殊な家庭病理や家族関係などの状

況下の乳幼児の発達と，その障害への臨床的なアプローチである。

第3は，正常な乳幼児の発達および母子関係の実証的な研究に加えて，これらの発達とその障害に対する実際的な評価方法の開発とその適用である。例えばストレス時の母親，乳幼児の愛着指標に関する評定尺度（例えばマッシー・キャンベル尺度-AIDS 尺度），あるいはブラゼルトン Brazelton, T. B. による乳幼児発達促進のための評価方法。

わが国においても，小此木らによる，母親ないし大人による生後1歳の乳幼児に対する情緒応答性とその投影を検査するためにエムディ Emde, R. N., オショフスキー Osofsky, J. らによってつくられた I-FEEL Picture (Infant Facial Expression of Emotion Looking at Pictures) の日本版の作成が行われている。

第4は，母子関係や子どもの養育システムを通して，最も初期に形成される社会文化パターンの乳幼児への世代間伝達。乳幼児精神医学の発展は，文化-世代間の伝達の解明と，各文化，社会におけるこれらの育児パターンや母子関係の比較文化的な解明の共同研究を可能にする場を設定している。

乳幼児精神医学はレボヴィシ Lebovici, S. が言うように，超学際的 transdisciplinary なきわめて統合的な知識と方法を駆使する。乳幼児精神医学が誕生した背景には，これらの営みを可能ならしめるような方法，理論，そして臨床上，研究上の条件の成熟があるが，特に精神分析は最も基本的な理論と方法を提供している。

第1に，治療方法について，例えば母-乳幼児治療の一つの特色は，従来の精神分析的な精神療法や家族療法の知識と方法が大きな役割を果たす点にある。伝統的な母親治療やコンサルテーション，そしてシステム理論および家族療法の技法，児童精神療法などの知識と技法がその基礎をなす。その代表が特にクラメール Cramer, B. による表象志向型の母-乳幼児治療 representation-oriented mother-infant psychotherapy である。それは，無意識の世代間伝達 intergenerational transmission (Lebovici, S.) の理論に基づいている。

第2に，精神分析的な乳幼児の直接観察法 infant observation が発展し，児童分析の基礎をつくったアンナ・フロイト Freud, A. およびメラニー・クライン Klein, M. らは，最初，乳幼児の直接観察法を研究および教育研修の手段として用いたが，同時に，それ自体が乳幼児の発達および母子関係を直接理解する重要な方法論になった。

歴史的には，乳幼児精神医学という言葉は，何人かの米国の児童精神科医たちが1970年代に用い始めた（例えばサンダー Sander, L. やシャピロ Shapiro, Th., レクスフォード Rexford, E. N. ら）。1977年に "Infant Psychiatry: A New Synthesis" と題する単行本を刊行した。この動向と並行して，コール Call, J. とガレンソン Galenson, E. を中心に，米国精神医学アカデミーの乳幼児部門の委員会が次第に拡大発展して，現在の世界乳幼児精神医学会 World Association for Infant Psychiatry and Allied Disciplines（WAIPAD と略称）がつくられた。1980年の4月に，ポルトガルで第1回の世界乳幼児精神医学会大会が開催され，乳幼児を診療する精神科医だけでなく，精神分析学，小児科学，発達心理学，母子保健，産婦人科などの各領域の専門家が集まった。しかし，大会の開会の辞をマーラー Mahler, M., 閉会の辞をエリクソン Erikson, E. H. が述べていることにも示されているように，その指導者はもっぱら児童精神分析家が中心であった。やがて WAIPAD はより広い乳幼児精神保健領域を包括する学会として世界乳幼児精神保健学会 World Association for Infant Mental Health（WAIMH と略称）に拡大された。機関誌 Infant Mental Health Journal, Willey を刊行している。わが国では1990年，東京で WAIMH の東京大会（会長：小此木啓吾）が開催された。わが国の WAIMH 代表として小此木啓吾のあと現在は渡辺久子が WAIMH 地域副会長をつとめている。

（小此木啓吾）

［関連項目］親-乳幼児心理療法，関係性障害，自己感，情緒応答性，世代間伝達，エムディ，スターン，フライバーグ，レボヴィシ

［文献］Call, J. D. et al. (ed.) (1981), 小此木啓吾 (1993b), 小此木啓吾・小嶋謙四郎・渡辺久子（編）(1994), 小此木啓吾・渡辺久子（編著）(1989), WAIMH: Infant Mental Health Journal. Wiley, New York.

ニュー・オブジェクト
［英］new object

青春期の治療関係の中で着想された心理療法実践上の力動的概念である。1969年に小此木啓吾がスーパーヴィジョン過程で示唆を与え，片山登和子が『発達的にみた青年期治療の技法原則』論文で明らかにした概念である。この概念は，青春期患者が治療者に求める治療者像とそれに応じて果たされる治療者の役割を論じたもので，父母代理 parents substitute (Geleerd, E. R. 1957) としての側面よりも，むしろ治療者が父母と違った発達促進的な新しい対象，つまり new object になるという側面を強調したもので，具体的には，年長の良い先輩（兄さん姉さん的な存在）というイメージである。その後，1980年乾吉佑は『青年期治療における new object 論と転移の分析』の論文で，new object に関する表象形成と治療関係へのあらわれについて検討した。new object は，まずはじめに患者自身の主観の中で発生する対象像であり，患者自身が青春期発達心性の中で希求し期待する人物像

であり，そのような対象像を治療者に投影する過程が先行することを強調した。つまり，この new object に関する表象の形成には，当然ブロス Blos, P. のいう青年側の自己愛的同一視や同性愛的リビドーなどによる自我理想の投影機制も関与していると考えられる。しかしながら，このようなメタサイコロジカルな説明以前に，本来 new object は，治療関係論的な概念としてまず限定すべきであろう。すなわち，実際の治療関係では，患者側がまず治療者を new object とみなしてゆく過程が先行し，やがて治療者が new object としての自己を自覚してこれに対応してゆくという 2 つの過程が治療関係の中で相互関係的に展開してゆく。したがって，new object になろうとか，new object 体験を得させようといった治療者側の能動性が先行する技法を提唱するわけではない。この点について，その後 1993 年にベーカー Baker, R. は『new object としての分析家を患者が発見すること』の論文で，精神分析療法過程をサポートする非解釈的要素の重要性と new object としての治療課題について論じている。

(乾　吉佑)

[関連項目] 思春期〔青年期〕，青年期心性，転移
[文献] Baker, R. (1993), Geleerd, E. R. (1957), 乾吉佑 (1980), 片山登和子 (1969)

尿道性愛

[英] urethral erotism
[独] Urethralerotik
[仏] érotisme urétral

フロイト Freud, S. は『性欲論三篇』(1905) で，性感帯の一つとして尿道を挙げているが，リビドーの発達段階において，肛門愛期と男根期の中間に，排尿の快感と結びついたこのリビドー満足の様式をとくに取り上げて尿道性愛という。しかし一般には男根期の中にふくめて考えられている。それは本来は（大便の場合と同様に）尿の保留と排泄という自体愛的な快感であるが，やがて対象に「尿をしかける」という空想の中で，(1) 害を与える—破壊するという空想をともなう積極的な侵入というサディスティックな攻撃と，(2) 受身的な「思いきり」と「流れにまかせる」というマゾヒスティックなコントロールの放棄の意味をもつようになる。その特徴は，膀胱括約筋を支配するという自己愛的な誇りであり，これは排尿訓練の失敗に対する恥の感情を引き起こす。この時期に起きてくる野心はこの恥辱に対する闘いである。アブラハム Abraham, K. は排尿があらゆる対象を作り出したり，破壊したりする全能感をもつという空想を指摘しているが，やがて男の子では積極的な男根愛に置き換えられてゆき，女の子では去勢コンプレックス，男根羨望が強められることとなる。これらの全能の空想や野心といった特徴が性格化されたものを尿道愛性格と呼ぶ。

(前田重治)

[関連項目] 肛門期，男根期
[文献] Abraham, K. (1920a), Fenichel, O. (1945), Freud, S. (1905d, 1908b)

認知

[英][仏] cognition
[独] Erkennen

認知とは，物事を知る過程であり，そこには知覚，記憶ないしは判断といった多岐にわたる精神機能が関わっている (Webster's)。精神分析においては当概念は願望や欲動ないしは情動一般と対比され，それに比べて軽視される傾向にあると言われるが，精神分析の歴史を振り返った場合，それなりに重要な位置を占めていたことがわかる。フロイト Freud, S. にとっては認知の問題は『科学的心理学草稿』(1950 [1895]) においてすでに重視されたテーマであった。同書においてフロイトは「認知的思考」という概念に特別の意味を与えている。それはしばしば「実質的な思考」と区別され，前者は過去の満足体験の際の身体感覚に根ざし，「φ〔非透過性のニューロンのシステム〕からの情報ないしは備給と，内側からのそれらとの一致 identification を表す」(1895, p. 334) とされる。すなわちある刺激の認知は，それが過去の身体体験の再現により生じるという考え方である。

フロイトはこの認知のプロセスを治療にとって必須のものと考えた。それは彼の業績の初期には外傷記憶に関して，後には自らの抑圧された情動や願望に対して応用された。ある意味では，洞察を求め解釈を施すという分析の手法そのものが，認知を介して情動を解放することを目的とする営みといえよう (Bieber, I.)。

認知に関するフロイトの関心は『科学的心理学草稿』および『夢判断』(1900) により展開されている思考の一次過程と二次過程の区別にも反映されている。一次過程は，主として心的エネルギーの放散による緊張の解放を目指したものであり，対象の外的，表面的な結びつきに基づくものである。ここでは対象の知覚像の幻覚的な再生すなわち「知覚同一性」が目指される。夢の作業における圧縮と置き換えはその代表とされる。それに比べて二次過程においては，一次過程が抑制され，現実原則に従った論理的，合理的な思考が生じる。すなわちここでは「思考同一性」が追求される。この 2 つのレベルは，共にフロイトが定式化した認知プロセスの無意識的，意識的な二形態と考えてよいであろう。フロイトの「エスあるところにエゴあらしめよ」という言葉の示すとおり，精神分析の目標は自由連想や転移の解釈による一次過程の分析を通して二次過程による思考を確立すること，す

なわちより成熟した意識的な認知能力を獲得することへと向けられていたと考えることができる。

やがてフロイトは『自我とエス』(1923)や『制止, 症状, 不安』(1926)等の著作を通してイドと超自我と外的現実の狭間にある自我の役割を強調するようになり, それは1950年代以降米国における自我心理学的な流れに引き継がれた。そこでは二次過程における認知や思考は葛藤外領域における自我機能として捉えられ, それがいかに欲動や衝動にたいする防衛となるかという観点から論じられるようになった。

また同時期に認知療法が精神分析的なアプローチから袂を分かつ形で発展したことは特筆すべきであろう。その創始者アーロン・ベック Aaron Beck は, 認知こそが人間の感情や情動のあり方を規定するとの認識を得て, それまでの分析的な立場を捨てたとされる。しかしその認知療法が基本概念として, いわゆる自動思考ないしはスキーマという形での無意識的な過程を含みこんでいるという事情そのものが, 認知的プロセスとして扱うべきものがフロイトの考えた一次, 二次過程を含みこむ必要性を結果的に示しているといえる。

認知, 思考と情動との複雑な関係については, 一部の分析家によりさらに追及されるに至っている。特に精神分析において認知や思考の問題を無意識的過程との関連で論じたビオン Bion, W. R. の名は特筆すべきであろう。彼は一次過程により扱われる知覚印象や情動をベータ要素とし, それがアルファ機能を通して, 二次過程に属するアルファ要素を産出するという過程を論理化している。

(岡野憲一郎)

[関連項目] 一次過程/二次過程, 思考
[文献] Bieber, I. (1980), Bion, W. R. (1967b), Freud, S. (1900, 1923b, 1926a, 1950b), Webster (1986)

ね

ネオセクシュアリティ
[英] neosexuality

フランス出身の分析家であるジョイス・マクドゥーガル Joyce McDougall が倒錯の発生のメカニズムを説明する際に用いた概念。マクドゥーガルの発想には, 異常性が正常と異なるのは程度問題であるという考え方があるが, 彼女は心の病の組織化を舞台に喩えている。それは新しく創造されたもので, 神経症や心身症もその一つだが, なかでも特に倒錯は舞台装置, 俳優, そして対象でかなり異なっていると言う。そこで創られたシナリオはかなり不変で, 性差に差異が否認されているという点で共通している。彼女によれば, 倒錯的否認は現実感覚の発達のプロセスのなかで創り出され, 発達的にも, 病理的にも精神病と神経症との間に位置していて, 第3の構造を形成している。倒錯は母子分離からエディプス期にいたる二段階で創り出される。まず早期の母親におけるペニスの不在は拒絶されずにペニスが幻覚として創り出されるという意味で精神病的ではあるが, 同時に外的現実が心を傷付ける情報として記憶されるという意味で神経症的, 恐怖症的である。だから倒錯者は知っていて, なお知らないということが起きる。「ネオ・セクシュアリティ」という言葉が表しているように, これらのシナリオに含まれる両親像など一定の組織化, 例えばサディズムなども心的な創造であり, 起きている分裂を修復しようとする不断の自己治癒であると見なしている。この点他の論者と比べて, この概念の新しいところである。

(妙木浩之)

[関連項目] 倒錯, マクドゥーガル
[文献] McDougall, J. (1980, 1982)

ねずみ男 [症例]
[英] Rat Man
[独] Der Rattenman
[仏] L'Homme aux rats

フロイト Freud, S. によって治療された症例の一つ。この症例は『強迫神経症の一症例に関する考察』という論文として1909年に発表されている。患者は29歳の法律家で, 子どものころより長年強迫観念や強迫行為に悩んでいた。実際の治療は1907年の10月1日から11カ月行われ, その結果は症状の消失をみて成功であった。患者は治療の2年後には結婚しているが, その後40歳のとき第一次世界大戦で死去している。

[意義] この症例の研究を通じて, フロイトは, 思考の全能, 愛と憎しみのアンビバレンス, 宗教的な儀式行動, 迷信, 不確実さと疑念, 反動形成, 肛門期サディズムへの固着と退行, 思考活動が現実行為の代理となること, 思考現象の性愛化などの強迫神経症に特徴的な心性を観察, 精神分析学的に考察し, 明らかにした。強迫神経症をこれほど詳細に記述した報告はそれまでになく, 精神病理学的にも歴史的な価値をもつ論文となっている。

さらに, この症例については, 治療の初めの4カ月について,「治療の行われた日の夜に書かれた」オリジナルな治療記録が残っている。フロイトは, 患者の治療記録をすべて破棄するという習慣があったので, これは極めて例外的なことである。英訳版の全集の編集者ストレイチー Strachey, J. により発見され英訳されて1954年に

出版された。この治療記録により，フロイトの日常の治療の実際を垣間見ることができ，その理論が展開されていく様子を知ることができるという点で，この症例は他にはない資料を提供している。

　[内容] この症例が「ねずみ男」と呼ばれるようになった由来は，患者の強迫観念の内容にある。患者は，軍隊の演習中に注文した眼鏡の支払いに関する話を治療の冒頭から行っている。そして，ある大尉が，残虐な東洋のねずみ刑（罪人の尻に鉢をかぶせ，そこにねずみを押し込み，肛門を喰いちぎらせるというもの。このねずみ Ratten は，Ratte ラッテの複数であり，ドイツ語では，Maus マウスとは異なり，日本のドブネズミのような大きくてどう猛なねずみを意味する。）の話をするのを聞いた。それが自分にとって大切な女性や父親（実は 9 年前に亡くなっている）の身の上に起こるのではないかという恐怖を抱き，その「潔め」のための行為，防衛の努力を行う。この大尉が眼鏡の代金の支払いについて，立て替えてくれた中尉に返さなければいけない，と患者に助言したこととからんで（実は立て替えていたのは郵便局の受け付け嬢だったが），ねずみ刑の話と金の支払い（ドイツ語で Rate ラーテは金の分割払いを意味する）の話は，患者の叙述の中で，言語の両義性を帯びてくる。実はそこに，「借金のある父親」や「裕福な娘と結婚した父親」，「自分に厳しく折かんした父親」に対する罪意識や死の願望等の問題が隠れていた。

　治療は，父親の死に対する喪の仕事とエディプス・コンプレックスの解決に焦点をあてて展開されたが，これは当時のフロイトの治療論を反映したものであった。そして，この患者の抱えるテーマの多くは，当時のフロイト自身の心的なテーマと重なり，フロイトの陽性逆転移，患者への同一化が強く働いていたと考えられている。

　[問題点] 今日の精神分析の観点からは，この症例の治療に関して，いくつかの問題点が指摘されている。すなわち，実際の治療記録では，母親や恋人などの女性との関係にも数多く触れられているにもかかわらず，論文では，わずかしかそれに触れていない。フロイトはここで父親との関係に焦点をあてて治療しているが，母親との関係は詳しく分析していない。また，フロイトは，患者に対し権威的な態度をとり，厳しい上下関係を展開させ，その上知的な講義などを行っている。さらに転移について，抑圧された過去の体験の想起と分析に終っており，今日では自明のこととなっている「いま・ここで」起きている治療関係の分析が行われていない。そして，精神分析では中立性を保つためにすべきではないといわれている行為（葉書を出す，本を与える，食事を出す等）をフロイトが行っていることが知られている。

〔井口由子〕

　[関連項目] エディプス・コンプレックス，強迫神経症，肛門サディズム，罪悪感，思考の全能，反動形成，フロイト的治療態度，喪の仕事〔悲哀の仕事〕

　[文献] Freud, S. (1909d, 1954), Kanzer, M. & Glenn, J. (ed.) (1980), Mahony, P. J. (1986), 妙木浩之・吾妻ゆかり（編）(1993)

涅槃原則

[英] nirvana principle
[独] Nirwanaprinzip
[仏] principe de Nirvâna

　精神分析での基本的な仮説の一つで，心的装置内で外的ならびに内的興奮による緊張をできるだけ少なくさせ，できればもっとも安定したゼロ（無）の状態にまで向かう傾向のことである。フロイト Freud, S. は，バーバラ・ロー Low, B. が提唱した表現を用いて，人間の欲望の消滅という意味から涅槃原則を提出した。そしてこれを死の本能の存在を信じる有力な動機の一つであると考えた。「涅槃原則は死の欲動を表現し，快楽原則はリビドーの要求とその修正を，現実原則は外界の影響を代表する」(Freud, S. 1924)。

　フロイトは先に，心的過程では「そこに発生した興奮（心的エネルギーの高まり）の量を，できるだけ低く，あるいは少なくとも恒常の状態に保とうとする傾向」があるという恒常原則の仮説を立てていた。やがてそれは緊張の増大が不快，その減少が快として経験され，心理的にはこれが一次過程における興奮量の自由な流出を特徴とする快感原則として現れると考えた。しかし『快感原則の彼岸』(1920) においては，不快が衝動的に反復されることがあることを取り上げて，人には快感原則の枠を超えた現象があること，つまり無機物の状態へ復帰しようとする「死の本能」があるという仮説を提案したものである。これは恒常原則と同じようなものとも考えられるが，涅槃原則は死の欲動（タナトス）に由来するものであり，快楽原則は涅槃原則が生の欲動に結びつくことによって変容されたものとして区別している。この欲動二元論に批判的でこれを認めない分析家もいるが，快楽原則は一つの傾向であって，涅槃原則も心的装置の興奮を少なくしようとする機能の一環と考えれば，ある程度は納得できるものであろう。

〔前田重治〕

　[関連項目] エネルギー恒存の法則，快感原則，恒常原則，死の本能（欲動）

　[文献] Freud, S. (1920e, 1924d)

能動的／受動的
[英] activity / passivity
[独] Aktivität / Passivität
[仏] activité / passivité

フロイト Freud, S. が欲動の目標について提起した基本的な対立概念である。しかも，この能動的‐受動的という対立は，さらに発達して成立する男根的‐去勢的，男性的‐女性的よりもより早期の段階の対立について用いられる。

フロイトは，欲動の定義そのものの中に能動性が含蓄されているという。「……おのおのの欲動は一つの能動的活動である。大まかに受動的欲動という言葉が使われるときでも，それは受動的な目標を持った欲動という意味でしかあり得ない」という。特にフロイトは，サディズム‐マゾヒズム，窃視症‐露出症について，欲動の目標の能動‐受動を論じ，特に目に見える形の行動の水準では能動的であっても，その深層にある幻想の水準において，マゾヒストは受動的な欲動の目標を達成するという。

主体の発達という点でフロイトは，男根的‐去勢的および男性性‐女性性に先行する能動‐受動という対立が大きな役割を演ずる欲動として，肛門期における欲動について論じている。「たとえば大便を能動的に支配しようとする欲動は肛門括約筋を用いるが，この場合，受動的な目標を持つ欲動をみたす器官は性感帯である腸粘膜である」という。

さらにフロイトは，孫のエルンスト坊やの糸巻ゲームのフォルト・ダーに注目し，母親の不在を受身的に体験している坊やの自我が，その不在の体験を「いた，いない」という分離と再会のプレイに能動化している事実に注目したが，それ以前に受動的に経験したものを，たとえそれが不快な体験でも，自我はそれらの内的または外的な興奮，夢，記憶，空想，思考，行為などの中で能動的に繰り返すことによって統御しようと試みる。

受動から能動へのこの自我の働きは，やがて，心的外傷の反復強迫の解明に発展したが，その際には，すでにその能動と受動の両極性は欲動だけに関するものではなく，むしろ防衛機能，ないしは自我の基本的な働きと深くかかわるものとして論じられるようになった。

(小此木啓吾)

[関連項目] 外傷，肛門期，サディズム，主体，反復強迫，フォルト‐ダア〔糸巻き遊び〕，防衛，マゾヒズム，欲動，フロイト，S.
[文献] Freud, S. (1914f, 1915c, 1920e)

のみ込まれる不安
[英] anxiety of engulfment

相手から愛されたり，世話されたりすることによって，相手に思いどおりに支配され，自分を失ってしまう不安を，古澤平作は「のみ込まれる不安」と呼んだ。小此木啓吾は，症例シュレーバーにおける同性愛願望とその抑圧‐投影による迫害妄想は，実は相手から愛されたい願望に由来するのみ込まれる不安の投影であり，さらにフロイト Freud, S. が症例ウルフマンで，ウルフマンが4歳時に見た狼に食べられる不安夢の不安は，実は「赤頭巾」のグリム童話のように，狼に丸のみされる不安であり，フロイトが，父に愛されたい同性愛的な願望がみたされる際に，男性としての自分を失う去勢不安とみなしていたのは，実はこののみ込まれる不安だったという分析を行っている。

このみ込まれる不安を最も積極的に扱ったのは英国のガントリップ Guntrip, H. である。ガントリップにおけるシゾイド論では，シゾイドの人は，自分の貪欲な渇望がその対象を食べてしまったり，のみ込んでしまうために，対象そのものを失ってしまうという恐怖を抱いている。このような相手をのみ込んでしまう衝動を相手に投影することによって，相手が自分をのみ込んでしまうという恐怖が起こる。そのために，ガントリップの言う「相互的なのみ込み mutual devouring」の状況が生じるという。つまり，一方で対象をのみ込んでしまおうという衝動による対象喪失の恐怖にとらえられると同時に，逆に，その対象によって自分がのみ込まれ，自己の独立性を失う恐怖に襲われる。シゾイド論の究極の課題は，この意味での自己喪失 ego loss への恐怖であり，この恐怖のためにあらゆることからひきこもる。このひきこもり状態をガントリップは「退行した自我」と呼んだ。レイン Laing, R. D. もまた『引き裂かれた自己』で，この意味でののみ込まれる不安を論じている。 (小此木啓吾)

[関連項目] 狼男［症例］，自己，シュレーバー［症例］，スキゾイド・パーソナリティ，山あらしジレンマ，ガントリップ，古澤平作
[文献] Freud, S. (1911b, 1918b), Guntrip, H. (1952, 1971), Laing, R. D. (1960), 小此木啓吾 (1973)

背景対象　[一次的同一化の]

[英] background object (of primary identification)

正しくは一次的同一化の背景対象 background object of primary identification と呼ばれ，アメリカ西海岸の分析家グロトスタイン Grotstein, J. S. の概念である。フロイト Freud, S. のいう一次的同一化という現象は，自己のパーソナルな凝集性をかたちづくる接合成分についての擬人化ともいえる背景対象という幻想を伴っている。これはフロイトの「家族ロマンス」のなかの両親がさらに理想化され原初的になったような存在，サンドラー Sandler, J. の「安全感の背景」，ウィニコット Winnicott, D. W. の「環境としての母親」，ビオン Bion, W. の「生得的前概念」といった概念と関連が深い。それは体験の場所や心的空間など体験そのものの背景を作りだし，凝集しひとつになった自己という感覚の根源を生み出すことから，認識や知覚のもとになるスプリッティングの前提となるものである。主観的体験としては「対象の背後に隠れて保護される」「自分の背後の対象の膝の上に腰を下ろす」といった形のものになり，患者が「後ろ盾がない」「バックボーンがない」と語るときにはその対象との関係に問題が起きていることが示されていることが多い。　　　　　　　　　　　　　　　（藤山直樹）

[関連項目] 一次的同一化，心的空間，スプリッティング

[文献] Grotstein, J. S. (1981)

排除

[英] repudiation, foreclosure
[独] Verwerfung
[仏] forclusion

ラカン Lacan, J. によって概念化された，精神病の基礎をなす心的過程。

鏡像段階論が示すように，人間の主体性は，他者の言語活動の場において形成される。その際，未熟な現実存在はその場に取り残されて，そこに生じていたさまざまな生の興奮は，もはや誰に属するものかを言えないようなものになってしまう。したがって，主体としての私が，この誰のものかが不明な生の活動を私のものとして引き受けることは，ちょうど父が子を認知する作業に似ることになる。私の父が私を認知したように，私は私自身の生の活動を，私のものとして認知しなければならない。

ラカンはわれわれの人間的な同一性の感覚が，このような父の認知のような心的作業に支えられていると考え，この作業を廃棄する過程が精神病の基礎的欠損を形成すると仮定して，それを「父の名の排除」と名づけた。「排除」という語は通常この「父の名の排除」を指す。排除は精神病を準備するものであるが，ある種の同一化によって埋め合わされることがあるので，必ずしも発病と等価ではない。

精神活動の根底に「父の名」の機能が必要だとするこのラカンの考えは，当時の反体制運動からの強い反発を呼んだ。しかし，精神病，とくに精神分裂病の発病に当たって，「父とは何者か」，あるいは「自分は父になりうるか」という問いかけがしばしば見られることは臨床的事実であり，ラカンの仮説は体系的な検証を待っていると言える。

排除の概念を精神分析の理論体系の中に位置づけるために，ラカンはフロイト Freud, S. の2つのテクストを検討している。1つは「狼男」の分析である。フロイトはここで，去勢に対する幼児の態度には2通りありうることを明確にしている。去勢を行う超越的な父なるものの存在を認めた上でそれを抑圧する神経症的態度と，そのような存在の可能性を初めから棄却する態度である。狼男においてはこの両者が併存したとされており，ラカンは後者が「排除」にあたると考えた。もう1つのテキストはシュレーバー症例の分析である。フロイトはここで，父への同性愛的態度が内面から放逐されると，結局は外部から迫害妄想として回帰するというメカニズムを取りだしている。ラカンはこれらのフロイトの所見を総合して，「象徴界から排除されたものが現実界に回帰する」という，精神病発症に関する彼の定式を根拠づけている。

また排除の概念は，記号論理学的な基礎を持つ。われわれは象徴の全体を一挙に把握してはじめて，個々の象徴の意味するところを理解できる。言い換えればわれわれは，生活の象徴体系の内部に自己の位置を占めると同時に，その体系の外部の視点をも獲得しなければならない。この両者が一致することでわれわれの同一性が形成される。それゆえ，われわれの存在を示す象徴は，象徴の集合の内部と外部の両方に同時に属さなければならないことになる。排除は，この根源的な象徴（シニフィアン）であるところの「父の名」を廃棄し，それが再び象徴界に回帰できないようにすることである。　　（新宮一成）

[関連項目] 狼男［症例］，鏡像段階，現実界／想像界／象徴界，シニフィアン，シュレーバー［症例］，ラカン

[文献] Lacan, J. (1956)

ばいしょうしんけいしょう

賠償神経症　⇒疾病利得
[英] compensation neurosis
[独] Rentenneurose
[仏] névrose de rente

背面椅子式自由連想法

　ウィーンから1933年に帰国して，ある時期から古澤平作は「背面椅子式自由連想法」という独自の精神分析治療の方法を考案して，それを日常的に用いるようになった。この背面椅子式は，治療者が全く見えなくて，壁に面して一人だけの世界で連想を続けていくという点では，寝椅子 couch 仰臥自由連想法と共通した面があるが，一方では，寝椅子仰臥に比べて，椅子に座位という点で大きな違いがある。この姿勢の違いについて述べると，その人物の首が水平になればなるほど，全身の力が抜け，心的緊張は弛緩し，心の動きも自己コントロールを失い，ある種の無力感と不安が高まる。これに対して，座位で，背骨，首が垂直であると，日常の自我感覚がそのまま存続し，ある種の論理的な思考や，自分の意思を座位で自分に対して維持しているという感覚が残る。古澤がこのような椅子式によって自我能力を維持した理由の一つは，週1回という方式に対する適応という面があった。背面寝椅子式仰臥に比べて，退行の仕方，現実性を失っていく度合いは，寝椅子仰臥の自由連想法ではより深くなるので，週1回の場合，1度そういう退行状態になってしまって，1週間，治療者と会うことができない場合，病態水準が低い場合には，行動化を含めて種々の問題が生じやすい，椅子式のほうがその点で安全である。椅子式自由連想法はこれらの退行‐行動化を考慮し，しかも治療者は患者の視線にさらされず，患者も自己の内界に目を向けやすいという利点があった。なお，古澤は晩年，つまり昭和30－31年ごろになると，再び寝椅子仰臥‐自由連想法による毎日分析を再開した。　　（小此木啓吾）

[関連項目] 古典的分析技法，自由連想法，古澤平作
[文献] 小此木啓吾（1990d）

破壊的自己愛／性愛的自己愛
[英] destructive narcissism / libidinal narcissism
[仏] narcissisme destructif / narcissisme libidinale

　自己愛（ナルシシズム）narcissism の問題は，精神病の治療論の中で重要な課題である。クライン Klein, M. はフロイト Freud, S. の一次ナルシシズム primary narcissism の理論を批判し，すべての自己愛は二次ナルシシズム secondary narcissism であり，それは外的対象からの撤退ではあるが，自我に対するカセクシスだけでなく内的対象 inner objects に対するカセクシスであって，対象のない世界ではないことを論じている。さらに自己愛について，フロイトのもう一つの論点において，自我を投影して自己愛的対象選択を行うことを述べていて，臨床的な自己愛的対象関係の先鞭をつけている。クライン学派でも特にローゼンフェルド Rosenfeld, H. は，内的自己愛組織の問題を論じ，臨床的にも見られるようになった自己愛パーソナリティについて注目するようになった。つまり彼は，1940－50年代の精神分裂病の研究から，1960年代には非精神病的な患者群の研究へと向かったのである。彼は，臨床的に自己愛には2種類あると考え，その1つは性愛的自己愛 libidinal narcissism であり，もう1つは破壊的自己愛 destructive narcissism である。前者では，自己は理想化されており，世界の中心である。彼は外界のすべてが自分を賞賛し，自分の期待と支配に従うと感じている。そして自分が依存している対象を過小評価し，軽蔑したり価値下げをする傾向が強い。これは対象の価値を認め，自分が対象を必要としていることや，対象への羨望 envy に対する防衛であると考えられる。もう1つの破壊的自己愛の場合には，自己は破壊的で攻撃的な部分を理想化しており，対象を評価したり依存している自己の部分を激しく攻撃して，否認してしまう。そのような場合には，治療上で少しでも改善を示したり，自分が治療者を信頼したり，依存している状況が生ずると，それを破壊していこうとする激しい行動化を起こすことが多い。そして犯罪的行為，自殺企図，社会的評価を損なうような行動に出て，治療を中断してしまうことがある。そのようなときには，患者は自分が対象に依存し必要としていることは否認し，勝利感や高揚感に浸りながら治療の機会を破壊していくことも見られるのである。これは，やはり対象に対する羨望や対象との分離の認識に対する激しい防衛組織 defensive organization であると考えられる。彼はこれが組織的になれば破壊的自己愛組織 destructive narcissistic organization が強化され，まるでマフィアのように他の自己の部分を暴力的に支配し続けると考えている。さらに実際には，自己愛的個人は上記の両方の面をもっていることが多いが，破壊的自己愛の面が強い場合にはより重症であり，カンバーグ Kernberg, O. F. の境界例の中核群はその典型的な症例群である。ローゼンフェルドは，この2つのタイプの自己愛，特に破壊的自己愛についてはさまざまな臨床のレベルがあると考えているが，一時的な場合には健康人でも思春期などに見られる。しかしこの組織が強力で持続的なものになると，自己愛パーソナリティや破壊的自己愛パーソナリティの状態になる。このローゼンフェルドの理論は，シュタイナー Steiner, J. の病理的組織化 pathological organization の理論に大きな影響を与えている。

（衣笠隆幸）

[関連項目] 一次ナルシシズム／二次ナルシシズム，自己愛〔ナルシシズム〕，羨望，病理構造体〔病理的組織化〕，ローゼンフェルド

[文献] Freud, S. (1914c), Rosenfeld, H. (1964a, 1971), Sohn, L. (1985), Steiner, J. (1993)

破壊欲動　⇒死の本能（欲動）
[英] destructive instinct
[独] Destruktionstrieb
[仏] pulsion de destruction

迫害的罪悪感／抑うつ的罪悪感
[英] persecutory guilt / depressive guilt
[独] persekutorisches Schuldgefühl / depressives Schuldgefühl
[仏] culpabilité persécutoire / culpabilité dépressive

　グリンベルグ Grinberg, L. が 1964 年に提示した性質の異なる 2 つの罪悪感が，迫害的罪悪感と抑うつ的罪悪感である。彼は，妄想‐分裂ポジションでの迫害不安と抑うつポジションでの抑うつ不安という 2 つの心的態勢と不安というクライン派精神分析の枠組みをそもそも保持している。

　抑うつ反応での苦痛な感情の中で罪悪感は強烈なもののひとつであるが，このうち不安感や意識的無意識的な報復空想が優勢な罪悪感が，迫害的罪悪感である。その主な感情は恨みや遺恨 rancour である。迫害的罪悪感が感じられる背景には不安定な自我機能と苛酷な超自我があり，羨望や攻撃衝動が支配的な抑うつ状態において生じてくる。またその結果躁的償いや妄想‐分裂的な情緒へと傾きやすい。すなわちこの迫害的罪悪感は自我にとって耐えがたいものとなりやすく，それゆえに対象に向けて排泄されるのだが，それがまた回帰してくるため，ことさらに罪悪感が自我を迫害的に圧倒してくるように感じられる。つまり罪悪感が強いられた，押しつけられた，あるいは植えつけられた罪悪感として体験される。フロイト Freud, S. が道徳的マゾヒズムと結び付け，陰性治療反応を引き起こすと述べた無意識の罪悪感 unconscious guilt（無意識の懲罰願望）もここに含まれる。グリンベルグは迫害不安と同様に迫害的罪悪感も出生直後から存在し，実質的には両者が混ざりあっていると考えている。クライン Klein, M. 自身も生後早期の罪悪感 early guilt に言及していたが，その性質をグリンベルグが明瞭にしたと言える。一方，抑うつ的罪悪感は抑うつ不安の一部であるが，のちになって現れてくる。心の痛みや責任を自らのものとして感じることができ，傷ついた対象への真摯な償いを願う，より成熟し統合され

ている自我がこの罪悪感の背景に存在している。クラインが抑うつポジションに観察した罪悪感はこの罪悪感にあたる。その主な感情は悲哀，哀惜の情，責任感である。抑うつ的罪悪感は，心に保持され味わい続けられる限り，償いの感情や思いやりといった情緒的により成熟した創造的な感情をもたらすのであり，その意味において，健康な罪悪感と言うことができる。

　2 種類の罪悪感についてはわが国でも古澤平作（1954）がすでに検討を加えており，それはグリンベルグのそれらに類似している。古澤の「罪悪観」は迫害的罪悪感，「懺悔心」は抑うつ的罪悪感におおよそあたる。ここで古澤は前者を父親との関係（エディプス・コンプレックス）と結び付け，後者を母親との関係（阿闍世コンプレックス）と結び付けた。グリンベルグがクラインに従い，どちらの罪悪感も早期の母親との二者関係の中に見たこととは内的対象関係のコンステレーションにおいて相違している。

（松木邦裕）

[関連項目] 阿闍世コンプレックス，押しつけられた罪悪感，罪悪感，抑うつポジション

[文献] Grinberg, L. (1978, 1992), Klein, M. (1960), 古澤平作 (1932), 松木邦裕 (1996)

迫害不安
[英] persecutory anxiety
[独] vertolgung Angst
[仏] persécutor anxieté

　クライン Klein, M. は，1920 年代前半から，ベルリンのアブラハム Abraham, K. のもとで，2−3 歳の非常に幼い子どもの遊戯療法 play therapy による精神分析療法を行っていた。そこで観察したおもちゃによる遊びの世界は，サディズムと迫害的恐怖に彩られていた。彼女は，これらがわるい対象 bad objects とよい対象 good objects が分裂され，悪い対象が対象に投影 projection されている状態であり，成人のパラノイアの状態に近いものであると考えていた。さらに，彼女は 2 歳の子どもには迫害的なエディプス・コンプレックスや原始的超自我の形成があり，それらは自己を迫害的に責め立て，迫害的罪悪感 persecutory guilt を呈する状況が生じると考えていた。このような迫害不安の強い幼い子どもは，夜驚症や激しいパラノイアを伴う強迫症状を呈したり，象徴形成が停止して思考や知的能力が発達抑止の状態にあるものであった。彼女は，これらの状態に関して，迫害不安が中心的な役割を果たしていると考えていた。彼女は，1932 年の『児童の精神分析 Psychoanalysis of Children』の中で，すでに，成人のパラノイアは早期対象関係の障害に関係があり，子どもにおいて観察された迫害不安と共通した起源をもっていることを指摘している。

後に成人の躁うつ病の研究を行ったとき（1930年代）クラインは，「抑うつポジション depressive position」の発達概念を提唱し，生後6カ月ごろ始まる心性であると考え，抑うつ的不安が特徴であることを明らかにした。そして，それより以前にさらに原始的な世界が存在することを示唆し，妄想ポジション paranoid position と呼んでいる。そして1946年に成人の精神分裂病の研究として「妄想分裂ポジション paranoid-schizoid position」の概念を提唱した。クラインはこれが精神分裂病の病理の起源であり，迫害不安と部分対象関係 part object relationship，原始的防衛機制が特徴であると考えた。それは生後から3-4カ月に起源のある内的対象関係の世界であり，スプリッティング splitting，投影同一視 projective identification，取り入れ introjection，否認 denial，万能 omnipotence などの防衛機制が活動している。良い対象関係と悪い対象関係が分裂し，後者は対象に投げ入れられて迫害的な対象となり，乳児は迫害不安を経験するのである。欲求不満にさらされて悪い対象関係が過剰になり，迫害不安が過剰になると，分裂と投影性同一視の機制もやはり過剰に働き，良い対象と悪い対象は統合されることはなく，無意識の中で保持され後の精神分裂病やパラノイアなどの素因となると考えられている。

この理論によって精神病の世界の理解が可能になって，クラインの後継者であるビオン Bion, W. R., ローゼンフェルド Rosenfeld, H., スィーガル Segal, H. などが精神分裂病の研究を盛んに行うようになり，多くの病理的解明を行った。彼らは迫害的不安の役割が，クラインの提唱したようにもっとも早期の部分対象関係の特徴を表す不安であることを確認していったのである。（衣笠隆幸）

[関連項目] 原始的防衛機制，サディズム，スプリッティング，投影同一化（視），妄想分裂ポジション，遊戯療法，よい対象／わるい対象，クライン

[文献] Bion, W. R. (1957), Klein, M. (1930a, 1931, 1932, 1940, 1946), Rosenfeld, H. A. (1971)

剝奪

[英] deprivation

児童精神医学においては，愛情剥奪もしくはマターナル・デプリベーション maternal deprivation として理解される概念。乳幼児が母親またはその代理となる特定の養育者（以下，母親と表記する）から，母性的な愛情的養育を受けられなくなることを指す。これは，母親が実際にいなくなる場合のみでなく，母親が母性的な愛情的養育態度を取れなくなった場合にも生ずる。さらにそれによって子どもに生じる身体的発育や情緒・行動発達上のさまざまな障害をも含むことがある。

スピッツ Spitz, R. の観察研究によると，乳児が母親から引き離されると，泣き虫になり閉じこもり，目をそらし無表情になる。2, 3カ月以上たつと，もはや泣こうともせず，体重は減り，周囲に無気力無反応となる。彼は，このようなうつ病様の状態を依託抑うつ anaclitic depression と名づけた。そして，この抑うつ状態を示すのは，母性的養育を失う前に少なくとも6カ月以上良好な母子関係にあった乳児のみであり，このような乳児は母性的養育の再獲得によって，比較的すみやかに抑うつが解消するとした。しかし，初めから母性的養育が得られなかったり，再獲得が不可能であった乳児の場合には，非可逆性の発達障害に陥ると述べ，ホスピタリズムとして注目したのである。この問題を体系化したのはボウルビィ Bowlby, J. であり，彼は，母性的養育の喪失が内的対象関係の障害を生み，その後の乳児の人格の構造的な発達に重要な影響を及ぼすと強調した。このボウルビィの報告は，児童福祉行政や臨床分野に大きな反響を呼び，その結果，乳児保育のあり方が見直されることになったのである。もっとも，発育障害や人格への影響についてのスピッツとボウルビィの見解には，1970年代に入ってラター Rutter, L. M. らから，すべてを母子関係に還元するのは一面的に過ぎるとの批判が向けられた。

また，ウィニコット Winnicott, D. W. は，反社会的傾向を示す子どもの事例から，「剥奪された子ども deprived child」の理論を提示した。そこでは，愛情の剥奪として了承されていた概念から一歩踏み込んで，すでに与えられていたものが奪われるのが「剥奪 deprivation」であると定義され，一方，奪われるはずのものが最初から与えられていない状態は，単なる「欠如すること privation」として両者が区別された。彼は，子どもから剥奪されているのは，子どもにとっての「望み hope」であり，「対象を発見する能力」であると説明している。さらに，どのような症状や反社会的行動にも，どこかに望まれているものがあり，このように望みが問題化することそのものが本当の「剥奪」が生じていることを示していると言う。よって，治療では，患者が望みを奪われた時点における「本来の外傷 original trauma」の追体験と，失われたものについての分析が必要となると考えた。　　　　　　　　　　　　　　（小坂和子）

[関連項目] 依託抑うつ，児童虐待，対象喪失，ホスピタリズム，ウィニコット，スピッツ，ボウルビィ

[文献] Bowlby, J. (1951, 1969-1980), 加藤正明・保崎秀夫・他（編）(1993), Spitz, R. A. (1945, 1949), Winnicott, D. W. (1958a, 1971b)

白昼夢

[英] day-dream
[独] Tagtraum
[仏] rêve diurne

　白日夢とも呼ばれ，真昼にみる夢，覚醒時状態におけるありありとした空想，およびその派生物を指し，主に視覚的なものを言う。意識的なものもあれば，「無意識の白昼夢」（Freud, S. 1900）もあり，ときに「空中楼閣的な創造物」（Freud, S. 1908）もある。フロイト理論では，その特徴は願望充足であり，空想や幻想，夢等と同様の意義をもつものとして扱われ，日常的思考の検閲が緩和され，内容は野心，誇大妄想，性的願望があからさまで，多くが幼児期の諸体験に基づいているとされる。願望や欲動が，日常的な材料と混ぜ合わされ組み合わされて一つの全体を作りあげるもので，夜間の夢よりも二次加工が優勢であり，そのシナリオに統一性があることも多い。内容的に夢と白昼夢は互いに重要な材料を提供し，大抵は両者に連続性が生まれ，空想や錯覚などとも連動する。また，離人症やヒステリー，ナルシシズムやマゾヒズムの理解のために，白昼夢や空想の頻度と内容を知ることは，臨床的理解の重要な手がかりをもたらしてくれる。成人における日常生活を圧倒するような印象の強い白昼夢の連続は，分裂病的な境界状態や潜在性の精神病の目印になることがあるが，人生を画す宗教的体験につながることもある。遊びと芸術双方の基礎である想像力や創造性に発展する場合もあり，白昼夢を主体的な想像や空想に転換して公共性のあるものを創造する人びとを詩人と呼ぶのだとフロイトは考える（Freud, S. 1917）。

（北山　修）

[関連項目] 幻想，創造性
[文献] Freud, S. (1900, 1908e, 1916–1917), Segal, H. (1991)

恥

[英] shame
[独] Schande, Scham, Scheu
[仏] honte

　恥とは対人場面での体験や内省の結果生じる，自己価値観の低下を伴った心の痛みである。恥は従来の精神分析理論の中では扱われることが非常に少なかったが，近年になり徐々に関心をもたれるようになった。フロイト Freud, S. はその原著で恥について何度か言及しているが，そのほとんどが Scheu, Scham という，主として羞恥（恥ずかしさ）を意味する言葉で語られ，自己価値の低下を招く恥辱という意味の恥 Schande という言葉はほとんど用いられていないのが特徴である（岡野，1996）。

ただしフロイトの劣等意識の概念こそが，事実上彼の恥についての議論の始まりだとみる向きもある。『集団心理学と自我の分析』（1921）において，フロイトは自我と超自我との葛藤により罪悪感や劣等意識が生じるとした。この定式化はその後にピアーズ Piers, G. (1953) やサンドラー Sandler, J. (1963) を経て，現実自己と理想自己との間の葛藤により恥が生じる，という理解へと置き換えられている。

　現代の精神分析において論じられる恥の概念は，コフート Kohut, H. の自己心理学と乳幼児研究との合流を反映している。そこには1960年代のトムキンス Tomkins, S. (1962) の理論の影響が大きい。トムキンスは恥を陽性な感情の突然の中断という形で定義したが，そのような理解はネイサンソン Nathanson, D. (1987) やブルーチェック Broucek, F. (1991) に受け継がれ，特にブルーチェックは恥を母親からの注意や関心の中断という形で捉え直し，コフートのミラーリングの概念と関連づけた。

　わが国の精神分析においても西園昌久，北山修，鑪幹八郎，（以上北山，1996に所収），岡野憲一郎（1992）そのほかにより恥の問題が提出されている。恥に着目した発想は，従来の精神分析理論にいくつかの再考の余地を与える。フロイトの理論で主要な位置を占めるエディプスの神話に関しても，そこで問題となるのは罪悪感よりはむしろ，両親に捨てられ，殺されかけた惨めな自分，あるいは父親に遠く及ばない自分に対する恥の感情であるという指摘もなされている（Goldberg, C. 1991, Nathanson, D. L. 1992）。また分析状況で患者の体験する抵抗の最大のものの一つとして，自分が精神的に裸にされることへの恐れや恥の感情があげられる場合もある（Schneider, C. D. 1987）。

（岡野憲一郎）

[関連項目] 罪悪感，ミラーリング
[文献] Broucek, F. (1991), Freud, S. (1921c), Goldberg, C. (1991), 北山修（編）(1996), Nathanson, D. L. (ed.) (1987), Nathanson, D. L. (1992), 岡野憲一郎 (1992, 1996), Piers, G. (1953), Sandler, J., Holder, A. & Meers, D. (1963), Schneider, C. D. (1987), Tomkins, S. S. (1962)

パーソン自我

[英] person ego

　ガントリップ Guntrip, H. は，フロイト Freud, S. の心的構造論，つまり心的システム論における，欲動，超自我に対処し，外界への適応の主体となる自我をシステム自我 system ego と呼び，このフロイトの生物心理学的な自我の概念を批判し，対象関係理論において一個のパーソン（人間）として対象とかかわる「全体的な自己」を意味する自我を「パーソン自我」と呼んだ。この理論

的認識は，最初フェアバーン Fairbairn, W. R. D. によってもたらされたが，まさにそれは，フロイト，そしてクライン Klein, M. の理論構成に対する決定的な批判を意味していた。フロイトの心理生物学における自我の重要な機能は，内的欲動に対する防衛であり，ここで言う防衛とは心的構造論における，自我，エス，超自我，外的現象各力域間の力動的葛藤を調整・解決し，精神内界に力動－経済論的な均衡を維持する機能を意味していた。ところが，クラインはすでにその理論的思索において，実質的にはこのフロイトの防衛の概念とは異質の防衛の概念を用いていた。例えば，自己の内部の破壊性と絶滅不安に脅かされているのは自己自身であり，この破壊から自己を守るためにこの破壊性を投影せねばならないというとき，そこには単なる「システム自我」とは違った全体的自己 self が想定されている。しかしそれにもかかわらず，クラインはその理論的思考を表現する言葉としては，フロイトから受け継いだ「システム自我」の概念をそのまま用いていた。

ところが，フェアバーンは，リビドーを対象に向ける機能こそ自我の本質的な機能であると定義し，このような全体的自己としての自我は欲動満足のために対象を求めるのではなく，本来「対象希求的 object seeking」であるという。そして，フェアバーンは，「全体的自己」としての人間が対象を求める心理的過程を，生物学的エネルギーや，力の概念によって機械論的に説明するフロイトの心理生物学を全面的に批判した。ガントリップは，このフェアバーンにおける全体的自己としての自我を「パーソン自我」と呼び，これに対してフロイト，ハルトマン Hartmann, H. の自我心理学におけるさまざまな心理的機能の主体であり，特に欲動のコントロールを行う自我装置を「システム自我」と呼んだのである。

この見地から見ると，ハルトマンは，システム自我を主体と見なすことによって，客観的な無意識の心理学を確立したが，その結果，意識的自己を中心とする全体的人間を，客体化した形でしか理論づけしえなくなったとガントリップはハルトマンを批判する。むしろパーソン自我こそパーソナリティの主体であり，人間はお互いのパーソン自我の対人関係を発展させてゆく存在である。そして，ウィニコット Winnicott, D. W. における「未統合な自己」の概念も，「真の自己」と「偽りの自己」の概念づけも，基本的には対象とかかわる全体的自己の認識から出発している。さらにさかのぼると，クラインの分裂・投影同一視などの防衛機制論から，フェアバーン，ウィニコットに至る一連の英国対象関係論は，常に「パーソン自我〈全体的自己〉と対象の関係」を共通の基本的観点にしているという。この観点からガントリップは，実はハルトマン，ジェイコブソン Jacobson, E. にも共通な認識が潜んでいるが，彼らの制約は，システム自我とパーソン自我の区別を明確にしえなかった点にあるという。さらに小此木は，ガントリップのこのパーソン自我論に対する現象学的な視点による方法論的な自己概念の吟味を説いている。 （小此木啓吾）

[関連項目] 構造論的観点，自我，自己，審級，ウィニコット，ガントリップ，クライン，ジェイコブソン，ハルトマン，フェアバーン，フロイト，S.

[文献] Fairbairn, W. R. D. (1952), Guntrip, H. (1952, 1971), Hartmann, H. (1964a), Jacobson, E. (1964), Winnicott, D. W. (1960a)

八カ月不安　⇒人見知り
[英] eight-month anxiety

発生論的観点
[英] genetic point of view

すべての心的現象は，その心理的な起源と発達に関する命題を含蓄するという観点で，フロイト Freud, S. はこの観点を概念化しなかったが，実質的にはその精神分析理論にとって最も基本的な観点であった。ラパポート Rapaport, D. とギル Gill, M. M. は，この発生論的な観点について次のような命題を明らかにしている。

第1に，すべての心的現象は心理的な起源と発達を持っている。第2に，すべての心的現象は心的な資質に起源を持ち，漸成説的な方向に従って成熟する。第3に，早期の心的現象の原型は後期のものに覆われてはいても，なおも活動的となる可能性を持っている。第4に，心的発達過程において早期の活動可能性のある原型が後期のすべての心的現象を決定する（例えば二相説，反復強迫など）。これらの命題は，精神性的発達論とその発達図式における固着と退行の論議の形でまずフロイトによって提起された精神分析の伝統的な発生的な観点の基本的な命題であるが，さらにハルトマン Hartmann, H. は先天的に与えられた素質によってプログラムされた準備体制 readiness をつくる成熟 maturation と環境との相互作用の中で，それらの心的な機能が実現する発達 development という自我の発達図式を提起した。精神分析のそれぞれの流れは，この発生論的観点に立ったそれぞれに特有な発達図式 developmental schema を提出している。例えばフロイトの精神性的発達論（口愛期から肛門期，男根期さらに性器期へ），スピッツ Spitz, R. のオルガナイザー organizer のモデル，あるいはマーラー Mahler, M. の分離－個体化，アンナ・フロイト Freud, A. の発達ライン，エリクソン Erikson, E. H. の心理社会的漸成説，クライン Klein, M. の妄想・分裂ポジション，抑うつポジション，ウィニコット Winnicott, D. W.

の絶対的依存から相対的依存へ，未統合から統合へ，メルツァー Meltzer, D. の心の次元論などは，いずれも，このような発達図式論の典型で，常に段階 stage とか相 phase という概念を含み，それぞれの段階に応じて心的な機能と対象関係の水準は変遷すると考える。さらに，この観点は，エリクソンによってより包括的なライフサイクルの観点へと発展した。

しかし，一方では，成人の精神分析療法の中で再構成されたこれらの発達図式論やモデルを，生物学的な基礎を持ち，乳幼児の直接観察や児童分析によって観察される時間的 chronological な発達との対応関係を持つ発達過程としてとらえる考えに疑問と批判を提出する動向が見られる。例えばクラインのポジションの考え方のシュタイナー Steiner, J. らによる大幅な修正に見られるように，この発達図式は生物学的・時間的発達との対応関係から自由なそれぞれの心的状態とその推移をあらわす力動的概念として用いるべきであるという主張が次第に有力なものになり始めている。この動向は，発生論的観点から生成分析論的な観点への移行を意味している。しかし，その一方で，乳幼児研究 infant research と母子相互作用の研究の知見を成人の精神療法理解と結びつける新たな動向も生まれ，このような発達観察と臨床的認識との相互関係を理解する方法論的概念として，スターン Stern, D. N. は，被観察乳児 observed infant と臨床乳児 clinical infant の概念を提起している。　（小此木啓吾）

[関連項目] 固着，精神 - 性的発達，生成分析論的観点，漸成説，退行，発達ライン，分離 - 個体化，ライフサイクル，臨床乳児，エリクソン，スターン，スピッツ，ハルトマン，フロイト，A., フロイト，S., マーラー，メルツァー

[文献] Hartmann, H. (1937a), Klein, M. (1930a, 1937, 1946, 1957), Mahler, M. S., Pine, F. & Bergman, A. (1975b), Meltzer, D., Bremner, J., Hoxter, S., Weddell, D. & Wittenberg, I. (1975), Rapaport, D. & Gill, M. M. (1959), Spitz, R. A. (1957), Steiner, J. (1993), Stern, D. N. (1985), Winnicott, D. W. (1965b, 1971a)

発達葛藤
[英] developmental conflict

ナハラ（Nagera, H. 1966）が児童の正常な発達における葛藤について明確化した概念で，彼は，外的な要求が子どもたちにとって理論的にも年齢的にも不当である場合，例えば刺激の過剰や不足のような環境上の出来事が，子どもの発達に応じた欲求の満足を阻害することがあるが，この場合を発達阻害と呼んだ。そしてこの発達阻害は，子どもの自我がこのような不当な外界からの要求をうまく処理することができず，あるいは処理したとしても，そこに混乱や苦痛が伴う。場合によると心的な外傷の素地となる。

これに対して発達葛藤には，それぞれの児童の発達とその成熟度に対応して課せられる外界からの要求との間で生ずる外的な葛藤の場合と，児童本人の内的な 2 つの願望との間の内的葛藤によるものがある。例えばトイレット・トレーニングのように，時機に適した外的な要求と子どもの願望との葛藤，母親を喜ばせたいという願望と，すぐに排便したいという切迫した内的な願望との間の葛藤がある。いずれにしてもこのような葛藤は，一般的なその子どもの正常な発達の年齢・段階に普遍的に体験される葛藤である。これに対して神経症的な葛藤は，欲動活動と内在化された要求との間，すなわち超自我の先駆との間で起こるものを言う。

なお，発達阻害や発達葛藤は必ずしも内在化された葛藤とはならない（Freud, A.）。初期の葛藤を克服して正常な子どもは発達することが可能だからである。ある発達段階で，その子どもにとって深刻な内的葛藤として体験されたものでも，親がその葛藤の処理を助けることで，それに続く段階で問題を解決することができるようになることがある。この意味で，多くの葛藤は発達に従って解消されることが多いが，それにもかかわらず，葛藤が未解決なまま残存した場合には，それはそのまま生涯にわたって存続し，さまざまな病理をもたらすことがある。また，ある種の葛藤は，一定の発達段階に典型的なものがある。例えば，大小便のしつけに関する葛藤，あるいはエディプス的な葛藤などがこれである。　（小此木啓吾）

[関連項目] 発達阻害，発達停止，発達ライン，幼児神経症，フロイト，A.

[文献] Freud, A. (1965), Nagera, H. (1966)

発達阻害
[英] developmental interferences

何らかの外的な要求や刺激が，子どもの発達に相応した欲求充足を阻害することを発達阻害（発達的妨害）という。例えば，生後 1 年間の乳児に母乳を与えることは発達上不可欠な環境側の仕事であるが，離乳が望まれる時期をはるかに過ぎて，2-3 歳になってもなお乳首を含ませ続けるなどの行為は発達阻害の要因となりうる。排泄訓練の場合，それが時機に適ったものであるか否か，子どもの傷つきやすい自我に大きな脅威を与えずに行われるか否か，などによって発達促進刺激にも阻害刺激にもなりうる。適切に行われた排泄訓練においては，すぐに排泄したいという子どもの願望と，その充足を延期せよという外的要求との間の外的葛藤，さらには排泄の願望と母親を喜ばせ賞賛されたいという願望との内的葛藤などをもたらすことになる。これらは，通常発達の中で子どもに不偏的に経験される発達的葛藤 developmental conflict であって，発達阻害によって生じる，成熟の妨げになるような葛藤とは明確に区別されるべきである。

発達阻害によって生じる葛藤は，病理性を持つ固着をもたらす。固着は過度の欲求不満または過度の充足によって生じるのであるから，発達阻害とはまさにそのいずれかの場合だということができる。急性の心的外傷（例えば養育環境の突然で劇的な変化），慢性的な損失状況（例えば両親が未治療の精神病者で十分な養育が不可能）など，さまざまな要因が発達を妨げる要因として，多くの場合複合的に関与する。　　　　　（橋本元秀）

[関連項目] 外傷，固着，発達葛藤，幼児神経症
[文献] Freud, A. (1965)

発達促進環境　⇒抱える環境
[英] facilitating environment

発達停止
[英] developmental arrest

精神分析的発達心理学における発達ラインの概念から派生し，発達プロフィールにおいて応用されている精神分析的自我心理学の概念。固着点への欲動（リビドーおよびアグレッション）の退行現象を綿密に検討していくと，一時的な退行現象と持続的な退行現象を区別することができる。ナハラ Nagera, H. によると，まるで発達が停止したかのような持続的な退行現象は，欲動の総エネルギー量のかなりの部分が，前性器期，つまり，口唇期，肛門期に強い固着を持ち，そのためにその固着点で停止もしくは捕捉されたかのようになるという。そのために，発達の上で表面上は，男根 - エディプス期を通過し，潜伏期，青年期そして成人へと至るものの，ささいなフラストレーションで容易に退行現象を起こし，口唇期，肛門期にて多くの欲動エネルギーを消費しているために，欲動の総エネルギー量の全体バランスが悪く，退行現象が男根 - エディプス期では収まらず，口唇期，肛門期まで至り，その固着点特有の諸現象が出現し，容易には元の発達ラインまでは回復しないという。

（柴田滋文）

[関連項目] 自我心理学，発達葛藤，発達阻害，発達ライン，幼児神経症，フロイト，A.
[文献] Eissler, R. S. (1977), Freud, A. (1965), Nagera, H. (1964, 1966, 1981)

発達ライン
[英] developmental line

子どもの発達全体をとらえるためにアンナ・フロイト Freud, A. により考え出された概念。彼女は，欲動の発達と自我の発達はそれぞれ個別に評価するべきではないという見識のもと，子どもの発達評価を，欲動・自我・超自我のそれぞれの相互作用および環境要因に対するそれらの反応を理解することにより，発達の全体像をとらえることができると指摘した。

彼女は 4 つの発達ラインを記載している。最も重要である第 1 のラインは，非常に依存的な乳児が段階的に成長し，情緒的にも身体的にも成熟した青年に至るまでのラインである。このラインは従来のリビドー発達を連続的に示すものであり，その中には，(1) 母子間の生物学的一体期，およびそれに引き続く分離 - 個体化理論によるところの各発達段階の時期，(2) 部分対象，もしくはアナクリティクな関係の時期，(3) 対象恒常性の確立される時期，(4) プレ・エディパルもしくは肛門サディズム期というアンビバレントな関係を対象と持つ時期，(5) 完全な対象指向性を示す男根 - エディプス期，(6) 潜伏期，(7) 前思春期，(8) 思春期，と分けられた発達段階が含まれる。そして，それぞれの時期における正常および異常な現象として，委託うつ病，偽りの自己，前思春期の退行，思春期の反抗，などが記載されている。第 2 のラインは，母親に完全に依存している状態から身体的自立へと向かうラインである。このラインには，(1) 摂食行動の発達として，おしゃぶりから合理的な食事へと向かう発達，(2) 排泄行動の発達として，おもらしから排泄のコントロールへと向かう発達，(3) 身体管理の発達として，母親にまかせっきりの状態から自らの身体のケアを責任をもって行えるようになるまでの発達，が含まれて記載されている。第 3 のラインは，対象世界においての自己中心性から仲間を持てるようになるまでのラインである。その中には，(1) 自己中心的で自己愛に基づいてのみ対象世界をみている時期，(2) 他者がまるで人形のように生命のない対象として認知されている時期，(3) 他者を遊びなどをする上での自分を助ける存在としてのみ認知している段階，(4) 他者を仲間として受け入れられる時期，と分けられた発達段階が記載されている。第 4 の発達ラインは，リビドーの備給される対象が自らの身体から移行対象を通過して遊びへそして仕事（勉強など）へと向かうラインである。その中には，(1) 自らの体を使って自己愛的な喜びにひたる時期，(2) 初めての玩具として移行対象が現れる時期，(3) 移行対象からあらゆる種類の柔らかい玩具に執着する時期，(4) 柔らかい玩具から玩具遊びへと移行する時期，(5) ゲームを楽しめるようになる時期，(6) 遊べる能力が仕事をする能力へと変化していく時期，と分けられた発達段階が記載されている。

この発達ラインの概念は精神分析的発達心理学において発達プロフィールへと発展し，臨床的に用いられてい

る。　　　　　　　　　　　　　　　（柴田滋文）

　[関連項目] 自我心理学，発達葛藤，発達阻害，発達停止，フロイト，A.
　[文献] Eissler, R. S. (1977), Freud, A. (1965), Nagera, H. (1981)

パニック障害　⇒不安神経症
　[英] panic disorder

母親〔母性〕
　[英] mother
　[独] Mutter
　[仏] mère

　伝統的な精神分析における「母親」は現実の母親，個人の内的対象像，無意識的幻想の母親を意味する。また，子どもを産んだ生物学的な母親，子どもにとって中心的な養育者の役割を果たす人物である場合もある。

　フロイト Freud, S. は『夢判断』(1900) で「願望 wish」の形成過程について，「おなかをすかせた乳児は仕方なしに泣いたり，手足をバタバタさせる。(中略) 自分でその願望を満たし，興奮を解消することはできない。ところが何らかの方法によってこの乳児に他者が助け舟を出してやることによって，内的刺激を解消する満足体験がなされるときに初めて一つの展開が起こる」と述べた。つまり，乳児の興奮の表現を欲求の表現として読み取り，その欲求の充足を提供するような母親の助けが必要であり，フロイトはこのような母子のコミュニケーションによってヒトの心的な過程そのものが形成されると考えた。しかし，その後のフロイトは精神分析理論を体系化する過程で，母子関係より父 - 母 - 子という三者関係の葛藤を主題とするエディプス・コンプレックス論に注目し，母子関係における愛憎のアンビバレンスを理論の中核に置かなかった。

　ところが，フロイト以後の多くの精神分析の理論ではエディプス期以前の母親を主題とするようになり，欲動の対象，愛着の対象，依存の対象などの母親を明らかにするとともに，その母親の不在，喪失，剥奪（母性剥奪），母親からの分離などが研究の主題になった。

　アンナ・フロイト Freud, A. およびクライン Klein, M. は初期の母親は子どもにとって部分対象であり，欲求充足の対象ととらえた。クラインは無意識的幻想としての早期エディプス・コンプレックスを提唱し，妄想 - 分裂ポジションでは乳児は死の本能を母親の乳房に投影し，「悪い母親」としての迫害対象像を，そして欲動を満足させる乳房を内的に取り入れて「良い母親」として感じるという，子どもの幻想の母親について論じた。この段階ではそれぞれが分裂した部分対象関係であり，これが抑うつポジションにいたって初めて全体対象としての母親となると考えた。

　これに対して，小児科医として多くの母子を観察したウィニコット Winnicott, D. W. は子どもに対する母親の心的役割を重視し，子どもに対して発達促進的な環境を提供する「環境としての母親」と，子どもの欲求の対象となる「対象としての母親」を区別した。そして出産後，数カ月は原初の母性的没頭 primary maternal preoccupation を向けて乳児のニーズを読み取ることに集中するのが普通に献身的な母親 ordinary devoted mother であり，「ほど良い母親 good enough mother」の重要性を説いた。

　ウィニコットの特徴はこのような母親の機能は欲動（エス）との関係ではなく自我関係化として子どもを抱えること holding を重視したこと，そして，子どもの側の投影という内的世界だけでなく，環境を提供する現実の母親と子どもの母子相互作用に注目したことである。

　また，ウィニコットは欲動や愛着の対象としての母親より依存の対象としての意義を重視し，乳児が依存していることさえも自覚できない絶対依存の段階での環境側の抱えることの失敗が精神病水準の人格の病理に影響すると考えた。

　病理の発生について，フロイト，クラインのように乳幼児の内的欲動とその外界への投影，葛藤という視点から理解する場合と，ウィニコットのように乳幼児と外的環境（主として母親）との相互関係からとらえる場合とでは転移の扱い方，治療機序についての考えも異なる。

　分裂病の家族研究は母親に関心を向け，フロム - ライヒマン Fromm-Reichmann, F. は子どもと夫に対して支配的，操作的，過保護でありながら根底には拒否的な分裂病因性の母親に注目した。

　精神分裂病の治療者のこのような動向の先駆者であるフェダーン Federn, P. はシュヴィング夫人 Schwing, G. の協力により，精神病患者に対する治療者の母性的態度，すなわち治療者の内部の母性愛の意義を明らかにした。

　英国のウィニコットと同時期に米国の自己心理学のコフート理論はアサーティブな存在としての子どもに共感的環境を提供する母親という自己対象関係を重視し，それを欠いた共感不全の母親と子どもの関係の病因性を明らかにした。

　やがて精神分析の母親研究は子どもの無意識的幻想の投影とあるいは母親の養育機能，両者の相互関係に対し目を向けるようになった。

　たとえばフライバーク Fraiberg, S. は母子の関係性障害としての（母）親 - 乳幼児心理療法を提唱し，レボヴィシ Levobici, S. やクラメール Cramer, B. によって母子同席の心理療法として発展した。レボヴィシは母子間

の幻想的な相互作用を明らかにした。そこでは母親の心的表象の投影が現実の母子相互作用にどのように影響しているかを現実吟味しながら、母親にその洞察を与えることによって母子相互作用の歪みを解消する。

さらにスターン Stern, D. N. は、特に初めての出産後数カ月間の母親の中では自分の母親（祖母や叔母や姉をも含む母性像）との結び付きが急速に強まり、母-自分-乳児という心的三幅対という特有の心的編成 psychic organization を形成することに注目した。彼はこれを母親の中での母性のコンステレーションと呼ぶ。そして親-乳幼児間の障害を生じている母親への心理療法では、よい母親によって肯定されることが重要であること、つまり彼が「よいお祖母さん転移」と名付けた適度な陽性転移を治療者が温存しながら、発達課題に即して親-乳幼児の連続的短期療法 serial brief therapy を用いることを提唱している。

このように子どもに対する共感不全や情緒応答性が欠けている母親、育児困難を訴える母親、子どもに対する拒否、虐待などに悩む母親が精神分析の臨床の対象となっている。わが国では古澤平作がとり上げた阿闍世コンプレックス論を小此木啓吾が発展させ、阿闍世の母、韋提希における子どもをもちたいという願望と子捨て、子殺しの衝動との葛藤とその罪悪感をとりあげている。フェデル Feder, L. やラファエル-レフ Raphael-Leff, J. らは同様の葛藤を母親における子どもをもつことのアンビバレンス preconceptual ambivalence として研究している。さらに小此木啓吾は母親のマゾヒズム的な傾向を美化する日本的マゾヒズム論を、また北山修は「傷ついた母親」論を展開している。 　　　　　　（深津千賀子）

［関連項目］阿闍世コンプレックス、アタッチメント、エディプス・コンプレックス、親-乳幼児心理療法、環境としての母親、関係性障害、願望、原初の母性的没頭、幻想上の相互作用、自己対象、前エディプス期（の）、ほど良い母親

［文献］Cramer, B. G. (1989), Freud, S. (1900), Fromm-Reichmann, F. (1948), 北山修 (1993a), 丸田俊彦 (1992), 小此木啓吾 (1985b, 1985c), 小此木啓吾・深津千賀子 (1993), Raphael-Leff, J. (1991a), Schwing, G. (1940), Segal, H. (1964/1973), Stern, D. N. (1995), Winnicott, D. W. (1965b, 1971a)

母親参照
［英］maternal referencing

エムディ（Emde, R. N. & Sorce, J. E. 1983）がこの概念により言おうとすることは、乳幼児が、状況判断や自分自身体験しつつあることの確認のために、その場面に居合わせる母親がそのとき発信しているものを拠りどころとして用いる心のはたらきである。情緒的、認知的、感覚的、行動的ないろいろな手がかりとして母親からの情報に注意を集中する乳幼児だが、エムディは特に情緒信号に焦点を当てている。「アタッチメント」の問題が基本的に重要で、その時その場での「参照」の背景には、日頃の母子間の緊密な情緒交流がある。エムディが母親の「情緒応答性」の機能と関連づけてとらえる通りである。それは母親が乳幼児からの十分分化しない情緒的表出を適切に解読し返信するという「共感」性のある「映し返し mirroring」（Kohut, H. 1977）の機能とも言い換えられる。また情緒的呼吸がもともとズレていれば、実際場面で子どもが自分の未分化な主観体験にとって、確かな参照機能を母親の反応をもとに発揮するのが難しく、日頃の「情動調律」パターンや信頼関係が重要となる。母親参照は、母親の指令に従うロボットさながらにではなく、子ども自身が母親の反応（微細な、また無意識のものを含め）をどう読みとり、それを手がかりに活用して内的情報統合を進めるかであり、本来主体的能動的な機能である。「参照」を「しない（できない）」子どもの存在から教わる問題は多い。 　　　　（斎藤久美子）

［関連項目］アタッチメント、社会参照、情緒応答性、情動調律、エムディ

［文献］Emde, R. N. & Sorce, J. F. (1983), Kohut, H. (1977)

母親-乳児ユニット
［英］mother-infant unit

母親と乳児とを別個の存在としてではなく、ひとつのまとまりとして理解するという意味であり、母-乳幼児対 mother infant dyad ともいわれる。ウィニコット Winnicott, D. W. の「ひとりの赤ん坊というものはいない。いるのは母親と一対の赤ん坊だ」という言葉は、こうした母親と乳児の関係を端的に表現したものである。乳幼児に接している母親は、その表情や仕草からさまざまな幻想をかき立てられ、自己の内的体験を再編して成熟していく。一方、乳児も母親の眼差しや表情を通して、自己像を確立していく。母親と乳児との間には、投影同一化を介した幻想的相互作用が働いており、両者を区別して語ることは出来ない。しかし、母親と乳児の一体感をあまりにも強調しすぎると、乳児が自分の欲求を感じたり、分離を経験する機会を逸することになりかねない。そういう意味で、この言葉は矛盾をはらんだものである。この考え方は、現代の乳幼児精神医学の基礎にあると言うことができる。 　　　　　　　　　　（館　直彦）

［関連項目］親-乳幼児心理療法、乳幼児精神医学（保健）

［文献］Lebovici, S. (1988a), Winnicott, D. W. (1987)

パラタクシックなゆがみ　⇒サリヴァン
［英］parataxic distortion

パラノイア
［英］paranoia
［独］Paranoia
［仏］paranoïa

　日本語でしばしば「妄想症」と訳されるこの概念は，19世紀ドイツではごく広範囲の精神病を指す用語として一般的に用いられていた。しかし，この概念はクレッペリン Kraepelin, E. によって，持続的かつ揺るぎない妄想体系が固定しながら，知的機能や意志，行動は病的変化を被らずに保たれる精神病と定義され，確固とした妄想体系の発展にもかかわらず人格の広汎な障害をもたらさないという点で，早発性痴呆，すなわち分裂病とは異なるものとしてとらえられることになる。フロイト Freud, S. は，おおむね，クレッペリンのこの分類に従ってパラノイア概念をとらえ，迫害妄想の他に，恋愛妄想，嫉妬妄想，誇大妄想をこの中に入れている。しかし，フロイトにおいては，早発性痴呆とパラノイアの区別はしばしば曖昧となり，例えばシュレーバー症例の考察に見るように，妄想性痴呆，つまり今日的な観点からすれば妄想型分裂病と診断されるべき症例を，あえてパラノイアとして考察している場合がある。フロイトは，このシュレーバー症例の考察で，その迫害妄想を，父親と兄に対する同性愛的欲望に対する防衛としてとらえ，同性愛的欲望に対する防衛こそ，パラノイアの本質であると考えるに至っている。フロイトによればこの防衛は以下のような投影を通して行われる。「私はあの男を愛している」という同性愛の幻想を出発点とし，この幻想の否定として「私はあの男を愛さない，私は彼を憎む」が生じ，ついで主語と目的語の反転により「あの男が私を憎む」という迫害妄想の内容が導かれるのである。恋愛妄想，嫉妬妄想についても同じような反転をもとに説明されている。フロイトは，彼のナルシシズムの概念を精密化するに従って，精神病をナルシシズムの問題としてとらえるようになり，精神病においては，対象リビドーの撤退と自己へのリビドーの備給が起こると考えるに至っている。こうした精神病の一般的理解の中に位置づけると，パラノイアは，自己愛への退行と，同性愛的な欲望の投影による回避によって生じた病態ということになる。ラカン Lacan, J. は，フロイトのこうした考察をさらに進め，パラノイアについての議論を通して，精神病一般についての考察を導くことになる。彼は，フロイトが Verwerfung という言葉で表している事態に注目し，これをフランス語で forclusion（日本語では排除と訳される）と訳し，精神病の根源的な事態を表す言葉として取り上げた。ラカンが「父の名の排除」という言葉で表しているのは，そうした文脈でとらえられた精神病の根源的な事態である。これは，原抑圧の機能しない事態，つまり父性隠喩が作動しない事態のことである。ラカンによれば，パラノイアにおける妄想は，「父の名の排除」により，意味と一貫性を奪われたものに対し，これを復元するために妄想性隠喩を作り上げることにより，失った父性隠喩を補填するものとして現れるものである。

（鈴木國文）

［関連項目］シュレーバー［症例］，精神病，父の名，パラフレニー

［文献］Freud, S. (1911b), Kraepelin, E. (1883-1927), Lacan, J. (1956)

パラフィリア　⇒倒錯
［英］paraphilia
［独］Paraphilie
［仏］paraphilie

パラフレニー
［英］paraphrenia
［独］Paraphrenie
［仏］paraphrénie

　一般精神医学でそれは，クレペリン Kraepelin, E. が提唱した用語としては慢性妄想性精神病を指し，パラノイア paranoia と同じく，知的低下を伴うことなく，痴呆に向かう傾向もなく，幻覚と作話に基づいて次々と妄想を形成するが，系統化に乏しい点で分裂病に近い精神病である。つまり，多くの点で早発性痴呆と一致した症状を呈するが，ただ，情意面での障害がきわめて軽く，妄想形成を主徴とするものである。しかし，実際には早発性痴呆（精神分裂病の妄想型）に組み込まれ，現在，この疾患名は臨床的にほとんど用いられなくなっている。ところが，その一方で，この概念は，フロイト Freud, S. が提唱した用語として歴史的な意味を持っている。フロイトにとってパラフレニーの概念は精神分裂病を指し，次いでパラノイア-精神分裂病群全体を意味する場合もあった。つまり，フロイトがこの概念を用いたのは，『自伝的に記述されたパラノイア（妄想性痴呆）の一症例に関する精神分析的考察』（1911）のシュレーバーの疾病診断について論ずる文脈の中においてである。そこでフロイトは，むしろ現在精神分裂病と言われている疾患について，早発性痴呆という用語は不適切だし，精神分裂病という用語についてもいまひとつぴったりしない，むしろパラフレニーという用語が適切だという。「パラフレ

ニーという名称の内容そのものは大変曖昧だが，それだけに para という点で paranoia との関係をあらわすのみならず，その中に含まれるフレニーという点で hebephrenia を思い出させるから，むしろ Dementia paranoides, Paranoia, Hebephrenia を総称するにはパラフレニーという名称が適切だ」と．さらに，『ナルシシズム入門』(1914)でフロイトは，パラフレニー概念をもう一度取り上げているが，そこでは，より包括的なパラノイア - 精神分裂病群を指している．しかし，フロイトは，それ以後，この用語について論ずることをやめてしまった．それは，ブロイラー Bleuler, E. の精神分裂病という用語が広く受け入れられたためであると考えられる．

(小此木啓吾)

[文献] Freud, S. (1911b, 1914c), Kraepelin, E. (1883-1927)

パラメーター
[英] parameter

受身性を守り，言語的解釈を与えることを基本的な技法とする古典的な精神分析療法の基準から，一時的かつ柔軟に離れる治療態度をとることをパラメーターという．この言葉はアイスラー (Eissler, K. 1953) が提起したが，フロイト Freud, S. 以来あげられているのは，恐怖症患者の治療の場合に，彼らが恐怖を抱いている状況に対して自ら直面することを助言する能動性を治療者が発揮する場合である．アイスラーは，このようなパラメーターは次の条件がみたされる場合に限って導入されるべきだという．

(1) そうすることによって精神分析的な過程が促進される．(2) 一時，パラメーターを用いても，やがて標準的な技法に立ち戻ることが可能である．(3) パラメーターの役割が終れば，それなしで本来の精神分析療法を行うことができる．(4) 患者自身，パラメーターの機能を洞察することができ，また，そのパラメーターそのものの分析と，その意味の解釈を患者に行うことが重要である．

このアイスラーのパラメーターの提起によって，本来の理想的な精神分析療法技法の中に解釈それ自体とともに，その解釈を準備する技法も含まれるという認識が確立された．

パラメーターは，精神分析技法の患者の年代に適応する技法の順応 adaptation，それぞれの患者の病態に順応する技法の修正 modification，そして，精神分析理論および技法の基本的観点の一部を変更する変異 variation と区別される．

(小此木啓吾)

[関連項目] 古典的分析技法，精神分析療法，フロイト的治療態度，分析家の受身性，フロイト，S.
[文献] Eissler, K. R. (1953), Freud, S. (1910d), Glenn, J. (in press)

歯をもった膣
[ラ] vagina dentata

性交の際に，その歯でペニスを噛んだり傷つけたりする女性性器のことを言い，男性の性交恐怖や同性愛不安に伴う空想や比喩として登場すると言われる．女性の口と膣が性的幻想や性交において等価となることはよくあるが，これを基盤にした置き換えまたは投影，さらには同一視により，膣が食う，噛みつくなどの攻撃性を発揮する器官と見なされて，男性を誘いながら恐れられることになる．人類学者の報告や神話の理解を活用するランク Rank, O. (1924) が，神経症や性機能障害に悩む男性の無意識的恐怖の理解にこの観念が役立つことを報告したが，その後も男性機能障害に関する象徴的な理解のほとんどが母親恐怖や去勢不安と結びつけて解釈している．また，女性が男性のペニスについて膣を歯で破壊して食べるものと想像する場合，歯をもったペニス penis dentata と呼ばれることがある．両者とも異性の性器に対して抱かれる恐怖の象徴である場合が多い一方で，自らの性器が相手を傷つける空想を抱く場合もあるという．さらに女性性器には，鼠や蛇などの口，そして食虫花，イソギンチャク，蜘蛛などの連想が結びつくことがある．これらの内容解釈とともに重要なのは，置き換えや口唇サディズムや性欲動の投影だけではなくその不安や防衛の解釈であろう．

(北山 修)

[関連項目] 性機能障害
[文献] Rank, O. (1924)

反社会性
[英] antisocial tendency

[歴史的変遷] 歴史的には反社会的な人びとに対し，精神病質（サイコパチー・サイコパス）・変質・社会病質などの概念が異なった視点から使われ，近年では反社会的人格障害 antisocial personality disorder の概念が用いられている．ドイツではクレペリン Kraepelin, E. が精神病質 Psychopathie を精神病と正常の境界にある中間者概念としてとらえ，部分的な発達制止と見なした．シュナイダー Schneider, K. は精神病質を病気から区別し，変異概念としてとらえた．変質 Degeneration は遺伝学的概念である．イギリスではプリチャード Prichard, J. C. の背徳症状群をはじめ反社会性に注目し，社会病質 sociopath を用いてきた．イギリスのクレックレー Cleckley (1941/1976) はサイコパチーの臨床的な包括的記述をし，現実と社会の要求に波長を合わせることが出来ず，表面的な関係はできるが無責任であり，他者へ

の配慮がない人びととして示した。

アメリカでの人格障害の研究は，英国系の社会病質の考え方と幼児期の環境を重視する精神分析の考え方が主流であった。DSM-I（1952）では社会病質的人格異常 sociopathic personality disturbance が，DSM-II では反社会性人格異常 antisocial personality disorder があげられた。DSM-III（1980）における反社会性人格障害の定義は法律違反や失業などの行動面を重視した記述的なものである。DSM-III-R で「良心の呵責がない」が加えられ，DSM-IV（1994）でより単純化され，サイコパチーの特徴が強調された。

［精神分析学と治療］カンバーグ Kernberg, O.（1984）は反社会性患者を自己愛人格障害との一連の連続体の中で把握し，その最も原初的な変形とした。自己愛人格との違いとして，サディスティックな超自我前駆体 sadistic superego precursors が唯一の超自我発達であること，内在化した理想対象 ideal object が高度に攻撃的なイントロジェクト higly aggressive introject であること，行動を正当化したり合理化しないことがあげられた（Gabbard, G. O. 1994）。

ボウルビィ Bowlby, J.（1944）は非行の主要因として母性剝奪に注意を向け，心理的社会的挫折への潜在的脆弱性を減少させるために初期の安全な愛着が必要だとした。マーラー Mahler, M.（1975）はサイコパスの人は対象恒常性の発達レベルを達成していないとした。ウィニコット Winnicott, D. W.（1963）は反社会的性向はその起源に必ず母性愛剝奪があり，その剝奪を越えてすべてがうまくいっていた事態を取り戻そうとする子どもの希望を表しているとした。

治療促進要因は，不安の存在，I 軸におけるうつ病の診断などがあげられ，心理療法への禁忌として，重傷や死に至らせた暴力行動の存在，後悔や合理化の完全な欠如，セラピストの側の強い恐怖の逆転移などが示されている。治療の原則としては，否認と反社会行動の直面化をすること，今ここでの行動を直面化すること，セラピストの逆転移をモニターすること，過度の期待を避けることなどがあげられる（Gabbard, G. O. 1994）。

（中村俊哉）

［関連項目］アタッチメント，合理化，サディズム，自己愛［ナルシシズム］，超自我，DSM-IV 人格障害，剝奪

［文献］Bowlby, J.（1944），福島章・町沢静夫・大野裕（1995），Gabbard, G. O.（1994），Kernberg, O. F.（1984），Winnicott, D. W.（1965b）

ハンス少年 ［症例］
[英] little Hans
[独] kleiner Hans
[仏] petit Hans

フロイト Freud, S. が 1909 年に発表した『ある五歳男児の恐怖症分析』という論文で報告された症例。1906 年からフロイトは精神分析の共鳴者である父親からその息子 3 歳のハンスの記録の報告を受けることになったが，この少年の母親は短期間フロイトの患者であった。この記録の一部はフロイトの『小児の性に関する論文』（1907）と『幼児期の性理論』（1908）に紹介されている。そして 4 歳 4 カ月になったハンスは 1908 年 1 月，幼児神経症の状態に陥り，父親を介しての治療が行われた。そして 1909 年に，フロイトは『ある五歳男児の恐怖症分析』を発表した。この論文は子どもの分析治療の最初の報告ということになっている。確かに症例報告としてみると，そこに語られている内容は実によく整っていて，きわめて説得的である。微に入り細に穿った分析がゆきとどいている。しかし今日的な治療構造の観点からすると，それは非常に特例的である。母はもとフロイトの患者であり，父母ともにフロイトの信奉者であった。そしてフロイト自身はハンスに 1 回あったきりである。実際の治療はハンス少年の父親が，フロイトからさまざまの指導・指示をえて行ったものである。さらにもっと別の文脈で考えると，フロイトと彼の父親の関係，そしてハンス少年とその父親との関係とが重なっているのかもしれないという点も指摘される。母がフロイトの患者であったせいか，この報告には母親はほとんど登場せず，くわしいことは分からない。そんなわけで現在一般に行われる子どもの分析治療とは異なる点が多々ある。とはいえ，ハンス少年は父親と思いのままを，夢の話を含めて自由によく話をしているし，一緒に絵を描いたりしている。

この論文でフロイトが主として述べたかったのはエディプス複合のことであって，それに関する限りは，その渦中に今現在いる子どもの口を通して直接，語られる素材そのものをとりあげている点，特筆に値するものであった。それ以前は成人の分析治療の中で幼児期の記憶として語られていた。それがここでは今，眼の前で起こっていることとして語られたのである。それらは例えば，ハンスは 3 歳以前から「おちんちん」に強い関心をもっていたこと，「おちんちんを切られてしまうよ」という母からのおどしは 3 歳半の時のこと，「ママにもおちんちんがある？　大きいんだろうね」といっていたこと，3 歳半の時に妹が家の中で産まれたということ，避暑地へいった時に夜，夢をみたあと強い不安におそわれ，母のベッドに入れてもらったということ，そしてその地で 14 歳

の娘に強い好意をもって，彼女と一緒にねたいといったことなどがある。4歳3カ月の時に，おしっこするのを父に手伝ってもらいたいと願ったという夢をみている。5歳少し前になって，馬が自分をかむのではないかという恐れとともに，母に強く甘えたがるようになっている。そしてオナニーが頻発している。「パパのそばをはなれるとパパはもういってしまって帰ってこないのではないかとこわいんだ」という。その他馬が倒れるのではないか，倒れた馬が足をバタバタさせていたのがこわい，ということになり，さらに重い荷馬車など，こわいものの対象がかわってゆく。また大便への強い関心，こだわりが出現し，それがお産と同置されている。妹が母と入浴中，あやまって溺れ死ぬのではないかという不安が出現する。そして最後には鉛管工が浴槽の工事にやってきて，ねじをとりはずし，浴槽とお尻とをとりかえて，より大きなのをとりつけていったという空想を語る所で治療は終るのである。図式的にいえばハンスが示していた馬恐怖，その他さまざまの症状は結局の所，母親に対して性愛的な強い感情をもち，父親をなきものにしたいという強い願望があって，そのために父親から去勢されるのではないかという不安・恐怖が生じたものであるとされる。そしてこの強い恐怖は馬がこわい，かみつかれるという不安・恐怖におきかえられて神経症を形成していったものであろうとされるのである。そのことは一応それでよいのだが，その後いろいろな側面からの再考察や批判が出てきている。さまざまの症状が出現してくる以前に，ハンスは母に対する愛着・甘えを十分にもてずにいたのではないか。妹の誕生によって母親からの愛情がますます危機的なものになったのであろうが，それ以上にこの家庭が全体として，そもそもどのように機能していたのだったか。そしてハンスにしてみると家族像・両親像というものがもともと歪んでみえるような類のものであったのではないかという考察もある。去勢不安についても「お父さんにおちんちんを切られてしまいますよ」と母親にいわれたのだから，そこには単なる去勢不安にとどまらず，愛着をめぐる不安，分離不安などの混合があったのであろう。それらの不安材料をハンスは多彩な症状によって否認したり，別のものとおきかえたりしていたものと理解される。去勢をせまるかもしれない父親を相手にして，さまざまの感情・気持・憶測などすべてを話し，吟味し，その意味を深く考えるのだから，たとえフロイト先生が父親のうしろにみえかくれしていて下さるとしても，ハンスとしては時々冗談をいったり，口から出まかせをいって父親の反応を試しているような節もみえる。そうでもしないでは，重くてやりきれなかったのであろう。原光景をめぐる幻想（キリンの話）とそして出産をめぐる幻想（自分も子どもを産む，ウンコへの強い関心）とがハンスの神経症的葛藤の土壌として重要に

なるであろう。これらの幻想をハンスはどうとらえ，どう対応しようとしていたのかがさまざまの臨床素材を通して語られているわけである。

結局ハンスは自分が母親と結婚し，父親はその母親（祖母）と結婚すればいいという空想をもつことによって葛藤的状況から一応は脱出する。ハンスは去勢不安を含むさまざまの心的現実を真剣にうけとめ，複雑な心の旅をしっかりと行ったという所にこの治療の真髄があったというべきであろう。

フロイトはこの論文でエディプス複合を扱ったのだが，この論文はそれにとどまらず，人が精神性的な生活の中で体験する空想・幻想・欲望・衝動・不安・怒り・攻撃・償い・喪・そして甘えなど，さまざまの事柄の意味を組織的にとりあげた所に，その深い意義があった。そしてそこにフロイトの人間観があからさまになっているといえよう。なお，ハンスは10年以上を経た1922年の春，フロイトに面接を求めた。フロイトはハンスのその後の身を案じていたが，19歳の頼もしい青年は自分は申し分のない健康な生活を送っていると語った。しかし実際には，両親は離婚しそれぞれ新たな結婚生活を送り，妹とも離れ，ハンスは一人暮らしをしていた。これらの困難を克服して，両親ともうまくやっていた，という。ハンスは自分の分析記録を改めて読み返したが，それらを自分のこととして認識せず，当時のことを何一つ思い出せなかった。すでにフロイトはハンスの知覚の過敏さとくに聴覚領域のそれを指摘していたが，その後の調査によれば，ハンス少年は，米国に移住し，ニューヨーク，メトロポリタンオペラのステージ・ディレクターをつとめオペラ製作に関する3冊の本と数多くの評論を書いた。実名はハーバート・グラフ Herbert Graf であった。なおグラフはずっと独身だったという。　　　　（小倉　清）

[関連項目] エディプス・コンプレックス，去勢コンプレックス，児童分析

[文献] Freud, S. (1909b), 藤山直樹 (1993), Kanzer, M. & Glenn, J. (ed.) (1980)

反動形成

[英] reaction-formation
[独] Reaktionsbildung
[仏] formation réactionelle

フロイト Freud, S. によって解明された防衛機制の一つ。人が自らの意識の内には受け容れ難い内的な空想，欲求，衝動など心の内容物を表出する際，本来それらが目的としていたのとは逆の方向の言辞や態度を強調することによって妥協形成を図るものをいう。たとえば，本来敵意が優勢なところを一見きわめて好意的であるかのように振る舞うといった場合や，過度の自立志向を強調

することで秘められた依存心を逆転させているような場合である。反動形成は，元来，心の中の，その場にふさわしくない，あるいは反社会的な内容物を，より社会的な承認や評価を受けられるような方向に逆転させるという適応機制として発展すると考えられ（嫌がられるものを好まれるものへ，汚いものをきれいなものへ），適度な反動形成は一見昇華と区別がつきづらい場合も少なくないが，防衛としてのそれは，しばしば，行き過ぎた，オーバーな，あるいはわざとらしいニュアンスを伴うことが多く，加えて「結果的に」本来の無意識的な欲求充足の側面が伴っていることが多い。たとえば，過度の潔癖さに基づいてより多く汚いものにかかわることになっているとか，「慇懃無礼」のような形でその本人の無意識の敵意がにじみ出ているといったものである。本人自身は，そうした無意識の満足の部分を抑圧・否認し，それは本意ではないという態度を堅持することも多いが，抑圧が揺らぐと「どちらが本当なのか」決めかねて葛藤的になる場合もある。　　　　　　　　　　　　　　（栗原和彦）

[関連項目] 打ち消し，置き換え，隔離，強迫神経症，強迫性格，昇華，否定，防衛，防衛機制，抑圧

[文献] Fenichel, O. (1945), Freud, S. (1926a), 小此木啓吾・馬場禮子 (1972)

ハンドリング　⇒抱えること〔ホールディング〕
[英] handling

万能
[英][仏] omnipotence
[独] Allmacht

訳としては，「全能」が使われる場合もあり，全智（全知）全能 omniscience and omnipotence と表現されることも少なくない。フロイト Freud, S. が症例ラットマンの分析でとりあげた，強迫神経症の「思考の全能」が，この領域の探究の端緒であった。ついでフェレンツィ Ferenczi, S. が，乳幼児の万能感が発達につれてどのように変遷するかを段階的に示した。そこでは，現実感の発達とともに，乳幼児の万能感が無条件に保証されている段階から，魔術的な幻覚・身振り・思考の使用によって維持される段階を経ることが説かれている。この論考の後，対象関係の発達論や自己愛論には，万能という鍵概念がさまざまな切り口で頻繁に用いられている。以下に，概説する。

ウィニコット Winnicott, D. W. の考えでは，最早期の母子関係において，乳児は一体感と万能感に満ちた体験のなかにいる。その状態は母親から提供されているにもかかわらず，乳児は自らが作り出した世界であると幻想（錯覚）している。乳児がこの段階から分離した対象との関係をもつように発達していくためには，母親が乳児に十分に幻想をもたせた後に，徐々に脱錯覚させていくという機能が重要であるとされている。そしてこのプロセスが進んでいくためには，万能の要素を残した移行対象や移行現象の存在が貢献しているといわれる。

クライン Klein, M. は，乳幼児の発達から「ポジション」というモデルを打ち立てた。妄想分裂ポジションで活発に動員される原始的な防衛機制においては，万能の関与が指摘されている。万能は，分離，依存，羨望への防衛とみなされている。このポジションにおける心的現実の否認は，万能感の裏づけをもって維持される。また，自我および対象の分裂のもとに，理想的な対象と状況を万能的に生成し，迫害的な対象と苦痛な状況を万能的に排除するという機制が働く。

一方，妄想分裂ポジションから抑うつポジションに移行してゆくなら，対象に依存している現実と，対象と自己は分離しているという現実に直面することになる。こういった現実は，対象を万能的に支配し，一体化しているという幻想を打ち砕くものである。この際の心的な苦痛にもちこたえ得ない時，逃れるひとつの方法が，躁的防衛である。躁的防衛では，万能感や対象の万能的な支配が再現，強化されることになる。

フロイト以来，分析の進展への妨げになる要素は注目されてきたが，自己愛と自己愛的対象関係の研究を経て，対象との分離や対象への依存という現実を受け入れることへの万能的な防衛が抽出されている。ローゼンフェルド Rosenfeld, H. A. は，自己の破壊的な部分の万能的理想化に基づいたパーソナリティのなかの自己愛構造体という概念を展開させた。この研究はシュタイナー Steiner, J. によって引き継がれた。ビオン Bion, W. R. は「万能」という言葉は常に「無力 helplessness」も意味していると述べたが，彼は全智について，全智は本物かにせ物かを識別することに代えて，真実についての倫理的な独善的断定をあて，ゆえにここには経験から学ぶことがないと言う。ビオンは全智からの倫理性は精神病のひとつの機能と見ている。メルツァー Meltzer, D. は真実の理解と知覚に関して，原初対象 primary object は全智と体験されることを付け加えている。　（高野　晶）

[関連項目] 原始的防衛機制，自己愛構造体，思考の全能，躁的防衛，脱錯覚，万能的コントロール，病理構造体〔病理的組織化〕，妄想分裂ポジション

[文献] Bion, W. R. (1962a, 1992), Ferenczi, S. (1913), Hinshelwood, R. D. (1991), Klein, M. (1946, 1957), Meltzer, D. (1965), Rosenfeld, H. A. (1971), Segal, H. (1964/1973), Winnicott, D. W. (1951)

万能的コントロール

[英] omnipotent control

強迫機制とりわけ強迫的コントロール obsessive control においては，主体は自己の一部を外界に投影しこれをコントロールすることによって自己の統合と適応をはかろうとする。グリンベルグ Grinberg, L. はこの強迫的コントロールを，より統合されたレベルで作用する適応的コントロール adaptive control と，より退行したレベルで作用する万能的コントロール omnipotent control の2種類に区別している。適応的コントロールにおいては投影同一視が穏和な正常に近い形で働き，主体は対象に投影されたものを再取り入れし受け容れることが比較的容易で，投影されたものを含む外界との関係が維持される。つまり自己の一部を外界に投影することを通して，自己の統合と外界の結びつきが可能になる。この適応的コントロールがさまざまな理由で失敗すると，投影同一視が強烈な破壊的な形で働き，外界に投影されたものは暴力的な色彩を帯び，再取り入れが困難となって被害的不安が露呈する。こうなると主体は外界の対象との関係を維持することが困難となり，退行的な仕方で魔術的思考を用いて対象をふり回そうとする。これが万能的コントロールであり，離人症状などの自己の障害を引き起こす。適応的コントロールから万能的コントロールへの退行を引き起こすのは，基礎にある抑うつ構造の破綻である。近年多くみられる「巻き込み型強迫」（成田）はこの万能的コントロールであると考えられる。　　（成田善弘）

[関連項目] 強迫神経症，投影同一化（視），万能

[文献] Grinberg, L. (1966), 成田善弘 (1987)

反復強迫

[英] repetition compulsion
[独] Wiederholungszwang
[仏] compulsion de répétition

フロイト（Freud, S. 1914）がはじめて反復強迫について記したのは，転移に関してであった。つまり患者は，幼児期に体験した神経症的な人間関係を，想起して言語化する代りに，治療者との関係において，行動として反復するという事実であった。

しかし反復強迫は，とくに治療関係に限らず，またそれは神経症者に限らない。健康な人でも，日常の活動や人間関係において，ある種の行動パターンを強迫的に反復する。

神経症的な反復強迫の例としてよくあげられるのは，外傷体験をもった患者が，その外傷体験を克服しようとして，無意識のうちにそれを自ら誘発するということである。虐待の体験をもつ患者が，虐待をする人との対象関係をくりかえし求めるというのも，反復強迫の例である。

一般的に反復強迫というのは，苦痛にみちた体験や人間関係を強迫的に反復することを意味する。それを引き起こしているのが自分自身であること，つまり自分の過去の体験に根ざしているということを意識していない場合をいう。このような行動パターンを自分が引き起こしているとは考えず，苦しい体験をくりかえすのは，運命の仕業であると考えることが多い。したがってこれを運命神経症 fate neurosis とよぶことがある。

反復強迫は，快楽原則と関係なく起こるものである。フロイト（1920）は，この現象に非常な興味を示し，これが快楽原則に基づくものでなく，より原始的な生物的原則にもとづいて起こる現象であるとした。この現象をもとにして，彼が生の衝動と死の衝動という理論を展開したのは周知のとおりである。フロイトは，反復強迫というのは，人間の涅槃原則 nirvana principle の表現であると考えた。つまりそれは人間の緊張や興奮状態を緩和するものであり，死の衝動の究極的な目標，つまり無機的 inorganic な状態にもどるというモチベーションによると考えた。

フロイト以後，反復強迫についてもっと広い定義を与える分析理論があり，それは快楽原則とは関係なしに，人間の衝動がくりかえし発現されることによって，ある種の精神構造や精神機能が発達するという考えである。

反復強迫を，受動的，積極的と2つの行動に分けることをレーワルド（Loewald, H. W. 1971）は提唱している。幼児期の葛藤に根ざした神経症的な反復行動は，葛藤の結果として受身的に起こっている現象であるが，分析治療においてこの小児神経症が再現された場合は，それは積極的な反復行動であり，心理的により高いレベルでそれが再構築されたものであり，したがってその治療的な解決が可能となる。　　（中久喜雅文）

[関連項目] 運命神経症，外傷，死の本能（欲動），転移，涅槃原則

[文献] Freud, S. (1914f, 1920e), Loewald, H. W. (1971b)

ひ

悲哀　⇒喪の仕事〔悲哀の仕事〕

[英] mourning

Ps↔D　⇒ビオン理論，⇒抑うつポジション

ビオン理論
　［英］Bion's theory

　ビオン Bion, W. R. の理論と臨床的活動は大きく分けると次のようになる。(1) グループの研究；1950 年代，(2) 精神分裂病の研究；1950 年代中盤から 1960 年代前半，(3) 記号論的存在論を発展させた時期；1960 年代半ばから 1970 年代前半まで。

　［グループ理論の発展］第二次大戦中に戦争神経症で苦しむ兵士たちに集団療法によって援助を行った経験をもった。戦争が終わった後，タビストック研究所に勤務したビオンは，そこで小グループ small group の分析的な研究を行った。彼は，クライン学派の精神分析の教育も受け始めていたので，その影響が大きく見られる。彼は 7-8 人のメンバーで構成される小グループの自由会話の中で，個人の精神分析に見られる現象を応用して理解できるものがあることを発見した。それがグループの全体無意識 unconsiousness of group-as-a-whole の発見とその治療者への転移の問題である。さらに彼はグループをワークグループ work group と基本仮定グループ basic assumption group に分け，後者をさらに依存基本仮定グループ dependent basic assumption group，ペアリング基本仮定グループ pairing b. a. g.，闘争逃避基本仮定グループ fight-flight b. a. g. に分類して，それらが強い抵抗形態であると考えた。彼のグループ理論は，集団療法に革命的な光を投げかけ，現在においてももっとも重要な研究として世界的に影響を与えている。彼は精神分裂病の研究に関心をもったために，グループの研究は数年で終えているが，そこで観察した投影同一視の現象などは後の研究にも大きな影響を与えている。

　［精神分裂病の研究］クライン Klein, M. の分裂機制に関する研究（1946）によって精神分裂病の病理の問題が「妄想分裂ポジション paranoid-schizoid position」にあるということが明らかにされて，イギリスにおいては，精神分裂病におけるクライン学派の精神分析的研究が盛んに行われた。それらを積極的に行ったのは，スィーガル Segal, H.，ローゼンフェルド Rosenfeld, H. そしてビオンである。彼らはそれぞれ，精神分裂病の患者が転移を起こしそれが精神病性転移 psychotic transference であって，クラインの妄想分裂ポジションの転移であることを確認していった。特にビオンは，精神病の世界をさらにくわしく理解していこうと努力し，新しい視点や概念を提唱していったのである。(1) 彼は精神分裂病の患者には精神病的パーソナリティ部分 psychotic personality part と非精神病的パーソナリティ部分 non-psychotic personality part が同時的に存在し，精神病的部分が前面で活動している状態が精神病の状態であることを提唱した。またそのような時には背後で非精神病的部分が活動しており，その部分はどの様な精神病的状態にある患者でも機能していて，治療者の介入を理解し取り入れることができると，ビオンは考えている。実際にはこの 2 つのポジションは流動的なもので常に変化している。ビオンはそれを Ps↔D の記号で表している。(2) アルファ機能 alpha-function とベータ要素 beta-elements：個人が感覚印象を認識し受け入れ保持できるときには，それは体験の要素として保持され，夢や思考などの材料となる。ビオンは，この機能をアルファ機能と名づけた。これは非精神病的パーソナリティ部分が発達する基本的条件になる。欲求不満に耐えることのできない赤ん坊は，この感覚印象に関する認知機能を攻撃して断片化し，外的対象（乳房）に投影同一視してしまう。そうして自己の破壊性を含んだ迫害的な対象が形成される（奇怪な対象 bizarre objects）。これは妄想的体験の基礎である。ビオンは，自己はその対象を取り入れて自己形成の糧にしようとするが，それらの対象が感覚器官を通って自己に帰ってくるときに幻覚体験となると考えている。そのような迫害的な対象を取り入れた自己は，内的に精神病的なパーソナリティを発展させていく。実際の個人は，2 種類のパーソナリティが共存していて，その欲求不満の体験の程度や乳児の不安に耐える能力によってさまざまな共存状態が生じていく。(3) 思考の研究：精神病的パーソナリティの活動状況においては，しばしば思考の障害が見られる。これは自我が認知機能そのものを攻撃するためであり，思考作用，空想作用，言語機能など攻撃され，それらの機能障害が見られるようになる。その中心的な問題となるのが思考機能の障害である。ビオンによると，出生時の赤ん坊は乳房や人の顔などの前-概念 pre-concept をすでにもって生まれてくる。そして，たとえば最初に乳房に出会ったときにそれは現実化 realization し，概念化 conceptualization され，その経験が反復されることによって概念 concept となる。他方で，空腹時に乳房が与えられないときには，赤ん坊は強い欲求不満にさらされる（言いようのない恐怖 unthinkable fear）が，それに赤ん坊が耐えることができると「不在の概念 concept of no-thing」が形成される。ビオンはこれが「思考 thoughts」であると考え，それを関連づけるため「思考すること thinking」が発達すると考えている。ここで，赤ん坊が乳房の不在に耐えることができないと，「不在の概念」は攻撃され断片化されて投影されてしまうために，思考は正常な発達をしなくなる。

　［グリッド Grid］このような個人の認識作用や思考作用，想像作用，空想作用，夢の作用などを整理し，患者のコミュニケーションの水準を明確にしようとして，ビ

オンは特有のグリッドを考案している。これについては，その意義が疑問視されることもあり，まだその評価が定まってはいないものである。ただビオンの思考や認識機能の発達についての研究の軌跡を理解していくためには有用なものである。ビオンは，その後も記号論的存在論を展開していくが，それらについてはさまざまな評価が行われている。

［コンテイナー／コンテインド container / contained と投影同一視］後にビオンは，精神病人格および非精神病人格の形成においては，乳児の欲求不満に対する耐性の程度の問題だけでなく，不安を緩和する母親の機能も重要なものであることを提唱した。そしてその母親の機能を「夢想 reverie」やコンテイナー機能として説明した。欲求不満にさらされた赤ん坊は自分が耐えられないときには，その感覚印象などを分裂排除して母親の中に投げ入れる（投影同一視）。それを受け取った母親は「取り入れ同一化 introjective identification」を行い，その体験を理解し適切に応答する。そしてその欲求不満の体験を，緩和されたものにする方向で赤ん坊に返していく。そのときに母親の夢想の能力つまり独特の直感的理解力が大きな働きをする。ビオンは，これを母親のコンテイナーの機能と呼び，心の発達に重要な働きをしていると考えるようになった。ビオンは，このときに赤ん坊の側で投影同一視されるものをコンテインドと呼んでいる。このようなときの投影同一視の過程は，母親がその意味を理解できる場合にはコミュニケーションの機能を果たしている。こうしてビオンは，正常な投影同一視としてコミュニケーションや共感の能力に関連しているものが存在すると考えるようになった。

［L，H，K］ビオンは対象との関係のあり方には 3 つの要素があると考えた。L（love），H（hate），K（knowing, knowledge）である。正常なパーソナリティが発達する場合には，これらは正常に機能し，他者に関する認知の障害は起こらない。しかし精神病的パーソナリティが活動する場合には，思考の障害が見られ，抽象的思考の機能が障害されて，対象を正しく認識したり知識をもつことができなくなる。ビオンはこれを（−）K（マイナス K）と表記した。また非精神病的な状況でなくても，重症のパーソナリティ障害の場合には，認識が歪曲されたものになりそのようなものも（−）K として表したのである。　　　　　　　　　　（衣笠隆幸）

［関連項目］奇怪な対象，基底的想定［ベーシック・アサンプション］，グリッド，コンテイナー／コンテインド，思考，精神病的パーソナリティ／非精神病的パーソナリティ

［文献］Bion, W. R. (1961, 1967b, 1977a), Bleandonu, G. (1994), Grinberg, L., Sor, D. & Bianchedi, E. T. (1977)

被観察乳児　⇒臨床乳児
　［英］observed infant

ひきこもり
　［英］withdrawal

　分裂病人格障害や分裂症の慢性期によくみられる防衛的な態度や行動を指す。これらの障害を持つ人びとを含めて分裂質の特徴は，「愛を表すことは悪だ」と信じているので，外部との交流が深まることに著しい不安を抱く。愛を自己内部に閉じ込め，周囲に無関心になり，もっぱら自らの精神内界の現実にのみ心を奪われ，全能的自己愛に浸っている。これがいわゆる自閉の状態である。生活する空間，時間を狭め，外出しなくなったり，家族とも顔を合わせないように，昼夜逆転の生活を送るようになることもある。さらに悪化すれば，外界との繋がりだけでなく，精神内部の繋がりが絶たれ，精神内界はもっぱら非現実的で，奇怪な，破片的な思考や情緒によって占められるようになる。

　一方，ひきこもりの軽い状態は正常，神経症，うつ状態にもみられ，防衛あるいは症状として，周囲への興味を失うということの表れである場合もある。フロイト Freud, S. は，カテクシスをひき揚げる withdrawal of cathexis というようなエネルギー経済的説明を与えた。

　最近シュタイナー Steiner, J. (1993) は「心の退避 Psychic Retreats」の説を提唱した。すなわち，クライン Klein, M. の唱える妄想分裂ポジション，抑うつポジションの不安に耐えられない時，アナリザンドはそのどちらにも属さぬ境界ポジションという病理組織を作ってその中に逃げ込むのである。これはある種のひきこもりを，より力動的にとらえる見方である。　　（高橋哲郎）

［文献］Fairbairn, W. R. D. (1940), Gabbard, G. O. (1994), Laplanche, J. & Pontalis, J. B. (1967), Steiner, J. (1993)

備給〔充当，給付〕
　［英］cathexis
　［独］Besetzung
　［仏］investissement

　［意義］経済論的見地に基づく概念で，一定量の心的エネルギーを何かに向けて充当すること。「エネルギー備給（充当）」ともいう。情動興奮およびその派生物が，内的表象，外的対象，自己やその身体などに向けられたり撤去されたりすることを，エネルギーの消費と節約という観点から把握するための概念。備給されるエネルギーとは，主として性欲動（リビドー）を源泉とする欲動エネルギーを指すが，一方に自己保存欲動を源泉とする備

給エネルギー（自我の関心）も措定されている。この2つのエネルギーの位置づけや相互関係に関する論議も備給の論議とともに変遷しているが，『夢判断』（1900）以降あらゆる備給の源泉はエスにあるとされ，『快感原則の彼岸』（1920）以降はリビドーと死の本能（モルティドー）の関係が論じられるようになる。備給という概念の実際の用法は経済論に限定されず，いわば欲動論全般にわたって用いられ，リビドーと同義にも扱われており（自我備給，対象備給など），きわめて広い内包をもつ。初期から後期に至るまで終始フロイト Freud, S. の論議の中に現われ，多様な文脈で扱われている。備給 cathexis は，そもそもドイツ語の Besetzung は投資や補給といったさまざまな意味であるが，フロイトの英訳者であるストレイチー Strachey, J. がギリシャ語から専門語として造語したものである。近年オルンストン Ornston, D. G. がこの点を批判し，もともとは比喩であったのが専門語化したのだと指摘している。

　［フロイトの理論とその変遷］この概念の発想は神経生理学者としてのフロイトの研究と連続しており（『科学的心理学草稿』），また欲動 instinctual drive の発達への関心（『性欲論三編』）と結びつき，臨床経験（『防衛-神経精神病』，『ヒステリー研究』）を通して発展している。蓄積された欲動のエネルギーは常にその目標に向けて備給しようとする性質をもつ。何らかの理由で所期の目標への備給が妨げられると，エネルギーはその目標に近いものへ向け換えられたり，発達的により早期の目標に向け換えられたり，症状や倒錯という形態で備給されたりする。たとえばヒステリー患者の治療を通してフロイトは，患者が実際に症状の心理的要因となりうる出来事を想起してもさして関心を示さず，むしろ特に重要でない出来事に強い関心や不快感を示すという事実から，表象とそれに備給されるエネルギーの量とは別であること，備給の対象は置き換えられうることに注目する。また抑圧された情動体験を明らかにすることを通して身体症状が消失するところから，心的エネルギーが神経支配エネルギーに転換し身体に備給されることが解る。そこで分析治療は真に症状に関連する表象とエネルギー備給との結合を取り戻し，蓄積されたエネルギーを放出させることにあると理解された。

　『夢事象の心理学』ではさらに，心的組織の内部における備給の様相について詳細に検討されている。一次過程すなわち無意識の過程は願望衝動によってエネルギー備給されること，それが意識に上ることを妨げる抑圧のための逆備給，二次過程すなわち前意識の過程は願望衝動（興奮）の直接的な放出を阻止し，より満足が得られるように外界を変化させようとし，その探索（思考）のために必要なわずかな量のエネルギーを使用して，備給エネルギーの大部分を未使用のまま保存しておくことなどが論じられている。特に一次過程と二次過程において備給されるエネルギーの質の問題（自由エネルギーと拘束エネルギー）および前意識過程での備給の問題は『精神現象の二原則に関する定式』，『自我とエス』に引き継がれ，さらに自我心理学派の重要な課題となる。

　備給を受ける対象は多様である。自我へのリビドー備給は自己愛 narcissism および精神病との関連で論じられ，対象へのリビドー備給は対象愛および対象恒常性成立の前提として論じられる。夢への願望の現れも無意識的願望へのエネルギー備給という観点からの理解が可能である。知覚，記憶，思考への備給も幾つかの異なる文脈で論じられている。

　［フロイト以後の論議］自我心理学派は備給されるエネルギーの性質について詳しく検討している。またフロイトの理論で特に不明瞭な自我リビドー，自我備給について整理している。すなわち，ハルトマン Hartmann, H. （1950）は，ナルシシズムをもたらす自我へのリビドー備給についてフロイトが自己の人格への備給または身体への備給として論じていることに着目し，これを自己備給 self cathexis として，組織および機能としての自我 system ego への備給と区別することを提唱し，自我心理学派は一般にこの意味で自我備給の語を用いている。そして組織としての自我に備給されるのは，中和（中性化）されたエネルギーであること，組織としての自我は多分に対象へ向かう方向性をもっていることを，両者の相違として挙げている。さらに備給に使われるエネルギーはリビドーばかりでなく攻撃衝動のエネルギーもあると提唱し攻撃備給 aggressive cathexis の用語を用い，この備給も自己に向かったり対象に向かったり，対象から自己へ向け換えられたりする，またこのエネルギーも中和（非攻撃化）されるとしている。

　［関連する概念］備給の対概念として脱備給 decathexis，または備給の撤収 withdrawal of cathexis がある。その1つは抑圧によってある表象への備給が撤収されることで，その備給が再度強まってこないのは撤収されたエネルギーが逆備給に使われて防衛を強化するためだとされる（『無意識について』）。もう1つはナルシシズムにおいて，対象への備給が撤収されて自己に向けられることによって自己への愛着が強められる（『ナルシシズム入門』）。またすでに備給を受けている対象にさらに備給を加えることを過備給 hypercathexis という。例えば「注意」は，すでに備給を受けている知覚にさらに備給を与えるときに生じるとされる（『科学的心理学草稿』）。一次過程思考が意識に上るのも，過備給を受けたためと理解される。　　　　　　　（馬場禮子）

　［関連項目］エネルギー，経済論的観点，自我カテクシス，脱攻撃化，中性化［心的エネルギーの］

　［文献］Freud, S. (1894, 1900, 1905d, 1911a, 1923b, 1950b),

Freud, S. & Breuer, J. (1893–1895), Hartmann, H. (1950), Ornston, D. G. (1982)

ピグル［症例］
　［英］Piggle

ウィニコット Winnicott, D. W. が詳細な治療記録を出版した女性幼児症例。彼の死後，1977 年に出版された。

彼女は 1964 年 2 月から 1966 年 10 月まで，2 歳 5 カ月から 5 歳 1 カ月までウィニコットの治療を受けた。1 歳 9 カ月で妹をもった彼女は，その後抑うつ的になり，夜間「黒ママ black-mammy」「赤ちゃん車 babacar」におびえるようになった。遊びの制止があり，同一性の混乱がみられた。両親の，ウィニコット先生なら「黒ママ」と「赤ちゃん車」についてわかってくれる，という勧めに対し，彼女自身はっきり「ウィニコット先生のところに連れてって」と意思表示して，治療が開始した。

このときウィニコットは 70 歳に近く，ほとんどの主要論文を発表しており，彼独自の発達論，治療論はすでに完成の段階にあった。この症例報告は，ほとんど逐語的なセッション記録と両親からの手紙とそれに対するウィニコットの返事からなっており，そのセッションごとのウィニコット自身の簡潔なコメントが付されている以外は，ほとんど解説的，もしくは理論的な論考が加えられていない。読者には，その局面で何をウィニコットが理解し，なぜウィニコットがそう介入したのか，さまざまな想像をめぐらせることが要求されている。この書き方はおそらく，すべてを言い尽くさず，患者が何かを発見することを助ける，という彼の治療姿勢と深いところでつながっている。

ピグルの治療は成功裏に終結した。この治療で特徴的なことは，その設定がオンデマンド（患者側が要請したときにセッションがもたれる設定）であったことである。2 年 9 カ月の治療経過中，もたれたセッションは 16 セッションときわめて少ない。ウィニコットは，治療者が十分に訓練された精神分析家であれば，回数や頻度が少なくてもセッションが不規則にもたれても，その治療を精神分析と呼んで差し支えないという考えをもっていた。この症例報告では，実際の接触が両親ともたれてアポイントメントが作られたにしても，患者自身の気持ちが最大限に尊重されている。

ウィニコットは初回から，病理の中核であるエディプス的な三角関係について解釈している。しかしこの治療過程の特色はそうした読みを維持しつつも，ウィニコットが揺れ動きつつ（他の治療者への紹介のもくろみという，相当の失敗とそれへの修復が記述されている）家族やその他の治療環境を柔軟にマネージしたありさま，彼が患者の万能的なニードにいきいきと応えて患者の主観的対象 subjective object となりながら遊ぶなりゆきの方にある。ピグルがほぼ健康な絶対的依存 absolute dependence の時期を経過しながら，相対的依存 relative dependence にさしかかるときの環境の不全によって，エディプス的な欲動と幻想が包み込まれず，ある種の解離と偽りの自己の組織化によって病理が発現した，という理解がウィニコットにあったように思われる。したがってこの治療過程からは，解釈そのものよりも，ある種の退行から建設的な脱錯覚へという過程そのものに，治療的な意味を読みとることが適切であろう。

ピグルは「恥ずかしい」と言いながら初回のセッションを始め，「あなたがいつ恥ずかしいって思うか知ってるよ。それはあなたが私を愛してる（love）って私に言いたいときだよね」というウィニコットの解釈で治療は終わっている。love という言葉で語られるリビドー的な世界を容れるこころのありさまが整うまでに，どのような仕事がなされなければならないかを，この症例報告はまざまざと見せてくれる。
　　　　　　　　　　　　　　　　　（藤山直樹）

　［関連項目］遊ぶこと，ウィニコット理論，抱えること〔ホールディング〕，可能性空間，遊戯療法，ウィニコット
　［文献］北山修 (1985), Winnicott, D. W. (1977)

悲劇の人
　［英］tragic man

自己心理学の創始者コフート Kohut, H. の用語。欲動・自我心理学が描く「罪悪感の人 guilty man」と対を成す概念。「罪悪感の人」は，快楽原則の枠組みの中で生きており，快楽追求的欲動の満足を得ようとし，（口唇，肛門などの）性感帯に発生する緊張を鎮めようとする。しかし彼は，周囲からのプレッシャーというより，自分の中の葛藤ゆえに，そしてまた，一次的な破壊的攻撃性 thanatos のため，そのゴールを達成できない。こうした罪悪感の人の心は，精神装置（超自我，自我，イドという三層構造）として理解され，その病理の定式化は，近親姦にまつわる超自我葛藤に代表されるような，心的構造モデルのもとになされる。これに対し自己心理学が扱う「悲劇の人」は，自分なりの中核自己（自分らしさ）を表出しようとする。そのあがきは，快楽原則を越えたところにある。彼は，周囲からの共感的対応を得られないため，「自己表出の人」や「創造的な人」になれない。ただ，悲劇の人にとって，敗北や死は，必ずしも落伍を意味しない。それが勝利であることも，究極的な偉業であることもある。こうした悲劇の人は，自己と自己・対象関係の中で定義される。コフートは言う。「欲動理論とその理論からの展開（自我心理学）は，罪悪感の人を説明できるが，悲劇の人は説明できない」，「古典的理論は，（現代人の間でよく見られる）断片化し，脆弱化し，連

続性を失った人間の存在（すなわち自己の病理）を解明できない」。　　　　　　　　　　　　　　（丸田俊彦）

[関連項目] エディプス・コンプレックス，自我心理学，自己心理学，融和した自己（期）

[文献] Kohut, H. (1977)，丸田俊彦 (1992)

ヒステリー

[英] hysteria
[独] Hysterie
[仏] hystérie

ヒステリーは，ヒステラ（子宮）が騒ぐ女性特有の多彩な臨床像を呈する神秘的な病気として扱われ，それ以前には，ヒステリーは器質的な変化が見出されない自己暗示，詐病などの一群の状態と見なす流れがあったが，19世紀末，パリのジャネ Janet, P. とシャルコー Charcot, J. M. によって医学的な対象として症候学的に綿密な記載を行い，その病態機序を明らかにしようとする疾病論的な解明の試みの流れが生まれた。中でも，シャルコーは，神経学的な接近を行い，神経学者であったフロイト Freud, S. も，その運動系・感覚知覚系に機能的な神経学的症状を呈するヒステリーを特有な原因による心的疾患として定義するべきだというシャルコーの考えに影響を受けた。一方，ジャネは，ヒステリーのもう一つの側面である夢遊状態から，交代性の多重人格に至る一連の特有な心的現象に注目し，解離 dissociation の概念によってその心的機序を明らかにした。フロイトはジャネとシャルコー両者からの影響を受けながら，先輩ブロイエル Breuer, J. の心的外傷による類催眠ヒステリーおよび貯溜ヒステリーの概念を取り入れ，やがて，ヒステリーを外傷的な苦痛な記憶に対する防衛的な反応の所産とみなす彼独自の防衛ヒステリーの理解に到達した。やがてフロイトは，催眠浄化法，前額法から自由連想法への発展とともに，心的外傷から内因欲動論の転回を行い，欲動と抑圧の葛藤やその置き換えによる症状形成の機序を明らかにしたが，このヒステリーの解明が，無意識，幻想，欲動と抑圧の葛藤，同一化，転移などの精神分析的な発見をもたらした。この意味で，ヒステリーの臨床研究は，精神分析誕生の源泉である。

さらにフロイトは，神経症をヒステリーと強迫神経症に大別し，恐怖症を，身体症状への転換を主とする転換ヒステリーと同様のエディプス・コンプレックスの抑圧を主題とするという意味で不安ヒステリーと名づけた。その背景には，初期の心的外傷説から内因欲動論への転回に伴う，ヒステリーは男根エディプス期への固着と思春期以後の異性愛対象との間で，その再現に伴う近親姦的な愛着をめぐる不安と葛藤，それに対する防衛が主題をなすというヒステリー論の確立がある。そして，これらの無意識的な願望が抑圧され，症状に転換してあらわれる，そのような身体化が表現する無意識的な意味を身体言語として解読する流れが生まれた。

しかし，さらに症例ドラの研究の段階から，ある種のタイプのヒステリーでは，前エディプス的決定因，特に口愛的な葛藤も重要な役割を果たすことが注目されたが，フロイト以後，次第にヒステリーにおける前エディプス的な固着，特に口愛期の固着が注目されるようになった。英国の精神分析の中では，フェアバーン Fairbairn, W. R. D. が，ヒステリーの深層にある口愛期葛藤，つまりシゾイド葛藤に対する防衛技術の一つとしてのヒステリー技術 hysterical technique がヒステリー症状をつくる病因であるという理論を提示した。

米国では，Marmor, L. によるヒステリーにおける口愛期固着を論じる古典的論文の発表以来，ヒステリー症状を呈する患者のパーソナリティ障害に精神力動的な発達とパーソナリティ障害の水準から見て2つのレベルのものがあるという認識が一般化している。ツェツェル (Zetzel, E. 1973) は，精神分析療法に対する適応性によってヒステリー患者を "true good hysterics" "potential good hysterics" "抑うつ性格構造がヒステリー症状によって隠されているもの" "so-called good hysterics" の4グループに分けたが，さらに，「健康な」ヒステリー患者と「病的な」ヒステリー患者がいるとする見解が広く認められている。「健康な」ヒステリーの患者には，「良い」「男根的」「本当の」など，「病的な」ヒステリーには，「口愛的ヒステリー患者」「いわゆる (so-called) 良いヒステリー患者」「ヒステロイド」「幼児性人格」などがある。

ギャバード (Gabbard, G. O. 1994) は，前者をヒステリー性人格障害，後者を演技性人格障害と呼んでいる。演技性人格は実際すべての面でヒステリー性人格障害よりも華やかで，情動のうつろいやすさ，衝動性，明らかな誘惑的態度，性愛性，要求がましく，注目の的になることを求める露出症的な欲求があらわれるが，対照的に，真正のヒステリー性人格障害を持つ人びとは，演技的で露出症的なところが少なく，性愛性の表現はより内気で，かえって人をひきつける。さらに，レベルの高いヒステリー患者の多くは演技的な様子も華やかな様子も全く示さないという (Wallerstein, J.)。

後者のこのヒステリー性患者は，三角関係的エディプスのテーマによって特徴づけられる成熟した全体対象関係をなし遂げており，両親との間で重要な関係を形成することができる。一方，演技性患者はしがみつきやマゾヒズムやパラノイアによってしばしば特徴づけられるより原始的な二者関係のレベルに固着し，ヒステリー性患者は精神力動や精神分析を始めると，性愛化された転移願望を徐々にかなり長い経過で発展させ，一般的には患

者自身もその願望を現実的ではないと考えるようになるが，演技性患者は激しい性愛的な転移願望を急速に発展させ，しばしばその願望を現実的に期待可能なものと感じ，これらの願望がみたされないと，治療者に対して怒り狂うようになる。ツェツェル（Zetzel, E. 1968）は，転移感情から治療同盟を分別することができるヒステリー患者の能力は，外的現実と内的現実を分離する能力と深く関係していること，そして，この自我機能が演技性患者では障害されていることを指摘している。

ヒステリー性人格では2つの重要な防衛機制，つまり，抑圧と否認が相補性をなしている（Horowitz, M. J. 1977）が，演技性患者の場合，主な防衛機制として抑圧のかわりに分裂を用いる。

実際の近親姦の既往は演技性人格障害の患者により多く見られるが，より高いレベルのヒステリー患者の場合は，はっきりとした近親姦の既往はかなり少ない。しかし，患者自身は父親との関係は特別であると思っている。父親は，妻とうまくいっていないために結婚で得られなかった幸福や満足をその娘に求めていることが多い。そして患者は不幸な結婚から父親を救い出すために，永遠に父親に対して忠誠を誓わなければならないといった暗黙のメッセージを受け取る。このような状況にある父親は，娘が他の男性に興味を示すときはいつも，暗に，あるいは公然と不承認のサインを娘に投げかけ，このようなシナリオの中でヒステリー患者は，弱められた形ではあるが，近親姦と同じ力動の中にいることが多い。

フロイトは，ヒステリーに男性の患者がいる事実をウィーンで最初に発表したが，第一次大戦における8万人にのぼる戦争神経症の患者の中に解離や転換のヒステリー症状をあらわす症例が多数認められ，男性患者におけるヒステリーの存在は周知のものになった。精神力動的には，過剰に男性的なタイプ（ライヒ Reich, W. の言う男根的‐自己愛的性格），受身的で女性的なタイプ（ライヒの言う受身的女性的性格）がある。

一般精神医学の中では，ヒステリーという概念は，解離型と転換型に分類されたり，DSM-IV のように，ヒステリーという用語そのものを使用しなくなったり，ICD-10 のように，転換もまた解離の一つの形として位置づけるなどさまざまな運命をたどっているが，他方では，ヒステリー性の転換症状は臨床的にも力動的にもヒステリー人格障害とは関係がなく，ヒステリー性人格障害以外の人格障害でも転換症状は起こると言われるようになり，さらに心因反応，心的外傷，疾病利得，疾病への逃避などの概念が外傷神経症や補償神経症，PTSD などの精神医学のそれぞれの病態や病因の理解の中に分解され，この動向の中でヒステリーはもはやある種の歴史的古典的概念とみなされる傾きがある。　　　　（小此木啓吾）

[関連項目] 外傷，解離，転換，ヒステリー人格，ジャネ，シャルコー，フェアバーン，ブロイエル，フロイト，S.

[文献] American Psychiatric Association (1994a), Fairbairn, W. R. D. (1952, 1954), Freud, S. (1896c, 1905e, 1916–1917, 1926a, 1928b), Freud, S. & Breuer, J. (1893–1895), Gabbard, G. O. (1994), Horowitz, M. J. (1977a, 1977b), Marmor, J. (1953), Wallerstein, R. S. (1980–1981), Zetzel, E. R. (1968)

ヒステリー人格

[英] hysterical personality
[独] hysterische Persönlichkeit

DSM-IV, ICD-10 の演技性人格障害 histrionic personality disorder と同義語。DSM-IV の演技性人格障害の診断基準では，過度な情緒性と人の注意をひこうとする広範な様式で，成人期早期に始まり，種々の状況で明らかになる。以下のうち5つ（またはそれ以上）で示される。(1) 自分が注目の的になっていない状況では楽しくない。(2) 他者との交流は，しばしば不適切なほど，性的に誘惑的な，または挑発的な行動によって特徴づけられる。(3) 浅薄ですばやく変化する感情表出を示す。(4) 自分への関心を引くために絶えず身体的外見を用いる。(5) 過度に印象的だが内容の詳細がない話し方をする。(6) 自己演劇化，芝居がかった態度，誇張した情緒表現を示す。(7) 被暗示的，つまり他人または環境の影響を受けやすい。(8) 対人関係を，実際以上に親密なものとみなす。

ICD-10 では6項目が内容的にはほとんど同じ。

ヒステリー人格あるいは性格という用語は DSM-III (1980) 以後しだいに演技性人格に変わりつつある。ヒステリー性格の成因についてはエディプス・コンプレックスの防衛の産物と理解されてきたが，口愛性色彩も否定できないという主張もなされた。むしろ，口愛性固着が強いゆえにエディプス・コンプレックスもまた強くなると理解すべきであろう。Easser, B. R. と Lesser, S. F. (1965) はヒステリー性格を二分して父親との関係，つまりエディプス・コンプレックスが優位なよりよく構成されたヒステリー人格と，多くの口愛傾向をもち，情緒不安定で社会的慣習との結びつきをこわしてしまうマゾヒスティックな類ヒステリー人格とをあげている。

　　　　（西園昌久）

[関連項目] DSM-IV 人格障害，ヒステリー

[文献] American Psychiatric Association (1994a), Easser, B. R. & Lesser, S. F. (1965)

非精神病的パーソナリティ　⇒精神病的パーソナリティ/非精神病的パーソナリティ
[英] non-psychotic personality

悲嘆反応
[英] grief reaction

　悲嘆 grief とは，個人が愛する対象を失うことによって体験する，正常な情緒的体験を意味する。悲嘆と関連して使われる言葉として喪 mourning，ビリーブメント bereavement があるが，これらは喪失体験に伴っておこる心理的プロセスを意味する。

　悲嘆反応の研究は，リンデマン Lindemann, E. による 1942 年のボストンにおける 500 人近く死亡というフットボール祝勝会のナイトクラブの大火災で，愛する人を失った家族に関する『急性悲嘆の症候学とその処置』(1944) が最初とされているが，リンデマンは，さらに家族を失った患者 101 人に，悲嘆反応の共通のパターンを見出し，①いくつかの身体的苦しみ，②故人のイメージで頭がいっぱいになる，③故人の死の状況への罪の意識，④敵対心を持った反応，⑤喪失前に比べての機能低下をあげたが，ウォーデン (Worden, J. W. 1982) は，悲嘆の決定要因として，①失った対象が誰か，②愛着の強さやアンビバレンス，③死に方，④主体側の喪失の前歴，⑤主体側の年齢，性別，パーソナリティ，⑥社会文化的慣習，⑦併発的なストレスなどをあげるとともに，喪のプロセスに関する段階 stage 論 (Kübler-Ross, E.) や，位相 phase 説 (Bowlby, J., Parkes, C. M.) などに対して，悲哀の四つの課題 (①喪失の事実の受容，②悲嘆の葛藤を乗り越える，③死者のいない環境に適応する，④死者を情緒的に再配置し，生活を続ける) をあげ，その達成を助ける悲嘆カウンセリング grief counselling を実践しているが，異常な悲嘆反応として，慢性化した chronic 悲嘆反応，時期はずれの delayed 悲嘆反応，誇張された exaggeration 悲嘆反応，仮面 masked 悲嘆反応などがあるという。　　　　　　　　　　(小此木啓吾)

　[関連項目] 死別，対象喪失，喪の仕事 [悲哀の仕事]
　[文献] Bowlby, J. (1961), Freud, S. (1917d), Lindemann, E. (1944), Parkes, C. M. (1972), Worden, J. W. (1982)

否定
[英] negation
[独] Verneinung
[仏] négation

　「否定」については，フロイト (Freud, S. 1925) は短い論文で包括的に述べているが，それまでにも『夢判断』(1900) において，無意識には否定の存在しないことや否定が夢ではどの様に表されるかを論じている。また夢では，否定を示すのに反対物の表象として表されるという仕方は，機知の構造においても見られるという。そのころフロイトは「判断によって排除されるということの代わりに，無意識で起こるのは抑圧である」と述べているが，抑圧が，否定的判断の無意識における前駆的形態と考えていたことが分かる。また別の文脈でフロイトが述べた「神経症は倒錯の陰画である」というときの陰画という言葉は，negative であり，すなわち否定のことである。さらに狼男症例において，「陰性治療反応」を論じたときの「陰性」という言葉も否定という概念の範疇に入るものである。

　さて「否定」の論文においては，否定と抑圧との関係がもう一度取り上げられている。夢の中に現れた人物について患者が「それは，母親ではありません」と言うのを聞いて，フロイトは「だからこそ，それは母親なのだ」と結論する。同様の否定の働きは日本語には多い。例えば，「決してけちを付けるつもりはありませんが，…」と言う人は，無意識にはけちを付けたいと思っているのは明らかである。このように，否定形で表現されることで，抑圧された思考内容が表に出てくることが出来るのである。ただし，こうして無意識の思考内容が得られても，それはいわば知的な理解であって，抑圧が解除されたのではない。

　フロイトはさらに，「判断」における否定の機能を探求し，一般に判断という言葉で理解されている「存在の判断」のその以前に「属性の判断」という原始的な層のあることを発見した。哲学の歴史においては，存在の判断があって初めて属性の判断が可能であると考えられてきたその常識を逆転させたのである。「属性の判断」とは，快原則にしたがって，自己にとって快であるもの，良いものが内部に取り込まれ，不快であるもの，悪いものが外部に排出される原始的な運動である。次に「存在の判断」は，自我の中に表象としてあるものが，知覚の中にも再発見されるかという，現実検討でもある。このようにして内部と外部が生成されるのであるが，ここで重要なのは，属性の判断から存在の判断に至るさいに，不快＝母親の不在＝悪い母親の存在，という等式によって結ばれるものを示す否定象徴が作り出され，それが内部に表象をもたらし，こうして初めて存在の判断が可能となるという点である。この否定象徴の働きによって，判断は知的な作業として抑圧からも快原則からも独立な次元を獲得するのである。　　　　　　　　　(小川豊昭)

　[文献] Freud, S. (1900, 1925h), Green, A. (1993)

非定型児童
[英] atypical child

　パットナム Putnam, M., ランク Rank, B. その他により，1947年頃から提唱された概念，専門用語である。彼女らは，ボストン市ジェイムス・ジャクソン・パットナム・チルドレンス・センターにおいて，精神分析的立場で情緒的混乱を示す早期幼児にはナースリースクールおよび心理治療を，親には面接を，もっとも受容的環境の中で行い，それらの症例のうちで，ベンダー Bender, L., カナー Kanner, L. らにより，それぞれ児童精神分裂病，早期幼年性自閉症として分類，診断されているのと同類の子どもたちを非定型児童と呼んだ。その根拠は，それらの幼児は自我のある部分では高い発達を示すのに，他方では自我や本能的衝動が異なる発達の段階を示すか，非常に遅れたままであり，人格構造が非定型的である。個人的にはやや相違はあるが，共通しているのは，人との関係の障害（孤立，ひきこもり）である。治療者との信頼関係を基礎として，人間や外界との関係はしだいに回復する可能性はあるが，背景が遺伝因子，あるいは環境因子であるか，また人間関係がある程度改善しても知的能力が正常化するか，についてはまだわからないという考えを示した。彼女らの業績は，その後自閉症原因論の変遷により影が薄れたかのように見えるが，自閉症のみならず，問題の発生原因にはかかわらず，幼児期の人格構造の理解とその治療的対応についてその後に貢献を残した。
（中沢たえ子）

[関連項目] 児童精神医学，自閉症

[文献] Putnam, M. & Rank, B., et al. (1947), Rank, B. (1949), Rank, B. & Macnaughton, D. (1950)

人見知り
[英] stranger anxiety
[独] Fremdenangst
[仏] angoisse à l'étranger

　乳児の早期精神発達に関する実証的発達心理学的観察によって，スピッツ Spitz, R. A. が見いだした情緒反応。乳児は一般に，生後3カ月頃には，誰を見ても微笑むという，対人関係上肯定的な態度を示す時期を迎える（無差別微笑）が，その後，生後6－8カ月の頃になると，見知らぬ人に出会うと泣く，顔を背ける，目を伏せるなどの否定的反応を示すようになることをスピッツは観察した。8カ月頃ピークに達することから，八カ月不安 eight-month anxiety とも言われる。この反応は，乳児が見慣れたもの（母親）と見知らぬもの（母親以外の他人）とを識別する能力を獲得したことを表わす現象である。現象自体は，現在では，生後3－4カ月で出現することが実証されているが，この「母親でないもの」の認知の成立は，同時に母親という依存対象の連続性と同一性を認識する記憶が関与する結果とみなされる。

　精神分析的には，人見知りは，母親がリビドーの対象になったことを示す指標としての意味をもち，母親からの分離不安の表われともみなされる。また，中枢神経系の成熟に伴う自我の発生（エスからの分化）が進み，よりさまざまな感情が体験できるようになったことを示すものでもある。このように，この時期の乳児には，さまざまな機能が一斉に開花し，社会的相互作用がより豊かになっていくという意味で，その指標となる人見知り反応は，スピッツのいう発達の第二のオーガナイザーにふさわしいものといえる。一方，人見知りの出現は，その乳児と母親との愛着・依存関係や中枢神経系の成熟の度合いによっても左右されるので，個人差が生じやすい。いずれにせよ，スピッツは，この反応の紹介により，精神分析の分野に実証的研究という科学的方法論をもたらし，その後の乳幼児精神医学の発展への道を拓いた。

　小此木啓吾は，さらに，幼児期，成人期にみられる人見知りにもその考えを敷衍させてとらえ，人見知りを，見知らぬ他人と出会う際に生じる困惑，緊張，不安などの心理的反応としている。年長の幼児では，他者から見られる困惑や恥としての人見知りを含むようになり，この他者には内的対象または超自我が投影されるという。さらに，成人におけるおどけ，道化などの自己露出的な対人態度は，人見知りに対する適応的な防衛であり，その昇華された形が，挨拶，自己紹介などの社交術であるという。対人恐怖は，人見知りの病態化として理解される側面をもっとも考えられる。
（神庭靖子）

[関連項目] 対人恐怖，内的対象／外的対象，分離不安，無差別微笑，スピッツ

[文献] 小此木啓吾. (1969, 1971), Spitz, R. A. (1950, 1957)

ひとりでいる能力
[英] capacity to be alone

　ウィニコット Winnicott, D. W. の用語で，錯覚・脱錯覚，本当の自己などの概念が確立する過程で出てきたものである。どちらかといえば古典的であるが，彼の理解には重要なもの。ひとりでいる能力とは，どちらかといえばひとりでいて孤独に耐える能力というより誰か他人と一緒にいて呑み込まれる脅威を感じないですむ能力の方に力点がある。それは妄想分裂ポジションを超えて抑うつポジションを達成した姿でもある。彼が「情緒発達の成熟度を示す重要な指標」とするのはそのためである。ここでいう「健康」とは精神病的ではないという意味である。彼は，この能力を幼児期に母親と一緒にいてひとりであったという逆説的体験が基盤にあるとする。換言

すれば，未熟な幼児は母親に自我を支えてもらうことによって自然な平衡を得，時の経過とともにこの自我支持的母親を取り入れることで，実際に母親がいなくなってもひとりでいることができるようになるということである。この概念で重要なのが自我の欲求に応える母親の支持である。つまり，母親は本能満足を与える対象だけではなく，本能の高まりに困惑する自我に支持を与えることによって「自我の関係化」という状況を作り上げる役割があるという。ただ注意を要するのは，これが取り入れられた母親という表現で表されるものよりももっと原初的な状況でせいぜい内的環境の確立といった程度のものであるということである。これが出来てはじめて，本能満足は人格成長の糧になるし，本能満足で得られるオーガズムとは違った自我オーガズムの体験をもてるようになるのである。後者は創造的活動，文化的活動（音楽その他）で得る心地よさの体験のことを指している。これが後に錯覚理論，移行対象概念に発展していく。

(牛島定信)

[関連項目] 移行対象，万能，本当の自己
[文献] Winnicott, D. W. (1958b)

否認

[英] denial
[独] Verleugnung
[仏] déni

出来事の意味の一部ないしは全体を無意識のうちに拒否する防衛機制である。もっとも古典的例は，フロイト Freud, S. が『呪物崇拝』(1927) の中で述べている，女の子に陰茎のない事実を知りながら，それを否定する少年の例であろう。彼は抑圧との関係を，表象と感情の運命を明確に切り離し，抑圧を感情のために使用するなら，表象の運命には「否認」という言葉が適当であると述べている。その後，アンナ・フロイト Freud, A. は，ライオン等のつよい動物（父親代理）を手なずけ支配する空想をもったり，そうした童話の主人公への同一化の背後で働く現実否認，痛い思いをしているとき「痛くない」と大人たちに慰められた経験を生かしてその後の痛い体験を痛くないと自分で言い聞かせたり，小さな日傘やハンドバッグをもってあたかも「婦人であるかのような」気になったりするときの現実否認（言葉や行動による否認）の例を挙げ，現実検討能力の発達していない子どもの正常な発達には欠かせないものとして記述している。これを敷衍すればウィニコット Winnicott, D. W. の錯覚・脱錯覚理論で示された万能の体験における心理過程もまさしく否認の果たす役割の大きさを示している。さらに現実検討能力が発達した成人の日常生活においても密かに見られたり（海外で殺害される若者がその危険を否認している例がある），さらには外傷体験，喪失体験，ターミナルなどのストレス状況でみられるさまざまな防衛活動においても広くみられるものである。ジェイコブソン Jacobson, E. は，抑圧と比較して，苦痛な感情を引き起こす特定の，今そこに起こっている葛藤に対処する代りに，外界からの刺激からも内側で起こる反応からも同時に目をそむけて特定の心を乱す葛藤にからむ内外の体験のすべてを，即座にそして無差別にかき消すのが否認であると述べている。そして，この過程は投影と取り入れその他の未熟な防衛機制との共同作業であるとしている。そういう意味では，早期の未熟な，あるいは防衛の前駆的活動ともいえるものである。一方，アンナ・フロイトは，その否認が制限を加えられたときに生じる強迫的な現実否認の例をも呈示しているが，その後の研究では不快体験を否定する隠蔽的な躁的状態において否認が果たす役割（レビン Lewin, B. D.），さらには内的な不安や葛藤が外界の対象に具体的なかたちをして現れる精神病性の症状（妄想など）にみられる否認の役割（ジェイコブソン）などがあきらかにされてきた。最近になって注目を浴びている分裂機制 splitting の働く過程で，よい対象関係単位と悪い単位に分裂し，意識されるのは片方だけであるときに働く否認の役割もあろう。さらにアルコール・薬物依存における不快体験の回避と否定においても著しい否認の過程のあることはよく指摘されるところである。このように否認は，健康な子どもから大人まで，さらには神経症，境界例，さらには精神病水準にも等しく認められるが，注意すべきはこの機制だけで心理過程が進むといった性質のものではなく，防衛活動全般にわたって陰のごとき役割をしていることから，ひとつの防衛としての地位を認めない向きも出てきている。否認と関連して否定 negation がしばしば引き合いに出される。躁的防衛が抑うつに対する否定であるとされるときがそうである。フロイトは，「先生は夢の中の女性が誰であるかお聞きしたいようですが，それは母ではありません」といった患者を例に出し，「否定的判断は抑圧の知的な代用品」であり，それを感情から分離することにより情緒的ショックから身を守っているとしている。この場合の否定は否認よりも意識に近いところの心理過程であるかにみえる。

(牛島定信)

[関連項目] 現実検討，躁的防衛，万能，分裂機制，妄想
[文献] Freud, A. (1936), Freud, S. (1925h, 1927e), Jacobson, E. (1971a), Lewin, B. D. (1950), 牛島定信 (1999), Weisman, A. D. (1972), Winnicott, D. W. (1962)

皮膚自我
　［英］skin ego
　［仏］le moi-peau

　フランスの精神分析家アンジュー Anzieu, D. が提示した理論的概念。

　［起源］この概念には，歴史的にはフロイト Freud, S. 初期の業績である「接触障壁」，およびフェダーン Federn, P. の「自我境界」の概念が先行している。皮膚自我は，アンジューが自我の外皮についての概念を，今日の精神分析，乳幼児発達に関する比較行動学，集団の研究，投影テストの研究，そして皮膚科学といった他の学問的成果を統合する形でまとめたもので，局所論的に形成される自我に先行して発生し，自我が形成されてからも残る原初的な自己である。先行研究として，ビック Bick, E. が指摘した「第二の皮膚」という概念がある。音をはじめさまざまな感覚を介して外皮が形成され，そこで作られる前個人的な空洞が自己の先駆態を作り出す。そしてその確立によって自己愛的な外皮が形成され，同時に内側にも充足可能な心的装置の容器（ビオン Bion, W. R.）の基盤がもたらされる。その皮膜は，構造的には融合と分離の間の膜であって，発達的には母子の融合と交流を相互に抱え込む状態から分離した心的領域の形成の間にあって重要な役割を担う。そのため自己愛人格障害や境界例といった自己形成に関わる病態では，皮膚自我に著しい欠陥があると考えられる。

　［機能］皮膚自我の機能について，アンジューは暫定的にいくつか述べている。第1に抱える機能。ウィニコット Winnicott, D. W. が抱えることと呼んだものを内化することで，皮膚自我が自分を抱え，支えることで自己の基盤をもたらす。第2に包み込む容器機能。ビオンが指摘している投影同一化のメカニズムによって，子どもは心的内容物を抱えるようになるが，皮膚自我はこの機能の基盤を提供する。第3に皮膚の感覚と外的な刺激に対抗する組織体とを保護する刺激保護機能。第4に個性化機能によって，自己に唯一という感覚をもたらす。第5にさまざまな感覚機能を結びつける共通感覚能力機能。第6に赤ん坊の皮膚が母親のリビドーの対象になるために，自体愛を準備し，快楽の背景になる，性的興奮を支える表面という機能。第7に皮膚自我によって内的な緊張を再分配するために，心的なエネルギーの再充電機能。第8に触覚的な感覚に痕跡を刻む機能。第9にアレルギーがそうであるように，皮膚や自我を自己破壊しようとする機能。このように皮膚自我という発想は概念と同時にメタファーとして使われているので，臨床的に多くの場面で応用可能である。

　［日本人論］日本の鑪はアンジューとは独立して，日本人の心性，特に恥を説明するために皮膚自我という概念を使っている。それによれば，西洋においては中核自我の形成が重要で，自己評価の低い中核自己の露呈が恥であるのに対して，日本人はあいまいな自己を抱える皮膚自我によって「本音と建前」を分けて生きているため，本音が外界にさらされる状況が恥の体験になると考えられている。
　　　　　　　　　　　　　　　　　　　　（妙木浩之）

　［関連項目］抱えること〔ホールディング〕，自我境界，自閉症，恥，ウィニコット，タスティン，ビオン，ビック，フェダーン

　［文献］Anzieu, D. (1985)，鑪幹八郎 (1998)

ヒポコンドリー　⇒心気症
　［英］hypochondria(sis)

秘密
　［英］secret

　秘密は日常語であり，精神分析に固有の用語ではない。土居健郎は，精神療法においてことさら重視されるプライバシーの意義を説明するため，また精神分析の治療過程の中で起きる抵抗現象を説明するためにも，秘密の語がすこぶる適切であることに気づいた。さらに，精神障害者に対する偏見の成り立ちを理解する上でも有用であるという風に議論を発展させた。普通人は「郷に入っては郷にしたがえ」の原則を認め，それにしたがって行動する。精神障害者にはそれができない。それは彼ら自身どうすることもできない内心の秘密のためであり，そのことが秘密を棚上げして生活している普通人を刺激して偏見を生ずると考えることができる。秘密は精神分析の用語に当てはめれば無意識だが，無意識というのでは散文的でイメージが湧かない。それといま一つ専門語を用いて話す危険は，無意識とかエスとか投影同一化などといっているうちに，それで万事わかったつもりになり，それらの語を駆使するだけで，変化をもたらし得ると錯覚することである。この錯覚は魔術的思考に他ならないと，精神分析正統派の論客としてかつて鳴らしたライダー Reider, N. (1955) は喝破した。

　専門語は仲間内の議論を深めるには役立つとしても，一般人ことに患者相手に話している際は秘密のような日常語の方が適している。例えば，ある患者が他人と眼が合うと釘付けになったように自由を奪われてしまうと訴えたとする。彼に「それは君の無意識のせいだ」というのはナンセンスだろう。しかし「君にもわからない心の秘密が邪魔するためだと思う」と言えば，彼は自分の訴えが尊重されたと感ずる。また被害的になっている患者に，「あなたは自分の秘密が露見しているように感ずるのだね」といえば，患者は自分が理解されたと感ずるにち

がいない。

　今日秘密というとなにか悪いもの，白日下に晒すべきものというニュアンスを伴うことが多い。なおフロイトFreud, S. 自身，自らを精神の秘密（無意識）の発見者として位置づけたことが知られている。彼にとっても秘密は明らかにされるべきものであったのだが，しかし実際の治療では，先入主や科学的興味から結果を予想することを固く禁じ，「常に患者の話のどのような転回にも驚くことができなければならない」と述べているのが面白い。精神分析家はいつも秘密に直面していると覚悟すべきだろう。この点でフロイトの精神を受け継いだのは，ビオンBion, W. R. で，彼は次のように述べた。「精神分析的『観察』は，起ったことや起るであろうことではなく，起きていることにかかわる。……どの回でも，暗黒と曖昧模糊とした中から何かが始まる。……以前どういう話が出たか思い出そうとするな。……どういう結末に持っていこうかともくろむな。……毎回その患者にはじめて会うのだと心得よ」(1967)。　　　　（土居健郎）

　[関連項目] 平等に漂う注意，無意識
　[文献] Bion. W. R. (1967a), 土居健郎（1972b, 1973), Freud, S. (1912d), Reider, N. (1955)

表出療法
　[英] expressive therapy, or uncovering therapy

　表現的あるいは探索的療法ともいう。精神分析がその典型であるが，広くは，分析的原則に基づいた精神療法一般を指す。患者が自分自身の心をできるだけ言葉で表現できるように助けることを目的とする。しばしば支持療法と対比されるが，実際によい臨床の中では，この両者がバランスよく患者のその時その時の必要に応じて適切に用いられている。ギャバード Gabbard, G. O. (1990) は，精神分析療法を最も支持的なものから最も表出的（精神分析）なものにわたる連続体としてとらえるのが，実践上でも研究上でも現実に則していると言っている。では精神分析でいう心とは何か。

　人間の心は素質と環境，特に乳幼児期の両親との相互交流を通してでき上がっていく。成長とともに，心の中に知覚，思考，感情，言語，行為，判断，統合，現実検討，対人関係の能力，自分自身についての主観的意識等が育っていくが，それと並行して，さまざまな葛藤が生まれ，そのために不安を体験し，事実についての，あるいはそれを意味づける空想が生まれる。空想によって欲求不満が満足されることもある。また葛藤や苦痛，不快，不安に直面することを避けるために，防衛と呼ばれる心の仕組みが発展する。防衛は葛藤の源になる心の部分を意識外に追いやることである。しかし意識外に追いやられたことで，その心の部分はなくなりはしない。かえって意識下で，その部分が欲しあるいは必要とすることを，妥協的ではあるが直接的な仕方で満足させようと，人格の統制を離れて活動するようになり，これが神経症症状や不適応行動の原動力になるのである。したがって治療では，意識化され言葉によって十分に表現されている心の部分と同等の表現を，意識外に追いやられている心の部分にも与えることが，まず大切な第一歩になる。セラピストとの安心できる関係の中で助けられこれが徐々にできるようになることを通して，患者は葛藤をめぐる不安と，葛藤の源に直面することができるようになり，根本的な解決に近づいていく。

　メニンガーの精神分析療法研究プロジェクトは，国際的に有名な綜合的，意欲的な研究である。1954年から30年間にわたって続けられ，その間，それぞれ特定の目的をもった5冊の書物が，同じ研究班に属した別々の著者によって発表された。対象になった患者は42名で，半分が精神分析で，残りの半分が精神療法で治療された。ワラーシュタイン Wallerstein, R. S. (1986) の著作が最も新しいが，その中では，精神分析療法の中で期待される変化は何か，その変化はどのようにもたらされるかを探究した。その結果，どの表出的精神療法ケースでも，セラピストは意図したよりも支持的要素を多く用いていたことが分った。表出療法による構造的変化のメカニズムは，洞察と解釈を通して，意識的には受け入れられずに分割されていた自己の一部が統合され，よりまとまった自己を作る。これに対して支持療法では，主としてセラピストの健康な自我機能をとり入れ，またセラピストとの関係を内在化することにより，より受容的なスーパーエゴが育つ。しかしこのメカニズムは，表出療法でも起こっていることを忘れてはならない。両療法の効果を比較研究したのがメニンガー研究の最初のホーウィッツ Horwitz, L. による著作であるが，この中で「豊かな人はより豊かになる」という原則が立証された。この原則はおそらく，表出療法の中でよりはっきりと表れるであろう。　　　　　　　　　　　　　　（高橋哲郎）

　[関連項目] 支持療法，精神分析的精神療法，精神分析療法
　[文献] Gabbard, G. O. (1994), Horwitz, L. (1974), Kris, A. (1996), Wallerstein, R. S. (1986)

表象
　[英] representation
　[独] Vorstellung
　[仏] représentation

　一般の哲学や心理学における表象は，「心に思い描かれるもの」であり，対象が現前している知覚表象，記憶によって再生される記憶表象，想像による想像表象などがあり，表象は感覚的・具体的な点で概念や理念と区別さ

れる。精神分析における心的表象は，とりわけ現実に存在しないものの心像を思い浮べることに力点が置かれ，以前に知覚されたもの（知覚）の比較的永続的な心像（イメージ）と，そのような心像が構築（獲得）される過程のいずれかを指す。

フロイト Freud, S. 以後，現代の精神分析において心的表象の概念が広く用いられるようになった背景には，第1に，Ich にまつわる曖昧さを明確化するために，自我，自己，自己表象の違いを明らかにし，一次的ナルシシズムにまつわる矛盾を解決しようとした努力，第2に，人間の主観的世界あるいは体験をいかに記述し，それらの現象学とメタサイコロジーをいかに結合するかという精神分析の基本的課題を解決する概念としての導入，第3に，対象関係や相互関係がどのようにして内的な構造となるか，という問題を説明しようとする動向などがある。これらの動向には，自我心理学がクライン理論やフェアバーン Fairbairn, W. R. D. の対象関係論をいかにその中に統合するかという努力がある。その意味で心的表象論は，精神分析の各流れや幾つもの理論を結びつける視点でもある。したがって，現代の精神分析研究家の多くがこの概念を用いている。たとえば，ハルトマン Hartmann, H., ジェイコブソン Jacobson, E., カンバーグ Kernberg, O. F., サンドラー Sandler, J., コフート Kohut, H. らであり，乳幼児精神医学の分野では，マーラー Mahler, M. S., スターン Stern, D. N., エムディ Emde, R. N., レボヴィシ Lebovici, S., などがその代表的研究者である。

[フロイトにおける表象論] フロイトは，いたるところで表象という言葉を用いているが，それらを整理すると，(1)情動量と表象との区別：強迫神経症では，情動量は心的外傷となる出来事に結びついた病因的な表象から，主体によって無害と見なされる他の表象に置き換えられる。ヒステリーにおいては，情動量は身体的エネルギーに転換し，抑圧された表象は身体的部分ないし身体的活動によって象徴される。(2)無意識の表象：必ずしも意識的に思い描くような表象ではない，たとえば抑圧された無意識の表象（記憶心像）を扱う。(3)心的エネルギーの備給 cathexis を受ける：心的表象は，心的エネルギーの備給を受けるその量や強さによって，欲動と情動との結びつきの度合いが規定される。(4)欲動の心的表象：欲動は，心的表象によって精神現象に表現され，その際欲動は心的表象と情動量とに分かれるという。つまり，表象は欲動を心的にあらわすものであり，情動は欲動の非観念的部分である。この場合には，表象も情動も体験的なものであり，この意味の心的表象がフロイト以降の精神分析の中で主要な用語となった。(5)事物表象と言語表象：事物表象は，事物と直接的な関係にあり，事物に由来する視覚的なもの，無意識，一次過程，知覚同一性を特徴づけている。幼児にとって，幻覚的願望充足において事物表象と知覚された対象は同等であるが，言語表象は言語に由来する聴覚的なものであり，事物表象とそれに応じる言語表象との結合が，前意識-意識系の特徴である。つまり二次過程，思考同一性の特徴となる。(6)表象をつくる能力：フロイトは『否定』(1925)の中で，表象の存在，再生，表象をつくる能力について，次のように述べている。「あらゆる表象がもろもろの知覚に由来し，またその反復であることを明記しておかなければならない。つまりそもそも表象が存在していることがすでに，表象されているものの現実性の裏付けとなっているわけである。主観的なものと客観的なものとの対立は最初からあるのではない。それは，思考が，一度知覚されたものを再生によって表象界に再び登場させる能力を得，一方客体がもはや外部に存在する必要がなくなるということによって初めて生ずるのである。表象における知覚の再生は，必ずしもその知覚の忠実な反復とは限らない。つまりそれは省略によって変えられることもあれば，種々さまざまの要素の融合によって変化させられることもある」。

[ハルトマンによる対象表象と自己表象の区別と対象恒常性] フロイトは，Ich という言葉によって，システムとしての自我を示したり，主観的体験である私Iや自己 self を示したりしていたが，ハルトマンはナルシシズムの定義を変え，リビドーが備給されるのは自我ではなく自己に対してであり，対象備給の反対は自我備給ではなく自己備給であるとすることによって問題を整理した。この考えは精神分析理論に大きな変化を促した。つまり，常に自己と対象との相互関係をもその視野に入れることが可能になったからである。同時にハルトマンは，ピアジェ Piaget, J. の認知的対象恒常性に対して，リビドー的対象恒常性を概念化し，対象表象の情緒的対象恒常性を明らかにし，その発達過程における成り立ちを論ずることによって，マーラーらの分離-個体化の研究に道を拓いた。

この対象関係が成立する内的世界についての概念化は，マーラー，そしてジェイコブソンによってさらに発展した。

[ジェイコブソンによるメタサイコロジー的「心的表象論」] ジェイコブソンは，主観的な体験とメタサイコロジーを統合する困難な作業の中で，自我，自己，自己表象の違いを明確化し，自己表象と対象表象の成り立ちを考察した。彼女はとくに，精神病の解明に向けて，システム自我と全人格を示すものとしての自己（自分としての自己），さらに自我の中の身体的自己と精神的自己についての内的表象をあらわす自己表象の区別，原初的精神生理的自己（エネルギー的にも構造的にも未分化な状態）と，安定した自己表象と対象表象（各々にリビドー

が備給されている）の成立，そして表象世界の成立を明らかにした。心的表象論の歴史の中で，ジェイコブソンの理論は決定的な役割を果たし，カンバーグ，サンドラー，コフートらの理論は彼女の理論の上に成り立っている。

［サンドラーの表象世界論］ジェイコブソンによって記述された，主観的な自己表象と対象表象からなる世界は，ひとたび成立するとその後の体験を組織化していく基本的な枠組みとなる。サンドラーは，まず1962年『表象世界の概念』を発表し，その後約30年間この表象世界という概念によって，精神分析理論の再定式化を試みた。最初は記述を助けるための用語であった表象世界論は，やがて，一定の構造と機能を持った精神内システム，体験にとって意味のある基本的な力動的ユニットを概念化する理論になった。乳児は，あらかじめセットされたプログラムによって快-不快の区別をする。ここから最初の対象が形成される。この最初の対象には自己と対象との分化はない。次第に自己表象と非自己表象が分化し，さらに自己表象と対象表象ができ，相互関係の表象ができる。もともと未分化であった知覚から表象世界をつくるのは自我の機能であり，表象形成は自我発達にとって不可欠で，両者は平行して発達する。自我は能動的な執行機関だが，表象世界はそうではない。表象世界は自我が適応や防衛活動を行う際に，意味ある情報を提供するレーダーにたとえられる。

［表象世界，表象，イメージの違い］表象されるものは，単に外界にある対象や物だけでなく，相互関係の中で子ども自身に発する感覚（身体表象），本能欲動（情動）なども含む。表象は多くのイメージからつくられる相対的に永続的な組織（母が立つ，座る，しゃべる，おっぱいを与えてくれるなどのイメージを基礎にして母表象がつくられる）である。一方，イメージはその瞬間瞬間の一時的なものである。これらは劇場にたとえられる。表象世界は舞台セットであり，役者たちは自己表象や対象表象であり，演技におけるその時々の表現や形が自己イメージと対象イメージである。サンドラーは，願望の満足が防衛機制の操作によってなされるように，空想は表象の操作によって形成される。つまり空想の構築には防衛機制が伴う。受け入れがたい願望や望ましい空想内容から意識を守るために，防衛機制によって意識に受け入れやすいように表象を変化させ，そして意識に受け入れられがたいものが無意識的願望となる。ここで重要なのは，無意識的願望にしても望ましい空想にしても，その構成要素として，相互関係にある自己表象と対象表象という心的表象を持つことである。つまり，自己表象は何らかのパラレルな関係にある対象表象を持つという。サンドラーは，人間の動機をリビドー的・攻撃的力のみに帰するという古典的理論を改変し，むしろ行動や発達における動機的力として，意識的-無意識的感情状態を表象する情動が，中心的意義を持つと考える。つまり，乳児が快-不快という感情状態によって主観的体験を構成し，かつその過程で自己表象と非自己表象とを分化する能力を発達させるのは，乳児と環境との相互関係であり，主観的感情状態の変化が決定的な意味を持つ。それだけに，自己表象や対象表象への情動の備給が重視される。

［体験的表象と非体験的表象］さらにサンドラーは，自己表象には2つの意味があるという。1つは，非体験領域の自己表象であり，もう1つは体験領域の自己表象である。前者は，乳児が母親との相互関係を繰り返す結果できる母親像のように，主観的体験の結果できるものだが，主観的には体験されないものである。行動を導く構造・組織・図式ないしは一連のルールといった永続的な存在であり，身体図式・身体表象などはこれに当たる。これ自体，主観的体験の情報をオーガナイズする機能を持ち，次第に安定化し発達する。大事なことは，時・場・人との脈絡がこうした構造やルールの形成にとって重要だという指摘である。一方，体験的表象は，自己と他者に関する「いま・ここで」における現象的，体験的自己表象である。たとえて言えば，前者はワープロの中のメモリであり，後者はスクリーンに映っているテキストである。この文脈を背景としてスターンは，非体験領域の自己表象について独自の自己感理論を提出した。体験的表象には意識的なものと無意識的なものがあり，この意味で無意識的かつ主観的体験は，精神分析における中心的な概念である。さらにサンドラーは，相互関係の中にある自己と対象の心的表象という力動的ユニットの観点から投影同一視を論じている。

［心的表象論の精神病理学への応用］（1）神経症病理－境界例病理－自己愛病理（カンバーグ）：ジェイコブソンとマーラーに基いて，さらにシステム理論を援用してカンバーグは彼の心的表象論を構築している。つまり彼は，自我によってコントロールされ，境界によって外界と境界線を持つ，内在化された表象によって成立する，内的なシステムとしての表象の世界を理論化した。彼は一連のセットになった，そして情動が付加されている，自己表象－対象表象の発達とそのあり方を分析することによって，神経症病理，境界例病理，自己愛病理を鑑別できることを明らかにした。

（2）喚起性記憶と心的表象（フライバーグ，アドラー）：フライバーグ Fraiberg, S. は，対象恒常性を検討し，対象恒常性に先立つ心的イメージを保持する能力の成立に注目し，心的表象とはまさに喚起性記憶であると考えた。つまり喚起性記憶とは，外的刺激体験や内的欲求といった刺激がなくても，自律的に想起されるような記憶である。心的表象の確立あるいは対象恒常性はこの

ように喚起性記憶として記述できるという。この考えは，次に述べるロンドン London, N. の精神分裂病論，アドラー Adler, G.，リンズレー Rinsley, D.，狩野力八郎などの境界例－自己愛障害論へと引き継がれた。たとえば境界例では，再認記憶はあるが喚起性記憶が障害されているため，対象喪失に対して全体的なパニックや衝動性で反応したり，自己のすべてを支えてほしいと願う。

(3) 精神分裂病特異論（ロンドン）：ロンドンは，心的表象は記憶痕跡を心的に組織化したものと考える。ここで記憶痕跡は，内的‐外的刺激にかかわる体験および刺激された主体の反応から由来するが，それは出来事の記載以外のなにものでもない。一方，願望・動機・反応・本能欲動・防衛・情動・信号不安などすべてが心的表象であるから，心的表象は人生体験の単純な複製以上のものを含んでいる。精神分裂病では，記憶痕跡が心的に構造化され，心的表象へと組織化される過程に障害があり，かつ心的表象を維持する能力に障害（つまり喚起性記憶の障害）があるという。そしてこの障害を彼はフェダーン Federn, P. の自我障害論と同じく脱備給によるという。したがって，分裂病の行動はこの脱備給の結果起きる内的破局に対する反応と理解できる。つまり，体験を統合するために必要な表象体系を持っていないために，さまざまな刺激に対して一貫性と多様性を持ったパターンで対応することができないという。

[乳幼児・母子相互作用における心的表象研究] レボヴィシらは，母親が子どもに対して抱き投影する表象を「想像の赤ん坊」「幻想の赤ん坊」などの形に概念化したが，スターンはその自己感の発達論において，RIGs（一般化された相互交流の表象）を提起している。こうしたRIGs を登録する能力は，生後 2−3 カ月に始まる中核自己感の形成期で見られるといい，RIGs は，中核自己表象の基本的単位として，中核自己感の形成に貢献するという。　　　　　　　　　　　　　　　　　（狩野力八郎）

[関連項目] 一次過程／二次過程，記憶，記憶痕跡，境界性人格障害，強迫神経症，自己愛［ナルシシズム］，自己感，事物表象／言語表象，身体図式，対象恒常性，知覚同一性／思考同一性，備給［充当，給付］，ヒステリー，分離‐個体化，メタサイコロジー，抑圧，RIGs，サンドラー，ジェイコブソン，スターン，ハルトマン，フロイト，S.

[文献] Fraiberg, S. (1969), Freud, S. (1925h), Hartmann, H. (1950), Jacobson, E. (1964), Laplanche, J. & Pontalis, J. B. (1967), London, N. (1973), Moore, B. E. & Fine, B. D. (ed.), Pine, F. (1985), Sandler, J. (1994), Sandler, J. & Rosenblatt, B. (1962), 新村出（編）(1985), Stern, D. N. (1985, 1995)

病態水準
[英] level of psychopathology

精神病理の現れを精神発達の視点でとらえた際の水準のこと。精神分析による精神発達理論に基づくもので，病態水準が「低い」または「悪い」あるいは「高い」または「良い」などと表現される。精神分析にはアブラハム Abraham, K. 以来，リビドー発達段階における固着と精神病理とを対比してとらえる視点があった。例えば口愛期の前半と精神分裂病，後半と躁うつ病，肛門期と強迫神経症，エディプス期とヒステリーなどである。さらにその後の精神分析の発展に伴って，それらのリビドー発達段階に自我の統合度，すなわち自我分裂と自我同一性の獲得など，現実検討機能，すなわち精神内界と外的客観的世界の区別，防衛機制，すなわち分裂を基礎にしたいわゆる原始的防衛機制と抑圧を基礎とした高次の防衛機制，対象関係などを加えた総合的な精神発達理論が成立するに至っている。病態水準とは，これらの精神分析的な精神発達論に基づいて，患者の病態がどの水準にあるかを判断したものである。患者の示す症状に基づく記述的な診断が，精神医学に伝統的なものであるのに対して，病態水準はそれらの症候の基礎にある精神発達水準を意味するため，精神分析的ないし力動的な診断では精神療法の方針や予後を検討するにあたって重要な意義をもつものである。

この用語は，わが国の力動精神医学界では一般的に用いられているものであるにもかかわらず，欧米には直接これに相当する用語を見出すことができない。とはいえ，もちろん病態水準に関連した理論，概念は多く，広く臨床場面でも用いられている。例えば，不安症状，転移症状，強迫症状など，それ自体は神経症水準に属する症状を呈している患者でも，自由連想法を用いた精神分析療法を行うと，自我の防衛機制が解体して，無意識内容が湧出し，精神病が顕在化する潜伏性精神病や，それに関連した境界状態の研究などは，病態水準に関する認識を促進させる契機となってきている。また，近年カンバーグ Kernberg, O. F. によって提出されたパーソナリティ構造に関する研究，すなわちパーソナリティを，(1) 同一性の統合度，(2) 防衛機制の種類，(3) 現実検討能力の有無によって，神経症性 neurotic，境界 borderline，精神病性 psychotic の三水準に分ける業績も，病態水準に直接関わるものである。　　　　　　　　（岩崎徹也）

[関連項目] アイデンティティ，境界パーソナリティ構造，現実検討，固着，自我機能，対象関係，防衛機制，アブラハム，カンバーグ

[文献] Abraham, K. (1927), Kernberg, O. F. (1975, 1984, 1996)

平等に漂う注意

[英] evenly suspended attention
[独] gleichschwebende Aufmerksamkeit
[仏] attention également flottante

　被分析者の自由連想を傾聴する際の分析家の基本的な構えを記述するためにフロイト Freud, S. が使用した表現である。

　フロイトはほぼ 1910 年代のはじめまでに寝椅子による自由連想法設定における技法の基本的な部分を確立し，いくつかの技法論文を執筆した。彼が平等に漂う注意という態度について言及したのは，そのなかの『分析医に対する分析治療上の注意』(1912) においてである。この言葉によって彼が表現したのは，どれほど正当に見えようとすべての先入見や予断や理論による取捨選択を排して，意識的影響を遠ざけ，素材を無意識的記憶にゆだねる態度，「単に聴く simply listen」態度である。その態度のもとで一見無意味な素材もこころに留め置かれ，素材の連関の理解や何が重要であるかという選択はのちになって分析家にとって自発的に発見可能になる，とフロイトは主張した。この態度は被分析者が取捨選択せず意識に浮かぶ内容を語ることを要請する，いわゆる自由連想規則（基本原則）に対応するものである。これに関連して彼は，分析中にノートをとること，学問的関心を抱きながら治療的に関与することにも否定的見解を示した。フロイトはこの態度ときわめて類似した態度を，すでに自分自身の夢の解釈をする際にとっていたことが『夢判断』(1900) に記述されている。このように意識的選択をゆるめて患者の連想に開かれることは，分析家の無意識を患者の無意識に対して「電話の受話器のようにさしむける」というフロイトの考えを実現することにつながるのである。また，注意を無意識にゆだねるというこの態度を実現することは，分析家自身の無意識的動機に注意が引きずられることを防ぐために，教育分析のみならず逆転移の自己分析という作業を分析家の課題をして要求することになる。

　もちろん解釈や再構成の作業が意識的な素材の選択がまったくなく行われるとは考えられず，この態度はある意味でひとつの理想であると考えることもできる。しかしこの構えは，分析家の無意識的な受容性を治療の重要な構成要素として位置づけたという意味で，近年の逆転移の利用，投影同一化のコンテイニング，情動調律と共感の重視といった技法的アイデアの前提条件になるものである。例えば，精神療法や精神分析を治療者と患者の「遊ぶこと playing」であるとみて，空想と現実のあいだでの相互の自発性を強調するウィニコット Winnicott, D. W. の視点や，物思い（夢想）reverie を母親／分析家のもっとも重要な機能であると位置づけ，「記憶なく欲望なく」あることを強調したビオン Bion, W. の仕事などは，暗黙にこの態度に基礎を置くものとみることができる。

（藤山直樹）

[関連項目] 遊ぶこと，基本規則，逆転移，教育分析，傾聴，自由連想法，情動調律，能動的‐受動的，フロイト的治療態度，夢想

[文献] Bion, W. R. (1962b, 1967a), Freud, S. (1900, 1912d), Winnicott, D. W. (1971a)

病理構造体〔病理的組織化〕

[英] pathological organization
[独] pathologische Organisation
[仏] organisation pathologique

　これはシュタイナー Steiner, J. によって提唱された概念である。これはパーソナリティの病理をもつ患者群に見られる内的な病理的対象関係，防衛機制，不安の一群を意味している。それはパーソナリティの中に非常に安定した組織として機能し，他のパーソナリティの部分を支配して，病理的な状態を保持していく。シュタイナーはこのような病理的組織化の特徴を多く挙げ，その生成過程についても考察している。歴史的には，クライン学派において病理的パーソナリティが取り上げられ始めたのは第二次世界大戦後であるが，特にビオン Bion, W. R. の「精神病的パーソナリティ psychotic personality」の生成過程の研究と，ローゼンフェルド Rosenfeld, H. の「破壊的自己愛組織 destructive narcissistic organization」の研究が重要なものである。これらに共通の理論的視点は，心の無意識の一部に他の部分を支配している病理的な対象関係，防衛組織，不安の一群があり，それらがパーソナリティ全体を支配し，患者の病理的な状態の起源をなしているという理論である。ローゼンフェルドに影響を受けているシュタイナーは，破壊的自己愛組織の概念に大きな影響を受けて，さらに包括的な病理的組織化の理論を提唱し，すべてのパーソナリティの問題をもった患者に共通して見られる特徴を理解する視点として，この「病理的組織化」の概念を提唱した。ビオンやローゼンフェルドの研究が，やや限られたタイプの患者群の研究だったことに比較して，シュタイナーの研究は，パーソナリティの病理を包括的にとらえ説明していく概念である。シュタイナーは病理的組織化の概念について次のように説明している。(1) 病理的組織化は安定した組織で強力な防衛組織として働く。それは第 3 のポジション the third position とも言うべきものであり，健康な妄想分裂ポジション paranoid-schizoid position，抑うつポジション depressive position の不安や葛藤に対し防衛的に働き，心の発達を妨害してしまう。(2) 病理的組織化の世界は，乳幼児の欲求不満に満ちた体験に伴う

破壊的対象関係からなっている。対象から欲求不満を受けた乳幼児は，その破壊的で憎しみに満ちた自己と内的対象を分裂排除し，対象に投げ入れる（投影同一視 projective identification）。空虚になった自己はそのような対象を取り入れて自己を形成して行くが，その素材となるものは本来自己の破壊性と悪い対象の部分を多く含んでいる。それによって構成された病理的組織化は悪い対象関係に満ちており，過剰な不安や悪い部分的対象関係，過剰なスプリッティングや投影同一視などからなっている。そして治療者などの対象に対してこの部分は即時転移されてその世界が活動し，対象は自分に投げ入れられた内的対象関係の役割を取らされてしまう。(3) この病理的組織化は，変化に対して強力に抵抗し，治療に対する強力な抵抗と防衛の源である。そこには，苦痛な関係を快楽に転換させたり，攻撃や苦痛に対する魅惑など，倒錯 perversion と嗜癖 addiction の特徴が顕著に見られる。

(衣笠隆幸)

[関連項目] 人格障害，精神病的パーソナリティ／非精神病的パーソナリティ，破壊的自己愛／性愛的自己愛，ビオン，ローゼンフェルド

[文献] Bion, W. R. (1957), Rosenfeld, H. A. (1964a), Rosenfeld, H. A. (1971), Steiner, J. (1979, 1987, 1993)

ふ

ファルス

[ギ] φαλλός
[英] [仏] phallus
[独] Phallus

一般的には，古来多産と豊穣の象徴として用いられてきた男性性器の像をいうが，精神分析では，幼児にとっての知的探求の中心をなすものとしての男性性器をいう。

フロイト Freud, S. によれば，およそ3-5歳の幼児は，人間がどのように作られ，どこからやってくるのかという実存論的な問いを問う。これと同じ時期に，男根の存在または不在が知的探求の主題となる。したがって幼児にとっては，人間がいかにして存在するようになったかという問いは，男根の存在・不在の問いを通じて答えられることになる。男根を巡るさまざまな空想と他者による威嚇を経たあと，幼児は母親に男根がついていないことを承認し，このことによって，去勢する超越的な者が無意識において成立するようになる。この超越者こそが人間を作り出し，男根を付けたり付けなかったりする必然性を握ることになる。これ以降，人間精神にとって男根は生物学的な機能には納まりきれない意義を獲得する。ファルスは人間が意味をもって存在することを示し，その意味を超越的な他者に関係づける言葉となる。「ファルスは大文字の他者の欲望のシニフィアンである」というラカン Lacan, J. の定式化はそのことを述べている。

周知のように，フロイトはすでに，上記の超越者を「父」と名づけ，女性の男根の不在の知覚は，男児においては去勢不安を，女児においては男根羨望を生み出し，ともに肛門期や口唇期への退行を経て神経症へと導くことを示した。また男根の欠如の知覚そのものの否認が倒錯や精神病の原因と関わることも論じている。これらの議論の中でフロイトは象徴的なものとしてのファルスと現実的な対象としてのペニスを概念として連続的に用いているが，ラカンはこの区別を明確にし，身体から取り外すことができると幼児によって想像された限りでのペニスという対象を想像的なファルス，上述の存在と不在によって超越的な他者を示す限りでのファルスを象徴的なファルスとした。象徴的なファルスは，人間の存在に関わる言語的な命題の真実性を請け負っている大文字の他者の成立可能性を示すものである。あらゆる世界内存在と同様，人間の生命それ自体も，普遍的命題として表されることによってのみ承認される可能性をもつ。が，人間が話す存在である限り，直接的な生命は逆説的に一種の消失としてしか自覚されない。演劇や絵画などの芸術作品に，この消失を表す男根像が隠された仕方で表現されていることからも分かるように，ファルスの機能は，人間が自らを生命として自覚するために造り上げた表象世界全体の論理的消失点と，その彼岸とを印づけることである。

(新宮一成)

[関連項目] 他者，男根期

[文献] Freud, S. (1925i), Lacan, J. (1958a, 1975), 新宮一成 (1995)

不安

[英] anxiety
[独] Angst
[仏] anxiété, angoisse

不安の定義を正確に述べることは容易ではない。不安という言葉が一般に使われるとき，実際には，いろいろの強さや色合いの不快な感情や気分を包む包括的な言葉として使われている。怖れ，苦悩，心配，まごつき，当惑，無策，混乱，パニックなどを意味する。さらには，この種の感情が体験され，しかも長期にわたって続くと有害な苦痛に満ちたものが起こることを怖れる予期が漠然とした形であらわれてくる。不安にはこの種のものも

含まれる。こうした心理的体験には大抵，身体的苦痛ないしは違和感が伴う。また，くやみ，罪の感情，抑うつ感などの感情さえ，ある場合には不安のなかに含めて考えられることさえある。しかし，こうした不快な感情をすべて不安とすべきではない。不安は本来，解決困難な破局の切迫という認知も伴っているものである。不安の本質を理解し不安から逃れる道を求める試みは人類が自己に自覚をもつようになった歴史と表裏一体をなすものである。しかし，こうした不安を哲学者としてでもなければ，歴史学者としてでもなく，臨床医学という科学的枠組のなかではじめて把えたのはフロイト Freud, S. であった。そしで彼の不安研究は精神分析という人間理解の心理学を発達させるにいたった。

［フロイトの不安に関する初期の理論］フロイトの不安に関する初期の理論は彼の『"不安神経症"という特定症状群を神経衰弱から分離する理由について』(1895)と題する論文のなかでうかがい知ることができる。彼は，臨床医として患者の示す臨床症状により，個別的に，しかも具体的に綿密に不安を理解しようとした。この論文のなかで彼は，まず，不安神経症の臨床症状について述べている。すなわち，一般的なイライラ，予期不安，一般的な神経質，心気症状などの「自由に浮動する状態での不安」，そして次に，特別の理由なしに突如として襲ってくる不安発作，それらが頓死，心臓停止，発狂などと結びついてそれらに対する不安を表すこともある。また，生理学的な症状も起こり，不安と等価な症状，たとえば，心臓興奮，呼吸困難，振せん，下痢，めまい，血管運動神経発作，知覚異常などが起こる。さらに彼は夜驚と2つの恐怖症もつけ加えた。1つは蛇恐怖，かみなり恐怖，細菌恐怖のように生理的危険に関係したものであり，もう1つは動きが制限されることに対する恐れ，例えば広場（空間）恐怖である。彼のあげた不安神経症はWHOのICD-9までほとんどその症状特徴で不安状態として分類に採用されたし，今日のDSM-IVでは全般性不安障害と恐慌性障害として分類されるものである。ついで彼は不安の発生と原因について彼の見解を展開している。それを要約すると，他の神経症の場合と違って精神的原因で起こるものではなく，患者個人の現在の性生活の現実そのもの，具体的には性緊張が異常に高まり，適切な解放がなされないために，リビドーの滞留による中毒症状として表れると考えたのであった。もっとも，彼は，性的緊張の滞留ばかりでなく，過労，看病，重病などもその原因になると述べているが，不安に精神的原因が関与しないと考えた点では変わりない。不安を現実神経症の症状とする彼の見解は門弟たち（ジョーンズ Jones, M., シュテーケル Stekel, W. など）からも批判されたがかたくなに自説を守り続けた。しかし，彼の不安理解は次に述べるように大転換する。

［フロイトの不安に関する後期の理論］フロイトは『制止，症状，不安』(1926)という論文で不安に関する彼のこれまでの理論を根本から改訂した。彼はその論文のなかで「従来，われわれは現実的不安と神経症的不安とを区別する理由をもたなかった。いまでは現実的不安は外部の対象から迫ってくるが，神経症的不安は衝動の要求から起こることを知っている。……つまり，自我は不安反応の助けをかりて外部の危険と同様に衝動の危険から身を守るが，この防衛作用の方向は精神装置の不安全なために神経症に向かっているという事実である」と述べている。こうして不安はもっぱら，危険のシグナルとして抑圧をはじめ防衛機制を引き起こすものとして理解されるに至った。初期の不安理論はメタ心理学的には経済論的見地によるものであり，後期のそれは構造論的見地に立つものといえよう。そして，不安は人格の力動の中核をなすものとして精神分析を特徴づけるものとなった。フロイトはさらに不安の型にふれ，(1)対象を失うおそれ——分離不安，(2)愛を失う不安，(3)去勢不安，(4)道徳的不安‐超自我不安をあげた。

［その他の学者の不安理論］フロイト以後の精神分析領域あるいはそれから離反した学者たちにも不安理解は大きな課題であった。アドラー Adler, A. は劣等感を主張し，ユング Jung, C. G. は集合無意識が意識をおびやかす時の感情と理解した。精神分析文化学派のホーナイ Horney, K. は一人ぼっちにされた時の無力感を基本不安とよび，その際生じる憎しみを重視した。サリヴァン Sullivan, H. S. は不安は母親との間で体験するはずの共感されることを拒絶された体験に源があるとしている。現代精神分析のなかでクライン派は被害的不安，妄想的不安，抑うつ的不安について説明している。それは人格にそなわった攻撃性由来のものという理解である。ウィニコット Winnicott, D. W. はジョーンズ Jones, E. の破滅の不安理論を発達させ，子どもの中心的自己の分離独立を妨げる侵害が精神病的不安の本質であるとしている。

(西園昌久)

［関連項目］うっ積不安（説），現実神経症，自動性不安，信号不安，迫害不安，不安神経症，分離不安

［文献］Freud, S. (1895a, 1926a), Segal, H. (1964/1973), Winnicott, D. W. (1965b)

不安神経症

［英］anxiety neurosis
［独］Angstneurose
［仏］névrose d'angoisse

不安神経症は今から約100年前にフロイト Freud, S. によって『"不安神経症"という特定症状群を神経衰弱から分離する理由について』(1895)の中で記述された。

フロイトは不安を浮動性不安（ないし予期不安）と特定の対象や状況に結びついている不安（恐怖症）と不安が情動として体験できずにふるえ，めまい，心悸亢進，呼吸困難などに代表される身体症状として現れる不安発作の3つに分けた。フロイトは不安神経症の典型的な臨床像は浮動性不安ないし予期不安だとした。また，不安神経症は精神的原因で起こるのではなく，被分析者個人の現在の性生活（禁欲生活，中絶性交などによる性の抑制）の現実そのものに由来すると考え現実神経症と呼んだ。その考え方は，現実の外的な原因によってリビドーがうっ積して生じると考えたのでうっ積不安学説と呼ばれる。

後にフロイトは，『制止，症状，不安』(1926)の中で不安は危険のシグナルであり，抑圧され，そこからすべての神経症症状が発生すると理解するようになった。不安はなぜ起こるのか。フロイトは，自我が，イド，超自我，外界から圧迫をうけ，そのために体験する破局感であり，ことに神経症はイドと超自我との圧迫を自我が処理しきれなかったときに起こると考えた。すなわち，自我はイドからの衝動を処理しきれないとき，抑圧機制を用いるが，それに成功しないとき自我は不安を体験し，リビドーは動悸その他の身体症状として現れ，パニック発作のような急性の現れ方もする。この状態をフロイトは不安神経症と呼んだ。一方，抑圧機制に加えて複雑な防衛機制を用い，その結果，防衛機制に対応した神経症症状が形成されたのを精神神経症（転換ヒステリー・恐怖症・強迫神経症）と呼んだ。ここでフロイトは，不安神経症も精神神経症と同じように無意識的心理過程のありうることを認めたが，「(満足を中断された)リビドーから直接不安が発生することは否定できない」と述べて現実神経症として把握する態度は変わらなかった。

このフロイトによって記述された不安と神経症の概念は，その後，臨床精神医学に取り入れられ，不安神経症は持続性の不安と急性の不安発作を含むようになった。ところが，スピッツァー Spitzer, R. E. らによって作成された「研究用診断基準」(RDC)の中で，不安神経症は全般性不安障害と不安発作を主症状とするパニック障害とに解体され，新しい臨床的単位を与えられた。以後，パニック障害はDSM-III，DSM-IV，ICD-10の中に取り入れられ，今日では比較的まとまった臨床単位であり，特定の薬物に対する良好な反応性を持つと言われるようになった。すなわち，フロイトが記述した不安神経症の概念は不安発作と慢性浮動性不安とに再び二分割されたのである。　　　　　　　　　　　　　　　（川谷大治）

[関連項目] 神経症，精神神経症

[文献] Freud, S. (1895a, 1916-1917, 1926a)

不安信号説

[英] theory of signal of anxiety
[独] Angstsignaltheorie
[仏] théorie du signal d'angoisse

フロイト Freud, S. は，初期の防衛神経症理論において，心的外傷（後には内的欲動）から生じる葛藤に対して，自我は抑圧によってその思考内容を意識から追いやり，残された情動が症状を形成すると考えた。この時点において不安は，残された情動（リビドー）が変形して生じるものとみなされた。『制止，症状，不安』(1926)論文においてフロイトは，抑圧の結果として不安が生じるのではなく，逆に，自我の内部において不安が信号として働き，その結果抑圧が生じると再定義した。また，不安の起源をリビドーの変形とする初期の見解を改め，人生の最早期におけるさまざまな危機的外傷的事態によってもたらされた不安状態の記憶にあるとした。この危機的事態としてフロイトは，出生時，対象喪失の恐れ，去勢の恐れ，および超自我の恐れを挙げた。（生田憲正）

[関連項目] 外傷，去勢，出産外傷，信号不安，不安，分離不安

[文献] Freud, S. (1926a)

ファンタジー　⇒幻想

[英] fantasy, phantasy

不安ヒステリー

[英] anxiety hysteria
[独] Angsthysterie
[仏] hystérie d'angoisse

恐怖症を主症状とする神経症で，その機制が転換ヒステリーと共通していることを強調するために，フロイト Freud, S. が定義した神経症の病型。それは，フロイトの示唆(1)によってシュテーケル Stekel, W. (1908)が導入し，さらにフロイトが明確にした。ドイツ記述精神医学では，恐怖症は強迫観念の一つとして位置づけられているが，フロイトは，まず強迫神経症の症状としての恐怖症とは質の異なる不安神経症における恐怖を分離し(1895)，1909年少年ハンスの恐怖症を分析して，抑圧された衝動が不安に変化する機制を明らかにして，その機制が抑圧されたリビドーが身体症状に転換されるヒステリーの機制と共通している点から，この種の恐怖症を不安ヒステリーと名づけたのである。転換ヒステリーでは心的なものの身体への転換が生じるのに対して，不安ヒステリーではリビドーの身体への転換がなく，自由になったリビドーが不安の形をとる点で両者を区別し，

さらに不安神経症の不安は，自由に浮動する不安であるのに対して，恐怖症におけるそれは，一定の対象または状況をめぐって生ずる不安であることがさらに区別された。こうして，強迫神経症，転換ヒステリーおよび不安神経症のいずれからも区別される不安ヒステリーの概念が成立した。この用語は，現在用いられることが少なく，恐怖症 phobia の用語が一般に用いられている。

(小此木啓吾)

[関連項目] うっ積不安（説），強迫神経症，転換ヒステリー，ハンス少年［症例］，不安神経症，フロイト，S.
[文献] Freud, S. (1894, 1895a, 1895b, 1908f)

フィロバティズム ⇒オクノフィリア／フィロバティズム
[英] philobatism

フェアバーン理論
[英] Fairbairn's theory

[精神の発達段階] フェアバーン Fairbairn, W. R. D. によるとパーソナリティにおける最も基本的なポジションはスキゾイド・ポジションである。このことはスキゾイド（分裂的）の範疇に入る人びとにおいて顕著だが，彼らの内的対象は分裂しており，また彼らは本質的に強い空虚感を抱いている。その根底には「愛によって破壊することなしに如何にして対象を愛するか」という早期口愛期の葛藤がある。それゆえ彼らは対象を拒絶すると共に対象からリビドーを引き上げておく（引きこもった）態度を示している。こうして早期口愛期における葛藤が分裂的なものであるなら，人は誰でもその基本において分裂的である。そこでヒステリー的，強迫的，恐怖症的，ならびに妄想的な諸状態は，口愛期葛藤に対して自我がとる防衛的技法に過ぎない。したがってどんな症状を示す患者の場合にも治療の根本は分裂をめぐるそれとなる。フロイト Freud, S. によってエディプス葛藤との関係で概念づけられたヒステリーの転換症状や解離現象も，パーソナリティにおける分裂の反映である。

[パーソナリティの力動的構造] さらに夢と転移の分析から得たパーソナリティ構造に関する独特の見解を，フェアバーンは 1963 年の論文において次のようにまとめた。(1) 自我は出生時から存在している。(2) リビドーは自我の一機能である。(3) 死の本能というものはない。そして攻撃性はフラストレーションとか剝奪への反応である。(4) リビドーは自我の一機能であり，攻撃性はフラストレーションや剝奪への反応なのだから，「イド」といったようなものは存在しない。(5) 自我は，したがってリビドーは，基本的に対象関係希求的 object-seeking である。(6) 子どもに体験される最も早期の，もともとの不安の形は，分離不安である。(7) 対象の内在化とは，子どもがもともとの対象（original object, つまり母親とその乳房）が満たしてくれないものである場合に，その対象を扱うために採用した防衛的な手段である。(8) 対象の内在化とは，単に口愛的に対象を合体するという幻想の産物ではなく，一つのはっきりした心理過程である。(9) 内在化された対象の 2 つの側面，すなわち，興奮させる，またフラストレーションを与える，ふたつの側面は，対象の中核から分裂 split off され，自我によって抑圧される。(10) 従ってここにふたつの抑圧された対象，すなわち興奮させる（リビドー的）対象と，拒絶する（反リビドー的）対象とが出来上がる。(11) 内在化された対象の抑圧されない中核は，理想的対象ないし自我理想と記述される。(12) 興奮させる（リビドー的）対象と拒絶する（反リビドー的）対象は双方とも，もともとの自我によって備給されているために，これらの対象は抑圧される際に備給している自我の部分を巻き込んでいく。ただ自我の中心的核（中心的自我）は抑圧されないまま抑圧の主体として活動する。(13) その結果である内的な状況は，もともとの対象が 3 つの自我に分裂した split into 状況である――つまり理想的対象（自我理想）と結びついた中心的（意識的）自我，興奮させる（リビドー的）対象と結びついた抑圧されたリビドー的自我および拒絶する（反リビドー的）対象と結びついた抑圧された（反リビドー的）自我である。(14) この内的な状況はクライン Klein, M. が記載した抑うつポジションよりも根元的な基本的分裂ポジションである。(15) 反リビドー的自我は拒絶する（反リビドー的）対象に結びついているので，リビドー的自我に対し妥協なしの敵対的態度を取るから，中心的自我によるリビドー的自我の抑圧を強力に強化する効果をもつ。(16) フロイトが「超自我」として記載したものは，実は以下をふくむ複雑な構造である。a) 理想的対象あるいは自我理想，b) 反リビドー的自我，c) 拒絶する（ないしは反リビドー的）対象。(17) こうした考察は対象関係 object-relations との関連における人格理論の基礎をなし，本能とその運命との関連における理論と対峙する。

[フェアバーン後] フェアバーンは「対象」を（対人関係的領域で）外的な人物と，その人物の内的な（歪んだ，つまり病理的な意味の）改訂版の 2 つの意味に用いており，それゆえに彼の理論は一方で対人関係論と相互に影響し合いながら自我心理学派にも影響を及ぼした。カンバーグ Kernberg, O. は自らの境界パーソナリティ構造の理論の基礎として，クライン，マーラー Mahler, M.，ジェイコブソン Jacobson, E. らと共にフェアバーンによる理論の影響を挙げている。重篤な境界パーソナリティ障害を理解する一つのモデルを提出したマスター

ソン Masterson, J. F. やリンズレー Rinsley, D. B.，ことに後者は，そのモデルがフェアバーンによる自我と対象との関係単位（精神内的構造）の理論に基づくと明確に述べている。またフェアバーンが強調した母子間の依存をめぐる相互的関係の理論が，絆や愛着といったボウルビィ Bowlby, J. の理論に幾分か影響したという指摘もある。ことに最近ではコフート Kohut, H. をはじめとした自己心理学理論との（互いにかなり近いという）異同が論じられている。ただ土居健郎による「甘え理論」との比較を正面からとりあげた研究は稀である。またフェアバーンが注目した対象との関係性は現今の「相互性 mutuality」，「相互作用 interaction」，「間主観性 intersubjectivity」といった言葉に翻訳され，精神分析家と患者との関係に新しい理解を提供している。あるいは「コンテイナー（受け皿）」と「コンテインド（中身）」の概念を提唱したビオン Bion, W. R. とフェアバーンとの今日的結合点を論じている人たち（リンズレー，グロットシュタイン Grotstein, J. S.）もいる。乳幼児精神医学の研究分野からは，その発達理論を裏づけるような観察もある。さらにフェアバーンによる悪い対象の回帰といった概念づけや，パーソナリティ構造における亀裂を位置づけた精神内的構造は，今日注目される幼児虐待や性的虐待に伴う外傷後精神障害の諸臨床症状――正確な記憶が蘇らない，あるいはパーソナリティの乖離現象――を理解する上での精神分析的な文脈を提供している。

(相田信男)

［関連項目］移行期の技法，間主観（体）性，原初自我，コンテイナー／コンテインド，中心的自我，クライン，コフート，ビオン，フェアバーン，マスターソン，マーラー

［文献］相田信男 (1995), Fairbairn, W. R. D. (1952, 1963), Grotstein, J. S. & Rinsley, D. B. (1994)

フェティシズム

［英］fetishism
［独］Fetischismus
［仏］fétichisme

愛する相手が身につけている靴・下着などの物や，髪・手足などの肉体の一部を性的対象とする性愛の在り方を指し，性対象の倒錯の一つに含まれる。fetisch（物神，呪物）という用語は，文化人類学においては重要概念で，魔性をそなえた崇拝の対象である。依存する幼児の愛玩物や，糞便等に興味を持つ子どもの行動においても類似の現象が観察され，また正常の性愛でも恋人の所有物に執着することはあるが，本来の性対象から離れて第1の性対象になった場合や，他者の利害を考慮しない犯罪行動は異常であるとされる。女性には少ないと言われ，とくに対象を限定するフェティシズムは男性に多く，奇異な性空想や，服装倒錯やサドマゾヒズムなどの倒錯と合併することもあり，単純化された理解は困難だが，一般には性的興奮がそのときあった外的対象もしくは身体部分と結びついて生じた代理物だと理解されることが多い。しかしフロイト Freud, S. は，男性のフェティッシュの対象とは，ほとんどの場合その起源が忘れられているが，男児が存在を信じて諦めようとしない女性（母親）のペニスの代理物であり，強烈な去勢の脅威に対する勝利の印でありその防壁となっていると考えた。乳房や糞便の象徴として取り上げられることが多いが，多くの逸脱した性愛行動の問題は単に置き換えの心理ではなく，自我，対象関係，パーソナリティなどの病理学で考えねばならない。また，幼児のフェティッシュは，成人してからのフェティシズムにつながるという報告もある。現象としては類似しているために移行対象との関係で論じられることがあるが，発達の観点から見て「慰み」の質的な差異があり，移行対象では性愛や欲動との間接性や距離が重視され，依存対象の支配と所有に伴う万能感，温もりや柔らかさが注目されている。

(北山　修)

［関連項目］移行対象，倒錯
［文献］Freud, S. (1927e), Greenacre, P. (1970)

フェレンツィ的治療態度

［英］Ferenczian attitude

精神療法としての精神分析の歴史の中で，フロイト的治療態度のアンチテーゼとして繰り返し提唱される治療者の基本的態度のことで，小此木啓吾（1964）によって定義された。1920年代にフェレンツィ Ferenczi, S., ライヒ Reich, W., ランク Rank, O. らによって，フロイト Freud, S. の精神分析技法に対する改革的気運が高まった。フェレンツィ的治療態度は歴史的にははじめ，成人の神経症に対して生まれたフロイトの精神分析療法の適用範囲を，精神病，児童，性格障害などに拡大し，その治療効果を増進する目的で提唱された治療態度である。その背景には，フロイトの価値観，人間観に対する批判をも含んでいる。それだけにこの治療態度は，やがて，病態水準の違いを超えて，フロイト以後の精神分析的精神療法の治療者の間で繰り返しその必要性が説かれて現代に至っているが，歴史的に見て，その基本的な思想を最もよく代表したのがフェレンツィであるとの考えから，小此木はそれらをフェレンツィ的治療態度と総称した。それは，フロイト的治療態度に対して次のような各側面をそなえている。(1) 能動性と柔軟性：例えば，病識・治療理解を欠き，自分から積極的に治療を求めぬ人びとをも治療に導入して助けるためには，精神療法に導入する積極的な導入準備 preparation が必要であり，治療者が一定の治療態度を守って対象を選ぶのではなく，治療

対象側の状態に治療者が順応する柔軟性 flexibility が要請される。また、治療そのものにおいても、積極的に父母の役割、その他、患者が必要としている心的な役割を演じたり、欠乏しているものを補ったりする能動性 activity が必要である。フェレンツィはこの考えをフロイトに主張したが、フロイトの受け入れるところとならなかった。しかし、アンナ・フロイト Freud, A. の児童分析における導入準備期の必要性の提唱、フェダーン Federn, P. の精神病精神療法における同様の試み、シュヴィング Schwing, G. による母性的助手の役割の実践などは、このフェレンツィ的治療態度の流れの源泉として位置づけられるべきものである。(2) 人間的温かみと情緒交流：フロイトの主知的合理主義に対して、治療者の人間的な温かみや愛情を強調し、言語的コミュニケーション以上に、治療者・患者間の非言語的コミュニケーション non-verbal communication による情緒応答性 - 情動調律などの情緒交流を重視する。またときには、行動化 acting out に対しても、フロイトのように厳しい禁欲規則を適用するだけでなく、行動化の建設的成長的な意味を認める。フェレンツィは、患者の退行に応じて、治療者も共感的に退行する相互的退行 mutual regression の意義を明らかにしたが、自己心理学的な共感（Kohut, H.)、間主観的アプローチ（Stolorow, R.) もこの流れに位置づけられる。そしてこのような治療態度は、治療者も患者もともに同じ人間であるという「われわれ体験 we-experience」（シュヴィング）を基礎とする。(3) 治療者のパーソナリティと逆転移の重視：「医師としての分別」、とりわけ「分析の隠れ身」を守る巨視物理学的なフロイト的治療態度に比べ、微視物理学的なフェレンツィ的治療態度をとる以上、治療者自身のパーソナリティの治療上の意義がより重視される。極論すれば、精神療法の成果は、治療者と患者のパーソナリティの組み合わせ、あるいは、投影同一化 - 逆転移同一化に対する治療者の適切な認識と対処によって規定される。この視点から、より微視的に逆転移と転移の相互作用として、治療関係をとらえる見地が要請される（この流れは歴史的には、サリヴァン Sullivan, H. S. の「関与しながらの観察」という言葉に発している）。(4) 超越的態度：職業的な役割関係としての「医師としての分別」を超えて、より理想的な人と人との出会いとして治療を実践していく姿勢であり、分析医の中立性、その時代、社会、文化の慣習的相対的な価値観や習慣を超越した態度として理解される。(5) 外界指向的接近：フロイトの精神内界主義に対して、外界への適応を配慮し、ひいては理想の調整が精神療法が所期の成果を収めるために重要であると考える（児童・精神病者の家族への接近を通して発達した家族療法、治療者以外の病棟医・看護婦、その他のスタッフの協力と多角的な治療関係を統合した入院精神療法、その他）。

以上のフェレンツィ的治療態度は、いずれもフロイトによって厳しく戒められ、ときには否定された治療態度であり、精神分析療法の本質からの逸脱とみなされたものであるが、フロイト以後の精神分析的な精神療法の発展とともに、この種の治療態度がそれぞれの治療者にとって肯定すべき実践上の課題となった。そしてこの動向は現代の精神分析における表出的 - 支持的連続体のメニンガー研究をはじめ、乳幼児研究などに支えられた前言語的な情動交流や手続き知識などの治療機序におけるその評価の高まりと共に、さらに米国における新たな治療者・患者の相互関係を重視する関係モデルによるフロイト的治療態度の再考をはじめ、間主観的アプローチ、社会的構築主義など精神分析療法の新たな研究課題になっている。
(小此木啓吾)

[関連項目] 医師としての分別、間主観的アプローチ、関与しながらの観察、禁欲規則、情緒応答性、情動調律、退行、中立性、能動的 - 受動的、フロイト的治療態度、分析の隠れ身、われわれ体験、シュヴィング、フェダーン、フェレンツィ、フロイト, A.、ライヒ、ランク

[文献] Braatøy, T. (1954), Emde, R. N. (2000), Federn, P. (1943, 1947, 1952), Ferenczi, S. (1916/50, 1920, 1926/51, 1931, 1932b, 1955, Freud, A. (1946), Fülöp, M. (2000), 丸田俊彦 (2000), 岡野憲一郎 (1999), 小此木啓吾 (1956, 1961, 1970a, 1985b, 2000), Orange, D. M., Atwood, G. E. & Stolorow, R. D. (1997), Rank, B. (1949), Schur, M. (1966), Schwing, G. (1940), Stern, D. N. (1985), Stern, D. N., et al. (1998), Tronick, E. Z., Stern, D., Sander. L., et al. (1998)

フォルト - ダァ〔糸巻き遊び〕
〔独〕〔仏〕fort-da

フロイト Freud, S. は『快感原則の彼岸』(1920) で、母親が不在時に繰り返す生後 1 歳半の孫エルンスト坊やの糸巻き遊びについて次のような観察と考察を述べた。

坊やは、ひもをつけた木製の糸巻を寝台の下に投げ込んで、糸巻が姿を消すと、「fort, fort」と言い、今度はそのひもを引っ張って糸巻を再び寝台から出し、それが出てくると今度は嬉しげに「da」という言葉で迎えた。これは消滅と再現をあらわす完全な遊びであった。しかも、このような遊びは母親が不在のときに活発になった。そして、母親が何時間も留守にしてから戻ると、坊やは「オーオーオーオー」と言いかけた。さらに坊やは、長い間とひりぼっちの間に自分で自分の鏡に映る自己像を消滅させたり、再現させる遊びを始めた。つまり、鏡の中に自分の姿を発見し、それから低くかがみ込んで、その映像を「イナイ」にしてしまった。

フロイトはこの不在と再会、つまり消滅と再現は、母親の不在に対する彼の自我が受身に体験したものを能動

化する遊びの能力によって母親の不在に適応する自我の試みとして理解した。つまり，坊やは糸巻の消滅と再現を自由にコントロールすることで，母親の不在と帰宅による再会の願望を一方でみたすと同時に，他方で不在に対する不安と苦痛に対応することができた。エルンスト坊やの場合には，母親の不在時にも母親との再会を期待してこの遊びを行うことのできる情緒的対象恒常性が心の中にすでに内在化していたが，このフロイトの観察は，ボウルビィ Bowlby, J. の分離，再会，喪失，マーラー Mahler, M. の「いないいないばあ」モデルによる分離と再会，情緒的対象恒常性の研究へ，さらにラカン Lacan, J. の鏡像段階の研究など，フロイト以後の精神分析に豊かな発展をもたらした。　　　　　　　　　　（小此木啓吾）

[関連項目] 遊ぶこと，対象恒常性，フロイト，S.，ボウルビィ，マーラー，ラカン

[文献] Freud, S. (1921e)

不快原則

[英] unpleasure principle
[独] Unlust-prinzip

　一次過程から二次過程への移行に関する生成‐分析論の中でフロイト Freud, S. は，快感原則，現実原則と同時に不快原則の概念を用いている。この概念は主として『夢判断』(1900) の中で使われ，一次的な満足経験の対比物は外的驚愕経験であり，苦痛の源泉となるこのような表象知覚の再生は，その再生を阻止する不快原則に支配される心的過程を生み出す。これが抑圧の原型であるという。さらに『精神現象の二原則に関する定式』(1911) では満足経験，つまり快の再生を求める快感原則が一次過程を支配し，不快，つまり満足の得られない経験の記憶を再生するような働きは追放されてしまうが，この後者の（不快原則に支配される）心的作用が抑圧の源泉であるという。このような意味でシュール Schur, M. は，不快原則こそ抑圧理論の要であり，さらに現実とのかかわり，ひいては現実原則の成立の基礎過程であるという。そして過剰な不快刺激を回避し，それらを生ずる表象や記憶からの備給の撤去 withdrawal を行う必然的傾向として「不快原則 unpleasure principle」を再定義している。さらにシュールは，「快感原則 pleasure principle」は，一定の充足の対象を求める欲求を支配する原則であって，すでに何らかの欲求充足の全体的状況に関する快の記憶を再現しようとする願望に従っているのに対して，不快原則は，前者よりも発達的に見て，より原始的な原則で，前者は，欲動，欲動の対象，欲動充足に関する快の記憶などの心的装置が成立した以後に働く原則であるのに対して，後者は，より原始的なもので，内外の過剰な刺激の発生による危険や苦痛から引きこもろうとする欲求 need to withdraw from danger and pain であって，後者から前者への発達には，多くの自我構造の発達が前提になるという。このような不快原則の研究は，一次過程そのものがどのようにして成立するかの研究を促すものであり，ビオン Bion, W. をはじめとする現代の精神分析における分裂病論の出発点をなしている。
　　　　　　　　　　（小此木啓吾）

[関連項目] 一次過程／二次過程，快感原則，現実原則，メタサイコロジー，抑圧，ビオン，フロイト，S.

[文献] Freud, S. (1900, 1911a, 1920e, 1924a), Schur, M. (1966)

不感症　⇒性機能障害

[英] frigidity
[独] Frigidität
[仏] frigidité

無気味なもの

[英] the uncanny
[独] das Unheimliche
[仏] l'inquiétanté etrangete

　『無気味なもの』(1919) でフロイト Freud, S. は，「不安なもの」の中から"無気味なもの"を区別して，その発生論を展開し，この特殊な体験を生み出す基盤を明らかにして，精神病の精神病理や幻想文学の効果などを理解する上で重要な着想を残した。論文のはじめに「無気味なものとは結局，古くから知られているものや昔からなじんでいるものに還元されるところの，ある種の恐ろしいもの」とある。その根拠の一つは国語発想論的なもので，ドイツ語で無気味の意味である unheimlich は親しみのあるという意味の heimlich の否定だが，興味深いことにこの両者が一致するニュアンスを示すことがある。彼は，親しいもの，気持ちのいいもの das Heimliche が，実は気味の悪いもの，秘密のもの das Unheimliche になることに注目する。フロイトは「無気味なもの」をその発生条件の点から 2 つのタイプに分け，無気味さの第 1 のグループは「抑圧されたものの回帰」と呼べる，想像や読書の中で，もっぱら心的現実だけが問題となるものである。抑圧されたものとは，密かに抱えられた去勢コンプレックスや胎内回帰空想などの小児的コンプレックスであり，これらを呼び覚ますような体験が無気味なものとして体験される。たとえばホフマン Hoffmann, E. T. の『砂男』に見られるような眼を失う不安は去勢コンプレックスであり，仮死のまま埋葬されることへの無気味さや女性性器の無気味さは母胎回帰への願望を呼び起こす。第 2 のタイプは，外的現実が心的

現実に圧倒されてしまい，幼児期に克服されたはずのアニミズム的な確信を再現させる体験に伴う無気味さであって，自分の願望が即座に満たされ，死者は生き返り，人形は人間化する。これらの万能，原始的なアニミズム，呪術の優勢な世界とは，過去の万能と乳幼児期の無制限の自己愛に満ちたものだが，そこで無気味と思うものとは，このすでに克服されたはずの原始的な心理活動の残滓を賦活する出来事なのである。この2つは決して明瞭に分かれるものではないが，以上のように，男性においては去勢コンプレックスは解決されると言うフロイトが，ここで女性の無気味さを語り，それが母親であることを認めていることも興味深い。小此木啓吾は，ここに記述される二重人格自我などの精神病理現象を，分裂・否認・投影などの原始的な防衛機制を論じる病理学として捉え直し，メラニー・クライン Klein, M. の理論への架橋を試みている。また，精神病的体験と無気味なものの結びつきに注目し，否認を女性性器の去勢に関わるものという解釈を積極的に行う分析家もいるが，無気味な体験は精神病では臨床的な現象として頻繁に観察されることがある。　　　　　　　　　　　　　　（北山　修）

[関連項目] 現実検討
[文献] Freud, S. (1919i), Mahony, P. (1982/1987), 小此木啓吾 (1985a)

双子分身転移
[英] twinship transference

双子あるいは分身転移は，コフート Kohut, H. の初期の著作では融合転移とともに鏡転移の下位分類としてとらえられていたが，後に独立した主要な自己対象転移の一つと位置づけられた。コフートが3つの主要著作を書き下ろす過程で2つの重要な理論の変化が見られたが，その1つがこの双子自己対象の重要性に関する認識である。双子体験とは，自分のことをよく理解してくれていると感じ，同時に自分もその人をよく理解できていると感じている自分と似た人物がただ側にいるだけで，同じことに関心を持って何かを一緒にしているという自己肯定感や安全感を得られる自己対象体験である。発達的には潜伏期から児童期後期に特に不可欠な自己対象体験であるといわれ，例えば，台所で料理を作る母親の側で，それを真似て野菜を切り刻んで遊んでいる女の子がもつ受容感や親近感の体験である。このような双子自己対象体験は，原光景体験や，あるいは性衝動や攻撃衝動が華々しく表現されているようなドラマチックな体験ではなく，日常によく見られる静かな体験であるために，精神分析の理論においてこれまで注目されることのなかった種類の現象である。しかし，コフートは鏡自己対象や理想化自己対象体験としては分類できない，自己受容感や自己肯定感を得る体験があることに気づいて，この双子自己対象体験は自己を支える重要な体験であることを強調するようになった。　　　　　　　　（舘　哲朗）

[関連項目] 鏡転移，自己愛転移，自己心理学，自己対象，補正的構造，コフート
[文献] Kohut, H. (1971, 1984)

附着同一化
[英] adhesive identification

投影同一化が作動する以前の最早期の原始的防衛。ビック Bick, E. は最早期の乳幼児観察と成人の分析経験から，投影同一化と異なる自己愛性同一化を附着同一化と名づけた。ビックによれば，皮膚は乳児最早期の包容された体験を内在化することにより内的空間を形成し，はじめて投影同一化が可能となる。しかし内的空間の形成に支障が生じると，主体は対象の表面に附着することしかできなくなる。行動的には模倣に終始し，例えば成人であれば自分の価値観もなく権威的な人や組織の価値に従うことしかできなくなる。次に，メルツァー Meltzer, D. はこれを自閉症の理論に適応し，これを自閉症後心的傾向の特質と考えた。彼らは内部空間を認識できず，表面のみに依拠する二次元的な平面関係が対象関係の中心となる。例えば，自閉症児は空間認知ができず，指差しが遅く，両親の手をあたかも自分の手のように使用することなどが典型例である。タスティン Tustin, F. はビック，メルツァーのこの概念を，さらに自閉症の理論に応用した。彼女は自閉症では同一化の感覚に関連した空間を認知できないために同一化というより合体と考え，「附着性合体」という用語を提唱した。附着同一化は自閉症，精神病児の精神分析的治療で有用な概念であり，成人の性格障害の一部との関連も示唆されている。しかし，投影同一化の未熟な形態と考えられることも多く，未だに適切な位置を確立していない。　　　　　（木部則雄）

[関連項目] 自閉症，タスティン，ビック，メルツァー
[文献] Bick, E. (1964, 1986), Meltzer, D. (1975), Tustin, F. (1994)

物象化
[英] reification

物 res（ラテン語）に化する -fy ということ -cation。日常言語では，具象化・実体化の意味で中立的に用いられる。政治・哲学的文脈では，マルクス主義的文学史家・哲学者・美学者のルカーチ Lukacs, G. の用語を指す。彼はマルクスの初期草稿の読解から，資本主義社会における人間性の疎外形態を，物象化と呼んだ。レイン Laing, R. D. の対人関係論はその流れにある。精神分析

においては，子どもの空想・妄想患者の空想の具象化のような臨床現象を指すこともあるが，理論構成上の以下の問題を主として意味する。精神分析はフロイト Freud, S. 存命中から，その理論用語に非科学的な擬人化・物象化が含まれていると非難されてきた。本能やエスは理論的抽象物なので，それが具体的に存在する物であるかのように取り扱うのは，「具象的なものの位置づけの誤りという誤謬」を犯しているとされる。フロイト自身は，実体的にではなく機能‐構造的に解釈できる記述をしている。例えば「欲動」は身体の興奮を起源とするが，それ自体は不可知な一種の物自体で，その心的代表しか論じられないので物象化を免れている。それでも，心的装置の内部構造を論じるときに擬人化的な含みは拭えない。1950年代以降自我心理学者たちは，分析の概念を科学的なものに見えるようにすることと，擬人化と物象化に満ちたクライン派・対象関係論への批判に傾注した。シェーファー Schafer, R. (1976) は，「メラニー・クラインと彼女のいわゆる英国学派は，……メタ心理学の物象化をグロテスクの極みにまで押し通している」と書いた。しかし英国学派の臨床的な記述の有用性はしだいに浸透し，シェーファーも最近では積極的に紹介する側に回っている。最近では，スペンス Spence, D. P. は硬直的な定式化による精神分析の科学化に対して，隠喩の意義を論じている。

(福本 修)

[関連項目] クライン学派，メタサイコロジー，シェーファー
[文献] Hartmann, H. (1959), 初見基 (1998), Laing, R. D. (1960), Schafer, R. (1976), Schafer, R. (ed.) (1997), Spence, D. P. (1987), Whitehead, A. N. (1929)

浮動性不安　⇒不安神経症

[英] free-floating anxiety

不能　⇒性機能障害

[英] impotence

部分対象

[英] part-objects
[独] Teilobjekte
[仏] objets partiels

クライン学派の概念で，妄想分裂ポジションが優勢な個体の内的世界における対象群。歴史的には，部分対象という考え方はすでにフロイト Freud, S. にあり，無意識では糞便，子ども，ペニスがしばしば互いに等価であることや，女性のペニス願望が男性願望に変わることなどがその好例である。またアブラハム Abraham, K. は，愛する対象の一部を嚙み切って呑み込み体内化したいという願望をもつ躁うつ病者を報告し，これを対象愛の発達における対象に対してアンビバレントな部分的対象愛期の特徴とした。その後クライン Klein, M. は，子どもの分析を通して部分対象が子どもの内的世界の重要な構成物であることをつきとめ，その概念を広汎に展開した。彼女は，乳児が生下時より自己と対象とが分離した対象関係が存在する内的世界をもち，それが無意識的空想のなかで表されると考えた。

生後まもない乳児の自我は未統合で断片的であり，それに応じて知覚される外的対象も空間的・時間的に断片的である。それらは，母親の声，肌触り，におい，あるいは乳房などの身体部分の視覚像，さらには口に触れている乳首の触感などを通じて実感される。このように部分的に知覚された外的対象は，乳児の活発な空想のなかで，主に口を通じて内的世界に取り入れられる。最初に取り入れられる対象は母親の乳房であり，乳児は空想のなかで乳房を吸い込み，嚙み尽くし，呑み込み，実際に乳房を自分のなかに所有しているように感じる。そして，次に取り入れられるのは父親のペニスである。乳児はあらゆる外的刺激に対して快・不快で反応し，ある時は満足を与えある時は欲求不満を引き起こす乳房に良いか悪いかのさまざまな空想によって応じる。それで，部分対象は実質的・解剖学的にではなく情緒的・機能的に知覚される。つまり「愛情に満ちた（憎悪する）乳房」と感じられる場合，強調点は「愛情に満ちた（憎悪する）」にある。一方，内的世界は生と死の本能の相剋の場でもある。乳児の未熟な自我は死の本能由来の破壊・攻撃欲動による自己の破滅不安には耐えられない。そこで自我は，その悪い自己部分を分割しそれを欲求不満を起こす悪い対象のなかに投影するとともに，良い対象を取り入れて，良い自己部分を守り強化しようとする。この破滅不安から迫害不安への転換という防衛を遂行するために，対象，対象への自我感情，および自我からなる対象関係が分割される。このように，自我の未熟さとそれに関連する防衛のために，対象は部分的なものに留まらざるをえない。これは妄想分裂ポジションの特徴であり，生後3，4カ月を極期とする乳児だけでなく精神病者の内的世界でもある。その後乳児が生後4-6カ月になり，自我の発達と統合が進むと，良い対象と悪い対象も次第に一つの全体対象へと統合されるようになる。なお，部分対象の例として，乳房，ペニス，良い対象／悪い対象，結合両親像などがある。

(古賀靖彦)

[関連項目] 結合両親像，全体対象，乳房，分裂機制，妄想分裂ポジション，よい対象／わるい対象，抑うつポジション
[文献] Abraham, K. (1924b), Bion, W. R. (1959), Freud, S. (1917e), Klein, M. (1935, 1936, 1946, 1948), 松木邦裕 (1996)

部分欲動

[英] component (partial) instinct
[独] Partialtrieb
[仏] pulsion partielle

　フロイト Freud, S. が『性欲論三篇』(1905) で初めて用いた用語で，性器期以前のまだ組織化されていない幼児性欲の構成要素である。また，それは精神分析における性の分析の究極的要素でもある。口愛欲動や肛門欲動，あるいは男根欲動といった源泉と，視視欲動や露出欲動，あるいはサディズム，マゾヒズムといった目標によって区別され，特定の身体的部位，すなわち「性感帯」と結びついている。それぞれの源泉からくる興奮は合流し，一致して欲動の目標に向かうのではなく，孤立的に，ある種の快感を得ることができるそれぞれの目標を追い求めるにすぎない。すなわち，部分欲動は対象との合一を求めるものではなく，「中心を持たず，さしあたっては対象のない自体愛的なものである」(Freud, S. 1905)。部分欲動は，第一段階のごく早期には口唇愛，第二段階ではサディズムと肛門愛の支配によって特徴づけられ，第三段階の男根が首位を占める段階になってはじめて本来の性器領域の関与による規定をうけるようになるリビドー体制へと統合されていく。男根期を経て後，潜伏期にはその活動は目立たなくなり，思春期になって最終的に性器統裁の下で統合され，この時点よりその満足は性器的欲動との関連において可能となる。部分欲動の働きは，幼児期にあっては多形倒錯素質といわれるようなさまざまの断片的な倒錯的行動の中に認められ，成人した後には性行為の前戯あるいは倒錯の中に認められる。
(奥村満佐子)

[関連項目] 口唇期，肛門期，精神－性的発達，男根期，幼児性欲
[文献] Fenichel, O. (1945), Freud, S. (1905d), 加藤正明・保崎秀夫・他 (編) (1993), Laplanche, J. & Pontalis, J. B. (1967), Nagera, H. (ed.) (1970)

父母治療

[英] parent therapy

　精神疾患の成因，経過，転帰に，家族力動が関連していることは，よく知られている。ことに子どもの場合，不適応や障害の現れは家族関係と密接に連動しているので，子ども自身の治療と並行して親との面接が不可欠である。子どもによって親たちの未解決な思春期心性が再燃している場合もある。家族が問題解決に立ち向かう自律性を発揮するために，援助を行うのである。スパーリング Sperling, E. は，患児の生活環境，家族力動の改善を目指す親との面接に，次の観点を上げている。(1) 患児の発達に関する理解を助けること。(2) 病態の性質をどうとらえ，どう対処したらよいかを指導。(3) 患児にどのような養育態度をとったらいいのか。どこまでが父母に可能で，どのへんに限界があるか。日常的な葛藤や反応に，どうかかわるか。患児が父母に何を感じ，何を考え，なぜそのような言動が生ずるか，等について理解を助ける。(4) 同様の機能を，親子関係や家族関係に果たす。(5) この並行面接の途上で，父母の隠されていた病理があらわになった場合には，父母自身の心理療法を行う準備に入る。以上のようにスパーリングは，parent counseling と parent therapy とを区別しているが，わが国においては，親の病理の重篤な場合を除き，父母カウンセリングを行っている。子どもの治療者と父母面接者が同一人物が望ましいか否かは，個々の状況で検討を要する。
(滝口俊子)

[関連項目] 家族精神力動，家族療法，児童分析
[文献] Arnaold, L. E. (1978), Noshipitz, J. (ed.) (1979), 小此木啓吾 (1982b)

ブリーフ・サイコセラピー　⇒短期精神療法

[英] brief psychotherapy

プレイセラピー　⇒遊戯療法

[英] play therapy

フロイト左派

[英] The Freudian Left

　個の自立と自由に最高の価値を置いたフロイト Freud, S. 自身は，マルクス主義に対しても，その集団主義を警戒し，終始一貫して距離を保っていたが，フロイトが提示した新しい人間理解を，社会変革の基本的なよりどころにしようとする動向と，当時，人びとに最も大きな影響力をふるっていたマルクス主義の革新思想とを結合する動向が生まれ，この動向を推進する人びとがフロイト左派と呼ばれた。特に，フロイトの膝下のウィーン精神分析研究所に対抗した存在として発展したベルリン精神分析研究所には，マルクス主義的な精神分析家が集まった。初代のアブラハム Abraham, K. 所長の死後，二代目所長になったジンメル Simmel, E. はマルクス主義者で社会主義協会の会長も兼ねていた。それだけに，当時，フロイト‐マルキスト Freud-Marxist と呼ばれた精神分析家たち，中でも，フェニヘル Fenichel, O., ライヒ Reich, W., フロム Fromm, E. などが集まり，精神分析とマルクス主義は互いに相補うものだという学問的雰囲気で研究を発展させた。また，カレン・ホーナイ Horney,

K. もこの雰囲気の中で学んだ。

1925年前後には、ソ連共産党公認の哲学雑誌『マルクス主義の旗のもとに』のドイツ語版がベルリンで刊行され、この雑誌にはしばしばマルクス主義からの精神分析批判の論文と、それに対抗したライヒの『弁証法的唯物論と精神分析』(1929)などが発表された。しかし、精神分析とマルクス主義との討議に加わったマルクス主義者たちの多くは、トロツキー主義者であったため、ナチスの弾圧を逃れてソビエトに亡命した後にスターリンによって粛清されるという悲劇的な運命を辿った。しかし、彼らの思想は、1970年代のいわゆるニューレフト運動の季節には華々しく復権し、サルトルの実存主義との結びつきをもう一つの支えとして、ニューレフト運動の思想的なよりどころになった。

さらに、もう一つのフロイト左派の拠点となったのが、1923年にマルクス主義を研究・講義する目的で設立されたフランクフルト大学社会研究所である。1931年、ホルクハイマー Horkheimer, M. が二代目所長に就任し、マルクーゼ Marcuse, H.、フロム、アドルノ Adorno, T. W. といったすぐれた人材が集まり、今日、フランクフルト学派と呼ばれるものを形成した。このフランクフルト大学社会研究所もまた、フロイト左派と言われる動向に大きな役割を果たした。

フロイト左派の流れの中で、フロムは、マルクスとフロイト両者に共通の「批判精神」を見出し、独自の批判的な社会哲学を展開した。「フロイトの思想は、ビクトリア朝時代のさまざまな価値やイデオロギーに攻撃を加えた。……つまりフロイトの体系は、在来の理念や偏見に対する挑戦であり、自然科学や芸術における新しい発展に対応して、新しい思想の分野を開くものであった」。

フロムのマルクスからの影響を示す見地として、自己疎外 Entfremdung の概念がある。「すべての神経症は(自己)疎外の結果と考えることができる。つまり、一つの情熱、たとえばお金や力や女性等に対する衝動が全人格の中で優勢になって分離され、その人を支配するようになるのが神経症の特徴である。……その人は部分的な欲望によって支配され、残りのものはすべてこの欲望に変えられてしまう。……彼は自分自身の一部の奴隷になって自己自身から疎外されている」(1962)。

ホーナイもまた、ベルリン精神分析研究所で学び、特にフロムとは密接な学問的交流を持ち、フロイトに加えてマルクス主義から多大な影響を受け、ネオフロイト派と呼ばれる立場から、社会文化の相対性の見地を導入し、フロイトの理論を批判し、新しい精神分析の道を開拓した。現代資本主義社会がつくり出す基本的不安に対する適応と防衛の過程で、人びとは、神経症的な仮幻の自己 idealized self をつくり出し、本来の自己 real self を見失い、仮幻の自己を自己として感じる錯覚に陥る。神経症の治療は、このような自己疎外から真の自己を再生させる作業である。

ライヒは、フロイトのように性器性欲の合理的内面化を目的とするのではなく、むしろその行動的解放と既存社会の一夫一婦道徳からの解放を必要悪として肯定し、そのようなタブーは権威的家父長家族主義と資本主義社会が人びとをマゾヒズム人間化する抑圧的な禁制であり、資本主義社会の革命は、自立した個の確立を目指す性器的人間によって担われねばならないという。この観点からライヒは、マルクス主義的な革命と人間の自己変革を主体的にどう止揚するかという課題に答えようとしたのである。

そしてマルクーゼは、フロムをはじめとする新フロイト派がフロイトの生物主義を否定した点に真っ向から反対し、現代は、一方で文明・文化(エロス)が発達すればするほど、その一方で解体と自己破壊の死の衝動も高まるという見地からエロスの革命を唱えた。いつの時代にも、精神分析は特定の社会、文化、時代の中で何らかの社会的役割を果たす治療行為であり、一定の思想性を持った心的営みである。この意味でフロイト左派が出会ったのと同じ課題に対して現代の精神分析家もまた、それぞれの社会、文化、時代に応じた主体的な対応を迫られるのではなかろうか。　　　　(小此木啓吾)

[関連項目] 新フロイト派、フロム、ホーナイ、マルクーゼ、ライヒ

[文献] Fromm, E. (1941, 1942, 1950, 1951, 1955, 1959, 1965, 1974), Horney, K. (1926, 1932, 1935, 1937, 1939, 1942, 1950), Marcuse, H. (1956, 1960, 1964), Reich, W. (1945), Robinson, P. A. (1969)

フロイト的治療態度
[英] Freudian attitude

フロイト Freud, S. が提起した精神療法としての精神分析における治療者の基本的態度で、小此木啓吾(1961)によって定義された。それは、フロイトが一連の技法論文(1904-1917)で説いている治療者のあるべき姿、とるべき態度である。フロイト的治療態度は次のような心のあり方をそなえている。(1) 臨床的個人主義 clinical individualism (ジルボーグ Zilboorg, G.):治療者・患者双方の「個」としての価値を尊重する態度。一人の人間(患者)の心に他の人間(治療者)が、毎日1時間、1週4回、2年も3年もの多大の時間を費やすという治療関係そのものに具現されている。(2) 合理主義:真実 Wahrheit を重んじ、自然科学的精密さ Exaktheit、精神科学的厳密さ Strenge、人間的誠実さ Ernstheit をその治療的実践上のたてまえとする。治療者・患者双方が、自己の真実を洞察してゆく。それぞれ

の観察自我の間で結ばれる治療契約‐作業同盟に立脚した洞察過程を基本的な治療機序とする。（3）対話的協力：言語的なコミュニケーションを重視する。一方に，自由連想法の基本規則に代表される非指示性 non-directiveness，分析医の受動性 analytic passivity，注意を平等に漂わせるなどの形で示される傾聴の態度，他方に，〈患者の表現に対する治療者の了解ないし構成の伝達→患者の主体的反応（肯定または否定）→治療者側の修正・再構成〉といった試行錯誤的な対話的過程が進められる。（4）精神内界主義：行動化 acting out を抑制し，意識内に解放された無意識内容（欲動およびそれをめぐる葛藤）をあくまでも患者の精神内界（一個人の心の中の）のこととして，言語化‐洞察というレベルで扱っていこうとする——この治療態度を具現した禁欲規則に基づく自我の訓練を目指す。（5）医師としての分別 ärztliche Diskretion：精神療法は社会的に公認された職業的役割関係の中のこととして対社会的責任を担う形で行われるべきであり，治療契約によってこの点を治療者・患者双方が共に明確化し合い，治療者はこの限界（分別）を超えない謙虚さと守秘義務を守るべきである。そして治療者は自己の治療経験を他に対して客観的に説明し，コミュニケートできるような開かれた公共性を保たねばならない。これらの理念を具体的に述べたのが「医師としての分別」および「分析医の中立性 analytist's neutrality」，キュービー Kubie, L. の「分析の隠れ身」，ボス Boss, M. の「尽力的顧慮の排除」などである。

そしてフロイトの精神分析療法の治療機序と技法そのものが，これらの治療態度を守ってはじめて可能になる。フロイトによる以上の治療態度の確立こそ，精神分析のみならず，広く近代的合理的な精神療法の基礎となったのであるが，当然，この治療態度を守ることのできる範囲内で精神療法を実践しようとすれば，治療対象，治療効果には種々の限界が生ずるし，また別の価値観や人間観からみれば，このフロイトの治療態度に対しても種々の批判が起こる。この治療態度に対するアンチテーゼとして生まれたのが，小此木の言うフェレンツィ的な治療態度であるが，少なくとも精神分析的な精神療法家という限りは，まずこのフロイト的治療態度を基本的に身につけることが絶対的な要請である。　　（小此木啓吾）

　　[関連項目] 医師としての分別，禁欲規則，中立性，フェレンツィ的治療態度，分析家の受身性，小此木啓吾，フロイト，S.
　　[文献] Boss, M. (1956, 1957a), Freud, S. (1904, 1905b, 1910d, 1910j, 1911c, 1912a, 1912d, 1913l, 1914b, 1914f, 1915a, 1919b, 1920b, 1940c), Kubie, L. S. (1950), 小此木啓吾 (1961), Zilboorg, G. (1941, 1954)

文化

[英][仏] culture
[独] Kultur

　文化とは，人間が自然に手を加えて形成した，衣食住や芸術・宗教・政治・学問などの諸領域における成果である。フロイト Freud, S. (1930) は，この文化を人間の生活と動物的な生活とを区別する一切の文物ならびに制度の総体で，自然から人間を守ることと人間相互の関係を規制することという 2 つの目的に奉仕すると考え，同時に人びとが文化について不満や居心地の悪さ Unbehagen（不満と訳されることが多い）などの否定的感情を抱いていることに注目した。彼にとっては，愛と幸福の獲得という人生の目標設定を行うのは快楽原則に従うプログラムだが，幸福とは，死すべき身体の限界，無慈悲で破壊的な力をもつ外界，他人との人間関係などによる苦難のために確保することが困難であり，むしろ不幸や悲惨を感じやすいのが常である。それでも快楽原則のプログラムを達成する努力を放棄できない人間は，美や宗教などに幸福を求めようとするが，それに失敗したり満足できなかったりする者たちが神経症等への逃避を行うことになる。人間を満足させるための文化とは，欲動の断念と内容の歪曲の上につくりあげられており，美や秩序や清潔さ，知的で学問的な活動，法秩序などを抱え，欲動を抑圧し，目標を置き換えたり別の方法で昇華させようとしながら，結局は断念させ満足させないので文化への不満を生み出すのである。とくにアンビヴァレンツや攻撃性は文化にとって最大の障害物であり，文化的英雄の崇拝には憎しみが歪曲されて表現されており，文化とは，生の欲動と死の欲動の間の戦いの場だと言うこともできる。またフロイト (1927) は，自分の限界をこえて人間を支える宗教の世界とは，超越した親の似姿として無力な人間が考え出したものであり，錯覚であると考えた。

　このフロイトの文化による欲圧とその個人起源説を受け継ぎ，文化や社会に対する反抗と解放の可能性を積極的に考えるライヒ Reich, W. やマルクーゼ Marcuse, H. らは，性やエロスの力に社会体制の変革の推進力を期待し，その考えは 1960 年代に社会運動と連動したことがある。フロイト学派が厳しい抑圧のために，下部のエスと上部の超自我の両極に引き裂かれる人間像を呈示し完璧な昇華の不可能であることを説くのに対し，英国の小児科医ウィニコット Winnicott, D. W. にとっては，文化的体験の起源は，個人と育児環境との間の潜在的な可能性に満ちた空間なのである。そして現実受容という問題と，内なる現実と外なる現実を重ね合わすという課題から誰も解放されないが，文化とは，現実検討や現実受容を強いられる日常生活で提供されている内と外との間の

休息地である．自己実現を説く楽観的な人間学と共に，ウィニコットも含む文化の防衛的価値や創造的価値を説く文化論は二者関係（母子関係）の錯覚としての文化論であることが多いが，その共有された錯覚の幻滅，たとえば対象の不在や去勢の事実がもたらす残酷さを徹底分析するフロイトの文化論は，父親の参加するエディプス・コンプレックスと三角関係の分析に基づくものである． 　　　　　　　　　　　　　　　　　　　（北山　修）

[関連項目] 宗教，脱錯覚，無力感，ウィニコット，マルクーゼ，ライヒ

[文献] Freud, S. (1927c, 1930a), Winnicott, D. W. (1971a)

分化期

[英] differentiation phase

マーラー Mahler, M. 理論における 5-8 カ月の時期で，「共生期」におけるさまざまな二者一体体験の中での心身のリビドー化 libidinization を経て，融合世界の中から個体が「孵化」へと至っていく．いわゆる「過渡対象」もここで活躍し始め，象徴的な意味での母親の腕の外に出て行くためのいろいろな下仕事を始める．注意の的はあくまでも母親で，母親を他の人と見比べたり，母親の顔や眼鏡，ブローチなどを興味深く調べるなど，次第に母親を一個の対象（「非自己」）としてとらえていく．こうした母親の特徴把握は，特別な存在としての母親の存在をより詳しく知って行くことでもあるため，「人見知り stranger anxiety」つまり，母親の不在への情緒反応が際立って見られるようになる．この頃には母子ペアによって心理的孵化の早い遅いの差や，「人見知り」の現れ方の差など，いろいろ一様でない展開が見られることを観察している．マーラーの研究グループはビデオ記録を編集して公開しているが，しっかり座居をとれるようになり，目と手の協応動作も上達してきているこの期の子どもが，母親の膝に座りながら，背筋をのばして，母親がよく見えるように距離をとり，顔や衣裳に丹念に触って，母親探索に余念のない姿が印象的である．「税関検査」の比喩をマーラーは当てるが，母親を知ることを通して「個」の分立と「関係」の分離への歩み出しを始める様子がよく伝えられている． 　　　　　　　（斎藤久美子）

[関連項目] 人見知り，分離-個体化，マーラー

文化人類学

[英] cultural anthropology

人類学は，生物学的，形質的側面を研究する自然（形質）人類学 physical anthropology と人類の集団的変異と類似を特に文化面において研究する文化人類学に大きく分けられる．人類学を二分するこの呼称はしかし，アメリカ，米大陸，日本で用いられているに過ぎず，文化人類学はイギリスでは社会人類学 social anthropology，ドイツ語圏では民族学 ethnology と呼ばれる学問の一分野と重なっている．アメリカでは文化人類学の分科として先史考古学，民族学，社会人類学，心理人類学，言語人類学などが区別される．

精神分析と文化人類学は，生物としての本能をもつ人類がどのように人間の社会や文化を生み出すのか，という共通の問題意識を持っている．フロイト Freud, S. は『トーテムとタブー』（1913）において当時手にいれることのできた人類学的データに基づいて，原始の人間社会の形態を「原始的ホルド」と考え，家父長制，家父長による性の独占，息子たちによる父親殺しという一連の出来事の結果，その罪意識から一連のトーテム儀式と家父長が支配していた近親の女性たちとの性関係の禁止（近親姦のタブー）が生じた，という理解を編み出した．このようにフロイトのさまざまな概念，例えばエディプス・コンプレックスなどは，文化人類学がフィールドで手に入れた観察データを組織化するための準拠枠として用いられる可能性を帯びていた．例えばローハイム Róheim, G. などは「精神分析的人類学」を提唱して，精神分析固有のアイデアに基づいて神話，原始儀礼，習俗を解明しようとした．それに対し，文化人類学における機能主義を代表するマリノフスキー Malinowski, B. K. は自らの調査に基づいて未開社会の家族制度や習俗の観察からエディプス・コンプレックスの普遍性に疑問を投げかけた．ローハイムの影響を受けたミード Mead, M. も，例えば『サモアの思春期』（1928）において低年齢での性交渉が一般的なサモアにおいては西欧のような「思春期」の混乱や悩みは存在しないことを明らかにし，人間性の本質的な部分が文化によって可変的な柔軟性を帯びていることを主張した．こうした形でのフロイトのアイデアへの批判の一方，構造主義人類学者レヴィ・ストロース Lévi-Strauss, C. は『親族の基本構造』（1949）で『トーテムとタブー』に触れ，そこに描き出された近親姦願望，父親殺し，息子たちの悔恨などの出来事が歴史のなかでどこかで起きたものではなく，ある種の構造を象徴的にあらわしたものであると主張して，精神分析概念の構造的側面に光を当てた．文化人類学にはまったく精神分析を参照しない学派の流れも存在するし，文化人類学のなかの一分野である現代の心理人類学には社会心理学や学習理論の影響が顕著であるが，精神分析のアイデアは文化人類学のさまざまな流れにとって重要な発想の源を供給していると言える． 　　（藤山直樹）

[関連項目] タブー，ミード，ローハイム

[文献] Levi-Strauss, C. (1949), Malinowski, B. K. (1927), Mead, M. (1928), Róheim, G. (1950)

分析家の受身性
[英] analytic passivity
[独] analytische Passivität
[仏] passivité d'analyste

フロイト Freud, S. にとってこの言葉には 2 つの意味がある。

1 つは，分析家が，各セッションの中で黙って患者の話に耳を傾ける基本的な傾聴の態度を意味する。患者は何でも頭に浮かぶことを話すという自由連想法の基本規則を守って話をし，もっぱら分析家は聞き手になってその話に耳を傾ける。この基本的な交流の枠組みを治療者の役割の側から規定するのが分析家の受身性である。それまで患者の額に手を当て，連想を強い，かつ，その抵抗について説明し，連想を促していたフロイトは，問い詰め，質問する方法（前額法）を用いていた。また，それを必要な作業だと考えていた。ところが，1892 年の秋，患者エリザベート・フォン・R 嬢は，「そんなふうに先生が質問なさると，せっかく頭に浮かんでくる思考の流れを妨げられてしまいます。黙ってじっと聞いていてください」とフロイトをとがめた。フロイトは，このエリザベート嬢の示唆からヒントを得て，患者の話に黙って耳を傾けるという自由連想法のやり方に一歩前進することになった。このエリザベートとフロイトのかかわりが，第 1 の意味の分析家の受身性の発端である。話すのは患者で，分析家はもっぱら聞き手になるというこの分析家の受身性は，現在では，精神分析療法はもちろん精神分析的な精神療法の治療者の基本的な面接態度になっている（Greenson, R., Langs, R. ら）。

この受身性を守る治療者に要請されるそのセッションの中での能動性は，(1) 治療契約に関する話し合いが必要になる場合，(2) 治療の設定の枠組みを患者が逸脱する場合の 2 つに加えて，日常のセッションでは，意図的な治療者の役割行動として共感と言語化があげられる。この機能についてさらに介入 intervention と解釈 interpretation を分けるのが一般である。そしてこの言語化の機能こそ分析家の最も基本的な機能とみなされているが，1990 年代になって，間主観性への注目と乳幼児研究による前言語的・非意図的な情動の交流が大きな治療的な機能を持つ事実の認識が高まり，新しい視点からの分析家の受身性の再吟味が行われている。また，「平等に漂う注意」という分析家の心的な態度は，この受身性をより内的な主観的体験としてとらえた概念であり，さらに米国では，しばしば分析家の中立性の概念の中に受身性も包括されて論じられる傾向があるが，本来この両概念は明確に区別すべきものである。

分析家の受身性の第 2 の意味は，フロイト (1918) が，IPA のブダペスト・コングレスにおいてフェレンツィ Ferenczi, S. らの能動的な技法の提唱に対応する文脈の中で，許容されるべき分析家の能動性をあげた際に，これらの能動性との対比の中で語られた。そこでフロイトは，分析家の能動性 activity とは，抑圧されているものの意識化と抵抗の発見の 2 つであるといい，この場合，この作業は転移を原動力としてのみ行われるべきものであると語った上で，さらにそれを越えた患者の外界の事情に適切な方法で関与し，それを変化させるという意味での能動性は何かを明らかにしている。その第 1 は，禁欲規則を守るべき患者が，治療者との間でみたされない欲求を行動化によって代理満足しようとする際に，それに強力に干渉する場合である。この論議との関連でフロイトは，分析家自身が自己の禁欲規則と，さらに中立性を守る医師としての分別もまた，能動性への誘惑から身を守り，受身性に徹することを意味すると述べている。

このコングレスでフロイトがあげた治療上必要となる第 2 の能動性は，重症の恐怖症の治療の場合に，治療者が一定の能動性を発揮して，恐怖症を克服し，日常行動が可能になる段階までに進むことを助力することが必要になる場合をあげているが，また重症の強迫神経症の場合，いくらたくさんのことを語っても何一つ変化が起こらないような場合に，「いつまでも受身的に待つ態度をとるだけでよいのか」という疑問をあげ，この場合には，分析治療それ自体が強迫になるまで待つという方法を提起している。

さらにここでフロイトがあげた第 3 の能動性は，精神分析治療の社会化であり，もっと多くの人びとに治療の恩恵を提供できるような分析家の育成であり，第 4 は，今後治療対象となるさまざまな対象に応じた技法の修正であるといい，その場合にも，その基本はこれまでの精神分析療法の枠組みにあると語っている。（小此木啓吾）

[関連項目] 医師としての分別，エリザベート・フォン・R 嬢 [症例]，間主観（体）性，基本規則，禁欲規則，古典的分析技法，自由連想法，精神分析療法，中立性，フロイト的治療態度，フェレンツィ，フロイト，S.

[文献] Freud, S. (1910d, 1912d, 1912a, 1913l, 1914f, 1915a), Greenson, R. R. (1967), Langs, R. (1973, 1974), Tronic, E. Z., Stern, D., Sander. L., et al. (1998)

分析可能性　⇒精神分析可能性
[英] analyzability

分析状況
[英] analytic situation

分析状況，あるいは治療構造とは，分析治療の方法であり，治療が成立するための基本条件である。精神分析

の治療設定は，本来は催眠誘導時に用いられたものを踏襲したものであり，現在も主に「密室」で二人だけで行われるものであるとされている。フロイト Freud, S. は，催眠を用いないで忘れられた出来事やそれに伴う情緒の想起と表出を試みるようになり，患者による「自由連想法」に変わったが，治療場面の構造はそのまま維持された。そして，「古典的な」精神分析の治療的設定は 1920 年ごろに完成し，患者は週に 6 回，約 1 時間のセッションを受けることになったのである。フロイト学派の追従者たちによって固定された治療構造では，原則として寝椅子に横たわる患者は心に浮かんでくる事柄について自由に話すよう促され，現在，多くの国々で，セッションは週 4～5 回，1 回 45～50 分間で，期限は設定されず毎週規則正しく繰り返されることになっている。もちろんこれらは精神分析の方法を構成する重大な要素で，ゲームのルールのようなものであり，軽々しく変更されてはならないわけである。しかし，これをただ徹底することについてはあまりに教条的で冷たいという批判が生まれ，例えば，ストーン Stone, L. はその著書『分析状況』(1961) で，不変的構造として当然視されている治療設定とは，実は多くの不安定で流動的な要素をはらむものであると指摘しており，フロイトもまた，治療的な設定を柔軟に適応的なやり方で使用したことが知られるようになった。ウィニコット Winnicott, D. W. は独自の病理学と人格発達理論を踏まえ，特に「ほど良い good enough」母親の育児を乳幼児のあり方を決定する育児環境として検討し，母親的な治療環境の "setting" と乳幼児の環境失敗から生じる病理の対応するところを描き出した。そして，その発達理論の裏づけを得て，患者のための治療環境としての「抱える環境 holding environment」の提供と治療者による「設定すること setting」という観点から，患者の現在の自己や対象関係の病理とそれを発生させた過去の母子関係を，分析家たちが重ね合わせながら治療的対応を発想することが可能になった。つまり，彼によれば，「治療を設定すること」そして「治療的設定」とは，患者の取り扱いの総和であり，分析家の治療的行動であり，ニードへのほど良い適応を含むとしたのだが，それは不変の治療構造に対する「可変的な設定」の強調である。現在でも精神分析場面では，固定的，構造的であり，ある面では厳しい父性的構造が，多くの患者に提供されている。そして，それにおさまらない患者たちには適応的な母親的設定を提供し，多くの治療者が 2 つのモデルを対象や局面によって使い分けざるをえない。特に，行動化の多い境界例患者や依存を向けてくるケースには，リミットセッティングなどで意味を問いながら抱え直し，再構造化し続けるときの連続性の維持が，治療を左右する大きな要因となる。　(北山　修)

［関連項目］抱えること〔ホールディング〕，治療構造

［文献］北山修 (1990), Sandler, J., Dare, C. & Holder, A. (1973), Stone, L. (1961), Winnicott, D. W. (1958a)

分析心理学

　［英］analytical psychology
　［独］analytische Psychologie
　［仏］psychologie analytique

　ユング Jung, C. G. (1875-1961) によって創始，確立され，それに基づいて発展してきた人間のこころについての理論的知識と探求，および心理療法的方法の全体を分析心理学と呼ぶ。ユングは 1913 年にフロイト Freud, S. の精神分析と決別して自らの立場を分析心理学と呼ぶようになった。ユングの理論は精神病の臨床経験と彼自身の「無意識との対決」の体験に基づいて，それを理解するために神話や宗教学，文化人類学などの広範な知識との比較拡充によって概念化されたものであり，基本的概念は 1923 年の『タイプ論』において定義付けられているが，彼の理論は生涯を通じて発展された。

　理論的には，ユングは言語連想検査で「感情的に彩られた表象群」であるコンプレックスを無意識に発見することでフロイトの抑圧学説に根拠を与えたが，彼のリビドー概念は狭義に性的エネルギーだけでなく一般的に精神的エネルギーを意味し，リビドーの外向と内向の両方向の運動によって精神活動を説明した。ユングにとってコンプレックスはそれぞれが部分人格を形成する自律的なものであり，意識の中心としての自我もいくつかの無意識的なコンプレックスのひとつと見なしたように，彼は人格が基本的に分裂し解離しやすいものであると認識していた。

　さらにユングは無意識から産み出される空想的イメージが神話に共通する普遍性をもっていることから，幼児期体験に起源をもつ個人的無意識だけでなく集合的無意識の領域を重視した。無意識はフロイトのいうように抑圧によって生じるのでなく集合的なものであり，生得的な観念可能性によって構造づけられているととらえ，それを元型と名付けた。元型は生育環境との相互作用のなかで元型的イメージを産み出し，それが夢や無意識的空想に出現するのである。ユングが元型として挙げたものは自我，影（シャドー），ペルソナ，アニマ／アニムス，太母（グレート・マザー），老賢者，自己などがある。これら元型的イメージは人格化されることが多い。元型は普遍的であり，かつ畏れや抗しがたい（ヌミノース）感情を引き起こす性質をもっている。それらは外的対象に投影されるから，ユングの立場からはフロイトの幼児期体験は元型的体験としての質をもっているのであり，例えば幼児期において母親は元型的母の担い手であると彼はいう。ユングはそれら元型のなかでも人格の統合の中

心としての自己（セルフ）を重視した。

ユングによると無意識は自律的なものであり，一面的な意識を補償するように働くのであるが，自我が無意識の表れを無視するならば，それは自我にとって破壊的なものとして作用する。人生の前半は，自我が無意識から独立して外的課題を達成するときであるが，人生の後半においては，自我が無意識からの空想的イメージを意味あるものとして受けとめるならば，無意識が次々に象徴的イメージを送ることで人格の統合が進んでいく自己実現が心的課題であるとして，それを個性化と呼んだ。ユングはこうして精神分析において無視されていた中年の危機と人生の後半の心理学を確立したのである。

分析治療の実践面では，彼は精神分析の方法が還元的で分析的であるのに対して，目的論的で総合的観点の必要性を強調して，無意識から産み出される空想イメージを象徴として扱う態度が必要であるとした。治療関係については，治療者と患者が弁証法的関係にあるととらえ，治療者は中立的な鏡ではなく分析的関係に巻き込まれていて，そのなかで治療者自身が分析を受けているプロセスという意味で，両者の関係が基本的に対等ととらえていた。治療者の人格的要因が治療的に重要であるという認識から，彼は治療者の教育分析の必要性を最も早い段階から強調したのである。治療はこうした分析的関係のなかで，無意識からの象徴的イメージによって無意識と意識が統合されていく個性化のプロセスなのである。ユングは方法としては夢分析を重視し，空想的イメージの理解には還元的解釈でなく類似した神話や文化人類学的知識による拡充法を活用した。

このように分析心理学は臨床的知であり，ユングはそれが経験的事実に基づいた科学であることを強調したが，彼の関心はそれのみならず広く文化や宗教的問題，オカルトや神秘的現象などの心理学的理解にも向かい，それらに関する膨大な業績を残した。こうした領域も広義の分析心理学に含まれる。

ユングの死後，後継者たちは分析的心理学を発展させてきたが，そのなかでいくつかの潮流が生じてきた。自己による統合と象徴の内容をもっとも重視する古典学派に対し，ユングの元型を発達過程の理解に適用し，個人的歴史を重視して転移／逆転移を分析する発達学派，そして象徴の意味の理解よりも多様な元型的イメージそれ自身のもつ生命に触れることを何よりも大切にする元型学派が登場してきたが，現在ではユング派内部での相互交流も活発になってきている。精神分析との関連では，ユングはフロイト以後の精神分析の発展を先取りした先駆者としての面があった。元型と内的対象との関連性や逆転移への共通した関心から，ロンドンにおいてはユング派と対象関係論との活発な接触がなされてきたし，ユングが問題にした自己についても，コフート Kohut, H. の自己心理学の登場によって精神分析のなかに臨床的主題として登場してきた。逆にこのような現代精神分析の動向から分析心理学も刺激を受けてきていて，それによって新たな発展を遂げてきていると言うことができる。

（鈴木　龍）

[関連項目] アニマ／アニムス，元型，コンプレックス，集合的（普遍的）無意識，内向／外向，ユング

[文献] Ellenberger, H. (1970), Fordham, M. (1978), 河合隼雄 (1967), 織田尚生 (1986), Samuels, A. (1985)

分析の隠れ身

[英] analytic incognito
[独] analytisches Incognitio
[仏] incognito analytique

分析の隠れ身という言葉はキュビー Kubie, L. (1950) に由来するが，本来フロイト（Freud, S. 1912）が「医師の分別」の一つとして提唱した考えを明確化したものである。すなわち患者の転移の発展を妨げないよう，分析家はできるだけ自分の個人的な感情や倫理的判断について患者に明らかにするべきはないという方針を示す。同概念は受身性や中立性ないしは禁欲原則とともに，古典的な精神分析の立場を典型的な形で示したものといえる。フロイトは分析家は自らは何も表さない白紙のような状態で患者の自由連想を聞くことで，客観的な鏡の役割（Freud, S. 1912）を果たし，患者の言葉に表れた病理を把握して解釈を行うことができると考えた。ただしフロイトはまた，治療者が自分のことを語ることで患者の抵抗が和らぎ，患者自身が自分のことについて話すようになる可能性を認めてはいる（Freud, S. 1912）。またフロイトの実際の治療態度には，彼自身が自分の個人的なことについて患者に開示した例がまれならずあったことが指摘されている（Momigliano, L. N. 1987）。分析家が隠れ身を守ることは，従来の伝統的な精神分析においては了解事項とされてきた観がある。それに反して患者が治療者の個人的な事柄について知りたいという欲求を分析家が満たすことは，子どもの近親姦願望を満たすことに喩えられ，禁欲原則に反することとも考えられてきた。ただし現代の精神分析においては，分析の隠れ身に関する以上の論点を概ね妥当とみなす立場と，それを批判的に再検討する動きの両者が見られる。後者に関しては，分析家が自己開示や適度の応答性を示すことが持つ治療的意味を重んじるという立場（Bacal, H. A. 1985）や，分析の隠れ身がいたずらに分析家に対する理想化を生むのではないかという懸念（Renik, O. 1995），さらには同概念はフロイト自身の持つ秘密主義や恥ずかしがりの側面が反映されたものではないかという主張（Ricci, W. 1988）もみられる。

（岡野憲一郎）

[関連項目] 医師としての分別，自己開示，中立性
[文献] Bacal, H. A. (1985), Freud, S. (1912d), Kubie, L. S. (1950), Momigliano, L. N. (1987), Renik, O. (1995), Ricci, W. & Broucek, F. (1988)

分析の道具
[英] analyzing instrument

アイザカウアー Isakower, O. の概念。分析状況に出現する，特有の分析者・被分析者間のインターパーソナルな過程を指す。分析状況では，被分析者は自分自身の精神内界に注意を集中し，批判を加えずに報告する，すなわち自由連想 free association しなければならない。一方分析者は，被分析者の報告と自分自身の精神内界に，批判を加えずに注意を向ける，すなわち自由に漂う注意 free-floating attention を続けねばならない。このような条件の下では，被分析者と分析者はそれぞれ，分析状況に特有の，目標をもった自我の部分的退行状態になる。アイザカウアーは，このような退行状態をサブシステムと名づけた。作動中の分析の道具は，基本的にはしゃべり続ける被分析者と聞き続ける分析者の 2 つのサブシステムから構成され，2 つのサブシステムは共同作業の中で表裏一体の関係を形成する。退行した関係では，それぞれのサブシステムの空想や記憶の布置 constellation は互いに接触し，一方とのコミュニケーションの反応として，他方の空想や記憶の布置から，ある考え，イメージ，知覚などが惹起される。そこで惹起された考え，イメージ，知覚などを相手に伝える，というやりとりを繰り返すことによって，最終的に被分析者の空想や記憶の布置が明らかにされる。 （濱田庸子）

[関連項目] 精神分析療法，治療構造，分析技法，分析状況
[文献] Balter, L., Lothane, Z. & Spencer, J. H. (1980)

分離 ⇒隔離
[英] isolation

分離 - 個体化
[英] separation-individuation
[独] Separation-Individuation
[仏] séparation-individuation

小児科医・精神分析医であるマーラー Mahler, M. は 1944 年「幼児共生精神病」の最初の病理研究を発表して後，一般健常児の発達過程に関心を向け，1959 年から約 10 年間，大規模な観察研究を試み，そこでの豊富な発見から，0 歳より 3 歳までの発達の大きな道筋を「分離 - 個体化」過程としてとらえた。早期母子関係と子どもの具体的な行動像に焦点を合わせて丹念に追いながら，それが自我発達とどう密接に絡み合って重要な発達的節目を迎えて行くか，その経過を精神分析的臨床の目が洞察している。

「平均性」を周到にチェックした二十数組の 0 歳児と母親が週 1−2 回，3−4 年間継続してビデオ記録の対象となった。主な観察点は，(1) 母子関係（「近づき」と「遠ざかり」の行動徴候，情緒的応答関係，二者間の距離など），(2) 新しい自我機能の発現，(3) 表現や緊張の調節，対処行動などにおいて好んで用いられる機能様式，(4) 苦痛や快の感情体験，(5) 敏感さ，(6) 基調としての気分，(7) 混乱や欲求不満への耐性，(8) 母子間の類似性と異質性，(9) 自他分化と恒常性の身体的心理的徴候などである。

外から観察できる，種々の表出や行動を内側の精神過程と並行して生じているものととらえ，上記観察ポイントに基づくデータ収集が，微細な徴候への磨かれた感受性の下に精力的に積み重ねられた。変化していく心の生きた姿を目の当りにする中で，発達の順序性や方向性，またその重要な節目や敏感期などにつき，絶え間ない仮説検証が続けられたのである。

表は，「分離 - 個体化」の曲折する過程の中の，いくつ

発達期・下位段階	大体の年齢	発達的特長
未分化期 (nondifferentiation)		・胎生期の名残り　・幻覚的全能感 ・一時的覚醒不活動 (alert inactivity)
正常な自閉期	1〜2カ月	
正常な共生期	3〜4カ月	・最初の愛着　・共生圏 (symbiotic orbit) ・二者単一体　・生理的心理的平衡 ・「個」と「関係」の発達的土壌
分離・個体化期		
分化期	5〜8カ月	・見比べ (comparative scanning) ・「税関検査 (customs inspection)」 ・人見知り (stranger anxiety) ・心理的孵化
練習期	9〜14カ月	・外界への好奇心・意気高揚（"世界との浮気"） ・母親不在への過敏反応・混乱 ・気分低下状態　・空間移動・事物探索能力 ・他児との遊び　・移行対象　・情緒的エネルギー補給
再接近期	15〜24カ月	・分離意識 ・両価傾向（"飛び出し"と"しがみつき"） ・欲求不満の高まり・不機嫌 ・「自己調節」「関係調節」の困難 ・自己価値の傷つき ・強要 (coercion)　・退行と前進 ・能動的「イナイイナイバー」 ・象徴的遊び・言語 ・父親とのプレイフルな関係 ・「悲しむこと」と「心から渇望すること」
個体化期	24〜36カ月	・現実吟味　・長時間遊べる能力 ・母親不在への耐性 ・対象表象の内在化
情緒的対象恒常性確立期	36カ月〜	・自己と対象の恒常性 ・情緒的に必要な表象の内的保存 ・同一人物の"良い"面と"悪い"面の統合的側面 ・自律的自我能力

かの時期と下位段階，そして発達的徴候を筆者がまとめ直したものである。細かい説明は省くが，正常な「自閉」と「共生」という未分化な時期から次第に自他分化の徴候が顕在化し「心理的誕生」を迎えて後，母親という愛着基地から外界に関心を向け探索に熱中する「分化」から「練習」の段階の後，分立した「個」が安定して他者との「関係」を営めるまでの間に介在する，心理的苦闘に満ちた「再接近 rapprochement」期が特徴的である。

この期はマーラー自身，発達上の危機的岐路として最重要視し，この期の苦闘はその後も尾を引いていく人間の根源的ジレンマ，長期にわたる親への依存と，複雑に発達する「個」の機構とが併存する「ヒト特有」のジレンマであるとしている。

誰しもここを「無傷で通過できない」中で，ことにここで自由に探索する「個」指向と，堅密な「関係」指向とに引き裂かれる。その両価性体験が強まり「再接近期的固着」が生じると，境界例症候や自己愛症候など発達障害が深刻化すると見るのは，すでにマーラーの見方であった。それは以後ブロス Blos, P. (1962) やマスターソン Masterson, J. F. (1972) の思春期・青年期心性と境界例病理論などへと展開して行っている。

パイン Pine, F. (1985) もこの再接近期危機による「分離－個体化」の失敗の問題を，具体的な症例によって詳しく検討しており，またスターン Stern, D. N. も自己感や母子相互作用の問題から，この年齢段階に注目している。

1 歳半から 2 歳代のこの時期における発達的意味の多重性からは学ぶものが多い。(1) 歩行や筋肉運動など身体能力の発達，(2)「分離指向」と「共感希求」が共に強まる二者関係変容，(3) 肛門期的攻撃欲動とその派生物（かんしゃく，強情，執拗），(4) 欲動と相対的な自我未熟，(5) 共生的全能性・自己愛の傷つきと自己価値の調節困難，(6) 言語・象徴機能と行動的・有機体的「言語」との間の解離，(7) 母親の情緒的対応の難しさなど，発達的問題がストレスフルに複合している。自己と対象世界との間の「最適な距離」を見出すことの困難というふうにマーラーは述べるが，母親にも同じく試練となる課題である。

この再接近期を母子がどう体験し通過するか，個人差が大きくまた「分離不安」が一般に優勢な女児と「融合不安」の方に比重がかかりやすい男児というふうに性差も考えられ，また愛着関係の基本的な形成過程がその背後に大きく横たわっている。マーラーにとり母子の共生的密着は自明の前提のようであり，その密着を解いて「個」を分立させる心の仕事には相応の曲折と苦闘があることを，この時期によって鋭くえぐり出している。ここをくぐり抜けてはじめて，次の「個体化」下位段階で

の自我の種々の自律機能や内在化機能の充実，そして自己存在と対象存在が情緒的恒常性を伴いつつ全体性を獲得していく「情緒的恒常性確立」期へと向かう展開が可能となるのである。これは，「自己」に対して「他者」が全体的なまとまりを成して分立すること，つまり「分離」を意味するが，これは「自己」が「個」としての自律的な心の働きを確かに備えることとまさに相携え合っていると，「分離－個体化」概念は伝えているのである。

（斎藤久美子）

[関連項目] 再接近期危機，分化期，練習期，マーラー

[文献] Blos, P. (1962), Mahler, M., Pine, F. & Bergman, A. (1975), Masterson, J. F. (1972), Pine, F. (1985), Stern, D. N. (1985)

分離不安

[英] separation anxiety
[独] Trennungsangst
[仏] névrose d'abandon

乳幼児が，その依存対象である母親またはその代理人物である特定の養育者（以下，「母親」と表記する）から，ひき離されるときに示す不安。おおよそ生後 6 カ月ごろから幼児期の前半ごろまで見られ，母親が見えなくなると不安のあまり泣き出して母親を求める。分離不安自体は病的なものではなく，乳幼児が全面的に依存している母親と他者を識別できる段階に至った結果生ずる発達上の現象であって，むしろ良好な母子関係がそこに存在していることを示す健康な反応である。この現象には個人差が大きく，その程度も，保健所などの見慣れぬ初めての場所にあると母親から離れたがらなくなるといった，ごく一般的な場合から，家庭においても母親から片時も離れずトイレにまでついてくるという強い分離不安までさまざまである。また，スピッツ Spitz, R. の報告した「八カ月不安」，いわゆる人見知りも，母親からの分離不安の一型と見なすことができよう。

一方，分離不安が個体の自我発達段階に照らしてみても，遷延化していたり強すぎるときには生活上の問題が生じてくる。たとえば幼稚園や小学校への通園・通学拒否が分離不安を基礎にして生じている場合などがこれに当たる。多くの場合は，母親からの分離と再会の体験の積み重ねによって，子ども側に母親の恒常性が確認される過程の中で徐々に解消されていく。しかし，母親側に「子どもが心配で離れられない」という態度が顕著に見られ，この母子の共生関係が子どもの分離不安を促進させている場合には，母親への積極的な心理的援助も必要になる。これとは別に，思春期の依存と独立をめぐる葛藤や，たとえば精神療法の終結を前にしてクライエントが体験する不安などの中には，無意識的に分離に対する

不安が働いていると理解できる場合がある。なお，DSM-IVでは，「小児期または青年期の不安障害」の「分離不安障害」の項目に診断上の位置づけが行われている。

分離不安に関する研究としては，フロイト Freud, S. が1926年に『制止，症状，不安』の論文において系統的に述べた。彼は「子どもの不安というものは，愛情対象を喪失するという感情の表出以外のなにものでもない」と記述している。その後，アンナ・フロイト Freud, A. は分離に対して幼児がどのように反応するかについて，孤児院において直接観察し，分離不安を発達の第一段階における生物的な母子関係の破壊に対する反応と見なした。なお，フロイトはランク Rank, O. の出産外傷説について，出産の意義を過大評価したものとして批判したが，現代精神分析では，この説を対人関係論的にとらえ直し，母子の分離とそれに伴う分離不安を比喩的に論じたものとして再評価しようとしている。マーラー Mahler, M. S. は人間の心理的な発達を母親からの分離と独立の視点から解明している。土居健郎（1965）は，分離不安が大きいとナルシシズム形成が高度になるとしている。　　　　　　　　　　　　（小坂和子）

［関連項目］依存，自己愛〔ナルシシズム〕，出産外傷，人見知り，分離 - 個体化，スピッツ，マーラー

［文献］Freud, A. (1946), Freud, S. (1926a), 加藤正明・保崎秀夫・他（編）(1993), 宮岸勉・他（編）(1986), Rank, O. (1909)

分裂〔分割〕　⇒スプリッティング
［英］splitting

分裂機制
［英］schizoid mechanism
［独］Schizoid Mechanismus
［仏］mécanismes de schizoïde

対象関係論において，乳児発達の最早期に活発に作動している不安やそれに対する防衛機制が解明され，それらは総じて分裂機制と称された。クライン Klein, M. は，この数カ月間の時期を妄想分裂ポジションという心的状態の概念で理解し，推敲したが，これには，フェアバーン Fairbairn, W. R. D. から得た触発が寄与していた。クラインによれば，乳児に生まれつき内在する死の本能による破壊性が脅威となり，乳児が死の本能を含む自己の部分を分裂させて外界に投影するため，対象は迫害者となる。ここに存在しているのは，部分対象関係である。この迫害的対象が，現実的対象と自己を圧倒し，絶滅させる不安というのが，妄想分裂ポジションにおける不安である。こういった不安のなかでは，未熟な自我により，原始的防衛機制が動員される。すなわち，投影，スプリッティング，理想化，否認，投影同一視などが駆使されて，乳児はこの時期を生きのびていくのである。しかし，防衛が作動することによって，新たな不安をよぶことも否めない。

これら諸々の原始的防衛機制のなかでも，妄想分裂ポジションにおいて主要な役割を果たすのは，スプリッティングと投影同一化である。スプリッティングによって，対象についても，自己についても，本来は共存する良い側面と悪い側面が分け隔てられることになる。対象関係についてもしかりである。こうして，悪い対象や自己によって良い対象や自己が破壊される不安は，防衛される。一方投影同一化は，自己の一部分を外的対象に投影し，その対象と投影した自己を同一視する。自己の悪い部分を排除するために行われることもあれば，自己の良い部分を保護するためのこともあり，多彩な目的をもって作動する。投影同一化はきわめて対象関係的な性質をもち，対象が何らかの形で影響を受け，行動をも左右されるということが，クライン以後の研究により，明確になった。スプリッティングや投影同一化についての研究は，ビオン Bion, W. R. やローゼンフェルド Rosenfeld, H. ら以後，現代クライン派に引き継がれている。

さてこのような乳児期における妄想分裂ポジションの心性は，対象との良い体験が悪い体験よりも優勢であることによって，より発達した段階へと導かれる。しかし，成熟を遂げた健康な成人のなかにも温存され，状況によっては，分裂機制が賦活されることになる。もしも個体の内的・外的要因によって悪い体験のほうが優勢であれば，発達は阻まれ，抑うつポジションの通過に向かうことができなくなる。投影同一化は過剰化したり，投影される部分の断片化を伴うような病的なものになっていく。こうして早期の迫害的な不安と分裂機制が強化されることが，後の精神分裂病の病理の基礎となると，クラインは『分裂的機制についての覚書』で指摘した。これは，精神分裂病の研究に大いに刺激を与え，スィーガル Segal, H., ローゼンフェルド，ビオンなどにより，精神病的世界の解明が積み重ねられていった。　（高野　晶）

［関連項目］原始的防衛機制，死の本能（欲動），スプリッティング，投影，投影同一化（視），妄想分裂ポジション

［文献］Anderson, R. (ed.) (1992), Hinshelwood, R. D. (1991), Klein, M. (1946), Segal, H. (1964/1973)

分裂的パーソナリティ　⇒スキゾイド・パーソナリティ
［英］schizoid personality

分裂病因性母親
[英] schizophrenogenic mother

　子どもに精神分裂病をもたらす母親の概念は，フロム-ライヒマン Fromm-Reichmann, F. によって定義づけられた。フロム-ライヒマンは 1948 年の論文で，精神分裂病患者の他者に対する懐疑心，敵対心は幼児期と児童期に体験した歪みと拒否によるもので，この責任は主として母親にあると述べている。分裂病因性母親説は（1）過度に保護的で子どもを束縛する母性的過保護と（2）攻撃的，批判的で過剰に要求的な母性的拒否の2つの主要な概念から成り立っている。精神分裂病の発生を母親の責任として見なす傾向は 1950 年代から 1970 年代初期まで米国精神医学において存在したが，これは 1940 年代から精神病理と家族関係に研究の焦点があてられるようになったことを機にする。分裂病の家族関係を研究したリッツ Lidz, Th. は「分裂した夫婦関係 marital schism」と「歪んだ夫婦関係 marital skew」の概念を紹介した。前者では両親は相互補完的な役割を形成することができず，情緒的に離婚しており，後者では片方の配偶者が家族内の相互作用を支配する状況のことを意味する。歪んだ夫婦関係の場合，母親が支配的で父親は距離をおき，冷たく，この夫婦関係が子どもに精神分裂病をもたらすと考えられた。分裂病の原因を母親だけでなく，家族に見出す傾向はベイトソン Bateson, G. らの二重拘束（ダブルバインド）説にも見られる。しかし，1970 年代よりレフ Leff, J. らに代表される一連の新たな分裂病の家族研究が実施され，分裂病因性母親の存在は実証されなかった。また，子どもに分裂病をもたらす特定の家族形態も見出されず，これらの概念には科学的な根拠がないことが明らかになった。
　　　　　　　　　　　　　　　　　（渋沢田鶴子）

　[関連項目] 精神分裂病，ダブルバインド，フロム-ライヒマン，リッツ

　[文献] Fromm-Reichmann, F. (1948), Hirsch, R. & Leff, J. (1975), Lidz, Th., Cornelison, A. R., Singer, M. et al. (1964), Parker, G. (1982)

分裂病型人格障害　⇒DSM-IV 人格障害
[英] schizotypal personality disorder

へ

平均的に期待される環境
[英] average expectable environment

　ハルトマン Hartmann, H. によって自我の適応と発達とかかわる環境について提起された概念で，個人の平均的な身体的・心理的発達を可能にするような適切な環境を意味する。「平均的に期待される average expectable」という言葉が意味するのは，個人と環境との間の「適合性 fitness」である。異常な，典型的でない，平均から外れた，あるいは，異常に過酷な環境との間ではその不適合がおこる。このハルトマンの平均的に期待される環境という概念は，いわば平均的な個体が平均的な期待可能な環境と適合することによって，平均的な発達が可能になるという個体と環境の先天的な協調 inborn coordination を前提としているが，エリクソン Erikson, E. H. はこの観点から，自我の発達と社会環境とのかかわりを明らかにした。またウィニコット Winnicott, D. W. は，「ほぼよい母親 good enough mother (1965)」の概念によって，このハルトマンの概念をさらに母子関係について明らかにした。
　　　　　　　　　　　　　　　　　（小此木啓吾）

　[関連項目] 自我心理学，ほど良い母親，ウィニコット，エリクソン，ハルトマン

　[文献] Erikson, E. H. (1956), Hartmann, H. (1939), Winnicott, D. W. (1965b)

ベーシック・アサンプション　⇒基底的想定〔ベーシック・アサンプション〕
[英] basic assumption

ベータ要素
[英] beta-elements

　ビオン Bion, W. R. は，自己が感覚印象 sense impression を体験として保持していく過程について考察した。つまり，赤ん坊が，欲求不満に耐えることができるときには，感覚印象の意味づけを行い，心の糧として思考や夢の材料に使用することができる。彼はこの過程をアルファ機能 alpha-function，そこで生じた意味の世界をアルファ要素 alpha-elements と呼んだ。他方において，赤ん坊が欲求不満にさらされ，それに耐えることができな

いときには，感覚印象に体験として意味を与えることができず，意味を剥奪され意味のないものそのものとして扱われる。彼はそのような意味を剥奪された感覚印象をベータ要素と呼んだ。赤ん坊は，そのベータ要素を病理的な投影同一視 projective identification によって対象に投げ入れ，奇怪な対象 bizarre objects を形成していく。ビオンは，これらは精神病的な世界を形成していく重要な要素であると考えている。赤ん坊が，そのような奇怪な対象を形成していき，それらを再び取り入れて自己を再構築しようとするときに，精神病的パーソナリティ psychotic personality が形成されていく。それはそもそも欲求不満に満ちた自己の断片を含んでいるために，破壊的で攻撃的な要素をもっており，内的な迫害者として活動するようになる。後にビオンは，このアルファ機能の働きとその失敗であるベータ要素の形成には，母親の夢想 reverie の能力や，コンテイナー container の機能が重要な役割を演じていることを述べている。つまり赤ん坊が，耐えることができない体験（ベータ要素）を母親に投影同一視したときに，母親がそれを意味あるものに変容して返していく（つまりアルファ機能）コンテイナーの機能が大きな役割を演じている。つまり感覚印象の意味の付与に関しては，母親の直感的な意味の読みとりと理解が大きな働きをしているのである。　（衣笠隆幸）

[関連項目] アルファ要素，コンテイナー／コンテインド，精神病的パーソナリティ／非精神病的パーソナリティ，ビオン

[文献] Bion, W. R. (1962a, 1962b)

ペニス羨望

[英] penis envy
[独] Penisneid
[仏] envie du pénis

男根（ペニス）に対して女性が抱く意識的・無意識的な羨望であり，女性性をめぐる心理的態度の基礎をなすものとされる。

フロイト Freud, S. は『性欲論三篇』（1905）の中で，2歳から4歳にかけて女児は自分にペニスがないことを発見し，男児のペニスに大きな関心を寄せるようになるが，やがてペニスへの羨望に心が支配され，自分もペニスを持った男の子のようになりたいと願うようになると述べている。また，フロイトは，『解剖学的な性の差別の心的帰結の二，三について』（1925）の中で，ペニスを持たない身体に自分を生んだ恨みから，女児は，それまでの愛情対象であった母親から離れ，ペニスを持っている父親に興味を移し，さらに，父親からペニスを与えられたいとの願望を抱くに至るとしている。そして，このペニス羨望が女児のエディプス・コンプレックスの引き金になると記している。これは男児の去勢コンプレックスがエディプス・コンプレックスのひとつの結末であるのとは対照的であるといえる。フロイトはさらに，『女性の性愛について』（1931）の中で，父親，ひいては男性のペニスを得たいという願いは，子どもが欲しいとの願いへ代替され，女性特有の受動的な性愛心性に発展していくと述べている。一方でペニス羨望が過度に強い女性は自分にペニスがないことを否認し，男性に競争心や憎しみを抱き，さらには，男性からペニスを奪い取ってしまいたいという衝動にかられる（「男性的抗議」）。このような傾向を持った女性は，種々の神経症的性格を持つに至り，精神障害の原因のひとつになるとされている。また，それほどではなくても，大なり小なり女性はペニス羨望を抱えており，不完全にしか解決されず満たされない願望を持ちつづけるとされ，それは例えば，分析治療の終わりに出現し，克服するのに苦労を要することがあると述べている。

このようにフロイトによるペニス羨望についての考察は，男児における去勢コンプレックスのそれに較べ乏しく，男性の性発達に付け添えられた形での記述に停まっている。その結果，女性の劣等性が強調されたものになっている。それは，ペニス羨望の考察をめぐって，フロイトが，女児は膣の存在には気づいていないとの認識から出発している点にも現れており，その時代の男性優位的文化背景もあいまって，女性独自の性的発達に踏み込むことができなかったと言える。そのフロイトのペニス羨望に積極的に異議を唱え，新たなる考察を加えた代表的な人たちに，ホーナイ Horney, K. とクライン Klein, M. の2女性精神分析家がいる。

新フロイト学派と呼ばれた人たちの一人であるホーナイは，ペニス羨望は，ペニスを持っていないという解剖学的・生物学的な事実に由来するのではなく，文化・社会的に女性が劣勢に立たされていることによるものであると考えた（『女らしさからの逃避』[1926]）。つまり，女性がペニス羨望を抱くのは，社会の中で男性に許されている種々の特権を得たいという願望の現れであり，特に母親が自らの女性性に低い評価しか持ち得ていない場合，女児はその母親に同一化し，男性への羨望を強めてしまう結果になるとした。そして，その傾向は神経症的性格を形成し，女性としてのアイデンティティをめぐる葛藤をはじめとして，自己愛的な過敏さや攻撃的な姿勢につながると考えた。他方，クラインは，女児の膣に対する無意識的な認識は早期から存在しており，父親のペニスを受け入れたい欲求（性器の受身性）も一次的に備わっていることを前提にペニス羨望を考察した（『エディプス葛藤の早期段階』[1928]）。すなわち，女児は父親のペニスを母親がするように賛美し，受け入れて，母親のように幸せになりたいと願い，また同時に，自分の体内にも潜在的に子どもを内蔵していると感じるのである

（女性性の獲得）。ところが，女児と母親との関係が不安を孕んだものである場合，例えば，母親のように十分に父親のペニスを受容できない不満や羨望を女児が強く抱くと，その結果，母親からの報復不安や罪悪感がひきおこされる（早期エディプス状況）。そのため，女児は，良い対象を父親に求め，自分自身も父親と同様にペニスを持ちたいと願い始める。この父親との同一化は，女児に男性的態勢を作り出し，男性との競争をはじめとしたいわゆるペニス羨望を生むのである。このように，クラインによると，ペニス羨望（男性的態勢）は，エディプス状況における不安を背景に浮上してくるものとしてとらえられており（『早期不安に照らしてみたエディプス・コンプレックス』[1945]），父親のペニスを受容したいという一次的願望（女性的態勢）とペニス羨望（男性的態勢）とがあいまって，女児の超自我が形成されると考えている。そして，母親との関係が不安を孕んだものであるほど，女児の超自我は過酷なものとなっていくとしている。なお，クライン（1957）は晩年にペニス羨望を超えた基本概念としての羨望を位置づけるようになった。

総じてペニス羨望は，どの女児においても存在するものであり，羨望を他の身体の一部や自己のあり方に代替し，幻想としてのペニスを所持しようと務める。それは，男児における去勢コンプレックスと同様である。そして，それらは，超自我ならびに自我理想の形成に大いに貢献するのである。ところが，持続的で強烈なペニス羨望は，成熟した女性性の発達を阻害し，過度な男性的抗議や性機能不全をひきおこす。そのような，深刻なペニス羨望をつくり出す要因は，フロイトが考えた身体的性差（ペニスがない）に気づく時期より以前から存在している対象喪失体験や身体的な不全感への傷つきやすさにあると考えられている。特に母親との関係が良好でない場合，女児は女性としての価値を十分に見出せない上に，ペニスがないという気づきが大きな損傷となり，女性性をめぐるさまざまな葛藤を生むことになるのである。なお，ペニス羨望は，他の一般的羨望を含めた一種のメタファーと言えるが，あくまでペニスという身体的器官に限定された概念としてとらえた方が良く，ファルスという言葉で現れるものとは区別しておく必要があると考えられる。

(福井　敏)

[関連項目] エディプス・コンプレックス，女性段階，神経症的性格，羨望，男性的抗議，劣等コンプレックス，クライン，フロイト，S.，ホーナイ

[文献] Freud, S. (1905d, 1925j, 1931d), Horney, K. (1926), Klein, M. (1928, 1945, 1957)

ペニスをもった女性〔ペニスをもった母親〕　⇒男根的女性（母親）

[英] phallic woman (mother)

変化をもたらす解釈

[英] mutative interpretation

ストレイチー Strachey, J. が精神分析的な治癒のモデルを検討する中で提案した解釈のモデル。変容性解釈という訳もある。精神分析研究所で行ったセミナーを論文の形にした 1934 年の『精神分析の治療行為の本質』で提示されている。

[精神分析療法のプロセス] 彼によれば，精神分析療法は抵抗と転移の理解によって行われるが，患者はイド衝動を分析者に向けることで転移神経症になり，患者本来の葛藤が現実の分析家との関係で再燃する。フロイト Freud, S. が指摘したように，神経症において問題なのは超自我であり，神経症の治療では分析家は当初自我理想の位置にいたとしても，超自我となっていくのが一般的である。

ストレイチーはメラニー・クライン Klein, M. の取り入れと投影のモデルを引用しながら，神経症で起きていることとして，超自我と取り入れられた対象の内的イマーゴが外的対象に投影され，その攻撃性が内在化される。そのため外的対象の取り入れと投影において神経症者は神経症的な悪循環に陥っている，という。そこで起きている悪循環を断ちきるなら，つまりそこでもし神経症患者が自分の超自我をそれほど恐れずに，そのため外的対象に脅威を感じずにいられたなら，より健全な方向に発達していくことになる。治療のプロセスで患者は原初的な取り入れられた対象を治療者に投影して，分析家を「補助的な超自我」とし，それをさらに新しい対象として取り入れる。補助的な超自我は，自由連想を許容することや治療者の支持的な態度から，かつての悪い対象とは結びついていない良いイマーゴを内在化させる。

[解釈の機能] 補助的な超自我の力によって，分析家が患者の持っているイドの衝動の性質を意識化することが解釈の仕事であり，その解釈を「変化をもたらす解釈」と呼んでいる。分析家はイドの衝動の受け皿であるが，そこで分析家が起きている転移の性質を解釈することで，患者は自分の投影した攻撃的な性質と治療者である分析家がもっている現実的側面を対比させることになる。解釈にはイド衝動が治療者に向けられていることを患者が気がつく第一段階，そしてその衝動が自分の原初的な対象に向けられているのであって，現実の対象にではないと気がつく第二段階がある。その解釈によって，この「良い対象でも悪い対象でもない」現実の治療者と転移

のなかでの原初的で空想的な対象との違いを洞察し、悪循環が絶たれるのである。その解釈によって分析家との間で体験した幼児的な素材に接することができるだけでなく、患者はより破壊的ではない超自我を新しい対象として取り入れられる。この解釈の機能についてのモデルは、対象関係からより構造的な治癒のモデルになっているので、その後多くの文献で引用され、活用されている。

（妙木浩之）

[関連項目] 解釈，超自我，クライン，ストレイチー
[文献] Strachey, J. (1934)

変形　⇒内在化
[英] transformation

変容自我状態
[英] altered self state

　自我の統合機能が一時的に損なわれて起きている、ある種の自我の退行状態である。現象的には、自己、自分の身体、対象、環境に関する認知や現実感覚が、ある期間だけ一貫して歪められ、その結果、離人感や非現実感が出現する状態をいう。視界に霞みがかかったように感じて外界がぼんやり見えたり、身体の一部が無感覚になったり、味覚や触覚が変化したり、時間や場所の失見当が起きたり、自己や外界に対する疎隔感が生じたり、既視感体験など、症状は多彩である。こうした状態は一過性の現象で、数分間で終わることもあれば、何時間にもわたって持続することもあるが、ケースによっては生涯を通じて繰り返し現れることもある。特に、日常生活における危機に直面したとき、あるいは精神分析治療の過程でイド内容が意識化されそうになるときに起こるとされる。神経症から精神病までのいかなる精神疾患患者でも起こるが、いわゆる健常人でも起こり得るものであり、現象自体は必ずしも病理的な状態ではないともいわれる。

　この変容自我状態には自我の分裂が生じていることが特徴的である。一方で、この状態にある個人は自分自身の精神状態や身体状態の変化や、外界のあきらかな変化に違和感を感じているが、他方で、その変化を観察している部分を持っている。この点で、このような自我の分裂を認めず、自我の総合機能が損なわれていない解離性のもうろう状態、遁走、昏迷とは異なる。

　変容自我状態に関するメタ心理学的な説明として2つのことがいわれている。1つは、自我や超自我との間で葛藤的なイド内容が意識化されそうになるときに、通常の防衛機制が役立たず、防衛として未分化な口唇期体制へのリビドーと自我の退行が起こるという理解である。もう1つは、変容状態にある自我の部分と障害されていない観察自我の部分への分裂という自我の様態に関する注目から、催眠状態でみられる口唇期への退行やクリス Kris, E. のいう"自我のための退行"機制との関連で理解する考え方である。寝椅子に横たわり、注意を弛緩させる分析状況が、患者に催眠状態に近い退行を引き起こし、次に自我の下での退行として、現実感の喪失や離人状態などの変容自我状態を呈するという理解である。同様の状態は、極端な疲労やストレスによる情緒的な消耗、あるいは薬物による影響下で自我の統制や外界に対する現実検討が弱まっている状況では、外的現実と自我に対する備給の撤退が生じ、自我の総合機能が抑制され、次に自我からのリビドーの退却が起きて、現実検討の障害を来すと考えられる。

（舘　哲朗）

[関連項目] 意識，解離ヒステリー，葛藤，既視感，現実感，口唇期，自我機能，自我の分裂，自我の変容，退行，適応的退行 [ARISE]，防衛
[文献] Dickes, R. (1965), Fenichel, O. (1945), Kris, E. (1952), Stamm, J. L. (1962)

変容性解釈　⇒変化をもたらす解釈
[英] mutative interpretation

変容性内在化
[英] transmuting internalization

　コフート Kohut, H. が自己の発達過程と精神分析の治療機序としての心的構造の形成過程を説明するために用いた概念である。永続的な心的構造が獲得される過程は、自己愛的に体験される太古的な自己対象（例えば理想化された対象やエディプス的対象）が漸進的な脱備給を受け、それらの対象によって果たされていた諸機能が子どもあるいは患者の中に内在化されることにより成し遂げられる。コフートが変容性内在化の過程で強調するのは、内在化されるのは自己対象の脱人格化された機能であるという認識である。例えば、理想化された自己対象は、変容性内在化を経て、苦痛や脅威に対抗する安定した刺激障壁や緊張緩和機能や衝動制御機能の獲得をもたらし、超自我に理想化された内容を与える。この点で、変容性内在化は対象への全人格的な同一化と区別して定義される。

　もう1つの強調点は、変容性内在化は至適フラストレーションの下でのみ起こるという認識である。コフートは「母親の小さな共感の失敗、誤解、遅延のいずれによっても、乳児は無条件の完全さ（一次的自己愛）という太古的なイマーゴから自己愛リビドーを撤収し、母親のもつ機能を引き継いだ微細な内的心理構造を獲得する……母子関係において最も重要な局面は至適フラストレー

ションという原則である」(1971)と記した。この適量の欲求不満が変容性内在化を導くという考え方は，多分に欲動理論の残渣をとどめているために，コフート以後の自己心理学においては議論の多い概念である。例えば，母子間の相互作用という体験の重要性を見失った考えであると批判され，むしろ構造の形成過程における至適な共感や応答性の意義が唱えられている。

　コフート自身は最後の著作においても治療過程における欲求不満の意義を説いている。しかし至適フラストレーションの至適という条件の強調に注目するならば，前述の今日的見解はすでにコフートの考えのなかにあったのではないかとも言える。彼は精神分析の治療過程を，(1)自己対象欲求の再活性化，(2)欲求の不充足，(3)自己と自己対象の間の共感的繋がりの再確立による直接的充足の置き換えという三段階で説明したが，特に(3)の意義に注目すべきである。コフートが至適フラストレーションと変容性内在化の概念で説明しようとしたのは，共感的な自己対象関係の断絶に関する分析の治療的意義であり，構造形成は自己対象との間の共感的な繋がりが健在な時か，それが修復される過程で起こるという観察である。したがって変容性内在化のプロセスで強調されるべきは欲求不満ではなく，それに対して共感的理解が示されるという自己対象側の応答的態度である。

(舘　哲朗)

　[関連項目]自己，自己愛転移，自己心理学，自己対象，至適フラストレーション，融和した自己(期)，コフート
　[文献]Bacal, H. A. (1985), Kohut, H. (1971, 1977, 1984), Stolorow, R. D. (1983), Terman, D. M. (1988)

変容対象
　[英]transformational object

　イギリス独立学派の分析家，ボラス Bollas, C. が提示した対象像であり，乳児の最早期の精神発達過程を促進する者としての母親の環境としての機能に言及している。ボラスの考えはウィニコット Winnicott, D. W. の乳児の母親への依存の変遷（絶対的依存から相対的依存，ならびに環境としての母親から対象としての母親への変化）についての考えに沿っている。すなわち変容対象としての母親は，乳児によって使用される対象としての移行対象 transitional object より以前に体験される。乳児の中の可能性を持つ生来的な本当の自己は母親という環境要因に出会う。この環境としての母親は，ひとりの実在する他者として，あるいは形態のある内的対象としてはさほど知られていないにもかかわらず，その乳児の精神‐身体的なありようを変える途絶えることのない活動／世話を通して知られている対象である。ゆえにこの環境としての母親を変容対象とボラスは呼んだ。変容対象は，個人の自我の内に新しい形態の変化を引き起こす，ひとつの環境要因あるいは環境的な対象である。ここでの変化は新しい形態であるはずであり，外傷的な侵食によるためではない。この自我変容の体験は乳児には美的なものとして体験される。このようにした変容の体験であるかぎりは，母親との相互交流は乳児の最初の美的体験であり，美という観念の乳児での起源がここにある。

(松木邦裕)

　[関連項目]移行対象，ウィニコット理論，抱えること〔ホールディング〕，対象
　[文献]Bollas, C. (1987, 1991), Rayner, E. (1991)

ほ

防衛
　[英]defense
　[独]Abwehr
　[仏]défense

　防衛とは，すなわち，耐え難い不安，不快，苦痛，罪悪感，恥などの体験をひきおこすような情動や欲動を，意識から追い払い，無意識化してしまう自我の作用の総体をさす。その目的は，精神内界の主観的意識的安定を保つことであり，そうした自我の意識的，無意識的な働きを防衛と呼ぶ。人の情動生活において，突然の変化に対して耐えられるか，あるいは我慢できる範囲内に情動をとどめておくために防衛は呼びおこされる。また，防衛は，生物学的欲動の突然の増大をそらせたり，延期したりすることで心理的な平衡を回復させたり，さらに，未解決の葛藤を処理するために使われるものである。

　この防衛の概念は，フロイト Freud, S. が『ヒステリー現象の心的機制について』(1893)の中で，道徳的嫌悪感，不快，恐怖，恥の感情を呼び起すような，情動の反応や欲動を意識から解離させる，無意識的な意志作用を「防衛」とよび，翌年の『防衛‐神経精神病』(1894)で「防衛」の概念を初めて用いたことから始まる。ただ，それ以後約30年間，彼はその概念を捨て，もっぱら「抑圧」の概念を用いていたが，『制止，症状，不安』(1926)で再び「防衛」の概念を復活させ，自我は不安信号を動因として防衛の働きを営むという防衛理論を大成させている。この自我の防衛の考え方は，フロイト学派では性欲動ひいては攻撃性に対する抑圧を基本にしているが，一方，クライン Klein, M. および対象関係論における防衛は，もっぱら不安と攻撃性ひいては死の

本能から自己を守る機制と考えられている。

臨床的にこのような防衛の分類として，フェニヘル Fenichel, O. は，欲動エネルギーを解放するような，昇華に代表される成功的防衛と，欲動エネルギーが解放されない不成功的防衛に分けた。ヴァイラント Vaillant, G. E. は，発達ラインにそった防衛機序として，(1) 自己愛的防衛（妄想的投影，否認，歪曲），(2) 未熟な防衛（投影，分裂質性空想，心気症，受動的‐攻撃的行動，行動化，退行，自己への反転），(3) 神経症的防衛（知性化，抑圧，置き換え，反動形成，解離など），(4) 成熟した防衛（愛他主義，ユーモア，抑制，予期，昇華など）に分けている。また，適応論的見地から，精神内界の主観的安定と外界の適応が同時に得られる適応的防衛と，主観的安定は得られても外界の不適応を招く不適応的防衛に分けられている。いずれにしろ，このような防衛は，治療過程では抵抗のかたちで現われてくるので，患者の防衛のあり方を分析することが治療上の課題となる。

（安岡　誉）

［関連項目］抵抗，適応論的観点，防衛機制，防衛分析
［文献］Fenichel, O. (1945), Freud, S. (1894, 1923b, 1926a), Freud, S. & Breuler, J. (1893–1895), Vaillant, G. E. (1977)

防衛機制

［英］defense mechanisms, mechanisms of defense
［独］Abwehrmechanismen
［仏］mécanisme de défense

［意義］自我は防衛のための活動をしているが，そのさまざまなタイプの方策 mechanisms を防衛機制という。主要な機制はそれぞれに命名されている。初め防衛機制は神経症病理の形成過程を内面から説明する原理であったが，しだいに健常な防衛，適応力の高い機制の働きが注目され，また健常から病理までを含む人格形成と選択される機制との関連が理解されるようになった。各種機制の発生発達と人格発達との関連も解明され，発達課題を論じる際の一観点となっている。フロイト Freud, S. および自我心理学派が注目した機制にクライン Klein, M. が注目した早期に発生する機制を加えて，現在解明されている機制の種類は多岐にわたる。防衛のための機制は同時に外界への適応行動にも反映されるので，両側面を含んで防衛・適応機制，または自我機制という語も用いられる。このように防衛機制の概念は人格とその病理の理解にとって重要な意義をもつ（各機制については該当項目を参照のこと）。

［研究史］フロイトは最初期の論文『ヒステリー現象の心的機制 Psychischen Mechanismus について』（1893）で，すでに機制という用語と概念を用い，恐怖，恥辱，苦痛の感情を呼び起こすような外傷体験が分裂あるいは解離し，身体症状に置き換えられることを説明している。また同時期に他の神経症の心的形成要因をも固有の防衛方策との関連で考究し，『防衛‐神経精神病』（1894）とその『再論』（1896, 未訳）で防衛の概念を提出すると共に，ヒステリーの身体に置き換える転換の他に，強迫神経症と恐怖症において，受け入れがたい表象を感情から隔離し，隔離した感情興奮を他の（代理）表象に結びつける代理形成，さらに幻覚性精神病において，受け入れがたい表象を感情と共に投げ捨て，かわりに幻覚によって願望を満たすという機制の結果として「幻覚性錯乱状態」に陥ることを例示している。その後フロイトは 1915 年の 2 つの論文『本能とその運命』，『抑圧』で防衛機制に触れ，前者では性本能が防衛によってその性質や目標を変えられる様相を，特に対立物への逆転，自己自身への向け換えを通して論じ，後者では抑圧過程の詳細の他に強迫神経症の反動形成や置き換えについて論じている。『制止，症状，不安』(1926) では，これまで同義に用いられていた抑圧と防衛の定義を明確にして，抑圧を機制の一つと位置づけると共に，不安信号と防衛活動の関連を明らかにし，性欲動（リビドー）を防衛するために用いる防衛機制と恐怖症，強迫神経症，ヒステリーの症状形成との関連について論じている。これまでにフロイトによって明らかにされた精神病理と防衛機制との対応は，ヒステリーと抑圧，転換，強迫神経症と肛門期に形成される隔離，反動形成，やり直し，退行，これに投影が加わることとパラノイア，うつ病と取り入れ，同一化などである。

この論文以来防衛機制の研究は盛んになり，その動向はアンナ・フロイト Freud, A. をはじめ自我心理学派に引き継がれる。アンナ・フロイトは『自我と防衛機制』(1936) で，発達過程と防衛機制の形成について考察し，健常な自我活動としての防衛という視点を導入し，また機制としても新しいものを提出している。すなわち，幼児期の現実否認，超自我形成過程に生じる攻撃者への同一化，愛他的同一化（愛他主義），思春期における禁欲および知性化などである。発達段階としては，退行，逆転，自己自身への向け換えは早期に，抑圧や昇華は比較的後期に形成されると推論している。しかし取り入れと投影については理論によって異なるとし，これらを最早期のものとするクライン学派との相違を示している。健常で適応性のある防衛機制については，ハルトマン Hartmann, H. (1958)，フェニヘル Fenichel, O. (1945) らが発展させ，同一の機制が適応的にも不適応的病態的にも働きうることを論じている。ビブリング Bibring, G. (1961) は，実際の防衛機制の働き方が多様で複合的であること，防衛機制の連続体 continuum が防衛組織を形成していることを指摘し，多数の基本的な機制と複合的な機制を提案することを通して連続体の観点

を示している．基本的な人格（性格）傾向を形成する基になる防衛機制があるという観点もしだいに発展している．ライヒ Reich, W. (1933) はこれを性格防衛とよんで，選択される機制と性格との関連を詳述している．この観点は現代の人格障害論にまで連続している．

一方クラインとその学派は，最早期乳幼児期の研究を通して未分化な対象関係に基づく防衛機制群を明らかにしている．すなわち，妄想分裂ポジションにおける分裂，取り入れ，投影，投影性同一視，理想化，抑うつ的不安に対する躁的防衛などである．1970年代から，自我心理学派のカンバーグ Kernberg, O. F. が，これらに原始的否認，脱価値を加えた一群を，分裂機制を基本とする原始的防衛機制群として，抑圧を基本とする神経症的防衛機制群と区別し，両者の関連を発達段階的に捉える人格構造論を提出している．現在では，これら多様な防衛機制が人格の発達程度，精神病理の特質，人格傾向を把握する上での中心的観点であり，精神分析的治療では防衛機制の歪みを改善すること（防衛分析）が中心課題の一つとなっている．

[問題] ビブリングも指摘するように，実際の防衛活動は複雑で，多様な方策が同時に展開されている．それらをすべて命名し定義づけることは困難であり，むしろ心的事実を歪めることになる．また防衛機制は必ずしも自我のみによって働くのではなく，ある種の欲動を強めることが防衛として使われる場合もあり，概念の整理はまだ不十分である．　　　　　　　　　　　　（馬場禮子）

[関連項目] 置き換え，原始的防衛機制，抑圧，フロイト，A.
[文献] Bibring, G., et. al. (1961), Fenichel, O. (1945), Freud, A. (1936), Freud, S. (1894, 1915c, 1915d, 1926a), Freud, S. & Breuler, J. (1893–1895), Hartmann, H. (1939), Kernberg, O. F. (1976), 小此木啓吾・馬場禮子 (1972), Reich, W. (1933a), Segal, H. (1964/1973)

防衛‐神経精神病

[英] neuro-psychosis of defense
[独] Abwehr-Neuropsychosen
[仏] psychonévrose de défense

フロイト Freud, S. は，この概念を『防衛‐神経精神病』(1894) で初めて用いた．それは，彼の言う防衛神経症と防衛精神病を総称した名称で，今日では一般に用いられない．その当時，「神経精神病」は「精神病」と同義だったが，フロイトはこの論文で，防衛神経症として，ヒステリー，恐怖症，強迫観念などの精神神経症を，防衛精神病として心因性の幻覚精神病反応をあげ，そのいずれもが，ヒステリーについてフロイトが発見した「防衛 Abwehr」の所産である，という観点によってそれらを統一的に理解した．そして，ヒステリーでは抑圧が，強迫観念と恐怖症では表象からの感情の隔離 Isolierung と置き換え Verschiebung が，幻覚精神病では現実否認による現実からの遊離と投影が，それぞれに固有な防衛機制として論じられた．　　　　　　　（小此木啓吾）

[関連項目] 精神神経症，防衛，フロイト，S.
[文献] Freud, S. (1894)

防衛的構造

[英] defensive structure

コフート Kohut, H. の用語で，自己愛パーソナリティ障害の心的内界構造および「自己の修復」プロセスの説明概念．コフートによれば，自己愛パーソナリティ障害の患者は，母親の映し出し mirroring（共感）不全のため，（人格の中心構造である）自己に，一次的な欠損（自己の融和性の欠如）を持つ．その一次的欠損を埋めるため，二次的に形成される構造として，防衛的構造と補正的構造がある．防衛的構造とは，その機能の中心が，自己の一次的欠損を隠蔽するように働く構造であり（たとえば偽りの生気 pseudovitality），その陰には，抑うつ，低い自己評価，空虚感，拒絶感，安心感を求める貪欲さ，などが隠蔽されていると考えられる．これに対し，補正的構造は，自己の一次的な欠損を補正するように働く構造であり，たとえば，父親の理想化とその変容性内在化によって促進される緊張緩和機能，自己評価調節機能の獲得などがある．自己の修復は，自己の一次的欠損とその欠損を防衛する構造のワークスルーにより，自己が機能的に確かになることによってなされるが，それが完結しなくても，補正的構造の機能的リハビリにより，補正的構造が機能的に確かになることによっても可能である．言い換えれば，自己愛パーソナリティの病理は，自己の一次的欠損に加えて，補正的構造にも不全があった場合に起こってくる．　　　　　　　　　　　（丸田俊彦）

[関連項目] 共感，自己愛パーソナリティ，融和した自己（期），コフート
[文献] Kohut, H. (1977), 丸田俊彦 (1992)

防衛ヒステリー

[英] defence hysteria
[独] Abwehr-hysterie
[仏] hystérie de défense

防衛ヒステリーはフロイト Freud, S. の提唱したヒステリーの一概念であり，意識的自我と両立しがたい苦痛な観念を意図的に努力して連想から排除しようとするために症状が起きるヒステリーを指す．

防衛ヒステリーの例としてフロイトは，病気の父親を看病している間にかつて少し性愛的な印象を受けたこと

がある青年について考えたために自分を責めた少女（エリザベート・フォン・R 嬢）や，雇い主に恋愛感情を抱いたが彼女のプライドと両立しないらしくてその気持ちを心から追い払おうと決心した家庭教師（ルーシー・R 嬢）などを挙げている。

　苦痛な観念に対する防衛の目的は，その観念に伴う情緒の流れを身体の神経支配の方にそらすことによって苦痛を弱めることである。こうして，苦痛な観念が防衛と抑圧を通じて転換され，病的症状の原因になる，とフロイトは考えた（初期のフロイトは防衛を抑圧とほとんど同じ意味で使っている）。

　『防衛－神経精神病』（1894）では，まだフロイトはヒステリーには3つの型があると考えていた。防衛ヒステリー，類催眠ヒステリー，貯溜ヒステリーである。しかし，すでにこのときフロイトは防衛ヒステリーがもっとも重要だとしていた。そして，『ヒステリー研究』の第4章「ヒステリーの心理療法」（1895）になると，防衛概念がヒステリー全体の特徴として語られるようになる。さらに，『防衛－神経精神病への追加批評』（1896）では，防衛は神経症の心的機構の中心であるとされるようになり，防衛ヒステリーという用語そのものも使われなくなる。フロイトの心理的諸力の相互作用の存在と意図と目的の働きを重視する傾向は，類催眠ヒステリーか防衛による神経症かという形でブロイエル Breuer, J. との対立になり，やがて精神分析的諸概念の本格的展開へとつながってゆく。

　　　　　　　　　　　　　　　　　　（近藤三男）

　［関連項目］貯溜ヒステリー，類催眠状態
　［文献］Freud, S. (1894, 1896b, 1925b), Freud, S. & Breuer, J. (1895), Jones, E. (1953–1957)

防衛分析

　［英］defense analysis
　［独］Abwehranalyse
　［仏］analyse de defense

　自我の防衛を自我違和的にし，その働きの意識化を通して防衛されていた情動や葛藤の意識化を行う技法を言う。フロイト Freud, S. は，抑圧されていた欲動との無意識的葛藤の意識化を中心的な治療機序と見なしたが，その際，この分析に対する抵抗をまず扱う抵抗分析の技法を確立した。この抵抗分析の技法は，ライヒ Reich, W. によって組織的・系統的に抵抗分析を行う性格分析の技法（1933）となり，やがて，アンナ・フロイト Freud, A. によって防衛分析の技法に発展した（1936）。

　すでにフロイトは1920年代になると，無意識の意識化を基本的な治療機序とする精神分析にとって，欲動のみならず，自我の働きの多くもまた無意識的なものである事実を認識し，この臨床的認識に基づいて『自我とエス』（1923）を発表した。それは，それまでのイド分析から自我分析への転回を意味した。またそれと同時に，防衛を司る自我とその無意識の防衛を洞察する主体としての観察自我が区別されるようになり，この観察自我が治療者との作業同盟の中で行うのが自我の防衛の分析である。この観点から，アンナ・フロイトは，種々の基本的防衛機制を明らかにし，ライヒの性格防衛を永続性防衛 permanent defense として位置づけ，防衛分析を性格ひいてはパーソナリティの分析へと導いた。実は，すでにフロイトは，幼児期に形成された自我の防衛が，成人して神経症的な防衛機制として症状形成で大きな役割を果たす事実を認識していたが，アンナ・フロイトは，欲動の転移，行為の転移とともに防衛の転移をあげ，防衛分析を転移の分析の一側面として位置づけ，その防衛の成り立ちを幼児期にまでさかのぼる技法を明らかにした。また，抑圧と欲動の葛藤が主題であった抑圧抵抗に関するフロイトの見解に対してアンナ・フロイトは，欲動と防衛の間に情動を位置づけ，むしろ防衛分析は，種々の情動の変形や置き換えを行っている防衛の働きを取り上げることから進められるという。さらに，ライヒの性格分析の技法に立脚し，どのような主題を語ることを避け，どのような主題や葛藤を意識しないようにしているかを明確化するという形で，連想の内容のみならず，その連想，態度，形式に防衛の働きが表現されているという観点から，防衛分析はまずその形式面からアプローチする方法である。しかし，抵抗分析と防衛分析を同義的なものとみなすことには批判がある。フロイトのあげた抵抗にも，転移抵抗のような治療関係に由来する抵抗や，イド抵抗のように，防衛を越えた反復強迫のようなもっと本質的な治療に対する抵抗があり，陰性治療反応や二次的疾病利得による抵抗があり，これらの抵抗全体を防衛分析のみによって扱うことはできないという観点から，もっと全体的な抵抗分析の中に防衛分析を位置づけるべきだからである。

　　　　　　　　　　　　　　　　　　（小此木啓吾）

　［関連項目］性格分析，抵抗，抵抗分析，防衛機制，フロイト, A.，フロイト, S.，ライヒ
　［文献］Freud, A. (1936), Freud, S. (1914c, 1916–1917, 1923b, 1926a), Reich, W. (1933a)

補償

　［英］compensation
　［独］Kompensation
　［仏］compensation

　ユング Jung, C. G. とアドラー Adler, A. それぞれが独自に提唱した心的機制の概念。ユングは意識の態度が一面的になる時，それを相補う働きが無意識内に存在して（無意識の補償作用），心の働きは心の全体性 psychic totality を志向すると考えた。そして，内向 introvert と外向 extrovert，主機能 main function と劣等機能 inferior function，ペルソナ persona と無意識の深層にある異性像のアニマ anima（女性像）とアニムス animus（男性像）の相補性についての概念を発展させた。例えば，意識の態度が内向的な人はその無意識の態度は外向的となって，もしも意識の態度が強調されすぎると無意識の外向的態度が補償的に働くという。また，ユングによれば夢の最大の機能は意識に対する補償作用である。一方，アドラーは人間行動の動因として権力への意志 will to power を考え，人間の心の働きは常に劣等感を克服しようとして補償を求めているという。この意味での補償は彼の心理学の中心的概念の一つである。彼は補償を，ハンディキャップ克服型，ハンディキャップと対照的な価値を実現する型，劣等感を惹起する価値を否定する型，空想や白昼夢への逃避型，劣等感を隠す装いにこる型の5型に分類した。そして，補償の失敗は劣等コンプレックスを生ずるか，あるいは，その反動形成としての優越コンプレックスを生ずるとした。　（平島奈津子）

[関連項目] アニマ／アニムス，個人心理学，内向／外向，分析心理学，劣等コンプレックス

[文献] Adler, A. (1924), Fordham, F. (1959), Jung, C. G. (1921)

補助自我

[英] auxiliary ego

モレノ（Moreno, J. L. 1934）が創始した心理劇 psychodrama あるいは社会劇 sociodrama（集団の問題を扱う）における主役を支えるわき役，助監督，または補助治療者のこと。ここでは，フェアバーン Fairbairn, W. R. D. の言うリビドー自我と反リビドー自我の総称である「補助的自我 subsidiary ego」とは区別される。

心理劇は集団精神療法の一技法として主に用いられ，現実の問題場面を模擬的・即興的に簡単な劇の形にかえて顕在化させる方法に特徴がある。心理療法としてのねらいは2つあり，1つはカタルシス，もう1つは自発性を引き出すことである。心理劇には，現実とドラマを区別する舞台，グループ全体を導く監督，舞台に登場する主役，時には演者となり自由に舞台を出入りする観客，そして補助自我の5つの要素によって構成される。主役は監督とともに自分にとって重要な場面や状況を舞台上に設定する。

役割を演じる過程で，主役が防衛や抵抗を感じて立ち往生することもある。そのような時に，補助自我は自発的にあるいは監督の指示で，主役と同一人物の役割をとったり相手役を引き受けたりして主役の十分な自己表現を助け，その自発性を引き出す。そこで，主役が自分の役割に対する洞察を深め，その人らしさを含んだ役割演技を身に付けるのを促していく。また時に補助自我は，監督の相談相手となったり監督が見落としてしまった参加者の動きを指摘するなどの，監督補助も務める。補助自我の役割は治療者・メンバー問わず誰でも引き受けうるが，全体に行き渡るまなざしと臨機応変な態度が求められると言えよう。　（伊崎純子）

[関連項目] 心理劇〔サイコドラマ〕

[文献] 増野肇（1989），三宅和夫・北尾倫彦・小嶋秀夫（編）（1991），Moreno, J. L. (1934)，氏原寛・他（編）（1992），梅津八三・他（監修）（1981）

ホスピタリズム

[英] hospitalism
[独] Hospitalismus
[仏] hospitalisme

長期入院あるいは長期にわたる施設入所が心身に及ぼす障害を意味し，精神医学的には，精神障害者の長期入院による特有の人格変化をさす場合と，主たる養育者と離されて乳幼児期から乳児院などの施設で育てられた子どもの心身の発達障害をさす場合がある。

後者の乳幼児のホスピタリズムとしては，乳児院や施設に育つ子どもの乳幼児死亡率が高く，発育遅延，精神遅滞，情緒不安定，成長後のパーソナリティ障害などが見られたという現象をさす。発達障害では，言語発達の遅れが最も著しく，次いで社会性の発達の遅れが目立ち，運動機能の発達は比較的影響が少なかったという。

これらの現象は，1930年代戦争孤児収容施設の研究から注目されるようになった。たとえば1945年スピッツ Spitz, R. は，1歳までの乳児の直接観察から，乳児期に母親から引き離された乳児の示す症状を"Hospitalism"と題する論文にまとめ報告し，ホスピタリズムの原因を，母性的な養育や愛情の欠如，および適切な刺激の欠如などの保育環境にあるとした。さらに1946年の続報では，乳児院に収容された生後6–11カ月の乳児に見られた抑うつ状態をアナクリティックな抑うつ（依託抑うつ）anaclitic depression と名づけ報告し，依存対象からの分離に伴う抑うつ状態と理解し，その予防のために生後1年間は養育者との長期の分離は避けるべきであると主張した。

またアンナ・フロイト Freud, A. は，1939年から45年，第二次世界大戦中の英国に，戦争のために家族から離された子どもの保育施設ハムステッド・ナーサリー Hampstead Nursery を開設した。彼女はそこで，精神分析的発達理論を保育に応用し，子ども3，4人を特定の保母が世話をする疑似家族を施設の中に作るなど，養育者から引き離され困難な状況にある乳幼児のホスピタリ

ズムの防止に努力した。

　さらにボウルビィ Bowlby, J. は，1950 年 WHO の精神保健のコンサルタントとして，家族から離された子どもや孤児についてのそれまでの研究を集大成し，1951 年有名な『乳幼児の精神衛生 Maternal Care and Mental Health』にまとめ発表し，母性的な養育の喪失についての直接的研究および，心理的な問題をもつ青年や成人の幼児期の生活史を調査する回顧的研究から，乳幼児期の母性的養育の重要性を強調し，世界的な反響を得た。

　これらの研究は，早期乳幼児期の母親との分離が，子どもの心身の発達に広範な障害を与えることを明らかにし，子どもの健全な発達における，乳幼児期の主たる養育者（母親）との情緒的な関係の重要性を示すもので，ボウルビィの愛着 attachment と対象喪失の研究，そして現代の乳幼児精神保健の発展へとつながった。

（濱田庸子）

　[関連項目] 依託抑うつ，スピッツ

　[文献] Bowlby, J. (1951), Freud, A. (1973), Spitz, R. A. (1945, 1949)

補正的構造
　[英] compensatory structure

　コフート Kohut, H. は致命的な自己対象不全による自己の一次的な欠損を代償する二次的な自己対象欲求についてふれて，それが作り上げる自己の構造化を補正的構造と呼んだ。最もしばしばみられるのは，母親からの鏡映の欠如や誤った鏡映によって生じた自己の一次的欠損を癒すべく，父親との間で理想化された自己対象体験を求めるケースである。この逆も起こり得る。この補正的構造の概念はコフートの治療論において重要な位置を占めている。彼は自己の一次的欠損が徹底操作され，変容性内在化を達成して自己が修復されるという治療の終結以外に，補正的構造の機能修復を最終の治療目標とするという考えも示した。つまり自己の一次的欠損の分析が不十分であっても，補正的構造の機能的リハビリテーションが達成されたなら治療の終結を考えるわけである。この補正的構造の機能的リハビリテーションという治療観はコフート的な治療哲学をよく表している。フロイト Freud, S. の治療のイメージが，"無意識の意識化"に代表されるようにできる限り知ることであるのに対して，コフートのそれは知ることよりも健康の達成にある。精神病理のすべてが分析される必要はなく，患者の自己が創造的な活動を再開できるまでに機能修復することが精神分析の目標であるとされる。

（舘　哲朗）

　[関連項目] 鏡転移，自己愛転移，自己心理学，自己対象，双子分身転移，防衛的構造，融和した自己（期），コフート

　[文献] Kohut, H. (1971, 1977, 1984)

母性的態度　⇒母親〔母性〕
　[英] maternity, motherliness
　[独] Mütterlichkeit
　[仏] maternité

母性剥奪　⇒剥奪
　[英] maternal deprivation
　[独] mütterliche Entziehung
　[仏] carence maternelle

母性抑うつ
　[英] maternal depression

　母性抑うつは，育児中の母親に生じる抑うつ状態を広く含み，工業化社会の都会の孤立した孤独な育児情況で高率に発生する。母親の抑うつに曝されながら生活すること，母親の抑うつ状態のため，情緒的応答性の低い関わりや，偏った育児を体験すること，また併存する両親の夫婦葛藤や社会経済的窮乏に曝されて育つことなどが重なり合い，子どもの精神発達の阻害要因となる。母親の抑うつ気分と意欲低下は，子どもの要求への情緒的応答性を低め，無表情，無気力から無視や拒絶にいたる否定的な関わりが増す。子どもは，抑うつ的になったり，不安定で，落ち着きなく，攻撃的になったり，無気力，無表情になる。

　母性抑うつの中でも，特に子どもの精神発達に有害なのが産後抑うつである。産後抑うつ postnatal depression は，出産後 1 年以内に，数カ月間生じる抑うつ状態で，発症頻度は欧米の都会では産後の女性の 15%，わが国の大都会でも約 15% に認められる。産後抑うつの要因には，苦痛を伴う分娩，もともとの抑うつ的性格，不安緊張をひきおこす妊娠中の身体的情況，母親の肉親の死の悲嘆，病気の不安，不幸な嫁姑関係，葛藤的夫婦関係，経済的負担，身近なサポートの欠如などがある。乳児は早期より発達する間主観性により，母親の暗い精神状態を敏感に，察知する。多くの乳児は，声をあげ，表情を動かし身体の動きを活発にして，落ち込んだ母親に働きかけるが，効果がないと諦めてしまう。このように，産後抑うつの母親の暗さや，母親との死んだような関係は，乳児の自然ないきいきとした情動を抑え，無表情，緊張，視線回避などの偏った防衛反応を誘発する。このような母親との関係から，乳児の心には，「死んだ母親コンプレックス the dead mother complex」（Green, A. 1986）と呼ばれる否定的母親像，自己像が発達し，精神病理の素地につながる。母親の抑うつは子どもの間主観性の発達を阻み，言語，対象像，自己像，その他の社会的スキル

の発達を阻害する。女児より男児の方が障害が重く，母親が夫婦葛藤や社会経済的要因に苦しむ度合が強いものほど，母子関係の問題が多い（Stein, A. 1991）。

健康な母親の乳児に比し，産後抑うつから数カ月で回復した母親の乳児には，生後12カ月から18カ月の時点で，有意な精神運動発達の遅れが，特に認知，情緒，行動発達面で認められる。認知発達面では，生後18カ月で，対象表象能力の発達を表すピアジェ Piaget, J. の対象恒常性の課題をパスすることができない。情緒発達面では，生後19カ月の乳児 - 母親関係に，次のような特徴が認められる。母親 - 乳児の情緒交流が貧しい，乳児のいきいきした行動への母親の励ましや促しが乏しい，乳児は情緒的な分かち合いの行動が少ない，見知らぬ人への人なつこい働きかけが少ない（Stein, A.）。愛着面の発達では，エインズワース Ainsworth, M. の strange situation を用いた研究により，生後12カ月の乳児に不安定型愛着，生後18カ月の乳児に，回避型を中心にした不安定型愛着が認められる。行動発達面では，睡眠障害，摂食障害，癇癪発作，分離不安などが認められる。産後抑うつの母親の乳児には，総じて幼児期以降の情緒障害が高率に発生し，早期発見，早期介入が必要である。産後抑うつの二次予防のスクリーニング法として，10項目の質問からなる質問紙，エジンバラ産後抑うつ尺度 Edinburgh Postnatal Depression Scale が開発され（Cox, J. L. ら），世界的に使用されている。簡単な日常の気分や体調を質問し，5分間でできる。産後抑うつの治療には，父親の積極的な育児参加，夫婦葛藤，社会経済的問題の解決と並び，母親が幼児期体験をしみじみと語れる精神療法やカウンセリングが有効である。　　　　　　　（渡辺久子）

［関連項目］関係性障害，情緒応答性，乳幼児精神医学（保健）

［文献］Cox, J. L., Holden, J. M. & Sagovsky, R. (1987), Green, A. (1986), Murray, L. (1992), Stein, A., et al. (1991)

ほど良い母親
［英］good enough mother

ウィニコット Winnicott, D. W. が乳児に対する母親の機能として表現した概念。乳児への適度の心身の世話によって環境の快適さと対象としての恒常性を与える母親およびその役割遂行機能をさす。彼が普通の良い母親 ordinary good mother と呼んだのとほとんど同じ意味である。ウィニコットは「ひとりの赤ん坊などというものはありはしない」と語り，赤ん坊を常に母親と乳児のつがい mother-infant coupling としてとらえる視点を強調した。そして妊娠後期から出産後2, 3カ月の間は，母親が喜んで自分自身の関心を乳児に向けるという「原初の母性的没頭 primary maternal preoccupation」が起き，乳児は自分が母親に依存しているということさえも自覚していない絶対依存の段階で，母親が抱えること holding を適切に行い，乳児のニード need に合わせて抱える環境 holding environment を供給することによって，乳児は環境から提供されたものをあたかも自分自身がつくりだしたかのように錯覚して万能感をもつことができる。そこから母親の少しずつの幼児への不適応が，徐々に環境を提示することになり，幼児はしだいに脱錯覚 disillusionment して現実を認識することができるようになる。この過程を経てはじめて幼児の「本当の自己 true self」が育つことができるという。

ハルトマン Hartmann, H. が小児の無力感や対象への完全な依存性を考慮すれば，心的構造の進展には，個人のさまざまな欲求に対する適切な環境的状況が必要であるとして「平均的に期待される環境」という言葉で個人と環境との間の「適合性 fit」とその反対の異常な，非定型な，いつもストレスに満ちた環境や母子関係に注目したことと共通するが，小児科医として6万例もの母子に接したウィニコットは母親を環境としての母親と対象としての母親に分け，母子の相互関係についてよりこまやかな観察と治療への提言をしている。

母親の抱える環境としての機能はさらに抱えること，取り扱うこと handling，対象を提示すること object-presenting がある。「抱えること」は幼児の統合 integration を促すが，その失敗は幼児の中に強い苦痛を引き起こし，「バラバラになる感じ」「奈落の底に落ちる感じ」といった感覚で表現され，一般的に「精神病的」といわれるような不安の元を生じて人格の統合に失敗するという。「取り扱うこと」は精神と身体の協調を促進する機能であるが，これがうまくいかないと身体機能の体験，存在すること being そのものの体験を楽しむ能力の発達に悪い影響を及ぼす。「対象を提示すること」は幼児が対象と関係をもつ能力のもとであり，これがうまくいかないと，対象や現象の現実的世界との関係の中で実在感をもつ能力を発達させることに失敗するという。いずれにしても母親がほどよくないと，幼児は外界からの侵襲 impingement に対して防衛的に「偽りの自己 false self」を育てざるをえなくなる。これがウィニコットのスキゾイド論であり，精神病レベルの人格の病理を呈することになる。ほどよい母親になれない2つの病態としてウィニコットは，強迫的すぎて自分自身への関心から幼児に関心が向けられない母親と，幼児を病的な没頭の対象としてあまりにも長い間幼児に同一化しすぎて急にそこから撤退してしまう母親をあげている。

ウィニコットの母子相互関係の視点はその後のクラメール Cramer, B. やスターン Stern, D. N. らの母子乳幼児治療，コフート Kohut, H. の自己心理学やストロロウ Stolorow, R. の間主観的アプローチにつながる先駆的認

識である。　　　　　　　　　　（深津千賀子）

　[関連項目] 偽りの自己，ウィニコット理論，抱えること〔ホールディング〕，脱錯覚

　[文献] Hartmann, H. (1939), Stern, D. N. (1995), Stolorow, R. D., Brandchaft, B. & Atwood, G. E. (1987), Winnicott, D. W. (1965a, 1965b, 1971a)

ポリサージェリ
　[英] polysurgery
　[独] Polyoperationskranke
　[仏] polyopéré

　手術を何回も繰り返して受ける病態，あるいは患者のこと。頻回手術症ともいう。英語では polysurgery の他に，Polysurical addiction (Menninger, K.) ともいわれ，手術を受けることへの嗜癖傾向，その基礎にあるマゾヒズム，無意識的な自己処罰欲求の存在などが論じられている。腹部消化器系，腰背部骨筋肉系などをめぐって疼痛，その他の自覚的訴えが執拗に繰り返されることが多いが，それ以外の身体各部にも見られる。いずれにしても自覚的訴えに相当する客観的な身体所見が乏しいにもかかわらず，患者が手術を求めたり，医師が結果的に手術を反復してしまったりすることが特徴である。腹部神経症，心気症，ヒステリー，身体表現性障害などの他，虚偽性障害，ミュンヒハウゼン症候群あるいは思春期妄想症などの関連が指摘されている。手術の適応をめぐって慎重な検討が求められる特異な病態，患者である。
　　　　　　　　　　　　　　　　（岩崎徹也）

　[関連項目] 心身症，マゾヒズム，ミュンヒハウゼン症候群，メニンガー

　[文献] 浅井昌弘 (1984)，石井良治・小此木啓吾・岩崎徹也 (1964), Menninger, K. A. (1934, 1938)

ホールディング　⇒抱えること〔ホールディング〕
　[英] holding

本当の自己
　[英] true self, real self

　ウィニコット Winnicott, D. W. の言う「本当の自己 true self」とは，その臨床理論の鍵概念でありながら，「偽りの自己 false self」についての記述のほうが圧倒的に多い。その理由は，それ自身が「遺伝で受け継いだポテンシャル」であり，誕生直後の「抱える環境 holding environment」の中，つまり絶対依存の状態で環境の適応を得て初めて存在するもので，もちろん言語的に外部と交流することもないからである。環境の侵襲 impingement から守られ，孤立 isolation した状態で存在し，それが本当である状態に立ち会う時は，抱える側がその意味のないこと（ノンセンス），形のないこと，さらには狂っていることにも耐えねばならない。意味のない遊びなどの中，あるいは母親が幼児の自発的な身振りや幻覚に応じ万能感を満たすことに成功している時，錯覚や創造性として成立することがあるが，これを抱えることの失敗が生じるなら，個体は環境に反応せねばならなくなり，自己防衛のために迎合するものとして「偽りの自己」が発達する。こうして，ウィニコット理論では依存を条件にしてセルフが誕生直後から存在するのである。これと似たような概念で，新フロイト派のカレン・ホーナイ Horney, K. の「真の自己 real self」が神経症理解のために強調した概念として有名である。彼女の場合は，個人に内在する成長の源泉であり，生来備わる成長可能性を実現できるものと考え，自己喪失や自己疎外に抗してこれが成長し発展することが自己実現である。これらは，日本人のいう「自分がない」状態や本音と建前の二重性などを説明してくれるが，簡単に「本当の自己」が実現するものではないことに注意が必要である。自己は日本語で自分と同義的に扱われることが多くて，ありのままの自分，素顔の自分，本当の自分などと同様の意味で日常臨床で使われるが，日本語の自分に比べてセルフはセルフィッシュと言うと分かるように中心性が伴うのである。さらに，土居健郎は日常臨床における「自分がない」という訴えに注目し，集団所属によって否定されることのない自己の独立を保持できる時に「自分がある」ことを観察している。　　　（北山　修）

　[関連項目] 偽りの自己，自己実現，ウィニコット，ホーナイ

　[文献] 土居健郎 (1971), Horney, K. (1950), Winnicott, D. W. (1958a, 1965b)

本能
　[英] instinct
　[独] Trieb
　[仏] pulsion

　生得的で，生物学的な起源をもち，心の中で内側から生じて来る動機となって，人びとを駆り立てる力，あるいはその心的表象のことを言う。ただこの言葉は翻訳の問題があって，その後の精神分析家たちの間でさまざまな使われかたをしている。

　[生物学的定義] 一般に生物学や最近の行動生物学では，それぞれの生物の種に固有の先天的に決定されている行動のパターンや傾性を言う。それらは時間軸に沿って発現すると考えられている。ただ行動生物学や社会生物学による研究によって，今日，それらが生得的，固定的にプログラムされていて，自動的にそれらが発現する

という考えは疑問視されるようになった。むしろ，いくつかの行動が互いに触発しながら，継起的に発生する。そのため環境を変えてしまうとその道筋が容易に変わってしまうために，本能という言葉でこれらの出来事すべてを記述することはできないからである。フロイトFreud, S. は Trieb は生得的なもので遺伝的な可能性と見なしていた。そこでの Trieb は生理学的な起源をもっている心的表象のことである。それらは身体的なものと心理的なものを媒介しながら，性，あるいは症状を中心としてさまざまな経路で表現される。

　[訳語上の問題] フロイトも一般的な生物学的な意味でドイツ語の「本能 Instinkt」を使っているが，それとは別に Trieb を使っている。後者の Treib は，生物学的なものに基盤を置くとしても，その目的と対象の選択の偶発性に応じて可塑性があると考えられる。またしばしばフロイトの Trieb は，今日から見れば「モチベーション」といった心理学的な概念に近い使われ方をしている。混乱が生じやすいのは，ストレイチー Strachey, J. が「標準版」英訳で，その訳を「instinct」としたことにはじまって，多くの分析家たちが，それを訳し分けることなくさまざまな意味で使っているからである。そのためストレイチーの訳語には反対する人も多い。ベッテルハイム Bettelheim, B. らによると，Trieb は drive が良いと言う。また一般にフランス語圏でも，フロイトの Trieb には pulsion というフランス語訳を使う。そのためフランス語からの精神分析の本は，それを受けて日本語でも「欲動」という訳が選択されることが多い。邦訳では「死の本能」といった訳語がそうであるように，Trieb が「本能」と訳されたり「欲動」「衝動」と訳されたりする。

　[フロイトの定義] フロイトの言う Trieb は，心の動因として，その源泉を身体刺激にもち，生体を刺激（緊張）の解放という目標に向かって駆り立てるものである。その場合，対象はその目標を満たすために使われる。つまりそこには源泉，衝迫，対象，目標という 4 つの側面がある。そして基本的に部分的であるために，さまざまな経緯を辿る可能性がある。

　Trieb に関してフロイトは二元論の立場をとる傾向がある。（ここでは日本語訳に従って「本能」という言葉を選択すると）初期には性欲が想定されていたが，しだいにそれと対立する自己保存本能が想定されるようになった。さらに自己愛の分析でややモデルの変更が行われ，最後期においては「生の本能」と「死の本能」とに分けられている。フロイトは動物のように生得的に決定されている「本能」とは別に，系統発生的な遺伝的所産である「原幻想」を認めていて，後者をかなり遺伝的な素因が強い普遍的な要素として，本能の派生物と分けている。これらの本能に関するフロイトの理論的な揺れは，フロイト以後の理論にさまざまな形で影響を与え，受け継がれた。またフロイト自身，晩年の『続精神分析入門』（1933）のなかで，Trieb の理論が「神話的で」「曖昧」であると認めている。

　[フロイト以後] 1930 年代以降に自我心理学の流れを決定したハルトマン Hartmann, H. とクリス Kris, E.，そしてレーヴェンシュタイン Loewenstein, R. らは，フロイトの初期の欲動論の立場から自我の分析に向かい，自我の自律的な機能を認めるようになった。そのため生の本能と死の本能などの二元論よりも，むしろ本能的なイドと自律的な機能を持つ自我の葛藤という図式が自我心理学の基本になった。その場合，本能は潜在的可能性を表し，むしろ「衝動 drive」として，量的なものである。その場合の本能は，行動を駆り立てる動因と見なされるようになった。「本能衝動 instinctual drive」という言葉がここでは使われるのはそのためである。また，フェアバーン Fairbairn, W. R. D. は「対象関係」という視点から本能そのものを前提にすることに懐疑的になり，「衝動 impulse」とその解放をモデルにする衝動心理学と述べて，それを否定し，心の内的構造を抜きにして衝動も成り立たないし，語れないとした。フェアバーンによれば，人間は基本的に対象希求的である。こう考えれば，本能あるいは，そこから派生する衝動というのは，対象とは不可分のものになり，衝動概念を前提にする必要がなくなる。それに対して「本能 instinct」，特に従来の論者があまり顧みなかった死の本能を重視したのはクライン Klein, M. である。彼女は児童の分析を通じて，死の本能の臨床的な意義を認めている。例えば，サディズムに関しては，フロイトの生の本能と死の本能の葛藤として見る。つまり，彼女はフロイト本能の二元論，生の本能と死の本能，とその間の力関係を認めながら，子どもの内的対象と無意識的な幻想を理解しようとしたのである。こう考えれば，生物学的な本能論と対象関係論の同時並行が可能になるばかりか，これによって早期の超自我やサディズムが，死の本能との関連で明らかにされて，新しい理論が展開される。　　　　（妙木浩之）

　[関連項目] 自我心理学，死の本能（欲動），衝動，生の欲動（本能），クライン，クリス，ストレイチー，ハルトマン，フェアバーン

麻酔分析

[英] narcoanalysis
[独] Narkoanalyse
[仏] narcoanalyse

　薬物の作用によって自我の抑圧や抑制をゆるめ，ラポールを促進させ，カタルシスの効果をねらった治療法。その方法はアモバルビタールナトリウムの10%溶液を非常にゆっくりと静脈内に注射しつつ，絶えず話し掛けて眠らないように注意しながら行う（麻酔面接）。その用量は個人差が大きいので定めにくいが，ふつうは0.15－0.3gである。また薬物としてジアゼパムが用いられることもあるが作用は弱い。

　これは軽く気分の高揚した半覚半睡の状態のもとでカタルシスを促進させ，抑圧されていた精神的外傷体験を語らせるという解除反応が主要なねらいである。ひいては心的葛藤の明確化や洞察によって精神の統合をはかる。これは1930年にブレックウェン Bleckwenn, W. J. によって始められたもので，グリンカー Grinker, R. R. らは，催眠分析とともにこの方法によって第二次世界大戦の戦争神経症の治療に多大な成果を上げている。その後，一般の面接に際して，抑圧や抵抗の強い患者や，催眠誘導に抵抗の強い場合に用いられたりしていたが，今日ではすたれてあまり用いられていない。この方法は被暗示性を高め，本人の意思の抑制力を弱めるので自白薬ともなる。したがって人権上，本人の承諾なしにこれを用いることはできない。　　　　　　　　　　　　（前田重治）

[関連項目] カタルシス法，催眠分析，催眠法
[文献] Davis, J. M. (1980)

マスターベーション　⇒自慰

[英] masturbation

マゾヒズム

[英] masochism
[独] Masochismus
[仏] masochisme

　[定義と成因] ドイツ，オーストリアの精神医学者クラフト-エビング Krafft-Ebing, R. v.（1840-1902）は苦痛や屈辱により性的快感を得ようとする性倒錯を記載し，『毛皮のビーナス』の作者ザッヘル・マゾッホ Sacher Masoch にちなんでマゾヒズムと名づけた。フロイト Freud, S. は『性欲論三篇』(1905) の中でこのマゾヒズムを取り上げ，『マゾヒズムの経済的問題』(1924) ではこれを性愛的，女性的，道徳的という3つの形式に分けた。女性的マゾヒズムとは，女性の生物学的条件や伝統的な受苦的態度をマゾヒズムとみなすもので，道徳的マゾヒズムとは，意識的または無意識的に被害者，犠牲者，敗北者の位置に身を置こうとする傾向であるが，どちらも意識的には性的快感と無関係だとされやすい。普通は，先行するサディズムから二次的に発生すると考えられたが，フロイト (1920, 1924) は「死の本能」が外の対象に向けて放出されず内にとどまっている残遺物を一次的マゾヒズムと呼び，対象に向けられるべきサディズム的欲動が抑圧され主体自身へ反転する傾向を二次的マゾヒズムと呼んだ。古典的には，性愛との融合が本質的なものであるとされ，性愛的であり，必ず性的な意味合いを伴うマゾヒズムという用語はその点で適切である。また，病的な自虐性の取り扱いでは，緊急の要請に応じてなされる一時的な「愛のための自己犠牲」とは自己犠牲が手段である点で区別されるべきであり，マゾヒズムでは苦痛が必要のない場合にも苦痛獲得が目的化することが特徴である。病理の成因について考えられるのは以下のようなものであり，これらによればすべてが二次的なマゾヒズムとして理解されている。(1) 無意識的なサディズムの反転として現れ，攻撃や怒りが自分に向かうというもので，基本的な理解である。迫害的な不安となって執拗に当人に逆襲することがある。(2) 無意識的な強い罪悪感があって，それを償うために敗北や自己犠牲を自ら求めるもの。(3) エディプス・コンプレックスや，より早期の母子関係から派生している，厳しすぎる超自我に責められるもの。(4) 外傷的な過去の虐待を，相手を変えて反復するもの。(5) 過剰な依存や迎合的パーソナリティ，マゾヒストとの同一化が問題となるもの。(6) 以上すべての性愛化。

　[用語問題と臨床] 訳語の問題として，マゾヒズムでは語源ゆえ性的なものが連想されやすく，単に自己敗北的，自己破壊的なところをとらえるなら，特に性的な意味は含まれていない被虐性や自加虐性の方が適切だろう。英語圏ではその代わりに "self-defeating（自己敗北的）" "self-destructive（自己破壊的）" などの表現が用いられることが多くなってきている。臨床においては上記の成因についての分析とともに，そういう立場に追い込む環境やパートナーの取り扱いが重要となることがある。治療関係では自虐的な態度に伴う挑発や投影のためにサドマゾ関係が劇化されやすく，治療者が怒りや罪悪感を抱え込みサディストを演じることがあり，この逆転移の自

己理解と処理が課題となる。また，フロイトは，陰性治療反応という臨床現象を理解するために，マゾヒズムや無意識的罪悪感と結びつけている。境界例水準の自傷行為から「普通のお母さん」の苦労性までさまざまな状態で見られる傾向や空想であり，日本では特にこの特徴を慎みや謙譲の美徳として美化・理想化してきたため，自虐性の観点から理解できることが少なくない。

（北山　修）

[関連項目] 陰性治療反応，サド‐マゾヒズム，自虐的世話役，死の本能（欲動），女性的マゾヒズム，性愛的マゾヒズム，道徳的マゾヒズム，マゾヒズム的性格

[文献] Freud, S. (1905d, 1920e, 1924d), Nacht, S. (1988)

マゾヒズム的性格

[英] masochistic character
[独] masochistischer Charakter
[仏] caractère masochistique

マゾヒズム的性格という言葉はライヒ Reich, W. によって『性格分析』(1933) で用いられたが，実は，それに先立つフロイト Freud, S. による成功したときに破滅する人，道徳的マゾヒズムなどに関連する一連の研究がある。フロイトは『マゾヒズムの経済的問題』(1924) で，マゾヒズムを性愛的・女性的・道徳的マゾヒズムに分類し，道徳的マゾヒズムの機制，つまり無意識的罪悪感に発する処罰欲求から自己破壊的な行動を繰り返すマゾヒズム的な無意識的心理に支配される人格像を明らかにした。その背景には，フロイトにおけるマゾヒズムのとらえ方の変遷がある。前半期にフロイトは，外界に向けられていた攻撃性（サディズム）が，自己自身に向け換えられてマゾヒズムになると考えていたが，『快感原則の彼岸』(1920) で，マゾヒズムを二次的形成物とみなすことをやめ，逆にサディズムは外界に向け変えられたマゾヒズムであると考えるようになった。この一次的マゾヒズム primary masochism の概念は「死の本能論」と表裏をなしている。そして，この死の本能論を着想する臨床観察の一つが，この道徳的マゾヒズムの人格であった。ところが，ライヒは，このフロイトの道徳的マゾヒズムの見解に反対し，外界から内界へと苦痛の源泉を置き換える立場は，精神分析の基本原理である快感原則および現実原則と矛盾するといい，マゾヒズムとは自己自身に向き変えられたサディズムであるというフロイトの初期の考えを改めて主張した。ライヒはマゾヒズム的性格者も正常人と同様に快を求めているにもかかわらず，欲求挫折，不安，処罰に対する恐怖などのために，本来の快を求める欲動の充足に失敗し，あたかもマゾヒズム的な形でしか，その充足を求めることができない心的状況が成立してしまっているのだという。したがって，マゾヒズム的性格は両親代理者による罰を挑発するために，無益に挑発的な言動を示したり，自己自身の利益に反する行動をとったりする。これをマゾヒズム的挑戦 masochistic provocation というが，その背後には禁止された露出症と，みたされない愛されたい願望が潜む事実をライヒは強調した。そして，このマゾヒズム性格者の過剰な愛情欲求は早期幼児期に体験された，一人置き去りにされる恐怖に由来しているという。

さらにホーナイ Horney, K. は『精神分析の新しい道』(1939) で，ライヒと同様にフロイトのマゾヒズム論を批判し，マゾヒズム的性格者には自己価値の縮小傾向とマゾヒズム的依存が特徴的で，愛情，性交，配慮などはすべて自分で手に入れることができず，依存対象から与えられるべきものであると考えている結果，自己の無力な弱さを示すことで，相手の愛情や保護を得ようとする。その背後には激しい敵意が潜んでいる。これらの考えから，マゾヒズムを特有の性格構造とみなし，マゾヒズム的性倒錯もこの基本構造によって決定されると考えた。また，ホーナイと同じネオフロイト派のフロム Fromm, E. は，その著『自由からの逃走』(1941) で，マゾヒズム的性格を，ファシズムにのみこまれていった第二次大戦に先立つ大衆社会に特有な社会的性格として明らかにし，その深層には，依存対象である失われた中世的な権威に絶えず自己を合体させようとする権威主義的傾向が見出されるという観点から，ファシズムの心理を分析した。なお，マゾヒズム的性格に該当するパーソナリティ傾向は，DSM-III-R では，パーソナリティ障害の付録に自己敗北型人格障害 self-defeating personality disorder として記載されていたが，IV では記載されていない。

（小此木啓吾）

[関連項目] 性格分析，道徳的マゾヒズム，フロイト, S., フロム，ホーナイ，ライヒ

[文献] Freud, S. (1916-1917, 1920e, 1924d, 1941), Horney, K. (1939), Reich, W. (1933a)

マターナル・デプリベーション　⇒剥奪

[英] maternal deprivation

マルチモデル・フロイディアン

[英] Multi-Model Freudian

ポスト・フロイディアン Post-Freudian とも呼ばれ，テオドール・ライク Reik, T. が 1948 年に開設したニューヨーク NPAP 精神分析研究所 The National Psychological Association for Psychoanalysis の代表的な分析家たちが，1980 年代から 90 年代にかけて発展させた最新の治療アプローチ，およびその学派をさす。しかし現代

精神分析の4つの大きな理論体系である欲動論，自我心理学，対象関係論，自己心理学の各理論を対立させずに補い合う形で統合しようとする試みは，1980年代から始まっていた（パイン Pine, F. 1990, バカルら Bacal, H. et al. 1990）。同時期に NPAP の分析家たちは，4つの理論体系の統合に加えて，患者の病態，治療プロセス，転移状況などに応じて適切なアプローチを使い分けていく技法を提唱した。具体的には，患者の呈するさまざまな転移状況やそのシフトに焦点を当て，分析家の逆転移感情 countertransference feelings / induced feelings を利用しながら，今，ここでの分析家・患者関係において何が起こっているかを理解し，患者のもつ欲動，自我，対象関係，自己のどの問題から取り扱っていくかを臨床的に見極めるのである。この治療アプローチを実践するためには，徹底的な教育分析とスーパーヴィジョンが必要となる。 　　　　　　　　　　　　　　　　（青木滋昌）

[関連項目] 自我心理学，自己心理学，対象関係論，ライク

[文献] Bacal, H. A. & Newman, K. M. (1990), Pine, F. (1990)

み

未生怨

[英] prenatal rancour

[仏] rancune prénatale

阿闍世コンプレックスの基本的な構成要素の一つで，人が未だ生まれる前から抱く怨みをいう。阿闍世の母韋提希は，子どもを持ちたいあまりに森の仙人を殺害したが，その仙人は息絶えるときに，「汝の息子として生まれかわり，その父（韋提希の夫）を殺す」という呪いの言葉を残す。輪廻によってその仙人は，生まれる前からその母に殺された怨みを抱く阿闍世となって，高い塔から産み落とされたが，そのときに指を折り，生まれると Ajatasatru と名付けられた。Ajatasatru とは，サンスクリット語で指折れと未生怨という2つの語義を持つ。思春期になって，提婆達多から自己の出生の由来を聞かされた阿闍世は，父母に対する怨みを抱き，父を殺害し，母に殺意を抱くが，未生怨は，第1に，この出生の由来，特に生まれる前からその母（父母）が子どもに向ける憎しみ，子捨て子殺しの願望に対する怨みであり，第2に，自分を産むに先立って，父との間で女であること（原光景）の怨みであり，第3に，ひいては自己の意志を超えた因縁によってこの世に生み出され，今ここの時と所に自らの選択以前に自己となったその縁に対する根源的な怨みをいう。臨床的に未生怨は，「何故この治療者の患者になったのか」「何故治療者は自分を彼の患者にしたのか」という治療関係の成り立ちそのものに関する怨み＝未生怨転移の形をとる。 　　　　　　　（小此木啓吾）

[関連項目] 阿闍世コンプレックス，小此木啓吾，古澤平作

[文献] Balmary, M. (1979), Feder, L. (1980), 深津千賀子・小此木啓吾(1993), Ganzarain, R. (1988), Grinberg, L. (1978, 1992), Klein, M. (1948), 古澤平作 (1932, 1953b), Lebovici, S. (1988a), Lidz, Th. & Lidz, R. (1989), 小此木啓吾 (1979b, 1982d, 1988, 1991b, 2001), Okonogi, K. (1991), Raphael-Leff, J. (1991), 高野晶 (2001)

見捨てられ抑うつ

[英] abandonment depression

マスターソン Masterson, J. F. が境界例の中心的病理として抽出した力動的概念で，抑うつを中心として，怒り，恐怖，罪悪感，受動性，空虚感などの感情成分からなる複合した感情をいう。境界例は薬物濫用，非行，性的逸脱行動その他の行動化によりこの見捨てられ抑うつを精神内界で主観的に体験することを防衛している。患者は分離‐個体化を促すような体験をすると，見捨てられるのではないかあるいは見捨てられたと体験して抑うつが生じるが，彼らはこれを主観的に体験することを避けようとして，しがみつきなどさまざまな行動化に訴える。したがって治療においてはまずこの行動化をリミットセッティングによりコントロールし，かつそれが自己破壊的になっていることを患者に直面化 confrontation し，患者が見捨てられ抑うつを主観的に体験し言葉で表出することを促す。これによって精神内界に膿瘍のように居座っていた見捨てられ抑うつが流出すると，患者は少しずつ自立への動きを始めるが，これに打てば響くような対応 communicative matching をして自立を促す。

マスターソンは見捨てられ抑うつの起源をマーラー Mahler, M. S. の分離‐個体化理論を援用して説明している。すなわち，乳幼児が母親から分離‐個体化する過程の，とりわけ再接近期に，母親が適切な情緒的応答をすることができず，子どもが分離‐個体化しようとすると情緒的供給を撤去してしまい，子どもが退行的振舞いをすると情緒的供給を与える。このため子どもは自立しようとすると母親から見捨てられると感じるので発達停止と固着が生じる。子どもはこういう問題を抱えながら切り離しや否認や回避といった防衛機制を用いて見捨てられ抑うつを防衛しつつ成長してゆくが，第2の分離‐個体化期である思春期に達すると急速な成長が生じ，そこに重要な対象や慣れ親しんだ環境からの分離のストレ

スが加わると，それまでの防衛が破綻して見捨てられ抑うつが露呈しかかる。それを防衛するために行動化が生じるという形で境界例が発症する。マスターソンはこの種の母子間の相互作用を愛情撤去型対象関係部分単位 WORU (Withdrawing Object Relation's part Unit) と愛情供給型対象関係部分単位 RORU (Rewarding Object Relation's part Unit) と名付けて概念化している。すなわち子どもが分離-個体化しようとすると母親が愛情を撤去するので，子どもは自立しようとする自分を悪い子，母親を悪い母親と見なし，両者の間には怒りや見捨てられ感情などの悪い感情が充満していると体験する。他方，子どもが退行的振舞いをすると母親が愛情を供給するので，子どもは退行的な自分をよい子，母親をよい母親と見なし，両者の間にはよい感情が充満していると体験する。境界例はこの2つの対象関係部分単位を統合することができず，交代性に出現させる。これがスプリッティング splitting である。この WORU が活性化したときに患者が体験する感情が見捨てられ抑うつである。

（成田善弘）

[関連項目] 境界性人格障害，スプリッティング，直面化，分離-個体化，リミットセッティング，マスターソン，マーラー

[文献] Masterson, J. F. (1972), Masterson, J. F. & Costello, J. L. (1980)

ミュンヒハウゼン症候群

[英] Munchausen syndrome
[独] Münchhausen Syndrom
[仏] syndrome de Münchhausen

英米ではマンチョウゼン・シンドロームと呼ばれる。アッシャー Asher, R. が 1951 年に Lancet 誌上にはじめて記載したもので，多数の病院を転々とする放浪性，人工的に作り出された症状という虚偽性，あることないことを織り交ぜながら病歴を語る空想性を特徴とする症例である。空想性と放浪性とからホラ吹き男爵の異名をもつミュンヒハウゼン男爵に因んで名づけられた。アッシャー症候群，病院放浪者とも呼ばれるが，DSM-III 以来，虚偽性障害に位置づけられた。精神力動的には空想性虚言症，ポリサージェリと密接な関連がある。急性腹症型，出血型，異物摂取型，皮膚型などさまざまな身体症状だけではなしに，精神症状をも呈するなど実にさまざまな臨床科にわたるが，本質的には患者自身によって作り出された症状だということである。一般に劇的な急性症状で来院し，言動に空想的なニュアンスがつよく，医療スタッフとの絶えざる問題等で医療関係者の間で有名になっていることが多い。当然，背後に重篤な人格障害が想定されるが，かつてのヒステリーや精神病質に代わって，最近では境界性，自己愛性，反社会性，演技性の人格障害などとの関係で論じられること多くなった。精神分析との関連では古く攻撃性，性愛性，自己懲罰がこの種の行為の奥深いところでの動機として捉えられ，自己破壊行為（マゾヒズム）のひとつとして論じられてきた（Menninger, K.）。最近では，背後の人格に共通するものとして，養育における広範囲に及ぶ剥奪体験がもたらした自我の脆弱性や同一性障害を基盤にして生じた，衝動コントロールの欠如とともに抜け目のなさや攻撃的傾向を伴った未熟さが指摘されている。彼らは劣等意識に伴う不安や精神病性の代償不全への怯えから身を守るために，本当の同一性を隠蔽し，詐欺的行動によって偽りの同一性を形成しているが，この役割遂行をどう理解するかがその対応の鍵を握っているといってよい。彼らは病院を舞台に仕立てているのである。つまり，劇的な入院状況を作り出し，医師の医学的能力に挑戦するかのように非特異的な症状を形成し，そして多彩で華麗なパーソナリティを演出することによって，入院当初から注目の的になり，スター的な患者となっているのである。そのため，この偽りの同一性の仮面が剥れそうになると，行動はいきおい攻撃的，要求的となり，担当医師を初めとした医療スタッフとの間にいざこざが生じ，結果的に退院する以外になくなるというのが，彼らの顛末だといってよい。一般に，重篤な自己愛性障害を基盤にした反社会性，破壊性を秘め，自我親和的行動障害となっているだけに，精神療法的接近にも難渋することが多い。なお，自分の子どもを病人に仕立てあげる母親などのように身近な人間を病気にする症例を代理性ミュンヒハウゼン症候群 Munchausen syndrome by proxy という。

（牛島定信）

[関連項目] 境界性人格障害，自己愛パーソナリティ，マゾヒズム

[文献] Asher, R. (1951), Fink, P. & Jensen, J. (1989), Meadow, R. (1977), 西松能子 (1998)

ミラーリング

[英] mirroring

「映し出し」「映し返し」「鏡映」などと訳されることがあるが，自己心理学が概念化した，養育者あるいは治療者の果たす自己対象機能のひとつである。文字どおりの，あるいは比喩的な鏡が幼児の発達のなかで果たす機能については，ラカン Lacan, J. やウィニコット Winnicott, D. W. が論じているが，コフート Kohut, H. は独自に自己の発達を理論化し，そのなかでミラーリングについて述べた。彼によると，自己は，一次的自己愛から，その自己愛リビドー配備の変遷によって誇大自己と理想化された親のイマーゴという様態を経て，さらにこの2つの様態がそれぞれ健全な野心，内的理想へと成

熟するという発達ラインをたどるとされた。この発達を促進する環境側の機能は自己対象機能として概念化され，特に誇大自己の発達，変容を促進する自己対象機能としてミラーリングが重視された。それは，誇大自己の健全な誇大性や顕示性にまつわる主観的体験を鏡のように受け入れ，映し返す機能であり，誇大自己の活力や肯定感を確証し，促進するものである。誇大自己はこのミラーリングと適度の傷つきを体験するなかでより現実的なものとなり，自己の中核領域のひとつとして構造化されるとみなされている。 (岡　秀樹)

[関連項目] 鏡転移，鏡像段階，誇大自己，自己心理学，自己対象，コフート

[文献] Kohut, H. (1971, 1977)

見るなの禁止

[英] prohibition against looking

二者関係における悲劇的展開で決定的な役割を果たす禁止であり，「イザナキ・イザナミ神話」や「鶴女房」などの異類婚姻説話を分析する北山修（1985）により，幻滅を防衛するものとして臨床的に論じられた。別れ話で終る悲劇的物語に注目するのは，広く民衆に知られるだけでなく多くの病者の悲劇的体験を映し出すからである。物語は人間男性と動物女性の結婚と別離が特色で，妻には豊かな生産性と，正体を隠そうとする禁止があり，夫や家族のために貴重な何かを生産する間は彼女本来の姿に戻るため，夫に「見るなの禁止」に従うよう要求する。夫は約束しながらその禁止を破り，妻の傷ついた自己や死体，あるいは正体を暴いてしまい，2人は別れることになる。女性主人公は母親的に描かれており，隠された傷つきや死は，子どものような主人公の貪欲な要求に応じる献身の結果と解釈できる。まさに子どもが成長するに従い母子の幻想的一体関係が崩れて，母親に対する幻滅が生起する過程であり，禁止は，母親の矛盾する二面性に直面することから生じる葛藤や罪悪感，および母親との分離意識を経験することを防衛している。ここにフロイト Freud, S. のいう不安信号や「不気味なもの」，クライン Klein, M. の抑うつポジション，さらにはウィニコット Winnicott, D. W. の「環境の失敗」を見出しており，また，これらの物語を活用して見られた側の恥不安の検討や幻滅の発生論が可能である。なお，この禁止は母親の課すものであり，時間がくれば破られるタブー taboo to be broken in time として，父性的で絶対破られてはならない近親姦のタブーとは対照的な位置づけになっている。 (北山　修)

[関連項目] 押しつけられた罪悪感，自虐的世話役，脱錯覚

[文献] 北山修（1982b, 1993a）, Kitayama, O. (1985)

む

無意識

[英] the unconscious (Ucs)
[独] das Unbewußtes (Ubw)
[仏] l'inconscient

フロイト Freud, S. によれば，「無意識」という言葉には，記述的 descriptive，局所的 topographical，力動的 dynamic の3つの用い方がある。第1は，形容詞的，または副詞的な用い方で，一定時点において意識されない事象ないし行動をあらわす。無意識に……をする，無意識の……，など。第2は，意識，前意識とともに一つの心的な局所をあらわす用い方で，前意識 the preconscious が，意識化しようとする意志によって意識化可能な心的内容の存在する局所であるのに対して，無意識は，抑圧を除去する特定の操作（自由連想，催眠，薬物作用など）によって初めて意識化可能になる心的内容の存在する局所である。第3は，無意識の内容，つまり「無意識的なもの」を意味する。意識‐前意識系と無意識系の間には検閲 censorship が働くので，その検閲を通過可能な歪曲，つまり妥協形成を受けて，無意識の内容は，意識‐前意識系内に，夢，言い間違い，やり損ない，神経症の症状などの形で再びあらわれ，人間の意識的行動を規定する（心的決定論 psychic determinism）。これらの無意識過程は，快感原則に従う一次過程 primary process であり，現実性や理論性を欠き，無時間的・無道徳的である。意識過程は二次的に形成された二次過程であり，現実原則に従い，論理性を持ち，時間・空間に規定されている。フロイトはこれらの無意識過程を研究する精神分析的臨床心理学をメタサイコロジーとよんだ。歴史的にはすでに17世紀に，ラ・ロシュフコー La Rochefoucauld が，高尚な動機の背後に意識されぬ利己心の存在を説き，ライプニッツ Leibniz, G. W. は，そのモナド論 monadologie で，世界を映すモナド間の差別は，意識された表象から意識にのぼらない表象，つまり無意識表象に至るその程度の差によって決定されるといい，微小知覚ないし微小表象 petites perceptions の語によって無意識表象をあらわし，この微小知覚が集合すれば意識をなすことができる，と考えた。さらに19世紀の終わりに，ニーチェ Nietzsche, F. W. は，人間の意識的な動機と，人間を動かしている真の意識されぬ動機との違いを主張したが，これらの哲学的な考察に対して，心理学

の領域におけるフロイトの「無意識」概念の先駆となったのは，心理学者ヘルバート Herbart, F. と，生理学者ヘーリング Hering, E. である。さらにもう一人，「無意識」についてフロイトと優先権を争ったのはジャネ Janet, P. である。彼はレオニーという少女の催眠現象について 1882 年に報告し，1889 年に『心理学的自動現象』を発表し，無意識の概念を自分はフロイトより先立って発表した，と主張した。たしかにフロイト自身は，その初期の精神病理学的研究では，無意識の仮説を受け入れず，むしろ，精神現象を意識に限定し，意識と意識の間隙には，純粋に身体的な中枢神経の過程を仮定したが，ヒステリー治療を続けるうちに，フロイトの関心は心理学的なものに移り，「症例エミー・フォン・N 夫人の報告」（1893-94）の脚注で，初めて「無意識」という言葉を使用し，『ヒステリー研究』（1895）を経て，『夢判断』（1900）で無意識の概念が確立された。このフロイトの「無意識」理論の発展には，シャルコー Charcot, J. M.，ジャネの影響とともに，先輩ブロイエル Breuer, J. による症例「アンナ・O」の催眠浄化法による無意識的内容の意識化の治療的作用への注目，フランスのベルネーム Bernheim, H. のもとへの留学時の「後催眠性暗示 post-hypnotic suggestion」の現象の観察などが大きな影響を与えた。そして『精神分析における無意識の概念に関する二，三の覚書』（1912）で，「無意識」の概念を，記述的・体系的・力動的という 3 つの用い方に整理し，『無意識について』（1915）で，最も組織的なその概念づけが試みられた。しかし，フロイトは，これ以後，『自我とエス』（1923）で，自我，エス，超自我という精神構造論を発展させ，この見地から意識，前意識，無意識の局所論を再構成した。なお，無意識内容の起源としてフロイトは，個体発生的なリビドーを主に考えたが，『無意識について』では，その系統発生的な起源について「人間にも遺伝される心理学的形成物，例えば動物の本能に似たものがあるとすれば，それが無意識の核になる」と述べているが，フロイトの原幻想の概念を発展させてユング Jung, C. G. は，個人無意識のほかに，人類に，そして動物にさえも存在する普遍的無意識を想定し，クライン Klein, M. は，無意識的幻想の理論を発展させた。　　　　　　　　　　　　　　　　（小此木啓吾）

[関連項目] 一次過程／二次過程，エミー・フォン・N 夫人［症例］，失錯行為，心的決定論，無意識的幻想，メタサイコロジー，ユング

[文献] Freud, S. (1900, 1901b, 1912f, 1923b, 1933a, 1940c, 1950b), Freud, S. & Breuer, J. (1893–1895), Hering, E. (1870), Jung, C. G. (1935/1954)

無意識的幻想
[英] unconscious phantasy
[独] unbewußte Phantasie
[仏] fantasme de l'inconscient

[遊戯技法 play therapy と無意識的幻想] 1920 年からクライン Klein, M. は，当時は精神分析の適応とはみなされていなかった 2-3 歳の非常に幼い子どもの精神分析の臨床的研究を行っていた（早期分析 early analysis）。その中で，彼女はそのような幼い子どもの遊びが成人の自由連想に匹敵すると考え，その遊び play によって展開される乳幼児の無意識の世界が存在すると考えるようになった。彼女はそれを無意識的幻想と呼んだが，それはフロイト Freud, S. が無意識として，主として 3-5 歳児の性愛的な欲動を中心にしたものに注目し，それ以前の段階はイド id と称して，本能の煮えたぎる釜のようだと述べていたことから区別する意味も込めていた。なぜならば，クラインの考えでは，そのような早期分析の中で展開された子どもの無意識的幻想の世界は，口唇期 oral phase，肛門期 anal phase の 0 歳児の子供の無意識の世界だったからである。それは部分対象関係的 part object relation であり，母親の身体を部分的にしか認識できない。さらにクラインは，乳幼児がサディズムと報復の恐怖に満ちた迫害不安 persecutory anxiety の世界に住んでいることを発見し，投影 projection，取り入れ introjection，スプリッティング splitting，否認 denial，万能 omnipotence などの原始的防衛が働いている世界として記述した。彼女はこれを無意識的幻想の活動様式と考えたが，それは後の抽象的思考や象徴過程の達成されない世界における，非常に原始的な具象的幻想 concrete phantasy の世界も含んでいた。これは，万能の世界であり，内界と事実や外界との区別がほとんどできない幻想の作用で，具象的な乳房や目などを身体に取り入れたり，排泄物を外界に排除するというような生々しいものであろう。これは，成人の私たちには想像することがきわめて困難なものであるが，夢，成人の精神病の世界，幼い子どもの患者の遊びの中などに表現されると考えられている。これについては，自我心理学派などのように，0 歳児がそのような複雑な精神機能をもっているはずがないと，強く反対するグループもいたのである。

[生理学的な世界と心的世界の境界を連結するものとしての幻想] これはクライン学派のアイザックス Isaacs, S. が理論的に展開したものである。彼女は，すべての本能や衝動，欲動などは，内的な対象関係の幻想として作用し，精神機能に現れると論じた。そしてすべての生物学的生理的欲動は，無意識的対象関係として発現し，対象関係のない欲動はないと述べた。これは生理学と心理学の境界をつなぐもので，クライン学派の理論に大きな

[成人における無意識的幻想の活動] さらに無意識的機能が発展すると，さまざまな機能を果たすようになる。そして特に成人の患者の場合には，精神機能が組織化されている。そしてその部分の無意識的幻想が機能しているのである。それは防衛組織を表すこともあるし，最近の研究のように病理的パーソナリティの部分を表すこともある。いずれにしてもそれらは無意識の現れであるが，無意識的幻想という概念は，それが特有の対象関係と不安，原始的防衛機制によって活動しているという意味合いを強調するのである。そしてそれは妄想分裂ポジション paranoid-schizoid position，抑うつポジション depressive position の理論にも大きな影響を与えており，それらが特有の対象関係の世界から成り立ち，無意識的幻想として心の中で常時活動しているのである。

（衣笠隆幸）

[関連項目] 部分対象，無意識，妄想分裂ポジション，遊戯療法，抑うつポジション

[文献] Freud, S. (1915e), Isaacs, S. (1948), Klein, M. (1929b, 1932), Rosenfeld, H. A. (1965), Segal, H. (1964/1973)

無意識の集合と対称
[英] unconscious set and symmetricity

マテ-ブランコ Matte-Blanco, I. はフロイト Freud, S. の無意識論を記号論理学や数学基礎論に当てはめることで，無意識を集合論の言葉で表現しようとした。キーワードは「対称性」である。

[無意識論] フロイトは無意識体系の特徴として，相互に矛盾することと否定が欠如していること，移動，圧縮，無時間性，外的現実の内的現実による転換を述べている。マテ-ブランコによれば，これらの特徴を論理的に表現するなら「あるクラスをより全体的なクラスとして扱う」，そして「ある関係をその関係の逆と同一のものとして扱う」と言うことができる。前者は全称性の原理，後者を対称性の原理と考えることができる。これらの原理のなかでも無意識の世界では全体と部分，関係とその逆など論理的に差異のあるさまざまなものを，同じものとして対称化する働きとして捉え直されることが多いので，対称性は重要である。

[複論理 bi-logic] 日常言語には対称的なもの（同一や類似など）と非対称的なもの（差異や比較）が混在しているが，科学や生活上の論理では主に違いや差を前提にして語られることが多く，対称的なものを非対称的な目で見る傾向が強い。だが無意識体系は対称性の原理が働いているために，非対称的なものを対称的なものとして扱っている。無意識の論理構造には無限集合が組み込まれていて，全体と部分が等しくなる別の論理，つまり対称的論理が組み込まれているのである。そのため人間の生活には一般の数理論理である「非対称性の論理」と無意識の論理，つまり「対称性の論理」が併存している「複論理」の世界であると述べている。

[層構造] マテ-ブランコは複論理のあり方を使って，精神分裂病者の精神構造などを解明する試みを行っている。また精神構造そのものも，2つの論理のバランスによって，心が次のような階層構造をしていると述べている。第1層：意識的に境界線が明確な対象の領域で，非対称関係が中心，第2層：意識的な対象と感情の世界，第3層：個体とクラスが同一視される対称化が起き，前後が無時間的になりやすい，第4層：クラスの間でさまざまな対称化が起きる。矛盾がなくなり，全体を部分が代表することが起きる。第5層：無意識の対称化が起きる領域。これら5つの層のどこの部分が優位に機能しているかがその個人の心のあり方や防衛に影響を与える。

[批判] マテ-ブランコが基づいている論理学はクラスを中心にした記号論理学であってタルスキー以降の論理学ではない，あるいはそもそも2つの異なる原則の間での矛盾が消せない以上，論述が矛盾しているという批判はある（Skelton, R. 1984）。ただライナー Rayner, E. (1995) が述べているように，空間や時間論だけでなく，否認や投影同一視などの精神分析的な防衛をも対称性の原理によって説明できる点で，明確な理論化であることは確かであろう。

（妙木浩之）

[関連項目] マテ-ブランコ

[文献] Matte-Blanco, I. (1975, 1988), Rayner, E. (1995), Skelton, R. (1984)

向け換え　⇒自己自身への向け換え
[英] turning against the self

無差別微笑
[英] unspecific smiling response

人見知りとともに，生後1年以内の乳児の精神発達に関する実証的な研究の標示の一つとして，スピッツ Spitz, R. (1887-1974) が着目した現象である。すなわちスピッツは，生後3-4カ月ころの乳児が一般に，誰を見ても微笑む現象をとらえて，無差別微笑と呼んだ。画用紙に描かれた顔にも反応する。この時期を無差別微笑期とする。その後一般に生じる人見知り stranger anxiety と対置し，これらの研究成果を，『乳児の無差別微笑と人見知りの研究』(1956) として著した。この研究は，自我と対象関係（母子関係）の相互作用を追跡する精神分析的発達心理学に先鞭をつけたと言えよう。ボウルビイ Bowlby, J. はこの現象を愛着の観点からとらえ，次第

に母親に対する選択的微笑が無差別微笑にとって代わると，乳児と母親の間の特定のつながりが確立されたことを示す決定的な兆候になるとしている（1958）。フロイト Freud, S. は，「動いているかたまり masses in motion」を乳児の最初の知覚対象と考えた（1895）が，マーラー Mahler, M. S. らは，「垂直の位置で動く人間の顔，あるいは顔のシンボル」が最初の意味ある知覚対象であることをつきとめ，無差別微笑を誘発する記憶痕跡であると考えた。垂直の位置で動く顔またはそのシンボルと目と目が合うことは，無差別微笑反応の触発因となる。そして，この無差別微笑反応は，欲求充足的な対象関係段階への入り口（マーラーの共生段階の入り口）を示しており，母親は「欲求」に迫られて，一時的にリビドー備給，および／または，世話をする。このように乳児の無差別微笑反応は，母親からリビドー備給，および／または，世話を引き出す反応であることに，マーラーは注目している（1969）。

これらの研究は，エムディ Emde, R. N. らに引き継がれ，愛着結合を促進する機能の一つとして，位置づけられている（1985）。　　　　　　　　　（上別府圭子）

[関連項目] 人見知り，スピッツ

[文献] Edward, J., Ruskin, N. & Turrini, P. (1981), Mahler, M. S., Pine, F. & Bergman, A. (1975b), Spitz, R. A. (1956)

無時間
[英] timelessness

フロイト Freud, S. は一次局所論（意識 Cs システム―前意識 Pcs システム―無意識 Ucs システム）における無意識システムに属する過程の特徴を，いっさいの相互矛盾を免れている（否定や疑いといったものがない）こと，備給の可動性，時間というものがないこと，外的なものを心的現実で置換することと要約している（Freud, S. 1915）。このことは，快感原則が支配しているこころが即時の願望充足を求めるのに対し，現実原則が介入してきたとき外界の探索のための注意機能とその結果の保持のための記憶系が活動し始める（Freud, S. 1911），という記述と照応していると考えられる。こころが記憶を保持してその記憶内容を心的な意味で使用できてはじめて，歴史的時間というものにこころは遭遇するのである。それは万能的な幻覚的願望充足から現実感への進展としてフェレンツィ Ferenczi, S. が推奨した事態とも重なるものであり，万能的即時性の世界からこころが解放されることでもある。この進展は後年ビオン Bion, W. R. が心的に使用できるアルファ要素が生成され，思考や象徴機能が誕生する局面として考察していることとも重なっているし，妄想-分裂ポジションから抑うつポジションに動いて，喪と償いが体験されることと同時に歴史性が獲得されるという理解に照応してもいる。　（藤山直樹）

[関連項目] アルファ要素，一次過程／二次過程，快感原則，無意識，抑うつポジション

[文献] Bion, W. R. (1962b), Ferenczi, S. (1913), Freud, S. (1911a, 1915e)

夢想
[英] reverie

ビオン Bion, W. R. が提示した乳児に対する母親，アナライザンドに対する精神分析家の心的態度である。もの想いとも訳出される。それは，乳児あるいはアナライザンドが自分の心の中に置いておけない苦痛な心的体験や情緒を受け入れコンテイニングしていこうとする母親／分析家の心的態度であるし，思考の発達という側面からは，乳児やアナライザンドに向けて，思考を発達させるアルファ機能を提供していく態度である。ここではクライン Klein, M. に従いビオンは，生下時から乳児と母親は一体に融合しているのではなく，両者に分離があることを前提としている。その分離しているふたつの個体間での精神の発達促進的な心的対応なのである。夢想することを通して母親は，乳児が苦痛のあまりに排泄（具体的な水準の投影同一化）している情緒体験を母親自身の心での夢想／もの想いの中にしばらく滞在させておく。そしてその情緒体験を苦痛がいくらか和らげられかつ理解されうるものに変容させ，それを乳児が受け入れられるようになったときに戻すのである。こうしてその情緒体験は，乳児の中でその心に置かれて意味を持ち得る思考へと変換される。もしここで母親の夢想が提供されないか不適切なものなら，乳児が排泄した自らの情緒体験はその意味を持たない言いようのない恐怖 nameless dread となり，乳児自身の心では取り扱えない破壊的で具体的なもの自体 thing in itself としてその精神を破壊する。　　　　　　　　　　　　　　　　（松木邦裕）

[関連項目] アルファ要素，コンテイニング，ビオン理論，ベータ要素

[文献] Bion, W. R. (1962a, 1962b), 松木邦裕 (1996)

無様式知覚
[英] amodal perception

乳児における，一定の知覚様式から得られる情報に関する認知を別な知覚様式からの情報に関する認知に変換し，同一の認知として同定することのできる能力をスターン Stern, D. N. は無様式知覚と呼んだ。最近の乳幼児研究は，乳児がその能力によってさまざまな情報や体験の間に，関連性を見出し統合していくことができることを次々に明らかにしている。例えば生後 3 週目の乳児に

目隠しをし，丸い乳首とこぶがいくつもある乳首のついている 2 つの異なったおしゃぶりうちの 1 つを吸わせた。舌だけでその乳首の感覚（触覚）を体験した後，乳首をはずしてもう一方の乳首と一緒に並べて，目隠しを取り除くと，乳児は目で素早く 2 つを見比べた後，自分が今吸ったばかりの乳首の方を長く見つめた。この実験は舌の感触だけで今まで見たことのないおしゃぶりの形を見分けることができること，つまり乳児は触覚によって受信された情報を視覚という他の知覚様式へと変換することを明らかにした。このような形に関する触覚と視覚との間にある様式－交叉的知覚等価の他にも，様々な実験によって，強さや時間的パターン等に関する聴覚－視覚間等の様式－交叉的同等性が見出されている。これらの現象は，乳児が生得的に情報を知覚様式交叉的に処理する，普遍的な能力をもつことを示唆している。無様式知覚とは，こうした特定の知覚様式に規定されない，体験に関するグローバルな特性の知覚である。そこでは，情報は特定の知覚様式のみの属性として体験されない。つまり見えるもの，聞こえるもの，触れられるものとしてではなく，むしろ形，強さ，時間的パターンなどといった生気情動の世界が無様式に総括的な体験の特性として認知され，さらにその特性の抽象表象が作り出されるので，乳児にとって，ある情報はどの知覚様式においても認識可能であると考えられている。そして知覚の根本的特性の抽象表象を形成したり，それらに基づいて行動するニードや能力は，精神生活が始まる時点でスタートする。

　乳児における，学習によらない体験の統合力についてのこの考え方は，これまでの発達論にはない，画期的な見解である。例えば乳児の中ではまずおしゃぶりの触覚図式と視覚図式が別々に形作られ，次いでこれら 2 つの図式の間に何らかの交流，あるいは相互作用（相補的同化）が起こり，統合的な触覚－視覚図式が形成されて初めて両者が同じものであることがわかるとする従来のピアジェ Piaget 学派の見解と相反するものである。

　なお，この無様式知覚は出生からの 2 カ月間，外界からの刺激を活発に取り入れる新生自己感の領域で，乳児が自己と他者に関する多義性を秘めた体験を統合する手助けとなる。

　また前言語レベルにおいて無意識的に起こる知覚様式－交叉的な一致を見つける体験は，今体験していることが，他のところであるいは以前体験したことと何らかの形で関係していると感じるような既視感的な体験と考えられている。
　　　　　　　　　　　　　　　　　　　　（森さち子）

　[関連項目] 自己感，生気情動，スターン
　[文献] Stern, D. N. (1985)

無力感
　[英] helplessness
　[独] Hilflosigkeit
　[仏] détresse

　フロイト Freud, S.（1926）は，人間の赤ん坊が生物学的に未熟なまま生まれるという事実を捉え，そのため新生児が有効な方法や行動をとって自らの飢え，渇きなどの欲求を満足させることができないという無力状態に注目した。とくに生物学的無力さに対応する精神的無力さであり，その意味に感情が含まれることもあるが，主に無力感ではなく状態であり，「無力」や「よるべなさ」と訳されることもある。依存を論じる者たちが肯定的で受容された意味合いをもつ一体や共生という状態像を語るのに対して，完全に受け身的な赤ん坊の悲惨な状態を指す。多くの哺乳動物と比較して生理的に早産である人間の新生児は，欲求によって生じる内的緊張を制御する能力が十分に備わっていない上に，喪失や分離の危機のために興奮は増大して，出生外傷と連動してこの無力状態はその後の外傷体験や不安の原型になると考えられた。満たされた生活を奪われ未熟な状態で誕生する乳児にとり，欲求に応える母親や育児はきわめて高い価値をもち，乳児は子宮の代わりを求めざるをえないというフロイトの観察では，万能の親による手助けが生存の条件となって，これへの全面的な依存の事実からリビドー的な愛着と依存欲求が生まれることが推論できる。つまり，自我や超自我，あるいは他者との対象関係とそれへの依存が，共生と分離の必要性の内に発生することになり，このような理解が，危機から救い出すための他者との絆や愛着の理論，対象関係論や間主体的な現代精神分析の理論や実践につながっていくのである。さらに，か弱く，頼りない子どもを見守る親の姿を万能の存在にまで高めたのが神であり，子どものよるべなさは宗教の起源であるというフロイト（1927）の考えは，精神分析の代表的人間観の一つとなっている。

　英国対象関係論では依存が注目されるが，このような乳児の依存を当然視するウィニコット Winnicott, D. W. によると，心身の健康の基盤として乳児の絶対依存 absolute dependence には献身的育児が必要不可欠であり，ほど良く適応する母親がニードを汲むことによって環境を提供し，その援助と適応によって乳児の無力や絶望は顕在化しないことは重要である。幾分かの無力感は正常な発達においても体験されるが，育児や世話の質と量の点で大きな個人差が生じるわけで，体質的なニードの大きさや安心感を破壊する攻撃性によってもその体験は異なる。無力であることは，それを見捨てる対象に対する激しい怒りや自己の空虚感といった情動を生み出すが，その原因として環境側の無力や脆弱さも考えておか

ねばならない。そして臨床的な無力，または無力感は，とくに境界例の治療において患者と治療者の双方で問題となるが，その病理学については，障害の由来は自我と対象関係の発達における停滞と困難だと理解されており，発達論的には母親との共生から分離へ向かう途上の病的な展開が問題となる。彼らの無力感の大部分は抑うつとしても現れ，自尊心や満足感を得るための確固たる自己を発達させていないことが多い。同時にこういう重症患者を扱う際に治療者が無力感を抱くとすれば，患者が体験しているはずの無力感を共有している可能性があり，治療者の自尊心や自己愛は傷ついて「何かしてあげたくとも何もしてあげられない」という無力感（救いようのなさ）を抱え込むことがある。またこの育児環境の失敗のために精神病や性格的問題の病理が生まれるとするなら，早期幼児期へ退行する症例では治療環境が提供する「抱える環境」の錯覚や，「甘え」（土居健郎）の価値が明らかになる。　　　　　　　　　　　（北山　修）

［関連項目］依存，抱える環境，見捨てられ抑うつ
［文献］Freud, S. (1926a, 1927c), Winnicott, D. W. (1958a)

め

明確化　⇒介入
［英］clarification

メタサイコロジー
［英］metapsychology
［独］Metapsychologie
［仏］métapsychologie

　メタフィジック metapsysics，つまり形而上学という言葉に対応してフロイト Freud, S. がつくった無意識心理学の呼び名で，当時の意識現象を扱うサイコロジーを超えたもの，ひいては無意識について研究する心理学の意味。実際にはそれは理論心理学としての精神分析理論を意味している。歴史的には，1896 年 2 月 13 日のフリース Fliess, W. 宛ての手紙でフロイトがこの言葉を用いたのが最初である。すでにフロイトは 1895 年，のちに『科学的心理学草稿 Entwurf einer Psychologie』と名づけられた神経心理学の体系化を試み，その草稿をフリースに送っている。その意図は 1915 年の春から夏にかけて再び活発になり，『メタサイコロジー序論 Zur Vorbereitung einer Metapsychologie』と題する，一連の 12 の論文を 1 冊の著作として刊行しようと企てたが，このうち 5 つだけが公表され，残りはフロイト自身によって破棄されてしまった。公表された 5 論文は『本能とその運命』(1915)，『抑圧』(1915)，『無意識について』(1915)，『悲哀とメランコリー』(1917)，『夢理論のメタ心理学的補遺』(1917) で，破棄された 7 論文は，意識，不安，転換ヒステリー，強迫神経症，転移神経症一般，昇華，投影（またはパラノイア）のそれぞれを主題にしていた。これらを一貫しているのは神経症，精神病，夢を支配する基礎的な無意識過程の理論であり，抑圧（防衛），昇華，取り入れ，投影などの心的機制，意識と無意識の心的過程などを体系的に総括するものであった。しかし，これらの破棄された理論部分は『自我とエス』(1923)，『制止，症状，不安』(1926)，『嫉妬，パラノイア，同性愛に関する二，三の神経症的機制について』(1922) などの形で再現された。さらに 83 歳になって死の数週間前まで執筆を続けた『精神分析学概説』(1940) で再びフロイトはこのメタサイコロジー理論の完全な体系化を企て，その途上で死去した。メタサイコロジーの基本的観点としてフロイトは，局所論 topography，力動論 dynamics，エネルギー経済論 economy の 3 つの観点をあげたが，ハルトマン Hartmann, H.，クリス Kris, E.，レーヴェンスタイン Loewenstein, R. は発生論的見地を，ラパポート Rapaport, D. は適応論的見観点の追加を提案し，ラパポートとギル Gill, M. M. は最終的には，メタサイコロジーは以上の 5 つの基本的な仮定に立つという。ラプランシュ＆ポンタリス Laplanche, J. & Pontalis, J. B. は，メタサイコロジーをすべての心的現象が普遍的な心的決定論に従い，普遍的な法則に従うことを前提とする「原則 Prinzipien」，「基本概念 Grundbegriffe」，理論的「モデル Darstellungen, Fiktionen, Vorbilder」を扱う研究と規定し，この研究の一連の論文として『科学的心理学草稿』(1950 [1895])，『夢判断』(1900) の第 7 章，『精神現象の二原則に関する定式』(1911)，『快感原則の彼岸』(1920)，『自我とエス』(1923)，『精神分析学概説』などをあげている。　　　　　　　　　（小此木啓吾）

［関連項目］局所論〔局所論的観点〕，経済論的観点，適応論的観点，発生論的観点，無意識，力動的観点，フロイト, S.
［文献］Freud, S. (1894, 1901b, 1915c, 1915d, 1915e, 1917c, 1917d, 1940c, 1950a, 1950b), Rangell, L. (1959), Rapaport, D. (1967), Rapaport, D. & Gill, M. M. (1959)

メニンガー・クリニック
[Menninger Clinic]

　アメリカ，カンザス州の州都トピーカに所在するメニンガー・クリニックは，アメリカでも最も優れた精神病

院の一つとの評価を得ている。同クリニックは 1925 年にチャールズ・メニンガー Charles Menninger が息子のカール Karl とウイリアム William とともに設立したもので，力動精神医学を入院治療に応用して発展し現在に至る。同クリニックに付属するメニンガー精神医学校は 1945 年の設立以来数多くの臨床家を輩出してきた。同クリニックにはまたトピーカ精神分析協会（1942 年設立）が付属し，アメリカ精神分析の流れの中心的な位置を占めた。同クリニックの初期にはナイト Knight, R., ラパポート Rapaport, D. および彼の門下のギル Gill, M. M. やシェーファー Schafer, R. など多彩なスタッフを抱えたが，彼らは 1940 年代の後半にはマサチューセッツのオースティン・リッグス・センター Austen Riggs Center に新たな活動の地を求めて去っている。

メニンガー・クリニックの歴史を語る上で，カール・メニンガー（1990 年に 96 歳で死去）の存在は重要である。天才肌の彼は『人間の心』（1930）『おのれに背くもの』（1952）そのほか数多くの優れた著述を残し，同クリニックの名を広めることに貢献した。特にその『精神分析技法論』（1965）はわが国でも広く読まれている。彼は多くの患者にとってカリスマ的な存在であったが，同時に気まぐれで暴君的な側面ももっていたといわれる。それとは対照的に弟のウイリアムは人格的に円満で，またその優れた政治的な力や判断によりカールの補佐をつとめ，1965 年には兄のカールに代わってメニンガーの運営の指揮を執ったが，翌年には病死した。その後ウイリアムの息子（ロイ Roy）に受け継がれた 60 年代以降は，同クリニックはカンバーグ Kernberg, O. らにより力動的な病棟治療および集団療法を大きく取り入れて発展した。また 1950 年代より 10 年以上にもわたり進められた精神療法リサーチ・プロジェクト（PRP，生田，1996）は，精神分析的治療の効果についての大掛かりな研究として知られる。同クリニックは 1990 年代に入ると財政難から病棟の規模の縮小を余儀なくされたが，他方では英国よりフォナギー Fonagy, P. を迎えることで乳幼児研究に関する新たな発展を期した。またこの時期にはロイの弟ウォルター Walter と，メニンガー家以外からブライバーグ Bleiberg, E. が同クリニックの指揮を執ったほか，ギャバード Gabbard, G. の臨床活動の場としても知られた。同クリニックおよびトピーカ精神分析協会とわが国とは関係が深く，土居健郎，小倉清，高橋哲郎，岩崎徹也，狩野力八郎といったわが国の精神分析学を代表する人びとの研修の場となった。その後わが国からは毎年 2-4 名の国際留学生（精神科医，臨床心理士）が研修のために留学し成果を収めているほか，正式なレジデント（研修医）トレーニングの道も開かれていた。しかし最近になり財政状況の更なる悪化のためにトピーカ精神分析協会が閉鎖に追い込まれ，また同クリニックも他の医療機関との統合が検討されるに至っている。

（岡野憲一郎）

［関連項目］シェーファー，ナイト，メニンガー，ラパポート
［文献］Friedman, L. (1990), 生田憲正 (1996), Kernberg, O. F., Burnstein, E., Coyne, L., Appelbaum, A., Horwitz, L. & Voth, H. (1972), Menninger, K. A. (1930, 1938, 1958), Winslow, W. (1956)

メランコリー

［英］melancholia
［独］Melancholie
［仏］mélancolie

憂うつな病的精神状態のこと。ギリシャ語で melano＝黒い，chole＝胆汁を意味し，古代ギリシャ時代の体液学説で，黒い胆汁が過剰になると憂うつになると考えられたのが語源である。

フロイト Freud, S. は 1917 年『悲哀とメランコリー』の論文で，対象喪失の結果として生ずる健康な反応としての悲哀と，メランコリー，すなわち病的抑うつとの異同について「メランコリーの精神症状は，深刻な苦痛に満ちた不機嫌，外界に対する興味の放棄，愛する能力の喪失，あらゆる行動の制止と自責や自嘲の形を取る自我感情の低下（妄想的に処罰を期待するほどになる）を特色としている。以上の症状のうち自我感情の障害が欠けているというただ一つの点を除くと，悲哀も同じ特徴を示すのであって，それを合わせ考えるとメランコリーの像が理解しやすくなる。自我感情の低下のほかは両方とも同じなのである。」「悲哀では外の世界が貧しく空しくなるのだが，メランコリーでは自我それ自体が貧しく空しくなる」と述べた。そして，この自我感情の低下という相違について，自我感情の低下，つまりメランコリーが生ずるのは，個体の対象関係が自己愛的な段階にあるために，対象の喪失が，自己の部分の喪失として体験され，その結果メランコリーすなわち病的な抑うつが生ずるのに対して，健康な個体では自他の区別が確立しているために対象喪失があくまで対象を失うこととして認識されるので，その喪失を悲しむのにとどまり，メランコリーに陥らずにすむことを述べた。また，アブラハム Abraham, K. は「メランコリーには強迫症状がまざることが多いことと，強迫神経症患者が抑うつ気分を示すことが多い」と述べて，メランコリーと強迫神経症との関係に着目した。そして，強迫神経症は肛門期のサディスティック anal sadistic な衝動を反動形成して，肛門貯留 analretaining の水準に留まっているのに対して，うつ病では肛門貯留水準での対象保持が困難になって肛門サディズム期からさらに口愛サディズム oral sadistic 段階への退行が生じていることを明らかにした。

(岩崎徹也)

[関連項目] 躁うつ病，対象喪失，喪の仕事〔悲哀の仕事〕，アブラハム，フロイト, S.

[文献] Abraham, K. (1927), Freud, S. (1917)

メルツァー理論
[英] Meltzer's theory

「メルツァー理論」と呼ばれる特定の理論は実在しないが，フロイト Freud, S., クライン Klein, M. から出発し，さまざまな臨床経験およびビオン Bion, W. R. の仕事の消化を経てドナルド・メルツァー Meltzer, D. が提示するに至った心の精神分析的な理解を，ここでは指すものとする。彼の仕事の第 1 の特徴は，フロイト以来の精神分析の発展史を踏まえた，広い視野と理論的な理解に基づいていることである。彼の分析者としての核心的経験はクラインにあるが，精神医学的な出発点がアンナ・フロイト派の訓練だったことも関係しているのか，欲動論・発達論にも目配りが効いている。また，乳児観察への関心を通して，最新の認知科学的な知見に対しても開かれている。第 2 の特徴は，それと反対のことだが，他のクライン派に比してある点でクラインに忠実なことである。彼は，乳児・児童との経験に基づいて心の本性が極めて具象的なものであると信じている点で，内的対象およびその活動の場であり機能でもある無意識的空想について，クラインと見解が一致している。したがって彼は夢を，内的対象とその対象関係が展開するもう 1 つの舞台として重視する。（これに対して他のクライン派は，具象的な解剖学用語を使った解釈を避け，セッションの中での分析者 - 患者関係の転移分析を第一義とする傾向がある。）第 3 の特徴は，自閉症・精神病・倒錯・集団心性などのさまざまな病理の治療およびスーパーヴィジョンによって，従来「心的」領域に含まれていなかった現象にまで精神分析の理解を拡張したことである。そして第 4 の特徴は，ビオンの幾つかの着想を臨床経験の中に活かし，理論的に統合しようとしていることである。その結果広義の心的現象は，象徴 symbol を通じて表現される心 mind と非象徴的で思考のない mindless 世界からなることが理解される。後者は，ビオンがベータ要素・行動化・パーソナリティ内の基礎仮定集団などと呼んだものである。メルツァーは自閉症児との経験から，対象関係の一次元・二次元的機能様式（接近 - 接触 - 撤退・対象表面への附着同一化）と，三次元的機能様式（投影同一化による，対象の内部の経験）を区別した。この区別は，思考の欠落 mindlessness と意味の経験との差異に重ねられる。それは感覚的経験と情動的 emotional・情念的 passionate 経験の差異でもある。彼はまた，対象と情動的な関わりを持つことができるかどうかを，「美的葛藤」として捉えた。心的生活の中心は情動性 emotionality にあり，対象と結合する L（love）・H（hate）・K（knowing）と，それに逆行しようとする -L・-H・-K の間には葛藤がある。彼はクラインの理論を変更して，妄想分裂ポジションを，美的葛藤によって対象と全面的な情念的関係を持つことが困難であるための抑うつポジションからの退行とした。同じく，死の本能はメルツァーにおいて理論的な位置を失った。メルツァーの見る乳児（あるいは心）は，活力を持ち成長を志向している。情動的結合を妨げるマイナスの力については，引き続き探究されているところである。（福本 修）

[関連項目] 自閉症，精神分析過程，妄想分裂ポジション，夢，抑うつポジション，クライン，メルツァー

[文献] 福本修 (1995), Meltzer, D. (1967, 1973, 1978b, 1984a, 1984b, 1988, 1992), Meltzer, D., Bremner, J., Hoxter, S., Weddell, D. & Wittenberg, I. (1975)

も

妄想
[英] delusion
[独] Wahn
[仏] délire

精神医学，精神病理学の用語としては，現実に対する誤った判断ないし観念を指す言葉であり，ヤスパース Jaspers, K. にしたがえば確信と訂正不能性と非現実性を特徴とする。ただし宗教的信念のような特定の社会集団の多数が抱いている確信は妄想とは呼ばない。なお，妄想的という形容詞的表現は delusional の訳としてと同様，paranoid の訳としても用いられることが多いことに注意が必要である。paranoid は周囲に対して猜疑的であることを表現する意味範囲の広い言葉であり，上述の定義での妄想をもっていることを必ずしも意味しない。

精神病心性を認知的欠陥に求める立場とは異なり，精神分析は妄想がある種の力動的な過程によって形成されることを描き出して来た。フロイト Freud, S. は，『W・イェンゼンの小説"グラディーヴァ"にみられる妄想と夢』(1907) において，妄想形成が夢の仕事と同様，心的内容の抑圧と妥協形成にその起源をもつことを描き出した。そこでは妄想と夢とのあいだの内的連関が示唆されている。またこの論文において彼は，妄想をもつ個人の治療に対しては治療者が妄想をいったん受け入れるしかない，という興味深い見解も提起している。さらに

彼はシュレーバー症例の論文『自伝的に記述されたパラノイアの一症例に関する精神分析的考察』(1911)において，パラノイアの妄想形成が同性愛的願望空想の防衛反応として起きることを主張した．端的に言えば，シュレーバーは主治医への同性愛願望と男性的抗議の葛藤を生じ，同性愛願望を抑圧するために愛情が憎悪に逆転し，その憎しみを投影する結果，迫害妄想が生じたのである．1920年代以降のいわゆる後期理論の時代になると，フロイトは自我の機能としての現実認識を探究した．その思索はそれ以前の一次過程と二次過程の区別というアイデアを基礎においている．フロイトは現実検討を自我の機能と明言し，妄想形成に代表される精神病心性を現実との関係において捉えなおした．すなわち，妄想形成はまず現実を否認した上で改変した現実によって現実を置き換えようとする試みである．そこでは精神病者の苦しみは拒否した現実の断片が執拗にこころに迫ってくることによるとされる．こうしたフロイトの妄想論は神経症の病因論の延長に理論構築されていると言える．

一方，英国対象関係論とくにクライン派は，妄想分裂ポジションという，より精神病的なこころのありかたを出発点とする乳児を描き出すことによって，精神病心性を捉えなおした．とりわけビオン Bion, W. R. は妄想対象の構築を，自我の断片化とそうした断片の対象への強烈な投影同一化によって生成される「奇怪な対象」の生成という点から捉えなおした．また独立学派のウィニコット Winnicott, D. W. は抱える環境への侵襲 impingement による存在の連続性の崩壊を精神病心性の本質として抽出し，それを代償するものとしての妄想という観点を暗に提出した． （藤山直樹）

[関連項目] 奇怪な対象，幻覚，現実検討，精神病，投影同一化（視），妄想分裂ポジション

[文献] Bion, W. R. (1956), Freud, S. (1907a, 1911b, 1911a, 1923b, 1924f), Winnicott, D. W. (1952)

妄想型人格　⇒DSM-IV 人格障害

[英] paranoid personality

妄想分裂ポジション

[英] paranoid-schizoid position
[独] paranoid-schizoide Einstellung
[仏] position paranoïde-schizoïde

[定義]「妄想分裂ポジション」とは，1946年にクライン Klein, M. によって提唱された最早期の発達段階に起源をもつ特有な対象関係と防衛機制，不安と情動のグループである．つまり部分対象関係 part object relation であり，スプリッティング splitting や投影同一視（化）projective identification を中心にした原始的防衛機制をもち，自己の攻撃性が顕著で迫害不安 persecutory anxiety が主な不安である．それは正常のものから過剰で病理的なものまで存在するが，いずれにしても無意識の中に分裂排除されて存続している．そして成人の心の中でも活動し続け，次の段階にあると考えられる「抑うつポジション depressive position」と共に個人の情緒的発達に大きな影響を及ぼす．なおポジションは態勢と訳されることもある．

[歴史] クラインは1935，1940年の躁うつ病の研究における「抑うつポジション」の研究において，すでにより早期の発達段階に起源をもつ「妄想ポジション paranoid position」の概念を提唱し，それがパラノイアや精神分裂病の固着点に関係があると考えていた．

1946年の『分裂機制についての覚書き』の論文の中で，クラインは本格的に精神分裂病の研究を行った．そしてその固着点として「妄想分裂ポジション」の概念を提唱した．彼女は当時別の観点からスキゾイドの研究を行っていたフェアバーン Fairbairn, D. の「スキゾイド（分裂）ポジション schizoid position」の理論を参考にして，スキゾイドの機制も強調した「妄想分裂ポジション」の概念を提唱した．この研究と「投影同一視（化）」の概念は，戦後の現代クライン学派の研究に大きな影響を与えた．つまりクラインの弟子のローゼンフェルド Rosenfeld, H.，ビオン Bion, W. R.，スィーガル Segal, H. などによって，精神分裂病の研究だけでなく，精神病人格，重症パーソナリティの研究などに大きな進展をもたらした．

海外においての影響も大きく，妄想分裂ポジションの理論はカンバーグ Kernberg, O. F. の境界例研究の内的対象関係の基本的な視点となっている．また投影同一視の概念も他の学派に広く受け入れられていくこととなった．

[妄想分裂ポジションの特徴] 上記のように，クラインは精神分裂病の病理的な固着点の研究として妄想分裂ポジションの概念を提唱し，この一群の内的対象関係の特徴を記述した．それは成人や子どもの精神病の治療において，転移の中で観察されるものである．クラインは，その起源は出生直後から4-6カ月ごろの乳児と母親との原始的な対象関係にあると考えている．しかしそれは後の発達段階を通じて成人の心の中に存続していくものであり，その発達段階だけにとどまるものではない．そのためにクラインはこの一群の内的対象関係をポジションと呼んだのである．これは正常な個人から病理的なものまですべての個人が体験し心に保持しているものであると，クラインは考えている．このポジションの活動が過剰な場合には個人に病理的な影響を与え，精神分裂病やパラノイアなどの発症に関係あるとしている．彼女は，

正常と病理的な精神病の状態の区別の問題についてやや課題を残すことになった。それを解決していったのが，ビオンの精神病的パーソナリティの発達的形成の研究である。

（1）部分対象関係：クラインの臨床的観察によると，この時期の乳児は母親の身体を全体的なものとは認知できない。最初の対象は母親の乳房であり，授乳を中心にした部分対象関係が展開する。乳児は，自分に満足を与える乳房に対して「生の本能 life instinct」を投影して愛を向け，最初の「よい対象 good object」を幻想の中で形成する。逆に欲求不満をもたらす乳房に対しては「死の本能 death instinct」に基づく攻撃，破壊的怒りを投影して「悪い対象 bad object」を形成する。そして乳児はそれらが同一の個人に属するものであるとは認識できず，わるい対象とよい対象が別々の対象であると幻想の中で見なしている。時が経つにつれて，乳児は母親の身体全体を認識できるようになり，母親の身体内部に対する攻撃と破壊の問題を体験するようになる。しかしクラインは，よい対象とわるい対象の統合は次の抑うつポジションまで起こらないと考えている。

（2）原始的防衛機制：上記のようにこの時期に見られる防衛は，よい対象とわるい対象のスプリッティング splitting を中心にしたものであるが，ほかにも投影 projection，取り入れ introjection，投影同一視 projective identification，否認 denial，万能 omnipotence などがある。乳幼児は，欲求不満を与える悪い対象に対して，破壊的な攻撃と怒りを向けるが，そのような状況に対処できないために，自己の一部を対象に投影して投げ入れる（投影同一視）。そしてそのような対象は自己の怒りを含んでいるために，報復的で恐ろしい迫害的な対象となる。また乳児は，良い対象を万能的に理想化して理想的対象を造りあげる。そして悪い対象は万能的に否認しようとしたりする。

自己は，部分的対象である良い対象を取り入れて自己の核とし，自己を成長させていく。また悪い対象を中和させるために，良い自己の一部や良い内的対象を対象に投影したり，悪い外的対象を一部取り入れて，内的な良い対象によって中和させ，万能的に制御しようとすることも起こる。

（3）迫害不安：このような状況でもっとも顕著な不安は，迫害不安である。それは悪い対象に対して，攻撃的な自己の一部を投影同一視するために，対象がさらに恐ろしい攻撃的なものになり自己を絶滅に導く不安を生じる。これをクラインは「迫害不安」と呼んだ。

（衣笠隆幸）

[**関連項目**] 原始的防衛機制，自閉症，精神分裂病，羨望，迫害不安，抑うつポジション

[**文献**] Bion, W. R. (1957), Fairbairn, W. R. D. (1952), Klein, M. (1935, 1940, 1946), Rosenfeld, H. A. (1947, 1954)

盲点化
[英] scotomization
[独] Skotomisation
[仏] scotomisation

その存在を認めると危険や葛藤を生ずるような眼前にある事象から注意をそらし，心理的盲点 blind spots を生じるような心的機制について，ラフォルグ（Laforgue, R. 1927）によって用いられた用語である。危険な対象に関する知覚から注意をそらしたり，この知覚を生ぜざるを得ないような状況を避けるヒステリーや早発性痴呆の症例における否認の機制を記述する際に用いたが，フロイト Freud, S.（1927）はこの用語よりも「否認 Verleugnung」のほうが適切であるという。なぜならば，盲点化は視覚印象が網膜の盲点の上に落ちているために知覚されない場合のように視覚などの感覚について用いられる言葉であるのに対して，ここで問題になっている機制は，知覚はされていながら，しかもその知覚がもたらす意味を否認しようとする自我の働きだからである。例えば，少年は，去勢恐怖のため少女に男根のないという事実を否認するが，この際，その一方では，女性に男根がないという知覚は存在し続け，その結果，フェティシズム Fetischismus が生じるが，このような事例について「盲点化」という用語は不適切であるという。

（小此木啓吾）

[**関連項目**] 否定，否認，フロイト，S.

[**文献**] Freud, S. (1927e), Laforgue, R. (1926)

目標　⇒欲動
[英] aim (instinctual aim)

モデル　⇒コンテイナー／コンテインド，⇒神話
[英] model

もともとの自我　⇒原初自我
[英] original ego

物語モデル
[英] narrative model

精神分析的な治療をはじめとして，理論や治療の言葉が一つの「物語」となっている，あるいは面接の中で語られる言葉は現実か幻想かではなく，一つの「語り」で

あると考えるモデルのこと。精神分析では主にシェーファー Schafer, R. などが主唱している。

[真実についての議論] フロイト Freud, S. は晩年の『分析技法における構成の仕事』の論文（1937）のなかで, 考古学者との対比で精神分析における構成という作業の難しさ, つまり小児健忘を解消して, 記憶の再現をすることが難しいと語っている。そのため構成が上手く行けば, それ自体で治療的な効果があるとフロイトは言う。とすると想起ではなく, 一種の物語として作られたものであっても治療的であるとみなしたことになる。

[ストーリーと対話] 土居健郎（1977）は, 精神科面接において「ストーリ」という言葉を勧めている。彼は「物語や話」という言葉では, 意味が散漫になりがちであると指摘して,「ストーリ」という言葉で「患者の話をあたかもストーリを読むごとく, 聞かねばならない」と述べている。ストーリは「歴史」と関連しているため, 時間軸に沿って, 患者の話を配列するという点が強調されている。また対話 dialogue が弁証法と関連して「相互に対になり」という意味であるとすると, 物語 narrative は「語る」行為という意味であり, 物語モデルは, 理論や解釈など分析者や被分析者が語る行為に焦点を当てている。

[物語としての精神分析] 科学対歴史, 事実対解釈といった対比がなされる形で精神分析における言葉がいかなる性質のものであるかという議論は, 今日まで長く続いている。スペンス Spence, D. P. は,『歴史的真実と物語的真実』（1982）のなかで, 過去をあたかも事実として発掘するかのような考古学者＝精神分析家という発想を批判し, 過去は言葉にすることで新しいものに絶えず変化する, そのため精神分析はパターンを発見するのではなく, パターンを創り出すのだという解釈学的な見方を支持している。またシェーファーは「行為言語」という, 主体が何らかの行為をしている言葉を用いることがより治療的であると考えることから出発したが, しだいに精神分析の行為全体を語る行為とみなすことによって, 物語としての精神分析という解釈学的な発想に近づいていった（『精神分析における物語り行為』1980）。彼によれば, 精神分析は言葉と言葉に対応するものを扱っている。そのため精神分析的な解釈は, 分析的な関心に従って, 行為を再記述して, 語りなおしたものなのである。シェーファーによれば, 精神分析は被分析者の行為を精神分析的に語りなおすことである。理論にせよ, 解釈にせよ, 精神分析はその枠組みを通して語られた第2の現実である。その点で, クライン派などの現代精神分析とこの伝統は同じ線上にあるのだと言う（『精神分析における伝統と変化』1996）。　　　　　（妙木浩之）

[関連項目] シェーファー

[文献] 土居健郎（1977）, Shafer, R.（1980, 1996）, Spence, D. P.（1982）

喪の仕事〔悲哀の仕事〕
[英] mourning work
[独] Trauerarbeit
[仏] travail du deuil

愛着依存の対象を喪失した際に起こる心的過程を喪（悲哀 mourning）といい, 徐々にその愛着依存の対象から離脱していく心の営みをフロイト Freud, S. は喪（悲哀）の仕事 mourning work とよんだ。小此木啓吾は死別による場合を喪の仕事, 生別による場合を悲哀の仕事と訳しているが, 一般には喪の仕事で訳語が統一される傾向がある。ボウルビィ Bowlby, J. は, 喪の心理過程で体験する心的な苦痛や悲しみの情緒を, 悲嘆 grief と呼んで, 悲哀（喪）と区別したが, 精神分析の外でリンデマン Lindemann, E. は, むしろこの悲嘆 grief のほうが mourning よりより一般的な用語であるという見地から, 喪の仕事を悲嘆の仕事 grief work と呼び変えている。

喪の心理過程は時間的に進むが, ボウルビィによれば,（1）一般に数時間から1週間持続する無感覚の段階で, これが非常に強烈な苦悩や怒りの爆発に終わることもあるが, さらに対象喪失によって生ずる悲哀の心理過程がこれに続く。ボウルビィは,（2）客観的には対象喪失が起こっているが, 必ずしも心の中の対象の放棄には至らない段階, つまり, 失った対象を取り戻そうとし, 対象喪失を否認し, 心の中に対象を再び探し出し, 保持しようとする対象保持 retention の段階があるといい, さらに, この段階を対象喪失を認めまいとする抗議 protest の段階と呼んだ。次いで,（3）対象喪失の現実を認め, 対象へのあきらめが起こる。そのとき, それまで失った対象との結合によって成立していた心的態勢が解体し, 激しい絶望と失意が襲うが, それとともに, 不穏, 不安, やがてはひきこもり, 無気力状態が起こる。これが絶望 despair と抑うつ depression の段階である。（4）健康な悲哀の場合には, 最終的には, 失った対象に対する断念に基づく新しい対象の発見と, それとの結合に基づく新しい心的態勢の再建が可能になる。それは, 失った対象からの離脱 detachment の段階である。

この悲哀の心理過程の研究は, 臨死患者の死を受容する過程の研究にも応用され, キューブラー・ロス Kübler-Ross, E. は, 自己の死を予期することによる喪 anticipatory mourning の過程について, 自己の死を確実なものと知り, そのショックによって無感動, 無感覚, 感情麻痺の状態に陥る段階, 自己の死について怒り, 助けを探し求め, 自分の死を否認し, 奇蹟を願う段階, さらに, ひとりぼっちの孤独と不安に襲われ, 親密な「看取り手」を求め, 自分の死を受け入れるための取り引き

を試みる段階，自分の死についてあきらめ，絶望状態に陥り，気力を失い，抑うつ的になる段階，以上の各段階を交互に繰り返しながら，最終的に死を受容し，死と和解する状態に達する段階を明らかにした。このように喪の心理を時間軸で見ると，対象喪失に直接引き続くものから，時期遅れの喪 delayed mourning，喪失の予期による喪 anticipatory mourning がある。また命日反応などの記念日反応 anniversary reaction がある。

この自然で正常な喪の心理過程における喪の仕事の起源は，フロイト Freud, S. の父ヤコブの死を契機に営まれたフリース体験における自己分析（1896-1900）の中にある。小此木によれば，フロイトは，この喪の仕事をさらに続け，自己分析の集大成というべき『夢判断』（1900）を経て，『W・イェンゼンの小説"グラディーヴァ"にみられる妄想と夢』（1907）では，死と再生のテーマを，症例ねずみ男（1907）では，父の死の思考の全能による否認を扱い，強迫思考を喪の心理の過程の中で明らかにし，『トーテムとタブー』（1913）では，殺害した原父の死を悼む心理における死者の悪霊に対する脅えから事後の従順と悔やみ型罪悪感とそして罪悪感を明らかにし，やがて，『悲哀とメランコリー』（1917）で，喪の仕事の概念を提示した。

喪の仕事は，フロイトのメタサイコロジーの文脈では，心的装置が外傷となる諸印象を拘束する心的加工の特殊な形態として位置づけられる。フロイトは，『ヒステリー研究』（1895）以来，喪の場合には，この心的加工が特殊な形をとることに注目していた。「病人の死のすぐ後で再現の作業が始まり，それが，彼女の目の前に，病気と死の場面を再び呼び戻すことになり，毎日彼女は，彼女の受けた印象の一つずつを再経験し，泣き，いわばゆっくりとみずからを慰めた」。とりわけこの喪の仕事という概念によって，精神分析的な対象喪失観は，これまでの対象喪失が引き起こす悲しみは徐々に自然に弱まっていくという伝統的理解に，新たな観点をもたらした。そして，その最終的な結果は，主体の活動を含む内的過程全体の到達点であるという。しかもフロイトは，その主体の活動には，病的な喪（悲哀）の臨床が示しているように，達成されないもの，病的に展開されたものがあるという認識を提示した。

さらにフロイトは，このような悲哀の心理過程では，失った対象に対する愛と憎しみのアンビバレンスがあらわになり，これらの対象に対する罪悪感，悔やみ，それに対する償い，恨み，失った対象からの自分に対する恨みや怒りに対する恐怖など，さまざまな心理が体験される。つまり，失った対象に対する思慕の情やとらわれを解消する喪の仕事の課題は，これらの対象に対するアンビバレンスを内面的に再体験し受容する過程である。特に，フロイトは対象の喪失が，対象に自己の憎しみや攻撃性を向けたために起こったという内的な体験（対象を殺してしまったという体験）をどのように受容するかが最も基本的な課題であると考えた。

さらにフロイトは，正常な悲哀の心理過程と，病的なメランコリーの過程を比較し，両者の対象喪失とその反応の違いを論じ，うつ病の場合には，対象喪失がイコール自我喪失 ego loss になる場合があるという。つまり，正常な悲哀の過程の場合には，失った対象と自己の分化が成立した精神水準における対象喪失であり，そのレベルで初めて喪の仕事が可能である。これに対して，メランコリーの場合には，対象と自己が，対象喪失以前に情緒的に未分化であり，対象喪失が自己喪失になる点にその病理の根源があるという。つまり，対象喪失の対象が自己愛的同一化の対象で，自他未分化であるかどうかが，対象喪失と喪の仕事の病理性を規定する。

フロイトおよびそれ以後，精神分析における喪の仕事の目的のとらえ方には幾つかの流れがある。第1に，フロイトに発する，ボウルビィ，そして米国の自我心理学の流れ，例えばハルトマン Hartmann, H.，ポロック Pollock, G.，エンジェル Engel, G. らによる適応-生体論的観点がある。つまり，生物としてのヒトは哺乳類からの連続的な共通性を持って，基本的に何らかの依存対象に対する依存と愛着を生存上必要とする生物であり，この環境との関係は適応上欠くことができない。それだけに，外的な対象喪失は適応の危機をも意味する。この外界の変化にどのような適応を営むかという視点から，対象喪失反応を位置づける流れがある。この観点から見ると，フロイトも述べたように，すでに現実に存在しない対象（表象）に対して依然として愛着を向け続けること自身が，現実に対する不適応を意味する。したがって，喪の仕事の過程はこの対象に対する愛着から離脱 decathexis するための現実検討の過程で，古い対象からの離脱と新しい対象の新たな発見が喪の仕事の目的であり，この喪の仕事そのものが再適応過程を意味する。

第2に，フロイト，ボウルビィ，マーラー Mahler, M. S. らは，自他の分離の過程の中に個々の対象喪失と喪の過程を位置づけた。この流れは，フロイトが観察したエルンスト坊やの糸巻ゲームに代表されるようなフォルト・ダーの「いないいないばあ」，つまり，対象の不在-再会の観点から喪失を再会への断念ないしあきらめとしてとらえ，再会を期待する分離不安の段階と，あきらめ喪失-うつの段階を区別するボウルビィの段階論へと発展した。

第3は，フロイト，フェレンツィ Ferenczi, S.，ウィニコット Winnicott, D. W. らによる，対象喪失と，mourning の過程を内的な対象喪失，特に脱錯覚（幻滅）の体験として位置づける観点で，ひいては対象喪失と全能感ないし自己愛の傷つきの関連をとらえる枠組み

を提示している。

第4に，フロイト，アブラハム Abraham, K.，クライン Klein, M. らによる対象喪失は，何らかの意味で対象に対するアンビバレンスをよびさまし，対象に対する破壊や攻撃性の投影を引き起こし，愛情依存対象を傷つけたり，破壊したという幻想を生み，さらに，これに伴う罪悪感と償いの心的過程を引き起こすという理解がある。この観点から喪の仕事をクラインは抑うつポジションの課題として位置づけ，その目的を，失った対象との和解，償い，そして心の中によい対象として内在化したものとして体験することを mourning work の目的として位置づけた。

喪の仕事を完成させる能力は，年齢，情緒的な成熟の水準，特に情緒的対象恒常性の内在化の有無，苦痛に耐える能力，喪の仕事をともにし，支える外的な依存対象の有無，喪失対象と自他分化と自己愛的同一化の程度，そして対象への依存の状況，喪失の状況などの外的・内的な要因によって規定される。

なお，ウォーデン（Worden, J. W. 1991）は，ボウルビィのような段階説よりむしろ，喪の心理を基本的課題の観点からとらえた。その背景には，必ずしも誰もがこの段階を時間的順序通りに通過しないこと，段階という概念の受身的な印象よりも，課題という概念のほうがフロイトの喪の仕事の概念に一致し，本人の能動性が含蓄されるから好ましいという。その課題とは，（1）喪失の事実の受容，（2）悲嘆の苦痛の乗り越え，（3）喪失対象のいない環境への適応，（4）喪失対象の情緒の再配置などである。　　　　　　　　　　　　　（小此木啓吾）

[関連項目] グラディーヴァ，罪悪感，思考の全能，対象恒常性，ねずみ男［症例］，フォルト‐ダァ［糸巻き遊び］，メタサイコロジー，夢，抑うつポジション，アブラハム，ウィニコット，キューブラー‐ロス，クライン，ハルトマン，フェレンツィ，フロイト，S.，ボウルビィ，マーラー

[文献] Abraham, K. (1924b), Bowlby, J. (1960, 1961, 1969–1980), Engel, G. L. (1975), Freud, S. (1913a, 1917d, 1926a), Freud, S. & Breuer, J. (1893–1895), Hartmann, H. (1939), Klein, M. (1940), Kübler-Ross, E. (1969), Lindemann, E. (1944), Mahler, M. S., Pine, D. & Bergman, A. (1975b), 小此木啓吾 (1977b, 1979d, 1985d, 1991c), Parkes, C. M. (1970b, 1972), Pollock, G. (1972, 1989), Segal, H. (1964/1973), Worden, J. W. (1991)

モーメント

[英] moment
[独] Moment
[仏] moment

パイン Pine, F. によって提唱された概念。発達的，心理的に重要な出来事，あるいは契機が体験されること（体験モーメント）を指す。パインによれば，この概念は，多元機能の原理 principle of multiple function の概念と共に，精神分析の異なる概念言語（欲動心理学，自我心理学，対象関係心理学，自己心理学）の統合を可能にする一つの視座を提供する。例えば，共生期（Mahler, M. S. 1975）は，乳児が常に母親と完全な共生状態にある時期を意味するわけではない。乳児の一日を構成する無数のモーメントの中には，欲動心理学的体験が中心になるモーメント（空腹のために泣き叫んでいる乳児），自我心理学的体験が中心になるモーメント（外界に積極的な関心を向けたり，探索したりする乳児）など，さまざまな種類のモーメントが存在する。その中にあって，母親と融合したり，母親との境界がなくなっている（母親と共生状態にある）ように見えるモーメント（例えば授乳後に母親の胸に抱かれて眠りに落ちていく乳児），つまり，融合モーメントであると同時に万能感モーメントでもある体験モーメントが，発達的，心理的に重要な結節点として，それ以外の体験を組織化する役割を果たしていると考えられることこそが，その時期を共生期と呼ぶ根拠になるとする。このように考えると，一人の子供が同時に，異なる概念言語で記述される複数の発達段階（例えば肛門期，分離‐個体化期，基本的性同一性の形成期）にあることが可能になる。また，臨床場面に目を転じれば，患者の体験には，さまざまな概念言語で記述されるさまざまな体験モーメントが含まれており，解釈に際しても，患者の体験モーメントに対応した解釈モーメントが存在するということになる。モーメントには，強い感情を伴う比較的瞬時的なモーメント（ゲシュタルト心理学で言う「図」的モーメント）と，より静かで持続的な「背景」モーメント（「地」的モーメント）が区別される。また，一つのモーメントは，必ずしも一つの概念言語によってのみ記述されるとは限らない。むしろ，実際の発達場面や臨床場面においては，多元機能の原理に従って，一つのモーメントが同時に幾つもの概念言語に関連を持つことの方が普通である。　　　　（水田一郎）

[関連項目] 多元機能の原理

[文献] Mahler, M. S., Pine, D. & Bergman, A. (1975b), Pine, F. (1985, 1990)

モラトリアム

[英][仏] moratorium
[独] Moratorium

本来モラトリアムとは，支払猶予期間，つまり戦争や暴動，天災などの非常事態下で，国家が債権債務の決済を一定期間延期し猶予することによって，金融機構の崩壊を防止する措置のことである。エリクソン Erikson, E.

H. (1956) は，この言葉を，人間の発達に必要な一定の準備期間を意味する精神分析用語として転用した。エリクソンは，精神‐性的猶予期間 psycho-sexual moratorium, 心理‐社会的猶予期間 psycho-social moratorium, 歴史的猶予期間 historical moratorium などの形でこの言葉を起用している。

精神・性的猶予期間は，フロイト Freud, S. のいう潜伏期 latency period に相当し，この期間に子どもは将来の技術を学習したり，労働への適応を準備する。

心理・社会的猶予期間は，性的に成熟して異性愛能力の発達や親になることへの準備や，社会の中に自己を適応させていくための準備期間である。社会は，子ども時代と大人時代の媒介期間としての心理・社会的猶予期間を，ある程度制度化している。この期間に青年は，最終的自己定義や非可逆的な役割，人生への誓約などを見出し，子ども時代からの複数の同一化を新たな同一化によって再選択し，秩序や階層，内的同一性（自我同一性）のパターンへと統合していく。

歴史的猶予期間とは，ある特定の集団同一性が形成される際，その同一性が同一性として確立されるまでに要する準備期間のことである。

また，小此木啓吾は，このような思春期・青年期の発達に重要な猶予期間において，最終的な自己定義や自我同一性を選択することを延期しようとする，若者に特徴的な心性を現代に特有なものとして定義づけ，『モラトリアム人間の時代』を著した。　　　　　　　　　（小此木加江）

[関連項目] 自我同一性〔エゴ・アイデンティティ〕，青年期心性，同一性拡散症候群，エリクソン

[文献] Erikson, E. H. (1956)

モルティドー
[英][仏] mortido
[独] Mortido

フェダーン（Federn, P. 1932）によって，フロイト Freud, S. の「死の欲動」に由来するエネルギーに対して付せられた名称。「死の欲動」の心的エネルギーであるリビドー libido の対義語として用いられ，ラテン語のモルス mors を語源とする。フロイト自身（1939）は，死の欲動に基づく，リビドーとは全く異なる生物学的源泉を持つ「死の欲動カテクシス death drive cathexis」の存在を仮定しながらも，これに特定の名称を付さないで終わったが，フェダーンは，自我感情 ego feeling の中に，リビドーと分離した形でモルティドーが観察される重症のメランコリーの症例を報告している。しかし一般には，リビドーとモルティドーは融合した形で働くのを常とし，死の欲動を受け入れる精神分析学者の中でも，この概念を拒否するものが多い。またウェイス（Weiss, E. 1930）は，死の欲動説には疑問を抱くが，建設的なリビドー constructive libido から独立した「破壊的カテクシス destructive cathexis」の存在は認める立場から，この種の破壊的攻撃的エネルギーにデストルドー destrudo なる名称を付し，フェダーンの死の欲動説に立脚した自己破壊的衝動エネルギーとしてのモルティドーとそれを区別している。　　　　　　　　　（小此木啓吾）

[関連項目] 死の本能（欲動），リビドー，フェダーン

[文献] Federn, P. (1929, 1930, 1952), 小此木啓吾 (1956), Weiss, E. (1935)

や

役割対応性
[英] role-responsiveness

サンドラー Sandler, J. によって導入された逆転移の一面としての概念。分析家が患者に対しある特定のやり方で反応しており，それが分析家自身の問題や盲点だけを示すと考えられた場合，通常それらはさらなる自己分析が必要な分析家の病理と考えられる。しかしこの一見不合理に見える分析家の反応も，患者から強いられている役割を分析家が受け入れていることと分析家自身の性癖の妥協形成であることがある。これをサンドラーは役割対応性と名づけ，役に立つ逆転移の決定的一要素であるとした。つまり役割対応性は患者の幻想的対象に分析家が同一化することであり（ラッカー Racker, H. の補足型同一化 complementary identification），またこのように逆転移をとらえることで，投影，外在化，投影同一化などの用語では不充分な転移逆転移内の力動的相互交流の過程を理解できるとした。（サンドラーの例）ある一人の患者に対して普段よりしゃべりすぎていることを自覚した分析家が，分析家自身の癖とともに患者の言葉尻に質問するような抑揚がついていることに気づいた。この点から思い出された事実は，幼いときの患者は帰宅した父親が怒っていないことを確認するため父親を質問攻めにしていたのに，父親は患者に耳を傾けず，患者はそのことに怯えたことだった。このことから，間接的に質問するコツを患者は幼いときから発達させ，特に権威的人物からの否認をおそれる状況でその傾向が強まることが理解された。　　　　　　　　　　（矢崎直人）

[関連項目] 外在化，逆転移，投影，投影同一化（視），サンドラー
[文献] Sandler, J. (1976, 1993)

やさしさ
[英] tenderness
[独] Zärtlichkeit
[仏] tendresse

フロイト Freud, S. が他人に対する情緒的態度について官能性 Sinnlichkeit と対義語的に用いた用語。フロイトは，人間の愛情に「やさしさの流れ」と「官能的な流れ」を区別し，官能的な流れは，性愛的な快感を指向し，自体愛的な幼児性欲にその起源を持つが，「やさしさの流れ」は，愛情の対象に対する配慮を含む情愛を言い，幼児期に世話をし食べ物を与えてくれる人（対象）に対する子どもの愛情にその起源があるという。そして，潜伏期になると，性的目標は抑圧され，鎮静した状態におかれるが，このことがさらにやさしさの流れを強める。思春期になると，欲動の衝迫が高まり，官能的な流れがあらわな形をとるようになるが，やがて，より成熟した性器愛の段階になると同一の愛の対象に向かうやさしさの流れと官能的な流れの共存ないし統合が起こる。

　　　　　　　　　　　　　　　　（小此木啓吾）

[関連項目] 思春期［青年期］，性器期［性器体制］，潜伏期，幼児性欲，フロイト，S.
[文献] Freud, S. (1912c)

山あらしジレンマ
[英] porcupine dilemma

人と人との間の心理的距離をめぐる葛藤とアンビバレンスを，ショーペンハウエル Schopenhauer, A. (1788-1860) の寓話から喩えを得て，表した精神分析用語。現代は，男女関係はもちろん，親子や会社の上下関係などすべての人間関係において，お互いが親しくなったりくっつき合うのに，かつてあったような権威主義的な形式道徳に縛られることがなくなり，昔に比べて無秩序な時代を迎えている。「ある寒い冬の日，山あらしたちが寄り添ってお互いを暖め合おうとしたが，お互いの棘で刺してしまうので，また離れ離れになった。この近づきと隔たりを繰り返すうちに，やがて山あらしたちは，適度に暖め，適度に棘の痛みを我慢できる適当な距離を見つけ出した。」フロイト Freud, S. (1921) はこの寓話を引用しながら，「ある時期持続して2人の人間関係に結ばれる親密な関係は，ほとんどすべて，拒絶し敵対するような感情のしこりを含む」といい，さらにそれが，2つの家族や，隣接した2つの都市，民族などの間にも，近ければ近いほど克服しがたい反感が生ずるという。そしてこの葛藤をフロイトはアンビバレンスとして説明するとともに距離が近くなれば近くなるほどその相手が自己愛の対象となるので，相手と自分との些細な違いにも敏感になり，自他の差異に対する寛容度が下がって憎しみが募るという。

モデル Modell, A. H. (1963) は，フェアバーン Fairbairn, W. R. D.，ガントリップ Guntrip, H. の分裂病質論に立脚して，境界例や分裂病者の心的特性の一つとして「山あらしジレンマ」をあげている。彼は，患者たちが他人との親密さが相互に破壊的なものに感じられるという不安を抱いているため，そうした破壊性や憎しみを回避するためには，ある程度の心理的距離を保たね

ばならない，と述べている．山あらしジレンマの結果，愛は破壊的なものとして体験され，山あらしの棘に相当するのは彼らの怒りであるとし，しかもその背後には，愛情関係をもつと自分を失い相手にのみこまれる不安があるという．またベラック Bellak, L. (1970) は，社会が流動的になり，かつての道徳や慣習が解体し，移動性や情報環境が拡大したことで人間関係の距離の取り方も変化して，山あらしジレンマは現代人に高まっているという．またこの概念をエリクソン Erikson, E. H. の同一性拡散 identity diffusion とも一致する考察を展開している．また，他に，同義の概念として，ガントリップの "in & out programme" がある．　　　　　　（小此木加江）

［関連項目］アンビバレンス，同一性拡散症候群，のみ込まれる不安，分裂機制

［文献］Bellak, L. (1970), Fairbairn, W. R. D. (1952), Freud, S. (1921c), Guntrip, H. (1952), Modell, A. H. (1963), Schopenhauer, A. (1851)

やり直し
[英] undoing
[独] Ungeschehenmachen
[仏] annulation

原語 Ungeschehenmachen，あるいは undoing には，見ないようにするという意味とそれを繰り返し反復するという意味がある．そのため日本語では「打ち消し」あるいは「やり直し」と訳される．すでにあったものをあたかもなかったかのように振るまう，強迫症に典型的な防衛である．「遡及的取り消し」が正確な意味である．フロイト Freud, S. は「魔術」のように「息をふいて消しさること」と述べている．

取り消され，やり直される行為や考えは超自我によって批判されるような罪悪感や恥の感情を引き起こすような情動を伴っており，すでになされた行為や意識された考えと正反対の情動的な意味をもつ行為や考えが利用される．罪となる行為を儀式的に「取り除き」，罪の「償い」をして「やり直す」心的機制である．フロイトは隔離 isolation と共に強迫神経症に特徴的な防衛機制のひとつとして明らかにしたが，ある行為や出来事の結果だけでなく，行為や出来事そのものまでも「取り消し」てしまおうとする．いわば強迫神経症の魔術的全能感に根差しており，呪い，祈り，儀式などの形をとる場合がある．

小此木啓吾は取り消し，やり直しの種類を次のように分類した．(1) 一定の欲動から発した一定の情動を伴う行為を実際に行った後で，正反対の欲動から発した情動でそれを取り消そうとする場合──相手を非難した後でほめたり機嫌をとろうとする．(2) 空想や想像の中でその行為を欲求し，それに伴う感情をもった時に，実際の行為はその正反対の打ち消しの行為をする場合──心の中で相手に憎しみを感じながら，行為としては過度に親切にする．反動形成と区別がつきにくい．(3) 一定の感情を伴う行為をした後で，その感情を隔離して同じ行為をし直すことで，最初の行為に伴っていた欲求や感情を取り消そうとする場合──のぞき見をしようとドアを開けた人が，すぐにもっともな理由を思い出してその部屋に入っていく．取り消しは合理づけと結び付く．(4) 最初の行為の欲求や感情に対する超自我の批判による罪悪感を解消するために打ち消す行為を試みる場合──宗教的な戒律に反した考えを持ったり行為を行った後で，それを償う祈りや自罰的行為を繰り返す．

取り消し，やり直しと反動形成の違いは，前者が個々の行為や考えについて生ずる心的機制であるのに対して，後者ではその人物の無意識の欲動に対する全体的態度が正反対の形をとること，また，反動形成が未発達であったり失敗した時に取り消し，やり直しになる場合が多い．

（深津千賀子）

［関連項目］打ち消し，隔離，反動形成，防衛，抑圧

［文献］Freud, A. (1936), Freud, S. (1909d), 小此木啓吾・馬場禮子 (1972)

ゆ

遊戯療法
[英] play therapy
[独] Spieltherapie
[仏] thérapie par le jeu

［特徴］成人の場合には言語を通し，治療者患者関係を軸にして精神療法が行われるのに対して，子どもを対象とした場合には，その年齢を考慮して遊具や遊戯を通して行われる．とはいっても3-4歳でも相当に言葉を使える人もいるし，逆に中学生くらいでもほとんど言葉を用いず，もっぱら何かの遊びを通してしか治療に参画できない人もいる．遊戯療法はしたがって，遊戯というものが治療過程を進めてゆくために便宜上，用いられる精神療法ということになる．どんな遊具をどのように用い，かつそこでどんな言語的表現が用いられるかに注目することが大切であるし，もっと重要なのはそれらが何を表象しているのか，子どもの心の世界では何が起こっているのかを治療者が理解することである．それらは治療者患者関係という枠の中で起こっているのである．遊ぶこと自体に治療促進的な働きがあるのは確かだが，それは

治療者との関係の中で初めてある意味をもったものとして結実する。

[遊びの意味] 遊びが子どもにとってどんな意味をもっているのかを考えてみる。子どもは遊びを通して自分自身をさまざまの立場において試してみ，また自分とまわりの人びととの関係のあり方をあれこれと模索してみたりする。自分自身の内的な変化とその意味を探る一方で，避け難くおこってくる不安・恐怖・迫害・孤独・不確かさなどにも，遊びを通して対応していこうとする。せっぱつまった状況の中では，遊びは魔術的な呪いの意味をもつこともありうる。もちろん遊びは単純に面白い，楽しいものであるはずだが，それは生きることへの強い希望を示しているものとして理解されるし，また人間としての成長への過程を確認する作業でもあるといえよう。遊びはしかし時として攻撃的で残酷な姿をとることもある。それも人間の一側面であるし，またある特定の状況を反映しているという場合もあろう。

[プレイルーム] 部屋は適度の広さをもっていて，ごく自然で安堵がゆくような雰囲気をもったものがよい。遊具を選ぶ基準も結局はそれぞれの治療者の持味，性格傾向による所が大きいのであろう。遊戯療法が大切なのは治療者と患者との関係性の展開なのだから，それに役立つと治療者が考えるものを選んで用意することになる。しかし概して備えておくべきものはあろう。子ども用の机，椅子があって，画用紙，クレヨン，パステル，鉛筆などは欠かせない。大きめのダンボール箱とか，中にもぐりこめるテント様のもの，パンチングバッグ，やわらかい大小のボール，積木，さまざまのものに転用できそうなガラクタの類などがあればよい。日本の子どもは手のこんだありとあらゆるオモチャにうずもれて育っていることが多いから，そんなものではない方がむしろいいのではないか。ソファーとか毛布などがあってもよかろう。ゲームのようにただそれだけで時間を費やしてしまうようなものは考えものである。むしろ子どもの空想や想像をかきたてるようなものがよかろう。

水や砂を部屋に用意するかどうかは思案のしどころである。もし用意するとなったら，治療の場面は相当に激しい展開になることを前提としなければならない。そしてそれを時間内にまた治めなければならないわけで，治療者患者の両者にとって大きな負担になりかねないことを予め承知しておかねばならない。箱庭はプレイルームの中におくのか，別の部屋に用意するのか，治療者は考えておく必要があろう。安易に扱う問題ではない。

[治療的機序] 子どもの精神療法の中で治療者が果たすべき役割について考えてみると，まずは子どもがもっている葛藤に治療者が気づき，遊びを通してそれを外に映し出すきっかけを作ることがあげられる。といってもそれは機械的な操作ではない。お互いにとって感情的な体験とならねばならない。治療者は子どもがもっている自然治癒への力を信じ，成長への過程を信じて，その邪魔をしない。年齢をこえて治療者と患者とは対等の人間関係を通して，心理的に互いに影響を与えあい，かつ相手から学ぶということがある。治療者も治療の流れの中に自らをおき，治療的な展開に参画する。しかし治療者は治療の構造や枠を決定する人でもあるし，一定の判断を下して評価もするし，治療の場の安全性を保証する仕事もする。一定のエネルギーの供給をするかもしれない。なんといっても患者と共にいるということがなかんずく大きいといわねばならない。

歴史的にみると，子どもの治療に遊びを初めて導入したのはフーグ - ヘルムース Hug-Hellmuth, H.（1913）である。彼女は遊びの中に子どもの心の世界がすべて展開されるという観点から世界療法という言葉を用いている。その後アンナ・フロイト Freud, A., クライン Klein, M. の活躍が続くが，この 2 人はその基本的な考え方や方法で鋭く対立した時期があった。ローウェンフェルド Rowenfeld, M. は箱庭を用いる方法を導入し，これは今日，広く用いられている。エリクソン Erikson, E. H. は遊びの形態の変化に注目している。その他さまざまな人びとがさまざまな考え方や方法を提出している。

遊戯療法についてクラインは大きな貢献をしている。彼女は 1920 年以前から 5 歳以下の子どもの治療を始めている。1925 年に 2 歳 9 カ月の Rita の治療経過を報告している。彼女の考えでは子どもが示す遊びの各要素を扱うことは，成人における自由連想に相当するという。年齢が幼くても転移現象は十分におこるのであって，治療の個々の場面や遊びや言動だけでなく，すべての事柄を全体としてみることによって分析は現実的なものとなるという。そして子どもがもっている無意識の葛藤・恐怖・不安に対応してゆくことになるという。遊びは無意識的幻想の象徴であり，それは成人の自由連想の場合と同じく，解釈を行うことによって治療は展開してゆくという。こういった遊びの中では現実状況は擬人化され象徴化されているというわけである。　　　　（小倉 清）

[関連項目] 遊ぶこと，象徴化〔象徴作用〕，内的対象／外的対象，ウィニコット，クライン，フロイト，A.

[文献] Klein, M. (1932, 1955b)

融合／解離　[欲動の]

[英] fusion / defusion (of instincts)

[独] Triebmischung / Triebentmischung

[仏] union / désunion (des pulsions) または intrication / désintrication

フロイト Freud, S. は後期の欲動論で，生の欲動，エロスと死の欲動の二元論を提起したが，そのあらわれを

規定する生の欲動と死の欲動の関係について，両者の融合と解離について論じた。欲動の融合は，両者の融合のさまざまな程度の混合であり，解離はこの両者の働きを分離させてしまう過程で，それぞれの欲動の目標が独自な形であらわれる。『自我とエス』（1923）でフロイトは，「生の本能あるいはエロスは他に比べてずっと際立っていて，認識も容易である。ところが，死の本能はもっと認識困難である。私はサディズムをその代表的なものとみなすことにした。そして我々は生物学に根拠を置いて理論的に考察した挙げ句，死の本能を仮定した。この二種類の本能のどちらにも特別な生理学的な過程（構成と崩壊）が付随している。この二つの本能は，生物のどの部分にも働いているが，その混合の程度は同等ではない。そのためにある種の一物質がエロスの主要代表……どのような方法でこの二種類の欲動が互いに結合し，混合しているかは，まだ全く想像できていない……そして，単細胞の要素的な有機体が多細胞の生物に結合する結果，単細胞の中の死の本能を中和し，破壊的興奮を，特別な器官を媒介にして外界に向け換えることができたに違いない。この器官は筋肉系統であり，死の本能は——おそらくただその一部かであろうが——外界あるいは他の生物を破壊する衝動として現れることになったように見える。我々は二種類の欲動が混合するという考えを仮定したのであるが，もしそうであれば，それが解離するという可能性も避けられないことになる。性衝動のサディズム的成分のうちに，我々は有効な衝動混合の典型的な例を見る。独立したサディズムは倒錯として，もちろん極限にまでは達していないが，解離の典型である」と述べ，さらに，欲動解離と死の欲動の発現が強迫神経症におけるサディズム的混合期への退行に見られることを述べ，さらに，アンビバレンツを論じ，両欲動に由来するアンビバレンツ，同性愛，パラノイアなどについてこの観点から論及している。　　　　　　　　　　　（小此木啓吾）

[関連項目] 死の本能（欲動），中性化 [心的エネルギーの]，欲動

[文献] Freud, S. (1923b)

誘惑理論

[英] theory of seduction
[独] Verführungstheorie
[仏] théorie de la séduction

誘惑理論はフロイト Freud, S. が精神分析理論を完成するプロセスにおいて唱えた理論であり，神経症が患者の幼少時に大人から受けた性的な誘惑により生じるとする立場である。『ヒステリー研究』（1895）に至る臨床経験を通じて，フロイトは神経症の患者の多くから幼児期に近親者その他から性的な働きかけを受けた話を聞き，それが神経症の発症と深く関係しているとの仮説を設けた。当時のフロイトは全面的にエネルギー・モデルに従っていたため，性的働きかけが外傷となるためには，その幼児に内在する性的興奮が発散されることなく高まった状態を想定する必要があった。この当人のリビドー興奮を重要な要素と考えたことが，「性的外傷」という代わりに「誘惑」という言葉を主として用いた根拠であったといえる。この理論においてはフロイトは誘惑を受けた時の子どもはそれを性的な体験としては理解せずに記憶の痕跡のみを留めるにすぎないとしている。そして後にその体験を想起させるような事柄に出会い，リビドーの発散による興奮を覚えることから，それが抑圧の対象になるとされる（Laplanche, J. & Pontalis, J. B. 1967）。フロイトの考えたこのような外傷的な記憶の性質は，現代的な外傷記憶の理論とも通じる先駆性を有している。

フロイトはやがて 1897 年にフリースへの手紙（1950 [1897] Letter 69）の中で，そして 1906 年には正式な論文（1906）の形でこの誘惑理論を棄却したことを明言している。しかしフロイトは幼児の中に性的な興奮が発散されることなく高まることを神経症の主たる原因とするモデルは変えなかった。むしろそれが幼児の内的な欲動によるものであり，必ずしも具体的な他者からの偶発的な誘惑を必要とするものではないと考え直したところから，その欲動の生むファンタジーや心的現実を重視する精神分析理論が始まったともいえる。特に子ども自身のもつ性的欲動や攻撃性の重視は，そのままエディプス葛藤の理論にも直結していると考えるべきであろう。ちなみにフロイトが誘惑理論を棄却した経緯にはさまざまな憶測がなされ，それが当時の世論に対するフロイトの迎合だとする見解（Masson, J. M. 1984）や，フロイトが自分の父親の犯した過ち（誘惑）を否認するためだったという説（小此木，1989），さらにはフロイト自身が子どもへの性的願望を覚えた夢を見たことがきっかけとなったという指摘（Gay, P. 1989）もある。ただしフロイトは性的外傷の神経症に及ぼす影響を必ずしも全面否定したわけではなく（Freud, S. 1931），またフロイトの弟子のフェレンツィ Ferenczi, S.（1932）も晩年になりこの誘惑理論を再評価する論文を書いている点も興味深い（Masson, J. M. 1984）。

この誘惑理論は現在の外傷理論の文脈からは感情的，ないしは政治的な議論を起こす可能性をはらんでいる。フロイトが誘惑理論を全面的に否定したとのニュアンスを与えたことで，現実に起こっていた可能性のある性的虐待を見過ごす傾向を生んだ点についても指摘されている。また性的誘惑という表現を用いることは，あたかも誘惑される側の問題も問われるべきだとのニュアンスを含みかねない。フロイトがこの言葉に込めたかったのは幼児性欲の存在の重要性であったが，それが結果的に性

的虐待を行った加害者の責任の軽減をにおわす点は否めないであろう。(同様の文脈でわが国における「近親相姦」という言葉の持つ問題も指摘されている。) ただし性的虐待を受けた子どもが，自分が虐待者を誘惑したり虐待者と共犯関係になってしまったという空想を実際にもつことがあり，これらの事情は性的虐待をより外傷的なものとする可能性がある。

(岡野憲一郎)

[関連項目] 外傷，記憶，近親姦，ヒステリー，欲動

[文献] Ferenczi, S. (1932a), Freud, S. (1906a, 1931d, 1950a), Freud, S. & Breuer, J. (1893–1885), Gay, P. (1988), Laplanche, J. & Pontalis, J. B. (1967), Masson, J. M. (1984), 小此木啓吾 (1989)

融和した自己（期）

[英] cohesive self

自己心理学の創始者コフート Kohut, H. の用語。自己の正常な発達段階の一つで，断片化した自己（期），中核自己（期）の後に続く（18−30 カ月）。「融和した」cohesive は，「団結した」とか「まとまりがある」とか，集団の凝集性を示す言葉であり，断片化の危険が少ないことを意味する。この段階での障害（自己の融和性の不全）が，自己愛パーソナリティ障害を導く。

「母親が初めて赤ん坊を目にし……接触を持った瞬間，人の自己を構築する過程は実質的に始まっている」と考えるコフートは，母親との関係性の中で始まる自己を「実質上の自己」と呼んで，自己の起源であると考える。この未分化でまとまりを欠く自己は，「断片化した自己」とも呼ばれ，日々繰り返される母親（自己対象）との交流を通して，徐々に構造を確立し，中核自己へと展開する。知覚と自発性の独立した中心として自分自身を体験する基礎となる，この中核自己は，3つの構成要素に分けられる。第 1 が，自己・対象により映し出される誇大自己。これは，自己・対象による選択的な共感的対応を通して，向上心 ambition の中核となる（2−4 歳）。第 2 が，自己・対象の理想化により生まれる，理想化された親のイマーゴ。これは変容性内在化を通して，人生の理想 ideal，目標の中核となる（4−6 歳）。構成要素の第 3 は，基本的な向上心や理想を実現するのに必要な能力，才能，技能といった執行機能である。コフートは，向上心と理想を 2 つの極に見立て（双極 bipolar 自己），その両極の間に流れる心理的電流が，両極の真ん中に位置する執行機能に機動性と安定性を与えると考える。以上のような中核自己が，自己・対象との関係の中で変容性内在化を促進し，緊張緩和作用や自己評価調節機能を確立。自己の構造が，長期的ないしは深刻な断片化 fragmentation を起こす危険がないところまで到達した自己を，融和した自己と呼ぶ。

もし，この融和した自己期において，共感的対応を示す自己・対象に恵まれず，緊張緩和機能，自己評価調節機能といった心的内界構造の変容性内在化を進められなかった場合，その人は，理想化された親のイマーゴ，そして（誇大自己を誇らしげに映し出してくれる）自己・対象を，生涯，飽くことなく希求することになる。この希求の精神分析場面における治療的再活性化が理想化転移，鏡（映し出し）転移である。言葉を換えて言えば，「融和した自己」期への固着，退行が自己愛パーソナリティであり，「融和した自己」期における自己対象との関係の治療的再活性化が，自己愛パーソナリティに特徴的な自己‐対象転移（理想化転移と鏡転移）である。

(丸田俊彦)

[関連項目] 鏡転移，誇大自己，自己愛転移，自己愛パーソナリティ，自己対象，変容性内在化

[文献] Kohut, H. (1971, 1977), 丸田俊彦 (1992)

夢

[英] dream
[独] Traum
[仏] rêve

夢 dream と夢み dreaming とは区別される。生理学的な指標が発見され，夢みの生理学的な研究が進んだ。睡眠の指標としての脳波 EEG の睡眠深度と筋電図との関係から，急速眼球運動 REM : Rapid Eye Movements と夢みとの関連の大きいことが指摘され，現在は夢みの指標として考えられ，刺激との関係などが研究されている。一方，夢の内容に着目して，夢がわれわれの精神的生活に深い関係を持っていることを初めて科学的に明確にしたのは，フロイト Freud, S. (1900) である。精神分析の臨床に直接関係しているのは，この夢の内容の分析と解釈である。

フロイトは『夢判断 Traumdeutung』において，夢への科学的な接近の可能性を示し，夢の構造，夢の形成過程（作業），夢解釈について考察し，心的過程の仮説を提起している。フロイトは夢をわれわれが直接に体験できる「報告された夢」ないし「記憶している夢」を構造的に 2 層に分けて考えている。報告された夢ないし記憶された夢は「顕在夢 manifest dream」と呼び，その顕在夢を生み出した本来の無意識的な動機を「潜在的な思考 latent thought」ないし「潜在的夢内容 latent content」と呼んだ。夢を形成するのは，潜在的な思考であり，それを動因としている。それらの動因は主に抑圧されている願望 wish である。

本来，願望は抑圧されており，それが顕在夢内容として記憶されるためには，夢を見た本人に受け入れられるものでなければならない。そのために潜在的夢内容は変形

（歪曲）されて，受け入れられやすくされなければならない。そのための変形の操作を「夢の作業 Traumarbeit, dream work」と呼んだ。それらには「圧縮 Verdichtung, condensation」，「アクセントの移動（置き換え）Akzentverschiebung（displacement）」，「劇化 Dramatisierung, dramatization」，「象徴化 Symbolisierung, symbolization」，そして「二次加工 secondary elaboration」などである。圧縮とは夢のイメージの中にさまざまな要素や傾向が多重に示されていることである。例えば，男性のみた夢の中の女性像は母親のイメージ，恋人のイメージ，重要な関係をもつ女性のイメージや理想的な女性像のイメージなどの多重的なイメージの重なり合いとして理解できる。アクセントの移動ないし置き換えとは，本来強調されるべきものが片隅で隠れていて，本来重要でないものが夢の中に示されているような場合である。例えば，女性の見た夢で自分は知らない男性と一緒に座っていて，父親は遠くでひとりで絵をみている，というようなイメージである。劇化とは，願望などを行為のレベルで表現して示すことである。例えば，赤ん坊を抱いて夜の道を歩いているとか，たくさんの車の流れの中をフルスピードでひやひやしながら車を運転している，といったイメージである。象徴化とは，潜在思考の抑圧された願望が無害のイメージとなって表現されることである。例えば，性的なものが，鉛筆や財布，船，マラソンなどによって示されるなどである。これらによって潜在思考の危険な願望は意識に受け入れられるように歪曲されるのである。この際に，曖昧なものが筋をもつようにして，一層意識レベルで受け入れられる方法が二次加工と呼ばれている。

潜在思考をつくっているものは原始的な願望や衝動などである。それは個体発生的な経験と系統発生的なものと両方のものがある。系統発生的なものには太古的なものがある。また，個体発生的なものには，夢を見た人の幼児期からの生活経験が原始的なかたちをとって表現される。さらに夢の素材としては，日常生活の経験や印象がそのまま表現されることもある。これを日中残滓物 day's residue という。

夢分析・解釈とは顕在夢内容を夢の作業をひもといて逆に潜在思考に到達し，これを明らかにする過程である。このようにフロイトは夢分析・解釈において潜在思考を重視した。これに対して，最近はしだいに顕在夢の内容それ自体を重視して，そこに現れている夢内容自体の分析から，夢の意味を明らかにしていこうという方向が優勢になっているということが出来る。

臨床の場における夢分析・解釈は臨床の理論や接近をはっきりと浮き彫りにするところがあって興味深い。夢分析・解釈は精神分析の中でも個人によっても学派によってもちがっている。古典的なフロイト派のシャープ Sharpe, E. はフロイトの立場を守り，またサウル Saul, L. は顕在夢内容に重点をおいており，エリクソン Erikson, E. H. はその両面を重視している。また，精神分析以外のユング派の分析でも夢は積極的に利用されている。さらに，実存派のボス Boss, M. などは独自の解釈を行い，最近ではジェンドリン Gendlin, E. T. などフォーカシング focusing の立場では，独自の立場から夢の理解を進めている。　　　　　　　　　　（鑢幹八郎）

[関連項目]圧縮，置き換え，願望充足，検閲，顕在内容，潜在内容，日中残滓物〔昼の残滓〕

[文献]Erikson, E. H. (1964a), Freud, S. (1900), Saul, L. (1953), Sharpe, E. F. (1949)

夢の仕事　⇒夢

[英] dream-work
[独] Traumarbeit
[仏] travail du rêve

ユーモア

[英] humor
[独] Humor
[仏] humour

日本語では冗談，機知，ユーモア，コミック，駄洒落と様々な用語が飛び交う領域だが，欧米の議論でも日常語を使用するため，分類の困難が生じるのはやむえない。ただしフロイトにおいても機知の論文とユーモアの論考は別個に存在するし，後者は西洋の笑いと宗教の転回点に関わる高級なものだが，どちらも笑いと深く関係しているので，ここでは並列的に述べる。冗談や機知（英語で joke，独語で Witz）には，たいてい言葉遊びがあって意味は多義的であり，通常抑圧され蓋をされている無意識的意味は多義性と曖昧さの中で検閲をくぐりぬけ公共性を獲得する。同時に抑圧の蓋を維持していたエネルギーを解放して快感を得るという経済論を論じるフロイト Freud, S. の機知論文 (1905) とは，冗談が夢に似ているという発想からすすめられた精神分析的言語論の成果である。彼は，多くの冗談を吟味して，夢の仕事に相当する「冗談の仕事」を発見し，潜在的な思考が言葉の上の手がかりを活用して冗談を造り上げる様子を観察した。その語法上の手がかりとは，語呂合わせ，語源，多義性，比喩的関係，言葉の合成などで，これらを通して冗談は置き換え，逆転，矛盾提示などを行いながら快感を達成する。このような形で生まれる言葉は，個人的な潜在思考と公共的な国語との橋渡しを行うものであり，これを北山は橋渡し機能 bridging fuction と呼び，多くの比喩の生成（比喩化 metaphorizaiton）に関わり，治療的な

一方，われわれが苦境にあるときに見せるユーモアもまた，周囲の状況から言えば当然起こるはずの不快な感情を消費節約することから愉快さを生むものであり，同時に自己防衛のために状況を笑いとばしてエネルギーを消散・解放させ，怒り，悲しみ，嘆き，同情といった苦痛を快感に転化させるための一手段である。節約原理に加えて，フロイト（1927）は，ユーモアは諦めではなく反抗であり，自我の勝利だけでなく快楽原則の勝利をも意味し，現実に対して自己主張する傾向を指摘した。ただ快感獲得や欲動の充足を目指す冗談とは異なり，降りかかる状況を受容したり排除したりするユーモアには一種の威厳と知性の輝きがあり，自分自身を子どものように扱いながら保護する大人の役割を演じている。おびえる自我に超自我が優しい慰めの言葉をかけており，真面目さが特徴の超自我の役割と矛盾するようだが，フロイトはまだまだ超自我について学ばねばならないという謙虚な見解を示している。ただ，自嘲的なユーモアには，自分の問題を笑いものにした自虐的なものであり，この考えに当てはまるところは少ないだろう。精神分析的な臨床では，自由な連想と遊びの中でユーモア，比喩，そして冗談の使用が技法として活用されることが多く，その場合も多義性が重視される。言葉の心身両義性や，表面的な意味と深層の意味などを橋渡しする言葉の曖昧さが楽しまれるとき，意味の間に有機的連関が生じて体験され，分断されやすい意味の間隙が埋められることも多い。もちろん，治療に参加する両者に共有されてこそユーモアに治療的な意味が生じ，かたよった笑いや汚い冗談はそういうパーソナリティを反映する。　　（北山　修）

[関連項目] 隠喩／換喩，象徴形成

[文献] Freud, S. (1905a, 1927d), 北山修（1993b）

ユング派　⇒分析心理学
[英] Jungian

よ

よい対象／わるい対象
[英] good object, bad object
[独] gutes Objekt, böses Objekt
[仏] bon objet, mauvais objet

クライン派の基本概念の一つであり，無意識的幻想 unconscious phantasy における内的対象 internal object のあり方を示すものである。クライン Klein, M. は，生直後から乳児は対象を自分とは違ったものとしてとらえ，対象と関係をもっていると考えている。よい対象，わるい対象はこうした早期の対象関係を基本とした部分対象であり，「よい」「わるい」は倫理的または社会的価値観を示すものではない。よい対象とは自分の欲求 need を満たしてくれ，快をもたらしてくれる対象であり，わるい対象とは自分の欲求を満たしてくれず，苦痛をもたらす対象である。

また早期の関係性においては，乳児は対象を自分に快もしくは不快をもたらすものとしてとらえ，情緒的な対象 emotional object として体験する。そしてこうした快や不快の感覚は身体的なものであるため，乳児は対象を自分の身体同様に具象的 concreteness なものとしてとらえる。そのため乳児はいずれの経験をした場合にも，そこにはそれをもたらす対象の意図があると感じるのである。つまり快を伴う身体的体験をした場合には，乳児は対象が自分に快をもたらそうとする意図があると感じ，逆に不快を伴う体験をした場合には，対象が悪意をもって自分に不快をもたらせていると感じるのである。ビオン Bion, W. R. は乳児は空腹を感じているとき，「乳房の不在 no-brest」という不在を体験できず，苦痛をもたらす何かが存在すると感じると述べている。

さらに乳児期早期には乳児は対象を全体として体験できないため，関わりをもつ人は現実的に多くないものの，それぞれの側面を別のものと感じ，無数の対象と関わりをもっているように感じる。無数のよい対象と同じくらい無数のわるい対象が存在するのである。よい対象をしっかりと取り入れることによって自我の安定性が高められるので，よい対象との関わりは乳児にとって特に重要である。乳児は当初内的な安定性が脆弱で，対象を全体的にとらえる能力に乏しい。そのため乳児期早期には，乳児はよい対象とわるい対象を，その幻想の中で分裂 splitting させることによって，よい対象をわるい対象から守ろうとする。この妄想‐分裂ポジションにおいては，よい対象を失うことは断片化 fragmentation や自我の喪失 loss of ego といった早期不安をもたらす。発達とともに，乳児はより現実的な認知ができるようになり，よい対象との体験が十分であると感じられるようになると，内的なよい対象がわるい対象により破壊されないという自信が生じる。そして，乳児の幻想の中で，よい対象とわるい対象という別々の部分対象であったものが，全体対象となり，一人の人のよい側面，わるい側面として経験できるようになる。この抑うつポジションにおいては，内的なよい対象の喪失は外的対象の喪失によって刺激され，モーニング，罪悪感，償いがそこから生じるのである。そして安定した揺るぎない内的よい対象をもち続

けることが，安定したパーソナリティの中核をなすものと考えられている。つまり全体対象の「わるい」側面からの攻撃や障害から，内的なよい対象が守れるようになることが重要なのである。

(阿比野宏)

[関連項目] クライン学派，罪悪感，スプリッティング，全体対象，対象関係，償い，内的対象／外的対象，ビオン理論，部分対象，分裂機制，無意識的幻想，妄想分裂ポジション，喪の仕事［悲哀の仕事］，抑うつポジション

[文献] Bion, W. R. (1962a), Hinshelwood, R. D. (1991), Klein, M. (1935, 1952c)

幼児健忘

[英] infantile amnesia
[独] infantile Amnesie
[仏] amnésie infantile

　幼児期の出来事を広く覆っている健忘。成人は5歳ぐらいまでの記憶については断片的にしか想起できないことがほとんどであるが，フロイト Freud, S. はこの記憶の欠落を子どもの心理活動が十分に発育していないことから導かれる，当然の現象として捉えることに疑問を呈した。すでに3, 4歳において，子どもは苦痛や喜び・愛情や嫉妬の感情を人間らしく表現することができ，また理解力や判断力の面でも高度な心理活動を示すことが可能である。それにもかかわらず，その頃の記憶が想起され得ないのは，ヒステリー患者が病因についての記憶を想起できないのと同様，重要な出来事に対する健忘が働いているのだとフロイトは仮定したのである。健忘の概念は，幼い子どもの自我が健忘以外に未だ効果的な防衛機制を持ちえないという自我発達の観点から，あるいは，成人の自我にとってはさして恐怖とならないさまざまな出来事が子どもの自我にとっては心的外傷として体験されやすいという外傷論の観点からも有用な認識だといえる。

　フロイトによれば，幼児健忘によって小児の性生活の記憶は抑圧される。これを原抑圧 primal repression という。そこで十分に抑圧されなかった残余は，置き換えや圧縮，強調点の移動などの加工を受けて妥協形成され，一見取るに足らない些細な事柄の記憶の形をとり，隠蔽記憶 screen memory となる。幼児健忘と隠蔽記憶は相補的関係にあり，精神分析理論においてはこの2つの概念によって，幼児期の記憶が失われ，さらに加工を受けるメカニズムが説明されている。幼児健忘が及ぶ時間的な範囲は，理論的には原抑圧の終了する時期までであり，すなわち，超自我形成によりエディプス・コンプレックスが抑圧され，潜在期がはじまる頃までを覆うといわれている。初期のヒステリーの治療において，病因となった出来事を想起することが目標であったように，精神分析療法の目的は幼児健忘を除去し，幼児期の患者に圧倒的な影響を与えた出来事を，今度は成人の自我の統制下におくことである。それゆえ，幼児健忘は精神分析における理論的な中核を担う概念だといえる。

　幼児健忘の回想ひいては再構成に関しては，精神分析的治療の中心的治療機序の一つとして，種々の論議や理論の変遷が見られる。

(三木　都)

[関連項目] 隠蔽記憶，記憶，健忘，原抑圧，再構成，事後性，物語モデル，幼児性欲，抑圧

[文献] Freud, S. (1899, 1901b, 1905d, 1940c)

幼児神経症

[英] infantile neurosis
[独] infantile Neurose
[仏] névrose infantile

　フロイト Freud, S. により導入された概念で，エディプス・コンプレックスに直面する全ての人に共通する心理的障害とされた。フロイトは，幼児期の神経症は，「成人の神経症の原型であり，モデルである」，子どもの神経症を分析することで「成人の神経症を理解するのに役立つ」「後年の神経症は，それに先行する幼児期の疾病と直接連続したものである」と考えた。そして，ハンス少年を初め多くの症例を通じて，幼児神経症と成人の神経症は，症候学的類似性を示した。さらに，2つの神経症に共通した病因論的定式として，比較的高度な欲動および自我の発達（幼児では男根エディプス期，成人では性器期レベル），そのレベルにおけるフラストレーション不耐性と前性器期への退行，前性器期的性的攻撃衝動や願望の出現，それに対する不安と罪悪感および防衛反応などを挙げ，両者の精神力動の同一性を示した。その後アンナ・フロイト Freud, A. は，幼児期の神経症症状は必ずしも成人の神経症に発展するものではないことを示し，幼児神経症と成人の神経症の相違と不連続性を明らかにすると同時に，小児の場合は，神経症症状があっても，必ずしも人格的発達はエディプス期に達していないなど，精神力動の面でも不一致がみられるとした。その後，児童分析が進むにつれて，幼児神経症の概念に関しては種々の批判的議論も出ていたが，現在，幼児神経症は，症状の如何，有無を問わず，精神－性的発達がエディプス期に到達している人に共通する人格構造と精神力動を表すメタサイコロジーの用語として使用されている。

(神庭靖子)

[関連項目] エディプス・コンプレックス，葛藤，精神－性的発達，メタサイコロジー

[文献] Freud, A. (1965), Freud, S. (1909b, 1918b)

幼児性欲

[英] infantile sexuality
[独] infantile Sexualität
[仏] sexualité infantile

フロイト Freud, S. の性欲論の中心となる理論。性欲動は思春期にならないと発現しないと考えられていたが，フロイトは，神経症の精神分析的研究を通して，幼児の性生活の重要性を指摘し（1898），その後，乳児期から3，4歳の間に性欲動の活動が存在すると主張した。フロイトの幼児性欲論は『性欲論三篇』（1905）において確立されたもので，その後の論文（1908, 1925, 1931）で発展している。論文『性欲論三篇』では，幼児性欲の特徴として，以下の点をあげてある。(1) 幼児性欲の性欲動（リビドー）は，「生殖器的」「性器的 genital」とは区別され，「性愛的 sexual」である。(2) 自体愛：幼児性欲の対象は他者ではなく自己であり，性欲動が自己の身体に向かうことによって充足される自体愛 auto-erotism である。すなわち，おしゃぶりのときの口唇，排便の際の肛門，排尿の際の尿道，身体の洗浄・摩擦の際の皮膚，自慰の際の男根やクリトリスが対象である。(3) 自己保存本能への依託 anaclisis：自体愛の対象として，欲動が向けられ快感を感じる身体の各粘膜部位は性感帯と呼ばれる。これらの部位は，もともとは生命の保存に役立つ機能を営んでおり，幼児性欲は，自己保存本能の活動と深く関わりながら発達する。これを性本能の自己保存本能への依託とよぶ。すなわち，乳房を吸う機能と口唇，排泄および排泄コントロールと肛門・尿道・男根がそうである。これらの性感帯は発達とともに推移し，口愛，肛門愛，男根愛の段階に分けられるが，これらの発達段階は，口唇期，肛門期，男根期と呼ばれる。(4) 目標の多形倒錯傾向：性感帯が性的活動の主な目標ではあるが，それだけではなく，覗き見，露出，残忍性（サディズム，マゾヒズム）によっても快感は得られる。このようなことから幼児性欲の目標は多様である。これを多形倒錯傾向という。(5) 性的探求の強さ：3 から 5 歳の時期に，幼児は性に関係した事柄に関する知識欲が強まる。幼児は，男女の性器の違いや子どもの出生の秘密，出産に関して強い好奇心を抱く。また，大人の性交場面の目撃（原光景）に関しては，性交をサディズム的に解釈する傾向がみられる。このうち，性別による性器の違いは，男子の去勢コンプレックス，女子のペニス羨望を発展させる。

幼児は，男根期の段階では異性の親への関心が高まるが，同性の親から反撃されることへの恐れと，男子では自慰への罪悪感から去勢されることへの恐れが生じ，やがて幼児性欲は，エディプス・コンプレックスの解消に伴って抑圧されて忘れ去られ（幼児健忘），潜伏期に入っていく。その後性欲動が活発になるのは思春期であるが，ここにおいて性の発達段階は性器期に達し，性欲動は，異性である性的対象へと向かうものとなる（二相説）。なおフロイトは，幼児性欲の発達段階への固着と退行によって，神経症の型と発症を説明する，神経症の発生 - 発達論モデルを発展させた（1916）。　　　　（吉田弘道）

[関連項目] エディプス・コンプレックス，去勢，去勢コンプレックス，原光景，口唇期，肛門期，固着，自慰，自体愛，性感帯，性器期［性器体制］，退行，多形倒錯，男根期，ペニス羨望，幼児健忘，リビドー，フロイト, S.

[文献] Freud, S. (1898a, 1905d, 1908c, 1916–1917, 1925j, 1931d)

予期不安〔期待不安〕

[英] expectation anxiety, expectant anxiety, anxious expectation
[独] Erwartungsangst
[仏] névrose d'attente

フロイト Freud, S. は，『精神分析入門（正）』（1916-17）第 25 講「不安」の不安の症状学についての記述の中で，不安を現実不安と神経症的不安に分け，神経症的不安をさらに 3 つの形式に分類した。その 3 つとは，第 1 が一般的な不安，第 2 が恐怖症的不安，第 3 が不安等価症である。その第 1 のもの，すなわち一般的な不安として，浮動性不安 free-floating anxiety と期待不安（＝予期不安）expectant anxiety あるいは不安な期待 anxious expectation の 2 つを挙げている。「第一に，一般的な不安，いわば自由に浮動している不安が見いだされます。この種の不安は，適当なものでさえあればどんな表象内容にも結びつき，判断に影響をあたえ，ある種の予想を選びだし，あらゆる機会をとらえて自己を正当化しようとします。われわれはこの状態を『期待不安』あるいは『不安な期待』と呼んでいます」（Freud, S. 1916-17）。

予期不安は，浮動性不安が，一時的に特定の場所や状況といった何らかの表象内容と結びついたものである。そして，それは危険な状況が迫り，苦痛なことが起こるのではないかと予期し不安になっている状態を示している。予期不安は，一般に心配性といわれる人にも見られる不安であるが，不安神経症に典型的に認められるものである。

「うっ積不安学説」に始まり，「自動性不安」を経て「不安信号説」へと発展していくフロイトの不安理論の発展に伴って，予期不安の形成についての理論も発展していった。『制止，症状，不安』（1926）では「予期不安」という用語は用いられていないが，不安のもつ「予期」の側面について，自我が危険を予期した際に発する

信号としての不安（不安信号説）という形で以下のように述べられている。

　母親への依存性・無力さをもって生まれてくる人間は，乳幼児期には分離や対象喪失，男根・エディプス期には去勢など，各発達段階に応じて自我の対処能力を超えた危険に遭遇する。そこで体験される無力な状況を，外傷的状況とよび，それらが不安の原体験となる。外傷的状況が予期される状況を危険状況と呼び，この状況になると自我から不安の信号が発せられる。「危険状況は，知られた，思い出せる，予期される無力の状況である。不安は外傷のさいの無力にたいする基本的な反応であって，この反応は後になって危険状況に置かれた時，救助の信号として再生される。」（Freud, S. 1926）

　しかし，自我から発せられた不安が，神経症の病因性をもった去勢不安や超自我不安である場合，外傷的状況や危険状況は抑圧され意識にのぼることなく，対象のない漠然とした浮動性不安として体験されるか，あるいは一時的に何らかの表象と結びついて予期不安となるのである。
　　　　　　　　　　　　　　　　　（河野正明）

［関連項目］不安，不安神経症，不安信号説
［文献］Freud, S. (1916–1917, 1926a)

抑圧

［英］repression

［独］Verdrängung

［仏］refoulement

［定義］フロイト Freud, S. によって最初に明らかにされた自我の基本的な防衛機制で，精神分析の本質である無意識過程の基礎にあるものである。これはある欲動と結びついた観念や記憶を意識から排除して無意識の中へ押しもどしたり，閉じ込めようとする心の働きである。言いかえれば，エスの欲動充足が不快や不安を生み出す恐れのある場合に，逆備給によって意識面に出ることを妨げようとするメカニズムである。これはとくにヒステリーにおいて顕著であるが，他の神経症や心身症においても，また正常心理においても重要な役割を果たしている。その検閲的な機能は無意識的に働いているものであり，その点で意識的に行われるサプレッション（抑制：suppression）とは区別される。

［歴史］この言葉は，19世紀初期の哲学者ヘルバート Herbart, J. F. によって用いられていたと言われている。この概念が臨床的に注目されたのはフロイトがブロイエル Breuer, J. と共同で行ったヒステリーの催眠浄化法において，忘れ去られていた過去の性的体験が発散され意識化されることによって症状が消失したという症例報告（1895）である。フロイトは当初，ヒステリーの精神病理として意識にとって苦痛な体験（つまり性生活にまつわる記憶）の「防衛」という意味で抑圧を考えていた（Freud, S. 1896）。したがって抑圧は防衛という言葉に近い意味で用いられていた。しかし後に強迫神経症などにおける他の防衛機制も明らかとなり，さらにその後，不安は欲動からの危険に対する自我の警戒信号であるという理論に到達するとともに，抑圧はそこで用いられる防衛の一つの形式として位置づけられるようになった。そして精神神経症では，この抑圧をふくめた他の防衛機制が組み合わされて生じることが解明されてきている。その後アンナ・フロイト Freud, A. (1936) によって，防衛としての抑圧の概念はさらに明確にされ，抑圧と現実否認の類似，抑圧と禁欲との差異なども解明されてきている。

［種類］抑圧は，原抑圧（原初的抑圧）と本来の抑圧（固有の抑圧，事後の抑圧）とに分けて考えられる。原抑圧は最初に意識から無意識へと追い出す第一段階であり，無意識の核を形成するものとして仮定されている。これが後に抑圧されるものに牽引力を及ぼすことになり，本来の抑圧に協力するようになる。原抑圧は，逆備給を受けつづけて永遠に無意識のままに存在するものであるが，その起源は明らかでない。フロイト（1926）はそれは人生早期の乳児の無力さによるものではないかと考えたが，さらに種族発生的な要因，つまり人類の祖先依頼の経験が遺伝されてきているのではないかという仮説も考えていた。いずれにしてもこれらは幼児期のさまざまな体験と結びついて意識へ上がってこようとする。そこで自我は危険なエス，つまり不安と結びつく恐れのあるものが意識に侵入してくる場合にはそれを処理する必要が生じてくる。そのために不安を引き起こす恐れのある欲動と結びついた危険な観念や記憶を意識から拒絶し，隔離して，不安を避けようとする。これが本来の抑圧である。

［特質］自我は抑圧を執行するものであるが，これは超自我の指令による。したがって性格構造において超自我の勢力が大きければ抑圧も大きくなるわけで，これは幼児期の両親のしつけや処罰が内在化したものである。この逆備給による本来の抑圧を維持しておくためには，絶えず多大の精力が消耗される。したがって自我のエネルギーの浪費を防ぐために，慢性的な抑圧防壁が性格化されて，抑圧性格と呼ばれる形で固定されてくることになる。ここで抑圧されて無意識の中に孤立したエネルギーは，決して消滅することはなく，再び代理の形で変装されて再現することをくり返してくる。例えばヒステリーでは欲動が妥協された形で身体症状に転換されてエネルギーが発散されるし，また敵意が抑圧された子どもは反社会的行動によって象徴的にその敵意を表現したりする。

　自我心理学では，抑圧それ自体は病的な機制ではなく，

正常心理においても絶えず機能しているものと考える。つまり抑圧は社会的適応生活に必要なものであるが，自我が成熟してきて合理的な方法で危険な不安を処理し得るようになると抑圧は必要ではなくなったり，ゆるめられたりする。ここで夢においては，睡眠中に抑圧の機能がゆるめられるため，昼間の残物に誘発されて無意識的な欲動（潜在内容）が変装されて象徴的に視覚化されて現れてくる。また一方芸術活動においては自我の一時的で部分的な退行（クリス Kris, E.）によって，抑圧されていた欲動内容が生産的にうまく高次のレベルへ置き換えられ作品として創造される。ドラクーリデス Dracoulides, N. N. (1952) は，「芸術は創造家にとって，神経症にならないための救助袋である」，また図式的にいえば「正常の成人で，欲動の力動の3分の1が抑圧され，3分の1が昇華され，3分の1が現実的満足を得ている」と述べている。

精神分析療法では，自由連想法の基本原則によって抑圧がゆるむような場が与えられるが，そこでは抑圧は抵抗として働いてくる。とくに連想中に「つまらないことが浮かんでくる」と感じられるような場合，それはしばしば抑圧抵抗であることが多いとされている。この抑圧抵抗の治療的操作によって抑圧がゆるめられてくるにつれて，それまで無意識内容の中で自我が恐れていたもので，もはや抑圧する必要のないものを意識化することが可能となる。そして幼児期健忘が想起され，洞察が深まり，人格が再構成され，ひいては神経症症状が緩和してくることになる。

催眠のトランスという自我の退行した状態では，夢と同様に，抑圧がゆるんでいるために潜在内容が出現しやすくなっている。それでその状態を利用してカタルシスさせたり，精神分析的に利用する催眠分析法もいろいろ工夫されている。

（前田重治）

［関連項目］原抑圧，退行，防衛機制，抑圧されたものの回帰，抑圧の柔軟性

［文献］Dracoulides, N. N. (1952), Freud, A. (1936), Freud, S. (1915d, 1926a, 1950b), Freud, S. & Breuer, J. (1893–1895), Kris, E. (1952)

抑圧されたものの回帰

［英］return of the repressed
［独］Wiederkehr des Verdrängten
［仏］retour du refoulé

抑圧された感情や連想内容が，消えてしまうのではなく，再び現れようとして自我の変形を受けて，歪曲されて表現に至る過程のこと。フロイト Freud, S. にとっては神経症状とは，こうした抑圧された欲動が，変形されて，別のルートをとって実現された状態に他ならなかった。

フロイトの当初の考え方は，抑圧されたものが，言語的に理解されることによって，リビドーの逆備給が起こって自由な判断が可能となる，というものであった。したがって，精神分析においても，抑圧されたものの回帰は，抑圧の過程と同じルートをたどって，（ただし別の形に変形されて）表現されると考えられた。この好例は，『W・イェンゼンの小説"グラディーヴァ"にみられる妄想と夢』の論文の中で，ツォエのとる行動の意味の解釈として，詳細に記述されている（1907）。ここでは抑圧されたものの回帰は，分析過程に対する抵抗とその克服のみに関わっていた。

しかし後に彼はこの考え方をさらに拡張して，『人間モーセと一神教』（1939）においては，抑圧されたものの回帰は，(1) 身体の病的な統制力の低下や，生理的な低下（特に夢に見られるような）の場合や，(2) 抑圧と関係した本能的な要素が再活性化される場合（たとえば思春期のように）や，(3) 抑圧された状況に類似の状況が起こったときに，おこってくると主張するようになった。そしてこの (3) の過程をさらに拡大して，こうした抑圧されたものの回帰が，徐々にかつ段階的に進行して，ついには神話や文化を形成するというところまで，その範囲を拡張させたのである。この (3) は，さらに抑圧されたものの回帰と解放が，サイコドラマへと連なることを示している。

（磯田雄二郎）

［関連項目］幻想，タブー，抑圧
［文献］Freud, S. (1907a, 1939)

抑圧の柔軟性

［英］flexibility of repression
［独］Lockerheit der Verdrängung
［仏］flexibillité de refoulement

フロイト Freud, S. (1917) は，リビドーの幻想的な内向状態について正常な場合と神経症の場合の違いを自我機能の違いとして説明した。第1はリビドーを非性化して社会的に許容される目標に向け変える機能であり，第2はリビドーを抑圧しその抑圧を強化するような逆備給を過剰に用いる反動形成のような神経症的機制であり，第3が抑圧の柔軟性である。それは一方でリビドーを幻想による願望充足に向かわせると共に，その幻想そのものが現実への帰路をもち，幻想を人びとと共有できるコミュニケーション機能をもつ場合である。つまり抑圧の柔軟性は強い昇華能力をもつ反面ある程度の抑圧のゆるさを持つ結果，欲動を空想的な形で解放し，しかもそれを昇華（たとえば芸術）によって加工し，他人とともに楽しむことができるようにする自我の能力のことである。この芸術家は抑圧のゆるさゆえに，それらの衝動欲求を

空想的な願望形成へと転化し，しかも強い昇華能力をもつので自分の無意識的空想を芸術表現へと高めることができるというのである。フロイトのこの考察をクリス Kris, E. はさらに Lockerheit der Verdrängung を flexibility of repression と訳すことによって「自我の一時的部分的退行」の概念へと発展させ，自我心理学的な芸術論を展開し，自我の健康機能の研究に寄与した。

(黒崎充勇)

[関連項目] 昇華，退行
[文献] Kris, E. (1952)，小此木啓吾・馬場禮子 (1972)

抑うつ的罪悪感　⇒迫害的罪悪感／抑うつ的罪悪感

[英] depressive guilt

抑うつ不安

[英] depressive anxiety
[独] depressive Angst
[仏] angoisse dépressive

　クライン Klein, M. が提示した乳児の発達段階での抑うつポジションにおいて体験される中核的不安である。躁うつ状態の検索を通してクライン（1935, 1940）は抑うつポジションの概念を確立したが，そこで2つの型の不安を区別した。1つが，初めは妄想性不安 paranoid anxiety と呼んでいた迫害不安 persecutory anxiety であり，もう1つが抑うつ不安である。

　抑うつポジションに先立つ妄想‐分裂ポジションにおいて乳児の不安は，自己（自我）の保存と安全についての，悪い対象群から攻撃され破壊されるという妄想的で迫害的な不安であったのだが，生後4‐6カ月ごろから乳児は内的対象についてのアンビバレントな感情に基づいた不安を体験するようになる。すなわち，よい対象／母親が傷ついて死にかけている対象として無意識の空想の中で体験され，かつて対象に向けていた自らの容赦ない攻撃によって愛するよい対象を失ってしまうことを恐れ，罪悪感や絶望感を味わう。またよい対象を思い焦がれ，愛情で修復しようとする衝迫を抱く。これらの感情：喪失感，罪悪感，絶望感，思い焦がれ pining，哀惜，悔いといった心の痛みを抑うつ不安と呼ぶ。この抑うつ不安の発生は，抑うつポジションでの対象の統合過程と連動している。すなわちスプリットされた状態にあった部分対象群がひとつのまとまった全体対象と認知され統合されていく過程がもたらすものである。そしてそれと同時に抑うつ不安にもちこたえることが対象の統合をさらに維持促進させる。この不安は本能論的に表現するなら，生の本能（愛情欲動）が，分離していた死の本能（攻撃欲動）をその配下に統合しようとしていく過程で起きてくる不安とも言える。このように抑うつ不安は，乳児が正常な情緒発達において不可避に体験していく不安である。

　抑うつ不安が乳児によって体験されもちこたえられ続けるなら，傷ついた対象を修復しようとする償い reparation の衝迫は確固としたものになり，その結果，不安に圧倒されることなく対象との間を愛情のある創造的なものに保つことになる。そこでは喪失感や悲哀は迫害的に受け止められず肯定的に受容される。いわゆる喪の仕事である。ウィニコット Winnicott, D. W. はこの過程を対象の破壊と創造ととらえ，より成熟した感情としての思いやり concern を強調した。しかしながら抑うつ不安にもちこたえられないときには病的な防衛が動員される。とくに躁的防衛 manic defence が特徴的である。これは対象の傷つきを否認し抑うつ感情を躁的に対抗・排除してしまうやり方で，支配，征服，勝利感，軽蔑感から成る。このため抑うつ対象は迫害的に体験され，喪の仕事は進まない。躁的防衛が償いに及んだものとして躁的償い manic reparation がある。クラインは当初躁うつ状態に特徴的な抑うつ不安の病理面をより強調したが，この不安は生涯をかけて体験されワークスルーされることで精神の成熟を促し続ける健康な側面を持つ。

(松木邦裕)

[関連項目] クライン学派，罪悪感，全体対象，躁的防衛，対象喪失，償い，迫害的罪悪感／抑うつ的罪悪感，迫害不安，喪の仕事〔悲哀の仕事〕，抑うつポジション
[文献] Hinshelwood, R. D. (1991), Klein, M. (1935, 1940), Segal, H. (1964/1973)

抑うつポジション

[英] depressive position
[独] depressive Einstellung
[仏] position dépressive

　[特質] メラニー・クライン Klein, M. が提示した乳児の情緒発達にまつわる概念で，内的世界のひとつの定型的なコンステレーションとダイナミクスを内包している。それは，抑うつ不安 depressive anxiety，全体対象関係，洗練された心的メカニズム，象徴（抽象思索）の活用といった要素から成っている。発達的には，もうひとつのポジションである妄想‐分裂ポジションがこの抑うつポジションに先行しているが，乳児は生後4, 5カ月からこの抑うつポジションを体験し始める。

　[ダイナミクス] その内的世界の様相をダイナミックに表すと次のようである。よい自己への安心感と信頼の高まり，神経などの生理機能の発達や機能間の連結から，自己や対象はそれぞれに統合に向かう。つまり飢えや痛みなどの苦痛を与えてくると乳児に感じられているわる

い対象(乳房／母親)とそのわるい対象を憎み破壊・攻撃する自己,そしてその部分対象関係に並列して存在していた,心地よさや満足を与えてくれるよい対象(乳房／母親)とその対象からの愛情に満たされつつ対象に愛情を向けているよい自己という別個の部分対象関係から成る内的構造に変化が生じてくる。苦痛を与えてくる乳房と愛情をくれる乳房とが同じひとつのまとまった全体対象 a whole object としての乳房／母親であると乳児は気づきだす。もちろんその一方で,その乳房を憎み破壊していた自己と愛情を向けていた自己とが同じひとつの自己 a whole self であることも認知されてくる。こうして愛情と憎しみのアンビバレンスが意識的に味わわれ始める。

ここにおいて新たな感情と内的状況が生じてくることになる。すなわち悪い対象としてよい対象に攻撃性を向けていたために,よい対象を傷つけたり死なせたのではないかという喪失感,絶望感,抑うつ,哀惜の感情であり,自分がそれをやっていたという罪悪感や悔いである。また,失ってしまったと感じられているよい対象への思い焦がれ pining も体験される。こうした感情が抑うつ不安である。乳児にとってこの不安への対応こそがここでの切実な課題となる。この苦痛な情緒体験にもちこたえていくことが自己や対象の本格的な統合をもたらす。このためよい自己を豊かにするための対象のよい部分のとり入れ同一化はより積極的になされ,過度な投影同一化 excessive projective identification は減退していくことになる。しかし耐えられないときには,より原始的な分裂機制を多用し対象や自己をスプリットして不安を忌避しようとしたり,あるいは躁的防衛 manic defence を使って万能的な対象コントロールを続け,対象の破壊を否認しよい対象を理想化し続けようと試みる。これらはいずれも情緒や内的世界の成熟を妨げてしまう。ここで抑うつ不安にもちこたえていくことができるなら,乳児は自分が対象を傷つけたことを受け入れ,それを修復 restitution,再建 restoration しようと努める。ここに償い reparation の感情が湧いてくる。そしてさらには,傷つけたにもかかわらず愛情を注ぎつづけてくれた対象への感謝 gratitude,対象を傷つけないように配慮する思いやり concern というより成熟した感情が生まれてくる。ここでも躁的償い manic reparation やにせの思いやり spurious concern という病的防衛が活動することもある。

この抑うつポジションにおいては,述べてきた抑うつ不安のワークスルーを中心に心的変化が展開していく。自己や対象それぞれの統合の進展によって,排除・排出を目指したスプリッティングや投影同一化が減少するため,自他(自己と対象)の分化がより確実になる。つまり自己愛的な対象関係が解消されていく。このことは対象としての象徴や観念の成熟を促し,象徴が具体象徴 concrete symbols(象徴等価物 symbolic equation)から象徴表象へ,思考が具体思考から抽象思考へと発展していくこと(象徴機能の発達と思索機能の発達)をもたらし,それがひるがえって抑うつ不安のワークスルーを推し進めることにもなっていく。またこれが内的世界が象徴や言語の活動を含む豊かさを持ち,具体物からなる外界と必然的に区別されていくとの現実検討力の向上にもつながる。さらにそれがスプリッティングや投影同一化が洗練された抽象的な心的メカニズムとして働くようになることを促す。こうして内的状況は妄想‐分裂ポジションとは一変した様相を呈するようになる。ひとまずの抑うつポジションの進展は,離乳を中心とした乳児期の発達において達成されるが,そのワークスルーは個人の生涯をかけて進められていくものである。人生で繰り返される喪の作業は,言い換えれば,この抑うつポジションのワークスルーである。

[歴史]クラインは,抑うつポジションの概念を『躁うつ状態の心因論に関する寄与』(1935)で明確に示し,『喪とその躁うつ状態との関係』(1940)において深めた。さらにのちの論文では,早期エディプス・コンプレックスの発生を抑うつポジションに関連づけている。クラインの保持していた本能論に基づくなら,抑うつポジションとは,生の本能が死の本能に勝ることができ,妄想‐分裂ポジションでは扱えず投影(排出)していた死の本能からの破壊・攻撃欲動を,自己の中で生の本能からの愛情欲動のもとに包み込もうとしていく過程と見ていくことができる。

この抑うつポジション概念の提出は,フロイト Freud, S. の理論とはまったく異なったクラインの斬新な精神分析理論の最初の提示でもあった。このため,大きな論争(The Freud-Klein Controversies 1941−45)と分裂の危機を英国精神分析協会に引き起こすその起爆剤となった。しかし一方,この理論によって英国精神分析は独自の深まりを推し進めていくことにもなった。クライン派だけでなく,ウィニコット Winnicott, D. W. を始めとするインディペンデント分析家にも幅広くこの概念は共有されている。

[病態]抑うつポジションの病理性に基づく病態には,うつ病や躁病,一部のボーダーラインを含む人格障害,神経症があり,幅広い。

[その後の発展]ビオン Bion, W. R. は抑うつポジションの発達側面から現時点での心の構え／有り様を区別し,それを D と記号で示し,同意義を持つ妄想‐分裂ポジションの PS と対比させた。また,シュタイナー Steiner, J. (1992) は 2 期に分け,対象喪失の恐れや否認の時期と対象喪失を体験する時期に分けている。

(松木邦裕)

[関連項目]ウィニコット理論,クライン学派,罪悪感,象徴

形成, 全体対象, 早期エディプス・コンプレックス, 躁的防衛, 対象喪失, 償い, ビオン理論, 妄想分裂ポジション, 喪の仕事〔悲哀の仕事〕, よい対象／わるい対象, 抑うつ不安, クライン

[文献] Anderson, R. (ed.) (1992), Bion, W. R. (1963), Klein, M. (1935, 1940), 松木邦裕 (1996), Segal, H. (1964/1973), Spillius, E. B. (ed.) (1988)

欲動
[英] drive
[独] Trieb
[仏] impulsion

フロイト Freud, S. は『本能とその運命』(1915) で,「欲動とは, 精神と身体の境界をなす概念であり, 有機体の内部から生じて, 心に到達する刺激の心的表象である」と述べているが, 欲動は基本的に, ドイツ語の Trieb が持っている,「強いられる・駆り立てる」の意味を含蓄し, 圧迫し, 動かされるという内部からの抑えがたい衝迫的な性格が強調されている。この意味で Trieb は欲動と訳される。欲動という言葉には, 駆り立てる, 衝迫といった意味があるからである。

Trieb という用語をフロイトは 1905 年に初めて用い,『性欲論三篇』(1905) で, 源泉, 対象, 目標の区別を明らかにしたが,『本能とその運命』で, さらに心迫, 源泉, 対象, 目標という 4 つの基礎概念をまとめ, 欲動に包括的な定義を与えている。つまり欲動は, 身体内部の刺激興奮状態を源泉として, 一定の方向に向かう圧力に駆られる衝迫性を持ったエネルギー緊張量であり, 一定の対象によってその目標達成（充足）が可能になる。

さらに, 欲動を心的なものと身体的なものとの境界概念として定義するとともに, 有機体の内部から生じて, 心に到達する刺激の心的表象であるという定義をいくつかの箇所で議論しているが, またその一方で, 欲動は意識の対象となり得ない, 欲動をあらわしている表象だけが意識の対象となり得るといい, 欲動と表象を区別する言い方をする場合もある。つまり, 欲動を心的表象として定義する見地と, 欲動そのものとその心的表象を区別するいう見地がフロイトの中で交錯している。

なお, 用語上の問題として, ドイツ語の Trieb は, 欲動 drive, 衝動 impulse, 衝迫 urge, 欲求 need などの意味を含むが, フロイト全集の英訳者ストレイチー Strachey, J. は instinct（本能）と訳している。一般に, 英文で本能 instinct は, 先天的に決定された行動パターンで変更できないものの意味であるが, たしかにフロイトは, 欲動 Trieb を生まれながらに与えられ, 生まれたときから存在し, 遺伝的に決定されたポテンシャルに基づくものと見なしたので, ストレイチーが Trieb を instinct と訳したのも一理あるのだが, その一方で, フロイトは, Trieb は環境とのかかわりでその目標と対象を変更する, また, 衝迫性に駆り立てられる動きとして定義づけているので, この見地から見ると, 欲動 drive のほうが訳語として適切である。この点で, フランス語でも Trieb を impulsion と訳す動きがあり, ストレイチーが instinct と訳したことについて批判がある。この意味で, 米国ではむしろ本能的欲動 instinctual drive という用い方をする動向があり, ハルトマン (Hartmann, H. 1948) や, シュール (Schur, M. 1966) らの理論家は好んでこの用語を用いた。

なお, 欲動のうち, 最も基本的なものを「原欲動 Urtrieb」と呼ぶが, 1920 年頃までは, それは「自我欲動 Ichtrieb」と「性欲動 Sexualtrieb」, またはリビドー（これは 1914 年に自我リビドーと対象リビドーに分かれた）, それ以後は,「生の欲動 Lebenstrieb」と「死の欲動 Todestriebe」にさらに分類され, 自我欲動と性欲動は生の本能の中に包括された。　　　　（小此木啓吾）

[関連項目] エス, 自我本能, 死の本能（欲動）, 生の欲動（本能）, 欲動, ハルトマン, フロイト, S.

[文献] Freud, S. (1905d, 1915c, 1916–1917, 1920e, 1923b), Hartmann, H. (1948), Hartmann, H., Kris, E. & Loewenstein, R. M. (1949), Schur, M. (1966)

欲動解放情動
[英] drive-discharge affects

エンジェル Engel, G. L. (1962) は情動を, 信号探査情動と欲動解放情動に区別した。後者は体験されている情動とその観念内容が欲動そのものの表現であり, 信号機能を備えていない情動をいう。感じられている情動が最高潮に達した場合, この情動は目標が達成され解放されるか, あるいはその情動の基底にある欲動の充足が不可能なために阻止されるかのいずれかである。いずれの場合も, ついで信号探査情動が出現する。たとえば怒りの情動はある場合には罪悪感や不安を伴うが, ある場合には満足感を伴う。これは欲動解放情動そのものは快か不快かで分類できるものではなく, 表現した結果は自我の評価・判断にゆだねられ, それ相応の信号探査情動に反映されるのである。欲動解放情動は, それに対応する欲動によって攻撃欲動の情動（怒り, 憤怒など）, リビドー欲動の情動（愛情, 思いやり, 性的情動など）に分けられる。また嫉妬, 貪欲, 傲慢, 同情, 憐憫などの情動では欲動の融合がみられる。　　（黒崎充勇）

[関連項目] 信号探査情動
[文献] Engel, G. L. (1962)

欲求充足的対象
[英] need-satisfying object
[独] Notgenugtuungsobjekt
[仏] objet de satisfaction du besoin

アンナ・フロイト Freud, A. によって 1965 年に記述された，対象恒常性が確立される前段階における対象のとらえられ方を示す用語。アンナ・フロイトは，子どもの発達に関し，発達ラインという概念を提唱し，基本的発達ラインを，乳児の完全依存状態から成人の自立した対象関係にいたる八段階に分けた。その第二段階が，欲求充足的対象関係である。これは，クライン Klein, M. の部分対象関係，スピッツ Spitz, R. A. の依託的関係にあたる。乳児の身体的欲求と欲動が緊急性をもって高まると対象備給が行われ，欲求がひとたび充足されると撤去されるため，この時期の対象関係は間歇的で動揺する。また，この対象関係にある時期には，内的世界と外的世界の区別は，客観的事実よりむしろ快－不快という主観的体験に基づいており，母親の乳房，顔などが，子どもにはあたかも自分自身の身体の一部であるかのように取り扱われる。子どもの全生活は，身体的欲求，身体的衝動，およびその派生物によって支配されているが，その満足の量や質は，子どものコントロールによるものではなく，環境の影響によって決定されるものである。というのは，対象恒常性が獲得されるまでは，対象（母親）は子どもにとって独立した一個の存在としては認識されておらず，母親は，子どもの欲求や願望の枠の中で，どんな役割を演ずるかによって認識されるからである。つまり子どもは，欲求に対する充足を母親からもらえたか否かという観点からのみ母親を理解する。したがって，母親の病気や不在は，拒否や放棄とみなされる。また，この時期に行なわれる離乳が，子ども自身の自然な欲求としてなされずに，母親の願望によって，しかも突然なされた場合，口唇愛剥奪として子どもには受け取られ，それに対する抵抗から，食物に対する正常な喜びが生まれず，新しい味付けや濃さに馴染まないことも起こりうる。さらに，この段階における変化に子どもがどう反応するかということが，その後，新しい体験を心よく受け入れていけるのか，すべての変化を脅威や剥奪として受け取るようになるのかの最初のわかれ目となるという。

このような対象関係にある時期に，母親が欲求を満たしたり安らぎをあたえるという役割を演じないと，マーラー Mahler, M. の共生幼児精神病 symbiotic infantile psychosis，スピッツの依託抑うつ anaclitic depression，アルパート Alpert, A. の母性剥奪，ジェームズ James, M. の未熟な自我発達，ウィニコット Winnicott, D. W. の偽りの自己 false self などを生むと考えられる。

対象恒常性が確立されると，欲求が充足されるか否かに関わらず，対象の内的イメージを維持することが可能となり，外側からの欲求充足に依存する対象関係から脱却していくことができる。　　　　　　　（神庭靖子）

[関連項目] 対象恒常性，発達ライン，部分対象，フロイト, A.
[文献] Freud, A. (1965), Hartmann, H. (1952)

欲求不満
[英][仏] frustration
[独] Versagung

生活体がなんらかの妨害によって要求満足を阻止されている状態を欲求不満（フラストレーション，欲求阻止）状態と呼ぶ。

フロイト Freud, S. は欲求不満を (1) 外的対象の喪失による型（外的欲求不満 äußere Frustration）と，(2) 現実から提供される満足をみずから拒む，すなわち無意識の超自我によって生じる型（内的欲求不満 innere Frustration）とに分けて考えた。そして (1) は (2) が加わらなければ，それ自体では神経症発症の原因にはならないと考え (1916)，また「成功したときに破滅する人間」の例をあげて，(2) の重要性を明らかにした。またフロイトは，性器的性質の者では，性的衝動の欲求不満を昇華して，より高次の社会的な目的行動に置き換えることができるとしている (1905)。なおフロイトの精神分析療法における禁欲原則では，分析者は患者が転移関係の中で求めてくる代理満足としての役割を放棄して，患者自身を「満足されない願望を十分に残し」た状態，つまり欲求不満の状態に維持しつづけなければならない (1918)。

欲求不満は閾 threshold の概念を含んでいて，適度な欲求不満が自我発達を促すという側面にも，精神分析は着目している。不適切な反応の方式に訴えることなく，欲求不満に耐える個人の能力を，欲求不満耐性 frustration tolerance と定義したのは，ローゼンツワイク Rosenzweig, S. である。欲求不満耐性の高い人は，欲求阻止に出会ったときにも，理性的・合理的に対処して積極的に問題解決をはかることができる。欲求不満耐性は，子どもの発達過程で，過度に強くない欲求不満を適度に経験することで習得され，また周囲の人びとの欲求不満への対処法を観察学習して習得する側面も見逃せない。欲求不満耐性を測定するための絵画を用いた投影法心理検査「P-F スタディ」が考案されている。この検査は，ローゼンツワイクによる欲求不満に対する反応の分類（障害優位型・自我防衛型・欲求固執型の 3 型と，外罰的反応・内罰的反応・無罰的反応の 3 反応の組み合わせによる分類）に従って，被験者の反応を分類，整理していくものである。

欲求不満については，学習理論に基づく実験心理学の領域で，数多くの研究がなされている。代表的な研究としては，ダラード Dollard, J. や，ミラー Millar, N. E. らによる欲求不満‐攻撃仮説 frustration-aggression hypothesis（1939），シアーズ Sears, R. R. による代償反応 substitute response，レヴィン Lewin, K., デンボー Dembo, T., バーカー Barker, R. G. による欲求不満‐退行仮説 frustration-regression hypothesis（1941），マイアー Maier, N. R. F. の欲求不満‐固着仮説 frustration-fixation hypothesis（1940）の研究があげられる。　　　　　　　　　　　（上別府圭子）

[関連項目] 葛藤，実験神経症，心理検査，抑圧
[文献] Freud, S. (1905d, 1912b, 1916d, 1919b), 佐治守夫 (1966)

予備面接　⇒診断面接
[英] preliminary interview

よるべなさ　⇒無力感
[独] Hilflosigkeit

ライウス・コンプレックス　⇒エディプス・コンプレックス
　　［英］Laius complex

ライフサイクル
　　［英］life cycle
　　［独］Lebenszyklus
　　［仏］cycle de la vie

　本来生物学の用語であり，生物の一生を，個体がそれぞれの時期に示す変容過程としてとらえる用語である。これを精神分析に導入したのはエリクソン Erikson, E. H. である。

　フロイト Freud, S. のリビドー体制化としての発達論も一種のライフサイクル論であるが，幼児期に力点があった。また，フロイトの後を継いで発達論を展開したアブラハム Abraham, K. も，フロイトの幼児論を明細化したものだった。その後継者としてのクライン Klein, M. の発達論はさらに幼児期の最早期にさかのぼるものであって，ライフサイクル全体を見通すものではなかった。この点でエリクソンの発達論はライフサイクル全体を見通した人間生涯を問題にするという点でユニークであった。

　エリクソンのライフサイクルの発達論にはフロイトの伝統を理論的に維持している部分とエリクソン独自のアイデアとがある。フロイトの発達論が心理性的なものとしてとらえられるのに対してエリクソンの発達論は心理社会的なものとしてとらえられている。それは対人関係の場や心理社会的な事象と関係しているものを取り上げている点で，フロイトの精神内界を中心とした発達論と質を異にしている。エリクソンの発達論は人生の 8 つの発達段階の図式としてよく知られている。これには幾つかの理論的な前提がある。第 1 はグラウンドプラン ground plan と呼ばれるものである。われわれは個体として，生まれながらに一定の素因をもっているというものである。それが 8 つある。それは「信頼感」「自律性」「自発性」「勤勉性」「アイデンティティ」「親密性」「世代性」「自我の統合性」である。それらは時期を見て発現する。ちょうど，植物が種子から双葉が出て，しだいに大きくなり，茎や枝葉を伸ばし，そして花をつけ，実をつけるように，人間の個体も生まれながらにライフサイクルの時期時期に発現する素因をもっていると考える。それが乳児期，幼児期とその時期によって発現するのである。したがって，発現の時期と素因とは出会いながら将棋盤上を斜めに進行していくように見えるのである。それぞれの素因は心理力動的な拮抗的な否定的素因をも同時に展開する。それらは「不信感」「恥・疑惑」「自責感」「劣等感」「アイデンティティ拡散・混乱」「孤立」「自己陶酔」「絶望」である。だから，心理力動的に緊張した危機的なバランスを示すことになる（図を参照のこと）。エリクソンのライフサイクルのアイデアに関しては，このように同調と反同調との拮抗の心理力動的関係が重要である。

　これらのライフサイクルの時期を決定するものは，文化と時代である。われわれがどの時代に，どのような文化に置かれているかによって発達の様相も異なってくる。このように，発達の普遍的な様相と時代的文化的様相を同時的に包含できる理論となっているところに特色が見られる。

　このライフサイクル論において，親密性や世代性を位置づけることによって，世代と世代とのつながりと循環を理解することが可能になった。つまり，親は子を産むと同時に，それが親の親密性や世代性の実現につながっているのであり，お互いに自己のライフサイクル上の課題を遂行しているに過ぎないのである。その意味で相互的 mutuality，つまりお互いに対等のライフサイクル的な位置を占め，課題を遂行しているのである。このことは十分に理解されていないが，臨床的にも，実際的にも重要であると思われる。エリクソンのライフサイクルの発達論の影響から，レヴィンソン Levinson, D. J. らの成人期の発達論などがでてきている。　　　　　（鑪幹八郎）

個体発達分化の図式

		1	2	3	4	5	6	7	8
Ⅷ	老年期								統合性 対 絶望
Ⅶ	壮年期							世代性 対 自己陶酔	
Ⅵ	成人期						親密性 対 孤立		
Ⅴ	思春期 青年期					アイデンティティ 対 アイデンティティ拡散			
Ⅳ	学童期				勤勉性 対 劣等感				
Ⅲ	児童期			自発性 対 罪悪感					
Ⅱ	幼児期		自律性 対 恥・疑惑						
Ⅰ	乳児期	信頼感 対 不信感							

[関連項目] 漸成説, エリクソン
[文献] Erikson, E. H. (1950), Erikson, E. H., et al. (1986), Levinson, D. J., et al. (1978)

ラカン理論
[英] Lacan's theory
[独] Theorie des Lacans
[仏] théorie de Lacan

[**ラカン理論**] 初期の「フロイトに還れ」に始まり晩年のラカン Lacan, J. 自ら「私はフロイディアンだ」と言ったように,ラカン理論はラジカルなフロイト原理主義の産物であり,フロイトの方法でフロイトを読み,時に矛盾に満ちたフロイトの論理を首尾一貫させるべき視点を模索し続けたものである。ソシュール言語学やヘーゲル哲学をはじめ広範な学問領域への参照と奇抜な造語に惑わされがちであるが,実際はフロイトが臨床的現実と格闘しつつ精神分析を創始し確立した過程を辿り直すことを主張し続けた。例えば,自我心理学の批判を通して自我と主体の区別を強調し,前者に対して「想像的」他者を,後者に対して「象徴的」な大文字の他者を対置した。また,対象関係論の批判を通して欲望の対象の「現実的」な去勢を強調した。ラカン理論の大部分は,「フロイト的事象 la chose freudienne」と言うべき精神分析経験を言語学の道具と数学の体裁によって基礎付け直す作業であり,巷間言われるように単なる構造主義でもなく教条主義的でもない。セミネールという形で聴衆を前にして行われた理論の展開自体がパリという都市や時代を背景にした力動的過程であり,人びとを惑わしたものがあったとすれば,それはラカン独自の理論体系というより,ラカン的スタイルであった。

[**鏡像段階および想像的なもの**] 生後 6–18 カ月の幼児は鏡に映った自分の姿を認めて喜びを表す。幼児の神経系の発達は知覚系に比し運動系が遅れるために,幼児は統御できない自分の身体を寸断されたものと感じており,鏡に映った自分の姿を見て初めて一つのまとまりとしての自分をそこに発見して喜びを表す。これは幼児に一過性に見られることではなく,まさに成人の「自我」の成り立ちを示す。これが想像的疎外と言われるのは,人が鏡像や自分に似た他者にしか自我を見いだせないためであり,想像的他者がいないと自分が何を欲しているのかが分からないからである。自我は主体の中心を外れており「欲望は他者の欲望である」。自らの欲望を他者から取り戻そうとして他者を亡き者にすると自らの欲望は実現できない。

[**大文字の他者および象徴的なもの**] 「すでにことばがあった」ところに生まれ落ちる人間は,存在をとるか意味をとるかの「不可避の選択」で,強盗に生命ではなく財布を差し出すように,意味を選んで話す存在となり,生身の存在を永遠に失う。人間の無意識には,他者のディスクールを構成していたシニフィアンが蓄えられ,「無意識は他者のディスクール」であり「無意識はランガージュとして構造化されている」。電気回路に喩えるとシニフィアンの集合は,人間を中継器として固有の反復強迫を続ける自働機械であり,人間にとっては絶対的他つまり「大文字の他者」である。しかし無意識の主体はシニフィアンという象徴的なものでしか欲望を表せないので「欲望は大文字の他者の欲望である」。しかし欲望の対象は,原理的に象徴的なものによっては到達不可能なので,人間主体は根元的に象徴的疎外を被っている。

[**対象 a および現実的なもの**] 「寄る辺ない」ものとして生まれ落ちた人間は想像的にも象徴的にも疎外されているが,「最初の満足」を与えてくれた「もの das Ding」を欲望する。しかし,欲望の対象はそもそも「失われた対象」であり,原理的に回復不能という意味で「分離」は現実的である。欲望の原因であった対象は,言葉によっては捉えきれない「シニフィアン連鎖の残余」として残る「対象 a」l'objet a として概念化された。この対象を例えば移行対象や部分対象で代理しても,かりそめの快は得られても真に対象を「享楽 jouir」することは不可能であり,主体と対象を媒介するものは「去勢」されている。それゆえ「性関係はない」し「大文字の女は存在しない」。この不可能性を,主体は「父の名」による禁止と体験する。「想像界」「象徴界」「現実界」の三つは次元の異なる界域でありながら相互に分かち難く結ばれている。そのため,界域のつながり方や結ばれ方を表すためにトポロジーが用いられる。

[**実践**] ラカンによれば人間存在そのものがすでに症候であり,人は神経症か精神病である。神経症は無意識の主体が立てる問いであり,ヒステリー者の無意識は「自分は男か女か」,強迫者は「自分は生きているのか死んでいるのか」を問う。精神病では問いを立てる前に答えの方が到来してしまう。理論上のラジカリズムは実践にも及び,ラカンは治療分析と教育分析を区別せず「分析家を作る分析しかない」と言う。また,実際の技法として自由連想を切ることが強調された。自由連想されるシニフィアンの連鎖が何らかの意味を持つためには,シニフィアン連鎖に切れ目(スカンシオン scansion)がなければならない。1 回のセッションの長さは分析家の介入によってフレキシブルに切られ,分析家がシニフィアン連鎖を切る行為が「解釈」である。そのためにしばしば極端な「短時間セッション」も行われる。この実践が批判されて,ラカンは IPA から「破門」され,独自の一派を旗揚げするに至った。ラカンは分析家を認定する制度についてもラジカルに問い直し,制度的なものが持つ恣意性に左右されずに分析家としての力を問う方法を模

索し，自らの分析経験について間に人を介して言語的に伝達する力を検証する方法として「パス」を考案した。ただし「パス」は資格認定制度ではなく，ラカンは「分析家は自らによって自らを権威づける」と言い，ラカン派の隆盛に伴ってパリの自称ラカン派分析家の人口は急増してしまった。

(南　淳三)

[関連項目] シニフィアン，父の名

[文献] Lacan, J. (1966), Miller, J. A. (1973), 向井雅明 (1988), 小笠原晋也 (1989), 新宮一成 (1995)

ラットマン　⇒ねずみ男 [症例]

[英] Rat Man

ラポール [情緒的疎通性]

[英][仏] rapport

[独] Rapport

2人以上の人の間にできあがる，親和的で，相互に信頼感のある関係や雰囲気を言う。とくに精神療法やカウンセリング，心理検査を円滑に進める上で，治療者-患者，カウンセラー-クライエント，検査者-被検査者の間に必須の前提条件とされる。もとは，一致，交流，交際，関係などを意味する仏語であり，英語読みにしたがってラポートとも表記され，単に疎通性と訳されることもある。

この言葉を特別な治療関係を表す意味で初めて用いたのは，現代催眠研究の先駆けとなる動物磁気術 animal magnetism を提唱したメスマー Mesmer, F. A. である。彼は，当時の物理学からこの言葉を借用している。その頃，人びとが互いに触れながら列を作り，機械で発生した電流を次々に伝えていって，互いに「ラポールがつく」という実験が流行していた。彼はこの考えを，人体に存在するとされた磁気流体の伝達に適用した。メスマーは，身体的接触とともに情緒的接触の意味合いももたせていたようであり，患者とのラポールを一種の「波長合わせ tuning in」として考えた。このようにラポールという言葉は，仏語での日常用語としての意味合いから，精神療法一般での関係，さらには狭義に催眠者と被催眠者との間の信頼関係を示す場合までを含んでいる。

フロイト Freud, S. (1890) ははじめ，被催眠者が眠っている人のように外界との接触が断たれているように見える場合でも，催眠者とのコミュニケーションは保たれているという現象を指してラポールと呼んだ。そしてこれを，他のことでは目を醒まさないのに，子どもだけには目を醒まさせられるという点で，子どもに乳を与えながら眠る母親の姿になぞらえている (Freud, S. 1916)。彼はまた，このような被催眠者が催眠者に対して抱く信仰と言っていいほどの信頼の念が，催眠以外の実生活の中では，最愛の両親に対する子どもの気持ちと恋愛関係の場合に見られるとしている。その後，転移という概念を明確化する中で，フロイト (1914) はラポールを転移の原型であると論じた。これに対してユング Jung, C. G. (1968) は，ラポールを作り上げることが困難なときに転移が出現するとして，転移をラポール欠如に対する補償機能であると論じている。

しかし，一般に分析状況では，ラポールと転移とは区別して考える必要があるだろう。ラポールは治療同盟を形成する基礎として，治療過程を進展させていく力となるものであるのに対して，転移はそこから患者の対象関係に基づいて発展し，抵抗としても機能しうるものであって，治療過程で分析されるべきものだからである。ライクロフト Rycroft, C. (1968) は，両者の間に共有する象徴がないとか，一方もしくは双方が疑いをもつとか，治療者の側に想像力が欠けているとかいった要因によって，ラポールの生ずることが制止されているのでないかぎり，ラポールは自然に起こると述べている。

(笠井　仁)

[関連項目] 催眠法，心理検査，治療同盟，転移

[文献] Chertok, L. & de Saussure, R. (1973), Ellenberger, H. (1970), Etchegoyen, H. (1991), Freud, S. (1905c, 1914d, 1916–1917), Jung, C. G. (1968), 小此木啓吾 (1964a), Rycroft, C. (1968a)

乱暴な分析

[英] 'wild' psychoanalysis

[独] 'wilde' Psychoanalyse

[仏] psychanalyse sauvage

フロイト Freud, S. がその技法論の中で取り上げた概念で，精神分析療法の一定の基本原則に従うことなく，(1) まだ患者の抑圧されたものに接近する準備が整っていないのに，(2) 患者が治療者に対して特別な愛着（陽性転移）を抱き，苦痛な解釈を受けても治療から逃げ出すことがない治療関係ができ上がっていないという状況で，治療者が推定した患者の内的な秘密をいきなりぶしつけに話して聞かせたりする乱暴な治療のやり方を，フロイトは「乱暴な」分析 wilde Psychoanalyse と名づけた。このような治療関係が成立するためには，患者とのかなり長期にわたるかかわりが必要なのだが，この基本原則を無視して解釈を直接与えることは，患者に強い抵抗が起こり，むしろその結果，治療者にもその治療にも敵意を引き起こす事実をフロイトは警告している。

この誤りを犯さないためには，まず，各治療者はすでに精神分析技法を自分のものにした人びとからそれを学びとることが必要である。しかも，この原則を守らない

乱暴な分析を行う人びとが精神分析家を自称する場合，いたずらに患者たちにこの治療者たちに対する反発や非難ばかり高まってしまって，ひいては，精神分析そのものがこれらの乱暴な分析のために有害な影響を受けるおそれがある。そのような困った事態から本物の精神分析療法を守るために，「われわれは1910年春，国際精神分析協会を設立した。そのとき会員はその氏名を公表することによって，自分がそれに所属する者であることを明示した。それは，われわれの学会に属さないで，自分の行う治療を精神分析療法などと自称するすべての人の行為に対して責任を負うことを拒否するためであった」と，フロイトは語り，乱暴な分析は，患者自身のみならず，本物の精神分析療法全体に対してとても有害であることを強調している。　　　　　　　　　　　　　　　（小此木啓吾）

[関連項目] 精神分析家の資格，精神分析技法，精神分析療法，フロイト的治療態度

[文献] Freud, S. (1910j)

り

リエゾン精神医学
[英] liaison psychiatry

コンサルテーション・リエゾン精神医学（相談・連携精神医学）consultation-liaison psychiatry とも呼ばれる。リエゾン精神医学という用語をはじめて用いたのはビリングス Billings, E. G.（1939）であるといわれている。一般開業医を対象に症例検討会を行い，精神分析的な患者理解，関係理解を伝えたバリント Balint, M. の仕事などは，リエゾン精神医学という用語を用いてはいないが，その先駆的仕事といえる。1970年代から米国において活発に行われるようになり，1970年代後半にはわが国にも紹介され，しだいに実践されるようになった。リポウスキー Lipowski, Z. J. によれば，コンサルテーション・リエゾン精神医学とは臨床精神医学の一領域であって，総合病院の精神科以外の部門における精神科医の診断的，治療的，教育的，研究的な活動のすべてを含む。医学の専門化，細分化，身体医学への偏重などにより病める人間全体への配慮が稀薄になったことへの反省から，bio-psycho-sociological な全体医学，総合医学を目指す試みであり，プライマリー・ケアや心身医学とも関連が深い。

一般にコンサルテーションとは専門家間の交流プロセスであり，コンサルティーが自己の業務上の困難たとえば患者の処遇，治療などに関して専門的な能力をもつコンサルタントに援助を求めることをいう。指導監督と異なるのは，あくまでコンサルティーが治療の責任を負い，コンサルタントの援助を自主的に取捨選択することである。従来わが国ではコンサルテーションは問題が発生した場合に患者個人に関して行うもの，リエゾンは患者個人ではなく患者をめぐるさまざまな治療関係に積極的に働きかけ，他科の主治医，コメディカル・スタッフ，医療チーム，患者家族その他関係者と協力連携して主として心理社会面の問題を発見し，それが障害として顕在化する以前に未然に解決することとされてきた。これに対して保坂は，上述の意味のリエゾンも本来はコンサルテーションという用語に含まれるとし，コンサルテーションは機能を意味する用語として用い，対象が患者だけでなく患者・家族関係，患者・医療者関係，医療者間の関係へと広がった場合を広義のリエゾン，精神科医が医療チームの一員として組み込まれ病棟に常駐するなど一定の構造ができている場合を狭義のリエゾンと呼ぶことを提唱している。

リエゾン精神医学の対象が治療関係やそこに働く精神力学が主要なものであるので，リエゾン精神科医には力動的な観点すなわち防衛機制，転移および逆転移，それらの解釈技法などの精神分析が積み重ねてきた治療関係論の理解，さらには患者の病理が医療スタッフに影響し治療関係を規定するという問題や集団力動についての理解が不可欠である。　　　　　　　　　　　　　（成田善弘）

[関連項目] 心身医学，力動的観点

[文献] Balint, M. (1957), Glickman, L. S. (1980), 保坂隆 (1989), 岩崎徹也（編）(1991), Lipowski, Z. J. (1974)

力動　⇒精神力動
[英] dynamics

力動精神医学
[英] dynamic psychiatry
[独] dynamische Psychiatrie
[仏] psychiatrie dynamique

精神現象を，生物・心理・社会的な諸力による因果関係の結果として了解することを，方法論的な基礎とする精神医学のこと。これと対比して，精神現象の厳密な記載を方法論的な基礎とする精神医学，すなわち記述精神医学（英：descriptive psychiatry，独：descriptive Psychiatrie，仏：psychiatrie descriptive）のことを，静的精神医学 static psychiatry ということがある。広義にはドイツのクレッチマー Kretschmer, E.，フランスのジャネ Janet, P.，エー Ey, E.，アメリカのマイヤー Meyer, A. など多岐にわたる精神医学の諸学派も含まれ

るが，狭義には，もっぱら精神分析的精神医学 psychoanalytic psychiatry のことを意味する固有名詞として用いられている．それは，精神力動 pshychodynamic という言葉がフロイトの力動的見地 dynamic aspect に発した精神分析的概念を意味するからである．狭義の力動精神医学は，現在まで主としてアメリカで発達してきている．フロイトは1909年，アメリカに招かれて講演旅行をした．これを機にアメリカでは精神分析の影響が徐々に広まりはじめていた．一方，アメリカ精神医学の始祖マイヤー Meyer, A. は，精神障害を個体の環境に対する反応としてとらえる基本的な考え方，すなわち反応型 reaction type の概念を発展させていた．この反応という考え方は，とりもなおさず力動的な理解に立つ精神障害のとらえ方であり，この伝統が精神分析との統合を促して，力動精神医学の発展の素地となった．その後，第二次世界大戦を契機に，ヨーロッパで育った精神分析医が続々とアメリカに亡命，移住した歴史的状況が，いっそうこの傾向を助長した．さらにメニンガー兄弟 Menninger, Karl & William らをはじめとするアメリカ育ちの精神分析医の貢献も加わり，現在ではアメリカのみでなく，世界的に広がっている．わが国においては，第二次世界大戦前に，東北大学の丸井清泰や古澤平作らによって，力動精神医学ないし精神分析学が取り入れられていたものの，当時はまだ日本の精神医学の一分野としての地歩を確立するには至らなかった．しかし，戦後古澤平作によって教育された精神科医たち，および欧米に留学した精神科医，心理学者らによって発展し，力動精神医学に対する関心，評価は近年いっそう高くなっている．

こうして今日，力動精神医学は，神経症から精神分裂病に至るすべての精神障害の力動的な診断と治療をはじめ，多くの実践領域を開いてきている．また年齢的には乳幼児精神医学や児童・青年精神医学から老年精神医学，さらにいわゆる死の臨床に至るまでライフサイクルのすべてに応じた精神力動的な理解とそれらへの接近の実際，さらに精神分析に伝統的な個人精神療法から精神分析的な集団精神療法，またそれらの理解を基礎にした力動的病院精神医学，精神分析的なソーシャルワークをひとつの軸にして発展した家族精神医学，また心身医学やコンサルテーション・リエゾン精神医学など医学一般への寄与，さらに産業精神医学や地域精神医学など病院の外への広がりを示している．そしてこれらの力動精神医学は，精神科医，心理臨床家，ソーシャルワーカー，看護婦，作業療法士等々幅広い職種の活動を統合するものとして，実践的な役割を果たしてきている． (岩崎徹也)

[関連項目] 精神分析，精神力動，メタサイコロジー，フロイト，S.，マイヤー，メニンガー

[文献] Gabbard, G. O. (1994), Kaplan, H. I., Sadock, B. J. & Grebb, J. A. (1994), 西園昌久・他 (1988)，小此木啓吾・他 (編) (1981–1985), Wallace, E. R. (1983a)

力動的観点
[英] dynamic point of view

心的現象を一定の方向と量を持った力と力の葛藤によって生ずるものとしてとらえる観点．最初フロイト Freud, S. は，この力と力の葛藤を抑圧するものと抑圧されるものの力動的な葛藤としてとらえたが，この局所論から，やがて，自我，超自我，イドの心的構造論（1923）を唱え，むしろ外的な現実との外的葛藤およびそれぞれの心的な諸力の精神内界における内的葛藤から人間の心的現象を理解する見地へと発展した．ラパポート Rapaport, D. とギル Gill, M. M. は，精神分析的メタサイコロジーの5つの基本的観点の第1のものとしてこの力動的観点をあげ，その観点が含む4つの命題をあげている．

第1は，心的な力が存在すること．第2は，その心的な力が一定の方向 direction と量 magnitude によって決定されていること（例えば欲動と抑圧するもの）．第3に，同時に働くこれらの心的な力の効果は，単一の結果をもたらすことがある（症状，夢，失錯行為などにおける力動的な葛藤の妥協形成）．第4に，これらの心的力による結果が，むしろそれぞれの力の単一の結果ではなく，いろいろな力関係の総和である場合（重複決定，あるいは前性器的な欲動の性器的なものによる統合などの場合）があげられている．

この力動的観点は，米国の力動精神医学における精神力動の観点を生み出した．人間のすべての心的行動は特定の心的な動機を持ち，しかもそれは多くの場合，本人自身が意識しない無意識的な動機や意図が関与する．しかも，それらは互いに葛藤し合って，力学的な葛藤を引き起こしているが，人間の心的行動はこの葛藤の妥協形成として理解される．この葛藤には，精神内界，対人関係，外界と内界というさまざまな水準がある．これらの精神力動過程は人間の出生以来，その人間の心における連続性を持っている．この過程を精神力動過程と呼び，この観点から人間を理解する観点が精神力学 psychodynamics であり，この精神力学を基礎として米国における精神分析的な精神医学ないし力動精神医学 dynamic psychiatry という呼称が誕生した．

(小此木啓吾)

[関連項目] 葛藤，局所論〔局所論的観点〕，審級，防衛機制，抑圧，力動精神医学，フロイト，S.

[文献] Freud, S. (1900, 1901b, 1905e, 1905a, 1905b, 1905c, 1910d, 1912f, 1914f, 1915e, 1916–1917, 1923b, 1926a), Freud, S. & Breuer, J. (1893–1895), Rapaport, D. & Gill, M.

M. (1959)

力動的構造　⇒フェアバーン理論
　　［英］dynamic structure

力動的精神療法
　　［英］dynamic psychotherapy
　　［独］dynamische Psychotherapie
　　［仏］psychothérapie dynamique

　力動的精神療法は2つの意味で用いられている。1つは米国における精神分析的精神療法とほぼ同義のものとしての用いられ方である。例えば，ギャバード Gabbard, G. O. のいう精神分析的精神療法における表出的 - 支持的連続体という見地に立った精神療法は精神力動的精神医学における力動的精神療法とみなすことができる。さらに同じ精神分析的な方向づけに立った精神療法でも柔軟な治療態度，治療回数，面接構造などを境界例，精神病領域でとる場合，あえて力動的精神療法という言葉を用いる場合があった（フロム - ライヒマン Fromm-Reichmann, F., カンバーグ Kernberg, O. F., その他）。また，初心者に対する精神分析的な精神療法の入門書的な著作がしばしば力動的心理療法入門のような形をとることがある（アーサノら Ursano, R. J. et al., コーチン Kotin）。

　もう1つは，従来の精神分析的な精神療法と力動的な精神療法をあえて区別する立場である（ゴールドシュタイン Goldstein, W. N.）。この見地から言うと，力動的な方向づけを持った治療 dynamically oriented psychotherapy は精神分析的精神療法に比べて，転移の扱いに違いがある。力動的な精神療法では転移性の反応を認識することはあっても，その分析を治療の主要な機序とみなさない。むしろ現在の治療者 - 患者間の相互作用と関係性にもっぱら焦点を合わせ，さらに患者の過去との関連性を扱う。この際患者の過去から生じた敏感さ，脆弱さ，歪曲などを扱う。陽性の治療同盟を大切にし，時にはいくぶん治療者が理想化されたままでいることを受け入れる。また洞察志向型の明確化，直面化，解釈などの介入を用いると同時に，時には教育やその他の支持的な技法を用いる。この支持的な技法の中には，暗示，除反応，助言，保証，教育，限界設定，現実検討，激励，称賛などまで含まれる。治療対象としては重い強迫神経症，重い退行が起こる境界例，精神病領域の患者たちに適用される。このように力動的精神療法を定義する見地からみると，精神分析的精神療法はかなり明確に，中立性，匿名性，禁欲原則などを守り，治療構造外の接触を認めず，洞察志向型の治療を行うものとして定義される。

（鈴木典子）

　［関連項目］古典的分析技法，精神分析的精神療法，精神分析療法，フロイト的治療態度
　［文献］Gabbard, G. O. (1994), Goldstein, W. N. (1998), Kernberg, O. F., Seltzer, M. A., Koenigsberg, H., et al. (1989), Kotin, J. (1995), Stevenson, J. & Meares, R. (1992), Ursano, R. J. et al. (1989)

力動的定式化
　　［英］dynamic formulation
　　［独］dynamische Formulierung
　　［仏］dynamique formulation

　アンナ・フロイト Freud, A. が提唱し，その後自我心理学において行われる，精神分析家が患者をメタサイコロジー的に評価するための枠組み。分析家は診断過程中に集めた資料をもとに，患者の全体像を作るが，その際，主訴，現病歴，既往歴，家族歴などの他に，精神分析的な診断評価をおこなう。その中には，力動的，発生論的，経済的，構造的，適応的観点が含まれる。評価項目としては，以下のようなものがある。
　(1) 欲動評価：a) リビドーの配分（一次的自己愛，二次的自己愛を含む），b) 攻撃欲動。(2) 自我評価：a) 現実との関係（現実検討，現実感覚，現実への適応），b) 対象関係，c) 欲動の調整・支配，d) 防衛機能，e) 一次的自立自我，f) 合成・統合機能，g) 思考過程。
　(3) 超自我評価。(4) 力動論的 - 発生論的定式化：a) 精神性的発達期の決定（自己愛期，口唇期，肛門期，男根 - エディプス期，潜伏期，性器期，成人期のどの段階に進んでいるか，ならびに，退行，固着点，発達停止を考察する），b) 心的葛藤（外的現実と超自我 - 自我 - 欲動の間・内在化された葛藤・内的葛藤），c) 不安の質，d) 防衛の成り立ち，e) 発生論的定式化。

　力動的定式化という言葉は，狭義には (4) の力動論的 - 発生論的定式化に該当するが，この定式化を行うためには，欲動評価などのその他の項目について，十分に評価が行われる必要がある。そして定式化がなされると，主訴なども含めて，全体的な診断と治療方針が決定される。

（溝口純二）

　［関連項目］診断，フロイト，A.
　［文献］Freud, A. (1965), 皆川邦直 (1981)

理想化
　　［英］idealization
　　［独］Idealisierung
　　［仏］idéalisation

　理想化とは自己が対象や自己自身を完全無欠なものと

して過大評価することである。そこには尊敬，賞賛，崇拝，万能視，憧れといった要素が含まれている。今日理想化は原始的防衛機制の一つとして論じられることが多いが，そもそもはフロイト Freud, S. がナルシシズムを述べる際に「惚れ込み」と関連した現象として記述したものである。発達論的な観点からいうと，乳幼児の自己愛は万能感を伴うが，この時に母親と一体感が同時に起こる。しかし発達に伴い，一体感が喪失されると同時に万能感が両親に向けられるが，この時に理想化が使用される。フロイトにとってこの自己愛と関連した理想化は対象愛に移行する成熟過程として考えられるために，フロイディアンはその起源を分析することが不可欠と考える。クライン Klein, M. は発達早期の妄想‐分裂ポジションで乳幼児は自己と対象を分裂させ，一方をすべてよい理想化されたものとして，また他方をすべて悪いと脱価値化させるとした。正常発達ではこの分裂はよいものと悪いものの認識に不可欠である。すなわちある発達段階では理想化は不可欠な発達促進因子ともいえる。また続く抑うつポジションでの対象の両価性の前段階として理想化と脱価値化は自己と対象の関係において不可避的な内的現象である。しかし何らかの理由でこの過程に問題が残ると理想化や他の原始的防衛機制が人格に組み込まれ，障害を呈してくる。このクライン派の概念と自我心理学を統合させ，人格障害の概念の発展に大きな貢献をしているカンバーグ Kernberg, O. F. は理想化を投影同一化，分裂，脱価値化，否認とともに境界性人格構造に特徴的な防衛機制として重要視した。そして理想化も他の防衛機制と同様に分析，解釈されなければならないとしている。

一方自己心理学を発展させたコフート Kohut, H. は自己愛を病的問題とするのはフロイト以来の文化的・道徳的揶揄が含まれているとして反論し，その中で理想化を重要視した。つまり分析家を理想化する理想化転移を通して，発達過程で傷ついた自己対象を修復するためには必要不可欠であるとした。そして理想化は成熟過程で破棄されるものではなく，生涯にわたって必要なものであると考えた。以上のように発達的な観点から理想化を解釈すべき防衛としてとらえる観点と，解釈すべきでない充足されるべき希求としてとらえる観点がある。これはそれぞれの治療者の理論的背景の相違により異なる。

（権　成鉉）

[関連項目] 原始的防衛機制，自己愛〔ナルシシズム〕，自己愛転移，自己愛パーソナリティ，カンバーグ，コフート

[文献] Freud, S. (1914), Kernberg, O. (1967), Klein, M. (1946), Kohut, H. (1971)

理想化転移　⇒自己愛転移

[英] idealizing transference

理想自我

[英] ideal ego
[独] Ideal-Ich
[仏] moi idéal

フロイト Freud, S. は理想自我という言葉を『ナルシシズム入門』(1914) と『自我とエス』(1923) で使ったが，必ずしも理想自我 Idealich と自我理想 Ichideal に明確な概念的区別を与えなかった。ところが，フロイト以後の一部の精神分析家たちは，自我理想から区別し，幼児期ナルシシズムをモデルにつくり上げた自己愛的全能の理想像を理想自我と呼ぶようになった。

ヌンベルグ Nunberg, H. は理想自我を，発生的に超自我より先にできる形成物であると考えた。「主体はこの自己愛的理想状態を背後に残して発達していくのであるが，できることならその状態に再び復帰したいと望んでいる」。

さらに，ラガーシュ Lagache, D. は，理想自我と自我理想‐超自我を区別し，「全能な自己愛的理想と考えられる理想自我は，全能を備えた他者つまり母親との一次的同一化を含む」という。

ラカン Lacan, J. も，理想自我は基本的に自己愛的形成物で，その起源は鏡像段階にあり，想像的なものの領域に属するという。つまりラカンは，理想自我は鏡に映った自己身体像に基づいて形成されるという。

ドルト Dolto, F. は，理想自我は，精神の一つの無意識的な組織であり，何らかの生きている存在，主体がその模倣を願う対象によって代表され，常に身近に手に入れることのできる現実の中に求められる。主体にとって理想自我は，各衝動を組織化する支柱であり，理想自我をあらわす人物は，主体のリビドーにとって絶対的な価値を持ち，性的差異を明確に発見する時期にまだ達していない主体にとって，理想自我として出現している人間のからだは，その人間の似姿であり，乳幼児期には両性具有の母親が，そして父親も理想自我になる。やがて理想自我は，子どもの身体イメージを通して形成される前自我を支えるが，性的差異を発見し一次去勢を受ける段階になると，想像と現実の区別が起こり，理想自我は，現実原則に従い主体と同じ性別を持つ特定の身体に根をおろした人間（例えば父親か母親）になり，自我はこの理想自我に対して同一化の努力を傾ける。　（小此木啓吾）

[関連項目] 鏡像段階，自我理想，自己愛〔ナルシシズム〕

[文献] Dolto, F. (1971), Lacan, J. (1949, 1958b, 1966), Lagache, D. (1958), Nunberg, H. (1932)

リチャード［症例］

［英］Richard

メラニー・クライン Klein, M. の分析患者，10歳の男児。

［症例の特質］リチャードの分析治療は，戦時下の1941年，疎開先のスコットランドの田園都市 Piltpchry で実施され，その症例報告は，論文『早期不安に照らしてみたエディプス・コンプレックス』(1945) として最初に発表された。論述は，抑うつポジションの概念がエディプス・コンプレックスに関連づけられて検討されており，フロイト理論との斉一性が強調されている。しかしそれ以後，リチャードの分析資料の見直しが新しい洞察を生み，スプリッティング，投影同一化，乳房への羨望，そして償いなどの新しい概念へと導かれて，クライン独自の内的対象世界理論が展開されていった。そうした経緯を経て，彼女の業績の集大成として著されたのが『児童分析の記録』である。リチャードとの4カ月間にわたる93回の分析セッションの詳録と，彼女がその後に分析家として辿り得たさまざまな到達点を網羅した解説が「後記」として叙述されている。執筆はその最晩年の1956年以降になされ，編纂は Elliott Jaques の助けを得，1960年に死の床で完成し，1961年に出版された。リチャードの症例は，クラインにとって分析家としてのマイルストーンであったと言えよう。

［症例の概要］主訴は，心気症的とらわれと，他の子どもらを怖がって登校できないことであった。早熟な面もあり，好奇心が強く，詮索好きな性格で，3歳時の割礼手術の心的外傷がある。母親はやや不安の強い性格で，父親は軽度の難聴があり，兄は11歳年上である。分析過程においては，エディプス欲求の抑圧から性器的発達へと導かれてゆくことが主要テーマであった。それは，内的対象の損傷を償い，内的対象世界を修復するなど，心的現実への責任感に目覚めてゆく過程でもあり，そしてまた，良い乳房・母親へのしがみつきを断念し，悪い性器的母親への妄想的不信感を払拭してゆくこと，さらには父親・ペニスの創造的かつ生産的な側面を取り入れる過程でもあった。　　　　　　　　（山上千鶴子）

［関連項目］結合両親像，心気症，スプリッティング，投影同一化（視），抑うつポジション

［文献］Klein, M. (1945, 1961), Meltzer, D. (1978b)

RIGs

［英］Representations of Interactions that have been Generalized

乳幼児精神医学者スターン Stern, D. N. の用語。日本語訳は「一般化された相互交流の表象」。記憶の基本単位はエピソードであるが，そのエピソード（例えば「母乳を飲む」）が何度も繰り返されると，一般化された（授乳）エピソードを形成。その平均化された体験（数々の特定の記憶が抽象化されたもの）が表象となる。言い換えれば RIGs は，いくつか実際に起こった例を平均化し，それらすべてを表象するプロトタイプを形作る柔軟性をもった構造である。したがって RIGs はあくまで表象であり，活性化された記憶ではない。活性化された記憶は，想起の手がかりをもとに，RIGs から誘発されることになる。

図は，（乳児の）自己を制御する他者と共にある体験の RIGs を示したものである。ある相互交流（例えば「母乳を飲む」）に関しすでに6回のほぼ類似した体験をした乳児には，RIG1-6 が表象として登録されている。ここで，7回目の類似した体験（7番目のエピソード）が起こると，そのエピソードの属性のあるもの（乳房の感触，お乳が喉を通る感じなど）は，RIG1-6 を想起する手がかりとして働き，活性化された記憶として，「自己を制御する他者と共にある体験」を呼び起こす（呼び起こしの友）。この呼び起こしの友が現在進行中（7番目）の相互交流エピソードを評価し，それをもとに RIG1-7 が形成される。もし7番目のエピソードにおける母親の行為が，RIG1-6 から誘発された呼び起こしの友と非常に違うようであれば（例えば乳房による呼吸閉塞），RIG2-1 となる。

こうした RIGs を登録する能力は，生後2－3カ月に始まる中核自己感の形成期で見られるといい，RIGs は，中核自己表象の基本的単位として，中核自己感の形成に貢献する。　　　　　　　　　　　　　　　（丸田俊彦）

［関連項目］自己感，表象

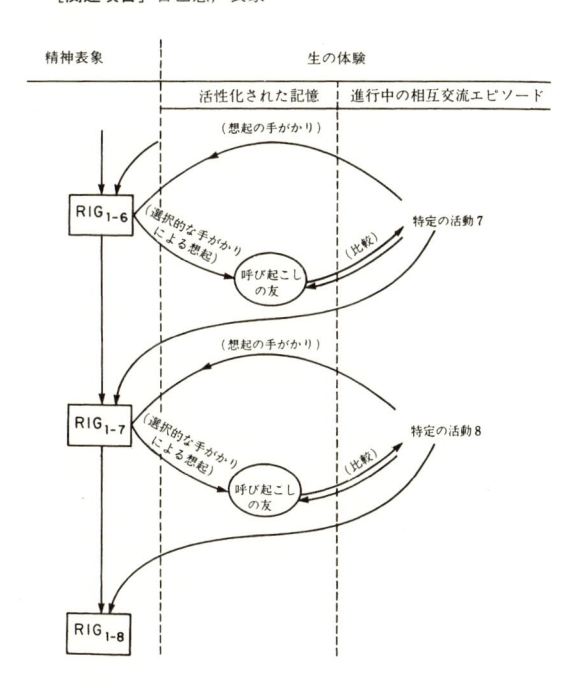

[文献] Stern, D. N. (1985)

リビドー

[英] libido
[独] Libido
[仏] libido

　フロイト Freud, S. によって仮定された性衝動のエネルギー。性衝動は，発達に伴って，性衝動の源泉となる性感帯と，性衝動の対象と目標を順次変えてゆくが，その根底で働いているエネルギーがリビドーである。ユング Jung, C. G. は，リビドーは心的エネルギー全体を指すものと一元的に考えたが，フロイトは初期にはリビドーを自己保存本能のエネルギー Interesse と対立するものとして，後期には死の本能のエネルギー Destrudo と対立するものとして，つねに二元的に考えた。そしてすべてを破壊しつくす死の本能と対照的に，統一体を生み出しこれを維持しようとする生命的なエロス（プラトン）のエネルギーをリビドーと呼ぶ，と再定義した。フロイトは，すでにフリース Fliess, W. への書簡の中でリビドーの語を用いているが，論文では，1895 年，神経衰弱と不安神経症の精神力動の違いを論じる際に用いたのが最初である。次いで 1905 年，『性欲論三篇』において，この概念はさらに詳細に論じられ，特にその量的な側面が重視されて，「このリビドーの生産，増大または減少，配分及び移動が，われわれの観察した性心理的現象を説明する可能性を示すにちがいない」として，カセクシスの概念と共に，精神分析的エネルギー論の中心を占めるにいたった。リビドー理論は，種々の臨床的事象の理解を可能にした。フロイトの神経症論，性欲論，精神病論，自己愛理論は，本質的にこの上に立脚しているといえる。リビドーは，充足されるか昇華されれば消えるが，欲求阻止に出会って充足されないとうっ積し，自我と葛藤し抑圧される。抑圧されたリビドーは，空想の中で満たされようとして，対象から空想へと撤回され，妄想のもつエネルギー備給が過度に高まる結果となる（リビドーの内向）。こうして空想が現実化を求める強い力を獲得し，自我との間に葛藤を生じて抑圧されるが，空想に備給されたリビドーは，自らを充足される道を探して，空想を生み出した源泉，すなわち固着点に向かってもどってゆく（退行）。その結果，幼児期の不適応的防衛パターンが反復されるにいたる，というのが神経症の症状形成の道筋である。また，対象へのリビドー備給が欠落している点が早発性痴呆の特徴であること，リビドーが対象には付着せず，その代りに自我に付着した状態がナルシシズムであること，これがむしろ早期幼児期の根源的な状態で，そこから後に対象愛が形成されてくること，などが明らかにされた。誇大妄想については，リビドーの対象備給の撤回による自我拡大の結果，「根源的なナルシシズムの反復としての二次的ナルシシズム」が生じたためであり，うつ病者の自責感や自殺企図は，失った性的対象からリビドーを撤回し，自己愛的同一視によってそれを自我の上に投影した結果，対象に向けられるはずの攻撃が自我に向けられたのだ，と説明される。なお，リビドーが自己に向いた状態を自我リビドー，自己以外の対象に向いた状態を対象リビドーと呼んで区別する場合もある。
　　　　　　　　　　　　　　　　　　　（馬場謙一）
[関連項目] 性愛〔セクシュアリティ〕，備給〔充当，給付〕
[文献] Freud, S. (1895a, 1905, 1916–1917)

リビドーの組織化〔リビドーの体制〕

[英] organization of the libido
[独] Organisation der Libido
[仏] organisation de la libido

　各種の性感帯に由来する部分衝動の働きと，それに規定された対象関係のあり方が特定の形をとり，心がある種のまとまりを示すようになることをいう。最終的には性器の優位性の確立によって，それまでの部分衝動と衝動満足の様式が相互に協調し合うものとして組織化されるに至る。このリビドーの組織化の過程が，フロイト Freud, S. の精神‐性的発達段階にほかならない。フロイトは，1905 年『性欲論三篇』の中で，前性器的組織と性器主権組織を区別して，次のように述べている。「小児の性生活にはそのごく初期から，性的な欲動の諸要素の間に，ある組織化の萌芽が認められる。第一段階の早い時期には口愛が前景に立つ。この前性器的組織化の第 2 の段階はサディズムと肛門愛の支配によって特徴づけられており，第 3 期になってはじめて，性生活は本来の性器領域によって規定されるようになる」。そして思春期の訪れとともに「性欲動はこれまでは主に自体愛的であったが，今や性対象を見出す。これまでは，性欲動の活動は，個々の欲動と性感帯が互いに無関係に，特定の快感を唯一の性目標として追求していた。が今や，新しい性目標が現れ，この目標を達するためにすべての部分欲動は協力し，一方それぞれの性感帯は性器領域の支配下に属するようになる」。このようなリビドーの組織化を可能にするのは，特定の性感帯から発する特定の性活動であるが，上に触れられているように，継続的な対象の発見でもある。後者についてフロイトは，自体愛からナルシシズムを経て，同性愛，ついで異性愛に至る道筋を想定した。
　　　　　　　　　　　　　　　　　　　（馬場謙一）
[関連項目] 精神‐性的発達，リビドー
[文献] Freud, S. (1905d)

リフュエリング〔情緒的燃料補給〕
　　［英］refueling
　　［独］Besetzung
　　［仏］investissement

　7-10カ月，また，それ以上の子どもは，移動運動装置の成熟によって，母親の足元からより遠くまで進むことが可能となり，しばしばかなり長い時間，母親の存在を忘れたかと思えるほど自分自身の活動に夢中になる。しかし時々，母親のところへ這っていって，母親に寄り掛かったり，膝の上に立つなど，母親との身体的接触を繰り返していることが観察される。退屈したり疲れたり元気がなくなっていた幼児が，この短い接触のすぐ後で，元気になり，探索を開始し，喜んで動きに没頭するようになる。この接触の間に，母親たちが子どもの要求にうまく対応して，ある種の母性的な栄養を与えるからである。この現象をフラー Furer, M. は「情緒的補給 emotional refueling」と名づけ，マーラー Mahler, M. S. は，「(情緒的)(燃料)補給」「(エネルギー)補給」などと呼んでいる。この子どもの発達段階は，マーラーのいう「初期(早期)練習期」で，母親はエネルギーを補給する「基地 home base」のように機能することが必要で，子どもの動きに「母親が情緒的にうまく対応できること mother's emotional availability」がきわめて重要となる。スピアーズ Speers, R. W. らは，3歳児が保育園に順応していく過程を研究する中で，母親からのリフュエリングをどのように使っているかを観察している。フリーマン Freeman, D. M. A. は，乳児期にリフュエリングを受けた関係から派生する情緒が甘えであり，甘えは次第に成熟して，幼児的に依存していた者が成人期にはリフュエリングの与え手になると述べている。また，子どもの遊戯療法では，哺乳びんやコップの水を飲む遊びのほか，ガソリンスタンドでガソリンを補給する遊びなどが，リフュエリングを象徴する遊びと言えるだろう。

　　　　　　　　　　　　　　　　　　（上別府圭子）

　　［関連項目］安全基地，情緒応答性，分離-個体化，練習期，マーラー
　　［文献］Freeman, D. M. A. (1997), Mahler M. S., Pine, F. & Bergman, A. (1975b), Speers, R. W., Mcfarland, M. B., Arnaud, S. H., et al. (1971)

リミットセッティング
　　［英］limit setting

　マスターソン Masterson, J. F. が境界例の治療技法の一つとして概念化したもの。マスターソンによると，境界例は見捨てられ抑うつ abandonment depression を主観的に体験することに耐えられないので，否認，投影，個体化を促す刺激の回避，再結合を求めるしがみつき，そのほか非行，性的放恣，家族への暴力，薬物濫用，自傷行為などの行動化を示す。第1水準の防衛である行動化がコントロールされてはじめて否認，投影，回避といった第2水準の防衛が現れ，それが直面化 confrontation によって放棄されてはじめて見捨てられ抑うつが体験される。したがってまず行動化がコントロールされない限り治療の進展は望めない。治療者は治療の早期から行動化に注目し，それが行動化であるという標識を立てて自我違和化をはかる。そしてその行動が自己破壊的な結果を招いていることを患者に直視させる（直面化する）。それと同時にその行動化に限界設定（リミットセッティング）をする。患者との信頼関係の確立を待ってそののちに行動化をとり上げるというやり方では，行動化を助長することにつながり，患者の真の要請に応えることにはならないとマスターソンはいう。

　マスターソンは境界例青年の治療をそのために特別にデザインされた入院治療から開始した。その中でスタッフは患者の現実的で健康な行動を一貫して期待し，患者がそこから逸れた行動をしたときに注意を促し，制限を加える。マスターソンはこれを本来親が果たすべき役割をスタッフが果たすのだという。マスターソンの治療が親的 parental であるといわれるゆえんである。このリミットセッティングは言葉による注意から個室への拘束といった物理的制限にまで至る。行動化が生じたらリミットセッティングを行うと同時にすぐさま治療者が駆けつけて，患者にその行動の背後にある感情に目を向けさせ，その言葉による表出を促す。こういうことの積み重ねによって，患者はしだいに悲哀と抑うつを主観的に体験し，言葉で表現できるようになる。そうなると，それまで患者の心の中に膿瘍のように横たわっていた見捨てられ抑うつが流出し，分離-個体化と自律に向かう発達が可能になる。マスターソンは当初は入院による物理的リミットセッティングを重視していたが，しだいに成人境界例にも対象を広げ，外来治療をも重視するようになって，外来での治療構造の設定に重点を移しているようにみえる。

　リミットセッティングには治療者を患者の万能的コントロール omnipotent control の外に置くという意味があり，カンバーグ Kernberg, O. の技法やウィニコット Winnicott, D. W. のいうホールディング holding とも共通するところがある。
　　　　　　　　　　　　　　　　　　（成田善弘）

　　［関連項目］抱えること〔ホールディング〕，行動化，直面化，見捨てられ抑うつ，マスターソン
　　［文献］Masterson, J. F. (1972, 1985a)

りょうかせい

両価性　⇒アンビバレンス
　　［英］ambivalence

両性具有　⇒両性素質
　　［英］androgyny

両性素質
　　［英］bisexuality
　　［独］Bisexualität
　　［仏］bisexualité

　生まれつき人は男性と女性の両方の性を有するという考えで，成長と共に抑圧や同一化などにより一方の性が無意識化され他方が強く意識されて，同性愛あるいは異性愛が発達することになる。しばしば両性性，両性愛とも訳されるが，一般的に両性愛は異性に対しても同性に対しても等しく関われるという性愛の在り方を指す。これは，多少の半陰陽は正常であり，人間の体内には異性の性器官が残存していて，もともと両性の素質をもっていたものが進化・発達していく過程で一方の性が失われ，一方の性的特徴が現れるという胎生学的，解剖学的な事実に基づいている。フロイト Freud, S. が友人のフリース Fliess, W. の影響で精神分析理論に採用したもので，フリースは同性愛の場合に限らず人間は両性の素質をもっているとし，成長に伴い優勢な性が劣勢な性を無意識の中に抑圧すると解釈した。両性素質の概念を重要視しながら，フロイトは立場を明確にしなかったが，それは両性において男根を優位とするフロイトの去勢理論と，両方の性が同等であるとする両性素質説とは矛盾するところがあったからである (Freud, S. 1905, 1919, 1923, 1937)。多くの分野において，この両性性あるいは両性素質は男らしさ，女らしさをめぐって議論されるが，この語の意味は，フロイトがそうであったように否定的態度と受容的態度の間で動揺している。同性愛と異性愛を合わせもつ成人の両性愛と発生論的な両性素質との関係は一般に不明なところが多いとされるが，去勢の事実を認識するときの衝撃を重視するフロイト学派では，性関係における両性愛は本来の両性素質への逃避や退行と見なされる。現代においても自らの性を担う際の両性愛葛藤は広く存在しているが，女性の男性的抗議や男性の受身的態度とともに，両性素質を維持したままライフスタイルとする人が増えているように見える。また臨床では，ブロス Blos, P. が言うように本来の両性素質とは単純に否定されるべきものではなく，性役割の葛藤やアイデンティティの混乱とともに，肯定されるべき同性愛的愛着や，皆に愛されたいという自己愛，そして甘え，さらには偽りの自己などをめぐって取り扱われねばならない。なお，両性具有と訳されることがあるが，その際はユング派の言う両性の統一性のイメージとして使われる用語と類似することに注意が必要であろう。　　　　（北山　修）

　［関連項目］ジェンダー・アイデンティティ，同性愛
　［文献］Blos, P. (1984), Freud, S. (1905d, 1919f, 1923b, 1937b), Laplanche, J. & Pontalis, J. B. (1967)

臨床乳児
　　［英］clinical infant

　アメリカの乳幼児精神医学者スターン Stern, D. N. が提唱した精神分析における方法論上の概念。フロイト Freud, S. は，母子関係における母親側の読み取り機能と乳児側の信号としての表出機能との相互作用に注目した。その後の精神分析では，患者が臨床上語る幼児期体験と，その患者の幼児期における実際の母子関係がどう関係づけられるかを論証することが，難しい問題であるがゆえに大きな関心事となってきていた。これに対し，一つの方法論として提唱されたのが，臨床乳児と被観察乳児 observed infant という 2 つの乳児像の対比である。

　臨床乳児とは，精神分析の治療場面で，成人した患者が語る幼児期体験をもとに，治療者と患者との間で再構成された乳児像であり，患者の主観的体験としての記憶，転移を通しての治療場面での再現，理論的に導かれた解釈から成り立っている。それに対し，直接の乳児観察所見に基づいて描かれた乳児像を被観察乳児と呼ぶ。この両者は，前者が心的内界の主観的体験に基づくものであって，後者が客観的観察に基づくものであり続ける限り，互いの接点を見いだすことは困難な状況にあった。

　ところが 1970 年代より，それまで客観的で観察可能な乳児の発達にのみ関心を向けていた発達心理学が，その方法論の進歩により，乳児の自己に対する日常の社会的体験など，より内的な体験をも扱うようになってきた。こうした研究の動向により，これまで主に臨床乳児をもとに描かれていた精神分析的発達論は，その書き替えを余儀なくされることになった。

　臨床乳児は，患者が語る人生最早期に関する主観的物語であるため，実際何が起こったかより，患者がどう体験したか，どう語ったかが重要とされる。これまでフロイトの精神 - 性的発達論に始まり，クライン Klein, M.，スピッツ Spitz, R. A.，マーラー Mahler, M. S.，コフート Kohut, H. などによる精神分析的発達論では，この臨床乳児からの情報と，各理論家が特に注目した乳児の特徴的体験に重点がおかれてそれぞれの仮説が提唱されてきたといえる。しかも，乳児期の主観的体験の記憶を成人が語ることは困難なため，乳児期の発達理論は推論でしか描くことができずにいた。

この暗黙のうちの前提となっている仮説の妥当性を吟味するための独立した情報源となるのが被観察乳児である。一方，直接観察可能な能力のみから描かれる被観察乳児では，自己感 sense of self のような主観的体験は語りきれないという問題点を併せ持っている。

したがって，臨床乳児と被観察乳児が互いに接点をもって推敲し合うことで，人生早期に起こった観察可能な出来事（母が〜をした）を，主観的体験（私は母を〜であるように体験した）へと変換する方法論へと近づいていく可能性が生まれてくる。精神病理の起源を探るためには，この両者の協同作業が必須といえる。　（神庭靖子）

[関連項目] 乳幼児精神医学（保健）
[文献] Stern, D. N. (1985)

る

類催眠状態
[英] hypnoid state
[独] hypnoider Zustand
[仏] état hypnoïde

ブロイエル Breuer, J. が提唱した，催眠状態に類似した意識の空白状態である。この類催眠状態の特徴は，精神の分割をもたらすことと健忘を伴うということである。ブロイエルは，連想能力が制限されたこの特殊な意識状態がヒステリーの基礎であり必要条件であるとした。アンナ・O 嬢の例では，習慣的夢想が自己催眠への道を開き，長期間の不安感によって類催眠状態が十分に確立した後に症状が顕在化した，としている。ヒステリーの意識の分割はヒステリー性変化の一次的な特性であり心的統合能力の先天的な脆弱性に基づくとするジャネ Janet, P. に対して，ブロイエルは，類催眠状態の中で生じる観念は他の意識内容との連想上の交流を遮断されるので意識の分割が起きるのであって，意識の分割は二次的で後天的なものだと主張したのである。

フロイト Freud, S. は，『ヒステリー現象の心的機制について（講義）』(1893) で類催眠状態についてブロイエルと同じ見解を述べているが，『防衛－神経精神病』(1894) では意識の分割そのものがヒステリーに不可欠であるという当時の認識に疑問を呈し，『ヒステリーの病因について』(1896) になると，類催眠状態の存在の不可欠性に否定的な見解を示している。こうして，フロイトは患者の意図的な作用が健忘をもたらすこと，すなわち防衛と抑圧の原理を主張するようになる。ブロイエルは，『ヒステリー研究』(1895) の第 3 章「理論的見解」においてフロイトの防衛概念の発見に言及し，観念が作り出す身体的現象すなわち「転換」が類催眠状態とは別個に生じる可能性があることを認めながら，それでも類催眠状態はほとんど大部分の定型的で複合的なヒステリーの原因であり必要条件だとして，ヒステリー性の転換は覚醒状態より自己催眠状態での方が起きやすいのだ，と主張している。
　　　　　　　　　　　　　　　　　　　　（近藤三男）

[関連項目] アンナ・O [症例]，カタルシス法，ヒステリー，ブロイエル
[文献] Freud, S. (1893b, 1894, 1896c), Freud, S. & Breuer, J. (1893–1895), Jones, E. (1953–1957)

類催眠ヒステリー
[英] hypnoid hysteria
[独] Hypnoidhysterie
[仏] hystérie hypnoïde

類催眠状態を基礎として発展してくるヒステリーであり，貯溜ヒステリーおよび防衛ヒステリーと区別される概念である。ブロイエル Breuer, J. とフロイト Freud, S. の両者の研究領域に最初に入ってきたのがこの類催眠ヒステリーであり，アンナ・O 嬢がその好例である。彼女の場合，当初 4 カ月間は，彼女が短時間の放心状態つまり類催眠状態にあるときに限って，不安感とヘビの観念を伴う右腕の拘縮が生じた。このような症状が繰り返される間にヒステリー現象の複合体が育ってきて，やがて多彩なヒステリー症状が目に見える形で現れるようになった。ブロイエルは，彼女の習慣的夢想が自己催眠への道を開き，長期間の不安感によって類催眠状態が十分に確立していたのだろう，としている。

類催眠ヒステリーでは，ある観念が特殊な精神状態（つまり類催眠状態）にある間に経験されると始めから自我の外部にとどまるために病的なものになる。自我から分離しておくための心理的力は必要とされない。アンナ・O 嬢の場合のように夢遊病の間の精神活動を手助けとしてその観念を自我の中に持ち込もうとしても抵抗は何ら見られない。

フロイトは『ヒステリー研究』(1895) の第 4 章「ヒステリーの心理療法」の中で，類催眠ヒステリーが存在するという仮説に賛同しながらも，彼自身は純粋な類催眠ヒステリーに出会ったことがないと疑問を提出している。そして，いわゆる類催眠状態で起きるヒステリー症状の場合も，後になれば，以前に防衛によって分割されていた心理群が効力を発揮していたことが判明してくるので，2 つのヒステリーは起源を同じくしており防衛の方が一次的なものだろうと疑っている。さらに，貯溜ヒステリーについても同様であるとし，防衛概念をヒステ

リー全体に拡大したい意向を表明している。そうして，類催眠ヒステリーと貯溜ヒステリーの概念は消えてゆくことになる。
（近藤三男）

[関連項目] 催眠法，貯溜ヒステリー，ヒステリー，防衛ヒステリー，ブロイエル

[文献] Freud, S. (1925b), Freud, S. & Breuer, J. (1893-1895), Jones, E. (1953-1957)

累積外傷
[英] cumulative trauma

マシュード・カーン Masud Khan が提案した心的外傷説。これまでの外傷説を総括する形で，主に自我障害を理解するためにメタ心理学的に呈示された。

[環境の侵襲による外傷説] カーンによれば外傷説は大まかに5期に分けられるが，1期がフロイト Freud, S. の性的エネルギーの抑圧説，2期が去勢不安，分離不安，原光景，エディプス・コンプレックスが外傷として働く説，3期は2つの本能衝動によって振り回されている自我という説，4期は不安信号説，そして5期は，自我心理学が主に母子関係に焦点を当てて解明した外傷説である。カーンによれば，第5期には母子関係論と外傷説が結びついた。マーラー Mahler, M. の共生精神病，アンナ・フロイト Anna Freud やバーリンガム Burlingham, D., ボウルビィ Bowlby, J. の対象喪失論，エスカローナ Escalona, S. の病的気質論などはこの文脈に属すると見ることができる。カーンはなかでも自分の指導者であったウィニコット Winnicott, D. W. に大きな影響を受けた。そのためカーンの「累積的外傷説」は，ウィニコット流の外傷説に準拠している。ウィニコットは外傷を絶対的な依存の段階における環境の侵襲による外傷，段階的失敗による正常な外傷，そして一般的な意味での外傷に分けている。従来，外傷（トラウマ）と呼ばれてきたものは3番目の外傷であり，2番目はウィニコットが脱錯覚と見なしたものである。カーンによれば累積的外傷の基盤は，主に1番目の外傷，つまり環境としての母親の保護膜への侵襲に起源があると考えられる。それが自我障害，スキゾイド人格などの人格障害を生み出す基盤になっているとカーンは考えている。

[スキゾイド人格] それゆえ累積的外傷は，母親を保護膜として必要とする発達段階に起源を持ち，保護膜である母親が徐々に失敗するのではなく，それ以後，失敗が頻繁に起こり，一つのパターンのリズムを持つときに生じる。つまり母親が保護膜として機能していない失敗を出発点として，その後の失敗の反復のために自我の基本的な組織化に欠陥が生じると見なす。この理解で重要なことは，それは反復される関係であるために，外傷として単独で意識化されるものではなく，姿が見えない形での一つのパターンだということである。そうした累積的体験は乳児期から児童期を通過して維持され，性格形成をはじめとして心理，性的な発達のすべての重要な時期に痕跡を残す。カーンによれば，自我の病理やスキゾイド人格と呼ばれてきた問題は，実はこうした見えない形で反復されている外傷的な関係の結果であるという。そのため彼の呈示している臨床例は，スキゾイド人格で，環境的に母親が一見良い養育者であっても，例えば攻撃性に関するキャパシティが低い場合，子どもは自分の攻撃的な側面を示せば示すたびに外傷的な関係を反復することになると考えられる。
（妙木浩之）

[関連項目] 外傷，スキゾイド・パーソナリティ，ウィニコット

[文献] Khan, M. M. R. (1974)

ルーシー・R 嬢 [症例]
[Miss R. Lucy]

フロイト Freud, S. が『ヒステリー研究』（1895）の中で報告した症例の一つで，抑圧 Verdrängung の能動的な過程を初めて明らかに記述したものである。当時30歳のルーシーは，妻を亡くしたウィーンの工場主の家に，2人の子どもの家庭教師として住み込んでいたが，不機嫌と疲労感に悩み，主観的な臭いに苦しめられていた。

外傷の回想象徴に嗅覚が選ばれたのは珍しいことであり，フロイトは彼女が訴える「焦げたプディングの臭い」を分析の出発点にした。この時期のフロイトはまだ自由連想法を確立していなかったので，催眠状態に陥らないルーシーに彼は「精神集中」だけを命じ，前額法を用いた。

ルーシーは，1892年末にフロイトから治療を受け，あるときその臭いが2カ月前に故郷の母親からの手紙が配達されたときに焼いていたプディングが焦げついた臭いであることを思い出した。フロイトは，このとき母親のもとへ帰ろうと考えている気持ちと，妻に先立たれたというその雇い主に対してルーシーが抱いている愛情とが葛藤となっていたことを指摘した。すると症状は消失し，彼女は今度は葉巻の臭いを気にし始めた。それはプディングの一件より2カ月ほど前に来客が喫っていた葉巻の臭いで，お客が子どもたちに別れの挨拶の接吻をしようとしたら，雇い主がこのことでお客を怒鳴りつけ，ルーシーもショックを受けたのである。

さらにそれから2, 3カ月前にも，ある婦人客が来て子どもたちに接吻したが，雇い主はお客が帰った後で「子どもの口に接吻させるなどというのはあなたの責任だ。子どもの教育はあなたの手に任せられない」とルーシーを怒った。ちょうどこの頃彼女は，彼に対して恋心やひそかな期待を抱いていたので，彼が自分に対して，特別

な優しい気持ちをまったく抱いていないとわかると，そういうことは頭から追い払って，考えまいとした。

このような外傷体験を契機に，ルーシーは自分の恋心の抑圧に努力し始め，第2の来客の葉巻の臭いへ自分の愛着を置き換えて転換させ，さらにプディングの臭いが葉巻の臭いを隠蔽するに至っていたのである。この症例では，自我意識と融和しがたい観念が，自我意識の外部へと押しやられて抑圧が起こり，その代償として転換conversionによって生じた肉体的回想（初めに現れた客観的嗅覚）が症状となった経緯が明らかになった。フロイトは，この種のヒステリーの治療は，自我意識から分裂した心理群を，自我意識と合一させる機制の中にある，といっている。

9週間の治療終了後，ルーシーの嗅覚は完全に回復し，4カ月後には健康状態にあったという。　　（小此木加江）

[関連項目] 転換，ヒステリー，抑圧
[文献] Freud, S. & Breuer, J. (1893–1895)

ルネ [症例]
[英] case Renée
[独] Fall Renée
[仏] une schizophrène Renée

精神分裂病の初期の精神分析例。フロイト Freud, S. が分裂病を対象にした精神分析療法は荒波に小船で出航するようなものだと戒めたと言い伝えられているが，フェダーン Federn, P. をはじめとした後継者たちは勇敢にもその可能性を追究し，さまざまな試みをしている。その中でとくに有名なのがフロム‐ライヒマン Fromm-Reichmann, F., シュヴィング Schwing, G., そしてセシュエー Sechehaye, M.-A. の三女性の精神分析的精神療法である。ルネは，セシュエーによって治療され，1940年ローザンヌの精神分析セミナーではじめて発表され，欧米で多くの議論を生んだ分裂病症例である。わが国では著書『分裂病少女の手記』として有名である。とくにその中で示された象徴的現実化という概念ないしは技法はわが国でも精神分析家以外の精神病理学者の注目するところとなった。ルネは，生まれたそのときから薄められたミルクのせいで口愛的な欲求不満を体験し，5歳で両親の不和に悩まされ，12歳で幻視を体験している。13歳のとき母親に，自分が望まれない子であったこと，母親がひどくみにくい赤ん坊だと思ったことを聞いてショックを受ける。このころすでにぼんやりとして引きこもりがちであったことが気づかれているが，結核の第1次感染により2度の入院をするうち精神症状が悪化して，不安，幻覚，「世界を破滅させる機械のある体験」，さらには奇妙な言動をきたすに至った。サナトリウムの医師の催眠と暗示，精神科医による鎮静剤は効を示さなかった。当時，母親は家庭の悲惨さと戦う気力を失っていたので，彼女は一人で家を切り盛りしなければならなかったことも手伝って，精神症状はさらに荒廃の一途をたどったという。ルネがセシュエー夫人のもとへ送られてきたのは18歳のときである。夫人は，最初，自由連想を試みたがルネは次第に話さなくなったので，長椅子で自分の傍に座らせて話をさせる方法をとった。孤独感と恐怖感は減じた。さらに夫人は幻聴の非難をはねつけ，罰を与える組織を悪者として扱うなどしてルネの無意識の自罰を減らそうとしたが，状態は悪化するばかりで「パラノイア性妄想観念症」として保養所に送られるまでになった。その後，ルネは悪化を続けるが，部屋を緑にして退行を許す雰囲気をつくったり，与えられた人形に話しかけることを通じてのコミュニケーションをはかったりすることによって，次第にラポールがつくようになった。やがて，ルネがりんご園からリンゴを盗んだ折をとらえて，夫人は2つのリンゴを自分の胸にあてがってルネに与えてみたのであった。すると，これまでルネは悩まされてきた罪悪感から解放される方向の兆しが見えてきたのであった。夫人は，幼少時に（精神的）ミルクを与えられなかったことに起因する口愛的欲求をこうした象徴的なかたちで与え直すことによって治療の可能性が出てくると考えた。治療経過をみると，この症例の成長のためにはそれぞれリビドー段階に応じた人形のモデルが使用されたことが示されている。治療終結時，ルネは27歳に達していた。この症例について，その後，診断についての疑義が出されてもいるが，セシュエー夫人は15人の精神科医すべてが精神分裂病の診断を下したのだと主張している。ウィニコット Winnicott, D. W. は自らの論点とこの象徴的現実化を比較して，ルネが成したことは対象を創造できたことであり，現実化したのは本当の自己に相当する自発的な身振りないしは万能の体験であり，象徴を活用する能力の発達はその結果であるから，この命名は必ずしも的を射ていないといっているが，現代対象関係論との関連を考えると興味深い。　　（牛島定信）

[関連項目] 象徴，精神分裂病，本当の自己，シュヴィング，フロム‐ライヒマン
[文献] Sechehaye, M.-A. (1950, 1954), 遠山治夫 (1964), Winnicott, D. W. (1960a, 1962)

れ

例外人
[英] exceptions
[独] Ausnahmen

　精神分析の仕事の一つは，患者の直接的な快感の獲得を断念させることである．それもすべての快感を断念させるというのではなく，それに害がつきまとうような快感の願望充足を一時的に断念させ，もっと安全な快感に取り換えて，快感原則から現実原則へと進歩させることである．われわれ分析家は患者に対して，しばらくのあいだは喜んで苦痛に耐える覚悟を要求するわけであるが，患者はこの要求に抵抗する．患者は，これまでに自分たちはもう十分悩み，不自由な思いをしてきた「例外」であるから，これ以上そのような不快で苦痛な体験をしなくてもよいと考えていると，フロイト Freud, S. はいう．こういう患者は，そうしたつらい犠牲を免除してくれる何か特別な摂理が自分を守ってくれるはずだという信念をもっている．神経症にかかった患者たちは，自分たちが幼児期に出会った体験やある苦痛に対して，自分たちは無罪だと思っており，そのような体験や苦痛は自分たちにとってたいへん不利で不公平だと解釈している．フロイトは，このような無意識的心理に支配されている性格のタイプを「例外人」と名づけ，人間は誰しも内心は自分を例外人であると思いこみ，他者に対して特権を要求したい願望をもつ傾向があるとした．その実例として，身体的ハンディキャップをもつ未熟児で生まれ，自分は人生に対して損害賠償を要求する権利があると考えた『リチャード3世』（シェイクスピア）をあげている．また，女性には，自分たちは幼児期に去勢されて軽んじられているという怒りがあり，このように女性にみられる特権要求も同じ理由によるものだという．　　（小此木加江）

[関連項目] 自己愛パーソナリティ，神経症
[文献] Freud, S. (1915c, 1916d)

レズビアン　⇒同性愛
[英] lesbianisms

劣等コンプレックス
[英] inferiority complex
[独] Minderwertigkeitskomplex
[仏] complexe d'infériorité

　1926年，アメリカでの講演時に初めてアドラー Adler, A. が用いた用語で，個人心理学理論の中核を成す概念の一つである．
　フロイト Freud, S. とともに精神分析学会にいたころのアドラーは，『器官劣等性の研究』(1907) にあるように，神経症の成因を器官の劣等性に求めていた．しかし個人心理学の時代に入り，彼は徐々に，劣等性そのことよりも，劣等性に対する反応としての劣等感により大きな関心を示し始めた．
　劣等感は決して異常な感情ではないとアドラーは言う．しかしこれが異常に増強した場合は問題となる．後年アドラーは，劣等コンプレックスなる用語を，以下の2つの意味に用いた．一方は，劣等感が異常に増強している状態そのものであり，他方は，その状況に対する個人の態度である．現実に側した手段で課題の解決が得られないと，劣等感は異常に増強し，個人はもはやこの状態に耐えられなくなる．その結果，個人は自ら直面している課題の解決を以下の2つの手段に求める．1つは，過度の優越性を追求することであり，この場合を優越コンプレックスと呼ぶ．他方は，自分は弱い存在であり，自らが直面している課題を現実に則した手段でもって解決するのに十分な能力をもち合わせていないと，自己および他者に訴える方法である．通常後者を劣等コンプレックスと呼ぶが，前者も広義の劣等コンプレックスに属する．
　　　　　　　　　　　　　　　　　　（後藤素規）

[関連項目] 個人心理学，アドラー
[文献] Adler, A. (1907, 1927), Ansbacher, H. & R. (1956), Ellenberger, H. (1970)

練習期
[英] practicing period

　マーラー Mahler, M. が示した「分離‐個体化」過程の中で，認知能力および直立歩行など身体能力の発達に裏打ちされて母親の側を離れ自由行動に赴く時期，外界のさまざまな物や母親以外の人に好奇心を示し探索に熱中し出す時期，9カ月－14カ月ころを指す．探索へのリビドー供給は著しく増し，グリーネーカー (Greenacre, P. 1957) は「世界との恋 love affair with the world」をする子どもととらえるが，それは自分自身の心身の能力への多大なエネルギー投入でもある．いわゆる「機能の快」あるいは「現実支配の快 pleasure in mastery」の下に世界征服に出向くかのような意気高揚ぶりで，母親が

差し出す哺乳ビンやオモチャはもとより，無生物を中心とする対象に溢れるばかりの関心を示す。ぶつかったり倒れたりすることには鈍感な心身の興奮状態の中で，それまで母親がしてくれていたことに自分の自律的自我装置をもって挑戦する。けれど，「現実」はそうはなまやさしくなく，思うように物を扱えないなどさまざまな限界や挫折の体験が入り混じることとなる。「現実支配の快」ばかりが待っているのではなく，共生的全能感が唐突に崩れる危機を体験しなければならない。母親からの「情緒的エネルギー補給 emotional refuelling」がそこで不可欠になる。つまり子どもは対象物にかまけて母親の存在を忘れているかに見えても，実は母性的養分の供給が随時あることを前提にしての外界探索であるため，必要な時にその情緒的エネルギーがないと探索活動も停滞し気分が沈んだり不安定になったりする。この期の子どもは母親の不在に実はたいへん過敏に反応するのである。母親の中には早く成長して世話が要らなくなるよう願うあまり，この情緒的エネルギー供給を早めに切り上げようとする場合があるが，すると子どもがかえって母親から離れたがらずに接近要求を強めるのをマーラーは例示する。この辺りは愛着理論における母親の「基地 home base」機能あってこその探索活動だとの見解と符合する現実でもある。

子どもは高まった身体運動能力を発揮しながら，外界の現実に立ち向かい自我の自律機能を培う方向，つまり「個」としての自律性獲得の方向と，同時に他方この期に初めて遠くから母親を見，そこに喜びを感じることで距離を隔てても成立し維持しうる「関係性」を形成する方向との 2 つに向けて歩み出す。身体接触だけではなく，二者間の距離に遠近の幅を生み出す中で種々の新しい経験や発見を得て行くが，情緒体験の面で，放置されることや分離への不安，また自由行動に向けて解き放たれない拘束感や「呑み込まれる」不安が生じて行くことも注目点である。この期の移行対象の創出には，このあたりのことをめぐる内的調節の意味をうかがうことができる。
　　　　　　　　　　　　　　　　　　（斎藤久美子）

[関連項目] 情緒応答性，分離-個体化，リフュエリング〔情緒的燃料補給〕，マーラー

ろ

ロールシャッハ・テスト
　[英] Rorschach test
　[独] Rorschach Methode
　[仏] test de Rorschach

1921 年，スイスの精神医学者ヘルマン・ロールシャッハ Rorschach, H. によって創案された心理検査で，投映法人格検査の一つ。検査刺激としては左右相称形のインクブロット 10 枚を用い，それらが何に見えるかを列挙させ（自由反応段階），反応に用いた領域，決定因，反応内容，形態質を確認する（質問段階）。これら反応語の諸側面は所定の記号によって分類され，記号の数が集計される。インクのしみという，投映法の中でも最も非現実的，非具象的，感覚誘発的な，換言すれば退行促進的な刺激を用いること，反応語を多面的に把握することによって資料を立体的に構成する整理法が確立されていること，投映法でありながら記号化数量化できることがこの検査の利点である。研究用具としても臨床査定用具としても多用され，大量の群間比較研究が積み重ねられている。

解釈法には量的分析と質的分析の二段階がある。量的分析とは，集計された数値の頻数や比率から被検者の人格傾向を推定する方法で，領域選択の比率には，被検者の外界へのアプローチの仕方を，決定因には感情や感覚の表現と統制の仕方を，内容には内的イメージの反映を，形態質には内的イメージと現実状況を照合する現実検討力を推測させる要因があり，それらの組合せから人格特徴を把握する。中でも特に決定因の比率から向性を見る体験型は，創始者ロールシャッハから現代まで重視されている指標である。質的分析とは反応語の継起 sequence を，刺激図版の特質，反応語の内容，言語表現上の特質との関連で追跡し，心的機能の働き方や方向性を捉える方法である。解釈に際しては，前者には統計的研究に基づく経験的方法が，後者には人格理論に基づく解釈学的方法が用いられるが，解釈学的方法の背景理論としては精神分析理論が主流となっている。この 2 つの分析法を統合することによってさらに解釈が深められる。

このテストは，公刊された当時のヨーロッパではほとんど注目されず，1920 年代にレヴィ Levy, D. M. がアメリカに移入してから本格的に研究され，臨床実践に用いられるようになった。アメリカでの主な研究者としては，ベック Beck, S. J.，クロッパー Klopfer, B.，ヘルツ

Herz, M. R., ラパポート Rapaport, D. とシェーファー Schafer, R., ピオトロフスキ Piotrowski, Z. A. などがあり，1980年代からはエクスナー Exner, J. E. の包括的ロールシャッハ法が注目されている。わが国でも1920年代から紹介されていたが，本格的に研究されるようになったのは第二次世界大戦後で，主にベック法とクロッパー法が輸入されて阪大式，名大式，片口式など日本人のための標準化が行われ，臨床的な研究や実践が重ねられ，現在では最も多く用いられる投映法となっている。

記号化の方法や解釈仮説をめぐって，現在でも多くの研究や論争が続いており，この意味でも活気のある検査法である。

(馬場禮子)

[関連項目] 診断面接，心理検査，ラパポート，ロールシャッハ

[文献] 小此木啓吾・馬場禮子 (1972), Rapaport, D., Gill, M. M. & Schafer, R. (1945), Rorschach, H. (1921), Schafer, R. (1954)

わ

歪曲
[英] distortion
[独] Entstellung
[仏] déformation

　夢の仕事や象徴形成の際に，検閲のため潜在的な思考の元の内容がそれとは認識できないような顕在物に偽装されることであり，置き換えや圧縮によって起こるとされる。夢の特徴は願望充足だが，見られた夢の多くが単純な解釈を拒否するものばかりで，それは夢が本来の潜在内容が願望を充足させまいとする力によって歪曲を受けたためである。この書き換えのために，最終的にわれわれが見聞きする夢は，暗号文や古代文字の解読のごとくその本来の意図からかけ離れたものになってしまう。心的生成物の歪曲とは避けられぬものだが，たとえ無邪気な内容，あるいは荒唐無稽な話でも，これを分析し本来の内容を復元するのが精神分析家の解釈である。また，この歪曲の過程は，公共性のある神話や物語の分析においても想定されねばならないものであり，内容をそのまま真に受けるわけにはいかない。歪曲という言い方にはマイナスのイメージが伴うが，むしろ創造性や象徴形成には欠くことのできない心の仕事であり，潜在化されるべきものがあからさまに表出しているとすれば，病的な象徴過程の存在を示唆するものとなる。　　　（北山　修）

[関連項目] 検閲，顕在内容，潜在内容，夢
[文献] Freud, S. (1900)

ワークスルー　⇒徹底操作
[英] work through

わるい対象　⇒よい対象／わるい対象
[英] bad object

われわれ体験
[英] we-experience
[独] Wir-Erlebnis

　精神療法における治療者の基本的な治療態度の一つで，治療者も患者もともに同じ人間であるとの根源的な共同体験を言う。歴史的には，特にこのわれわれ体験は，精神分裂病者に対する精神療法の中で強調された。シュヴィング Schwing, G. (1940) は，精神分裂病の精神療法の前提は，治療者，患者という社会的な役割上の区別を超えた人間的連帯感の共有であるといい，患者に対して「私たちは」「私たちを」という言葉で話しかけた。またフロム-ライヒマン Fromm-Reichmann, F. (1952) は，同じ精神分裂病者の精神療法の経験から，治療状況で患者によって治療者の中に引き起こされる存在論的不安を治療者が建設的に利用すべきであると述べ，それを可能にするのは，治療者が，治療者もまた根源的不安を担った有限な人間であるという自己認識に基づく態度であるという。そしてこの態度を基礎づける体験を患者の言葉を借りて「われわれ体験」と呼んだ。ビンスワンガー Binswanger, L. もまた現存在分析の観点から「愛における我われ性 Wirheit im Lieben」と「関与（友情）における我われ性 Wirheit im Teilnehmen」を包括する「我と汝の共同相互存在 Miteinandersein von Mir und Dir，つまり「我われ性 Wirheit」という人間的現存在の根本形式を明らかにし，ボス Boss, M. は，精神分析家の基本的態度を現存在の共在性 Mitsein に求めている。

（小此木啓吾）

[関連項目] シュヴィング，ビンスワンガー，フロム-ライヒマン
[文献] Binswanger, L. (1942, 1957a), Boss, M. (1957b), Fromm-Reichmann, F. (1959), Schwing, G. (1940)

人　名

アイヒホルン，アウグスト
[August Aichhorn　1878-1949]

　少年非行の領域に精神分析を最初に適用した開拓者として知られるウィーンの精神分析家。もともと教師であった彼は非行少年たちと関係を作ることに比類なき能力をもっていたが，精神分析との出会いによってそれがさらに治療的な磨きがかかりアンナ・フロイト Freud, A. の注目するところとなった。1922年（44歳），彼女の紹介でウィーン精神分析協会に入り，フェデーン Federn, P. の教育分析を受けることになった。当時，矯正施設や児童相談所での仕事であっただけに同協会での討論になじむことが難しかったが，間もなくしてはじめた青少年の非行や神経症の精神分析的治療を基にして著した『手に負えない若者 Verwahrloste Jugend』（1925）が世の注目を受け，ことに1935年に英訳されて"Wayward Youth"として出版されて，非行の精神分析の教科書的地位を得るに至った。それ以来，この領域における彼の名は不動のものとなった。彼は非行の中に潜む神経症的側面に注目し，潜在性非行なる概念を提示したが，これはそれまで遺伝や体質で片づけられ教育的接近を旨とした非行を子ども時代の親子関係にその病因を求めることになった。転移性の関係の中で治療していく彼の接近法は画期的なことであり，現在の力動的接近の基礎となっている。ことに，暴力的非行と詐欺的非行を対比しつつ後者の治療で起こる自己愛的関係に関する彼の記載とその操作のあり様は今なおその輝きを失っていない。フロイト Freud, S. が序説で述べている彼の不遇な人たちへの温かさとその心性への直感力は，父親が銀行事業に失敗してパン屋をはじめたときに出入りしていたヤクザっぽい人たちとの交流が影を落としているといわれる。1932年，公職を去ると，ウィーン精神分析協会の児童相談部門を開設するが，1938年のナチのオーストリア占領によって協会が閉鎖され，亡命の決断も迫られたが，結局はウィーンに留まった。終戦と同時にウィーン精神分析協会を再開した。1948年，70歳のとき，オーストリア共和国大統領はこれまでの彼の功績を称えて教授の称号を贈っている。しかし，同年ブダペストでの講演旅行中に脳溢血の発作を起こして翌年死亡した。死後，論文集が刊行された。　　　　　　　　　　　（牛島定信）

　[関連項目] 反社会性

[文献] Aichhorn, A. (1935), Meng, H. (ed.) (1959)

アッカーマン，ネイサン・W
[Nathan Ward Ackerman　1908-1971]

　アッカーマンは，精神分析的な家族精神力動論 family psychodynamics を提起し，その理論に基礎づけられた，「アッカーマンの家族診断スキーム」として著明な，きわめて総合的な家族診断法を確立するとともに，統合的家族療法と呼ばれるような家族療法を開拓した。アッカーマンは，1912年，5歳のときにベツサラビアから米国に移住。メニンガー・クリニックなどで訓練を受けた精神科医で，1937年から1942年まで，ニューヨーク精神分析研究所でトンプソン Thompson, C. による訓練分析などの教育を受け，1943年に米国精神分析協会のメンバーとなり，やがて正統派精神分析との論争を経て，1957年にラド Rado, S. らとともにコロンビア大学の精神分析研究所を新設し，そのメンバーになるとともに，1955年，米国精神分析アカデミーの設立を支持したが，彼は最後まで精神分析協会に忠実であった。しかし，アッカーマンの精神療法は，正統的な精神分析療法とは異なり，1セッション15分のこともあれば，面接間隔も不規則，待合室で患者たちの集団治療グループができるなど，かなり自由なやり方でやがて家族療法の道を開拓した。

　精神分析医であったにもかかわらずアッカーマンは，精神分析の主流派から異端視されつつも，すでに1930年代から家族療法への熱意を示し，1940-50年代には治療者を家庭訪問に派遣し，家族成員間の人間関係を観察し，指導的介入をすることを試みるようになり，1960年代には，新しい家族療法領域を組織づける試みをはじめた。1964年，アルバート・アインシュタイン医科大学に家族研究部門（ファーバー Ferber, A. 部長）が設置され，アッカーマンは講師として迎えられ治療者の育成に当たった。1965年，アッカーマンは自ら家族研究所を成立，1971年の彼の死後，これがアッカーマン家族研究所と呼ばれ，ブロック Block, D. の指導下に家族療法の研究と研修のメッカとなった。

　アッカーマンは，心理・社会的な一つの有機体，全体としての家族 family as a whole を診断・治療の一単位とみなし，個体論的なフロイト理論を批判し，第1に，ネオフロイト学派の対人関係論を導入し，フロイトの理論は，もっぱら，子どもから親へという一方交通的な心的世界を扱っているが，実際の家族関係は二面交通 a two way communication であって，親と子，夫婦いずれにとっても相互関係であるといい，両者の相互認知，情緒・欲求の交換，相互的な充足，葛藤，妥協，一致が，対人関係論的家族関係論の主題であると主張し，第2に，キャノン Cannon, W. B.，ひいてはセリエ Selye, H. らの

ホメオスターシス論を取り入れ，「同じ状態にとどまり，均衡の動揺に対して安定した状態を回復する能力」としての家族ホメオスターシスは，一人，二人一対，三人一組といった個々の家族関係が相互的に関連し合い，時間的に進行する家族プロセスの過程で家族の同一性・安定性としてとらえる。

例えば，家族プロセスの進行とともに，思春期になった子どもが，この父母の期待に反した態度・行動をとるようになると，家族同一性の動揺が起こり，安定性は失われ，同時に，子どもを巻き込むことで処理されていた父母間の葛藤が再現される。

第3に，タルコット・パーソンズ Parsons, T. らの社会学的な役割理論を取り入れ，パーソナリティは，対人関係における相互の情緒的役割関係によって互いに支え，みたしあっている，という家族メンバー間の相互依存性を明らかにし，この家族役割の相補性が家族力動論の基礎概念となった。そしてアッカーマンは，フロイト理論における精神内界論的な力動的葛藤・不安・防衛機制・情緒のコントロール・妥協形成などの心的プロセスが，どんなふうにこの社会的役割と結合して相互作用し合うかに着目した。

家族役割関係の積極的相補性 positive complementarity は，二人一対または三人一組の家族成員が，その相互関係や個体の相互作用に伴う積極的な情緒的成長を促進するような形で，相互に要求をみたし合う際に成立し，消極的相補性 negative complementarity は，主として葛藤や不安の持つ破壊的影響を和らげ，家族関係と脆弱な要因を持つ家族成員とを解体傾向から守る防壁をつくる。

実際の家族力動過程は，家族内役割関係の相補性・相互性とその破綻 - 代償 - 修復 - 回復といったプロセスとして理解されるが，この家族力動論は，全体としての家族を一つの診療単位として認識し，この認識の上に立って家族診断と家族治療の方法論を展開した。

実際の臨床における家族診断の第一段階は，その家族に関する情報を収集する段階（家族メンバーとの個別面接，同席・合同面接，家庭訪問，心理検査，家族治療，それぞれの所見を総合することによる情報の収集）。

第二段階は，これらの情報を家族診断の準拠枠に従って整理し，順序づけ，統合する手続きの段階（この手続きを助ける基準として，幾つものアッカーマンの家族診断スキームがつくられた）。

第三段階は，これらの家族に関する所見に関する解釈と評価の段階。

アッカーマンの「統合的家族療法」は，個別治療，二人一対の同席治療，家族集団全体の治療など，時に応じて柔軟な治療構造の用い方をするが，どんな方法の組み合わせを用いるかは，そのときの家族の状況や治療の目的によって異なるという。例えば児童患者の場合……児童と母親の同席面接―児童だけの個別面接―児童と父親との個別面接―両親だけとの同席面接―児童・父母との継続的な同席面接，または児童・その同胞・父母の一方または双方との同席面接などの組み合わせと時間的配列を巧みに選択し，順序づけることで好ましい治療関係をつくり，家族の診断と治療を進めていく。アッカーマンの統合的家族療法は，やがてミニューチン Minuchin, S. らの家族システム論に基づく構造的家族療法へと発展した。

〔小此木啓吾〕

［関連項目］家族精神力動，家族療法，システム論
［文献］Ackerman, N. W. (1958), 小此木啓吾 (1982c)

アドラー，アルフレッド
〔Alfred Adler 1870-1937〕

ウィーンに生まれた精神科医。個人心理学（アドラー心理学）Individualpsychologie の創始者である。

［略歴］アドラーは1870年2月7日にハンガリー国籍のユダヤ人商家に生まれた。同胞は6人で，彼は第二子次男である。父は比較的裕福な穀物商で，アドラーとの関係は良好であった。父はいつも彼を励ましていたようで，このことが後々の彼の治療理念である勇気づけに繋がった。母は神経質な人で，アドラーとの関係はあまり芳しいものではなかった。アドラーの人格形成にとって，親子関係以上に大きく関与したのは兄弟関係で，小児期に病弱であったことと共に，彼の心理学理論に大いに影響した。2歳年長の兄とは良い競争関係にあり，共に相手を信頼していた。しかし四男との関係は悪く，この弟は終生アドラーを妬んでいたらしい。このような家庭環境は，親子関係を重視したフロイト Freud, S. とは根本的に異なるもので，後にエディプス・コンプレックスに関する二人の意見の対立を生む。

1895年，ウィーン大学医学部を卒業したアドラーは，同病院の外来で医師としての第一歩を踏み出した。この頃すでに彼は社会主義に関心を寄せており，1897年，社会主義者の集会で出会ったライサと結婚し，一男三女を得た。長男クルトと次女アレクサンドラは共に父の心理学理論を受け継いでいる。1898年アドラーは公衆衛生学の観点から執筆した『仕立屋のための健康書』を出版した。彼は生涯社会医学者でもあり，社会にとって医者は教育者たるべしと訴えた。

1902年の秋にアドラーはフロイトから水曜心理学会に招待された。フロイトの『夢判断』(1900) が縁であったといわれているが定かではない。1907年には『器官劣等性の研究』を出版。フロイトはこれを受け入れるも，その後徐々に2人の理論的差異が顕著となり，1911年，アドラーはウィーン精神分析学会長の職を辞した。1912年，彼は個人心理学会 Gesellschaft für Individualpsychologie を設立し，以後精神分析とは根本的に異なる心理学体系を創設した。

　第一次大戦後ウィーンの混乱期の中にあってアドラーは教育の重要性を訴えはじめた。彼はウィーン市に働きかけ，教師のための相談所を始めとして幼稚園や実験学校など次々に開設し，その中で自らの理論を実践していった。それらの実践結果は教育界の認めるところとなり，彼の心理学体系は，1927年『人間知の心理学』として結実した。しかしこういった時代は長続きせず，ナチスの台頭によるユダヤ人への迫害を恐れたアドラーは，自らの活動の拠点を米国に求め，1929年には英語による執筆やニューヨークのコロンビア大学などで講師としての活動を開始した。

　1935年，アドラーは米国に亡命。1937年5月28日，講演旅行の途中スコットランドのアバディーンで亡くなった。　　　　　　　　　　　　　　　　　（後藤素規）

　［関連項目］過補償，器官劣等性，個人心理学，補償，劣等コンプレックス

　［文献］Adler, A. (1907, 1927, 1929, 1932), Dreikurs, R. (1933), Ellenberger, H. (1970), Manaster, G. & Corsini, R. (1982), Manaster, G., et al. (1977)

アブラハム，カール
［Karl Abraham　1877-1925］

　アブラハムは，ドイツにおける最初の精神分析家であり，フェレンツィ Ferenczi, S. と並ぶフロイト Freud, S. の高弟であるが，生涯，フロイトとほとんど感情的齟齬を来すことはなかった。完成度の高い躁うつ病論を提出したこと，対象関係論の先駆けとなったこと，クライン Klein, M. を育てた良師であったことは特筆されるべきである。

　［略歴］1877年，ブレーメンのユダヤの旧家に生まれた。高等学校では多数の言語に習熟し，比較言語学者になる希望をもったが，やがて家族の要請にしたがい，はじめ歯学部，のち医学部に転じた。24歳でフライブルク大学医学部を卒業後は，リープマン Liepmann, H. C. が指導者であったベルリン精神病院に4年間勤務する。その間，リープマンの意向に従って脳病理学的，脳組織学的な論文を数編書いている。その後，ブロイラー Bleuler, E. の指導するチューリヒはブルクヘルツリの精神医学教室に移る。そこでは，ブロイラーとユング Jung, C. G. との影響を受けて，精神分析学に親しむこととなる。1907年には，ドイツ精神医学年次大会において，精神分裂病の症状論に関する精神分析学的な考察を発表している。彼は，この講演内容をフロイトに送り，フロイトから好意に満ちた手紙をもらった。以後，48歳という若さで亡くなるまでフロイトと親交を結ぶこととなる。

しかしチューリヒの大学では外国人は出世する見込みがないことを覚り，1907年にブロイラーのもとを去り，同年12月にベルリンで開業した。そして自宅でただちに研究会と精神分析の講義を始めた。国際精神分析協会は，1910年に創立されたわけだが，その支部として彼はベルリン精神分析協会を設立し，その死に至るまで会長を務めた。同時に，国際精神分析協会では終始尽力し，第8回大会（1924）において，会長に選出され，翌年9月のバートホンブルクにおける大会を主宰した。彼は1925年のクリスマスの日に亡くなった。肺膿瘍のためとされている。彼は冷静で均衡の取れた人物であったらしく，フロイトやジョーンズ Jones, E. から賛辞を受けている。

　ドイチュ Deutsch, H.，グローヴァー Glover, E.，クライン Klein, M.，ライク Reik, Th.，ラド Rado, S.，ホーナイ Horney, K.，ジンメル Simmel, E. らはアブラハムから教育分析を受けている。なかんずくクラインは児童分析に打込むことを彼に奨励されたばかりでなく，論文『羨望と感謝』（1957）の冒頭において，彼女の学説そのものがアブラハムの理論の継承，発展，完成であることを明記している。

　［研究と学説］彼の研究は神経症圏から精神病圏に及び，さらに神話研究，病跡学研究と幅広いが，躁うつ病論が最高の労作である。躁うつ病者の，いわゆる無症状中間期においても，微妙な感情の動揺があり，かつ強迫性格ならびにまれならず強迫現象を示すことを観察した彼は，この中間期にある病者の精神分析に取組んだ。うつ病者は，愛する対象から蒙った幻滅を補填するために，この対象を摂取し体内化する。これは口唇サディズム的・口唇食人的な活動段階への退行を通してである。体内化した対象に対する態度は，アンビバレントであり，対象を保持するばかりではなく，これを排出し絶滅しようとする。体内化された対象は，貴重な内容物，すなわち糞便と等値されることになる。これは肛門サディズム期の機能だが，これに続き自己愛的な同一視の一型として再摂取・再摂食が行われる。これはつまり食糞を意味する。肛門サディズム期に，排泄と絶滅，保存と支配という前後の二相を分かったのは彼の創見である。うつ病は，主として口唇サディズム期への退行といえるが，より原始的な吸啜段階へと退行していく。強迫神経症においては，対象の保持と支配とが優勢となる肛門期後期への退行がみられ，うつ病におけるような全面的な体内化はみられず，対象は部分的ではあるけれども外界に置かれる。うつ病者においても，中間期には同種の機制がみられる。アブラハムが，抑うつと強迫との類縁性について症状学的ならびに精神分析的に解明した意義は大きい。

　彼はまた躁うつ病者ならびに窃盗癖者の分析に依拠しながら，リビドー発達史とともに進展する対象愛の発達史に着目した。すなわち自体愛，自己愛，対象の全面的

体内化，体内化を伴う部分愛，部分的対象愛，性器を除外した対象愛，対象愛といった発展である。対象関係論の鼻祖と目されるゆえんである。

アブラハムは，精神分析的性格論にも言及した。とくに肛門性格の諸様態（1921）には委曲をつくしている。

(下坂幸三)

[関連項目] アンビバレンス，うつ病，強迫神経症，強迫性格，口唇サディズム期，口唇性格，肛門サディズム，肛門性格，躁うつ病，取り入れ，クライン

[文献] Abraham, K. (1921, 1924, 1927)

アリエティ，シルヴァーノ
[Silvano Arieti 1914-1981]

イタリア，ピサ生まれ。ピサ大学医学部卒業後，ファシズムを逃れニューヨークに移住。神経病理学研修の後，ピルグリム州立病院で分裂病の治療と研究。ウィリアム・アランソン・ホワイト・インスティテュートで分析学研修。ニューヨーク医大分析部門の訓練分析家。American Academy of Psychoanalysis 創立委員（1979年会長）。"The American Handbook of Psychiatry"（1959, 1966），同第 2 版（1974, 1975, 1981），"The World Biennial of Psychiatry"（1971, 1973）の編者。

大脳皮質のゆえに，人は自由意志をもち，その基盤は自己意識。意志を拘束するものから解放するのが治療。自己イメージの保持が中心的な精神活動であることと，感情・認知の両面および精神内面・対人関係面をそれぞれ統合した説明とを考えた。古典分析とネオ・フロイディアニズムを批判した独創的な業績を"Interpretation of Schizophrenia"（1955），同第 2 版（1974），"The Intrapsychic Self"（1967），"Creativity: The Magic Synthesis"（1976），"On Schizophrenia, Depression Psychotherapy, & The Father Shores of Psychiatry: Selected Papers of Silvano Arieti, M. D."（1978）その他著書および論文で展開。精神の発達に伴う精神内容のヒエラルキーの形成について，種族発生・個体発生に Microgeny（ウェルナー Werner, H. の用語）を加えた。後者は認知面での刺激反応間に起る神経プロセス。その展開は器質的に，また自己評価を保持する力動的な理由で障害される。認知要素間の連想には分析学の第一・第二プロセスの他に両者を総合した第三プロセスがあり創造性の基礎になると考えた。

(竹友安彦)

[関連項目] ストーミー・パーソナリティ，力動精神医学

[文献] Arieti, S. (1957, 1968), Bemporad, J. R. (1982)

アレキサンダー，フランツ
[Franz Alexander 1891-1964]

アメリカの精神分析医，精神分析の科学性を追求し，精神医学との統合に努めた。また，心身医学の創始者の一人でもある。ハンガリーのブダペストに生まれ，第一次世界大戦後，ベルリン精神分析研究所の最初の訓練生としてザックス Sachs, H. の教育分析を受けた。1929年，『パーソナリティ全体の分析 Analysis of the Total Personality』を発表した。これは，自我の機能としての抑圧と，抑圧されたものとの間の関係を論じたもので，精神分析の本能論的心理学から自我心理学への発展を画す論文と評価されている。シカゴ大学でアメリカ最初の精神分析学講座の訪問教授に就任した後，1930 年シカゴに移住し，1932 年シカゴ精神分析研究所を設立して初代所長となった。以後，アメリカの精神分析的精神医学の発展に中心的役割を果たした。カール・メニンガー Menninger, Karl らもアレキサンダーから教育分析を受けた。1938 年には，イリノイ大学の精神科教授となる。

精神分析的な治療技法をめぐって 1946 年，柔軟な技法，特に患者が幼少時に主として親との間で体験したことの影響を，医師‐患者関係の中で新たなかたちで体験しなおさせることを介して修正することを目指した技法を提唱し，修正感情体験 corrective emotional experience と名づけた。また，精神分析と身体医学との関連を追究することによって心身医学の発展に大きく貢献した。1936 年，『精神分析の医学的価値 Medical Value of Psychoanalysis』の論文で，心身医学的治療に精神分析の原理が有効であることを発表した。1939 年，雑誌「心身医学」を刊行した。とりわけ，心身機制を転換 conversion と植物神経反応 vegetative responce に区別した業績は有名である。また，1950 年に『心身医学の誕生 Psychosomatic Medicine』を著し，本態性高血圧，気管支喘息，十二指腸潰瘍，潰瘍性大腸炎，神経皮膚炎，関節リウマチ，甲状腺中毒症などの心身医学的研究を推進した。さらに，特異性，すなわち特定の葛藤とある種の心身症との間に特異的な関係が認められることを主張した。本書はすでに心身医学の古典のひとつとなっている。さらに，1956 年，ロサンゼルスのマウント・サイナイ病院の精神医学，心身医学研究所所長となり，より実験的な研究を試みた。

(岩崎徹也)

[関連項目] 修正感情体験，心身症，転移，メニンガー

[文献] Alexander, F. (1930a, 1936, 1939, 1942, 1948, 1950, 1956a, 1960a, 1960b), Alexander, F. & French, T. (1946), Alexander, F., Eisenstein, S. & Grotjahn, M. (ed.) (1966)

アンドレアス-ザロメ，ルー
[Lou Andreas-Salomé 1861-1937]

1861年，ロシアのペテルブルグに生まれたユダヤ人の女性で，1937年ドイツのゲッティンゲンで76歳で死去した。

彼女は，20世紀のドイツ文学史上，特異な地歩を占めた女流作家であるとともに，フロイト Freud, S., タウスク Tausk, V. との親交と学問的交流によって，精神分析の歴史にもその名をとどめている。特にニーチェ Nietzsche, F. およびリルケ Rilke, R. M. の愛人，そしてフロイトの女友達，女性の弟子として，これらの男性思想家たちを深く鋭く理解し，自己の内面的な必然性と法則のみに忠実で自由な生き方を全うした，フェミニズムの先駆者的女性としても注目されている。1880年9月，19歳のときに，自由な精神形成の場を求め，その母とペテルブルグからチューリヒに出てきた。1882年から1887年に言語学者フリードリッヒ・K・アンドレアスと結婚するまでの間，彼女は，ニーチェとその友人の哲学者パウル・レーとの「三位一体」と称する奇妙な三角関係の中で生活を送った。ニーチェとは1882年の3月下旬から同年の10月終わりまでの7カ月間，直接の交渉を持っている。ニーチェにとってこの「ルー体験」は，『ツァラツストラ』第1部の出版に偉大なインスピレーションを与えたといわれている。1889年から夫のアンドレアスが84歳で死去する1930年まで，事実上の夫婦生活はザロメによって拒絶されたままの同棲生活が続いた。さらに詩人リルケの愛人となり，『マルテの手記』『ドゥイノの悲歌』をはじめいくつもの作品の成立に多大の影響を与え，リルケと連れ立ってウィーン訪問後，50歳のときフロイトの弟子となった。彼女は1911年9月ワイマールで行われた国際精神分析学会に初めて出席し，それ以後没するまで，フロイトとの温かい愛の交流を続け，多数の往復書簡を残すとともに，一孔仮説など，いくつかのフロイトの精神分析理論上の着想に影響した。フロイトと出会った以後は精神分析に専念し，自ら精神療法家の職業を選び，第一次大戦中は戦争神経症の兵士の治療でも活躍し，フロイトとの愛情を心の支えとした。1919年には精神分析学者タウスクと婚約したが，タウスクは結婚式の8日前に自殺した。70歳のとき彼女は『フロイトへの感謝』を著し，6年後乳癌と糖尿病で死去した。わが国でもザロメ著作集，そして，フロイト，ザロメ，タウスクの三角関係を主題とする『ブラザーアニマル』（Roazen, P. 1969）も邦訳が刊行されている。

（小此木啓吾）

[関連項目] 一孔仮説，タウスク，フロイト，S.
[文献] Andreas-Salomé, L. (1892, 1894, 1910, 1919, 1928, 1931), Peters, H. F. (1962), Roazen, P. (1969)

ウィニコット，ドナルド・ウッズ
[Donald Woods Winnicott 1896-1971]

イギリスの小児科出身の精神分析家。英国精神分析協会にあっては，独立学派と呼ばれる中間グループの代表的な存在であったし，2期にわたって会長を務めた。また，彼の社会的活躍は精神分析家一般にみるような精神分析の領域に限るものではなく，広く医学全体，さらには地域社会にまでも及ぶものであった。理論的には，子どもの精神発達を平易な日常語で表現したこと，後述する特異な理論と実践の境地を開いたことで，彼の著作はフロイト Freud, S. を措いて他に類をみないほどに広く受け入れられているといってよい。読者は，精神分析家だけではなしに精神保健専門家，さらには一般の母親たちをも含むものである。わが国にもいわゆるウィニコッティアンは少なくない。イギリスはデボン州プリマス市に元市長の長男として生まれた。幼いころから，上2人の姉をはじめとした「母親たち」に囲まれて何不自由なく育ったために，それを心配した父親の意思で14歳のときケンブリッジに赴くことになった。16歳のとき鎖骨々折で治療を受けたことをきっかけに医師になることを決心したという。ケンブリッジ大学で生物学を修めた後医学部に進学しだが，このときダーウィンの影響を強く受けその後の理論形成に影を落としているといわれる。さらに，第一次大戦に遭遇し実習生として駆逐艦に乗り込んだこともある。戦後，クイーンズ小児病院とパディントン・グリーン病院のコンサルタントに指名された。ことに後者の小児科は彼の奉職の40年の間に児童精神医学へと変貌し，そこで彼は実に6万症例を診たといわれている。精神分析的個人史は，ストレイチー Strachey, J. の教育分析を受け始めた27歳（1923）に始まるが，これはその後10年続いた。さらにクライン Klein, M. に1935年から6年にわたってスーパービジョンを受けた。それだけに彼女の理論を踏まえた思索が多い。しかし，1940年代後半に起こった英国精神分析協会の激しい論争の中にあっても，彼はクライン学派に身をおくことを決してしなかった。彼はクラインの抑うつポジションは高く評価していたが，妄想分裂ポジションを認めることはなかったのである。またクライン学派の論文集のために書いたといわれ，彼の理論を象徴する『移行対象』（1951）の論文が受け入れられなかったこともよく話題になるところである。さらに，彼は第二次世界大戦中に戦災孤児の世話をすべくしばらくオックスフォードに赴いた。ここでの経験が「反社会的行動は希望のあらわれである」という考えをもたらしたことはよく知られているが，人間の情緒発達における環境を重視する契機となったことも忘れてはならない。ともあれ，1948年父親の死を契機に第一夫人との離婚を決意し，1951年にクラレ

と結婚するが，この後に先述の『移行対象』をはじめとした創造的活躍のなされる 20 年が続いている。理論的貢献は多彩であるが，およそ 3 つの領域に分けることができる。ひとつは，第 2 の著作といわれる『発達促進的環境と成熟過程』という書名が示しているように幼児の発達に環境（母親によるほどよいホールディング）を必須の要件とする特異な発達理論である。「幼児なんてものはない。あるのは母子という単位があるだけである」という彼特有の言い回しの中によく現れている。一方，彼は「精神疾患は環境の失敗による」とも言いきる。これは，本能衝動を中心に据えて内的世界を重視するクライン学派と一線を画する立場である。その中で，母親の原初的没頭，生き残り，対象としての母親，環境としての母親，一人でいる能力，思いやりの能力，対象の破壊と再創造といった幼児の視点からの発達過程に関する数多くの概念が提起されている。これは，適応を中心概念におく自我心理学とも立場を異にするものといえる。第 2 の特徴は，体験の中間領域，あるいはパラ本能的といわれる体験領域に注目し，その構造を明らかにしたことである。その最たるものが「移行（過渡）対象」という概念で説明される文化的体験である。対象が自分の外側にあるという認識はできていながら，それをあたかも自分の内的世界の出来事であるかのように体験する状況で，人間が生きていることをもっとも鮮明に体験できるときである。成人後は，文化芸術的活動のみならず，その他の創造的な仕事の中にみることのできる体験領域である。これは，人間の一般的な生活で重視されてきた精神的活動の部分であるが，それまでの欲動理論や自我心理学，あるいはクライン理論といった精神分析的理論では十分に説明できなかった領域であり，そうした人格の文化的芸術的領域に光を当てることになっただけにそれが果たした貢献は大きいといわねばならない。第 3 は，その体験の中間領域という視点を据えて記載された人格論である。彼の人格構造は，人格が外界に接する領域と本能活動に接するところから形成された本当の自己領域，両者の中間領域より成るが，もっとも特異的なのはその中間領域である。本能活動に対する自我の支持を得た幼児は万能の体験をして本当の自己を発展させ，その後の現実との接触において現実的対応の能力を発展させると同時に，万能の体験を維持するための領域をも保護する部分があるというのである。実は，この部分こそが先述の体験の中間領域である。この中間の領域を発展させることができなかったとき，偽りの自己が発展するという。これらを中心にした考え方は彼の死後 30 年近くなる現在もなお精神分析の世界で影響を与え続けている。著作には，『ウィニコット論文集』(1958)，『発達促進的環境と成熟過程』(1965)，『遊ぶことと現実』(1971) の 3 部作が昔から有名である。いずれも邦訳がある。さらにはその他にも，精神保健専門家，一般向けの著作が多く出版され，邦訳も少なくない。また，公表されていない遺作なども含めた著作集が死後 20 年にして出版され，邦訳作業が進行中である。また，彼に関する研究書も少なくないし，彼とかかわりのあった後継者の手になる論文や著作も枚挙に暇がない。

（牛島定信）

[関連項目] ウィニコット理論
[文献] 巻末「参考文献一覧」Winnicott, D. W. (1945–1987) 参照

エムディ，ロバート・N
[Robert N. Emde 1935–]

2001 年現在，コロラド大学健康科学センター精神医学教授，デンバー大学心理学兼任教授であるが，乳幼児精神保健の代表的指導者であり，スターン Stern, D. N. と並んで，そしてスピッツ Spitz, R. A. の後継者として，精神分析的な発達と情動の研究の推進者である。特に 1980 年代から 1990 年代における，乳幼児研究 infant research と精神分析の理論と臨床をつなげる上で大きな功績を残し，フォナギー Fonagy, P. らとともに IPA の基礎研究部門を支える役割を果たしている。その親しみやすい人柄の故もあって，わが国の精神分析，母子の発達研究（特に I-FEEL Picture 研究など），乳幼児精神保健の各研究者との交流も活発である。

エムディは米国ニュージャージー州生まれ。ダートマス大学で社会学を修得。次にコロンビア大学医学部を卒業した後，疫学，内科学の研修を経て，デンバーのコロラド大学で精神医学を，またデンバー精神分析協会で精神分析の訓練を受けた精神分析家である。さらに，コロラド大学スピッツ研究所のスピッツのもとで学び，動物行動学的な発達の実証研究を開始して以来，コロラド大学を中心に，精神分析的アプローチとシステム論的アプローチを統合した乳幼児の精神発達の研究で多大の成果をあげている。

発達心理学，神経心理学，社会文化学などの諸分野の実証研究を包括的な視野からとらえ，乳幼児の情緒発達をライフサイクルやその文化社会の中に位置づけるエムディの広い学問的視野と豊かな指導力は，世界乳幼児精神医学会（WAIPAD）の創設と，その後の世界乳幼児精神保健学会（WAIMH）への拡大に貢献し，エムディは同学会会長となり，さらに児童発達研究学会（SRCD：The Society for Research in Child Development）会長を務めている。

臨床的には，関係障害の観点を乳幼児精神保健の準拠枠として提唱するエムディのその発達研究の中核は，情緒応答性 emotional availability と情動的中核自己 affective core self の理論にあるが，乳児の情動は生得的，

普遍的で，生物学的に基礎づけられ，発達に内在する動因には活動性，自己制御，社会適合性と情動のモニターの四つがあり，自己の感情状態は，情動的自己という一貫性のある自己表象を形成する。同時に変化する感情によって絶えず新しい心的オーガニゼーションが生じ，個体内の分化と統合，変化と恒常性，自律と依存の両極の機能を持ち，刻々と高次元の世界を生み出す心が発達する。喜び，驚き，興味などの陽性の感情は，社交性，探索や学習を促進し，発達のために重要な役割を果たすが，このシステムは，否定的感情によるものとは別のシステムとして発達する。特に乳児期は母親からの情緒的な応答性が得られるときに，心的オーガニゼーションの発達が促進される。また，母親に共感してもらった経験や，養育者との関係の中で認められたり，励まされたり，感情を分かち合うことを通して，乳幼児の中に早期の倫理感情，他者への共感能力が芽生える。3歳の乳児の中に，すでに母親不在の状況で母の指示を守ろうとする感情の発達が認められる。これらの乳児－養育者関係には連続性が見られ，その子固有の関係性が人生全体にわたって発達し，対人関係の原型になるという。

そして，母親－養育者の乳幼児に対する情緒応答性を検索する，満1歳の乳児の表情写真30枚からI-FEEL Pictures (Infant Facial Emotional Expressions Looking at) の米国版を，オショフスキー Osofsky, J., バターフィールド Butterfield, P. M. らとともに作製，わが国の小此木啓吾らの日本版の作製と研究を促すとともに，乳幼児の母親参照 maternal reference を研究する視覚的断崖 visual cliff の実験設定をカンポス Campos, J. と発案，わが国の三宅和夫らとの共同研究を進めている。

(小此木啓吾)

[関連項目] 関係性障害，自己，情緒応答性，情動，乳幼児精神医学（保健）

[文献] Emde, R. N. (1987, 1988b, 1993, 1994, 1999), Emde, R. N. & Harmon, R. J. (1982, 1984), Emde, R. N. & Sameroff, A. J. (1989), Emde, R. N., Frankenburg, W. K. & Sullivan, J. W. (1985), Emde, R. N., Johnson, W. F. & Easterbrooks, M. A. (1988), Emde, R. N., Osofsky, J. & Butterfield, P. (1993), 丹羽淑子（編著）(1993)

エリクソン，エリク・ホンブルガー

[Erik Homburger Erikson 1902-1994]

ライフサイクルやアイデンティティの研究者として知られているアメリカの精神分析家であり，心理学者。1902年ドイツのフランクフルトで生まれる。デンマーク系の父親であるが，エリクソンの出生前に両親は別れている。3歳の時，ドイツの南の都市カールスルーエで母親はホンブルガー Homburger 医師と結婚し，エリクソンは養子となる。ギムナジウム卒業後，画家を目指して欧州を放浪。28歳の時，ウィーンにて絵画の教師として雇われ，精神分析に接する。児童分析家として訓練を受ける。訓練分析家はアンナ・フロイト Freud, A. であった。ドイツやオーストリアへのナチの攻勢のため，1933年にアメリカに移住。ボストンでアメリカの最初の児童分析家として活躍を始めた。ハーバード大学，エール大学で臨床と研究に携わった。この間に文化人類学者メキール Mekeel, S. の紹介でスー・インディアンや同じく文化人類学者のコーヴァ Kova, L. の紹介でユーロク・インディアンのフィールド研究を行った。その後，カリフォルニア大学バークレイ分校の心理学教授となる。また，サンフランシスコ精神分析協会の会長を務める。1950年に彼の代表作『幼児期と社会』を出版した。これは当時発達していたハルトマン Hartmann, H. らの自我心理学を土台にして発展させたものであった。同じ1950年に反共産主義運動のマッカシーズムの中で，カリフォルニア大学での再宣誓拒否を行い大学を辞職した。

再び東部のマサチュセッツ州ストックブリッジにあるオースティン・リッグス・センター Austen Riggs Center の所員としてナイト Knight, R. やラパポート Rapaport, D., ブレンマン－ギブソン Brenman-Gibson, M. らと共に青年期精神障害の精神分析的治療の臨床に没頭する。この臨床経験の思索は『洞察と責任』(1964)に示されている。

これらの臨床経験はやがて，一連の青年期研究やアイデンティティ研究として実ることになった。1958年に『青年ルター』，1964年に『洞察と責任』，1968年に『アイデンティティ：青年と危機』，1969年に『ガンディーの真理』（ピューリッツァー賞受賞），1974年に『歴史とアイデンティティ』，1982年に『ライフサイクル，その完結』，そして1986年に『老年期』（共著）を発表するなど，精力的な研究を行った。

エリクソンの研究を支えるものは，彼自身の出自やユダヤ民族の問題，そしてアメリカへの移民の経験とアメリカ人になったことであった。それは常に「中途半端性」ないし「所属」の問題をテーマにしたものであり，「境界」をテーマにしたものであった。これらのテーマはアイデンティティのテーマに中核的に深く結びついている。

エリクソンの研究はアイデンティティの研究とライフサイクルの研究に分けて考えることができる。アイデンティティ研究は，青年期そのものをライフサイクルの視野の中で時代と歴史を考慮に入れて分析し，研究したものである。また，ライフサイクルの研究としては，ルター Luther, M., ガンジー Gandhi, M. K., ジェファーソン Jefferson, T. らの歴史上の偉大な人物を事例研究することを通して，個人のライフサイクルとアイデンティテ

ィとが歴史と時代との接点でどのように展開するかを明らかにした。これは後に「心理歴史論」として発展した。

エリクソンの研究は精神分析の世界のみならず，心理学，教育学，哲学，社会学，人類学，精神医学など広範な世界に影響を与えることになった。　　　（鑪幹八郎）

[関連項目] アイデンティティ，オースティン・リッグス・センター，青年期心性，漸成説，同一性拡散症候群

[文献] Erikson, E. H. (1950, 1956, 1958, 1964b, 1969, 1982)

エリス，ヘンリー・ハヴロック
[Henry Havelock Ellis　1859-1939]

イギリスの思想家，性科学者。医学教育を受けたがほとんど臨床に従事することなく，30代から著作と研究に没頭した。文芸批評，天才研究，犯罪研究などの領域での業績もあるが，ヴィクトリア朝の性に対する偏見と抑圧の強い文化のなかで性のもつ人生にとっての意義を強調し，30年をかけたライフワーク『性の心理学研究』(1897-1928)全7巻を刊行したことが最も大きな功績と言える。この業績は当時の性科学の知識を総覧的にまとめたものであり，フロイト Freud, S. も特にその2巻『性的倒錯』(1902)を『性欲論三篇』(1905)で参照している。『性的倒錯』はイギリス本国で発禁とされ，その後の巻の刊行はアメリカでなされることになった。彼は異常性愛と正常性愛に「明確な境界線はない」とし，自慰行為の無害性を強調し，さまざまな倒錯の概念を定義し，性心理学の基礎をおくことに貢献した。彼の性倒錯についての考えは基本的には先天的な素質を重視したものであり，個人の内的な心理過程を重視するフロイトとは本質的な相違がある。エリスはフロイトの業績に一定の評価と関心を寄せていたが，精神分析そのもののもつ訓練や治療の体系については批判的であったと伝えられる。　　　（藤山直樹）

[関連項目] 性愛〔セクシュアリティ〕，倒錯

[文献] Ellis, H. H. (1897-1928), Wortis, J. (1954)

エレンベルガー，アンリ・フレデリク
[Henri Frédéric Ellenberger　1905-1993]

カナダの精神医学者。大著『無意識の発見』(1970)に代表される力動精神医学史の研究で知られる。

[略歴] 1905年ドイツ系スイス人の牧師の子として南アフリカのローデシアに生まれる。ストラスブール大学で医学を学び，パリ大学で精神医学を学ぶ。第二次大戦後スイスに移り，ベルン，チューリヒで精神医療，および研究に従事した後，1953年メニンガー精神医学校の教授に任命される。1959年よりカナダに移り，当初マギル大学で教鞭をとり，1962年モントリオール大学犯罪学教室の教授に就任する。1993年5月1日に死去。

[業績] 研究は多岐にわたる。代表的なものとして，ジャネ Janet, P.，フロイト Freud, S.，アドラー Adler, A.，ユング Jung, C. G. に代表される力動精神医学の成立過程を原始治療や動物磁気，催眠術との関係を明らかにしながら詳細に跡づけた力動精神医学史の研究があげられる。比較文化精神医学では民間療法をはじめとしたさまざまな非医学的治療も射程に入れた新科学分科「比較精神療法学」の必要性を説く。また，病跡学では「創造の病い creative illness」という概念を提唱する。さらに犯罪精神医学においては，ヘンティヒ Hentig, H. v. の被害者学を精神分析的観点から発展させた研究をおこなっている。主著には，『無意識の発見』に加えて論文集『神話解放運動 Les mouvements de libération mythique』(1978) がある。　　　（加藤　敏）

[関連項目] 精神力動，創造性，無意識

[文献] Ellenberger, H. (1970)

オグデン，トーマス・H
[Thomas H. Ogden　1946-]

アメリカ西海岸の精神分析家。1980年代から現在に至るまで活発な活動を続ける現代有数の理論家。クライン派のグロトスタイン Grotstein, J. S. のスーパーヴィジョン，ビオン Bion, W. R. のセミナー，ロンドンのタビストック・クリニックへの留学という経験にもとづいて，英国対象関係論を発想の起点とした論考を続々生んでいる。しかし，彼は単なる紹介者ではなく，学派を超えた精神分析的営みの本質の理解に向けて斬新で独創的な思索を展開している。

彼は投影同一化の明快な概念化で70年代末に注目された。80年代の彼の仕事は，ウィニコット Winnicott, D. W. とビオンの仕事を軸に対象関係論を有機的に再解釈，再構築する試みであった。そのなかで彼は弁証法的対話 dialectic という視点で精神分析的営み，心的体験の本質を再検討することを発想した。90年代になって彼は分析的体験を，分析家と患者のふたりの主体性をともに供与して生み出す第三の主体「分析的第三者」という概念をもとに解釈し直し，分析的体験をふたりの「夢想 reverie」の重なり合いと考える技法論を構築しつつある。　　　（藤山直樹）

[関連項目] ウィニコット理論，間主観（体）性，自閉-隣接ポジション，ビオン理論

[文献] 藤山直樹 (1995), Ogden, T. H. (1982, 1986, 1989a, 1994, 1997)

小此木啓吾
[おこのぎけいご　1930—]

　古澤平作の次世代を代表する日本の分析家のひとり。日本精神分析学会創立に大きく貢献したのをはじめ，第二次大戦後，日本の精神分析の臨床，教育，研修のシステムを何もないところから作り上げる上で大きなリーダーシップを発揮し，日本精神分析協会書記を長く務めている。1930年に東京に生まれ，慶応大学医学部を卒業した彼は在学中から古澤の薫陶を受けた。活動の中心を慶応大学病院精神科に置き，次世代の分析家，分析的臨床家を多数育成した。当初彼はフェダーン Federn, P. からエリクソン Erikson, E. H. に至るまで，自我心理学の流れを日本に精力的に紹介するとともにそれを自らの理論的骨格とした。やがて，彼はフロイト Freud, S. とその周辺の文献を精読し，独自のフロイト理解を構築し，フロイト理論を力動‐経済論，生成‐分析論，発生‐発達論，力動‐構造論，不安‐防衛論，自己愛論の6つの観点に整理した。その後70年代以降は，外国から帰ってきた次世代の臨床家との交流のなかで，対象関係論的観点を視野に取り込み，精神分析に内在する多様な視点を外国ではかえって不可能と思われるほど包括的に俯瞰するという，独自の境地を切り開き，数々のすぐれた総説を生み出した。臨床的には，治療構造論を強力に提唱して，精神分析的実践が可能な場がどのようなものであるかを日本の臨床家に明瞭に提起したことが特筆される。近年では古澤の阿闍世コンプレックスを再解釈して海外に紹介したり，現代の乳幼児研究の成果を児童治療に生かすなど，絶えず新しい学問的関心を維持しつつ旺盛に活動し続けている。また，啓蒙的著作，さらに精神分析的視点を生かして社会病理を扱った著書も多く，その活動は多岐にわたる。
　　　　　　　　　　　　　　　　　（藤山直樹）

[関連項目] 阿闍世コンプレックス，治療構造論，日本精神分析学会，日本精神分析協会，モラトリアム，古澤平作

[文献] 岩崎徹也・他（編）(1990)，小此木啓吾 (1973, 1978c, 1979d, 1985a, 1985b)，小此木啓吾・馬場禮子 (1972)

ガンザレイン，ラモン・C
[Ramon C. Ganzarain　1923—]

　ガンザレインは，ビオン Bion, W. R. の集団理論を，実際の集団精神療法で実践した，ビオンのこの領域における真の継承者であり，現代における精神分析的な集団精神療法の代表的な指導者である。その主著『近親姦に別れを Fugitives of Incest』では，近親姦の犠牲者たちの集団精神療法を通して，これらの人びとおよびその親たちについての深い精神分析的理解を明らかにし，『対象関係集団精神療法 Object Relations Group Psychotherapy』では，自己愛的な境界人格障害の集団精神療法における怒りと憎しみの強烈な転移の対象関係論的な理解と，そこでの自己の発達を論じている。
　スペインのバスク民族の両親は，チリに移住し，そこでの事業に成功したが，ラモン・ガンザレインはこの両親の下でチリで生まれ育ち，1949年，国立チリ大医学部を卒業後，チリ精神分析研究所でチリ精神分析協会の創立者となったマテ‐ブランコ Matte-Blanco, I. の教育分析を受け，1952年に同研究所を卒業。1953—1968年，同研究所の訓練分析家，チリ大医学部教授を務め，この間に境界人格構造の研究で著明なカンバーグ Kernberg, O. F. に教育分析を行った。1961年には英国に留学し，ビオンのスーパービジョンを受け，1968年には米国のメニンガー病院に移り，1987年までトピーカ精神分析研究所の訓練分析家として多数の分析家を育成するとともに，集団精神療法部長を務めた。この間に，わが国からメニンガー病院に留学した岩崎徹也，高橋哲郎をはじめ，多数の精神科医の指導を行い，そのためもあって，しばしば来日され，古澤‐小此木の阿闍世コンプレックスにおけるその罪悪感とその防衛機制について，含蓄深い論文を発表するなど，わが国の精神分析家とも最も親しい交流を持った精神分析家である。メニンガー病院退職後，アトランタ市に移り，エモリー大教授およびアトランタ精神分析研究所の訓練分析家として活躍を続けている。
　　　　　　　　　　　　　　　　　（小此木啓吾）

[関連項目] 阿闍世コンプレックス，近親姦，集団精神療法，メニンガー・クリニック，カンバーグ

[文献] Ganzarain, R. (1988, 1989), Ganzarain, R. & Buchele, B. (1988)

ガントリップ，ハリー
[Harry Guntrip　1901—1975]

　英国の精神分析家で，対象関係論の主導者であるとともに，すぐれた解説者である。特に彼は，フロイト Freud, S. とクライン Klein, M. に内在していた対象関係論的な認識を批判的に再構成し，ひいては，フロイトとフロイト以後の精神分析のさまざまな流れに含蓄される対象関係的思考を明らかにした。このようなガントリップの批判的役割は，一方で，かつて難解，奇矯と言われたクライン，フェアバーン Fairbairn, W. R. D. の理論をより理解しやすいものにし，他方で，ユング Jung, C. G.，サリヴァン Sullivan, H. S.，そしてエリクソン Erikson, E. H. ら，ひいては自我心理学の流れと英国対象関係論との交流に道を開いた。一般にガントリップは英国において独立学派に属するとみなされているが，本来哲学的素養の高い牧師，Ph. D. であったために，英国の精神分析の世界でかなりユニークな存在であった。そ

のユニークさの一つは，米国の対人関係論との交流，もう一つは，そのパーソナルな精神分析とのかかわりである。1938 年，37 歳のとき，彼を補佐していた年下の同僚が彼のもとを去ったとき，突然，奇妙なシゾイド的というべき心身消耗状態に陥ったが，この体験を契機に精神分析を受けることになった。彼は正規の分析家としての訓練は受けなかったが，1949 年から 1959 年までの約 10 年間にわたり，合計 1,000 回を超えるフェアバーンによる個人分析，1962 年から 1968 年まで，150 回にわたるウィニコット Winnicott, D. W. による個人分析を経験している。後に彼は，フェアバーンは内的な父親，ウィニコットは内的な母親である，と述べているが，この長期間の膨大な個人分析と自分自身の治療経験を通して，彼の理論は形成されたという。ガントリップは，「フェアバーンは理論においてフロイトを超え，ウィニコットは治療においてフロイトを超えた」と述べている。

ガントリップの基本的な立場は，現実的環境因子と対人相互関係を重視する点にあり，フロイトの自然科学主義，生物学主義を批判し，個人のリアリティをパーソン person と定義し，この視点からパーソン自我とシステム自我に関する論議を経て，自我は本来対象希求的であるというフェアバーンの自我と対象のかかわりを一義的とみなす対象関係論的立場こそ，精神分析を生物学主義から本来の心理学的なパーソナルな関係の理論へと転換させたと主張する。また，そのシゾイド論では，根源的な問題は自我喪失 ego loss であって，そのおそれから自我の退行した部分は体内に逆戻りし，引きこもり，退行した自我 regressed ego の状態になる。治療論では，生き生きとした治療体験を通して退行した自我の発達が可能になるという。また，彼のシゾイド論における in and out program の概念はよく知られている。　（小此木啓吾）

　[関連項目] スキゾイド・パーソナリティ，対象関係論，対人関係論，パーソン自我，ウィニコット，フェアバーン

　[文献] Guntrip, H. (1952, 1961, 1968, 1971), 狩野力八郎 (1979)

カンバーグ，オットー・F
[Otto F. Kernberg　1928-]

　アメリカの現代精神分析家。1999 年からの国際精神分析協会会長に選出された。

　1928 年 9 月 10 日，オーストリア・ウィーンに生まれた後，幼少時に家族とともにチリに移住し，1953 年チリ大学医学部を卒業した。チリで精神分析医の資格を取得した後アメリカに渡り，メニンガー記念病院長，トピカ精神分析研究所長，コロンビア大学教授，コーネル大学教授などを歴任し，1995 年よりコーネル・メディカルセンター・ニューヨーク病院の人格障害研究所長を務めている。教育分析家およびスーパーヴァイザー分析家。なお児童分析家のパウリナ・カンバーグ Paulina Kernberg は妻である。

　学問的には正統的な自我心理学の立場を基礎にした上で，対象関係論，さらにはクライン理論をも取り入れて統合に努めている。カンバーグ自身は自らの立場を，しばしば自我心理学 - 対象関係論的立場と表現している。研究対象としては，境界例，特に人格障害としての境界例概念が定着するにあたって，大きな役割を果たした境界パーソナリティ構造 borderline personality organization の概念，精神力動，治療技法などをめぐる業績が最も有名である。また，それに関連して，人格発達一般について，特に分裂 splitting をはじめとする未熟な防衛機制や対象関係をめぐって解明し，それらの発達に応じて人格構造を神経症的，境界的，精神病的の三水準に分類した業績も高く評価されている。そのほか集団精神力動，すなわちビオン Bion, W. R. によって明らかにされたような未熟で原始的な精神力動が集団状況で活発化する現象を，入院場面に応用して，それらの認識，把握が精神障害の診断や治療に有用であることを主張した。さらに，それらの知見を病院という臨床場面を越えて，広く組織一般における精神力動やその管理，リーダーの役割などについても応用し，システム論的に研究した。名実ともに現代精神分析学界のリーダーである。　（岩崎徹也）

　[関連項目] 境界パーソナリティ構造，国際精神分析協会[IPA]，自我の分裂，対象関係論，病態水準

　[文献] Kernberg, O. F. (1975, 1976, 1977b, 1980, 1984, 1987, 1988, 1992, 1996), Kernberg, O. F., et al. (1989)

キューブラー - ロス，エリザベート
[Elizabeth Kübler-Ross　1926-]

　エリザベート・キューブラー - ロスがシカゴ大学で始めた「death and dying（死ぬ瞬間）」と題するセミナーは，その同名の著書とともに死の臨床・末期医療，そして死への心の準備にかかわる臨床家はもちろん，この課題に関心を抱く人びとに圧倒的な影響を及ぼしている。彼女は，200 人あまりの臨死患者の面接を施行し，臨死患者の心理を「死にゆく過程のチャート」に著した。死が逃れられない事実であることを知った患者は，まず「衝撃と不信」によって反応し，次いでこれを「否認」する。このような否認は衝撃に対する緩衝装置として働く。否認という第一段階が維持できなくなると，患者は「なぜあの人ではなく私でなければならないのか」と感じ，健康な人への羨望を抱くようになる。それらの感情は医療関係者や家族への攻撃として表現される。次の「取り引き」の段階では，疼痛や恐ろしい手術などに耐えるといった「良い行い」をすることに対して，神や周

囲の人たちから何らかの「報酬」を得ようとする取り引きの心理が患者の中に生ずる。第四段階の「抑うつ」では，患者の病状が進行し，新たな症候や衰弱が加わると，患者は大きな喪失感を抱くようになる。このような喪失に伴う「反応性抑うつ」と，世界との決別の覚悟による「準備抑うつ」の二種類の抑うつが体験されるが，やがて，臨死の運命に対して怒りも抑うつも覚えない「受容」の段階に達する。患者はうとうととまどろむことが多くなり，周囲の対象に執着しなくなり，死を迎える準備が整う。各段階は必ずしも明確に区別されるものではなく，相互に重なり合い，漸進的に現れたり，消失したりする。患者はいずれの段階でも，最期の瞬間でさえも希望を持ち続けている。希望を与えられることなしに致命的疾患を告知された患者は，そのような残酷な告げ方をした者を決して許さないことを忘れてはならないという。

　キューブラー・ロスは 1926 年に，三つ子の長女としてスイスのチューリヒで生まれた。彼女は幼い頃から「自分は親から愛されていない」という強い意識を抱いて，早く家を出ようと考えていた。高校卒業後，ビジネス方面へ進めという父親の命令に逆らって，住み込みの家政婦になって家を出たが，さんざん冷たい扱いを受けて，一たんは自宅に戻った。だが，大学へは進学せず，第二次大戦中は生化学研究所や病院の実習生をしながら過ごした。第二次大戦後，被災者たちの力になりたいという激しい衝動に駆られ，「平和を守る国際ボランティア奉仕団」の一員として，終戦直後のポーランドに行き，マイダネク強制収容所跡での一少女との出会いなどを経て帰国し，チューリヒ大学医学部に進み，在学中に，ユダヤ系アメリカ人のマニー・ロスと結婚し，後に一男一女をもうけた。米国に渡り，その後，シカゴ大学医学部教授となり，主に神学部の学生を対象に，「死とその準備」のセミナーを始めた。「死体を漁るハゲタカ」と呼ばれて医師たちから忌み嫌われながら，1969 年に『死ぬ瞬間』を出版し，一躍国際的に名を知られるようになった。その後の彼女の人生は文字どおり伝道師のそれであり，休みなく世界じゅうを飛び回り，講演をし，セミナーを主催し続け，日本も訪れている。1984 年にヴァージニア州ハイランド郡に広大な農場を購入し，そこに住まいを構え，彼女の主宰する「シャンティ・ニラヤ」の本部を置いたが，1994 年 10 月 6 日，彼女の留守中，住まいだったログハウスは全焼し，膨大な美術品・民芸品のコレクション，蔵書，原稿，手紙などがすべて焼失した。その前年，彼女は自分の農場内に HIV 感染の子どもたちの収容施設を建設しようとして，一部住民の反対運動に会って計画が挫折したが，そのための放火が疑われ，息子の強い勧めでアリゾナに移った。キューブラー・ロスはそれ以来，目立った公の活動は一切していない。彼女が主宰していた団体「シャンティ・ニラヤ」も解散し，いまは活動していない。

　彼女の，死にゆく過程の五段階には，ボウルビィ Bowlby, J. の喪 mourning の四段階説と共通の認識が提示されているが，彼女自身，コロラド大学医学部講師だった時代に晩年のスピッツ Spitz, R. と出会い，共にスイスからデンバーに来た者同士の親近感もあって，種々温かい助言を受けた。「あなたの知識の最大の欠陥は，自分自身を理解していないことだと思う……」と言われ，シカゴ精神分析研究所で精神分析を受けることを勧められた。間もなく彼女はシカゴ大学医学部に就職し，そこのビリーグス病院で独特なスクリーン室を設定して，臨死患者たちとのインタビューを公開するセミナーを始めた。この公開インタビューには，学内で多くの反対があったが，それにもかかわらず，最初は神学部の学生のためだったが，やがて医学生，医師，看護婦，ソーシャルワーカーなどが次々に参加するようになった。1967 年には，毎週 1 回，このセミナーを続けるようになり，やがて，この記録が『死ぬ瞬間』として出版され，世界的な超ベストセラーになった。たまたまこの活動の間に母キューブラー夫人が倒れ，安楽死を求められる体験があったが，その一方で彼女は，シカゴ精神分析研究所のバウム博士から 26 カ月間受けた毎日分析に支えられていた事実を特記したい。しかし，彼女は，精神分析が自分のためにとても貴重な体験であったことを認めながら，一対一の精神分析の費用の高さは，ほとんどの人の手に届かないものだと常に強調し，経済的に実行可能な心理劇なら 25 人までのグループの罪や悲しみ，恐怖，怒りを外在化して治療できると主張した。そしてシカゴ大学医学部からの彼女のこの公開セミナーに対する批判もあって，1967 年に医学部を辞任し，世界各地への講演や研究会での伝道師的な活動を行うようになった。

　なお，一般に Kübler-Ross と呼ばれているが，Kübler は結婚前の姓で，Kübler-Ross は生国スイスの習慣による名称で，正式には Ross 博士と呼ぶべきである。

（小此木啓吾）

[関連項目] 悲嘆反応，喪の仕事〔悲哀の仕事〕，ボウルビィ
[文献] Gill, D. (1980), Kübler-Ross, E. (1969)

ギル，マートン・M
[Merton M. Gill　1914－1994]

　マートン・ギルはアメリカの精神分析において大きな足跡を残した分析家である。彼の半世紀に及ぶ業績は，驚くほどの理論的な発展や変貌を見せたことで知られる。1914 年にシカゴで生まれたギルは，心理学と医学を修めた後に 1941 年よりメニンガー・クリニックでメニンガー兄弟やデービッド・ラパポート Rapaport, D. やロ

イ・シェーファー Schafer, R. 等のもとに精神科医のトレーニングを積んだ。ギルの出発点はラパポートに従った自我心理学的なメタサイコロジーであった。その後リッグス・センターを短期間経由してカリフォルニアやニューヨークに渡り，1971年よりシカゴに落ち着いたギルは，そこでサミュエル・リプトン Lipton, S. らからの大きな影響を受けた。ギルは一貫して治療の録音その他を用いた実証的な研究に携わりつつも，70年代には自我心理学の持つ科学主義に対する批判を始め，より体験に近い精神分析を志向するようになった。治療場面における「今，ここ」での転移の重要性を説いた1982年の『転移の分析』（第2巻はアーウィン・ホフマン Hoffman, I. との共著）という業績が特に知られ，またホフマンと共に社会構成主義的な分析理論を提唱し，90年代の最初には「一者心理学 one person psychology，二者心理学 two person psychology」という言葉を導入することで，転移を重視した間主観的な立場の重要性を強調した。

（岡野憲一郎）

[関連項目] 間主観（体）性，構成主義的精神分析，転移分析
[文献] Friedman, L. (1990), Gill, M. M. (1982), Hoffman, I. Z. (1996), Silverman, D. K. (1996)

クライン，メラニー

[Melanie Klein 1882-1960]

クライン学派の創始者。イギリス対象関係論の基礎を作った女性分析家。クラインはウィーンに生まれた。両親はユダヤ人であったが，その家庭はリベラルな雰囲気であった。父親モリツ・ライチェス Moriz Reizes は，医師であったが文学にくわしく数カ国語を駆使し，博学多才な人物であった。彼は両親のすすめに従って結婚をしたが，その結婚生活はうまくいかなかった。彼は，離婚をした後に，47歳の時に24歳の女性リブサ・ドイチュ Libussa Deutsch と恋愛結婚をした。これがクラインの母親である。父親は，クラインが物心ついたときにはすでに老人であり，彼女が18歳のときに病死している。彼は医師としては成功せず，晩年になって，叔父の遺産が入ったときに歯科医に転向してやや成功を収めた。実際に家計を支えたのは，母親である。彼女はペットショップなどを経営し，たくましい女性であった。クラインは終生この母親を尊敬し続けていた。このことは，彼女が母親を重視した発達論を形成していったことにも影響を与えたであろう。クラインは4人兄弟の末っ子であった。4歳上の姉シドニー Sidonie は，病弱であり，幼少時をほとんど病院で過ごし，亡くなる1年前から家庭で過ごして，9歳で死亡している。この幼い姉はすでに死を悟っており，クラインに自分の知っていることをすべて残していくと，クラインに読み書きなどさまざまなことを教えて亡くなっていった。この姉の死の体験はクラインの心に大きな陰を残したと言われている。さらに5歳上の兄エマニュエル Emmanuel は，非常に優秀で，医学生であり詩人でもあった。しかし彼は心臓病を患っており，25歳のときに急逝している。この兄の死はクラインに深刻な心の傷を残したと言われている。この兄は，クラインに大きな影響を与えた人物である。彼の影響でクラインは医学校を受験することにし，彼はラテン語などを彼女に教えた。さらに兄は彼女を彼の属する詩のサークルに紹介した。しかしそこで会った男性アーサー・クライン Arthur Klein と恋愛に陥り，彼女は19歳で婚約し，医学の道をあきらめたのである。このことを後にクラインは強く後悔することになる。20歳で結婚したクラインは，実業家の夫に連れ添って転々とし，1910年にハンガリーのブダペストへ移住した。そこで彼女は夫との結婚生活の葛藤，母親の死，子どもの死の中で抑うつ状態となり，当時フロイト Freud, S. の高弟で同市に住んでいたフェレンツィ Ferenczi, S. を受診した。このことが彼女の運命を大きく変えることになった。彼女はフロイトの著作に初めて触れ，ウィーン時代にフロイトの存在を知らなかったことを大いに悔やんだと言われている。彼女はフェレンツィに精神分析を学ぶことを勧められ，1919年にブダペストの精神分析協会の正会員になっている。さらに，アブラハム Abraham, K. との出会いによって，彼女の運命は大きく変わっていった。フェレンツィの教育分析の中で，何かが分析されていないと感じていたクラインは，それを補うことのできる人物としてアブラハムに出会ったのである。ちょうど政治的な不安が時代を支配し始め，1921年に夫が仕事の都合で遠方に転勤することになったことを契機に，彼女は夫のもとを去り，ベルリンに移住してアブラハムの指導を受ける決心をした。当時ベルリン精神分析協会を指導していたアブラハムは，クラインに非常に幼い2-3歳の子どもの神経症や精神病の子どもの精神分析療法を勧めたのである（早期分析 early analysis）。当時の精神分析の世界では，3歳以前の子どもは内的な心が存在せず転移を起こす力がなく，言語的な表現能力も十分でないために，精神分析の対象とはならないと考えられていた。これはフロイトの見解によるものである。それをあえて，アブラハムが前エディプス期の子どもの精神分析治療をクラインに勧めたのは，彼自身が当時の精神分析の適応とはならないと考えられていた躁うつ病の精神分析の研究を行っていたからである。そして彼は0歳児の心の世界が，躁うつ病の患者には重要な働きをしていることを発見していた。そして彼は，クラインの研究を通してそのような幼い子どもの世界の研究に注目していたのである。このことが，後の現代精神分析の大きな転回点をもたらすことになった。それは早期発達論を重要視した深層心理

学であり，精神病や境界例などの重症の症例の心の世界の理解に道を切り開くものであった。ベルリンの時代は，精神分析の革命的な発見が行われた時期である。そしてその記録は，1932年『児童の精神分析』として出版された。ベルリンでの研究生活は順調であり，クラインは1924年からアブラハムに教育分析を受け始めた。しかし1925年にアブラハムは肺炎で急死したのである。53歳の若さであった。良い支持者を失ったクラインは，すっかり落胆していたが，ベルリン研究所に留学中のストレイチー Strachey, A. の仲介によって，ロンドンで子どもの精神分析の特別レクチャーを行うことになった。これは高く評価され，クラインは再び分析家としての自信を取り戻して，翌年にはロンドンに移住した。それ以降彼女はロンドンに定住し，精神分析の革命的な研究を行っていくのである。ちなみにこのときのレクチャーの記録が，『児童の精神分析』の第1部である。ロンドンにおけるクラインの活躍はめざましいものがあり，1935年から1945年にかけて成人の躁うつ病の病理の起源である「抑うつポジション depressive position」の研究，1946年には精神分裂病の固着点である「妄想分裂ポジション paranoid-schizoid position」の研究を行い，早期対象関係論の基礎を作りあげたのである。彼女の意見はあまりに革新的で，フロイトの意見とは異なるものであったので，他の古典的精神分析家との間で大きな議論が起こったのであるが，彼女の考えを支持する分析家たちの間で優れた研究者が現れ，クライン学派と言われるグループを形成し今日にいたっている。その間には，分析家となった実の娘のシュミデバーグ Schmideberg, M. との意見の食い違いからくる決別や，長男の遭難死など個人的にもつらい体験をしている。彼女のもとでは，スィーガル Segal, H.，ローゼンフェルド Rosenfeld, H.，ビオン Bion, W. R. など優れた弟子が育ったが，長年の朋友であったハイマン Heimann, P. やウィニコット Winnicott, D. W. などは，クラインが晩年になって理論上の違いなどによって決別している。そしてウィニコットなどはいわゆる独立学派の形成に大きな役割を果した。

（衣笠隆幸）

[関連項目] 児童分析，妄想分裂ポジション，抑うつポジション，アブラハム，ウィニコット，スィーガル，ハイマン，ビオン，フェレンツィ，ローゼンフェルド

[文献] Grosskurth, P. (1986), Segal, H. (1979)

クリス，エルンスト
[Ernst Kris 1900-1957]

自我心理学を代表する精神分析学者。とくに，自我のための自我の統制下における一時的部分的退行 temporary and partial regression in the service of the ego (under the control of the ego) の概念の創始者としてよく知られている。ウィーンに生まれ，ウィーン大学で美術史学を専攻し，Ph. D. を取得。1930年までウィーン美術館副館長を務めたが，彼の恋人マリアンヌの父オスカー・リー博士がウィーン総合病院の神経科部長であった縁で，フロイト Freud, S. の古美術品蒐集の相談役を委託された。このフロイトとの親交から，精神分析に関心を抱き，ヘレーネ・ドイチュ Deutsch, H. の教育分析を受け，1938年からロンドンで，次いでニューヨークで精神分析の指導及び研究に当たり，その後没年までエール大学児童センターの所長を務める。その妻となったマリアンヌ・クリスも精神分析家として活躍，マリリン・モンローの治療者となる。この間に雑誌『イマーゴ Imago』，『児童精神分析研究 The Psychoanalytic Study of the Child』の編集に当たる。ハルトマン Hartmann, H.，レーヴェンシュタイン Loewenstein, R. らとの共同研究によって自我心理学の発展に寄与し，芸術の精神分析的研究，特に芸術創作の過程を自我心理学によって解明し，幼児の直接観察，特に幼児における退行の研究や，成人が語る幼児期体験と幼児期そのものとの比較研究を行った。美術史学出身であったクリスは，病態心理の領域と正常で健康な自我活動の領域が連続性を持つものとして解明する道をひらき，特に，自我の「一時的部分的退行概念」は，フロイトの退行の概念をより健康な自我活動，さらに芸術の創作活動の解明へと発展させる上で重要な役割を果たした。

（小此木啓吾）

[関連項目] 自我心理学，退行

[文献] Kris, E. (1934, 1950, 1951a, 1951b, 1952)

クリステヴァ，ジュリア
[Julia Kristeva 1941-]

ブルガリア出身，フランスに来てから当初は言語論，記号論の研究者として有名であったが，精神分析家として訓練を受けて，その後は主に精神分析の視点からさまざまな領域についての発言をしている。

1941年に社会主義国ブルガリアのユダヤ系の家庭に生まれる。大学教育を終えて，1965年にパリに留学する。中世小説における記号とエクリチュールの関係を分析した博士論文である『小説のテキスト』(1970年に出版されている) を書き上げ，高い評価を得る。当時のフランスは，68年パリの五月革命の時期にあたり，思想的には構造主義のなかで，彼女は記号の分析に新しい視野を開いた『セメイオティケ』(1969)，また古代から今日までにいたる記号の姿を追った『ことば，この未知なるもの』(1969) といった重要な研究を発表する。国際科学研究所研究員，その後第七パリ大学の副教授になる。その間，後に夫になるフィリップ・ソレルス Sollers, P. の主催す

るテル・ケルグループに参加しながら，主にラカン Lacan, J. に強い影響を受け，精神分析と記号論を統合するような記号論を発表する（1974年の『詩的言語の革命』など）。その後精神分析の訓練を受けてからは精神分析の臨床に携わり，主に精神分析の概念を駆使しながら，文学や政治，あるいはフェミニズム運動など多岐にわたる論客になっている（1980年『恐怖の権力』など）。

(妙木浩之)

[関連項目] ラカン

[文献] Kristeva, J. (1969a, 1969b, 1970, 1974, 1980)

グリーネーカー，フィリス
[Phyllis Greenacre 1894–1989]

フィリス・グリーネーカーは，シカゴ出身の精神科医であり，ニューヨークを中心に幅広い活躍をした米国を代表する精神分析家の一人である。彼女は極めて多産で，人間の精神生活の各方面に精神分析理論を応用しようと試みた。その思考は基本的には精神力動論ないしは自我心理学の流れに属し，リビドー論や分析の基本概念に従ったが，他方で分析理論に生物学的な位置付けを求める姿勢にはジョンズ・ホプキンス病院における精神生物学者アドルフ・マイヤー Meyer, A. との親交による影響をうかがわせる。

グリーネーカーの業績は多岐にわたるが，その多くがフロイト Freud, S. の基本概念の発展にその独創性を発揮させたものであった。初期の業績として，フェティシズムのリビドー的発達論からの理解，ないしはフェティッシュと移行対象との比較検討等が知られる（1953）。また転移関係をいかに保護し，治療に役立てるかについて多くを論じている（1954）が，その中で分析家は隠れ身を守るために社会的な，政治的な活動を控えるべきだ，とまで主張したことはしばしば言及される。またグリーネーカーは芸術家の子ども時代について，彼らの感性の高さとリビドー的な発達との関連を論じて，高い評価を得ている（1957）。さらにフロイト Freud, S. の『分析技法における構成の仕事』（1937）の技法論を継承して1960年代に「再構成」について論じ，同テーマはその後のシェーファー Schafer, R. らの自己物語化論などに発展している。

また分離-個体化における父親の機能について論じ（1972），特に母親との共生から子どもを対象世界に誘い出すという役割に言及している。その後も95歳で他界する数年前まで論文を発表し続けた。

(岡野憲一郎)

[文献] Freud, S. (1937c), Greenacre, P. (1954, 1957, 1971, 1972, 1975), Harley, M. & Weil, A. (1990)

グリーンソン，ラルフ・R
[Ralph R. Greenson 1911–1979]

グリーンソンはロサンゼルス精神分析協会に所属した精神分析家。彼自身，アメリカでの亡命精神分析家を含めたパイオニアと第二次世界大戦後に育った第2世代との中間世代と位置づけたようにハルトマン Hartmann, H., クリス Kris, E. あるいはレーヴェンシュタイン Loewenstein, R. と接触しながらギテルソン Gitelson, M. らとアメリカにおける精神分析の職業的基準づくりでも協会に協力している。

グリーンソンは1911年9月20日に父親は家庭医，母親は薬剤師のロシア移民の子としてニューヨークで出生。グリーンソンはウィーンで精神科医としての卒後研修を受け，ロサンゼルスで開業し精神分析家としての訓練を完了した。後に訓練分析家になりロサンゼルス協会の会長をつとめた。この間，フェニヘル Fenichel, O. に精神分析家として生涯の友として大きな影響を受けたといわれる。また，UCLA の臨床教授として精神科医の卒後教育にも協力した。グリーンソンは臨床家，理論家，教育者としてアメリカ精神分析の最高潮期を象徴する人の一人だったが，彼が絶えず学ぶ姿勢を持ち続けたからであろう。彼は1979年11月24日心筋梗塞のため68歳の人生を閉じている。

グリーンソンは臨床的事実を何よりも大切にし，例えば『母国語と母親』（1950）の論文にみられるように治療の中での事実から理論を導き出すという姿勢を貫いた。情緒，性愛性，性別同一性への関心を深めながらしだいに精神分析技法論を展開していった。生涯，50を超える論文を発表しているがアメリカ精神分析を代表する構造論モデルの到達点でもある。彼の技法書は3冊（うち1冊は遺稿を同じ精神分析家になった長男らが編集）となって出版されている。彼の業績のうち，いくつかを紹介すると精神分析家と患者との「現実」の関係と転移との区別，ゼッツェル Zetzel, E. の治療同盟の考えを発展させた作業同盟 working alliance の概念がある。すなわち，患者は治療関係の中で分析家から現実生活で何も直接に満足を与えられないにもかかわらず，分析をつづける能力が求められるのである。このような観点から分析可能性 analizability が論じられた。そして分析家の側には共感と直観，ことに前者の重要性が指摘された。また，共感能力は本来，母子関係の中で育ったものなので教えられるものではないとも指摘している。精神分析家のなすべき治療技法に精神分析固有のものとして明確化，直面化，解釈，徹底操作が，それを促す非分析的技法として除反応，カタルシス，暗示，操作，役割あるいは態度の慎重かつ意識的想定をあげている。

(西園昌久)

[関連項目] 精神分析可能性，精神分析技法，治療同盟

[文献] Greenson, R. R. (1967, 1978), Sugarman, A., Nemiroff, R. T. & Greenson, D. P. (ed.) (1992)

グロデック，ゲオルク
[Georg Groddeck 1866-1934]

フロイト Freud, S. が『自我とエス』(1923) に発表した心的構造論の中で用いたエスという概念の創始者であり，心身医学の先駆者の一人である。グロデックは1866 年 10 月，東部ドイツの保養地バート・ケーゼンに生まれ，父はその町で温泉療養所を経営していた。グロデック自身も，当時，高名な内科医エルンスト・シュヴェニンガーに師事し，1900 年からはバーデン・バーデンに 15 床の療養所を開き，マッサージ，高温浴，食餌療法などによる生体全体の治療を行っていたが，精神分析理論に関心を抱き，1917 年，フロイトとの書簡で弟子として認められたが，フェレンツィ Ferenczi, S. との親交も厚く，精神分析治療による身体疾患の病状の改善を認める心身医学の立場をとり，1921 年，『エスの本 das Buch vom Es』の前半部をフロイトに送り，フロイトは，そこに展開されている「エス」の概念の意義を評価し，『自我とエス』における心的構造論の中に位置づけた。しかし，グロデックのエスが，道徳以前の豊かな潜在力にみちた創造的な自然の生命を意味していたのに対してフロイトは，エスを自我，超自我と葛藤する欲動の源泉として位置づけた。この両者のエスに関する考えのずれが，両者の間を次第に遠ざけた。グロデックは 1934 年 3 月，スイスを講演のために訪問中，チューリヒ近郊のメダールド・ボス Boss, M. の療養所で心不全のために死去した。　　　　　　　　　　　　　　（小此木啓吾）

[関連項目] エス，心身医学
[文献] Freud, S. (1923b), Groddeck, G. (1923)

古澤平作
[こさわへいさく 1897-1968]

日本における精神分析の源泉となった精神分析学者。1897 年（明治 30）7 月 16 日神奈川県厚木に生まれる。1926 年（大正 15）東北大学医学部を卒業，同大学医学部精神科教室・丸井清泰教授に師事。1931 年（昭和 6）同精神科教室助教授。1932-1933 年ウィーン精神分析研究所に留学，ステルバ Sterba, R. から教育分析，フェダーン Federn, P. からスーパービジョンを受けたが，この間，フロイト Freud, S. 宅を訪問，フロイトに出会い，『罪悪感の二種――阿闍世コンプレックス』と題する独語の論文を提出。阿闍世コンプレックスの理論を唱える。帰国後，1934 年から 1968 年に没するまで，東京で，戦前，戦後にわたって精神分析医として開業。ウィーン留学を通して，臨床精神療法としての精神分析，特に自由連想法の意義をわが国の学界に認識させるとともに，その後 20 年間，欧米の精神分析の発達を臨床的に追跡し，その基礎経験を系統的にわが国に再生産するという，まことに多難な歩みをただ一人続けた。戦後のわが国で比較的すみやかに精神分析の発展を見ることができたのも，古澤のこの臨床経験の蓄積・再生産を基礎にしたためである。第二次大戦後，米国精神医学の影響によって，わが国の精神医学，心理学にも精神分析を評価する動向が高まるとともに，古澤は，1952 年メニンガー Menninger, K. A. の『人間の心』を邦訳，以後『己れに背くもの』『愛憎』の 3 部作の邦訳刊行。1953 年フロイト『続精神分析入門』の邦訳を刊行。この当時から，わが国の精神科医，心理学者らの教育分析に従事，今日のわが国精神分析，力動精神医学，心身医学の基礎をつくることに貢献した。1955 年日本精神分析学会を創設，1957 年まで会長となり，1959 年より没するまで名誉会長となる。この動向と並行して，国際精神分析協会（IPA）の日本支部（日本精神分析協会）の支部長となる。古澤が摂取統合したフロイト以後の技法としては，ライヒ Reich, W. の性格分析，フェレンツィ Ferenczi, S. の能動・弛緩療法，アンナ・フロイト Freud, A. の児童分析，クライン Klein, M. の直接解釈法，フェダーンの分裂病の精神分析的精神療法，アレキサンダー Alexander, F. の修正感情体験および技法の修正などがあげられるが，これらを古澤は独自の日本的技法として集大成した（例えば背面椅子式自由連想法など）。理論面では，日本人患者が欧米患者と比べて，容易に母・子の依存関係の水準に退行しやすいこと，その基本的葛藤は，母に対するアンビバレンス（特に依存・甘えによる母への憎しみの抑圧）にある事実に注目し，母親への根源的な怨みとゆるし，罪の意識を主題とする阿闍世コンプレックスの理論を提唱したが，その背景には，彼の仏教的な人間観が強く働いている。さらに境界分裂病の治療を主題とするとともに「愛を向けると憎しみが起こる」という分裂的機制 schizoid mechanism，去勢不安と去勢恐怖の区別に発する自我分裂 ego splitting への注目などをその治療理論と技法の核心に置いた。晩年にはピカソの画風の変遷に，現実否認と現実認識の 2 つの自我状態の併存，葛藤がどのようにあらわれるかを追究して，アングル-ピカソ・コンプレックスを唱えた。実際の治療態度は，フェダーン，シュヴィング Schwing, G. の母なるもの Mutterlichkeit に比すべき絶対受容の心を説き，観無量寿経-涅槃経の信仰の境地に支えられた絶えざる自己分析と逆転移の洞察を深める仏教的な求道の道を歩み続けた。終生臨床家に徹底し，さらに教育分析やスーパービジョンによる直接指導に専念し，自分から論文，著作をあらわすことには控え目だったために，代表的な著作と

してあげるべきものはほとんどない。その反面，東北大時代に指導を受けた，懸田克躬，山村道雄，戦後教育・指導を受けた，土居健郎，西園昌久，前田重治，武田専，小此木啓吾，その他今日の精神分析，力動精神医学，心身医学を推進する十指を超える弟子たちを育成した。

(小此木啓吾)

[文献] Freud, S. (1904, 1905b, 1910d, 1910j, 1911c, 1912a, 1912d, 1913l, 1914b, 1914f, 1915a, 1919b, 1920b, 1933a), 古澤平作 (1927, 1929a, 1929b, 1929c, 1932, 1933a, 1933b, 1933c, 1939a, 1939b, 1950, 1953a, 1953b, 1958), Kosawa, H. (1933), Menninger, K. A. (1930, 1938, 1942), 小此木啓吾 (1970b)

コフート，ハインツ
[Heinz Kohut 1913-1981]

ウィーン生まれの精神分析医。父親のフェリックスは教養ある実業家であり，ピアノの才能もあったという。ハインツは彼から音楽の才能を受け継ぎ，また当時のウィーンでは最高の教育を受けた。19歳でウィーン大学の医学部に進み，1938年卒業。神経学を専攻するかたわら精神分析にも関心を持ち，その年の6月にロンドンに亡命したフロイト Freud, S. をウィーンの駅に見送ったという。その時，「汽車の中のフロイトが帽子に手をかけ見送りの人びとに会釈したが，その視線は自分（コフート）に向けられていた」というエピソードを好んで語ったといわれる。それは，彼が後日，米国精神分析学会長になったことや，「ミスター精神分析」と呼ばれるようになったことと，無縁ではない。1940年コフートは，第二次世界大戦を逃れてアメリカに渡り，シカゴ大学の精神神経科で神経学を学び教えると共に，シカゴ精神分析研究所で教育分析を受け，1953年からは同研究所のスタッフとして，臨床，教育の指導を続けた。その後豊かな教養と才気を背景にして数多くの論文を発表し，米国精神分析協会においても認められ，各種委員会の任を経て，1973年には米国精神分析協会会長に推挙された。こうして，米国の精神分析主流にあって，「ミスター精神分析」とさえ呼ばれたが，1950年代の終りから1980年代の始めにかけて，自己愛障害の精神分析的研究を押し進め，自己・自己対象関係をキイ概念とする，彼独自の自己愛パーソナリティ理論を確立した。また，その発展としてコフートは，一般精神分析理論としての自己心理学 self psychology を提唱し，神経症を含むあらゆる精神病理を，「心理的世界の中心」である自己の病理としてとらえるようになった。なお，彼の自己愛障害理論は，カンバーグ Kernberg, O. F. のそれと共に，現在の米国における自己愛障害理論の中核となっている。コフート理論の代表的な代弁者としてはオーンスタイン Ornstein, P. H., 学問的な後継者としてはゴールドバーグ Goldberg, A., バッシ Basch, M. F. などがいる。

自己愛障害の研究から自己心理学の確立に至るコフートの学問的展開の軌跡は，彼の3部作『自己の分析』(1971)，『自己の修復』(1977)，『自己の治癒』(1984) を通して辿ることができる（『自己の治癒』はコフート亡き後のゴールドバーグによる編纂）。まず『自己の分析』においてコフートは自己愛障害を，精神分析治療状況において自己愛転移（後の自己対象転移で理想化転移と鏡転移を指す）を起こしてくる疾患群と定義し，一方においては神経症から，他方においては精神病，境界例から鑑別した。また，自己愛的な体験において，自己の一部として体験される対象を自己対象 selfobject と名付け，自己・対象関係と，自己・自己対象関係を区別した。患者理解の方法としての共感と内省の強調も本書に始まる。『自己の修復』になるとコフートは，イド，自我，超自我という三層構造とのつながりで理解されていた自己（狭義）に加え，広義の自己を提唱。それを「個人の心理的宇宙の中心」と定義して，「本質的に不可知なもの」であるとした。ここに，体験から隔絶した抽象を扱うメタサイコロジーとは一線を画し，体験に至近 experience-near な自己の体験を扱う自己心理学の始まりがある。『自己の治癒』でコフートは，広義の自己をさらに発展させ，健全な自己愛と，自己・自己対象関係を強調した。

コフートが古典的精神分析理論と呼ぶ欲動心理学と自我心理学との比較において，自己心理学にはいくつかの特徴がある。まず第1に，新生児は生まれつきアサーティブな存在であり，それが，共感不全を前にして崩壊したのが攻撃性であるとする，二次的攻撃性理論。第2に，「自分の一部として体験される対象」を自己対象と呼び，「真の対象」との関係である自己・対象関係と，自己・自己対象関係とを区別したこと。第3が，発達理論，治療理論の中枢に，共感と共感不全を据えたこと。第4に，精神分析的検索方法としての内省・共感的姿勢の強調。第5に，ナルシシズムを，発達と共に消滅すべきものとしてではなく，生涯を通じて成熟を続ける健全なものであるとしたこと。第6に，発達のゴールとして，自立よりは，年齢相応な自己対象関係の確立を強調したこと。そして最後に，体験に卑近な精神分析理論を通して，自己体験（自己をめぐる体験）の中心性を強調したことである。

自己心理学学会の第1回大会は1978年で，以来，2000年までに23回学会を開いている。コフートが最後に参加した1980年のボストン大会には，世界中から2,600人が集まった。

1971年，『自己の分析』発表直後に，悪性リンパ腫を発病。10年の闘病生活の末，1981年没。68歳であった。

[関連項目] アサーティブネス，共感，自己愛パーソナリティ，自己対象

[文献] Kohut, H.（1971, 1977, 1984），丸田俊彦（1992），Ornstein, P. H.（ed.）（1978）

サリヴァン，ハリー・スタック
[Harry Stack Sullivan 1892-1949]

サリヴァンはアメリカの精神科医でもっとも有名な人物の一人である。ヨーロッパの精神分析が米国に流入するのは 1930 年代になってからであるが，サリヴァンは 1920 年代より独自の力動精神医学を持ち，後の米国の力動精神医学に大きな影響を与えた。

サリヴァンは 1892 年，米国ニューヨーク州中央部にアイルランド系移民の子として生まれた。青年期には深刻な精神的危機を経験したといわれている。1917 年，シカゴ大学医学部を卒業して医師となり，1922 年までワシントンのセント・エリザベス病院で働いてホワイト White, W. A. の指導を受けた。その後 1930 年までシェパード・アンド・イノック・プラット病院で重症の分裂病者に対して献身的に力動的な治療を行い，これがサリヴァンの伝説的な名声のもととなっている。1930 年からは，ニューヨークで開業し，おもに強迫神経症の治療にあたった。1930 年代末にはウィリアム・アランソン・ホワイト・インスティテュートの設立にたずさわり，1938 年には "Psychiatry" 誌の主筆になった。サリヴァンとフロム-ライヒマン Fromm-Reichmann, F.，フロム Fromm, E.，ホーナイ Horney, K. らの作ったグループを新フロイト派と呼ぶことがある。晩年は教育・講演・社会活動に活動範囲を広げた。1949 年に旅行中パリで没する。

サリヴァンは「精神医学は対人関係の学問である」と主張して，外的な現実の対人関係を重視した。サリヴァンはアメリカのホワイト，マイヤー Meyer, A. とフロイト Freud, S. の精神分析の影響を受けたというが，精神分析理論については社会や外的人間関係を重視する点でむしろアドラー Adler, A. に近い。サリヴァンはリビドー説を採らず，人間にとって最も重要なニーズは安全，すなわち自分にとっての重要人物からの承認の欲求であるという。不快な体験は「選択的不注意」または「解離」によって意識の外におかれるといい，無意識説はとらない。サリヴァンは人間の体験様式を発達の順にプロトタクシス prototaxis，パラタクシス parataxis，シンタクシス syntaxis という独自の（元来はムーア Moore, Th. V. が精神医学に持ち込んだ）用語で記述した。「パラタクシック parataxic な歪み」という語は転移・逆転移の概念に似ていて，よく用いられる。パラタクシスは言語学で「接続詞のない並列」であり，言語は成立するが幼児的な二者関係の世界である。サリヴァンの『現代精神医学の概念』によれば「……影が形に沿うようにもう一個の対人関係が存在し，……しかも話し手はその存在をまず完全に意識していない場合である。」(pp. 112-113) という。

生前の著作は講演録である『現代精神医学の概念』1 冊だが，その後に数冊の講演録が出版されていて，日本語訳でも読むことができる。サリヴァンの著作は原語でも難解といわれており，直接の後継者は多くないが，米国の精神医学に与えている影響は大きい。現実的人間関係の重視・自己評価の重視・承認の欲求などは米国の精神医学でその後も重視されているところである。

（桜井昭彦）

[関連項目] ウィリアム・アランソン・ホワイト・インスティテュート，関与しながらの観察，診断面接，新フロイト派，フロム-ライヒマン

[文献] 中井久夫（1976），Sullivan, H. S.（1940, 1953）

サールズ，ハロルド・F
[Harold F. Searles 1918-]

アメリカの対人関係学派の分析家。

1918 年に生まれ，1943 年にハーバード大学医学校を卒業，1949 年から 1964 年までチェスナット・ロッジ病院のスタッフとして，重症の患者，とりわけ精神分裂病患者の精神分析的な精神療法の実践に専念した。1958 年にワシントン精神分析協会の訓練分析家となり，1965 年からは個人開業の分析家として主に活動する傍ら，いくつかの公的病院でコンサルタントとして働き，大学で教鞭をとった。

彼がその臨床体験の中核に置いたのは，チェスナット・ロッジ時代の精神病者との治療経験である。彼は最初のまとまった著作である『ノンヒューマン環境論』（1960）において，分裂病患者とのきわめて深い水準の交流を基礎的臨床データとして，分裂病患者がノンヒューマンな環境からどのように人間としての自分を分化させるか，そして彼らが自己の一部をノンヒューマンなものとしてどのように体験しているか，を考察した。人間の心的発達のなかにノンヒューマンな環境，すなわち風景，樹木，動物，機械などの果たす役割を包摂する視点はきわめて新鮮であった。彼の精神病の治療論は『精神分裂病論集』（1965）でまとめられたが，「病的共生」「自閉」「治療的共生」「個体化」という 4 つの相をもつ継時的過程を軸に構成されている。病的共生の時期に治療者と患者は，意識的無意識的欲望の取り入れと同一化によってたがいの区別をつかなくし，たがいを狂気に駆り立て合うような関係に入り込む。それは病因的な母子

関係の再現と見なせるものであるが，治療者が患者の強い投影を持ちこたえることによって，しだいに自閉の段階に立ち至る。自閉の段階になると，治療者のすべての解釈が無効とされ，患者が自分をノンヒューマンなものとして体験されることに治療者は苦しむが，そこをふたりが乗り越えることによって，治療的共生という前両価的な満足のある一体感に到達する。この穏やかな共生段階を基礎にして，ふたりは分離にともなう抑うつを徹底操作することにより，個体化の過程を迎える。この後，彼はより軽症の患者を中心に仕事をすることになったが，精神病的なもしくは境界状態の患者における逆転移について，精緻な論考を『逆転移』(1979) で行い，献身的な治療者をめぐる逆説や患者が治療者を治療する努力とそれへの治療者の反応といった，従来盲点であった転移－逆転移関係の概念化に大きく貢献した。

彼はサリヴァン Sullivan, H. S. ら対人関係学派を参照するだけでなく，ビオン Bion, W. R.，ローゼンフェルド Rosenfeld, H.，ウィニコット Winnicott, D. W.，ハイマン Heimann, P.，カーン Khan, M. M. R.，ミルナー Milner, M. ら，英国対象関係論の同時代の論者との対話を試みており，その姿勢は対人関係論学派と対象関係論との近年の対話の先駆けとも見なせるものであり，歴史的意義も大きい。　　　　　　　　　　（藤山直樹）

［関連項目］逆転移，精神分裂病，対人関係論，チェスナット・ロッジ病院，サリヴァン，フロム－ライヒマン

［文献］Searles, H. F. (1960, 1965, 1979)

サンドラー，ジョゼフ

［Joseph Sandler　1927－1998］

南アフリカ・ケープタウン出身で，英国精神分析協会の精神分析者。彼は 18 歳で心理学科卒，19 歳で修士号取得，ロンドンに移住し 23 歳で博士号を取得，25 歳で医師資格と分析者の資格を得た。以来，ハムステッド・クリニック（後のアンナ・フロイト・センター）を中心として「ハムステッド・精神分析インデックス計画」に着手，臨床的使用に即して精神分析の基礎諸概念の定義を洗練しようとした。彼はフロイト Freud, S. のメタ心理学（心のモデル）を吟味し科学的な手続きに耐えるものにしようと試みた。その結果，彼は「静かな革命」（オグデン）と言われるパラダイム変化を，精神分析の現代的潮流にもたらした。その一つは，欲動から情緒への強調の移動である。これは初め，アメリカの自我心理学者たちの拒否反応を引き起こしたが，次第に彼の表象モデルは，科学的リサーチの目的に合うものとして受け入れられるようになった。また，彼はイギリス現代フロイト派を代表して他の学派と対話し，内的世界と対人関係的世界を橋渡しする概念（「役割反応性」など）を提出した。

彼は共著を含め 200 本を超える論文を著し，イスラエル・エルサレムのヘブライ大学ジグムント・フロイト精神分析講座初代教授（1979－84），ロンドン大学フロイト記念講座教授（1984－92）など各地の教授を歴任した。彼は批評力と調整力を発揮して，『国際精神分析誌』の編集長（1968－78）および『国際精神分析レビュー』の創設編集長（1972－78）として活躍した。また，国際精神分析協会会長（1989－93）として，精神分析への時代的要請と訓練の厳密性を確保しようとした。彼の業績を記念して，彼が論じた諸概念を諸家が取り上げた論文集 "Psychoanalysis on the Move. The Work of Joseph Sandler" が編纂されている。　　　（福本　修）

［関連項目］国際精神分析協会〔IPA〕，情動，表象

［文献］Fonagy, P., Cooper, A. & Wallerstein, R. (ed.) (1999)

ジェイコブソン，イディス

［Edith Jacobson　1897－1977］

ドイツはハイナウに生まれた。1922 年ミュンヘン大学で医学を修めた後，ハイデルベルク大学で小児科学を，ミュンヘン大学で内科学の修練を受けた。そして 1925 年から 29 年の間にベルリンのあるクリニックと病院で精神医学を学ぶ間に，同時にベルリン精神分析協会で精神分析の訓練を受けた。その後，同協会の教育分析家として活躍していたが，ヒトラー政権下でゲシュタポに強要されたある患者の情報提供を拒否したため投獄された経緯がある。そのときの体験は離人症に関する 2 つの論文となっている。幸い，1938 年に解放されてアメリカに移住し，1940 年には精神分析を開業しニューヨーク精神分析協会に入会した。間もなく同協会の教育分析家として後進の指導に当たるようになるが，同時に会長等の重責を果たすとともに，理論的にも特異な立場で自我心理学の発展に寄与した。投獄の後から必ずしも健康に恵まれなかったが，81 歳の長寿をまっとうして，1978 年に逝去した。彼女の何よりの精神分析的貢献はフロイト Freud, S. の人格構造論をしっかりと踏まえた上での，数々の内的対象関係論的発達理論を統合したことにある。構造論を無視した形で発展したイギリスの対象関係論と異なるところで，その様子は彼女の名著『自己と対象世界』(1964) にあますところなくあらわれている。彼女の理論がマーラー Mahler, M. S. の発達論に及ぼした影響には計り知れないものがあるといわれる。また，精神病理に対する貢献にも大きな評価がある。子どもの自閉症候群や共生精神病に対する理論づけをおこなうとともに，成人の精神病，ことにうつ病に関する理論的統合は有名である。それよりも忘れてならないのは彼自身が述べているように彼女の理論がカンバーグ Kernberg, O. F. の境界性人格構造論の自我心理学的基礎を提供したこと

である。臨床に根ざしながらあまりにも総括的な論の進め方は難解といわれるが現代のアメリカ精神分析学の基礎を築いた貢献者の一人といわれるほどの影響を幅広く残した。　　　　　　　　　　　　　　　　（牛島定信）

［関連項目］うつ病，自己愛〔ナルシシズム〕，対象関係論，表象

［文献］Jacobson, E. (1964, 1971a), Tuttman, S., Kaye, C. & Zimmerman, M. (1981)

シェーファー，ロイ
［Roy Schafer　1922－］

アメリカの代表的精神分析家。心理テストの研究者として活躍後，精神分析の領域で独自の理論を展開している。

［略歴］ニューヨーク市立大学を 1943 年に卒業後トペカのメニンガーでデヴィッド・ラパポート Rapaport, D. に出会う。はじめは心理テストの訓練を受ける。46 年から 47 年の間，カンザス大学で修士号を得ると同時に，メニンガー・クリニックの成人テスト部門の主任を務めている。47 年にはオースティン・リッグス・センターに移り，1953 年まで心理テスト部門の主任。その間にハインツ・ウェルナー Werner, H. 教授の指導で，50 年にクラーク大学より博士号を得る。またリッグス・センターではラパポートとの共同研究を続けながら，ナイト Knight, R. P., ギル Gill, M. M., ブレナン Brenman, M., エリクソン Erikson, E. H. といった著名な分析家のスーパーヴィジョンを受けながら，精神分析的精神療法の訓練を受けている。53 年にエール大学に移る。エール大学は心理学と精神医学との交流が盛んで，シェーファーはエール医学校の精神医学部門の主任臨床心理士，後に助教授になっている。54 年から 59 年の間に西部ニューイングランド精神分析研究所で，分析家の訓練を終え，資格を得て，精神分析家としての仕事をはじめる。後に西部ニューイングランド精神分析協会の会長をつとめ，エール大学精神科の臨床教授になっている。コーネル大学の精神医学部門の心理学教授，さらにコロンビア大学の精神分析的訓練・研究センターの教育分析家。75 年にはロンドン大学で最初のフロイト記念教授に選ばれている。またアメリカ心理学協会から 2 回賞を受けている。

［業績］初期のシェーファーは，精神力動的な心理テストの研究を行った。もともとラパポートの診断的心理テストの 3 巻目になるはずであったといわれている心理テスト事例集 "The Clinical Application of Psychological Testing" (1948) では，ロールシャッハと言語連想テストをはじめ，いくつかの心理テストが診断的に分類されている。またロールシャッハの精神力動的利用についての著作，多くの論文を著している。その後精神分析の領域では，内在化 internalization，取り入れ introjection，同一化 identification，合体 incorporation といった概念をまとめた "Aspects of Internalization" (1968) を出す。そして独自の理論として "A New Language for Psychoanalysis" (1976) で「行為言語 action language」が提示される。そこではメタ心理学の空間的な図式よりも，治療において，分析主体の行為として精神力動を捉え直す試みが行われている。

さらに行為としての語り narrative という発想から，語りとしての精神分析を見直す試みを始めて，フロイト記念講演をまとめた "Language and Insight" (1978)，そして 1983 年に "Analytical Attitude"，1992 年には "Retelling a Life" が出されている。　　（妙木浩之）

［関連項目］心理検査，内在化，物語モデル，ラパポート

［文献］Schafer, R. (1948, 1954, 1967, 1968, 1976, 1978, 1983, 1992)

ジャクソン，ジョン・ヒューリングス
［John Hughlings Jackson　1835－1911］

20 世紀の精神医学・精神分析理論に多大の影響を与えた英国の神経学者。1881 年ごろから彼が提唱した進化 evolution と解体 dissolution の学説は，ジャクソン学説 Jacksonism と呼ばれ，クレペリン Kraepelin, E., ブロイラー Bleuler, E., フロイト Freud, S., フェダーン Federn, P. などの精神医学者および精神分析学者に広汎な影響を与え，さらに，フランスのエー Ey, H. により新ジャクソン学説 neo-jacksonisme としての発展を遂げた。彼は，神経系はよく組織されない自動的，原始的な下位中枢から組織化された随意的な上位中枢へと進化した層構造 hierarchy をなしていて，疾病による解体はこの進化の過程を逆行し，上位から下位へと進むといい，侵襲による上位機能の喪失によってあらわれる陰性症状 negative symptom と，残った下位機能の解放によってあらわれる陽性症状 positive symptom を区別した。そしてこの見地から，精神障害には解体の深度と速度，人格，身体や外的環境などがかかわるという。この進化と解体の見解は，フロイトの精神性的発達論，ひいては精神分析的な発達論的な精神病理学における固着と退行などの観点にも多大の影響を与えている。

（小此木啓吾）

［関連項目］精神-性的発達，退行，発生論的観点，フロイト, S.

［文献］Ey, H. (1975), Jackson, G. H. (1888-89, 1932), Taylor, J. A., Holmes, G. & Walshe, F. M. R. (ed.) (1931)

ジャネ，ピエール
[Pierre Janet 1859-1947]

ジャネはフロイト Freud, S. と同時代人であり，ともに 20 世紀初頭における力動精神医学の生みの親とされる。ジャネはシャルコー Charcot, J. M. の記載したヒステリーに関する膨大な業績を統合し，フロイト，アドラー Adler, A., ユング Jung, C. J. にとって大きな影響を与えたとされる (Ellenberger, H. F. 1970) が，その業績は母国フランスでさえ長らく忘れられていた。しかし現在フランスのみならず，北米圏でもジャネの再評価が進んでいる。その理由の一つとしては，現在外傷理論や解離現象についての理解が深まる中でジャネが一世紀前にすでに至っていた洞察の深さが再認識されたことがあげられる。

ジャネは 1859 年，フロイト生誕より 3 年後にパリで生まれた。高等師範学校を経て哲学の教授資格を 22 歳で獲得したが，その後に精神医学に興味をもち，ヒステリーや催眠について研究を行い，1889 年の『心理自動症』の業績に至った。その後シャルコーの手引きによりパリのサルペトリエール病院で臨床研究を行った。1902 年には，コレージュ・ド・フランスの正教授に就任している。しかしシャルコーの没後はヒステリーに関する一般臨床家の興味が薄れたこともありサルペトリエールを追われ，1947 年には 87 歳でパリで没している。

ジャネの業績は多岐にわたるが，意識の機能を統合であるとした点，そして統合の失われた結果としての自動症により種々の精神病理を説明した点が特徴とされる。ジャネはまた外傷記憶やその反復としての症状の形成についても子細に論じているが，これは現在の外傷理論の先駆をなすものであった。その影響は 20 世紀初頭にアメリカの心理学者プリンス Prince, M. やジェームス James, W. らに及んだ。ジャネの後継者としては，ラガーシュ Lagache, D. やエー Ey, H. が挙げられる。

ジャネの理論と精神分析との関係は，彼がフロイトに示した態度に端的に表されている。両者ともシャルコーに影響を受け催眠を研究の出発点にした点が共通しているが，そのためかライバル視しあい，互いの業績に対して批判的であった。実際にジャネとフロイトはその理論構成に大きな隔たりがあった。ジャネは心的決定論に固執せず，むしろ生物学的素因を重視した。また症状の捉え方についても，フランス精神医学伝統の自動症という考えを重んじ，フロイトが考えたような抑圧による心的内容の無意識化という機序を考えなかった。またヒステリーの病理に関してもフロイトは性的欲動などの力動的な要因や抑圧の機制を考えたが，ジャネは心的統合力の低下を原因として，それを解離との関連で説明した。

このジャネとフロイトの見解の違いは，精神力動学の直面している現代的なテーマともいえる (岡野，1994)。私たちの直接の意識に現れない心的内容は，抑圧の機制を経た無意識内容と理解できる場合もあるが，それはまた外傷体験により解離された並行意識の内容であると理解される可能性もある。また症状自体がそこに象徴や防衛としての意味をもつものもあれば，ある種の自動症として記述されるべき性質をもつ場合も考えられる。これらのいずれの立場を取るかは，患者の示す症状によっても，治療者による病態の理解の仕方によっても異なる。

(岡野憲一郎)

[関連項目] ヒステリー，シャルコー，フロイト, S.
[文献] Ellenberger, H. (1970), Janet, P. (1889), 影山任佐 (1994), van der Hart, O., Brown, P. & van der Kolk, B. A. (1989), van der Kolk, B. A., Brown, P. & van der Hart, O. (1989)

シャルコー，ジャン・マルタン
[Jean Martin Charcot 1825-1893]

フランスの神経学者。今日でいう神経内科学の草分け的存在であると同時に，ヒステリー研究で知られ，精神分析の先駆者である。

[略歴] 1825 年パリに生まれる。父は車大工。1848 年パリ大学医学部のアンテルヌ (病棟研修医) としてサルペトリエール病院で研修。1862 年サルペトリエール病院の医長に任命され，神経疾患の臨床研究に力を傾ける。1882 年パリ大学医学部に神経学講座が設置され，初代教授となる。1893 年 8 月 16 日パリにて死去。

[業績] 神経学領域で優れた研究が多数ある。例えば筋萎縮性側索硬化症の疾患単位の確立はシャルコーによってなされている。この領域でのなによりの意義は神経学を解剖学的基礎の上に発展させたことにある。

53 歳頃より催眠現象およびヒステリーの研究にも着手し，催眠が人為的ヒステリーであること，ヒステリー症状が心的な外傷体験に由来することを明らかにして，力動精神医学の基礎を築く。「火曜講義」においては，覚醒状態や催眠下での暗示によってヒステリー現象が生じることを実演してみせ，多くの学者の注目を集めた。催眠研究ではシャルコーを中心にサルペトリエール学派が形成され，ナンシー学派と対立した。弟子に，ジャネ Janet, P., バビンスキー Babinski, J., ピュール・マリ Marie, P., ジル・ドゥ・ラ・トゥレット Gilles de la Tourette らがいる。フロイトも弟子の一人といってよく，フロイトは 1885 年から 86 年にかけ 4 カ月程パリに滞在してシャルコーの講義を聴講し，精神分析を創始する上で決定的な影響を受けている。著書には『神経系疾患の講義 Leçons sur les maladies du système nerveux』(1873)，『大脳疾患の局在 Localisations dans les

maladies du cerveau』（1876−1880）などがある。

（加藤　敏）

[関連項目] ヒステリー

シュヴィング，ゲルトルート
[Gertrud Schwing 1905−]

　セシュエー Sechehaye, M. A., フロム-ライヒマン Fromm-Reichmann, F. とともに，分裂病者への女性治療者による精神療法的接近の先駆者。1935−38年の間，ウィーン大学医学部ペッツル Pötzl, O. 教授のもとで精神分析医フェダーン Federn, P. から精神分析的な訓練を受けた看護婦として働き，分裂病者との間でも陽性転移が確立され得ること，「われわれ体験 Wir-Erlebnis」の重要性について，自らの臨床経験に基づいて明らかにした。彼女はスイスのある医師の家庭に生まれたが，幼時から病気と死，結核，癌，骨髄疾患，レプラにかかっている人びとに異常な関心を示し，若くして看護婦になった。彼女の天賦の共感性と人間的魅力は，「救済者，中世の聖者のようであった」（アイスラー Eissler, K.）という。しかし，彼女が看護すると驚異的な回復を示した患者たちも，彼女が去ると，その生命の火を消してゆくという事実に気がついた。この洞察を契機に，彼女は2年間の個人精神分析を受け，医学を学び，フェダーンから精神分析の訓練を受け，彼の分裂病者の精神療法の母性的助手の役割を務め，フェダーンの自我心理学と分裂病の治療理論をウィーン大学精神科病棟で実践した。彼女は自己の臨床観察を『精神病者の魂への道 Ein Weg zur Seele des Geisteskranken』としてまとめ，1940年にチューリヒで刊行した。本書では，分裂病者との治療関係をどのように確立するか，母なるものの治療的意義，当時ウィーン大学精神科でザーケル Sakel, M. によって始められていたインスリン療法の精神療法的活用などの貴重な臨床経験が語られ，その英訳版には彼女自身の自伝が付されている。その後の分裂病の精神療法の立場からは，フロム-ライヒマンの批判をはじめ，フェダーン，シュヴィング式の治療には種々の論議があるが，それにもかかわらず彼女の名は不朽の価値を持っている。なお彼女は，ナチスのオーストリア侵入とともに生国であるスイスに戻って結婚し，1940年から1953年にかけて家庭生活に入った。その結果，インスブルクのウルバン教授とチューリヒのブロイラー Bleuler, E. 教授の招聘にもかかわらず，ついに分裂病の治療者に復帰せず，自分の子どもたちの母にとどまった。　（小此木啓吾）

[関連項目] 精神分析的精神療法，精神分裂病，われわれ体験，古澤平作，フロイト，S.

[文献] 小此木啓吾 (1956), Schwing, G. (1940)

シュテーケル，ヴィルヘルム
[Wilhelm Stekel 1868−1940]

　現在，ルーマニア領になっているブコビナでドイツ語系ユダヤ人家族に生まれた。のちに性科学者になり初期の精神分析運動に加わった。フロイト Freud, S. の患者でもあったといわれるが当時は教育分析が精神分析訓練に必須の条件ではなかった。1902年にフロイトが興したウィーン精神分析協会にアドラー Adler, A., Kahane, M. ならびにライター Reiter とともに創立メンバーとして加わった。また，フロイトの主催したユダヤ人の集まり水曜会のメンバーでもあった。この水曜会はシュテーケルが提案してはじまったといわれる。フロイトとの親密な関係のもとで，フロイトが神経衰弱症から不安神経症を分離する論文を発表した際には現実神経症はすでに存在しないことを強く主張したり，夢の象徴や恐怖症に関する研究を発表してフロイトに影響を与えるほど活発な活動をした。しだいに治療期間の短縮化や性科学に関心を深めていった。彼は自身の独自の発想と性格とが織りなしてユニークな技法へと進んでいき，1912年，彼が積極分析とよぶ方法を提唱してフロイトから離反した。その後，アドラーと親交を保った。そして彼の精神分析ばかりでなく文学，歌，演劇などの創作活動を通じてアドラーに影響を与えた。彼は性科学者としても有名である。

（西園昌久）

[関連項目] 象徴化〔象徴作用〕

[文献] Stekel, W. (1955a, 1955b)

ジョゼフ，ベティ
[Betty Joseph 1917−]

　英国クライン派の非医師系の女性精神分析家。子どもの分析と大人の分析を個人開業で実践しているトレーニング・アナリストでもある。クライン Klein, M. の死を看取ったクライン派の第2世代の中核的人物のひとりである。彼女はバリント Balint, M. の分析を受け，1949年に英国精神分析協会で精神分析家の資格を得たが，その分析にあきたらず，当時クライン派の中心人物だったハイマン Heimann, P. の分析を1951年から1954年まで受けている。ジョゼフのオリジナリティは彼女が1970年代から発展させた分析技法にあり，現代クライン派精神分析家の分析技法に多大な影響を及ぼしている。その技法とは，全体状況 total situation としての転移の治療場面の今，ここでの再現に注目し，その再現を単に言語内容に限定せず，発語・口調を含めたアナライザンドのふるまいを転移的アクティング・イン（実演 enactment）として理解し，分析家との相互関係の言語的非言語的性質をきめ細かく吟味し取り上げていくこと

を重視している。その結果，解釈はおもに今，ここでの
アナライザンドのなまなましい情緒の動きに力点を置い
て投与される。このため転移の起源である幼児期体験の
再構成を目的とした——あのときあそこでの——解釈は，
今，ここでの体験のインパクトをそらすものとして慎重
に避けられる。クラインの投影同一化，ハイマンの逆転
移論，ビオン Bion, W. R. のコンテイナー／コンテイン
ド論の技法的発展がここにある。著作としては論文集
"Psychic Equilibrium and Psychic Change" (1989)
が出版されている。『メラニー・クライン トゥデイ』で
ジョゼフの幾つかの論文は邦訳されている。　（松木邦裕）

［関連項目］アクティング・イン，クライン学派，心的平衡
［文献］Joseph, B. (1985, 1987, 1989)

ジョーンズ，アーネスト
[Ernest Jones 1879-1958]

イギリス，ウェールズ出身の精神分析医。フロイト
Freud, S. から指輪を受け取った精神分析運動の初期サー
クルに属する一人であり，精神分析を英語圏に広め定
着させるのに大きく貢献した。彼は 1879 年 1 月 1 日に，
ウェールズのガウアートンで生まれた。彼の母親は人工
乳に切り換えることに固執したため，彼は佝僂病ほかの
副作用を被った。1913 年に 1 日 2 回 2 カ月間彼を分析
したフェレンツィ Ferenczi, S. は，そこに早期の拒絶に
対する彼の万能感による防衛の起源を見た。彼は 1900
年にロンドン大学医学部を優秀な成績で卒業した。彼は
精神分析への関心を強めつつ，医学界で着実に地歩を占
めて行くように見えたが，1906 年および 1908 年には患
者への性的逸脱の嫌疑を掛けられ，職業的に窮地に立た
された。そのため 1909 年から 1912 年にはカナダで働い
た。その間も 1907 年に初めて会ったフロイト，ユング
Jung, C. G. らと交流を続け，さまざまなライバル関係
を生き残り，しだいに精神分析運動の重要人物となった。
1913 年にロンドンで開業すると，イギリス内では正統的
な分析協会の設立 (1919)，ロンドン精神分析クリニッ
クの開設 (1920)，クライン Klein, M. の招聘 (1926)，
英国医学会との討論など精神分析の発展に尽力した。国
際的には，英語による学会誌の創刊 (1920) と編集，準
会員や各種委員会の制度の整備，モノグラフとフロイト
論文の翻訳の発行において中心的な役割を果たした。彼
はロンドンからウィーンに患者を送り続け，第一次世界
大戦によって経済的に打撃を受けた分析者たちの開業を
助けたが，ナチスの台頭した 1930 年代にはフロイトを
含め多くのユダヤ人分析者の亡命を助けた。多くの文献
を渉猟した総説・追試・応用の類の論文が多いので，彼
は独創的な学術業績に乏しいように言われるが，重要な
寄与を幾つか残している。彼の最初の精神分析的論文は
『日常生活における合理化』(1908) で，精神分析に
「合理化 rationalization」の概念を導入した。『象徴使用
symbolism の理論』(1918) は，その後の英国対象関係
論の中心的関心の一つである象徴の機能を主題とした。
『戦争ショックとフロイトの神経症理論』(1918) では，
戦争神経症者の治療を通じて，当時器質論的な見方が支
配的だった英国精神医学界に徐々に心因論的な理解をも
たらした。『超自我の起源と構造』(1926) では，クライ
ンと同時期に子どものサディズム衝動と超自我の厳しさ
の関連性を指摘した。『女性の性の早期発達』(1927) で
は，去勢不安に対して更に根源的なものとして「アファ
ニシス」の概念を提唱し，男根期の防衛的性格を指摘し
た。彼自身は，自分にあるのが創造性ではなく整理と着
目の能力であると認めていた。彼は最後のフロイト生誕
100 年記念講演の「天才の性質」(1956) で，「天才」と
「最高度の知的明敏さ」を区別している。彼のその能力
が最大に発揮されたのが引退後に打ち込んだ伝記『フロ
イトの生涯と仕事』(1953-57) である。　（福本　修）

［関連項目］アファニシス，肛門サディズム，合理化，象徴化
［象徴作用］，性格，クライン，フェレンツィ，フロイト，S.
［文献］Broom, V. (1982), Jones, E. (1952, 1953-1957, 1959, 1977), Paskauskas, R. A. (ed.) (1993)

シルダー，パウル・フェルディナント
[Paul Ferdinand Schilder 1886-1940]

ウィーンの精神医学者で，シルダー病の発見，身体図
式の研究でよく知られるとともに，その医学心理学は自
我心理学の成り立ちに多大の影響を与えた。ウィーンに
生まれ，ウィーン大学卒業後，同大学で研究を続け，
1913 年，シルダー病 Schildersche Krankheit として知
られている瀰漫性白質脳炎 encephalitis diffusa periaxi-
alis の症例を発表した。神経病学のみならず，精神病学，
心理学にも強い興味を示し，ブレンターノ Brentano, F.,
フッサール Husserl, E., フロイト Freud, S. の影響を受
け，神経病学と精神病学とを結びつける方向を志向し，
進行麻痺やコルサコフ病の精神症状について現象学的に
病者の体験の意味を明らかにし，その体験の意味を精神
分析的に解釈し，器質疾患や精神病における身体心像の
変容を深く研究した。1928 年，マイヤー Meyer, A. の
招きでアメリカ合衆国に渡り，ニューヨーク大学の研究
教授としてベルヴュー病院を中心に精力的に活躍したが，
1940 年 12 月 8 日交通事故で死去した。彼の医学心理学
のフェダーン Federn, P., ハルトマン Hartmann, H. の
自我心理学に対する影響について述べると，(1) ブレン
ターノの作用心理学 act psychology（志向性 intention-
ality）とフロイトの (1923 年以前の) 欲動心理学 deep
drive psychology（衝動性）の統合の試みは，フェダー

ンの自我心理学における自我体験 Ich-Erlebnis の概念に発展した。(2) シルダーの「身体像 body image」または「身体図式 body schema」の概念は，フェダーンによって，身体自我 bodily ego と自我境界 ego boundary の概念に発展した。(3) 一定の精神機能の障害は，心理学的（心因的）にも，神経学（脳損傷）的にも，どちらの原因によっても発生し得る（例えば，やり損ない parapraxis は，神経症でも，脳損傷でも起こる）というシルダーの二重決定の法則 principle of double of path は，フェダーンの自我心理学における自我備給は，身体的・精神的の両面から二重決定されて，精神分裂病における自我備給の欠乏は身体的原因（とくに内因性の process）で起こっても，感情的原因で起こっても，その結果として同じ状態像をつくり出すという理論になった。
(4) シルダーは，ハルトマンと共同で，脳損傷患者のコルサコフ症候群における記憶の回復可能性を研究し，記憶痕跡の永続性と再現の可能性を論じたが，フェダーンは，人間に一度体験された一定の自我状態 ego states はすべて再現の可能性を持ち，自我境界の弱化とともに再現し，これが現在の経験中に混入して精神病状態における現在と過去の状況の混同や夢中遊行，人格変化などが生ずるという。(5) シルダーの「領域 Sphere」の考えは，フロイトの意識・前意識・無意識の局所論のよりダイナミックな心的空間論への理解を発展させた。つまりそれは，無意識過程を局所的な固定したものと考えず，むしろ動的な，絶えず意識の背景をなして，しかも意識され顕在化しようとする発展的な潜在力を意味する部分と，完全に構造化され自動化されてしまった部分に分かれる。この見解は，ハルトマン，クリス Kris, E. の前意識的自動性 preconscious automatism，自我機能の自動化と弾力的な意識化の可能性（随意性 flexibility）の概念へと発展した。(6) シルダーの心理学的因果系列の連続性の原理は，ジャクソン Jackson, J. H. やモナコフ Monakow, C. v. の統合水準 level of integration の神経生理学的概念に依拠して提起され，一定の脳損傷によって，全体的な機能水準の低下が生じた場合には，その機能段階に適応した統合 integration が行われ，このようにして心理学的な側面での因果系列もその連続性──同一性──を保つというハルトマンの自我の統合機能 integrative function の概念に発展した。シルダーは，医学心理学の基本的方法として，共感 empathy ないし感情移入 Einfühlung をあげ，これこそわれわれが臨床上，患者を理解する根本であると述べている。なお，彼の妻，ベンダー Bender, L. も児童精神病研究の高名な児童精神科医であった。　　　　　　　　　　（小此木啓吾）

[関連項目] 医学心理学，自我機能，自我心理学，自我の葛藤外領域，身体自我，身体図式，前意識的自動性
[文献] Schilder, P. (1914, 1923, 1924a, 1924b, 1935)

ジルボーグ，グレゴリー
[Gregory Zilboorg 1891-1959]

『医学的心理学史 A History of Medical Psychology』(1941) の著者として知られる医学史学者である。1891年，ロシア（現在のウクライナ共和国）のキエフで生まれた精神科医，犯罪学者，医学史学者であり，1917年，ロシア革命に身を投じたが，革命後ボルシェビキによって追放され，渡米し，1926年，コロンビア大学医学部を卒業，精神科医となり，さらに1929年から1930年までベルリン精神分析研究所で学び，1931年からニューヨーク市で開業した。この経歴に基づいて，精神分析的な視点を取り入れた医学史学者として『米国精神医学百年史』『犯罪行為と処罰の心理』『フロイトと宗教』などを著したが，特に『医学的心理学史』によってフロイト Freud, S. の精神分析の本質を臨床的個人尊重主義 clinical individualism と規定し，その当時，偏見の対象になりやすかったフロイトの実像を世に伝えた。なお，臨床家としても通院分裂病 ambulatory schizophrenia の概念を提起した境界例研究のパイオニアである。　（小此木啓吾）

[関連項目] 医学心理学，フロイト，S.
[文献] Braceland, F. J. (1960), Zilboorg, G. (1941a, 1941b)

スィーガル，ハンナ
[Hanna Segal 1918-]

英国クライン派精神分析家。シーガルと訳されることもある。ビオン Bion, W. R. やローゼンフェルド Rosenfeld, H. と並んでメラニー・クライン Klein, M. の後継者三傑と称された。なかでもスィーガルは，クラインの分析を受け，クラインの片腕と称されていたハイマン Heimann, P. やリヴィエール Riviere, J. のスーパーヴィジョンを受けており，クライン派の純血種と言われている。そのことは，スィーガルがクラインの人柄や業績についての初めての著書『メラニー・クライン入門』(1964/1973) と "Klein" (1979) を著し，クライン著作集の編者のひとりであることにも示されている。彼女は秀でた臨床家として英国クライン派の頂点に立ち続けている。

スィーガルは1918年にポーランドで生まれたユダヤ人である。当時のナチスの迫害のためフランスに渡り，その後英国のエディンバラで医学校を卒業している。彼女は精神分析家になることをそもそもの目標として医師資格を目指した。1945年に英国精神分析協会から精神分析家の資格を得，個人開業で子どもや大人の分析臨床を続けた。その後英国協会の会長も務めている。

スィーガルの業績で最も表立っているのは，師クラインの業績の紹介である。前述した2著書はどちらもクラ

インの精神分析理論や技法を系統立てて整理したものとして世界的に高い評価を得ている，クライン理解に欠かせないテキスト・ブックである。前者はわが国でも岩崎徹也によって訳出され，わが国でのクライン派精神分析紹介の皮切りとなった。しかしながらこのクライン紹介者は彼女の一面であり，スィーガル自身の輝かしい業績がある。象徴の研究と芸術的創造性の研究はその最たるものである。彼女は象徴が形成されていく過程を妄想－分裂心性から抑うつ心性への推移を踏まえて検討した。妄想－分裂心性での具体象徴（象徴表象の前駆物）である象徴等価物 symbolic equation は彼女が見出した概念である。芸術的創造性は抑うつポジションのワークスルーとの関連で推敲された。これらの研究は臨床活動での精神分裂病者や芸術家の精神分析と平行して進められた。彼女は精神分裂病者にパラメーターをほとんど用いずに精神分析を実践した最初の人でもある。躁的償いや夢，幻想，内的世界や心的空間などについてもオリジナルな業績を持つ。オリジナルな著作には論文集『クライン派の臨床』(1981)，『夢・幻想・芸術』(1991)，第2の論文集 "Psychoanalysis, Literature and War" (1996) がある。英国クライン派第3世代の第一人者ジョン・シュタイナー Steiner, J. はスィーガルのアナライザンドである。彼女は近年は精神分析の立場から核戦争への抗議を積極的に唱えている。　　　　　　（松木邦裕）

[関連項目] クライン学派，象徴等価物，躁的防衛，抑うつポジション，クライン

[文献] Segal, H. (1964/1973, 1979, 1981, 1991, 1996)

スターン，ダニエル・N

[Daniel N. Stern　1934－]

アメリカ生まれ，スイス在住の，乳幼児精神医学者。1985年の著作『乳児の対人世界』により，乳幼児精神医学の第一人者の地位を確立した。

1934年ニューヨーク生まれ。ハーバード大学の生化学の学士を獲得後，1960年にアルバートアインシュタイン医科大学を卒業。レジデント（1964－67）と精神分析医資格獲得（1965－71）は共にコロンビア大学。同大学で，講師，助教授を務めるかたわら，ニューヨーク州立精神医学研究所で「発達プロセス科」の主任となり（1970－76），コーネル大学に移ってからは，準教授（1976－83），教授（1983－87）として，「発達プロセス研究」部門の主任を務めた。1987年にはスイスに移住して，ジュネーブ大学心理学科教授となり，一時はアメリカのブラウン大学精神科教授を兼任（1987－89）した。現在，スイスの分析医クラメール Cramer, B. らと，母子精神療法の研究を続けている。乳幼児精神医学のトレーニングに関しては，「独学」を自称している。

彼の学問的業績は，乳児の主観的体験をめぐるパラダイム・シフトによって達成された。すなわち彼は，それまで全く別枠でとらえられていた「精神分析の発達理論として描かれた乳児」（臨床乳児 clinical infant）と「発達心理学者が実際の観察をもとに描く乳児」（被観察乳児 observed infant）を対峙させ，そこから推察される乳児の主観的体験世界を，自己感の概念を軸として，「乳児の対人世界」として描いたのである。そのプロセスにおいて彼は，無様式知覚 amodal perception，生気情動 vitality affect，RIGs，情動調律 affect attunement など，貴重な概念を導入すると同時に，乳幼児精神医学から精神分析理論への還元を積極的に考察。「乳児は生まれた瞬間から外界とかかわり合っている」という観点から，マーラー Mahler, M. S. の正常自閉期や共生期といった概念に疑問を投げ掛けると共に，これまで発達段階特異的とされてきた口唇性，自律，信頼といった臨床問題を一生涯の問題としてとらえ，固着，退行といった概念の放棄を提唱している。

代表的な著作としては，『乳児の対人世界』のほかに，"The First Relationship: Infant and Mother" (1977) や，半専門書である『もし，赤ちゃんが日記を書いたら』(1990) がある。なお，最近の母子精神療法の研究の成果は，『親－乳幼児心理療法』(1995) に詳しい。

（丸田俊彦）

[関連項目] 自己感，情動調律，生気情動，無様式知覚，RIGs

[文献] Stern, D. N. (1977, 1985, 1990, 1995)

ストラー，ロバート・J

[Robert Jesse Stoller　1924－1991]

アメリカの精神分析家。性別同一性 gender identity の臨床研究のパイオニア。その学風は，自我心理学を準拠枠に置いて，あくまでも実証性を重んじ，自然科学的方法論に立脚している。精神分析理論の現代化を追求し，とりわけジェンダーやセクシャリティーに関する古典的図式を，現代の諸科学のデータと照合しつつ，修正と補強を図った。さらに精神分析臨床に基づいて構築されたジェンダーに関する概念・仮説を検証するために，あるいはその応用領域として，文化人類学的フィールドワークや社会学的エスノグラフィーまでも行っている。ストラーの著書3冊が，『国際精神分析双書』に収録されたことからも，現代精神分析界における，ストラーの業績の大きさがわかるであろう。

[略歴] ストラーは，1924年にニューヨークで生まれる。スタンフォード大学卒業後，カリフォルニア大学・ロサンゼルス校（UCLA）医学部に所属。ロサンゼルス精神分析研究所でトレーニングを受ける。その後，

UCLA 医学部・精神医学正教授に就任し，そしてジェンダー・クリニックを運営する。1991 年に事故死。

[研究分野と学説の特徴] ストラーは，1950 年代から，性分化異常症，性転換希望者を中心とする性別同一性障害，女装症や同性愛との面接を積み重ねる。そこから男性性・女性性の形成が，フロイト Freud, S. のエディプス期よりはるか早期にまでさかのぼれることを指摘した（「中核性別同一性 core gender identity」）。そしてジェンダーの分化・形成における「生物学的内圧 biologic force」に着目して，葛藤や防衛による産物との区別を強調する。またグリーンソン Greenson, R. R. の協力を得て，性別同一性障害の家族力動，とりわけ母親の影響力 mother's phallus の研究を行った。やがて倒錯の有する特徴的な幻想と防衛の解明へと力点を移動し，そこから倒錯性の普遍的性質と文化的機能を発見する。性別同一性障害，パラフィリア，同性愛の位置付けをめぐって大混乱するアメリカ精神医学界で，その整理と明確な指針を与えたことも，ストラーの貢献の一つである。

[著書と業績] ストラーの基本的見解は，『性別同一性研究への貢献』と題されて，"Interntiona Journal of Psycho-Analysis" に 3 回にわたり発表されている（1964, 1968, 1979）。主要な著書に，『セックスとジェンダー：男性性・女性性の発達について』（1968）『分裂』（1973）『性転換実験』（1975）『倒錯』（1975）などがある。『親密なコミュニケーション』（1990）は，ニューギニアでのフィールドワークの報告（文化人類学者ハート Herdt, G. との共同研究）であり，『ポーン』（1991）『痛みと熱情』（1991）『来るべき誘惑』（1993）は，それぞれポルノショップ，SM クラブ，ハードコアビデオ制作現場における臨床的エスノグラフィーである。いずれも驚くべきものであり，この分野において，ここまで徹底した調査と観察を行った精神分析家は，ストラー以外には，いまだ存在しない。これらは精神分析学の今後の応用可能性を提示していて，貴重である。

[翻訳と解説] ストラーによる研究紹介としては，『ストラー博士との対話』（1995）がある。ジェンダー研究の全体像は，小此木啓吾・及川卓「性別同一性障害」の解説（1981），および及川卓「ジェンダーの病い」の記述（1989）が，参考になる。　　　　　　（及川　卓）

[関連項目] 共生不安，自我の葛藤外領域，性別同一性障害，倒錯，グリーンソン

[文献] Limentani, A. (1979), 及川卓 (1982, 1989, 1995), 小此木啓吾・及川卓 (1981)

ストレイチー，ジェームズ
[James Strachey　1887-1967]

イギリスの精神分析家。フロイト全集，通称「標準版」の英訳を行ったことで有名。「変容的解釈」という重要な概念を提示している。

[略歴] 1887 年 9 月 26 日にストレイチー家に生まれる。父は工兵隊の軍人であったが，植民地のインドで行政官として功績をあげて，ナイトの称号を受けている。兄のリットンは有名な伝記作家で，ジェームズの生き方に大きな影響を与えた。兄同様，ケンブリッジのエリートたちのクラブのメンバーで，ジェームズはレオナード・ウルフ Woolf, L.（妻のヴァージニア Woolf, V.），ケインズ Keynes, J. M. らが集う通称「ブルームズ・ベリー」グループに参加している。1905 年にケンブリッジに入学，1909 年には当初叔父が "Spectator" の編集者をしていたので，その手伝いを始めている。1910 年には後に妻になり，やはり精神分析家になるアリックスと出会っている。1916 年には良心的徴兵拒否のために，戦争に反対する理由で出版社を辞めている。第一次世界大戦後に再びジャーナリズムに就職し，主に書評の仕事をしているが，フロイト Freud, S. を知り，精神分析家になる道を模索し始めている。当時その相談を受けたアーネスト・ジョーンズ Jones, E. は精神分析家になりたい人に医師の免許を取ることを勧めていたので，ジェームズも医学校に入学するが続かなかった。そこでジェームズは 1920 年に結婚を契機にフロイトに直接手紙を書き，ヨーロッパに来るなら会うという返事をもらい，ウィーンに滞在しながらフロイトの分析を受ける（アリックスはその後アブラハム Abraham, K. の分析を受ける）。またフロイトから自著の翻訳を依頼されている。帰国後は英国精神分析学会のメンバー。1934 年には有名な「変化をもたらす解釈 mutative interpretation」の概念を提示する論文を書いている。その後フロイト全集「標準版」の翻訳に関わり，晩年はそれに専念する。彼の死後はアリックスが引継ぎ，最後はアンジェラ・リチャードの助けで全集は完成している。ウィニコット Winnicott, D. W. の教育分析者。

[業績] 理論的に「変容的解釈」の概念は，治療行為のメカニズムを解明したもので，治療論の歴史に大きな影響を及ぼした。また彼の周辺にはケンブリッジ・エリートが多くいたので，イギリスにフロイト思想を啓蒙するのに大きな役割を果たした。何より歴史的に重要なストレイチーの業績は，フロイトの著作の翻訳である。帰国後，国際精神分析誌にフロイトの著作の翻訳を多く載せ，また 1945 年には著作集をいわゆる「標準版」全集にする計画が進められ，彼がその編集・翻訳者になる。全集は 54 年から，先のレオナード・ウルフが妻のために

作った出版社ホガースから刊行される。彼は訳語の統一や編集整理をし，分かりやすいものにし，フロイトの思想の英語圏での流布に貢献した。ただそれがあまりに平明なものであったために，逆に今日では標準版の翻訳を見直す動きがある。　　　　　　　　　　（妙木浩之）

[関連項目] 変化をもたらす解釈，ウィニコット，フロイト，S.

ストロロウ，ロバート・D
[Robert D. Stolorow 1942-]

米国生まれの臨床心理学者で，精神分析における間主観的パースペクティヴ（アプローチ）の提唱者の一人。1964年にハーバード大学（生物学専攻）卒業。臨床心理（ハーバード大学博士課程1970年卒業）を学ぶ傍ら，教育分析はニューヨーク（Postgraduate Center for Mental Health）で受けた。その間に，「心理学理論はどれも，その理論を唱えた人の心理的生活にそのルーツを持つ」と主張するトムキンス Tomkins, S. とアトウッド Atwood, G. E. に惹かれ，彼らが教鞭をとっていたラトガース大学に奉職。アトウッドとの共同研究の最初の成果である『雲の中の顔ぶれ』（1979）は，「人格理論における主観性」という副題通り，「主観性そのものに関する理論的検索の必要性」をメインテーマとし，間主観性の基礎概念を展開した。さらに，『主観性の構造』（1984）で間主観性という用語を導入。『間主観的アプローチ』（1987）では，その臨床的適応を詳しく論じた。その後の著書に，『存在のコンテクスト』（1992）と，オレンジ Orange, D. M. との共著で，コンテクスト理論を展開した『間主観的な治療の進め方』（1997）がある。

ストロロウとコフート Kohut, H.（自己心理学）の出会いは，コフート3部作の第2作『自己の修復』（1977）に対するストロロウの書評に始まる。その，一見批判的ながら実に好意的な書評をめぐる書簡の往復の末，コフートがストロロウを第1回自己心理学学会（1978）に招待。以来ストロロウは，自己心理学の流れの中で，間主観性理論を展開している。

現在，Training and Supervising Analyst, Institute of Contemporary Psychoanalysis（Los Angeles），Faculty Member, Institute for the Psychoanalytic Study of Subjectivity（New York），UCLA 精神科臨床教授。1995年には，米国心理学会の精神分析部門で，Distinguished Scientific Award を受賞した。

　　　　　　　　　　　　　　　　（丸田俊彦）

[関連項目] オーガナイジング・プリンシプル，間主観的アプローチ

[文献] Atwood, G. E. & Stolorow, R. D.（1979, 1984, 1992），Orange, D. M., Atwood, G. E. & Stolorow, R. D.（1997），Stolorow, R. D., Brandchaft, B. & Atwood, G. E.（1987）

スピッツ，ルネ・A
[René A. Spitz 1887-1974]

精神分析学者にして革新的乳幼児研究者，スピッツは1887年1月29日ウィーンに生まれ，1910年ブダペスト・ローヤルハンガリアン大学でMDを取得。在学中フェレンツィ Ferenczi, S. の行っている研究に加わり（1908），彼の紹介でフロイト Freud, S. の弟子となって最初の教育分析を受けた（1910-11）。その後ウィーン精神分析学会の一員となり1932年から38年までパリ精神分析研究所専任教授となる。その間ウィーンのビューラー夫妻 Bühler, Ch. & Bühler, K. の下で心理学研究法を学ぶ。大戦勃発の寸前1938年5月28日ナチスの迫害を逃れてニューヨークに亡命，その後1956年まで同市で教育・研究・治療にあたる。その間，ニューヨーク精神分析研究所教授，同市立大学大学院客員教授，Mt. サイナイ病院精神科コンサルタント，レノックスヒル病院小児精神神経科研究顧問を歴任，ニューヨーク精神分析学会副会長も務めた。1956年勇退してデンバーに移住し，コロラド大学医学部精神科客員教授（1956-63），一時ジュネーブ大学医学部精神科心理社会部教授（1963-68）となったが，再びコロラド大学に迎えられて名誉客員教授として10年余後進の教育，指導にあたる。1974年9月14日デンバーの自宅にて永眠，享年87歳。

[研究業績] フロイトの成人期を対象とした精神分析研究とは対極的に乳児期の研究に没頭し独自の研究領域を開拓した。彼は得意のカメラや16ミリ映写機による直接観察法で誕生の瞬間から精神発達，とくに情動の発達変容を追い続け，自我形成と母と子の関係性の成立過程を理論化した。その代表的研究は『微笑反応』（1946）『乳児期の不安』（1945）『ノー・アンド・イエス』（1957）である。以上の研究は普通の健康な養育環境に育つ正常に生まれた乳児を対象としたものであるが，これとは対照的にマザリングの欠乏や別離，剥奪の施設内体験が乳児の生命やパーソナリティに危機的な障害を与える痛ましい事実をドキュメンタリーフィルムに収録し研究としてまとめた。それがスピッツの最も広く知られ影響を与えた『ホスピタリズム』（1945）と『アナクリティック抑うつ』（1946）である。以上が古賀の訳した『母-子関係の成り立ち』にまとめられ，その後さらに蓄積された研究と思索を加え，集大成されたのが"The First Year of Life"である。この他にもスピッツの理論的著書 "Genetic Field Theory of Ego Formation" がある。晩年彼は「対象関係」を「ダイアローグ」と改めている。精神分析の言う対象関係に対する静的な概念を社会関係の力動まで拡大し，ことばを獲得する前の乳児期

にも基本的な通じ合いが存在すると強調し"Life and Dialogue"と題して発表した。スピッツの文献目録は174に及ぶ。エムディ Emde, R. N. が"Dialogue from Infancy"にまとめている。記録映画目録（1947-63）にあるフィルムはコロラド大学精神科にあるスピッツ・フィルムライブラリーに保管されている。主要な11巻が市販され，50年経た現在も乳幼児治療家や精神分析家の研修に用いられ，変らぬインパクトを与えている。

（丹羽淑子）

[関連項目]依託抑うつ，オーガナイザー，環境変容的適応／自己変容的適応，個体発生／系統発生，原始腔，攻撃欲動，自我，自体愛，情動，対象関係，対象喪失，乳幼児観察，剥奪，発生論的観点，母親-乳児ユニット，ひきこもり，人見知り，不安，分離不安，ホスピタリズム，無差別微笑

[文献] Emde, R. N. (1983), 丹羽淑子（編著）(1993), Spitz, R. A. (1945, 1950, 1953, 1955, 1956, 1957, 1959, 1963, 1965b), Spitz, R. A. & Wolf, K. M. (1946a, 1946b, 1949)

ソンディ，レオポルド
[Leopold Szondi 1893-1986]

スイスのチューリヒで活躍した開業精神分析医で，顔写真の選択によるソンディテストを開発し，家族的無意識による運命の選択を重視する運命分析学説を提唱した。1893年3月11日にハンガリーのニトラ Nitra（現スロバキア）で生まれ，ブダペスト大学医学部に学び，ランシュブルグ教授の下で児童心理学，内分泌学等を研究した。1927-41年の間はブダペストの治療教育大学の精神病理学講師と精神療法医長であった。この前半は遺伝体質学や治療教育学を研究し，後半にはソンディ独自の家族的無意識や衝動因子およびソンディテストを研究した。1937年には「運命分析への寄与―結婚の分析―恋愛における選択学説の試み」を英文で出版し，結婚相手の選択に潜在的な遺伝子が影響するという無意識の遺伝学説を論じた。1939年に『衝動と教育』の著作で双生児の実験的衝動研究を行い8個の衝動因子を表す顔写真の選択によるソンディテスト（実験衝動診断法）を発表した。1946年からチューリヒに住んで開業精神分析医となり，ソンディテストと運命分析を研究した。1952年にはソンディ研究所を設立し，1953年からは"Szondiana"（ソンディ研究誌）を発刊し，1958年には国際運命心理学会を設立したが，1986年1月24日にチューリヒで死去した。主著はドイツ語で書かれた『運命分析』(1944)，『実験衝動診断法』（ソンディテスト教本，1947, 1960改訂第2版），『衝動病理学』(1952)，『自我分析』(1956)，『運命分析療法』(1963)などである。ソンディ理論の根本にはキリスト教的実存哲学があるが，ソンディは自らをフロイト Freud, S. の個人的無意識の精神分析とユング Jung, C. G. の集合的無意識の分析的心理学の橋渡しをする家族的無意識の提唱者として位置付けている。

（浅井昌弘）

[関連項目]心理検査

[文献]浅井昌弘(1983), 大塚義孝（編）(1990)

タウスク，ヴィクトール
[Victor Tausk 1877-1919]

オーストリアの精神分析医。精神分析と精神病理学を結びつけた精神分析の先駆者で，幾多のオリジナリティに富んだ着想を残している。1919年に発表された『精神分裂病における影響機械 Influencing Machine の起源について』では，自我境界 ego boundary の概念を自と他に関する自我意識の境界を意味するものとして定義し，自我境界喪失症候群 ego boundary lost syndrome の見地から精神分裂病の思考伝播症状は自我境界の退行的消失であるという。さらに彼は，アイデンティティ（同一性），投影などの用語を精神分析の領域で最初に用いたにもかかわらず，フロイト Freud, S. の女友達アンドレアス-ザロメ Andreas-Salomé, L. との恋愛，フェダーンの妻とのトラブルなど，フロイト，フェダーン Federn, P. らとの人間関係のもつれから，その業績が公にならないまま，アンドレアス-ザロメとの結婚式の1週間前に自殺した。またそれは，フロイトのスーパービジョンの下に行われたヘレーネ・ドイチュ Helene Deutsch による個人分析中断後間もなくのことであったという。

（小此木啓吾）

[関連項目]アンドレアス-ザロメ，フロイト，S.

[文献] Alexander, F. (1966), Roazen, P. (1969), Tausk, V. (1919)

タスティン，フランセス
[Frances Tustin 1913-1994]

自閉症の精神分析治療に関し第一人者の児童心理療法家。タスティンは1913年にイングランドで生まれ，敬虔なクリスチャンである母親に養育された。少女時代は，母親の期待にこたえるべき明るく活発で優秀な少女であった。その後，離別した父親と同様に教師となった。教育心理学的見地から，精神分析に興味をもち，戦後間もなくタビストック・クリニックで，ボウルビィ Bowlby, J., ビック Bick, E. の指導のもとに児童心理療法士の訓練を受ける。また，ビオン Bion, W. R. からの教育分析を14年間受け，アメリカのパットナム・センターでの自閉症治療の経験を経て，ロンドンのグレート・オーモンド・ストリート病院で児童心理療法士として勤務した。その後，生涯，ロンドンを中心に自閉症児の精神分析治

療に従事した。タスティンの自閉症理論は，メルツァー Meltzer, D. 等のクライン派の理論だけにとらわれることなく，マーラー Mahler, M. S. 等の自我心理学，ウィニコット Winnicott, D. W. の理論も参考にした。改訂版を含む自閉症に関する5冊の著作があり，1992年『児童の自閉状態』（改訂版）がタスティンの理論の集大成である。タスティンは自閉症の病理を「母親からの早すぎる分離による外傷」と考え，それに関する防衛として，附着合体を重視した。また，その外傷の程度に応じて，(1) カプセル化自閉症児 (2) 混乱・錯綜自閉症児に分類し，それぞれの特徴について論じている。またこの自閉症の理論を摂食障害，成人の精神障害にも拡張した。

（木部則雄）

[関連項目] 自閉症，自閉対象，附着同一化，マーラー，メルツァー

[文献] Tustin, F. (1972, 1986, 1992), Spensley, S. (1995)

土居健郎
[どい　たけお　1920-]

精神科医，「甘え」理論等で知られる精神分析家。東京都に歯科医の長男として生まれる。母親はプロテスタントで，土居自身も中学3年時に洗礼を受け，特に内村鑑三に惹かれる。1939年東大医学部入学後もキリスト教の探究を続け，戦時下矢内原忠雄の家族集会に参加した後，煩悶の末ホイヴェルス神父と出会い，カトリックに改宗する。医師としての進路の選択に悩み，卒業時皮膚科に入局するも，すぐに軍医として応召。終戦の年に結婚し復員する。その後聖路加国際病院内科に勤務して神経症的な訴えを持つ患者の診療に苦しみ，米国医学雑誌で知った心身医学を通して，その基礎にある精神分析に興味を抱く。1950年春より精神科に移り，当時日本で唯一の開業精神分析家・古澤平作と出会い，その研究会に参加する。同年夏よりメニンガー精神医学校に2年間留学，帰国後も古澤に教育分析を受けるが，古澤の救済者意識や分析方法に反発し決別する。1955年再渡米し，サンフランシスコ精神分析協会に1年間留学，N・ライダーに教育分析を受けるが中途で挫折し，帰国後は聖路加病院精神科において，自己分析と臨床経験を言葉にする作業を始める。日常や臨床で使用される日本語に含まれる認識と精神分析理論との統合を試みる中で，「甘え」を鍵概念としてパーソナリティや精神病理を理解すべく一連の論文を著す。土居の仕事は狭義の精神医学・精神分析をこえて文化論・人間論を包含するが，これを総称して「甘え理論」と呼ぶ。1961年から1963年まで米国の国立精神衛生研究所に招かれ，帰国後も聖路加病院に勤め，1971年より東大医学部保健学科教授，引き続き同医学科教授，1980年より国際基督教大学教授，1983年より1985年まで国立精神衛生研究所長を務める。現在は聖路加国際病院と海上寮療養所の顧問である。影響を受けた分析家としては，フロイト Freud, S. の他，バリント Balint, M.，キュビー Kubie, L.，エクスタイン Ekstein, R. らがいる。著書としては，『精神療法としての精神分析』（1961），『精神分析と精神病理』（1961），『方法としての面接』（1977），『日常語の精神医学』（1994）など専門書の他に『漱石の心的世界』（1969），『甘えの構造』（1971），『表と裏』（1985）などがある。

（北山　修）

[関連項目] 甘え，日本語臨床

[文献] 土居健郎 (1956, 1961c, 1969, 1970, 1971, 1977, 1985, 1994, 2000)，大橋秀夫 (1996)

ドイチュ，ヘレーネ
[Helene Deutsch　1884-1982]

フロイト Freud, S. のごく初期からの愛弟子の一人で，理論的にも個人的にも最後まで彼に忠実であった。フロイトの精神分析協会で最初の女性メンバーとなる。女性の心理，「かのようなパーソナリティ」などの理論の発表とともに，渡米後は，ボストンで米国精神分析協会の代表的な指導者になるが，ドイチュの最大の功績は，規律正しい秩序を持った精神分析の研修機構の確立であった。彼女は，フロイトから直接に教育分析を受け，さらに，フロイトのスーパービジョンのもとに，タウスク Tausk, V. の分析を担当したこともよく知られている。

ヘレーネ，旧姓ローゼンバッハ。1884年にオーストリア‐ハンガリー帝国ポーランド領内の小さな町，ブシェミシュの弁護士の家に生まれた。同胞4人の末っ子だった。母親は彼女が待望の男の子ではないという恨みのために，うっ積した攻撃性のはけ口として彼女を打擲したという。ヘレーネには，ブルジョア的な母親は知的に物足りず，父親や体制的な社会に隷属している存在として映っていた。ヘレーネにとって，父親は母親に比べてはるかに同一化しやすい存在だった。彼女は父親の秘蔵っ子としての地位を守り，父親は名望高い弁護士だったと理想化して語っている。

14歳で学校を卒業したヘレーネは社会主義運動へと傾倒し，母親への復讐と父親から離れるために，当時のポーランドの社会民主党の党首であった社会主義指導者で，16歳も年上の既婚者リーバーマンと恋におちた。彼女自身，8年間，社会主義運動に挺身し，婦人労働者のストライキを組織したり，騎馬警官隊に逮捕されたりした。1907年，リーバーマンと一緒にウィーンに向かう。ヘレーネはウィーン大学初の女子医学生の一人となった。そこでヘレーネは小説『グラディーヴァ』に分析的解釈をほどこしたフロイトの論文を読んで，初めて精神分析と出会った。

1910年，ヘレーネは国際社会主義者大会に出席し，ローザ・ルクセンブルクらの女性指導者と出会い，やがてヘレーネはリーバーマンとの恋愛関係を，彼への従属と「社会のために自己を犠牲にする」社会主義的態度によって自己価値を否定するものと感じるようになり，彼と別れてミュンヘン大学に移った。そこで同年齢の医師フェリックス・ドイチュ Deutsch, F. に出会い，1912年に彼と結婚した。彼は後に精神分析医となり，心身医学の名称を提起する。

卒業後，ヘレーネはウィーン大学のヴァーグナー-ヤワレク診療所に籍を置く精神科医となった。1918年からフロイトに分析を受け，早くから，フロイトを取り巻く弟子たちの中で頭角をあらわした。1921年には，偽りのアイデンティティについて論文を書き，さらに1934年には，ヘレーネ・ドイチュの名を後世に残すことになった，「かのような」パーソナリティの論文を発表した。

ヘレーネは，フロイトや正統的精神医学がともに，成人の精神障害を精神病と神経症とに区分していることに異を唱え，どちらの範疇にも入らない――情動と道徳性が表層的である点を除けば正常に見える――人びとを取り上げた。この「かのような」パーソナリティは，親-超自我の安定した同一化が形成されなかったために，他者との不安定な外面だけの同一化に終始するパーソナリティである。

さらに，父親に対する息子や娘の視点から考察されてきた，それまでの精神分析に対して，ヘレーネの臨床や研究は，女性分析家として向けられる母親転移に焦点が向けられた点で画期的であったが，「父親」としてのフロイトとの同一化が強かったために，彼女の理論は，当時の女性分析家たち――ホーナイ Horney, K., クライン Klein, M. らに比べて，いまひとつフロイトの男性優位的な女性論の枠組みを越えるには至らなかった。

渡米後1944年に刊行した『女性の心理』では，女性のマゾヒズムを本来的なものと見なし，膣性感の起源を口唇性感に求めたことで知られている。

1973年に著した自伝 "Confrontation with Myself" によれば，彼女自身は，その生涯の3つの重要な時期はそれぞれ，父親，リーバーマン，フロイトという偉大な一人の男性中心に回っていたことを認めている。すべては，そのとき彼女が愛し，あるいは尊敬していた一人の男性にかかっているかのようである。彼女の女性論も，「かのようなパーソナリティ」論も，このような彼女のすぐれた自己表現と見なすこともできる。 （小此木啓吾）

[文献] Deutsch, H. (1944, 1973)

ドゥヴルー，ジョルジュ
[George Devreux 1908-1985]

アメリカおよびフランスの精神分析家で文化人類学者。ハンガリー出身のユダヤ人。母親はドイツ人であり，ハンガリー人の父親は彼にフランス語で話したという。彼は一生を通して，自身のアイデンティティの問題，所属と異端の問題を探求した。1926年には，パリに出て，マリー・キュリー Marie Curie と物理学の研究を行った後，東洋語学学校に入学し，マルセル・モース Mauss, M. やレヴィ-ブリュール Lévy-Bruhl, L. のもとで文化人類学を学んだ。インディアンのモハヴ族の調査やインドシナでの調査を行い，バークレー大学で教鞭を執った。彼は，兄弟の自殺もあって，母親を愛の欠如した強制と束縛の中心として憎み，フランス的なものを自由の源泉として愛した。同様に彼のあらゆる研究対象にもこの愛と憎しみの分割が見られる。例えば，モハヴ族を愛しセダンモイ族を憎み，アテネを愛しスパルタを憎むといった具合である。第二次大戦後パリで，ついでトペカで精神分析治療を受け，自身分析家としてアメリカの精神分析協会で活躍する。1964年クロード・レヴィ-ストロース Lévi-Strauss, C. の招きで，パリの社会科学高等研究院で学院長の職に就いた。彼は民族学的精神分析学の創始者の一人として，アメリカの精神分析学とフランスの文化人類学の統合を行った。彼の著作を貫く原理は相補性であり，例えば一人の人間を理解するには，内部から精神分析的に見ると同時に，外部から文化人類学的社会学的に見なくてはならないと言う。主著として『ギリシアの悲劇と詩』，『相補主義的民族学的精神分析学』などがある。 （小川豊昭）

[関連項目] アイデンティティ，タブー，文化人類学

ドルト，フランソワーズ
[Françoise Dolto 1908-1988]

フランスの女性精神分析家にして小児科医。フランスではラジオの育児相談番組の回答者として一般人にもよく知られた存在であった。7歳年長のラカン Lacan, J. とはほぼずっと学派を同じくした。また，ラカンから臨床家として信頼されており，「tu」で呼び合う親しい間柄であった。ラカンが理論的で難解であるのに対し，ドルトは常に具体的で平易な表現を用い，その関係は相補的なものだったと言える。1908年パリ生まれ。8歳で「教育のお医者さま」を志した彼女は，1939年に小児科医となる。また，母親との確執などにより1934年からラフォルグ Laforgue, R. に精神分析治療を受けるが，やがてその才能を見込まれ，1939年に精神分析家となる。その後開業するとともに，トゥルーソー病院で子どもの精神

分析治療を38年間にわたって行った。神経症や心身症の他、精神病の子どもや養子の子どもを治療対象とした点に特徴がある。1971年には、14歳の精神病的な思春期少年ドミニクに対して1年4カ月、12回にわたって行った治療記録を『少年ドミニクの場合』として刊行し、一般にも反響を呼んだ。70歳頃からは執筆や対談・講演活動を精力的にこなす一方、一種の子育て支援の場として「緑の家」を創設するなど幅広く活躍した。1988年パリにて没。主な理論的概念としては、主に嗅覚・聴覚上の対人交流の無意識的記憶といった意味をもつ「無意識的身体像」や、発達上の段階的な試練を通して子どもを掟の中に入れ、主体化・文化化させる「象徴産出的去勢」がある。治療技法としては描画と粘土細工を重視したが、これは1936年に知り合ったモルゲンシュテルンMorgenstern, S.に倣って始められた。また、料金契約として「象徴的支払い」を子どもに求めた。これは自発的に来談していることの証しとして、小石、使用済みの切符、玩具の切手などを子どもに毎回持参させるものである。
(竹内健児)

[関連項目] 去勢，児童分析，身体像，ラカン
[文献] Dolto, F. (1971, 1984, 1987)

ナイト，ロバート・P
[Robert Palmer Knight 1902-1966]

ロバート・ナイトは20世紀半ばにおいて、アメリカの精神分析界に大きな影響を与えた臨床家、精神分析家である。ナイトは1902年にアメリカ・オハイオ州で生まれた。高校の英語の教師を経て精神医学に転向したナイトは、1933年にカンザス州メニンガー・クリニックでの最初のレジデントの一人となった。早くからその臨床能力の高さを認められた彼は、ほとんどメニンガー兄弟の一人という位置で病院の運営に当たったが、同時に兄弟との確執もあったという。その後は1947年に、マサチューセッツのオースティン・リッグス・センターに招聘され、そこでの病院の再建に当たったが、メニンガーのマートン・ギルGill, M. M.や、ロイ・シェーファーSchafer, R.、デヴィッド・ラパポートRapaport, D.等の心理学者もそれに従った。リッグス・センターでは、精神分析に基づいた入院治療を実行するとともに、教育研究に力を注ぎ、また政治的な理由でカリフォルニアの大学を追われたエリック・エリクソンErikson, E. H.の受け入れに尽力している。ナイトに関する文献はことごとく、彼が非常に背が高くて美貌であるばかりでなく、控えめで、人に対して非常に暖かく情緒的にもどっしりと安定していたと記載している。ナイトは、1966年4月30日に、1年半に及ぶ肺癌との戦いの末に永眠している。
ナイトの業績は多岐にわたるが、特に境界例の病理を早くから記載した点が評価されている。彼は境界例の患者が自我の脆弱性や退行を示す点を指摘し、治療に関しても深い解釈を避けた支持的なアプローチや治療構造の重要性を強調した。
(岡野憲一郎)

[関連項目] 境界性人格障害，支持療法，メニンガー・クリニック，力動精神医学
[文献] Brenman, M. (1966), Friedman, L. (1990), Knight, R. P. & Friedman, C. R. (ed.) (1954), Main, T. (1966), Wexler, J. (1966), Winslow, W. (1956)

西園昌久
[にしぞの まさひさ 1928-]

本邦における精神分析のパイオニアである古澤平作の教育分析を受け、土居健郎、小此木啓吾らと共に、わが国の精神分析の発展に貢献した代表的な指導者の一人。多年にわたって日本精神分析学会および日本精神分析協会（国際精神分析協会日本支部）の運営にたずさわり、それぞれの運営委員、会長を務める。国際精神分析協会正会員訓練分析家であり、現在も日本精神分析協会会長として国際交流につとめると共にここ10年、毎日分析を基本とする精神分析の教育研修のシステムを確立し、自らも日本精神分析インスティテュートの福岡支部所長として、精神分析の教育と研修に有意義な成果をあげている。

[略歴] 昭和3年9月25日、福岡県嘉穂郡に生まれる。昭和28年に九州大学医学部医学科卒業。国立相模原病院にて実地修練中、ヒステリー女性患者との出会いが進む道を決定。まもなく、古澤平作の門下生として研鑽が始まった。昭和29年には九州大学医学部精神医学教室に戻り、九州大学助教授を経て、昭和48年4月に福岡大学医学部精神医学教室教授就任。平成11年からは福岡大学名誉教授。現在、心理社会的精神医学研究所所長。

[研究業績] 昭和33年には、ヒステリーの成因としての口愛性を報告し、注目を浴びる。また、34年には、神経症の精神分析過程での著明な退行状態を報告し、まもなく、レボメプロマジンを使った依存的薬物精神療法を確立。福岡大学では、精神分析を中核にした臨床精神医学を展開。ジョン・パデルPadel, J. H.先生との出会いなどを通して英国の対象関係論を最も早くわが国に導入し、西園独自の日本的な対象関係論を展開している。さらに精神医学者としても、精神障害者の社会復帰、デイケア、医学教育、WHOなど国際交流においても大きな業績を残し、精神障害の生物-心理-社会的多次元重層モデルを力説している。
(西村良二)

[文献] 西園昌久 (1976, 1983)

ハイマン，ポーラ
[Paula Heimann 1899-1982]

　ハイマンは1899年にポーランドで生まれ，両親はロシア人である。彼女はベルリンにおいて医学を修め精神分析家の訓練を受けていたが，ユダヤ人のために迫害されロンドンに亡命した。彼女はそこでクライン Klein, M. に出会い，再教育分析を受けた。彼女は，クラインの重要な理解者かつ共同研究者になり，クライン学派の中で大きな学問的貢献を行った人である。特に1943-45年ごろ，大陸から亡命してきた古典的精神分析家とクライン学派との間で生じた大論争の時代においては，アイザックス Isaacs, S. とともに重要な役割を演じている。彼女の学問的貢献は次のようなものである。

　（1）内的対象 internal object の概念：これは上述の大論争の時期に，彼女が早期対象関係における内的世界を明らかにするために使用した概念である。さらに彼女は早期エディプス・コンプレックス early Oedipus complex の研究に力を注いだ。（2）抑うつポジション depressive position：これは，クラインが1935年から1945年にかけて躁うつ病の研究を行った際に重要な概念になった。そして，クラインが子どもの精神分析の中で観察していた原始的な対象関係の世界を，躁うつ病の病理の世界の中に見出し，その共通性に気づいて提供した概念である。この概念の提唱者がハイマンであった。彼女は，当時のクラインの支持者の中では卓抜した思考能力の持ち主であり，当時の早期超自我，自我形成における対象関係の統合と，統合されない悪い対象関係が取り入れられ内界に存続するという，構造的な視点をより明確にしていった。（3）妄想分裂ポジション paranoid-schizoid position と投影同一視 projective identification：これに関しては，ハイマンは研究には携わってはおらず，彼女がこれらの用語に言及することはほとんどない。ハイマンは，それ以前の妄想ポジション paranoid position の概念で十分であると考えていたようである。それゆえに投影同一視の概念にも注目せず，投影 projection でかまわないと考えていた。実際には，これらの概念を発展させていくのは，次の世代のビオン Bion, W. R.，ローゼンフェルド Rosenfeld, H.，スィーガル Segal, H. などである。（4）逆転移 countertransference の問題：ハイマンは逆転移について，それまで言われていた治療者自身の未解決の葛藤に関するものだけでなく，患者によってもたらされる正常の逆転があることを提唱した。そして彼女は，それを治療者が患者についての自分の理解が正しいかどうか検証するときに有用なものと考えた。これはクラインの激しい反論にあい，そのような考え方は，本来の分析家のスクリーンのような態度を危うくするものであり，治療者自身の無理解や未解決の葛藤まで何でも患者のせいにしてしまう危険性があるとして批判された。そしてクラインは，その論文を出版しないように主張したが，ハイマンはそれには従わなかった。この逆転移の問題は，後に大きく取り上げられ，ビオンやマネーカイル Money-Kyrle, R. などによって発展させられたが，彼らがハイマンが賛同しなかった投影同一視の概念をもとにして考察していることが，歴史の皮肉であろう。（5）羨望 envy の問題：クラインが1956年に羨望の問題を死の本能論から論じたときに，ハイマンはそれを批判した。それがきっかけで，最終的には両者が決別することになり，30年間にわたる協力関係は終焉を迎えた。その後ハイマンはクライン学派を去り独立学派に所属することになったが，彼女の思考法そのものは，それまでの方向性を維持し，創造的方向性をさらに押し進めていったのである。　　　（衣笠隆幸）

　[関連項目] 逆転移，羨望，早期エディプス・コンプレックス，対象関係，投影同一化（視），妄想分裂ポジション，抑うつポジション，クライン，ビオン，ローゼンフェルド

　[文献] Heimann, P. (1989), Klein, M. (1946, 1957), Money-Kyrle, R. (1956)

パデル，ジョン・ハンター
[John Hunter Padel 1913-1999]

　イギリスの精神分析家。独創的な理論を打ち立てたわけではないが，英国精神分析協会にあっては臨床家として，あるいは教育家として，若い学徒に慕われたことでよく知られている。わが国では，少なくない精神分析家が彼の指導を受け，わが国における対象関係論の発展の基礎を築いたことで知られている。

　[略歴] 1913年10月3日に，北アイルランドのカールアイスルで生まれた。当時，父親はグラマー・スクールの校長の職にあった。オックスフォード大学クインズ・カレッジで古典文学（ラテン文学，ギリシャ文学）を専攻して卒業した後は，13年ほどグラマー・スクールで古典文学の教鞭をとっていた。その後，1950年にロンドンのミドルセックス Middlesex 病院で医学の道を歩みはじめた。その間，英国精神分析協会のインスティテュートにおいて精神分析のトレーニングを受けている（1952-1957）。さらに，2年ほど精神病院で精神医学全般の臨床研修を受けた後，1960年にはタビストック・クリニックにレジストラとして移籍し，精神科専門医の資格をとった。その後，1964年には精神分析家として独立する一方で，タビストック・クリニックにおいては精神分析関連の講義やセミナーを1979年まで担当し続けたし，ロンドン大学精神医学研究所の非常勤コンサルタント・ドクターとして若い精神科医の教育にもあたった（4年間）。また，1970年代には7年間ロンドン精神分

析クリニックの副所長を務めた。そして 1964 年に渡英した西園昌久（九州大学）と接触があり，1970 年代にはその縁で神田橋條治，牛島定信（九州大学）がイギリスの対象関係論的臨床実践の指導を受けたことでわが国の精神分析学とのつながりができた。非常に温かい心の持ち主で，世話も行き届いた人柄である。その後，1980 年代には衣笠隆幸をはじめ多数の学徒がイギリスに留学し，彼の世話を受けたといっても過言ではない。彼は，日本精神分析学会（1980 年福岡大会）と日本精神分析協会（1992 年年次総会）の招きで 2 度来日している。

　[学問的風土]　英国独立学派に所属し，ウィニコット Winnicott, D. W. やバリント Balint, M.，リックマン Rickman, J. 等と交流があっただけに，臨床の中でも対象関係論的視点をもち続けた。そして，対象関係論の先駆といわれるが，当時の英国精神分析協会では必ずしも受け入れられていなかったフェアバーン Fairbairn, W. R. D. の理論のよき理解者であったことでも有名である。これに関した欧米への講演旅行も少なくない。理論的にも教育の上にでも臨床でも，極めて中立的にフェアバーンやウィニコットらの仕事を評価していた。そして，ともすれば精神分析から外れたとされやすかった対象関係論をフロイトやアブラハム Abraham, K. 等の理論と結びつけようとする橋渡し的仕事は特筆に値する。その中で，他の理論家の紹介だけではなしに，彼独自の理論的境地が形成されていったことも忘れてはならない。彼がもっとも関心を注いだのは，幼児期早期の二者関係の中から出現してくる三者関係のあり様であったが，彼の理論では，見捨てられる恐怖と呑み込まれる恐怖が交代する心性を特徴とする二者関係心理学もライバル意識を特徴とする三者関係心理学も生涯にわたって機能し続けるものであって，これらは成熟した人間に特徴的にみられる一者関係（おそらくこれらの不安を乗り越えた状態としてウィニコットがいうひとりでいる能力と関連する）のなかに深く留まっているという。そして，転移とは過去の状況や関係からの転移だけではなしに，治療中の治療者の人格への転移であることを臨床を通じて示し続けたことも彼の理論的特徴であった。転移は幻想ではなく現実の目の前の人格との真の触れ合いのなかに生じるものだとするのである。

　とくに，フェアバーンとウィニコットの 2 人の治療を受けた，それだけに両者の理論と臨床を比較し，つなぐのに格好の臨床素材を提供しているガントリップ Guntrip, H. の治療体験は，彼の関心をもっとも引いたもののひとつといわねばならない。最後の論文となった"The Case of Harry Guntrip"（1996）は彼の臨床的態度，理論的位置づけををもっともよく示している。1999 年 10 月 24 日オックスフォードの自宅で逝去。享年 87 歳。
（牛島定信）

　[関連項目]　対象関係論，独立学派，フェアバーン
　[文献]　西園昌久・他（2000），Padel, J. H.（1980, 1991, 1996）

バリント，マイケル
[Michael Balint　1896－1970]

　ハンガリー，ブダペスト出身の精神分析家。フェレンツィ Ferenczi, S. の後継者的な存在であり，英国に亡命してからは独立学派の分析家として生涯その地で活躍した。

　ユダヤ系開業医の家に生まれた彼は，第一次大戦下にブダペスト大学医学部に進んだが，短期の共産政権下でフェレンツィが世界初の精神分析学講座教授に就任した頃であり，その講義に彼は興味を覚えた。1920 年にブダペストで医師資格を取った後，ベルリンで生化学の研究をして学位を取った。そのかたわら彼は妻アリスとともにザックス Sachs, H. の教育分析を受けたが，中途でブダペストにもどってフェレンツィの教育分析を終了して 1926 年に分析家資格を得た。1933 年にフェレンツィが死亡するまで彼を助けてポリクリニックの運営に関与し，死後は未亡人も認めるフェレンツィの相続人的な存在となった。しかし，ナチスの進出によって 1939 年ついに亡命してロンドンに移らざるを得なくなり，その直後妻アリスを動脈瘤破裂によって失ったが，主にタビストック人間関係研究所を中心に活躍した。

　バリントは英国に渡る前にその後の思索の基盤となるオリジナルなアイデアを形にしたが，「すべてが連名で発表されてもよいもの」と彼自身が述べるほどアリスとの共同作業を反映していたようである。『一次愛と精神分析技法』（1952）に収められている諸論文で彼は分析の頂点で遭遇する「愛されたいニード」が決して防衛的なものでないことを明確にし，その静穏さを描き出した。バリントの受身的対象愛からの発展であるこの概念をバリントは「一次対象愛 primary object love」と呼び，前駆快感や優しさや目的阻止されたリビドーなどと類似点を求めた。その後「一次愛 primary love」概念に練り上げられて行った。技法的には，治療状況のなかで静かに一次愛が満たされた局面からの不安のない「新しい出発 new beginning」の局面に重要な意義を見出した。こうしてバリントは転移解釈よりも退行の意義を強調することになる。その後彼は新しいパートナーであるソーシャルワーカー出身の分析家イーニドを得て，『スリルと退行』（1959），『基底欠損』（1968）で精神分析的思索を深めた。一次愛の状態で乳児は環境と調和的混交 harmonious mixed-up の状態にあり対象は存在しない。そこに対象が存在しはじめたとき，対象にしがみつくオクノフィリアと対象と離れスリルと万能感を求めるフィロバットというふたつの心的態度に向う。成人のこころ

には三つの領域があり，「エディプス領域」は一次愛水準からオクノフィリアを基盤として生まれ，「創造領域」はフィロバットを基盤として生まれる．「基底欠損領域」は一次愛の失調から生まれ，環境的不全が原因として想定されているが，彼はエディプス的言語による解釈が通じない基底欠損領域での分析作業の技法を探究した．大論争時代の英国において，バリントはクライン Klein, M. の仕事をある程度評価しつつも乳児発達の出発点についての概念化においての基礎的相違をもつ．ウィニコット Winnicott, D. W. とはきわめて類似した理論構築を思わせるが，なお一定の距離を持っている．

　バリントには精神分析プロパーの仕事と並んで，彼が 1950 年から始めた一般開業医を相手にしたセミナーを基礎とした一般医療の精神療法的見直しの仕事がある．患者の人生と内的生活を踏まえた実地診療という視点はきわめて先進的なものであった．

　また彼が日本の土居健郎の「甘え」概念にもっとも早く言及した欧米分析家のひとりであったことは忘れられない．土居の「甘え」概念と彼の「一次愛」概念には確実な通底が存在する．　　　　　　　（藤山直樹）

　［関連項目］甘え，受身的対象愛，オクノフィリア／フィロバティズム，基底欠損，フェレンツィ

　［文献］Balint, M. (1952, 1959, 1961, 1968)

ハルトマン，ハインツ
　［Heinz Hartmann　1894－1970］

　精神分析的自我心理学 ego psychology の代表的な理論家．彼は，フロイト Freud, S. の心的構造論に立脚し，晩年のフロイト（1937－1939）の自我とその発達に関する考えを発展させて，精神分析的な心理学を，いわゆる欲動心理学から自我心理学へと発展させた．とくに自我の働きを防衛のみならず適応という観点から理解する．そして，適応を自我の発達に沿って解明し，広く正常な精神発達を精神分析的に理論づけることに成功した．基本概念として，生物学的な基礎を持つ自我素質，自我装置などの概念を明らかにし，自律的な自我，葛藤外の自我領域，前意識的自動性などを導入した．彼の努力によって，精神分析理論は単なる神経症理論以上の心理学的理論となり，精神分析学と一般心理学の統合が可能になった．1894 年ウィーンに生まれ，1920 年ウィーン大学医学部卒，1934 年までウィーン大学医学部精神科．1926 年および 1934 年の 2 回にわたって教育分析を受け，ウィーン精神分析研究所員となる．1936 年にパリ，次いでニューヨークに死去するまで在住．その間，ニューヨーク精神分析研究所長を務め，また，1951－57 年，国際精神分析学会会長．1959 年以来国際精神分析学会名誉会長．1937 年にその画期的な論文『自我心理学と適応問題 Ich-Psychologie und Anpassungsproblem』をウィーン精神分析学会で発表．1945 年以来，『児童の精神分析的研究』（年刊）の編集者となり，次々に自我心理学的な研究論文を発表している．それらの論文は，1 冊にまとめられて『自我心理学論集 Essays on Ego Psychology』（1964）として刊行されている．　　（小此木啓吾）

　［関連項目］自我自律性，自我心理学，自我の葛藤外領域，心的装置

　［文献］Hartmann, H. (1939, 1950, 1952, 1955a, 1964a), Hartmann, H., Kris, E. & Loewenstein, R. M. (1946)

ビオン，ウィルフレド・R
　［Wilfred Ruprecht Bion　1897－1979］

　英国精神分析協会に所属した精神分析家．英国協会の中でもクライン Klein, M., アンナ・フロイト Freud, A., ウィニコット Winnicott, D. W., フェアバーン Fairbairn, W. R. D. らとならび称される高いオリジナリティを持った精神分析家であり，その学問的評価はいまだ確定していないが，ビオンの考えに共鳴する分析家，心理療法家も増えてきている．

　［略歴］ビオンは 1897 年 9 月 8 日に当時イギリスのコロニーであったインドのパンジャブ地方で生まれた．幼児期に体験したインド文化がその後のビオンの思索に与えた影響は大きいと言われる．当時のイギリスの中流階級の伝統に従い，8 歳（1906 年）でビオンは家族を離れ，一人イギリスのパブリック・スクール（寄宿制私立学校）に入る．この体験は小さいビオンには，耐え難い孤独を味わわせることになった．パブリック・スクールを卒業後，ビオンは志願し，戦車部隊でドイツ軍と第一次世界大戦を戦う．この戦いでの功績に勲章を授かったが，それは恐怖に満ちたカタストロフィックな体験でもあったことを後年回想している．1919 年ビオンはオックスフォード大学に入学し，近代史を学ぶ．ラグビーや水泳の選手としても活躍したが，ここでの哲学，とくにカント哲学の学びはビオンの意識的思索に大きく影響した．卒業後，母校のパブリック・スクールの教師として短期間働いたのち，ロンドンのユニバーシティー・カレッジ病院で医学を学び，1929 年医師資格を得た．ここでの群居本能を支持していた外科医トロター Trotter, W. からの学びは，ビオンののちの集団への関心に大きな影響を及ぼした．外科学で金賞を授与されてもいる．

　卒業後，精神医学に進んだビオンは 1933 年から 1948 年まではタビストック・クリニック Tavistock Clinic に所属し，のちには所長を務めた．その間に勃発した第二次世界大戦では軍医として働き（1940－45），集団への斬新なアプローチを試みた．このタビストック時代に精神療法家としてビオンは，のちにノーベル文学賞

（1969）を得た劇作家ベケット Beckett, S. を治療している（1934-35）。それまでにも精神療法を受けた体験があったビオンは，リックマン Rickman, J. との精神分析を1937年に始めたが，大戦のため1939年で中断した。その後クラインとの分析を1945年に始め，1953年に終結している。私生活においては，1940年結婚したが，長女パーテノープ Parthenope の出産で妻は死去した。この長女はのちに精神分析家としてイタリアで働いていた。その後，1951年にフランセスカ Francesca と再婚し2児をもうけた。

1948年に英国協会の精神分析家の資格を得たビオンは本格的に個人開業で精神分析を実践する一方で，英国協会のロンドン精神分析クリニックの所長を1956年から1962年まで務め，1962年から1965年までは英国協会会長を務めた。またクラインの死後発足したメラニー・クライン・トラストの理事長に就いた。しかしながら，ビオンは要職を辞し，1968年にロサンゼルスに家族と移り住む。個人開業，著述，南米などでのセミナーに過ごす日々であった。1979年9月に英国オックスフォードに戻ったが，白血病のため同年11月8日死去した。

［研究業績］ビオンの業績はおよそ2つの分野に見ることができる。ひとつは集団の理解，集団療法についての業績であり，もうひとつは精神分析での業績である。

集団療法の業績はおもに第二次世界大戦のおりの軍病院での軍医としての体験に基づいている。ビオンは集団に集団心性や集団文化を見出した。その集団心性をワーク・グループとベーシック・アサンプション（基底的想定）・グループ basic assumption group に分けた。前者では集団の課題が科学的なアプローチで遂行されていくのに対して，後者は課題の達成よりも迫害的な不安の解消を優先している。この後者グループに3つのパターン，すなわち「依存 dependency」，「闘争‐逃避 fight-flight」，「つがい pairing」を見出した。これらの集団への業績は『集団精神療法の基礎』（1959）としてまとめて出版された。これらの考えは集団療法にインパクトを与え続けている。

精神分析での業績はさらに広大である。それは精神病の精神分析，思索や感情の精神分析的解明，精神分析作業の本質の検索に分類できよう。

1950年代ビオンは精神分裂病や境界型精神病の精神分析を実践し，その成果を一連の論文として発表した。人格の中の精神病部分と非精神病部分，奇怪な対象群，機能としての部分対象の連結への攻撃，具体的な投影同一化，さらには逆転移の活用など精神病状態の理解と分析治療に斬新な見解をもたらした。その後，60年代の4冊の著作で，カント哲学や数学的思考を活用しながら思索や精神分析作業そのものの検索を進めた。個人内での体験理解に働くアルファ機能の導入，グリッド Grid による思考やコミュニケーション展開の発達的位置づけの試み，コンテイナー／コンテインド・モデルの導入，二者間での変形作用 transformation の解明，K（知ること），O（事実）の追求など独創的な発想をさらに深め続けた。この時期にはビオンは精神分析体験を科学的なコンセプトで表現しようと試みていた。これらのビオンの考えの分析臨床での活用や理解は，70年代にブラジルやアルゼンチンなどで行ったセミナーを収録した4冊の本に見ることができる。この時期にビオンは"A Memoir of Future"と名づけた3部作の小説的精神分析著作を著した。この著書はいまだ評価が定まっていない。ビオンの死後，自伝や書簡集，思索ノートが出版された。

［ビオン研究と翻訳書］ビオンにまつわる研究はすでに始まっている。グリンベルグ Grinberg, L. らの『ビオン入門』，メルツァー Meltzer, D. の一連の著作，英国クライン派分析家による一連の論文，シミントン Symington, J. and N. による著書などに著されている。また，ビオンの伝記としてブランドニュ Bleandonu, G. による"Wilfred Bion"がある。翻訳書は『集団精神療法の基礎』が出版されており，分裂病論文の3編が『メラニー・クライン トゥデイ』に収められている。60年代の4冊の著作，70年代の討論集も邦訳されている。

（松木邦裕）

［関連項目］アルファ要素，奇怪な対象，基底的想定，クライン学派，コンテイナー／コンテインド，コンテイニング，思考，集団精神療法，集団力学，タビストック・クリニック，投影同一化（視），ビオン理論，ベータ要素，クライン，メルツァー

［文献］Anderson, R. (ed.) (1992), Bion, W. R. (1961, 1977a, 1994), Bion Talamo, P., Bargogno, F. & Merciai, S. A. (ed.) (2000), Bleandonu, G. (1994), Grinberg, L. Sor, D. & Bianchedi, E. T. (1977), Grotstein, J. S. (ed.) (1981), Meltzer, D. (1978c, 1986), Spillius, E. B. (ed.) (1988), Symington, J. & Symington, N. (1996)

ビック，エスター
［Esther Bick 1901-1983］

クライン派の児童分析家であり，タビストック方式の乳幼児観察の創案者。ビックはポーランドに生まれ，ウィーンで心理学の研究後にイギリスに移住した。そこでクライン Klein, M. の指導を受け，第二次大戦後にタビストック・クリニックで乳幼児観察，児童分析の研究・指導を行った。ビックは最早期の乳児の観察から皮膚の包容機能に注目した。最早期の乳児のパーソナリティの部分は未結合状態であり，これを受動的に束ねる機能を皮膚が有すると考えた。母親から養育態度や母親の香りなどの外的対象から包容されることで，皮膚はこの機能を摂取し皮膚の包容機能が形成されるとした。これによ

り内的空間が形成され，投影・摂取の作動できる心的構造が確立する。この皮膚機能の障害は「第二の皮膚」という代用物を形成し，例えば筋肉のたくましさ，吃音などによって表現される。ここに内的な包容機能はなく，外部からの侵入を防衛することのみに終始してしまう。ビックはこの内的空間の形成不全と関連し，投影同一化と異なる自己愛的防衛を「附着同一化」と名付けた。ビックの最早期の乳児期についての見解は，誕生直後より活発に投影・摂取が作動するというクラインの見解といくぶん相違している。公私にわたりクラインに最後まで誠実に尽くしたゆえであろうか，彼女は自分自身の見解，発見についてわずかに4編の論文しか残していない。ビックの理論は自閉症などの重篤な児童の分析で特に有用であり，また「乳幼児観察」などの実践は学派を超えて現在も影響を及ぼしている。　　　　　　　（木部則雄）

[関連項目] 自閉症，乳幼児観察，皮膚自我，附着同一化
[文献] Bick, E. (1968, 1986, 1987)

ビンスワンガー，ルートヴィヒ
[Ludwig Binswanger　1881−1966]

スイスの精神医学者で，現存在分析 Daseinsanalyse の創始者。1906年にブロイラー Bleuler, E. の主宰するブルクヘルツリ病院で医長をしていたユング Jung, C. G. と親交を結び，その仲立ちでフロイト Freud, S. との友情が，ひいては精神分析とのかかわりが始まる。1910年には父（Robert）が死亡したため，クロイツリンゲンの精神病院ベルヴュー・サナトリウム Sanatorium bellevue を引き継ぎ，1911年から1956年まで院長を務め，その地で85歳で没した。1910年代の実践と思索の彼の最初の著書『一般心理学の諸問題への入門』の中で，フッサール Husserl, E. の現象学に基づいてフロイトから独自の道を歩み始める。『生命機能と内的生活史』(1928)ではハイデッガー Heidegger, M. の影響を受け，1930年以後にはハイデッガーの現存在分析論 Daseinsanalytik に立脚した人間存在への接近が試みられ，『夢と実存』(1930)では，フッサールの現象学的方法によってはいるが，すでに「世界内存在 In-der-Welt-Sein」としての現存在というハイデッガー的把握に立って，人間存在独自の意味方向である「上昇と落下」の人間学的本質的特徴を描き出している。その臨床的な成果が躁病者を扱った『観念奔逸』(1931-32)である。こうした1930年代の努力を通して，現存在分析と呼ばれる考察方法を次第に確立した。ビンスワンガーの人間性豊かな思想は，愛と友情に関する人間学の大著『人間的現存在の根本形式と認識』(1942)となってあらわされた。ビンスワンガーは，ハイデッガーが実存的共同性を憂慮 Sorge の構造から導き，それを配慮 Fürsorge とし

て，いわば不安な単独者の状況を表現したのに対して，「愛における我等性 Wirheit im Lieben」と「われと汝における共にあること Miteinandersein von Mir und Dir」，つまり「われわれ性 Wirheit」という人間的現存在の根本形式を提起して，ハイデッガーの意図から離れ，独自の人間学の領域を開拓していった。さらに，1957年の『精神分裂病』で独自の分裂病論を，そして1956年の『失敗した現存在の三つの形式』では，「ひねくれ」「思い上がり」「わざとらしさ」といった分裂病にかかわる3つの形式について論じ，最も晩年の1965年に『妄想』を発表している。以上の学問的歩みの中でビンスワンガーは，フロイト，そして精神分析の強い影響を受けながら，それと対峙しつつ，常に批判的な立場をとり，1922年の『一般心理学に関する諸問題について』で，フロイトの心的装置論の非人格性に批判を向け，1930年の『夢と実存』では，夢が願望だけでなくむしろその夢見る人の実存的様式にかかわっていることを指摘している。やがて，フッサール，ハイデッガーをよりどころにするようになったが，それにもかかわらず，1911年以後，ユング，ブロイラーらがフロイトから離れた後も一貫して温かい友情関係を続け，フロイトのみならず，その夫人，娘のアンナ・フロイト Freud, A. とも交流し，フロイトが80歳のときの記念講演なども彼が行っている。そして，フロイトに関する感動的な思い出『わがフロイトへの道』(1956)とフロイトとの書簡集が刊行されている。
　　　　　　　（小此木啓吾）

[関連項目] われわれ体験，フロイト, S.
[文献] Binswanger, L. (1922, 1930, 1933a, 1933b, 1936, 1942, 1947, 1956a, 1957a, 1957b, 1960, 1965)

ファノン，フランツ
[Franz Fanon　1925−1961]

西インド諸島仏領マルティニク島生まれの黒人精神科医。第二次大戦後リヨンで精神医学を学び，27歳のとき『黒い皮膚・白い仮面 Peau noir, masques blancs』を書き，植民地における黒人の精神状況を精神分析（フロイト，アドラー，ラカン）や実存哲学（ヤスパース，サルトル）に依拠して分析し，白人になりたいという黒人の劣等感から生ずる神経症や，妄想疾患の発生について論じ，本書は差別論の古典となる。その後，1953年，アルジェリアのブリダ精神病院に赴任した。そこで植民地支配に触まれた心の悲惨に直面し，1954年，アルジェリア解放闘争に参加し，解放戦線（FLN）の協力者となり，第三世界の解放闘争における暴力革命の指導的な理論家になる。そのかたわら，『地に呪われた者 Les Damnees de la Terre』(1961)で，脱植民地過程における暴力と闘いの意義を説き，『革命の社会学』(1960)では，革命

闘争の中で伝統的なヴェールを脱ぎ捨てていく過程でアルジェリアの婦人たちがその身体図式を変えていく過程を描き，いまもなお第三世界革命論者として，そしてまた，植民地・被差別者のアイデンティティの葛藤を主体的に乗り越えようとした思想家として高い評価を残している。　　　　　　　　　　　　　　　（小此木啓吾）

[関連項目] アイデンティティ
[文献] Fanon, F. (1952, 1960, 1961)

フェアバーン，W・R・D
[William Ronald Dodds Fairbairn　1889-1964]

20世紀の精神分析にオリジナルで重要な貢献をし，今日その理論の意義が再認識されている精神分析家である。対象関係論とは1940年代から50年代にかけて発表した彼の理論を出発点として，ウィニコット Winnicott, D. W.，ガントリップ Guntrip, H. などを含めた流れをいう。今日大陸学派とクライン学派との中間に位置する独立学派と見なされる。

[略歴] 1889年にスコットランドのエジンバラに生まれた。第一次世界大戦中，後の理論化に重要な意味をもつ戦争神経症を知る。やがて精神療法家を志して復員後エジンバラ大学医学部を卒業。1924年に精神分析の開業と共に同大学の心理学講師の職にも就いたが，当時の大学は彼の精神分析的見解や洞察に拒絶的だったらしい。数年後に関わった児童心理クリニックでは，非行や虐待などの問題をもつ子どもや親たちとの出会いを通して，子どもはどんな苛酷な親であってもまさにその親にしがみつこうとするという実際の親子関係をつぶさに観察し，この経験が彼の理論構成に大きな影響を与えた。彼は孤立しがちで独力で学び続けたため厳密な意味での精神分析的訓練の機会を得られなかったが，英国精神分析協会はその業績を認め1935年頃彼を正会員にした。1950年代半ばには健康上の理由もあって数々の著作は総括の段階に入ったように見える。やがて引退し1964年に75歳でその生涯に幕を閉じた。

[研究業績] フェアバーンは重篤なスキゾイド的特徴を示す人びとの心の内的状況を「スキゾイド（分裂的）・ポジション」と呼んだ。これは精神発達上クライン Klein, M. による「抑うつポジション」に先立つより原始的な対象関係を表しており，後にクラインはフェアバーンの貢献に敬意を表して彼の見解をとり入れ，自分が定式化した「妄想的ポジション」を「妄想-分裂ポジション」と改称した。また彼は戦争神経症を内在化された「悪い対象」との転移として理解し，悪い対象との関係の治療的意義を明らかにして，後に人格構造論を集大成した。彼が示した心の基本的構造は「もともとの（原初）自我」のスプリット（分裂）から生じるもので，分裂した内的対象関係と理解できるが，これは良い内的対象と悪い内的対象というクラインの概念に対する，構造論的見地からの修正を意味する。　　　（相田信男）

[関連項目] 対象関係論，独立学派，フェアバーン理論
[文献] 相田信男（1995), Fairbairn, W. R. D. (1952), Sutherland, J. D. (1989)

フェダーン，パウル
[Paul Federn　1871-1950]

フロイト Freud, S. に直接師事した精神分析の先駆者の一人。特に精神病領域に対する精神療法の開拓者として，精神分析的な現象学的自我心理学の独自の体系を築き，精神分析と精神病理学の統合に道を拓いた理論家として，不朽の業績を残した。1871年ユダヤ人としてウィーンに生まれた。父は高名な内科医。1895年ウィーン大学医学部卒業後6年間，総合病院でインターン，レジデント，1902年に内科専門医として開業。同年にフロイトに会い，1903年以後フロイト宅の研究会（水曜会）に出席，フロイトの個人的指導を受け，1908年にウィーン精神分析学会設立のメンバーとなる。1919-24年までウィーン精神分析学会の教育委員長を務め，多数の分析医の教育分析を行った。1924年フロイトが癌で倒れたあとは，フェダーンがウィーン精神分析診療所の所長を務め，彼が選んだ患者だけをフロイトが診療することになった。また同年，ウィーン精神分析学会の副会長となる。1932-33年にはわが国の古澤平作の個人スーパービジョンを行っている。

すでに彼は1906年ごろから，精神分裂病や躁うつ病の患者に対する精神分析的な精神療法を実施し，一方でウィーン大学医学部と友好的な接触を持ち，精神分析と精神病理学の交流に大きな貢献を残した。また当時，ウィーン精神分析診療所所長として精神分析療法の適応かどうかを診断する役割を果たしていた結果，精神分析療法中に顕在化する潜伏性精神病 latent psychosis を予兆する種々の徴候に注目し，これらの臨床経験を通して独自の精神病の精神療法を確立した。その要点は，(1) 精神病者との間にも陽性の転移関係を確立維持することができるし，それを重視すべきである。(2) 神経症者の治療における，抑圧の緩和，無意識の解放という方針とは反対に，精神病者の治療では，自我障害を引き起こしている自我カテクシスの回復と抑圧の再確立が第一の目標である。(3) 一対一の治療関係のみならず，治療助手や，母性的看護を与える看護婦，家族など，治療環境の協力が必要である。(4) 精神病者といえども，(1)～(3)の条件がととのえば，残存した健康部分をよりどころとした洞察や現実検討を通して治療を進めることが可能である，などである。この観点から彼は，1938年の米国へ

の亡命に先立つ3年間，看護婦シュヴィング Schwing, G. を精神分析的に教育し，分裂病の女性治療者としての協力を得た。

1914年にしばらく米国に滞在，オーベルンドルフ Oberndolf, C. P., ジェリフ Jelliffe, S. E. らのニューヨークの精神分析医たちに深い影響を与えていたが，亡命後，1938-50年までニューヨークで生活し，この米国生活中にウィーン時代に発展させていた彼独自の自我心理学の体系を完成し，精神病の精神療法と自我心理学に関する論文を，米国各地で次々に発表した。フェダーンの自我心理学の方法は，シルダー Schilder, P. らとの交流の結果，フロイトに比べて現象学的であり，この立場から，自我，自我感情，自我境界，自我備給，自我状態などの概念を規定し，離人症，麻酔下の自家実験，精神分裂病と躁うつ病の精神療法などの臨床経験に基づいて，種々の精神病理学的現象を解明した。特にフェダーンは分裂病を，自我カテクシスの欠乏の結果生ずる自我障害と定義し，自我カテクシスの欠乏の原因として，生物学的なものと，心理学的なものの両者をあげ，一つの疾病としての分裂病と症候群としての分裂症を区別した。また，分裂病の諸症状（幻覚，妄想，作為体験，思考吹入，思考伝播その他）を，自我備給の欠乏に伴う自我境界の障害の現れとみなし，その治療は，心身両面からの自我備給の回復の援助と，自我境界の再確立に向けられた。以上のフェダーンの貢献は，現代まで，精神病領域に対する精神分析および力動精神病理学のアプローチの一つのよりどころになっている。なおフェダーンは，1949年，米国トピカのメニンガー病院の訪問からニューヨークに戻った直後，数年前からの膀胱腫瘍が癌である事実を知り，しかも同年，妻も他界し，一人息子は第二次大戦の戦火で行方不明のまま，孤独のうちに1950年5月4日自殺を遂げた。フェダーンの死後，息子エルンス・フェダーンの存命が明らかになり，エルンスは，PSWとなって父の遺志を継いでいる。フェダーンの業績は，その弟子ウェイス Weiss, E. によって編集解説された論文集"Ego Psychology and Psychoses"（1953）に集大成されている。 （小此木啓吾）

[関連項目] 自我境界，自我心理学，古澤平作，シュヴィング，フロイト, S.

[文献] Federn, P. (1953), 小此木啓吾 (1956, 1985b), Weiss, E. (1960, 1966)

フェニヘル，オットー

[Otto Fenichel　1897-1946]

オーストリアからアメリカに移住した精神分析医。精神分析の歴史の中で，フロイト Freud, S. を補いながらフロイトを継承した偉大な貢献をした人として有名である。

[略歴] オーストリアのウィーンに1897年12月2日に3人同胞の末子として出生。両親はポーランドからの移民で，父親は弁護士で成功し裕福であった。その父親の影響で医学校に進み，17歳の医学生時代にすでに精神分析医になる決意をし，21歳時には『近親相姦葛藤の派生物』と題する論文をウィーン精神分析協会に提出している。その頃より，ライヒ Reich, W. と友人となっている。24歳で医師となり，翌年，精神分析の研修を受けるためベルリンへ行き，そこでラド Rado, S. の指導を受けた。28歳で彼自身が指導分析医となり，ジェイコブソン Jacobson, E. やグリーンソン Greenson, R. R. ら，多くの精神分析医を育てている。1933年（35歳）で，ベルリンを離れ，ノルウェーのオスローに行き，そこで多くの人びとを教育し，1935年にはチェコのプラハに招かれ，精神分析の研修システムを確立するのに貢献した。第二次世界大戦が開始される1年前の1938年（40歳）にアメリカのロサンゼルスに亡命移住。そこで精神分析医としての確固たる地位を得られていたが，アメリカでの医師免許取得のためインターン修業中に，その無理がたたって，1946年1月22日に48歳で急死した。

[研究業績] 多くの著書，論文があるが，その中で，数多くの精神分析理論を体系化し，そのため精神分析の百科事典とも称されている『神経症の精神分析理論 The Psychoanalytic Theory of Neurosis』(1945) は有名である。これは前に出版した『臨床精神分析学概説 The Outline of Clinical Psychoanalysis』(1934) を書きなおしたものである。これらは今日でも精神分析の教科書として必読書のひとつとなっている。この著書の中で，彼は神経症の精神病理の解明に貢献した。たとえば，母のごとく父に愛されたいとする逆エディプス・コンプレックスの意義，前エディプス期の意義について論じている。また，人格構造の研究では，両親との原初性同一視，退行的同一視，全同一視，部分同一視など幼児期の人格発達についての新知見を発表している。また，技法上の有名な力動的公式「抵抗を除去する」などの分析技法の本質について論じた『精神分析技法の基本問題 Problems of Psychoanalytic Technique』(1941)，さらに，1922年から1946年までの61編の論文をおさめた『フェニヘル論文集 Collected papers of Otto Fenichel』(1953, 1954) がある。 （安岡 誉）

[関連項目] 神経症，性格，精神分析技法

[文献] Bergmann, M. S. & Hartman, F. R. (ed.) (1976), Fenichel, O. (1941, 1945)

フェレンツィ, シャーンドル
[Sándor Ferenczi 1873-1933]

フロイト Freud, S. と関係が深く, しかもフロイトと違って神経症以外の治療を行い, 今日の精神分析理論や治療技法に大きな影響を及ぼしたハンガリーの精神分析家。フェレンツィはブダペストの郊外でポーランド系移民の子として出生。ウィーンで医学を学び, 帰国して精神科医として開業したが 1908 年フロイトを訪ね, 以後 2 人の親交は彼の死の近くまで続いた。それは, フロイトのアメリカ講演旅行に同道したり,「親愛なる息子」と呼ばれたり, ジョーンズ Jones, E. がフロイトに個人分析を求めたのにフロイトは引き受けず, フェレンツィを推薦するほどであった。実際にフェレンツィの分析能力は卓越していてライヒ Reich, W. が精神不調をおこしたとき, ウィーンの精神分析仲間はフェレンツィの治療を受けることを勧めたほどだったといわれる。実際にはライヒはそれを受け入れなかった。

フェレンツィの学問はまず, フロイト理論の追試からはじまった。その時期の彼の研究に『男性同性愛の疾病論』(1911) がある。フロイトは同性愛は分析不可能としたのに対し, フェレンツィは同性愛に積極型と受動型とがあるとし, 前者は本質は強迫神経症であり分析可能とした。また, のちの論文でパラノイアの病因に同性愛が関係すると述べたがこれはフロイトの精神病論に影響を与えている。『現実感の発達の諸段階』(1913) ではフロイトのリビドー発達とは別に自我も現実を検証する機能を発達させるとして, (1) 胎内での無条件の全能感の段階, (2) 生まれた直後の魔術的幻覚的全能感の段階, (3) おしよせる不満を泣き声と身振りとで支配する魔術的身振りによる全能感の段階, (4) 最後が魔術的言語と思考による全能感の段階の発達段階を提示した。身体運動, ゼスチャー, 変調などが求めている全能感の無意識的表現であると考えた。また, 自我が魔術的思考段階に固着することのあることを述べているがこれは, ビオン Bion, W. R. の精神病的思考のベータ要素理論と共通するものである。フェレンツィはやがて分析家と患者との間の関係こそ治療効果の上には重要であると考え, 患者に性的満足の放棄, 排尿回数の制限, 楽しみで飲食することの否定などを指示することで治療関係を緊張したものにする積極的治療を試みた。結果は抑圧とは関係のない怒り, いらだちが繰り返されるだけであった。そこで彼は一転して「やさしい親」を演じる弛緩的治療を試みた。これはフロイトに強く批判された。しかし, フェレンツィは一連の治療研究から分析家と患者との間の相互分析を提言した。こうしたフェレンツィの態度はハンガリー系の精神分析家たちに強い影響を与えた。ハンガリー出身の精神分析家には, バリント Balint, M., アレキサンダー Alexander, F., クライン Klein, M., ラド Rado, S., トンプソン Thompson, C. などがいる。

(西園昌久)

[関連項目] 現実感, 万能, フェレンツィ的治療態度, アレキサンダー, クライン, バリント

[文献] Dupont, J. (ed.) (1988), Ferenczi, S. (1916/50, 1926/51, 1932b, 1955)

フライバーグ, セルマ
[Selma Fraiberg 1918-1981]

アメリカの児童精神分析家, 乳幼児精神保健のパイオニアの一人。1918 年アメリカ合衆国のデトロイトで生まれ, ウェイン州立大学を卒業後, デトロイトを中心にケースワーカーとして児童の臨床活動に従事していた。その後ミシガン大学の精神医学の教授となり, 児童精神分析の教育や児童の早期発達に関する研究を行った ("Magic Years" 1957)。

生まれつき視覚障害のある子どもの発達についての研究 ("Inshights from the Blind" 1971) をきっかけに, 彼女は 1972 年, 米国で最も早期の乳幼児精神保健の外来プログラムの一つである, Infant-Parent Program をサンフランシスコに開設した。彼女は盲児の発達研究から, 障害をもつ乳児は発するサインが少ないために, 母親にも共感不全が起こり, 二次的に母子関係が障害されてしまう過程を明らかにし, この関係性障害を少なくするためには, どのような発達援助が必要なのかをまとめた。乳幼児 - 親プログラムでは, 乳幼児 - 親関係性障害の評価と早期介入による障害の予防が進められ, この臨床経験は "Clinical Studies in Infant Mental Health" (1980) にまとめられた。このなかで, 養育者が自分自身の養育体験を無意識のうちに乳幼児に投影した結果, 乳児が迫害者のように感じられ, 乳幼児 - 養育者関係が障害された実例を「育児室の幽霊 ghosts in the nursery」として紹介し, このような関係性の障害の治療として, 親 - 乳幼児精神療法の技法を確立した ("Treatment Modalities" 1983)。そして子どものもつ発達への力が, 治療を促進する作用についても評価した。

(濱田庸子)

[関連項目] 親 - 乳幼児心理療法, 関係性障害, 乳幼児精神医学 (保健)

[文献] Fraiberg, S. (1959, 1971, 1977), Fraiberg, S. (ed.) (1980), Fraiberg, S., Shapiro, V. & Cherniss, D. (1983)

フリース, ヴィルヘルム
[Wilhelm Fliess 1858-1928]

フロイト Freud, S. の自己分析の対象となり, 精神分析の創始に大きな役割を演じたベルリンの耳鼻科医。

1887年から1902年にかけてフロイトと親密な交流を持った。フリースは耳鼻科専門領域を越えた医学と生物学の分野に，思弁的，時には奇矯な学説を唱え，1906年に発表されたその主著『生の律動 Der Ablauf des Lebens』で神秘的な生命の周期学説を主張した。月経は月に一度起こるという事実と，鼻の粘膜と生殖器の活動との間に相関関係がある事実を基礎にして，1897年には「鼻反射神経症状」という新しい症候群（頭痛，神経痛，内臓器官の障害の3つの症状からなる）を唱え，これらの徴候が，コカインを鼻に適用することで和らぐと主張し，月経をあらゆる生命の活動における周期性のあらわれとみなし，人間の両性素質 bisexuality を強調し，男性的要素は23，女性的要素は28という数の周期と関係があること，これらの性的周期が，成長，病気，死の時期を決定するが，この周期は，動植物界，天文界をも支配しているという。フリースは，1887年にウィーンで初めてフロイトと出会い，それ以後，1902年までの間に親密な書簡の往復，夏休み毎の「会議」と称する2人の交流が続いたが，お互いにヴィルヘルムとジグムントと呼び合う仲となり，特にフロイトはその当時着想した精神分析の新しい理論について，一つ一つフリースの意見を求め，ひいては自分自身の夢，神経症的な訴え，内的な悩み，自己分析などを，すべてフリースに書き送るようになった。つまり，フロイトはフリースに理想化転移を起こし，フリースは，フロイトの自己分析に，あたかも分析者のような立場に立たされた。フロイト自身はフリースからの手紙をすべて破棄したが，フロイトがフリースに送った284通の書簡や原稿（『科学的心理学草稿』を含む）は，フリースが1928年に死去して後，未亡人から書店に売られ，マリー・ボナパルト Bonaparte, M. の手を経て，1950年にアンナ・フロイト Freud, A., クリス Kris, E. らの手によって『精神分析の起源』と題して刊行された。フロイトはこのフリースとの自己分析の中で，1896年に死去した父に対する喪の仕事を営み，その過程で父に対するエディプス・コンプレックスを自覚した。またフロイトは，両性素質，昇華 sublimation，潜伏期 latency period などの概念をフリースから得たことを認めている。しかし，1902年ごろからフリースとフロイトの仲は冷却し，特にフロイトが，フリースの両性素質の考えをシュヴォヴォダに洩らし，ワイニンガー Weinninger, O. が，その概念を著作『性と性格』の中で用いた事件を契機に互いに相争うようになった。しかし，その争いの後も，フロイトは自分に対するフリースの影響を認め，かつフリースへの称賛を失わなかった。なお，フロイトのフリースへの書簡で，『精神分析の起源』で割愛された部分がマッソン Masson, J. M. (1985) によって発見され，その完全版が刊行された。　　　（小此木啓吾）

［関連項目］エディプス・コンプレックス，自己分析，昇華，潜伏期，喪の仕事［悲哀の仕事］，両性素質，フロイト，S.

［文献］Fliess, W. (1906), Freud, S. (1950a), Jones, E. (1953–1957), Masson, J. M. (1985)

ブリュッケ，エルンスト・ヴィルヘルム・フォン
［Ernst Wilhelm von Brücke　1819–92］

若きフロイト Freud, S. が指導を受けたドイツ生まれの生理学者で，ウィーン大学生理学研究所教授。フロイトは，ブリュッケのもとで1876年から1882年にかけて脊髄後根の発生に関する進化論的視点からの研究などの主として神経細胞の組織学的研究を行い，ニューロン理論（1891年にヴァルダイエル Waldeyer, W. が完成）の着想など，数々の神経組織学上の業績を残した。ブリュッケは，デュボア-レイモン Du Bois-Reymond, E., ヘルムホルツ Helmholz, H. らとともにヘルムホルツ学派に属し，その生理学の基本仮説は，有機体の諸現象を支配する原理も物理・化学的な力のダイナミズムやエネルギー恒存の法則によって説明できるという唯物論的生命論に基礎を置いていた。このブリュッケ研究室でフロイトは，ブリュッケの科学思想から大きな影響を受けた。フロイトの精神分析理論の基本をなす心的決定論，心的エネルギー論，精神力動論などは，その所産である。ブリュッケの研究室には，フロイトとともにヒステリー研究にたずさわったブロイエル Breuer, J. がいた。またフロイトは，フリース体験の中でこのブリュッケ研究室のブリュッケ教授，フライシュル助教授，パネトー講師をにらみ消す「生きなかった夢」を通して自己のエディプス願望を洞察している。　　　（小此木啓吾）

［関連項目］エネルギー，エネルギー恒存の法則，心的決定論，ブロイエル，フロイト，S.

［文献］Freud, S. (1900), Jones, E. (1953–1957)

ブレナー，チャールズ
［Charles Brenner　1913– ］

自我心理学的精神分析学の重鎮である。アメリカはボストンに生まれ，1935年にハーバード大学医学部を卒業した。精神分析の訓練はボストンおよびニューヨーク精神分析協会において受け，1946年にメンバーとなり，1956年から教育分析家として後進の指導に当たってきた。ニューヨーク精神分析協会ならびに米国精神分析協会の会長を歴任し，現在，生涯メンバーである。その他，数々の教育ならびに研究施設において指導的役割を果した経歴は論じるまでもない。彼の精神分析理論は，著書『精神分析の基礎理論』(1955)，『精神分析的概念と構造理論』(1964)，『精神分析的技法と心的葛藤』(1976)，『葛藤の中の心』(1982)に示されるように，まず構造

論ありきである。つまり，彼が育った時代はフロイト Freud, S. が思弁的に構想したエス，自我，超自我からなる人格構造論，アンナ・フロイト Freud, A.，ハルトマン Hartmann, H.，クリス Kris, E. といった人たちが発展させた自我心理学を実際の臨床に位置付けるとともに，これまでの諸理論を構造論の中にいかにして組み込むかが努力目標であった。フロイトの40年にわたる研究生活の中で，理論的変化がなされ発展していったという過程があるだけに，フロイトの論述には矛盾，曖昧さ，錯綜が多いが，彼の論述は日常の精神生活体験に根ざした分かりやすい論述となっている。いわば，自我心理学の臨床的開拓者であり，指導者であった。メニンガー記念病院での臨床修練を通じて紹介されたわが国の精神分析も彼らとの接触があったらもっと違ったものになっていたであろう。彼らの著作はわが国の精神分析とは一味違った保守本流の精神分析といえるものである。興味深いのは，81歳の高齢になって，生涯を捧げた構造論を初期の意識・無意識体系理論とを併せた理論的修正の必要性を説いていることである。　　　　　　　　　　　（牛島定信）

[関連項目] 葛藤，自我機能

[文献] Arlow, J. A. & Brenner, C. (1964), Brenner, C. (1955, 1982)

ブロイエル，ヨーゼフ
[Joseph Breuer 1842-1925]

フロイト Freud, S. の精神分析の創始に多大の影響を与えたウィーンの高名な神経科医。生理学者としては，ヘーリング Hering, E. のもとで迷走神経による呼吸作用の自動的制御を発見し，次いで三半規管についてすぐれた生理学的研究を行っているが，やがて臨床神経科医となり，フロイトの初期のヒステリー研究をともに行い，フロイトと共著で『ヒステリー現象の心的機構予報』(1893)，『ヒステリー研究』(1895)を刊行した。すでにブロイエルは，1880年12月から1882年6月にかけてアンナ・O（本名は Bertha Pappenheim）と呼ばれるヒステリーの女性患者の類催眠状態で行った催眠浄化法 hypnocatharsis による心的外傷体験の想起と情動の除反応によって，症状が解消することを知り，この方法をカタルシス catharsis と呼んだ。彼の臨床経験と理論的着想から多くの示唆を受けたフロイトは，その追試の途上で自由連想法による精神分析療法を確立した。しかし，ブロイエル自身は，アンナ・O の転移の葛藤に巻き込まれ，その治療を中断した。さらに当時のフロイトの，心的外傷には性的色彩のものが多いという考えに反対した結果，フロイトと袂を分かった。もともと彼はフロイトのよき先輩，後援者で，フロイトのパリ留学の費用も負担し，フロイトも1870年代の終わりにウィーン大学の生理学研究室で出会って以来，彼をよき先輩として敬愛し，家族ぐるみの親密な交際を持っていたが，1897年フロイトがフリース Fliess, W. と出会う頃から両者の仲は悪化した。　　　　　　　　　　　　　　　（小此木啓吾）

[関連項目] アンナ・O［症例］，カタルシス法，除反応，ヒステリー，フロイト, S.

[文献] Freud, S. & Breuer, J. (1893-1895)

フロイト，ジークムント
[Sigmund Freud 1856-1939]

ウィーンの神経学者で精神分析の創始者。1856年5月6日，旧オーストリア‐ハンガリー帝国領モラビア地方の小都市フライベルク（現チェコ共和国のプリボー）に，ユダヤ商人の息子として生まれ，4歳からオーストリアのウィーンに在住。1891年にベルクガッセ19番地の住居に移ってから1938年にロンドンに亡命するまでの47年間，一開業医として休みない診療生活をそこで送った。1896年に「精神分析」という言葉を初めて用い，最初の精神分析家としての人生を全うしたが，67歳（1923）から上顎癌に罹患，以後83歳（1939）で没するまで，計30数回の手術を受けるなど，晩年は闘病の中での診療，著作活動であった。1938年，ナチスのウィーン占領を機にロンドンに亡命，ハムステッドに居住，1939年9月23日に死去。ベルクガッセ19番のアパートの3室，ハムステッドの住居はそれぞれフロイト記念ミュージアムになっている。

[I　神経学時代]（1）1876-82年：1873年にウィーン大学医学部入学，1881年卒業，当時からブリュッケ Brücke, E. の生理学研究室で，ブリュッケを通して，デュボア‐レイモン Du Bois-Reymond, E. やヘルムホルツ von Helmholz, H. らの唯物論的生理学およびダーウィン Darwin, C. の進化論の影響を受け，①下等動物の神経細胞が，高等動物のそれと進化論的連続性を示す事実の実証を試みた。②1882-83年に，神経線維が伝導路の機能を果たすこと，神経細胞と神経突起が一単位をなすというニューロン（神経元）理論の基礎となった着想を発表。（2）やがて臨床神経学者になる決心をして，1883年，ウィーン総合病院神経科に勤務。1885年，『延髄の伝導路』に関する論文で神経病理学の私講師の資格を得る。1885年，1886年，約5カ月間パリのシャルコー Charcot, J. M. のもとで神経学を学び，帰国後，神経科医として開業（30歳）。4年間の婚約期間を経て恋人マルタ・ベルナイスと結婚。同時に，公立小児病研究所の小児神経科科長を兼ねる。この時期に，①局在論的失語症論を批判し，失語症をジャクソン Jackson, J. H. の解体 dissolution の見地から考察し，さらにフィンケルンブルク（Finkelnburg, F. C. 1870）の失象徴 Asymbolie

の概念を，それが対象の認知（対象と対象表象の関係）と対象の命名（対象表象と語表象との関係）を区別していないという点で批判し，「失象徴」を語表象と対象表象との関係の障害について用い，対象の認知の障害を失認 Agnosie と呼ぶことを提唱し，②『小児期の脳性麻痺』について2つのモノグラフを刊行。当時の指導的権威者となる。

[Ⅱ　精神分析時代]（1）コカイン治療――催眠――自由連想法へ：①1884年から1887年にかけて，自家実験を含めて，コカインによる神経症やうつ病の薬物療法を企てるとともに，コカインを局所麻酔剤として使用することを着想，フロイト自身の父の白内障の手術の際，この試みに成功。しかし，フロイトの提唱した治療薬としてのコカインの使用は，多くのコカイン中毒患者を生み，この医療過誤問題によってフロイトの医師としての社会的生命は危機に直面した。②1887年ごろから，ブロイエル Breuer, J. の催眠浄化法とベルネーム Bernheim, H. M. の催眠暗示療法の影響を受けて，ヒステリーの治療を行うようになった。③1892年から1895年にかけて，催眠暗示・浄化法などを試みながら，次第に催眠を放棄し，前額法を経て自由連想法の使用を開始した。

（2）ヒステリー・神経症研究へ：①これらの臨床経験の発展を通して，ジャネ Janet, P. のヒステリーにおける解離 dissociation の動因としての防衛 Abwehr の概念を明らかにし，防衛ヒステリー，類催眠ヒステリー，貯溜ヒステリーの三つの型のヒステリー，強迫神経症の機制（隔離と移動），心因性の幻覚精神病の機制（否認，排除，投影）など精神分析的な精神病理学理論の基礎を確立した。②1895年，「不安神経症 Angstneurose」の概念を提唱。③ブロイエルとの共著の『ヒステリー研究』（1895）によって，アンナ・O，エミー・フォン・N，ミス・ルーシー・R，カタリーナ，エリザベートなどの症例に即して治療法の発展を跡づけるとともに，神経症症状は無意識的な意味を持つこと，その意味の解読法，無意識の意識化に対する抵抗，抑圧，転換，転移，性的外傷説，力動的な葛藤，無意識過程などの，精神分析の基礎概念を用い始めた。④しかしまたその一方で，『科学的心理学草稿』（1950［1895］）を発表。それは，心理現象をニューロン理論から論じようとした最初の歴史的論文となり，現代の神経心理学から見ても高い評価を受けている。『ヒステリーの病因について』（1896）でヒステリーの病因として，幼児期における父親，兄弟，他人の大人から受けた性的な心的外傷を報告し，性的な心的外傷の病因作用を論じるとともに，その回想の虚実の判断には慎重な態度をとるべきことを説いた。

（3）フリース体験と精神分析の誕生：①1887年ウィーンでフリース Fliess, W. と出会って以来，1900年までフロイトは彼に転移と呼びうるような傾倒を示し，フリースを分析家とみなして，自己分析を深め，とりわけ1896年10月，父ヤコブの死を契機に，その喪の仕事 mourning work の営みの中で，自らの無意識に潜むエディプス・コンプレックスを自覚し，この自己洞察が真の意味での精神分析の誕生をもたらした。②フロイトが最初に「精神分析 Psychoanalyse」という言葉を用いたのは1896年であるが，このフリース体験を契機に，心的外傷（性的誘惑）を小児に与えるのは環境すなわち大人であるという，性的外傷説から，幼児性欲として乳幼児期から発現する本人自身の内因的な本能的欲動（性的欲動）と抑圧の葛藤が，神経症の症状を形成するという力動的病因説への力点の置き換えが起こる。つまり神経症者は，われわれ自身の内面の無意識的葛藤にその原因があり，それらを意識化（自己洞察）し，自我の優位を回復することが精神分析治療の目標である。③『夢判断』（1900），『日常生活の精神病理学』（1901），『機知』（1905）などの諸論文は，無意識を理解する方法としての精神分析を確立する意義を持つが，とりわけ『夢判断』の第7章「夢事象の心理学」で精神分析的心理学がある程度体系的に述べられた。また『性欲論三篇』（1905）では，フロイトの幼児性欲論，二相説，性器的と性的の区別，リビドー発達の各段階，欲動の定義その他が系統的に論じられた。

（4）精神分析の確立と発展：①技法論の確立――1904年から1920年にかけて，計13の技法論文を発表し，いわゆるフロイト的治療態度と精神分析療法の技法論が大成した。②症例研究――症例ドラ（1905），症例ハンス（1909），ねずみ男（1909），症例シュレーバー（1911），狼男（1918）などの症例研究を発表したが，これらはいずれも児童分析および恐怖症の機制（症例ハンス），強迫神経症の精神病理（ねずみ男），妄想の心的機制（シュレーバー症例），境界例の精神病理（狼男）などに関する古典的な論文として，不朽の評価を受けている。1908年フロイトは，「不安ヒステリー anxiety hysteria」という用語を用いることをすすめ，「症例ハンス」で恐怖神経症 phobic neurosis と同義的な意味でこれを用いた。③メタサイコロジーの成立――『精神現象の二原則に関する定式』（1911），『精神分析における無意識の概念に関する二，三の覚書』（1912），『自伝的に記述されたパラノイア（妄想性痴呆）の一症例に関する精神分析的考察』第3節，『ナルシシズム入門』（1914），1915年の春から夏にかけての一連の論文，『本能とその運命』『抑圧』『無意識について』『悲哀とメランコリー』『夢理論のメタ心理学的補遺』を著し，神経症，精神病，夢を支配する基礎的な心理過程について，そしてまた，抑圧，昇華，取り入れ，投影などの心的機制，意識と無意識の心的体系，自己愛，現実原則と快感原則などを体系的に考察した。つまりそれは，局所論または構造論，

力動論，経済論，適応論，発達論などを基本的見地とするメタサイコロジー（無意識の心理学）としての精神分析理論の一応の完成である。④フロイトはこの体系について，ウィーン大学における講義をもとに『精神分析入門』を刊行し，さらに『続精神分析入門』(1933)が追加された。⑤精神分析の発展——(a)『集団心理学と自我の分析』(1921)および『自我とエス』(1923)において，自我，エス，超自我（および自我理想，理想自我）という精神構造論とそれらの力動的葛藤を明らかにするとともに，自我の分析を通して，対象関係，ナルシシズム，同一視などの解明に道を啓く。この後期の精神分析理論は，『精神分析学概説』(1940[1938])で最も体系的に概説された。(b)『悲哀とメランコリー』(1917)，『嫉妬，パラノイア，同性愛に関する二，三の神経症的機制について』(1922)などで，うつ病，妄想などについて，『制止，症状，不安』(1926)で「不安信号説」について述べ，不安とそれに対する自我の防衛機制と症状形成機制などについて，系統的な神経症理論を大成。(c)第一次世界大戦(1914-18)は，科学が人類に幸せをもたらすというフロイトの希望を打ち砕き，フロイトは死の本能論の着想に象徴される悲観主義（ペシミズム）を抱くようになるが，同時に，この大戦中ドイツとオーストリア・ハンガリー帝国軍の8万名にのぼる兵士に女性のヒステリーと同じ症状をあらわす戦争神経症が発生し，フロイトのヒステリー心的外傷説が精神医学界に承認される動向が生まれた。このような状況の中でフロイトは『快感原則の彼岸』(1920)，『自我とエス』(1923)などで，それまでの自我（自己保存）本能と性本能（自我リビドーと対象リビドー）の二元論から，「生と死の本能」二大本能論を提起した。特に道徳的マゾヒズムの分析，「死の本能」論の着想，反復強迫，陰性治療反応への注目など，いわゆる治療的ペシミズムが見られるようになった。(d)『終りある分析と終りなき分析』(1937)，『分析における構成の仕事』(1937)，『精神分析学概説』で治療契約，治療同盟，治療者・患者間の対話的交流，精神分析療法そのものを限界づける諸要因の分析，幼児期体験の再構成などを論じ，現代の精神分析の課題を提示。

(5) 芸術論および社会文化論の展開（精神分析の応用の試み）：(a) 芸術論……芸術家に関しては『レオナルド・ダ・ヴィンチの幼年期のある思い出』(1910)，『"詩と真実"中の幼年時代の一記憶』(1917)，『ドストエフスキーと父親殺し』(1928)，作品（およびその主題）に関しては『W・イェンゼンの小説"グラディーヴァ"にみられる妄想と夢』(1907)，『小箱選びのモティーフ』(1913)，『ミケランジェロのモーゼ像』(1914)，『無気味なもの』(1919)などを発表，現代の芸術理解に一つの新しい視点と方法を提出した。(b) 社会・文化・宗教論……『トーテムとタブー』(1913)，『集団心理学と自我の分析』(1921)，『ある幻想の未来』(1927)，『文化への不安』(1930)，『人間モーセと一神教』(1939)などを刊行。社会的抑圧の起源，その近親姦-エディプス・コンプレックスの忌避との関連，社会的集団形成の心理的基礎，宗教心理における思考の全能などを論じ，今日の社会・文化論に多くの影響を与えている。

[Ⅲ　その生涯] (1) 個人生活：40歳の父ヤーコブとその3人目の妻である母アマリエ(20歳)の間の最初の息子として出生。異母兄2人と5人の妹，結婚後3人の息子，3人の娘を得たが，末娘アンナ Anna Freud が父フロイトの学問的後継者となった。フロイト自身，心臓神経症，汽車恐怖症，うつ神経症などを持っていたが，このことがフリース体験-自己分析の一つの契機となる。19歳のときイギリスに旅行したほか，イタリア，シシリー島，ギリシャなどの美術古跡を訪ねての旅を好んだ。交友関係としてフロイトには，ブリュッケ，シャルコー，ブロイエル，フリース，そして弟子にはユング Jung, C. G., フェレンツィ Ferenczi, S. など，常に傾倒し，やがて別離していく学問上の先輩，友人と，アンドレアス-ザロメ Andreas-Salomé, L., マリー・ボナパルト Bonaparte, M. などの知的女性の友があったが，弟子であり友であって，しかも永続的な友情関係を続けた存在としては，ビンスワンガー Binswanger, L., ジョーンズ Jones, E. などがいる。フロイトは書簡について非常な多筆で，妻マルタとの婚約中の400通，フリースとの282通，直接の弟子たちとの間はもちろん，フロイトの国際的名声が高まるにつれ，リルケ Rilke, R. M., シュニッツラー Schnitzler, A., アンドレアス-ザロメ，ツヴァイク Zweig, S., ツヴァイク Zweig, A., ロマン・ローラン Roman Rolland, トーマス・マン Thomas Mann, アインシュタイン Einstein, A., ブルトン Breton, A., ダリ Dali, S., カロッサ Carossa, H., ウェルズ Wells, H. G. などと接触があり，これらの人びととの膨大な文通が書簡集として残されている。

(2) 社会生活：開業後のフロイトが，定期的に出席したのは，ユダヤ人の結社であるブナイ・ブリース協会の隔週火曜日の集まり（この集まりの招待状で，ユダヤ人としての自分たちについて identity という言葉を初めて用いた）と，1902年から1908年まで続いた自宅での水曜会（シュテーケル Stekel, W., アドラー Adler, A., フェダーン Federn, P., ヒッチマン Hitschmann, E., フェレンツィ，タウスク Tausk, V., ザックス Sachs, H. など。またユング，ビンスワンガー，アブラハム Abraham, K., ブリル Brill, A. A., ジョーンズなどがゲストとして招かれている），この水曜会は1908年からウィーン精神分析学会となり，同年ザルツブルクで第1回国際精神分析学会を開催。1909年8月米国クラーク大学学長スタン

リー・ホールに招かれて渡米（ユングとフェレンツィが同行），米国の精神医学界・心理学界と交流した（ジェームズ James, W. とも会う）。また 1906 年から 1911 年までは，ユングを介して，ブロイラー Bleuler, E., ビンスワンガーらのチューリヒ学派と学問的協力関係が得られ，共同で『精神病理・精神分析学報』を刊行したが，その後次第にユングは分派していった。このような分派を起こした弟子としては，アドラー，ユング，シュテーケル，ランク Rank, O., ライヒ Reich, W. などがある。

フロイトは，医学・心理学領域を越えて，社会科学の各分野にはもちろん，広く現代思想・哲学に多大の影響を及ぼした。19 世紀西欧的な個人的合理主義，普遍的知性による人間の連帯，衝動的なものの自我の超克を理想とする科学的世界観に立脚し，ダーウィンの進化論を信奉し，人間を一個の生物として位置づけた。

なお，フロイトの自伝としては『自らを語る』(1925)，『精神分析運動史』(1914)，書簡集としては『書簡集』（フロイト著作集 8，人文書院），伝記としては，ジョーンズ『フロイトの生涯』(1957)，小此木啓吾『フロイト——その自我の軌跡』(1973)，マノーニ Mannoni, O.『フロイト』（村上仁訳，人文書院），妙木浩之『フロイト入門』(2000)，その他がある。

[Ⅳ 現代のフロイト研究] フロイト自身の著作や書簡の精密な解明を通して，フロイトにおける精神分析的概念の正確な理解と明確化を図った，ラプランシュ＆ポンタリス Laplanche, J. & Pontalis, J. B. の研究は『精神分析用語辞典』(1967) として刊行され，またマホニー Mahony, P. は，書き手としてのフロイトの文体や言葉の用い方などの詳細な解明を通してフロイト研究に新たな光を当てている。マッソン Masson, J. は，それまで未公開だったフロイトのフリースへの書簡を明らかにすることを通して，フロイトがその初期の性的誘惑説から内因欲動説への転回の心の秘密を暴露しようとした。また，同様の背景を伝記的に研究したものとして，フロイトの父ヤーコブと妻たちの関係，ひいてはフロイト自身の出生の秘密に迫る事実調査による研究がバルマリ Balmary, M., そしてクリュール Krüll, M. によってそれぞれ独自に行われている。

また，フロイト家に 40 年勤務したお手伝いパウラとの面接調査によって，フロイトの日常生活，そして，フロイトと義妹ミンナとの関係を明らかにしようとしたベルテルセン Berthelsen, D. の著作。フロイトと直接親交のあった人びとの面接によって，フロイトとヘレーネ・ドイチュ Deutsch, H., タウスク，アンドレアス-ザロメなどの人間関係を明らかにした『ブラザー・アニマル』を著したローゼン Roazen, P. の研究がある。さらに，フロイトの治療を受けた患者たちとの接触や伝記的資料による研究，特にガーディナ Gardiner, M. によるウルフマンに関する研究やカンツァー Kanzer, M., グレン Glenn, J. によるフロイトの患者たちの研究がある。

これらの研究を通して，フロイトの人間像のみならず，その治療者としてのリアリティや学説の変遷の背景が明らかにされているが，さらに，フロイトに関するジョン・マーハ Maher, J. C. による社会言語学的研究，あるいは，グリュンバウム Grunbaum, A. らによるフロイトの精神分析の科学性に関する批判的研究などが行われ，また，わが国では，父の死を契機として行ったフロイトのフリース体験を喪の仕事としてとらえ，この観点からフロイトの理論的変遷の全体像を明らかにし，さらに，阿闍世コンプレックスの観点からフロイトのエディプス・コンプレックス論の背景を解明する小此木啓吾の研究，北山修によるフロイトの症例ねずみ男の研究，妙木浩之による最も斬新な資料を駆使した包括的なフロイト研究の展開などが進められているが，21 世紀の現在，20 世紀を代表する思想家としてのフロイトの，精神医学，臨床心理学においてはもちろん，その思想史上の位置づけが，いま，改めて問われる時代を迎えている。

〈小此木啓吾〉

[関連項目] アンナ・O［症例］，陰性治療反応，エス，エディプス・コンプレックス，エミー・フォン・N 夫人［症例］，エリザベート・フォン・R 嬢［症例］，狼男［症例］，快感原則，外傷，カタリーナ［症例］，カタルシス法，葛藤，局所論〔局所論的観点〕，近親姦，グラディーヴァ，経済論的観点，現実原則，構造論的観点，国際精神分析協会［IPA］，自我，自己愛〔ナルシシズム〕，死の本能〔欲動〕，自由連想法，シュレーバー［症例］，精神分析，精神分析療法，前額法，超自我，貯溜ヒステリー，治療契約，治療同盟，抵抗，転移，転換，道徳的マゾヒズム，ドラ［症例］，二相説，ねずみ男［症例］，発達論的観点，ハンス少年［症例］，反復強迫，ヒステリー，不安，不安神経症，不安信号説，不安ヒステリー，フロイト的治療態度，防衛ヒステリー，メタサイコロジー，喪の仕事〔悲哀の仕事〕，幼児性欲，抑圧，力動的観点，類催眠ヒステリー，ルーシー・R 嬢［症例］，ジャクソン，ジャネ，シャルコー，ブロイエル

[文献] Anzieu, D. (1986), Balmary, M. (1979), Binswanger, L. (1956b, 1957a), Blanton, S. (1971), Boss, M. (1957), Ellenberger, H. (1970), Erikson, E. H. (1957), Freud, S. (巻末著作年表参照), Fromm, E. (1959), Gardiner, M. (1972), Grunbaum, A. (1979, 1982, 1984, 1988), Jones, E. (1953–1957), Kanzer, M. & Glenn, J.(ed.) (1980), Krüll, M. (1979), Laplanche, J. & Pontalis, J. B. (1967), Maher, J. C. (1992), Mahony, P. J. (1986), Mannoni, O. (1968), Masson, J. M. (1984, 1985), 妙木浩之 (1992, 2000), 小此木啓吾 (1973, 1977a, 1978a, 1978b, 1979d, 1991a, 1991b, 1992), 小此木啓吾・北山修 (1992), Roazen, P. (1969), Robert, M. (1974), Schur, M. (1977), Smiley, B. (1971), Sulloway, F. (1979), Wortis, J.

(1954)

フロイト，アンナ
[Anna Freud 1895-1982]

精神分析家。児童精神分析の創始者であり，現代精神分析の代表的指導者。フロイト Freud, S. の末子として1895年にウィーンで生まれ，教育者として働く一方で教育分析を受け，1922年フロイトの子どもの中でただ一人精神分析家となった。1938年ナチスの迫害から逃れて父親とともにロンドンに亡命し，以後ロンドンで生涯を送った。

彼女の業績は大きく3つの分野に分けられる。第1には父フロイトの学問的後継者として，自我機能と防衛機制についての理論を発展させ，自我心理学の基礎を作ったこと，第2には1920年代から精神分析療法の児童への適用を試み，児童精神分析を確立し，精神分析的な理解を教育や福祉などの分野に応用したこと，そして第3には精神分析の創始者である父，フロイトの学問的後継者的存在として，国際精神分析学会の発展に貢献したことである。

1936年，父親の80歳の誕生プレゼントとして出版された『自我と防衛機制 The Ego and the Mechanism of Defense』(1937) は，防衛機制を整理し，体系づけ，父フロイトの自我の防衛理論を発展させた。とりわけ精神発達に伴って，防衛機制も発達すること，幼児期における身振り・言語・空想による現実否認と自我機能の制限，思春期における特有の禁欲主義や愛他主義，知性化などの防衛機制を明らかにした。これらの防衛自我の機能研究は，さらにハルトマン Hartmann, H. らの自律的自我機能 autonomous ego function（知覚，記憶，思考，現実検討，運動，言語など）の研究と統合されて，精神分析的自我心理学の発展の基礎となり，精神分析学を深層心理学から自我心理学 ego psychology へと大きく転回させた。

次に，児童精神分析に関して，彼女は児童精神分析を確立したパイオニアの一人であり，この児童分析によって，成人の精神分析の再構成から得られた子どもの発達理論が，修正され発展することとなった。彼女は1926年『児童分析入門』を，さらに1945年から1956年にかけては後に『児童分析の指針』としてまとめられた一連の論文を発表し，児童の心理の特殊性を考慮し，治療開始前に治療準備期間を設けること（後に短縮または不要と修正），成人の自由連想に代わって遊戯療法を導入すること，子どもは転移神経症を起こさず，父母にも治療の協力を求める必要性があること，などを主張した。彼女の技法は，ほぼ同時期に児童分析を始めたクライン Klein, M. の，子どもの精神内界をより重視する技法と対立し，1920年代後半から約20年間にわたり，両者の間で有名な「論争」が行われた。

一方，理論家としての彼女は，ロンドンのハムステッド・クリニック Hampstead Child Therapy Clinic を中心に，児童の自我発達の研究を系統的に行っているが，科学者の視点で，経験の蓄積から得られたデータから理論を構築し，その理論をさらに治療で応用するという方法で，子どもの発達理論を作り上げ，『児童期の正常と異常 Normality and Pathology in Childhood』(1965) にまとめた。その中で彼女は正常な児童の発達が，退行と進展の波の繰り返しであること，自我機能と欲動の成熟とが相関的に進むこと，環境および対象関係への適応，人格構造内への葛藤の統合と組織化の過程が行われることなどを，明らかにした。また，彼女は発達ライン developmental lines の概念を基本に，健康な発達と障害のある発達を連続的に理解する観点も示した。この発達ラインの概念は，新生児の母性に全面的に依存する段階から，前エディプス期，エディプス期，思春期を経て，青年の心的にも身体的にも自立した段階への流れを原型としており，摂食，排泄など身体的な機能の依存から自律へ，身体管理の無責任性から責任性へ，自己中心性から交友関係へ，自体愛からおもちゃへ，遊びから仕事へ，などいくつかのラインが含まれる。臨床的には，それぞれの発達ライン上の到達度や発達ライン間のバランスを観察することにより，患児をより的確に診断できるようになる。この発達ラインの概念は，発達プロフィールを用いた発達診断法へと発展し，主としてアメリカを中心に児童精神医学の臨床で広く応用されている。

彼女のハムステッド・クリニックにおける研究は，彼女，およびハルトマン，クリス Kris, E. らとの共同編集による『児童の精神分析的研究 The Psychoanalytic Study of the Child』に収録されるとともに，その一連の研究成果は "Research at the Hampstead Child Therapy Clinic" として刊行されている。

さらに彼女は精神分析の中にとどまるだけでなく，この児童の発達理論を広く保育，教育，福祉など，危機的な状況にある子どものためにも応用した。初期には教員だった経験を生かして，学校の先生への教育に児童分析の知識を応用した。その後ウィーンの第一次世界大戦の戦争孤児の孤児院で，さらに英国移住後は，第二次世界大戦中の戦争孤児のための孤児院ハムステッド・ナーサリー Hampstead Nursery を開設し，5歳以下の乳幼児80人を収容し，精神分析から得られた発達理論を保育に応用し，養育者から引き離され困難な状況にある乳幼児の発達障害を最小にする養育が行われた。また，逆に孤児院での観察は発達理論に生かされた。ここでの経験はバーリンガム Burlingham, D. との共著で1943年『戦争と子ども』と1944年『家庭のない幼児』にまとめら

また彼女は精神分析の諸問題の整理，明確化，組織づけにも優れた能力を発揮した。彼女は 1934 年から約 40 年間もの長期間にわたり，国際精神分析学会の副会長を務め，その後も名誉会長として，終生学会の発展に力を尽くした。　　　　　　　　　　　　　（濱田庸子）

[関連項目] 愛他主義，攻撃者との同一化，自我機能，児童分析，発達ライン，防衛機制

[文献] Freud, A. (1971)

ブロイラー，オイゲン
[Eugen Bleuler　1857-1939]

スイスはチューリヒ近傍の農家の出身の精神医学者。ライナウの州立精神病院長（1886-1896）。チューリヒ大学精神科主任教授（1898-1927）。主著は，ライナウの州立精神病院時代の臨床経験を基礎として著した『早発性痴呆または精神分裂病群 Dementia praecox oder Gruppe der Schizophrenien』である。ブロイラーは，精神分裂病なる呼称を提唱したが，クレペリン Kraepelin, E. の疾病概念を訂正したわけではなく，彼の概念をほぼ全面的に認めながらも，早発性と痴呆概念にと向けられた一般の疑義を承認し，クレペリンの命名は形容詞として使用することもできず病者を呼称することもできないという理由，さらに諸精神機能の分裂が重要な特性の一つであるという理由からこの新呼称を提案したのである。しかし彼はいわゆる潜在性分裂病がもっとも多数を占めると考えたことによって，クレペリンよりも分裂病の範囲を実質的に拡大した。

ブロイラーは，分裂病の症状学を，基本症状（連合障害，情動障害，両価性，自閉，分裂病性痴呆など）と副次的症状（幻覚，妄想，緊張病性症状など）とに二分し，理論的には，疾病過程から直接生じる一次性症状と，疾病過程に対して患者の心理が二次的に反応して生じる二次性症状とに分けた。一次症状としては連合障害が重視され，他のすべての分裂病性症状は二次的で，ある意味では偶然的なものと考えられた。ブロイラーのいう連合障害は，症状学にとどまらない概念で，自我の弱化・統合不全と連なる概念である。この連合障害のために，発病前までは統一されていた諸コンプレックスが分離し，自立性を獲得して露出するに至る。また二次性症状（とくに妄想，幻覚）の意味了解のためには，フロイト Freud, S. の理論（失錯行為論，性欲論，夢形成機構論）が大幅に採用されている。なおアンビバレンスの概念は，フロイトにより深化され，病理的含蓄を保持し続けたが，ブロイラーは反対にこれは誰にでもみられるものとみなすようになった。

なお，ブロイラー，ユング Jung, C. G. といったチューリヒ学派とフロイトとの蜜月時代を証明するものとして，ブロイラー，フロイト編集，ユング編集幹事の『精神分析・精神病理研究年鑑 Jahrbuch für psychoanalytische und psychopathologische Forschungen』（1909-1913）がある。　　　　　　　　（下坂幸三）

[関連項目] アンビバレンス，精神分裂病，フロイト，S.，ユング

[文献] Bleuler, E. (1911, 1919)

ブロス，ピーター
[Peter Blos　1904-1997]

[略歴] ブロスは 1904 年ドイツのカールスルーエに生まれ育った。ウィーン大学で生物学の Ph. D. の学位を取得し，1920 年代にアンナ・フロイト Freud, A. の依頼を受けウィーンに精神分析を受けに来た人びとの子どもたちのために，友人であるエリクソン Erikson, E. H. とともに学校を設立した。この教育活動を通してブロスは児童の心理学的問題に関心を持つようになり，精神分析の研修を受ける。そして 1934 年にアメリカに渡った後，50 年以上児童青年期の臨床と研究の分野で精神分析家として活躍する。1970-1972 年，児童精神分析米国協会の会長を務め，ニューヨーク精神分析研究所・コロンビア大学精神分析教育研究センターの児童青年期精神分析の教育と訓練を行ってきた。1984 年にはニューヨーク精神分析研究所からハインツ・ハルトマン賞を受ける。1997 年 6 月 12 日にニューハンプシャーの自宅で死去した。

[研究業績] ブロスは，初期にアイヒホルン Aichhorn, A. との仕事で非行の研究を手がけ，その後，多くの児童青年期の臨床症例に基づき児童期と成人を結ぶ青年期の精神発達過程の研究を行った。著書 "On Adolescence"（1962）で，生物学上の変化である思春期と精神発達過程を意味する青年期の概念の区別，青年期発達時期の分類，各期の特徴，青年期に達成されるべき精神発達課題を整理した。

ブロスの業績には発達に役立つ退行と前エディプス期における同性の親との関係に関する研究がある。ブロスは青年期における退行をマーラー Mahler, M. S. の再接近期の退行と対照し，正常な退行，すなわち発達に役立つ退行と呼んだ。そして，この退行を通して幼児期対象への依存を克服し親から精神的に離脱する課題を達成する青年期を第 2 の個別化の時期と名づけた。

また，ブロスは青年期のエディプス葛藤の復活とその新たな解決を論じる中で，特に陰性の要素に注目している。防衛の所産ではない同性の親と子どもの愛する関係で，エディプス期に帰属するとブロスが考えた陰性エディプス愛着は，後に前エディプス期すなわち二者期の対

象関係に帰属すると変更され，それをブロスは二者期の同性コンプレックスと呼んだ。男性の精神発達を論じた"Son and Father"（1985）では二者期における息子を愛し息子に愛される父親の役割に注目し，成人の自我理想の形成，性同一性の確立，エディプス・コンプレックスの克服には青年期まで持ち越される二者期の同性コンプレックスの解決が必要であると述べている。

（島村三重子）

[関連項目] 自我理想，思春期〔青年期〕，青年期心性，前エディプス的父親，退行，分離‐個体化

[文献] Blos, P. (1962, 1970, 1979, 1985)，小此木啓吾（編）(1980)

フロム，エーリッヒ
[Erich Fromm 1900−1984]

新フロイト派として位置づけられているアメリカの精神分析家であり，社会心理学者。ドイツのフランクフルトに生まれる。ユダヤの正統派の家系に生まれ，青年期までタルムードの研究をした。法律から心理学と社会学の研究に移り，ハイデルベルグ大学で社会学で学位をとる。精神分析は青年期の時期から受けていて，ハイデルベルグ時代には，そこで開業していたフリーダ・ライヒマン Frieda Reichmann と知り合っている。その後心理学の研究もすすめ，精神分析研究に打ち込む。1926年にはフリーダ・ライヒマンと結婚する。ライヒマンは10歳年上であった。結婚は4年で別居になり，アメリカに渡った後に離婚。ベルリン精神分析研究所で精神分析の訓練を受け，1930年にはドイツ精神分析研究所の準会員になる。また，フランクフルトの社会学研究所の所員でもあった。社会学研究所はドイツで維持できなくなり，アメリカのニューヨークに移すことになり，フロムもシカゴ経由でニューヨークに住むことになる。

アメリカ市民権を1940年に獲得している。フロムは次の年，『自由からの逃走』（1941）を出版し，世界的な成功を収める。この後，精神分析の著作を出版し始め，アメリカでもっともポピュラーな精神分析家となる。フロムはフロイトの性愛論，女性論，リビドー論，本能論やエディプス・コンプレックスに反対した。そしてアメリカ社会や資本主義社会のもつ抑圧構造や神経症の形成を創造性の抑圧の観点から分析した。彼にとっては，「ヒューマニスト・ソーシャリズム humanist-socialism」の可能性が人間の創造性を開放する社会だと考えていたが，それは特定の政党や主義の団体ではなく，「内発的に変化し，より大きな規模で世界の進歩に備えることができる人間の能力」なのであった。

ホーナイ Horney, K.，トンプソン Thompson, C.，サリヴァン Sullivan, H. S. といった精神分析家と交わり，やがてホワイト精神分析研究所のメンバーとして多くの精神分析家を育てた。このことから新フロイト派として一括されて論じられるが，彼自身はフロイトの類稀な天才や考えを重視し，ポスト・フロイト派として位置づけたいという思いが強かった。

1960年代から夫人の病気看護のため，メキシコ市に移り住んだ。ニューヨークには毎年集中セミナーやスーパーヴィジョンに訪れていた。メキシコでは，メキシコ大学に併設された精神分析研究所の所長として，多くの精神分析家を育てた。晩年はスイスのロカルノに引退し，1984年に84歳で逝去した。

（鑢幹八郎）

[関連項目] 社会的性格，新フロイト派，対人関係論

[文献] Fromm, E. (1941, 1951, 1955, 1965, 1974), Knapp, G. (1989)

フロム‐ライヒマン，フリーダ
[Frieda Fromm-Reichmann 1889−1957]

精神分裂病に対して精神分析的精神療法を積極的に行ったことで知られるアメリカの精神医学者であり，精神分析家。1889年にドイツのケーニヒスベルグに生まれる。1914年にドレスデンで医学の訓練を終えた。クレペリン Kraepelin, E. やザックス Sachs, H. のものとで研究をした。また，ゴルトシュタイン Goldstein, K. からは大きな影響を受けた。その後ベルリン精神分析研究所で精神分析の訓練を受ける。1924年からハイデルベルグで開業し，精神分析的なオリエンテーションで診療をした。そこにはハイデルベルグ大学の多くの学者が集まり，フロム Fromm, E. もそのひとりであった。1926年に彼女は10歳年下のフロムと結婚する。この時から名前をフロム‐ライヒマン Fromm-Reichmann とし，フロムと離婚後も終生その名前で通した。

1934年にフロムとアメリカに渡るが，彼女はメリーランド州のロックヴィルにあるチェスナット・ロッジ精神病院 Chestnut Lodge Sanatorium で精神病の精神分析的心理療法に打ち込む。その地区で臨床を行っていたサリヴァン Sullivan, H. S. と親交を結び，やがて大きな精神分析のサークルになっていった。そしてワシントン精神医学校 Washington School of Psychiatry の設立にサリヴァンと一緒に参加し，またホワイト精神分析研究所 White Psychoanalytic Institute の創設に参加して，精神分析研究と教育に打ち込んだ。常に臨床から離れず，理解しやすいことばで記述する論文は高く評価されている。精神分裂病など重症の精神分析的心理療法に大きな成果をあげた。彼女の治療的態度は，自我境界の曖昧な患者へ侵入的な解釈を最小にし，安全感や信頼感を保障する治療関係の場を重視している。著書『積極的心理療法』はこれを見事に記述している。また，治療者の内的

な反応を吟味し治療関係に役立てた。これらは今日，逆転移の治療的利用の先駆的な仕事として知られている。『デボラの世界』に描かれた治療者の姿から，治療者としての彼女の姿勢を垣間みることができる。　（鑪幹八郎）

[関連項目] 新フロイト派，精神分裂病，対人関係論，チェスナット・ロッジ病院，分裂病因性母親

[文献] Fromm-Reichmann, F. (1950), Greenberg, J. (Green, H.) (1964)

ベイトソン，グレゴリー
[Gregory Bateson　1904-1980]

1904年，イギリスの生物学者ウィリアム・ベイトソンの三男として生まれた。父親はあのグレゴール・メンデルの発見を再発見し，遺伝学を確立した人物である。その息子に「グレゴリー」という名をあたえたのも，こういう事情に基づく。20年代は，ケンブリッジで生物学と人類学を学び，父親の足跡を忠実に追っている。30年代は，ニューギニアのイアトムル族を調査し，その成果『ナヴェン』を書いた。ついで，当時の妻マーガレット・ミード Mead, M. とともにバリ島で調査を行った。第二次大戦中は，アメリカ戦略部隊本部に勤務している。終戦後，サイバネティクス理論を生んだメイシー会議に加わった。1951年，精神科医ルーシュ Ruesch, J. との共著『コミュニケーション』を刊行した。これは精神分析に対する家族療法のシステム論的礎石となった。その後10年間，カリフォルニア州パロ・アルトの復員軍人病院の民族学者という肩書を持つ。アルコール中毒患者や分裂病患者と接し，あの「ダブルバインド」理論を結実させた。特筆すべきは，精神療法家フロム-ライヒマン Fromm-Reichmann, F. との出会いである。1956年に発表された論文では，治療的ダブルバインドの例を彼女の私信から得ている。この研究と，60年代の異種動物間コミュニケーションの研究を通し，新しい学習理論を構築していく。1972年，これまでの業績を『精神の生態学へのステップ』にまとめた。70年代は，進化の問題に対する新しいアプローチをめざし，『精神と自然』を書く。ふたたび生物学への関心が膨らみ，いわば一つの円環をたどり終えたといえる。方法的には20世紀初頭の論理階型理論や20世紀中葉のサイバネティクスに負う。視座はしかし，これらによってはもはや届かないほど，来るべき世紀に向けられていた。伝記的にはマーガレットとのあいだに生まれたメアリー・キャサリンのものが興味深い。

（花村誠一）

[関連項目] システム論，精神分裂病，ダブルバインド，フロム-ライヒマン

[文献] Bateson, M. C. (1984), Lipset, D. (1980)

ベッテルハイム，ブルーノ
[Bruno Bettelheim　1903-1990]

ウィーン大学で心理学を修め1938年に学位を得たが，それまでの6年間，自宅で2人の自閉的な子どもの治療・教育を試み，環境の重要性を認識する。1939年アメリカに亡命するまでのオーストリア在住最後の1年間ユダヤ人としてナチス強制収容所体験を持ち，社会環境の意味と，人間性存亡の危機・極限的試練を深く感得したとされる。1944年シカゴ大学に教授の籍を得て，1950年代から自閉症の研究と治療に専念し，有名な「オーソジェニック・スクール」の責任者として学校の治療・教育的運営いっさいを統括した。1977年にごく短期間京都大学の教育心理学教室に滞在した間，筆者も講義などに参加する機会を得たが，スライドなどで紹介されたオーソジェニック・スクールの様子は，まさにベッテルハイム自身の神経が隅々まで行き渡っている感に富むものであった。お湯をはったたらいの中でようやく排便に成功した自閉児の例も印象深く，部屋の壁の色がさまざまに違えてあったり，お菓子を好きに食べられる状況が用意されるなど独自の工夫や，また認知と感情のギャップの指摘などが思い出される。

精神分析理論を基盤にして，自閉症児が無意識に抱える，外界とかかわることや人と情緒的に交流することへの深刻なジレンマを，「煮えたぎる無関心」などの言葉で表現した。近年自閉症児に対しては別の立場からの療育的接近が種々試みられている中で，それは治療的な直接体験を通した得がたい洞察を示しながら，臨床に影響を与えていると思われる。

（斎藤久美子）

[関連項目] 自閉症

[文献] Bettelheim, B. (1960, 1967, 1979)

ベラック，レオポルド
[Leopold Bellak　1916-]

米国の代表的な自我心理学者。オーストリアに生まれ，1930年代にナチスの迫害を逃れて米国に移住。アンナ・フロイト Freud, A. と親交を持ち，マリアンヌ・クリス Kris, M. から教育分析を受け，主にニューヨーク，ラーチモンドに居住して活躍した精神分析家である。さらにアルバート・アインシュタイン大学精神科教授をはじめ，多くの大学精神科と心理学の教授を歴任した指導的な力動精神医学者であると同時にまた心理学者でもある点にそのユニークさがある。とくに"Ego Functions in Schizophrenics, Neurotics, Normals" (1973) で分裂病，神経症，正常の各病態水準における自我機能のあり方を系統的に明らかにし，自我機能を，現実検討，判断，現実感，欲動の調整と制御，対象関係，思考過程，ARISE

（自我のための適応的退行），刺激障壁，自律機能，総合機能，支配，達成の12に分類し，さらに"Broad Scope of Ego Function Assessment"（1984）で，自我機能アセスメントの臨床的方法を確立した．さらに，精神医学者として，"Dementia Pracox"（1948），"Manic Depressive Psychosis and Allied Disorders"（1952），"Schizophrenia: A Review of Syndrome"（1958）などの著作によって米国力動精神医学を推進するとともに，CATを開発し，TATとCATに関する精神力動的な解釈方法"The TAT and CAT in Clinical Use"（1971）を提起し，SAT（Senior Apperception Test）を作成するなど，投影法検査の精神分析的な理解と方法について多大の業績を残している．そして最近は力動精神医学的なsenior psychiatryを発展させている．また，エルムハースト・ニューヨーク病院に「悩み相談クリニック trouble shooting clinic」を開設するとともに，緊急精神療法emergency psychotherapyを確立した．彼は専門誌に100以上の学術論文を発表するとともに，1932年，ウィーンの新聞に論評を掲載したのを手始めに，精神分析的な人間理解を応用した独特な社会論を展開し，この領域でも多くの著作があるが，その代表作は『山あらしジレンマ Porcupine Dilemma』で，わが国にも邦訳されてよく知られている．なお，ベラック博士は若き日にはボクシングもやったというスポーツマンで，空手五段，瓦割りの実演が得意な親日家でもある．　　（小此木啓吾）

[関連項目]　自我機能，診断面接，心理検査，短期精神療法，投映（影）法，山あらしジレンマ

[文献]　Bellak, L. (1967, 1970, 1976, 1996), Bellak, L. (ed.) (1964, 1969, 1979), Bellak, L. & Baker, S. S. (1981), Bellak, L. & Benedict, P. K. (ed.) (1958), Bellak, L. & Goldsmith, L. A. (1984), Bellak, L. & Small, L. (1965), Bellak, L., Hurvich, M. & Gediman, H. (1973)

ボウルビィ，ジョン
[John Bowlby　1907-1990]

イギリスの精神分析家，児童精神医学者．精神分析学に比較行動学的研究方法を取り込み，愛着理論をはじめとする早期の母子関係理論を提唱した．

彼は1907年外科医サー・アンソニー・ボウルビィ Sir Anthony Bowlby の次男として出生．1933年医師の資格を取り，モーズレイ病院で成人精神医学を学び，1936年から1940年までロンドン児童相談所で働いた．この児童相談所の経験に基づいて，彼は幼児期初期の環境要因，特に母親との離別や家庭崩壊と，少年非行の関係に注目し，これが後の愛着研究の出発点となった．彼は1937年精神分析家となり，初期にはクライン Klein, M. に学び，後にアンナ・フロイト Freud, A. に師事した．1940年から1945年軍の精神科医として，ビオン Bion, W. R. らと仕事をし，戦後はタビストック・クリニックの副所長となり，子ども部門の責任者として活躍した．

1950年 WHO の精神保健のコンサルタントとなり，家族から離された子どもや孤児の研究を行い，1951年，有名な『乳幼児の精神衛生 Maternal Care and Mental Health』にまとめ発表し，世界的な反響を得た．この本の中で，彼は子どものこころの発達には，母親と子どもの密接な関係性と「正常な家庭生活」が重要であることを強調し，このような母子関係が欠如している状態を母性的養育の剥奪 maternal deprivation と呼んだ．そして乳児院などでこの母性的な愛情が全く無視されていることを批判した．

彼は基本的には精神分析家であったが，動物行動学やシステム理論などの考えも柔軟に取り入れ，乳幼児の幻想や欲動だけでなく，現実の母子関係の理論を構築した．1950年代，彼は毎週行われた，母親と子どもの関係性に興味をもつさまざまな領域の研究者による研究会を通して，愛着，分離不安，および喪失反応に関する考えをまとめ，『母子関係の理論』3部作"Attachment and loss, Vol. 1, Attachment"（1969），"Vol. 2, Separation: Anxiety and Anger"（1973），"Vol. 3, Loss: Sadness and Depression"（1980）を出版した．その中で，彼は人間の乳児は養育者を近くに保ち，その養育者との愛着 attachment を形成する生まれつきの能力があると論じた．そして母親は乳幼児が世界を探索するための「安全基地 secure base」を提供し，乳幼児の不安の多くは適切な人物との安全な愛着がないために起こるとした．そして彼は入院する幼児の研究を通して，母子分離 separation が子どものこころの発達に与える影響を警告し，病院での乳幼児の扱いを変えるきっかけとなった．

彼の愛着理論は，後に発達心理学の中心的な理論となり，エインズワース Ainsworth, M. のストレンジ・シチュエーション strange situation の研究により，愛着は実験室的に観察できる研究対象となった．

彼は，1990年83歳で亡くなった．　　（濱田庸子）

[関連項目]　アタッチメント，対象喪失，内的ワーキングモデル，乳幼児精神医学（保健），剥奪，悲嘆反応，分離不安

[文献]　Bowlby, J. (1951), Bowlby, J. (1969-1980)

ボス，メダールド
[Medard Boss　1903-1990]

スイスの精神分析家で，現存在分析 Daseinsanalytik から独自のフロイト・精神分析論を提起した．国際精神分析学会・スイス精神分析学会の正メンバーで，チューリヒ大学医学部精神科教授を務めた．主著は『精神分析と現存在分析論』（1957）で，フロイト Freud, S. は，

その臨床的実践で実現しフロイト独自の人間理解と創造的な発見を表現する際に，彼がとらわれていた19世紀末の自然科学万能主義によって歪められた理論構成を行った。すべての心的な体験を無意識＝脳の働きから説明すべきであるというフロイトの理論上のこだわりは，その豊かな臨床経験における精神分析の直接的現実，例えば転移や抵抗のような共人間的 mitmenschlich な現実を，生物心理的な事象へと対象化してしまう思弁的な還元作用を引き起こした。フロイトの理論につきまとっていたこの自然科学的に歪められた抽象性から，精神分析を批判的に解放し，精神分析的実践における直観的な人格的なもの，人間特有なものをそのまま理解し，表現する方法論と理論展開を可能にするのがボスの現存在分析である。例えば，フロイトのあのフロイト的治療態度は，被分析者の独自性に対する尊重を意味し，フロイトが einspringend（尽力的）な配慮を固く戒めた，まさにその治療態度にフロイトの精神分析を他のすべての精神療法から明確に区別する本質がある。被分析者の悩み Sorge を分析者が取り去ったかわりに担うのではなく，むしろその悩みをそのものとして彼に与え，被分析者がその苦悩の中で自己のすべてを認識する，その洞察を支えるのがフロイトの精神分析の本質である。この過程を介して，全的な存在可能性 Ganzseinkönnen の自己解放に向かう，その根源は何でも頭に浮かぶことをそのまま話すという精神分析の基本規則である。このようにフロイトの臨床的実践には，人間の根本構造に関するフロイトのきわめて深い人間的洞察が語られている。そして，この人間理解は，ハイデッガー Heidegger, M. の現存在分析の人間理解によって最も適切な表現を得ることができる。ボスはこの視点から独自の現存在分析によるフロイト論を展開するとともに，この自己の立場からビンスワンガー Binswanger, L. の実存分析にも批判を加えている。

ボスは，スイスに生まれて，チューリヒ大学医学部を卒業し，精神医学の研究のためにパリをはじめとするヨーロッパの各地で研修を重ね，再びチューリヒに戻って，ブロイラー Bleuler, E. に師事した。主に精神医学における精神療法の研究を行い，1939年以降は母校の講師になり，その後精神療法訓練部長を経て，52年に教授になる。ボスの研究は，ビンスワンガーのように躁うつ病や精神分裂病に向かわずに，むしろ心身症や性的倒錯，あるいは神経症に向かった。次第にボスはインドに強い憧れを持つようになり，1956年にはインドに5ヵ月，インドネシアに5週間，58年に再びインドを3ヵ月ほど訪れて，『東洋の英知と西洋の心理療法』（原題は『精神科医のインド紀行』）を刊行した。ボスの現存在分析は，ボスに直接師事した三好郁男によってわが国に紹介され，小此木の治療構造論の重要な支えの一つとなったが，ボス

の訓練分析家はライヒ Reich, W. であり，ライヒのいまここでの分析状況における臨床的現実を原点とする性格分析技法＝状況分析が，ボスにも，小此木にもその精神分析論の共通の基盤を提起している。　　　（小此木啓吾）

　［関連項目］フロイト的治療態度，ビンスワンガー，フロイト, S.
　［文献］Boss, M. (1951, 1953, 1954, 1957b, 1959, 1971)

ホーナイ，カーレン
　［Karen Horney　1885-1952］

　新フロイト派 neo-Freudian の指導者。1885年ハンブルクで生まれる。1911年ベルリン大学医学部を卒業し，1915年学位を取得。在学中にアブラハム Abraham, K. から，1920年にはザックス Sachs, H. から教育分析を受け，1911年ベルリン精神分析協会の一員となり，1920年創設されたベルリン精神分析研究所で分析医の訓練に当たる。1932年アレキサンダー Alexander, F. に米国へ招聘され，シカゴ精神分析研究所で，翌年にはニューヨーク精神分析研究所に移って訓練医として臨床活動を行うとともに，ある研究機関で連続講義を行う。この講義を元に1937年『現代の神経症的人格』が出版されるが，その所説が独自のものでフロイト派と異なったためにニューヨーク精神分析研究所を追われる。すでに1933年頃からサリヴァン Sullivan, H. S.，トンプソン Thompson, C. らと研究会をもっていたが，これが精神分析振興協会およびアメリカ精神分析研究所の創設につながり，新フロイト派と呼ばれる学派の発展をもたらした。ホーナイの理論は神経症の形成要因として性格構造を重視し，それは幼児期の対人的要因と文化的要因によって形成されるとしてフロイトの幼児性欲論を批判した。また神経症的自己の形成をめぐる理論を展開し，真の自己の形成を妨害する中心的葛藤を解決して自己実現を援けることを分析治療の目標とした。これらは自己と対象関係を重視する現代の精神分析に通じる理論といえる。最晩年には「真の自己」の追求から禅や森田療法に深い関心を抱き，日本人として唯一人の弟子であった近藤章久と共に，その研究を進めていた。　　　（馬場禮子）

　［関連項目］自己実現，新フロイト派，不安，本当の自己
　［文献］Horney, K. (1937, 1939, 1950)

ボナパルト，マリー
　［Marie Bonaparte　1882-1962］

　フランスの女性分析家，ナポレオン・ボナパルトの弟の曾孫に当たるギリシャ王妃。パリ精神分析協会（1926）の創設者であり，フランスに精神分析を根付かせるのに尽力した。また，フロイト Freud, S. と家族が

ナチスから逃れて、ロンドンに亡命するのを助けた。さらには、フロイトとフリース Fliess, W. の間の貴重な書簡を破棄から救い、フロイトの思索の基盤とも言うべきものを後世に残した。フランスの精神分析史の上では、ラカン Lacan, J. を憎み、アンナ・フロイト Freud, A. との親交を利用して国際精神分析協会（IPA）から追放したが、それが結局ラカン派の出現の遠因となった。彼女は、出生時に母親を失い、悲惨な幼児期、青年期を送った。ギリシャ王子と見合い結婚したが、夫となった人は、同性愛者でありアルコール中毒者でもあった。彼女は不感症に悩み、失意から自殺の瀬戸際にあったときに、ルネ・ラフォルグ Laforgue, R. のすすめでフロイトの治療を受けることになった（1925）。フロイトによる分析治療は、断続的に 1938 年まで続けられた。ある夢の分析の中で、フロイトは、彼女が両親の性交の音を聞いたのみならず、真昼間に目撃したに違いないと断言したのに対して、彼女は仰天してすでに母親を失っていたのにと反論した。結局、その当時彼女の家にいた叔父に問いただしたところ、彼は、乳母との性関係を告白したのだった。こうしてフロイトは彼女のさらなる信頼を得るに至った。フロイトは、彼女に有名な秘密委員会のメンバーのための指輪を与えるほどに寵愛していた。彼女の女性の性愛に関する考え方は、フロイトの仮説をある意味で極限まで押し進めたものであるし、神話やポー Poe, E. A. に関する著作からは、黎明期の分析家らしい、無意識発見の興奮が伝わってくる。　　　　　　　（小川豊昭）

[関連項目] フリース，フロイト, S.，ラカン
[文献] Bonaparte, M. (1934, 1951)

マイヤー，アドルフ
[Adolf Meyer　1886−1950]

アドルフ・マイヤーは、アメリカの精神力動学ないしは「精神生物学」の祖と呼ばれている。彼はフロイト理論が本格的に浸透する下地としての力動理論をアメリカ精神医学にもたらしたとされる。マイヤーの人となりを知る上で、彼が業績を確立するまでの多彩な国際体験は無視できない。マイヤーは 1866 年にスイスに生まれ、チューリヒ大学で精神医学者フォレル Forel, A. に師事した後にパリでシャルコー Charcot, J. M. や神経学者デジュリン Déjerine, J. に学び、またロンドンでは神経系の発達と解体の理論で知られるジャクソン Jackson, J. H. から大きな影響を受けた。その後マイヤーは 1892 年に渡米し、数々の業績を残したが、その思考は多彩でかつ統合的であり、特に精神障害を生物学的、心理的、および社会的な要因の総合体として捉える大胆な発想を示す一方、精神医学者の教育、研修システムの成立にも貢献した。

マイヤーは、患者を一人の人間として捉え、各人のもつ過去の歴史を明らかにすることでその精神病理を全体的に理解するべきであるという立場を取ったが、その心因ないしは社会的な要因の重視は、それまでの生物学一辺倒な捉え方からは大きく異なった力動的なものだった。マイヤーは精神分析に関しても 1900 年代よりフロイト理論に関心を寄せていた。ただし当人はあくまで分析的立場からは距離をおく立場を守ったといわれ、それもまたマイヤーらしいスタンスの取り方であったといえる。
　　　　　　　　　　　　　　　　　（岡野憲一郎）

[関連項目] 精神力動，力動精神医学，ジャクソン，シャルコー
[文献] Meyer, A. (1948–1952, 1957), Mora, G. (1975), Postel, J. & Quétel, C. (1983)

前田重治
[まえだ　しげはる　1928−]

わが国で育った、古澤平作直系の精神分析家。国際精神分析協会公認の訓練分析家、九州大学教育学部名誉教授。1952 年九州大学医学部を卒業した前田は九州大学を根拠地とし、精神医学、心身医学、臨床心理学の各分野において精神分析の研究、教育と臨床活動を実践した。その基礎は精神科での催眠臨床を通しての精神分析概念の理解、その後 1957 年からの東京での古澤平作との教育分析を通して築かれている。この分析体験は『自由連想法覚え書』（1984）、『原光景へ』（1995）として出版されたが、古澤の分析実践の貴重な記録である。著書名にもあるように前田の関心のひとつは原光景にあった。原光景を自らの分析を踏まえて精神-性的発達に沿って多様に解析するとともに、その転移との関連にも注目している。この視覚的関心から派生して、前田の精神分析の特色は映画や絵画といった視覚芸術への彼自身の強い興味と結び付いている。自ら水彩画をなす前田は、『図説臨床精神分析学』（1985）で視覚に働きかける精神分析入門書を著し、『芸に学ぶ心理面接法』（1999）では精神分析とわが国の伝統文化遺産である芸（術）道を結び付けた斬新な著書を著した。いずれも初学者の精神分析へのアプローチの間口を大きく広げた。さらに忘れてはならない貢献として、次世代の育成として個人分析を長年にわたって実践していたことがある。この点においても、福岡の精神分析は前田を抜きには成立しえなかった。多数の専門著作、精神分析翻訳書の外に随筆集も多い。
　　　　　　　　　　　　　　　　　（松木邦裕）

[関連項目] 原光景，催眠分析，古澤平作
[文献] 前田重治（1984, 1985, 1993, 1994, 1995, 1999）

マクドゥーガル，ジョイス
[Joyce McDougall　1920–]

　1920年ニュージーランド生まれ。はじめロンドン・ハムステッド児童訓練センター，ついでフランス精神分析協会で訓練を受ける。現在パリ分析協会教育分析家であり，開業している。著書は多い。"Theatres of the Mind"（1986），"Dialogue with Sammy"（英訳1989），"Theatres of the Body"（1989）（邦訳『身体という劇場』氏原・李訳），"The Many Faces of Eros"（1995）など。国際的に活躍しているのでいくつかは何カ国語かに翻訳されている。児童分析（レボヴィシ Lebovici, S. によるスーパーヴィジョン）の記録である"Dialogue with Sammy"の原典（フランス語）は1960年に出版されたが，これは児童分析の先駆的な業績である。また「心の舞台」論では精神分析や精神力動を演劇モデルに基づいて整理するという作業をし，その後このモデルを心身症にまで展開している。心身症について，詳細な自験例に基づいて独自の臨床的立場を強調している。被分析者が心身症，神経症，精神病，嗜癖者でもとくにアプローチは変えていない。身体的感覚的レベルのプロセスが十分言語レベルにとり込まれていない，あるいは単純化された言語化のために切り捨てられているところに，病の根源を見ている。そして切り離されたこの2つのレベルを媒介する働きとして感情機能の回復を重要視し，そこに治療の機序を見ている。異常性について議論した"Plea for a Measure of Abnormality"（1990）では，性倒錯について新しい知見を提示している（ネオセクシュアリティ）。精神分析的用語にこだわることがないので，精神分析領域外の専門家にも十分理解しうる内容になっている。

　他に，ニューヨーク・フロイト協会に所属し，ニューヨーク対象関係協会で講師を勤めている。　　（氏原　寛）

　[関連項目] 心身症，倒錯，ネオセクシュアリティ
　[文献] McDougall, J. (1982, 1989, 1992, 1995), McDougall, J. & Lebovici, S. (1989)

マスターソン，ジェームズ・F
[James Francis Masterson　1926–]

　アメリカの精神科医，精神分析医。青年期に問題行動を呈する患者の予後研究から出発し，しだいに青年期境界例の治療，研究に入り，さらに対象を成人境界例や自己愛の病理にまで広げている。現代の精神分析的境界例研究をリードする研究者の一人であり，精力的な治療者でもある。現在はコーネル大学精神医学臨床教授であり，またマスターソン・グループの指導者として，人格障害に対して発達論的・対象関係論的立場に立って研究，臨床を展開している。マスターソンは境界例の中心的病理を見捨てられ抑うつ abandonment depression と規定し，患者は行動化によって見捨てられ抑うつを防衛しているとの理解に立ち，行動化をリミットセッティングによりコントロールすることの必要性を強調している。そしてこの見捨てられ抑うつをマーラー Mahler, M. S. のいう分離-個体化過程とくに再接近期と結びつけている。すなわち再接近期に子どもが分離-個体化への動きをするとき母親がそれをともに喜んでやることができず，愛情を撤去してしまうので，子どもは見捨てられたと体験して発達停止が起こり固着が生じる。これが第2の分離-個体化期で，ある思春期に露呈したのが境界例の病理であるという。カンバーグ Kernberg, O. F. が患者の内的幻想を重視するのに対し，マスターソンは母親の現実の態度を重視している。　　（成田善弘）

　[関連項目] 境界性人格障害，分離-個体化，見捨てられ抑うつ，リミットセッティング，マーラー
　[文献] Masterson, J. F. (1965, 1972, 1976, 1981, 1985b), 成田善弘 (1990)

マテ-ブランコ，イグナシオ
[Ignacio Matte-Blanco　1908–1995]

　チリ出身の精神分析家。無意識を数理論理学から解明して，対称性の概念を抽出した。無意識では対称性の論理が働くという。そして私たちが対称性の論理と従来の論理とが二重に存在する世界に生きているという意味で，複論理 bi-logic という考えを提唱した。

　1908年チリに生まれ，チリ大学で医学を修め，生理学の助教授になるが，精神医学と精神分析に興味を持ち，英国に留学し訓練を受ける。主にフロイト Freud, S. とクライン Klein, M. の仕事に傾倒する。彼の分析家はウォルター・シュミドバーグ Schmideberg, W.。英国精神分析協会会員。30年代から特にラッセル Russell, B. らの数理論理学を研究する。40年にアメリカに渡り，精神分析と論理の双方を総合する視点から研究し続ける。その後チリに戻り，チリ大学の精神医学教授，チリの精神医学，精神病の精神保健に尽力する。66年にローマに移住，イタリア精神分析協会の訓練分析家，ローマ・カソリック大学の精神科主任であった。1995年に死去した。

　初期の仕事は論文『精神力動についてのいくつかの考察』（1940）であるが，その後チリで発表されていた。彼の仕事が英語圏でまとめて公刊されたのは，『無限集合としての無意識 Unconscious as Infinite Sets』（1975）であり，その後，彼の論文集は，ライナー Rayner, E. によって編集され"Thinking, Feeling, and Being"（1988）として出されている。　　（妙木浩之）

　[関連項目] 無意識，無意識の集合と対称

[文献] Matte-Blanco, I. (1940, 1975, 1988)

マーラー，マーガレット・S
[Margaret S. Mahler　1897-1985]

ハンガリー生まれの小児科医，精神分析医，児童精神医学者。ミュンヘンとウィーンで専門教育を受け，ウィーンではアンナ・フロイト Freud, A. と学問的交流を持ったが，1938年ナチズムを逃れてアメリカに渡る。コロンビア大学とアルバート・アインシュタイン大学で教育に携わる間に児童精神病の研究を進め，カナー Kanner, L. の「早期幼児自閉症」と対比される「幼児共生精神病」を発表した1944年には一躍有名になり，1950年代には病理研究室から一般健常児の早期母子関係と自我の発達過程の研究へと仕事を拡張した。1959年から約10年間大規模に進められた，縦断的 longitudinal な観察研究は，発達的現実を精神分析臨床の眼で洞察的にとらえ，発見に富んだもので，二者関係の中での「個」の発達過程について新しい理論を誕生させるに至った。共同研究者のパイン Pine, F. およびバーグマン Bergman, A. は共に来日講演などでわれわれとはなじみがあるが，3人の共著書『乳幼児の心理的誕生』にその膨大な研究成果を集大成した。世界的な評価を得ている同書は，一般心理学の教科書にも広く紹介されるまでになっている。

研究の場をニューヨークのマスターズ児童センターの二階建建物に常時設定し，子どもが遊ぶ部屋とそこに自由に行き来が可能で好きに過ごしておれる母親たちの控室があるなど，全体として自然な状況での観察を進めつつ，同室し関与観察する直接記録，一方視窓からの記録およびビデオ記録を合わせたデータが集積された。3-4年間継続観察するゼロ歳児の母子ペア20数組を偏りのない「平均的」な対象となるよう周到にチェックしている。外から観察できる感情表出や行動特徴，母子間の反応など顕在徴候を，内側の精神過程と平行して生じているととらえ，それらが微妙に変化していく発達的展開を生きた姿のままに追いながら，生後3歳頃までの全体過程を「分離-個体化」への過程として実証研究し理論化した。曲折するこの全体過程の中で重要な節目となる時期や段階区分を，観察による発見的データをもとに何回かの暫定的設定と練り直しを通して定めて行き，現在知られるような3時期と6つの下位段階を実証的に提示した。表（p. 434）は，各時期・段階に含まれる発達上重要な意味および観察される徴候を筆者が整理して附しながら「分離-個体化」への過程を示したものである。

正常な「自閉」と「共生」という，個体内平衡最優先の段階と，二者一体性の緊密な愛着関係が個体の平衡・調節を全面的に引き受けて行く段階を含め，生後4，5カ月頃までが「未分化期」としてまずとり上げられる。この時期の考え方をめぐっては，近年スターン Stern, D. N. の最早期自己感 the sence of self の見解に見られる認知的に有能な外界把握や自他弁別機能，また自己存在同一性の基礎感覚などに照らして，議論が盛んである。マーラー自身，この2つの早い時期のデータ収集は，行動に現れる顕在指標に最大限依拠しようとする基本的な研究スタンスからしても，後の時期のデータ密度に比してごく大まかな域にとどまっていると認めながら，最初期を「目ざめ awakening」の時期と呼び変えようとしている。

マーラーの見方の筋は，少なくとも体験の感情面を重視するとき，自他境界は，最初からくっきりと明確であるよりも徐々にはっきりして行くと考えていること，また自他の情緒的融合世界の中での充足から離脱して行く過程，つまり個の本格的な分立に向かう過程では，心理的苦闘や厳しいジレンマが不可避であること，そこを経て「個」の成長と「関係」の内的定着が得られて行くこと，それらの大きな展開を詳細に掘り起こして示したところにある。「分離-個体化」は心理的誕生の苦しみを伴うタフな発達的仕事であり，一般的にも紆余曲折がある上，個人差もさまざまに認められるのを観察している。「分化」，「練習」，「再接近」，「個体化」という各下位段階が，「分離-個体化」から「情緒的対象恒常性の確立」に向かう中で持つ意味を示した表（p. 434）の詳しい内容は，本書の各説明にゆだねる。

マーラーはフロイト Freud, S. の欲動論を対象関係論的視点と結びつけると同時に，内的葛藤を重視する自我心理学を基盤に備えた研究者の一人として独自の発達モデルを提示したが，それがブロス Blos, P. に代表される思春期・青年期の発達課題の研究や，マスターソン Masterson, J. F. やカンバーグ Kernberg, O. F. らを含めた一連の境界例理解のあり方，さらには治療的二者関係の機微の理解に大きな影響を与えていることは周知の通りである。

〔斎藤久美子〕

[関連項目] 共生期，共生幼児精神病，再接近期危機，自我心理学，自閉期，分離-個体化，練習期，カンバーグ，ブロス，マスターソン

[文献] Blos, P. (1962), Mahler, M. S., Pine, F. & Bergman, A. (1975b), Masterson, J. F. (1972), Pine, F. (1985), Stern, D. N. (1985)

丸井清泰
[まるい　きよやす　1886-1953]

元東北帝国大学医学部精神病学講座教授。東京大学医学部を卒業後，1915年に東北大学講師に就任。精神分析学とのつながりは1916年から2年半のジョンズ・ホプキンス大学（アメリカ）のマイヤー Meyer, A. 教授のもとに留学したときに始まる。同教授の精神生物学（後に

精神分析学の影響を受けて，現在の力動精神医学へと発展）の影響を受けるとともに，同大学の図書館でフロイト全集に接した際に感銘を受けたといわれる。帰国後，教授に就任するとすぐに医学部学生に精神分析学の講義を始めたことは有名である。後に，その講義をまとめた『精神病学』という教科書を出版した（1933）が，当時の精神医学教科書とは趣きを異にすることは論じるまでもない。さらに，1928年日本精神神経学会を主催したおり，会長講演「精神の発達」においてフロイト理論を披れきし「精神分析の丸井」の名を成した。その後，教室から発表される精神分析的研究発表をめぐって，森田正馬，下田光造，吉益脩夫などとの学会史に残る激しい討論があったことは特筆に値する。また，1933年，フロイト Freud, S. と面談して国際精神分析協会日本支部の前身である仙台支部設立の許可をもらっている。ただ，氏の精神分析学が精神現象を精神分析的に解釈する種類のものであったらしく，氏の精神分析の臨床に疑問を感じた弟子の古澤平作は直接フロイトの指導を受けるべくウィーンに赴き，臨床に根ざした精神分析を導入したことで，その後の精神分析の主導性は帰国後東京で開業した古澤に移ったといわれる。弟子に，古澤の他に，山村道雄，懸田克躬といった日本の精神分析の開拓者がいる。

（牛島定信）

[関連項目] 古澤平作，山村道雄
[文献] 三浦信之（1955）

マルクーゼ，ヘルベルト

[Herbert Marcuse 1898-1979]

フロイト Freud, S. の社会文明論とマルクス Marx, K. の社会論を結合した社会哲学によって，先進産業社会の人間のあり方を分析し，既存社会体制の変革によって全人間的なエロスの解放を求めた哲学者。20世紀における急進的左派（ニュー・レフト）の思想上の指導者の一人。1898年，ベルリンでユダヤ人の両親から生まれ，1930年フランクフルト大学社会研究所でいわゆるフランクフルト学派の一員となり，1933年ナチス独裁時代に入るとともに，1934年に米国に移住。1940年までコロンビア大学の社会研究所で研究に従事，渡米後はフロム Fromm, E. に批判的になり，1956年にその主著『エロスと文明 Eros and Civilization: A Philosophical Inquiry into Freud』）を刊行し，フロムらの新フロイト学派が，フロイトの人間把握を生物主義的と批判して社会文化的要因を重視するあまり，かえってフロイトの社会・文化の相対性を超えた根源的な人間把握を見失い，その結果，精神分析の革新性を喪失してしまった，という。さらに彼は，フロイトの『文化への不安』（1930）における，「文明（エロス）が発達すればするほど，潜在的には解体と自己破壊の衝動（タナトス）も高まってゆく。現代こそこのタナトスが頂点に達してわれわれを脅かす時代である」という現代文明批判を発展させた。またフロイトは，生物としての人間の社会化・文明化の過程を，快感原則への従属から現実原則の支配への移行としてとらえ，社会・文化が人間の本能を抑圧すると考えたが，マルクーゼは，この現実原則を人間に課しているのはむしろ個々の特定の歴史的な社会組織であって，その結果「過剰抑圧」が働くという。つまり人類がどんな社会の中でも生存上必要とする最小限の抑圧（基本抑圧）以上に，個々の社会体制の支配が課する過剰な抑圧を「過剰抑圧」と呼び，このような過剰抑圧を課する特定社会体制の管理原則を「執行原則」と呼んで，「現実原則」と区別した。ところが，この「執行原則」と「現実原則」，「過剰抑圧」と「基本抑圧」のギャップは，現代社会の物質科学，テクノロジーの急速な進歩とともに急速に増大し，やがてはこの矛盾が社会体制の危機をもたらすことになる。そして先進資本主義社会体制の過剰抑圧と執行原則に反抗し，その社会体制の変革の推進力になるのが，特定の歴史的社会的制約を超えた自由なエロスである。そしてこの変革は，「本能の抑圧―社会的に有用な労働―文明」というフロイトの公式から，「本能の解放（昇華）―社会的に有用な仕事（遊びと仕事の一致）―文明」という公式への変換を意味するという。

（小此木啓吾）

[関連項目] 死の本能（欲動），生の欲動（本能），文化，抑圧，フロム
[文献] Marcuse, H. (1956, 1960, 1964)，小此木啓吾（1970a）

ミッチェル，スティーブン・A

[Stephen A. Mitchell 1946-2000]

アメリカの精神分析家。1946年にニューヨーク郊外のニュージャージー州に生まれた。1964年にエール大学に入学。1968年にニューヨーク大学の大学院で臨床心理学を専攻。1972年にウィリアム・アランソン・ホワイト・インスティテュートに入学し，卒業後，ニューヨークで個人開業するとともに，ニューヨーク大学およびウィリアム・アランソン・ホワイト・インスティテュートで精神分析理論を教えた。ミッチェルは対人関係学派の訓練を受けたが，その後，対人関係論や英国対象関係論や自己心理学を含み込むような統合的な関係理論の立場から，精神分析の理論と実践の再検討を行った。彼は，フロイト Freud, S. の古典的な欲動理論と対比して，その他の関係的な精神分析の諸理論は，心の成り立ちについて欲動理論とは異なったメタ心理学的見解を内包していると考え，欲動に代る心の組織化の原則として，関係基盤 matrix of relationship という概念を提出した。この欲動

基本図式から関係基本図式への展開を，ミッチェルは精神分析学におけるひとつのパラダイム・シフトとして見ている。ミッチェルの提唱する立場はアメリカで広く受け入れられ，関係学派 relationalist と呼ばれるグループを形作った。1991 年には，ミッチェルを編集長として，"Psychoanalytic Dialogues (A Journal of Relational Perspectives)" 誌が創刊された。1999 年には関係学派の論文をまとめた『関係精神分析』を編んだが，2000 年に亡くなった。　　　　　　　　　　　　　（横井公一）

[関連項目] ウィリアム・アランソン・ホワイト・インスティテュート，関係基盤，対人関係論

[文献] Greenberg, J. R. & Mitchell, S. A. (1983), Mitchell, S. A. (1988, 1993, 1998), Mitchell, S. A. & Aron, L. (ed.) (1999)

ミッチャーリッヒ，アレキサンダー
[Alexander Mitscherlich 1908-1982]

ドイツの精神分析医，社会心理学者。歴史や哲学を学んだ後，医学に転じ，1947 年ドイツの中心的な精神分析雑誌 "Psyche" を創刊。1952 年ハイデルベルク大学の精神身体医学講座の初代教授となり，心身症クリニックを主宰。1960 年フランクフルト・アム・マインにジークムント・フロイト研究所を設立してその所長となる。主として "Psyche" に拠ってフロイディアンとしての立場から多くの論文を発表したが，社会事象についての発言も活発で，1963 年の最初の主著『父親なき社会』では，模範とするべき父親像や伝統的価値基準が失われた結果，現代人は他人指向的な，たえず生きる方向性の変化する瞬間的人間に堕している，と鋭い社会批判を行った。1967 年には妻マルガレーテと共著で『喪われた悲哀』を発表，ドイツ戦後社会の病理を追求して，集団心性にひそむファシズム的基盤を剔出した。そして戦後のドイツ人が，ナチスの時代に犯した集団犯行を正しく認識せず，その記憶を抑圧して共同責任を否認し，安易に民主主義に同化していること，ヒトラーへの熱狂的な同一化は，大衆の内面の脆弱さの妄想的投射であったことを指摘し，つねに理想を追うドイツ的な価値指向の背後に自己の脆弱さが潜んでいると批判した。　　　　　　（馬場謙一）

[関連項目] 父親なき社会

[文献] Mitscherlich, A. (1963, 1969), Mitscherlich, A. & Mitscherlich, M. (1967)

ミード，マーガレット
[Margaret Mead 1901-1978]

アメリカの女性文化人類学者。まだ学問としての揺籃期にあった文化人類学は 1920 年代から 30 年代にかけて，例えばエディプス・コンプレックスといった精神分析的概念をどのように受け入れるか，もしくは退けるか，という問いに直面していた。ミードは当初アメリカの文化人類学の第一世代ともいえるボアス Boas, F. に師事し，彼の助手をしていたベネディクト Benedict, R. と生涯にわたる親交を持つ。ベネディクトはサピア Sapir, E. を通じて精神分析の影響を受けており，ミードもそうした影響下でアメリカの文化人類学の心理主義的傾向を代表する存在となった。彼女は終生未開社会のフィールドワークに固執し，とくに南太平洋において精力的に調査を行った。彼女は文化人類学に心理的発達の視点を大幅に導入し，ある社会のパーソナリティ形成に育児様式がどのように影響するか，性別と気質と文化がどのように関係するか，など，いわゆる「文化とパーソナリティ」研究に大きな貢献をした。彼女はフロイト Freud, S. の主張する人類に普遍的なコンプレックスの存在に懐疑的な見解を提出したが，社会の構成や変遷に対して，歴史的経済的な考察より深層の個人心理の概念を大幅に援用していることは，フロイトの基本的なアイデアと共通するものがある。　　　　　　　　　　　　　（藤山直樹）

[関連項目] 文化人類学，ベイトソン，ローハイム

[文献] Mead, M. (1928, 1949)

メニンガー，カール・A
[Karl A. Menninger 1893-1990]

ドイツ系移民三代目としてカンザス州で生まれたアメリカの精神分析医。ハーバード大卒で，サザード Southard, E. に学び，故郷に帰る際，「子どものことを忘れるな」という言葉をうけ，後になって子どもの精神科にも力を入れることになった。トピカでは父の Charles, 弟の William（1899-1966）とともに 1925 年，メニンガー・クリニックを創立し今日に至っている。今日では全米中でも屈指の総合的な精神科医療センターをなしており，これまで幾多の著名な臨床家・研究者を輩出している。

兄弟は Dr. をつけて呼ぶ慣習だったのでそれに従って記述するが，Dr. カールは古典的な精神分析を治療法としては必ずしも評価していなかった。精神分析理論を臨床家の訓練，そして患者理解の上に必須のものとして位置づけていた。そして弟の Dr. ウィルとともに入院治療にもその理論を応用して，いわゆる力動的精神医学の実践を確立したといってよいであろう。1942 年にトピカ精神分析研究所を，1945 年にはメニンガー精神医学校を設立している。アメリカ精神分析学会の会長をつとめたこともある。1930 年代からユダヤ系の精神分析家たちをヨーロッパからアメリカに招き，移住させるのに力を入れた。Dr. カールはシカゴの精神分析研究所でアレキサ

ンダー Alexander, F. とフロム - ライヒマン Fromm-Reichmann, F. に教育分析をうけた。後者が亡くなったという知らせをうけた時，Dr. カールは会議中であったが，その場で声をあげて泣きくずれたという。感情の激しい人で，さまざまのエピソードが残っているが，なかんずく人間の自然に対する破壊については慨嘆ひとしおで，日本人が鯨を食べることも許せないと激怒していた。80 歳を過ぎても乗馬を楽しみ，貝殻や自然の美しい石を収集する趣味をもっていた。

業績は多岐にわたるが特筆すべきことは，広く職域をこえて精神医学の教育につくした点であろう。また犯罪者の処遇についての主張も，医学生時代から生涯を通して一貫していた。つまり犯罪者は処罰するのではなく，治療の対象にすべきであるという。裁判のあり方，刑務所での生活全体はすべて治療を念頭においてなされるべきであるという。臨床家は反治療的な精神鑑定に関与するなという。さらに診断分類についても非常に強い意見をもっていた。分裂病はもちろん神経症という言葉を使うことを極端に嫌い，診断は治療への実践を本来的に含むもののみが意味をもつとした。単一疾患論，一元論というよりも治療者は治療哲学を厳しく自らに課すべきであると考えた。そしてすべての専門用語を排除した。このために変わり者として疎外されたほどであったのである。

Dr. カールは長老派信者であった両親に厳しく育てられたせいもあってか，戒律を重んじその意味では大変に窮屈な人であった。死の本能を信じていた数少ない分析医の一人であったし，他方，人生においてもっとも大切なものは希望を失わないことだと述べる人であったのである。

(小倉　清)

[関連項目] 攻撃性，自殺，死の本能（欲動），精神分析技法，治療契約，治療的退行，ポリサージェリ，メニンガー・クリニック

[文献] Menninger, K. A. (1930, 1938, 1942, 1958, 1963, 1968)

メルツァー，ドナルド
[Donald Meltzer 1922-]

アメリカ出身でメラニー・クライン Klein, M. に直接指導を受けた最後の世代に属する，クライン派の精神分析医。イギリス精神分析におけるフロイト Freud, S. ―クライン―ビオン Bion, W. R. という一つの発展の流れを明確化するとともに，自閉症・精神病・倒錯・自己愛の病理に独自の精神分析的理解を加えた。彼はエール大学およびニューヨーク医科大学を卒業すると，初めアンナ・フロイト派の児童精神医学の研修を受けた。1954 年にイギリスに渡り，クライン派の訓練を受け始めた。

1960 年のクラインの死後徐々に頭角を現し，タビストック・クリニックおよび英国精神分析協会において指導的立場を取るに至った。『精神分析過程』(1967) は，投影同一化・摂取同一化というクライン派の理論枠の中で精神分析の「自然史」を解明した，彼の初期の代表的な仕事である。『心の性的状態』(1973) は講義・論文集で，クライン派が従来あまり取り上げなかった心理‐性的発達・セクシュアリティと倒錯・思春期などを論じている。共著の『自閉症研究』(1975) はタビストックでのセミナーから発展した研究の成果で，メルツァー独自の「心的次元論」がそこで展開されている。『クライン派の発展』(1978) はタビストックでの講義に基づいて，フロイト，クライン，ビオンを研究した。第 1 巻はフロイトの理論と方法の発展を，彼の症例に焦点を当てて辿っている。第 2 巻はクラインの症例報告『児童分析の記録』の詳しい読解を通じて，クラインの理論と臨床を検討している。第 3 巻はビオンの仕事を通観しようとしている。最後の課題は『メタ心理学の拡張――ビオンの考えの臨床的適用』(1984) に引き継がれる。クライン以後のメタ心理学の発展はより明快に整理され，フロイトの 4 つのメタ心理学的次元すなわち力動的・発生的・構造的・経済的観点に，クラインは内的対象に注目することによって地理的次元を，ビオンは思考作用とその障害に注目することによって認識論的次元を付加したとされた。『夢生活』(1984) は，心的生活の舞台であり内的な意味の生成の場である夢を中心にして，早期対象関係を具象的な水準で解釈する彼の技法を紹介している。その後も彼はビオンに内在した萌芽的なアイディアである「原始心性 proto-mental」「身体精神病 somato-psychosis」「パーソナリティ内の原始的基礎仮定集団」などをさらに発展させ，心の見取り図を書き換えている。『美の享受』(1988) では母子関係に「美的次元」の観点を導入して発達的に抑うつポジションを妄想分裂ポジションに先行させ，『閉所』(1992) では地理的次元をもう一度取り上げて「投影同一化」概念を再検討している。このように独創的な考えを多産しロンドンクライン派をリードしてきたが，他のクライン派の分析者たちとしだいに折り合いを悪くし，1980 年代初めには英国精神分析協会の訓練分析家の資格を失った。それでもタビストック・クリニックを中心とした児童精神療法の世界では，彼は今も大きな影響を与えている。

(福本　修)

[関連項目] 精神分析過程，タビストック・クリニック，メルツァー理論，クライン

[文献] Astor, J. (1989), 福本修 (1995), Meltzer, D. (1967, 1973, 1978b, 1984, 1986, 1988, 1992, 1994), Meltzer, D., Bremner, J., Hoxter, S., Weddell, D. & Wittenberg, I. (1975)

モデル，アーノルド・H
[Arnold H. Modell　1924-]

ボストン在住の精神分析家。ハーバード大学臨床教授でもある。圧倒的に自我心理学が優勢な中にあって，アメリカでは数少ない対象関係論の立場の人である。ことに，ウィニコット Winnicott, D. W. の考えに近く，「二者心理学の理論」(1984) を提唱した。すなわち，「転移と逆転移は分析家と患者との二者文脈の範囲内で生じる出来事」であると述べている。また，転移の中における「現実の多重水準」(1990) を主張している。これは，ウィニコットの「環境としての母親と対象としての母親論」を発展させたものである。日本精神分析学会での招待講演（福岡，1992）では，「分析家と患者とはそれぞれの日常生活とはまったく異なった治療状況の中においてそれぞれの立場でかわる二人であると同時に，日常生活の中でも別々の二人という逆説的関係にあり，治療セッティングは双方の現実を区別する構造である」と説明した。この見解は彼の「事後性 Nachtraglichkeit」についての主張につながるものである。モデルは，「過去の記憶は新しい体験によって書きかえられる」というフロイト Freud, S. (1895) の「記憶の事後性」という理解を肯定する一方で，「外傷記憶は無意識のうちにとどまり，書きかえを受けることなく反復強迫される」という。そして，「（先述した）精神分析治療における逆説的関係についての分析家の二重の意識は解釈を通じて患者と共有され，分析家と古い記憶との区別を可能にする」としている。記憶についてのこのような見解は新しい神経科学的記憶理論と符合することも明らかにしている。

（西園昌久）

[関連項目] ウィニコット理論，記憶，事後性，山あらしジレンマ
[文献] Modell, A. H. (1984, 1990, 1993)

モレノ，ジェイコブ・L
[Jacob Levy Moreno　1889-1974]

集団精神療法の重要な一分野である，心理劇（サイコドラマ）の創始者であり，国際集団精神療法学会の創設者。フロイト Freud, S. に対する激烈な批判と，特にスラヴソン Slavson, S. H. との，集団精神療法のプライオリティーを巡る論争で有名。

[略歴] モレノは 1889 年 5 月 18 日に，ルーマニアの首都ブカレストで，生まれている。成長して後，彼は最初ウィーン大学の哲学科を卒業した後，医学部に入って医師となった。学生時代には，売春婦の互助組合作りを手がけ，イタリア系市民の強制収容所で，ソシオメトリーを開発する等，多方面で活動した。1925 年アメリカへ移住，その後ルーズベルト大統領の知己を得て，女子少年院の待遇改善運動に功績をあげた。1936 年には，ニューヨーク州ビーコンにビーコンハウス・サナトリウムを開設し，サイコドラマを積極的に治療に応用して治療実績をあげた。1957 年にはフークス Foulkes, S. H. と国際集団精神療法学会を創設し，初代会長となり，各国を回って講演，実演を行う傍ら，多くの若い医学生，心理学者，その他の人びとをビーコンハウスに招いて，サイコドラマティストとしての訓練と教育を行った。1974 年 5 月 14 日，心臓血管系の発作のために，ビーコンの自宅において安らかに息をひきとった。

[研究業績] モレノの研究業績は多方面にわたるが，彼自身がそれを 5 本の柱としてまとめている。それは (1) ソシオメトリー，(2) ロールプレイ，(3) ソシオドラマ，(4) 心理劇，(5) 集団精神療法である。これらは精神科臨床の世界においてのみならず，社会学，社会心理学においてソシオメトリーが，そして法務矯正，教育分野においてロールプレイがというように幅広く他領域に大きな影響を及ぼしている。ソシオメトリーについては "Who shall survive?" そして，その他の分野については "Psychodrama" 1 巻-3 巻が詳しい。

（磯田雄二郎）

[関連項目] 集団精神療法，心理劇〔サイコドラマ〕
[文献] Fox, J. (1983), Marineau, R. F. (1989), Moreno, J. L. (1934, 1946, 1959, 1969)

矢部八重吉
[やべ　やえきち　1875-1945]

昭和初期，わが国に精神分析を紹介し，ウィーンのフロイト Freud, S. をはじめ国際精神分析協会とも交流を持った先駆者。矢部は，米国コロンビア大学で心理学を学んだ後，鉄道省で労働心理に関する仕事にかかわり，大槻憲二，長谷川誠也（早稲田大学教授）らと東京精神分析学研究所を創設した (1928)。矢部は 1930 年（昭和 5 年）に公務としてドイツへ渡航。英国でグローヴァー Glover, E. の教育分析を受け，ジョーンズ Jones, E. の講義を聴講し，ウィーンに赴いてフロイトと会見し，精神分析家の資格を得，東京の大井町に精神分析の診療所を設立し大槻憲二を主とする春陽堂刊行のフロイトの著作集の訳業にも参加した。その後の活動の詳細は明らかでないが，第二次大戦前に矢部の児童心理療法を受けた少女が，大戦直後昭和 20 年に再訪したところ，すでに診療していなかったという。

（小此木啓吾）

山村道雄
[やまむら　みちお　1906-1985]

　東北帝大医学部精神病学教室丸井清泰教授のもと古澤平作の5年後輩としてともに精神分析を専攻した。古澤の弟子は土居健郎，小此木啓吾，西園昌久その他主として東京と福岡を中心に活躍。山村の弟子は三好郁男，中野良平，奥村満佐子その他，神戸を中心に活躍している。小此木によれば古澤はFreudianに加えてFerenczian的な種々の技法上の工夫をとり入れたが，山村はあくまでもFreudianの立場を守ったという。

　[略歴] 明治39年東京に誕生，昭和60年岐阜精神病院長，日本精神分析学会会長，国際精神分析学会日本支部長として満78年の生涯を閉じた。昭和6年東北帝大医学部卒，昭和10年助手，昭和11年講師，昭和12年助教授，昭和25年弘前大学医学部精神科教授，昭和29年思う所あって大学を辞し岐阜精神病院長に就任，以後，岐阜に永住。

　[研究と業績] 東北帝大精神病学教室業報に昭和8年から10年にかけて「赤面恐怖症」に関する研究論文を第1報，第2報，第3報と精力的に発表，引き続き『人嫌いの傾向に就いて』の第1報，第2報を発表，昭和18年までに『ヒステリー婦人患者に於ける感情変転症に就いて』『フェルドマン Feldmann の「赤面について」Über Erröten』その他を著述している。院長就任後は論文著述は余りなされなかったが，精神分析療法は続け，教育分析あるいはスーパーヴィジョンなど教育は生涯熱心に行った。Freudianとしての山村の精神分析はそのまま神戸精神分析研究所に受け継がれている。古澤平作亡きあと，1969年の第15回大会から1985年に病没される第31回大会まで実に16年間にわたって日本精神分析学会会長を務められた。会長に就任されてから学会紛争をはじめ学会のもっとも危機的な状況の中で，同学会の守護神的存在として内外からの圧力に対して同学会のアイデンティティを守り，その発展を支えられた。同学会は山村賞を設定してその偉業を顕彰している。

（中野良平）

ユング，カール・グスタフ
[Carl Gustav Jung　1875-1961]

　ユングは1875年スイスのプロテスタント牧師の家で生まれ，9歳のとき妹が生まれるまで一人っ子として田舎で孤独な幼少年時代を過ごした。3歳のときに結婚生活の不和から母親が数カ月間入院し，母との分離に彼は全身湿疹で反応し，その後も迫害的な不安を体験し続ける。「地下のファロスの夢」を見たのもその頃である。やがてユングは彼のなかに人格No.1と人格No.2の存在を自覚していくが，彼の状態は小児精神病に近かったと思われる。彼はまた12歳のとき神経症から登校拒否に陥ったが，それを自ら克服していった経験もしている。

　彼はバーゼル大学で医学を学び，卒業後は精神医学を専攻，チューリヒのブルグヘルツリ精神病院でブロイラー Bleuler, E. の助手として働き始め，28歳で実業家の娘エンマと結婚して5子に恵まれることになる。臨床的にはユングは精神病者に対して精神療法的に接近するパイオニア的企てをする一方，「早発性痴呆」の連想弛緩についての言語連想検査の研究によって無意識的なコンプレックスの存在を証明し，それによって1907年からフロイト Freud, S. と密接に協力しつつ精神分析の発展に尽くすが，精神病者の無意識的空想が神話的イメージや主題をもつことに興味を抱き，神話の研究に没頭し，しかしその成果である著書『象徴の変容』(1912)によってフロイトと決裂することになり，自らの立場を分析心理学と呼ぶようになる。

　この決別によるユングの精神的危機は精神病に近いものであったが，彼は圧倒的な無意識的イメージとの対決の体験を通して，アニマや人格の無意識的中心としての自己を発見していった。この数年にわたる「創造的病」の体験はその後のユングの科学的研究の基本的な素材であり，その成果が分析心理学の内実となっていった。ユングはやがて東洋のマンダラが，自分が危機から脱却する過程で描いていた円形の図形に対応することを知って，東洋の精神的伝統に深い関心を示すようになる。西欧の伝統としては錬金術のプロセスに個性化に対応するものを見いだして，錬金術の研究に集中した。ユングは牧師の息子として，宗教の問題は一生を通しての主要な関心であったが，彼はこうした自らの研究を通してその問題にあくまで心理学的にアプローチしていったのである。

　晩年になって彼は『自伝』を執筆し，それは1961年の死の直前に完成した。そこで幼少年期の内的体験や中年における「無意識との対決」など内的出来事を劇的に物語ることで，「私の一生は無意識の自己実現の物語」であったことを示し，彼の分析心理学が彼自身の内的人生と深く結びついていることを明らかにしたのである。

（鈴木　龍）

[関連項目] アニマ／アニムス，元型，コンプレックス，集合的(普遍的)無意識，内向／外向，分析心理学
　[文献] Jaffé, A. (ed.) (1979), Jung, C. G. (1963), 河合隼雄 (1978), Storr, A. (1973), 鈴木龍 (1989)

ライク，テオドール
[Theodor Reik　1988-1969]

　テオドール・ライクは，心理学の博士号を持ち，フロイト Freud, S. から直接指導・訓練を受けた弟子の一人

として，ウィーン精神分析協会の書記を務めていた。1926年春，ライクは分析治療をしていた患者から，「非医師による治療行為は法律に反する」と訴えられた。その直後，フロイトはライクの非医師としての分析家の立場を擁護するため，『素人による精神分析の問題』(1926)と題する論文を発表したのであった。

1938年6月，ライクはナチスに追われニューヨークへ亡命し，アメリカ精神分析学会（ニューヨーク精神分析研究所）American Psychoanalytic Association のメンバーとして，精神分析の実践，教育，研究を継続しようとした。しかし，フロイトがライクを擁護したにもかかわらず，非医師のライクは正会員として認められなかったのである。10年後の1948年，ライクはフロイトの意向を受け継いで非医師の分析家（レイ・アナリスト lay analyst）を育成するために，自らニューヨーク NPAP 精神分析研究所 The National Psychological Association for Psychoanalysis を設立した。1950年代古典的フロイト派のアプローチが台頭する中で，彼が NPAP の後継者たちに伝承しようとした精神分析教育体系は，欲動論，自我心理学のみに固執せず，英国独立学派の対象関係論や，後に発展した自己心理学までを含む，広範囲にわたるものであった。ライクの代表的な研究業績として，『第三の耳で聴く』(1948)があげられる。それは，分析家が患者の話を聴く際，湧き起こってくるイメージをたよりに患者の無意識内容を理解しようとする技法であり，今日の「逆転移の臨床的利用」に関する先駆的な研究であった。　　　　　　　　　　　　　　　　（青木滋昌）

[関連項目] 逆転移，マルチモデル・フロイディアン
[文献] Freud, S. (1926f), Reik, T. (1948)

ライクロフト，チャールズ
[Charles Rycroft　1914-1998]

1914年にイギリスで生まれた精神分析家。ケンブリッジ大学で経済学と，歴史学をおさめ，ついで医学に進む。1945年に医師の資格を得て，Maudsley 病院などに勤務し，精神科医としてのトレーニングを受ける。1947年に分析家の資格を得た後，開業した。1956年から1968年までタビストック・クリニックの非常勤コンサルタントをつとめた。いわゆる「独立学派」の一人。1978年に英国精神分析協会を退会する。

象徴過程，夢，言語と情緒，分析状況でのコミュニケーション，などについて重要な貢献をなした。彼によれば，象徴には一次過程の要素も，二次過程の要素も含まれる。神経症症状は，象徴が主に一次過程で利用されたものである。しかし二次過程で利用されると，想像過程の一部となり，現実感覚の発展に役立つ。精神分析の技法では，分析家，分析状況，ことばはすべて象徴を前提としている。そして，ことばは二次過程で役に立つ象徴である。また，分析状況は2人の人の間のコミュニケーションの場であり，分析家の用いることばには，解釈内容だけではなく，分析家の情動も含まれる。彼によれば，情動はコミュニケーションの重要な要素である。また彼は，分析状況自体の持つ治療的意味を重要視している。彼は精神分析の歴史的発展や，関連領域との関係などについて批判的に考察したユニークな『精神分析学辞典』をあらわした。　　　　　　　　　　（溝口純二）

[関連項目] 象徴，想像，独立学派
[文献] Rycroft, C. (1968a, 1968b, 1985, 1995)

ライヒ，ヴィルヘルム
[Wilhelm Reich　1897-1957]

1920年代にフロイト Freud, S. に対して進歩的な技法と理論を唱えたランク Rank, O., フェレンツィ Ferenczi, S. とともに，「恐るべき子どもたち enfants terribles」と呼ばれたが，この動向の中で性格分析の技法と理論を確立し，フロイトの精神分析の自我心理学，新フロイト派への転回を方向づけた精神分析学者。同時に，マルクス主義と精神分析の統合を試みて活躍し，革新的な性の解放論に基づく性の革命を唱え，さらにオーゴン生命物理学 orgone biophysics およびオーゴン療法 orgone therapy を主張した。1897年オーストリア帝国ガリシヤ地方にユダヤ人として生まれた。ウィーン大学医学部卒業後，1920年ウィーン精神分析協会の一員となり，1922年から28年まで，ウィーン精神分析診療所の助手，28年から30年まで副所長を務めた。この間ウィーン技法セミナーを主宰し，現在の境界例 borderline case に相当する一群の性格障害者や潜伏性精神病者に関する精神分析的なパーソナリティ障害論である『衝動的性格 Triebhafter Charakter』を1925年に刊行，この種の性格障害と，衝動抑制型の神経症的性格者ひいてはマゾヒズム的性格 masochistischer Charakter を区別し，後者についてその「性格分析」の理論と技法を発展させた。その中で社会学的見地を導入し，個体の社会への適応という観点から性格形成理論を体系づけ，現代的なパーソナリティ形成論と適応論の先駆者となった。現代精神分析の世界では，この時期までのライヒを精神分析家として認めているが，その一方で，ライヒは，フロイトのうっ積不安学説を信奉し，特に性器性欲のオーガズム体験による解放の意義を強調し，性格の鎧 character armor によるオーガズムの不能 orgastic impotence の解決と，健康なオーガズム体験能力の確立による円満なリビドー・エネルギー経済 libido sex economy こそ心身の健康の基盤であると主張した（1927）。またこの年，オーストリア社会民主党に入り，次第に社会運動家としての面

を強め，1928年には共産党に入党。性知識の普及と性の社会的抑圧についての啓蒙運動を進め，マルクス主義と精神分析の結合を目指す『弁証法的唯物論と精神分析学』（『マルクス主義の旗の下に』に掲載）を発表。1930年にベルリンに移り，精神分析医ラド Rado, S. から教育分析を受けたが，抑うつ状態のまま中断。1933年に『性格分析』を自費出版。同年，共産党はライヒを除名し，組織内での彼の本の読書を禁止。コペンハーゲンに亡命し，そこで『ファシズムの大衆心理学』を刊行。1934年国際精神分析学会は，ナチス弾圧下でライヒを除名し，ライヒはオスロに亡命。オスロ大学心理学科で講義しながら，精神分析を一種の弛緩療法に近いヴェジトセラピー vegetotherapy へと発展させ，精神分析療法からの離反を強めていった。1937年には自由教育者ニール Niell, A. S. が訪れ，ライヒから教育分析を受けた。1939年オスロでのライヒ非難が高まり，ウォルフ Wolf, T. D. の助力で米国に亡命し，1940年ニューヨークの新社会調査学院の助教授となる。同年，オーゴン生命エネルギーによる治療器であるオーゴン・ボックス orgone box をつくった。1941年米国の参戦を契機に，FBI から敵性外国人の疑いで逮捕されたが，翌年釈放。以後オーゴン生命物理学とオーゴン療法の研究と普及に努力して，メイン州にオーゴン研究所を設立。1954年米国 FDA（食糧医薬品局）はオーゴン・ボックスの販売を禁止。1955年この禁止令に触れて裁判となる。1956年 FDA の手でオーゴン・ボックスは破壊され，1957年3月法廷侮辱罪でコネチカット州のダンベリイ連邦刑務所に入る。そこでハーバート博士 Dr. Hurbert の手で精神鑑定を受け，精神分裂病の診断を受けた。1957年11月ペンシルベニア州ルイスバーク刑務所で心臓発作のため死去。米国の精神分析，精神医学界から，ライヒは1934年以降は逸脱し，次第に妄想的となっていったと診断されており，事実オーゴン・ボックスやオーゴン生命物理学に関するライヒの主張には，妄想的とみなさざるを得ないものが多い。しかし，その一方，1930年代からすでにソビエト体制を批判し，ラジカルな性の革命を説いた彼の思想を高く評価するあまり，ライヒ妄想説までをも否定し，医学的に見て実証性のないオーゴン学説の妥当性を承認しようとする一部の評論家もいる。また，ローエン Lowen, A. らは，ライヒのオーゴン療法を思想的・臨床的に継承し，独自の生体療法を発展させている。　（小此木啓吾）

[関連項目] 異性愛，オーガズム，性格の鎧，性格分析，性器的性格

[文献] 小此木啓吾 (1964), Reich, W. (1925, 1927a, 1927b, 1933a, 1933b, 1943, 1945)

ラカン，ジャック‐マリー
[Jacques Marie Emile Lacan 1901–1981]

フランスの精神科医・精神分析家。初め伝統的なフランス精神医学の中で教育を受けたが，しだいにフロイト Freud, S. に惹かれ，フロイトのテキストの読解とその理論の実践に新生面を開いた。

1928年から「精神自動症」の研究で有名なドゥ・クレランボー Clérambault, G. G. de のもとで精神医学を学んだラカンは，言語が人間の主体的意志を超えた働きを示す「精神自動症」の中に，フロイトの無意識を正しく位置づける枠組みを見出した。この認識は後に「無意識は一つの言語活動として構造化されている」というテーゼに集約される。1932年に学位論文『人格との関係から見たパラノイア性精神病』を公表し，症例エメを通じて「自罰パラノイア」について論じた。この論文ではまだ現象学を基調としながらも，フロイトの概念を積極的に活用し，パラノイアにおける無意識の罪悪感と犯罪との関係に光を当てている。この構想は「鏡像段階論」に引き継がれ，人格のパラノイア的成分の起源は，鎧としての鏡像自我と，原初的経験としての「寸断された身体」との間の自己疎外的な同一化の関係に求められることになった。さらに，鏡像段階に先立ち，大人たちの話に取り囲まれながら寄る辺ない存在として人生を始めなければならないという人間の根本条件に着目し，無意識は，こうした寄る辺ない存在をめぐる〈他者の語らい〉として構成されていると主張した。

無意識を言語活動であるとするこの説は，無意識に言語を介さない原初的交流を見ようとする当時の支配的風潮と抵触し，それは技法の対立として表面化した。ラカンは多くの神経症患者の分析治療を試みる中で，「短時間セッション（変動時間セッション）」と呼ばれる独自の方法を導入した。それは分析中の患者の語りの中から，患者本来の姿を表現する言葉が洩れ出てくる瞬間を，分析時間の区切れに一致させ，区切れそのものを一つの解釈として機能させるものであった。分析時間の短縮化へとつながるこの方法は既存の学会に容れられず，1953年にラカンを含む新しい精神分析団体が誕生し，彼はこの中でメラニー・クライン Klein, M. の対象概念との架橋をも試みながら，自らの理論を精錬させていった。しかし国際精神分析協会への加盟をめぐる政治的かけ引きの中で，彼はこの新しい団体からも「破門」され，ついに1964年，自らの学派として「パリ・フロイト派（EFP）」を樹立した。これを率いた彼の活動は「フロイトへの回帰」という標語で知られ，フランス構造主義との間に実り豊かな交叉をもたらすことになった。その中で66年に出版された大部の論文集『エクリ』は，思想界に大きな波紋を投げかけた。しかし，彼の学派は〈パ

ス〉と呼ばれる分析家資格付与の手続きを巡って動揺し，80年，彼はこれを自ら解散し，翌年，精神分析家の倫理を貫くための新たな学派の結成を呼びかけた。まもなく腸の悪性腫瘍のために彼が生地パリでその生涯を閉じたあとは，彼の娘婿で哲学出身のジャック‐アラン・ミレール Miller, J.-A. の率いるコーズ・フロイディエンヌ派 École de la Cause Freudiennne（ECF）をはじめ，多くの団体が〈パス〉を含むラカンの精神分析技法と理念を引き継いで活動を続けており，その流れはフランス語圏のほか，スペイン語圏やポルトガル語圏（南米を含む）に波及している。 （新宮一成）

[関連項目] 鏡像段階，パラノイア，ラカン理論

[文献] 向井雅明（1988），Roudinesco, E.（1993），Schneiderman, S.（1983），新宮一成（1995）

ラド，シャンドア

[Sandor Rado 1896-1973]

ハンガリー Kisvarda 生まれ。政治学学位の後ブダペスト大学医学部卒。フェレンツィ Ferenczi, S. のもとで分析協会を設立。ベルリン分析研究所で1922-1931。アブラハム Abraham, K. を助け最も正統派の教育部長として高名。フロイト Freud, S. の依頼で"Internationale Zeitschrift für Psychoanalyse"と"Imago"の編者。新設のニューヨーク分析研究所教育部長（1931-1941）。同研究所をレヴィ Levy, D.，カーディナー Kardiner, A.，ダニエルズ Daniels, G. 等と退き，1944年コロンビア大学医学部に Psychoanalytic Center for Training & Research を設立。1955年まで所長。American Academy of Psychoanalysis 創立委員（1962年会長）。N. Y. School of Psychiatry 設立。Dean。

分析学は医学の一部であり，分析研究所は医学部の中でとの宿願を達したラドは新たに adaptational psychodynamics を提唱した。

ラドによればフロイトの初志は自由連想を核心的手段とする深い内省のコミュニケーションに基づいた精神力動の生物学的 mechanical な理論であり，そのためにフロイトが独創的に選んだ次の要素は不可欠：（1）動機から行動を考える，（2）快不快（痛）原理，（3）記憶の抑圧と自由連想による想起，（4）心的メカニズムを患者の自覚せぬプロセスに適用，（5）意識と無意識の両システムを含む心的装置を脳生理学を基礎として提唱，（6）進化論に基づき種族・個体発生と成長初期に注目。しかしフロイト理論の1905年以後の展開は「本能」の導入により vitalistic になり，超自我・自我・イドの導入により animistic になった。ラドはフロイトの初志の展開を試み，メタ・サイコロジーを批判し，シェリントン Sherrington, C. やキャノン Cannon, W. に始まる近代脳生理学を適用し，理論的修正を提唱。すなわち動機の追求に本能の代わりに感情を重視，中枢統合の心的装置として快・痛，感情，感情的思考，思考，の四レベルのヒエラルキーとこれを貫く Action-self（自己の提唱としてコフート Kohut, H. に先立つ）を，また感情的思考のレベルで考えられる良心を，超自我に当たるものとした。統合機能の概念は Egology としてラドは1927年以来考えて来た。統合機能が個体の緊急事態適応に障害を来すことと，その修理のプロセスとして精神病理を考えた。

分裂病については広く用いられる anhedonia と schizotypal（schizophrenic phenotype）の概念を導入して，快体験の欠損と Action-self の障害と遺伝的背景を重視した。科学として孤立せず生物学・社会学・文化人類学（協力者カーディナーの仕事は顕著）等と連関を保った進歩を望んだ。分析治療において，その能力のある患者には依存でなく自発的協力を重視し，self-reliance（自己を頼むこと）を ego-strength（自我の強さ）に当たるものとした。ブダペストでフェレンツィ学派の発足をたすけ，ベルリンに移ってからはアブラハムを助けて最もしっかりした研修プログラムとして衆目の一致するものを設立して教育部長となり，フロイトの学問的信任甚だ厚く，フェニヘル Fenichel, O.，ハルトマン Hartmann, H.，ライヒ Reich, W. 等理論家の教育分析者であり，斯界の最も俊敏な指導者の一人として目されたラドの提唱は分析学の急進的改革で主流 orthodoxy の斥けるところとなった。この背景には精神分析学運動の中でフロイト周辺のある人びとと，そしてやがてフロイト自身と，ラドとの間の感情的・政治的葛藤の深まりがあった。ラドの没後，神経科学と分析学の指導者の間に創造的なテンションが起こってきた（1994年，千里ライフ・サイエンスセンターにおける Psyche '94 International Symposium on Mind-body problem 参照）が，これはラドの期待した方向への進展である。 （竹友安彦）

[関連項目] 新フロイト派

[文献] Rado, S.（1956, 1962），Roazen, P.（1971），Roazen, P. & Swerdloff, B.（1995）

ラパポート，デヴィッド

[David Rapaport 1911-1960]

自我心理学派を代表する精神分析学者の一人。1911年ハンガリーの中流ユダヤ人家族に生まれる。ブダペスト大学で数学と物理学を学んだ後，パレスチナのキブツに加わり，その後王立ハンガリー大学で心理学を学び Ph. D を取得するとともに教育分析を受ける。1938年米国に移住し，1940年よりメニンガー・クリニックに勤務し，心理学主任，研究部長を歴任。1948年にはオーステンリッグスセンターに移り，没年までここに所属して自我心

理学のテーマを系統的に研究し，その間にアメリカ心理学会に臨床・異常心理学部門を創設し初代の書記を務める。主な研究領域はフロイト Freud, S. から自我心理学までの理論を体系化し，一般心理学や社会心理学の理論と統合する試み，思考過程，思考の発達，学習と記憶に関する自我心理学的理論化の試みなどであるが，特に思考過程の研究はその中心をなす。また心理検査の精神分析的理論化に関して多大な功績を挙げている。その編著書 "Diagnostic Psychological Testing" (1946) は，構造化された検査と投映法のバッテリーを駆使する方法および精神分析的人格理論に基づく解釈法を示したもので，この書が当時の心理学者を知能検査者から臨床家に変えたと言われ，現在も臨床心理学者の必読の書となっている。1960 年こうした功績によってアメリカ心理学会からの賞を授与されたが，その年の 12 月に 49 歳で病没。1967 年に刊行された論文集には 65 編 900 ページを越える論文が掲載されている。　　　　　　（馬場禮子）

[関連項目] 自我心理学，心理検査，シェーファー
[文献] Gill, M. M. (ed.) (1967), Rapaport, D., et. al. (1946)

ランク，オットー
[Otto Rank　1884-1939]

ランクは，フロイト Freud, S. の弟子たちの中でも，最も創造的才能に恵まれ，かつてはフロイトの最愛の息子とまで称された人物であった。医者ではなく心理学者であったランクは，文学，芸術，神話の精神分析的解釈でその才能を存分に発揮し，フロイトの協力者として精神分析学の発展に大いに貢献した人物であった。

[ランクの分析技法] しかし，ランクは徐々にフロイトの精神分析技法に不満を抱くようになった。特に，フロイトの科学主義や幼児期体験への限りない執着，執拗な夢の解釈，さらには無意味な治療期間の長期化など，正統派の分析技法に対しランクは批判的な態度を示し，短期精神療法の導入を提言した。彼は独自の革新的な精神分析技法としてつぎの諸点を特に強調した。(1) 治療過程の最大のポイントとして治療期間を限定し治療を途中で中断し終結する方法を設定する。(2) 治療を成功させるには，治療への患者の動機と患者の行動に患者自身が責任をもつ意志 will を高めることの必要性を認識する。(3) 患者の過去の苦悩よりもむしろ現在 here and now の問題に分析の重点を定める。

[技法の発展] ランクは，神経症は出生時の出産外傷 trauma of birth に起因するとの独自の理論に基づき，治療者（母親）からの分離を果たすねらいで考案された中断療法を提唱した。ランクが初めて導入したこの中断療法は，マン (Mann, J. 1980) の時間制限心理療法 time-limited psychotherapy に代表される近年のブリーフ・サイコセラピーの著しい台頭の原動力として新たな評価を得ている。また，カウンセリングの代表的技法として位置づけられているロジャーズ (Rogers, C. 1951) の来談者中心療法 client-centered therapy のルーツが，基本的にランクの意志療法 will therapy に遡る事実はロジャーズが明言しているとおりであり，ランクは今日のカウンセリングの発展の基礎を築いた偉大な先駆者でもあった。
　　　　　　（上地安昭）

[関連項目] 出産外傷，短期精神療法，中断療法
[文献] Mann, J. (1973), Rank, O. (1909, 1924)

ラングス，ロバート
[Robert Langs　1928-]

アメリカ出身の精神分析家。精神分析的精神療法の研究からしだいに発展して，独自の精神療法的なアプローチを確立，提唱している。

1928 年 6 月 30 日ニューヨーク市に医師の息子として生まれる。シカゴ医学校で医学を学び，1953 年に MD 取得。その後アルバート・アインシュタイン医学校で精神医学を学んで，1958 年より精神医学の研究を始める。1959 年にはブルックリンにあるダウンステート精神分析研究所で訓練を始め，1969 年に分析家の資格を得る。この間のラングスは早期記憶，あるいは夢，さらには LSD の心理的な影響などの実証的な研究を主に行っている。精神分析家になってからは独自のスタンスを守り，フロイト症例における「偽りの同盟」の研究を始めとして，独自の視点から多くの論文，著作を書いている（初期のものは "Techinique in Transition" (1978) に収められている）。なかでも 1973 年と 74 年に出された "The Technique of Psychoanalytic Psychotherapy" の 2 巻は精神分析的精神療法の著名なテキストである。発展の過程の中で確立されてきた自分の立場をラングスは，従来の精神分析のスタイルと区別する意味で「コミュニカティヴ・アプローチ」と呼んでいる。ニューヨークのシナイ山精神病院および医学校のスーパーヴァイザー，助教授，およびいくつかのセンターでディレクターや客員教授をつとめている。
　　　　　　（妙木浩之）

[関連項目] コミュニカティヴ精神療法
[文献] Langs, R. J. (1973, 1974, 1978, 1988)

リヴィエール，ジョアン
[Joan Riviere　1883-1962]

フロイト Freud, S. に直接分析を受けた数少ないイギリス人精神分析者の一人。文学的教養を活かしたフロイトの翻訳によって精神分析を広めるとともに，クライン Klein, M. の片腕としてクライン派の理論的・臨床的発

展に貢献した。彼女は1883年6月28日にサセックスのブライトンで、4人兄弟の長女として生まれた。彼女の母親は厳しく、彼女の若い時の内気さ・自信のなさに影響していると見られている。23歳で結婚。父親の亡くなった1909年には、精神的危機に見舞われた。1915年からジョーンズ Jones, E. の分析を受け始めたが、激しい恋愛転移を起こし、ジョーンズの側も治療的境界を守れなかったため、分析は1922年フロイトの手に委ねられた。フロイトは彼女に知性と才能を見出し、『国際精神分析誌』の翻訳編集に当たらせた。1920年代半ばにはクラインと親交を結び始め、クラインをサポートするとともに理論的なアイデアを与え、クライン派を発展させた。彼女はウィニコット Winnicott, D. W., アイザックス Isaacs, S., ボウルビィ Bowlby, J. らを分析し、スィーガル Segal, H., ローゼンフェルド Rosenfeld, H., レイ Rey, H. らをスーパーヴァイズした。彼女の厳格さは、同僚・後進に崇められると同時に恐れられた。彼女の学術的業績はクラインの影に隠れているが、「女性性」の研究・嫉妬と羨望への注目では、クラインに先駆けている。彼女の最も代表的な論文では彼女は「陰性治療反応」を、患者が内的世界において、抑うつポジションの生む罪悪感と苦痛に耐えられずに躁的防衛に訴えることとの関連で理解した。　　　　　　　　　　　　　　（福本　修）

[関連項目] 陰性治療反応，嫉妬，女性性，羨望，クライン，ジョーンズ，フロイト, S.

[文献] Grosskurth, P. (1986), Hughes, A. (1991), Riviere, J. (1929, 1932, 1936a, 1991)

リクール，ポール
[Paul Ricœur　1913–]

フランスの哲学者。シカゴ大学教授を20年以上兼任していたこともあって、英語圏にも大きな影響を残している。彼は当初マルセル Marcel, G. に師事し、実存哲学をフッサール Husserl, E. の現象学的方法で追求するところから出発した。第二次大戦の5年間の収容所生活中にヤスパース Jaspers, K. に触れ、フッサールの著書を翻訳してもいる。彼は1950年代以降「意志の哲学」を提唱して反省哲学に近づき、しだいに記述から解釈への転回が明らかになっていく。また一方でラカン Lacan, J. のセミナーに熱心に出席し、精神分析が取り上げた哲学的問題と重なる問題、すなわち傷ついたデカルト的コギトをどのように再建するのか、という問題に取り組み始めた。精神分析を正面切って論じた『フロイトを読む』(1965)は、精神分析の実体論的自然科学的側面に対立する解釈学的側面をクローズアップし、フロイト Freud, S. の語法のもつ力をエネルギー論と解釈学の葛藤のなかにとらえ、精神分析が単に還元的解釈学にとどまらない創造性をもつ可能性を検討した。この後彼はさらに解釈学的視点を深化させ、『生きた隠喩』(1975)、『時間と物語』(1983–1985)で物語によって時間がいかに人間化言語化されるかを検討した。リクールの精神分析の読み方は、同じ言語という観点を中心に据えながら、ラカンの構造言語学的読解とは正反対に位置するといえるものであり、精神分析の解釈学的側面とメタファーと物語の生成への強調は、精神分析の陣営でもスペンス Spence, D. P. などに大きな影響を与えている。　（藤山直樹）

[関連項目] 解釈学，哲学

[文献] Ricœur, P. (1965, 1975, 1983–1985), Spence, D. P. (1987)

リッツ，セオドア
[Theodore Lidz　1910–]

リッツは、精神分析の伝統に忠実にフロイト Freud, S. のエディプス・コンプレックス論に立脚して、精神分裂病の家族病理と精神分析的な核家族論を展開し、さらにニューギニアの男性月経社会研究を行うなど、家族研究に偉大な業績をあげた精神分析家。エール大学医学部名誉教授。1910年ニューヨークに生まれ、1936年コロンビア大学医学部卒業、1946–51年、ジョンズ・ホプキンス大学助教授、1951年よりエール大学精神医学教授となって現在に至る。精神分裂病の家族には世代境界の混乱が見られ、一方の親がその配偶者に不満を抱き、その代償として異性の子ども（母親なら息子、父親なら娘）に過度に近づき、近親姦的な心的布置が生じるといい、このような家族病理が生じる父母の夫婦像を二つの類型に分けた。「分裂した夫婦 marital schism」は顕在的に葛藤の明らかな夫婦像であり、「歪んだ夫婦 marital skew」は一見葛藤がないように見えながら、実は一方の配偶者の歪んだ考え方に他方が不満を抱きながらも屈従し、夫婦ともどもに合理的でない歪んだ考え方をするような夫婦像である。この二つのタイプの夫婦は、配偶者への不満を自分と異なった性の子どもに接近することによって代償しようとし、親子間の世代境界が混乱していく。この不合理な状況で養育される子どもは、現代社会における成長に必要な自分と同性の親を手本とし、同一化することができなくなる。リッツはこのような家庭の不合理なあり方に分裂病の家族因を見出そうとした。さらにリッツは、この分裂病の家族研究を通して現代社会における健全な核家族の基本的な心的機能として、(1)父母の連合 parent coalition、(2)世代境界 generation boundary の確立と維持、(3)性別と結合した役割 gender linked role の保持、の三つをあげた。つまり、これらの基本条件は、エディプス・コンプレックスを越えた家族関係の確立を意味する。「エディプス状況は、精

神医学の中心的位置を占める課題である」(リッツ)。子どもが一単位としての自分の家族に同一化し，自分の家族への依存に安心感を持ち，新しい関係を形成してゆくことができるのは，ひとえに，父母に対するエディプス状況を克服することによってである。父母がその連合に失敗し，世代境界の混乱が起こる家族では，必然的に母親と息子，父親と娘といった近親相姦的な結合や，母親と息子・娘たちの前エディプス的結合が起こり，子どもの自我統合 ego integration は健全な成長を妨げられる。そして，それぞれの父母が自らの核家族を健全に形成するかどうかは，まず自分たち自身が内面において自分たちの父母との間のエディプス・コンプレックスをどれだけ脱却しているかにかかっているという。1962年に米国における健全な核家族を定義したリッツは，1977年に『男性月経 male menstruation』という論文を発表した。本論文は米国の核家族研究から文化精神医学研究に向かったリッツが，ニューギニアで極度の女性恐怖・月経恐怖を持つ精神病患者を診療した経験に発している。鼻を突っ付く，舌を傷つける，ペニスを傷つける，などによって出血する男性月経は，ニューギニアの山岳・高原地方，アサロ渓谷や，シューテン群島のウォゲオ島など，何千年もの間，他から隔離して暮らしてきた石器時代の種族に見られる，男性の成人式と結びついた慣行で，15歳－19歳の男の子が，男性としての身分を承認される途上で行われ，「月経が少女を女にするものであり，少年にも月経があることを教わらなければ大人の男になれないという信仰」による。

この男性月経社会では，一夫多妻の男たちは男たちの小屋で集団生活を送り，妻たちはそれぞれの子どもと別の小屋に住んでいる。つまり母子の共生的結合が異常に強い。リッツは，この母子結合の中で育った男の子が男性月経の儀式によって母親の家から追放され男性だけと暮らすようになる仕組みを，母親との共生的結合から分離-個体化して境界を確立し，母親との一次的同一化を克服して，男性としての性同一性を獲得するという発達課題を達成する心的なシステムとして理解した。しかも，この部族では女性の血は恐ろしい毒性を持つという恐怖があり，ひとたび分離した男性はその後激しい女性（母親）恐怖を抱く。リッツはこの恐怖を再び母親に融合されてしまう共生不安 symbiosis anxiety としてとらえた。このように，リッツは文化による家族システムの違いの精神分析的な意味を解明する試みを行ったが，さらにこの母子優位の男性月経社会論の視点から，阿闍世コンプレックス論を解釈する試みを行っている。

(小此木啓吾)

[文献] Lidz, R. W. & Litz, Th. (1977), Lidz, Th. (1960, 1968), Lidz, Th. & Lidz, R. (1989), Lidz, Th., Fleck, S. & Cornelison, A. R. (1966)

リトル，マーガレット・I
[Margaret Isabel Little 1901－1994]

英国精神分析協会のインディペンデント・アナリスツのグループに所属していた女性精神分析家。イングランドに生まれ，精神科医となるが，このころユング派分析家の治療を受ける。その後精神分析の訓練を始め，シャープ Sharpe, E. の教育分析やアンナ・フロイト Freud, A. のスーパービジョンなどを受けたのち，1946年精神分析家の資格を得る。1950年代に訓練分析家となり，1971年には現役をいくらか退いた。リトルの貢献に逆転移理解への寄与がある。論文『逆転移とそれに対する患者の反応』(1951)において，とくに治療者の逆転移性の失敗とそれへの患者の無意識の反応という逆転移に内包されている相互交流を浮かび上がらせた。また彼女は精神病や境界精神病の精神分析を意欲的におこなった少ない分析家のひとりである。その結果，転移性精神病や妄想性転移の概念を深め，発達最早期の全面的に母子が未分化な状態，基本的な一体／原初なる一 basic unity を検索した。リトルは青年期から繰り返し精神病性の精神破綻をきたしており，このため1949年から1955年までウィニコット Winnicott, D. W. の分析を受けている。この分析の記録は『精神病水準の不安と庇護』(1990)として出版されている。

(松木邦裕)

[関連項目] 逆転移，自己開示，精神病性転移，転移性精神病，独立学派，ウィニコット

[文献] Little, M. I. (1951, 1981, 1990)

リンズレー，ドナルド・B
[Donald B. Rinsley 1928－1989]

1960年から70年代にかけて，児童・思春期における重度精神障害治療理論の国際的リーダーであった。特に思春期患者の入院治療と理論化により，1968年，臨床研究者に与えられるアメリカの栄誉ある Edward A. Strecker 賞を与えられた。彼の臨床は，マーラー Mahler, M. S. の人間共生の変遷という発達モデルに基づく。すなわち分裂症，境界線障害を幼少発達期に固着点をもつ病態としてとらえ，重い順に前共生型，共生型とした。前者は人間の基本的結びつきに欠陥があるので，まず治療者との共生関係を作らねばならない（共生化）。長期の入院環境・薬物療法，精神療法が必要である。後者は分離・個体化プロセスに困難をもつので，徐々に脱共生化を促す。入院中に始める長期の分析的精神療法が最も大切である。薬物は患者の不安を適度に保つ必要最小限に止める。さらに入院中に，両親の徹底したカウンセリングにより，親子交流の歪みを正す。1980年代には境界線人格障害，自己障害，対象関係論（特にフェアバ

ーン Fairbairn, W. R. D. の研究）などについて理論的著作を著したが，1989年心臓手術後に快復せず61歳で永眠した。メニンガー精神医学校教授，カンザス州立大学精神科教授などを務めた。分析的精神療法のスーパーヴィジョンでは，セラピストの逆転移を徹底的に探索し，専門的成長を助けた。100を超す精神医学，精神分析の論文と，"Treatment of the Severely Disturbed Adolescent"（1980），"Borderline and Other Self Disorders"（1982）など4冊の著書がある。ハーバード大学物理学科卒後，ワシントン大学医学部を経て，メニンガー精神医学校卒。コンサート・ピアニストとして専門的訓練を受けたユニークな経歴もある。　　　　　（高橋哲郎）

[関連項目] 共生期，思春期［青年期］，分離‐個体化
[文献] Rinsley, D. B. (1980)

レイン，ロナルド・デヴィッド
[Ronald David Laing　1927-1989]

スコットランドのクライド川に臨む，造船業を中心として栄えてきた工業都市であるグラスゴー市の出身。16世紀に建てられたグラスゴー大学医学部で正統的な精神医学を学び，さらにタビストックで精神分析を体験し，後に反精神医学の祖といわれた。反精神医学運動は彼が当初から目指したものではなかったが，彼の27歳時の最初の著書『ひき裂かれた自己 Divided Self』（1960）がその発端になった。その主張の中で，次の3点が特に重要であろう。第1に彼は自らの体験から，精神医学・医療の現場が患者の悩みや苦しみとは全く無縁であり，医学の名において為される客観的な観察と称する患者の心への侵害と，精神病院という関係性の存在しない環境の中に満ちているアパシーを見事に描写した。第2に，精神病は家族の中で，あるいは社会の中で引き起こされるものであって，患者はそのスケープゴートである。第3に，精神病はやがて荒廃して痴呆化を免れない生物学的な過程ではなくて，むしろより創造的でより完全な生への道程であるという積極的な考えを示した。

彼自身の精神医療の場での実践もラディカルで容赦のないものであった。彼の臨床的活動は，自伝である『レイン――わが半生 Wisdom, Madness and Folly』（1990）に詳しい。患者は向精神薬を与えられず，狂気を生き抜くことを奨励された。職業的な医師や看護婦よりも，狂気の旅を自ら体験したことのある人びととがそばにいて支えることが奨励された。彼がロンドンに持ったキングスレイホールと呼ばれる治療的コミュニティも含めて，彼の臨床の場はいずれも不潔とカオスが支配しており，医療関係者なら誰しも眉をひそめさせられるような場所であった。

イギリスの精神医学の歴史は，道徳療法のテューク Tuke 父子，無拘束療法のコノリー Conolly, J., 治療共同体のマックスウェル・ジョーンズ Jones, M. と，精神病院や医療の改革をある程度実現した先達は少なくないが，彼らは人間や医学の進歩にまだ希望を持っていたように思う。しかし，レインには医学に対しての希望が感じられず，人間の進歩に対する絶望がにおう。レインは医師であるよりも以前に詩人的な感性の人であり，多くはないが詩的な仕事も残している。その中で子どもとの対話に安らぎを求めたりしている。彼は禁欲的で厳格な長老派の家庭に育ったが，時代の波は彼をそこから遠くへ押し流した。また，医療や医学に平安を求めたが得られなかった。この悩める魂は西へそして東へと，哲学を求め，瞑想に身を沈め，アルコールや薬に浸った時期も含めて彷徨い続けた。そしてその旅は1989年8月23日，南フランスのサントロペのテニスコートでの死の時までやむことはなかったのではなかろうか。（鈴木純一）

[関連項目] 精神分裂病
[文献] Laing, R. D. (1960, 1967, 1970, 1985)

レボヴィシ，セルジュ
[Serge Lebovici　1915-2000]

フランスひいてはヨーロッパの精神分析の代表的な指導者の一人。児童分析，そして乳幼児精神保健の領域における母子相互作用，地域精神保健，特に母子保健の領域で輝かしい業績と偉大な指導力を発揮した。また，母親に対するコンサルテーションを通して母子関係の世代間伝達に関する系統的な研究を行い，さらに，想像上の赤ん坊 imaginary baby, 幻想の乳児 fantasmatic infant の研究，そして，突然死した赤ん坊に対する死の悲しみと罪悪感を償う意味で，すぐに身ごもり，生んだ子どもに対する母親の投影と，それを投げかけられた子どもの側の苦悩。例えば，その最も具体的な一例として，画家ビンセント・ヴァン・ゴッホに関する研究などが行われている。また教育者‐スーパーバイザーとしてとても高名な "Dialogue with Sammy" の刊行がある。のちにヨーロッパの代表的な精神分析家となったジョイス・マクドゥーガル McDougall, J. は，パリで研修医になり，レボヴィシによる Sammy という psychotic child の児童分析のスーパービジョンを受けた。この治療過程の第166回まで10カ月にわたる各セッションの記録を，彼女はレボヴィシと共に，1960年にまずフランス語で，"un cas de psychose infantile" と題して刊行し（英語版 1969），この単行本による治療例の詳細な記述の報告は多大な反響を呼んだ。序文を寄せたウィニコット Winnicott, D. W. は，「この本は精神分析・精神療法の文献の中で，不朽の位置を獲得すべきだ」と述べている。そしてマクドゥーガルは1988年版の追記で，レボヴィシに改めて感謝を

捧げて、「先生は私の報告に忍耐強く耳を傾け、長いプロセス・ノートに注意深く目を通し、私がこの困難な仕事を続けられるように元気づけてくださった」と語っている。

　彼は1915年、パリに生まれた。1938年に医師の資格を得たが、第二次世界大戦の勃発とともに兵士となりドイツ軍の捕虜となったが、1941年に解放された。1942年にはユダヤ人であった父がゲシュタポによって拘留・殺害され、母だけが無事に生き延びたが、彼自身は難を逃れ、レジスタンス運動に身を投じ、パリ解放当時はフランス陸軍に属していた。その後、精神分析の道を歩み、1978年から85年まで北パリ大学の児童思春期精神医学の教授、そして現在もその名誉教授を務めている。その間、1973年から77年まで国際精神分析学会の会長を務め、アンナ・フロイト Freud, A., メラニー・クライン Klein, M., ルネ・スピッツ Spitz, R. A., ウィニコットらとの親密な交流の中で、その理論と研究、臨床を発展させている。また、ヨーロッパにおける国際思春期青年期精神医学会の会長も務め、1989年からは世界乳幼児精神医学会の会長を務めた。晩年は、身をもって体験されたユダヤ人迫害とレジスタンス運動の経験は、高邁な人道主義精神と、たくましい義侠心を生み、「国境なき医師団」の運動を展開させた。臨床と母子の地域精神保健の枠を超えて、ルーマニアの孤児たち、ユーゴスラビアのコソボの戦乱の犠牲となった子どもたち、アルジェリア戦争の犠牲者たち、これらの子どもたちの受けた心的外傷の癒しに対する社会的臨床的な精力的な活動は、精神分析家の社会的貢献の模範というべきものである。わが国にも幾たびも来日し、わが国の精神分析、児童思春期精神医学、乳幼児精神保健にも多大の影響を残しているが2000年8月12日に病没された。　　　　　（小此木啓吾）

　　［文献］Lebovici, S. (1983, 1986, 1987, 1988a, 1988b, 1995a, 1995b)

レーワルド，ハンス・W
　　［Hans W. Loewald　1906—1993］

　1906年にドイツで生まれ1993年になくなったアメリカの精神分析医。ハイデッガー Heidegger, M. のもとで哲学を学び、その後医学に進んだ。アメリカに移住後、ボルチモア‐ワシントン精神分析研究所で精神分析を学び、後にエール大学医学部、西ニューイングランド精神分析研究所で精神分析を教えた。レーワルドはフロイト派修正学派 Freudian revisionist と位置付けることができよう。彼は自然科学的な自我心理学の用語に関係論的な含意を与えることで、フロイト派の理論構成のうちに人間的な交流を取りこむ理論を展開した。レーワルドは心的装置を対人交流に対して開かれたシステムと考えて、本能欲動を母子間の交流から導き出される心理学的な概念として再定義した。この前提に基づき、精神分析治療は治療者との対人交流が被分析者の精神構造に内在化される過程とされ、治療過程は母子関係をモデルとした新しい対象としての治療者との関係の中で被分析者の自我やその他の心的装置がより高次の成熟した構造を獲得する過程としてとらえられた。またレーワルドは、心的装置を機械論的で適応論的なものとしては見ず、むしろ治療的達成を心的装置間の、外的なものと内的なものの間の、幻想と現実との間の相互交流の豊かさに置いた。これらの点でレーワルドはサリヴァン Sullivan, H. S. やラド Rado, S. の視点を引き継ぎ、シェーファー Schafer, R. やコフート Kohut, H. のさらなる展開の先駆けともなった。　　　　　（横井公一）

　　［関連項目］自我心理学，心的装置
　　［文献］Loewald, H. W. (1980)

ロジャーズ，カール・R
　　［Carl Ransom Rogers　1902—1987］

　臨床心理学の分野で、精神分析と対立しながら一貫性のある理論と実践の学派を確立したアメリカの心理学者。イリノイ州オークパークで生まれ、保守的なプロテスタントの両親のもとで育った。コロンビア大学教育学部を経て、臨床活動に携わることになる。精神分析に対しては、時間と費用がかかりすぎて実際的でない、現在を重視しない、科学的研究を好まない等の点で批判的であった。1940年からオハイオ州立大学に教授として移り、1942年に『カウンセリングと心理療法』を発表し、忠告・解釈・指示を与えないで人間の成長力と主体性を重視する自分の立場を「非指示療法」と称した。また、彼の影響で「患者」の代わりに「クライエント」という言葉が臨床で広く使われるようになった。非指示的な態度が教条化してしまうことに配慮し、1940年代の終わり頃には「クライエント中心療法」という言葉を使うようになり、さらには大規模なリサーチをまとめた。1964年に西部行動科学研究所に移り、その後1968年に人間研究センター Center for Studies of the Person を設立したが、その中で展開されたグループ（エンカウンター・グループ）は、コミュニティにおける人間中心の出会いと成長ためのアプローチとして、時代の要請に応え、米国を中心に広まっていった。1970年代に入ってからは、紛争の解決をめざしたグループを組織すること等を通して国際的にも貢献した。転移分析に疑問をなげかけ、権威的で知的な洞察よりも無条件の受容を強調し、解釈や技法よりも非指示的態度や個人的な力を強調するなど、常に精神分析を批判しながら人間学的（ヒューマニスティック）で実存的な学派を確立したことで、特筆されるべき

存在であり，日本における影響も根強い．なお，フロイト Freud, S. と袂を分かちアメリカに渡って意志療法 will therapy を創始したランク Rank, O. の影響を，クライエント自身の意志を尊重するという点で，若い頃受けたと語っている． （北山　修）

[関連項目] 共感，支持療法，ランク

[文献] 久能徹・他 (1997), Rogers, C. R. (1951, 1961), 佐治守夫・飯長喜一郎 (編) (1983)

ローゼンフェルド，ハーバート

[Herbert Rosenfeld 1909-1986]

ビオン Bion, W. R., スィーガル Segal, H. と並んで，第二次世界大戦以後のクライン学派のもっとも重要な支持者の一人．1909 年にドイツで出生．1935 年に英国に亡命している．彼は精神科医師となり慢性精神分裂病の患者に対する精神療法的なアプローチに強い関心をもっていた．そしてクライン Klein, M. に教育分析を受け，精神分析療法を精神分裂病の治療に試み，多くの発見をしていった．そしてクラインの妄想分裂ポジション paranoid-schizoid position, スプリッティング splitting, 投影同一視 projective identification などの重要な精神病の研究（1946）に貢献し，さらに発展させていった．彼は終生精神病や重症の病理的パーソナリティの臨床研究に没頭し，1986 年ロンドンで死去している．(1) 精神分裂病の研究：彼は 1940 年代に多くの精神分裂病の臨床経験をもち，論文としても発表している．それはきわめて繊細で精緻な臨床観察であり，その早期対象関係に関する研究であった．そしてクラインが明らかにした妄想分裂ポジションにおける部分対象関係の迫害不安に満ちた世界が，治療者に転移される現象を明らかにしたのである（精神病性転移 psychotic transference）．さらに彼は，投影同一視の臨床的な特徴を明らかにし，後の正常な投影性同一視の研究の端緒を成している．またあるタイプの精神病の患者は，性愛的な対象関係と破壊的な対象関係が混同してしまい，激しい迫害不安と混乱状態に陥る．これを彼は困惑状態 confusional states と呼んだ．そして彼はこれは「羨望 envy」に対する防衛であると考えている．(2) 破壊的自己愛 destructive narcissism の研究：1960 年代からは，ローゼンフェルドは非精神病的な病理的パーソナリティの問題をもっている患者群の臨床研究も行うようになっている．特に彼は，破壊的自己愛の研究を行っている．それは臨床的には，現在の境界例（広義）に該当する患者群についての研究であり，彼の研究はイギリスにおける境界例研究の代表的なものである．彼が挙げている症例では，衝動的パーソナリティ障害，情的不安定性パーソナリティ障害，スキゾイド・パーソナリティ障害，自己愛パーソナリティ障害に該当する重症例が多い．彼がもっとも注目したのは，治療が成功しそうになったり治療者との情緒的接触や理解された体験をもつと，急に自殺企図，反社会的行為，症状の悪化，激しい攻撃性の発露などの陰性治療反応を強く呈する患者群である．彼は，心の一部に破壊的な理想化された自己の部分が存在し，他の性愛的な対象を求め依存しようとする自己の部分を支配している内的対象関係の病理を明らかにし，そのような内的組織を「破壊的自己愛組織 destructive narcissistic organization」と呼んだのである．この視点は，ビオンの精神病的パーソナリティ psychotic personality の研究とともに，イギリスにおける病理的パーソナリティの研究の基礎となっている．そして，現代クライン学派の動向をもっとも代表している，シュタイナー Steiner, J. の「病理的組織化 pathological organization の研究などに大きな影響を与えている． （衣笠隆幸）

[関連項目] 困惑状態，精神病性転移，破壊的自己愛／性愛的自己愛，病理構造体〔病理的組織化〕，妄想分裂ポジション，クライン，ビオン

[文献] Bion, W. R. (1967b), Klein, M. (1946), Rosenfeld, H. A. (1965, 1987)

ローハイム，ゲザ

[Géza Róheim 1891-1953]

ハンガリー出身の精神分析学者であり文化人類学者で，フロイト主義者として両者を統合しようとした文化精神分析学のパイオニア．精神分析学運動の拠点の一つとなった首都ブダペストに生まれ，ベルリンなどで人類学を学ぶ．『トーテムとタブー』などフロイト Freud, S. の文化事象や社会制度の深層分析に刺激され，精神分析に関心を抱き，フロイトらと交流して同国人のフェレンツィ Ferenczi, S. の教育的な分析を受ける．「精神分析学的人類学 psychoanalytical anthropology」と命名した領域を新しく開拓し，ハンガリー精神分析協会に所属しブダペスト大学人類学講座教授になる．個人の無意識心理を土台にしてあらゆる外的事象が生まれるという個人還元主義の視点から，オーストラリア先住民などの文化や生活に関するフィールドワークと分析を行い，精神病理現象や文化現象などに通底する部分を追求した．1938 年アメリカに亡命しマサチューセッツ州立ウースタ病院に勤務，後にニューヨークに移り個人開業し，多くの著作を発表した．神話，儀礼，制度に関する彼の解釈では，基本的に文化活動が幼児の心性，とくに分離不安の防衛的展開であるとされ，その根拠もフロイト学派の見解にきわめて忠実である．解釈が臨床を逸脱するものであるという点からも批判されたが，ミード Mead, M. などの業績にも刺激を与え，新フロイト派の発展に寄与した．文化を

高く評価する視点から「中間的対象 intermediate object」など移行対象のさきがけとなる知見を得ており，その仕事の影響は多方面に波及している。　（北山　修）

[関連項目] 文化人類学，ミード

[文献] Róheim, G. (1934, 1950)

ロールシャッハ，ヘルマン
[Hermann Rorschach 1884-1922]

　精神医学者でロールシャッハ・テストの創案者。1884年チューリヒに生まれる。父は画家であり，ロールシャッハ自身も描画や美術鑑賞を好み，後に精神科医となってからは精神病者の作品に深い関心をもった。チューリヒ，ベルリン，ベルンで医学を修得。1909年医師免許を取り，1912年『反応性幻覚および類似現象について』の論文で博士の学位を取得。インクブロットを連想実験の素材にする構想は早くからロールシャッハの中に芽生えており，1911年には学童，健常者，精神病者への実験を行っている。この実験は宗教宗派の研究および精神分析学への関心によって一時中断され，1917年ころから再開され，そしてわずかな期間になされた膨大な研究が，1921年『精神診断学──知覚診断的実験の方法と結果 Psychodiagnostik, Methodik und Ergebnisse eines wahrnehmungsdiagnostischen Experiments』として公刊された。その中には，精神分析的解釈の観点も示されている。翌1922年ロールシャッハは37歳で病没し，この検査法はビンスワンガー Binswanger, L., オーバーホルツァー Oberholzer, E. らによって伝えられ，主としてアメリカで発展した。精神医学者としてはチューリヒ大学でブロイラー Bleuler, E. に師事し，また国際精神分析学会チューリヒ支部の会員であり，その学会誌に『反射幻覚と象徴性』(1912) その他の論文を発表している。最晩年はヘリザウに住み，没年までヘリザウ州立精神病院の医長を務めた。　（馬場禮子）

[関連項目] 心理検査，投映（影）法，ロールシャッハ・テスト

[文献] Ellenberger, H. (1954, 1979), Rorschach, H. (1921)

文　献

参考文献一覧　　*571*

フロイト著作年表　　*612*

文献一覧凡例

1. 本文の各項目の末尾に指示された文献および主著を著作者別に収録した．精神分析全般にわたる文献を体系的にまとめたものではない．
2. フロイト Freud, S. の著作はここから除外し，「フロイト著作年表」に収録した．
3. 配列は以下の原則による．
   (1) 著作者のファミリーネームのアルファベット順（同姓の場合はパーソナルネームのアルファベット順）
   (2) 同一著作者内は次のように並べた．
      ① 単独著作 → 3名以下の共著（第二・第三著作者のアルファベット順） → 4名以上の共著（第一著者・他または et al. で表示）
      ② 単独編集 → 3名以下の共編 → 4名以上の共編
      ③ 以上が同一の場合は刊行年順
   (3) 刊行年が同一の場合は年代の後に，a, b…を付したが，必ずしもその年内の先後を示すものではなく，同定の便宜上の区別に過ぎない．
   (4) 日本人の場合はヘボン式のローマ字で読んでアルファベット配列に組み入れてある．
      長母音，二重母音の場合は読みがなをなぞる形で読み替えた．
      〔例〕大島＝ooshima，近藤＝kondou
      外国語で発表した著作の場合は，著者名はその表記のまま配列した．ただし，同一研究者が日本語で発表した著作が他にあるケースでは，その中に組み込んだ場合もある．
   (5) 雑誌の特集など執筆者名を特定できないものは末尾に一括した．
4. 表記は原則として，著作者名（刊行年）論文または著作名，発表誌（収録書）または出版社，出版地（外国文献の場合のみ）とし，邦訳は（　）内に示した．
5. 刊行年は初版で表示することを原則としたが，必要に応じて最新刊行年で表示する場合あるいは（邦訳の底本となるなどの）他の版を併記する場合がある．

A

Abelin, E. L. (1971) The Role of the Father in the Separation-Individuation Process. In, Separation-Individuation (ed. J. B. McDevitt & C. F. Settlage). Int. Univ. Press.

Abelin, E. L.(1975) Some further observation and comments on theearliest role of the father. Int. J. Psycho-Anal. 56: 293–302.

Abend, S. M. & Porder, M. S. (1995) Identification. In, Psychoanalysis: The Major Concepts. Yale Univ. Press, New Haven & London.

Abraham, K. (1911) Ansätze zur psychoanalytischen Erforschung und Behandlung des manisch-depressiven Irreseins und verwandter Zustände. (Notes on the psychoanalytic investigation and treatment of manic-depressive insanity and allied conditions. In, Selected Papers of Karl Abraham, M. D. Hogarth Press and Institute of Psycho-Analysis, London, 1927.) (大野美都子訳：躁うつ病およびその類似状態の精神分析的研究と治療のための端緒．アーブラハム論文集——抑うつ・強迫・去勢の精神分析．岩崎学術出版社，1993.)

―――― (1919) Über eine besondere Form des neurotischen Wiederstandes gegen die psychoanalytische Methodik. (A particular form of neurotic resistance against the psychoanalytic method. In, Selected Papers of Karl Abraham, M. D. Hogarth Press and Institute of Psycho-Analysis, London, 1927.) (大野美都子訳：精神分析的方法に対する神経症的な抵抗の特殊な一形式について．アーブラハム論文集——抑うつ・強迫・去勢の精神分析．岩崎学術出版社，1993.)

―――― (1920a) Zur narzißtischen Bewertung der Exkretionsvorgänge in Traum und Neurose. (The narcissistic evaluation of excretory processes in dream and neurosis. In, Selected Papers of Karl Abraham, M. D. Hogarth Press and Institute of Psycho-Analysis, London, 1927.)

―――― (1920b) Äußerungsformen des weiblichen Kastrationskomplexes. (Manifestations of the female castration complex. In, Selected Papers of Karl Abraham, M. D. Hogarth Press and Institute of Psycho-Analysis, London, 1927.) (大野美都子訳：女性の去勢コンプレックスのさまざまな表現形態．アーブラハム論文集——抑うつ・強迫・去勢の精神分析．岩崎学術出版社，1993.)

―――― (1921) Ergänzungen zur Lehre vom Analcharakter. (Contributions to the theory of the anal character, In, Selected Papers on Psychoanalysis, Maresfield Reprints, London, 1979.) (前野光弘訳：肛門性格の理論のための補遺．アーブラハム論文集——抑うつ・強迫・去勢の精神分析．岩崎学術出版社，1993.)

―――― (1924a) Beiträge der Oralerotik zur Charakterbildung. (The Influence of oral erotism on character formation. In, Selected Papers of Karl Abraham, M. D. Hogarth Press and Institute of Psycho-Analysis, London, 1927.) (前野光弘訳：性格形成に対する口唇性格の寄与．アーブラハム論文集——抑うつ・強迫・去勢の精神分析．岩崎学術出版社，1993.)

―――― (1924b) Versuch einer Entwicklungsgeschichte der Libido auf Grund der Psychoanalyse seelischer Störungen. (A short study of the development of the libido, viewed in the light of mental disorders. In, Selected Papers of Karl Abraham, M. D. Hogarth Press and Institute of Psycho-Analysis, London, 1927.) (細木照敏・飯田真訳：躁うつ状態とリビドーの前性器的体制段階．精神療法 1 (10): 266，2 (1): 72，1975，1976；下坂幸三訳：心的障害の精神分析に基づくリビドー発達史試論．アーブラハム論文集——抑うつ・強迫・去勢の精神分析．岩崎学術出版社，1993.)

―――― (1924c) Zur Charakterbildung auf der 'genitalen' Entwicklungsstufe. (Character formation on the genital level of libido-development. In, Selected Papers of Karl Abraham, M. D. Hogarth Press and Institute of Psycho-Analysis, London, 1927.) (前野光弘訳：「性器的」発達段階における性格形成．アーブラハム論文集——抑うつ・強迫・去勢の精神分析．岩崎学術出版社，1993.)

―――― (1927) Selected Papers on Psycho-Analysis. Hogarth Press, London; Basic Books, New York, 1953/68. (下坂幸三・前野光弘・大野美都子訳：アーブラハム論文集——抑うつ・強迫・去勢の精神分析．岩崎学術出版社，1993.)

Abraham, N. & Torok, M. (1976) Criptonymie. Le verbier de l'Homme aux loup, Précédé de Fors par Jacques Derrida. Aubier-Flammarion, Paris.

Abram, J. (1996) The Language of Winnicott: A Dictionary of Winnicott's Use of Words. Karnac Books, London.

Abrams, S. (1981) Insight. The Psychoanalytic Study of the Child 36: 251–270.

Abramson, H. A. (ed.) (1952) Problems of Consciousness. Josiah Macy Jr. Foundation, U. S. A.

Ackerman, N. W. (1958) The Psychodynamics of Family Life. Basic Books, New York（小此木啓吾・石原潔訳：家族生活の精神力学（上）家族関係の理論と診断，（下）家族関係の病理と治療．岩崎学術出版社，1965，1970.)

Adler, A. (1907) Studie über Minderwertigkeit von Organen. Urban und Schwarzenberg, Wien. (A Study of Organ Inferiority and Its Psychical Compensation: A Contribution to Clinical Medicine (tr. S. E. Jelliffe). Nervous & Mental Disease Publishing Co., 1917.) (安田一郎訳：器官劣等性の研究．金剛出版，1984.)

―――― (1924) Individual Psychology. (山下肇訳：現代人のこころ——個人心理学入門．潮出版社，1971.)

―――― (1927) Menschenkenntnis. Hirzel, Leipzig. (高尾利数訳：人間知の心理学．春秋社，1987.)

―――― (1929) The Science of Living. (岸見一郎訳・野田俊作監訳：個人心理学講義．一光社，1996.)

―――― (1932) What Life Should Mean to You (ed. A. Porter). (高尾利数訳：人生の意味の心理学．春秋社，1984.)

Aichhorn, A. (1935) Wayward Youth. Viking Press, New York.

相田信男（1995）フェアベーンの考え方とその影響．現代のエスプリ別冊〈精神分析の現在〉（小此木啓吾・他編）：154–166．至文堂．

相田信男・栗原和彦（1983）フェアベーン．近代精神病理学の思想（保崎秀夫・他編）：147–180．金剛出版．

Ainsworth, M. (1982) Attachment: Retrospect and prospect. In, The Place of Attachment in Human Behaviour (ed. C. M. Parkes & J. Stevenson-Hinde). Tavistock, London.

Ainsworth, M. D. S., Blehar, M. C., Waters, E. & Wall, S. (1978) Patterns of Attachment: A Psychological Study of the Strange Situation. Erlbaum, Hillsdale.

参考文献一覧　A

Alexander, F. (1930a) Psychoanalysis of the Total Personality. Nerv. Ment. Disease Publishing Co.
――― (1930b) The neurotic character. Int. J. Psychoanal. 11: 292–311.
――― (1934) The influence of psychologic factors upon gastro-intestinal disturbances. Psychoanalytic Quarterly 3: 501–539.
――― (1935) The Problem of Psychoanalytic Technique. First published III. Psychoanalytic Quarterly 4: 588–611, The Scope of Psychoanalysis: 1921–1961.
――― (1936) The Medical Balue of Psychoanalysis. W. W. Norton, New York.
――― (1939) Emotional factors in essential hypertention. Psychosom. Med. 1: 173–179.
――― (1942) Our Age of Unreason. Lippincott., Philadelphia.
――― (1948) Fundamentals of Psychoanalysis. W. W. Norton, New York.
――― (1950) Psychosomatic Medicine: Its Principles and Applications. W. W. Norton, New York.（末松弘行監訳：心身医学の誕生．中央洋書出版部，1989．）
――― (1954) Psychoanalysis and psychotherapy. Journal of the American Psychoanalytic Association 2: 722–733.
――― (1956a) Psychoanalysis and Psychotherapy. W. W. Norton, New York.
――― (1956b) Technical problems concerning the regressive evation of pathogenic conflicts. In, Psychoanalysis and Psychotherapy. W. W. Norton, New York.
――― (1956c) Two forms of regression and their therapeutic imprications. Psychoanalytic Quarterly 25: 178–196.
――― (1960a) The Western Mind in Transition. Random House, New York.
――― (1960b) Experimental Psychiatry.
Alexander, F. & French, T. (1946) Psychoanalytic Therapy. Ronald Press, New York.
Alexander, F., Eisenstein, S. & Grotjahn, M. (ed.) (1966) Psychoanalytic Pioneers. Basic Books, New York.
Allen, C. (1952) Modern Discoveries in Medical Psychology. Macmillan, London.（小林司訳：異常心理の発見．岩崎書店，1965．）
Allport, G. W. (1937) Personality: A Psychological Interpretation. Holt, New York.
Alvarez, A. (1992) Live Company. Routledge, London.
尼ヶ崎彬（1990）ことばと身体．勁草書房．
American Psychiatric Association (1987) Quick Reference to the Diagnostic Criteria from DSM-III-R.（高橋三郎・花田耕一・藤縄昭訳：DSM-III-R 精神障害の分類と診断の手引，第2版．医学書院，1988．）
――― (1989) Opinions of the Ethics Committee on the Principles of Medical Ethics with Annotation Especially Applicable to Psychiatry. American Psychiatric Press, Wachington, D. C.
――― (1994a) Diagnostic and Statistic Manual of Mental Disorders (4th edition). American Psychiatric Association, Washington, D. C.（高橋三郎・大野裕・染矢俊幸訳：DSM-IV 精神疾患の診断・統計マニュアル．医学書院，1996．）
――― (1994b) Quick Reference to the Diagnostic Criteria from DSM-IV.（高橋三郎・大野裕・染矢俊幸訳：DSM-IV 精神疾患の分類と診断の手引．医学書院，1995．）
――― (1990a) Psychoanalytic Terms & Concepts. Yale Univ. Press, New Haven.（福島章監訳：精神分析事典．新曜社，1995．）
――― (1990b) Ethical principles of psychologists. Am Psychol. 45: 390.
Anderson, J. (1972) Attachment out of doors. In, Ethological Studies of Child Behaviour (ed. N. Blurton-Jones). Cambridge Univ. Press, Cambridge.
Anderson, R. (ed.) (1992) Clinical Lectures on Klein and Bion. Routledge, London.（小此木啓吾監訳：クラインとビオンの臨床講義．岩崎学術出版社，1996．）
Andreas-Salomé, L. (1892) Henrik Ibsens Frauen Gestaltin.（小林栄三郎訳：女であること――イプセンの女性像．ルー・ザロメ著作集 2．以文社，1974．）
――― (1894) Friedrich Nietzsche in seinen Werken. C. Reissner Verlag.（原佑訳：ニーチェ――人と作品．ルー・ザロメ著作集 3．以文社，1974．）
――― (1910) Die Erotic. Rütter u. Leonny Frankfurt a. Main.
――― (1919) Anal und Sexual. Imago 4: 249.
――― (1928) Rainer Maria Rilke. Leipzig.（堀越敏・伊藤行雄訳：ライナー・マリア・リルケ．ルー・ザロメ著作集 4．以文社，1973．）
――― (1931) Mein Dank an Freud. Internationaler Psychoanalytische Verlag, Wien.（堀越敏・小林真訳：フロイトへの感謝．ルー・ザロメ著作集 5．以文社，1975．）
Ansbacher, H. & Ansbacher, R. (1956) The Individual Psychology of Alfred Adler. Basic Books, New York.
Anzieu, A. (1980) Le femme sans qualite. Bordas, Paris.（高井邦子・岩見祥子訳：特性のない女――女であることの精神分析的素描．言叢社，1996．）
Anzieu, D. (1985) Le Moi-peau. Bordas, Paris. (The Skin Ego. Yale Univ. Press, New Haven/London.)（福田素子訳：皮膚自我．言叢社，1993年．）
――― (1986) Freud's Self-Analysis (tr. P. Graham with a Preface by M. Masud & R. Khan). Hogarth Press and the Institute of Psychoanalysis, London.
Arieti, S. (1957) Interpretation of Schizophrenia. Basic Books, New York.（加藤正明他訳：精神分裂病の心理．牧書店，1958．）
――― (1968) Intra-psychic Self: Feeling, Cognition, and Creativity in Health and Mental Illness. Basic Books, New York.
Arlon, J. (1958) The psychoanalytic theory of thinking. J. Amer. Psychoanal. Assn. 6: 143.
Arlow, J. A. (1969) Unconscous fantasy and disturbance of mental experience. Psychoanalytic Quarterly 38: 1–27.
――― (1985) The concept of psychic reality and related problems. J. Amer. Psychoanal. Assn. 33: 521–535.

Arlow, J. A. & Brenner, C. (1964) Psychoanalytic Concepts and the Structural Theory. Int. Univ. Press, New York.
Arnold, E. L. (ed.) (1978) Helping Parents Help Their Children. Brunner/Mazel, New York.（作田勉監訳：親指導と児童精神科治療．星和書店，1981．）
浅田　護（1999）非精神病性ひきこもり青年の対象関係論的外来分析グループ．精神分析研究 43: 108-120.
浅井昌弘（1979）事故傾性．現代精神医学大系 7B．中山書店．
――――（1983）ソンディ．近代精神病理学の思想（保崎秀夫他編）: 181-204．金剛出版．
――――（1984）ポリサージェリー．リエゾン精神医学（三浦貞則編）: 73-79．医歯薬出版．
Asch, S. (1976) Varieties of negative therapeutic reaction and problems of technique. J. Amer. Psychoanal. Assn. 24: 383-407.
Asher, R. (1951) Münchausen's syndrome. Lancet I: 339-341.
Astor, J. (1989) A conversation with Dr. Donald Meltzer. Journal of Child Psychotherapy 15: 1.
Atkinson, J. W. & Birch, D. (1970) The Dynamics of Action. Wiley, New York.
Atwood, G. E. & Stolorow, R. D. (1979) Faces in a Cloud: Intersubjectivity in Personality Theory. Jason Aronson, New Jersey.
―――― (1984) Structures of Subjectivity: Explorations in Psychoanalytic Phenomenology. Analytic Press, New Jersey.
―――― (1992) Contexts of Being: The Intersubjective Foundations of Psychological Life. Analytic Press, New Jersey.

B

Bacal, H. A. & Newman, K. M. (1990) Theories of Object Relations: Bridges to Self Psychology. Columbia University Press, New York.
Bacal, H. A. (1985) Optimal responsiveness and the therapeutic process. In, Progress in Self Psychology, Vol. 1 (ed. A. Goldberg): 202-227. Guilford, New York.
Bachrach, H. M., Galatzer-Levy, R. & Skolnikoff, A. (1989) On the efficacy of psychoanalysis. J. Amer. Psychoanal. Assn. 39: 871-916.
Baker, R. (1993) Patient's discovery of psychoanalyst as a new object. Int. J. Psych. 74(6): 1223.
Balint, E. & Norell, J. S. (1973) Six Minutes for the Patient: Interactions in General Practice Consultation. Tavistock, London.
Balint, M. (1935a) A contribution on fetishism. International Journal of Psychoanalysis 16: 481-3.
―――― (1935b) Critical notes on the theory of the pregenital organizations of the libido. In, Primary Love and Psycho-Analytic Technique. Liveright Publishing, New York, 1965.
―――― (1950) On the Termination of Analysis. International Journal of Psychoanalysis 31: 196-199.
―――― (1952) Primary Love and Psyacho-Analytic Tecnique. Tavistock, London.（森茂起・枡矢和子・中井久夫訳：一次愛と精神分析技法．みすず書房，1999．）
―――― (1957) The Doctor, His Patient and the Illness. Medical Publishing Company.（池見酉次郎他訳：プライマリケアにおける心身医学――バリント・グループの実際．診断と治療者，1967．）
―――― (1959) Thrills and Regressions. Tavistock, London.（中井久夫・滝野功・森茂起訳：スリルと退行．岩崎学術出版社，1991．）
―――― (1961) Psychotherapeutic Technique in Medicine. Tavistock, London.（小此木啓吾監修／山本喜三郎訳：医療における精神療法の技術．誠信書房，2000．）
―――― (1968) The Basic Fault: Therapeutic Aspect of Regression. Tavistock, London.（中井久夫訳：治療論からみた退行――基底欠損の精神分析．金剛出版，1978．）
Balint, M., Ornstein, P. & Baint, E. (1972) Focal Psychothrapy. Tavistock, London.
Balkanyi, C. (1964) On verbalization. Int. J. Psychoanal. 45: 64-74.
Balmary, M. (1979) L'Homme aux Statues. Editions Grasset et Fasquelle.（岩崎浩訳：彫像の男．哲学書房，1988．）
Balter, L., Lothane, Z. & Spencer, J. H. (1980) On the analyzyng instrument. Psychoanalytic Quartery 49: 474-504.
Bateson, G. (1972) Steps to an Ecology of Mind. Ballantine Books, New York.（佐藤良明訳：精神の生態学，改訂第 2 版．新思索社，2000．）
Bateson, M. C. (1984) With a Daughter's Eye.（佐藤良明・保坂嘉恵美訳：娘の眼から．国文社，1993．）
Beard, G. M. (1880) American Nervousness, with its causes and consequences: Nervous Exhaustion (Neurasthenia).
Bellak, L. (1967) Broad Scope of Psychoanalysis: Selected Papers of Leopold Bellak (ed. D. P. Spence). Grune & Stratton, New York.
―――― (1970) The Porcupine Dilemma. Citadel Press, New York.（小此木啓吾訳：山あらしジレンマ．ダイヤモンド社，1974．）
―――― (1973) Ego Functions in Schizophrenics, Neurotics and Normals. Wiley Interscience, New York.
―――― (1976) Overload: The New Human Condition. Behavioral Publications, New York.
―――― (1996) The T.A.T., the C.A.T., and the S.A.T. in Clinical Use. Grune & Stratton, New York.
Bellak, L. (ed.) (1964) A Handbook of Community Psychiatry and Community Mental Health. Grune & Stratton, New York.
―――― (ed.) (1969) The Schizophrenic Syndrome. Grune & Stratton, New York.
―――― (ed.) (1979) Psychiatric Aspects of Minimal Brain Dysfunction in Adults. Grune & Stratton, New York.
Bellak, L. & Baker, S. S. (1981) Reading Faces. Holt, Rinehart & Winston, New York.
Bellak, L. & Benedict, P. K. (ed.) (1958) Schizophrenia: A Review of the Syndrome. Logos Press, New York.
Bellak, L. & Goldsmith, L. A. (1984) Broad Scope of Ego Function Assessment. Wiley, New York.
Bellak, L. & Small, L. (1965) Emergency Psychotherapy and Brief Psychotherapy. Grune & Stratton, New York.
Bellak, L. & Siegel, H. (1983) Handbook of Intensive Brief and Emergency Psychotherapy. C. P. S., Larchmont, New York.
Bellak, L., Hurvich, M. & Gediman, H. (1973) Ego Functions in Schizophrenics, Neurotics, Normals. Wiley, New York.

Bemporad, J. R. (1982) Silvano Arieti, 1914–1981. WAW (The William Alanson White Institute News Letter) 16 (2): 1–3.
Beres, D. (1956) Ego deviation and the concept of schizophrenia. The Psychoanalytic Study of the Child 11 (ed. R. Eissler et al.).
Bergmann, M. S. & Hartman, F. R. (ed.) (1976) The Evolution of Psychoanalytic Technique. Basic Books, New York.
Bertalanffy, L. von (1968) General Systems Theory. Goerge Bgaziller, New York. （長野敬・太田邦昌訳：一般システム理論．みすず書房，1973．）
Bettelheim, B. (1960) The Informed Heart. Free Press, New York. （丸山修吉訳：鍛えられた心．法政大学出版局，1975．）
——— (1967) The Empty Fortless: Infantile Autism and the Birth of the Self. Free Press, New York. （黒丸正四郎・他訳：自閉症・うつろな砦1，2．みすず書房，1973，1975．）
——— (1979) Surviving and Other Essays. Alfred Knopf, New York. （高尾利数訳：生き残ること．法政大学出版局，1992．）
——— (1983) Freud and Man's Soul. Freeman Press, New York. （藤瀬恭子訳：フロイトと人間の魂．法政大学出版局，1989．）
——— (1984) Freud and Man's Soul. Vintage Books, A Division of Random House, New York.
Bibring, E. (1937) On the theory of the therapeutic results of psychoanalysis. Int. J. Psychoanal. 18: 170–189.
——— (1954) Psychoanalysis and the dynamic psychotherapies. J. Amer. Psychoanal. Assn. 2: 745–770.
——— (1968) The mechanism of depression. In, Affective Disorders (ed. P. Greenacere). Int. Univ. Press, New York.
Bibring, G., et. al. (1961) A study of the psychological processes in pregnancy and of the earliest mother-child relationship. Appendix B: Glossary of Defenses. The Psychoanalytic Study of the Child 16: 62.
Bick, E. (1964) Notes on infant observation in psycho-analytic training, Int. J. Psychoanal. 45: 558–66; The Collected Papers of Martha Harris and Esther Bick (1987 republished). Clunie.
——— (1968) The experience of the skin in early object-relations. Int. J. Psychoanal. 49: 484–486; In, Melanie Klein Today (ed. E. B. Spillius), Vol. I. The Institute of Psycho-Analysis, London. （古賀靖彦訳：早期対象関係における皮膚の体験．メラニー・クライン　トゥデイ②〔松木邦裕監訳〕．岩崎学術出版社，1993．）
——— (1986) Further considerations of the function of the skin in early object relations: Findings from infant observation integrated into child and adult Analysis. British Journal of Psychotherapy 2: 292-9.
——— (1987) The Collected Papers of Martha Harris and Esther Bick. Clunie.
Bieber, I. (1980) Cognitive Psychoanalysis. Jason Aronson, New York.
Binswanger, L. (1922) Einführung in die Probleme der allgemeinen Psychologie. Springer, Berlin.
——— (1930) Traum und Existenz. （荻野恒一訳：夢と実存．現象学的人間学．みすず書房，1967．）
——— (1933a) Das Raumproblem in der Psychopathologie. Z. Neur. 145. 598.
——— (1933b) Über Ideenflucht. Orell Füssli, Zürich.
——— (1936) Freud Auffassung des Menschen im Lichte der Anthropologie. （竹内直治訳：人間学の光に照して見たフロイトの人間理解．竹内直治・竹内光子訳：フロイトへの道．岩崎学術出版社，1969．）
——— (1942) Grundformen und Erkenntnis Daseins. Niehans, Zürich.
——— (1947) Ausgewahlte Vortrage und Aufsatze, Band I, Zur phanomenologischen Anthropologie. （荻野恒一訳：現象学的人間学．みすず書房，1967．）
——— (1956a) Drei Formen mißglückten Daseins, Verstiegenheit, Verschrobenheit, Manieriertheit. Niemeyer, Tübingen.
——— (1956b) Erinnerungen an Sigmund Freud. （竹内直治・竹内光子訳：フロイトへの道．岩崎学術出版社，1969．）
——— (1957a) Mein Weg zu Freud. In, Der Mensch in der Psychitrie. （竹内直治・竹内光子訳：フロイトへの道．岩崎学術出版社，1969．）
——— (1957b) Schizophrenie. G. Neske, Pfullingen. （新海安彦・宮本忠雄・木村敏訳：精神分裂病．1, 2．みすず書房，1960, 1961．）
——— (1960) Melancholie und Manie: Phanomenologische Studien. G. Neske , Pfullingen. （山本巌夫・森山公夫・宇野昌人訳：うつ病と躁病．みすず書房，1974．）
——— (1965) Wahn. G. Neske, Pfullingen.
Bion, W. R. (1956) Development of schizophrenic thought. Int. J. Psychoanal. 37: 344–346; In, Second Thoughts. Heinemann, London, 1967.
——— (1957) Differentiaton of the psychotic from the non-pyschotic personalities. Int. J. Psychoanal. 38: 266–275; In, Melanie Klein Today (ed. E. B. Spillius), Vol. 1. The Institute of Psycho-Analysis, London. （義村勝：精神病人格と非精神病人格の識別．メラニー・クライン　トゥデイ①〔松木邦裕監訳〕．岩崎学術出版社，1993．）
——— (1958a) On arrogance. Int. J. Psychoanal. 39: 144–146.
——— (1958b) On hallucination, In, Second Thoughts. Heinemann, London, 1967. Maresfield Reprints. London, 1984.
——— (1959) Attacks on linking. Int. J. Psychoanal. 40: 308–315; In, Melanie Klein Today (ed. E. B. Spillius), Vol. 1. The Institute of Psycho-Analysis, London. （中川慎一郎訳：連結することへの攻撃．メラニー・クライン　トゥデイ①〔松木邦裕監訳〕．岩崎学術出版社，1993．）
——— (1961) Experiences in Groups and Other Papers. Basic books, New York. （池田数好訳：集団精神療法の基礎．岩崎学術出版社，1973．）
——— (1962a) A theory of thinking. Int. J. Psychoanal. 43: 306–310; In, Melanie Klein Today (ed. E. B. Spillius), Vol. 1. The Institute of Psycho-Analysis, London. （白峰克彦訳：思索についての理論．メラニー・クライン　トゥデイ②〔松木邦裕監訳〕．岩崎学術出版社，1993．）
——— (1962b) Learning from Experience. Heinemann, London. （福本修訳：経験から学ぶこと．精神分析の方法Ⅰ——セヴン・サーヴァンツ．法政大学出版局，1999．）

―――― (1963) Elements of Psycho-Analysis. Maresfield Reprints, London, 1984.
―――― (1965) Transformations. Heinemann, London.
―――― (1967a) Notes on memory and desire. Psychoanalitic Forum 2: 271–180.
―――― (1967b) Second Thoughts. Heinemann, London.
―――― (1970) Attention and Interpretation. Tavistock, London. Maresfield Reprints, London, 1984.
―――― (1977a) Seven Servants: Four Works by Wilfred Bion. Jason Aronson, New York.（福本修訳：精神分析の方法 I ――セヴン・サーヴァンツ．法政大学出版局，1999．）
―――― (1977b) Two Papers: The Grid and Ceasura. Karnac Books, London, 1989.
―――― (1992) Cogitations. Karnac Books, London.
―――― (1994) Clinical Seminars and Other Works.（祖父江典人訳：ビオンとの対話――そして，最後の四つの論文．金剛出版，1998；松木邦裕・祖父江典人訳：ビオンの臨床セミナー．金剛出版，2000．）
―――― (1997) The Grid (1963). In, Taming Wild Thoughts. Karnac Books, London.
Bion Talamo, P., Bargogno, F. & Merciai, S. A. (ed.) (2000) W. R. Bion: Between Past and Future. Karnac Books, London.
Blanton, S. (1971) Diary of my Analysis with Sigmund Freud. Howthorn Books, New York.（馬場謙一訳：フロイトとの日々――教育分析の記録．日本教文社，1972．）
Bleandonu, G. (1994) Wilfred Bion: His Life and Works 1897–1979. Free Association Books, London.
Bleuler, E. (1910) Vortag über Ambivalenz, zentralblatt für Psychoanalyse 1: 206.
―――― (1911) Dementia praecox oder Gruppe der Schizophrenien. In, Handbuch der Psychiatrie. (hrag. G. Aschaffenburg). Spezieller Teil 4 Abteilung, 1 Häfte. Franz Deuticke, Leipzig/Wien.（飯田眞・下坂幸三・保崎秀夫・安永浩訳：早発性痴呆または精神分裂病群．医学書院，1974；飯田・下坂・保崎・安永・小笠原訳：早発性痴呆または精神分裂病群．岩崎学術出版社，近刊．）
―――― (1914) Die Ambivalenz. Universitat Zürich. Festgabe zur Einweihung der Neubauten. Sohulthess & Co.
―――― (1919) Das antistisch-undisziplinierte Denken in der Medizin und seine Überwindung. Springer, Berlin.
Bleuler, E. & Freud, S. (1908–11) Fahrbuch für psychologische und psychoanalytische Forschungen
Blos, P. (1962) On Adolescence: A Psychoanalytic Interpretation. Free Press, New York.（野沢栄二訳：青年期の精神医学．誠信書房，1971．）
―――― (1967) The second individuation process of adolescence. The Psychoanalytic Study of the Child 22: 162–186. In, The Adolescent Passage. Int. Univ. Press, New York, 1979.
―――― (1970) The Young Adolescent. Free Press, New York.
―――― (1979) The Adolescent Passage. Int. Univ. Press, New York.
―――― (1984) Son and father. J. Amer. Psychoanal. Assn. 32: 301–324.
―――― (1985) Son and Father: Before and Beyond the Oedipus Complex.（児玉憲典訳：息子と父親――エディプス・コンプレックス論をこえて．青年期臨床の精神分析理論．誠信書房，1990．）
Blum, H. P. (1977) Masochism, the ego ideal and the psychology of women. In, Female Psychology (ed. H. P. Blum): 157–191. Int. Univ. Press, New York.
Blum, H. P. (ed.) (1977) Female Psychology: Contemporary Psychoanalytic Views. Int. Univ. Press, New York.
Bollas, C. (1987) The Shadow of the Object. Free Association Books, London.
―――― (1991) Forces of Destiny. Free Association Books, London.
―――― (1995) Cracking Up. Free Association Books, London.
―――― (1999) The Mystery of Things. Routledge, London.
―――― (2000) Hysteria. Routledge, London.
Bonaparte, M. (1934) Edgar Poë, étude psychoanalytique, Vol. I et II, pref. S. Freud. Denoël & Stoele, Paris.
―――― (1949) Female Sexuality. Int. Univ. Press, New York.
―――― (1951) De la sexualité de la femme. PUF, Paris.
Boss, M. (1951) Sinn und Gestalt der sexuelle Perversionen: Ein daselnsanalytischer Beltrag zur Psychopathologie des Phänomens der Liebe. Hans Huber, Bern, 2te Aufl.（村上仁・吉田和夫訳：性的倒錯．みすず書房，1957．）
―――― (1953) Der Traum und seine Auslegung. Hans Huber, Bern.（三好郁男・笠原嘉・藤縄昭訳：夢――その現存在分析．みすず書房，1970．）
―――― (1954) Einführung in der psychosomatische Medizin. Hans Huber, Bern.（三好郁男訳：心身医学入門．みすず書房．）
―――― (1956) Korperliches Kranksein als Folge seelischer Gleichgewichtsstorungen. Bern.（三好郁男訳：心身医学入門．みすず書房．）
―――― (1957a) Daseinsanalytik und Psychoanalyse.（三好郁男抄訳：現存在分析と精神分析学．精神分析研究 7 (3-6), 8 (1), 1960, 1961．）
―――― (1957b) Psychoanalyse und Daseinsanalytik. Hans Huber, Bern.（笠原嘉・三好郁男訳：精神分析と現存在分析論．みすず書房，1960, 1962．）
―――― (1959) Indienfahrt eines Psychiaters.（霜山徳爾・大野美津子訳：東洋の英知と西洋の精神療法．みすず書房，1972．）
―――― (1971) Grundriss der Medizin.
Bowlby, J. (1944) Forty-four juvenile thieves, their characters and home life. Int. J. Psychoanal. 25: 1–57, 207–228.
―――― (1951) Maternal Care and Mental Health. WHO, Genova.（黒田実郎訳：乳幼児の精神衛生．岩崎学術出版社，1967．）
―――― (1958) The nature of the child's tie to his mother. Int. J. Psychoanal. 39: 350–373.
―――― (1960) Grief and mourning in infancy and early childhood. The Psychoanalytic Study of the Child 15.

――― (1961) Process of mourning. Int. J. Psychoanal. 42: 317–340.
――― (1969) Attachment and loss, Vol. 1: Attachment. Basic Books, New York (Revised edition, 1982).（黒田実郎・大羽蓁・岡田洋子・黒田聖一訳：愛着行動（改訂新版）．母子関係の理論Ⅰ．岩崎学術出版社，1991．）
――― (1969–1980) Attachment and Loss, Vol. I, II, III. Hogarth Press, London.（黒田実郎他訳：母子関係の理論Ⅰ，Ⅱ，Ⅲ．岩崎学術出版社，1976, 1977, 1981．）
――― (1973) Attachment and loss, Vol. 2: Separation. Basic Books, New York.（黒田実郎・岡田洋子・吉田恒子訳：分離不安〔改訂新版〕．母子関係の理論Ⅱ．岩崎学術出版社，1991．）
――― (1980) Attachment and loss, Vol. 3: Loss. Basic Books.（黒田実郎・吉田恒子・横浜恵三子訳：対象喪失〔改訂新版〕．母子関係の理論Ⅲ．岩崎学術出版社，1991．）
――― (1988) A Secure Base: Clinical Applications of Attachment Theory. Routledge, London.
――― (1989) The role of attachment in personality development and psychopathology. In, The Course of Life, Vol. 1, 2nd Edition (ed. S. Greespan & G. Pollock). Int. Univ. Press, Madison.
Braatøy, T. (1954) Fundamentals of Psychoanalytic Technique. Wiley, New York.（深町建訳：精神分析技法の基礎．岩崎学術出版社，1970．）
Braceland, F. J. (1960) Gregory Zilboorg: A memoriam. Am. J. Psychiatry 116: 671–672.
Brazelton, T. B. & Yogman M. W. (1986) Affective Development in Infancy. Ablex Publishing, Norwood.
Breen, D. (ed.) (1993) The Gender Conundrum. Routledge, London.
Brenman, M. (1966) Obituary: Robert Palmer Knight 1902–1966. Psychoanalytic Quarterly 35: 594–596.
Brenner, C. (1955) An Elementary Textbook of Psychoanalysis. Int. Univ. Press, New York, 1977.（山根常男訳：精神分析の基礎理論．誠信書房，1965．）
――― (1959) The masochistic character. J Amer. Psychoanal. Assn. 7: 197–226.
――― (1976) Psychoanalytic Technique and Psychic Conflict. Int. Univ. Press, New York.
――― (1982) The Mind in Conflict. Int. Univ. Press, New York.
Breton, A. (1924) Manifeste du surréalisme.（生田耕作訳：シュルレアリスム宣言．アンドレ・ブルトン集成5．人文書院，1970；巌谷国士訳：シュルレアリスム宣言．岩波書店，1992．）
――― (1932) Les Vases communicants. (The Communicating Vessels.)（豊崎光一訳：通底器．アンドレ・ブルトン集成1．人文書院，1970．）
Breuer, J. & Freud, S. (1895) Studien über Hysterie.（懸田克躬訳：ヒステリー研究．フロイト著作集7．人文書院，1974；懸田克躬・古田正己訳：フロイド選集9．日本教文社，1955．）
Briery, M. (1951) Trends in Psycho-Analysis.
Britton, R. (1989) The missing link: Parental sexuality in the Oedipus coplex. In, The Oedipus Complex Today (ed. J. Steiner). Karnac, London.
――― (1998) Belief and Imagination. Routledge, London.
Broom, V. (1982) Ernest Jones: Freud's Alter Ego. Caliban Books, London.
Broucek, F. (1991) Shame and the Self. The Guilford Press, New York.
Brown, G. & Harris, T. (1978) The Social Origins of Depression: A Study of Psychiatric Disorder in Woman. Tavistock, London.
Bruch, H. (1962) Perceptual and conceptual disturbances in anorexia nervosa. Psychosomatic Medicine 24: 187–194.
――― (1974) Eating Disorders. Routledge & Kegan Paul, London.
Brunswick, D. (1957) A comment on E. Servadio's "a presumptive telepathic-precognitive dream during analysis". Int. J. Psychoanal. 38.
Brunswick, R. M. (1928) A Supplement to Freud's history of an infantile neurosis. In, The Wolf-Man and Sigmund Freud. Hogarth Press, London, 1972.
――― (1940) The preoedipal phase of the libido development. Psychoanalytic Quarterly 9.
Bucci. W. (1997) Psychoanalysis and Cognitive science. Guilford Press, New York.
Burnham, D. (1966) Special Problem Patient: Victim or Agent of Splitting? Psychiatry 29: 105.

C

Caligor, L., Bromberg, P. M. & Meltzer, J. D. (ed.) (1984) Clinical Perspectives on the Supervision of Psychoanalysis and Psychotherapy. Plenum Press, New York.
Call, J. D., et al. (ed.) (1981) Frontiers of Infant Psychiatry, Vol. 1. Basic Books, New York.（小此木啓吾監訳：乳幼児精神医学．岩崎学術出版社，1988．）
Cameron, N. (1946) Experimental analysis of schizophrenic thinking. In, Language and Thought in Schizophrenia (ed. J. S. Kasanin). Universities Press, Berkeley & Los Angeles.
Campbell. R. J. (1996) Psychiatric dictionary. Oxford Univ. Press, New York.
Campos, J. J. (1986) Social referencing, the infant's use of emotionalsignals froma friendly adult with mother present. Developmental Psychology 22(4): 427–432.
Caplan, G (1964) Principles of Prventive Psychiatry. Basic Books, New York.
Carter, E. A. & McGoldrick, M. (ed.) (1980) The Family Life Cycle: A Framework for Family Therapy. Gardiner Press, New York.

Casement, P. (1985) On Learning from the Patient. Tavistock, London.（松木邦裕訳：患者から学ぶ．岩崎学術出版社，1991.）
――― (1990) Further Learning from the Patient: The Analytic space and Process（矢崎直人訳：さらに患者から学ぶ――分析空間と分析過程．岩崎学術出版社，1995.）
Cavenar, J. O., Rhoads, E. D. & Sullivan, J. L. (1980) Ethical and legal aspects of supervision. Bulletin of the Menninger Clinic 44: 15–22.
Chasseguet-Smirgel, J. (1984) Creativity and perversion. W. W. Norton, New York.
――― (1985) The Ego Ideal. Free Assocation Books, London.
Chasseguet-Smirgel, J. (ed.) (1970) Female Sexuality: New Psychoanalityc Views. University of Michigan Press, Ann Arbor.
Chertok, L. & de Saussure, R. (1973) Naissance du psychanalyste: de Mesmer a Freud.（長井真理訳：精神分析学の誕生――メスメルからフロイトへ．岩波書店，1987.）
Chethick, M. (1989) Techniques of Child Therapy Psychodynamic Strategies. The Guilford Press, New York.（斎藤久美子監訳／名取琢自・吉岡恒生訳：子どもの心理療法――サイコダイナミックスを学ぶ．創元社，1999.）
Chodorow, N. (1978) The Reproduction of Mothering: Psychoanalysis and the Sociology of Gender. University of California Press, Berkeley.
――― (1989) Feminism and Psychoanalytic Theory. Yale Univ. Press, New Haven.
Cocks, G. (ed.) (1994) The Curve of Life Correspondence of Heinz Kohut, 1913–1981. University of Chicago Press, Chicago.
Cohen, A. & Hahn, A. (ed.)(2000) Exploring the work of Donald Meltzer. Karnac, London.
Colby. K. M. & Stoller. R. (1988) Cognitive Science and Psychoanalysis. Lawrence Erlbaum Associates, New York.
Conyne, R. K. (ed.) (1985) The Group Workers' Handbook.（馬場禮子監訳：ハンドブックグループワーク．岩崎学術出版社，1989.）
Cooper, A M. (1986) Psychoanalysis today: New wine in old bottles or the hidden revolution in psychoanalysis.（大野裕訳：今日の精神分析――古い瓶の中に新しいワインを．精神分析におけるひそかな革命．精神分析研究 32: 183–191, 1988.）
――― (1987) Changes in psychoanalytic ideas: Transference interpretation. J. Amer. Psychoanal. Assn. 35: 77–98.
――― (1988) Our changing views of the therapeutic action of psychoanalysis: Comparing Strachey and Loewald. Psychoanalytic Quarterly 57: 15–27.
――― (1992) Psychic change: Development in the theory of psychoanalytic techniques. Int. J. Psychoanal. 73: 245–250.
Copeland, A. D. (1974) Textbook of Adolescent Psychopathology and Treatment. Chales G. Thomas, Springfield.
Corrigan E. G. & Gordon. P. E. (ed.) (1995) The Mind Object. Karnac Books, London.
Cox, J. L., Holden, J. M. & Sagovsky, R. (1987) Detection of postnatal depression: Development of the 10-item Edinburgh Postnatal Depression Scale. The British Journal of Psychiatry 150: 782–786.
Craik, K. (1943) The Nature of Explanation. Cambridge Univ. Press, Cambridge.
Cramer, B. G. (1986) Assessment of Parent-Infant Relationships. In, Affective Development in Infancy (ed. T. B. Brazelton & M. W. Yogman). Ablex Publishing, Norwood.
――― (1987) Objective and subjective aspects of parent-infant relations: An attempt at correlation between infant studies and clinical work. In, Handbook of Infant Development, 2nd ed (ed. J. Osofsky). Wiley, New York.
――― (1989) Profession Bebe. Calman-Levy, Paris.（小此木啓吾・福崎裕子訳：ママと赤ちゃんの心理療法．朝日新聞社，1994.）
Cramer, B. G. & Stern, D. (1988) Evaluation of changes in mother infant brief psychotherapy. Infant Mental Health Journal 9: 1.
Cramer, B. G., et al. (1990) Outcome evaluation in brief mother-infant psychotherapy. Infant Mental Health Journal 11: 278–300.

D

Darwin, C. (1874) The Descent of Man. Hurst, New York.（石田周三訳：人間の由来．改造社，1949.）
Davis, J. M. (1980) Narcotherapy. In, Comprehensive Textbook of Psychiatry, 3rd. ed. (ed. H. I. Kaplan et al.): 2333–2335. Williams & Wilkins, Baltimore.
Davis, M. & Wallbridge, D. (1981) Boundary and Space. Brunner/Mazel, New York.（猪俣丈二監訳：情緒発達の境界と空間．星和書店，1984.）
De Masi, F. (ed.)(2001) Herbert Rosenfeld at Work. Karnac, London.
Deutsch, F. (1922) Psychoanalyse und Organkrankheiten. Int. Z. Psychoanal. 8: 290.
――― (1959) Symbolization as a formative stage of the conversion process. In, On the Mysterious Leap from the Mind to the Body (ed. F. Deutsch). Int. Univ. Press, New York.
Deutsch, H. (1922) Über die pathologische Luge (Pseudologia phantastica). Int. Zeit. Psychoanal. 8: 153–167.
――― (1928) George Sand: A woman's destiny? International Review of Psycho-Analysis 9: 445–460.
――― (1930) The significance of masochism in the mental life of women. Int. J. Psychoanal. 11: 48–60.
――― (1942) Some forms of emotional disturbance and their relationship to schizophrenia. The Psychiatric Quarterly 11: 301–321. In, Neurosis and Character Type. Hogarth Press, London, 1965.（狩野力八郎訳：情緒障害のいくつかの形態およびそれらの分裂病との関係その 1．思春期青年期精神医学 3 (1): 103–110．同上その 2．思春期青年期精神医学 3 (2): 241–249.）
――― (1944) The Psychology of Women, Vol. I. Grune & Sutton, New York.
――― (1973) Confrontation with Myself. W. W. Norton, New York.
Dewald, P. A. (1964/1969) Psychotherapy: A Dynamic Approach. Blackwell Scientific Publications, Oxford.
――― (1987) Learning Process in Psychoanalytic Supervision. Int. Univ. Press, Madison.

Dickes, R. (1965) The defensive function of an altered state of consciousness. J. Amer. Psychoanal. Assn. 13: 356–403.
Dicks, H. V. (1967) Marital Tensions. Basic Books, New York.
——— (1970) 50 years of the Tavistock Clinic. Routledge, London.
Dignan, M. H. (1965) Ego identity and maternal identification. Journal of Personality & Social Psychology 1: 476–483.
Doehrman, M. J. G. (1976) Parallel Processes in Supervision and Psychotherapy. Bulletin of the Menninger Clinic 40: 3–104.
土居健郎（1953）不安神経症の分析例――〈対抗転移の問題〉．精神分析研究会会報 11 (2)．
——— （1956）精神分析．共立出版．（講談社学術文庫，1988．）
——— （1960）ナルチシズムの理論と自己の表象．精神分析研究 7 (2): 7–9．
——— （1961a）「すまない」と「いけない」．精神分析研究 8 (1): 1–4．
——— （1961b）宗教とイデオロギーの間．精神療法と精神分析．金子書房．
——— （1961c）精神療法と精神分析．金子書房．
——— （1965）精神分析と精神病理．医学書院．
——— （1969）漱石の心的世界．至文堂．（弘文堂，1994．）
——— （1970）精神分析と精神病理（第2版）．医学書院．
——— （1971）甘えの構造．弘文堂．
——— （1972a）Psychotherapy as "Hide-and-seek"．精神医学と精神分析．弘文堂，1979．
——— （1972b）秘密の観点．精神療法と精神分析（12版）．金子書房．
——— （1973）なぜ精神科について偏見をもつか．精神分析．創元社．
——— （1977）方法としての面接．医学書院．
——— （1979）精神医学と精神分析．弘文堂．
——— （1985）表と裏．弘文堂．
Doi, T. (1989) The concept of amae and its psychoanalytic implications. International Review of Psychoanalysis 16: 349–354.
——— (1992) On the concept of amae. Infant Mental Health Journal 13: 7–11.
——— (1993) Amae and transference-love. On Freud's "Observations on Transference-Love" (ed. E.S. Person, A. Hogelin & P. Fonagy): 165–171.
土居健郎（1994）日常語の精神医学．医学書院．
——— （2000）土居健郎選集（全8巻）．岩波書店．
——— （2001）続「甘え」の構造．弘文堂．
Dolto, F. (1971) Le cas Dominique. Seuil, Paris.（小此木啓吾・中野久夫訳：少年ドミニクの場合．平凡社，1975．）
——— (1984) L'Image inconsciente du corpus. Seuil, Paris.（榎本譲訳：無意識的身体像 1, 2．言叢社，1994．）
——— (1987) Dialogues quebecois. Seuil, Paris.（小川豊昭・山中哲夫訳：子どもの無意識．青土社，1994．）
Dracoulides, N. N. (1952) Psychoanalyse de L'artiste et de son Oeuvre. Les editions du Mont-Blancs. A., Geneve.（中野久夫訳：芸術家と作品の精神分析．岩崎学術出版社，1967．）
Dreikurs, R. (1933) Fundamentals of Adlerian Psychology.（宮野栄訳：アドラー心理学の基礎．一光社，1996．）
Dunbar, F. (1954) Emotions and Bodily Changes. Columbia Univ. Press, New York.
Dunn, J. (1995) Intersubjectivity in psychoanalysis: A critical review. Int. J. Psychoanal. 76: 723–738.
Dupont, J. (ed.) (1988) The Clinical Diary of S. Ferenczi. Harvard Univ. Press, Cambridge.

E

Easser, B. R. & Lesser, S. F. (1965) Hysterical personality in re-reevaluation. Psychoanalytic Quarterly 34: 390–405.
Edgcumbe, R. & Burgner, M. (1975) The Phallic-narcissistic Phase. The Psychoanalytic Study of the Child 30.
Edward, J., Ruskin, N. & Turrini, P. (1981) Separation-Individuation: Theory and Application. Gardner Press, New York.
Ehrenwald, J. (1955) New Dimensions of Deep Analysis: A Study of Telepathy in Interpersonal Relationships. Grune & Stratton, New York.
Eidelberg, L. (1968) Encyclopedia of Psychoanalysis. Free Press, New York.
Eissler, K. R. (1953) The effect of the structure of the ego on psychoanalytic technique. J. Amer. Psychoanal. Assn. 1: 104–143.
Eissler, R. S. (1977) Psychoanalytic Assessment: The Diagnostic Profile. Yale Univ. Press, New Haven.
Eitington, M. (1937) Report of International Training Commission: chairman's address. Int. J. Psychoanal. 18: 350–358.
Eitington, M., et al. (1926–1939) Reports of International Training Commission. Int. J. Psychoanal. 7–20.
Ekstein, R. (1952) Structural Aspects of Psychotherapy. Psychoanalytic Review.（古澤平作訳：精神療法の構造方面．精神分析研究会会報 2 (3)(4)(5)，1953．）
Ekstein, R. & Caruth, E. (1972) Keeping secretes. In, Tactics and Techniques in Psychoanalytic Therapy (ed. Giovaccini). Hogarth Press, London.
Ekstein, R. & Wallerstein, R. S. (1958/1972) The Teaching and Learning of Psychotherapy. Int. Univ. Press, New York.
Ellenberger, H. (1954) The life and work of Hermann Rorschach. Bull. Meninger Clinic 18 (5): 173.（大槻憲二・他訳：ヘルマン・ロールシャッハの生涯と業績．ロールシャッハ研究 1: 1–20, 1958〔上〕；ロールシャッハ研究 2: 177–201, 1959〔下〕．）
——— (1970) The Discovery of the Unconscious: The History and Evolution of Dynamic Psychiatry. Basic Books, New York.（木村敏・中井久夫監訳：無意識の発見，上・下．弘文堂，1980．）

――――(1979) From Justinus Kerner to Hermann Rorschoch: The History of the Inkblot. 名古屋市立大学での講演.（中井久夫訳：ユスティーヌス・ケルナーからヘルマン・ロールシャッハへ――インクブロットの歴史. ロールシャッハ研究 23: 1-8, 1981.）
Ellis, H. H. (1897-1928) Studies in the Psychology of Sex. Vol. 1-7. Davis, Philadelphia.
Emde, R. N. (1983) Rene A. Spitz: Dialogue from Infancy. Int. Univ. Press, New York.
――――(1984) The affective self: Continuities and transformations from infancy. In, Frontiers of Infant Psychiatry: 38-54. Basic Books.（阿比野宏訳：情動的自己――乳幼児期から続くものそして変わるもの, ヒトの意識の誕生. イマーゴ, 1996: 98-104.）
――――(1987) Infant mental health: Clinical dilemmas, the expansion of meaning, and opportunities. In, Handbook of Infant Development (ed. J. D. Osofsky): 1297-1320. Wiley, New York.
――――(1988a) Development terminable and interminable, 1. Int. J. Psychoanal. 69: 23-42.
――――(1988b) Reflections on mothering and on reexperiencing the early relationship experience. Infant Mental Health Journal 9 (1): 4-9.
――――(1989a) The Infant's Relationship Experience: Developmental and Affective Aspects. In, Relationship Desturbances in Early Childhood (ed. A. J. Sameroff & R. N. Emde). Basic Books, New York.
――――(1989b) Toward a psychoanalytic theory of affect, I: The organizational model and its propositions. In, The Course of Life, Vol. 1 (ed. S. I. Greenspan & G. H. Pollack). Int. Univ. Press.
――――(1993)（丹羽・田中訳：師としてのスピッツ――発達と退化における変容と喪失についての思い出.）
――――(1994) Individual meaning and increasing complexity: Contributions of Sigmund Freud and René Spitz to developmental psychology. In, A Century of Developmental Psychology. APA.（丹羽淑子訳：個の意味と増大する複雑性――発達心理学へのフロイトとスピッツの貢献.）
――――(1999) Guiding-principies for a theory of early intervention: A developmental-psychoanalytic perspective.（北山ユリ訳：幼児期における早期介入――精神分析および発達論への貢献と研究の動向. 精神分析研究 43(3): 187-194.）
――――(2000) 発達と情動. 精神分析研究 44 (1): 7-16.
Emde, R. N. & Buchsbaum, H. K. (1989) Toward a psychoanalytic theory of affect, II: Emotional development and signaling in infancy. In, The Course of Life, Vol. 1 (ed. S. I. Greenspan & G. H. Pollack). Int. Univ. Press, New York.
Emde, R. N. & Harmon, R. J. (1982) The Development of Attachment and Affiliative Systems. Plenum Books, New York.
――――(1984) Continuities and Discontinuities in Development. Plenum Books, New York.
Emde, R. N. & Sameroff, A. J. (1989) Relationship Disturbances in Early Childhood: A Developmental Approach. Basic Books, New York.
Emde, R. N. & Sorce, J. F. (1983) The rewards of infancy: Emotional availavility and maternal referencing. In, Frontiers of Infant Psychiatry, Vol. 1 (ed. J. D. Cal et al.). Basic Books, New York.（生田憲正訳：乳幼児からの報酬――情緒応答性と母親参照機能. 乳幼児精神医学〔小此木啓吾監訳〕. 岩崎学術出版社, 1988.）
Emde, R. N., Frankenburg, W. K., & Sullivan, J. W. (1985) Early Identification of Children at Risk. Plenum Press, New York.
Emde, R. N., Johnson, W. F., & Easterbrooks, M. A. (1988) The do's and don'ts of early moral development: psychoanalytic tradition and current research. In, the emergence of morality (ed. J. Kagan & S. Lamb): 245-277. University of Chicago Press, Chicago.
Emde, R. N., Osofsky, J., & Butterfield, P. (1993) The I-FEEL Pictures: A New Instrument for Interpreting Emotions. Int. Univ. Press, Madison.
Engel, G. L. (1962) Psychological Development in Health and Disease. W. B. Saunders, Philadelphia.（小此木啓吾・北田穣之介・馬場謙一編／慶大医学部精神分析研究グループ訳：心身の力動的発達. 岩崎学術出版社, 1975.）
――――(1975) The death of a twin: Mourning and anniversary reactions. Fragments of 10 years of self-analysis. Int. J. Psychoanal. 56.
Erdelyi, M. H. (1990) Repression, reconstruction, and defense: history and integration of the psychoanalytic and experimental framework. In, Repression and Dissociation: Implications for Personality Theory, Psychopathology, and Health (ed. J. L. Singer): 1-31. Chicago Univ. Press, Chicago.
――――(1994) Dissociation, defense, and the unconscious. In, Dissociation (ed. D. Spiegel). American Psychiatric Press.
Erikson, E. H. (1946) Ego development and historical change. The Psychoanalytic Study of the Child 2.（小此木・岩男訳：自我発達と歴史変動. 自我同一性〔小此木啓吾訳編〕. 誠信書房, 1973.）
――――(1950) Childhood and Society. W. W. Norton, New York. Revised Edition, 1963.（仁科弥生訳：幼児期と社会, 1, 2. みすず書房, 1977, 1980.）
――――(1956) The Problem of Ego Identity. J. Amer. Psychoanal. Assn. 4: 56.（小此木啓吾訳：自我同一性の問題. 自我同一性〔小此木訳編〕. 誠信書房, 1973.）
――――(1957) The first psychoanalyst. In, Freud and the 20th Century (ed. B. Nelson). Peter Smith, New York.
――――(1958) Young Man Luther: A Study in Psychoanalysis and History. W. W. Norton, New York.（大沼隆訳：青年ルター. 教文館, 1974.）
――――(1959a) Identity and the Life Cycle: Selected Papers on Psychological Issues, Monograph, Vol. 1. No. 1. Int. Univ. Press, New York.（小此木啓吾訳編：自我同一性――アイデンティティとライフ・サイクル. 誠信書房, 1973.）
――――(1959b) Youth and Crisis of the Healthy Personality. In, Identity and the Life Cycle: Psychological Issues, Vol. 1. No. 1. Int. Univ. Press, New York.（小此木啓吾訳編：自我同一性――アイデンティティとライフ・サイクル. 誠信書房, 1973.）
――――(1964a) Dream specimen of psychoanalysis. J. Amer. Psychoanal. Assn. 2: 5-56.
――――(1964b) Insight and Responsibility. W. W. Norton, New York.（鑪幹八郎訳：洞察と責任. 誠信書房, 1971.）
――――(1968) Identity: Youth and Crisis. W. W. Norton, New York.（岩瀬庸理訳：主体性――青年と危機. 北望社, 1969；アイデン

ティティー.金沢文庫,1973.)
——— (1969) Ghandhi's Truth. W. W. Norton, New York.(星野美賀子訳:ガンディーの真理,上・下.みすず書房,1973,1974.)
——— (1982) Life Cycle Completed.(村瀬孝雄・近藤邦夫訳:ライフサイクル,その完結.みすず書房,1989.)
Erikson, E. H., et al. (1986) Vital Involvement in Old Age.(朝長正徳・朝長梨枝子訳:老年期.みすず書房,1990.)
Etchegoyen, H. (1991) The Fundamentals of Psychoanalytic Technique (tr. P. Pitchon). Karnac Books, London.
Ey, H. (1975) Des idées de Jackson à un modèle organo-dynamique en psychiatrie. Privat, Toulouse.(大橋博司・他訳:ジャクソンと精神医学.みすず書房,1979.)
Eysenck, H. J. (1952) The effects of psychotherapy, an evaluation. Journal of Consulting and Clinical Psychology 16: 319–324.
——— (1972) The experimental study of Freudian concepts. Bulletin of the British Psychological Society 25: 261–274.
——— (1986) The decline and fall of the Freudian Empire. Penguin Books, Harmondsworth, Middlesex.(宮内勝・他訳:精神分析に別れを告げよう.批評社,1988.)

F

Fain, M. (1971) Prerude a la vie fantasmatique. Rev. franc. Psychoanal. 35: 291–364.
Fain, M. & David, C. (1963) Aspects fonctionels de la vie onirique. Rev. franc. Psychoanal. 27: 241–343.
Fairbairn, W. R. D. (1940) Schizoid factors in the personality. In, An Object Relations Theory of the Personality. Basic Books, New York, 1962.(山口泰司訳:人格における分裂的要因.人格の精神分析学.講談社学術文庫,1995;人格の対象関係論.文化書房博文社,1986.)
——— (1941) A revised psychopathology of the psychoses and psychoneuroses. In, Psychoanalytic Studies of the Personality. Routledge & Kegan Paul, London, 1952.(山口泰司訳:精神病と神経症の,修正された精神病理学.人格の精神分析学.講談社学術文庫,1995;人格の対象関係論.文化書房博文社,1986.)
——— (1943) The repression and the return of bad objects (with special reference to the "war neurosis"). In, Psychonalytic Studies of the Personality. Routledge, London.(山口泰司訳:抑圧と,悪い対象の回帰.人格の精神分析学.講談社学術文庫,1995;人格の対象関係論.文化書房博文社,1986.)
——— (1944) Endopsychic structure considered in terms of object-relationship. In, Psychoanalytic Studies of the Personality. Routledge & Kegan Paul, London, 1952.(山口泰司訳:対象関係から見た内的精神構造.人格の精神分析学.講談社学術文庫,1995;人格の対象関係論.文化書房博文社,1986.)
——— (1946) Object-relationships and dynamic structre. In, Psychoanalytic Studies of the Personality. Routledge, London.(山口泰司訳:対象関係と力動的構造.人格の対象関係論.文化書房博文社,1986;人格の精神分析学.講談社学術文庫,1995.)
——— (1952) Psychoanalytic Studies of the Personality. Routledge & Kegan Paul, London. / An Object-Relations Theory of Personality. Basic Books, New York.(山口泰司訳:人格の精神分析学.講談社学術文庫,1995;人格の対象関係論.文化書房博文社,1992.)
——— (1954) An Object-Relations Theory of Personality. Basic Books, New York.
——— (1963) Synopsis of an object-relations theory of the personality. Int. J. Psychoanal. 44: 224–225.
Fanon, F. (1952) Peau Noir, Masques Blancs. Ed. de Seuil, Paris.(海老坂武・加藤晴久訳:黒い皮膚・白い仮面.みすず書房,1970.)
——— (1960) L'An V de la Revolution Algérienne. Maspero, Paris.(鈴木満彦訳:革命の社会学.みすず書房,1969.)
——— (1961) Les Damnes de la Terre. Maspero, Paris.(鈴木満彦・浦野衣子訳:地に呪われたる者.みすず書房,1970.)
Fawzy, F. I. & Fawzy, N. W. (1994) A structured psychoeducational intervention for cancer patients. General Hospital Psychiatry 16: 149–192.
Feder, L. (1980) Preconceptive ambivalence and external reality. Int. J. Psychoanal. 61: 161.
Federn, P. (1919) Zur Psychologie der Revolution: Die vaterlose Gesellschaft. Der Oesterreichische Volkswirt, XI: 571–574, 595–598; Enlarged reprint: Zur Psychologie der Revolution: Die vaterlose Gesellschaft. Aazengruber-Verlag. 29p., Wien.
——— (1926) Some variation in ego feeling. Int. J. Psychoanal. 7: 434–444.
——— (1928a) Narcissism in the Structure of the Ego. Imago, London.
——— (1928b) The Ego as Subject and Object in Narcissism. Imago, London.
——— (1929) On the Distinction between Healthy and Pathological Narcissism. Imago, London.
——— (1930) Remarks in Freud's book Civilization and Its Discontent. Psychoanalytic Review 19: 129, 1932.
——— (1932) Ego feelings in dreams. The Psychoanalytic Quarterly 1: 511–542.
——— (1934) Awakening of the ego in dreams. Int. J. Psychoanal. 15.
——— (1943) Psychoanalysis of psychoses, I: Errors and how to avoid them, II: Transference, III: The psychoanalytic process. The Psychiatric Quarterly 17: 3–19, 246–257, 470–487.
——— (1944) Dream under general anaesthesia. The Psychoanalytic Quarterly 18.
——— (1947) Principles of psychotherapy in latent schizophrenia. American Journal of Psychotherapy 1: 129–144.
——— (1949) Depersonalization. Lecture delivered by invitation in June. 1949, at Winter's Veteran Hospital in Topeka, Kansas.
——— (1952) Ego Psychology and the Psychoses (ed. E. Weiss). Basic Books, New York.
Feinstein, S. C. (1987) Adolescent Affective Disorder in Clinical Update in Adolescent Psychiatry.(皆川邦直訳:思春期青年期感情病の最近の理解.思春期青年期精神医学 2 (2).)

Feldman, M. & Spillius, E. (1989) Introduction. In, Psychic Change and Psychic Equilibrium (Joseph, B.). Routledge, London.
Fenichel, O. (1935) Concerning the Theory of Psychoanalytic Technique, The Controversy between Fenichel and Kaser. (Zur Theorie der psychoanalytischen Technik.) Internationale Zeitschrift fur Psychoanalyse 21: 78–95.
――――― (1941) Problems of Psychoanalytic Techinique. Psychoanalytic Quarterly Inc., Albany.（安岡誉訳：精神分析技法の基本問題. 金剛出版, 1988.）
――――― (1945) The Psychoanalytic Theory of Neurosis. W. W. Norton, New York.（佐藤紀子抄訳：『性格障害』その一. 精神分析研究 7 (1): 36–40, 7 (2): 24–32, 7 (5): 65–69.）
Ferenczi, S. (1905) Introjection and transference. In, First Contributions to Psycho-Analysis. Hogarth Press, London, 1952.
――――― (1913) Stages in the development of the sense of reality. In, Contribution to Psycho-Analysis. Hogarth Press, London, 1960.
――――― (1916/50) Contributions to Psychoanalysis. Hogarth Press, London.
――――― (1919) Technical difficulties in the analysis of a case of hysteria. In, Further Contributions to the Theory and Technique of Psychoanalysis.
――――― (1920) Weiterer Ausbau der "aktiven Technik" in der Psychoanalyse. Bausteine zur Psychoanalysis, Vol. II. Int. Psa. Verlag, Vienna. (Further Development of Active Therapy in Psychoanalysis.)
――――― (1924) Versuch einer Genitaltheorie. Intarnationaler Psychoanalytischer Verlag, Leipzig. (Thalassa: A Theory of Genitality. Psychoanalitic Quarterly, New York, 1934.)
――――― (1925) Psychoanalysis of sexual habits. In, Further Contributions to the Thory and Tecnique of Psychoanalysis. Hogarth Press, London.
――――― (1926) Disease of Pathoneurosis. In, Further Contribution to the Theory and Technique of Psychoanalysis. Hogarth Press, London.
――――― (1926/51) Further Contributions to the Theory and Technique of Psychoanalysis. Hogarth Press, London.
――――― (1931) Kinderanalysen mit Erwachscnen. Bausteine zur Psychoanalysis, Vol. III. Huber, Bern, 1939.
――――― (1932a) Sprachverwirrung zwischen den Erwachsenen und dem Kind. Bausteine zur Psychoanalysis, Vol. III. (Confusion of tongues between adults and the child. Read before the International Psycho-Analytic Congress, Wiesbaden, sept. 1932, new translation by J. M. Masson & M. Loring, in the "Assault on Truth.")
――――― (1932b) Journal Clinique.（森茂起訳：臨床日記. みすず書房, 2000.）
――――― (1955) Final Contributions to the Problems and Methods of Psychoanalysis. Hogarth Press, London.
Fink, P. & Jensen, J. (1989) Clinical characteristics of the Munchausen syndrome. Psychotherapy and Psychosomatics 52: 164–171.
Fisher, S. & Cleveland, S. E. (1958) Body Images and Personality. Princeton, New York.
Fisher, S., & Greenberg, R. P. (1985) The Scientific credibility of Freud's theories and therapy. Columbia Univ. Press, New York.
Fliess, R. (1949) Silence and verbalization: A supplement to the theory of 'the analytic rule'. Int. J. Psychoanal. 30: 21–20.
Fliess, W. (1906) Der Ablauf des Lebens: Grundlegung zur exakten Biologie. F. Deuticke, Leipzig.
Flugel, J. C. (1921) The Psychoanalytic Study of the Family. Hogarth Press, London.
Fonagy, P. (2001) Attachment Theory and Psychoanalysis. Karnac, London.
Fonagy, P., Cooper, A. & Wallerstein, R. (ed.) (1999) Psychoanalysis on the Move: The Work of Joseph Sandler. Routledge, London.
Fordham, F. (1959) An Introduction to Jung's Psychology. Pelican Books.
Fordham, M. (1978) Jungian Psychotherapy: A Study in Analytical Psychology. Wiley, New York.（氏原寛・越智友子訳：ユング派の心理療法. 誠信書房, 1997.）
Foulkes, S. H. (1948) Introduction to Group Analytic Psychotherapy. Karnac Books, London.
Fox, J. (1983) The Essential Moreno. Springer, New York.（磯田雄二郎監訳：エッセンシャル・モレノ――自発性, サイコドラマ, そして集団精神療法へ. 金剛出版, 2000.）
Fraiberg, S. (1959) The Magic Years. Scribners, New York.（高辻玲子・詫摩武俊訳：魔術の年齢. 金子書房, 1978.）
――――― (1969) Libidinal object constancy and mental representation. The Psychoanalytic Study of the Child 24: 9–47
――――― (1971) Inshghts from the Blind. Basic Books, New York.
――――― (1977) Every Child's Birthrights. Basic Books, New York.（田口恒夫訳：赤ちゃんの愛欠病. 日本放送出版協会, 1980.）
Fraiberg, S. (ed.) (1980) Clinical studies in Infant Mental Health: The First Year of Life. Basic Books, New York.
Fraiberg, S., Shapiro, V. & Cherniss, D. (1983) Treatment modalities. In, Frontiers of Infant Psychiatry (ed. J. D. Call, E. Galenson & R. L. Tyson). Basic books, New York.（柘野雅之訳：治療様式. 乳幼児精神医学〔小此木啓吾監訳〕. 岩崎学術出版社, 1988.）
Frank, K. A. (1997) The role of the analyst's inadvertent self-disclosure. Psychoanalytic Dialogues 7: 281–314.
Freedman, A., et al. (1967) Comprehensive Textbook of Psychiatry. The Williams & Wilkins Company, Baltimore.
Freeman, D. (1996) 乳幼児期の発達と恥の体験. 日本語臨床Ｉ－恥（北山修編集代表）. 星和書店, 1996.
Freeman, D. M. A. (1997) Emotional Refueling in Development, Mythology, and Cosmology: The Japanese Separation Individuation Experience. The 28th Annual Margaret S. Mahler Symposium on Child Development. April 26th 1997.
Freud, A. (1936) Das Ich und Abwehrmechanismen. Internationaler Psychoanalytischer Verlag, Vienna. (The Ego and the Mechanisms of Defense. Hogarth Press, London, 1937.)（黒丸正四郎・中野良平訳：自我と防衛機制. アンナ・フロイト著作集 2. 岩崎学術出版社, 1982；外林大作訳：自我と防衛. 誠信書房, 1958.）
――――― (1946) The Psychoanalytical Treatment of the Children. Imago, London.（北見芳雄・佐藤紀子訳：児童分析――教育と精神分析療法入門. 誠信書房, 1961.）
――――― (1963) The concept of developmental lines. The Psychoanalytic Study of the Child 18. Int. Univ. Press, New York; In, Psychoanalitic Assessment: The Diagnostic Profile (ed. R. Eissler et al.) Yale Univ. Press, New Haven & London, 1977.

───── (1965) Normality and Pathology in Childhood: Assessments of Development. Int. Univ. Press, New York.（黒丸正四郎・中野良平訳：児童期の正常と異常．アンナ・フロイト著作集9．岩崎学術出版社，1981．）

───── (1966) Obsessional neurosis: A summary of psychoanalytic views as presented at the congress. Int. J. Psychoanal. 47: 116–122.

───── (1971) The Writings of Anna Freud, I-VII. Int. Univ. Press, New York.（牧田清志・黒丸正四郎監修：アンナ・フロイト著作集 1–5．岩崎学術出版社，1981–1984）

───── (1973) Infants without Families. Int. Univ. Press, New York.（中沢たえ子訳：家庭なき幼児たち．アンナフロイト著作集4，5．岩崎学術出版社，1982．）

───── (1977) The Diagnostic Profile (ed. R. Eissler et al.). Yale Univ. Press, New Haven & London.

───── (1981) Insight. The Psychoanalytic Study of the Child 36: 241–250.

Freud, S. ⇒フロイト著作年表参照

Friedman, L. (1980) Integrating psychoanalytic object relations with family systems intervention in couples therapy. In, Family Therapy Combining Psychodynamic and Family Systems Approaches (ed. J. Pearce & L. Friedman). Grune & Satton, New York.

───── (1990) Menninger. The Family and the Clinic. Alfred A. Knopf, New York.

Fromm, E. (1941) Escape from Freedom. Holt, Reinhart & Winston, New York.（日高六郎訳：自由からの逃走．東京創元社，1951．）

───── (1942) Faith as a character trait. In, Psychiatry 5.

───── (1950) Psychoanalysis and Religion. Yale University Press, New Haven and London, 1959.

───── (1951) The Forgotten Language. Reinhart, New York.（外林大作訳：夢の精神分析――忘れられた言語．東京創元社，1953．）

───── (1955) The Sane Society. Rinehart, New York.（加藤正明他訳：正気の社会．社会思想社，1958．）

───── (1959) Sigmund Freud's Mission. Peter Smith Pub., New York.（佐治守夫訳：フロイトの使命．みすず書房，1966．）

───── (1965) Mann for Himself.（谷口隆之介訳：人間における自由．東京創元社，1960．）

───── (1974) The Art of Loving. W. W. Norton, New York.（鈴木晶訳：愛するということ．紀伊国屋書店．）

───── (1988) The Art of Being. The Continuum Pub. Coc., New York.（小此木啓吾監訳／堀江宗正訳：よりよく生きるということ．第三文明社，2000．）

Fromm, E. & Nash, M. R. (1997) Psychoanalysis and Hypnosis. International Universities Press, Madison.

Fromm-Reichmann, F. (1947) Problems of therapeutic management in a psychoanalytic hospital. In, Psychoanalysis and Psychotherapy. The University of Chicago Press, Chicago, 1959.（早坂泰次郎訳：精神分析的病院における治療的管理の問題．人間関係の病理学．誠信書房，1963．）

───── (1948) Notes on the development of treatment of schizophrenia by psychoanalytic psychotherapy. Psychiatry 11: 263–273.

───── (1950) Principles of Intensive Psychotherapy. The University of Chicago Press, Chicago.（阪本健二訳：積極的心理療法．誠信書房，1964．）

───── (1959) Psychoanalysis and Psychotherapy. The University of Chicago Press, Chicago.（早坂泰次郎訳：人間関係の病理学．誠信書房，1963．）

Frosch, J. (1966) A note on reality constancy. In, Psychoanalysis: A General Psychology (ed. R. M. Loewenstein, L. M. Newman, M. Schur, & A. J. Solnit). Int. Univ. Press, New York.

藤井康能・衣笠隆幸（1995）成人の家庭内ひきこもりの臨床的検討（第一報）．第91回日本精神神経学会．

藤山直樹（1993）少年ハンスにおけるエディプスコンプレックス．現代のエスプリ 317: 78–86．至文堂．

───── (1995) オグデンの仕事．現代のエスプリ別冊〈精神分析の現在〉（小此木啓吾・妙木浩之編）．至文堂．

───── (1999) ひきこもりについて考える．精神分析研究 43: 130–137.

深津千賀子・小此木啓吾（1993）想像の赤ん坊と世代間伝達からみた阿闍世コンプレックス――育児困難を現す母とその母の並行治療による考察．精神分析研究 36 (5): 89–104.

福本　修（1995）メルツァーの発展．現代のエスプリ別冊〈精神分析の現在〉: 82–100．至文堂．

福島　章（1976）甘えと反抗の心理．日本経済新聞社．

福島　章・町沢静夫・大野　裕（1995）人格障害．金剛出版．

Fülöp, M. (2000) History and Present of Hungarian Psychoanalysis.（古井博明訳：ハンガリーの精神分析の歴史と現在．精神分析研究 44 (1): 101–121．）

G

Gabbard, G. O. (1989) Two subtypes of narcissistic personality disorder. Bull. Menninger Clin. 53: 527–532

───── (1994) Psychodynamic Psychiatry in Clinical Practice, the DSM-IV Edition. American Psychiatric Press, Washington, D. C.（精神力動的精神医学――その臨床実践［DSM-IV 版］権成鉉訳：①理論編，大野裕監訳：②臨床編 I 軸障害，舘哲朗監訳：③臨床編 II 軸障害．岩崎学術出版社，1997, 1998．）

───── (1995) Countertranceference: The Emerging Common Ground. Int. J. Psychoanal. 76: 475–485.

Galenson, E. & Roiphe, H. (1981) Infantile Origins of Sexual Identity. Int. Univ. Press, New York.

───── (1976) Some female development. J. Amer. Psychoanal. Assn. 24(suppl.): 29–57.

Galenson, E., Vogel, S., Blau, S. & Roiphe, H. (1975) Disturbances in sexual identity beginning at 18 months. International Review of Psychoanalysis 2: 389–397.

Ganser, S. J. M. (1898) Über einen eigenartigen hysterischen Dämmerzustand. Arch. Psychiatr. Nervenkr. 30: 633–640.（中田修訳：古典紹介．精神医学 16: 603–609. 1974.）

Ganzarain, R. (1988) Various Guilts within the Ajase Complex.（小此木啓吾訳：阿闍世コンプレックスに含まれる種々の罪悪感．精神分析研究 32 (2): 93–102.）

───── (1989) Object Relations Group Psychotherapy: The Group as an Object, a Tool, and a Training Base. Int. Univ. Press, New York.（高橋哲郎監訳／岡野憲一郎・舘哲朗・福井敏・堀川公平・吉田剛・和田秀樹訳：対象関係集団精神療法──対象・道具・訓練の基礎としてのグループ．岩崎学術出版社，1996.）

Ganzarain, R. & Buchele, B. (1988) Fugitives of Incest: A Perspective from Psychoanalysis and Groups. Int. Univ. Press.（白波瀬丈一郎訳：近親姦に別れを──精神分析的集団精神療法の現場から．岩崎学術出版社，2000.）

───── (1993) Group psychotherapy of adults with a history of incest. In, Comprehensive Group Psychotherapy (ed. S. Kaplan & B. Sadock): 551–561. Williams & Wilkins, New York.

Gardiner, M. (1972) The Wolf-Man and Sigmund Freud, Hogarth Press, London.

Gay, P. (1987) A Godless Jew. Yale Univ. Press, New Haven.（入江良平訳：神なきユダヤ人．みすず書房，1992.）

───── (1988) Freud: A Life for Our Time. W. W. Norton, New York.

Geissmann, C. & Geissmann, P. (1998) A History of Child Psychoanalysis. Routledge, London.

Geleerd, E. R. (1957) Some aspect of psychoanalytic of adolescence. The Psychoanalytic Study of the Child 12: 263.

Gerhardt, J., Sweetnam, A. & Borton, L. (2000) The intersujective turn in psychoanalysis. Psychoanalytic Dialogues 10: 5–42.

Gill, C. (1973) Types of interview in general practice: 'The flash'. In, Six Minutes for the Patient: Interactions in General Practice Consultation (ed. E. Balint & J. S. Norell). Tavistock, London.

Gill, D. (1980) Quest: The Life of Elizabeth Kübler-Ross. Harper & Row, New York.（貴島操子訳：死ぬ瞬間の誕生──キューブラー・ロスの 50 年．読売新聞社，1985.）

Gill, M. M. (1967) The primary process in motives and thought. In, Motives and Thought (ed. R. R. Holt): 259–298. Int. Univ. Press, New York.

───── (1954) Psychoanalysis and exploratory psychotherapy. J. Amer. Psychoanal. Assn. 2: 771–790.

───── (1982) The Analysis of the Transference, Vol. 1. Int. Univ. Press, New York.

Gill, M. M. (ed.) (1967) The Collected Papers of David Rapaport. Basic Books, New York.

Gillespie, W. H. (1956) The general theory of sexual perversion. Int. J. Psychoanal. 37: 396–403.

Glauber, P. (1946) Observations on a primary form of anhedonia. Psychiatric Qurterly 18: 67–78.

Glenn, J. (in press) A parameter. Annu. Psychoanal.

Glick, I. D. & Kessler, D. D. (1980) Marital and Family therapy, 2nd. Grune & Straton, Philadelphia.

Glickman, L. S. (1980) Psychiatric Consultation in the General Hospital. Marcel Dekker, New York.（荒木志朗・柴田史朗・西浦研志訳：精神科コンサルテーションの技術．岩崎学術出版社，1983.）

Glover, E. (1931) The therapeutic effect of inexact interpretation: A contribution to the theory of suggestion. Int. J. Psychoanal. 12: 397–411.

───── (1956) On Early Development of Mind. Imago, London.

Goldberg, C. (1991) Understanding Shame. Jason Aronson, Northvale.

Goldstein, K. (1946) Methodological approach to the study of schizophrenic thought disorder. In, Language and Thought in Schizophrenia (ed. J. S. Kasanin). Universities Press, Berkeley & Los Angeles.

Gorer, G. (1966) 日本文化の主題──幼児期経験と日本人．近代日本の名著 13〈日本文化論〉（加藤秀俊編）．徳間書店．

Green, A. (1986) Private Madness. Hogarth Press, London.

───── (1990) Le complexe de castration. que sais-je? PUF.

───── (1993) Le travail du negatif, Les Edition de Minuit.

Greenacre, P. (1950) General problems of acting out. Psychoanalytic Quarterly 19: 455–467.

───── (1954) The role of transference: Practical considerations in relation to psychoanalytic therapy. J. Amer. Psychoanal. Assn. 2: 671–684.

───── (1957) The childhood of the artist. The Psychoanalytic Study of the Child 12: 47–72.

───── (1970) The transitional object and the fetish. In, Emotional Growth. Int. Univ. Press, New York.

───── (1971) Notes on the influence and contribution of ego psychology to the practice of psychoanalysis. In, Separation-Individuation (ed. J. B. McDevitt & C. F. Settlage): 171–200. Int. Univ. Press, New York.

───── (1972) Problems of overidealization of the analyst and of analysis: Their manifestations in the transference and countertransference relationship. In, The Psychoanalytic Study of the Child 20 (ed. R. Eissler et al.): 209–219. Int. Univ. Press, New York.

───── (1975) On reconstruction. J. Amer. Psychoanal. Assn. 21: 693–712; In, Anthrogy Collection: Journal of the American Psychoanalytic Association (ed. H. P. Blum).（小此木啓吾監修／橋本元秀・皆川邦直訳：再構成について．精神分析学の新しい動向──米国精神分析論文集 1973-1982〔日本精神分析協会編訳〕．岩崎学術出版社，1984.）

Greenberg, J. (1991) Countertransference and reality. Psychoanalytic Dialogues 1: 52–73.

───── (1995) Self-disclosure: Is it psychoanalysis? Contemporary Psychoanalysis 31: 193–205.

───── (Green, H.) (1964) I Never Promised You a Rose Garden.（佐伯わか子・笠原嘉訳：分裂病の少女──デボラの世界．みすず書房，1971.）

Greenberg, J. R. & Mitchell, S. A. (1983) Object Relations in Psychoanalytic Theory. Harvard Univ. Press.

Greenson, R. R. (1967) The Technique and Practice of Psychoanalysis. Int. Univ.Press, New York.

―――― (1978) Explorations in Psychoanalysis. Int. Univ. Press, New York.
Greenspan, S. I. (1977) The oedipal-pre-oedipal dilemma: A reformulation according to object relations theory. Int. J. Psychoanal. 58.
Grinberg, L. (1962) On a specific aspect of countertransference due to the patient's projective identification. Int. J. Psychoanal. 43.
―――― (1964) Two kinds of guilt: Their relations with normal and psichological aspects of mourning. Int. J. Psychoanal. 45.
―――― (1966) The relationship between obsessive mechanism and a state of self disturbance: Depersonalization. Int. J. Psychoanal. 47: 177–183.
―――― (1968) On acting out and its role in the psychoanalytic process. Int. J. Pshchoanal. 49: 211–218.
―――― (1978) The "razor's edge" in depression and mourning. In, The Goals of Psychoanalysis. Karnac Books, London, 1990.
―――― (1992) Guilt and Depression. Karnac Books, London.
―――― (1997) Is the transference feared by the psychoanalyst? Int. J. Psychoanal. 78: 1–14
―――― (1998) 心的現実と精神分析の実践における直観の役割. 精神分析研究 42: 95–104.
Grinberg, L., Sor, D. & Bianchedi, E. T. (1977) Introduction to the work of Bion. Jason Aronson, New York.（高橋哲郎訳：ビオン入門. 岩崎学術出版社，1982.）
Grinker, R. (1953) Some current trends and hypothesis of psychosomatic reseach. In, The Psychosomatic Concept in Psychoanalysis (ed. F. Deutsch). Int. Univ. Press, New York.
Grinker, R., Werble, B. & Dryle, C. (1968) The Bordline Syndrome. Basic Books, New York.
Groddeck, G. (1923) Das Buch vom Es: Psychoanalytische Briefe an eine Freudin. Internationaler Psychoanalytische Verlag, Wien. (The Book of the It. Vintage Books, New York, 1949.)（岸田秀・山下公子訳：エスの本――無意識の探究. 誠信書房，1991.）
Grolnick, S. A. & Barkin, L. (ed.) (1978) Between Reality and Fantasy. Jason Aronson, New York.
Gross, A. (1951) The secret. Bull Menn. Cli. 15.
Grosskurth, P. (1986) Melanie Klein: Her World and her Work. Hodder & Staughton, London.
Grossman, K. & Grossman, K. (1991) Attachment quality as an organizer of emotional and behavioural responses in a longitudinal behavioural perspective. In, Attachment across in Life Cycle (ed. C. M. Parkers, J. Stevenson-Hinde & P. Marris). Routledge, London.
Grotstein, J. S. (1978) Inner space: Its dimensions and its coordinates. Int. J. Psychoanal. 59: 55–61.
―――― (1981) Splitting and Projective Identification. Jason Aronson, New York.
Grotstein, J. S. (ed.) (1981) Do I Dare Disturb the Universe? A Memorial to Wilfred R. Bion. Caesura Press, Beverly Hills..
Grotstein, J. S. & Rinsley, D. B. (1994) Fairbairn and the Origins of Object Relations. Free Association Books, New York.
Grunbaum, A. (1979) Epistomological liabilities of the clinical appraisal of psychoanalytic theory. Psychoanalysis and Contemporary Thought 2: 451–526.
―――― (1982) Can psychoanalytic theory be cogently tested "on the couch"? Psychoanalysis and Contemporary Thought 5: 155–255.
―――― (1984) The Foundations of Psychoanalysis. University of California Press, Berkeley.（村田純一・他訳：精神分析の基礎. 産業図書，1996.）
―――― (1988) Precis of the foundation of psychoanalysis. In, Mind, Psychoanalysis and Science (ed. P. Clark & C. Wright). Blackwell, Oxford.
Gull, W. W. (1874) Anorexia nervosa, (apepcia hysterica, anorexia hysterica). Trans. Clin. Soc. London 7: 22.
Gunderson, J. G. (1988) Personality Disorder. In, The New Harvard Guide to Psychiatry (ed. A. M. Nicholi): 337–357. The Belknap Press of Harvard Univ. Press., London.
Guntrip, H. (1952) Schizoid personality and the external world. In, Schizoid Phenomena: Object Relations and the Self. Hogarth Press, London.（狩野力八郎訳：分裂的パーソナリティと外的世界. 現代のエスプリ 148〈精神分析・フロイト以後――対象関係論をめぐって〉：129–148. 至文堂，1979.）
―――― (1961) Personality Structure and Human Interaction. Int. Univ. Press, New York.
―――― (1968) Schizoid Phenomena: Object Relations and the Self. Hogarth Press, London.
―――― (1971) Psychoanalytic Theory, Therapy and the Self. Basic Books, New York.（小此木啓吾・柏瀬宏隆訳：対象関係論の展開. 誠信書房，1981.）

H

Hamilton, V. (1996) The Analyst's Preconscious. Analytic Press, London.
Harley, M & Weil, A. (1990) Obituary: Phyllis Greenacre, M.D. (1894–1989) Int. J. Psychoanal. 71: 523–525.
Harlow, H. F. (1958) The nature of love. American Psychologist 13: 673–685.
―――― (1960) Primary affectionate patterns in primates. Am. J. Orthopsychiatry. 30.
―――― (1961) The development affectional patterns in infant monkeys. In, Determinants of Infant Behavior (ed. B. M. Foss). Methuen, London.
―――― (1965) Affectional responses in infant monkey. In, Current Research is Motivation (ed. R. N. Haber). Holt, Rinehart & Winston, New York.
―――― (1967) The nature of love. In, Human Development. (ed. M. L. Harmowitz & N. R. Harmowitz). Thomas Y. Crowell, New York.
Hartmann, E. (1991) Boundaries in the Mind. Basic Books, New York.

Hartmann, H. (1939) Ich-Psychologie und Anpassungsproblem. Zeitschrift. (Ego Psychology and the Problem of Adaptation (trans. D. Rapaport). Int. Univ. Press, New York, 1958.)（霜田静志・他訳：自我の適応——自我心理学と適応の問題．誠信書房，1967.）
——— (1948) Comment on the theory of instinctual drive. Psychoanalytic Quarterly 368-88.
——— (1950) Comments on the psychoanalytic theory of the ego. The Psychoanalytic Study of the Child 5: 74-96, Int. Univ. Press, New York.
——— (1952) The mutual influences in the development of ego and id. The Psychoanalytic Study of the Child 5. In, Essays on Ego Psychology. Int. Univ. Press, New York.
——— (1955) Notes on the theory of sublimation. In, Essays on Ego Psychology. Int. Univ. Press, New York, 1964.
——— (1959) Psychoanalysis as a scientific theory. In, Psychoanalysis, Scientific Method and Philosophy (ed. S. Hook). New York Univ. Press, New York.
——— (1964a) Essays on Ego Psychology. Int. Univ. Press, New York.
——— (1964b) The development of the ego concept in Freud's work. Int. J. Psychoanal. 37: 425.
Hartmann, H., Kris, E. & Loewenstein, R. M. (1946) Comments on the formation of psychic structure. In, Papers on Psychoanalytic Psychology: Psychological Issues Monograph 14. Int. Univ. Press, New York, 1964.
——— (1949) Notes on the theory of aggression. The Psychoanalytic Study of Children 3/4: 9-36.
初見　基 (1998) ルカーチ・物象化．講談社．
Heimann, P. (1943) Contribution to the Controversial Discussions 1943-1944 of the British Psycho-Analytical Society (unpublished). In, A Dictionary of Kleineian Thought (R. D. Hinshelwood). Free Association Books, London, 1991.
——— (1950) On coutertransference. Int. J. Psychoanal. 31: 81-84.
——— (1952a) Certain Function of Introjection and Projection in Early Infancy. In, Developments in Psychanalysis. Hogarth Press, London.
——— (1952b) Preliminary notes on some defence mechanisms in paranoid states. Int. J. Psychoanal. 33: 208-215.
——— (1989) About Children and Children-No-Longer: Collectted Papers 1942-80 (ed. M. Tonnesmann). Tavistock & Routledge, London.
Heinicke, C. M. & Westheimer, I. (1965) Brief Separations. Int. Univ. Press, New York.
Heinroth, J. C. A. (1818) Lehrbuch der Störungen des Seelenlebens oder der Seelenstörungen und ihrer Behandlung. Vogel, Leipzig.
Hering, E. (1870) Über Gedächtnis als eine allgemeine Funktion der organisierten Materie. (Lecture to the Imperial Academy of Sciences. Vienna. Published as pamphlet.)
Herman, J. L. (1992) Trauma and Recovery. Basic Books, New York.
Hillman, J. (1975) Revioning Psychology. Harper & Row. New York
——— (1983) Archetypal Psychology: A Brif Account. Spring, Dallas.（河合俊雄訳：元型的心理学．青土社，1993）
Hinshelwood, R. D. (1991) A Dictionary of Kleinian Thought. 2nd ed. Free Association Books, London.
Hirsch, R. & Leff, J. (1975) Abnormalities in The Parents of Schizophrenics. Oxford University Press, London.
Hoch, P. H., Cattel, J. P., et al. (1962) The course and outcome of pseudoneurotic schizophrenia. Am. J. Psychiatry 119: 106-115.
Hoffer, W. (1949). Mouth, hand and ego integration. The Psychoanalytic Study of the Child 3/4: 49-56. Int. Univ. Press, New York.
Hoffman, I. Z. (1996) Merton M Gill: A study in theory of development in psychoanalysis. Psychoanalytic Dialogues 6 (1): 5-53.
——— (1998) Ritual and Spotaneity in the Psychoanalytic Process: Dialectical-Constructivist View. The Analytic Press, Hillsdale.
Holm-Hadulla, R. -M. (1982) Der "Konkretismus" als Ausdruck schizophrenen Denkens, Sprechens und Verhaltens. Nervenarzt 53: 524-529.
Holmes, J. (1993) John Bowlby & Attachment Theory. Routledge, London.（黒田実郎・黒田聖一訳：ボウルビィとアタッチメント理論．岩崎学術出版社，1996.）
Horney, K. (1926) The flight from womanhood. Int. J. Psychoanal. 7: 324-329. In, Feminine Psychology. W. W. Norton, New York, 1967.（安田一郎・我妻洋・佐々木譲訳：女らしさからの逃避．ホーナイ全集1．誠信書房，1982.）
——— (1932) The dread of women. Int. J. Psychoanal. 13.
——— (1935) The problem of feminine masochism. The Psychoanalytic Review 22 (3): 241-257.
——— (1937) The Neurotic Personality of our Time. W. W. Norton, New York.（我妻洋訳：現代の神経症的人格．ホーナイ全集2．誠信書房，1974.）
——— (1939) New Ways in Psychoanalysis. W. W. Norton, New York.（安田一郎訳：精神分析の新しい道．ホーナイ全集3．誠信書房，1973.）
——— (1942) Self-analysis. W. W. Norton, New York.（霜田静志・國分康孝訳：自己分析．ホーナイ全集4．誠信書房，1998.）
——— (1950) Neurosis and Human Growth: The Struggle toward Self-Realization. W. W. Norton, New York.（対馬忠監修／藤島みほ子・対馬ユキ子訳：自己実現の闘い——神経症と人間的成長．アカデミア出版会，1986.；我妻洋訳：神経症と人間の成長．ホーナイ全集6．誠信書房，1998.）
Horowitz, M. J. (1977a) Structure and the processes of change. In, Hysterical Personality. Jason Aronson, New York.
——— (1977b) The core characteristics of hysterical personality (Introduction). In, Hysterical Personality. Jason Aronson, New York.
Horton, P. C. (1981) Solace: The Missing Dimention in Psychiatry. Univ. Chicago Press, Chicago.（児玉憲典訳：移行対象の理論と臨床．金剛出版，1985.）
Horwitz, L. (1974) Clinical Prediction in Psychotherapy. Jason Aronson, New York.
保坂　隆 (1989) コンサルテーション精神医学とリエゾン精神医学．総合病院精神医学 1: 53-58.

保崎秀夫 (1967) 心気症ならびに神経衰弱状態．神経症: 158-160．医学書院．
Hug-Hellmuth, H. (1921) On the technique of child analysis. Int. J. Psychoanal. 2: 293-307.
Hughes, A. (1991) Joan Riviere: Her life and work. In, The Innerworld and Joan Riviere: Collected Papers 1920-1958. Karnac Books, London.
Hull, C. L. (1933) Hypnosis and Suggestibility. Appleton-Century-Crofts, New York.
Hunt, J. McV. (1944) Personality and the Behavior Disorders: A Handbook Based on Experimental and Clinical Research, 2 vols. Ronald, New York.
Hunt, J. McV. & Willoughby, R. R. (1939) The effect of frustration on hoarding in rats. Psychosomatic Medicine 1: 309-319.

I

市川　浩 (1984) 〈身〉の構造．青土社．
池見酉次郎（編）(1965) 医学における暗示療法．医学書院．
生田憲正 (1996) 精神分析及び精神分析的精神療法の実証研究（その 1）——メニンガー財団精神療法研究プロジェクト．精神分析研究 40 (1-9).
International Psychoanalytic Association (1994) Constitution and Bylaw.
乾　吉佑 (1980) 青年期治療における New object 論と転移の分析．青年の精神病理 2．弘文堂．
——— (1998) 医療心理学と精神分析．現代の精神分析（小此木啓吾編）．日本評論社．
Isaacs, S. (1948) The nature and function of phantasy. Int. J. Psychoanal. 29: 73-79.
Isakower, O. (1938) A contribution to the pathopsychology of phenomena associated with falling asleep. Int. J. Psychoanal. 19: 331-345.（ドイツ語発表は 1936）
石井良治・小此木啓吾・岩崎徹也 (1964) 外科，精神身体医学の理論と実際　各論 1: 197-228．医学書院．
岩崎徹也 (1967) 治療的退行よりみた退行理論．精神分析研究 13(2): 2-33.
——— (1975) 入院場面における精神療法と秘密保持について．精神分析研究 19 (5)．
——— (1976) 精神分析的病院精神医学第 I 部，基礎的な発展．精神分析研究 20 (5): 171-187.
——— (1978a) 心気症の精神分析理論．臨床精神医学 7: 1143-1149.
——— (1978b) 精神分析的病院精神医学第 II 部，その後の展開．精神分析研究 22 (1): 41-57.
——— (1981) 境界例．現代精神医学大系 12．中山書店．
——— (1983) 精神療法．躁うつ病の臨床と理論（大熊輝雄編）．医学書院．
——— (1993) 治療契約．新版精神医学事典: 550-551．弘文堂．
——— (1997) スーパービジョンをめぐって．精神分析研究 41(3): 1-16.
岩崎徹也・他（編）(1990) 治療構造論．岩崎学術出版社．
岩崎徹也（編）(1991) コンサルテーション・リエゾン精神医学．精神科 MOOK27．金原出版．

J

Jackson, G. H. (1932) Selected Writings of John Hughlings Jackson (ed. J. Taylor). Hodder and Stoughton, London.
——— (1888-89) Remarks on evolution and dissolution of the nervous system. J. Ment. Sc. 34.
Jacobs, T. J. (1986) On countertransference enactments. J. Amer. Psychoanal. Assn. 34: 289-307.
——— (1990) The corrective emotional experience: Its place in current technique. Psychoanalytic Inquiry 10: 433-454.
Jacobson, E. (1957) The self and the object world. The Psychoanalytic Study of the Chidren 9: 75-127.
——— (1964) The Self and the Object World. Int. Univ. Press, New York.（伊藤洸訳：自己と対象世界——アイデンティティの起源とその展開．岩崎学術出版社，1981.）
——— (1971a) Depression: Comparative Studies of Normal, Neurotic and Psychotic Conditions. Int. Univ. Press, New York.（牛島定信・奥村幸夫・安岡誉・森山研介訳：うつ病の精神分析．岩崎学術出版社，1983.）
——— (1971b) Normal and pathological moods. In, Depression. Int. Univ. Press, New York.（奥村幸夫訳：正常な気分と病的な気分．うつ病の精神分析．岩崎学術出版社，1983.）
Jaffé, A. (ed.) (1979) C. G. Jung: Word and Image. Princeton University Press, New York.（氏原寛訳：ユング——そのイメージとことば．誠信書房，1995.）
Jakobson, R. (1986)（服部四郎編／早田輝洋・長嶋善郎・米重文樹訳：言語の分析．ロマーン・ヤーコブソン選集 1．大修館書店．）
Janet, P. (1889) L'automatisme psychologique. Alcan, Paris.
——— (1910) Les Nervoses. Ernest Flammarion, Paris.（高橋徹訳：神経症．医学書院，1974.）
Janz, D. (1969) Die Epilepsien, Spezielle Pathologie und Therapie. Thieme, Stuttgart.
Jaspers, K. (1913) Allgemeine Psychopathologie. Springer, Berlin. 5. Aufl. 1948.（内村祐之・他訳：精神病理学総論，上・中・下．岩波書店，1953, 55, 56.）
Jelliffe, S. E. (1926) Post-encephalitic respiratory disorder. J. Nerv. Ment. Dis. 63: 357-467.
Jones, E. (1927) The early development of female sexuality. Int. J. Psychoanal. 8: 459-472.
——— (1950) Papers on Psycho-Analysis, 5th ed. Bailliere, London.

─── (1952) Essays in Applied Psycho-Analysis. 2vols. Hogarth Press. London.
─── (1953-57) The Life and Work of Sigmund Freud, Vol. 1-3. Hogarth Press. London.（竹友安彦・藤井治彦訳：フロイトの生涯．紀伊国屋書店，1969．）
─── (1959) Free Associations: Memories of a Psycho-Analyst. Basic Books. New York.
─── (1977) Papers on Psycho-Analysis, 5th ed., rep. Karnac, London.
Joseph, B. (1978) Different types of anxiety and their handling in the analytic situation. Int. J. Psychoanal. 59: 223-228.
─── (1981) Toward the experiencing of psychic pain. In, Do I Dare Disturb the Universe? (ed. G. Grotstein) Caesura, Beverly Hills.
─── (1983) On understanding and not understanding: Some technical issues. Int. J. Psychoanal. 64: 291-298.
─── (1985) Transference: The total situation. In, Melanie Klein Today, Vol. 2 (ed. E. B. Spillius). The Institute of Psycho-Analysis, London.（古賀靖彦訳：転移──全体状況．メラニー・クライン トゥデイ③〔松木邦裕監訳〕．岩崎学術出版社，2000．）
─── (1987) Projective identification: Some clinical aspects. In, Melanie Klein Today, Vol. 1 (ed. E. B. Spillius). The Institute of Psycho-Analysis, London.（古賀靖彦訳：投影同一化──いくつかの臨床側面．メラニー・クライン トゥデイ①〔松木邦裕監訳〕．岩崎学術出版社，1993．）
─── (1989) Psychic Equilibrium and Psychic Change. Tavistock/Routledge, London.
Joseph, E. D. (1986) Psychoanalytic concepts of insight, In, Psychoanalysis: The Science of Mental Conflict (ed. A. D. Richards & M. S. Willick): 245-280. The Analytic Press, Hillsdale.
Jung, C. G. (1911) A contribution to the study of psychological types. In, Collected Works 6. Routledge & Kegan Paul, London.
─── (1911-12) Wandlungen und Symbole der Libido. Jahrbuch fur Psychoanalytische und Psychopathologische Forschungen, III, No. 1 (1911) 120-227., TV (1912) 161-464. (Symbols of Transformation. Collected Works 5. Routledge & Kegan Paul, London.)（野村美紀子訳：変容の象徴．筑摩書房，1985．）
─── (1913) Versuch einer Darstellung der Psychoanalytischen Theorie. Jahrbuch fur psychoanalytische und psychopathologische Forschungen V. (The theory of psychoanalysis. In, Collected Works 4. Routledge & Kegan Paul, London.)
─── (1916) The Relations between the Ego and the Unconscious. Collected Works 7. Routledge & Kegan Paul, London.（野田倬訳：自我と無意識の関係．人文書院，1982．）
─── (1921) Psychological Types. Collected Works 6. Routledge & Kegan Paul, London.（林道義訳：タイプ論．みすず書房，1987．）
─── (1928/1953) Two Essays on Analytical Psychology. Collected Works 7. Routledge & Kegan Paul, London.
─── (1935/1954) Die Archetypen und das Kollecyive Unbewuste. (The Archetypes and the Collective Unconscious. Collected Works 9. Routledge & Kegan Paul, London.)（林道義訳：元型論．紀伊国屋書店，1982；続元型論．紀伊国屋書店，1983．）
─── (1963) Memories, Dreams, Reflections. Collins and Routledge & Kagan Paul, London.（河合隼雄・藤縄昭・出井淑子訳：ユング自伝──思い出・夢・思想，Ⅰ・Ⅱ．みすず書房，1971，1972．）
─── (1968) Analytical Psychology: Its Theory and Practice. The Tavistock Lectures.（小川捷之訳：分析心理学．みすず書房，1976．）
Jurard, S. M. (1971) Self-Disclosure: An Experimental Analysis of the Transparent Self. Wiley-Interscience. New York.

K

影山任佐（1994）ジャネ理論と心的外傷体験．イマーゴ．Vol. 5, 140-153.
神田橋條治（1988）発想の航跡．岩崎学術出版社．
神田橋條治・荒木富士夫（1976）「自閉」の利用──精神分裂病者への助力の試み．精神神経学雑誌 78: 43-57.
Kanner, L. (1972) Child Psychiatry, 4th ed. Charles Thomas, Springfield.（黒丸正四郎・牧田清志訳：児童精神医学．医学書院，1974．）
鹿野達男（1963）治療的洞察──自我心理学の立場から．精神分析研究 9 (6): 27-30.
狩野力八郎（1979）H・ガントリップの分裂的パーソナリティーと外的世界．現代のエスプリ 148〈精神分析・フロイト以後──対象関係論をめぐって〉．至文堂．
─── (1988) 性格の障害．異常心理学講座 5．みすず書房．
─── (1998) Informed Consent を受ける患者の精神医学的考察．精神医学ハンドブック（小此木啓吾・深津千賀子・大野裕編）：62-68．創元社．
─── (2001) 生命現象と物語──心理療法とシステム論．精神療法 27 (1): 38-44.
狩野力八郎・近藤直司（編）(2000) 青年期のひきこもり──その心理的背景と治療援助．岩崎学術出版社．
狩野力八郎・佐野直哉（シンポジウム）(2000) スーパービジョンの役割と諸問題．精神分析研究 41 (3): 15-47.
Kanzer, M. & Glenn, J. (ed.) (1980) Freud and his Patients. Jason Aronson, New York.（馬場謙一監訳：フロイト症例の再検討Ⅰ～Ⅲ．金剛出版，1995．）
Kaplan, H. I., Sadock, B. J. & Grebb, J. A. (1994) Synopsis of Psychiatry. Williams & Wilkins, Baltimore.（井上令一・四宮滋子監訳：臨床精神医学テキスト．医学書院，1996．）
Kardiner, A. & Spiegel, H. (1947) War, Stress and Neurotic Illness. P. Hoeber, New York.
笠原 嘉（1976）うつ病の病前性格について．躁うつ病の精神病理（笠原嘉編）．金剛出版．
─── (1988) 退却神経症．講談社．

参考文献一覧　K

笠井　仁（1995）フロイトの催眠暗示による治療．催眠学研究 39 (1): 18–25.
片山登和子（1969）発達的にみた青年期治療の技法原則．精神分析研究 15 (5): 1–6.
加藤　敏（1995）構造論的精神病理学．弘文堂．
加藤正明・保崎秀夫・他（編）(1993) 新版精神医学事典．弘文堂．
河合隼雄（1967）ユング心理学入門．培風館．
―――（1978）ユングの生涯．第三文明社．
―――（1982）昔話と日本人の心．岩波書店．
―――（1992）自己．新版精神医学事典（加藤正明・保崎秀夫・他編）: 293. 弘文堂．
河本英夫（1995）オートポイエーシス――第三世代システム．青土社．
Kenneth, S. (2001) Post-Kleinian Psychoanalysis. Karnac, London.
Kernberg, O. F. (1967) Borderline personality organization. J. Amer. Psychoanal. Assn. 15: 641–685.
――― (1970) A psychoanalytic classification of character pathology. J. Amer. Pshychoanal. Assn. 18 (4): 800–822.
――― (1975) Borderline Conditons and Pathological Narcissism. Jason Aranson, New York.
――― (1976) Object Relations Theory and Clinical Psychoanalysis. Jason Aranson, New York.（前田重治監訳：対象関係論とその臨床．岩崎学術出版社，1983．）
――― (1977a) Boundaries and structure in home relations. J. Amer. Psychoanal. Assn. 25: 81–114.
――― (1977b) The structural diagnosis of borderline personality organization. In, Borderline Personality Disorders: The Concept, the Syndrome the Patient (ed. P. Hartocollis). Int. Univ. Press, New York.
――― (1980) Internal World and External Reality. Jason Aronson, New York（山口泰司訳：内的世界と外的現実，上・下．文化書房博文社，1992．）
――― (1984) Severe Personality Disorders: Psychotherapeutic Strategies. Yale Universities Press, New York.（西園昌久監訳：重症パーソナリティ障害――精神療法的方略．岩崎学術出版社，1996．）
――― (1986) Narcissistic personality desorder. In, Psychiatry, Vol. 1: The Personality Disorder and Neurosis (ed. J. O. Cavener): 219–230. Basic Books, New York.
――― (1987) Clinical Dimentions of Masochism. In, Masochism: Current Psychoanalytic Perspectives (ed. R. A. Glick & D. I. Myers): 61–79. The Analytic Press, Hillsdale, 1988.
――― (1988) An Ego Psychology: Object Relations Theory Approach to the Transference.（大野裕訳：転移に対する自我心理学――対象関係論的アプローチ．精神分析研究 31: 274–286.）
――― (1992) Aggression in Personality Disorders and Perversions. Yale University Press, New Haven and London.
――― (1996) A psychoanalytic model for the classification of personality disorders.（岩崎徹也訳：人格障害の分類のための精神分析的なモデル．精神分析研究 40 (3): 155–168.）
Kernberg, O. F., Burnstein, E., Coyne, L., Appelbaum, A., Horwitz, L. & Voth, H. (1972) Psychotherapy and Psychoanalysis. Bulletin of the Menninger Clinic 36. January-March.
Kernberg, O. F., et al. (1989) Psychodynamic Psychotherapy of Borderline Patients. Basic Books, New York.（松浪克文・福本修訳：境界例の力動的精神療法．金剛出版，1993．）
Kestenberg, J. S. (1967) Phases of adolescence. J. Amer. Acad. Child Psychiat. 6: 577–614.
Kety, S., Rosenthal, D., Wender, P., et al. (1975) Mental illness in the biological and adoptive families who have schizophrenic: A preliminary report based on psychiatric interviews. In, Genetic Research in Psychiatry (ed. R. Fieve, D. Rosenthal & H. Brill). Jons Hopkins University Press, Baltimore.
Khan, M. M. R. (1960) Clinical Aspects of the Schizoid Personality: Affects and Technique. Int. J. Psychoanal. 41: 430–437.
――― (1966) Role of Phobic and Counterphobic Mechanisms and Separation Anxiety in Schizoid Character. Int. J. Psychoanal. 47.
――― (1974) The Privacy of the Self. Hogarth Press, London.+
――― (1979) Alianation in Perversion. Hogarth Press, London.
King, P. & Steiner, R. (ed.) (1991) The Freud-Klein Controversies 1941–45. Routledge, London.
衣笠隆幸（1992）「共感」――理解の基礎となるものと理解を妨げるもの．精神分析研究 35: 479–489.
―――（1998）ヤングアダルトのひきこもり．臨床精神医学，増刊号: 147–152.
―――（1999）「ひきこもり」とスキゾイドパーソナリティ――スキゾイドの病理研究の歴史．精神分析研究 43: 101–107.
―――（2000）自己愛とひきこもり――精神保健福祉センターの相談状況．精神療法 26: 586–594.
Kissen, M. (1979) From Group Dynamics to Group Psychoanalysis: Therapeutic Applications of Group Dynamic Understanding.（佐治守夫他訳：集団精神療法の理論――集団力学と精神分析学の統合．誠信書房，1996．）
北山　修（1982a）治療の終結．精神分析セミナー2（小此木啓吾・岩崎徹也・橋本雅雄・皆川邦直編著）．岩崎学術出版社．
―――（1982b）悲劇の発生論．金剛出版，1997．
―――（1984）両義的な言葉の橋渡し機能について．精神分析研究 28 (3): 107–116.
Kitayama, O. (1985) Pre-Oedipal 'taboo' in Japanese folk tragedies. International Review of Psychoanalysis 12: 173–186.
北山　修（1985）錯覚と脱錯覚――ウィニコットの臨床感覚．岩崎学術出版社．
―――（1988）心の消化と排出．創元社．
―――（1990）構造と設定．治療構造論: 217–231．岩崎学術出版社．
Kitayama, O. (1991) The wounded caretaker and guilt. International Review of Psycho-Analysis 18: 229–240.
―――（1992）フロイトと「鼠男」について．精神分析研究 36: 202–209.
北山　修（1992）神経症．心理臨床大辞典（氏原寛・小川捷之・東山紘久・村瀬孝雄・山中康裕編）: 693–698. 培風館．

―――― (1993a) 見るなの禁止．日本語臨床の深層 1．岩崎学術出版社．
―――― (1993b) 言葉の橋渡し機能――およびその壁．日本語臨床の深層 2．岩崎学術出版社．
―――― (1993c) 自分と居場所．日本語臨床の深層 3．岩崎学術出版社．
―――― (1996) 見立ての訓練に向けて．精神療法 22 (2)．
―――― (2001) 幻滅論．みすず書房．
北山　修（編）(1992) ことばの心理学――日常臨床語辞典．青土社．
―――― (1996) 日本語臨床 1「恥」．星和書店．
―――― (1997) 日本語臨床 2「自分」と「自分がない」．星和書店．
―――― (1999) 日本語臨床 3「甘え」について考える．星和書店．
Klauber, J. (1981) Difficulties in the Analytic Encounter. Jason Aronson, New York. Reprinted by Free Association Books and Maresfield Library, 1986.
Klauber, J., et al. (1987) Illusion and Spontaneity in Psychoanalysis. Free Association Books, London.
Kleeman, J. A. (1967) The peek-a-boo game. In, The Psychoanalytic Study of the Child 23. Hogarth Press, London.
―――― (1977) Freud's views on early female sexuality in the light of direct child observation. In, Female Psychology (ed. H. P. Blum): 3–27. Int. Univ. Press, New York.（子どもの直接観察の見地からみた早期の女性性に関する Freud の見解．）
Klein, G. S. (1959) Consciousness in psychoanalytic theory: Some implications for current research in perception. J. Amer. Psychoanal. Assn. 7: 5–34.
Klein, M. (1921) The development of a child. Int. J. Psychoanal. 4. In, The Writings of Melanie Klein, Vol. 1. Hogarth Press, London.（前田重治訳：子どもの心的発達．メラニー・クライン著作集 1．誠信書房，1983．）
―――― (1923) The role of the school in the libidinal development of the child. Int. Z. F. Psychoanal. 9. In, The Writings of Melanie Klein, Vol. 1. Hogarth Press, London.（村山正治訳：子どものリビドー発達における学校の役割．メラニー・クライン著作集 1．誠信書房，1983．）
―――― (1926) The psychological principles of early analysis. Int. Z. F. Psychoanal. 7. In, The Writings of Melanie Klein, Vol. 1. Hogarth Press, London.（長尾博訳：早期分析の心理学的原則．メラニー・クライン著作集 1．誠信書房，1983．）
―――― (1927a) Criminal tendencies in normal children. Brit. J. Med. Psycho. 7. In, The Writings of Melanie Klein, Vol. 1. Hogarth Press, London.（野島一彦訳：正常な子どもにおける犯罪傾向．メラニー・クライン著作集 1．誠信書房，1983．）
―――― (1927b) Symposium on child-analysis. Int. J. Psychoanal. 7. In, The Writings of Melanie Klein, Vol. I. Hogarth Press, London.（遠矢尋樹訳：児童分析に関するシンポジウム．メラニー・クライン著作集 1．誠信書房，1983．）
―――― (1928) Early stages of the Oedipus conflict. Int. J. Psychoanal. 9. In, The Writings of melanie Klein, Vol. 1. Hogarth Press., London.（柴山謙二訳：エディプス葛藤の早期段階．メラニークライン著作集 1．誠信書房，1983．）
―――― (1929a) Infantile anxiety-situations reflected in a work of art and in the creative impulse. Int. J. Psychoanal. 10. In, The Writings of melanie Klein, Vol. 1. Hogarth Press., London.（坂口信貴訳：芸術作品および創造的衝動に表われた幼児期不安状況．メラニー・クライン著作集 1．誠信書房，1983．）
―――― (1929b) Personification in the play of children. Int. J. Psychoanal. 10. In, The Writings of Melanie Klein, Vol. 1., Hogarth Press, London.（安部恒久訳：子どもの遊びにおける人格化．メラニークライン著作集 1．誠信書房，1983．）
―――― (1930a) The importance of symbol-formation in the development of the ego. Int. J. Psychoanal. 11. In, The Writings of Melanie Klein, Vol. 1. Hogarth Press, London.（村田豊久・藤岡宏訳：自我の発達における象徴形成の重要性．メラニー・クライン著作集 1．誠信書房，1983．）
―――― (1930b) The psychotherapy of the psychosis. Brit. J. Med. Psycho. 10. In, The Writings of Melanie Klein, Vol. 1. Hogarth Press, London.（増井武士訳：精神病の精神療法．メラニー・クライン著作集 1．誠信書房，1983．）
―――― (1931) A contribution to the theory of intellectual inhibition. Int. J. Psychoanal. 12. In, The Writings of Melanie Klein, Vol. 1. Hogarth Press, London.（坂口信貴訳：知性の制止についての理論的寄与．メラニー・クライン著作集 1．誠信書房，1983．）
―――― (1932) The Psycho-Analysis of Children. Hogarth Press, London.（衣笠隆幸訳：児童の精神分析．メラニー・クライン著作集 2．誠信書房，1996．）
―――― (1933) The early developement of conscience in the child. In, The Writings of Melanie Klein, Vol. 1. Hogarth Press, London.（田嶌誠一訳：子どもにおける良心の早期発達．メラニー・クライン著作集 3．誠信書房，1983．）
―――― (1935) A contribution to the psychogenesis of manic-depressive states. Int. J. Psychoanal. 16. In, The Writings of Melanie Klein, Vol. 1. Hogarth Press, London.（安岡誉訳：躁うつ状態の心因論に関する寄与．メラニー・クライン著作集 3．誠信書房，1983．）
―――― (1936) Weaning. In, On the Bringing up of Children (ed. Rickman). Routledge, London.（三月田洋一訳：離乳．メラニー・クライン著作集 3．誠信書房，1983．）
―――― (1937) Love, guilt and reparation. In, Love, Hate and Reparation. Hogarth Press, London, 1953.（奥村幸夫訳：愛，罪そして償い．メラニー・クライン著作集 3．誠信書房，1983．）
―――― (1940) Mourning and its relation to manic-depressive states. Int. J. Psychoanal. 21. In, The Writings of Melanie Klein, Vol. 1. Hogarth Press, London.（森山研介訳：喪とその躁うつ状態との関係．メラニー・クライン著作集 3．誠信書房，1983．）
―――― (1945) The Oedipus complex in the light of early anxieties. Int. J. Psychoanal. 26. In, The Writings of Melanie Klein, Vol. 1. Hogarth Press, London.（牛島定信訳：早期不安に照らしてみたエディプス・コンプレックス．メラニー・クライン著作集 3．誠信書房，1983．）
―――― (1946) Notes on some schizoid mechanisms. Int. J. Psychoanal. 27. In, The Writings of Melanie Klein, Vol. 3. Hogarth Press, London.（狩野力八郎・渡辺明子・相田信男訳：分裂的機制についての覚書．メラニー・クライン著作集 4．誠信書房，1985．）

——— (1948) On the theory of anxiety and guilt. Int. J. Psychoanal. 29. In, Developments in Psycho-Analysis (ed. J. Riviere). Hogarth Press, London.（杉博訳：不安と罪悪感の理論について．メラニー・クライン著作集 4．誠信書房，1985．）

——— (1952a) On observing the behaviour of young infants. In, The Writings of Melanie Klein, Vol. 3. Hogarth Press, London.（小此木啓吾訳：乳幼児の行動観察について．メラニー・クライン著作集 4．誠信書房，1985．）

——— (1952b) Some theoretical conclusions regarding the emotional life of the infant. In, Developments in Psycho-Analysis (ed. J. Riviere). Hogarth Press, London.（佐藤五十男訳：幼児の情緒生活についての二，三の理論的結論．メラニー・クライン著作集 4．誠信書房，1993．）

——— (1952c) The origins of transference. Int. J. Psychoanal. 33. In, The Writings of Melanie Klein, Vol. 3. Hogarth Press, London.（舘哲朗訳：転移の起源．メラニー・クライン著作集 4．誠信書房，1985．）

——— (1955a) On identification. In, The Writings of Melanie Klein, Vol. 3. Hogarth Press, London.（伊藤洸訳：同一視について．メラニー・クライン著作集 4．誠信書房，1985．）

——— (1955b) The psycho-analytic play technique: Its history and significance. Am. J. Orthopsychiat. 25: 223–237. In, The Writings of Melanie Klein, Vol. 3. Hogarth Press, London.（渡辺久子訳：精神分析的遊戯技法——その歴史と意義．メラニー・クライン著作集 4．誠信書房，1985．）

——— (1957) Envy and Gratitude. Tavistock, London.（松本善男訳：羨望と感謝．みすず書房，1975；メラニー・クライン著作集 5．誠信書房，1996．）

——— (1960) A note on depression in the schizophrenic. Int. J. Psychoanal. 41: 509–511. In, The Writings of Melanie Klein, Vol. 3. Hogarth Press, London.（皆川邦直訳：分裂病者における抑うつに関する覚書．メラニー・クライン著作集 5．誠信書房，1996．）

——— (1961) The Narrative of a Child Analysis. Hogarth Press, London.（山上千鶴子訳：児童分析の記録Ⅰ，Ⅱ．メラニー・クライン著作集 6，7．誠信書房，1987，1988．）

——— (1963) Some reflections on 'the Oresteia'. In, The Writings of Melanie Klein, Vol. 3. Hogarth Press, London.（及川卓訳：『オレステイア』に関する省察．メラニー・クライン著作集 5．誠信書房，1996．）

——— (1975) The Writings of Melanie Klein, I–IV. Free Press.（小此木啓吾・西園昌久・岩崎徹也・牛島定信監修・メラニー・クライン著作集．誠信書房，1983–1997．）

Kluft, R. P. (1991a) Hospital treatment of multiple personality disorder. Psychiatric Clinics of North America 14: 695–719.

——— (1991b) Multiple personality. In, American Psychiatric Press Review of Psychiatry, Vol. 10 (ed. A. Tasman & S. M. Goldfinger). American Psychiatric Press, Washington, D. C.

Knapp, G. (1989) Erich Fromm's Life and Works. Verlag Peter Lang, AG.（滝沢正樹・木下哉訳：評伝エーリッヒ・フロム．新評論，1994．）

Knight, R. P. (1938) The psychoanalytic treatment in a sanatorium of chronic addiction to alkohol. In, Clinician and Therapist: Selected Papers of Robert P. Knight. Basic Books, New York. 1972.

——— (1949) A critique of the present status of the psychotherapies. In, Clinician and Therapist: Selected Papers of Robert P. Knight (ed. S. C. Miller): 177–92. Basic Books, New York. 1972. Reprinted from Bulln. N. Y. Acad. Med. 25: 100–14.

——— (1953) Borderline states. Bull. Menn. Clin. 17: 1–12.

——— (1954) Management and psychiatry of the borderline schizophrenic patient. In, Psychoanalytic Psychiatry and Psychology (ed. R. P. Knight & C. R. Friedman). Int. Univ. Press, New York.

Knight, R. P. & Friedman, C. R. (ed.) (1954) Psychoanalytic Psychiatry and Psychology. Int. Univ. Press, New York.

Kohon, G. (1999) No Lost Certainties to Be Recovered. Karnac, London.

Kohon, G. (ed.) (1986) The British School of Psychoanalysis.（西園昌久監訳：英国独立学派の精神分析．岩崎学術出版社，1992）

Kohut, H. (1966a) Forms and transformations of narcissism. In, The Search for the Self, Vol. 1.（伊藤洸監訳：自己愛の形態と変容．コフート入門．岩崎学術出版社，1987．）

——— (1966b) Introspection, empathy, and psychoanalysis: An examination of the relationship between mode of observation and theory. In, The Search for the Self, Vol. 1.（伊藤洸監訳：内省・共感・精神分析——観察様式と理論の相互関係の検討．コフート入門．岩崎学術出版社，1987．）

——— (1968) The psychoanalytic treatment of narcissistic personality disorders: Outline of a systematic approach. In, The Search for the Self, Vol. 1.（伊藤洸監訳：自己愛パーソナリティ障害の精神分析的治療．コフート入門．岩崎学術出版社，1987．）

——— (1971) The Analysis of the Self. Int. Univ. Press, Madison.（水野信義・笠原嘉訳：自己の分析．みすず書房，1994．）

——— (1972) Thoughts on narcissism and narcissistic rage. The Psychoanalytic Study of the Child 27: 360.

——— (1977) The Restoration of the Self. Int. Univ. Press, New York.（本城秀次・笠原嘉監訳：自己の修復．みすず書房，1995．）

——— (1979) The two analysis of Mr. Z. Int. J. Psychoanal. 60: 3–27.（福岡コフート研究会訳：症例Z——二つの分析．イマーゴ，7, 7, 1996．）

——— (1984) How Does the Analysis Cure? University of Chicago Press, Chicago.（本城秀次・笠原嘉監訳：自己の治癒．みすず書房，1995．）

——— (1987) The Kohut Seminars (ed. M. Elson). W. W. Norton, New York.

近藤直司 (1998a) 非精神病性のひきこもりの現在．臨床精神医学 26: 1159–1167.

——— (1998b) 非分裂病性ひきこもりに対する精神保健サービス．精神分析研究 43: 121–129.

古澤平作 (1927) 赤面恐怖症の精神分析例．精神神経誌 27 (9).

——— (1929a) エディプス複合体を内害とする定型夢を最後として治癒せる強迫観念性神経症の分析例．精神神経誌 29 (3).

——— (1929b) 或強迫観念の成因とその心的構造．精神神経誌 29 (3).

——— (1929c) 洗浄癖の精神分析―治験例．精神神経誌 24 (3).

———— (1932) 罪悪意識の二種――阿闍世コンプレクス．精神分析研究 1 (4): 5-9，1954．
Kosawa, H. (1933) Eine Schizophrene Gesichthalluzination, Internationale Zeit shrift fur Psychoanalyse. Vol. 1.
古澤平作 (1933a) 強迫神経症に見られる魔術的身振りに就いて．東北帝大，精神病学教室業報 2 (12)．
———— (1933b) 交互性性格神経症と症状神経症．東北帝大，精神病学教室業報 2 (12)．
———— (1933c) 所謂神経衰弱症の精神分析．東北帝大，精神病学教室業報 2 (12)．
———— (1939a) 精神分析学界の近況．日本医事新報．
———— (1939b) 精神分析学治療の実際．東京医事新誌．
———— (1950) 創刊の辞．精神分析研究 1 (1)．
———— (1953a) 精神分析の話（日置昌一氏との対話）．サンデー毎日，実談虚談．
———— (1953b) 訳者あとがき．続精神分析入門．フロイド選集 3．日本教文社．
———— (1954) 罪悪意識の二種（阿闍世コンプレックス）．精神分析研究 1 (4): 5-9．
———— (1958) 精神分析学理解のために．
古澤平作・小此木啓吾 (1954－1955) 監督教育 Supervision としての統制分析 Control-analysis の一症例の報告（その 1）－（その 7）．精神分析研究 1(8, 9)-2(3)．
Kotin, J. (1995) Getting Started: An Introduction to Dynamic Psychotherapy. Jason Aronson, Northvale, New Jersey.
Kraepelin, E. (1883–1927) Kompendium der Psychiatrie. A. Abel, Leibzig. 1 Aufl. ; Psychiatrie. 2 Aufl., 1887, 3 Aufl., 1889, 4 Aufl., 1893, 5 Aufl., 1896, 6 Aufl., 1899, 7 Aufl., 1903-4, 8 Aufl., 1909-15, 9 Aufl., 1927.
———— (1909) Psichiatrie: Ein Lehrbuch für Studierede und Ärzte.（西丸四方・遠藤みどり訳：精神医学総論．みすず書房，1993．）
Kramer, R. (1995) The birth of client-centered therapy: Carl Rogers, Otto Rank, and "The Beyond". Journal of Humanistic Psychology 35 (4), Special Issue.
Kreisler, L. & Cramer, B. (1981) Sue les bases Cliniques de la psychiatrie du nourrisson. psychiatry Enfant 19: 223–263.
Kretschmer, E. (1921) Körpeubau und Charakter. Springer, Berlin. 9 Aufl. 1955. (Physique and Character. Kegan Paul, London.)（相場均訳：体格と性格．文光堂，1960．）
———— (1922) Medizinische Psychologie. Georg Thieme Verloz.（西丸四方・高橋義夫訳：医学的心理学，Ⅰ，Ⅱ．みすず書房，1955．）
Kris, A. (1996) Free Association: Method and Process. Revised Edition, Karnac, London.
Kris, E. (1934) The psychology of caricature. In, Psychoanalytic Exploration in Art. Int. Univ. Press, New York, 1952.
———— (1950) On preconscious mental processes. In, Psychoanalytic Exploration in Art. Int. Univ. Press, New York, 1952.
———— (1951a) Ego psychology and interpretation in psychoanalytic therapy. Psychoanalytic Quarterly 20: 15–30.
———— (1951b) Notes on development and on some current problems of psychoanalytic child psychology. In, The Psychoanalytic Study of the Child 5. Int. Univ. Press, New York.
———— (1952) Psychoanalytic Explorations in Art. Int. Univ. Press, New York.（馬場禮子訳：芸術の精神分析的研究．岩崎学術出版社，1976．）
Kristeva, J. (1969a) Le Langage, cet inconnu. Une initiation à la linguistique. Seuil, Paris.（谷口勇・枝川昌雄訳：ことば，この未知なるもの――記号論への招待．国文社，1983．）
———— (1969b) Σημειωτικη: recherches pour une semanalyse. Seuil, Paris.（原田邦夫訳：記号の解体学――セメイオチケ 1．せりか書房，1983．；中沢・原田・松浦・松枝訳：記号の生成論――セメイオチケ 2．せりか書房，1984．）
———— (1970) Le Texte du roman: approches sémiologique d'une structure discursive transformationnelle. The Hague: Mouton.（谷口勇訳：テクストとしての小説．国文社，1985．）
———— (1974) La revolution du langage poetique: L'avant-garde a la fin du XIXe siecle: Lautréamont et Mallarme. Seuil, Paris.（原田邦夫訳：詩的言語の革命，1 巻 理論的前提．勁草書房，1991．）
———— (1980) Pouvoirs de l'horreur: Essai sur l'abjection. Seuil, Paris.（枝川昌雄訳：恐怖の権力．法政大学出版局，1984．）
Krüll, M. (1979) Freud und sein Vater. C. H. Beck'sche Verlag, Munchen.（水野節夫・山下公子訳：フロイトとその父．思索社，1987．）
Kubie, L. S. (1950) Practical and Theoretical Aspects of Psychoanalysis. Int. Univ. Press, New York.（土居健郎訳：精神分析への手引．日本教文社，1950．）
Kübler-Ross, E. (1969) On Death and Dying. The Macmillan Company, New York.（鈴木晶訳：死ぬ瞬間――死とその過程について・完全新訳改訂版．読売新聞社，1998．）
久能　徹・他 (1997) ロジャーズを読む．岩崎学術出版社．
蔵内宏和 (1956) 精神分析と催眠（その一）．精神分析研究 3 (7-8)．
———— (1957) 精神分析と催眠（Ⅰ），（Ⅱ），（Ⅲ）．精神分析研究 4 (1-2)．
———— (1958) 精神分析と催眠（Ⅳ）．精神分析研究 5 (4)．
蔵内宏和・前田重治 (1960) 現代催眠学――暗示と催眠の実際．慶応通信．
栗原和彦 (1997) 内的対象関係と夢――W. R. D. フェアベーンの試み．現代のエスプリ別冊〈夢の分析〉（妙木浩之編）: 166-179．至文堂．

L

Lacan, J. (1949) Le stade du miroir comme formateur de la fonction du Je. In, Ecrits. Seuil, Paris, 1966.（宮本忠雄訳：〈わたし〉の機

能を形成するものとしての鏡像段階．エクリⅠ．弘文堂，1972．）
———（1953）Fonction et champ de la parole et du langage en psychanalyse. In, Ecrits, Seuil, Paris, 1966.（竹内迪也訳：精神分析における言葉と言語活動の機能と領野．エクリⅠ．弘文堂，1972．）
———（1954）Le Séminaire, Livre I: Les écrits techniques de Freud 1953–1954. Seuil, Paris.（小出浩之・小川豊昭・小川周二・笠原嘉訳：フロイトの技法論，上・下．岩波書店，1991．）
———（1955）Le Séminaire, Livre II: Le moi dans la théorie de Freud et dans la technique de la psychanalyse 1954–1955. Seuil, Paris.（小出浩之・他訳：フロイト理論と精神分析技法における自我 1954−1955，上，下．岩波書店，1998．）
———（1956）Le Séminaire, Livre III: Les Psychoses 1955–1956. Seuil, Paris.（小出浩之・鈴木國文・川津芳照・笠原嘉訳：精神病．上・下．岩波書店，1987．）
———（1958a）La signification du phallus. In, Ecrits. Seuil, Paris, 1966. (The signification of phallus. In, Ecrits: A Selection (tr. A. Sheliden). Tavistock, London, 1977.)（佐々木孝次訳：ファルスの意味作用．エクリⅢ．弘文堂，1981．）
———（1958b）Remarques sur le rapport de Daniel Lagache. La Psychanalyse, VI: 133–46. P. U. F., Paris. In, Écritis: 647–84. Seuil, 1966.（ダニエル・ラガーシュの報告についての考察．）
———（1964）Le Séminaire, Livre XI: Les quatre concepts fondamentaux de la psychanalyse 1964. Seuil, Paris.（小出浩之・新宮一成・鈴木國文・小川豊昭訳：精神分析の四基本概念．岩波書店，2000．）
———（1966）Écrits. Seuil, Paris.（宮本忠雄・他訳：エクリ，Ⅰ，Ⅱ，Ⅲ．弘文堂．）
———（1970）Le Séminaire, Livre XVII: L'envers de la psychanalyse 1969–1970. Seuil, Paris.
———（1975）Le Séminaire, Livre XX: Encore 1972–1973. Seuil, Paris.
Laforgue, R. (1926) Verdrängung und Skotomisation, Int. Z. Psychoanal. 12: 54.
———（1936）La névrose familiale. Revue française de psychoanalyse. vol. IX (3): 327–355.
Lagache, D. (1958) La psychanalyse et la structure de la persounalite. La Psychanalyse, P. U. F., Paris, VI.（精神分析と人格構造．）
Laing, R. D. (1960) The Divided Self. Tavistock, London.（阪本健二・志賀春彦・笠原嘉訳：ひき裂かれた自己．みすず書房，1971．）
———（1967）The Politics of Experience. Penguin.（笠原嘉・塚本嘉寿訳：経験の政治学．みすず書房，1973．）
———（1970）Knots. Tavistock, London.（村上光彦訳：結ぼれ．みすず書房，1973．）
———（1985）Wisdom, Madness and Folly.（中村保男訳：レイン——わが半生．岩波書店，1990．）
Lampl-de Groot, J. (1952) Re-evaluation of the role of the Oedipus complex, Int. J. Psychoanal. 33.
Langs, R. J. (1973) The Technique of Psychoanalytic Psychotherapy Vol. 1. Jason Aronson, New York.
———（1974）The Technique of Psychoanalytic Psychotherapy Vol. 2. Jason Aronson, New York.
———（1978）Technique in Transition. Jason Aronson, New York.
———（1982a）Psychotherapy: A Basic Text. Jason Aronson, New York.
———（1982b）The Psychotherapeutic Conspiracy. Jason Aronson, New York.
———（1985）Madness and Cure. Newconcept Press, New Jersey.
———（1988）A Primer of Psychotherapy. Gardner Press, New York.（妙木浩之監訳：ラングス精神療法入門．金剛出版，1997．）
———（1992）Science, Systems, and Psychoanalysis. Karnac Books, London.
———（1994）The Dream Workbook. Alliance Publishing.（小羽俊士訳：夢の引き金解読ワークブック．誠信書房，1998．）
Laplanche, J. & Pontalis, J. B. (1967) Vocabulaire de la Psychoanalyse. Press Universitaire de France, Paris. (The Language of Psychonalyis (tr. D. Nicholson-Smith). W. W. Norton, New York, 1973.)（村上仁監訳：精神分析用語辞典．みすず書房，1977．）
Laplanche, J. (1980) Problematiques III: Castration et symbolisations. PUF, Paris.
Larkoff, G. & Johnson, M. (1980) Metaphors We Live. The University of Chicago, Chicago.（渡部昇一監訳：レトリックと人生．大修館書店，1987．）
Laughlin, H. (1956) The Neuroses in Clinical Practice. Saunders, Philadelphia.
Le Shan, L. L. (1952) Dynamics in accident prone behavior. Psychiatry 15: 73.
Lebovici, S. (1983) Le nourisson, la mère et la psychanalyse. Le Centurion, Paris.
———（1984）Comments concerning the concept of fantasmatic interaction. In, Frontiers of infant Psychiatry, Vol. 2: 323–331. Basic Books.（吉田豊訳：幻想的相互作用，ヒトの意識の誕生．イマーゴ，1996, p. 86–97．）
———（1986）A Propos des Consultations Therapeutiques: Journal de la Psychoanalyse de l'Enfant, 1: 135–152.
———（1987）Le psychanalyste et la capacite a la reverie de la mere. Revue Francais Psychoanalysis 5: 1317–1346.
———（1988a）Fantasmatic interaction and intergenerational transmission. Infant Mental Health Journal 9 (1): 10–19.（小此木啓吾訳：幻想的な相互作用と世代間伝達．精神分析研究 34 (5): 1–8, 1991．）
———（1988b）働くお母さんと育児（特別講演）．児童精神医学とその近接領域 29(6).
———（1995a）Creativity and infant's competence. Infant Mental Health Journal 16 (1).
———（1995b）Some notes about my life. Infant Mental Health Journal 16 (1): 68–70.
Levi-Strauss, C. (1949) Les structures élementaires de la parenté. PUF, Paris.（馬淵東一・田島節夫訳：親族の基本構造，上・下．番町書房，1978–1979．）
Levine, S. B. (1988) Intrapsychic and individual aspects of sexual desires. In, Sexual Desire Disorders (ed. S. R. Leiblum & R. Rosen). The Guilford Press, New York.
Levinson, D. J., et al. (1978) The Seasons of a Man's Life. Knopf, New York.（南博訳：ライフサイクルの心理学．講談社，1992．）
Lewin, B. D. (1950) Psyhonalysis of elation. W. W. Norton, New York.
Lewin, K. (1951) Field Theory in Social Science. Harper, New York.（猪股佐登留訳：社会科学における場の理論．誠信書房，1956．）
Lichtenstein, H (1964) The role of narcissism in the emergence and maintenance of a primary identity. Int. J. Psychoanal. 45.

――― (1970) Changing implications of the concept of psychosexual development. J. Amer. Psychoanal. Assn. 18: 300–318.
Liddell, H. S. (1936) Nervous strain in domesticated animals and man. Cornell Veterinarian 26: 107–112.
――― (1938) The experimental neurosis and the problem of mental disorder. Am. J. Psychiatry 94: 1035–1041.
Lidz, R. W. & Lidz, Th. (1977) Male menstruation: A ritual alternative of the oedipal transition. Int. J. Psychoanal. 58-47.（鈴木浩二訳：男性月経――エディプス的移行に代わる一様式．家族の社会学と精神分析〔山根常男編〕．誠信書房，1982．）
Lidz, Th. & Lidz, R. (1989) Oedipus in the Stone Age. Int. Univ. Press, Madison.
Lidz, Th. (1960) The Family and Human Adaptation. Hogarth Press, London.（鈴木浩二訳：家族と人間の順応．岩崎学術出版社，1968．）
――― (1968) The Person: His and Her Development throughout the Life Cycle. Basic Books, New York.
Lidz, Th., Cornelison, A. R. & Singer, M., et al. (1964) The mothers of schizophrenic patients. In, Schizophrenia and the Family (ed. T. Lidz, S. Fleck & A. R. Cornelison). Int. Univ. Press, New York.
Lidz, Th., Fleck, S. & Cornelison, A. R. (1966) Schizophrenia and the Family. Int. Univ. Press, New York.（高臣武史・鈴木浩二・佐竹洋人監訳：精神分裂と家族．誠信書房，1971．）
Limentani, A. (1979) The significance of transsexualism in relation to some basic psychoanalytic concepts. Internationl Review of Psychoanalysis 6: 139–153.
Lindemann, E. (1944) Symptomatology and management of acute grief. American Journal of Psychiatry 101: 141–148.
Lionells, M., et al. (ed.) (1995) Handbook of Interpersonal Psychoanalysis. The Analytic Press, New Jersey.
Lipowski, Z. J. (1974) Consulltation-liaison psychiatry: an overview. Am. J. Psychiatry 131: 623–630.
Lipset, D. (1980) Gregory Bateson: The Legacy of a Scientist. Bacon Press, Boston.
Litman, R. E. (1967) Sigmund Freud on suicide. In, Essays in Self-Destruction (ed. E. S. Shneidman). Science House, New York.（大原健士郎・岩井寛・本間修・小幡利江訳：ジグムント・フロイトの自殺論．自殺の病理――自己破壊行動．岩崎学術出版社，1971．）
Little, M. I. (1951) Counter-transference and the patient's response to it. Int. J. Psychoanal. 32: 32–40.（神田橋條治・溝口純二訳：逆転移とそれに対する患者の反応．原初なる一を求めて．岩崎学術出版社，1998．）
――― (1981) Transference Neurosis and Transference Psychosis: Toward Basic Unity. Jason Aronson, New York.（神田橋條治・溝口純二訳：原初なる一を求めて――転移神経症と転移精神病．岩崎学術出版社，1998．）
――― (1990) Psychotic Anxiety and Containment: A Personal Record of an Analysis with Winnicott. Jason Aronson, New York.（神田橋條治訳：精神病水準の不安と庇護――ウィニコットの精神分析の記録．岩崎学術出版社，1992．）
Loewald, H. W. (1971a) On Motivation and Instinct Theory. Psychoanal. St. Child 26: 91–128.
――― (1971b) Some considerations on repetition and repetition compulsion. Int. J. Psychoanal. 52: 59–63.
――― (1978) Instinct Theory, Object Relations, and Psychic-Structure Formation. J. Amer. Psychoanal. Assn. 26: 493–506.
――― (1980) Papers on Psychoanalysis. Yale University Press.
London, N. (1973) An essay on psychoanalytic theory: Two theories of schizophrenia, Part I & Part II. Int. J. Psychoanal. 54: 169–193.
Lorenz, K. (1950) The comprehensive method in studying innate behavior patterns. Symposia of the Society for Experimental Biology 4: 221–268.
Lower, R. B., Escoll, P. J. & Huxter, H. K. (1972) Bases for Judgements of Analyzability. J. Amer. Psychoanal. Assn. 20: 610–621.
Luborsky, L. (1984) Principles of Psychoanalytic Psychotherapy: A Manual for Supportive-Expressive Treatment. Basic Books, New York.（竹友安彦監訳：精神分析的精神療法の原則――支持‐表出法マニュアル．岩崎学術出版社，1990．）
Luborsky, L. & Crits-Christoph, P. (1990) Understanding Transference. Basic Books, New York.
Luborsky, L., Popp, C., Luborsky, E. & Mark, D. (1994) The core conflictual relathionship theme. Psychotherapy Research 4 (3 & 4): 172-184.
Lyth, I. M. (1988) Containing Anxiety in Institutions: Selected Essays. Vol. 1. Free Association Books, London.

M

前田重治 (1963) 精神分析療法の歴史的発達における治療的洞察の概念．精神分析研究 9 (6): 23–26.
――― (1984) 自由連想法覚え書――古澤平作博士による精神分析．岩崎学術出版社．
――― (1985) 図説臨床精神分析学．誠信書房．
――― (1993) 精神分析の起源．精神分析研究 37 (3): 242–251.
――― (1994) 続図説精神分析学．誠信書房．
――― (1995) 原光景へ――私の精神分析入門．白地社．
――― (1999) 芸に学ぶ心理面接法――初心者のための心覚え．誠信書房．
Maher, J. C. (1992) ジグムント・フロイト：社会言語学的考察．精神分析研究 36: 229–239.
Mahler, M. S. (1952) On child psychosis and schizophrenia: Autistic and symbiotic infantile psychosis. The Psychoanalytic Study of the Child 7.
――― (1972) On the first three subphases of the separation-individuation process. Int. J. Psychoanal. 53: 333–338.
Mahler, M. S. & Furer, M. (1968) On Human Symbiosis and the Vicissitudes of Individuation. Int. Univ. Press, New York.
Mahler, M. S. & Gosliner, B. (1955) On symbiotic child psychosis: Genetic, dynamic and restitutive aspects. The Psychoanalytic Study of the Child 10: 195–212. Int. Univ. Press, New York.
Mahler, M. S., Pine, F. & Bergman, A. (1975a) On Child Psychosis and Schizophrenia: Autistic and Symbiotic Psychoses. The Psy-

choanalytic Study of the Child 7: 286–305.
——— (1975b) The Psychological Birth of the Human Infant. Basic Books, New York.（高橋雅士・織田正美・浜畑紀訳：乳幼児の心理的誕生――母子共生と個体化．黎明書房，1981.）
Mahoney, M. J. (1991) Human change Process: The Scientific Foundation of Psychotherapy. Basic Books, New York.
Mahony, P. J. (1982/1987) Freud as a Writer. Int. Univ. Press, New York.（北山修監訳：フロイトの書き方．誠信書房，1996.）
——— (1986) Freud and the Rat Man (with a Foreword by O. F. Kernberg). Yale University Press, New Haven.
——— (1996) Alas Poor Dora, They Knew Her Ill.（鈴木ありさ・塙美由貴訳：ああ！　可哀想なドラ――みんな彼女の病気を知っていたのに．精神分析研究 41 (2)，1997.）
Main, M. & Solomon, J. (1990) Procedures for indetifying infants as disorganised/disoriented during the Ainsworth Strange Situation. In, Attachment in the Preschool Years (ed. M. T. Greenberg, D. Cicchetti & E. M. Cummings): 121–160. University of Chicago Press, Chicago..
Main, T. (1966) Obituary: Robert Palmer Knight 1902–1966. Int. J. Psychoanal. 47: 447–450.
——— (1957) The Ailment. The British Journal of Medical Psychology 30: 129.
牧　康夫 (1977) フロイトの方法．岩波書店．
Malan, D. H. (1963) A Study of Brief Psychothrapy. Tavistock, London.
——— (1976) The Frontier of Brief Psychothrapy. Plenum Publishing Corporation, New York.
——— (1979) Individual Psychotherapy and the Science of Psychodynamics. Butterworths, London.（鈴木龍訳：心理療法の臨床と科学．誠信書房，1992.）
Malan, D. H., et al. (1952) A study of psychodynamic changes untreated neurotic patients. British Journal of Psychiatry 114: 525.
Malinowski, B. K. (1927) Sex and Repression in Savage Society.（阿部　年晴・真崎　義博訳：未開社会における性と抑圧．社会思想社，1972.）
Manaster, G. & Corsini, R. (1982) Individual Psychology: Theory and Practice.（高尾利数・前田憲一訳：現代アドラー心理学，上・下．春秋社，1995.）
Manaster, G., et al. (1977) Alfred Adler: As We Remember Him. North American Society of Adlerian Psychology.
Mann, J. (1973) Time-limited Psychotherapy. Harvard Univ. Press, Cambridge.（上地安明訳：時間制限精神療法．誠信書房，1980.）
Mannoni, O. (1968) Freud.（村上仁訳：フロイト――無意識の世界の探求者．人文書院，1970.）
Marcia, J. E. (1966) Development and validation of ego-identity status. Journal of Personality & Social Psychology 3: 551–558.
Marcuse, H. (1956) Eros and Civilization: A Philosophical Inquiry into Freud. Beacon Press, Boston.（南博訳：エロス的文明．紀伊国屋書店，1958.）
——— (1960) Reason and Revolution. Beacon Press, Boston.（桝田啓三郎・他訳：理性と革命．岩波書店，1961.）
——— (1964) One-Dimentional Man. Beacon Press, Boston.（生松敬三・三沢謙一訳：一次元的人間．河出書房新社，1974.）
Margolin, S. G. (1953) Genetic and dynamic psychophysiological determinants of pathophysiological process. In, The Psychosomatic Concept in Psychoanalysis (ed. F. Deutsch). Int. Univ. Press, New York.
Marineau, R. F. (1989) Jacob Levy Moreno 1889–1984. Tavistock/Routledge, London.（増野肇・増野信子訳：神を演じつづけた男．白楊社，1995.）
Marmor, J. (1953) Orality in the hysterical personality. J. Amer. Psychoanal. Assn. 1: 656–671.
Marty, P., M'Uzan, M. De & David, C. (1963) L'investigation psychosomatique. Presses Univ. de France, Paris.
丸田俊彦 (1981) 短期集中精神療法．精神分析研究 25: 307–315.
——— (1992) コフート理論とその周辺．岩崎学術出版社．
——— (2000) 知的洞察 vs. 情緒的絆．精神分析研究 44: 17–27.
丸山圭三郎 (1981) ソシュールの思想．岩波書店．
Masling, J. M. (ed.) (1983) Empirical Studies of Psychoanalytic Theories, Vol. 1. The Analytic Press, Hillsdale.
——— (1986) Empirical Studies of Psychoanalytic Theories, Vol. 2. The Analytic Press, Hillsdale.
——— (1990) Empirical Studies of Psychoanalytic Theories, Vol. 3. The Analytic Press, Hillsdale.
Masling, J. M. & Bornstein, R. F. (ed.) (1993) Psychoanalytic Perspectives on Psychopathology. American Psychological Association, Washington, D. C.
Maslow, A. H. & Mittelmann, B. (1951) Principles of Abnormal Psychology: The Dynamics of Psychic Illness. Harper & Brothers Publishers, New York.
Masserman, J. H. (1942) Psychological dynamics in behavior. Psychiatry 5: 341–348.
——— (1943) Behavior and Neurosis. Univ. of Chicago Press, Chicago.
——— (1946) Principles of Dynamic Psychiatry. Saunders, Philadelphia.
Masserman, J. H. & Yum, K. S. (1946) An analysis of the influence of alcohol on experimental neurosis in cats. Psychosom. Med. 8: 36–52.
Masson, J. M. (1984) The Assault on Truth: Freud's Suppression of the Seduction Theory. Farrar, Straus and Giroux, New York.
——— (1985) The Complete Letters of Sigmund Freud to Wilhelm Fliess, 1887–1904. Harvard University Press, Cambridge.
——— (1985) The Complete Letters of Sigmund Freud to Wilhelm Fliess, 1887–1904, Belknap Press.
Masterson, J. F. (1965) The Psychiatric Dilemma of Adolescence. Little Brown, Boston.
——— (1972) Treatment of the Borderline Adolescent: A Developmental Approach. Wiley, New York.（成田善弘・笠原嘉訳：青年期境界例の治療．金剛出版，1979.）
——— (1976) Psychotheapy of the Borderline Adult. Brunner/Mazel, New York.

――――― (1981) The Narcissistic and Borderline Disorders: An Integrated Developmental Approach. Brunner/Mazel, New York.（富山幸佑・尾崎新訳：自己愛と境界例．星和書店，1990．）

――――― (1985a) Countertransference and Psychotherapeutic Technique: Teaching Seminars on Psychotherapy of the Borderline Adult. Brunner/Mazel, New York.（成田善弘訳：逆転移と精神療法の技法．星和書店，1987．）

――――― (1985b) The Real Self: A Developmental, Self and Object Relations' Approach. Brunner/Mazel, New York.

Masterson, J. F. & Costello, J. L. (1980) From Borderline Adolescent to Functioning Adult: The Test of Time. Brunnner/Mazel, New York.（作田勉・恵知彦・大野裕・前田陽子訳：青年期境界例の精神療法――その治療効果と時間の経過．星和書店，1982．）

増野　肇 (1989) 心理劇とその世界．金剛出版．

松木邦裕 (1993a) 治療過程での自己モニタリング．現代のエスプリ 314〈自己モニタリング〉．至文堂．

――――― (1993b) 摂食障害の自己愛対象関係．イマーゴ 4 (10): 36–45．

――――― (1996) 対象関係論を学ぶ――クライン派精神分析入門．岩崎学術出版社．

――――― (1997) 意識されていない罪悪感，その後．精神分析研究 41 (3): 17–27．

松下正明（編）(1998) 臨床精神医学講座 1――精神症候と疾患分類・疫学．中山書店．

Matte-Blanco, I. (1940) Some reflection on psycho-dynamics. Int. J. Psychoanal. 21: 253–79.

――――― (1975) The Unconscious as Infinite Sets: An Essay in Bi-logic. Duckworth, Lodon.

――――― (1988) Thinking, Feeling, and Being. Routledge, London.

McDevitt, J. B. (1971) Libidinal Object Constancy: Some Developmental Consideration. Paper presented at the New York Psychoanalytic Society, N-Y, January, 1972. unpublished.

McDougall, J. (1974) The psychosoma and the psychoanalytic process. Int. Rev. Psycho-Anal. 1: 437–459.

――――― (1978) Plaidoyer pour une Ceretaine abnormalite. Gallimard, Paris.

――――― (1980) A Plea. for a Measure of Abnormality. Int. Univ. Press, New York.

――――― (1982) Theaters of the Mind: Illusion and Truth on the Psychoanalytic Stage. Basic Books, New York.

――――― (1989) Theaters of the Body: A Psychoanalytic Approach to Psychosomatic Illness. W. W. Norton, New York.（氏原寛・李敏子訳：身体という劇場――心身症への精神分析的アプローチ．創元社，1996．）

――――― (1992) Plea for a Measure of Abnormality. Brunner/Mazel, New York.

――――― (1995) The Many Faces of Eros: A Psychoanalytic Exploration of Human Sexuality. W. W. Norton, New York.

McDougall, J. & Lebovici, S. (1989) Dialogue with Sammy: A Psychoanalytic Contribution to the Understanding of Child Psychosis. Free Association Books, London.

Mcgoldrick, M. & Gerson, R. (1985) Genograms in Family Asessment. W. W. Norton, New York.（石川元・渋沢田鶴子訳：ジェノグラムのはなし――家計図と家族療法．東京図書，1988．）

Mead, M. (1928) Coming of Age in Samoa. William Morrow, New York.（畑中幸子・山本真鳥訳：サモアの思春期．蒼樹書房，1976．）

――――― (1949) Male and Female. William Morrow, New York.（田中寿美子・加藤秀俊訳：男性と女性，上・下．東京創元社，1961．）

Meadow, R. (1977) Munchausen syndrome by proxy. Lancet 2: 343–345.

Meissner, W. W. (1980) A note on projective identification. J. Amer. Psychoanal Assn. 28: 43–65.

――――― (1984) Psychoanalysis and Religious Experience. Yale University Press, New Haven.

Meissner, W. W. & van Dam, H. (1978) Colloquium on 'Symbol Formation'. Int. J. Psychoanal. 59: 321–328.

Meltzer, D. (1965) Return to the imperative: An ethical implication of pychoanalytic findings. In, Sincerity and Other Works. Karnac Books, London, 1994.

――――― (1967) The Psychoanalytical Process. Heinemann, London.

――――― (1968) Terror, persecution, dread: a dissection of paranoid anxieties. In, Melanie Klein Today, Vol. 1 (ed. E. B. Spillius). The Institute of Psycho-Analysis, London.（世良洋訳：恐怖，迫害，恐れ――妄想性不安の解析．メラニー・クライン　トゥデイ②〔松木邦裕監訳〕．岩崎学術出版社，1993．）

――――― (1973) Sexual States of Mind. Clunie Press, Perthshire.

――――― (1975) Adhesive identification. Contemporary Psyhco-Analysis 11: 289–310. In, Sincerity and Other Works (1994 republished). Karnac Books, London.

――――― (1976) The delusion of clarity of insight. Int. J. Psychoanal. 57: 141.

――――― (1978a) A note on Bion's concept "Reversal of Alpha-function". In, The Kleinian Development. Clunie Press, Oxford.

――――― (1978b) The Kleinian Development. Clunie Press, Perthshire.

――――― (1978c) The Kleinian Development, Part II: Richard Week-by-Week. Clunie Press, Perthshire.

――――― (1984) Dream-Life. Clunie Press, Oxford.

――――― (1986) Studies in Extended Metapsychology: Clinical Applications of Bion's Ideas. Clunie Press, Perthshire.

――――― (1988) The Apprehension of Beauty. Clunie Press, Oxford.

――――― (1992) The Claustrum. Clunie Press, Oxford.

――――― (1994) Sincerity and Other Works. Karnac Books, London.

Meltzer, D., Bremner, J., Hoxter, S., Weddell, D. & Wittenberg, I. (1975) Exploration in Autism. Clunie Press, London.

Meng, H. (1934) Das Problem der Organpsychose. Int. Z. Psychoanaly 20.

Meng, H. (ed.) (1959) Erziehungsberatung und Erziehungshilfe. Verlag Hans Huber, Bern & Stuttgart.

Menninger, K. A. (1930) The Human Mind. Knopf, New York.（草野栄三良訳：人間の心，上・下．日本教文社，1960．）

――――― (1934) Polysurgery and polysurgical addiction. Psychoanalytic Quarterly 3: 173.

――――― (1938) The Man Against Himself. Harcourt, New York.（草野栄三良訳：おのれに背くもの，上・下．日本教文社，1963.）
――――― (1942) Love against Hate. Harcourt, New York.（草野栄三訳：愛憎．日本教文社，1951.）
――――― (1958) Theory of Psychoanalytic Technique. Basic Books, New York.（小此木啓吾・岩崎徹也訳：精神分析技法論．岩崎学術出版社，1965.）
――――― (1963) The Vital Balance. Viking Press, New York.
――――― (1968) The Crime of Punishment. Viking Press, New York.
Menninger, W. (1948) Psychiatry in a Troubled World. McMillan, New York.
Menninger, W. C. (1947) Psychosomatic medicine: Somatization reactions. Psychosomatic Med. 9: 92.
Meyer, A. (1948–1952) Collected Papers of Adolf Meyer. 4 vols. John Hopkins Press, Baltimore.
――――― (1957) Psychobiology: A Science of Man. Charles C. Thomas, Springfield, Ill.
Michels, R. (1985) Introduction to Panel: Perspectives on the Nature of Psychic Reality. J. Amer. Psychoanal. Assn. 33: 515–519.
Miller, J. A. (1973) Le Séminaire de Jacques Lacan Livre XI: Les quatre concepts fondamentaux de la psychanalyse 1964.（小出浩之・新宮一成・鈴木國文・小川豊昭訳：ジャック・ラカン　精神分析の四基本概念．岩波書店，2000.）
Miller, J. G. & Miller, J. L. (1985) General living systems theory. In, Comprehensive Textbook of Psychiatry, 4th Edition(ed. H. I. Kaplan & B. J. Sadock): 13–14. Williams & Wilkins, New York.
Miller, L., Rustin, M., Rustin, M. & Shuttleworth, J. (ed.) (1989) Closely Observed Infant. Duckworth, London.
Milner, M. (1969) The Hands of Living God. Hogarth, London.
皆川邦直（1980）青春期・青年期の精神分析的発達論――ピーター・ブロスの研究をめぐって．青年の精神病2（小此木啓吾編）．弘文堂．
――――― (1981) 精神分析的面接その二――発達診断．精神分析セミナー1（小此木啓吾・他編）：117–156．岩崎学術出版社．
Minsky, M. (1987) The Society of Mind.（安西祐一郎訳：心の社会．産業図書，1990.）
Mitchell, S. A. (1988) Relational Concepts in Psychoanalysis. Harvard University Press, Cambridge.（鑪幹八郎監訳／横井公一訳：精神分析と関係概念．ミネルヴァ書房，1998.）
――――― (1993) Hope and Dread in Psychoanalysis. Basic Books.
――――― (1998) Influence and Autonomy in Psychoanalysis. The Analytic Press, Hillsdale.
Mitchell, S. A. & Aron, L. (ed.) (1999) Relational Psychoanalysis. The Analytic Press, Hillsdale.
Mitchell, S. A. & Greenberg, J. (1983) Object-Relations in Psychoanalysis. Harvard University Press, Cambridge.
Mitrani, J. (2001) Ordinary People and Extra-Ordinary Protections. In, Mitrani seminar, Tokyo. (unpublished)
Mitscherlich, A. (1963) Auf dem Weg zur vaterlosen Gesellschaft. R. Piper, München.（小見山実訳：父親なき社会．新泉社，1972.）
――――― (1969) Die Idee des Friedens und die menschliche Aggressivität. Surkamp, Berlin.（竹内豊治訳：攻撃する人間．法政大学出版局，1970.）
Mitscherlich, A. & Mitscherlich, M. (1967) Die Unfähigkeit zu trauern. R. Piper, München.（林峻一郎・馬場謙一訳：喪われた悲哀．河出書房新社，1972.）
三浦信之（1955）日本の精神分析学の父丸井清泰教授を偲ぶ．精神分析研究2 (10).
宮岸　勉・他（編）（1986）標準精神医学．医学書院．
三宅和夫（1990）子どもの個性．東京大学出版会．
三宅和夫・北尾倫彦・小嶋秀夫（編）（1991）教育心理学小辞典．有斐閣．
Modell, A. H. (1963) Primitive object relationships and the pre-disposition to Schizophrenia. Int. J. Psychoanal. 44, Part 3.
――――― (1976) The "holding environment" and the therapeautic action of psychoanalysis. J. Amer. Psychoanal. Assn. 24: 285–307.
――――― (1984) Psychoanalysis in a New Context. Int. Univ. Press, New York.
――――― (1990) Other Times, Other Realities: Toward a Theory of Psychoanalytic Treatment. Harvard Univ. Press, Cambridge.
――――― (1993)（福井敏訳：記憶と治療過程．今日の精神分析（西園昌久監修）．p. 131–146．金剛出版.）
Momingliano, L. N. (1987) A spell in Vienna–but was Freud an Freudian?: An investigation onto Freud's technique between 1920 and 1938 based on the published testimony of former analysands. International Review of Psychoanalysis 14: 373–389.
Money, J. & Tucker, P. (1975) Sexual Signatures. Little, Brown and Company.（朝山新一訳：性の署名．人文書院，1975.）
Money-Kyrle, R. (1956) Normal counter-transference and some of its deviations. Int. J. Psychoanal. 37: 360–366.
――――― (1968) Cognitive development. Int. J. Psychoanal. 49: 691–698.
Moore, B. E. & Fine, B. D. (ed.) (1968) A Glossary of Psychoanalytic Terms and Concepts. Second Edition. American Psychoanalytic Association, New York.
――――― (1990) Psychoanalytic Terms & Concepts. Yale University Press, New Haven.（福島章監訳：アメリカ精神分析学会　精神分析事典．新曜社，1995.）
Moore, R. (1999) The Creation of Reality in Psychoanalysis. The Analytic Press. Hillsdale.
Mora, G. (1975) Adolf Meyer. In, Comprehensive Textbook of Psychiatry. Second edition (ed. Freedman, Kaplan & Sadock). Williams & Wilkins, Baltimore.
Moreno, J. L. (1934) Who Shall Survive? Beacon House, New York.
――――― (1946) Psychodrama, Vol. 1. Beacon House, New York.
――――― (1959) Psychodrama, Vol. 2. Beacon House, New York.
――――― (1969) Psychodrama, Vol. 3. Beacon House, New York.
森田正馬（1960）神経質の本態と療法．白揚社．
向井雅明（1988）ラカン対ラカン．金剛出版．
村上　仁（1970）異常心理学．岩波書店．

Murray, L. (1992) The impact of postnatal depression on infant development. J. Child Psychol. Psychiatry. 33: 543–61.
妙木浩之 (1992) フロイト理論の科学性をめぐって．精神分析研究 36: 210–217.
───── (2000) フロイト入門．筑摩書房
妙木浩之・吾妻ゆかり（編）(1993) 現代のエスプリ 317〈フロイトの症例〉．至文堂．
妙木浩之（編）(1993) ドラとフロイトの間．現在のエスプリ 317〈フロイトの症例〉(吾妻ゆかり・妙木浩之編)．至文堂．
───── (1997) 現代のエスプリ別冊〈夢の分析〉．至文堂．

N

鍋田恭孝 (1997) 対人恐怖・醜形恐怖．金剛出版．
Nacht, S. 山田悠紀男訳 (1988) マゾヒズム 同朋舎
Nagera, H. (1964) On arrest in development, fixation, and regression. The Psychoanalytic Study of the Child 19: 222–239.
───── (1966) Early Childhood Disturbances, the Infantile Neurosis, and the Adulthood Disturbances. Int. Univ. Press, New York.
───── (1981) The Developmental Approach to Childhood Psychopathology. Jason Aronson, New York.
Nagera, H. (ed.) (1969) Basic Psychoanalytic Concepts on the Libido Theory. George Allen and Unwin. London
───── (1970) Basic Psychoanalytic Concepts on the Theory of Instincts. Maresfield Reprints.
中井久夫 (1976) 訳者あとがき．現代精神医学の概念．みすず書房．
Nakakuki, M. (1994) Normal and developmental aspects of masochism. Psychiatry 57: 244–257.（中久喜雅文：「正常な」マゾヒズムとマゾヒズム発達ラインという概念．今日の精神分析〔西園昌久監修〕: 262–292．金剛出版，1993.）
中久喜雅文 (1996) 再発と急性危機介入──精神科救急医療．日精協雑誌 15: 16–20.
中尾弘之・池田暉親 (1969) 不安の脳機能，不安の精神薬理．不安の精神医学（桜井図南男編）．医学書院．
成田善弘 (1987) 強迫症．異常心理学講座 4，神経症と精神病 1（土居健郎・笠原嘉・宮本忠雄・木村敏編）: 45–105．みすず書房．
───── (1990) マスターソンの境界例概念と治療技法．精神療法 16: 9–16.
Nathanson, D. L. (1992) Shame and Pride. W. W. Norton, New York.
Nathanson, D. L. (ed.) (1987) The Many Faces of Shame. The Guilford Press, New York.
National Center for Clinical Infant Programs (1994) Zero to Three: Diagnostic Classification of Mental Health and Developmental Disorder of Infancy and Early Childhood.
Needman, J. (1931) Chemical Embryology. Macmillan, London.
Neubauer, P. B. (1979) The role of insight in psychoanalysis. J. Amer. Psychoanal. Assn. 27: 29–40.
Neumann, E. (1954) The Origins and History of Consciousness, Routledge & Kegan Paul, London.（林道義訳：意識の起源史．紀伊国屋書店，1984.）
Nichols, M. P. (1987) The Self in the System. Brunner/Mazel, New York.
日本精神分析学会 (1954–2001) 精神分析研究 1 (1)–44 (4, 5).
日本心身医学会教育研修委員会（編）(1991) 心身医学の新しい診療指針．心身医学 31: 537–576.
西松能子 (1998) Munchausen 症候群．人格障害（牛島・福島編）．中山書店．
西園昌久 (1967) 薬物精神療法．医学書院．
───── (1967/1971) 薬物精神療法，1 版，2 版．医学書院．
───── (1976) 精神分析の理論と実際 神経症編・精神病編．金剛出版．
───── (1978) うつ病の家族病理と家族関係．季刊精神療法 4: 149–157.
───── (1979) 行動化について．精神分析研究 23: 59–70.
───── (1983) 精神分析治療の展開．金剛出版．
───── (1996) 依存的薬物精神療法における精神分析．精神分析療法（牛島定信編）: 36–45．金原出版．
西園昌久・安岡 誉 (1979) 手首自傷症候群．臨床精神医学 8: 1309–1315.
西園昌久・他 (1988) シンポジウム「力動精神医学」特集．精神分析研究 32: 1–70.
───── (2000) Dr. John Hunter Padel 追悼特集．精神分析研究 44: 131–162.
丹羽淑子（編著）(1993) 母と乳幼児のダイアローグ──ルネ・スピッツと乳幼児心理臨床の展開．山王出版．
野田俊作 (1986) 実践カウンセリング──現代アドラー心理学の理論と技法．ヒューマンギルド出版部．
Noshipitz, J. (ed.) (1979) Basic Handbook of Child Psychiatry, Vol.4. Basic Books, New York.
Nunberg, H. (1932) Allgemeine Neurosenlehre auf psychoanalytischer Grundlage.（精神分析学的神経症概論．）仏訳：Principes de psychanatyse, P. U. F., Paris, 1957, 135.（精神分析概論．）
───── (1948) The synthetic function of the ego. In, Practice and Theory of Psychoanalysis, Vol. 1. Int. Univ. Press, New York.

O

織田尚生 (1986) ユング心理学の実際．誠信書房．
小笠原晋也 (1989) ジャック・ラカンの書．金剛出版．
小川捷之 (1978) 解説．現代のエスプリ 127〈対人恐怖〉．至文堂．
小川捷之（編）(1978) 現代のエスプリ 127〈対人恐怖〉．至文堂．

参考文献一覧　O

Ogden, T. H. (1979) On projective identification. Int. J. Psychoanal. 60: 357–373.
─── (1982) Projectrive Identeification and Psychotherapeutic Tecnique. Jason Aronson, New York.
─── (1985) On potential space. Int. J. Psychoanal. 66: 129–141. In, The Matrix of Mind. Jason Aronson, Northvale.（狩野力八郎監訳／藤山直樹訳：可能性空間．こころのマトリックス．岩崎学術出版社，1996．）
─── (1986) The Matrix of Mind. Jason Aronson, Northvale.（狩野力八郎監訳／藤山直樹訳：こころのマトリックス．岩崎学術出版社，1996．）
─── (1989a) The Primitive Edge of Experience. Jason Aronson, Northevale.
─── (1989b) The threshold of the male Oedipus complex. Bull. Meninger Clin. 53: 393–411.
─── (1994) Subjects of analysis. Jason Aronson, New York.（和田秀樹訳：「あいだ」の空間．新評論，1996．）
─── (1997) Reverie and Interpretation. Jason Aronson, Northvale.
及川　卓 (1982) トランスセクシャリズムの家族付置．講座・家族精神医学 3．弘文堂．
─── (1983) 男性性確立の挫折と崩壊．青年の精神病理 3．弘文堂．
─── (1988) 女性的資質．ブレーン出版．
─── (1989) "ジェンダーの病い"と精神分析の実践．男性学の実践（渡辺恒夫編）．新曜社．
─── (1992) セックスの臨床心理学．心理臨床大事典（氏原寛・小川捷之・東山紘久・村瀬孝雄・山中康裕〔編〕）．培風館．
─── (1995) ストラー博士との対話．現代のエスプリ別冊〈精神分析の現在〉（小此木啓吾・妙木浩之編）．至文堂．
岡野憲一郎 (1991) 治療者の自己開示──その治療効果と限界について．精神分析研究 35: 169–181．
─── (1992) 恥の精神分析．精神分析研究 36: 191–200．
─── (1995) 外傷性精神障害──心の傷の病理と治療．岩崎学術出版社．
─── (1996) フロイトと恥．イマーゴ臨時増刊〈フロイトと精神分析の現在〉（小此木啓吾編）: 262–273．
─── (1997) 治療者の自己開示再考──治療者が「自分を用いる」こと．精神分析研究 41: 121–127．
─── (1998) 恥と自己愛の精神分析．岩崎学術出版社．
─── (1999) 新しい精神分析理論──米国における最近の動向と「提供モデル」．岩崎学術出版社．
小此木加江 (1994) フロイトとシュルレアリスム．Az（アズ）31〈フロイトとの再会〉（小此木啓吾・妙木浩之編）．新人物往来社．
小此木啓吾 (1956) パウル・フェダーン Paul Federn 博士紹介──その自我心理学と精神病の精神療法について，その 1〜5．精神分析研究 3 (2–4, 6–8)．（精神分析の成り立ちと発展．弘文堂，1985．）
─── (1961) 精神分析学の展望──主として自我心理学の発達をめぐって．精神医学 3: 651．（精神分析の成り立ちと発展．弘文堂，1985．）
─── (1964) ウィリヘルム・ライヒの悲劇．性格分析．岩崎学術出版社，1966．
─── (1964a) 精神療法の基礎概念と方法．精神療法の理論と実際（三浦岱栄監修）．医学書院．
─── (1964b) 精神療法の理論と実際．医学書院．
─── (1969) 人みしり──その精神分析的理解の可能性．現代精神分析 II．誠信書房，1971．
─── (1970a) エロス的人間論．講談社．
─── (1970b) 日本的精神分析の開拓者古澤平作先生．精神分析研究 15 (6): 1–15．（現代精神分析 II．誠信書房，1971．）
─── (1971) 現代精神分析 II．誠信書房．
─── (1973) フロイト──その自我の軌跡．日本放送出版協会．
─── (1976) 青年期精神療法の基本問題．青年の精神病理 1（笠原嘉・清水将之・伊藤克彦編）．弘文堂．
─── (1977a) フロイト．世界の思想家 18．平凡社．
─── (1977b) 精神分析からみたうつ病．躁とうつの精神病理 2（宮本忠雄編）．弘文堂．
─── (1978a) フロイト．人類の知的遺産 56．講談社．
─── (1978b) フロイトとの出会い──自己確認への道．人文書院．
─── (1978c) モラトリアム人間の時代．中央公論社．
─── (1978d) 精神科診断学 Ia．現代精神医学体系 4A1．
─── (1978e) 精神分析的面接．現代精神医学体系 4A1（金子仁郎・他編）．中山書店．
─── (1978e) 精神分析的面接．現代精神医学大系 4a1（懸田克躬編）．中山書店．
─── (1979a) モラトリアム人間の心理構造．中央公論社．
─── (1979b) 阿闍世とオレステス．現代のエスプリ 148〈精神分析・フロイト以後〉．至文堂．
─── (1979c) 精神分析的心身症論の基本的観点．心身医学──基礎と臨床（石川中・末松弘行編）．朝倉書店．
─── (1979d) 対象喪失．中央公論社．
─── (1980) 青春期・青年期の精神分析的発達論と精神病理．青年の精神病理 2（小此木啓吾編）．弘文堂．
─── (1982a) 家族ライフサイクルとパーソナリティー発達の病理．家族精神医学 3（加藤正明・藤縄昭・小此木啓吾編）．弘文堂．
─── (1982b) 家族精神医学の基礎理論としての精神分析──フロイト理論とその可能性．講座家族精神医学 1，家族精神医学の基礎理論（加藤正明・他編）: 75–179．弘文堂．
─── (1982c) 精神分析的家族関係論の流れ．講座家族精神医学 1，家族精神医学の基礎理論（加藤正明・他編）: 281–294．弘文堂．
─── (1982d) 日本人の阿闍世コンプレックス．中央公論社．
─── (1985a) 現代精神分析の基礎理論．弘文堂．
─── (1985b) 精神分析の成り立ちと発展．弘文堂．
─── (1985c) 精神分析の臨床的課題．金剛出版．
─── (1985d) 対象喪失と「悲哀の仕事」の観点からみた躁と鬱．現代精神分析の基礎理論．弘文堂．
─── (1986) モラトリアム人間の時代．中央公論社．

─── (1987) フロイトの精神病理学 その4．精神分析セミナーⅣ〈フロイトの精神病理学理論〉．岩崎学術出版社．
─── (1988) 阿闍世コンプレックス──どうとらえるか．精神分析研究 32 (2): 103–116.
─── (1989) フロイト・Sにおけるエディプス・コンプレックスに関する二つの訳書．精神分析研究 33: 201–208.
─── (1990a) 治療の終結をめぐって──精神分析的な精神療法における．季刊精神療法 16 (3): 198–208.
─── (1990b) 治療構造論序説．治療構造論（岩崎徹也・他編）．岩崎学術出版社．
─── (1990c) 治療構造論の展開とその背景．精神分析研究 34 (1).
─── (1990d) 自由連想法と治療回数をめぐって──わが国におけるその歴史と現況．精神分析研究 33 (5): 37–46.
─── (1990e) 喪の仕事とエディプス葛藤．精神分析研究 34 (2): 104–110.
Okonogi, K. (1991) Le Complex D'Ajase. Devenir. No.4: 71–102.
小此木啓吾 (1991a) わがフロイト像．精神分析研究 35 (2): 77–97.
─── (1991b) エディプスと阿闍世．青土社．
─── (1991c) 対象喪失と悲哀の仕事．精神分析研究 34 (5): 294–322.
─── (1992) フロイト・Sに関する伝記的研究の動向．精神分析研究 36: 218–228.
─── (1993a) 器官神経症．新版精神医学事典．弘文堂．
─── (1993b) 乳幼児精神医学と精神分析．精神分析研究 36 (2): 452–459.
─── (1995) 思春期・青年期における Mourning とその病理．思春期青年期精神医学 5 (1).
─── (1997) フロイト・Sにおける二種の罪悪感とその起源．精神分析研究 41 (3): 204–214.
─── (1999a) 精神分析から見た思春期心性．思春期青年期精神医学 9 (2).
─── (1999b) 精神分析における心的外傷の意味とその位置付け．精神分析研究 43: 196–205.
─── (2000) フロイト対フェレンツィの流れ．精神分析研究 44 (1): 28–36.
─── (2001) スーパーヴィジョン──精神分析の経験から．スーパーヴィジョンを考える（鑪幹八郎・滝口俊子編著）．誠信書房: 13–41.
小此木啓吾・馬場禮子 (1972) 精神力動論．医学書院（金子書房，1989）．
小此木啓吾・深津千賀子 (1993) 想像の赤ん坊と世代間伝達からみた阿闍世コンプレックス．精神分析研究 36 (5).
小此木啓吾・岩崎徹也 (1963) いわゆる潜伏性精神病の研究──精神分析的精神療法過程で精神病的状態を顕在化した症例群について．精神医学 5: 989–996.
小此木啓吾・狩野力八郎 (1995) パーソナリティ障害の精神分析的研究．人格障害（福島章・町沢静夫・大野裕編）．金剛出版．
小此木啓吾・北山 修 (1992) 特集にあたって．精神分析研究 36: 201.
小此木啓吾・及川 卓 (1981) 性別同一性障害．現代精神医学大系 8．中山書店．
小此木啓吾（編）(1979a) からだの科学増刊 10〈医療心理学読本〉．日本評論社．
─── (1979b) 現代のエスプリ 148〈精神分析・フロイト以後〉．至文堂．
─── (1980) 青年の精神病理 2．弘文堂．
小此木啓吾・北山修（編）(2001) 阿闍世コンプレックス．創元社．
小此木啓吾・三浦岱榮監修 (1964) 精神療法の理論と実際．医学書院．
小此木啓吾・渡辺久子（編著）(1989) 乳幼児精神医学への招待，別冊発達 9．ミネルヴァ書房．
小此木啓吾・深津千賀子・大野裕（編）(1998) 心の臨床家のための必携精神医学ハンドブック．創元社．
小此木啓吾・小嶋謙四郎・渡辺久子（編）(1994) 乳幼児精神医学の方法論．岩崎学術出版社．
小此木啓吾・岩崎徹也・橋本雅雄・皆川邦直（編著）(1981) 精神分析セミナー1〈精神療法の基礎〉．岩崎学術出版社．
─── (1982) 精神分析セミナー2〈精神分析の治療機序〉．岩崎学術出版社．
小此木啓吾・他（編）(1981-85) 精神分析セミナーⅠ－Ⅴ．岩崎学術出版社．
大橋秀夫 (1996) 土居健郎．精神分析の知 88（福島章編）．新書館．
大野 裕・小此木啓吾（編）(1997) 精神医学レビュー20〈境界パーソナリティ障害（BPD）〉．ライフサイエンス．
大塚義孝（編）(1990) 現代のエスプリ 273〈運命分析──その臨床とソンディ〉．至文堂．
Orange, D. M., Atwood, G. E. & Stolorow, R. D. (1997) Working Intersubjectively: Contextualism in Psychoanalytic Practice. The Analytic Press, Hillsdale.（丸田俊彦・丸田郁子訳：間主観的な治療の進め方──サイコセラピーとコンテクスト理論．岩崎学術出版社，1999.）
Ornstein, P. H. (ed.) (1978) The Search for The Self. Int. Univ. Press, New York.（伊藤洸監訳：コフート入門──自己の探求．岩崎学術出版社，1987.）
Ornston, D. G. (1982) Strachey's Influence. Int. J. Psychoanal. 63: 409–426.
─── (1985) Freud's conception is different from Strachey's. Journal of the American Psychiatric Association 33: 379–412.
O'Shaughnessy, E. (1988) The invisible Oedipus complex. In, Melanie Klein Today, Vol. 2 (ed. E. B. Spillius). Routledge, London.（田中晶子訳：見えないエディプス・コンプレックス．メラニー・クライン トゥデイ③〔松木邦裕監訳〕．岩崎学術出版社，2000.）
─── (1990) Can a liar be psychoanalysed ? Int. J. Psychoanal. 71: 187–195.

P

Padel, J. H. (1980) Transference in the light of object-relations teory. 精神分析研究 25 (3): 93–107.
─── (1991) The psychoanalytic theories of Melanie Klein and Donald Winnicott, and their interaction in the British Society of Psychoanalysis. Psychoanal. R. 78: 325–345.

―――― (1996) The case of Harry Guntrip. Int. J. Psychoanal. 77: 755–762.
Panel (1981) Insight. K. H. Blacker, reporter. JAPA 29: 659–672.
Parens, H. (1980) Psychic development during the second and third years of life. In, The Course of Life. (ed. S. Greenspan & G. Pollock): 459–500. Nat. Inst. Health, Washington.
Parker, G. (1982) Re-searching the schizophrenogenic mother. Journal of Nervous and Mental Disorders 170: 452–462.
Parkes, C. M. (1970a) The First year of bereavement. Psychiatry 33: 444–67.
―――― (1970b) The Psychosomatic effects of bereavement. In, Modern Trends in Psychosomatic Medicine (ed. O. W. Hill). Butterworth, London.
―――― (1972) Bereavement Studies of Grief in Adult Life. Tavistock, London; Int. Univ. Press, New York.
Parsons, M. (2000) The Dove That Returns, the Dove That Vanishes: Paradox and Creativity in Psychoanalysis. The New Library of Psychoanalysis 39. Routledge, London.
Paskauskas, R. A. (ed.) (1993) The Complete Correspondence of Sigmund Freud and Ernest Jones 1908–1939. The Belknap Press, London.
Pavlov, I. P. (1927) Conditioned Reflexes. Oxford Univ. Press, New York.
―――― (1928) Lectures on Conditioned Reflex. International Pub., New York.
Perks, C. M. (1972) Bereavement: Studies of grief in adult life. Int. Univ. Press, New York.
Perlow, M. (1995) Understanding Mental Object. Routledge, London and New York.
Peters, H. F. (1962) Das Leben der Lou Andreas-Salomé.（土岐恒二訳：ルー・サロメ――愛と生涯．筑摩書房ノンフィクションライブラリー14，1964；ちくま文庫，1990.）
Piaget, J. (1937) The Construction of Reality in the Child. Basic Books, New York.
Piers, G. (1953) Shame and guilt: a psychoanalytic study. In,. Shame and Guilt (G. Piers & M. Singer). W. W. Norton, New York.
Pine, F. (1985) Developmental Theory and Clinical Process. Yale University Press, London.（斎藤久美子・水田一郎監訳：臨床過程と発達①，②――精神分析的考え方・かかわり方の実際．岩崎学術出版社，1993.）
―――― (1986) Supportive Psychotherapy. A Psychoanalytic Perspective. 526–529.
―――― (1990) Drive, Ego, Object and Self: A Synthesis for Clinical Work. Basic Books, New York.
Pines, M. (1991) The development of the psychodynamic movement. In, British History of Psychiatry 150years.
Pines, M. (ed.) (1983) The Evolution of Group Analysis. Routledge & Kegan Paul, London.
―――― (ed.) (1985) Bion and Group Psychotherapy. Routledge & Kegan Paul, London.
Pollock, G. (1972) On mourning and anniversaries: The relationship of culturally constituted defense systems to intra-psychic adaptive processes. Israel Ann. Psychiat. 10: 9–40.
―――― (1989) Mourning Liberation Process, Vol. I–Vol. II. Int. Univ. Press, Madison.
Postel, J. & Quétel, C. (1983) Nouvelle Histoire de la Psychiatrie. Privat, Toulouse.
Pulver, S. E. (1992) Psychic change: Insight or relationship? Int. J. Psychoanal. 73: 199–208.
Putnam, M. & Rank, B., et al. (1947) Case study of an atypical two-and-a-half-year-old. The American Journal of Orthopsychiatry.

R

Racker, H. (1953) A contribution to the problem of counter transference. Int. J. Psychoanal. 34.
Rado, S. (1928) The problem of melancholia. Int. J. Psychoanal. 9: 420–438.
―――― (1956, 1962) Psychoanalysis of Behavior: The Collected Papers of Sandor Rado, Vol. I, Vol. II. Grune & Stratton, New York.
Rangell, L. (1959) The nature of conversion. J. Amer. Psychoanal. Assn. 7: 632–662.
Rank, B. (1949) Adaptation of the psychoanalytic technique for the treatment of young children with atypical development. Am. J. Orthopsychiatry.
Rank, B. & Macnaughton, D. (1950) A clinical contribution to early ego development. The Psychoanalytic Study of the Child 5.
Rank, O. (1909) Der Mythus von der Geburt des Helden. Inter. Psycho. Verlag: Vienna/Leipzig. (The Myth of the Birth of the Hero. Brunner, New York.)（野田卓訳：英雄誕生の神話．人文書院，1986.）
―――― (1924) The Trauma of Birth. Dover Publications, New York.
Rapaport, D. (1950a) On the psychoanalytic theory of thinking. Int. J. Psychoanal. 31: 161.
―――― (1950b) Psychoanalytic theory of thinking. In, The Collected Papers of David Rapaport. Basic Books, New York, 1967.
―――― (1959) A historical survey of psychoanalytic ego psychology. In, Identity and Life Cycle (ed. E. H. Erikson). Int. Univ. Press, New York.（小此木啓吾訳：精神分析的自我心理学の歴史的展望．自我同一性〔小此木訳編〕．誠信書房，1973.）
―――― (1967) The Collected Papers of David Rapaport (ed. M. M. Gill). Basic Books, New York.
Rapaport, D. & Gill, M. M. (1959) The Points of View and Assumptions of Metapsychology. Int. J. Psychoanal. 40: 153–162.（鹿野達男訳：超心理学の観点と仮説．精神分析研究7 (3): 85–89, 1960.）
Rapaport, D., Gill, M. M. & Schafer, R. (1946) Diagnostic Psychological Testing. Int. Univ. Press, New York. (Revised and edited by R. R. Holt, 1968.)
Raphael-Leff, J. (1991a) Psychological Processes of Childbearing. Chapman & Hall, London, New York.
―――― (1991b) Sigmund Freud: The Son of Jocasta.
Rayner, E. (1991) The Independent Mind in British Psychoanalysis. Jason Aronson, New York.

───── (1995) Unconscious Logic: An Introduction to Matte Blanco's Bi-Logic and it's Uses. Routledge, London.
Reich, A. (1952) On countertransference. Int. J. Psychoanal. 32.
───── (1953) Narcissistic object choice in women. J. Amer. Psychoanal. Assn. 1: 22–44.
───── (1954) Early identifications archaic elements in the superego. J. Amer. Psychoanal. Assn. 2: 218–238.
Reich, W. (1925) Der triebhafte Charakter. Int. Psychoanal. Varlag.
───── (1927a) Der genital und der neurotisch Charakter. Int. Z. Psychoanal. XV.
───── (1927b) Die Funktion des Orgasmus. Int. Psychoanal. Verlag.（渡辺武達訳：オルガスムの機能．太平出版社，1973．）
───── (1929) Der genital und der neurotisch Charakter. Int. Z. Psychoanal. XV.
───── (1933a) Charakter Analyse. (Seibstveriag) Wien. (Character Analysis. Orgone Institute, New York.)（小此木啓吾訳：性格分析．岩崎学術出版社，1966．）
───── (1933b) Massenpsychologie des Faschismus. Sexpol Verlag.（平田武靖訳：ファシズムの大衆心理学．せりか書房，1969．）
───── (1943) Dialektisches Materialismus und Psychoanalyse. Sexpol Verlag.（片岡啓治訳：弁証法的唯物論と精神分析．太平出版社，1972．）
───── (1945) Sexual Revolution. Orgon Institute, New York.（中尾ハジメ訳：性と文化の革命．勁草書房，1970．）
Reid, J. R. & Feinesinger, J. E. (1952) The Role of insight in psychotherapy. Am. J. Psychiatry 108: 726–34.
Reid, S. (ed.) (1997) Developments in Infant Observation. Routledge, London.
Reider, N. (1955) The demonology of modeern psychiatry. Am. J. Psychiatry 3: 851–856, May, 1955.
Reik, T. (1919) Ritual. Int. Univ. Press, New York.
───── (1948) Listening with the Third Ear. Farrar, Straus and Giroux, New York.
Renik, O. (1995) The ideal of the anonymous analyst and the problem of self-disclosure. Psychoanalytic Quarterly 64: 466–495.
Renik, O., Rothstein, A., Chussed, J. & Ellman, S. (1999) Enactment: An open panel discussion IPTAR, October, 18, 1997. Journal of Clinical Psychoanalysis, 8: 7–61.
Rey, H. (1977) The schizoid mode of being and the space-time continuum (before metaphor). In, Universals of Psychoanalysis in the Treatment of Psychotic and Borderline States. Free Association Books, London.（田中俊孝訳：ボーダーライン患者におけるシゾイド現象．メラニー・クライン トゥデイ②．岩崎学術出版社，1993．）
Rey, J. H. (1979) Schizoid Phenomena in the Borderline. In, Melanie Klein Today, Vol. 1 (ed. E. B. Spillius). Routledge, London, 1988.（田中俊孝訳：ボーダーライン患者におけるシゾイド現象．メラニー・クライン トゥデイ②〔松木邦裕監訳〕．岩崎学術出版社，1993．）
Reyes, A. (ed.)(1997) Matte-Blanco Today I: Mainly Clinical. Journal of Melanie Klein and Object relations 15 (4).
───── (ed.)(1998) Matte-Blanco Today II: Mainly Theory. Journal of Melanie Klein and Object relations 16 (1).
Rhode, E. (1994) Psychotic Metaphysics. Clunie Press Perthshire.
───── (1998) On Hallucination, Intuition and the Becoming "0". ESF Publishers, New York.
Ribot, T. (1897) The Psychology of the Emotion. W. Scott, London.
Ricci, W. & Broucek, F. (1988) Optimal responsiveness and neutrality, abstinence, and anonymity. In, Optimal Responsiveness: How Therapists Heal their Patients (ed. H. Bacal). Jason Aronson, New York.
Richfield, J. (1954) An analysis of the concept of insight. Psychoanalytic Quarterly 23.
Richter, H. E. (1974) The Family as Patient: The Origin, Nature, and Treatment of Marital and Family Conflicts. Farrar, Straus and Giroux, New York.（鈴木謙三訳：病める家族．佑学社，1977．）
Rickman, J. (1950) The factor of number in individual and group dynamics. Journal of Mental Science 96.
Ricœur, P. (1965) De l' interprétátion: essai sur Freud. Editions du Seuil, Paris.（久米博訳：フロイトを読む．新曜社，1982．）
───── (1975) Le métaphore vive. Seuil, Paris.（久米博訳：生きた隠喩．岩波書店，1998．）
───── (1983–1985) Temps et récit, I–III. Seuil, Paris.（久米博訳：時間と物語Ⅰ～Ⅲ，1990．）
Riesenberg-Malcolm, R. (1992) As if: The phenomenon of not learning. In, Clinical Lectures on Klein and Bion (ed. R. Anderson). Routledge, London.（平井正三訳：かのように──学ばないという現象．クラインとビオンの臨床講義〔小此木啓吾監訳〕．岩崎学術出版社，1996．）
───── (1999) On Bearing Unbearable States of Mind. Routledge, London.
Rinsley, D. B. (1979) Fairbairn's object relation theory: A reconsideration in terms of newer knowledge. Bull. Meninger Cl. 43.
───── (1980) Treatment of the Severely Disturbed Adolescent. Jason Aronson, New York.（岡部祥平・馬場謙一・奥村茉莉子・鍋田恭孝・溝口純二訳：思春期病棟──理論と臨床．有斐閣，1986．）
───── (1982) Borderline and Other Self Disorders. Jason Aronson, New York.
Rioch, M. (1970) The work of Bion on groups. Psychiatry 33: 55–66.
Riviere, J. (1929) Womanliness as a masquerade. Int. J. Psychoanal. 9: 303–313.
───── (1932) Jealousy as a mechanism of defence. Int. J. Psychoanal. 13: 414–424.
───── (1936a) A contribution to the analysis of the negative therapeutic reaction. Int. J. Psychoanal. 17: 304–320.
───── (1936b) On the genesis of psychical conflict in earliest infancy. In, Developments in Psycho-Analysis (ed. J. Riviere). Hogarth Press, London, 1952.
───── (1991) The Inner World and Joan Riviere. Collected Papers 1920–1958. Karnac Books, London.
Rizzuto, A. (1988) Transference, and affect in the treatment of bulimarexia. Int. J. Psychoanal. 69: 369–387.
Rizzuto, A. M. (1979) The Birth of the Living God. University of Chicago Press, Chicago.
Roazen, P. (1969) Brother Animal: The Story of Freud and Tausk. Alfred A. Knopf, New York.（小此木啓吾訳：ブラザー・アニマル．

誠信書房，1987．）
——— (1971) Freud and His Followers. New York University Press, New York.
Roazen, P. & Swerdloff, B. (1995) Heresy: Sandor Rado and the Psychoanalytic Movement. Jason Aronson, Northvale.
Robert, M. (1974) D'Oedipe à Moïse: Freud et la conscience juive. Calmann-Lévy．（東宏治訳：エディプスからモーゼへ——フロイトのユダヤ人意識．人文書院，1977．）
Robertson-Smith, W. (1894) The Religion of the Semites. Meridian Library, New York, 1956.
Robinson, P. A. (1969) The Freudian Left. Harper & Row, New York．（平田武靖訳：フロイト左派．せりか書房，1972．）
Rockland, H. L. (1992) Supportive Therapy for Borderline Patient. The Guilford Press, New York, London.
Rogers, C. R. (1951) A current view of client-centered therapy. In, Client-Centered Therapy: Its Practice, Implication, and Therapy. Houghton, Boston．（友田不二男編訳：サイコセラピィ．ロージァズ全集 3．岩崎学術出版社，1966．）
——— (1961) On Becoming a Person. Houghton, Boston．（村山正治訳：人間論．ロージァズ全集 12．岩崎学術出版社，1968．）
Róheim, G. (1934) The Riddle of the Sphinx. Harper & Row, New York, 1974.
——— (1950) Psychoanalysis and Anthropology. Int. Univ. Press, New York．（小田晋・黒田信一郎訳：精神分析と人類学，上・下．思索社，1980．）
Roiphe, H. (1968) On an early genital phase: With an addendum on genesis. The Psychoanalytic Study of The Child 23: 348–365. Int. Univ. Press, New York.
——— (1973) Some thoughts on childhood psychosis, self and object., 28: 131–144. Yale University Press, New Haven.
——— (1979) A theoretical overview of preoedipal development during the first four years of life. In, Basic Handbook of Child Psychiatry, 1 (ed. J. D. Noshpitz et al.). Basic Books, New York.
——— (1983) Precocious anal zone arousal: A development variant in the differentiation process. In, Frontiers of Infant Psychiatry (ed. J. D. Call, E. Galenson, & R. L. Tyson)．（小此木啓吾訳：早熟な肛門帯覚醒——分析過程における発達上の偏り．乳幼児精神医学〔小此木啓吾監訳〕．岩崎学術出版社，1988．）
Roiphe, H. & Galenson, E. (1973a) The infantile fetish. The Psychoanalytic Study of the Child 28: 147–166. Yale University Press, New Haven.
——— (1973b) Object loss and early sexual development. The Psychoanalytic Quarterly 42: 73–90.
——— (1981) Infantile Origins of Sexual Identity. Int. Univ. Press, New York.
Rorschach, H. (1921) Psychodiagnostik. Hans Huber, Bern．（片口安史訳：精神診断学．金子書房，1976；鈴木睦夫訳：新・完訳精神診断学．金子書房，1998．）
Rosen, J. N. (1953) Direct Analysis: Selected Papers. Grune & Stratton, New York.
——— (1964) The Treatment of Schizophrenic by Direct Analytic Therapy. Psychiat. Quart. 21.
Rosen, P. (1982) Introduction to "On the pathological lie" by Helene Deutsch. The Journal of the American Academy of Psychoanalysis 10 (3): 369–386.
Rosenberg, J. E. & Spencer, E. T. H. (1995) Ethics in psychiatry. In, Comprehensive Textbook of Psychiatry (ed. H. I. Kaplan & B. J. Sadock), VI: 2767–2775. Williams & Wikins, Baltimore.
Rosenbluth, D., et al.（1982–1986）Your Baby. Tavistock, London．（繁田進・他訳：タビストック 子どもの発達と心理 0 歳〜同 9 歳．あすなろ書房．）
Rosenfeld, H. A. (1947) Analysis of a schizophrenic state with depersonalization. Int. J. Psychoanal. 28.
——— (1954) Consideration regarding the psycho-analytic approach to acute and chronic schizophrenia. Int. J. Psychoanal. 35.
——— (1964a) On the psychopathology of narcissism: A clinical approach. Int. J. Psychoanal. 45: 332–337. In, Psychotic States. Hogarth Press, London.
——— (1964b) The psychopathology of hypochondriases. In, Psychotic States. Int. Univ. Press, New York.
——— (1965) Psychotic States. Hogarth Press, London.
——— (1966) The need of patient act out during analysis. Psychoanalytic Forum 1: 9–29.
——— (1971) A clinical approach to the psychoanalystic theory of the life and death instincts: An investigation into the aggressive aspects of narcissism. Int. J. Psychoanal. 52: 169–178. In, Melanie Klein Today, Vol. 1 (ed. E. B. Spillius). Routridge, London．（松木邦裕訳：生と死の本能についての精神分析理論への臨床からの接近．メラニー・クライン トゥデイ②．岩崎学術出版社，1993．）
——— (1972) A critical appreciation of James Strachey's paper on the nature of the therapeutic action of psychoanalysis. Int. J. Psychoanal. 53: 455.
——— (1987) Impasse and Interpretation. Tavistock, London.
Ross, C. A. (1997) Dissociative Identity Disorder: Diagnosis, Clinical Features and Treatment of Multiple Personality. Wiley, New York.
Ross, J. M. (1982) Oedipus revisited: Laius and the "Laius complex". In, The Psychoanalytic Study of the Child (ed. A. Solnit, R. Eissler, A. Freud & P. B. Neubauer) 37: 167–200. Yale Universities Press, New Haven.
——— (1984) The darker side of fatherhood: Clinical and developmental ramifications of the "Laius motif". International Journal of Psychoanalytic Psychotherapy 11: 117–144.
Ross, N. (1970) The primacy of genitality in the light of ego psychology. J. Amer. Psychoanal. Assn. 18: 267–284.
Roudinesco, É. (1982, 1986) Histoire de la psychanalyse en France, vol. 1, vol. 2. Fayard, Paris, 1994.
——— (1993) Jacques Lacan. Fayard.
Rycroft, C. (1956) Symbolism and its relationship to the primary and secondary processes. Int. J. Psychoanal. 37: 137–146.
——— (1968a) A Critical Dictionary of Psychoanalysis．（山口泰司訳：精神分析学辞典．河出書房新社，1992．）

─── (1968b) Imagination and Reality.（神田橋條治・石川元訳：想像と現実．岩崎学術出版社，1979.）
─── (1985) Psychoanalysis and Beyond. Chatto & Windus, London.
─── (1995) A Critical Dictionary of Psychoanalysis. Second edition. Penguin Books.

S

斎藤　学・高木　敏 (1982) アルコール臨床ハンドブック．金剛出版．
斎藤久美子 (1983) 性アイデンティティ．岩波講座・精神の科学5〈食・性の精神〉：176-220. 岩波書店．
─── (1990) 自我とパーソナリティ理解．臨床心理学大系2〈パーソナリティ〉（小川捷之・他編）：107-150. 金子書房．
─── (1995) 精神分析と早期発達研究．精神分析の現在（小此木啓吾・妙木浩之編）．至文堂
斉藤　環 (1998) 社会的ひきこもり──終わらない思春期．PHP.
佐治守夫 (1966) フラストレーション．異常心理学講座Ⅰ．みすず書房．
佐治守夫・飯長喜一郎（編）(1983) ロジャース クライエント中心療法．有斐閣．
Salzman, L. (1968) The Obsessive Personality: Origins, Dynamics, and Therapy. Jason Aronson, New York.（成田義弘・笠原嘉訳：強迫パーソナリティ．みすず書房，1985.）
Sameroff, A. J. & Emde, R. N. (ed.) (1989) Relationship Disturbance in Early Childhood. Basic Books, New York.
Samuels, A. (1985) Jung and Post-Jungians. Routledge & Kegan Paul, London.（村本詔司・村本邦子訳：ユングとポスト・ユンギアン．創元社，1990.）
Sandler, J. (1976) Countertransference and role-responsiveness. Int. Rev. Psyho-Analysis 3: 43-47.
─── (1993) On communication from patient to analyst: Not everything is projective identification. Int. J. Psychoanal. 74: 1097-1107.
─── (1994) Fantasy, defense, and the representational world. Infant Mental Health Journal 15: 26-35.
Sandler, J. & Rosenblatt, B. (1962) The concept of representational world. The Psychoanalytic Study of the Child 17: 128-145.
Sandler, J., Dare, C. & Holder, A. (1973) The Patient and the Analyst: The Basis of the Psychoanalytic Process. George Allen & Unwin, London.（前田重治監訳：患者と分析者──精神分析臨床の基礎．誠信書房，1980.）
─── (1992) The Patient and the Analyst, 2nd edition. Int. Univ. Press, New York.
Sandler, J., Holder, A. & Meers, D. (1963) The ego ideal and the ideal self. The Psychoanalytic Study of the Child 18: 139-158. Int. Univ. Press, New York.
Sandler, J., Kennedy, H. & Tyson, R. (1980) The Technique of Child Psychoanalysis: Discussions with Anna Freud.（作田勉監訳：児童分析の技法──アンナ・フロイトのケース・セミナー．星和書店，1983.）
Sarlin, C. N. (1970) The current status of the concept of genital primacy. J. Amer. Psychoanal. Assn. 18: 285-299.
佐々木雄二 (1996) 自律訓練法の臨床．岩崎学術出版社．
Saul, L. (1953) The ego in a dream. Psychoanalytic Quartery 22: 257-258.
Schafer, R. (1948) Clinical Application of Psychological tests. Int. Univ. Press, New York.
─── (1954) Psychoanalytic Interpretation in Rorschach Testing. Grune & Stratton, New York.
─── (1967) Projective Testing and Psychoanalysis. Int. Univ. Press, New York.
─── (1968) Aspect of Internalization. Int. Univ. Press, New York.
─── (1976) A New Language of Psychoanalysis. Yale University Press, New Haven.
─── (1978) Language and Insight. Yale University Press, New Haven.
─── (1983) The Analytic Attitude. Basic Books, New York.
─── (1985) The interpretation of psychic reality, developmental influences, and unconscious communication. J. Amer. Psychoanal. Assn. 33: 537-554.
─── (1992) Retelling a Life. Basic Books, New York.
Schafer, R. (ed.) (1997) The Contemporary Kleinians of London. Int. Univ. Press, New York.
Scharff, D. E. & Scharff, J. S. (1987) Object Relations Family Therapy. Jason Aronson, New York.
─── (1991) Object Relations Couple Therapy. Jason Aranson, London.
Scharff, J. S. & Scharff, D. E. (1997) Object Relations Couples Therapy. American Journal of Psychotherapy 51(1): 141-173.
Scheidlinger, S. (1997) Group dynamics and group psychotherapy revisited: Four decades later. Int. J. Group Psychother. 47 (2): 141-159
Schilder, P. (1914) Selbstbewußtsein und Persönlichkeitbewußtsein. Springer, Berlin.
─── (1923) Das Körperschema. Springer, Berlin.（北條敬訳：身体図式──自己身体意識の学説への寄与．金剛出版，1983.）
─── (1924a) Medizinische Psychologie.
─── (1924b) Zur Psychologie der progressiven Paralyse. Z. ges. N. P.; x & v.
─── (1935) The Image and Appearance of the Human Body: Studies in the Constructive Energies of the Psyche. Routledge & Kegan Paul, London.（稲永和豊監修／秋元辰雄・秋山俊夫編訳：身体の心理学──身体のイメージとその現象．星和書店，1987.）
Schneck, J. M. (1962) Hypnoanalysis International J. Clinical and Experimental Hypnosis 10: 1-12
Schneider, C. D. (1987) A mature sense of shame. In, The Many Faces of Shame (ed. D. Nathanson). The Guilford Press, New York.
Schneider, K. (1928) Die Storungen des Gedachtnisses, Handbuch d. Geisteskrankheiten. Bdl. Springer.
Schneiderman, S. (1983) Jacques Lacan: The Death of an Intellectual Hero. Harvard University Press.（石田浩之訳：ラカンの死．誠

信書房，1985.）
Schopenhauer, A. (1851) Parerga und Paralipomena.
Schulman, B. H. & Mosak, H. H. (1988) Manual for Life Style Assessment.（前田憲一訳：ライフスタイル診断．一光社，2000.）
Schultz, J. H. (1932) Das Autogene Training. Thieme, Stuttgart.
Schur, M. (1955) Comments on the metapsychology of somatization. The Psychoanalytic Study of the Child 10: 119–164.
——— (1966) The Id and the Regulatory Principles of Mental Functioning. Int. Univ. Press, New York.
——— (1977) Sigmund Freud, Leben und Sterben. Suhrkamp Verlag (Sonderausgabe), Frankfurt M.（安田一郎・岸田秀訳：フロイト生と死，上・下．誠信書房，1978.）
Schwartz, S. & Johnson, J. J. (1995) Psychopathology of Childhood. Pergamon Press.
Schwing, G. (1940) Ein Weg zur Seele des Geisteskranken. Rascher Verlag, Zürich.（小川信男・船渡川佐知子訳：精神病者の魂への道．みすず書房，1966.）
Searles, H. F. (1960) The Non-human Environment: In Normal Development and Schizophrenia. Int. Univ. Press, New York.（殿村忠彦・笠原嘉訳：ノンヒューマン環境論．みすず書房，1988.）
——— (1965) Collected Papers on Schizophrenia and Related Subjects. Int. Univ. Press, New York.
——— (1979) Countertransference and Related Subjects. Int. Univ. Press, New York.（松本雅彦・他訳：逆転移1，2，3．みすず書房，1991.）
Sears, R. R. (1936) Experimental studies of projection: I. Attribution of traits. J. Soc. Psychol. 7: 151–163.
——— (1943) Survey of objective studies of psychoanalytic concepts. Bull. No. 51, Soc. Sci. Research Council, New York.
Sears, R. R. & Sears, P. (1940) Minor studies of aggression: V. Sterength of frustration-reaction as a function of strength of drive. J. Psychol. 9: 297–300.
Sechehaye, M. -A. (1950) Journal d'une schizophrène. P. U. F., Paris.（村上仁・平野恵訳：分裂病の少女の手記．みすず書房，1974.）
——— (1954) Introduction à une psychothérapie des schizophrènes. P. U. F., Paris.（三好暁光訳：分裂病の精神療法．みすず書房，1986.）
——— (1956) The transference in symbolic realization. Int. J. Psychoanal. 37: 270–277.
Segal, H. (1950) Some aspects of the analysis of a schizophrenic. In, The Work of Hanna Segal. Jason Aronson, New York, 1981.（松木邦裕訳：精神分裂病者の分析のある局面．クライン派の臨床．岩崎学術出版社，1988.）
——— (1954) A note on schizoid mechanisms underlying phobia formation. Int. J. Psychoanal. 35: 238–241.（松木邦裕訳：恐怖症形成の基底をなす分裂機制．クライン派の臨床．岩崎学術出版社，1988.）
——— (1957) Notes on symbol formation. In, The Work of Hanna Segal. Jason Aronson, New York, 1981.（松木邦裕訳：象徴形成について．クライン派の臨床．岩崎学術出版社，1988；メラニー・クライン トゥデイ②．岩崎学術出版社，1993.）
——— (1962) The curative factors in psycho-analysis. In, The Work of Hanna Segal. Jason Aronson, New York.（松木邦裕訳：精神分析での治癒因子．クライン派の臨床．岩崎学術出版社，1988.）
——— (1964/1973) Introduction to the Work of Melanie Klein. Hogarth Press, London.（岩崎徹也訳：メラニー・クライン入門．岩崎学術出版社，1977.）
——— (1977) Counter-transference. Int. J. Psycho-Anal. Psychother. 6.
——— (1978) On symbolism. Int. J. Psychoanal. 59: 315–319
——— (1979) Klein. Harvester Press, Brighton.
——— (1981) Manic Reparation. In, The Work of Hanna Segal. Jason Aronson, New York.（松木邦裕訳：躁的償い．クライン派の臨床．岩崎学術出版社，1988.）
——— (1981) The Work of Hanna Segal: A Kleinian Approach to Clinical Practice. Jason Aronson, New York.（松本邦裕訳：クライン派の臨床——ハンナ・シーガル論文集．岩崎学術出版社，1988.）
——— (1983) Some clinical implications of Melanie Klein's work: Emergence from narcissism. Int. J. Psychoanal. 64: 269–276.
——— (1991) Dream, Phantasy and Art. Routledge, London.（新宮一成・他訳：夢・幻想・芸術——象徴作用の精神分析理論．金剛出版，1994.）
——— (1993) On the clinical usefulness of the concept of death instinct. Int. J. Psychoanal. 74: 55–61.
——— (1996) Psychoanalysis, Literature and War. Routledge, London.
精神分析研究会 (1952–1953) 精神分析研究会会報 No. 1–No. 2.
Selvini-Palazzoli, M. (1974) Self-Starvation: From the Intrapsychic to the Transpersonal Approach to Anorexia Nervosa. Human Context Books, London.
Servadio, E. (1958) Telepathy and psychoanalysis. Journal of the American Society for Psychical Research 52: 132.
Shafer, R. (1980) Narrative Actions in Psychoanalysis: Heintz Werner Lectures Series. Clark University Press, Worcester.
——— (1983) The Analytic Attitude. Basic Books, New York.
——— (1996) Tradition and Change in Psychoanalysis. Int. Univ. Press, New York.
Sharpe, E. F. (1940) Psycho-physical problems revealed in language: An examination of metaphor. Int. J. Psychoanal. 21.
——— (1949) Dream Analysis. Hogarth Press, London.
霜田静志 (1967) 児童の精神分析入門．誠信書房．
下坂幸三 (1967) 心因をめぐる諸問題——青春期神経症食思不振症の心因に照らして．精神医学 9: 394–395.
——— (1977) Anorexia nervosa 再考．精神医学 19: 1253.
新宮一成 (1984) 精神療法の経過中に出現する妊娠と赤ん坊の夢心像について．夢と構造．弘文堂，1988.
——— (1993) 夢と無意識の欲望．ラカンと精神分析の基本問題（小出浩之編）．弘文堂．

─────（1995）ラカンの精神分析. 講談社.
新村出（編）（1985）広辞苑. 岩波書店.
Shneidman, E. S. (1985) Definition of Suicide.（白井徳満・白井幸子訳：自殺とは何か. 誠信書房, 1992.）
Sifneos, P. E. (1973) The prevalence of "alexithymic" characteristics in psychosomatic patients. Psychotherapy and psychosomatics 22: 255–262.
─────（1979）Short-Term Dynamic Psychotherapy. Plenum, New York.（丸田俊彦・丸田純子訳：短期力動精神療法. 岩崎学術出版社, 1984.）
Silberer, H. (1909) Bericht über eine Method: Gewisse symbolische Halluzinationserscheinung hervor zu suchen und zu beobachten. Jahrb. d. Psychoanal. Bd. I.
─────（1910）Phantasie und Mythos. Jahrb. d. Psychoanal. Bd. II.
─────（1911）Symbolik der Erwschens und Schwellensymbolik überhaupt. Jahrb. d. Psychoanal. Bd. III.
─────（1912）Zur Symbolbildung. Jahrb. d. Psychoanal. Bd. IV.
─────（1914）Probleme der Mystik und ihre Symbolik. Heller, Vienna/Leipzig.
Silver, A. (ed.) (1989) Psychoanalysis and Psychosis. Int. Univ. Press, Madison.
Silverberg, W. V. (1955) Acting out versus insight: A problem in psycho-analytic technique. Psychoanalytic Quarterly 24: 527–544.
Silverman, D. K. (1996) Arithmetic of a one- and two-person psychology: Merton M. Gill, an essay. Psychoanalytic Psychology 13 (2): 267–274.
Skelton, R. (1984) Understanding Matte-Blanco. Int. J. Psychoanal. 65: 453–456.
Skynner, A. C. R. (1981) An open-systems, group analytic approach to family therapy. In, Handbook of Family Therapy (ed. A. S. Gurman & D. P. Kniskern). Brunner/Mazel, New York.
Slipp, S. (1988) Technique and Practice of Object Relations Family Therapy. Jason Aronson, New York.
Smiley, B. (1971) Diary of my Analysis with Sigmund Freud. Howthorn Books.（馬場謙一訳：フロイトとの日々――教育分析の記録. 日本教文社, 1972.）
Sohn, L. (1985) Narcissistic organization, projective identification, and the formation of the identificate. In, Melanie Klein Today, Vol. 1 (ed. E. B. Spillius). The Institute of Psycho-Analysis, London.（東中園聡訳：自己愛構造体, 投影同一化とアイデンティフィケート形成. メラニー・クライン トゥデイ②〔松木邦裕監訳〕. 岩崎学術出版社, 1993.）
Spector, J. (1972) The Aesthetics of Freud.（秋山信道・小山睦央・西川好夫訳：フロイトの美学――芸術と精神分析. 法政大学出版局, 1978.）
Speers, R. W., Mcfarland, M. B. & Arnaud, S. H., et al. (1971) Recapitulation of separation-individuation processes when the normal three-year-old enter nursery school. In, Separation-Individuation (ed. J. B. Mcdevitt & C. F. Settlage). Int. Univ. Press, New York.
Spence, D. P. (1982) Narrative Truth and Historical Truth. W. W. Norton, New York.
─────（1987）The Freudian Metaphor: Toward Paradigm Change in Psychoanalysis. W. W. Norton, New York.（妙木浩之訳：フロイトのメタファー. 産業図書, 1992.）
Spensley, S. (1995) Frances Tustin. Routledge, London.
Spiegel, D. (ed.) (1994) Dissociation. American Psychiatric Press, Washington, D. C.
Spillius, E. B. (1993) Varieties of envious experience. Int. J. Psychoanal. 74: 1199–1212.
─────（1994）Developments in Kleinian Thought. Psychoanalytic Inquiry 14 (3), 324–364.
Spillius, E. B. (ed.) (1988) Melanie Kline Today, Vol. 1 & Vol. 2. Routledge, London.（松木邦裕監訳：メラニー・クライン トゥデイ①, ②, ③. 岩崎学術出版社, 1993, 2000.）
Spitz, R. A. (1945) Hospitalism: An inquiry into the genesis of psychiatric conditions in early childhood. The Psychoanalytic Study of the Child 1: 53–74.
─────（1950）Anxiety in infancy: A study of its manifestations in the first year of life. Int. J. Psychoanal. 31, Parts 1 & 2: 138–143.
─────（1953）Aggression: Its role in the establishment of object relations. In, Drives, Affects, Behavior (ed. R. M. Loewenstein): 126–138. Int. Univ. Press, New York.
─────（1955）The primal cavity: a contribution to the genesis of perception and its role for psychoanalytic theory. The Psychoanalytic Study of the Child 10: 215–240.
─────（1956）Die Enstehung der Ersten Objektveziehungen: Direkte Beobachtungen an Säuglingen während des ersten Lebens jahres. Klett Verlag, Stuttgart.（古賀義訳：母‐子関係の成り立ち――生後一年間における乳幼児の直接観察. 同文書院, 1965.）
─────（1957）No and Yes: On the Being of Human Communication. Int. Univ. Press, New York.（古賀義行訳：ノー・アンド・イエス――母・子通じ合いの発生. 同文書院. 1968.）
─────（1958）On the genisis of super-ego components. The Psychoanalytic Study of the Child 8: 375.
─────（1959）A Genetic Field Theory of Ego Formation. Int. Univ. Press, New York.
─────（1963）Life and the dialogue. In, Counterpoint: Libidinal Object and Subject (ed. H. S. Gaskill). Int. Univ. Press, New York.
─────（1965a）Some early prototypes of defences. J. Amer. Psychoanal. Assn. 9: 626–651
─────（1965b）The First Year of Life: Normal and Deviant Object Relations. Int. Univ. Press, New York.
Spitz, R. A. & Wolf, K. M. (1946a) Anaclitic depression: An inquiry into the genesis of psychiatric conditions in early childhood, II. The Psychoanalytic Study of the Child 2: 313–342.
─────（1946b）The smiling response: Ontogenesis of social relation. Genetic Psychology Monographs XXXIV: 57–125.
─────（1949）Autoerotism: some empirical findings and hypothesis in three of its manifestations on the first year of life. The Psychoanalytic Study of the Child 3, 4: 85–120.

Spitzer, R., Endicott, J., et al. (1979) Crossing the border into borderline personality and borderline schizophrenia. Arch. Gen. Psychiatry 36: 17–24.
Stamm, J. L. (1962) Altered ego states allied to depersonalisation. J. Amer. Psychoanal. Assn. 10: 762–783.
Stanton, A & Schwartz, M. (1954) The Mental Hospital: A Study of Institutional Participation in Psychiatric Illness and Treatment. Basic Book, New York.
Steeler, R. (1979) Psychoanalysis and Hermeneutics. Int. R. Psycho-Anal. 6: 389–411.
Stein, A., et al. (1991) The relationship between post-natal depression and mother-child interaction. British Journal of Psychiatry 158: 46–52.
Steinberg, D. (1987) Basic Adolescent Psychiatry. Blackwell Scientific Publication, Oxford.（青木省三・古元順子訳：心理士・ケースワーカー・教師・ナース・精神科医のための思春期青年期の精神医学．二瓶社，1992．）
Steiner, J. (1979) The border between the paranoid-schizoid and the depressive positions in the borderline patients. British J. of Medical Psychology 52.
――― (1987) The interplay between pathological organizations and the paranoid-schizoid and depressive positions. In, Melanie Klein Today, Vol. 1 (ed. E. B. Spillius). The Institute of Psycho-Analysis, London.（世良洋訳：病理構造体と妄想‐分裂態勢，抑うつ態勢の相互作用．メラニー・クライン トゥデイ②〔松木邦裕監訳〕．岩崎学術出版社，1993．）
――― (1993) Psychic Retreats: Pathological Organizations in Psychotic, Neurotic and Borderline Patients. Tavistock, London.（衣笠隆幸監訳：こころの退避．岩崎学術出版社，1997．）
Steiner, J. (ed.)(1989) The Oedipus Complex Today. Routledge, London.
Steiner, R. (2000) It is a New Kind of Diaspora. Karnac, London.
――― (2000) Tradition, Change, Creativity. Karnac, London.
Stekel, W. (1908) Nervose Angstzustande und ihre Behandlung. Urban und Schwazenberg, Berlin und Wien.
――― (1952a) Sexual Aberrations. Liveright, New York.（広田力訳：誤まれる性．生活社，1955．）
――― (1952b) Patterns of Psycho Sexual Infantilism. Liveright, New York.（広田力訳：自己讃美．生活社，1955．）
Sterba, R. (1934) The fate of the ego in analytic therapy. Int. J. Psychoanal. 15: 117–126.
Sterba, R. F. (1929) The dynamics of the dissolution of the transference resistance. The Psychoanalytic Quarterly 9: 363–379, 1940.
――― (1951) Character and Resistance. The Psychoanalytic Quarterly 20: 72–76.
――― (1953) Clinical and therapeutic aspects of character resistance. The Psychoanalytic Quarterly 22: 1–20, the meeting of The New York, Psychoanalytic Society, October 30, 1951.
Stern, D. B. et al. (ed.) (1995) Pioneers of Interpersonal Psychoanalysis. The Analytic Press, Hillsdale.
Stern, D. N. (1977) The First Relationship: Infant and Mother. Harvard Univerity Press, Cambridge.
――― (1985) The Interpersonal World of the Infant: A View from Psychoanalysis and Developmental Psychology. Basic Books, New York.（小此木啓吾・丸田俊彦監訳／神庭靖子・神庭重信訳：乳児の対人世界，理論編，臨床編．岩崎学術出版社，1989，1991．）
――― (1990) Diary of a Baby. Basic Books, New York.（亀井よし子訳：もし，赤ちゃんが日記を書いたら．草思社，1992．）
――― (1995) The Motherhood Constellation: A Unified View of Parent-infant Psychotherapy. Basic Books, New York.（馬場禮子・青木紀久代訳：親‐乳幼児心理療法．岩崎学術出版社，2000．）
Stern, D. N., et al. (1998) The process of therapeutic change involving implicit knowledge: Some implications of developmental observations for adult psychotherapy. Infant Mental Health Journal 19: 300–308.
Stewart, H. (1992) Psychic Experience and Problems of Technique. Routledge, London.
――― (1996) Michael Balint: Object Relations, Pure and Applied. Routledge, London.
Stierlin, H. (1977) Psychoanalysis and Family Therapy. Jason Aronson, New York.
Stoller, R. J. (1964) A contribution to the study of gender identity. Int. J. Psychoanal. 45: 220–226.
――― (1968) Sex and Gender. Hogarth Press, London.
――― (1975a) Perversion. Pantheon Books, New York.
――― (1975b) Transsexual Experiment. Hogarth Press, London.
――― (1985) Presentation of Gender. Yale University Press, New Heaven.
Stolorow, R. D. & Atwood, G. E. (1979) Faces in a Cloud. Jason Aronson, New York.
Stolorow, R. D. (1983) Selfpsychology: A structural psychology. In, Reflection on Self Psychology (ed. J. Lichtenberg & S. Kaplan). The Analytic Press, Hillsdale.
Stolorow, R. D., Brandchaft, B. & Atwood, G. E. (1987) Psychoanalytic Treatment: An Intersubjective Approach. The Analytic Press, New Jersey.（丸田俊彦訳：間主観的アプローチ――コフートの自己心理学を越えて．岩崎学術出版社，1995．）
Stone, L. (1961) The Psychoanalytic Situation. International Univ. Press, Madison.
Stone, M. (1986) Borderline personality disorder. In, Psychiatry, Vol. 1: The Personality Disorders and Neurosis (ed. J. O. Cavener): 219–230. Basic Books, New York.
――― (1992) The borderline patient: Diagnostic concepts and differential diagnosis. In, Handbook of Borderline Disorders (ed. D. Silver & M. Rosenbluth). Int. Univ. Press, Connecticut.
――― (1993) Abnormalities of Personality. W. W. Norton, New York.
Storr, A. (1964) Sexual Deviation. Penguin Books.（山口泰司訳：性の逸脱．岩波書店，1992．）
――― (1973) Jung. Fontana, London.（河合隼雄訳：ユング．岩波書店，1978．）
Strachey, A. (1941) A note on the use of the word "internal". Int. J. Psychoanal. 22: 37–43.

Strachey, J. (1934) The nature of the therapeutic action of psycho-analysis. Int. J. Psychoanal. 15: 127-159.
――― (1970) Editor's Note to Volume 14 of The Standard Edition of the Complete Psychological Work of Sigmund Freud. Hogarth Press, London.
Sugarman, A., Nemiroff, R. T. & Greenson, D. P. (ed.) (1992) The Technique and Practice of Psychoanalysis, Vol. II. A Memorial Volume to R. R. Greenson. Int. Univ. Press, Madison.
Sugarman, A. & Kurash, C. (1982) The body as a transitional object in bulimia. Int. J. Eat. Dis. 1: 57-67.
Sullivan, H. S. (1940) Conceptions of Modern Psychiatry. W. W. Norton, New York.（中井久夫・山口隆訳：現代精神医学の概念．みすず書房，1976.）
――― (1953) Interpersonal Theory of Psychiatry. W. W. Norton, New York.（中井久夫他訳：精神医学は対人関係論である．みすず書房，1990.）
Sullivan, H. S. (1954) The Psychiatric Interview. W. W. Norton, New York.
――― (1956) Clinical Studies in Psychiatry (ed. H. S. Perry et al.). W. W. Norton, New York.（中井久夫・山口直彦・松川周吾訳：精神医学の臨床研究．みすず書房，1983.）
Sulloway, F. (1979) Freud: Biologist of the Mind. Basic Books, New York.
Sulzki, C. E. & Veron, E. (1971) The double bind as universal pathogenic situation. Family Process 10. 397-410.
Sutherland, J. D. (1989) Fairbairn's Journey into the Interior. Free Association Books, London.
鈴木　龍（1989）ユング．臨床心理学大系 16．金子書房．
Swift, W. J. & Letven, R. (1984) Bulimia and the basic fault: A psychoanalytic interpretation of the binging-vomiting syndrome. J. Am. Acad. Child Psychiatry 23: 489-497.
Sylvester, E. (1945) Analysis of psychogenic anorexia and vomitting in a four-year-old child. The Psychoanalytic Study of the Child 1.
Symington, J. & Symington, N. (1996) The Clinical Thinking of Wilfred Bion. Routledge, London.
Symington, N. (1993) Narcissism: a new theory. Karnac, London.
――― (1995) The Making of a Psychotherapist. Karnac, London.
――― (1996) The Clinical Thinking of Wilfred Bion. Routledge, London.
――― (1998) Emotion and Spirit. Karnac, London.
Szasz, T. (1963) The Concept of transference Int. J. Psychoanal. 44: 432-443.
Szur, R. & Miller, S. (ed.) (1991) Extending Horizons: Psychoanalytical Psychotherapy with Children, Adolescents, and Families. Karnac Books, London.

T

高野　晶（2001）未生怨の転移の臨床的側面――ある自殺未遂患者との精神療法より．阿闍世コンプレックス．創元社．
竹友安彦（1988）メタ言語としての〈甘え〉．思想 768．
Tarachow, S. & Stein, A. (1967) Psychoanalytic psychotherapy. In, Psychoanalytic Techniques (ed. B. Wolman): 471-510, Basic Books, New York.
Tarachow, S. (1963) An Introduction to Psychoatherapy. Int. Univ. Press, New York.
鑪幹八郎（1998）恥と意地．講談社．
Tausk, V. (1919) On the origin of the "influencing machine" in the schizoprenia. In, Psychoanalytic Reader (ed. R. Fliess). Int. Univ. Press, New York, 1948.
Taylor, G. J. (1984) Alexithymia: Concept, measurement, and implications for treatment. American Journal of Psychiatry 141: 725-732.
――― (1992) Psychoanalysis and psychosomatics: A new synthesis. J. Am. Acad. Psychoanal. 20 (2): 251-275.
Taylor, J. A., Holmes, G. & Walshe, F. M. R. (ed.) (1931) Selected Writings of John Hughlings Jackson. Hodder & Stoughton, London.
Terman, D. M. (1988) Optimum frustration: Structuralization and the therapeutic process. Progress in Self Psychology 4: 113. The Analytic Press, Hillsdale.
Thelen, M. H., Rodriguez, M. D. & Sprengelmeyer, P. (1994) Psychologists' beliefs concerning confidentiality with suicide, homicide and child abuse. Am J Psychother 48 (3): 363-379.
Thoma, H. & Kachele, H. (1985) Psychoanalytic Practice 1: Principles. Springer-Verlag, Berlin Heidelberg.
Thoma, H. (1967) Anorexia Nervosa. Int. Univ. Press, New York.
Thompson, C. (1950) Psychoanalysis: Evolution and Development. Hermitage House, New York.（懸田克巳訳：精神分析の発達．角川書店，1970.）
Tolpin, P. (1980) The borderline personality: Its makeup and analyzability. In, Advances in Self Psychology (ed. A. Goldberg). Int. Univ. Press, New York.（岡秀樹訳：境界人格――その構造と分析可能性．自己心理学とその臨床．岩崎学術出版社，1991.）
Tomkins, S. S. (1962) Affect/Imagery/Consciousness: I. The Positive Affects. Springer, New York.
遠山治夫（1964）ルネ症例について．精神医学 6: 127-129．
豊永武盛（2000）「声と身体」の語らい．金剛出版
Tronic, E. Z. (1998) Intervention that effect change in psychotherapy: A model based on infant research. Infant Mental Health Journal 19: 227-229.
Tronic, E. Z., Stern, D. & Sander. L., et al. (1998) Non-interpretative mechanisms in psychoanalytic therapy: The something more

than interpretation. Int. J. Psychoanal. 79: 903.
Turquet, P.M. (1974) Leadership: The individual and the group. In, The Large Group: Therapy and Dynamics (ed. G. S. Gibbard et al.). Jossey-Bass, San Francisco and London.
Tustin, F. (1972) Autism and Childhood Psychosis. Karnac Books, London.
——— (1981) Autistic States in Children. Routledge, London.
——— (1986) Autistic Barriers in Neurotic Patients. Karnac Books, London.
——— (1990) The Protective Shell in Children and Adults. Karnac Books, London.
——— (1992) Autistic States in Children (revised). Routledge, London.
——— (1994) The perpetuation of a error. Journal of Child Psychotherapy 20: 3–23.
Tuttman, S., Kaye, C. & Zimmerman, M. (1981) Object and Self: A Developmental Approach (Essays in Honor of Edith Jacobson). Int. Univ. Press, New York.
Tyson, P. & Tyson, R. (1984) Narcissism and superego development, J. Amer. Psychoanal. Assn. 32: 75–98.
Tyson, P. (1982) A developmental line of gender identity, gender role, and choice of love object. Journal of the American Psychoanalytic Association 30 (1): 61–81.

U

上地安昭 (1984) 時間制限心理療法の理論と実際. 金剛出版.
氏原寛・小川捷之・東山紘久・村瀬孝雄・山中康裕 (編) (1992) 心理臨床大事典. 培風館.
梅津八三・相良守次・宮城音弥・依田新 (監修) (1981) 新版心理学事典. 平凡社.
牛島定信 (1979) 思春期女子の暴力的解決——手首自傷症候群. 教育と医学 27: 679–687.
——— (1982) 過渡対象をめぐって. 精神分析研究 26: 1–19.
——— (1985) 自我心理学からみた躁とうつ. 精神分析研究 29: 19–26.
——— (1988) 思春期の対象関係論. 金剛出版.
——— (1991) 思春期青年期臨床における前思春期発達の意義. 思春期青年期精神医学 1: 27–33.
——— (1994a) プレエディパールな三者関係の世界. 精神分析研究 38: 166–173.
——— (1994b) 初潮周辺症候群をめぐって. 小児の精神と神経 34: 49–56.
——— (1995a) ターミナルケアの医学的心理学. 病態心理 14: 570–574.
——— (1995b) 前エディプス的父親をトランジショナルな視点からみる. ウィニコットの遊びとその概念（牛島定信・北山修編）: 49–61. 岩崎学術出版社.
——— (1996a) 攻撃的衝動行為の精神病理. 精神科治療学 11: 903–910.
——— (1996b) 対象関係論的精神療法. 金剛出版.
——— (1997) 初老期うつ病の精神療法. Modern Physician 17: 1421–1425.
——— (1998a) 人格障害の概念とその歴史的展望. 臨床精神医学講座 7〈人格障害〉（牛島定信・福島章編）: 11–26. 中山書店.
——— (1998b) 非精神病性のひきこもりの精神力動. 臨床精神医学 26: 1151–1156.
——— (1999) ターミナル患者の心理とその対応のあり方. 慈恵医大誌 114: 133–140.
Ushijima, S. (2000) On the future of Morita Therapy. 森田療法学会雑誌 11: 13–16.
牛島定信 (2000a) 緩和医療における精神療法. 臨床外科 55: 1089–1094.
——— (2000b) 現代社会における森田療法の可能性. こころの科学 89: 32–37.
牛島定信・福井敏 (1980) 対象関係からみた最近の青年の精神病理——前青年期ドルドラムと前エディプス的父親の創造. 青年の精神病理 2（小此木啓吾編）: 87–114. 弘文堂.
牛島定信・北山修 (編) (1979) ウィニコットの遊びとその概念. 岩崎学術出版社.
Ushijima, S. & Kobayashi, R. (1988) The perimenarche syndrome. Jpn. J. Psychiat. Neurol. 42: 209–216.

V

Vaillant, G. E. (1977) Adaptation to Life. Little, Brown, & Co., Boston.
van der Hart, O., Brown, P. & van der Kolk, B. A. (1989) Pierre Janet's treatment of post-traumatic stress. Journal of Traumatic Stress 2 (4): 379–396.
van der Kolk, B. A. (1987) Psychological Trauma. American Psychiatric Press. Washington, D. C.
van der Kolk, B. A., Brown, P. & van der Hart, O. (1989) Pierre Janet on post-traumatic stress. Journal of Traumatic Stress 2 (4): 365–378.
Vladescu, F. (ed.)(1998) Papers in Honor of Donald Meltzer. Journal of Melanie Klein and Object Relations 16 (2).

W

和田秀樹 (1999)〈自己愛〉の構造. 講談社.

Waelder, R. (1936) The principle of multiple function: Observations on over-determination. Psychoanalytic Quarterly 5: 45–62.
――― (1960) Basic Theory of Psychoanalysis. Shocken Books.
WAIMH (The World Association for Infant Mental Health): Infant Mental Health Journal. Wiley, New York.
Walker, J. I., et al. (1983) Psychiatric Emergencies, Intervention and Resolution. Lippincott, Philadelphia.
Wallace, E. R. (1983a) Dynamic Psychiatry in Theory and Practice. Lea & Febiger, Philadelphia.（馬場謙一監訳：力動精神医学の理論と実際．医学書院，1996.）
Wallace, E. R. (1983b) Freud and Anthropology. Int. Univ. Press, New York.
Waller, J. V., Kaufman, M. R. & Deutsch, F. (1940) Anorexia nervosa: A psychosomatic entity. Psychosom. Med. 2: 3–16.
Wallerstein, R. S. (1965) The goals of psychoanalysis. J. Amer. Psychoanal. Assn. 13: 748–770.
――― (1966) The current state of psychotherapy: Theory, practice, research. J. Amer. Psychoanal. Assn. 14: 183–225.
――― (1969) Psychoanalysis and psychotherapy (the relationships of psychoanalysis to psychotherapy: Current issues). Int. J. Psychoanal. 50: 117–126.
――― (1980–1981) Diagnosis revisited (and revisited): The case of hysteria and the hysterical personality. International Journal of Psychoanalysis and Psychotherapy 8: 533–547.
――― (1985) The Concept of Psychic Reality. J. Amer. Psychoanal. Assn. 33: 555–569.
――― (1986) Forty-two Lives in Treatment: A Study of Psychoanalysis and Psychotherapy. The Guilford Press, New York, London.
――― (1989) Psychoanalysis and psychotherapy: An historical perspective. Int. J. Psychoanal. 70: 563–591.
――― (1993) The effectiveness of psychotherapy and psychoanalysis: Conceptual issues and empirical work. J. Amer. Psychoanal. Assn. 291–312.
――― (1995) The Talking Cures. Yale University Press, New Haven.
渡辺智英夫・北山 修（1991）身体と言葉．今日の心身症治療（小此木啓吾・末松弘行編）．金剛出版．
渡辺久子（1993a）情動と自己の発達――Emde, R. の理論．精神分析研究 36 (5): 471–477.
――― (1993b) 乳幼児精神医学の現代的動向．精神分析研究 36 (5): 460–470.
Watzlawick, P. (1979) Kommunikation und Interaktion in psychiatrischer Sicht. Psychiatrie der Gegenwart. Forschung und Praxis. Bd. I., Zweite Auflage, S. 599–626, Springer, Berlin, Heidelberg, New York.
――― (1990) Munchhausen's Pigtail or Psychotherapy & Reality. W. W. Norton, New York.
Watzlawick, P. (ed.) (1984) The Invented Reality: How Do We Know What We Believe We Know? (Contributions to Constructivism) W. W. Norton, New York.
Webster (1986) Webster's New World Dictionary. Second edition. Prentice Hall Press. New York.
Weisman, A. D. (1972) On dying and denying. Behavioral Publication, New York.
Weiss, E. (1935) Todestrieb und Masochismus. Imago XXI: 396.
――― (1960) The Structure and Dynamics of the Human Mind. Grune & Stratton, New York.
――― (1966) Paul Federn. In, Psychoanalytic Pioneers (ed. F. Alexander). Basic Books, New York.
Weiss, E. & English, O. S. (1943) Psychosomatic Medicine. W. B. Saunders, Philadelphia.
Weitzenhoffer, A. M. (2000) The Practice of Hypnotism. 2nd ed. Wiley, New York.
West, D. J. (1960) Homosexuality re-examined. Duckworth, London.（村上仁・高橋孝子訳：同性愛．人文書院，1977.）
Wexler, J. (1966) Obituary: Robert Palmer Knight 1902–1966. Bul. Amer. Psychoanal. Assn. 22: 853–857.
Whitehead, A. N. (1929) Science and the Modern World. Macmillan, New York.
Willi, J. (1972) Die hysterische Ehe Psyche 24: 326–356.
――― (1975) Die Zwierbeziehung. Rowohlt Verlag.（中野良平・奥村満佐子訳：夫婦関係の精神分析．法政大学出版局，1985.）
――― (1978) Therapie der Zweierbeziehung.（奥村満佐子訳：夫婦関係の治療．法政大学出版局，1991.）
Winnicott, D. W. (1945) Primitive emotional development. In, Collected Papers: Through Paediatrics to Psycho-Analysis. Tavistock, London, 1958.（妙木浩之訳：原初の情緒発達．小児医学から児童分析へ――ウィニコット臨床論文集Ⅰ〔北山修監訳〕．岩崎学術出版社，1989.）
――― (1947) Hate in the countertransference. In, Collected Papers: Through Paediatrics to Psycho-Analysis. Tavistock, London, 1958.（中村留貴子訳：逆転移のなかの憎しみ．児童分析から精神分析へ――ウィニコット臨床論文集Ⅱ〔北山修監訳〕．岩崎学術出版社，1990.）
――― (1951) Transitinal object and transitinal phenόmena. Int. J. Psychoanal. 34, 1953. In, Playing and Reality. Tavistock, London, 1971; In, Collected Papers: Through Paediatrics to Psycho-Analysis. Tavistock, London, 1958.（橋本雅雄訳：移行対象と移行現象．遊ぶことと現実．岩崎学術出版社，1979；北山修訳：移行対象と移行現象．児童分析から精神分析へ――ウィニコット臨床論文集Ⅱ〔北山修監訳〕．岩崎学術出版社，1990.）
――― (1952) Psychosis and child care. In, Collected Papers: Through Paediatrics to Psycho-Analysis. Tavistock, London, 1958.（岡園憲一郎訳：精神病と子どもの世話．児童分析から精神分析へ――ウィニコット臨床論文集Ⅱ〔北山修監訳〕．岩崎学術出版社，1990.）
――― (1953) The location of cultural experience. In, Playing and Reality. Tavistock, London, 1971.（橋本雅雄訳：文化的体験の位置づけ．遊ぶことと現実．岩崎学術出版社，1979.）
――― (1954) The depressive position in normal development. In, Collected Papers: Through Paediatrics to Psycho-Analysis. Tavistock, London, 1958.（佐伯喜和子訳：正常な情緒発達における抑うつポジション．児童分析から精神分析へ――ウィニコット臨床論文集Ⅱ〔北山修監訳〕．岩崎学術出版社，1989.）
――― (1956) Primary Maternal Preoccupation. In, Collected Papers: Through Paediatrics to Psycho-Analysis. Tavistock, London,

—— 1958.（小坂和子訳：原初の母性的没頭．児童分析から精神分析へ——ウィニコット臨床論文集II〔北山修監訳〕．岩崎学術出版社，1990.）
—— (1958a) Collected Papers: Through Paediatrics to Psycho-Analysis. Tavistock, London.（北山修監訳：小児医学から児童分析へ——ウィニコット臨床論文集I，児童分析から精神分析へ——ウィニコット臨床論文集II．岩崎学術出版社，1989，1990.）
—— (1958b) The capacity to be alone. In, The Muturational Processes and the Facilitating Environment. Hogarth Press, London, 1965.（牛島定信訳：一人でいられる能力．情緒発達の精神分析理論．岩崎学術出版社，1977.）
—— (1958c) Psycho-analysis and the sence of guilt. In, The Maturational Processes and the Facilitating Environment. Hogarth Press, London.（牛島定信訳：精神分析と罪悪感．情緒発達の精神分析理論．岩崎学術出版社，1977.）
—— (1960a) Ego distortion in terms of true and false self. In, The Maturational Processes and the Facilitating Environment. Hogarth Press, London.（牛島定信訳：本当の，および偽りの自己という観点からみた，自我の歪曲．情緒発達の精神分析理論．岩崎学術出版社，1977.）
—— (1960b) The theory of the parent-infant relationship. In, The Muturational Processes and the Facilitating Environment. Hogarth Press, London, 1965.（牛島定信訳：親と幼児の関係に関する理論．情緒発達の精神分析理論．岩崎学術出版社，1977.）
—— (1962) Ego integration. In, The Maturational Processes and the Facilitating Environment. Hogarth Press, London.（牛島定信訳：子どもの情緒発達における自我の統合．情緒発達の精神分析理論．岩崎学術出版社，1977.）
—— (1964) Psycho-somatic disorder. In, Psychoanalytic Exploration. Karnac Books, London, 1989.（館直彦訳：心身症．精神分析的探究1——精神と身体．岩崎学術出版社，2001.）
—— (1965a) The Family and Individual Development. Tavistock, London.（牛島定信監訳：子どもと家庭．誠信書房，1984.）
—— (1965b) The Maturational Process and the Facilitating Environment: Studies in the Theory of Emotional Development. Hogarth Press, London.（牛島定信訳：情緒発達の精神分析理論．岩崎学術出版社，1977.）
—— (1967) Postscript: D. W. W. on D. W. W. In, Psychoanalytic Explorations. Karnac Books, London, 1989.（館直彦訳：補遺：D. W. W. による D. W. W..精神分析的探究1——精神と身体．岩崎学術出版社，2001.）
—— (1968) The squiggle game. In, Psycho-Analytic Explorations. Karnac Books, London, 1989.（倉ひろ子訳：スクィグル・ゲーム．精神分析的探求3——子どもと青年期の治療相談〔牛島定信監訳〕．岩崎学術出版社，1998.）
—— (1969a) The mother-infant experience of mutuality. In, Psycho-Analytic Explorations. Karnac Books, London, 1989.（倉ひろ子訳：母子相互性の体験．精神分析的探究3——子どもと青年期の治療相談〔牛島定信監訳〕．岩崎学術出版社，1998.）
—— (1969b) The use of an object and relating through identiacation. Int. J. Psychoanal. 50: 711–716.
—— (1970) On the basis for self in body. In, Psychoanalytic Exploration. Karnac Books, London, 1989.（倉ひろ子訳：身体における自己の基盤について．精神分析的探究3——子どもと青年期の治療相談〔牛島定信監訳〕．岩崎学術出版社，1998.）
—— (1971a) Playing and Reality. Tavistock, London.（橋本雅雄訳：遊ぶことと現実．岩崎学術出版社，1979.）
—— (1971b) Therapeutic Consultations in Child Psychiatry. Hogarth Press, London.（橋本雅雄監訳：子どもの治療相談，1，2．岩崎学術出版社，1987.）
—— (1974) Fear of breakdown. In, The British School of Psychoanalysis (ed. G. Kohon). Free Association Books, London.（牛島定信訳：発狂恐怖．英国独立学派の精神分析〔西園昌久監訳〕．岩崎学術出版社，1992.）
—— (1977) The Piggle. Hogarth Press, London.（猪俣丈二・前田陽治訳：ピグル——分析医の治療ノート．星和書店，1980.）
—— (1986) Holding and Interpretation: Fragment of an analysis. Hogarth Press, London.（北山修監訳：抱えることと解釈．岩崎学術出版社，1989.）
—— (1987) Babies and their Mothers. Free Association Books, London.（成田善弘・根本真弓訳：赤ん坊と母親．岩崎学術出版社，1993.）
Winslow, W. (1956) The Menninger Story. Doubleday & Company, Garden City, New York.
Wolberg, L. R. (1948) Medical Hypnosis. Grune & Stratton, New York.
—— (1948–9) Medical Hypnpsis I, II. Grune & Stratton, New York.
—— (1964) Hypnoanalysis. Grune & Stratton, New York.（佐々木雄二・鎮目光雄・柴田出・鈴木謙次・延島信也訳：催眠分析．新興医学出版社，1995.）
Wolf-Man (1972) My recollection of Sigmund Freud. In, The Wolf-Man and Sigmund Freud. Hogarth Press, London.
Wollheim, R. (1969) The mind and the mind's image of itself. Int. J. Psychoanal. 50: 209–220.
Worden, J. W. (1982) Grief Counseling and Grief Therapy: A Handbook for the Mental Health Practitioner. Springer, New York.（鳴澤實監訳：グリーフカウンセリング——悲しみを癒すためのハンドブック．川島書店，1993.）
—— (1991) Grief Counseling and Grief Therapy: A Handbook for the Mental Health Practitioner (2nd ed.). Springer, New York.（鳴澤實監訳：グリーフ・カウンセリング．川島書店，1993.）
Wortis, J. (1954) Fragments of an Analysis with Freud. Simon & Schuster, New York.（前田重治監訳／遠矢尋樹・杉田峰康訳：フロイト体験——ある精神科医の分析の記録．岩崎学術出版社，1989.）
Wynne, L. C., Singer, M. T., Bartko, J. J. & Toohey, M. L. (1977) Schizophrenics and their families: Resent research on parental communication. In, Developments in Psychiatric Research: 254–86.

Y

山口泰司（1994）フェアバーンの心的外傷理論．イマーゴ 5 (8): 179–187.
Yamamoto, J., Okonogi, K., Iwasaki, T. & Yoshimura, S. (1969) Mourning in Japan. Am. J. Psychiatry 125: 1660–1665.

山村道雄（1933）赤面恐怖に就いて（第一報）．東北帝大精神病学教室業報 69.
山崎晃資（1993）臨床児童青年精神医学入門．安田生命社会事業団．
吉松和哉（1975）心気症．精神医学事典: 322–323. 弘文堂.

Z

Zeligs, M. (1957) Acting In. J. Amer. Psychoanal. Assn. 5: 685–706.
Zetzel, E. R. (1956) Current concepts of transferece. Int. J. Psychoanal. 37: 369–376.
——— (1968) The so called good hysteric. Int. J. Psychoanal. 49: 256–260.
Zilboorg, G. (1941a) A History of Medical Psychology. W. W. Norton, New York.（神谷美恵子訳：医学的心理学史．みすず書房，1958.）
——— (1941b) Ambulatory schizophrenias. Psychiatry 4: 149–155.（東孝博・柏瀬宏隆訳：アンビュラトリィ・スキゾフレニア．精神医学 34 (10) (11).）
——— (1954) Freud's fundamental psychiatric orientation. Int. J. Psychoanal. 35(2).
——— (1959) The emotional problem and the therapeutique role of insight. Psy-Qua. 21.

その他

日本精神分析協会：日本精神分析協会規約．
精神分析研究（雑誌）(1970) 日本精神分析学会第 15 回大会シンポジウム「症例ドラ」．精神分析研究 16 (1).

フロイト著作年表凡例

1. ドイツ語および初出原本は，Gesammelte Werke (G. W.)，英語訳は Standard Edition (S. E.) を参考に選び出した。
2. 日本語訳は，フロイト著作集〔**著作集**〕（人文書院），および改訂版フロイド選集〔**選集**〕（日本教文社）にもとづいたが，これらに収録されていない論文で邦訳のあるものは，収録書名を明記した。
3. 本年表は心理学的な著作に限るものである。
4. 刊行年が同一の場合は年代の後に，a, b…を付したが，必ずしもその年内の先後を示すものではなく，同定の便宜上の区別に過ぎない。
5. 著作集と選集の各巻の書名と刊行年は下記のとおり。

フロイト著作集，人文書院（全11巻）

① 精神分析入門（全）（1971）
② 夢判断（全）（1968）
③ 文化・藝術論（1969）
④ 日常生活の精神病理学他（1970）
⑤ 性欲論・症例研究（1969）
⑥ 自我論・不安本能論（1970）
⑦ ヒステリー研究 他（1974）
⑧ 書簡集（1974）
⑨ 技法・症例篇（1983）
⑩ 文学・思想篇Ⅰ（1983）
⑪ 文学・思想篇Ⅱ（1984）

改訂版フロイド選集，日本教文社（全17巻）

① 精神分析入門〈上〉（1969）
② 精神分析入門〈下〉（1970）
③ 続精神分析入門（1969）
④ 自我論（1970）
⑤ 性欲論（1969）
⑥ 文化論（1970）
⑦ 藝術論（1970）
⑧ 宗教論（1970）
⑨ ヒステリー研究（1969）
⑩ 不安の問題（1969）
⑪ 夢判断〈上〉（1970）
⑫ 夢判断〈下〉（1970）
⑬ 生活心理の錯誤（1970）
⑭ 愛情の心理学（1969）
⑮ 精神分析療法（1969）
⑯ 症例の研究（1969）
⑰ 自らを語る（1969）

発表年 (執筆年)	初出原本	GW	英　語	SE	著作集	巻	選集その他	巻
1891	Zur Auffassung der Aphasien. Franz Deuticke, Leipzig u. Wien.		On Aphasia: A Critical Study. International Universities Press, 1953 (trans. E. Stengel)				安田一郎訳：失語症の理解のために．失語症と神経症．誠信書房，1974	
1892–1893	Ein Fall von hypnotischer Hellung, nebst Bemerkungen über die Entstehung hysterischer Symptome durch den "Gegenwillen".	I	A Case of Successful Treatment by Hypnotism	I				
1893a (1888–1893)	Quelques considérations pour une étude comparative des paralysies motrices organiques et hystériques.	I	Some Points for a Comparative Study of Organic and Hysterical Motor Paralyses.	I			安田一郎訳：器質性運動麻痺とヒステリー性運動麻痺の比較研究についての二，三の考察．失語症と神経症．誠信書房，1974	
1893b	Über den psychischen Mechanismus hysterischer Phänomene, Wien. med. Press. 34 (4), (5).		On the Psychical Mechanism of Hysterical Phenomena: A Lecture.	III				
1893c	Charcot.	I	Charcot.	III	生松敬三訳：シャルコー	10	安田一郎訳：シャルコー．失語症と神経症．誠信書房，1974	
1894	Die Abwehr-Neuropsychosen	I	The Neuro-Psychoses of Defence.	III	井村恒郎訳：防衛－神経精神病	6		
1895a (1894)	Über die Berechtigung, von der Neurasthenie einen bestimmten Symptomenkomplex als "Angstneurose" abzutrennen.	I	On the Grounds for Detaching a Particular Syndrome from Neurasthenia under the Description 'Anxiety Neurosis'.	III			加藤正明訳：「不安神経症」という特定症状群を神経衰弱から分離する理由について	10
1895b (1894)	Obsessions et phobies. Leur mécanisme psychique et leur étiologie.	I	Obsessions and Phobias: Their Psychical Mechanism and their Aetiology.	III			安田一郎訳：強迫と恐怖症．その心的メカニズムと病因．失語症と神経症．誠信書房，1974	
1893–1895	Studien über Hysterie (J. Breuer u. S. Freud, Deuticke, 1895) Über den psychischen Mechanismus hysterischer Phanomene. Krankengeschichten (1893) (Breuer u. Freud) 　Fräulein Anna O. (Breuer) 　Frau Emmy v. N..., vierzig Jahre, aus Livland (Freud) 　Miss Lucy R., dreißig Jahre (Freud) 　Katharina (Freud) 　Fraulein Elisabeth v. R...(Freud) Theoretisches Zur Psychotherapie der Hysterie	I	Studies on Hysteria 　I. On the Psychical Mechanism of Hysterical Phenomena: preliminary Communication (Breuer and Freud) 　II. Case Histories 　(1) Fräulein Anna O. (Breuer) 　(2) Frau Emmy von N. 　(3) Miss Lucy A. 　(4) Katharina 　(5) Fräulein Elisabeth von R. 　III. Theoretical (Breuer) 　IV. The Psychotherapy of Hysteria	II	懸田克躬訳：ヒステリー研究 ヒステリー現象の心的機制について 病歴 A　エミー・フォン・N夫人 B　ミス・ルーシー・R C　カタリーナ D　エリーザベト・フォン・R嬢 E　アンナ・O嬢 ヒステリーの心理療法	7	懸田克躬・吉田正己訳：ヒステリー研究 ヒステリー現象の心的機構について〔予報〕 病歴 A　エミー・フォン・N夫人 B　ミス・ルーシー・R C　カタリーナ D　エリーザベト・フォン・R嬢 ヒステリーの心理療法	9
1895c	Zur Kritik der "Angstneurose"	I	A Reply to Criticisms of my Paper on "Anxiety Neurosis"	III				
1896a	L'hérédité et l'étiologie des névroses	I	Heredity and the Aetiology	III			安田一郎訳：神経	

フロイト著作年表

発表年(執筆年)	初出原本	GW	英語	SE	著作集	巻	選集その他	巻
			of the Neuroses				症の遺伝と病因. 失語症と神経症. 誠信書房, 1974	
1896b	Weitere Bemerkungen über die Abwehr-Neuropsychosen.	I	Further Remarks on the Neuro Psychoses of Defence	III				
1896c	Zur Ätiologie der Hysterie	I	The Aetiology of Hysteria	III	馬場謙一訳：ヒステリーの病因について	10	懸田克躬・吉田正己訳：ヒステリー病因論	9
1897	Inhaltsangaben der wissenschaftlichen Arbeiten des Privatdocenten Dr. Sigmund Freud 1877-1897	I	Abstracts of the Scientific Writings of Dr. Sigmund Freud 1877-1897	III				
1898a	Die Sexualität in der Ätiologie der Neurosen	I	Sexuality in the Aetiology of the Neuroses	III	馬場謙一訳：神経症の原因としての性	10	加藤正明訳：神経症の原因としての性	10
1898b	Zum psychischen Mechanismus der Vergesslichkeit	I	The Psychical Mechanism of Forgetfulness	III	浜川祥枝訳：度忘れの心理的メカニズムについて	10	安田一郎訳：忘却の心的メカニズムについて. 失語症と神経症. 誠信書房, 1974	
1899	Über Deckerinnerungen	I	Screen Memories	III	小此木啓吾訳：隠蔽記憶について	6		
1900 (1899)	Die Traumdeutung (Deuticke, 1900)	II–III	The Interpretation of Dreams	IV–V	高橋義孝訳：夢判断	2	高橋義孝・菊盛英雄訳：夢判断, 上・下	11, 12
1901a	Über den Traum	II–III	On Dreams	V	浜川祥枝訳：夢について	10		
1901b	Zur Psychopathologie des Alltagslebens	IV	The Psychopathology of Everyday Life	VI	池見酉次郎・高橋義孝訳：日常生活の精神病理学	4	浜川祥枝訳：生活心理の錯誤	13
1904 (1903)	Die Freudsche psychoanalytische Methode	V	Freud's Psycho-Analytic Procedure	VII	小此木啓吾訳：フロイトの精神分析の方法	9	小此木啓吾訳：フロイトの精神分析の方法	15
1905a	Der Witz und seine Beziehung zum Unbewußten (Deuticke, 1905)	VI	Jokes and their Relation to the Unconscious	VIII	生松敬三訳：機知――その無意識との関係	4		
1905b	Über Psychotherapie	V	On Psychotherapy	VII	小此木啓吾訳：精神療法について	9	小此木啓吾訳：精神療法について	15
1905c	Psychische Behandlung (Seelenbehandlung)	V	Psychical (or Mental) Treatment	VII	小此木啓吾訳：心的治療（魂の治療）	9		
1905d	Drei Abhandlungen zur Sexualtheorie (Deuticke, 1905)	V	Three Essays on the Theory of Sexuality	VII	懸田克躬・吉村博次訳：性欲論三篇	5	懸田克躬訳：性に関する三つの論文	5
1905e (1901)	Bruchstück einer Hysterie-Analyse	V	Fragment of an Analysis of a Case of Hysteria	VII	細木照敏・飯田真訳：あるヒステリー患者の分析の断片	5		
1906a (1905)	Meine Ansichten über die Rolle der Sexualität in der Ätiologie der Neurosen	V	My Views on the Part Played by Sexuality in the Aetiology of the Neuroses	VII	木村政資訳：神経症病因論における性の役割についての私見	10		
1906b	Tatbestandsdiagnostik und Psychoanalyse	VII	Psycho-Analysis and the Establishment of the Facts in Legal Proceedings	IX				
1907a (1906)	Der Wahn und die Träume in W. Jensens "Gradiva" (Heller, 1907)	VII	Delusions and Dreams in Jensen's "Gradiva"	IX	池田紘一訳：W・イェンゼンの小説『グラディーヴァ』にみられる妄想と夢	3	安田徳太郎・安田洋治訳：文学と精神分析. 角川文庫, 1960 安田一郎・安田洋治訳：妄想と夢.	

フロイト著作年表

発表年 (執筆年)	初出原本	GW	英語	SE	著作集	巻	選集その他	巻
1907b	Zwangshandlungen und Religionsübungen	VII	Obsessive Actions and Religious Practices	IX	山本巖夫訳：強迫行為と宗教的礼拝	5	誠信書房，1975	
1907c	Zur sexuellen Aufklärung der Kinder	VII	The Sexual Enlightenment of Children	IX	山本由子訳：児童の性教育について	5	金森訳：子どもの性知識によせて．性愛と自我．白水社，1971	
1908a	Hysterische Phantasien und ihre Beziehung zur Bisexualität	VII	Hysterical Phantasies and their Relation to Bisexuality	IX	高橋義孝訳：ヒステリー症者の空想と両性具有に対するその関係	10	高橋義孝訳：ヒステリー症者の空想と両性具有に対するその関係	14
1908b	Charakter und Analerotik	VII	Character and Anal Erotism	IX	懸田克躬・吉村博次訳：性格と肛門愛		懸田克躬訳：性格と肛門愛	5
1908c	Über infantile Sexualtheorien	VII	On the Sexual Theories of Children	IX	懸田克躬訳：幼児期の性理論	5		
1908d	Die "kulturelle" Sexualmoral und die moderne Nervosität	VII	'Civilized' Sexual Morality and Modern Nervous Illness	IX	高橋義孝訳：「文化的」性道徳と現代人の神経過敏	10	高橋義孝訳：「文化的」性道徳と現代人の神経過敏	14
1908e (1907)	Der Dichter und das Phantasieren	VII	Creative Writers and Day-Dreaming	IX	高橋義孝訳：詩人と空想すること	3	高橋義孝・池田紘一訳：詩人と空想すること	7
1908f	Vorwort zu "Nervöse Angstzustände und ihre Behandlung" von Dr. Wilhelm Stekel	VII	Preface to Wilhelm Stekel's "Nervous Anxiety-States and their Treatment"	IX	生松敬三訳：ヴィルヘルム・シュテーケル『神経的不安状態とその治療』への序言	10		
1909a (1908)	Allgemeines über den hysterischen Anfall	VII	Some General Remarks on Hysterical Attacks	IX				
1909b	Analyse der Phobie eines fünfjährigen Knaben	VII	Analysis of a Phobia in a Five-Year-Old Boy	X	高橋義孝・野田倬訳：ある五歳男児の恐怖症分析	5		
1909c (1908)	Der Familienroman der Neurotiker	VII	Family Romances	IX	浜川祥枝訳：ノイローゼ患者の出生妄想	10	佐竹洋人訳：空想物語．山根常男編：家族の社会学と精神分析，家族研究リーディングス．誠信書房，1982	
1909d	Bemerkungen über einen Fall von Zwangsneurose	VII	Notes upon a Case of Obsessional Neurosis	X	小此木啓吾訳：強迫神経症の一症例に関する考察	9	小此木啓吾訳：強迫神経症の一症例に関する考察	16
1910a	Über Psychoanalyse (Deuticke, 1910)	VIII	Five Lectures on Psycho-Analysis	XI	懸田克躬訳：精神分析について	10	懸田克躬訳：精神分析について	17
1910b (1909)	Vorwort zu "Lélekelemzés, értekezések a pszichoanalizis köreböl, irta Dr. Ferenczi Sándor"	VII	Preafce to Sándor Ferenczi's "Psycho-Analysis: Esseys in the Field of Psycho-Analysis"	IX				
1910c	Eine Kindheitserinnerung des Leonard da Vinci	VIII	Leonardo da Vinci and a Memory of his Childhood	XI	高橋義孝訳：レオナルド・ダ・ヴィンチの幼年期のある思い出	3	高橋義孝・池田紘一訳：レオナルド・ダ・ヴィンチの幼年期のある思い出	7
1910d	Die zukünftigen Chancen der psychoanalytischen Therapie	VIII	The Future Prospects of Psycho-Analytic Therapy	XI	小此木啓吾訳：精神分析療法の今後の可能性	9	小此木啓吾訳：精神分析療法の今後の可能性	15
1910e	Über den Gegensinn der Urwort	VIII	The Antithetical Meaning of Primal Words	XI	浜川祥枝訳：原始言語における単語の意味の相反性について	10	安田一郎訳：原始語の反対の意味．失語症と神経症．誠信書房，1974	

615

フロイト著作年表

発表年(執筆年)	初出原本	GW	英語	SE	著作集	巻	選集その他	巻
1910f	Brief an Dr. Friedrich S. Krauss über die "Anthropophyteia"	VIII	Letter to Dr. Friedrich S. Krauss on "Anthropophyteia"	XI	生松敬三訳：フリードリヒ・S・クラウス博士への手紙――『アントロポピュテイア』について	10		
1910g	Zur Einleitung der Selbstmord-Diskussion. Schlußwort	VIII	Contributions to a Discussion on Suicide	XI				
1910h	Die psychogene Sehstörung in psychoanalytischer Auffassung	VIII	The Psycho-Analytic View of Psychogenic Disturbance of Vision	XI	青木宏之訳：精神分析的観点から見た心因性視覚障害	10		
1910i	Beispiele des Verrats pathogener Phantasien bei Neurotikern	VIII	Two Instances of Pathogenic Phantasies Revealed by the Patients Themselves	XI				
1910j	Über "wilde" Psychoanalyse	VIII	'Wild' Psycho-Analysis	XI	小此木啓吾訳：「乱暴な」分析について	9	小此木啓吾訳：「乱暴な」分析について	15
1910k	Über einen besonderen Typus der Objektwahl beim Manne (Beiträge zur Psychologie des Liebeslebens, I)	VIII	A Special Type of Choice of Object made by Men (Contributions to the Psychology of Love, I)	XI	高橋義孝訳：「愛情生活の心理学」への諸寄与，1. 男性にみられる愛人選択の特殊な一タイプについて	10	高橋義孝訳：「愛情生活の心理学」への諸寄与，1. 男性にみられる愛人選択の特殊な一タイプについて	14
1911a	Formulierungen über die zwei Prinzipien des psychischen Geschehens	VIII	Fomulations on the Two Principles of Mental Functioning	XII	井村恒郎訳：精神現象の二原則に関する定式	6	加藤正明訳：精神現象の二原則に関する定式	10
1911b	Psychoanalytische Bemerkungen über einen autobiographisch beschriebenen Fall von Paranoia (Dementia paranoides)	VIII	Psycho-Analytic Notes on an Autobiographical Account of a Case of Paranoia (Dementia Paranoides)	XII	小此木啓吾訳：自伝的に記述されたパラノイア（妄想性痴呆）の一症例に関する精神分析的考察	9	小此木啓吾訳：自伝的に記述されたパラノイア（妄想性痴呆）の一症例に関する精神分析学的考察	16
1911c	Die Handhabung der Traumdeutung in der Psychoanalyse	VIII	The Handling of Dream-Interpretation in Psycho-Analysis	XII	小此木啓吾訳：精神分析療法中における夢解釈の使用	9	小此木啓吾訳：精神分析療法中における夢解釈の使用	15
1911d	Die Bedeutung der Vokalfolge	VIII	The Significance of Sequences of Vowels	XII				
1911e	"Gross ist die Diana der Epheser'	VIII	"Great is Diana of the Ephesians"	XII				
1912a	Zur Dynamik der Übertragung	VIII	The Dynamics of Transference	XII	小此木啓吾訳：転移の力動性について	9	小此木啓吾訳：感情転移の力動性について	15
1912b	Über neurotische Erkrankungstypen	VIII	Types of Onset of Neurosis	XII			加藤正明訳：神経症の発病の型	10
1912c	Über die allgemeinste Erniedrigung des Liebeslebens (Beiträge zur Psychologie des Liebeslebens, II)	VIII	On the Universal Tendency to Debasement in the Sphere of Love (Contributions to the Psychology of Love, II)	XI	高橋義孝訳：「愛情生活の心理学」への諸寄与 2，愛情生活の最も一般的な蔑視について	10	高橋義孝訳：「愛情生活の心理学」への諸寄与 2，愛情生活の最も一般的な蔑視について	14
1912d	Ratschläge für den Arzt bei der psychoanalytischen Behand1ung	VIII	Recommendations to Physicians practising Psycho-Analysis	XII	小此木啓吾訳：分析医に対する分析治療上の注意	9	小此木啓吾訳：分析医に対する分析治療上の注意	15
1912e	Zur Einleitung der Onanie-Diskussion. Schlußwort	VIII	Contributions to a Discussion on Masturbation	XII	高橋義孝訳：自慰論	10	高橋義孝訳：自慰論	14
1912f	A Note on the Unconscious in Psycho-Analysis (Einige Bemerkungen über den Begriff des Unbewußten in der Psychoanalyse. übersetzt von Hanns Sachs)	VIII		XII	小此木啓吾訳：精神分析における無意識の概念に関する二，三の覚書	6		

フロイト著作年表

発表年(執筆年)	初出原本	GW	英語	SE	著作集	巻	選集その他	巻
1913a (1912–1913)	Totem und Tabu (Heller, 1913)	IX	Totem and Taboo	XIII	西田越郎訳：トーテムとタブー	3	吉田正己訳：トーテムとタブー	6
1913b	Ein Traum als Beweismittel	X	An Evidential Dream	XII	野田倬訳：証拠としての夢	10		
1913c	Geleitwort zu "Die psychanalytische Methode" von Dr. Oskar Pfister	X	Introduction to Pfister's "The Psycho-Analytic Method"	XII	生松敬三訳：オスカー・プフィスター『精神分析的方法——経験科学的‐体系的叙述——』への序文	10		
1913d	Märchenstoffe in Traumen	X	The Occurrence in Dreams of Material from Fairy Tales	XII	野田倬訳：夢に出てくる童話素材	10	菊盛英夫訳：夢の中の童話素材，フロイト・造形美術と文学；210–216. 河出書房新社，1972	
1913e	Vorwort zu "Die psychischen Störungen der männlichen Potenz" von Dr. Maxim Steiner	X	Preface to Maxim Steiner's "Die psychischen Störungen der männlichen Potenz"	XII	生松敬三訳：M・シュタイナー博士『男性能力の心的障害』への序言	10		
1913f	Das Motiv der Kästchenwahl	X	The Theme of the Three Caskets	XII	高橋義孝訳：小箱選びのモティーフ		高橋義孝・池田紘一訳：小箱選びのモティーフ	7
1913g	Zwei Kinderlügen	VIII	Two Lies told by Children	XII	飯田真訳：子供のうそ二例	5		
1913h	Erfahrungen und Beispiele aus der analytischen Praxis	X	Observations and Examples from Analytic Practice	XIII				
1913i	Die Disposition zur Zwangsneurose	VIII	The Disposition to Obsessional Neurosis	XII			加藤正明訳：強迫神経症の素因	10
1913j	Das Interesse an der Psychanalyse	VIII	The Claims of psycho-Analysis to Scientific Interest	VIII	木村政資訳：精神分析への関心			
1913k	Geleitwort zu "Der Unrat in Sitte, Brauch, Glauben und Gewohnheitsrecht Völker" von John Gregory Bourke	X	Preface to Bourke's "Scatalogic Rites of All Nations"	XII	生松敬三訳：J・G・ブアク『諸民族の風俗・習慣・信仰・慣習法における汚物』への緒言	10		
1913l	Zur Einleitung der Behandlung	VIII	On Beginning the Treatment (Further Recommendations on the Technique of Psycho-Analysis, I)	XII	小此木啓吾訳：分析治療の開始について	9	小此木啓吾訳：分析治療の開始について	15
1914a (1913)	Der Moses des Michelangelo	X	The Moses of Michelangelo	XIII	高橋義孝訳：ミケランジェロのモーゼ像	3	高橋義孝・池田紘一訳：ミケランジェロのモーゼ	7
1914b	Über Fausse Reconnaissance ("Déjà reconté") während der psychoanalytischen Arbeit	X	Fausse Reconnaissance ('Déjà Raconté') in Psycho-Analytic Treatment	XIII	小此木啓吾訳：精神分析治療中における誤った再認識（「すでに話した」）について	9	小此木啓吾訳：分析治療中における誤れる再認識（「既に話した」）について	15
1914c	Zur Einführung des Narzißmus	X	On Narcissism: An Introduction	XIV	懸田克躬・吉村博次訳：ナルシシズム入門	5	懸田克躬訳：ナルチシズム入門	5
1914d	Zur Geschichte der psychoanalytischen Bewegung	X	On the History of the Psycho-Analytic Movement	XIV	野田倬訳：精神分析運動史	10	懸田克躬訳：精神分析運動の歴史について	17
1914e	Zur Psychologie des Gymnasiasten	X	Some Reflections on Schoolboy Psychology	XIII				

フロイト著作年表

発表年(執筆年)	初出原本	GW	英語	SE	著作集	巻	選集その他	巻
1914f	Erinnen, Wiederholen und Durcharbeiten	X	Remembering, Repeating and Working-through (Further Recommendation on the Technique of Psycho-Analysis, II)	XII	小此木啓吾訳：想起，反復，徹底操作	6	小此木啓吾訳：想起，反復，徹底操作	15
1915a (1914)	Bemerkungen über die Übertragungsliebe	X	Observations on Transference-Love (Further Recommendations on the Technique of Psycho-Analysis III)	XII	小此木啓吾訳：転移性恋愛について	9	小此木啓吾訳：感情転移性恋愛について	15
1915b	Zeitgemäßes über Krieg und Tod	X	Thoughts for the Times on War and Death	XIV	森山公夫訳：戦争と死に関する時評	5		
1915c	Triebe und Triebschicksale	X	Instincts and their Vicissitudes	XIV	小此木啓吾訳：本能とその運命	6		
1915d	Die Verdrärtgung	X	Repression	XIV	井村恒郎訳：抑圧	6	加藤正明訳：抑圧	10
1915e	Das Unbewusste	X	The Unconscious	XIV	井村恒郎訳：無意識について	6	井村恒郎訳：無意識について	4
1915f	Mitteilung eines der psychoanalytischen Theorie widersprechenden Falles von Paranoia	X	A Case of Paranoia Running Counter to the Psycho-analytic Theory of the Disease	XIV				
1916a (1915)	Vergänglichkeit	X	On Transience	XIV	高橋義孝訳：無常ということ	3	高橋義孝訳：無常ということ	14
1916b	Mythologische Parallele zu einer plasitischen Zwangsvorstellung	X	A Mythological Parallel to Visual Obsession	XIV	高田淑訳：ある具象的強迫観念との神話的類似物	10		
1916c	Eine Beziehung zwischen einem Symbol und einem Symptom	X	A Connection between a Symbol and a Symptom	XIV	木村政資訳：ある象徴と症状	10		
1916d	Einige Charaktertypen aus der psychoanalytischen Arbeit	X	Some Character-Types Met with in Psycho-Analytic Work	XIV	佐々木雄二訳：精神分析的研究からみた二，三の性格類型	6	高橋義孝・池田紘一訳：精神分析的研究からみた若干の性格典型	7
1916–1917 (1915–1917)	Vorlesungen zur einführung in die Psychoanalyse (Heller, I, II, 1916; III, 1917) I. Die Fehlleistungen II. Der Traum III. Allgemeine Neurosenlehre	XI	Introductory Lectures on Psycho-Analysis	XV XVI	懸田克躬・高橋義孝訳：精神分析入門，正・続	1	井村恒郎・馬場謙一訳：精神分析入門，上・下	1, 2
1917a	A pszihoanalizis egy néhézségerol, (Eine Schwierigkeit der Psychoanalyse)	XII	A Difficulty in the Path of Psycho-Analysis	XVII	高田淑訳：精神分析に関わるある困難	10	金森訳：精神分析のむずかしさ．性愛と自我．白水社，1971	
1917b	Eine Kindheitserinnerung aus "Dichtung und Wahrheit"	XII	A Childhood Recollection from "Dichtung und Wahrheit"	XVII	高橋義孝訳：『詩と真実』中の幼年時代の一記憶	3	高橋義孝・池田紘一訳：「詩と真実」にみられる幼年時代の一記憶	7
1917c (1915)	Metapsychologische Ergänzung zur Traumlehre	X	A Metapsychological Supplement to the Theory of Dreams	XIV	木村政資訳：夢理論のメタ心理学的補遺	10		
1917d (1915)	Trauer und Melancholie	X	Mourning and Melancholia	XIV	井村恒郎訳：悲哀とメランコリー	6	加藤正明訳：悲哀とメランコリー	10
1917e	Über Triebumsetzungen, insbesondere der Analerotik	X	On Transformations of Instinct as Exemplified in Anal Erotism	XVII	田中麻知子訳：欲動転換，とくに肛門愛の欲動転換について	5		
1918a (1917)	Das Tabu der Virginität (Beiträge zur Psychologie des Liebeslebens, III)	XII	The Taboo of Virginity (Contributions to the Psychology of Love, III)	XI	高橋義孝訳：「愛情生活の心理学」への諸寄与——処女性のタブー	10	高橋義孝訳：「愛情生活の心理学」への諸寄与，3．処女性のタブー	14
1918b	Aus der Geschichte einer infantilen	XII	From the History of an In-	XVII	小此木啓吾訳：あ	9	小此木啓吾訳：あ	16

フロイト著作年表

発表年(執筆年)	初出原本	GW	英語	SE	著作集	巻	選集その他	巻
(1914)	Neurose		fantile Neurosis		る幼児期神経症の病歴より		る幼児期神経症の病歴より	
1919a (1915)	Brief an Frau Dr. Hermine von Hug-Hellmuth	X	Letter to Dr. Hermine Yon Hug-Hellmuth	XIV	生松敬三訳：ヘルミーネ・フォン・フーク‐ヘルムート女史宛，1915年4月27日付の手紙	10		
1919b (1918)	Wege der psychoanalytischen Therapie	XII	Lines of Advance in Psycho-Analytic Therapy	XVII	小此木啓吾訳：精神分析療法の道	9	小此木啓吾訳：精神分析療法の道	15
1919c	James J. Putnam	XII	James J. Putnam	XVII	生松敬三訳：ジェームズ・J・パトナム追想	10		
1919d	Psychoanalytischer Verlag u. Preiszuteilungen für psychoanalytische Arbeiten	XII	A Note on Psycho-Analytic Publications and Prizes	XVII	生松敬三訳：国際精神分析出版社と精神分析に関する業績への賞金授与	10		
1919e	Einleitung zu "Zur Psychoanalyse der Kriegsneurosen"	XII	Introduction to "Psycho-Analysis and the War Neuroses"	XVII	生松敬三訳：『戦争神経症の精神分析のために』への序言	10		
1919f	"Ein Kind wird geschlagen"	XII	'A Child is being Beaten': A Contribution to the Study of the Origin of Sexual Perversions	XVII	高田淑訳：「子供が叩かれる」	11		
1919g	Victor Tausk	XII	Victor Tausk	XVII	生松敬三訳：ヴィクトール・タウスク追想	10		
1919h	Vorrede zu "Probleme der Religionspsychologie" von Dr. Theodor Reik	XII	Preface to Reik's "Ritual: Psycho-Analytic Studies"	XVII	生松敬三訳：テーオドル・ライク博士『宗教心理学の諸問題，第一部・儀礼』への序言	10		
1919i	Das Unheimliche	XII	The 'Uncanny'	XVII	高橋義孝訳：無気味なもの	3	高橋義孝・池田紘一訳：無気味なもの	7
1920a	Über die Psychogenese eines Falles von weiblicher Homosexualität	XII	The Psychogenesis of a Case of Homosexuality in a Woman	XVIII	高橋義孝訳：女性同性愛の一ケースの発生史について	11	高橋義孝訳：女性同性愛の一ケースの発生史について	14
1920b	Zur Vorgeschichte der analytischen Technik	XII	A Note on the Prehistory of the Technique of Analysis	XVIII	小此木啓吾訳：分析技法前史について	9	小此木啓吾訳：分析技法前史について	15
1920c	Dr. Anton v. Freund	XIII	Dr. Anton von Freund	XVIII	生松敬三訳：アントン・フォン・フロイント博士	10		
1920d	Gedankenassoziation eines vierjährigen Kindes	XII	Associations of a Four-Year-Old Child	XVIII				
1920e	Jenseits des Lustprinzips (Internationaler Psychoanalytischer Verlag, 1920)	XIII	Beyond the Pleasure Principle	XVIII	小此木啓吾訳：快感原則の彼岸	6	井村恒郎訳：快感原則の彼岸	4
1921a	Preface to "Addresses on Psycho-Analysis" by I. J. Putnam	XIII		XVIII	生松敬三訳：プトナム『精神分析講話』への序文	11		
1921b	Introduction to J. Varendonck's "The Psychology of Day Dreams" (Geleitwort zu J. Varendonck. "Über das vorbewusste phantsierende Denken")	XIII		XVIII	生松敬三訳：J・ファレンドンク『前意識的な空想的思考』への序言	11		
1921c	Massenpsychologie und Ich-Analyse (Intenationaler Psychoanalytischer	XIII	Group Psychology and the Analysis of the Ego	XVIII	小此木啓吾訳：集団心理学と自我の	6	井村恒郎訳：集団心理学と自我の分	4

フロイト著作年表

発表年(執筆年)	初出原本	GW	英 語	SE	著作集	巻	選集その他	巻
1922a	Verlag, 1921) Traum und Telepathie	XIII	Dreams and Telepathy	XVIII	分析 高田淑訳：夢とテレパシー（精神感応）	11	析	
1922b	Über einige neurotische Mechanismen bei Eifersucht, Paranoia und Homosexualitat	XIII	Some Neurotic Mechanisms in Jealousy, Paranoia and Homosexuality	XVIII	井村恒郎訳：嫉妬，パラノイア，同性愛に関する二，三の神経症的機制について	6	加藤正明訳：嫉妬・パラノイア・同性愛における二，三の神経症メカニズムについて	10
1922c	Nachschrift zur Analyse der kleinen Hans	XIII	Postscript to the "Analysis of a Phobia in a Five-Year-Old Boy"	X	小此木啓吾訳：ハンス少年分析記後日談	9		
1923a (1922)	"Psychoanalyse" and "Libidotheorie"	XIII	Two Encyclopaedia Articles (A) Psycho-Analysis (B) The Libido Theory	XVIII	高田淑訳：「精神分析」と「リビード理論」	11		
1923b	Das Ich und das Es (Internationaler psychoanalytischer Verlag, 1923)	XIII	The Ego And the Id	XIX	小此木啓吾訳：自我とエス	6	井村恒郎訳：自我とエス	4
1923c (1922)	Bemerkungen zur Theorie und Praxis der Traumdeutung	XIII	Remarks on the Theory and Practice of Dream-Interpretation	XIX				
1923d (1922)	Eine Teufelsneurose im siebzehnten Jahrhundert	XIII	A Seventeenth-Century Demonological Neurosis	XIX	池田紘一訳：十七世紀のある悪魔神経症	11		
1923e	Die infantile Genitalorganisation	XIII	The Infantile Genital Organization: An Interpolation into the Theory of Sexuality	XIX	吾郷晋浩訳：幼児期の性器体制（性欲論への補遺）	11		
1923f	Josef Popper-Lynkeus und die Theorie des Traumes	XIII	Josef Popper-Lynkeus and the Theory of Dreams	XIX	生松敬三訳：ヨーゼフ・ポッパー・リュンコイスと夢の理論	10		
1923g	Vorwort zu Max Eitingon, Bericht über die Berliner psychoanalytische Poliklinik	XIII	Preface to Max Eitingon's "Report on the Berlin Psycho-Analytic Policlinic (March 1920 to June 1922)"	XIX	生松敬三訳：M・アイティンゴン『ベルリン精神分析無料診療所に関する報告』への序	11		
1923h	Brief an Luis Lopez-Ballesteros y de Torres	XIII	Letter to Sēnor Luis Lopez-Ballesteros y de Torres	XIX				
1923i	Dr. Ferenczi Sandor (Zum 50. Geburtstag)	XIII	Dr. Sándor Ferenczi (On his 50th Birthday)	XIX	生松敬三訳：フェレンツィ・サンドール博士（五十歳の誕生日に）	11		
1924a (1923)	Neurose und Psychose	XIII	Neurosis and Psychosis	XIX			加藤正明訳：神経症と精神病	10
1924b (1923)	Psychoanalysis: Exploring the Hidden Recesses of the Mind (Kurzer Abriß der Psychoanalyse)	XIII	A Short Account of Psycho-Analysis	XIX	吾郷晋浩訳：精神分析要約	11		
1924c	Lettre au "Disque Vert" (Zuschrift au die Zeitschrift, "Le Disque Vert")	XIII	Letter to "Le Disque Vert"	XIX				
1924d	Das ökonomische Problem des Masochismus	XIII	The Economic Problem of Masochism	XIX	青木宏之訳：マゾヒズムの経済的問題	6	高橋義孝訳：マゾヒズムにおけるエネルギー配分の問題	14
1924e	Der Untergang des Ödipuskomplexes	XIII	The Dissolution of the Oedipus Complex	XIX	吾郷普浩訳：エディプス・コンプレクスの消滅	6	高橋義孝訳：エディプスコンプレクスの消滅	14
1924f	Der Realitätsverlust bei Neurose und Psychose	XIII	The Loss of Reality in Neurosis and Psychosis	XIX	井村恒郎訳：神経症および精神病における現実の喪失.	6	加藤正明訳：神経症と精神病の現実喪失	10

発表年 (執筆年)	初出原本	GW	英語	SE	著作集	巻	選集その他	巻
1924g	Beiträge zur Psychologie des Liebeslebens (Internationaler Psychoanalytischer Verlag, 1924)	VIII XII	Contributions to the Psychology of Love	XI	高橋義孝訳:「愛情生活の心理学」への諸寄与	10	高橋義孝訳:「愛情生活の心理学」への諸寄与	14
1925a (1924)	Notiz über den "Wunderblock"	XIV	A Note upon the "Mystic Writing-Pad"	XIX				
1925b (1924)	Selbstdarsteuung (Grote'sche "Die Medizin der Gegenwart in Selbstdarsteuungen", IV, 1-52, Meiner, 1925)	XIV	An Autobiographical Study	XX	懸田克躬訳:自己を語る	4	懸田克躬訳:自らを語る	17
1925c (1924)	Résistances à la psychanalyse (Die Widerstände gegen die Psychoanalyse)	XIV	The Resistances to Psycho-Analysis	XIX	池田紘一訳:精神分析への抵抗	11		
1925d	Brief an den Herausgeber der "Jüdischen Pressezentrale Zürich"	XIV	Letter to the Editor of the "Jewish Press Centre in Zurich"	XIX	生松敬三訳:「ユダヤ・プレセンター・チューリヒ」編集人に宛てた書簡	11		
1925e	On the Occasion of the Opening of the Hebrew University	XIV		XIX	生松敬三訳:ヘブライ大学開校式に際して	11		
1925f	Geleitwort zu "Verwahrloste Jugend" von August Aichhorn	XIV	Preface to Aichhorn's "Wayward Youth"	XIX	生松敬三訳:アウグスト・アイヒホルン『浮浪児 - 保護教育における精神分析, 最初の手引のための十講』	11		
1925g	Josef Breuer	XIV	Josef Breuer	XIX	生松敬三訳:ヨーゼフ・ブロイアー	11		
1925h	Die Verneinung	XIV	Negation	XIX	高橋義孝訳:否定	3		
1925i	Einige Nachträge zum Ganzen der Traumdeutung 　Die Grenzen der Deutbarkeit 　Die sittliche Verantwortung für den Inhalt der Träume 　Die okkulte Bedeutung des Traumes	I	Some Additional Notes upon Dream-Interpretation as a Whole	XIX				
1925j	Einige psychische Folgen des anatomischen Geschlechtsunterschieds	XIV	Some Psychical Consequences of the Anatomical Distinction between the Sexes	XIX	懸田克躬・吉村博次訳:解剖学的な性の差別の心的帰結の二, 三について	5	懸田克躬訳:解剖学的な性の差別の心的帰結の二, 三について	5
1926a (1925)	Hemmung, Symptom und Angst (Internatinaler Psychoanalytischer Verlag, 1926)	XIV	Inhibitions, Symptoms and Anxiety	XX	井村恒郎訳:制止, 症状, 不安	6	加藤正明訳:制止, 症状, 不安	10
1926b (1925)	Psycho-Analysis	XIV		XX	木村政資訳:精神の分析	11		
1926c	An Romain Rolland	XIV	To Romain Rolland	XX				
1926d	Karl Abraham	XIV	Karl Abraham	XX	生松敬三訳:カール・アーブラハム	11		
1926e	Bemerkung zu E. Pickworth Farrow's "Eine Kindheitserinnerung aus dems 6. Lebensmonat"	XIV	Prefatory Note to a Paper by E. Pickworth Farrow	XX				
1926f	Die Frage der Laienanalyse (Internationaler Psychoanalytischer Verlag, 1926)	XIV	The Question of Lay Analysis	XX	池田紘一訳:素人による精神分析の問題	11	金森誠也訳:精神分析問答——素人による精神分析の問題. 性愛と自我. 白水社, 1971	
1927a	Nachwort zur "Frage der Laienanalyse"	XIV	Postscript to "The Question of Lay Analysis"	XX	池田紘一訳:『素人による精神分析の問題』のためのあとがき	11		

フロイト著作年表

発表年 (執筆年)	初出原本	GW	英語	SE	著作集	巻	選集その他	巻
1927b	Nachtrag zur Arbeit über den Moses des Michelangelo	XIV	Postcript to "The Moses of Michelangelo"	XIII	池田紘一訳：『ミケランジェロのモーゼ像』補遺	11	菊地訳：ミケランジェロのモーゼ像補遺．フロイト・造形美術と文学．河出書房新社，1972	
1927c	Die Zukunft einer Illusion (Internationaler Psychoanalytischer Verlag, 1927)	XIV	The Future of an Illusion	XXI	浜川祥枝訳：ある幻想の未来	3	土井正徳・吉田正己訳：幻想の未来	8
1927d	Der Humor	XIV	Humour	XXI	高橋義孝訳：ユーモア	3	高橋義孝・池田紘一訳：ユーモア	7
1927e	Fetischismus	XIV	Fetishism	XXI	山本巌夫訳：呪物崇拝	5		
1928a (1927)	Ein religiöses Erlebnis	XIV	A Religious Experience	XXI	池田紘一訳：ある宗教体験	11		
1928b (1927)	Dostojewski und die Vatertötung	XIV	Dostoevsky and Parricide	XXI	高橋義孝訳：ドストエフスキーと父親殺し	3	高橋義孝・池田紘一訳：ドストエフスキーと父親殺し	7
1929a	Ernest Jones zum 50. Geburtstag	XIV	Dr. Ernest Jones (on his 50th Birthday)	XXI	生松敬三訳：アーネスト・ジョーンズ五十歳の誕生記念日に	11		
1929b	Lettre à Maxime Leroy sur "Quelques rêves de Descartes" (Brief an Maxim Leroy über einen Traum des Cartesius)	XIV	Some Dreams of Descartes': A Letter to Maxime Leroy	XXI	生松敬三訳：マクシム・ルロワへの手紙——デカルトの夢について	11		
1930a (1929)	Das Unbehagen in der Kultur (Internationaler Psychoanalytischer Verlag, 1930)	XIV	Civilization and its Discontents	XXI	浜川祥枝訳：文化への不満	3	吉田正己訳：文化のなかの不安	6
1930b	Vorwort zu "Zehn Jahre Berliner Psychoanalytisches institut"	XIV	Preface to "Ten Years of the Berlin Psycho-Analytic Institute"	XXI	生松敬三訳：小冊子「ベルリン精神分析研究所の十年」への序言	11		
1930c	Introduction to the Special Psychopathology Number of The "Medical Review of Reviews" (Geleitwort zu "Medical Review of Reviews", Vol. XXXVI, 1950)	XIV		XXI	生松敬三訳：「メディカル・レヴュー・オヴ・レヴューズ」第36巻（1930年）への序文	11		
1930d	Goethe-Preis 1930 　Brief an Dr. Alfons Paquet 　Ansprache im Frankfurter Goethe-Haus	XIV	The Goethe Prize 　Letter to Alfons Paquet 　Address Delivered in the Goethe House at Frankfurt	XXI	生松敬三訳：ゲーテ賞1930年 　アルフォンス・パケ博士への手紙 　フランクフルト・ゲーテ・ハウスでの挨拶	11	菊盛訳：1930年度ゲーテ賞．フロイト・造形美術と文学．河出書房新社，1972 (1) アルフォンス・パーク博士あての手紙 (2) フランクフルトの「ゲーテハウス」における挨拶	
1931a	Geleitwort zu "Elementi di Psicoanalisi" von Edoardo Weiss	XIV	Introduction to Edoardo Weiss's "Elements of Psycho-Analysis"	XXI	生松敬三訳：エドアルド・ヴァイス『精神分析学要綱』への序言	11		
1931b (1930)	Das Fakultätsgutachten im Prozess Halsmann	XIV	The Expert Opinion in the Halsmann Case	XXI				
1931c	Über libidinöse Typen	XIV	Libidinal Types	XXI	懸田克躬・吉村博次訳：リビドー的	5	懸田克躬訳：リビドー的類型につい	5

622

フロイト著作年表

発表年 (執筆年)	初出原本	GW	英 語	SE	著作集	巻	選集その他	巻
1931d	Über die weibliche Sexualität	XIV	Female Sexuality	XXI	類型について 懸田克躬・吉村博次訳：女性の性愛について	5	て 懸田克躬訳：女性の性愛について	5
1931e	Brief an den Bürgermeister der Stadt Pribor	XIV	Letter to the Burgomaster of Příbor	XXI	生松敬三訳：プリボール市長への手紙	11		
1932a (1931)	Zur Gewinnung des Feuers	XVI	The Acquisition and Control of Fire	XXIII	木村政資訳：火の支配について	3		
1932b (1931)	Geleitwort zu "Allgemeine Neurosenlehre auf psychoanalytischer Grundlage" von Hermann Nunberg	XVI	Preface to Hermann Nunberg's "General Theory of the Neuroses on a Psycho-Analytic Basis"	XXI				
1932c	Meine Berührung mit Josef Popper-Lynkeus	XVI	My Contact with Josef Popper-Lynkeus	XXII	生松敬三訳：ヨーゼフ・ポッパー-リュンコイスとの接触	11		
1933a (1932)	Neue Folge der Vorlesungen zur Einführung in die Psychoanalyse (Internationaler Psychoanalytischer Verlag, 1933)	XV	New Introductory Lectures on Psycho-Analysis	XXII	懸田克躬・高橋義孝訳：精神分析入門（続）	1	古沢平作訳：続精神分析入門	3
1933b (1932)	Warum Krieg? (Einstein und Freud)	XVI	Why War? (Einstein and Freud)	XXII	佐藤正樹訳：戦争はなぜ	11	土井正徳・吉田正己訳：何故の戦争か	8
1933c	Sandor Ferenczi	XVI	Sándor Ferenczi	XXII	生松敬三訳：サンドール・フェレンツィ	11		
1933d	Préface ā M. Bonaparte: "Edgar Poe, étude psychanalytique"(Vorwort zu "Edgar Poe, eine psychoanalytische Studie")	XVI	Preface to Marie Bonaparte's "The Life and Works of Edgar Allan Poe: A Psycho-Analytic Interpretation"	XXII				
1934a (1930)	Vorrede zur hebräischen Ausgabe der "Vorlesungen zur Einführung in die Psychoanalyse"	XVI	Preface to the Hebrew Translation of "Introductory Lectures on Psycho-Analys"	XV	生松敬三訳：『精神分析入門講義』ヘブライ語版への序言	11		
1934b (1930)	Vorrede zur hebräischen Ausgabe von "Totem und Tabu"	XIV	Preface to the Hebrew Translation of "Totem and Taboo"	XIII: XV				
1935a	Die Feinheit einer Fehlhandlung	XVI	The Subtleties of a Faulty Action	XXII	吾郷晋浩訳：ある微妙な失錯行為	4		
1935b	Thomas Mann zum 60. Geburtstag	XVI	To Thomas Mann on his Sixtieth Birthday	XXII				
1936	Brief an Romain Rolland (Eine Erinnerungsstörung auf der Akropolis)	XVI	A Disturbance of Memory on the Acropolis	XXII	佐藤正樹訳：ロマン・ロランへの手紙（アクロポリスでのある記憶障害）	11		
1937a	Lou Andreas Salomé	XVI	Lou Andreas-Salome	XXIII	生松敬三訳：ルー・アンドレアス-サロメ	11		
1937b	Die endliche und die unendliche Analyse	XVI	Analysis Terminable and Interminable	XXIII	馬場謙一訳：終りある分析と終りなき分析	6	小此木啓吾訳：終りある分析と終りなき分析	15
1937c	Konstruktionen in der Analyse	XVI	Constructions in Analysis	XXIII	小此木啓吾訳：分析技法における構成の仕事	9	小此木啓吾訳：分析技法における構成の仕事	15
1939 (1934–1938)	Der Mann Moses und die monotheistische Religion (Verlag Allert de Lange, 1939)	XVI	Moses and Monotheism: Three Essays	XXIII	森川俊夫訳：人間モーセと一神教	11	土井正徳・吉田正己訳：人間モーセと一神教	8

フロイト著作年表

発表年(執筆年)	初出原本	GW	英語	SE	著作集	巻	選集その他	巻
1940a (1922)	Das Medusenhaupt	XVII	Medusa's Head	XVIII				
1940b (1938)	Some Elementary Lessons in Psycho-Analysis	XVII		XXIII				
1940c (1938)	Abriss der Psychoanalyse	XVII	An Outline of Psycho-Analysis	XXIII	小此木啓吾訳：精神分析学概説	9	小此木啓吾訳：精神分析学概説	15
1940d (1938)	Die Ichspaltung im Abwehrvorgang	XVII	Splitting of the Ego in the Process of Defence	XXIII	小此木啓吾訳：防衛過程における自我の分裂	9	小此木啓吾訳：防衛過程における自我の分裂	15
1940–1941 (1892)	Beiträge zu den "Studien über Hysterie" 　Briefe an Josef Breuer 　Zur Theorie des hysterischen Anfalles (mit Josef Breuer) 　Notiz, III	XVII	Sketches for the "Preliminary Communication" of 1893 　Letter to Josef Breuer 'III' 　On the Theory of Hysterical Attacks	I				
1941a (1899)	Eine erfüllte Traumahnung	XVII	A Premonitory Dream Fulfilled	V				
1941b (1921)	Psychoanalyse und Telepathie	XVII	Psycho-Analysis and Telepathy	XVIII				
1941c (1926)	Ansprache an die Mitglieder des Vereins B'nai B'rith	XVII	Address to the Society of B'nai B'rith	XX	生松敬三訳：ブナイ・ブリース協会会員への挨拶	11		
1941d (1938)	Ergebnisse, Ideen, Probleme	XVII	Findings, Ideas, Problems	XXIII				
1950a (1887–1902)	Aus den Anfängen der Psychoanalyse, Briefe an Wilhelm Fließ, Abhandlungen und Notizen aus den Jahren 1887–1902, Imago Publishing, 1950, S. Fisher Verlag, 1962		The Origins of Psycho-Analysis, Letters to Wilhelm Fliess, Drafts and Notes 1887–1902, Imago Publishing, 1954 (Basic Books, 1954) Extracts from the Fliess Papers	I				
1950b (1895)	Entwurf einer Psychologie (Aus den Anfängen der Psychanalyse, Imago Publishing, 1950, 371–466, S. Fisher Verlag, 1962, 297–384)		Project for a Scientific Psychology (The Origins of Psycho-Analysis, Imago Publishing, 1954, 347–445)	I	小此木啓吾訳：科学的心理学草稿	7		
1950c (1873–1939)	Briefe 1873–1939, herausg. Von Ernst Freud, S. Fischer Verlag, 1960, revid. 1968		Letters of Sigmund Freud 1873–1939, ed. E. L. Freud, trad. T. and S. Stern, Basic Books, 1960 (The Hogarth Press, 1961)		生松敬三他訳：書簡集	8		
1954 (1909)	Original Record of the Case Originalnotitzen zu einem Fall von Zwangsneurose. G. W. Nachtragband: 505-569, 1987			X				
1957 (1911)	Träume im Folklore (with Oppenheim, D. E.), International Universities Press, New York, 1958		Dreams in Folklore	XII				
1992	The Diary of Sigmund Freud 1929-1939, translated, annoted with an Introduction by Molnar, M. The Freud Museum, London. A Robert Stewart Book, Charles Scribner's Sons, New York.							

索 引

人名索引 *627*

和文索引 *636*

欧文索引 *670*

索引凡例

1. 人名索引，和文索引，欧文索引の3種類に分けた。
2. 配列はそれぞれ以下のとおり。
   (1) 人名索引は姓のアルファベット順。日本人はヘボン式のローマ字による読みで配列の中に組み込んだ。
   (2) 和文索引は本文と同基準の五十音順。
   (3) 欧文索引はアルファベット順。
3. 太数字は，見出し語として出ているページを示す。

人名索引

A

Abelin, E. L.　298
Abraham, K.　14, 20, 35, 68, 97, 121, 130, 131, 132, 136, 137, 173, 183, 198, 207, 245, 265, 269, 270, 273, 275, 277, 288, 296, 297, 302, 306, 312, 314, 315, 329, 349, 357, 367, 374, 383, 389, 416, 426, 427, 460, 466, 484, **504**, 513, 526, 533, 543, 550, 561
Abraham, N.　280
Abramson, H. A.　17
Ackerman, N. W.　64, 65, **502**
Adler, A.　69, 79, 80, 128, 129, 139, 140, 145, 156, 245, 277, 287, 331, 371, 419, 444, 498, **503**, 509, 518, 521, 522, 543
Adler, G.　188, 416
Adorno, T. W.　428
Aichhorn, A.　197, **502**, 546
Ainsworth, M.　7, 13, 447, 549
Alexander, F.　25, 79, 80, 121, 183, 208, 228, 240, 243, 244, 246, 255, 265, 268, 279, 286, 290, 311, 312, 328, 360, 368, **505**, 516, 539, 550, 556
Allport, G. W.　234
Alpert, A.　482
Alvarez, A.　279
Anderson, J.　13
Andreas-Salomé, L.　277, **506**, 528, 543
Anzieu, D.　44, 160, 412
Apollinaire, G.　216
Arieti, S.　260, **505**
Arlow, J. A.　253
Aron, L.　72, 215
Asch, S.　30
Asher, R.　453
Atwood, G. E.　527

B

馬場禮子　257
Babinski, J.　521
Bacal, H. A.　433, 452
Bacharach　280
Baker, R.　383
Balint, E.　224
Balint, M.　3, 10, 19, 24, 33, 34, 50, 83, 88, 105, 161, 172, 179, 190, 224, 236, 248, 250, 277, 279, 302, 313, 316, 326, 328, 344, 345, 355, 360, 367, 372, 378, 487, 522, 529, 533, 539
Balmary, M.　41, 544
Barker, R.　483
Basch, M. F.　517
Bateson, G.　327, 437, **548**
Baudouin, C.　371
Beard, G. M.　240
Beck, A. T.　328, 384
Beck, S. J.　257, 499
Beckett, S.　535
Bell, J. E.　365
Bellak, L.　119, 155, 157, 161, 219, 234, 248, 250, 279, 351, 366, 469, **548**
Bender, L.　410, 524
Benedict, R.　555
Benjamin, J.　72, 215
Beres, D.　155, 157, 366
Bergman, A.　553
Bernheim, H. M.　140, 239, 299, 455, 542
Bertalanffy, L. von　189
Berthelsen, D.　544
Bettelheim, B.　31, 55, 154, 202, 449, **548**
Bibring, E.　2, 36, 290
Bibring, G.　286, 442
Bick, E.　199, 202, 204, 279, 296, 332, 381, 412, 425, 528, **535**
Bieber, I.　383
Billings, E. G.　487
Binet, A.　196, 256

Binswanger, L.　122, 125, 191, 245, 248, 277, 279, 501, **536**, 543, 550, 568
Bion, W. R.　10, 11, 33, 56, 57, 65, 72, 78, 83, 88, 94, 100, 106, 107, 110, 111, 113, 114, 116, 134, 136, 144, 147, 166, 177, 185, 190, 203, 210, 212, 215, 221, 222, 236, 252, 254, 256, 258, 262, 274, 275, 276, 279, 288, 289, 290, 296, 305, 314, 317, 326, 332, 333, 336, 342, 356, 358, 364, 375, 378, 384, 387, 390, 401, 403, 412, 413, 417, 422, 424, 436, 437, 457, 461, 462, 474, 480, 509, 510, 511, 514, 519, 523, 524, 528, 532, **534**, 539, 549, 556, 567
Birtchnell, J.　205
Blankenburg, W.　122
Bleandonu, G.　535
Bleckwenn, W. J.　450
Bleiberg, E.　460
Bleuler, E.　8, 14, 15, 122, 171, 244, 277, 288, 297, 303, 398, 504, 520, 522, 536, 544, **546**, 550, 558, 568
Block, D.　502
Blos, P.　162, 173, 186, 291, 300, 303, 334, 369, 378, 379, 383, 435, 494, **546**, 553
Boas, F.　555
Böhm, T.　190
Bollas, C.　33, 72, 279, 441
Bonaparte, M.　231, 277, 540, 543, **550**
Bornstein, R.　193
Boss, M.　122, 125, 219, 279, 429, 473, 501, 516, **549**
Bowen, M.　65
Bowlby, J.　6, 10, 13, 22, 57, 65, 71, 106, 162, 187, 189, 204, 224, 235, 316, 319, 326, 352, 377, 390, 399, 409, 422, 424, 446, 456, 464, 496, 512, 528, **549**, 563
Braid, J.　150
Brazelton, T. B.　224, 382
Brenman, M.　520

Brenman-Gibson, M.   51, 508
Brenner, C.   225, 253, 322, **540**
Brentano, F.   56, 159, 162, 523
Breton, A.   216, 543
Breuer, J.   13, 18, 43, 67, 76, 78, 142, 145, 150, 225, 232, 299, 343, 355, 407, 444, 455, 477, 495, 540, **541**, 542
Briery, M.   207
Brill, A. A.   543
Britton, R.   252, 279, 309
Broucek, F.   391
Brown, G.   205
Bruch, H.   248, 295
Brücke, E.   253, **540**, 541
Brunswick, R. M.   47, 330
Bühler, Ch.   527
Bühler, K.   527
Bullard, D.   332
Bullard, E.   332
Burlingham, D.   496, 545
Burnham, D.   263
Butterfield, P. M.   508

C

Call, J.   163, 280, 382
Campos, J. J.   224, 508
Cannon, W. B.   243, 502
Carossa, H.   543
Carter, E.   293
Casement, P.   30, 33, 185, 252, 263, 279
Cattell, J.   256
Charcot, J. M.   58, 239, 407, 455, 521, 541, 551
Chasell, E.   51
Chasseguet-Smirgel, J.   39, 154, 329, 367
Chethick, M.   75
Chodorow, N.   154, 231
Cleckley   398
Clérambault, G. G. de   297, 560
Cleveland, S. E.   160
Cocks, G.   296
Conolly, J.   565
Cooper, A. M.   94, 368
Copeland, A. D.   362
Corrigan, E. G.   314
Coue, E.   176
Cox, J. L.   447

Craik, K.   377
Cramer, B.   6, 51, 124, 293, 382, 395, 447, 525
Crichton-Miller, H.   326
Cullen, W.   238
Curie, M.   530

D

Dali, S.   217, 543
Daniels, G.   561
Darwin, C.   117, 141, 541
Déjerine, J.   551
Dembo, T.   483
Dessoir, M.   322
Deutsch, F.   80, 242, 243, 373, 530
Deutsch, H.   5, 26, 100, 183, 229, 230, 231, 268, 277, 355, 504, 514, 528, **529**, 544
Devreux, G.   530
Dewey, J.   196
Dicks, H.   65
Dignan, M.   3
Dilthey, W.   56
土居健郎   9, 19, 26, 27, 34, 137, 148, 172, 207, 238, 268, 281, 356, 380, 381, 412, 422, 436, 448, 459, 460, 464, 517, **529**, 531, 534, 558
Dollard, J.   483
Dolto, F.   279, 490, **530**
Dracoulides, N. N.   478
Du Bois-Reymond, E.   540, 541
Dupre, E.   100

E

Easser, B. R.   408
Ebbinghaus, H.   15
Edelman, G.   77, 182
Ehrenwald, W.   355
Eidelberg, L.   87, 248, 330
Einstein, A.   543
Eissler, K. R.   286, 398, 522
Eitingon, M.   261, 370
Ekman, P.   226
Ekstein, R.   100, 344, 529
Ellenberger, H.   112, **509**, 521
Ellis, H.   170, 191, 322, 367, **509**
Emde, R. N.   6, 10, 71, 77,
163, 170, 187, 189, 205, 224, 226, 228, 235, 280, 352, 382, 396, 414, 457, **507**, 528
Engel, G. L.   241, 465, 481
English, O. S.   79, 243, 244
Erdelyi, M. H.   126
Erickson, M. H.   140, 150, 151, 328
Erikson, E. H.   2, 19, 48, 51, 85, 86, 94, 131, 137, 154, 162, 164, 168, 169, 172, 184, 186, 206, 233, 236, 256, 279, 291, 301, 303, 307, 346, 352, 362, 366, 382, 392, 437, 467, 469, 470, 473, 484, **508**, 510, 520, 531, 546
Escalona, S.   496
Etchegoyen, H.   283
Exner, J. E.   500
Ey, H.   520, 521
Eysenck, H. J.   193, 257, 347

F

Fain, M.   244
Fairbairn, W. R. D.   10, 16, 19, 65, 85, 105, 122, 134, 155, 166, 209, 236, 258, 262, 271, 279, 302, 314, 316, 337, 349, 366, 372, 375, 376, 392, 407, 414, 421, 436, 445, 449, 468, 510, 533, 534, **537**, 565
Fanon, F.   **536**
Fawzy, F. I.   327
Fechner, G. T.   35, 42, 53, 99, 129
Feder, L.   4, 41, 396
Federn, E.   538
Federn, P.   15, 24, 91, 119, 155, 156, 157, 159, 162, 169, 171, 179, 200, 246, 248, 252, 275, 277, 288, 304, 335, 338, 342, 395, 412, 423, 467, 497, 502, 510, 516, 520, 522, 523, 528, **537**, 543
Feldman, M.   279
Fenichel, O.   3, 11, 20, 36, 58, 79, 135, 136, 138, 219, 228, 236, 237, 244, 265, 266, 268, 311, 346, 349, 350, 353, 360, 427, 442, 515, **538**, 561
Ferber, A.   502
Ferenczi, S.   10, 34, 50, 62, 70, 83, 88, 119, 120, 121, 139, 171, 194, 197, 207, 245, 277,

282, 294, 314, 326, 328, 341, 374, 401, 422, 431, 457, 465, 471, 504, 513, 516, 523, 527, 533, **539**, 543, 559, 561, 567
Fine, B. D.　149
Finesinger　368
Finkelnburg, F. C.　541
Fisher, S.　160, 248
Fliess, R.　115, 185
Fliess, W.　88, 90, 114, 123, 182, 183, 229, 303, 459, 492, 494, **539**, 541, 542, 551
Flugel, J.　104
Foerster, H. v.　132
Fonagy, P.　279, 460, 507
Forel, A.　551
Foulkes, S. H.　212, 557
Fraiberg, S.　15, 51, 395, 415, **539**
Frank, L. K.　365
Freeman, D.　257, 493
French, T.　328, 368
Freud, A.　2, 8, 54, 68, 87, 94, 95, 96, 104, 107, 120, 127, 150, 162, 165, 179, 186, 197, 198, 250, 277, 317, 333, 341, 351, 355, 361, 368, 371, 382, 392, 393, 394, 395, 411, 423, 436, 442, 444, 445, 470, 475, 477, 482, 496, 502, 508, 516, 534, 536, 540, 541, 543, **545**, 546, 548, 549, 551, 553, 564, 566
Freud, S.　1, 3, 4, 7, 8, 10, 13, 14, 15, 16, 17, 18, 19, 20, 21, 22, 23, 24, 25, 26, 27, 28, 29, 30, 31, 33, 34, 35, 36, 37, 38, 41, 42, 43, 44, 45, 46, 47, 48, 49, 53, 55, 56, 58, 59, 60, 61, 62, 63, 66, 67, 68, 70, 71, 72, 73, 74, 76, 77, 79, 80, 82, 83, 85, 86, 87, 88, 89, 90, 91, 92, 94, 95, 96, 97, 98, 99, 100, 101, 102, 103, 105, 107, 108, 109, 110, 111, 112, 113, 114, 115, 116, 117, 118, 119, 120, 121, 122, 123, 125, 126, 128, 129, 130, 131, 133, 134, 135, 136, 138, 139, 140, 141, 142, 144, 146, 147, 148, 150, 151, 152, 153, 154, 159, 161, 162, 165, 166, 167, 168, 169, 170, 172, 173, 174, 176, 177, 179, 180, 181, 183, 184, 185, 186, 191, 192, 194, 195, 196, 197, 198, 200, 201, 202, 206, 207, 208, 209, 210, 212, 214, 215, 217,

218, 219, 220, 221, 222, 225, 228, 229, 230, 231, 232, 233, 234, 236, 237, 238, 239, 240, 241, 242, 243, 244, 246, 247, 248, 250, 252, 253, 254, 255, 256, 257, 262, 263, 264, 265, 268, 269, 270, 271, 272, 273, 274, 275, 276, 282, 283, 284, 285, 287, 288, 289, 290, 291, 292, 293, 294, 297, 299, 300, 301, 303, 304, 305, 306, 309, 311, 312, 314, 315, 318, 319, 320, 321, 322, 323, 324, 325, 327, 328, 329, 330, 331, 332, 333, 334, 335, 336, 337, 339, 340, 341, 343, 344, 346, 347, 349, 350, 351, 352, 353, 354, 355, 357, 358, 359, 360, 361, 363, 366, 368, 369, 370, 371, 372, 374, 375, 376, 377, 379, 380, 383, 384, 385, 386, 387, 388, 389, 391, 392, 395, 397, 398, 399, 400, 401, 402, 404, 405, 407, 409, 411, 412, 413, 414, 417, 418, 419, 420, 421, 422, 423, 424, 426, 427, 428, 429, 430, 431, 432, 433, 436, 438, 439, 441, 442, 443, 444, 446, 449, 450, 451, 454, 455, 456, 457, 458, 459, 460, 461, 463, 464, 465, 467, 468, 469, 470, 471, 472, 473, 475, 476, 477, 478, 480, 481, 482, 484, 486, 488, 490, 492, 494, 495, 496, 497, 498, 502, 503, 504, 506, 509, 510, 513, 514, 515, 516, 517, 518, 519, 520, 521, 522, 523, 524, 526, 527, 528, 529, 534, 536, 537, 538, 539, 540, **541**, 545, 546, 549, 550, 552, 553, 554, 555, 556, 557, 558, 559, 560, 561, 562, 563, 567
Fromm, E.　34, 172, 205, 207, 234, 255, 279, 319, 353, 365, 427, 451, 518, **547**, 554
Fromm, G.　51
Fromm-Reichmann, F.　34, 38, 51, 219, 255, 275, 279, 286, 288, 290, 319, 332, 395, 437, 489, 497, 501, 518, 522, 547, 548, 556
Frosch, J.　118
福島章　165
Furer　308
Furer, M.　318, 493

G

Gabbard, G. O.　42, 60, 176, 188, 238, 249, 251, 280, 286, 320, 364, 399, 407, 413, 460, 489
Galenson, E.　154, 298, 382
Galton, F.　256
Gandhi, M. K.　508
Ganser, S.　71
Gantt, W. H.　192
Ganzarain, R. C.　5, 84, 103, 189, 280, **510**
Gardiner, M.　47, 544
Gay, P.　207, 471
Gendlin, E. T.　473
Gill, M.　51, 92, 108, 134, 188, 286, 352, 355, 392, 459, 460, 488, **512**, 520, 531
Gill, S.　251
Gilles de la Tourette　521
Gillespie, W. H.　355, 367
Gitelson, M.　515
Glaserfield, E. v.　133
Glasersfeld, E. v.　132
Glauber, P.　59
Glenn, J.　544
Glick, I. D.　347
Glover, E.　106, 288, 289, 367, 504, 557
Goethe, J. W.　191
Gold　280
Goldberg, A.　180, 517
Goldberg, C.　391
Goldstein, K.　105, 547
Goldstein, W. N.　489
Gordon, P. E.　314
Gorer, G.　137, 204
Green, A.　280, 446
Greenacre, P.　95, 135, 148, 280, 369, 498, **515**
Greenberg, J.　34, 178, 255, 280, 320
Greenson, R. R.　59, 161, 209, 242, 249, 283, 287, 346, 355, 431, **515**, 526, 538
Grinberg, L.　5, 88, 97, 135, 147, 342, 389, 402, 535
Grinker, R. R.　244, 450
Groddeck, G.　37, 80, 243, **516**
Gross, A.　100
Grosskurth, P.　351
Grossmans　7

Grotstein, J. S.　252, 364, 387, 422, 509
Grunbaum, A.　193, 544
Gull, W. W.　294
Guntrip, H.　155, 163, 170, 258, 279, 316, 349, 386, 391, 468, 510, 533, 537

H

Haeckel, E. H.　141
Harlow, H.　6
Harlow, J.　192
Hartmann, E.　91
Hartmann, H.　15, 18, 62, 68, 70, 85, 92, 117, 134, 155, 162, 165, 169, 172, 186, 219, 225, 232, 246, 248, 253, 256, 277, 297, 303, 307, 314, 317, 318, 325, 338, 352, 366, 392, 405, 414, 437, 442, 447, 449, 459, 465, 481, 508, 514, 515, 523, 534, 541, 545, 561
長谷川誠也　557
Head, H.　247
Hegel, G.　122
Heidegger, M.　122, 125, 536, 550
Heimann, P.　88, 106, 199, 213, 237, 364, 374, 514, 519, 522, 524, 532
Heinroth, J. C. A.　243
Helmholz, H.　540, 541
Hentig, H. v.　509
Herbart, J. F.　455, 477
Herdt, G.　526
Hering, E.　455, 541
Herman, J. L.　57
Hermann, I.　50
Hilgard, J.　205
Hillman, J.　113
Hinshelwood, R. D.　198, 253, 302
Hitschmann, E.　543
Hoch, P. H.　246, 349
Hoffer, W.　88, 246
Hoffman, I.　72, 132, 215, 280, 513
Hoffmann, E. T.　424
Hollos, I.　355
Holmes, G.　247
Holm-Hadulla, R. -M.　105
Horkheimer, M.　428
Horney, K.　20, 33, 87, 154, 155, 169, 180, 184, 219, 229,
230, 231, 245, 255, 268, 279, 319, 329, 349, 419, 428, 438, 448, 451, 504, 518, 530, 547, 550
Horowitz, M. J.　408
Horwitz, L.　413
Hug-Hellmuth, H.　197, 198, 470
Husserl, E.　15, 72, 122, 125, 159, 214, 523, 536, 563

I

井村恒郎　380
Isaacs, S.　106, 113, 123, 199, 376, 455, 532, 563
Isakower, O.　1, 252, 434
岩崎徹也　204, 261, 305, 380, 381, 460, 510, 525

J

Jackson, J. H.　81, 312, 520, 524, 541, 551
Jacobs, T. J.　42, 72, 215, 280, 368
Jacobson, E.　3, 36, 162, 169, 171, 172, 225, 235, 246, 274, 279, 298, 314, 315, 317, 318, 361, 392, 411, 414, 421, 519, 538
Jakobson, R.　31, 200
James, M.　482
James, W.　56, 196, 521, 544
Janet, P.　60, 97, 239, 245, 248, 324, 407, 455, 487, 495, 509, 521, 542
Janz, D.　81
Jaspers, K.　82, 122, 248, 368, 461, 563
Jefferson, T.　508
Jelliffe, S. E.　194, 279, 538
Jensen, W.　107
Jones, E.　9, 106, 138, 164, 200, 207, 221, 222, 265, 273, 277, 349, 419, 504, 523, 526, 539, 543, 557, 563
Jones, M.　565
Joseph, B.　3, 42, 166, 255, 279, 314, 356, 364, 522
Joseph, E. D.　90
Jung, C. G.　8, 27, 39, 45, 72, 112, 122, 123, 139, 145, 155, 170, 180, 182, 208, 213, 221,
222, 234, 245, 256, 257, 259, 277, 287, 313, 357, 375, 419, 432, 444, 455, 486, 492, 504, 509, 510, 523, 528, 536, 543, 546, 558
Jurard, S. M.　178

K

Kahane, M.　522
懸田克躬　279, 380, 517, 554
神田橋條治　204, 381, 533
Kandel　280
Kanner, L.　202, 351, 410, 553
狩野力八郎　190, 206, 381, 416, 460
Kant, I.　85, 122
Kantrowitz　280
Kanzer, M.　544
Kardiner, A.　301, 561
笠原嘉　206
片口安史　257
片山登和子　382
河合隼雄　113, 257
河本英夫　189
Kernberg, O. F.　91, 92, 105, 121, 129, 134, 141, 161, 166, 169, 175, 189, 219, 235, 236, 240, 250, 262, 266, 268, 270, 271, 279, 284, 314, 317, 342, 356, 388, 399, 414, 416, 421, 443, 460, 462, 489, 490, 493, 510, 511, 517, 519, 552, 553
Kernberg, P.　511
Kety, S.　349
Keynes, J. M.　526
Khan, M.　33, 252, 258, 367, 496, 519
Kierkegaard, S. A.　214
King, P.　279
衣笠隆幸　206, 381, 533
北見芳雄　380
北山修　5, 33, 79, 105, 148, 168, 257, 281, 325, 381, 391, 396, 454, 473, 544
Klages, L.　245
Klauber, J.　201, 356
Kleeman, J. A.　27
Klein, G.　17, 18, 51
Klein, M.　6, 10, 14, 23, 24, 30, 31, 36, 39, 54, 62, 65, 68, 78, 88, 91, 94, 95, 102, 105, 106, 110, 113, 114, 121, 128, 130, 131, 132, 134, 136, 144,

147, 151, 154, 159, 166, 171,
173, 194, 197, 198, 200, 202,
212, 219, 221, 222, 223, 227,
229, 230, 235, 236, 237, 259,
262, 274, 275, 276, 277, 279,
283, 288, 296, 298, 302, 305,
306, 310, 314, 315, 316, 319,
321, 326, 328, 329, 330, 333,
334, 336, 341, 347, 348, 349,
351, 353, 356, 357, 359, 363,
366, 371, 374, 375, 376, 382,
388, 389, 392, 395, 401, 403,
404, 421, 425, 426, 436, 438,
439, 441, 442, 449, 454, 455,
457, 461, 462, 466, 470, 474,
479, 482, 484, 490, 491, 494,
504, 506, 510, **513**, 516, 522,
523, 524, 530, 532, 534, 535,
537, 539, 545, 549, 552, 556,
562, 566, 567
Klerman, G. L.   328
Klopfer, B.   257, 499
Kluft, R. P.   60, 324
Knight, R.   38, 51, 91, 188,
279, 290, 349, 460, 508, 520,
531
Kohlberg, L.   233
Köhler, W.   247, 368
Kohon, G.   279
Kohut, H.   4, 7, 10, 26, 62, 93,
122, 129, 134, 141, 161, 163,
165, 168, 169, 172, 174, 175,
180, 182, 188, 195, 236, 258,
262, 279, 284, 286, 295, 307,
314, 315, 317, 340, 349, 356,
375, 391, 396, 406, 414, 422,
423, 425, 433, 440, 443, 446,
447, 453, 472, 490, 494, **517**,
527, 561, 566
近藤章久   550
近藤直司   206
古澤平作   4, 95, 114, 145, 148,
257, 277, 281, 311, 334, 356,
380, 381, 386, 388, 389, 488,
510, **516**, 529, 531, 537, 551,
554, 558
Kova, L.   508
Kraepelin, E.   47, 58, 81, 97,
171, 196, 235, 248, 288, 306,
397, 398, 520, 546, 547
Krafft-Ebing, R. v.   151, 367,
450
Kretschmer, E.   15, 245, 248,
258, 487
Kris, E.   6, 23, 207, 222, 256,
279, 309, 312, 351, 440, 449,

459, 478, 479, **514**, 515, 524,
540, 541, 545
Kris, M.   514, 548
Kristeva, J.   280, **514**
Krüll, M.   41, 544
Kubie, S. L.   221, 429, 433,
529
Kübler-Ross, E.   327, 409,
464, **511**
Kutter, P.   281

L

La Rochefoucauld   454
Lacan, J.   31, 40, 44, 79, 96,
98, 101, 102, 118, 156, 172,
181, 199, 214, 215, 221, 279,
283, 290, 293, 314, 315, 324,
335, 353, 387, 397, 418, 424,
453, 485, 490, 515, 530, 551,
560, 563
Laforgue, R.   64, 463, 530,
551
Lagache, D.   279, 490, 521
Laing, R. D.   249, 386, 425,
565
Lakoff, G.   31
Lang, H.   105
Langs, R.   98, 143, 189, 286,
356, 431, **562**
Laplanche, J.   117, 182, 245,
274, 279, 280, 298, 322, 360,
459, 471, 544
Lasegue, E. C.   248
Laughlin, H.   87, 179
Le Bon, G. F.   210
Le Shan, L. L.   183
Lebovici, S.   5, 51, 124, 279,
280, 293, 310, 382, 414, 552,
565
Leff, J.   437
Leibniz, G. W.   454
Leonardo da Vinci   46, 170
Lesser, S. F.   408
Letven, R.   295
Leuin, F.   280
Levenson, E. A.   320
Levine, S. B.   271
Lévi-Strauss, C.   103, 430,
530
Levobici, S.   395
Levy, D. M.   499, 561
Lévy-Bruhl, L.   530
Lewin, B. D.   411
Lewin, K.   211, 313, 483

Lichtenstein, H.   172, 270
Liddell, H. S.   192
Lidz, Th.   5, 65, 437, **563**
Liepmann, H. C.   504
Lifton, R.   5
Lindemann, E.   409, 464
Lindner   130, 150
Lipowski, Z. J.   487
Lipps, T.   353
Lipton, S.   513
Little, M. I.   26, 62, 88, **564**
Loewald, H. W.   402, **566**
Loewenstein, R.   449, 459,
514, 515
London, N.   416
Lorenz, K.   6, 128
Low, B.   42, 385
Lowen, A.   560
Lower, R. B.   284
Luborsky, L.   288, 336, 368
Lukacs, G.   425
Luther, M.   508
Lyth, I. M.   145

M

M'Uzan, M.   280
前田重治   114, 381, 517, **551**
Maher, J. C.   544
Mahler, M. S.   6, 10, 24, 26,
27, 91, 94, 131, 149, 160, 162,
169, 186, 199, 202, 205, 224,
235, 277, 295, 298, 300, 308,
314, 317, 318, 352, 370, 381,
382, 392, 399, 414, 421, 424,
430, 434, 436, 452, 457, 465,
466, 482, 493, 494, 496, 498,
519, 525, 529, 546, 552, **553**,
564
Mahony, P. J.   31, 74, 280,
544
Maier, N. R. F.   483
Main, M.   7
Main, T.   212, 263
Malan, D. H.   55, 224, 248,
328, 347
Malcolm, R.   5
Malinowski, B. K.   430
Mann, J.   215, 328, 339, 562
Mann, T.   543
Mannoni   279
Mannoni, O.   544
Marcel, G.   563
Marcia, J.   3
Marcuse, H.   46, 120, 282,

428, 429, **554**
Margolin, S. G.　244
Marie, P.　521
Marmor, L.　407
Marris, P.　204
Marty, P.　244
丸井清泰　277, 488, 516, **553**, 558
Marx, K.　554
Masling, J.　193
Masoch, S.　450
Masserman, J. H.　192
Masson, J. M.　41, 471, 540, 544
Masterson, J. F.　91, 122, 134, 150, 262, 300, 317, 349, 422, 435, 452, 493, **552**, 553
松木邦裕　148, 295
Matte-Blanco, I.　279, 356, 456, 510, **552**
Maturana, H. R.　132
Mauss, M.　530
McDevitt, J. B.　318
McDougall, J.　280, 367, 376, **552**, 565
Mcdougall, W.　210
McGoldrick, M.　293
Mead, M.　430, 548, **555**, 567
Mears, A.　313
Meissner, W.　207, 364
Mekeel, S.　508
Meltzer, D.　82, 107, 114, 173, 202, 252, 279, 283, 326, 356, 364, 393, 401, 425, 461, 529, 535, **556**
Meng, H.　194
Menninger, C.　460, 555
Menninger, K.　11, 55, 59, 104, 183, 185, 200, 253, 264, 279, 313, 339, 345, 355, 358, 360, 368, 448, 453, 460, 488, 505, 516, **555**
Menninger, R.　460
Menninger, W.　154, 245, 302, 460, 488, 555
Merleau-Ponty, M.　122
Mesmer, F. A.　239, 486
Meyer, A.　196, 279, 487, 488, 515, 518, 523, **551**, 553
Michels, R.　254
Millar, N. E.　483
Miller, J.-A.　561
Milner, M.　33, 519
皆川邦直　381
Minkowski, E.　122
Minuchin, S.　65, 503

Mitchell, S. A.　34, 70, 72, 255, 280, 320, 356, **554**
Mitscherlich, A.　334, 335, **555**
三浦岱栄　380
三宅和夫　508
三好郁男　550
Modell, A. H.　33, 77, 182, 189, 280, 468, **557**
Moll, A.　322
Momingliano, L. N.　433
Monakow, C. v.　524
Money, J.　292
Money-Kyrle, R.　88, 221, 223, 364, 532
Monroe, M.　514
Moore, B. E.　149, 274
Moore, R.　254
Moore, Th. V.　518
Moreno, J. L.　255, 256, 445, **557**
Morgan, L.　103
Morgenstern, S.　531
森田正馬　238, 320, 554
Muller, J.　51
村上英治　257
Murray, H. A.　257
Myers, F.　354
妙木浩之　544

N

鍋田恭孝　320
Nacht, S.　279
Näcke, P.　170
Nagera, H.　393, 394
中野良平　558
成田善弘　402
Nathanson, D. L.　391
Naumburg, M.　260
Needman, J.　48
Nemiah, J.　12
Neumann, E.　113
Nichols, M.　65
Niell, A. S.　560
Nietzsche, F.　37, 81, 191, 454, 506
西園昌久　21, 238, 281, 356, 380, 381, 391, 517, **531**, 533, 558
Nunberg, H.　490

O

O'Shaughnessy, E.　100, 279
Oberholzer, E.　568
Ogden, T. H.　17, 33, 69, 72, 93, 94, 189, 204, 213, 215, 280, 334, 356, 364, **509**
小倉清　380, 381, 460
及川卓　526
岡部弥太郎　380
岡野憲一郎　320, 391
小此木啓吾　2, 4, 18, 28, 87, 95, 125, 143, 148, 162, 165, 204, 206, 219, 257, 281, 290, 291, 294, 305, 339, 344, 345, 366, 380, 381, 382, 386, 392, 396, 410, 422, 425, 428, 464, 467, 469, 508, **510**, 517, 526, 531, 544, 550, 558
奥村満佐子　558
Oppenheim, H.　58
Orange, D.　527
Ornstein, P. H.　224, 517
Ornston, D. G.　31, 405
Osofsky, J.　280, 382, 508
大槻憲二　557

P

Padel, J.　279, 531, **532**
Pao, P.　332
Pare, A.　247
Parkes, C. M.　319, 409
Parsons, M.　279
Parsons, T.　503
Pavlov, I.　192
Penfield, W.　81
Perlow, M.　314
Pestalozzi, J. H.　196
Pététin　139
Pfister, O.　207
Piaget, J.　132, 223, 233, 301, 318, 414, 447
Pick, A.　247
Piers, G.　391
Pine, F.　163, 188, 202, 235, 280, 323, 435, 452, 466, 553
Piotrowski, Z. A.　500
Platon　45
Poe, E. A.　199, 551
Polatin, P.　349
Pontalis, J. B.　117, 182, 245, 274, 280, 322, 459, 471, 544

Post   280
Pötzl, O.   246, 522
Pratt, J. H.   210
Prichard, J. C.   398
Prince, M.   521
Pulver, S. E.   368
Putnam, M.   410

R

Racker, H.   88, 279, 468
Rado, S.   36, 255, 279, 354, 502, 504, 538, 539, 560, **561**, 566
Rangel, L.   286
Rank, B.   410
Rank, O.   71, 197, 207, 215, 245, 257, 277, 328, 339, 398, 422, 436, 544, 559, **562**, 567
Rapaport, D.   18, 51, 92, 108, 134, 207, 257, 352, 365, 392, 459, 460, 488, 500, 508, 512, 520, 531, **561**
Raphael-Leff, J.   5, 41, 396
Rayner, E.   279, 372, 456, 552
Reich, A.   88, 341
Reich, W.   19, 34, 35, 48, 55, 72, 138, 156, 179, 219, 234, 265, 266, 267, 268, 270, 277, 310, 330, 349, 350, 351, 358, 368, 408, 422, 427, 429, 443, 444, 451, 516, 538, 539, 544, 550, **559**, 561
Reid, R. D.   368
Reider, N.   412
Reik, T.   207, 451, **558**
Reiter   522
Renik, O.   42, 72, 178, 215, 280, 433
Rexford, E. N.   382
Rey, H.   259, 563
Rhine, J. B.   354
Ribble, M.   95
Ribot, T.   59
Ricci, W.   433
Richardson, W.   51
Richfield   368
Richter, H. E.   64
Rickman, J.   72, 378, 533, 535
Ricœur, P.   56, 353, **563**
Riesenberg-Malcolm, R.   262, 279
Rilke, R. M.   506, 543

Rinsley, D. B.   122, 166, 317, 337, 416, 422, **564**
Riviere, J.   23, 31, 106, 173, 524, **562**
Rizzuto, A. M.   207, 295
Roazen, P.   506, 544
Rogers, C. R.   71, 562, **566**
Róheim, G.   430, **567**
Roiphe, H.   154, 269, 298, 308
Rolland, R.   3, 26, 95, 207, 321, 543
Rorschach, H.   256, 277, 499, **568**
Rosen, J. N.   341
Rosenfeld, H.   24, 30, 88, 107, 129, 135, 145, 172, 173, 177, 200, 236, 237, 275, 276, 279, 289, 295, 305, 358, 364, 388, 390, 401, 403, 417, 436, 462, 514, 519, 524, 532, 563, **567**
Rosenthal, D.   349
Rosenzweig, S.   257, 482
Ross, C. A.   324
Ross, J. M.   40
Ross, K.   26
Ross, N.   270
Roudinesco, E.   44
Rousseau, J. J.   196
Rowenfeld, M.   470
Ruesch, J.   548
Russell, B.   552
Rutter, L. M.   202, 390
Rycoff, I.   65
Rycroft, C.   221, 268, 309, 325, 486, **559**

S

Sachs, H.   245, 505, 533, 543, 547, 550
Sackstedar, R.   51
Sakel, M.   522
桜井図南男   380
Salzman, L.   96, 97, 137
Sand, J.   229
Sander, L.   382
Sandford, B.   351
Sandler, J.   54, 114, 279, 314, 316, 355, 364, 387, 391, 414, 468, **519**
Sapir, E.   555
Sarlin, C. N.   270
Sartre, J. P.   122
Saul, L.   473

Saussure, F. de   28, 79, 94, 199
Schafer, R.   51, 76, 133, 189, 254, 280, 313, 344, 351, 369, 426, 460, 464, 500, 513, **520**, 531, 566
Scharff, D.   65
Scharff, J.   65
Scheler, M.   15, 122
Schilder, P.   15, 159, 162, 194, 246, 247, **523**, 538
Schmideberg, M.   106, 514
Schmideberg, W.   552
Schneider, C. D.   391
Schneider, K.   81, 236, 248, 349, 398
Schnitzler, A.   543
Schopenhauer, A.   85, 353, 468
Schultz, J. H.   176
Schur, M.   37, 53, 149, 244, 245, 424, 481
Schwartz, D.   51
Schwing, G.   395, 423, 497, 501, 516, **522**, 538
Scott, C.   106
Searles, H. F.   275, 332, **518**
Sears, E.   301
Sears, R. R.   192, 483
Sechehaye, M. -A.   221, 223, 497
Segal, H.   105, 106, 107, 121, 177, 200, 221, 222, 224, 252, 262, 275, 276, 279, 289, 310, 316, 333, 358, 376, 390, 403, 436, 462, 514, **524**, 532, 563, 567
Selvini-Palazzoli, M.   65, 295
Selye, H.   502
Servadio, E.   355
Shapiro, D.   51
Shapiro, R.   65
Shapiro, Th.   382
Sharpe, E.   31, 473, 564
下田光造   554
下坂幸三   295
Sifneos, P. E.   12, 244, 290, 328
Silberer, H.   85
Silverberg, W.   135
Simmel, E.   277, 427, 504
Simon, Th.   196, 256
Singer, E.   320
Skelton, R.   456
Skynner, R.   65
Slavson, S. H.   557

Slipp, S.   65
Sollers, P.   514
Solomon, J.   7
Sommer, R.   233
Sophocles   38
Sorce, J. E.   396
Southard, E.   555
Spector, J.   74
Speers, R. W.   493
Spence, D.   31, 56, 254, 426, 464, 563
Sperling, E.   427
Spiegel, H.   301
Spillius, E. B.   279, 305
Spitteler, C.   28
Spitz, R.   279
Spitz, R. A.   6, 8, 10, 21, 48, 57, 71, 88, 95, 116, 162, 169, 186, 192, 226, 235, 277, 290, 314, 341, 352, 390, 392, 410, 435, 445, 456, 482, 494, 507, 512, **527**, 566
Stanton, A.   263
Stein, A.   286, 447
Steiner, J.   30, 41, 134, 172, 173, 236, 279, 305, 332, 388, 393, 401, 404, 417, 480, 525, 567
Steiner, R.   279
Stekel, W.   79, 222, 277, 419, 420, **522**, 543
Sterba, R.   263, 267, 277, 311, 346, 516
Stern, A.   188
Stern, D. N.   6, 10, 24, 26, 27, 52, 71, 72, 73, 77, 93, 94, 120, 169, 170, 178, 183, 189, 199, 202, 226, 227, 235, 270, 280, 352, 368, 381, 393, 396, 414, 435, 447, 457, 491, 494, 507, **525**, 553
Stewart, H.   279
Stierlin, H.   65
Stoller, R. J.   40, 95, 154, 280, 292, 329, 367, **525**
Stolorow, R. D.   49, 63, 72, 116, 122, 180, 182, 189, 196, 215, 254, 280, 340, 447, **527**
Stone, L.   275, 432
Strachey, A.   106, 376, 514
Strachey, J.   31, 154, 181, 274, 359, 384, 439, 449, 481, 506, **526**
Straus, E.   122
Strümpell, A.   58
Stunkard, A. J.   248

Sugerman, A.   295
Sullivan, H. S.   33, 51, 75, 87, 96, 97, 155, 173, 186, 248, 250, 255, 275, 279, 288, 290, 300, 319, 332, 356, 419, 423, 510, **518**, 519, 547, 550, 566
Sulzki, C. E.   327
Suomi   280
Sutherland, J. D.   279, 317
Swift, W. J.   295
Sylvester, E.   68
Symington, J.   535
Symington, N.   279
Szasz, T.   356
Szondi, L.   **528**

T

高橋進   380
高橋哲郎   460, 510
高良武久   238
武田專   381, 517
竹友安彦   380
Tarachow, S.   286
鑪幹八郎   320, 391
Tauber, E. S.   320
Tausk, V.   79, 100, 160, 162, 252, 277, 506, **528**, 529, 543
Taylor, E.   103
Taylor, G. J.   244
Tendler, A. D.   257
Thoma, H.   129, 294
Thompson, C.   34, 255, 279, 294, 319, 502, 539, 547, 550
Tinbergen, N.   291
Tomkins, S.   391, 527
Torock, M.   40
Tronick, E. Z.   77
Trotsky, L.   217
Trotter, W.   534
辻悟   257
Tucker, P.   292
Tuke   565
Turquet, P.   84
Tustin, F.   160, 203, 204, 279, 425, **528**
Tyson, P.   163
Tyson, R.   163, 189

U

Ursano, R. J.   489
牛島定信   33, 238, 298, 300, 317, 327, 334, 381, 533

V

Vaillant, G. E.   442
Veron, E.   327

W

Waelder, R.   128, 323
Wallace, F. C.   64
Waller, J. V.   294
Wallerstein, J.   407
Wallerstein, R. S.   188, 254, 280, 286, 289, 413
Watzlawick, P.   132
Weinninger, O.   540
Weiss, E.   79, 156, 159, 243, 244, 467, 538
Weitzenhoffer, A.   151
Wells, H. G.   543
Werner, H.   505, 520
Whitaker, C.   65
White, W. A.   518
Wilbur, C.   324
Will, O.   51, 332
Willi, J.   64, 98
Winnicott, D. W.   6, 10, 16, 19, 23, 24, 26, 31, 50, 51, 57, 61, 69, 71, 72, 82, 88, 91, 94, 105, 106, 110, 123, 129, 131, 145, 148, 155, 157, 168, 170, 180, 185, 187, 188, 198, 201, 203, 207, 213, 215, 221, 222, 227, 235, 236, 238, 252, 258, 259, 271, 275, 279, 283, 296, 308, 309, 313, 314, 315, 316, 319, 325, 326, 334, 346, 347, 348, 349, 352, 366, 367, 372, 376, 378, 381, 387, 390, 392, 395, 396, 399, 401, 406, 410, 411, 412, 417, 419, 429, 432, 437, 441, 447, 448, 453, 454, 458, 462, 465, 479, 480, 482, 493, 496, 497, **506**, 509, 511, 514, 519, 526, 529, 533, 534, 537, 557, 563, 564, 565
Wolberg, L. R.   150
Wolf, P.   51
Wolf, T. D.   560
Wolff, C.   205
Wollheim, R.   252
Wolstein, B.   320
Woolf, L.   526
Woolf, V.   526

Worden, J. W.　409, 466
Wundt, W. M.　15, 56
Wynne, L.　65, 308

Y

矢部八重吉　277, **557**
山口泰司　302
Yamamoto, J.　204
山村道雄　279, 320, 380, 381, 517, 554, **558**
Yorke, C.　279
吉益脩夫　554

Z

Zetzel, E.　188, 355, 407, 408, 515
Ziehen, G.　47
Zilboorg, G.　277, 349, 428, **524**
Zinner, J.　65
Zweig, A.　543
Zweig, S.　217, 543

和文索引

あ

愛　1
アイザカウワー現象　1, 116
愛されたい願望　451
愛されたいニード　533
ICD　249
ICD-9　360
愛せる対象　112
愛他主義　2, 442
愛他的な譲り渡し　2
愛着　2, 399, 446. → アタッチメント
愛着結合　457
愛着対象　13
愛着理論　279
アイデンティティ　2, 51, 169, 280, 301, 352, 494, 508, 530, 537
アイデンティティ拡散　2
アイデンティティ・ステイタス　3
アイデンティティ論　172
愛と憎しみのアンビバレンス　152, 465
愛の中間態　172
IPA　279
IPAのブダペスト・コングレス　431
I-FEEL Pictures　508
I-FEEL Picturesの日本版　382
曖昧　90
赤ちゃん部屋のお化け　52
悪性自己愛性人格障害　93
悪性の退行　313, 345
アクティング・アウト　3. → 行動化
アクティング・イン　3, 62, 110, 364, 522
悪霊への恐怖　152
アクロポリス体験　3
アサーティブ　93, 174
アサーティブネス　4, 180
阿闍世　257, 396
阿闍世コンプレックス　4, 40, 145, 257, 281, 389, 452, 510, 564
アズイフ人格　5, 26, 82
アセスメント　6. → 診断
アセスメント面接　283
遊び　17, 110, 260, 309, 423, 448
遊びの意味　470
遊ぶこと　6, 32, 33, 69, 157, 185, 201, 284, 417
アタッチメント　6, 326, 396
新しい出発　533
新しい秩序の新生　190
アダルト・チルドレン　11
アッカーマン家族研究所　502
圧縮　7, 22, 28, 116, 322, 341, 377, 473, 501
圧迫法　298
アドバイスや示唆　188
アドラー心理学　8. → 個人心理学
アトランタ精神分析研究所　510
アナクリシス　8
アナクリティクな関係　394
アナクリティック・デプレッション　71, 192. → 依託抑うつ
『アナクリティック抑うつ』　527
アナクリティック抑うつ　8. → 依託抑うつ
アニマ／アニムス　8, 112, 432
アニミズム　425
アファニシス　9, 523
甘え　1, 9, 26, 34, 131, 238, 281, 369, 380, 459, 493, 529, 534
甘やかし　62
アメーバー　203
アメリカ心理学会　216
アメリカ精神医学会　216
アメリカ精神分析学会　555
ARISE　11. → 適応的退行〔ARISE〕
新たな関係性　368
『ある幻想の未来』　178, 207
『ある五歳男児の恐怖症分析』　399
アルコール依存症　11
アルバート・アインシュタイン医科大学　502
『あるヒステリー患者の分析の断片』　373
アルファ機能　11, 78, 116, 144, 177, 221, 223, 276, 403, 437, 457, 535
アルファ機能の逆転　78, 223
アルファ要素　11, 78, 106, 107, 437, 457
『ある幼児期神経症の病歴より』　47
アレキシサイミア　12, 244
アレルギー　412
暗示　12, 43, 150, 515
暗示療法　12, 13, 43, 46
安全感　87
安全基地　13, 187
安定した愛着関係　377
安定への傾向　53
アンナ・O［症例］　13, 44, 67, 185, 455, 495, 541, 542
アンビバレンス　14, 87, 147, 159, 297, 384, 480, 546
アンビバレンス後の性器段階　270
アンビバレンス段階　14
アンビバレンツ　471
アンビバレント　504

い

ESP　354
言いようのない恐怖　15, 403, 457. → ビオン理論
医学心理学　15, 523
『医学的心理学史』　524
怒り　226
閾　482
生き残り　507
生き残ること　284
生きること　69
育児困難を訴える母親　396
育児室の幽霊　15, 539
育児の失敗　131
「いけない」型罪悪感　148
医原神経症　240
移行期の技法　16

移行空間　199, 317
移行現象　6, 32, 69, 401
移行対象　16, 32, 91, 106, 199, 203, 295, 308, 316, 317, 325, 367, 376, 394, 422, 441, 506, 515
移行対象の創出　499
移行対象論　172
移行段階　16
移行的エディプス的対象関係　334
移行的中間領域　308
居心地の悪さ　429
イザコウワー　1
意識　17, 99, 133, 237
意識化　18
意識系　120
意識的無意識的ファンタジー　316
意識の中心としての自我　170
医師としての分別　18, 143, 277, 423, 429, 431
医師に向けられた転移現象を媒介にした，医師の人間的影響力　359
意志療法　567
胃神経症　25
異性愛　18, 154, 369
異性恐怖　369
異性コンプレックス　378
異性性　154
依存　16, 19, 131, 210, 448, 458
依存基本仮定グループ　403
依存性人格障害　20, 93
依存的な乳児　394
依存的薬物精神療法　20, 531
依存文化　84
依存欲求　80, 229
韋提希　396, 452
依託型　21
依託型対象選択　21, 172
依託的関係　482
依託抑うつ　8, 21, 57, 390, 445, 482
一次愛　19, 22, 34, 50, 83, 533. → 基底欠損
一次過程　22, 24, 42, 53, 109, 116, 120, 149, 158, 176, 206, 209, 333, 352, 383, 414, 424, 454, 462
一次過程思考　245
一次過程／二次過程　22
一次局所論　457
一次去勢　490
一次元性　203

一次疾病利得　195
一次性症状　546
一次対象愛　34, 50, 533
一次的自我自律性　162
一次的自己愛　26, 171, 174, 202, 340, 440, 453. → 一次ナルシシズム
一次的女性性　329
一次的自律自我装置　232
一次的自律性　338
一次的同一化　23, 375, 387
一次的統合状態　366
一次的な関係　313
一次的な女性性愛　329
一次的な女性性の同一化　154
一次的ひきこもり　206
一次的母性的没頭　23. → 原初の母性的没頭
一次的マゾヒズム　23, 151, 152, 179, 231, 450, 451. → 性愛的マゾヒズム
一次ナルシシズム　146, 168, 288, 357, 388, 414
一次ナルシシズム／二次ナルシシズム　24
一次，二次システム論　282
一次利得　195
一次利得／二次利得　25. → 疾病利得
胃腸神経症　25
一貫した組織的解釈　267
一孔仮説　25, 506
一者心理学　280, 315, 378
一体感　26
逸脱　366
5つの基本的な仮定　459
一般システム論　188
一般心理学　162
偽りの自己　17, 26, 33, 62, 82, 105, 156, 169, 170, 201, 236, 313, 392, 447, 482, 507
偽りの自己の形成　227
偽りの同盟　98
遺伝体質　528
イド　27, 133, 134, 366, 488. → エス
移動　116
移動運動装置の成熟　493
移動性の中性エネルギー　338
イド関係性　27, 157. → 自我関係性
イド抵抗　354, 444
イド的満足　32
糸巻ゲーム　465
糸巻ゲームのフォルト・ダー　386

いないいないばあ　27, 465
祈り　469
居場所　61
『イマーゴ』　514
イマーゴ　27
いま，ここ　55, 321, 342
いま，ここでの体験　288
いま，ここでの治療状況　286
いま，ここでの転移分析　356
意味の世界　176
意味論　28
イヨカスタ　4, 38, 40
医療心理学　28
医療の包括性　243
陰核　229
慇懃無礼　401
インクブロット　568
陰性エディプス　34, 297, 329
陰性エディプス愛着　546
陰性エディプス・コンプレックス　29, 38, 265
陰性エディプス状況　369
陰性グリッド　108
陰性治療反応　29, 129, 147, 152, 173, 232, 283, 350, 358, 370, 444, 451, 563, 567
陰性治療反応への注目　543
陰性転移　173, 355
インフォームド・コンセント　343, 366
隠蔽記憶　30, 76, 475
インポテンツ　31, 271. → 性機能障害
隠喩　283
隠喩／換喩　31

う

ヴァギナ備給の早期性　154
ウィニコット理論　31
ウィリアム・アランソン・ホワイト・インスティテュート　33, 319, 332, 518
ウィーン学派　370
ウィーン精神分析学会　161, 527, 537
ウィーン精神分析協会　170, 559
ウィーン精神分析診療所　537, 559
ウィーン大学　523, 537, 546
ウィーン大学医学部　559
ウィーン大学医学部精神科　15, 522
ウィーン大学生理学研究所

540
ヴェジトセラピー 560
植えつけられた罪悪感 50, 389
受身性 142, 143, 398, 433
受身的 402
受身的口愛的傾向 330
受身的女性的性格 34, 267
受身的対象愛 10, 19, 34, 50, 179
受身的で女性的なタイプ 408
失った対象の器官表象 244
打ち消し 35
内なる世界 35. → 内的世界／外的世界
映し返し 396, 453
映し出し 453
うっ積不安（説） 35, 109, 476, 559
うつ病 35, 131, 312, 480, 519
うつ病性障害 86
うつ病モデル 192
恨み抵抗 358
羨ましさ 305
ウルフマン 34, 36, 96, 113, 311, 386, 544. → 狼男［症例］
運動記憶 77
運動機能の発達 445
運動末端 109
運命強迫 36
運命神経症 36, 402
運命分析 528

え

AIDS尺度 382
影響機械 160
英国医学会 523
英国インディペンデント・アナリスト・グループ 316. → 独立学派
英国精神分析協会 506, 519, 532
英国対象関係論 169, 315, 392
英国対象関係論学派 171, 316
英国独立学派 533. → 独立学派
永続性防衛 444
英訳版の全集 384
エクスナー法 257
『エクリ』 96
エクリチュール・オートマティック 217
エゴ 36. → 自我
エジンバラ産後抑うつ尺度 447
エス 37, 68, 99, 133, 170, 214, 242, 289, 455, 516
SCT 257, 365
エス衝動 244
エス抵抗 37
$◇a$ 315
A-Tスプリット 37
エディプス 257, 280, 406
『エディプス王』 38
エディプス葛藤 471
『エディプス葛藤の早期段階』 438
エディプス期 38, 39, 68, 263, 301, 475. → エディプス・コンプレックス
エディプス期以前の母親 395
エディプス期の男児 128
エディプス期への固着 142
エディプス構造 101
エディプス・コンプレックス 4, 19, 29, 34, 38, 41, 45, 56, 66, 98, 117, 128, 134, 145, 167, 180, 186, 194, 198, 229, 230, 257, 265, 272, 273, 297, 334, 335, 336, 340, 367, 369, 378, 385, 389, 395, 408, 430, 475, 476, 503, 540, 543, 563
エディプス・コンプレックスの抑圧 147
エディプス神話 40
エディプス水準 39
エディプス的 41
エディプス的願望 41, 273
エディプス的近親姦 294
エディプス的空想 41
エディプス的状況 95, 310
エディプス的な罪悪感 147
エディプス的な三者関係 328
エディプス的な嫉妬 39
エディプス的な対象関係 329
エディプス的不安 41
エディプス複合 399
エディプス領域 34, 534
エナクトメント〔行動に表れること〕 41
エネルギー 42, 89
エネルギー経済論的観点 37, 53, 281
エネルギー恒存の法則 35, 42, 53, 540
エネルギー中和 207
エネルギーの拘束 130
エネルギー不滅の法則 108
エネルギー補給 493
エピソード記憶 77
エビングハウス効果 126
エミー・フォン・N夫人［症例］ 43, 299, 359, 542
エメ［症例］ 44
エリクソンの歯車理論 352
エリザベート・フォン・R嬢［症例］ 44, 49, 246, 431, 542
L, H, K 404
エール大学医学部 563
エルンスト坊や 386, 423, 465
エレクトラ・コンプレックス 45, 145
エロス 45, 128, 264, 291, 470, 554
エロス的 264
エロスとタナトス 42
エンカウンター・グループ 566
円環的時間 321
演技型パーソナリティ障害 266
演技性人格 46, 408. → ヒステリー人格
演技性人格障害 93, 407, 408
演劇 418
エントロピー 292
エントロピーの法則 109

お

O 535
黄金数（黄金比） 315
嘔吐 25
覆いをとる法／覆いをつける法 46
狼男［症例］ 25, 29, 30, 47, 113, 182, 275, 280, 367, 387
大文字の他者 48, 324, 485. → 他者
オーガズム 48, 130
オーガズム学説 35
オーガズム障害 271
オーガズム体験能力 270
オーガズムの相互性 48
オーガズムの能力 270
オーガズムの不能 35, 48, 559
オーガナイザー 48, 392
オーガナイジング・プリンシプル 49

置き換え　22, 28, **49**, 142, 158, 322, 377, 407, 422, 442, 443, 473, 497, 501
掟　334
オクノフィリア　533
オクノフィリア／フィロバティズム　**50**
贈り物　136
オーゴン研究所　560
オーゴン生命物理学　35, 268, 559
オーゴン・ボックス　560
オーゴン療法　268, 559
押しつけられた罪悪感　**50**, 148, 389
オースティン・リッグス・センター　51, 332, 460, 508, 520, 531
恐るべき子どもたち　559
おそれ　226
おちんちん　399
お手伝いパウラ　544
お転婆　300
男の子　329
オートポイエーシス　188
驚き　226
オナニー　51. → 自慰
お化け　127
汚物　136
思い焦がれ　348, 479, 480
思いやり　51, 348, 389, 479, 480. → ウィニコット理論
思いやりの能力　31, 33, 227, 507
親との同一視　185
親に対するアンビバレンス　39
親 - 乳幼児心理療法　**51**, **52**, 293, 395, 539
親 - 乳幼児の連続的短期療法　396
親の投影同一化　**52**
親指しゃぶり　191
『終りある分析と終りなき分析』　163, 288, 344
恩　50, 168
オンデマンド　406
女の子　329
『女らしさからの逃避』　438

か

快　474
絵画　418
外界現実による充足　120

外界指向的接近　423
快感　79
快感原則　22, 37, 42, 43, **53**, 109, 119, 123, 129, 171, 263, 424, 454, 498
『快感原則の彼岸』　45, 53, 75, 118, 128, 129, 153, 200, 291, 315, 379, 385, 423, 451, 459
快感自我　53, 120, 171
快感自我／現実自我　**53**
快 - 苦痛原則　53
外向　54, 375. → 内向／外向
外在化　**54**
外在性　69
解釈　**54**, 59, 115, 116, 142, 148, 188, 276, 283, 285, 286, 288, 323, 342, 350, 359, 431, 439, 515, 523
解釈学　**56**, 353, 563
解釈主体　213
解釈の機能　283
解釈モーメント　466
外傷　**56**, 67, 215, 232, 264
外傷記憶　471, 521
外傷経験　165
外傷後ストレス障害〔PTSD〕　56, **57**, 195
外傷後精神障害　422
外傷神経症　57, **58**, 75, 109, 159, 240, 301, 408
外傷性　159
外傷性精神障害　280
外傷体験　**58**, 66, 166, 182, 402, 411, 458
外傷的契機　67
外傷的状況　197, 477
外傷的ストレス　60
外傷的段階　312
外傷的な思春期　187
外傷の回想象徴　496
外傷への固着　142
外傷理論　471, 521
解除反応　**58**, 232. → 除反応
解体　312
解体不安　296, 332
外的驚愕経験　424
外的現実　160, 424
外的自我境界　119, 160
外的世界　59. → 内的世界／外的世界
外的対象　**59**, 376. → 内的対象／外的対象
外的対象喪失　319
外的欲求不満　482
外的リアリティ　158

介入　**59**, 142, 143, 276, 431
概念　403
概念化　144, 177, 333, 403
快の記憶痕跡　333
回避型を中心にした不安定型愛着　447
回避性人格障害　295
快 - 不快原則　53, 176
回復　212
回復の指標　345
外部の人間の助け　209
『解剖学的な性の差別の心的帰結の二，三について』　**39**, 438
開放システム　189
解放反応　232
外面的治療構造　344
潰瘍性格　80
快楽原則　385, 474. → 快感原則
快楽不能症〔アンヘドニア〕　**59**
解離　**60**, 165, 233, 407, 440, 471, 521, 542
解離〔欲動の〕　**60**. → 融合／解離〔欲動の〕
解離型　408
解離現象　159
解離障害　280
解離症状　360
解離状態　119
解離性運動障害　360
解離性障害　60, 158, 360. → ヒステリー
解離性同一性障害　158
解離ヒステリー　**60**
カイロス　360
カイン・コンプレックス　**61**, 145, 371. → 同胞葛藤
カウンセリング　566
カオス的システム　188
カオスと無意味の到来　204
抱える環境　19, **61**, **62**, 187, 188, 235, 352, 432, 447, 448, 459, 462
抱えること〔ホールディング〕　10, 59, **61**, 215, 395, 447
科学者フロイト　354
『科学的心理学草稿』　17, 77, 112, 117, 120, 133, 182, 209, 228, 371, 383, 459, 542
科学的世界観　207, 253
鏡転移　**62**, 174, 175, 258, 425, 472
鏡に映った自己身体像　490
鏡の役割　433

書き換え 182
加虐・自虐性人格障害 93
拡充法 433
学習理論 483
各審級の修正 133
核心的ジェンダー・アイデンティティ 331
覚醒の意図 85
学童期 303
隔離 49, 63, 143, 368, 442, 443, 469
隠れた死の願望 152
隠れ身 143, 277
隠れん坊 27
影 112, 432
過酷な超自我 128, 200
過剰適応 267
過剰な同一性意識 362
過小評価 388
過剰抑圧 554
過食症 63, 295. → 摂食障害
カセクシス〔カテクシス〕 63, 288, 357, 492. → 備給〔充当, 給付〕
下層意志機制 15
下層知性機制 15
家族システム論 308, 503
家族神経症 64
家族精神力動 64, 502
家族的無意識 528
家族同一性 64, 164
家族同一性の動揺 503
家族の安定性 64
家族のグループ相談 206
家族秘密 293
家族役割関係 503
家族役割の相互補完性 64
家族ライフサイクル論 293
家族療法 65, 132, 382, 423
家族ロマンス〔家族空想, 家族小説〕 66
固い対象物 203
カタストロフィックな変化 296
カタリーナ〔症例〕 66, 114, 182, 542
カタルシス 46, 67, 109, 115, 150, 176, 343, 450, 515, 541
カタルシス法 67, 151, 232
活性化輪郭 227, 270
葛藤 67, 162, 180, 289, 370, 393, 407
葛藤外の自我領域 70, 162, 165, 232, 534. → 自我の葛藤外領域
葛藤状況 192, 208, 400

葛藤状況の洞察 368
葛藤的退行 312
葛藤なしの退行 312
葛藤モデル 159
葛藤領域 226
葛藤理論 68
葛藤を生ずる以前の退行 312
括約筋道徳 341
活力源としての自己愛 172
カテゴリー性の情動 270
可動性エネルギー 68. → エネルギー
過渡対象 16, 68, 430. → 移行対象
過度な投影同一化 106, 480
過度の性愛化 272
悲しみ 226
カニバリズム 68
可能性空間 6, 32, 69, 252, 376
「かのような」性格 69. → アズイフ人格
かのような洞察 368
かのようなパーソナリティ 529
過備給 69. → 備給〔充当, 給付〕
過敏型 320
過敏型自己愛パーソナリティ 176
過敏性腸症候群 25
カプセル化自閉症児 203, 529
寡婦の研究 204
寡婦の日米比較研究 204
過補償 69
神 324
仮面悲嘆反応 409
カリフォルニア大学・ロサンゼルス校 525
川の字文化 5
勘 342
感覚印象 177, 403, 437
喚起性記憶 415
環境欠損病 20
環境失敗論 281
環境としての母親 32, 33, 61, 62, 69, 70, 157, 199, 252, 387, 395, 507. → 抱えること〔ホールディング〕
環境の共感不全 129
環境の失敗 62, 129, 454, 507
環境の不全 275
環境変容的適応／自己変容的適応 70
環境モデル 377
玩具遊び 394

関係概念 255
関係基盤 70, 356
関係自我 234
関係性 499
関係性障害 16, 51, 71, 381, 539
関係性テーマ 337
関係性の修正 286
関係性の表象 71
「関係」の分離 430
関係療法 71
関係論 281
関係論的精神分析 72
ガンザー症候群 71
観察自我 72, 75, 142, 156, 213, 345, 351. → 治療同盟
観察自我による作業同盟 286
観察者としての中立性 381
感じ 225
感謝 305
患者 412
患者の幻想的対象 468
患者の正常な自我 142
患者の対象関係 486
患者の名誉権 216
間主観学派 122
間主観性 72, 75, 133, 364, 422, 431, 446, 527
間主観性モデル 280, 369
間主観的 181
間主観的アプローチ 72, 280, 423, 447, 527
間主観的かかわり合い 368
間主観的かかわり合いの領域 179
間主観的現実 49, 369
間主観的システム 190
間主体性 72
感情 73, 225, 561. → 情動
感情移入 524
感情障害 295
感情情報処理（現実感のある感情体験） 234
感情転移 73. → 転移
間情動性 10
感情の疫病 267
関心〔自我の〕 73
慣性原則〔ニューロンの〕 74, 130, 371
感性的形象 109
完全な対象指向性 394
冠動脈性格 80
カント哲学 535
観念の模倣 74
観念複合 74, 213. → コンプレックス

官能性　74, 270, 468. → やさしさ
願望　74, 76, 112, 395, 472
願望再生対象　112
願望充足　22, 74, 176, 222, 501
願望の幻覚的満足　74
観無量寿経　5
かん黙症　75
換喩　75. → 隠喩／換喩
関与しながらの観察　75, 423
管理医　37
関連性　177

き

記憶　76, 238, 276, 368, 475, 491
記憶痕跡　22, 74, 76, 77, 112, 176, 182, 209, 416, 457
記憶装置　109
記憶なく，欲望なく，理解なく　110
記憶の書き換え　182
記憶の再カテゴリー化　182
奇怪な対象　78, 111, 144, 177, 276, 332, 403, 438, 462, 535
器官快感　78, 79
器官言語　79, 121, 222, 243
気管支喘息　244
器官神経症　25, 79, 228
器官脆弱性　246
器官選択　80, 246
器官表象　244
器官様式　85, 86
器官劣等性　69, 80, 140, 498, 503
偽記憶　81
危機介入　52, 81
危機的外傷の事態　420
危険状況　275, 477
危険信号　242
期限設定療法　215
記号刺激　291
記号論的存在論　404
記号論理学　456
既視感　81, 119
既視感的な体験　458
儀式　82
儀式的側面　285
気質　86
記述的　454
記述的-操作的診断　249
擬人化　82. → 遊戯療法
傷ついた母親　5

傷つきやすい母親　168
機制　442
偽性器性　82
偽成熟　82
偽正常性　82
偽善的な性道徳　271
偽相互性　308
基礎仮定　83. → 基底的想定〔ベーシック・アサンプション〕
貴族的性格　267
基地　493, 499
機知　7, 74, 83, 473. → ユーモア
几帳面　136, 138
基底欠損　34, 83, 105, 236, 313, 533
基底欠損水準　378
基底欠損領域　534
基底の想定〔ベーシック・アサンプション〕　83
基底の想定集団　212
基底の想定文化　83
基底の内的精神状況　85
偽同一性　165
気に病む　237
記念日反応　126, 465
機能的現象　85
機能の変化　85
基板　124
気分　86, 225
気分障害　86. → うつ病
希望　325, 506
技法の修正　143, 431
技法の適応　143
技法の適応（修正）　86. → パラメーター
基本仮定グループ　403
基本規則　86, 143
基本語　222
基本症状　546
基本的安全感　87
基本的一体性　26
基本的情動　226
基本的信頼　86, 301, 346
基本的精神内構造　262
基本的性同一性の形成期　466
基本的な一体　564
基本的不信感　87
基本的分析技法　287
基本抑圧　554
逆エディプス・コンプレックス　47
逆説　69, 215, 325
虐待　40
虐待する父母　381

客体としての私　169
虐待の体験　402
逆転〔反対物への〕　87, 442
逆転移　3, 5, 42, 61, 88, 143, 184, 243, 276, 285, 356, 378, 399, 417, 433, 519, 532, 564
逆転移感情　381, 452
逆転移の臨床的利用　559
逆同一化　255
逆備給　78, 89, 160, 477
客観性　213
客観的に知覚される対象　214
ギャング　300
究極的な現実自我　54
急進的左派（ニュー・レフト）　554
急速眼球運動 REM　472
吸乳段階　14
教育学　528
教育分析　88, 89, 139, 261, 281, 282, 417, 452, 485, 529
教育分析家　90
鏡映　453
境界　90
境界型精神病　535
境界状態　181, 416
境界性人格構造　236, 279, 490. → 境界パーソナリティ構造
境界性人格障害　91, 93, 105, 158, 188, 227, 295, 362, 421
境界性水準の人格障害　27
境界パーソナリティ　260
境界パーソナリティ構造　91, 92, 122, 134, 166, 266, 511
境界例　13, 91, 129, 175, 280, 342, 388, 559
境界例水準　159
境界例の病理　435, 531, 542
境界例病理　415
境界例論　166
驚愕反応　93. → 外傷後ストレス障害〔PTSD〕
共感　59, 88, 93, 181, 320, 396, 417, 517, 524
共感希求　435
共感的自己対象　175
共感的対応　93, 141, 175, 182, 227, 295
共感的な評価　188
共感的認識　227
共感的明示　286
共感不全　93, 175, 181, 182, 517
恐慌性障害　419
共時態／通時態　94

共時的観点／通時的観点 94
共生 435, 458
共生関係 123, 435
共生期 26, 94, 131, 179, 430, 466
共生精神病 308
共生的全能性 435
共生不安 95, 564
共生幼児精神病 95, 203, 482
競争 335
競争心 331
鏡像段階 96, 424, 485, 490
鏡像段階論 44, 324
共同観察 321
協働現象 189
共同構成者 133
共同作業 353
共同体感覚 140
共人間的 550
強迫 136
強迫観念 96, 384
強迫行為 35, 96, 384
強迫思考 465
強迫自責 40, 147
強迫症状 227
強迫症的防衛 147
強迫神経症 35, 47, 49, 82, 96, 117, 121, 136, 138, 158, 159, 172, 177, 239, 272, 312, 357, 368, 414, 420, 460, 469, 471, 542
強迫神経症的防衛機制 172
『強迫神経症の一症例に関する考察』 384
強迫神経症の精神病理 542
強迫性格 96, 97, 234, 267
強迫性障害 295
強迫的コントロール 159, 402
強迫的償い 348
強迫的防衛 96
強迫パーソナリティ障害 266
強迫ポジション 310
恐怖 399
恐怖症 43, 97, 420, 421, 431
恐怖症症候群 359
恐怖症的不安 476
恐怖症の機制 542
恐怖神経症 239
共謀 98
興味 226
共鳴 93
享楽 98
極小未熟児 381
局所的 454
局所的退行 100, 112, 312, 351

局所論〔局所論的観点〕 77, 99, 111, 133, 283, 459, 488
虚言症 100
去勢 9, 100, 105, 263, 335
去勢威嚇 218
去勢恐怖 9
去勢コンプレックス 39, 45, 101, 231, 329, 331, 336, 383, 424, 476
去勢する超越的な者 418
去勢の恐れ 420
去勢の脅かし 147
去勢の傷 102
去勢不安 57, 98, 101, 102, 114, 152, 273, 329, 367, 369, 379, 386, 400, 418. → 去勢
去勢不安とその防衛としての前性器期退行 298
拒絶する対象 85, 102, 122, 209, 337. → フェアバーン理論
拒否 102. → 否認
拒否, 虐待などに悩む母親 396
潔め 385
疑惑 384
近親愛的固着 270, 271
近親愛的な愛情対象への固着 270
近親姦 18, 102, 117, 280, 327, 430, 510, 543
近親姦願望 433
近親姦的な愛着 407
近親姦的な心の布置 563
近親姦の既往 408
近親姦のタブー 229, 454
近親死 103, 319. → 死別
近親者との死別 204
緊張調節機能 295
勤勉性 301
禁欲 442
禁欲規則 103, 277, 344, 423, 429, 431, 433
禁欲主義 104

く

悔い 479, 480
クヴァード症候群 104
空虚感 105, 458
空想 6, 105, 123, 244, 276, 322, 391. → 幻想
空想すること 69
空想性虚言症 453
偶発事故 183

具現的 474
具象化 105
具象化傾向 105
具象的 105
具象的幻想 455
具象的行為 105
具象的思考 105, 106, 222, 275
具象的態度 105
具体思索 224
具体象徴 106, 224
具体性 376
具体的象徴形成 106
具体的な現実性 376
具体的な象徴等価物 106
具体的な体験 376
苦痛 474
屈折した「甘え」 34
首振り 48
悔やみ 147, 152
悔やみ型罪悪感 147
クライエント中心療法 566
クライン学派 106, 124, 198, 288, 316, 363, 374, 376, 442, 462, 522, 524, 556, 562
クライン理論 511
グラウンドプラン 484
クラーク大学 543
グラディーヴァ 107, 152, 465, 478, 529
グリッド 107, 535
クリトリス 153, 329
グループ心性 83. → 集団心性
グループ全体の無意識 326, 403
グループワーク 210
クロッパー法 257, 500
訓練分析 89, 108, 184. → 教育分析
訓練分析家 284

け

K 78, 108, 535. → ビオン理論
系 238
芸 551
経済論 99, 283
経済論的観点 108
形式的退行 312
芸術 109, 276, 325, 353. → 創造性
芸術家 309
芸術的創造性 525

芸術の精神分析的研究　514
形象化　116
形象性　**109**
軽躁性人格障害　93
形態（ゲシュタルト）の発見　368
傾聴　**109**, 359
傾聴の態度　429, 431
系統講義　285
系統発生　110, 113, 124, 141, 160, 473. → 個体発生／系統発生
軽蔑感　310
けいれん　360
劇化　54, 61, 62, 110, 473
ゲシュタルト（形態）　247
ゲシュタルト心理学　368
結合　110. → 拘束
結合両親　307
結合両親像　40, **110**, 114, 330, 334
欠如　352, 390
欠損モデル　159
欠損理論　68, 295
血統空想　66
下痢　25
権威主義的性格　234
権威的家父長家族主義　428
権威的性格構造　205
幻影肢　247
検閲　8, 111, 116, 237, 377, 473
検閲官　340
限界設定　111. → リミットセッティング
幻覚　78, 111, 112, 160, 312, 332, 333
幻覚的願望充足　111, 112, 120, 209, 457
幻覚的に対象を呼び起こす　176
幻覚的満足　22, 78. → 幻覚的願望充足
元型　28, **112**, 257, 432
原幻想　39, **113**, 114, 124, 222
言語　334
原光景　40, 57, 67, **113**, 309, 333, 476, 551
原光景をめぐる幻想　400
健康なオーガズム体験能力　559
健康な自己愛　281
健康な退行　312
「健康な」ヒステリー患者　407
健康への逃走　98, 114

言語化　**115**
言語学　28
言語新作　115
言語的意思疎通能力　295
言語的解釈　368
言語的交流　277
言語的自己感　179, 226
言語的な介入　59
言語発達　120
言語表象　115, 333, 414. → 事物表象／言語表象
言語連想検査　432
言語連想法　365
言語論　380
言語論的見地　281
顕在性抵抗　350, 358
顕在内容　55, **115**, 300
現在の生活状況　286
顕在夢　116, 472
原始腔　116
原始群　117
現実　6, 49, **117**, 462
現実化　118, 403. → ビオン理論
現実界　324
現実界／想像界／象徴界　118
現実感　119, 158, 171
現実感覚　78, 156, 159
現実感への進展　457
現実原則　22, 37, 42, 53, 76, 117, **119**, 123, 129, 333, 352, 385, 424, 454, 498, 554
現実検討　54, 112, 117, 119, **120**, 158, 160, 234, 239, 333, 409, 462, 465
現実検討能力（機能）　91, 176, 274, 411, 416
現実自我　120, 171. → 快感自我／現実自我
現実自己　175
現実支配の快　498
現実神経症　35, 80, 109, 120, 121, 153, 239, 240, 272, 357, 419
現実喪失　172
現実的なもの　485
現実の赤ん坊　293, 310
『現実の指標』　112
現実の標識　119
現実否認　120, 411, 442, 443
現実不安　121, 242. → 不安
原始的コミュニケーション　364
原始的思考　11
原始的超自我　389
原始的な口唇期サディズム　175
原始的な口唇憤怒　176
原始的否認　159
原始的防衛　455
原始的防衛機制　24, **121**, 159, 255, 342, 363, 390, 401, 436, 443, 462, 463, 490
現象学　15, **122**, 159
現象学的自我心理学　159, 537
現象学的人間学　125
現象学的方法　125, 281
現象的自己　155
現象‐力動論的自我心理学　162
原初空想　320
原初自我　85, **122**
原初的精神生理的自己　414
原初的な現実自我　53
原初的マトリックス　367
原初的リビドー備給　168
原初の母性的没頭　32, 69, **123**, 395, 447
献身的な母親　395
健全な核家族　563
幻想　113, **123**, 136, 178, 333, 374, 391
幻想上の相互作用　**124**
幻想的相互作用　52
幻想的相互作用状況　293
幻想の赤ん坊　124, 310, 416. → 想像の赤ん坊
幻想の乳児　15
現存在の共在性　501
現存在分析　**125**, 277, 536, 549
現存在分析学　268
現存在分析論　125
現代催眠研究　486
現代資本主義社会　267
現代人の自己疎外性　267
幻聴　111, 218
限定仮説　108
原父　117, **125**
原不安　215
原父殺害　40
健忘　60, **125**, 287
幻滅　105, 126, 320, 325, 454. → 脱錯覚
倹約家　138
倹約の原理　59
原抑圧　**126**, 475, 477
原欲動　481
権力への意志　445

こ

個　499
コア・アイデンティティ　3
口愛　277
口愛期　247, 421. → 口唇期
口愛期葛藤　407. → 口唇期葛藤
口愛期の固着　407
口愛期への固着　142
口愛サディズム　460. → 口唇サディズム
口愛衝動　68
口愛性格　11, 20, 265. → 口唇性格
口愛的固着　11, 408
口愛的な葛藤　407
口愛的ヒステリー患者　407
口愛欲動　427
後アンビバレンス期　127. → 前アンビバレンス期／後アンビバレンス期
後アンビバレンス段階　14, 297
行為言語　520
行為障害　127
後悔　399
甲殻動物　203
交感神経系　80, 229
後期思春期　186, 187, 291
好奇心　127, 333. → 知識本能
後期の口唇（食人・サディズム的）段階　297
後期の肛門サディズム段階　297
抗議の段階　464
後期理論　275
攻撃エネルギー　42, 127, 338. → 中性化
攻撃者との同一化　2, 39, 127, 341
攻撃衝動とリビドー的衝動との融合　318
攻撃性　80, 128, 151, 174, 180, 212, 229, 244, 331, 421
攻撃性の自己自身への向けかえ　147, 152
攻撃欲動　129
攻撃欲動の情動　481
交叉的様式等価　129. → 無様式知覚
後思春期　164, 186, 187, 291
恒常原則　129

口唇愛　427
口唇愛剥奪　482
口唇期　68, 130, 136, 152, 269, 273, 301, 328
口唇期的葛藤　25
口唇期的性愛満足　21
口唇期のマゾヒズム　152
口唇サディズム　68, 131
口唇サディズム期　130, 131, 151, 504
口唇サディズム的　504
口唇食人的　504
口唇性愛　270
口唇性格　132
口唇的　320
口唇的な取り込み　374
口唇的な満足の対象としての父親のペニス　229
口唇に由来するリビドーの活動　273
口唇欲求　223
口唇領域　269
構成　148
構成〔構築〕　132. → 再構成
構成主義　132
構成主義的精神分析　72, 132
構造　344
構主義　353, 430
構的家族療法　503
構造分析　92
構造変化　133
構造論　99, 340, 541
構造論的観点　133
構造論的自我　281
拘束　130, 134
拘束エネルギー　42, 100, 134, 135, 405. → 自由エネルギー／拘束エネルギー
交代性多重人格　158, 407
肯定的同一性　165
後天的脆弱性　246
行動化　3, 110, 135, 283, 364, 423, 429, 493
行動障害　192
行動衝動　245
行動生物学　448
合同面接　344
幸福　226
興奮　74
興奮させる対象　85, 122, 209, 337
候補生　242, 284
肛門　25
肛門愛　136, 138, 277
肛門愛期　383
肛門愛的防衛体制　300

肛門快感　273
肛門括約筋　137
肛門期　130, 136, 247, 269, 273, 301, 320, 328, 386, 466
肛門期サディズムへの固着と退行　384
肛門期的葛藤　25
肛門期的攻撃欲動　435
肛門期のアンビバレンス　318
肛門期の攻撃欲　152
肛門期への固着　142
肛門サディズム　14, 96, 137, 460
肛門サディズム期　136, 151, 394, 504
肛門自慰　82
肛門性愛　270
肛門性格　97, 138, 505
肛門性格傾向　265
肛門性交　136, 366
肛門段階　312
肛門欲動　427
肛門領域　269
高揚感　388
後抑圧　126, 138
合理化　138, 333, 378, 399, 523
合理主義　428
合理づけ　265
合理的転移　346
コカイン　540
コカイン治療　542
国語発想論　137, 424
国際集団精神療法学会　557
国際精神分析協会〔IPA〕　139, 213, 242, 281, 282, 284, 381, 487
国際精神分析協会日本支部　531
国際精神分析協会日本支部の前身である仙台支部設立　554
『国際精神分析誌』　519
『国際精神分析レビュー』　519
国民医療制度　326
心‐対象　314
心の痛み　310, 479
心のウチとソト　274
心の劇場　376
心の構造モデル　283
心の次元論　393
心の退避　41, 404
心の中のスーパーバイザー　263
心の中のスーパービジョン　185

試みの同一化 185
後催眠(性)暗示 12, **139**, 176, 455
5種類の抵抗 350
個人 140
個人心理学 140, 277
個人精神療法 344
個人内精神過程 234
個人内力動機構 234
個人分析 89, 551
個性化 375, 433
個性化の過程 155, 180
個体化 140, 518, 553. → 分離‐個体化
個体化の障害 95
誇大自己 63, 140, 168, 174, 181, 258, 453, 472
誇大性 296
誇大的自我 288
個体内無意識 281
個体発生 141, 160
個体発生／系統発生 **141**
個体発生的な経験 473
誇大妄想 168
個体欲動論 281
固着 25, 80, **141**, 192, 265, 312, 394
固着点 80, 142, 273, 301, 312
固着点への欲動の退行現象 394
固着と退行 392
固着の概念 80
誇張された悲嘆反応 409
古典的神経症 265
古典的な精神分析療法 398
古典的分析技法 **142**
言葉 244, 276
『ことば、この未知なるもの』 514
言葉の橋 31
子ども返り 345
子どもの遊び 199
子どもの精神分析 106
子どもの遊戯療法 493
子どもをもつことのアンビバレンス 396
子どもを持つことをめぐる葛藤 4
「個」の分立 430
『小箱選びのモチーフ』 152
語表象 223. → 言語表象
コミュニカティヴ・アプローチ 143, 562
コミュニカティヴ精神療法 **143**

コミュニケーション 404
コミュニケーション様式 107
コミュニケーション理論 282
小文字の他者 324
固有の家族ライフサイクル 64
孤立 32, 144, 213, 448. → ウィニコット理論
コルサコフ症候群 524
コロヌスのエディプス 41
コロンビア大学精神分析教育研究センター 546
コロンビア・プロジェクト 280
根幹抵抗 267
根源的快感自我 54
混合 471
コンサルテーション 382
コンサルテーション・リエゾン精神医学 29, 487
コンストラクティヴィズム 144. → 構成主義, → 構成主義的精神分析
コンタクト・バリアー 78
コンテイナー 88, 177, 276, 364, 438
コンテイナー／コンテインド 144, 404
コンテイナー／コンテインド・モデル 215, 223, 252, 290, 535
コンテイナーの機能 404, 438
コンテイニング 11, 33, 106, **144**, 364, 417, 457
コンテイン 56, 136, 288, 378
コンテインド 364, 404
コントロール 234
コンプレックス 28, **145**, 182, 257, 432
混乱 2
混乱・錯綜自閉症児 203, 204, 529
混乱対象 203, 204
混乱と絶望の段階 204
困惑状態 **145**, 567

さ

罪悪感 39, 50, 82, 131, 147, 152, 167, 168, 212, 295, 302, 348, 391, 406, 450, 454, 474, 479, 480
罪悪観 389
罪悪感の起源 125, 147
罪悪感の発達ライン 148

罪悪感の人 148, 406. → 悲劇の人
再演 148. → アクティング・イン
再解釈 182
災害神経症 58, 240
再教育 359
最近の乳幼児研究 457
再建 148, 348, 480. → 修復
再建の段階 204
再構成 76, 142, **148**, 253, 290
再構成された乳児像 494
サイコオンコロジ 327
サイコセラピー 149, 289. → 精神療法
サイコドラマ 149, 478. → 心理劇〔サイコドラマ〕
サイコパス 398
サイコパチー 398
サイコロジカル・マインド 142
最終器官段階 269
最初の愛 10
最初の嘘 161
再身体化 **149**, 244, 246
罪責感 149. → 罪悪感
再接近 435, 553
再接近期 186, 318, 552
再接近期危機 149
再接近期の退行 546
最適な距離 150, 435
差異としての言語の体系 324
「在と不在」の体系 101
再認記憶 416
催眠 432
催眠暗示 12
催眠浄化法 43, 109, 142, **150**, 299, 341, 407, 455, 477, 541, 542. → カタルシス法
催眠状態 14
催眠性カタルシス 13. → カタルシス法
催眠性の退行 313
催眠治療 43, 239
催眠による除反応 43
催眠分析 **150**, 450
催眠法 **150**
催眠療法 12, 46, 322
作業 350
作業同盟 98, 142, **151**, 163, 213, 276, 343, 346, 369, 444, 515. → 治療同盟
錯誤行為 151. → 失錯行為
搾取的性格 206
錯覚 17, 26, 32, 151, 325,

429, 448. → 脱錯覚
錯覚理論　238
サディスティック　399
サディズム　136, **151**, 179, 201, 212, 264, 366, 389, 427, 450, 451, 471
サディズム的衝動　128
サディズムと肛門愛　427
サディズム-マゾヒズム　386
サド-マゾヒスティックな素因　58
サド-マゾヒズム　**151**
サブシステム　434
サプレッション　111, 152, 477. → 抑圧
差別論　536
作用心理学　162, 523
サルトルの実存主義　428
三角関係　41, 194, 430
三角モデル　55
産業社会　335
懺悔心　4, 148, 389
残酷さ　201
産後抑うつ　16, 446
三者　298
二者間葛藤　235
三者関係　152, 297. → 二者関係／三者関係
参照　396

し

死　152
ジアゼパム　450
自慰　153
自慰空想　153
強いられた罪悪感　5, 148, 389
ジェノグラム　153, 293. → 世代間伝達
シェル・ショック　154
ジェンダー・アイデンティティ　3, **154**, 229
ジェンダー・アイデンティティの核　154
ジェンダー役割　154
ジェンダー・ロール　229
自我　53, 68, 99, 105, 133, 134, **154**, 155, 156, 159, 166, 169, 170, 179, 235, 242, 244, 277, 295, 324, 386, 391, 414, 432, 433, 440, 455, 462, 488, 538
自我アイデンティティ　158, 169

自我異質性　166
自我異和的　156, 164, 265, 266. → 自我親和的
自我異和的な同性愛　369
自我エネルギーの備給　160
自我オーガズム　6, 411
自我化　156, 159, 246
自我カテクシス　109, 119, **157**, 159, 160
自我関係性　6, **157**
自我感情　119, 155, 156, 157, 159, 171, 246, 460, 467, 538. → フェダーン
自我機構　37
自我機能　119, 120, 155, **157**, 160, 165, 169, 245, 351, 545
自我機能の評価　249
自我機能の理解　109
自我境界　91, 155, 157, **159**, 160, 171, 190, 252, 321, 412, 524, 538
自我境界喪失症候群　160
自我境界の障害　156, 538
自我境界の力動性　160
視覚障害のある子どもの発達　539
視覚的断崖　508
自我形成　527
自我欠損　**161**
自我構造論　134
シカゴ精神分析研究所　505, 512, 555
自我支持　62, 131
自我収縮　156
自我充当　157
自我障害　156, 157
自我状態　160, 524, 538
自我自律性　162, 165, 338
自我心理学　68, 95, 133, 155, 156, 157, **162**, 169, 198, 199, 232, 243, 256, 268, 279, 295, 392, 406, 452, 465, 466, 477, 490, 508, 511, 514, 515, 525, 534, 541, 545, 559, 562
自我心理学者　283
自我心理学的技法論　283
自我心理学的心身医学　244
自我心理学的精神分析　540
自我心理学的な対象関係論　163, 317
自我神話化　156
自我親和性　166
自我親和的　**164**, 266
自我喪失　319, 465, 474
自我装置　164, 232, 338, 534. → 自我

自我装置論　134
自我素質　534
自我体験　524
自我退行　149, 244, 245, 312
自我対象分裂系　134
自我態度　156
自我同一性〔エゴ・アイデンティティ〕　155, **164**, 168, 186, 236, 362, 467
自我同一性の再構成と統合　291
『自我とエス』　18, 134, 155, 246, 254, 337, 444, 455, 459, 471, 490
『自我と適応問題』　352
『自我と防衛機制』　442
自我ニード　20
自我による自我のための一時的・部分的退行　23, 165, 312, 514. → 適応的退行〔ARISE〕
自我による中和　363
自我の葛藤外領域　165
自我の関係化　411
自我の関心　405
自我の原型　170
自我の固着　142
自我のコントロール下　313
自我の自律的機能　133, 325
自我の正常な部分と精神病的部分の併存　166
自我のための退行　309, 440
自我の弾力性　351
自我の抵抗　350
自我の統合機能　164, 169, 524
自我の統合性　301
自我の統合度　416
自我の発生　410
自我の病理　156
自我の分裂　47, 154, 156, **165**, 440
自我の変容　166
自我の防衛機制　265, 543
自我の要素機能　234
自我の弱さ　156
自我の力動的構造　317
自我備給　73, 156, 157, 166, 168, 538. → 自我カテクシス
自我分析　268
自我本能　120, 156, 164, **167**, 184
自我欲動　73, 168, 481
自我理想　156, 165, **167**, 175, 210, 271, 335, 337, 340, 352, 383, 490

自我理想と自我の融合　171
自我リビドー　171, 481, 492
自我リビドー／対象リビドー　168
自我歪曲　156
時間　168. → 無時間
時間制限精神療法　168. → 短期精神療法
時間的退行　312
弛緩的治療　539
時間的な発達　393
弛緩療法　560
時期遅れの喪　465
時期はずれの悲嘆反応　409
自虐性　168, 232, 264, 295, 450, 451. → マゾヒズム
自虐的世話役　50, 168
シグナル　419
刺激障壁〔刺激防壁〕　57, 58, 159, 169, 202
刺激保護　169
自権者　142
次元性　252
次元論　556
自己　112, 130, 163, 169, 180, 235, 246, 281, 295, 316, 392, 414, 432, 433, 446
自己愛　34, 130, 163, 167, 169, 170, 174, 180, 288, 320, 330, 394, 405, 425, 460, 504, 517
自己愛型対象選択　21, 170, 172
自己愛構造体　30, 172, 173, 295, 305, 401
自己愛構造論　134
自己愛者　350
自己愛神経症　24, 109, 172, 174, 240, 288, 357
自己愛性障害　453
自己愛性人格障害論　236
自己愛組織　236
自己愛対象　173
自己愛（的）対象関係　297, 305, 388
自己愛的怒り　174, 180
自己愛的状態　194
自己愛的全能の理想像　490
自己愛的退行　194
自己愛的同一化　21, 23, 26, 36, 170, 465
自己愛的同一視の機制　170
自己愛的な傷つき　174
自己愛的母親転移　295
自己愛的万能的対象関係　275
自己愛的リビドー貯蔵　338

自己愛（自己対象）転移　94
自己愛転移　174, 180
自己アイデンティティ　169
自己愛の傷つき　435, 465
自己愛の高まり　298
自己愛の破壊的側面　129
自己愛パーソナリティ　158, 159, 175, 176, 258, 388
自己愛パーソナリティ障害　62, 93, 174, 180, 182, 265, 266, 284, 295, 399
自己愛病理　415
自己愛防衛　281
自己愛（的）リビドー　174, 325
自己愛リビドー配備　453
自己愛理論　169, 179
自己愛論　156, 168, 510
自己暗示　12, 176
自己意識　155, 158
自己-一貫性　183
思考　11, 144, 176, 223, 245, 289, 333, 364, 403
思考活動が現実行為の代理となること　384
思考過程　158
思考現象の性愛化　384
思考障害　177, 403
思考すること　403
思考相互間の同一性　333
思考同一性　22, 177, 333, 414. → 知覚同一性／思考同一性
思考の全能　147, 152, 172, 177, 327, 384, 401
思考の転移　354
思考のない世界　461
思考の発達　107
自己運営機構　234
自己開示　178, 433
自己可塑的　352
自己価値　164, 391
自己価値の調節困難　435
自己感　94, 119, 170, 178, 226, 295, 416, 435, 495
自己感覚　362
自己観察の能力　346
自己感の発達　77
自己感の発達理論　183
自己感の4つの「領域」　179
自己感理論　415
自己犠牲　450
自己境界　26
自己顕示性　320
自己・自己対象関係　175
自己自身への向け換え　87, 179

自己視線恐怖　179, 320. → 視線恐怖
自己実現　179, 550, 558
自己臭恐怖　320
自己-情動性　183
自己処罰　183, 185, 265
自己処罰要求　147
自己心理学　122, 156, 170, 172, 173, 174, 180, 225, 279, 288, 295, 391, 406, 447, 452, 453, 466, 472, 490, 517
自己心理学学会　527
自己心理学での対象関係論　317
事後性　56, 76, 181, 233
事後性-記憶の書き換え　190
自己制御　228
自己喪失　156, 386, 465
自己疎外　180, 428, 448
自己組織化システム　188
自己対象　10, 26, 93, 141, 173, 174, 175, 182, 286, 307, 315, 317, 395, 425, 440, 446, 472, 490
自己対象概念　180
自己対象機能　454
自己対象転移　62, 174, 183, 356, 425. → 自己愛転移
自己-対象転移　472
自己・対象表象の形成　297
自己対象不全　181
自己調節　150, 234
自己調節機能　244
自己調節的他者　244
自己調節能力　295
自己懲罰　264
自己同一性　164, 183. → 自我同一性〔エゴ・アイデンティティ〕
自己洞察　156
自己と対象世界　519
自己と対象の分解と崩壊の恐怖　204
自己と男根との無意識的な同一化　330
事後の書き換え　182
事後の従順　5, 40, 117, 147
『自己の修復』　527
自己の自立性　163
自己の中核領域　454
自己の統合　366
自己の発達　453
『自己の分析』　295
自己敗北型人格障害　451
自己敗北的　450
自己破壊　183, 200

和文索引　し

自己破壊行為　147, 265, 453
自己 - 発動性　183
自己評価　156
自己評価調節機能　175
自己表象　155, 163, 169, 172, 183, 315, 317, 414, 415. → 表象
自己表象へのリビドーの備給　169
事故頻発人格　183
自己 - 不変要素　183
自己分析　88, 90, 152, 183, 217, 288, 417, 465, 468, 539
自己変容的　184. → 環境変容的適応／自己変容的適応
自己保存　128
自己保存本能（欲動）　8, 21, 120, 129, 156, 167, 168, 184
自己保存本能への依託　476
自己モニタリング　185
自己物語化　280, 369
自己理想化　180
自己 - 歴史（記憶）　183
思索　11, 535
自殺　185
支持　46
支持的な精神療法　133, 286. → 支持療法
支持的発達ガイダンス　52
死者との再会　152
思春期　29, 299, 333, 379, 394, 427, 546
思春期〔青年期〕　186
思春期境界例　122
思春期後期　164
思春期少年ドミニク　531
思春期・青年期心性　435
思春期の性　182
自傷行為　187, 451
市場的性格　206, 234
覗視欲動　427
支持療法　188
システム自我　155, 162, 170, 188, 234, 391. → パーソン自我
システム論　188
姿勢図式　247
施設症　190. → ホスピタリズム
自然回復機能　313
自然科学的精密さ　428
視線恐怖　190
自然人（の理念）　191
自然治癒力　360
シゾイド　158, 386. → スキゾイド

シゾイド葛藤　407
シゾイド・パーソナリティ　260. → スキゾイド・パーソナリティ
シゾイド論　170
思想　276
持続的な退行現象　394
子孫づくりの欲求　308
死体愛　366
自体愛　34, 78, 130, 136, 170, 191, 476
自体愛的な特徴　269
自体愛的な幼児性欲　468
自体愛の時期　297
自体感覚　203
自他の境界　119, 158
実演　3, 54, 191, 356. → アクティング・イン
疾患　248
失感情症　12, 192. → アレキシサイミア
失感情表出言語症　12
実験神経症　192
実験超心理学　354
執行原則　120, 554
失語症　312, 541
失錯行為　7, 35, 192, 220, 276, 322
実証研究（治療）　193
実証研究（理論）　193
実証主義　72, 133
失象徴　541
実証的　193
失声　359
実存的共同性　536
実存的見地　281
質的分析　499
嫉妬　110, 194, 305, 370
『嫉妬，パラノイア，同性愛に関する二，三の神経症的機制について』　459
失認　542
失敗神経症　370
疾病意識　367
疾病因性神経症　194, 233
疾病因性精神病　194
疾病分類学　248
疾病への逃避　195, 408
疾病利得　195, 233, 408
疾病利得抵抗　350, 358
失歩　359
失望　226
質問　59
失立　359
至適フラストレーション　195, 440

自動記述法　217
児童虐待　196
自動症　521
児童精神医学　196, 279
児童精神分析　539, 545. → 児童分析
『児童精神分析研究』　514
児童精神分析米国協会の会長　546
児童精神分裂病　410
児童精神療法　382
自動性不安　35, 197, 241, 476
児童早発性痴呆　351
『児童の精神分析』　389, 514
『児童の精神分析的研究』　534
児童発達研究学会　507
児童分析　198, 542
児童分析の記録　491
シニフィアン　28, 102, 199, 221, 335, 418, 485
シニフィアンの体系　324
シニフィエ　28
死に向かう必然性　153
死にゆく過程のチャート　511
死ぬ瞬間　511
死の願望　147
死の受容　152
死の本能（欲動）　14, 30, 43, 45, 53, 128, 129, 147, 151, 167, 173, 183, 185, 200, 201, 275, 281, 296, 305, 312, 336, 340, 341, 348, 350, 358, 370, 379, 385, 449, 463, 467, 470, 479, 480, 481, 556
死の本能と羨望との密接な関係　200
死の本能論　75, 152, 153, 179, 451
「死の本能」論の着想　543
支配　363
支配 - 達成　158
支配欲動　200
自発性　201, 284, 301
自罰的行為　469
自発的・人間的側面　285
自罰パラノイア　560
支払猶予期間　466
G. P セミナー　326
事物表象　201, 223, 333, 414
事物表象／言語表象　201
自分　202, 448. → 本当の自己
自分がない　448
自分史　179
自閉　435, 518

自閉期　94, 202
自閉症　202, 326, 351, 528, 536, 548, 556
自閉症後心的傾向　203
自閉性精神病　203
自閉対象　203
自閉的　548
自閉的な子ども　381
自閉的なひきこもり　192
自閉的幼児精神病　95
自閉の利用　204
自閉 - 隣接ポジション　204
嗜癖　418
嗜癖的に従属　173
死別　204
思慕し捜し求める段階　204
資本主義社会の形成力　205
社会学的な性　331
社会学的役割理論　282
社会経済的窮乏　446
社会劇　445
社会構築主義　280, 282
社会参照　205, 226
社会主義　503
社会心理　276
社会心理学　210
社会心理的モラトリアム　187
社会性の発達の遅れ　445
社会ダーウィニズム　141
社会適合性　228
社会的自我　156
社会的昇華能力　270
社会的性格　205, 451
社会的相互作用　410
社会的ひきこもり　206
社会病質　398
社会 - 文化的見地　281
社会文化的自我心理学　162
社交恐怖　320
シャーマニズム　60
シャンティ・ニラヤ　512
自由エネルギー　42, 100, 134, 405
自由エネルギー／拘束エネルギー　206
周縁者　90
集塊　276
『自由からの逃走』　206, 451, 547
宗教　207, 321, 325, 353, 429, 458
宗教心理　177
宗教的な戒律　469
宗教的な儀式行動　384
醜形恐怖　320
終結　208. → 治療終結

集合的（普遍的）無意識　208, 222, 432
重症の強迫神経症　431
重症の人格障害患者　298
修正　357, 398
修正感情体験　110, 208, 505
「修正的な」関係性の経験　368
従属性格　20
充足体験　209
従属的自我　209
集団　210
集団心性　210, 535
『集団心理学と自我の分析』　335
集団精神力動　511
集団精神療法　210, 280, 344, 557
集団同一性　164
集団ヒステリー　211. → 集団心性
集団力学　211
集中法　298
重篤な自己愛状態　129
柔軟性　422
自由に漂う注意　434
修復　212, 310, 348, 480
修復企図　171
重複決定　212. → 重複（ちょうふく）決定
終末快感　212, 299. → 先駆快感
自由連想　59, 248, 434
自由連想的な対面　286
自由連想の技法　285
自由連想法　142, 158, 198, 212, 243, 276, 282, 299, 351, 407, 417, 432, 478, 542
自由連想法の基本規則　431
主観　235
主観性　213
主観的自己感　179, 226, 227
主観的準拠枠　49
主観的対象　213, 406
主観的なオーガナイゼーション　178
主観的物語　494
受診動機　365
主体　214, 324, 386
主体［精神分析の］　214
主題統覚検査　257
主体としての自我　155
主体としての私　169
主体における能動性と受動性の間の逆転　87
主体の不在と空虚　214

主体の欲望　324
術後精神病　194
出産外傷　57, 215, 241
出産外傷説　197, 436
出産をめぐる幻想　400
出生時　420
出生順位　371
出生　215
受動から能動への自我の働き　386
受動 - 攻撃型人格　215. → DSM-IV 人格障害
受動性　179, 331
受動的　215, 402. → 能動的／受動的
主導的な性感帯の交代　229
授乳　130
種の保存　128
守秘義務　216, 429
守秘義務と公共の利益の間でのジレンマ　216
守秘義務の例外　216
主婦神経症　372
呪物崇拝　411
受容　359, 566
受容的性格　206
シュルレアリスム　216, 353
シュレーバー［症例］　87, 170, 217, 288, 367, 379, 386, 397, 462
循環性人格障害　93
瞬時的なモーメント　466
順応　398
準備体制　392
準備抑うつ　512
昇華　49, 87, 138, 212, 218, 222, 303, 309, 325, 333, 338, 351, 366, 401, 442, 540
浄化　67, 232
昇華型　266
昇華型の性格傾向　265
昇華機能　313
浄化法　219. → カタルシス法
状況技法　219
状況分析　219, 550
消極的相補性　503
小グループ　210, 326, 403
条件反射　192
症候群　248
詳述の奨励　286
症状　248, 276, 322
症状形成　195, 219, 407, 543
症状行為　220
症状神経症　265
症状選択　246
症状の回復　286

症状の重複決定　233
冗談の仕事　473
情緒　225
象徴　69, 105, 106, 136, 142, 220, 222, 244, 329, 461, 478, 480, 521
象徴化〔象徴作用〕　80, 105, 106, 116, **222**, 243, 244, 473
象徴界　222, 324, 387. → 現実界／想像界／象徴界
象徴解釈　55
象徴機能　212
象徴形成　6, 105, 106, **222**
象徴形成の基礎　351
象徴形成の障害　105
象徴作用　→ 象徴化〔象徴作用〕
象徴産出的去勢　531
象徴使用　523
象徴的意味　244
象徴的関係　324
象徴的去勢　102, 334
象徴的現実化　497
象徴的実現　221, **223**
象徴的支払い　531
象徴的疎外　485
象徴的な秩序　334
象徴的なもの　485
象徴的・無意識的カニバリズム　68
象徴等価　224
象徴等価物　106, **223**, 224, 289, 333, 525
象徴等値　224
象徴と象徴されるもの　213, 223
象徴発達　333
象徴表象　105
情緒（的）応答性　10, 71, 187, **224**, 226, 368, 396, 446, 507
情緒応答性‐情動調律　423
情緒交流　423
情緒的エネルギー補給　499
情緒的恒常性確立　435
情緒的自己　170
情緒的対象恒常性　159, 186, 317, 318, 424
情緒的洞察　54, 368
情緒的な統合機能　158
情緒的燃料補給　187, 493. → リフュエリング〔情緒的燃料補給〕
情緒的補給　493
情緒洞察テスト　257
情緒を伴わない回想　368

焦点　303
焦点化精神療法　**224**, 302
焦点化領域　303
焦点療法　326
衝動　225, 449, 455, 481
情動　86, 225, 244, 414
情動記憶　77
衝動行為　226
衝動コントロール障害　227
情動刺激　80
衝動障害　225
情動調律　71, 226, **227**, 368, 396, 417
『衝動的性格』　559
衝動的性格　266
情動的中核自己　226, **228**, 280, 507
情動等価（物）　79, **228**, 243, 359
情動特異性　80
情動の解放（除反応）　225. → 除反応
情動の「活性化」　226
情動の「喚起」　226
情動の持続的緊張状態　244
情動の浄化　283
情動の世界　228
情動配合　169
情動表出　226
情動放出　67
情動モニター機能　226, 228
情動量　226
小児愛　366
小児期の心的外傷の記憶　58
小児手淫　273
小児神経症　402
小児性欲　299
小児の性活動　269
小児の性生活　492
『小児の性に関する論文』　399
小児の抱いている性理論　25
『少年ドミニクの場合』　531
少年ハンス　→ ハンス少年〔症例〕
少年非行　502
衝迫〔欲動の〕　**228**, 481
勝利感　310, 388
「症例エミー・フォン・N夫人の報告」　455
初期思春期　186
食行動の異常　294
食思不振　25
食人　68
食人行為　321
食人段階　14

食人的体制　130
食人欲動　68
植物系臓器　228
植物神経症　25, **228**, 229, 244
植物神経反応　80, 121, 360, 505
女児のエディプス・コンプレックス　438
『処女性のタブー』　102
女性　229
女性化願望　218
女性器（膣）　273
女性心理学　331
女性性　229, 295, 307, 331, 438, 563
女性性器　424
女性性の認知　154
女性段階　230
女性的受身的態度　265
女性的態勢　439
女性的同一性　230
女性的フェティシズム　229
女性的マゾヒズム　230, **231**, 370, 450
『女性同性愛の一ケースの発生史について』　185
女性としてのアイデンティティ　438
女性の去勢不安　230
『女性の性愛について』　39, 438
『女性の性の早期発達』　523
女性のマゾヒズム　530
女装症　526
初潮周辺症候群　300
処罰おそれ型罪悪感　4, 148
処罰型罪悪感　147
処罰欲求　231, 370
除反応　67, 76, 109, **232**, 343, 515, 541
除覆法　46
自律　137, 233
自律訓練法　13, 176
自律神経　80
自律神経系　228, 244, 245
自律神経症　243
自律神経症状　359
自律性　85, **232**, 301
自律的自我　70, 134, 155, 163, 352, 534
自律的自我機能　157
自律的自我構造　226
自律的自我システム　232
自律的自我領域の拡大　303
シルダー病　523
心因〔精神発生〕　**233**, 365

心因症　233
心因性加重　**233**
心因性器質障害　228
心因性健忘　**233**, 234
心因性自閉症　203
心因性の幻覚精神病反応　443
心因説　58
心因反応　408
侵害　33
人格〔パーソナリティ〕　**234**, 243
人格化　**235**
人格構造　511
人格構造の三水準　266, 511
人格構造論　274
人格障害　13, 166, **235**, 280, 286, 288, 295
人格的準備　90
人格の解離　156
人格の対象関係論　209
人格の中の精神病部分　535
人格の病理　295
人格の病　295
心気症　168, 172, **237**, 245, 269, 491
心気神経症　239
心気性人格障害　93
新規まき直し　190
審級　37, 134, **237**
審級間の葛藤の緩和　133
審級としての自我　53
神経質　136, **238**
神経症　13, 136, 194, 233, **238**, 246, 272, 287, 478, 480, 538
神経症性加重　233
神経症性過程　239
神経症性障害　239
神経症性パーソナリティ構造　92, 266, 511
神経症的葛藤　393, 400
神経症的罪悪感　271
神経症的自己　550
『神経症的性格』　265
神経症的性格　169, **240**, 267, 270, 438
神経症的な仮幻の自己　428
神経症的な制止　272
神経症的防衛機制　63, 138, 143
神経症の型　476
神経症の原因　311
神経症の症状　22, 341
神経症の心因性　239
神経症の診断基準　239
神経症の素因　305

神経症の中核的要因　38
神経症の病因論　239
神経症の病理　39
神経症の類型　239
神経症発症　113
神経症病理　415
神経症理論　67
神経心理学　76, 77, 542
神経衰弱　153, 239, **240**
神経性過食症　240, 294. → 摂食障害
神経性無食欲症　68, 241, 294. → 摂食障害
進行　312
信号探査情動　241, 481
信号不安　197, **241**
審査分析　242, 248, 284, 304
侵襲　26, 242, 259, 275, 447, 448, 462. → 偽りの自己
侵襲型の外傷　109
心身医学　121, 228, **242**, 243, 248, 505, 516
心身機制　244
心身症　13, 28, 79, 83, 121, 149, **243**, 244, 246, 552
心身症患者　244
心身症の発症機制　244
心身両義性　474
新生自己感　179, 226, 458
深層人格　15
深層心理学　15, **244**
身体イメージ　295
身体化　49, **245**
身体化障害　245
身体からの迎え入れ　80, 233, **246**, 359
身体管理の発達　394
身体機能障害　79
身体言語　359, 407
身体自我　155, **246**, 524
身体疾患　83
身体失認　247
身体心像　247
身体図式　246, **247**, 415, 523, 524
身体像　246, 247, 524
身体的虐待　196
身体的性差　439
身体的脆弱性　80
身体内容物　136
身体表現性障害　360
身体表象　415
死んだ母親コンプレックス　446
診断　**248**
診断評価　489

診断面接　55, 242, 248, **250**, 304
心的因果性　182
心的エネルギー　22, 42, 108, 251. → エネルギー
心的エネルギーの変形　109
心的エネルギー論　540
心的外傷　113, 142, 251, 280, 312, 386, 394, 407, 408, 420. → 外傷
心的外傷説　543
心的外傷体験　541
心的外傷となる記憶の回想　225
心的加工　233, 252, 465. → 二次加工
心的葛藤　37, 252, 274, 276. → 葛藤
心的機関　155
心的空間　**252**
心的空間論　524
心的決定論　**252**, 454, 521, 540
心的現実　123, 235, **253**, 424, 471
心的行為　323
心的構造　406
心的構造論　133, 147, 163, 167, 169, 238, 254, 265, 391, 488. → 構造論的観点
心的時間性　182
心的次元　203
心的システム論　391
心的装置　22, 37, 53, 129, 203, 238, **254**, 312, 340
心的退避　254. → 病理構造体〔病理的組織化〕
心的内容　252
心的な作業　277
心的な防壁　159
心的表象，心的代表　254. → 表象
心的表象論　279
心的平衡　3, **255**
侵入的同一化　82
真の自己　169, 170, 180, 313, 392, 448, 550
真の象徴　106
神秘主義者フロイト　354
新フロイト（学）派　33, 219, 234, **255**, 268, 319, 438, 518, 547, 550, 554, 559
親密感　301
親密性　484
親密な友達　173
心理アセスメント　256

『心理学的自動現象』 455
心理劇〔サイコドラマ〕 **255**, 365, 557
心理検査 **256**, 499
心理社会的漸成説理論 352
心理社会的漸成説 392
心理社会的モラトリアム 165, 291, 362, 467
心理生理学的な自己 246
心理的外傷 196
心理的酸素 182
心理的誕生 202, 435
心理的盲点 463
心理テスト 520
尽力的顧慮の排除 429
尽力的な配慮 550
心理療法 257, 289. → 精神療法
心理歴史論 509
神話 168, **257**, 293, 567
『神話解放運動』 509
神話や文化の形成 478

す

垂直分裂 165, **258**, 263, 296
垂直分裂／水平分裂 **258**
水平分裂 **258**, 263, 296
水曜会 537, 543
数理論理学 552
スカンシオン 485
スキゾイド 105, 337
スキゾイド・パーソナリティ **258**, 496
スキゾイド・ポジション 421, 537
隙間 203
スクィグル 365
スクィグル・ゲーム 62, **259**, 260
スクリブル法 260
スクリーン・メモリー **260**. → 隠蔽記憶
スケープゴート 84
スコポフィリア 260. → 倒錯
図式 312
スチューデント・アパシー 291
「図」的モーメント 466
ストーリ 464
ストーミー・パーソナリティ **260**
ストレス 243
ストレス因 319
砂 470

素直な「甘え」 34
スーパーバイザー 261
スーパーバイジー 261
スーパーバイズされた精神療法 261
スーパービジョン 139, 143, 211, **261**, 281, 282, 370, 452, 529
スーパービジョン構造論 261
スピッツ・フィルムライブラリー 528
スフィンクス 38
スプリッティング 91, 121, 159, **262**, 332, 358, 367, 390, 436, 453, 455, 462, 463
スプリット 158, 537
スペシャル・ペイシェント **263**
スポークスパースン 84
「すまない」型の罪悪感 148
棲みつく 235
スライシング 262
スリル 50

せ

there & then の対象関係の解釈 359
性 282
性愛〔セクシュアリティ〕 **263**
性愛化 **264**
性愛化された転移願望 407
性愛化抵抗 264, 358
性愛的 476
性愛的自己愛 264, 388. → 破壊的自己愛／性愛的自己愛
性愛的マゾヒズム **264**, 370
性エネルギー経済 48
性格 80, **265**, 266, 267
性格傾向 80, 265, 267, 322
性格障害 266
性格神経症 36, 265, **266**
性格態度 267
性格抵抗 34, **266**, 267, 358
『性格と肛門愛』 236, 265
性格の鎧 265, **267**, 268, 559
性格反応様式 265
『性格分析』 34, 219, 266, 267, 330, 451
性格分析 166, **267**, 444, 559
性格分析技法 268, 311, 368, 550
性格分析理論 35
性格防衛 36, 156, 162, 265,

266, 267, 350, 444
性格防衛の態度 311
性格類型 **268**
生活史健忘 234
生活史的な要因 371
性感帯 21, 130, 229, 247, **268**, 322, 383
生気 110
性器愛 1, 18, 136, 267, 269, 270. → 性器性優位
性器愛の段階 468
性器以前の諸傾向 271
性器期〔性器体制〕 **269**, 271, 273, 301, 476
性器期レベル 475
生気情動 226, 227, **270**, 458
性器性優位 269, 270, 301, 492
性器体制 → 性器期〔性器体制〕
性器段階 186
性器的 476
性器的性格 48, 265, 267, 270, 330
性器的性格形成 270
性器的性質 482
性器的なオーガズム 270
性器的なオーガズム体験 48
性器的な人間 267
性器の欲動 427
性器の劣等性 39
性器統裁 19, 186, 269, 299
性機能障害 271
性器の刺激 269
性器領域 427
性器を除外した対象愛 297
清潔訓練 136, 137
性交 113
成功 183
性交恐怖 398
性交困難症 102
成功したときに破滅する人物 265, **271**, 451, 482
生後 5-8 カ月 430
生後 3 カ月 410
生後 12 カ月 447
生後 18 カ月 447
生後 6-8 カ月 410
性差の成立 101
生産的性格 206, 234
制止 264, **272**
『制止，症状，不安』 57, 89, 264, 287, 420, 442, 459
成熟 392
成熟過程 507
成熟した対象愛 297

成熟した防衛機制　303
青春期　173
正常自閉期　26, 169, 179
性衝動のエネルギー　492
正常な共生　95, 308
正常な自我　155, 163, 345
正常な「自閉」と「共生」
　　553
正常な精神発達　534
正常な性目標の達成　299
正常な投影性同一視　404, 567
正常な発達　393
正常な便秘　308
正常の性愛　270
生殖器的　476
精神医学の教育　556
精神科学的厳密さ　428
成人期の発達論　484
成人言語　83
『精神現象の二原則に関する定式』　53, 117, 120, 333, 459
精神構造論　543
精神自我　155, 246, 272. →身体自我
精神自動症　297, 560
精神腫瘍学　319
精神障害者の長期入院　445
精神神経症　35, 239, 240, 272, 286, 357, 443
精神神経症症状　79
精神神経免疫学　319
精神・身体的なシステム　234
『精神診断学』　568
精神-性的発達　80, 141, 186, 233, 244, 265, 269, 271, 273, 379, 475
精神-性的発達モデル　283
精神-性的発達論　301, 392, 494
精神-性的猶予期間　467
精神-性発達段階　297
精神装置　245
精神内界　160
精神内界主義　429
精神内的　274
精神内的葛藤　67, 274
精神内的構造　422
精神の絶対的な正常性　345
精神の病態化　233
成人の夢　199
精神発達モデル　329
精神発達理論　416
精神病　24, 111, 136, 165, 274, 286, 321, 375, 387, 388, 418, 436, 461

精神病質　398
精神病者特有の転移様式　357
精神病人格　144, 177, 289. →精神病的パーソナリティ
精神病性人格　111
精神病性転移　24, 275, 276, 289, 403, 567
精神病性パーソナリティ構造　92, 266, 511
精神病性不安　275
精神病性部分　236
精神病的な世界　438
精神病的パーソナリティ　274, 358, 417
精神病的パーソナリティ／非精神病的パーソナリティ　276
精神病的パーソナリティ部分　403
精神病的部分　166
精神病の精神分析　535, 564
精神分析　188, 242, 276, 345, 359, 541
精神分析インスティテュート　285, 381
『精神分析運動史』　287
精神分析家　139, 282, 381
『精神分析学概説』　37, 129, 155, 163, 238, 254, 268, 338, 459
精神分析学的人類学　567
精神分析過程　283
精神分析可能性　284
精神分析家の資格　284
精神分析家の資格認定　284
精神分析技法　142, 285, 287, 398, 538
精神分析作業　535
精神分析辞典　182
精神分析・精神病理研究年鑑　546
精神分析誕生の源泉　407
精神分析治療の可能性　357
精神分析治療の目的　182
『精神分析的研究からみた二, 三の性格典型』　265
精神分析的自我心理学　164, 297, 394
精神分析的精神療法　133, 143, 276, 286, 382, 489
精神分析的精神療法家　282
精神分析的な核家族論　563
精神分析的な性格論　265
精神分析的な精神病理学　312
精神分析的発達論　494
精神分析における治療状況　125

『精神分析入門』　39, 226, 252, 357
『精神分析の起源』　540
精神分析の起源　184
精神分析の異なる概念言語　466
精神分析の創始　183
精神分析の対話的構造　148
精神分析の治療過程　350
『精神分析用語辞典』　544
精神分析療法　133, 213, 242, 276, 286, 287, 299, 303, 353, 478, 487
精神分析療法の主体　142
精神分析療法の治療目標　133
精神分析理論　459
精神分裂病　11, 14, 78, 111, 121, 145, 160, 171, 174, 177, 224, 233, 276, 277, 288, 296, 341, 387, 390, 403, 535, 567
精神分裂病群　546
精神分裂病者　297, 525
精神分裂病の家族病理　563
精神分裂病の偽神経症的型　261
精神分裂病の妄想型　397
精神分裂病論　416
性心理学　263
精神力学　488
精神力動　289
精神力動過程　488
精神力動の観点　488
精神力動論　257, 515, 540
性心理発達　9
精神療法　69, 188, 276, 289, 377
精神療法者　37
『精神療法の構造的観点』　344
精神療法の治療状況　125
精神療法リサーチ・プロジェクト　280, 460
生成分析論　281
生成-分析論　510
生成分析論的観点　290, 393
性対象　422
生体論的見地　281
性的意味　334
性的エネルギー　42, 338
性的外傷　303, 471
性的外傷説　542
性的虐待　196, 295, 472
性的サディズム　366
性的志向　154
性的衝動　44
性的探求　476

和文索引　せ

性的と性器的　269
性的な活動性ないし興奮性　268
性的本能　164
性的マゾヒズム　366
性的無知　67
性的目標　269
性的役割　331
性的誘惑説　40, 123
性的欲望　334
性転換希望者　526
『性転換実験』　526
性転換症　290. → 性別同一性障害
性同一性　280, 290. → ジェンダー・アイデンティティ
性同一性障害　290. → 性別同一性障害
正当化　265, 399
性倒錯　68, 130, 264, 290. → 倒錯
生得的解発機構〔IRM〕　290
生得的知識　113
生と死の本能　426
青年期　2, 51, 164, 186, 291, 394, 546
青年期境界例　552
青年期心性　291
青年期のエディプス葛藤の復活　546
青年期発達時期の分類　546
青年心理　362
性の革命　267, 559
性の衝動　291
生の切迫　228
生の本能と死の本能　316
生の欲動（本能）　14, 45, 167, 291, 336, 340, 348, 358, 449, 463, 470, 479, 480, 481
征服感　310
生物学精神医学　280
生物学的　561
生物学的内圧　526
生物学的な性　331
生物学的な先天的な準備　352
生物学的な適応　352
生物学的発達論　281
生物主義　163
生物心理学的な構造 - 適応論的自我心理学　162
性分化異常症　526
性別共生状態　95
性別自己の認知　154
性別同一性　95, 329, 334, 525, 564
性別同一性障害　292, 362, 367
性別同一性障害の家族力動　526
性別同一性の発達　19
性別と結合した役割の保持　563
性本能（リビドー）　167. → リビドー
性目標倒錯　151
性欲　263, 292
性欲動　8, 73, 129, 168, 293, 481. → 欲動
性欲論　476
『性欲論三篇』　200, 269, 273, 322, 427, 438, 481
生理学的退行　244, 246
生理学的反応　80, 229, 244
世界との恋　498
世界乳幼児精神医学　280
世界乳幼児精神医学会　382, 507
世界乳幼児精神保健学会　507
責任感　389
赤面恐怖　190, 293, 320. → 視線恐怖
赤面恐怖症　558
セクシュアル・アイデンティティ　229
世代間伝達　5, 52, 293, 310, 382
世代間伝達の鋳型　227
世代間伝達無意識　281
世代境界　563
世代境界の混乱　563
世代性　301, 484
舌圧子ゲーム　260
積極技法　294, 342
積極的　402
積極的相補性　503
積極的な反復行動　402
窃視症　179, 294, 366, 386. → 倒錯
摂取　359, 373
摂取同一化　284. → 取り入れ同一化
摂食　25
摂食行動の発達　394
摂食障害　294
接触障壁　78
摂食調節機構　294
セッションの時間と回数　142
絶対臥褥　238
絶対的依存　19, 32, 69, 406, 458
絶対的依存状態　366
設定〔セッティング〕　61, 295, 432. → 治療構造. → 分析状況
設定状況　260
説得　188
Z氏〔症例〕　295
絶望感　479, 480
絶望と抑うつの段階　464
説明　188
説明すること　284
絶滅の恐怖　332
絶滅不安　24, 296, 392
節約　474
是認　286
『セメイオティケ』　514
0歳児　513
Zero to Three　71
世話　235
世話役的自己　168
世話役転移　169
前アンビバレンス期／後アンビバレンス期　296
前アンビバレンス段階　14
前意識　78, 99, 133, 237, 283, 297, 454. → 無意識
前意識系　111
前意識的記憶　78
前意識的自動性　162, 297, 524, 534
前エディプス期去勢不安　298
前エディプス期段階　295
前エディプス期における同性の親　546
前エディプス期（の）　41, 297, 513
前エディプス的男根期　329
前エディプス的父親　298, 300, 317
前エディプス的な決定因　407
前エディプス的な固着　407
遷延した思春期　187
前 - 概念　177, 333, 403
前概念作用　113
前額法　44, 142, 151, 213, 298, 407, 431, 542
前戯　130
前期思春期　186, 187
先駆快感　299
前駆快感　271, 533. → 先駆快感
先駆的快感行為　270, 271
前言語的な手続知識　368
前言語的・非意図的な情動の交流　431
潜在空間　300. → 可能性空間
潜在思考　300, 473
潜在性抵抗　350, 358

潜在性分裂病　546
潜在的な記憶　126
潜在的な思考　472
潜在的夢内容　472
潜在内容　55, 111, 115, 116, 300, 379
前思春期　186, 187, 300, 394
前性器期　297, 301
前性器期的性的攻撃衝動　475
前性器期的なリビドー　328
前性器期的防衛機制　121
前性器期転換　244
前性器期への退行　475
前性器的　299
前性器的体制　130
前性器的転換　360
前性器的なエディプス・コンプレックス　40
前性器的な欲動の性器的なものによる統合　488
漸成説　87, 301, 392
漸成理論　94
戦争孤児収容施設　445
戦争神経症　75, 109, 154, 240, 301, 408, 506, 543
全体（的な）自己　302, 391
全体状況　3, 356, 522
全体対象　14, 191, 302, 395, 426, 479, 480
全体的対象愛　270
全体的な退行状態　313
全体的病識　367
全体としての家族　64, 502
選択的注意　225, 303
選択的調律　227
選択的不注意　518
選択的無視　225, 302
全知　303. → 万能
前庭器官　252
全的な存在可能性　550
全的剥奪　22
先天性免疫不全　381
先天的な協調　437
戦闘反応　154
全能　401
全能感　120
全能感の段階　539
全般性健忘　158
全般性不安障害　419
潜伏期　39, 67, 186, 269, 273, 303, 379, 394, 427, 467, 468, 476, 540
潜伏期における性的活動　303
潜伏性精神病　303, 321, 358, 416, 537
潜伏性分裂病　303

潜伏性メランコリー　304
羨望　30, 40, 102, 105, 106, 110, 128, 146, 173, 194, 212, 305, 358, 374, 388, 532, 567
全面的体内化　505
専門語　412

そ

素因　305
躁うつ状態　479
躁うつ病　306, 390, 513
躁うつ病論　504
早期エディプス　279
早期エディプス期　333
早期エディプス・コンプレックス　110, 306, 395, 480, 532
早期エディプス状況　114, 439
早期エディプス論　298
早期介入　539
早期三角形化　334
早期性器帯覚醒　308
早期性性器段階　269
早期対象関係論　514
早期超自我　147, 532
早期超自我形成論　134
早期乳幼児期の母親との分離　446
早期の口唇期　130
早期の口唇（吸引）段階　297
早期の肛門サディズム段階　297
早期の性器（男根的）段階　297
早期発達論　513
『想起，反復，徹底操作』　135, 143, 357
早期不安　474
早期分析　306, 455, 513
早期母子関係　434
早期または前性器的なエディプス・コンプレックス　40
早期幼年性自閉症　95, 410
双極自己　307, 472
双極性障害　86
早期練習期　493
総合　234
綜合　277
層構造　310, 456
相互関係的の診断　249
相互関係論　281
相互交流エピソード　491
相互作用　364, 458
相互性　64, 163, 307, 352, 422, 484

相互的退行　423
相互的適応　352
相互的なのみ込み　386
相互補完性　308
操作　515
創作過程　313
操作的思考　244
操作的退行　312
喪失　319
喪失感　479, 480
喪失体験　166, 411
早熟な肛門帯覚醒　308
躁状態　171
想像　309
想像界　96, 309, 324. → 現実界／想像界／象徴界
想像すること　69
創造性　257, 309, 448, 501, 563
想像的疎外　485
創造的退行　6, 222, 313, 351
想像的なファルス　418
想像的なもの　485
想像の赤ん坊　293, 310, 416
創造の病い　509
創造領域　34, 83, 534
想像を絶する不安　62
相対主義　133
相対的依存　19, 32, 69, 406
躁的状態　411
躁的償い　310, 348, 479, 480
躁的防衛　159, 310, 328, 401, 411, 443, 479, 480
躁的防衛システム　173
躁的ポジション　310
相転移　189
相特異的　186
早発性痴呆　171, 248, 397
躁病　374, 480
層分析　310
相補系列　233, 311, 341
相補性　445
相補的同化　458
疎隔感　119, 160
遡及的幻想　182
『続精神分析入門』　37, 293, 354
遡行作用　114, 181, 311. → 事後性
ソシオドラマ　557
ソシオメトリー　557
素質的脆弱性　246
疎通　77
存在の連続性　215
ソンディテスト　365, 528

た

ダイアローグ　527
第一局所論　214
第一次検閲　213
第一次世界大戦　301, 384
第1回国際精神分析学会　543
退却神経症　206
大グループ　210
体験的表象　415
体験の中間領域　69, 507
体験の統合力　458
体験モーメント　466
退行　13, 87, 109, 116, 136, 141, 150, 159, 192, 248, 283, 285, 301, **312**, 345, 406, 442, 492
対抗恐怖症　**313**
退行した自我　386
対抗転移　313. → 逆転移
対抗同一性　165
退行の概念　80
対抗文化　165
太古的誇大自己　175
太古的神話の空想　375
第三者性　190
第三世界革命論　537
第3のポジション　417
体質的脆弱性　80
胎児と母親との相互作用　310
対象　235, **314**, 315, 316, 421, 504
代償　140
対象 a　315, 485
対象愛　34, 136, 170, 490, 505
対象永続性　318
対象可塑的　352
対象関係　19, 34, 130, 136, 159, 264, 276, **315**, 416, 421, 460, 461, 527
対象関係集団精神療法　84, 510
対象関係心理学　466
対象関係単位　166
対象関係的思考　317
対象関係理論　391
対象関係論　130, 191, 225, 234, 262, 277, 279, 281, 288, 295, 301, **316**, 350, 452, 504, 511, 537
対象関係論学派　315
対象関係論的　553
対象関係を定式化した解釈　359
対照観念（反対意志）　43
対象希求的　209, 392
対象恒常性　27, 163, 314, **317**, 394, 399, 414, 447, 482
対象選択　24, 39, **318**
対象像　112, 209
対象喪失　21, 147, 152, **319**, 416, 460
対象喪失の恐れ　420
対象像への再備給　112, 209
対象像への備給　112
対象退行　312
代償的な同性愛　369
対象倒錯　18
対象としての母親　32, 61, 62, 69, 157, 395, 507
対象の固着　142
対象の使用　319. → ウィニコット理論
対象の同化（合体，取り込み）　273
対象の取り入れ　68
対象の破壊と再創造　507
対象の不在　177
対象の分裂　166
対象の両価性　490
代償反応　483
対象備給　168
対象表象　163, 172, 201, 315, 317, 318, 319, 377, 414, 415. → 表象
対象への気遣い　284
対象保持　464
対象リビドー　171, 174, 319, 481, 492. → 自我リビドー／対象リビドー
対人関係　315
対人関係学派　33, 518
対人関係機能　159
対人関係論　155, 219, 234, 281, **319**
対人恐怖　190, **320**, 410
対人的関係性　234
対人不安　320
態度振舞い分析　266
体内化　68, **320**, 361, 373, 374, 375
第二局所論　214, 340
第二次加工　85
第二次検閲　213
第二次性徴　294
第二のオーガナイザー　410
第2の個別化　546
第二の皮膚　160, 296, 536
第2の分離-個体化期　552

提婆達多　452
タイプ分類　234
当麻寺・曼陀羅　5
対面法　59, 276, 286, **321**
対面法による診断面接　249
大洋感情　26, 95, 207, **321**, 325
代理形成　49, **322**, 442
代理宗教　207
代理性ミュンヒハウゼン症候群　453
対立物への（欲動の）逆転　**322**. → 逆転［反対物への］
大量投影同一化　111
対話的協力　429
対話的構造　143
ダーウィニズム　141
ダウン症　381
妥協形成　82, 239, **322**, 400, 461, 488
多形倒錯　322, 367
多形倒錯傾向　476
多形倒錯素質　427
多元解釈〔重層的解釈〕　**323**
多元機能　323
多元機能の原理　323, 466
多元決定　324. → 重複決定
多元モデル　280
多軸診断　249
多次元診断　15
他者　**324**, 458
多重人格　**324**
多重人格障害　60
多世代的発達作用　293
脱価値　443
脱価値化　91, 173, 310
だっこ　61, 325. → 抱えること〔ホールディング〕
脱攻撃化　109, **325**, 338
脱錯覚　17, 32, 319, **325**, 406, 447, 465
脱人格化　235, **326**. → 人格化
脱身体化　149
脱性愛化　**326**, 338. → 中性化［心的エネルギーの］
脱性欲化　109
脱中心化　215, 353
脱・同一視　95
脱備給　319, **326**. → 備給〔充当，給付〕
脱融合　185, 200
タナトス　200, **326**, 385, 554. → 死の本能（欲動）
ターニングポイント　190
タビストック・クリニック

326, 381, 532, 534, 535, 556
タビストック人間関係研究所　533
タブー　125, 147, **326**
WHO　446
ダブルバインド　**327**, 548
ターミナル　411
ターミナルケア　**327**
他律（社会的要請，慣習への服従）　233
単一疾患論　556
短期精神療法　303, **328**
男根　110, 230, **328**, 494. → ファルス
男根愛　277, 383
男根エディプス期　39, 273, 394, 475
男根エディプス期への固着　407
男根期　136, 154, 269, 273, 301, **328**, 330, 383, 427
男根期自己愛的性格　267
男根自己愛期　39, **329**
男根羨望　383, 418
男根中心主義　263
男根中心的　**329**
男根の自己愛的性格　265, **330**, 408
男根的女性（母親）　**330**
男根の性格　330
男根統裁　328
男根不在　154, 418
男根優位　100, **329**
男根優位の心性　329
男根欲動　427
男子家父長制の構造　229
短時間セッション（変動時間セッション）　560
男児のペニス　229
短縮された思春期　187
男性器　273
男性月経　564
男性月経社会　563, 564
男性性　154, **331**
男性性の認知　154
男性的抗議　39, **331**, 438, 462, 494
男性的態勢　439
男性ナルシシズム　229
『男性にみられる愛人選択の特殊な一タイプについて』　39
男性優位主義的偏見　229
男性優位的文化　438
単に聴く　417
断念　429

堪能させあるいは耽溺させる母親　244
断片化　111, 177, 262, 276, **331**, 403, 472, 474
断片化した自己　175
断片的　426

ち

チェスナット・ロッジ病院　51, **332**, 547
知覚記憶　77
知覚脱失　359
知覚同一性　22, 112, **333**, 414
知覚同一性／思考同一性　332
知覚末端　109
知覚様式交叉的な情動交流　227
知覚様式交叉的な情報（無様式知覚）　270
知識本能〔知識願望〕　**333**
知性化　143, 159, **333**, 378, 442
知性化による防衛　184
父親〔父性〕　**333**, 418
父親殺し　117, 327, **334**, 430
父親コンプレックス　218, **335**
父親像の分裂　166
父親なき社会　**335**, 555
父親に対する死の願望　152
父親の幻滅　325
父親の積極的な育児参加　447
父親不在　206
父固着　142
父の否　336
父の名　**335**, 485
父の名の排除　387
膣　25, 398
膣性感の起源　530
知的探求の中心　418
知的な洞察　368
「地」的モーメント　466
乳房　130, **336**, 341, 358, 426, 463
中核葛藤テーマ〔CCRT〕　288, **336**, 368
中核自己　175, 182, 406
中核自己感　27, 77, 179, 183, 226, 491
中核自己表象　416, 491
中核自閉症　203
中核性別同一性　367, 526
中間学派　**337**. → 独立学派
中間者　398
中間的対象　568

中間領域　16, 32, 260, **337**, 357. → 可能性空間
中期思春期　186, 187
忠告と称賛　286
抽象化　105
抽象的思考　177
中心的自我　122, 209, **337**, 421
中性（的）エネルギー　325, 338
中性化〔心的エネルギーの〕　109, **337**, 405
中絶性交　153
中断　215, **338**
中断療法　**339**
中立性　133, 143, 178, 277, **339**, 385, 431, 433
中立的エネルギー　42
中立的洞察　368
中立的な体験領域　16
中和　130
治癒機序　349
チュービンゲン大学医学部精神科　15
チューリヒ　546
チューリヒ学派　213
チューリヒ大学医学部　550
チューリヒ大学医学部精神科　15
超越的同一性　165
超越的な他者　418
聴覚‐視覚間等の様式‐交叉的同等性　458
超感覚的知覚　354
徴候　248
超自我　39, 68, 99, 111, 127, 133, 134, 136, 147, 159, 165, 167, 170, 185, 237, 239, 242, 289, 307, 329, 336, **340**, 352, 359, 361, 391, 421, 450, 455, 474, 488
超自我形成　128, **341**, 359
超自我先駆　134
超自我前駆体　176, 399
超自我抵抗　358
超自我の恐れ　420
超自我の禁止　271
超自我の構成要素　322
超自我の投影　359
超自我の内在化　147
超自我の変化　345
超自我不安　295
超自我理論　293
腸神経症　25
懲罰要求　30
重複解釈　341

重複決定　323, 341, 488
重複的な解釈　341
調和渾然体　50
調和的混交　533
直接解釈　341
直接の乳児観察所見　494
直接分析　341
直面化　59, 142, 283, 285, 286, 287, 342, 399, 493, 515
貯蔵的性格　206
直観　342
貯溜ヒステリー　343, 407, 495, 542
チリ精神分析研究所　510
地理的混乱　82, 364
地理的混乱の整理　284
治療過程　287
治療関係　29, 344
治療機序　142, 208, 213, 368, 470
治療技法　142
治療共同体　51, 212, 565
治療記録　385
治療契約　142, 163, 242, 276, 287, 343, 344, 345, 543
治療契約 - 作業同盟　429
治療構造　276, 277, 287, 343, 432
治療構造設定　283
治療構造論　219, 344, 550
治療構造論的設定　344
治療構造論的了解　344
治療者の側の行動化　178
治療者の基本的態度　428
治療者の基本的な面接態度　431
治療者の逆転移　178
治療者の失敗　33
治療終結　344
治療終結の精神力学　345
治療的共生　518
治療的自我 - 解離　185, 263
治療的退行　345, 351
治療的退行論　313
治療的洞察　286, 368
治療同盟　55, 98, 283, 287, 346, 355, 486, 515, 543
治療目標　344, 347
陳述的記憶　126
沈黙　152

つ

通院分裂病　524
通時的視点　348. → 共時的観

点／通時的観点
通常の神経症　357
つがい　210
つがい文化　84
接ぎ木的転移　221
つぎはぎされた内的対象　367
償い　50, 212, 309, 310, 348, 389, 474, 479, 480
包み込む　144
繋がり　364
罪そのものの否認・防衛の物語　5
罪の意識から罪を行う者　265
罪の「償い」　469
強い自責感　44

て

出会いのモーメント　77
D　480
DSM　71, 249
DSM-III　239, 360
DSM-III-R　362
DSM-IV　93, 266
DSM-IV 人格障害　348
TAT　257, 365
T グループ　212
定型的な思春期　187
抵抗　88, 114, 173, 181, 276, 287, 349, 412
抵抗と転移　287
抵抗の概念　44
抵抗の起源　287
抵抗分析　142, 143, 350, 444
ディック〔症例〕　202, 351
デカルト的コギト　72, 215, 563
適応　23, 534
適応過程　352
適応機制　63, 401
適応機能　244
適応状態　352
適応 - 生体論的観点　465
適応的コントロール　402
適応的退行〔ARISE〕　157, 312, 351
適応論　163
適応論的観点　352, 459
適合性　437
敵対的対象　112
適度の欲求不満　284
デジャ・ヴュ　352. → 既視感
手順記憶　77
手順知識　77
デストルドー　467

哲学　28, 352
手続き的記憶　126
徹底された構成主義　132
徹底操作　59, 288, 353, 368, 515
『手に負えない若者』　502
テル・ケルグループ　515
テレパシー〔遠隔伝心〕　178, 354
転移　49, 54, 72, 110, 116, 143, 150, 166, 174, 198, 199, 219, 243, 266, 276, 285, 287, 350, 355, 357, 359, 382, 402, 407, 431, 433, 486, 542
転移外解釈　55, 359
転移解釈　55, 182, 359
転移 - 逆転移　283
転移 - 逆転移関係　368
転移状況　208
転移神経症　143, 172, 174, 240, 345, 355, 357
転移性精神病　289, 357, 358, 564
転移性治癒　115
転移性恋愛　355
転移対象　52
転移抵抗　267, 350, 358, 359, 444
転移と抵抗　283
転移能力　357
転移の原型　486
転移の収集　284, 364
転移分析　286, 321, 359
転移分析の治療的要因　359
転換　22, 44, 49, 79, 109, 225, 228, 243, 246, 272, 359, 360, 414, 442, 505
転換型　408
転換機制　45, 80, 243, 244
「転換」現象　43
転換症状　67, 228, 359
転換性障害　360
転換能力　359
転換ヒステリー　121, 247, 272, 357, 360, 407, 420
転機　360
伝達　143

と

トイレット・トレーニング　136, 137
同一化　10, 80, 88, 128, 130, 159, 230, 295, 337, 351, 360, 369, 374, 375, 440, 442

統一化現象　159
同一化の対象　324
同一視　210
同一性　2, 156, 164, 362. → アイデンティティ
同一性拡散　156, 469
同一性拡散症候群　165, 236, 291, **362**
同一性危機　362. → アイデンティティ
同一性障害　**362**
同一性統合の病理の研究　165
動因　277
投影　2, 49, 54, 116, 128, 130, 146, 159, 199, 358, **363**, 373, 442, 455, 463
投影逆同一化　342
投影同一化（視）　2, 10, 23, 52, 82, 88, 91, 105, 106, 107, 121, 124, 136, 144, 145, 146, 159, 177, 223, 252, 275, 276, 284, 336, 342, 351, 358, **363**, 367, 390, 402, 404, 418, 436, 443, 461, 462, 463, 532, 567
投影同一化による欲動のコントロール　158
投影の機制　171, 374
投映（影）法　**365**, 499, 500
登記　18
動機　41, 271, **365**
動機づけ　365
統合　336, **366**
統合機能　158
統合水準　524
統合的家族療法　503
倒錯　280, **366**, 384, 418, 422, 450, 471
倒錯的な満足　173
洞察　46, 54, 148, 276, 283, 288, **367**, 429
洞察過程　120
洞察志向的な精神分析的精神療法　286
洞察状態　368
洞察の三角形　368
投射　54, **369**. → 投影
同性愛　11, 29, 136, 154, 218, 366, **369**, 526
同性愛願望　462
同性愛者　138, 170, 173
同性愛的対象選択　170
同性愛不安　369, 398
同性コンプレックス　378
統制分析　**370**
同席面接　344
闘争／逃避　210

闘争逃避基本仮定グループ　403
闘争‐逃避文化　84
同調　484
疼痛　359
道徳意識　45
道徳的自虐性　231. → 道徳的マゾヒズム
道徳的マゾヒズム　147, 183, 231, 265, **370**, 450, 451
道徳的または精神的マゾヒズム　152
動物機能系臓器　228
動物行動学　226
動物磁気説　239, 486
同胞葛藤　**370**
同胞コンプレックス　194
東北帝国大学医学部　553
トゥルーソー病院　530
特異性　162, 505
特定行為　74, 209, **371**
匿名性　178
独立　25
独立学派　107, 279, **371**, 537
独立派　198
綴じ目　336
ドストエフスキー　34
『ドストエフスキーと父親殺し』　34, 152
トーテミズム　117
トーテム　125, 372. → タブー
『トーテムとタブー』　152, 207, 430, 465
トピーカ精神分析研究所　510, 555
ドラ［症例］　183, 246, 355, 358, 361, **372**, 407
とらわれ　238
トランス　12, 139
トランスセクシャリズム　367
取り入れ　54, 116, 121, 130, 146, 177, 321, 358, 361, **373**, 374, 375, 390, 442, 455, 463
取り入れ同一化　88, 373, **374**, 404, 480
取り入れの機制　374
取り消し　96
取り引き　511
トロツキー主義者　428
ドロップアウト　374. → 中断
トロンプ・ロイユ　217
遁走　119, 158
貪欲　295, **374**

な

内因欲動論　40, 123, 407
内向　123, 375
内向／外向　**375**
内在化　23, 85, 147, 159, 320, 373, **375**, 520
内在化された父親の「悪い」ペニスに対する恐怖　230
内的　345
内的葛藤　488
内的空間　536
内的作業モデル　377
内的自我境界　160
内的自己愛組織　388
内的精神　160
内的世界　262, 316
内的世界／外的世界　**376**
内的対象　302, 316, 357, 474, 532
内的対象／外的対象　**376**
内的対象関係　24, 106, 377, 537. → 対象関係
内的対象関係論的発達理論　519
内的対象喪失　319, 465
内的対象の形成　171
内的対象の内部　82
内的同一性　467
内的な実体感　318
内的な対象関係の幻想　455
内的な対象関係の変化　286
内的な対象表象　319
内的妨害者　337
内的欲動　420
内的欲動論　281
内的欲求不満　482
内的リアリティ　158
内的ワーキングモデル　**377**
内容解釈　55
内容分析　285
名前　115
名前をもたない恐怖　223
ナルシシズム　1, 10, 109, 165, 280, 377, 490, 492. → 自己愛〔ナルシシズム〕
ナルシシズム的状態　168
『ナルシシズム入門』　8, 156, 167, 168, 379, 398, 490
ナルシシズム論　73

に

肉体的回想　497
二元論　449
二次加工　116, **377**, 391, 473
二次過程　42, 116, 120, 149, 176, 206, 244, 309, 333, 352, 378, 383, 414, 454, 462. → 一次過程／二次過程
二次過程思考　245
二次元性　203
二次性症状　546
二次的自我自律性　162
二次的自己愛　171. → 二次ナルシシズム
二次的疾病利得　444
二次的自律自我装置　232
二次的自律性　85, 219
二次的同一化　23
二次的ひきこもり　206
二次的マゾヒズム　264, 450
二次ナルシシズム　168, 288, 357, 378, 388. → 一次ナルシシズム／二次ナルシシズム
二者　298
二者関係　71, 235, 430, 454
二者関係／三者関係　378
二者関係変容　435
二者関係無意識　281
二者間の関係調節　150
二者期の対象関係　547
二者期の父親　334
二者期の同性コンプレックス　547
二者心理学　72, 280, 378
二者単一体　95
二者融合の世界　150
二重決定の法則　524
二重拘束　378. → ダブルバインド
二重人格　378. → 多重人格
二重の依存　19
二次利得　195, 379. → 疾病利得
にせの思いやり　480
偽物の洞察　368
二相説　186, 379, 392, 476
二大本能論　291, 379
日常語　412
日常生活　183
『日常生活の精神病理学』　252
日中残滓物〔昼の残滓〕　**379**, 473

ニード　62, 131
日本語臨床　**379**
日本精神分析インスティテュート　285
日本精神分析インスティテュートの福岡支部　531
日本精神分析学会　279, 281, 380, 510, 531
日本精神分析協会　242, 279, 282, 287, 381, 531
日本的な対象関係論　531
入院場面　511
乳児院　445
乳児観察　461
『乳児期の不安』　527
乳児虐待　16
乳児自慰　191
乳児的退行　150
乳児の早期精神発達　410
乳児の無力さ　198
乳頭領域　269
入眠幻覚　85
乳幼児 - 親関係性障害の評価　539
乳幼児観察　276, 381, 535
乳幼児研究　226, 393, 507
乳幼児精神医学（保健）　22, 199, 244, 381, 410, 446, 525
乳幼児精神病　202
乳幼児における精神病理学的な障害　381
乳幼児の機能的便秘　308
乳幼児の心理的誕生　553
『乳幼児の精神衛生』　446
乳幼児のセクシャリティ　308
乳幼児の直接観察法　382
乳幼児の中の早期の倫理感情　508
乳幼児の万能感　401
乳幼児 - 母子関係研究　277
ニューレフト運動　428
ニュー・オブジェクト　**382**
ニューヨークNPAP精神分析研究所　451, 559
ニューヨーク精神分析研究所　527, 546
ニューロン　74
ニューロン系　74
ニューロン理論　540, 541
尿道愛　273
尿道性愛　383
人間生涯　484
人間中心主義　353
人間的温かみ　423
人間的誠実さ　428
『人間モーセと一神教』　141,

178
妊娠願望　294
認知　**383**
認知障害　247
認知的思考　383
認知療法　384

ぬ

盗まれた手紙　199
ヌミノース　432

ね

寝椅子　417
寝椅子仰臥自由連想法　388
ネオセクシュアリティ　367, **384**
ネオフロイト派　279, 280
願い　325
ねずみ男［症例］　177, 231, **384**, 465
ねずみ刑　385
涅槃原則　42, 53, 130, **385**, 402
年齢退行　313

の

ノー　48
『ノー・アンド・イエス』　290, 527
脳　194
能動性　179, 331, 398, 422
能動性と受動性　273
能動的　238
能動的／受動的　**386**
能動的対象愛　34
能動的な過程　496
残された情動　420
覗き見症　366
ノーという大人の否定の仕草　48
のみ込まれる不安　150, **386**, 499
呑み込み　320
ノンヒューマン環境　518

は

配偶者の死　319
背景対象［一次的同一化の］

387
「背景」モーメント　466
排出　363
排除　336, **387**
賠償神経症　195, 240, **388**. →
　疾病利得
排泄行動の発達　394
背徳症状群　398
排尿　383
背面椅子式自由連想法　**388**
配慮　536
破壊　129, 173
破壊傾向　338
破壊性　374
破壊的カテクシス　467
破壊的幻想　374
破壊的自己愛　172, 281, **388**,
　567
破壊的自己愛／性愛的自己愛
　388
破壊的自己愛組織　**388**, 417,
　567
破壊的自己愛パーソナリティ
　388
破壊的対象関係　418
破壊欲動　**389**. → 死の本能
　（欲動）
はかなさ　325
破局的変化　190, 275
迫害の恐怖　110, **389**
迫害的罪悪感　50, 147, 148,
　389
迫害的罪悪感／抑うつ的罪悪感
　389
迫害の対象　436, 463
迫害（的）不安　24, 136, 275,
　288, 306, 357, 358, 374, **389**,
　390, 455, 462, 463, 479
迫害妄想　462
剥奪　22, 105, **390**
白昼夢　123, **391**
箱庭　470
箱庭法　365
恥　136, 137, 167, 190, 379,
　391
恥の文化　320
橋渡し機能　473
パス　280, 486, 561
派生的コミュニケーション
　143
パーソナリティ　158, 266,
　281
パーソナリティ傾向　281
パーソナリティ構造　279, 281,
　416
パーソナリティ障害　158

パーソナリティ全体の変革
　286
パーソナリティの一部の変化
　286
パーソナリティの発達的基礎
　235
パーソナリティ発達　287
パーソン自我　155, 163, 170,
　391
破綻点　154
八カ月不安　48, **392**, 410, 435.
　→ 人見知り
波長合わせ　486
発散（除反応）　44, 232
発生的解釈　149, 359
発生的洞察　368
発生的・発達的見地　290
発生 - 発達論　163, 510
発生 - 発達論的自我心理学
　162
発生論　37
発生論的観点　134, **392**, 393
罰せられる不安　273
発達　192, 312, **392**
発達課題　366
発達葛藤　**393**
発達障害　362, 445
発達障害説　202
発達心理学　226, 282, 494
発達図式　283, **392**
発達阻害　**393**
発達促進因子　490
発達促進環境　366, **394**, 507.
　→ 抱える環境
発達停止　**394**
発達的葛藤　393
発達に役立つ退行　546
発達の漸成過程　233
発達プロフィール　**394**
発達ライン　94, 162, 191, 392,
　394, 454, 482, 545
発達論　243
パディントン・グリーン病院
　506
パニック　267
パニック障害　**395**. → 不安神
　経症
母親〔母性〕　224, 334, **395**,
　435
母親が情緒的にうまく対応でき
　ること　493
母親からの分離　149
母親幻想の脱錯覚　5
母親 - 子どもの共生的関係
　206
母親参照　**396**, 508

母親像　415
母親との一次的同一化　490
母親に対する依存性　198
母親 - 乳児　32, 213
母親 - 乳児ユニット　215, **396**
母親の原初的没頭　507
母親の献身　123
母親の情緒的対応　435
母親の身体の内部性　229
母親の心的役割　395
母親の潜在思考　310
母親の想像生活　310
母親の養育機能　395
母親への強い愛着　129
母固着　142
母と子の関係性の成立過程
　527
母なる自然　191
母に対する愛着・甘え　400
母 - 乳幼児精神療法　310
母 - 乳幼児治療　382
ハムステッド・クリニック
　545
ハムステッド児童訓練センター
　552
ハムステッド・ナーサリー
　445
ハムステッドの住居　541
破滅不安　296, 426
早まった罪悪感　148
パラタクシックなゆがみ　**397**.
　→ サリヴァン
パラノイア　96, 389, 390, **397**
パラノイア論　73
パラフィリア　366, **397**. →
　倒錯
パラフレニー　**397**
パラメーター　286, **398**
パリ学派　244
パリ精神分析研究所　527
パリ・フロイト派（EFP）
　279, 281, 560
歯をもった膣　398
歯をもったペニス　398
ハンガリー　50, 83
犯罪的な破壊行為　173
反社会性　**398**
反社会性人格障害　93, 398
反社会的行動　506
ハンス少年［症例］　49, 98,
　101, 129, 185, 198, 272, 370,
　399, 420
反精神医学　249, 565
反精神医学運動　257
汎性説　264
反対充当　127

判断　120, 234
「判断」における否定の機能
　　409
判断・予測能力　158
反動型　266
反動型の性格傾向　265
反動形成　85, 87, 136, 138,
　　143, 159, 265, 384, 400, 442,
　　469
反同調　484
ハンドリング　62, 401. → 抱
　　えること〔ホールディング〕
反応　26
万能　121, 310, 358, 390, 401,
　　455, 463
万能感　401, 448
万能感モーメント　466
万能性　376
万能体験　17
万能的　173
万能的コントロール　97, 402
万能的な幻想　230
万能の錯覚　309, 325
反復　76
反復強迫　36, 75, 76, 182, 312,
　　353, 386, 392, 402, 444, 543
反復強迫抵抗　358
反復する悪夢　58
反リビドー的自我　85, 122,
　　209, 337

ひ

美　441
here & now の転移関係の解釈
　　359
悲哀　319, 389, 402, 460, 464,
　　479. → 喪の仕事〔悲哀の仕
　　事〕
『悲哀とメランコリー』　36,
　　105, 152, 253, 459
悲哀の四つの課題　409
ピアジェ学派　458
非医師の分析家（レイ・アナリ
　　スト）　559
PS　480
Ps↔D　94, 332, 403. → ビオ
　　ン理論. → 抑うつポジション
P-F スタディ　257, 365, 482
ビオンの仕事　556
ビオン理論　403
美学　74
比較精神療法的な方法論　344
被観察乳児　178, 393, 404,
　　494, 525. → 臨床乳児

ひきこもり　32, 206, 404
『引き裂かれた自己』　386
備給〔充当，給付〕　42, 78,
　　89, 160, 404, 414
備給の置き換え　108
ピグル〔症例〕　110, 406
悲劇の人　406
非言語的コミュニケーション
　　379, 423
非現実感　440
非自我　156, 159
非自我化　159
非自己　430
非指示的な介入と解釈　286
非指示療法　566
微小知覚　454
美少年ナルキッソス　170
微笑反応　48, 527
微小表象　454
ヒステリー　49, 56, 233, 238,
　　239, 253, 269, 343, 407, 414,
　　477, 495, 521
ヒステリー技術　407
『ヒステリー研究』　13, 43,
　　44, 78, 182, 185, 359, 455, 465,
　　496
ヒステリー研究　225
『ヒステリー現象の心的機制に
　　ついて』　442
ヒステリー症状　232, 341
ヒステリー人格〔ヒステリー性
　　格〕　267, 330, 408
ヒステリー神経症　239
ヒステリー性健忘　125
ヒステリー性人格障害　407
ヒステリー治療　76
ヒステリー（性）転換　80,
　　228, 243, 245
ヒステリーの機制　372
『ヒステリーの病因について』
　　542
ヒステロイド　407
非性愛化　325
非精神病人格　177. → 非精神
　　病的パーソナリティ
非精神病性のひきこもり　291
非精神病的パーソナリティ
　　409. → 精神病的パーソナリテ
　　ィ／非精神病的パーソナリテ
　　ィ
非精神病的パーソナリティ部分
　　403
非体験的表象　415
悲嘆　464
悲嘆カウンセリング　409
悲嘆反応　409

『否定』　53, 54
否定　409, 411
PTSD　280, 301, 408. → 外
　　傷後ストレス障害〔PTSD〕
否定形　409
非定型児童　410
否定象徴　409
否定的同一性　165
美的葛藤　461
美的次元　556
美的体験　441
人と人とのかかわり合いの過程
　　234
人見知り　410, 430, 435, 456
ひとりでいる能力　32, 410,
　　507
泌尿器 - 生殖器領域　269
否認　91, 121, 143, 159, 358,
　　390, 399, 408, 411, 455, 463,
　　511
否認の機制　463
批判的な構成主義　133
被覆法　46
皮膚自我　160, 320, 412
皮膚の原初機能　296, 332
皮膚の包容機能　535
被分析者の空想や記憶の布置
　　434
ヒポコンドリー　412. → 心気
　　症
瀰漫性白質脳炎　523
秘密　38, 412
秘密の遵守　142
秘密の保持　344
秘密の漏洩　216
比喩　31, 79, 136, 142, 222
比喩化　473
病因的退行　313
病識　239
表出的・支持的連続体　286
表出的な精神療法　286
表出的 - 支持的精神療法　280
表出療法　188, 413
標準版　526
表象　27, 201, 314, 413, 491
表象間の論理的関連　333
表象志向型心理療法　52
表象志向型の母 - 乳幼児治療
　　382
表象世界　415
病状増悪　29
表象モデル　519
病態水準　416
病の共生　518
病的自己愛　175, 200
病的組織化　281

病的組織化論　134
病的な退行　312
「病的な」ヒステリー患者　407
病的喪　327
病的抑うつ　460
平等に漂う注意　109, 342, 417, 431
病理構造体〔病理的組織化〕　305, 388, 417, 567
病理的機構化　172
病理的な投影同一視　438
病理的パーソナリティ　456
閃き　225

ふ

ファシズム　206
ファシズムの心理　451
ファルス　101, 418
不安　241, 359, 418, 458, 476
不安障害　239
不安状態の記憶　420
不安神経症　35, 43, 121, 153, 239, 240, 243, 244, 419, 420, 542
不安神経症の発症機制　244
不安信号　442, 454
不安信号説　35, 57, 302, 420, 476, 543
不安耐性の欠如　129
ファンタジー　420, 471.→幻想
不安定型愛着　447
不安定な愛着関係　377
不安等価症　476
不安の起源　420
不安反応　245
不安反応の原型　197
不安ヒステリー　35, 98, 121, 239, 272, 357, 359, 407, 420
不安-防衛論　510
不安夢　200
不安理論　197
フィロバット　533
フィロバティズム　421.→オクノフィリア／フィロバティズム
フィンガーペインティング　365
夫婦関係　98
フェアバーン理論　421
フェティシズム　101, 165, 366, 367, 422, 463
フェティッシュ　17, 262, 515

フェミニスト　231
フェミニズム　506
フェミニズム運動　515
フェレンツィ的情動交流　281
フェレンツィ的治療態度　83, 422, 429
フォルト-ダア〔糸巻き遊び〕　27, 118, 423
孵化　202, 430
不快感への耐久性　345
不快原則　53, 424
不確実さ　384
不感症　424.→性機能障害
不完全な分析　345
無気味さ　178
無気味なもの　74, 275, 327, 424, 454
副交感神経系　80, 229
複合的精神療法　344
副次的症状　546
服従　335
複数の自己表象　169
服装倒錯　366
腹痛　25
含み込み　144
複論理　456
不在と再会　423
不在の概念　177, 223, 403
不在の「もの」　223
φ（プシー）　108
不死，永生を求める思考　178
双子あるいは分身転移　425
双子転移　62, 174
双子分身転移　425
ブダペスト学派　370
2人のスーパーバイザー　285
附着同一化　203, 252, 425, 461, 536
普通の良い母親　447
復活　313
物質依存　295
物象化　425
浮動性不安　426, 476.→不安神経症
ブナイ・ブリース協会　543
不能　426.→性機能障害
部分愛　297
部分自己表象　92
部分対象　110, 288, 302, 316, 336, 358, 394, 426
部分対象関係　276, 390, 395, 436, 455, 462, 463
部分対象の段階　191
部分対象表象　92
部分的対象愛　297, 505
部分的剥奪　22

部分欲動　270, 300, 328, **427**
普遍的象徴　222
普遍的無意識　455
父母代理　382
父母治療　**427**
父母の連合　563
不問的治療態度　238
プライバシーの侵害　216
『ブラザーアニマル』　506
フラストレーション　195, 421
フラストレーション・攻撃仮説　128
フラストレーション不耐性　475
ブラゼルトンによる乳幼児発達促進のための評価方法　382
フラッシュバック　57
ブランク・スクリーン　75
フランクフルト学派　353
フランクフルト大学　554
フランクフルト大学社会研究所　428
フリース宛の手紙　182
フリース体験　152, 543
ブリーフ・サイコセラピー　427.→短期精神療法
「ブルームズ・ベリー」グループ　526
プレイ・アナリシス　348
プレイセラピー　427.→遊戯療法
プレイルーム　470
プレ・エディパル　394
プレ成人期　186
フロイト左派　282, **427**
フロイト的事象　485
フロイト的治療態度　18, 143, 277, 280, 281, 344, 422, **428**, 542, 550
フロイトの一連の技法論　125
フロイトの価値観　422
フロイトの初期の不安理論　35
フロイトの対象論　316
フロイトの人間観　400
フロイトの翻訳　562
フロイトへの回帰　560
フロイト-マルキスト　427
プロテスタンティズム　205
分化　435, 553
文化　276, 380, **429**, 567
分解　203
文化学派　33
分化期　202, 430
文化人類学　282, 327, 353, **430**, 530, 555

分割　91, 262
文化的体験　32, 69, 157, 207
文化的な昇華　271
文化とパーソナリティ　555
『文化への不安』　147
文章完成法　257
分身転移　63
分析　277
分析医の中立性　423, 429
分析家の育成　431
分析家の受身性　429, 431
分析可能性　193, 249, 283, 286, 287, 431, 515. → 精神分析可能性
分析家の心的態度　457
分析家の能動性　287, 431
『分析技法前史について』213
分析技法論　460
分析者と被分析者との共同作業　148
分析者の正常な自我　142
分析状況　431, 486
分析状況に特有の分析者・被分析者間のインターパーソナルな過程　434
分析心理学　277, 432, 558
分析中断　372
分析治療の開始　242
分析的第三者　356
分析の隠れ身　178, 429, 433
分析の道具　434
分析のもつ2つの側面　285
分析場面におけるテレパシー現象　355
糞便　25
分離　160, 319, 434. → 隔離
分離-個体化　19, 94, 95, 160, 199, 202, 295, 392, 434, 452, 498, 552, 553
分離-個体化過程　149, 317
分離-個体化期　466
分離-個体化理論　318, 379, 394
分離罪悪感　320
分離指向　435
分離性　308
分離と再会　424
分離不安　16, 95, 149, 159, 215, 400, 435
分離不安障害　436
分裂〔分割〕　146, 259, 262, 336, 363, 421, 436, 443, 474, 511. → スプリッティング
分裂機制　121, 262, 275, 310, 411, 436

分裂した夫婦　563
分裂性パーソナリティ障害　259
分裂的パーソナリティ　436. → スキゾイド・パーソナリティ
分裂病　105, 158, 538, 561
分裂病因性母親　437
分裂病型人格障害　93, 437. → DSM-IV 人格障害
分裂病患者　105
分裂病質人格障害　93
分裂病質パーソナリティ　260
分裂病者　105
『分裂病少女の手記』　497
分裂病性の思考障害　105
分裂病メカニズム　266
分裂病論　424

へ

ペアリング基本仮定グループ　403
平均的　437
平均的に期待される（期待可能な）環境　307, 352, 437
平均的に期待される個体　352
米国精神分析アカデミー　279, 281
米国精神分析学会　281
閉鎖システム　189
ベーシック・アサンプション　→ 基底的想定〔ベーシック・アサンプション〕
ベーシック・アサンプション（基底的想定）・グループ　535
ベータ要素　11, 78, 106, 107, 177, 403, 437, 438
ベック法　500
ベトナム帰還兵　56
ペニス　100, 153, 263, 398, 426
ペニス羨望　39, 45, 101, 229, 230, 305, 329, 330, 331, 438, 476
ペニスとクリトリス　273
ペニスの象徴的等価物　273
ペニスをもった女性〔ペニスをもった母親〕　439. → 男根的女性（母親）
ヘブライ大学ジグムント・フロイト精神分析講座初代教授　519
ベルクガッセ19番地　541

ペルソナ　156
ベルリン精神分析協会　504, 519
ベルリン精神分析研究所　261, 370, 561
変異　398
変化への柔軟性　350
変化をもたらす解釈　439, 526
変形　440. → ビオン理論
変質　398
弁証法的構築論　285
弁証法的対話　69, 204
弁証法的な構成主義　133
便通異常　25
便秘　25
変容自我状態　440
変容性解釈　359, 440, 526. → 変化をもたらす解釈
変容性内在化　174, 175, 181, 182, 195, 440, 446
変容対象　441
『変容の象徴』　27

ほ

防衛　44, 63, 87, 127, 130, 143, 201, 234, 241, 441, 442, 443, 521, 542
防衛解釈　55, 143
防衛機制　35, 63, 159, 179, 220, 233, 322, 333, 400, 415, 416, 442, 477, 545
防衛機能　244, 386
防衛自我　162
防衛神経症　443
『防衛-神経精神病』　359, 442, 443
防衛-神経精神病　443
防衛精神病　443
防衛組織　388, 417, 456
防衛的構造　181, 443
防衛的自我　134, 155
防衛的退行　312
防衛ヒステリー　343, 407, 443, 495, 542
防衛ヒステリーの理論　44
防衛分析　268, 368, 444
妨害　173
崩壊不安　296
包括的ロールシャッハ法　500
砲弾ショック　154
報復の不安　351
包容機能　144, 535
暴力行動　399
ホガース　527

保持　136
母子関係　294, 381
母子関係論　301
母子間の幻想的な相互作用　396
母子間のよき情緒的コミュニケーション　163
母子相互作用　435
母子のコミュニケーション　241, 395
母子の相互作用の障害　381
補償　69, 81, 444
補償機能　486
補償神経症　408
補助自我　**445**
補助的契機　67
補助的自我　445
ポスト-クライン派　279
ポスト・フロイディアン　451
ポストモダン精神分析　72
ボストン・グループ　77
ボストン・プロジェクト　280
ホスピタリズム　22, **445**
母性愛剥奪症候群　57
母性性　154
母性的環境の剥奪　352
母性的看護　537
補正的構造　307, **446**
母性的態度　**446**. → 母親〔母性〕
母性的な養育や愛情の欠如　445
母性的養育の喪失　390
母性的養育の剥奪　22
母性のコンステレーション　396
母性剥奪　319, 395, 399, **446**, 482. → 剥奪
母性抑うつ　381, **446**
補足型同一化　468
ボーダーライン　480
ボーダーライン・パーソナリティ　317. → 境界性人格障害
ほど良い性行為　271
ほど良い母親　32, 61, 259, 352, 395, 432, 437, **447**
ほどよいホールディング　507
ホメオスターシス　64, 245
ホメオスターシス論　503
ホラ吹き男爵　453
ポリサージェリ　**448**, 453
ホールディング　24, 32, 61, 145, 227, 288, **448**. → 抱えること〔ホールディング〕
惚れ込み　490
ホワイト精神分析研究所　33, 280, 547. → ウィリアム・アランソン・ホワイト・インスティテュート
本当の自己　26, 33, 62, 180, **447**, **448**, 507
本当の罪　50
本能　376, 379, **448**, **449**, 455, 481
本能エネルギーの貯蔵庫　37
本能衝動　225
『本能とその運命』　53, 228, **459**, 481
本能二元論　42
本能（的）欲動　37, 315, 481
本能理論　167
本来の自己　428
本来の抑圧　477

ま

マイクロアナリシス　52
マイナスK　404
毎日分析　213, 276, 284, 287
巻き込み型強迫　97, 402
摩擦症　366
魔術的　401
魔術的アニミズム的思考方法　178
魔術的思考　96
魔術的な同一化　361
麻酔分析　450
マスターベーション　130, **450**. → 自慰
マゾヒズム　50, 137, 151, 179, 183, 200, 231, 236, 366, 427, **450**, **451**, 453
マゾヒズム幻想　231
マゾヒズム的性格　34, 267, **451**, 559
マゾヒズム的挑戦　451
マゾヒズム的パーソナリティ障害　265
『マゾヒズムの経済的問題』　53
マターナル・デプリベーション　326, **451**. → 剥奪
マッシー・キャンベル尺度　382
まとまり　234
マネージメント　62
マルクス主義　427, 559
マルチモデルの力動的診断　249
マルチモデル・フロイディアン　**451**

慢性化した悲嘆反応　409
慢性自殺　185
慢性自殺行為　11
慢性妄想性精神病　397
マンチョウゼン・シンドローム　453

み

見えない対象の幻視　112
未開人　177
未開人のタブー　178
未視感　81
未熟な自我発達　482
未生怨　5, **452**
未生怨転移　5
見知らぬ人不安　10
水　470
見捨てられ抑うつ　92, **452**, 493, 552
見せかけの思春期　187
見立て　249
3つの自我　209, 317
見て見ぬふり　41
未統合な自己　392
未分化期　553
ミュンヒハウゼン症候群　**448**, 453
ミラーリング　**453**
見るなの禁止　169, 257, 281, **454**
民族学的精神分析学の創始者　530

む

無意識　17, 76, 78, 99, 133, 199, 208, 214, 222, 237, 253, 276, 322, 412, 413, 432, **454**, 456, 457, 477
無意識過程　53
無意識的葛藤　88, 542
無意識的過程　78
無意識的願望　243, 415
無意識的機能　456
無意識的空想　199, 426
無意識的幻想　40, 88, 106, 113, 124, 130, 376, 395, 455, 474
無意識的罪悪感　30, 147, 148, 226, 348, 370, 389, 451
無意識的身体像　531
無意識的な意味　109
無意識的な自動性　297

無意識的表象　201
無意識的不安　226
『無意識について』　79, 455, 459
無意識の意識化　368
無意識の葛藤の洞察　142
無意識の集合と対称　456
無意識の主体　324
無意識の創造性　313
無意識の懲罰願望　389
『無意識の発見』　509
無意識の補償作用　444
無感覚および感覚脱失　360
無感覚の段階　204
無関心型自己愛パーソナリティ　176
向け換え　87, 179, 442, 456. → 自己自身への向け換え
『無限集合としての無意識』　552
夢幻状態　119
夢幻様心像　157, 160
無差別微笑　456
無時間　457
無実の罪　50
無邪気な状態　313
無食欲症　295
無性欲症　9
夢想　144, 145, 276, 364, 404, 438, 457
無相互性　308
無統合　296, 332
空しさ　105
夢遊状態　407
無様式　179
無様式知覚　120, 457
無律（原初の前秩序状態）　233
無料治療　47
無力　19
無力感　207, 458

め

明確化　59, 115, 142, 283, 285, 286, 287, 459, 515. → 介入
迷信　178, 384
命日反応　205, 465
明白な記憶　126
名誉権　216
眼鏡の支払い　385
目ざめ　202, 553
メスカリン酩酊　217
メタサイコロジー　74, 76, 99, 414, 459, 465, 488, 543
メタサイコロジー─心的表象論　281
メタ心理学　18, 283, 359, 519. → メタサイコロジー
メタ心理学的「自我」　234
メタ心理学論集　17
メタファー　79, 563
メタフォール　200
メトニミー　200
メニンガー　185
メニンガー・クリニック　51, 332, 459, 510, 520, 531, 555, 565
メニンガー精神医学校　555
メランコリー　36, 170, 185, 460
メルツァー理論　461
面接　276

も

喪　464
盲児の発達研究　539
妄想　54, 160, 218, 332, 411, 461
妄想型人格　462. → DSM-IV 人格障害
妄想性人格障害　93
妄想性痴呆　397
妄想性転移　275, 564
妄想性不安　479
妄想分裂ポジション　24, 32, 106, 107, 131, 148, 198, 199, 204, 223, 227, 255, 259, 262, 276, 289, 296, 332, 336, 357, 363, 374, 390, 403, 417, 426, 436, 443, 456, 461, 462, 474, 490, 514, 532, 537, 567
妄想分裂ポジション - 抑うつポジション　283
妄想ポジション　259, 390, 462, 532
盲点化　463
燃え尽き症候群　328
目的阻止されたリビドー　533
目的発見的洞察　368
目標　463. → 欲動
目標をもった自我の部分的退行状態　434
モデル　258, 463. → コンテイナー／コンテインド. → 神話
もともとの自我　337, 463, 537. → 原初自我
もともとの対象　421
モーニング　474
もの想い　185, 417, 457. → 夢想
物語　563
物語自己感　179
物語モデル　254, 463
喪の過程　204
喪の作業　480
喪の仕事〔悲哀の仕事〕　147, 152, 334, 354, 385, 464, 479, 540, 542
もの自体　111, 223
喪の心理　186
喪の心理の基本的課題　466
喪の徹底操作　106
喪のプロセス　409
喪の四段階説　512
モーメント　323, 466
もらい子・継子空想　66
モラトリアム　2, 466
モラトリアム人間心理　291
『モラトリアム人間の時代』　467
森田神経質における精神交互作用　233
森田療法　46
モルティドー　200, 338, 467

や

約束制度　344
薬物療法　20
役割　515
役割対応性〔役割応答性〕　364, 468, 519
やさしさ　270, 468, 533
8つの発達段階　484
山あらしジレンマ　468
やり直し　159, 442, 469
柔らかい玩具　394

ゆ

唯我独尊　238
唯物論的生命論　540
優越コンプレックス　445, 498
優越への欲求　156
遊戯　469
遊戯技法　306, 455
有機構成　188
有機体モデル　377
勇気づけ　188
遊戯療法　110, 276, 389, 469

融合 338
融合／解離［欲動の］ **470**
融合転移 62, 175
融合と解離 325, 471
融合不安 435
融合モーメント 466
誘惑 471
誘惑理論 **471**
融和した自己（期） 175, 181, **472**
融和した自己期（18-30カ月）への固着 175
融和した自己表象 175
歪んだ夫婦 563
UCLA 515
指折れ 452
指しゃぶり 79
夢 22, 30, 111, 115, 116, 184, 217, 221, 245, 276, 283, 322, 341, 377, 391, 403, 461, **472**, 478
『夢事象の心理学』 78, 89, 333
夢と神秘主義 354
『夢とテレパシー』 354
夢の過程 112
夢の顕在内容 22, 85
夢の仕事（作業） 7, 111, 115, 116, 222, 473, 501. → 夢
夢の潜在思考 49
夢の日記 184
『夢判断』 22, 38, 75, 78, 120, 133, 209, 221, 252, 254, 290, 312, 332, 373, 383, 424, 455, 459, 465, 472
夢判断 76
夢分析 257, 285, 300, 433
夢分析・解釈 473
夢見ること 69
夢理論 28
『夢理論のメタ心理学的補遺』 117, 120, 459
夢を見ている自我 246
夢を見る 112
ユーモア **473**
ゆるされ型罪悪感 148
許されつぐない型罪悪感 4
ゆるし 282
ユング派 208, 474. → 分析心理学

よ

夜明け発生 160
よいお祖母さん転移 396
良い自己 166
よい対象 166, 358, 389, 463
よい対象／わるい対象 **474**
良い乳房 336
良い母親 395
良いヒステリー患者 407
養育者との関係 377
養育者の共感不全 226
養育放棄 196
幼児 177
幼児期記憶 107
幼児期記憶の再構成 47
幼時期の外傷体験 58
幼児期の葛藤 267
『幼児期の性理論』 399
幼児期の歴史の意義 287
幼児共生精神病 95, 434, 553. → 共生幼児精神病
幼児恐怖症 47
幼児健忘 76, 78, 125, 234, **475**, 476
幼児神経症 399, **475**
幼児性器体制 269
幼児性人格 407
幼児性の誇大妄想 178
幼児性欲 18, 79, 234, 273, 292, 322, 328, 427, **476**, 542
幼児性欲の発達段階への固着と退行 476
幼児性欲論 186
幼児の性生活 476
幼児の性に関係した事柄に関する知識欲 476
陽性逆転移 385
陽性症状 24, 357
陽性転移 143, 355
陽性のエディプス・コンプレックス 38
予期による内的な対象喪失 319
予期による喪 464, 465
予期不安〔期待不安〕 **476**
『抑圧』 459
抑圧 13, 37, 43, 45, 49, 60, 87, 109, 123, 139, 143, 174, 221, 222, 233, 262, 264, 265, 289, 349, 407, 408, 409, 442, 443, 450, 461, 471, **477**, 496, 521
抑圧機能 167
抑圧された過去の体験の想起 385
抑圧されたものの回帰 111, 126, **478**
抑圧されるもの 488
抑圧するもの 488

抑圧性格 477
抑圧抵抗 350, 358, 444
抑圧と欲動の葛藤 444
抑圧の機制 76, 126
抑圧のきめが粗い 351
抑圧の原型 424
抑圧の柔軟性 312, **478**
抑うつ 105, 310, 480
抑うつ神経症 239
抑うつ的罪悪感 147, 389, 479. → 迫害的罪悪感／抑うつ的罪悪感
抑うつ的な気分 86
抑うつ不安 16, 147, 302, 310, 319, 348, 390, **479**, 480
抑うつポジション 31, 32, 40, 106, 110, 131, 147, 148, 199, 204, 212, 213, 223, 227, 255, 302, 307, 309, 310, 325, 336, 348, 366, 390, 410, 417, 454, 456, 461, 462, 474, **479**, 490, 514, 532, 537
抑うつポジションの閾 284
抑うつポジションの課題 466
欲動 80, 130, 235, 271, 325, 386, 391, 407, 414, 455, 471, **481**
欲動解放情動 241, **481**
欲動間の融合 363
欲動交錯 129
欲動興奮型の外傷 109
欲動心理学 191, 466, 534
欲動退行 312
欲動倒錯 18
欲動の衝迫 468
欲動の心的表現 37
欲動の方向の逆転 87
欲動論 45, 452, 470, 553, 559
欲動を制御・調整する機能 158
欲望 271, 485
欲望の対象 485
欲求 481
欲求充足的対象 317, **482**
欲求充足の記憶像 74
欲求不満 128, **482**
欲求不満 - 攻撃仮説 483
欲求不満 - 固着仮説 483
欲求不満 - 退行仮説 483
欲求不満耐性 482
欲求不満抵抗 358
欲求不満への対処法 482
予備面接 242, 483. → 診断面接
よるべなさ 19, 458, 483. →

無力感

ら

ライウス　38
ライウス・コンプレックス　40, 484. → エディプス・コンプレックス
ライフサイクル　2, 87, 393, **484**, 508
ライフサイクルの八段階説　301
ライフスタイル　140
ラカン派　51, 334
ラカン派分析家　486
ラカン理論　**485**
ラットマン　96, 152, 185, 303, 486. → ねずみ男［症例］
ラポール〔情緒的疎通性〕　**486**
乱暴な分析　**486**

り

リエゾン精神医学　243, **487**
理解　359
理解すること　284
力動　**487**
力動 - 経済論　510
力動 - 構造論　510
力動精神医学　162, 279, 280, 416, 460, **487**, **488**, 555
力動的　454
力動的葛藤　392, **488**, 543
力動的観点　37, **487**, **488**
力動的見地　289
力動的構造　377, **489**. → フェアバーン理論
力動的精神療法　**489**
力動的定式化　**489**
力動的洞察　368
力動的な精神内的構造　337
力動的病因説　542
力動的分界面　160
力動理論　551
力動論　99, 283, 459
力動論的 - 発生論的定式化　**489**
離婚　319
離人感　440
離人症　119
離人神経症　239
理想化　91, 121, 175, 259, 388, 433, 436, 443, **489**

理想化された親のイマーゴ　453
理想化された自己　169
理想化転移　62, 174, 175, 178, 295, 472, 490, 540. → 自己愛転移
理想自我　156, **167**, 490
理想自己　175
理想対象　122, 175, 337, 399, 421
リーダー　210
リーダーシップ　210
利他主義　2
離脱　465
離脱の段階　464
リチャード［症例］　**491**
RIGs　77, 416, **491**
離乳　480
離乳過程　284
リビドー　128, 244, 375, 379, 421, 467, **492**
リビドーうっ積不安　48
リビドー・エネルギー経済　267, 559
リビドー経済　270
リビドー興奮　241, 268, 471
リビドー固着　305
リビドー的自我　85, 122, 209, 337
リビドー的対象恒常性　318
リビドー撤収　78
リビドーの可動性　350
リビドーの固着　142
リビドーの組織化〔リビドーの体制〕　301, **492**
リビドーの内向　492
リビドーの粘着性　350
『リビドーの変容とその象徴』　27
リビドー発達　138, 273
リビドー発達段階　191, 416
リビドー備給　168
リビドー欲動の情動　481
リビドー論　355
リフュエリング〔情緒的燃料補給〕　**493**
リフレーミング　132
リミットセッティング　432, 452, **493**
流産型の思春期　187
了解　56
両価傾向　150
両価性　14, 131, **494**. → アンビバレンス

両価性の克服　297
両価的葛藤　130, 136
両義性　309
良心　399
良心の間の葛藤　44
「両親の審級」の相続人　238
両親の超自我　293
両親の夫婦葛藤　446
両性愛　369
両性具有　229, 331, **494**. → 両性素質
両性具有の母親　490
両性素質　369, **494**, 540
良性の退行　50, 313, 345
量的分析　499
両立力価　14
リンキング（連結）　262
臨床心理学　28
臨床精神分析学概説　538
臨床的個人主義　428
臨床的個人尊重主義　277, 524
臨床乳児　178, 393, **494**, 525
倫理綱領　216

る

類催眠状態　**495**
類催眠ヒステリー　343, 407, **495**, 542
類象徴　224
累積外傷　**496**
ルーシー・R嬢［症例］　246, 299, **496**, 542
ルドヴィッヒ・ベルネの言葉　213
ルネ［症例］　**497**
ルネッサンス時代　205

れ

例外人　57, 265, **498**
冷感症　102
歴史的猶予期間　467
レズビアン　**498**. → 同性愛
レゼルビンによる人工的なうつ　192
レゼルビン・モデル　192
劣等感　69
劣等コンプレックス　140, 145, 445, **498**
恋愛妄想　44
連結への攻撃　57, 535
連合障害　546

練習　435, 553
練習期　295, **498**
連想　323
連想検査法　213
連続性の原理　253

ろ

ロサンゼルス精神分析協会　515
露出症　179, 366, 386, 451
露出症的傾向　330
露出欲動　427

ロールシャッハ・テスト　158, 277, 344, 351, 365, **499**
ロールシャッハと言語連想　520
ロールプレイ　557
論争　480

わ

歪曲　429, **501**
わがまま　138
わがものにする作業　83
枠　143

ワークグループ　210, 403, 535
ワークスルー　283, 501. → 徹底操作
私たちの生きる場所　69, 252
悪い自己　166
わるい対象　85, 177, 358, 389, 463, 501, 537. → よい対象／わるい対象
悪い乳房　336
われわれ性　536
われわれ体験　423, 501, 522

欧文索引

A

abandonment depression 92, 452, 552
abbreviated adolescence 187
Abhängigkeit 19
abortive adolescence 187
abreaction 58, 76, 232
abréaction 232
Abreagieren 232
absence 177
absolute dependence 19, 32, 406, 458
absolute primary narcissism 202
abstinence rule 103
Abwehr 441, 443, 542
Abwehranalyse 444
Abwehr-hysterie 443
Abwehrmechanismen 442
Abwehr-Neuropsychosen 443
accident prone personality 183
accomplissement de désir 74
Acropolis experience 3
act psychology 523
acte impulsif 226
acte manqué 192
acting in 3, 135
acting out 3, 135, 423, 429
action language 520
action spécifique 371
Action-self 561
activation contours 227, 270
active Technik 294
active technique 294
activité / passivité 386
activity / passivity 386
actual baby 293
actual neurosis 120, 239
adaptation 23, 143, 398
adaptation alloplastique / adaptation autoplastique 70
adaptive control 402
adaptive point of view 352

adaptive regression 312
Adaptive Regression in the Service of Ego 157, **351**
addiction 418
adhesive identification 425
Adlerian psychology 8
Administrator 37
adolescence 186
advice and suggestion 188
affect 73, 86, 225
affect attunement 71, 226, 227, 368
affect equivalence 79, 243
affect equivalents 228
affective core self 226, **228**, 507
affective disposition 169
affective self 170
Affekt 225
Affektbetrag 226
after repulsion 138
age regression 313
agency 155, 237
aggression 128, 151
Aggression 128
Aggressionstrieb 127, 129
aggressive drive 129
aggressive energy 338
aggressiveness 128
Aggressivität 128
aggressivity 128
Agieren 135
Agnosie 542
agression 128
agressivité 128
aim 347
aim (instinctual aim) 463
Aimee 44
Ajase complex 4
Ajase-Komplex 4
Ajatasatru 452
Aktivität / Passivität 386
Aktualneurose 120
akute Kampfreaktion 154
Akzentverschiebung 473
alcohol dependence 11
alcoolisme 11
alexithymia 12, 192, 244
Alkohol Abhängigkeit 11

Allmacht 401
Allmacht der Gedanken 172, 177
allogender complex 378
alloplastic 352
alloplastic adaptation / autoplastic adaptation 70
alloplastische Anpassung / autoplastische Anpassung 70
alpha-elements 11, 437
alpha-function 11, 144, 177, 276, 403, 437
Als-ob Persönlichkeit 5
altération du moi 166
alteration of the ego 166
altered self state 440
altruism 2
altruisme 2
Altruismus 2
am Erfolge Scheitern, die 271
amae 9
amalgamation 276
ambitendency 150
ambivalence 14, **494**
Ambivalenz 14
ambulatory schizophrenia 524
American Academy of Psychoanalysis 281
American Psychoanalytic Institute 33
American Psychoanalytical Association 281
amnesia 125
Amnesie 125
amnésie 125
amnésie infantile 475
amnésie psychogène 233
amodal 179
amodal perception 457
amour 1
amour génital 269
anaclisie 8
anaclisis 8, 476
anaclitic depression 8, 21, 71, 192, 390, 445, 482
anaclitic

pharmacopsychotherapy
    20
anaclitic type of object-choice
    21
Anaklise   8
anaklitische Depression   21
anaklitische
    Pharmakopsychotherapie
    20
anal character   138
anal phase (stage)   136
anale Stufe (Phase)   136
analer Charakter   138
analizability   249, 515
anal-sadism   137
Analyse   277
analyse de caractère   267
analyse de defense   444
analyse de résistance   350
analyse de situation   219
analyse didactique   89
analyse directe   341
analyse existentielle   125
analyse infantile   198
analytic incognito   433
analytic passivity   142, 429, 431
analytic setting   61
analytic situation   431
analytical psychology   432
analytical setting   355
analytische Passivität   431
analytische Psychologie   432
analytisches Incognitio   433
analytist's neutrality   429
analyzability   193, 284, 286, 431
analyzing instrument   434
anankastische Fehlhaltung
    97
Andere   324
androgyny   494
angeborenes auslösendes
    Schema   290
angoisse   418
angoisse à l'étranger   410
angoisse automatique   197
angoisse de symbiose   95
angoisse dépressive   479
angoisse devant un danger réel
    121
angoisse devant une stase
    libidinale   35
Angst   418
Angsthysterie   420
Angstneurose   419, 542

Angstsignal   241, 420
anhedonia   59, 561
Anhedonie   59
anhédonie   59
Anhörung   109
anima/animus   8
Anima/Animus   8
animal magnetism   486
Anlage   305
Anlehnung   6, 8
Anlehnungstypus der
    Objektwahl   21
Anna O   13
annihilation anxiety   24, 296
anniversary reaction   126, 205, 465
annulation   469
annulation rétroactive   35
anomy   233
anorexia nervosa   241, 294
anthropophobia   320
anthropophobie   320
anticathexis   89
anticipatory mourning   464, 465
antilibidinal ego   122, 209, 337
anti-psychiatry   249
antisocial personality disorder
    398
antisocial tendency   398
anxiété   418
anxiété de l'annihilation   296
anxiété psychotique   275
anxiety   418
anxiety hysteria   420
anxiety neurosis   419
anxiety of engulfment   386
anxious expectation   476
aphanisis   9
Aphanisis   9
appareil psychique   254
après-coup   181
archaic matrix   367
archetype   112
archétype   112
Archetypus   112
arglos   313
ARISE   11, 157, 351
art   109
ärztliche Diskretion   18, 429
as if insight   368
ascèse   104
asceticism   104
as-if personality   5, 69
Askese   104

assertiveness   4
assessment   6
Asymbolie   542
A-T split   37
attachment   2, 6, 326
attention également flottante
    417
atypical child   410
aufdeckende Methode   46
Ausnahmen   498
äußere Frustration   482
äußere Welt   376
Austen Riggs Center   51, 460, 508
autism   202
autism proper   203
autisme   202
Autismus   202
autistic objects   203
autistic-contiguous position
    204
auto-analyse   183
autoerotic   130
auto-erotism   170, 191, 476
auto-érotisme   191
Autoerotismus   191
automatic anxiety   197
automatische Angst   197
automatisme mental   297
automutilation   187
autonomic function   157
autonomie   232
Autonomie   232
autonomous ego   70, 155, 352
autonomy   232
autoplastic   184, 352
autopoiesis   188
autosuggestion   176
Autosuggestion   176
autre   324
Autre   48, 324
auxiliary ego   445
avant-plaisir   299
average expectable   437
average expectable
    environment   437
awakening   202, 553

B

background object (of primary
    identification)   387
bad breast   336
bad object   358, 389, 463,

474, 501
barrière du moi   159
basic assumption   83, 437
basic assumption group   212, 403, 535
basic endopsychic situation   85
basic endopsychic structure   262
basic fault   83
basic language   222
basic mistrust   87
basic security   87
basic trust   86
basic unity   26, 564
bébé fantasmatique   124
bébé imaginaire   310
Befriedigung   98
Befriedigungserlebnis   209
behavior disorder   192
Bemächtigungstrieb   200
bénéfice de la maladie   195
Benehmenanalyse   266
benign form of regression   313
bereavement   103, 204
Besetzung   404, 493
besoin de punition   231
beta-elements   11, 177, 403, 437
Bewußtsein   17
binding   134
Bindung   110, 134
biologic force   526
Bion's theory   403
bipolar self   307
birth trauma   215
Bisexualität   494
bisexualité   494
bisexuality   229, 494, 540
bizarre objects   78, 111, 144, 177, 276, 332, 403, 438
blind spots   463
bodily ego   155, 524
body ego   246
body image   247, 524
body schema   247
bon objet   474
borderline case   559
borderline personality disorder   91
borderline personality organization   91, 92, 266, 511
böses Objekt   474
bound energy   135, 206

boundary   90, 158
breast   336
bridging fuction   473
brief psychotherapy   427
Brüderhorde   117
Brust   336
bulimia nervosa   63, 240, 294
but thérapeutique   347

C

ça   37
ça résistance   37
Cain complex   61
candidate   242
cannibalism   68, 321
cannibalisme   68
capacity for concern   31, 33
capacity to be alone   32, 410
caractère   265
caractère anal   138
caractère compulsif   97
caractère génital   270
caractère masochistique   451
caractère obsessionnel   97
caractère oral   132
caractère passif-féminin   34
caractère phallique-narcissique   330
caractère social   205
carence maternelle   446
caretaker self   168
case Renée   497
castration   100
castration anxiety   102
castration complex   101
catastrophic change   190
catharsis   541
cathartic method   67, 150, 219
cathexis   42, 63, 160, 357, 404
CCRT   368
censorship   111
censure   111
central ego   122, 337
change of function   85
chaotic systems   188
character   265, 267
character analysis   267
character analytic technique   268
character armor   265, 267, 559

character defense   156, 265
character disorder   266
character neurosis   266
character resistance   34, 266, 267, 358
character trait   267
character type   268
Charakter   265
Charakteranalyse   267
Charakterneurose   266
Charakterpanzer   267
Charakter-typus   268
Charakterwiederstand   266
Chestnut Lodge Hospital   51, 332
child abuse   196
child analysis   198
child psychiatry   196
choix d'objet   318
choix d'objet narcissique   172
choix d'objet par étayage   21
choix d'organe   80
choix objectal   318
chose freudienne, la   485
chronic suicide   185
clarification   142, 459
classical analytical technique   142
clinical individualism   277, 428, 524
clinical infant   178, 393, 494, 525
clinical psychology   28
clivage   262
clivage du moi   165
cloaca theory   25
cognition   383
cohesive self   472
collated internal object   367
collective unconscious   208
collusion   98
combat reaction   154
combined parental figure   114
combined parents   110, 307
communicative psychotherapy   143
compensation   140, 444
compensation neurosis   195, 388
compensatory structure   446
complaisance somatique   246
complemental series   311
complementarity   64, 308
complementary identification   468

complex 145
complexe 145
complexe d'Œdipe 38
complexe d'Ajase 4
complexe d'Élektre 45
complexe d'infériorité 498
complexe de castration 101
complexe paternel 335
component instinct 427
compromise-formation 239, 322
compulsion de répétition 402
concept 403
concept of no-thing 403
conception 177
conceptualization 403
concern 51, 348, 479, 480
concrete attitude 105
concrete phantasy 455
concrete symbols 106, 224
concreteness 474
concretism 105
condensation 7, 341, 473
conduct disorder 127
confidentiality 216
conflict 67, 162, 289
conflict-free ego sphere 70, 162, 165, 232
conflictless regression 312
conflictual regression 312
conflit 67
conflit psychique 252
conforme au moi 164
confrontation 142, 342
confusional entangled child 203
confusional states 145, 567
conscience 17
consciousness 17
conspiracy 98
constitutional vulnerability 80
construction 132
constructivism 132, 144
constructivism in psychoanalysis 132
constructivisme 132
constructivisme de la psychanalyse 132
consultation-liaison psychiatry 487
contain 136
contained 144
container 88, 144, 177, 276, 438

container / contained 404
containing 33, 144
contenu latent 300
contenu manifeste 115
continuity principle 253
contract thérapeutique 343
contre-investissement 89
contre-transfert 88
control analysis 370
control and regulation of drive 158
conversion 49, 109, 228, 243, 246, 359, 505
conversion hysteria 360
core conflictual relationship theme 336
core gender identity 154, 526
core identity 3
corrective emotional experience 208, 505
counter culture 165
countercathexis 89, 160
counter-phobia 313
counter-transference 88, 313, 532
countertransference enactment 42
countertransference feelings 452
Couvade-Syndrom 104
covering method 46
creative illness 509
creative regression 313, 351
créativité 309
creativity 309
crisis intervention 52, 81
critical constructivism 133
critical or dialectic constructivism 133
cross-modal equivalence 129
culpabilité dépressive 389
culpabilité persécutoire 389
cultural anthropology 430
cultural school 33
cultural sublimation 271
culture 429
cumulative trauma 496
curiosity 127, 333
cycle de la vie 484

D

Darstellbarkeit 109
Daseinsanalyse 125, 536

Daseinsanalytik 125, 549
day's residues 379, 473
day-dream 391
dead mother complex, the 446
deaggressivation 325, 338
death 152
death and dying 511
death instinct 200, 296, 336, 358, 463
decathexis 319, 326, 465
Deckerinnerung 30
de-egotization 159
défaut fondamental 83
defence hysteria 443
defense 441
défense 441
defense analysis 444
défense maniaque 310
defense mechanisms 159, 442
défense primitif mécanismes 121
defensive ego 155, 162
defensive organization 388
defensive regression 312
defensive structure 443
deferred action 114, 181, 311
déficit du moi 161
deformation 501
defusion 185, 200, 470
déjà vu 81, 352
delayed mourning 465
délire 461
delusion 461
delusional transference 275
déni 411
denial 121, 358, 390, 411, 455, 463
Denkidentität 177, 332
Denkung 176
dépendance 19
dependence 19
dependency 198
dependent basic assumption group 403
dependent personality disorder 20
depersonalization 235, 326
déplacement 49
depression 35, 464
Depression 35
dépression 35
dépression anaclitique 21
depressive Angst 479

depressive anxiety 310, **479**
depressive Einstellung **479**
depressive guilt 147, **389**, **479**
depressive position 31, 106, 110, 204, 212, 307, 336, 390, 417, 456, 462, **479**, 514, 532
depressives Schuldgefühl **389**
deprivation 22, 352, 390
depth psychology 244
descriptive 454
desexualization 325, 326, 338
désintrication 470
désinvestissement 326
désir 74
desire for knowledge 333
desomatization 149
despair 464
destructive cathexis 467
destructive instinct **389**
destructive narcissism 388, 567
destructive narcissistic organization 388, 417, 567
destrudo 467
Destruktionsneigung 338
Destruktionstrieb **389**
désunion 470
detachment 464
déterminisme psychique 252
détresse 458
Deutung 54, 148
development 392
developmental arrest 394
developmental conflict 393, 394
developmental disturbances 362
developmental interferences 393
developmental line 394, 545
developmental schema 392
developmental task 366
développement psychosexuel 273
devestment 159
diachronic point of view 94, 348
diad / triad 378
Diagnose 248
diagnosis 248
diagnostic 248
diagnostic interview 248, 250

Diagnostic Statistical Manual 249
diagnostisches Interview 250
dialectic 204
Dick 351
didactic analysis 89
didaktische Analyse 89
differentation phase 430
diffusion d'identité 362
Dingvorstellung 201
diphasic theory 186, **379**
direct analysis 341
direkte Analyse 341
disavowal 102
disease 248
dis-identification 95
disillusion 126, **325**
disillusionment 32, 319, **325**, 447
dismantling 203
displacement 49, 473
disposition 305
dissociation 60, 156, 407, 542
dissociative disorders 60
dissociative hysteria 60
dissodalian hystérique 60
dissolution 312
Dissoziation 60
Dissoziationshysterie 60
distortion 501
Doppelbindung 327
Dora 372
double bind 327, **378**
double dependence 19
double lien 327
double personality **378**
Dramatisierung 473
dramatization 54, 110, 473
Drang 228
dream 472
dreaming 69
dreaming ego 246
dream-work 473
drive 200, 225, 271, **481**
drive regression 312
drive-discharge affects 241, **481**
drop out 338, 374
DSM 71, 249
DSM-III 239, 360
DSM-III-R 362
DSM-IV 266
dual instinct theory **379**
dual unity 95

Durcharbeitung 353
dynamic 454
dynamic aspect 289
dynamic dividing plane 160
dynamic formulation **489**
dynamic insight 368
dynamic organization 234
dynamic point of view **488**
dynamic psychiatry **487**, 488
dynamic psychotherapy **489**
dynamic structure 377, **489**
dynamics 459, **487**
dynamique de groupe 211
dynamique formulation **489**
dynamische Formulierung **489**
dynamische Psychiatrie **487**
dynamische Psychotherapie **489**
dynamism 160

E

earlier genital stage 269
early adolescence 186
early analysis 306, 455, 513
early Oedipus complex 110, 306, 333, 532
eating disorders 294
École freudienne de Paris 281
economic viewpoint 108
Edinburgh Postnatal Depression Scale 447
EFP 560
ego 36, **154**, 156, 159, 169
ego alien 265
ego apparatus 164
ego attitude 156
ego autonomy 162, 165
ego boundaries lost syndrome 160
ego boundary 155, **157**, 159, 160, 171, 524
ego cathexis 156, **157**, 166
ego defect 161
ego distortion 156
ego disturbance 156
ego function 155, **157**
ego identity 164
ego loss 319, 386, 465
ego psychology 162, 534, 545
ego splitting 156

ego state   160, 524
ego weakness   156
ego-alien   266
ego-dystonic   156
ego-feeling   155, 156, 157, 159, 467
ego-ideal   156, **167**, 337, 340
ego-instincts   **167**, 184
ego-interest   73
ego-libido   168, 171
ego-regression   149, 312
ego-relatedness   157, 234
ego-syntonic   164, 266
egotization   156, 159
Eifersucht   194
eigensinnig   138
eigentliche Verdrängung   138
eight-month anxiety   392, 410
Einfühlung   93, 524
Einsicht   367
Einverleibung   320
élaboration psychique   252
élaboration secondaire   377
Electra complex   45, 145
Elektrakomplex   45
emotion   225
emotional availability   10, 71, 224, 226, 368, 507
emotional insight   368
emotional object constancy   186, 317
emotional plague   267
emotional refueling   187, 493, 499
empathic validation   188
empathie   93
empathy   93, 524
empirical study   193
empirische Studie   193
emptiness   105
enactment   3, 41, 54, 148, 191, 356, 522
encapsulated child   203
encephalitis diffusa periaxialis   523
encouragement   188
endopsychic structure   337
Energie   42
énergie   42
énergie libre   206
énergie liée   206
énergie psychique   251
energy   42
enfants terribles   559

enjoyment   98
Entfremdung   428
Ent-ichung   159
entretien préliminaire   250
Entstellung   501
envie   305
envie du pénis   438
environmental deficiency disease   20
environmental failure   62
environmental model   377
environmental mother   32, 61, 62, 70, 157
envy   30, 105, 106, 110, 194, 212, 305, 532
épigenèse   301
epigenetic theory   87, 301
epigenetische Theorie   301
episodic memory   77
epistemophilia   333
épreuve de réalité   120
équilibre psychique   255
équivalent d'affection   228
Equivalente der Affekte   228
ereuthophobia   293
ereuthophobie   293
Ereuthophobie   293
Ergänzungsreihe   311
Erinnerung   76
Erinnerungsrest   77
Erinnerungsspur   77
Erkennen   383
Ernstheit   428
erogene Masochismus   264
erogene Zone   268
Erogenität   268
eros   45
Eros   45
éros   45
érotisation   264
Erotisierung   264
érotisme urétral   383
erotization   264
erotization resistance   358
erotogenic masochism   264
erotogenic zone   268
Ersatzbildung   322
Erwartungsangst   476
erythrophobia   293
Erythrophobie   293
Es   37, 214, 516
Es Widerstand   37
ESP   354
espace potentiel   69
état hypnoïde   495
étayage   6, 8

evenly suspended attention   417
evolution   312
Exaktheit   428
exceptions   498
excessive projective identification   480
exciting object   122, 209, 337
expectant anxiety   476
expectation anxiety   476
expérience de satisfaction   209
experience of satisfaction   209
experimental neurosis   192
experimentelle Neurose   192
explaining   284
explanation   188
expressive psychotherapy   188
expressive therapy   413
extériorisation   54
external ego boundary   160
external object   59, 376
external world   59, 376
Externalisation   54
externalization   54
extrasensory perception   354
extraversion   54, 375
Extraversion   375

F

face-to-face method   321
facilitating environment   366, 394
Fairbairn's theory   421
Fall Renée   497
falsche Selbst   26
false reparation   50
false self   **26**, 33, 62, 156, 169, 313, 447, 482
Familienneurose   64
Familienroman   66
Familientherapie   65
family as a whole   64, 502
family identity   164
family life cycle   64
family neurosis   64
family psychodynamics   64
family romance   66
family therapy   65
fantasmatic baby   15
fantasmatic infant   310
fantasmatic interactions   52,

124
fantasme 123
fantasme de l'inconscient 455
fantasmes originaires 113
fantasy 105, 123, 420
fantasying 69
fate neurosis 36, 402
father 333
father complex 335
fear of annihilation 332
fear of eye-to-eye confrontation 179, 190
fear of interpersonal situation 320
feeling 225
Fehlleistung 151, 192
feindliches Objekt 112
feminine masochism 231
feminine phase 230
femininer Masochismus 231
femininity 229
féminité 229
femme phallique 330
Ferenczian attitude 422
fétichisme 422
Fetischismus 422, 463
fetishism 422
fight-flight basic assumption group 403
figurabilité 109
final genital stage 269
fitness 437
fixation 141, 312
fixation point 142, 273
Fixierung 141
flash 225
flexibility of repression 478
flexibillité de refoulement 478
flight into health 114
flight into illness 195
Flucht in die Krankheit 195
focal area 303
focal psychotherapy 224, 303
focus 303
focus therapy 326
forced guilt 50
forclusion 336, 387
fore pleasure 299
fore pleasure act 270, 271
foreclosure 387
forehead method 298
formation de compromis 322
formation de symbole 222

formation de symptôme 219
formation réactionelle 400
formation substitutive 322
formulation of the cogwheeling 352
fort-da 27, 118, 423
fragmentation 177, 262, 276, 331, 472, 474
Fragmentation 331
frame of reference 49
Frau Emmy von N 43
Fräulein Elizabeth von R 44
free association 212
free energy 206
free floating attention 109
free-floating anxiety 426, 476
freie Assoziation 212
freie Energie 206
Fremdenangst 410
Freudian attitude 428
Freudian Left, The 427
Freud-Klein Controversies, The 480
Freud-Marxist 427
Frigidität 424
frigidité 424
frigidity 424
frustration 482
frustration resistance 358
frustration tolerance 482
frustration-aggression hypothesis 483
frustration-fixation hypothesis 483
frustration-regression hypothesis 483
fuite dans la maladie 195
functional phenomenon 85
fundamental rule 86
funktionales Phänomen 85
Fürsorge 536
fusion 338, 470

G

gain from illness 195
Ganser syndrome 71
Ganserches Syndrom 71
ganzes Objekt 302
Ganzseinkönnen 550
gastric neurosis 25
gastrointestinal neurosis 25
gebundene Energie 206
Geburtstrauma 215

Gegenbesetzung 89
Gegenstand 314
Gegenübertragung 88
geliebtes Objekt 112
gemeine Neurose 357
Gemeinschaftsgefühl 140
gender 331
gender identity 3, 95, 154, 229, 290, 525
gender identity disorder 290, 292
gender identity disturbance 362
gender linked role 563
gender symbiosis 95
gendered self 154
gender-role 154, 229
general systems theory 188
generation boundary 563
generative viewpoint 290
generativity 308
genetic insight 368
genetic point of view 392
Genießen 98
genital 476
genital character 48, 270
genital character formation 270
genital love 1, 269
genital organization 269
genital orgasm 270
genital phase (stage) 269, 301
genital primacy 186, 270, 271, 301
genitale Liebe 269
genitale Stufe (Phase) 269
genitaler Charakter 270
Genitalorganisation 269
Genitalprimat 270
genogram 153
Geschlecht 292
Geschlechtsidentität 154
Geschwisterrivalität 370
ghosts in the nursery 15, 52, 539
gleichschwebende Aufmerksamkeit 417
good enough mother 32, 61, 395, 437, 447
good object 358, 389, 463, 474
good-enough sex 271
Gradiva 107
graft-transference 221
grandiose self 140

gratitude 305
Grid 107, 535
grief 464
grief counselling 409
grief reaction 409
ground plan 484
group dynamics 211
group identity 164
group mentality 210
group of independent analysts 316, 371
group psychology 210
group psychotherapy 210
groupe des analystes indépendants 371
Grundregel 86
Grundsatz der Abstinenz 103
Grundstörung 83
Gruppendynamik 211
Gruppenpsychotherapie 210
guilt 149
guilt feeling 147
guilty man 148, 406
gutes Object 474

H

hallucination 111
hallucinatory wish-fulfillment 111, 112
Halluzination 111
handling 62, 235, 401
harmonious mix-up 50
hatching 202
helplessness 198, 207, 458
Hemmung 272
here and now 55, 219, 342, 356
hermeneutics 56
Hermeneutik 56
herméneutique 56
heteronomy 233
Heterosexualität 18
hétérosexualité 18
heterosexuality 18, 154
heuristic insight 368
hide-and-seek 27
Hilflosigkeit 458, 483
historical moratorium 467
histrionic personality 46
holding 10, 24, 32, 61, 145, 187, 325, 395, 447, 448
holding environment 61, 62, 352, 432, 447, 448

home base 493, 499
Homme aux loups, l' 47
Homme aux rats, l' 384
homo natura 191
Homosexualität 369
homosexualité 369
homosexuality 369
honte 391
hope 325
horde of brothers 117
horde primitive 117
horizontal split 258, 263
hospitalism 190, 445
hospitalisme 445
Hospitalismus 445
human relations training group 212
humeur 86
humor 473
Humor 473
humour 473
hypercathexis 69
hypervigilant 320
hypnagogic hallucination 85
hypnagogic image 157, 160
hypnoanalyse 150
Hypnoanalyse 150
hypnoanalysis 150
hypnocatharsis 541
hypnoid hysteria 495
hypnoid state 495
hypnoider Zustand 495
Hypnoidhysterie 495
hypnotism 150
hypnotisme 150
Hypnotismus 150
hypochondria 237
hypochondria(sis) 412
Hypochondrie 172, 237
hypocondrie 237
hysteria 407
hysterical amnesia 125
hysterical personality 408
hysterical technique 407
Hysterie 407
hystérie 407
hystérie d'angoisse 420
hystérie de conversion 360
hystérie de défense 443
hystérie de rétention 343
hystérie hypnoïde 495

I

I 154, 169

ICD 249
ICD-9 360
Ich 154, 155, 169, 246, 277
Ich Besetzung 157
Ich Defekt 161
Ich Identität 164
Ich Psychologie 162
Ich-Anachorese 156
Ich-Erlebnis 524
Ich-gerecht 164
Ichgrenzen 159
Ichideal 167, 490
Ichinteresse 73
Ichlibido 168
Ich-Mythisierung 156
Ichspaltung 47, 165
Ichstörung 156
Ichtriebe 156, 167, 481
Ichveränderung 166
id 27, 37
id resistance 37
idéal du moi 167
ideal ego 156, 490
ideal object 122, 337, 399
Ideal-Ich 490
idéalisation 489
Idealisierung 489
idealization 121, 489
idealized self 169, 428
idealizing transference 490
ideational mimetics 74
identification 360, 374, 375
identification à l'agresseur 127
identification introjective 374
identification primaire 23
identification projective 363
identification with the aggressor 2, 127
Identifizierung 360
Identifizierung mit dem Angreifer 127
Identität 2
Identitätsdiffusion 362
identité 2
identité de pensée 332
identité de perception 332
identité du moi 164
identité sexuelle 154
identity 2, 64, 156, 164, 362
identity confusion 2
identity crisis 362
identity diffusion 2, 156
identity diffusion syndrome 165, 362

identity disorder　362
identity disturbance　362
identity status　3
id-needs　62
id-relatedness　27, 157
I-FEEL Pictures　382, 508
illusion　17, 26, 32, 33, 151, 178, 325
illusion of omnipotence　325
image corporelle　247
imaginaire, l'　118, 309
Imaginäre, das　118, 309
imaginary baby　293, 310
imaginary, the　118, 309
imagination　69, 309
imago　27
Imago　27
impingement　33, 242, 259, 275, 447, 448, 462
implanted guilt　50
impotence　31, 426
Impotenz　31
impuissance　31
impulse　225, 481
impulse control disorder　227
impulsion　225, 481
impulsive act　226
impulsive character　266
impulsive Handlung　226
in & out programme　469
inborn coordination　437
incest　102
inceste　102
incognito analytique　433
inconscient collectif　208
inconscient, l'　454
incorporation　320, 373, 374, 375
independent group　107
individual psychology　140
Individualpsychologie　140
individuation　140
individuation process　180
induced feelings　452
in-dwelling　235
I-ness　154
Infant Facial Expression of Emotion Looking at Pictures　382
infant observation　381, 382
infant psychiatry　381
infant research　393, 507
infantile amnesia　76, 125, 234, 475
infantile Amnesie　475
infantile Neurose　475

infantile neurosis　475
infantile Sexualität　476
infantile sexuality　476
infériorité organique　80
inferiority complex　140, **498**
informed consent　343
inhibition　264, **272**
innate knowledge　113
innate releasing mechanism　290
inner ego boundary　160
inner mentality　160
inner object　357
inner world　35
innere Frustration　482
innere Welt　376
inquiétanté etrangete, l'　424
insight　367
insight oriented psychoanalytic psychotherapy　286
instance　237
Instanz　237
instinct　448, 449, 481
instinct for mastery　200
instinct to master　200
instincts of self-preservation　184
instinctual drive　481
Instinkt　449
integration　366
Integration　366
integrative function　524
intellectualisation　333
intellectualization　333
Intellektualisierung　333
interactions fantasmatiques　124
interaffectivity　10
Interesse　73
interest　73
intérêt　73
intérêt du moi　73
intergenerational transmission　293
intériorisation　375
interiority　229
intermediate area　16, **337**
intermediate area of experience　69
intermediate object　568
internal object　376, 474, 532
internal object relations　106, 377
internal saboteur　337
internal supervision　185
internal supervisor　263

internal working model　377
internal world　262, 376
internalization　373, **375**, 520
International Classification of Disease　249
International Psychoanalytical Association　139, 281, 284
interpersonal process　234
interpersonal school　33
interpersonal theory　234, 319
interpretation　54, 142, 431
interprétation　54
interrupt treatment　339
intersubjective approach　72
intersubjectivité　72
intersubjectivity　72, 422
Intersubjektivität　72
intervention　59, 142, 431
Intervention　59
intestinal neurosis　25
intrapsychic　274
intra-psychic process　234
intrapsychique　274
intrapsychisch　274
intrication　470
introjection　146, 321, 358, 359, **373**, 374, 375, 390, 455, 463
introjective identification　88, **373**, 374, 404
Introjektion　373
Introjektiveidentifizierung　374
introversion　375
Introversion　375
intuition　342
Intuition　342
inversion　18, 87, 179
investissement　404, 493
investissement du moi　157
investment　159
invisible-visible hallucinations　112
Inzest　102
IPA　279, 284
Ipsismus　153
Isakower phenomenon　1
isogender complex　378
isolation　32, **63**, 144, 434, 448, 469
Isolierung　63, 443

J

jalousie 194
jamais vu 81
Japan Psychoanalytic Society 381
Japan Psychoanalytical Association 380
jealousy 194, 305
joint observation 321
joke 83
jouissance 98
judgment 158
Jugend 186
Jungian 474

K

K 108, 535
Kairos 360
Kannibalismus 68
Kastration 100
Kastrationskomplex 101
Katharina 66
kathartische Methode 67
Kernthema der mit Konflikten belasteten Beziehungen 336
Kinderanalyse 198
Kinderheitsgrößenwahn 178
Kinderpsychiatrie 196
Kindesmißhandlung 196
kleiner Hans 399
Kleinian school 106
Kloakentheorie 25
kollektives Unbewußtes 208
Kollusion 98
Kompensation 444
Komplex 74, 145
Kompromißbildung 322
Konflikt 67
Konfrontation 342
Konstanzprinzip 42, 129
Konstruktion 132, 148
Konstruktivismus 132
Konstruktivismus in der Psychoanalyse 132
Kontroll-Analyse 370
Konversion 359
Konversionshysterie 360
Körper-Ich 246
Körperschema 247
Krankheitsbewußtsein 367

Krankheitseinsicht 367
Krankheitsgewinn 195
Kreativität 309
Kriegsneurose 301
Kultur 429
kurzfristige Psychotherapie 328

L

L, H, K 404
Lacan's theory 485
Laius complex 484
late adolescence 164, 186, 291
latency period 303, 467, 540
latent content 300, 472
latent psychosis 303, 358, 537
latent resistance 358
latent schizophrenia 303
latent thought 472
latente Psychose 303
latenter Inhalt 300
Latenzperiode 303
lay analyst 559
layer analysis 310
layered stratification 310
Lebenstriebe 291, 481
Lebenszyklus 484
Leere 105
Lehranalyse 89
lesbianisms 498
level of integration 524
level of psychopathology 416
level of the basic fault 378
liaison 134
liaison psychiatry 487
libidinal ego 122, 209, 337
libidinal narcissism 264, 388
libido 467, 492
Libido 492
libido d'objet 168
libido du moi 168
libido economy 267, 270
libido organization 301
libido sex economy 559
libre association 212
Liebe 1
life cycle 484
life drives (instincts) 291
life instinct 336, 358, 463
Life Style 140
limit setting 111, 493

linking 177
listening 109
little Hans 399
living 69
Lockerheit der Verdrängung 478
Lockerung der Verdrängung 312
loss 319
loss of ego 474
love 1
love affaire with the world 498
Lust-Ich 53
lustiges Ich 120
Lustprinzip 53

M

Magendarmneurose 25
main-resistance 267
maintien 61
making conscious 18
maladie psychosomatique 243
male menstruation 564
malignant form regression 313
management 62
manic defence 310, 479, 480
manic reparation 310, 348, 479, 480
manic-depressive psychosis 306
manifest content 115, 300
manifest dream 116, 472
manifest resistance 358
manifeste du rêve 116
manifeste Traum 116
manifester Inhalt 115
manisch-depressive Psychose 306
manische Abwehr 310
männlicher Protest 331
Männlichkeit 331
marginal man 90
marital schism 563
marital skew 563
masculine protest 39, 331
masculinité 331
masculinity 331
masochism 168, 450
masochisme 450
masochisme érogène 264
masochisme féminin 231

masochisme moral　370
Masochismus　450
masochistic caretaker　168
masochistic character　34, 451
masochistic provocation　451
masochistischer Charakter　451, 559
mass hysteria　211
mastery-competence　158
masturbation　153, 450
masturbation phantasy　153
Maternal Care and Mental Health　446
maternal depression　446
maternal deprivation　22, 319, 326, 446, 451
maternal reference　508
maternal referencing　396
maternité　446
maternity　446
matrix of relationship　70
maturation　392
mauvais objet　474
mécanisme de défense　442
mécanismes de schizoïde　436
mechanical　561
mechanisms of defense　442
médecine psychosomatique　242
medical care psychology　28
medical psychology　15, 28
medizinische Psychologie　15
melancholia　460
Melancholie　460
mélancolie　460
Meltzer's theory　461
memory　76
memory-trace　77
Menninger Clinic　51, 459
mental apparatus　254
mental ego　155, 246, 272
mental space　252
mère　395
mère phallique　330
Metapher　31
metaphor　31
métaphore　31, 200
metaphorizaiton　473
Metapsychologie　459
métapsychologie　459
metapsychology　459
méthode cathartique　67
méthode de frontal　298
Metonymie　31

métonymie　31, 200
metonymy　31, 75
middle adolescence　186
middle group　337
middle voice　172
Minderwertigkeitskomplex　498
mind-object　314
mirror stage　96
mirror transference　62
mirroring　396, 453
misalliance　98
mise en acte　3, 135
Miss R. Lucy　496
Mitfühlung　93
mitmenschlich　550
Mitsein　501
mnemic trace　77
mobile energy　68
model　463
modification　143, 398
moi　154
moi corporel　246
moi idéal　490
moi-peau, le　412
moi-plaisir　53
moi-réalité　53
moment　323, 466
Moment　466
monde extérieur　376
monde intérieur　376
mood　86, 225
mood disorders　86
moral masochism　231, 370
moralischer Masochismus　370
moratorium　2, 466
Moratorium　466
mort　152
mortido　200, 338, 467
Mortido　467
mot d'esprit　83
mother　395
mother's emotional availability　493
mother-infant unit　396
motherliness　446
motivation　365
Motivation　365
motive　271, 365
mourning　319, 402, 464, 512
mourning work　464, 542
Mr. Z　295
multigeneration developmental effect　293
multi-model　280

Multi-Model Freudian　451
multiple personality　324
multiple Persönlichkeit　324
Munchausen syndrome　453
Munchausen syndrome by proxy　453
Münchhausen Syndrom　453
mutative interpretation　359, 439, 440, 526
mutism　75
mutisme　75
Mutismus　75
Mutter　395
Mutter Natur　191
mütterliche Entziehung　446
Mütterlichkeit　446
mutual devouring　386
mutual regression　423
Mutualität　307
mutualité　307
mutuality　64, 307, 352, 422, 484
mythe　257
Mythensucht　100
mythology　257
mythomania　100
mythomanie　100
Mythus　257

N

Nachdrängen　126, 138
nachträglich　76
Nachträglichkeit　181
Nachvergnügen　212
Name-des-Vaters　335
nameless dread　15, 223, 457
name-of-the-father　335
naming　115
narcissism　170, 288, 377, 405
narcissisme　170
narcissisme destructif　388
narcissisme libidinale　388
narcissisme primaire　24
narcissisme secondaire　24
narcissistic identification　23
narcissistic neurosis　24, 172, 174, 240, 288
narcissistic object relation　305
narcissistic object-choice　172
narcissistic organization　30, 172, 173, 295, 305

narcissistic personality 175
narcissistic rage 174
narcissistic regression 194
narcissistic transference 174
narcissistic type of object-choice 21
Narcissus 170
narcoanalyse 450
narcoanalysis 450
Narkoanalyse 450
narrative model 463
Narzißmus 170
narzißtische Neurose 174
narzißtische Objektwahl 172
narzißtische Organisation 173
National Health Service 326
National Psychological Association for Psychoanalysis, The 451, 559
natural restorative mechanism 313
need 481
need for punishment 231
need-satisfying object 317, 482
negation 409, 411
négation 409
négativ complexe d'Œdipe 29
negative complementarity 503
negative Oedipus complex 29
negative therapeutic reaction 29, 232
negative therapeutische Reaktion 29
negativer Ödipuskomplex 29
Neid 305
neo-Freudian 255, 550
néo-freudiene 255
Neo-Freudiens 255
neosexuality 384
Nervosität 238
nervosité 238
nervousness 238
neurasthenia 240
Neurasthenie 240
neurasthénie 240
neuro-psychosis of defense 443

Neurose 238
neurosis 238
neurotic character 240, 270
neurotic disorder 239
neurotic personality organization 266
neurotic process 239
neutral area 16
neutral energy 338
neutralisation 337
Neutralisierung 337
Neutralität 339
neutralité 339
neutrality 339
neutralization 337
névrose 238
névrose actuelle 120
névrose d'abandon 435
névrose d'angoisse 419
névrose d'attente 476
névrose d'organe 79
névrose de caractère 266
névrose de destinée 36
névrose de guerre 301
névrose de rente 388
névrose de transfert 357
névrose expérimentale 192
névrose familiale 64
névrose gastro-intestinale 25
névrose infantile 475
névrose narcissique 174
névrose obsessionnelle 96
névrose traumatique 58
névrose végétative 228
new beginning 190
new object 382
Nihongo Rinsho 379
nirvana principle 43, 385, 402
Nirwanaprinzip 385
no thing 223
Nom-du-Père 335
Non du père 336
non-ego 156, 159
non-mutuality 308
non-psychotic personality 177, 409
non-psychotic personality part 403
non-verbal communication 423
normal autistic phase 202
normal constipation 308
normal symbiotic phase 94
nosology 248

Notgenugtuungsobjekt 482
nothing 223

O

O 535
object 314, 316
object *a* 315
object constancy 317
object libido 171
object loss 319
object love 170, 270
object mother 32, 61, 62, 157
object regression 312
Object Relations Group Psychotherapy 510
object representation 319
object seeking 392
object-choice 318
object-libido 168, 319
object-relation 159, 315, 421
object-relations theory 316
object-relationship 315
object-seeking 209
Objekt 314
Objekt *a* 315
Objektbeziehung 315
Objektbeziehungstheorie 316
Objektlibido 168
Objektvorstellung 201
Objektwahl 318
objet 314
objet *a* 315
objet de satisfaction du besoin 482
objet total 302
objet transitionnel 16
objets partiels 426
observed infant 178, 393, 404, 525
observing-ego 72, 75, 142, 156, 345
obsessional character 97
obsessional reparation 348
obsessive control 402
obsessive-compulsive neurosis 96
occultism 354
oceanic feeling 26, 207, 321
ocnophilia 50
ocnophilie 50
Ödipuskomplex 38
oedipal 41

oedipal anxiety 41
oedipal conflict 41
oedipal object relations 41
oedipal phantasy 41
oedipal phase 38, 39
oedipal wish 41
Oedipus complex 38
Oknophilie 50
ökonomischer Gesichtspunkt 108
omnipotence 121, 358, 390, 401, 455, 463
omnipotence de la pensée 177
omnipotence of thought 177
omnipotent control 402
omniscience 303
onanie 153
onanism 51
one-body psychology 378
ontoanalysis, existential analysis 125
Ontogenese 141
ontogenesis 160
ontogeny 141
operational thinking 244
optimal frustration 195, 284
oral character 132
oral phase (stage) 130
oral sadistic 460
oral sadistic stage 131
orale Stufe (Phase) 130
oraler Charakter 132
oral-sadistische Stufe (Phase) 131
ordentlich 138
ordinary devoted mother 395
ordinary good mother 447
organ choice 80
organ inferiority 80
organ language 243. → organ speech
organ mode 85
organ neurosis 79
organ representation 244
organ speech 79
organ vulnerability 246
organisation de la libido 492
Organisation der Libido 492
organisation génitale 269
organisation narcissique 173
organisation pathologique 417
Organisator 48

organiser 48
organising principle 49
organismal model 377
organization 188
organization of the libido 492
organizer 48, 392
Organlust 78
Organminderwertigkeit 80
Organneurose 79
organ-pleasure 78
Organsprache 79
Organwahl 80
orgasm 48
orgasme 48
Orgasmus 48
orgastic impotence 48, 559
orgastic potency 270
orgone biophysics 35, 268, 559
orgone box 560
orgone therapy 268, 559
original ego 122, 463
original object 421
orthriogenesis 160
other 324
overcompensation 69
over-determination 212, 324, 341
overinterpretation 323, 341
ozeanisches Gefühl 321

P

pairing basic assumption group 403
panic disorder 395
parameter 286, 398
paranoia 397
Paranoia 397
paranoïa 397
paranoid anxiety 479
paranoid personality 462
paranoid position 390, 462, 532
paranoid-schizoid position 24, 107, 204, 276, 289, 336, 357, 390, 403, 417, 456, 462, 514, 532, 567
paranoid-schizoide Einstellung 462
paraphilia 397
paraphilie 397
Paraphilie 397
paraphrenia 397

Paraphrenie 397
paraphrénie 397
parapraxis 192
parataxic distortion 397
pare-excitations 169
parent coalition 563
parent therapy 427
parent-infant psychotherapy 51
parents combinés 110
parents substitute 382
parricide 334
part object relation 455, 462
part object relationship 390
partial instinct 427
Partialtrieb 427
participant observation 75
part-object representation 92
part-objects 110, 288, 302, 316, 336, 358, 426
part-self representation 92
passive object love 10, 34, 50
passive Objektliebe 34
passive-agressive personality 215
passive-feminine character 34
passive-feminine love 34
passiv-femininer Charakter 34
passivité d'analyste 431
passivity 215
pathological organization 305, 388, 417, 567
pathologische Organisation 417
Patho-neurose 194
patho-neurosis 194
patho-névrose 194
patho-psychosis 194
peek-a-boo 27
penetration 367
penis dentata 398
penis envy 230, 438
Penisneid 438
pensée 176
perceptual identity 22, 332
père 333
père originaire 125
performance principle 120
période de latence 303
perlaboration 353
permanent defense 444
persécutor anxieté 389

persecutory anxiety　24, 306, 389, 455, 462, 479
persecutory guilt　50, 147, 389
persekutorisches Schuldgefühl　389
person ego　155, 163, 391
persona　156
personal analysis　90
Personalisation　235
personalité multiple　324
personality　234
personality disorder　235
personality type　268
personalization　235
personification　82
Persönlichkeit　234
Persönlichkeitsstörungen　235
personnalisation　235
personnalité　234
personnalité prédisposé aux accidents　183
personnalité schizoïde　258
personnalités limité　91
persuasion　188
perversion　18, 366, 418
Perversion　366
perversité polymorphe　322
petit Hans　399
petites perceptions　454
phallic character　330
phallic phase (stage)　269, 328
phallic woman (mother)　330, 439
phallic-narcissistic character　330
phallische Frau　330
phallische Mutter　330
phallische Stufe (Phase)　328
phallisch-narzisstischer Charakter　330
Phallocentric　329
phallocentrique　329
phallus　328, 418
Phallus　418
Phänomenologie　122
Phantasie　123
phantasmatische Interaktionen　124
phantasy　123, 420
pharmaco-psychothérapie anaclitique　20
phase specific　186
phénomène fonctionnel　85

phenomenological self　155
phénoménologie　122
phenomenology　122
philobatism　50, 421
philobatisme　50
Philobatismus　50
philosophie　352
Philosophie　352
philosophy　352
phobia　97, 421
phobie　97
Phobie　97
phobie du situation interpersonnel　320
Phylogenese　141
phylogenesis　160
phylogeny　110, 141
physician's discretion　18
physiological regression　244, 246
Picture Frustration Study　257
Piggle　406
pining　348, 479, 480
place where we live, the　69
plaisir d'organe　78
play therapy　110, 389, 427, 455, 469
playing　6, 33, 69, 185, 201, 417
pleasure in mastery　498
pleasure principle　22, 42, 53, 119
pleasure-ego　53, 171
pleasure-pain principle　53
pleasure-unpleasure principle　53, 176
point de capiton　336
point de vue économique　108
polymorphous perversity　322
Polymorph-pervers　322
Polyoperationskranke　448
polyopéré　448
polysurgery　448
porcupine dilemma　468
position dépressive　479
position paranoïde-schizoïde　462
positive complementarity　503
positive identity　165
positivism　133
positivistic　72
post-adolescence　164, 186,

291
post-ambivalent genital stage　270
postambivalent phase　296
postambivalente Stufe　127, 296
post-autistic mentality　203
Post-Freudian　451
posthypnotic suggestion　139, 455
posthypnotische Suggestion　139
postoperative psychosis　194
posttraumatic stress disorder　57
posttraumatische Stresserkrankungen　57
postural loss　247
postural schema　247
potential space　6, 32, 69, 252, 300
potentieller Raum　69
poussée　228
präambivalente Stufe　296
practicing period　498
prägenitale Stufe (Phase)　301
präoedipal　297
preadolescence　186, 300
pre-adulthood　186
preambivalent phase　296
precocious anal zone arousal　308
pre-concept　403
pre-conception　113, 177, 333
preconceptive ambivalence　4, 396
préconscient　297
preconscious　297
preconscious automatism　162, 297, 524
pre-conscious, the　454
pregenital conversion　244, 360
pregenital phase (stage)　301
pregenital tendencies　271
preliminary interview　483
premature termination　338
prenatal rancour　452
preoedipal　297
pre-oedipal father　298
preoedipal phase　41
préœdipien　297
pressure　228
primal cavity　116
primal father　117, 125

primal horde 117
primal phantasies 113, 114
primal repression 126, 475
primal scene 113, 333
primäre Identifizierung 23
primärer Masochismus 23
primärer Narzißmus 24
Primärvorgang 22
primary autonomous ego apparatus 232
primary ego autonomy 162
primary gain 25, 195
primary identification 23, 375
primary love 10, 19, 22, 50, 83
primary masochism 451
primary maternal preoccupation 23, 32, 69, 123, 395, 447
primary narcissism 24, 146, 171, 288, 357, 388
primary object love 34, 50
primary process 22, 24, 176, 454
primary relationship 313
primat génitale 270
primitive defence mechanisms 121
primitiver Abwehrmechanismus 121
principe d'inertie (neuronique) 74
principe de constance 42, 129
principe de fonction multiple 323
principe de Nirvâna 385
principe de plaisir 53
principe de réalité 119
principle of constancy 42, 129
principle of double of path 524
principle of multiple function 323
principle of neuronic inertia 74
principle of parsimony 59
Prinzip der mehrfachen Funktion, das 323
Prinzip der Neuronenträgheit 74
privation 352
privilege 216
procedural knowledge 368

procedural memory 77
process of adaptation 352
process of individuation 155
processus primaire 22
processus secondaire 22
prohibition against looking 454
projection 54, 146, 358, 363, 369, 455, 463
projective identification 2, 10, 88, 105, 107, 121, 144, 146, 177, 276, 336, 358, 363, 390, 418, 438, 462, 463, 532, 567
projective methods 365
projective techniques 365
Projektion 363
Projektionsidentifizierung 363
projektive Tests 365
projektive Verfahren 365
prolonged adolescence 187
protective barrier against stimuli 159
protective shield against stimuli 169
protest 464
protestation masculine 331
Ps↔D 332, 403
pseudogenitality 82
pseudo-identity 165
pseudo-insight 368
pseudo-maturity 82
pseudomnesia 81
pseudo-mutuality 308
pseudonormality 82
psychanalyse 276, 287
psychanalyse contrôlée 370
psychanalyse sauvage 486
psychanalyste 282
psychiatrie dynamique 487
psychiatrie infantile 196
psychic apparatus 254
psychic determinism 252, 454
psychic energy 251
psychic equilibrium 255
psychic reality 253
psychic retreat 254, 404
psychic space 252
psychic trauma 251
psychical apparatus 129
psychical conflict 252
psychical representative 254
psychical temporality and causality 182
psychical working over 252

psychische Realität 253
psychische Repräsentanz 254
psychische Verarbeitung 252
psychischer Apparat 254
psychischer Determinismus 252
psychischer Konflikt 252
psychischer Repräsentant 254
psychisches Trauma 251
Psychoanalyse 276, 287
psychoanalysis 276, 287
Psychoanalysis of Children 389
psychoanalyst 282
psychoanalytic process 283
psychoanalytic psychotherapy 286
psychoanalytic technique 285
psychoanalytical anthropology 567
Psychoanalytiker 282
psychoanalytische Psychotherapie 286
psychoanalytische Technik 285
psychoanalyzability 284
psychodrama 149, 255
Psychodrama 255
psychodrame 255
psychodynamics 289, 488
Psychodynamik 289
psychodynamique 289
psychogene Amnesie 233
psychogene Überlagerung 233
Psychogenese 233
psychogenèse 233
psychogenesis 233
psychogenic amnesia 233
psychogenic overlay 233
psychological organization 172
psychological testing 256
psychologie abyssale 244
psychologie analytique 432
psychologie du moi 162
psychologie en profondeur 244
psychologie individuelle 140
psychologie médicale 15
psychologisches Testverfahren 256

psychology of youth 291
Psychoneurose 272
psychoneurosis 239, 272
psychonévrose 272
psychonévrose de défense 443
psychose 274
Psychose 274
psychose de transfert 357
psychose maniaco-dépressive 306
psychosexual development 271, 273
psycho-sexual moratorium 467
psychosexuelle Entwicklung 273
psychosis 274
psycho-social moratorium 467
psychosomatic 243, 245
psychosomatic disease 243
psychosomatic medicine 242, 243
psychosomatic reaction 245
psychosomatische Krankheiten 243
psychosomatische Medizin 242
Psychotherapie 289
psychothérapie 289
psychothérapie à court terme 328
psychothérapie analytique 286
psychothérapie de groupe 210
psychothérapie de soutien 188
psychothérapie dynamique 489
psychotherapy 149, 257, 289
Psychotherapy Research Project 280
psychotic anxiety 275
psychotic personality 144, 177, 289, 358, 417
psychotic personality / non-psychotic personality 276
psychotic personality organization 266
psychotic personality part 403
psychotic transference 24, 275, 276, 403, 567
psychotische Angst 275
psychotische Übertragung 275
PTSD 301, 408
pulsion 448
pulsion d'agression 129
pulsion d'auto-conservation 184
pulsion d'emprise 200
pulsion de destruction 389
pulsion partielle 427
pulsion sexuelle 293
pulsions de mort 200
pulsions de vie 291
pulsions du moi 167
purposive accident 183

Q

qualification of psychoanalyst 284

R

radical constructivism 132
rancune prénatale 452
Rapid Eye Movements 472
rapport 486
Rapport 486
rapprochement 435
rapprochement crisis 149
Rat Man 384, 486
rationalisation 138
Rationalisierung 138
rationalization 138, 523
Rattenman, Der 384
réaction thérapeutique négative 29
reaction-formation 87, 400
reactive type 266
readiness 392
Reaktionsbildung 400
real self 169, 180, 428, 448
real, the 118
Realangst 121
Reale, das 118
Real-Ich 53
réalisation du soi 179
réalisation symbolique 223
realistic anxiety 121
Realität 117
Realitätsgefühl 119
Realitätsprinzip 119
Realitätsprüfung 120
réalité 117
réalité psychique 253
reality 117
reality principle 22, 119
reality-ego 53, 120, 171
reality-testing 120, 158, 176
realization 118, 177, 333, 403
reconstruction 143, 148
réel, le 118
refoulement 477
refoulement originaire 126
refueling 493
registration 18
règle d'abstinence 103
règle fondamentale 86
regression 312
Regression 312
régression 312
regression in the service of ego 23, 309
régression thérapeutiques 345
reification 425
Reizschutz 58, 169
rejecting object 102, 122, 209, 337
Rekonstruktion 47
relation d'objet 315
relational matrix 356
relationship disorder 51, 71
relationship disturbance 381
relationship theme 337
relationship therapy 71
relative dependence 19, 32, 406
religion 207
Religion 207
REM 472
remembering without affect 368
Rentenneurose 388
reparation 212, 348, 479, 480
réparation 348
repetition compulsion 402
representability 109
représentance psychique 254
représentant psychique 254
representation 413
représentation 413
représentation de chose 201
représentation de mot 201
representation of self 155
representation-oriented mother-

infant psychotherapy 382
Representations of Interactions that have been Generalized 491
repression 262, 477
répression 152
repression proper 138
repudiation 387
resistance 88, 349
résistance 349
resistance analysis 350
résistance du caractère 266
resomatization 149, 244, 246
restes diurnes 379
restitution 148, 212, 348, 480
restitution attempt 171
restoration 212, 348, 480
retention 136, 464
retention hysteria 343
Retentionshysterie 343
retour du refoulé 478
retournement sur la personne propre 179
return of the repressed 478
rêve 472
rêve diurne 391
révélation de soi 178
revenge resistance 358
reverie 144, 185, 276, 364, 404, 417, 438, 457
reversal into the opposite 87, 322
reversement (d'une pulsion) dans le contraire 87
revivification 313
Rewarding Object Relation's part Unit 453
Richard 491
RIGs 77, 491
rite 82
ritual 82
Ritual 82
rivalité fraternelle 370
role-responsiveness 364, 468
roman familial 66
Rorschach Methode 499
Rorschach test 499
RORU (Rewarding Object Relation's part Unit) 453

S

sadism 151

sadisme 151
sadisme-anal 137
Sadismus 151
Sadismus-anal 137
sadistic superego precursors 399
sado-masochism 151
sado-masochisme 151
Sadomasochismus 151
satiating or addictive mother 244
scansion 485
scène primitive 113
Scham 391
Schande 391
Schaulust 294
schéma corporel 247
Scheu 391
Schichtenanalyse 310
Schicksalsneurose 36
Schicksalzwang 36
schizoid mechanism 121, 262, 310, 436
Schizoid Mechanismus 436
schizoid personality 258, 436
Schizoid Persönlichkeit 258
schizophrenia 288
Schizophrenie 288
schizophrénie 288
schizophrenogenic mother 437
schizotypal 561
schizotypal personality disorder 437
Schreber case 288
Schreber, Daniel Paul 217
Schreckreaktion 93
Schuldgefühl 147
Schule der unabhängigen Analytiker 371
scopophilia 260, 294
scopophilie 294
scotomisation 463
scotomization 463
screen memory 30, 76, 260
scribble method 260
SCT 257, 365
second skin 160
secondary autonomous ego apparatus 232
secondary ego autonomy 162
secondary elaboration (revision) 377, 473
secondary gain 25, 195, 379

secondary identification 23
secondary narcissism 24, 171, 288, 357, 378, 388
secondary process 22, 176, 378
secret 412
secret professionnel 216
secure base 13, 187
security 87
seelische Energie 251
seelische Verarbeitung 233
seelischer Apparat 254
seelisches Gleichgewicht 255
sein 336
sekundäre Bearbeitung 377
sekundärer Narzißmus 24
Sekundärvorgang 22
Selbst 169
Selbstanalyse 183
Selbständigkeit 163
Selbstbewußtsein 155
Selbstenthüllung 178
Selbsterhaltungstriebe 184
Selbstfriedigung 153
Selbstmord 185
Selbst-realisation 179
Selbst-realisierung 179
Selbstverletzung 187
selective attention 225, 303
selective mutism 75
selective neglect 225, 302
self 163, 169, 316
self esteem 156, 164
self identity 164, 183
self psychology 180, 517
self representation 183
self-analysis 88, 183
self-defeating personality disorder 451
self-disclosure 178
self-insight 156
self-invariants 183
self-monitoring 185
self-mutilation 187
selfobject 182, 317
self-object 10, 26, 182
self-object transference 183
self-organizing systems 188
self-realization 179
self-regulatory other 244
self-representation 169
self-revelation 178
semantics 28
Semantik 28
sémantique 28

sense impression 177, 437
sense of a core self, the 183
sense of entity 318
sense of guilt 147
sense of reality 119, 156, 158, 159
sense of self 170, 178, 495
sense of unity 26
Sentence Completion Test 257
sentiment de culpabilité 147
sentiment de la réalité 119
sentiment de vide 105
sentiment océanique 321
separateness 308
separation 160, 319
separation anxiety 435
separation-individuation 434
Separation-Individuation 434
séparation-individuation 434
serial brief therapy 396
série complémentaire 311
setting 295
sex 331
sex economy 48
sexual 476
sexual dysfunction 271
sexual energy 338
sexual instinct 293
sexual perversion 290
sexual-identity 229
Sexualität 263
sexualité 263, 292
sexualité infantile 476
sexuality 263, 292
Sexualtrieb 293, 481
sexuelle Funktionstörungen 271
shame 391
shell shock 154
short-term (brief) psychotherapy 328
sibling rivalry 370
sign 248
signal anxiety 241
signal as anxiety 241
signal d'angoisse 241
signal of anxiety 241
signal stimuli 291
signal-scanning affects 241
signifiant 28, 199
signifié 28
signifier 199

Signifikant 199
simply listen 417
simulated adolescence 187
Sinnlichkeit 74, 270, 468
situational analysis 219
situational technique 219
Situationsanalyse 219
skin ego 160, 412
Skopophilie 294
Skotomisation 463
slicing 262
small group 403
social character 205
social ego 156
social interest 140
social phobia 320
social reference 205
social referencing 226
social withdrawal 206
social withdrawing 206
society without the father 335
sociodrama 445
soi 169
somatic compliance 80, 246
somatisation 245
Somatisation 245
somatisches Entgegenkommen 246
somatization 245
somatization reaction 245
Souvenir 76
souvenir-écran 30
sozialer Charakter 205
Spaltung 262
sparsam 138
special patient 263
specific action 371
spezifische Aktion 371
Sphere 524
Spiegelstadium 96
Spieltherapie 469
split 146
split off 421
splitting 91, 121, 259, 262, 336, 358, 390, 411, 436, 453, 455, 462, 463, 474, 511
splitting of the ego 165
spontaneity 201
spurious concern 480
squiggle game 259
SRCD 507
stability 64
stade anal 136
stade du miroir 96
stade génital 269

stade oral 130
stade phallique 328
stade postambivalente 296
stade préambivalente 296
stade prégénital 301
stade sadique-oral 131
stasis anxiety 35
Staungsangst 35
Stimmung 86
stimulus barrier 159, 169, 202
Stirnmethode 298
stormy personality 260
Strafbedürfnis 231
stranger anxiety 10, 410
Strenge 428
stressor 319
Structur der Psychotherapie 343
structural change 133
structural point of view 133
structure de psychothérapie 343
structure of psychotherapy 343
subject 214
subjective object 213, 406
subjectivity 213
Subjekt 214
Subjektivität 213
subjetivité 213
sublimation 49, 212, 218, 540
Sublimation 218
sublimation type 266
Sublimierung 218
subsidiary egos 209, 445
substitute response 483
substitution 49
substitutive formation 322
suggestion 12
Suggestion 12
suggestion posthypnotique 139
suggestion therapy 12
Suggestionstherapie 12
suicide 185
Suizid 185
sujet 214
superego 239, 307, 340
supervised psychotherapy 261
supervisee 261
supervision 261
supervisor 261
supportive developmental

guidance 52
supportive psychotherapy 188
suppression 152, 477
surcompensation 69
surdétermination 341
surinterprétation 323
surinvestissement 69
surmoi 340
surrealism 216
surréalisme 216
Surrealismus 216
Symbioseangst 95
symbiosis anxiety 95, 564
symbiotic infantile psychosis 95, 482
symbiotic relationship 123
symbol 220
Symbol 220
Symbolbildung 222
symbole 220
symbol-formation 6, 222
symbolic equation 223, 289, 333, 525
symbolic function 212
symbolic realization 223
symbolic, the 118, 222
Symbolik 222
symbolique, le 118, 222
symbolisation 222
Symbolisation 222
symbolische Wunscherfüllung 223
Symbolische, das 118, 222
Symbolisierung 473
symbolism 222, 523
symbolisme 222
symbolization 222, 473
symptom 248
symptomatic act 220
Symptombildung 219
symptom-formation 219
Symptomhandlung 220
synchronic point of view 94
synchrony / diachrony 94
syndrome 248
syndrome de couvade 104
syndrome de Ganser 71
syndrome de Münchhausen 453
syndrome of couvade 104
Synthese 277
system ego 155, 188, 391
system theory 188
Systemtheorie 188

T

taboo 326
Tabu 326
Tagesreste 379
Tagtraum 391
TAT 257, 365
Tavistock Clinic 326, 534
technical modification 86
technique active 294
technique projective 365
technique psychanalytique 285
Teilobjekte 426
telepathie 354
Telepathie 354
telepathy 354
temperament 86
template 124
temporary and partial regression in the service of ego 165, 312, 514
Tendenz zur Stabilität 53
tenderness 468
tendresse 468
terminal care 327
termination 208
Terminsetzung 339
test de Rorschach 499
test psychologique 256
tests projectifs 365
Thanatos 200, 326
Thematic Apperception Test 257
thème des relations conflictuelles du cœur 336
théorie cloacale 25
théorie de la séduction 471
théorie de Lacan 485
Theorie des Lacans 485
théorie des relations de l'objet 316
théorie du signal d'angoisse 420
theory of seduction 471
theory of signal of anxiety 420
theory of therapeutic-structure 344
therapeutic aim 347
therapeutic alliance 346
therapeutic community 212
therapeutic contract 343
therapeutic ego-dissociation 185
therapeutic goal 347
therapeutic objectives 347
therapeutic regression 345
therapeutic termination 344
thérapeutique suggestive 12
therapeutische Regression 345
therapeutische Vertrag 343
therapeutisches Ziel 347
thérapie familiale 65
thérapie par le jeu 469
Therapist 37
thing in itself 111
thing presentation 201
thinking 11, 403
third position, the 417
those wrecked by success 271
thought 11, 144, 176, 333, 403
thought identity 22, 332
thought process 158
three-body relationship 152
threshold 482
Tiefenpsychologie 244
time 168
timelessness 457
time-limited psychotherapy 168, 215
Tod 152
Todestrieb 200, 481
Topik 99
topique 99
topographic point of view 133
topographic regression 312
topographical 454
topographical regression 100
topography 99, 459
total deprivation 22
total situation 3, 356, 522
totem 372
trace mnésique 77
Trägheitsprinzip 74
tragic man 406
training analysis 88, 89, 108
training analyst 284
trance 12
transcendental identity 165
transference 49, 355, 357
transference analysis 359
transference neurosis 172, 240, 357
transference object 52

transference psychosis 289, 357
transference resistance 358
transfert 355
transfert psychotique 275
transfert résistance 358
transfert-analyse 359
transformation 440
transformational object 441
transience 325
transitional intermediate area 308
transitional object 16, 32, 68, 107, 325, 441
transitional phenomena 32
transitional techniques 16
transmuting internalization 440
transsexualism 290
Trauerarbeit 464
Traum 472
trauma 56
Trauma 56
trauma de naissance 215
trauma psychique 251
Traumarbeit 473
traumatic adolescence 187
traumatic neurosis 58
traumatisch 159
traumatische Neurose 58
traumatisme 56
travail du deuil 464
travail du rêve 473
treatment alliance 346
Trennungsangst 435
trial analysis 242, 248
trial identification 185
Trieb 225, 379, 448, 481
Triebentmischung 60, 470
Triebmischung 470
Trieb-motiv 277
Triebverschränkung 129
troubles de la personnalité 235
troubles post-traumatiques 57
true self 33, 62, 313, 447, 448
tuning in 486
turning against the self 179, 456
turning point 360
turning round upon the subject's own self 179
twinship transference 425
two person psychology 280

two-body psychology 378
two-body relationship / three-body relationship 378
two-person / three-person 378
type caractérologique 268
typical adolescence 187

U

Überbesetzung 69
Überdeterminierung 341
Überdeutung 323, 341
Übergangsobjekt 16
Über-Ich 340
Überkompensation 69
Übertragung 73, 355
Übertragung Widerstand 358
Übertragungsanalyse 359
Übertragungsneurose 357
Übertragungspsychose 357
UCLA 515
umgekehrter Ödipuskomplex 47
Unbehagen 429
Unbesetztheit 326
unbewußte Phantasie 455
Unbewußtes (Ubw), das 454
uncanny, the 424
unconscious (Ucs), the 454
Unconscious as Infinite Sets 552
unconscious guilt 389
unconscious of group-as-a-whole 326
unconscious phantasy 106, 113, 455, 474
unconscious set and symmetricity 456
unconsiousness of group-as-a-whole 403
uncovering method 46
uncovering therapy 413
under the control of ego 313
understanding 284
undoing 35, 469
une schizophrène Renée 497
Unfallneurose 58
Unfallpersönlichkeit 183
Ungeschehenmachen 35, 469
Unheimliche, das 424
union 470
Unlust-prinzip 424

unpleasure principle 53, 424
unresolved traumatic conflict 312
unspecific smiling response 456
Unterdrückung 152
unterstützender Psychotherapie 188
unthinkable anxiety 62
unthinkable fear 15, 403
Urangst 215
urethral erotism 383
Urethralerotik 383
urge 481
Urhorde 117
Urphantasie 39
Urphantasien 113
Urszene 113
Urtrieb 481
Urvater 125
Urverdrängung 126
use of object 319

V

vagina dentata 398
variation 398
Vater 333
Vaterkomplex 335
vaterlose Gesellschaft 335
Vätermord 334
vegetative Neurose 228
vegetative neurosis 228
vegetative responce 505
vegetotherapy 560
verbalization 115
Verdichtung 7, 473
Verdrängung 49, 477, 496
vereinigte Eltern 110
Verführungstheorie 471
Ver-ichung 156, 159
Verinnerlichung 375
Verkehrung ins Gegenteil 87
Verleugnung 411, 463
Verneinung 409
Vernichtungsangst 296
Versagung 482
Verschiebung 49, 443
Verschwiegenheitspflicht 216
Verstehen 56
vertical split 258, 263
vertolgung Angst 389
Verwahrloste Jugend 502

Verwerfung 387
vis medicatrix naturae 360
visual cliff 508
vitality affect 270
Vorbewußte 297
Vorstellung 413
Vorstellung der Körper 247
Vorstellungsmimik 74
Vorvergnügen 299
voyeurism 294
voyeurisme 294

W

Wahn 461
Wahrnehmungsidentität 332
WAIMH 507
WAIPAD 382, 507
war neurosis 301
we-experience 423, 501
Weiblichkeit 229
Wendung gegen die eigene Person 179
White Psychoanalytic Institute 547
WHO 446
whole object 302, 480
whole self 302
Widerstand 349
Widerstandanalyse 350
Wiedergutmachung 348
Wiederherstellung 212
Wiederholungszwang 402
Wiederkehr des Verdrängten 478
wild psychoanalysis 486
wilde Psychoanalyse 486
will therapy 567
will to power 445
William Alanson White Institute 33, 332
Winnicott's theory 31
Wir-Erlebnis 501, 522
Wirheit 536
wish 74, 271, 325, 395, 472
wish-fulfillment 74
withdrawal 32, 404
Withdrawing Object Relation's part Unit 453
Witz 83
Wolf-Man 36, 47
Wolf-Mann 47
word presentation 201
work 277
work group 403
work of conquest 83
work of mourning 354
work through 501
working alliance 151, 343, 346, 515
working through 353, 368
World Association for Infant Psychiatry and Allied Disciplines 382
Wortbrücke 31
Wortvorstellung 115, 201
WORU (Withdrawing Object Relation's part Unit) 453
Wunsch 74
Wunschbelebungsobjekt 112
Wunscherfüllung 74

Y

youth 186, 291

Z

Zärtlichkeit 270, 468
Zensur 111
Zero to Three 71
zone érogène 268
zudeckende Methode 46
Zurückphantasien 182
Zwangsneurose 96
zweieitige Ansatz des Sexuallebens 379
Zwischenreich 357

[編集代表]

小此木啓吾（おこのぎ・けいご）
　　東京国際大学・大学院臨床心理学研究科教授，慶應義塾大学環境情報学部客員教授

[編集幹事]

北山　修（きたやま・おさむ）
　　北山精神分析室

[編集委員]

牛島　定信（うしじま・さだのぶ）
　　ホヅミひもろぎクリニック

狩野力八郎（かの・りきはちろう）
　　東京国際大学・大学院臨床心理学研究科教授

衣笠　隆幸（きぬがさ・たかゆき）
　　平和大通り心療クリニック

藤山　直樹（ふじやま・なおき）
　　上智大学名誉教授

松木　邦裕（まつき・くにひろ）
　　精神分析オフィス

妙木　浩之（みょうき・ひろゆき）
　　東京国際大学・大学院臨床心理学研究科教授

精神分析事典

ISBN978-4-7533-0203-1

検印省略	発　行　第1刷　2002年3月20日
	第7刷　2022年5月14日
	編集代表　小此木啓吾

岩崎学術出版社　発行
東京都千代田区神田駿河台3-6-1
電話　03（5577）6817（代表）
FAX　03（5577）6837

発 行 者　杉田　啓三
印　　刷　㈱新協
製　　本　㈱若林製本工場

©2002　岩崎学術出版社　乱丁・落丁本はお取替えいたします。